U0920564

中国思想政治工作年鉴

（2013年3月～2014年2月）

《中国思想政治工作年鉴》编撰委员会　编

中共中央党校出版社
2014年6月

责任编辑　井　琪
封面设计　刘广通
版式设计　刘广通
责任校对　王惠丽　崔可陶　梁军军　信云升

图书在版编目(CIP)数据

中国思想政治工作年鉴. 2013年3月~2014年2月 /
张蔚萍主编. —北京:中共中央党校出版社,2014. 6
ISBN 978-7-5035-5399-8

Ⅰ.①中… Ⅱ.①张… Ⅲ.①政治工作—中国—
2013~2014—年鉴 Ⅳ.①D64-54

中国版本图书馆CIP数据核字(2014)第123725号

中共中央党校出版社出版发行
社址:北京市海淀区大有庄 100 号
电话:(010)62805800(办公室) (010)62805816(发行部)
邮编:100091 网址:www.dxcbs.net
新华书店经销
天津市武清区雍阳印刷厂印刷装订
2014 年 7 月第 1 版　2014 年 7 月第 1 次印刷
开本:787 毫米×1092 毫米 1/16 印张:82
字数:2300 千字　印数 1—3000 册

ISBN 978-7-5035-5399-8
D·2679　定价:490.00元

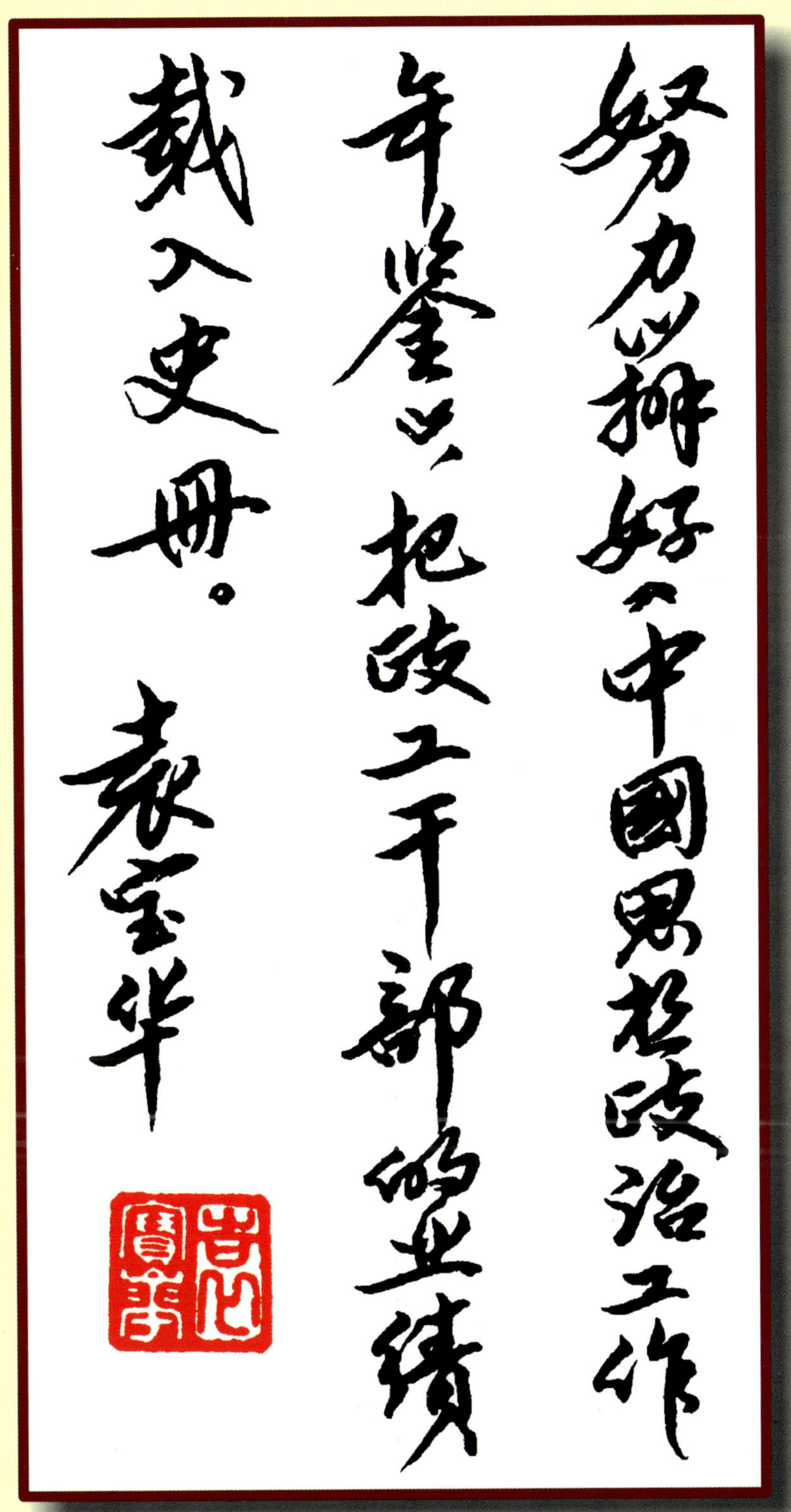

中国思想政治工作研究会原会长、原国家经委主任袁宝华为年鉴题词：“努力办好《中国思想政治工作年鉴》，把政工干部的业绩载入史册。”

加强育人用人研究
培育选拔高素质人才
张全景

中共中央组织部原部长、全国党建研究会会长张全景为年鉴题词：“加强育人用人研究培育选拔高素质人才。”

编好"中国思想政治工作年鉴"为提高政工干部素质加强与改进思想政治工作服务

赵荫华

中国思想政治工作研究会原常务副会长、原国家经委副主任赵荫华为年鉴题词："编好'中国思想政治工作年鉴'为提高政工干部素质加强与改进思想政治工作服务。"

1994年9月23日，时任中共中央政治局常委、书记处书记的胡锦涛同志，在中共中央党校与出席全国思想政治工作科学专业委员会第一次特约研究员会议的全体代表合影。（资料照片）

《中国思想政治工作年鉴》编撰委员会

《中国思想政治工作年鉴》

目　录

第一部分　政工文献

第二部分　政工大事纪实

第三部分　党的群众路线教育实践活动

第四部分　学习贯彻党的十八届三中全会精神

第五部分　学习习近平同志系列讲话

第六部分　纪念毛泽东同志诞辰120周年

第七部分　中国梦

第八部分　思想政治工作研究与创新

第九部分 党的建设研究与创新

第十部分 文化建设研究与创新

第十一部分　反腐倡廉建设

第十二部分　军队政治工作与现代化建设

第十三部分　高校党的建设与思想教育工作

第十四部分　企业党的建设与思想政治工作

第一部分

政工文献

在中央党校建校80周年庆祝大会暨2013年春季学期开学典礼上的讲话

（2013年3月1日）

习近平

同志们：

今天，我们在这里集会，庆祝中央党校建校80周年，同时举行中央党校2013年春季学期开学典礼。党的十八大之后，我已不再兼任中央党校校长了，但我对中央党校很有感情。中央党校建校80周年是一件大事。无论从党的事业发展还是从自己的感情上说，我都很高兴同大家一起庆祝这件大事。

中央党校1933年创办于中央苏区，延安时期初具规模，发挥了重要作用。新中国成立后特别是改革开放以来，中央党校得到很大发展。80年来，中央党校为我国革命、建设、改革事业培养了大批领导干部，在坚持党的思想路线、推进党的理论创新中作出了重要贡献，为推动党和人民事业发展特别是推进改革开放发挥了重要作用。80年来，中央党校坚持正确办学方向，突出党校教育特色和优势，坚持与时俱进、改革创新，积累了丰富办学经验。我们庆祝中央党校建校80周年，就是要发扬党校的光荣传统，为加强干部教育培训、推进党的理论建设，为坚持和发展中国特色社会主义作出新的更大的贡献。

关于中央党校工作，我任校长期间已讲过多次。去年，我在全国党校校长会议上作了内容全面的讲话，今天想专门谈谈学习问题。这个问题以前也讲过，今天之所以还想再讲讲，是因为历史和现实都告诉我们，事业发展没有止境，学习就没有止境。

我们党历来重视抓全党特别是领导干部的学习，这是推动党和人民事业发展的一条成功经验。在每一个重大转折时期，面对新形势新任务，我们党总是号召全党同志加强学习；而每次这样的学习热潮，都能推动党和人民事业实现大发展大进步。改革开放伊始，党中央就强调，实现四个现代化是一场深刻的伟大的革命。在这场伟大的革命中，我们是在不断地解决新的矛盾中前进的。因此，全党同志一定要善于学习，善于重新学习。同过去相比，我们今天学习的任务不是轻了，而是更重了。这是由我们面临的形势和任务决定的。

当前，全党面临的一个重要课题，就是如何正确认识和妥善处理我国发展起来后不断出现的新情况新问题。现在，我们遇到的问题中，有些是老问题，或者是我们长期努力解决但还没有解决好的问题，或者是有新的表现形式的老问题，但大量是新出现的问题。新问题每时每刻都在出现，而且多数又是我们过去不熟悉或者不太熟悉的。出现这样的状况，是由世情、国情、党情的发展变化引起的。不论是新问题还是老问题，不论是长期存在的老问题还是改变了表现形式的老问题，要认识好、解决好，唯一的途径就是增强我们自己的本领。增强本领就要加强学习，既把学到的知识运用于实践，又在实践中增长解决问题的新本领。

实现党的十八大提出的各项目标任务，应对复杂多变的国际形势，把握改革发展稳定大局，做好方方面面的工作，对我们的本领提出了新的要求。我们党在革命、建设、改革各个历史时期都遇到了种种艰难险阻，我们的事业成功都是经过艰辛探索、艰苦奋斗取得的。想一帆风顺推进我们的事业，想顺顺当当实现我们的奋斗目标，那是不可能的。可以预见，在今后的前进道路上，来自各方面的困难、风险、挑战肯定还会不断出现，关键看我们有没有克服它们、战胜它们、驾驭它们的本领。

从总体上看，与今天我们党和国家事业发展的要求相比，我们的本领有适应的一面，也有不适应的一面。特别是随着形势和任务不断发展，我们适应的一面正在下降，不适应的一面正在上升。如果不抓紧增强本领，久而久之，我们就难以胜任领导改革开放和社会主义现代化建设的繁重任务。延安时期，我们党就注意到“本领恐慌”问题。当时，党中央曾明确指出，我们的队伍里有一种恐慌，不是经济恐慌，也不是政治恐慌，而是本领恐慌。过去学的本领只有一点点，今天用一些，明天用一些，渐渐告罄了。我们现在是不是也面临这样一种状态呢？我看是的。很多同志有做好工作的真诚愿望，也有干劲，但缺乏新形势下做好工作的本领，面对新情况新问题，由于不懂规律、不懂门道、缺乏知识、缺乏本领，还是习惯于用老思路老套路来应对，蛮干盲干，结果是虽然做了工作，有时做得还很辛苦，但不是不对路子，就是事与愿违，甚至搞出一些南辕北辙的事情来。这就叫新办法不会用，老办法不管用，硬办法不敢用，软办法不顶用。我看这种状态，在党内相当一个范围、相当一个时期都是存在的。因此，全党同志特别是各级领导干部，都要有本领不够的危机感，都要努力增强本领，都要一刻不停地增强本领。只有全党本领不断增强了，“两个一百年”的奋斗目标才能实现，中华民族伟大复兴的“中国梦”才能梦想成真。

本领不是天生的，是要通过学习和实践来获得的。当今时代，知识更新周期大大缩短，各种新知识、新情况、新事物层出不穷。有人研究过，18世纪以前，知识更新速度为90年左右翻一番；20世纪90年代以来，知识更新加速到3至5年翻一番。近50年来，人类社会创造的知识比过去3000年的总和还要多。还有人说，在农耕时代，一个人读几年书，就可以用一辈子；在工业经济时代，一个人读十几年书，才够用一辈子；到了知识经济时代，一个人必须学习一辈子，才能跟上时代前进的脚步。如果我们不努力提高各方面的知识素养，不自觉学习各种科学文化知识，不主动加快知识更新、优化知识结构、拓宽眼界和视野，那就难以增强本领，也就没有办法赢得主动、赢得优势、赢得未来。因此，全党同志特别是各级领导干部都要有加强学习的紧迫感。

正是从这样的战略高度出发，党的十八大提出了建设学习型、服务型、创新型马克思主义执政党的重大任务。把学习型放在第一位，是因为学习是前提，学习好才能服务好，学习好才有可能进行创新。既然我们都是领导干部，都担负着党和人民交付的职责，就要不断提高自己、丰富自己，兢兢业业做好工作，不断提高工作水平和质量。从这个角度讲，领导干部学习不学习不仅仅是自己的事情，本领大小也不仅仅是自己的事情，而是关乎党和国家事业发展的大事情。这也就是古人所说的“学者非必为仕，而仕者必为学”。只有加强学习，才能增强工作的科学性、预见性、主动性，才能使领导和决策体现时代性、把握规律性、富于创造性，避免陷入少知而迷、不知而盲、无知而乱的困境，才能克服本领不足、本领恐慌、本领落后的问题。否则，“盲人骑瞎马，夜半临深池”，虽勇气可嘉，却是鲁莽和不可取的，不仅不能在工作中打开新局面，而且有迷失方向、落后于时代的危险。

我们正在从事的中国特色社会主义事业是伟大而波澜壮阔的，是前人没有做过的。因此，我们的学习应该是全面的、系统的、富有探索精神的，既要抓住学习重点，也要注意拓展学习领域；既要向书本学习，也要向实践学习；既要向人民群众学习，向专家学者学习，也要向国外有益经验学习。学习有理论知识的学习，也有实践知识的学习。

首先要认真学习马克思主义理论，这是我们做好一切工作的看家本领，也是领导干部必须普遍掌握的工作制胜的看家本领。毛泽东同志曾经提出，“如果我们党有一百个至二百个系统地而不是零碎地、实际地而不是空洞地学会了马克思列宁主义的同志，就会大大提高我们党的战斗力量。”这个任务，今天依然很现实地摆在我们党面前。只有学懂了马克思列宁主义、毛泽东思想、邓小平理论、“三个代表”重要思想、科学发展观，特别是领会了贯穿其中的马克思主义立场、观点、方法，才能心明眼亮，才能深刻认识和准确把握共产党执政规律、社会主义建设规律、人类社会发展规律，才能始终坚定理想信念，才能在纷繁复杂的形势下坚持科学指导思想和正确前进方向，才能带领人民走对路，才能把中国特色社会主义不断推向前进。

学习党的路线方针政策和国家法律法规，这是领导干部开展工作要做的基本准备，也是很重要的政治素养。不掌握这些，你根据什么制定决策、解决问题呀？就很可能会在工作中出这样那样的毛病。各级领导干部还要认真学习党史、国史，知史爱党，知史爱国。要了解我们党和国家事业的来龙去脉，汲取我们党和国家的历史经验，正确了解党和国家历史上的重大事件和重要人物。这对正确认识党情、国情十分必要，对开创未来也十分必要，因为历史是最好的教科书。

经济、政治、历史、文化、社会、科技、军事、外交等方面的知识，领导干部要结合工作需要来学习，不断提高自己的知识化、专业化水平。要坚持干什么学什么、缺什么补什么，有针对性地学习掌握做好领导工作、履行岗位职责所必备的各种知识，努力使自己真正成为行家里手、内行领导。各种文史知识，中国优秀传统文化，领导干部也要学习，以学益智，以学修身。中国传统文化博大精深，学习和掌握其中的各种思想精华，对树立正确的世界观、人生观、价值观很有益处。古人所说的“先天下之忧而忧，后天下之乐而乐”的政治抱负，“位卑未敢忘忧国”、“苟利国家生死以，岂因祸福避趋之”的报国情怀，“富贵不能淫，贫贱不能移，威武不能屈”的浩然正气，“人生自古谁无死，留取丹心照汗青”、“鞠躬尽瘁，死而后已”的献身精神等，都体现了中华民族的优秀传统文化和民族精神，我们都应该继承和发扬。领导干部还应该了解一些文学知识，通过提高文学鉴赏能力和审美能力，陶冶情操，培养高尚的生活情趣。许多老一辈革命家都有很深厚的文学素养，在诗词歌赋方面有很高的造诣。总之，学史可以看成败、鉴得失、知兴替；学诗可以情飞扬、志高昂、人灵秀；学伦理可以知廉耻、懂荣辱、辨是非。我们不仅要了解中国的历史文化，还要睁眼看世界，了解世界上不同民族的历史文化，去其糟粕，取其精华，从中获得启发，为我所用。

领导干部学习，要正确把握学习的方向。忽视了马克思主义所指引的方向，学习就容易陷入盲目状态甚至误入歧途，就容易在错综复杂的形势中无所适从，就难以抵御各种错误思潮。没有正确方向，不仅学不到有益的知识，还很容易被一些天花乱坠、脱离实际甚至荒唐可笑、极其错误的东西所迷惑、所俘虏。

学习的目的全在于运用。领导干部加强学习，根本目的是增强工作本领、提高解决实际问题的水平。“空谈误国，实干兴邦”，说的就是反对学习和工作中的“空对空”。战国赵括“纸上谈兵”、两晋学士“虚谈废务”的历史教训大家都要引为鉴戒。读书是学习，使用也是学习，并且是更重要的学习。领导干部要发扬理论联系实际的马克思主义学风，带着问题学，拜人民为师，做到干中学、学中干，学以致用、用以促学、学用相长，千万不能夸夸其谈、陷于“客里空”。

兴趣是激励学习的最好老师。“知之者不如好之者，好之者不如乐之者。”讲的就是这个道理。领导干部应该把学习作为一种追求、一种爱好、一种健康的生活方式，做到好学乐学。有了学习的浓厚兴趣，就可以变“要我学”为“我要学”，变“学一阵”为“学一生”。学习和思考、学习和实践是相辅相成的，正所谓“学而不思则罔，思而不学则殆。”你脑子里装着问题了，想解决问题了，想把问题解决好了，就会去学习，就会自觉去学习。要“博学之，审问之，慎思之，明辨之，笃行之”。学习要善于挤时间。经常听有的同志说自己想学习，但“工作太忙，没有时间学习”。听上去好像有些道理，但这绝不是放松学习的理由。中央强调要转变工作作风，能不能多一点学习、多一点思考，少一点无谓的应酬、少一点形式主义的东西，这也是转变工作作风的重要内容。群众说，现在，有的干部学风不浓、玩风太盛。这样“以其昏昏，使人昭昭”是不行的！是要贻误工作、贻误大事的！不注意学习，忙于事务，思想就容易僵化、庸俗化。学习需要沉下心来，贵在持之以恒，重在学懂弄通，不能心浮气躁、浅尝辄止、不求甚解。领导干部一定要把学习放在很重要的位置上，如饥似渴地学习，哪怕一天挤出半小时，即使读几页书，只要坚持下去，必定会积少成多、积沙成塔，积跬步以至千里。

总之，好学才能上进。中国共产党人依靠学习走到今天，也必然要依靠学习走向未来。我们的干部要上进，我们的党要上进，我们的国家要上进，我们的民族要上进，就必须大兴学习之风，坚持学习、学习、再学习，坚持实践、实践、再实践。

最后，祝同志们不断取得丰硕的学习成果。

顺应时代前进潮流　促进世界和平发展

——在莫斯科国际关系学院的演讲

（2013 年 3 月 23 日，莫斯科）

中华人民共和国主席　习近平

尊敬的托尔库诺夫院长，尊敬的戈洛杰茨副总理，老师们，同学们：

今天，有机会来到美丽的莫斯科国际关系学院，同各位老师、同学见面，感到十分高兴。

莫斯科国际关系学院是享誉世界的知名学府，名师荟萃，英才辈出，我对贵院在各领域取得的优异成绩，表示热烈的祝贺！

俄罗斯是中国的友好邻邦。这次访问俄罗斯，是我担任中国国家主席后第一次出访，是这次出访的第一站，也是时隔 3 年再次来到你们美丽富饶的国家。昨天，我同普京总统举行了富有成果的会谈，并共同出席了俄罗斯中国旅游年开幕式。

早春 3 月，意味着一个新的万物复苏季节的到来，意味着一个新的播种的时刻的到来。常言道，一年之计在于春。中俄双方把握这美好的早春时节，为两国关系和世界和平与发展辛勤耕耘，必将收获新的成果，造福两国人民和各国人民。

老师们、同学们！

国际关系学院是专门从事国际问题研究和教学的高等学府，相信你们对国际形势更加关注，更能感受到过去几十年国际社会沧海桑田般的巨大变化。我们所处的是一个风云变幻的时代，面对的是一个日新月异的世界。

——这个世界，和平、发展、合作、共赢成为时代潮流，旧的殖民体系土崩瓦解，冷战时期的集团对抗不复存在，任何国家或国家集团都再也无法单独主宰世界事务。

——这个世界，一大批新兴市场国家和发展中国家走上发展的快车道，十几亿、几十亿人口正在加速走向现代化，多个发展中心在世界各地区逐渐形成，国际力量对比继续朝着有利于世界和平与发展的方向发展。

——这个世界，各国相互联系、相互依存的程度空前加深，人类生活在同一个地球村里，生活在历史和现实交汇的同一个时空里，越来越成为你中有我、我中有你的命运共同体。

——这个世界，人类依然面临诸多难题和挑战，国际金融危机深层次影响继续显现，形形色色的保护主义明显升温，地区热点此起彼伏，霸权主义、强权政治和新干涉主义有所上升，军备竞争、恐怖主义、网络安全等传统安全威胁和非传统安全威胁相互交织，维护世界和平、促进共同发展依然任重道远。

我们希望世界变得更加美好，我们也有理由相信，世界会变得更加美好。同时，我们也清楚地知道，前途是光明的，道路是曲折的。车尔尼雪夫斯基曾经写到："历史的道路不是涅瓦大街上的人行道，它完全是在田野中前进的，有时穿过尘埃，有时穿过泥泞，有时横渡沼泽，有时行经丛林。"人类社会发展的历史证明，无论会遇到什么样的曲折，历史都总是按照自己的规律向前发展，没有任何力量能够阻挡历史前进的车轮。

世界潮流，浩浩荡荡，顺之则昌，逆之则亡。要跟上时代前进步伐，就不能身体已进入 21 世纪，而脑袋还停留在过去，停留在殖民扩张的旧时代里，停留在冷战思维、零和博弈老框框内。

面对国际形势的深刻变化和世界各国同舟共济的客观要求，各国应该共同推动建立以合作共赢为核心的新型国际关系，各国人民应该一起来维护世界和平、促进共同发展。

我们主张，各国和各国人民应该共同享受尊严。要坚持国家不分大小、强弱、贫富一律平等，尊重各国人民自主选择发展道路的权利，反对干涉别国内政，维护国际公平正义。“鞋子合不合脚，自己穿了才知道”。一个国家的发展道路合不合适，只有这个国家的人民才最有发言权。

我们主张，各国和各国人民应该共同享受发展成果。每个国家在谋求自身发展的同时，要积极促进其他各国共同发展。世界长期发展不可能建立在一批国家越来越富裕而另一批国家却长期贫穷落后的基础之上。只有各国共同发展了，世界才能更好发展。那种以邻为壑、转嫁危机、损人利己的做法既不道德，也难以持久。

我们主张，各国和各国人民应该共同享受安全保障。各国要同心协力，妥善应对各种问题和挑战。越是面临全球性挑战，越要合作应对，共同变压力为动力、化危机为生机。面对错综复杂的国际安全威胁，单打独斗不行，迷信武力更不行，合作安全、集体安全、共同安全才是解决问题的正确选择。

随着世界多极化、经济全球化深入发展和文化多样化、社会信息化持续推进，今天的人类比以往任何时候都更有条件朝和平与发展的目标迈进，而合作共赢就是实现这一目标的现实途径。

世界的命运必须由各国人民共同掌握。各国主权范围内的事情只能由本国政府和人民去管，世界上的事情只能由各国政府和人民共同商量来办。这是处理国际事务的民主原则，国际社会应该共同遵守。

老师们、同学们！

去年11月，中国共产党召开了第十八次全国代表大会，明确了今后一个时期中国的发展蓝图，提出到2020年国内生产总值和城乡居民人均收入将在2010年的基础上翻一番，在中国共产党建党100年时全面建成小康社会，在新中国成立100年时建成富强民主文明和谐的社会主义现代化国家。同时，我们也清醒地认识到，作为拥有13亿多人口的发展中大国，中国在发展道路上面临的风险和挑战依然会很大、很严峻，要实现已确定的奋斗目标必须付出持续的艰辛努力。

实现中华民族伟大复兴，是近代以来中国人民最伟大的梦想，我们称之为“中国梦”，基本内涵是实现国家富强、民族振兴、人民幸福。中华民族历来爱好和平。近代以来，中国人民蒙受了外国侵略和内部战乱的百年苦难，深知和平的宝贵，最需要在和平环境中进行国家建设，以不断改善人民生活。中国将坚定不移走和平发展道路，致力于促进开放的发展、合作的发展、共赢的发展，同时呼吁各国共同走和平发展道路。中国始终奉行防御性的国防政策，不搞军备竞赛，不对任何国家构成军事威胁。中国发展壮大，带给世界的是更多机遇而不是什么威胁。我们要实现的中国梦，不仅造福中国人民，而且造福各国人民。

我们高兴地看到，中俄两国互为最大邻国，在国家发展蓝图上有很多契合之处。俄罗斯提出到2020年人均国内生产总值将达到或接近发达国家水平的目标，现在正在强国富民的道路上加快前进。我们衷心祝愿俄罗斯早日实现自己的奋斗目标。一个繁荣强大的俄罗斯，符合中国利益，也有利于亚太与世界和平稳定。

中俄关系是世界上最重要的一组双边关系，更是最好的一组大国关系。一个高水平、强有力的中俄关系，不仅符合中俄双方利益，也是维护国际战略平衡和世界和平稳定的重要保障。经过双方20多年不懈努力，中俄建立起全面战略协作伙伴关系，这种关系充分照顾对方利益和关切，给两国人民带来了实实在在的好处。我们两国彻底解决了历史遗留的边界问题，签署了《中俄睦邻友好合作条约》，为中俄关系长远发展奠定了坚实基础。

当前，中俄都处在民族复兴的重要时期，两国关系已进入互相提供重要发展机遇、互为主要优先合作伙伴的新阶段。对发展新形势下的中俄关系，我认为应该在以下几个方面多下功夫。

第一，坚定不移发展面向未来的关系。中俄世代友好、永不为敌，是两国人民共同心愿。我们双方要登高望远，统筹谋划两国关系发展。普京总统讲过："俄罗斯需要一个繁荣稳定的中国，中国也需要一个强大成功的俄罗斯。"我完全同意他的看法。我们两国共同发展，将给中俄全面战略协作伙伴关系提供更广阔发展空间，将为国际秩序和国际体系朝着公正合理的方向发展提供正能量。我们两国要永做好邻居、好朋友、好伙伴，以实际行动坚定支持对方维护本国核心利益，坚定支持对方发展复兴，坚定支持对方走符合本国国情的发展道路，坚定支持对方办好自己的事情。

第二，坚定不移发展合作共赢的关系。中俄国情不同、条件各异，彼此密切合作、取长补短可以起到一加一大于二的效果。去年，中俄贸易额达到882亿美元，人员交流达到330万人次，这些数字充分反映出中俄关系的巨大发展潜力和广阔发展前景。中俄两国的能源合作不断深化。继17世纪的"万里茶道"之后，中俄油气管道成为联通两国新的"世纪动脉"。当前，我们两国正积极推动各自国家和地区发展战略相互对接，不断创造出更多利益契合点和合作增长点。我们要推动两国合作从能源资源向投资、基础设施建设、高技术、金融等领域拓展，从商品进出口向联合研发、联合生产转变，不断提高两国务实合作层次和水平。

第三，坚定不移发展两国人民友好关系。国之交在于民相亲。人民的深厚友谊是国家关系发展的力量源泉。这里，我想讲几个两国人民相互支持和帮助的事例。抗日战争时期，苏联飞行大队长库里申科来华同中国人民并肩作战，他动情地说："我像体验我的祖国的灾难一样，体验着中国劳动人民正在遭受的灾难。"他英勇牺牲在中国大地上。中国人民没有忘记这位英雄，一对普通的中国母子已为他守陵半个多世纪。2004年俄罗斯发生别斯兰人质事件后，中国邀请部分受伤儿童赴华接受康复治疗，这些孩子在中国受到精心照料，俄方带队医生阿兰表示："你们的医生给孩子们这么大的帮助，我们的孩子会永远记住你们的。"2008年中国汶川特大地震发生后，俄罗斯在第一时间向中国伸出援手，并邀请灾区孩子到俄罗斯远东等地疗养。3年前，我在符拉迪沃斯托克"海洋"全俄儿童中心，亲眼目睹了俄罗斯老师给予中国儿童的悉心照料和温馨关怀。中国孩子亲身体会到了俄罗斯人民的友爱和善良，这应验了大爱无疆这句中国人常说的话。这样的感人事迹还有很多，滋润着两国人民友谊之树枝繁叶茂。

中俄两国都具有悠久的历史、灿烂的文化，人文交流对增进两国人民友谊具有不可替代的作用。孔子、老子等中国古代思想家为俄罗斯人民所熟悉。中国老一辈革命家深受俄罗斯文化影响，我们这一代人也读了很多俄罗斯文学的经典作品。我年轻时就读过普希金、莱蒙托夫、屠格涅夫、陀思妥耶夫斯基、托尔斯泰、契诃夫等文学巨匠的作品，让我感受到俄罗斯文学的魅力。中俄两国文化交流有着深厚基础。

青年是国家的未来，是世界的未来，也是中俄友好事业的未来。这次访俄期间，我和普京总统共同宣布，两国将于2014年和2015年互办中俄青年友好交流年。中方还将邀请包括莫斯科国际关系学院学生在内的俄罗斯大学生代表团访华。在座各位同学是俄罗斯青年一代的精英。我期待着越来越多的中俄青年接过中俄友谊的接力棒，积极投身两国人民友好事业。

老师们、同学们！

俄罗斯有句谚语："大船必能远航。"中国有句古诗："长风破浪会有时，直挂云帆济沧海。"我相信，在两国政府和人民共同努力下，中俄关系一定能够继续乘风破浪、扬帆远航，更好造福两国人民，更好促进世界和平与发展！

谢谢大家。

共同创造亚洲和世界的美好未来

——在博鳌亚洲论坛2013年年会上的主旨演讲

（2013年4月7日，海南博鳌）

中华人民共和国主席　习近平

尊敬的各位元首、政府首脑、议长、国际组织负责人、部长，博鳌亚洲论坛理事会各位成员，各位来宾，女士们，先生们，朋友们：

椰风暖人，海阔天高。在这美好的季节里，同大家相聚在美丽的海南岛，参加博鳌亚洲论坛2013年年会，我感到十分高兴。

首先，我谨代表中国政府和人民，并以我个人的名义，对各位朋友的到来，表示诚挚的欢迎！对年会的召开，表示热烈的祝贺！

12年来，博鳌亚洲论坛日益成为具有全球影响的重要论坛。在中国文化中，每12年是一个生肖循环，照此说来，博鳌亚洲论坛正处在一个新的起点上，希望能更上一层楼。

本届年会以“革新、责任、合作：亚洲寻求共同发展”为主题，很有现实意义。相信大家能够充分发表远见卓识，共商亚洲和世界发展大计，为促进本地区乃至全球和平、稳定、繁荣贡献智慧和力量。

当前，国际形势继续发生深刻复杂变化。世界各国相互联系日益紧密、相互依存日益加深，遍布全球的众多发展中国家、几十亿人口正在努力走向现代化，和平、发展、合作、共赢的时代潮流更加强劲。

同时，天下仍很不太平，发展问题依然突出，世界经济进入深度调整期，整体复苏艰难曲折，国际金融领域仍然存在较多风险，各种形式的保护主义上升，各国调整经济结构面临不少困难，全球治理机制有待进一步完善。实现各国共同发展，依然任重而道远。

亚洲是当今世界最具发展活力和潜力的地区之一，亚洲发展同其他各大洲发展息息相关。亚洲国家积极探索适合本国情况的发展道路，在实现自身发展的同时有力促进了世界发展。亚洲与世界其他地区共克时艰，合作应对国际金融危机，成为拉动世界经济复苏和增长的重要引擎，近年来对世界经济增长的贡献率已超过50%，给世界带来了信心。亚洲同世界其他地区的区域次区域合作展现出勃勃生机和美好前景。

当然，我们也清醒地看到，亚洲要谋求更大发展、更好推动本地区和世界其他地区共同发展，依然面临不少困难和挑战，还需要爬一道道的坡、过一道道的坎。

——亚洲发展需要乘势而上、转型升级。对亚洲来说，发展仍是头等大事，发展仍是解决面临的突出矛盾和问题的关键，迫切需要转变经济发展方式、调整经济结构，提高经济发展质量和效益，在此基础上不断提高人民生活水平。

——亚洲稳定需要共同呵护、破解难题。亚洲稳定面临着新的挑战，热点问题此起彼伏，传统安全威胁和非传统安全威胁都有所表现，实现本地区长治久安需要地区国家增强互信、携手努力。

——亚洲合作需要百尺竿头、更进一步。加强亚洲地区合作的机制和倡议很多，各方面想法和主张丰富多样，协调各方面利益诉求、形成能够保障互利共赢的机制需要更好增进理解、凝聚共识、充实内容、深化合作。

女士们、先生们、朋友们！

人类只有一个地球，各国共处一个世界。共同发展是持续发展的重要基础，符合各国人民长远利益和根本利益。我们生活在同一个地球村，应该牢固树立命运共同体意识，顺应时代潮流，把握正确方向，坚持同舟共济，推动亚洲和世界发展不断迈上新台阶。

第一，勇于变革创新，为促进共同发展提供不竭动力。长期以来，各国各地区在保持稳定、促进发展方面形成了很多好经验好做法。对这些好经验好做法，要继续发扬光大。同时，世间万物，变动不居。“明者因时而变，知者随事而制。”要摒弃不合时宜的旧观念，冲破制约发展的旧框框，让各种发展活力充分迸发出来。要加大转变经济发展方式、调整经济结构力度，更加注重发展质量，更加注重改善民生。要稳步推进国际经济金融体系改革，完善全球治理机制，为世界经济健康稳定增长提供保障。亚洲历来具有自我变革活力，要勇做时代的弄潮儿，使亚洲变革和世界发展相互促进、相得益彰。

第二，同心维护和平，为促进共同发展提供安全保障。和平是人民的永恒期望。和平犹如空气和阳光，受益而不觉，失之则难存。没有和平，发展就无从谈起。国家无论大小、强弱、贫富，都应该做和平的维护者和促进者，不能这边搭台、那边拆台，而应该相互补台、好戏连台。国际社会应该倡导综合安全、共同安全、合作安全的理念，使我们的地球村成为共谋发展的大舞台，而不是相互角力的竞技场，更不能为一己之私把一个地区乃至世界搞乱。各国交往频繁，磕磕碰碰在所难免，关键是要坚持通过对话协商与和平谈判，妥善解决矛盾分歧，维护相互关系发展大局。

第三，着力推进合作，为促进共同发展提供有效途径。“一花独放不是春，百花齐放春满园。”世界各国联系紧密、利益交融，要互通有无、优势互补，在追求本国利益时兼顾他国合理关切，在谋求自身发展中促进各国共同发展，不断扩大共同利益汇合点。要加强南南合作和南北对话，推动发展中国家和发达国家平衡发展，夯实世界经济长期稳定发展基础。要积极创造更多合作机遇，提高合作水平，让发展成果更好惠及各国人民，为促进世界经济增长多作贡献。

第四，坚持开放包容，为促进共同发展提供广阔空间。“海纳百川，有容乃大。”我们应该尊重各国自主选择社会制度和发展道路的权利，消除疑虑和隔阂，把世界多样性和各国差异性转化为发展活力和动力。我们要秉持开放精神，积极借鉴其他地区发展经验，共享发展资源，推进区域合作。进入新世纪10多年来，亚洲地区内贸易额从8000亿美元增长到3万亿美元，亚洲同世界其他地区贸易额从1.5万亿美元增长到4.8万亿美元，这表明亚洲合作是开放的，区域内合作和同其他地区合作并行不悖，大家都从合作中得到了好处。亚洲应该欢迎域外国家为本地区稳定和发展发挥建设性作用，同时，域外国家也应该尊重亚洲的多样性特点和已经形成的合作传统，形成亚洲发展同其他地区发展良性互动、齐头并进的良好态势。

女士们、先生们、朋友们！

中国是亚洲和世界大家庭的重要成员。中国发展离不开亚洲和世界，亚洲和世界繁荣稳定也需要中国。

去年11月，中国共产党召开了第十八次全国代表大会，明确了中国今后一个时期的发展蓝图。我们的奋斗目标是，到2020年国内生产总值和城乡居民人均收入在2010年的基础上翻一番，全面建成小康社会；到本世纪中叶建成富强民主文明和谐的社会主义现代化国家，实现中华民族伟大复兴的中国梦。展望未来，我们充满信心。

我们也认识到，中国依然是世界上最大的发展中国家，中国发展仍面临着不少困难和挑战，要使全体中国人民都过上美好生活，还需要付出长期不懈的努力。我们将坚持改革开放不动摇，牢牢把握转变经济发展方式这条主线，集中精力把自己的事情办好，不断推进社会主义现代化建设。

“亲望亲好，邻望邻好。”中国将坚持与邻为善、以邻为伴，巩固睦邻友好，深化互利合作，努力使自身发展更好惠及周边国家。

我们将大力促进亚洲和世界发展繁荣。

新世纪以来,中国同周边国家贸易额由1000多亿美元增至1.3万亿美元,已成为众多周边国家的最大贸易伙伴、最大出口市场、重要投资来源地。中国同亚洲和世界的利益融合达到前所未有的广度和深度。当前和今后一个时期,中国经济将继续保持健康发展势头,国内需求特别是消费需求将持续扩大,对外投资也将大幅增加。据测算,今后5年,中国将进口10万亿美元左右的商品,对外投资规模将达到5000亿美元,出境旅游有可能超过4亿人次。中国越发展,越能给亚洲和世界带来发展机遇。

我们将坚定维护亚洲和世界和平稳定。中国人民对战争和动荡带来的苦难有着刻骨铭心的记忆,对和平有着孜孜不倦的追求。中国将通过争取和平国际环境发展自己,又以自身发展维护和促进世界和平。中国将继续妥善处理同有关国家的分歧和摩擦,在坚定捍卫国家主权、安全、领土完整的基础上,努力维护同周边国家关系和地区和平稳定大局。中国将在国际和地区热点问题上继续发挥建设性作用,坚持劝和促谈,为通过对话谈判妥善处理有关问题作出不懈努力。

我们将积极推动亚洲和世界范围的地区合作。中国将加快同周边国家的互联互通建设,积极探讨搭建地区性融资平台,促进区域内经济融合,提高地区竞争力。中国将积极参与亚洲区域合作进程,坚持推进同亚洲之外其他地区和国家的区域次区域合作。中国将继续倡导并推动贸易和投资自由化便利化,加强同各国的双向投资,打造合作新亮点。中国将坚定支持亚洲地区对其他地区的开放合作,更好促进本地区和世界其他地区共同发展。中国致力于缩小南北差距,支持发展中国家增强自主发展能力。

女士们、先生们、朋友们!

亲仁善邻,是中国自古以来的传统。亚洲和世界和平发展、合作共赢的事业没有终点,只有一个接一个的新起点。中国愿同五大洲的朋友们携手努力,共同创造亚洲和世界的美好未来,造福亚洲和世界人民!

最后,预祝年会取得圆满成功!

在同全国劳动模范代表座谈时的讲话

（2013 年 4 月 28 日）

习近平

同志们：

在五一国际劳动节来临之际，我们来到全国总工会机关，和全国劳动模范代表同庆五一节，共话中国梦，感到很高兴。刚才，9 位劳模代表先后发言，讲述了在各自岗位上辛勤劳动、发挥才干的先进事迹，抒发了为祖国发展和人民幸福作贡献的人生理想，听后很受感动、也很受启发。

首先，我代表党中央，向你们并通过你们，向全国广大劳动模范和先进工作者，表示崇高的敬意！向全国各族工人、农民、知识分子和其他劳动群众，致以节日的祝贺！

在我们党团结带领人民进行革命、建设、改革各个历史时期，劳动模范始终是我国工人阶级中一个闪光的群体，享有崇高声誉，备受人民尊敬。

在革命战争年代，“边区工人一面旗帜”赵占魁、“兵工事业开拓者”吴运铎、“新劳动运动旗手”甄荣典等劳动模范，以“新的劳动态度对待新的劳动”，积极参加义务劳动，全力支援前线斗争，带动群众投身中国共产党领导的人民解放事业。

新中国成立后，“高炉卫士”孟泰、“铁人”王进喜、“两弹元勋”邓稼先、“知识分子的杰出代表”蒋筑英、“宁肯一人脏、换来万人净”的时传祥等一大批先进模范，响应党的号召，带动广大群众自力更生、奋发图强。王进喜以“宁肯少活 20 年，拼命也要拿下大油田”的气概，带领石油工人为我国石油工业发展顽强拼搏，“铁人精神”、“大庆精神”成为激励各族人民意气风发投身社会主义建设的强大精神力量。

在改革开放历史新时期，“蓝领专家”孔祥瑞、“金牌工人”窦铁成、“新时期铁人”王启明、“新时代雷锋”徐虎、“知识工人”邓建军、“马班邮路”王顺友、“白衣圣人”吴登云、“中国航空发动机之父”吴大观等一大批劳动模范和先进工作者，干一行、爱一行，专一行、精一行，带动群众锐意进取、积极投身改革开放和社会主义现代化建设，为国家和人民建立了杰出功勋。

4 月 20 日，四川芦山县发生 7.0 级地震，给当地人民生命财产造成重大损失。一方有难，八方支援。全国各族人民坚决响应党中央号召，大力弘扬伟大抗震救灾精神，全力支援灾区抗震救灾。灾区广大职工同来自全国各地的救援人员携手并肩、同心协力抓紧生产，全国各行各业广大职工积极守望相助、以实际行动支援灾区。灾区各级工会组织和工会干部，积极开展各种救援行动，让“工人先锋号”旗帜飘扬在抗震救灾第一线，彰显了工会组织的号召力、凝聚力、战斗力。希望灾区广大职工和各级工会组织，为夺取抗震救灾斗争全面胜利作出新的更大的贡献。

长期以来，广大劳模以高度的主人翁责任感、卓越的劳动创造、忘我的拼搏奉献，谱写出一曲曲可歌可泣的动人赞歌，为全国各族人民树立了光辉的学习榜样。

我们已经确定了今后的奋斗目标，这就是到中国共产党成立 100 年时全面建成小康社会，到新中国成立 100 年时建成富强民主文明和谐的社会主义现代化国家，努力实现中华民族伟大复兴的中国梦。

尽管前进道路并不平坦，改革发展稳定任务仍很艰巨而繁重，但面对未来，我们充满必胜信心。我国工人阶级一定要在坚持中国道路、弘扬中国精神、凝聚中国力量上发挥模范带头作用，万众一心、众志成城，为实现中华民族伟大复兴的中国梦而不懈奋斗。

人民创造历史，劳动开创未来。劳动是推动人类社会进步的根本力量。幸福不会从天而降，梦想不会自动成真。实现我们的奋斗目标，开创我们的美好未来，必须紧紧依靠人民、始终为了人民，必须依靠辛勤劳动、诚实劳动、创造性劳动。我们说“空谈误国，实干兴邦”，实干首先就要脚踏实地劳动。

在迈向未来的征程上，我们必须充分发挥我国工人阶级的重要作用，焕发他们的历史主动精神，调动劳动和创造的积极性。

第一，必须充分发挥工人阶级的主力军作用。工人阶级是我国的领导阶级，是我国先进生产力和生产关系的代表，是我们党最坚实最可靠的阶级基础，是全面建成小康社会、坚持和发展中国特色社会主义的主力军。

改革开放以来，我国工人阶级队伍不断壮大，素质全面提高，结构更加优化，面貌焕然一新，先进性不断增强。展望未来，坚持和发展中国特色社会主义，必须全心全意依靠工人阶级、巩固工人阶级的领导阶级地位，充分发挥工人阶级的主力军作用。全心全意依靠工人阶级不能只当口号喊、标签贴，而要贯彻到党和国家政策制定、工作推进全过程，落实到企业生产经营各方面。

第二，必须紧紧依靠工人阶级发展中国特色社会主义。中国特色社会主义是当代中国发展进步的根本方向，是实现中国梦的必由之路，也是引领我国工人阶级走向更加光明未来的必由之路。我国工人阶级要增强历史使命感和责任感，立足本职、胸怀全局，自觉把人生理想、家庭幸福融入国家富强、民族复兴的伟业之中，把个人梦与中国梦紧密联系在一起，始终以国家主人翁姿态为坚持和发展中国特色社会主义作出贡献。

我国工人阶级要牢固树立中国特色社会主义理想信念，坚定永远跟党走的信念，坚决拥护社会主义制度，坚决拥护改革开放，始终做坚持中国道路的柱石；要自觉践行社会主义核心价值观，发扬我国工人阶级的伟大品格，用先进思想、模范行动影响和带动全社会，不断为中国精神注入新能量，始终做弘扬中国精神的楷模；要坚持以振兴中华为己任，充分发挥伟大创造力量，发扬工人阶级识大体、顾大局的光荣传统，自觉维护安定团结的政治局面，始终做凝聚中国力量的中坚。

第三，必须坚持崇尚劳动、造福劳动者。劳动是财富的源泉，也是幸福的源泉。人世间的美好梦想，只有通过诚实劳动才能实现；发展中的各种难题，只有通过诚实劳动才能破解；生命里的一切辉煌，只有通过诚实劳动才能铸就。劳动创造了中华民族，造就了中华民族的辉煌历史，也必将创造出中华民族的光明未来。“一勤天下无难事。”必须牢固树立劳动最光荣、劳动最崇高、劳动最伟大、劳动最美丽的观念，让全体人民进一步焕发劳动热情、释放创造潜能，通过劳动创造更加美好的生活。

全社会都要贯彻尊重劳动、尊重知识、尊重人才、尊重创造的重大方针，维护和发展劳动者的利益，保障劳动者的权利。要坚持社会公平正义，排除阻碍劳动者参与发展、分享发展成果的障碍，努力让劳动者实现体面劳动、全面发展。全社会都要热爱劳动，以辛勤劳动为荣，以好逸恶劳为耻。

第四，必须大力弘扬劳模精神、发挥劳模作用。榜样的力量是无穷的。劳动模范是民族的精英、人民的楷模。长期以来，广大劳模以平凡的劳动创造了不平凡的业绩，铸就了“爱岗敬业、争创一流，艰苦奋斗、勇于创新，淡泊名利、甘于奉献”的劳模精神，丰富了民族精神和时代精神的内涵，是我们极为宝贵的精神财富。

实现我们的发展目标，不仅要在物质上强大起来，而且要在精神上强大起来。全国各族人民都要向劳模学习，以劳模为榜样，发挥只争朝夕的奋斗精神，共同投身实现中华民族伟大复兴的宏伟事业。广大劳动模范和先进人物要珍惜荣誉、再接再厉，爱岗敬业、无私奉献，做坚定理想信念的模范、勤奋劳动的模范、增进团结的模范。当代工人不仅要有力量，还要有智慧、有技术，能发明、会创新，以实际行动奏响时代主旋律。各级党委、政府和工会组织要高度重视劳模、关心爱护劳模，支持劳模发挥骨干带头作用，帮助劳模解决生产生活中的问题，广泛宣传劳模先进事迹，使劳模精神不断发扬光大。

党对工会寄予厚望，职工群众对工会充满期待。中国工会是中国共产党领导的工人阶级群众组织，是党联系职工群众的桥梁和纽带，是社会主义国家政权的重要社会支柱。中国特色社会主义工会发展道路是中国特色社会主义道路的重要组成部分，深刻反映了中国工会的性质和特点，是工会组织和工会工作始终沿着正确方向前进的重要保证。要始终坚持这条道路，不断拓展这条道路，努力使这条道路越走越宽广。

时代在发展，事业在创新，工会工作也要发展、也要创新。要顺应时代要求、适应社会变化，善于创造科学有效的工作方法，让职工群众真正感受到工会是“职工之家”，工会干部是最可信赖的“娘家人”。要把竭诚为职工群众服务作为工会一切工作的出发点和落脚点，全心全意为广大职工群众服务，认真倾听职工群众呼声，维护好广大职工群众包括农民工合法权益，扎扎实实为职工群众做好事、办实事、解难事，不断促进社会主义和谐劳动关系。要高度重视广大职工的多样化需求，不断拓展职工成长成才空间，着力培养造就一大批知识型、技术型、创新型的高素质职工。各级党委和政府要加强和改善对工会的领导，支持工会开展工作，为工会工作提供更多资源和手段，为工会履职创造更好条件。

同志们，千里之行，始于足下。我们国家的发展前景十分光明，但道路不可能一帆风顺，蓝图不可能一蹴而就，梦想不可能一夜成真。人间万事出艰辛。越是美好的未来，越需要我们付出艰辛努力。

真抓才能攻坚克难，实干才能梦想成真。我们要在全社会大力弘扬真抓实干、埋头苦干的良好风尚。各级领导干部要带头发扬劳模精神，出实策、鼓实劲、办实事，不图虚名，不务虚功，坚决反对干部群众反映强烈的形式主义、官僚主义、享乐主义和奢靡之风“四风”，以身作则带领群众把各项工作落到实处。

我深信，有党中央的坚强领导，有我国工人阶级和全体劳动群众的团结奋进，有全国各族人民的共同奋斗，我们一定能开创更加美好的未来，中华民族伟大复兴的中国梦一定能够实现！

在同各界优秀青年代表座谈时的讲话

（2013 年 5 月 4 日）

习近平

青年朋友们，同志们：

今天是五四青年节。在这个属于青春的日子里，很高兴来参加“实现中国梦、青春勇担当”主题团日活动，同各条战线的优秀青年代表一起交流，聆听大家抒发与祖国共奋进、与时代齐发展的青春感受。

首先，我代表党中央，向全国各族各界青年，致以节日的问候！向荣获中国青年五四奖章的青年朋友们，向中国大学生和全国高校辅导员年度人物、中国青年创业奖获得者、全国农村青年致富带头人标兵、“西部计划”优秀志愿者等优秀青年代表，表示热烈的祝贺！向各行各业的先进青年典型，表示由衷的敬意！

我们同青年朋友们到航天城来，就是要实地感受载人航天精神，激励包括广大青年在内的全国各族人民为实现中华民族伟大复兴的中国梦而奋斗。

刚才，不同领域的优秀青年代表作了很好的发言。在你们身上，充分体现了当代青年报效祖国的远大志向、朝气蓬勃的精神风貌、自强不息的意志品格、甘于奉献的思想境界，也充分体现了广大青年对中国特色社会主义的坚定信念、对实现中华民族伟大复兴的必胜信心。

青年最富有朝气、最富有梦想。近代以来，我国青年不懈追求的美好梦想，始终与振兴中华的历史进程紧密相联。在革命战争年代，广大青年满怀革命理想，为争取民族独立、人民解放冲锋陷阵、抛洒热血。在社会主义革命和建设时期，广大青年响应党的号召，向困难进军，向荒原进军，保卫祖国，建设祖国，在新中国的广阔天地忘我劳动、艰苦创业。在改革开放历史新时期，广大青年发出团结起来、振兴中华的时代强音，为祖国繁荣富强开拓奋进、锐意创新。在最近的芦山抗震救灾中，大批青年临危不惧、顽强拼搏，广大青年心系灾区、无私奉献，为抗震救灾作出了重要贡献。

历史和现实都告诉我们，青年一代有理想、有担当，国家就有前途，民族就有希望，实现我们的发展目标就有源源不断的强大力量。

党的十八大描绘了全面建成小康社会、加快推进社会主义现代化的宏伟蓝图，发出了向实现“两个一百年”奋斗目标进军的时代号召。根据党的十八大精神，我们明确提出要实现中华民族伟大复兴的中国梦。现在，大家都在谈论中国梦，都在思考中国梦与自己的关系、自己为实现中国梦应尽的责任。

——中国梦是历史的、现实的，也是未来的。中国梦凝结着无数仁人志士的不懈努力，承载着全体中华儿女的共同向往，昭示着国家富强、民族振兴、人民幸福的美好前景。

——中国梦是国家的、民族的，也是每一个中国人的。国家好、民族好，大家才会好。只有每个人都为美好梦想而奋斗，才能汇聚起实现中国梦的磅礴力量。

——中国梦是我们的，更是你们青年一代的。中华民族伟大复兴终将在广大青年的接力奋斗中变为现实。

在革命、建设、改革各个历史时期，中国共产党始终高度重视青年、关怀青年、信任青年，对青年一代寄予殷切期望。中国共产党从来都把青年看作是祖国的未来、民族的希望，从来都把青年作为党和人民事业发展的生力军，从来都支持青年在人民的伟大奋斗中实现自己的人生理想。

现在，我们比历史上任何时期都更接近实

现中华民族伟大复兴的目标，比历史上任何时期都更有信心、更有能力实现这个目标。行百里者半九十。距离实现中华民族伟大复兴的目标越近，我们越不能懈怠，越要加倍努力，越要动员广大青年为之奋斗。

展望未来，我国青年一代必将大有可为，也必将大有作为。这是“长江后浪推前浪”的历史规律，也是“一代更比一代强”的青春责任。广大青年要勇敢肩负起时代赋予的重任，志存高远，脚踏实地，努力在实现中华民族伟大复兴的中国梦的生动实践中放飞青春梦想。

第一，广大青年一定要坚定理想信念。“功崇惟志，业广惟勤。”理想指引人生方向，信念决定事业成败。没有理想信念，就会导致精神上“缺钙”。中国梦是全国各族人民的共同理想，也是青年一代应该牢固树立的远大理想。中国特色社会主义是我们党带领人民历经千辛万苦找到的实现中国梦的正确道路，也是广大青年应该牢固确立的人生信念。

广大青年要坚持用邓小平理论、“三个代表”重要思想、科学发展观武装头脑，把理想信念建立在对科学理论的理性认同上，建立在对历史规律的正确认识上，建立在对基本国情的准确把握上，不断增强道路自信、理论自信、制度自信，增强对坚持党的领导的信念，永远紧跟党高高举起中国特色社会主义伟大旗帜。

第二，广大青年一定要练就过硬本领。学习是成长进步的阶梯，实践是提高本领的途径。青年的素质和本领直接影响着实现中国梦的进程。古人说：“学如弓弩，才如箭镞。”说的是学问的根基好比弓弩，才能好比箭头，只要依靠厚实的见识来引导，就可以让才能很好发挥作用。青年人正处于学习的黄金时期，应该把学习作为首要任务，作为一种责任、一种精神追求、一种生活方式，树立梦想从学习开始、事业靠本领成就的观念，让勤奋学习成为青春远航的动力，让增长本领成为青春搏击的能量。

广大青年要坚持面向现代化、面向世界、面向未来，增强知识更新的紧迫感，如饥似渴学习，既扎实打牢基础知识又及时更新知识，既刻苦钻研理论又积极掌握技能，不断提高与时代发展和事业要求相适应的素质和能力。要坚持学以致用，深入基层、深入群众，在改革开放和社会主义现代化建设的大熔炉中，在社会的大学校里，掌握真才实学，增益其所不能，努力成为可堪大用、能担重任的栋梁之材。

第三，广大青年一定要勇于创新创造。创新是民族进步的灵魂，是一个国家兴旺发达的不竭源泉，也是中华民族最深沉的民族禀赋，正所谓“苟日新，日日新，又日新”。生活从不眷顾因循守旧、满足现状者，从不等待不思进取、坐享其成者，而是将更多机遇留给善于和勇于创新的人们。青年是社会上最富活力、最具创造性的群体，理应走在创新创造前列。

广大青年要有敢为人先的锐气，勇于解放思想、与时俱进，敢于上下求索、开拓进取，树立在继承前人的基础上超越前人的雄心壮志，“以青春之我……，创建青春之国家，青春之民族”。要有逢山开路、遇河架桥的意志，为了创新创造而百折不挠、勇往直前。要有探索真知、求真务实的态度，在立足本职的创新创造中不断积累经验、取得成果。

第四，广大青年一定要矢志艰苦奋斗。“宝剑锋从磨砺出，梅花香自苦寒来。”人类的美好理想，都不可能唾手可得，都离不开筚路蓝缕、手胼足胝的艰苦奋斗。我们的国家，我们的民族，从积贫积弱一步一步走到今天的发展繁荣，靠的就是一代又一代人的顽强拼搏，靠的就是中华民族自强不息的奋斗精神。当前，我们既面临着重要发展机遇，也面临着前所未有的困难和挑战。梦在前方，路在脚下。自胜者强，自强者胜。实现我们的发展目标，需要广大青年锲而不舍、驰而不息的奋斗。

广大青年要牢记“空谈误国、实干兴邦”，立足本职、埋头苦干，从自身做起，从点滴做起，用勤劳的双手、一流的业绩成就属于自己的人生精彩。要不怕困难、攻坚克难，勇于到条件艰苦的基层、国家建设的一线、项目攻关的前沿，经受锻炼，增长才干。要勇于创业、敢闯敢干，努力在改革开放中闯新路、创新业，不断开辟事业发展新天地。

第五，广大青年一定要锤炼高尚品格。中国特色社会主义是物质文明和精神文明全面发展的社会主义。一个没有精神力量的民族难以自立自强，一项没有文化支撑的事业难以持续长久。青年是引风气之先的社会力量。一个民族的文明素养很大程度上体现在青年一代的道德水准和精神风貌上。

广大青年要把正确的道德认知、自觉的道德养成、积极的道德实践紧密结合起来，自觉树立和践行社会主义核心价值观，带头倡导良好社会风气。要加强思想道德修养，自觉弘扬爱国主义、集体主义、社会主义思想，积极倡导社会公德、职业道德、家庭美德。要牢记"从善如登，从恶如崩"的道理，始终保持积极的人生态度、良好的道德品质、健康的生活情趣。要倡导社会文明新风，带头学雷锋，积极参加志愿服务，主动承担社会责任，热诚关爱他人，多做扶贫济困、扶弱助残的实事好事，以实际行动促进社会进步。

为实现中华民族伟大复兴的中国梦而奋斗，是中国青年运动的时代主题。共青团要在广大青少年中深入开展"我的中国梦"主题教育实践活动，为每个青少年播种梦想、点燃梦想，让更多青少年敢于有梦、勇于追梦、勤于圆梦，让每个青少年都为实现中国梦增添强大青春能量。要用中国梦打牢广大青少年的共同思想基础，教育和帮助青少年树立正确的世界观、人生观、价值观，永远热爱我们伟大的祖国，永远热爱我们伟大的人民，永远热爱我们伟大的中华民族，坚定跟着党走中国道路。要用中国梦激发广大青少年的历史责任感，发扬"党有号召、团有行动"的光荣传统，在党和国家工作大局中找准自身工作的切入点和结合点，组织动员广大青少年支持改革、促进发展、维护稳定。要积极为广大青少年实现梦想提供服务，切实改进作风，深入基层、走进青年，想青年之所想，急青年之所急，代表和维护青少年普遍性利益诉求，努力为广大青少年成长成才创造良好环境。

青年模范人物是广大青少年学习的榜样，肩负着更多社会责任和公众期望，在青少年中乃至全社会都有着很强的示范带动作用。希望青年模范们再接再厉、严于律己、锐意进取，用自身的成长历程、精神追求、模范行动为广大青少年作好表率。

青年兴则国家兴，青年强则国家强。我们党自成立之日起，就始终代表广大青年、赢得广大青年、依靠广大青年。各级党委和政府要充分信任青年、热情关心青年、严格要求青年，为青年驰骋思想打开更浩瀚的天空，为青年实践创新搭建更广阔的舞台，为青年塑造人生提供更丰富的机会，为青年建功立业创造更有利的条件。各级领导干部要关注青年愿望、帮助青年发展、支持青年创业，做青年朋友的知心人，做青年工作的热心人。

青年朋友们，人的一生只有一次青春。现在，青春是用来奋斗的；将来，青春是用来回忆的。人生之路，有坦途也有陡坡，有平川也有险滩，有直道也有弯路。青年面临的选择很多，关键是要以正确的世界观、人生观、价值观来指导自己的选择。无数人生成功的事实表明，青年时代，选择吃苦也就选择了收获，选择奉献也就选择了高尚。青年时期多经历一点摔打、挫折、考验，有利于走好一生的路。要历练宠辱不惊的心理素质，坚定百折不挠的进取意志，保持乐观向上的精神状态，变挫折为动力，用从挫折中吸取的教训启迪人生，使人生获得升华和超越。总之，只有进行了激情奋斗的青春，只有进行了顽强拼搏的青春，只有为人民作出了奉献的青春，才会留下充实、温暖、持久、无悔的青春回忆。

青年朋友们，我坚信，在党的领导下，只要全国各族人民紧密团结，脚踏实地、开拓进取，到本世纪中叶，我们必将建成富强民主文明和谐的社会主义现代化国家，我国广大青年必将同全国各族人民一道共同见证、共同享有中国梦的实现！

在党的群众路线教育实践活动工作会议上的讲话

（2013年6月18日）

习近平

围绕保持党的先进性和纯洁性，在全党深入开展以为民务实清廉为主要内容的党的群众路线教育实践活动，是党的十八大作出的一项重大部署。2013年5月9日，中共中央下发了《关于在全党深入开展党的群众路线教育实践活动的意见》，明确这次活动中央政治局带头开展，从今年下半年开始自上而下分两批进行，明年7月基本完成。

今天会议的主要任务是对全党教育实践活动进行动员部署。

下面，我讲3个问题。

一、充分认识开展党的群众路线教育实践活动的重大意义

群众路线是我们党的生命线和根本工作路线。开展党的群众路线教育实践活动，是我们党在新形势下坚持党要管党、从严治党的重大决策，是顺应群众期盼、加强学习型服务型创新型马克思主义执政党建设的重大部署，是推进中国特色社会主义的重大举措，对保持党的先进性和纯洁性、巩固党的执政基础和执政地位，对全面建成小康社会，具有重大而深远的意义。

第一，开展党的群众路线教育实践活动，是实现党的十八大确定的奋斗目标的必然要求。党的十八大提出，在中国共产党成立100年时全面建成小康社会，在新中国成立100年时建成富强民主文明和谐的社会主义现代化国家。党的十八大之后，党中央又提出实现中华民族伟大复兴的中国梦。实现党的十八大确定的奋斗目标和中国梦，要求全党同志必须有优良作风。

什么是优良作风？优良作风就是我们党历来坚持的理论联系实际、密切联系群众、批评和自我批评以及艰苦奋斗、求真务实等作风。在革命、建设、改革长期实践中，我们党始终要求全党同志坚持光荣传统、发扬优良作风，为党和人民事业不断从胜利走向胜利提供了重要保障。

特别是在改革开放历史新时期，我们清醒地认识到，随着改革不断深入和对外开放不断扩大，党必将面临前所未有的风险和挑战，党的作风建设始终是摆在我们面前的一项重大而紧迫的任务，抓作风建设一丝都不能放松、一刻都不能停顿。

改革开放初期，邓小平同志就强调："在目前的历史转变时期，问题堆积成山，工作百端待举，加强党的领导，端正党的作风，具有决定的意义。"以邓小平同志为核心的党的第二代中央领导集体、以江泽民同志为核心的党的第三代中央领导集体、以胡锦涛同志为总书记的党中央都高度重视作风建设，这些年来先后开展了整党、"三讲"教育、保持共产党员先进性教育、深入学习实践科学发展观活动等。我们党始终强调，执政党的党风关系党的形象，关系人心向背，关系党和国家生死存亡；加强和改进党的作风建设，核心问题是保持党同人民群众的血肉联系；马克思主义执政党的最大危险就是脱离群众。

回过头来看，党的十一届三中全会以来，由于我们党重新确立了解放思想、实事求是的思想路线，始终高度重视抓作风建设，始终高度重视保持党同人民群众的血肉联系，全党精神面貌和作风状况焕然一新，为改革开放和社会主义现代化建设顺利推进提供了重要保障。

历史和现实都告诉我们,密切联系群众,是党的性质和宗旨的体现,是中国共产党区别于其他政党的显著标志,也是党发展壮大的重要原因;能否保持党同人民群众的血肉联系,决定着党的事业的成败。

我们党来自人民、植根人民、服务人民,党的根基在人民、血脉在人民、力量在人民。失去了人民拥护和支持,党的事业和工作就无从谈起。党要继续经受住执政考验、改革开放考验、市场经济考验、外部环境考验,就必须始终密切联系群众。在任何时候任何情况下,与人民同呼吸共命运的立场不能变,全心全意为人民服务的宗旨不能忘,群众是真正英雄的历史唯物主义观点不能丢,始终坚持立党为公、执政为民。

现在,我们要实现党的十八大确定的奋斗目标和中国梦,必须紧紧依靠人民,充分调动最广大人民的积极性、主动性、创造性。开展党的群众路线教育实践活动,就是要使全党同志牢记并恪守全心全意为人民服务的根本宗旨,以优良作风把人民紧紧凝聚在一起,为实现党的十八大确定的目标任务而努力奋斗。

第二,开展党的群众路线教育实践活动,是保持党的先进性和纯洁性、巩固党的执政基础和执政地位的必然要求。保持党的先进性和纯洁性,巩固党的执政基础和执政地位,是党的建设面临的根本问题和时代课题。

我们多次讲,党的先进性和党的执政地位都不是一劳永逸、一成不变的,过去先进不等于现在先进,现在先进不等于永远先进;过去拥有不等于现在拥有,现在拥有不等于永远拥有。这是用辩证唯物主义和历史唯物主义观察问题得出的结论。保持党的先进性和纯洁性、巩固党的执政基础和执政地位靠什么?最重要的就是靠坚持党的群众路线、密切联系群众。

得民心者得天下,失民心者失天下,人民拥护和支持是党执政的最牢固根基。人心向背关系党的生死存亡。党只有始终与人民心连心、同呼吸、共命运,始终依靠人民推动历史前进,才能做到哪怕"黑云压城城欲摧","我自岿然不动",安如泰山、坚如磐石。开展党的群众路线教育实践活动,就是要把为民务实清廉的价值追求深深植根于全党同志的思想和行动中,夯实党的执政基础,巩固党的执政地位,增强党的创造力凝聚力战斗力,使保持党的先进性和纯洁性、巩固党的执政基础和执政地位具有广泛、深厚、可靠的群众基础。

第三,开展党的群众路线教育实践活动,是解决群众反映强烈的突出问题的必然要求。总体上看,当前各级党组织和党员、干部贯彻执行党的群众路线情况是好的,党群干群关系也是好的,广大党员、干部在改革发展稳定各项工作中冲锋陷阵、忘我奉献,发挥了先锋模范作用,赢得了广大人民群众肯定和拥护。这是主流,必须充分肯定。

同时,我们必须看到,面对世情、国情、党情的深刻变化,精神懈怠危险、能力不足危险、脱离群众危险、消极腐败危险更加尖锐地摆在全党面前,党内脱离群众的现象大量存在,一些问题还相当严重,集中表现在形式主义、官僚主义、享乐主义和奢靡之风这"四风"上。

在形式主义方面,主要是知行不一、不求实效,文山会海、花拳绣腿,贪图虚名、弄虚作假。有的不认真学习党的理论和做好工作所需要的知识,学了也是为应付场面,蜻蜓点水,浅尝辄止,不求甚解,无心也无力在实践中认真运用。有的习惯于以会议落实会议、以文件落实文件,热衷于造声势、出风头,把安排领导出场讲话、组织发新闻、上电视作为头等大事,最后工作却不了了之。有的抓工作不讲实效,不下功夫解决存在的矛盾和问题,难以给领导留下印象的事不做,形不成多大影响的事不做,工作汇报或年终总结看上去不漂亮的事不做,仪式一场接着一场,总结一份接着一份,评奖一个接着一个,最后都是"客里空"。有的下基层调研走马观花,下去就是为了出镜头、露露脸,坐在车上转,隔着玻璃看,只看"门面"和"窗口",不看"后院"和"角落",群众说是"调查研究隔层纸,政策执行隔座山”。有的明知报上来的是假情况、假数字、假典型,也听之任之,甚至通过挖空心思造假来粉饰太平。

在官僚主义方面,主要是脱离实际、脱离群众,高高在上、漠视现实,唯我独尊、自我膨胀。有的对实际情况不了解不关注,不愿深入困难艰苦地区,不愿帮助基层和群众解决实际问题,甚至不愿同基层和普通群众打交道,怕给自己添麻烦,工作上敷衍塞责、推诿扯皮、得过且过。有的不顾地方实际和群众意愿,喜欢拍脑袋决策、拍胸脯表态,盲目铺摊子、上项目,最后拍屁股走人,留下一堆后遗症。有的对上吹吹拍拍、曲意逢迎,对下吆五喝六、横眉竖目,门难进、脸难看、事难办,甚至不给钱不办事,收了钱乱办事。有的对待上级部署囫囵吞枣、断章取义,执行上级决定照本宣科、等因奉此,或者照猫画虎、生搬硬套,以前怎么做就怎么做,别人怎么做就怎么做,完全不顾本地本部门实际情况。有的官气十足、独断专行,老子天下第一,一切都要自己说了算,拒绝批评帮助,容不下他人,听不得不同意见。

在享乐主义方面,主要是精神懈怠、不思进取,追名逐利、贪图享受,讲究排场、玩风盛行。有的意志消沉、信念动摇,奉行及时行乐的人生哲学,“今朝有酒今朝醉”,“人生得意须尽欢”。有的追求物质享受,情趣低俗,玩物丧志,沉湎花天酒地,热衷灯红酒绿,纵情声色犬马。有的拈轻怕重,安于现状,不愿吃苦出力,满足于现有学识和见解,陶醉于已经取得的成绩,不立新目标,缺乏新动力,“清茶报纸二郎腿,闲聊旁观混光阴”。

在奢靡之风方面,主要是铺张浪费、挥霍无度,大兴土木、节庆泛滥,生活奢华、骄奢淫逸,甚至以权谋私、腐化堕落。有的修建豪华气派的办公大楼,甚至占地上百亩、耗资几个亿,搞得富丽堂皇,吃喝玩乐一应俱全。有的热衷于造节办节,节庆泛滥成灾,动辄花费几百万、几千万,劳民伤财啊!有的热衷于个人享受,住房不厌其大其多,车子不厌其豪华,菜肴不厌其精美,穿戴讲究名牌,对超出规定的生活待遇安之若素,还总嫌不够。有的要求超规格接待,住高档酒店,吃山珍海味,喝美酒佳酿,觥筹交错之后还要“意思意思”。有的兜里揣着价值不菲的会员卡、消费卡,在高档会馆里乐不思蜀,在高级运动场所流连忘返,在名山秀水间朝歌夜弦,在异国风情中醉生梦死,有的甚至到境外赌博场所挥金如土啊!有的作风不检点,甚至道德败坏、生活放荡,不以为耻、反以为荣。

我讲这些情况,就是要全党都警醒起来。如果任由这些问题蔓延开来,后果不堪设想,那就有可能发生毛泽东同志所形象比喻的“霸王别姬”了。更为严重的是,我们一些同志对这些问题见怪不怪,甚至觉得理所当然,“久入鲍肆而不闻其臭”。这就更加危险了。

我们一定要牢记“奢靡之始,危亡之渐”的古训,对作风之弊、行为之垢来一次大排查、大检修、大扫除,切实解决人民群众反映强烈的突出问题。

二、准确把握党的群众路线教育实践活动的指导思想和目标要求

中央对这次教育实践活动的指导思想、目标任务、基本原则、方法步骤作出了明确规定。贯彻落实好中央要求,必须高举中国特色社会主义伟大旗帜,全面贯彻落实党的十八大精神,以马克思列宁主义、毛泽东思想、邓小平理论、“三个代表”重要思想、科学发展观为指导,贯彻好党的十八大以来中央作出的重大工作部署和要求,紧紧围绕保持和发展党的先进性和纯洁性,以为民务实清廉为主要内容,切实加强全体党员马克思主义群众观点和党的群众路线教育,把贯彻落实中央八项规定精神作为切入点,着力解决突出问题。关键要把握好以下几方面要求。

第一,牢牢把握目标任务。历次党内集中教育活动的实践告诉我们,要使活动取得成功,确定一个合适的目标十分重要。

既然开展活动,当然要取得成效,而且成效

越多越好。同时，我们也要实事求是，这次活动为时一年，具体到一个单位也就3个月，不能要求一下子就把党内存在的所有矛盾和问题都解决了，很多矛盾和问题仍然要靠经常性工作来解决。这里面有一个伤其十指和断其一指的关系问题。基于这个考虑，中央反复研究，决定把这次教育实践活动的主要任务聚焦到作风建设上，集中解决形式主义、官僚主义、享乐主义和奢靡之风这"四风"问题。

为什么要聚焦到"四风"上呢？因为这"四风"是违背我们党的性质和宗旨的，是当前群众深恶痛绝、反映最强烈的问题，也是损害党群干群关系的重要根源。党内存在的其他问题都与这"四风"有关，或者说是这"四风"衍生出来的。"四风"问题解决好了，党内其他一些问题解决起来也就有了更好条件。党的十八大之后，中央政治局首先抓改进工作作风，也是这个考虑。我们要通过教育实践活动，巩固和扩大前一段作风建设的成果。

解决"四风"问题，要对准焦距、找准穴位、抓住要害，不能"走神"，不能"散光"。反对形式主义，要着重解决工作不实的问题，教育引导党员、干部改进学风文风会风，改进工作作风，在大是大非面前敢于担当、敢于坚持原则，真正把心思用在干事业上，把功夫下到察实情、出实招、办实事、求实效上。反对官僚主义，要着重解决在人民群众利益上不维护、不作为的问题，教育引导党员、干部深入实际、深入基层、深入群众，坚持民主集中制，虚心向群众学习，真心对群众负责，热心为群众服务，诚心接受群众监督，坚决整治消极应付、推诿扯皮、侵害群众利益的问题。反对享乐主义，要着重克服及时行乐思想和特权现象，教育引导党员、干部牢记"两个务必"，克己奉公，勤政廉政，保持昂扬向上、奋发有为的精神状态。反对奢靡之风，要着重狠刹挥霍享乐和骄奢淫逸的不良风气，教育引导党员、干部坚守节约光荣、浪费可耻的思想观念，做到艰苦朴素、精打细算，勤俭办一切事情。解决"四风"问题，要从实际出发，抓住主要矛盾，什么问题突出就着重解决什么问题，什么问题紧迫就抓紧解决什么问题，找准靶子，有的放矢，务求实效。

第二，认真贯彻总要求。延安整风时，毛泽东同志提出要集中整治主观主义、宗派主义、党八股，并说要做对于这些东西的肃清工作和打扫工作是不容易的，要重重地给患病者一个刺激，使患者为之一惊，出一身汗，然后好好叫他们治疗。这次教育实践活动借鉴延安整风经验，明确提出"照镜子、正衣冠、洗洗澡、治治病"的总要求。这4句话、12个字，概括起来就是要自我净化、自我完善、自我革新、自我提高，说起来简洁明了，但真正做到就不那么容易了。

照镜子，主要是以党章为镜，对照党的纪律、群众期盼、先进典型，对照改进作风要求，在宗旨意识、工作作风、廉洁自律上摆问题、找差距、明方向。镜子可以照自己，也可以照他人，这次主要是照自己。现实生活中，有的同志总是自我感觉良好，懒得照镜子；有的同志明知自己有问题，怕照镜子；有的同志只愿看到自己光鲜的一面，习惯于化妆后才照镜子；还有的同志喜欢拿着镜子照别人，认为自己美得不得了，人家都是丑八怪。这几种现象都不符合共产党人的修养。党员、干部要敢照镜子、勤照镜子，特别是对缺点和错误要多往深处、细处照，使之纤毫毕现，这样才能找出差距、修身正己。

正衣冠，主要是在照镜子的基础上，按照为民务实清廉的要求，勇于正视缺点和不足，严明党的纪律特别是政治纪律，敢于触及思想、正视矛盾和问题，从自己做起，从现在改起，端正行为，自觉把党性修养正一正、把党员义务理一理、把党纪国法紧一紧，保持共产党人良好形象。正衣冠往往一天一次不够，需要"吾日三省吾身"。正视和解决自身存在的问题需要勇气，但这样做最主动。"祸患常积于忽微，而智勇多困于所溺。"养成勤正衣冠的习惯，能收到防微杜渐之效，能有效避免"积羽沉舟，群轻折轴"。

洗洗澡，主要是以整风的精神开展批评和

自我批评，深入分析发生问题的原因，清洗思想和行为上的灰尘，既要解决实际问题，更要解决思想问题，保持共产党人政治本色。人每天都在接触灰尘，所以要经常洗澡，打点肥皂，用丝瓜瓤搓一搓，用水冲一冲，洗干净了，就神清气爽了。同样，我们的思想和行为也会沾上灰尘，也会受到政治微生物的侵袭，因此也需要"洗澡"，既去灰去泥、放松身心，又舒张毛孔、促进新陈代谢，做到干干净净做事、清清白白做人。有些人对自己思想和行为上的灰尘总想掩饰，不愿意"洗澡"。对这样的人，同志们、组织上要帮助他们"洗洗澡"。

治治病，主要是坚持惩前毖后、治病救人方针，区别情况、对症下药，对作风方面存在问题的党员、干部进行教育提醒，对问题严重的进行查处，对不正之风和突出问题进行专项治理。人的身体有了毛病，就要看医生，就要打针吃药，重了还要动手术。人的思想和作风有了毛病，也必须抓紧治。如果讳疾忌医，就可能小病拖成大病，由病在表皮发展到病入膏肓，最终无药可治，正所谓"禁微则易，救末者难"。各级党组织要采取有力措施，帮助有问题的党员、干部找准"病症"，对症下药，该吃中药的吃中药，该吃西药的吃西药，或者中西医结合，该动手术的动手术，切实体现从严治党的要求。

第三，以整风精神开展批评和自我批评。 批评和自我批评是我们党的优良传统，是增强党组织战斗力、维护党的团结统一的有效武器。为什么说要以整风精神来抓？因为党内脱离群众的种种问题特别是"四风"问题都是顽症，要真正解决问题，就要有抛开面子、揭短亮丑的勇气，有动真碰硬、敢于交锋的精神，有深挖根源、触动灵魂的态度。现在，批评和自我批评这个"利器"在很多地方变成了"钝器"，锈迹斑斑，对问题触及不到、触及不深，就像鸡毛掸子打屁股不痛不痒，有的甚至把自我批评变成了自我表扬，相互批评变成了相互吹捧。这次教育实践活动，要在批评和自我批评上好好下一番功夫。

要开好民主生活会。各级党组织要教育党员干部坚持"团结—批评—团结"的公式，打消自我批评怕丢面子、批评上级怕穿小鞋、批评同级怕伤和气、批评下级怕丢选票等顾虑，既深刻剖析和检查自己，又开展诚恳的相互批评，触及思想和灵魂，既红红脸、出出汗，又明确整改方向。无论批评还是自我批评，都要实事求是、出于公心、与人为善，不搞"鸵鸟"政策，不马虎敷衍，不文过饰非，不发泄私愤。忠言逆耳，良药苦口。对批评意见，要本着有则改之、无则加勉的态度，决不能用"批评"抵制批评，搞无原则的纷争。

群众的眼睛是雪亮的。党员、干部身上的问题，群众看得最清楚、最有发言权。要坚持开门搞活动，一开始就扎下去听取群众意见和建议，每个环节都组织群众有序参与，让群众监督和评议，切忌"自说自话、自弹自唱"，不搞闭门修炼、体内循环。

第四，坚持领导带头。 经常听到这样的议论，说一些问题长期得不到解决，表现在基层，根子在上层，上面害病、下面吃药。确实，脱离群众的种种问题，主要表现在领导机关、领导干部中。这次活动要以县处级以上领导机关、领导班子、领导干部为重点。常言道，先禁己身而后人，打铁还需自身硬。中央决定中央政治局先行开展这次活动，目的就是要起示范带动作用。县处级以上各级领导机关、领导班子、领导干部一定要当好表率。

各级领导干部既是活动的组织者、推进者、监督者，更是活动的参与者，要以普通党员身份把自己摆进去，力争认识高一层、学习深一步、实践先一着、剖析解决突出问题好一筹。

自我剖析准不准、深不深、严不严，是对领导干部能不能起好示范带动作用的重要检验。无私者无畏。各级领导干部要放下架子，虚心听取下级、基层和党员、群众的意见，以树立标杆、向我看齐的态度检查自己，认真查摆个人、领导班子、本地区本部门在作风方面存在的突出问题，深刻剖析问题症结和原因，把整改的方向和具体措施明确亮出来，切忌查摆问题见事不见人、对人不对己、避重而就轻。有了这样的底气和决心，批评和自我批评就能开展起来，解决突出问题就会有好效果，一级做给一级看就能落到实处。

第五，注重建立长效机制。保持党同人民群众的血肉联系是一个永恒课题，作风问题具有反复性和顽固性，不可能一蹴而就、毕其功于一役，更不能一阵风、刮一下就停，必须经常抓、长期抓。我们既要立足当前、切实解决群众反映强烈的突出问题，又要着眼长远、建立健全促进党员、干部坚持为民务实清廉的长效机制。

经过多年探索和实践，我们在贯彻群众路线、密切联系群众方面有了比较系统的制度规定，大多行之有效、群众认可，要继续坚持。中央对这次教育实践活动有一些新的要求，各地区各部门也会创造出一些新鲜经验，要把中央要求、实际需要、新鲜经验结合起来，制定新的制度，完善已有的制度，废止不适用的制度。不管建立和完善什么制度，都要本着于法周延、于事简便的原则，注重实体性规范和保障性规范的结合和配套，确保针对性、操作性、指导性强。

制度一经形成，就要严格遵守，坚持制度面前人人平等、执行制度没有例外，坚决维护制度的严肃性和权威性，坚决纠正有令不行、有禁不止的各种行为，使制度真正成为党员、干部联系和服务群众的硬约束，使贯彻党的群众路线真正成为党员、干部的自觉行动。

三、加强对教育实践活动的领导

这次教育实践活动时间紧、任务重、要求高。各级党委要增强责任感和紧迫感，把开展好教育实践活动作为一项重大政治任务抓紧抓好抓实。

第一，明确责任职责，主要领导亲自抓。各级党委（党组）是抓好本地区本部门本单位教育实践活动的责任主体，务必高度重视、认真负责，把活动摆上重要议事日程，精心组织，加强督导，不折不扣落实中央部署和要求。中央党的群众路线教育实践活动领导小组已经成立，各级党委（党组）也要抓紧成立领导机构，尽早开展工作。党委（党组）主要领导同志要承担起第一责任人的责任，特别是要深入一线、靠前指挥，吃透政策原则，把握进度节奏，解决关键问题。相关部门要明确责任、密切配合，形成良好的组织指导格局，促使活动善始善终、取得实际成效。

第二，深入调查研究，制定切实可行的实施方案。这次教育实践活动涉及面广、政策性强。各级党委（党组）要深入基层、深入群众，广泛听取意见，查明情况，摸清底数，抓紧制定实施方案。要针对机关、企事业单位和基层的不同情况，找准各自需要解决的突出问题，提出适合各自特点的办法措施，不搞一刀切。要统筹安排每个批次、每个环节的工作重点和工作进度，使整个活动衔接紧凑、推进有序。

第三，加强具体指导，确保正确方向。这次教育实践活动是全党的活动，地区之间、领导机关和基层之间、不同类型党组织和党员之间面临的情况和需要解决的问题有所不同，必须加强分类指导和督导。分类指导要体现在方案制定上，更要体现在活动进程中，总的原则是在遵循基本方法步骤、完成规定动作的同时，鼓励探索创造、做一些自选动作，对领导机关、领导干部要标准更高一些、要求更严一些。指导力量要沉下去面对面开展工作，不能笼而统之发号施令。要把督导工作贯穿活动全过程，及时发现和解决苗头性、倾向性、潜在性问题，推动面上工作健康发展。

第四，坚持统筹兼顾，做到两手抓、两促进。教育实践活动的根本目的，是为全面贯彻落实党的十八大精神、推进经济社会发展提供保障。各地区各部门各单位要把开展活动同做好当前改革发展稳定各项工作紧密结合起来，同完成本地区本部门本单位各项任务紧密结合起来，摆布好时间和精力，使活动每个环节、每项措施都为中心工作服务，把党员、干部在活动中激发出来的工作热情和进取精神转化为做好工作的动力，用经济社会发展成效检验活动成效。

第五，加强宣传引导，营造良好舆论氛围。这次教育实践活动全党关心、社会关注、群众期盼，抓好宣传舆论工作十分重要。要积极宣传中央的决策部署、宣传活动的重大意义、宣传活动的经验成效，引导广大干部群众把思想和行动统一到中央精神上来。要创新舆论引导方式方法，正面引导网上舆论。要重视典型宣传，既宣传正面典型、发挥示范作用，又注意剖析反面典型、开展警示教育。

同志们，这次教育实践活动意义重大、任务繁重。全党同志要积极参与到活动中来，以实际行动密切党群干群关系，取得群众满意的成效，使我们党始终成为中国特色社会主义事业的坚强领导核心，更好团结带领全国各族人民为实现党的十八大确定的目标任务而努力奋斗。

深化改革开放　共创美好亚太

——在亚太经合组织工商领导人峰会上的演讲

（2013年10月7日）

中华人民共和国主席　习近平

尊敬的瓦尔达纳主席，女士们，先生们，朋友们：

今天，这里高朋满座、群英荟萃。有机会同亚太工商界的朋友们相聚在美丽的天堂之岛，我感到十分高兴。

这里不仅是举世闻名的旅游胜地，也是巴厘进程、巴厘路线图等的诞生地。这次亚太经合组织领导人非正式会议在巴厘岛举行，承载着亚太和世界的期待。

当前，世界经济复苏艰难曲折，亚太经济保持了良好发展势头，同时也面临着新的挑战。人们期待这次会议能为本地区乃至全球经济增长注入新的活力。

女士们、先生们、朋友们！

世界经济仍然处于深度调整期，既有复苏迹象，也面临基础不稳、动力不足、速度不均的问题。主要发达经济体的结构性问题远未解决，加强宏观经济政策协调的必要性突出。新兴市场经济体增速放缓，外部风险和挑战增加。世界贸易组织多哈回合谈判举步维艰，贸易和投资保护主义有新的表现。实现世界经济全面复苏和健康成长，将是一个长期而曲折的过程。

面对世界经济形势带来的新挑战，无论是发达经济体还是发展中经济体，都在努力寻求新的增长动力。

增长动力从哪里来？我的看法是，只能从改革中来，从调整中来，从创新中来。亚太一直是世界经济增长的重要引擎，在世界经济复苏缺乏动力的背景下，亚太经济体应该拿出敢为天下先的勇气，推动建立发展创新、增长联动、利益融合的开放型经济发展方式。只有这样，才能做到“山重水复疑无路，柳暗花明又一村”，使亚太经济在世界经济复苏中发挥引领作用。

中国正在进行着这样的努力。上半年，中国经济同比增长7.6%，较之以往8%以上的增速确实有所放缓。一些朋友对中国经济前景有些担心，有的人提出了一些问题：中国经济会不会“硬着陆”？中国经济能不能持续健康发展？中国将如何应对？中国经济形势会给亚太带来什么影响？对此，我愿谈几点看法。

首先，我要强调的是，综合分析各方面情况，我对中国经济发展前景充满信心。

第一，信心来自于中国经济增速处在合理区间和预期目标内。中国经济增速从以前的两位数增长到2011年的9.3%和2012年的7.8%，再到今年上半年的7.6%，总体上实现了平稳过渡。7.6%的增长，在世界主要经济体中名列前茅。中国经济基本面是好的，经济增长及其他主要经济指标保持在预期目标之内，一切都在预料之中，没有什么意外发生。

中国经济增速有所趋缓是中国主动调控的结果。因为，实现我们确定的到2020年国内生产总值和城乡居民人均收入比2010年翻一番的目标，只要7%的增速就够了。我们在提出中长期发展目标时就充分进行了测算。同时，我们认识到，为了从根本上解决中国经济长远发展问题，必须坚定推动结构改革，宁可将增长速度降下来一些。任何一项事业，都需要远近兼顾、深谋远虑，杀鸡取卵、竭泽而渔式的发展是不会长久的。

第二，信心来自于中国经济发展质量和效益稳步提升。今年上半年，中国经济发展的特点是总体平稳、稳中有进。“稳”是指经济增长处在合理区间,“进”是指经济发展方式转变步伐加快。中国经济发展正在从以往过于依赖投资和出口拉动向更多依靠国内需求特别是消费需求拉动转变。从上半年经济数据看,结构调整的拉动作用正在显现,内需拉动经济增长7.5个百分点,其中消费拉动3.4个百分点。我们不再简单以国内生产总值增长率论英雄,而是强调以提高经济增长质量和效益为立足点。事实证明,这一政策是负责任的,既是对中国自身负责,也是对世界负责。

第三,信心来自于中国经济的强劲内生动力。中国经济发展的内生动力正在不断增加,并将继续增强。持续进行的新型城镇化,将为数以亿计的中国人从农村走向城市、走向更高水平的生活创造新空间。中国教育水平不断提高,新一代劳动者成长为素质更高、视野更广、技能更强的现代化、专业化人才。中国大力实施创新驱动发展战略,推动科技和经济紧密结合,推动科技创新和新兴产业发展。中国不断拓展的内需和消费市场,将释放巨大需求和消费动力。中国坚持以人为本的理念,推动发展成果惠及更广泛地区、更广大民众。这些都将转化为推动中国经济发展的强劲内在动力。

第四,信心来自于亚太发展的良好前景。在亚太各经济体共同努力下,亚太地区资金、信息、人员流动已经达到很高水平,产业分工日渐清晰,亚太大市场初具轮廓。正在酝酿的新科技革命和产业革命将为亚太地区积聚优势。亚太各经济体抗风险能力大大增强,汇率机制更加灵活,外汇储备水平显著提高,各种多边和双边金融安排为应对复杂局面提供了机制保障。中国对亚太发展前景抱有信心。受益于亚太经济增长大环境,中国实现了自身发展,同时又以自身发展为亚太经济增长作出了贡献。我相信,这一互动势头会越来越强劲,为亚太地区发展创造更多机遇。

我对中国经济持续健康发展抱着坚定信心。同时,我们对需求下滑、产能过剩、地方债务、影子银行等问题和挑战保持着清醒认识,对外部环境可能带来的冲击高度关注,正在采取稳妥应对举措,防患于未然。

女士们、先生们、朋友们!

中国经济已经进入新的发展阶段,正在进行深刻的方式转变和结构调整。这就要不断爬坡过坎、攻坚克难。这必然伴随调整的阵痛、成长的烦恼,但这些都是值得付出的代价。

彩虹往往出现在风雨之后。有句话说得好,没有比人更高的山,没有比脚更长的路。再高的山、再长的路,只要我们锲而不舍前进,就有达到目的的那一天。

中国要前进,就要全面深化改革开放。面对人民群众新期待,我们必须坚定改革开放信心,以更大的政治勇气和智慧、更有力的措施和办法推进改革开放,进一步解放思想、解放和发展社会生产力、解放和增强社会创造活力。

中国正在制定全面深化改革的总体方案,总的是要统筹推进经济、政治、文化、社会、生态文明建设等领域的改革,努力破解发展过程中出现的难题,消除经济持续健康发展的体制机制障碍,通过改革为经济发展增添新动力。

我们将完善基本经济制度,加强市场体系建设,推进宏观调控、财税、金融、投资领域体制改革,深化利率和汇率市场化改革,增强人民币汇率弹性,逐步实现人民币资本项目可兑换。我们将推进行政体制改革,进一步转变职能、简政放权,理顺政府和市场关系,更大程度更广范围发挥市场在资源配置中的基础性作用。我们将健全科技体制,提高科技创新能力,着力构建以企业为主体、市场为导向、产学研相结合的技术创新体系。我们将以保障和改善民生为重点,促进社会公平正义,推动实现更高质量的就业,深化收入分配制度改革,健全社会保障体系和基本公共服务体系。我们将加强生态环境保护,扎实推进资源节约,为人民创造良好生产生活环境,为应对全球气候变化作出新的贡献。

我们将实行更加积极主动的开放战略,完善互利共赢、多元平衡、安全高效的开放型经济体系,促进沿海内陆沿边开放优势互补,形成引领国际经济合作和竞争的开放区域,培育带动区域发展的开放高地。坚持出口和进口并重,推动对外贸易平衡发展;坚持"引进来"和"走出去"并重,提高国际投资合作水平;深化涉及投资、贸易体制改革,完善法律法规,为各国在华企业创造公平经营的法治环境。我们将统筹双边、多边、区域次区域开放合作,加快实施自由贸易区战略,推动同周边国家互联互通。

我们认识到,改革是一场深刻的革命,涉及重大利益关系调整,涉及各方面体制机制完善。中国改革已进入攻坚期和深水区。这是因为,当前改革需要解决的问题格外艰巨,都是难啃的硬骨头,这个时候就要一鼓作气,瞻前顾后、畏葸不前不仅不能前进,而且可能前功尽弃。

中国是一个大国,决不能在根本性问题上出现颠覆性错误,一旦出现就无法挽回、无法弥补。我们的立场是胆子要大、步子要稳,既要大胆探索、勇于开拓,也要稳妥审慎、三思而后行。我们要坚持改革开放正确方向,敢于啃硬骨头,敢于涉险滩,敢于向积存多年的顽瘴痼疾开刀,切实做到改革不停顿、开放不止步。

女士们、先生们、朋友们!

亚太是个大家庭,中国是大家庭中的一员。中国发展离不开亚太,亚太繁荣也离不开中国。中国经济持续健康发展,将会给亚太发展带来更大机遇。

中国将坚定维护地区和平稳定,为亚太共赢夯实基础。我在今年博鳌亚洲论坛等多个场合说过,和平犹如空气和阳光,受益而不觉,失之则难存。没有和平,发展就是无源之水、无本之木。家和万事兴,中国是亚太大家庭的一员,愿意同所有家庭成员和睦相处、守望相助,也希望亚太各方能珍惜来之不易的和平稳定局面,共同推动建设一个持久和平、共同繁荣的和谐亚太。

中国将大力促进地区发展繁荣,为亚太共赢拓展机遇。中国是亚太许多经济体的最大贸易伙伴、最大出口市场、主要投资来源地。2012年,中国对亚洲经济增长的贡献率已经超过50%。截至2012年底,中国累计批准外商投资企业76万多家,外商直接投资约1.3万亿美元。中国已经同20个国家和地区签署了12个自由贸易协定,正在谈判的有6个,其中大多数自由贸易伙伴是亚太经合组织成员。今后5年,中国进口商品将超过10万亿美元,对外投资将超过5000亿美元,出境旅游将超过4亿人次。随着中国国内需求特别是消费和投资需求扩大,将给国外投资者带来更多合作机会。

中国将致力于构建横跨太平洋两岸、惠及各方的地区合作框架。太平洋之所以广大,是因为它没有任何自然阻隔,我们不应该为它设定人为的阻隔。我们要发挥亚太经合组织引领和协调作用,秉持开放包容、互利共赢思想,加强宏观经济政策协调、促进区域自由贸易安排的协调,深化区域一体化进程,防止出现"意大利面碗"现象,推动在太平洋两岸构建更紧密伙伴关系,共谋亚太长远发展。

女士们、先生们、朋友们!

"浩渺行无极,扬帆但信风。"亚太是我们共同发展的空间,我们都是亚太这片大海中前行的风帆。亚太未来发展攸关亚太经合组织每个成员的利益。

中国对本次亚太经合组织领导人非正式会议充满期待,希望同亚太伙伴们携手同心,共同创建引领世界、惠及各方、造福子孙的美好亚太。对此,我愿分享4点愿景。

第一,亚太地区应该谋求共同发展。亚太各经济体联系紧密、利益交融,要充分发挥各自优势,优化经济资源配置,完善产业布局,建设利益共享的亚太价值链,培育普惠各方的亚太大市场。发达经济体应该为发展中经济体提供更多支持和帮助,后者也要迎头赶上。只有缩小发展差距,亚太才能水涨船高。

第二,亚太地区应该坚持开放发展。第二次世界大战结束后,全球有13个经济体实现25年多的高速增长,其共同特征就是采取开放政策。我们要顺应时代潮流,维护自由、开放、非歧视的多边贸易体制，反对各种形式的保护主义。我们要携手建设开放型经济和区域合作框架，以开放包容精神推进亚太自由贸易区建设。

第三，亚太地区应该推动创新发展。单纯依靠财政刺激政策和非常规货币政策的增长不可持续，建立在过度资源消耗和环境污染基础上的增长得不偿失。我们既要创新发展思路，也要创新发展手段。要打破旧的思维定式和条条框框，坚持绿色发展、循环发展、低碳发展。要不断提高创新能力，用创新培育新兴产业，用创新发掘增长动力，用创新提升核心竞争力。

第四，亚太地区应该寻求联动发展。亚太各经济体利益交融，命运与共，一荣俱荣，一损俱损。在这个动态平衡的链条中，每个经济体的发展都会对其他经济体产生连锁反应。我们要牢固树立亚太命运共同体意识，以自身发展带动他人发展，以协调联动最大限度发挥各自优势，传导正能量，形成各经济体良性互动、协调发展的格局。

当前，亚洲国家特别是新兴市场和发展中国家的基础设施建设融资需求巨大，特别是近来还面临经济下行风险增大和金融市场动荡等严峻挑战，有必要动员更多资金进行基础设施建设，以保持经济持续稳定增长，促进区域互联互通和经济一体化。为此，中国倡议筹建亚洲基础设施投资银行，愿向包括东盟国家在内的本地区发展中国家的基础设施建设提供资金支持。新的亚洲基础设施投资银行将与域内外现有多边开发银行一道，共同合作，相互补充，共同促进亚洲经济的持续稳定发展。

女士们、先生们、朋友们！

工商界是推动经济和贸易发展的主力军，也是推进亚太经合组织合作不可或缺的重要力量。中国高度重视工商界作用，愿意倾听工商界意见和建议，为工商界尤其是中小微企业深入便利参与经济发展和区域合作搭桥铺路。

今年8月，中国工商界成立了亚太经合组织中国工商理事会，为深入参与亚太经贸规则制定提供了机制保障，体现了中国工商界承担国际责任的积极态度。

朋友多了路好走。在座的许多工商界朋友，都是中国改革开放事业的参与者，是中国人民的老朋友。我们不会忘记老朋友，也愿结交新朋友。中国欢迎和鼓励各经济体特别是亚太经合组织成员企业来华投资兴业，积极参与中国改革开放。朋友越多，中国改革开放事业就越兴旺、越发达。

希望各位工商界朋友充分利用亚太经合组织平台，为改善亚太贸易和投资环境发出自己的声音；积极发挥工商界在市场信息、技术孵化、创新驱动等方面的优势，提出战略性和前瞻性建议，就推动贸易和投资自由化便利化、深化区域经济一体化、亚太经合组织未来发展等建言献策。

女士们、先生们、朋友们！

2014年中国将主办亚太经合组织领导人非正式会议及相关活动。我们将以此为契机，面向未来，谋求建立更紧密伙伴关系，深化务实合作，推动亚太经合组织发挥更大引领作用，勾画亚太长远发展愿景。

希望在座的亚太工商界代表到时共赴北京，共商大事，一起见证亚太发展的又一重要时刻。

谢谢大家。

在欧美同学会成立100周年庆祝大会上的讲话

（2013年10月21日）

习近平

同志们，朋友们：

今天，我们在这里集会，庆祝欧美同学会成立100周年。首先，我代表党中央、国务院，向欧美同学会·中国留学人员联谊会及其全体会员，表示热烈的祝贺！向广大出国和归国留学人员及其家人，致以诚挚的问候！

近代以来，我国大批留学人员负笈求学的足迹，记录着中华儿女追寻民族复兴的梦想，伴随着我国从封闭到开放、从落后到富强的伟大历史性跨越。

百余年的留学史是“索我理想之中华”的奋斗史，一批又一批仁人志士出国留学、回国服务，大批归国人员投身中国共产党领导的伟大事业，在中国革命、建设、改革的历史画卷中写下了极为动人和精彩的篇章。

历史不会忘记，100多年前，中国民主革命的伟大先行者孙中山先生，以当时留日中国学生等为骨干组建中国同盟会，毅然发动和领导辛亥革命，推翻了统治中国几千年的君主专制制度，打开了中国进步的闸门，点燃了振兴中华的希望。

历史不会忘记，陈独秀、李大钊等一批具有留学经历的先进知识分子，同毛泽东同志等革命青年一道，大力宣传并积极促进马克思列宁主义同中国工人运动相结合，创建了中国共产党，使中国革命面貌为之一新。在中国共产党成立前后，旅欧勤工俭学和留苏学习的进步青年相继回国，在火热的斗争中成长为坚定的马克思主义者，为党和人民事业发展建立了不朽功勋，周恩来、刘少奇、朱德、邓小平同志等就是他们中的杰出代表。同一时期，还有许多留学人员学成回国，为我国经济社会发展起到了开拓者的重要作用。

历史不会忘记，面对新中国百废待兴、百业待举的困难局面，一大批留学人员毅然决然回到祖国怀抱，在极其艰难困苦的条件下呕心沥血、顽强拼搏，为新中国各项事业发展奠定了坚实基础，取得了“两弹一星”等举世瞩目的重大成就，李四光、严济慈、华罗庚、周培源、钱三强、钱学森、邓稼先同志等就是他们中的杰出代表。上世纪五六十年代，一大批留学人员远赴苏联、东欧学习，成为我国建设和改革事业的重要力量。

历史同样不会忘记，改革开放以来，党中央和邓小平同志作出了扩大派遣留学生的战略决策，推动形成了我国历史上规模最大、领域最多、范围最广的留学潮和归国热。截至2012年底，我国出国留学人员达到264万人，留学回国人员达到109万人。广大留学人员积极投身改革开放和社会主义现代化建设，积极推动我国同其他国家各领域交流合作，为推动我国经济社会发展作出了重要贡献。

实践证明，广大留学人员不愧为党和人民的宝贵财富，不愧为实现中华民族伟大复兴的有生力量。党、国家、人民为拥有并将更多拥有这样一大批人才而感到骄傲和自豪。

同志们、朋友们！

“致天下之治者在人才。”人才是衡量一个国家综合国力的重要指标。没有一支宏大的高素质人才队伍，全面建成小康社会的奋斗目标和中华民族伟大复兴的中国梦就难以顺利实现。

当今世界，综合国力竞争日趋激烈，新一轮科技革命和产业变革正在孕育兴起，变革突破的能量正在不断积累。综合国力竞争说到底是人才竞争。人才资源作为经济社会发展第一资源的特征和作用更加明显,人才竞争已经成为综合国力竞争的核心。谁能培养和吸引更多优秀人才,谁就能在竞争中占据优势。

当代中国,经过35年的改革开放,社会生产力迈上一个大台阶,人民生活水平迈上一个大台阶,综合国力迈上一个大台阶,我们比历史上任何时期都更接近实现中华民族伟大复兴的宏伟目标,我们也比历史上任何时期都更加渴求人才。正如邓小平同志深刻指出的:"我们进行社会主义现代化建设,是要在经济上赶上发达的资本主义国家,在政治上创造比资本主义国家的民主更高更切实的民主,并且造就比这些国家更多更优秀的人才。"

尊重劳动、尊重知识、尊重人才、尊重创造,是党和国家的一项长期方针。党和国家历来高度重视广大出国和归国留学人员,毛泽东同志曾在莫斯科深情寄语留学人员说:"好像早晨八九点钟的太阳,希望寄托在你们身上。"党的十八大发出了"广开进贤之路,广纳天下英才"的号召,强调要"充分开发利用国内国际人才资源,积极引进和用好海外人才"。

党和国家将按照支持留学、鼓励回国、来去自由、发挥作用的方针,把做好留学人员工作作为实施科教兴国战略和人才强国战略的重要任务,以更大力度推进"千人计划"、"万人计划",千方百计创造条件,使留学人员回到祖国有用武之地,留在国外有报国之门。我们热诚欢迎更多留学人员回国工作、为国服务。

同志们、朋友们!

全面建成小康社会,推进社会主义现代化,实现中华民族伟大复兴,是光荣而伟大的事业,是光明和灿烂的前景。一切有志于这项伟大事业的人们都可以大有作为。在亿万中国人民前行的伟大征程上,广大留学人员创新正当其时、圆梦适得其势。广大留学人员要把爱国之情、强国之志、报国之行统一起来,把自己的梦想融入人民实现中国梦的壮阔奋斗之中,把自己的名字写在中华民族伟大复兴的光辉史册之上。

这里,我对广大留学人员提4点希望。

第一,希望大家坚守爱国主义精神。在中华民族几千年绵延发展的历史长河中,爱国主义始终是激昂的主旋律,始终是激励我国各族人民自强不息的强大力量。不论树的影子有多长,根永远扎在土里;不论留学人员身在何处,都要始终把祖国和人民放在心里。钱学森同志曾经说过:"我作为一名中国的科技工作者,活着的目的就是为人民服务。如果人民最后对我的一生所做的工作表示满意的话,那才是最高的奖赏。"

希望广大留学人员继承和发扬留学报国的光荣传统,做爱国主义的坚守者和传播者,秉持"先天下之忧而忧,后天下之乐而乐"的人生理想,始终把国家富强、民族振兴、人民幸福作为努力志向,自觉使个人成功的果实结在爱国主义这棵常青树上。党和国家尊重广大留学人员的选择,回国工作,我们张开双臂热烈欢迎;留在海外,我们支持通过多种形式为国服务。大家都要牢记,无论身在何处,你们都是中华儿女的一分子,祖国和人民始终惦记着你们,祖国永远是你们温暖的精神家园。

第二,希望大家矢志刻苦学习。学习是立身做人的永恒主题,也是报国为民的重要基础。梦想从学习开始,事业从实践起步。当今世界,知识信息快速更新,学习稍有懈怠,就会落伍。有人说,每个人的世界都是一个圆,学习是半径,半径越大,拥有的世界就越广阔。

希望广大留学人员坚持面向现代化、面向世界、面向未来,瞄准国际先进知识、技术、管理经验,以韦编三绝、悬梁刺股的毅力,以凿壁借光、囊萤映雪的劲头,努力扩大知识半径,既读有字之书,也读无字之书,砥砺道德品质,掌握真才实学,练就过硬本领。已经完成学业的留学人员也要拓宽眼界和视野,加快知识更新,优化知识结构,努力成为堪当大任、能做大事的优秀人才。

第三,希望大家奋力创新创造。创新是一个民族进步的灵魂，是一个国家兴旺发达的不竭动力，也是中华民族最深沉的民族禀赋。在激烈的国际竞争中，惟创新者进，惟创新者强，惟创新者胜。留学人员视野开阔，理应走在创新前列。祖国改革开放和社会主义现代化建设的火热进程，为一切有志于创新创造、干一番事业的人们提供了广阔舞台。

希望广大留学人员积极投身创新创造实践，有敢为人先的锐气，有上下求索的执著，得风气之先、开风气之先，力争有所突破、有所发展、有所建树。在中国的大地上，要想有建树、有成就，关键是要脚踏着祖国大地，胸怀着人民期盼，找准专业优势和社会发展的结合点，找准先进知识和我国实际的结合点，真正使创新创造落地生根、开花结果。

第四，希望大家积极促进对外交流。中国的发展离不开世界，世界的繁荣也需要中国。我们要以更加开放的姿态，加强同世界的联系和互动，加深同各国人民的了解和友谊。广大留学人员既有国内成长经历又有海外生活体验，既有广泛的国内外人际关系又有丰富的不同文化交流经验，许多外国人通过你们了解中国、认识中国，许多中国人通过你们了解世界、认识世界。

希望广大留学人员充分发挥自身优势，加强内引外联、牵线搭桥，当好促进中外友好交流的民间大使，多用外国民众听得到、听得懂、听得进的途径和方式，讲述好中国故事，传播好中国声音，让世界对中国多一分理解、多一分支持。

同志们、朋友们！

欧美同学会成立于100年前的民族危难之时，成立伊始就积极践行爱国思想，组织会员参与爱国民主运动、投身民族救亡和人民解放事业，成为那个时代追求民主、崇尚科学的爱国社团。新中国成立后，欧美同学会积极动员海外学人回国，成为党和政府领导下的进步社团。改革开放以来，欧美同学会大力实施“报国计划”，成为致力于中国特色社会主义事业的群众团体。2003年，经中央批准，欧美同学会增冠了“中国留学人员联谊会”会名，工作领域拓宽到全国，工作对象扩展到全球，成为影响更加广泛的人民团体。

面对新形势新任务，欧美同学会·中国留学人员联谊会要发挥群众性、高知性、统战性的特点和优势，立足国内、开拓海外，努力成为留学报国的人才库、建言献策的智囊团、开展民间外交的生力军，成为党联系广大留学人员的桥梁纽带、党和政府做好留学人员工作的助手、广大留学人员之家，把广大留学人员紧密团结在党的周围。要关心留学人员工作、学习、生活，反映愿望诉求，维护合法权益，不断增强吸引力和凝聚力。

“尚贤者，政之本也。”各级党委和政府要认真贯彻党和国家关于留学人员工作的方针政策，更大规模、更有成效地培养我国改革开放和社会主义现代化建设急需的各级各类人才。环境好，则人才聚、事业兴；环境不好，则人才散、事业衰。要健全工作机制，增强服务意识，加强教育引导，搭建创新平台，善于发现人才、团结人才、使用人才，为留学人员回国工作、为国服务创造良好环境，促使优秀人才脱颖而出。要关心支持欧美同学会·中国留学人员联谊会工作，加强组织建设，健全工作机构，配强工作力量，为他们开展工作创造条件。

同志们、朋友们！

发展的中国需要更多海外人才，开放的中国欢迎来自世界各地的英才。我们相信，只要广大留学人员牢记“空谈误国、实干兴邦”，同人民站立在一起、同人民奋斗在一起，就一定能为实现中华民族伟大复兴的中国梦书写出无愧于时代、无愧于人民、无愧于历史的绚丽篇章！

关于《中共中央关于全面深化改革若干重大问题的决定》的说明

习近平

受中央政治局委托，现在，我就《中共中央关于全面深化改革若干重大问题的决定》向全会作说明。

一、关于全会决定起草过程

改革开放以来，历届三中全会研究什么议题、作出什么决定、采取什么举措、释放什么信号，是人们判断新一届中央领导集体施政方针和工作重点的重要依据，对做好未来5年乃至10年工作意义重大。

党的十八大之后，中央即着手考虑十八届三中全会的议题。党的十八大统一提出了全面建成小康社会和全面深化改革开放的目标，强调必须以更大的政治勇气和智慧，不失时机深化重要领域改革，坚决破除一切妨碍科学发展的思想观念和体制机制弊端，构建系统完备、科学规范、运行有效的制度体系，使各方面制度更加成熟更加定型。我们认为，要完成党的十八大提出的各项战略目标和工作部署，必须抓紧推进全面改革。

从党的十一届三中全会作出把党和国家工作中心转移到经济建设上来、实行改革开放的历史性决策以来，已经35个年头了。中国人民的面貌、社会主义中国的面貌、中国共产党的面貌能发生如此深刻的变化，我国能在国际社会赢得举足轻重的地位，靠的就是坚持不懈推进改革开放。

1992年，邓小平同志在南方谈话中说："不坚持社会主义，不改革开放，不发展经济，不改善人民生活，只能是死路一条。"回过头来看，我们对邓小平同志这番话就有更深的理解了。所以，我们讲，只有社会主义才能救中国，只有改革开放才能发展中国、发展社会主义、发展马克思主义。

正是从历史经验和现实需要的高度，党的十八大以来，中央反复强调，改革开放是决定当代中国命运的关键一招，也是决定实现"两个一百年"奋斗目标、实现中华民族伟大复兴的关键一招，实践发展永无止境，解放思想永无止境，改革开放也永无止境，停顿和倒退没有出路，改革开放只有进行时、没有完成时。面对新形势新任务，我们必须通过全面深化改革，着力解决我国发展面临的一系列突出矛盾和问题，不断推进中国特色社会主义制度自我完善和发展。

当前，国内外环境都在发生极为广泛而深刻的变化，我国发展面临一系列突出矛盾和挑战，前进道路上还有不少困难和问题。比如：发展中不平衡、不协调、不可持续问题依然突出，科技创新能力不强，产业结构不合理，发展方式依然粗放，城乡区域发展差距和居民收入分配差距依然较大，社会矛盾明显增多，教育、就业、社会保障、医疗、住房、生态环境、食品药品安全、安全生产、社会治安、执法司法等关系群众切身利益的问题较多，部分群众生活困难，形式主义、官僚主义、享乐主义和奢靡之风问题突出，一些领域消极腐败现象易发多发，反腐败斗争形势依然严峻，等等。解决这些问题，关键在于深化改革。

今年4月，中央政治局经过深入思考和研究、广泛听取党内外各方面意见，决定党的十八届三中全会研究全面深化改革问题并作出决定。

4月20日，中央发出《关于对党的十八届三中全会研究全面深化改革问题征求意见的通知》。各地区各部门一致认为，党的十八届三中全会重点研究全面深化改革问题，顺应了广大党员、干部、群众的愿望，抓住了全社会最关心的问题，普遍表示赞成。

改革开放以来历次三中全会都研究讨论深化改革问题，都是在释放一个重要信号，就是我们党将坚定不移高举改革开放的旗帜，坚定不移坚持党的十一届三中全会以来的理论和路线方针政策。说到底，就是要回答在新的历史条件下举什么旗、走什么路的问题。

党的十八届三中全会以全面深化改革为主要议题，是我们党坚持以邓小平理论、“三个代表”重要思想、科学发展观为指导，在新形势下坚定不移贯彻党的基本路线、基本纲领、基本经验、基本要求，坚定不移高举改革开放大旗的重要宣示和重要体现。

议题确定后，中央政治局决定成立文件起草组，由我担任组长，刘云山、张高丽同志为副组长，相关部门负责同志、部分省市领导同志参加，在中央政治局常委会领导下进行全会决定起草工作。

文件起草组成立以来，在将近7个月的时间里，广泛征求意见，开展专题论证，进行调查研究，反复讨论修改。其间，中央政治局常委会会议3次、中央政治局会议2次分别审议决定，决定征求意见稿还下发党内一定范围征求意见，征求党内老同志意见，专门听取各民主党派中央、全国工商联负责人和无党派人士意见。

从反馈情况看，各方面一致认为，全会决定深刻剖析了我国改革发展稳定面临的重大理论和实践问题，阐明了全面深化改革的重大意义和未来走向，提出了全面深化改革的指导思想、目标任务、重大原则，描绘了全面深化改革的新蓝图、新愿景、新目标，汇集了全面深化改革的新思想、新论断、新举措，反映了社会呼声、社会诉求、社会期盼，凝聚了全党全社会关于全面深化改革的思想共识和行动智慧。

各方面一致认为，全会决定合理布局了全面深化改革的战略重点、优先顺序、主攻方向、工作机制、推进方式和时间表、路线图，形成了改革理论和政策的一系列新的重大突破，是全面深化改革的又一次总部署、总动员，必将对推动中国特色社会主义事业发展产生重大而深远的影响。

在征求意见过程中，各方面共提出了许多好的意见和建议。中央责成文件起草组认真整理研究这些意见和建议，文件起草组对全会决定作出重要修改。

二、关于全会决定的总体框架和重点问题

中央政治局认为，面对新形势新任务新要求，全面深化改革，关键是要进一步形成公平竞争的发展环境，进一步增强经济社会发展活力，进一步提高政府效率和效能，进一步实现社会公平正义，进一步促进社会和谐稳定，进一步提高党的领导水平和执政能力。

围绕这些重大课题，我们强调，要有强烈的问题意识，以重大问题为导向，抓住关键问题进一步研究思考，着力推动解决我国发展面临的一系列突出矛盾和问题。我们中国共产党人干革命、搞建设、抓改革，从来都是为了解决中国的现实问题。可以说，改革是由问题倒逼而产生，又在不断解决问题中得以深化。

35年来，我们用改革的办法解决了党和国家事业发展中的一系列问题。同时，在认识世界和改造世界的过程中，旧的问题解决了，新的问题又会产生，制度总是需要不断完善，因而改革既不可能一蹴而就、也不可能一劳永逸。

全会决定起草，突出了5个方面的考虑。一是适应党和国家事业发展新要求，落实党的十八大提出的全面深化改革开放的战略任务。二是以改革为主线，突出全面深化改革新举措，一般性举措不写，重复性举措不写，纯属发展性举措不写。三是抓住重点，围绕解决好人民群

众反映强烈的问题，回应人民群众呼声和期待，突出重要领域和关键环节，突出经济体制改革牵引作用。四是坚持积极稳妥，设计改革措施胆子要大、步子要稳。五是时间设计到2020年，按这个时间段提出改革任务，到2020年在重要领域和关键环节改革上取得决定性成果。

在框架结构上，全会决定以当前亟待解决的重大问题为提领，按条条谋篇布局。除引言和结束语外，共16个部分，分三大板块。第一部分构成第一板块，是总论，主要阐述全面深化改革的重大意义、指导思想、总体思路。第二至第十五部分构成第二板块，是分论，主要从经济、政治、文化、社会、生态文明、国防和军队6个方面，具体部署全面深化改革的主要任务和重大举措。其中，经济方面开6条（第二至第七部分），政治方面开3条（第八至第十部分），文化方面开1条（第十一部分），社会方面开2条（第十二至第十三部分），生态方面开1条（第十四部分），国防和军队方面开1条（第十五部分）。第十六部分构成第三板块，讲组织领导，主要阐述加强和改善党对全面深化改革的领导。

这里，我想就全会决定涉及的几个重大问题和重大举措介绍一下中央的考虑。

第一，关于使市场在资源配置中起决定性作用和更好发挥政府作用。这是这次全会决定提出的一个重大理论观点。这是因为，经济体制改革仍然是全面深化改革的重点，经济体制改革的核心问题仍然是处理好政府和市场关系。

1992年，党的十四大提出了我国经济体制改革的目标是建立社会主义市场经济体制，提出要使市场在国家宏观调控下对资源配置起基础性作用。这一重大理论突破，对我国改革开放和经济社会发展发挥了极为重要的作用。这也说明，理论创新对实践创新具有重大先导作用，全面深化改革必须以理论创新为先导。

经过20多年实践，我国社会主义市场经济体制已经初步建立，但仍存在不少问题，主要是市场秩序不规范，以不正当手段谋取经济利益的现象广泛存在；生产要素市场发展滞后，要素闲置和大量有效需求得不到满足并存；市场规则不统一，部门保护主义和地方保护主义大量存在；市场竞争不充分，阻碍优胜劣汰和结构调整，等等。这些问题不解决好，完善的社会主义市场经济体制是难以形成的。

从党的十四大以来的20多年间，对政府和市场关系，我们一直在根据实践拓展和认识深化寻找新的科学定位。党的十五大提出“使市场在国家宏观调控下对资源配置起基础性作用”，党的十六大提出“在更大程度上发挥市场在资源配置中的基础性作用”，党的十七大提出“从制度上更好发挥市场在资源配置中的基础性作用”，党的十八大提出“更大程度更广范围发挥市场在资源配置中的基础性作用”。可以看出，我们对政府和市场关系的认识也在不断深化。

在这次讨论和征求意见过程中，许多方面提出，应该从理论上对政府和市场关系进一步作出定位，这对全面深化改革具有十分重大的作用。考虑各方面意见和现实发展要求，经过反复讨论和研究，中央认为对这个问题从理论上作出新的表述条件已经成熟，应该把市场在资源配置中的“基础性作用”修改为“决定性作用”。

现在，我国社会主义市场经济体制已经初步建立，市场化程度大幅度提高，我们对市场规律的认识和驾驭能力不断提高，宏观调控体系更为健全，主客观条件具备，我们应该在完善社会主义市场经济体制上迈出新的步伐。

进一步处理好政府和市场关系，实际上就是要处理好在资源配置中市场起决定性作用还是政府起决定性作用这个问题。经济发展就是要提高资源尤其是稀缺资源的配置效率，以尽可能少的资源投入生产尽可能多的产品、获得尽可能大的效益。理论和实践都证明，市场配置资源是最有效率的形式。市场决定资源配置是市场经济的一般规律，市场经济本质上就是市场决定资源配置的经济。健全社会主义市场经济体制必须遵循这条规律,着力解决市场体系不完善、政府干预过多和监管不到位问题。作出“使市场在资源配置中起决定性作用”的定位,有利于在全党全社会树立关于政府和市场关系的正确观念,有利于转变经济发展方式,有利于转变政府职能,有利于抑制消极腐败现象。

当然,我国实行的是社会主义市场经济体制,我们仍然要坚持发挥我国社会主义制度的优越性、发挥党和政府的积极作用。市场在资源配置中起决定性作用,并不是起全部作用。

发展社会主义市场经济,既要发挥市场作用,也要发挥政府作用,但市场作用和政府作用的职能是不同的。全会决定对更好发挥政府作用提出了明确要求,强调科学的宏观调控,有效的政府治理,是发挥社会主义市场经济体制优势的内在要求。全会决定对健全宏观调控体系、全面正确履行政府职能、优化政府组织结构进行了部署,强调政府的职责和作用主要是保持宏观经济稳定,加强和优化公共服务,保障公平竞争,加强市场监管,维护市场秩序,推动可持续发展,促进共同富裕,弥补市场失灵。

第二,关于坚持和完善基本经济制度。坚持和完善公有制为主体、多种所有制经济共同发展的基本经济制度,关系巩固和发展中国特色社会主义制度的重要支柱。

改革开放以来,我国所有制结构逐步调整,公有制经济和非公有制经济在发展经济、促进就业等方面的比重不断变化,增强了经济社会发展活力。在这种情况下,如何更好体现和坚持公有制主体地位,进一步探索基本经济制度有效实现形式,是摆在我们面前的一个重大课题。

全会决定强调必须毫不动摇巩固和发展公有制经济,坚持公有制主体地位,发挥国有经济主导作用,不断增强国有经济活力、控制力、影响力。

全会决定坚持和发展党的十五大以来有关论述,提出要积极发展混合所有制经济,强调国有资本、集体资本、非公有资本等交叉持股、相互融合的混合所有制经济,是基本经济制度的重要实现形式,有利于国有资本放大功能、保值增值、提高竞争力。这是新形势下坚持公有制主体地位,增强国有经济活力、控制力、影响力的一个有效途径和必然选择。

全会决定提出,完善国有资产管理体制,以管资本为主加强国有资产监管,改革国有资本授权经营体制;国有资本投资运营要服务于国家战略目标,更多投向关系国家安全、国民经济命脉的重要行业和关键领域,重点提供公共服务、发展重要前瞻性战略性产业、保护生态环境、支持科技进步、保障国家安全;划转部分国有资本充实社会保障基金;提高国有资本收益上缴公共财政比例,更多用于保障和改善民生。

国有企业是推进国家现代化、保障人民共同利益的重要力量。经过多年改革,国有企业总体上已经同市场经济相融合。同时,国有企业也积累了一些问题、存在一些弊端,需要进一步推进改革。全会决定提出一系列有针对性的改革举措,包括国有资本加大对公益性企业的投入;国有资本继续控股经营的自然垄断行业,实行以政企分开、政资分开、特许经营、政府监管为主要内容的改革,根据不同行业特点实行网运分开、放开竞争性业务;健全协调运转、有效制衡的公司法人治理结构;建立职业经理人制度,更好发挥企业家作用;建立长效激励约束机制,强化国有企业经营投资责任追究;探索推进国有企业财务预算等重大信息公开;国有企业要合理增加市场化选聘比例,合理确定并严格规范国有企业管理人员薪酬水平、职务待遇、职务消费、业务消费。这些举措将推动国有企业完善现代企业制度、提高经营效率、合理承担社会责任、更好发挥作用。

坚持和完善基本经济制度必须坚持“两个毫不动摇”。全会决定从多个层面提出鼓励、支持、引导非公有制经济发展,激发非公有制经济活力和创造力的改革举措。在功能定位上,明确公有制经济和非公有制经济都是社会主义市场经济的重要组成部分，都是我国经济社会发展的重要基础；在产权保护上，明确提出公有制经济财产权不可侵犯，非公有制经济财产权同样不可侵犯；在政策待遇上，强调坚持权利平等、机会平等、规则平等，实行统一的市场准入制度；鼓励非公有制企业参与国有企业改革，鼓励发展非公有资本控股的混合所有制企业，鼓励有条件的私营企业建立现代企业制度。这将推动非公有制经济健康发展。

第三，关于深化财税体制改革。财政是国家治理的基础和重要支柱，科学的财税体制是优化资源配置、维护市场统一、促进社会公平、实现国家长治久安的制度保障。现行财税体制是在1994年分税制改革的基础上逐步完善形成的，对实现政府财力增强和经济快速发展的双赢目标发挥了重要作用。

随着形势发展变化，现行财税体制已经不完全适应合理划分中央和地方事权、完善国家治理的客观要求，不完全适应转变经济发展方式、促进经济社会持续健康发展的现实需要，我国经济社会发展中的一些突出矛盾和问题也与财税体制不健全有关。

这次全面深化改革，财税体制改革是重点之一。主要涉及改进预算管理制度，完善税收制度，建立事权和支出责任相适应的制度等。

全会决定提出，要实施全面规范、公开透明的预算制度，适度加强中央事权和支出责任，国防、外交、国家安全、关系全国统一市场规则和管理等作为中央事权；部分社会保障、跨区域重大项目建设维护等作为中央和地方共同事权，逐步理顺事权关系；中央可通过安排转移支付将部分事权支出责任委托地方承担；对于跨区域且对其他地区影响较大的公共服务，中央通过转移支付承担一部分地方事权支出责任。

这些改革举措的主要目的是明确事权、改革税制、稳定税负、透明预算、提高效率，加快形成有利于转变经济发展方式、有利于建立公平统一市场、有利于推进基本公共服务均等化的现代财政制度，形成中央和地方财力与事权相匹配的财税体制，更好发挥中央和地方两个积极性。

财税体制改革需要一个过程，逐步到位。中央已经明确，要保持现有中央和地方财力格局总体稳定，进一步理顺中央和地方收入划分。

第四，关于健全城乡发展一体化体制机制。城乡发展不平衡不协调，是我国经济社会发展存在的突出矛盾，是全面建成小康社会、加快推进社会主义现代化必须解决的重大问题。改革开放以来，我国农村面貌发生了翻天覆地的变化。但是，城乡二元结构没有根本改变，城乡发展差距不断拉大趋势没有根本扭转。根本解决这些问题，必须推进城乡发展一体化。

全会决定提出，必须健全体制机制，形成以工促农、以城带乡、工农互惠、城乡一体的新型工农城乡关系，让广大农民平等参与现代化进程、共同分享现代化成果。

全会决定提出了健全城乡发展一体化体制机制的改革举措。一是加快构建新型农业经营体系。主要是坚持家庭经营在农业中的基础性地位，鼓励土地承包经营权在公开市场上向专业大户、家庭农场、农民合作社、农业企业流转，鼓励农村发展合作经济，鼓励和引导工商资本到农村发展适合企业化经营的现代种养业，允许农民以土地承包经营权入股发展农业产业化经营等。二是赋予农民更多财产权利。主要是依法维护农民土地承包经营权，保障农民集体经济组织成员权利，保障农户宅基地用益物权，慎重稳妥推进农民住房财产权抵押、担保、转让试点。三是推进城乡要素平等交换和公共资源均衡配置。主要是保障农民工同工同酬，保障农民公平分享土地增值收益；完善农业保险制度；鼓励社会资本投向农村建设，允许企业和社会组织在农村兴办各类事业；统筹城乡义务教育资源均衡配置，整合城乡居民基本养老保险制度、基本医疗保险制度，推进城乡最低生活保障制度统筹发展，稳步推进城镇基本公共服务常住人口全覆盖，把进城落户农民完全纳入城镇住房和社会保障体系。

第五，关于推进协商民主广泛多层制度化发展。协商民主是我国社会主义民主政治的特有形式和独特优势，是党的群众路线在政治领域的重要体现。推进协商民主，有利于完善人民有序政治参与、密切党同人民群众的血肉联系、促进决策科学化民主化。

全会决定把推进协商民主广泛多层制度化发展作为政治体制改革的重要内容，强调在党的领导下，以经济社会发展重大问题和涉及群众切身利益的实际问题为内容，在全社会开展广泛协商，坚持协商于决策之前和决策实施之中。要构建程序合理、环节完整的协商民主体系，拓宽国家政权机关、政协组织、党派团体、基层组织、社会组织的协商渠道；深入开展立法协商、行政协商、民主协商、参政协商、社会协商；发挥统一战线在协商民主中的重要作用，发挥人民政协作为协商民主重要渠道作用，完善人民政协制度体系，规范协商内容、协商程序，拓展协商民主形式，更加活跃有序地组织专题协商、对口协商、界别协商、提案办理协商，增加协商密度，提高协商成效。

第六，关于改革司法体制和运行机制。司法体制是政治体制的重要组成部分。这些年来，群众对司法不公的意见比较集中，司法公信力不足很大程度上与司法体制和工作机制不合理有关。

司法改革是这次全面深化改革的重点之一。全会决定提出了一系列相互关联的新举措，包括改革司法管理体制，推动省以下地方法院、检察院人财物统一管理，探索建立与行政区划适当分离的司法管辖制度；健全司法权力运行机制，完善主审法官、合议庭办案责任制，让审判者裁判、由裁判者负责；严格规范减刑、假释、保外就医程序；健全错案防止、纠正、责任追究机制，严格实行非法证据排除规则；建立涉法涉诉信访依法终结制度；废止劳动教养制度，完善对违法犯罪行为的惩治和矫正法律，等等。

这些改革举措，对确保司法机关依法独立行使审判权和检察权、健全权责明晰的司法权力运行机制、提高司法透明度和公信力、更好保障人权都具有重要意义。

第七，关于健全反腐败领导体制和工作机制。反腐败问题一直是党内外议论较多的问题。目前的问题主要是，反腐败机构职能分散、形不成合力，有些案件难以坚决查办，腐败案件频发却责任追究不够。

全会决定对加强反腐败体制机制创新和制度保障进行了重点部署。主要是加强党对党风廉政建设和反腐败工作统一领导，明确党委负主体责任、纪委负监督责任，制定实施切实可行的责任追究制度；健全反腐败领导体制和工作机制，改革和完善各级反腐败协调小组职能，规定查办腐败案件以上级纪委领导为主；体现强化上级纪委对下级纪委的领导，规定线索处置和案件查办在向同级党委报告的同时必须向上级纪委报告；全面落实中央纪委向中央一级党和国家机关派驻纪检机构，改进中央和省区市巡视制度，做到对地方、部门、企事业单位全覆盖。

这些措施都是在总结实践经验、吸收各方面意见的基础上提出来的。

第八，关于加快完善互联网管理领导体制。网络和信息安全牵涉到国家安全和社会稳定，是我们面临的新的综合性挑战。

从实践看，面对互联网技术和应用飞速发展，现行管理体制存在明显弊端，主要是多头管理、职能交叉、权责不一、效率不高。同时，随着互联网媒体属性越来越强，网上媒体管理和产业管理远远跟不上形势发展变化。特别是面对传播快、影响大、覆盖广、社会动员能力强的微客、微信等社交网络和即时通信工具用户的快速增长，如何加强网络法制建设和舆论引导，确保网络信息传播秩序和国家安全、社会稳定，已经成为摆在我们面前的现实突出问题。

全会决定提出坚持积极利用、科学发展、依法管理、确保安全的方针，加大依法管理网络力度，完善互联网管理领导体制。目的是整合相关机构职能，形成从技术到内容、从日常安全到打击犯罪的互联网管理合力，确保网络正确运用和安全。

第九，关于设立国家安全委员会。国家安全和社会稳定是改革发展的前提。只有国家安全和社会稳定，改革发展才能不断推进。当前，我国面临对外维护国家主权、安全、发展利益，对内维护政治安全和社会稳定的双重压力，各种可以预见和难以预见的风险因素明显增多。而我们的安全工作体制机制还不能适应维护国家安全的需要，需要搭建一个强有力的平台统筹国家安全工作。设立国家安全委员会，加强对国家安全工作的集中统一领导，已是当务之急。

国家安全委员会主要职责是制定和实施国家安全战略，推进国家安全法治建设，制定国家安全工作方针政策，研究解决国家安全工作中的重大问题。

第十，关于健全国家自然资源资产管理体制和完善自然资源监管体制。健全国家自然资源资产管理体制是健全自然资源资产产权制度的一项重大改革，也是建立系统完备的生态文明制度体系的内在要求。

我国生态环境保护中存在的一些突出问题，一定程度上与体制不健全有关，原因之一是全民所有自然资源资产的所有权人不到位，所有权人权益不落实。针对这一问题，全会决定提出健全国家自然资源资产管理体制的要求。总的思路是按照所有者和管理者分开和一件事由一个部门管理的原则，落实全民所有自然资源资产所有权，建立统一行使全民所有自然资源资产所有权人职责的体制。

国家对全民所有自然资源资产行使所有权并进行管理和国家对国土范围内自然资源行使监管权是不同的，前者是所有权人意义上的权利，后者是管理者意义上的权力。这就需要完善自然资源监管体制，统一行使所有国土空间用途管制职责，使国有自然资源资产所有权人和国家自然资源管理者相互独立、相互配合、相互监督。

我们要认识到，山水林田湖是一个生命共同体，人的命脉在田，田的命脉在水，水的命脉在山，山的命脉在土，土的命脉在树。用途管制和生态修复必须遵循自然规律，如果种树的只管种树、治水的只管治水、护田的单纯护田，很容易顾此失彼，最终造成生态的系统性破坏。由一个部门负责领土范围内所有国土空间用途管制职责，对山水林田湖进行统一保护、统一修复是十分必要的。

第十一，关于中央成立全面深化改革领导小组。全面深化改革是一个复杂的系统工程，单靠某一个或某几个部门往往力不从心，这就需要建立更高层面的领导机制。

全会决定提出，中央成立全面深化改革领导小组，负责改革总体设计、统筹协调、整体推进、督促落实。这是为了更好发挥党总揽全局、协调各方的领导核心作用，保证改革顺利推进和各项改革任务落实。领导小组的主要职责是：统一部署全国性重大改革，统筹推进各领域改革，协调各方力量形成推进改革合力，加强督促检查，推动全面落实改革目标任务。

三、关于讨论中要注意的几个问题

这次全会的任务就是讨论全会决定提出的全面深化改革的思路和方案。这里，我给大家提几点要求。

第一，增强推进改革的信心和勇气。改革开放是我们党在新的时代条件下带领人民进行的新的伟大革命，是当代中国最鲜明的特色，也是我们党最鲜明的旗帜。35 年来，我们党靠什么来振奋民心、统一思想、凝聚力量？靠什么来激发全体人民的创造精神和创造活力？靠什么来实现我国经济社会快速发展、在与资本主义竞争中赢得比较优势？靠的就是改革开放。

面对未来，要破解发展面临的各种难题，化解来自各方面的风险和挑战，更好发挥中国特色社会主义制度优势，推动经济社会持续健康发展，除了深化改革开放，别无他途。

当前，在改革开放问题上，党内外、国内外都很关注，全党上下和社会各方面期待很高。改革开放到了一个新的重要关头。我们在改革开放上决不能有丝毫动摇，改革开放的旗帜必须继续高高举起，中国特色社会主义道路的正确方向必须牢牢坚持。全党要坚定改革信心，以更大的政治勇气和智慧、更有力的措施和办法推进改革。

第二，坚持解放思想、实事求是。高举改革开放的旗帜，光有立场和态度还不行，必须有实实在在的举措。行动最有说服力。中央决定用党的十八届三中全会这个有利契机就全面深化改革进行部署，是一个战略抉择。我们要抓住这个机遇，努力在全面深化改革上取得新突破。要有新突破，就必须进一步解放思想。

冲破思想观念的障碍、突破利益固化的藩篱，解放思想是首要的。在深化改革问题上，一些思想观念障碍往往不是来自体制外而是来自体制内。思想不解放，我们就很难看清各种利益固化的症结所在，很难找准突破的方向和着力点，很难拿出创造性的改革举措。因此，一定要有自我革新的勇气和胸怀，跳出条条框框限制，克服部门利益掣肘，以积极主动精神研究和提出改革举措。

提出改革举措当然要慎重，要反复研究、反复论证，但也不能因此就谨小慎微、裹足不前，什么也不敢干、不敢试。搞改革，现有的工作格局和体制运行不可能一点都不打破，不可能都是四平八稳、没有任何风险。只要经过了充分论证和评估，只要是符合实际、必须做的，该干的还是要大胆干。

第三，坚持从大局出发考虑问题。全面深化改革是关系党和国家事业发展全局的重大战略部署，不是某个领域某个方面的单项改革。“不谋全局者，不足谋一域。”大家来自不同部门和单位，都要从全局看问题，首先要看提出的重大改革举措是否符合全局需要，是否有利于党和国家事业长远发展。要真正向前展望、超前思维、提前谋局。只有这样，最后形成的文件才能真正符合党和人民事业发展要求。

全面深化改革需要加强顶层设计和整体谋划，加强各项改革的关联性、系统性、可行性研究。我们讲胆子要大、步子要稳，其中步子要稳就是要统筹考虑、全面论证、科学决策。经济、政治、文化、社会、生态文明各领域改革和党的建设改革紧密联系、相互交融，任何一个领域的改革都会牵动其他领域，同时也需要其他领域改革密切配合。如果各领域改革不配套，各方面改革措施相互牵扯，全面深化改革就很难推进下去，即使勉强推进，效果也会大打折扣。

（此《说明》由新华社2013年11月15日受权发布）

在纪念毛泽东同志诞辰120周年座谈会上的讲话

（2013年12月26日）

习近平

同志们，朋友们：

今天，我们怀着十分崇敬的心情，在这里隆重集会，纪念中国共产党、中国人民解放军、中华人民共和国的主要缔造者，中国各族人民的伟大领袖毛泽东同志诞辰120周年。

毛泽东同志是伟大的马克思主义者，伟大的无产阶级革命家、战略家、理论家，是马克思主义中国化的伟大开拓者，是近代以来中国伟大的爱国者和民族英雄，是党的第一代中央领导集体的核心，是领导中国人民彻底改变自己命运和国家面貌的一代伟人。

毛泽东同志等老一辈革命家，都是从近代以来中国历史发展的时势中产生的伟大人物，都是从近代以来中国人民抵御外敌入侵、反抗民族压迫和阶级压迫的艰苦卓绝斗争中产生的伟大人物，都是走在中华民族和世界进步潮流前列的伟大人物。

中华民族，具有5000多年绵延不绝的文明历史，为人类文明进步作出了不可磨灭的贡献。但是，由于封建制度的腐朽没落，中国在近代被世界快速发展的浪潮甩在了后面。1840年鸦片战争以后，在西方列强坚船利炮轰击下，中国危机四起、人民苦难深重，陷入半殖民地半封建社会的黑暗深渊。

实现中华民族伟大复兴始终是近代以来中国人民最伟大的梦想。无数志士仁人前仆后继、不懈探索，寻找救国救民道路，却在很长时间内都抱憾而终。太平天国运动、戊戌变法、义和团运动、辛亥革命接连而起，但农民起义、君主立宪、资产阶级共和制等种种救国方案都相继失败了。战乱频仍，民生凋敝，丧权辱国，成了旧中国长期无法消除的病疠。

中华民族是一个有志气的民族。为了探求救亡图存的正确道路，中国的先进分子带领中国人民始终坚持在苦难和挫折中求索、在风雨飘摇中前进，敢于挽狂澜于既倒、扶大厦之将倾，表现出了百折不挠的英雄气概。

毛泽东同志在青年时期就立下拯救民族于危难的远大志向。1919年，毛泽东同志在《〈湘江评论〉创刊宣言》中写道："时机到了！世界的大潮卷得更急了！洞庭湖的闸门动了，且开了！浩浩荡荡的新思潮业已奔腾澎湃于湘江两岸了！顺他的生，逆他的死。"年轻的毛泽东同志，"书生意气，挥斥方遒。指点江山，激扬文字"，既有"问苍茫大地，谁主沉浮"的仰天长问，又有"到中流击水，浪遏飞舟"的浩然壮气。

十月革命一声炮响，给中国送来了马克思列宁主义。从纷然杂陈的各种观点和路径中，经过反复比较和鉴别，毛泽东同志毅然选择了马克思列宁主义，选择了为实现共产主义而奋斗的崇高理想。在此后的革命生涯中，不管是"倒海翻江卷巨澜"，还是"雄关漫道真如铁"，毛泽东同志始终都矢志不移、执着追求。

马克思列宁主义，为中国人民点亮了前进的灯塔；1921年中国共产党的成立，使中国人民有了前进的主心骨。

然而，在一个半殖民地半封建的东方大国进行革命，面对的特殊国情是农民占人口的绝大多数，落后分散的小农经济、小生产及其社会影响根深蒂固，又遭受着西方列强侵略和压迫，经济文化十分落后，选择一条什么样的道路才能把中国革命引向胜利成为首要问题，也是马克思主义发展史上前所未有过的难题。年轻的中国共产党，一度简单套用马克思列宁主义关于无产阶级革命的一般原理和照搬俄国十月革命城市武装起义的经验，中国革命遭受到严重挫折。

从革命斗争的这种失误教训中，毛泽东同志深刻认识到，面对中国的特殊国情，面对压在中国人民头上的三座大山，中国革命将是一个长期过程，不能以教条主义的观点对待马克思列宁主义，必须从中国实际出发，实现马克思主义中国化。毛泽东同志创造性地解决了马克思列宁主义基本原理同中国实际相结合的一系列重大问题，深刻分析中国社会形态和阶级状况，经过不懈探索，弄清了中国革命的性质、对象、任务、动力，提出通过新民主主义革命走向社会主义的两步走战略，制定了新民主主义革命总路线，开辟了以农村包围城市、最后夺取全国胜利的革命道路。毛泽东同志创造性地解决了在中国这种特殊的社会历史条件下建设马克思主义政党的一系列重大问题，把党建设成为用科学理论和革命精神武装起来的、同人民群众有着血肉联系的、思想上政治上组织上完全巩固的马克思主义政党。毛泽东同志创造性地解决了缔造一个在党的绝对领导下的人民武装力量的一系列重大问题，建成一支具有一往无前精神、能压倒一切敌人而决不被敌人所屈服的新型人民军队。毛泽东同志创造性地解决了团结全民族最大多数人共同奋斗的革命统一战线的一系列重大问题，为党和人民事业凝聚了一支最广大的同盟军。毛泽东同志带领我们党创造性地提出和实施了一系列正确的战略策略，及时解决了中国革命进程中一道道极为复杂的难题，引导中国革命航船不断乘风破浪前进。

“为有牺牲多壮志，敢教日月换新天。”经过28年浴血奋战和顽强奋斗，我们党和人民历经千辛万苦、付出巨大牺牲，在战胜日本军国主义侵略者后，经过人民解放战争，以摧枯拉朽之势推翻了帝国主义、封建主义、官僚资本主义的统治，夺取了新民主主义革命胜利，实现了几代中国人梦寐以求的民族独立和人民解放。

中华人民共和国的成立，使中国人民成为国家、社会和自己命运的主人，实现了中国向人民民主制度的伟大跨越，实现了中国高度统一和各民族空前团结，彻底结束了旧中国半殖民地半封建社会的历史，彻底结束了旧中国一盘散沙的局面，彻底废除了外国列强强加给中国的不平等条约和帝国主义在中国的一切特权。

中国人从此站立起来了！中国人民从此把命运牢牢掌握在自己手中！中华民族发展进步从此开启了新纪元！

这个伟大历史胜利，是毛泽东同志和他的战友们，是千千万万革命志士和革命烈士，是亿万中国人民，共同为中华民族建立的伟大历史功勋。这一伟大奋斗历程和成果充分证明了毛泽东同志所说的：“我们中华民族有同自己的敌人血战到底的气概，有在自力更生的基础上光复旧物的决心，有自立于世界民族之林的能力。”

新中国成立后，以毛泽东同志为核心的党的第一代中央领导集体带领人民，在迅速医治战争创伤、恢复国民经济的基础上，不失时机提出了过渡时期总路线，创造性地完成了由新民主主义革命向社会主义革命的转变，使中国这个占世界四分之一人口的东方大国进入了社会主义社会，成功实现了中国历史上最深刻最伟大的社会变革。新民主主义革命的胜利，社会主义基本制度的确立，为当代中国一切发展进步奠定了根本政治前提和制度基础。

社会主义基本制度确立以后，如何在中国建设社会主义，是党面临的崭新课题。毛泽东同志对适合中国情况的社会主义建设道路进行了艰苦探索。他以苏联的经验教训为鉴戒，提出要创造新的理论、写出新的著作，把马克思列宁主义基本原理同中国实际进行“第二次结合”，找出在中国进行社会主义革命和建设的正确道路，制定把我国建设成为一个强大的社会主义国家的战略思想。

在中国共产党领导下，我国各族人民意气风发投身中国历史上从来不曾有过的热气腾腾的社会主义建设。在不长的时间里，我国社会就发生了翻天覆地的变化,建立起独立的比较完整的工业体系和国民经济体系,独立研制出"两弹一星",成为在世界上有重要影响的大国,积累起在中国这样一个社会生产力水平十分落后的东方大国进行社会主义建设的重要经验。

毛泽东同志为中国新民主主义革命的胜利、社会主义革命的成功、社会主义建设的全面展开,为实现中华民族独立和振兴、中国人民解放和幸福,作出了彪炳史册的贡献。毛泽东同志毕生最突出最伟大的贡献,就是领导我们党和人民找到了新民主主义革命的正确道路,完成了反帝反封建的任务,建立了中华人民共和国,确立了社会主义基本制度,取得了社会主义建设的基础性成就,并为我们探索建设中国特色社会主义的道路积累了经验和提供了条件,为我们党和人民事业胜利发展、为中华民族阔步赶上时代发展潮流创造了根本前提,奠定了坚实的理论和实践基础。

同志们、朋友们!

在革命和建设长期实践中,以毛泽东同志为主要代表的中国共产党人,根据马克思列宁主义基本原理,形成了适合中国情况的科学指导思想,这就是毛泽东思想。毛泽东思想以独创性理论丰富和发展了马克思列宁主义。毛泽东思想教育了几代中国共产党人,它培养的大批骨干,不仅在新民主主义革命、社会主义革命、社会主义建设时期发挥了重要作用,也为新的历史时期开创和建设中国特色社会主义发挥了重要作用。邓小平同志说,毛泽东思想这个旗帜丢不得,丢掉了实际上就否定了我们党的光辉历史;任何时候都不能动摇高举毛泽东思想旗帜的原则,我们将永远高举毛泽东思想的旗帜前进。

在为中国人民不懈奋斗的光辉一生中,毛泽东同志表现出一个伟大革命领袖高瞻远瞩的政治远见、坚定不移的革命信念、勇于开拓的非凡魄力、炉火纯青的斗争艺术、杰出高超的领导才能。他思想博大深邃、胸怀坦荡宽广,文韬武略兼备、领导艺术高超,心系人民群众、终生艰苦奋斗,为中华民族和中国人民建立了不朽功勋。

毛泽东同志属于中国,也属于世界。他不仅赢得了全党全国各族人民爱戴和敬仰,而且赢得了世界上一切向往进步的人们敬佩。毛泽东同志的革命实践和光辉业绩已经载入中华民族史册。他的名字、他的思想、他的风范,将永远鼓舞我们继续前进。

同志们、朋友们!

人世间没有一帆风顺的事业。综观世界历史,任何一个国家、一个民族的发展,都会跌宕起伏甚至充满曲折。"艰难困苦,玉汝于成。""多难兴邦,殷忧启圣。""失败为成功之母。"毛泽东同志也常说,前途是光明的,道路是曲折的。这是一切正义事业发展的历史逻辑。我们的事业之所以伟大,就在于经历世所罕见的艰难而不断取得成功。

不能否认,毛泽东同志在社会主义建设道路的探索中走过弯路,他在晚年特别是在"文化大革命"中犯了严重错误。对毛泽东同志的历史功过,党的十一届六中全会作出的《关于建国以来党的若干历史问题的决议》进行了全面评价。邓小平同志说,毛泽东同志的功绩是第一位的,他的错误是第二位的,他的错误在于违反了他自己正确的东西,是一个伟大的革命家、伟大的马克思主义者所犯的错误。

在中国这样的社会历史条件下建设社会主义,没有先例,犹如攀登一座人迹未至的高山,一切攀登者都要披荆斩棘、开通道路。毛泽东同志晚年的错误有其主观因素和个人责任,还在于复杂的国内国际的社会历史原因,应该全面、历史、辩证地看待和分析。

对历史人物的评价,应该放在其所处时代和社会的历史条件下去分析,不能离开对历史条件、历史过程的全面认识和对历史规律的科学把握,不能忽略历史必然性和历史偶然性的关系。不能把历史顺境中的成功简单归功于个人,也不能把历史逆境中的挫折简单归咎于个人。不能用今天的时代条件、发展水平、认识水平去衡量和要求前人,不能苛求前人干出只有后人才能干出的业绩来。

革命领袖是人不是神。尽管他们拥有很高的理论水平、丰富的斗争经验、卓越的领导才能,但这并不意味着他们的认识和行动可以不受时代条件限制。不能因为他们伟大就把他们像神那样顶礼膜拜,不容许提出并纠正他们的失误和错误;也不能因为他们有失误和错误就全盘否定,抹杀他们的历史功绩,陷入虚无主义的泥潭。

前事不忘,后事之师。一个马克思主义政党对自己的错误所抱的态度,是衡量这个党是否真正履行对人民群众所负责任的一个最重要最可靠的尺度。我们党对自己包括领袖人物的失误和错误历来采取郑重的态度,一是敢于承认,二是正确分析,三是坚决纠正,从而使失误和错误连同党的成功经验一起成为宝贵的历史教材。

历史就是历史,历史不能任意选择,一个民族的历史是一个民族安身立命的基础。不论发生过什么波折和曲折,不论出现过什么苦难和困难,中华民族5000多年的文明史,中国人民近代以来170多年的斗争史,中国共产党90多年的奋斗史,中华人民共和国60多年的发展史,都是人民书写的历史。历史总是向前发展的,我们总结和吸取历史教训,目的是以史为鉴、更好前进。

同志们、朋友们!

35年前,在党和国家面临向何处去的重大历史关头,在邓小平同志领导下,我们党解决了正确评价毛泽东同志和毛泽东思想的历史地位、根据新的实际和历史经验确立中国实现社会主义现代化的正确道路这两个相互联系的重大历史课题,作出了把党和国家的工作重点转移到以经济建设为中心的社会主义现代化建设上来、坚持四项基本原则、实行改革开放的历史性决策,实现了新中国成立以来我们党历史上具有深远意义的伟大转折。

我们党领导的革命、建设、改革伟大实践,是一个接续奋斗的历史过程,是一项救国、兴国、强国,进而实现中华民族伟大复兴的完整事业。

党的十八大以来,我们所做的一切工作,就是要团结带领全党全国各族人民坚持党的十一届三中全会以来的理论和路线方针政策,把以毛泽东同志为核心的党的第一代中央领导集体、以邓小平同志为核心的党的第二代中央领导集体、以江泽民同志为核心的党的第三代中央领导集体、以胡锦涛同志为总书记的党中央开创和发展的伟大事业坚持好、发展好。

道路决定命运,找到一条正确道路是多么不容易。中国特色社会主义不是从天上掉下来的,是党和人民历尽千辛万苦、付出各种代价取得的根本成就。改革开放前的社会主义实践探索,是党和人民在历史新时期把握现实、创造未来的出发阵地,没有它提供的正反两方面的历史经验,没有它积累的思想成果、物质成果、制度成果,改革开放也难以顺利推进。一切向前走,都不能忘记走过的路;走得再远、走到再光辉的未来,也不能忘记走过的过去。

我们要把党和人民90多年的实践及其经验,当做时刻不能忘、须臾不能丢的立身之本,既不妄自菲薄、也不妄自尊大,毫不动摇走党和人民在长期实践探索中开辟出来的正确道路。

同志们、朋友们!

毛泽东思想活的灵魂是贯穿其中的立场、观点、方法,它们有三个基本方面,这就是实事求是、群众路线、独立自主。新形势下,我们要坚持和运用好毛泽东思想活的灵魂,把我们党建设好,把中国特色社会主义伟大事业继续推向前进。

实事求是,是马克思主义的根本观点,是中国共产党人认识世界、改造世界的根本要求,是我们党的基本思想方法、工作方法、领导方法。不论过去、现在和将来,我们都要坚持一切从实际出发,理论联系实际,在实践中检验真理和发展真理。

毛泽东同志说："'实事'就是客观存在着的一切事物，'是'就是客观事物的内部联系，即规律性，'求'就是我们去研究。"毛泽东同志还把实事求是形象地比喻为"有的放矢"。我们要坚持用马克思主义的"矢"去射中国革命、建设、改革的"的"。

坚持实事求是，就要深入实际了解事物的本来面貌。要透过现象看本质，从零乱的现象中发现事物内部存在的必然联系，从客观事物存在和发展的规律出发，在实践中按照客观规律办事。坚持实事求是不是一劳永逸的，在一个时间一个地点做到了实事求是，并不等于在另外的时间另外的地点也能做到实事求是，在一个时间一个地点坚持实事求是得出的结论、取得的经验，并不等于在变化了的另外的时间另外的地点也能够适用。我们要自觉坚定实事求是的信念、增强实事求是的本领，时时处处把实事求是牢记于心、付诸于行。

坚持实事求是，就要清醒认识和正确把握我国仍处于并将长期处于社会主义初级阶段这个基本国情。我们推进改革发展、制定方针政策，都要牢牢立足社会主义初级阶段这个最大实际，都要充分体现这个基本国情的必然要求，坚持一切从这个基本国情出发。任何超越现实、超越阶段而急于求成的倾向都要努力避免，任何落后于实际、无视深刻变化着的客观事实而因循守旧、固步自封的观念和做法都要坚决纠正。

坚持实事求是，就要坚持为了人民利益坚持真理、修正错误。要有光明磊落、无私无畏、以事实为依据、敢于说出事实真相的勇气和正气，及时发现和纠正思想认识上的偏差、决策中的失误、工作中的缺点，及时发现和解决存在的各种矛盾和问题，使我们的思想和行动更加符合客观规律、符合时代要求、符合人民愿望。

坚持实事求是，就要不断推进实践基础上的理论创新。马克思主义基本原理是普遍真理，具有永恒的思想价值，但马克思主义经典作家并没有穷尽真理，而是不断为寻求真理和发展真理开辟道路。今天，坚持和发展中国特色社会主义，全面深化改革，有效应对前进道路上可以预见和难以预见的各种困难与风险，都会提出新的课题，迫切需要我们从理论上作出新的科学回答。我们要及时总结党领导人民创造的新鲜经验，不断开辟马克思主义中国化新境界，让当代中国马克思主义放射出更加灿烂的真理光芒。

群众路线是我们党的生命线和根本工作路线，是我们党永葆青春活力和战斗力的重要传家宝。不论过去、现在和将来，我们都要坚持一切为了群众，一切依靠群众，从群众中来，到群众中去，把党的正确主张变为群众的自觉行动，把群众路线贯彻到治国理政全部活动之中。

群众路线本质上体现的是马克思主义关于人民群众是历史的创造者这一基本原理。只有坚持这一基本原理，我们才能把握历史前进的基本规律。只有按历史规律办事，我们才能无往而不胜。历史反复证明，人民群众是历史发展和社会进步的主体力量。正如毛泽东同志所说："中国的命运一经操在人民自己的手里，中国就将如太阳升起在东方那样，以自己的辉煌的光焰普照大地"。

坚持群众路线，就要坚持人民是决定我们前途命运的根本力量。坚持人民主体地位，充分调动人民积极性，始终是我们党立于不败之地的强大根基。在人民面前，我们永远是小学生，必须自觉拜人民为师，向能者求教，向智者问策；必须充分尊重人民所表达的意愿、所创造的经验、所拥有的权利、所发挥的作用。我们要珍惜人民给予的权力，用好人民给予的权力，自觉让人民监督权力，紧紧依靠人民创造历史伟业，使我们党的根基永远坚如磐石。

坚持群众路线，就要坚持全心全意为人民服务的根本宗旨。"政之所兴在顺民心，政之所废在逆民心。"全心全意为人民服务，是我们党一切行动的根本出发点和落脚点，是我们党区别于其他一切政党的根本标志。党的一切工作，必须以最广大人民根本利益为最高标准。

检验我们一切工作的成效,最终都要看人民是否真正得到了实惠,人民生活是否真正得到了改善,人民权益是否真正得到了保障。面对人民过上更好生活的新期待,我们不能有丝毫自满和懈怠,必须再接再厉,使发展成果更多更公平惠及全体人民,朝着共同富裕方向稳步前进。

坚持群众路线,就要保持党同人民群众的血肉联系。我们党的最大政治优势是密切联系群众,党执政后的最大危险是脱离群众。毛泽东同志说:"我们共产党人好比种子,人民好比土地。我们到了一个地方,就要同那里的人民结合起来,在人民中间生根、开花。"要把群众观点、群众路线深深植根于全党同志思想中,真正落实到每个党员行动上,下最大气力解决党内存在的问题特别是人民群众不满意的问题,使我们党永远赢得人民群众信任和拥护。

坚持群众路线,就要真正让人民来评判我们的工作。"知政失者在草野。"任何政党的前途和命运最终都取决于人心向背。"人心就是力量。"我们党的党员人数,放在人民中间还是少数。我们党的宏伟奋斗目标,离开了人民支持就绝对无法实现。我们党的执政水平和执政成效都不是由自己说了算,必须而且只能由人民来评判。人民是我们党的工作的最高裁决者和最终评判者。如果自诩高明、脱离了人民,或者凌驾于人民之上,就必将被人民所抛弃。任何政党都是如此,这是历史发展的铁律,古今中外概莫能外。

独立自主是我们党从中国实际出发、依靠党和人民力量进行革命、建设、改革的必然结论。不论过去、现在和将来,我们都要把国家和民族发展放在自己力量的基点上,坚持民族自尊心和自信心,坚定不移走自己的路。

独立自主是中华民族的优良传统,是中国共产党、中华人民共和国立党立国的重要原则。在中国这样一个人口众多和经济文化落后的东方大国进行革命和建设的国情与使命,决定了我们只能走自己的路。

站立在960万平方公里的广袤土地上,吸吮着中华民族漫长奋斗积累的文化养分,拥有13亿中国人民聚合的磅礴之力,我们走自己的路,具有无比广阔的舞台,具有无比深厚的历史底蕴,具有无比强大的前进定力。中国人民应该有这个信心,每一个中国人都应该有这个信心。

坚持独立自主,就要坚持中国的事情必须由中国人民自己作主张、自己来处理。世界上没有放之四海而皆准的具体发展模式,也没有一成不变的发展道路。历史条件的多样性,决定了各国选择发展道路的多样性。人类历史上,没有一个民族、没有一个国家可以通过依赖外部力量、跟在他人后面亦步亦趋实现强大和振兴。那样做的结果,不是必然遭遇失败,就是必然成为他人的附庸。

我们党在领导革命、建设、改革长期实践中,历来坚持独立自主开拓前进道路,这种独立自主的探索和实践精神,这种坚持走自己的路的坚定信心和决心,是我们党全部理论和实践的立足点,也是党和人民事业不断从胜利走向胜利的根本保证。

坚持独立自主,就要坚定不移走中国特色社会主义道路,既不走封闭僵化的老路,也不走改旗易帜的邪路。我们要增强政治定力,增强道路自信、理论自信、制度自信。我们要根据形势任务发展变化,通过全面深化改革,不断拓展中国特色社会主义道路,不断丰富中国特色社会主义理论体系,不断完善中国特色社会主义制度。我们要虚心学习借鉴人类社会创造的一切文明成果,但我们不能数典忘祖,不能照抄照搬别国的发展模式,也绝不会接受任何外国颐指气使的说教。

坚持独立自主,就要坚持独立自主的和平外交政策,坚定不移走和平发展道路。我们要高举和平、发展、合作、共赢的旗帜,坚持在和平共处五项原则基础上同各国友好相处,在平等互利基础上积极开展同各国的交流合作,坚定不移维护世界和平、促进共同发展。我们要根据事情本身的是非曲直决定自己的立场和政策，秉持公道，伸张正义，尊重各国人民自主选择发展道路的权利，绝不把自己的意志强加于人，也绝不允许任何人把他们的意志强加于中国人民。我们主张以和平方式解决国际争端，反对各种形式的霸权主义和强权政治，永远不称霸，永远不搞扩张。我们要坚决维护国家主权、安全、发展利益，任何外国不要指望我们会拿自己的核心利益做交易，不要指望我们会吞下损害我国主权、安全、发展利益的苦果。

同志们、朋友们！

近代以来，中华民族始终有一个梦想，这就是实现中华民族伟大复兴，为人类作出更大贡献。我们的先辈们为实现这个梦想付出了巨大努力。今天，我们可以告慰毛泽东同志等老一辈革命家的是，在他们带领党和人民建设社会主义的基础上，我国改革开放和现代化建设取得了举世瞩目的成就，我们比历史上任何时期都更接近中华民族伟大复兴的目标。

“装点此关山，今朝更好看。”我们已经走出一条光明大道，我们要继续前行。

站在新的历史起点上，我们的事业崇高而神圣，我们的责任重大而光荣。要实现中华民族伟大复兴，我们就必须坚定不移推进改革开放。没有改革开放，就没有中国的今天；离开改革开放，也没有中国的明天。党的十八届三中全会吹响了全面深化改革的新号角。我们要不断深化对改革开放规律性的认识，勇于攻坚克难，敢于迎难而上，坚决破除各方面体制机制弊端，奋力开拓中国特色社会主义更加广阔的前景。

实现中华民族伟大复兴，关键在党。今天，我们正在进行具有许多新的历史特点的伟大斗争。全党要牢记毛泽东同志提出的“我们决不当李自成”的深刻警示，牢记“两个务必”，牢记“生于忧患，死于安乐”的古训，着力解决好“其兴也勃焉，其亡也忽焉”的历史性课题，增强党要管党、从严治党的自觉，提高党的执政能力和领导水平，增强党自我净化、自我完善、自我革新、自我提高能力。

我们要继续深入开展党的群众路线教育实践活动，凡是影响党的创造力、凝聚力、战斗力的问题都要及时解决，凡是损害党的先进性和纯洁性的病症都要认真医治，凡是滋生在党的健康肌体上的毒瘤都要坚决祛除，通过持之以恒的努力，使党始终成为中国特色社会主义事业的坚强领导核心。

同志们、朋友们！

毛泽东同志说过：“中国人民有志气，有能力，一定要在不远的将来，赶上和超过世界先进水平。”实现我们确立的奋斗目标，我们既要有“乱云飞渡仍从容”的战略定力，又要有“不到长城非好汉”的进取精神。全党全国各族人民更加紧密地团结起来，勿忘昨天的苦难辉煌，无愧今天的使命担当，不负明天的伟大梦想，下定决心，排除万难，在中国特色社会主义伟大道路上，为实现中华民族伟大复兴的中国梦，前进！

在全国政协新年茶话会上的讲话

（2013 年 12 月 31 日）

习近平

同志们，朋友们：

明天就是 2014 年元旦。在这辞旧迎新的美好时刻，我们欢聚一堂，回顾共同经历的难忘岁月，畅想共同期待的美好未来，感到十分高兴。

首先，我代表中共中央、国务院和中央军委，向各民主党派、工商联和无党派人士、各人民团体，向全国广大工人、农民、知识分子、干部和各界人士，向人民解放军指战员、武警官兵和公安民警，向香港特别行政区同胞、澳门特别行政区同胞、台湾同胞和海外侨胞，向关心和支持中国现代化建设的国际友人，致以诚挚的祝福！祝大家新年好！

今年是全面贯彻落实中共十八大精神的开局之年。面对错综复杂的国际形势和艰巨繁重的国内改革发展稳定任务，中共中央团结带领全国各族人民，坚持稳中求进工作总基调，沉着应对各种风险和挑战，全面推进社会主义经济建设、政治建设、文化建设、社会建设、生态文明建设，对全面深化改革作出总体部署。我们提出并落实党在新形势下的强军目标，推动国防和军队建设迈出新步伐；高举和平、发展、合作、共赢的旗帜，推动全方位外交打开新局面；全面推进党的建设新的伟大工程，群众路线教育实践活动取得重要阶段性成果。在全党全国各族人民共同努力下，各项工作取得新进展，实现了良好开局。

2014 年，将是我国发展进程中十分重要的一年。新的一年，应该有新的奋斗、新的收获。我们要全面贯彻落实中共十八大和十八届二中、三中全会精神，以邓小平理论、“三个代表”重要思想、科学发展观为指导，坚持改革创新，坚持稳中求进，全面做好各项工作。我们要坚持“一国两制”、“港人治港”、“澳人治澳”、高度自治的方针，保持香港、澳门长期繁荣稳定。我们要坚持“和平统一、一国两制”方针，为两岸同胞谋福祉。我们要高举和平、发展、合作、共赢的旗帜，同各国人民一道为人类和平与发展的崇高事业而不懈努力。

2014 年，我们将推进全面深化改革。35 年前的这个月，中共十一届三中全会胜利闭幕，开启了波澜壮阔的伟大改革。中共十八届三中全会吹响了全面深化改革新的号角。开弓没有回头箭，我们要坚定不移实现改革目标。

当今世界，机遇和挑战并存。风云变幻，最需要的是战略定力；竞争激烈，最重要的是急流勇进；迎接挑战，最根本的是改革创新。改革，最本质的要求就是创新。中华民族是具有伟大创新精神的民族，以伟大创造能力著称于世。“苟日新，日日新，又日新”，是对中华民族创新精神的最好写照。

我们要大力弘扬与时俱进、锐意进取、勤于探索、勇于实践的改革创新精神，争当改革的坚定拥护者和积极实践者，用自己勤劳的双手在改革实践中创造更加幸福的生活。

我们的事业是一点一滴干出来的，我们的道路是一步一个脚印走出来的。我们要坚持一切从实际出发，凝聚广大人民群众智慧和力量，善作善成，努力把全面深化改革的蓝图变为现实，让全社会感受到市场环境和创业条件在不断改善，让全体人民共同分享改革发展成果。

同志们、朋友们！

在即将过去的一年里，人民政协高举爱国主义、社会主义旗帜，推进政治协商、民主监督、参政议政制度建设，围绕中共中央关注的重大问题开展调研，发挥决策咨询作用，推进人民政协工作创新，为推动经济社会发展、深化改革开放、健全社会主义协商民主制度等各项事业作出了重要贡献。

明年将迎来人民政协成立65周年。在新的一年里，我们要巩固和发展最广泛的爱国统一战线，坚持和完善中国共产党领导的多党合作和政治协商制度，寻求最大公约数，凝聚改革共识，汇聚改革正能量。参加人民政协的各党派团体和各族各界人士要引导所联系成员和群众理解改革、支持改革、参与改革。人民政协要充分发挥作为协商民主重要渠道作用，围绕经济社会发展重大问题和涉及群众切身利益的实际问题广泛协商，为实现“两个一百年”奋斗目标作出新的更大的贡献。

同志们、朋友们！

让我们更加紧密地团结起来，万众一心，不懈奋斗，在改革开放新的长征路上，共同谱写实现中华民族伟大复兴中国梦的新篇章！

切实把思想统一到党的十八届三中全会精神上来

习近平

只有全党思想和意志统一了，才能统一全国各族人民思想和意志，才能形成推进改革的强大合力。

这里，我围绕全会提出的指导思想、总体思路、目标任务，就贯彻落实全会精神提几点要求。

第一，坚持把完善和发展中国特色社会主义制度，推进国家治理体系和治理能力现代化作为全面深化改革的总目标。邓小平同志在1992年提出，再有30年的时间，我们才会在各方面形成一整套更加成熟更加定型的制度。这次全会在邓小平同志战略思想的基础上，提出要推进国家治理体系和治理能力现代化。这是完善和发展中国特色社会主义制度的必然要求，是实现社会主义现代化的应有之义。我们之所以决定这次三中全会研究全面深化改革问题，不是推进一个领域改革，也不是推进几个领域改革，而是推进所有领域改革，就是从国家治理体系和治理能力的总体角度考虑的。

国家治理体系和治理能力是一个国家制度和制度执行能力的集中体现。国家治理体系是在党领导下管理国家的制度体系，包括经济、政治、文化、社会、生态文明和党的建设等各领域体制机制、法律法规安排，也就是一整套紧密相连、相互协调的国家制度；国家治理能力则是运用国家制度管理社会各方面事务的能力，包括改革发展稳定、内政外交国防、治党治国治军等各个方面。国家治理体系和治理能力是一个有机整体，相辅相成，有了好的国家治理体系才能提高治理能力，提高国家治理能力才能充分发挥国家治理体系的效能。

实际上，怎样治理社会主义社会这样全新的社会，在以往的世界社会主义中没有解决得很好。马克思、恩格斯没有遇到全面治理一个社会主义国家的实践，他们关于未来社会的原理很多是预测性的；列宁在俄国十月革命后不久就过世了，没来得及深入探索这个问题；苏联在这个问题上进行了探索，取得了一些实践经验，但也犯下了严重错误，没有解决这个问题。我们党在全国执政以后，不断探索这个问题，虽然也发生了严重曲折，但在国家治理体系和治理能力上积累了丰富经验、取得了重大成果，改革开放以来的进展尤为显著。我国政治稳定、经济发展、社会和谐、民族团结，同世界上一些地区和国家不断出现乱局形成了鲜明对照。这说明，我们的国家治理体系和治理能力总体上是好的，是适应我国国情和发展要求的。

同时，我们也要看到，相比我国经济社会发展要求，相比人民群众期待，相比当今世界日趋激烈的国际竞争，相比实现国家长治久安，我们在国家治理体系和治理能力方面还有许多不足，有许多亟待改进的地方。真正实现社会和谐稳定、国家长治久安，还是要靠制度，靠我们在国家治理上的高超能力，靠高素质干部队伍。我们要更好发挥中国特色社会主义制度的优越性，必须从各个领域推进国家治理体系和治理能力现代化。

推进国家治理体系和治理能力现代化，就是要适应时代变化，既改革不适应实践发展要求的体制机制、法律法规，又不断构建新的体制机制、法律法规，使各方面制度更加科学、更加完善，实现党、国家、社会各项事务治理制度化、规范化、程序化。要更加注重治理能力建设，增强按制度办事、依法办事意识，善于运用制度和法律治理国家，把各方面制度优势转化为管理国家的效能，提高党科学执政、民主执政、依法执政水平。

第二，进一步解放思想、进一步解放和发展社会生产力、进一步解放和增强社会活力。全会决定提出的这"三个进一步解放"既是改革的目的，又是改革的条件。解放思想是前提，是解放和发展社会生产力、解放和增强社会活力的总开关。没有解放思想，我们党就不可能在十年动乱结束不久作出把党和国家工作中心转移到经济建设上来、实行改革开放的历史性决策，开启我国发展的历史新时期；没有解放思想，我们党就不可能在实践中不断推进理论创新和实践创新，有效化解前进道路上的各种风险挑战，把改革开放不断推向前进，始终走在时代前列。解放和发展社会生产力、解放和增强社会活力，是解放思想的必然结果，也是解放思想的重要基础。

全面建成小康社会，实现社会主义现代化，实现中华民族伟大复兴，最根本最紧迫的任务还是进一步解放和发展社会生产力。解放思想，解放和增强社会活力，是为了更好解放和发展社会生产力。邓小平同志说：革命是解放生产力，改革也是解放生产力，"社会主义基本制度确立以后，还要从根本上改变束缚生产力发展的经济体制，建立起充满生机和活力的社会主义经济体制，促进生产力的发展"。我们要通过深化改革，让一切劳动、知识、技术、管理、资本等要素的活力竞相迸发，让一切创造社会财富的源泉充分涌流。同时，要处理好活力和有序的关系，社会发展需要充满活力，但这种活力又必须是有序活动的。死水一潭不行，暗流汹涌也不行。

我们讲要坚定道路自信、理论自信、制度自信，要有坚如磐石的精神和信仰力量，也要有支撑这种精神和信仰的强大物质力量。这就要靠通过不断改革创新，使中国特色社会主义在解放和发展社会生产力、解放和增强社会活力、促进人的全面发展上比资本主义制度更有效率，更能激发全体人民的积极性、主动性、创造性，更能为社会发展提供有利条件，更能在竞争中赢得比较优势，把中国特色社会主义制度的优越性充分体现出来。

第三，以经济体制改革为重点，发挥经济体制改革牵引作用。全会决定用"六个紧紧围绕"描绘了全面深化改革的路线图，突出强调以经济体制改革为重点，发挥经济体制改革牵引作用。我国仍处于并将长期处于社会主义初级阶段的基本国情没有变，人民日益增长的物质文化需要同落后的社会生产之间的矛盾这一社会主要矛盾没有变，我国是世界最大发展中国家的国际地位没有变。这就决定了经济建设仍然是全党的中心工作。

当前，制约科学发展的体制机制障碍不少集中在经济领域，经济体制改革任务远远没有完成，经济体制改革的潜力还没有充分释放出来。坚持以经济建设为中心不动摇，就必须坚持以经济体制改革为重点不动摇。

经济基础决定上层建筑。经济体制改革对其他方面改革具有重要影响和传导作用，重大经济体制改革的进度决定着其他方面很多体制改革的进度，具有牵一发而动全身的作用。马克思在《〈政治经济学批判〉序言》中说："人们在自己生活的社会生产中发生一定的、必然的、不以他们的意志为转移的关系，即同他们的物质生产力的一定发展阶段相适合的生产关系。这些生产关系的总和构成社会的经济结构，即有法律的和政治的上层建筑竖立其上并有一定的社会意识形式与之相适应的现实基础。"在全面深化改革中，我们要坚持以经济体制改革为主轴，努力在重要领域和关键环节改革上取得新突破，以此牵引和带动其他领域改革，使各方面改革协同推进、形成合力，而不是各自为政、分散用力。

第四，坚持社会主义市场经济改革方向。提出建立社会主义市场经济体制的改革目标，这是我们党在建设中国特色社会主义进程中的一个重大理论和实践创新，解决了世界上其他社会主义国家长期没有解决的一个重大问题。

20多年来，我们围绕建立社会主义市场经济体制这个目标，推进经济体制以及其他各方面体制改革，使我国成功实现了从高度集中的计划经济体制到充满活力的社会主义市场经济体制、从封闭半封闭到全方位开放的伟大历史转折，实现了人民生活从温饱到小康的历史性跨越，实现了经济总量跃居世界第二的历史性飞跃，极大调动了亿万人民的积极性，极大促进了社会生产力发展，极大增强了党和国家生机活力。

同时，我们也要看到，虽然我国社会主义市场经济体制已经初步建立，但市场体系还不健全，市场发育还不充分，特别是政府和市场关系还没有理顺，市场在资源配置中的作用有效发挥受到诸多制约，实现党的十八大提出的加快完善社会主义市场经济体制的战略任务还需要付出艰苦努力。

坚持社会主义市场经济改革方向，核心问题是处理好政府和市场的关系，使市场在资源配置中起决定性作用和更好发挥政府作用。这是我们党在理论和实践上的又一重大推进。

坚持社会主义市场经济改革方向，不仅是经济体制改革的基本遵循，也是全面深化改革的重要依托。使市场在资源配置中发挥决定性作用，主要涉及经济体制改革，但必然会影响到政治、文化、社会、生态文明和党的建设等各个领域。要使各方面体制改革朝着建立完善的社会主义市场经济体制这一方向协同推进，同时也使各方面自身相关环节更好适应社会主义市场经济发展提出的新要求。

第五，以促进社会公平正义、增进人民福祉为出发点和落脚点。改革开放以来，我国经济社会发展取得巨大成就，为促进社会公平正义提供了坚实物质基础和有利条件。同时，在我国现有发展水平上，社会上还存在大量有违公平正义的现象。特别是随着我国经济社会发展水平和人民生活水平不断提高，人民群众的公平意识、民主意识、权利意识不断增强，对社会不公问题反映越来越强烈。

中央全面审视和科学分析我国经济社会发展现状和态势，认为这个问题不抓紧解决，不仅会影响人民群众对改革开放的信心，而且会影响社会和谐稳定。党的十八大明确提出，公平正义是中国特色社会主义的内在要求；要在全体人民共同奋斗、经济社会发展的基础上，加紧建设对保障社会公平正义具有重大作用的制度，逐步建立以权利公平、机会公平、规则公平为主要内容的社会公平保障体系，努力营造公平的社会环境，保证人民平等参与、平等发展权利。

这次全会决定强调，全面深化改革必须以促进社会公平正义、增进人民福祉为出发点和落脚点。这是坚持我们党全心全意为人民服务根本宗旨的必然要求。全面深化改革必须着眼创造更加公平正义的社会环境，不断克服各种有违公平正义的现象，使改革发展成果更多更公平惠及全体人民。如果不能给老百姓带来实实在在的利益，如果不能创造更加公平的社会环境，甚至导致更多不公平，改革就失去意义，也不可能持续。

实现社会公平正义是由多种因素决定的，最主要的还是经济社会发展水平。在不同发展水平上，在不同历史时期，不同思想认识的人，不同阶层的人，对社会公平正义的认识和诉求也会不同。我们讲促进社会公平正义，就要从最广大人民根本利益出发，多从社会发展水平、从社会大局、从全体人民的角度看待和处理这个问题。我国现阶段存在的有违公平正义的现象，许多是发展中的问题，是能够通过不断发展，通过制度安排、法律规范、政策支持加以解决的。我们必须紧紧抓住经济建设这个中心，推动经济持续健康发展，进一步把“蛋糕”做大，为保障社会公平正义奠定更加坚实物质基础。

这样讲，并不是说就等着经济发展起来了再解决社会公平正义问题。一个时期有一个时期的问题，发展水平高的社会有发展水平高的问题,发展水平不高的社会有发展水平不高的问题。“蛋糕”不断做大了,同时还要把“蛋糕”分好。我国社会历来有“不患寡而患不均”的观念。我们要在不断发展的基础上尽量把促进社会公平正义的事情做好,既尽力而为、又量力而行,努力使全体人民在学有所教、劳有所得、病有所医、老有所养、住有所居上持续取得新进展。

不论处在什么发展水平上,制度都是社会公平正义的重要保证。我们要通过创新制度安排,努力克服人为因素造成的有违公平正义的现象,保证人民平等参与、平等发展权利。要把促进社会公平正义、增进人民福祉作为一面镜子,审视我们各方面体制机制和政策规定,哪里有不符合促进社会公平正义的问题,哪里就需要改革;哪个领域哪个环节问题突出,哪个领域哪个环节就是改革的重点。对由于制度安排不健全造成的有违公平正义的问题要抓紧解决,使我们的制度安排更好体现社会主义公平正义原则,更加有利于实现好、维护好、发展好最广大人民根本利益。

第六,紧紧依靠人民推动改革。人民是历史的创造者,是我们的力量源泉。改革开放之所以得到广大人民群众衷心拥护和积极参与,最根本的原因在于我们一开始就使改革开放事业深深扎根于人民群众之中。全会决定归纳了改革开放积累的宝贵经验,其中很重要的一条就是强调必须坚持以人为本,尊重人民主体地位,发挥群众首创精神,紧紧依靠人民推动改革。没有人民支持和参与,任何改革都不可能取得成功。无论遇到任何困难和挑战,只要有人民支持和参与,就没有克服不了的困难,就没有越不过的坎。我们要贯彻党的群众路线,与人民心心相印、与人民同甘共苦、与人民团结奋斗。

推进任何一项重大改革,都要站在人民立场上把握和处理好涉及改革的重大问题,都要从人民利益出发谋划改革思路、制定改革举措。汉代王符说:“大鹏之动,非一羽之轻也;骐骥之速,非一足之力也。”就是说,大鹏冲天飞翔,不是靠一根羽毛的轻盈;骏马急速奔跑,不是靠一只脚的力量。中国要飞得高、跑得快,就得依靠13亿人民的力量。

在全面深化改革进程中,遇到关系复杂、难以权衡的利益问题,要认真想一想群众实际情况究竟怎样?群众到底在期待什么?群众利益如何保障?群众对我们的改革是否满意?提高改革决策的科学性,很重要的一条就是要广泛听取群众意见和建议,及时总结群众创造的新鲜经验,充分调动群众推进改革的积极性、主动性、创造性,把最广大人民智慧和力量凝聚到改革上来,同人民一道把改革推向前进。

(此文载《求是》2014年1期)

共圆中华民族伟大复兴的中国梦

（2014 年 2 月 18 日）

习近平

尊敬的连战荣誉主席和夫人，来自台湾各界的朋友们：

大家好！春节刚过，就见到连主席和各位老朋友、新朋友，很高兴。你们是我在马年见的第一批台湾客人，首先对你们的到来表示热烈的欢迎！给大家拜个晚年，祝大家马年吉祥、一马当先、马到成功！

我同连主席多次见面，是老朋友了。连主席有着深厚的民族情怀，长期积极推进两岸关系、追求民族振兴，我对此高度评价。

一年之计在于春。去年，连主席和朋友们也是在开春之时来访，为全年两岸关系发展开了个好头。两岸关系不断取得新进展，给两岸同胞带来了更多实惠，并且蕴含着新的发展契机。新的一年里，希望两岸双方秉持“两岸一家亲”的理念，顺势而为，齐心协力，推动两岸关系和平发展取得更多成果，造福两岸民众。

感谢连主席就两岸关系发表了很好的意见，对我很有启发。你们是台湾各界的代表性人士，借今天的场合，我想同大家谈谈心。

由于历史和现实的原因，两岸关系存在的很多问题一时不易解决，这也不要紧，我们共同努力解决，但不应让它们影响两岸同胞发展关系、合作交流。同时，两岸同胞是一家人，有着共同的血脉、共同的文化、共同的连结、共同的愿景，这是推动我们相互理解、携手同心、一起前进的重要力量。

第一，两岸同胞一家亲，谁也不能割断我们的血脉。台湾同胞崇敬祖先、爱土爱乡、淳朴率真、勤奋打拼，给我留下深刻印象。两岸同胞一家亲，根植于我们共同的血脉和精神，扎根于我们共同的历史和文化。我们大家都认为，两岸同胞同属中华民族，都传承中华文化。在台湾被侵占的 50 年间，台湾同胞保持着强烈的中华民族意识和牢固的中华文化情感，打心眼里认同自己属中华民族。这是与生俱来、浑然天成的，是不可磨灭的。

回顾台湾走过的历史，回顾两岸同胞一路走来的历程，我有一个深切体会，那就是不管台湾遭遇什么风雨，不管两岸关系历经什么沧桑，两岸同胞始终心心相印、守望相助。这告诉了世人一个朴素的道理，那就是两岸同胞血浓于水。不论是几百年前跨越“黑水沟”到台湾“讨生活”，还是几十年前迁徙到台湾，广大台湾同胞都是我们的骨肉天亲。大家同根同源、同文同宗，心之相系、情之相融，本是血脉相连的一家人。两岸走近、同胞团圆，是两岸同胞的共同心愿，没有什么力量能把我们割裂开来。

第二，两岸同胞命运与共，彼此没有解不开的心结。两岸同胞虽然隔着一道海峡，但命运从来都是紧紧连在一起的。民族强盛，是同胞共同之福；民族弱乱，是同胞共同之祸。经历了近代以来的这么多风风雨雨，我们对此都有很深刻的体会。

今年是甲午年。120 年前的甲午，中华民族国力孱弱，导致台湾被外族侵占。这是中华民族历史上极为惨痛的一页，给两岸同胞留下了剜心之痛。在台湾被侵占的苦难岁月里，无数台湾同胞用鲜血和生命来证明自己是中国人，是中华民族大家庭中不可分离的成员。近 60 多年来，两岸虽然尚未统一，但我们同属一个国家、同属一个民族从来没有改变，也不可能改变。因为我们的血脉里流动的都是中华民族的血，我们的精神上坚守的都是中华民族的魂。

我知道,台湾同胞因自己的历史遭遇和社会环境,有着自己特定的心态,包括特殊的历史悲情心结,有着强烈的当家作主"出头天"的意识,珍视台湾现行的社会制度和生活方式,希望过上安宁幸福的生活。将心比心,推己及人,我们完全理解台湾同胞的心情。

对历史留给台湾同胞的伤痛,我们感同身受,因为这是中华儿女心头共同的创伤。把民族命运掌握在自己手中,做一个走到哪里都受到尊敬的堂堂中国人,是近代以来中华儿女为之奋斗的目标。我们有志一同。

熨平心里创伤需要亲情,解决现实问题需要真情,我们有耐心,更有信心。亲情不仅能疗伤止痛、化解心结,而且能实现心灵契合。我们尊重台湾同胞自己选择的社会制度和生活方式,也愿意首先同台湾同胞分享大陆发展的机遇。历史不能选择,但现在可以把握,未来可以开创。

第三,两岸同胞要齐心协力,持续推动两岸关系和平发展。5 年多来,两岸同胞共同选择了两岸关系和平发展道路,开创了前所未有的新局面,两岸同胞都从中得利。事实证明,这是一条维护两岸和平、促进共同发展、走向民族复兴、造福两岸同胞的正确道路。两岸同胞要坚定信心,排除一切干扰,沿着这条道路一步一个脚印走下去。

两岸关系和平发展对两岸同胞都有利,大家都不希望目前的好局面逆转。为此,两岸双方要巩固坚持"九二共识"、反对"台独"的共同基础,深化维护一个中国框架的共同认知。这个基础是两岸关系之锚,锚定了,才能任凭风浪起、稳坐钓鱼台。只要这个基础得到坚持,两岸关系前景就会越来越光明。反之,如果这个基础被破坏,两岸关系就会重新回到动荡不安的老路上去。前不久,双方两岸事务主管部门负责人会面,达成积极共识,对推动两岸关系全面发展具有积极意义。

至于两岸之间长期存在的政治分歧问题,我们愿在一个中国框架内,同台湾方面进行平等协商,作出合情合理安排。有什么想法都可以交流。世界上的很多问题,解决起来都不可能毕其功于一役,但只要谈着就有希望。精诚所至,金石为开。我相信,两岸中国人有智慧找出解决问题的钥匙来。

众人拾柴火焰高。我们欢迎更多台湾同胞参与到推动两岸关系和平发展的行列中来,大家一起努力,出主意、想办法,凝聚更多智慧和力量,巩固和扩大两岸关系发展成果,使两岸关系和平发展成为不可阻挡的历史潮流,让广大台湾同胞特别是基层民众都能更多享受到两岸关系和平发展带来的好处。我们对台湾同胞一视同仁,无论是谁,不管他以前有过什么主张,只要现在愿意参与推动两岸关系和平发展,我们都欢迎。

第四,两岸同胞要携手同心,共圆中华民族伟大复兴的中国梦。实现中华民族伟大复兴,实现国家富强、民族振兴、人民幸福,是孙中山先生的夙愿,是中国共产党人的夙愿,也是近代以来中国人的夙愿。我们说的中国梦,就是这个民族夙愿的生动表述。

正如连主席所说,中国梦与台湾的前途是息息相关的。中国梦是两岸共同的梦,需要大家一起来圆梦。"兄弟同心,其利断金。"两岸同胞要相互扶持,不分党派,不分阶层,不分宗教,不分地域,都参与到民族复兴的进程中来,让我们共同的中国梦早日成真。

我们是真心诚意对待台湾同胞的,愿意认真听取各方意见。只要是有利于增进台湾同胞福祉的事,只要是有利于推动两岸关系和平发展的事,只要是有利于维护中华民族整体利益的事,我们会尽最大努力办好,使广大台湾同胞在两岸关系和平发展中更多受益,让我们所有中国人都过上更加美好的生活。

最后,祝连主席和朋友们在大陆之行圆满顺利。

在国务院机构职能转变动员电视电话会议上的讲话

（2013 年 5 月 13 日）

李克强

同志们：

加快转变政府职能，深化行政体制改革，是党中央、国务院作出的重大决策。今天我们召开这次会议，就是要全面贯彻党的十八届二中全会精神，落实国务院第一次全体会议要求，总结前一段国务院机构职能转变工作，对下一步工作进行再动员、再部署，确保各项任务落到实处。因为这件事涉及面广，需要各方面共同努力、协同动作，所以开个范围比较大的会。

这次国务院机构改革和职能转变，是在改革开放以来历次机构改革、简政放权的基础上进行的。其特点是改革方案把机构改革和职能转变有机结合起来，把职能转变作为核心，把行政审批制度改革作为突破口和抓手，这是我们思路的进一步创新。转变政府职能，就是要解决好政府与市场、政府与社会的关系问题，通过简政放权，进一步发挥市场在资源配置中的基础性作用，激发市场主体的创造活力，增强经济发展的内生动力；就是要把政府工作重点转到创造良好发展环境、提供优质公共服务、维护社会公平正义上来。也就是说，既要把该放的权力放开放到位，又要把该管的事务管住管好，这不仅是当前形势下稳增长、控通胀、防风险的迫切需要，也是保持经济长期持续健康发展的重大举措，是我国经济社会发展到这一阶段的客观要求。

这次国务院机构调整力度不小，涉及十几个部门，撤掉了 4 个正部级机构，很多部门的职权、人员都要划转，动作比较大，相关部门“三定”方案正在陆续出台。机构改革不易，职能转变更难。这次职能转变工作，在国务院领导同志指导推动、各部门高度重视和共同努力下，经国务院常务会议两次审议，前两批共批准取消和下放了 133 项行政审批等事项，重点是经济领域投资、生产经营活动的项目，包括一些对企业投资项目的核准，涉及企业生产经营活动的许可，以及涉及企业、社会组织和个人的资质资格认定等。在这么短的时间里取得这样的进展，是不容易的。开弓没有回头箭，下一步还要继续推进，后面的任务更艰巨。下面，我讲三点意见。

一、该放的权坚决放开放到位，激发市场主体创造活力，增强经济发展内生动力

我们已公开承诺，本届政府任期内，国务院部门实施的行政审批事项要减少 1/3 以上，今年就要有所突破、有好的开头。做好这方面工作，进一步激发市场、社会的创造活力，增强经济社会发展内生动力，既有利当前又惠及长远，是释放改革红利、打造中国经济升级版的重要一招。

首先，要以简政放权促进经济稳定增长。 今年以来，我国经济社会发展开局平稳，各方面工作取得新进展。但当前经济发展形势错综复杂，下行的压力较大，一些行业产能过剩的矛盾又凸显，财政金融领域还存在多种风险隐忧。4 月份铁路货运量等经济运行指标并不乐观，制造业采购经理人指数比上月下降 0.3 个百分点。财政收入增长缓慢，中央财政持续负增长，在存量货币较大的情况下，广义货币供应量增速较高。要实现今年发展的预期目标，靠刺激政策、政府直接投资，空间已不大，还必须依靠市场机制。实际上，市场机制本身对经济运行

具有自动调节作用,是能够调整一般性经济波动的。如果过多地依靠政府主导和政策拉动来刺激增长,不仅难以为继,甚至还会产生新的矛盾和风险。市场主体是社会财富的创造者,是经济发展内生动力的源泉。现在民间投资还有很大的潜力。近20年来,民间投资在全社会固定资产投资中的比重已从30%上升到60%,外商投资也有潜力。然而由于有“玻璃门”、“弹簧门”的问题,民间投资仍存在有钱无处投、想进进不去的现象。前几天,我看到一个调查材料,企业新上一个项目,要经过27个部门、50多个环节,时间长达6—10个月,这显然会影响企业投资创业的积极性。要下决心进一步打开转变政府职能这扇大门,把该放的权力放到位,激发各类市场主体发展活力和创造力。这对于促进经济稳定增长,无疑是不花钱能办事、少花钱多办事的“良方”。

目前,国务院各部门还有大量行政审批事项。有些审批事项看起来让人费解,如对一些城市轨道交通设施的社会投资进行核准、对某些渔船船名进行核定等。这不仅包办了该由企业负责的决策,费力办了事,又不符合发展要求,还影响政府形象。这次改革,就是要坚持市场化改革取向,做到最大限度减少对生产经营活动和产品物品的许可,最大限度缩小投资项目审批、核准、备案的范围,最大可能减少对各类机构及其活动的认定,原则上取消不符合行政许可法规定的资质资格许可。今后,政府一般不再新设行政审批事项,确需新设的必须严格遵守行政许可法,切实防止行政审批事项边减边增、明减暗增。

第二,要以简政放权推动经济转型。做好经济工作不仅要立足当前,也要着眼长远,把稳当前和增后劲结合起来。增后劲就必须加快推动经济转型升级。首先要调整产业结构,在优化工业结构、推动现代农业发展的同时,大力发展服务业。服务业没有大的发展,转型升级就难以实现,消费拉动也拉不起来。今年前几个月社会商品零售总额增幅是多年来同期较低的,一季度服务业增加值只增长8.3%,4月份服务业采购经理人指数回落到51.1。这些都反映了我国服务业发展仍然相对缓慢,结构调整任务还相当艰巨。而制约服务业发展的最大障碍是体制机制问题,无论是金融、通信、物流,还是养老、医疗产业、非义务教育,都存在行政性垄断、审批过多的问题,市场准入的门槛较高甚至很高,而这些产业恰恰是中等收入阶段发展潜力巨大的产业。相比之下,信息消费领域由于市场化程度较高,近几年快速发展,2012年我国网民总数已达5.6亿人,电子商务交易规模超过8万亿元,今年一季度达2.4万亿元,同比增长45%,这方面仍有文章可做。

加快经济转型升级,必须创新体制机制。市场机制具有优胜劣汰的功效。企业只有积极参与市场竞争,才有源源不断的动力实现技术进步和产品创新,才能在竞争中立于不败之地。我们要相信市场机制的力量,必须转变职能、下放权力,下决心减少政府对企业生产经营活动的直接干预,打破市场分割与垄断,消除制约转型发展的体制机制障碍,使企业和产业在竞争中优化升级,为经济转型提供“源头活水”。目前,我国正处于工业化、城镇化加快推进的重要阶段,经济发展空间十分广阔,只要将增长的潜力和企业的活力有机融为一体,就能形成促进经济持续健康发展的强大动力。

第三,要以简政放权释放就业创业创新活力。我们稳增长、促发展从根本上讲是为了扩大就业。今年前几个月,在经济增长放缓的情况下,就业形势保持了稳定。但就业的压力依然存在,特别是大学生就业难问题突出。今年高校毕业生达699万,是历史上最多的一年,解决好他们的就业问题是一项重要任务。而扩大就业仅靠大企业、国有单位是有限的,必须大力发展中小微企业、多种所有制经济。目前中小微企业就业已占城镇就业80%以上,成为我国吸纳就业的主体。但现在创办中小微企业还有不少限制,既影响发展也不利于就业。前不久,我看到了一组数据,今年一季度,全国新登记注册的企业同比下降6.7%，而有些地方率先试行工商登记改革，取消前置审批，新登记注册企业增幅高达40%—50%，其中多数为中小微企业。这两次已取消和下放的133项行政审批等事项，很多都是有利于促进中小微企业发展的，下一步还要加快企业工商登记等制度改革，为人民群众增加更广的就业门路和更多就业机会，激发社会的创造力。

就业创业难，也与政府部门的资质资格要求多、认定多、考试多、证书多有相当大的关系。据统计，目前国务院部门许可的个人资格有110项，各级政府部门颁发的资质资格证书有229种，名目繁多的资质资格认定，事实上抬高了就业门槛，一纸证书漫长的认定过程挡住了不少人的就业创业之路。我国人力资源十分丰富，人才的创业创新蕴藏着新的人口红利，而过多和费时过长的行政审批恰恰制约了我们这一最大优势的发挥。要通过转变职能、减少审批环节，继续清理不必要的资质资格许可和认定，注意发挥和落实行业协会的作用与责任，在不降低资质资格水平的前提下，降低就业创业门槛，营造就业创业的公平环境，调动创新创造的积极性。

第四，要以简政放权更好地发挥地方的作用。我国地域辽阔，地区之间经济社会发展很不平衡，中央和地方两个积极性都要发挥好，该下放给地方的要坚决下放。如四川芦山地震当天，我们在灾区现场察看灾情、进行协调部署后明确，中央政府和地方政府在抗震救灾中要各负其责，形成以地方为主、中央各部门和有关方面统一对口省里的一体化救援救灾应急机制，充分发挥地方党委和政府的作用。大量的具体救灾工作由地方和一线的同志承担，这有力有序地促进了抗震救灾。这样的大事急事经部署后都能交给地方为主去办去管，因此我们要相信地方也能办好管好其他很多事。反过来讲，国务院部门管得过多过细了，既管不了也管不好。各级政府要按照各自的事权分级管理，尤其是涉及改善民生的具体事项，要尽可能实行就近管理，不能什么事都到北京来批。

我们要充分发挥好地方政府贴近基层的优势，从有利于地方政府更好履职的要求出发，把一些确需审批但由地方实施更方便有效的投资审批事项，以及量大面广的生产经营活动审批事项，坚决下放给地方。比如这次就把城市快速轨道交通、机场扩建等投资项目审批或核准权放给了地方。事权调整必然涉及财权，必须加快推进财政转移支付制度改革。最近我们研究一个省现代农业综合配套改革试验时了解到，仅中央部门到省的涉农资金就有约100个专项，多头管理、撒胡椒面、跑冒滴漏，弊端很多。我们要下决心较大幅度减少中央对地方专项转移支付项目，“合并专项，扩大一般”，将适合地方管理的专项转移支付项目审批和资金分配工作下放地方，为地方政府更好履行职能提供财力保障。同时，有权必有责，地方政府要切实负起统筹资金使用的责任，把钱用到中央要求的方向上来，用到科学发展上来。

二、该管的事必须管住管好，创新行政管理方式，提高政府治理能力

国务院机构职能转变，不仅要取消和下放权力，还要改善和加强政府管理，关键是要在搞活微观经济的基础上搞好宏观管理，创新行政管理方式，增强政府治理能力，健全公共服务体系，提高政府效能，建设现代政府。这是提升政府公信力、执行力和权威性，更好地服务经济社会发展、服务人民群众的必然要求。

首先，要切实加强市场监管。我们最大限度地放权，一个重要目的就是要为各类市场主体营造公平竞争的发展环境。只有建立公平的环境，才能实现公平的竞争。目前，我国市场经济秩序还很不规范，经营不讲诚信、假冒伪劣屡禁不绝、侵犯知识产权时有发生、寻租行为不少。这些现象得不到有效制止，对于诚实守信的经营者就是不公平，就会产生“劣币驱逐良币”的扭曲现象，从而伤害整个经济健康发展。这不仅会影响国内各种所有制企业的正常经

营，也会影响国外投资者来华投资发展。所以，我们这次改革绝不是一放了之，在放权的同时必须加强市场监管。

当前，一定要把监管的重点放到人民群众反映强烈、对经济社会发展可能造成大的危害的领域上来。比如食品安全问题就涉及千家万户，关系人民群众身体健康和生命安全，人是一日三餐，民是以食为天，从中央到地方政府都要加强监管。最近，“掺假羊肉”、“毒生姜”事件接连发生，加重了群众对食品安全的担忧。这些虽然只是局部的、苗头性的问题，但影响恶劣，危害很大，一定要高度重视、严格监管、严厉打击，重拳方有效，重典才治乱，要让犯罪分子付出付不起的代价，决不能再出现问题奶粉那样的信任危机。虽然现在我们财政紧张，也要在加强基层监管手段上舍得用力花钱，让老百姓对食品安全有信心。还有环保问题，不仅是重大发展问题，也是重大民生问题。近年来，环保方面采取了不少措施，对建设项目实行了环境评价制度，但重事前审批、轻事中事后监管问题仍然严重，未能实行全过程监管，造成一些项目在建设过程中和投入运营后，又因环境问题引发很多社会矛盾。我们说在环保工作上要不欠新账、多还老账，如果不加强监管是做不到的。加强监管还有利于环保和节能产业发展，培育新的经济增长点。

这次转变职能，放和管是两个轮子，只有两个轮子都做圆了，车才能跑起来。大量减少行政审批后，政府管理要由事前审批更多地转为事中事后监管，实行“宽进严管”。加强事中事后监管，发现问题就必须叫停、处罚，这往往要得罪人，甚至要做“恶人”，比事前审批难得多。工作方式也不一样，事前审批是别人找上门，事后监管则是自己要下去，到现场了解情况，实施监管。同时，我们一些政府机关和干部在行政审批方面通常是轻车熟路，但在市场监管方面办法还不多、经验也不足。这主要不是因为干部水平本身的问题，还是体制不对头，所以事倍功半。这种管理方式上的转变，对各部门、各级政府都是新的考验和挑战，责任更重了，要求更高了。我们作为人民的政府和国家的公务员，要对人民负责、对国家负责，就要担这个责任，不断提高自身水平，这是无法回避的。

第二，要创新公共服务提供方式。加强社会管理和公共服务，是政府的重要职责。在经济领域简政放权的同时，我们为人民群众提供优质公共服务的职责必须加强。总体上看，现在我们的产品供应是充足甚至有些方面是过剩的，而服务则存在短缺问题，质量也需要提高。增加服务供给，满足社会需求，必须把政府的作用与市场和社会的力量结合起来。要把政府的工作重点放到“保基本”上来，加快织就织好一张覆盖全民的社会保障“安全网”，特别是要“补短板”、“兜底线”，为人民基本生活提供保障。同时，在非基本的公共服务领域，要更多更好发挥市场和社会的作用。要加快事业单位改革步伐，提供更多更有效的服务。大力引入社会资本，增加竞争，满足多样化需求。即使是基本公共服务，也要深化改革、利用市场机制、创新供给方式，更多地利用社会力量，加大购买基本公共服务的力度，要加快制定出台政府向社会组织购买服务的指导意见。凡适合市场、社会组织承担的，都可以通过委托、承包、采购等方式交给市场和社会组织承担，政府办事不养人、不养机构。这样既能加快解决公共服务产品短缺问题，又能形成公共服务发展新机制，对企业、老百姓和政府，都是“惠而不费”的好事。当然，在公共服务领域引入市场机制的同时，政府也要加强监管、搞好服务。

第三，要优化必要的行政审批程序。政府转型要有个过程，不该审批的不再审批，该审批的则要把关审好。由于多种原因，像钢铁、水泥等行业上项目都是需要审批的，但多年来恰恰没有管住管好，以致造成产能严重过剩。相比之下，家电、服装等行业早已走上市场化轨道，不用政府审批，靠市场优胜劣汰，没有严重的产能过剩问题。这说明，该审批的审批不严格、执行不到位的，费力办了事而又事与愿违，还不如已放给市场的。这确实值得我们深思、反思。履行审批职权就要把责任担起来，本行业的事情一定要摸清摸透，出了问题要敢于碰硬，该报告的要及时报告，把确需审批的事项管住管好。现在经常有这样的情况，一个项目，可以批给张三，也可以批给李四；可以早批，也可以晚批；可以多批，也可以少批。这种自由裁量的随意性，不利于建设公平竞争的市场环境，影响了市场主体对未来发展的预期，也容易滋生腐败。解决这个问题，要提高规划布局和标准制定的水平，这才能真正考验我们的行政能力。还要从体制上加以保证，再造行政流程，完善审批制度，建立标准明确、程序严密、运作规范、制约有效、权责分明的管理制度。

第四，要加强和改善宏观管理。转变职能、减少微观事务管理后，政府可以腾出更多的精力管宏观，管好那些最该管的事。有所不为才能有所为。只有把那些该放的放了，才能抓大事、议长远、谋全局，少管微观、多管宏观。宏观部门的主要职责就是搞好宏观调控，要更加重视经济社会发展战略和政策的研究制定，保持经济总量平衡，促进重大结构优化，维护全国市场统一开放，保障国家经济安全。在当前错综复杂的经济环境下，既要处变不惊、按预期的发展目标搞好调控，又要未雨绸缪、充分考虑各种可能性，如经济下行压力继续加大怎么办，物价涨幅超出上限怎么办，农产品供给出现大的波动怎么办，诸如此类问题，都要超前谋划应变的调控预案。要增强宏观调控的针对性、有效性，把政府掌控的资源集中用在重点领域和关键环节，起到“四两拨千斤”的作用，确保经济持续健康发展。

我们发展社会主义市场经济，要调动中央和地方两个积极性，发挥政府和市场两只手的作用，中央在宏观调控上一定要有权威性，要留有“撒手锏”。在宏观形势发生重大变化时，国务院经统筹考虑采取必要的干预措施，地方也要理解并坚决执行。地方政府要有全国一盘棋的思想，要有大局意识和全局观念，自觉维护党中央、国务院权威，维护中央大政方针的统一性和严肃性，提高执行力，确保政令畅通、令行禁止。当前，大幅减少行政审批事项和转变职能，坚决遏制产能严重过剩行业盲目扩张，都是硬任务，要按照党中央、国务院的统一部署，确保完成。

这里，我还想特别强调的是，政府履行职能必须依靠法治。市场经济的本质是法治经济，转变政府职能本身就是建设法治政府的要求。国务院及各部门和地方各级人民政府要带头维护宪法法律权威，无论履行哪一项职能，从行为到程序、从内容到形式、从决策到执行都必须符合法律规定，让行政权力在法律和制度的框架内运行。要依法规范企业、社会组织和个人的行为，维护市场经济运行秩序，保障各类市场主体的合法权益。我们一定要用法治思维和法治方式履行政府职能，推动改革发展，建设现代政府。

三、加强领导，精心组织，坚决打好政府职能转变攻坚战

新一轮国务院机构职能转变的大幕已经拉开。我们要进一步提高对这项工作重要性紧迫性的认识，大幅减少对微观事务的干预，营造公平竞争的市场环境，提供必需的公共服务，切实加强宏观管理，以更大的勇气和智慧、更加坚定的决心和意志，坚决打好这场攻坚战。

一是组织领导要有力。这次政府职能转变，国务院部门包括内设机构已先行一步，要继续带好头，一级给一级作表率。国务院已经建立了机构职能转变的相关工作机制。各部门主要负责同志要对本部门的职能转变工作负总责，把责任落实到各司局、各处室。既要落实放权的责任，也要落实监管的责任，两者齐头并进，既防止放不到位，又防止出现监管真空，一定要走出“一放就乱、一乱就收、一收就死”的怪圈。中央编办等牵头部门要切实负起责任，认真研究审核各部门提出的职能转变事项，加强统筹协调，加大工作推进力度。

二是部门任务要落实。要进一步对现有行政审批事项进行摸底核实,不能捉迷藏,也不能掺水分。尽快研究提出新一批取消和下放的事项,优先取消和下放那些含金量高、能激发社会创造活力的审批权。对应当取消和下放但一时还做不到的事项,要明确提出时间表,积极创造条件尽早推出。对应当保留的事项,要提出明确意见,优化审批程序,提高效率。根据职能转变要求,抓紧按程序对现行法律法规进行清理和修订。要把取消和下放行政审批事项的工作情况纳入部门年度考核的主要内容,建立长效机制。

三是地方政府要跟进。地方各级政府对国务院取消的行政审批项目,需放给市场和社会的,任何一级都不得截留。对下放给地方的项目,要做好承接、加强规范,把后续监管做到位,切实负起责任。同时,结合实际抓紧研究出台本级政府职能转变的具体措施,该取消和下放的行政审批事项,坚决取消和下放。各省级人民政府要增强全局意识,统筹抓好本省的职能转变工作。

四是监督检查要有效。落实好职能转变要求,必须依靠严明的纪律和有效的监督。决不允许上有政策、下有对策,决不允许在贯彻执行中打折扣、做选择、搞变通,决不允许相互扯皮、推诿拖沓,明放暗不放。改革要公开透明进行,把取消、下放和保留的行政审批事项,适时以适当方式公开,接受舆论和社会的监督。有督促还要有检查,各部门都要逐一对照要求,搞好自查自纠,接受上级督查。国务院将在适当的时候派出督查组,了解已取消和下放审批事项的执行情况、存在的问题,对做得好的要表扬表彰,特别对通过简政放权稳增长、调结构、促发展成效明显的经验要及时推广,对工作开展不力的要进行问责,以推动职能转变工作的深化。

同志们,国务院机构职能转变是一项重大改革。改革贵在行动。我们要全面深入贯彻落实党的十八大精神,在以习近平同志为总书记的党中央领导下,高举中国特色社会主义伟大旗帜,以邓小平理论、“三个代表”重要思想、科学发展观为指导,精心组织、扎实工作,加快推进创新政府、廉洁政府、法治政府建设,为全面完成经济社会发展各项任务做出新的更大贡献!

把服务业打造成经济社会可持续发展的新引擎

——在第二届京交会暨全球服务论坛北京峰会上的演讲

（2013 年 5 月 29 日）

中华人民共和国国务院总理　李克强

尊敬的拉贾帕克萨总统、姆拜尼马拉马总理、谢因总统、尚达曼副总理，各位来宾，各位朋友，女士们，先生们：

很高兴与大家相聚北京，共同参加第二届中国北京国际服务贸易交易会暨全球服务论坛北京峰会。这次活动围绕正在成长的服务业，力求在经济全球化深入发展的趋势中促进服务贸易交流合作，扩大各国在服务领域进一步相互开放，这对于在世界经济格局深刻变化的大背景下打造经济增长的新引擎具有十分积极的意义。在此，我代表中国政府对交易会和峰会的举办表示祝贺！向远道而来的各位贵宾表示欢迎！

当前，世界经济复苏进程艰难曲折，仍存在诸多不确定、不稳定因素。同时，世界经济结构调整出现新的亮点，新技术革命正在孕育，产业升级和生产要素转移步伐加快。发达经济体在寻求再工业化、再制造化过程中，着力保持服务业领先优势。发展中国家在推动工业化进程中，着力弥补服务业发展不足。以研发、信息、网络、物流等为代表的新兴服务业加快发展，传统服务业在改造提升中继续为社会提供就业岗位，金融服务业经历冲击后加快了革新步伐。服务业越来越成为各国发展和彼此合作的重点。

改革开放以来，中国服务业持续较快发展。近年来，服务业增加值已经超过工业，服务业就业人数已经超过农业。但中国服务业依然是经济社会发展中的一块“短板”。2012 年，中国服务业增加值占国内生产总值的 44.6%，大大低于发达国家 70% 以上的份额，也比同等收入水平的发展中国家低 10 个百分点左右；就业比重也明显偏低。差距就是潜力，中国服务业具有广阔的发展空间。大力发展服务业，对于我们推动经济结构战略性调整、深化改革开放、扩大国际合作，都具有重要意义。服务业不仅日益成为促进世界经济复苏、引领转型发展的新引擎、新方向，也是中国经济长期持续健康发展与优化升级的新引擎、新动力。

——大力发展服务业是稳增长、保就业的重大举措。保持经济稳定增长是中国宏观调控的重要任务。稳增长，重点是增强国内消费需求对经济增长的拉动作用。中国人均国内生产总值已经超过 6000 美元，达到中等收入水平。从消费结构变化规律来看，在这个阶段上，人们不仅需要好的产品，而且需要好的服务，这样才能提高生活质量。扩大内需，就是要顺应这个发展规律，稳步释放服务消费的巨大潜力，为经济增长也为民生改善提供支撑。稳增长说到底是为了保就业，各国发展经验表明，服务业是最大的就业“容纳器”。中国作为人口大国，农业要现代化，工业要信息化，新增就业主要靠服务业吸纳。因此，促进服务业加快发展，培育服务消费热点，改善服务消费环境，能够实现有就业、惠民生的发展。

——大力发展服务业是调结构、促转型的战略选择。服务业发达程度是衡量一个国家、一个地区产业发展水平的重要标志。发达国家已经形成了以服务业为主的产业结构。现在中国一般工业产品供应充足，一些行业还存在严重产能过剩现象，而服务业许多领域却供不应求。发展服务业，有利于增加有效供给，深化社会化专业分工，形成新的经济增长点。服务业还具有资源消耗小、污染排放少的特点，它的发展与传统产业改造相结合，有利于缓解能源资源和环境压力、培育节能环保产业和绿色循环经济，因而有利于提高经济增长的质量和效益。特别是以服务业为依托的信息网络技术等现代科技进步，推动了战略性新兴产业的孕育与发展，带动着整个技术创新、管理创新和业态创新。所以，发展服务业是当前和今后一段时期中国产业结构调整优化的主要方向之一，可以促进产业由中低端向中高端迈进，能够实现更环保、可持续的发展。

——大力发展服务业是推进现代化的有效途径。从中国国情出发，加快社会主义现代化，需要协调推进工业化、信息化、新型城镇化、农业现代化，而“新四化”与服务业密不可分。推进工业化既要做强工业也要扩大服务业，发展先进制造业需要以现代服务业为支撑，通过财税支持、股权激励等多种措施，强化研发设计、市场营销等服务环节，这会给产品结构优化、质量改善和价值提升带来放大效应。信息化本身就以服务业为载体，服务业壮大也有利于信息技术的广泛推广应用，可以拓展以信息消费为代表的新型服务消费。新型城镇化的核心是人的城镇化，人口在空间上的集聚，既创造服务，也需要服务，包括需要发展服务业为产业和就业提供支撑，需要增强城市交通、流通、环保等服务功能和承载能力，需要加强科教文卫、社会保障等公共服务和社会事业。推进农业现代化，也需要完善农技农机等农业生产服务和农村生活服务。加快发展服务业，可以促进工业化与信息化深度融合、新型城镇化与农业现代化相辅相成，能够实现更全面、更协调的发展。

——大力发展服务业是完善社会主义市场经济体制的内在要求。中国服务业发展滞后，有认识上的问题、结构方面的原因，但主要还是体制机制的制约。必须坚持社会主义市场经济的改革方向，最大限度地依法依规为服务业发展“松绑”，规范市场经济秩序，为服务业发展增添动力、活力和创造力。服务业在很大程度上需要通过市场配置资源，目前我国服务业企业大多是混合所有制企业、民营企业和中小企业，它们是活跃市场经济的主要力量，也是市场体系的重要组成部分。可以说，没有健全的服务业，就没有统一开放和公平竞争的市场环境。进一步发展服务业，有利于充分发挥市场配置资源的基础性作用，能够实现更具活力、更有效率的发展。

总之，中国将把发展服务业作为打造经济“升级版”的战略举措，作为推进“新四化”的重要方面，作为释放“改革红利”的重要突破口，以市场化、产业化、国际化为取向，坚持生产性服务业和生活性服务业并举，坚持现代服务业和传统服务业并举，促进服务业发展提速、比重提高、水平提升。为此，中国政府已经并将继续采取一系列举措。我们将进一步调动社会各方面力量增加服务业投入，加强服务业基础设施和重大项目建设，深化服务业领域各项改革，增强各类服务业企业活力，落实有利于服务业发展的政策措施，包括扩大营业税改征增值税试点范围等，努力为服务业发展营造良好环境，不断拓展服务业发展的新空间。

女士们、先生们！

在经济全球化、贸易自由化和便利化的大背景下，中国服务贸易发展很快，这不仅有利于中国发展，也有利于世界增长。面向未来，中国将进一步发展服务贸易，扩大服务领域对外开放，并以此促进国内改革发展和经济转型，促进与各国在服务贸易领域实现互利共赢。

我们将着力扩大服务贸易的规模。服务贸易是跨境的服务业。去年中国服务贸易总额占全部贸易额的10%左右，明显低于全球20%左右的平均水平。中国将积极拓展信息、物流、金融以及出入境旅游等服务贸易，不断开拓服务贸易新领域，促进服务贸易进出口均衡发展。推动企业更多承接服务外包业务，也欢迎外国公司在华开拓服务外包等业务。

我们将大力促进服务领域相互投资。目前,全球跨国直接投资大部分流向服务领域。去年中国服务业已经成为吸收外资最多的领域。中国将继续支持有实力的服务业企业走出去,积极参与境外服务业建设与发展。也欢迎跨国公司和外国企业投资中国服务产业,来华设立地区总部、研发中心、数据中心、采购中心等服务机构。中国政府将探索建立自由贸易区试验区,在发展服务业上先行先试,带动产业结构优化升级。

我们将构建公平竞争的服务贸易市场环境。中国已经确立了服务贸易战略地位,以此作为经济发展的战略重点。我们将制定服务贸易发展政策,采取多种措施支持服务贸易的发展,完善服务贸易法律法规体系、政府部门和中介组织协同推进体系,搭建公共服务平台、贸易促进平台、中小企业融资平台,为包括外商投资企业在内的各类企业提供服务。同时将加强人员流动、资格互认、行业标准制定等方面的国际交流。

我们将推动国际服务贸易自由化和便利化。各国应秉承合作共赢的原则,反对各种形式保护主义,消除贸易壁垒,解决好发达国家与发展中国家之间服务贸易失衡问题。发达国家应率先开放市场,帮助发展中国家服务贸易实现均衡发展。发展中国家应积极参与服务领域全球治理机制和规则的建设,提升发展中国家的代表性和话语权。

女士们、先生们!

今天,我们为促进全球服务业和服务贸易发展相聚北京、相聚京交会,这本身就是一项重要服务。京交会是世界上第一个专门为服务贸易搭建的国际交流平台,也是全球服务贸易规模最大的一个交易会,相信能够越办越好。中国服务业发展有着巨大的潜力、美好的前景,孕育着无限的商机,希望大家加强交流,增进理解,在互利共赢中打造出世界新品牌、创造服务业新辉煌。

谢谢大家!

以改革创新驱动中国经济长期持续健康发展

——在第七届夏季达沃斯论坛上的致辞

（2013 年 9 月 11 日）

李克强

尊敬的克劳斯·施瓦布主席先生和夫人，尊敬的各位贵宾、女士们、先生们、朋友们：

首先，我代表中国政府对第七届夏季达沃斯论坛的召开表示热烈祝贺！对各位嘉宾的光临表示诚挚欢迎！

7 年前，达沃斯论坛从瑞士的高山之巅来到中国的渤海之滨，我当时正在辽宁工作，亲身参与了论坛的创办，至今历历在目。这些年来，论坛在大连和天津轮流举办，影响越来越大，我感到由衷高兴。本届论坛以“创新：势在必行”为主题，具有很强的引领性和前瞻性。

从 2008 年 9 月至今，国际金融危机爆发已整整五年。目前世界经济形势仍错综复杂，发达经济体刚出现一些好转迹象，新兴经济体又面临较大下行压力，可谓一波未平一波又起。受多重因素影响，中国经济增长速度也有所放缓，昨天，我和施瓦布先生一起与部分企业家代表进行了交流，大家对中国经济形势及发展前景等问题十分关心。一段时间以来，国际上对中国经济有不少议论，担心会不会出现一些国家曾遇到的增长过早放缓问题，甚至出现“硬着陆”。我想告诉大家，中国正处在转型升级的关键阶段，当前经济发展的基本面是好的，经济运行总体是平稳的。

今年一季度，中国经济增速从去年四季度的7.9%下滑到7.7%，二季度又下行至7.5%，消费、投资以及外贸增速呈下行态势，中央财政收入出现多年来少有的负增长。面对经济下行压力，我们坚持稳中求进的工作总基调，采取了一系列创新性的政策措施，统筹稳增长、调结构、促改革，保证了经济平稳运行。

第一，兼顾当前和长远，稳定宏观经济政策。经济下行时，用短期刺激政策把经济增速推高，不失为一种办法，但我们权衡利弊，认为这无助于解决深层次问题，因而选择了既利当前、更惠长远的策略，保持宏观经济政策的稳定。在财政政策方面，坚持不扩大赤字，而是调整支出结构，压缩行政开支，加快支出进度，加大对中西部地区、结构调整、保障民生的支持，对小微企业实行税收优惠。在货币政策方面，保持定力，即使货币市场出现短期波动，我们也沉着应对，不畏艰险，既不放松也不收紧银根，管理好流动性，重点通过盘活存量、用好增量，支持实体经济发展。我们还通过加强监管和规范发展，积极防范和化解财政金融领域的潜在风险。对大家都很关注的地方政府性债务问题，我们正在采取有针对性的措施，有序规范和化解。可以有把握地说，总体是安全可控的。

第二，坚定不移推进改革开放，着力激发市场活力。改革创新是一个国家发展的不竭动力。本届政府开门做的第一件大事，就是以转变政府职能为核心，大力推进行政管理体制改革。今年以来已取消和下放了 200 多项行政审批事项，目的是通过简政放权，把该放的权力放开、放到位，把该管的事情管好、管到位，为各类企业营造公平竞争的环境，激发市场主体创造活力。我们扩大了“营改增”试点范围，积极推动利率市场化进程、铁路等基础设施投融资体制、资源性产品价格、政府购买公共服务等领域改革。我们加快推进经济结构改革，发展混合所有制经济，在金融、石油、电力、铁路、电信、资源开发、公用事业、服务业等领域放宽市场准入，引导民间投资增长，为各类所有制企业提供更大发展空间。

中国的现代化建设要依靠改革，也离不开开放。我们不断探索对外开放的新路子，上半年与欧洲国家瑞士和冰岛签署了自贸协定，最近又与东盟领导人商议打造中国—东盟自贸区升级版。在上海建立自由贸易试验区，探索负面清单管理模式，重点在投资准入、服务贸易领域扩大开放。我们还推出了提高对外贸易便利化等措施促进进出口平稳增长。

第三，着眼转型升级，调整优化结构。中国经济已经到了只有转型升级才能持续发展的关键阶段。扩大内需是最大的结构调整，促进城乡和区域协调发展是主要任务，实现工业化、新型城镇化、信息化和农业现代化同步推进是基本途径，发展服务业是重要战略支撑。我们积极培育新的消费热点，推动实施“宽带中国”战略。我们加强薄弱环节建设，增加节能环保、棚户区改造、城市基础设施、中西部铁路等方面的投资，加大对集中连片特困地区的支持力度。我们出台专门政策措施，促进养老、健康、文化、教育等服务业发展。加快实施创新驱动发展战略，大力推进技术创新，促进科技与经济深度融合，营造有利于创新创业的社会环境。

今年以来，中国稳增长、调结构、促改革协调推进，主要得益于宏观管理方式的创新。我们根据经济发展潜力和当前实际，科学确定经济运行的合理区间，守住稳增长、保就业的“下限”，把握好防通胀的“上限”。这也是预期调节的预警线。同时，制定与经济运行合理区间相配套的宏观政策框架。只要经济运行处在合理区间，经济总量政策就保持基本稳定，主线是转变经济发展方式，着力点是调整经济结构，关键举措仍然是推动改革创新，不断释放内需潜力、创新动力和改革红利，以激发市场活力，形成增长的内生力量，着力打造中国经济升级版。

这些举措，使中国经济运行呈现企稳向好势头。从7、8月份情况看，制造业经理人采购指数（PMI）、工业生产者出厂价格指数（PPI）、工业增加值、进出口、用电量、货运量等主要指标普遍回升，实体经济活跃，城镇就业继续扩大，物价总水平保持稳定，市场信心增强，社会预期向好。这种稳中有进的发展态势让我们坚信，今年经济社会发展的预期目标一定能实现。同时也要看到，目前经济回升的基础仍不牢固，不确定因素还很多。我们不能也不会掉以轻心，要做好进一步克服困难和应对挑战的准备。

女士们，先生们！

中国经济持续30多年的高速增长，创造了世界发展史上的奇迹。当前中国经济已进入中高速增长阶段。7.5%左右的增速与过去近两位数的增长相比是慢了一些，但从世界范围看，仍然是世界主要经济体中的高速度。中国经济总量比过去明显增大，目前已进入转型发展阶段，潜在增长率有所下降，经济增长由高速转为中高速符合发展规律。而且，未来中国经济增长必须以提高质量和效益为前提，必须以资源节约和生态环保为支撑，必须以科技创新和技术进步为动力，必须是有就业保障和居民收入相应增加的增长。也就是说，让改革和发展的成果惠及最广大的人民群众。

展望未来，中国发展前景光明。我们完全有能力、有条件保持经济长期持续健康发展。中国的工业化、城镇化远未完成，区域发展回旋余地和市场潜力巨大；改革大势不可逆转，推进改革必将释放出新的制度活力；中国人民勤劳智慧、自强不息，是最重要的发展支撑。我们将持续发展经济，不断改善民生，促进社会公正，坚定不移地沿着改革开放之路走下去，把中国特色社会主义事业不断推向前进。只要我们咬定长远目标不放松，解决眼前问题不懈怠，中国这艘经济巨轮就一定能够乘风破浪，扬帆远航。中国经济一定能保持长期持续健康发展！

女士们，先生们！

当今世界，经济全球化、世界多极化、社会信息化深入发展，我们同住一个“地球村”，没有哪一个国家能变成离群索居的“鲁滨逊”。这些年来，中国经济的发展从对外开放中获益匪浅。同时，中国已经成为世界经济增长的主要推动力量之一，在应对国际金融危机中也发挥了重要作用。预计未来5年中国进口将达10万亿美元，对外投资5000亿美元，出境旅游超过4亿人次。中国经济转型升级，将对世界经济的繁荣和发展作出更大贡献。中国愿与世界共同分享这一巨大的商机，也希望各国能够为中国发展提供更好的合作环境。

中国作为一个发展中大国，在国际事务中有自己的责任和担当。随着经济体量的增大，中国在国际上发挥的作用也会相应增大。中国有句古话："君子成人之美"。只有美人之美，才能美美与共。我们愿意更多参与国际治理，尽可能提供国际公共产品；与其他发展中国家分享减贫经验，提供更多帮助；为全球经济强劲、可持续、平衡增长分担责任作出贡献。当然，中国仍是一个发展中国家，按照国际标准，还有一亿多人生活在贫困线下。中国实现现代化还需要一个长期艰苦的过程，中国承担的国际责任和义务只能与自身的理念和发展水平相适应。

当前世界经济复苏艰难曲折，国际社会应该加强宏观经济政策协调，完善应对跨国金融风险的准备，加快全球经济治理改革。提升发展中国家在国际事务中的代表性和话语权，尽可能减小因一些国家宏观经济政策变化对世界经济特别是新兴市场国家的冲击。各国还应进一步扩大相互开放，旗帜鲜明反对各种形式的保护主义，齐心协力做大世界经济的蛋糕。

中国将一如既往鼓励外国公司来华投资兴业，进一步优化投资环境，强化知识产权保护，营造平等使用生产要素、公平参与市场竞争、同等受到法律保护、共同承担社会责任的环境。我们将继续用事实证明，选择中国是跨国公司兴旺发达的明智之举、上乘之策。

女士们、先生们！

我们生活在一个飞速变革的时代，变革呼唤创新，创新推动进步。中国政府所采取的一系列政策，都贯穿着改革创新的理念和精神。创新是我们永远高扬的旗帜。希望在座的全球经济新领军者成为各自领域改革创新的生力军。多年来，夏季达沃斯论坛成为聚焦中国经济的重要平台，发挥着独特作用。今天，中国经济发展的奇迹已进入提质增效的"第二季"，后面的故事会更精彩。我相信，夏季达沃斯论坛会越办越好，不仅向世界展示中国人民建设现代化国家的多彩风貌，也为世界和中国实现共同繁荣贡献更多智慧和力量！

最后，预祝本次论坛圆满成功！

谢谢。

在庆祝中华人民共和国成立 64 周年招待会上的讲话

（2013 年 9 月 30 日）

李克强

各位来宾、各位朋友、同志们：

今天，我们隆重庆祝中华人民共和国成立六十四周年。我代表党中央、国务院，向全国各族人民致以节日的祝贺！向港澳同胞、台湾同胞和海外侨胞致以亲切的问候！向关心支持中国现代化建设事业的国际友人表示衷心的感谢！

新中国成立特别是改革开放以来，中国共产党领导全国各族人民团结奋斗，沿着中国特色社会主义道路开拓前进，取得了举世瞩目的巨大成就，为全面建成小康社会打下了坚实基础。

今年是全面贯彻落实党的十八大精神的开局之年，面对国内外复杂形势，党中央、国务院作出科学判断和决策，坚持稳中求进、稳中有为。我们以转变政府职能为突破口深化改革，正确处理政府和市场、社会的关系，努力释放改革红利，激发市场活力、发展内生动力和社会创造力，统筹稳增长、调结构、促改革，实施一系列既利当前、更惠长远的政策措施。面对经济下行压力加大的情况，我们保持定力，稳定宏观政策，创新调节方式，压缩行政开支，坚持不扩大赤字，既不放松也不收紧银根，有效引导市场预期。我们精准发力，巩固农业基础，加强中西部和社会事业等薄弱环节建设，发展养老、健康等服务业，培育新的消费热点，结构调整迈出新步伐。我们深处着力，适时有序推出财税、金融、投融资等改革措施，积极推动贸易投资便利化，促进与各国的互利合作，改革开放获得新进展。我们有序有力，科学应对芦山地震等重大自然灾害和禽流感等突发公共卫生事件，围绕群众关切，促进就业创业，加大食品安全监管和大气污染等治理，保障和改善民生取得新成效。经过各方努力，当前中国经济出现稳中向好走势。我们有信心有条件有能力实现今年经济社会发展主要预期目标。

我国正处于经济转型升级的关键期，还面临很多困难和挑战，实现现代化还有很长的路要走。人民的智慧、奉献和创造，是我们伟大祖国发展进步的根本力量。实现更加美好的生活，需要全国各族人民共同顽强奋斗。我们将敢于担当，攻坚克难，全面深化和加快改革，促进经济长期持续健康发展和社会不断进步。

发展是首要任务。我们要继续加快转变经济发展方式，加大经济结构调整力度，着力扩大内需，推动工业化、信息化、新型城镇化、农业现代化融合发展，推进东中西部地区协调发展，注重创新驱动，促进提质增效，努力打造中国经济升级版。

发展的根本目的是为了造福人民。我们要坚持把就业作为民生之本，大力发展教育、医疗卫生、文化等各项社会事业，着力“保基本、补短板、兜底线”，加大扶贫攻坚力度，提高城乡居民收入水平，让发展成果更多更好惠及全体人民。

社会公正是发展的活力之源。我们要建设廉洁政府、法治政府，推进教育公平、就业公平、创业公平，使各类市场主体都能在公平、透明、可预期的环境中竞争发展，让全体社会成员都能在公平的机会、公平的规则面前，通过自身努力获得应有的成功。

朋友们、同志们！

我们将坚持“一国两制”方针不动摇，严格按照基本法办事，保持香港、澳门长期繁荣稳定，持续推动两岸关系和平发展，造福两岸同胞，依法保护侨胞和归侨侨眷的正当合法权益，共同谱写中华民族繁荣发展的新篇章！

我们将始终不渝走和平发展道路，在国际合作中坚持互利共赢，愿与世界各国分享发展机遇、共同应对挑战，维护世界和平与地区稳定，携手共创人类更加美好的明天！

朋友们、同志们！

我们肩负的使命任重道远。让我们紧密团结在以习近平同志为总书记的党中央周围，高举中国特色社会主义伟大旗帜，以邓小平理论、“三个代表”重要思想、科学发展观为指导，开拓创新，扎实工作，为建设富强民主文明和谐的社会主义现代化国家、实现中华民族伟大复兴的中国梦而不懈奋斗！

现在，我提议：

为庆祝中华人民共和国成立六十四周年，

为伟大祖国繁荣昌盛、各族人民幸福安康，

为中国人民同世界各国人民的友谊与合作，

为在座各位身体健康、家庭幸福，

干杯！

在第八届东亚峰会上的讲话

（2013 年 10 月 10 日，文莱斯里巴加湾）

中华人民共和国国务院总理　李克强

尊敬的文莱苏丹哈桑纳尔·博尔基亚陛下，各位同事：

很高兴与诸位相聚在东亚峰会。东亚峰会成立 8 年来，秉承东亚合作的开放包容精神，立足东亚、超出东亚，已成为连接东亚、亚太合作的重要桥梁。我们应该秉承传统并发扬光大，保持和平发展的势头，营造有利于和平发展的环境，妥善处理制约发展的重大问题，管控好分歧，这样才能使各国聚焦发展，坚持经济优先、民生优先。下面，我谈三点：

第一，加强战略合作，共同应对挑战。我赞赏本次峰会主席国文莱就今天会议提出粮食与能源安全、灾害管理与气候变化等提示性议题，这些问题既涉及传统安全又涉及非传统安全，对世界政治、经济、社会等各领域的影响都在加大，是各国需要共同面对的挑战。在这些问题面前，任何国家都不能独善其身。在今后的东亚合作中，我们应更加重视和突出上述领域的合作，凝聚共识，同舟共济。

中方支持今年峰会发表粮食安全宣言；愿与有关国家加强地震搜救、海上搜救等方面的合作，为地区国家提供灾害信息和能力建设等服务；推动东亚应对气候变化研究与合作，促进地区绿色低碳发展；加强公共卫生、人力资源、区域传染病监测等合作；中方愿积极参与区域合作，在诸多领域提供力所能及的援助。中方赞赏印度为重建那烂陀大学所做的努力，愿参与签署“成立那烂陀大学谅解备忘录”，与各方一道促进峰会框架下的人文交流。

第二，深化经济合作，促进地区融合。今年是中国—东盟建立战略伙伴关系 10 周年，在过去 10 年合作的基础上，我在昨天 10 +1 领导人会议上提出“2 +7 倡议”，即今后 10 年中国—东盟宽领域、深层次、高水平、全方位合作框架的设想。中方愿与各方共同努力，力争于 2015 年底前全面完成区域全面经济伙伴关系（RCEP）谈判。中方主张，区域经济一体化应坚持开放、包容、透明的原则。RCEP 与跨太平洋战略经济伙伴关系协定（TPP）可以交流互动，相互促进。

近期，一些东盟国家金融市场出现波动，一度影响到市场信心和资金流向，确保东亚金融稳定和经济安全的任务更加迫切。1997 年中国与东盟国家站在一起，共同应对亚洲金融危机的冲击，开启了东亚合作的进程。今天，中国仍然会和东盟国家站在一起，以多种方式维护地区金融经济稳定，协调宏观经济政策，加快推进区域金融安全网建设。今后不管遇到什么问题，只要我们心往一处想，劲往一处使，就没有迈不过去的坎。

中国作为东亚合作的参与者和推动者，自身经济发展受到外界高度关注。当前中国经济已进入转型升级的关键阶段，我们将坚定不移全面深化改革，加快经济结构调整，更加依靠创新驱动，不断释放内需潜力、市场活力和发展的内生动力，提高增长的质量效益，促进经济持续健康发展。中国的进一步开放将为促进地区经贸合作和世界经济增长提供新的发展和市场机遇。

第三，增进安全互信，维护地区和平稳定。离开和平稳定，发展无从谈起。亚太地区经济合作架构众多，建立一个符合地区实际、满足各方需要的区域安全架构势在必行。我们主张推广综合安全、共同安全、合作安全的新安全观，推动在传统安全和非传统安全领域的坦诚对话与合作，促进政治安全与经济安全的互动。东亚许多国家都使用筷子，一根筷子很难吃着东西，两根筷子一起用才能夹到食物，一把筷子捆在一起就不易折断。每个峰会成员国对地区的安全稳定都负有责任。互信共存是我们共同的理念，也是世界前进的趋势。

与会许多同事提到朝鲜半岛核问题，这一问题影响到东北亚的和平与稳定，各方应坚持半岛无核化，坚持维护半岛和平稳定，坚持通过对话协商和平解决有关问题。中方坚定维护核不扩散体系，反对使用大规模杀伤性武器，愿与各方共同发挥建设性作用，维护地区稳定与世界和平，保障人民生活安宁。

刚才也有同事提到南海问题，我愿在此多讲几句。南海问题的关注点有两个：一是航行自由。南海的航行自由从来就没有问题，将来也不会成为问题。每年有 10 多万艘各国船只安全通过南海。中国与东盟国家已达成共识，将保证南海的航行自由与安全。另一个是有关岛礁的领土主权争议。10 多年前，中国与东盟国家就已达成《南海各方行为宣言》，《宣言》规定，南海争议应由直接当事国通过协商谈判和平解决。单方面将双边争议提交国际仲裁的做法违背了《宣言》原则与精神。中方愿同东盟国家继续全面有效落实《宣言》，并在协商一致基础上，积极稳妥推进“南海行为准则”磋商。中方将同东盟国家一道，继续妥善处理南海问题，共同维护好南海的和平稳定。中国有句古语，“人敬我一尺，我敬人一丈。”只有相互理解和尊重，才能进一步实现稳定和发展。今天我们所在的“文莱达鲁萨兰国”，意为“和平之邦”，希望和平之光永远普照东亚大地，让东亚永享稳定和安宁。

各位同事！

当今世界正在发生深刻变化，亚洲的地位和作用日益凸显。东亚能取得今天的成就，有两条重要原因，一是这里没有战乱，二是各国聚焦发展。当前，东亚地区既有前所未有的发展机遇，也面临严峻的挑战。我们要坚持东亚峰会作为领导人引领的战略论坛定位，支持东盟主导，坚持协商一致、照顾各方舒适度等原则，秉持开放包容、合作共赢理念，彻底摒弃冷战零和思维，积极推动东亚乃至亚太实现和睦相处、共同发展，更好地造福于各国人民。

东亚是当今世界最具潜力和活力的地区之一，东亚的前景攸关地区各国利益，也影响到世界未来发展。让我们携起手来，发挥好东亚峰会作用，不断凝聚合作共识，努力维护地区和平稳定，促进各国经济发展和民生改善，为地区和世界和平与繁荣做出更大贡献。

谢谢！

在地方政府职能转变和机构改革工作电视电话会议上的讲话

（2013 年 11 月 1 日）

李克强

不久前，党中央、国务院颁发了《关于地方政府职能转变和机构改革的意见》，这是贯彻落实党的十八大和十八届二中全会精神作出的又一项重大决策，是指导和规范地方政府改革的重要文件。今天的会议是继今年 5 月国务院机构职能转变动员电视电话会议后又一次重要会议，主要任务是进一步统一思想，深入动员，对地方政府职能转变和机构改革进行安排部署，把中央的决策落到实处。

一、上下联动，做好政府改革这篇大文章

如果说中央政府改革是上篇，地方政府改革就是下篇，需要整体构思、通盘考虑、上下贯通，把政府改革的整篇文章做好。地方政府职能转变和机构改革，是党和国家改革开放事业大局的重要内容，也是深化行政体制改革的重要组成部分。政府改革的主要目的，就是进一步理顺政府和市场、政府和社会、中央和地方的关系，更好地发挥市场、社会的作用，更好地调动中央和地方两个积极性，推动政府全面正确地履行职能，加快现代政府建设，努力促进经济持续健康发展、社会不断进步，不断满足人民群众的新期待、新要求。

（一）地方政府改革事关经济持续发展和转型升级。我国经济发展到今天，要实现长期增长、持续健康发展，必须转型升级，无论是从当前还是从长远看，都到了转型升级的关键阶段。

新一届政府成立以后，面临的国内外经济形势错综复杂，经济下行压力增大；财政收入增速下滑，中央财政一度出现负增长；货币增量也难以再扩大，因为池子里的水已经很多。在这种情况下，我们把政府职能转变和机构改革作为开门的第一件大事，紧紧抓住不放，既作为全面深化改革的“马前卒”，又作为宏观调控的“当头炮”。半年多来，我们保持定力、稳中有为，创新宏观调控方式；同时深处着力、稳中有进，下大力气推进职能转变、简政放权，中央政府分四批取消和下放了 300 多项行政审批等事项。原来以为，通过取消和下放审批事项激发市场活力要有一个过程，实际上这样一个强烈的信号发出后，对市场的预期、市场的活力、社会资本的调动，虽然不能说立竿见影，但已初见成效。社会投资和创业热情迸发，加快改革与调整结构叠加的效果，超出人们的预期。今年以来，企业登记数增长 25%，其中民营和个体企业增长 37%，带动了民间投资以 23% 左右的速度增长，明显超过政府性投资增速，这也是三季度经济稳中向好的一个重要因素。通过转变职能，把该放的权放下去、放到位，激发市场活力、需求潜力和发展的内生动力，可以有力推动结构调整、转型升级，促进以开放带动改革。把中央的相关权力放给地方，促进贸易和投资便利化，可以提高经济运行效率。通过简政放权可以做到政府不花钱能办事或少花钱多办事，这个道理我们要深刻领会。

改革开放 35 年来，各级地方党委政府牢牢扭住经济建设这个中心不放，为推动我国经济社会发展作出了巨大贡献。今年以来，各地花了很大气力，取得了经济社会发展的新成效。从当前看，稳增长的压力仍然很大，财政收入的

增速不高，而改善民生的刚性支出不能减，甚至在有些方面还需增加。经济发展靠财政支出和政府投资，靠中央再多打赤字、多增发票子，已经受到很大限制，这方面的政策空间很有限了。从长远看，各地要实现经济持续健康发展，再继续走老路，靠政府扩大债务、单纯经营土地，靠高投入、高消耗、高排放，也会形成过剩产能，肯定走不长，也走不通。即便短期有效，长期代价也很大。所以，对各级政府来说，无论是当前稳增长，还是长远谋发展，都要靠改革创新。这就必须加快转变政府职能，下决心破除审批多、办证多、收费多、罚款多的体制机制障碍，把推动发展的着力点放到发挥企业、市场、社会力量的作用上来。

（二）地方政府改革是整个政府改革的大头。地方政府直接与企业接触，直接联系人民群众，市场主体和人民群众的权益也主要通过地方政府去实现、维护和发展。在整个政府体系中，地方政府作用十分重要，我国90%以上的公务员、85%左右的财政最终支出是在地方。尤其是基层政府，属于我们通常讲的“最后一公里”。政府机构改革能不能达到预期目的，职能转变能不能落实，很大程度上取决于地方政府。近来我们到地方调研或开座谈会，许多企业家认为，中央政府下放了许多权力，下一步还要看地方，如果地方政府改革不及时跟进，简政放权的效果就会大打折扣。我对他们说，中央政府下了决心，真正做到位，树立起标杆，地方政府就一定会按中央的要求去做。在当前情况下，要稳增长，简政放权是一个极为重要的手段。稳增长也是为了保就业。简政放权、取消和下放行政审批事项，激发市场活力，让企业、社会更有创造力，就可以带动更多的就业。如果上动下不动、头转身不转，政府职能转变和机构改革就可能变成“假改”、“虚晃一枪”。今年5月份以来，各地新一轮简政放权取得积极成效，但受地方和部门利益影响，也出现了一些“错放、空放、乱放”等现象。有的只下放复杂的、管理责任大的，“含金量”较高的仍然留在手中；有的放权有水分，动辄上百项，但“干货”不多。这里要强调的是，在改革过程中，各地要有全局观、大局观，不能打“小算盘”、“小九九”，更不允许“走过场”、“变戏法”，确保简政放权真正到位、见效。

（三）地方政府改革对于保证中央政令畅通、发挥地方积极性十分重要。这次改革，要进一步处理好中央和地方的关系。一方面要确保中央的政令畅通。把不该管的放下去，这样就有更多精力把该管的更好地管起来，这有利于中央的政令畅通。另一方面要把地方政府的积极性充分调动起来。我国是单一制国家，实行中央统一领导、地方分级管理的体制。对中央的大政方针，地方必须统一步调，不折不扣地贯彻执行。同时还要看到，我国是一个大国，各地情况千差万别，发展很不平衡，必须从实际出发，发挥地方因地制宜管理经济社会的作用。我国经济社会发展到现在这个阶段，人民群众的需求越来越多，层次也不一样，政府服务事项也越来越多，也很复杂，各地要从实际出发，更加积极主动，创造性地开展工作。“上下同欲者胜”。大家心往一处想，劲往一处使，我们的事情就能办得更好。

二、地方政府职能转变要抓好“接、放、管”

大家可能注意到了，国务院的改革方案把“职能转变”放进了标题，这次关于地方政府改革的意见又把“职能转变”放到“机构改革”前面，就是为了突出强调职能转变。各方面普遍认为，政府改革的核心是职能转变，职能不转变，机构改革也达不到目的。这次地方政府职能转变要重点抓好“接、放、管”。接，就是把中央放给市场的权力接转放开，把中央下放给地方的职能接好管好；放，就是把本级该放的权力切实放下去、放到位；管，就是把地方该管的事情管起来、管到位。

（一）要接好放好中央下放的审批事项。中央明令取消的审批事项，要不折不扣地放给市场、放给社会，地方不能变相保留。为了使地方政府更有力有效、就近就便进行经济社会管理，中央要把相应的权力下放给地方。放给省一级的，省里要接好管好；放给市县的，省一级要及时下放，不截留，不梗阻，市县一级也要接好管好。最近新闻联播报道了“蛟龙号”载人深潜器的国家深海中心基地建设，这是国家投资项目，按原来的管理审批程序，有好几道，要盖几十个公章，至少要两年。现在中央把有关权力下放给地方政府，两个月就落地了。从这个例子看，下放权力就是解放生产力，就是提高效率。我们还要注意，下放给市场、社会的权力，要放就要真正放到位。现在有一些社会组织还是政府管理的机构，如果把权力放给这些行政化的社会组织，就可能还是在政府内部“转圈”，要切实防止这种现象。

（二）要最大限度地取消地方行政审批事项。省级政府对现有的审批事项要严格清理，该取消和下放的坚决取消下放。国务院提出，本届政府任期5年内，至少取消和下放1/3以上的行政审批事项，省级政府也应根据实际情况提出明确要求。而且不光要看数量，还要看质量。今后省一级原则上不得新设行政审批事项。市县一级政府本来就不能设定行政审批，但存在不少以“红头文件”设定的管理事项，包括登记、备案、审定、年检、认证、监制、检查、鉴定以及这个证、那个证等。这些虽然不叫行政审批，但对企业来说都是“门槛”，与审批没什么区别，而且多数是收费的。大家都看过报道，有人画了一张行政审批的“万里长征图”，办一个企业，上一个项目，要盖上百个公章，不仅如此，还被“吃拿卡要”。中央有关部门接到投诉，经查核，有这样一个情况。北京一所高校的一位毕业生，回到家乡创业，办一个书店，在多个部门跑了30多趟，花了不少钱，历时三个多月，总算办起来了。但开业后，各种检查、收费、罚款就跟着来了，没钱就拿书，最多的一次拿走了140多本。最后，他一气之下关门不干了。我们非常希望在大城市上学的大学生，毕业后回到家乡创业，带动当地就业。但如果没有一个好的环境，他怎么回去创业呢？因此，要实行最严格的行政审批“准入制”，对于不符合法律规定、利用“红头文件”设定的管理、收费、罚款项目，要一律取消。国务院已经决定对商事登记制度进行改革，据了解，人民群众特别是青年人、大学生是欢迎的，都期盼着这项改革尽快落地生根，各地要抓紧把改革的配套措施落下去，让创业“火”起来。

（三）要加强地方政府管理服务职能。我们说放、放到位，并不是说不管。放和管是两个轮子，只有同时转起来，政府改革才能顺利推进。地方政府面对千千万万生产经营者，必须把市场监管这个职能履行到位。减少了事前审批，事中事后监管就要跟上。这次地方政府改革，要把市场监管重心下移，加强市县政府的市场监管职能和力量，建立横向到边、纵向到底的监管网络，逐步做到疏而不漏，防止再走入“一放就乱、一管就死”的怪圈。

地方政府抓经济，很重要的一条，是为各类市场主体创造统一开放、公平竞争的发展环境，这也是加强管理服务职能的一个重要方面。今后地方政府原则上不要再直接投资办企业，地方政府直接办企业或直接干预企业生产经营，容易在当地形成投资、产业的垄断和市场封锁。多年来，全国统一开放的市场完善不起来，一个重要原因就是地方保护。对一个地方来说，应该是不求所有、但求所在。这是改革开放之初南方一些地区提出的理念，实践证明他们发展起来了。能够发展地方经济，增加就业，政府依法收税，这才是根本。地方政府抓经济，不是当“司机”，不是直接开车上路，而是要管好“路灯”和“红绿灯”，当好“警察”。“路灯”就是为所有的企业照亮道路，对所有的企业一视同仁，不厚此薄彼。“红绿灯”就是讲规则，该走则走、该停则停，也对所有企业一视同仁。当好“警察”，就是加强监管，对假冒伪劣、欺行霸市、坑蒙拐骗、侵犯知识产权，特别是对食品安全等领域损害人民生命健康的违法违规行为，要严惩不贷。这样，对于遵纪守法、诚信经营的企业才是公平的。如果监管不力，坑蒙拐骗之类的反而吃得香、走得开，就会出现“劣币驱逐良币”的现象。我们把更多精力放到这上面来，也是建立一个良好的市场环境，经济转型升级也会有一个良好的基础。

还要改革创新监管方式，建立一套科学监管的规则和方法。过去我们在市场监管上，年度检查、月度检查太多了，还时不时搞“大检查”，不是说不可以搞，但问题是查谁不查谁、罚谁不罚谁、罚多还是罚少，随意性太大。在这方面，我们可以借鉴一些国家的做法，对监管对象按确定的比例随机抽查。随机不是随意，而是有规则。比如100家企业，规定每年抽查百分之几，通过“摇号”来确定，被摇上的，就一查到底。也可以委托给第三方去查。一旦发现有违法行为，就要重罚，让违法者无利可图，甚至倾家荡产。同时要建立健全经营异常名录和黑名单制度，把问题企业和违法经营者列进去，用技术手段来保证这个制度的刚性，一旦被列进去，任凭找什么关系、走什么“路子”都抹不掉。一次经营违法，可能终身不能在这个领域从业。有这样一个具有普遍震慑作用的制度，所有企业都感到头上有一把剑，侥幸心理就会越来越少。诚信经营的，半夜不怕鬼敲门；坑蒙拐骗的，说不定哪一天被“摇”上，就要付出难以承受的代价。这样也可以规范政府监管人员的行为，降低监管成本，提高监管效率。各地可以在这方面进行探索。

搞好保障民生的基本公共服务，也是地方政府需要加强的管理服务职能。这方面，政府的责任主要还是保住基本、补上短板、兜好底线，促进社会公正。现在一些地方保基本的内容走了样，“雪中送炭”的事还没做好，却热衷于搞“锦上添花”。有的义务教育学校变成了所谓“贵族学校”，有的养老院也过于豪华。政府把什么都包起来，把什么费用都免了，看似是在做好事，但实际上包不住、也包不起，社会力量又进不来，因为即使保本微利也难以平等竞争。我们要多动脑筋，调动市场力量来发展服务业。但政府必须把保基本的责任履行到位。最近，国务院明确提出要强化社会救助制度建设，用这个制度来托底。只有把底托住，不让冲破社会道德和心理底线的事情屡屡发生，才能更有力地推进市场化改革，这也是社会主义市场经济的应有之义。

要更加重视基层政府建设。大家常说，“上面千条线，下面一根针”。县（市）和乡镇政府，还有城市市区政府及派出机构，直接和人民群众打交道，直接为人民群众服务。广大基层干部工作很辛苦，收入也不高，有的地方连工资都不能正常发放。可以说一些乱罚款、乱收费也与此有关。我们要给基层干部更多的关心，为他们的生活和工作提供切实保障，特别是不能拖欠工资。中央对地方的转移支付，要优先考虑广大基层干部的工资发放。

三、地方机构改革要搞好“控、调、改”

古人说，“善政必简”。这次地方政府机构改革，要着力搞好“控、调、改”。控，就是严格控制机构编制总量；调，就是调整优化机构编制结构；改，就是通过深化改革推动机构编制释放潜力。

（一）要严控机构编制总量。这次改革要把握住两条硬杠杠：一是对地方政府机构设置实行总额限制，控制政府规模。二是确保财政供养人员只减不增，这是本届政府向全社会的承诺，难度虽大，但我们要言必信、行必果。为什么要严控机构编制总量？从现实情况看，各级财政收入不太可能再像过去那样高速增长了，而财政供养人员多，往往“食之者众，生之者寡”，本届政府组建半年多，一些地区和部门又陆续提出增编要求，不控制将难以为继。现在机构编制总量已经很大，叠床架屋，效率低下，甚至滋生腐败，影响政府形象，也影响努力工作的公务人员的积极性，最终损害的是人民群众利益。

（二）要调整优化机构编制结构。现在机构编制不是总量不够，而是结构不合理，机构编制资源没有配置好。一方面，需要加强的重点领域和关键环节，有的人手不够，该管的甚至没人管；另一方面，已经弱化的领域，机构编制没有及时减下来，造成人浮于事。在严控总量的情况下，调整优化机关和事业单位机构编制结构，潜力很大。这两年，推进事业单位分类改革，通过清理规范，就已经核销了一部分编制。现在有些机关上面很大、下面很细，成了鸵鸟。各地要下决心，该加强的加强，该弱化的弱化，特别要加强基层、加强一线，把上级机关“瘦身”与基层一线“强身”统筹考虑，把编制结构调整好。

（三）要通过深化改革满足事业发展的需要。严控机构编制总量、调整结构，根本上还是要靠深化改革、创新管理。从多年经验看，不改革、不创新，就很难跳出“精简—膨胀—再精简—再膨胀”的怪圈。近年来一些地方在推进机构改革上进行了积极有效的探索。有的地方推行大部门制改革，整合多个部门的市场监管职能和资源，构建统一的大市场监管体系，提升了服务管理水平和效率。有的地方实行编制实名制，对编外的、混编的都明确登记在册，并且向社会公开，让社会监督，从制度和管理上解决“吃空饷”、在编不在岗、虚报冒领财政资金等问题。这些方面的改革，各地要继续大胆探索，及时总结经验加以推广。中央各部门不得以任何形式干预地方机构设置和编制调整。

地方政府改革是一场自我革命，涉及面广、触及利益深。各地要按照中央的统一部署，把这项改革作为一项重要工作。要民意为先、舍利为公，敢啃“硬骨头”，义无反顾、一抓到底。要与开展党的群众路线教育实践活动结合起来，与贯彻落实中央八项规定结合起来，实现相互推动、相互促进。省级党委政府要负总责，主要领导要亲自抓，加强对本地区改革的指导和督促检查。各级政府要认真制定改革方案，明确改革的时间节点和任务分工，强化责任，遇到重大问题及时向中央报告。中央有关部门要加强指导、协调和督查。要严格机构编制纪律，对违反纪律的，要严肃查处。

同志们，让我们紧密团结在以习近平同志为总书记的党中央周围，高举中国特色社会主义伟大旗帜，以邓小平理论、“三个代表”重要思想、科学发展观为指导，采取有力有效的措施，把地方政府职能转变和机构改革的部署真正落到实处，并不断向前推进。

在国家科学技术奖励大会上的讲话

（2014 年 1 月 10 日）

李克强

同志们、朋友们：

今天，我们在这里隆重召开国家科学技术奖励大会，表彰为我国科技事业作出突出贡献的科技工作者。刚才，习近平总书记和其他中央领导同志向获得国家最高科技奖的张存浩院士、程开甲院士及其他获奖人员代表颁了奖。科技奖励大会是我国科技界一年一度的盛事，是科技创新重大成果的集中展示。在此，我代表党中央、国务院，向全体获奖人员表示热烈祝贺！向全国广大科技工作者和各条战线为推动科技进步做出贡献的人们表示崇高敬意和诚挚问候！向关心和参与中国科技事业的外国专家表示衷心感谢！

党和国家高度重视科技事业发展，改革开放带来了科学的春天。近年来，我国科技发展不断取得新的重大成就，优秀科技人才大批涌现，科技体制改革加速推进，科技服务经济社会发展的能力不断增强，创新型国家建设迈出新步伐，为提升我国综合国力、推动现代化建设奠定了坚实基础、作出了重大贡献。

当前，我国正处于建设创新型国家的决定性阶段。面对世界科技革命和产业变革历史性交汇、抢占未来制高点的竞争日趋激烈的形势，面对国内资源环境约束加剧、要素成本上升、结构性矛盾日益突出的挑战，主要依靠要素投入驱动的传统增长模式已难以为继，过去在中低端产品上形成的竞争优势也在逐渐减弱，我国经济增长已进入从高速到中高速的“换挡期”。必须依靠科技创新，才能有力推动产业向价值链中高端跃进，提升经济的整体质量；才能更多培育面向全球的竞争新优势，使我国发展的空间更加广阔；才能有效克服资源环境制约，增强发展的可持续性。我国已到了必须更多依靠科技创新引领、支撑经济发展和社会进步的新阶段。

要促进科技创新与经济社会发展深度融合。按照党的十八大提出的创新驱动发展战略，走中国特色自主创新道路，切实把科技创新摆在国家发展全局的核心位置，在关系国计民生的战略必争领域、科技发展前沿，实现重大突破，使科技创新的成果更多转化为现实生产力，服务国家战略、惠及千家万户，在祖国大地上“开花结果”。要面向提高经济发展质量和效益，着力提升“中国制造”的品质和“中国创造”的影响力，大力研发新品、多出优品、打造精品。面向保障国家安全，解决好关乎粮食安全、信息安全、国防安全等重大科技问题。面向增进民生福祉，用科技和创意解决人们衣食住行和其他日常生活中的难题，推出更多为亿万群众喜爱、创造新需求、形成新产业的产品和服务，让生活更美好。面向生态建设和改善，综合运用各种生态新技术，促进环境保护、能源资源开发和高效清洁利用等，为中华民族永续发展作出不可替代的贡献。

要通过深化改革健全技术创新市场导向机制。惟有改革，才能破除阻碍创新的思想藩篱；惟有改革，才能冲破制约创新的体制机制。政府要大力减少和纠正用行政手段包揽、直接介入或干预科技创新活动的做法，把主要精力放在完善创新激励政策、营造公平公正的竞争环境上来，发挥好“推手”作用，为科技创新之树“施肥增养”。除基础性、战略性、前沿性研究和重大关键共性技术攻关，政府要重点加大支持外，其他科技创新活动在研发方向、资源配置和经费使用、项目评审以及成果评价和应用等各个环节，都要放手让市场“说话”，充分激发各类主体参与创新活动的积极性，建立以企业为主体、产学研用协同创新机制，带动全社会增加研发投入，让科技创新在市场的“沃土”中不断结出累累硕果。

要把发挥人的创造力作为推动科技创新的核心。人是科技创新最关键的因素。必须充分尊重人才、保障人才权益、最大限度激发人的创造活力。要加大人才培养力度，使青年创新型人才脱颖而出。吸引广大海外人才来华创新创业。进一步完善用人机制，按照有利于发挥科技人员积极性和提升创新价值的要求，改进科研管理和组织方式，鼓励人才的自由流动和组合。要探索扩大实施股权激励、科技成果处置权收益权等政策，建立与贡献相匹配的创新收益制度。要加强知识产权运用和保护，严厉打击侵权假冒行为，使创新者的合法权益得到切实有力的保护。努力为广大科技人员和各类创新主体创造有良好服务、法律保障和公平机会的创新创造条件，用改革红利、人才红利、创新红利推动经济社会持续健康发展。

要汇聚全社会建设创新型国家的强大合力。创新是根植于我们民族精神的固有气质。中华民族几千年生生不息，就在于不断创新。13亿中国人民蕴藏着无穷的智慧，要吸引和激励更多人投身创新创业，让全社会的创造潜能和活力竞相迸发，这是我国发展的最大潜力之一。要进一步解放思想，弘扬科学精神，培育创新文化，既攀登基础研究的高峰，又着力使应用研究有新的突破，让两者比翼前行。要营造鼓励大胆探索、包容失败的宽松氛围，使创新成为全社会共同的价值追求。要大力传承老一辈科学家献身科学、报效祖国的高尚品德，激励一代又一代青年在创新道路上勇往直前。要以全球视野加强国际科研合作与交流，充分借鉴和吸收世界各国的有益经验，让科技创新成果不断涌现，为人类崇高的科技进步事业作出中华民族的伟大贡献！

同志们，科技肩负重托，创新成就未来。让我们紧密团结在以习近平同志为总书记的党中央周围，脚踏实地、大胆创新、勇于超越，为建设富强民主文明和谐的社会主义现代化国家、实现中华民族伟大复兴的中国梦而不懈奋斗！

在国务院第二次廉政工作会议上的讲话

（2014 年 2 月 11 日）

李克强

这次国务院廉政工作会议的主要任务是，认真学习贯彻习近平总书记在十八届中央纪委三次全会上的重要讲话精神，落实中央纪委三次全会关于反腐倡廉的部署，总结政府这方面工作，进一步明确今年的重点任务。

一、2013 年政府系统反腐倡廉取得新成效

去年是本届政府履职的第一年，我们把建设廉洁政府作为重要目标，深化反腐倡廉，改政风、抓源头、强监督、严政纪、肃贪腐，取得了重要进展。

一是以改进政风推动廉政建设。一年来，我们坚持把政风建设摆在突出位置，认真落实中央八项规定，严格执行国务院“约法三章”，深入开展党的群众路线教育实践活动，着力解决群众反映强烈的“四风”问题。停止新建政府性楼堂馆所，清理超标办公用房，中央国家机关一般性支出压减 5%，会议费比上年减少 52%，“三公”经费支出减少 35%。大幅压缩政府举办的仪式庆典和体育、文艺类活动，全国综合性体育运动会由 10 个减为 6 个，节俭举办了第十二届全运会。这些措施和结果表明了我们的决心，对转变政风和政府廉政建设发挥了重要促进作用，得到了人民群众的积极评价。

二是以深化改革促进源头反腐。我们把简政放权作为深化改革的“当头炮”，这也是减少权力寻租、防治腐败的“釜底抽薪”之策。同时，通过深化改革，进一步健全制约权力运行的机制。去年国务院部门共取消下放 334 项行政审批等事项，地方政府也加大了简政放权力度。我们还深化了投资体制改革，修订政府核准投资项目目录，由中央核准的项目数量减少 60%。推进工商登记制度改革，注册资本由实缴制改为认缴制。这些措施，不仅激发了市场活力和经济发展内生动力，成为我们顶住经济下行压力、促进经济稳中向好的关键一招，也从源头上降低了发生腐败的风险。

三是以强化监督规范权力运行。管好权、看好钱是防治腐败的关键。我们充分发挥审计在反腐倡廉中的尖兵和利剑作用，对财政资金使用进行全过程、全方位跟踪审计，要求用“火眼金睛”来发现问题。去年审计机关移送的违纪违法案件线索 2000 多件，促进财政增收节支和挽回损失 4000 多亿元。特别是对一些国家扶贫开发工作重点县进行审计，发现不少问题，有虚报冒领的，也有挤占挪用的，一些问题触目惊心，令人警醒。这说明一些公共资金的使用，尤其在涉及千家万户的民生资金使用上，还存在漏洞。反腐倡廉要由小见大，何况这不是小事。有关部门对这些问题进行了查处，并改进了管理办法。我们把政务公开作为一项重要的监督措施，重点推进财政预算决算公开，中央本级“三公”经费预算和部门预算同步公开，31 个省（区、市）全部公开省级预算决算和省级部门预算，创造条件让人民群众监督政府，促进权力运行更加规范。

四是以执纪问责律政促廉。严格政纪、强化责任追究，是从严治政的重要手段。监察机关严肃查办违纪违法案件，惩处了一批腐败分子。去年全国有 4 万多名公职人员受到政纪处分，其中 1 万多人被开除公职。强化对安全生产、环境保护、食品药品安全等领域失职渎职的责任追究，对在特别重大生产安全事故中负有

责任的6名省部级领导干部进行了问责。认真查处和纠正征地拆迁、教育、医疗、公路收费、保障性住房等领域的不正之风,维护了人民群众的切身利益。

一年来,政府系统反腐倡廉建设取得明显成效,同时也要清醒地看到存在的问题和不足,主要表现在:简政放权还不到位,一些领域腐败问题仍然多发。一些地方、部门政纪意识淡薄,有令不行、有禁不止。在落实八项规定和"约法三章"方面,尽管党中央、国务院三令五申,仍有不落实甚至顶风违纪现象。这说明政府系统廉政建设和反腐败斗争形势依然严峻复杂,是一项长期、艰巨的任务,必须坚定不移地抓下去。

二、2014年政府反腐倡廉工作重点任务

反腐倡廉是我们必须始终抓好的一项重大政治任务,必须做到有令必行、有禁必止、有腐必反、有贪必惩。各级政府要深入贯彻党的十八大和十八届二中、三中全会精神,把中央关于反腐倡廉的部署和要求贯彻到政府工作的各个方面、各个环节,坚持不懈抓政风,以深化改革促进反腐倡廉,建立长效机制,从具体事情抓起,积小胜为大胜,努力取得人民群众比较满意的进展和成效。

(一)继续严格执行八项规定和"约法三章"。这项工作已经有了一个良好开端,但能不能坚持下去,会不会是一阵风,社会上也有疑虑。前一段时间,中办国办对停止新建政府性楼堂馆所、清理办公用房情况进行了专项督查,发现一些地方和部门不落实、不真抓、搞变通,甚至弄虚作假。八项规定和"约法三章"必须严格落实,这是一条"高压线",而且要确保通上"高压电",谁也不能碰,谁碰就处理谁。我们要言必信、行必果。

政风建设要以解决突出问题为导向。各级政府和部门对去年部署的任务要继续抓好落实;对今年新的要求,要尽快提出具体措施,做到行之有范、落地有声。尤其是要进一步严格落实"约法三章"。这不仅是节约开支、提高效能的硬约束,也是转变政风、建设廉洁政府的重要抓手。公款只能公用。政府俭朴,就可以腾出更多资金改善民生、发展公共事业。政府性楼堂馆所必须停止新建或改扩建,违反规定的,不管是以什么名目,都要严肃处理到负责人。地方政府机构改革要突出职能转变,严控机构编制和人员,确保这两个方面"不突破"。确实需要加强的单位,也应通过改革挖潜调剂解决,总量不能突破。继续严控"三公"经费和会议费,做到只减不增。公务接待必须严格执行相关规定,公务宴请必须严格控制标准。说起来这些都是具体的事情,但是细微末节可以看大观。政府一定要倡俭治奢,古人讲,历览前贤国与家,成由勤俭败由奢。

(二)进一步简政放权。政府管得过多,直接干预微观经济活动,不仅影响市场在资源配置中发挥决定性作用,增加交易成本,还容易滋生腐败。发展经济,要靠简政放权添活力、增动力;反腐倡廉,也要通过简政放权加强源头治理。

今年简政放权的力度不能减,要进一步取消下放行政审批事项,更多、更快释放改革红利,有效遏制权力寻租。取消下放审批事项,不仅要看数量,还要重质量,要把那些含金量高的、管用的,真正能够激发市场活力的直接放给市场、放给企业。特别要下决心最大限度减少对投资项目的审批,同步减少、规范投资项目的前置审批。搞市场经济,谁投资谁承担风险,大部分投资决策都应放给市场主体。还要全面清理取消非行政许可审批事项,确需保留的,也要依法办理,按行政许可法的要求,经过严格论证和规范程序,调整为行政许可。今后,不能再搞非行政许可审批。凡增加公民、法人和其他组织义务和责任的事项,必须通过法定程序、以法定形式设定。

对目前仍保留的审批事项,要公布目录清单,听取基层和群众意见。对那些反映多、意见

大、又不利于激发市场活力的，还是要继续取消下放。清单以外，一律不得实施行政审批，更不得违规新设审批事项。实际上这也是对“负面清单”管理模式进行探索。也就是说，对市场主体，是“法无禁止即可为”；而对政府，则是“法无授权不可为”。

减少事前审批，事中事后的监管必须跟上。我一再强调要放管结合，营造公平竞争的市场环境，创新监管方式，建立一套科学监管的规则和方法。现在的问题是，监管还不到位，公平的市场秩序没有完全形成，对侵犯知识产权、搞假冒伪劣或坑蒙拐骗惩治不力，这样，守法诚信经营的企业，成本相对就高，这是不公平的。而且监管随意性较大，一有问题就搞“突击”监管，搞“大检查”。因此，完善和创新监管要重规则、重机制，特别要建立健全科学的抽查机制、责任追溯制度，规范自由裁量权，防止缺位失位或选择性监管，堵塞缝隙和漏洞。这不仅可以使监管更有效率、更加公平，也可以有效抑制腐败。

（三）加强反腐倡廉基础制度建设。用制度防治腐败，更具有稳定性、长期性、根本性。要用制度管权、管钱，念好约束权力的“紧箍咒”，形成不敢腐也不能腐的有效机制。

今年要抓住重点，在容易发生腐败的领域，把制度先完善起来。要把工程建设项目招投标、政府采购、国有土地使用权和矿业权出让等公共资源交易，纳入规范化、法制化轨道，领导干部不能插手干预。去年我们建立了不动产统一登记制度，但真正完善起来，还要有一个过程。今年要推动相关法规的“立、改、废”。进一步建立健全转移支付管理制度，对项目设立、资金分配、使用管理、绩效评价、信息公开等作出明确规定。现在专项转移支付项目繁杂，“跑部钱进”这个词已经是由来已久，我们必须对转移支付进行清理、整合和规范，今年专项转移支付项目数要减少1/3左右。中央有关部门已经在做方案，地方政府也要完善管理办法，使转移支付资金真正用在刀刃上，而不是被碎片化。对保留的专项转移支付项目，建立定期评估和退出机制。还要完善现金、票据管理制度，进一步健全反洗钱机制，让那些黑钱脏钱无处藏身。

（四）严格公共资金管理和监督。反腐败必须管权、管钱双管齐下。今年要把强化财经纪律作为反腐倡廉的一个重点，严肃财政纲纪、整饬财经秩序。把政府所有收支纳入预算管理，加强预算审核，严格预算调整，防止超预算支出，做到收入一个“笼子”、预算一个“盘子”、支出一个“口子”。严格执行财税法律法规和规章制度。今年要对地方在招商引资中出台的税收、土地等优惠政策进行清理规范。

要进一步加强国库资金管理，建立财政结转、结余资金定期清理制度，提高资金使用绩效。去年财政收入的增速放缓，中央财政收入一度出现负增长，地方财政收入增速也降到一位数以内，而据审计部门抽查，发现有的专项资金已经沉淀多年了。一边是各方面都在讲资金紧张，另一边又有资金沉淀、闲置，而且数量较大。我们应该采取有效措施，盘活存量，用好增量，提高理财能力，把钱用活。要严格会计制度，为公共资金装上“安全锁”、“防盗门”，防止被侵吞、挤占、挪用和浪费。要继续对“小金库”进行专项治理，坚决堵住侵蚀滥用公共资金的黑洞和后门。

审计是管好钱、用好钱的利器。哪里有公共资金，哪里就要有审计。从今年开始，对所有公共资金、国有资产、国有资源，要实现审计监督全覆盖，不留盲区，不留死角。对审计的每个项目、每笔资金，都不能放过任何一个疑点。今年要选择一些重点领域进行全面审计。在保障性安居工程方面，我们憋足了劲，想多投钱、多办事，可以说难度很大，但又有相当一部分资金沉淀在那里，还有一些没用到正处。通过审计揭露问题、查处腐败、改进管理，有利于规范市场秩序，有利于促进社会公正，有利于保障和改善民生。另外，我们对农业、教育、科技、公共卫生等民生和社会事业的投入越来越多，也必须加强审计监督，保证钱不被滥用、花得更有效率。审计监督要敢于碰硬，结果要公开，对违法违纪案件，不回避、不退缩、不手软，坚决查深、查透、查实。这不仅是防治腐败的重要措施，而且对于稳增长、惠民生，把资金盘活、提高效率也有直接作用。

（五）深入推进政务公开。政务公开是接受监督最有效的方式。去年我们下了很大决心，摸清了全国政府性债务底数，前一段时间把中央和地方债务情况全部实事求是地公开，亮出家底。这样做，让各方面看到我们说债务可控是有依据的。国际社会也认为中国政府性债务是透明的，敢于公开，是诚信、自信的表现。这说明，政务越公开透明，政府越有公信力。

公开也是最有力的反腐措施。今年要把预算决算公开再向前推进一步。政府预算和决算要全部公开到支出功能分类的项级科目，部门预算和决算要逐步公开到基本支出和项目支出，专项转移支付预算公开到具体项目，所有财政拨款安排的“三公”经费都要详细公开。这绝不是小事，是推进经济体制改革的一个关键举措，也是财税体制改革的“马前卒”。财政是庶政之母，公开财政资金的来源和使用去向，是政府应尽的职责。目前一些方面在预算硬约束上的措施还跟不上，做起事情来随意性也比较大。政府花钱，怎么能够提高效率，怎么符合经济发展的规律，更好地改善民生，还大有潜力可挖。此外，对与群众利益密切相关的食品药品安全、保障房分配、医疗服务收费、高校招生、国有企事业单位人员招录等，也都要明明白白、清清楚楚地公开公示。

（六）严肃行政纪律。我们的行政体制实行中央统一领导、地方分级管理，部门也要各负其责。对中央的大政方针，各地区各部门必须统一步调，不折不扣地执行。去年以来，国务院出台的一系列促改革、调结构、转方式的政策措施，总的看执行情况是好的，但也有“中梗阻”的现象。少数地方和部门搞上有政策、下有对策，各取所需，有利的就办，没利的就拖。对中央重大改革发展决策落实情况，有关部门要制定具体督查计划，加大督查力度，着力解决政策落实“最后一公里”问题。出台的政策不落实，等于没出。对落实不力、自行其是的，要严肃问责，确保政令畅通。

各级政府工作人员都要增强法治观念，带头遵纪守法，严格依法行政，模范执行中央的各项方针政策。人民政府权力的本质是责任、本色是为民，为民尽责，立规矩、定红线、划杠杠，是对各级干部最起码的要求。各级干部要学会在约束中工作，习惯在监督下干事，把压力变成为人民谋利益的动力。既然我们选择了为公众服务，那就要把人民的利益放在最高位置。对我们个人来说，做到了，不仅是问心无愧，也是一种荣誉，社会也会认可。还要大力整治不作为、慢作为、乱作为、庸懒散的机关病。我们推进改革，在干的过程中，有的要试点，试点也可能会出错，错了就马上改过来，这都需要在干中去探索。当然，不能犯方向性的错误。所以，廉政和勤政是一个问题的两个方面，如果勤政做不到，拿着俸禄不干事，也可以说是一种腐败现象。要坚决克服组织涣散、纪律松弛等问题，树立廉洁奉公、务实高效的政府形象。

三、确保廉政建设和反腐败要求落到实处

反腐倡廉必须锲而不舍、持之以恒。我们要以更坚决的态度、更有力的举措，狠抓廉政工作的落实、落实、再落实。

首先，领导干部和领导机关要作表率。建设廉洁政府，加强政风建设，国务院要带头，各级领导机关特别是领导干部要从自身做起，正己才能正人。其身正，不令而行；其身不正，虽令不从。领导干部要严格遵守各项规定，勤政廉政，廉洁自律，任何情况下都要稳住心神、管住行为、守住清白，要求别人做到的自己首先做到，要求别人不做的自己绝对不做。不仅要管好自己，还要加强对亲属和身边工作人员的约束，决不允许有特权特例。

第二,要严格落实党风廉政建设责任制。 各级政府和国务院各部门党组(党委),要切实担负起党风廉政建设的主体责任,把党风廉政建设和反腐败工作作为一项政治责任,做到守土有责。各部门党政一把手要强化不抓党风廉政建设就是严重失职的意识,把廉政建设的要求体现到业务工作和管理中,重要工作亲自部署,重大问题亲自过问,重点任务亲自督办。班子其他成员要对职责范围内的党风廉政建设切实负起领导责任,落实"一岗双责",既要抓好工作,又要带好队伍。各部门纪检组、纪委要认真负起监督责任。强化责任追究,实行"一案双查",对领导不力、疏于监督管理,致使发生重大违纪问题和腐败案件的,同样要严肃追究责任。

第三,要严肃查处腐败案件。 查处和惩治是反腐倡廉的"撒手锏"。要始终保持惩治腐败的高压态势,严肃查办发生在重点领域、关键环节和群众身边的腐败案件,坚决整治损害群众切身利益的不正之风,对腐败分子"零容忍",无论涉及到谁,都要一查到底,决不姑息。

第四,要切实做到勤政为民。 政府工作人员要时刻牢记全心全意为人民服务的根本宗旨,以强烈的事业心和责任感,多为人民群众做实事、办好事。要始终保持奋发向上的精神状态,勤勤恳恳、兢兢业业,艰苦奋斗、无私奉献。我们讲的无私奉献,实际上是要求把人民的利益,把工作岗位的要求放在优先位置,作出身体力行的奉献。基层政府及其工作人员是为群众和社会服务的基础力量,在推进改革发展中,要注意支持基层、加强基层,为基层干部的工作和生活提供切实保障。我前面讲的"约法三章"节约下来的钱,以及盘活的沉淀资金,重要的使用方向是基层,让基层维护市场公平秩序、监管不法行为、改善民生和提供公共服务有更多的手段和条件。

做好政府反腐倡廉工作,任务艰巨、责任重大。让我们紧密团结在以习近平同志为总书记的党中央周围,高举中国特色社会主义伟大旗帜,开拓创新,扎实工作,推动廉政建设和反腐败工作不断取得新的成效。

在第十二届全国人民代表大会第一次会议上的讲话

（2013 年 3 月 17 日）

张德江

各位代表：

我完全赞成习近平主席的重要讲话。

第十二届全国人大一次会议已经圆满完成各项议程，在全体代表的共同努力下，会议开得很成功。这是一次民主、团结、求实、奋进的大会，是承前启后、继往开来的大会。

会议期间，代表们肩负着全国各族人民的重托，以高度的主人翁责任感，认真履行宪法和法律赋予的职责，畅所欲言、共商国是，使会议通过的各项决议和决定，充分体现了人民的意志，代表了人民的利益。会议审议批准的政府工作报告和其他报告，总结了五年来我国经济社会发展、民主法制建设等各方面事业和工作取得的巨大成就和宝贵经验，提出了 2013 年乃至今后一个时期的主要任务和工作部署。会议依法选举和决定任命了新一届国家机构领导人员，为实现党的十八大确定的目标任务、推动改革开放和社会主义现代化建设提供了重要组织保证。这次大会必将进一步鼓舞和动员全国各族人民，紧密团结在以习近平同志为总书记的党中央周围，全面贯彻落实党的十八大精神，奋发图强，同心同德，开拓前进，为全面建成小康社会、实现中华民族伟大复兴的中国梦而团结奋斗。

过去五年来，在以胡锦涛同志为总书记的党中央坚强领导下，在吴邦国同志主持下，十一届全国人大及其常委会坚持正确政治方向，紧紧围绕党和国家工作大局，依法行使最高国家权力机关的职权，立法工作成绩显著，如期形成并不断完善中国特色社会主义法律体系，监督工作扎实开展，有力推动中央重大决策部署贯彻落实，代表服务保障水平明显提高，对外交往积极活跃，自身建设不断加强，为全面推进中国特色社会主义事业作出了重要贡献。在这里，请允许我代表十二届全国人大及其常委会，向吴邦国同志，向十一届全国人大常委会全体组成人员，向十一届全国人大代表，致以崇高的敬意！

这次大会选举产生了第十二届全国人民代表大会常务委员会，并选举我担任本届全国人大常委会委员长。这是各位代表和全国各族人民对我们的信任，我谨代表十二届全国人大常委会全体组成人员表示衷心的感谢。人民代表大会制度是保证中国人民当家作主的根本政治制度，是中国特色社会主义制度的重要组成部分。全国人民代表大会是我国的最高国家权力机关，全国人大常委会是全国人民代表大会的常设机关，在国家政治生活中发挥着重要作用。我们深知使命崇高、责任重大。我们将同全体代表一道，以对国家、对人民高度负责的精神，忠实履行宪法和法律赋予的职责，恪尽职守，勤勉工作，为发展社会主义民主政治、保证人民当家作主、建设社会主义法治国家贡献全部智慧和力量，决不辜负全国各族人民的重托。

各位代表，宪法是国家的根本大法，是治国安邦的总章程。我国宪法规定，中华人民共和国实行依法治国，建设社会主义法治国家。坚持依法治国，维护宪法和法律权威，是各级人大及其常委会的主要任务。总结新中国成立以来正反两方面经验，我们党、国家和人民得出一条重要结论，就是为了保障人民民主，必须加强法制，必须使民主制度化、法律化，使这种制度和法律不因领导人的改变而改变，不因领导人的看法和注意力的改变而改变。回顾改革开放以来我国社会主义民主政治建设取得的成就，最重要的就是坚持党的领导、人民当家作主、依法治国有机统一，成功开辟和坚持了中国特色社会主义政治发展道路，为实现最广泛的人民民主确立了正确方向。党的十八大提出，扩大社会主义民主，发展更加广泛、更加充分、更加健全的人民民主；全面推进依法治国，加快建设社会主义法治国家；更加注重发挥法治在国家治理和社会管理中的重要作用，推进科学立法、严格执法、公正司法、全民守法。十二届全国人大及其常委会要全面贯彻落实党的十八大精神和习近平总书记一系列重要讲话精神，坚定道路自信、理论自信、制度自信，在以往各届人大工作的基础上，积极进取，扎实工作，加强社会主义民主法制建设，坚持依法治国，维护法律权威，把人民代表大会制度坚持好、完善好、发展好，努力开创人大工作新局面。

我们要不断完善中国特色社会主义法律体系，为全面建成小康社会、深化改革开放提供更有力的法制保障。充分发挥立法的引领和推动作用，加强重点领域立法，促进社会主义经济建设、政治建设、文化建设、社会建设、生态文明建设。加强立法工作组织协调，拓展人民有序参与立法途径，提高立法质量，保证通过的法律更好地体现党的主张和人民的意志。

我们要健全权力运行制约和监督体系，保证有法必依、执法必严、违法必究。加强对宪法和法律实施情况的监督检查，在法治轨道上推动各项工作的开展，保障公民和法人的合法权益。依法加强对“一府两院”的监督，推进严格执法、公正司法，建设法治政府、提高司法公信力。坚持法律面前人人平等，切实维护国家法制统一、尊严、权威，任何组织或者个人都必须在宪法和法律的范围内活动。

我们要支持和保障代表依法执行代表职务，充分发挥人大代表参与管理国家事务的作用。坚持尊重代表主体地位，认真做好代表工作，完善代表联系群众制度，密切代表与人民群众的联系，更好地发挥人大代表深入了解民情、充分反映民意、广泛汇集民智的桥梁纽带作用，使人民的意志更好地通过人民代表大会这一主要民主渠道得以实现。

我们要着力加强自身建设，不断提高依法履职能力。加强思想政治建设，增强代表人民行使管理国家权力的政治责任感，自觉接受人民群众和人大代表监督。加强组织建设，贯彻民主集中制原则，充分发扬民主，集体行使职权、集体决定问题，严格依法按程序办事。加强制度建设，充分发挥专门委员会作用，不断提高人大工作水平。加强作风建设，坚持脚踏实地，注重调查研究，廉洁从政，勤俭务实，全心全意为人民服务。

各位代表！时代赋予我们的使命光荣而神圣，人民寄予我们的期望殷切而厚重。让我们在以习近平同志为总书记的党中央坚强领导下，深入学习贯彻党的十八大精神，高举中国特色社会主义伟大旗帜，以邓小平理论、“三个代表”重要思想、科学发展观为指导，团结一心，埋头苦干，锐意进取，奋力夺取中国特色社会主义新胜利，共同创造中国人民和中华民族更加幸福美好的未来！

在政协第十二届全国委员会第一次会议闭幕会上的讲话

（2013 年 3 月 12 日）

俞正声

各位委员、同志们：

中国人民政治协商会议第十二届全国委员会第一次会议，圆满完成各项议程，就要胜利闭幕了。这次会议是在全国各族人民深入学习贯彻中共十八大精神、为全面建成小康社会而努力奋斗的新形势下召开的。会议期间，中共中央总书记习近平等党和国家领导同志，出席大会开幕会和闭幕会，深入到小组与委员共商国是，认真听取委员们的意见建议。全体政协委员表现出高度的政治意识、大局意识和责任意识，积极议政建言，提出了许多真知灼见，生动践行了社会主义协商民主，充分体现了人民政协的独特优势和作用。在中共中央、全国人大常委会、国务院的高度重视和有关部门的大力支持下，经过全体委员的共同努力，会议开得很成功，达到了预期目的。

感谢委员们的信任，选举我们组成政协第十二届全国委员会常务委员会。十二届全国政协将在历届政协奠定的良好基础上开展工作。这些年来，在以胡锦涛同志为总书记的中共中央坚强领导下，在贾庆林同志主持下，人民政协服务党和国家大局成效显著，各项工作取得了新的重要进展，呈现出团结奋进、民主和谐、创新发展、生动活泼的良好局面。在这里，我们向贾庆林同志和十一届全国政协全体委员为人民政协事业作出的重要贡献，表示崇高的敬意！

今年是全面深入贯彻落实中共十八大精神的开局之年，也是十二届全国政协的开局之年。中共十八大为人民政协指明了努力方向，人民群众过上美好生活的愿望给我们履职尽责提出了新的要求。我们一定不辜负党和人民的重托，继承发扬人民政协的优良传统，用恪尽职守来诠释责任，用奋发有为来回应期望，不断把人民政协事业推向前进。

各位委员，深入学习贯彻中共十八大精神是人民政协当前和今后一个时期的首要政治任务。学习贯彻中共十八大精神，最重要、最核心的，就是坚持和发展中国特色社会主义，坚定自信、增强自觉、实现自强。我们要全面准确地学习领会中共十八大的鲜明主题、精神实质和战略部署，全面准确地学习领会习近平总书记的一系列重要讲话精神，不断深化对中国特色社会主义道路、理论体系和制度的认识。要始终不渝地坚持中国共产党的领导，坚持和完善中国共产党领导的多党合作和政治协商制度，更加坚定地走中国特色社会主义政治发展道路，绝不照搬西方政治制度模式，始终保持坚定正确的政治方向，巩固人民政协团结奋斗的共同思想政治基础。要坚定不移地坚持围绕中心、服务大局，自觉将政协工作置于党和国家工作大局中来谋划和部署，围绕事关全局的重大问题开展调研视察和协商议政，以务实的举措和成果，推动科学发展，促进社会和谐，使各项履职活动更加契合中心任务，更加符合决策需要，更加体现人民心声。

各位委员，团结和民主是人民政协的两大主题，是人民政协性质的集中体现。我们要将团结和民主体现到人民政协工作的各方面，贯穿于人民政协事业发展的全过程，努力把人民政协建设成为团结之家、民主之家，永葆人民政协的蓬勃生机与活力。要按照大团结、大联合的要求，不断巩固和发展最广泛的爱国统一战线，把一切可以团结的力量都团结起来，把一切可以调动的积极因素都调动起来，广泛凝聚起各方面智慧和力量，共同致力于实现“两个一百年”的宏伟目标，共同致力于实现中华民族的伟大复兴。要大力发扬社会主义民主，鼓励对党和政府工作的批评和建议，支持反映人民群众愿望和诉求的呼声，鼓励不同意见的交流和讨论，支持讲真话、道实情。这是中国特色社会主义政治制度的要求，是中国共产党的宗旨、实事求是的思想路线在政协工作的体现，是科学决策、改进工作的有力支撑，从而使社会各界更好地为促进经济社会的持续健康发展，为人民生活的全面提高贡献力量。

各位委员，中共十八大指出，社会主义协商民主是我国人民民主的重要形式，要健全社会主义协商民主制度，充分发挥人民政协作为协商民主的重要渠道作用。人民政协的协商民主，以宪法、政协章程和相关政策为依据，以中国共产党领导的多党合作和政治协商制度为保障，集协商、监督、参与、合作于一体，实现了人民知情权、参与权、表达权、监督权的有机结合，体现了社会主义民主的本质要求，符合广大人民群众的根本利益。我们要把人民政协协商民主纳入社会主义民主政治建设的总体布局中去谋划、去推进，坚持人民政协协商民主实践的宝贵经验，加强对人民政协协商民主理论与实践的研究探索，加快协商民主的制度建设和制度创新。要切实增强协商实效，把政治协商纳入决策程序，坚持协商于决策之前和决策之中，进一步规范协商内容，增强协商主体的代表性、包容性，提高协商能力，强化协商成果的运用和反馈，更好地展现社会主义协商民主的优势和价值。要深入拓展协商民主的形式，完善专题协商、对口协商、界别协商、提案办理协商，创新政协经常性工作方式，拓宽公民有序政治参与渠道，努力构建多层次、全方位协商格局。

政协委员是政协工作的主体，责任重，影响大，社会关注。我们要遵守章程、认真履责，坚持真理、勇于直言，拒绝冷漠和懈怠；要善于学习、勤于思考，深入实际、实事求是，力求客观公正，拒绝浮躁和脱离国情的极端主张；要遵纪守法、克己奉公，厉行节约、勤俭办事，拒绝奢靡和一切利用权力或影响谋取私利的行为。人民群众对我们的监督是政协委员履职的必要约束，要欢迎监督，将其视为我们工作中不可或缺的部分，并用实际行动维护政协委员的良好形象。政协委员中的共产党员要切实增强政治责任感，广交朋友，率先垂范，努力成为合作共事、发扬民主、求真务实、廉洁奉公和联系群众的模范。

各位委员、同志们！

我们共同亲历和见证了伟大祖国改革开放30多年来的巨大变化和人民生活的显著改善，也熟知无数革命先辈为建立独立、富强、民主新中国所付出的巨大牺牲，以及为探索符合中国实际发展道路所经历的曲折历程。我们格外珍惜中国特色社会主义道路、理论体系和制度，格外珍惜中华民族伟大复兴的历史机遇。让我们紧密团结在以习近平同志为总书记的中共中央周围，高举中国特色社会主义伟大旗帜，以邓小平理论、“三个代表”重要思想、科学发展观为指导，不负重托、凝心聚力、奋发有为，努力把人民政协事业推向前进，为全面建成小康社会、实现中华民族伟大复兴而共同奋斗！

同舟共济　合作共赢　共创中欧美好未来

——在第四届中欧政党高层论坛开幕式上的主旨讲话

（2013年4月22日）

刘云山

尊敬的各位来宾，女士们、先生们，朋友们：

今天，我们相聚在中国最具活力的城市——苏州，共同举办第四届中欧政党高层论坛。首先，我代表中国共产党，对论坛的开幕致以热烈祝贺，向各位来宾尤其是远道而来的欧洲朋友表示热烈欢迎！

中欧政党高层论坛是中欧政党交流最具代表性的机制，对促进中欧关系的发展作出了积极贡献。近年来，中欧相互联系日益紧密、相互依存日益加深，今年又适逢中欧全面战略伙伴关系建立10周年、中欧领导人会晤机制启动15周年，在这样的时间节点，以"谋合作、求共赢：推动中欧关系新飞跃"为主题举办本届论坛，必将对深化中欧全面战略伙伴关系产生重要影响。

女士们、先生们、朋友们！

正如大家所知，去冬今春是中国政治生活中的繁忙季节。我们成功召开了中共十八大，成功召开了十二届全国人大和全国政协十二届一次会议，选举产生了以习近平同志为总书记和国家主席的中国新一届党和国家领导机构，明确了中国今后一个时期的发展蓝图。我们的奋斗目标是：到2020年中国国内生产总值和城乡居民人均收入在2010年基础上翻一番，全面建成小康社会；到本世纪中叶建成富强民主文明和谐的社会主义现代化国家，在此基础上，实现中华民族伟大复兴的中国梦。我们将紧紧围绕这样的目标，着重从这样几个方面努力：一是加快转变经济发展方式，把发展的立足点转到提高质量和效益上来。二是大力发展人民民主，坚持走中国特色社会主义政治发展道路。三是促进文化繁荣发展，丰富人民精神文化生活。四是坚持保障和改善民生，着力提高人民生活水平。五是加强生态文明建设，努力建设美丽中国。需要指出的是，中国30多年来的变化得益于改革开放，中国未来的发展仍要靠改革开放。改革只有进行时、没有完成时，开放的大门已经打开、并将永远敞开。我们将把深化改革开放贯穿到经济社会发展各方面，贯穿到全面建成小康社会和社会主义现代化建设全过程，为中国未来发展提供不竭动力。

习近平总书记提出中国梦，现在中国人都在谈论中国梦、描绘中国梦，正向着国家富强、民族振兴、人民幸福的中国梦奋力前行。经过长期艰辛探索，特别是经过改革开放的伟大实践，我们成功走出了一条引领中国发展进步的正确道路，就是中国特色社会主义道路。正是走这条道路，中国连续30多年保持近10%的经济增长，居民收入增长30倍以上，为全球减贫事业作出超过70%的贡献；正是走这条道路，经过30多年改革发展，现在我们比任何时候都更接近民族复兴的目标。实现中国梦，必须坚持中国道路、弘扬中国精神、凝聚中国力量。中国梦归根到底是人民的梦，根本目的是造福人民。在推动国家和民族发展进步中，我们鼓励每个人都树立自己的梦想，并创造条件让每个人共同享有人生出彩的机会，共同享有梦想成真的机会，共同享有同祖国和时代一起成长与进步的机会。

在座的朋友可能要问，中国梦对世界意味着什么？我们的回答是：实现中国梦，给世界带来的将是和平、是发展、是合作，是更多机遇，而决不是什么威胁。

中国人民素有珍爱和平、崇尚和谐、开放包容的历史传统,怕动荡、盼和平、谋发展。中国梦是和平之梦、和谐之梦,中国梦的实现将为世界各国提供更多机遇。这些年,无论是应对亚洲金融风暴,还是抵御国际金融危机,无论是开放市场,还是全球治理,中国都着眼大局,尽其所能尽责任、尽义务,作出了重大贡献。2012年,中国贸易总额超过38000亿美元,成为全球贸易规模最大的国家。今后5年,中国还将进口10万亿美元左右的商品,对外投资将达到5000亿美元,出境游有可能超过4亿人次。这一切必将为全球经济发展注入强劲活力。

中国有句古话:“穷则独善其身,达则兼济天下”。一个人口占世界五分之一的国家实现稳定和发展,本身就是对人类发展的重大贡献,而发展起来的中国将会成为世界和平发展的有力保障。在实现中国梦进程中,中国将坚定不移走和平发展道路,始终奉行互利共赢的开放战略,为实现持久和平、共同繁荣的世界梦提供更多正能量。

女士们、先生们、朋友们!

我们愿把中国梦与世界分享,与欧洲分享。当今世界多极化、经济全球化、社会信息化深入发展,各国相互联系、相互依存,同处一个“地球村”。中国和欧洲的命运前所未有地紧密联系在一起,欧盟是中国第一大贸易伙伴和最大技术供应方,中国是欧盟第一大进口来源地和第二大出口市场。10年来中欧贸易额从800多亿美元增加到目前5460多亿美元。每年中欧人员交流达500万人次,每天来往于中欧之间航班超过70架次。中欧在倡导多边主义、加强全球治理、促进世界经济复苏、应对各种全球性挑战方面有诸多共同利益和相似主张,在许多国际及地区热点问题上开展了广泛协调与合作。这些都是中国和欧洲关系不断加强、不断深化的具体体现。推动中欧关系新飞跃,需要我们在以下几方面共同努力。

第一,坚持合作共赢理念,把握中欧全面战略伙伴关系的正确方向。合作共赢理念是中欧全面战略伙伴关系的灵魂。在一个相互依赖的世界里,国家间关系不是“你死我活”的竞争,不是“你输我赢”的博弈。欧洲理事会主席范龙佩先生曾说过:“相互依赖是一个重要的关键词,我们的成功就是你们的成功,你们的成功也是我们的成功。”中国坚定支持欧洲一体化进程,支持欧洲应对主权债务危机的努力,把团结、繁荣、强大的欧洲视为对中国和世界的利好;欧洲支持中国改革开放,把中国的发展看成是欧洲的机遇。你好、我好,大家才会好。我们应超越社会制度差异,摒弃零和思维,积极实践同舟共济、合作共赢的理念,相互包容、良性竞争,利益共享、权责共担。

第二,做大合作“蛋糕”,夯实中欧全面战略伙伴关系的经济基础。在中国全面建成小康社会和欧洲实施“2020战略”的进程中,双方利益契合点增多,深化合作面临着新机遇。中国经济发展方式的转变,不断扩大的消费、进口及对欧投资,将给欧洲相关产业带来新的商机,为欧洲实现增长和就业创造重要条件。欧盟的先进发展理念、管理经验和科学技术,也将为中国发展注入新的动力。我们要创新合作形式,拓展合作领域,促进双边贸易平衡和可持续发展。要加强科研和创新合作,深化能源和环保领域合作,推进中欧城镇化合作伙伴关系,努力把城镇化、绿色经济、科技创新等打造成为中欧合作的新亮点。

第三,加强人文交流,构筑中欧全面战略伙伴关系的精神纽带。“国之交在于民相亲,民相亲在于心相知”。中欧关系的加强,不仅需要经贸利益作为物质基础,而且需要人民的理解和互信作为精神保障。有了文明的对话,才会有心灵的交流。由交流而理解,由理解而包容,由包容而互信,同舟共济、合作共赢意识才能不断增强。我们要更加积极地推进双方社会各界的交流,加强文化领域的合作,用民间交流厚植中欧友好的社会基础和民意基础,用文化交流架起人民相互了解和友谊的桥梁。

第四，妥善管控分歧摩擦，切实维护中欧全面战略伙伴关系大局。中国和欧洲的历史文化、社会制度、发展阶段不同，在一些问题上存在不同看法实属正常；随着双方经贸关系密切和相互交往增多，产生一些竞争和摩擦也在所难免。我们应坚持相互尊重、相互理解、平等相待、互谅互让，善于“换位思考”，懂得“将心比心”，在维护自身利益的同时照顾对方合理关切，通过对话协商妥善解决分歧，维护中欧合作共赢大局。

第五，共迎全球挑战，携手推动构建持久和平、共同繁荣的和谐世界。中国和欧洲作为当今世界格局中的重要力量，担负着维护世界和平发展的重大责任。人类面临的金融危机、资源短缺、气候变化、核安全、恐怖主义等全球性挑战，非一国之力所能应对，中欧必须携起手来。中欧双方应积极参与全球治理，推动贸易和投资自由化、便利化，反对各种形式的保护主义，在全球性问题和地区热点问题上继续加强沟通，相互支持。我们相信，在中欧双方共同努力下，一定能够经营好、维护好正在不断深化的中欧全面战略伙伴关系，为世界和平发展作出应有贡献。

女士们、先生们、朋友们！

政党是当今世界各国政治体系的核心，党际关系是国家关系的重要组成部分。中欧政党交往由来已久、富有成效，在增进中欧人民沟通理解、促进双边关系发展中发挥了独特作用，已经成为各领域务实合作的重要桥梁。随着中欧全面战略伙伴关系的加强，中欧党际交往的重要性进一步上升，合作空间不断扩大。中国共产党愿继续密切同欧洲各政党的关系，加强高层领导人、青年政治家的往来，加强治党经验、治国理政经验的交流，加强对共同关心的重大问题、热点问题的对话，建立多层次多渠道沟通合作机制，为推动中欧全面战略伙伴关系、增进中欧人民福祉作出更大努力。

最后，衷心希望与会嘉宾用好中欧政党高层论坛这个平台，畅所欲言，深入交流，增强同舟共济意识，共创中欧合作共赢的美好未来。

在实现中国梦的伟大实践中谱写壮丽的青春篇章

——在中国共产主义青年团第十七次全国代表大会上的祝词

(2013 年 6 月 17 日)

刘云山

青年朋友们,同志们:

中国共产主义青年团第十七次全国代表大会今天隆重开幕了。开好这次大会,对于共青团深入贯彻党的十八大精神,进一步团结动员广大青年为全面建成小康社会、加快推进社会主义现代化,实现中华民族伟大复兴的中国梦而奋斗,具有十分重要的意义。我受党中央委托,向大会的召开表示热烈祝贺!向全国各族青年、全体共青团员和广大青少年工作者致以亲切问候!

我们党已经走过了 90 多年的奋斗历程。90 多年来,我们党紧紧依靠人民,历经千辛万苦,克服重重困难,取得革命建设改革伟大胜利,开创和发展了中国特色社会主义,不可逆转地结束了近代以后中国内忧外患、积贫积弱的悲惨命运,不可逆转地开启了中华民族不断发展壮大、走向伟大复兴的历史进军,从根本上改变了中国人民和中华民族的前途命运。在这一波澜壮阔的历史进程中,共青团与党同心、与党同行,团结带领广大青年顺应历史潮流,走在时代前列,为实现民族独立、人民解放和国家富强、人民富裕奉献了青春和智慧,镌刻下闪光的足迹。

团十六大以来,在党中央坚强领导下,各级共青团组织紧紧围绕党和国家工作大局,务实进取、开拓创新,在组织青年、引导青年、服务青年、维护青少年合法权益方面,在加强团组织和团的干部队伍建设方面,做了大量富有成效的工作,共青团事业实现了新发展,团组织活力有了新提升,为促进经济社会发展进步作出了重要贡献,为促进青年健康成长发挥了重要作用。

广大青年积极响应党的号召,与祖国共奋进、与时代同发展、与人民齐奋斗,在改革开放和社会主义现代化建设的各条战线拼搏进取、扎实工作,在推动科学发展、促进社会和谐的进程中创新创造、甘于奉献,在急难险重任务、重大考验面前冲锋在前、勇挑重担,涌现出一大批优秀青年人才和青年英模,展现出当代青年坚定的理想信念、高昂的爱国热情、强烈的担当意识和良好的精神风貌。

实践充分表明,广大青年是我国社会最积极、最活跃、最有生气的一支力量,是值得信赖、堪当重任、大有希望的一代;共青团不愧为党的忠实助手和后备军,不愧为党联系青年的牢固桥梁和纽带,不愧为中国特色社会主义建设事业的生力军。

党的十八大围绕坚持和发展中国特色社会主义,提出了“两个一百年”的奋斗目标。站在新的历史起点上,习近平总书记明确提出实现中华民族伟大复兴的中国梦。中国梦,凝结着无数仁人志士的不懈努力,承载着全体中华儿女的共同向往,昭示着国家富强、民族振兴、人民幸福的美好前景,极大地激发了全党全国各族人民包括广大青年开辟事业新境界的热情。在今年“五四”同各界优秀青年代表座谈时,习近平总书记深入阐述了青年一代的历史责任,勉励广大青年坚定理想信念、练就过硬本领、勇于创新创造、矢志艰苦奋斗、锤炼高尚品格,努力在实现中国梦的生动实践中放飞青春梦想。

实现中华民族伟大复兴的中国梦,需要一代又一代有志青年接续奋斗,也必将为当代青年实现人生理想、创造美好生活打开无比广阔的空间。广大青年要遵照习近平总书记的要求，志存高远，脚踏实地，在实现中国梦的伟大实践中勇做奋进者、开拓者、奉献者。

第一，希望广大青年坚定理想信念，在中国特色社会主义道路上奋力实现中国梦。理想信念是精神支柱。有了正确的理想信念，人生就有了努力方向，前进就有了强大动力。中国梦，顺应了历史发展大势，顺应了时代进步潮流，顺应了人民过上美好生活的热切期待，是全国各族人民的共同理想，也是青年一代应该牢固树立的远大理想。中国特色社会主义是历史的选择、人民的选择，是实现中国梦的康庄大道、必由之路，也是广大青年应该牢固确立的人生信念。当代青年坚定理想信念，就是要走中国特色社会主义道路，为实现中国梦而奋斗。广大青年要不断深化对邓小平理论、“三个代表”重要思想、科学发展观的学习，深化对党领导人民的奋斗史、创业史、改革开放史的了解，深化对我国经济社会发展进程、发展趋势的认识，掌握思想武器，认清前进方向，不断增强道路自信、理论自信、制度自信，坚定不移跟党走，奋力实现中国梦。

第二，希望广大青年练就过硬本领，努力成长为现代化建设的栋梁之才。古往今来，一切事业的发展，归根到底要靠人。加快推进社会主义现代化、实现中国梦，呼唤着千千万万高素质劳动者，尤其需要大批青年人才脱颖而出、发挥作用。青年时期是学习知识、增长本领的黄金时期，青年人的主要任务，就是学习、学习、再学习，实践、实践、再实践。广大青年要有“读万卷书”的志向，增强学习的紧迫感，把学习作为一种责任、一种精神追求、一种生活方式，在如饥似渴的学习钻研中汲取知识、增长智慧，让青春伴随着书香成长。要有“行万里路”的气魄，坚持学以致用、知行合一，自觉走与实践相结合、与人民群众相结合的成长道路，在改革建设的火热实践中增长见识、提高本领，让青春的翅膀因实践的历练而更加坚强。青年一代源源不断地成长为可堪大用、能担重任的栋梁之才，我们的事业必将迎来光明的发展前景。

第三，希望广大青年勇于创新创造，始终走在时代发展的前列。创新是动力之源。一个国家、一个民族，要做到不断进步、实现长远发展，必须依靠创新。当今时代是一个充满变革、快速发展的时代，新知识新技术新产业不断涌现，只有加快创新创造步伐，才能赢得主动、赢得优势、赢得未来。青年是社会的新生细胞，最富探索精神，最具创新活力，是推动创新创造的生力军。要树立奋勇当先、勇攀高峰的精神，树立超越前人、超越自己的勇气，树立不怕失败、百折不挠的意志，在不断求索中积累经验、取得突破。既要紧盯科学、技术、产业、管理的前沿，努力在基础研究、重大项目、重点工程中刻苦攻关、施展才华；又要在日常生产生活中保持推陈出新的意识和干劲，善于捕捉创新创造的每一个机会与灵感，力争在本职岗位上有所发现、有所发明、有所创造。

第四，希望广大青年矢志艰苦奋斗，为全面建成小康社会建功立业。路是走出来的，事业是干出来的，成功是奋斗出来的。无论时代怎么发展、条件怎么变化，艰苦奋斗的传统永远不会过时。我们正处在全面建成小康社会决定性阶段，面临着前所未有的机遇和挑战，面对着十分繁重的改革发展稳定任务。广大青年有梦想、有机会，但也有考验、有挑战。无论处于什么样的环境，无论处于什么样的人生起点，都要依靠辛勤努力，创造属于自己的人生精彩。要有实干精神，从现在做起，从点滴做起，脚踏实地做工作，聚精会神干事业，努力创造一流业绩。要敢于吃苦，在急难险重任务面前勇挑重担，勇于到艰苦地区、基层一线开辟事业发展的新天地。要不怕挫折、不畏困难，顺境不骄、逆境不馁，让顽强奋斗、艰苦奋斗、不懈奋斗成为青春最厚重的底色，在全面建成小康社会的进程中书写青春华章。

第五，希望广大青年锤炼高尚品格，在促进社会文明进步中发挥积极作用。品德修养是立身处世之基，只有把人做好了，才能真正走得远、成大业。实现中国梦的进程，必然是一个全民族文明素养不断提升的过程，尤其需要青年一代勇开风气之先，树立和践行社会主义核心价值观，以实际行动促进社会文明进步。广大青年要自觉弘扬爱国主义、集体主义、社会主义思想，心中有国家、有社会、有人民，做一个肯付出、勇担当的有责青年。要自觉遵守社会基本道德规范，弘扬中华民族传统美德，积极倡导社会公德、职业道德、家庭美德，做一个守底线、讲诚信的有德青年。要带头学雷锋，积极参加志愿服务，多做扶贫济困、扶弱助残的实事好事，倡导良好社会风尚，做一个热心肠、愿助人的有爱青年。广大青年道德水准和精神风貌的提升，一定会为美好和谐的社会注入充满朝气的强大暖流。

为实现中华民族伟大复兴的中国梦而奋斗，是中国青年运动的时代主题。共青团作为党领导的先进青年的群众组织，作为党的助手和后备军，必须牢牢把握党的要求，主动适应时代发展要求和当代青年特点，全面履行各项职能，切实担负起团结带领广大青年为实现中国梦而奋斗的历史使命。

要牢牢把握共青团工作的根本任务。围绕坚持和发展中国特色社会主义，以理想信念教育为核心，深入开展“我的中国梦”主题教育实践活动，用中国梦打牢广大青少年的共同思想基础，用中国特色社会主义理论体系武装青年头脑，努力把广大青少年培养成为中国特色社会主义事业的合格建设者和可靠接班人。

要组织动员青年踊跃投身经济社会发展。按照党和国家重大战略部署，找准工作的切入点和结合点，不断深化和创新团的工作品牌，为青年建功立业、发挥作用搭建广阔平台，团结带领广大青年积极参与经济建设、政治建设、文化建设、社会建设、生态文明建设，充分发挥生力军作用。

要竭诚服务青年成长发展。着力帮助青少年解决成长成才、就业创业、身心健康等方面的实际困难，多为他们办实事、办好事、解难事。积极参与社会管理创新，把维护青少年合法权益融入法治社会、和谐社会建设之中，反映好青年呼声，努力为青少年圆梦创造良好环境。

要大力加强团的自身建设。围绕增强党在青年中的凝聚力、青年对党的向心力和共青团组织的影响力，主动适应经济社会变革和青年流动变化的新趋势，大胆创新团的组织建设和工作方式，着力扩大团的组织覆盖、增强团的工作活力，努力建设学习型、服务型、创新型马克思主义青年组织。要充分发挥共青团在青联中的核心作用，加强对学联的指导和对少先队的领导，努力做好新形势下的青年群众工作。

团干部是党的青年群众工作的骨干力量，是党的干部队伍的重要组成部分。长期以来，广大团干部热爱党的事业，热爱团的岗位，尽心尽力、辛勤工作，为党的青年工作作出了重要贡献。面对新形势新任务，广大团干部要在继承优良传统基础上，进一步加强思想建设、能力建设、作风建设，不断提高服务大局、服务青年的本领。要坚定正确的政治方向，忠诚于党、忠诚于人民，认真贯彻党的理论和路线方针政策，讲政治、顾大局，在思想上、政治上、行动上同以习近平同志为总书记的党中央保持高度一致。要锤炼过硬的业务本领，勤学习、善思考，加强对实践经验的总结，加强对新情况新问题的研究，更好地把握工作规律，为做好共青团工作打牢理论根底、知识根底、业务根底。要弘扬优良的工作作风，增强宗旨意识和群众观点，牢记“空谈误国，实干兴邦”，办实事、重实际、求实效，严格自律、戒骄戒躁，保持先锋本色，树立良好形象。

各级党委和政府要从巩固党的执政基础、保证党的事业后继有人的高度，从实现“两个一百年”奋斗目标、实现中国梦的高度，充分认识做好共青团工作和青年工作的极端重要性，切实加强对共青团的领导和指导，支持共青团创造性地开展工作，关心帮助团干部锻炼成长。

要热情关心青年，充分信任青年，真诚帮助青年，促进青年健康成长，引导青年建功立业。

青年朋友们，同志们：美好的未来属于青年，美好的未来依靠青年。生活在伟大祖国、伟大时代的广大青年，使命在肩、前程似锦。让我们更加紧密地团结在以习近平同志为总书记的党中央周围，高举中国特色社会主义伟大旗帜，以邓小平理论、“三个代表”重要思想、科学发展观为指导，团结一心、开拓奋进，在实现中国梦的伟大实践中谱写壮丽的青春篇章！

在党的群众路线教育实践活动工作会议上的讲话

（2013 年 6 月 18 日）

刘云山

这次党的群众路线教育实践活动工作会议，是深入贯彻党的十八大精神、坚持党要管党从严治党、加强党的自身建设的一次重要会议。今天上午，习近平总书记发表重要讲话，对教育实践活动进行全面动员部署，为全党开展教育实践活动提供了重要遵循、指明了正确方向。这里，我就学习贯彻中央文件精神和习近平总书记重要讲话精神，组织开展好教育实践活动，讲 8 点具体意见。

一、用习近平总书记重要讲话统一思想，切实提高对教育实践活动重大意义和现实紧迫性的认识

习近平总书记的重要讲话从战略和全局高度深刻论述了教育实践活动的重大意义，精辟阐述了教育实践活动的指导思想、目标要求和重点任务，对加强组织领导提出了明确要求。讲话思想深刻、内涵丰富，贯穿着马克思主义的群众观，反映了我们党适应时代发展要求、保持先进性纯洁性的高度自觉，体现了党要管党、从严治党的坚定决心，具有很强的政治性、指导性、针对性，对于深入开展教育实践活动，有力促进党的作风建设，对于增强党的创造力凝聚力战斗力，更好地带领人民贯彻落实党的十八大精神、全面建成小康社会、推进社会主义现代化，具有重大而深远的意义。一定要认真学习，深刻领会“三个必然要求”的重要论述，准确把握教育实践活动的指导思想和目标要求，全面贯彻各项工作部署，把思想和行动统一到讲话精神上来，统一到中央决策部署上来。

用讲话统一思想，就要深刻认识教育实践活动的全局性、战略性意义。习近平总书记明确指出，群众路线是我们党的生命线和根本工作路线。党的根基在人民、血脉在人民、力量在人民。失去了人民拥护和支持，党的事业和工作就无从谈起。以伟大工程支撑和推进伟大事业，是我们党的基本经验。党的十八大确定了“两个一百年”的奋斗目标，习近平总书记提出实现中华民族伟大复兴的中国梦。实现这样的奋斗目标，关键取决于我们党、取决于我们党的力量。党的力量从哪里来，就是从植根群众、联系群众中来，从优良传统、优良作风中来。以为民务实清廉为主要内容、以贯彻落实中央八项规定精神为切入点、突出作风建设，开展教育实践活动，就是要充分发挥党密切联系群众的独特优势，把全党全国各族人民更好地凝聚起来，提振精气神、拧成一股劲，同心同德、攻坚克难，以作风建设的新成效汇聚起推动经济社会发展的强大力量。

用讲话统一思想，就要深刻认识教育实践活动的现实必要性、现实紧迫性。应当肯定，伴随着事业的发展，党的自身建设也取得很大成绩，党员、干部队伍的状况总体是好的。但也要看到，与形势任务要求不适应、不符合的问题十分突出，作风不正、不实、不廉的问题还很严重。党的十八大明确指出，党面临的“四大考验”是长期的、复杂的、严峻的，“四大危险”更加尖锐地摆在全党面前。习近平总书记在讲话中深刻剖析了作风方面存在的突出问题，强调全党都要警醒起来，如果任由这些问题蔓延开来，后果不堪设想，强调要对作风之弊、行为之垢来一次大排查、大检修、大扫除。应当深刻认识到，党的作风建设始终是摆在我们面前的一项重大而紧迫的任务，看不到自身建设特别是作风建设

方面存在的种种问题，是危险的。对存在的问题，是保持清醒、认真解决，还是听之任之、放任自流，直接关系党的执政地位、执政基础。开展教育实践活动就是要坚持党要管党、从严治党，以思想作风建设促进党的各方面建设，净化党的肌体、净化党的队伍，始终保持党的先进性和纯洁性。

用讲话统一思想，就要有针对性地解决好模糊认识、思想障碍。从前一段调研情况看，对开展教育实践活动，全党关心，全社会关注，人民群众给予很高的期盼。但一些党员、干部也存在一些思想认识问题：有的对当前作风方面存在问题的严重性认识不够，缺乏解决问题的紧迫性自觉性；有的对解决问题的信心不足，认为作风问题积习难改，存在畏难情绪；有的虽然看到中央八项规定发布后作风建设取得明显成效，但又心存疑虑，担心是“一阵风”；有的存在矛盾心理，不严格执行怕“撞到枪口上”，严格执行又怕得罪别人，上有政策、下有对策，搞变通；还有的担心影响工作，认为搞活动牵扯精力、增加负担，弄不好会顾此失彼。这些轻视的思想、观望的心理、敷衍的态度、担心的情绪，都需要引起我们的重视。对于开展教育实践活动，对于改进工作作风，中央态度是严肃的，决心是坚定的。应当相信，只要我们下决心、动真格，认认真真抓，就能抓出成效。一定要把思想认识统一到中央精神上来，切实增强贯彻群众路线、改进工作作风的自觉性坚定性，以强烈的责任感使命感抓好教育实践活动。

二、把学习教育、思想理论武装摆在第一位，引导党员、干部牢固树立宗旨意识、强化群众观点

群众路线的贯彻、工作作风的转变，前提在于认识水平的提高，在于思想理论的自觉。开展教育实践活动第一位的任务是搞好学习教育，衡量教育实践活动成效的一个重要方面也要看党员、干部的思想认识是否得到提高。

在这次活动中，学习教育、思想理论武装的重点，就是树立宗旨意识、增强群众观点。习近平总书记强调，开展教育实践活动，要切实加强马克思主义群众观点和党的群众路线教育，使全党同志牢记并恪守全心全意为人民服务的根本宗旨。为人民服务是我们共产党人的根本宗旨和价值追求，宗旨意识强、群众观点强，才会有为民务实清廉的自觉，才会有好的精神状态，也才会在关键时刻把个人的利害得失置之度外；否则，就会淡漠群众、忽视群众，各种不良作风就会滋长起来。宗旨意识、群众观点与良好作风，是“源”和“流”的关系。可以说，强化宗旨意识、增强群众观点，是树立良好党性党风的根本。开展学习教育，要紧紧围绕树立宗旨意识、群众观点来进行，深入学习党的十八大精神，学习中国特色社会主义理论体系，学习党的光辉历史和优良传统，开展马克思主义唯物史观和党的群众路线专题学习讨论。有关方面组织编辑的《论群众路线——重要论述摘编》、《党的群众路线教育实践活动学习文件选编》、《厉行节约、反对浪费——重要论述摘编》三本学习材料，选编了马克思、恩格斯、列宁和毛泽东、邓小平、江泽民、胡锦涛同志关于群众路线的重要论述，选编了习近平总书记十八大以来关于加强党的建设特别是加强作风建设、贯彻党的群众路线的一系列重要讲话，选编了党和国家领导人在革命、建设和改革各个时期关于厉行节约、反对浪费的重要论述。这些重要论述是开展教育实践活动的有力思想武器，要作为学习教育的主要内容，组织广大党员、干部认真学习研读。通过深入学习讨论，引导党员、干部进一步提高思想认识，做到在任何时候任何情况下，与人民同呼吸共命运的立场不能变，全心全意为人民服务的宗旨不能忘，群众是真正英雄的历史唯物主义观点不能丢，始终坚持立党为公、执政为民。

学习教育、思想理论武装，重在联系思想实际、改造主观世界。分析我们党自身建设中的种种问题，分析作风方面存在的不良现象，究其根源，还是一些党员、干部在思想上背离了党的

性质、宗旨，没有摆正同人民群众的关系，淡化了党同人民群众的联系。要始终牢记我们党来自人民、植根人民，事业是靠人民支撑的，一切都是人民赋予的，离开了群众、离开了百姓，就一无所有、一事无成。要牢固树立正确的世界观、人生观、价值观，始终坚持人民是创造历史的真正英雄，始终坚持以人为本、人民至上，始终坚持立党为公、执政为民，用远大的理想激励自己前进，用坚定的信念为人生导航。要通过学习教育，引导广大党员、干部坚持用马克思主义的立场观点方法看待和处理问题，使中国特色社会主义的共同理想更加坚定，使全心全意为人民服务的宗旨意识更加牢固。

三、把“照镜子、正衣冠、洗洗澡、治治病”的总要求贯穿始终，坚持以整风精神搞好教育实践活动

这次教育实践活动的总要求，就是“照镜子、正衣冠、洗洗澡、治治病”。习近平总书记在今天上午的重要讲话中，对这 4 句话、12 个字的总要求作了系统详尽、鞭辟入里的阐述。这个总要求简洁明了、内涵丰富，4 个方面是一个相互联系、有机统一的整体，是开展活动必须把握好的重要遵循。总要求强调的是直面问题的勇气、真转真改的态度，是对各级党组织和全体党员、干部提出来的，必须贯穿到教育实践活动的全过程、各环节，并随着活动的深入而不断深化。

贯彻总要求，关键是把握精神实质，以整风精神开展教育实践活动。“照镜子、正衣冠、洗洗澡、治治病”，就是要摆问题、找差距、明方向，就是要抛开面子、动真碰硬、触动灵魂，就是要自我净化、自我完善、自我革新、自我提高。以整风精神解决党内存在的突出问题，是贯彻好这个总要求的重要保障。只有贯彻整风精神，才能祛歪风、压邪气，倡新风、树正气。要对作风方面存在问题的党员、干部进行教育提醒，对问题严重的进行认真查处，对与民争利、损害群众利益的不正之风和突出问题进行专项治理。批评和自我批评是自我教育的重要方法，也是帮助同志的重要方法。近年来，在我们的党员、干部中，批评和自我批评开展不起来，有的把“批评和自我批评”变成了“表扬和自我表扬”，有的貌似批评实则表扬，这导致了党内生活庸俗化，好人主义盛行，影响了党的战斗力。这次教育实践活动，一定要在批评和自我批评上好好下一番功夫。要敢于拿起批评和自我批评的武器，开展积极健康的思想斗争，真正红红脸、出出汗，使批评和自我批评成为加强党的自身建设的锐利武器。

贯彻总要求，必须坚持开门搞活动，让群众来参与、来监督、来评判。干部作风怎么样，存在哪些问题，群众看得最清楚，也最有发言权。要坚持开门搞活动，一开始就扎下去听取群众意见和建议，每个环节都组织群众有序参与，让群众监督和评议，切忌“自说自话、自弹自唱”，不搞闭门修炼、体内循环。要通过各种形式听真话、听实话，正确对待、虚心接受群众的意见和批评，有则改之、无则加勉。要自觉接受群众监督，无论是查摆问题、剖析问题还是解决问题，都要让群众把脉、让群众监督，整改任务书和时间表要向群众公示，让群众知道。要注意听取群众评价，适时组织党员群众对领导班子和党员领导干部解决问题、改进作风的情况进行民主评议，多数群众不满意的，要及时进行补课、返工，确保教育实践活动取得让群众看得见、让群众真满意的效果。

四、紧密联系各地区各部门各单位实际，着力在解决作风方面存在的突出问题上下功夫

联系实际才能取得实效，解决问题才能达到目的。社会各方面对教育实践活动寄予厚望，就是期望我们在解决党性党风问题上取得突破。不解决问题就等于走过场，就等于劳民伤财，不仅于事无补，还可能适得其反，使群众失去信心。开展教育实践活动，一定要抓住关键、找准要害，把查找问题、剖析问题、解决问题

作为出发点、落脚点。中央明确提出，这次教育实践活动要着力解决“四风”问题，即坚决反对形式主义、官僚主义、享乐主义和奢靡之风。作风问题涉及面很宽很广，如果泛泛地搞，调不好焦距、找不到焦点，就会“走神”，就会“散光”，效果也会大打折扣。“四风”问题看得见、摸得着，是当前作风建设中最具普遍性的问题，是人民群众深恶痛绝、反映强烈的问题，是迫在眉睫、非解决不可的问题，也是损害党群干群关系的重要根源。抓住了“四风”问题，就能找准穴位、抓住要害，有的放矢、对症下药；解决好“四风”问题，就能使我们党的作风有一个大的改观，使我们党的凝聚力、战斗力有一个大的提升。

“四风”问题是一个普遍的现象，但在各地区各部门各单位的表现形式不尽相同。参加教育实践活动的，第一批为省部级领导机关和副省级城市机关及其直属单位，中管金融企业、中管企业、中管高等学校；第二批为省以下各级机关及其直属单位和基层组织。每个地区、部门、单位对存在的“四风”问题，都要结合各自实际，以敢于揭短亮丑的勇气和态度认真查找。自己找不准、找不透的，就请别人帮助找、请群众帮助找，把存在的问题一一梳理出来，深入细致、不留情面，防止只重表象不重实质，决不能“一俊遮百丑”，也不能手电筒只照别人不照自己。

发现问题是前提，解决问题是关键。敢不敢于、善不善于解决问题，是对党性和能力的考验。要抓住主要矛盾，着重解决工作不实的问题，着重解决在人民群众利益问题上不维护、不作为的问题，着重克服及时行乐思想和特权现象，着重狠刹挥霍享乐和骄奢淫逸的不良风气。要从现在做起、从我做起、从领导带头做起，说到做到、马上就改，小有小改、大有大改。凡是能够及早解决的就尽快解决，凡是能够自身解决的就不要上交问题，即使是一时难以解决的也要抓紧创造条件积极解决，不等待观望、不敷衍塞责，不留尾巴、不踢皮球。

五、紧紧抓住三个重要环节，确保教育实践活动扎实推进、不走过场

这次教育实践活动，在方法步骤方面提出了三个环节：一是学习教育、听取意见，二是查摆问题、开展批评，三是整改落实、建章立制，这三个环节是相互联系、相互促进的有机整体。学习教育、听取意见是基础，这个环节搞好了，才能掌握思想武器、掌握改进提高的参照坐标；查摆问题、开展批评是关键，问题找准了、批评搞好了，就有了方向、有了目标；整改落实、建章立制是根本，教育实践活动的最终目的就是有所改进、真正提高，把成果巩固下来、坚持下去。这次教育实践活动不分阶段、不搞转段，是一个创新，目的就是把三个环节的要求贯通起来、衔接起来，贯穿于教育实践活动全过程。

确保教育实践活动每一个环节都能够扎实推进，必须充分调动党员、干部的积极性主动性。外因是条件，内因起决定作用。要结合各级党组织特点，结合党员、干部实际，充分发挥各级党组织的主体作用，增强每个党员、干部的主人翁意识，立足于自己教育自己、自己解决问题。领导干部既是教育实践活动的组织者、推进者、监督者，更是活动的参与者，在党性党风锤炼中起着重要的示范引领作用。领导有决心、大家才会有信心，领导干部作了榜样、普通党员才会自觉跟上。落实好教育实践活动的任务、树立优良作风，必须坚持领导带头，从领导机关、领导班子、领导干部做起，坚持上级带下级、主要领导带班子成员、领导干部带一般干部，形成一级抓一级、层层抓落实的工作格局。每个领导干部都要以普通党员的身份把自己摆进去，高标准、严要求，要求别人做到的自己首先做到，要求别人不做的自己坚决不做，真正做到认识高一层、学习深一步、实践先一着、剖析解决突出问题好一筹。

开好专题民主生活会，是教育实践活动的一个重要内容。应当说，民主生活会是党内生活的重要形式，各级党组织也经常开，但总的来

讲，质量参差不齐，党内有很多反映。这次教育实践活动，要围绕为民务实清廉，围绕解决“四风”问题，组织召开一次高质量的专题民主生活会。什么是高质量？我感到，就是要严肃认真、实事求是、民主团结。严肃认真，就是态度端正，认真听取群众意见，认真开展交流谈心，认真进行自我剖析，程序要严格，环节不能少，步骤不能省。实事求是，就是坚持讲真话讲实话，有一说一、有二说二，相互提醒、相互警醒，是什么问题就摆什么问题，有什么问题就提什么问题，不避重就轻，不回避矛盾，触及思想深处、触及问题实质。民主团结，就是坚持党内人人平等，坦诚相见、推心置腹，历史地、客观地讲问题，出于公心、与人为善，不马虎敷衍、不文过饰非、不发泄私愤、不搞无原则的纷争，真正达到“团结—批评—团结”的目的。

六、着力形成实践成果、制度成果、理论成果，确保改进作风、联系群众的常态化长效化

中央明确提出了这次教育实践活动的目标要求，强调提高思想认识，强调着力解决突出问题，强调建章立制。这些目标要求概括起来就是要努力取得实践成果、制度成果、理论成果，把作风建设提高到一个新水平。

实践成果，包括思想认识的提高、群众观点的强化、党群干群关系的改善、为民务实清廉形象的树立等多个方面，集中起来说，就是要落实到解决作风方面突出问题的成效上，落实到做好群众工作能力的提升上。解决作风问题的成效，就是看各种突出问题解决的进展如何，比如在解决知行不一、不求实效、文山会海、弄虚作假上有没有取得突破，在解决脱离群众、高高在上、唯我独尊、自我膨胀上有没有取得突破，在解决精神懈怠、不思进取、追名逐利、贪图享受上有没有取得突破，在解决铺张浪费、节庆泛滥、生活奢华、骄奢淫逸以及以权谋私、腐化堕落上有没有取得突破，等等。提高做好群众工作能力的成效，就是要解决一些党员、干部不愿做、不敢做、不会做群众工作的问题，深入研究把握新形势下群众工作的特点和规律，掌握运用群众工作的方法和手段，拓宽做好群众工作的渠道和途径。要引导党员、干部特别是各级领导干部不断提高调查研究、掌握实情的能力，提高科学决策、民主决策的能力，提高解决问题、化解矛盾的能力，提高宣传群众、组织群众的能力，以共产党人应有的作风和过硬的本领，多为群众办实事、做好事，赢得群众的信任和支持。

制度机制最可靠最有效，取得制度成果十分重要。要看到，作风问题具有反复性、顽固性，抓一抓就好些，松一松就反弹，在抓思想教育的同时必须注重制度建设。只有建立好的制度机制，才能持续发挥激励、约束作用，让好的作风得到弘扬、让不良作风受到遏制，也才能避免改作风“一阵风”。要注意把中央要求、实际需要和新鲜经验结合起来，制定新的制度，完善已有的制度，废止不适用的制度。要边实践、边总结，本着于法周延、于事简便的原则，抓紧建立健全各种规章制度，针对薄弱环节，堵塞制度漏洞。要大力弘扬改革创新精神，深化各方面体制机制改革，加强对权力运行的制约和监督，突破利益固化的藩篱，把权力关进制度的笼子里，用好的体制机制管人、管事、管权，从源头上防止不正之风。

开展教育实践活动是新形势下党的建设的创新举措，必将形成一些管党治党的新认识、新经验、新做法，需要我们及时总结提炼，形成理论成果。要组织理论工作者和实际工作者，围绕教育实践活动的深入开展，从理论和实践的结合上，深入阐释教育实践活动的重大意义，深入分析新形势下贯彻群众路线遇到的新情况、新问题，深入研究密切党群干群关系、巩固党执政的群众基础的途径和办法，推出一批有价值的研究成果，进一步丰富党的建设思想理论宝库。

七、强化督促检查、发挥督导组作用，确保教育实践活动各项任务的落实

督促检查是推进工作落实的重要手段，也

是以往开展集中教育活动的重要经验。这次教育实践活动有很多硬任务、硬要求,要真正落实好中央精神,攻克一些难关,解决一些难题,必须强化督促检查。没有严肃的督促检查,没有一定的约束和压力,就很容易浅尝辄止、打折走样。要在抓好活动安排部署的同时,切实加大督促检查力度,把督促检查贯穿到整个教育实践活动之中,推动各地区各部门各单位把中央要求不折不扣落到实处。

为示范带动和深入推进全党的教育实践活动,中央政治局将召开专门会议,这实际是一次专题民主生活会。同时,中央政治局常委同志将建立教育实践活动联系点。这是领导同志带头参加教育实践活动的一项重要内容,是领导同志亲自指导和督促教育实践活动的一项重要举措。中央党的群众路线教育实践活动领导小组办公室要配合中央办公厅加强对联系点工作的协调,安排好各项重点任务、重点工作,加强具体指导和督促检查,当好参谋助手。被确定为联系点的地区,更要坚持高标准、严要求,认真贯彻中央部署,精心谋划、精心组织,积极探索教育实践活动的途径办法,以更有力的举措、更大的成效,为推进教育实践活动创造经验、提供示范。

派出督导组,是加强督促检查、加强工作指导的一个非常重要的步骤。经中央批准,对第一批开展教育实践活动的地区、部门和单位,中央党的群众路线教育实践活动领导小组将派出45个督导组,全程督导所负责地区、部门、单位的教育实践活动。按照政治过硬、原则性强、认真负责的标准和要求,已确定督导组组长和副组长,他们大多是经验丰富、阅历深厚的省部级领导干部。这次工作会议之后,要认真抓好培训工作,使督导组成员深入领会中央精神和督导规则,明确工作遵循,明确督导任务。各督导组要紧紧依靠所督导地区、部门、单位的党委(党组),切实履行好自身职责,做到尽职不越位、督导不包办。要把主要精力放在重点对象、重点要求、重点环节的督导上,督促各地区各部门各单位既把"规定动作"做到位,又把"自选动作"做扎实。对有不足之处的,要明确指出,帮助弥补;对问题较多、工作不力的,要责其纠正、加大工作力度;对走过场的,要严肃批评,令其重新进行,充分发挥好督导组的监督、指导作用。各级党的群众路线教育实践活动领导小组也要成立督导组,按照上述要求精心选派督导组成员,抓好教育培训工作,全程督导下一级地区、部门和单位的教育实践活动。

八、加强组织领导、精心组织实施,确保教育实践活动扎实有序推进

习近平总书记强调,"各级党委要增强责任感和紧迫感,把开展好教育实践活动作为一项重大政治任务抓紧抓好抓实",并从落实领导责任、加强工作指导等方面提出了明确要求。要认真贯彻落实,切实把教育实践活动摆上重要议事日程,高度重视、周密安排、狠抓落实。要坚持用好的作风组织开展教育实践活动,力戒形式主义,决不走过场,做到"不虚";着力解决突出问题,做到"不空";紧紧围绕为民务实清廉,做到"不偏",确保教育实践活动沿着正确轨道健康深入推进。

中央党的群众路线教育实践活动领导小组已成立,在中央政治局常委会领导下开展工作。各级党委(党组)要按照中央要求,抓紧成立教育实践活动领导小组,抽调精干力量组成工作机构,具体负责本地区本部门本单位活动实施。党委(党组)主要领导同志要承担起第一责任人的责任,深入一线、靠前指挥,沉下去面对面地开展工作,及时发现和解决苗头性、倾向性问题。各级教育实践活动领导小组办公室要充分发挥工作枢纽作用,加强调查研究、提出工作建议,畅通信息渠道、搞好上传下达。各级组织部门、纪检监察部门、宣传部门等相关部门要在抓好自身教育实践活动的同时,充分发挥职能作用,齐抓共管、密切配合,切实履行好各自职责。

这次会议之后,第一批教育实践活动就要

开始了。各级党委（党组）要在深入调查研究的基础上，抓紧制定完善实施方案，对每个批次要通盘考虑，对重点任务要周密安排。要坚持统筹兼顾，把开展活动同做好当前改革发展稳定各项工作紧密结合起来，同完成本地区本部门本单位各项任务紧密结合起来，做到两手抓、两促进。要坚持分类指导，区别不同情况，在遵循统一原则要求的基础上，对不同领域、不同层级的党员、干部提出差异化要求，不搞"一锅煮"、"一刀切"。正风肃纪、处理问题，要注意把握好政策界限。中央下发的文件已有原则性要求，随着活动深入推进还会陆续出台一些政策性指导意见。各地区各部门各单位要认真学习领会中央精神，准确把握和执行相关政策，确保教育实践活动健康有序进行。

要重视宣传舆论工作，充分运用各类媒体，大力宣传中央关于教育实践活动的重要精神和决策部署，宣传教育实践活动的工作进展和实际成效，宣传活动中的好经验、好做法，及时反映社会各界的积极反响。要发挥典型的示范作用，发现、挖掘一批叫得响、立得住、群众公认的为民务实清廉的先进典型，加大报道力度，用身边事教育身边人。同时，要抓住一些带有普遍性、群众反映强烈的反面典型，通过媒体曝光、以案说法、事件追踪评述等方式，发挥好舆论监督的警示作用。要丰富报道内容，创新宣传方式，正面引导网上舆论，实现传播效应的最大化，积聚推动教育实践活动的正能量。

搞好这次教育实践活动，责任重大、任务艰巨。让我们紧密团结在以习近平同志为总书记的党中央周围，以高度的政治责任感、良好的精神状态和扎实的工作作风，把教育实践活动组织好、开展好，为全面贯彻落实党的十八大精神、推进经济社会发展提供有力保障。

学习全国道德模范　加强公民道德建设

刘云山

评选表彰全国道德模范，是激励和引导广大群众参与道德实践、推进社会主义核心价值体系建设的重要举措。从2007年至今，中宣部、中央文明办、解放军总政治部、全国总工会、共青团中央、全国妇联共举办了四届全国道德模范评选表彰活动，群众参与度越来越高、覆盖面越来越广、社会影响力越来越大，一大批德耀中华的道德模范涌现出来，弘扬了真善美，高扬了正气歌，感动了全中国。这一届全国道德模范评选活动，在总结以往经验的基础上，进一步体现了坚持群众路线、评群众群众评的特点，体现了面向城乡基层、广泛发动参与的特点，体现了重在教育引导、重在推动实践的特点，营造了学习先进、争当模范的浓厚社会氛围。本届评选产生的54位全国道德模范，来自全国各地、各行各业，都有着感人至深的事迹，集中展示了公民道德建设的丰硕成果，展示了当代中国人民的良好精神风貌，展示了我们时代的精神高度、道德高度，是“最可爱的人”，是“最美的中国人”。习近平总书记亲切接见全国道德模范并发表重要讲话，对精神的力量、道德的力量作了精辟阐释，对道德建设在实现国家富强、民族振兴、人民幸福过程中的重要作用作了深刻论述，对全国道德模范评选表彰工作给予充分肯定，对全国道德模范的感人事迹和崇高品格给予高度评价，对进一步加强公民道德建设提出明确要求。要深入学习贯彻党的十八大精神和习近平总书记重要讲话，大力弘扬道德模范崇高精神，扎实推进社会公德、职业道德、家庭美德、个人品德建设，为实现中华民族伟大复兴的中国梦凝聚起强大的精神力量和有力的道德支撑。

第一，切实重视道德力量

道德是社会关系的基石，是人际和谐的基础。自古以来，始终有一种强大的道德力量牵引着社会文明进步。中华文明源远流长，孕育了厚德载物、德行天下的优良传统，成为中华民族生生不息的强大动力。我们党历来重视道德建设，始终把弘扬中华民族传统美德、加强社会主义思想道德教育作为极为重要的战略任务来抓。现在，我们正站在新的起点上，朝着新的目标迈进。实现党的十八大提出的“两个一百年”奋斗目标，实现中华民族伟大复兴的中国梦，既需要夯实雄厚的物质基础，又需要构筑强大的精神力量。习近平总书记在全国宣传思想工作会议上明确指出，只有物质文明建设和精神文明建设都搞好，国家物质力量和精神力量都增强，全国各族人民物质生活和精神生活都改善，中国特色社会主义事业才能顺利向前推进。在今天的讲话中又特别强调，精神的力量是无穷的，道德的力量是无穷的，要高度重视和切实加强道德建设，弘扬真善美，传播正能量。这些都充分表明了我们党对道德建设的高度自觉，对推动社会文明进步的责任担当。

近年来，各地各部门认真贯彻中央部署，扎实推进社会主义核心价值体系建设和群众性精神文明创建，深入进行理想信念教育、爱国主义教育、社会主义荣辱观教育，广泛开展学雷锋活动、学习先进典型活动，进一步巩固和发展了思想道德建设的主流。干部群众的民族自信心、自豪感大大增强，道德荣誉感和道德自觉性得到提升，公民文明素质和社会文明程度不断提高。层出不穷、灿若星斗的先进典型和道德模范，就是道德建设成果的生动缩影，是社会文明进步的精彩写照。同时要看到,国内外环境深刻变化、经济社会深刻变革,人们的思想观念、价值取向日益多元,追求真善美与道德行为失范相互交织,诚信缺失、价值观扭曲的问题还较为突出,社会反映强烈、群众期待解决,加强道德建设任务依然十分紧迫、十分繁重。

国无德不兴,人无德不立。“德高望重”、“德才兼备”、“德艺双馨”,都是对人的最高评价,也充分表明道德的力量是强大的持久的,不会随时代变迁而削弱,不会因环境变化而褪色。“道之以德,齐之以礼,有耻且格”;“德足以怀远”。加强道德建设事关民族凝聚力、向心力,事关国家发展、社会和谐,事关人民幸福、安居乐业。要从全局和战略的高度,充分认识道德建设的重大意义,认真贯彻习近平总书记重要讲话精神,以高度的责任感使命感推进道德建设实践,更好地弘扬中国精神、凝聚中国力量,共同创造物质富裕、精神富足的美好生活。

第二,深入学习道德模范

人民群众是推动社会进步的主体,也是道德实践的主体;人民群众在创造美好生活的同时,也充满对高尚道德情操的向往和追求。崇德尚义是中华文化的鲜明底色,见贤思齐是中国人民的共同心理。从雷锋、焦裕禄到郭明义、杨善洲,从劳动模范、时代先锋到“最美司机”、“最美妈妈”、“最美教师”,从“五讲四美三热爱”到“讲文明树新风”,持续不断的向先进典型学习活动,充分展示了人民群众中蕴含的道德热情,也充分体现了道德建设广阔而深厚的社会基础。只要调动了群众的热情、用好了群众的力量,道德建设就有了源头活水,就有了不竭动力。我们要顺应社会期待,大力推动学习道德模范的生动实践,不断激发人民群众投身道德建设的积极性主动性创造性。

我们的道德模范是有形的正能量,是鲜活的价值观,是社会主义道德建设的重要旗帜。学习道德模范,既要见人见事,更要见思想见精神。要学习道德模范助人为乐、关爱他人的高尚情怀,在关心他人、帮助他人中,实现内心的充实、获得人生的美满。要学习道德模范见义勇为、勇于担当的无畏精神,危难关头挺身而出,考验面前坚守正气,彰显舍己为人、扶危救难的人间大义。要学习道德模范以诚待人、守信践诺的崇高品格,老老实实做人、踏踏实实做事,用诚实守信构建人与人之间的互信。要学习道德模范敬业奉献、勤勉做事的职业操守,干一行爱一行,钻一行精一行,立足本职岗位创造一流业绩。要学习道德模范孝老爱亲、血脉相依的至美真情,常怀感恩之心、敬爱之情,将心比心、推己及人,形成人之亲、家之亲、国之亲。

学习道德模范,贵在知行统一、重在身体力行。要引导人们从身边做起,从小事做起,从最基本的道德规范做起。要把良好道德行为落实到日常生活和工作之中,在家庭孝敬父母、夫妻和睦、教育子女;在单位尊重他人、团结友善、勤勉工作;在社会热心公益、礼貌待人、履行责任。平凡和伟大之间没有绝对界限,把每一件小事做好就是不平凡。要像道德模范那样,“勿以善小而不为”,多办举手之劳的好事,多办惠及他人的实事,聚细流为江河、积小善为大善。要认真践行基本道德规范,养成良好道德习惯,在公共场所、邻里相处、行路驾车、网上交流等方方面面都做到遵德守礼、遵规守法,坚守道德底线、法律底线。要高度重视提升文明旅游素质,引导人们在旅游出行中注意自我提醒、自我约束,杜绝不文明行为,以实际行动维护文明中国、礼仪之邦的良好形象。

第三,培育文明道德风尚

环境塑造人,环境也改变人。道德品质的培育、行为习惯的形成,是内在因素和外在条件相互作用的结果。孔子“里仁为美”的名言、孟母为子三迁的故事,说的都是社会环境对人的影响。有了好的社会氛围,人们就能在耳濡目染、潜移默化中得到思想启迪、心灵净化。因此,培育良好的道德风尚,始终是推进道德建设的重要着力点。

舆论承担着引导社会风尚的重要责任,倡导什么、反对什么,褒扬什么、贬斥什么,直接影响着人们的行为取向和社会风气。要始终坚持正确的价值取向、舆论导向,唱响主旋律、汇聚正能量,充分运用各种宣传资源,大力宣传良好的道德行为,展示高尚的道德情操,营造崇德向善、扶正祛邪的浓厚氛围,形成知荣辱、讲正气、作奉献、促和谐的社会风尚。要充分发挥道德模范等先进典型的示范作用,以发现的眼光和关爱的情怀,挖掘闪光事例、报道凡人善举,用群众身边的榜样激励人、感召人。要发挥好党报党刊、电台电视台等主流媒体的作用,发挥好都市类媒体和互联网等新兴媒体的优势,运用报告座谈、展览展示、公益广告等方式,把好人好事传开,为道德模范喝彩,让道德高尚的人成为人们心中的偶像。要注意发挥舆论监督、社会监督、道德评议的作用,对那些道德失范、诚信缺失的现象,对那些见利忘义、丧失底线的行为,予以有力批评和鞭挞,弘扬真善美、贬斥假恶丑。

以文化人、以文育人,是我国传统道德教育的一大特色,是培育文明道德风尚的有效途径。一首好的歌曲、一部好的影视剧,往往能唤起亿万群众对人间真情的向往、对美好情操的追求。要加强对文化产品创作生产的引导,创作更多优秀文艺作品,以丰满的人物形象、感人的故事情节、深刻的思想内涵,讴歌道德模范的高尚情操,给人以精神养分、给人以道德力量。要始终牢记社会责任,坚持社会效益第一,把社会主义核心价值体系的要求体现到创作实践中,在是与非、善与恶、美与丑的评判上确立起正确的价值坐标。需要特别指出,礼敬有德之人、关爱道德模范,体现着社会的文明程度。许多道德模范都是普通百姓,他们心地善良、品德高尚,但日子过得比较清苦。各地各部门要热情关心道德模范,帮助解决工作、生活中的实际困难,解除他们的后顾之忧,并健全完善褒扬激励机制,树立起关爱好人、好人好报的鲜明导向。

第四,合力推进道德建设

精神文明重在建设,良好道德要靠养成。人民群众对加强道德建设的认识高度一致,对解决道德领域突出问题的愿望十分强烈,关键在于实践、付诸行动,推动各方面都尽到责任、每个人都尽到义务。只要我们狠狠地抓,一天不放松地抓,动员各方面力量共同来抓,就一定能够见到更大成效,不断提升全社会的思想道德水平。

道德规范是观念性的,而道德建设是实实在在的工作。要把道德建设融入改革发展各方面,融入国民教育和精神文明建设全过程,融入党的建设全过程。要注意同正在开展的党的群众路线教育实践活动结合起来,引导广大党员干部牢记党的宗旨,常修为政之德,常怀爱民之心,做社会主义道德建设的示范者、引领者。要扎实推进社会主义核心价值体系教育,大力倡导富强、民主、文明、和谐,倡导自由、平等、公正、法治,倡导爱国、敬业、诚信、友善,开展形式多样的主题教育活动,使社会主义核心价值观成为全体人民的共同追求。要进一步突出精神文明创建工作的思想道德内涵,深入推进文明城市、文明村镇、文明单位创建活动,吸引人民群众广泛参与道德实践。要强化各级各类学校的思想道德课建设,做好进教材、进课堂、进学生头脑的工作,引导青少年从小养成良好的道德行为习惯。要加强道德领域突出问题专项教育和治理,大力推进政务诚信、商务诚信、社会诚信和司法公信建设,加大对失信行为的惩戒力度,让人们真切感受到道德的力量、文明的力量。

道德建设是一项常做常新的工作,社会实践也在不断提出新的课题,必须坚持与时俱进,以改革创新的精神做好工作。要深入挖掘中华优秀传统文化中的道德内涵,深入研究社会主义新风尚的时代特征,从丰厚的民族传统和生动的社会实践中汲取营养,不断丰富公民道德建设的内容。要积极适应社会生活的新变化和群众接受习惯的新特点,更加注重大众化、普及性,探索更多推进道德建设的有效途径和办法。要注意运用互联网、手机等新兴媒体,运用数字报刊、移动电视、微信、微博等新的传播方式,打造道德建设的新平台。要善于把道德教育体现到各个领域的行政管理、行业管理、社会管理之中,体现到法律法规的建设之中,综合运用经济、法律、行政等多种手段,引导人们确立正确的价值准则。要大力发扬求真务实的作风,做实功而不务虚名,重实干而不谋功利,以“钉钉子”的精神推进工作,锲而不舍、久久为功,推动道德建设取得更多实实在在的成果。

加强道德建设,需要各级党委、政府充分认识肩负的责任。习近平总书记在全国宣传思想工作会议上强调要树立大宣传的工作理念,强调形成宣传思想工作的合力,一个重要的方面,就是要在思想道德建设上形成齐抓共管、共同推进的工作格局。各地各部门要认真贯彻“两手抓、两手都要硬”的方针,切实负起促进两个文明共同发展的责任,把公民道德建设放在重要位置,督促有关方面把思想道德建设各项任务落到实处。各级文明委、文明办要加强统筹协调、加强督促指导,推动各相关部门和单位认真履行职责、形成工作合力。各级工会、共青团、妇联等群众团体以及各种社会组织,都要主动做好所联系人群的工作,不断扩大道德建设的覆盖面和影响力,为推动经济社会全面发展进步作出应有贡献。

(此文是刘云山同志2013年9月26日在第四届全国道德模范座谈会上的讲话,发表时有删节)

在为实现中国梦不懈奋斗中铸就工人阶级新辉煌

——在中国工会第十六次全国代表大会上的祝词

（2013 年 10 月 18 日）

刘云山

各位代表、同志们：

中国工会第十六次全国代表大会今天隆重开幕了。这是全国广大职工和工会工作者政治生活中的一件大事。开好这次大会，对于深入贯彻党的十八大精神和习近平总书记一系列重要讲话精神，团结动员全国亿万职工为实现“两个一百年”奋斗目标、实现中华民族伟大复兴的中国梦而奋斗，具有十分重要的意义。这里，我代表党中央向大会召开表示热烈祝贺！向全国各族职工和广大工会工作者致以亲切问候！

今年是改革开放 35 周年。35 年来，我们党紧紧依靠人民群众，接力推进改革开放，成功开创和不断发展中国特色社会主义，党和国家各项事业取得举世瞩目的伟大成就，中国人民的面貌、社会主义中国的面貌、中国共产党的面貌都发生了历史性变化，中华民族迎来伟大复兴的光明前景。

在改革开放的历史进程中，我国工人阶级在党的坚强领导下，胸怀全局、锐意进取，自觉做解放思想、改革创新的时代先锋，积极主动地推动科学发展、促进社会和谐，表现出高度的政治觉悟、不懈的奋斗精神，为中国特色社会主义事业建立了卓越功勋。我国工人阶级队伍不断壮大，素质不断提高，结构更加优化，面貌焕然一新。事实充分证明，工人阶级不愧为我国的领导阶级，不愧为我们党最坚实最可靠的阶级基础，不愧为推进改革开放和社会主义现代化建设的主力军。

在改革开放的历史进程中，各级工会组织认真贯彻中央决策部署，坚决拥护、热情支持改革开放，努力把握社会主义市场经济条件下工会工作的特点规律，探索形成了中国特色社会主义工会发展道路，充分发挥了党联系职工群众的桥梁纽带作用，发挥了社会主义国家政权的重要社会支柱作用，发挥了职工利益的代表者维护者作用。特别是工会十五大以来，各级工会组织牢牢把握我国工人运动的主题，团结动员亿万职工建功立业，认真做好职工思想政治工作，广泛开展职工技能培训，积极参与立法和政策制定，大力发展和谐劳动关系，维护职工合法权益，拓展对外交流，加强工会自身建设，工会工作取得显著成就，开创了工运事业新局面。

我们党是中国工人阶级的先锋队，同时是中国人民和中华民族的先锋队，始终全心全意依靠工人阶级，把工人阶级作为推动我国先进生产力发展和社会全面进步的基本力量。以习近平同志为总书记的党中央高度重视工人阶级和工会工作。今年 4 月 28 日，习近平总书记在全国总工会机关同全国劳模代表座谈并发表重要讲话，强调必须充分发挥工人阶级的主力军作用，必须紧紧依靠工人阶级发展中国特色社会主义，必须坚持崇尚劳动、造福劳动者，必须大力弘扬劳模精神、发挥劳模作用。这为我国工人阶级走在时代前列、发挥自身作用指明了正确方向，为做好新形势下工会工作、推动工运事业创新发展提供了根本遵循。

党的十八大描绘了全面建成小康社会、加快推进社会主义现代化的宏伟蓝图，开启了实现中华民族伟大复兴的新征程。习近平总书记提出实现中华民族伟大复兴的中国梦，生动形象表达了全体中国人民的共同理想追求，昭示着国家富强、民族振兴、人民幸福的美好前景，成为当今中国昂扬的时代旋律，成为团结凝聚中华儿女的精神旗帜。实现党的十八大描绘的宏伟蓝图，实现中华民族伟大复兴的中国梦，必将造福工人阶级，也必须紧紧依靠工人阶级。我国工人阶级要深入贯彻党的十八大精神，深入贯彻习近平总书记一系列重要讲话精神，进一步增强责任感、使命感，大力弘扬主人翁精神，充分发挥主力军作用，为实现中国梦而不懈奋斗。

要始终做坚持中国道路的柱石。中国特色社会主义是当代中国发展进步的根本方向，是实现中国梦的必由之路。这条道路，将引领我国工人阶级走向更加光明的未来，也要靠我国工人阶级来坚持和拓展。我国工人阶级要牢固树立中国特色社会主义理想信念，增强道路自信、理论自信、制度自信，坚定不移跟党走。要不断深化中国特色社会主义理论体系的学习，深化习近平总书记一系列重要讲话精神的学习，增强贯彻党的基本理论、基本路线、基本纲领、基本经验、基本要求的自觉性和坚定性。要树立正确的世界观、人生观、价值观，把个人理想、家庭幸福与国家富强、民族复兴紧紧联系在一起，始终以国家主人翁姿态，以生机勃勃的创造性实践，为推进中国特色社会主义伟大事业贡献力量。

要始终做弘扬中国精神的楷模。中国精神是民族精神和时代精神的融合，是凝心聚力的兴国之魂。我国工人阶级要弘扬信念坚定、立场鲜明，艰苦奋斗、勇于奉献，胸怀大局、纪律严明，开拓创新、自强不息的伟大品格，自觉践行社会主义核心价值观，不断为中国精神注入新的内涵，用先进思想、模范行动影响和带动全社会。要以振兴中华为己任，增强开拓意识，培育首创精神，争做有智慧、有技术、有创造的当代工人，始终保持我国工人阶级的先进性。要大力发扬劳模精神，学习劳动模范、争当劳动模范，推动形成劳动最光荣、劳动最崇高、劳动最伟大、劳动最美丽的良好氛围，积极投身建设富强民主文明和谐的社会主义现代化国家的伟大实践。

要始终做凝聚中国力量的中坚。工人阶级有力量，各族职工紧密团结、同心同德是中国梦的力量之源。我国工人阶级要做团结进步的榜样，大力发扬团结协作、互助友爱的光荣传统，加强职工队伍的团结，加强同其他劳动群众的团结，加强同社会各阶层的团结，不断增强中华民族的凝聚力、向心力。要正确处理个人利益与集体利益、局部利益与整体利益、眼前利益与长远利益的关系，更好地维护大局、服务大局。要自觉维护我国社会安定团结的良好局面，最大限度地增加积极因素、化解消极因素，形成团结奋斗、共创未来的正能量。

要始终做全面深化改革的推动者、参与者。改革开放是决定当代中国命运的关键一招，是中国发展进步的动力源泉。改革的目的是为了实现包括工人阶级在内的广大人民的根本利益，改革的进程也必然要由工人阶级来参与、来推动。要深刻认识全面深化改革的重大意义、基本要求，解放思想、实事求是、与时俱进，坚持社会主义市场经济的改革方向，坚持对外开放的基本国策。要积极投身改革，勇于探索、大胆实践，破除体制机制障碍，促进我国社会主义制度自我完善和发展，为推进中国特色社会主义伟大事业做出新的贡献。

中国工会是中国共产党领导的工人阶级群众组织，在团结动员广大职工为实现中国梦而奋斗的进程中，肩负着崇高使命。要始终坚持正确方向、锐意改革创新，充分发挥我国工人阶级的主力军作用，始终保持我国工会组织的团结统一，在组织职工、引导职工、服务职工、维护职工合法权益上，作出更大努力、发挥更大作用。

做好工会工作，要坚定不移走中国特色社会主义工会发展道路。中国特色社会主义工会发展道路，是中国特色社会主义道路的重要组成部分，深刻反映了中国工会的性质和特点，是为实践所证明的中国工运事业的成功之路。工会组织和工会工作者要切实把握中国特色社会主义工会发展道路的精神实质,不断探索实践,努力使这条道路越走越宽广。

做好工会工作,要牢牢把握党和国家工作大局。实现"两个一百年"奋斗目标、实现中华民族伟大复兴的中国梦,是全党全国工作的大局。工会工作只有围绕这个大局来谋划、来推进,才能牢牢坚持正确方向。工会组织和工会工作者要认真贯彻中央决策部署,在大局下思考、在大局下行动,使各项工作更好体现围绕中心、服务大局的要求。要着眼于保护、调动和发挥职工群众劳动创造的积极性,加强和改进职工思想政治工作,引导职工群众不断提高思想道德素质和科学文化素质,为全面建成小康社会贡献力量。

做好工会工作,要坚持全心全意为职工群众服务。工会的一切工作,都要把实现好、维护好、发展好职工群众的根本利益作为出发点和落脚点。要坚持以职工为本,尊重职工主体地位,落实职工各项权益,让广大职工体面劳动、舒心工作、全面发展。在维护职工劳动就业、工资收入、社会保障、安全卫生、休息休假等权益上,必须旗帜鲜明、主动作为。要积极推动完善民主选举、民主决策、民主管理、民主监督制度,完善劳动合同制度、集体合同制度、职工代表大会制度,充分保障职工的知情权、参与权、表达权、监督权。

做好工会工作,要以改革创新精神加强工会组织自身建设。社会在变化,事业在发展,工会工作要跟上时代步伐,就必须深化改革、勇于创新。要把职工群众满意不满意作为根本标尺,以时代的要求、发展的眼光审视工会工作,在组织体制、运行机制、活动方式等方面不断改进创新,扩大工作覆盖、增强工作实效。工会是做职工群众工作的,必须带头践行党的群众路线,贯彻好"为民务实清廉"的要求。要扎实深入开展党的群众路线教育实践活动,对照党的要求和职工群众的期盼,坚决克服形式主义、官僚主义、享乐主义和奢靡之风,用优良作风更好地凝聚职工群众。要提高服务科学发展、服务职工群众的能力,建设学习型、服务型、创新型工会,努力为职工群众办实事、解难事,让职工群众真正感受到工会是"职工之家"、工会干部是最可信赖的"娘家人"。

要加强同港澳台工会和劳动界的交流,为香港、澳门长期繁荣稳定和两岸关系和平发展作贡献。要高举和平、发展、合作、工人权益的旗帜,坚持独立自主、互相尊重、求同存异、加强合作、增进友谊的方针,继续扩大同各国、地区、国际工会组织和劳动界的交流合作,为增进全球工人福祉,促进世界和平、稳定、繁荣发挥积极作用。

全心全意依靠工人阶级是党的根本指导方针,任何时候任何情况下都不能有丝毫动摇。各级党委和政府要采取有力措施,把这一方针贯彻到政策法规制定、社会管理服务的全过程,贯彻到推动改革发展、维护和谐稳定的全过程。要加强和改进党对工会工作的领导,支持工会依照法律和章程独立自主创造性地开展工作,关心爱护工会干部,为工会工作创造更加有利的条件。

各位代表、同志们,新的起点、新的任务赋予我们新的责任、新的使命。让我们更加紧密地团结在以习近平同志为总书记的党中央周围,高举中国特色社会主义伟大旗帜,以邓小平理论、"三个代表"重要思想、科学发展观为指导,再接再厉、开拓进取,努力创造无愧于历史、无愧于时代的新业绩,在为实现中国梦不懈奋斗中铸就工人阶级的新辉煌!

最后,预祝中国工会第十六次全国代表大会圆满成功!

加强和改善党对全面深化改革的领导

刘云山

改革开放是我们党在新的时代条件下带领全国各族人民进行的新的伟大革命。加强和改善党的领导，是这一当代中国最广泛、最深刻社会变革取得成功的根本保证。各级党委要充分认识加强和改善党对全面深化改革领导的极端重要性，充分发挥总揽全局、协调各方的领导核心作用，建设学习型、服务型、创新型的马克思主义执政党，提高党的领导水平和执政能力，确保改革取得成功。

一、增强战略定力，牢牢把握全面深化改革的正确方向

方向问题至关重要。坚持什么样的改革方向，决定着改革的性质和最终成败。全面深化改革，涉及经济体制、政治体制、文化体制、社会体制、生态文明体制和党的建设制度改革，其广泛性、深刻性前所未有。随着我国发展面临的国际国内环境发生深刻复杂变化，各种思想文化相互激荡，各种矛盾相互交织，各种诉求相互碰撞，各种力量竞相发声，开出各式各样的“改革药方”，推进改革的敏感程度、复杂程度前所未有。在这种情况下，如何确保改革沿着有利于党和人民事业发展的方向前进，是我们党领导和推进改革必须解决的重大课题。回顾35年来的改革历程，改革之所以能够顺利推进并取得历史性成就，根本原因在于我们党始终坚持正确的改革方向和改革立场，既不走封闭僵化的老路，也不走改旗易帜的邪路，排除各种干扰，确保改革不变质、不走样。习近平总书记多次强调，“中国是一个大国，不能出现颠覆性错误。”这里所说的颠覆性错误，就是指根本性、方向性错误。因此，加强和改善党对全面深化改革的领导，必须把牢牢把握正确方向摆在第一位。

全面深化改革，从根本上说是为了更好地坚持和发展中国特色社会主义。正如党的十八届三中全会《决定》指出的：“全面深化改革的总目标是完善和发展中国特色社会主义制度，推进国家治理体系和治理能力现代化。”这就非常鲜明地规定了全面深化改革的性质和方向。全面深化改革必须坚持高举中国特色社会主义伟大旗帜，必须以马克思列宁主义、毛泽东思想、邓小平理论、“三个代表”重要思想、科学发展观为指导，必须在党的领导下有计划、有步骤地进行。面对复杂形势和各种风险考验，我们既要有冒的勇气、闯的劲头，更要有战略定力和底线思维。所谓战略定力，就是要在坚持走中国特色社会主义道路上不能有丝毫动摇；所谓底线思维，就是要坚决守住中国特色社会主义制度这条底线，坚决反对任何改变社会主义制度性质的图谋。全党同志必须懂得，全面深化改革是为了党和人民事业更好发展，不是为了赢得某些人的掌声，不是为了迎合某些人的诉求。必须始终保持清醒头脑，不为各种错误观点所左右，不为各种干扰所惑，不生搬硬套西方思想理论和制度模式，坚持一切从实际出发，以我为主，该改的坚决改，不能改的坚决守住，牢牢把握改革的领导权和主动权。

《决定》在坚持中国特色社会主义这个根本前提下，鲜明提出“坚持社会主义市场经济改革方向”。在这一点上，同样不能有丝毫动摇。社会主义市场经济体制是社会主义制度与市场经济体制的有机结合，是我们党在探索社会主义建设规律进程中的一个伟大创造，是完

善和发展中国特色社会主义制度的重要内容，是加快推进社会主义现代化的必由之路。党的十四大以来，我们紧紧围绕建立社会主义市场经济体制的目标，不断推进经济体制改革以及其他各方面改革，实现了从计划经济体制向社会主义市场经济体制的历史性突破，初步建立起社会主义市场经济体制。但也要看到，市场体系还不健全，市场发育不充分，政府与市场的关系没有理顺，特别是政府对市场不当干预过多与监管不到位并存，价格扭曲、行业垄断、权力腐败等问题依然突出，市场在资源配置中的基础性作用受到诸多制约。《决定》全面总结改革开放探索实践，明确提出“紧紧围绕使市场在资源配置中起决定性作用深化经济体制改革”，这是我们党在理论上又一个重大创新，有利于在全党全社会树立关于政府和市场关系的正确观念，有利于转变经济发展方式，有利于转变政府职能，有利于抑制消极腐败现象。必须积极稳妥从广度和深度上推进市场化改革，推动资源配置依据市场规则、市场价格、市场竞争实现效益最大化和效率最优化。坚持社会主义市场经济的改革方向，不仅是经济体制改革的目标，其他各方面改革也要与之相适应、相衔接。必须把坚持社会主义市场经济改革方向贯穿到政治体制、文化体制、社会体制、生态文明体制以及各方面体制机制改革之中，推动各方面改革围绕这一目标来展开、来推进，努力形成有利于社会主义市场经济发展的制度体系和体制机制。只要建立完善的社会主义市场经济体制任务没有完成，市场化改革的方向就不能改变，市场化改革的步伐就不能停顿。

把握改革的正确方向，最终要体现到广大干部群众实际行动中，必须做好统一思想、凝聚共识的工作。要组织党员干部认真学习领会《决定》精神，准确把握全面深化改革的总体思路、目标任务和重大举措，把思想和行动统一到中央精神上来。各级领导干部要增强进取意识、机遇意识、责任意识，牢牢把握正确方向，正确处理中央和地方、全局和局部、当前和长远的关系，正确对待利益格局调整，坚决维护中央权威，保证政令畅通，坚定不移实现中央改革决策部署。要加强对社会思潮和重大思想理论问题的引导，深入阐释全面深化改革的重大意义和方针原则，深入阐释中央关于全面深化改革的总体目标和重大部署，及时回应干部群众关心的思想认识问题，批驳错误观点，澄清模糊认识，为凝聚各方面共识、形成改革合力提供有力的舆论支持，确保改革健康发展。

二、落实领导责任，充分发挥总揽全局、协调各方的领导核心作用

加强和改善党对全面深化改革的领导，必须落实领导责任。各级党委要把全面深化改革摆在更加突出的位置，按照总揽全局、协调各方的原则，切实发挥好领导核心作用。要根据中央的决策部署，制定本地区本部门改革的实施方案，明确路线图和时间表，及时解决改革中遇到的困难和问题，加强督促检查，精心组织实施，确保改革有领导、有步骤向前推进。

全面深化改革是一项复杂的系统工程，各项改革举措之间的关联性、耦合性要求非常高。任何一个领域的改革都会牵动其他领域，同时也需要其他领域密切配合。如果各领域改革不配套，各方面改革措施之间互相牵扯，甚至互相抵触，改革就很难推进下去，即使勉强推进，效果也会打折扣。必须站在全局的高度科学谋划改革方案和具体举措，加强统筹协调，更加注重改革的系统性、整体性、协同性，坚持加强顶层设计和摸着石头过河相结合、整体推进和重点突破相促进，确保各项改革相互配合、协同推进。抓住事关全局、牵一发而动全身的重点领域和关键环节，力求取得突破，牵引和带动其他各方面改革。正确处理改革发展稳定关系，把改革的力度、发展的速度、社会可承受的程度统一起来，科学把握改革的战略重点、优先顺序、主攻方向。对条件已经成熟、各方面要求强烈的改革，要下定决心加快推进；对各方面认识还不一致、但又必须突破的改革，要处理好各方面

利益关系，尽可能寻求最大公约数、凝聚改革共识；对实践发展有要求、但操作上一时还不那么有把握的改革，可以先行试点，取得经验后再推开。注意把握和处理好全面深化改革的重大关系，加强各项改革之间的协调配合，使之产生共振效果，放大改革效应。

当前，改革进入攻坚期和深水区，需要攻克的体制机制顽瘴痼疾很多，需要考虑的因素和兼顾的利益很多，特别是许多改革举措直接关系群众的切身利益。必须完善科学民主决策机制，提高改革决策水平，使改革举措充分体现各方面意志、兼顾好各方面利益。各级党委要按照《决定》的要求，充分发扬民主，加强对改革思路和重要举措的研究和论证，通过民主协商、项目评估、决策咨询等方式增强改革决策的科学性、协调性。要以重大问题为导向，以改革中涉及的事关经济社会发展全局的重大问题和群众切身利益的实际问题为重点，广泛开展社会协商，认真听取群众意见，集思广益，把各方面的智慧和力量凝聚到推进改革上来。发挥统一战线在协商民主中的重要作用，加强同各民主党派的政治协商，通过协商会、谈心会、座谈会等形式认真听取民主党派和无党派人士的意见和建议。建立健全决策咨询制度，加强中国特色新型智库建设，更好发挥专家学者在改革决策中的积极作用。

落实领导责任，重在督促检查、狠抓落实。各级党委要建立健全领导改革的责任机制，在强化党委负总责前提下明确责任分工，确定各项改革任务的责任主体、工作部门；在加强总体谋划、整体推进前提下细化目标任务，以项目化方式对改革任务进行分解、组合，强化跟踪落实，确保各项改革有布置、有督促、有检查。中央要求，到2020年，在重要领域和关键环节改革上取得决定性成果，完成《决定》提出的改革任务。可以说，时间紧，任务重，必须以只争朝夕的精神和扎实有效的举措把各项改革任务落到实处。为协调推进各方面改革，中央将成立全面深化改革领导小组，负责改革总体设计、统筹协调、整体推进、督促落实。各级党委也要成立领导小组和相关机构，并尽快投入工作，为推动各项改革举措落到实处提供有力指导和保证。

三、加强领导班子和基层党组织建设，充分发挥领导核心和战斗堡垒作用

全面深化改革的各项部署，需要各级党组织团结带领广大人民群众去实施。必须按照《决定》要求，以改革创新精神加强和改进党的建设，把各级党组织建设得更加坚强有力，充分发挥领导核心和战斗堡垒作用。

各级领导班子是一个地方、一个单位的领导核心，在推进改革中承担着特别重要的责任。必须加强和改进各级领导班子建设，不断提高领导班子和领导干部推动改革能力。加强领导班子思想政治建设，深入开展中国特色社会主义理论体系教育、党章学习教育、中国梦教育、党史国史特别是改革开放史教育，进一步坚定理想信念，增强道路自信、理论自信、制度自信。进一步解放思想，增强改革创新意识，树立自我革新的勇气和胸怀，克服因循守旧、畏葸不前的思想障碍，敢于啃硬骨头，敢于涉险滩，以更大的决心冲破思想观念的障碍、突破利益固化的藩篱。加强学习型班子建设，完善干部教育培训制度，围绕改革发展中的重大问题加强学习和调研，不断提高把握和运用市场经济规律、自然规律、社会发展规律能力，提高科学决策、民主决策能力，提高依法办事、做群众工作的能力。各级领导干部要作学习的表率、改革的表率，以时不我待的精神加强学习和实践，增强全球思维和战略眼光，丰富科学知识储备，努力使自己成为政策水平高、专业能力强、实践经验多、善于领导改革开放的行家里手。

改革越是向纵深推进，越要充分发挥基层党组织的战斗堡垒作用。必须创新基层党建工作，健全党的基层组织体系。要适应经济基础、体制环境、社会条件的新变化，适应产业布局、行业分工、党员流向的新变化，因地制宜、灵活

多样地推进党组织的设置。在强化农村、城市社区等传统领域党组织建设的同时，加大非公有制经济组织、社会组织党建工作力度，探索构建城乡统筹的基层党建新格局，确保党的组织和党的工作全覆盖。加强基层服务型党组织建设，把基层党组织的工作重心转到服务改革、服务发展、服务民生、服务群众、服务党员上来，多提供"适销对路"的服务，帮助解决群众关心的切身利益问题。高度重视基层党组织带头人队伍建设，采取"两推一选"、组织选派等方式，把那些党性强、能力强、改革意识强、服务意识强的人充实到基层领导岗位上来。加强党员队伍建设，健全党员立足岗位创先争优长效机制，健全党员联系服务群众机制，改进对流动党员管理，引导广大党员积极投身改革事业，为全面深化改革作出积极贡献。

良好作风是全面深化改革的重要保障。大量事实证明，推进改革发展各项工作，关键在干部作风。加强作风建设，归根到底要靠制度改革。要按照《决定》要求，健全领导干部带头改进作风、深入基层调查研究机制，完善直接联系和服务群众制度；改革会议公文制度，着力改进会风文风；健全严格的财务预算、核准和审计制度，着力控制"三公"经费支出和楼堂馆所建设。完善选人用人和政绩考核相关制度，着力纠正跑官要官等不正之风，解决"形象工程"、"政绩工程"以及不作为、乱作为等问题。规范并严格执行领导干部工作生活保障制度，完善并严格执行领导干部亲属经商、担任公职和社会组织职务、出国定居等相关制度规定，坚决反对特权思想和作风。深入扎实开展党的群众路线教育实践活动，以为民务实清廉为主题，切实解决形式主义、官僚主义、享乐主义和奢靡之风这"四风"问题，收到"照镜子、正衣冠、洗洗澡、治治病"的明显效果。要在广大党员干部特别是各级领导干部中大力弘扬脚踏实地、埋头苦干、求真务实的优良作风，坚决克服浮躁思想和短期行为，做到讲实话、干实事，敢作为、勇担当，发扬"钉钉子"精神，以抓铁有痕、踏石留印的狠劲，奋力把改革事业推向前进。

四、深化干部人事制度改革，为全面深化改革提供组织保证和人才支撑

全面深化改革，需要有力的组织保证和人才支撑。必须坚持党管干部原则，深化干部人事制度改革，构建有效管用、简便易行的选人用人机制，使各方面优秀干部充分涌现，形成人才辈出、人尽其才生动局面。

干部人事制度改革是党的建设制度改革和政治体制改革的重要内容，也是全面深化改革的重要保证。面对全面深化改革、全面建成小康社会的艰巨任务，必须认真学习贯彻《决定》和习近平总书记在全国组织工作会议重要讲话精神，把握干部工作的特点规律，不断把干部人事制度改革引向深入，着力构建科学有效的选人用人机制。各级党委要坚持正确的用人导向，坚持德才兼备、以德为先，努力做到选贤任能、用当其时，知人善任、人尽其才，真正把党和人民需要的好干部及时发现出来、合理使用起来，尤其要使那些理想信念坚定、锐意改革创新、敢于负责担当的优秀干部充分涌现。发挥党组织领导和把关作用，强化党委(党组)、分管领导和组织部门在干部选拔任用中的权重和干部考察识别的责任。改革的设计和措施的推出，要注重实际效果，正确处理好继承干部工作优良传统与改革创新的关系，坚持于法周延、于事简便，加强制度统筹，注意衔接配套，不断提高干部人事制度改革的科学化水平。

深化干部人事制度改革，必须抓住当前干部人事工作中群众反映强烈的突出问题，努力取得突破性进展。要改革和完善干部考核评价制度，完善发展成果考核评价体系，纠正单纯以经济增长速度评定政绩的偏向，改革实绩考核指标体系设置，完善考核办法，健全奖惩机制，形成促进科学发展和鼓励改革的导向。完善民主推荐、民主测评制度，把加强党的领导和充分发扬民主结合起来，完善推荐和测评的程序，把得票作为用人的重要参考，注重干部一贯表现

和全部工作，坚决纠正唯票取人现象。改进竞争性选拔干部办法，合理确定选拔的范围和规模，科学设置资格条件和考试方法，引导干部在实干、实绩上竞争，坚决纠正唯分取人现象。区分实施选任制和委任制干部选拔方式，根据选任制和委任制的不同特点，探索不同的干部人选产生方式和票数权重，避免一刀切。要改进优秀年轻干部培养选拔机制，下大气力抓好培养工作，对那些看得准、有潜力、有发展前途的年轻干部，要敢于压担子，有计划安排他们去经受锻炼。注意用好各年龄段干部，既重视选拔优秀年轻干部，又合理使用其他年龄段干部，不简单地以年龄划线、不搞任职年龄层层递减。完善干部管理制度，重点是要打破干部部门化，加强干部跨条块跨领域交流，进一步拓宽选人视野和渠道；推进干部能上能下、能进能出，创造条件逐步取消学校、科研院所、医院等单位的行政级别，着力破除"官本位"观念；完善和落实领导干部问责制，完善从严管理干部队伍制度体系，切实把从严治党要求落实到对干部严格考核、选拔和监督上，贯穿于干部选拔任用全过程。

坚持党管人才，广开进贤之路，是保证党和人民事业发展的战略选择。推进全面深化改革，必须按照《决定》要求，建立集聚人才体制机制，择天下英才而用之。要创新人才工作的理念和思路，针对当前一定程度上出现的社会分层"凝固化"和社会流动"缓慢化"现象，打破体制壁垒，扫除身份障碍，让人人都有成长成才、脱颖而出的通道，让各类人才都有施展才华的广阔天地。完善党政机关、企事业单位和社会人才顺畅流动的制度体系，对社会上的优秀人才推行直接引进、公开选拔、聘任、挂职等办法，畅通进入党政领导岗位和公务员队伍渠道。健全人才向基层流动、向艰苦地区和岗位流动、在一线创业的激励机制，在待遇、职称、选拔任用等方面真正倾斜，促进人才向缺乏人才地区聚集。要加快形成具有国际竞争力的人才制度优势，完善人才评价机制，增强人才政策开放度，敞开大门招四方人才。

五、坚持党的群众路线，充分发挥人民群众在全面深化改革中的积极性、主动性、创造性

人民是改革的主体。坚持以人为本，尊重人民主体地位，发挥群众首创精神，紧紧依靠人民推动改革，体现了我们党的根本宗旨和执政理念，凝聚了改革开放35年的宝贵经验，是全面深化改革必须遵循的基本原则。必须着眼于实现好、维护好、发展好最广大人民根本利益，建立社会参与机制，团结带领广大人民群众齐心协力推进改革，让改革获得不竭的力量源泉。

全心全意为人民服务是我们党的根本宗旨，人民对美好生活的向往是我们党的奋斗目标。《决定》提出的各项改革任务，从根本上来讲，都是为了在新的历史条件下满足人民群众日益增长的物质文化需求，为了发展人民群众的经济权益、政治权益、文化权益、社会权益、生态权益，让广大人民群众更好更公平更广泛地共享改革发展成果。各级党委要进一步树立群众观点、反映群众愿望，站在人民群众的立场上把握和处理改革涉及的重大问题，谋划改革思路，提出改革举措。在遇到关系复杂、难以权衡的利益问题时，同群众坐在一条板凳上，首先想一想群众在期待什么、群众利益如何保障。在出台涉及群众切身利益的举措时，充分考虑广大群众的承受能力和接受程度，稳妥加以处理。强化大众视野、百姓视角，直面群众最不满意的突出问题，聚焦妨碍科学发展的体制弊端，让群众从改革中得到更多实惠，把群众满意与否作为衡量改革工作进展的重要尺度，努力使我们的改革符合客观实际、经得起群众检验。

群众是真正的英雄，基层是最好的课堂。改革的根本力量在于群众，办法来自基层。改革开放实践一再证明，正是基层和群众的探索实践、创新创造，推动着改革车轮滚滚前行。从大包干到股份制，从农业规模经营到混合所有制经济发展，一个个来自基层和群众的新招、实

招、硬招，破解着改革发展难题。必须把群众作为我们推进改革的主心骨，制定改革方案要广泛听取基层和群众意见，遇到改革难题要虚心向基层和群众请教问计，切不可自说自话、关起门来搞改革，更不能异想天开、凭主观愿望拍脑袋行事。全面深化改革是开创性事业，要鼓励地方、基层和群众大胆探索，尊重群众的首创精神，激发人们的创造热情，加强重大改革试点工作，重视发挥各类综合配套改革试验区的示范带动作用。对于地方、基层和群众创造的生动鲜活的实践经验，及时发现、不断提炼、积极推广，对于改革探索中的一些失误和不足，不搞求全责备、积极加以引导、不断改进完善，真正把蕴藏于人民群众之中的力量进一步挖掘出来、释放出来。

动员激励群众，引导群众知晓自身利益所在，并为之而奋斗，是我们党领导革命、建设和改革开放的基本经验。全面深化改革，必须做好深入细致的思想政治工作，最大限度地凝聚改革共识，最大限度地集中全党全社会智慧，最大限度地调动一切积极因素，形成改革合力。切实做好《决定》以及有关改革方案和改革政策的宣传、解读，把中央的方针政策讲透彻，把改革的思路举措讲清楚，把对群众的利益安排讲明白。认真研究工人、农民、干部、知识分子等不同群体的利益诉求和政策诉求，包括注意关注蚁族、北漂、海归、海待、散户等社会上新出现的人群，分析哪些是共性需求、哪些是个性需求，有的放矢地开展工作。把解决思想问题与解决实际问题结合起来，在解决实际问题过程中引导广大群众理解改革、支持改革。各级工会、共青团、妇联以及科协、文联、侨联、作协等人民团体，具有组织体系完备、工作覆盖面广的独特优势。各级党委要进一步加强和改进对人民团体工作的领导，充分发挥其在表达利益、反映诉求、协调矛盾、维护稳定等方面的重要作用。各人民团体要积极主动地代表和组织各自联系的群众支持改革、参与改革，不断巩固和扩大全面深化改革的深厚群众基础。

（此文载 2013 年 11 月 19 日《人民日报》）

在全国纪念毛泽东同志诞辰 120 周年学术研讨会上的讲话

（2013 年 12 月 27 日）

刘云山

同志们：

今年是中国共产党、中国人民解放军、中华人民共和国的主要缔造者，中国各族人民的伟大领袖毛泽东同志诞辰 120 周年。在隆重召开纪念座谈会的同时，中央决定由中央有关部门举办全国纪念毛泽东同志诞辰 120 周年学术研讨会，深切缅怀毛泽东同志的丰功伟绩，学习他的光辉思想、崇高品德和革命风范。这对于进一步推动毛泽东思想和中国特色社会主义理论体系的学习研究宣传，对于推动实现党的十八大提出的“两个一百年”奋斗目标、实现中华民族伟大复兴的中国梦，具有十分重要的意义。

毛泽东同志是伟大的马克思主义者，伟大的无产阶级革命家、战略家、理论家，是马克思主义中国化的伟大开拓者，是近代以来中国伟大的爱国者和民族英雄，是党的第一代中央领导集体的核心，是领导中国人民彻底改变自己命运和国家面貌的一代伟人。以毛泽东同志为主要代表的中国共产党人创立和形成的毛泽东思想，是马克思列宁主义在中国的创造性运用和发展，是关于中国革命和建设的正确理论原则和经验总结，是中国共产党集体智慧的结晶。在中国人民追求民族独立与解放的道路上，自从有了毛泽东同志的英明领导，有了毛泽东思想的正确指导，中国共产党和中国人民才真正掌握了自己的命运，使中国革命不断从胜利走向胜利，中华民族迎来伟大复兴的光明前景。中国出了个毛泽东，这是中国共产党的骄傲、中国人民的骄傲、中华民族的骄傲。邓小平同志指出，没有毛主席，至少我们中国人民还要在黑暗中摸索更长的时间。在为中国人民不懈奋斗的光辉一生中，毛泽东同志以其高瞻远瞩的政治远见、坚定不移的革命信念、勇于开拓的非凡魄力、炉火纯青的斗争艺术、杰出高超的领导才能，赢得了全党全国各族人民的由衷爱戴和敬仰。毛泽东同志虽然已离开我们 37 年，但他的名字、他的思想、他的风范，将永远激励党和人民奋勇前进。

历史和实践反复证明，毛泽东思想具有科学的真理性和强大的生命力，不因时代变迁而褪色，始终是中国共产党人、中华民族和中国人民团结奋斗、开拓前进的强大精神支柱，是我们世世代代要高举的伟大旗帜。丢掉了毛泽东思想这个旗帜，就等于否定了我们党的光辉历史；放弃了毛泽东思想的学习研究宣传，我们党的思想理论建设就会失去根基。深入学习研究宣传毛泽东思想，始终是党的思想理论建设的一项根本任务。在党中央高度重视和大力推动下，在社科理论界辛勤努力下，毛泽东生平和毛泽东思想研究，领域不断扩大、深度不断拓展。近些年，有关方面编辑出版《毛泽东思想年编》、《毛泽东年谱（1949—1976）》、《毛泽东思想形成与发展大事记》等重要文献，推出《中国共产党历史（第二卷）》、《中华人民共和国史稿》等重要成果，组织召开一系列专题研讨会，出版发表一大批有分量的研究专著和学术文章，推出一大批反映毛泽东生平和毛泽东思想的通俗读物、高校教材、文艺作品、电影电视剧、文献片和专题片，有力推动了毛泽东思想的学习研究宣传，也有力促进了党和国家事业发展。

当代中国已站在一个新的历史起点上，中国人民正致力于坚持和发展中国特色社会主义，为实现中华民族伟大复兴的中国梦而奋斗。党的十八大对全面建成小康社会、夺取中国特色社会主义新胜利作出战略部署。党的十八届三中全会描绘了全面深化改革的新蓝图，为推进改革开放和社会主义现代化建设注入新的强大动力。新中国成立初期毛泽东同志曾豪迈地指出，社会主义事业是“我们的前人从来没有做过的极其光荣伟大的事业”，而今天我们正在建设的中国特色社会主义，就是对毛泽东同志等老一辈革命家开创的伟大事业的继承和发展。昨天的奋斗成就着今天的发展，今天的发展蕴涵着先辈的理想。在新的形势下深入研究毛泽东思想，必须把历史、现在和未来结合起来，把总结历史经验同进行具有许多新的历史特点的伟大斗争结合起来，认真学习贯彻习近平总书记在纪念毛泽东同志诞辰120周年座谈会上的重要讲话精神，全面科学认识毛泽东同志和毛泽东思想的历史功绩和历史地位，深入阐释毛泽东思想的精神实质和当代价值，为坚持和发展中国特色社会主义凝聚起强大的精神力量。

第一，深入研究毛泽东思想，就要科学总结我们党90多年波澜壮阔的奋斗历程和历史经验，进一步坚定在中国特色社会主义道路上实现中华民族伟大复兴的中国梦的信念和信心。实现中华民族伟大复兴，是近代以来中国人民最伟大的梦想，是一代又一代中国共产党人接续奋斗的崇高事业。而以什么样的路径实现这样的梦想，是一个根本性问题。鸦片战争以后，包括许多仁人志士在内的中国人民为此进行了不屈不挠的斗争和探索，但都没有成功。对此，毛泽东同志指出，一切别的东西都试过了、都失败了，若要救亡图存、改变民族命运，就要另辟道路、另造环境。以毛泽东同志为主要代表的中国共产党人自觉担当起探索民族复兴道路的历史重任，担当起实现民族独立、人民解放和国家富强、人民幸福的历史使命，历经千辛万苦，付出最大牺牲，带领人民成功走出一条中国式的革命道路，取得了新民主主义革命的胜利，使中国人民从此站立起来了。新中国成立后，又领导人民实现从新民主主义向社会主义的转变，对社会主义建设道路进行了艰辛探索，取得了社会主义建设的重大成就，为开创中国特色社会主义提供了宝贵经验、理论准备和物质基础。

实现中华民族伟大复兴是接力探索的历史进程，而中国特色社会主义就是党和人民长期艰辛探索取得的根本成就。在以毛泽东同志为核心的党的第一代中央领导集体开创的伟大事业基础上，以邓小平同志为核心的党的第二代中央领导集体成功开创了中国特色社会主义，以江泽民同志为核心的党的第三代中央领导集体成功把中国特色社会主义推向二十一世纪，以胡锦涛同志为总书记的党中央成功在新的历史起点上坚持和发展了中国特色社会主义。党的十八大以来，以习近平同志为总书记的党中央高举中国特色社会主义伟大旗帜，带领全党全国各族人民承前启后、继往开来，迈上实现中华民族伟大复兴的中国梦的新征程。中央特别强调新民主主义革命的胜利成果决不能丢失、社会主义革命和建设的成就决不能否定、改革开放和社会主义现代化建设的方向决不能动摇，就是因为我们党长期奋斗的根本方向、根本目标是有机联系、一以贯之的。

新形势下深入研究毛泽东思想，就要紧密联系我们党领导人民进行的革命史、创业史、改革开放史，紧紧围绕坚持和发展中国特色社会主义、实现中华民族伟大复兴的中国梦这个时代主题来展开、来推进。要深入研究近代以来170多年、中国共产党成立90多年、新中国成立60多年、改革开放30多年的奋斗历程，深刻阐释中国特色社会主义的历史逻辑、理论逻辑，讲清楚中国特色社会主义是历史的选择、人民的选择，是实现中华民族伟大复兴的必由之路，引导人们不走封闭僵化的老路，不走改旗易帜的邪路，坚定不移走中国特色社会主义道路。要深刻阐释中国特色社会主义道路的独特创造、理论的独特贡献、制度的独特优势，讲清楚中国特色社会主义植根于中华文化沃土、反映中国人民意愿、适应中国和时代发展进步要求，讲清楚这条道路的强大生命力和光明前景，坚定人们的道路自信、理论自信、制度自信。要深刻阐释中华民族伟大复兴的中国梦的历史渊源、现实基础、基本内涵和实践要求，讲清楚实现中国梦就要坚持中国道路、弘扬中国精神、凝聚中国力量，大力培育和践行社会主义核心价值观，更好地引导全国各族人民为实现国家富强、民族振兴、人民幸福而顽强奋斗、艰苦奋斗、不懈奋斗。

第二，深入研究毛泽东思想，就要正确把握马克思主义中国化两大理论成果的关系，在继承和发展中不断推进党的理论创新。我们党的奋斗史，就是一部推进马克思主义中国化、不断进行理论创新的历史。毛泽东同志一贯主张按照中国的特点去运用马克思主义，使马克思主义在中国具体化，强调用马克思列宁主义之“箭”射中国革命之“的”。正是在把马克思列宁主义基本原理同中国革命具体实践相结合过程中，在同教条主义、经验主义等错误倾向进行斗争中，形成了毛泽东思想，实现了马克思主义中国化的第一次历史性飞跃，为中国革命和建设实践提供了正确思想指导。改革开放新时期，我们党创造性地坚持马克思主义基本原理，继承和发展毛泽东思想，紧密联系中国实际和时代特征，深刻回答了什么是社会主义、怎样建设社会主义，建设什么样的党、怎样建设党，实现什么样的发展、怎样发展三大基本问题，形成了包括邓小平理论、“三个代表”重要思想、科学发展观在内的中国特色社会主义理论体系，实现了马克思主义中国化的第二次历史性飞跃，为推进改革开放和社会主义现代化建设提供了科学指南。毛泽东思想和中国特色社会主义理论体系这两大理论成果，在理论渊源上都坚持了马克思主义基本原理，在根本立场上都是为了实现最广大人民根本利益，在社会理想上都坚持了社会主义、共产主义。两者既一脉相承又与时俱进，是坚持和发展、继承和创新的关系。

时代和实践在不断发展，马克思主义中国化进程也在继续向前推进。党的十八大以来，习近平总书记坚持以马克思主义的宽广眼界观察当今世界、当代中国，准确把握时代、实践和人民群众的新要求，围绕坚持和发展中国特色社会主义、实现中华民族伟大复兴的中国梦，围绕治党治国治军、内政外交国防、改革发展稳定，发表一系列重要讲话，提出许多富有创见的新思想、新观点、新论断、新要求。讲话深入阐释了党的十八大精神，深刻回答了新的历史条件下党和国家事业发展的一系列重大理论和现实问题，丰富发展了党的科学理论，进一步深化了我们党对中国特色社会主义建设规律和马克思主义执政党建设规律的认识，充分体现了对马克思列宁主义、毛泽东思想、中国特色社会主义理论体系的坚持和发展。

新形势下深入研究毛泽东思想，就要紧密联系党的理论创新的历史进程，正确把握党的两大理论创新成果的关系，进一步揭示马克思主义中国化的基本规律。要深刻阐明毛泽东思想和中国特色社会主义理论体系在理论渊源、根本立场、社会理想上的内在一致性，阐明几代中国共产党人对推进马克思主义中国化的独特贡献，阐明在当代中国坚持中国特色社会主义理论体系就是真正坚持马克思列宁主义、毛泽东思想，引导全党坚持不懈地用党的理论创新成果武装头脑、指导实践。要深刻认识坚持是发展的前提、发展是最好的坚持，深刻认识马克思列宁主义、毛泽东思想这个老祖宗不能丢，丢了就会丧失根本、偏离方向，理论创新就会成为无源之水、无本之木；同时又要坚持解放思想、实事求是、与时俱进、求真务实，坚持立足新的实践进行新的理论概括和理论创造，不断开辟马克思主义中国化新境界，让当代中国马克思主义放射出更加灿烂的真理光芒，更好地发挥对实践的指导作用。

第三，深入研究毛泽东思想，就要注重阐释贯穿其中的辩证唯物主义和历史唯物主义，帮助人们更好地用马克思主义立场观点方法观

察、分析和处理问题。坚持用辩证唯物主义和历史唯物主义分析中国社会矛盾运动及其发展规律，指导中国革命和建设的具体实践，是毛泽东思想的精髓所在，也是毛泽东同志留给我们党的传家宝。毛泽东同志很早就提出，我们不但应当了解马克思、列宁得出的关于一般规律的结论，而且应当学习他们观察问题和解决问题的立场和方法。在中国革命和建设实践中，毛泽东同志紧密联系中国实际，深刻阐述了马克思主义认识论和辩证法，为我们党树立了掌握和运用辩证唯物主义、历史唯物主义的光辉典范。毛泽东同志撰写的《改造我们的学习》、《实践论》、《矛盾论》、《人的正确思想是从哪里来的?》等经典著作蕴含着深邃的哲学思想，不仅正确指引了中国革命和建设的历史进程，而且至今还闪耀着熠熠思想光辉。人们常说，对中国革命规律、对中国发展前途、对世界发展大势，毛泽东同志总是比别人看得更远、想得更深、讲得更透，归根到底就在于他对马克思主义世界观和方法论这个望远镜、显微镜，运用得比别人更加自觉、更加自如。

辩证唯物主义和历史唯物主义是马克思主义立场观点方法的集中体现，是人类思想精华和智慧结晶。只有坚持并运用辩证唯物主义和历史唯物主义，才能科学揭示事物发展的趋势和本质，才能正确把握中国革命、建设、改革的规律。毛泽东同志曾经说过，马克思主义中基础的东西是马克思主义哲学，这个东西没有学通，我们就没有共同的语言，没有共同的方法。习近平总书记反复强调，全党要学哲学、用哲学，学习马克思主义哲学基本著作，学习毛泽东同志的重要哲学著作，努力把马克思主义哲学作为自己的看家本领。实践证明，越是形势复杂、任务繁重，越是矛盾多、困难多，越要运用好辩证唯物主义和历史唯物主义这个强大思想武器，不断改进我们的思维方式和思想方法，不断提高分析形势、观察问题、驾驭复杂局面的能力，努力开辟事业发展的新局面。

新形势下深入研究毛泽东思想，就要始终坚持辩证唯物主义和历史唯物主义，牢牢把握实事求是、群众路线、独立自主这个活的灵魂，并用以指导和推动改革发展实践。要坚持一切从实际出发的观点，着力阐明我国仍处于并将长期处于社会主义初级阶段，阐明我国现阶段的社会主要矛盾和根本任务，阐明全面深化改革、解放和发展社会生产力、解放和增强社会活力的社会基础和政策依据。要坚持人民群众是历史的创造者的观点，着力阐明贯彻党的群众路线的重大意义和基本要求，阐明人民是真正英雄的历史观、以人为本人民至上的价值观、立党为公执政为民的执政观，阐明为了谁、依靠谁、我是谁的问题，引导党员干部不断增强贯彻党的群众路线的自觉性坚定性。要坚持独立自主、走自己的路的观点，着力阐明中国独特的文化传统、独特的历史命运、独特的基本国情，注定了我们必然要走适合自己特点的发展道路，帮助人们更好地把握当代中国的发展大势、发展方向，不忘本来、吸收外来，增强在纷繁复杂形势下的战略定力。

第四，深入研究毛泽东思想，就要坚持以中国的实际问题、以我们正在做的事情为中心，着力回答改革开放和社会主义现代化建设中的重大课题。问题是时代的声音、实践的起点。毛泽东同志曾指出，只有用马克思主义观点来研究实际问题、解决实际问题，对中国的经济、政治、军事、文化种种问题给予科学的解释，才算真正的理论家。我们党领导人民干革命、搞建设、抓改革，从来都是为了解决中国的现实问题。毛泽东思想就是在科学回答中国革命和建设历史性课题中形成和发展的，其力量也是在推动中国革命和建设历史进程中展现的。毛泽东同志撰写的《中国的红色政权为什么能够存在?》、《中国革命战争的战略问题》、《论持久战》、《新民主主义论》、《论联合政府》、《论人民民主专政》、《论十大关系》、《关于正确处理人民内部矛盾的问题》等不朽篇章，都是在重大历史关头深刻回答中国革命和建设重大问题的光辉著作，有力拨开了人们思想迷雾，指明了中国发展进步方向。可以说，强烈的问题意识、正确的问题导向，是毛泽东思想的一个鲜明特征，是毛泽东同志科学思想方法和理论品格的重要体现，也是他留给我们党的宝贵思想财富。

每个时代总有属于它自己的问题，只有科学认识、正确解决这些问题，才能不断推动时代发展进步。现在，世情、国情、党情发生深刻变化，我国正处于改革攻坚期、发展关键期、矛盾凸显期，既面临难得历史机遇，也面临许多严峻挑战。各种问题层出不穷，有些是老问题，但大量是新出现的问题，这些问题就像前进道路上的一座座“碉堡”，必须攻破才能继续顺利前行。习近平总书记强调，改革是由问题倒逼而产生，又在不断解决问题中而深化，要以重大问题为导向，抓住关键问题进一步研究思考，找出答案。这就赋予理论工作者更大的责任和使命，迫切要求把理论联系实际的关节点放到现实问题上来，放到全局性、战略性、前瞻性的重大问题上来，在研究回答和推动解决问题中不断取得新的成果。

新形势下深入研究毛泽东思想，就要弘扬毛泽东同志一贯倡导的理论联系实际的学风，始终以我们正在做的事情为中心，深入研究回答改革发展中的重大理论和现实问题。当前和今后一个时期，要紧紧围绕贯彻落实党的十八届三中全会精神，深入研究阐释全面深化改革的重大理论和实践课题，帮助人们深入领会全会提出的一系列新的思想观点和决策部署。比如，如何推进国家治理体系和治理能力现代化，如何使市场在资源配置中起决定性作用和更好发挥政府作用，如何发挥经济体制改革的牵引作用、全面深化各领域改革，如何正确处理改革中的重大关系、增强改革的系统性整体性协同性，如何深化党的建设制度改革、提高党领导和推动改革的能力，等等，都需要我们作出科学有力的回答。问题源于实践，智慧来自群众。要像毛泽东同志那样，主动走出书斋、走出“象牙塔”，深入基层开展调查研究，拜人民为师，甘当群众的小学生，在人民群众的实践中寻找解决问题的答案，在解决实际问题中展示科学理论的价值和作用。

第五，深入研究毛泽东思想，就要传承和弘扬党的优良传统和作风，保持和发展党的先进性纯洁性，全面推进党的建设新的伟大工程，为推进中国特色社会主义伟大事业提供有力支撑。毛泽东同志在领导中国革命和建设的过程中，始终高度重视党的自身建设，称其是一项“伟大的工程”，并为此倾注了心血，作出了开创性的贡献。毛泽东同志特别注重党的作风建设，把作风问题当作事关党的生死存亡的大问题，当作事关红色江山永不变色的大问题，从倡导三大纪律、八项注意，到主持开展延安整风，反对主观主义、宗派主义和党八股；从提出全心全意为人民服务，到号召全党牢记“两个务必”；从提倡勤俭建国、勤俭办一切事业，到强调反对官僚主义、做官当老爷，防止革命意志衰退，确立了一系列关于作风建设的方针原则和途径办法。毛泽东同志不仅是党的优良作风的倡导者，更是优良作风的践行者。他一生勤勉朴素，心系人民，敢于坚持原则，勇于开展批评，表现出革命领袖非凡的人格魅力。毛泽东同志领导我们党培育形成的理论联系实际、密切联系群众、批评和自我批评三大优良作风，培育形成的井冈山精神、长征精神、延安精神、西柏坡精神、“两弹一星”精神等，为中国革命和建设事业提供了作风保证，也为我们今天加强党的作风建设提供了重要经验。

加强作风建设是马克思主义执政党的永恒课题，无论我们党所处的历史方位如何变化，党的优良传统和作风永远不能丢，抓作风、改作风的劲头永远不能松。党的十八大以来，以习近平同志为总书记的党中央坚持以作风建设开局起步，出台改进工作作风、密切联系群众的八项规定，开展党的群众路线教育实践活动，有力促进了党风政风民风转变，汇聚了推动事业发展的强大正能量。同时要看到，作风建设的任务依然艰巨繁重，许多问题还远未得到根本解决。这就要求我们结合新的形势和任务，深入学习毛泽东同志关于作风建设的光辉思想，总结运用我们党加强作风建设的成功经验，扎实推进党的群众路线教育实践活动，坚持不懈贯彻中央八项规定精神，持之以恒反对形式主义、官僚主义、享乐主义和奢靡之风，努力使党的优良作风得到传承和弘扬。

新形势下深入研究毛泽东思想，就要围绕毛泽东同志关于管党治党的一系列重要论述，深入研究阐释关于加强理论武装、加强思想教育等注重思想建党的重要思想，研究阐释关于坚持任人唯贤、反对任人唯亲的重要思想，研究阐释关于坚持民主集中制、维护党的团结统一的重要思想，研究阐释关于一切为了群众、一切依靠群众、从群众中来、到群众中去的重要思想，研究阐释关于严肃党内生活、开展批评和自我批评、加强党性锻炼的重要思想，研究阐释关于坚持“两个务必”、厉行廉洁政治、依法严惩腐败行为、保持无产阶级先锋队本色的重要思想。通过深入的理论研究阐释，为推进党的建设新的伟大工程、永葆党的先进性纯洁性提供有力理论支撑，进而以党的坚强领导保障中国特色社会主义伟大事业顺利推进。

毛泽东思想哺育了一代又一代中国共产党人，学习毛泽东思想、研究毛泽东思想，是我们党一项重要的政治责任，是社科理论界的一项重要任务，一定要以深厚感情和高度责任做好这方面工作。有关部门要加强组织协调、创造良好条件，充分发挥马克思主义理论研究和建设工程、中国特色社会主义理论体系研究基地、哲学社会科学基金的引领作用，发挥党史、文献、社科研究、党校、高校等部门和单位的主力军作用，调动好各方面研究毛泽东思想的积极性主动性创造性。毛泽东思想研究涉及许多重大历史问题，政治性、政策性很强，一定要把握政治方向、正确导向。对有关重大问题、重要事件的解读和评价，要认真贯彻中共中央《关于若干历史问题的决议》和《关于建国以来党的若干历史问题的决议》，符合中央基本精神，防止历史虚无主义，坚决反对否定党的历史、否定老一辈革命家的错误倾向。要坚持与时俱进，紧密结合时代发展变化，不断拓展研究的内容、形式和方法，更好地展示毛泽东思想博大精深的内涵和历久弥新的魅力。

同志们，新形势下深入研究毛泽东思想，意义重要、责任重大、使命光荣。我们要紧密团结在以习近平同志为总书记的党中央周围，深入贯彻落实党的十八大和十八届二中、三中全会精神，求真务实、潜心钻研，以更加丰硕的研究成果推动党的思想理论建设，为坚持和发展中国特色社会主义作出新的更大贡献。

在中国特色社会主义伟大实践中撑起半边天

——在中国妇女第十一次全国代表大会上的祝词

（2013 年 10 月 28 日）

王岐山

各位代表、同志们：

中国妇女第十一次全国代表大会今天隆重开幕了。这是贯彻落实党的十八大精神，在新的起点上开创我国妇女事业和妇女工作新局面的一次盛会。开好这次大会，对进一步团结带领全国亿万妇女为实现中华民族伟大复兴的中国梦而奋斗具有重要意义。我受党中央委托，向大会召开表示热烈的祝贺！向全国各族各界妇女和广大妇女工作者致以亲切的问候！向香港特别行政区、澳门特别行政区和台湾地区的女同胞、海外女侨胞致以良好的祝愿！

改革开放 35 年来，我们党团结带领全国各族人民同心协力、锐意进取，在中国特色社会主义伟大实践中战胜各种艰难险阻，党和国家各项事业取得举世瞩目的伟大成就。

广大妇女始终是推进改革开放和社会主义现代化建设的重要力量。改革开放 35 年来，我们党高度重视妇女事业和妇女工作，继续把争取妇女解放和发展、实现男女平等作为重要奋斗目标，积极为妇女平等依法行使民主权利、平等参与经济社会发展、平等享有改革发展成果创造条件。中国亿万妇女在党的坚强领导下，坚持走中国特色社会主义道路，自觉把个人理想和追求融入党和国家事业发展之中，在推动科学发展、促进社会和谐中贡献巾帼才智和力量。我国妇女思想觉悟全面提高，自身素质不断提升，创造热情空前高涨，精神面貌焕然一新，涌现出一批又一批可歌可泣的巾帼英雄，奏响了一曲曲自尊、自信、自立、自强的巾帼之歌，在中国特色社会主义伟大实践中撑起半边天。

伴随着波澜壮阔的改革开放历程，我国妇女事业和妇女工作蓬勃发展。特别是中国妇女十大以来，各级妇联组织围绕中心、服务大局，立足基层、服务妇女，牢牢把握建设坚强阵地和温暖之家这一主线，团结动员各行各业妇女建功立业，依法维护妇女儿童权益，热情服务妇女儿童民生，不断拓展与港澳台妇女的交流联谊，日益深化与世界各国妇女的交往合作，为促进我国妇女事业发展、夯实党执政的群众基础作出了突出贡献。

党的十八大坚持和发展中国特色社会主义，提出了“两个一百年”奋斗目标，描绘了全面建成小康社会的宏伟蓝图。习近平总书记提出实现中华民族伟大复兴的中国梦，描绘出国家富强、民族振兴、人民幸福的美好前景。实现党的十八大确定的奋斗目标，实现中华民族伟大复兴，需要包括亿万妇女在内的全体中华儿女共同奋斗。广大妇女要认清使命和责任，以不让须眉的巾帼之志，在实现中国梦的征程上绽放夺目光彩。

希望广大妇女坚定中国特色社会主义理想信念。中国特色社会主义是我们党团结带领全国各族人民经过长期实践探索开辟出来的强国之路，也是妇女进步和发展的必由之路。广大妇女要自觉团结在中国特色社会主义伟大旗帜之下，坚定理想信念，不断增强道路自信、理论自信、制度自信，坚定不移听党话、跟党走。

希望广大妇女热爱祖国，自强不息。以爱国主义为核心的民族精神、以改革创新为核心的时代精神，是凝心聚力的兴国之魂、强国之魂。广大妇女要把自己的命运与党和国家的命运紧紧联系在一起，坚决维护国家利益和民族尊严，把炽热的爱国情怀转化为建设祖国的实际行动。要大胆探索、勇攀高峰，在中国特色社会主义事业发展中释放女性的无限潜能。要争做自尊、自信、自立、自强的时代新女性，树立自尊意识，增强自信观念，培养自立能力，锻造自强品格，依靠自己的辛勤劳动创造美好生活。

希望广大妇女发挥优势，创造新的业绩。要胸怀大志，立足本职，加强学习，提高素质，增强本领，发挥优势，创新发展。实现中华民族伟大复兴，需要凝聚全体中华儿女的力量。希望香港特别行政区、澳门特别行政区和台湾地区女同胞、海外女侨胞，继续秉承爱国光荣传统，牢牢把握历史新机遇，为祖国发展尽力，共享祖国尊严和荣耀。

希望广大妇女传承美德，促和谐树新风。中华文明源远流长。慈母、孝女、贤妻对促进家庭和美、社会和谐发挥着不可替代的作用。广大妇女要尊老爱幼、勤俭持家、自立自强、科学教子，树立家庭文明新风尚。要践行社会主义核心价值观，砥砺道德品质，为继承和弘扬中华民族优秀文化贡献力量。

坚持和发展中国特色社会主义、为实现中华民族伟大复兴而奋斗是时代主题，也是当代中国妇女运动的主题。各级妇联组织要深入贯彻落实党的十八大精神和习近平总书记一系列重要讲话精神，把握时代主题，担负光荣使命，把广大妇女的智慧和力量凝聚到实现“两个一百年”奋斗目标上来。要在党和国家工作大局中发挥积极作用，调动广大妇女的积极性、主动性、创造性，积聚推动中国特色社会主义建设的正能量。要加大对妇女的教育培训力度，引导广大妇女树立崇高理想，陶冶美好情操，丰富知识储备，提高业务技能。要有效服务妇女群众，深入了解妇女需求，反映妇女心声，帮助创业就业，支持参政议政，切实维护广大妇女儿童权益。

要适应时代要求，加强妇联组织自身建设。各级妇联组织要深入研究面临的新情况新问题，求真务实地开展工作，扩大覆盖面、拓宽服务渠道、夯实工作基础，加强妇联干部队伍建设，增强吸引力、凝聚力和战斗力。要积极开展富有特色的妇联统战联谊和妇女民间外交工作，促进海内外中华女性的大团结大联合，加强同世界各国妇女和妇女组织的交流，在推进祖国和平统一、维护世界和平与促进共同发展中发挥更大的作用。

全面推进妇女事业和妇女工作是党的群众工作的重要内容。各级党委要进一步加强对妇联组织的领导，支持妇联组织依照法律和章程创造性地开展工作，关心帮助妇联干部成长，为妇女事业和妇女工作创造良好环境。要进一步采取有效措施促进妇女发展，关心妇女生产生活，发挥妇女主体作用，提高妇女社会地位，着力解决妇女权益保护中存在的突出问题。要坚决贯彻男女平等基本国策，在立法决策中充分体现性别意识，在改善民生中高度关注妇女需求，在社会管理中积极回应妇女关切，使男女平等真正体现到经济社会发展各领域、社会生活各方面。

妇女同胞们！壮丽的事业正召唤着一代又一代中华儿女接续奋斗。让我们紧密团结在以习近平同志为总书记的党中央周围，高举中国特色社会主义伟大旗帜，以邓小平理论、“三个代表”重要思想、科学发展观为指导，埋头苦干，开拓创新，为全面推进中国特色社会主义事业而努力奋斗！

最后，预祝中国妇女第十一次全国代表大会圆满成功！

聚焦中心任务　创新体制机制 深入推进党风廉政建设和反腐败斗争

——在中国共产党第十八届中央纪律检查委员会第三次全体会议上的工作报告

(2014 年 1 月 13 日)

王岐山

我代表十八届中央纪律检查委员会常务委员会向第三次全体会议作工作报告,请予审议。

这次全会的主要任务是:高举中国特色社会主义伟大旗帜,以邓小平理论、"三个代表"重要思想、科学发展观为指导,深入贯彻党的十八大和十八届二中、三中全会精神,回顾总结 2013 年党风廉政建设和反腐败工作,研究部署 2014 年任务。明天上午,习近平总书记将发表重要讲话,对全党深入推进党风廉政建设和反腐败斗争作出部署,我们要认真学习领会,坚决贯彻落实。

一、一年来党风廉政建设和反腐败工作回顾

2013 年是贯彻落实党的十八大精神的开局之年。新一届中央领导集体把党风廉政建设和反腐败斗争提到新高度,作出重要部署。习近平总书记对加强党风廉政建设和反腐败工作作出一系列重要指示,在中央纪委第二次全会上强调党要管党、从严治党,严明党的纪律,坚定不移改进作风,坚定不移惩治腐败。中央政治局、中央政治局常委会多次听取党风廉政建设和反腐败工作汇报,审议通过《建立健全惩治和预防腐败体系 2013—2017 年工作规划》、《中央巡视工作规划(2013—2017 年)》,对党风廉政建设和反腐败工作整体设计、系统规划、跟进监督。在党中央坚强领导下,全党对党风廉政建设和反腐败斗争重要性的认识不断提高,各级党委的主体责任和纪委的监督责任不断强化,全党动手一起抓、群众积极参与的局面不断发展,党风廉政建设和反腐败斗争取得新进展,得到党中央肯定和人民群众拥护,增强了全党全社会对党风廉政建设和反腐败斗争的信心。

(一)认真学习贯彻党的十八大精神,聚焦党风廉政建设和反腐败斗争

把学习贯彻党的十八大精神作为首要政治任务抓紧抓好。举办中央纪委委员专题研讨班,组织纪检监察干部认真学习党的十八大报告和党章,把思想和行动统一到中央部署和要求上来,开拓创新,扎实工作,落实党风廉政建设和反腐败斗争的各项任务。

全面履行党章赋予的职责,转职能、转方式、转作风。明确中央纪委、监察部职责定位,认真落实党中央关于中央纪委、监察部机关合署办公的决定,切实做到一套工作机构、两个机关名称,中央纪委履行党的纪律检查和政府行政监察两项职能,对党中央全面负责。制定中央纪委常委会工作规则、中央纪委办公会议规则和监察部工作规则,建立不驻会常委向中央纪委常委会报告工作制度,充分发挥中央纪委常委会决策作用。调整内设机构,加强纪律检查和党风政风监督工作。将参加的 125 个议事协调机构清理调整至 14 个。全国纪检监察机关通过精简参加的议事协调机构,更加聚焦党风廉政建设和反腐败斗争主业,强化监督职责,提高履职能力。

(二)严明党的纪律,落实中央八项规定精神,坚决纠正"四风"

严明党的纪律特别是政治纪律。加强政治纪律教育,制定治理措施,严肃查处违反政治纪

律行为，保证全党紧密团结在以习近平同志为总书记的党中央周围，坚决维护中央权威。加强对党的组织纪律、工作纪律等各项纪律的执纪检查，增强党员干部的组织纪律性。

认真落实中央八项规定精神，坚决纠正“四风”。党中央把落实八项规定作为改进工作作风的突破口，深入开展党的群众路线教育实践活动，以身作则、以上带下，持之以恒改进作风。各级党组织密切联系实际，制定措施，坚决正风肃纪，力戒形式主义、官僚主义、享乐主义和奢靡之风。纪检监察机关坚持不懈执纪监督，不断巩固和深化成果。中央纪委约谈派驻中央和国家机关纪检组组长、省区市纪委书记，督促各级党组织落实中央八项规定精神。抓住元旦、春节、五一、中秋、国庆等重要节点开展检查、抽查。狠刹公款送月饼贺卡、烟花爆竹等节礼年货，公款吃喝、公款旅游和铺张浪费等不正之风，积小胜为大胜，以党风政风带动社风民风，让全党和人民群众感到变化，看到希望，树立了我们党的权威，做到言必信、行必果。

纪检监察机关对违反中央八项规定精神的问题严肃处理，2013 年共查处违规问题 2.4 万起，处理 3 万多人，其中给予党纪政纪处分 7600 多人。中央纪委分 4 次对 32 起违反中央八项规定精神的典型问题进行通报。各级纪检监察机关对违纪问题及时曝光，发挥了警示和教育作用。

（三）严厉惩治腐败，坚持“老虎”、“苍蝇”一起打

根据党的十八大对形势的判断和战略部署，把惩治腐败放在突出位置，坚持有腐必惩、有贪必肃。

加大审查违纪违法党员领导干部力度。中央反腐败协调小组加强组织协调。中央纪委认真做好信访举报受理工作，积极畅通渠道，拓宽线索来源。对掌握的反映中管干部问题线索进行全面彻底清理，摸清底数，连续 4 轮听取汇报。研究制定拟立案、初核、暂存、留存和了结 5 类处置标准，强化审查办案全过程管理。下发加强和规范反映领导干部问题线索管理工作的通知，要求各级纪检监察机关对问题线索全面清理，执行分类处置标准。严格办案程序，完善和细化初核、立案调查等各项制度。增加纪检监察室，设立专案组，建立办案人员库，整合加强办案力量。转变办案方式，着力查清主要违纪违法事实，提高办案质量和效率。

严肃审查工作纪律。强调审查纪律就是政治纪律，坚决防止跑风漏气、失密泄密、隐匿和瞒报线索，严禁以案谋私。落实办案安全责任制，开展省区市办案安全工作检查，加强对办案点、录音录像、暂扣款物的管理。坚决查处违反审查纪律的行为，严肃追究 89 人的直接责任和领导责任，并对典型案件予以通报。

坚持抓早抓小。中央纪委对反映中管干部问题线索认真核查，对失实的予以澄清，对发现的一般性问题及时教育警示。建立健全早发现、早处置机制，加大函询、诫勉谈话力度，会同地方、部门党组织主要负责人与相关干部谈话，对反映的问题线索该了结的予以了结。

严肃查处违纪违法行为。2013 年，中央纪委对涉嫌违纪违法的中管干部已结案处理和正在立案检查的 31 人，其中涉嫌犯罪被移送司法机关处理 8 人。全国纪检监察机关共接受信访举报 195 万件（次），函询 1.8 万人，谈话 4.2 万人，了结处理 4.3 万人；立案 17.2 万件，结案 17.3 万件，给予党纪政纪处分 18.2 万人，涉嫌犯罪被移送司法机关处理 9600 多人。全国检察机关共立案侦查贪污贿赂、渎职侵权等职务犯罪 5.1 万人。全国法院系统审结一审贪污贿赂案件 2.3 万件。

（四）加强和改进巡视工作，发现问题、形成震慑

按照中央要求，巡视工作聚焦党风廉政建设和反腐败斗争，把发现问题、形成震慑作为主要任务，强化对党组织领导班子及其成员的监督，着力发现贪污腐败、违反中央八项规定精神、违反政治纪律、违反组织人事工作纪律等问题，提高了针对性和实效性。改进方式方法，实行巡视组组长不固定、巡视对象不固定、巡视组与巡视对象关系不固定,建立巡视组组长库,一次一授权,选派有经验的办案人员参加巡视,提高了巡视质量和水平。落实监督责任,巡视组对重大问题应该发现而没有发现就是失职,发现问题没有如实报告就是渎职。中央巡视组对20个地方、部门和企事业单位进行巡视,紧紧依靠被巡视党组织,密切联系群众,发现一批领导干部涉嫌违纪违法的问题线索。对巡视成果善加运用,分类处置。将发现的问题线索分别移交中央纪委、中央组织部和相关地区、部门处理,对重点线索逐一核实,督促被巡视党组织认真整改,做到件件有着落。各省区市认真落实中央要求,加强和改进巡视工作,得到干部群众的信任和支持。

(五)完善监督制度,加强党风廉政教育

各级纪委普遍建立约谈制度,探索开展领导干部个人有关事项报告抽查核实工作。发挥纪检监察派驻机构职能作用,加强对驻在部门领导班子及其成员的监督。加强对政府机构改革和职能转变工作的监督检查。参加4起特大事故的调查,对38名负有领导责任的县处级以上干部进行责任追究。加强党风廉政教育,举办领导干部廉洁从政研修班,宣传先进典型,运用反面案例进行警示教育。开展丰富多彩的廉政文化创建活动。强化宣传主阵地建设,开通中央纪委监察部网站,委部领导在线访谈与群众交流,加强正面宣传,积极应对和引导舆论。各级纪检监察机关普遍加强网站建设,开设举报监督专区,发挥舆论监督和宣传引导作用。

(六)加强基础工作,建设过硬队伍

强化责任担当意识。切实履行职责,维护中央纪委作为党的全国代表大会选举产生的委员会的权威性和严肃性。面对新形势新任务,广大纪检监察干部的责任感、使命感进一步增强。

带头改进作风。中央纪委常委会认真落实中央八项规定精神,制定改进工作作风实施办法。深入开展党的群众路线教育实践活动,密切联系思想、工作和生活实际,查摆问题,广泛听取意见,以整风精神开展批评和自我批评,落实整改措施,切实纠正"四风"。在全国纪检监察系统开展会员卡专项清退活动。大力精简会议和文件,改进新闻报道,以实际行动正文风、改会风,转作风、树新风。

强化纪律约束。强调凡是要求别人做到的,纪检监察干部自己必须首先做到。严明政治纪律、组织纪律、审查纪律、财经纪律、保密纪律等各项纪律,严肃查处违纪行为。

夯实基础工作。严格按规章制度办事,加强日常管理,完善各项制度,提高制度执行力。深入开展调查研究,掌握实际情况,做到情况明、数字准、责任清、作风正、工作实。

党的十八大以来,党中央对推进党风廉政建设和反腐败斗争旗帜鲜明、态度坚定、领导有力。中央纪委和各级纪检监察机关始终同以习近平同志为总书记的党中央保持高度一致,求真务实,大胆创新,狠抓党风建设,坚决惩治腐败,成绩来之不易。一年来的实践给我们以重要启示:必须在党中央坚强领导下推进党风廉政建设和反腐败斗争,紧紧依靠各级党组织,把人民群众作为力量源泉,充分发挥群众支持和参与作用;必须抓住作风建设这个根本,以上率下,从具体问题抓起,坚持不懈纠正"四风",逐步铲除滋生腐败的温床;必须把惩治腐败作为当前重要任务,加大力度,形成震慑;必须明确纪检监察机关职责定位,围绕党章、党内法规和行政监察法赋予的职责,转职能、转方式、转作风。要通过加强理想信念教育,增强宗旨意识,使领导干部"不想腐";加强体制机制创新和制度建设,强化监督管理,严肃纪律,使领导干部"不能腐";坚持有腐必惩、有贪必肃,使领导干部"不敢腐"。

在看到成绩的同时,我们还要清醒地认识到党风廉政建设和反腐败工作存在的问题和不足:有的党委党风廉政建设主体责任的担当意识不强;一些党组织软弱涣散、纪律松弛;不良作风积习甚深,"四风"问题还比较突出;腐败问题依然多发,在一些地区和部门尚未得到有效遏制。纪检监察机关职责不清、能力不足的问题依然存在，有的执纪监督不严、查办案件力度不够；一些纪检监察干部存在作风漂浮、衙门习气等问题。对此，我们要高度重视，切实加以解决。

二、2014 年党风廉政建设和反腐败工作主要任务

深入开展党风廉政建设和反腐败斗争是全党的重大政治任务和全社会的共同责任。当前，滋生腐败的土壤依然存在，反腐败形势依然严峻复杂。不正之风和腐败问题严重损害党的肌体健康，解决不好就会对党造成致命伤害，甚至亡党亡国。我们要把思想和行动统一到党中央对形势的判断和任务部署上来，更加清醒地认识反腐败斗争的长期性、复杂性、艰巨性，坚持不懈加强党风建设，遏制腐败蔓延势头，不断增强人民群众对党风廉政建设和反腐败斗争的信心。

2014 年工作总体要求是：深入贯彻党的十八大和十八届二中、三中全会精神，认真贯彻习近平总书记系列讲话精神，坚持党要管党、从严治党，加强党对党风廉政建设和反腐败工作统一领导，聚焦中心任务，推进改革创新，加强反腐败体制机制创新和制度保障；严明党的各项纪律，坚决克服组织涣散、纪律松弛现象；深入落实中央八项规定精神，强化执纪监督，坚持不懈纠正“四风”；加大对违纪违法党员干部审查力度，保持惩治腐败高压态势；加强纪检监察干部队伍建设，提高履职能力，坚定不移把党风廉政建设和反腐败斗争引向深入。

（一）深入贯彻党的十八大和十八届三中全会精神，加强反腐败体制机制创新和制度保障

中央纪委和各级纪检监察机关要深刻领会中央关于党风廉政建设的新要求，牢固树立进取意识、机遇意识、责任意识，求真务实、探索实践、循序渐进，逐步落实加强反腐败体制机制创新和制度保障的各项措施。

各级党委（党组）要切实担负党风廉政建设主体责任，各级纪委（纪检组）要承担监督责任。党风廉政建设和反腐败工作必须全党动手，形成强大合力。要健全反腐败领导体制和工作机制。党的组织、宣传、统战、政法等部门要把党风廉政建设的要求融入各自工作，人大、政府、政协和法院、检察院的党组织都要按照中央要求，履行党风廉政建设主体责任。各级党委（党组）特别是主要领导必须树立不抓党风廉政建设就是严重失职的意识，主要领导是第一责任人，领导班子成员根据工作分工对职责范围内的党风廉政建设负领导责任。党委（党组）要定期向上级纪委报告党风廉政建设责任制落实情况。有权必有责。要分清党委（党组）、有关部门和纪委（纪检组）的责任，制定切实可行的责任追究办法，加大问责工作力度，健全责任分解、检查监督、倒查追究的完整链条，有错必究，有责必问。对发生重大腐败案件和不正之风长期滋生蔓延的地方、部门和单位，实行“一案双查”，既要追究当事人责任，又要追究相关领导责任。

推进党的纪律检查体制机制改革和创新。制定党的纪律检查工作双重领导体制具体化、程序化、制度化意见，探索形成有效工作机制。强化上级纪委对下级纪委的领导，建立健全报告工作、定期述职、约谈汇报等制度。查办腐败案件以上级纪委领导为主，线索处置和案件查办在向同级党委报告的同时必须向上级纪委报告。各级纪委书记、副书记的提名和考察以上级纪委会同组织部门为主。

改革和完善纪检监察派驻机构。全面落实中央纪委向中央一级党和国家机关派驻纪检机构，实行统一名称、统一管理。制定加强派驻机构建设的指导性意见，明确派驻机构的职责任务、机构设置、人员配备和工作保障。派出机关要加强管理，完善考核、激励和责任追究机制。派驻机构要对派出机关负责，全面履行监督职责，加强对驻在部门领导班子及其成员的监督，纪检组长在党组中不分管其他业务工作。驻在部门要自觉接受监督，支持派驻机构工作，提供各项保障，工作经费在驻在部门预算中单列。积极探索加强不同层级派驻机构建设的有效途径。

改进中央和省区市巡视制度。坚决落实中央对巡视工作的新要求，扩大范围、加强力量、加

快节奏,做到对地方、部门、企事业单位全覆盖。聚焦党风廉政建设和反腐败斗争,突出发现问题、强化震慑作用。创新组织制度和方式方法,探索专项巡视。加强成果运用,细化分类处置措施,确保整改落实。加强对省区市巡视工作的领导。修订《中国共产党巡视工作条例(试行)》。

(二)深入落实中央八项规定精神,强化纪律建设,持之以恒纠正"四风"

严明党的政治纪律,维护党的集中统一。遵守政治纪律是遵守党的全部纪律的重要基础。把严明政治纪律放在首位,决不允许有令不行、有禁不止,决不允许各自为政、阳奉阴违,保证全党在思想上政治上行动上同党中央保持高度一致,保证中央各项重大决策部署的贯彻落实。

严明组织纪律,克服组织涣散、纪律松弛现象。加强全党的组织纪律性,是深化党的作风建设、巩固纠正"四风"成果的重要保证。要全面加强党的纪律建设,严格执行党的政治纪律、组织纪律、工作纪律、财经纪律和生活纪律等各项纪律。各级党组织要严格教育,加强组织管理,坚决纠正无组织无纪律、自由主义、好人主义等现象。领导干部要增强党性,正确处理个人与组织的关系,常怀敬畏和戒惧之心,遵守组织制度,切实按照党章规定,做到党员个人服从党的组织,少数服从多数,下级组织服从上级组织,全党各个组织和全体党员服从党的全国代表大会和中央委员会,严格执行请示报告制度,敢于同违反党纪的行为作斗争。各级纪委要铁面执纪,坚决查处违反党纪的行为,确保纪律刚性约束。

深化作风建设,坚决纠正"四风"。落实中央八项规定精神,要在坚持中深化、在深化中坚持,巩固和扩大成果。不良作风具有顽固性和反复性,改进作风要由浅入深、由易到难、由简到繁,循序渐进。结合深入开展第二批党的群众路线教育实践活动,着力解决基层党员干部"四风"方面存在的问题。健全改进作风常态化制度,坚决落实《党政机关厉行节约反对浪费条例》,规范并严格执行党政机关国内公务接待管理规定和领导干部工作生活保障制度。完善严禁到风景名胜区开会等各项规定,严肃查处党员领导干部到私人会所活动、变相公款旅游问题。重点纠正领导干部利用婚丧喜庆、乔迁履新、就医出国等名义,收受下属以及有利害关系单位和个人的礼金行为。严禁用公款互相宴请、赠送节礼、违规消费。整治损害群众切身利益的不正之风。抓党风带民风促社风,继承中华民族优秀传统,营造风清气正的社会环境。

加大执纪检查力度。纪检监察机关要扭住落实中央八项规定精神不放,一年一年抓下去,一个时间节点一个时间节点地抓,坚决防止反弹。严格执纪监督,加大惩戒问责力度,及时查处违纪违规行为,点名道姓通报曝光。

(三)坚持以零容忍态度惩治腐败,坚决遏制腐败蔓延势头

各级党委要把坚决遏制腐败蔓延势头作为重要任务,切实加强对反腐败工作的领导。建立健全查办案件组织协调机制,进一步明确各级反腐败协调小组工作职责,加强同司法、审计等机关协调配合,增强工作合力。

各级纪委要严格审查和处置党员干部违反党纪政纪、涉嫌违法的行为,严肃查办发生在领导机关和领导干部中贪污贿赂、买官卖官、徇私枉法、腐化堕落、失职渎职案件,严肃查办发生在重点领域、关键环节和群众身边的腐败案件。规范并严格执行党内审查审批程序。加强群众信访举报受理工作,规范管理和处置反映干部问题线索。在审查各环节要加强调查取证,形成各种证据相互印证、完整稳定的证据链。落实责任制,强化纪律检查职能部门间的相互制约和监督。着力查清主要违纪违法事实,严肃党纪政纪处理,涉嫌犯罪的及时按程序移送司法机关。进一步加强案件审理工作,认真履行审核把关和监督制约职责。坚持以法治思维和法治方式反对腐败,提高依纪依法惩治腐败的能力。

坚持抓早抓小,治病救人。本着对党的事业负责、对干部负责的态度,全面掌握党员干部的思想、工作、生活情况,对党员干部身上的问题要早发现、早提醒、早纠正、早查处,对苗头性问题及时约谈、函询,加强诫勉谈话工作,防止小问题演变成大问题。健全重大案件剖析制度,总结教训,举一反三,发挥反面教材的警示教育作用和查办案件的治本功能。

严明审查纪律,加强办案安全工作。严格遵守审查程序和保密纪律,依纪依法安全办案。全面排查、消除安全隐患,加强对基层办案工作的指导,认真落实办案安全工作责任制。对办案安全事故必须严肃追责,既要追究相关人员的直接责任,也要追究党委和纪委有关领导的责任。加强教育、提醒、警示,守住不发生严重安全事故的底线。

加强反腐败国际合作。做好《联合国反腐败公约》履约审议工作,强化与有关国家、地区的司法协助和执法合作,加大国际追逃追赃力度,决不让腐败分子逍遥法外,给妄图外逃的腐败分子以震慑。

(四)强化对领导干部的监督、管理和教育

完善监督机制。要切实加强对权力运行的制约和监督,把权力关进制度的笼子。全面推进惩治和预防腐败体系建设,各地区各部门要按照五年工作规划要求,制定实施办法,抓好任务落实。认真落实党内监督各项制度,加强对领导干部特别是主要领导干部的监督,反对特权思想和作风。严肃党内政治生活,开展经常性的批评和自我批评。加大问责工作力度,坚决追究失职渎职行为。对领导干部报告个人有关事项情况开展有针对性的抽查核实。强化对政府部门转变职能的监督。加强廉政风险防控机制建设,建立健全防止利益冲突制度。加强行政监察和审计工作。进一步发挥法律监督、民主监督、舆论监督和群众监督的作用。

用法规制度规范党员干部行为。清理、修订和完善党风廉政建设相关党内法规,从工作要求入手,注重实践探索,逐步形成制度。制度规定要具体可行,使大多数人做得到。加强监督检查,提高制度执行力。

深入开展理想信念和宗旨教育、党风党纪和廉洁自律教育,使党员干部做到公私分明、克己奉公、严格自律。加强党风廉政建设宣传工作,坚持正确舆论导向,推进廉政文化创建活动,营造风清气正的良好氛围。

(五)转职能、转方式、转作风,用铁的纪律打造纪检监察队伍

纪检监察机关要聚焦中心任务,坚守责任担当,监督执纪问责,推进组织制度创新,在国家治理体系中发挥重要作用,探索实现治理能力现代化。广大纪检监察干部要按照打铁还需自身硬的要求,进一步增强责任感、使命感,求真务实、真抓实干。要坚定理想信念,加强党性锻炼,树立群众观点,做到忠诚可靠、服务人民、刚正不阿、秉公执纪。

纪检监察机关要转职能、转方式、转作风,明确职责定位,把不该管的工作交还主责部门,做到不越位、不缺位、不错位。创新思想理念,改进方式方法,把握新形势下的工作规律。正人先正己,纪检监察干部要带头纠正"四风"。加强调查研究,掌握第一手情况,严格日常管理,强化基础工作。

坚决落实各级纪委的监督责任。对协助党委加强党风建设和组织协调反腐败工作不力,发生严重违纪违法案件的地方、部门和国有企事业单位,要严肃追究纪委的责任。

信任不能代替监督。对纪检监察干部要严格要求、严格监督、严格管理,对违纪违法行为零容忍。严肃查处泄露秘密、以案谋私等违纪违法行为,发现一起查处一起,决不姑息。狠抓纪检监察机关领导班子和干部队伍建设,从组织创新和制度建设上加强和完善内部监督机制,自觉接受党组织、人民群众和新闻舆论监督,用铁的纪律打造过硬队伍。

同志们,做好党风廉政建设和反腐败工作责任重大、使命光荣。让我们在以习近平同志为总书记的党中央坚强领导下,高举中国特色社会主义伟大旗帜,坚定信心,改革创新,锐意进取,不断开创党风廉政建设和反腐败斗争新局面,为实现"两个一百年"奋斗目标和中华民族伟大复兴的中国梦作出新的更大贡献!

不断深化改革开放　全面建成小康社会

——在第十四届中国发展高层论坛上的讲话

（2013 年 3 月 24 日）

张高丽

尊敬的各位来宾，女士们，先生们，朋友们：

在这春暖花开的美好时节，中外企业家、专家学者、政府官员和国际组织代表欢聚一堂，围绕“中国改革开放和全面建成小康社会”的主题进行研讨，这是一件很有意义的事情。在座的各位外方来宾，有许多是我在广东、深圳、山东、天津工作时就相识的老朋友，也有不少新朋友。新老朋友相聚，分外高兴。明天李克强总理将会见与会外宾。在此，我代表中国政府，对本次论坛的召开表示热烈祝贺！对各位来宾朋友表示诚挚欢迎！

全面建成小康社会是中国现代化进程中的一个重要阶段性目标，是实现中华民族伟大复兴中国梦的重要体现，承载着千百年来中国人民对美好生活的向往。在进入 21 世纪第二个十年，中国共产党第十八次全国代表大会郑重提出了全面建成小康社会的目标要求。到 2020 年，中国将在发展的平衡性、协调性、可持续性明显增强的基础上，实现国内生产总值和城乡居民人均收入比 2010 年翻一番，进一步形成经济繁荣、政治民主、文化昌盛、社会公正、生态良好的发展格局。实现这一目标，中国实力将显著增强，中国市场规模将显著扩大，中国人民生活水平将显著提高，中国也将为世界经济发展提供更多的机会、更强的动力，作出更大的贡献。

改革开放是坚持和发展中国特色社会主义的必由之路。30 多年来，中国改革开放有序推进、全面展开、不断深化，充分调动了亿万人民的积极性、主动性、创造性，有效激发了各类市场主体活力，明显提高了资源配置效率，极大解放和发展了社会生产力，中国经济社会发展取得了举世瞩目的成就。实践充分证明：改革开放是中国经济社会发展的根本动力，没有改革开放，就没有中国的今天。

全面建成小康社会，我们具有难得的机遇、坚实的基础、良好的条件，我们完全有信心有决心，在以习近平同志为总书记的党中央坚强领导下，经过 13 亿中国人民顽强拼搏，把这一宏伟蓝图变成美好现实。再经过几代人不懈努力，我们也一定能够实现中华民族伟大复兴的中国梦，实现国家富强、民族振兴、人民幸福。

同时，我们也清醒认识到面临的前所未有的风险和挑战。从中国外部环境看，世界经济已进入深度转型调整期，国际金融危机影响短期难以根本消除，一些国家债务压力短期难以有效化解，世界经济低速增长态势短期难以明显改变，各种形式的保护主义进一步抬头，不稳定不确定因素进一步增多。从中国国内看，发展中不平衡不协调不可持续问题仍然比较突出，经济结构调整和科技创新任务艰巨，经济增长下行压力和产能相对过剩矛盾有所加剧，金融领域存在潜在风险，资源环境约束日益强化，推动科学发展、加快转变经济发展方式的体制机制障碍依然较多。解决这些矛盾和问题，根本出路在改革开放。只有深化改革开放，才能破解发展难题、创新发展模式，才能海阔天空、赢得未来。

当前，改革已进入攻坚期、深水区，触及到深层次矛盾和重大利益调整，是对我们的严峻考验。我们将进一步解放思想，以更大的勇气和智慧全面深化改革开放，做到改革不停顿，开放不止步。我们将毫不动摇坚持社会主义市场经济的改革方向，始终不渝坚持对外开放的基本国策，正确处理好改革发展稳定的关系。我们将统筹好当前和长远，找准牵一发而动全身的关键环节和重点领域，在总结改革经验和学习其他国家长处的基础上，系统设计改革总体方案，提出路线图和时间表。同时，我们还将鼓励地方和基层积极探索，把顶层设计和实践探索更好结合起来。

第一，我们将通过深化改革，创新和完善体制机制。在现代市场经济条件下，市场这只“看不见的手”和政府这只“看得见的手”都应该用，而且都要用好，才能使经济充满活力、平稳运行。我们将加快实施政府机构改革和职能转变，减少对微观事务的管理，重在向市场、向社会、向企业放权，更大程度更广范围发挥市场在资源配置中的基础性作用，使企业在竞争中优胜劣汰，充分激发市场主体活力。同时，我们将着力提高政府管理科学化水平，增强宏观调控前瞻性、针对性、有效性，真正做到该管的管住管好，不该管的不管不干预，建设人民满意的服务型政府。

第二，我们将通过深化改革，积极营造公平竞争的市场环境。近段时间，国外一些朋友非常关心中国的投资环境。我可以负责任地告诉大家，公平竞争是我们的共同追求，中国的市场环境会建设得越来越好。我们将坚持毫不动摇巩固和发展公有制经济，毫不动摇鼓励支持引导非公有制经济发展，加快调整国有经济布局和结构，深化国有企业改革，提高国有资本运营效率；继续完善市场准入制度，促进各种所有制企业依法平等使用生产要素、公平参与市场竞争、同等受到法律保护。

第三，我们将通过深化改革，着力构建促进结构调整、科技创新、资源环境保护的制度体系。中国的经济问题，说到底是经济结构、科技创新、资源环境问题。我们将深化财税、金融、资源性产品价格等方面的改革，加快产业结构转型升级，提高发展的质量、效益和水平。我们将着力解决不平衡发展问题，中西部地区是中国发展的巨大空间和潜力所在，我们将统筹好东中西、协调好南北方，促进区域协调发展。我们将深化科技体制改革，大力实施创新驱动发展战略，完善知识产权制度，强化企业创新主体地位，支持科技型企业和优秀人才创新创造创业，跟上世界科技革命步伐。我们将加快建立生态文明制度，发展新能源可再生能源，发展循环经济，发展绿色、低碳技术，努力解决产能过剩和污染问题，使中国大地天蓝水清地绿。我们始终认为，经济社会发展了，生态环境也保护好了，这才是真正的好，才是高水平，才是为子孙后代负责。

第四，我们将通过深化改革，健全民生持续改善、社会和谐有序的体制保障。改善民生是中国发展进步的出发点和落脚点，也是全面建成小康社会的重点难点。我们将继续深化社会领域改革，优化财政支出结构，调动社会资本参与的积极性，着力推进教育、医疗、社保、住房等领域的基本公共服务均等化。我们将改革收入分配制度，规范收入分配秩序，缩小收入分配差距。我们将加快改革户籍制度，有序推进农业转移人口市民化，积极稳妥推进城镇化。我们将加强和创新社会管理，促进社会公平正义，进一步增强社会活力。

女士们、先生们！

中国30多年来积累的一条重要经验是，以改革的精神推动开放，以开放促改革、促发展。在中国和世界联系日趋紧密、相互影响不断加深的今天，中国改革发展比以往任何时候都需要坚持和扩大对外开放，这可以使我们更好了解世界，也可以使世界加深对中国的了解，进一步扩大同各方利益汇合点，不断拓展合作领域。

我们将以更宽广的视野、海纳百川的胸怀吸收借鉴人类社会一切文明成果，实施更加积极主动的开放战略，在更大范围、更广领域、更高水平上推进对外开放，进一步完善互利共赢、多元平衡、安全高效的开放型经济体系。

我们将坚持进口和出口并重，在调整优化

出口结构的同时,发挥进口在满足国内需求、调整优化结构方面的作用,推动对外贸易平衡发展。坚决反对各种形式的保护主义,积极促进贸易自由化、便利化。

我们将坚持引进来和走出去并重,一如既往欢迎和鼓励跨国公司来华投资兴业,切实保护投资者合法权益,为各国企业提供公平竞争和分享中国发展红利的机会,也希望国外投资者更多把资金投向符合中国产业升级的领域,更多投向中西部地区。同时,我们将支持和规范中国企业扩大境外投资,为当地经济发展和增加就业作出贡献。

我们将继续完善对外开放新格局,更好发挥沿海对外开放门户作用,加快推进内陆、沿边开放,继续加强多双边、区域次区域合作,搞好同周边国家的互联互通,加快实施自贸区战略。我们将积极参与全球经济治理,加强同各国的政策协调,为世界经济发展增添正能量。

去年,中国经济社会发展又取得了新的成绩,经济总量达到8.2万亿美元;货物贸易进口超过1.8万亿美元,吸收了1117亿美元的外商投资;对外直接投资772亿美元,遍布全球141个国家和地区。中国对外开放水平不断提高,不仅推动了中国自身发展,也为世界各国以及跨国公司带来了巨大利益和更多机遇,这一点许多在座的外国企业家都深有体会。我希望以我们的诚意获得朋友们的信任,以我们的更加开放促进同世界各国的友谊合作,共同应对面临的困难和挑战,使世界经济稳定复苏、持续增长、繁荣发展。

女士们、先生们!

2013年是全面贯彻落实中国共产党第十八次全国代表大会精神的开局之年,是为全面建成小康社会奠定坚实基础的重要一年。刚刚闭幕的十二届全国人大一次会议,对今年经济社会发展作出了部署,确定了主要预期目标,包括:国内生产总值增长7.5%左右,居民消费价格涨幅控制在3.5%左右,城镇新增就业岗位900万人以上,城乡居民收入实际增长与经济增长同步,国际收支状况进一步改善。实现这些目标,我们将坚持以科学发展为主题,以加快转变经济发展方式为主线,以提高经济增长质量和效益为中心,把握好稳中求进的工作总基调,求真务实,开拓创新,促进经济持续健康发展和社会和谐稳定。

女士们、先生们!

和平发展是世界的大势,友谊合作是共同的愿望。中国发展高层论坛已走过13载,在这里,我真诚希望参加本次论坛的代表,围绕主题,广泛交流,深入研讨,使大家的真知灼见有益于中国改革开放和全面建成小康社会,也有益于各个方面和世界的发展进步。

最后,预祝中国发展高层论坛2013年年会取得圆满成功!

谢谢大家!

在实现中国梦的伟大实践中创造残疾人更加幸福美好的新生活

——在中国残疾人联合会第六次全国代表大会上的祝词

（2013 年 9 月 17 日）

张高丽

各位代表、同志们：

中国残疾人联合会第六次全国代表大会今天隆重开幕了。这是广大残疾人及其亲属和残疾人工作者政治生活中的一件大事。开好这次大会，对于全面贯彻落实党的十八大精神，促进残疾人事业与经济社会协调发展，团结带领广大残疾人同全国各族人民一道，为全面建成小康社会、实现中华民族伟大复兴的中国梦而共同奋斗，具有十分重要的意义。我受党中央、国务院委托，向大会的召开表示热烈祝贺！向全国广大残疾人及其亲属和残疾人工作者致以亲切问候！向关心、支持残疾人事业的社会各界人士表示衷心感谢！

党中央、国务院历来十分关心残疾人，高度重视残疾人事业。改革开放以来，我国残疾人事业迈出了历史性步伐，取得了巨大成就。特别是中国残联五大以来，全国上下共同努力，我们基本构建起比较完备的残疾人事业法律法规政策体系，形成了党委领导、政府负责、社会参与、残疾人组织充分发挥作用的残疾人事业领导体制和工作机制，初步建立了残疾人社会保障体系和服务体系，全社会扶残助残的氛围更加浓厚，残疾人生存发展状况显著改善，平等参与条件更加充分，生活水平明显提高。我们认真履行联合国《残疾人权利公约》，残疾人事业的国际影响力日益提升，成为展示我国改革开放、经济社会发展和人权保障成就的一道靓丽风景，赢得了国际社会的广泛认可和普遍赞誉。

广大残疾人紧跟时代步伐，积极进取，奋力拼搏，为推动经济社会发展作出了重要贡献。各行各业涌现出一大批残疾人自强不息、开拓进取的模范，他们不屈的意志和非凡的业绩，深刻诠释了生命的真谛和价值，成为民族精神和时代精神的生动写照。各级残联全心全意为残疾人服务，做了大量艰苦细致的工作，为推进残疾人事业发展发挥了重要作用。

经过多年的努力，我们已经探索出一条中国特色残疾人事业发展道路，初步构建起保障残疾人生命健康权、生存权和发展权的制度框架，为残疾人事业长期持续健康发展奠定了坚实基础。

残疾人事业是中国特色社会主义事业的重要组成部分。充分保障残疾人权利、全面增进残疾人福祉、提高残疾人发展能力、促进残疾人平等参与，是社会主义制度的本质要求，是社会公平正义和文明进步的重要标志。党的十八大确定了“两个一百年”奋斗目标，习近平总书记明确提出了实现中华民族伟大复兴的中国梦。中国梦，昭示着国家富强、民族振兴、人民幸福的美好前景，是包括 8500 万残疾人在内的每一个中国人的梦。我国已进入全面建成小康社会决定性阶段，残疾人事业已站在新起点上。我们要充分认识做好残疾人工作的长期性和艰巨性，按照平等、参与、共享的目标要求，突出保障和改善残疾人民生，增强残疾人基本公共服务供给能力，促进残疾人全面发展，在实现中国梦的伟大实践中，团结带领、支持帮助广大残疾人创造更加幸福美好的新生活。

在新的起点上进一步发展残疾人事业，必须认真贯彻落实党中央、国务院的一系列决策部署。按照党的十八大提出的“健全残疾人社会保障和服务体系，切实保障残疾人权益”的要求，着力构建稳定可靠的残疾人基本保障安全网，实现应保尽保，不断提高残疾人社会保障和社会福利水平；着力健全残疾人公共服务体系，加强无障碍环境建设，大力实施残疾预防，积极推动残疾人人人享有康复服务；着力增强残疾人自我发展能力，千方百计促进残疾人就业创业，加强农村残疾人扶贫开发，显著缩小残疾人生活状况与社会平均水平的差距；着力保障残疾人平等参与权利和平等发展机会，消除残疾歧视，依法维护残疾人各项权益，努力实现残疾人与全国人民同步小康，让残疾人生活得更有尊严、更加殷实、更加幸福。

在新的起点上进一步发展残疾人事业，必须坚持和完善中国特色残疾人工作机制。要健全党委领导、政府负责的残疾人工作领导体制，坚持政府主导、社会参与、国家扶持、市场推动的原则，将残疾人事业纳入工作大局，做好总体规划，建立稳定增长的投入保障机制。各级政府残工委要发挥残疾人工作牵头作用，搞好统筹协调。工会、共青团、妇联等人民团体要发挥各自优势，大力支持残疾人工作。基层组织要做好各项残疾人工作的落实，认真为残疾人排忧解难。要创新体制机制，推行政府购买社会组织助残服务，推动形成政府主导、社会参与、公办民办并举的残疾人事业发展格局。

在新的起点上进一步发展残疾人事业，必须充分发挥广大残疾人的主体作用。残疾人中蕴藏着巨大潜能和创造力，是建设中国特色社会主义的重要力量。实现中国梦的伟大实践，为残疾人提供了更加广阔的发展空间和追求进步的不竭动力。残疾人只有把自己的人生梦想与国家发展、社会进步结合起来，才能更好地融入社会，真正成为时代和生活的强者。衷心希望广大残疾人自尊、自信、自强、自立，乐观进取，奋发向上，勇于迎接挑战，不断超越自我，谱写更加精彩的人生华章。

在新的起点上进一步发展残疾人事业，必须广泛动员全社会力量积极参与。要大力弘扬人道主义思想，倡导友爱、互助、融合、共享的理念，形成扶残助残的良好社会风尚。要重视发挥市场机制作用，加强对助残社会组织的培育和引导，动员社会力量为残疾人生活工作学习提供服务。大力发展残疾人慈善事业，倡导助残志愿服务，开展爱心捐助活动。积极参与国际残疾人事务，充分借鉴有益经验和做法，促进我国残疾人事业发展。

在新的起点上进一步发展残疾人事业，必须不断提高各级残联的服务能力和水平。残联是党和政府联系残疾人的桥梁和纽带，要完善组织体系，加强能力建设，认真履行“代表、服务、管理”职能。要把做好残疾人工作和正在开展的党的群众路线教育实践活动结合起来，牢牢扎根于残疾人之中，千方百计为他们解难题、办实事、谋福祉，真正成为残疾人之家。广大残疾人工作者是发展残疾人事业的骨干力量，要恪守“人道、廉洁、服务、奉献”的职业道德，不断提高服务本领，锤炼过硬作风，全心全意为残疾人服务，真正成为广大残疾人的好朋友、贴心人。

各位代表、同志们，做好新形势下的残疾人工作使命光荣、责任重大。让我们紧密团结在以习近平同志为总书记的党中央周围，高举中国特色社会主义伟大旗帜，以邓小平理论、“三个代表”重要思想、科学发展观为指导，攻坚克难，扎实工作，不断把中国特色残疾人事业推向前进，为全面建成小康社会、实现中华民族伟大复兴的中国梦作出新的更大贡献！

最后，预祝中国残联第六次全国代表大会圆满成功！

以经济体制改革为重点全面深化改革

张高丽

党的十八届三中全会是在我国进入全面建成小康社会决定性阶段召开的一次十分重要的会议,全会高举中国特色社会主义伟大旗帜,以马克思列宁主义、毛泽东思想、邓小平理论、“三个代表”重要思想、科学发展观为指导,全面贯彻党的十八大精神,通过了《中共中央关于全面深化改革若干重大问题的决定》(以下简称《决定》)。《决定》突出坚持和发展中国特色社会主义这条主线,贯穿党的基本理论、基本路线、基本纲领、基本经验、基本要求,坚持解放思想、实事求是、与时俱进、求真务实,充分体现了以习近平同志为总书记的党中央全面深化改革的坚定决心和巨大勇气,体现了对国家富强、民族振兴、人民幸福的深谋远虑和责任担当。《决定》明确提出把完善和发展中国特色社会主义制度,推进国家治理体系和治理能力现代化作为全面深化改革的总目标,对经济体制、政治体制、文化体制、社会体制、生态文明体制和党的建设制度改革进行了全面部署,突出体现了改革的系统性、整体性、协同性,提出了许多新思想、新论断、新举措,描绘了新蓝图、新愿景、新目标,是全面深化改革的又一次总部署、总动员,在我国现代化建设进程中具有里程碑意义,是新的历史起点上全面推进中国特色社会主义伟大事业的行动纲领。《决定》强调经济体制改革是全面深化改革的重点,要紧紧围绕使市场在资源配置中起决定性作用深化经济体制改革。我们要正确把握经济体制改革的方向、目标和重点任务,不断把经济体制改革引向深入,为全面建成小康社会、进而建成富强民主文明和谐的社会主义现代化国家、实现中华民族伟大复兴的中国梦而奋斗。

一、充分认识经济体制改革是全面深化改革重点的重要意义

《决定》指出,“经济体制改革是全面深化改革的重点”。这是中央在全面总结改革开放经验、准确把握国内外大势、统筹考虑五位一体总体布局基础上作出的科学判断和重要决策。

(一)以深化经济体制改革为重点,是立足基本国情、增强综合国力的必然选择

党的十一届三中全会以来,我们以巨大的政治勇气,锐意推进改革开放。从农村到城市、从沿海到内地,经济体制改革始终是全面推进改革的“突破口”和“重头戏”,在理论和实践上不断取得重大进展,极大地解放和发展了社会生产力,推动经济社会发展取得举世瞩目的伟大成就。这些年,我国之所以能够经受住国际金融危机和世界经济低迷的冲击,战胜严重自然灾害,国民经济保持平稳较快发展,人民生活不断改善,坚持深化经济体制改革是重要原因。同时,我们也要清醒认识到,国内外环境都在发生极为广泛而深刻的变化,尽管我国经济总量已居世界第二位,但人均国内生产总值仅是世界平均水平的60%左右,发展中面临一系列突出的矛盾和新的挑战。我国仍处于并将长期处于社会主义初级阶段的基本国情没有变,人民日益增长的物质文化需要同落后的社会生产之间的矛盾这一社会主要矛盾没有变,我国是世界最大发展中国家的国际地位没有变。这“三个没有变”,决定了我们必须始终坚持以经济建设为中心,而以经济建设为中心与以经济体制改革为重点本质上是统一的,这就要求我们必须通过深化经济体制改革,不断解放和发展

社会生产力,提高综合国力和国际竞争力。

(二)以深化经济体制改革为重点,是适应形势变化、推动经济转型升级的迫切需要

从国际看,世界经济低速增长,经济结构深度调整,国际竞争更加激烈,科技革命孕育突破,我国发展的外部环境更趋复杂多变。从国内看,我国发展已站在新的历史起点上,保持经济持续健康发展具有许多有利条件。同时,我国经济正处于增长速度换挡期、结构调整阵痛期叠加阶段,面临着跨越“中等收入陷阱”的严峻考验,发展中不平衡、不协调、不可持续问题依然突出,一些领域的潜在风险仍然较大,原有的经济发展方式难以为继。产生这些矛盾和问题有多方面原因,但关键在于社会主义市场经济体制还不完善,制约经济发展方式转变的体制机制障碍还比较多。深化经济体制改革是转变经济发展方式的前提和保障,我们必须以更坚定的决心、更大的勇气、更多的智慧,加快完善社会主义市场经济体制,为推进经济转型升级提供制度保障,促进经济持续健康发展。

(三)以深化经济体制改革为重点,是引领其他领域改革、推进五位一体建设的客观要求

生产力决定生产关系,经济基础决定上层建筑。这一社会发展的基本规律决定了要以经济体制改革为先导,发挥其牵引作用,为全面深化改革创造条件、提供动力。牵住深化经济体制改革这个“牛鼻子”,可以有力促进其他领域深层次矛盾的化解,促进其他领域改革的协同深化。同时,改革发展到了一定阶段,进一步深化经济体制改革也迫切需要统筹推进政治、文化、社会、生态文明等其他领域的改革,实现经济体制改革、政治体制改革、文化体制改革、社会体制改革、生态文明体制改革相互协调、相互支撑。我们必须坚持把经济体制改革作为重点,协同推进其他各方面改革,努力营造各领域改革互动并进的良好局面,形成强大改革合力,全面推进中国特色社会主义经济建设、政治建设、文化建设、社会建设、生态文明建设。

二、正确处理政府和市场关系这个经济体制改革核心问题

《决定》强调,经济体制改革的核心问题是处理好政府和市场的关系,使市场在资源配置中起决定性作用和更好发挥政府作用。这是理论上的重大突破和实践上的重大创新,具有鲜明的时代特征,为今后深化经济体制改革指明了方向。

(一)尊重市场规律,充分发挥市场在资源配置中的决定性作用

《决定》中一个重大而鲜明的观点是使市场在资源配置中起决定性作用,用决定性代替基础性,这是我们党对市场规律认识的又一次升华。党的十一届三中全会以来,我国经济体制改革一直是围绕调整政府和市场关系进行的,从计划经济到有计划的商品经济,再到社会主义市场经济,市场的力量一步步得到释放。正是认识上的不断深化,才使得我们在实践中更加注重发挥市场作用,有力促进了经济持续较快发展。我们更要看到,市场在资源配置中起决定性作用具有与时俱进的特征和现实针对性。改革开放后相当一段时期内,我国市场体系和机制尚未建立健全,市场还不能有效配置资源,需要我们实施渐进式改革。随着社会主义市场经济体制不断完善,市场配置资源的功能和条件逐步形成,社会各方面也有了相应共识。当前,我国仍存在市场体系不完善、市场规则不统一、市场秩序不规范、市场竞争不充分,政府权力过大、审批过杂、干预过多和监管不到位的问题,影响了经济发展活力和资源配置效率。我们必须不失时机地加大改革力度,坚持社会主义市场经济改革方向,在思想上更加尊重市场决定资源配置这一市场经济的一般规律,在行动上大幅度减少政府对资源的直接配置,推动资源配置依据市场规则、市场价格、市场竞争,切实转变经济发展方式,努力实现资源配置效率最优化和效益最大化。

(二)全面实行科学管理,更好发挥政府

作用

充分发挥市场在资源配置中的决定性作用，绝不是说政府就无所作为，而是必须坚持有所为、有所不为，着力提高宏观调控和科学管理的水平。这次应对国际金融危机冲击，各国对发挥政府作用有了新的认识，我们也有了更加深刻的体会。发挥好政府作用，要善于底线思维，注重宏观思考，深入研究全局性、战略性、前瞻性的重大举措和问题；要围绕建设法治政府和服务型政府，切实解决政府职能越位、缺位、错位的问题。要坚持宏观政策要稳、微观政策要活、社会政策要托底，切实加强和改善宏观调控，减缓经济周期波动影响，保持宏观经济稳定，推动可持续发展。要提供更多优质公共服务，通过保障和改善民生，使广大群众共享改革发展成果，促进共同富裕。要更加注重保障公平竞争、加强市场监管、维护市场秩序，创造市场机制正常发挥作用的条件和环境，让市场主体有更多的活力和更大的空间来创造财富、发展经济、造福人民。

（三）加强协调配合，发挥好政府和市场“两只手”的作用

在现代市场经济条件下，市场是看不见的手，在资源配置中发挥决定性作用；政府是看得见的手，主要是弥补市场失灵。无论是使市场在资源配置中起决定性作用，还是更好发挥政府作用，都要搞好政府和市场“两只手”的协调配合。政府和市场的作用不是对立的，而是相辅相成的；也不是简单地让市场作用多一些、政府作用少一些的问题，而是统筹把握，优势互补，有机结合，协同发力。要划清政府和市场的边界，凡属市场能发挥作用的，政府要简政放权，要松绑支持，不要去干预；凡属市场不能有效发挥作用的，政府应当主动补位，该管的要坚决管，管到位，管出水平，避免出问题。要善于运用负面清单管理模式，只告诉市场主体不能做什么，至于能做什么，该做什么，由市场主体根据市场变化作出判断。要找准市场功能和政府行为的最佳结合点，切实把市场和政府的优势都充分发挥出来，更好地体现社会主义市场经济体制的特色和优势。

三、准确把握深化经济体制改革的重点任务

按照《决定》部署，要紧紧围绕使市场在资源配置中起决定性作用深化经济体制改革，坚持和完善基本经济制度，加快完善现代市场体系、宏观调控体系、开放型经济体系，加快转变经济发展方式，加快建设创新型国家，推动经济更有效率、更加公平、更可持续发展。

（一）坚持和完善基本经济制度，夯实我国经济社会发展的重要基础

公有制为主体、多种所有制经济共同发展的基本经济制度，是中国特色社会主义制度的重要支柱，也是社会主义市场经济体制的根基。公有制经济和非公有制经济都是社会主义市场经济的重要组成部分和我国经济社会发展的重要基础，它们的财产权都不可侵犯，都应依法平等使用生产要素、公开公平公正参与市场竞争、同等受到法律保护。要按照《决定》要求，健全归属清晰、权责明确、保护严格、流转顺畅的现代产权制度，保护各种所有制经济产权和合法利益；把混合所有制经济作为基本经济制度的重要实现形式，允许非国有资本参股国有资本投资项目，允许混合所有制经济实行企业员工持股，以规范经营决策、资产保值增值、公平参与竞争、提高企业效率、增强企业活力、承担社会责任为重点，进一步深化国有企业改革，健全公司法人治理结构；坚持权利平等、机会平等、规则平等，废除对非公有制经济各种形式的不合理规定，消除各种隐性壁垒，制定非公有制企业进入特许经营领域具体办法，激发非公有制经济活力和创造力。

（二）加快完善现代市场体系，形成公平竞争的发展环境

建设统一开放、竞争有序的市场体系，是使市场在资源配置中起决定性作用的基础。我国实行社会主义市场经济体制以来，市场体系建

设取得了很大成就,但在一些领域市场机制还不完善,要素市场发育也不健全。发展社会主义市场经济,必须搭建让市场机制充分发挥作用的平台,要让企业自主经营、公平竞争,让消费者自由选择、自主消费,让商品和要素自由流动、平等交换。《决定》提出,建立公平开放透明的市场规则,实行统一的市场准入制度,在制定负面清单的基础上,各类市场主体可依法平等进入清单之外的领域;完善主要由市场决定价格的机制,凡是能由市场形成价格的都交给市场,推进水、石油、天然气、电力、交通、电信等领域价格改革;推动重要要素市场改革,建立城乡统一的建设用地市场,完善金融市场体系,健全技术创新市场导向机制。需要强调的是,金融是现代经济的核心,要扩大金融业对内对外开放,健全多层次资本市场体系,完善人民币汇率市场化形成机制,加快推进利率市场化,加快实现人民币资本项目可兑换,坚决防范各种风险,切实保障金融市场安全高效运行和整体稳定。这些重要举措针对性很强,有利于清除市场壁垒,加快完善全国统一的现代市场体系。

(三)加快转变政府职能,提高政府管理效率和水平

科学的宏观调控,有效的政府治理,是发挥社会主义市场经济体制优势的内在要求。一方面要重点健全宏观调控体系,以国家发展战略和规划为导向、以财政政策和货币政策为主要手段,推进宏观调控目标制定和政策手段运用机制化,不断增强宏观调控前瞻性、针对性、协同性。另一方面要全面正确履行政府职能,进一步简政放权,最大限度减少中央政府对微观事务的管理,坚决做到"三个一律",即市场机制能有效调节的经济活动,一律取消审批;直接面向基层、量大面广、由地方管理更方便有效的经济社会事项,一律下放地方和基层管理;深化投资体制改革,除关系国家安全和生态安全、涉及全国重大生产力布局、战略性资源开发和重大公共利益等项目外的企业投资项目,一律由企业依法依规自主决策。要特别强调的是,政府职能转变要注重简政放权和加强监管同步推进,权力要下去,标准要定好,监管要上来,增强政府治理能力,提高政府效能,建设法治政府和服务型政府。要优化政府机构设置、职能配置、工作流程,完善决策权、执行权、监督权既相互制约又相互协调的行政运行机制。

(四)深化财税体制改革,建立现代财政制度

财政是国家治理的基础和重要支柱,科学的财税体制是优化资源配置、维护市场统一、促进社会公平、实现国家长治久安的制度保障。财税体制改革是经济体制改革的重点之一,这项改革牵一发而动全身。这些年,财税体制改革不断深化,取得了一定成效,但也存在政府间事权和支出责任划分不够清晰、税制结构不合理、预算管理制度不完善等问题。针对这些问题,《决定》提出,要改进预算管理制度,实施全面规范、公开透明的预算制度,清理规范重点支出同财政收支增幅或生产总值挂钩事项,一般不采取挂钩方式,建立规范合理的中央和地方政府债务管理及风险预警机制,完善一般性转移支付增长机制,清理、整合、规范专项转移支付项目;建立事权和支出责任相适应的制度,适度加强中央事权和支出责任;深化税收制度改革,完善地方税体系,逐步提高直接税比重,完善国税、地税征管体制。

(五)健全城乡发展一体化体制机制,逐步缩小城乡差距

城乡二元结构是我国经济社会发展中最大的结构问题,是制约城乡发展一体化的主要障碍。我国农业基础仍然薄弱,城乡之间在劳动力就业、居民收入、基础设施建设和公共服务水平等方面还存在明显差距。全面建成小康社会,最艰巨最繁重的任务在农村。同时也要看到,推进城乡发展一体化和新型城镇化是我国未来经济发展的重要动力和扩大内需的最大潜力。《决定》强调,要加快构建新型农业经营体系,坚持家庭经营在农业中的基础性地位;赋予农民更多财产权利,包括对集体资产股份占有、收益、有偿退出及抵押、担保、继承权，保障农户宅基地用益物权；推进城乡要素平等交换和公共资源均衡配置，维护农民生产要素权益，保障农民公平分享土地增值收益；完善城镇化健康发展体制机制，促进城镇化和新农村建设协调推进，推进农业转移人口市民化，逐步把符合条件的农业转移人口转为城镇居民。这些改革举措，有利于加快构建以工促农、以城带乡、工农互惠、城乡一体的新型工农城乡关系，有利于让广大农民平等参与现代化进程、共同分享现代化成果。

（六）构建开放型经济新体制，加快培育参与和引领国际经济合作竞争新优势

国际金融危机影响深远，世界格局深度调整，世情、国情正发生深刻变化。客观形势要求我们必须统筹国内国际两个大局，充分利用国内国际两个市场、两种资源，推动对内对外开放相互促进、引进来和走出去更好结合，促进国际国内要素有序自由流动、资源高效配置、市场深度融合。《决定》提出，要放宽投资准入，统一内外资法律法规，保持外资政策稳定、透明、可预期，扩大企业及个人对外投资，确立企业及个人对外投资主体地位；坚持双边、多边、区域次区域开放合作，以周边为基础加快实施自由贸易区战略；扩大内陆沿边开放，允许沿边重点口岸、边境城市、经济合作区在人员往来、加工物流、旅游等方面实行特殊方式和政策，加快同周边国家和区域基础设施互联互通建设，推进丝绸之路经济带、海上丝绸之路建设，形成全方位开放新格局。

（七）推进社会事业改革创新，解决好人民最关心最直接最现实的利益问题

要坚持改革发展为了人民、依靠人民的理念，让改革发展成果更多更公平惠及全体人民。要坚持经济体制改革和社会领域改革协同推进，下大气力改变经济社会发展“一条腿长、一条腿短”的状况，加快以保障和改善民生为重点的社会建设步伐，多谋民生之利，多解民生之忧，更好推动和谐社会建设。《决定》提出，必须推进社会事业改革创新，深化教育领域综合改革，健全促进就业创业体制机制，形成合理有序的收入分配格局，建立更加公平可持续的社会保障制度，深化医药卫生体制改革，建立最严格的覆盖全过程的食品药品安全监管制度。社会事业改革创新既要保证政府履行好应尽的职责，又要充分发挥市场机制的作用，努力为社会提供多样化服务，更好满足人民群众多层次需求。

（八）加快生态文明制度建设，增强可持续发展能力

生态文明建设关系人民福祉、关乎民族未来。当前，我国资源约束趋紧、环境污染严重、生态系统退化的形势严峻。今年春天京津冀及周边地区出现大面积、长时间、高污染雾霾天气，东北三省秋季又连续出现严重雾霾天气，这些都警示我们扭转生态环境恶化趋势已经刻不容缓。生态领域出现的问题与我国长期以来粗放型经济发展方式有很大关系。必须把生态文明建设放在突出地位，处理好经济发展和生态建设的关系，促进生态领域改革和经济体制改革良性互动，努力建设美丽中国，实现中华民族永续发展。《决定》指出，必须建立系统完整的生态文明制度体系，实行最严格的源头保护制度、损害赔偿制度、责任追究制度，完善环境治理和生态修复制度，健全自然资源资产产权制度和用途管制制度，划定生态保护红线，实行资源有偿使用制度和生态补偿制度，改革生态环境保护管理体制。这些改革措施对于加快转变经济发展方式、形成人与自然和谐发展现代化建设新格局具有重大意义。

深化经济体制改革事关国家繁荣富强、人民幸福安康、社会和谐稳定，任务繁重艰巨。我们要在以习近平同志为总书记的党中央坚强领导下，坚决贯彻执行《决定》的各项要求，全面深化改革，完善体制机制，重在实干落实，谱写改革开放伟大事业历史新篇章，为全面建成小康社会、不断夺取中国特色社会主义新胜利、实现中华民族伟大复兴的中国梦而努力奋斗。

（此文载2013年11月20日《人民日报》）

中共中央关于在全党深入开展党的群众路线教育实践活动的意见

（2013 年 5 月 9 日）

党的十八大明确提出，围绕保持党的先进性和纯洁性，在全党深入开展以为民务实清廉为主要内容的党的群众路线教育实践活动。这是新形势下坚持党要管党、从严治党的重大决策，是顺应群众期盼、加强学习型服务型创新型马克思主义执政党建设的重大部署，是推进中国特色社会主义伟大事业的重大举措。以习近平同志为总书记的新一届中央领导集体制定并带头落实关于改进工作作风、密切联系群众的八项规定，有力地推动党风政风改进，同时为开展党的群众路线教育实践活动作了思想动员、工作准备和行动示范。

全心全意为人民服务是党的根本宗旨，群众路线是党的生命线和根本工作路线。党中央高度重视党的群众路线教育实践活动。当前，党员、干部贯彻落实党的群众路线总体是好的，在联系服务人民群众方面做了大量富有成效的工作，但也存在着不符合为民务实清廉要求的问题。特别是有的领导机关、领导班子和一些领导干部形式主义、官僚主义、享乐主义突出，奢靡之风严重，主要表现在：理想信念动摇，宗旨意识淡薄，精神懈怠；贪图名利，弄虚作假，不求实效；脱离群众，脱离实际，不负责任；铺张浪费，奢靡享乐，甚至以权谋私、腐化堕落。这些问题严重损害党在人民群众中的形象，严重损害党群干群关系，必须认真加以解决。在全党深入开展党的群众路线教育实践活动，对于教育引导党员、干部牢固树立宗旨意识和马克思主义群众观点，贯彻党的群众路线，切实改进工作作风，始终赢得人民群众的信任和拥护，夯实党的执政基础，巩固党的执政地位，具有十分重大而深远的意义。

一、指导思想

高举中国特色社会主义伟大旗帜，坚持以马克思列宁主义、毛泽东思想、邓小平理论、“三个代表”重要思想、科学发展观为指导，紧紧围绕保持党的先进性和纯洁性，以为民务实清廉为主要内容，以县处级以上领导机关、领导班子和领导干部为重点，切实加强全体党员马克思主义群众观点和党的群众路线教育，把贯彻落实中央八项规定精神作为切入点，进一步突出作风建设，坚决反对形式主义、官僚主义、享乐主义和奢靡之风，着力解决人民群众反映强烈的突出问题，提高做好新形势下群众工作的能力，保持党同人民群众血肉联系，发挥党密切联系群众的优势，为推动经济持续健康发展、全面建成小康社会、实现中华民族伟大复兴的中国梦提供坚强保证。

党的群众路线教育实践活动全过程，要贯穿“照镜子、正衣冠、洗洗澡、治治病”的总要求。“照镜子”，主要是学习和对照党章，对照廉政准则，对照改进作风要求，对照群众期盼，对照先进典型，查找宗旨意识、工作作风、廉洁自律方面的差距。“正衣冠”，主要是按照为民务实清廉的要求，严明党的纪律特别是政治纪律，敢于触及思想，正视矛盾和问题，从自己做起，从现在改起，端正行为，维护良好形象。“洗洗澡”，主要是以整风精神开展批评和自我批评，深入分析出现形式主义、官僚主义、享乐主义和奢靡之风的原因，坚持自我净化、自我完善、自我革新、自我提高，既要解决实际问题，更要解决思想问题。“治治病”，主要是坚持惩前毖后、治病救人方针，区别情况、对症下药，对作风方面存在问题的党员、干部进行教育提醒，对问题严重的进行查处，对与民争利、损害群众利益的不正之风和突出问题进行专项治理。

二、目标要求

党的群众路线教育实践活动在全体党员中开展，重点抓好县处级以上领导机关、领导班子和领导干部；主要任务是教育引导党员、干部树立群众观点，弘扬优良作风，解决突出问题，保持清廉本色，使党员、干部思想进一步提高、作风进一步转变，党群干群关系进一步密切，为民务实清廉形象进一步树立。要坚持围绕中心、服务大局，全面贯彻落实党的十八大提出的各项任务要求，把作风建设放在突出位置，以作风建设的新成效凝聚起推动经济社会发展的强大力量。

要落实为民务实清廉要求。为民，就是要坚持人民创造历史、人民是真正英雄，坚持以人为本、人民至上，坚持立党为公、执政为民，坚持一切为了群众、一切依靠群众，从群众中来、到群众中去。务实，就是要求真务实、真抓实干，发扬理论联系实际之风；坚持问政于民、问需于民、问计于民，发扬密切联系群众之风；谦虚谨慎、戒骄戒躁，厉行勤俭节约、反对铺张浪费，发扬艰苦奋斗之风。清廉，就是要自觉遵守党章，严格执行廉政准则，主动接受监督，自觉净化朋友圈、社交圈，带头约束自己的行为，增强反腐倡廉和拒腐防变自觉性，严格规范权力行使，把权力关进制度的笼子，坚决反对一切消极腐败现象，做到干部清正、政府清廉、政治清明。

要着力解决突出问题。主要是坚决反对形式主义，教育引导党员、干部端正学风，改进文风会风，在大是大非面前敢于担当、敢于坚持原则，真正把心思用在干事业上，把功夫下到察实情、出实招、办实事、求实效上；坚决反对官僚主义，教育引导党员、干部深入实际、深入基层、深入群众，接地气、通下情，坚持民主集中制，改进调查研究，虚心向群众学习，真心对群众负责，热心为群众服务，诚心接受群众监督；坚决反对享乐主义，教育引导党员、干部牢记“两个务必”，克己奉公，勤政廉政，保持昂扬向上、奋发有为的精神状态；坚决反对奢靡之风，教育引导党员、干部坚守节约光荣、浪费可耻的思想观念，狠刹挥霍享乐和骄奢淫逸的不良风气，做到艰苦朴素、精打细算，勤俭办一切事情。

要牢牢把握基本原则。坚持正面教育为主，加强马克思主义群众观点和党的群众路线教育，加强党性党风党纪教育和道德品行教育，引导党员、干部坚定理想信念，增强公仆意识，讲党性、重品行、作表率，模范践行社会主义核心价值观，坚守共产党人精神追求。坚持批评和自我批评，开展积极健康的思想斗争，敢于揭短亮丑，崇尚真理、改正缺点、修正错误，真正让党员、干部思想受到教育、作风得到改进、行为更加规范。坚持讲求实效，开门搞活动，请群众参与，让群众评判，受群众监督，努力在解决作风不实、不正和行为不廉上取得实效，在提高群众工作能力、密切党群干群关系、全心全意为人民服务上取得实效。坚持分类指导，针对机关、企事业单位和基层的不同情况，找准各自需要解决的突出问题，提出适合各自特点的目标要求和办法措施。坚持领导带头，上级带下级、主要领导带班子成员、领导干部带一般干部，一级抓一级、层层抓落实。

三、方法步骤

中央政治局带头开展党的群众路线教育实践活动。今年6月，中央政治局将召开专门会议，总结检查八项规定的落实情况，分析存在问题，开展批评和自我批评，研究提出进一步加强作风建设的措施。中央政治局常委同志建立教育实践活动联系点，对联系点所在地方和分管领域的教育实践活动进行指导，示范带动和推进全党的教育实践活动。全国人大常委会党组、国务院党组、全国政协党组，结合各自实际开展教育实践活动。

今年下半年开始，自上而下分2批开展教育实践活动。每批大体安排半年时间，2014年7月基本完成。第一批为省部级领导机关和副省级城市机关及其直属单位，中管金融企业、中管企业、中管高等学校；第二批为省以下各级机关及其直属单位和基层组织。要突出抓好直接联系服务群众的执法监管部门和窗口单位、服务行业的教育实践活动；广大党员要普遍受到一次马克思主义群众观点和党的群众路线教育。具体到每个单位，集中教育时间一般不少于3个月。每个批次、每个单位的教育实践活动，着力抓好以下3个环节。

1. 学习教育、听取意见。重点是搞好学习宣传和思想教育，深入开展调查研究，广泛听取干部群众意见。

要采取多种形式进行学习和教育。组织党员、干部认真学习中国特色社会主义理论体系，学习党章和党的十八大报告，学习习近平总书记一系列重要讲话精神，学习党的光辉历史和优良传统，开展理想信念、党性党风党纪和道德品行教育，开展中国特色社会主义宣传教育，开展马克思主义群众观点和党的群众路线专题学习讨论。组织党员、干部走进基层、贴近群众，充分征求意见，为对照检查、开展批评和解决问题打好基础。运用灵活多样、务实管用的方式，抓好基层党员的学习教育工作。

2. 查摆问题、开展批评。重点是围绕为民务实清廉要求，通过群众提、自己找、上级点、互相帮，认真查摆形式主义、官僚主义、享乐主义和奢靡之风方面的问题，进行党性分析和自我剖析，开展批评和自我批评。

要组织召开一次高质量的专题民主生活会。各级党委（党组）要切实负起责任，主要负责同志要带头查摆问题，带头开展批评和自我批评。会前，要充分听取群众意见，党委（党组）主要负责同志与班子成员逐一谈心，班子成员之间要互相谈心，每个班子及其成员都要对照为民务实清廉要求撰写对照检查材料。会上，既要进行深刻的自我批评，又要进行诚恳的相互批评。会后，要在规定范围通报民主生活会情况和班子成员的对照检查材料。

上级党组织派出的督导组要全程参与下级领导班子的专题民主生活会。在民主生活会准备阶段，督导组要向党委（党组）主要负责同志和班子成员通报掌握的班子建设情况和存在的突出问题。对反映存在问题较多的班子成员，由督导组会同党委（党组）主要负责同志进行谈话提醒；对其他班子成员也要进行个别谈话提醒。督导组要会同党委（党组）主要负责同志对班子成员的对照检查材料、开展批评和自我批评情况进行评价，并采取适当形式反馈。可邀请党代会代表、人大代表、政协委员和党员群众代表参加对领导班子和党员领导干部的民主评议。

基层党组织要认真组织党员参加教育实践活动。每个党员都要参加所在党支部或党小组召开的专题组织生活会，针对存在问题，提出改进措施和办法。

3. 整改落实、建章立制。重点是针对作风方面存在的问题，提出解决对策，制定和落实整改方案；对一些突出问题，进行集中治理。每个单位都要抓住重点问题，制定整改任务书、时间表，实行一把手负责制，并在一定范围内公示。注重从体制机制上解决问题，使贯彻党的群众路线成为党员、干部长期自觉的行动。

要强化正风肃纪。紧扣为民务实清廉要求，在反对形式主义方面，对各地区各部门各单位各类会议、文件、简报、节庆、评比表彰和达标活动进行认真清理，根据工作需要精简合并，集中治理文山会海，坚决取消一切没有实质内容、没有实际作用的会议、活动和文件。在反对官僚主义方面，对各级党政机关特别是领导干部的勤政情况进行监督检查，坚决整治推诿扯皮、办事效率低下问题，专项治理消极应付、不作为、乱作为，门难进、脸难看、事难办以及侵害群众利益的问题。在反对享乐主义方面，对各级领导干部落实有关工作和生活待遇规定的情况进行专项检查，进一步规范和落实公务接待有关规定，严禁违反规定配备秘书，认真清退违规占用的住房、办公用房和配备的车辆，不得超编制、超标准配备公务用车。在反对奢靡之风方面，继续清理检查“小金库”，全面检查“三公”经费使用情况，坚决制止铺张浪费行为，严禁用公款大吃大喝，严禁以各种名义用公款互相宴请和安排高消费娱乐活动，严禁借开会、调研、考察、检查、培训等名义变相旅游，严禁党政机关违反规定搞楼堂馆所建设。同时，要加强领导班子建设和严格教育管理干部，对软、懒、散的领导班子进行整顿；对存在一般性作风问题的干部，立足于教育提高，促其改进；对群众意见大、不能认真查摆问题、没有明显改进的干部，要进行组织调整。在活动中发现的重大违纪违法问题，要及时移交纪检监察机关或有关方面严肃查处。

要提高群众工作能力。注重深入基层，摸清情况、摸清底数，克服走马观花、蜻蜓点水，提高调查研究、掌握实情能力；注重倾听民意、集中民智，克服情况不明、个人独断，提高科学决策、民主决策能力；注重直面困难，克服避重就轻、回避矛盾，提高解决问题、化解矛盾能力；注重顺应群众意愿、回应群众呼声，克服盲目指挥、强迫命令，提高宣传群众、组织群众能力。对那些与群众有感情、为群众办实事、得到群众拥护的干部，要大胆提拔使用，树立正确用人导向。

要加强制度建设。对贯彻党的群众路线已有制度进行梳理，经实践检验行之有效、群众认可的，要长期坚持，抓好落实；对不适应新形势新任务要求的，要抓紧修订完善。坚决纠正有令不行、有禁不止、无视制度的问题。注重总结实践中的好经验好做法，完善党员干部直接联系群众制度和畅通群众诉求反映渠道制度，建立健全体现群众意愿的科学民主决策机制，健全干部作风状况考核评价机制，建立健全厉行节约、制止浪费制度，修订完善国内公务接待管理和外宾接待管理规定，完善公务用车配备使用管理办法，完善因公出国（境）管理规定，修订楼堂馆所建设管理制度，完善会议、培训、活动经费管理办法，完善党政机关领导干部住房、用车等工作生活待遇方面的制度，研究制定金融企业、国有企业负责人职务消费管理办法，建立健全公务支出、公款消费方面的审计制度，推动改进工作作风、密切联系群众常态化长效化。

各地区各部门各单位要把组织开展教育实践活动与认真做好各项工作和党员、干部履职尽责结合起来，做到两手抓、两不误、两促进。既要认真落实中央统一部署，坚持教育实践活动的基本环节不能少、不变通，把“规定动作”做到位；又要结合各自实际，灵活安排各个环节的工作，在解决问题上下功夫，有什么问题就解决什么问题，什么问题突出就重点解决什么问题，使“自选动作”有特色。集中教育实践活动告一段落后，要继续抓好整改措施的落实，巩固扩大活动成果。

在省部级单位开展活动期间，省以下地区部门单位，不要等待观望，要认真贯彻落实中央八项规定精神，该改的马上改，该做的马上做。同时，结合实际抓紧调查研究，广泛听取意见，为开展教育实践活动做好准备。

四、组织领导

党的群众路线教育实践活动在中央政治局常委会领导下开展。成立中央党的群众路线教育实践活动领导小组，中央政治局常委同志担任组长，中央组织部主要负责同志和中央纪委、中央宣传部负责同志担任副组长。领导小组成员单位包括：中央纪委、中央办公厅、中央组织部、中央宣传部、中央政研室、中央直属机关工委、中央国家机关工委、国务院办公厅、国家发展改革委、教育部、财政部、人力资源社会保障部、审计署、国务院国资委等。领导小组下设办公室，负责日常工作。

各级党委（党组）是抓好本地区本部门本单位教育实践活动的责任主体，要高度重视，认真负责。党委（党组）主要领导同志要承担起第一责任人的责任；有关部门要密切配合，形成工作合力。成立相应的领导机构和工作机构,具体负责教育实践活动,领导机构由党委(党组)主要领导同志负责。充分发挥行业系统主管部门对本行业本系统的指导作用。要用好的作风组织开展教育实践活动,注重发挥典型的示范和警示作用,力戒形式主义,不要走过场,做到“不虚”;着力解决突出问题,做到“不空”;紧紧围绕为民务实清廉,做到“不偏”,确保教育实践活动沿着正确的轨道健康深入推进。每个批次教育实践活动结束后,各地区各部门各单位党委(党组)要向上级党组织写出报告。

要加强宣传引导工作。新闻媒体要广泛宣传中央精神,通过新闻报道、先进典型宣传、言论评论、工作综述、专题专访等形式,充分反映教育实践活动进展和成效。创新宣传形式和载体,重视发挥网站、微博客等新兴媒体的作用,加强正面宣传和舆论引导,为教育实践活动营造良好舆论氛围。强化舆论监督,通过以案说法、典型曝光、事件评述等方式,发挥监督警示作用,促进教育实践活动深入开展。组织开展党的群众路线理论研究,适时召开理论研讨会。

各级党的群众路线教育实践活动领导小组派出督导组,全程督导所负责地区部门单位的教育实践活动,进行巡回指导,加强督促检查工作。

人民解放军和武警部队党的群众路线教育实践活动由总政治部作出部署。

中国共产党党内法规制定条例

第一章　总　　则

第一条　为了规范中国共产党党内法规制定工作,建立健全党内法规制度体系,提高党的建设科学化水平,根据《中国共产党章程》,制定本条例。

第二条　党内法规是党的中央组织以及中央纪律检查委员会、中央各部门和省、自治区、直辖市党委制定的规范党组织的工作、活动和党员行为的党内规章制度的总称。

党章是最根本的党内法规,是制定其他党内法规的基础和依据。

第三条　党的中央组织制定的党内法规称为中央党内法规。下列事项应当由中央党内法规规定:

(一)党的性质和宗旨、路线和纲领、指导思想和奋斗目标;

(二)党的各级组织的产生、组成和职权;

(三)党员义务和权利方面的基本制度;

(四)党的各方面工作的基本制度;

(五)涉及党的重大问题的事项;

(六)其他应当由中央党内法规规定的事项。

中央纪律检查委员会、中央各部门和省、自治区、直辖市党委就其职权范围内有关事项制定党内法规。

第四条　党内法规的名称为党章、准则、条例、规则、规定、办法、细则。

党章对党的性质和宗旨、路线和纲领、指导思想和奋斗目标、组织原则和组织机构、党员义务和权利以及党的纪律等作出根本规定。

准则对全党政治生活、组织生活和全体党员行为作出基本规定。

条例对党的某一领域重要关系或者某一方面重要工作作出全面规定。

规则、规定、办法、细则对党的某一方面重要工作或者事项作出具体规定。

中央纪律检查委员会、中央各部门和省、自治区、直辖市党委制定的党内法规,称为规则、规定、办法、细则。

第五条　党内法规的内容应当用条款形式表述,不同于一般不用条款形式表述的决议、决定、意见、通知等规范性文件。

第六条　制定党内法规在中央统一领导下进行。制定党内法规的日常工作由中央书记处负责。

中央办公厅承担党内法规制定的统筹协调工作,其所属法规工作机构承办具体事务。

中央纪律检查委员会、中央各部门和省、自治区、直辖市党委负责职权范围内的党内法规制定工作,其所属负责法规工作的机构承办具体事务。

第七条　制定党内法规应当遵循下列原则:

(一)从党的事业发展需要和党的建设实际出发;

(二)以党章为根本依据,贯彻党的理论和路线、方针、政策;

(三)遵守党必须在宪法和法律范围内活动的规定;

(四)符合科学执政、民主执政、依法执政的要求;

(五)有利于推进党的建设制度化、规范化、程序化;

(六)坚持民主集中制,充分发扬党内民主,维护党的集中统一;

(七)维护党内法规制度体系的统一性和权威性;

(八)注重简明实用,防止繁琐重复。

(此《条例》由新华社2013年5月27日受权发布)

中国共产党党内法规和规范性文件备案规定

第一条　为了规范党内法规和规范性文件备案工作,保证党内法规和规范性文件同党章和党的理论、路线、方针、政策相一致,同宪法和法律相一致,维护党内法规制度体系的统一性和权威性,根据《中国共产党党内法规制定条例》,制定本规定。

第二条　本规定适用于中央纪律检查委员会、中央各部门和省、自治区、直辖市党委制定的党内法规和规范性文件的备案工作。

本规定所称规范性文件,是指中央纪律检查委员会、中央各部门和省、自治区、直辖市党委在履行职责过程中形成的具有普遍约束力、可以反复适用的决议、决定、意见、通知等文件,包括贯彻执行中央决策部署、指导推动经济社会发展、涉及人民群众切身利益、加强和改进党的建设等方面的重要文件。

下列文件不属于备案范围:

(一)人事调整、内部机构设置、表彰决定方面的文件;

(二)请示、报告、会议活动通知、会议纪要、领导讲话、情况通报、工作要点、工作总结;

(三)机关内部工作制度和工作方案;

(四)其他不具有普遍约束力、不可反复适用的文件。

第三条　党内法规和规范性文件备案,应当做到有件必备、有备必审、有错必纠。

第四条　依照本规定应当备案的党内法规和规范性文件,自发布之日起30日内由制定机关报送中央备案,联合发布的党内法规和规范性文件由主办机关报送中央备案。具体工作由制定机关或者主办机关所属负责法规工作的机构承担。

第五条　中央办公厅承办党内法规和规范性文件备案工作,具体事务由中央办公厅法规工作机构办理。

依照本规定应当备案的党内法规和规范性文件,直接送中央办公厅法规工作机构。

第六条　报送党内法规和规范性文件备案,应当提交备案报告、正式文本和制定说明,并装订成册,一式3份,同时通过党内法规专网报送电子文本。

对于不报送或者不按时报送应当备案的党内法规和规范性文件的,由中央办公厅责令其限期补报。

第七条　中央办公厅对报送中央备案的党内法规和规范性文件进行审查。主要审查以下内容:

(一)是否同党章和党的理论、路线、方针、政策相抵触;

(二)是否同宪法和法律不一致;

(三)是否同上位党内法规和规范性文件相抵触;

(四)是否与其他同位党内法规和规范性文件对同一事项的规定相冲突;

(五)规定的内容是否明显不当;

(六)是否符合制定权限和程序。

第八条　中央办公厅法规工作机构在办理党内法规和规范性文件备案审查事宜时,需要报送机构说明有关情况的,报送机构应当在规定期限内予以说明。

第九条　中央办公厅法规工作机构应当在收到报送备案的党内法规和规范性文件后30日内完成备案审查。

第十条　审查中发现党内法规和规范性文件存在第七条所列问题的,中央办公厅法规工作机构经批准可以建议制定机关自行纠正,制定机关应当在30日内作出处理并反馈处理情况,逾期不作出处理的,中央办公厅提出予以纠正或者撤销的建议，报请中央决定。

第十一条 经审查符合备案条件的党内法规和规范性文件，由中央办公厅法规工作机构存档备查，并及时将备案情况通报报送机构，同时公布已备案的党内法规和规范性文件目录。

第十二条 建立备案工作考核评价制度，对备案工作成绩突出的单位和个人，按照有关规定予以表彰。

对备案审查中发现的党内法规和规范性文件存在的突出问题，可以在一定范围内通报。

第十三条 每年1月31日前，中央纪律检查委员会、中央各部门和省、自治区、直辖市党委应当将上一年度发布的党内法规和规范性文件目录，送中央办公厅法规工作机构备查。

第十四条 建立党内法规和规范性文件备案审查与国家法规、规章和规范性文件备案审查衔接联动机制。

第十五条 省、自治区、直辖市党委应当依照本规定精神建立相应的备案制度，按照下备一级原则开展备案工作。

中央纪律检查委员会、中央各部门可以根据工作需要，依照本规定精神建立本系统备案制度。

第十六条 中央军事委员会及其总政治部依照本规定精神开展军队党内法规和规范性文件备案工作。

第十七条 本规定由中央办公厅负责解释。

第十八条 本规定自2012年7月1日起施行。

（此《规定》由新华社2013年5月27日受权发布）

关于进一步加强烈士纪念工作的意见

在中国革命、建设、改革各个历史时期，涌现出无数为民族独立、人民解放和国家富强、人民幸福矢志奋斗、无私奉献、英勇牺牲的烈士，他们的功勋彪炳史册，他们的精神成为激励全国各族人民为实现中华民族伟大复兴而不懈奋斗的力量源泉。中央历来高度重视烈士纪念工作，出台了一系列政策措施，推动烈士纪念工作取得明显成效。随着形势任务的发展变化，烈士纪念工作还存在一些不足，特别是有的地方和部门对这项工作重视不够，公众参与度不高，相关制度机制不完善。为深入贯彻落实党的十八大精神，着力推进社会主义核心价值体系建设，经中央同意，现就进一步加强烈士纪念工作提出如下意见。

一、大力弘扬烈士精神

各地区各部门各单位要充分利用报刊、广播、影视、网络等媒体，广泛宣传烈士精神。积极开展主题教育活动，运用专题展览、报告会、阅读活动等多种形式，将弘扬烈士精神融入群众性文化活动之中。鼓励创作出版以烈士英雄事迹为题材、群众喜闻乐见的文艺作品和通俗读物，积极开展烈士史料编纂工作，制作展播反映烈士纪念设施建设保护管理的专题片，创办开通中华英烈网。整合军地资源，拓展研究领域，深入挖掘和大力弘扬在不同历史时期形成的烈士精神，在全社会营造缅怀烈士、崇尚烈士、学习烈士的浓厚氛围。

二、广泛开展纪念烈士活动

每年清明节、国庆节等节日和重要纪念日期间，各级党委、政府和驻军部队以及企事业单位、社会组织要充分利用烈士纪念设施、爱国主义教育基地、国防教育基地等红色资源，组织开展祭奠烈士、缅怀英烈活动。采取有力措施，引导广大干部群众积极参与瞻仰烈士纪念设施、献花植树等经常性纪念活动，将烈士纪念活动融入日常生活、学校教育和红色旅游。充分运用现代信息技术手段，开展网上祭奠活动。研究设立烈士纪念日，建立健全烈士祭扫制度和礼仪规范等相关规章制度，让人民群众充分参与，确保烈士纪念活动深入持久、庄严有序开展。

三、坚持用烈士英雄事迹教育青少年

要在中小学充实关于著名烈士英雄事迹教育的内容，利用课堂教学、主题教育等对学生进行形式多样的思想道德教育。积极组织老红军、老八路、老战士、老党员和烈士后人，为青少年讲授烈士生平和英雄事迹，增强宣传教育活动的吸引力和感染力。坚持在入队、入团、入党、入伍等人生成长的重要时机，倡导在18岁成人、学生毕业时，组织开展烈士英雄事迹教育活动，通过参观瞻仰烈士纪念设施、集体宣誓仪式、网上祭奠英烈等形式，引导广大青少年铭记烈士的英名和壮举，进一步树立正确的世界观、人生观、价值观，增强历史责任感和使命感。

四、加强烈士纪念设施保护管理

各级党委、政府和有关部门要整合各地区各部门烈士纪念设施资源，理顺隶属关系，明确保护管理责任，统一归口民政部门实施保护管理，充分发挥烈士纪念设施的整体效能。认真落实烈士纪念设施保护管理相关法规，研究制定烈士纪念设施建设规范和标准，完善烈士纪念设施保护管理办法，明确分级保护管理责任，加大经费投入和保护管理力度。高质量高标准完成零散烈士纪念设施抢救保护工程，积极稳妥推进境外烈士纪念设施保护管理工作，建立健全保护管理长效机制。加强烈士史料和遗物的收集、抢救、挖掘、保护和陈列展示工作。对已公布为文物的烈士纪念设施，要按照文物保护法有关规定加强保护、管理与利用。动员社会力量支持烈士纪念设施建设保护管理，研究制定社会捐赠、志愿服务、义务劳动等方面的政策规定。建立检查监督机制，严肃查处人为破坏和污损烈士纪念设施的行为。

五、完善烈属抚恤优待政策

各级党委和政府要不断完善烈属优待帮扶政策，进一步强化政府主体责任，逐步提高烈属抚恤金标准，妥善解决烈属生活、医疗、住房和子女教育、就业等方面存在的实际困难。对符合条件的烈属家庭，优先配租配售保障性住房或发放廉租住房租赁补贴；对住房困难的农村烈属家庭，当地政府要积极帮助解决困难。切实加强优抚医院、光荣院建设，最大限度地满足烈属医疗、供养服务需求。定期走访慰问烈属，精心组织烈属祭扫活动，认真落实为烈属挂光荣牌工作，积极动员社会力量为烈属送温暖献爱心，让广大烈属切实感受到党和政府的关心关爱，感受到全社会的尊重。

六、认真履行部门职责

民政部门要统筹协调规划烈士纪念工作，研究制定烈士褒扬政策规定，做好烈士评定备案、烈属抚恤优待、纪念设施保护管理和组织指导祭扫活动等工作。宣传部门要加强对烈士纪念工作宣传报道的指导协调，逐步将符合条件的烈士纪念设施命名为爱国主义教育基地，并落实相关政策。党史、军史研究部门要加强对烈士精神的理论研究。组织、机构编制和人力资源社会保障部门要在队伍建设、人才培养等方面，加大对烈士纪念工作的支持力度。发展改革部门要将烈士纪念设施建设和保护纳入国民经济和社会发展规划，将重要烈士纪念设施纳入红色旅游发展规划。教育部门要以青少年学生为重点，把烈士英雄事迹宣传教育贯穿到国民教育体系。财政部门要加大经费保障力度，健全经费保障使用管理办法。文化、新闻出版广电等部门要鼓励和支持弘扬烈士精神的文学艺术、影视作品，以及报刊、图书、数字、音像电子等出版物的创作生产和宣传推广。文物部门要做好涉及烈士的文物鉴定和普查工作，加强对革命文物保护管理的指导。旅游部门要积极引导广大群众参观瞻仰烈士纪念设施，接受英雄事迹教育。工会、共青团、妇联等人民团体要组织企业职工、青少年、妇女开展纪念烈士活动。军队和武警部队要支持和配合地方政府做好烈士纪念工作，努力形成齐抓共管、共同推进的良好局面。

七、强化组织领导

各级党委和政府要加强对烈士纪念工作的组织领导和统筹协调，坚持继承与发展并举、建设与保护并重，努力推动烈士纪念工作深入持久开展。建立党委统一领导、政府行政主导、部门主动配合、社会广泛参与的工作机制，定期研究解决烈士纪念工作中存在的困难和问题。将烈士纪念工作落实情况纳入文明城市、双拥模范城（县）创建活动考评内容，同步考评、同步推进。把烈士纪念设施日常保护管理和维修改造经费纳入同级财政预算，民政部门会同财政部门安排中央财政性资金对国家级和零散烈士纪念设施维修改造给予补助，并对中西部地区予以倾斜。强化烈士纪念设施保护单位的公益属性，根据烈士纪念设施分级保护管理标准和工作需要，调整优化机构设置，充实人员力量。按照稳定队伍、充实力量、提高素质的要求，加强教育培训，健全激励机制，注重选拔使用，努力建设一支政治坚定、业务精湛、结构合理、甘于奉献的工作人员队伍，为烈士纪念工作提供人才保障。

（此《意见》由中共中央办公厅、国务院办公厅、中央军委办公厅印发，新华社 2013 年 7 月 3 日受权发布）

关于党政机关停止新建楼堂馆所和清理办公用房的通知

近年来,各地区各部门认真贯彻中央要求,在严格控制党政机关楼堂馆所建设方面采取了一些措施,取得了一定成效。但是,近期一些地区和部门又出现了违规修建楼堂馆所的现象,损害党风政风,影响党和政府形象,人民群众反映强烈。党中央、国务院对此高度重视,强调各级党政机关要大力弘扬艰苦奋斗、勤俭节约的优良作风,认真贯彻落实中央八项规定精神,树立过紧日子的思想,全面停止新建楼堂馆所,规范办公用房管理,切实把有限的资金和资源更多用在发展经济、改善民生上。经党中央、国务院同意,现就有关事项通知如下。

一、全面停止新建党政机关楼堂馆所

自本通知印发之日起,5 年内,各级党政机关一律不得以任何形式和理由新建楼堂馆所。

(一)停止新建、扩建楼堂馆所。严禁以任何理由新建楼堂馆所,严禁以危房改造等名义改扩建楼堂馆所,严禁以建技术业务用房名义搭车新建楼堂馆所,严禁改变技术业务用房的用途。

(二)停止迁建、购置楼堂馆所。严禁以城市改造、城市规划等理由在他处重新建设楼堂馆所,严禁以任何理由购置楼堂馆所。

(三)严禁以“学院”、“中心”等名义建设楼堂馆所。严禁接受任何形式的赞助建设和捐赠建设,严禁借企业名义搞任何形式的合作建设、集资建设或专项建设。

(四)已批准但尚未开工建设的楼堂馆所项目,一律停建。

二、严格控制办公用房维修改造项目

办公用房因使用时间较长、设施设备老化、功能不全、存在安全隐患,不能满足办公要求的,可进行维修改造。维修改造项目要以消除安全隐患、恢复和完善使用功能为重点,严格履行审批程序,严格执行维修改造标准,严禁豪华装修。

中央直属机关办公用房维修改造项目,由中直管理局审批。国务院各部门办公用房维修改造项目,由国管局审批。地方各级党政机关办公用房维修改造项目的审批程序,由各省、自治区、直辖市规定。各地区要根据本地区实际制定党政机关办公用房维修改造标准和工程消耗量定额。

各级党政机关要严格按照 2007 年印发的《中共中央办公厅、国务院办公厅关于进一步严格控制党政机关办公楼等楼堂馆所建设问题的通知》要求,加强预算和资金使用管理。党政机关办公用房维修改造项目所需投资,统一纳入预算安排财政资金解决,未经审批的项目,不得安排预算。

各级党政机关不得以任何理由安排财政资金用于包括培训中心在内的各类具有住宿、会议、餐饮等接待功能的设施或场所的维修改造。

三、全面清理党政机关和领导干部办公用房

各级党政机关要对占有、使用的办公用房进行全面清理,根据不同情况分别作出如下处理:

(一)超过《党政机关办公用房建设标准》(原国家计委计投资[1999]2250 号)规定的面积标准占有、使用办公用房的,应予以腾退。

(二)未经批准改变办公用房使用功能的,原则上应恢复原使用功能。

(三)已经出租、出借的办公用房到期应予

收回，租赁合同未到期的，租金收入严格按照收支两条线规定管理，到期后不得续租。未经批准租用办公用房的，应予以清理并腾退，严禁以租用过渡性用房名义变相购建使用办公用房。

（四）除在立项批复中明确事业单位和行政机关办公用房一并建设外，所属其他企事业单位一律不得占用行政机关办公用房，已占用的，原则上应予以清理并腾退。

（五）部门和单位在机构变动中转为企业的，所占用的办公用房应予腾退，确实难以腾退的，经批准可租用原办公用房或按规定程序转为企业国有资本金。

（六）各级党政机关领导干部应当严格按照《党政机关办公用房建设标准》的规定配置办公用房。办公用房面积超标准配置的，应予以清理并腾退；领导干部在不同部门同时任职的，应在主要工作部门安排一处办公用房，其他任职部门不再安排办公用房；领导干部工作调动的，由调入部门安排办公用房，原单位的办公用房不再保留；领导干部在人大或政协任职，人大或政协已安排办公用房的，原单位的办公用房不再保留，人大或政协没有安排办公用房的，由原单位根据本人承担工作的实际情况，安排适当的办公用房；领导干部在协会等单位任职的，由协会等单位根据工作需要安排办公用房，原单位的办公用房不再保留；领导干部已办理离退休手续的，原单位的办公用房应及时腾退。

四、严格规范党政机关办公用房管理

各地区要按照有关规定，建立健全办公用房集中统一管理制度，实行统一调配、统一权属登记。要严格按照《党政机关办公用房建设标准》和各部门各单位“三定”规定，从严核定办公用房面积。新建、调整办公用房的部门和单位，要按照“建新交旧”、“调新交旧”原则，在搬入新建或新调整办公用房的同时，及时将原办公用房腾退移交机关事务主管部门。因机构增设、职能调整确需增加办公用房的，应在本部门本单位现有办公用房中解决；本部门本单位现有办公用房不能满足需要的，由机关事务主管部门整合办公用房资源调剂解决；无法调剂、确需租用办公用房的，要严格履行审批手续。各级党政机关要制定本部门本单位办公用房使用管理制度，严格办公用房使用管理。

各级机关事务主管部门要做好办公用房物业管理工作，制定和完善物业服务内容、服务标准和收费标准等制度，并结合机关后勤服务社会化改革，逐步推进办公用房物业服务社会化。

五、切实加强领导，强化监督检查

停止新建党政机关楼堂馆所和清理办公用房，是加强党风廉政建设的重要内容，是密切党群干群关系、维护党和政府形象的客观要求，各级党政机关要高度重视，领导干部要率先垂范。各地区各部门各单位要结合实际，抓紧制定相关制度标准和实施办法，切实加强领导，严格落实责任制，确保本通知精神落到实处。

投资主管部门要进一步完善审批程序，建立健全审批责任制和内部监督机制，对违规审批等行为要严肃处理。财政部门要严格公共财政预算管理，对未按规定履行审批手续的党政机关楼堂馆所建设和维修改造项目一律不得下达财政预算。各部门各单位年终应把楼堂馆所建设和维修改造项目实施情况作为政务公开的重要内容，主动接受社会监督。国土资源管理部门要严格土地供应管理，对未按规定履行审批手续的党政机关楼堂馆所建设和维修改造项目一律不得供地。住房城乡建设部门要加强对党政机关楼堂馆所建设和维修改造项目的监管，并制定相应的标准和工程消耗量定额。机关事务主管部门要完善党政机关办公用房管理制度，定期组织督促检查，并通报检查情况，督促落实办公用房清理工作。审计部门要加强对党政机关楼堂馆所建设和维修改造项目的审计监督。纪检监察机关要坚决纠正和查处党政机关楼堂馆所建设和维修改造项目及办公用房管理使用中的各种违规违纪行为，对有令不行、有禁不止的,依照有关规定严肃追究直接责任人和有关领导人员的责任。

2013 年 9 月 30 日前,各地区要将落实本通知的情况报中央办公厅、国务院办公厅;中央和国家机关各部门落实本通知的情况,按系统分别报中直管理局、国管局,汇总后报中央办公厅、国务院办公厅。中央办公厅、国务院办公厅将视情组织督促检查,并通报检查情况。

本通知所称党政机关,包括党的机关、人大机关、行政机关、政协机关、审判机关、检察机关。各级党政机关派出机构、直属事业单位及工会、共青团、妇联等人民团体适用本通知。国有及国有控股企业参照本通知执行。

本通知所称党政机关楼堂馆所,包括使用财政性资金建设的党政机关办公用房、培训中心,以及以"学院"、"中心"等名义兴建的具有住宿、会议、餐饮等接待功能的设施或场所;领导干部是指省部级以下(含省部级)各级党政领导干部。党政机关使用非财政性资金建设的楼堂馆所,参照本通知执行。

(此《通知》由中共中央办公厅、国务院办公厅印发,新华网 2013 年 7 月 23 日发布)

中共中央　国务院　中央军委
关于给聂海胜颁发“二级航天功勋奖章”
授予张晓光、王亚平“英雄航天员”荣誉称号
并颁发“三级航天功勋奖章”的决定

（2013年7月26日）

2013年6月11日，我国航天员聂海胜、张晓光、王亚平同志驾乘神舟十号载人飞船成功进入太空，在实现与天宫一号目标飞行器自动和手动控制交会对接，完成一系列空间科学实验，开展航天员太空授课后，于6月26日安全返回地面。天宫一号与神舟十号载人飞行任务的圆满成功，巩固了我国空间交会对接技术，标志着我国载人航天工程第二步战略目标取得重大阶段性胜利，彰显了中国人民的非凡智慧和卓越创造力，书写了中华民族自强不息、锐意创新的又一篇章。这一新的重大成就，对于增强我国经济实力、科技实力、民族凝聚力，展示中国道路、中国精神、中国力量，鼓舞和激励全党全军全国各族人民朝着党的十八大描绘的宏伟蓝图胜利迈进，具有重大而深远的意义。

天宫一号与神舟十号载人飞行任务的圆满完成，凝聚着参加工程研制、建设、试验的广大科技工作者、航天员、干部职工和解放军指战员的心血和智慧，聂海胜、张晓光、王亚平同志就是其中的杰出代表。他们忠诚使命、勇于担当，刻苦训练、周密准备，不畏艰险、沉着果敢，精心操作、密切配合，出色完成了各项任务。为褒奖他们建立的卓著功绩，中共中央、国务院、中央军委决定，给聂海胜同志颁发“二级航天功勋奖章”，授予张晓光、王亚平同志“英雄航天员”荣誉称号并颁发“三级航天功勋奖章”。

聂海胜、张晓光、王亚平同志是中华民族和平利用太空的勇敢探索者，是实现中华民族伟大复兴中国梦的忠诚实践者。中央号召，全党全军全国各族人民要以他们为榜样，学习他们忠诚于党、矢志报国的坚定信念，学习他们英勇无畏、拼搏奉献的顽强意志，学习他们勇于探索、精益求精的科学作风，努力在本职岗位上建功立业。

让我们紧密团结在以习近平同志为总书记的党中央周围，全面贯彻落实党的十八大精神，高举中国特色社会主义伟大旗帜，以邓小平理论、“三个代表”重要思想、科学发展观为指导，大力弘扬“两弹一星”精神和载人航天精神，艰苦奋斗，开拓创新，团结协作，再创佳绩，为全面建成小康社会、实现中华民族伟大复兴的中国梦作出新的更大贡献！

2013—2017年全国干部教育培训规划

干部教育培训是建设高素质干部队伍的先导性、基础性、战略性工程，在推进中国特色社会主义伟大事业和党的建设新的伟大工程中具有不可替代的地位和作用。党的十七大以来，我们党坚持大规模培训干部、大幅度提高干部素质，积极推进改革创新，着力增强教育培训的统筹性针对性实效性，干部教育培训事业取得新的重大进展，为建设高素质干部队伍、推动科学发展、促进社会和谐提供了有力支撑。党的十八大作出建设学习型、服务型、创新型马克思主义执政党的战略部署，对加强和改进干部教育培训、提高干部素质和能力提出了新的更高要求。为深入贯彻落实党的十八大精神，培养造就高素质干部队伍，根据干部教育培训工作实际，制定本规划。

一、指导思想和总体要求

（一）指导思想

高举中国特色社会主义伟大旗帜，以马克思列宁主义、毛泽东思想、邓小平理论、“三个代表”重要思想和科学发展观为指导，深入贯彻落实党的十八大精神，牢牢把握加强党的执政能力建设、先进性和纯洁性建设这条主线，持续推进大规模培训干部、大幅度提高干部素质的战略任务，全面深化干部教育培训改革，全面提升干部教育培训质量，努力培养信念坚定、为民服务、勤政务实、敢于担当、清正廉洁的好干部，为全面建成小康社会、夺取中国特色社会主义新胜利、实现中华民族伟大复兴的中国梦提供坚强保障。

（二）基本原则

——坚持服务大局、按需施教，党和国家事业发展需要什么就培训什么，干部履职尽责和健康成长需要什么就培训什么。

——坚持分类分级、全员培训，把干部教育培训的普遍性要求与不同类别、不同层次、不同岗位干部的特殊需要结合起来，增强针对性，实现全覆盖。

——坚持联系实际、学以致用，以问题为导向、以正在做的事情为中心开展教育培训，提高干部运用所学理论和知识指导实践、解决问题、推动工作的能力。

——坚持质量第一、注重实效，把改革创新贯穿于干部教育培训各环节各方面，实现数量与质量、规模与效益相统一。

（三）目标任务

以加强中国特色社会主义理论体系学习为首要任务，全面推进理论武装、党性教育、能力培训和知识更新，使广大干部理想信念更加坚定、理论素养不断提高、党性修养切实增强、工作作风明显改进、德才素质和履职能力显著提升，使干部教育培训推动党和国家事业发展的作用更加明显。进一步推进干部教育培训改革创新，努力形成更加开放、更具活力、更有实效的中国特色干部教育培训体系，提高干部教育培训科学化水平。

（四）数量指标和质量要求

1. 数量指标。加强脱产培训，保证不同类别干部每年达到一定的调训率、参训率和人均脱产培训学时数。拓展网络培训，保证网络培训达到一定覆盖率和人均年学时数。

2. 质量要求。全面开展培训质量评估，从培训设计、实施、管理以及培训效果等方面入手，对每个培训项目进行考核测评，把评估结果作为评价党校、行政学院、干部学院和社会主义学院办学质量的重要依据，作为确定高等学校、社会培训机构、境外培训机构承担培训任务的重要标准，作为干部教育培训机构推动教学改革、提高教学质量的重要指引。结合不同培训项目特点，合理设置评估标准，把培训需求适配度、课程设计科学性、师资选配合理性、教学内容满意度、教学方法有效性、教学组织有序性、学风校风良好度以及培训对干部能力素养提高的帮助程度等，作为质量评估的主要内容，努力探索科学的项目质量评估办法。

二、重点培训内容

（一）深入开展马克思主义基本原理学习培训。组织广大干部深入学习马克思列宁主义、毛泽东思想，原原本本研读马克思、恩格斯、列宁和毛泽东同志的经典著作，引导干部深入理解马克思列宁主义、毛泽东思想的精神实质和思想精髓，掌握基本原理和科学体系，深化对共产党执政规律、社会主义建设规律、人类社会发展规律的认识，坚定对马克思主义的信仰、对社会主义和共产主义的信念，增强运用马克思主义立场、观点、方法分析解决问题的能力。

（二）突出抓好中国特色社会主义理论体系学习培训。组织广大干部深入学习邓小平理论、“三个代表”重要思想、科学发展观和党的十八大以来习近平同志一系列重要讲话精神，引导干部深刻领会中国特色社会主义的科学内涵，准确把握夺取中国特色社会主义新胜利的基本要求，增强中国特色社会主义道路自信、理论自信、制度自信，矢志不渝为中国特色社会主义共同理想而奋斗。特别是要组织广大干部深入学习实践科学发展观，引导干部深刻领会科学发展观的精神实质，准确把握贯彻落实科学发展观的第一要义、核心立场、基本要求、根本方法，增强贯彻落实科学发展观的自觉性和坚定性，坚定不移走科学发展之路。把学习中国特色社会主义理论体系与研读马克思主义经典著作结合起来，与学习党的路线方针政策结合起来，与改革开放和现代化建设的生动实践结合起来，引导干部深刻理解中国特色社会主义理论体系与马克思列宁主义、毛泽东思想一脉相承又与时俱进的关系，牢固树立辩证唯物主义和历史唯物主义世界观和方法论，提高战略思维、创新思维、辩证思维、底线思维能力，增强辨别大是大非问题的本领。

（三）大力加强党性党风党纪和党史国史教育。加强党章学习培训，引导广大党员干部把党章作为加强党性修养的根本标准，自觉遵守党章、贯彻党章、维护党章。加强党的纪律特别是政治纪律教育，引导干部坚持党的基本理论、基本路线、基本纲领、基本经验、基本要求，在思想上政治上行动上始终同以习近平同志为总书记的党中央保持高度一致，坚决维护中央权威，确保中央政令畅通。突出马克思主义群众观点和党的群众路线教育，引导干部牢固树立正确的世界观、权力观、事业观，增强宗旨意识和公仆意识。加强作风教育，引导干部牢记“两个务必”，认真落实中央八项规定精神，坚决反对形式主义、官僚主义、享乐主义和奢靡之风，切实做到求真务实、艰苦奋斗、勤俭节约。加强反腐倡廉教育，引导干部保持廉洁操守，筑牢拒腐防变思想防线，提高抵御腐败风险的能力。加强党史国史特别是党领导人民的奋斗史、创业史、改革开放史教育，将其作为必修课，帮助干部了解党和国家事业发展的来龙去脉，深刻认识党的两个历史问题决议总结的经验教训，切实做到知史爱党、知史爱国。把党史国史教育与世情国情党情教育结合起来，引导干部增强忧患意识、使命意识，自觉为党分忧、为国尽责、为民奉献。

（四）深入开展社会主义核心价值体系教育。组织广大干部深入学习社会主义核心价值体系，引导他们把握其科学内涵和实践要求，自觉转化为精神信仰，自觉践行社会主义核心价值观。加强中国特色社会主义共同理想教育，大力开展民族精神和时代精神教育，引导广大干部牢记责任、敢于担当，坚持与时俱进、改革创新,团结带领人民群众为实现中华民族伟大复兴的中国梦而奋斗。加强社会主义道德教育,通过先进典型和道德模范现身说法等方式,引导干部模范践行社会主义荣辱观,讲党性、重品行、作表率,自觉做社会主义道德的示范者、诚信风尚的引领者和公平正义的维护者。

(五)着力加强推动科学发展能力培养。 大力开展经济体制改革、创新驱动发展战略、经济结构战略性调整、城乡发展一体化、开放型经济以及推动中国特色新型工业化、信息化、城镇化、农业现代化等方面的培训,提高干部加快完善社会主义市场经济体制和加快转变经济发展方式的本领。大力开展扩大社会主义民主、加快建设社会主义法治国家、发展社会主义政治文明等方面的培训,加强社会主义法治精神、法治理念和法律法规教育,提高干部科学执政、民主执政、依法执政的本领。大力开展深化文化体制改革、增强文化整体实力和竞争力、提升国家文化软实力等方面的培训,提高干部推进社会主义文化强国建设的本领。大力开展保障和改善民生、推进社会体制改革、加强和创新社会管理等方面的培训,提高干部做群众工作能力和推进社会主义和谐社会建设的本领。大力开展生态文明理念、优化国土空间开发格局、资源节约、环境保护等方面的培训,提高干部推进美丽中国建设的本领。

(六)积极开展各种知识教育。 着眼于提高干部履行岗位职责的素质和能力,结合实际工作需要,广泛开展经济、政治、文化、社会、生态和哲学、历史、科技、法律、军事、国际等方面知识特别是各种新知识新技能的培训,帮助干部优化知识结构、拓宽眼界思路、树立全球视野、提高科学人文素养。加强国防和军队建设、公共外交、民族宗教、安全保密和心理健康等方面的教育。

三、培训对象及措施

(一)党政干部

1. 领导班子成员。着眼于培养造就一支政治坚定、能力过硬、作风优良、奋发有为的执政骨干队伍,以理论武装为根本、党性教育为核心、能力提升为主线,加强县处级及以上领导班子成员特别是党政主要负责同志的培训。

主要措施:(1)省部级领导干部。中央每年就关系党和国家全局的重大理论和现实问题举办省部级主要领导干部专题研讨班。中央组织部每年安排500名左右省部级领导干部到国家级干部教育培训机构培训,会同教育部定期举办中管高校主要领导干部高级进修班。(2)市(地、州、盟)党政领导班子成员和省(自治区、直辖市)直属部门单位领导班子成员。中央组织部每年安排3000名左右厅局级领导班子成员到国家级干部教育培训机构培训。中央和国家机关有关部委按照职责分工,对本系统的省(自治区、直辖市)直属部门单位领导班子成员开展业务培训。各省(自治区、直辖市)每年安排不少于1/5的副厅局级领导班子成员到省级干部教育培训机构培训。(3)县(市、区、旗)党政领导班子成员和市(地、州、盟)直属部门单位领导班子成员。中央组织部定期安排新任县委书记到中央党校参加任职培训,每年安排500名左右县委书记到中国井冈山干部学院、中国延安干部学院进行党性教育。各省(自治区、直辖市)每年安排不少于1/5的正县处级领导班子成员到省级干部教育培训机构培训。各市(地、州、盟)抓好其他县处级领导班子成员的教育培训。(4)中央组织部统筹规划、各级组织部门组织实施,全员开展各级党政领导班子成员科学发展能力提升培训。中央组织部会同国务院有关部门,加强对各级党政领导班子成员和应急管理部门干部的应急管理能力培训。(5)各级组织部门要按照干部管理权限,统筹制定年度脱产培训计划,保证每名领导班子成员每2年至少参加1次脱产培训。各级统战部门要切实加强对非中共党员领导班子成员的教育培训。

2. 机关内设机构公务员。着眼于培养造就一支政治坚定、业务精湛、作风过硬、人民满意的机关公务员队伍，以加强思想政治建设和业务能力建设为重点，加强机关内设机构公务员培训。

主要措施：(1)中央公务员主管部门对司局级及以下干部开展示范培训，每年安排300名左右司局级干部到国家行政学院培训。(2)中央和国家机关各部委组织人事部门对本部委司局级及以下干部开展全员培训。(3)中央组织部会同有关部门每年安排4000名左右中央和国家机关司局级干部参加选学。(4)中央公务员主管部门组织实施公务员职业道德教育计划，5年内将所有公务员和参照公务员法管理的人员轮训一遍。(5)各省(自治区、直辖市)和市(地、州、盟)直属部门单位分别抓好省直机关处级及以下干部、市直机关科级及以下干部的培训。各级公务员主管部门要加强统筹，整合资源，督促指导同级各部门各单位内设机构公务员的教育培训工作，抓好初任培训、任职培训、专门业务培训、在职培训。各部门各单位党组(党委)要将机关内设机构公务员培训列入年度工作计划，组织人事部门按照计划和要求抓好落实。

(二)企业经营管理人员

着眼于培养造就一支政治素质好、经营管理能力强、具有高度社会责任感的企业经营管理人员队伍，以提高思想政治素质和领导企业科学发展能力为重点，加强企业经营管理人员培训。

主要措施：(1)中央组织部有计划地安排中管金融企业、部分国有重要骨干企业领导班子成员以及国务院国资委党委管理班子的中央企业主要负责人，到国家级干部教育培训机构培训；会同有关部门定期举办中管金融企业和部分国有重要骨干企业主要负责人专题研究班；会同国务院国资委等有关部门，组织实施企业领军人才培训计划。(2)中央统战部组织全国工商联领导班子成员中的民营企业主要负责人的培训，举办民营重点骨干企业主要负责人专题研究班。(3)各省(自治区、直辖市)党委组织部和国有企业主管部门根据职能分工，结合本地区企业经营管理人员的具体情况，有针对性地开展培训。(4)各企业结合实际对经营管理人员分类分层开展自主培训。国家级干部教育培训机构要积极承担企业高层次经营管理人员教育培训任务。中国大连高级经理学院要突出特色，打造高水平企业经营管理人员培训基地。

(三)专业技术人员

着眼于培养造就一支敬业精神强、专业水平高、创新能力突出的专业技术人员队伍，以提高思想政治素质和培养创新精神、创新创业能力为重点，以高层次、急需紧缺和骨干专业技术人才为主要对象，加强专业技术人员培训。

主要措施：(1)人力资源社会保障部组织实施专业技术人员继续教育，指导各行业各系统开展全员教育培训；研究制定全国专业技术人员继续教育规定，逐步形成中国特色的专业技术人员继续教育制度体系；牵头组织实施专业技术人员知识更新培训。(2)中央组织部会同有关部门，每年安排600名左右中央直接联系的高级专家到国家级干部教育培训机构培训。各省(自治区、直辖市)党委组织部负责各自联系的高级专家培训。(3)中央宣传部会同有关部门，每年选派700名左右哲学社会科学教学科研骨干和一定数量的新闻宣传系统、文化系统骨干到国家级干部教育培训机构培训。各省(自治区、直辖市)负责抓好本地区哲学社会科学教学科研骨干和新闻宣传系统、文化系统骨干的培训。(4)非公有制经济组织和社会组织专业技术人员的教育培训，由人力资源社会保障部会同有关部门明确任务、提出要求，各省(自治区、直辖市)人力资源社会保障部门会同有关部门组织实施。(5)中央和国家机关各部委组织人事部门，各省(自治区、直辖市)人力资源社会保障部门根据行业特点和业务需要,开展专业技术人员培训。

(四)中青年干部

着眼于培养造就忠诚党和人民事业、堪当历史重任的优秀中青年干部队伍,以理想信念、优良传统教育和实践锻炼为重点,加强中青年干部培训。

主要措施:(1)中央组织部每年安排500名左右优秀中青年干部(含中管金融企业、部分国有重要骨干企业和中管高校中青年干部)到国家级干部教育培训机构培训,安排部分中西部地区的中青年干部到中国浦东干部学院培训。(2)各省(自治区、直辖市)根据优秀中青年干部培养目标开展培训。各地区各部门要有计划地安排中青年干部到党校、干部学院和党性教育基地接受系统的理论培训和严格的党性锻炼。积极开展优秀中青年干部个性化定制培训,健全培训与使用相结合的制度,把培训期间的表现作为选拔使用的重要依据。

(五)基层干部

着眼于培养守信念、讲奉献、有本领、重品行的高素质基层干部队伍,以提高政策执行、推动发展、服务群众、促进和谐能力为重点,加强基层干部培训。

主要措施:(1)各省(自治区、直辖市)党委组织部要制定基层干部培训方案并搞好示范培训。(2)市(地、州、盟)和县(市、区、旗)党委组织部要按照职责落实好基层干部的培训。(3)实行垂直管理的部门负责本系统基层干部的教育培训。各地区各部门和干部教育培训机构要积极开展送教下基层、对口支援培训、结对帮扶培训,推动优质教育培训资源向基层延伸倾斜;积极利用在线学习平台、党员干部现代远程教育网络、广播电视等信息化手段开展教育培训,提高培训效率和效益,努力实现全覆盖。

各地区各部门要重视抓好女干部、少数民族干部、非中共党员干部的教育培训。加大对革命老区、民族地区、边疆地区、贫困地区干部教育培训支持力度。东部地区要做好对口支援西部地区干部教育培训工作。加强军地领导干部交叉培训和军转干部培训。

四、培训能力建设

(一)办学体制改革

加强各级党校、行政学院、干部学院主渠道建设,加强各级社会主义学院建设,坚持开放办学、开门办学,充分利用各方面优质资源,不断提高办学质量。立足实际、因地制宜,积极推进市、县两级党校(行政学院)办学体制改革。按照少而精、突出特色的原则,大力推进部门、行业干部教育培训机构优化整合,提升专业化办学水平。鼓励部门、行业培训机构合作办学,实现优质培训资源共享。对名为干部培训机构实为宾馆、度假村的,要进行清理整顿。发挥现有干部教育培训基地的作用。严格资质审核和质量把关,引导、规范社会培训机构参与干部教育培训。按照以我为主、为我所用、趋利避害、注重实效的方针,继续利用境外优质教育培训资源,改进境外培训工作。

(二)运行机制改革

全面推行需求调研制度,2014年前健全以需求为导向的培训计划生成机制。探索建立项目管理制度,完善竞争择优机制,对知识能力类培训逐步推行项目招投标。完善组织调训制度,严格执行调训计划申报制度,对主要领导干部、重点岗位干部要有计划地安排调训。2017年前普遍建立组织调训为主、干部选学为辅的参训机制。完善干部培训情况考核、登记、跟踪管理等制度,2015年前形成规范有效的干部学习培训考核评价机制。研究制定干部教育培训机构办学质量评估办法和指标体系。

(三)内容方式改革

逐步制定干部分类培训大纲。建立以需求为导向的培训内容更新机制。大力加强精品课程和教材建设,积极开发体现马克思主义中国化最新成果的课程教材,定期开展精品课程和优秀教材推荐评选工作。组织编写第四批全国干部学习培训教材。及时向干部推荐学习书目,引导干部爱读书读好书善读书。改进培训班次设置,加大按干部类别开展培训力度。改进教学方式方法,加大案例教学比重,2015 年前省级以上干部教育培训机构的案例课程占能力培训课程的比例不低于 30%。加快网络培训平台建设,逐步实现全国干部在线学习平台的互联互通。充分发挥中国干部网络学院的作用,2017 年前实现全国县处级及以上干部在线学习。2015 年前建立全国统一的干部教育培训工作信息管理系统。

(四)师资队伍建设

加强国家级干部教育培训机构师资队伍建设,培养造就一批名师和中青年知名学者。实施骨干教师培训计划,国家级干部教育培训机构每年培训 1500 名地方干部培训机构的骨干教师,省级党校(行政学院)5 年内将市、县两级党校(行政学院)教师轮训一遍。完善兼职教师选聘和管理办法,推动领导干部、学术名家、先进典型、优秀基层干部等上讲台。2017 年前建立国家级、省级干部教育培训师资库,市地级以下干部教育培训机构师资构成逐步过渡到以兼职教师为主。2015 年前建立健全领导干部上讲台制度。各级党政领导班子成员每年都要到党校、行政学院、干部学院授课。探索建立符合干部教育培训特点的师资考核评价体系和职称评定、岗位聘任制度。

(五)经费保障

各级政府要将干部教育培训经费列入年度财政预算,保证工作需要。加大基层干部教育培训经费投入力度,地方各级党委留存的党费要对基层党员干部教育培训给予适当补贴。中央财政加大对西部地区、民族地区、革命老区和欠发达地区一般性转移支付力度,财政困难地方可以统筹使用自有财力和上级转移支付开展干部教育培训工作。

(六)学风建设

大力弘扬理论联系实际的马克思主义学风。干部要带着问题参训,联系实际学习,努力做到学与用、知与行、说与做相统一。教师要把理论联系实际的要求贯穿于教学全过程,善于回答学员思想和工作上的实际问题。培训机构要把理论联系实际的能力作为考核教师教学水平的重要内容。

坚持从严治校、从严治教、从严治学。培训机构要坚持社会主义办学方向,努力营造实事求是、勤奋好学的学习风气。严格学员管理,要求学员专心学习,杜绝相互吃请、公款宴请、搞"小圈子"等现象,对违反有关规定的行为严肃处理。严格教学管理,要求教师严守纪律,严谨治学,以德施教,真正做到学为人师、行为世范。要厉行节约,勤俭办学,反对铺张浪费、追求奢华。

组织人事部门要把理论素养、学习能力作为干部选拔任用的重要依据,将干部学习态度、参与程度、互动效果、学习成果作为学风评价的重要内容。

(七)理论研究

加强干部教育培训理论研究,不断深化对干部成长规律和干部教育培训规律的认识。建立理论研究交流平台。推动干部教育学学科建设。

五、组织领导

各级党委(党组)要把干部教育培训工作纳入本地区本部门工作规划,加强领导,统筹安排,整体部署。党委(党组)主要负责同志要加强调查研究,及时解决干部教育培训工作中的困难和问题。干部教育联席会议或领导小组要充分发挥作用,加强统筹指导和沟通协调。

各级组织部门要在党委领导下切实履行主管职能,抓好宏观指导、统筹协调和督促检查,抓好干部教育管理者队伍建设。各级纪检监察机关和宣传、统战、机关工委、编制、发展改革、教育、财政、人力资源社会保障、国有资产管理等有关部门,要按照职责分工落实相关任务,形成各司其职、各尽其责、密切配合、齐抓共管的工作格局。各地区各部门要按照中央要求,结合实际制定本地区本系统干部教育培训规划,形成全面覆盖、上下联动、相互衔接的规划体系，并抓好组织实施。

中央组织部要对本规划实施情况进行督促检查，开展中期和5年总结评估工作。各级组织人事部门每年对本地区本系统干部教育培训工作进行检查评估，确保各项任务扎实推进、取得实效。

中国人民解放军和中国人民武装警察部队的干部教育培训工作，由中央军委根据本规划精神制定实施意见。

（此《规划》由中共中央印发，新华社2013年9月28日受权发布）

关于进一步规范党政领导干部在企业兼职（任职）问题的意见

为贯彻落实中央关于从严管理干部的要求，加强干部队伍建设和反腐倡廉建设，根据《中华人民共和国公务员法》、《中国共产党党员领导干部廉洁从政若干准则》和有关文件规定精神，现就进一步规范党政领导干部在企业兼职（任职）问题提出如下意见。

一、现职和不担任现职但未办理退（离）休手续的党政领导干部不得在企业兼职（任职）。

二、对辞去公职或者退（离）休的党政领导干部到企业兼职（任职）必须从严掌握、从严把关，确因工作需要到企业兼职（任职）的，应当按照干部管理权限严格审批。

辞去公职或者退（离）休后三年内，不得到本人原任职务管辖的地区和业务范围内的企业兼职（任职），也不得从事与原任职务管辖业务相关的营利性活动。

辞去公职或者退（离）休后三年内，拟到本人原任职务管辖的地区和业务范围外的企业兼职（任职）的，必须由本人事先向其原所在单位党委（党组）报告，由拟兼职（任职）企业出具兼职（任职）理由说明材料，所在单位党委（党组）按规定审核并按照干部管理权限征得相应的组织（人事）部门同意后，方可兼职（任职）。

辞去公职或者退（离）休后三年后到企业兼职（任职）的，应由本人向其原所在单位党委（党组）报告，由拟兼职（任职）企业出具兼职（任职）理由说明材料，所在单位党委（党组）按规定审批并按照干部管理权限向相应的组织（人事）部门备案。

三、按规定经批准在企业兼职的党政领导干部，不得在企业领取薪酬、奖金、津贴等报酬，不得获取股权和其他额外利益；兼职不得超过1个；所兼任职务实行任期制的，任期届满拟连任必须重新审批或备案，连任不超过两届；兼职的任职年龄界限为70周岁。

四、按规定经批准到企业任职的党政领导干部，应当及时将行政、工资等关系转入企业，不再保留公务员身份，不再保留党政机关的各种待遇。不得将行政、工资等关系转回党政机关办理退（离）休；在企业办理退（离）休手续后，也不得将行政、工资等关系转回党政机关。

五、按规定经批准在企业兼职（任职）的党政领导干部，要严格遵纪守法，廉洁自律，禁止利用职权和职务上的影响为企业或个人谋取不正当利益。党政领导干部在企业兼职期间的履职情况、是否取酬、职务消费和报销有关工作费用等，应每年年底以书面形式报所在单位党委（党组）。

六、限期对党政领导干部违规在企业兼职（任职）进行清理。各地区各部门各单位要根据本意见规定，按照干部管理权限对领导干部在企业兼职（任职）情况进行一次摸底排查，对发现的问题要限期纠正。凡不符合规定的，必须在本意见下发后3个月内免去或由本人辞去所兼任（担任）的职务。确属工作需要且符合有关规定精神，但未履行审批或备案程序的，必须在本意见下发后3个月内补办手续。兼职（任职）期间违规领取的薪酬，应按中央纪委有关规定执行。

七、清理工作完成后，如再发现党政领导干部有违规在企业兼职（任职）或领取报酬隐瞒不报的行为，一经查实，要按照有关规定严肃处理。各地区各部门各单位在审批和审核党政领导干部在企业兼职（任职）时存在违规行为的，要追究主要领导及有关负责人的责任。

八、党政领导干部在其他营利性组织兼职（任职），按照本意见执行。

参照公务员法管理的人民团体和群众团体、事业单位领导干部，按照本意见执行；其他领导干部，参照本意见执行。

九、各地区各部门各单位可根据本意见精神，按照干部管理权限，制定相应的管理实施办法，加强对各级各类领导干部在企业兼职（任职）的规范管理。

十、本意见自发布之日起施行。以往规定与本意见不一致的，按照本意见执行。

（此《意见》由中共中央组织部 2013 年 10 月 19 日印发）

中国共产党第十八届中央委员会第三次全体会议公报

（2013 年 11 月 12 日中国共产党第十八届中央委员会第三次全体会议通过）

中国共产党第十八届中央委员会第三次全体会议，于 2013 年 11 月 9 日至 12 日在北京举行。

出席这次全会的有，中央委员 204 人，候补中央委员 169 人。中央纪律检查委员会常务委员会委员和有关方面负责同志列席了会议。党的十八大代表中部分基层同志和专家学者也列席了会议。

全会由中央政治局主持。中央委员会总书记习近平作了重要讲话。

全会听取和讨论了习近平受中央政治局委托作的工作报告，审议通过了《中共中央关于全面深化改革若干重大问题的决定》。习近平就《决定（讨论稿）》向全会作了说明。

全会充分肯定党的十八大以来中央政治局的工作。一致认为，面对十分复杂的国际形势和艰巨繁重的国内改革发展稳定任务，中央政治局全面贯彻党的十八大和十八届一中、二中全会精神，高举中国特色社会主义伟大旗帜，以邓小平理论、“三个代表”重要思想、科学发展观为指导，团结带领全党全军全国各族人民，坚持稳中求进的工作总基调，着力稳增长、调结构、促改革，沉着应对各种风险挑战，全面推进社会主义经济建设、政治建设、文化建设、社会建设、生态文明建设，全面推进党的建设新的伟大工程，扎实推进党的群众路线教育实践活动，各项工作取得新进展，推动发展成果更多更公平惠及全体人民，实现了贯彻落实党的十八大精神第一年的良好开局。

全会高度评价党的十一届三中全会召开 35 年来改革开放的成功实践和伟大成就，研究了全面深化改革若干重大问题，认为改革开放是党在新的时代条件下带领全国各族人民进行的新的伟大革命，是当代中国最鲜明的特色，是决定当代中国命运的关键抉择，是党和人民事业大踏步赶上时代的重要法宝。面对新形势新任务，全面建成小康社会，进而建成富强民主文明和谐的社会主义现代化国家、实现中华民族伟大复兴的中国梦，必须在新的历史起点上全面深化改革。

全会强调，全面深化改革，必须高举中国特色社会主义伟大旗帜，以马克思列宁主义、毛泽东思想、邓小平理论、“三个代表”重要思想、科学发展观为指导，坚定信心，凝聚共识，统筹谋划，协同推进，坚持社会主义市场经济改革方向，以促进社会公平正义、增进人民福祉为出发点和落脚点，进一步解放思想、解放和发展社会生产力、解放和增强社会活力，坚决破除各方面体制机制弊端，努力开拓中国特色社会主义事业更加广阔的前景。

全会指出，全面深化改革的总目标是完善和发展中国特色社会主义制度，推进国家治理体系和治理能力现代化。必须更加注重改革的系统性、整体性、协同性，加快发展社会主义市场经济、民主政治、先进文化、和谐社会、生态文明，让一切劳动、知识、技术、管理、资本的活力竞相迸发，让一切创造社会财富的源泉充分涌流，让发展成果更多更公平惠及全体人民。

全会指出，要紧紧围绕使市场在资源配置中起决定性作用深化经济体制改革，坚持和完善基本经济制度，加快完善现代市场体系、宏观调控体系、开放型经济体系，加快转变经济发展方式，加快建设创新型国家，推动经济更有效率、更加公平、更可持续发展；紧紧围绕坚持党的领导、人民当家作主、依法治国有机统一深化政治体制改革，加快推进社会主义民主政治制度化、规范化、程序化，建设社会主义法治国家，发展更加广泛、更加充分、更加健全的人民民主；紧紧围绕建设社会主义核心价值体系、社会主义文化强国深化文化体制改革，加快完善文化管理体制和文化生产经营机制，建立健全现代公共文化服务体系、现代文化市场体系，推动社会主义文化大发展大繁荣；紧紧围绕更好保障和改善民生、促进社会公平正义深化社会体制改革，改革收入分配制度，促进共同富裕，推进社会领域制度创新，推进基本公共服务均等化，加快形成科学有效的社会治理体制，确保社会既充满活力又和谐有序；紧紧围绕建设美丽中国深化生态文明体制改革，加快建立生态文明制度，健全国土空间开发、资源节约利用、生态环境保护的体制机制，推动形成人与自然和谐发展现代化建设新格局；紧紧围绕提高科学执政、民主执政、依法执政水平深化党的建设制度改革，加强民主集中制建设，完善党的领导体制和执政方式，保持党的先进性和纯洁性，为改革开放和社会主义现代化建设提供坚强政治保证。

全会指出，全面深化改革，必须立足于我国长期处于社会主义初级阶段这个最大实际，坚持发展仍是解决我国所有问题的关键这个重大战略判断，以经济建设为中心，发挥经济体制改革牵引作用，推动生产关系同生产力、上层建筑同经济基础相适应，推动经济社会持续健康发展。

全会指出，经济体制改革是全面深化改革的重点，核心问题是处理好政府和市场的关系，使市场在资源配置中起决定性作用和更好发挥政府作用。

全会强调，改革开放的成功实践为全面深化改革提供了重要经验，必须长期坚持。最重要的是，坚持党的领导，贯彻党的基本路线，不走封闭僵化的老路，不走改旗易帜的邪路，坚定走中国特色社会主义道路，始终确保改革正确方向；坚持解放思想、实事求是、与时俱进、求真务实，一切从实际出发，总结国内成功做法，借鉴国外有益经验，勇于推进理论和实践创新；坚持以人为本，尊重人民主体地位，发挥群众首创精神，紧紧依靠人民推动改革，促进人的全面发展；坚持正确处理改革发展稳定关系，胆子要大、步子要稳，加强顶层设计和摸着石头过河相结合，整体推进和重点突破相促进，提高改革决策科学性，广泛凝聚共识，形成改革合力。

全会要求，到 2020 年，在重要领域和关键环节改革上取得决定性成果，形成系统完备、科学规范、运行有效的制度体系，使各方面制度更加成熟更加定型。

全会对全面深化改革作出系统部署，强调坚持和完善基本经济制度，加快完善现代市场体系，加快转变政府职能，深化财税体制改革，健全城乡发展一体化体制机制，构建开放型经济新体制，加强社会主义民主政治制度建设，推进法治中国建设，强化权力运行制约和监督体系，推进文化体制机制创新，推进社会事业改革创新，创新社会治理体制，加快生态文明制度建设，深化国防和军队改革，加强和改善党对全面深化改革的领导。

全会提出，公有制为主体、多种所有制经济共同发展的基本经济制度，是中国特色社会主义制度的重要支柱，也是社会主义市场经济体制的根基。公有制经济和非公有制经济都是社会主义市场经济的重要组成部分，都是我国经济社会发展的重要基础。必须毫不动摇巩固和发展公有制经济，坚持公有制主体地位，发挥国有经济主导作用，不断增强国有经济活力、控制力、影响力。必须毫不动摇鼓励、支持、引导非公有制经济发展，激发非公有制经济活力和创造力。要完善产权保护制度，积极发展混合所有制经济，推动国有企业完善现代企业制度，支持非公有制经济健康发展。

全会提出，建设统一开放、竞争有序的市场

体系，是使市场在资源配置中起决定性作用的基础。必须加快形成企业自主经营、公平竞争，消费者自由选择、自主消费，商品和要素自由流动、平等交换的现代市场体系，着力清除市场壁垒，提高资源配置效率和公平性。要建立公平开放透明的市场规则，完善主要由市场决定价格的机制，建立城乡统一的建设用地市场，完善金融市场体系，深化科技体制改革。

全会提出，科学的宏观调控，有效的政府治理，是发挥社会主义市场经济体制优势的内在要求。必须切实转变政府职能，深化行政体制改革，创新行政管理方式，增强政府公信力和执行力，建设法治政府和服务型政府。要健全宏观调控体系，全面正确履行政府职能，优化政府组织结构，提高科学管理水平。

全会提出，财政是国家治理的基础和重要支柱，科学的财税体制是优化资源配置、维护市场统一、促进社会公平、实现国家长治久安的制度保障。必须完善立法、明确事权、改革税制、稳定税负、透明预算、提高效率，建立现代财政制度，发挥中央和地方两个积极性。要改进预算管理制度，完善税收制度，建立事权和支出责任相适应的制度。

全会提出，城乡二元结构是制约城乡发展一体化的主要障碍。必须健全体制机制，形成以工促农、以城带乡、工农互惠、城乡一体的新型工农城乡关系，让广大农民平等参与现代化进程、共同分享现代化成果。要加快构建新型农业经营体系，赋予农民更多财产权利，推进城乡要素平等交换和公共资源均衡配置，完善城镇化健康发展体制机制。

全会提出，适应经济全球化新形势，必须推动对内对外开放相互促进、引进来和走出去更好结合，促进国际国内要素有序自由流动、资源高效配置、市场深度融合，加快培育参与和引领国际经济合作竞争新优势，以开放促改革。要放宽投资准入，加快自由贸易区建设，扩大内陆沿边开放。

全会提出，发展社会主义民主政治，必须以保证人民当家作主为根本，坚持和完善人民代表大会制度、中国共产党领导的多党合作和政治协商制度、民族区域自治制度以及基层群众自治制度，更加注重健全民主制度、丰富民主形式，充分发挥我国社会主义政治制度优越性。要推动人民代表大会制度与时俱进，推进协商民主广泛多层制度化发展，发展基层民主。

全会提出，建设法治中国，必须深化司法体制改革，加快建设公正高效权威的社会主义司法制度，维护人民权益。要维护宪法法律权威，深化行政执法体制改革，确保依法独立公正行使审判权检察权，健全司法权力运行机制，完善人权司法保障制度。

全会提出，坚持用制度管权管事管人，让人民监督权力，让权力在阳光下运行，是把权力关进制度笼子的根本之策。必须构建决策科学、执行坚决、监督有力的权力运行体系，健全惩治和预防腐败体系，建设廉洁政治，努力实现干部清正、政府清廉、政治清明。要形成科学有效的权力制约和协调机制，加强反腐败体制机制创新和制度保障，健全改进作风常态化制度。

全会提出，建设社会主义文化强国，增强国家文化软实力，必须坚持社会主义先进文化前进方向，坚持中国特色社会主义文化发展道路，坚持以人民为中心的工作导向，进一步深化文化体制改革。要完善文化管理体制，建立健全现代文化市场体系，构建现代公共文化服务体系，提高文化开放水平。

全会提出，实现发展成果更多更公平惠及全体人民，必须加快社会事业改革，解决好人民最关心最直接最现实的利益问题，更好满足人民需求。要深化教育领域综合改革，健全促进就业创业体制机制，形成合理有序的收入分配格局，建立更加公平可持续的社会保障制度，深化医药卫生体制改革。

全会提出，创新社会治理，必须着眼于维护最广大人民根本利益，最大限度增加和谐因素，增强社会发展活力，提高社会治理水平，维护国家安全，确保人民安居乐业、社会安定有序。要改进社会治理方式,激发社会组织活力,创新有效预防和化解社会矛盾体制,健全公共安全体系。设立国家安全委员会,完善国家安全体制和国家安全战略,确保国家安全。

全会提出,建设生态文明,必须建立系统完整的生态文明制度体系,用制度保护生态环境。要健全自然资源资产产权制度和用途管制制度,划定生态保护红线,实行资源有偿使用制度和生态补偿制度,改革生态环境保护管理体制。

全会提出,紧紧围绕建设一支听党指挥、能打胜仗、作风优良的人民军队这一党在新形势下的强军目标,着力解决制约国防和军队建设发展的突出矛盾和问题,创新发展军事理论,加强军事战略指导,完善新时期军事战略方针,构建中国特色现代军事力量体系。要深化军队体制编制调整改革,推进军队政策制度调整改革,推动军民融合深度发展。

全会强调,全面深化改革必须加强和改善党的领导,充分发挥党总揽全局、协调各方的领导核心作用,提高党的领导水平和执政能力,确保改革取得成功。中央成立全面深化改革领导小组,负责改革总体设计、统筹协调、整体推进、督促落实。各级党委要切实履行对改革的领导责任。要深化干部人事制度改革,建立集聚人才体制机制,充分发挥人民群众积极性、主动性、创造性,鼓励地方、基层和群众大胆探索,及时总结经验。

全会分析了当前形势和任务,强调全党同志要把思想和行动统一到中央关于全面深化改革重大决策部署上来,增强进取意识、机遇意识、责任意识,牢牢把握方向,大胆实践探索,注重统筹协调,凝聚改革共识,落实领导责任,坚定不移实现中央改革决策部署。要按照中央决策部署,坚持稳中求进、稳中有为,切实做好各项工作,保持经济社会发展势头,关心群众特别是困难群众生活,促进社会和谐稳定,继续扎实推进党的群众路线教育实践活动,努力实现经济社会发展预期目标。

全会号召,全党同志要紧密团结在以习近平同志为总书记的党中央周围,锐意进取,攻坚克难,谱写改革开放伟大事业历史新篇章,为全面建成小康社会、不断夺取中国特色社会主义新胜利、实现中华民族伟大复兴的中国梦而奋斗!

中共中央关于全面深化改革若干重大问题的决定

（2013 年 11 月 12 日中国共产党第十八届中央委员会第三次全体会议通过）

为贯彻落实党的十八大关于全面深化改革的战略部署，十八届中央委员会第三次全体会议研究了全面深化改革的若干重大问题，作出如下决定。

一、全面深化改革的重大意义和指导思想

（1）改革开放是党在新的时代条件下带领全国各族人民进行的新的伟大革命，是当代中国最鲜明的特色。党的十一届三中全会召开三十五年来，我们党以巨大的政治勇气，锐意推进经济体制、政治体制、文化体制、社会体制、生态文明体制和党的建设制度改革，不断扩大开放，决心之大、变革之深、影响之广前所未有，成就举世瞩目。

改革开放最主要的成果是开创和发展了中国特色社会主义，为社会主义现代化建设提供了强大动力和有力保障。事实证明，改革开放是决定当代中国命运的关键抉择，是党和人民事业大踏步赶上时代的重要法宝。

实践发展永无止境，解放思想永无止境，改革开放永无止境。面对新形势新任务，全面建成小康社会，进而建成富强民主文明和谐的社会主义现代化国家、实现中华民族伟大复兴的中国梦，必须在新的历史起点上全面深化改革，不断增强中国特色社会主义道路自信、理论自信、制度自信。

（2）全面深化改革，必须高举中国特色社会主义伟大旗帜，以马克思列宁主义、毛泽东思想、邓小平理论、“三个代表”重要思想、科学发展观为指导，坚定信心，凝聚共识，统筹谋划，协同推进，坚持社会主义市场经济改革方向，以促进社会公平正义、增进人民福祉为出发点和落脚点，进一步解放思想、解放和发展社会生产力、解放和增强社会活力，坚决破除各方面体制机制弊端，努力开拓中国特色社会主义事业更加广阔的前景。

全面深化改革的总目标是完善和发展中国特色社会主义制度，推进国家治理体系和治理能力现代化。必须更加注重改革的系统性、整体性、协同性，加快发展社会主义市场经济、民主政治、先进文化、和谐社会、生态文明，让一切劳动、知识、技术、管理、资本的活力竞相迸发，让一切创造社会财富的源泉充分涌流，让发展成果更多更公平惠及全体人民。

紧紧围绕使市场在资源配置中起决定性作用深化经济体制改革，坚持和完善基本经济制度，加快完善现代市场体系、宏观调控体系、开放型经济体系，加快转变经济发展方式，加快建设创新型国家，推动经济更有效率、更加公平、更可持续发展。

紧紧围绕坚持党的领导、人民当家作主、依法治国有机统一深化政治体制改革，加快推进社会主义民主政治制度化、规范化、程序化，建设社会主义法治国家，发展更加广泛、更加充分、更加健全的人民民主。

紧紧围绕建设社会主义核心价值体系、社会主义文化强国深化文化体制改革，加快完善文化管理体制和文化生产经营机制，建立健全现代公共文化服务体系、现代文化市场体系，推动社会主义文化大发展大繁荣。

紧紧围绕更好保障和改善民生、促进社会公平正义深化社会体制改革，改革收入分配制度，促进共同富裕，推进社会领域制度创新，推

进基本公共服务均等化，加快形成科学有效的社会治理体制，确保社会既充满活力又和谐有序。

紧紧围绕建设美丽中国深化生态文明体制改革，加快建立生态文明制度，健全国土空间开发、资源节约利用、生态环境保护的体制机制，推动形成人与自然和谐发展现代化建设新格局。

紧紧围绕提高科学执政、民主执政、依法执政水平深化党的建设制度改革，加强民主集中制建设，完善党的领导体制和执政方式，保持党的先进性和纯洁性，为改革开放和社会主义现代化建设提供坚强政治保证。

(3)全面深化改革，必须立足于我国长期处于社会主义初级阶段这个最大实际，坚持发展仍是解决我国所有问题的关键这个重大战略判断，以经济建设为中心，发挥经济体制改革牵引作用，推动生产关系同生产力、上层建筑同经济基础相适应，推动经济社会持续健康发展。

经济体制改革是全面深化改革的重点，核心问题是处理好政府和市场的关系，使市场在资源配置中起决定性作用和更好发挥政府作用。市场决定资源配置是市场经济的一般规律，健全社会主义市场经济体制必须遵循这条规律，着力解决市场体系不完善、政府干预过多和监管不到位问题。

必须积极稳妥从广度和深度上推进市场化改革，大幅度减少政府对资源的直接配置，推动资源配置依据市场规则、市场价格、市场竞争实现效益最大化和效率最优化。政府的职责和作用主要是保持宏观经济稳定，加强和优化公共服务，保障公平竞争，加强市场监管，维护市场秩序，推动可持续发展，促进共同富裕，弥补市场失灵。

(4)改革开放的成功实践为全面深化改革提供了重要经验，必须长期坚持。最重要的是，坚持党的领导，贯彻党的基本路线，不走封闭僵化的老路，不走改旗易帜的邪路，坚定走中国特色社会主义道路，始终确保改革正确方向；坚持解放思想、实事求是、与时俱进、求真务实，一切从实际出发，总结国内成功做法，借鉴国外有益经验，勇于推进理论和实践创新；坚持以人为本，尊重人民主体地位，发挥群众首创精神，紧紧依靠人民推动改革，促进人的全面发展；坚持正确处理改革发展稳定关系，胆子要大、步子要稳，加强顶层设计和摸着石头过河相结合，整体推进和重点突破相促进，提高改革决策科学性，广泛凝聚共识，形成改革合力。

当前，我国发展进入新阶段，改革进入攻坚期和深水区。必须以强烈的历史使命感，最大限度集中全党全社会智慧，最大限度调动一切积极因素，敢于啃硬骨头，敢于涉险滩，以更大决心冲破思想观念的束缚、突破利益固化的藩篱，推动中国特色社会主义制度自我完善和发展。

到二〇二〇年，在重要领域和关键环节改革上取得决定性成果，完成本决定提出的改革任务，形成系统完备、科学规范、运行有效的制度体系，使各方面制度更加成熟更加定型。

二、坚持和完善基本经济制度

公有制为主体、多种所有制经济共同发展的基本经济制度，是中国特色社会主义制度的重要支柱，也是社会主义市场经济体制的根基。公有制经济和非公有制经济都是社会主义市场经济的重要组成部分，都是我国经济社会发展的重要基础。必须毫不动摇巩固和发展公有制经济，坚持公有制主体地位，发挥国有经济主导作用，不断增强国有经济活力、控制力、影响力。必须毫不动摇鼓励、支持、引导非公有制经济发展，激发非公有制经济活力和创造力。

(5)完善产权保护制度。产权是所有制的核心。健全归属清晰、权责明确、保护严格、流转顺畅的现代产权制度。公有制经济财产权不可侵犯，非公有制经济财产权同样不可侵犯。

国家保护各种所有制经济产权和合法利益，保证各种所有制经济依法平等使用生产要素、公开公平公正参与市场竞争、同等受到法律保护，依法监管各种所有制经济。

（6）积极发展混合所有制经济。国有资本、集体资本、非公有资本等交叉持股、相互融合的混合所有制经济，是基本经济制度的重要实现形式，有利于国有资本放大功能、保值增值、提高竞争力，有利于各种所有制资本取长补短、相互促进、共同发展。允许更多国有经济和其他所有制经济发展成为混合所有制经济。国有资本投资项目允许非国有资本参股。允许混合所有制经济实行企业员工持股，形成资本所有者和劳动者利益共同体。

完善国有资产管理体制，以管资本为主加强国有资产监管，改革国有资本授权经营体制，组建若干国有资本运营公司，支持有条件的国有企业改组为国有资本投资公司。国有资本投资运营要服务于国家战略目标，更多投向关系国家安全、国民经济命脉的重要行业和关键领域，重点提供公共服务、发展重要前瞻性战略性产业、保护生态环境、支持科技进步、保障国家安全。

划转部分国有资本充实社会保障基金。完善国有资本经营预算制度，提高国有资本收益上缴公共财政比例，二〇二〇年提到百分之三十，更多用于保障和改善民生。

（7）推动国有企业完善现代企业制度。国有企业属于全民所有，是推进国家现代化、保障人民共同利益的重要力量。国有企业总体上已经同市场经济相融合，必须适应市场化、国际化新形势，以规范经营决策、资产保值增值、公平参与竞争、提高企业效率、增强企业活力、承担社会责任为重点，进一步深化国有企业改革。

准确界定不同国有企业功能。国有资本加大对公益性企业的投入，在提供公共服务方面作出更大贡献。国有资本继续控股经营的自然垄断行业，实行以政企分开、政资分开、特许经营、政府监管为主要内容的改革，根据不同行业特点实行网运分开、放开竞争性业务，推进公共资源配置市场化。进一步破除各种形式的行政垄断。

健全协调运转、有效制衡的公司法人治理结构。建立职业经理人制度，更好发挥企业家作用。深化企业内部管理人员能上能下、员工能进能出、收入能增能减的制度改革。建立长效激励约束机制，强化国有企业经营投资责任追究。探索推进国有企业财务预算等重大信息公开。

国有企业要合理增加市场化选聘比例，合理确定并严格规范国有企业管理人员薪酬水平、职务待遇、职务消费、业务消费。

（8）支持非公有制经济健康发展。非公有制经济在支撑增长、促进创新、扩大就业、增加税收等方面具有重要作用。坚持权利平等、机会平等、规则平等，废除对非公有制经济各种形式的不合理规定，消除各种隐性壁垒，制定非公有制企业进入特许经营领域具体办法。

鼓励非公有制企业参与国有企业改革，鼓励发展非公有资本控股的混合所有制企业，鼓励有条件的私营企业建立现代企业制度。

三、加快完善现代市场体系

建设统一开放、竞争有序的市场体系，是使市场在资源配置中起决定性作用的基础。必须加快形成企业自主经营、公平竞争，消费者自由选择、自主消费，商品和要素自由流动、平等交换的现代市场体系，着力清除市场壁垒，提高资源配置效率和公平性。

（9）建立公平开放透明的市场规则。实行统一的市场准入制度，在制定负面清单基础上，各类市场主体可依法平等进入清单之外领域。探索对外商投资实行准入前国民待遇加负面清单的管理模式。推进工商注册制度便利化，削减资质认定项目，由先证后照改为先照后证，把注册资本实缴登记制逐步改为认缴登记制。推进国内贸易流通体制改革，建设法治化营商环境。

改革市场监管体系，实行统一的市场监管，清理和废除妨碍全国统一市场和公平竞争的各种规定和做法，严禁和惩处各类违法实行优惠政策行为，反对地方保护，反对垄断和不正当竞争。建立健全社会征信体系，褒扬诚信，惩戒失信。健全优胜劣汰市场化退出机制，完善企业破产制度。

（10）完善主要由市场决定价格的机制。凡是能由市场形成价格的都交给市场，政府不进行不当干预。推进水、石油、天然气、电力、交通、电信等领域价格改革，放开竞争性环节价格。政府定价范围主要限定在重要公用事业、公益性服务、网络型自然垄断环节，提高透明度，接受社会监督。完善农产品价格形成机制，注重发挥市场形成价格作用。

（11）建立城乡统一的建设用地市场。在符合规划和用途管制前提下，允许农村集体经营性建设用地出让、租赁、入股，实行与国有土地同等入市、同权同价。缩小征地范围，规范征地程序，完善对被征地农民合理、规范、多元保障机制。扩大国有土地有偿使用范围，减少非公益性用地划拨。建立兼顾国家、集体、个人的土地增值收益分配机制，合理提高个人收益。完善土地租赁、转让、抵押二级市场。

（12）完善金融市场体系。扩大金融业对内对外开放，在加强监管前提下，允许具备条件的民间资本依法发起设立中小型银行等金融机构。推进政策性金融机构改革。健全多层次资本市场体系，推进股票发行注册制改革，多渠道推动股权融资，发展并规范债券市场，提高直接融资比重。完善保险经济补偿机制，建立巨灾保险制度。发展普惠金融。鼓励金融创新，丰富金融市场层次和产品。

完善人民币汇率市场化形成机制，加快推进利率市场化，健全反映市场供求关系的国债收益率曲线。推动资本市场双向开放，有序提高跨境资本和金融交易可兑换程度，建立健全宏观审慎管理框架下的外债和资本流动管理体系，加快实现人民币资本项目可兑换。

落实金融监管改革措施和稳健标准，完善监管协调机制，界定中央和地方金融监管职责和风险处置责任。建立存款保险制度，完善金融机构市场化退出机制。加强金融基础设施建设，保障金融市场安全高效运行和整体稳定。

（13）深化科技体制改革。建立健全鼓励原始创新、集成创新、引进消化吸收再创新的体制机制，健全技术创新市场导向机制，发挥市场对技术研发方向、路线选择、要素价格、各类创新要素配置的导向作用。建立产学研协同创新机制，强化企业在技术创新中的主体地位，发挥大型企业创新骨干作用，激发中小企业创新活力，推进应用型技术研发机构市场化、企业化改革，建设国家创新体系。

加强知识产权运用和保护，健全技术创新激励机制，探索建立知识产权法院。打破行政主导和部门分割，建立主要由市场决定技术创新项目和经费分配、评价成果的机制。发展技术市场，健全技术转移机制，改善科技型中小企业融资条件，完善风险投资机制，创新商业模式，促进科技成果资本化、产业化。

整合科技规划和资源，完善政府对基础性、战略性、前沿性科学研究和共性技术研究的支持机制。国家重大科研基础设施依照规定应该开放的一律对社会开放。建立创新调查制度和创新报告制度，构建公开透明的国家科研资源管理和项目评价机制。

改革院士遴选和管理体制，优化学科布局，提高中青年人才比例，实行院士退休和退出制度。

四、加快转变政府职能

科学的宏观调控，有效的政府治理，是发挥社会主义市场经济体制优势的内在要求。必须切实转变政府职能，深化行政体制改革，创新行政管理方式，增强政府公信力和执行力，建设法治政府和服务型政府。

（14）健全宏观调控体系。宏观调控的主要任务是保持经济总量平衡，促进重大经济结构协调和生产力布局优化，减缓经济周期波动影响，防范区域性、系统性风险，稳定市场预期，实现经济持续健康发展。健全以国家发展战略和规划为导向、以财政政策和货币政策为主要手段的宏观调控体系，推进宏观调控目标制定和政策手段运用机制化，加强财政政策、货币政策与产业、价格等政策手段协调配合，提高相机抉择水平，增强宏观调控前瞻性、针对性、协同性。形成参与国际宏观经济政策协调的机制，推动国际经济治理结构完善。

深化投资体制改革，确立企业投资主体地位。企业投资项目，除关系国家安全和生态安全、涉及全国重大生产力布局、战略性资源开发和重大公共利益等项目外，一律由企业依法依规自主决策，政府不再审批。强化节能节地节水、环境、技术、安全等市场准入标准，建立健全防范和化解产能过剩长效机制。

完善发展成果考核评价体系，纠正单纯以经济增长速度评定政绩的偏向，加大资源消耗、环境损害、生态效益、产能过剩、科技创新、安全生产、新增债务等指标的权重，更加重视劳动就业、居民收入、社会保障、人民健康状况。加快建立国家统一的经济核算制度，编制全国和地方资产负债表，建立全社会房产、信用等基础数据统一平台，推进部门信息共享。

(15)全面正确履行政府职能。进一步简政放权，深化行政审批制度改革，最大限度减少中央政府对微观事务的管理，市场机制能有效调节的经济活动，一律取消审批，对保留的行政审批事项要规范管理、提高效率；直接面向基层、量大面广、由地方管理更方便有效的经济社会事项，一律下放地方和基层管理。

政府要加强发展战略、规划、政策、标准等制定和实施，加强市场活动监管，加强各类公共服务提供。加强中央政府宏观调控职责和能力，加强地方政府公共服务、市场监管、社会管理、环境保护等职责。推广政府购买服务，凡属事务性管理服务，原则上都要引入竞争机制，通过合同、委托等方式向社会购买。

加快事业单位分类改革，加大政府购买公共服务力度，推动公办事业单位与主管部门理顺关系和去行政化，创造条件，逐步取消学校、科研院所、医院等单位的行政级别。建立事业单位法人治理结构，推进有条件的事业单位转为企业或社会组织。建立各类事业单位统一登记管理制度。

(16)优化政府组织结构。转变政府职能必须深化机构改革。优化政府机构设置、职能配置、工作流程，完善决策权、执行权、监督权既相互制约又相互协调的行政运行机制。严格绩效管理，突出责任落实，确保权责一致。

统筹党政群机构改革，理顺部门职责关系。积极稳妥实施大部门制。优化行政区划设置，有条件的地方探索推进省直接管理县(市)体制改革。严格控制机构编制，严格按规定职数配备领导干部，减少机构数量和领导职数，严格控制财政供养人员总量。推进机构编制管理科学化、规范化、法制化。

五、深化财税体制改革

财政是国家治理的基础和重要支柱，科学的财税体制是优化资源配置、维护市场统一、促进社会公平、实现国家长治久安的制度保障。必须完善立法、明确事权、改革税制、稳定税负、透明预算、提高效率，建立现代财政制度，发挥中央和地方两个积极性。

(17)改进预算管理制度。实施全面规范、公开透明的预算制度。审核预算的重点由平衡状态、赤字规模向支出预算和政策拓展。清理规范重点支出同财政收支增幅或生产总值挂钩事项，一般不采取挂钩方式。建立跨年度预算平衡机制，建立权责发生制的政府综合财务报告制度，建立规范合理的中央和地方政府债务管理及风险预警机制。

完善一般性转移支付增长机制，重点增加对革命老区、民族地区、边疆地区、贫困地区的转移支付。中央出台增支政策形成的地方财力缺口，原则上通过一般性转移支付调节。清理、整合、规范专项转移支付项目，逐步取消竞争性领域专项和地方资金配套，严格控制引导类、救济类、应急类专项，对保留专项进行甄别，属地方事务的划入一般性转移支付。

(18)完善税收制度。深化税收制度改革,完善地方税体系,逐步提高直接税比重。推进增值税改革,适当简化税率。调整消费税征收范围、环节、税率,把高耗能、高污染产品及部分高档消费品纳入征收范围。逐步建立综合与分类相结合的个人所得税制。加快房地产税立法并适时推进改革,加快资源税改革,推动环境保护费改税。

按照统一税制、公平税负、促进公平竞争的原则,加强对税收优惠特别是区域税收优惠政策的规范管理。税收优惠政策统一由专门税收法律法规规定,清理规范税收优惠政策。完善国税、地税征管体制。

(19)建立事权和支出责任相适应的制度。适度加强中央事权和支出责任,国防、外交、国家安全、关系全国统一市场规则和管理等作为中央事权;部分社会保障、跨区域重大项目建设维护等作为中央和地方共同事权,逐步理顺事权关系;区域性公共服务作为地方事权。中央和地方按照事权划分相应承担和分担支出责任。中央可通过安排转移支付将部分事权支出责任委托地方承担。对于跨区域且对其他地区影响较大的公共服务,中央通过转移支付承担一部分地方事权支出责任。

保持现有中央和地方财力格局总体稳定,结合税制改革,考虑税种属性,进一步理顺中央和地方收入划分。

六、健全城乡发展一体化体制机制

城乡二元结构是制约城乡发展一体化的主要障碍。必须健全体制机制,形成以工促农、以城带乡、工农互惠、城乡一体的新型工农城乡关系,让广大农民平等参与现代化进程、共同分享现代化成果。

(20)加快构建新型农业经营体系。坚持家庭经营在农业中的基础性地位,推进家庭经营、集体经营、合作经营、企业经营等共同发展的农业经营方式创新。坚持农村土地集体所有权,依法维护农民土地承包经营权,发展壮大集体经济。稳定农村土地承包关系并保持长久不变,在坚持和完善最严格的耕地保护制度前提下,赋予农民对承包地占有、使用、收益、流转及承包经营权抵押、担保权能,允许农民以承包经营权入股发展农业产业化经营。鼓励承包经营权在公开市场上向专业大户、家庭农场、农民合作社、农业企业流转,发展多种形式规模经营。

鼓励农村发展合作经济,扶持发展规模化、专业化、现代化经营,允许财政项目资金直接投向符合条件的合作社,允许财政补助形成的资产转交合作社持有和管护,允许合作社开展信用合作。鼓励和引导工商资本到农村发展适合企业化经营的现代种养业,向农业输入现代生产要素和经营模式。

(21)赋予农民更多财产权利。保障农民集体经济组织成员权利,积极发展农民股份合作,赋予农民对集体资产股份占有、收益、有偿退出及抵押、担保、继承权。保障农户宅基地用益物权,改革完善农村宅基地制度,选择若干试点,慎重稳妥推进农民住房财产权抵押、担保、转让,探索农民增加财产性收入渠道。建立农村产权流转交易市场,推动农村产权流转交易公开、公正、规范运行。

(22)推进城乡要素平等交换和公共资源均衡配置。维护农民生产要素权益,保障农民工同工同酬,保障农民公平分享土地增值收益,保障金融机构农村存款主要用于农业农村。健全农业支持保护体系,改革农业补贴制度,完善粮食主产区利益补偿机制。完善农业保险制度。鼓励社会资本投向农村建设,允许企业和社会组织在农村兴办各类事业。统筹城乡基础设施建设和社区建设,推进城乡基本公共服务均等化。

(23)完善城镇化健康发展体制机制。坚持走中国特色新型城镇化道路,推进以人为核心的城镇化,推动大中小城市和小城镇协调发展、产业和城镇融合发展,促进城镇化和新农村建设协调推进。优化城市空间结构和管理格局，增强城市综合承载能力。

推进城市建设管理创新。建立透明规范的城市建设投融资机制，允许地方政府通过发债等多种方式拓宽城市建设融资渠道，允许社会资本通过特许经营等方式参与城市基础设施投资和运营，研究建立城市基础设施、住宅政策性金融机构。完善设市标准，严格审批程序，对具备行政区划调整条件的县可有序改市。对吸纳人口多、经济实力强的镇，可赋予同人口和经济规模相适应的管理权。建立和完善跨区域城市发展协调机制。

推进农业转移人口市民化，逐步把符合条件的农业转移人口转为城镇居民。创新人口管理，加快户籍制度改革，全面放开建制镇和小城市落户限制，有序放开中等城市落户限制，合理确定大城市落户条件，严格控制特大城市人口规模。稳步推进城镇基本公共服务常住人口全覆盖，把进城落户农民完全纳入城镇住房和社会保障体系，在农村参加的养老保险和医疗保险规范接入城镇社保体系。建立财政转移支付同农业转移人口市民化挂钩机制，从严合理供给城市建设用地，提高城市土地利用率。

七、构建开放型经济新体制

适应经济全球化新形势，必须推动对内对外开放相互促进、引进来和走出去更好结合，促进国际国内要素有序自由流动、资源高效配置、市场深度融合，加快培育参与和引领国际经济合作竞争新优势，以开放促改革。

(24)放宽投资准入。统一内外资法律法规，保持外资政策稳定、透明、可预期。推进金融、教育、文化、医疗等服务业领域有序开放，放开育幼养老、建筑设计、会计审计、商贸物流、电子商务等服务业领域外资准入限制，进一步放开一般制造业。加快海关特殊监管区域整合优化。

建立中国上海自由贸易试验区是党中央在新形势下推进改革开放的重大举措，要切实建设好、管理好，为全面深化改革和扩大开放探索新途径、积累新经验。在推进现有试点基础上，选择若干具备条件地方发展自由贸易园(港)区。

扩大企业及个人对外投资，确立企业及个人对外投资主体地位，允许发挥自身优势到境外开展投资合作，允许自担风险到各国各地区自由承揽工程和劳务合作项目，允许创新方式走出去开展绿地投资、并购投资、证券投资、联合投资等。

加快同有关国家和地区商签投资协定，改革涉外投资审批体制，完善领事保护体制，提供权益保障、投资促进、风险预警等更多服务，扩大投资合作空间。

(25)加快自由贸易区建设。坚持世界贸易体制规则，坚持双边、多边、区域次区域开放合作，扩大同各国各地区利益汇合点，以周边为基础加快实施自由贸易区战略。改革市场准入、海关监管、检验检疫等管理体制，加快环境保护、投资保护、政府采购、电子商务等新议题谈判，形成面向全球的高标准自由贸易区网络。

扩大对香港特别行政区、澳门特别行政区和台湾地区开放合作。

(26)扩大内陆沿边开放。抓住全球产业重新布局机遇，推动内陆贸易、投资、技术创新协调发展。创新加工贸易模式，形成有利于推动内陆产业集群发展的体制机制。支持内陆城市增开国际客货运航线，发展多式联运，形成横贯东中西、联结南北方对外经济走廊。推动内陆同沿海沿边通关协作，实现口岸管理相关部门信息互换、监管互认、执法互助。

加快沿边开放步伐，允许沿边重点口岸、边境城市、经济合作区在人员往来、加工物流、旅游等方面实行特殊方式和政策。建立开发性金融机构，加快同周边国家和区域基础设施互联互通建设，推进丝绸之路经济带、海上丝绸之路建设，形成全方位开放新格局。

八、加强社会主义民主政治制度建设

发展社会主义民主政治，必须以保证人民

当家作主为根本,坚持和完善人民代表大会制度、中国共产党领导的多党合作和政治协商制度、民族区域自治制度以及基层群众自治制度,更加注重健全民主制度、丰富民主形式,从各层次各领域扩大公民有序政治参与,充分发挥我国社会主义政治制度优越性。

(27)推动人民代表大会制度与时俱进。坚持人民主体地位,推进人民代表大会制度理论和实践创新,发挥人民代表大会制度的根本政治制度作用。完善中国特色社会主义法律体系,健全立法起草、论证、协调、审议机制,提高立法质量,防止地方保护和部门利益法制化。健全“一府两院”由人大产生、对人大负责、受人大监督制度。健全人大讨论、决定重大事项制度,各级政府重大决策出台前向本级人大报告。加强人大预算决算审查监督、国有资产监督职能。落实税收法定原则。加强人大常委会同人大代表的联系,充分发挥代表作用。通过建立健全代表联络机构、网络平台等形式密切代表同人民群众联系。

完善人大工作机制,通过座谈、听证、评估、公布法律草案等扩大公民有序参与立法途径,通过询问、质询、特定问题调查、备案审查等积极回应社会关切。

(28)推进协商民主广泛多层制度化发展。协商民主是我国社会主义民主政治的特有形式和独特优势,是党的群众路线在政治领域的重要体现。在党的领导下,以经济社会发展重大问题和涉及群众切身利益的实际问题为内容,在全社会开展广泛协商,坚持协商于决策之前和决策实施之中。

构建程序合理、环节完整的协商民主体系,拓宽国家政权机关、政协组织、党派团体、基层组织、社会组织的协商渠道。深入开展立法协商、行政协商、民主协商、参政协商、社会协商。加强中国特色新型智库建设,建立健全决策咨询制度。

发挥统一战线在协商民主中的重要作用。完善中国共产党同各民主党派的政治协商,认真听取各民主党派和无党派人士意见。中共中央根据年度工作重点提出规划,采取协商会、谈心会、座谈会等进行协商。完善民主党派中央直接向中共中央提出建议制度。贯彻党的民族政策,保障少数民族合法权益,巩固和发展平等团结互助和谐的社会主义民族关系。

发挥人民政协作为协商民主重要渠道作用。重点推进政治协商、民主监督、参政议政制度化、规范化、程序化。各级党委和政府、政协制定并组织实施协商年度工作计划,就一些重要决策听取政协意见。完善人民政协制度体系,规范协商内容、协商程序。拓展协商民主形式,更加活跃有序地组织专题协商、对口协商、界别协商、提案办理协商,增加协商密度,提高协商成效。在政协健全委员联络机构,完善委员联络制度。

(29)发展基层民主。畅通民主渠道,健全基层选举、议事、公开、述职、问责等机制。开展形式多样的基层民主协商,推进基层协商制度化,建立健全居民、村民监督机制,促进群众在城乡社区治理、基层公共事务和公益事业中依法自我管理、自我服务、自我教育、自我监督。健全以职工代表大会为基本形式的企事业单位民主管理制度,加强社会组织民主机制建设,保障职工参与管理和监督的民主权利。

九、推进法治中国建设

建设法治中国,必须坚持依法治国、依法执政、依法行政共同推进,坚持法治国家、法治政府、法治社会一体建设。深化司法体制改革,加快建设公正高效权威的社会主义司法制度,维护人民权益,让人民群众在每一个司法案件中都感受到公平正义。

(30)维护宪法法律权威。宪法是保证党和国家兴旺发达、长治久安的根本法,具有最高权威。要进一步健全宪法实施监督机制和程序,把全面贯彻实施宪法提高到一个新水平。建立健全全社会忠于、遵守、维护、运用宪法法律的制度。坚持法律面前人人平等,任何组织或者个人都不得有超越宪法法律的特权，一切违反宪法法律的行为都必须予以追究。

普遍建立法律顾问制度。完善规范性文件、重大决策合法性审查机制。建立科学的法治建设指标体系和考核标准。健全法规、规章、规范性文件备案审查制度。健全社会普法教育机制，增强全民法治观念。逐步增加有地方立法权的较大的市数量。

（31）深化行政执法体制改革。整合执法主体，相对集中执法权，推进综合执法，着力解决权责交叉、多头执法问题，建立权责统一、权威高效的行政执法体制。减少行政执法层级，加强食品药品、安全生产、环境保护、劳动保障、海域海岛等重点领域基层执法力量。理顺城管执法体制，提高执法和服务水平。

完善行政执法程序，规范执法自由裁量权，加强对行政执法的监督，全面落实行政执法责任制和执法经费由财政保障制度，做到严格规范公正文明执法。完善行政执法与刑事司法衔接机制。

（32）确保依法独立公正行使审判权检察权。改革司法管理体制，推动省以下地方法院、检察院人财物统一管理，探索建立与行政区划适当分离的司法管辖制度，保证国家法律统一正确实施。

建立符合职业特点的司法人员管理制度，健全法官、检察官、人民警察统一招录、有序交流、逐级遴选机制，完善司法人员分类管理制度，健全法官、检察官、人民警察职业保障制度。

（33）健全司法权力运行机制。优化司法职权配置，健全司法权力分工负责、互相配合、互相制约机制，加强和规范对司法活动的法律监督和社会监督。

改革审判委员会制度，完善主审法官、合议庭办案责任制，让审理者裁判、由裁判者负责。明确各级法院职能定位，规范上下级法院审级监督关系。

推进审判公开、检务公开，录制并保留全程庭审资料。增强法律文书说理性，推动公开法院生效裁判文书。严格规范减刑、假释、保外就医程序，强化监督制度。广泛实行人民陪审员、人民监督员制度，拓宽人民群众有序参与司法渠道。

（34）完善人权司法保障制度。国家尊重和保障人权。进一步规范查封、扣押、冻结、处理涉案财物的司法程序。健全错案防止、纠正、责任追究机制，严禁刑讯逼供、体罚虐待，严格实行非法证据排除规则。逐步减少适用死刑罪名。

废止劳动教养制度，完善对违法犯罪行为的惩治和矫正法律，健全社区矫正制度。

健全国家司法救助制度，完善法律援助制度。完善律师执业权利保障机制和违法违规执业惩戒制度，加强职业道德建设，发挥律师在依法维护公民和法人合法权益方面的重要作用。

十、强化权力运行制约和监督体系

坚持用制度管权管事管人，让人民监督权力，让权力在阳光下运行，是把权力关进制度笼子的根本之策。必须构建决策科学、执行坚决、监督有力的权力运行体系，健全惩治和预防腐败体系，建设廉洁政治，努力实现干部清正、政府清廉、政治清明。

（35）形成科学有效的权力制约和协调机制。完善党和国家领导体制，坚持民主集中制，充分发挥党的领导核心作用。规范各级党政主要领导干部职责权限，科学配置党政部门及内设机构权力和职能，明确职责定位和工作任务。

加强和改进对主要领导干部行使权力的制约和监督，加强行政监察和审计监督。

推行地方各级政府及其工作部门权力清单制度，依法公开权力运行流程。完善党务、政务和各领域办事公开制度，推进决策公开、管理公开、服务公开、结果公开。

（36）加强反腐败体制机制创新和制度保障。加强党对党风廉政建设和反腐败工作统一领导。改革党的纪律检查体制，健全反腐败领导体制和工作机制，改革和完善各级反腐败协调小组职能。

落实党风廉政建设责任制，党委负主体责任，纪委负监督责任，制定实施切实可行的责任追究制度。各级纪委要履行协助党委加强党风建设和组织协调反腐败工作的职责，加强对同级党委特别是常委会成员的监督，更好发挥党内监督专门机关作用。

推动党的纪律检查工作双重领导体制具体化、程序化、制度化，强化上级纪委对下级纪委的领导。查办腐败案件以上级纪委领导为主，线索处置和案件查办在向同级党委报告的同时必须向上级纪委报告。各级纪委书记、副书记的提名和考察以上级纪委会同组织部门为主。

全面落实中央纪委向中央一级党和国家机关派驻纪检机构，实行统一名称、统一管理。派驻机构对派出机关负责，履行监督职责。改进中央和省区市巡视制度，做到对地方、部门、企事业单位全覆盖。

健全反腐倡廉法规制度体系，完善惩治和预防腐败、防控廉政风险、防止利益冲突、领导干部报告个人有关事项、任职回避等方面法律法规，推行新提任领导干部有关事项公开制度试点。健全民主监督、法律监督、舆论监督机制，运用和规范互联网监督。

(37)健全改进作风常态化制度。围绕反对形式主义、官僚主义、享乐主义和奢靡之风，加快体制机制改革和建设。健全领导干部带头改进作风、深入基层调查研究机制，完善直接联系和服务群众制度。改革会议公文制度，从中央做起带头减少会议、文件，着力改进会风文风。健全严格的财务预算、核准和审计制度，着力控制“三公”经费支出和楼堂馆所建设。完善选人用人专项检查和责任追究制度，着力纠正跑官要官等不正之风。改革政绩考核机制，着力解决“形象工程”、“政绩工程”以及不作为、乱作为等问题。

规范并严格执行领导干部工作生活保障制度，不准多处占用住房和办公用房，不准超标准配备办公用房和生活用房，不准违规配备公车，不准违规配备秘书，不准超规格警卫，不准超标准进行公务接待，严肃查处违反规定超标准享受待遇等问题。探索实行官邸制。

完善并严格执行领导干部亲属经商、担任公职和社会组织职务、出国定居等相关制度规定，防止领导干部利用公共权力或自身影响为亲属和其他特定关系人谋取私利，坚决反对特权思想和作风。

十一、推进文化体制机制创新

建设社会主义文化强国，增强国家文化软实力，必须坚持社会主义先进文化前进方向，坚持中国特色社会主义文化发展道路，培育和践行社会主义核心价值观，巩固马克思主义在意识形态领域的指导地位，巩固全党全国各族人民团结奋斗的共同思想基础。坚持以人民为中心的工作导向，坚持把社会效益放在首位、社会效益和经济效益相统一，以激发全民族文化创造活力为中心环节，进一步深化文化体制改革。

(38)完善文化管理体制。按照政企分开、政事分开原则，推动政府部门由办文化向管文化转变，推动党政部门与其所属的文化企事业单位进一步理顺关系。建立党委和政府监管国有文化资产的管理机构，实行管人管事管资产管导向相统一。

健全坚持正确舆论导向的体制机制。健全基础管理、内容管理、行业管理以及网络违法犯罪防范和打击等工作联动机制，健全网络突发事件处置机制，形成正面引导和依法管理相结合的网络舆论工作格局。整合新闻媒体资源，推动传统媒体和新兴媒体融合发展。推动新闻发布制度化。严格新闻工作者职业资格制度，重视新型媒介运用和管理，规范传播秩序。

(39)建立健全现代文化市场体系。完善文化市场准入和退出机制，鼓励各类市场主体公平竞争、优胜劣汰，促进文化资源在全国范围内流动。继续推进国有经营性文化单位转企改制，加快公司制、股份制改造。对按规定转制的重要国有传媒企业探索实行特殊管理股制度。

推动文化企业跨地区、跨行业、跨所有制兼并重组，提高文化产业规模化、集约化、专业化水平。

鼓励非公有制文化企业发展，降低社会资本进入门槛，允许参与对外出版、网络出版，允许以控股形式参与国有影视制作机构、文艺院团改制经营。支持各种形式小微文化企业发展。

在坚持出版权、播出权特许经营前提下，允许制作和出版、制作和播出分开。建立多层次文化产品和要素市场，鼓励金融资本、社会资本、文化资源相结合。完善文化经济政策，扩大政府文化资助和文化采购，加强版权保护。健全文化产品评价体系，改革评奖制度，推出更多文化精品。

(40)构建现代公共文化服务体系。建立公共文化服务体系建设协调机制，统筹服务设施网络建设，促进基本公共文化服务标准化、均等化。建立群众评价和反馈机制，推动文化惠民项目与群众文化需求有效对接。整合基层宣传文化、党员教育、科学普及、体育健身等设施，建设综合性文化服务中心。

明确不同文化事业单位功能定位，建立法人治理结构，完善绩效考核机制。推动公共图书馆、博物馆、文化馆、科技馆等组建理事会，吸纳有关方面代表、专业人士、各界群众参与管理。

引入竞争机制，推动公共文化服务社会化发展。鼓励社会力量、社会资本参与公共文化服务体系建设，培育文化非营利组织。

(41)提高文化开放水平。坚持政府主导、企业主体、市场运作、社会参与，扩大对外文化交流，加强国际传播能力和对外话语体系建设，推动中华文化走向世界。理顺内宣外宣体制，支持重点媒体面向国内国际发展。培育外向型文化企业，支持文化企业到境外开拓市场。鼓励社会组织、中资机构等参与孔子学院和海外文化中心建设，承担人文交流项目。

积极吸收借鉴国外一切优秀文化成果，引进有利于我国文化发展的人才、技术、经营管理经验。切实维护国家文化安全。

十二、推进社会事业改革创新

实现发展成果更多更公平惠及全体人民，必须加快社会事业改革，解决好人民最关心最直接最现实的利益问题，努力为社会提供多样化服务，更好满足人民需求。

(42)深化教育领域综合改革。全面贯彻党的教育方针，坚持立德树人，加强社会主义核心价值体系教育，完善中华优秀传统文化教育，形成爱学习、爱劳动、爱祖国活动的有效形式和长效机制，增强学生社会责任感、创新精神、实践能力。强化体育课和课外锻炼，促进青少年身心健康、体魄强健。改进美育教学，提高学生审美和人文素养。大力促进教育公平，健全家庭经济困难学生资助体系，构建利用信息化手段扩大优质教育资源覆盖面的有效机制，逐步缩小区域、城乡、校际差距。统筹城乡义务教育资源均衡配置，实行公办学校标准化建设和校长教师交流轮岗，不设重点学校重点班，破解择校难题，标本兼治减轻学生课业负担。加快现代职业教育体系建设，深化产教融合、校企合作，培养高素质劳动者和技能型人才。创新高校人才培养机制，促进高校办出特色争创一流。推进学前教育、特殊教育、继续教育改革发展。

推进考试招生制度改革，探索招生和考试相对分离、学生考试多次选择、学校依法自主招生、专业机构组织实施、政府宏观管理、社会参与监督的运行机制，从根本上解决一考定终身的弊端。义务教育免试就近入学，试行学区制和九年一贯对口招生。推行初高中学业水平考试和综合素质评价。加快推进职业院校分类招考或注册入学。逐步推行普通高校基于统一高考和高中学业水平考试成绩的综合评价多元录取机制。探索全国统考减少科目、不分文理科、外语等科目社会化考试一年多考。试行普通高校、高职院校、成人高校之间学分转换，拓宽终身学习通道。

深入推进管办评分离，扩大省级政府教育统筹权和学校办学自主权，完善学校内部治理结构。强化国家教育督导，委托社会组织开展教育评估监测。健全政府补贴、政府购买服务、助学贷款、基金奖励、捐资激励等制度，鼓励社会力量兴办教育。

(43)健全促进就业创业体制机制。建立经济发展和扩大就业的联动机制，健全政府促进就业责任制度。规范招人用人制度，消除城乡、行业、身份、性别等一切影响平等就业的制度障碍和就业歧视。完善扶持创业的优惠政策，形成政府激励创业、社会支持创业、劳动者勇于创业新机制。完善城乡均等的公共就业创业服务体系，构建劳动者终身职业培训体系。增强失业保险制度预防失业、促进就业功能，完善就业失业监测统计制度。创新劳动关系协调机制，畅通职工表达合理诉求渠道。

促进以高校毕业生为重点的青年就业和农村转移劳动力、城镇困难人员、退役军人就业。结合产业升级开发更多适合高校毕业生的就业岗位。政府购买基层公共管理和社会服务岗位更多用于吸纳高校毕业生就业。健全鼓励高校毕业生到基层工作的服务保障机制，提高公务员定向招录和事业单位优先招聘比例。实行激励高校毕业生自主创业政策，整合发展国家和省级高校毕业生就业创业基金。实施离校未就业高校毕业生就业促进计划，把未就业的纳入就业见习、技能培训等就业准备活动之中，对有特殊困难的实行全程就业服务。

(44)形成合理有序的收入分配格局。着重保护劳动所得，努力实现劳动报酬增长和劳动生产率提高同步，提高劳动报酬在初次分配中的比重。健全工资决定和正常增长机制，完善最低工资和工资支付保障制度，完善企业工资集体协商制度。改革机关事业单位工资和津贴补贴制度，完善艰苦边远地区津贴增长机制。健全资本、知识、技术、管理等由要素市场决定的报酬机制。扩展投资和租赁服务等途径，优化上市公司投资者回报机制，保护投资者尤其是中小投资者合法权益，多渠道增加居民财产性收入。

完善以税收、社会保障、转移支付为主要手段的再分配调节机制，加大税收调节力度。建立公共资源出让收益合理共享机制。完善慈善捐助减免税制度，支持慈善事业发挥扶贫济困积极作用。

规范收入分配秩序，完善收入分配调控体制机制和政策体系，建立个人收入和财产信息系统，保护合法收入，调节过高收入，清理规范隐性收入，取缔非法收入，增加低收入者收入，扩大中等收入者比重，努力缩小城乡、区域、行业收入分配差距，逐步形成橄榄型分配格局。

(45)建立更加公平可持续的社会保障制度。坚持社会统筹和个人账户相结合的基本养老保险制度，完善个人账户制度，健全多缴多得激励机制，确保参保人权益，实现基础养老金全国统筹，坚持精算平衡原则。推进机关事业单位养老保险制度改革。整合城乡居民基本养老保险制度、基本医疗保险制度。推进城乡最低生活保障制度统筹发展。建立健全合理兼顾各类人员的社会保障待遇确定和正常调整机制。完善社会保险关系转移接续政策，扩大参保缴费覆盖面，适时适当降低社会保险费率。研究制定渐进式延迟退休年龄政策。加快健全社会保障管理体制和经办服务体系。健全符合国情的住房保障和供应体系，建立公开规范的住房公积金制度，改进住房公积金提取、使用、监管机制。

健全社会保障财政投入制度，完善社会保障预算制度。加强社会保险基金投资管理和监督，推进基金市场化、多元化投资运营。制定实施免税、延期征税等优惠政策，加快发展企业年金、职业年金、商业保险，构建多层次社会保障体系。

积极应对人口老龄化，加快建立社会养老服务体系和发展老年服务产业。健全农村留守儿童、妇女、老年人关爱服务体系，健全残疾人权益保障、困境儿童分类保障制度。

(46)深化医药卫生体制改革。统筹推进医疗保障、医疗服务、公共卫生、药品供应、监管体制综合改革。深化基层医疗卫生机构综合改革,健全网络化城乡基层医疗卫生服务运行机制。加快公立医院改革,落实政府责任,建立科学的医疗绩效评价机制和适应行业特点的人才培养、人事薪酬制度。完善合理分级诊疗模式,建立社区医生和居民契约服务关系。充分利用信息化手段,促进优质医疗资源纵向流动。加强区域公共卫生服务资源整合。取消以药补医,理顺医药价格,建立科学补偿机制。改革医保支付方式,健全全民医保体系。加快健全重特大疾病医疗保险和救助制度。完善中医药事业发展政策和机制。

鼓励社会办医,优先支持举办非营利性医疗机构。社会资金可直接投向资源稀缺及满足多元需求服务领域,多种形式参与公立医院改制重组。允许医师多点执业,允许民办医疗机构纳入医保定点范围。

坚持计划生育的基本国策,启动实施一方是独生子女的夫妇可生育两个孩子的政策,逐步调整完善生育政策,促进人口长期均衡发展。

十三、创新社会治理体制

创新社会治理,必须着眼于维护最广大人民根本利益,最大限度增加和谐因素,增强社会发展活力,提高社会治理水平,全面推进平安中国建设,维护国家安全,确保人民安居乐业、社会安定有序。

(47)改进社会治理方式。坚持系统治理,加强党委领导,发挥政府主导作用,鼓励和支持社会各方面参与,实现政府治理和社会自我调节、居民自治良性互动。坚持依法治理,加强法治保障,运用法治思维和法治方式化解社会矛盾。坚持综合治理,强化道德约束,规范社会行为,调节利益关系,协调社会关系,解决社会问题。坚持源头治理,标本兼治、重在治本,以网格化管理、社会化服务为方向,健全基层综合服务管理平台,及时反映和协调人民群众各方面各层次利益诉求。

(48)激发社会组织活力。正确处理政府和社会关系,加快实施政社分开,推进社会组织明确权责、依法自治、发挥作用。适合由社会组织提供的公共服务和解决的事项,交由社会组织承担。支持和发展志愿服务组织。限期实现行业协会商会与行政机关真正脱钩,重点培育和优先发展行业协会商会类、科技类、公益慈善类、城乡社区服务类社会组织,成立时直接依法申请登记。加强对社会组织和在华境外非政府组织的管理,引导它们依法开展活动。

(49)创新有效预防和化解社会矛盾体制。健全重大决策社会稳定风险评估机制。建立畅通有序的诉求表达、心理干预、矛盾调处、权益保障机制,使群众问题能反映、矛盾能化解、权益有保障。

改革行政复议体制,健全行政复议案件审理机制,纠正违法或不当行政行为。完善人民调解、行政调解、司法调解联动工作体系,建立调处化解矛盾纠纷综合机制。

改革信访工作制度,实行网上受理信访制度,健全及时就地解决群众合理诉求机制。把涉法涉诉信访纳入法治轨道解决,建立涉法涉诉信访依法终结制度。

(50)健全公共安全体系。完善统一权威的食品药品安全监管机构,建立最严格的覆盖全过程的监管制度,建立食品原产地可追溯制度和质量标识制度,保障食品药品安全。深化安全生产管理体制改革,建立隐患排查治理体系和安全预防控制体系,遏制重特大安全事故。健全防灾减灾救灾体制。加强社会治安综合治理,创新立体化社会治安防控体系,依法严密防范和惩治各类违法犯罪活动。

坚持积极利用、科学发展、依法管理、确保安全的方针,加大依法管理网络力度,加快完善互联网管理领导体制,确保国家网络和信息安全。

设立国家安全委员会,完善国家安全体制和国家安全战略,确保国家安全。

十四、加快生态文明制度建设

建设生态文明，必须建立系统完整的生态文明制度体系，实行最严格的源头保护制度、损害赔偿制度、责任追究制度，完善环境治理和生态修复制度，用制度保护生态环境。

(51)健全自然资源资产产权制度和用途管制制度。对水流、森林、山岭、草原、荒地、滩涂等自然生态空间进行统一确权登记，形成归属清晰、权责明确、监管有效的自然资源资产产权制度。建立空间规划体系，划定生产、生活、生态空间开发管制界限，落实用途管制。健全能源、水、土地节约集约使用制度。

健全国家自然资源资产管理体制，统一行使全民所有自然资源资产所有者职责。完善自然资源监管体制，统一行使所有国土空间用途管制职责。

(52)划定生态保护红线。坚定不移实施主体功能区制度，建立国土空间开发保护制度，严格按照主体功能区定位推动发展，建立国家公园体制。建立资源环境承载能力监测预警机制，对水土资源、环境容量和海洋资源超载区域实行限制性措施。对限制开发区域和生态脆弱的国家扶贫开发工作重点县取消地区生产总值考核。

探索编制自然资源资产负债表，对领导干部实行自然资源资产离任审计。建立生态环境损害责任终身追究制。

(53)实行资源有偿使用制度和生态补偿制度。加快自然资源及其产品价格改革，全面反映市场供求、资源稀缺程度、生态环境损害成本和修复效益。坚持使用资源付费和谁污染环境、谁破坏生态谁付费原则，逐步将资源税扩展到占用各种自然生态空间。稳定和扩大退耕还林、退牧还草范围，调整严重污染和地下水严重超采区耕地用途，有序实现耕地、河湖休养生息。建立有效调节工业用地和居住用地合理比价机制，提高工业用地价格。坚持谁受益、谁补偿原则，完善对重点生态功能区的生态补偿机制，推动地区间建立横向生态补偿制度。发展环保市场，推行节能量、碳排放权、排污权、水权交易制度，建立吸引社会资本投入生态环境保护的市场化机制，推行环境污染第三方治理。

(54)改革生态环境保护管理体制。建立和完善严格监管所有污染物排放的环境保护管理制度，独立进行环境监管和行政执法。建立陆海统筹的生态系统保护修复和污染防治区域联动机制。健全国有林区经营管理体制，完善集体林权制度改革。及时公布环境信息，健全举报制度，加强社会监督。完善污染物排放许可制，实行企事业单位污染物排放总量控制制度。对造成生态环境损害的责任者严格实行赔偿制度，依法追究刑事责任。

十五、深化国防和军队改革

紧紧围绕建设一支听党指挥、能打胜仗、作风优良的人民军队这一党在新形势下的强军目标，着力解决制约国防和军队建设发展的突出矛盾和问题，创新发展军事理论，加强军事战略指导，完善新时期军事战略方针，构建中国特色现代军事力量体系。

(55)深化军队体制编制调整改革。推进领导管理体制改革，优化军委总部领导机关职能配置和机构设置，完善各军兵种领导管理体制。健全军委联合作战指挥机构和战区联合作战指挥体制，推进联合作战训练和保障体制改革。完善新型作战力量领导体制。加强信息化建设集中统管。优化武装警察部队力量结构和指挥管理体制。

优化军队规模结构，调整改善军兵种比例、官兵比例、部队与机关比例，减少非战斗机构和人员。依据不同方向安全需求和作战任务改革部队编成。加快新型作战力量建设。深化军队院校改革，健全军队院校教育、部队训练实践、军事职业教育三位一体的新型军事人才培养体系。

(56)推进军队政策制度调整改革。健全完善与军队职能任务需求和国家政策制度创新相适应的军事人力资源政策制度。以建立军官职业化制度为牵引，逐步形成科学规范的军队干部制度体系。健全完善文职人员制度。完善兵役制度、士官制度、退役军人安置制度改革配套政策。

健全军费管理制度，建立需求牵引规划、规划主导资源配置机制。健全完善经费物资管理标准制度体系。深化预算管理、集中收付、物资采购和军人医疗、保险、住房保障等制度改革。

健全军事法规制度体系，探索改进部队科学管理的方式方法。

(57)推动军民融合深度发展。在国家层面建立推动军民融合发展的统一领导、军地协调、需求对接、资源共享机制。健全国防工业体系，完善国防科技协同创新体制，改革国防科研生产管理和武器装备采购体制机制，引导优势民营企业进入军品科研生产和维修领域。改革完善依托国民教育培养军事人才的政策制度。拓展军队保障社会化领域。深化国防教育改革。健全国防动员体制机制，完善平时征用和战时动员法规制度。深化民兵预备役体制改革。调整理顺边海空防管理体制机制。

十六、加强和改善党对全面深化改革的领导

全面深化改革必须加强和改善党的领导，充分发挥党总揽全局、协调各方的领导核心作用，建设学习型、服务型、创新型的马克思主义执政党，提高党的领导水平和执政能力，确保改革取得成功。

(58)全党同志要把思想和行动统一到中央关于全面深化改革重大决策部署上来，正确处理中央和地方、全局和局部、当前和长远的关系，正确对待利益格局调整，充分发扬党内民主，坚决维护中央权威，保证政令畅通，坚定不移实现中央改革决策部署。

中央成立全面深化改革领导小组，负责改革总体设计、统筹协调、整体推进、督促落实。

各级党委要切实履行对改革的领导责任，完善科学民主决策机制，以重大问题为导向，把各项改革举措落到实处。加强各级领导班子建设，完善干部教育培训和实践锻炼制度，不断提高领导班子和领导干部推动改革能力。创新基层党建工作，健全党的基层组织体系，充分发挥基层党组织的战斗堡垒作用，引导广大党员积极投身改革事业，发扬“钉钉子”精神，抓铁有痕、踏石留印，为全面深化改革作出积极贡献。

(59)全面深化改革，需要有力的组织保证和人才支撑。坚持党管干部原则，深化干部人事制度改革，构建有效管用、简便易行的选人用人机制，使各方面优秀干部充分涌现。发挥党组织领导和把关作用，强化党委(党组)、分管领导和组织部门在干部选拔任用中的权重和干部考察识别的责任，改革和完善干部考核评价制度，改进竞争性选拔干部办法，改进优秀年轻干部培养选拔机制，区分实施选任制和委任制干部选拔方式，坚决纠正唯票取人、唯分取人等现象，用好各年龄段干部，真正把信念坚定、为民服务、勤政务实、敢于担当、清正廉洁的好干部选拔出来。

打破干部部门化，拓宽选人视野和渠道，加强干部跨条块跨领域交流。破除“官本位”观念，推进干部能上能下、能进能出。完善和落实领导干部问责制，完善从严管理干部队伍制度体系。深化公务员分类改革，推行公务员职务与职级并行、职级与待遇挂钩制度，加快建立专业技术类、行政执法类公务员和聘任人员管理制度。完善基层公务员录用制度，在艰苦边远地区适当降低进入门槛。

建立集聚人才体制机制，择天下英才而用之。打破体制壁垒，扫除身份障碍，让人人都有成长成才、脱颖而出的通道，让各类人才都有施展才华的广阔天地。完善党政机关、企事业单位、社会各方面人才顺畅流动的制度体系。健全人才向基层流动、向艰苦地区和岗位流动、在一线创业的激励机制。加快形成具有国际竞争力的人才制度优势，完善人才评价机制，增强人才政策开放度，广泛吸引境外优秀人才回国或

来华创业发展。

(60)人民是改革的主体,要坚持党的群众路线,建立社会参与机制,充分发挥人民群众积极性、主动性、创造性,充分发挥工会、共青团、妇联等人民团体作用,齐心协力推进改革。鼓励地方、基层和群众大胆探索,加强重大改革试点工作,及时总结经验,宽容改革失误,加强宣传和舆论引导,为全面深化改革营造良好社会环境。

全党同志要紧密团结在以习近平同志为总书记的党中央周围,锐意进取,攻坚克难,谱写改革开放伟大事业历史新篇章,为全面建成小康社会、不断夺取中国特色社会主义新胜利、实现中华民族伟大复兴的中国梦而奋斗!

党政机关厉行节约反对浪费条例

第一章　总　　则

第一条　为了进一步弘扬艰苦奋斗、勤俭节约的优良作风,推进党政机关厉行节约反对浪费,建设节约型机关,根据国家有关法律法规和中央有关规定,制定本条例。

第二条　本条例适用于党的机关、人大机关、行政机关、政协机关、审判机关、检察机关,以及工会、共青团、妇联等人民团体和参照公务员法管理的事业单位。

第三条　本条例所称浪费,是指党政机关及其工作人员违反规定进行不必要的公务活动,或者在履行公务中超出规定范围、标准和要求,不当使用公共资金、资产和资源,给国家和社会造成损失的行为。

第四条　党政机关厉行节约反对浪费,应当遵循下列原则:坚持从严从简,勤俭办一切事业,降低公务活动成本;坚持依法依规,遵守国家法律法规和党内法规制度的相关规定,严格按程序办事;坚持总量控制,科学设定相关标准,严格控制经费支出总额,加强厉行节约绩效考评;坚持实事求是,从实际出发安排公务活动,取消不必要的公务活动,保证正常公务活动;坚持公开透明,除涉及国家秘密事项外,公务活动中的资金、资产、资源使用等情况应予公开,接受各方面监督;坚持深化改革,通过改革创新破解体制机制障碍,建立健全厉行节约反对浪费工作长效机制。

第五条　中共中央办公厅、国务院办公厅负责统筹协调、指导检查全国党政机关厉行节约反对浪费工作,建立协调联络机制承办具体事务。地方各级党委办公厅(室)、政府办公厅(室)负责指导检查本地区党政机关厉行节约反对浪费工作。纪检监察机关和组织人事、宣传、外事、发展改革、财政、审计、机关事务管理等部门根据职责分工,依法依规履行对厉行节约反对浪费相关工作的管理、监督等职责。

第六条　各级党委和政府应当加强对厉行节约反对浪费工作的组织领导。党政机关领导班子主要负责人对本地区、本部门、本单位的厉行节约反对浪费工作负总责,其他成员根据工作分工,对职责范围内的厉行节约反对浪费工作负主要领导责任。

第二章　经费管理

第七条　党政机关应当加强预算编制管理,按照综合预算的要求,将各项收入和支出全部纳入部门预算。

党政机关依法取得的罚没收入、行政事业性收费、政府性基金、国有资产收益和处置等非税收入,必须按规定及时足额上缴国库,严禁以任何形式隐瞒、截留、挤占、挪用、坐支或者私分,严禁转移到机关所属工会、培训中心、服务中心等单位账户使用。

第八条　党政机关应当遵循先有预算、后有支出的原则,严格执行预算,严禁超预算或者无预算安排支出,严禁虚列支出、转移或者套取预算资金。

严格控制国内差旅费、因公临时出国(境)费、公务接待费、公务用车购置及运行费、会议费、培训费等支出。年度预算执行中不予追加,因特殊需要确需追加的,由财政部门审核后按程序报批。

建立预算执行全过程动态监控机制,完善预算执行管理办法,建立健全预算绩效管理体系,增强预算执行的严肃性,提高预算执行的准确率,防止年底突击花钱等现象发生。

第九条　推进政府会计改革，进一步健全会计制度，准确核算机关运行经费，全面反映行政成本。

第十条　财政部门应当会同有关部门，根据国内差旅、因公临时出国（境）、公务接待、会议、培训等工作特点，综合考虑经济发展水平、有关货物和服务的市场价格水平，制定分地区的公务活动经费开支范围和开支标准。

加强相关开支标准之间的衔接，建立开支标准调整机制，定期根据有关货物和服务的市场价格变动情况调整相关开支标准，增强开支标准的协调性、规范性、科学性。

严格开支范围和标准，严格支出报销审核，不得报销任何超范围、超标准以及与相关公务活动无关的费用。

第十一条　全面实行公务卡制度。健全公务卡强制结算目录，党政机关国内发生的公务差旅费、公务接待费、公务用车购置及运行费、会议费、培训费等经费支出，除按规定实行财政直接支付或者银行转账外，应当使用公务卡结算。

第十二条　党政机关采购货物、工程和服务，应当遵循公开透明、公平竞争、诚实信用原则。

政府采购应当依法完整编制采购预算，严格执行经费预算和资产配置标准，合理确定采购需求，不得超标准采购，不得超出办公需要采购服务。

严格执行政府采购程序，不得违反规定以任何方式和理由指定或者变相指定品牌、型号、产地。采购公开招标数额标准以上的货物、工程和服务，应当进行公开招标，确需改变采购方式的，应当严格执行有关公示和审批程序。列入政府集中采购目录范围的，应当委托集中采购机构代理采购，并逐步实行批量集中采购。严格控制协议供货采购的数量和规模，不得以协议供货拆分项目的方式规避公开招标。

党政机关应当按照政府采购合同规定的采购需求组织验收。政府采购监督管理部门应当逐步建立政府采购结果评价制度，对政府采购的资金节约、政策效能、透明程度以及专业化水平进行综合、客观评价。

加快政府采购管理交易平台建设，推进电子化政府采购。

第三章　国内差旅和因公临时出国（境）

第十三条　党政机关应当建立健全并严格执行国内差旅内部审批制度，从严控制国内差旅人数和天数，严禁无明确公务目的的差旅活动，严禁以公务差旅为名变相旅游，严禁异地部门间无实质内容的学习交流和考察调研。

第十四条　国内差旅人员应当严格按规定乘坐交通工具、住宿、就餐，费用由所在单位承担。

差旅人员住宿、就餐由接待单位协助安排的，必须按标准交纳住宿费、餐费。差旅人员不得向接待单位提出正常公务活动以外的要求，不得接受礼金、礼品和土特产品等。

第十五条　统筹安排年度因公临时出国计划，严格控制团组数量和规模，不得安排照顾性、无实质内容的一般性出访，不得安排考察性出访，严禁集中安排赴热门国家和地区出访，严禁以各种名义变相公款出国旅游。严格执行因公临时出国限量管理规定，不得把出国作为个人待遇、安排轮流出国。严格控制跨地区、跨部门团组。

组织、外专等有关部门应当加强出国培训总体规划和监督管理，严格控制出国培训规模，科学设置培训项目，择优选派培训对象，提高出国培训的质量和实效。

第十六条　外事管理部门应当加强因公临时出国审核审批管理，对违反规定、不适合成行的团组予以调整或者取消。

加强因公临时出国经费预算总额控制，严格执行经费先行审核制度。无出国经费预算安排的不予批准，确有特殊需要的，按规定程序报批。严禁违反规定使用出国经费预算以外资金作为出国经费，严禁向所属单位、企业、我国驻外机构等摊派或者转嫁出国费用。

第十七条　出国团组应当按规定标准安排交通工具和食宿，不得违反规定乘坐民航包机，不得乘坐私人、企业和外国航空公司包机，不得安排超标准住房和用车，不得擅自增加出访国家或者地区，不得擅自绕道旅行，不得擅自延长在国外停留时间。

出国期间，不得与我国驻外机构和其他中资机构、企业之间用公款互赠礼品或者纪念品，不得用公款相互宴请。

第十八条　严格根据工作需要编制出境计划，加强因公出境审批和管理，不得安排出境考察，不得组织无实质内容的调研、会议、培训等活动。

严格遵守因公出境经费预算、支出、使用、核算等财务制度，不得接受超标准接待和高消费娱乐，不得接受礼金、贵重礼品、有价证券、支付凭证等。

第四章　公务接待

第十九条　建立健全国内公务接待集中管理制度。党政机关公务接待管理部门应当加强对国内公务接待工作的管理和指导。

第二十条　党政机关应当建立公务接待审批控制制度，对无公函的公务活动不予接待，严禁将非公务活动纳入接待范围。

第二十一条　党政机关应当严格执行国内公务接待标准，实行接待费支出总额控制制度。

接待单位应当严格按标准安排接待对象的住宿用房，协助安排用餐的按标准收取餐费，不得在接待费中列支应当由接待对象承担的费用，不得以举办会议、培训等名义列支、转移、隐匿接待费开支。

建立国内公务接待清单制度，如实反映接待对象、公务活动、接待费用等情况。接待清单作为财务报销的凭证之一并接受审计。

第二十二条　外宾接待工作应当遵循服务外交、友好对等、务实节俭的原则。外宾邀请单位应当严格按照有关规定安排接待活动，从严从紧控制外宾团组和接待费用。

第二十三条　有关部门和地方应当参照国内公务接待标准，制定招商引资等活动的接待办法，严格审批，强化管理，严禁超规格、超标准接待，严禁扩大接待范围、增加接待项目，严禁以招商引资等名义变相安排公务接待。

第二十四条　党政机关不得以任何名义新建、改建、扩建所属宾馆、招待所等具有接待功能的设施或者场所。

建立接待资源共享机制，推进机关所属接待、培训场所的集中统一管理和利用。健全服务经营机制，推行机关所属接待、培训场所企业化管理，降低服务经营成本。

积极推进国内公务接待服务社会化改革，有效利用社会资源为国内公务接待提供住宿、餐饮、用车等服务。

第五章　公务用车

第二十五条　坚持社会化、市场化方向，改革公务用车制度，合理有效配置公务用车资源，创新公务交通分类提供方式，保障公务出行，降低行政成本，建立符合国情的新型公务用车制度。

改革公务用车实物配给方式，取消一般公务用车，保留必要的执法执勤、机要通信、应急和特种专业技术用车及按规定配备的其他车辆。普通公务出行由公务人员自主选择，实行社会化提供。取消的一般公务用车，采取公开招标、拍卖等方式公开处置。

适度发放公务交通补贴，不得以车改补贴的名义变相发放福利。

第二十六条　党政机关应当从严配备实行定向化保障的公务用车，不得以特殊用途等理由变相超编制、超标准配备公务用车，不得以任何方式换用、借用、占用下属单位或者其他单位和个人的车辆，不得接受企事业单位和个人赠送的车辆。

严格按规定配备专车，不得擅自扩大专车

配备范围或者变相配备专车。

从严控制执法执勤用车的配备范围、编制和标准。执法执勤用车配备应当严格限制在一线执法执勤岗位，机关内部管理和后勤岗位以及机关所属事业单位一律不得配备。

第二十七条　公务用车实行政府集中采购，应当选用国产汽车，优先选用新能源汽车。

公务用车严格按照规定年限更新，已到更新年限尚能继续使用的应当继续使用，不得因领导干部职务晋升、调任等原因提前更新。

公务用车保险、维修、加油等实行政府采购，降低运行成本。

第二十八条　除涉及国家安全、侦查办案等有保密要求的特殊工作用车外，执法执勤用车应当喷涂明显的统一标识。

第二十九条　根据公务活动需要，严格按规定使用公务用车，严禁以任何理由挪用或者固定给个人使用执法执勤、机要通信等公务用车，领导干部亲属和身边工作人员不得因私使用配备给领导干部的公务用车。

第六章　会议活动

第三十条　党政机关应当精简会议，严格执行会议费开支范围和标准。

党政机关会议实行分类管理、分级审批。财政部门应当会同机关事务管理等部门制定本级党政机关会议费管理办法，从严控制会议数量、会期和参会人员规模。完善并严格执行严禁党政机关到风景名胜区开会制度规定。

第三十一条　会议召开场所实行政府采购定点管理。会议住宿用房以标准间为主，用餐安排自助餐或者工作餐。

会议期间，不得安排宴请，不得组织旅游以及与会议无关的参观活动，不得以任何名义发放纪念品。

完善会议费报销制度。未经批准以及超范围、超标准开支的会议费用，一律不予报销。严禁违规使用会议费购置办公设备，严禁列支公务接待费等与会议无关的任何费用，严禁套取会议资金。

第三十二条　建立健全培训审批制度，严格控制培训数量、时间、规模，严禁以培训名义召开会议。

严格执行分类培训经费开支标准，严格控制培训经费支出范围，严禁在培训经费中列支公务接待费、会议费等与培训无关的任何费用。严禁以培训名义进行公款宴请、公款旅游活动。

第三十三条　未经批准，党政机关不得以公祭、历史文化、特色物产、单位成立、行政区划变更、工程奠基或者竣工等名义举办或者委托、指派其他单位举办各类节会、庆典活动，不得举办论坛、博览会、展会活动。严禁使用财政性资金举办营业性文艺晚会。从严控制举办大型综合性运动会和各类赛会。

经批准的节会、庆典、论坛、博览会、展会、运动会、赛会等活动，应当严格控制规模和经费支出，不得向下属单位摊派费用，不得借举办活动发放各类纪念品，不得超出规定标准支付费用邀请名人、明星参与活动。为举办活动专门配备的设备在活动结束后应当及时收回。

第三十四条　严格控制和规范各类评比达标表彰活动，实行中央和省（自治区、直辖市）两级审批制度。评比达标表彰项目费用由举办单位承担，不得以任何方式向相关单位和个人收取费用。

第七章　办公用房

第三十五条　党政机关办公用房建设应当从严控制。凡是违反规定的拟建办公用房项目，必须坚决终止；凡是未按照规定程序履行审批手续、擅自开工建设的办公用房项目，必须停建并予以没收；凡是超规模、超标准、超投资概算建设的办公用房项目，应当根据具体情况限期腾退超标准面积或者全部没收、拍卖。

党政机关办公用房应当严格管理，推进办公用房资源的公平配置和集约使用。凡是超过规定面积标准占有、使用办公用房以及未经批准租用办公用房的，必须腾退；凡是未经批准改变办公用房使用功能的，原则上应当恢复原使用功能。严禁出租出借办公用房，已经出租出借的，到期必须收回；租赁合同未到期的，租金收入应当按照收支两条线管理。

第三十六条　党政机关新建、改建、扩建、购置、置换、维修改造、租赁办公用房，必须严格按规定履行审批程序。采取置换方式配给办公用房的，应当执行新建办公用房各项标准，不得以未使用政府预算建设资金、资产整合等名义规避审批。

第三十七条　党政机关办公用房建设项目应当按照朴素、实用、安全、节能原则，严格执行办公用房建设标准、单位综合造价标准和公共建筑节能设计标准，符合土地利用和城市规划要求。党政机关办公楼不得追求成为城市地标建筑，严禁配套建设大型广场、公园等设施。

第三十八条　党政机关办公用房建设项目投资，统一由政府预算建设资金安排。土地收益和资产转让收益应当按照有关规定实行收支两条线管理，不得直接用于办公用房建设。

党政机关办公用房维修改造项目所需投资，统一列入预算由财政资金安排解决，未经审批的项目不得安排预算。

第三十九条　办公用房建设应当严格执行工程招投标和政府采购有关规定，加强对工程项目的全过程监理和审计监督。加快推行办公用房建设项目代建制。

办公用房因使用时间较长、设施设备老化、功能不全，不能满足办公需求的，可以进行维修改造。维修改造项目应当以消除安全隐患、恢复和完善使用功能、降低能源资源消耗为重点，严格履行审批程序，严格执行维修改造标准。

第四十条　建立健全办公用房集中统一管理制度，对办公用房实行统一调配、统一权属登记。

党政机关应当严格按照有关标准和本单位“三定”方案，从严核定、使用办公用房。超标部分应当移交同级机关事务管理部门用于统一调剂。

新建、调整办公用房的单位，应当按照“建新交旧”、“调新交旧”的原则，在搬入新建或者新调整办公用房的同时，将原办公用房腾退移交机关事务管理部门统一调剂使用。

因机构增设、职能调整确需增加办公用房的，应当在本单位现有办公用房中解决；本单位现有办公用房不能满足需要的，由机关事务管理部门整合办公用房资源调剂解决；无法调剂、确需租用解决的，应当严格履行报批手续，不得以变相补偿方式租用由企业等单位提供的办公用房。

第四十一条　党政机关领导干部应当按照标准配置使用一处办公用房，确因工作需要另行配置办公用房的，应当严格履行审批程序。领导干部不得长期租用宾馆、酒店房间作为办公用房。配置使用的办公用房，在退休或者调离时应当及时腾退并由原单位收回。

第八章　资源节约

第四十二条　党政机关应当节约集约利用资源，加强全过程节约管理，提高能源、水、粮食、办公家具、办公设备、办公用品等的利用效率和效益，统筹利用土地，杜绝浪费行为。

第四十三条　对能源、水的使用实行分类定额和目标责任管理。推广应用节能技术产品，淘汰高耗能设施设备，重点推广应用新能源和可再生能源。积极使用节水型器具，建设节水型单位。

健全节能产品政府采购政策，严格执行节能产品政府强制采购和优先采购制度。

第四十四条　优化办公家具、办公设备等资产的配置和使用，通过调剂方式盘活存量资产，节约购置资金。已到更新年限尚能继续使用的，不得报废处置。

对产生的非涉密废纸、废弃电器电子产品等废旧物品进行集中回收处理，促进循环利用；涉及国家秘密的，按照有关保密规定进行销毁。

第四十五条　党政机关政务信息系统建设应当统筹规划，统一组织实施，防止重复建设和频繁升级。

建立共享共用机制，加强资源整合，推动重要政务信息系统互联互通、信息共享和业务协同，降低软件开发、系统维护和升级等方面费用，防止资源浪费。

积极利用信息化手段，推行无纸化办公，减少一次性办公用品消耗。

第九章　宣传教育

第四十六条　宣传部门应当把厉行节约反对浪费作为重要宣传内容，充分发挥各级各类媒体作用，重视运用互联网等新兴媒体，通过新闻报道、文化作品、公益广告等形式，广泛宣传中华民族勤俭节约的优秀品德，宣传阐释相关制度规定，宣传推广厉行节约的经验做法和先进典型，倡导绿色低碳消费理念和健康文明生活方式。

第四十七条　党政机关应当把加强厉行节约反对浪费教育作为作风建设的重要内容，融入干部队伍建设和机关日常管理之中，建立健全常态化工作机制。对各种铺张浪费现象和行为，应当严肃批评、督促改正。

纪检监察机关应当不定期曝光铺张浪费的典型案例，发挥警示教育作用。

组织人事部门和党校、行政学院、干部学院应当把厉行节约反对浪费作为干部教育培训的重要内容，创新教育方法，切实增强教育培训的针对性和实效性。

第四十八条　党政机关应当围绕建设节约型机关，组织开展形式多样、便于参与的活动，引导干部职工增强节约意识、珍惜物力财力，积极培育和形成崇尚节约、厉行节约、反对浪费的机关文化，为在全社会形成节俭之风发挥示范表率作用。

第十章　监督检查

第四十九条　各级党委和政府应当建立厉行节约反对浪费监督检查机制，明确监督检查的主体、职责、内容、方法、程序等，加强经常性督促检查，针对突出问题开展重点检查、暗访等专项活动。

下级党委和政府应当每年向上级党委和政府报告本地区厉行节约反对浪费工作情况，党委和政府所属部门、单位应当每年向本级党委和政府报告本部门、本单位厉行节约反对浪费工作情况。报告可结合领导班子年度考核和工作报告一并进行。

第五十条　领导干部厉行节约反对浪费工作情况，应当列为领导班子民主生活会和领导干部述职述廉的重要内容并接受评议。

第五十一条　党委办公厅（室）、政府办公厅（室）负责统筹协调相关部门开展对厉行节约反对浪费工作的督促检查。每年至少组织开展一次专项督查，并将督查情况在适当范围内通报。专项督查可以与党风廉政建设责任制检查考核、年终党建工作考核等相结合，督查考核结果应当按照干部管理权限送纪检监察机关和组织人事部门，作为干部管理监督、选拔任用的依据。

第五十二条　纪检监察机关应当加强对厉行节约反对浪费工作的监督检查，受理群众举报和有关部门移送的案件线索，及时查处违纪违法问题。

中央和省、自治区、直辖市党委巡视组应当按照有关规定，加强对有关党组织领导班子及其成员厉行节约反对浪费工作情况的巡视监督。

第五十三条　财政部门应当加强对党政机关预算编制、执行等财政、财务、政府采购和会计事项的监督检查，依法处理发现的违规问题，并及时向本级党委和政府汇报监督检查结果。

审计部门应当加大对党政机关公务支出和公款消费的审计力度，依法处理、督促整改违规问题，并将涉嫌违纪违法问题移送有关部门查处。

第五十四条　党政机关应当建立健全厉行节约反对浪费信息公开制度。除依照法律法规和有关要求须保密的内容和事项外，下列内容应当按照及时、方便、多样的原则，以适当方式进行公开：

（一）预算和决算信息；

（二）政府采购文件、采购预算、中标成交结果、采购合同等情况；

（三）国内公务接待的批次、人数、经费总额等情况；

（四）会议的名称、主要内容、支出金额等情况；

（五）培训的项目、内容、人数、经费等情况；

（六）节会、庆典、论坛、博览会、展会、运动会、赛会等活动举办信息；

（七）办公用房建设、维修改造、使用、运行费用支出等情况；

（八）公务支出和公款消费的审计结果；

（九）其他需要公开的内容。

第五十五条　推动和支持人民代表大会及其常务委员会依法严格审查批准党政机关公务支出预算，加强对预算执行情况的监督。发挥人大代表的监督作用，通过提出意见、建议、批评以及询问、质询等方式加强对党政机关厉行节约反对浪费工作的监督。

支持人民政协对党政机关厉行节约反对浪费工作的监督，自觉接受并积极支持政协委员通过调研、视察、提案等方式加强对党政机关厉行节约反对浪费工作的监督。

第五十六条　重视各级各类媒体在厉行节约反对浪费方面的舆论监督作用。建立舆情反馈机制，及时调查处理媒体曝光的违规违纪违法问题。

发挥群众对党政机关及其工作人员铺张浪费行为的监督作用，认真调查处理群众反映的问题。

第十一章　责任追究

第五十七条　建立党政机关厉行节约反对浪费工作责任追究制度。

对违反本条例规定造成浪费的，应当依纪依法追究相关人员的责任，对负有领导责任的主要负责人或者有关领导干部实行问责。

第五十八条　有下列情形之一的，追究相关人员的责任：

（一）未经审批列支财政性资金的；

（二）采取弄虚作假等手段违规取得审批的；

（三）违反审批要求擅自变通执行的；

（四）违反管理规定超标准或者以虚假事项开支的；

（五）利用职务便利假公济私的；

（六）有其他违反审批、管理、监督规定行为的。

第五十九条　有下列情形之一的，追究主要负责人或者有关领导干部的责任：

（一）本地区、本部门、本单位铺张浪费、奢侈奢华问题严重，对发现的问题查处不力，干部群众反映强烈的；

（二）指使、纵容下属单位或者人员违反本条例规定造成浪费的；

（三）不履行内部审批、管理、监督职责造成浪费的；

（四）不按规定及时公开本地区、本部门、本单位有关厉行节约反对浪费工作信息的；

（五）其他对铺张浪费问题负有领导责任的。

第六十条　违反本条例规定造成浪费的，根据情节轻重，由有关部门依照职责权限给予批评教育、责令作出检查、诫勉谈话、通报批评或者调离岗位、责令辞职、免职、降职等处理。

应当追究党纪政纪责任的，依照《中国共产党纪律处分条例》、《行政机关公务员处分条例》等有关规定给予相应的党纪政纪处分。

涉嫌违法犯罪的，依法追究法律责任。

第六十一条　违反本条例规定获得的经济利益，应当予以收缴或者纠正。

违反本条例规定，用公款支付、报销应由个人支付的费用，应当责令退赔。

第六十二条　受到责任追究的人员对处理

决定不服的,可以按照相关规定向有关机关提出申诉。受理申诉机关应当依据有关规定认真受理并作出结论。

申诉期间,不停止处理决定的执行。

第十二章　附　　则

第六十三条　各省、自治区、直辖市党委和政府,中央和国家机关各部委,可以根据本条例,结合实际制定实施细则。有关职能部门应当根据各自职责,制定完善相关配套制度。

国有企业、国有金融企业、不参照公务员法管理的事业单位,参照本条例执行。

中国人民解放军和中国人民武装警察部队按照军队有关规定执行。

第六十四条　本条例由中共中央办公厅、国务院办公厅会同有关部门负责解释。

第六十五条　本条例自发布之日起施行。1997年5月25日发布的《中共中央、国务院关于党政机关厉行节约制止奢侈浪费行为的若干规定》同时废止。其他有关党政机关厉行节约反对浪费的规定,凡与本条例不一致的,按照本条例执行。

(此《条例》由中共中央、国务院印发,新华社2013年11月25日发布)

中央党内法规制定工作五年规划纲要

（2013—2017 年）

为落实中央关于加强党内法规制度建设的要求，全面提高党的建设科学化水平，依照《中国共产党章程》、《中国共产党党内法规制定条例》有关规定，根据党的十八大关于党的建设总体部署，制定本规划纲要。

一、指导思想、工作目标和基本要求

1. 指导思想。坚持以马克思列宁主义、毛泽东思想、邓小平理论、“三个代表”重要思想、科学发展观为指导，全面落实党的十八大精神和习近平总书记一系列重要讲话精神，牢牢把握加强党的执政能力建设、先进性和纯洁性建设这条主线，坚持解放思想、改革创新，坚持党要管党、从严治党，以党章为根本，以民主集中制为核心，积极推进党内法规制定工作，加快构建党内法规制度体系，为全面提高党的建设科学化水平、加强和改善党的领导、确保党始终成为中国特色社会主义事业的坚强领导核心提供坚实制度保障。

2. 工作目标。在对现有党内法规进行全面清理的基础上，抓紧制定和修订一批重要党内法规，力争经过 5 年努力，基本形成涵盖党的建设和党的工作主要领域、适应管党治党需要的党内法规制度体系框架，使党内生活更加规范化、程序化，使党内民主制度体系更加完善，使权力运行受到更加有效的制约和监督，使党执政的制度基础更加巩固，为到建党 100 周年时全面建成内容科学、程序严密、配套完备、运行有效的党内法规制度体系打下坚实基础。

——基础主干党内法规更加健全。对一些分散交叉的党内法规和规范性文件进行整合提升，形成一批综合性党内法规，党内法规制度的集成性明显提高。党的思想建设、组织建设、作风建设、反腐倡廉建设、制度建设各领域的基础主干党内法规基本制定，党的领导和党的工作方面的基础主干党内法规制定取得重要进展，党内法规制度体系框架基本确立。

——实践亟需的党内法规及时出台。针对党的建设和党的工作中存在的突出问题，以保障党员权利、发展党内民主、改革用人制度、加强基层组织、推进作风转变、规范权力行使、严明党的纪律、强化党内监督为重点，抓紧制定实践迫切需要、干部群众热切期待的党内法规，努力为解决干部群众普遍关注的热点难点问题提供制度安排。

——配套党内法规更加完备。加强对已有党内法规制度的配套建设，使基础主干党内法规的实施办法和细则基本完备，相应的配套专项制度不断完善，程序性、保障性、惩戒性规定得到强化，党内法规的匹配性、操作性、实用性明显提高。

——各项党内法规之间协调统一。党内法规工作的统筹规划机制、审议审核机制、动态清理机制、备案审查机制、解释评估机制建立健全并有效运行，不同领域、不同位阶、不同效力的党内法规相互衔接，党内法规的系统性、协调性、统一性明显提高。

3. 基本要求。做好党内法规制定工作，要遵循以下基本要求：

——围绕中心、服务大局。认真贯彻党的基本理论、基本路线、基本纲领、基本经验、基本要求，自觉服务于中国特色社会主义事业总体布局，服务于党的建设新的伟大工程，从制度上确保党的理论和路线方针政策的贯彻落实，充分发挥党内法规在促进全局工作中的重要作用。

——宪法为上、党章为本。以宪法为遵循，保证党内法规体现宪法和法律的精神和要求，保证党内法规制度体系与中国特色社会主义法律体系内在统一，确保各级党组织和党员在宪法和法律范围内活动，认真履行党内的各项职责和义务。以党章为根本，按照党章确定的基本原则、要求和任务，推进党内法规制定工作。

——整体推进、突出重点。着眼于构建系统完备的党内法规制度体系，立体式、全方位推进党内法规制定工作，维护党内法规制度体系的统一性。把阶段性任务与战略性目标结合起来，按照急用先立原则，抓住核心、关键、亟需制定的党内法规项目，集中力量推进，努力在主要方面和关键环节上取得突破。

——发扬民主、科学制定。坚持从实际出发，充分发扬民主，深入调查研究，广泛征求意见，遵循党的制度建设规律，妥善处理数量与质量、前瞻性与现实性等关系，确保党内法规适应党的建设和党的工作需要，体现广大党员、干部意愿，经得起实践和历史检验。

——改革创新、与时俱进。在总结吸取正反两方面历史经验的基础上，研究新情况、解决新问题、总结新经验，尊重基层首创精神，借鉴国外政党有益做法，注重把实践中的成功经验和规律性认识上升为党内法规，及时修改同实践要求不相适应的党内法规，使党内法规建设始终随着实践的发展、时代的进步不断向前推进。

——严谨规范、有效管用。按照于法周延、于事简便的原则，提高党内法规制定水平，做到内容详实、措施管用，逻辑严密、表述准确，文字精练、格式规范，具有针对性、指导性和可操作性。

二、完善党的领导和党的工作方面的党内法规，进一步改进党的领导方式和执政方式

围绕更好发挥党总揽全局、协调各方的领导核心作用，按照党的领导主要是政治、思想和组织领导的原则，抓紧制定和完善党的领导和党的工作方面的党内法规，通过科学、规范的机制安排，加强和改善党的领导，提高党科学执政、民主执政、依法执政水平。

1. 完善地方党委工作制度。抓紧修订《中国共产党地方委员会工作条例（试行）》，制定体现集体领导和个人分工负责相结合的具体制度和办法，建立健全决策权、执行权、监督权既相互制约又相互协调的权力结构和运行机制。

2. 规范和完善党组工作制度。抓紧制定《中国共产党党组工作条例》，明确党组的设立、职权职责和工作方式，规范党组决策程序，进一步理顺党组与所在机构组织的关系，既支持人大、政府、政协、司法机关、人民团体依照法律和各自章程独立负责、协调一致地开展工作，支持国有企业和事业单位依法运营，又发挥党组在这些机构组织中的领导核心作用，保证党的路线方针政策和决策部署得到落实。

3. 完善党领导国家法治建设的党内法规。按照党领导立法、保证执法、带头守法的要求，加强党对法治建设的领导，健全党领导法治建设的制度和体制机制。加强和改善党对立法工作的领导，修改《中共中央关于加强对国家立法工作领导的若干意见》，规范党领导国家立法的工作程序，更好地使党的主张通过法定程序成为国家意志。加强和改善党对政法工作的领导，积极推进司法体制改革，适时研究制定党委政法委工作条例，完善党领导政法工作的体制机制。完善党员、干部特别是领导干部带头学法尊法守法用法的制度规定，带动全社会形成崇尚法治、遵守法律、依法办事的良好氛围。

4. 完善意识形态工作方面的党内法规。加强宣传思想工作方面党内法规建设，从制度上加强、改进和保障党对意识形态工作的领导。坚持党管媒体原则，完善新闻媒体及新闻从业人员管理制度和办法，加强对互联网等新兴媒体的管理，把舆论导向管理落到实处。完善意识形态阵地管理法规制度，健全各类学会、协

会、研究会、民办社科研究机构管理制度，不给错误思潮和主张提供传播渠道。

5. 完善统一战线工作方面的党内法规。坚持和完善中国共产党领导的多党合作和政治协商制度，推进政治协商、民主监督、参政议政制度建设。制定《中国共产党统一战线工作条例》，完善党领导统一战线工作的体制机制，更好地促进政党关系、民族关系、宗教关系、阶层关系、海内外同胞关系的和谐。研究完善社会主义协商民主方面的制度规定，健全协商民主工作机制，推进协商民主广泛、多层、制度化发展。

6. 完善群众工作方面的党内法规。研究制定加强和改进党对工会、共青团、妇联等人民团体领导的制度，将党对人民团体的领导纳入制度化、规范化轨道，支持人民团体充分发挥桥梁纽带作用。

7. 完善外事工作方面的党内法规。修改完善外事管理工作有关制度规定，建立健全外事工作体制机制，提高外事工作制度化、规范化水平。

8. 完善军队政治工作方面的党内法规。坚持党对军队绝对领导的根本原则和人民军队的根本宗旨，修改完善《中国人民解放军政治工作条例》及《中国共产党军队委员会工作条例》、《中国共产党军队支部工作条例》，加强党在军队中的思想工作和组织工作，更好地发挥军队政治工作的服务保证作用，确保军队始终忠于党、忠于人民。

三、完善党的思想建设方面的党内法规，为做好理论创新和理论武装工作提供制度保障

着眼于教育引导广大党员、干部坚定理想信念，以思想理论建设为根本、党性教育为核心、道德建设为基础，加大思想建设方面党内法规制定力度，积极探索理论创新和理论武装工作的有效途径和方法，推动思想建设工作制度化、常态化。

1. 完善党员干部理论学习制度。健全马克思主义理论研究和建设工作体制机制，完善中国特色社会主义理论体系宣传普及制度。健全学习型党组织建设制度。完善党委（党组）中心组学习制度、领导干部理论学习考核制度、学习培训阵地建设管理制度、学风建设制度以及学习培训纪律规定，强化刚性约束，增强学习效果。制定中国共产党党员教育工作条例，修订《干部教育培训工作条例（试行）》，提高教育培训的针对性和实效性。

2. 完善党员党性教育和分析制度。对照党章规定、新时期保持共产党员先进性的基本要求，探索建立健全党性教育和分析的机制与办法，对党员坚持原则、履行义务、发挥作用等情况进行分析，强化党员党性意识。健全党员立足岗位创先争优长效机制，引导广大党员更好地发挥先锋模范作用，保持党员队伍的纯洁性。

3. 完善党员、干部道德建设制度。针对党员、干部特别是领导干部道德建设方面存在的突出问题，明确新形势下党员、干部道德指引，明确领导干部从政道德要求，健全道德评价考核办法，完善道德建设奖惩措施，督促引导党员、干部做社会主义道德的示范者、诚信风尚的引领者、公平正义的维护者。

四、完善党的组织建设方面的党内法规，着力提高组织工作制度化水平

着眼于夯实党执政的组织基础，进一步完善干部队伍建设、基层组织建设、党员队伍建设等方面的党内法规，着力构建覆盖广泛、结构合理、功能健全的组织体系，着力建设高素质执政骨干队伍，推动组织建设在制度化轨道上不断取得新进展。

1. 完善干部宏观管理制度。抓紧制定加强干部宏观管理方面的规定，加强干部政策的规范，清理地方已出台的与中央政策不一致的规定，严禁超职数配备干部，规范干部职务名称，严禁擅自提高机构规格和干部职级待遇，防止干部任职年龄层层递减。

2.完善干部选拔任用方面的党内法规。深化干部人事制度改革,修改完善《党政领导干部选拔任用工作条例》,坚持和完善民主推荐,完善考察内容和方法,规范公开选拔和竞争上岗,从严规范破格提拔,完善任职回避制度,健全干部选拔任用工作监督检查、责任追究等制度,有效遏制选人用人上的不正之风。

3.完善领导干部考核评价制度。抓紧制定改进完善干部考核工作的意见,把握考核干部的标准,突出德的考核,改进工作实绩考核,强化作风考核,树立以德为先、科学发展、注重作风的导向,切实改变一些领导干部片面追求生产总值、盲目攀比发展速度的现象。

4.完善党政领导干部职务任期制度。适时修订《党政领导干部职务任期暂行规定》,严格控制选任制领导干部任期内职务变动,规范干部轮岗交流,避免党政领导干部因调动频繁而引发短期行为。

5.完善党政领导干部问责制度。适时修订《关于实行党政领导干部问责的暂行规定》,进一步明确问责情形、规范问责方式。抓紧制定严格做好被问责干部工作安排的有关规定,严格被问责干部复出条件、程序和职务安排等,保证问责制度与党纪政纪处分、法律责任追究制度有效衔接。完善组织处理制度,通过调离岗位、免职、降职等方式,加大对不胜任、不称职干部的调整力度。

6.完善党的基层组织工作制度。修改完善《中国共产党农村基层组织工作条例》,抓紧制定国有企业基层组织工作条例,制定关于加强基层服务型党组织建设的意见,明确各领域基层服务型党组织建设的目标要求、主要任务、保障措施,健全党的基层组织工作制度体系,推动服务群众、做群众工作制度化、常态化、长效化。

7.健全党员队伍建设方面的党内法规。按照控制总量、优化结构、提高质量、发挥作用的要求,完善和细化发展党员和党员管理制度。健全党员能进能出机制,优化党员队伍结构,疏通党员队伍出口,对不合格党员及时进行组织处理。健全党员民主评议制度、党内表彰制度。完善流动党员教育管理服务制度,健全党内激励关怀帮扶机制。

8.健全党管人才方面的党内法规。研究制定人才工作条例,加快人才发展体制机制改革和政策创新,改进党管人才工作方式,建立健全人才培养开发、评价发现、选拔任用、流动配置、激励保障机制,推动形成激发人才创造活力、鼓励人才干事创业的制度保障,把各方面优秀人才集聚到党和国家事业中来。

五、完善党的作风建设方面的党内法规,为推动作风转变提供强大动力

以贯彻落实中央八项规定精神为着力点,针对形式主义、官僚主义、享乐主义和奢靡之风等突出问题,加大作风建设方面党内法规建设力度,提高相关制度的集成性、针对性和执行力,为推进作风建设提供有力制度支撑。

1.完善党员、干部特别是领导干部直接联系群众制度。结合开展党的群众路线教育实践活动,完善党员、干部特别是领导干部直接联系群众制度,包括领导干部基层联系点制度、调查研究制度、定期接待群众来访和下访制度、基层办公制度等,拓展和畅通群众诉求反映渠道,完善党和政府主导的维护群众权益机制,把联系服务群众作为党员、干部特别是领导干部的重要任务和职责,提高做好新形势下群众工作的能力。

2.完善党政机关厉行节约反对浪费方面的党内法规。清理以往反对和禁止铺张浪费行为的各项制度规定,以改革创新精神加强厉行节约反对浪费制度体系建设。制定党政机关厉行节约反对浪费条例,坚决遏制公务支出、公款消费中的违规违纪违法现象。

3.完善领导干部待遇方面的党内法规。按照既保证工作生活需要又从严从简的要求,修改完善领导干部住房、办公用房、用车、工作人员配备、医疗、休假休息、交通、安全警卫等方面的党内法规制度,严格规范领导干部工作和生

活待遇。

4. 完善作风建设监督惩戒制度。健全作风建设监督检查机制,加大监督检查力度。将作风建设情况纳入巡视工作范围。健全作风建设惩戒机制,明确违规违纪责任内容和惩罚措施,严格责任追究,以严明的纪律和严厉的惩戒督促党员干部切实改进作风。

六、完善党的反腐倡廉建设方面的党内法规,切实把权力关进制度的笼子里

围绕建设廉洁政治,加大教育、监督、惩处力度,以解决体制缺陷和制度漏洞为重点,加快推进反腐倡廉建设方面党内法规建设,提高制度安排的系统性、科学性,努力形成不敢腐的惩戒机制、不能腐的防范机制、不易腐的保障机制。

1. 健全权力运行制约和监督体系。修订《中国共产党党内监督条例(试行)》,进一步健全监督机制,拓宽监督渠道,强化监督力量。研究制定加强对主要领导干部监督的制度,切实加大对一把手的监督力度。修订《中国共产党巡视工作条例(试行)》,充分发挥巡视工作发现问题、形成震慑的重要作用。完善领导干部述职述廉、提醒谈话、诫勉谈话、函询、质询、罢免或撤换等制度。完善领导干部报告个人有关事项制度。

2. 完善预防腐败的党内法规。着眼于从源头上防治腐败,努力形成一整套有效的预防腐败制度。加强廉政风险防控机制建设,形成以积极防范为核心、以强化管理为手段的科学防控机制。建立健全防止利益冲突制度,加强对领导干部及其亲属和身边工作人员的教育和约束。建立预防腐败信息共享机制、预警机制和廉政指标体系,充分发挥现代科技手段在防治腐败中的作用。

3. 完善查办腐败案件的党内法规。整合已有相关制度规定,研究制定《中国共产党纪律检查机关案件办理工作条例》,进一步完善办案程序、规范办案措施、提高办案质量。健全网络举报和受理机制、网络信息收集和处置机制,及时揭露、发现、查处腐败案件。

4. 完善纪律处分制度和党员申诉制度。修订《中国共产党纪律处分条例》,根据新形势新情况,增补处分情形,细化相关规定,明确处分标准,统一违纪行为名称,提高纪律处分的规范化水平。研究制定《中国共产党纪律检查机关处理党员申诉工作规定》,明确党员对所受党纪处分不服的申诉程序,畅通受处分党员申诉渠道,健全申诉办理机制,切实保障党员的申诉权利。

5. 完善处理检举、控告的制度。完善对党组织和党员干部检举、控告进行处理的程序规定,明确受理检举、控告的范围和方式,严格处理程序,对错告、误告、诬告行为予以明确界定,严肃查处打击报复举报人、控告人的行为,从制度上保护举报人、控告人的合法权益。

6. 完善纪检监察体制机制。进一步明确纪律检查委员会的机构设置、职能任务和工作制度。完善纪检监察派驻机构统一管理制度,健全管理体制、工作机制,更好地发挥派驻机构对驻在部门领导班子及其成员的监督作用。完善国有企业、事业单位纪律检查工作制度。

七、完善党的民主集中制建设方面的党内法规,加快构建党内民主制度体系

按照党章和《关于党内政治生活的若干准则》的要求,抓紧建立健全民主集中制的具体制度,着力构建党内民主制度体系,切实推动民主集中制具体化、程序化,真正把民主集中制重大原则落到实处。加强党的纪律建设,进一步严明党的纪律规定,维护党的集中统一。

1. 健全党员权利保障制度。以落实党员知情权、参与权、选举权、监督权为重点,修改完善《中国共产党党员权利保障条例》,细化保障措施,明确保障程序,进一步提高党员对党内事务的参与度,强化对侵犯党员权利行为的责任追

究，更好地发挥党员在党内生活中的主体作用。

2. 完善党的代表大会制度。深化县（市、区）党代会常任制试点，试行乡镇党代会年会制。落实和完善党的代表大会代表任期制，制定党代会代表提案制实施办法，为党代会代表履职尽责提供制度保障。

3. 完善党内选举制度。适应党的建设新形势和发展党内民主需要，总结吸收近年来地方各级党委和基层党组织在选举工作中创造的好经验好做法，修改完善《中国共产党地方组织选举工作条例》、《中国共产党基层组织选举工作暂行条例》，进一步完善党内选举办法，严格选举程序，严明选举纪律，改进候选人提名方式，规范差额提名、差额选举的范围和比例，扩大党员参与推荐候选人的途径，形成充分体现选举人意志的程序和环境。

4. 完善党委议事决策制度。研究制定地方党委决策程序规定，把调查研究、征求意见、法律咨询、集体讨论决定作为必经程序，完善地方党委讨论决定重大问题和任用重要干部票决制，提高党委科学决策、民主决策、依法决策水平。健全工委工作体制机制，对工委的设置、职责、工作制度等作出规定。

5. 完善党员领导干部民主生活会制度。着眼于严格党内生活，总结吸收党的群众路线教育实践活动专题民主生活会的经验做法，抓紧修订《关于县以上党和国家机关党员领导干部民主生活会的若干规定》，用好批评和自我批评武器，增强党内生活的政治性、原则性、战斗性，加强党内监督和领导班子的思想、作风建设，切实提高依靠自身力量解决矛盾和问题的能力。

6. 完善党内基层民主制度。研究制定《中国共产党党务公开条例》，健全党内情况通报制度，增强党内生活透明度。扩大党内基层民主，建立健全党内事务听证咨询制度，完善党员定期评议基层党组织领导班子制度，建立健全党员旁听基层党委会议、党代会代表列席同级党委有关会议等制度。

7. 完善政治纪律规定。着眼于加强党的纪律建设，进一步强化党员、干部政治纪律要求，完善监督机制和惩戒机制，严肃查处违反政治纪律的行为，坚决维护中央权威。

8. 完善党委督促检查工作制度。研究制定《党委督促检查工作规定》，完善党委督促检查工作领导体制和工作机制，进一步明确督促检查工作职责，规范督促检查工作程序，增强督促检查工作效果，推动中央和地方各级党委重大决策部署贯彻落实，保证政令畅通，坚决纠正有令不行、有禁不止现象。

八、提高党内法规制定质量和执行力

1. 提高党内法规制定质量。认真履行制定程序，严格按照《中国共产党党内法规制定条例》有关规定，做好规划计划、组织起草、前置审核、审议批准、审核签批、公开发布等环节的工作。要坚持走群众路线，深入实际、深入基层进行调研，充分听取各方面意见，切实做到集思广益。要加强前置审核，重要党内法规应在经过党内法规工作机构初步审核后再报请审议审批，确保及时发现和消除党内法规草案中的问题。做好党内法规解释工作，保证党内法规制定意图和条文含义得到准确理解。完善党内法规备案制度，维护党内法规制度的协调统一。健全清理工作机制，及时解决党内法规制度存在的不适应、不协调、不衔接、不一致问题。

2. 加大党内法规宣传力度。按照公开是原则、不公开是例外的要求，做好党内法规及时公开工作。凡是能公开的就不定密，能解密的要及时解密公开，公开时要做好配合宣传工作。完善宣传教育机制，把党内法规纳入党校、干部学院培训教材，引导党员领导干部依规办事、依规用权、依规施政。建立健全党内法规定期汇编制度，一般每5年对发布的党内法规进行一次汇编，并在履行解密手续后公开出版，以便执行和遵守。

3. 健全党内法规执行机制。坚持有规必依、执规必严、违规必究，加大党内法规执行力度，使刚性约束得到严格遵循，切实做到法规制度面前人人平等、遵守法规制度没有特权、执行法规制度没有例外，坚决防止出现“破窗效应”，切实增强法规制度的严肃性和权威性。健全监督检查机制，明确监督执行的责任部门，完善监督检查方式，加大监督检查力度。完善惩处追责机制，明确保障党内法规执行的惩戒性规定，定期通报党内法规执行情况和对违规行为的查处情况。积极开展党内法规实施后评估工作，并根据评估反馈情况及时修改完善相关党内法规。

九、抓好组织实施

1. 加强组织领导。中央办公厅要认真履行党内法规建设统筹协调职责，抓好任务分解，拟订年度计划，协调抓好本规划纲要各项任务的落实。承担中央党内法规起草任务的中央纪委和中央有关部门，对落实本规划纲要中的制定项目负有重要责任，要切实加强组织领导，制定实施方案，主要负责同志要亲自过问，有关负责同志要加强协调，法规工作机构要着力抓好落实。

2. 充分发挥党内法规工作机构的作用。各地区各有关部门要抓紧建立健全党内法规工作机构，并帮助解决队伍力量、设施条件、工作开展等方面的实际困难，充分发挥党内法规工作机构在服务党的制度建设和党依法执政方面的参谋助手作用。要为党内法规工作机构负责人列席本级党委重要会议特别是讨论法规文件的会议创造条件。要将党内法规工作经费纳入同级政府财政预算，为开展党内法规工作提供保障。

3. 强化督查指导。中央办公厅要加强对本规划纲要实施情况的跟踪分析，保持与项目起草单位的密切沟通与联系，及时掌握制定工作进展情况，协助解决起草工作中涉及的重要问题，督促完成起草任务。各牵头起草单位每年年底要报送起草工作进展情况，由中央办公厅汇总后向中央报告。中央办公厅每年以适当方式通报本规划纲要落实进展情况。

本规划纲要确定的重点制定项目，是对今后5年中央党内法规制定工作的预期安排。在实施过程中，可以针对遇到的新情况新问题，根据党的事业发展和党的建设、党的工作实际需要，及时对制定项目进行增减和调整完善。

各地区各有关部门可以根据本规划纲要精神，结合自身实际，编制本地区本系统党内法规制定工作五年规划。中央军委及其总政治部可以依照本规划纲要精神，编制军队党内法规制定工作五年规划。

（此《规划纲要》由中共中央印发，新华社2013年11月27日发布）

关于改进地方党政领导班子和领导干部政绩考核工作的通知

各省、自治区、直辖市党委组织部，各副省级城市党委组织部，中央和国家机关各部委、各人民团体组织人事部门，新疆生产建设兵团党委组织部：

为贯彻落实党的十八大和十八届三中全会关于改革和完善干部考核评价制度，完善发展成果考核评价体系的精神，促进各级领导干部树立正确的政绩观，推动经济社会科学发展，经中央同意，现就改进地方党政领导班子和领导干部政绩考核工作的有关问题通知如下。

1. 政绩考核要突出科学发展导向。地方党政领导班子和领导干部的年度考核、目标责任考核、绩效考核、任职考察、换届考察以及其他考核考察，要看全面工作，看经济、政治、文化、社会、生态文明建设和党的建设的实际成效，看解决自身发展中突出矛盾和问题的成效，不能仅仅把地区生产总值及增长率作为考核评价政绩的主要指标，不能搞地区生产总值及增长率排名。中央有关部门不能单纯以地区生产总值及增长率来衡量各省（自治区、直辖市）发展成效。地方各级党委政府不能简单以地区生产总值及增长率排名评定下一级领导班子和领导干部的政绩和考核等次。

2. 完善政绩考核评价指标。根据不同地区、不同层级领导班子和领导干部的职责要求，设置各有侧重、各有特色的考核指标，把有质量、有效益、可持续的经济发展和民生改善、社会和谐进步、文化建设、生态文明建设、党的建设等作为考核评价的重要内容。强化约束性指标考核，加大资源消耗、环境保护、消化产能过剩、安全生产等指标的权重。更加重视科技创新、教育文化、劳动就业、居民收入、社会保障、人民健康状况的考核。

3. 对限制开发区域不再考核地区生产总值。对限制开发的农产品主产区和重点生态功能区，分别实行农业优先和生态保护优先的绩效评价，不考核地区生产总值、工业等指标。对禁止开发的重点生态功能区，全面评价自然文化资源原真性和完整性保护情况。对生态脆弱的国家扶贫开发工作重点县取消地区生产总值考核，重点考核扶贫开发成效。

4. 加强对政府债务状况的考核。把政府负债作为政绩考核的重要指标，强化任期内举债情况的考核、审计和责任追究，防止急于求成，以盲目举债搞“政绩工程”。注重考核发展思路、发展规划的连续性，考核坚持和完善前任正确发展思路、一张好蓝图抓到底的情况，考核积极化解历史遗留问题的情况，把是否存在“新官不理旧账”“吃子孙饭”等问题作为考核评价领导班子和领导干部履职尽责的重要内容。

5. 加强对政绩的综合分析。辩证地看主观努力与客观条件、前任基础与现任业绩、个人贡献与集体作用，既看发展成果，又看发展成本与代价；既注重考核显绩，更注重考核打基础、利长远的潜绩；既考核尽力而为，又考核量力而行，全面历史辩证地评价领导班子和领导干部的政绩。注意识别和制止“形象工程”“政绩工程”，防止和纠正以高投入、高排放、高污染换取经济增长速度，防止和纠正不作为、乱作为等问题。

6. 选人用人不能简单以地区生产总值及增长率论英雄。要按照好干部的标准，根据干部的德才素质、工作需要、群众公认等情况综合评价干部，注重选拔自觉坚持和领导科学发展、成绩突出、群众公认的干部。不能简单地把经济增长速度与干部的德能勤绩廉划等号，将其作为干部提拔任用的依据，作为高配干部或者提高干部职级待遇的依据，作为末位淘汰的依据。

7. 实行责任追究。制定违背科学发展行为责任追究办法，强化离任责任审计，对拍脑袋决策、拍胸脯蛮干，给国家利益造成重大损失的，损害群众利益造成恶劣影响的，造成资源严重浪费的，造成生态严重破坏的，盲目举债留下一摊子烂账的，要记录在案，视情节轻重，给予组织处理或党纪政纪处分，已经离任的也要追究责任。

8. 规范和简化各类工作考核。加强对考核的统筹整合，切实解决多头考核、重复考核、繁琐考核等问题，简化考核程序，提高考核效率。精简各类专项业务工作考核，取消名目繁多、导向不正确的考核，防止考核过多过滥、“一票否决”泛化和基层迎考迎评负担沉重的现象。中央管理的领导班子和领导干部当年开展专项学习教育活动或换届考察、巡视的，可不再重复进行年度考核，根据年度工作情况，综合运用专项活动督导以及换届考察、巡视等成果形成年度考核意见。

各地区各部门要按照本通知精神，完善考核评价制度，抓紧清理和调整考核评价指标，废止不符合中央要求的制度规定，树立正确的考核导向，使考核由单纯比经济总量、比发展速度，转变为比发展质量、发展方式、发展后劲，引导各级领导班子和领导干部牢固树立“功成不必在我”的发展观念，做出经得起实践、人民、历史检验的政绩。

（此《通知》由中共中央组织部 2013 年 12 月 6 日印发）

党政机关国内公务接待管理规定

第一条　为了规范党政机关国内公务接待管理，厉行勤俭节约，反对铺张浪费，加强党风廉政建设，根据《党政机关厉行节约反对浪费条例》规定，制定本规定。

第二条　本规定适用于各级党的机关、人大机关、行政机关、政协机关、审判机关、检察机关，以及工会、共青团、妇联等人民团体和参照公务员法管理事业单位的国内公务接待行为。

本规定所称国内公务，是指出席会议、考察调研、执行任务、学习交流、检查指导、请示汇报工作等公务活动。

第三条　国内公务接待应当坚持有利公务、务实节俭、严格标准、简化礼仪、高效透明、尊重少数民族风俗习惯的原则。

第四条　各级党政机关公务接待管理部门应当结合当地实际，完善国内公务接待管理制度，制定国内公务接待标准。

县级以上党政机关公务接待管理部门负责管理本级党政机关国内公务接待工作，指导下级党政机关国内公务接待工作。

乡镇党委、政府应当加强国内公务接待管理，严格执行有关管理规定和开支标准。

第五条　各级党政机关应当加强公务外出计划管理，科学安排和严格控制外出的时间、内容、路线、频率、人员数量，禁止异地部门间没有特别需要的一般性学习交流、考察调研，禁止重复性考察，禁止以各种名义和方式变相旅游，禁止违反规定到风景名胜区举办会议和活动。

公务外出确需接待的，派出单位应当向接待单位发出公函，告知内容、行程和人员。

第六条　接待单位应当严格控制国内公务接待范围，不得用公款报销或者支付应由个人负担的费用。

国家工作人员不得要求将休假、探亲、旅游等活动纳入国内公务接待范围。

第七条　接待单位应当根据规定的接待范围，严格接待审批控制，对能够合并的公务接待统筹安排。无公函的公务活动和来访人员一律不予接待。

公务活动结束后，接待单位应当如实填写接待清单，并由相关负责人审签。接待清单包括接待对象的单位、姓名、职务和公务活动项目、时间、场所、费用等内容。

第八条　国内公务接待不得在机场、车站、码头和辖区边界组织迎送活动，不得跨地区迎送，不得张贴悬挂标语横幅，不得安排群众迎送，不得铺设迎宾地毯；地区、部门主要负责人不得参加迎送。严格控制陪同人数，不得层层多人陪同。

接待单位安排的活动场所、活动项目和活动方式，应当有利于公务活动开展。安排外出考察调研的，应当深入基层、深入群众，不得走过场、搞形式主义。

第九条　接待住宿应当严格执行差旅、会议管理的有关规定，在定点饭店或者机关内部接待场所安排，执行协议价格。出差人员住宿费应当回本单位凭据报销，与会人员住宿费按会议费管理有关规定执行。

住宿用房以标准间为主，接待省部级干部可以安排普通套间。接待单位不得超标准安排接待住房，不得额外配发洗漱用品。

第十条　接待对象应当按照规定标准自行用餐。确因工作需要，接待单位可以安排工作餐一次，并严格控制陪餐人数。接待对象在10人以内的，陪餐人数不得超过3人；超过10人的，不得超过接待对象人数的三分之一。

工作餐应当供应家常菜，不得提供鱼翅、燕

窝等高档菜肴和用野生保护动物制作的菜肴，不得提供香烟和高档酒水，不得使用私人会所、高消费餐饮场所。

第十一条　国内公务接待的出行活动应当安排集中乘车，合理使用车型，严格控制随行车辆。

接待单位应当严格按照有关规定使用警车，不得违反规定实行交通管控。确因安全需要安排警卫的，应当按照规定的警卫界限、警卫规格执行，合理安排警力，尽可能缩小警戒范围，不得清场闭馆。

第十二条　各级党政机关应当加强对国内公务接待经费的预算管理，合理限定接待费预算总额。公务接待费用应当全部纳入预算管理，单独列示。

禁止在接待费中列支应当由接待对象承担的差旅、会议、培训等费用，禁止以举办会议、培训为名列支、转移、隐匿接待费开支；禁止向下级单位及其他单位、企业、个人转嫁接待费用，禁止在非税收入中坐支接待费用；禁止借公务接待名义列支其他支出。

第十三条　县级以上地方党委、政府应当根据当地经济发展水平、市场价格等实际情况，按照当地会议用餐标准制定本级国内公务接待工作餐开支标准，并定期进行调整。接待住宿应当按照差旅费管理有关规定，执行接待对象在当地的差旅住宿费标准。接待开支标准应当报上一级党政机关公务接待管理部门、财政部门备案。

第十四条　接待费报销凭证应当包括财务票据、派出单位公函和接待清单。

接待费资金支付应当严格按照国库集中支付制度和公务卡管理有关规定执行。具备条件的地方应当采用银行转账或者公务卡方式结算，不得以现金方式支付。

第十五条　机关内部接待场所应当建立健全服务经营机制，推行企业化管理，推进劳动、用工和分配制度与市场接轨，建立市场化的接待费结算机制，降低服务经营成本，提高资产使用效率，逐步实现自负盈亏、自我发展。

各级党政机关不得以任何名义新建、改建、扩建内部接待场所，不得对机关内部接待场所进行超标准装修或者装饰、超标准配置家具和电器。推进机关内部接待场所集中统一管理和利用，建立资源共享机制。

第十六条　接待单位不得超标准接待，不得组织旅游和与公务活动无关的参观，不得组织到营业性娱乐、健身场所活动，不得安排专场文艺演出，不得以任何名义赠送礼金、有价证券、纪念品和土特产品等。

第十七条　县级以上党政机关公务接待管理部门应当会同有关部门加强对本级党政机关各部门和下级党政机关国内公务接待工作的监督检查。监督检查的主要内容包括：

（一）国内公务接待规章制度制定情况；

（二）国内公务接待标准执行情况；

（三）国内公务接待经费管理使用情况；

（四）国内公务接待信息公开情况；

（五）机关内部接待场所管理使用情况。

党政机关各部门应当定期汇总本部门国内公务接待情况，报同级党政机关公务接待管理部门、财政部门、纪检监察机关备案。

第十八条　财政部门应当对党政机关国内公务接待经费开支和使用情况进行监督检查。审计部门应当对党政机关国内公务接待经费进行审计，并加强对机关内部接待场所的审计监督。

第十九条　县级以上党政机关公务接待管理部门应当会同财政部门按年度组织公开本级国内公务接待制度规定、标准、经费支出、接待场所、接待项目等有关情况，接受社会监督。

第二十条　各级党政机关应当将国内公务接待工作纳入问责范围。纪检监察机关应当加强对国内公务接待违规违纪行为的查处，严肃追究接待单位相关负责人、直接责任人的党纪责任、行政责任并进行通报，涉嫌犯罪的移送司法机关依法追究刑事责任。

第二十一条　积极推进国内公务接待服务

社会化改革，有效利用社会资源为国内公务接待提供住宿、用餐、用车等服务。推行接待用车定点服务制度。

第二十二条　地方各级党委、政府应当依照本规定制定本地区国内公务接待管理办法。

第二十三条　地方各级政府因招商引资等工作需要，接待除国家工作人员以外的其他因公来访人员，应当参照本规定实行单独管理，明确标准，控制经费总额，注重实际效益，加强审批管理，强化审计监督，杜绝奢侈浪费。严禁扩大接待范围、增加接待项目，严禁以招商引资为名变相安排公务接待。

第二十四条　国有企业、国有金融企业和不参照公务员法管理的事业单位参照本规定执行。

第二十五条　本规定由国家机关事务管理局会同有关部门负责解释。

第二十六条　本规定自发布之日起施行。2006年10月20日中共中央办公厅、国务院办公厅印发的《党政机关国内公务接待管理规定》同时废止。

（此《规定》由中共中央办公厅、国务院办公厅印发，中华人民共和国中央人民政府网2013年12月8日发布）

关于党员干部带头推动殡葬改革的意见

殡葬改革是破千年旧俗、树一代新风的社会改革，关系人民群众切身利益，关系社会主义精神文明建设和生态文明建设，关系党风政风民风。为发挥广大党员、干部带头示范作用，进一步推动殡葬改革，现提出如下意见。

一、深刻认识推动殡葬改革的重要性和紧迫性

新中国成立以来，在老一辈党和国家领导人的积极倡导下，在各级党委和政府大力推动下，广大党员、干部带领群众积极实行火葬，改革土葬，革除丧葬陋俗，树立文明节俭办丧事的新风尚，殡葬改革取得了明显成效。但近年来，一些丧葬陋俗死灰复燃，封建迷信活动重新活跃，突出表现在：火葬区遗体火化率下滑、骨灰装棺再葬问题突出，土葬改革区乱埋乱葬、滥占耕地现象严重，浪费了大量自然资源，破坏了生态环境；重殓厚葬之风盛行，盲目攀比、奢侈浪费现象滋生蔓延，加重了群众负担；少数党员、干部甚至个别领导干部利用丧事活动大操大办、借机敛财，热衷风水迷信，修建大墓豪华墓，损害了党和政府形象，败坏了社会风气。这些现象亟须整治。

党员、干部带头推动殡葬改革，是移风易俗，发扬社会主义新风尚的应尽责任；是推动文明节俭治丧，减轻群众丧葬负担的重要途径；是加强党风政风建设，树立党和政府良好形象的必然要求；是解决人口增长与资源环境矛盾，造福当代和子孙后代，促进经济社会可持续发展的迫切要求。各级党委和政府要充分认识党员、干部带头推动殡葬改革的重要性和紧迫性，进一步统一思想，完善政策措施，逐步形成党员和干部带头、广大群众参与、全社会共同推动的殡葬改革良好局面。

二、充分发挥党员、干部带头作用，积极推动殡葬改革

（一）带头文明节俭办丧事，树立时代风尚。党员、干部应当带头文明治丧，简办丧事。要在殡仪馆或合适场所集中办理丧事活动，自觉遵守公共秩序，尊重他人合法权益，不得在居民区、城区街道、公共场所搭建灵棚。采用佩戴黑纱白花、播放哀乐、发放生平等方式哀悼逝者，自觉抵制迷信低俗活动。除国家另有规定外，党员、干部去世后一般不成立治丧机构，不召开追悼会。举行遗体送别仪式的，要严格控制规模，力求节约简朴。对于逝者生前有丧事从简愿望或要求的，家属、亲友以及所在单位应当予以充分尊重和支持。严禁党员、干部特别是领导干部在丧事活动中大操大办、铺张浪费，严禁借机收敛钱财。

（二）带头火葬和生态安葬，保护生态环境。在人口稠密、耕地较少、交通方便的火葬区，党员、干部去世后必须实行火葬，不得将骨灰装棺再葬，不得超标准建墓立碑。在暂不具备火葬条件的土葬改革区，党员、干部去世后遗体应当在公墓内集中安葬，不得乱埋乱葬。无论是在火葬区还是在土葬改革区，党员、干部都应当带头实行生态安葬，采取骨灰存放、树葬、花葬、草坪葬等节地葬法，积极参与骨灰撒散、海葬或者深埋、不留坟头。鼓励党员、干部去世后捐献器官或遗体。少数民族党员、干部去世后，尊重其民族习俗，按照有关规定予以安葬。

（三）带头文明低碳祭扫，传承先进文化。党员、干部应当带头文明祭奠、低碳祭扫，主动采用敬献鲜花、植树绿化、踏青遥祭、经典诵读等方式缅怀故人，弘扬慎终追远等优秀传统文化，不得在林区、景区等禁火区域焚烧纸钱、燃

放鞭炮。积极参与社区公祭、集体共祭、网络祭扫等现代追思活动，带头祭扫先烈，带领群众逐步从注重实地实物祭扫转移到以精神传承为主上来。

（四）带头宣传倡导殡葬改革，弘扬新风正气。党员、干部要积极主动宣传殡葬改革，加强对亲属、朋友和周围群众的教育引导，及时劝阻不良治丧行为，自觉抵制陈规陋俗和封建迷信活动，倡导文明新风。各级领导干部要加强对直系亲属和身边工作人员丧事活动的约束，积极做好思想疏导工作，对不良倾向和苗头性问题，要做到早提醒、早制止、早纠正，决不允许对违法违规殡葬行为听之任之甚至包庇纵容。

三、大力营造有利于殡葬改革的良好环境

（一）加强组织领导，健全工作机制。各级党委和政府要把党员、干部带头推动殡葬改革作为促进社会主义精神文明建设和生态文明建设、保障和改善民生、加强党风政风建设的重要内容，摆上议事日程，建立健全党委领导、政府负责、部门协作、社会参与的工作机制。坚持以党员、干部带头为引领，不断提高人民群众参与殡葬改革的自觉性。组织部门要注意掌握党员、干部治丧情况，加强对党员、干部的教育管理。宣传、文明办等部门要做好殡葬改革宣传引导工作。发展改革、公安、民政、财政、人力资源社会保障、国土资源、工商、林业等部门要各司其职、密切配合，加强基本殡葬服务供给，完善惠民殡葬政策措施，规范殡葬服务市场秩序，督促党员、干部破除丧葬陋俗，加快推动殡葬改革。工会、共青团、妇联等人民团体和基层党组织、村（居）委会以及红白理事会、老年人协会等社会组织要充分发挥作用，广泛动员群众积极参与殡葬改革。

（二）注重统筹规划，提高保障水平。各级党委和政府要立足实际，制定和完善殡葬事业发展规划，明确殡葬改革目标任务和方法步骤，并纳入当地国民经济和社会发展规划。根据人口、耕地、交通等情况，科学划分火葬区和土葬改革区，统筹确定殡葬基础设施数量、布局、规模和功能。加大投入，重点完善殡仪馆、骨灰堂、公益性公墓等基本殡葬公共服务设施，逐步形成布局合理、设施完善、功能齐全、服务便捷的基本殡葬公共服务网络，为推动殡葬改革创造有利条件。

（三）完善法规制度，强化监督管理。加快修订《殡葬管理条例》，健全基本殡葬服务保障、殡葬服务市场监管、丧事活动管理执法等方面制度。进一步健全和规范对乱埋乱葬、违规建墓等行为的行政强制执行制度。积极建立殡葬改革激励引导机制，实行生态安葬奖补等奖励政策。加强监督检查，强化责任追究，对党员、干部尤其是领导干部在丧事活动中的违纪违法行为，要依纪依法严肃查处。

（四）加大宣传力度，做好舆论引导。充分利用各种媒体和传播手段，深入宣传殡葬法规政策，普及科学知识，倡导文明节俭、生态环保、移风易俗的殡葬新风尚。大力宣传党员、干部带头推动殡葬改革的先进典型，传播正能量。充分发挥媒体监督作用，曝光负面案例，努力营造有利于殡葬改革的良好氛围。

各地区各有关部门要按照本意见精神，结合实际制定贯彻落实的具体措施。

（此《意见》由中共中央办公厅、国务院办公厅印发，新华社2013年12月19日发布）

关于培育和践行社会主义核心价值观的意见

社会主义核心价值观是社会主义核心价值体系的内核,体现社会主义核心价值体系的根本性质和基本特征,反映社会主义核心价值体系的丰富内涵和实践要求,是社会主义核心价值体系的高度凝练和集中表达。为深入贯彻落实党的十八大和十八届三中全会精神,积极培育和践行社会主义核心价值观,现提出如下意见。

一、培育和践行社会主义核心价值观的重要意义和指导思想

(一)培育和践行社会主义核心价值观,是推进中国特色社会主义伟大事业、实现中华民族伟大复兴中国梦的战略任务。党的十八大提出,倡导富强、民主、文明、和谐,倡导自由、平等、公正、法治,倡导爱国、敬业、诚信、友善,积极培育和践行社会主义核心价值观。这与中国特色社会主义发展要求相契合,与中华优秀传统文化和人类文明优秀成果相承接,是我们党凝聚全党全社会价值共识作出的重要论断。富强、民主、文明、和谐是国家层面的价值目标,自由、平等、公正、法治是社会层面的价值取向,爱国、敬业、诚信、友善是公民个人层面的价值准则,这 24 个字是社会主义核心价值观的基本内容,为培育和践行社会主义核心价值观提供了基本遵循。面对世界范围思想文化交流交融交锋形势下价值观较量的新态势,面对改革开放和发展社会主义市场经济条件下思想意识多元多样多变的新特点,积极培育和践行社会主义核心价值观,对于巩固马克思主义在意识形态领域的指导地位、巩固全党全国人民团结奋斗的共同思想基础,对于促进人的全面发展、引领社会全面进步,对于集聚全面建成小康社会、实现中华民族伟大复兴中国梦的强大正能量,具有重要现实意义和深远历史意义。

(二)培育和践行社会主义核心价值观的指导思想是:高举中国特色社会主义伟大旗帜,以邓小平理论、“三个代表”重要思想、科学发展观为指导,深入学习贯彻党的十八大精神和习近平同志系列讲话精神,紧紧围绕坚持和发展中国特色社会主义这一主题,紧紧围绕实现中华民族伟大复兴中国梦这一目标,紧紧围绕“三个倡导”这一基本内容,注重宣传教育、示范引领、实践养成相统一,注重政策保障、制度规范、法律约束相衔接,使社会主义核心价值观融入人们生产生活和精神世界,激励全体人民为夺取中国特色社会主义新胜利而不懈奋斗。

(三)培育和践行社会主义核心价值观要坚持以下原则:坚持以人为本,尊重群众主体地位,关注人们利益诉求和价值愿望,促进人的全面发展;坚持以理想信念为核心,抓住世界观、人生观、价值观这个总开关,在全社会牢固树立中国特色社会主义共同理想,着力铸牢人们的精神支柱;坚持联系实际,区分层次和对象,加强分类指导,找准与人们思想的共鸣点、与群众利益的交汇点,做到贴近性、对象化、接地气;坚持改进创新,善于运用群众喜闻乐见的方式,搭建群众便于参与的平台,开辟群众乐于参与的渠道,积极推进理念创新、手段创新和基层工作创新,增强工作的吸引力感染力。

二、把培育和践行社会主义核心价值观融入国民教育全过程

(四)培育和践行社会主义核心价值观要从小抓起、从学校抓起。坚持育人为本、德育为先,围绕立德树人的根本任务,把社会主义核心价值观纳入国民教育总体规划,贯穿于基础教育、高等教育、职业技术教育、成人教育各领域,

落实到教育教学和管理服务各环节，覆盖到所有学校和受教育者，形成课堂教学、社会实践、校园文化多位一体的育人平台，不断完善中华优秀传统文化教育，形成爱学习、爱劳动、爱祖国活动的有效形式和长效机制，努力培养德智体美全面发展的社会主义建设者和接班人。适应青少年身心特点和成长规律，深化未成年人思想道德建设和大学生思想政治教育，构建大中小学有效衔接的德育课程体系和教材体系，创新中小学德育课和高校思想政治理论课教育教学，推动社会主义核心价值观进教材、进课堂、进学生头脑。完善学校、家庭、社会三结合的教育网络，引导广大家庭和社会各方面主动配合学校教育，以良好的家庭氛围和社会风气巩固学校教育成果，形成家庭、社会与学校携手育人的强大合力。

（五）拓展青少年培育和践行社会主义核心价值观的有效途径。注重发挥社会实践的养成作用，完善实践教育教学体系，开发实践课程和活动课程，加强实践育人基地建设，打造大学生校外实践教育基地、高职实训基地、青少年社会实践活动基地，组织青少年参加力所能及的生产劳动和爱心公益活动、益德益智的科研发明和创新创造活动、形式多样的志愿服务和勤工俭学活动。注重发挥校园文化的熏陶作用，加强学校报刊、广播电视、网络建设，完善校园文化活动设施，重视校园人文环境培育和周边环境整治，建设体现社会主义特点、时代特征、学校特色的校园文化。

（六）建设师德高尚、业务精湛的高素质教师队伍。实施师德师风建设工程，坚持师德为上，完善教师职业道德规范，健全教师任职资格准入制度，将师德表现作为教师考核、聘任和评价的首要内容，形成师德师风建设长效机制。着重抓好学校党政干部和共青团干部，思想品德课、思想政治理论课和哲学社会科学课教师，辅导员和班主任队伍建设。引导广大教师自觉增强教书育人的荣誉感和责任感，学为人师、行为世范，做学生健康成长的指导者和引路人。

三、把培育和践行社会主义核心价值观落实到经济发展实践和社会治理中

（七）确立经济发展目标和发展规划，出台经济社会政策和重大改革措施，开展各项生产经营活动，要遵循社会主义核心价值观要求，做到讲社会责任、讲社会效益，讲守法经营、讲公平竞争、讲诚信守约，形成有利于弘扬社会主义核心价值观的良好政策导向、利益机制和社会环境。与人们生产生活和现实利益密切相关的具体政策措施，要注重经济行为和价值导向有机统一，经济效益和社会效益有机统一，实现市场经济和道德建设良性互动。建立完善相应的政策评估和纠偏机制，防止出现具体政策措施与社会主义核心价值观相背离的现象。

（八）法律法规是推广社会主流价值的重要保证。要把社会主义核心价值观贯彻到依法治国、依法执政、依法行政实践中，落实到立法、执法、司法、普法和依法治理各个方面，用法律的权威来增强人们培育和践行社会主义核心价值观的自觉性。厉行法治，严格执法，公正司法，捍卫宪法和法律尊严，维护社会公平正义。加强法制宣传教育，培育社会主义法治文化，弘扬社会主义法治精神，增强全社会学法尊法守法用法意识。注重把社会主义核心价值观相关要求上升为具体法律规定，充分发挥法律的规范、引导、保障、促进作用，形成有利于培育和践行社会主义核心价值观的良好法治环境。

（九）要把践行社会主义核心价值观作为社会治理的重要内容，融入制度建设和治理工作中，形成科学有效的诉求表达机制、利益协调机制、矛盾调处机制、权益保障机制，最大限度增进社会和谐。创新社会治理，完善激励机制，褒奖善行义举，实现治理效能与道德提升相互促进，形成好人好报、恩将德报的正向效应。完善市民公约、村规民约、学生守则、行业规范，强化规章制度实施力度，在日常治理中鲜明彰显社会主流价值，使正确行为得到鼓励、错误行为受到谴责。

四、加强社会主义核心价值观宣传教育

（十）用社会主义核心价值观引领社会思潮、凝聚社会共识。深入开展中国特色社会主义和中国梦宣传教育，不断增强人们的道路自信、理论自信、制度自信，坚定全社会全面深化改革的意志和决心。把社会主义核心价值观学习教育纳入各级党委（党组）中心组学习计划，纳入各级党委讲师团经常性宣讲内容。深入研究社会主义核心价值观的理论和实际问题，深刻解读社会主义核心价值观的丰富内涵和实践要求，为实践发展提供学理支撑。深入推进马克思主义理论研究和建设工程，发挥国家社科基金的导向带动作用，推出更多有分量有价值的研究成果。加强社会思潮动态分析，强化社会热点难点问题的正面引导，在尊重差异中扩大社会认同，在包容多样中形成思想共识。严格社团、讲座、论坛、研讨会、报告会的管理。

（十一）新闻媒体要发挥传播社会主流价值的主渠道作用。坚持团结稳定鼓劲、正面宣传为主，牢牢把握正确舆论导向，把社会主义核心价值观贯穿到日常形势宣传、成就宣传、主题宣传、典型宣传、热点引导和舆论监督中，弘扬主旋律，传播正能量，不断巩固壮大积极健康向上的主流思想舆论。党报党刊、通讯社、电台电视台要拿出重要版面时段、推出专栏专题，出版社要推出专项出版，运用新闻报道、言论评论、访谈节目、专题节目和各类出版物等形式传播社会主义核心价值观。都市类、行业类媒体要增强传播主流价值的社会责任，积极发挥自身优势，适应分众化特点，多联系群众身边事例，多运用大众化语言，在生动活泼的宣传报道中引导人们培育和践行社会主义核心价值观。强化传播媒介管理，不为错误观点提供传播渠道。新闻出版单位和从业人员要强化行业自律，切实增强传播社会主义核心价值观的责任意识和能力，将个人道德修养作为从业资格考评重要内容。

（十二）建设社会主义核心价值观的网上传播阵地。适应互联网快速发展形势，善于运用网络传播规律，把社会主义核心价值观体现到网络宣传、网络文化、网络服务中，用正面声音和先进文化占领网络阵地。做大做强重点新闻网站，发挥主要商业网站建设性作用，形成良好的网上舆论环境，集聚网上舆论引导合力。做好重大信息网上发布，回应网民关切，主动有效进行网上引导。推动中华优秀传统文化和当代文化精品网络化传播，创作适于新兴媒体传播、格调健康的网络文化作品。依法加强网络社会管理，加强对网络新技术新应用的管理，推进网络法制建设，规范网上信息传播秩序，整治网络淫秽色情和低俗信息，打击网络谣言和违法犯罪，使网络空间清朗起来。

（十三）发挥精神文化产品育人化人的重要功能。一切文化产品、文化服务和文化活动，都要弘扬社会主义核心价值观，传递积极人生追求、高尚思想境界和健康生活情趣。提升文化产品的思想品格和艺术品位，用思想性艺术性观赏性相统一的优秀作品，弘扬真善美，贬斥假恶丑。加强对新型文化业态、文化样式的引导，让不同类型文化产品都成为弘扬社会主流价值的生动载体。加大对优秀文化产品的推广力度，开展优秀文化产品展演展映展播活动、经典作品阅读观看活动。完善文化产品评价体系，坚持文艺评论评奖的正确价值取向。完善公共文化服务体系，提供均等优质的文化产品，开展多姿多彩的文化活动，丰富群众精神文化生活。

五、开展涵养社会主义核心价值观的实践活动

（十四）广泛开展道德实践活动。以诚信建设为重点，加强社会公德、职业道德、家庭美德、个人品德教育，形成修身律己、崇德向善、礼让宽容的道德风尚。大力宣传先进典型，评选表彰道德模范，形成学习先进、争当先进的浓厚风气。在国家博物馆设立英模陈列馆。深化公

民道德宣传日活动，组织道德论坛、道德讲堂、道德修身等活动。加强政务诚信、商务诚信、社会诚信和司法公信建设，开展道德领域突出问题专项教育和治理，完善企业和个人信用记录，健全覆盖全社会的征信系统，加大对失信行为的约束和惩戒力度，在全社会广泛形成守信光荣、失信可耻的氛围。把开展道德实践活动与培育廉洁价值理念相结合，营造崇尚廉洁、鄙弃贪腐的良好社会风尚。

（十五）深化学雷锋志愿服务活动。大力弘扬雷锋精神，广泛开展形式多样的学雷锋实践活动，采取措施推动学雷锋活动常态化。以城乡社区为重点，以相互关爱、服务社会为主题，围绕扶贫济困、应急救援、大型活动、环境保护等方面，围绕空巢老人、留守妇女儿童、困难职工、残疾人等群体，组织开展各类形式的志愿服务活动，形成我为人人、人人为我的社会风气。把学雷锋和志愿服务结合起来，建立健全志愿服务制度，完善激励机制和政策法规保障机制，把学雷锋志愿服务活动做到基层、做到社区、做进家庭。

（十六）深化群众性精神文明创建活动。各类精神文明创建活动要在突出社会主义核心价值观的思想内涵上求实效。推进文明城市、文明村镇、文明单位、文明家庭等创建活动，开展全民阅读活动，不断提升公民文明素质和社会文明程度。广泛开展美丽中国建设宣传教育。开展礼节礼仪教育，在重要场所和重要活动中升挂国旗、奏唱国歌，在学校开学、学生毕业时举行庄重简朴的典礼，完善重大灾难哀悼纪念活动，使礼节礼仪成为培育社会主流价值的重要方式。加强对公民文明旅游的宣传教育、规范约束和社会监督，增强公民旅游的文明意识。

（十七）发挥优秀传统文化怡情养志、涵育文明的重要作用。中华优秀传统文化积淀着中华民族最深沉的精神追求，包含着中华民族最根本的精神基因，代表着中华民族独特的精神标识，是中华民族生生不息、发展壮大的丰厚滋养。建设优秀传统文化传承体系，加大文物保护和非物质文化遗产保护力度，加强对优秀传统文化思想价值的挖掘，梳理和萃取中华文化中的思想精华，作出通俗易懂的当代表达，赋予新的时代内涵，使之与中国特色社会主义相适应，让优秀传统文化在新的时代条件下不断发扬光大。重视民族传统节日的思想熏陶和文化教育功能，丰富民族传统节日的文化内涵，开展优秀传统文化教育普及活动，培育特色鲜明、气氛浓郁的节日文化。增加国民教育中优秀传统文化课程内容，分阶段有序推进学校优秀传统文化教育。开展移风易俗，创新民俗文化样式，形成与历史文化传统相承接、与时代发展相一致的新民俗。

（十八）发挥重要节庆日传播社会主流价值的独特优势。开展革命传统教育，加强对革命传统文化时代价值的阐发，发扬党领导人民在革命、建设、改革中形成的优良传统，弘扬民族精神和时代精神。挖掘各种重要节庆日、纪念日蕴藏的丰富教育资源，利用五四、七一、八一、十一等政治性节日，三八、五一、六一等国际性节日，党史国史上重大事件、重要人物纪念日等，举办庄严庄重、内涵丰富的群众性庆祝和纪念活动。利用党和国家成功举办大事、妥善应对难事的时机，因势利导地开展各类教育活动。加强爱国主义教育基地建设，形成实体展馆与网上展馆相结合、涵盖各个历史时期的爱国主义教育基地体系。推进公共博物馆、纪念馆、爱国主义教育基地和文化馆、图书馆、美术馆、科技馆等免费开放，积极发展红色旅游。

（十九）运用公益广告传播社会主流价值、引领文明风尚。围绕社会主义核心价值观，加强公益广告的选题规划和内容创意，形成公益广告传播先进文化、传扬新风正气的强大声势。加大公益广告刊播力度，广播电视、报纸期刊要拿出黄金时段、重要版面和显著位置，持续刊播公益广告。互联网和手机媒体要发挥传输快捷、覆盖广泛的优势，运用多种方式扩大公益广告的影响力。社会公共场所、公共交通工具要在适当位置悬挂张贴公益广告。各类公益广告要注重导向鲜明、富有内涵、引人向上,注重形式多样、品位高雅、创意新颖,体现时代感厚重感,增强传播力感染力。

六、加强对培育和践行社会主义核心价值观的组织领导

(二十)各级党委和政府要充分认识培育和践行社会主义核心价值观的重要性,把这项任务摆上重要位置,把握方向,制定政策,营造环境,切实负起政治责任和领导责任。把社会主义核心价值观要求体现到经济建设、政治建设、文化建设、社会建设、生态文明建设和党的建设各领域,推动培育和践行社会主义核心价值观同实际工作融为一体、相互促进。建立健全培育和践行社会主义核心价值观的领导体制和工作机制,加强统筹协调,加强组织实施,加强督促落实,提高工作科学化水平。党的基层组织要在推动社会主义核心价值观培育和践行方面,发挥政治核心作用和战斗堡垒作用,筑牢社会和谐的精神纽带,打牢党执政的思想基础。

(二十一)党员、干部要做培育和践行社会主义核心价值观的模范。党员、干部特别是领导干部要在培育和践行社会主义核心价值观方面带好头,以身作则、率先垂范,讲党性、重品行、作表率,为民、务实、清廉,以人格力量感召群众、引领风尚。加强理想信念教育,引导党员、干部着力增强走中国特色社会主义道路、为党和人民事业不懈奋斗的自觉性和坚定性,做共产主义远大理想和中国特色社会主义共同理想的坚定信仰者。加强党性教育,引导党员、干部贯彻党的群众路线,弘扬党的优良传统和作风,以优良党风促政风带民风。加强道德建设,引导党员、干部始终保持高洁生活情趣,坚守共产党人精神追求。

(二十二)培育和践行社会主义核心价值观是全社会的共同责任。坚持全党动手、全社会参与,把培育和践行社会主义核心价值观同各领域的行政管理、行业管理和社会管理结合起来,形成齐抓共管的工作格局。党政各部门,工会、共青团、妇联等人民团体,要在党委统一领导下,加强沟通、密切配合,形成共同推进社会主义核心价值观培育和践行的良好局面。各地区各部门各单位要制定实施方案,落实工作责任制,明确任务分工,完善工作措施。重视发挥民主党派和工商联的重要作用,支持民主党派和工商联开展培育和践行社会主义核心价值观的各项工作。加强同知识界的联系,引导知识分子用正确观点阐释和传播社会主义核心价值观。党委宣传部门要切实担负起组织指导、协调推进的重要职责,积极会同有关部门采取有力措施,推动各项任务落到实处。

(二十三)把培育和践行社会主义核心价值观的任务落实到基层。城乡基层是培育和践行社会主流价值的重要依托,农村、企业、社区、机关、学校等基层单位要重视社会主义核心价值观的培育和践行,使之融入基层党组织建设、基层政权建设中,融入城乡居民自治中,融入人们生产生活和工作学习中,努力实现全覆盖,推动社会主义核心价值观不断转化为社会群体意识和人们自觉行动。充分发挥工人、农民、知识分子的主力军作用,发挥党员、干部的模范带头作用,发挥青少年的生力军作用,发挥社会公众人物的示范作用,发挥非公有制经济组织和新社会组织从业人员的积极作用,形成人人践行社会主义核心价值观的生动景象。

(此《意见》由中共中央办公厅印发,新华社 2013 年 12 月 23 日发布)

建立健全惩治和预防腐败体系2013—2017年工作规划

为深入贯彻落实党的十八大和十八届三中全会精神，加强惩治和预防腐败体系建设，推进党风廉政建设和反腐败斗争，制定本工作规划。

一、总体要求

党的十八大对推进中国特色社会主义事业作出全面部署，提出了全面提高党的建设科学化水平的新任务。新形势下，党面临着执政考验、改革开放考验、市场经济考验、外部环境考验和精神懈怠危险、能力不足危险、脱离群众危险、消极腐败危险。推进国家治理体系和治理能力现代化，实现"两个一百年"奋斗目标和中华民族伟大复兴的中国梦，确保党始终成为中国特色社会主义事业的坚强领导核心，必须坚持党要管党、从严治党，深入开展党风廉政建设和反腐败斗争，永葆党的先进性和纯洁性。

全面推进惩治和预防腐败体系建设是全党的重大政治任务和全社会的共同责任。在党中央坚强领导下，各级党委和政府深入推进惩治和预防腐败体系建设，党风廉政建设和反腐败工作取得明显成效。当前，腐败现象多发，滋生腐败的土壤存在，反腐败斗争形势依然严峻复杂，形式主义、官僚主义、享乐主义和奢靡之风严重损害党的形象。作风问题和腐败问题解决不好，就会对党造成致命伤害，甚至亡党亡国。全党必须从思想上警醒起来，坚持惩治和预防腐败两手抓、两手硬，把党风廉政建设和反腐败斗争引向深入。

加强惩治和预防腐败体系建设，要以邓小平理论、"三个代表"重要思想、科学发展观为指导，深入贯彻落实党的十八大、十八届三中全会精神和习近平同志系列重要讲话精神，按照党章要求，紧紧围绕全面推进中国特色社会主义伟大事业和党的建设新的伟大工程，紧紧围绕全面深化改革的总体部署，坚持标本兼治、综合治理、惩防并举、注重预防，以改革精神加强反腐败体制机制创新和制度保障，坚定不移转变作风，坚定不移反对腐败，建设廉洁政治，努力实现干部清正、政府清廉、政治清明，为完成党的十八大确定的目标任务提供有力保障。

经过今后5年不懈努力，坚决遏制腐败蔓延势头，取得人民群众比较满意的进展和成效。党的作风建设深入推进，"四风"问题得到认真治理，党风政风和民风社风有新的好转；惩治腐败力度进一步加大，纪律约束和法律制裁的警戒作用有效发挥；预防腐败工作扎实开展，党员干部廉洁自律意识和拒腐防变能力显著增强。

二、坚持不懈抓好党的作风建设

不正之风是滋生腐败的温床，加强党的作风建设是反腐败的治本之策。要深入贯彻中央八项规定精神，树立党员干部为民务实清廉形象，密切党同人民群众的血肉联系。

（一）坚持党组织从严抓党风，大力弘扬党的优良传统和作风

各级党组织要把管党治党作为主要职责和根本任务，扎实推进党的作风建设，牢记"两个务必"，弘扬理论联系实际、密切联系群众、批评和自我批评以及艰苦奋斗、求真务实的优良作风。坚持对党员干部严格要求、严格教育、严格管理、严格监督。落实抓党风建设的工作责任，一级管好一级，一级带动一级。各级领导干部要讲党性、讲原则，清正廉洁，保持共产党人政治本色。

（二）持之以恒深入落实中央八项规定精神，进一步改进工作作风

紧紧扭住落实中央八项规定精神不放松，以抓铁有痕、踏石留印的劲头，坚决纠正"四风”，不断改进学风文风会风。落实中央八项规定精神要在坚持中深化、在深化中坚持，巩固发展成果。要从具体问题抓起，由浅入深，由易到难，由简到繁，循序渐进，一个时间节点一个时间节点地抓。建立健全制度规定，强化制度硬约束，提高制度执行力，加强日常管理，纠正打折扣、搞变通行为，坚决防止反弹。各级领导干部要把自己摆进去，紧密联系思想、工作、生活实际，认真对照检查，带头落实中央八项规定精神。各级纪检监察机关要加大检查监督力度，及时发现问题，督促整改，铁面执纪，严肃查处和通报、曝光违纪违规行为。

（三）扎实开展党的群众路线教育实践活动，建立健全作风建设长效机制

各级党组织要按照“照镜子、正衣冠、洗洗澡、治治病”的总要求，深入开展党的群众路线教育实践活动。全面学习领会中央关于开展教育实践活动、加强党的作风建设的一系列重要文件精神，提高思想认识和宗旨意识，增强贯彻群众路线的自觉性。紧密联系本地区本部门本单位实际，认真查摆“四风”问题，以整风精神开展批评和自我批评，切实整改脱离群众、作风漂浮等问题。总结教育实践活动中的好经验好做法，健全领导干部带头改进作风、深入基层调查研究机制，完善党员干部直接联系和服务群众制度及畅通群众诉求反映渠道制度，改革政绩考核机制，不断改进工作作风，密切联系群众。

（四）严明党的纪律，为党的作风建设提供保证

各级党组织和广大党员干部要自觉学习党章、遵守党章、贯彻党章、维护党章，自觉反对特权思想、特权现象，自觉按照党的组织原则和党内政治生活准则办事，牢固树立党的意识和组织纪律观念。严格执行党的政治纪律、组织纪律、财经纪律、工作纪律和生活纪律等各项纪律，坚决克服组织涣散、纪律松弛问题，在思想上政治上行动上同以习近平同志为总书记的党中央保持高度一致，自觉维护党的团结统一，决不允许有令不行、有禁不止，决不允许各自为政、阳奉阴违。加强执纪监督，严肃处理违反党的纪律行为，确保中央关于加强作风建设的决策部署落到实处。

三、坚决有力惩治腐败

把坚决遏制腐败蔓延势头作为全面推进惩治和预防腐败体系建设的重要任务，保持惩治腐败的高压态势。

（一）加大查办违纪违法案件力度，充分发挥惩治的震慑作用

坚持“老虎”、“苍蝇”一起打，既坚决查处领导干部违纪违法案件，又切实解决发生在群众身边的腐败问题。坚持党纪国法面前没有例外，不论什么人，不论其职务多高，只要触犯了党纪国法，都要一查到底，决不姑息。严格审查和处置党员干部违反党纪政纪、涉嫌违法的行为。严肃查办领导干部贪污贿赂、权钱交易、腐化堕落、失职渎职的案件；严肃查办执法、司法人员徇私舞弊、枉法裁判、以案谋私的案件；严肃查办严重违反政治纪律的案件；严肃查办群体性事件、重大责任事故背后的腐败案件；严肃查办商业贿赂案件，加大对行贿行为的惩处力度。健全查办案件组织协调机制，畅通举报渠道，严格查办案件程序，严明办案纪律，依纪依法、安全文明办案，提高办案质量和效率。发挥查办案件的治本功能，举一反三，堵塞漏洞。加强反腐败国际合作。

坚持抓早抓小，治病救人。本着对党的事业负责、对干部负责的态度，对党员干部身上的问题要早发现、早教育、早查处，防止小问题变成大问题。对反映的问题线索，及时采取约谈、函询等方式向本人和组织核实，加强诫勉谈话工作。对疏于监督管理、致使领导班子成员或者直接管辖的下属发生严重违纪违法问题的，要严肃追究责任。

（二）严肃查处用人上的腐败问题，匡正选人用人风气

各级党委要坚持党管干部原则，坚持正确

用人导向，选好用好干部。对违反组织人事纪律的行为决不放过，坚决纠正跑官要官不正之风；对拉票贿选、买官卖官的腐败行为决不姑息，发现一起查处一起；对违规用人问题及时发现、迅速处理、严格问责，不仅查处当事人，而且追究责任人。坚持和完善立项督查制度，对干部群众举报的选人用人方面的不正之风和腐败问题，组织力量进行查核，依纪依规严肃处理，让弄虚作假、不干实事、会跑会要的干部没市场、受惩戒，形成风清气正的用人环境。

（三）坚决查纠不正之风，着力解决群众反映强烈的突出问题

坚决纠正损害群众利益的不正之风，整治社会保障、教育医疗、保障性住房、征地拆迁、环境保护等涉及民生的突出问题；坚决查处发生在群众身边的以权谋私问题，治理乱收费、乱罚款、乱摊派和吃拿卡要等问题；认真贯彻落实领导干部廉洁自律规定，坚决纠正违规收送礼金、有价证券、会员卡、商业预付卡等问题。健全查纠不正之风工作长效机制。

四、科学有效预防腐败

推进预防腐败工作，加强理想信念教育，增强宗旨意识，使领导干部不想腐；加强体制机制创新和制度建设，强化监督管理，严肃纪律，使领导干部不能腐；坚持有腐必惩、有贪必肃，使领导干部不敢腐。

（一）深化党风廉政教育，筑牢拒腐防变的思想道德防线

深入开展中国特色社会主义和中国梦教育、理想信念和宗旨教育、社会主义核心价值体系教育。加强党纪国法、廉政法规和从政道德教育，将其纳入学习型党组织建设，党委（党组）中心组每年安排廉洁从政专题学习，各级党校、行政学院和其他干部教育培训机构要把廉洁从政教育作为必修内容。学习廉洁榜样，强化示范教育。剖析违纪违法案件，加强警示教育。对存在苗头性问题的领导干部进行教育提醒。

加强廉政文化建设。积极借鉴我国历史上优秀廉政文化，把培育廉洁价值理念融入国民教育、精神文明建设和法制教育之中。发挥文化馆、纪念馆和廉政教育基地等的作用，加强廉政文化精品工程建设，开展廉政文化创建活动，扬真抑假、扬善抑恶、扬美抑丑，培育良好的民风社风。

加强宣传和舆论引导工作。把党风廉政建设和反腐败宣传教育工作纳入党的宣传教育工作总体部署和年度安排，积极宣传党风廉政建设和反腐败工作的方针政策、决策部署和工作成效。党报党刊、电台电视台和重点新闻网站要办好反腐倡廉专栏和专题。坚持正确舆论导向，完善反腐倡廉网络舆情信息工作机制。健全新闻发布制度，严肃宣传纪律，加强对外宣传工作。

（二）加强反腐倡廉法律法规制度建设，把权力关进制度的笼子里

善于用法治思维和法治方式反对腐败，让法律制度刚性运行。健全改进作风常态化制度，严格落实《党政机关厉行节约反对浪费条例》以及国家工作人员因公临时出国（境）、党政机关国内公务接待管理、党政机关楼堂馆所建设和办公用房清理等方面的制度规定，完善公务用车配备使用管理办法，规范并严格执行领导干部工作生活保障制度，切实解决违反规定和标准享受待遇等问题。完善反腐倡廉党内法规，修订《中国共产党党内监督条例（试行）》，完善领导干部报告个人有关事项制度，推行新提任领导干部有关事项公开制度试点，制定配偶已移居国（境）外的国家工作人员任职岗位管理办法。健全和完善惩治和预防腐败方面的立法，研究完善惩治贪污贿赂和渎职侵权犯罪、规范国家工作人员从政行为方面的法律规定。

（三）强化权力运行制约和监督，确保权力正确行使

加强党内监督，强化对民主集中制执行情况的检查监督，落实集体领导和分工负责、重要情况通报和报告、述职述廉、民主生活会、信访处理、谈话和诫勉、询问和质询、特定问题调查等监督制度，加强和改进对主要领导干部行使权力的制约和监督。中央和国家机关各部门、各省（自治区、直辖市）党委和政府主要负责同志每年向中央提交述廉报告。加强法律监督，支持人大及其常委会依法加强对“一府两院”的监督和对法律实施情况的监督，保证审判机关依法独立公正开展行政审判活动，强化检察机关对立案侦查活动、审判和执行活动的监督。加强行政监督，强化对政府职能部门履行监管职责情况的监督，加强行政监察和审计监督，加大行政问责力度。加强民主监督，听取人民政协和民主党派、工商联、无党派人士的意见、建议和批评。发挥工会、共青团、妇联等人民团体的监督作用，支持和保证群众监督。重视和加强舆论监督，运用和规范互联网监督。推行地方各级政府及其工作部门权力清单制度，依法公开权力运行流程。继续推进党务公开、政务公开、司法公开和各领域办事公开，深化财政预算决算、部门预算决算、重大建设项目和社会公益事业信息公开，推进电子政务建设，让权力在阳光下运行。防控廉政风险，增强工作实效。加强对国有企业和金融机构落实“三重一大”制度情况的监督，健全执行、问责和经济责任审计等制度。坚持用制度管权管事管人，确保决策权、执行权、监督权既相互制约又相互协调，确保国家机关按照法定权限和程序行使权力。

（四）深化改革和转变政府职能，不断消除滋生腐败的体制弊端

贯彻党的十八届三中全会关于全面深化改革的总体部署。深化行政审批制度改革，进一步转变政府职能，使市场在资源配置中起决定性作用和更好发挥政府作用，市场机制能有效调节的经济活动一律取消审批，对保留的行政审批事项要规范管理、提高效率，对取消的审批事项要加强后续监管，防止出现监管职能缺位、错位或不到位。深化干部人事制度改革，提高选人用人公信度。深化司法体制改革，解决影响司法公正的深层次问题。深化行政执法体制改革，做到严格规范公正文明执法。深化公共资源交易市场化改革，推进财税、金融、投资体制和国有企业改革，防范腐败问题发生。探索和总结预防腐败工作的途径和经验。

五、加强党对党风廉政建设和反腐败工作的统一领导

深入推进党风廉政建设和反腐败斗争，必须在党中央坚强领导下，全党全社会一起抓。

（一）各级党委要承担党风廉政建设和反腐败工作主体责任

健全反腐败领导体制和工作机制，严格落实党风廉政建设责任制，党委负主体责任，纪委负监督责任，改革和完善各级反腐败协调小组职能，充分发挥党委巡视工作领导小组作用。各级党委和政府要把贯彻落实本工作规划列入重要议事日程，与经济社会发展同部署、同落实、同检查；支持和保证纪委认真履行职责，发挥监督执纪作用。各级领导班子主要负责同志要履行党风廉政建设和反腐败工作第一责任人职责，做到重要工作亲自部署、重大问题亲自过问、重点环节亲自协调、重要案件亲自督办。领导班子其他成员要坚持“一岗双责”，根据分工抓好职责范围内的党风廉政建设和反腐败工作。各级党组织要动员和组织人民群众有序参与，发挥社会各有关方面的积极作用。

（二）加强反腐败体制机制创新和制度保障，改革党的纪律检查体制

各级纪委要履行协助党委加强党风建设和组织协调反腐败工作的职责。全面落实中央纪委向中央一级党和国家机关派驻纪检机构，实行统一名称、统一管理。派驻机构对派出机关负责，履行监督职责。驻在部门要自觉接受监督，提供工作保障。改进中央和省区市巡视制度，修订《中国共产党巡视工作条例（试行）》，做到对地方、部门、企事业单位全覆盖，发现问题、形成震慑。推动党的纪律检查工作双重领

导体制具体化、程序化、制度化，强化上级纪委对下级纪委的领导。查办腐败案件以上级纪委领导为主，线索处置和案件查办在向同级党委报告的同时必须向上级纪委报告。各级纪委书记、副书记的提名和考察以上级纪委会同组织部门为主。进一步明确纪检监察工作职责定位，强化对监管者的监督。转职能、转方式、转作风，把不该牵头或参与的协调工作交还给主要责任部门，集中精力抓好党风廉政建设和反腐败工作。加强对同级党委特别是常委会成员的监督，更好发挥党内监督专门机关作用。加强和改进行政监察工作。各级纪检监察机关要加强自身建设，牢固树立进取意识、机遇意识、责任意识，坚守责任担当，做到正人先正己，以更高的标准、更严的纪律要求自己，强化基础工作，坚持和完善约谈制度，树立忠诚可靠、服务人民、刚正不阿、秉公执纪的良好形象。

（三）增强惩治和预防腐败体系建设工作合力

各地区各部门要加强分类指导，抓好组织实施，整体推进作风建设、惩治和预防腐败各项工作。惩治和预防腐败体系建设牵头单位和协办单位要落实责任，相互支持，相互配合。组织部门要加强对干部经常性的管理监督，坚决纠正选人用人上的不正之风；宣传部门要抓好党风廉政建设和反腐败斗争宣传，强化舆论引导；纪检监察、司法、行政执法等机关和部门要充分发挥纪律约束、法律制裁、经济处罚、市场监管、科技支撑作用，多措并举，增强党风廉政建设和反腐败工作综合效果。

（四）狠抓任务落实

各地区各部门要抓好责任分解和任务分工，有重点、分步骤地落实本工作规划部署的任务。对阶段性任务，在规定时间内高质量完成；对持续性工作，结合新情况新问题推进提高；对根据新形势新要求充实的工作，及时研究安排。建立工作台账制度，健全惩治和预防腐败体系建设信息管理系统。完善督查考核机制，每年对工作进展情况进行检查，总结评估，查找不足，督促任务落实。制定实施切实可行的责任追究制度，对抓党风廉政建设和反腐败工作不力，造成不良影响的，严肃追究领导责任。

各地区各部门要结合实际制定贯彻落实本工作规划的实施办法。中国人民解放军和中国人民武装警察部队贯彻落实的实施办法，由中央军委参照本工作规划制定。

（此《工作规划》由中共中央印发，新华社2013年12月25日发布）

党政领导干部选拔任用工作条例

第一章 总 则

第一条 为认真贯彻执行党的干部路线、方针、政策,建立科学规范的党政领导干部选拔任用制度,形成富有生机与活力、有利于优秀人才脱颖而出的选人用人机制,推进干部队伍的革命化、年轻化、知识化、专业化,建设一支高举马克思列宁主义、毛泽东思想、邓小平理论伟大旗帜,认真实践"三个代表"重要思想的高素质的党政领导干部队伍,保证党的基本路线的全面贯彻执行和建设有中国特色社会主义事业的顺利发展,根据《中国共产党章程》和有关法律、法规,制定本条例。

第二条 选拔任用党政领导干部,必须坚持下列原则:

(一)党管干部原则;

(二)任人唯贤、德才兼备原则;

(三)群众公认、注重实绩原则;

(四)公开、平等、竞争、择优原则;

(五)民主集中制原则;

(六)依法办事原则。

第三条 选拔任用党政领导干部,必须符合把领导班子建设成为坚持党的基本理论、基本路线和基本纲领,全心全意为人民服务,具有领导社会主义现代化建设能力,结构合理、团结坚强的领导集体的要求。

应当注重选拔任用优秀年轻干部。

第四条 本条例适用于选拔任用中共中央、全国人大常委会、国务院、全国政协、中央纪律检查委员会的工作部门或者机关内设机构的领导成员,最高人民法院、最高人民检察院的领导成员(不含正职)和内设机构的领导成员;县级以上地方各级党委、人大常委会、政府、政协、纪委、人民法院、人民检察院及其工作部门或者机关内设机构的领导成员;上列工作部门的内设机构的领导成员。

县级以上党委、政府直属事业单位和工会、共青团、妇联等人民团体的领导成员的选拔任用,参照本条例执行。

选拔任用非中共党员领导干部,参照本条例执行。

选拔任用处级以上非领导职务,参照本条例执行。

第五条 党委(党组)及其组织(人事)部门,按照干部管理权限履行选拔任用党政领导干部的职责,负责本条例的组织实施。

第二章 选拔任用条件

第六条 党政领导干部应当具备下列基本条件:

(一)具有履行职责所需要的马克思列宁主义、毛泽东思想、邓小平理论的水平,认真实践"三个代表"重要思想,努力用马克思主义的立场、观点、方法分析和解决实际问题,坚持讲学习、讲政治、讲正气,经得起各种风浪的考验。

(二)具有共产主义远大理想和中国特色社会主义坚定信念,坚决执行党的基本路线和各项方针、政策,立志改革开放,献身现代化事业,在社会主义建设中艰苦创业,做出实绩。

(三)坚持解放思想,实事求是,与时俱进,开拓创新,认真调查研究,能够把党的方针、政策同本地区、本部门的实际相结合,卓有成效地开展工作,讲实话,办实事,求实效,反对形式主义。

(四)有强烈的革命事业心和政治责任感,有实践经验,有胜任领导工作的组织能力、文化水平和专业知识。

(五)正确行使人民赋予的权力,依法办

事，清正廉洁，勤政为民，以身作则，艰苦朴素，密切联系群众，坚持党的群众路线，自觉接受党和群众的批评和监督，做到自重、自省、自警、自励，反对官僚主义，反对任何滥用职权、谋求私利的不正之风。

（六）坚持和维护党的民主集中制，有民主作风，有全局观念，善于集中正确意见，善于团结同志，包括团结同自己有不同意见的同志一道工作。

省部级党政领导干部，还应当努力达到中央对高级干部提出的各项要求。

第七条　提拔担任党政领导职务的，应当具备下列资格：

（一）提任县（处）级领导职务的，应当具有五年以上工龄和两年以上基层工作经历。

（二）提任县（处）级以上领导职务的，一般应当具有在下一级两个以上职位任职的经历。

（三）提任县（处）级以上领导职务，由副职提任正职的，应当在副职岗位工作两年以上，由下级正职提任上级副职的，应当在下级正职岗位工作三年以上。

（四）一般应当具有大学专科以上文化程度，其中地（厅）、司（局）级以上领导干部一般应当具有大学本科以上文化程度。

（五）应当经过党校、行政院校或者组织（人事）部门认可的其他培训机构五年内累计三个月以上的培训，确因特殊情况在提任前未达到培训要求的，应当在提任后一年内完成培训。

（六）身体健康。

（七）提任党的领导职务的，应当符合《中国共产党章程》规定的党龄要求。

特别优秀的年轻干部或者工作特殊需要的，可以破格提拔。破格提拔程序另行规定。

第八条　党政领导干部应当逐级提拔。越级提拔的，应当报经上级组织（人事）部门同意。

第九条　党政领导干部可以从党政机关选拔任用，也可以从党政机关以外选拔任用。

党政领导班子成员一般应当从后备干部中选拔。

第三章　民主推荐

第十条　选拔任用党政领导干部，必须经过民主推荐提出考察对象。民主推荐包括会议投票推荐和个别谈话推荐。民主推荐的结果在一年内有效。

第十一条　领导班子换届，民主推荐按照领导班子职位的设置全额定向推荐；个别提拔任职，按照拟任职位推荐。

第十二条　领导班子换届，民主推荐由下列人员参加：

（一）党委成员；

（二）人大常委会、政府、政协的党组成员或者全体领导成员；

（三）纪委领导成员；

（四）人民法院、人民检察院、党委工作部门、政府工作部门、人民团体的主要领导成员；

（五）下一级党委和政府的主要领导成员；

（六）其他需要参加的人员。

推荐人大常委会、政府、政协领导成员人选，应当有民主党派、工商联的主要领导成员和无党派人士中的代表人物参加。

第十三条　领导班子换届，民主推荐由上级党委组织部门主持，应当经过下列程序：

（一）召开推荐会，公布推荐职务、任职条件、推荐范围，提供干部名册，提出有关要求；

（二）填写推荐票，进行个别谈话；

（三）对不同职务层次人员的推荐票分别统计，综合分析；

（四）向上级党委汇报推荐情况。

第十四条　个别提拔任职，参加民主推荐的人员和民主推荐的程序，参照本条例第十二条和第十三条的规定执行。

第十五条　民主推荐工作部门领导成员人选，由本部门的领导成员、内设机构领导成员、直属单位主要领导成员和其他需要参加的人员参加；本部门人数较少的，可以由全体人员参加。

民主推荐内设机构领导成员人选,参照上列范围执行。

第十六条　领导班子换届,由本级党委书记办公会根据上级党委组织部门反馈的民主推荐情况,对考察对象人选进行酝酿,本级党委常委会研究提出考察对象建议名单,经与上级党委组织部门沟通后,确定考察对象。对拟新进党政领导班子的人选考察对象,在本条例第十二条所列人员范围内进行公示。

个别提拔任职,由党委(党组)或者组织(人事)部门在民主推荐的基础上,集体研究确定考察对象。

考察对象人数一般应当多于拟任职务人数。

第十七条　确定考察对象时,应当把民主推荐的结果作为重要依据之一,同时防止简单地以票取人。

第十八条　个人向党组织推荐领导干部人选,必须负责地写出推荐材料并署名。经组织(人事)部门审核后,按照规定程序进行民主推荐。所推荐人选不是所在单位多数群众拥护的,不得列为考察对象。

第十九条　党委、政府及其工作部门个别特殊需要的领导成员人选,可以由组织推荐提名,作为考察对象。

第四章　考　　察

第二十条　对确定的考察对象,由组织(人事)部门按照干部管理权限,进行严格考察。

部门与地方双重管理干部的考察工作,由主管方负责,会同协管方进行。

第二十一条　考察党政领导职务拟任人选,必须依据干部选拔任用条件和不同领导职务的职责要求,全面考察其德、能、勤、绩、廉,注重考察工作实绩。

各级党委(党组)根据不同领导职务的职责要求,制定具体考察标准。

第二十二条　考察党政领导职务拟任人选,应当经过下列程序:

(一)组织考察组,制定考察工作方案;

(二)同考察对象呈报单位或者所在单位的党委(党组)主要领导成员就考察工作方案沟通情况,征求意见;

(三)根据考察对象的不同情况,通过适当方式在一定范围内发布干部考察预告;

(四)采取个别谈话、发放征求意见表、民主测评、实地考察、查阅资料、专项调查、同考察对象面谈等方法,广泛深入地了解情况;

(五)综合分析考察情况,同考察对象呈报单位或者所在单位的党委(党组)主要领导成员交换意见;

(六)考察组根据考察情况,研究提出领导班子调整的初步方案,向派出考察组的组织(人事)部门汇报,经组织(人事)部门集体研究提出任用建议方案,向本级党委(党组)报告。

第二十三条　考察地方党政领导班子成员拟任人选,个别谈话和征求意见的范围一般为:

(一)党委、政府领导成员,人大常委会、政协、纪委、人民法院、人民检察院主要领导成员;

(二)考察对象所在单位领导成员;

(三)考察对象所在单位有关工作部门或者内设机构和直属单位主要领导成员;

(四)其他有关人员。

第二十四条　考察工作部门领导班子成员拟任人选,个别谈话和征求意见的范围一般为:

(一)考察对象上级领导机关有关领导成员;

(二)考察对象所在单位领导成员;

(三)考察对象所在单位内设机构和直属单位主要领导成员;

(四)其他有关人员。

考察内设机构领导职务拟任人选,个别谈话和征求意见的范围参照上列规定执行。

第二十五条　考察党政领导职务拟任人选,应当听取考察对象所在单位组织(人事)部门、纪检机关(监察部门)和机关党组织的意见。对需要进行经济责任审计的考察对象，应当委托审计部门按照有关规定进行审计。

第二十六条　考察党政领导职务拟任人选，必须形成书面考察材料，建立考察文书档案。已经提拔任职的，考察材料归入本人档案。考察材料必须写实，全面、准确、清楚地反映考察对象的情况，包括下列内容：

（一）德、能、勤、绩、廉方面的主要表现和主要特长；

（二）主要缺点和不足；

（三）民主推荐、民主测评情况。

第二十七条　党委（党组）或者组织（人事）部门派出的考察组由两名以上成员组成。考察人员应当具有较高素质和相应资格。考察组负责人应当由思想政治素质好、有较丰富工作经验并熟悉干部工作的人员担任。

实行干部考察工作责任制。考察组必须坚持原则，公道正派，深入细致，如实反映考察情况和意见，并对考察材料负责。

第二十八条　考察中了解到的考察对象的表现情况，一般由考察组向党委（党组）主要领导成员和本人反馈。

第五章　酝　　酿

第二十九条　党政领导职务拟任人选，在考察前，讨论决定或者决定呈报前，应当充分酝酿。

第三十条　酝酿应当根据党政领导职位和拟任人选的不同情况，分别在党委（党组）、人大常委会、政府、政协等有关领导成员中进行。

工作部门领导成员人选，应当征求上级分管领导成员的意见。

非中共党员拟任人选，应当征求党委统战部门和民主党派、工商联主要领导成员、无党派人士中代表人物的意见。

第三十一条　部门与地方双重管理干部的任免，主管方应当事先征求协管方的意见，进行酝酿。征求意见一般采用书面形式进行。协管方自收到主管方意见之日起一个月内未予答复的，视为同意。双方意见不一致时，正职的任免报上级党委组织部门协调，副职的任免由主管方决定。

第六章　讨论决定

第三十二条　选拔任用党政领导干部，应当按照干部管理权限由党委（党组）集体讨论作出任免决定，或者决定提出推荐、提名的意见。属于上级党委（党组）管理的，本级党委（党组）可以提出选拔任用建议。

第三十三条　市（地）、县（市）党委、政府领导班子正职的拟任人选和推荐人选，由上级党委常委会提名，党的委员会全体会议审议，进行无记名投票表决；党的委员会全体会议闭会期间，由党委常委会作出决定，决定前应当征求全委会成员的意见。

第三十四条　党委（党组）讨论决定干部任免事项，必须有三分之二以上的成员到会，并保证与会成员有足够的时间听取情况介绍、充分发表意见。与会成员对任免事项，应当发表同意、不同意或者缓议等明确意见。在充分讨论的基础上，采取口头表决、举手表决或者无记名投票等方式进行表决。对意见分歧较大或者有重大问题不清楚的，应当暂缓表决。对影响作出决定的问题，会后应当及时查清，避免久拖不决。

党委（党组）有关干部任免的决定，需要复议的，应当经党委（党组）超过半数成员同意后方可进行。

第三十五条　党委（党组）讨论决定干部任免事项，应当按照下列程序进行：

（一）党委（党组）分管干部工作的领导成员或者组织（人事）部门负责人，逐个介绍领导职务拟任人选的提名、推荐、考察和任免理由等情况；

（二）参加会议人员进行讨论；

（三）进行表决，以党委（党组）应到会成员超过半数同意形成决定。

第三十六条　需要报上级党委（党组）审

批的拟提拔任职的干部，必须呈报党委（党组）的请示并附干部任免审批表、干部考察材料、本人档案和党委（党组）会议纪要、讨论记录、民主推荐材料。上级组织（人事）部门对呈报的材料应当严格审查。

第三十七条　需要报上级备案的干部，应当按照规定及时向上级组织（人事）部门备案。

第七章　任　　职

第三十八条　实行党政领导干部任职前公示制度。

提拔担任地（厅）、司（局）级以下领导职务的，除特殊岗位和在换届考察时已进行过公示的人选外，在党委（党组）讨论决定后、下发任职通知前，应当在一定范围内进行公示。公示期一般为七至十五天。公示结果不影响任职的，办理任职手续。

第三十九条　实行党政领导干部任职试用期制度。

提拔担任下列非选举产生的地（厅）、司（局）级以下领导职务的，试用期为一年：

（一）党委、人大常委会、政府、政协工作部门的副职和内设机构的领导职务；

（二）纪委内设机构的领导职务；

（三）人民法院、人民检察院内设机构的非国家权力机关依法任命的领导职务。

试用期满后，经考核胜任现职的，正式任职；不胜任的，免去试任职务，一般按试任前职级安排工作。

第四十条　党政机关部分专业性较强的领导职务实行聘任制。聘任制领导职务的每一个聘任期不超过五年，可以连续聘任。聘任程序另行规定。

第四十一条　对决定任用的干部，由党委（党组）指定专人同本人谈话。

第四十二条　党政领导职务的任职时间，按照下列时间计算：

（一）由党委（党组）决定任职的，自党委（党组）决定之日起计算；

（二）由党的代表大会、党的委员会全体会议、党的纪律检查委员会全体会议、人民代表大会、政协全体会议选举、任命的，自当选、任命之日起计算；

（三）由人大常委会或者政协常委会任命或者决定任命的，自人大常委会、政协常委会任命或者决定任命之日起计算；

（四）由党委向政府提名由政府任命的，自政府任命之日起计算。

第八章　依法推荐、提名和民主协商

第四十三条　党委向人民代表大会或者人大常委会推荐需要由人民代表大会或者人大常委会选举、任命、决定任命的领导干部人选，应当事先向人民代表大会临时党组织或者人大常委会党组和人大常委会组成人员中的党员介绍党委的推荐意见。人民代表大会的临时党组织、人大常委会党组和人大常委会组成人员及人大代表中的党员，应当认真贯彻党委推荐意见，带头依法办事，正确履行职责。

第四十四条　党委向人民代表大会推荐由人民代表大会选举、任命的领导干部人选，应当以本级党委名义向人民代表大会主席团提交推荐书，介绍所推荐人选的有关情况，说明推荐理由。

党委向人大常委会推荐由人大常委会任命、决定任命的领导干部人选，应当在人大常委会审议前，按照规定的程序提出，介绍所推荐人选的有关情况。

第四十五条　党委向政府提名由政府任命的政府工作部门和机构的领导成员人选，在党委讨论决定后，由政府任命。

第四十六条　领导班子换届，党委推荐人大常委会、政府、政协的领导成员人选和人民法院、人民检察院的主要领导成员人选，应当事先向民主党派、工商联主要领导成员和无党派人士中代表人物通报有关情况，进行民主协商。

第四十七条　党委推荐的领导干部人选，在人民代表大会选举、任命或者人大常委会任命、决定任命前,如果人大代表或者人大常委会组成人员对所推荐人选提出不同意见,党委应当认真研究,并作出必要的解释或者说明。如果发现有事实依据、足以影响选举或者任命的问题,党委可以建议人民代表大会或者人大常委会按照规定的程序暂缓选举、任命、决定任命,也可以重新推荐人选。

第四十八条　党委推荐、由人民代表大会选举、任命的领导干部人选落选后,根据工作需要和本人条件,可以推荐为其他职务人选,也可以在下一次人民代表大会上再次推荐为同一职务人选。

党委推荐、由人大常委会任命、决定任命的领导干部人选在人大常委会未获通过,根据工作需要和本人条件,通过进一步酝酿,可以在另一次人大常委会上继续推荐。两次未获通过的,不得再推荐为本地同一职务人选。

政协领导成员候选人的推荐和协商提名,按照政协章程和有关规定办理。

第九章　公开选拔和竞争上岗

第四十九条　公开选拔、竞争上岗是党政领导干部选拔任用的方式之一。

公开选拔、竞争上岗主要适用于选拔任用地方党委、政府工作部门的领导成员或者其人选,党政机关内设机构的领导成员或者其人选,以及其他适于公开选拔、竞争上岗的领导职务。公开选拔面向社会进行,竞争上岗在本单位或者本系统内部进行。

第五十条　报名参加公开选拔、竞争上岗人员的基本条件和资格,应当符合本条例第六条和第七条的规定。

第五十一条　公开选拔、竞争上岗工作在党委(党组)领导下进行,由组织(人事)部门组织实施,应当经过下列程序:

(一)公布职位、报考人员的资格条件、基本程序和方法等;

(二)报名与资格审查;

(三)统一考试(竞争上岗须进行民主测评);

(四)组织考察,研究提出人选方案;

(五)党委(党组)讨论决定。

第十章　交流、回避

第五十二条　实行党政领导干部交流制度。

(一)交流的对象主要是:因工作需要交流的;需要通过交流锻炼提高领导能力的;在一个地方或者部门工作时间较长的;按照规定需要回避的;因其他原因需要交流的。

交流的重点是县级以上地方党委、政府的领导成员,纪委、人民法院、人民检察院和党委、政府部分工作部门的主要领导成员。

(二)地方党委、政府领导成员在同一职位上任职满十年的,必须交流。民族区域自治地方另行规定。

同一地方(部门)的党政正职一般不同时易地交流。

(三)党政机关内设机构处级以上领导干部在同一职位上任职时间较长的,应当进行交流或者轮岗。

(四)干部交流可以在地区之间、部门之间、地方与部门之间、党政机关与国有企事业单位及其他社会组织之间进行。

(五)交流的干部接到任职通知后,应当在党委(党组)或者组织(人事)部门限定的时间内到任。

(六)地方党委、政府领导成员原则上应当任满一届。

第五十三条　实行党政领导干部任职回避制度。

党政领导干部任职回避的亲属关系为:夫妻关系、直系血亲关系、三代以内旁系血亲以及近姻亲关系。有上列亲属关系的,不得在同一机关担任双方直接隶属于同一领导人员的职务或者有直接上下级领导关系的职务,也不得在其中一方担任领导职务的机关从事组织(人事)、纪检(监察)、审计、财务工作。

担任县(市)委书记、县(市)长职务以及县(市)纪检机关、组织部门、人民法院、人民检察院和公安部门主要领导职务的,一般不得在本人成长地任职。民族自治县另行规定。

第五十四条　实行党政领导干部选拔任用工作回避制度。

党委(党组)及其组织(人事)部门讨论干部任免,涉及与会人员本人及其亲属的,本人必须回避。

干部考察组成员在干部考察工作中涉及其亲属的,本人必须回避。

第十一章　免职、辞职、降职

第五十五条　党政领导干部有下列情形之一的,一般应当免去现职:

(一)达到任职年龄界限或者退休年龄界限的;

(二)在年度考核、干部考察中,民主测评不称职票超过三分之一、经组织考核认定为不称职的;

(三)因工作需要或者其他原因,应当免去现职的。

第五十六条　实行党政领导干部辞职制度。

辞职包括因公辞职、自愿辞职、引咎辞职和责令辞职。

辞职手续依照法律或者有关规定程序办理。

第五十七条　因公辞职,是指领导干部因工作需要变动职务,依照法律或者政协章程的规定,向本级人民代表大会、人大常委会或者政协提出辞去现任领导职务。

第五十八条　自愿辞职,是指党政领导干部因个人或者其他原因,自行提出辞去现任领导职务。

自愿辞职,必须写出书面申请,按照干部管理权限报任免机关审批。任免机关应当自收到申请书之日起三个月内予以答复。未经批准,不得擅离职守;擅自离职的,给予纪律处分。

党政领导干部有下列情形之一的,不得提出辞职:

(一)在涉及国家安全、重要机密等特殊职位任职且不满解密期限的;

(二)重要公务尚未处理完毕,须由本人继续处理的;

(三)有其他特殊原因的。

第五十九条　引咎辞职,是指党政领导干部因工作严重失误、失职造成重大损失或者恶劣影响,或者对重大事故负有重要领导责任,不宜再担任现职,由本人主动提出辞去现任领导职务。

第六十条　责令辞职,是指党委(党组)及其组织(人事)部门根据党政领导干部任职期间的表现,认定其已不再适合担任现职,通过一定程序责令其辞去现任领导职务。拒不辞职的,应当免去现职。

第六十一条　实行党政领导干部降职制度。

因工作能力较弱或者其他原因,不适宜担任现职的,应当降职使用。降职使用的干部,其待遇按照新任职务的标准执行。

第六十二条　引咎辞职、责令辞职、降职的干部,在新的岗位工作一年以上,实绩突出,符合提拔任用条件的,可以按照有关规定,重新担任或者提拔担任领导职务。

第十二章　纪律和监督

第六十三条　选拔任用党政领导干部,必须严格执行本条例的各项规定,并遵守下列纪律:

(一)不准超职数配备领导干部,或者违反规定提高干部的职级待遇;

(二)不准以书记办公会、领导圈阅等形式,代替党委(党组)会集体讨论决定干部任免;

(三)不准临时动议决定干部任免;

(四)不准个人决定干部任免,个人不能改变党委(党组)会集体作出的干部任免决定;

（五）不准拒不执行上级调动、交流领导干部的决定；

（六）不准要求提拔本人的配偶、子女及其他亲属，或者指令提拔秘书等身边工作人员；

（七）不准在机构变动和主要领导成员工作调动时，突击提拔调整干部，或者干部在调离后，干预原任职单位的干部选拔任用；

（八）不准在选举中进行违反党的纪律、法律规定和有关章程的活动；

（九）不准在干部考察工作中隐瞒、歪曲事实真相，或者泄露酝酿、讨论干部任免的情况；

（十）不准在干部选拔任用工作中任人唯亲，封官许愿，营私舞弊，搞团团伙伙，或者打击报复。

第六十四条　对违反本条例规定的干部任免事项，不予批准；已经作出的干部任免决定一律无效，由党委（党组）或者组织（人事）部门按照干部管理权限予以纠正，并按照规定对主要责任人以及其他直接责任人作出组织处理或者纪律处分。

对无正当理由拒不服从组织调动或者交流决定的，依照法律及有关规定就地免职或者降职使用。

第六十五条　实行党政领导干部选拔任用工作责任追究制度。用人失察失误造成严重后果的，应当根据具体情况，追究主要责任人以及其他直接责任人的责任。

第六十六条　党委（党组）及其组织（人事）部门对干部选拔任用工作和贯彻执行本条例的情况进行监督检查，受理有关干部选拔任用工作的举报、申诉，制止、纠正违反本条例的行为，并对有关责任人提出处理意见或者处理建议。

纪检机关（监察部门）按照有关规定，对干部选拔任用工作进行监督检查。

第六十七条　建立组织（人事）部门与纪检机关（监察部门）等有关单位联席会议制度，就加强对干部选拔任用工作的监督，沟通信息，交流情况，提出意见和建议。联席会议由组织（人事）部门召集。

第六十八条　实行党政领导干部选拔任用工作监督责任制。凡本地区、本部门用人上的不正之风严重、干部群众反映强烈以及对违反组织人事纪律的行为查处不力的，应当追究党委（党组）主要领导成员和分管领导成员的责任。

第六十九条　党委（党组）及其组织（人事）部门在干部选拔任用工作中，必须严格执行本条例，自觉接受组织监督和群众监督。下级机关和党员、干部、群众对干部选拔任用工作中的违纪违规行为，有权向上级党委（党组）及其组织（人事）部门、纪检机关（监察部门）举报、申诉，受理部门和机关应当按照有关规定核实处理。

第十三章　附　　则

第七十条　本条例对工作部门的规定，同时适用于办事机构、派出机构以及其他直属机构。

第七十一条　选拔任用乡（镇、街道）的党政领导干部，由省、自治区、直辖市党委根据本条例制定相应的实施办法。

第七十二条　中国人民解放军和中国人民武装警察部队领导干部的选拔任用办法，由中央军委根据本条例的原则规定。

第七十三条　本条例由中共中央组织部负责解释。

第七十四条　本条例自发布之日起施行。《党政领导干部选拔任用工作暂行条例》同时废止。

（此《条例》由中共中央印发，新华社2014年1月15日发布）

中国共产党第十八届中央纪律检查委员会第三次全体会议公报

（2014 年 1 月 15 日中国共产党第十八届中央纪律检查委员会第三次全体会议通过）

中国共产党第十八届中央纪律检查委员会第三次全体会议，于 2014 年 1 月 13 日至 15 日上午在北京举行。出席会议的中央纪委委员 128 人，列席 299 人。

中共中央总书记、国家主席、中央军委主席习近平出席全会并发表重要讲话。李克强、张德江、俞正声、刘云山、王岐山、张高丽等党和国家领导人出席会议。

这次全会的主要任务是：高举中国特色社会主义伟大旗帜，以邓小平理论、“三个代表”重要思想、科学发展观为指导，深入贯彻党的十八大和十八届二中、三中全会精神，回顾总结 2013 年党风廉政建设和反腐败工作，研究部署 2014 年任务。全会由中央纪律检查委员会常务委员会主持，审议通过了王岐山同志代表中央纪委常委会所作的《聚焦中心任务，创新体制机制，深入推进党风廉政建设和反腐败斗争》的工作报告。

全会认真学习了习近平总书记的重要讲话。一致认为，讲话站在党和国家全局的高度，全面总结了一年来党风廉政建设和反腐败工作成绩，全面分析了党面临的形势，深刻阐述了事关党的建设重大理论和现实问题，明确提出当前和今后一个时期的总体思路和主要任务，要求以深化改革推进党风廉政建设和反腐败斗争，严明党的组织纪律，增强组织纪律性。强调要抓好惩治和预防腐败体系工作规划贯彻落实，深化党的作风建设，加大查办违纪违法案件力度，对腐败分子发现一个就要坚决查处一个；要改革党的纪律检查体制，完善反腐败体制机制，落实党委的主体责任和纪委的监督责任；要抓好组织管理和组织纪律的执行，严格遵守组织制度，党员干部要增强党性、对党忠诚。讲话充分肯定了各级纪律检查机关作为党内监督专门机关的重要作用，要求增强党的意识、责任意识，用铁的纪律打造一支忠诚可靠、服务人民、刚正不阿、秉公执纪的干部队伍，以党风廉政建设和反腐败斗争新成效取信于民。习近平总书记的重要讲话，再次表明了我们党改进作风、惩治腐败的坚强意志和坚定决心，对于确保党始终成为中国特色社会主义事业坚强领导核心，具有重大而深远的意义。学习贯彻落实习近平总书记重要讲话精神是全党的政治任务。各级党组织和广大党员干部要联系思想实际，认真学习领会，联系工作实际，坚决贯彻落实。

全会总结 2013 年党风廉政建设和反腐败工作，认为党的十八大以来，党中央对推进党风廉政建设和反腐败斗争旗帜鲜明、态度坚定、领导有力。中央纪委和各级纪检监察机关始终同以习近平同志为总书记的党中央保持高度一致，认真学习贯彻党的十八大精神，聚焦党风廉政建设和反腐败斗争。深入落实中央八项规定精神，一个时间节点一个时间节点地抓，坚决纠正“四风”。严厉惩治腐败，坚持“老虎”“苍蝇”一起打。加强和改进巡视工作，发现问题，形成震慑。加强理想信念教育，增强宗旨意识，使领导干部“不想腐”；加强体制机制创新和制度建设，强化监督管理，严肃纪律，使领导干部“不能腐”；坚持有腐必惩、有贪必肃，使领导干部“不敢腐”。在党中央坚强领导下，党风廉政建设和反腐败斗争取得新进展，增强了全党全社会对党风廉政建设和反腐败斗争的信心。

全会强调，全党要更加清醒地认识反腐败斗争长期性、复杂性、艰巨性，把思想和行动统一到党中央对形势的判断和任务部署上来。2014年，党风廉政建设和反腐败工作要深入贯彻党的十八大和十八届二中、三中全会精神，认真贯彻习近平总书记系列讲话精神，坚持党要管党、从严治党，加强党对党风廉政建设和反腐败工作统一领导，聚焦中心任务，推进改革创新，加强反腐败体制机制创新和制度保障；严明党的各项纪律，坚决克服组织涣散、纪律松弛现象；深入落实中央八项规定精神，强化执纪监督，坚持不懈纠正"四风"；加大对违纪违法党员干部审查力度，保持惩治腐败高压态势；加强纪检监察干部队伍建设，提高履职能力，坚定不移把党风廉政建设和反腐败斗争引向深入。

第一，深入贯彻党的十八大和十八届三中全会精神，加强反腐败体制机制创新和制度保障。各级党委（党组）要切实担负党风廉政建设主体责任，纪委（纪检组）要承担监督责任。党的组织、宣传、统战、政法等部门要把党风廉政建设的要求融入各自工作，人大、政府、政协和法院、检察院的党组织都要按照中央要求，履行党风廉政建设主体责任。各级党委（党组）特别是主要领导必须树立不抓党风廉政建设就是严重失职的意识，主要领导是第一责任人，领导班子成员对职责范围内的党风廉政建设负领导责任。要实行严格的责任追究。推进党的纪律检查体制机制改革和创新，制定党的纪律检查工作双重领导体制具体化、程序化、制度化意见，强化上级纪委对下级纪委的领导，改革和完善纪检监察派驻机构，改进中央和省区市巡视制度。

第二，深入落实中央八项规定精神，强化纪律建设，持之以恒纠正"四风"。要全面加强党的纪律建设，严格执行党的政治纪律、组织纪律、工作纪律、财经纪律和生活纪律等各项纪律，克服组织涣散、纪律松弛现象。坚决落实党政机关厉行节约反对浪费条例，严禁用公款互相宴请、赠送节礼、违规消费。严肃查处党员领导干部到私人会所活动、变相公款旅游问题。重点纠正领导干部利用各种名义收受下属以及有利害关系单位和个人的礼金行为。加大执纪检查力度，及时查处违纪违规行为，点名道姓通报曝光。

第三，坚持以零容忍态度惩治腐败，坚决遏制腐败蔓延势头。严格审查和处置党员干部违反党纪政纪、涉嫌违法的行为，严肃查办贪污贿赂、买官卖官、徇私枉法、腐化堕落、失职渎职案件。坚持抓早抓小，对党员干部身上的问题早发现、早提醒、早纠正、早查处。加大国际追逃追赃力度，决不让腐败分子逍遥法外。

第四，强化对领导干部的监督、管理和教育。深入开展理想信念和宗旨教育、党风党纪和廉洁自律教育。落实惩治和预防腐败体系工作规划，加强对领导干部特别是主要领导干部的监督，反对特权思想和作风。对领导干部报告个人有关事项情况开展有针对性的抽查核实。

第五，转职能、转方式、转作风，用铁的纪律打造纪检监察队伍。打铁还需自身硬。信任不能代替监督。对纪检监察干部严格要求、严格监督、严格管理，坚决查处违纪违法行为。创新组织制度，强化自我监督，自觉接受党组织、人民群众和新闻舆论的监督。纪检监察机关要在国家治理体系中发挥重要作用，探索实现治理能力现代化。广大纪检监察干部要求真务实、真抓实干，刚正不阿、铁面执纪，肩负起党风廉政建设和反腐败斗争的历史使命。

全会增选杨晓渡同志为中共中央纪律检查委员会常务委员会委员、副书记。

全会号召，全党要在以习近平同志为总书记的党中央坚强领导下，高举中国特色社会主义伟大旗帜，坚定信心，改革创新，锐意进取，不断开创党风廉政建设和反腐败斗争新局面，为实现两个百年奋斗目标和中华民族伟大复兴的中国梦作出新的更大贡献！

关于全面深化农村改革
加快推进农业现代化的若干意见

2013年，农业农村发展持续向好、稳中有进，粮食生产再创历史新高，城乡居民收入差距继续缩小，农村改革向纵深推进，农村民生有新的改善，农村社会保持和谐稳定。

我国经济社会发展正处在转型期，农村改革发展面临的环境更加复杂、困难挑战增多。工业化信息化城镇化快速发展对同步推进农业现代化的要求更为紧迫，保障粮食等重要农产品供给与资源环境承载能力的矛盾日益尖锐，经济社会结构深刻变化对创新农村社会管理提出了亟待破解的课题。必须全面贯彻落实党的十八大和十八届三中全会精神，进一步解放思想，稳中求进，改革创新，坚决破除体制机制弊端，坚持农业基础地位不动摇，加快推进农业现代化。

全面深化农村改革，要坚持社会主义市场经济改革方向，处理好政府和市场的关系，激发农村经济社会活力；要鼓励探索创新，在明确底线的前提下，支持地方先行先试，尊重农民群众实践创造；要因地制宜、循序渐进，不搞“一刀切”、不追求一步到位，允许采取差异性、过渡性的制度和政策安排；要城乡统筹联动，赋予农民更多财产权利，推进城乡要素平等交换和公共资源均衡配置，让农民平等参与现代化进程、共同分享现代化成果。

推进中国特色农业现代化，要始终把改革作为根本动力，立足国情农情，顺应时代要求，坚持家庭经营为基础与多种经营形式共同发展，传统精耕细作与现代物质技术装备相辅相成，实现高产高效与资源生态永续利用协调兼顾，加强政府支持保护与发挥市场配置资源决定性作用功能互补。要以解决好地怎么种为导向加快构建新型农业经营体系，以解决好地少水缺的资源环境约束为导向深入推进农业发展方式转变，以满足吃得好吃得安全为导向大力发展优质安全农产品，努力走出一条生产技术先进、经营规模适度、市场竞争力强、生态环境可持续的中国特色新型农业现代化道路。

2014年及今后一个时期，农业农村工作要以邓小平理论、“三个代表”重要思想、科学发展观为指导，按照稳定政策、改革创新、持续发展的总要求，力争在体制机制创新上取得新突破，在现代农业发展上取得新成就，在社会主义新农村建设上取得新进展，为保持经济社会持续健康发展提供有力支撑。

一、完善国家粮食安全保障体系

1．抓紧构建新形势下的国家粮食安全战略。把饭碗牢牢端在自己手上，是治国理政必须长期坚持的基本方针。综合考虑国内资源环境条件、粮食供求格局和国际贸易环境变化，实施以我为主、立足国内、确保产能、适度进口、科技支撑的国家粮食安全战略。任何时候都不能放松国内粮食生产，严守耕地保护红线，划定永久基本农田，不断提升农业综合生产能力，确保谷物基本自给、口粮绝对安全。更加积极地利用国际农产品市场和农业资源，有效调剂和补充国内粮食供给。在重视粮食数量的同时，更加注重品质和质量安全；在保障当期供给的同时，更加注重农业可持续发展。加大力度落实“米袋子”省长负责制，进一步明确中央和地方的粮食安全责任与分工，主销区也要确立粮食面积底线、保证一定的口粮自给率。增强全社会节粮意识，在生产流通消费全程推广节粮减损设施和技术。

2. 完善粮食等重要农产品价格形成机制。 继续坚持市场定价原则，探索推进农产品价格形成机制与政府补贴脱钩的改革，逐步建立农产品目标价格制度，在市场价格过高时补贴低收入消费者，在市场价格低于目标价格时按差价补贴生产者，切实保证农民收益。2014 年，启动东北和内蒙古大豆、新疆棉花目标价格补贴试点，探索粮食、生猪等农产品目标价格保险试点，开展粮食生产规模经营主体营销贷款试点。继续执行稻谷、小麦最低收购价政策和玉米、油菜籽、食糖临时收储政策。

3. 健全农产品市场调控制度。 综合运用储备吞吐、进出口调节等手段，合理确定不同农产品价格波动调控区间，保障重要农产品市场基本稳定。科学确定重要农产品储备功能和规模，强化地方尤其是主销区的储备责任，优化区域布局和品种结构。完善中央储备粮管理体制，鼓励符合条件的多元市场主体参与大宗农产品政策性收储。健全"菜篮子"市长负责制考核激励机制，完善生猪市场价格调控体系，抓好牛羊肉生产供应。进一步开展国家对农业大县的直接统计调查。编制发布权威性的农产品价格指数。

4. 合理利用国际农产品市场。 抓紧制定重要农产品国际贸易战略，加强进口农产品规划指导，优化进口来源地布局，建立稳定可靠的贸易关系。有关部门要密切配合，加强进出境动植物检验检疫，打击农产品进出口走私行为，保障进口农产品质量安全和国内产业安全。加快实施农业走出去战略，培育具有国际竞争力的粮棉油等大型企业。支持到境外特别是与周边国家开展互利共赢的农业生产和进出口合作。鼓励金融机构积极创新为农产品国际贸易和农业走出去服务的金融品种和方式。探索建立农产品国际贸易基金和海外农业发展基金。

5. 强化农产品质量和食品安全监管。 建立最严格的覆盖全过程的食品安全监管制度，完善法律法规和标准体系，落实地方政府属地管理和生产经营主体责任。支持标准化生产、重点产品风险监测预警、食品追溯体系建设，加大批发市场质量安全检验检测费用补助力度。加快推进县乡食品、农产品质量安全检测体系和监管能力建设。严格农业投入品管理，大力开展园艺作物标准园、畜禽规模化养殖、水产健康养殖等创建活动。完善农产品质量和食品安全工作考核评价制度，开展示范市、县创建试点。

二、强化农业支持保护制度

6. 健全"三农"投入稳定增长机制。 完善财政支农政策，增加"三农"支出。公共财政要坚持把"三农"作为支出重点，中央基建投资继续向"三农"倾斜，优先保证"三农"投入稳定增长。拓宽"三农"投入资金渠道，充分发挥财政资金引导作用，通过贴息、奖励、风险补偿、税费减免等措施，带动金融和社会资金更多投入农业农村。

7. 完善农业补贴政策。 按照稳定存量、增加总量、完善方法、逐步调整的要求，积极开展改进农业补贴办法的试点试验。继续实行种粮农民直接补贴、良种补贴、农资综合补贴等政策，新增补贴向粮食等重要农产品、新型农业经营主体、主产区倾斜。在有条件的地方开展按实际粮食播种面积或产量对生产者补贴试点，提高补贴精准性、指向性。加大农机购置补贴力度，完善补贴办法，继续推进农机报废更新补贴试点。强化农业防灾减灾稳产增产关键技术补助。继续实施畜牧良种补贴政策。

8. 加快建立利益补偿机制。 加大对粮食主产区的财政转移支付力度，增加对商品粮生产大省和粮油猪生产大县的奖励补助，鼓励主销区通过多种方式到主产区投资建设粮食生产基地，更多地承担国家粮食储备任务，完善粮食主产区利益补偿机制。支持粮食主产区发展粮食加工业。降低或取消产粮大县直接用于粮食生产等建设项目资金配套。完善森林、草原、湿地、水土保持等生态补偿制度，继续执行公益林补偿、草原生态保护补助奖励政策，建立江河源头区、重要水源地、重要水生态修复治理区和蓄滞洪区生态补偿机制。支持地方开展耕地保护补偿。

9. 整合和统筹使用涉农资金。稳步推进从财政预算编制环节清理和归并整合涉农资金。支持黑龙江省进行涉农资金整合试点，在认真总结经验基础上，推动符合条件的地方开展涉农资金整合试验。改革项目审批制度，创造条件逐步下放中央和省级涉农资金项目审批权限。改革项目管理办法，加快项目实施和预算执行，切实提高监管水平。加强专项扶贫资金监管，强化省、市两级政府对资金和项目的监督责任，县级政府切实管好用好扶贫资金。盘活农业结余资金和超规定期限的结转资金，由同级预算统筹限时用于农田水利等建设。

10. 完善农田水利建设管护机制。深化水利工程管理体制改革，加快落实灌排工程运行维护经费财政补助政策。开展农田水利设施产权制度改革和创新运行管护机制试点，落实小型水利工程管护主体、责任和经费。通过以奖代补、先建后补等方式，探索农田水利基本建设新机制。深入推进农业水价综合改革。加大各级政府水利建设投入，落实和完善土地出让收益计提农田水利资金政策，提高水资源费征收标准、加大征收力度。完善大中型水利工程建设征地补偿政策。谋划建设一批关系国计民生的重大水利工程，加强水源工程建设和雨洪水资源化利用，启动实施全国抗旱规划，提高农业抗御水旱灾害能力。实施全国高标准农田建设总体规划，加大投入力度，规范建设标准，探索监管维护机制。

11. 推进农业科技创新。深化农业科技体制改革，对具备条件的项目，实施法人责任制和专员制，推行农业领域国家科技报告制度。明晰和保护财政资助科研成果产权，创新成果转化机制，发展农业科技成果托管中心和交易市场。采取多种方式，引导和支持科研机构与企业联合研发。加大农业科技创新平台基地建设和技术集成推广力度，推动发展国家农业科技园区协同创新战略联盟，支持现代农业产业技术体系建设。加强以分子育种为重点的基础研究和生物技术开发，建设以农业物联网和精准装备为重点的农业全程信息化和机械化技术体系，推进以设施农业和农产品精深加工为重点的新兴产业技术研发，组织重大农业科技攻关。继续开展高产创建，加大农业先进适用技术推广应用和农民技术培训力度。发挥现代农业示范区的引领作用。加强农用航空建设。将农业作为财政科技投入优先领域，引导金融信贷、风险投资等进入农业科技创新领域。推行科技特派员制度，发挥高校在农业科研和农技推广中的作用。

12. 加快发展现代种业和农业机械化。建立以企业为主体的育种创新体系，推进种业人才、资源、技术向企业流动，做大做强育繁推一体化种子企业，培育推广一批高产、优质、抗逆、适应机械化生产的突破性新品种。推行种子企业委托经营制度，强化种子全程可追溯管理。加快推进大田作物生产全程机械化，主攻机插秧、机采棉、甘蔗机收等薄弱环节，实现作物品种、栽培技术和机械装备的集成配套。积极发展农机作业、维修、租赁等社会化服务，支持发展农机合作社等服务组织。

13. 加强农产品市场体系建设。着力加强促进农产品公平交易和提高流通效率的制度建设，加快制定全国农产品市场发展规划，落实部门协调机制，加强以大型农产品批发市场为骨干、覆盖全国的市场流通网络建设，开展公益性农产品批发市场建设试点。健全大宗农产品期货交易品种体系。加快发展主产区大宗农产品现代化仓储物流设施，完善鲜活农产品冷链物流体系。支持产地小型农产品收集市场、集配中心建设。完善农村物流服务体系，推进农产品现代流通综合示范区创建，加快邮政系统服务"三农"综合平台建设。实施粮食收储、供应安全保障工程。启动农村流通设施和农产品批发市场信息化提升工程，加强农产品电子商务平台建设。加快清除农产品市场壁垒。

三、建立农业可持续发展长效机制

14. 促进生态友好型农业发展。落实最严格的耕地保护制度、节约集约用地制度、水资源管理制度、环境保护制度，强化监督考核和激励约束。分区域规模化推进高效节水灌溉行动。大力推进机械化深松整地和秸秆还田等综合利用，加快实施土壤有机质提升补贴项目，支持开展病虫害绿色防控和病死畜禽无害化处理。加大农业面源污染防治力度，支持高效肥和低残留农药使用、规模养殖场畜禽粪便资源化利用、新型农业经营主体使用有机肥、推广高标准农膜和残膜回收等试点。

15. 开展农业资源休养生息试点。抓紧编制农业环境突出问题治理总体规划和农业可持续发展规划。启动重金属污染耕地修复试点。从2014年开始，继续在陡坡耕地、严重沙化耕地、重要水源地实施退耕还林还草。开展华北地下水超采漏斗区综合治理、湿地生态效益补偿和退耕还湿试点。通过财政奖补、结构调整等综合措施，保证修复区农民总体收入水平不降低。

16. 加大生态保护建设力度。抓紧划定生态保护红线。继续实施天然林保护、京津风沙源治理二期等林业重大工程。在东北、内蒙古重点国有林区，进行停止天然林商业性采伐试点。推进林区森林防火设施建设和矿区植被恢复。完善林木良种、造林、森林抚育等林业补贴政策。加强沙化土地封禁保护。加大天然草原退牧还草工程实施力度，启动南方草地开发利用和草原自然保护区建设工程。支持饲草料基地的品种改良、水利建设、鼠虫害和毒草防治。加大海洋生态保护力度，加强海岛基础设施建设。严格控制渔业捕捞强度，继续实施增殖放流和水产养殖生态环境修复补助政策。实施江河湖泊综合整治、水土保持重点建设工程，开展生态清洁小流域建设。

四、深化农村土地制度改革

17. 完善农村土地承包政策。稳定农村土地承包关系并保持长久不变，在坚持和完善最严格的耕地保护制度前提下，赋予农民对承包地占有、使用、收益、流转及承包经营权抵押、担保权能。在落实农村土地集体所有权的基础上，稳定农户承包权、放活土地经营权，允许承包土地的经营权向金融机构抵押融资。有关部门要抓紧研究提出规范的实施办法，建立配套的抵押资产处置机制，推动修订相关法律法规。切实加强组织领导，抓紧抓实农村土地承包经营权确权登记颁证工作，充分依靠农民群众自主协商解决工作中遇到的矛盾和问题，可以确权确地，也可以确权确股不确地，确权登记颁证工作经费纳入地方财政预算，中央财政给予补助。稳定和完善草原承包经营制度，2015年基本完成草原确权承包和基本草原划定工作。切实维护妇女的土地承包权益。加强农村经营管理体系建设。深化农村综合改革，完善集体林权制度改革，健全国有林区经营管理体制，继续推进国有农场办社会职能改革。

18. 引导和规范农村集体经营性建设用地入市。在符合规划和用途管制的前提下，允许农村集体经营性建设用地出让、租赁、入股，实行与国有土地同等入市、同权同价，加快建立农村集体经营性建设用地产权流转和增值收益分配制度。有关部门要尽快提出具体指导意见，并推动修订相关法律法规。各地要按照中央统一部署，规范有序推进这项工作。

19. 完善农村宅基地管理制度。改革农村宅基地制度，完善农村宅基地分配政策，在保障农户宅基地用益物权前提下，选择若干试点，慎重稳妥推进农民住房财产权抵押、担保、转让。有关部门要抓紧提出具体试点方案，各地不得自行其是、抢跑越线。完善城乡建设用地增减挂钩试点工作，切实保证耕地数量不减少、质量有提高。加快包括农村宅基地在内的农村地籍调查和农村集体建设用地使用权确权登记颁证工作。

20. 加快推进征地制度改革。缩小征地范围，规范征地程序，完善对被征地农民合理、规范、多元保障机制。抓紧修订有关法律法规，保障农民公平分享土地增值收益，改变对被征地农民的补偿办法，除补偿农民被征收的集体土地外，还必须对农民的住房、社保、就业培训给予合理保障。因地制宜采取留地安置、补偿等多种方式，确保被征地农民长期受益。提高森林植被恢复费征收标准。健全征地争议调处裁决机制，保障被征地农民的知情权、参与权、申诉权、监督权。

五、构建新型农业经营体系

21. 发展多种形式规模经营。鼓励有条件的农户流转承包土地的经营权，加快健全土地经营权流转市场，完善县乡村三级服务和管理网络。探索建立工商企业流转农业用地风险保障金制度，严禁农用地非农化。有条件的地方，可对流转土地给予奖补。土地流转和适度规模经营要尊重农民意愿，不能强制推动。

22. 扶持发展新型农业经营主体。鼓励发展专业合作、股份合作等多种形式的农民合作社，引导规范运行，着力加强能力建设。允许财政项目资金直接投向符合条件的合作社，允许财政补助形成的资产转交合作社持有和管护，有关部门要建立规范透明的管理制度。推进财政支持农民合作社创新试点，引导发展农民专业合作社联合社。按照自愿原则开展家庭农场登记。鼓励发展混合所有制农业产业化龙头企业，推动集群发展，密切与农户、农民合作社的利益联结关系。在国家年度建设用地指标中单列一定比例专门用于新型农业经营主体建设配套辅助设施。鼓励地方政府和民间出资设立融资性担保公司，为新型农业经营主体提供贷款担保服务。加大对新型职业农民和新型农业经营主体领办人的教育培训力度。落实和完善相关税收优惠政策，支持农民合作社发展农产品加工流通。

23. 健全农业社会化服务体系。稳定农业公共服务机构，健全经费保障、绩效考核激励机制。采取财政扶持、税费优惠、信贷支持等措施，大力发展主体多元、形式多样、竞争充分的社会化服务，推行合作式、订单式、托管式等服务模式，扩大农业生产全程社会化服务试点范围。通过政府购买服务等方式，支持具有资质的经营性服务组织从事农业公益性服务。扶持发展农民用水合作组织、防汛抗旱专业队、专业技术协会、农民经纪人队伍。完善农村基层气象防灾减灾组织体系，开展面向新型农业经营主体的直通式气象服务。

24. 加快供销合作社改革发展。发挥供销合作社扎根农村、联系农民、点多面广的优势，积极稳妥开展供销合作社综合改革试点。按照改造自我、服务农民的要求，创新组织体系和服务机制，努力把供销合作社打造成为农民生产生活服务的生力军和综合平台。支持供销合作社加强新农村现代流通网络和农产品批发市场建设。

六、加快农村金融制度创新

25. 强化金融机构服务"三农"职责。稳定大中型商业银行的县域网点，扩展乡镇服务网络，根据自身业务结构和特点，建立适应"三农"需要的专门机构和独立运营机制。强化商业金融对"三农"和县域小微企业的服务能力，扩大县域分支机构业务授权，不断提高存贷比和涉农贷款比例，将涉农信贷投放情况纳入信贷政策导向效果评估和综合考评体系。稳步扩大农业银行"三农"金融事业部改革试点。鼓励邮政储蓄银行拓展农村金融业务。支持农业发展银行开展农业开发和农村基础设施建设中长期贷款业务，建立差别监管体制。增强农村信用社支农服务功能，保持县域法人地位长期稳定。积极发展村镇银行，逐步实现县市全覆盖，符合条件的适当调整主发起行与其他股东的持股比例。支持由社会资本发起设立服务"三农"的县域中小型银行和金融租赁公司。对小额贷款公司，要拓宽融资渠道，完善管理政策，加快接入征信系统，发挥支农支小作用。支持符合条件的农业企业在主板、创业板发行上市，督促上市农业企业改善治理结构，引导暂不具备上市条件的高成长性、创新型农业企业到全国中小企股份转让系统进行股权公开挂牌与转让，推动证券期货经营机构开发适合“三农”的个性化产品。

26. 发展新型农村合作金融组织。在管理民主、运行规范、带动力强的农民合作社和供销合作社基础上，培育发展农村合作金融，不断丰富农村地区金融机构类型。坚持社员制、封闭性原则，在不对外吸储放贷、不支付固定回报的前提下，推动社区性农村资金互助组织发展。完善地方农村金融管理体制，明确地方政府对新型农村合作金融监管职责，鼓励地方建立风险补偿基金，有效防范金融风险。适时制定农村合作金融发展管理办法。

27. 加大农业保险支持力度。提高中央、省级财政对主要粮食作物保险的保费补贴比例，逐步减少或取消产粮大县县级保费补贴，不断提高稻谷、小麦、玉米三大粮食品种保险的覆盖面和风险保障水平。鼓励保险机构开展特色优势农产品保险，有条件的地方提供保费补贴，中央财政通过以奖代补等方式予以支持。扩大畜产品及森林保险范围和覆盖区域。鼓励开展多种形式的互助合作保险。规范农业保险大灾风险准备金管理，加快建立财政支持的农业保险大灾风险分散机制。探索开办涉农金融领域的贷款保证保险和信用保险等业务。

七、健全城乡发展一体化体制机制

28. 开展村庄人居环境整治。加快编制村庄规划，推行以奖促治政策，以治理垃圾、污水为重点，改善村庄人居环境。实施村内道路硬化工程，加强村内道路、供排水等公用设施的运行管护，有条件的地方建立住户付费、村集体补贴、财政补助相结合的管护经费保障制度。制定传统村落保护发展规划，抓紧把有历史文化等价值的传统村落和民居列入保护名录，切实加大投入和保护力度。提高农村饮水安全工程建设标准，加强水源地水质监测与保护，有条件的地方推进城镇供水管网向农村延伸。以西部和集中连片特困地区为重点加快农村公路建设，加强农村公路养护和安全管理，推进城乡道路客运一体化。因地制宜发展户用沼气和规模化沼气。在地震高风险区实施农村民居地震安全工程。加快农村互联网基础设施建设，推进信息进村入户。

29. 推进城乡基本公共服务均等化。加快改善农村义务教育薄弱学校基本办学条件，适当提高农村义务教育生均公用经费标准。大力支持发展农村学前教育。落实中等职业教育国家助学政策，紧密结合市场需求，加强农村职业教育和技能培训。支持和规范农村民办教育。提高重点高校招收农村学生比例。有效整合各类农村文化惠民项目和资源，推动县乡公共文化体育设施和服务标准化建设。深化农村基层医疗卫生机构综合改革，实施中西部全科医生特岗计划。继续提高新型农村合作医疗的筹资标准和保障水平，完善重大疾病保险和救助制度，推动基本医疗保险制度城乡统筹。稳定农村计划生育网络和队伍，开展城乡计生卫生公共服务均等化试点。整合城乡居民基本养老保险制度，逐步建立基础养老金标准正常调整机制，加快构建农村社会养老服务体系。加强农村最低生活保障的规范管理。开展农村公共服务标准化试点工作。着力创新扶贫开发工作机制，改进对国家扶贫开发工作重点县的考核办法，提高扶贫精准度，抓紧落实扶贫开发重点工作。

30. 加快推动农业转移人口市民化。积极推进户籍制度改革，建立城乡统一的户口登记制度，促进有能力在城镇合法稳定就业和生活的常住人口有序实现市民化。全面实行流动人口居住证制度，逐步推进居住证持有人享有与居住地居民相同的基本公共服务，保障农民工同工同酬。鼓励各地从实际出发制定相关政策，解决好辖区内农业转移人口在本地城镇的落户问题。

八、改善乡村治理机制

31. 加强农村基层党的建设。深入开展党的群众路线教育实践活动，推动农村基层服务型党组织建设。进一步加强农民合作社、专业技术协会等的党建工作，创新和完善组织设置，理顺隶属关系。加强农村基层党组织带头人队伍和党员队伍建设，提升村干部"一定三有"保障水平。总结宣传农村基层干部先进典型，树立正确舆论导向。加强城乡基层党建资源整合，建立稳定的村级组织运转经费保障制度。加强农村党风廉政建设，强化农村基层干部教育管理和监督，改进农村基层干部作风，坚决查处和纠正涉农领域侵害群众利益的腐败问题和加重农民负担行为。

32. 健全基层民主制度。强化党组织的领导核心作用，巩固和加强党在农村的执政基础，完善和创新村民自治机制，充分发挥其他社会组织的积极功能。深化乡镇行政体制改革，完善乡镇政府功能。深入推进村务公开、政务公开和党务公开，实现村民自治制度化和规范化。探索不同情况下村民自治的有效实现形式，农村社区建设试点单位和集体土地所有权在村民小组的地方，可开展以社区、村民小组为基本单元的村民自治试点。

33. 创新基层管理服务。按照方便农民群众生产生活、提高公共资源配置效率的原则，健全农村基层管理服务体系。推动农村集体产权股份合作制改革，保障农民集体经济组织成员权利，赋予农民对落实到户的集体资产股份占有、收益、有偿退出及抵押、担保、继承权，建立农村产权流转交易市场，加强农村集体资金、资产、资源管理，提高集体经济组织资产运营管理水平，发展壮大农村集体经济。扩大小城镇对农村基本公共服务供给的有效覆盖，统筹推进农村基层公共服务资源有效整合和设施共建共享，有条件的地方稳步推进农村社区化管理服务。总结推广"枫桥经验"，创新群众工作机制。深入推进农村精神文明建设，倡导移风易俗，培养良好道德风尚，提高农民综合素质。加强对农村留守儿童、留守妇女、留守老年人的关爱和服务。发展农村残疾人事业。健全农村治安防控体系，充分发挥司法调解、人民调解的作用，维护农村社会和谐安定。

各级党委和政府要切实加强对"三农"工作的领导，把握好农村改革的方向和节奏，谋划好农业农村发展的思路和方法，落实好党在农村的各项方针和政策。各级党政干部要真正了解农民群众的诉求和期盼，真心实意解决农民群众生产生活中的实际问题。进一步加强党委农村工作综合部门建设，强化统筹协调、决策服务等职能。加强对农村改革试验区工作的指导，加大改革放权和政策支持力度，充实试验内容，完善工作机制，及时总结推广成功经验。

让我们紧密团结在以习近平同志为总书记的党中央周围，积极进取，锐意创新，力求农村改革发展取得新突破新进展。

（此《若干意见》由中共中央、国务院印发，新华社2014年1月19日发布）

关于加强干部选拔任用工作监督的意见

加强干部选拔任用工作监督，是保证选贤任能、纯洁用人风气的重要举措。近些年来，各级党委（党组）和组织人事部门认真贯彻党的干部路线方针政策，加强选人用人监督，整治用人上不正之风，取得积极成效。但是，在一些地方和单位，违规用人问题仍时有发生，跑官要官、拉票贿选、买官卖官等不正之风屡禁不止，干部群众反映强烈。日前，中央颁发了新修订的《党政领导干部选拔任用工作条例》（以下简称《干部任用条例》），这既是规范干部选拔任用工作的总章程，也是加强干部选拔任用工作监督的重要依据。为了贯彻落实党要管党、从严治党方针，严明组织纪律，大力营造风清气正的用人环境，保证《干部任用条例》严格执行，经中央同意，现提出如下意见。

一、认真贯彻《干部任用条例》，严格按制度规定选人用人。各级党委（党组）和组织人事部门要不折不扣执行《干部任用条例》，严格按规定的原则、标准、条件、资格、程序和纪律办事，有规必依、执规必严。严禁违反规定程序选拔任用干部，严禁私自干预下级或原任职单位干部任用，严禁在干部考察中隐瞒或歪曲事实真相，严禁在干部档案上弄虚作假，严禁跑风漏气，严禁突击提拔调整干部，严禁封官许愿、任人唯亲、营私舞弊，严禁采取跑官要官、说情打招呼等手段为本人或他人谋取职位，严禁搞拉票等非组织活动，严禁超职数配备、超机构规格提拔干部或违规提高干部职级待遇。

二、严格把好人选廉政关，坚决防止"带病提拔"。要严格考察人选对象的党风廉政情况，认真听取纪检监察机关意见，对有问题反映应当核查但尚未核查或正在核查的，不得提交党委（党组）讨论决定，对有反映但不构成违纪的要从严掌握。对人选对象，要认真查阅个人有关事项报告情况，必要时进行核实，对不如实填报或隐瞒不报的，不得提拔任用。要严格干部档案审核，对选干部身份、年龄、工龄、党龄、学历、经历等档案信息要仔细核查，不得放过任何疑点。对干部任职公示期间收到的有关问题反映，要按规定认真调查核实，没有查清之前，不得办理任职手续。

三、严厉查处违规用人行为，坚决整治用人上的不正之风。不论是集中换届还是日常干部选拔任用，对违反组织人事纪律的实行"零容忍"、坚决不放过，发现一起、查处一起，让那些搞不正之风的人不仅捞不到好处，而且受到严厉惩处。对跑官要官的，一律不得提拔使用，并记录在案，视情节给予批评教育或组织处理；对拉票贿选的，一律排除出人选名单或取消候选人资格，已经提拔的责令辞职或者免职、降职，贿选的还要依纪依法处理；对买官卖官的，一律先停职或免职，移送执纪执法机关处理；对违反规定作出的干部任用决定，一律宣布无效，按干部管理权限予以纠正；对说情、打招呼和私自干预下级干部选拔任用的，一律坚决抵制，视情节给予批评教育或组织处理。健全完善"12380"综合举报受理平台，坚持和完善立项督查制度，对群众反映的选人用人问题，认真查核、严肃处理。加大违规用人案件通报、曝光力度，发挥警示震慑作用。

四、建立倒查机制，强化干部选拔任用责任追究。认真落实《党政领导干部选拔任用工作责任追究办法（试行）》有关规定，凡出现"带病提拔"、突击提拔、违规破格提拔等问题，都要对选拔任用过程进行倒查，存在隐情不报、违反程序等失职渎职行为的，不仅查处当事人，而且追究责任人，一查到底、问责到人。对一个地方和单位连续发生或大面积发生违反组织人事纪律问题的，以及对违反组织人事纪律行为查处不力的，必须严肃追究党委（党组）主要领导的责任，严肃追究组织人事部门和相关部门负责人的责任。要建立干部选拔任用纪实制度，为开展倒查、追究问责提供依据。

五、加大监督检查力度，及时发现和纠正存在的问题。以贯彻落实《干部任用条例》等法规为主要内容，加强选人用人工作监督检查，着力检查程序是否合规、导向是否端正、风气是否清正、结果是否公正。要强化重点检查，对干部群众反映强烈的突出问题、举报反映多的地方和单位进行有针对性的检查；深化巡视检查，充分发挥巡视对选人用人的监督作用；开展普遍检查，每3至5年分级分类对所有有用人权的单位全面检查一遍。要注重事前监督，严格执行干部选拔任用工作有关事项报告制度，凡应报告而未报告的任用事项一律无效，防止出现违规破格提拔干部、任人唯亲、借竞争性选拔变相违规用人等问题。要加强结果监督，坚持和完善干部选拔任用“一报告两评议”、离任检查等制度，有效规范选人用人行为。

六、组工干部要坚持公道正派，严格执行组织人事纪律。各级组织人事部门要把干部选拔任用工作监督摆在突出位置来抓，干部监督机构要具体负责监督任务的组织实施，干部工作机构要结合自身职责做好有关监督工作。干部考察组要履行“一岗双责”，既做好考察工作，又监督用人风气。组工干部要切实增强党性，坚持原则、公道正派、敢于担当，严格按党的政策办事、按规章制度办事、按组织程序办事，带头维护干部工作的严肃性，坚决抵制和纠正用人上的不正之风。对违反组织人事纪律的，一律清除出组工干部队伍。

（此《意见》由中共中央组织部2014年1月21日印发）

关于开展第二批党的群众路线教育实践活动的指导意见

根据《中共中央关于在全党深入开展党的群众路线教育实践活动的意见》(以下简称《意见》),第一批教育实践活动深入扎实开展,取得重要阶段性成果;第二批教育实践活动从2014年1月开始,在省以下各级机关及其直属单位和基层组织开展。参加单位主要是:市、县机关及其直属单位和企事业单位,乡镇、街道和村、社区,非公有制经济组织、社会组织和其他基层组织,未参加第一批教育实践活动的高等学校、省属国有企业以及部分中央和国家机关、中管金融企业、中央企业的下属单位和分支机构。

第二批教育实践活动涉及的单位和人员范围广、领域宽、数量大,与群众联系更直接、更紧密,涉及的矛盾和问题具体复杂,群众期望值高,任务更加艰巨。搞好第二批教育实践活动,对于巩固第一批教育实践活动成果,确保教育实践活动不断取得实效、取信于民,以作风建设的新成效夯实党执政的群众基础,把全面深化改革各项任务落到实处,推动经济社会持续健康发展,具有十分重要的意义。现就开展第二批教育实践活动提出如下指导意见。

一、把握总体要求

开展第二批教育实践活动,要以党的十八大和十八届三中全会精神为指导,认真贯彻《意见》确定的指导思想、目标要求和方法步骤,认真贯彻习近平总书记系列讲话精神,坚持“照镜子、正衣冠、洗洗澡、治治病”的总要求,以为民务实清廉为主题,落实中央八项规定精神和《党政机关厉行节约反对浪费条例》等规定,与第一批教育实践活动紧密衔接、上下联动,突出作风建设,贯彻整风精神,坚决反对形式主义、官僚主义、享乐主义和奢靡之风,着力解决人民群众反映强烈的突出问题,提高做好新形势下群众工作的能力,使党员、干部思想认识进一步提高、作风进一步转变,党群干群关系进一步密切,为民务实清廉形象进一步树立,基层基础进一步夯实。

坚持以市、县领导机关、领导班子和领导干部为重点,突出抓好直接联系服务群众的执法监管部门和窗口单位、服务行业的教育实践活动,注重抓好乡镇、街道和村、社区等与群众联系密切的基层组织的教育实践活动,切实加强广大党员、干部马克思主义群众观点和党的群众路线教育。

充分借鉴运用第一批教育实践活动成果和经验,主题不变、镜头不换,发扬认真精神,坚持正面教育为主,坚持开展批评和自我批评,坚持讲求实效,更加注重领导带头、层层示范,更加注重聚焦“四风”、解决问题,更加注重敞开大门、群众参与,更加注重分类指导、有序推进,更加注重上下协力、衔接带动,更加注重严格要求、真督实导,确保教育实践活动不虚不空不偏,不走过场。

二、明确重点任务

第二批教育实践活动的主要任务是抓住反对“四风”这个重点不放,集中解决市、县领导机关、领导班子和领导干部“四风”方面存在的突出问题,对作风之弊、行为之垢来一次大排查、大检修、大扫除。同时,回应群众关切,维护群众利益,注重解决实际问题,解决群众身边的不正之风,把改进作风的要求真正落实到基层,真正让群众受益。

着力解决“四风”突出问题。市、县领导班子和领导干部重点解决政绩观不正确,不敢担当,搞“形象工程”、“政绩工程”,换一任领导、变一套思路，有令不行、有禁不止，“上有政策、下有对策”等问题。市、县直属单位重点解决庸懒散拖、推诿扯皮，工作不落实、服务不主动等问题。执法监管部门和窗口单位、服务行业重点解决门难进、脸难看、事难办，乱收费、乱罚款、乱摊派，滥用职权、吃拿卡要、执法不公等问题。乡镇、街道领导班子和领导干部重点解决不关心群众冷暖，责任心不强，落实惠民政策缩水走样，工作方式简单粗暴，弄虚作假等问题。村、社区等基层组织主要解决软弱无力，服务群众意识和能力不强，办事不公等问题。省以下各级机关及其直属单位和基层组织都要注重解决组织涣散、纪律松弛的问题。

着力解决关系群众切身利益的问题。坚持为民利民便民，本着尽力而为、量力而行原则，切实落实各项民生政策，解决群众在教育、就业、社会保障、医疗、住房等方面的基本需求问题，解决生态环境、食品药品安全、安全生产、社会治安、执法司法、征地拆迁等方面损害群众利益的问题，解决困难群众的生产生活问题，解决与民争利的问题。畅通群众诉求表达渠道，加强与群众真诚沟通，做好矛盾纠纷排查化解工作，让群众办事更加便利、得到更多实惠，增强安全感、提高满意度，切身感受到社会公平正义。

着力解决联系服务群众“最后一公里”问题。以加强基层服务型党组织建设为抓手，扩大党的组织覆盖和工作覆盖，建设守信念、讲奉献、有本领、重品行的基层党组织书记队伍，组织带领广大党员、干部为群众提供更多更好服务。加强和改进乡镇、街道和村、社区便民服务工作，提升服务群众的功能和水平。健全服务保障体系，建立稳定的基层组织运转和基本公共服务经费保障制度，推动人、财、物向基层倾斜，充分调动服务群众的积极性，保证群众话有地方说、事有地方办，困难有人帮、问题有人管。

三、抓好各个环节工作

坚持问题导向，坚持教育实践并重，坚持边学边查边改，把学习教育贯穿始终，把整改落实贯穿始终，使教育实践活动各个环节工作有效衔接、相互贯通。

（一）学习教育、听取意见

结合实际抓学习教育。采取多种形式，组织党员、干部认真学习党的十八届三中全会精神和习近平总书记系列讲话精神，学习《意见》规定的学习内容，学习党的光辉历史和优良传统，开展理想信念、党性党风党纪和道德品行教育，开展马克思主义群众观点和党的群众路线专题学习讨论，向群众学习，拜群众为师，使党的群众路线在全体党员、干部中深深扎根，使践行党的根本宗旨成为党员、干部的普遍自觉。市、县机关及其直属单位和企事业单位，乡镇、街道要组织集中学习、专题讨论。其他基层党组织要运用灵活多样、务实管用的方式，抓好基层党员、干部的学习教育工作。

直接到群众中去听意见。把“面对面”与“背靠背”结合起来，把“个别听”与“集体谈”结合起来，把“走进群众听”与“组织群众评”结合起来，广泛听取意见，特别要听取工作对象和服务对象的意见。重视来信来访等送上门的意见，注意运用第一批教育实践活动听取意见的成果，统筹做好征求意见工作，防止相互征求意见搞“公文旅行”、“函来函往”，防止“一窝蜂”下基层、重复征求意见。

（二）查摆问题、开展批评

找准找实突出问题。坚持为民务实清廉要求，学习和对照党章，对照廉政准则，对照改进作风要求，对照群众期盼，对照先进典型，采取群众提、自己找、上级点、互相帮、集体议等方式，查找“四风”问题具体表现，注重从关系群众切身利益的问题中查找“四风”问题。各级机关和企事业单位要对照《党政机关厉行节约反对浪费条例》以及有关规定进行检查，乡镇、村还要对照《农村基层干部廉洁履行职责若干规定（试行）》进行检查。

认真撰写对照检查材料。市、县机关及其直属单位和企事业单位领导班子、班子成员，乡镇、街道领导班子、班子成员要撰写对照检查材料。对照检查材料要逐项列出“四风”问题的具体表现、典型事例,对“三公”经费支出、职务消费、人情消费、公务用车、办公用房和住房、家属子女从业等情况要作出说明;从理想信念、宗旨意识、党性修养、政治纪律等方面剖析根源;明确努力方向和整改措施。主要负责同志要主持起草领导班子对照检查材料,并在一定范围内征求意见。班子成员要自己动手撰写个人对照检查材料。上级党组织、党委(党组)负责同志要严格审核把关。其他基层组织是否撰写对照检查材料,可区别情况提出要求。

开好专题民主生活会和组织生活会。市、县机关及其直属单位和企事业单位领导班子,乡镇、街道领导班子要召开专题民主生活会。会前,要普遍开展谈心交心;会上,要开展严肃认真的批评和自我批评,既揭短亮丑、动真碰硬,又实事求是、出以公心,不发泄私愤,不搞无原则纠纷;会后,要在一定范围内通报民主生活会情况。其他基层党组织要开好组织生活会,开展民主评议党员工作,针对存在问题提出改进措施和办法;村、社区党组织要进行对照检查。上级机关党员领导干部要参加下级单位领导班子的专题民主生活会,党员领导干部要以普通党员身份参加所在党支部的组织生活会。

(三)整改落实、建章立制

上下联动抓整改。围绕群众反映强烈的突出问题,一开始就改起来,从具体事抓起、从身边事做起、从群众最不满意的事改起,即知即改,立行立改。市、县机关及其直属单位和企事业单位领导班子,乡镇、街道领导班子要认真制定整改方案,明确任务书、时间表和责任人;领导班子成员要制定个人整改措施。村、社区和非公有制经济组织、社会组织及其他基层组织可列出问题清单,明确整改措施。实行开门整改,向群众作出整改承诺,及时公布整改情况,请群众评价和监督。

整改工作只有进行时,没有完成时。第一批教育实践活动单位要发扬钉钉子精神,思想不松、力度不减,继续深入抓好整改,以落实到基层的整改成效检验活动成果;把第二批教育实践活动单位整改的问题与需要上级帮助解决的问题衔接起来,以上带下、以下促上,动真碰硬、攻坚克难,持续用劲、步步为营,确保整改成效让群众看得见、感受得到、大多数人满意。

狠抓专项整治不放松。不折不扣地落实中央确定的专项整治任务,对文山会海、检查评比泛滥,行政审批改革不到位,门难进、脸难看、事难办,违反财经纪律,公款送礼、公款吃喝、奢侈浪费,超标配备公车、多占办公用房、新建滥建楼堂馆所,党政机关、事业单位人员超编和超职数配备,“三公”经费开支过大,侵害群众利益行为等问题,下猛药、出重拳,一项一项整治。同时,各地区各部门各单位要结合履行职能职责和作风建设实际,确定专项整治重点,尤其要把整治侵害群众利益行为作为重中之重,不达目的不罢休。

把正风肃纪一抓到底。坚持严的标准、严的措施、严的纪律,坚决查处发生在群众身边的不正之风和腐败问题,坚决整治特权病、冷漠病、懒散病、享乐病、挥霍病。对有问题不整改、大问题小整改、边整改边再犯的,要严肃批评教育,必要时采取组织措施和纪律措施。加强领导班子建设,严格教育管理干部,对软、懒、散的领导班子进行整顿;对存在一般性作风问题的干部,立足于教育提高,促其改进;对群众意见大、不认真查摆问题、没有明显改进的干部,要进行组织调整;对在活动中发现的重大违纪违法问题,要及时移交纪检监察机关或有关方面严肃查处。加强基层党组织建设和党员教育管理,对软弱涣散的基层党组织,进行集中整顿;对长期不起作用甚至起负面作用的党员,进行严肃教育,对不合格的要严肃党纪、给予组织处理。

健全和落实制度规定。按照于法周延、于事简便的原则,围绕解决“四风”方面突出问题,建立健全行得通、指导力强、能长期管用的制度规定,推动改进作风常态化长效化。注意把第一批教育实践活动中中央和各地区各部门出台的制度和办法，在第二批教育实践活动中承接好、贯彻好，防止简单照搬照抄、重复建设。强化制度执行，提高党员、干部依法按制度办事意识，加强对执行制度情况的督促检查，坚决纠正有令不行、有禁不止、无视制度的问题。

四、强化分级分类指导

坚持从实际出发，根据不同层级、不同领域、不同对象提出不同目标要求，什么问题突出就解决什么问题，有针对性地加强指导，鼓励探索创新，给基层留出空间，把规定动作做到位，使自选动作有特色。

有序推进。第二批教育实践活动大体安排8个月时间，2014年9月基本完成。具体到每个单位，开展教育实践活动的时间一般不少于3个月。采取统一部署、梯次展开、压茬进行的办法，市、县领导机关先行一步，乡镇、街道和村、社区及其他基层组织依次推进。坚持时间服从质量，各地区各部门各单位可结合实际，统筹协调、灵活安排时间进度。

注重分类实施。针对第二批教育实践活动单位的不同特点，分类制定实施方案，明确具体任务和推进措施。县以上领导机关、领导班子和领导干部要紧紧扭住解决“四风”问题不走神、不散光，在找准和解决突出问题上下功夫、见实效。县以下单位要突出服务群众这个着力点，在增强服务群众意识、提高服务群众能力上下功夫，运用驻村联户、结对帮扶等有效载体，把联系服务群众工作做扎实，在直接联系服务群众中受教育、转作风。非公有制经济组织、社会组织党组织要注重采取小型、业余、分散的方式开展活动。流动党员参加教育实践活动以流入地党组织为主、流出地党组织为辅。可采取送学上门等方式，组织离退休党员及年老体弱党员参加学习教育。

发挥行业系统指导作用。实行垂直管理或以行业为主管理的中国人民银行、海关总署、税务总局、质检总局、国家统计局、中国气象局、中国银监会、国家烟草局、国家邮政局、中国铁路总公司、中国邮政集团公司等单位，部分中管金融企业和中央企业，要加强领导和督导，认真抓好下属单位和分支机构的教育实践活动。中央和国家机关有关部门要充分发挥行业系统的指导作用，共同推进第二批教育实践活动。

五、加强组织领导

中央政治局常委同志各选择一个县，作为第二批教育实践活动联系点，示范带动教育实践活动深入开展。党员领导干部要建立联系点，指导推动第二批教育实践活动。

落实领导责任。各省（自治区、直辖市）党委对本地区第二批教育实践活动负总责，加强研究谋划和系统设计，加强领导和指导推动。市、县党委承担直接责任，在抓好本级班子教育实践活动的同时，抓好本地区教育实践活动。乡镇、街道党（工）委主要抓好班子自身的教育实践活动，负责组织村、社区等基层组织和党员的教育实践活动。基层党组织要积极发挥作用，认真搞好本地本单位的教育实践活动。各级党委（党组）主要负责同志要承担起第一责任人的责任，把教育实践活动紧紧抓在手上，发挥示范推动作用。特别要重视制定好活动方案，对需要着重解决的问题，做到心中有数；对可能发生的情况和问题，进行分析预判，提出有效的预防和解决对策。对在教育实践活动中走过场的，要追究一把手的责任。要用好的作风组织开展教育实践活动，防止文山会海，力戒形式主义。

加强督促检查。中央党的群众路线教育实践活动领导小组向各省（自治区、直辖市）和有关行业系统派出巡回督导组。各省（自治区、直辖市）党委派出督导组，下派到市、督导到县。市、县督导组的选派，由各地确定。要选派政治强、原则性强、责任心强的同志担任督导组成员。督导组要认真审阅活动实施方案、对照检查材料、整改方案等，全程参与专题民主生活会并进行点评，督促抓好每个环节各项工作落实。要沉下去面对面开展工作，及时发现和解决问题，有效传导压力。要督促开展“回头看”，坚持标准、确保质量，防止降格以求。

抓好宣传引导。充分运用传统媒体和新兴媒体，宣传中央精神，宣传活动成效。总结推广好经验好做法，广泛宣传先进典型，及时曝光反面典型。把握好舆论引导的时机、力度和效果，更好发挥评论、言论的引导作用，营造良好舆论氛围。

坚持统筹兼顾。把开展第二批教育实践活动与巩固扩大第一批教育实践活动成果结合起来，做到无缝对接、互相促进。把开展教育实践活动与贯彻落实党的十八届三中全会精神结合起来，与贯彻落实中央一系列重要会议精神结合起来，认真做好今年各项工作，确保两手抓、两不误、两促进。

（此《指导意见》由中共中央办公厅印发，新华社2014年1月23日发布）

关于创新机制扎实推进农村扶贫开发工作的意见

消除贫困,改善民生,实现共同富裕,是社会主义的本质要求。改革开放以来,我国扶贫开发工作取得举世瞩目的成就,走出了一条中国特色扶贫开发道路。但是,贫困地区发展滞后问题没有根本改变,贫困人口生产生活仍然十分困难。全面建成小康社会,最艰巨最繁重的任务在农村特别是在贫困地区。实现《中国农村扶贫开发纲要(2011—2020年)》(以下简称《纲要》)提出的奋斗目标,必须深入贯彻党的十八大和十八届二中、三中全会精神,全面落实习近平总书记等中央领导同志关于扶贫开发工作的一系列重要指示,进一步增强责任感和紧迫感,切实将扶贫开发工作摆到更加重要、更为突出的位置,以改革创新为动力,着力消除体制机制障碍,增强内生动力和发展活力,加大扶持力度,集中力量解决突出问题,加快贫困群众脱贫致富、贫困地区全面建成小康社会步伐。

一、深化改革,创新扶贫开发工作机制

当前和今后一个时期,扶贫开发工作要进一步解放思想,开拓思路,深化改革,创新机制,使市场在资源配置中起决定性作用和更好发挥政府作用,更加广泛、更为有效地动员社会力量,构建政府、市场、社会协同推进的大扶贫开发格局,在全国范围内整合配置扶贫开发资源,形成扶贫开发合力。

(一)改进贫困县考核机制。由主要考核地区生产总值向主要考核扶贫开发工作成效转变,对限制开发区域和生态脆弱的国家扶贫开发工作重点县(以下简称重点县)取消地区生产总值考核,把提高贫困人口生活水平和减少贫困人口数量作为主要指标,引导贫困地区党政领导班子和领导干部把工作重点放在扶贫开发上。中央有关部门加强指导,各省(自治区、直辖市)制定具体考核评价办法,并在试点基础上全面推开。同时,研究建立重点县退出机制,建立扶贫开发效果评估体系。(中央组织部、国务院扶贫办、国家统计局等。列在首位的为牵头单位,其他单位按职责分工负责,下同)

(二)建立精准扶贫工作机制。国家制定统一的扶贫对象识别办法。各省(自治区、直辖市)在已有工作基础上,坚持扶贫开发和农村最低生活保障制度有效衔接,按照县为单位、规模控制、分级负责、精准识别、动态管理的原则,对每个贫困村、贫困户建档立卡,建设全国扶贫信息网络系统。专项扶贫措施要与贫困识别结果相衔接,深入分析致贫原因,逐村逐户制定帮扶措施,集中力量予以扶持,切实做到扶真贫、真扶贫,确保在规定时间内达到稳定脱贫目标。(国务院扶贫办、民政部、中央农办、人力资源社会保障部、国家统计局、共青团中央、中国残联等)

(三)健全干部驻村帮扶机制。在各省(自治区、直辖市)现有工作基础上,普遍建立驻村工作队(组)制度。可分期分批安排,确保每个贫困村都有驻村工作队(组),每个贫困户都有帮扶责任人。把驻村入户扶贫作为培养锻炼干部特别是青年干部的重要渠道。驻村工作队(组)要协助基层组织贯彻落实党和政府各项强农惠农富农政策,积极参与扶贫开发各项工作,帮助贫困村、贫困户脱贫致富。落实保障措施,建立激励机制,实现驻村帮扶长期化、制度化。(各省、自治区、直辖市)

(四)改革财政专项扶贫资金管理机制。各级政府要逐步增加财政专项扶贫资金投入,加大资金管理改革力度,增强资金使用的针对性和实效性,项目资金要到村到户,切实使资金

直接用于扶贫对象。把资金分配与工作考核、资金使用绩效评价结果相结合，探索以奖代补等竞争性分配办法。简化资金拨付流程，项目审批权限原则上下放到县。以扶贫攻坚规划和重大扶贫项目为平台，整合扶贫和相关涉农资金，集中解决突出贫困问题。积极探索政府购买公共服务等有效做法。加强资金监管，强化地方责任，省、市两级政府主要负责资金和项目监管，县级政府负责组织实施好扶贫项目，各级人大常委会要加强对资金审计结果的监督，管好用好资金。坚持和完善资金项目公告公示制度，积极发挥审计、纪检、监察等部门作用，加大违纪违法行为惩处力度。逐步引入社会力量，发挥社会监督作用。（财政部、国务院扶贫办、国家发展改革委、中央纪委、监察部、审计署等）

（五）完善金融服务机制。充分发挥政策性金融的导向作用，支持贫困地区基础设施建设和主导产业发展。引导和鼓励商业性金融机构创新金融产品和服务，增加贫困地区信贷投放。在防范风险前提下，加快推动农村合作金融发展，增强农村信用社支农服务功能，规范发展村镇银行、小额贷款公司和贫困村资金互助组织。完善扶贫贴息贷款政策，增加财政贴息资金，扩大扶贫贴息贷款规模。进一步推广小额信用贷款，推进农村青年创业小额贷款和妇女小额担保贷款工作。推动金融机构网点向贫困乡镇和社区延伸，改善农村支付环境，加快信用户、信用村、信用乡（镇）建设，发展农业担保机构，扩大农业保险覆盖面。改善对农业产业化龙头企业、家庭农场、农民合作社、农村残疾人扶贫基地等经营组织的金融服务。（中国人民银行、财政部、民政部、中国银监会、中国保监会、国务院扶贫办、人力资源社会保障部、共青团中央、全国妇联、中国残联等）

（六）创新社会参与机制。建立和完善广泛动员社会各方面力量参与扶贫开发制度。充分发挥定点扶贫、东西部扶贫协作在社会扶贫中的引领作用。支持各民主党派中央、全国工商联和无党派人士参与扶贫开发工作，鼓励引导各类企业、社会组织和个人以多种形式参与扶贫开发。建立信息交流共享平台，形成有效协调协作和监管机制。全面落实企业扶贫捐赠税前扣除、各类市场主体到贫困地区投资兴业等相关支持政策。支持军队和武警部队积极参与地方扶贫开发，实现军地优势互补。每5年以国务院扶贫开发领导小组名义进行一次社会扶贫表彰。加强扶贫领域国际交流合作。（国务院扶贫办、定点扶贫牵头组织部门、民政部、财政部、人力资源社会保障部、税务总局、中国残联、全国工商联等）

二、注重实效，扎实解决突出问题

针对制约贫困地区发展的瓶颈，以集中连片特殊困难地区（以下简称连片特困地区）为主战场，因地制宜，分类指导，突出重点，注重实效，继续做好整村推进、易地扶贫搬迁、以工代赈、就业促进、生态建设等工作，进一步整合力量、明确责任、明确目标，组织实施扶贫开发10项重点工作，全面带动和推进各项扶贫开发工作。

（一）村级道路畅通工作。按照《全国农村公路建设规划》确定的目标任务，结合村镇行政区划调整、易地扶贫搬迁、特色产业发展和农村物流等工作，加大对贫困地区农村公路建设支持力度。加强安全防护设施建设和中小危桥改造，提高农村公路服务水平和防灾抗灾能力。到2015年，提高贫困地区县城通二级及以上高等级公路比例，除西藏外，西部地区80%的建制村通沥青（水泥）路，稳步提高贫困地区农村客运班车通达率，解决溜索等特殊问题。到2020年，实现具备条件的建制村通沥青、水泥路和通班车。（交通运输部、国家发展改革委、财政部等）

（二）饮水安全工作。继续全力推进《全国农村饮水安全工程“十二五”规划》实施，优先安排贫困地区农村饮水安全工程建设，确保到2015年解决规划内贫困地区剩余的农村居民和学校师生饮水安全问题。到2020年,农村饮水安全保障程度和自来水普及率进一步提高。(国家发展改革委、水利部、国家卫生计生委、环境保护部等)

(三)农村电力保障工作。与易地扶贫搬迁规划相衔接,加大农村电网升级改造工作力度。落实《全面解决无电人口用电问题三年行动计划(2013—2015年)》,因地制宜采取大电网延伸以及光伏、风电光电互补、小水电等可再生能源分散供电方式。到2015年,全面解决无电人口用电问题。(国家能源局、国家发展改革委、财政部、水利部等)

(四)危房改造工作。制定贫困地区危房改造计划,继续加大对贫困地区和贫困人口倾斜力度。明确建设标准,确保改造户住房达到最低建设要求。完善现有危房改造信息系统,有步骤地向社会公开。加强对农村危房改造的管理和监督检查。到2020年,完成贫困地区存量农村危房改造任务,解决贫困农户住房安全问题。(住房城乡建设部、国家发展改革委、财政部等)

(五)特色产业增收工作。指导连片特困地区编制县级特色产业发展规划。加强规划项目进村到户机制建设,切实提高贫困户的参与度、受益度。积极培育贫困地区农民合作组织,提高贫困户在产业发展中的组织程度。鼓励企业从事农业产业化经营,发挥龙头企业带动作用,探索企业与贫困农户建立利益联结机制,促进贫困农户稳步增收。深入推进科技特派员农村科技创业行动,加快现代农业科技在贫困地区的推广应用。到2015年,力争每个有条件的贫困农户掌握1至2项实用技术,至少参与1项养殖、种植、林下经济、花卉苗木培育、沙产业、设施农业等增收项目,到2020年,初步构建特色支柱产业体系。不断提高贫困地区防灾避灾能力和农业现代化水平。畅通农产品流通渠道,完善流通网络。推动县域经济发展。(农业部、国家林业局、国务院扶贫办、商务部、国家发展改革委、科技部、全国供销合作总社等)

(六)乡村旅游扶贫工作。加强贫困地区旅游资源调查,围绕美丽乡村建设,依托贫困地区优势旅游资源,发挥精品景区的辐射作用,带动农户脱贫致富。统筹考虑贫困地区旅游资源情况,在研究编制全国重点旅游区生态旅游发展规划时,对贫困乡村旅游发展给予重点支持。结合交通基础设施建设、农村危房改造、农村环境综合整治、生态搬迁、游牧民定居、特色景观旅游村镇、历史文化名村名镇和传统村落及民居保护等项目建设,加大政策、资金扶持力度,促进休闲农业和乡村旅游业发展。到2015年,扶持约2000个贫困村开展乡村旅游。到2020年,扶持约6000个贫困村开展乡村旅游,带动农村劳动力就业。(国家发展改革委、国家旅游局、环境保护部、住房城乡建设部、农业部、国家林业局等)

(七)教育扶贫工作。全面实施教育扶贫工程。科学布局农村义务教育学校,保障学生就近上学。大力发展现代职业教育,办好一批中、高等职业学校,支持一批特色优势专业,培育当地产业发展需要的技术技能人才。完善职业教育对口支援机制,鼓励东部地区职业院校(集团)对口支援贫困地区职业院校。国家制定奖补政策,实施中等职业教育协作计划,支持贫困地区初中毕业生到省内外经济较发达地区中等职业学校接受教育。广泛开展职业技能培训,使未继续升学的初高中毕业生等新成长劳动力都能接受适应就业需求的职业培训。继续推进面向贫困地区定向招生专项计划和支援中西部地区招生协作计划的实施,不断增加贫困地区学生接受优质高等教育机会。到2015年,贫困地区义务教育巩固率达到90%以上,学前三年教育毛入园率达到55%以上,高中阶段毛入学率达到80%以上。到2020年,贫困地区基本普及学前教育,义务教育水平进一步提高,普及高中阶段教育,基础教育办学质量有较大提升,职业教育体系更加完善,教育培训就业衔接更加紧密,高等教育服务区域经济社会发展能力和继续教育服务劳动者就业创业能力持续

提高。(教育部、国家发展改革委、财政部、国务院扶贫办、人力资源社会保障部、公安部、农业部等)

(八)卫生和计划生育工作。进一步健全贫困地区基层卫生计生服务体系,加强妇幼保健机构能力建设,加大重大疾病和地方病防控力度,采取有效措施逐步解决因病致贫、因病返贫问题。加强贫困地区计划生育工作,加大对计划生育扶贫对象的扶持力度。到2015年,贫困地区县、乡、村三级卫生计生服务网基本健全,县级医院的能力和水平明显提高,每个乡镇有1所政府举办的卫生院,每个行政村有卫生室;新型农村合作医疗参合率稳定在90%以上;逐步提高儿童医疗卫生保障水平,重大传染病和地方病得到有效控制。到2020年,贫困地区群众获得的公共卫生和基本医疗服务更加均等,服务水平进一步提高,低生育水平持续稳定,逐步实现人口均衡发展。(国家卫生计生委、国家发展改革委、财政部等)

(九)文化建设工作。加强贫困地区公共文化服务体系建设,提高服务效能,积极推进公共数字文化建设。统筹有线电视、直播卫星、地面数字电视等多种方式,提高电视覆盖率。充分利用村级组织活动场所等现有设施,积极开展群众性文化活动。到2015年,基本建成以县级公共图书馆、文化馆和乡镇综合文化站为主干的公共文化设施网络。到2020年,全面实现广播电视户户通。(文化部、新闻出版广电总局、国家发展改革委、财政部等)

(十)贫困村信息化工作。推进贫困地区建制村接通符合国家标准的互联网,努力消除"数字鸿沟"带来的差距。整合开放各类信息资源,为农民提供信息服务。每个村至少确定1名有文化、懂信息、能服务的信息员,加大培训力度,充分利用有关部门现有培训项目,着力提高其信息获取和服务能力。到2015年,连片特困地区已通电的建制村,互联网覆盖率达到100%,基本解决连片特困地区内义务教育学校和普通高中、职业院校的宽带接入问题。到2020年,自然村基本实现通宽带。(工业和信息化部、农业部、科技部、教育部、国务院扶贫办等)

三、加强领导,确保各项措施落到实处

各级党委和政府、各有关部门要深刻认识扶贫开发的重大意义,更加重视扶贫开发工作,践行党的群众路线,转变作风,扎实工作,切实帮助贫困地区改变面貌,帮助贫困群众脱贫致富。

(一)明确工作职责。贫困地区各级党委和政府要把扶贫开发工作列入重要议事日程,摆在突出位置,科学确定发展规划和项目,发扬钉钉子精神,一张蓝图干到底。党政主要负责同志要认真履行职责,把工作重点放在扶贫开发上,切忌空喊口号,不提好高骛远的目标,出实招、办实事、求实效。关注少数民族、妇女儿童、残疾人等特殊群体,加大支持力度。中央和国家机关要发挥引领示范作用,认真贯彻扶贫开发政策,落实分工任务,积极选派优秀干部到贫困地区帮扶。东部各省(直辖市)在做好东西部扶贫协作的同时,进一步加大对本区域内贫困地区和贫困人口的扶持力度,鼓励支持其开展扶贫改革实验,探索解决相对贫困、缩小收入差距、实现共同富裕的有效途径。加大扶贫开发工作考核力度,做到有目标、有计划、有措施、有检查、有奖惩。加快扶贫立法,把扶贫开发工作纳入法治轨道,确保长期化、可持续。

(二)完善管理体制。进一步完善中央统筹、省负总责、县抓落实的管理体制。国务院有关部门负责统筹协调、分类指导,以连片特困地区为重点,组织编制规划,加强政策指导,强化对跨区域重大基础设施建设、生产力布局、经济协作等事项的督促、衔接和协调,公共投资要向贫困地区倾斜。各省(自治区、直辖市)党委和政府要对本区域内贫困地区的扶贫脱贫负总责,逐级建立扶贫开发目标责任制,组织制定贫困县、村脱贫规划和产业发展规划,整合省内资

源予以支持。各县(市、区、旗)党委和政府要采取措施,帮扶到村到户到人,把扶贫开发任务和政策逐项落到实处。

(三)加强基层组织。加强服务型党组织建设,健全党员干部联系和服务群众制度,切实发挥基层党组织推动发展、服务群众、凝聚人心、促进和谐的作用。选好配强村级领导班子,突出抓好村党组织带头人队伍建设。鼓励和选派思想好、作风正、能力强、愿意为群众服务的优秀年轻干部、致富带头人、外出务工经商人员、企业经营管理人员、退伍军人、高校毕业生等到贫困村工作,充分发挥驻村工作队(组)作用。发展集体经济,增加村级集体积累。尊重贫困地区群众在脱贫致富中的主体地位,鼓励其发扬自力更生、艰苦奋斗精神,通过自身努力增加收入,改变落后面貌。

(四)强化队伍建设。各级党委和政府要加大贫困地区干部培训力度,提高执行能力,重视扶贫开发队伍建设,提供必需的工作条件和经费保障。各级扶贫开发领导小组要认真履行职责,切实改进作风,深入调查研究,加强工作指导,总结推广经验,统筹各方面资源,发挥牵头协调作用。各级扶贫开发相关部门要加强思想、作风、廉政和效能建设,加强督促检查,认真履职尽责。扶贫任务重的县要加强扶贫开发能力建设,充实工作力量。扶贫任务重的乡镇要有专门干部负责扶贫开发工作。基层扶贫开发队伍建设要适应精准扶贫工作需要。

(五)营造良好环境。进一步加强扶贫开发宣传工作,积极宣传贫困地区广大干部群众自强不息、战胜贫困的先进事迹,总结推广扶贫开发实践中探索的成功经验,大力弘扬中华民族扶贫济困、乐善好施的传统美德,引导和鼓励社会各界更加关注、广泛参与扶贫开发事业,激发贫困地区干部群众脱贫致富的信心和活力。

本意见所确定的牵头单位和各省(自治区、直辖市)要制定具体实施方案,认真组织实施,把各项工作落到实处,并于每年10月底前将贯彻落实情况报送国务院扶贫开发领导小组,汇总后报告党中央、国务院。

(此《意见》由中共中央办公厅、国务院办公厅印发,新华社2014年1月25日发布)

中华人民共和国保守国家秘密法实施条例

第一章　总　　则

第一条　根据《中华人民共和国保守国家秘密法》(以下简称保密法)的规定,制定本条例。

第二条　国家保密行政管理部门主管全国的保密工作。县级以上地方各级保密行政管理部门在上级保密行政管理部门指导下,主管本行政区域的保密工作。

第三条　中央国家机关在其职权范围内管理或者指导本系统的保密工作,监督执行保密法律法规,可以根据实际情况制定或者会同有关部门制定主管业务方面的保密规定。

第四条　县级以上人民政府应当加强保密基础设施建设和关键保密科技产品的配备。

省级以上保密行政管理部门应当加强关键保密科技产品的研发工作。

保密行政管理部门履行职责所需的经费,应当列入本级人民政府财政预算。机关、单位开展保密工作所需经费应当列入本机关、本单位的年度财政预算或者年度收支计划。

第五条　机关、单位不得将依法应当公开的事项确定为国家秘密,不得将涉及国家秘密的信息公开。

第六条　机关、单位实行保密工作责任制。机关、单位负责人对本机关、本单位的保密工作负责,工作人员对本岗位的保密工作负责。

机关、单位应当根据保密工作需要设立保密工作机构或者指定人员专门负责保密工作。

机关、单位及其工作人员履行保密工作责任制情况应当纳入年度考评和考核内容。

第七条　各级保密行政管理部门应当组织开展经常性的保密宣传教育。机关、单位应当定期对本机关、本单位工作人员进行保密形势、保密法律法规、保密技术防范等方面的教育培训。

第二章　国家秘密的范围和密级

第八条　国家秘密及其密级的具体范围(以下称保密事项范围)应当明确规定国家秘密具体事项的名称、密级、保密期限、知悉范围。

保密事项范围应当根据情况变化及时调整。制定、修订保密事项范围应当充分论证,听取有关机关、单位和相关领域专家的意见。

第九条　机关、单位负责人为本机关、本单位的定密责任人,根据工作需要,可以指定其他人员为定密责任人。

专门负责定密的工作人员应当接受定密培训,熟悉定密职责和保密事项范围,掌握定密程序和方法。

第十条　定密责任人在职责范围内承担有关国家秘密确定、变更和解除工作。具体职责是:

(一)审核批准本机关、本单位产生的国家秘密的密级、保密期限和知悉范围;

(二)对本机关、本单位产生的尚在保密期限内的国家秘密进行审核,作出是否变更或者解除的决定;

(三)对是否属于国家秘密和属于何种密级不明确的事项先行拟定密级,并按照规定的程序报保密行政管理部门确定。

第十一条　中央国家机关、省级机关以及设区的市、自治州级机关可以根据保密工作需要或者有关机关、单位的申请,在国家保密行政管理部门规定的定密权限、授权范围内作出定密授权。

定密授权应当以书面形式作出。授权机关应当对被授权机关、单位履行定密授权的情况进行监督。

中央国家机关、省级机关作出的授权，报国家保密行政管理部门备案；设区的市、自治州级机关作出的授权，报省、自治区、直辖市保密行政管理部门备案。

第十二条　机关、单位应当在国家秘密产生的同时，由承办人依据有关保密事项范围拟定密级、保密期限和知悉范围，报定密责任人审核批准，并采取相应保密措施。

第十三条　机关、单位对所产生的国家秘密，应当按照保密事项范围的规定确定具体的保密期限；保密事项范围没有规定具体保密期限的，可以根据工作需要，在保密法规定的保密期限内确定；不能确定保密期限的，应当确定解密条件。

国家秘密的保密期限，自标明的制发日起计算；不能标明制发日的，确定该国家秘密的机关、单位应当书面通知知悉范围内的机关、单位和人员，保密期限自通知之日起计算。

第十四条　机关、单位应当按照保密法的规定，严格限定国家秘密的知悉范围，对知悉机密级以上国家秘密的人员，应当作出书面记录。

第十五条　国家秘密载体以及属于国家秘密的设备、产品的明显部位应当标注国家秘密标志。国家秘密标志应当标注密级和保密期限。国家秘密的密级和保密期限发生变更的，应当及时对原国家秘密标志作出变更。

无法标注国家秘密标志的，确定该国家秘密的机关、单位应当书面通知知悉范围内的机关、单位和人员。

第十六条　机关、单位对所产生的国家秘密，认为符合保密法有关解密或者延长保密期限规定的，应当及时解密或者延长保密期限。

机关、单位对不属于本机关、本单位产生的国家秘密，认为符合保密法有关解密或者延长保密期限规定的，可以向原定密机关、单位或者其上级机关、单位提出建议。

已经依法移交各级国家档案馆的属于国家秘密的档案，由原定密机关、单位按照国家有关规定进行解密审核。

第十七条　机关、单位被撤销或者合并的，该机关、单位所确定国家秘密的变更和解除，由承担其职能的机关、单位负责，也可以由其上级机关、单位或者保密行政管理部门指定的机关、单位负责。

第十八条　机关、单位发现本机关、本单位国家秘密的确定、变更和解除不当的，应当及时纠正；上级机关、单位发现下级机关、单位国家秘密的确定、变更和解除不当的，应当及时通知其纠正，也可以直接纠正。

第十九条　机关、单位对符合保密法的规定，但保密事项范围没有规定的不明确事项，应当先行拟定密级、保密期限和知悉范围，采取相应的保密措施，并自拟定之日起10日内报有关部门确定。拟定为绝密级的事项和中央国家机关拟定的机密级、秘密级的事项，报国家保密行政管理部门确定；其他机关、单位拟定的机密级、秘密级的事项，报省、自治区、直辖市保密行政管理部门确定。

保密行政管理部门接到报告后，应当在10日内作出决定。省、自治区、直辖市保密行政管理部门还应当将所作决定及时报国家保密行政管理部门备案。

第二十条　机关、单位对已定密事项是否属于国家秘密或者属于何种密级有不同意见的，可以向原定密机关、单位提出异议，由原定密机关、单位作出决定。

机关、单位对原定密机关、单位未予处理或者对作出的决定仍有异议的，按照下列规定办理：

（一）确定为绝密级的事项和中央国家机关确定的机密级、秘密级的事项，报国家保密行政管理部门确定。

（二）其他机关、单位确定的机密级、秘密级的事项，报省、自治区、直辖市保密行政管理部门确定；对省、自治区、直辖市保密行政管理部门作出的决定有异议的，可以报国家保密行政管理部门确定。

在原定密机关、单位或者保密行政管理部门作出决定前，对有关事项应当按照主张密级中的最高密级采取相应的保密措施。

第三章　保密制度

第二十一条　国家秘密载体管理应当遵守下列规定：

（一）制作国家秘密载体，应当由机关、单位或者经保密行政管理部门保密审查合格的单位承担，制作场所应当符合保密要求。

（二）收发国家秘密载体，应当履行清点、编号、登记、签收手续。

（三）传递国家秘密载体，应当通过机要交通、机要通信或者其他符合保密要求的方式进行。

（四）复制国家秘密载体或者摘录、引用、汇编属于国家秘密的内容，应当按照规定报批，不得擅自改变原件的密级、保密期限和知悉范围，复制件应当加盖复制机关、单位戳记，并视同原件进行管理。

（五）保存国家秘密载体的场所、设施、设备，应当符合国家保密要求。

（六）维修国家秘密载体，应当由本机关、本单位专门技术人员负责。确需外单位人员维修的，应当由本机关、本单位的人员现场监督；确需在本机关、本单位以外维修的，应当符合国家保密规定。

（七）携带国家秘密载体外出，应当符合国家保密规定，并采取可靠的保密措施；携带国家秘密载体出境的，应当按照国家保密规定办理批准和携带手续。

第二十二条　销毁国家秘密载体应当符合国家保密规定和标准，确保销毁的国家秘密信息无法还原。

销毁国家秘密载体应当履行清点、登记、审批手续，并送交保密行政管理部门设立的销毁工作机构或者保密行政管理部门指定的单位销毁。机关、单位确因工作需要，自行销毁少量国家秘密载体的，应当使用符合国家保密标准的销毁设备和方法。

第二十三条　涉密信息系统按照涉密程度分为绝密级、机密级、秘密级。机关、单位应当根据涉密信息系统存储、处理信息的最高密级确定系统的密级，按照分级保护要求采取相应的安全保密防护措施。

第二十四条　涉密信息系统应当由国家保密行政管理部门设立或者授权的保密测评机构进行检测评估，并经设区的市、自治州级以上保密行政管理部门审查合格，方可投入使用。

公安、国家安全机关的涉密信息系统投入使用的管理办法，由国家保密行政管理部门会同国务院公安、国家安全部门另行规定。

第二十五条　机关、单位应当加强涉密信息系统的运行使用管理，指定专门机构或者人员负责运行维护、安全保密管理和安全审计，定期开展安全保密检查和风险评估。

涉密信息系统的密级、主要业务应用、使用范围和使用环境等发生变化或者涉密信息系统不再使用的，应当按照国家保密规定及时向保密行政管理部门报告，并采取相应措施。

第二十六条　机关、单位采购涉及国家秘密的工程、货物和服务的，应当根据国家保密规定确定密级，并符合国家保密规定和标准。机关、单位应当对提供工程、货物和服务的单位提出保密管理要求，并与其签订保密协议。

政府采购监督管理部门、保密行政管理部门应当依法加强对涉及国家秘密的工程、货物和服务采购的监督管理。

第二十七条　举办会议或者其他活动涉及国家秘密的，主办单位应当采取下列保密措施：

（一）根据会议、活动的内容确定密级，制定保密方案，限定参加人员范围；

（二）使用符合国家保密规定和标准的场所、设施、设备；

（三）按照国家保密规定管理国家秘密载体；

（四）对参加人员提出具体保密要求。

第二十八条　企业事业单位从事国家秘密

载体制作、复制、维修、销毁，涉密信息系统集成或者武器装备科研生产等涉及国家秘密的业务（以下简称涉密业务），应当由保密行政管理部门或者保密行政管理部门会同有关部门进行保密审查。保密审查不合格的，不得从事涉密业务。

第二十九条　从事涉密业务的企业事业单位应当具备下列条件：

（一）在中华人民共和国境内依法成立3年以上的法人，无违法犯罪记录；

（二）从事涉密业务的人员具有中华人民共和国国籍；

（三）保密制度完善，有专门的机构或者人员负责保密工作；

（四）用于涉密业务的场所、设施、设备符合国家保密规定和标准；

（五）具有从事涉密业务的专业能力；

（六）法律、行政法规和国家保密行政管理部门规定的其他条件。

第三十条　涉密人员的分类管理、任（聘）用审查、脱密期管理、权益保障等具体办法，由国家保密行政管理部门会同国务院有关主管部门制定。

第四章　监督管理

第三十一条　机关、单位应当向同级保密行政管理部门报送本机关、本单位年度保密工作情况。下级保密行政管理部门应当向上级保密行政管理部门报送本行政区域年度保密工作情况。

第三十二条　保密行政管理部门依法对机关、单位执行保密法律法规的下列情况进行检查：

（一）保密工作责任制落实情况；

（二）保密制度建设情况；

（三）保密宣传教育培训情况；

（四）涉密人员管理情况；

（五）国家秘密确定、变更和解除情况；

（六）国家秘密载体管理情况；

（七）信息系统和信息设备保密管理情况；

（八）互联网使用保密管理情况；

（九）保密技术防护设施设备配备使用情况；

（十）涉密场所及保密要害部门、部位管理情况；

（十一）涉密会议、活动管理情况；

（十二）信息公开保密审查情况。

第三十三条　保密行政管理部门在保密检查过程中，发现有泄密隐患的，可以查阅有关材料、询问人员、记录情况；对有关设施、设备、文件资料等可以依法先行登记保存，必要时进行保密技术检测。有关机关、单位及其工作人员对保密检查应当予以配合。

保密行政管理部门实施检查后，应当出具检查意见，对需要整改的，应当明确整改内容和期限。

第三十四条　机关、单位发现国家秘密已经泄露或者可能泄露的，应当立即采取补救措施，并在24小时内向同级保密行政管理部门和上级主管部门报告。

地方各级保密行政管理部门接到泄密报告的，应当在24小时内逐级报至国家保密行政管理部门。

第三十五条　保密行政管理部门对公民举报、机关和单位报告、保密检查发现、有关部门移送的涉嫌泄露国家秘密的线索和案件，应当依法及时调查或者组织、督促有关机关、单位调查处理。调查工作结束后，认为有违反保密法律法规的事实，需要追究责任的，保密行政管理部门可以向有关机关、单位提出处理建议。有关机关、单位应当及时将处理结果书面告知同级保密行政管理部门。

第三十六条　保密行政管理部门收缴非法获取、持有的国家秘密载体，应当进行登记并出具清单，查清密级、数量、来源、扩散范围等，并采取相应的保密措施。

保密行政管理部门可以提请公安、工商行政管理等有关部门协助收缴非法获取、持有的国家秘密载体,有关部门应当予以配合。

第三十七条 国家保密行政管理部门或者省、自治区、直辖市保密行政管理部门应当依据保密法律法规和保密事项范围,对办理涉嫌泄露国家秘密案件的机关提出鉴定的事项是否属于国家秘密、属于何种密级作出鉴定。

保密行政管理部门受理鉴定申请后,应当自受理之日起30日内出具鉴定结论;不能按期出具鉴定结论的,经保密行政管理部门负责人批准,可以延长30日。

第三十八条 保密行政管理部门及其工作人员应当按照法定的职权和程序开展保密审查、保密检查和泄露国家秘密案件查处工作,做到科学、公正、严格、高效,不得利用职权谋取利益。

第五章 法律责任

第三十九条 机关、单位发生泄露国家秘密案件不按照规定报告或者未采取补救措施的,对直接负责的主管人员和其他直接责任人员依法给予处分。

第四十条 在保密检查或者泄露国家秘密案件查处中,有关机关、单位及其工作人员拒不配合,弄虚作假,隐匿、销毁证据,或者以其他方式逃避、妨碍保密检查或者泄露国家秘密案件查处的,对直接负责的主管人员和其他直接责任人员依法给予处分。

企业事业单位及其工作人员协助机关、单位逃避、妨碍保密检查或者泄露国家秘密案件查处的,由有关主管部门依法予以处罚。

第四十一条 经保密审查合格的企业事业单位违反保密管理规定的,由保密行政管理部门责令限期整改,逾期不改或者整改后仍不符合要求的,暂停涉密业务;情节严重的,停止涉密业务。

第四十二条 涉密信息系统未按照规定进行检测评估和审查而投入使用的,由保密行政管理部门责令改正,并建议有关机关、单位对直接负责的主管人员和其他直接责任人员依法给予处分。

第四十三条 机关、单位委托未经保密审查的单位从事涉密业务的,由有关机关、单位对直接负责的主管人员和其他直接责任人员依法给予处分。

未经保密审查的单位从事涉密业务的,由保密行政管理部门责令停止违法行为;有违法所得的,由工商行政管理部门没收违法所得。

第四十四条 保密行政管理部门未依法履行职责,或者滥用职权、玩忽职守、徇私舞弊的,对直接负责的主管人员和其他直接责任人员依法给予处分;构成犯罪的,依法追究刑事责任。

第六章 附 则

第四十五条 本条例自2014年3月1日起施行。1990年4月25日国务院批准、1990年5月25日国家保密局发布的《中华人民共和国保守国家秘密法实施办法》同时废止。

(此《实施条例》载2014年2月3日《人民日报》)

关于创新群众工作方法解决信访突出问题的意见

近年来，各地区各部门认真贯彻落实中央决策部署，解决了大量群众生产生活中遇到的困难和问题，赢得了群众拥护，凝聚了党心民心。同时应当看到，一些地方和部门还不同程度地存在损害群众利益、伤害群众感情的现象，引发了大量信访问题，尤其是在征地拆迁、劳动和社会保障、教育医疗、企业改制、环境保护等方面的信访问题比较突出，群众反映强烈。为深入贯彻落实党的十八大和十八届三中全会精神，推动信访工作制度改革，解决好人民群众最关心最直接最现实的利益问题，进一步密切党同人民群众的血肉联系，巩固和扩大党的群众路线教育实践活动成果，夯实党执政的群众基础，促进社会和谐稳定，现就创新群众工作方法、解决信访突出问题提出如下意见。

一、着力从源头上预防和减少信访问题发生

（一）加大保障和改善民生力度。将保障和改善民生作为预防和化解矛盾纠纷的基础性工作，更加注重落实好各项民生政策，优先保障民生支出。针对土地征用、房屋拆迁、劳动和社会保障等方面的突出问题，加强顶层设计，完善相关政策，全力推动落实。

（二）提高科学民主决策水平。完善决策机制和程序，增强决策透明度和公众参与度。建立健全人民建议征集制度，鼓励和引导人民群众对党和政府工作献计献策。对与人民群众利益密切相关的决策事项，要通过举行座谈会、听证会、论证会等形式广泛听取意见，充分考虑大多数人的利益。健全重大决策社会稳定风险评估机制，把社会稳定风险评估作为重大决策出台的前置程序和刚性门槛，对决策可能引发的各种风险进行科学预测、综合研判，确定风险等级并制定相应的化解处置预案。在评估中要充分听取信访、维稳、综治等部门的意见。健全决策纠错改正机制，实时跟踪决策实施情况，及时了解利益相关方和社会公众对决策实施的意见和建议，全面评估决策执行效果，适时决定是否对决策予以调整或者停止执行。落实决策责任追究制度，对违反决策规定、出现重大决策失误而造成重大损失或者恶劣影响的，按照谁决策、谁负责的原则，严肃追究决策者的党纪政纪责任，触犯法律的依法追究其法律责任。

（三）坚持依法办事。各级国家机关及其工作人员要严格按照法定权限和程序行使权力、履行职责。强化各级干部带头学法尊法守法用法意识，提高依法办事能力。依法保障人民群众参与社会治理和公共事务，坚决纠正限制和干涉群众正常信访活动的错误做法。注重运用法治思维和法治方式化解矛盾纠纷，防止以闹求解决、以访谋私利、无理缠访闹访等现象发生。严格落实行政执法责任制，对于不作为、乱作为的，依法追究责任。深化司法体制改革，确保司法公平公正。建立健全冤假错案责任追究制度，实行法官、检察官、人民警察对办案质量终身负责制，严肃查处刑讯逼供、暴力取证、隐匿伪造证据等违法行为，不断提高司法公信力。

（四）改进工作作风。发扬求真务实、真抓实干、密切联系群众的优良作风，深入基层调查研究，解决突出问题。总结推广干部进村入户、送政策送温暖送服务、记民情日记、建民情档案等做法，坚持与群众共同分析研究解决实际问题。坚决反对形式主义、官僚主义、享乐主义和奢靡之风，做到联系群众而不脱离群众、服务群众而不损害群众、解决问题而不引发问题，进一步密切党群干群关系。

二、进一步畅通和规范群众诉求表达渠道

(五)健全公开透明的诉求表达和办理方式。完善民生热线、视频接访、绿色邮政、信访代理等做法,更加重视群众来信尤其是初次来信办理,引导群众更多以书信、电话、传真、视频、电子邮件等形式表达诉求,树立通过上述形式也能有效解决问题的导向。实行网上受理信访制度,大力推行阳光信访,全面推进信访信息化建设,建立网下办理、网上流转的群众信访事项办理程序,实现办理过程和结果可查询、可跟踪、可督办、可评价,增强透明度和公正性;逐步推行信访事项办理群众满意度评价,把办理工作置于群众监督之下,提高信访公信力。

(六)突出领导干部接访下访重点。把领导干部接访下访作为党员干部直接联系群众的一项重要制度,与下基层调查研究、深入联系点、扶贫帮困等结合起来,提高工作实效性。省级领导干部每半年至少1天、市厅级领导干部每季度至少1天、县(市、区、旗)领导干部每月至少1天、乡镇(街道)领导干部每周至少1天到信访接待场所,按照属地管理、分级负责的原则接待群众来访,省、市及其工作部门领导干部一般不接待越级上访。在坚持定点接访的同时,更多采取重点约访、专题接访、带案下访、下基层接访、领导包案等方式,把行政资源集中用于解决重大疑难复杂问题、检验施政得失、完善政策措施、加强督查问效上。

(七)完善联合接访运行方式。按照一站式接待、一条龙办理、一揽子解决的要求,在市、县两级全部实行联合接访,减少群众信访成本,提高工作效率。加强对进驻联合接访场所责任部门的动态管理,做到信访问题突出的责任部门及时进驻,信访问题明显减少的责任部门有序退出;推行律师参与接访、心理咨询疏导和专业社会工作服务等第三方介入的方法,促进问题解决。

(八)引导群众依法逐级反映诉求。深入学习宣传贯彻《信访条例》,加快推进信访工作法治化建设。严格落实《信访条例》关于"属地管理、分级负责,谁主管、谁负责,依法、及时、就地解决问题与疏导教育相结合"的原则,健全依法及时就地解决群众合理诉求机制,进一步强化属地责任,积极引导群众以理性合法方式逐级表达诉求,不支持、不受理越级上访。中央和国家机关来访接待部门对应到而未到省级职能部门反映诉求的,或者省级职能部门正在处理且未超出法定处理期限的,或者信访事项已经依法终结的,不予受理。各地可结合实际制定具体实施办法。依法维护信访秩序,对信访活动中的违法犯罪行为,由公安机关依法处理。

(九)充分发挥法定诉求表达渠道作用。按照涉法涉诉信访工作机制改革的总体要求,严格实行诉讼与信访分离,把涉法涉诉信访纳入法治轨道解决,建立涉法涉诉信访依法终结制度。各级政府信访部门对涉法涉诉事项不予受理,引导信访人依照规定程序向有关政法机关提出,或者及时转同级政法机关依法办理。完善法院、检察院、公安、司法行政机关信访事项受理办理制度,落实便民利民措施,为群众提供便捷高效热情服务。完善诉讼、仲裁、行政复议等法定诉求表达方式,使合理合法诉求通过法律程序得到解决。加强司法能力建设,不断满足人民群众日益增长的司法需求,让人民群众在每一个司法案件中都感受到公平正义。

三、健全解决信访突出问题工作机制

(十)完善信访联席会议制度。强化各级信访联席会议综合协调、组织推动、督导落实等职能作用,形成整合资源、解决信访突出问题的工作合力。根据实际需要,及时调整成员单位组成和专项工作小组设置,进一步明确各自职责任务,建立健全相关工作制度,特别注重从政策层面研究解决带有倾向性、普遍性和合理性的突出问题。

(十一)健全解决特殊疑难信访问题工作

机制。综合运用法律、政策、经济、行政等手段和教育、协商、调解、疏导等办法，认真解决特殊疑难信访问题，做到诉求合理的解决问题到位，诉求无理的思想教育到位，生活困难的帮扶救助到位，行为违法的依法处理。建立信访听证制度，对疑难复杂信访问题进行公开听证，促进息诉息访；规范信访事项复查复核工作，对已审核认定办结的信访事项不再受理；健全信访事项协商会办等制度，明确相关责任，加大化解“三跨三分离”信访事项力度。

（十二）健全统筹督查督办信访事项工作机制。建立健全党委和政府统一领导、信访联席会议组织实施、相关职能部门共同参与的督查督办工作机制，进一步加大解决和化解信访突出问题的力度。对久拖不决、涉及面广、群众反映强烈、社会关注度高的重大疑难信访突出问题，列入党委和政府督查机构督查范围；采取有针对性的方法，加强对重点地区、重点领域、重点问题的跟踪督查和问效。各级党委和政府要支持信访部门开展督查，重视信访部门提出的改进工作、完善政策、给予处分等建议。

（十三）健全科学合理的信访工作考核评价体系。改进和完善考核方式，综合考虑各地区经济社会发展情况、人口数量、地域特点、信访总量、诉求构成、解决问题的质量和效率等因素，合理设置考核项目和指标，不简单以信访数量多少为标准进行考评，推动各地区把工作重点放在预防和解决问题上。坚持量化考核和综合评议、上级评议和群众评议、平时考核和阶段性考核相结合，提高考核的科学性、客观性和可信度。

（十四）健全经常性教育疏导机制。认真研究把握新形势下思想政治工作特点和规律，教育和引导群众正确认识发展中存在的问题，正确处理个人利益和集体利益、局部利益和全局利益、当前利益和长远利益的关系，确立与当前经济社会发展阶段相适应的心理预期，自觉维护改革发展稳定大局。充分运用现代科技手段，通过建立政务微博、民生微信、民情 QQ 群等方式，搭建联系群众、体察民情、回应民意的新平台，提高互联网时代做好群众思想政治工作的能力和水平。

四、全面夯实基层基础

（十五）健全基层组织网络。进一步强化基层基础工作，把更多人力物力财力投向基层，把问题解决在基层，把矛盾化解在基层。创新党组织设置，推动党的组织和工作全覆盖。加强基层服务型党组织建设，提升基层党组织服务群众、做群众工作的能力和水平。建立健全基层民主管理机制，落实党务公开、政务公开、厂务公开、村务公开制度，充分调动群众民主参与、民主管理、民主监督的积极性。进一步加强乡镇（街道）、村（社区）、机关、企事业单位、社会组织党组织建设，建立健全解决问题、化解矛盾的基层综合服务管理平台。

（十六）组织动员社会力量参与。完善党代表、人大代表、政协委员联系群众制度，组织老干部、老党员、老模范、老教师、老军人等参与解决和化解信访突出问题相关工作。发挥工会、共青团、妇联等人民团体优势，做好组织引导服务群众和维护群众权益工作。制定扶持引导政策，通过政府购买服务、提供办公场所等形式，发挥好社会组织的积极作用。建立健全群众参与机制和激励机制，把群众工作触角延伸到家家户户；引导村（社区）制定符合国家法律的村规民约，运用道德、习俗、伦理的力量调节关系、化解纠纷。

（十七）加大社会矛盾纠纷排查化解工作力度。把矛盾纠纷排查化解工作的重心从事后处理转移到事前预防上来，做到发现得早、化解得了、控制得住、处理得好。健全矛盾纠纷预警机制，加强信息汇集分析研判；推行民情分析会、民情恳谈会等做法，充分发挥村（社区）、企事业单位信息员、调解员的作用。全面推行网格化管理模式，完善信访和人民调解、行政调解、司法调解联动工作体系，实现小事不出村、大事不出乡、矛盾不上交。

五、切实加强组织领导

（十八）严格落实信访工作责任。各级党委和政府要把信访工作作为党的群众工作的重要组成部分和送上门来的群众工作，把创新群众工作方法、解决信访突出问题列入重要议事日程，定期研究部署，认真组织推动。落实主要领导负总责、分管领导具体负责、其他领导一岗双责，一级抓一级、层层抓落实的领导体制，为解决和化解信访突出问题提供组织保障。加大问责力度，对损害群众利益、造成信访突出问题的，对群众反映的问题推诿扯皮、不认真解决造成不良影响的，严肃追究责任。

（十九）强化舆论引导。各级党委宣传部门和新闻媒体要高度重视对创新群众工作方法、解决信访突出问题的正面宣传和舆论引导，大力宣传党委和政府为保障和改善民生所付出的艰苦努力、取得的巨大成绩，大力推广解决群众合理诉求、维护群众合法权益的典型经验和做法，发出主流声音，树立正确导向；选择典型案例，向社会曝光无理缠访闹访、违法聚集滋事而依法受到处理的行为。

（二十）加强信访干部队伍建设。各级党委和政府要重视和加强信访干部队伍建设，根据形势任务需要，不断充实信访工作力量。完善后备干部、新提拔干部和中青年干部到信访部门、信访干部到基层一线挂职锻炼制度；选拔群众工作经验丰富的干部到信访部门工作，重视信访干部的使用，深入开展信访干部交流工作，增强信访干部队伍活力，不断提高做好新形势下群众工作、解决信访突出问题的能力。

各地区各部门要按照中央要求，深入研究和准确把握新形势下群众工作的新特点新规律新要求，进一步转变工作作风，努力提高带着责任和感情做好群众工作的能力、提高解决信访突出问题的能力、提高从源头上预防和化解矛盾纠纷的能力，维护群众合法权益，维护社会公平正义，维护社会和谐稳定。

（此《意见》由中共中央办公厅、国务院办公厅印发，新华社2014年2月25日发布）

第二部分

政工大事纪实

2013 年 3 月

中共中央党校举行建校 80 周年庆祝大会暨 2013 年春季学期开学典礼

3 月 1 日，中共中央党校举行建校 80 周年庆祝大会暨 2013 年春季学期开学典礼，习近平出席并讲话，刘云山主持。会议对部分长期为中央党校工作和贡献人员授予荣誉奖。

习近平在讲话中强调，好学才能上进。他说，我们党历来重视抓全党特别是领导干部的学习，目前全党面临的一个重要课题，就是如何正确认识和妥善处理我国发展起来后不断出现的新情况新问题。要认识好、解决好各种问题，唯一的途径就是增强我们自己的本领。增强本领就要加强学习，既把学到的知识运用于实践，又在实践中增长解决问题的新本领。认真学习马克思主义理论，这是我们做好一切工作的看家本领，也是领导干部必须普遍掌握的工作制胜的看家本领。要认真学习党史、国史，知史爱党，知史爱国。

习近平指出，80 年来，中央党校为我国革命、建设、改革事业培养了大批领导干部，在坚持党的思想路线、推进党的理论创新中作出了重要贡献，为推动党和人民事业发展特别是推进改革开放发挥了重要作用。我们庆祝中央党校建校 80 周年，就是要发扬党校的光荣传统，为加强干部教育培训、推进党的理论建设，为坚持和发展中国特色社会主义作出新的更大的贡献。

赵乐际、栗战书、赵洪祝，中央有关方面负责人，中央党校校委成员，在校学员和分校学员代表、教职工代表等约 2000 余人出席了会议。

纪念毛泽东等老一辈革命家为雷锋同志题词 50 周年座谈会召开

3 月 1 日，中央精神文明建设指导委员会在北京召开纪念毛泽东等老一辈革命家为雷锋同志题词 50 周年座谈会，刘云山出席并讲话，刘奇葆主持，刘延东、陈奎元出席会议。张阳、陆昊、陈润儿、王桂芬、吕新胜在座谈会上发言。座谈会上，中央文明委授予武警新疆总队医院院长庄仕华“当代雷锋”荣誉称号。

刘云山指出，毛泽东同志发出“向雷锋同志学习”号召 50 年来，学雷锋活动在中华大地接力推进，雷锋精神不断传承弘扬，哺育激励着一代又一代中华儿女成长，涌现出一批又一批雷锋式模范人物，雷锋的名字永远写在春天里、镌刻在人们心灵中。永远的雷锋，永远的雷锋精神。在新形势下深化学雷锋活动、弘扬雷锋精神，有助于引导人们树立崇高的理想追求，发扬爱党爱国爱社会主义的思想，坚定对中国特色社会主义的道路自信、理论自信和制度自信；有助于培育和践行社会主义核心价值观，增强人们对主流价值观念的认同感和践行力；有助于激发全社会道德建设热情，集聚道德建设正能量，形成引领社会进步的文明风尚。

中央社会主义学院举行春季开学典礼

3 月 1 日，中央社会主义学院 2013 年春季开学典礼在北京举行，严隽琪出席并讲话。

严隽琪说，民主党派广大成员学习贯彻中共十八大精神，最根本的就是始终坚持中国特色社会主义不动摇、不放松、不偏离，自觉接受中国共产党的领导，与中国共产党和衷共济、通力合作，共同实现国家富强、祖国统一和民族振兴。作为致力于中国特色社会主义事业的参政党，民主党派要坚定不移推进社会主义民主政治建设，健全社会主义协商民主制度，推进协商民主广泛、多层、制度化发展，当好执政党的参谋和助手，有效保证中国共产党的执政基础不断稳固。要在正确认识参政党建设客观规律的基础上，探索规律、遵循规律、运用规律，努力建设适应时代要求的高素质参政党，与中国共产党一道共同致力于建设富强、民主、文明的社会主义现代化强国。

国家行政学院举行春季开学典礼

3月2日，国家行政学院2013年春季开学典礼暨省部级领导干部生态文明建设专题研讨班开班式在北京举行，马凯出席并讲话，李建华主持。

马凯指出，党的十八大将生态文明建设纳入中国特色社会主义事业“五位一体”总体布局，是我们党又一次重大理论创新和实践深化。大力推进生态文明建设，是保持我国经济社会持续健康发展的现实需要，是实现中华民族世世代代永续发展的必然选择，是不断满足人民群众日益增长的物质文化需要的内在要求。建设生态文明要坚持以科学发展观为指导，坚持把尊重、顺应和保护自然作为本质要求，坚持把节约优先、保护优先、自然恢复为主作为基本方针。要切实推进主体功能区战略实施，优化国土空间开发格局；要加快转变经济发展方式，促进生产方式转型；要合理引导消费行为，形成文明生活方式；要着力加强生态保护与修复，营造良好生态环境；要大力推进科技进步，支撑生态文明建设；要不断创新体制机制，完善生态文明制度。

全国政协十二届一次会议在北京召开

3月3日至12日，中国人民政治协商会议第十二届全国委员会第一次会议在人民大会堂召开。

政协第十一届全国委员会常务委员会向大会作的工作报告提出：中共十八大提出了全面建成小康社会决定性阶段的奋斗目标，描绘了实现中华民族伟大复兴中国梦的光明前景，赋予了人民政协更加重大的责任和使命。人民政协要认真履行政治协商、民主监督、参政议政职能，更加主动自觉地服务科学发展、促进社会和谐、加强自身建设，为全面建成小康社会作出新的更大贡献。

俞正声在11日下午举行的全国政协十二届一次会议第四次全体会议上，当选全国政协主席，同时选出23位全国政协副主席：杜青林、令计划、韩启德、帕巴拉·格列朗杰、董建华、万钢、林文漪、罗富和、何厚铧、张庆黎、李海峰、苏荣、陈元、卢展工、周小川、王家瑞、王正伟、马飚、齐续春、陈晓光、马培华、刘晓峰、王钦敏，选举张庆黎为秘书长，并选出政协第十二届全国委员会常务委员299名。

会议通过了政协第十二届全国委员会第一次会议关于常务委员会工作报告的决议、政协第十二届全国委员会第一次会议提案审查委员会关于政协十二届一次会议提案审查情况的报告、政协第十二届全国委员会第一次会议政治决议。

俞正声在闭幕会讲话中说，中国人民政治协商会议第十二届全国委员会第一次会议，是在全国各族人民深入学习贯彻中共十八大精神、为全面建成小康社会而努力奋斗的新形势下召开的。在中共中央、全国人大常委会、国务院的高度重视和有关部门的大力支持下，经过全体委员的共同努力，会议开得很成功，达到了预期目的。

会议号召，人民政协的各级组织、各参加单位和广大政协委员，更加紧密地团结在以习近平同志为总书记的中共中央周围，高举中国特色社会主义伟大旗帜，以邓小平理论、“三个代表”重要思想、科学发展观为指导，求真务实，锐意进取，开拓创新，为全面建成小康社会、实现中华民族伟大复兴而共同奋斗。

全国人大十二届一次会议在北京召开

3月5日至17日,第十二届全国人民代表大会第一次会议在北京召开。温家宝向大会作政府工作报告。

14日十二届全国人大一次会议举行第四次全体会议,选举习近平为中华人民共和国主席、中华人民共和国中央军事委员会主席,选举张德江为第十二届全国人民代表大会常务委员会委员长,选举李源潮为中华人民共和国副主席。李建国、王胜俊、陈昌智、严隽琪、王晨、沈跃跃、吉炳轩、张平、向巴平措、艾力更·依明巴海、万鄂湘、张宝文、陈竺当选为第十二届全国人民代表大会常务委员会副委员长;王晨当选为第十二届全国人民代表大会常务委员会秘书长。批准了国务院机构改革和职能转变方案。

15日十二届全国人大一次会议举行第五次全体会议。会议经过投票表决,决定李克强为中华人民共和国国务院总理。范长龙、许其亮为中华人民共和国中央军事委员会副主席,常万全、房峰辉、张阳、赵克石、张又侠、吴胜利、马晓天、魏凤和为中华人民共和国中央军事委员会委员。周强当选为最高人民法院院长。曹建明当选为最高人民检察院检察长。

16日十二届全国人大一次会议举行第六次全体会议。会议根据国务院总理李克强的提名,决定了国务院其他组成人员,张高丽、刘延东、汪洋、马凯为国务院副总理,杨晶、常万全、杨洁篪、郭声琨、王勇为国务委员。

17日在圆满完成各项议程,产生新一届国家机构组成人员后,第十二届全国人民代表大会第一次会议在人民大会堂闭幕。

会议经过表决,通过了关于政府工作报告的决议,批准了政府工作报告。决议指出,会议高度评价过去五年我国改革开放和社会主义现代化建设取得的巨大成就,充分肯定国务院过去五年的工作,同意报告提出的2013年经济社会发展的总体要求和目标任务。会议认为,报告对今年政府工作的建议,充分体现了党的十八大精神,是切实可行的。

会议表决通过了关于2012年国民经济和社会发展计划执行情况与2013年国民经济和社会发展计划的决议,决定批准关于2012年国民经济和社会发展计划执行情况与2013年国民经济和社会发展计划草案的报告,批准2013年国民经济和社会发展计划;表决通过了关于2012年中央和地方预算执行情况与2013年中央和地方预算的决议,决定批准关于2012年中央和地方预算执行情况与2013年中央和地方预算草案的报告,批准2013年中央预算。会议表决通过了关于全国人大常委会工作报告的决议、关于最高人民法院工作报告的决议、关于最高人民检察院工作报告的决议,决定批准这三个报告。

习近平在闭幕会上发表了重要讲话。他强调,实现全面建成小康社会、建成富强民主文明和谐的社会主义现代化国家的奋斗目标,实现中华民族伟大复兴的中国梦,就是要实现国家富强、民族振兴、人民幸福。面对浩浩荡荡的时代潮流,面对人民群众过上更好生活的殷切期待,我们不能有丝毫自满,不能有丝毫懈怠,必须再接再厉、一往无前,继续把中国特色社会主义事业推向前进,继续为实现中华民族伟大复兴的中国梦而努力奋斗。

会议号召,全国各族人民紧密团结在以习近平同志为总书记的党中央周围,全面贯彻落实党的十八大精神,高举中国特色社会主义伟大旗帜,以邓小平理论、"三个代表"重要思想、科学发展观为指导,紧紧围绕主题主线,稳中求进,开拓创新,埋头苦干,扎实开局,全面推进社会主义经济建设、政治建设、文化建设、社会建设、生态文明建设,实现经济持续健康发展和社会和谐稳定,为全面建成小康社会、实现中华民族的伟大复兴而努力奋斗!

中组部中宣部要求开展向全国优秀共产党员孙波同志学习的活动

新华网3月6日报道,中央组织部、中央宣

传部印发《关于广泛开展向全国优秀共产党员孙波同志学习活动的通知》，要求广大党员、干部都要向孙波同志学习，学习他信念坚定、对党忠诚的政治品格，矢志不渝、石油报国的爱国情怀，攻坚克难、开拓进取的拼搏精神，敬业奉献、敢于担当的优良品德，严于律己、淡泊名利的人生境界。要像孙波同志那样，始终坚定对马克思主义的信仰、对社会主义和共产主义的信念，自觉实践共产党人的人生价值和精神追求，以永不懈怠、昂扬向上的精神状态和求真务实、艰苦奋斗的工作作风，积极投身中国特色社会主义伟大事业。

孙波同志生前是中国石油天然气股份有限公司副总裁兼中国石油驻中亚地区企业协调组组长，中石油中亚天然气管道有限公司总经理、党委书记，中国石油哈萨克斯坦公司总经理、党委书记。2012 年 11 月 21 日，孙波同志因昼夜工作突发脑溢血昏迷，2012 年 12 月 8 日医治无效逝世，年仅 52 岁。孙波同志积极献身祖国石油事业，不懈奋斗，鞠躬尽瘁，在复杂环境和艰苦条件下取得丰硕成果，为发展我国石油事业、保障国家能源安全作出了突出贡献。

全国两会新闻宣传工作总结会议召开

3 月 20 日，全国两会新闻宣传工作总结会议在京召开，刘奇葆出席并讲话，雒树刚主持。

刘奇葆说，这次两会新闻宣传主题突出、基调昂扬、内容丰富，文风清新、亮点频频、出新出彩，会议报道生动深入，配合性报道有声有色，热点引导及时有力，网上宣传形成规模声势，报道形式和宣传手法有创新，媒体服务规范有效，反映了会议民主、团结、求实、奋进的良好风貌，为两会胜利召开营造了庄重热烈的舆论氛围。

刘奇葆强调，要在前一段工作基础上，进一步宣传好阐释好两会精神，引导广大干部群众朝着党的十八大和两会确定的奋斗目标努力奋进。要把两会新闻宣传的成功经验总结好，上升为规律性认识，形成有效工作机制，自觉运用到日常报道之中。要健康深入地推进文风改进工作，唱响时代主旋律，传播社会正能量，巩固壮大主流思想舆论。

中央文明委召开深入开展道德领域突出问题专项教育和治理活动电视电话会议

3 月 22 日，中央文明委在北京召开深入开展道德领域突出问题专项教育和治理活动电视电话会议，刘奇葆出席并讲话。

他指出，要深化道德教育，强化集中治理，健全长效机制，把工作从全国文明城市向面上推开，从重点行业向各行各业拓展，使社会道德状况有一个明显好转。要结合开展社会主义核心价值观学习教育，深化社会公德、职业道德、家庭美德、个人品德教育，倡导爱国、敬业、诚信、友善，全面提高公民道德素质。要大力推进诚信体系建设，加强政务诚信、商务诚信、社会诚信和司法公信建设，抓紧建立覆盖全社会的征信系统，强化对失信者的制约，依法打击制售假冒伪劣、有毒有害食品药品的不法行为，形成不敢失信、不能失信的惩戒防范机制。要加强网络社会管理，净化网络社会环境，树立网络道德新风。

中国浦东、井冈山、延安干部学院举行 2013 年春季开学典礼

3 月 22 日，中国浦东、井冈山、延安干部学院举行 2013 年春季开学典礼。

赵乐际在开学典礼上强调，艰苦奋斗是共产党人的传家之宝，是中华民族的传统美德，是凝聚人民群众的精神力量，是实现中国梦的重要保证。坚持和发扬艰苦奋斗精神，既要能吃苦，严于律己、勤俭修身，又要能奋斗，夙夜在公、勤勉工作。要保持克己奉公、为民奉献的精神境界，艰苦朴素、清正廉洁的品格操守，攻坚克难、开拓进取的坚强意志，求真务实、埋头苦干的工作作风，永葆共产党人艰苦奋斗的高尚情操和政治本色，厉行节约、勤俭办一切事情，扎实工作、千方百计把人民群众的根本利益实现好维护好发展好。

他要求，各级干部教育培训机构和学员要严格执行中央组织部关于进一步加强学员管理的9条规定，对违反规定的要坚决严肃查处。

习近平在莫斯科出席中共六大纪念馆建馆启动仪式

3月23日，习近平在莫斯科出席中国共产党第六次全国代表大会纪念馆建馆启动仪式。

习近平在仪式上表示，此时此刻，我们举行中共六大纪念馆建馆启动仪式，意义非常特殊。我代表中国共产党，代表8000多万中共党员和13亿中国人民，向普京总统等俄方领导人和所有重视和支持这项工作的俄方朋友致以衷心感谢。85年前，在中国人民饱受磨难的时候，在中国革命最艰难的关头，来自中国各地的140多名中共代表，为了国家和民族的前途命运，在俄罗斯人民和国际组织帮助下，冒着生命危险，冲破重重险阻，远涉万里来到莫斯科，召开了中共六大。中共六大在党的建设和发展、在中国革命和中国人民解放事业征程中发挥了重要作用。这是中共历史上唯一一次在境外召开的全国代表大会，具有重大历史意义。

习近平强调，中共六大会址是中国革命历程的重要旧址，也是中俄两国人民深厚友谊的重要象征。中国共产党、中国政府和中国人民十分珍视中共六大这段历史，也十分珍惜中俄两国人民相互支持的历史。我们建立中共六大纪念馆，是要铭记历史，是要继承和发扬中俄传统友谊，促进两国世代友好。

国务院召开全国春季农业生产工作会议

3月26日，国务院在邯郸市召开全国春季农业生产工作会议。李克强作出重要批示，强调现在全国已进入春耕备耕大忙季节，国务院召开会议部署春季农业生产工作很有必要。当前经济形势错综复杂，保持农业持续发展、保障粮食和重要农产品供给，对于稳定经济增长和稳定市场物价具有特殊意义。要扎实抓好各项准备工作，加大政策扶持力度，保障农资供应和价格稳定。加强技术指导和服务，调动农民生产积极性。强化春季田管，落实春播面积，勿误农时，努力争取夏粮和全年农业丰收。国务院副总理汪洋在会上强调，各地区、各部门要认真贯彻落实全国两会和中央一号文件精神，深刻认识做好春季农业生产的重要性和紧迫性，周密部署、精心组织，坚决打好春季农业生产这一仗，促进农业稳定发展、农民持续增收，为推动经济社会持续健康发展提供有力支撑。

汪洋指出，近年来我国农业农村发展的巨大成就充分证明，中央关于新时期“三农”工作的大政方针是完全正确的，我们一定要继续贯彻执行，保持强农惠农富农政策和各项工作的连续性与稳定性。要毫不动摇地坚持把“三农”工作放到重中之重的位置，大力促进政府职能转变，改进工作作风，强化为农服务。要从实际出发大胆开拓创新，以更大的政治勇气和智慧继续推进农村改革，增强农村发展的活力。

全国检察机关队伍建设工作会议召开

3月26日，全国检察机关队伍建设工作会议召开，孟建柱出席并讲话，曹建明主持并讲话。

孟建柱要求，要坚持把思想政治建设放在首位，在坚持党的领导、坚持中国特色社会主义方向这个根本问题上，始终保持头脑清醒、立场坚定、旗帜鲜明。要坚持把检察业务能力建设置于基础性先导性的位置来抓，建立健全科学完备的教育培训制度和体系，推进队伍职业化、专业化建设，进一步提升维护社会公平正义的水平。

孟建柱强调，要坚定不移地推进党风廉政建设，切实做到自身正、自身硬、自身净，树立惩恶扬善、执法如山、清廉如水的浩然正气，坚决反对执法不公、司法腐败，进一步提高执法公信力。要加大检务公开，接受社会监督、舆论监督，让检察权在阳光下运行。要大力加强领导班子建设，打造善于领导检察事业科学发展的坚强领导集体。

中央党校举行弘扬良好学风座谈会

3月28日，刘云山在中央党校主持召开弘扬良好学风座谈会。参加座谈的有来自中央党校省部班、高级研修班、中青一班的学员代表和教师代表，大家围绕学习贯彻习近平总书记关于加强学习的重要指示，结合落实中组部《关于在干部教育培训中进一步加强学员管理的规定》，就如何进一步弘扬良好学风，讲认识、谈体会、提建议。

刘云山在认真听取学员和教师代表发言后说，党的十八大以来，以习近平同志为总书记的党中央高度重视作风建设、学风建设，新一届中央领导集体工作开局就是从抓作风入手的。近段时间来，全党对改进作风、端正学风形成了共识，在许多方面呈现了新的气象。同时也要清醒地看到，一些党员干部学风不正的现象依然存在，最大的学风不正就是不重视学习、不注意学习，学风不正最普遍的现象是理论与实践相脱节、学习与运用“两张皮”，学习中的实用主义、功利主义也是学风不正的表现，克服不良学风已成为必须着力解决的紧迫问题。

刘云山指出，弘扬良好学风首先是大兴学习之风，学习者智、学习者胜，学习才能生存、学习才能发展，选择了学习就选择了进步，要在全党掀起学习的热潮，使学习成为各级党组织的鲜明特征，成为选人用人的重要导向，成为每个党员领导干部的自觉追求。要树立问题意识，找准理论与实践的结合点，以辩证的态度对待问题，以科学的方法分析问题，以正确的理论来指导解决问题。要大兴调查研究之风，把调查研究作为培育和弘扬良好学风的重要途径，引导党员领导干部在深入实践中学习，在总结经验中提高。要坚持正学风与转作风、改文风一起抓，大兴苦干实干之风，大力倡导清新朴实的文风，讲管用的短话，讲来自基层的实话，讲富有活力的新话。党校要把学风建设作为重要内容，坚持从严治校，严肃校风校纪，在弘扬优良学风方面作出表率、走在全党前列。凡是到党校学习的领导干部都是学员，所有学员都没有等级、没有特权，不能让人代学、陪读，更不能拉关系、搞小圈子，严格遵守有关规定，把精力放在学习上，真正做到学有所得、学有所获、学有所成。

2013 年 4 月

赵乐际与新任组织部长座谈

4 月 1 日,赵乐际与新任组织部长座谈,沈跃跃主持。省委组织部副部长和市县委组织部长任职培训班 3 月 22 日至 4 月 2 日在全国组织干部学院举办。

赵乐际指出,组织部长要坚定政治信仰,履行政治责任,严守政治纪律,坚决贯彻党的路线方针政策,自觉服从服务大局。要深怀公道正派之心,恪守选贤任能之责,公平地对待人,公正地评价人,公道地选用人。要密切联系群众,坚持求实创新,始终艰苦奋斗,做到作风深入、工作实在、生活俭朴,坚决反对形式主义、官僚主义、享乐主义和奢靡之风。要如饥似渴加强学习,一刻不停增强本领,不断提高把握大局、运用规律、推进工作的能力。要始终绷紧廉洁自律这根弦,心存敬畏、守住清白、带好队伍,永葆共产党人政治本色。组织部门的同志要夙夜在公、勤勉工作,充分发挥各方面积极性创造性,营造齐心协力、充满活力的组织工作生动局面。

习近平参加首都义务植树活动

4 月 2 日,习近平参加首都义务植树活动,李克强、张德江、俞正声、刘云山、王岐山、张高丽等一同参加。

植树间隙,习近平向国家林业局负责同志询问全国造林绿化情况,对开展全民义务植树活动 30 多年来取得的成就给予充分肯定。习近平指出,森林是陆地生态系统的主体和重要资源,是人类生存发展的重要生态保障。不可想象,没有森林,地球和人类会是什么样子。全社会都要按照党的十八大提出的建设美丽中国的要求,切实增强生态意识,切实加强生态环境保护,把我国建设成为生态环境良好的国家。

公安部表彰学雷锋活动先进集体和个人

4 月 3 日,公安部在北京召开全国公安机关深入开展学雷锋活动先进事迹报告会,全国公安机关 55 个先进集体、100 名先进个人代表受到表彰。郭声琨会见了成绩突出集体和个人代表。

郭声琨指出,今年是毛泽东等老一辈无产阶级革命家为雷锋同志题词 50 周年。50 年来,学雷锋活动在中华大地接力推进,雷锋精神不断传承弘扬,涌现出一批又一批雷锋式模范人物。这次受到表彰的先进集体和个人,就是全国公安机关学雷锋活动中涌现出来的杰出代表。希望全国公安机关和广大民警向这次受到表彰的先进集体和个人学习,积极投身“人民公安为人民”的伟大实践,唱响主旋律,传递正能量,努力让雷锋精神在公安工作中放射出新的时代光芒,为实现全面建成小康社会和中华民族伟大复兴的中国梦作出新的更大贡献。

博鳌亚洲论坛 2013 年年会开幕

4 月 6 日至 8 日,博鳌亚洲论坛 2013 年年会在海南省博鳌举行,本届年会主题是“革新、责任、合作:亚洲寻求共同发展”。习近平出席开幕式并发表题为《共同创造亚洲和世界的美好未来》的主旨演讲。文莱苏丹哈桑纳尔、哈萨克斯坦总统纳扎尔巴耶夫、缅甸总统吴登盛、秘鲁总统乌马拉、赞比亚总统萨塔、芬兰总统尼尼斯特、墨西哥总统培尼亚、柬埔寨首相洪森、新西兰总理约翰·基、澳大利亚总理吉拉德以及阿尔及利亚民族院议长本萨拉赫、蒙古国国家大呼拉尔主席恩赫包勒德、第67届联合国大会主席耶雷米奇、国际货币基金组织总裁拉加德等外国政要出席会议。

习近平在演讲中强调，共同发展是持续发展的重要基础。我们应该牢固树立命运共同体意识，顺应时代潮流，把握正确方向，坚持同舟共济，推动亚洲和世界发展不断迈上新台阶。

与会外国政要分别致辞，发表对当前世界及亚洲经济形势的看法，介绍各自发展改革战略。他们高度赞赏中国发展为地区和全球经济增长提供了强劲动力和难得机遇，相信实现中华民族伟大复兴的中国梦必将更好造福中国人民，更多惠及亚洲和世界。各国希望同中国加强合作。亚洲国家领导人表示，亚洲国家要超越差异和分歧，增进互信，深化合作，推进区域一体化，本着开放包容的精神，同其他地区交往合作，携手应对风险和挑战，共同维护地区和平稳定，协力促进发展繁荣。其他国家及国际组织领导人表示，看好亚洲发展前景，希望同亚洲建立更加紧密的联系，交流互鉴，加强协调，扩大相互贸易和投资，合作共赢，努力实现联合国千年发展目标，拉动世界经济复苏，实现平衡、可持续发展。

深化中国梦宣传教育座谈会召开

4月8日，中宣部、教育部、共青团中央在北京召开深化中国梦宣传教育座谈会，刘云山出席并讲话，刘奇葆主持。

座谈会上，教育部、共青团中央和中央新闻单位负责人，专家学者、道德模范、基层群众和大学生代表等18位同志发言，大家认为，习近平总书记提出实现中华民族伟大复兴的中国梦，道出了亿万中华儿女的心声，具有强大的凝聚力感召力。中国梦是你的梦、我的梦、大家的梦，是13亿人共同的梦。大家纷纷表示要立足本职岗位，扎扎实实做好自己的工作，为实现中国梦贡献智慧和力量。

刘云山在认真听取发言后说，中国梦视野宽广、内涵丰富，升华了我们党的执政理念，是当今中国的高昂旋律和精神旗帜。学习领会中国梦的精神实质，要把握好国家富强、民族振兴、人民幸福的基本内涵，把握好坚持中国道路、弘扬中国精神、凝聚中国力量的重要遵循，把握好中国梦是人民的梦这一本质属性，进一步坚定自信、增强自觉、实现自强，努力建设强盛中国、文明中国、和谐中国、美丽中国。深化中国梦的宣传教育，要同中国特色社会主义宣传教育结合起来，同社会主义核心价值体系建设结合起来，同做好当前各项工作结合起来，引导人们坚定理想信念、构筑精神支柱，积极投身实现中国梦的生动实践。

菊美多吉同志先进事迹报告会举行

4月10日，由中宣部和四川省委联合举办的菊美多吉同志先进事迹报告会在北京人民大会堂举行。报告会前俞正声、刘奇葆会见了报告团成员。

菊美多吉生前是四川省甘孜州道孚县瓦日乡原党委副书记、乡长，2012年5月因病殉职在工作岗位上，年仅33岁。参加工作以来，菊美多吉牢记党的根本宗旨，全心全意为广大农牧民群众服务，办了许多关系群众切身利益的好事实事，直到生命的最后一息。

俞正声向菊美多吉的亲属表示慰问，他说，菊美多吉同志始终对党忠诚、信念坚定，始终立足基层、一心为民，始终珍视团结、反对分裂，始终忘我工作、默默奉献，用自己的青春、热血和生命谱写了一曲共产党人的时代赞歌。近年来，少数民族和民族地区经济社会快速发展，人民生活显著改善，基层基础得到巩固，社会大局总体稳定，但同发达地区相比，仍存在很大差距。少数民族和民族地区的党员干部要大力弘扬菊美多吉同志身上这种不怕困难、苦干实干的“高原牦牛”精神，推动解决群众生产生活中的实际问题，着力推进经济社会全面发展，切实保障和改善民生，保护好生态环境，维护好社会稳定，使各族群众过上更加幸福美好的生活。

第四届全国道德模范评选表彰活动启动

4月12日，中央宣传部、中央文明办、解放军总政治部、全国总工会、共青团中央、全国妇联在北京召开电视电话会议，启动第四届全国道德模范评选表彰活动，部署在全社会大力学习宣传道德模范，充分发挥道德模范榜样作用，推动公民道德建设取得新的成效，形成实现中国梦的强大精神力量。

会议强调，道德模范是在实现国家富强、民族振兴、人民幸福进程中涌现出的先进人物，在他们身上集中体现了中华民族的优秀品质，集中反映了引领时代前进方向的中国精神。要以评选表彰活动为有利契机，以道德模范感人事迹为鲜活教材，不断深化中国梦宣传教育。要突出“群众评、评群众”，广泛发动群众参与评选表彰活动，用群众身边榜样树立起鲜明的价值导向。要通过宣传展示道德模范的精神境界，礼赞他们的高尚行为，引导人们深刻领会中国梦的精神实质和丰富内涵，增强对中国梦的认知认同。要坚持知行合一，突出针对性、增强实效性，激励广大干部群众立足本职岗位学习道德模范，扎扎实实做好自己的工作，为实现中国梦贡献智慧和力量。

中国记协发起“为实现中国梦传递正能量”倡议书

4月16日，中国记协和全国三项教育办公室结合湖北新闻界开展的“我是建设者”大讨论活动，召开“我为实现中国梦传递正能量——记者社会责任”主题讨论会，并发出“以强烈的社会责任感为实现中国梦传递正能量”的倡议。会议就新时期增强新闻工作者社会责任感的重要性和必要性、新闻工作者社会责任感的丰富内涵和自觉承担社会责任的基本要求等问题进行了深入探讨。

中共中央政治局召开会议研究部署在全党深入开展党的群众路线教育实践活动工作

4月19日，中共中央政治局召开会议，决定从今年下半年开始，用一年左右时间，在全党自上而下分批开展党的群众路线教育实践活动。中央政治局带头开展党的群众路线教育实践活动，习近平主持会议。

会议强调，党的十八大明确提出，围绕保持党的先进性和纯洁性，在全党深入开展以为民务实清廉为主要内容的党的群众路线教育实践活动，这是新形势下坚持党要管党、从严治党的重大决策，是顺应群众期盼、加强学习型服务型创新型马克思主义执政党建设的重大部署，是推进中国特色社会主义伟大事业的重大举措。全心全意为人民服务是党的根本宗旨，群众路线是党的生命线和根本工作路线。深入开展党的群众路线教育实践活动，对于教育引导党员干部牢固树立宗旨意识和马克思主义群众观点，切实改进工作作风，赢得人民群众信任和拥护，夯实党的执政基础，巩固党的执政地位，具有十分重大而深远的意义。

开展党的群众路线教育实践活动，以县处级以上领导机关、领导班子和领导干部为重点，切实加强全体党员马克思主义群众观点教育，把贯彻落实中央八项规定作为切入点，进一步突出作风建设，坚决反对形式主义、官僚主义、享乐主义和奢靡之风，着力解决人民群众反映强烈的突出问题，提高做好新形势下群众工作的能力，保持党同人民群众的血肉联系，发挥党密切联系群众的优势，为推动经济持续健康发展、全面建成小康社会、实现中华民族伟大复兴的中国梦提供坚强保证。党的群众路线教育实践活动全过程，要贯穿“照镜子、正衣冠、洗洗澡、治治病”的总要求。要坚持围绕中心、服务大局，全面贯彻落实党的十八大提出的各项任务要求，把作风建设放在突出位置，以作风建设的新成效凝聚起推动事业发展的强大力量。要教育引导党员干部树立群众观点，弘扬优良作风，解决突出问题，保持清廉本色，使干部作风进一步转变，干群关系进一步密切，为民务实清廉形象进一步树立。要以好的作风组织开展教育实践活动，牢牢把握正面教育为主、批评和自我批评、讲求实效、分类指导和领导带头的原则，确保教育实践活动沿着正确轨道健康深入推进，努力在解决作风不实、不正、不廉上取得实效，在提高群众工作能力、密切党群干群关系、全心全意为人民服务上取得实际成效。

中共中央政治局举行第五次集体学习

4月19日，中共中央政治局就我国历史上的反腐倡廉举行第五次集体学习，习近平主持学习。中国社会科学院历史研究所卜宪群研究员、政治学研究所房宁研究员就这个问题进行讲解，并谈了他们的意见和建议。

习近平在主持学习时发表了讲话。他强调，深入推进党风廉政建设和反腐败斗争，需要坚持发扬我们党在反腐倡廉建设长期实践中积累的成功经验，需要积极借鉴世界各国反腐倡廉的有益做法，也需要积极借鉴我国历史上反腐倡廉的宝贵遗产。

我们党把党风廉政建设和反腐败斗争提到关系党和国家生死存亡的高度来认识，是深刻总结了古今中外的历史教训的。中央提出抓作风建设，反对形式主义、官僚主义、享乐主义，反对奢靡之风，就是提出了一个抓反腐倡廉建设的着力点，提出了一个夯实党执政的群众基础的切入点。要大力加强反腐倡廉教育和廉政文化建设，坚持依法治国和以德治国相结合。从思想道德抓起具有基础性作用，思想纯洁是马克思主义政党保持纯洁性的根本，道德高尚是领导干部做到清正廉洁的基础。我们要教育引导广大党员、干部坚定理想信念、坚守共产党人精神家园，不断夯实党员干部廉洁从政的思想道德基础，筑牢拒腐防变的思想道德防线。要抓好思想理论建设、抓好党性教育和党性修养、抓好道德建设，教育引导广大党员、干部认真学习和实践马克思列宁主义、毛泽东思想、中国特色社会主义理论体系，牢固树立正确的世界观、权力观、事业观，模范践行社会主义荣辱观，以理论上的坚定保证行动上的坚定，以思想上的清醒保证用权上的清醒，不断增强宗旨意识，始终保持共产党人的高尚品格和廉洁操守。

制度问题更带有根本性、全局性、稳定性、长期性。关键是要健全权力运行制约和监督体系，让人民监督权力，让权力在阳光下运行，把权力关进制度的笼子里。反腐倡廉必须常抓不懈，拒腐防变必须警钟长鸣。

中组部向四川灾区下拨救灾党费

4月21日，中央组织部从代中央管理的党费中向四川地震灾区下拨救灾党费300万元，用于支持抗震救灾和救助受灾党员群众。

中央组织部要求，灾区各级党组织要充分发挥领导核心和战斗堡垒作用，广大党员要充分发挥先锋模范作用，以对人民生命财产安全高度负责的精神，到灾情最严重的地方去，到群众最需要的地方去，把抢救生命作为首要任务，最大限度减少伤亡。要全力救援被困群众，全力救治受伤人员，认真做好受灾群众转移安置和生活保障等工作，确保受灾群众有房住、有饭吃、有干净水喝。要深入做好群众的思想政治工作，切实维护灾区社会稳定。非受灾地区党组织要发扬“一方有难、八方支援”的精神，全力以赴支援灾区，共同完成好抗震救灾的重大任务。各级党委组织部门要充分发挥动员和保障作用，注意在抗震救灾中考察和识别干部，注意发现、宣传和表彰先进典型，为抗震救灾提供坚强组织保证。

第四届中欧政党高层论坛开幕

4月22日，第四届中欧政党高层论坛在苏州开幕，刘云山出席并发表题为《同舟共济 合作共赢 共创中欧美好未来》的主旨讲话。

刘云山简要介绍了中共十八大以来有关情况，阐释了当前和今后一个时期中国在经济、政治、文化、社会和生态文明建设方面的目标、思路和工作重点，强调将把深化改革开放贯穿到全面建成小康社会和社会主义现代化建设全过程。他说，习近平总书记提出的中国梦，本质内涵是国家富强、民族振兴、人民幸福。实现中国梦，给世界带来的是和平、是发展、是合作，是机遇而不是威胁。中国将坚定不移走和平发展道路，始终奉行互利共赢的开放战略，把中国梦与世界分享，与欧洲分享，为实现持久和平、共同繁荣的世界梦提供更多正能量。推动中欧关系新飞跃，需要双方在以下几个方面共同努力：一是坚持合作共赢理念，把握中欧全面战略伙伴关系的正确方向；二是做大合作“蛋糕”，夯实中欧全面战略伙伴关系的经济基础；三是加强人文交流，构筑中欧全面战略伙伴关系的精神纽带；四是妥善管控分歧摩擦，切实维护中欧全面战略伙伴关系大局；五是共迎全球挑战，携手推动构建持久和平、共同繁荣的和谐世界。

欧方代表致辞表示，中国共产党以实现人民对美好生活的梦想为奋斗目标，这也是欧洲各国各类政党的目标和责任。欧中政党应以此为动力，超越意识形态差异，深化相互理解，实现合作共赢。本届论坛为此提供重要平台，必将为欧中政党合作，为欧中关系的飞跃做出积极贡献。

中共中央政治局常务委员会召开会议 进一步全面部署四川芦山抗震救灾工作

4 月 23 日，中共中央政治局常务委员会召开会议，进一步全面部署四川芦山抗震救灾工作，习近平主持并讲话。

会议认为，四川芦山地震发生后，党中央高度重视，迅速对抗震救灾工作作出全面部署、提出明确要求，领导和调动各方统一行动，牢牢把握抗震救灾工作主动权。在党中央统一领导和部署下，在国务院抗震救灾指挥部直接指挥下，四川省各级党委、政府和中央各有关部门紧急行动，人民解放军和武警部队冲锋在前，社会各界大力发扬“一方有难、八方支援”精神，抗震救灾有力进行。当前，重点要抓好以下工作：一是继续搜救被困群众、全力救治受伤人员。二是妥善安排灾区群众基本生活。三是抓紧做好基础设施修复和废墟清理工作。四是做好恢复生产和灾后重建工作。五是加强舆论引导。六是加强对抗震救灾工作的领导。

会议强调，“多难兴邦。”“艰难困苦，玉汝于成。”越是在困难的情况下，越是要增强全党全国各族人民同舟共济的凝聚力，越是要鼓起越是艰险越向前的精气神。要大力宣传这次抗震救灾斗争中涌现出来的模范人物、崇高思想、先进事迹，为中国精神、中国力量增添新的正能量，鼓舞和动员全党全国各族人民更加紧密地团结在以习近平同志为总书记的党中央周围，在中国特色社会主义道路上众志成城为实现党的十八大作出的战略部署而团结奋斗，为实现中华民族伟大复兴的中国梦而不懈奋斗。

中共中央政治局常务委员会召开会议 研究当前经济形势和经济工作

4 月 25 日，中共中央政治局常务委员会召开会议，研究当前经济形势和经济工作，习近平主持并讲话。

会议强调，要按照稳中求进的要求，坚持以提高经济发展质量和效益为中心，继续实施和用好积极的财政政策和稳健的货币政策，增强政策针对性，统筹考虑稳增长、控通胀、防风险，把深化改革开放、强化创新驱动贯穿持续发展经济、结构转型升级、不断改善民生全过程，加快转变经济发展方式，使质量和效益、就业和收入、环境保护和资源节约协调推进，稳中求好、稳中求优，促进经济持续健康发展。

胡锦涛同志《论构建社会主义和谐社会》出版发行

新华社 4 月 25 日报道，为帮助广大干部群众学习胡锦涛同志关于构建社会主义和谐社会的论述，中共中央文献研究室编辑的胡锦涛同志《论构建社会主义和谐社会》一书，已由中央文献出版社出版在全国发行。

这部专题文集以2003年7月28日胡锦涛同志在全国防治非典工作会议上的讲话为开卷篇，以胡锦涛同志在党的十八大报告中关于加强社会建设的论述为收卷篇，精选胡锦涛同志论述构建社会主义和谐社会的重要文稿40篇，约13万字，其中有些文稿是第一次公开发表。

全国政法宣传工作会议召开

4月25日至26日，全国政法宣传工作会议在北京召开，孟建柱出席并讲话。

孟建柱指出，做好新形势下政法宣传工作，是政法机关加强执法司法能力建设的重要内容。政法机关要从战略高度看待政法宣传工作的重要作用，要准确把握新媒体时代受众特点，悉心体察群众所思所盼，体现舆论即时性的时代要求，第一时间回应社会关切，努力提高政法宣传工作的传播力、公信力。要积极推进司法公开、实行阳光司法，依法公开信息、主动接受监督，以正确的方式传播真实的信息，减少信息传播中的误解。要积极应用网络平台和新兴传播工具，千方百计地满足人民群众对司法工作的知情权、监督权。要努力营造弘扬正气、催人奋进的舆论环境，营造令人民信服的舆论环境，不断探索增进人民群众理解和支持政法工作的新途径、新办法，为在新的历史起点上开创政法工作新局面提供良好舆论支持和强大精神动力。

中央党校举行2013年春季学期第一批进修班毕业典礼

4月27日，中共中央党校举行2013年春季学期第一批进修班毕业典礼。刘云山出席并为学员颁发毕业证书。

中央党校本期毕业学员254人。李景田在毕业典礼上讲话，希望学员们继续深入学习党的十八大精神和全国两会精神，坚持实干兴邦，不断开创各项工作新局面；坚持好学乐学，当好学习型领导干部；坚持以人为本、执政为民，始终保持党同人民群众的血肉联系；继续关心党校事业，支持本地区本部门党校发展。

纪念中共中央发布“五一口号”65周年座谈会举行

4月27日，纪念中共中央发布“五一口号”65周年座谈会在北京举行，俞正声出席并讲话，令计划主持。民革中央主席万鄂湘、民盟中央主席张宝文、民建中央主席陈昌智、民进中央主席严隽琪、农工党中央主席陈竺、致公党中央主席万钢、九三学社中央主席韩启德、台盟中央主席林文漪、无党派人士代表袁驷分别作了发言。

俞正声在讲话中说，1948年4月30日，中共中央发布纪念“五一”劳动节口号，发出了召开政治协商会议、成立民主联合政府的号召，得到各民主党派、无党派民主人士的热烈响应。这一历史事件，在民主党派发展史上、在统一战线和多党合作发展史上、在我国民主政治建设发展史上，都具有重大而深远的意义，标志着各民主党派、无党派民主人士公开自觉地选择了中国共产党的领导，坚定地走上了新民主主义、社会主义的道路，揭开了我国民主政治建设和政党制度建设的新篇章。我们纪念“五一口号”，就是要认真总结中国共产党与各民主党派、无党派人士团结合作的光辉历程，探索社会主义民主政治建设和多党合作事业发展的内在规律。65年的实践给了我们很多启示，需要倍加珍惜、牢牢把握。必须始终不渝地坚持中国共产党的领导，坚持共产党和各民主党派、无党派人士之间“长期共存、互相监督、肝胆相照、荣辱与共”的方针；必须坚定不移地走符合国情的政治发展道路，始终保持清醒头脑，像珍惜生命一样珍惜这条道路；必须坚持中国共产党领导、人民当家作主和依法治国的有机统一，毫不动摇地发展社会主义民主；必须聚精会神地致力共同奋斗目标，团结一切可以团结的力量，实现中华民族伟大复兴的中国梦；必须与时俱进地完善和发展多党合作制度，进一步提升多党合作制度化规范化程序化水平。

习近平同全国劳动模范代表座谈

4月28日，五一国际劳动节即将到来之际，习近平来到全国总工会机关，同全国劳动模范代表座谈并讲话，代表党中央，向全国广大劳动模范和先进工作者表示崇高的敬意，向全国各族工人、农民、知识分子和其他劳动群众致以节日的祝贺。刘云山出席座谈会，座谈会由李建国主持。

来自全国31个省(区、市)的26位全国劳模、39位全国五一劳动奖章获得者出席座谈会。座谈会上，大庆油田1205钻井队队长胡志强、国家杂交水稻工程技术研究中心暨湖南杂交水稻研究中心主任袁隆平、中国航天科技集团空间技术研究院载人飞船系统总设计师张柏楠、山西省昔阳县大寨村党总支书记郭凤莲、中铁一局电务公司电力高级技师窦铁成、潍柴动力股份有限公司“三高”试验队队长常国丽、中国能源建设集团山西省电力建设二公司焊工贾向东、鞍钢矿业公司齐大山铁矿生产技术室采场公路管理员郭明义、哈尔滨市农业机械局原总工程师梁军等劳模纷纷发言。

习近平强调，人民创造历史，劳动开创未来。实现我们的奋斗目标，开创我们的美好未来，必须紧紧依靠人民、始终为了人民，必须依靠辛勤劳动、诚实劳动、创造性劳动，必须充分发挥我国工人阶级的重要作用，焕发他们的历史主动精神，调动劳动和创造的积极性。工会工作要顺应时代要求、适应社会变化，善于创造科学有效的工作方法，把竭诚为职工群众服务作为工会一切工作的出发点和落脚点，全心全意为广大职工群众服务，让职工群众真正感受到工会是“职工之家”，工会干部是最可信赖的“娘家人”。各级党委和政府要加强和改善对工会的领导，支持工会开展工作。

庆祝“五一”国际劳动节大会举行

4月28日，庆祝“五一”国际劳动节暨为全面建成小康社会建功立业推进大会在北京人民大会堂隆重举行。312个先进集体荣获全国五一劳动奖状，1224名先进个人荣获全国五一劳动奖章，1084个先进集体荣获全国工人先锋号称号。会前，李建国和王晨会见了受表彰的代表。

李建国讲话强调，党的十八大明确提出了全面建成小康社会、实现“两个一百年”的奋斗目标，开启了实现中华民族伟大复兴中国梦的新征程。广大职工要认真学习贯彻习近平总书记在同全国劳动模范代表座谈时的重要讲话精神，做走中国道路的实践者、弘扬中国精神的承载者、凝聚中国力量的主力军，汇聚起众志成城、实干兴邦的正能量，为全面建成小康社会、实现中国梦作出新的更大贡献。

2013年5月

习近平给北京大学学生回信勉励当代青年

5月2日，五四青年节即将到来之际，习近平给北京大学考古文博学院2009级本科团支部全体同学回信，肯定他们立志为实现中华民族伟大复兴的中国梦而奋斗的理想和追求，勉励当代青年珍惜韶华、奋发有为，勇做走在时代前面的奋进者、开拓者、奉献者。

据悉，2012年6月19日，习近平到北京大学调研高校党建工作时，看望了考古文博学院2009级学生，并同他们交流，勉励他们学好专业，为中华民族文化传承和祖国建设多作贡献。五四青年节前夕，学生团支部全体同学于4月28日给总书记写信，向总书记汇报了他们近一年来的学习、生活、思想情况特别是关于中国梦的认识和体会，同时表达了恳请总书记在百忙中再一次给他们送上寄语和嘱咐的期盼。习近平收到北京大学党委转交的这封信后随即回信。

中国共青团团员达8990.6万名

5月3日，根据团中央组织部公布的最新数据：截至2012年底，全国共有共青团员8990.6万名，共有基层团组织359万个，其中，基层团委27.1万个，基层团工委2.2万个，团总支21万个，团支部308.7万个。

习近平同各界优秀青年代表座谈

5月4日，习近平来到中国航天科技集团公司中国空间技术研究院，参加"实现中国梦、青春勇担当"主题团日活动，同各界优秀青年代表座谈并发表讲话，代表党中央向全国广大青年致以节日问候。

共青团中央、教育部等有关部门负责人，"中国青年五四奖章"获得者、"中国青年创业奖"获得者、"全国农村青年致富带头人"标兵、"西部计划"优秀志愿者、2012中国大学生年度人物和全国高校辅导员年度人物等各界优秀青年代表约70人出席座谈会。

习近平强调，青年最富有朝气、最富有梦想，青年兴则国家兴，青年强则国家强。广大青年要坚定理想信念，练就过硬本领，勇于创新创造，矢志艰苦奋斗，锤炼高尚品格，在实现中国梦的生动实践中放飞青春梦想，在为人民利益的不懈奋斗中书写人生华章。

李源潮与中国青年五四奖章获得者座谈

5月4日，李源潮在北京与中国青年五四奖章获得者等优秀青年代表座谈，秦宜智主持。

座谈会上，青年代表畅谈学习习近平总书记五四重要讲话精神的体会。留学回国创业的刘屹说，中国梦为每个人提供了实现梦想的舞台，中国梦需要青年、成就青年。航母工程师王治国说，蓝海梦的背后是深厚的民族期盼，年轻人要勇于创新创造。扎根西藏的张峡说，艰苦地区是磨练人、造就人的最好课堂。来自湖北农村的刘锦秀带领5000多农户养羊致富，她说，实现梦想要靠吃苦、靠奋斗、靠坚持。

李源潮勉励大家深刻领会习近平总书记的嘱托，积极投身中国梦的奋斗实践。中国梦是中国进步青年追求的理想，当代青年要自觉把人生追求汇入中华民族伟大复兴的中国梦。要倡导艰苦创业精神，抓住国家创业发展的好时机，在各自领域开创新事业，积极创办科技型和服务型小微企业，做创业发展的开拓者；倡导改革创新的精神，积极参加建设创新型国家的实践，支持改革、大胆探索、刻苦钻研，做创新创造的追求者；倡导争先创优的精神，努力把本职工作干到最好、干成最优，成为素质优秀、工作优秀，为社会认可的优秀青年。

团中央全国青联全国学联召开座谈会

5月5日，团中央、全国青联、全国学联在团中央机关召开座谈会，认真学习习近平总书记五四重要讲话精神和给北京大学学生回信精神，秦宜智主持并指出，全团要把深入学习宣传贯彻习近平总书记五四重要讲话精神作为当前和今后一个时期的重要政治任务，引导推动广大团员青年和各级团组织为全面建成小康社会、加快推进社会主义现代化、实现伟大的中国梦不懈奋斗。

座谈会上，团中央书记处常务书记、全国青联主席王晓，全国学联主席齐兴达分别代表全国青联、全国学联发言。中国石油第一建设公司第三工程处313工程队电焊技师裴先锋，内蒙古自治区新巴尔虎右旗克尔伦苏木芒来嘎查党支部书记、芒来牧民养羊专业合作社理事长米吉格，92815部队某潜艇艇长华明，新疆维吾尔自治区吉木乃县委组织部绩效办主任苗民田，中国科学院上海微系统与信息技术研究所所长、中国科学院院士王曦，北京市社会科学院副院长许传玺，北京师范大学第二附属中学高二(9)班学生王明倩，团北京市房山区委书记肖丹，陕西驻北京团工委书记党宇博等青年和团干部代表先后发言，结合各自成长经历和本职工作，就认真学习贯彻习近平总书记重要讲话和回信精神，为实现中国梦而奋斗畅谈体会和感受。

教育系统召开学习贯彻习近平总书记五四重要讲话精神座谈会

5月6日，教育系统召开学习贯彻习近平总书记五四重要讲话精神座谈会，共同交流心得和体会，教育部副部长杜玉波主持，副部长刘利民出席座谈会。

座谈会上，北京市委教育工委常务副书记刘建，天津市教育委员会主任王璟，北京大学党委常务副书记、副校长张彦，上海信息技术学校校长邬宪伟，北京市第四中学校长刘长铭，北京师范大学文学院教师梁振华，2012大学生年度人物南开大学2011级本科生郭鑫等代表先后发言，结合各自工作学习实际，交流了学习总书记五四重要讲话的思考和体会。

会议强调，要深刻领会习近平总书记五四重要讲话的丰富内涵和精神实质，切实把学习贯彻工作与加强青年师生工作紧密结合起来，激励引导广大青年师生牢记总书记嘱托，在中国特色社会主义伟大实践中同心共筑中国梦。

全国妇联十届六次执委会议召开

5月7日，全国妇联十届六次执委会议在北京召开，会议选举沈跃跃为全国妇联主席。

赵乐际就有关人事事项作了说明。李源潮出席会议并充分肯定陈至立担任全国妇联主席期间作出的重要贡献，对沈跃跃当选全国妇联主席表示热烈祝贺，要求全国妇联深入贯彻落实党的十八大精神和习近平总书记要求，围绕中心、服务大局，立足基层、服务妇女，切实维护妇女儿童合法权益，凝聚广大妇女为全面建成小康社会作贡献，在实现中华民族伟大复兴中国梦的奋斗中展现巾帼风采。

沈跃跃在当选全国妇联主席后讲话，对陈至立同志为妇女事业作出的重要贡献给予了高度评价，要求各级妇联组织和干部认真学习贯彻党的十八大和习近平总书记的一系列重要讲话精神，坚决落实党中央对妇联工作的基本要求，自觉服从服务于党和国家工作大局，竭诚为妇女群众服务，建设好“坚强阵地”和“温暖之家”，引领妇女为全面建成小康社会、实现中华民族伟大复兴的中国梦再建新功。

第十三次全国干部教育联席会议召开

5 月 8 日，第十三次全国干部教育联席会议在北京召开，赵乐际出席并讲话。

赵乐际指出，要按照建设学习型、服务型、创新型马克思主义执政党的要求，突出抓好理想信念和党性党风党纪教育，深入开展党的十八大精神、马克思主义理论、党章和党的路线方针政策、党史国史特别是改革开放史的教育培训。坚持开放办学、开门办学，重视师资队伍建设，开发富有时代特征、实践特色、务实管用的课程和教材，加强培训计划统筹，提高教育培训科学化水平。要大力加强学风建设，紧密联系现实重大问题，紧密结合干部工作职能，坚持学以致用、学用相长，不断增强干部工作本领和解决实际问题能力。严格执行加强学员管理 9 条规定，发现问题，坚决查处。联席会议成员单位要密切协作、形成合力，不断开创干部教育培训蓬勃发展的生动局面。

吴官正著作《闲来笔潭》出版

新华社 5 月 8 日报道，吴官正同志《闲来笔潭》一书由人民出版社出版。

本书收录了吴官正同志离开领导岗位后撰写的回忆、随笔、散文、小说、对话等多类文章。全书分“岁月难忘”、“静思杂记”、“读书随感”、“春水煎茶”和“少长闲集”5 部分，生动记录了作者的童年记忆、求学经历及部分工作回忆，娓娓讲述了许多人生哲理和为政之道，体现出作者不断求知求真的崇高精神追求，透显出一份至真至深的质朴情感。书中穿插的 45 幅画作，进一步增添了本书的审美与人文趣味。

纪念韩先楚同志诞辰 100 周年座谈会召开

5 月 14 日，纪念韩先楚同志诞辰 100 周年座谈会在北京召开。张德江出席并在会前会见了韩先楚同志亲属，范长龙出席，房峰辉主持。

韩先楚曾任兰州军区司令员，中央军委委员、常委，六届全国人大常委会副委员长。1955 年被授予上将军衔。李建国在座谈会上全面回顾韩先楚同志的生平业绩和卓越贡献后说，我们要继承和发扬老一辈无产阶级革命家的光荣传统，谦虚谨慎、艰苦奋斗，埋头苦干、锐意进取，不断夺取全面建成小康社会、加快推进社会主义现代化新的更大的胜利，努力实现中华民族伟大复兴的中国梦。

2013 年度国家社科基金项目评审工作会议召开

5 月 14 日，2013 年度国家社科基金项目评审工作会议在北京召开，刘奇葆出席并讲话，雒树刚主持会议。会议表彰了 2012 年度国家社科成果文库入选作品。

刘奇葆指出，要认真贯彻我们党关于哲学社会科学工作的一系列重要方针原则，坚持正确方向、服从服务大局、发扬学术民主、锐意改革创新，进一步推动哲学社会科学繁荣发展。要深化关系全局的重大现实问题研究，立足改革发展实践进行理论创造，更好地推动经济社会持续健康发展。要推进哲学社会科学创新体系建设，加强理论构建和对外宣传阐释，打造当代中国学术话语体系，赋予哲学社会科学更加鲜明的中国特色、中国风格、中国气派。要增强国家社科基金的示范性、导向性和权威性，更好发挥对学术研究的引领作用。

中共中央党校举行春季学期第二批入学学员开学典礼

5 月 16 日，中共中央党校举行 2013 年春季学期第二批入学学员开学典礼，刘云山出席并讲话。

刘云山说，改作风是从严治党的应有之义，党要管党很重要的就是管好作风，从严治党关键要严在作风上。我们党之所以能够从小到大、由弱到强，不断发展壮大、成就伟业，就是因为始终坚持从严治党，把良好作风视作生命，把不良作风视为大敌。好作风只能在从严治党中形成，在党建实践中铸就。改作风的根本是树立宗旨意识，改作风的要义是端正思想路线。全心全意为人民服务是党的根本宗旨，密切联系人民群众是党的优良作风，改作风首先要回答好“为了谁、依靠谁、我是谁”的问题，始终牢记群众是我们的根、我们的本，强化群众立场、增进群众感情，与群众同甘共苦、同群众打成一片，真心实意地同群众坐在一条板凳上。改作风要坚持防风与整风并重，对于不良之风必须有防范措施，在思想上设置警戒线。改作风必须找准穴位、抓住要害，当前要以反对形式主义、官僚主义、享乐主义和奢靡之风为重要突破口。改作风必须坚持领导干部带头，风气好不好、主要看领导，领导干部行得端、走得正，才会有“向我看齐”的底气。改作风必须有踏石留印、抓铁有痕的劲头，不良作风是顽症，如果没有一股狠劲、没有工作力度，就很难真正抓出成效。要敢于管理、敢于较真、敢于碰硬，推动形成祛歪风、树良风的正能量，使我们党的作风有一个大的改观。

习近平会见载人深潜先进单位和先进工作者代表

5 月 17 日，人力资源和社会保障部、国家海洋局联合召开了中国载人深潜表彰大会。会前习近平在北京人民大会堂会见载人深潜先进单位和先进工作者代表，代表党中央、国务院，向胜利完成蛟龙号载人深潜海试任务的广大科技工作者、干部职工表示热烈祝贺和诚挚问候，勉励大家团结拼搏、开拓奋进，推动我国海洋事业不断取得新突破，为建设海洋强国作出更大成绩。李克强、张高丽参加会见。

2002 年，蛟龙号列为国家 863 计划重大专项，由国家海洋局组织实施，全国 100 多家科研单位参与联合攻关、自主设计、集成创新，2012 年 6 月成功完成蛟龙号 7000 米级下潜，最大下潜深度达到 7062 米，创造了国际上同类作业型载人深潜器最大下潜深度纪录，标志着我国已经具备在全球 99.8% 以上海域开展深海资源研究和勘查的能力，实现了我国深海技术的重大突破，标志着我国载人深潜技术已跻身世界先进行列。

中央巡视工作动员暨培训会议召开

5 月 17 日至 18 日，中央巡视工作动员暨培训会议在北京召开，王岐山出席并讲话，赵乐际作总结讲话，赵洪祝主持会议并作工作部署。

王岐山指出，巡视是党章赋予的重要职责，是加强党的建设的重要举措，是从严治党、维护党纪的重要手段，是加强党内监督的重要形式。当前，党风廉政建设和反腐败斗争形势极为严峻复杂，我们党面临的挑战有的来自国际，有的来自国内，最根本的还是来自党内，不正之风和腐败就是来自党内的挑战之一。要坚定“三个自信”，狠抓党风廉政建设，铲除滋生腐败的温床。中央巡视组要明确自身定位，履行监督责任，当好党中央的“千里眼”，找出“老虎”和“苍蝇”，对违纪违法问题早发现、早报告。巡视工作要突出四个重点：一是要围绕党风廉政建设和反腐败斗争，着力发现领导干部是否存在权钱交易、以权谋私、贪污贿赂、腐化堕落等违纪违法问题；二是要在贯彻落实八项规定方面，着力发现是否存在形式主义、官僚主义、享乐主义和奢靡之风等问题，紧紧盯住，防止反弹；三是要着力发现是否存在违反党的政治纪律问题；四是要着力发现是否存在选人用人上的不正之风和腐败问题。

赵乐际强调，中央巡视组要增强政治意识、党性意识、责任意识，恪尽职守、勤勉工作，着力发现深入推进党风廉政建设和反腐败斗争、贯彻落实中央八项规定精神、严明党的政治纪律、执行民主集中制和干部选拔任用等方面的突出问题。创新方式方法，紧紧依靠被巡视党组织和广大干部群众，采取多种措施查找问题，深入探索巡视规律，提高巡视工作针对性、灵活性、有效性。

赵洪祝强调，要紧紧围绕党风廉政建设和反腐败工作这个中心，牢牢抓住党组织领导班子及其成员特别是主要负责人这个重点，切实完成好发现和反映问题这个主要任务。要落实监督责任，改进方式方法，强化成果运用，打造过硬队伍，扎实开展巡视，充分发挥在反腐倡廉建设中的重要作用。

第九届中国（深圳）国际文化产业博览交易会开幕

5月17日，由文化部、商务部、国家新闻出版广电总局、中国贸促会、广东省政府、深圳市政府联合主办的第九届中国（深圳）国际文化产业博览交易会在深圳会展中心隆重开幕，刘奇葆和胡春华等在开幕前参观了文博会展馆。

本届文博会组委会确定了“贸易扬帆，文化远航”的主题，突出文博会的交易功能，特别是国际贸易的功能，让贸易为中华文化走出去、走向世界扬帆助力。共有2118个政府组团、企业和机构参展，比上一届增加190个。本届文博会首次设立了文化旅游馆，重点突出具备文化内涵的旅游项目，涵盖了全国主要的中华历史文化、民俗文化旅游景点景区和香港迪斯尼等境外著名旅游企业。同时，本届文博会在文化产业综合馆新设了文化新业态展区，将集中展示16家首批国家级文化与科技融合示范基地，进一步推进文化与科技的深度融合。

文博会上，第五届中国“文化企业30强”名单揭晓，中国对外文化集团公司、中国国际电视总公司、江苏凤凰出版传媒集团有限公司、上海盛大网络发展有限公司、北京万达文化产业集团有限公司等企业榜上有名。

第九届中国（北京）国际园林博览会开幕

5月18日，由住房和城乡建设部与北京市人民政府共同主办的第九届中国（北京）国际园林博览会在北京市丰台区永定河畔开幕，郭金龙、向巴平措、林文漪出席开幕式。

总面积513公顷的园博会园区（园博园），不以植被茂密、花团锦簇为最大亮点，而是在园区选址、科技运用、可持续利用等方面，凸显生态文明理念。共有128座具有国内外不同地域特色的展园。借助绿色科技，园内实现了两个“零排放”：建成两处污水处理站，污水零排放；建设了覆盖全园及周边的雨洪利用工程，雨水零流失。园区还采用了太阳能发电技术，每年将减少标煤1000多吨，减少碳排放2600多吨。中国园林博物馆，也于今天正式开馆，馆内收藏的数千件文物展品和档案、视频、模型等，展示人类创造园林的成果。

2013年全国科技活动周启动

5月19日，2013年全国科技活动周在北京启动。刘延东、郭金龙参加北京科技周现场活动。

科技活动周自2001年起已成功举办了12次，直接参与人数超过7亿人次，成为社会影响广泛、深受群众欢迎的一项重大科普活动。2013年活动周以深入贯彻落实党的十八大精神为指导，以“科技创新 美好生活”为主题，各地各部门将组织开展北京大型科普博览、网络科技周、科技列车湘西行、千家院校面向公众开放、万名科学使者走进校园、全国优秀科普作品推介等一系列科普活动。

纪念王恩茂同志诞辰100周年座谈会举行

5月20日，纪念王恩茂同志诞辰100周年座谈会在北京举行，俞正声出席并在会前会见了王恩茂同志亲属。杜青林主持并讲话。

杜青林在全面回顾王恩茂同志生平业绩和卓越贡献后说，我们要继承和弘扬老一辈无产阶级革命家的伟大精神，坚持中国道路，弘扬中国精神，凝聚中国力量，为夺取中国特色社会主义事业新胜利、实现中华民族伟大复兴而努力奋斗。

王恩茂曾任第六届、七届全国政协副主席，第八届、九届中央候补委员，第十一届、十二届中央委员，第一届、五届、六届全国人大代表，

1955年9月被授予中将军衔。

“人民满意的公务员”和“人民满意的公务员集体”评选启动

5月20日，中共中央组织部、中共中央宣传部、人力资源社会保障部和国家公务员局联合发出《关于做好第八届全国“人民满意的公务员”和“人民满意的公务员集体”评选表彰工作的通知》。为表彰先进，引导广大公务员认真履行党和人民赋予的职责，努力践行全心全意为人民服务的宗旨，争创人民满意的业绩，对全国先进公务员和公务员集体进行表彰，分别授予“人民满意的公务员”和“人民满意的公务员集体”荣誉称号。

习近平在芦山地震灾区考察

5月21日至23日，习近平在四川芦山地震灾区看望慰问受灾群众，对抗震救灾工作提出明确要求。他强调，芦山强烈地震抢险救援阶段工作取得重大胜利，抗震救灾任务仍然十分艰巨，要继续大力发扬伟大抗震救灾精神，全力救治伤员，妥善安置受灾群众，科学布局灾后恢复重建，让灾区人民早日走出灾难阴影，开始美好新生活。

芦山强烈地震发生后，习近平高度关心，第一时间对抗震抢险作出重要指示，并命令军队立即投入抢险救援。他主持召开中央政治局常委会议，全面部署抗震救灾工作。1个月来，他还就受灾群众安置、防范次生灾害等工作多次作出重要指示。张高丽陪同考察。

中管企业主要负责同志学习贯彻党的十八大精神专题研讨班举办

5月21日至23日，中管企业和中管金融企业主要负责同志学习贯彻党的十八大精神专题研讨班在大连举办，赵乐际23日与学员座谈。

赵乐际指出，中管企业是全面建成小康社会的重要力量。要坚持党的领导，坚持全心全意依靠广大职工，坚持按市场规律办企业，努力建设社会主义方向坚定、改革发展绩效显著、公司治理协调高效、职业精神坚守始终、社会职工高度认可的领导班子。要把从严治党要求贯彻到领导班子建设中，推进企业做强做优。要做到“安、专、迷”，安下心来、专心致志、迷恋至深办企业。要追求“高、精、尖”，对标世界一流，坚持改革创新，提高企业核心竞争力。要团结共事，发扬民主，协同配合，共促企业发展。要改进作风，密切联系职工群众，真抓实干、艰苦奋斗、廉洁从业。要贡献社会，坚持以人为本，努力造福人民群众、服务社会事业。

《领导干部从政道德启示录》出版

新华社5月22日报道，中央纪委宣教室、中央组织部干教局、中央宣传部宣教局组织编写的《领导干部从政道德启示录》一书，已由中国方正出版社出版发行。

该书萃取我国历史上的优秀廉政文化、借鉴国外官员伦理建设的有效做法，结合当前党员干部的思想和工作实际，从坚定理想信念、秉持群众观点、正确行使权力、坚持良好作风、创造过硬实绩、保持清廉气节、培养高尚情操、正确对待亲情等八个方面，就党员干部立身用权、为民务实、修身齐家等方面的思想道德要求进行了深刻阐述。

中共中央政治局举行第六次集体学习

5月24日，中共中央政治局就大力推进生态文明建设举行第六次集体学习，习近平主持学习并讲话。清华大学环境科学与工程研究院教授、中国工程院院士郝吉明，中国环境科学研究院研究员、中国工程院院士孟伟就这个问题进行讲解。

习近平强调，建设生态文明，关系人民福祉，关乎民族未来。党的十八大把生态文明建设纳入中国特色社会主义事业五位一体总体布局，明确提出大力推进生态文明建设，努力建设美丽中国，实现中华民族永续发展。这标志着我们对中国特色社会主义规律认识的进一步深化，表明了我们加强生态文明建设的坚定意志和坚强决心。要正确处理好经济发展同生态环境保护的关系，牢固树立保护生态环境就是保护生产力、改善生态环境就是发展生产力的理念，更加自觉地推动绿色发展、循环发展、低碳发展，决不以牺牲环境为代价去换取一时的经济增长。节约资源是保护生态环境的根本之策。要实施重大生态修复工程，增强生态产品生产能力。要实行最严格的制度、最严密的法治，才能为生态文明建设提供可靠保障。最重要的是要完善经济社会发展考核评价体系，把资源消耗、环境损害、生态效益等体现生态文明建设状况的指标纳入经济社会发展评价体系，使之成为推进生态文明建设的重要导向和约束。要建立责任追究制度，对那些不顾生态环境盲目决策、造成严重后果的人，必须追究其责任，而且应该终身追究。要加强生态文明宣传教育，增强全民节约意识、环保意识、生态意识，营造爱护生态环境的良好风气。

中共中央纪委举办开放日活动

5月24日，中共中央纪委举办开放日活动，由中联部邀请来自亚、非、欧、美14个国家的14名政要、智库学者和资深媒体人士到中央纪委机关考察，实地走访党的纪律检查机关，了解十八大以来党的反腐倡廉建设情况。

在活动中，考察团分别参观了中央纪委新闻发布厅、部分机关办公区，观看了廉政公益广告，听取了中央纪委概况、廉政教育情况、信访举报工作流程及查办案件工作流程的介绍，并与中央纪委常委、秘书长、新闻发言人崔少鹏及中央纪委主要职能部门负责人进行了座谈，双方就怎样看待当前中国反腐败形势、如何监督党员领导干部行使权力、怎么来保证执纪队伍的纯洁性以及每年查办案件情况等问题进行了交流。

第十五届中国科协年会开幕

5月25日，由中国科协和贵州省政府共同主办的第十五届中国科协年会在贵阳开幕，年会主题是“创新驱动与转型发展”。李源潮出席并讲话，韩启德致开幕词。我国科研、生产、教学一线的科技工作者和包括诺贝尔奖获得者在内的国际知名科学家、海外专家学者、国际科技组织代表2500余人参加开幕式。

李源潮说，创新驱动发展需要汇聚广大科技工作者的创新智慧，希望大家把自己的科技追求与国家发展战略需要结合起来，勇攀科技高峰。创新创造要更多地走产学研相结合的路子，面向产业转型升级和企业科技需求开展科研攻关。当今中国科技创业天地广阔，有志者要勇于走出高校和院所，创办科技企业。科技工作者有知识优势，要积极履行科技服务的社会责任，为地方科学决策服务，为企业创新发展服务，为提高全民科学素质服务。各级科协组织要抓住政府职能转移的改革机遇，拓展职能、扩大影响。要强化服务科技工作者职能，把科协建成深受信赖的科技工作者之家。

《中国共产党党内法规制定条例》《中国共产党党内法规和规范性文件备案规定》公开发布

新华社5月27日报道，《中国共产党党内法规制定条例》、《中国共产党党内法规和规范性文件备案规定》日前公开发布。这两部党内法规的制定和发布，对于推进党的建设制度化、规范化、程序化，提高党科学执政、民主执政、依法执政水平，具有十分重要的意义。

中央强调，党内法规是党的各级组织和全体党员开展工作、从事活动的基本遵循。各地区各有关部门要从全局和战略的高度充分认识做好党内法规工作的重要意义，切实把这项工作摆在更加突出的位置抓紧抓好。要加强统筹规划，提高制定质量，加快构建内容协调、程序严密、配套完备、有效管用的党内法规制度体系。要强化宣传教育，加大执行力度，切实维护党内法规的权威性和严肃性，努力在全党形成重视、学习、遵守党内法规的浓厚氛围。要加强组织领导，健全工作机构，充实工作力量，为做好党内法规工作提供坚实保证。

全国纪检监察系统开展会员卡专项清退活动电视电话会议召开

5月27日，全国纪检监察系统开展会员卡专项清退活动电视电话会议在北京召开，王岐山出席并讲话，赵洪祝主持会议。中央纪委已下发《关于在全国纪检监察系统开展会员卡专项清退活动的通知》，要求纪检监察系统在职干部职工要在6月20日前自行清退所收受的各种名目的会员卡，做到“零持有、零报告”。

王岐山强调，全国纪检监察系统要深入贯彻落实党的十八大和习近平总书记在十八届中央纪委二次全会上的重要讲话精神，严肃认真地开展会员卡清退活动，实现自我净化，巩固落实八项规定成果，营造风清气正的良好环境。要通过这次活动，向全党全社会发出一个信号，表明纪检监察系统广大干部职工以实实在在的行动落实八项规定。打铁还需自身硬。这次会员卡专项清退活动，是纪检监察系统开展以为民务实清廉为主要内容的党的群众路线教育实践活动的“前奏曲”。纪检监察干部要以高标准要求自己，牢固确立凡要求别人做到的首先自己必须做到的意识，正人必先正己，在活动中“照镜子、正衣冠、洗洗澡、治治病”，增强宗旨意识和群众观念，自觉抵御各种诱惑，以实际行动深入贯彻落实八项规定，以改进作风的新成效积累“正能量”，以优异成绩迎接建党92周年。

习近平同全国各族少年儿童代表共庆“六一”国际儿童节

5月29日，在“六一”国际儿童节即将到来之际，习近平来到北京市少年宫，同来京参加交流体验活动的全国56个民族、革命老区、灾区、患有先天性心脏病少年儿童和农民工子女，以及首都城乡少年儿童代表1600多人，一起参加“快乐童年 放飞希望”主题队日活动，以一个“大朋友”的名义，向全国广大少年儿童祝贺节日。

习近平强调，孩子们成长得更好，是我们最大的心愿。党和政府要始终关心各族少年儿童，努力为他们学习成长创造更好的条件。老师、家长要承担起教育引导少年儿童成长成才的责任。少先队组织要更好地为少年儿童服务。全社会都要关心少年儿童成长，支持少年儿童工作。对损害少年儿童权益、破坏少年儿童身心健康的言行，要坚决防止和依法打击。

刘奇葆同新任县委宣传部长培训班学员座谈

5月30日，刘奇葆同新任县委宣传部长培训班学员座谈。

刘奇葆指出，做好宣传思想文化工作，基层工作很重要，基层的事情做不好，工作就落不了地、生不了根。要在城乡基层广泛深入开展中国特色社会主义和中国梦宣传教育，突出思想性、注重接地气、扩大覆盖面，推动宣传教育进城下乡、进村入户。要切实加强和改进基层思想政治工作，广泛开展形势政策教育，注重人文关怀和心理疏导，理顺情绪、化解矛盾、平衡心理。要广泛开展群众性精神文明创建活动，加强诚信建设，深化学雷锋志愿服务活动，进一步提高社会文明水平。要着力提升基层公共文化服务的实用性便利性，保障人民基本文化权益。基层宣传思想文化工作者要按照“紧跟中央、安心热爱、钻研求索、积极作为”的要求，坚决贯彻中央决策部署，尽职尽责地做好工作，努力创造无愧于党、无愧于人民的业绩。

亚洲政党专题会议开幕

5月30日，2013亚洲政党专题会议在西安举行，会议主题是“推动绿色发展，共建美丽亚洲”，来自亚洲国家50多个政党的代表，拉美、非洲部分政党及政党组织的观察员近200人与会，李源潮出席开幕式并集体会见与会外方代表。

李源潮说，追求独立自主、繁荣富强是亚洲人民不懈奋斗的共同梦想。第二次世界大战结束后的60多年来，亚洲人民奋力追赶，创造了举世公认的“亚洲奇迹”。新形势下，亚洲各国应以更开阔的眼界、更开阔的思路、更开阔的胸襟，积极借鉴人类优秀文明成果，充分发挥亚洲人民的聪明智慧，努力走出一条和平、发展、合作、共赢的亚洲发展繁荣之路。绿色发展是当今世界发展的潮流，也是政党合作的全新空间。亚洲各国应重视环境保护，节约使用资源，倡导合理消费，致力造福民众，齐心建设美丽亚洲。

深化平安中国建设工作会议召开

5月31日，深化平安中国建设工作会议在苏州召开。习近平就建设平安中国作出重要指示。孟建柱出席并讲话，郭声琨主持会议，曹建明出席会议。

习近平强调，要深入贯彻落实党的十八大精神，把平安中国建设置于中国特色社会主义事业发展全局中来谋划，紧紧围绕“两个一百年”奋斗目标，把人民群众对平安中国建设的要求作为努力方向，坚持源头治理、系统治理、综合治理、依法治理，努力解决深层次问题，着力建设平安中国，确保人民安居乐业、社会安定有序、国家长治久安。

会议提出，全国政法综治部门要深入贯彻党的十八大和习近平总书记关于建设平安中国的重要指示精神，积极适应小康社会新要求和人民群众新期待，继承优良传统，积极改革创新，着力把握规律，下大气力解决影响社会和谐稳定的突出问题，加强源头性、基础性工作，在更高起点上全面推进平安中国建设，努力建设领域更广、人民群众更满意、实效性更强的平安中国，为全面建成小康社会、夺取中国特色社会主义新胜利作出新贡献。

2013 年 6 月

中央巡视组进驻被巡视单位开展新一轮巡视

6 月 3 日，从中央巡视工作领导小组办公室获悉：按照 2013 年中央巡视工作动员暨培训会议的要求，中央巡视组将对内蒙古、江西、湖北、重庆、贵州、水利部、中国储备粮管理总公司、中国进出口银行、中国出版集团、中国人民大学开展巡视。新一轮巡视工作将突出四个重点：一是围绕党风廉政建设和反腐败斗争，着力发现领导干部是否存在权钱交易、以权谋私、贪污贿赂、腐化堕落等违纪违法问题；二是在贯彻落实八项规定方面，着力发现是否存在形式主义、官僚主义、享乐主义和奢靡之风等问题，紧紧盯住，防止反弹；三是着力发现是否存在违反党的政治纪律问题；四是着力发现是否存在选人用人上的不正之风和腐败问题。此次巡视，还将对领导干部报告个人有关事项进行抽查。

《十七大以来重要文献选编》下册出版发行

新华社 6 月 5 日报道，中共中央文献研究室编辑的《十七大以来重要文献选编》下册，已由中央文献出版社出版在全国各地发行。

《十七大以来重要文献选编》下册，收入自 2010 年 11 月党的十七届五中全会后至 2012 年 11 月党的十八大召开前这段时间的重要文献，共 95 篇，约 82 万字。其中，中共中央、全国人大、国务院、中央军委作出的决议、决定等 32 篇，中央领导同志的报告、讲话和文稿等 63 篇。有 17 篇重要文献是第一次公开发表。

国务院印发《质量工作考核办法》

新华网 6 月 6 日报道，国务院办公厅近日印发了《质量工作考核办法》，这是国务院首次提出每年对省级人民政府有关质量的工作进行考核，考核主要从产品质量、工程质量、服务质量等领域的质量安全和质量发展两个方面进行，包括质量目标完成情况和质量措施落实情况。

《办法》规定，考核对象为各省、自治区、直辖市人民政府，考核工作由国家质量监督检验检疫总局牵头，会同全国质量工作部际联席会议各成员单位及有关领域专家组成考核工作组负责组织实施。考核分为 A、B、C、D 四个等级，发生区域性、系统性产品质量安全事件的，考核结果一律为 D 级。结果为 D 级的省（区、市）人民政府，有关领导干部不得参加年度评奖、授予荣誉称号等，国家收紧或暂停对该地区各项质量奖励和政策支持的核准和审批。同时，该地应在考核结果公告后一个月内向国务院作出书面报告，提出限期整改工作措施。整改不到位的，必要时由监察部门依据有关规定追究该地区有关责任人员的责任。

全国安全生产电视电话会议召开

6 月 7 日，国务院召开全国安全生产电视电话会议。近一个时期以来，全国多个地区接连发生多起重特大安全生产事故，造成重大人员伤亡和财产损失。习近平对此高度重视并就做好安全生产工作再次作出重要指示，他强调，要始终把人民生命安全放在首位，以对党和人民高度负责的精神，完善制度、强化责任、加强管理、严格监管，把安全生产责任制落到实处，切实防范重特大安全生产事故的发生。李克强要求会议按照国务院常务会议关于抓好安全生产工作的部署，深刻汲取近期连续发生安全生产事故的沉痛教训，扎扎实实开展好安全生产大检查，认真整改存在的问题，健全各项制度，切实维护人民生命安全。

马凯在会上传达了习近平的重要指示，并对贯彻落实习近平的重要指示和李克强的要求、切实做好安全生产工作进行部署。从6月初至9月底在全国集中组织开展安全生产大检查，深入排查整治安全生产隐患，督促全面落实安全生产责任制度，铁腕打击非法违法和违规违章行为，大力推进煤矿安全治本攻坚，切实抓好重点行业领域安全整治，严格监管执法和事故查处，进一步夯实安全生产基础，坚决堵塞安全生产监管漏洞，有效防范和遏制重特大安全事故发生，努力促进全国安全生产形势持续稳定好转。

解放军总政治部召开军队政治工作研讨会

6月7日，解放军总政治部在北京召开会议，着眼实现中国梦强军梦、围绕强军目标开展政治工作进行研讨，许其亮出席并讲话，张阳主持会议。

许其亮指出，这次会议旨在围绕强军目标加强思想政治建设，总结历史经验，紧盯在新的起点上推动政治工作创新发展面临的重大重点难点问题深化研究，统一思想，凝聚共识，理清思路。与会人员就新形势下用强军目标统领政治工作，筑牢听党指挥思想根基，树立战斗力这个唯一的根本的标准，进一步改进作风，强化党的组织功能，加强干部队伍建设，健全完善政治工作制度机制等，踊跃建言献策，发言质量高，许多意见建议很有价值，达到了预期目的。

新形势下，要不断深化对政治工作地位作用的认识，在准确把握历史方位中明确围绕强军目标开展政治工作的使命担当。要确保官兵理想信念坚定、听党指挥高度自觉。要充分发挥政治工作在战斗力生成和作战中的强有力服务保证作用。要努力打造托举军队现代化的人才方阵。要强化党的组织功能、发挥党的组织优势。要进一步更新思想观念、改进工作指导、创新方式方法。要加强政治干部队伍建设。

吴一心同志先进事迹报告会举行

6月7日，福建省惠安县公安局原副局长兼交警大队大队长吴一心同志先进事迹报告会在北京人民大会堂举行。会前孟建柱会见了吴一心同志亲属和先进事迹报告团成员。郭声琨参加会见并在报告会上讲话。

孟建柱强调，广大政法干警要认真学习吴一心同志的先进事迹和崇高精神，牢记党的宗旨，一心想着百姓，一心为了百姓，把精力和心血倾注到平安中国、法治中国、过硬队伍建设中，把有限的生命投入到无限的为人民服务之中，为实现中华民族伟大复兴的中国梦提供有力司法保障、创造良好社会环境。全国政法机关和广大政法干警要紧密结合开展党的群众路线教育实践活动，深入学习吴一心同志的先进事迹和崇高精神，坚定理想、对党忠诚，始终做党和人民的忠诚卫士；牢记宗旨、执法为民，始终做人民群众的贴心人；求真务实、开拓进取，始终推动政法事业发展进步；严于律己、清正廉洁，始终坚守政法干警的精神高地。要大张旗鼓地弘扬政法队伍中的浩然正气，树立政法干警的良好形象，进一步传递为实现中国梦而奋发进取的"正能量"。

纪念《开罗宣言》70周年研讨会举行

6月8日，纪念《开罗宣言》70周年学术研讨会在北京举行，李金华出席并致辞。来自中国政策科学研究会国家安全政策委员会、北京语言大学、中国社会科学院世界史所等多位专家学者就开罗会议和《开罗宣言》的重要意义及其国际法效力等话题进行了主题发言和深入对话。

与会专家学者认为，《开罗宣言》是决定战

后国际秩序，特别是远东国际秩序及各有关国家应遵循的国际法文件之一，在70年后的今天纪念其发表具有重要现实意义。

神舟十号载人飞船发射成功

6月11日，我国载人航天工程再次开启新征程，神舟十号载人飞船在酒泉卫星发射中心发射升空，准确进入预定轨道，顺利将3名航天员送入太空。习近平前往酒泉卫星发射中心现场观看飞船发射。李克强、刘云山在北京航天飞行控制中心观看飞船发射实况。

天宫一号与神舟十号载人飞行任务是我国组织实施的第五次载人航天飞行，是神舟飞船和长征二号F运载火箭组成的载人天地往返运输系统的首次应用性飞行。根据计划，神舟十号飞船在轨飞行期间，将与天宫一号目标飞行器进行两次交会对接。已成功与神舟八号、神舟九号飞船进行4次交会对接试验的天宫一号目标飞行器，目前已进入预定的对接轨道，在轨运行稳定，设备状态良好，静候神舟十号飞船的到来。

中央国家机关工委召开学习经验交流会

6月11日，中央国家机关工委召开中央国家机关部门党组（党委）中心组学习经验交流会，深入推进党的十八大精神的学习贯彻。国务院办公厅、教育部、交通运输部、审计署、林业局、建设银行等党组（党委）书记介绍了经验做法。

李智勇强调，要充分发挥党组（党委）中心组的带头示范作用，把学习贯彻党的十八大精神引向深入；要认真学好中央精神，加深对十八大精神的理解；要深入研究改革，围绕重大改革发展任务，围绕机构改革和职能转变，深化学习研究；在即将开展的党的群众路线教育实践活动中，要深入学习党的群众路线的理论。

解放军建立党委管审议审制度

6月12日，全军强化各级党委对审计工作的统一领导，从10个方面明确党委管审议审的主要内容和工作制度，要求各级党委重视审计、运用审计、关心审计，充分发挥军队审计在服务强军目标、促进反腐倡廉建设、维护军队利益中的特殊作用。

赵克石说，对军队审计工作实施统一领导，支持审计依法独立行使权力，促进有限资源向能打仗、打胜仗聚焦，规范领导干部经济权力行使，是各级党委必须履行的重要责任。

总政治部、总后勤部明确党委管审议审重要内容，包括审定规划计划、支持依法审计、抓好审计整改、落实审计问责、重视审计建设等5个方面。党委要全力支持审计部门依法独立行使审计监督权，重视解决审计工作中遇到的矛盾困难；党委成员要带头接受审计监督。党委要高度重视审计发现问题的整改，书记、副书记对本单位问题整改负主要领导责任，督促所属单位和部门执行审计决定，落实审计意见，确保整改到位；对审计发现的财经违法行为，按规定作出处理和给予处分；对不执行审计决定的，责令限期改正，逾期不改正的，要从重处理。

中共中央总书记习近平会见中国国民党荣誉主席吴伯雄

6月13日，中共中央总书记习近平在人民大会堂会见了中国国民党荣誉主席吴伯雄和他率领的中国国民党访问团全体成员。

习近平强调，今天，两岸关系已站在新的起点上，也面临着重要机遇。我们应该认真总结经验，清醒认识并主动因应形势发展变化，坚定不移走两岸关系和平发展道路，巩固和深化两岸关系和平发展的政治、经济、文化、社会基础，推动两岸关系不断取得新的成就。习近平就此提出4点意见。第一，坚持从中华民族整体利益的高度把握两岸关系大局。第二，坚持在认清历史发展趋势中把握两岸关系前途。第三，坚持增进互信、良性互动、求同存异、务实进取。第四，坚持稳步推进两岸关系全面发展。并高度评价吴伯雄具有深厚民族情怀和振兴中华的使命感，为促进两岸关系发展作出了重要贡献。

吴伯雄强调，坚持“九二共识”、反对“台独”是国共两党一致的立场，是两岸关系和平发展的基础。两岸各自的法律、体制都实行一个中国原则，都用一个中国框架定位两岸关系，而不是“国与国”的关系。马英九主席最近重申不推动“两个中国”、“一中一台”及“台湾独立”，坚持了中国国民党的一贯路线。两岸人民同属中华民族，都是炎黄子孙。两岸关系面临承前启后、继往开来的新形势，国共两党要有共同振兴中华民族的使命感。两岸应该强化经济关系，深化社会交流，加强文化交流，讨论推动签署教育交流、文化交流协议，为两岸民众创造更多实质利益。两岸同胞有责任传承和发扬中华文化，让中华民族为世界作出有意义的贡献。会见中，吴伯雄转达了国民党主席马英九对习近平总书记的问候。习近平也请吴伯雄转达对马英九的问候。

孟建柱会见“最美消防员”代表

6月13日，孟建柱在北京会见“最美消防员”代表。

孟建柱说，多年来，无论是在参加重特大灾害事故救援还是在重大活动消防安保工作中，无论是在日常灭火战斗还是在维护社会稳定工作中，广大公安消防官兵恪尽职守、竭诚奉献。面对血与火、生与死的考验，他们用汗水、鲜血乃至生命忠诚履行使命，涌现出了一大批可歌可泣、可亲可敬的英雄人物和先进事迹。“最美消防员”就是其中的杰出代表。他们不仅行为美，而且心灵美、人格美，不愧为百姓心目中的“最美消防员”，是全国政法干警的学习榜样。全国政法战线和广大政法干警要紧密结合开展为民务实清廉主题教育实践活动，深入学习“最美消防员”的先进事迹和崇高精神，进一步唱响主旋律、传递正能量，努力为保障人民安居乐业、社会安定有序、国家长治久安作出新贡献。

文化体制改革工作座谈会召开

6月14日，文化体制改革工作座谈会在北京召开，刘奇葆出席并讲话。

刘奇葆指出，党的十六大以来，文化改革发展取得历史性成就，走出了一条中国特色社会主义文化发展道路。站在新的起点上，要进一步解放思想、坚定信心、凝聚共识，以更大的勇气和智慧把文化体制改革推向前进。要着眼提高文化宏观管理能力、增强文化市场主体竞争力，推动国有经营性文化单位建立和完善现代企业制度，积极培育骨干文化企业，建立健全现代文化市场体系，分类推进文化事业单位改革，加快转变文化行政管理部门职能，探索健全国有文化资产管理体制。要推进公共文化服务均等化，提高文化产业规模化集约化专业化水平，加强文化传播能力建设，繁荣发展文化事业文化产业。要切实加强组织领导，不断提高推动文化改革发展的能力。

纪念人民日报创刊65周年座谈会召开

6月14日，人民日报社召开座谈会纪念人民日报创刊65周年。

1948年6月15日，这张与中国共产党和中国人民命运与共的报纸，诞生于河北省平山县里庄。65年来，从两个版、发行量4万份，到24个版、发行量300多万份、法人微博粉丝超过1500万，24家社属报刊组成人民日报报系的“大家庭”，人民网网民覆盖200多个国家和地区，网络版、手机报、搜索引擎、电子阅报栏构建立体传播格局……人民日报紧跟时代步伐，取得了辉煌的成就。

座谈会上，8位报社职工代表谈体会、讲感受、说成长、话未来，表达了热爱人民日报、奉献人民日报的责任和情怀。他们表示，要时时刻刻牢记党报人的责任和使命，牢记人民日报的光荣传统，在报社这个大舞台上干事创业，共筑人民日报社新的光荣与梦想。

共青团第十七次全国代表大会召开

6月17日至20日，中国共产主义青年团第十七次全国代表大会在人民大会堂召开。习近平、李克强、张德江、俞正声、王岐山、张高丽等党和国家领导人出席开幕式，刘云山代表党中央发表了题为《在实现中国梦的伟大实践中谱写壮丽的青春篇章》的祝词。秦宜智代表共青团第十六届中央委员会作了题为《高举团旗跟党走 奋力实现中国梦》的报告。

会议通过了中国共产主义青年团第十七次全国代表大会关于团十六届中央委员会报告的决议。通过了关于《中国共产主义青年团章程(修正案)》的决议。选举产生了新一届团中央领导机构。全会选举秦宜智为团十七届中央委员会书记处第一书记，贺军科、罗梅、汪鸿雁、周长奎、徐晓、傅振邦为书记处书记。选举万速成、刘涛、刘志强、刘佳晨、汪鸿雁、张劲、阿依努尔·买合赛提、陈光浩、罗梅、周波、周长奎、贺军科、秦宜智、夏科家、徐晓、郭祥玉、常宇、康国明、韩晓东、傅振邦、曾颖如21人为团十七届中央委员会常委。

大会号召，全团要紧密团结在以习近平同志为总书记的党中央周围，高举中国特色社会主义伟大旗帜，以邓小平理论、“三个代表”重要思想、科学发展观为指导，团结带领广大团员青年在全面建成小康社会、加快推进社会主义现代化、实现中华民族伟大复兴的中国梦的新征程上谱写新的青春篇章！

党的群众路线教育实践活动工作电视电话会议召开

6月18日，党的群众路线教育实践活动工作电视电话会议在北京召开，习近平出席并讲话，对全党开展教育实践活动进行部署。李克强、张德江、俞正声、王岐山、张高丽出席主会场会议，刘云山主持会议。

习近平强调，群众路线是我们党的生命线和根本工作路线。实现党的十八大确定的奋斗目标，实现中华民族伟大复兴的中国梦，必须紧紧依靠人民，充分调动最广大人民的积极性、主动性、创造性。开展党的群众路线教育实践活动，就是要使全党同志牢记并恪守全心全意为人民服务的根本宗旨，以优良作风把人民紧紧凝聚在一起，为实现党的十八大确定的目标任务而努力奋斗。

习近平指出，总体上看，当前各级党组织和党员、干部贯彻执行党的群众路线情况是好的，党群干群关系也是好的，广大党员、干部在改革发展稳定各项工作中冲锋陷阵、忘我奉献，发挥了先锋模范作用，赢得了广大人民群众肯定和拥护。这是主流，必须充分肯定。同时，我们必须看到，面对世情、国情、党情的深刻变化，精神懈怠危险、能力不足危险、脱离群众危险、消极腐败危险更加尖锐地摆在全党面前，党内脱离群众的现象大量存在，集中表现在形式主义、官僚主义、享乐主义和奢靡之风这“四风”上。我们要对作风之弊、行为之垢来一次大排查、大检修、大扫除。这次教育实践活动的主要任务聚焦到作风建设上，集中解决形式主义、官僚主义、享乐主义和奢靡之风这“四风”问题。这“四风”是违背我们党的性质和宗旨的，是当前群众深恶痛绝、反映最强烈的问题，也是损害党群干群关系的重要根源。“四风”问题解决好了，党内其他一些问题解决起来也就有了更好条件。要以整风精神开展批评和自我批评，开好民主生活会，坚持开门搞活动。教育实践活动要以县处级以上领导机关、领导班子、领导干部为重点。各级领导干部既是活动组织者、推进者、监督者，更是活动参与者，要以普通党员身份把自己摆进去，力争认识高一层、学习深一步、实践先一着、剖析解决突出问题好一筹。保持党同人民群众的血肉联系是一个永恒课题，作风问题具有反复性和顽固性，必须经常抓、长期抓，特别是要建立健全促进党员、干部坚持为民务实清廉的长效机制。要以这次活动为契机，制定新的制度，完善已有的制度，废止不适用的制度。制度一经形成，就要严格遵守，执行制度没有例外。

习近平要求，各级党委要增强责任感和紧迫感，把开展好教育实践活动作为一项重大政治任务抓紧抓好抓实。要明确责任职责，主要领导亲自抓；深入调查研究，制定切实可行的实施方案；加强具体指导，确保正确方向；坚持统筹兼顾，做到两手抓、两促进；加强宣传引导，营造良好舆论氛围。

习近平同团中央新一届领导班子成员集体谈话

6月20日，习近平在中南海同团中央新一届领导班子成员集体谈话并发表讲话，刘云山参加谈话，李源潮主持。

秦宜智汇报了共青团第十七次全国代表大会和十七届一中全会的召开情况，团中央书记处书记贺军科、罗梅、汪鸿雁、周长奎、徐晓、傅振邦分别作了发言。

习近平强调，团的工作要把握住根本性问题，把培养中国特色社会主义事业建设者和接班人作为根本任务，把巩固和扩大党执政的青年群众基础作为政治责任，把围绕中心、服务大局作为工作主线。团的工作要把握住广大青年的脉搏。要提高团的吸引力和凝聚力，关键是要高举理想信念的旗帜。共青团要做好青年思想引导工作、增强吸引力和凝聚力，必须站在理想信念这个制高点上。只有思想上精神上的吸引力和凝聚力，才是内在的强大的持久的。共青团要努力帮助广大青年树立远大理想，坚定走中国特色社会主义道路的人生信念，用科学的理论武装青年，用历史的眼光启示青年，用伟大的目标感召青年，用光明的未来激励青年，使他们不断增强道路自信、理论自信、制度自信，不断增进对党的信赖、信念、信心。

习近平对加强团干部队伍建设提出了明确要求，强调推动共青团事业不断开创新局面，关键在团干部。团的干部必须坚定理想信念，应该最富有理想、富有理想主义，团干部要在广大青年中树立威信、形成号召力，首先要高扬理想旗帜。团的干部必须心系广大青年，坚持以青年为本，深深植根青年、充分依靠青年、一切为了青年，做青年友，不做青年"官"，努力增强党对青年的凝聚力和青年对党的向心力。团的干部必须提高工作能力，勤奋学习，向书本学习，向实践学习，向青年学习，在同广大青年的密切交往中提高工作本领，在同他们打成一片中找到做好青年工作的有效办法。团的干部必须锤炼优良作风，既要有干事创业的激情，更要有脚踏实地的作为。要深刻领会中央八项规定的精神实质，养成慎始、慎独、慎微的意识，走好人生每一步。要坚决反对形式主义、官僚主义、享乐主义和奢靡之风这"四风"，着力解决广大青年反映强烈的突出问题，为做好团的工作提供坚强作风保证。

《论群众路线——重要论述摘编》《厉行节约　反对浪费——重要论述摘编》出版

新华社6月20日报道，为配合党的群众路线教育实践活动，中央文献研究室编辑出版了《论群众路线——重要论述摘编》和《厉行节约　反对浪费——重要论述摘编》。

《论群众路线——重要论述摘编》以党的十八大精神为指导，收入马克思、恩格斯、列宁、毛泽东、邓小平、江泽民、胡锦涛、习近平关于唯物史观和群众路线的论述，特别是为民务实清廉方面的论述，包括深入调查研究、密切联系群众、艰苦奋斗、真抓实干等优良传统和作风方面的论述，反对形式主义、官僚主义、享乐主义和奢靡之风，严格党的纪律等方面的论述，共340多条，7万多字。这些重要论述，是从大量经典著作中精选出来的，内容前后连贯，思想深刻，文风朴实，通俗易懂，具有很强的思想性、现实针对性和可读性。认真学习这些重要论述，深刻领会其中的精神实质，对于广大党员干部在新形势下进一步坚持和贯彻党的群众路线，切实做到为民务实清廉，克服"四风"，为实现中国梦凝聚强大力量，具有十分重要的指导意义。

《厉行节约 反对浪费——重要论述摘编》一书，收入了毛泽东、邓小平、江泽民、胡锦涛、习近平和周恩来、刘少奇、朱德、陈云等有关厉行节约、反对浪费的重要论述100余条，约3万字。

党的群众路线教育实践活动
中央督导组培训会议召开

6月20日至21日，党的群众路线教育实践活动中央督导组培训会议在北京召开。会议深入学习领会习近平总书记和刘云山同志在党的群众路线教育实践活动工作会议上的重要讲话精神，对中央督导组进行了思想动员和工作培训并认真研究了督导工作。赵乐际出席并讲话，赵洪祝出席并作总结讲话。

赵乐际强调，中央派出督导组，是加强督促检查、具体指导的重要举措，是教育实践活动健康开展、取得实效的重要保证。督导组要提高思想认识，把握中央要求，注意工作方法，强化责任担当，认真履行职责。要加强分类指导，抓住督导重点，发现并督促解决突出问题，督促建立健全并严格执行作风建设的制度规定，注重发现总结典型经验，确保教育实践活动不虚、不空、不偏，确保有序有效进行。

赵洪祝要求，督导组要从严要求，务求实效，注重把握各环节重点工作，督促解决突出问题；要加强沟通协调，形成督促检查工作合力；要改进作风、求真务实、严守纪律，带头树立为民务实清廉形象。

全军党的群众路线教育
实践活动工作电视电话会议召开

6月21日，全军党的群众路线教育实践活动工作电视电话会议在北京召开，会议主要任务是认真贯彻党中央的部署要求，坚决落实习主席和军委决策指示，对全军深入开展党的群众路线教育实践活动进行动员部署。范长龙、许其亮出席并讲话，常万全、房峰辉、赵克石、张又侠、吴胜利、马晓天、魏凤和出席，张阳主持会议。

习近平日前作出重要指示，强调军队开展党的群众路线教育实践活动，既要贯彻中央统一要求，又要体现自身特点和建设规律，着眼永葆人民军队性质、宗旨、本色，着眼形成和发展团结友爱和谐纯洁的内部关系，着眼促进军队各项工作和建设。要坚决反对形式主义、官僚主义、享乐主义和奢靡之风，着力在纠治官兵反映强烈的突出问题上见到成效，在解决深层次矛盾和问题上见到成效，在构建规范化、制度化的长效机制上见到成效，努力从思想上、组织上、作风上为实现党在新形势下的强军目标提供坚强保证。

范长龙强调，贯彻党中央、习主席的决策部署和重要指示，搞好军队的教育实践活动，进一步抓好作风建设，要围绕实现党在新形势下的强军目标，贯彻“照镜子、正衣冠、洗洗澡、治治病”的总要求，突出反对形式主义、官僚主义、享乐主义和奢靡之风这个重点，坚持领导带头、严字当头，标本兼治、综合施策，务求改进作风有新成效，官兵士气高，部队风气正，强军底气足，有效履行军队的使命任务。要深化思想认识，充分认清这次教育实践活动的重大意义，站在听党指挥的高度，树立走在前列的标准，打赢改作风这场硬仗。反对形式主义，要着重解决文山会海、贪图虚名、弄虚作假、工作不实的问题；反对官僚主义，要着重解决对广大官兵的根本态度问题；反对享乐主义，要着重克服贪图享受、及时行乐思想和精神懈怠、不思进取的现象；反对奢靡之风，要着重纠治铺张浪费、挥霍无度、骄奢淫逸的不良风气。要认真贯彻整风精神，敢于较真碰硬，抓正反两方面典型。要以具体管用的制度作保证，对于公务接待、军车管理、建房占房、选人用人、资源管理等，要一项一项研究。要把教育实践活动与部队正在开展的各项工作结合起来，与加强党委班子和干部队伍建设结合起来，聚焦到提高战斗力上，贯穿到以军事斗争准备为龙头的各项工作中，确保部队能经受各种考验，圆满完成各项任务。

中央党的群众路线教育实践活动领导小组印发通知

新华网6月21日报道，中央党的群众路线教育实践活动领导小组近日印发《关于认真学习贯彻习近平总书记在党的群众路线教育实践活动工作会议上的讲话的通知》，要求各级党组织和广大党员、干部把认真学习贯彻讲话作为当前的一项重要政治任务，自觉把思想和行动统一到中央要求上来。

《通知》强调，要准确把握教育实践活动的目标任务，认真查找形式主义、官僚主义、享乐主义和奢靡之风“四风”方面存在的突出问题，剖析根源，坚持什么问题突出就着重解决什么问题，什么问题紧迫就抓紧解决什么问题，以解决问题的实际成效取信于民。要准确把握教育实践活动的总要求，把“照镜子、正衣冠、洗洗澡、治治病”总要求落实到教育实践活动全过程、各环节，敢于直面和勇于解决党内存在的突出问题，对作风方面存在问题的党员、干部进行教育提醒，对问题严重的进行查处，对与民争利、损害群众利益的不正之风和突出问题进行专项治理。要准确把握以整风精神开展批评和自我批评，引导党员干部拿起批评和自我批评的武器，开展积极健康的思想斗争，敢于揭短亮丑，既深刻剖析和检查自己，又开展诚恳的相互批评，真正触及思想和灵魂，达到“团结—批评—团结”的目的。要准确把握坚持领导带头，每个领导干部都要以普通党员的身份把自己摆进去，高标准、严要求，力争认识高一层、学习深一步、实践先一着、剖析解决突出问题好一筹。要准确把握注重建立长效机制，从活动一开始就要重视研究出台加强作风建设的具体制度和规定，强化制度执行力，用严明的制度、严格的执行、严密的监督，形成加强作风建设的长效机制。

要切实把《讲话》精神落实到教育实践活动各个环节、各项工作中。要抓紧制定实施方案，在广泛听取党员、干部和群众意见的基础上，研究制定体现中央精神、符合自身实际的实施方案。要针对机关、企事业单位和基层的不同情况，找准抓住领导班子和党员、干部“四风”方面的突出问题，设定明确目标，提出推进措施。要及时进行工作部署，认真做好启动教育实践活动的有关工作，召开工作会议进行动员部署，抓紧组建督导组，并搞好业务培训。要扎实推进三个环节工作。学习教育、听取意见环节要把加强理论武装摆在第一位，查摆问题、开展批评环节要贯彻整风精神，组织开好一次高质量的专题民主生活会，整改落实、建章立制环节要落实正风肃纪的各项措施和制度规定。要切实加强组织领导，各级党委（党组）要高度重视、认真负责，主要负责人要亲自抓。要抓紧成立教育实践活动领导机构和工作机构，尽早开展工作。组织、纪检、宣传等部门要充分发挥职能作用。领导小组成员单位要积极配合，形成工作合力。要以好的作风开展教育实践活动，力戒形式主义，不搞文山会海，不滥发资料简报，不搞层层检查评比。要把开展教育实践活动同做好当前改革发展稳定各项工作紧密结合起来，同完成本地区本部门本单位各项任务紧密结合起来，统筹兼顾、合理安排，做到两手抓、两促进。

杭州“最美现象”思想道德建设先进经验报告会举行

6月21日，中宣部、浙江省委在人民大会堂举行杭州“最美现象”思想道德建设先进经验报告会，会前刘云山会见报告团成员，刘奇葆参加会见。

近年来，杭州涌现出吴菊萍、吴斌、黄小荣等一批来自普通岗位的先进典型，他们用爱心和善举，用勇敢和坚强，在危急时刻做出英雄壮举，在生死关头展现人间大爱，感动了杭州，感动了全国，被人们誉为“最美人物”。报告会上，杭州市委副秘书长陈卫强、阿里巴巴集团社会责任部员工吴菊萍、杭州长运集团有限公司副总经理俞中欢、杭州市富阳市万市镇众缘村村民黄小荣、杭州电视台记者李天琼作了生动感人的报告，多角度诠释了杭州“最美现象”的深刻内涵和时代价值。

刘云山说，“最美人物”的先进事迹和崇高精神传递了道德建设正能量，唱响了中华民族正气歌，形成了好人好报正效应，一个个最美盆景连接成了最美风景。杭州“最美现象”启示我们：思想道德建设重在建设积累，贵在贴近实际，难在持之以恒。文明道德风尚的形成是逐步积累的过程，春风化雨、润物无声，让积极健康向上的思想和精神在人们心里播下种子，就能生根、开花、结果，转化为崇德向善的实际行动。思想道德建设贴近实际才会有生命力，要与社会生产生活紧密结合，与人们日常工作紧密结合，善于用平凡生活中的美好精神，用群众身边的生动事例教育人、引导人。从善如登、从恶如崩，做好事一时一事容易、长期坚持难，推进思想道德建设要在常、长二字上下功夫，做到机制常态化、工作长期抓。

中共中央政治局召开专门会议研究深化改进作风举措

6 月 22 日至 25 日，按照中央关于党的群众路线教育实践活动首先在中央政治局开展的精神，中共中央政治局召开专门会议，围绕保持党的先进性和纯洁性，以为民务实清廉为主要内容，切实加强马克思主义群众观点教育；回顾总结贯彻落实中央八项规定情况；联系思想实际和所分管地方部门单位的工作实际，分析在形式主义、官僚主义、享乐主义和奢靡之风方面存在的问题，开展批评和自我批评；研究提出加强作风建设的措施及有关制度规定。习近平主持会议并讲话。

这次会议是中央政治局开展教育实践活动的重要内容。会前，中共中央政治局的同志学习了毛泽东、邓小平、江泽民、胡锦涛同志以及党的十八大以来党中央关于坚持群众路线的重要论述，通过谈心谈话听取了有关方面意见和建议，围绕加强作风建设、发挥表率作用进行了反思和剖析，自己动手撰写了发言提纲。会议共安排 6 个半天时间，完成了 3 项议程：听取中央八项规定贯彻执行情况和对中央政治局加强作风建设征求意见情况的汇报，中央政治局的同志发言、对照检查自己落实中央八项规定的情况，讨论研究加强作风建设的措施和制度。

会议认为，中央政治局发挥领导作用的一项基本要求，就在于要求别人做到的自己首先做到，要求别人不做的自己绝对不做。抓改进作风，必须从中央政治局抓起。中央八项规定出台以来，中央政治局的同志自觉、认真、坚持贯彻执行，在改进调查研究、精简会议活动、精简文件简报、规范出访活动、改进警卫工作、改进新闻报道、严格文稿发表、厉行勤俭节约等方面取得积极成效。各地区各部门各单位高度重视，迅速作出部署，在建章立制、解决突出问题、加强监督检查等方面做了大量工作。军队和武警部队迅速行动。这些工作，有力增强了广大党员、干部的宗旨意识和群众观点，有效遏制了迎来送往、文山会海、铺张浪费等不良现象，促进了党风政风转变，带动了社会风气好转，提高了党在人民群众中的威信，激发了广大干部群众的积极性和主动性，为开展教育实践活动打下了重要思想和工作基础。下一步，要结合开展党的群众路线教育实践活动，认真研究、综合评估，采取措施、完善制度，发扬“钉钉子”的精神，进一步把八项规定精神落到实处。特别要把制度约束作为刚性约束，令行禁止、不搞例外，坚决整治对中央规定变着法子进行规避的各种行为，绝不允许上有政策、下有对策，绝不允许打擦边球。

进一步落实中央八项规定精神，要同反对形式主义、官僚主义、享乐主义和奢靡之风这“四风”紧密结合起来。作风问题是腐败的温床。要从思想教育入手，深刻剖析产生“四风”的思想根源，解决好世界观、人生观、价值观这个“总开关”问题。要结合实际，找准“四风”的具体表现，突出重点加紧整改，尽快取得实效。尤其要着力改进学风文风会风，着力控制“三公”经费支出，着力整治跑官要官等选人用人上的不正之风，着力解决吃拿卡要问题，着力解决接受会员卡、商业预付卡问题，着力解决“形象工程”、“政绩工程”和各种节庆、论坛、招商会、国际性会议泛滥等问题，着力制止滥建楼堂馆所问题。要统筹制定领导干部办公用房、住房、配车、秘书配备、公务接待、警卫、福利、休假等工作生活待遇标准，落实不赠送、不接受礼品的规定，切实解决违反规定和超标准享受待遇的各种问题。要深化财政体制、审批体制、决策机制等方面的改革创新。要加强宣传引导，营造良好舆论氛围。

习近平在讲话中肯定了中央政治局认真贯彻八项规定取得的成效，对中央政治局各位同志的对照检查发言进行了总结，强调改进工作作风、推进党内相关制度改革是全面深化改革的重要内容。他指出，这次中央政治局专门会议开得很好，大家的发言紧扣中央八项规定，聚焦作风问题，紧密联系自己的思想和工作实际，内容集中，检查深入，讨论热烈，方向明确，在严肃而和谐的氛围中吐露了心声、碰撞了思想、讨论了问题、交流了观点，是一次高质量的会议，达到了提高认识、统一思想、改进提高的目的。中央政治局的同志本着高度负责的态度，围绕党和国家的重大工作和重大问题，对做好工作提出了重要意见和建议。这种严肃认真的态度和高度负责的精神，需要保持和发扬。他还就加强中央政治局自身建设、提高中央政治局工作水平提出5点要求。第一，不断提高思想政治水平。第二，善于观大势、谋大事。第三，全面贯彻执行民主集中制。第四，发挥模范带头作用。第五，保持同人民群众的血肉联系。

中共中央政治局举行第七次集体学习

6月25日，在中国共产党成立92周年前夕，中共中央政治局就中国特色社会主义理论和实践举行第七次集体学习。

为了准备这次学习，中共中央政治局各位同志事先学习了中国共产党历史，做了认真思考和准备。马凯、刘奇葆、范长龙、孟建柱、赵乐际、胡春华作了重点发言。

习近平在主持学习时发表了讲话。他表示，这次中央政治局集体学习以中国特色社会主义理论和实践为题，主要目的是通过回顾我们党走过的光辉历程，特别是通过重温我们党领导人民在我国建设社会主义的历史进程，提高我们对坚持和发展中国特色社会主义的认识，增强做好改革发展稳定各项工作的自觉性。这对贯彻落实党的十八大精神很有意义，也是对我们党成立92周年的最好庆祝。面对党和国家事业发展新要求，重温党和人民共同走过的光辉历程，在新的历史条件下坚持和发展中国特色社会主义，必须坚持走自己的路，必须顺应世界大势，必须代表最广大人民根本利益，必须加强党的自身建设，必须坚定中国特色社会主义自信。我们党之所以得到人民拥护和支持，从根本上说，就是因为能始终代表中国最广大人民根本利益。我们要始终坚持人民利益高于一切，紧紧依靠人民，全心全意为人民服务，尊重人民首创精神，最广泛动员和组织人民投身到党领导的伟大事业中来。要把党要管党、从严治党落到实处，坚持以改革创新精神推进党的建设，使我们党更好担负起团结带领全国各族人民全面建成小康社会、实现中华民族伟大复兴的重任。

中华见义勇为基金会成立20周年纪念座谈会召开

6月28日，中华见义勇为基金会成立20周年纪念座谈会在人民大会堂召开，郭声琨出席并讲话。

郭声琨强调，要积极倡导、大力弘扬见义勇为精神，引导人们坚定崇高理想信念、树立正确价值取向、培养高度道德自觉，着力树立倡导崇尚正义、追求崇高的良好社会风尚。要关心关爱见义勇为人员，让他们有地位、有待遇、有保障，努力在全社会营造尊重英雄、争当英雄的浓厚社会氛围。要进一步扩大见义勇为效应，最大限度地把人民群众组织发动起来，凝聚广大人民群众的共同智慧和力量，着力形成维护社会和谐稳定的整体合力，筑牢夯实维护社会和谐稳定的铜墙铁壁，努力形成平安建设人人参与、平安成果人人共享的生动局面。

全国组织工作会议召开

6月28日至29日，全国组织工作会议在北京召开，习近平、刘云山出席并讲话，王岐山出席会议。会议研究部署了今后5年党的建设和组织工作。

习近平在讲话中首先代表党中央，在即将迎来中国共产党成立92周年之际，向全国各级党组织和广大共产党员致以节日的问候。他强调，好干部不会自然而然产生。成长为一个好干部，一靠自身努力，二靠组织培养。干部的党性修养、思想觉悟、道德水平不会随着党龄的积累而自然提高，也不会随着职务的升迁而自然提高，而需要终生努力。成为好干部，就要不断改造主观世界、加强党性修养、加强品格陶冶，时刻用党章、用共产党员标准要求自己，时刻自重自省自警自励，老老实实做人，踏踏实实干事，清清白白为官。干部要勤于学、敏于思，认真学习马克思主义理论特别是中国特色社会主义理论体系，丰富知识储备，完善知识结构，打牢履职尽责的知识基础。干部要深入基层、深入实际、深入群众，在改革发展的主战场、维护稳定的第一线、服务群众的最前沿砥砺品质、提高本领。

习近平指出，把好干部选用起来，需要科学有效的选人用人机制。要紧密结合干部工作实际，认真总结，深入研究，不断改进，努力形成系统完备、科学规范、有效管用、简便易行的制度机制。要特别注意研究新情况新问题。要把加强党的领导和充分发扬民主结合起来，发挥党组织在干部选拔任用工作中的领导和把关作用。要完善工作机制，推进干部工作公开，坚决制止简单以票取人的做法，确保民主推荐、民主测评风清气正。培养选拔年轻干部，事关党的事业薪火相传，事关国家长治久安。加强和改进年轻干部工作，要下大气力抓好培养工作。对那些看得准、有潜力、有发展前途的年轻干部，要敢于给他们压担子，有计划安排他们去经受锻炼。党员是党的肌体的细胞。党的先进性和纯洁性要靠千千万万党员的先进性和纯洁性来体现，党的执政使命要靠千千万万党员卓有成效的工作来完成，党要管党、从严治党必须落实到党员队伍的管理中去。党组织要严格把关，把政治标准放在首位，确保政治合格。要重视从青年工人、农民、知识分子中发展党员。要严格党员日常教育和管理，使广大党员平常时候看得出来、关键时刻站得出来、危急关头豁得出来，充分发挥先锋模范作用。

刘云山说，做好新形势下组织工作，要深入贯彻党的十八大部署和习近平总书记重要讲话精神，以党的执政能力建设、先进性和纯洁性建设为主线，以培养选拔更多党和人民需要的好干部为重点，体现从严、创新、务实的要求，着力提升党员干部思想政治素养，着力弘扬党的优良作风，着力形成科学有效的选人用人机制，着力增强各级党组织的发展活力，全面提高党的建设科学化水平。要抓好思想理论建设这个根本，教育引导党员干部坚定理想信念，做中国特色社会主义的坚定信仰者和忠实践行者。大力加强作风建设，深入开展群众路线教育实践活动，聚焦“四风”问题，务求取得实效。认真贯彻民主集中制，严肃党内生活，严肃政治纪律，保障党员民主权利，维护党的团结统一。深化干部人事制度改革，切实完善干部提名推荐、考核评价、选拔任用、管理监督等方面的措施办法，提高选人用人公信度，建设高素质干部队伍和人才队伍。创新基层党建工作，扩大组织覆盖和工作覆盖，深入推进基层服务型党组织建设。加强党对组织工作的领导，围绕公道正派这个核心加强组织部门作风建设，树立和维护组工干部的良好形象。

《中共中央文件选集（1949.10—1966.5）》出版发行

新华社6月29日报道，由中央档案馆和中共中央文献研究室联合编辑、人民出版社出版的大型档案汇编——《中共中央文件选集（1949.10—1966.5）》出版发行。

在编辑出版了1921年7月至1949年9月的《中共中央文件选集》后，中央档案馆报经中央领导同志批准，开始着手编辑《中共中央文件选集（1949.10—1966.5）》（以下简称《选集》）。经过多年的准备、初编和编辑方案的几次调整，《选集》由中央档案馆与中共中央文献研究室共同组织人员编辑完成，并由《选集》编审小组组织审定。全书按照文件形成时间编排，选收了1949年10月至1966年5月期间，以中共中央名义发出的重要文件4569件，共分50册，约1600万字。其中包括中共中央政治局、中共中央书记处、中共中央重要会议等作出的决议、决定、指示、通知、电文等，以及中共中央与其他机构联合发出的文件，部分与中央文件有直接关系的文电作为附件一并收入。这些档案文献多数是第一次公开发表。

中央组织部最新党内统计党员总数达8512.7万名

6月30日，中央组织部最新党内统计数据显示，截至2012年底，中国共产党党员总数达8512.7万名，比上年增加252.5万名，增幅为3.1%；党的基层组织总数达420.1万个，比上年增加17.5万个，增幅为4.3%。各项数据表明，2012年党员队伍结构不断优化，党组织和党的工作覆盖面进一步扩大，展现出蓬勃生机和旺盛活力。

2013 年 7 月

中办国办军办要求进一步加强烈士纪念工作

新华社 7 月 3 日报道，中共中央办公厅、国务院办公厅、中央军委办公厅近日印发《关于进一步加强烈士纪念工作的意见》，要求大力弘扬烈士精神，加强烈士纪念设施保护管理，不断完善烈属抚恤优待政策。

《意见》强调，要大力弘扬烈士精神，广泛开展纪念烈士活动。每年清明节、国庆节等节日和重要纪念日期间，各级党委、政府和驻军部队以及企事业单位、社会组织要充分利用烈士纪念设施、爱国主义教育基地、国防教育基地等红色资源，组织开展祭奠烈士、缅怀英烈活动。将烈士纪念活动融入日常生活、学校教育和红色旅游。充分运用现代信息技术手段，开展网上祭奠活动。坚持用烈士英雄事迹教育青少年，利用课堂教学、主题教育等对学生进行形式多样的思想道德教育。各级党委和政府要加强对烈士纪念工作的组织领导和统筹协调，建立党委统一领导、政府行政主导、部门主动配合、社会广泛参与的工作机制，定期研究解决烈士纪念工作中存在的困难和问题。统筹协调各相关部门力量，认真履行各部门职责，努力形成齐抓共管、共同推进的良好局面，推动烈士纪念工作深入持续开展。

全国人大举办新闻宣传干部培训班

7 月 3 日至 4 日，全国人大常委会办公厅在北京举办 2013 年度人大新闻宣传干部培训班。培训班以新媒介环境下的人大新闻宣传为主题，通过专家授课、讨论交流等方式，分析研究如何做好新形势下的人大新闻宣传工作。王晨出席开班式并讲话。

王晨说，人大新闻宣传工作是人大工作的重要组成部分。当前，我国进入了全面建成小康社会、实现中华民族伟大复兴的中国梦的关键时期。对于身处民主法制建设第一线的全国人大和地方人大而言，要切实增强做好新形势下人大新闻宣传工作的紧迫感和使命感。人大新闻宣传工作要深入贯彻十八大、习近平总书记一系列重要讲话和十二届全国人大一次会议精神，坚持正确的政治方向和舆论导向，紧紧围绕人大的中心工作开展宣传，充分运用各种媒体、积极探索运用新媒体开展人大新闻宣传。

中央党的群众路线教育实践活动领导小组第二次会议召开

7 月 5 日，中央党的群众路线教育实践活动领导小组第二次会议在北京召开，刘云山主持并讲话。会议学习贯彻中央精神和习近平总书记重要讲话精神，研究安排学习教育、听取意见环节的有关工作。

刘云山指出，对这次教育实践活动，中央有很高的要求，群众有很高的期待。开展好教育实践活动，一定要贯彻整风精神，坚持从严、务实，坚持高标准、高质量。从严就是要引导党员干部本着严肃认真的态度参加教育实践活动，以对党和人民高度负责的精神严格要求，对作风之弊、行为之垢来一次大排查、大检修、大扫除。务实就是教育实践活动要始终突出一个实字，在学习教育上要有实实在在的举措，在查摆问题上要紧密联系思想实际和工作实际，在整改落实上要建立改进作风的切实管用的长效机制。

全国高级法院院长座谈会闭幕

7月5日，全国高级法院院长座谈会闭幕。

会议强调，要坚持严格依法办案，通过司法审判实现社会公平正义；坚守防范冤假错案的底线；确保收结案动态平衡和良性循环；在坚持依法办事的前提下追求法律效果和社会效果的有机统一。要求全国各级法院要扎实做好四项工作。一是加强组织领导。二要认真落实中央部署，扎实推进三个重要环节各项工作。三要切实做到审判工作和教育实践活动两手抓，用实绩检验教育实践活动的成效。四要形成为民务实清廉的长效机制。

中央军委召开专题民主生活会

7月7日至8日，中央军委召开党的群众路线教育实践活动专题民主生活会，习近平主持并讲话。

这次会议是中央军委开展教育实践活动的重要内容。为期一天半的专题民主生活会完成了3项议程：听取全军贯彻落实中央八项规定精神和军委十项规定情况及对军委加强作风建设征求意见情况的汇报，军委同志对照检查自己落实中央八项规定精神和军委十项规定情况作发言，讨论研究加强作风建设的措施和制度。与会同志在发言中联系实际，把自己摆进去，自我剖析深刻，相互交流诚恳，提出了许多好的意见和建议，体现了整风精神，达到了提高认识、统一思想、改进提高的目的。

会议强调，反对形式主义、官僚主义、享乐主义和奢靡之风，是教育实践活动的重点。解决"四风"问题，要从思想根子上抓起，抓住官兵反映强烈的突出问题搞好专项整治，拿出打硬仗的劲头，坚决啃下这块硬骨头。军队抓作风建设，最重要的是聚焦能打仗、打胜仗，贯彻和体现战斗力这个唯一的根本的标准，为实现强军目标提供坚强作风保证。要通过狠抓作风建设，把部队带得很有生气、很有活力，形成全军上下同心协力抓战斗力的强大声势和浓厚氛围。要大力发扬尊干爱兵、官兵一致的优良传统，坚持基层至上、士兵第一，进一步巩固和发展团结友爱和谐纯洁的内部关系。这次教育实践活动，重点是领导班子和领导干部。领导干部特别是高级领导要自觉贯彻"照镜子、正衣冠、洗洗澡、治治病"的总要求，勇于向自身开刀，勇于自我清洗，勇于刮骨疗伤，在解决问题、推动工作上取得实实在在的效果。

习近平在讲话中指出，军委改进作风的实际成效，必须体现在加强自身建设、履行职责使命上。他对加强军委自身建设、提高军委工作水平提出5点要求。第一，做到听党指挥、政治坚定。第二，做到善谋打仗、能打胜仗。第三，做到开拓进取、改革创新。第四，做到求真务实、真抓实干。第五，做到廉洁自律、风清气正。

中央党的群众路线教育实践活动领导小组印发《关于做好第一批教育实践活动学习教育、听取意见环节工作的通知》

新华社7月9日报道，中央党的群众路线教育实践活动领导小组近日印发《关于做好第一批教育实践活动学习教育、听取意见环节工作的通知》，要求广大党员、干部特别是领导干部，扎实做好学习教育、听取意见环节工作，提高思想认识，广泛听取意见，解决突出问题，让群众看到变化、见到成效。

《通知》指出，要扎实开展学习教育，重点是搞好学习宣传和思想教育。要适当集中时间，强化集体学习讨论，着力提高学习教育的成效。积极组织学习，认真学习中国特色社会主义理论体系，学习党章和党的十八大报告，学习习近平总书记一系列重要讲话精神，学习党的群众路线教育实践活动工作会议和中央政治局专门会议精神。研读《论群众路线——重要论述摘编》、《党的群众路线教育实践活动学习文件选编》、《厉行节约、反对浪费——重要论述摘编》等学习材料。深入开展理想信念、党性党风党纪和道德品行教育，紧紧围绕世界观、人生观、价值观这个“总开关”，突出坚定理想信念这个根本要求，教育引导党员、干部自觉加强党性修养和品德修养，增强党纪观念，努力提高辨别能力、政治定力和实践能力。广泛开展马克思主义群众观点和党的群众路线专题讨论，重点围绕群众路线的时代内涵，围绕本地区本部门本单位“四风”具体表现和危害，围绕为民务实清廉的具体要求等进行研讨，解决世界观、人生观、价值观的根本问题。

要广泛听取意见建议，坚持开门搞活动，一开始就要深入群众听取意见和建议。突出听取意见的重点，着重听取群众对领导机关、领导班子和领导干部在作风方面存在突出问题的反映，听取对贯彻落实中央八项规定、反对“四风”和践行党的群众路线方面的意见和建议。听取意见的内容必须聚焦反对“四风”，避免分散主题。明确听取意见的范围，广泛听取基层党员、干部和群众的意见，注意听取老同志和“两代表一委员”的意见。改进听取意见的方式，党员领导干部主要采取召开座谈会、个别访谈等方式进行，党组织可采取适当方式进行民主评议，还可开展问卷调查、设置意见箱等，拓宽听取意见渠道。要原汁原味梳理意见和建议，及时向领导班子和班子成员反馈。

中国特色社会主义和中国梦宣传教育首场报告会举行

7月9日，为进一步在全社会唱响中国特色社会主义和中国梦时代主旋律，中央宣传部、中央直属机关工委、中央国家机关工委、教育部、解放军总政治部、中共北京市委在京联合举办中国特色社会主义和中国梦宣传教育系列报告会。首场报告在人民大会堂举行，环境保护部部长周生贤作题为《我国环境保护形势与对策》的报告。

周生贤在报告中指出，当前，我国发展中不平衡不协调不可持续的矛盾依然突出，发达国家一两百年工业化过程中分阶段出现的环境问题，在我国改革开放30多年来的快速发展中集中暴露，呈现明显的结构型、压缩型、复合型特征。老的环境问题尚未得到解决，新的环境问题日益显现，经济发展和城镇化建设进程中的环境压力日趋强化，经济全球化带来的环境压力进一步加大，环境管理体制不顺、能力支撑不足和法制不健全问题比较突出。

要突破难点，继续探索代价小、效益好、排放低、可持续的环境保护新路；要抓住重点，深入开展整治违法排污企业、保障群众健康环保专项行动，优先解决PM2.5、饮用水、土壤、重金属、化学品等损害群众健康的突出环境问题；要创造亮点，全力完成主要污染物减排任务，不断完善监测、统计和考核体系，完善部门协同推进减排机制；要应对热点，以PM2.5防控为重点，深化大气污染防治，积极采取推进产业结构优化升级，严格控制煤炭消费总量，提升燃油品质，实施多污染物协同控制的有效措施。以确保饮用水安全保障为重点，强化流域和地下水水污染防治。以解决农村生态环境问题为重点，深入推进村镇环境连片整治。

《中国共产党对外交往90年》出版

新华社7月9日报道，《中国共产党对外交往90年》一书日前由当代世界出版社出版。本书是国内首部系统介绍中共对外交往90年理论与实践的专著。王家瑞担任主编。

第八届中国大学生年度人物先进事迹报告研讨会举行

7月12日，“我的中国梦——第八届中国大学生年度人物先进事迹报告研讨会”在北京举行，为荣获“第八届中国大学生年度人物”称号的雷声、李博亚、陈晨等10位大学生颁奖，荣获“年度人物”称号的同学讲述了自己的事迹，展示了青年大学生积极奋进、勇于担当，为实现中国梦而努力奋斗的昂扬精神风貌。

报告会后，教育部思想政治工作司邀请北京大学、北京师范大学、中国人民大学、中国青年政治学院、北京外国语大学等高校的专家学者，围绕“今天的中国需要什么样的青年”召开专题研讨会，号召广大青年学生树立崇高的理想信念，自觉将个人发展与国家需要紧密结合起来，服务国家和人民。

中央党校举行2013年春季学期毕业典礼

7月15日，中共中央党校举行2013年春季学期毕业典礼，刘云山出席并为学员颁发毕业证书。

中央党校本期毕业学员795人，另有中直机关分校、中央国家机关分校、部队分部和国资委分校的3200多名学员同期毕业。学员们反映，在党校培训期间，通过认真学习习近平总书记关于加强学习和加强作风建设的一系列重要讲话，进一步提高了加强学习和改进作风的自觉性坚定性。大家深入学习领会党的十八大精神和中国特色社会主义理论体系，提高了思想理论水平，加深了对当前世界大势和我国大政方针的理解认识，开阔了视野，提升了领导素养；坚持理论联系实际，认真研究探讨重大理论和实际问题，提升了分析问题和解决问题的能力；认真贯彻落实中央八项规定精神，培养了优良学风，锤炼了党性。

中共中央政治局常委到第一批党的群众路线教育实践活动联系点调研指导工作

7月16日，按照中央开展党的群众路线教育实践活动安排，中共中央政治局常委近期分别到各自的第一批教育实践活动联系点调查研究、了解情况，指导教育实践活动开好头、起好步。

7月11日至12日，习近平到河北省调研指导教育实践活动。在此前后，李克强到广西壮族自治区，张德江到江苏省，俞正声到甘肃省，刘云山到浙江省，王岐山到黑龙江省，张高丽到四川省。常委们深入乡村、城市社区、企业和政府部门，听取广大干部群众意见和建议，实地了解教育实践活动进展情况。常委们还分别主持召开基层干部群众、省直部门座谈会，并听取联系点省区党委和中央督导组的工作汇报，对联系点省区进一步开展好教育实践活动提出要求。

常委们强调，开展好教育实践活动，第一要把学习教育摆在突出位置。第二要紧密联系实际开展活动。第三要聚焦解决“四风”问题。第四要以整风精神开展批评和自我批评。第五要保证作风建设常态长效。这次教育实践活动的一个突出特点，就是领导带头、自上而下。前不久，中共中央政治局召开专门会议，先行开展教育实践活动，进行批评和自我批评。联系点省区各级领导机关、领导班子和领导干部要切实按照中央要求，以身作则、率先垂范，把示范带头作用体现到活动全过程，在学习认识上先人一步，在解决突出问题上高出一筹，层层落实责任，严防搞形式、走过场，推动教育实践活动取得实实在在的成效。

中国特色社会主义和中国梦宣传教育第二场报告会举行

7月16日，中央宣传部、中央直属机关工委、中央国家机关工委、教育部、解放军总政治部、中共北京市委在北京联合举办中国特色社会主义和中国梦宣传教育系列报告会第二场报告。人力资源和社会保障部部长尹蔚民作《实施就业优先战略 推进社会保障体系建设》专题报告。

尹蔚民指出，在中国梦的丰富内涵中，人是关键要素，民生改善是重要考量。就业是民生之本，社会保障是民生之安，是造福全体人民的两项基本制度，也是中国梦的重要民生篇章。就业是世界性难题。我国劳动力数量多，城乡二元结构特征突出，又处于转型升级的特殊阶段，劳动力总量压力和结构性矛盾并存，就业问题的艰巨性和复杂性是任何国家都无法比拟的。要实现更加充分的就业，必须继续深入实施就业优先战略和更加积极的就业政策，通过稳定经济增长和调整经济结构增加就业岗位，实现经济增长与扩大就业良性互动；综合运用财政、税收、金融、产业等政策，鼓励劳动者多渠道、多形式就业。

同时，必须创造更多高质量就业岗位，提高劳动者就业创业能力和职业转换能力，增强劳动者素质，实现更加稳定和更高质量的就业。要进一步完善反对就业歧视的法规政策，加大人力资源市场监管力度，规范国有单位招聘行为，营造更加公平的就业环境。

中央军委印发《军队实行党风廉政建设责任制的规定》

新华网7月18日报道，中央军委日前印发《军队实行党风廉政建设责任制的规定》。

《规定》深入贯彻落实党的十八大精神，以邓小平理论、"三个代表"重要思想、科学发展观为指导，坚决贯彻习主席一系列重要指示，紧紧围绕党在新形势下的强军目标，依据党中央、中央军委关于党风廉政建设的有关规定，结合军队实际，明确规定了各级党委、纪委和领导干部在党风廉政建设中的具体责任，以及检查监督和责任追究的制度措施。

中央军委要求，各级要深入学习贯彻党的十八大精神，认真贯彻党中央、中央军委和习主席关于加强党风廉政建设和反腐败工作的重要指示，认真落实中央政治局关于改进工作作风、密切联系群众八项规定和中央军委加强自身作风建设十项规定精神，紧紧围绕强军目标，把严格执行党风廉政建设责任制作为一项重要政治任务切实抓紧抓好。要采取多种形式搞好宣传教育，营造学习贯彻《规定》的良好氛围。要切实履行抓党风廉政建设的责任，真正形成齐抓共管的合力。要从源头上有效防治腐败，依据《规定》制定完善具体措施办法，健全权力运行制约和监督体系，把权力关进制度的笼子里。要深入开展党的群众路线教育实践活动，集中解决形式主义、官僚主义、享乐主义和奢靡之风这"四风"问题，以踏石留印、抓铁有痕的劲头，把作风建设一抓到底、抓出成效。要坚持有案必查、有腐必惩，坚持"老虎""苍蝇"一起打，认真纠正并严肃处理本单位在党风廉政建设和反腐败工作中存在的问题，以严明的纪律保证党风廉政建设责任制的贯彻落实。

中共中央总书记习近平电贺马英九当选中国国民党主席

7月20日，马英九当选中国国民党主席。当晚，中共中央总书记习近平向中国国民党主席马英九发出贺电。

生态文明贵阳国际论坛2013年年会开幕

7月20日，生态文明贵阳国际论坛2013年年会在贵阳开幕。习近平向论坛发贺信，张高丽出席开幕式宣读习近平的贺信并发表讲话。

生态文明贵阳国际论坛是我国以生态文明为主题的国家级论坛。本次年会主题为"建设生态文明：绿色变革与转型——绿色产业、绿色城镇和绿色消费引领可持续发展"。瑞士联邦主席兼国防部长毛雷尔、多米尼克总理斯凯里特、汤加首相图伊瓦卡诺、泰国副总理兼商业部长尼瓦探隆、意大利前总理普罗迪等分别在开幕式上致辞。

习近平在贺信中对论坛年会的召开致以热烈祝贺。走向生态文明新时代，建设美丽中国，是实现中华民族伟大复兴的中国梦的重要内容。中国将按照尊重自然、顺应自然、保护自然的理念，贯彻节约资源和保护环境的基本国策，更加自觉地推动绿色发展、循环发展、低碳发展，把生态文明建设融入经济建设、政治建设、文化建设、社会建设各方面和全过程，形成节约资源、保护环境的空间格局、产业结构、生产方式、生活方式，为子孙后代留下天蓝、地绿、水清的生产生活环境。

张高丽在宣读习近平贺信后说，大力推进生态文明建设，不仅对中国全面建成小康社会、实现中华民族伟大复兴的中国梦具有极为重要的意义，而且有利于推进全球可持续发展。各方应共同努力，加强国际交流合作，为建设生态良好的地球美好家园作出积极贡献。

统一战线深入学习贯彻中共十八大精神专题研讨班开班

7月22日，统一战线深入学习贯彻中共十八大精神专题研讨班在北京开班，俞正声出席并讲话，令计划主持。

俞正声强调，坚持和发展中国特色社会主义是一项伟大的事业、长期的任务。要深刻理解中国特色社会主义是社会主义而不是其他什么主义，在当代中国，坚持和发展中国特色社会主义就是真正坚持社会主义，要有这样的道路自信、理论自信、制度自信。要充分认识我们党领导的革命、建设、改革的伟大实践是接续奋斗的历史过程，改革开放前后两个历史时期都是党领导人民进行社会主义建设的实践探索。中国特色社会主义是当代中国发展进步的根本方向，离开中国的实际和已经取得伟大成功的正确道路，幻想另外去傍什么别的主义、别的模式，是注定没有希望、没有前途的。中国共产党是中国特色社会主义的坚强领导核心，有能力带领全国人民实现"两个一百年"的宏伟目标和中华民族伟大复兴的中国梦。

赵乐际与"千人计划"专家座谈

7月22日，赵乐际与"千人计划"专家座谈，他强调，海外高层次人才引进"千人计划"成效显著。要持之以恒推进"千人计划"，坚持服务大局，紧扣科学发展主题和加快转变经济发展方式主线，提高引才用才的针对性实效性。坚持以用为本，扫除影响科技创新能力提高的体制障碍，为人才搭建项目平台，激发人才创造活力。坚持拴心留人，帮助人才了解国内情况、承担重要项目、提供资金支持、疏通成果转化渠道、解决后顾之忧。坚持协同协作，充分调动各方面推动人才发展的积极性，统筹国家层面与地方部门、不同区域人才引进，统筹海外人才引进和国内人才队伍建设。

中办、国办印发《关于党政机关停止新建楼堂馆所和清理办公用房的通知》

新华社7月23日报道，中共中央办公厅、国务院办公厅近日印发了《关于党政机关停止新建楼堂馆所和清理办公用房的通知》。

李源潮勉励香港青少年做爱国爱港的薪火传人

7月23日，李源潮看望在北京参加第六届"相聚国旗下"活动的香港青少年。"相聚国旗下"香港青少年到内地参观交流活动，是由全国青联、中央政府驻港联络办和香港各界青少年社团组织。秦宜智参加看望活动。

李源潮说，香港青少年多到内地走走看看，亲身感受国家发展变化，体会中华民族五千年生生不息的深厚力量，对认识国家、认识历史、认识人生很有帮助。从回归16年来香港发展情况看，"一国两制"是成功的，要坚持下去。希望大家做"一国两制"的拥护者。

李源潮说，大多数香港居民是爱国爱港的，这是在香港实行"一国两制"、"港人治港"、高度自治方针的基础和条件。香港的命运是和祖国的命运连在一起的，祖国兴，香港才能兴。爱国爱港是香港同胞的优良传统，是保持香港繁荣稳定的内生动力。希望大家做爱国爱港的薪火传人。

习近平在武汉召开部分省市负责人座谈会

7月23日，习近平在武汉市主持召开部分省市负责人座谈会，征求对全面深化改革的意见和建议。座谈会上，湖北省委书记李鸿忠、山西省委书记袁纯清、黑龙江省委书记王宪魁、上海市市长杨雄、浙江省委书记夏宝龙、湖南省委书记徐守盛和武汉市委书记阮成发、东风汽车公司董事长徐平先后发言，分别谈了他们对全面深化改革的意见和建议。

在听取了大家发言后，习近平作了重要讲话。他指出，事实证明，改革开放是当代中国发展进步的活力之源，是党和人民事业大踏步赶上时代的重要法宝，是大势所趋、人心所向，停顿和倒退没有出路。要下大功夫总结和运用我国改革开放的成功经验，下大功夫把握党和国家事业发展对改革开放的客观要求，下大功夫了解党内外对改革开放的各种意见和建议，下大功夫了解地方、基层和群众在改革方面做的有益探索。

习近平从6个方面提出了全面深化改革需要深入调查研究的重大问题。第一，进一步形成全国统一的市场体系，形成公平竞争的发展环境。第二，进一步增强经济发展活力，为实现经济持续健康发展提供不竭动力。第三，进一步提高宏观调控水平，提高政府效率和效能。第四，进一步增强社会发展活力，促进社会和谐稳定。第五，进一步实现社会公平正义，通过制度安排更好保障人民群众各方面权益。第六，进一步提高党的领导水平和执政能力，充分发挥党总揽全局、协调各方的作用。改革开放任务越繁重，越要加强和改善党的领导，越要确保党始终成为中国特色社会主义事业的坚强领导核心。要把党要管党、从严治党落到实处，增强全党特别是领导干部理想信念的坚定性，完善党内制度体系特别是民主集中制，推进体制机制改革创新，加强惩治和预防腐败体系建设。

党的群众路线教育实践活动
中央督导组工作座谈会召开

7月23日至24日，党的群众路线教育实践活动中央督导组工作座谈会在北京召开，刘云山出席并讲话。

刘云山说，对开展群众路线教育实践活动，中央高度重视、群众普遍拥护，全党全社会给予很高的期待，做好督导工作是推动中央要求落到实处、促进教育实践活动健康深入发展的重要保证。督导工作是否扎实有力，直接关系教育实践活动的成效。做好督导工作，要坚持从严要求，有严的标准、严的措施、严的纪律，对教育实践活动每一个环节督导到位、严格把关，把“照镜子、正衣冠、洗洗澡、治治病”的总要求贯穿始终。在学习教育、听取意见环节，要督促被督导单位把学习教育摆在重要位置，认真听取各方面意见；在查摆问题、开展批评环节，要督促被督导单位正视问题、找准问题，开好专题民主生活会，以整风精神开展批评和自我批评；在整改落实、建章立制环节，要督促被督导单位抓好突出问题的集中治理，建立健全促进作风建设的长效机制。要注意督导方式，依靠被督导单位的党委（党组）开展工作，引导“一把手”带头示范，激发搞好教育实践活动的动力。要通过有力有效的督导工作，推动各地区各部门各单位把教育实践活动和促进经济社会发展、保障改善民生结合起来，把党员、干部在活动中激发出的热情转化为做好工作的实际行动。督导组要抓好自身建设，深入学习、吃准吃透中央精神，很好运用到督导工作中。要以好的作风抓督导，深入调查研究，摸实情、听真话，严格遵守工作纪律和廉政纪律，不接受宴请，不收受礼品，不游览名胜，用模范行动做好督导工作。

国办、军办转发《意见》
扎实做好退役士兵安置

7月24日，国务院办公厅、中央军委办公厅转发民政部、总参谋部等《关于深入贯彻〈退役士兵安置条例〉扎实做好退役士兵安置工作的意见》，对贯彻落实兵役法、退役士兵安置条例，有序推进退役士兵安置改革，提出了明确要求。

《意见》指出，要全力推进自主就业退役士兵免费教育培训。按照“政府主导、个人自愿、城乡一体、免费参加”的基本要求，最大限度满足退役士兵接受各类职业教育和技能培训的需求。要大力扶持自主就业退役士兵就业创业。要采取有力措施保障符合政府安排工作条件的退役士兵就业。机关、团体、企业事业单位及各

类社会组织，不分单位性质和组织形式，都有依法接收安置退役士兵的责任和义务，特别是中央国家机关和国有大中型企业要带头履行好接收安置任务。在招录公务员、参照公务员法管理机关（单位）工作人员，招聘事业单位工作人员时，要确保同等条件下优先录用（聘用）符合政府安排工作条件的退役士兵。边疆、民族地区乡镇机关招录公务员时，可拿出一定数量的职位，招录符合职位要求、政府安排工作的退役士兵。

中共中央召开党外人士座谈会

7月25日，中共中央在中南海召开党外人士座谈会，就当前经济形势和下半年经济工作听取各民主党派中央、全国工商联领导人和无党派人士的意见和建议。习近平主持座谈会并发表讲话，李克强、俞正声、刘云山、张高丽出席座谈会。李克强通报了上半年经济工作有关情况，介绍了中共中央、国务院关于做好下半年经济工作的考虑。

座谈会上，民革中央主席万鄂湘、民盟中央主席张宝文、民建中央主席陈昌智、民进中央主席严隽琪、农工党中央主席陈竺、致公党中央主席万钢、九三学社中央主席韩启德、台盟中央主席林文漪、全国工商联主席王钦敏、无党派人士林毅夫先后发言。他们赞同中共中央、国务院对当前我国经济形势的分析和对下半年经济工作的考虑，并就增强宏观调控的针对性和协同性、加强农业基础设施建设、优化产业结构、深化金融体制改革、缓解中小企业发展困境、促进实体经济发展、拓展消费市场、发展节能环保和健康产业、发展科技服务业、推进新型城镇化进程等提出意见和建议。

在认真听取大家发言后，习近平表示，大家在发言中充分肯定了上半年经济工作取得的成绩，提出的意见和建议对做好下半年经济工作很有帮助，我们将认真研究。在肯定成绩的同时，我们要保持清醒头脑，深刻认识和高度重视经济运行中的突出矛盾和问题，深刻认识和全面把握国际经济形势，坚持底线思维，切实做好工作。我国发展仍处于可以大有作为的重要战略机遇期，具备经济持续健康发展的基础条件。做好下半年经济工作，要坚持统筹稳增长、调结构、促改革，处理好具有全局性影响的问题，促进经济持续健康发展。要大力推进产业结构调整，坚持把化解产能过剩作为产业结构调整的重点；积极稳妥推进城镇化，合理调节各类城市人口规模，提高中小城市对人口的吸引能力，始终节约用地，保护生态环境；加强金融监管和防范化解风险，促进金融更好为实体经济服务。要积极保障和改善民生，保障基本公共服务，鼓励每个人努力工作、勤劳致富。

习近平会见神舟十号载人飞行任务航天员和参研参试人员代表

7月26日，习近平在北京人民大会堂会见神舟十号载人飞行任务航天员和参研参试人员代表，代表党中央、国务院、中央军委，向神舟十号任务圆满成功表示热烈的祝贺，向参加任务的航天员和广大参研参试人员表示诚挚的慰问。李克强、张德江、俞正声、刘云山、王岐山、张高丽参加会见。

神舟十号飞船6月11日发射升空，6月26日返回舱着陆，在轨运行期间先后同天宫一号目标飞行器成功进行自动和手控交会对接，进一步巩固了我国空间交会对接技术，标志着我国载人航天工程第二步战略目标取得了重大阶段性胜利。

习近平指出，神舟十号载人飞行任务的圆满成功，标志着我国载人航天工程第二步第一阶段完美收官。这是载人航天战线经历21年艰苦奋战取得的又一重大阶段性胜利，是我们在全面建成小康社会伟大进程中取得的又一重大历史性成就。在这一发展进程中，我们取得了连战连捷的辉煌战绩，使我国空间技术发展跨入了国际先进行列。我们培养造就了一支特别能吃苦、特别能战斗、特别能攻关、特别能奉献的高素质人才队伍，培育铸就了伟大的载人航天精神。广大航天人展现出了坚定的理想信念、高昂的爱国热情、强烈的责任担当、良好的精神风貌，你们不愧是思想过硬、技术过硬、作风过硬的英雄团队。有党中央、国务院、中央军委的坚强领导，有全国各族人民的大力支持，有全体航天人的团结拼搏，我国载人航天事业的明天必将会越来越辉煌。

《国务院关于废止和修改部分行政法规的决定》发布

7月26日，李克强签署国务院令，公布《国务院关于废止和修改部分行政法规的决定》。

为了依法推进行政审批制度改革，加快转变政府职能，进一步激发市场和社会的创造活力，发挥好地方政府贴近基层的优势，促进政府管理由事前审批更多地转为事中事后监管，国务院对有关行政法规进行了清理。经过清理，废止《煤炭生产许可证管理办法》，对25件行政法规的部分条款予以修改。

做好新形势下政法宣传工作暨长安杂志创刊20周年座谈会召开

7月26日，做好新形势下政法宣传工作暨长安杂志创刊20周年座谈会召开，孟建柱出席并讲话，郭声琨主持会议。

孟建柱指出，政法宣传工作是党的宣传思想工作的重要组成部分，是政法机关加强执法司法能力建设的重要内容。一名称职的政法领导干部，必然高度重视并认真抓好宣传工作。要树立平等、开放、自信的理念，深化司法公开，实行阳光司法，自觉接受媒体和社会各界监督。要在充分发挥好主流媒体引领作用的同时，善于应用和发挥网络平台与新兴传播工具的作用，有效满足社会公众的信息需求，不断提高政法宣传工作的传播力、影响力，最大限度传递和增加政法舆论正能量。要深入研究、统筹把握现代新闻传播规律和政法工作规律，以人民群众信服的内容和方式及时回应社会关切。要改进对司法具体工作的宣传报道，确保司法机关依法独立公正行使职权。

第九次中越两党理论研讨会举行

7月27日至29日，第九次中越两党理论研讨会在辽宁大连召开。刘奇葆和越共中央政治局委员、中央书记处书记、中央宣教部部长、中央理论委员会主席丁世兄出席开幕式。

本次研讨会的主题是“新形势下加强党风廉政建设的经验”。刘奇葆在题为《中国共产党党风廉政建设的主要做法和经验》的报告中指出，实现党的十八大提出的“两个一百年”奋斗目标和中华民族伟大复兴的中国梦，关键是要从严管党治党，把党建设好。强调把党风廉政建设引向深入，要坚持抓作风建设，始终保持党同人民群众的血肉联系；坚持抓惩防体系建设，构筑反腐倡廉的全方位战略屏障；坚持抓从严惩治，保持惩治腐败的高压态势；坚持抓廉政教育，筑牢拒腐防变的思想道德防线；坚持抓监督制约，把权力关进制度的笼子里；坚持抓改革创新，提高党风廉政建设的科学化水平。丁世兄作了题为《新形势下建设纯洁坚强的越南共产党——实践、经验与教训》的主旨报告。

中越双方代表均强调，加强党风廉政建设，保持党的先进性和纯洁性是中越两党团结带领本国人民巩固政权和发展事业的重要法宝和历史经验。在新的历史条件下，两党必须全面推进党的建设，增强自我净化、自我完善、自我革新、自我提高能力。

习近平“八一”前夕视察北京军区

7月29日，八一建军节到来之际，习近平来到北京军区机关视察，代表党中央、中央军委向军区部队官兵致以诚挚的问候，并向全军指战员、武警部队官兵、民兵预备役人员致以节日的祝贺。

习近平指出，要坚持把思想政治建设摆在首位，坚持不懈用中国特色社会主义理论体系武装官兵，持续培育当代革命军人核心价值观，发展先进军事文化，加强各级党组织建设，确保思想政治上特别纯洁、特别过硬、特别坚定。要教育引导官兵特别是中高级领导干部自觉坚定政治信念、站稳政治立场、严守政治纪律，做到任何时候任何情况下都同党中央、中央军委保持高度一致，坚决听从党中央、中央军委指挥。要始终坚持战斗力这个唯一的根本的标准，全部心思向打仗聚焦，各项工作向打仗用劲。要深入开展我军根本职能教育，真正使战斗队意识在官兵头脑中深深扎根。要坚持信息化的发展方向，推动信息化建设加速发展，增强基于信息系统的体系作战能力。要坚决贯彻战训一致原则，切实端正训风、演风、考风。要进一步抓好训练基地建设和使用，充分发挥训练基地在提高部队实战化水平方面的重要作用。

要坚决贯彻落实中央和军委有关作风建设规定，持之以恒、锲而不舍，善始善终、善做善成，不断把作风建设引向深入，以良好作风推动部队全面建设。要认真落实标准更高、走在前列的要求，扎扎实实抓好党的群众路线教育实践活动，深入基层、深入官兵，广泛听取意见建议，搞好专项整治。各级党委和领导既是组织者也是参与者，要坚持以上率下，把自己摆进去，从自身严起，从现在改起，从小事抓起，用实际行动为部队做好样子。要组织好团以上领导和机关干部下连当兵、蹲连住班，通过这种方式改进工作作风、密切官兵关系、加强基层建设，把部队基础打得更加牢固。

李建国看望参加暑期休养的劳模

7 月 29 日，李建国在全总国际交流中心看望了正在参加休养活动的近 200 位全国劳动模范。全国总工会自 2000 年开始，每年组织劳模到北戴河等地休养，至 2012 年累计已安排 1.9 万人次。

李建国说，全国工会系统和广大职工正在深入学习贯彻习近平总书记今年 4 月 28 日同全国劳动模范代表座谈时的重要讲话，我们要进一步在全社会弘扬劳模精神，努力克服前进中的困难，推动我国经济持续健康稳定发展，在实现中华民族伟大复兴的中国梦的进程中担负起工人阶级的历史责任。

中央纪委通报 8 起违反八项规定典型问题

7 月 29 日，中央纪委对 8 起违反中央八项规定精神的典型问题发出通报，要求各级党组织和广大党员、干部深入学习贯彻党的十八大和习近平总书记一系列重要讲话精神，持之以恒落实八项规定，坚决纠正“四风”，以踏石留印、抓铁有痕的精神，把作风建设抓到底、抓出成效。规定出台以来，各地区各部门高度重视，做了大量工作，促进了党风政风转变。但仍有个别党员、干部无视规定，心存侥幸，顶风违纪。各级纪检监察机关对此进行了严肃查处。

通报强调，各级党组织和广大党员、干部要以贯彻落实八项规定精神为切入口，扎实开展党的群众路线教育实践活动，集中解决“四风”问题。各地区各部门要把制度约束作为刚性约束，令行禁止、不搞例外，坚决整治对中央规定变着法子进行规避的行为。各级纪检监察机关要加大检查监督力度，对有令不行、有禁不止的行为，发现一起、查处一起，决不姑息、决不手软。对贯彻落实八项规定精神态度不坚决、措施不得力，造成管辖范围内出现顶风违纪问题的，要按照规定追究有关领导干部的责任，维护八项规定的严肃性和权威性。

中共中央政治局召开会议研究当前经济形势和下半年经济工作

7 月 30 日，中共中央政治局召开会议，分析研究上半年经济形势和下半年经济工作，习近平主持会议。

会议认为，上半年主要经济指标处于年度预期目标的合理区间，经济社会发展总的开局是好的。经济保持平稳增长，价格总水平基本稳定，就业形势总体平稳，夏季粮油再获丰收，服务业发展继续加快，科技创新成果不断涌现，节能减排工作进一步强化，简政放权取得积极进展，改革开放力度加大，社会事业得到加强。当前，我国发展仍处于可以大有作为的重要战略机遇期，具备经济持续健康发展的基础条件，下半年我国经济仍将保持总体平稳发展态势。同时，也要认识到，世界经济正在深度调整，国内外发展环境十分复杂。我们既要切实增强忧患意识，充分做好应对各种复杂困难局面的准备，又要牢牢把握重大调整机遇，积极有为，创新求进，坚持统筹稳增长、调结构、促改革，坚持宏观政策要稳、微观政策要活、社会政策要托底，努力实现三者有机统一。

中国特色社会主义和中国梦宣传教育第三场报告会举行

7月30日，中央宣传部、中央直属机关工委、中央国家机关工委、教育部、解放军总政治部、中共北京市委在北京人民大会堂联合举办第三场报告会，国防大学副校长毕京京作《强军梦:实现中国梦的坚强力量保证》专题报告。

报告依照中国梦的历史启迪、发展成就、面临挑战和奋斗方向四条脉络展开。报告指出，习近平主席着眼实现中华民族伟大复兴的中国梦，提出了建设一支听党指挥、能打胜仗、作风优良的人民军队这一党在新形势下的强军目标。当前，经济社会越发展，安全需求就越迫切，强军要求就越紧迫。为此，必须抓住机遇、应对挑战，加快推进国防和军队现代化，为实现中国梦提供坚强力量保证。当前国际国内安全形势复杂，军事斗争准备任务繁重，军队建设内外环境变化深刻，风险和挑战明显增多。在这种情况下，必须牢牢把握、全面贯彻党在新形势下的强军目标，坚决推进国防和军队改革，加快构建中国特色现代军事力量体系，切实提高我军实战化水平，加快拓展军民融合式发展道路，努力建设与我国国际地位相称、与国家安全和发展利益相适应的巩固国防和强大军队。

中共中央政治局举行第八次集体学习

7月30日，中共中央政治局就建设海洋强国研究举行第八次集体学习，习近平主持并讲话。中国海洋石油总公司副总工程师、中国工程院院士曾恒一，国家海洋局海洋发展战略研究所研究员高之国就这个问题进行讲解，并谈了他们的意见和建议。

习近平指出，21世纪，人类进入了大规模开发利用海洋的时期。海洋在国家经济发展格局和对外开放中的作用更加重要，在维护国家主权、安全、发展利益中的地位更加突出，在国家生态文明建设中的角色更加显著，在国际政治、经济、军事、科技竞争中的战略地位也明显上升。我国既是陆地大国，也是海洋大国，拥有广泛的海洋战略利益。经过多年发展，我国海洋事业总体上进入了历史上最好的发展时期。这些成就为我们建设海洋强国打下了坚实基础。要发展海洋科学技术，着力推动海洋科技向创新引领型转变。建设海洋强国必须大力发展海洋高新技术。要依靠科技进步和创新，努力突破制约海洋经济发展和海洋生态保护的科技瓶颈。要搞好海洋科技创新总体规划，坚持有所为有所不为，重点在深水、绿色、安全的海洋高技术领域取得突破。尤其要推进海洋经济转型过程中急需的核心技术和关键共性技术的研究开发。

要维护国家海洋权益，着力推动海洋维权向统筹兼顾型转变。我们爱好和平，坚持走和平发展道路，但决不能放弃正当权益，更不能牺牲国家核心利益。要统筹维稳和维权两个大局，坚持维护国家主权、安全、发展利益相统一，维护海洋权益和提升综合国力相匹配。要坚持用和平方式、谈判方式解决争端，努力维护和平稳定。要做好应对各种复杂局面的准备，提高海洋维权能力，坚决维护我国海洋权益。要坚持“主权属我、搁置争议、共同开发”的方针，推进互利友好合作，寻求和扩大共同利益的汇合点。

中央军委举行晋升上将军衔仪式

7月31日，中央军委在北京八一大楼隆重

举行晋升上将军衔仪式。习近平向晋升上将军衔的同志颁发命令状，范长龙宣读晋升上将军衔命令，许其亮主持晋衔仪式。

这次晋升上将军衔的6位高级军官是：总政治部副主任吴昌德、总装备部政治委员王洪尧、军事科学院政治委员孙思敬、北京军区政治委员刘福连、南京军区司令员蔡英挺、广州军区司令员徐粉林。

政法机关深入推进教育实践活动座谈会召开

7月31日，政法机关深入推进教育实践活动座谈会召开，孟建柱出席并讲话。

孟建柱指出，中央政法各单位按照中央统一部署，认真开展学习教育，广泛征求意见，深入查找问题，教育实践活动开局良好。同时，也出现了一些新情况新问题。政法各单位要充分认识开展教育实践活动、解决作风问题的重要性和紧迫性，消除观望等待、不以为然等错误认识，更加积极主动地投入到教育实践活动中来。要联系政法工作和政法队伍实际，聚焦“四风”问题，深入研究和解决群众反映强烈的“人情案”、“关系案”、“金钱案”等执法不公、司法腐败突出问题。要把批评和自我批评摆在重要位置，教育广大党员干部自觉地照镜子、正衣冠、洗洗澡、治治病，对作风之弊、行为之垢来一次大排查、大检修、大扫除，使每一名党员干部在思想上灵魂上受到触动。孟建柱要求，中央政法各单位要坚持领导带头，一把手要切实履行职责，加强整体谋划和组织推动，引领和推进教育实践活动深入开展。

提升中国公民出境旅游文明素质电视电话会议召开

7月31日，中央文明委在北京召开提升中国公民出境旅游文明素质电视电话会议，刘奇葆出席并讲话。

刘奇葆指出，提升公民出境旅游文明素质，是关系国家文明形象的一件大事。要切实加强社会公德教育，普及文明旅游知识，引导每个出境旅游公民做中华文明的传播者、实践者。要严格执行《旅游法》等法律法规，健全规章制度、落实管理责任，进一步加强对出境旅游公民和相关人员的规范约束，着力解决突出问题。要加强舆论监督和社会监督，加强行业自律，推崇文明美好，批评丑陋落后，营造提升公民出境旅游文明素质的良好社会氛围。要加强组织领导，统筹各方力量，形成规范化、常态化的工作机制，坚持从具体事情抓起，促进公民不断提升道德素质，塑造国家良好形象，提升国家软实力。

国防部举行盛大招待会庆祝解放军建军86周年

7月31日，国防部在人民大会堂举行盛大招待会，热烈庆祝中国人民解放军建军86周年。常万全上将致祝酒辞，房峰辉上将、张阳上将、赵克石上将、张又侠上将、吴胜利海军上将、马晓天空军上将、魏凤和上将出席了招待会。

常万全向中外来宾致祝酒辞。他说，建军86年来，人民军队高举着党的旗帜，背负着人民的期望，前赴后继，英勇奋战，为中国人民解放事业，为我国社会主义建设和改革开放事业，为捍卫国家主权、安全、领土完整，为维护世界和平稳定、促进人类发展进步，建立了不可磨灭的历史功勋。党的十八大对加快推进国防和军队现代化作出战略部署，习主席提出为建设一支听党指挥、能打胜仗、作风优良的人民军队而奋斗。我们要铸牢听党指挥这个强军之魂，坚持党对军队绝对领导根本原则和人民军队根本宗旨不动摇，贯彻执行党的理论和路线方针政策不动摇，一切行动听从党中央、中央军委和习主席指挥。要扭住能打仗、打胜仗这个强军之要，以战斗力为根本标准搞建设、抓准备，确保部队召之即来、来之能战、战之能胜。要夯实依法治军、从严治军这个强军之基，深入开展党的群众路线教育实践活动，着力提高部队正规化水平，始终保持人民军队的良好形象。

国际形势正在发生深刻复杂变化，要和平、谋发展、促合作、求共赢已经成为世界各国人民的共识，但天下并不太平。中国人民历来爱好和平，中国军队始终是维护和平的坚定力量。我们将坚定不移走和平发展道路，坚定不移奉行防御性国防政策，一如既往同各国加强军事合作、增进军事互信，参与地区和国际安全事务，在国际政治和安全领域发挥积极作用，为人类和平与发展贡献力量。解决台湾问题、实现祖国完全统一，是不可阻挡的历史进程。我们将把握两岸关系和平发展方向，坚决反对和遏制"台独"分裂图谋，为维护中华民族根本利益，完成祖国统一大业作出积极努力。

2013 年 8 月

刘云山在北戴河看望暑期休假专家

8 月 5 日,受习近平委托刘云山在北戴河看望参加今年暑期休假活动的专家,代表党中央、国务院向全国各条战线各个领域广大专家等各类优秀人才,表示亲切问候和良好祝愿。马凯、赵乐际参加看望活动。

邀请专家暑期休假,是中央联系广大专家和各类优秀人才的一项制度性安排。自 2001 年以来,围绕国家发展重大主题,党中央、国务院先后邀请了 13 批 700 余位专家休假。参加今年休假活动的 60 位专家,来自我国多个领域和科研生产一线,包括载人航天、载人深潜、高速铁路、超级计算机等国家科技重大专项、国防科技重点项目、国家重点工程建设项目的总设计师、总负责人。

刘云山说,各级党委和政府要认真贯彻科教兴国、人才强国战略,认真落实党的知识分子政策,满腔热情地做好人才工作,为各类人才施展才华创造条件。对作出卓越贡献的老一辈科技专家,对奋斗在特殊一线岗位的优秀人才,要给予特别的关心、特别的爱护,让全社会为科技专家喝彩、向优秀人才致敬,推动形成尊重劳动、尊重知识、尊重人才、尊重创造的社会环境。

《学习习近平总书记重要讲话》出版

8月5 日,《学习习近平总书记重要讲话》由人民出版社出版,在全国新华书店公开发行。该书对党的十八大以来习近平总书记一系列重要讲话的丰富内涵、精神实质和科学世界观与方法论进行了系统阐释,有助于广大党员和干部全面准确地学习领会以习近平同志为总书记的党中央治国理政理念,是党的群众路线教育实践活动中党员、干部的重要辅助读物。

《李鹏论产业经济》出版发行

8 月 5 日,《李鹏论产业经济》由中央文献出版社、中国电力出版社联合出版发行。该书收入了李鹏同志 1981 年至 2010 年间有关产业经济的报告、讲话、文章、批示等文稿,共 178 篇,约 60 万字,部分文稿为首次公开发表。

该书反映了李鹏同志参与国民经济中重要产业发展重大决策和实施的过程,客观展现了我国战略性产业的发展历程和巨大成就,对于帮助广大干部群众深入学习实践中国特色社会主义理论体系,推动经济转型升级和经济结构战略性调整,提高经济增长质量和效益,具有重要意义。

中国特色社会主义和中国梦宣传教育第四场报告会举行

8 月 5 日,中央宣传部、中央直属机关工委、中央国家机关工委、教育部、解放军总政治部、中共北京市委在北京联合举办中国特色社会主义和中国梦宣传教育系列报告会第四场报告会。国家发展和改革委员会主任徐绍史作了《当前经济形势和下半年经济工作》的专题报告。

徐绍史指出,今年上半年主要经济指标处于年度预期目标的合理区间,呈现出总体平稳、错综复杂的态势。国民经济运行、三大产业发展、三大需求增长都比较平稳,农业生产特别是粮食生产继续向好,产业结构调整稳中有进,经济体制改革加快推进,人民生活持续改善。同时，国内外经济环境依然复杂严峻，全球经济复苏艰难曲折，存在较大的不确定性，国内发展中不平衡、不协调、不可持续的问题仍比较突出。徐绍史指出，按照中央部署，下半年要着力抓好释放有效需求、保持农业稳定发展、激发企业活力、推进产业结构调整、稳定对外贸易、深化改革、稳定价格总水平、保障和改善民生、促进区域协调发展等九方面重点工作。

中央党的群众路线教育实践活动领导小组通知要求学习贯彻习近平总书记讲话精神

8月8日，中央党的群众路线教育实践活动领导小组印发《关于认真学习贯彻习近平总书记在河北调研指导党的群众路线教育实践活动时讲话的通知》，要求各级党委（党组）认真学习贯彻习近平总书记重要讲话精神，推进教育实践活动取得实实在在的成效。

《通知》强调，开展好教育实践活动，要进一步增强思想自觉和行动自觉，引导广大党员、干部主动克服不以为然的思想、等待观望的态度、消极被动的情绪，甚至是与己无关的想法，积极投身教育实践活动，在坚持党的群众路线方面做到知行合一。要始终坚持和弘扬“两个务必”，引导广大党员、干部自觉用“两个务必”对照检查和总结反思自己在“四风”方面的问题，始终做到谦虚谨慎、艰苦奋斗、实事求是、一心为民。要把握教育实践活动的三大关系，充分调动领导干部和广大群众两个积极性，引导领导干部端正态度，引导群众多提意见建议；着力打牢学习教育和查摆问题两个基础，原原本本学、联系实际学、深入思考学，自觉查摆问题；切实抓住整改落实和建章立制两个关键，加大力度解决问题，尽快建立健全为民务实清廉制度。要贯彻和体现整风精神，把批评和自我批评摆在重要位置，把开门搞活动作为重要方法，把严格执行纪律作为重要措施，始终以严的标准、严的措施、严的纪律，促使党员、干部积极主动查找和解决问题。要着力解决突出问题，引导广大党员、干部针对查找出来的作风问题，逐一分析原因，制定整改措施。要保证活动健康发展，切实加强组织领导和督促指导，党委（党组）主要负责同志要把教育实践活动牢牢抓在手上，中央督导组要认真履行职责，切实加强工作督导。要切实做到领导带头示范，督促各级党员领导干部坚持从严标准，带头学习理论，带头听取意见，带头查摆问题，带头开展批评和自我批评，带头整改落实，带头推进制度建设，结合教育实践活动加强领导班子思想政治建设。

《统一思想和推进工作的科学指南——学习习近平总书记一系列重要讲话文章选》出版

新华社8月9日报道，《统一思想和推进工作的科学指南——学习习近平总书记一系列重要讲话文章选》一书，已由学习出版社出版。该书由中宣部理论局选编，汇集了中央主要报刊刊发的一批重点文章，对党的十八大以来习近平总书记一系列重要讲话精神进行了系统阐释解读。

这本书的出版有助于干部群众全面准确地学习领会以习近平同志为总书记的党中央治国理政理念，是深入学习贯彻中央精神和决策部署的重要学习材料，同时也是党的群众路线教育实践活动的重要辅助读物。

《深入学习习近平总书记重要讲话读本》出版

新华社8月11日报道，《深入学习习近平总书记重要讲话读本》已由人民出版社出版在全国新华书店发行。

本书对党的十八大以来习近平总书记关于中国梦、改革开放、转变发展方式、依法治国、弘扬中国精神、改善民生、建设生态文明、和平发展、从严管党治党等一系列重大问题的重要讲话，作了系统深入、通俗生动的解读，是广大党员干部群众学习贯彻习近平总书记重要讲话精神的重要参考读物。

《朱镕基上海讲话实录》出版发行

新华社8月12日报道,《朱镕基上海讲话实录》由人民出版社和上海人民出版社联合出版。该书收录朱镕基同志1987年12月至1991年4月间部分讲话、谈话、信件、批语等106篇,照片83幅,批语及书信影印件9幅,绝大部分为首次发表。

该书对于全面、深刻地了解我国改革开放和社会主义现代化建设的历程,对于广大党员干部更好地把握建设中国特色社会主义的理论和实践,对于正在全党深入开展的党的群众路线教育实践活动,都具有重要意义。

《理论热点面对面2013》出版发行

新华社8月12日报道,为深化党的十八大精神的学习宣传贯彻,更好地回答干部群众普遍关心的热点问题,中央宣传部理论局组织编写了《理性看 齐心办——理论热点面对面·2013》,该书已由学习出版社、人民出版社联合出版。

据了解,中宣部理论局从今年年初开始,就组织力量进行深入调查研究,了解干部群众的现实关切,梳理出公平正义怎么保障、收入分配怎么改革、环境恶化怎么扭转、食品安全怎么监管、教育质量怎么提高、养老难题怎么破解、道德失范怎么治理、铺张浪费怎么杜绝、干部作风怎么改进等9个问题。围绕回答好这些问题,组织中央有关部门的同志和专家学者,进行了深入研讨、反复修改,广泛征求各方面意见,形成了最后的书稿。

中宣部等五部门叫停奢华晚会

8月13日,中宣部、财政部、文化部、审计署、国家新闻出版广电总局联合发出通知,要求制止豪华铺张、提倡节俭办晚会。

通知指出,近年来,文艺晚会不断创新发展,在丰富人民群众文化生活、宣传社会主义现代化建设成就等方面,发挥了重要作用。同时要看到,文艺晚会包括节庆演出过多过滥,存在一味追求大场面、大舞美、大制作,奢华浪费、竞相攀比等不良现象。特别是财政出资或摊派资金举办的晚会,容易助长不正之风,损害党和政府形象,群众意见很大。各地各部门要把制止豪华铺张、提倡节俭办晚会和节庆演出,作为落实中央关于改进工作作风、密切联系群众的八项规定的重要举措,作为开展党的群众路线教育实践活动、整治“四风”的重要抓手,切实抓好,使文艺晚会进一步规范,奢华之风、铺张浪费现象明显扭转。严格控制党政机关举办文艺晚会。各地党委政府要树立正确的政绩观、节庆观,带头把制止豪华晚会和节庆演出作为开展群众路线教育实践活动、杜绝铺张浪费的一项重要任务,切实解决好群众反映强烈的问题。不得使用财政资金举办营业性文艺晚会。不得使用财政资金高价请演艺人员,不得使用国有企业资金高价捧“明星”、“大腕”,坚决刹住滥办节会演出、滥请高价“明星”、“大腕”的歪风。原则上不得使用财政资金为公祭、旅游、历史文化、特色物产、行政区划变更、工程奠基或竣工等节庆活动举办文艺晚会。不得与企业联名举办文艺晚会和节庆演出。不得利用行政权力向下级事业单位、企业以及个人摊派所需经费。中央和国家机关及其所属机关、事业单位等原则上不得与地方联合举办文艺晚会和节庆演出。

中央党的群众路线教育实践活动领导小组第三次会议召开

8月14日,刘云山主持召开中央党的群众路线教育实践活动领导小组第三次会议,学习贯彻习近平总书记重要指示精神,总结前一段活动开展情况,研究部署下一步工作任务和措施。

会议认为,党的群众路线教育实践活动开展以来,中央以身作则、率先垂范,各地区各部门各单位迅速部署、积极行动,各项工作有序展开,总的态势是好的。同时一些地方、部门和单位也存在学习教育不扎实、听取意见不充分、查摆问题不深入的问题,必须引起足够重视,采取有力措施加以解决,确保教育实践活动健康发展。

刘云山指出,开展教育实践活动,一把手是第一责任人,是党员干部的标杆。教育实践活动走不走过场,关键在一把手。在教育实践活动中,一把手要以更高的标准严格要求自己,真正把自己摆进去,带头深入学习,带头查找问题,带头开展批评和自我批评,带头制定整改落实措施,为领导班子和党员干部作出榜样。一把手要把教育实践活动紧紧抓在手上,认真履职尽责,狠抓工作落实,确保教育实践活动不虚、不偏、不空、不走过场。一个地区、部门和单位的教育实践活动走了过场,一把手要负责任。第一批教育实践活动将进入查摆问题、开展批评环节,这是教育实践活动的关键一环。坚持开门搞活动、开门听意见是教育实践活动的一个重要原则,只有敞开大门、开门纳谏,才能听到真心话、找到真问题。开门听意见、找问题要有诚恳的态度,欢迎提意见、敢于听意见,听不到意见、找不出问题本身就是问题。要引导党员干部开阔胸襟、放下思想包袱,真心诚意欢迎别人挑毛病,真心诚意让群众提意见,让群众评头品足。这次教育实践活动就是聚焦形式主义、官僚主义、享乐主义和奢靡之风这"四风",要引导党员干部认真对照党章规定,对照廉政准则,有针对性地查找问题,问题找得越具体越好,防止似是而非、大而化之、不痛不痒,真正触及思想、受到警醒,达到自我净化、自我完善、自我革新、自我提高的效果。

习近平会见全国援外医疗工作先进集体和先进个人代表

8月16日,今年是中国援外医疗队派遣50周年。习近平在人民大会堂会见受到表彰的全国援外医疗工作先进集体和先进个人代表,代表党中央、国务院,向他们表示热烈的祝贺,向曾经参加和正在国外执行任务的援外医疗队全体同志致以诚挚的慰问。

习近平表示,援外医疗工作是一项艰苦而光荣的任务。半个世纪以来,我国先后向亚洲、非洲、拉丁美洲、大洋洲等地区66个国家和地区派出医疗队员2.3万人次,累计诊治患者2.7亿人次,得到了受援国人民的充分信任和普遍赞扬。这项事业坚持了50年,很了不起。大家为此付出了艰辛努力,党和人民感谢你们。大家远离祖国和亲人,克服了种种困难,以实际行动铸就了"不畏艰苦、甘于奉献、救死扶伤、大爱无疆"的中国医疗队精神,展示了中国人民热爱和平、珍视生命的良好形象。大家的辛勤工作和无私奉献,加深了中国人民同广大发展中国家人民的友谊,为推进人类和平与发展的崇高事业作出了贡献。卫生援外工作是我国外交工作的重要内容。希望大家继续努力,完成好党和祖国赋予的光荣使命。有关部门和地方要加强组织领导,完善有关政策,提高援外医疗队员待遇,切实解决援外医疗工作中的实际困难和问题,不断开创卫生援外工作新局面。

中国思想政治工作研究会成立30周年

8月16日,为纪念邓小平同志为《思想政治工作研究》杂志题写刊名30周年暨中国思想政治工作研究会成立30周年,中国思想政治工作研究会在北京召开座谈会。

会议指出,30年来,中国思想政治工作研究会始终坚持以中国特色社会主义理论为指导,围绕中心、服务大局、与时俱进、开拓创新,为加强和改进思想政治工作作出了应有的贡献。中国思想政治工作研究会要深入开展中国特色社会主义和中国梦宣传教育工作,统一思想、培育共识,凝聚中国力量;积极培育和践行社会主义核心价值观,引领社会思潮,提高公民思想道德素质和社会文明程度;全面提升群众工作能力,培育自尊自信、理性平和、积极向上的社会心态;努力探索运用互联网等新媒体开展思想政治工作的新方式,开创思想政治工作新局面。

第一次全国地理国情普查电视电话会议召开

8月19日，第一次全国地理国情普查电视电话会议在北京召开，张高丽出席并讲话。

张高丽指出，利用三年时间进行一次系统的地理国情普查是国务院作出的一项重要决定，时间紧、任务重、要求高，各地区、各部门要进一步增强责任感和使命感，坚持科学普查、依法普查、创新普查的总体要求，抓住工作重点，提高工作效率，节约普查经费，共同做好普查各项工作。要精心做好顶层设计，认真制定和落实普查方案，创新普查管理方式方法，创造性地开展工作；要牢固树立质量第一的思想，坚决保证数据全面、真实、准确，决不能弄虚作假；要强化安全管理，按时保质完成普查任务；要加强组织领导，强化协作配合，保证经费按时到位，积极营造普查工作的良好氛围。普查的成果重在应用。要坚持边普查、边应用，充分发挥普查工作的效用。要利用普查获取的最新数据，及时开展地理国情监测工作，服务经济社会发展和人民生活；要促进信息共享，规范普查成果管理，促进普查成果转化和广泛利用；要强化数据分析，加强对普查成果的深度开发，寻找规律性，预测趋势性，揭示经济社会发展与自然资源环境的内在联系和演变规律，为科学管理决策提供依据。

全国宣传思想工作会议召开

8月19日至20日，全国宣传思想工作会议在北京召开，习近平、刘云山出席并讲话。会议回顾总结了党的十七大以来的宣传思想文化工作，研究部署在新的历史起点上努力开创宣传思想文化工作新局面。

习近平强调，经济建设是党的中心工作，意识形态工作是党的一项极端重要的工作。宣传思想工作就是要巩固马克思主义在意识形态领域的指导地位，巩固全党全国人民团结奋斗的共同思想基础。领导干部特别是高级干部要把系统掌握马克思主义基本理论作为看家本领，老老实实、原原本本学习马克思列宁主义、毛泽东思想特别是邓小平理论、“三个代表”重要思想、科学发展观。党校、干部学院、社会科学院、高校、理论学习中心组等都要把马克思主义作为必修课，成为马克思主义学习、研究、宣传的重要阵地。新干部、年轻干部尤其要抓好理论学习，通过坚持不懈学习，学会运用马克思主义立场、观点、方法观察和解决问题，坚定理想信念。

习近平指出，要深入开展中国特色社会主义宣传教育，把全国各族人民团结和凝聚在中国特色社会主义伟大旗帜之下。要加强社会主义核心价值体系建设，积极培育和践行社会主义核心价值观，全面提高公民道德素质，培育知荣辱、讲正气、作奉献、促和谐的良好风尚。坚持团结稳定鼓劲、正面宣传为主，是宣传思想工作必须遵循的重要方针。在事关大是大非和政治原则问题上，必须增强主动性、掌握主动权、打好主动仗，帮助干部群众划清是非界限、澄清模糊认识。在长期实践中，我们党的宣传思想工作积累了十分丰富的经验。这些经验来之不易、弥足珍贵，是做好今后工作的重要遵循，一定要认真总结、长期坚持，并在实践中不断丰富和发展。在全面对外开放的条件下做宣传思想工作，一项重要任务是引导人们更加全面客观地认识当代中国、看待外部世界。宣传思想部门承担着十分重要的职责，必须守土有责、守土负责、守土尽责。宣传思想部门工作要强起来，首先是领导干部要强起来，班子要强起来。各级宣传部门领导同志要加强学习、加强实践，真正成为让人信服的行家里手。做好宣传思想工作必须全党动手。各级党委要负起政治责任和领导责任，加强对宣传思想领域重大问题的分析研判和重大战略性任务的统筹指导，不断提高领导宣传思想工作能力和水平。要树立大宣传的工作理念，动员各条战线各个部门一起来做，把宣传思想工作同各个领域的行政管理、行业管理、社会管理更加紧密地结合起来。

刘云山说，做好新形势下宣传思想文化工作，要深入贯彻党的十八大精神和习近平总书记一系列重要讲话，围绕坚持中国道路、弘扬中国精神、凝聚中国力量，充分发挥思想引领、舆论推动、精神激励和文化支撑作用，引导广大干部群众为实现"两个一百年"奋斗目标和中华民族伟大复兴的中国梦而奋斗。要着眼坚定理想信念，深入开展中国特色社会主义和中国梦的宣传教育，引导人们增强道路自信、理论自信、制度自信；切实履行好围绕中心、服务大局的基本职责，牢牢把握正确舆论导向，把体现党的主张与反映人民心声统一起来，凝聚促进改革发展、维护社会稳定的正能量；深入推进社会主义核心价值体系建设，不断培植我们的精神家园，增强全民族的凝聚力向心力；继续深化文化体制改革，加快文化发展步伐，着力培育文化优势，壮大文化力量，提升国家文化软实力。各级党委要切实加强对宣传思想文化工作的领导，以强烈责任感和担当精神把党管宣传、党管意识形态的要求落到实处。宣传思想文化战线要以改革创新的精神推进工作，增强主动性、掌握话语权，注重抓基层、打基础，着力转作风、正学风、改文风，建设一支高素质的宣传思想文化队伍，努力开创宣传思想文化工作新局面。

刘奇葆在总结讲话中表示，要深入开展中国特色社会主义和中国梦宣传教育，加强意识形态的引导和管理，巩固发展健康向上的主流舆论，培育和践行社会主义核心价值观，积极稳妥推进文化改革发展，推动文化走出去、提高文化软实力，不断巩固马克思主义在意识形态领域的指导地位，巩固全党全国人民团结奋斗的共同思想基础。宣传思想文化战线要有守有为、敢于担当、改革创新、虚功实做、建强队伍，以奋发有为的精神状态开创工作新局面。

神舟十号载人飞行任务
飞行乘组航天员颁奖授称大会举行

8 月 20 日，神舟十号载人飞行任务飞行乘组航天员颁奖授称大会在北京举行。许其亮出席大会，张又侠主持大会。

许其亮首先代表习主席和中央军委，向受表彰的聂海胜、张晓光、王亚平同志表示热烈祝贺，向航天战线全体同志表示诚挚问候，向大力支持航天事业发展的中央和国家机关各部门、地方党委政府和各有关单位表示衷心感谢。他说，中共中央、国务院、中央军委作出给 3 名航天员授予荣誉称号、颁发功勋奖章的决定，习主席等中央领导同志亲切接见航天员和参研参试人员代表，充分体现了党和国家对载人航天事业的高度重视、对航天员的褒奖鼓励、对航天人的关心厚爱。

中央党的群众路线教育实践活动
领导小组印发通知要求
深入查摆问题、认真开展批评

8 月 21 日，中央党的群众路线教育实践活动领导小组印发《关于做好第一批教育实践活动查摆问题、开展批评环节工作的通知》。

《通知》强调，要深刻剖析检查，紧密联系思想、工作和生活实际，联系成长进步经历，分析作风建设的实际状况和"四风"方面的突出问题，深入剖析存在问题的实质、根源和危害，明确努力方向和改进措施。勇于剖析自己，对查找出来的问题，要对号入座，敢于担责。对"四风"方面存在的突出问题，要从理想信念、宗旨意识、党性修养、道德品行等方面认清实质、深挖根源。要认真开展批评和自我批评，按照《关于在党的群众路线教育实践活动中开好专题民主生活会的通知》要求，召开一次高质量的专题民主生活会。要把批评和自我批评摆在重要位置。要严格督导把关，各级督导组要坚持严字当头，认真履职尽责，敢于"唱黑脸"，不怕得罪人。搞好教育实践活动，一把手是关键。一把手要切实负起责任，示范带头，推动班子成员切实贯彻中央精神，抓紧抓实查摆问题、开展批评环节工作，力戒形式主义，避免走过场。

中央纪委常委会议部署
铁面执纪　纠正“四风”

8月21日，中央纪委常委会召开会议，传达学习习近平总书记关于反对“四风”要持之以恒的重要批示精神，王岐山主持会议。

会议指出，习近平总书记重要批示再次显示了中央落实八项规定、纠正“四风”的坚定决心，对各级纪检监察机关严格执纪执法、发挥监督作用提出更高期望和要求，要认真学习领会、坚决贯彻落实。广大党员干部和人民群众对纠正“四风”寄予厚望，最担心的是不能持续。落实八项规定精神，各级党委均有具体的决定，必须持之以恒狠抓落实。要清醒地认识到“四风”积习甚深，可谓冰冻三尺非一日之寒。纠正“四风”是长期、艰巨的任务，纪检监察机关如果不能执好纪、问好责、把好关，就是失职。要加强检查监督，铁面执纪，对顶风违纪者坚决查处并不断给予曝光，向全党释放执纪必严的强烈信号。要创新执纪监督方式，发现宣传好典型，查处曝光反面典型，抓两头，带中间。

中国青少年科技创新奖颁奖大会举行

8月22日，第八届中国青少年科技创新奖颁奖大会在北京举行。刘延东出席，李源潮出席并讲话，秦宜智主持会议。中国青少年科技创新奖是2004年邓小平同志诞辰100周年之际，邓小平同志亲属根据他的遗愿，捐献出他生前全部稿费，委托共青团中央、全国青联、全国学联、全国少工委共同设立的。9年来，已有800名大、中、小学生获得这项荣誉奖励。

李源潮说，中国梦包含着国家与社会的科学梦。科学技术正在成为决定国家富强和人民幸福越来越重要的力量，科学发展、科技创新是中国现代化必须过的坎。要在全社会弘扬科学精神，激发青少年的科学热情，让科学梦成为实现中国梦的动力和支撑。

《理论热点面对面2013》
网上座谈会举行

8月23日，5名专家学者做客人民网《理性看 齐心办——理论热点面对面2013》网上第三期座谈会，以“环境恶化怎么扭转”为题与网友进行交流。前两场座谈中，10位专家学者分别围绕“公平正义怎么保障”、“收入分配怎么改革”进行了深入交流。

“公平正义怎么保障”是开篇章节。在中央党校研究生院院长韩庆祥和北京大学马克思主义学院教授宇文利看来，这正是呼应了当前人民群众的最大关切，“公平正义就像空气、阳光、水，人人都需要。”中国人民大学教务处处长洪大用说：“不光在有形的资源分配上要追求公平，对无形的，比如对个人尊严和社会多样性的尊重，也要追求公平。”

关于“收入分配”问题，网友的提问较多，主要关注了收入分配改革难点以及如何突破。国家发展改革委社会发展研究所所长、研究员杨宜勇认为：“收入的差距、分配的结构是改革难点。”中国人民大学经济学院党委书记张宇说：“老百姓容易把收入差距大和不公平联系在一起，所以首先一定要规避非法、垄断、特权所带来的灰色收入，打消老百姓的顾虑。”北京师范大学经济与工商管理学院院长赖德胜表示：“改革一直在路上，全国已经连续多年提高最低工资标准，也已全面取消农业税。”

环境污染问题备受关注。中国人民大学环境政策与环境规划研究所所长宋国君分析认为：“治理环境污染关键在于控制污染源排放。要改变我们的环境管理体制，空气按照流域管理，水也应当按照流域管理。”中国社会科学院可持续发展研究中心副主任陈迎指出：“要坚持一个绿色城镇化的道路，在生产领域追求绿色低碳，在布局方面避免大拆大建。”国务院发展研究中心社会发展研究部研究员周宏春说：“建设美丽中国需要美丽你我，日常生活节约节能，出行乘坐公共交通。每个人的一小步，都是迈向美丽中国的一大步。”

第44届南丁格尔奖章颁奖大会举行

8月24日，第44届南丁格尔奖章颁奖大会在北京人民大会堂举行。习近平出席大会，为6名中国获奖者颁发奖章，代表党中央、国务院，向获奖者表示热烈的祝贺，向全国广大护理工作者、红十字工作者和志愿者表示诚挚的问候。

南丁格尔奖章是红十字国际委员会设立的护理界国际最高荣誉奖。我国自1983年首次参加第29届南丁格尔奖章评选以来，先后有68名优秀护理工作者获此殊荣。今年共有16个国家的32名护理工作者获得本届南丁格尔奖章。我国获奖的6名护理工作者分别是：解放军第261医院精神病科总护士长蔡红霞，四川大学华西医院护理部原主任、华西医院管理研究所专家成翼娟，香港医院管理局原总护理行政经理、临时香港护理专科学院院长林崇绥，解放军第413医院麻醉科护士长王海文，北京地坛医院红丝带之家护士长王克荣，南昌大学第四附属医院医疗服务部主任邹德凤。

《关于深入学习宣传贯彻强军目标的意见》印发

新华网8月25日报道，总政治部日前印发《关于深入学习宣传贯彻强军目标的意见》。

《意见》强调，强军目标是习主席着眼军队建设发展全局和新的时代条件提出的重要思想，体现了我们党新形势下建军治军的总方略，是党的军事指导理论的继承发展，是我军坚持正确前进方向的重要保证，是加快推进国防和军队现代化的行动纲领。各级要深入扎实做好统一思想、深化认识的工作，引导官兵充分认清强军目标的重大理论价值和实践指导意义，进一步强化学习贯彻的政治自觉、历史自觉和实践自觉，真正使强军目标成为广大官兵的价值追求和自觉行动，成为推动部队各项工作的根本遵循和强大动力。

抓好强军目标贯彻落实是一篇大文章，需要结合部队实际做深做细。各级要在转化运用上下功夫，使强军目标更好地进入工作、进入实践，推动部队建设全面发展、全面进步。各级要紧紧围绕强军目标加强思想政治建设，充分发挥政治工作服务保证作用，体现“生命线”时代价值，自觉摆脱陈旧观念、惯性思维和过时做法的束缚，牢固树立与强军目标相适应的全局观念、前瞻谋划、全面建设、打仗思想、问题意识、底线思维、实干精神等思维理念。加强重大理论和现实问题研究，认真梳理分析思想政治建设面临的新情况新问题，切实把问题找准、把原因析透、把对策搞实。积极改进创新政治工作内容方式，坚持传统管用的，运用当代最新的，总结部队探索的，借鉴社会有益的，推动政治工作理论创新和实践创新，为实现强军目标提供可靠政治保证、强大精神动力、有力人才支持。

《习仲勋传》(下卷)出版

新华社8月25日报道，《习仲勋传》(下卷)由中央文献出版社出版。该书真实记录和反映了习仲勋同志为社会主义革命和建设事业，为改革开放和中国特色社会主义事业，呕心沥血，顽强奋斗的革命历程，以及建立的不可磨灭的历史功勋。

《习仲勋传》(上卷)已于2008年出版，反映的是习仲勋同志在新民主主义革命时期的革命经历和贡献。

总政治部颁发《关于规范大型文艺演出、加强文艺队伍教育管理的规定》

新华网8月26日报道，解放军总政治部日前颁发《关于规范大型文艺演出、加强文艺队伍教育管理的规定》，这是军队文艺工作贯彻落实党中央、中央军委和习主席关于改进工作作风的重要举措，是开展党的群众路线教育实践活动、整治“四风”的重要抓手，是提高为官兵服务、为部队战斗力服务质量效果的现实要求。

日前，中宣部、财政部、文化部、审计署、国家新闻出版广电总局联合发出通知，强调制止豪华铺张、提倡节俭办晚会和节庆演出。《规定》指出，军队文艺工作贯彻中央关于改进作风的决策指示，要努力走在前列，切实树立良好形象。要贯彻党管人才的原则，突出抓好文艺人才的教育、培养和管理，努力建设一支政治强、业务精、作风硬、纪律严、形象好的文艺队伍，争当发展先进军事文化、推动社会主义文化大发展大繁荣的排头兵。

中国佛教协会举行成立60周年纪念会

8月26日，中国佛教协会成立60周年纪念会在人民大会堂举行。俞正声会见中国佛教协会领导班子成员，并与全体代表合影。

俞正声对中国佛教协会成立60周年纪念会的召开表示热烈祝贺，向各位代表和全国佛教界的朋友们表示亲切问候。他指出，改革开放以来，随着国家的繁荣昌盛，佛教事业得到健康发展，中国佛教协会高举爱国爱教旗帜，协助党和政府贯彻宗教信仰自由政策，为经济发展与社会稳定做出了积极贡献。希望佛教界人士继续发扬优良传统，持守戒律、潜心修行，注重品德修养，团结和引领广大信教群众，服务社会、利益众生，为国家富强、人民幸福做出新的贡献。

中央党的群众路线教育实践活动领导小组召开省区市座谈会

8月26日，中央党的群众路线教育实践活动领导小组先后在郑州、贵阳、北京分片召开省区市党的群众路线教育实践活动工作座谈会，对教育实践活动下一步工作提出要求。刘云山在会上强调，要深入贯彻落实习近平总书记重要指示精神，按照"照镜子、正衣冠、洗洗澡、治治病"的总要求，强化领导责任、细化工作措施、落实从严要求，以强烈担当精神和严肃工作态度，高标准高质量地推进教育实践活动。

座谈会上，与会同志总结交流了前一段工作情况，普遍反映教育实践活动有序展开，基本态势积极健康。随着活动进入查摆问题、开展批评这个环节，会更多触及一些深层次问题、实质性问题，尤其需要进一步拧紧"螺丝扣"、把好质量关，确保活动不虚、不空、不偏、不走过场。

中共中央政治局召开会议决定召开十八届三中全会

8月27日，中共中央政治局召开会议，决定今年11月在北京召开中国共产党第十八届中央委员会第三次全体会议，主要议程是，中共中央政治局向中央委员会报告工作，研究全面深化改革重大问题。会议审议通过了《建立健全惩治和预防腐败体系2013—2017年工作规划》、《关于地方政府职能转变和机构改革的意见》，听取了中国（上海）自由贸易试验区筹备工作汇报。习近平主持会议。

会议强调，必须坚定深化改革的信心、坚持深化改革的正确方向、凝聚深化改革的共识、注重深化改革的统筹谋划、协同推进各项改革；必须尊重人民首创精神，最大限度集中全党全社会智慧，把党内外一切可以团结的力量广泛团结起来，把国内外一切可以调动的积极因素充分调动起来，形成推进改革的强大合力；必须充分认识改革面临的矛盾和困难，增强与时俱进、攻坚克难的勇气，敢于啃硬骨头，敢于涉险滩，既勇于冲破思想观念的障碍，又勇于突破利益固化的藩篱；必须通过全面深化改革，推进实践基础上的理论创新、制度创新、科技创新、文化创新以及其他各方面创新，始终把改革创新精神贯彻到治国理政各个环节，把全社会的力量更好凝聚到实现党的十八大确定的奋斗目标和工作部署上来。全党要把思想和行动统一到中央对反腐败斗争的形势判断和要求部署上来，把坚决遏制腐败蔓延势头作为重要任务和工作目标，坚持"老虎"、"苍蝇"一起打，严肃查处党员干部违纪违法案件，充分发挥震慑力。地方政府职能转变和机构改革关键在落实，要采取切实有效措施，将各项改革要求落到实处，同党的群众路线教育实践活动紧密结合起来，用制度解决“四风”问题，使人民群众切身感受到实实在在的成效和变化。

中央印发《关于在党的群众路线教育实践活动中开好专题民主生活会的通知》

新华社8月27日报道，中央纪委、中央组织部、中央党的群众路线教育实践活动领导小组印发《关于在党的群众路线教育实践活动中开好专题民主生活会的通知》，要求第一批开展党的群众路线教育实践活动的单位紧紧围绕保持党的先进性和纯洁性，按照“照镜子、正衣冠、洗洗澡、治治病”的总要求，以为民务实清廉为主题，以“反对‘四风’、服务群众”为重点，组织召开一次高质量的专题民主生活会。

中央军委主席习近平签署命令和通令

8月27日，习近平签署命令，授予空降兵某连“模范空降兵连”荣誉称号；授予北京军区某坦克连军士长贾元友“铁甲精兵”荣誉称号；授予西藏军区总医院院长李素芝“雪域高原好军医”荣誉称号。

习近平签署通令，给在单位建设取得突出成绩和完成任务中做出突出贡献的92730部队90分队记一等功，91550部队记二等功。给在本职岗位上做出突出成绩和完成任务中表现出色的91431部队永暑礁专业队海洋气象分队高级工程师李文波、海军辽宁舰机电长楼富强、北京军区某训练基地高级工程师张冀湘记一等功，南京军区南京总医院主任医师易学明记三等功。

中国特色社会主义和中国梦宣传教育第五场报告会举行

8月27日，中央宣传部、中央直属机关工委、中央国家机关工委、教育部、解放军总政治部、中共北京市委在北京联合举办中国特色社会主义和中国梦宣传教育系列报告会第五场报告会。文化部部长蔡武作了《建设社会主义文化强国　实现中华文化的伟大复兴》的专题报告。

蔡武首先结合党的十七届六中全会决定和党的十八大精神对文化的基本概念和功能进行了系统阐释，并就建设社会主义文化强国的重要意义和目标任务进行了具体解读。结合文化工作实际提出了下一步几项重点举措：一是加强社会主义核心价值体系建设，坚持社会主义先进文化前进方向；二是深化文化体制改革，为文化繁荣发展构建科学的体制机制；三是推动文化创作繁荣发展，为人民提供更多更好的精神食粮；四是发展公益性文化事业，切实保障和改善文化民生；五是提升文化遗产保护水平，建设优秀传统文化传承体系；六是构建现代文化产业体系，推动文化产业跨越式发展；七是推动中华文化走向世界，增强中华文化国际影响力；八是推进各项文化保障工作，为文化事业发展提供有力支持。

中共中央对党内法规制度进行集中清理

新华社8月28日报道，《中共中央关于废止和宣布失效一批党内法规和规范性文件的决定》发布。根据该《决定》，1978年以来制定的党内法规和规范性文件，有300件被废止和宣布失效，467件继续有效，其中42件将作出修改。

这次集中清理工作是中共中央于去年部署开展的。根据去年6月中共中央批准印发的《中共中央办公厅关于开展党内法规和规范性文件清理工作的意见》，这次清理工作分两个阶段进行：第一阶段（2012年7月至2013年9月），清理1978年至2012年6月制定的党内法规和规范性文件；第二阶段（2013年10月至2014年12月），清理新中国成立至1978年前制定的党内法规和规范性文件。这次中央发布《决定》，就是第一阶段清理工作的重要成果。

中央宣传文化单位负责人会议召开

8月28日，中央宣传文化单位负责人会议

在北京召开,刘奇葆主持并讲话。

刘奇葆指出,习近平总书记的重要讲话,站在党和国家事业发展全局的战略高度,深刻阐述了事关宣传思想文化工作长远发展的一系列重大理论和现实问题,进一步明确了宣传思想文化工作的方向目标、重点任务和基本遵循,是做好新形势下宣传思想文化工作的纲领性文献。宣传思想文化战线要认真学习领会习近平总书记重要讲话精神,紧紧抓住巩固马克思主义在意识形态领域的指导地位、巩固全党全国人民团结奋斗的共同思想基础这个根本任务,抓住围绕中心、服务大局这个基本职责,抓住网上舆论工作这个重中之重,抓住增强文化软实力这个战略目标,抓住建强队伍这个关键,精心组织会议精神的宣传阐释,认真落实会议作出的各项重大部署,加强组织领导,积极创新改进,抓好督促检查,务求工作实效,推动宣传思想文化工作不断上台阶上水平。

全国人民调解工作会议召开

8 月 28 日,最高人民法院、司法部在北京联合召开全国人民调解工作会议,孟建柱出席并讲话。

孟建柱指出,人民调解植根群众、面向群众,是党和政府联系群众、服务群众的桥梁和纽带。是促进社会和谐稳定的重要途径。要紧密结合深入开展党的群众路线教育实践活动,把维护群众合法权益作为重要任务,扎实做好新时期人民调解工作,永葆人民调解的蓬勃生机和活力。要坚持和发展“枫桥经验”,充分发挥人民调解组织遍布城乡、人民调解员扎根基层的优势,深入到矛盾问题多、工作难度大的地方开展排查,及时就地调解,把矛盾纠纷消除在源头、化解在基层。要积极拓展人民调解领域,回应人民群众对化解矛盾纠纷的新需求,夯实社会和谐稳定的根基。要加快构建以人民调解为基础,人民调解与行政调解、司法调解相互衔接配合的机制。要按照网络化服务和便民利民的需要,建立健全村(居)人民调解委员会,积极发展企(事)业单位人民调解委员会,建立健全专业性、行业性人民调解组织。

第三次全国经济普查电视电话会议召开

8 月 29 日,第三次全国经济普查电视电话会议在北京召开,张高丽出席并讲话。

张高丽指出,定期开展经济普查,是认识国情、摸清家底的重大举措,是提高决策和管理科学化水平的重要基础性工作,开展第三次全国经济普查,有利于准确判断经济形势的新变化、掌握经济发展的新情况、把握发展阶段的新特征,对于贯彻落实党的十八大精神,坚持稳中求进的工作总基调,以提高经济发展质量和效益为中心,稳增长、调结构、促改革、惠民生,促进中国经济转型升级,具有十分重要的意义。

他强调,数据准确是统计工作的灵魂,数据质量是经济普查的生命线。普查数据必须客观真实、全面准确、可靠可信,必须实打实、硬碰硬,决不能带水分,更不能弄虚作假。普查的目的全在于运用。要着手研究如何把普查与分析更好地结合起来,着眼于成果运用来设计和推进普查工作。

马克思主义理论研究和建设工程专家开展 2013 年国情调研

8 月 29 日,中央马克思主义理论研究和建设工程组织部分专家,分 3 批赴宁夏、青海、河南、湖北、黑龙江和内蒙古等省区开展年度国情调研。马克思主义理论研究和建设工程是中央加强党的思想理论建设、繁荣发展哲学社会科学的重大工程。工程自 2004 年实施以来,每年都组织专家赴各地进行国情调研,加深对我国国情、党的理论和路线方针政策的了解,更好地推动理论与实践相结合。

此次调研期间,调研组深入工厂企业、城乡社区、工业园区等单位进行实地考察,同当地社科理论界专家学者、实际工作部门同志、高校教师和群众代表进行了座谈交流,深入了解各地贯彻落实党的十八大精神、开展中国特色社会主义和中国梦宣传教育的情况，了解经济、文化、社会发展与生态文明建设的情况，征求对深入实施马克思主义理论研究和建设工程的意见建议。专家们表示，要把这次国情调研的收获转化到重大问题研究和教材编写中去，更加积极、更加主动地做好工程工作，坚持以马克思主义为指导，不断增强哲学社会科学教学和科研的针对性和实效性，为当代中国马克思主义的创新发展作出应有的贡献。

中国伊斯兰教协会举行成立60周年纪念会

8月30日，中国伊斯兰教协会成立60周年纪念会在人民大会堂举行。俞正声会见中国伊斯兰教协会领导班子成员，并与全体代表合影。

俞正声对中国伊斯兰教协会成立60周年表示热烈祝贺，向各位代表和全国伊斯兰教界的朋友们表示亲切问候。他指出，改革开放以来，随着国家的繁荣昌盛，伊斯兰教事业得到健康发展，中国伊斯兰教协会始终高举爱国爱教旗帜，积极协助党和政府贯彻宗教信仰自由政策，为促进民族团结、维护社会稳定和国家统一作出了积极贡献。希望伊斯兰教界人士继续发扬我国伊斯兰教爱国爱教优良传统，精研教义、阐释经典、提高修养、率先垂范、服务大局，团结和引领各族穆斯林群众，积极投身经济社会建设事业，为国家富强、民族振兴、人民幸福作出新的贡献。

中央和国家机关党的群众路线教育实践活动工作座谈会召开

8月30日，中央和国家机关党的群众路线教育实践活动工作座谈会召开，刘云山主持并讲话。与会同志总结交流了中央和国家机关教育实践活动前一段工作，普遍表示推进教育实践活动，既要看到取得的进展成效、坚定信心，又要直面存在的问题、保持清醒，增强责任感紧迫感，在解决突出问题上取得成效，不辜负党中央的厚望，不辜负广大群众的期待。

刘云山强调，教育实践活动是落实党要管党、从严治党的一项重要举措，必须从严要求，坚决克服“差不多”、“过得去”、“应付应付”等错误心态，坚决纠正装装样子、走过场等错误现象，坚决防止以形式主义反对形式主义、以官僚主义反对官僚主义等错误做法。要以严的标准把好教育实践活动质量关，切实做到思想认识上不去不放过，查摆问题不聚焦不放过，自我剖析不深刻不放过，整改措施不到位不放过。要以严的措施加大对“四风”问题专项整治力度，从群众反映最强烈的具体问题改起，一个一个解决，抓一件成一件，努力取得让人看得见、感受得到的实际效果。要以严的纪律要求党员干部，既加强正面教育，又强化纪律约束，对顶风违纪者要依法依纪从严惩处，发挥警示和震慑作用。

第十二届全国运动会隆重开幕

8月31日，中华人民共和国第十二届运动会在辽宁省沈阳市隆重开幕，习近平出席开幕式并宣布运动会开幕。

这是近30年以来首次在白天举办的全运会开幕式——为办成一届“全民参与、回归体育、节约朴素”的全运会，十二届全运会组委会贯彻落实党的十八大以来中央关于改进工作作风、反对铺张浪费、开创赛会新风的要求，改变了1987年六运会以来晚上举办开幕式的惯例，改为白天举办，不燃放焰火，而且取消大型文艺演出，改为深受群众欢迎的全民健身展示。主赛区设在沈阳市，辽宁省其他13个地市均设有分赛区，共有9000多名运动员参加31个大项、350个小项的比赛。全运会将于9月12日闭幕。

习近平会见全国体育先进单位和先进个人代表

8月31日，习近平在沈阳会见了参加全国

群众体育先进单位和先进个人表彰会、全国体育系统先进集体和先进工作者表彰会的代表。

习近平强调,发展体育运动,增强人民体质,是我国体育工作的根本方针和任务。全民健身是全体人民增强体魄、健康生活的基础和保障,人民身体健康是全面建成小康社会的重要内涵,是每一个人成长和实现幸福生活的重要基础。我们要广泛开展全民健身运动,促进群众体育和竞技体育全面发展。各级党委和政府要高度重视体育工作,把体育工作放在重要位置,切实抓紧抓好。

全国群众体育先进表彰活动自 1993 年第七届全国运动会开始,每 4 年表彰一次,已连续在 5 届全运会期间进行表彰。第十二届全国运动会期间,共表彰 2009—2012 年度全国群众体育先进单位 2978 个、全国群众体育先进个人 2496 名、全国体育系统先进集体 70 个、全国体育系统先进工作者 45 人。

2013 年 9 月

中共中央党校举行秋季学期开学典礼

9 月 1 日，中共中央党校举行 2013 年秋季学期开学典礼，刘云山出席并就深入学习贯彻习近平总书记在全国宣传思想工作会议上的重要讲话精神和在党的群众路线教育实践活动中开展好批评和自我批评发表讲话。

刘云山说，习近平总书记的重要讲话对新形势下宣传思想工作地位作用、根本任务、重大方针、基本要求作了全面深刻的阐述，是指导新时期宣传思想工作的纲领性文献。各级党校都要认真学习贯彻习近平总书记重要讲话精神，始终坚持党校姓党的定位。要把马克思主义理论的学习、研究和宣传作为根本任务，大力推进马克思主义经典著作的学习，推进中国特色社会主义理论体系的学习，把党校建设成为党的思想理论建设的重要阵地。

批评和自我批评是党的优良传统和党的建设法宝，是从严治党、保持党的先进性和纯洁性的必然要求。要适应党的建设新形势和党员干部的热切期待，把批评和自我批评的优良传统发扬光大起来，坚持真理、修正错误，提高自我净化、自我完善、自我革新、自我提高的能力。要把批评和自我批评贯穿党的群众路线教育实践活动全过程，围绕“四风”查摆问题、剖析根源，敢于揭短亮丑、动真碰硬，防止好人主义，克服庸俗之风。专题民主生活会不能开成评功摆好和总结工作的会，要通过积极健康的批评和自我批评，让领导干部灵魂受到触动、思想得到提高，真正达到“团结—批评—团结”的目的。

中央社会主义学院秋季开学典礼举行

9 月 1 日，中央社会主义学院 2013 年秋季开学典礼在北京举行，严隽琪、令计划出席并讲话，叶小文主持典礼。

严隽琪指出，各民主党派成员要认真学习贯彻中共十八大精神，深刻认识中国特色社会主义形成的合理性、发展的规律性和胜利的必然性。要坚持和发展中国特色社会主义，巩固共同思想政治基础，不断增进道路自觉、理论自觉和制度自觉。要不断提高履职水平，积极建言献策，维护社会和谐稳定，加强和创新社会管理，共同致力于中国特色社会主义伟大事业。要以思想建设为核心，发扬自我教育的优良传统，加强理论研究，注重联系实际，全面加强民主党派自身建设。

令计划强调，习近平总书记在今年与党外人士共迎新春时明确提出各民主党派是与中国共产党通力合作的中国特色社会主义参政党，首次将中国特色社会主义与参政党结合在一起，是对各民主党派同中国共产党团结合作历程的科学总结，是对民主党派性质和政治地位的科学论断，是对各民主党派新时期发挥职能作用的科学把握，是多党合作理论的重大创新，必将有力指导统一战线和多党合作事业蓬勃发展。希望各民主党派和无党派人士，始终坚持中国特色社会主义的政治共识，突出履职尽责的鲜明特色，强化服务中心的优势领域，努力成为中国特色社会主义的亲历者、实践者、维护者、捍卫者。

全国党委秘书长会议召开

9 月 1 日至 2 日，全国党委秘书长会议在北京召开，栗战书出席并讲话。

栗战书指出，深入学习贯彻习近平总书记

系列讲话精神，是在思想上政治上行动上同以习近平同志为总书记的党中央保持高度一致的前提基础，是不断推进理论创新和理论武装、进一步提高全党理论素养的内在要求，是在新的历史起点上更好推进党和国家各项工作的必然要求，是增强各级干部特别是领导干部工作能力和领导能力的重要途径，是激发全党全国人民奋进斗志和创造热情的动力之源，必须作为一项长期重要政治任务抓紧抓好。要与学习贯彻党的十八大精神和中国特色社会主义理论体系、与开展党的群众路线教育实践活动紧密结合起来，系统学习、专题研讨、深入思考，切实做到领会精神、融会贯通，统一思想、武装头脑，指导实践、推动工作。各级党委办公厅（室）务必按照中央要求和本地区党委部署，谋划于早、带头于先、行动于快、检查于细、督促于紧、落实于实，充分发挥综合协调、督促检查等职能作用，推动和促进本地区本部门学习贯彻工作不断取得新进展新成效。

王岐山调研中央纪委监察部网站建设

9月2日，王岐山调研中央纪委监察部网站建设，强调要贯彻落实习近平总书记在全国宣传思想工作会议上的重要讲话精神，把中央纪委监察部网站办出特色，确保严肃、准确、及时、权威，架起与群众沟通的桥梁，不断提高党风廉政建设宣传水平。中央纪委监察部网站是在整合机关5个网站基础上创建的。

王岐山指出，建设中央纪委监察部网站，是新形势下加强党风廉政建设的重要举措。要牢固树立政治意识、大局意识，紧紧围绕中心工作，坚持正确导向，突出纪检监察工作特色，重点办好反对“四风”、惩治和预防腐败等栏目，为党风廉政建设和反腐败斗争提供舆论支持。党风廉政建设宣传是党的宣传工作的重要组成部分，要与时俱进，创新宣传理念和方式方法，形成高音、中音、低音的和声，增强针对性和实效性。网站是前台，支撑在后台，纪检监察系统特别是委部机关都要参与和支持网站建设，形成合力。办好网站关键在人，要建设高素质的人才队伍，敢于探索创新，不断提高办网水平。

国家行政学院举行秋季开学典礼

9月2日，国家行政学院2013年秋季开学典礼暨省部级领导干部经济转型升级专题研讨班开班式在北京举行，杨晶出席并讲话。

杨晶指出，党中央、国务院对推动经济转型升级、保持经济持续健康发展作出重大部署。推动经济转型升级，是妥善应对世界经济环境变化、破解我国经济发展矛盾和难题的内在要求，是打造中国经济升级版、实现中华民族伟大复兴中国梦的重要举措。推动经济转型升级，关键是抓住重点，破解难题。要加强薄弱环节建设，扩大投资和消费需求；要深化产业结构调整，着力化解过剩产能，大力发展战略性新兴产业和服务业；要统筹区域协调发展，打造新的经济引擎和增长极；要加大科技创新力度，形成企业为主体的技术创新体系，实现创新驱动发展；要积极发展绿色低碳循环经济，努力构筑“生态安全网”；要推进新型城镇化建设，提高城镇化质量，努力改变城乡二元结构。同时，要深化行政审批制度改革、要素市场化改革、财税和金融体制改革，完善社会保障体系，创新对外开放机制，为经济转型升级提供体制机制保障。

中宣部举办“文化茶座”

9月2日，中宣部举办“文化茶座”，刘奇葆出席并讲话。

为广泛听意见、交朋友，中宣部创设了“文化茶座”，并作为开展党的群众路线教育实践活动的重要举措，邀请思想理论、新闻出版、文艺影视、文化企业等领域代表人士到部机关，就宣传思想文化工作的重大问题，面对面听取意见。自今年5月创设以来，“文化茶座”已连续举办10场，宣传文化系统130多位知名人士和模范人物参加。在这次“文化茶座”上，邢贲思、金冲及、汝信等社科理论界知名专家学者，围绕繁荣发展哲学社会科学、推进理论创新和学术创新、加强学术话语体系建设等问题，各抒己见、畅所欲言，谈思想、谈观点，坦诚深刻、实际管用。

刘奇葆指出，宣传思想文化领域知识分子比较集中，做好宣传思想文化工作，必须广泛听取专家学者的意见。要深入贯彻尊重劳动、尊重知识、尊重人才、尊重创造的方针，加强同知识分子的联系，与他们广交深交朋友，引导他们坚定理想信念，与党同心同德，为实现中华民族伟大复兴贡献聪明才智。要把“文化茶座”办出水平、办出特色，丰富内容、改进形式，使之成为中宣部联系群众、集思广益的有效载体，成为知识分子表达意见、建言献策的重要平台。

中管金融企业、中管企业党的群众路线教育实践活动工作座谈会召开

9月2日，中管金融企业、中管企业党的群众路线教育实践活动工作座谈会在北京召开，赵乐际出席并讲话。

赵乐际指出，中管金融企业、中管企业要认清肩负的重要责任，增强搞好活动的思想自觉和行动自觉。要突出企业特点，自己主动找，敞开大门听，对照正反两方面典型，真正把问题找准查实。要开好专题民主生活会，贯彻整风精神，触及思想灵魂。要坚持边学边查边改，围绕经营管理、资产处置、招标采购、三公经费管理等方面的突出问题，开展专项整治。一把手要以身作则，督导组要切实履行职责，对每个环节、每项工作严格把关。要把开展教育实践活动作为凝聚力量、攻坚克难、推动工作、办好企业的重要契机，确保国有资产保值增值，努力打造具有国际竞争力的一流企业。

中央军委领导到军队第一批教育实践活动联系点调研

9月2日，按照中央军委开展党的群众路线教育实践活动部署安排，范长龙、许其亮、常万全、房峰辉、张阳、赵克石、张又侠、吴胜利、马晓天、魏凤和近期分别前往教育实践活动联系点，调查研究、了解情况，同官兵广泛交谈、听取意见建议。军委领导还分别主持召开座谈会，听取联系点单位工作汇报，对进一步开展好教育实践活动提出要求。

军委领导在调研中指出，深入开展党的群众路线教育实践活动，是全党全军的重大政治任务。习主席对军队开展教育实践活动高度重视，作出“三个着眼”“三个见到成效”的重要指示，要求军队标准更高、走在前列。各级要紧紧围绕实现强军目标，从坚决听党指挥、模范执行号令，凝聚军心意志、聚焦能打胜仗，传承红色基因、永葆性质宗旨的高度，充分认识开展教育实践活动的重大意义，进一步增强政治自觉、思想自觉、行动自觉。必须把解决“四风”问题作为聚焦点持续用力，从严查找剖析问题，对症下药解决问题。要贯彻“照镜子、正衣冠、洗洗澡、治治病”的总要求，贯彻整风精神，真正把部队风气带正，把工作作风改实，把生活搞俭朴。领导干部带头是搞好教育实践活动的关键所在。各级领导干部要主动参与、亲自组织、身体力行，把建章立制作为重要保障。

中管高校党的群众路线教育实践活动工作座谈会召开

9月3日，中管高校党的群众路线教育实践活动工作座谈会在北京召开，赵乐际出席并讲话。

赵乐际指出，中管高校开展教育实践活动，事关立德树人的百年大计，要提高认识、强化责任，增强搞好活动的思想自觉和行动自觉。要坚持开门搞活动，真心诚意听意见，把“面对面”和“背靠背”结合起来，真找问题、找真问题。要开好专题民主生活会，深入谈心交心，体现整风精神。要抓好整改落实，围绕师德建设、科研诚信、招生录取、“三公消费”等突出问题，开展专项整治，拿出切实管用的办法，实实在在加以解决。要注意总结运用典型，宣传正面典型，曝光负面典型，警示教育党员、干部。书记、校长要以身作则，发挥示范推动作用。中央督

导组要认真履行职责，督查要严、指导要实，切实发挥把关作用。

中央发通知刹住“两节”公款送礼歪风

新华网9月3日报道，中共中央纪委和中央党的群众路线教育实践活动领导小组发出《关于落实中央八项规定精神坚决刹住中秋国庆期间公款送礼等不正之风的通知》。

通知要求说，中秋节、国庆节就要到了，要坚决刹住公款送节礼、公款吃喝、公款旅游和奢侈浪费等不正之风，过一个风清气正的中秋节、国庆节。节日期间，严禁用公款送月饼送节礼；严禁用公款大吃大喝或安排与公务无关的宴请；严禁用公款安排旅游、健身和高消费娱乐活动；严禁以各种名义突击花钱和滥发津贴、补贴、奖金、实物。

军队宣传思想工作座谈会召开

9月4日，军队宣传思想工作座谈会在北京召开，许其亮出席并讲话，张阳主持并讲话。

许其亮指出，习主席全面系统阐述了新形势下宣传思想工作一系列重大理论和现实问题，为做好新形势下宣传思想工作指明了方向，提供了根本遵循。要抓住举旗铸魂、坚定信念这个根本，增强坚持党对军队绝对领导的自觉自信，坚决听从党中央、中央军委和习主席指挥。要聚焦能打仗打胜仗这个核心，确保战斗力这个唯一的根本的标准在各项工作中落实好。要把握思想舆论引导这个关键，弘扬主旋律、传播正能量、打好主动仗。各级党委要把宣传思想工作抓得更加扎实有效。

张阳指出，各级要切实把思想认识统一到习主席重要讲话精神上来，聚焦强军目标抓好宣传思想工作落实，以良好的精神状态和作风做好新形势下宣传思想工作。

中国浦东、井冈山、延安干部学院举行秋季开学典礼

9月5日，中国浦东、井冈山、延安干部学院举行秋季开学典礼，典礼利用视频会议系统，在3所干部学院同步举行，赵乐际出席并讲话。

赵乐际指出，各级领导干部要坚持一切为了群众，真心实意地帮民富、惠民生、解民忧，千方百计让人民群众过上好日子。要紧紧依靠群众，诚心拜群众为师，甘当群众的学生，汲取群众智慧，凝聚起全面建成小康社会的强大力量。要坚持实事求是，深入基层、了解实情，求真务实、真抓实干，一步一个脚印把人民群众的利益实现好、维护好、发展好。要始终艰苦奋斗，与人民群众一块过、一块干，克勤克俭、艰苦朴素，攻坚克难、奋发有为。要坚定理想信念，奠定践行群众路线的思想根基；强化宗旨意识，牢记公仆责任，一心一意为人民群众服好务；坚持党性原则，勇于为党和人民的事业而担当。要结合正在开展的党的群众路线教育实践活动，按照“照镜子、正衣冠、洗洗澡、治治病”的总要求，下决心解决“四风”问题，始终保持同人民群众的血肉联系。

张高丽同省部级领导干部经济转型升级研讨班学员座谈

9月8日，张高丽与省部级领导干部经济转型升级研讨班学员进行座谈。

张高丽指出，推动经济转型升级，既要充分利用现有经济条件和基础、在继承中转型，又要积极顺应形势变化、在创新中升级；既要强化政府制定标准、支持创新、维护公平的职能，又要更好发挥市场机制在淘汰落后产能、推动兼并重组和技术改造等方面的作用；既要从整体上统一规划、搞好顶层设计，又要加强分类指导、突出区域特色和优势；既要抓好基础设施、先进装备等硬件建设，又要注重发挥政策环境、研发设计等软件的“助推器”作用；既要在转型升级中保护生态环境、提高综合承载力，又要通过改善生态环境促进转型升级、实现绿色发展；既要保持合理的发展速度、为转型升级提供前提，又要抓机遇促转型、为持续健康发展打下坚实基础。必须紧紧抓住产业结构不合理、城乡发展

不协调、区域发展不平衡这三大问题，加快完善化解产能过剩矛盾总体方案，统筹考虑、稳扎稳打、持续推进；坚持以人为本、顺势而为、科学布局，积极稳妥推进城镇化；统筹东中西、协调南北方，构建各具特色、协调联动的区域发展格局。必须认真落实节约资源和保护环境的基本国策，划定并牢牢守住生态红线，深入推进节能减排，逐步解决大气、水和土壤污染等突出的环境问题，倒逼经济转型升级。必须坚持把改革红利、开放活力、内需潜力、创新驱动叠加起来形成"集合动力"，继续取消和下放行政审批项目，坚决破除民间投资障碍；有效发挥对外开放在转型升级中的积极作用，更加重视以消费升级、优化投资结构带动产业升级；大力实施创新驱动发展战略，为经济转型升级提供有力支撑；进一步强化基础工作和分析研究解决问题的能力，不断提高科学化管理水平。

刘延东与全国教书育人楷模座谈

9月9日，刘延东在北京与获得2013年度"全国教书育人楷模"称号的教师座谈，并向全国广大教师和教育工作者致以节日的问候。

刘延东指出，全国1463万名专任教师工作在53万所学校的教学和科研一线，教育影响着2.7亿名在校学生。教师是立教之本、兴教之源。要把教师队伍建设作为教育事业发展最重要的基础性工作抓实抓好，大力宣传优秀教师先进事迹，营造尊师重教的良好氛围。要强化师德师风建设，完善专业标准体系，加强教师培养培训，提高教师整体素质。要完善医疗、养老、住房等社会保障，依法维护教师特别是农村教师地位与合法权益，落实乡、村学校和教学点教师生活补助政策，为教师教书育人创造良好环境。

全国发展党员和党员管理工作座谈会召开

9月9日，全国发展党员和党员管理工作座谈会在北京召开，赵乐际出席并讲话。

赵乐际指出，要坚持严格标准、严格培养、严格程序，着力把各方面先进分子和优秀人才吸收到党内。严格党员日常管理，疏通党员队伍出口，推动流动党员管理工作创新发展。要大力加强基层服务型党组织建设，充分发挥党员的先锋模范作用，认真组织广大党员参加党的群众路线教育实践活动，采取党员承诺践诺、志愿服务、在职党员到居住地报到、组团式服务等多种措施，直接联系群众、服务群众，从身边的一件件实事、难事、具体事办起，密切同人民群众的血肉联系。要以好的作风抓好工作落实，认认真真把党员队伍建好建强。

中国特色社会主义和中国梦宣传教育第六场报告会举行

9月12日，中央宣传部、中央直属机关工委、中央国家机关工委、教育部、解放军总政治部、中共北京市委在北京联合举办中国特色社会主义和中国梦宣传教育系列报告会第六场报告。农业部部长韩长赋作《实现中国梦 基础在"三农"》的专题报告。

韩长赋指出，推进社会主义现代化，农业现代化是关键和支撑。让十几亿中国人吃饱吃好、吃得安全放心，必须把13亿人的饭碗牢牢端在自己手中。要实行最严格的耕地保护制度和最严格的节约用地制度，确保耕地数量不减少、质量不降低；进一步加大强农惠农富农政策力度，使务农种粮有效益、不吃亏、得实惠；加快推进农业科技创新，提高农业科技和物质装备水平；加强农业科技人才队伍建设，着力培育新型职业农民；坚持家庭承包经营，发展多种形式的适度规模经营。同时，要打好农产品质量安全监管攻坚战和持久战，坚持一手抓执法监管，深入开展专项整治；一手抓农业标准化生产，从生产源头保障农产品质量安全。过上好日子、富日子、体面生活，是中国农民千百年来最大的梦想。要积极拓宽农民增收渠道，建立促进农民增收的长效机制。提高农业生产效益，促进家庭经营收入稳定增长；引导农村劳动力转移就业，促进工资性收入持续增加；加大对农业的补贴力度，促进转移性收入大幅增长；加快推进农村改革，创造条件增加农民的财产性收入。

总政印发《关于加强新形势下军队发展党员和党员管理工作的意见》

新华社9月13日报道，解放军总政治部印发《关于加强新形势下军队发展党员和党员管理工作的意见》。

《意见》强调，要严格发展党员的标准和程序，始终把政治标准放在首位，认真搞好入党积极分子培养教育，扩大发展党员工作中的民主，严格工作程序和纪律，加强入党材料管理，提高发展党员质量；坚持按比例有计划发展党员，制定和落实发展党员计划，注重改善党员队伍结构，保持军队党员队伍适度规模；贯彻从严要求，严明政治纪律，严格党性锻炼，严肃党内生活，严抓作风改进，确保党员队伍先进性纯洁性；健全党员管理机制，加强和改进临时外出党员管理，健全激励关怀帮扶党员机制，及时处置不合格党员，加强党员组织关系管理，激发党员队伍生机活力。各级党委和政治机关要把发展党员和党员管理工作摆到重要位置，纳入党建工作责任制，作为党员队伍建设的经常性基础性工作来抓，领导和机关要结合挂钩帮带、检查调研、当兵蹲连等时机，搞好对基层党支部的面对面指导，对发展党员工作不正规、党管党员功能不强的要重点帮建。建立和落实发展党员和党员管理工作检查督导机制，及时总结宣传发展党员和党员管理工作的经验做法，推动工作创新发展。

中央党的群众路线教育实践活动领导小组召开部分中央督导组工作座谈会

9月13日，中央党的群众路线教育实践活动领导小组在北京召开部分中央督导组工作座谈会，刘云山出席并讲话，赵乐际主持会议。会上，8位中央督导组组长介绍了前一段督导工作情况，分析了中央和国家机关教育实践活动和督导工作自身存在的问题，就进一步做好督导工作提出意见建议，表示一定要认清肩负的责任和使命，以坚强党性和担当精神深入扎实地做好督导工作，确保教育实践活动不虚、不空、不偏，不走过场。

刘云山说，随着教育实践活动深入推进，会更多地触及深层次问题，督导工作只能进一步加强、不能有丝毫松懈。从严从实做好督导工作，是教育实践活动健康深入开展的重要保证。要加强对一把手的督导，督促一把手以普通党员身份把自己摆进去，带着问题把自己摆进去，以整风精神把自己摆进去，切实发挥示范带动作用，履行好第一责任人的责任。要有针对性地开展督导，充分了解被督导部门和单位的实际特别是群众反映强烈的“四风”问题，真正点中穴位、切中要害，充分发挥督导工作的效力。要坚持开门搞督导，多听普通干部群众的呼声，推动边查边改、立行立改，使督导工作更加切合实际。要坚持高标准、严要求，切实把好专题民主生活会质量关，督促各部门各单位在开展批评和自我批评上动真格、开新风。

《深入学习习主席关于国防和军队建设重要指示读本》出版

新华社9月15日报道，《深入学习习主席关于国防和军队建设重要指示读本》由解放军出版社出版并印发全军团级以上单位。该书由总政宣传部选编，汇集了在中央主要报刊刊发的重要言论文章，对党的十八大以来习主席关于国防和军队建设重要指示作了深入系统阐释解读。该书的出版有助于广大官兵全面准确地学习领会习主席关于国防和军队建设重要指示，特别是准确理解把握党在新形势下的强军目标的重大意义、基本内涵和实践要求，是学习党的军事指导理论创新成果的重要辅助读物。

纪念毛泽东诞辰120周年学术研讨会召开

9月16日，中共中央文献研究室、中国中

共文献研究会、毛泽东思想生平研究分会联合主办的“纪念毛泽东同志诞辰120周年学术研讨会”在北京召开。本次研讨会的主题为“毛泽东与中华民族的伟大复兴”，来自全国各地的200多位专家学者参加了研讨会。

会议深入研讨了毛泽东同志在中国革命和建设中所建立的丰功伟绩，特别是为中华民族伟大复兴所作出的卓越贡献；深入研讨了毛泽东思想的科学体系、基本内容和思想精髓，特别是毛泽东思想与中国特色社会主义理论体系的关系；深入研讨了以毛泽东同志为代表的中国共产党人的优良传统，特别是密切联系群众的作风。

中国残联第六次全国代表大会召开

9月17日至19日，中国残疾人联合会第六次全国代表大会在北京召开，习近平、李克强、俞正声、刘云山、王岐山等到会祝贺，张高丽代表党中央、国务院发表了题为《在实现中国梦的伟大实践中创造残疾人更加幸福美好的新生活》的祝词。名誉主席邓朴方出席闭幕会并讲话，大会通过了关于第五届主席团报告的决议。

张海迪主持开幕式，并代表中国残联第五届主席团作了题为《自强不息 团结奋斗 为残疾人兄弟姐妹创造美好生活》的报告。报告指出，未来五年，要保障残疾人基本民生，加强残疾人基本公共服务，保障残疾人平等权利，加强农村和社区残疾人工作，提升残疾人工作信息化水平。各级残联要保持艰苦奋斗的作风，全心全意为残疾人服务。

邓朴方在讲话中充分肯定了残疾人工作取得的成绩，要求各级残联坚定不移地走中国特色社会主义道路，坚持改革开放，不断加强队伍建设，全心全意为残疾人服务。

全国青联召开十一届四次常委会议

9月17日，全国青联在北京召开十一届四次常委会议，李源潮出席并讲话，秦宜智主持会议。

李源潮指出，社会进步离不开优秀青年的奋斗，引导鼓励优秀青年做社会进步的积极力量是青联的重要任务。中国的改革开放造就了新一代青年企业家、技术能手、致富带头人、科技专家、文化人才、海归人才等各方面优秀青年。与祖国同命运是当代优秀青年成长的共同特征，当代优秀青年要团结、进步、跟党走，为国家富强做贡献。青联委员是当代优秀青年的代表，希望大家做青年的爱国中坚，坚定中国特色社会主义理想信念，坚决维护国家和民族利益；做青年的创业骨干，抓住机遇带头创业，引导帮助青年创业；做青年的学习先导，养成爱学习的好习惯，引领青年形成学习思考的好风气；做青年的道德示范，以德立身，倡导新风，严格自律，树立良好社会形象。

中共中央召开党外人士座谈会

9月17日，中共中央在中南海召开党外人士座谈会，就中共中央关于全面深化改革若干重大问题的决定听取各民主党派中央、全国工商联领导人和无党派人士的意见和建议。习近平主持座谈会并讲话，俞正声、刘云山、张高丽出席座谈会。

座谈会上，民革中央主席万鄂湘、民盟中央主席张宝文、民建中央主席陈昌智、民进中央主席严隽琪、农工党中央主席陈竺、致公党中央主席万钢、九三学社中央主席韩启德、台盟中央主席林文漪、全国工商联主席王钦敏、无党派人士胡四一先后发言。他们赞同中共中央关于全面深化改革若干重大问题的决定，并就深化行政体制、财税体制、土地制度、社会保障、教育体制、医药卫生体制、司法体制等重点领域改革以及加强生态文明建设、推进创新驱动发展、加强和改善中国共产党对多党合作和政治协商的领导等方面提出意见和建议。

习近平指出，全面深化改革是一项复杂的系统工程，需要加强顶层设计和整体谋划，加强各项改革关联性、系统性、可行性研究。我们要在基本确定主要改革举措的基础上，深入研究各领域改革关联性和各项改革举措耦合性，深入论证改革举措可行性，把握好全面深化改革的重大关系，使各项改革举措在政策取向上相互配合、在实施过程中相互促进、在实际成效上相得益彰。新时期以来，各民主党派、工商联和无党派人士十分关注改革，积极投身改革，特别是始终把深化改革作为建言献策的重点内容，为推进改革开放作出了重要贡献。希望同志们继续发挥人才荟萃、智力密集的优势，紧紧围绕全面深化改革的重大问题，在深入开展调研的基础上，提出具有前瞻性、战略性、可操作性的意见和建议。

薄熙来一审被判处无期徒刑

9 月 22 日，山东省济南市中级人民法院对薄熙来受贿、贪污、滥用职权案作出一审判决，认定薄熙来犯受贿罪，判处无期徒刑，剥夺政治权利终身，并处没收个人全部财产；犯贪污罪，判处有期徒刑十五年，并处没收个人财产人民币一百万元；犯滥用职权罪，判处有期徒刑七年；数罪并罚，决定执行无期徒刑，剥夺政治权利终身，并处没收个人全部财产。

习近平批示向践行党的群众路线的好干部兰辉同志学习

9 月 23 日，习近平作出重要批示，号召广大党员干部向践行党的群众路线的好干部兰辉同志学习。

兰辉同志生前是四川省北川羌族自治县副县长。2013 年 5 月 23 日，他在检查乡镇道路和安全生产时不幸坠崖，因公殉职。

习近平在批示中指出，兰辉同志始终把党和人民的事业放在心中最高位置，是用生命践行党的群众路线的好干部，是新时期共产党人的楷模。广大党员干部要学习他信念坚定、对党忠诚的政治品质，心系群众、为民尽责的公仆情怀，忘我工作、务实进取的敬业精神，克己奉公、敢于担当的崇高品格，牢固树立宗旨意识，自觉做到为民务实清廉，更好发挥表率作用，不断做出经得起实践、人民、历史检验的实绩。

习近平在河北参加省委常委班子党的群众路线教育实践活动专题民主生活会

9 月 23 日至 25 日，习近平在河北参加省委常委班子党的群众路线教育实践活动专题民主生活会并发表讲话。河北省是习近平在教育实践活动中联系的省份。

河北省委常委班子对照形式主义、官僚主义、享乐主义和奢靡之风的种种表现，检查出 6 个方面的主要问题：一是政绩观存在偏差，追求短期效应，急功近利，影响经济社会持续健康发展；二是决策有时脱离实际，一些项目和部署缺乏严格论证，造成严重浪费的事也有发生；三是实干作风不够过硬，重点工作抓得不实不狠，特别是在解决群众意见大的问题上成效不显著；四是用人导向不够科学，没能很好激励干部干事创业；五是基层观念比较薄弱，深入基层解决困难不够；六是“两个务必”思想树得不牢，对享乐主义和奢靡之风整治不力。针对这些问题，常委班子深刻剖析了理想信念、群众观念、规矩意识、党性修养等 4 个“淡薄了”的原因，制定了具体整改方案。

习近平在讲话中对河北省委常委班子专题民主生活会给予肯定。他指出，河北省委常委班子为开好专题民主生活会作了扎实的准备。大家的发言，既从分管工作上查摆剖析问题，又积极分担班子问题的责任；既联系现在的身份和岗位职责，又联系成长进步经历；既从工作中找差距，又从思想上、党性上找差距；既有红红脸、出出汗的紧张和严肃，又有加加油、鼓鼓劲的宽松与和谐，从中可以看出识大体、顾大局的担当，可以看出敢于揭短亮丑的勇气，可以看出诚恳帮助同志、维护班子团结的觉悟，会议氛围很好、质量较高。

习近平指出，这次专题民主生活会只是一个好的开端。查摆问题的目的在于解决问题，把正确的认识落实到行动上。对会上查摆出的问题,要逐项研究,细化解决方案,深化专项治理,严格纪律约束。要防止一些同志产生对照检查就是"闯关"的思想,不能以为过了这一关就可以万事大吉了。教育实践活动越往后,越要坚持标准,决不能虎头蛇尾,决不能用自我感觉代替群众评价。一定要认清"四风"的严重性、危害性和顽固性、反复性,锲而不舍、驰而不息抓下去。"四风"问题与世界观、人生观、价值观有密切联系。坚持党要管党、从严治党,必须提高领导班子发现和解决自身问题的能力。他重点就坚持贯彻执行民主集中制、坚持用好批评和自我批评武器、坚持严格党内生活、坚持党性原则基础上的团结等 4 个问题提出了要求。批评和自我批评是一剂良药,是对同志、对自己的真正爱护。开展批评和自我批评需要勇气和党性,不能把我们防身治病的武器给丢掉了。党性是党员干部立身、立业、立言、立德的基石,必须在严格的党内生活锻炼中不断增强。要增强党内生活的政治性、原则性、战斗性,使各种方式的党内生活都有实质性内容,都能有针对性地解决问题,坚决反对党内生活中的自由主义、好人主义。党内生活要交心,党内同志要做诤友、挚友。

中央军委下发《意见》
军队领导干部提拔离任前先审计

新华网 9 月 24 日报道,中央军委下发《关于加强和改进军队领导干部经济责任审计工作的意见》,为进一步加强和改进新形势下军队领导干部经济责任审计工作提供了重要遵循,对强化领导干部管理监督、促进作风建设和反腐倡廉建设具有重要而深远的意义。

《意见》要求,军队队列单位和机关部门领导干部、军队事业单位和保障性企业负责人,以及负责专项经济工作的领导干部,应当依法接受审计监督。积极推行先审后提、先审后离制度,对拟列入后备的或列入后备拟提升的团职以上领导干部,优先安排审计;对即将达到平时任职最高年龄或最高年限的领导干部,拟调整交流或转业复员的领导干部,在离任前应安排审计。各级党委要把财经政策法规和领导干部履行经济责任相关知识纳入党委中心组学习计划,列为高中级领导干部本级培训的教材内容,适时组织经济责任知识考试和法规纪律集中教育,切实增强各级领导干部法规意识,提高正确履行经济责任能力。各级审计工作领导小组成员单位要按照职责任务,各司其职、各负其责,加强协调、积极配合,形成监督合力。各级审计部门要坚持铁面无私、秉公执法,敢于较真碰硬,不断创新审计方法手段,完善审计法规制度,促进领导干部经济责任审计工作高效、规范运行。

中组部追授兰辉同志
"全国优秀共产党员"称号

9 月 25 日,中央组织部决定,追授兰辉同志"全国优秀共产党员"称号。

兰辉,男,回族,四川北川人,1965 年 4 月出生,1983 年 7 月参加工作,1992 年 10 月加入中国共产党。曾任四川省北川团县委副书记、书记,通口镇党委副书记、镇长、党委书记,县政府办公室主任,副县长等职务。2013 年 5 月 23 日,兰辉同志在检查乡镇道路和安全生产时不幸坠崖,因公殉职,年仅 48 岁。

兰辉同志始终把党和人民的事业放在心中最高位置,是用生命践行党的群众路线的好干部,是新时期共产党人的楷模。中央组织部决定,追授兰辉同志"全国优秀共产党员"称号。中央组织部号召全国各条战线的共产党员和广大干部向兰辉同志学习,要求各级党组织结合正在开展的党的群众路线教育实践活动,认真学习贯彻习近平总书记重要批示,深入宣传兰辉同志的先进事迹和崇高精神,引导广大党员干部树立群众观点,弘扬优良作风,解决突出问题,保持清廉本色,进一步密切党同人民群众的血肉联系,为全面建成小康社会、实现中华民族伟大复兴的中国梦而努力奋斗。

第四届全国道德模范座谈会召开

9月26日,第四届全国道德模范座谈会在北京召开,习近平会见了第四届全国道德模范及提名奖获得者并发表讲话。刘云山出席座谈会,刘延东宣读表彰决定。

习近平指出,经过亿万群众评选,第四届全国道德模范产生了。他代表党中央、国务院、中央军委,向光荣当选的全国道德模范表示热烈的祝贺和崇高的敬意。他强调,精神的力量是无穷的,道德的力量也是无穷的。中华文明源远流长,蕴育了中华民族的宝贵精神品格,培育了中国人民的崇高价值追求。自强不息、厚德载物的思想,支撑着中华民族生生不息、薪火相传,今天依然是我们推进改革开放和社会主义现代化建设的强大精神力量。长期以来,各地区各部门按照中央要求,不断推进公民道德建设,弘扬中华传统美德,培育时代新风,中华大地涌现出一大批道德模范、最美人物。全国道德模范就是其中的优秀代表。你们或充满爱心、助人为乐,或见义勇为、舍生忘死,或诚实守信、坚守正道,或敬业奉献、虔诚勤勉,或孝老爱亲、血脉情深。你们的高尚品德,温暖了人心,感动了中国,为全社会树立了榜样。我们要按照党的十八大提出的培育和践行社会主义核心价值观的要求,高度重视和切实加强道德建设,推进社会公德、职业道德、家庭美德、个人品德教育,倡导爱国、敬业、诚信、友善等基本道德规范,培育知荣辱、讲正气、作奉献、促和谐的良好风尚。

全国总工会、共青团中央、全国妇联、教育部、人民日报社、中央电视台的负责同志作了发言;首届全国道德模范、西藏军区副司令员兼西藏军区总医院院长李素芝,第四届全国道德模范、黑龙江省佳木斯市第十九中学语文教师张丽莉,中国铁建十八局集团隧道公司四川锦屏二级水电站项目经理孔凡成,新疆职业大学中国语言学院汉语翻译专业学生热汗古丽·依米尔分别发言。

中国特色社会主义和中国梦宣传教育第七场报告会举行

9月27日,中央宣传部、中央直属机关工委、中央国家机关工委、教育部、解放军总政治部、中共北京市委在北京联合举办中国特色社会主义和中国梦宣传教育系列报告会第七场报告。国家卫生计生委主任李斌作《以全民健康促进全面小康 为实现中国梦而不懈努力》专题报告。

李斌指出,党和政府历来高度重视人民健康,把维护全体人民健康当作始终如一的奋斗目标。经过坚持不懈的努力,城乡居民的健康状况已位居发展中国家前列,人民群众生活和生命质量大大提高。以全民健康促进全面小康,必须努力做到让人民群众看得上病、看得起病、看得好病。要加快推进全民医保体系建设,建立和完善基本医疗保障网;建立国家基本药物制度,让人民群众用得上、用得起、用得放心。以全民健康促进全面小康,必须坚持预防为主,努力提升城乡居民的健康素养。要注重做好重大传染病和慢性病的防控,维护群众身体健康和生命安全;全面、扎实、专业、高效地做好卫生应急工作,积极稳妥应对突发事件。以全民健康促进全面小康,还要大力推进人才队伍建设,加强医德医风建设,努力构建政府主导、全社会参与的卫生计生事业格局。

中央印发全国干部教育培训五年规划

新华社9月28日报道,中共中央近日印发《2013—2017年全国干部教育培训规划》,并发出通知,要求各地区各部门结合实际认真贯彻执行。

《规划》提出干部教育培训工作的目标任务:以加强中国特色社会主义理论体系学习为首要任务,全面推进理论武装、党性教育、能力培训和知识更新,使广大干部理想信念更加坚定、理论素养不断提高、党性修养切实增强、工作作风明显改进、德才素质和履职能力显著提升,使干部教育培训推动党和国家事业发展的作用更加明显。进一步推进干部教育培训改革创新,努力形成更加开放、更具活力、更有实效的中国特色干部教育培训体系,提高干部教育培训科学化水平。

《规划》提出,把改革创新贯穿于干部教育培训各环节各方面,实现数量与质量、规模与效益相统一。改进教学方式方法,加大案例教学比重,2015 年前省级以上干部教育培训机构的案例课程占能力培训课程的比例不低于 30%。加快网络培训平台建设,逐步实现全国干部在线学习平台的互联互通。充分发挥中国干部网络学院的作用,2017 年前实现全国县处级及以上干部在线学习。2015 年前建立全国统一的干部教育培训工作信息管理系统。

中纪委通报 8 起违反八项规定典型问题

9 月 28 日,中央纪委再次对 8 起违反中央八项规定精神的典型问题发出通报,要求各级党组织和广大党员干部深刻认识坚持和深化的关系,纠正"四风"不坚持不足以深化,不深化也无以坚持;要进一步增强落实中央八项规定精神的自觉性、坚定性,切实担负起党风廉政建设主体责任,把八项规定精神内化于心、外化于行;要以良好的党风政风带动社风民风,继承和发扬党的优良作风,弘扬中华民族优秀文化传统。

各级纪检监察机关认真履责,强化执纪监督,截至 8 月底,全国共查处违反中央八项规定精神的问题 12099 起,处理 13999 人,其中给予党纪政纪处分 2814 人。中央纪委先后两次共对 14 起违反中央八项规定精神典型问题进行了通报,各级纪检监察机关也集中通报了一批当地查处的典型问题,起到警示震慑作用,但是仍有少数人心存侥幸,顶风违纪,影响极坏。各级纪检监察机关要继续执好纪、问好责、把好关。国庆将至,要坚决刹住公款送礼、公款吃喝、公款旅游和奢侈浪费等不正之风。要抓住重要时间节点,加强明年元旦、春节,全国和各地两会期间执纪监督工作,坚决纠正"四风"。

全国政协等联合举行国庆招待会

9 月 29 日,全国政协办公厅、中共中央统战部、国务院侨办、国务院港澳办和国务院台办在人民大会堂宴会厅联合举行国庆招待会。俞正声与 2800 余名港澳台侨各界代表欢聚一堂,共同庆祝中华人民共和国成立 64 周年。

俞正声在招待会上致辞。他首先代表中共中央、国务院向出席国庆招待会的各位嘉宾表示热烈欢迎,向香港同胞、澳门同胞、台湾同胞和海外侨胞致以诚挚问候和良好祝愿。他说,64 年前,中华人民共和国宣告成立,开辟了中华民族发展进步的历史新纪元。35 年前,中国共产党十一届三中全会胜利召开,开启了改革开放的历史新时期。在中国共产党的领导下,全国各族人民在建设社会主义现代化国家的伟大征程上迈出坚实步伐,取得了举世瞩目的辉煌成就。一个朝气蓬勃的中国正以昂扬的姿态屹立于世界的东方,13 亿中国人民在以习近平同志为总书记的中共中央领导下,正在为实现国家富强、民族振兴、人民幸福的美好梦想而努力奋斗。

中央政法委员会召开第六次全体会议

9 月 29 日,中央政法委员会召开第六次全体会议,孟建柱主持并讲话,郭声琨、周强、曹建明等出席并发言。

会议要求,要以整风精神,解决政法干警作风方面存在的突出问题。要结合政法工作特点,制定政法队伍纪律作风禁令,作为政法干警"高压线",确保政法队伍始终作风过硬、纪律严明。要实化处罚措施,动真格、抓落实,确保有关规定发挥预防、震慑、惩戒作用。领导干部不仅要从自己做起,以身作则,而且要认真履行"一岗双责",真正做到敢抓善管。中央政法单位要加强对本系统清理久押不决案件的组织指导,坚持以事实为依据、以法律为准绳,严格依法律、按程序办案,推动久押不决案件清理工作依法有序进行。要加强对有关单位清理久押不决案件的督办工作,切实维护当事人合法权益,维护法律尊严。清理中要举一反三,认真查找导致久押不决的深层次原因,切实完善严格依法按程序办案的工作机制,杜绝“边清边积”现象发生。

国务院举行国庆招待会

9月30日,国务院在人民大会堂举行国庆招待会,热烈庆祝中华人民共和国成立64周年。习近平、李克强、张德江、俞正声、刘云山、王岐山、张高丽等党和国家领导人与1100多位中外人士欢聚一堂,共庆共和国华诞。

李克强代表党中央、国务院,向全国各族人民致以节日祝贺;向港澳同胞、台湾同胞和海外侨胞致以亲切问候;向关心支持中国现代化建设事业的国际友人表示衷心感谢。

李克强说,新中国成立特别是改革开放以来,中国共产党领导全国各族人民团结奋斗,沿着中国特色社会主义道路开拓前进,取得了举世瞩目的巨大成就,为全面建成小康社会打下了坚实基础。我国正处于经济转型升级的关键期,还面临很多困难和挑战,实现现代化还有很长的路要走。人民的智慧、奉献和创造,是我们伟大祖国发展进步的根本力量。实现更加美好的生活,需要全国各族人民共同顽强奋斗。我们将敢于担当,攻坚克难,全面深化和加快改革,促进经济长期持续健康发展和社会不断进步。我们要继续加快转变经济发展方式,加大经济结构调整力度,努力打造中国经济升级版;坚持把就业作为民生之本,大力发展教育、医疗卫生、文化等各项社会事业,让发展成果更多更好惠及全体人民;建设廉洁政府、法治政府,让全体社会成员都能在公平的机会、公平的规则面前,通过自身努力获得应有的成功。我们将坚持“一国两制”方针不动摇,严格按基本法办事,保持香港、澳门长期繁荣稳定,持续推动两岸关系和平发展,造福两岸同胞,共同谱写中华民族繁荣发展的新篇章。我们将始终不渝走和平发展道路,在国际合作中坚持互利共赢,愿与世界各国分享发展机遇、共同应对挑战,维护世界和平与地区稳定,携手共创人类更加美好的明天。

中共中央政治局举行第九次集体学习

9月30日,中共中央政治局以实施创新驱动发展战略为题举行第九次集体学习。这次中央政治局集体学习走出中南海,把“课堂”搬到了中关村,采取调研、讲解、讨论相结合的形式进行。在中关村国家自主创新示范区展示中心,听取了中关村管委会负责人关于中关村创新发展情况的汇报。参观结束后,听取科技部部长万钢介绍我国科技创新总体情况,并就实施创新驱动发展战略进行讨论。

习近平在主持学习时发表讲话。他强调,科技兴则民族兴,科技强则国家强。党的十八大作出了实施创新驱动发展战略的重大部署,强调科技创新是提高社会生产力和综合国力的战略支撑,必须摆在国家发展全局的核心位置。这是党中央综合分析国内外大势、立足国家发展全局作出的重大战略抉择,具有十分重大的意义。从国内看,创新驱动是形势所迫。我国经济总量已跃居世界第二位,社会生产力、综合国力、科技实力迈上了一个新的大台阶。同时,我国发展中不平衡、不协调、不可持续问题依然突出,人口、资源、环境压力越来越大。物质资源必然越用越少,而科技和人才却会越用越多。我们要推动新型工业化、信息化、城镇化、农业现代化同步发展,必须及早转入创新驱动发展轨道,把科技创新潜力更好释放出来,充分发挥科技进步和创新的作用。实施创新驱动发展战略是一项系统工程,涉及方方面面的工作,需要做的事情很多。最为紧迫的是要进一步解放思想,加快科技体制改革步伐,破除一切束缚创新驱动发展的观念和体制机制障碍。就此提出5个方面的任务:一是着力推动科技创新与经济社会发展紧密结合。二是着力增强自主创新能力。三是着力完善人才发展机制。四是着力营造良好政策环境。五是着力扩大科技开放合作。

中共中央政治局召开会议审议《科学发展观学习纲要》

9月30日，中共中央政治局召开会议，审议并同意印发《科学发展观学习纲要》，习近平主持会议。

会议认为，《科学发展观学习纲要》阐述了科学发展观的重大意义、科学内涵、精神实质，阐述了深入贯彻落实科学发展观的基本要求，体现了党的十八大精神，体现了科学发展观同邓小平理论、“三个代表”重要思想既一脉相承又与时俱进的内在关系，为广大党员、干部、群众学习和掌握科学发展观提供了重要参考。会议同意将其印发全党。各地区各部门要抓好《科学发展观学习纲要》的学习实践，着力武装头脑、指导实践、推动工作。要把学习科学发展观同学习马克思列宁主义、毛泽东思想、邓小平理论、“三个代表”重要思想结合起来，同学习马克思主义经典著作结合起来，同学习党史国史结合起来，同学习领会党的十八大精神和中央重大决策部署结合起来，不断加深对科学发展观的理解，增强道路自信、理论自信、制度自信，把思想和行动统一到党的十八大精神和中央重大决策部署上来，把智慧和力量凝聚到实现全面建成小康社会、中华民族伟大复兴的中国梦上来。要通过深入学习，更加自觉地把推动经济社会发展作为第一要义，更加自觉地把以人为本作为核心立场，更加自觉地把全面协调可持续作为基本要求，更加自觉地把统筹兼顾作为根本方法，不断增强贯彻落实科学发展观的自觉性和坚定性。要紧密联系本地区本部门的工作实际和干部群众的思想实际，把科学发展观贯彻到我国现代化建设全过程、体现到党的建设各方面，认真研究解决改革发展稳定重大问题、群众生产生活迫切问题和党的建设突出问题，在贯彻中央重大决策部署、推动经济社会发展上不断取得新进展新成效。

中央党的群众路线教育实践活动领导小组第四次会议召开

9月30日，中央党的群众路线教育实践活动领导小组第四次会议在北京召开，刘云山主持并讲话。

刘云山在讲话中说，习近平总书记全程参加河北省委常委班子专题民主生活会并发表重要讲话，明确了对“四风”问题进行整改的基本要求，阐述了批评和自我批评的重要意义和深刻内涵，提出了加强思想作风建设、提高领导班子和领导干部解决自身问题能力的努力方向。要很好地把讲话精神贯彻到教育实践活动之中，体现到党的建设各方面，增强党内生活的政治性、原则性、战斗性，提高党的创造力、凝聚力、战斗力。教育实践活动越是向前推进，越要坚持从严标准，坚持时间服从质量、进度服从效果，不能前紧后松、虎头蛇尾。要把专题民主生活会作为新的开端，着眼长远进行整改，紧紧围绕坚定理想信念、树立正确政绩观、推动工作落实、确立正确用人导向，着力解决思想问题和实际问题。要针对查摆出来的“四风”突出问题，进行专项整治，研究解决的具体措施，建章立制、标本兼治。要组织开展“回头看”，查漏补缺、加强薄弱环节，没达标准的要及时“补课”，切实做到思想上不放松、力度上不减弱，确保教育实践活动不空、不虚、不偏、不走过场。

2013 年 10 月

首都各界代表向人民英雄纪念碑敬献花篮庆祝中华人民共和国成立 64 周年

10 月 1 日是中华人民共和国成立 64 周年纪念日。习近平、李克强、张德江、俞正声、刘云山、王岐山、张高丽等来到北京天安门广场，与首都各界代表一起，向人民英雄纪念碑敬献花篮，深切缅怀为民族独立、人民解放、国家富强、人民幸福英勇献身的革命先烈，表达全党全国各族人民继往开来、奋力推进中国特色社会主义伟大事业的坚定信念。

中央党的群众路线教育实践活动领导小组印发《关于认真学习贯彻习近平总书记重要讲话精神切实开好专题民主生活会的通知》

新华社 10 月 4 日报道，中央党的群众路线教育实践活动领导小组近日印发《关于认真学习贯彻习近平总书记重要讲话精神切实开好专题民主生活会的通知》，要求各级党组织和广大党员、干部把认真学习贯彻讲话精神作为当前的一项重要政治任务抓紧抓好，进一步提高开展批评和自我批评、开好专题民主生活会的思想自觉和行动自觉。

《通知》强调，要坚持贯彻执行民主集中制，加强民主集中制教育培训，加强民主集中制贯彻执行情况的经常分析和考核评估，加大民主集中制执行力度，对贯彻执行不力、发生重大偏差和失误的班子和个人追究责任。要坚持用好批评和自我批评武器，有话放在桌面上讲，切忌从个人恩怨、得失、利害、亲疏出发看事待人。要坚持严格党内生活，对自身的党内生活现状作一次全面调查和评估，总结经验、梳理问题、制定对策，切实增强党内生活的政治性、原则性、战斗性。要坚持党性原则基础上的团结，大力提倡和弘扬掏心见胆、并肩奋斗的真团结，坚决反对和纠正表面一团和气、实际上相互较劲设防的假团结，积极营造心往一处想、劲往一处使的生动局面。

“党的群众路线档案展览”开展

10 月 9 日，由中央档案馆、北京市西城区委联合主办的“党的群众路线档案展览”在北京中华世纪坛开展。

这次展览是为配合目前开展的党的群众路线教育实践活动而举办。展览内容涉及中国共产党的创立、土地革命、抗日战争、解放战争、社会主义革命和建设时期、全面建设中国特色社会主义时期等多个历史阶段，图文并茂地展示了群众路线的产生、发展、形成理论体系的全过程和贯彻群众路线所取得的历史成就。

纪念毛泽东同志批示“枫桥经验”50 周年大会召开

10 月 11 日，纪念毛泽东同志批示“枫桥经验”50 周年大会在杭州市召开，习近平就坚持和发展“枫桥经验”作出重要指示。孟建柱出席并讲话，杨晶主持会议。

习近平指出，50 年前，浙江枫桥干部群众创造了“依靠群众就地化解矛盾”的“枫桥经验”，并根据形势变化不断赋予其新的内涵，成为全国政法综治战线的一面旗帜。浙江省各级党委和政府高度重视学习推广“枫桥经验”，紧紧扭住做好群众工作这条主线，为经济社会发展提供了重要保障。

会议强调，要深入贯彻落实党的十八大和习近平重要指示精神，从坚持和发展中国特色社会主义的战略高度，继承和发扬优良传统，以与时俱进的精神，研究新情况、把握新规律，创新群众工作方法，加大依法治理力度，完善工作制度机制，不断提高新形势下群众工作能力和水平，切实解决好涉及群众切身利益的突出问题，确保人民安居乐业、社会安定有序、国家长治久安。

《习仲勋文集》《习仲勋纪念文集》《习仲勋画册》出版

新华社10月12日报道，为纪念习仲勋同志，由中共党史出版社出版，中央党史研究室编辑了《习仲勋文集》《习仲勋纪念文集》《习仲勋画册》，对于深入学习缅怀习仲勋同志的光辉业绩、革命精神和崇高风范，深入研究习仲勋同志的生平和思想，在新形势下继承和发扬老一辈革命家的优良传统和作风，具有重要意义。

《习仲勋文集》收入了习仲勋同志自1940年至2002年的讲话、报告、文章、批示、电报、书信等文稿，共计210篇。其中133篇为首次公开发表。《习仲勋纪念文集》收入了与习仲勋同志一起战斗、工作过的战友、同事，身边工作人员以及亲属的回忆文章共98篇。《习仲勋画册》精选了习仲勋同志生前的数百幅珍贵照片，许多照片为首次公开展示。画册图文并茂，生动形象地再现了习仲勋同志89年伟大、光辉的一生。

全国信访工作专题会议召开

10月12日，全国信访工作专题会议在宁波召开，杨晶出席并讲话，王晨主持会议。

杨晶指出，信访工作是群众工作的一个重要平台。各地各部门要按照中央要求，更加注重用群众工作理念推进信访工作，运用法治思维规范信访工作，依靠改革创新提高信访工作效能，通过回应社会关切增强信访公信力，进一步完善落实信访工作责任制。同时，要大力加强信访干部队伍建设，为做好信访工作提供有力保障。

王晨要求，各地各部门要进一步强化依法办事的理念，深入开展法制宣传教育和舆论引导，加强对《信访条例》实施情况的执法检查，不断提高信访工作法治化水平。

李源潮与全国优秀少先队辅导员、优秀少先队员代表和少先队工作者座谈

10月13日，是中国少年先锋队建队64周年纪念日，李源潮与全国优秀少先队辅导员、优秀少先队员代表和少先队工作者座谈，秦宜智主持座谈会。

李源潮说，少先队是少年儿童健康成长的摇篮，根本任务是培养中国特色社会主义建设者和接班人。要加强少先队的思想品德教育，扎实抓好理想信念教育，培养孩子们对祖国、对党、对人民的基本感情，打好世界观、人生观、价值观的基础。鼓励孩子们热爱科学、热爱劳动的创造精神，让孩子们在组织活动中学会怎么看人、怎么处人、怎么帮人、怎么取得别人的支持。要加强少先队辅导员队伍建设，落实职称评聘、业务培训等政策措施，让他们干得有奔头。各级党委、政府要加强对少先队工作的领导和支持，教育系统要把少先队工作纳入教育工作总体安排。共青团要坚持全团带队，支持少先队创造性开展工作。要充分调动社会各方面力量，推动少先队事业创新发展。

全国干部教育培训工作会议召开

10月14日，全国干部教育培训工作会议在北京召开，赵乐际出席并讲话。

赵乐际充分肯定了党的十七大以来干部教育培训取得的重大进展。强调坚持和发展中国特色社会主义、进行具有新的历史特点的伟大斗争，必须切实发挥干部教育培训的重要功能。要以加强中国特色社会主义理论体系学习为首要任务，深入学习领会习近平总书记一系列重

要讲话精神，增强贯彻落实中央决策部署的思想自觉和行动自觉。要教育干部深入学习马克思主义基本原理，坚定理想信念，坚持党性原则，严格遵守党章；坚持贯彻执行民主集中制，敢于负责担当；树立正确的世界观、人生观、价值观，坚守为民务实清廉，坚决反对“四风”；学习践行科学发展观，提高推动科学发展的能力。要坚持质量第一，弘扬勤奋好学、严格自律的风气，严谨治学、以德施教的风气，艰苦奋斗、勤俭办学的风气，切实提高干部教育培训工作科学化水平。

纪念习仲勋同志诞辰100周年座谈会举行

10月15日，纪念习仲勋同志诞辰100周年座谈会在人民大会堂举行。习近平作为亲属参加座谈会，张德江出席座谈会，刘延东主持座谈会。

习仲勋是中国共产党的优秀党员，伟大的共产主义战士，杰出的无产阶级革命家，我党、我军卓越的政治工作领导人，陕甘边革命根据地的主要创建者和领导者之一，曾担任国务院副总理，中共十一届中央委员会书记处书记，十二届中央政治局委员、书记处书记，第五、第七届全国人大常委会副委员长。

座谈会上李建国发表讲话，全面回顾了习仲勋的光辉革命生涯和不朽功勋，对学习、继承、弘扬习仲勋的高尚品格、革命精神、优良作风和崇高风范提出了要求。中央党史研究室主任欧阳淞、国务院副秘书长焦焕成、广东省省长朱小丹、全国人大常委会副秘书长王万宾、陕西省委书记赵正永先后发言，缅怀习仲勋的奋斗历程和丰功伟绩，深切表达对习仲勋的敬仰之情。大家在发言中回顾了习仲勋早年参加革命，出生入死、转战陕甘，创建革命根据地的英勇事迹；对他长期主持西北局工作，为夺取西北地区革命胜利、建立和巩固新生的人民政权作出杰出贡献给予高度评价；追忆了他在国务院协助周恩来总理工作长达10年，被大家誉为国务院的“大管家”，为新中国建设和发展作出的重要贡献；赞扬了他主政广东，为贯彻党的十一届三中全会路线、推动广东在全国率先改革开放作出的重大贡献；高度评价了习仲勋主持中央书记处日常工作，为拨乱反正、加强新时期党的建设、开创统一战线工作新局面作出的卓越贡献，以及他在全国人大工作期间，为坚持和完善人民代表大会制度、加强社会主义民主法制建设作出的极大努力。

中国特色社会主义和中国梦宣传教育第八场报告会举行

10月15日，中央宣传部、中央直属机关工委、中央国家机关工委、教育部、解放军总政治部、中共北京市委在北京联合举办中国特色社会主义和中国梦宣传教育系列报告会第八场报告。教育部部长袁贵仁作了《努力让全体人民享有更好更公平的教育》的专题报告。

袁贵仁指出，改革开放以来特别是近些年来，党和政府不断扩大教育规模，让人民群众“有学上”，九年免费义务教育全面实现，学前教育快速发展，高中阶段教育加快普及，高等教育进入大众化。建立家庭经济困难学生资助政策体系，加大对残疾人、随迁子女、留守儿童等特殊群体支持力度，大力提高农村和中西部地区教育发展水平，大力发展职业教育、民办教育和继续教育。当前我国教育公平仍面临一些困难和问题，与人民群众期待还有很大差距。今后，要坚定不移地把教育摆在优先发展的战略地位，坚定不移地深化教育改革，坚定不移地把促进公平作为国家基本教育政策。要兜底线，更加关注贫困地区儿童、进城务工人员子女和残疾人教育；保基本，全面改善贫困地区薄弱学校办学条件，使每一所学校都达到基本办学标准；上水平，加快推进义务教育均衡发展和教育信息化，提高农村学生进入重点大学比例，深入实施中西部高等教育振兴计划；畅渠道，深化考试招生制度改革，加快发展现代职业教育，搭建终身学习平台；建规则，加快完善教育标准体系，加强教育督导，开展教育满意度测评和教育现代化指标监测，完善保障公平的长效机制。

省部级领导干部廉洁从政研修班座谈会召开

10月16日，省部级领导干部廉洁从政研修班座谈会在北京召开，王岐山出席并讲话。

王岐山指出，中国共产党是中国特色社会主义事业的领导核心。能否实现"两个百年"奋斗目标、能否实现中华民族伟大复兴，关键在党。面对依然严峻复杂的党风廉政建设和反腐败斗争形势，党员领导干部要牢记自己的政治面貌和党内职务所赋予的党要管党、从严治党的责任，其中包括严以律己、清正廉洁，耐得住寂寞、经得起诱惑，永葆共产党人的政治本色。不纠正"四风"，廉洁从政就无从谈起，落实八项规定就是廉洁自律的具体体现。要处理好坚持与深化的关系，在思想和行动上深化，在学思践悟中磨砺党性心性，增强"三个自信"。要以优良党风带动社风民风，营造风清气正的社会环境。要严格执纪，持之以恒，不停顿地与"四风"作斗争，坚决防止反弹。要把坚决惩治腐败、遏制蔓延势头作为工作目标。党员领导干部要带头执行廉洁从政各项规定，作廉洁自律模范。要立党为公、执政为民，树立正确的政绩观，确立科学的工作目标，把握好时间尺度，求真务实、量力而行，不急于求成，不做表面文章，少搞"锦上添花"，多做"雪中送炭"。

"习仲勋同志与宗教工作座谈会"在京召开

10月17日，中央统战部、国家宗教局在北京举办"习仲勋同志与宗教工作座谈会"。

习仲勋同志是中国共产党的优秀党员，伟大的共产主义战士，杰出的无产阶级革命家，我党、我军卓越的政治工作领导人，陕甘边革命根据地的主要创建者和领导者之一，统一战线和民族宗教工作的卓越领导者和楷模，各族群众爱戴和敬仰的革命前辈。

座谈会上，与会同志回顾了习仲勋同志为统一战线和民族宗教工作作出的卓越贡献，追忆了他对宗教界的亲切关怀，学习了他处理宗教问题、做好宗教工作的一系列重要思想、科学方法、政治智慧和高超艺术。大家表示，站在新的历史起点上，要紧密团结在以习近平同志为总书记的党中央周围，深入贯彻党的十八大精神，高举中国特色社会主义伟大旗帜，继承和弘扬老一辈无产阶级革命家的伟大精神，全面贯彻党的宗教工作基本方针，努力开创宗教工作新局面，为实现中华民族伟大复兴的中国梦作出新的更大贡献。

中国工会第十六次全国代表大会开幕

10月18日，中国工会第十六次全国代表大会在人民大会堂开幕。习近平、李克强、张德江、俞正声、王岐山、张高丽等党和国家领导人到会祝贺，刘云山代表党中央发表了《在为实现中国梦不懈奋斗中铸就工人阶级新辉煌》的祝词。

李建国代表中华全国总工会第十五届执行委员会作了题为《高举旗帜 改革创新 团结动员亿万职工在实现中国梦历史进程中充分发挥主力军作用》的报告。报告分三个部分：过去五年的工作和十年的主要经验；牢牢把握为实现中华民族伟大复兴的中国梦而奋斗这个我国工人运动的时代主题；今后五年的目标任务。

大会以书面报告的形式向代表提交了《中国工会章程（修正案）》《中华全国总工会第十五届执行委员会财务工作报告》《中华全国总工会第十五届经费审查委员会工作报告》，请代表审议。

《史记》修订本全球同步首发

新华社10月19日报道，点校本《史记》初版问世54年之后，迎来了首次修订本，修订本的出版标志着受到海内外关注的点校本"二十四史"及《清史稿》修订工程进入正式出版阶段。

点校本《史记》修订本全面、系统地校勘了北宋至清有代表性的多种《史记》刻本,以及十余种日本钞本、敦煌写本。选用善本之精,校勘规模之全,超过此前各家。新撰校勘记3300余条。修订本对原点校本的分段优化、调整,改正破读之处,纠正讹脱衍倒。依据当代《史记》研究成果和读者需要,修订本对于金陵书局本删削的唐代司马贞《史记索隐·补史记条例》和《三皇本纪》,重新恢复其原来面貌。

马克思主义理论研究和建设工程工作座谈会召开

10月20日,马克思主义理论研究和建设工程工作座谈会在北京召开,刘云山出席并讲话,刘奇葆主持会议。8位同志围绕学习贯彻中央精神、深入实施工程在会上作了发言。

刘云山说,坚持和发展中国特色社会主义,是当今中国的时代主题,是党和国家全部工作的主线,深入实施马克思主义理论研究和建设工程必须紧紧围绕主题主线,深入研究阐释中国特色社会主义的历史渊源、科学内涵、精神实质和实践要求,进一步坚定人们的道路自信、理论自信、制度自信。要跟上党的十八大以来理论创新和实践创新步伐,切实加强对习近平总书记一系列重要讲话精神的研究,推动全党坚持用讲话精神统一思想、指导实践。深入实施马克思主义理论研究和建设工程,研究攻关是基础,转化运用是关键。要充分发挥工程成果在推进马克思主义中国化、时代化、大众化进程中的重要作用,更好地促进马克思主义与中国实际相结合,更好地反映时代精神、回答时代课题,更好地为人民大众所理解和掌握。要充分发挥工程成果在深化理论武装中的重要作用,推动党校、行政学院、干部学院、社会科学院、高校、理论学习中心组把马克思主义作为必修课,引导各级领导干部认真学习和掌握马克思主义基本理论,坚定理想信念,增强看家本领。要充分发挥工程成果在完善哲学社会科学学科体系和教材体系中的重要作用,继续抓好工程重点教材的编写和使用,让青年学生更好掌握党的理论创新成果。

全总十六届执委会举行第一次全体会议

10月20日至21日,中华全国总工会第十六届执行委员会召开第一次全体会议,选举全总十六届执委会主席、副主席和主席团委员。李建国当选为中华全国总工会主席。

陈豪、刘国中、张少琴、徐福顺、陈荣书、尔肯江·吐拉洪、李世明、邱小平、焦开河、范继英、崔郁、江广平、许振超、郭明义等14位同志当选为中华全国总工会副主席;丁小岗等56位同志当选为执委会主席团委员。陈豪为书记处第一书记,刘国中、陈荣书、王瑞生、李世明、焦开河、范继英、江广平、赵世洪、郭军为书记处书记。

欧美同学会成立100周年庆祝大会举行

10月21日,欧美同学会成立100周年庆祝大会在人民大会堂举行。习近平出席并讲话,俞正声、刘云山到会祝贺。

习近平在讲话中首先代表党中央、国务院,向欧美同学会·中国留学人员联谊会及其全体会员表示热烈的祝贺,向广大出国和归国留学人员及其家人致以诚挚的问候。高度评价我国留学人员的作用和贡献。他指出,党和国家将按照支持留学、鼓励回国、来去自由、发挥作用的方针,把做好留学人员工作作为实施科教兴国战略和人才强国战略的重要任务,使留学人员回到祖国有用武之地,留在国外有报国之门。我们热诚欢迎更多留学人员回国工作、为国服务。广大留学人员要继承和发扬留学报国的光荣传统,做爱国主义的坚守者和传播者,始终把国家富强、民族振兴、人民幸福作为努力志向,自觉使个人成功的果实结在爱国主义这棵常青树上。党和国家尊重广大留学人员的选择,回国工作,我们张开双臂热烈欢迎;留在海外,我们支持通过多种形式为国服务。大家都要牢记,无论身在何处,你们都是中华儿女的一分子，祖国和人民始终惦记着你们，祖国永远是你们温暖的精神家园。

《科学发展观学习纲要》出版

新华社10月23日报道，中共中央宣传部组织编写的《科学发展观学习纲要》一书已由学习出版社、人民出版社联合出版，在全国各地新华书店发行。中共中央发出关于印发《科学发展观学习纲要》的通知，要求各级党委要在组织中国特色社会主义宣传教育过程中，把《纲要》的学习纳入学习计划。

《科学发展观学习纲要》共七万多字，一百条，分四个部分。第一部分，充分认识科学发展观的历史地位和指导意义；第二部分，全面把握科学发展观的科学内涵和精神实质；第三部分，坚定不移把科学发展观贯彻到我国现代化建设全过程、体现到党的建设各方面；第四部分，深入学习实践科学发展观，为全面建成小康社会、夺取中国特色社会主义新胜利而奋斗。

习近平同中华全国总工会新一届领导班子成员集体谈话

10月23日，习近平在中南海同中华全国总工会新一届领导班子成员集体谈话并发表讲话，刘云山参加谈话。李建国主持，陈豪代表中华全国总工会新一届领导班子汇报了中国工会十六大召开情况和未来5年工会工作的初步考虑。

习近平强调，我国工人运动的时代主题，是为实现中华民族伟大复兴的中国梦而奋斗。工会要牢牢抓住这个主题，把推动科学发展、实现稳中求进作为发挥作用的主战场，把做好新形势下职工群众工作、调动职工群众积极性和创造性作为中心任务，把巩固党执政的阶级基础和群众基础作为政治责任，竭诚为职工群众服务，切实维护职工群众权益，不断焕发工会组织的生机活力。

中央巡视工作动员部署会召开

10月23日，中央巡视工作动员部署会召开，王岐山出席并讲话，赵乐际、赵洪祝出席会议。

王岐山指出，中央政治局常委会高度重视巡视工作。今年第一轮巡视发现了一批问题线索，第二轮巡视要按照中央对巡视工作提出的新要求，围绕“四个着力”，坚持发现问题、形成震慑不动摇。要不断探索创新，强化对党组织领导班子及其成员特别是一把手的监督，运用机动灵活的巡视工作方法，提高对领导干部报告个人有关事项抽查的针对性，坚持到领导干部担任过一把手的地方“下沉一级”了解情况，使巡视工作不断深入，提高针对性和实效性。要运用好巡视成果，对巡视发现的问题分类处置，违纪违法问题线索要报告中央纪委，选人用人上存在的问题要移交中央组织部，巡视结果要向被巡视地区和单位的党组织反馈，加强督查督办。对领导班子和领导干部存在的问题要坚持抓早抓小，该诫勉谈话的要严肃认真谈话，对领导干部身上苗头性问题要敲敲警钟，确保巡视成果落到实处。

中央巡视组今年第二轮巡视共分10个组，分别对山西、吉林、安徽、湖南、广东、云南、新华社、国土资源部、商务部、三峡集团开展巡视。

《紫光阁》杂志创刊20周年座谈会举行

10月23日，中央国家机关工委主办的综合性月刊《紫光阁》杂志创刊20周年座谈会暨紫光阁网新版开通仪式在北京举行，杨晶出席并讲话。

杨晶指出，在《紫光阁》杂志创刊20周年之际，中央领导同志作出重要批示，就进一步办好杂志提出殷切希望。我们要认真学习贯彻中央领导同志的重要批示精神，按照全国宣传思想工作会议有关要求，更好履行新形势下党刊的使命与责任。要始终把握正确方向，弘扬主旋律、传播正能量，深入宣传中国特色社会主义和中国梦，引导党员干部更好地坚定“三个自信”，大力宣传体现时代精神的先进典型，提振党员干部精气神。要坚持围绕中心、服务大局，积极宣传党和国家路线方针政策和重大决策部署，为改革发展稳定营造良好氛围。要发挥自身优势，突出机关党建、高端权威和建言献策特色，不断提高办刊水平。

周边外交工作座谈会召开

10月24日至25日，周边外交工作座谈会在北京召开，习近平出席并讲话，李克强主持会议，张德江、俞正声、刘云山、王岐山、张高丽出席会议。这次会议的主要任务是，总结经验、研判形势、统一思想、开拓未来，确定今后5年至10年周边外交工作的战略目标、基本方针、总体布局，明确解决周边外交面临的重大问题的工作思路和实施方案。

习近平指出，新中国成立后，党中央都高度重视周边外交，提出了一系列重要战略思想和方针政策，开创和发展了我国总体有利的周边环境，为我们继续做好周边外交工作打下了坚实基础。党的十八大以来，党中央在保持外交大政方针延续性和稳定性的基础上，开展了一系列重大外交活动。无论从地理方位、自然环境还是相互关系看，周边对我国都具有极为重要的战略意义。要求我们的周边外交战略和工作必须与时俱进、更加主动。发展同周边国家睦邻友好关系是我国周边外交的一贯方针。做好新形势下周边外交工作，要从战略高度分析和处理问题，提高驾驭全局、统筹谋划、操作实施能力，全面推进周边外交；要着力维护周边和平稳定大局；要着力深化互利共赢格局；要着力推进区域安全合作；要着力加强对周边国家的宣传工作、公共外交、民间外交、人文交流，巩固和扩大我国同周边国家关系长远发展的社会和民意基础。政策和策略是党的生命，也是外交工作的生命。做好外交工作，胸中要装着国内国际两个大局，国内大局就是“两个一百年”奋斗目标，实现中华民族伟大复兴的中国梦；国际大局就是为我国改革发展稳定争取良好外部条件，维护国家主权、安全、发展利益，维护世界和平稳定、促进共同发展。

李克强在主持会议时指出，中央统筹国际国内两个大局和我国外交全局，决定召开这次座谈会，对于我们全面深入贯彻党的十八大精神，进一步巩固对我总体有利向好的周边环境，维护好、利用好我国发展的重要战略机遇期，具有十分重要的意义。习近平总书记的重要讲话总揽全局，思想和内涵丰富，从战略高度强调了做好新形势下周边外交工作的重大意义，对做好新形势下外交工作特别是周边外交工作具有重要指导意义。希望同志们认真学习领会讲话精神，统一认识，结合各自工作实际抓好贯彻落实。

中央党的群众路线教育实践活动领导小组召开第五次会议

10月26日，中央党的群众路线教育实践活动领导小组召开第五次会议，刘云山主持并讲话。

刘云山在讲话中说，抓好整改落实、建章立制，必须把前两个环节的工作做扎实，向群众通报、让群众点评，组织开展回头看。一要看学习教育是否深入，党员干部在思想认识上有没有得到提高；二要看查摆问题是否到位，是不是聚焦了“四风”问题，领导干部有没有真正把自己摆进去、把要查的问题找出来；三要看自我剖析是否深刻，有没有触及思想、触动灵魂；四要看是否真正开展了批评和自我批评，有没有不讲原则、做“老好人”现象；五要看是否有实质性的整改举措，是否做到了边学边改、边查边改，贯彻八项规定精神有没有打折扣、搞变通。通过回头看，工作不足的要“补课”，力度不够的要“加把火”，走了过场的要坚决返工重来。教育实践活动必须坚持学习教育与整改落实相结合，整改落实就是实践。要进一步完善整改方案，细化整改要求，制定整改任务书、时间表，使整改措施具体化、可操作。整改落实既要全面有序推进，还要针对文山会海、检查评比过多过滥、超标配车、多占住房以及门难进、脸难看、事难办等群众反映强烈的问题开展专项整治。要对准“四风”顽疾进行整治，哪个问题突出就着重抓哪个，一个问题一个问题解决，从具体事情抓起，抓一项成一项；要重拳出击进行整治，狠狠地抓，用改革精神，拿出硬的措施治歪风、树新风；要有一股韧劲进行整治，一天不放松地抓，持之以恒、久久为功。整治的目标和措施要向群众公布，整治的过程和效果要请群众参与、让群众评判，群众满意的才通过。

中国妇女第十一次全国代表大会开幕

10 月 28 日，中国妇女第十一次全国代表大会在人民大会堂开幕。习近平、李克强、张德江、俞正声、刘云山、张高丽等党和国家领导人到会祝贺，王岐山代表党中央发表了《在中国特色社会主义伟大实践中撑起半边天》的祝词，向大会的召开表示热烈的祝贺，向全国各族各界妇女和广大妇女工作者致以亲切的问候，向香港特别行政区、澳门特别行政区和台湾地区的女同胞、海外女侨胞致以良好的祝愿。陈豪代表人民团体向大会致贺词。

宋秀岩代表中华全国妇女联合会第十届执行委员会作了题为《高举旗帜 凝心聚力 团结动员各族各界妇女为实现中国梦而奋斗》的报告。报告分五个部分：开拓奋进的五年；坚持走中国特色社会主义妇女发展道路；当代中国妇女的光荣使命；今后五年妇联工作的创新发展；提高妇联组织自身建设科学化水平。大会以书面报告的形式向代表提交了《中华全国妇女联合会章程(修正案)》及其说明，请代表审议。

纪念杨勇同志诞辰 100 周年座谈会举行

10 月 28 日，纪念杨勇同志诞辰 100 周年座谈会在北京召开，刘云山出席并会见了杨勇同志亲属。

杨勇同志曾任中共中央书记处书记，中央军委副秘书长、常委，解放军副总参谋长，1955 年被授予上将军衔。

范长龙全面回顾了杨勇同志对党忠诚、身经百战、艰苦奋斗、无私奉献的一生。他指出，要紧紧围绕党在新形势下的强军目标，继承发扬我党我军的光荣传统和优良作风，开拓进取，扎实工作，为维护国家主权、安全和发展利益，实现中华民族伟大复兴的中国梦，作出应有的贡献。

中共中央政治局召开会议

10 月 29 日，中共中央政治局召开会议，讨论十八届二中全会以来中央政治局工作，研究全面深化改革重大问题，审议并同意印发《党政机关厉行节约反对浪费条例》，习近平主持会议。会议决定，中国共产党第十八届中央委员会第三次全体会议于 11 月 9 日至 12 日在北京召开。中共中央政治局听取了《中共中央关于全面深化改革若干重大问题的决定》稿在党内外一定范围征求意见的情况报告，决定根据这次会议讨论的意见进行修改后将文件稿提请十八届三中全会审议。

会议强调，改革开放是党在新的时代条件下带领全国各族人民进行的新的伟大革命。党的十一届三中全会召开 35 年来，我们党以巨大的政治勇气，锐意推进经济体制、政治体制、文化体制、社会体制、生态文明体制和党的建设制度改革，不断扩大开放，成就举世瞩目。全面深化改革就是要完善和发展中国特色社会主义制度。必须更加注重改革的系统性、整体性、协同性，加快发展社会主义市场经济、民主政治、先进文化、和谐社会、生态文明，让一切劳动、知识、技术、管理、资本的活力竞相迸发，让一切创造社会财富的源泉充分涌流，让发展成果更多更公平惠及全体人民。必须加强和改善党的领导，充分发挥党总揽全局、协调各方的领导核心作用，提高党的领导水平和执政能力，确保改革取得成功。

艰苦奋斗、勤俭节约是中华民族的传统美德，是我们党的优良作风。中央历来强调，各级党政机关要大兴艰苦奋斗之风，带头厉行勤俭节约、反对铺张浪费。制定《党政机关厉行节约反对浪费条例》，就是要以刚性的制度约束、严格的制度执行、强有力的监督检查、严厉的惩戒机制，切实遏制公务支出和公款消费中的各种违纪违规违法现象。

《中央军委关于开展巡视工作的决定》《中央军委巡视工作规定(试行)》印发

新华社10月29日报道，中央军委日前印发《中央军委关于开展巡视工作的决定》，对军队建立巡视制度、设置巡视机构、开展巡视工作作出总体部署；印发《中央军委巡视工作规定(试行)》，对开展巡视工作作出规范。这是深入贯彻落实党的十八大精神，着眼实现党在新形势下的强军目标，加强和改进军队党内监督，促进党委班子建设和部队建设的重大举措。

《中国特色社会主义学习读本》出版发行

新华社10月29日报道，为深入贯彻党的十八大精神，深入学习习近平总书记一系列重要讲话精神，推动中国特色社会主义和中国梦的宣传普及，中央宣传部组织编写的《中国特色社会主义学习读本》一书已由学习出版社出版在全国发行。

《中国特色社会主义学习读本》全面准确地阐述了中国特色社会主义的理论来源、实践历程、基本构成、总依据、总布局、总任务和夺取中国特色社会主义新胜利的基本要求，为广大党员干部和群众学习中国特色社会主义提供了重要参考。这本书内容丰富、观点鲜明、简明扼要、文风朴实，可作为广大党员干部群众和高校师生理论学习的读本，也可作为基层党组织和党校、干校、讲师团培训党员、组织宣讲的教材。

中共中央政治局举行第十次集体学习

10月29日，中共中央政治局就加快推进住房保障体系和供应体系建设举行第十次集体学习，习近平主持学习。清华大学土木水利学院刘洪玉教授、住房和城乡建设部政策研究中心秦虹研究员就这个问题进行讲解。

习近平指出，住房问题既是民生问题也是发展问题，关系千家万户切身利益，关系人民安居乐业，关系经济社会发展全局，关系社会和谐稳定。党和国家历来高度重视群众住房问题。加快推进住房保障和供应体系建设，要处理好政府提供公共服务和市场化的关系、住房发展的经济功能和社会功能的关系、需要和可能的关系、住房保障和防止福利陷阱的关系。只有坚持市场化改革方向，才能充分激发市场活力，满足多层次住房需求。

从我国国情看，总的方向是构建以政府为主提供基本保障、以市场为主满足多层次需求的住房供应体系。“十二五”规划提出，建设城镇保障性住房和棚户区改造住房3600万套(户)，到2015年全国保障性住房覆盖面达到20%左右，这是政府对人民作出的承诺，要全力完成。要完善住房支持政策，注重发挥政策的扶持、导向、带动作用，调动各方面积极性和主动性。要完善土地政策，坚持民生优先，科学编制土地供应计划，增加住房用地供应总量，优先安排保障性住房用地。要完善财政政策，适当加大财政性资金对保障性住房建设投入力度。要综合运用政策措施，吸引企业和其他机构参与公共租赁住房建设和运营。要积极探索建立非营利机构参与保障性住房建设和运营管理的体制机制，形成各方面共同参与的局面。

全国非公有制经济人士理想信念报告会召开

10月30日，全国非公有制经济人士理想信念报告会在北京召开，俞正声出席并讲话，令计划主持会议。王玉锁、王均金、丁建忠、柳传志、南存辉、刘庆峰等6位企业家代表交流了参与教育实践活动的经验和体会。

俞正声指出，非公有制经济人士理想信念教育实践活动是在习近平总书记等中央领导同志的关心支持下开展起来的。自5月上旬启动以来，各级统战部门和工商联组织以“民营企业家和中国梦”为主题，动员广大非公有制经济人士积极参与，通过一系列主题突出、贴近实际、特色鲜明的活动，进一步增强了非公有制经济人士对中国特色社会主义的信念、对党和政府的信任、对企业发展的信心。希望广大非公有制经济人士切实承担企业家的职责和使命，坚定信心办好企业，努力通过转型升级实现高质量、有效益、可持续的发展；自觉承担社会责任，依法经营、诚信经营，为消费者提供优质、安全的产品和服务；不断提升自身素质，为社会发展进步凝聚正能量。

党的群众路线教育实践活动工作座谈会召开

10月30日，党的群众路线教育实践活动工作座谈会在北京召开，刘云山出席并讲话，赵乐际主持会议。

刘云山说，整改落实贵在实、难在实，要动真格、求实效，围绕落实中央八项规定精神，抓住作风方面的突出问题进行整改。要结合“回头看”，充实完善整改方案，提出明确的任务书、时间表。要着眼为民利民便民，坚决遏制衙门作风，切实解决群众反映强烈的“门难进、脸难看、事难办”问题；着眼激发基层创造活力，坚决遏制文山会海、检查评比泛滥现象，切实解决工作只图形式、不求实效问题；着眼干部清正、政府清廉、政治清明，坚决遏制公款送礼、公款吃喝、奢侈浪费之风，切实解决超标配备公车、多占办公室和住房、滥建楼堂馆所和违规使用“三公”经费等问题；着眼树立正确的政绩观、权力观，坚决遏制形象工程、政绩工程，坚决遏制侵害群众利益行为，切实解决滥用职权吃拿卡要、与民争利问题。要坚持以严的纪律狠刹歪风邪气，对那些违反中央八项规定精神的要及时依法依规查处，达到查处一起、震慑一片的效果。不良作风具有反复性和顽固性，作风建设既要治标也要治本，坚持边实践边总结，建立健全各方面制度机制，扎紧制度的笼子，更好地用制度管住干部的行为，用机制规范权力的运行，以制度机制固化教育实践活动的成果。

中央组织部发出通知规范党政领导干部在企业兼职任职

新华网10月30日报道，中央组织部近日发出通知，印发《关于进一步规范党政领导干部在企业兼职（任职）问题的意见》（以下简称《意见》）。《意见》以《中华人民共和国公务员法》、《中国共产党党员领导干部廉洁从政若干准则》等法律法规为依据，在以往政策规定的基础上，对党政领导干部在企业兼职（任职），进一步规范完善管理制度，体现从严管理干部的要求。

马克思主义新闻观教育活动报告会举办

10月30日，马克思主义新闻观教育活动报告会在北京举办。

今年4月以来，中央电视台通过举办讲座、交流培训、社会实践、深入基层等多种方式，在全台开展以“信念、理想、责任”为主题的马克思主义新闻观教育活动，取得显著成效。会上央视一线采编代表结合工作实践，畅谈开展教育活动的切身感受。一致认为，开展马克思主义新闻观教育活动，对处于社会大变革时期的新闻工作者来说，适逢其时，极有必要。

习近平同全国妇联新一届领导班子成员集体谈话

10月31日，习近平在中南海同全国妇联新一届领导班子成员集体谈话并发表讲话，刘云山参加谈话，李源潮主持谈话。

沈跃跃介绍了全国妇联新一届领导班子成员，宋秀岩汇报了中国妇女十一大召开情况和未来5年妇联工作的考虑，全国妇联第十一届领导班子成员分别作了发言。

习近平指出，在革命、建设、改革各个历史时期，我们党始终坚持把实现妇女解放和发展、实现男女平等写在自己奋斗的旗帜上，始终把广大妇女作为推动党和人民事业发展的重要力量，始终把妇女工作放在重要位置，领导我国妇女运动取得了历史性成就，开辟了中国特色社会主义妇女发展道路。今天，我们面临的任务更加繁重，面向的目标更加远大，更需要我国广大妇女贡献智慧和力量。坚持党的领导，紧紧围绕党和国家工作大局谋划和开展工作，这是妇联组织发挥作用的根本遵循，是妇联工作不断前进的重要保障。妇联组织要把工作放到大局中去部署、去开展，把党的主张转化为广大妇女的自觉追求和实际行动。实现党的十八大提出的目标任务，实现中华民族伟大复兴，是党和国家工作大局，也是当代中国妇女运动的时代主题。要牢牢把握这一时代主题，把中国发展进步的历程同促进男女平等发展的历程更加紧密地融合在一起，使我国妇女事业发展具有更丰富的时代内涵，使我国亿万妇女肩负起更重要的责任担当。要坚定不移走中国特色社会主义妇女发展道路，这是实现妇女平等依法行使民主权利、平等参与经济社会发展、平等享有改革发展成果的正确道路。

《温家宝谈教育》出版发行

新华社10月31日报道，《温家宝谈教育》一书由人民出版社、人民教育出版社出版在全国公开发行。

该书收入了温家宝同志1995年9月至2013年3月间关于教育工作的讲话、演讲、通信、谈话和调研纪事等80多篇，收入照片、影印件50余幅，约50万字。有些文稿系首次公开发表。该书集中反映了温家宝同志对教育事业的高度重视和深入实践，体现了他对教育发展规律的认识和思考，记录了他为教育改革和发展所做的积极努力和探索。

中央纪委通知要求严禁公款购买印制寄送贺年卡等

10月31日，中共中央纪委发出《关于严禁公款购买印制寄送贺年卡等物品的通知》。《通知》规定，各级党政机关、国有企事业单位和金融机构，严禁用公款购买、印制、邮寄、赠送贺年卡、明信片、年历等物品。涉及外事、港澳台事务、侨务等工作需要不在此限，但也要提倡节俭。要严肃财经纪律，强化审计监督，机关费用不准转嫁摊派，一律不予公款报销。

2013年11月

地方政府职能转变和机构改革工作电视电话会议召开

11月1日，地方政府职能转变和机构改革工作电视电话会议在北京召开，李克强发表讲话，刘云山主持会议。

李克强说，地方政府职能转变和机构改革是行政体制改革的重要组成部分，有助于进一步理顺政府与市场、政府与社会、中央与地方的关系，保证中央政令畅通，发挥好中央和地方两个积极性，促进政府高效协调运转。对于激发市场和社会创造力、推动经济转型升级，具有十分重要的意义。地方政府职能转变要重点抓好"接、放、管"。着力搞好"控、调、改"。政府职能转变和机构改革是一场自我革命，要民意为先、舍利为公，有敢啃"硬骨头"的勇气，义无反顾、一抓到底。同时，防止出现"一放就乱、一管就死"的怪圈。

中央党的群众路线教育实践活动领导小组印发通知

新华社11月1日报道，中央党的群众路线教育实践活动领导小组近日印发《关于做好第一批教育实践活动整改落实、建章立制环节工作的通知》，强调整改落实、建章立制要与学习贯彻党的十八届三中全会精神相结合，与贯彻执行《党政机关厉行节约反对浪费条例》相结合，着力解决"四风"方面的突出问题，确保教育实践活动善始善终、取信于民。

"万人计划"专家座谈会召开

11月1日，"万人计划"专家座谈会在北京召开，赵乐际出席并讲话。

赵乐际指出，"万人计划"是中央实施创新驱动发展战略、推动科技创新与经济社会发展紧密结合的一项重大决策，重在支持人才干事创业。入选专家要发扬"安、专、迷"精神，力戒浮躁、潜心研究、勇攀高峰，着力增强自主创新能力，积极服务于国家战略和各项事业发展；要弘扬科学精神、恪守学术道德，作科研诚信的示范者、引领者、维护者；要承担起建设人才梯队的任务，让更多的中华儿女为国家富强、民族振兴、人民幸福贡献智慧和力量。各地各部门要发扬"钉钉子"精神，把"万人计划"这项重大人才工程抓实抓好。以更灵活的政策支持、更完善的管理机制、更宽松的创新环境，选准用好各类高层次人才，最大限度地支持和帮助人才创新创业。要以人才为本，多为人才着想、多解人才之难、多办人才之需，让各类人才安心工作、潜心科研、放心创业。

中央党校举行秋季学期第一批进修班毕业典礼

11月2日，中共中央党校举行2013年秋季学期第一批进修班毕业典礼，刘云山为学员颁发毕业证书。

中央党校本期毕业学员共273人。学员们反映，通过刻苦学习马克思主义基本理论特别是习近平总书记一系列重要讲话精神，提高了思想理论水平；通过认真学习刘云山校长开学典礼重要讲话，深化了对意识形态建设重要性的认识，增强了做好宣传思想工作的责任感，提高了弘扬批评和自我批评优良传统的自觉性；通过潜心听课读书、开展课题研究，开阔了视野，提高了分析问题和解决问题的能力；通过边在党校学习边参加党的群众路线教育实践活动，自觉转作风、正学风、改文风，增强了党性修养。

省部级干部学习贯彻习近平总书记系列讲话精神研讨班开班

11月4日，省部级干部学习贯彻习近平总书记系列讲话精神研讨班第一期在中央党校开班。刘云山出席开班式并讲话。从今年11月到明年上半年，中组部和中央党校举办7期省部级干部研讨班。

刘云山说，习近平总书记系列重要讲话内容十分丰富，要在全面把握基础上加深对基本内涵的理解。要深入领会关于坚持和发展中国特色社会主义的论述，坚定道路自信、理论自信、制度自信；领会关于实现中华民族伟大复兴的中国梦的论述，为国家富强、民族振兴、人民幸福不懈奋斗；领会关于全面深化改革开放的论述，激发全社会的发展动力和创造活力；领会关于推动科学发展的论述，促进经济社会持续健康发展；领会关于社会主义民主政治和依法治国的论述，坚持中国特色社会主义政治发展道路；领会关于宣传思想工作的论述，掌握意识形态工作的领导权管理权话语权；领会关于国际关系和我国外交战略的论述，坚持开放、合作、共赢的发展；领会关于党的建设的论述，提高从严管党治党的水平。同时还要认真领会关于加强国防和军队建设，贯彻“一国两制”、推进祖国统一大业等方面的重要论述。

纪念蒋南翔同志诞辰100周年座谈会举行

11月5日，纪念蒋南翔同志诞辰100周年座谈会在北京举行，刘延东出席并讲话。

蒋南翔同志是忠诚的共产主义战士、无产阶级革命家、马克思主义教育家、我国青年运动的杰出领导者，曾任清华大学校长和党委书记、天津市委书记、教育部部长、中央党校第一副校长，是第十一、十二届中央委员和中顾委委员。

刘延东指出，蒋南翔同志是新中国成立以来政治家办教育的典范，他致力于党领导的青年运动，投身高等教育办学实践，探索建立中国特色社会主义教育制度，推动教育、科技等战线拨乱反正、改革发展，推进党校教育正规化建设，为中国革命、建设、改革事业奋斗了一生，为开拓中国特色社会主义教育发展道路作出了卓越贡献。纪念蒋南翔同志，就是要学习他理想信念坚定、忠诚党的教育事业的崇高品质，学习他坚持正确办学方向、为人民、为社会主义事业服务的根本立场，学习他以人才培养为根本、引导学生德智体美全面发展的育人理念，学习他遵循教育规律、创造性开展工作的科学精神，学习他践行群众路线、团结凝聚各方面力量办学的优良作风，深入贯彻科教兴国和人才强国战略，进一步推动教育改革发展，培养亿万德智体美全面发展的社会主义事业的建设者和接班人，为实现中华民族伟大复兴的中国梦作出更大贡献。

第二次中老两党理论研讨会开幕

11月5日，由中国共产党和老挝人民革命党共同举办的第二次中老两党理论研讨会在北京开幕。刘奇葆和老挝人革党中央政治局委员、中央书记处书记、中央纪委书记本通出席开幕式并分别作主旨报告。本次研讨会以“新形势下加强党风廉政建设的经验”为主题。中宣部副部长王晓晖和老挝人革党中联部副部长通沙万分别致开幕辞。

刘奇葆说，中老两党都是马克思主义执政党，在领导本国社会主义现代化建设过程中，都重视加强党风廉政建设，既积累了重要经验，也面临相同或相似的课题。在这方面加强研讨交流、相互学习借鉴，有助于更好把握新形势下党风廉政建设的规律，把我们两党建设好。中国共产党坚持以作风建设为切入点，以完善惩防体系为重点，以查办案件为重要手段，以廉政教育为基础，以制约监督权力为关键，以改革创新为动力，走出了一条中国特色反腐倡廉道路。

老挝党有许多经验和做法值得我们学习，希望双方用好理论研讨会这一平台，加强交流合作，不断把两党两国关系提高到新水平。本通表示愿进一步加强双方党风廉政建设经验交流，推动两党自身建设和老中全面战略合作伙伴关系深入发展。

全军党的建设工作会议召开

11月5日至7日，全军党的建设工作会议召开，这次会议的主要任务是，深入学习贯彻党的十八大精神和习主席一系列重要指示，分析军级以上党委机关开展党的群众路线教育实践活动情况，研究大力加强各级党组织能力建设、先进性和纯洁性建设的措施办法。

6日习近平接见全军党的建设工作会议代表，他强调，当前，我们正在进行具有许多新的历史特点的伟大斗争，这对全面推进党的建设新的伟大工程提出了更高要求，必须把军队党的建设摆在更加突出的位置，始终坚持党对军队的绝对领导，始终坚持以能打仗、打胜仗为根本着眼点，始终坚持党要管党、从严治党方针，始终坚持以改革创新精神加强军队党的建设，不断提高军队党的建设科学化水平，为实现党在新形势下的强军目标提供坚强思想和组织保证。

范长龙，许其亮出席6日会议并讲话。范长龙指出，要坚决贯彻习主席“四个始终坚持”的重要指示，不断提高军队党的建设科学化水平。各级党委特别是高级领导干部必须坚决听从党中央、中央军委和习主席指挥。军队党的建设要始终紧紧围绕能打胜仗这一核心要求展开。军队党的建设要突出抓好作风建设，以此为突破口带动各项建设全面加强、协调推进。要抓住理想信念这个根本，进一步解决好训风演风考风问题、用人问题、“五多”问题等重点难点问题，强化制度规范约束。

许其亮强调，要高度重视思想建党、思想入党，打好意识形态斗争主动仗，深入开展我军性质宗旨教育，把听党指挥落实到思想和行动中。要紧紧围绕提高战斗力、履行使命抓党建。要加强高级干部和高级机关的严格管理。

第五届全国服务农民、服务基层文化建设先进集体表彰会召开

11月6日，第五届全国服务农民、服务基层文化建设先进集体表彰会在北京召开，241个基层文化服务先进集体受到表彰，刘奇葆出席并讲话。

刘奇葆指出，广大基层文化工作者要牢牢把握“为了谁、依靠谁、我是谁”这个根本问题，坚持重心向下，沉下去、扎下来，满腔热情地服务农民、服务基层，在群众中创作，在群众中提高，在群众中赢得市场、赢得口碑。要优先安排与群众切身利益相关的文化项目，加大对基层文化产品和服务的供给，把群众“要文化”和我们“送文化”匹配起来，推动公共文化服务标准化、均等化。要创作贴近群众需求的优秀作品，开展群众喜闻乐见的文化活动，多一点家常味，多一点泥土气，多一点小而活，做到符合基层实际、更受群众欢迎。

龚全珍事迹报告会举行

11月6日，由中央组织部、中央宣传部、全国妇联和江西省委联合主办的龚全珍同志先进事迹报告会在北京人民大会堂举行。

龚全珍是开国将军甘祖昌的夫人，1957年随甘祖昌回到江西省莲花县，在乡村教师的平凡岗位上几十年如一日，兢兢业业、教书育人。离休后，她积极开展革命传统教育和理想信念教育，倾力捐资助学、扶贫济困，开办“龚全珍工作室”服务社区、服务群众，从青春岁月到耄耋之年，为广大群众做了大量的实事好事，受到当地干部群众的尊敬和爱戴，当选第四届全国道德模范。

第二十三届中国新闻奖颁奖报告会举行

11月7日，第二十三届中国新闻奖颁奖报告会在北京举行。刘云山会见获奖代表，向获

奖代表表示祝贺，向全国新闻工作者致以节日问候。刘奇葆出席报告会并讲话。

刘云山说，党的十八大以来，新闻工作者聚焦全面建成小康社会伟大实践，采写好的报道，展现新的风貌，为促进改革发展、维护和谐稳定提供了有力舆论支持。实现“两个一百年”奋斗目标，实现中华民族伟大复兴的中国梦，对新闻工作者来说是施展才华的机会，也意味着更大的责任。希望新闻工作者始终坚持以导向为灵魂、以真实为生命、以人民为中心，在建设中国特色社会主义实践中再立新功。要牢牢把握正确舆论导向，坚持马克思主义新闻观，坚持团结稳定鼓劲、正面宣传为主，围绕经济建设中心，服务改革发展稳定大局，为坚持中国道路、弘扬中国精神、凝聚中国力量鼓与呼。要始终坚持新闻的真实性原则，坚守社会责任，恪守职业道德，把社会效益放在首位，坚决抵制虚假报道、有偿新闻，树立新闻宣传工作良好形象。要始终坚持服务人民为本，把“人民”二字镌刻在心灵深处，贯彻“三贴近”要求，坚持不懈走基层、转作风、改文风，深入基层一线，把更多的镜头、版面对准普通群众，把新闻写在广阔大地上。

李克强向新聘国务院参事、中央文史研究馆馆员颁发聘书并与大家座谈

11 月 8 日，李克强在中南海紫光阁向新聘任的国务院参事林毅夫、杜鹰、谢伯阳、李玉光、张玉平、蔺永钧和中央文史研究馆馆员李前宽、张大宁、仲呈祥、安家瑶、田青、陈晓光一一颁发聘书，并向大家表示祝贺。

颁发聘书后，李克强与大家进行了座谈。他说，党中央、国务院高度重视参事室和文史馆工作，这是党的统一战线理论运用于国家政权建设的一个创举。多年来，参事和馆员们坚持调查研究，提出具有真知灼见的对策建议，做了大量卓有成效的工作，体现出对国家强烈的责任感。希望大家深入思考，广泛调研，把真实的情况反映上来，使政府决策更加体现国情民意，符合国家现实和长远发展需要，顺应历史的要求。参事室、文史馆要发挥高端人才荟萃的特点，围绕国家改革发展中的重大问题，开展专题调研和深度研究，特别是要深入地方和基层，及时发现和总结来自一线具有生命力的新鲜经验，尊重群众首创精神，从人民群众中汲取营养，使提出的对策建议立得住、能见效。希望参事和馆员们以各种形式向国务院提出建议，大家齐心协力，把国家的事情办得更好。

中共十八届三中全会举行

11 月 9 日至 12 日，中国共产党第十八届中央委员会第三次全体会议在北京举行。

全会由中央政治局主持，习近平作重要讲话。全会听取和讨论了习近平受中央政治局委托作的工作报告，审议通过了《中共中央关于全面深化改革若干重大问题的决定》。习近平就《决定（讨论稿）》向全会作了说明。

全会充分肯定党的十八大以来中央政治局的工作，高度评价党的十一届三中全会召开 35 年来改革开放的成功实践和伟大成就，研究了全面深化改革若干重大问题，认为改革开放是党在新的时代条件下带领全国各族人民进行的新的伟大革命，是当代中国最鲜明的特色，是决定当代中国命运的关键抉择，是党和人民事业大踏步赶上时代的重要法宝。面对新形势新任务，全面建成小康社会，进而建成富强民主文明和谐的社会主义现代化国家、实现中华民族伟大复兴的中国梦，必须在新的历史起点上全面深化改革。

全会对全面深化改革作出系统部署，强调坚持和完善基本经济制度，加快完善现代市场体系，加快转变政府职能，深化财税体制改革，健全城乡发展一体化体制机制，构建开放型经济新体制，加强社会主义民主政治制度建设，推进法治中国建设，强化权力运行制约和监督体系，推进文化体制机制创新，推进社会事业改革创新，创新社会治理体制，加快生态文明制度建设，深化国防和军队改革，加强和改善党对全面

深化改革的领导。

全会分析了当前形势和任务，强调全党同志要把思想和行动统一到中央关于全面深化改革重大决策部署上来，增强进取意识、机遇意识、责任意识，牢牢把握方向，大胆实践探索，注重统筹协调，凝聚改革共识，落实领导责任，坚定不移实现中央改革决策部署。要按照中央决策部署，坚持稳中求进、稳中有为，切实做好各项工作，保持经济社会发展势头，关心群众特别是困难群众生活，促进社会和谐稳定，继续扎实推进党的群众路线教育实践活动，努力实现经济社会发展预期目标。

全会号召，全党同志要紧密团结在以习近平同志为总书记的党中央周围，锐意进取，攻坚克难，谱写改革开放伟大事业历史新篇章，为全面建成小康社会、不断夺取中国特色社会主义新胜利、实现中华民族伟大复兴的中国梦而奋斗！

中共中央电贺中国国民党第十九次代表大会召开

11 月 10 日，中国共产党中央委员会致电中国国民党中央委员会，祝贺中国国民党第十九次代表大会召开。

同日习近平分别致电连战、吴伯雄，对他们续任中国国民党荣誉主席表示祝贺。

全国政协举行仪式纪念孙中山先生诞辰 147 周年

11 月 12 日，全国政协在北京中山公园中山堂举行仪式，纪念中国民主革命的伟大先行者孙中山先生诞辰 147 周年。

中央纪委常委会召开会议

11 月 13 日，中央纪委常委会召开会议，传达学习党的十八届三中全会和习近平总书记重要讲话精神，结合纪检工作实际，就落实《中共中央关于全面深化改革若干重大问题的决定》作出部署。会议强调，广大纪检监察干部要把思想和行动统一到三中全会的精神上来，扎实推进反腐败体制机制创新和制度保障。王岐山主持会议。

会议强调，党中央高度重视加强反腐败体制机制创新和制度保障。要深刻认识全面深化改革与推进党风廉政建设和反腐败斗争的关系，发挥纪检监察机关在推进国家治理体系和治理能力现代化进程中的作用。要立足当前、着眼长远，研究制定纪律检查工作双重领导体制具体化、程序化、制度化的意见，注重制度设计的细节。加大党风廉政建设责任制的责任追究。制定全面落实中央纪委向中央一级党和国家机关派驻纪检机构的指导意见。与时俱进地修订《中国共产党巡视工作条例（试行）》，改进中央和省区市巡视制度，做到对地方、部门、企事业单位全覆盖。

各级纪检监察机关和广大纪检监察干部要认清当前形势与我国国情，把握人民群众新期待，坚持求真务实、大胆探索，统筹协调、循序渐进，狠抓各项改革措施的落实。要加强纪检监察干部队伍自身建设，强化日常监督管理，切实改进作风，提高工作能力和水平。

全国宣传部长会议召开

11 月 13 日，全国宣传部长会议在北京召开，刘奇葆出席并讲话。

刘奇葆指出，要深入宣传全面深化改革的重大意义，宣传全面深化改革的指导思想、总体目标、基本原则和重大部署，宣传全面深化改革必须加强和改善党的领导，宣传十八大以来党和国家事业的新进展新成就，深入开展中国特色社会主义道路和改革开放理论宣传，为全面深化改革营造良好的社会环境，提供坚强有力的思想舆论支持。要紧紧围绕建设社会主义核心价值体系、社会主义文化强国深化文化体制改革，推动文化大发展大繁荣。要在做好全会精神宣传的同时，深入宣传阐释习近平总书记系列讲话精神，更好推动讲话精神深入人心、凝聚人心。

中央统战部向党外人士通报中共十八届三中全会精神

11月13日，受中共中央委托，中央统战部召开党外人士情况通报会，向各民主党派中央、全国工商联和无党派人士代表通报中共十八届三中全会精神。

在传达全会精神后，令计划说，统一战线要把学习贯彻中共十八届三中全会精神作为重大政治任务，把服务全面深化改革作为工作重中之重。要在领会精神上下功夫，原原本本学习全会文件，准确把握文件的精神实质，自觉把思想和行动统一到中央决策部署上来。要在凝聚共识上多尽责，深入所联系成员和群众之中，加强对改革的宣传和思想引导，积极为全面深化改革营造良好社会环境。要在推动改革上作贡献，充分发挥人才荟萃优势，紧紧围绕全面深化改革的重大问题深入调研，为中央决策提供有价值的意见建议；充分发挥资源密集优势，鼓励、支持非公有制企业加快转型升级，推动落实支持非公有制经济发展的改革举措；充分发挥联系广泛优势，广泛凝聚海内外中华儿女支持、参与改革事业，推动对内对外开放相互促进、引进来走出去更好结合。这次全会也对统一战线深化改革提出了明确要求。要牢固树立进取意识、机遇意识、责任意识，全力落实中央关于统一战线深化改革的各项部署，不失时机地把统一战线事业推向前进。

中共中央党校举行2013年秋季学期第二批进修班开学典礼

11月14日，中共中央党校举行2013年秋季学期第二批进修班开学典礼，刘云山出席并讲话。

刘云山说，党的十八届三中全会把握时代、实践和人民的新要求，对在新的历史起点上全面深化改革作出战略部署，在理论上有一系列重大创新，在政策上有一系列重大突破，充分体现了以习近平同志为总书记的党中央高举改革开放旗帜的高度自觉。这种自觉来自对35年改革开放成功经验的深刻总结，来自对我国基本国情和形势变化的清醒认识，来自对中国特色社会主义的坚定自信。全会通过的《决定》描绘了全面深化改革的新蓝图，是具有划时代意义的纲领性文件。习近平总书记在全会上发表的重要讲话，以一系列新的思想观点升华了我们党对全面深化改革的认识，为贯彻全会精神、全面深化改革提供了有力思想武器。《决定》和讲话相互贯通、相辅相成，是学习贯彻全会精神的基本遵循，要原原本本地学习，对照起来学、统一起来学。通过深入学习，进一步提高对全面深化改革重大意义的认识，坚定改革信心、凝聚改革力量，切实增强全面深化改革的自觉性坚定性。

全军军事斗争后勤准备工作会议召开

11月18日，经中央军委批准，全军军事斗争后勤准备工作会议在北京召开，会议的主要任务是：深入学习贯彻党的十八大和十八届三中全会精神，学习贯彻习主席关于国防和军队建设重要论述，围绕实现全面建设现代后勤总体目标和建设保障打赢现代化战争的后勤、服务部队现代化建设的后勤、向信息化转型的后勤，开展重大理论与现实问题研究。按照“能打仗、打胜仗”的要求，研究部署拓展深化军事斗争后勤准备工作任务。习近平接见了出席会议的代表。

中央政法委机关工作会议召开

11月18日，中央政法委机关工作会议在北京召开，孟建柱出席并讲话。

孟建柱指出，要一切从实际出发，理论联系实际，紧密结合社会主义初级阶段国情，紧密结合政法工作实际抓贯彻落实；要坚持问题导向，善于发现问题、找准问题，善于分析问题、研究问题，善于从具体纷繁复杂的现象中抓住事物本质，从完善制度机制上推动问题解决。要讲究工作方法，努力提升政法工作现代化水平。中央政法委要注重发挥中央政法各单位的职能作用，调动政法各单位积极性、主动性、创造性；要在把握政法工作全局、政治方向和顶层设计方面加强统筹谋划，推动完善制度机制；要加大跨部门之间协调力度，不断增强工作整体合力；要加强重要制度政策和重大工作部署落实的跟踪督促，确保工作取得实效；要主动适应新媒体时代舆论环境的变化和特点，与时俱进，改革创新，正确引导社会舆论，及时回应社会关切，努力增强政法宣传工作的传播力、影响力。他要求，统筹推进抓好各项工作，做好今年年初确定的各项工作任务的检查、督促和落实。要认真谋划明年政法工作。

中央国家机关学习宣传贯彻党的十八届三中全会精神动员部署大会召开

11月18日，中央国家机关工委在北京举行中央国家机关学习宣传贯彻党的十八届三中全会精神动员部署大会，杨晶出席并讲话。

杨晶指出，党的十八届三中全会是在全面建成小康社会的重要阶段、我国改革开放新的重要关头召开的一次重要会议。中央国家机关要把学习宣传贯彻全会精神作为重大政治任务，精心组织部署，认真学习、整体把握，深刻领会全会精神实质、掌握核心要义；要抓好全会任务的分工落实，真正把全会决策部署转化为部门、行业和系统改革发展的具体政策、制度机制和配套措施。同时，要加强机关党的建设，做好宣传教育引导，凝聚改革共识，服务保障改革。

军队巡视机构成立暨巡视干部培训会议召开

11月18日至20日，军队巡视机构成立暨巡视干部培训会议在北京召开，许其亮出席会议并讲话，张阳宣读了中央军委《关于军队和武警部队巡视工作机构编制问题》的通知，宣布了中央军委巡视组巡视专员的任职命令，并作动员讲话。

许其亮指出，党中央、中央军委和习主席对军队建立巡视制度、开展巡视工作非常重视，提出了明确要求。要把高层党委班子及其成员特别是主要领导干部作为巡视监督的重点，把严格依纪依法作为开展巡视工作铁的纪律，把探索与纪委工作的衔接配合作为开展巡视工作的实践课题。要科学严密组织开展巡视，加强对巡视工作的支持配合，不断提高巡视干部的思想政治素质和业务能力。

张阳指出，要全面把握军队开展巡视工作的职责定位、领导体制、基本原则、主要任务和程序方法，高标准高质量完成军委赋予的巡视任务，为深入推进军队党风廉政建设和反腐败工作作出应有贡献。

学习贯彻党的十八届三中全会精神中央宣讲团成立

11月19日，为推动兴起学习宣传贯彻党的十八届三中全会精神热潮，中央决定，由中宣部会同中央有关部门组成中央宣讲团。据了解，中央宣讲团成员有：中央组织部常务副部长陈希，中央宣传部常务副部长雒树刚，国家发展和改革委员会主任徐绍史，国家发展和改革委员会副主任朱之鑫，环境保护部部长周生贤，商务部部长高虎城，国家新闻出版广电总局副局长、党组书记蒋建国，国土资源部部长姜大明，科技部副部长、党组书记王志刚，民政部部长李立国，国家卫生和计划生育委员会主任李斌，湖北省委书记李鸿忠，重庆市市长黄奇帆，中央宣传部副部长王晓晖，中央政策研究室副主任潘盛洲，中央政策研究室副主任江金权，中央财经领导小组办公室副主任杨伟民，中央政法委副秘书长姜伟，全国人大常委会副秘书长沈春耀，全国政协办公厅研究室主任刘佳义，财政部副部长王保安，中国人民银行副行长易纲，国务院法制办副主任袁曙宏，国务院研究室副主任韩文秀，国务院发展研究中心副主任刘世锦，全国政协社会和法制委员会副主任施芝鸿，国际经济交流中心副理事长郑新立，国家发展和改革委员会研究员林兆木等28位同志。

中央宣讲团将于22日在京举行首场报告

会,23 日起赴全国各地宣讲。

学习贯彻十八届三中全会精神
中央宣讲团动员会召开

11 月 19 日,学习贯彻党的十八届三中全会精神中央宣讲团动员会在北京召开,习近平作出重要批示。他指出,组织中央宣讲团,是学习宣传贯彻党的十八届三中全会精神的重要举措。宣讲的关键是要联系实际、研机析理、解疑释惑,努力讲全、讲透、讲实,帮助广大党员、干部、群众全面准确领会全会精神,全面准确领会全会提出的新思想、新论断、新举措。各地要组织形式多样的宣讲活动,各级领导干部要带头深入基层宣讲。要增强宣讲的针对性和实效性,因人施教,因材施教,因事施教,做到多层次、广覆盖,推动全党全社会把思想和行动统一到全会精神和中央要求上来,坚定信心,凝聚共识,形成合力,汇聚起推进改革的强大正能量。

刘云山出席会议时指出,强调学习好、宣传好、贯彻好党的十八届三中全会精神是当前和今后一个时期全党全国的重大政治任务。参加中央宣讲团的同志要以饱满的热情,高质量高水平做好宣讲工作。要在深入领会全会精神、准确把握基调导向、回应干部群众关切、增强宣讲实际效果上下功夫。要注意收集和梳理干部群众关注的热点问题,科学阐释、深入分析,既讲清楚是什么又讲清楚为什么,既讲清楚怎么看又讲清楚怎么办,更好地解疑释惑、析事明理。要多运用具体事例、翔实数据,多采取面对面互动交流的方式,多讲群众听得懂、能明白的话,做到通俗易懂、深入浅出,切实增强宣讲的吸引力感染力。各地要精心做好中央宣讲团宣讲活动的组织工作,广泛开展面向基层的宣讲活动,推动全会精神更好地走进基层、走进群众。

中国特色社会主义和中国梦
宣传教育第九场报告会举行

11 月 19 日,中央宣传部、中央直属机关工委、中央国家机关工委、教育部、解放军总政治部、中共北京市委在北京联合举办中国特色社会主义和中国梦宣传教育系列报告会第九场报告。外交部部长王毅作了《坚定不移走和平发展道路,为实现中华民族伟大复兴营造良好国际环境》的专题报告。

王毅结合我国当前所处的历史方位介绍了中国提出走和平发展道路的时代背景。强调坚持走和平发展道路就能为实现两个百年目标和民族复兴的中国梦营造更为良好的国际环境。他指出坚持和平发展是经济全球化的必然要求,是中国自身发展的必然要求,是中国社会制度和文化传统的必然要求。这条道路的出发点在于,积极争取和平的国际环境发展自己,同时又以自身发展促进世界和平。这条道路的落脚点在于,通过和平方式实现民族振兴,同时又带动其他国家共同繁荣。

中宣部举办学习贯彻党的
十八届三中全会精神研讨班

11 月 19 日至 22 日,中宣部在京举办学习贯彻党的十八届三中全会精神研讨班,深入学习领会全会精神,培训地方宣讲骨干,对做好理论研究阐释和宣讲工作作出安排。

与会同志认真学习领会党的十八届三中全会精神,学习领会习近平总书记对宣讲工作的重要批示精神,学习领会中央宣讲团动员会精神,听取了中央宣讲团首场报告,并就组织好各地宣讲工作,做好全会精神的研究阐释,进行了深入研讨交流。大家认为,习近平总书记在全会上的重要讲话和全会通过的《决定》,准确把握时代发展新要求,积极回应人民群众新期待,深刻回答了全面深化改革的一系列重大理论和实际问题,为推动中国特色社会主义制度完善和发展勾画了新的蓝图。这次全会实现了改革理论和政策一系列新的重大突破,明确了改革的方向,开启了新的改革窗口,是全面深化改革的一次总部署、总动员,吹响了向"两个一百年"奋斗目标和民族复兴中国梦进军的新号角,必将载入我国改革开放和社会主义现代化建设的史册。

海军某潜艇基地官兵群体先进事迹报告会举行

11 月 20 日，中宣部、总政治部、共青团中央在人民大会堂联合举行海军某潜艇基地官兵群体先进事迹报告会。习近平日前作出重要指示，对海军某潜艇基地官兵的事迹给予充分肯定，指出在他们身上集中体现了听党指挥的坚定信念、能打胜仗的过硬本领、英勇顽强的战斗作风、舍生忘死的奉献精神，要求进一步总结宣传他们的先进事迹。许其亮在报告会前会见报告团成员，代表习主席和军委其他领导，向报告团全体同志、向海军某潜艇基地官兵，表示诚挚问候和崇高敬意。张阳一同会见。

报告会上，海军某潜艇基地政委厉延明、某艇员队原政委赵忠生、某艇员队艇长吴昌弟、某艇员队电工班班长于洪伟、青岛市登州路街道党工委副书记李希梅，分别从不同侧面讲述了基地官兵群体的先进事迹。

中央政法委员会第七次全体会议召开

11 月 20 日，中央政法委员会在北京召开第七次全体会议，孟建柱主持并讲话。

孟建柱指出，学习好、贯彻好三中全会精神，把政法干警的思想统一到全会精神上来，是当前政法机关的重要政治任务。要牢牢把握改革方向，坚持中国特色社会主义方向，推动中国特色社会主义司法制度自我完善和发展。既要有解放思想、攻坚克难的勇气，又要有统筹兼顾的智慧。要积极稳妥，把整体推进和重点突破结合起来，从容易形成共识的事情做起，提高操作能力和执行力。要善于运用法治思维法治方式深化改革，确保改革依法有序进行。

《胡锦涛国防和军队建设思想学习纲要》印发全军

新华社 11 月 21 日报道，由总政治部组织编写的《胡锦涛国防和军队建设思想学习纲要》日前出版印发全军。中央军委发出《关于印发〈胡锦涛国防和军队建设思想学习纲要〉的通知》，对全军组织学习提出要求。

中央纪委发出通知严禁公款购买赠送烟花爆竹年货节礼

11 月 21 日，中央纪委下发《关于严禁元旦春节期间公款购买赠送烟花爆竹等年货节礼的通知》。通知指出，元旦、春节将至，遵照中央指示，要继续落实好八项规定精神、坚决反对“四风”。节日期间，公款赠送节礼现象普遍，不正之风易发多发，广大群众反映强烈。各级党政机关、人民团体、国有企事业单位和金融机构，严禁用公款购买赠送烟花爆竹、烟酒、花卉、食品等年货节礼（慰问困难群众职工不在此限）。要严肃财经纪律，强化审计监督，相关费用不准转嫁摊派，一律不予公款报销。各级纪检监察机关要强化执纪监督，对违纪行为快查快办，严格责任追究，及时通报曝光。深入落实八项规定精神，必须在坚持中深化，在深化中坚持，不断巩固纠正“四风”成果。广大党员干部要带头勤俭节约、移风易俗，以优良党风政风带动民风社风，过一个平安欢乐祥和的佳节。

深入学习贯彻党的十八届三中全会精神首场报告会举行

11 月 22 日，由中央宣传部、中央直属机关工委、中央国家机关工委、教育部、解放军总政治部、北京市委联合举办的中央宣讲团党的十八届三中全会精神首场报告会在北京人民大会堂举行，徐绍史作了报告，雒树刚主持报告会。

徐绍史紧紧围绕全会通过的《决定》和习近平总书记重要讲话，深入阐明了党的十八届三中全会和全面深化改革的重大意义，全面讲解了全会《决定》的重大突破和重要创新，系统论述了发挥经济体制改革牵引作用全面深化改革的新内涵和新举措，深入阐释了要把全会部署自觉贯彻落实到各项工作中。报告理论与实际相结合，全面透彻，深入浅出，既联系实际，又贴近群众，全场听众听得聚精会神，现场反响十分热烈。

中共中央召开党外人士座谈会征求对经济工作的意见和建议

11 月 22 日，中共中央在中南海召开党外人士座谈会，就今年经济形势和明年经济工作听取各民主党派中央、全国工商联负责人和无党派人士代表的意见和建议，习近平主持并发表讲话。李克强、俞正声、刘云山、张高丽出席座谈会。李克强通报了今年经济工作有关情况，介绍了中共中央关于做好明年经济工作的考虑。

座谈会上，民革中央主席万鄂湘、民盟中央主席张宝文、民建中央主席陈昌智、民进中央主席严隽琪、农工党中央主席陈竺、致公党中央主席万钢、九三学社中央主席韩启德、台盟中央主席林文漪、全国工商联主席王钦敏、无党派人士代表郝如玉先后发言。他们赞同中共中央对当前我国经济形势的分析和明年经济工作的考虑，并就提高经济发展质量、深化行政审批制度改革、优化土地资源利用、完善收入分配制度、促进健康服务业发展、建立生态保护新机制、完善灾害应急制度、促进经济开放合作能力、推动两岸人文交流合作等提出意见和建议。

习近平指出，我们要看到形势总体好的一面，也要看到明年我国经济社会发展的内外环境仍不容乐观。明年要坚持稳中求进工作总基调，同时要以改革统领全局，把改革贯穿经济社会发展各领域各环节。既要巩固稳中向好的发展态势，促进经济社会大局稳定，为改革创造必要环境和条件；又要推动全面深化改革，以改革促发展、促转方式、促民生改善。全面深化改革涉及各个方面乃至每个人的切身利益，需要进一步统一思想、凝聚共识。希望各民主党派中央、全国工商联和无党派人士认真学习领会中共十八届三中全会精神，把所联系成员和群众的思想和行动统一到中共中央决策部署上来，紧紧围绕全面深化改革和明年经济社会运行中的重大问题进行深入调查研究，把智慧和力量凝聚到理解改革、支持改革、参与改革上来，为实现全面深化改革的目标营造良好社会环境。

中央和国家机关教育实践活动中央督导组组长座谈会召开

11 月 24 日，中央和国家机关教育实践活动中央督导组组长座谈会在北京召开，刘云山主持并讲话，赵乐际、赵洪祝出席座谈会。会上 16 位中央督导组组长作了发言。

刘云山指出，中央和国家机关地位重要、影响特殊，在教育实践活动中起着风向标作用，应当在整改落实上走在前列、发挥示范作用。第一批教育实践活动已进入整改落实的关键环节，能不能一如既往做好督导工作，考验着督导组同志的耐心和责任心。要以强烈的担当精神开展督导工作，对那些整改方案不完善、整改措施不落实、问题较多而整改成效不明显的部门和单位，不能降格以求、放行过关。要坚持开门督导，多方面听取群众意见，提高督导工作实效。

中共中央、国务院印发《党政机关厉行节约反对浪费条例》

新华社 11 月 25 日报道，中共中央、国务院近日印发《党政机关厉行节约反对浪费条例》，并发出通知，要求各地区各部门认真贯彻执行。

《条例》共分 12 章、65 条，对党政机关经费管理、国内差旅、因公临时出国（境）、公务接待、公务用车、会议活动、办公用房、资源节约作出全面规范，是党政机关做好节约工作、防止浪费行为的总依据和总遵循，是党的群众路线教育实践活动建章立制的重要成果，是落实党的十八届三中全会精神的重大举措，对从源头上狠刹奢侈浪费之风具有重要意义。

全军学习贯彻十八届三中全会精神宣讲团首场报告会举行

11 月 25 日，全军学习贯彻党的十八届三中全会精神宣讲团在八一大楼为军委、四总部机关举行首场报告会。范长龙、许其亮听取报告，常万全、房峰辉、赵克石、马晓天、魏凤和参加报告会，张阳主持报告会。

报告会上，宣讲团成员、国防大学副校长毕京京着重从充分认识在新的历史起点上全面深化改革的重大意义、准确把握全面深化改革的指导思想、总目标和基本原则、全面落实中央确定的改革任务和重大举措、坚定不移推进国防和军队改革、切实加强和改善党对全面深化改革的领导等 5 个方面，宣讲了党的十八届三中全会精神，对全会提出的新思想新论断新举措作了深入解读。

全国公安机关执法规范化建设推进会召开

11 月 25 日，全国公安机关执法规范化建设推进会在北京召开，郭声琨出席并讲话。

郭声琨指出，各级公安机关要牢牢把握推进法治中国建设这一总体目标，深入推进执法规范化建设，不断提升公安机关执法水平和执法公信力。牢牢把握法治这一治国理政基本方式，切实提高运用法治思维和法治方式的能力。牢牢把握促进社会公平正义这一价值追求，始终坚持严格规范公正文明执法，坚定不移地做社会公平正义的维护者、促进者。牢牢把握解决执法突出问题这一切入点，紧密结合党的群众路线教育实践活动，认真落实整改措施，着力改进工作作风，进一步树立执法为民新形象。

中越青年联欢大会举行

新华社 11 月 26 日报道，第二届中越青年联欢大会在广西南宁举行，习近平和越南国家主席张晋创分别发贺信。李源潮，越共中央政治局委员、越南祖国阵线中央委员会主席阮善仁出席并分别致辞。

习近平在贺信中指出，中越两国山水相连，两国人民感情深厚。青年是国家的未来、民族的希望。中越两国人民长期友好的未来和希望寄托在两国青年身上。把中越友好的接力棒接过来、传下去，是中越两国青年义不容辞的使命和责任。希望两国青年争当中越传统友谊的传承者、友好合作的生力军，携手并肩，共同努力，推动中越友谊之树不断开花结果，为促进世界和平与发展作出积极贡献！

张晋创在贺信中表示，巩固和培育越中友好关系，符合两个民族的共同利益，关系到我们两国青年的美好未来，有利于地区乃至世界的和平、稳定和繁荣。当代青年要为两国友好继续添砖加瓦，使之开花结果，芬芳百世。

联欢大会举行了以“青春、友谊、梦想”为主题的文艺演出，近万名中越青年载歌载舞，表达了中越人民期盼世代友好的美好心愿。

十二届全国政协第一期新任委员学习研讨班开班

11 月 26 日，十二届全国政协第一期新任委员学习研讨班在北京开班，俞正声出席并讲话，杜青林主持开班式。本期学习研讨班为期 3 天，近 300 位新任委员参加学习。委员们将围绕深入学习贯彻中共十八届三中全会精神、推进社会主义协商民主制度建设、如何做好调查研究、人民政协的经常性工作、政协委员的权利和义务等内容进行集中学习和专题研讨。

吴春忠同志先进事迹报告会举行

11 月 26 日，海南省东方市公安局天安派出所原所长吴春忠同志先进事迹报告会在北京人民大会堂举行。报告会前，孟建柱会见了吴春忠同志亲属和先进事迹报告团成员。

孟建柱说，吴春忠从警三十一年如一日，始终对党无限忠诚、对人民无比热爱，扎根边远山区，心系群众、忠诚履职，用汗水、生命守护一方平安，在平凡的岗位上为党和人民作出了不平凡的业绩，忠实践行了“人民公安为人民”的誓言。他对群众比亲人还亲，对事业比生命还重，对廉洁比天地还大。他不愧为全国公安民警的杰出代表，是全国政法干警学习的榜样。广大政法干警要认真学习吴春忠同志先进事迹和崇高精神，对党忠诚、恪尽职守，努力做忠诚使命的典范；牢记宗旨、一心为民，努力做执法为民的典范；扎根基层、真抓实干，努力做求真务实的典范；秉公执法、克己奉公，努力做清正廉洁的典范。要把宣传学习吴春忠同志先进事迹同学习贯彻十八届三中全会精神紧密结合起来，学英雄、赶先进、创一流，全面提升政法工作现代化水平。

中组部中宣部发出通知要求
加强十八届三中全会精神学习培训

新华社11月26日报道，中组部、中宣部联合发出通知，要求组织对党员干部进行党的十八届三中全会精神学习培训。

通知强调，各地各部门要把深入学习宣传贯彻党的十八届三中全会精神，作为当前一项重大政治任务，加强对党员干部的学习培训，推动兴起学习宣传贯彻全会精神的热潮。要制定专门计划，采取多种有效形式，发挥党校、行政学院、干部学院的主渠道作用，对党员干部进行多层次全覆盖的学习培训。要把国有企业负责人和有关民营企业负责人纳入培训计划，满足他们学习全会精神的需求。各地各部门要坚决制止以解读全会精神为名举办各种营利性研修班等借机牟利行为，严格禁止以党校、行政学院、社会科学院、高校等名义举办或参与举办此类营利性研修班，正在举办的一律停办，计划举办的一律取消。要禁止党校、行政学院、社会科学院、高校有关负责人或教研人员参与营利性研修班授课，禁止用公款组织党员干部报名参加各种营利性研修班，禁止用公款为党政机关领导干部、国有企事业单位负责人报销参加此类研修班的费用。

中共中央发布党内
法规制定工作五年规划纲要

新华社11月27日报道，《中央党内法规制定工作五年规划纲要(2013—2017年)》日前发布。《纲要》对今后5年中央党内法规制定工作进行统筹安排，提出了指导思想、工作目标、基本要求、主要任务和落实要求，确定了一批党内法规重点制定项目。

这次编制党内法规制定工作五年规划，在我们党历史上是第一次，是加强党的制度建设的一项战略工程。新中国成立特别是改革开放以来，我们党制定颁布了一批重要党内法规，为管党治党、执政治国提供了重要制度保障。新形势下，党的建设面临一系列新情况新问题新挑战，党要管党、从严治党的任务更加繁重、更为紧迫。同新形势新任务的要求相比，现有党内法规制度中存在的系统性、整体性不足问题日益突出，特别是有的基础主干党内法规、配套性党内法规和实践亟需的党内法规尚未出台，明显滞后于实践的发展和形势任务的需要。党的十八大对推进党的制度建设、全面提高党的建设科学化水平作出了战略部署。习近平同志多次强调，加强党内法规制度建设，要按照于法周延、于事简便的原则提高制度制定质量，要立体式、全方位推进制度体系建设，把权力关进制度的笼子里。通过制定实施《纲要》，有计划有步骤地统筹推进党内法规制定工作，对于加强党内法规制度体系建设，推进党的建设制度化、规范化、程序化，提高党的科学执政、民主执政、依法执政水平，具有重要而深远的意义。

中央要求，各地区各有关部门要把实施《纲要》作为推进党的建设、提高党的执政能力的一项重要政治任务，摆到突出位置来抓，下大气力把党执政治国和自身建设的制度基础夯实。党内法规制定出台后，要着力抓好贯彻落实，加强宣传教育，加大执行力度，强化监督检查，完善惩处追责机制，真正做到有规必依、执规必严、违规必究。

部分中央和国家机关
纪检组组长座谈会召开

11月27日，王岐山在北京主持召开部分中央和国家机关纪检组组长座谈会，就贯彻党的十八届三中全会精神，开好中央纪委三次全会听取意见建议。

王岐山指出，三中全会《决定》要求全面落实中央纪委向中央一级党和国家机关派驻纪检机构，实行统一名称、统一管理。派驻机构对派出机关负责，履行监督职责。这是中央对派驻机构做出的重大改革。党风廉政建设和反腐败工作不能有真空地带。中央和国家机关部门地位重要、权力集中，更需要强化全面监督。派驻工作只能加强，不能削弱。要牢固树立进取意识、机遇意识、责任意识，以改革精神抓好《决定》的贯彻落实。要加强统筹协调，规范机构设置，强化对驻在部门领导班子的监督。中央一级党和国家机关领域广、部门多，要坚持一切从实际出发，求真务实、循序渐进，条件成熟一个派驻一个，逐步落实。

全国法院司法公开工作推进会召开

11 月 27 日，全国法院司法公开工作推进会在深圳召开。会前，孟建柱就法院司法公开工作提出要求，强调各级人民法院要以推进审判流程公开、裁判文书公开、执行信息公开三大平台建设为契机，不断扩大司法公开范围，创新司法公开形式，努力让人民群众在每一个司法案件中都感受到公平正义，推动司法改革成果更多地惠及全体人民。

周强出席会议时强调，要大力推进和完善审判流程公开、裁判文书公开、执行信息公开三大平台建设，将司法公开三大平台建设成法院密切联系群众的桥梁纽带，充分发挥现代信息技术的重要作用，不断提升司法水平和司法公信力。

中直机关深入学习贯彻习近平总书记系列重要讲话精神交流会召开

11 月 28 日，中直工委召开中直机关深入学习贯彻习近平总书记系列重要讲话精神交流会，张建平出席并讲话。中央纪委、中央办公厅、全国政协机关、中央组织部、中央宣传部、中央党校、人民日报社、中央文献研究室、求是杂志社、共青团中央、新闻出版广电总局、新华社等 12 个单位和特邀的河北、陕西、青海 3 个省有关负责同志作了交流发言。

会议强调，中直机关各级党组织和党员干部要充分认识深入学习贯彻习近平总书记系列重要讲话精神的极端重要性，精心组织，狠抓落实，不断深化学习贯彻工作。要在思想认识上进一步深化，着力增强学习贯彻的自觉性和坚定性，学以提高认识，学以凝聚共识，学以推进工作。要在标准要求上进一步深化，以更加坚决的态度、更加自觉的行动、更加有力的举措、更加完善的制度、更加科学的方法，推动学习贯彻工作不断向深度和广度发展，始终在思想上政治上行动上同以习近平同志为总书记的党中央保持高度一致。要在学习理解上进一步深化，坚持原原本本学，深入系统学，突出重点学，精研细读深钻，把握精髓要义，进一步提高学习的针对性和实效性，推动学习贯彻讲话工作由领导机关向基层组织延伸，由领导干部向党员群众延伸，实现学习的全面覆盖、全员参与。要在贯彻落实上进一步深化，在学以致用、学用结合、学用相长上狠下功夫，真正用讲话精神统一思想、统一意志、统一行动，切实把党员干部的思想和行动统一到总书记系列重要讲话精神上来，把智慧和力量凝聚到实现党中央确定的各项目标任务上来，努力在新的历史起点上扎实推进中直机关党的建设和各项事业科学发展。

中国法学会第七次全国会员代表大会开幕

11 月 29 日，中国法学会第七次全国会员代表大会在人民大会堂开幕。习近平、张德江、刘云山等党和国家领导人出席并向大会表示祝贺。会议的主要任务是：深入贯彻落实党的十八大和十八届三中全会精神，认真总结法学会过去五年的工作，明确今后五年的主要任务，选举产生中国法学会新一届理事会和领导机构。

孟建柱受习近平委托代表党中央发表了题为《积极投身法治中国建设的伟大实践》的祝词。孟建柱首先向大会的召开表示热烈祝贺，向全国广大法学法律工作者致以亲切问候。他说，建设社会主义法治国家，是建设富强民主文明和谐的社会主义现代化国家的重要目标之一。伴随中国特色社会主义法治建设的伟大实践，中国法学会在党的领导下，充分发挥党和政府联系法学界、法律界的桥梁纽带作用，团结带领广大法学法律工作者，在繁荣法学研究、服务法治实践、加强法制宣传、培养法律人才等方面做了大量卓有成效的工作，创造了不平凡的业绩。党的十八大和十八届三中全会对全面推进依法治国作出了重大部署，习近平总书记明确提出建设法治中国，为加快建设社会主义法治国家进一步指明了方向。这对法学会工作提出了新的要求。希望广大法学法律工作者坚持正确方向，坚定不移走中国特色社会主义道路；希望广大法学法律工作者紧紧围绕大局，为党和国家各项事业发展提供法学理论支撑；希望广大法学法律工作者勇于开拓创新，大力推进法学研究繁荣发展；希望广大法学法律工作者心中始终装着人民，更好服务群众、服务社会、服务基层。

2013 年 12 月

《习近平关于实现中华民族伟大复兴的中国梦论述摘编》出版

新华社 12 月 1 日报道，由中共中央文献研究室编辑的《习近平关于实现中华民族伟大复兴的中国梦论述摘编》已由中央文献出版社出版在全国发行。

该书共分 8 个专题，收入 146 段论述，摘自习近平同志 2012 年 11 月 15 日至 2013 年 11 月 2 日期间的讲话、演讲、谈话、书信、批示等 50 多篇重要文献。其中部分论述是第一次公开发表。

第九次全国归侨侨眷代表大会召开

12 月 2 日至 5 日，第九次全国归侨侨眷代表大会在北京召开。习近平、李克强、张德江、俞正声、刘云山、王岐山、张高丽出席开幕式祝贺。

李源潮受党中央委托，发表了题为《团结动员广大归侨侨眷和海外侨胞为实现中华民族伟大复兴的中国梦作出独特贡献》的祝词，向大会召开表示热烈的祝贺，向广大归侨侨眷、海外侨胞和侨联工作者致以亲切的问候。广大归侨侨眷和海外侨胞是建设中国特色社会主义的宝贵资源，是实现中华民族伟大复兴的重要力量。希望广大归侨侨眷和海外侨胞发扬热爱中华、振兴中华的爱国爱乡传统，抓住祖国全面深化改革开放的新机遇，为促进祖国现代化建设，为维护民族团结、推进祖国统一，为传播中华文化、增进中国人民同世界各国人民友谊作出独特贡献。陈豪代表各人民团体向大会致贺词。会上宣读了《中华全国归国华侨联合会、国务院侨务办公室关于表彰中国侨界杰出人物和全国归侨侨眷先进个人的决定》、《人力资源和社会保障部、中华全国归国华侨联合会关于表彰全国侨联系统先进集体和先进工作者的决定》。林军代表中国侨联第八届委员会向大会作了题为《建好侨胞之家 凝聚侨界力量 为实现伟大的中国梦而努力奋斗》的工作报告。

大会宣布了当选的中国侨联第九届委员会主席、副主席、秘书长、常务委员名单，通过了关于中国侨联第八届委员会工作报告的决议、关于《中华全国归国华侨联合会章程(修正案)》的决议、关于聘请第九届中国侨联顾问、海外委员、名誉委员的决议。林军致闭幕词。

大会号召全国各级侨联和广大归侨侨眷全面贯彻党的十八大、十八届三中全会精神和习近平总书记一系列重要讲话精神，高举中国特色社会主义伟大旗帜，以邓小平理论、“三个代表”重要思想、科学发展观为指导，坚持以人为本、为侨服务宗旨，坚持为大局服务、为侨服务统一，坚持国内海外工作并重、老侨新侨工作并重，积极拓展海外工作，积极拓展新侨工作，建好侨胞之家，凝聚侨界力量，为实现“两个一百年”目标和中华民族伟大复兴的中国梦而努力奋斗。

近 2 万人违反八项规定被查处

12 月 2 日，中央纪委监察部网站发布各省区市查处违反中央八项规定精神问题汇总表。据统计，截至今年 10 月 31 日，各省区市共查处违反中央八项规定精神问题 17380 件，其中地厅级 217 件，县处级 904 件，乡科级 16259 件。各省区市共处理违反中央八项规定精神问题

19896 人，其中包括地厅级 35 人，县处级 769 人，乡科级 19092 人。4675 人被给予党政纪处分，包括地厅级 15 人。

汇总表显示，在违反中央八项规定精神问题的 19896 人中，因违反公务用车管理使用有关规定被查 5087 人，约占总被查人数的 25.57%；1068 人因大操大办婚丧喜庆问题被查；965 人因公款大吃大喝问题被查。此外，另有1 万余人因包括公款旅游、公款出国境旅游、楼堂馆所违规、收送节礼、接受或用公款参与高消费娱乐或健身活动、庸懒散等方面的问题被查。

数据显示，2013 年 10 月份，各省区市查处问题总计 2386 件；处理 3034 人；给予党政纪处分 898 人。其中，受处理的地厅级干部 5 人；受党政纪处分的地厅级干部 1 人。今年 9 月份，各省区市共查处 2191 件，处理 2335 人，给予党政纪处分 741 人。

中共中央政治局召开会议
分析研究 2014 年经济工作

12 月 3 日，中共中央政治局召开会议，分析研究 2014 年经济工作，听取第二次全国土地调查情况汇报，习近平主持会议。

会议指出，做好 2014 年经济工作意义重大。要用改革的精神、思路、办法改善宏观调控，科学把握宏观调控政策框架，保持政策连续性和稳定性。要抓好对中央改革总体部署的落实，积极推进重点领域改革，着力增强发展内生动力。要坚持扩大内需战略，加快培育消费新增长点，着力优化消费环境，促进投资合理增长和结构优化，改善投资管理和服务。要实施互利共赢开放战略，积极拓展出口市场，强化多边双边及区域经济合作，推动对外开放向纵深拓展。要加快发展现代农业，保持主要农产品生产稳定发展，支持发展生态友好型农业，加快构建新型农业经营体系，加强综合生产能力建设。要加快实施创新驱动战略，推动战略性新兴产业发展取得新进展，促进传统产业改造升级，促进服务业与制造业融合发展，下大气力推动产业转型升级。要坚持绿色低碳清洁发展，加强生态文明制度建设，狠抓环境治理和生态保护，毫不放松抓好节能减排，积极应对气候变化。要走新型城镇化道路，出台实施国家新型城镇化规划，落实和完善区域发展规划和政策，增强欠发达地区发展能力，扎实推进海洋强国建设。要切实保障和改善民生，实施更加积极的就业政策，健全社会保障体系，促进社会事业改革发展，做好住房保障和房地产市场调控工作，创新社会治理和公共服务，维护社会稳定。

第二次全国土地调查是一次重大国情国力调查，经过调查，全面查清了全国各类土地资源底数。用好二次调查成果，对进一步提高国土资源管理水平、加强和改善宏观调控、科学制定经济社会发展重大规划和政策等具有重要意义。

中共中央政治局举行第十一次集体学习

12 月 3 日，中共中央政治局就历史唯物主义基本原理和方法论举行第十一次集体学习，习近平主持学习并讲话。中国人民大学郭湛教授、中央党校韩庆祥教授就这个问题进行讲解，并谈了他们的意见和建议。

习近平指出，马克思主义哲学深刻揭示了客观世界特别是人类社会发展一般规律，在当今时代依然有着强大生命力，依然是指导我们共产党人前进的强大思想武器。历史和现实都表明，只有坚持历史唯物主义，我们才能不断把对中国特色社会主义规律的认识提高到新的水平，不断开辟当代中国马克思主义发展新境界。我们党现阶段提出和实施的理论和路线方针政策，之所以正确，就是因为它们都是以我国现时代的社会存在为基础的。党的十八届三中全会对我国全面深化改革作出了总体部署，是从我国现在的社会存在出发的，即从我国现在的社会物质条件的总和出发的，也就是从我国基本国情和发展要求出发的。

要学习和掌握社会基本矛盾分析法，深入

理解全面深化改革的重要性和紧迫性。要学习和掌握物质生产是社会生活的基础的观点，准确把握全面深化改革的重大关系。要学习和掌握人民群众是历史创造者的观点，紧紧依靠人民推进改革。要坚持把实现好、维护好、发展好最广大人民根本利益作为推进改革的出发点和落脚点，让发展成果更多更公平惠及全体人民，唯有如此改革才能大有作为。要处理好尊重客观规律和发挥主观能动性的关系。要坚持一切从实际出发，按照客观规律办事，一张蓝图抓到底，抓好打基础利长远的工作。同时，要鼓励地方、基层、群众大胆探索、先行先试，勇于推进理论和实践创新，不断深化对改革规律的认识。党的各级领导干部特别是高级干部，要原原本本学习和研读经典著作，努力把马克思主义哲学作为自己的看家本领，坚定理想信念，坚持正确政治方向，提高战略思维能力、综合决策能力、驾驭全局能力，团结带领人民不断书写改革开放历史新篇章。

中央党内法规制定工作会议召开

12 月 4 日，中央党内法规制定工作会议在北京召开。栗战书在会上强调，要深入学习贯彻党的十八大、十八届三中全会精神和习近平总书记关于加强党内法规制度建设的重要指示精神，切实抓好《中央党内法规制定工作五年规划纲要（2013—2017 年）》的落实工作，下大气力夯实我们党执政治国和自身建设的制度基础。

习近平给华中农业大学“本禹志愿服务队”回信

12 月 5 日，在中国青年志愿者行动实施 20 周年暨第二十八个国际志愿者日之际，习近平给华中农业大学“本禹志愿服务队”回信，肯定他们在服务他人、奉献社会中取得的成绩和进步，勉励他们弘扬志愿精神，为实现中华民族伟大复兴的中国梦作出新的更大贡献，并向这支志愿服务队和全国广大青年志愿者致以诚挚问候和崇高敬意。

华中农业大学“本禹志愿服务队”是以曾经就读于这所大学的中国十大杰出青年、中国十大杰出志愿者徐本禹名字命名的一支志愿服务团队。他们以持续扎实的行动服务基层群众，取得显著成效，涌现出一大批优秀志愿者，并获得中国青年志愿者优秀集体等称号。近日，志愿服务队的同学们给总书记写信，汇报了 1200 多名队员深入贫困山区支教、关爱留守儿童、关爱进城农民工子女、关爱老人和残疾人等志愿服务活动成果及他们的认识体会。

《深入学习习近平同志系列讲话精神》出版

新华社 12 月 5 日报道，人民日报社理论部主编的《深入学习习近平同志系列讲话精神》一书已由人民出版社出版在全国新华书店发行。

该书收录了人民日报刊发的，由中央国家机关和有关地方主要负责同志、哲学社会科学领域权威研究机构和权威专家撰写的 44 篇主题文章，从理论与实践的结合上，对党的十八大以来习近平总书记系列讲话的背景、内涵、实质和要求等进行了深入浅出的解读，是深入学习贯彻习近平总书记系列讲话精神的最新读本。

中央组织部印发改进地方领导班子和领导干部政绩考核通知

12 月 6 日，中央组织部印发《关于改进地方党政领导班子和领导干部政绩考核工作的通知》，规定今后对地方党政领导班子和领导干部的各类考核考察，不能仅仅把地区生产总值及增长率作为政绩评价的主要指标，不能搞地区生产总值及增长率排名，中央有关部门不能单纯依此衡量各省（自治区、直辖市）的发展成效，地方各级党委政府不能简单地依此评定下一级领导班子和领导干部的政绩和考核等次，对限制开发区域和生态脆弱的国家扶贫开发工作重点县取消地区生产总值考核。

第八届全球孔子学院大会举行开幕式

12月7日，第八届全球孔子学院大会开幕式在北京举行。刘延东出席并致辞，并为全球孔子学院先进个人和先进单位颁奖。目前，已在五大洲的120个国家和地区，建立了440所孔子学院和646个孔子课堂，注册学员85万人。

刘延东首先向来自120个国家和地区的2000多名大学校长、孔子学院代表表示欢迎和问候。孔子学院是人文交流的有效载体和增进中外人民友谊的重要平台，希望孔子学院继续扩大汉语教学规模，加强教师、教材和教学法建设，为各国民众提供高质量的汉语教学服务；发挥综合文化交流平台的优势，努力深化合作内涵，在展示真实中国、推动多元文明包容互鉴方面发挥积极作用；精心开展品牌文化活动，不断增强孔子学院的吸引力和影响力；建设一支优秀的院长队伍和管理团队，为孔子学院事业蓬勃发展提供保障。

中国梦国际研讨会召开

12月7日至8日，由国务院新闻办公室主办，中国外文局、上海社科院承办的中国梦国际研讨会在上海举行，来自20多个国家的近百位学者用多种多样的语言，展开了一场关于中国梦的世界对话。

蔡名照在开幕式上发表主题演讲。他说，习近平主席提出实现中国梦，开启了中华民族新世纪的筑梦工程。中国梦引起强烈共鸣，反映了亿万中国人民的美好憧憬，使中国人民对美好生活的向往、对民族振兴的渴望被空前激发起来；中国梦引起强烈共鸣，来自人民对实现中国梦的坚定信心，这是因为我们找到了中国特色社会主义道路这条通往梦想的正确道路；中国梦引起强烈共鸣，来自人民对新一届中央领导集体的拥护和信任，新一届中央领导集体推进国家治理体系和治理能力现代化的努力，使中国正在发生深刻变化，进一步增添了中国人民对实现中国梦的信心。杨雄在开幕式致辞说，上海是中国梦的积极实践者，正努力为实现中国梦作出更多有益的先行探索。在随后的研讨中，中国社会科学院院长王伟光、美国布鲁金斯学会高级研究员李侃如、库恩基金会主席库恩等分别就中国梦与当代中国治理和发展、中国梦的世界意义等主题进行大会演讲。在分别以“中国梦与中国道路”、“中国梦与世界繁荣”、“中国梦与和平发展”为主题的并行圆桌会议上，更多学者在政治多极化和全球化、信息化、经济转型等背景下，探讨“中国梦”与中国发展道路对未来世界的意义与价值。

《党政机关国内公务接待管理规定》印发

中华人民共和国中央人民政府网12月8日报道，中共中央办公厅、国务院办公厅近日印发《党政机关国内公务接待管理规定》。

《规定》适用于各级党的机关、人大机关、行政机关、政协机关、审判机关、检察机关，以及工会、共青团、妇联等人民团体和参照公务员法管理事业单位的国内公务接待行为。国有企业、国有金融企业和不参照公务员法管理的事业单位参照《规定》执行。规定所称国内公务，是指出席会议、考察调研、执行任务、学习交流、检察指导、请示汇报工作等公务活动。

《规定》共分26条，强调国内公务接待应当坚持有利公务、务实节俭、严格标准、简化礼仪、高效透明、尊重少数民族风俗习惯的原则。各级党政机关公务接待管理部门应当结合当地实际，完善国内公务接待管理制度，制定国内公务接待标准。对接待活动食、宿、行、迎送及警卫、预算和报销等关键环节提出了明确要求，包括严控接待范围、简化接待礼仪、限制接待住宿房型、从严控制接待用餐的次数和陪餐人数、规范警卫安排等。

习近平听取河北省委党的群众路线教育实践活动总体情况汇报

12月9日，习近平在中南海听取河北省委党的群众路线教育实践活动总体情况汇报。

他指出，第一批教育实践活动处于收尾阶

段，群众期盼和社会评价高度聚焦，要确保整改成效让群众看得见、感受得到、大多数人满意，确保形成的制度行得通、指导力强、能长期管用，确保整个活动善始善终、善作善成，必须继续努力，一鼓作气抓好各项收尾工作。第二批教育实践活动即将开展，要借鉴第一批活动经验。第二批教育实践活动范围片大面广，涉及的矛盾和问题具体尖锐，务必对确保活动健康发展进行系统设计。要更加注重发挥群众积极性，坚持开门搞活动，确保全过程都发动群众参与、置于群众监督之下。要更加强化问题导向，注重解决实际问题，特别是对需要侧重解决的问题进行调查梳理，提前做到心中有数，从解决具体问题抓起改起。要更加注重严格要求，坚持标准，确保质量，防止降格以求。要更加注重衔接带动，推动第一批活动制定的整改措施和制度规定传导落实到“末梢神经”。要更加注重分类指导，针对不同层级、不同领域、不同对象提出不同目标要求，注重发挥行业系统指导作用，对可能发生的种种复杂情况进行分析预判，并制定出预防和解决对策。

全国工会深化职工之家建设座谈会召开

12月9日，全国工会深化职工之家建设、增强基层工会组织活力座谈会在北京举行，李建国出席并讲话，并在会前接见了受表彰的先进集体和个人代表。

李建国对多年来基层工会建设和工作取得的成绩给予充分肯定。他指出，“职工之家”这个称号形象地体现了我国工会的性质、宗旨和特点，整个工会组织要成为“职工之家”，基层工会更应该成为“职工之家”，基层工会干部应该成为职工群众最亲最近的“娘家人”。在我国35年来的改革进程中，工人阶级发挥了主力军作用，在新的历史起点上全面深化改革，必须紧紧依靠工人阶级。工会特别是基层工会要深入做好职工思想工作，用党的十八届三中全会精神统一思想认识，加强组织引导、宣传动员，引导职工群众正确看待改革，拥护支持改革，参与推动改革，汇聚起全面深化改革的强大正能量。

中央经济工作会议在北京举行

12月10日至13日，中央经济工作会议在北京举行。习近平、李克强、张德江、俞正声、刘云山、王岐山、张高丽出席会议，习近平在会上发表重要讲话。

会议指出，今年以来，经济运行总体平稳，农业生产再获丰收，结构调整取得新进展，改革开放力度加大，人民生活继续改善，社会大局和谐稳定。在肯定形势稳中有进、稳中向好的同时，我们也要清醒认识到，经济运行存在下行压力，部分行业产能过剩问题严重，保障粮食安全难度加大，宏观债务水平持续上升，结构性就业矛盾突出，生态环境恶化、食品药品质量堪忧、社会治安状况不佳等突出问题仍没有缓解。

明年世界经济仍将延续缓慢复苏态势，但也存在不稳定不确定因素，新的增长动力源尚不明朗，大国货币政策、贸易投资格局、大宗商品价格的变化方向都存在不确定性。2014年是全面贯彻落实党的十八届三中全会精神、全面深化改革的第一年，改革任务重大而艰巨。明年进入到“十二五”规划第四年，对全面完成“十二五”规划至关重要。明年经济工作的主要任务：一切实保障国家粮食安全；二大力调整产业结构；三着力防控债务风险；四积极促进区域协调发展；五着力做好保障和改善民生工作；六不断提高对外开放水平。做好明年经济工作，要坚持稳中求进，统筹稳增长、调结构、促改革，保持经济增速在合理区间平稳运行；突出民生优先，促进社会公正；保持物价稳定，为推进改革和调整结构创造良好环境；加快转变经济发展方式，促进提质增效升级，推动经济持续健康发展。要把握好经济社会发展预期目标和宏观政策的黄金平衡点，不断完善调控方式和手段。要紧紧围绕使市场在资源配置中起决定性作用深化经济体制改革，着力在重要领域和关键环节取得实质进展。构建扩大内需长效机制，着力增加消费需求。加快发展现代农业，促进农业稳定发展农民持续增收。深入实施创新驱动发展战略，促进产业结构调整升级。推进服务业发展提速、比重提高、水平提升。加快生态文明建设，推动可持续发展。积极稳妥推进新型城镇化，着力提高城镇化质量。加强制度建设，织好保障民生安全网。

中央城镇化工作会议在北京举行

12 月 12 日至 13 日，中央城镇化工作会议在北京举行。习近平、李克强、张德江、俞正声、刘云山、王岐山、张高丽出席会议。习近平发表重要讲话，李克强提出具体部署，并作总结讲话。

会议指出，城镇化是现代化的必由之路。推进城镇化是解决农业、农村、农民问题的重要途径，是推动区域协调发展的有力支撑，是扩大内需和促进产业升级的重要抓手，对全面建成小康社会、加快推进社会主义现代化具有重大现实意义和深远历史意义。城镇化目标正确、方向对头，走出一条新路，将有利于释放内需巨大潜力，有利于提高劳动生产率，有利于破解城乡二元结构，有利于促进社会公平和共同富裕，而且世界经济和生态环境也将从中受益。

推进城镇化，要注意处理好市场和政府的关系，既坚持使市场在资源配置中起决定性作用，又更好发挥政府在创造制度环境、编制发展规划、建设基础设施、提供公共服务、加强社会治理等方面的职能；注意处理好中央和地方关系，中央制定大政方针、确定城镇化总体规划和战略布局，地方则从实际出发，贯彻落实总体规划，制定相应规划，创造性开展建设和管理工作。推进城镇化的主要任务：第一，推进农业转移人口市民化；第二，提高城镇建设用地利用效率；第三，建立多元可持续的资金保障机制；第四，优化城镇化布局和形态；第五，提高城镇建设水平；第六，加强对城镇化的管理。

城镇化与工业化一道，是现代化的两大引擎。走中国特色、科学发展的新型城镇化道路，核心是以人为本，关键是提升质量，与工业化、信息化、农业现代化同步推进。城镇化是长期的历史进程，要科学有序、积极稳妥地向前推进。新型城镇化要找准着力点，有序推进农村转移人口市民化，深入实施城镇棚户区改造，注重中西部地区城镇化。要实行差别化的落户政策，加强中西部地区重大基础设施建设和引导产业转移。要加强农民工职业培训和保障随迁子女义务教育，努力改善城市生态环境质量。在具体工作中，要科学规划实施，加强相关法规、标准和制度建设。坚持因地制宜，探索各具特色的城镇化发展模式。

政府系统秘书长和办公厅主任会议召开

12 月 14 日，全国政府系统秘书长和办公厅主任会议在北京召开，杨晶出席并讲话。

杨晶指出，党的十八届三中全会对新起点上的全面深化改革作了总体部署，刚刚结束的中央经济工作会议明确了明年经济社会发展的主要任务、政策取向和重点工作。要准确把握全面深化改革的新形势新任务，增强围绕中心服务大局的自觉性坚定性；要准确把握经济发展的新形势新任务，以改革创新促转方式调结构，努力保持经济长期持续健康发展；要准确把握改善民生的新形势新任务，把就业作为民生之本，努力实现“保基本、补短板、兜底线”。要适应新形势新任务新要求，当好参谋，做好助手，抓好落实，加强制度建设，不断增强服务政府科学决策和处理复杂事务的能力。

习近平到北京航天飞行控制中心观看两器互拍成像

12 月 15 日，中国探月工程嫦娥三号任务传来捷报。嫦娥三号着陆器、巡视器顺利完成互拍成像，标志我国探月工程二期取得圆满成功。习近平专程前往北京航天飞行控制中心观看实况，代表党中央、国务院、中央军委，代表全国各族人民，向全体参研参试人员表示热烈祝贺和诚挚慰问。李克强一同观看。

嫦娥三号探测器于12月2日从西昌卫星发射中心升空，准确入轨。14日，嫦娥三号探测器在月面成功软着陆，科学探测任务陆续展开。嫦娥三号任务的圆满成功，实现了我国航天器首次在地外天体软着陆和巡视勘察，标志着我国探月工程“绕、落、回”第二步战略目标取得全面胜利，在我国航天事业发展中具有重要里程碑意义。

中央党的群众路线教育实践活动领导小组第六次会议召开

12月15日，中央党的群众路线教育实践活动领导小组第六次会议在北京召开，刘云山主持并讲话。

刘云山说，习近平总书记重要讲话为深入开展教育实践活动提供了重要遵循，为全党以优良作风贯彻党的十八届三中全会精神、落实全面深化改革任务提供了有力指导。学习贯彻讲话精神关键要抓住两点：一是以认真的态度一鼓作气抓好教育实践活动，第一批教育实践活动进入收尾阶段，气可鼓而不可泄，越是到收尾阶段，越要保持力度，敬终如始、一抓到底，做到思想不能疲、劲头不能松、措施不能软，防止虎头蛇尾、功亏一篑。二是一以贯之地坚持教育与实践的统一，群众路线最终是实践问题，一切贵在行动，教育和实践是贯彻群众路线的两手，要坚持两手抓、两手都要硬，把教育和实践有机结合起来，做到寓教育于实践之中，又通过实践来不断深化教育。

第一批活动的收尾工作要注意抓好经验总结，边总结边完善边提高，着力深化规律性认识，形成有利于作风建设常态化的理论成果和制度成果。第二批活动的准备工作要加强调查研究，广泛听取各方面意见建议，用好第一批活动的成功经验，贯穿为民务实清廉的主题，落实“照镜子、正衣冠、洗洗澡、治治病”的总要求，做到主题不变、镜头不换。要坚持从群众最关心的具体问题抓起，从群众不满意的地方改起，解决好联系和服务群众“最后一公里”问题。要把握基层特点，区别情况、分类指导，真正切合基层实际，有利于推动和促进基层工作。

首届中国质量奖颁奖仪式举行

12月16日，首届中国质量奖颁奖仪式在北京航天城举行，王勇出席并为中国质量奖获奖组织和个人颁奖。

经中国质量奖评选委员会评审、评审表彰委员会审定并报国务院批准，决定对中国航天科技集团公司基于质量问题“双归零”的系统管理方法、海尔集团公司“人单合一双赢”为核心的质量管理模式和在我国推广、普及全面质量管理模式做出突出贡献的中国工程院院士刘源张授予首届中国质量奖。另外，有43个组织、3名个人获得首届中国质量奖提名奖。

中央统战部向党外人士通报中央经济工作会议和中央城镇化工作会议精神

12月16日，中央统战部召开党外人士情况通报会，向各民主党派中央、全国工商联和无党派人士代表通报中央经济工作会议、中央城镇化工作会议精神。

通报会上，首先传达学习了习近平总书记、李克强总理在中央经济工作会议、中央城镇化工作会议上的重要讲话精神。令计划说，中央全面分析了当前国内外经济形势，着重阐述了经济工作和城镇化工作必须把握的重大问题，明确提出了明年经济工作和今后一个时期城镇化工作的指导思想、预期目标、政策取向和重点任务，这对于我们认清形势、把握大局、明确任务，扎实做好明年经济工作和城镇化工作，具有十分重要的指导意义。深入学习贯彻中央经济工作会议、中央城镇化工作会议精神，是统一战线当前一项重大政治任务。统一战线广大成员要以高度的政治责任感和使命感，切实抓好会议精神的学习贯彻，并与深入学习贯彻中共十八大和十八届二中、三中全会精神结合起来，全面、准确、深入地领会明年经济工作和城镇化工作的决策部署，自觉把思想和行动统一到中央精神上来，紧密团结在以习近平同志为总书记的中共中央周围，找准工作重点，拓展服务领域，发挥各自优势，着力推动落实会议确定的各项任务，为促进经济持续健康发展和社会和谐稳定、为全面建成小康社会和实现中华民族伟大复兴的中国梦而共同奋斗。

哲学社会科学话语体系建设座谈会召开

12 月 16 日，中国社会科学院在北京召开哲学社会科学话语体系建设座谈会。

会议认为，加强哲学社会科学话语体系建设是一项重要战略任务，对于繁荣发展哲学社会科学，坚定理论自觉、理论自信，掌握话语主导权，增强中国学术的国际影响力具有重要意义。推进哲学社会科学话语体系建设，要坚持以当代中国马克思主义为指导，深入贯彻落实党的十八大和十八届三中全会精神，深入学习贯彻习近平总书记系列讲话精神，植根中国特色社会主义生动实践，汲取中华优秀传统文化精华，深化党的理论创新成果的学理阐释，大力推动哲学社会科学话语体系创新，努力构建充分体现中国特色、中国风格、中国气派的哲学社会科学话语体系，进一步增强学术话语的说服力、吸引力和感染力。

第八届全国“人民满意的公务员”和“人民满意的公务员集体”表彰大会举行

12 月 17 日，由中组部、中宣部、人力资源社会保障部和国家公务员局组织的第八届全国“人民满意的公务员”和“人民满意的公务员集体”表彰大会在北京举行，这次表彰会共授予 99 名公务员“人民满意的公务员”，授予 80 个集体“人民满意的公务员集体”荣誉称号。

李克强接见了受表彰人员和与会代表，代表党中央、国务院向受表彰的个人和集体表示祝贺。他说，人民满意是公务员的最高荣誉。受表彰的同志绝大多数来自基层普通岗位，有的长期在边远、艰苦地区工作，大家兢兢业业、勤勤恳恳为群众办事，在平凡岗位上创造了不平凡的业绩，这种精神值得弘扬光大。并对广大公务员提出四点希望：一要促进改革创新；二要始终勤政为民；三要践行法治原则；四要严守清正廉洁。

全国民委主任会议举行

12 月 19 日，全国民委主任会议在北京举行，王正伟出席并讲话。

王正伟说，民委系统要深入贯彻落实十八届三中全会精神，围绕实施内陆沿边开放战略，促进丝绸之路经济带建设，抓好中国—东盟博览会等开放平台建设，促进边疆民族地区与周边国家和地区加强经济技术交流合作。要落实好中央扶贫攻坚的战略部署，积极探索旅游扶贫等新模式，以扶贫攻坚带动区域发展。明年要大力推动民族地区全面建成小康社会进程，推动民族关系持续稳定健康全面发展和民族工作体制机制改革创新，不断开创民族团结进步新局面。

第四届全国职工优秀技术创新成果表彰大会举行

12 月 20 日，由全国总工会、科技部、工信部、人社部联合举办的第四届全国职工优秀技术创新成果表彰大会在北京举行，李建国出席并讲话。

李建国说，要充分激发广大一线职工特别是技术工人的劳动热情和创造潜能，把转变经济发展方式、增强自主创新能力、提高核心竞争力建立在拥有一支高素质职工队伍特别是技术工人大军的基础之上。各级工会要深入开展“中国梦·劳动美”教育，努力营造“劳动光荣、创造伟大”的社会氛围。充分发挥工会“大学校”作用，把更多的职工吸引到劳动竞赛中来，普遍提高职工技能水平和创新能力。推动完善有利于职工创新创造、全面发展的法律法规和制度机制，把职工技术创新活动融入科教兴国、人才强国和实施创新驱动发展的大格局之中。

中宣部教育部召开部校共建现场会

12月20日，中宣部、教育部在上海召开现场会，总结推广上海市委宣传部与复旦大学共建新闻学院做法经验，指导10个省市党委宣传部门与高等学校签署共建协议，推动加强马克思主义新闻观教育，创新新闻人才培养模式，促进业界与学界互动、教学与科研贯通、理论与实践结合，为党的新闻事业发展培养造就高素质后备人才。

会议指出，高校新闻学院是新闻人才成长的摇篮，高校新闻教育是新闻队伍建设的基础，关系新闻事业发展长远。要把部校共建作为战略任务、基础工程，遵循新闻教育规律、遵循新闻人才成长规律，发挥业界学界各自优势，携手培养有正确立场、人民情怀、责任担当的一流新闻人才。要努力打造合作平台、探索合作形式，逐步建立科学合理、行之有效的合作机制，使新闻人才培养更加契合新闻事业发展的时代需求，走出一条新闻教学与新闻实践深度融合的新路。

《毛泽东年谱(1949—1976)》出版

新华社12月22日报道，为纪念毛泽东同志诞辰120周年，中共中央文献研究室编撰的《毛泽东年谱(1949—1976)》，由中央文献出版社出版在全国发行。全书共6卷，近300万字。

《毛泽东年谱(1949—1976)》是一部记述毛泽东同志从中华人民共和国成立到他逝世27年间的生平、业绩的编年体著作，比较全面地反映了他的思想、理论、决策、工作方法和各种活动，反映了他领导建立和建设新中国的历程。从这部年谱的记述中，还可以了解毛泽东同志在27年间是怎样工作和生活的。这部年谱的出版，对于研究建国以来毛泽东同志的思想理论与工作实践，研究党领导社会主义革命和建设的成就、经验和艰辛探索，研究中国特色社会主义理论体系的由来和形成基础，有着重要意义。

中共中央办公厅印发《关于培育和践行社会主义核心价值观的意见》

新华社12月23日报道，中共中央办公厅近日印发了《关于培育和践行社会主义核心价值观的意见》，并发出通知，要求各地区各部门结合实际认真贯彻执行。《意见》指出，培育和践行社会主义核心价值观，是推进中国特色社会主义伟大事业、实现中华民族伟大复兴中国梦的战略任务。党的十八大提出，倡导富强、民主、文明、和谐，倡导自由、平等、公正、法治，倡导爱国、敬业、诚信、友善，积极培育和践行社会主义核心价值观。这与中国特色社会主义发展要求相契合，与中华优秀传统文化和人类文明优秀成果相承接，是我们党凝聚全党全社会价值共识作出的重要论断。富强、民主、文明、和谐是国家层面的价值目标，自由、平等、公正、法治是社会层面的价值取向，爱国、敬业、诚信、友善是公民个人层面的价值准则，这24个字是社会主义核心价值观的基本内容，为培育和践行社会主义核心价值观提供了基本遵循。面对世界范围思想文化交流交融交锋形势下价值观较量的新态势，面对改革开放和发展社会主义市场经济条件下思想意识多元多样多变的新特点，积极培育和践行社会主义核心价值观，对于巩固马克思主义在意识形态领域的指导地位、巩固全党全国人民团结奋斗的共同思想基础，对于促进人的全面发展、引领社会全面进步，对于集聚全面建成小康社会、实现中华民族伟大复兴中国梦的强大正能量，具有重要现实意义和深远历史意义。

中央纪委、中央教育实践活动领导小组发出严肃整治“会所中的歪风”的通知

新华网12月23日报道，中央纪委、中央教育实践活动领导小组近日发出《关于在党的群众路线教育实践活动中严肃整治“会所中的歪风”的通知》。

《通知》指出，近年来，一些地方将历史建

筑、公园等公共资源变为私人会所的现象屡见不鲜，其中存在违法设立经营、侵占群众利益、助长奢靡之风、滋生腐败行为等问题，群众反映强烈。特别是一些党员领导干部出入私人会所，吃喝玩乐，甚至搞权钱交易、权色交易等，严重影响党风政风，带坏了社会风气。为深入贯彻落实中央八项规定精神，坚决反对“四风”，遵照中央指示，就严肃整治“会所中的歪风”提出明确要求。各地区各部门各单位党委（党组）要组织力量深入调研，依法加强监管，结合反“四风”活动采取有针对性的措施加以解决。要把整治“会所中的歪风”作为教育实践活动反“四风”的内容，严肃整治；在整改落实和建章立制中，提出明确要求，加强对党员干部的教育和管理，发现问题及时提醒、坚决纠正。《通知》要求党员领导干部在教育实践活动整改落实、建章立制中要作出承诺：不出入私人会所、不接受和持有私人会所会员卡，自觉接受党组织和人民群众的监督。

中央农村工作会议举行

12 月 23 日至 24 日，中央农村工作会议在北京举行。习近平、李克强、张德江、俞正声、刘云山、王岐山、张高丽出席会议。

会议深入贯彻党的十八大和十八届三中全会精神，全面分析“三农”工作面临的形势和任务，研究全面深化农村改革、加快农业现代化步伐的重要政策，部署 2014 年和今后一个时期的农业农村工作。习近平在会上发表重要讲话，从我国经济社会长远发展大局出发，高屋建瓴、深刻精辟阐述了推进农村改革发展若干具有方向性和战略性的重大问题，同时提出明确要求。李克强在讲话中深入分析了农业和农村工作形势，并就依靠改革创新推进农业现代化、更好履行政府“三农”工作职责等重点任务作出具体部署。

会议讨论了《中共中央、国务院关于全面深化农村改革加快推进农业现代化的若干意见（讨论稿）》。

全国高校党的建设工作会议召开

12 月 24 日，中共中央组织部、中共中央宣传部、中共教育部党组在北京召开第二十二次全国高校党的建设工作会议。刘延东主持会议，刘奇葆出席并讲话，赵乐际出席会议。

刘奇葆强调，要抓好大学生理想信念教育这个核心任务，把学习习近平总书记系列讲话精神作为重点内容，增强大学生走中国道路、建设中国特色社会主义的信心信念，焕发投身改革开放的巨大热情，在实现中国梦的奋斗中追逐青春梦想。要加强大学生社会主义核心价值观教育，在结合融入上下功夫，弘扬中华优秀传统文化，加强和改进高校思想政治工作，办好思想政治理论课，发挥校园文化熏陶作用，提高大学生思想道德素质。要强化和落实领导责任，加强教师队伍建设，牢牢掌握高校意识形态工作的领导权管理权话语权。

湖南举行向毛泽东铜像敬献花篮仪式

12 月 24 日，湖南省委、省政府在韶山举行向毛泽东同志铜像敬献花篮仪式，纪念毛泽东同志诞辰 120 周年，深切缅怀伟人的丰功伟绩。湖南省委省政府领导等向毛泽东同志铜像敬献花篮。

向毛泽东同志铜像敬献花篮仪式结束后，全体人员参观了韶山毛泽东同志纪念馆。经中央批准，该馆进行了为时一年多的提质改造，今天正式对外开放。改造后的基本陈列《中国出了个毛泽东》，以丰富的图片实物资料，先进的科技手段，全面展示了毛泽东同志波澜壮阔的一生和为民族独立、人民解放、国家富强所建立的不朽功勋。

中共中央印发《建立健全惩治和预防腐败体系 2013—2017 年工作规划》

新华社 12 月 25 日报道，中共中央近日印发了《建立健全惩治和预防腐败体系 2013—2017 年工作规划》，并发出通知，要求各地区各部门结合实际认真贯彻执行。

《工作规划》是指导今后5年党风廉政建设和反腐败斗争的重要依据。通知要求，各级党委要认真学习贯彻党的十八大、十八届三中全会精神和习近平同志系列重要讲话精神，充分认识颁布实施《工作规划》的重要性，担负起全面领导党风廉政建设和反腐败工作的主体责任，把贯彻落实《工作规划》列入议事日程，认真组织实施，与经济建设、政治建设、文化建设、社会建设、生态文明建设和党的建设一起部署、一起落实、一起检查。各级纪委要充分发挥党内监督专门机关的作用，承担监督责任，协助党委抓好各项任务分解，搞好组织协调，加强检查监督，推动工作深入开展。惩治和预防腐败体系建设牵头单位和协办单位要切实负起责任，密切配合，多措并举，整体推进，形成工作合力。各地区各部门要结合实际制定贯彻落实《工作规划》的实施办法，严肃认真地抓好任务落实。

河北陕西举行座谈会
纪念毛泽东同志诞辰120周年

12月25日，河北省在平山县西柏坡举行纪念毛泽东同志诞辰120周年座谈会。座谈会上，大家追忆了毛泽东同志的历史功绩、崇高风范和与河北、西柏坡的不解之缘，表达了对伟人的无限敬仰、深切怀念。周本顺说，召开这次座谈会，既是缅怀伟人、重温教诲，也是自我教育、砥砺前行的一课。毛泽东同志提出“两个务必”和“进京赶考”就是在河北。执政之路就是赶考之路，这是毛泽东同志高瞻远瞩提出的重大命题，也是一代又一代共产党人薪火相传的永恒课题。如何使人民生活得更加幸福，是在新的“赶考”路上需要回答好的总考题。我们要不断学习领会毛泽东同志提出的“两个务必”深邃思想和战略考虑，牢记使命、答好考题。任何时候都要牢记，全心全意为人民服务是我们的根本宗旨，时刻做到艰苦奋斗、夙夜在公，努力建设全面小康的河北、富裕殷实的河北、山清水秀的河北。

12月25日，陕西省在延安枣园宾馆举行了纪念毛泽东同志诞辰120周年座谈会。来自社会各界的代表在会上热烈发言，深切缅怀毛泽东同志的丰功伟绩，追思他为中华民族和世界人民的发展进步事业作出的巨大贡献。赵正永在座谈会上表示，纪念毛泽东同志，就是要把延安精神作为加强各级领导班子建设和提高党员干部修养的“压舱之宝”，坚定理想信念、保持政治定力，敢担当、勇负责、清正廉洁、一身正气，始终保持共产党人的先进性和纯洁性。

中宣部中组部通知要求认真组织学习
《马克思主义哲学十讲(党员干部读本)》

新华社12月25日报道，中宣部中组部日前发出通知，要求认真组织学习《马克思主义哲学十讲(党员干部读本)》(以下简称《十讲》)。

为深入贯彻落实习近平总书记关于认真学习马克思主义哲学的重要讲话精神，推动全党学习马克思主义哲学，更好掌握马克思主义立场观点方法，认识国情，认识党和国家事业发展大势，中央宣传部理论局组织马克思主义理论研究和建设工程专家编写了《十讲》。本书坚持以中国特色社会主义理论体系为指导，结合改革开放和社会主义现代化建设的实际，分十个专题简明扼要地论述马克思主义哲学的基本原理，帮助党员干部更好地学习掌握马克思主义的世界观和方法论。全书注重理论性和可读性相统一，力求用简洁的话语讲清深刻的道理，帮助党员干部更好地把握认识和解决实际问题的立场观点方法。

各级党组织要把组织《十讲》的学习作为推进学习型马克思主义执政党建设、学习型党组织创建的基本内容。各级党委(党组)中心组要认真组织好《十讲》学习，结合实际组织研读经典著作，不断提高战略思维能力、综合决策能力、驾驭全局能力。各级各类党校、行政学院和干部学院要把《十讲》纳入培训教学内容，各高校要把《十讲》作为师生理论学习教材。各级党委讲师团要围绕《十讲》的内容，组织好对党员干部和基层群众的宣讲活动。

中共中央举行纪念
毛泽东同志诞辰120周年座谈会

12月26日，中共中央在人民大会堂举行座谈会，纪念毛泽东同志诞辰120周年，习近平发表重要讲话。李克强、张德江、俞正声、刘云山、王岐山、张高丽出席座谈会。座谈会前，习近平等来到毛主席纪念堂北大厅，向毛泽东同志坐像三鞠躬，随后来到瞻仰厅，瞻仰了毛泽东同志的遗容。

习近平指出，毛泽东同志等老一辈革命家，都是从近代以来中国历史发展的时势中产生的伟大人物，都是从近代以来中国人民抵御外敌入侵、反抗民族压迫和阶级压迫的艰苦卓绝斗争中产生的伟大人物，都是走在中华民族和世界进步潮流前列的伟大人物。在革命和建设长期实践中，以毛泽东同志为主要代表的中国共产党人，根据马克思列宁主义基本原理，形成了适合中国情况的科学指导思想，这就是毛泽东思想。毛泽东思想以独创性理论丰富和发展了马克思列宁主义。我们将永远高举毛泽东思想的旗帜前进。对历史人物的评价，应该放在其所处时代和社会的历史条件下去分析，不能离开对历史条件、历史过程的全面认识和对历史规律的科学把握，不能忽略历史必然性和历史偶然性的关系。不能把历史顺境中的成功简单归功于个人，也不能把历史逆境中的挫折简单归咎于个人。不能用今天的时代条件、发展水平、认识水平去衡量和要求前人，不能苛求前人干出只有后人才能干出的业绩来。

习近平说，历史就是历史，历史不能任意选择，一个民族的历史是一个民族安身立命的基础。历史总是向前发展的，我们总结和吸取历史教训，目的是以史为鉴、更好前进。我们党领导的革命、建设、改革伟大实践，是一个接续奋斗的历史过程，是一项救国、兴国、强国，进而实现中华民族伟大复兴的完整事业。中国特色社会主义不是从天上掉下来的，是党和人民历尽千辛万苦、付出各种代价取得的根本成就。改革开放前的社会主义实践探索，是党和人民在历史新时期把握现实、创造未来的出发阵地，没有它提供的正反两方面的历史经验，没有它积累的思想成果、物质成果、制度成果，改革开放也难以顺利推进。一切向前走，都不能忘记走过的路；走得再远、走到再光辉的未来，也不能忘记走过的过去。

习近平强调，毛泽东思想活的灵魂是贯穿其中的立场、观点、方法，它们有三个基本方面，这就是实事求是、群众路线、独立自主。实事求是，是马克思主义的根本观点，是中国共产党人认识世界、改造世界的根本要求，是我们党的基本思想方法、工作方法、领导方法，不论过去、现在和将来，我们都要坚持一切从实际出发，理论联系实际，在实践中检验真理和发展真理。群众路线是我们党的生命线和根本工作路线，是我们党永葆青春活力和战斗力的重要传家宝，不论过去、现在和将来，我们都要坚持一切为了群众，一切依靠群众，从群众中来，到群众中去，把党的正确主张变为群众的自觉行动，把群众路线贯彻到治国理政全部活动之中。独立自主是我们党从中国实际出发、依靠党和人民力量进行革命、建设、改革的必然结论，不论过去、现在和将来，我们都要把国家和民族发展放在自己力量的基点上，坚持民族自尊心和自信心，坚定不移走自己的路。全党要牢记毛泽东同志提出的“我们决不当李自成”的深刻警示，牢记“两个务必”，牢记“生于忧患，死于安乐”的古训，解决好“其兴也勃焉，其亡也忽焉”的历史性课题，增强党要管党、从严治党的自觉。我们要继续深入开展党的群众路线教育实践活动，凡是影响党的创造力、凝聚力、战斗力的问题都要及时解决，凡是损害党的先进性和纯洁性的病症都要认真医治，凡是滋生在党的健康肌体上的毒瘤都要坚决祛除，通过持之以恒的努力，使党始终成为中国特色社会主义事业的坚强领导核心。

座谈会上，中央文献研究室主任冷溶，中央

党史研究室主任欧阳淞，中央军委委员、解放军总政治部主任张阳，湖南省委书记徐守盛先后发言。

全国行政学院院长会议召开

12月26日，全国行政学院院长会议在北京召开，杨晶出席并讲话。

杨晶指出，各级行政学院要高举中国特色社会主义伟大旗帜，准确把握前进方向和职责使命，紧紧围绕党和政府中心工作开展教学培训，努力培养政府需要、人民满意的公务员。要把深入学习贯彻党的十八届三中全会精神作为重大政治任务，认真组织办好重点班次，及时完善学科和教材体系，加强有关重大理论和现实问题的科研咨询。要全面加强行政学院自身建设，以质量立院为抓手全面带动学院各项工作，以教研人才为重点加强队伍建设，以作风建设推动形成良好的学风院风，以体制机制创新为学院发展提供制度保障。

全国纪念毛泽东同志诞辰120周年学术研讨会召开

12月27日，全国纪念毛泽东同志诞辰120周年学术研讨会在北京召开，刘云山出席并讲话，刘奇葆主持会议。研讨会由中央宣传部、中央党校、中央文献研究室、中央党史研究室、教育部、中国社会科学院、解放军总政治部举办，会议入选论文100余篇，集中反映了近年来毛泽东生平和毛泽东思想研究成果，来自全国各地150多位专家学者在会上进行学术交流。

刘云山指出，毛泽东思想是马克思列宁主义在中国的创造性运用和发展，是关于中国革命和建设的正确理论原则和经验总结，是中国共产党集体智慧的结晶，将永远激励党和人民奋勇前进。新形势下深入研究毛泽东思想，要把历史、现在和未来结合起来，科学总结我们党90多年波澜壮阔的奋斗历程和历史经验，坚定在中国特色社会主义道路上实现中华民族伟大复兴的中国梦的信念和信心。要正确把握马克思主义中国化两大理论成果的关系，深刻揭示马克思主义中国化的基本规律，在继承和发展中推进党的理论创新。要注重阐释贯穿其中的辩证唯物主义和历史唯物主义，牢牢把握实事求是、群众路线、独立自主这个活的灵魂，更好地用马克思主义立场观点方法观察、分析和处理问题。要坚持以中国的实际问题、以我们正在做的事情为中心，把理论联系实际的关节点放到重大现实问题上来，在研究回答和推动解决问题中取得新的成果。要传承和弘扬党的优良传统和作风，保持和发展党的先进性纯洁性，全面推进党的建设新的伟大工程，为推进中国特色社会主义伟大事业提供有力支撑。

中组部下发通知部署两节期间开展走访慰问生活困难党员、老党员和老干部活动

新华网12月27日报道，中共中央组织部近日下发通知，对在元旦春节期间开展走访慰问生活困难党员、老党员和老干部活动进行部署。

通知指出，关心爱护党员，特别是关怀帮扶生活困难党员、老党员和老干部，是我们党的优良传统，也是各级党组织的重要职责。各地各部门（系统）要充分认识开展走访慰问活动的重要意义，把这项工作作为贯彻落实党的十八届三中全会精神和习近平总书记系列讲话精神，深入开展党的群众路线教育实践活动，增强党组织凝聚力和影响力的一项重要措施来抓，周密安排，精心组织，及时把党的关怀和温暖送到生活困难党员、老党员和老干部心坎上，让他们度过一个欢乐祥和的节日。

习近平元旦前夕在北京市看望一线职工和老年群众

12月28日，2014年元旦前夕，习近平深入北京市供热企业和敬老院，考察民生工作，看望一线职工，慰问老年群众，向全国一线职工表示慰问，向全国老年群众致以祝福。

中共中央政治局召开会议

12月30日，中共中央政治局召开会议，决定成立中央全面深化改革领导小组；听取中央纪律检查委员会2013年工作汇报，研究部署2014年党风廉政建设和反腐败工作；审议通过《党政领导干部选拔任用工作条例（修订稿）》。习近平主持会议。

会议决定，成立中央全面深化改革领导小组，由习近平任组长。中央全面深化改革领导小组负责改革的总体设计、统筹协调、整体推进、督促落实，主要职责是研究确定经济体制、政治体制、文化体制、社会体制、生态文明体制和党的建设制度等方面改革的重大原则、方针政策、总体方案；统一部署全国性重大改革；统筹协调处理全局性、长远性、跨地区跨部门的重大改革问题；指导、推动、督促中央有关重大改革政策措施的组织落实。

会议指出，2013年，党中央坚持党要管党、从严治党，对党风廉政建设和反腐败工作整体设计、系统规划、跟进监督，中央政治局以身作则，党风廉政建设取得了一定成效。党风廉政建设必须全党动手，全面落实各级党组织的主体责任。各级纪检机关要忠实履行党章赋予的职责，把推进党风廉政建设和反腐败斗争作为中心任务，强化党内监督，严格执纪问责，使工作任务更加突出。要按照党的十八届三中全会要求，改革纪检监察体制，加强反腐败体制机制创新和制度保障，健全反腐败领导体制和工作机制，推动党的纪律检查工作双重领导体制具体化、程序化、制度化。要创新巡视方式方法，实现巡视全覆盖。各级党组织要加强领导，更加主动地支持纪委工作。广大纪检监察干部要严格遵守党纪党规，刚正不阿，铁面执纪。会议同意明年1月召开第十八届中央纪律检查委员会第三次全体会议。

会议指出，着力选拔党和人民需要的好干部，最根本的要靠科学有效的选人用人机制。2002年《党政领导干部选拔任用工作条例》颁布实施以来，在规范干部选拔任用工作、建立健全科学的干部选拔任用机制、防止和纠正用人上不正之风等方面发挥了重要作用。随着形势任务和干部队伍状况变化，有必要进行修改完善。这次修订贯彻了中央对干部工作的新精神新要求，吸收了干部人事制度改革新经验新成果，坚持从严治党、从严管理干部，坚持党管干部原则，坚持好干部标准，坚持继承和创新相结合，着力解决突出问题，强调进一步发挥党组织的领导和把关作用，坚持和完善民主推荐，改进干部考察，规范公开选拔和竞争上岗，从严把握破格提拔，完善干部交流回避，严明干部选拔任用工作纪律。这对加强领导班子和干部队伍建设具有重要意义。

中宣部等联合下发深入开展文化科技卫生“三下乡”通知

新华网12月30日报道，中央宣传部、中央文明办、教育部、科技部、司法部、农业部、文化部、国家卫生计生委、国家新闻出版广电总局、共青团中央、全国妇联、中国科协近日联合下发通知，要求认真贯彻中央精神，2014年深入开展文化科技卫生“三下乡”活动，广泛动员社会各方面力量，推动社会主义新农村建设。

要紧密结合农村经济社会发展实际，开展丰富多彩的文化下乡、科技下乡、卫生下乡活动。组织文艺院团深入农村基层，开展文艺演出、电影放映等群众喜闻乐见的文化服务和文化活动。开展理论政策宣讲、文化艺术培训和全民阅读等活动。充分挖掘民族民间文化资源，培育发展富有地方特色的农村文化，培养文体活跃分子和文化骨干。组织科技专家开展定点宣讲、现场指导、赠送科技设备和科技资料等科技服务，安排科技人员开展农技大培训、进村入户大服务活动，培养乡镇技术骨干和农民技术员，提高农民职业技能水平和转移就业能力。组建流动医疗队，开展健康教育和医疗服务。组织城市三级医院与县医院、二级以上医疗卫生机构与乡镇卫生院开展对口帮扶，帮助建立技术规范和管理制度、开展适宜新技术，提高当地医疗服务水平。

习近平发表二〇一四年新年贺词

12 月 31 日，国家主席习近平通过中国国际广播电台、中央人民广播电台、中央电视台，发表了二〇一四年新年贺词。全文如下：

我们即将迎来充满希望的 2014 年。一元复始，万象更新。在这里，我向全国各族人民，向香港特别行政区同胞和澳门特别行政区同胞，向台湾同胞和海外侨胞，向世界各国和各地区的朋友们，致以新年的祝福！祝福老人们健康！祝福孩子们快乐！祝福每个家庭幸福安康！

在这辞旧迎新之际，无数工人、农民、知识分子、干部仍然坚守在工作岗位，不少同胞依然奔波在世界各地为祖国辛勤工作，许多人民解放军和武警官兵、公安干警正在履行光荣使命。他们有的远离祖国、远离亲人，有的不能同家人团聚。我代表祖国和人民，向他们致以诚挚的问候，祝他们平安顺利！

2013 年，对我们国家和人民来说是很不平凡的一年。我们共同战胜了各种困难和挑战，取得了新的显著成就。成绩来之不易，凝聚了大家的心血和汗水。我向大家表示衷心的感谢！

2013 年，我们对全面深化改革作出总体部署，共同描绘了未来发展的宏伟蓝图。2014 年，我们将在改革的道路上迈出新的步伐。

我们推进改革的根本目的，是要让国家变得更加富强、让社会变得更加公平正义、让人民生活得更加美好。改革是需要我们共同为之奋斗的伟大事业，需要付出艰辛的努力。一分耕耘，一分收获。在改革开放的伟大实践中，我们已经创造了无数辉煌。我坚信，中国人民必将创造出新的辉煌。

宇宙浩瀚，星汉灿烂。70 多亿人共同生活在我们这个星球上，应该守望相助、同舟共济、共同发展。中国人民追寻实现中华民族伟大复兴的中国梦，也祝愿各国人民能够实现自己的梦想。我真诚希望，世界各国人民在实现各自梦想的过程中相互理解、相互帮助，努力把我们赖以生存的地球建设成为共同的美好家园。

生活总是充满希望的，成功总是属于积极进取、不懈追求的人们。我们在前进的道路上，还会遇到各种风险和挑战。让老百姓过上更加幸福的生活，还有大量工作要做。我们要谦虚谨慎、艰苦奋斗，共同谱写伟大祖国发展的时代新篇章。

谢谢大家。

许其亮会见践行当代革命军人核心价值观新闻人物获奖代表

12 月 31 日，许其亮在北京会见 2013 年度践行当代革命军人核心价值观新闻人物获奖代表，张阳主持会见活动。

许其亮指出，习主席提出党在新形势下的强军目标以来，全军官兵高度认同、自觉践行，涌现出许多感人事迹和英模人物，年度新闻人物当选者就是突出代表。他们的事迹感动军营、感动社会，彰显了榜样力量，引领了时代风尚。全军官兵要向获奖人物学习。希望获奖同志珍惜荣誉，再接再厉。要始终听党指挥、践行宗旨，坚持用党的创新理论武装头脑，以高度政治自觉学习习主席系列讲话精神，坚定理想信念，提升精神境界，传承红色基因，把对党和人民的大忠大爱固化成强军的实际行动和能力。要始终练好打赢本领、争创一流，在强军的实践中做“领跑者”。要始终修养身心、树好形象，为强军实践注入强大精神力量。

2014 年 1 月

《贺国强党建工作文集》出版发行

新华社 1 月 2 日报道,《贺国强党建工作文集》由人民出版社、党建读物出版社联合出版发行。本书收录贺国强同志 1988 年 1 月至 2012 年 11 月特别是在中央工作十年间关于党的建设工作的报告、讲话、谈话、文章、批语、信函共 210 篇,绝大部分为首次公开发表。

本书集中反映了贺国强同志作为中央领导集体重要成员,对加强和改进党的建设特别是做好新形势下纪检监察工作和组织工作的深入思考,对于深入学习贯彻党的十八大和十八届三中全会精神,推进党的建设新的伟大工程具有重要借鉴意义。

全国宣传部长会议召开

1 月 3 日,全国宣传部长会议在北京召开,刘云山出席并讲话。

刘云山指出,宣传思想战线要胸怀大局、把握大势、着眼大事,更加积极主动、奋发有为做好各项工作。要突出抓好思想理论建设这个根本,老祖宗不能丢、大道理还要讲,切实加强马克思列宁主义、毛泽东思想的学习,加强邓小平理论、“三个代表”重要思想、科学发展观的学习,加强习近平总书记系列讲话精神的学习,努力做到真、深、实,坚定理想信念、筑牢思想根基。要把提高舆论引导能力作为推进国家治理体系和治理能力现代化的重要方面,坚持党管媒体,把握正确导向,有效引导社会热点,培育健康向上的网络舆论生态,唱响主旋律、激发正能量。要大力培育和践行社会主义核心价值观,坚持知行统一,从中华优秀传统文化中汲取崇德向善的力量,建设全民族共有精神家园。要从五位一体全方位改革高度继续深化文化体制改革,确立新目标、提出新举措,进一步解放和发展文化生产力、解放和激发全民族文化创造活力。

刘奇葆主持会议并作工作部署,强调要抓住根本任务,加快改革发展,着力攻坚破难,锐意求实创新。要深入学习宣传贯彻习近平总书记系列讲话精神,深化中国特色社会主义和中国梦学习教育,坚定道路自信、理论自信、制度自信;深入宣传贯彻十八届三中全会精神,增强主流媒体舆论引导能力,抓好网上舆论工作这个重中之重;加强意识形态领域的引导和管理,牢牢掌握工作的领导权话语权;培育和践行社会主义核心价值观,加强思想道德建设,形成向上向善的力量;创新文化体制机制,繁荣发展文化事业和文化产业,传承弘扬优秀传统文化,提高国家文化软实力;推动走基层转作风改文风常态化,建强宣传思想文化工作队伍。

培育和践行社会主义核心价值观座谈会召开

1 月 4 日,培育和践行社会主义核心价值观座谈会在北京召开,刘云山出席并讲话,刘奇葆主持座谈会,刘延东出席会议。中组部常务副部长陈希,国家发改委副主任朱之鑫,教育部部长袁贵仁,共青团中央书记处第一书记秦宜智,人民日报社社长张研农,河北省委常委、宣传部部长艾文礼,广东省委常委、宣传部部长庹震作了发言。

刘云山指出,社会主义核心价值观倡导的富强、民主、文明、和谐,自由、平等、公正、法治，爱国、敬业、诚信、友善，明确了国家、社会、公民三个层面的价值目标、价值取向、价值准则，是社会主义核心价值体系的凝炼表达。培育和践行社会主义核心价值观，有利于更好地弘扬共同理想、凝聚精神力量、建设道德风尚，使我们国家、民族、人民在思想和精神上强起来。

培育和践行社会主义核心价值观，重在认知认同、做到知行统一。要深入开展宣传教育，使“三个倡导”日益深入人心，着力增强人们的价值判断力和道德责任感。要坚持从小抓起，融入国民教育全过程，贯穿到学校教育、家庭教育、社会教育的各个环节和各个方面。要以优秀传统文化为根基，弘扬中华文化思想精华、道德精髓，努力做到以文化人、以文育人。要扎实开展形式多样的主题实践活动，加强对道德领域突出问题的专项整治，形成人人参与、人人实践的生动局面。要把核心价值观的要求体现到各方面政策制定和实施之中，形成正确政策导向和良好社会环境。要引导党员干部带头践行社会主义核心价值观，坚定理想信念、保持良好道德情操，做时代先锋、社会楷模。重德是我们党选人用人的一个重要原则，要把践行核心价值观情况作为考核评价、选拔任用干部的重要依据，形成以德为先的用人导向。

全国统战部长会议召开

1月5日，全国统战部长会议在北京举行，俞正声出席并讲话，令计划主持会议并作工作报告。

俞正声对过去一年的统战工作给予充分肯定。要着眼建设中国特色社会主义参政党，把加强民主党派组织建设特别是领导班子建设作为基础性战略性任务抓紧抓好。要协助民主党派健全制度，加强代表人士培养特别是后备人才培养，推荐更多党外人才在实职岗位经受锻炼，提高合作共事的能力和水平，进一步把多党合作制度坚持好、发展好。要毫不动摇鼓励、支持、引导非公有制经济发展，既营造有利于发展的良好氛围，增强非公有制经济人士发展信心；也要引导非公有制企业走科学发展之路，引导非公有制经济人士做合格的中国特色社会主义事业建设者。

在谈到宗教工作时，俞正声说，宗教问题具有长期性、复杂性和群众性，要认真贯彻党的宗教信仰自由政策，依法管理宗教事务，坚持独立自主自办的原则，积极引导宗教与社会主义社会相适应，充分发挥宗教界人士和信教群众在促进经济社会发展中的积极作用。

中央党的群众路线教育实践活动领导小组第七次会议召开

1月5日，中央党的群众路线教育实践活动领导小组第七次会议在北京召开，刘云山主持会议并讲话。

刘云山说，第一批教育实践活动处于总结阶段，是检验活动成效的关键时候。一定要敬终如始，以认真的态度、一鼓作气的劲头抓好各项工作。已经整改的要巩固成果、防止反弹，正在整改的要加大力度、抓紧抓好，尚未整改的要尽快整改、落实到位。要切实抓好制度建设，增强针对性、适用性、可操作性，确保行得通、指导力强、能长期管用。要认真做好第一批活动总结工作，坚持实事求是，加强理性思考，深化规律性认识，使教育实践活动的有益探索和新鲜经验转化为党的建设的宝贵财富。

刘云山说，第二批教育实践活动即将开展，要注意研究把握第二批活动单位的特点，认真做好准备工作。实施方案要突出学习教育，着力增强广大党员干部的理想信念、宗旨意识、群众观点；突出问题导向，坚持聚焦“四风”，下大气力解决发生在群众身边的不良作风问题；突出服务群众，增强直接服务群众的本领，提升服务水平，确保服务到位，努力把活动成效落实到最基层；突出领导示范，充分发挥领导机关、领导干部模范带动作用。要统筹第一批活动与第二批活动的关系，统筹市县区活动与乡镇村活动的关系，注意前后衔接、上下联动，做到上级指导带动下级、下级监督评判上级。

习近平会见嫦娥三号任务参研参试人员代表

1月6日，习近平在北京人民大会堂会见探月工程嫦娥三号任务参研参试人员代表，李克强、张德江、俞正声、刘云山、王岐山、张高丽参加会见。习近平代表党中央、国务院、中央军委，向嫦娥三号任务圆满成功表示热烈的祝贺，向参加任务的广大参研参试人员表示诚挚的慰问和新年的祝福。

习近平指出，嫦娥三号任务圆满成功，为我国航天事业发展树立了新的里程碑，在人类攀登科技高峰征程中刷新了中国高度。我们把"玉兔号"的足迹刻在了月球上，也把中华民族非凡的创造力刻在了人类文明发展的光辉史册上。你们作出的卓越贡献、立下的卓越功勋，祖国和人民将永远铭记。

习近平说，创新是一个民族进步的灵魂，是一个国家兴旺发达的不竭源泉，也是中华民族最鲜明的民族禀赋。嫦娥三号任务是我国航天领域迄今最复杂、难度最大的任务之一，是货真价实、名副其实的中国创造。取得这样的成就，最根本的一点，就是中国航天事业始终坚持自力更生、自主创新。我们要着力完善人才发展机制，最大限度支持和鼓励科技人员创新创造。要不拘一格、慧眼识才，放手使用优秀青年人才，为他们奋勇创新、脱颖而出提供舞台。希望广大科技工作者、航天工作者再接再厉，向着探月工程总目标继续前进，为实现中华民族伟大复兴的中国梦作出新的更大贡献。

嫦娥三号探测器2013年12月2日发射升空，12月14日实现月面软着陆，12月15日进行两器分离和互拍成像。嫦娥三号任务圆满成功，首次实现了我国航天器在地外天体软着陆和巡视勘察，标志着我国探月工程第二步战略目标全面实现，中华民族跻身世界深空探测先进行列。

《中国共产党党内法规选编（2007—2012）》出版发行

新华社1月6日报道，中共中央办公厅法规局、中共中央纪委法规室、中共中央组织部办公厅共同编辑的《中国共产党党内法规选编（2007—2012）》一书已由法律出版社公开出版发行。

《中国共产党党内法规选编（2007—2012）》是《中国共产党党内法规选编（1978—1996）》、《中国共产党党内法规选编（1996—2000）》和《中国共产党党内法规选编（2001—2007）》的续编，收录了2007年10月至2012年11月中共中央和中央纪委、中央办公厅、中央组织部发布的部分现行有效的党内法规和规范性文件，共117件。《选编》按照党的建设总体布局分类，分为党章及相关法规制度、党的领导和党的工作、思想建设、组织建设、作风建设、反腐倡廉建设、党的机关工作七大类。其中，大部分党内法规是首次公开发表。

中国人民代表大会制度理论研究会举行成立大会

1月7日，中国人民代表大会制度理论研究会在北京举行成立大会，张德江出席并讲话。

张德江指出，人民代表大会制度是中国特色社会主义制度的重要组成部分，人民代表大会制度理论是马克思主义中国化理论成果的重要组成部分。近60年来特别是改革开放以来，人大制度发挥了极为重要的作用，展现出巨大的优越性和旺盛的生命力，是符合我国国情、符合时代发展的好制度。加强人大制度理论研究，必须增强历史责任感和使命感，坚定中国特色社会主义道路自信、理论自信、制度自信，毫不动摇地坚持、与时俱进地发展人大制度，不断赋予人大制度新的思想内涵，不断丰富人大制度的实践特色和时代特色，始终保持国家根本政治制度的生机活力。

张德江要求，要以成立研究会为契机，加强

和改进人大制度理论研究工作的统筹规划、组织联络和交流研讨,密切工作联系、工作协同和工作交流,坚持解放思想、实事求是、与时俱进、求真务实,弘扬理论联系实际的优良传统和作风,充分发挥自身特点和优势,紧紧抓住人大制度、人大工作发展完善中迫切需要回答的重大理论和实践问题,用发展的眼光和创新的精神推动理论研究工作,不断增强理论研究的活力、吸引力和创新力,不断提高运用科学理论分析问题、解决问题的能力,努力开创人大制度理论研究工作的新格局。

中央政法工作会议召开

1月7日至8日,中央政法工作会议在北京召开,习近平出席并讲话,刘云山、张高丽出席会议。

习近平在讲话中强调,政法战线要旗帜鲜明坚持党的领导;要正确处理党的政策和国家法律的关系;维护社会大局稳定是政法工作的基本任务;促进社会公平正义是政法工作的核心价值追求;保障人民安居乐业是政法工作的根本目标;政法机关要完成党和人民赋予的光荣使命,必须严格执法、公正司法。各级领导干部要带头依法办事,带头遵守法律,牢固确立法律红线不能触碰、法律底线不能逾越的观念,不要去行使依法不该由自己行使的权力,更不能以言代法、以权压法、徇私枉法。要建立健全违反法定程序干预司法的登记备案通报制度和责任追究制度。

习近平指出,坚定的理想信念是政法队伍的政治灵魂。必须把理想信念教育摆在政法队伍建设第一位,不断打牢高举旗帜、听党指挥、忠诚使命的思想基础,坚持党的事业至上、人民利益至上、宪法法律至上,永葆忠于党、忠于国家、忠于人民、忠于法律的政治本色。政法队伍要敢于担当,面对歪风邪气,必须敢于亮剑、坚决斗争,绝不能听之任之;面对急难险重任务,必须豁得出来、顶得上去,绝不能畏缩不前。要加强纪律教育,健全纪律执行机制,以铁的纪律带出一支铁的政法队伍。要提高干警本领,确保更好履行政法工作各项任务。要以最坚决的意志、最坚决的行动扫除政法领域的腐败现象,坚决清除害群之马。

孟建柱就做好2014年政法工作作出部署。

全国社会主义学院院长会议召开

1月7日,第九次全国社会主义学院院长会议在北京召开,严隽琪出席并讲话。

严隽琪围绕学习贯彻中共十八届三中全会精神,就社会主义学院工作提出4点意见:一是要进一步凝聚政治共识,始终坚持“社院姓社”,引导党外代表人士增强对中国特色社会主义的道路自信、理论自信、制度自信。二是要进一步夯实人才基础,不断提高党外代表人士的综合素质和履职能力,引导党外代表人士服务全面深化改革的目标任务。三是要进一步提供理论支持,紧紧围绕统一战线和多党合作事业的中心任务,力争涌现出一批具有相当代表性、权威性和影响力的学术成果。四是要进一步加强自身建设,着力解决制约发展的突出矛盾和问题,坚定不移地向着正规化建设的目标不断迈进。

全国信访局长会议召开

1月8日,全国信访局长会议在北京召开。杨晶出席并讲话,王晨主持会议,舒晓琴对2014年信访工作进行了部署。

杨晶指出,各地各部门要努力推进信访工作职能转变和制度完善,大力推行网上信访,运用法治思维和政策手段解决突出问题,动员社会力量参与化解矛盾,努力打造“阳光信访”。同时,要完善信访工作考核评价体系,加强干部队伍建设,切实发挥好信访工作在了解社情民意、汇集意见建议、分析稳定风险、评估政策得失、排查矛盾隐患、解决合理诉求方面的职能作用。

全国高级法院院长会议召开

1月8日,全国高级法院院长会议在北京

召开,周强出席并讲话。

周强指出,随着党的十八届三中全会关于全面深化改革各项工作的推开,新一轮司法体制改革已经拉开序幕。各级人民法院要着眼于加快建设公正高效权威的社会主义司法制度,始终坚持司法体制改革的正确方向,准确把握司法体制改革的目标任务,坚持依法有序推进改革,确保圆满完成改革任务。要大力加强思想政治建设,积极推进正规化、专业化、职业化建设,进一步加强和改进司法作风,坚决查处违纪违法行为,不断加强人民法院队伍建设,为坚持司法为民、公正司法提供有力组织保障。

全国检察长会议召开

1月8日,全国检察长会议在北京召开,曹建明出席并讲话。

曹建明强调,2014年,各级检察机关要以执法办案为中心,努力推进平安中国、法治中国建设,深化检察改革,不断提升检察工作水平。各级检察机关要积极参与创新社会治理方式,着力维护国家安全和社会和谐稳定。进一步提高查办和预防职务犯罪工作法治化水平,推动健全权力运行制约和监督体系。加强和规范对诉讼活动的监督,促进严格执法、公正司法。深化检察改革,完善中国特色社会主义检察制度。加强自身建设,提高司法水平和司法公信力。

中共中央国务院隆重举行国家科学技术奖励大会

1月10日,中共中央、国务院在北京隆重举行国家科学技术奖励大会。习近平、李克强、刘云山、张高丽出席大会并为获奖代表颁奖,李克强代表党中央、国务院在大会上讲话,张高丽主持大会。

习近平向获得2013年度国家最高科学技术奖的中国科学院院士、中国科学院大连化学物理研究所张存浩,中国科学院院士、中国人民解放军总装备部程开甲颁发奖励证书,表示祝贺。随后,习近平等党和国家领导人向获得国家自然科学奖、国家技术发明奖、国家科学技术进步奖和中华人民共和国国际科学技术合作奖的代表颁奖。

李克强在讲话中代表党中央、国务院,向全体获奖人员表示热烈祝贺,向全国广大科技工作者和各条战线为推动科技进步做出贡献的人们表示崇高敬意和诚挚问候,向关心和参与中国科技事业的外国专家表示衷心感谢。他指出,当前我国已到了必须更多依靠科技创新引领、支撑经济发展和社会进步的新阶段。必须依靠科技创新,才能有力推动产业向价值链中高端跃进,提升经济的整体质量;才能更多培育面向全球的竞争新优势,使我国发展的空间更加广阔;才能有效克服资源环境制约,增强发展的可持续性。要促进科技创新与经济社会发展深度融合,使创新成果更多转化为现实生产力。面向提高经济发展质量和效益、保障国家安全、增进民生福祉、生态建设和改善,努力在关系国计民生的战略必争领域实现重大突破,用科技和创意解决人们日常生活中的难题,服务国家战略、惠及千家万户。要通过深化改革健全技术创新市场导向机制。在研发方向、资源配置和经费使用、项目评审以及成果评价和应用等各个环节,都要放手让市场"说话"。政府要把主要精力放在完善创新政策、营造公平环境上来,重点支持基础性研究和重大关键共性技术攻关。要把发挥人的创造力作为推动科技创新的核心,营造鼓励大胆探索、包容失败的宽松氛围,使青年创新型人才脱颖而出,吸引和激励更多人投身创新创业,汇聚建设创新型国家的强大合力,用改革红利、人才红利、创新红利推动经济社会持续健康发展,为建设富强民主文明和谐的社会主义现代化国家,实现中华民族伟大复兴的中国梦而不懈奋斗。

刘延东在会上宣读了《国务院关于2013年度国家科学技术奖励的决定》。2013年度国家科学技术奖励共授奖10位科技专家和313项成果。其中,国家最高科学技术奖2人;国家自然科学奖54项,其中一等奖1项、二等奖53

项;国家技术发明奖71项,其中一等奖2项、二等奖69项;国家科学技术进步奖188项,其中特等奖3项、一等奖24项、二等奖161项;授予8名外籍科学家中华人民共和国国际科学技术合作奖。

白求恩精神研究会举行成立大会

1月11日,白求恩精神研究会在北京举行成立大会,陈竺出席并讲话。

陈竺对白求恩精神研究会的成立表示衷心祝贺。他指出,白求恩精神是毛泽东等老一辈革命家倡导的伟大精神。白求恩精神一直是全党全军全国人民,特别是医疗卫生战线的宝贵精神财富。白求恩精神研究会成立后,要大力弘扬白求恩精神,推进社会主义核心价值体系建设。让白求恩无私利人的共产主义精神、“两个极端”的服务精神、精益求精的科学精神深入人心,为培育践行社会主义核心价值观做出贡献。要大力弘扬白求恩精神,推进社会公德和职业道德建设,提升中华文化的国际影响力。

中国检察官协会第五次会员代表大会召开

1月11日,中国检察官协会第五次会员代表大会暨第五届理事会第一次会议在北京举行。曹建明当选为第五届中国检察官协会会长。大会推举张思卿、韩杼滨、贾春旺为中国检察官协会名誉会长。胡泽君当选为常务副会长,邱学强、朱孝清、孙谦、姜建初、张常韧、柯汉民、莫文秀、李如林、张德利、陈连福当选为副会长。

张高丽与第十三次李四光地质科学奖获奖者座谈

1月13日,张高丽在北京与第十三次李四光地质科学奖获奖者座谈。

张高丽说,新中国成立特别是改革开放以来,通过以李四光为代表的一代代地质工作者的不懈努力,我国地质事业从小到大、不断发展,取得了举世瞩目的成就。地质科技队伍以献身地质事业为荣、以艰苦奋斗为荣、以找矿立功为荣,是一支特别能吃苦、特别能忍耐、特别能战斗、特别能奉献的队伍,为我国经济社会发展作出了重要贡献。全面深化改革,促进经济社会持续健康发展,对做好地质工作提出了新任务、新要求。要着力加强成矿理论和找矿技术方法等研究,加快实现地质找矿突破,为保障国家能源资源安全奠定更加坚实的基础。进一步拓宽地质工作服务领域,加强城市地质、农业地质、工程地质、海洋地质工作,提升防灾减灾和保护地质环境的能力,为新型城镇化建设、现代农业发展、重大工程建设、发展海洋经济提供有力支撑。各级政府和有关部门要高度重视地质工作,在国民经济和社会发展规划中进一步突出地质工作。加大财政支持力度,健全地质工作经常性投入机制。积极参与国际矿业规则的制定和协调,进一步深化资源领域的国际交流与合作。

李四光地质科学奖设立于1989年,每两年评选一次,是我国地质行业最高层次的科学技术奖项。有14位优秀地质科技工作者获得第十三次李四光地质科学奖。

中国共产党第十八届中央纪律检查委员会第三次全体会议召开

1月13日,中国共产党第十八届中央纪律检查委员会第三次全体会议在北京开幕。习近平14日在会议上发表讲话,李克强、张德江、俞正声、刘云山、张高丽出席会议,王岐山主持会议并代表中央纪律检查委员会常务委员会作了题为《聚焦中心任务 创新体制机制 深入推进党风廉政建设和反腐败斗争》的工作报告。

习近平指出,2013年,党中央高度重视党风廉政建设和反腐败斗争,中央纪委按照党中央决策部署,在强化党的纪律特别是政治纪律约束、强化执纪监督、强化查办腐败案件等方面攥紧拳头打出去,形成了鲜明的工作特点。经过各级党委、政府和纪检监察机关共同努力，党风廉政建设和反腐败斗争取得了新进展。我们坚持从中央政治局做起，以上带下，发挥了表率作用；坚持以解决突出问题为切入口，扶正祛邪，取得明显进展；坚决查处腐败案件，坚持“老虎”、“苍蝇”一起打，形成了对腐败分子的高压态势；坚持促进权力规范运行，强化监督，加强和改进巡视工作，畅通人民群众举报和监督渠道，得到了广大干部群众积极评价。在肯定成绩的同时，我们也要看到，滋生腐败的土壤依然存在，反腐败形势依然严峻复杂，一些不正之风和腐败问题影响恶劣、亟待解决。全党同志要深刻认识反腐败斗争的长期性、复杂性、艰巨性，以猛药去疴、重典治乱的决心，以刮骨疗毒、壮士断腕的勇气，坚决把党风廉政建设和反腐败斗争进行到底。中央印发了《建立健全惩治和预防腐败体系2013—2017年工作规划》，这是开展党风廉政建设和反腐败工作的指导性文件，各级党委要认真执行，把这项重大政治任务贯穿到改革发展稳定各项工作之中。

王岐山在主持会议时指出，习近平总书记的重要讲话站在党和国家全局的高度，全面总结了一年来党风廉政建设和反腐败工作成绩，全面分析了党面临的形势，明确提出当前和今后一个时期的总体思路和主要任务，强调以深化改革推进反腐败斗争，严明党的组织纪律，增强全党的组织纪律性。要把学习贯彻习近平总书记重要讲话精神作为当前的重要政治任务抓紧抓好。各级党委和纪委要担负起党风廉政建设的主体责任和监督责任，坚持党要管党、从严治党，深入落实中央八项规定精神，坚决纠正“四风”，加大惩治腐败力度，坚决遏制腐败蔓延势头，坚定不移把党风廉政建设引向深入。

中央精神文明建设指导委员会召开第二次全体会议

1月14日，中央精神文明建设指导委员会召开第二次全体会议，刘云山主持会议并讲话。

会议指出，过去一年精神文明建设工作卓有成效，特别是深入开展学雷锋和志愿服务活动，评选表彰第四届全国道德模范，宣传百姓中的最美人物和身边好人，激发了全民族奋发向上的精神力量。当前，新形势新任务为做好精神文明建设工作提供了重要机遇，也提出了新的更高要求，要进一步增强做好工作的责任感使命感。

刘云山在讲话中指出，精神文明建设重在建设，建设的是思想、精神，建设的是道德、风尚。要切实抓好习近平总书记系列讲话精神学习，凝聚思想共识、汇聚精神力量，坚定人们在中国特色社会主义道路上实现中国梦的信念和信心。要扎实推进未成年人思想道德建设和大学生思想政治教育，广泛开展主题道德实践活动，推动社会主义核心价值观深入人心、见诸行动。要顺应时代发展进步要求，从新的高度来认识、推进和深化群众性精神文明创建。要加大对突出问题的整治力度，把治标与治本结合起来，引导人们讲道德、守底线，引导全社会讲文明、树新风。要针对诚信缺失问题，加强对失信行为的惩戒，营造守信光荣、失信可耻的氛围；针对铺张浪费问题，弘扬节俭的传统美德；针对出游不文明问题，开展文明旅游宣传教育，以重点问题的解决带动精神文明创建再上新台阶。

中共中央印发《党政领导干部选拔任用工作条例》

新华社1月15日报道，中共中央近日印发《党政领导干部选拔任用工作条例》（以下简称《干部任用条例》），并发出通知，要求各地区各部门结合实际认真遵照执行。

修订后的《干部任用条例》，体现了中央对干部工作的新精神新要求，吸收了干部人事制度改革的新经验新成果，根据新形势新任务对干部选拔任用制度进行了改进完善，是做好党政领导干部选拔任用工作的基本遵循，也是从源头上预防和治理选人用人不正之风的有力武器。它的颁布实施，对于贯彻落实党的十八大、十八届三中全会精神和全国组织工作会议精神，把信念坚定、为民服务、勤政务实、敢于担当、清正廉洁的好干部标准落实到干部选拔任用工作中去，建立健全科学的干部选拔任用机制和监督管理机制，解决干部工作中的突出问题，建设高素质的党政领导干部队伍，保证党的理论、路线、方针、政策全面贯彻执行和中国特色社会主义事业顺利发展，具有十分重要的意义。

中央党校举行2013年秋季学期毕业典礼

1月15日，中共中央党校举行2013年秋季学期毕业典礼，刘云山出席毕业典礼，并为学员颁发毕业证书。

中央党校本期毕业学员共537人。学员们反映，在党校培训期间，通过认真学习党的十八届三中全会精神、习近平总书记系列讲话精神和刘云山校长在党校的讲话，增强了政治定力，强化了担当意识；系统学习马克思主义基本理论特别是中国特色社会主义理论体系，提高了理论素养，坚定了理想信念；认真听取报告讲座，刻苦读书学习，开阔了视野，完善了知识结构；坚持理论联系实际，积极讨论交流，提高了分析解决重大理论和现实问题的能力；认真贯彻落实中央八项规定精神，自觉转作风、正学风、改文风，增强了党性修养。

第二十七次全国“扫黄打非”工作电视电话会议召开

1月15日，第二十七次全国“扫黄打非”工作电视电话会议在北京召开。刘奇葆出席并讲话。

刘奇葆指出，“扫黄打非”肩负着依法治理文化市场，荡涤文化污浊，保障人民群众文化权益，维护国家文化安全的重大职责。要坚决打击非法出版活动，始终保持高压态势，遏制其制作传播。要把互联网作为“扫黄打非”的主战场，健全网络信息管理机制，运用法律手段打击和遏制网上淫秽色情等有害信息，使网络空间清朗起来。要大力开展专项整治行动，严厉打击新闻敲诈和假新闻，整治少儿出版物市场，让群众真切感受到整治的效果。要切实加强知识产权保护，打击侵权盗版行为。要认真研究新情况新问题，积极探索破解工作难题的新举措新办法，牢牢掌握工作的主动权，推动“扫黄打非”不断上台阶上水平。

中宣部发出推动“新春走基层”更深入更有效通知

新华网1月15日报道，中宣部发出通知，要求各地党委宣传部和各新闻单位，深入贯彻全国宣传思想工作会议和全国宣传部长会议精神，深化“新春走基层”活动，努力做得更深入、更有效，推动“走基层、转作风、改文风”活动不断深化、不断提高，营造昂扬向上、团结和谐、热烈喜庆的舆论氛围。

全军纪律检查工作会议召开

1月16日，全军纪律检查工作会议在北京召开，许其亮出席并讲话，张阳主持会议。

许其亮指出，习主席在中纪委三次全会上的重要讲话，体现了治党兴党的强烈忧患和历史担当，表明了严明纲纪、严厉惩腐、维护党的先进性纯洁性的坚定决心，是又一篇加强党的建设和反腐败斗争的纲领性文献。各级党委、纪委要把学习贯彻习主席重要讲话作为重大政治任务，切实统一思想和行动，转化为推进反腐倡廉建设的思路理念和有力举措，以更坚定的决心勇气加强党风廉政建设。

张阳主持会议时指出，要坚持用习主席和军委决策指示统一思想行动，高起点高标准筹划部署好新年度反腐倡廉工作，以改革创新精神推进军队反腐倡廉建设深入发展。

习近平给全体在德留学人员回信

1月16日，马年春节来临之际，习近平给全体在德留学人员回信，肯定他们心系祖国、报国为民的爱国情怀，勉励他们早日用所学所得报效祖国和人民，并向所有海外学人及家人致以节日问候。

据悉，2013 年 10 月 21 日，习近平在欧美同学会成立 100 周年庆祝大会上发表重要讲话，在我国广大留学人员当中引起热烈反响。留德学子以全体在德留学人员名义给习近平写信，汇报了他们对个人梦、强国梦、复兴梦的感悟和体会，表达了立志为实现中华民族伟大复兴的中国梦而奋斗的决心和信心。

学习贯彻习近平总书记系列讲话精神交流会召开

1 月 16 日至 17 日，中宣部、中央党校、教育部、中国社科院、青海省委在青海西宁联合召开学习贯彻习近平总书记系列讲话精神交流会。袁贵仁、王伟光、骆惠宁、王晓晖分别作了主旨发言，何毅亭作会议总结。

会议指出，习近平总书记系列讲话深刻回答了党和国家发展的一系列重大理论和现实问题，反映了形势发展变化对党和国家工作的新要求，是对党的十八大精神的拓展和深化，是新的时代条件下我们党治国理政的行动纲领，是中国特色社会主义理论体系的丰富和发展，为我们在新的历史起点上实现新的奋斗目标提供了基本遵循和科学指南。大家一致认为，讲话既有理论的继承和创新，又有实践的总结和发展，既有浓厚的历史底蕴，又有丰富的时代内涵，合国情、接地气、顺民心，充分体现了理论的坚定性和彻底性，必将深刻影响中国共产党的执政实践，深刻影响中国特色社会主义的历史进程。

要进一步拓展学习的广度和深度，努力用习近平总书记系列讲话精神武装头脑、指导实践、推动工作。坚持以领导干部为重点，认真抓好各级党委中心组的学习，推动各级领导干部带头学、深入学，深刻领会习近平总书记系列讲话提出的新思想新观点新论断新要求，领会贯穿其中的马克思主义立场观点方法，促进学思用贯通，把学习成效转化为全面深化改革、推动经济社会持续健康发展的强大动力。要抓好青年学生的学习，推动习近平总书记系列讲话精神进教材、进课堂、进学生头脑。进一步促进学习贯彻活动延伸到基层，采取群众喜闻乐见的方法手段，更好地推动讲话精神深入群众、深入人心，成为广大人民群众奔小康圆梦想的行动指南。

中央统战部向党外人士通报中共十八届中央纪委三次全会精神

1 月 17 日，中央统战部召开党外人士情况通报会，向各民主党派中央、无党派人士代表通报习近平总书记在中共十八届中央纪委三次全会上的重要讲话和全会精神。

通报会原原本本传达学习了习近平总书记的重要讲话，传达学习了王岐山同志的工作报告。与会同志一致认为，习近平总书记的重要讲话，全面分析了中共当前党风廉政建设和反腐败斗争的形势，深刻阐释党风廉政建设的重大理论和实践问题，明确提出当前和今后一个时期的总体思路和主要任务，充分表明了当代共产党人的历史使命和责任担当，对于确保中国共产党始终成为中国特色社会主义事业坚强领导核心，具有重大而深远的意义。令计划指出，希望各民主党派、无党派人士认真学习领会习近平总书记重要讲话和王岐山同志工作报告精神，发扬肝胆相照、荣辱与共的优良传统，立足自身优势，发挥民主监督作用，为深入推进党风廉政建设和反腐败斗争作出应有贡献。

国防大学举行 2013 学年冬季毕业典礼

1 月 17 日，国防大学举行 2013 学年冬季毕业典礼，范长龙出席，并为毕业学员颁发毕业证书，代表习主席和中央军委，向圆满完成学业的全体学员表示热烈祝贺，向国防大学领导机关和全体教职员工表示诚挚问候。

他指出，军队要有军魂，军人要有灵魂，这个“魂”就是听党指挥，要做到平时听招呼，战时听指挥，关键时刻不含糊，任何时候都对党忠诚老实。强军目标的核心要求是能打仗、打胜仗，对领导干部来说就是要不断提高会带兵、能打仗的真本事。要牢记带领部队上得去、打得赢的第一责任。要坚持军事斗争准备龙头地位不动摇。要强化信息主导、体系支撑、精兵作战、联合制胜等观念。要把工作重心放在抓基层、打基础上。要把部队打造成机动迅速、指挥高效、能攻善守、保障有力的雄师劲旅。要扎实开展尊干爱兵、兵兵友爱活动。要坚持以上率下的正确导向，领导干部带头反"四风"、改作风，努力实现部队风气的根本好转。

中宣部举办"文化茶座"

1月17日，刘奇葆出席中宣部举办的"文化茶座"。叶朗、陈来、万俊人、吴潜涛、刘曙光、于丹、周和平、杨共乐、李荣启、谢地坤、党圣元等社科文化界知名专家学者先后发言，围绕马克思主义与中华文化、继承和发展中华文化、传统文化和现代化的关系等问题，畅所欲言、交流观点、碰撞思想。刘奇葆认真听取各位专家学者的意见建议，并与大家深入探讨。

刘奇葆强调，要从实现中华民族伟大复兴的中国梦的战略高度，提高对中华文化地位作用的认识，振兴中华文化，推动文化繁荣发展。要坚持取其精华、去其糟粕，深入挖掘和研究阐发优秀传统文化，提炼蕴涵其中的精神和价值，使中华民族最基本的文化基因与当代文化相适应、与现代社会相协调，延续我们的历史文脉。要建设优秀传统文化传承体系，广泛开展教育普及活动，加强文化遗产保护和利用，重视和发展民间文化，展示中华文化之美，使中华文化不断发扬光大。

中纪委发通知要求认真学习贯彻习近平总书记在中央纪委三次全会上重要讲话精神

1月19日，中共中央纪委发出通知，要求各级纪检监察机关学习好、宣传好、贯彻好、落实好中共中央总书记习近平在中国共产党第十八届中央纪律检查委员会第三次全体会议上的重要讲话精神，以深化改革推进党风廉政建设和反腐败斗争，严明党的组织纪律，增强全党的组织纪律性，以零容忍态度惩治腐败，以实际成效取信于民。

通知要求，各级纪检监察机关要精心组织、周密部署、明确要求，让讲话精神及时、准确地传达到每一名纪检监察干部。要把学习贯彻习近平总书记重要讲话精神与贯彻落实党的十八大和十八届二中、三中全会精神结合起来，逐渐深化对工作规律的认识和把握，提出并形成有效的落实办法和改进措施。上级纪检监察机关要加强对下级纪检监察机关学习贯彻情况的督促和指导，确保讲话精神落到实处。

党的群众路线教育实践活动第一批总结暨第二批部署会议召开

1月20日，党的群众路线教育实践活动第一批总结暨第二批部署会议在北京召开，习近平出席并讲话。李克强、张德江、俞正声、王岐山、张高丽出席会议，刘云山主持会议。

习近平在讲话中指出，第一批教育实践活动取得了重要阶段性成果，促使党员、干部得到了党性锻炼，刹住了"四风"蔓延势头，带动了社会风气整体好转，贯彻群众路线的长效机制和刚性约束初步形成。教育实践活动带来的新变化新气象，群众充分认同，党内外积极评价。第一批教育实践活动之所以能够取得重要成果，主要是我们坚持中央和领导干部带头示范，坚持开门搞活动，突出问题导向，以问题整改开局亮相，以问题整改注入动力，以问题整改交出答卷，坚持标准，严格把关，不断拧紧螺丝、上紧发条，保证活动不走过场。党的群众路线教育实践活动，为加强和改进党的建设积累了宝贵经验。群众路线是永葆党的青春活力和战斗力的重要传家宝，必须做到教育和实践两手抓，使马克思主义群众观点深深植根于思想中、真正落实到行动上。理想信念是共产党人的精神之

"钙",必须加强思想政治建设,解决好世界观、人生观、价值观这个"总开关"问题。加强和改进作风建设是保持党同人民群众血肉联系的有效途径,必须聚焦解决群众反映强烈的突出问题,以作风建设新成效汇聚起推动改革发展的正能量。批评和自我批评是清除党内政治灰尘和政治微生物的有力武器,必须以整风精神严格党内生活,着力提高领导班子发现和解决自身问题的能力。讲认真是我们党的根本工作态度,必须做到无私无畏、敢于担当,把认真精神体现到党内生活和干事创业方方面面。

习近平强调,第二批教育实践活动是第一批的延伸和深化,必须着力解决发生在群众身边的腐败问题,认真解决损害群众利益的各类问题,切实维护人民群众合法权益。搞好第二批教育实践活动,对巩固和扩大第一批教育实践活动成果至关重要。第一批教育实践活动已进入尾声,但收尾不是收场,还有许多后续工作需要继续落实。作风问题具有顽固性和反复性,形成优良作风不可能一劳永逸,克服不良作风也不可能一蹴而就。以往的经验告诉我们,纠风之难,难在防止反弹。开展第二批教育实践活动,要坚持主题不变、镜头不换,贯彻"照镜子、正衣冠、洗洗澡、治治病"的总要求,以严的标准、严的措施、严的纪律坚决反对"四风",推动思想认识进一步提高、作风进一步转变、党群干群关系进一步密切、为民务实清廉形象进一步树立、基层基础进一步夯实。要更加注重发挥群众积极性,第二批教育实践活动在群众家门口开展,必须坚持开门搞活动,确保每个环节、每项工作都让群众参与、受群众监督、请群众评判,态度真诚,加强引导,讲究方法,把党的正确主张变为群众的自觉行动。要更加强化问题导向,盯住作风问题不放,从小事做起,从具体事情抓起,让群众看到实实在在的成效,有利于百姓的事再小也要做,危害百姓的事再小也要除,不等不靠,立行立改,对拖欠群众钱款、克扣群众财物、侵占群众利益等问题要开展专项治理,属实的都要立即加以解决。

刘云山在主持会议时指出,习近平总书记重要讲话从战略和全局的高度,充分肯定了第一批教育实践活动的明显成效,系统总结了第一批活动的成功经验,深刻阐述了开展第二批教育实践活动的重要性紧迫性,明确提出了活动的方针原则和目标要求。讲话具有很强的思想性、针对性和指导性,对于巩固扩大教育实践活动成果,确保活动扎实深入开展,推动党的建设新的伟大工程,具有十分重要的意义。各级党委要把学习贯彻习近平总书记重要讲话精神作为重大政治任务,组织党员干部深入学习,领会精神实质,切实把思想和行动统一到讲话精神上来。要以讲话精神为指导,紧密结合各自实际,对第二批教育实践活动作出具体安排,继续抓好第一批活动整改落实工作,让人民群众真切感受到活动带来的作风新气象。

中央军委举行慰问
驻京部队老干部迎新春文艺演出

1月20日,中央军委慰问驻京部队老干部迎新春文艺演出在北京举行。习近平出席,向在座的军队老同志,向全军离退休老干部,致以新春问候和祝福。

全国政协邀请已故知名人士
和党外全国政协委员夫人茶话迎春

1月21日,全国政协在政协礼堂举行春节茶话会,邀请已故知名人士和党外全国政协委员夫人欢聚一堂,共叙友谊,喜迎新春。俞正声出席。

杜青林在茶话会上回顾了2013年党和国家事业发展取得的新成绩和新气象,介绍了十二届全国政协开局之年在继承中创新、在创新中发展取得的新进展。杜青林说,此时此刻,我们倍加思念曾经与中国共产党风雨同舟、患难与共、真诚合作的亲密战友和朋友,深切缅怀他们为国家富强、民族振兴、人民幸福建立的不朽功绩。各位老大姐与至亲至爱、相濡以沫的伴侣携手并肩,走过了追求进步、不懈奋斗的光辉历程，奉献了美好青春和毕生心血。老大姐们永远是党和国家的宝贵财富，永远是人民政协大家庭的重要成员，希望继续关心和支持人民政协工作。全国政协将继续加强与老大姐的沟通联系，一如既往地做好各项服务工作。

出席茶话会的已故知名人士和党外全国政协委员夫人有：王定国（谢觉哉夫人）、许慧君（朱光亚夫人）、徐素芝（陈俊生夫人）、师剑英（马文瑞夫人）、许克坤（李沛瑶夫人）、廖望月（熊克武夫人）、赵恕之（陈劭先夫人）、文洁若（萧乾夫人）、李玲虹（蔡子民夫人）、黄浣碧（爱泼斯坦夫人）等。

中央纪委常委会召开会议

1月21日，中央纪委常委会召开会议，传达学习习近平总书记在党的群众路线教育实践活动第一批总结暨第二批部署会议上的重要讲话精神，研究部署纪检监察机关深入开展教育实践活动工作。王岐山主持会议。

会议指出，习近平总书记的重要讲话从战略和全局高度，系统总结第一批教育实践活动取得的重要成果，深刻阐述第二批教育实践活动的重要性和紧迫性，明确提出活动的方针原则和目标要求，具有很强的思想性、针对性和指导性。纪检监察机关要深刻领会习近平总书记重要讲话精神，密切联系实际，坚决贯彻落实。

全国组织部长会议召开

1月21日至22日，全国组织部长会议在北京召开，刘云山出席并讲话。

刘云山说，要把培养党和人民需要的好干部作为组织工作的大事，加强思想理论教育，严肃党内政治生活，强化多岗位实践锻炼，让更多好干部成长起来、涌现出来。要以实施新修订的干部选拔任用工作条例为契机，深化干部选拔任用制度改革，着力解决唯票、唯分、唯 GDP 等突出问题，推动形成有效管用、简便易行的选人用人机制。要坚决遏制选人用人不正之风和腐败现象，认真落实领导干部选拔任用责任追究制度，凡是违规违纪选拔任用干部，凡是跑官要官、买官卖官、拉票贿选，凡是私自说情、打招呼干预选拔任用干部，发现一起、查处一起。党要管党首先是管好干部，从严治党关键是从严治吏。组织部门是管党治党的重要职能部门，应当以严格标准加强自身建设，做模范的党的工作部门。组工干部承担着为党和人民选贤用能的重要责任，应当保持政治清醒、坚持公道正派、始终严于律已，做模范的党员干部。

赵乐际主持会议并作工作报告，强调要深入学习贯彻习近平总书记系列讲话精神，自觉服务和有力推动改革发展；抓好学习贯彻三中全会和习近平总书记系列讲话精神培训，补好精神之“钙”；高标准严要求推进教育实践活动，实现活动与组织工作相互促进；深入学习宣传落实干部选拔任用工作条例，大力培养选拔党和人民需要的好干部；完善从严管理干部队伍制度体系，严肃党内生活、严格组织制度、严明组织纪律；推进基层服务型党组织建设，在强化服务中更好地发挥战斗堡垒作用；建立集聚人才体制机制，激发人才创新创业活力；坚持从严要求、突出公道正派、建设模范部门，以科学方法、过硬队伍推动工作落实。

中央全面深化改革领导小组第一次会议召开

1月22日，中央全面深化改革领导小组第一次会议召开，习近平主持并发表重要讲话。李克强、刘云山、张高丽出席会议。

会议审议通过了《中央全面深化改革领导小组工作规则》、《中央全面深化改革领导小组专项小组工作规则》、《中央全面深化改革领导小组办公室工作细则》；审议通过了中央全面深化改革领导小组下设经济体制和生态文明体制改革、民主法制领域改革、文化体制改革、社会体制改革、党的建设制度改革、纪律检查体制改革6个专项小组名单；审议通过了《中央有关部门贯彻落实党的十八届三中全会〈决定〉重要举措分工方案》；听取了各地区各部门贯彻落实党的十八届三中全会精神进展情况，研究了领导小组近期工作。

习近平指出，中央全面深化改革领导小组的责任，就是要把党的十八届三中全会提出的各项改革举措落实到位。要深入学习领会三中全会精神，党的十八大和十八届三中全会作出的各项部署是我们议事决策的总依据，领导小组要带头学习好、理解深、消化透，善于观大势、谋大事，站在国内国际两个大局、党和国家工作大局、全面深化改革全局来思考和研究问题。要牢牢把握改革正确方向，在涉及道路、理论、制度等根本性问题上，在大是大非面前，必须立场坚定、旗帜鲜明。要严格按规则和程序办事，坚持集思广益、民主集中，凡是议定的事要分头落实，不折不扣抓出成效。要强化改革责任担当，看准了的事情，就要拿出政治勇气来，坚定不移干。要充分调动各方面积极性，改革任务越繁重，我们越要依靠人民群众支持和参与，善于通过提出和贯彻正确的改革措施带领人民前进，善于从人民的实践创造和发展要求中完善改革的政策主张。一要抓统筹，既抓住重点也抓好面上，既抓好当前也抓好长远，处理好重大关系，统筹考虑战略、战役、战斗层面的问题，做好政策统筹、方案统筹、力量统筹、进度统筹工作。二要抓方案，全面深化改革总体部署已经有了，要抓紧出台施工方案，按照施工方案推进各项改革举措落地。三要抓落实，三中全会各项具体改革举措，要有时间表，一项一项抓落实，以多种形式督促检查，指导和帮助各地区各部门分解任务、落实责任。四要抓调研，加强对重大改革问题的调研，尽可能多听一听基层和一线的声音，尽可能多接触第一手材料，做到重要情况心中有数。要推动各地区各部门加强调研，注重发挥有关专家学者、研究机构对全面深化改革的调研咨询作用。

习近平同党外人士共迎新春

1月22日，在春节即将到来之际，习近平在人民大会堂同各民主党派中央、全国工商联负责人和无党派人士代表欢聚一堂，共迎新春。他代表中共中央，向各民主党派、工商联和无党派人士，向统一战线广大成员，致以诚挚的问候和新春的祝福。俞正声、张高丽出席。

民革中央主席万鄂湘、民盟中央主席张宝文、民建中央主席陈昌智、民进中央主席严隽琪、农工党中央主席陈竺、致公党中央主席万钢、九三学社中央主席韩启德、台盟中央主席林文漪、全国工商联主席王钦敏和无党派人士代表林毅夫、邓中翰等应邀出席。

陈竺代表各民主党派中央、全国工商联和无党派人士致辞。他指出，2013年，以习近平同志为总书记的中共中央带领全国人民团结奋斗，谋局开篇大略已定，首战奏捷大势已成。中共十八届三中全会对全面深化改革作出了总体部署，作为中国特色社会主义参政党，我们一定要与中国共产党风雨同舟、肝胆相照，做挚友、做诤友，讲真话、建诤言，加强自身建设，旗帜鲜明支持改革，既要献良策，也要出大力，彰显中国共产党领导的多党合作和政治协商制度的旺盛活力。他还就加强党外人士民主监督工作等提出意见和建议。

习近平指出，2013年，对我们国家来说，是很不平凡的一年。面对复杂多变的国际形势和艰巨繁重的国内改革发展稳定任务，中国共产党紧紧依靠包括各民主党派、工商联和无党派人士在内的全国各族人民，共同战胜了各种困难和挑战，取得了新的显著成就。代表中共中央，向各民主党派、工商联和无党派人士，向统一战线广大成员表示衷心的感谢。做好今年各项工作，需要中国共产党同各民主党派、工商联和无党派人士加强团结合作，共同不懈努力。协商民主是我国社会主义民主政治的重要组成部分，是我国社会主义民主政治的特有形式和独特优势，也是中国共产党执政和决策的重要方式。希望同志们更加主动发展好协商民主，不断提高协商民主成效和水平。中国共产党各级组织特别是领导干部要以开阔的胸襟、平等的心态、民主的作风广纳群言、广集众智，丰富协商民主形式，增强民主协商实效，为民主党派、工商联和无党派人士发挥作用创造有利条件。

中共中央办公厅印发《关于开展第二批党的群众路线教育实践活动的指导意见》

新华社1月23日报道，中共中央办公厅近日印发了《关于开展第二批党的群众路线教育实践活动的指导意见》，并发出通知，要求各地区各部门结合实际认真贯彻执行。

全军党的群众路线教育实践活动第一批总结暨第二批部署会议召开

1月23日，全军党的群众路线教育实践活动第一批总结暨第二批部署会议在北京召开。会议主要任务是认真学习贯彻中央部署要求特别是习主席重要讲话精神，总结全军第一批教育实践活动，部署第二批教育实践活动，进一步统一思想、凝聚意志，在新起点上推动作风建设深入发展。范长龙、许其亮出席会议并讲话。常万全、房峰辉、赵克石、张又侠、吴胜利、马晓天、魏凤和出席，张阳主持会议。

范长龙强调，习主席对教育实践活动始终高度重视，作出一系列重要决策指示，特别是在中央纪委三次全会和党的群众路线教育实践活动第一批总结暨第二批部署会议上的重要讲话，集中体现了一抓到底的坚定决心、问题导向的明确思路、高度负责的认真态度、有力有效的务实举措、严字当头的标准要求，为全党全军改进作风进一步指明了方向，为深入开展教育实践活动提供了根本遵循。各级要深入学习贯彻习主席的重要讲话精神，自觉用以统一思想和行动，把握方向、大事大抓、强力推进，推动作风建设不断取得新成效。要结合实际，突出师旅团级党委机关这个重点，抓住反“四风”这个核心，着力查找和解决用人不公、大吃大喝、收礼受贿、弄虚作假、“五多”、贯彻民主集中制不好等问题，始终做到听党指挥的军魂不能变、为人民服务的宗旨不能丢、带兵打仗的职能不能忘、艰苦奋斗的本色不能改、从严治军的要求不能松。要加强领导、搞好指导，上下联动、合力推进，抓好专题民主生活会这个关键环节，用好正反两方面典型，以强有力的组织领导保证教育实践活动横向到边、纵向见底，把改作风的要求落到末端。

许其亮强调，习主席在党的群众路线教育实践活动第一批总结暨第二批部署会议上的重要讲话，体现了党要管党、从严治党的高度自觉，彰显了猛药治疴、根治“四风”的坚定决心，是推进作风建设新的动员令。全军和武警部队要作为根本依据和遵循，深入学习领会，坚决贯彻落实，以更高的标准和要求抓好第二批教育实践活动。要强化抓活动的政治自觉和内在动力，扭住关键环节、盯着突出问题抓落实，做到学习教育入脑入心、查摆问题找准找实、整改落实见底见效。要坚持依靠群众、注重分类指导，真正让官兵参与、受官兵监督、请官兵评判。要把两批活动作为一个整体来设计，搞好“接力赛”，军以上党委机关既要抓好师以下的活动，又要从第二批活动揭露的问题中反思自身，还要把第一批尚未彻底解决的问题解决到位，在抓部队与抓自身的共振中把教育实践活动推向深入。要严格领导责任、搞好检查督导，各级各部门齐抓共管，加强舆论宣传、营造浓厚氛围，坚持科学统筹、有力有序推进，始终保持强大声势，确保整个教育实践活动善始善终、善作善成。

中共中央政治局召开会议

1月24日，中共中央政治局召开会议，研究决定中央国家安全委员会设置；听取关于一年来贯彻执行中央八项规定情况的汇报，研究部署下一步改进作风工作。习近平主持会议。

会议决定，中央国家安全委员会由习近平任主席，李克强、张德江任副主席，下设常务委员和委员若干名。中央国家安全委员会作为中共中央关于国家安全工作的决策和议事协调机构，向中央政治局、中央政治局常务委员会负责，统筹协调涉及国家安全的重大事项和重要工作。

会议认为，中央八项规定实施一年来，中央政治局认真贯彻执行中央八项规定，逐条逐项、不折不扣予以落实，以实际行动践行向全党全国人民作出的承诺。各地区各部门把贯彻落实中央八项规定精神作为一项重要政治任务来抓，各级领导干部从自身做起，从群众反映强烈的突出问题抓起，扎扎实实推进作风建设，实现了良好开局，有力促进了党风政风好转，带动了民风社风转变。铺张浪费现象得到有效遏制，“三公”经费大幅下降；各级领导干部逐步摆脱文山会海、走出机关大院，更多深入基层一线、解决实际问题；改进作风制度建设加力推进，制度的笼子越扎越紧、越扎越密、越扎越牢；正风肃纪行动持续开展，查处曝光力度不断加大。中央八项规定深入人心，凝聚起强大正能量，赢得了干部群众一致好评和衷心拥护。今年重点抓好7个问题：在全党大兴调查研究之风，健全领导干部带头改进作风、深入基层调查研究机制；积极稳妥推进公车制度改革，努力解决“车轮上的铺张”这一难题；继续解决好领导干部多占办公用房问题，推进办公用房资源公平配置和集约使用；抓好“三公”经费、会议费等预算管理，继续开展“小金库”专项治理，从源头上斩断不良作风的资金链；治理党政机关和国有企事业单位的培训中心、疗养院等问题，防止这些机构成为不正之风的法外之地；继续整治“会所中的歪风”，防止其成为奢靡腐败的温床；加强对国有企业和国有金融企业负责人职务消费等的规范，坚决堵住铺张浪费的漏洞和后门。

2014年对台工作会议举行

1月24日，2014年对台工作会议在北京举行。俞正声出席并讲话，杨洁篪主持会议，张志军作工作报告。

俞正声指出，以习近平同志为总书记的新一届中央领导集体保持对台工作大政方针的连续性，同时面对新形势及其未来发展，提出新的起点上推动两岸关系和平发展的新理念、新主张，产生广泛积极影响。我们要从实现中华民族伟大复兴的高度思考和谋划对台工作。党的十八大提出，建设中国特色社会主义的总任务是实现社会主义现代化和中华民族伟大复兴。这一总任务决定了新形势下对台工作的总目标，就是在同心实现中华民族伟大复兴进程中完成祖国统一大业。因此，对台工作要围绕服务当前党和国家中心任务，努力保持两岸关系正确方向和前进势头，不断巩固深化两岸关系和平发展的政治、经济、文化、社会基础，为实现和平统一创造更加有利的条件。

会议要求，新的一年，各地各部门要更加奋发有为地推进对台工作，推动两岸关系稳步向前迈进。继续增进两岸政治互信和良性互动，坚决反对“台独”分裂图谋。全面深化两岸关系和平发展各项基础，促进两岸交往取得新进展。继续推进两岸协商谈判。加强两岸经济合作总体设计，争取完成两岸经济合作框架协议后续商谈，扩大两岸产业合作、创新合作及现代服务业合作，积极探索两岸经济功能区合作，切实加强台商权益保护工作。紧紧围绕团结广大台湾同胞这一主线，出台惠及台湾民众的政策措施，扩大深化文化、教育、科技等各领域交流。深化两岸共同打击犯罪和司法互助。继续支持和促进两岸民间政治对话。

2014年军民迎新春茶话会举行

1月24日，全国双拥工作领导小组、民政部、总政治部在北京举办2014年军民迎新春茶话会。习近平、李克强、刘云山、张高丽等同全国双拥模范代表、首都干部群众和驻京部队官兵代表欢聚一堂，共迎新春佳节，共叙鱼水情谊。

张高丽在茶话会上致辞，代表党中央、国务院、中央军委，向为保卫祖国、建设祖国作出巨大贡献的人民解放军和武警部队全体官兵、民兵预备役人员、部队职工表示诚挚的慰问,向全体烈军属、伤残军人、转业复员退伍军人和军队离退休干部表示亲切的问候,向关心支持国防和军队建设的广大干部和各族人民表示衷心的感谢。

张高丽指出,过去的一年里,全国军民同心同德,并肩奋进,共同推动经济社会持续健康发展,合力提高国防和军队现代化水平,携手应对四川芦山地震、甘肃岷县漳县地震、松花江和嫩江流域洪涝、沿海强台风等重大自然灾害,齐心维护国家主权、安全、发展利益。特别是军民密切配合、通力协作,圆满完成载人航天、嫦娥奔月、航母海试、蛟龙深潜等举世瞩目、举国关注的重大科研试验任务,充分体现了中国特色社会主义制度的优越性,极大增强了民族自信心和自豪感。新的一年,双拥工作要有新气象,军民融合要有新收获。要坚持用中国特色社会主义伟大旗帜凝聚军民的意志、智慧和力量,筑牢军政军民团结奋进的共同思想基础;深入贯彻落实军民融合深度发展的新要求,推动经济建设与国防建设相互促进、协调发展;着力解决广大军民最关心最直接最现实的利益问题,切实让改革发展成果更多更好地惠及部队官兵和广大优抚安置对象;广泛开展以创建双拥模范城(县)为龙头的群众性双拥活动,为促进经济社会持续健康发展、加快推进国防和军队现代化作出新的更大贡献。

茶话会上,播放了双拥工作专题片《军民共筑中国梦》,全国双拥模范城(县)代表、福建省委常委、厦门市委书记王蒙徽,全国拥政爱民模范代表、西藏军区总医院院长李素芝先后发言。

中央党的群众路线教育实践活动领导小组印发通知

人民网1月24日报道,中央党的群众路线教育实践活动领导小组印发《关于认真学习贯彻习近平总书记在党的群众路线教育实践活动第一批总结暨第二批部署会议上的讲话的通知》。

《通知》指出,习近平总书记的重要讲话,全面总结第一批教育实践活动的成效和经验,深刻阐述开展第二批教育实践活动的重要性和紧迫性,明确提出搞好活动的目标任务和基本要求,对于充分运用第一批活动成功经验、切实做好第二批活动各项工作,推动党的建设新的伟大工程,具有重大而深远的意义。运用好习近平总书记强调的第一批教育实践活动4条有效做法和5个方面宝贵经验,牢牢抓住群众路线这个永葆党的青春活力和战斗力的重要传家宝,做到教育和实践两手抓;把理想信念作为共产党人的精神之“钙”,加强思想政治建设;把加强和改进作风建设作为保持党同人民群众血肉联系的有效途径,聚焦解决群众反映强烈的突出问题;用好批评和自我批评这个清除党内政治灰尘和政治微生物的有力武器,以整风精神严格党内生活;坚持讲认真这个我们党的根本工作态度,做到无私无畏、敢于担当。

要切实加强对教育实践活动的组织领导,主要负责同志要履行第一责任人责任,各级领导干部要建立联系点;加强督促检查,挑选政治上强、责任心强、作风过硬的同志组建各级督导组,把从严要求贯穿督导全过程;抓好宣传引导,发挥典型作用,营造良好氛围;坚持统筹兼顾,把开展活动与做好当前各项工作结合起来,做到两手抓、两不误、两促进。

中央政法委员会第九次全体会议召开

1月24日,中央政法委员会第九次全体会议在北京召开,孟建柱出席并讲话,郭声琨、周强、曹建明出席会议并发言。

孟建柱指出,各级政法机关要清醒认识政法领域存在的不正之风和腐败现象,充分认识加强党风廉政建设和反腐败斗争的重要性、紧迫性,以零容忍态度,旗帜鲜明反对腐败。一是中央政法单位要公开设立举报网站,第一时间受理符合要求的网络举报,鼓励、支持社会各界和人民群众通过上网、来信等方式,举报司法腐败问题。二是加大对政法系统违法违纪和腐败问题的查处力度，不管涉及什么人，不论职务高低，都要一查到底，发现一起查处一起，决不姑息迁就。三是加大公开力度，对查处的违法违纪和腐败案件，要第一时间对外公布。他强调，反对腐败既要抓大、也要抓小，要充分利用第二批党的群众路线教育实践活动契机，强化问题导向，下大气力解决好人民群众反映强烈的不正之风。要严格执行中央八项规定和各项禁令，真正使禁令成为谁都不敢碰的带电的"高压线"。要严肃政治、组织纪律，确保广大干警自觉做到讲党性、懂规矩、守纪律。

中办国办印发《关于创新机制扎实推进农村扶贫开发工作的意见》

新华社1月25日报道，中共中央办公厅、国务院办公厅近日印发《关于创新机制扎实推进农村扶贫开发工作的意见》，并发出通知，要求各地区各部门结合实际认真贯彻执行。

刘云山看望著名科技专家

1月25日，春节前夕，刘云山代表习近平总书记和党中央，登门看望国家最高科技奖获得者谢家麟、郑哲敏、王小谟，向他们致以良好祝愿，向科技工作者致以新春祝福。赵乐际陪同看望。

中组部印发《关于加强干部选拔任用工作监督的意见》

新华社1月25日报道，中共中央组织部近日印发《关于加强干部选拔任用工作监督的意见》。

《意见》指出，最近中央颁发了新修订的《干部任用条例》，这既是规范干部选拔任用工作的总章程，也是加强干部选拔任用工作监督的重要依据。各级党委（党组）和组织人事部门要不折不扣地贯彻执行，严格按照规定的用人原则、标准、条件、资格、程序和纪律办事，做到有规必依、执规必严、违规必究。

要严格把好廉政关，认真调查核实人选对象的有关问题反映，查阅和核实个人有关事项报告，深入考察了解干部的党风廉政情况，坚决防止"带病提拔"。要严厉查处违规用人行为，坚决整治用人上的不正之风。不论是集中换届还是日常干部选拔任用，对违反组织人事纪律的实行"零容忍"、坚决不放过，发现一起、查处一起，让那些搞不正之风的人不仅捞不到好处，而且受到严厉惩处。对跑官要官、拉票贿选、买官卖官、违规用人、说情打招呼等问题，一律从严查处。要建立倒查机制，强化干部选拔任用责任追究，对违反规定用人等失职渎职行为，不仅查处当事人，而且追究责任人，一查到底、问责到人。要加大选人用人监督检查力度，着力检查用人程序是否合规、导向是否端正、风气是否清正、结果是否公正，及时发现和纠正存在的问题。对违规用人案件，要予以通报、曝光，发挥警示震慑作用。

李克强在火车上召开扶贫开发会议

1月26日，李克强在赴陕西商洛、安康看望慰问困难群众的火车上，专门召开会议，听取扶贫状况，商议脱贫良策，部署进一步做好扶贫开发工作。

国务院扶贫办负责人汇报了秦巴山区扶贫工作推进情况，陕西省负责人汇报了当地扶贫的主要做法和下一步打算。听了大家发言后，李克强说，扶贫是衡量社会公平、民生福祉的"温度计"。改革开放以来，我国已使6亿人口脱贫，成就举世公认，靠的是市场化改革激发了社会发展活力，靠的是政府不断加大扶贫力度改善了群众发展环境。当前扶贫进入了新的攻坚期，要在坚持扶贫大战略不变的基础上，总结经验，调整战术，实行更科学更有效的扶贫。要通过区域整体开发，创造有利于"造血式"扶贫的大环境，使贫困群众有更多公平的发展机会，推动精准扶贫更加有效，更可持续。要对不具生存条件的地方进行整体搬迁，通过发展小城镇，一方面不把扶贫资金投到那些该搬迁的村，避免浪费；另一方面也可使搬迁的群众享受城里人一样的公共服务。要把扶贫规划、城镇化规划、综合交通规划统筹起来，加快发展中西部交通设施特别是铁路，这是当地群众翘首以盼的大事，可以带动产业转移和脱贫致富。要合理划分中央和地方扶贫事权，大的区域开发由国家综合考虑，同时，整合扶贫资金，尽可能“打捆”由地方按照中央要求统筹使用，而贫困群众技能培训、基本生活兜底、拓展致富门路等，也都由地方负责，实施更有针对性的扶贫，一个一个拔掉“穷根子”。同时，发扬传统，动员社会力量积极健康发展慈善事业，促进扶贫济困。

习近平春节前夕冒严寒踏冰雪慰问边防官兵

1月26日，马年春节来临之际，习近平专程来到内蒙古军区边防某部，走巡逻线路，登观察哨所，进连队班排，亲切看望慰问戍边官兵，代表党中央、国务院、中央军委，向在祖国边海防坚守战斗岗位的全体指战员致以诚挚问候，向解放军和武警官兵、民兵预备役人员致以新春祝福。

习近平要求大家坚守战斗岗位，履行光荣使命。他强调，为了祖国和人民和平安宁，必须建设巩固的边防。作为新时代戍边军人，使命光荣，责任重大。习近平希望大家深入学习贯彻强军目标，抓好思想政治建设，坚定理想信念，弘扬“北疆卫士”精神，坚决听党的话、跟党走，矢志扎根边防、守卫边防、建功边防。坚持执勤训练一体化，提高管边控边能力，有效履行卫国戍边职责。发扬光荣传统和优良作风，密切官兵关系、兵兵关系，充分发挥党支部战斗堡垒作用和党员先锋模范作用，把连队建成坚不可摧的战斗集体。认真执行党的民族宗教政策，维护军政军民团结和民族团结，为促进边疆地区经济社会发展、社会和谐稳定贡献力量。习近平要求各级关爱边防官兵，千方百计为他们排忧解难，为官兵成长进步和履行职责创造良好条件。

全国特殊教育工作电视电话会议召开

1月27日，全国特殊教育工作电视电话会议在北京召开，李克强作出批示指出：“办好特殊教育，对于保障残疾人平等参与社会的权利、增加残疾人家庭福祉和促进社会公平正义具有十分重要的意义，也是教育现代化的重要内容。各级政府要高度重视，带着深厚的感情，履职尽责，特教特办，认真实施好特殊教育提升计划，让残疾孩子与其他所有人一样，同在蓝天下，共同接受良好的教育。”刘延东出席并讲话，王勇主持会议。

刘延东指出，教育是残疾人打开幸福之门的基础途径，特殊教育是一项神圣事业。要推行没有排斥、没有歧视的全纳教育理念，加快构建布局合理、学段衔接、普职融通、医教结合的特殊教育体系，促进残疾孩子快乐成长、实现人生价值。要多措并举提高特教学校培养能力，扩大普通学校随班就读规模，努力使每一个残疾孩子都能接受合适的教育。要加强特殊教育教材建设、教学改革和教师培养培训，注重学生潜能开发和功能补偿，不断提升教育教学质量，为残疾孩子提供个别化的教育和康复服务。要加大投入力度，提高生均公用经费标准，健全覆盖所有残疾学生的资助体系，提高特殊教育保障水平。要在全社会弘扬人道主义精神和中华传统美德，鼓励引导更多社会力量关心支持特殊教育，为残疾人全面融入社会创造更好条件。

王勇强调，各地区、各部门、各单位要认真贯彻落实会议精神，把特殊教育摆上政府工作重要位置，纳入重要民生工程，结合实际抓紧制定《特殊教育提升计划》实施方案，细化分解任务，完善配套措施，加强协调配合，形成政府主导、部门协同、各方参与的工作格局，把发展特殊教育的各项工作落到实处。

中央领导同志看望老同志

1月28日，春节前夕，党和国家领导人分别看望或委托有关方面负责同志看望了江泽民、胡锦涛等从中共中央、全国人大、国务院、全国政协和中央军委领导职务上退下来的老同志,向老同志们致以亲切的节日问候,衷心祝愿老同志们新春愉快、健康长寿。

老同志们对此表示感谢,希望全党全国各族人民在以习近平同志为总书记的党中央坚强领导下,锐意进取、攻坚克难,扎实落实党的十八届三中全会确定的全面深化改革各项举措,以改革促发展、促开放,为全面建成小康社会、不断夺取中国特色社会主义新胜利、实现中华民族伟大复兴的中国梦而奋斗!

总政治部印发《关于在全军和武警部队深入开展第二批党的群众路线教育实践活动的指导意见》

新华社1月28日报道,解放军总政治部印发《关于在全军和武警部队深入开展第二批党的群众路线教育实践活动的指导意见》,要求全军和武警部队结合实际认真贯彻执行。

《意见》指出,第二批教育实践活动从2014年1月开始,在师级以下单位党委机关和基层党组织开展,大体安排8个月时间,2014年9月基本完成。开展第二批活动,要以党的十八大和十八届三中全会精神为指导,认真贯彻中央和军委关于深入开展党的群众路线教育实践活动的《意见》确定的指导思想、目标要求和方法步骤,认真贯彻习主席系列重要讲话特别是在党的群众路线教育实践活动第一批总结暨第二批部署会议上的重要讲话精神,紧紧围绕党在新形势下的强军目标,始终坚持标准更高、走在前列,坚持"照镜子、正衣冠、洗洗澡、治治病"的总要求,以为民务实清廉为主题,以师旅团级单位党委机关和领导干部为重点,加强广大党员马克思主义群众观点和党的群众路线教育,突出基层风气建设,坚决反对形式主义、官僚主义、享乐主义和奢靡之风,坚持严的标准、严的措施、严的纪律,着力解决官兵反映强烈的突出问题,让党员干部受到深刻教育、基层得到实在好处,使听党指挥的信念进一步坚定、干部作风进一步转变、内部关系进一步密切、为民务实清廉形象进一步树立、基层基础进一步夯实。

中共中央国务院举行春节团拜会

1月29日,中共中央、国务院在人民大会堂举行2014年春节团拜会。党和国家领导人习近平、李克强、张德江、俞正声、刘云山、王岐山、张高丽等同首都各界人士2000多人欢聚一堂,共迎新春。

习近平主持团拜会。他表示,在中华民族的传统节日春节即将到来之际,我们欢聚一堂,共迎新春佳节。我代表中共中央、国务院,向全国各族人民,向广大工人、农民、知识分子和干部,向人民解放军指战员、武警官兵和公安民警,向各民主党派和工商联、各人民团体和各界人士,表示诚挚的慰问!向全国离退休老干部、老同志,致以诚挚的问候!向香港特别行政区同胞、澳门特别行政区同胞、台湾同胞和海外侨胞,向世界各国和各地区的华人,致以良好的祝愿!向关心和支持我国现代化建设的国际友人,表示衷心的感谢!祝大家新春愉快、身体健康、阖家幸福!

李克强在团拜会上讲话。他说,春节是中华民族的盛大节日。亲人此时团聚,游子如期归来,家家户户团圆祈福、孝老敬亲,处处洋溢着浓浓的亲情、友情和乡情。这种忘不掉、割不断的文化记忆和家国情怀,生动体现了中华民族生生不息的凝聚力和向心力。2013年是很不平凡的一年。全党全国各族人民在以习近平同志为总书记的党中央领导下,继往开来,开拓创新,各项工作取得新进展。今年是农历马年。改革要"一马当先",进一步破除制约发展的体制机制障碍,以改革的不断深化促进生产力的更大解放和民生更好改善,以开放的进一步扩大拓展发展新的更大空间,以创新持续推进转变经济发展方式、调整经济结构,使经济不仅稳定发展,更有好的质量效益。要忧民之忧、急民之急,不断努力解决住房、医疗、社保、教育及食品安全、大气污染治理等热点难点问题,打造就业创业良好环境，织牢保基本、兜底线的民生安全网。要以改革发展促进社会公平正义，畅通民主渠道，让法治得到充分彰显、文明得到大力弘扬、腐败得到有效惩处，使广大人民群众的生活更加安心、舒心，更加充满希望。

习近平向全国各族人民和全球华人拜年

1月30日，习近平来到内蒙古锡林郭勒草原看望慰问各族各界群众。在冬季那达慕活动现场，习近平在为当地牧民祈福时，向全国各族人民、港澳台同胞、全球华人华侨拜年，致以新春祝福。

习近平表示，农历春节是中华民族的传统佳节，也是全球华人的共同节日。借此机会，我向全国各族人民致以新春的祝福，向港澳同胞、台湾同胞和海外侨胞致以诚挚的问候，向世界各国各地区的海外华人致以良好的祝愿，祝愿大家身体健康、阖家幸福、万事如意。希望全国人民在马年里继续弘扬驰而不息的龙马精神，继续同心同德奋斗。衷心祝愿祖国繁荣昌盛，衷心祝愿全国各族人民生活更加幸福美好。

2014年2月

习近平抵达俄罗斯索契出席第二十二届冬季奥林匹克运动会开幕式

2月6日，应俄罗斯联邦总统普京邀请，习近平乘专机离开北京，前往俄罗斯索契出席第二十二届冬季奥林匹克运动会开幕式。

习近平亲切看望参加索契冬奥会中国体育代表团

2月7日，习近平亲切看望参加第二十二届冬季奥林匹克运动会的中国体育代表团。

习近平首先代表党中央、国务院、中央军委向中国体育代表团全体运动员、教练员、工作人员致以节日问候和良好祝愿。习近平表示，正当祖国人民阖家团聚、欢度新春佳节之际，你们不远万里，来到索契冬奥会赛场。祖国人民挂念着你们，关注着你们。我这次专程来到索契，为你们鼓劲加油。

2010年温哥华冬奥会银牌获得者、花样滑冰双人滑运动员佟健，温哥华冬奥会短道速滑1500米冠军、3000米接力冠军周洋，在2006年都灵冬奥会和2010年温哥华冬奥会上接连摘取自由式滑雪空中技巧项目两块银牌的李妮娜，在国际赛场上摘金夺银的中国女子冰壶队队员王冰玉，培养出多名世界冠军的中国短道速滑队主教练李琰相继发言。

大家发言后，习近平表示，大家讲得都很好。我知道，在冬奥会这样的国际大赛前夕，你们会面临不少困难和挑战，你们更多表现出的是信心。这种信心来自报效祖国、为国争光的信念。你们已经进行了长时间刻苦训练和准备。养兵千日，用兵一时。此时不搏，更待何时。希望你们赛出成绩、赛出成果。你们来到这里，既是运动员，也是中国人民的友好使者。希望大家发扬光大奥林匹克精神和中华体育精神，尊重对手、尊重裁判、尊重观众、遵守规则，胜不骄、败不馁，以良好的赛风赛纪和文明礼仪，充分展示中国的良好形象，为中国申办2022年冬奥会作出贡献。

中央党的群众路线教育实践活动领导小组第九次会议召开

2月9日，中央党的群众路线教育实践活动领导小组第九次会议在北京召开，刘云山出席并讲话，赵乐际、赵洪祝参加会议。

会议指出，党的群众路线教育实践活动第一批总结暨第二批部署会议以来，各地区各部门各单位认真学习习近平总书记重要讲话，扎实做好第一批活动总结和深化整改工作，及时安排部署和启动第二批活动。春节期间，针对“四风”问题易发情况，狠刹公款吃喝、公款送礼，整治会所中的“歪风”，群众普遍反映今年的春节风清气正，普遍感到教育实践活动带来新气象。

刘云山说，坚持高起点开局、高标准开展、高质量推进第二批群众路线教育实践活动，要把学习教育放在首位。要组织广大党员干部深入学习习近平总书记系列讲话精神，进一步提高对第一批活动成果和经验的认识，提高对第二批活动重要意义和基本要求的认识，真正在教育实践活动中受到教育、得到提高。深化学习教育，要着力解决思想认识上存在的种种问题，克服畏难的情绪、轻视的思想、松口气的想法和等待观望的心态。第一批教育实践活动的成功实践表明，只要按照中央要求下决心抓，再难的事情都能抓出成效。要进一步增强信心，以知难而进的精神和攻坚克难的勇气做工作，以准、狠、韧的劲头抓落实，努力在正党风、促政风、带民风上不断取得新成效。搞好教育实践活动关键是强化各级党委的责任，无论是省区市党委还是市县乡镇党委，都要把教育实践活动摆在突出位置，强化担当、落实责任，下大功夫、花大精力，确保教育实践活动扎实推进。各省区市和各部委党委（党组）要高度重视，像抓第一批活动那样抓好第二批活动；市、县党委要切实履行活动直接责任人的责任，精心组织、狠抓落实；乡镇、街道党委处在第二批活动第一线，要积极参与、自觉行动，确保教育实践活动深入到基层、作风建设成效落实到基层。

中宣部中组部发出通知要求组织学习《世界社会主义五百年（党员干部读本）》

新华社2月10日报道，中宣部中组部发出通知，要求认真组织学习《世界社会主义五百年（党员干部读本）》（以下简称《五百年》）。

为帮助广大党员干部深入学习领会习近平总书记系列讲话精神，学习社会主义发展史，进一步增强中国特色社会主义道路自信、理论自信、制度自信，中央宣传部理论局组织马克思主义理论研究和建设工程专家编写了《五百年》。《五百年》从世界社会主义思想的源头空想社会主义讲起，分六个阶段概要叙述了世界社会主义波澜壮阔的发展历程，深刻阐明了我们党带领全国各族人民艰苦奋斗、顽强拼搏，在艰辛的探索和实践中，开创和发展了中国特色社会主义。全书注重史论结合、文风通俗，力求做到思想性、针对性和可读性相统一。

通知要求，各级党组织要把组织《五百年》的学习同学习贯彻党的十八大和十八届三中全会精神结合起来，同学习贯彻习近平总书记系列讲话精神结合起来，作为推进学习型马克思主义执政党建设、学习型党组织创建的学习内容，紧密联系实际，深刻认识和把握共产党执政规律、社会主义建设规律和人类社会发展规律。通知强调，各级各类党校、行政学院和干部学院要把《五百年》学习纳入培训教学，各高校要把《五百年》作为师生理论学习的辅助教材。各级党委讲师团要围绕《五百年》内容，组织好对党员干部和基层群众的宣讲活动。

国务院召开第二次廉政工作会议

2月11日，国务院召开第二次廉政工作会议，李克强出席并讲话。张高丽、刘延东、汪洋、马凯，常万全、杨洁篪、郭声琨、王勇出席会议，杨晶主持会议。王岐山、赵洪祝应邀出席会议。

李克强指出，过去一年，国务院和地方各级政府以建设廉洁政府为目标，改政风、抓源头、强监督、严政纪、肃贪腐，反腐倡廉取得新进展。但同时要看到，滋生腐败的土壤仍然存在，一些领域腐败问题多发。在执行中央八项规定和国务院“约法三章”方面，还有不落实甚至顶风违纪现象。今年政府反腐倡廉工作提出六点要求：一是继续严格执行八项规定和“约法三章”；二是继续推进简政放权；三是加强反腐倡廉基础制度建设；四是严格公共资金管理和监督；五是深入推进政务公开；六是严肃行政纪律。

李克强强调，人民政府的权力，本质是责任、本色是为民。要严格落实党风廉政建设责任制，领导机关和领导干部必须作表率，决不允许任何人有特例、搞特权。要对腐败行为和腐败分子零容忍、出重拳，锲而不舍、持之以恒地抓好反腐倡廉工作。要始终保持奋发向上的精神状态，以强烈的事业心和责任感，多为群众做实事、办好事、谋利益，树立政府廉洁、勤政、为民的良好形象。

习近平给大学生村官张广秀复信

2月13日，习近平给烟台市福山区福新街道垆上村大学生村官张广秀复信，对她病愈重返工作岗位表示慰问，对全国大学生村官提出殷切期望，希望他们热爱基层、扎根基层，增长见识、增长才干,促农村发展,让农民受益,让青春无悔。

习近平对军队教育实践活动作出重要指示

新华网2月13日报道,习近平对军队教育实践活动作出重要指示:“全军和武警部队第一批党的群众路线教育实践活动抓得深入扎实,取得了阶段性成果,积累了有益经验。要持续用力抓好整改落实,防止纠治问题反弹回潮,切实巩固拓展第一批教育实践活动成果。要高标准、高质量抓好第二批教育实践活动,把从严要求贯穿始终,把上下联动贯穿始终,把解决问题贯穿始终,确保取得实实在在的成效。”

全军党的群众路线教育实践活动领导小组发出通知,要求各级党委和教育实践活动领导小组专门安排时间组织传达学习,深刻领会精神实质,准确把握基本要求,紧密结合实际研究贯彻落实的具体举措。各级党委要坚决贯彻落实党中央、中央军委和习主席的决策指示,确保教育实践活动有力有序推进,取得实实在在的成效,为强军兴军凝聚起强大正能量。

总政治部印发《关于进一步加强和改进干部考核工作的意见》

新华社2月17日报道,解放军总政治部印发《关于进一步加强和改进干部考核工作的意见》(以下简称《意见》)。

《意见》指出,要充分认清新形势下加强和改进干部考核工作的重要意义。要紧紧围绕强军目标的新要求确定考核内容和标准。深刻领悟习主席关于怎样是好干部、怎样成长为好干部、怎样把好干部用起来的重要思想,全面考察干部的德、能、勤、绩、廉等情况,德的方面突出听党指挥的政治要求,能的方面突出能打胜仗的素质本领,勤的方面突出真抓实干的务实作风,绩的方面突出履职尽责的实际成效,廉的方面突出秉公用权的官德操守。突出强调主要看是否解决好世界观、人生观、价值观这个“总开关”问题,政治上是否靠得住,工作上是否有本事,作风上是否过得硬,广大官兵是否信得过,真正把德才兼备的好干部选出来、用起来。要改进完善干部考核工作方式方法。要充分发挥干部考核工作综合效益。要切实加强干部考核工作的组织领导。各级党委要把干部考核工作摆上重要位置,主要领导亲自抓、负总责,加强具体指导。建立以政治机关为主、有关业务部门和专家参加的考核骨干队伍。强化纪律监督,明确考核工作纪律,规范和约束考核行为,防止考核中的不正之风。

省部级主要领导干部学习贯彻十八届三中全会精神全面深化改革专题研讨班开班

2月17日,省部级主要领导干部学习贯彻十八届三中全会精神全面深化改革专题研讨班在中央党校开班。习近平发表重要讲话,李克强、张德江、俞正声、王岐山、张高丽出席,刘云山主持开班式。

习近平指出,党的十八届三中全会提出的全面深化改革的总目标,就是完善和发展中国特色社会主义制度、推进国家治理体系和治理能力现代化。这是坚持和发展中国特色社会主义的必然要求,也是实现社会主义现代化的应有之义。改革开放以来,我们党开始以全新的角度思考国家治理体系问题,强调领导制度、组织制度问题更带有根本性、全局性、稳定性和长期性。今天,摆在我们面前的一项重大历史任务,就是推动中国特色社会主义制度更加成熟更加定型,为党和国家事业发展、为人民幸福安康、为社会和谐稳定、为国家长治久安提供一整套更完备、更稳定、更管用的制度体系。这项工程极为宏大,必须是全面的系统的改革和改进,是各领域改革和改进的联动和集成,在国家治理体系和治理能力现代化上形成总体效应、取得总体效果。

国家治理体系和治理能力是一个国家的制度和制度执行能力的集中体现,两者相辅相成。

推进国家治理体系和治理能力现代化，必须完整理解和把握全面深化改革的总目标，这是两句话组成的一个整体，即完善和发展中国特色社会主义制度、推进国家治理体系和治理能力现代化。我们的方向就是中国特色社会主义道路。一个国家选择什么样的治理体系，是由这个国家的历史传承、文化传统、经济社会发展水平决定的，是由这个国家的人民决定的。我国今天的国家治理体系，是在我国历史传承、文化传统、经济社会发展的基础上长期发展、渐进改进、内生性演化的结果。我国国家治理体系需要改进和完善，但怎么改、怎么完善，我们要有主张、有定力。推进国家治理体系和治理能力现代化，要大力培育和弘扬社会主义核心价值体系和核心价值观，加快构建充分反映中国特色、民族特性、时代特征的价值体系。坚守我们的价值体系，坚守我们的核心价值观，必须发挥文化的作用。

制定出一个好文件，只是万里长征走完了第一步，关键还在于落实文件。我们在学习宣传全会精神上还要下细功夫、苦功夫、深功夫，夯实全面深化改革的思想认识基础。在学习理解上，要防止一知半解、断章取义、生搬硬套，要弄清楚整体政策安排与某一具体政策的关系、系统政策链条与某一政策环节的关系、政策顶层设计与政策分层对接的关系、政策统一性与政策差异性的关系、长期性政策与阶段性政策的关系，既不能以局部代替整体、又不能以整体代替局部，既不能以灵活性损害原则性、又不能以原则性束缚灵活性。在贯彻落实上，要防止徒陈空文、等待观望、急功近利，必须有时不我待的紧迫意识和夙夜在公的责任意识抓实、再抓实。改革是循序渐进的工作，既要敢于突破，又要一步一个脚印、稳扎稳打向前走，确保实现改革的目标任务。全面深化改革是立足国家整体利益、根本利益、长远利益进行部署的，要注意避免合意则取、不合意则舍的倾向，破除妨碍改革发展的那些思维定势。对党和人民事业有利的，对最广大人民有利的，对实现党和国家兴旺发达、长治久安有利的，该改的就要坚定不移改，这才是对历史负责、对人民负责、对国家和民族负责。

刘云山指出，习近平总书记重要讲话从历史与现实、理论与实践结合上，深入阐释了全面深化改革总目标的历史背景、现实根据、科学内涵，深刻回答了坚持改革总目标必须解决好制度模式选择、价值体系建设等重大问题，并对进一步学习贯彻十八届三中全会精神提出明确要求。讲话视野广阔、思想深刻，政治性、理论性、指导性很强，是对全面深化改革的再一次有力动员。要认真学习、深刻领会，把讲话精神体现到中国特色社会主义伟大实践之中，贯彻到全面深化改革各项工作之中。

李克强在省部级主要领导干部学习贯彻十八届三中全会精神全面深化改革专题研讨班上作报告

2月18日，李克强在省部级主要领导干部学习贯彻十八届三中全会精神全面深化改革专题研讨班上以深化经济体制改革为题作了报告，张高丽主持。

李克强说，发展要紧紧依靠改革。过去36年发展取得巨大成就和去年成功应对复杂局面、实现良好开局，靠的是改革。今后实现经济持续健康发展，仍然要靠改革。改革是最大动力，也是最大红利。要始终坚持让人民群众在改革中受益。今后改革的环境条件和重点任务会变，但这个要求不会变，也不能变。要建立更加公平有效的体制机制，注重利用增量带动理顺利益关系，让全体人民共享改革发展成果。

李克强围绕继续简政放权、深化财税体制改革、完善金融市场体系、构建开放型经济新体制、以改革促进结构优化和城乡区域协调发展等方面，深入阐述了经济体制改革的要求和任务。指出，要处理好政府与市场的关系，充分发挥市场在资源配置中的决定性作用，更好发挥政府作用，逐步建立各级政府的权力清单制度，为市场主体营造公平竞争的发展环境。

中央文明委召开全国未成年人思想道德建设工作电视电话会议

2月18日，中央文明委在北京召开全国未成年人思想道德建设工作电视电话会议。刘奇葆出席并讲话。

刘奇葆指出，加强和改进未成年人思想道德建设，事关国家前途、民族命运，事关家庭幸福、社会和谐。要广泛开展"我的中国梦"主题教育实践活动，引导未成年人树立远大志向。要加强社会主义核心价值观教育实践，让孩子们熟读并记住24个字，抓好友善、孝敬、诚信等中华传统美德教育，重视家庭教育，引导未成年人树立正确的道德价值，在核心价值观的沐浴下健康成长。要广泛开展爱学习、爱劳动、爱祖国活动，增强孩子们的社会责任感、创新精神和实践能力。要努力提供好的文化产品和文化服务，严厉打击网上淫秽色情，开展少儿出版市场专项治理，营造未成年人健康成长的社会文化环境。要完善学校、家庭、社会"三结合"教育网络，形成党政各部门、社会各方面携手育人的良好局面。

培育和践行社会主义核心价值观系列谈第二场举行

2月18日，由中宣部宣教局主办、人民网承办的"培育和践行社会主义核心价值观"系列访谈活动第二场访谈在人民网举行。

国家海洋局"蛟龙"号潜航员、"载人深潜英雄"称号获得者付文韬，中国人民抗日战争纪念馆副馆长李宗远，武警部队政治部创作室主任王树增，中国社科院研究员、中国伦理学会名誉会长陈瑛4位嘉宾，分别发言并与网友交流。

投身强军实践践行群众路线先进事迹报告会举行

2月18日，总政治部组织全军"投身强军实践、践行群众路线"先进典型到部队首场报告会在北京举行，许其亮在报告会前会见了15名报告团成员，代表习主席和中央军委其他领导，向报告团全体同志表示诚挚问候。

许其亮指出，党的十八大以来，习主席发出实现中国梦强军梦的伟大号召，高举群众路线大旗开展教育实践活动，开启了党、国家和军队事业新征程。广大官兵紧跟党的理论创新步伐，胸怀强国强军理想，自觉践行群众路线，涌现出一大批先进人物和典型单位。报告团成员的事迹生动感人，不愧是时代的楷模、强军征程上的排头兵。全军官兵都要向他们学习。组织这次典型巡回报告活动，就是要动员和推动全军部队迅速兴起学习宣传贯彻习主席系列重要讲话精神热潮，坚定不移投身强军实践、践行群众路线。要深入学习宣传贯彻习主席系列重要讲话精神，肩负起强军兴军的光荣使命，引导官兵更加坚定自觉地信仰党的创新理论，为实现强军目标贡献力量。各级要把巡回报告活动作为今年部队主题教育和党的群众路线教育实践活动的一项重要工作，激励广大官兵向先进典型学习看齐，争当强军标兵。

全国组织部门学习贯彻《党政领导干部选拔任用工作条例》培训班举办

2月18日，全国组织部门学习贯彻《党政领导干部选拔任用工作条例》第一期培训班在北京举办，赵乐际作辅导报告。中央组织部将连续举办12期培训班，把组织人事系统的负责同志轮训一遍。

赵乐际指出，要深刻认识颁布实施新条例的重大意义，增强学习贯彻的思想自觉、行动自觉。要把"信念坚定、为民服务、勤政务实、敢于担当、清正廉洁"的好干部标准，落实到干部选拔任用工作中去，构建有效管用、简便易行的选人用人机制，建设高素质党政领导干部队伍。要坚持党管干部原则，进一步发挥党组织领导和把关作用。要严格标准条件，严格遵循程序，严格执行纪律，严格监督问责，坚决整治和严厉查处选人用人上的不正之风。各级组织人事部门要坚持公道正派、改进工作作风，知人善任、甘为人梯，真正成为精通运用条例的行家里手，确保条例各项规定落到实处。

刘云山在省部级主要领导干部学习贯彻十八届三中全会精神全面深化改革专题研讨班上作报告

2月19日，刘云山在省部级主要领导干部学习贯彻十八届三中全会精神全面深化改革专题研讨班上以深化党的建设制度改革为题作了报告，刘奇葆主持。

刘云山说，在实现“两个一百年”奋斗目标、实现中华民族伟大复兴的中国梦的进程中，只有大力推进党的建设新的伟大工程，提高党的领导水平和执政水平，才能更好地承担起光荣而艰巨的历史使命。党的建设制度改革是全面深化改革的重要内容和重要保障，党领导和推动的改革事业越是向纵深推进，越需要加强党的自身建设，深化党的建设制度改革。深化党的建设制度改革，根本方向是加强和改善党的领导，提高党的执政能力、巩固党的执政地位。要通过深化改革，把党的领导更好体现到治国理政各方面，完善党总揽全局、协调各方的领导体制和工作机制，有利于党的政治领导、思想领导、组织领导的落实，有利于党的基本理论、基本路线、基本纲领、基本经验、基本要求的贯彻。深化党的建设制度改革，要着眼调动各级党组织和广大党员干部投身改革的积极性主动性创造性，营造鼓励改革、支持改革的良好环境，强化敢于担当、攻坚克难的用人导向，形成同心协力促改革、谋发展的强大力量。深化党的建设制度改革，要坚持统筹谋划、突出重点，缺位的抓紧建立，不全面的尽快完善，不合理的坚决革除，不适应的努力改进，使党的建设制度更加成熟更加定型。要着力深化党的组织制度改革，更好地坚持民主集中制，严格党内生活，强化组织纪律；着力深化干部选拔任用制度改革，抓紧解决干部选拔任用中的新情况新问题，构建有效管用、简便易行的选人用人机制，培养选拔党和人民需要的好干部；着力深化干部管理制度改革，针对干部管理工作中的漏洞，扎紧制度的笼子；着力健全改进作风常态化制度，落实八项规定精神，驰而不息解决“四风”问题；着力健全党的基层组织体系，让基层党组织真正强起来；着力强化权力运行制约和监督体系，建立科学有效的权力制约和协调机制，加强反腐败体制机制创新和制度保障，健全责任追究制度，更好用制度管权管事管人。

张高丽在省部级主要领导干部学习贯彻十八届三中全会精神全面深化改革专题研讨班上作报告

2月19日，张高丽在省部级主要领导干部学习贯彻十八届三中全会精神全面深化改革专题研讨班上以关于深化财税体制改革的几点思考为题作了报告，栗战书主持。

张高丽指出，财政是国家治理的基础和重要支柱，深化财税体制改革，对于完善社会主义市场经济体制、加快转变经济发展方式、推进国家治理体系和治理能力现代化，对于全面建成小康社会、实现中华民族伟大复兴的中国梦，都具有十分重要的现实意义和深远的历史意义。深化财税体制改革，必须坚持底线思维，注重战略思考，把握正确方向，厘定改革思路，搞好总体谋划，精心研究协调，积极稳妥推进。要完善立法、明确事权、改革税制、稳定税负、透明预算、提高效率，坚持处理好政府和市场的关系、充分发挥中央和地方两个积极性、兼顾效率和公平、统筹当前和长远、总体设计和分步实施相结合、协同推进财税和其他改革，努力建设法治财政、民生财政、稳固财政、阳光财政、效率财政。要切实改进预算管理制度，加快建立全面规范、公开透明的政府预算制度，使预算编制科学完整、预算执行规范有效、预算监督公开透明，三者有机衔接、相互制衡，真正把预算分配权关进制度的笼子，使政府预算在阳光下运行。要进一步完善税收制度，优化税制结构，完善税收功能，稳定宏观税负，推进依法治税，建立有利于科学发展、社会公平、市场统一的税收制度体系。要合理划分中央和地方事权，理顺中央和地方收入划分，完善转移支付制度，建立事权和支出责任相适应的制度。

《习近平关于国防和军队建设重要论述选编》印发全军

新华社2月20日报道，《习近平关于国防和军队建设重要论述选编》已由解放军出版社出版发行，印发全军团以上领导干部。总政治部发出通知，要求全军和武警部队认真组织学习。

通知指出，党的十八大以来，习近平主席着眼坚持和发展中国特色社会主义、实现中华民族伟大复兴中国梦，围绕强军兴军提出一系列重大战略思想、重大理论观点、重大决策部署，深刻阐述了国防和军队建设带根本性方向性全局性的重大问题，丰富发展了党的军事指导理论，是新形势下加快推进国防和军队现代化的科学指南。《习近平关于国防和军队建设重要论述选编》充分反映了习主席关于国防和军队建设重要论述，集中体现了习主席提出的一系列新思想新观点新论断新要求。认真学好《习近平关于国防和军队建设重要论述选编》，对于帮助全军深入学习贯彻党的十八大以来党的理论创新成果，特别是深入学习领会习主席关于国防和军队建设重要论述，掌握新形势下推进国防和军队现代化的思想武器，具有重要意义。

汪洋、孟建柱在省部级领导干部专题研讨班上作报告

2月20日，汪洋、孟建柱分别在省部级主要领导干部学习贯彻十八届三中全会精神全面深化改革专题研讨班上作报告。

汪洋作了题为《准确把握三中全会精神积极稳妥推进农村改革》的报告。他强调，深化农村改革，要把握方向，坚持走中国特色农业现代化道路，着力健全城乡发展一体化体制机制，推进城乡要素平等交换和公共资源均衡配置，让农民平等参与现代化进程、共享现代化成果。要守住底线，毫不动摇地坚持农村土地集体所有制和农村基本经营制度，切实保障农民的物质利益和民主权利。要突出重点，大力创新农业经营体系，坚持家庭经营在农业中的基础性地位，探索农村土地所有权、承包权、经营权的有效实现形式，培育新型农业经营主体，构建农业社会化服务体系，发展适度规模经营。要试点先行，在中央的统一部署下有序开展农村土地制度改革试点，坚决保护好耕地，切实保障农民土地权益，适当提高农民在土地增值收益分配中的比例。要循序渐进，探索建立农产品目标价格制度，注重发挥市场形成价格作用，加快完善配套政策，切实保护农民生产积极性，防止市场过度波动。

孟建柱在报告中指出，深化司法体制改革是全面深化改革的重点之一，要积极主动、扎扎实实抓好每一项司法体制改革任务的落实。要从司法权力运行机制改起，完善司法责任制，让审理者裁判、让裁判者负责。要深化司法公开，广泛实行人民陪审员和人民监督员制度，加强和规范对司法活动的法律监督和社会监督，促进司法权依法公正运行，增强司法透明度和公信力。要严格减刑、假释、保外就医实体条件和程序规定，严肃追究违法违规减刑、假释、保外就医法律、纪律责任，防止司法腐败。要健全错案防止、纠正、责任追究机制，坚守防止冤假错案底线。要确保依法独立公正行使审判权检察权，保障国家法律统一正确实施。他强调，要正确处理按司法规律办事和从中国国情出发的关系，确保司法体制改革的正确政治方向。正确处理促进司法文明进步和维护社会大局稳定的关系，确保司法体制改革积极稳妥推进。正确处理整体设计和分类推进的关系，确保司法体制改革依法有序推进。

省部级主要领导干部学习贯彻十八届三中全会精神全面深化改革专题研讨班结业

2月21日，省部级主要领导干部学习贯彻

十八届三中全会精神全面深化改革专题研讨班在中共中央党校结业，刘云山出席并作总结讲话，赵乐际主持

研讨班期间，参加研讨班的全体学员认真学习习近平总书记在开班式上的重要讲话，学习中央领导同志专题报告，联系本地区本部门工作实际，深入研讨、畅所欲言，进一步加深了对全面深化改革重大意义、正确方向的认识，加深了对全面深化改革总目标的历史背景、现实根据、丰富内涵的认识，加深了对以经济体制改革为重点牵引和带动其他各领域改革的认识，增强了履行职责、做好工作的责任感使命感。结业式上，研讨班10个小组的代表分别发言，汇报交流了学习收获。

刘云山在充分肯定研讨班成果的基础上，对深入学习贯彻三中全会精神、推进全面深化改革实践提出要求。要坚持按规律办事，既注重从总体上把握各项改革的联系，又注重研究各领域改革的特点，既用好已有的成功经验，又结合新的实际探索新的办法。要增强问题意识、坚持问题导向，对三中全会决定涉及的重大政策问题，要进行系统梳理、深入研究；对工作中遇到的热点难点问题，要分析成因背景，找准症结所在，采取有效办法加以解决；对深入推进改革中可能出现的新情况新问题，要增强前瞻性、预见性，谋制胜之策，打有准备之仗。

贯彻三中全会精神、完成全面深化改革任务，关键在落实。要紧紧抓住近期改革重点，把握好时机、节奏、力度，对条件成熟、形成共识的要加快推进，对需要探索的可先行试点，积累经验后再逐步推开，不失时机地推进改革，做到蹄疾而步稳。要发扬认真的精神和务实的作风，重实干、出实招、求实效，防止徒陈空文、等待观望、急功近利。要加强调查研究，总结基层经验，集中群众智慧，不断完善推进改革的思路办法。要把开展好第二批群众路线教育实践活动与全面深化改革结合起来，增强宗旨意识，弘扬担当精神，以作风建设的新成效汇聚起全面深化改革的强大力量。

党的群众路线教育实践活动中央督导组总结暨中央巡回督导组培训会议召开

2月22日至23日，党的群众路线教育实践活动中央督导组总结暨中央巡回督导组培训会议在北京召开，刘云山出席并讲话。

刘云山说，在第一批教育实践活动中，45个中央督导组认真贯彻中央要求，紧紧依靠各地区各部门各单位党委（党组）开展工作，忠于职守、敢于负责，以有力的督导推动第一批教育实践活动取得重要成果。要认真总结督导工作的成功经验和有益做法，很好体现和运用到第二批教育实践活动之中。

刘云山指出，中央关于第二批教育实践活动的目标要求赋予督导工作更大责任，群众对教育实践活动热切期盼赋予督导工作更高要求，第二批教育实践活动特殊性复杂性赋予督导工作更重的任务。做好第二批活动督导工作，关键要严，出发点是严，着力点是严，衡量标准也是严，离开了严，督导工作就失去了本来意义。要强化问题导向，通过从实督导推动解决群众反映强烈的突出问题，纠正发生在群众身边的不正之风。要抓好对一把手的督导，督促省区市党委主要负责人认真履行职责、不当甩手掌柜，督促市县党委和乡镇街道党（工）委和基层党组织主要负责人履行第一责任人的责任并真正把自己摆进去。要抓好对重点环节的督导，做到思想认识不提高不放过，查摆问题不聚焦不放过，自我剖析不深刻不放过，整改措施不到位不放过，群众不满意不放过。中央巡回督导组和地方各级督导组要加强学习、准确掌握中央政策，多到基层、到现场听取群众意见，严格遵守工作纪律和廉政纪律，以过硬的作风进行督导。

全军高级干部学习贯彻习主席系列重要讲话精神研讨班开班

2月23日，全军高级干部学习贯彻习主席

系列重要讲话精神研讨班在国防大学开班，范长龙出席并讲话，张阳主持开班式。

范长龙指出，习主席关于国防和军队建设重要论述，作为系列重要讲话精神的“军事篇”，是党的军事指导理论的创新成果，是推动国防和军队建设的根本遵循。全军和武警部队学习贯彻习主席系列重要讲话精神，既要全面系统学习，又要重点学好“军事篇”；既要原原本本地学，又要把握蕴含其中的科学世界观和方法论。要围绕党在新形势下的强军目标这个总纲，深刻学习理解习主席关于国际战略形势、国家安全和发展形势、现代战争发展趋势，关于军队建设、改革和军事斗争准备现状等的重大战略判断；深刻学习理解习主席提出的中国梦对军队来讲就是强军梦，努力建设一支听党指挥、能打胜仗、作风优良的人民军队，深化国防和军队改革是一场大考等重大思想观点；深刻学习理解习主席作出的推动军事战略创新发展、应对现实军事斗争等重大决策部署，悉心体悟，融会贯通，更好地掌握科学内涵，把握精神实质。

中共中央政治局召开会议
讨论政府工作报告

2月24日，中共中央政治局召开会议，讨论国务院拟提请第十二届全国人民代表大会第二次会议审议的《政府工作报告》稿，习近平主持会议。

会议指出，2013年，面对世界经济复苏乏力、国内经济下行压力加大、自然灾害频发、多重矛盾交织的错综复杂形势，全党全国各族人民在以习近平同志为总书记的党中央领导下，从容应对挑战，奋力攻坚克难，圆满完成全年经济社会发展主要预期目标，经济运行稳中向好，居民收入和经济效益持续增长，结构调整取得积极成效，社会事业蓬勃发展，改革开放和社会主义现代化建设取得新的重大成就。过去的一年，困难比预料的多，结果比预想的好，成绩来之不易。这是以习近平同志为总书记的党中央正确领导的结果，是全党全国各族人民团结奋斗的结果。国务院和各级地方政府、各部门按照中央统一部署，创造性开展工作，作出了重要贡献。

会议强调，今年我国发展面临的形势依然错综复杂，有利条件和不利因素并存。我国仍处于可以大有作为的重要战略机遇期，新型工业化、城镇化持续推进，区域发展回旋余地很大，今后一个时期保持经济中高速增长具有良好基础。我们要防微虑远，趋利避害，把发展的主动权牢牢掌握在自己手里。各级党委和政府要按照中央部署和要求，高举中国特色社会主义伟大旗帜，以邓小平理论、“三个代表”重要思想、科学发展观为指导，全面贯彻落实党的十八大和十八届二中、三中全会精神，贯彻落实习近平同志系列讲话精神，坚持稳中求进工作总基调，把改革创新贯穿于经济社会发展各个领域各个环节，保持宏观经济政策连续性稳定性，全面深化改革，实施创新驱动，加快转方式调结构促升级，着力保障和改善民生，切实提高发展质量和效益，大力推进社会主义经济建设、政治建设、文化建设、社会建设、生态文明建设，实现经济社会持续健康发展。

会议指出，实现今年经济社会发展目标任务，要向深化改革要动力，继续实施积极的财政政策和稳健的货币政策，稳定和完善宏观政策框架，确保经济运行处在合理区间，着力推动提质增效升级。要以经济体制改革为重点，推进重要领域改革取得新突破，构建开放型经济新体制，推动高水平对外开放，加快培育国际竞争新优势。要增强内需拉动经济的主引擎作用，促进农业现代化和农村改革发展，推进以人为核心的新型城镇化，以创新支撑和引领结构优化升级。要促进教育事业优先发展、公平发展，推动医改向纵深发展，促进文化事业和产业发展，推进社会治理创新。要坚持建机制、补短板、守底线，保障群众基本生活，不断提高人民生活水平和质量。要加大生态环境保护和污染防治力度，努力建设生态文明的美好家园。

新闻道德委员会试点扩大至15省市

2月24日，中宣部、中国记协召开会议总结交流新闻道德委员会试点工作经验，对进一步扩大试点范围、更好发挥新闻道德委员会作用做出安排部署，吴恒权出席会议并讲话。

会议指出，建立新闻道德委员会是新形势下加强新闻队伍建设、解决新闻界突出问题的重要举措。去年以来，河北、上海、浙江、山东、湖北等首批5个省市试点建立新闻道德委员会，接受社会监督、加强行业自律，取得积极成效。今年要将试点范围扩大至北京、黑龙江、福建、江西、河南、湖南、广东、四川、贵州、陕西等10省市，不断强化新闻道德委员会作用。各地各单位要高度重视新闻道德委员会工作，加强工作力量、配备专门队伍，形成职责明晰、流程规范的工作机制，确保高效有序运转。要建立完善部门联动机制，广泛动员社会力量参与，做到依法管理、行政管理、行业自律和社会监督四管齐下，不断增强新闻道德委员会权威性影响力。近期要以整治新闻敲诈和假新闻为重点，加强举报查处、案例评议和通报曝光，有力纯洁新闻队伍，刹住新闻敲诈和假新闻的歪风。

全国党史研究室主任会议召开

2月24日，全国党史研究室主任会议在北京召开，会议提出将全面推进开创和发展中国特色社会主义时间段历史的研究。

会议指出，2014年要抓好8件大事：深入贯彻落实党的十八大、十八届二中、三中全会精神和习近平总书记系列重要讲话精神；全面推进开创和发展中国特色社会主义时间段历史研究；抓好《中国共产党的九十年》的统改、定稿和出版；扎实推进《中国共产党历史》第三卷的编写；抓好抗战损失调研成果的出版宣传；抓紧抓好党史资料征编；创新方法手段加强党史宣传教育；开展好党的群众路线教育实践活动，加强自身建设。

中共中央政治局举行第十三次集体学习

2月24日，中共中央政治局就培育和弘扬社会主义核心价值观、弘扬中华传统美德举行第十三次集体学习，习近平主持学习。中宣部思想政治工作研究所戴木才教授就这个问题进行讲解，并谈了意见和建议。

习近平指出，核心价值观是文化软实力的灵魂、文化软实力建设的重点。这是决定文化性质和方向的最深层次要素。一个国家的文化软实力，从根本上说，取决于其核心价值观的生命力、凝聚力、感召力。培育和弘扬核心价值观，有效整合社会意识，是社会系统得以正常运转、社会秩序得以有效维护的重要途径，也是国家治理体系和治理能力的重要方面。历史和现实都表明，构建具有强大感召力的核心价值观，关系社会和谐稳定，关系国家长治久安。培育和弘扬社会主义核心价值观必须立足中华优秀传统文化。中华传统美德是中华文化精髓，蕴含着丰富的思想道德资源。不忘本来才能开辟未来，善于继承才能更好创新。对历史文化特别是先人传承下来的价值理念和道德规范，要坚持古为今用、推陈出新，有鉴别地加以对待，有扬弃地予以继承，努力用中华民族创造的一切精神财富来以文化人、以文育人。要切实把社会主义核心价值观贯穿于社会生活方方面面。要通过教育引导、舆论宣传、文化熏陶、实践养成、制度保障等，使社会主义核心价值观内化为人们的精神追求，外化为人们的自觉行动。榜样的力量是无穷的，广大党员、干部必须带头学习和弘扬社会主义核心价值观，用自己的模范行为和高尚人格感召群众、带动群众。要从娃娃抓起、从学校抓起，做到进教材、进课堂、进头脑。要润物细无声，运用各类文化形式，生动具体地表现社会主义核心价值观，用高质量高水平的作品形象地告诉人们什么是真善美，什么是假恶丑，什么是值得肯定和赞扬的，什么是必须反对和否定的。要发挥政策导向作用，使经济、政治、文化、社会等方方面面政策都有利于社会主义核心价值观的培育。要用法律来推动核心价值观建设。各种社会管理要承担起倡导社会主义核心价值观的责任，注重在日常管理中体现价值导向，使符合核心价值观的行为得到鼓励、违背核心价值观的行为受到制约。

中办国办印发《关于创新群众工作方法解决信访突出问题的意见》

新华社2月25日报道，中共中央办公厅、国务院办公厅近日印发了《关于创新群众工作方法解决信访突出问题的意见》，并发出通知，要求各地区各部门结合实际认真贯彻执行。

国务院印发《关于建立统一的城乡居民基本养老保险制度的意见》

新华网2月26日报道，国务院近日印发《关于建立统一的城乡居民基本养老保险制度的意见》，部署在全国范围内建立统一的城乡居民基本养老保险制度，提出到“十二五”末，在全国基本实现新农保和城居保制度合并实施，并与职工基本养老保险制度相衔接；2020年前，全面建成公平、统一、规范的城乡居民养老保险制度，与社会救助、社会福利等其他社会保障政策相配套，充分发挥家庭养老等传统保障方式的积极作用，更好保障参保城乡居民的老年基本生活。

建立统一的城乡居民基本养老保险制度，合并实施新农保和城居保，形成制度名称、政策标准、管理服务、信息系统“四个统一”，使全体人民公平地享有基本养老保障，是我国经济社会发展的必然要求和推进“新四化”建设的需要，既有利于促进人口纵向流动、增强社会安全感，也有利于使群众对民生改善有稳定的预期，对于拉动消费、鼓励创新创业，具有重要意义。

中央文明委印发推进志愿服务制度化意见

新华社2月26日报道，中央精神文明建设指导委员会近日印发《关于推进志愿服务制度化的意见》。

《意见》主要分为三个部分：推进志愿服务制度化的重要意义和指导思想；建立健全志愿服务制度；加强对志愿服务制度化的组织推动。意见强调，开展志愿服务，是创新社会治理的有效途径，是加强新形势下精神文明建设的有力抓手。推进志愿服务制度化，对于推动志愿服务持续健康发展、促进学雷锋活动常态化，对于培育和践行社会主义核心价值观、在全社会形成向上向善的力量，具有十分重要的意义。

中央网络安全和信息化领导小组第一次会议召开

2月27日，中央网络安全和信息化领导小组第一次会议在北京召开，习近平主持并发表重要讲话，李克强、刘云山出席会议。会议审议通过了《中央网络安全和信息化领导小组工作规则》、《中央网络安全和信息化领导小组办公室工作细则》、《中央网络安全和信息化领导小组2014年重点工作》。

习近平在讲话中指出，当今世界，信息技术革命日新月异，对国际政治、经济、文化、社会、军事等领域发展产生了深刻影响。信息化和经济全球化相互促进，互联网已经融入社会生活方方面面，深刻改变了人们的生产和生活方式。我国正处在这个大潮之中，受到的影响越来越深。我国互联网和信息化工作取得了显著发展成就，网络走入千家万户，网民数量世界第一，我国已成为网络大国。同时也要看到，我们在自主创新方面还相对落后，区域和城乡差异比较明显，特别是人均带宽与国际先进水平差距较大，国内互联网发展瓶颈仍然较为突出。

习近平强调，网络安全和信息化对一个国家很多领域都是牵一发而动全身的，要认清我们面临的形势和任务，充分认识做好工作的重要性和紧迫性，因势而谋，应势而动，顺势而为。做好网上舆论工作是一项长期任务，要创新改进网上宣传，运用网络传播规律，弘扬主旋律，激发正能量，大力培育和践行社会主义核心价值观，把握好网上舆论引导，使网络空间清朗起来。没有网络安全就没有国家安全,没有信息化就没有现代化。建设网络强国,要有自己的技术,有过硬的技术;要有丰富全面的信息服务,繁荣发展的网络文化;要有良好的信息基础设施,形成实力雄厚的信息经济;要有高素质的网络安全和信息化人才队伍;要积极开展双边、多边的互联网国际交流合作。建设网络强国的战略部署要与"两个一百年"奋斗目标同步推进,向着网络基础设施基本普及、自主创新能力显著增强、信息经济全面发展、网络安全保障有力的目标不断前进。

习近平要求,中央网络安全和信息化领导小组要发挥集中统一领导作用,统筹协调各个领域的网络安全和信息化重大问题,制定实施国家网络安全和信息化发展战略、宏观规划和重大政策,不断增强安全保障能力。

全国人大常委会通过决定确定中国人民抗日战争胜利纪念日,设立南京大屠杀死难者国家公祭日

2月27日,十二届全国人大常委会第七次会议经表决通过了两个决定,分别将9月3日确定为中国人民抗日战争胜利纪念日,将12月13日确定为南京大屠杀死难者国家公祭日。

全国人大常委会关于确定中国人民抗日战争胜利纪念日的决定指出,中国人民抗日战争,是中国人民抵抗日本帝国主义侵略的正义战争,是世界反法西斯战争的重要组成部分,是近代以来中国反抗外敌入侵第一次取得完全胜利的民族解放战争。为了牢记历史,铭记中国人民反抗日本帝国主义侵略的艰苦卓绝的斗争,缅怀在中国人民抗日战争中英勇献身的英烈和所有为中国人民抗日战争胜利作出贡献的人们,彰显中国人民抗日战争在世界反法西斯战争中的重要地位,表明中国人民坚决维护国家主权、领土完整和世界和平的坚定立场,弘扬以爱国主义为核心的伟大民族精神,激励全国各族人民为实现中华民族伟大复兴的中国梦而共同奋斗,决定将9月3日确定为中国人民抗日战争胜利纪念日,每年9月3日国家举行纪念活动。

全国人大常委会关于设立南京大屠杀死难者国家公祭日的决定指出,1937年12月13日,侵华日军在中国南京开始对我同胞实施长达四十多天惨绝人寰的大屠杀,制造了震惊中外的南京大屠杀惨案,三十多万人惨遭杀戮。这是人类文明史上灭绝人性的法西斯暴行。为了悼念南京大屠杀死难者和所有在日本帝国主义侵华战争期间惨遭日本侵略者杀戮的死难者,揭露日本侵略者的战争罪行,牢记侵略战争给中国人民和世界人民造成的深重灾难,表明中国人民反对侵略战争、捍卫人类尊严、维护世界和平的坚定立场,决定将12月13日设立为南京大屠杀死难者国家公祭日,每年12月13日国家举行公祭活动。

中央全面深化改革领导小组第二次会议召开

2月28日,中央全面深化改革领导小组第二次会议在北京召开,习近平主持并发表讲话,李克强、刘云山、张高丽出席会议。

会议审议通过了《中央全面深化改革领导小组2014年工作要点》,审议通过了《关于十八届三中全会〈决定〉提出的立法工作方面要求和任务的研究意见》、《关于经济体制和生态文明体制改革专项小组重大改革的汇报》、《深化文化体制改革实施方案》、《关于深化司法体制和社会体制改革的意见及贯彻实施分工方案》,听取了关于中央全面深化改革领导小组第一次会议以来各地区各部门改革工作进展情况汇报,部署了当前和今后一个时期工作。

习近平指出,凡属重大改革都要于法有据。在整个改革过程中,都要高度重视运用法治思维和法治方式,发挥法治的引领和推动作用,加强对相关立法工作的协调,确保在法治轨道上推进改革。经济体制改革是全面深化改革的重头,对其他领域改革具有牵引作用,要抓好已经出台的改革措施的落实,运用好已有试点成果和研究成果,加强工作协调,使各项改革协同配

套,使改革与宏观经济运行和解决人民群众关心的突出问题协同推进。要紧紧围绕建设社会主义核心价值体系、建设社会主义文化强国,完善文化管理体制和文化生产经营机制,建立健全现代公共文化服务体系、现代文化市场体系来做好工作,以此推动社会主义文化大发展大繁荣。深化司法体制和社会体制改革,要注重改革举措的配套衔接,注重分类推进,强化任务落实,保证严格规范公正文明执法,加快建设公正高效权威的社会主义司法制度,加快形成科学有效的社会治理体制,促进社会公平正义,保障人民安居乐业。对重大改革尤其是涉及人民群众切身利益的改革决策,要建立社会稳定评估机制。要建立科学评价机制,对改革效果进行全面评估。要大力宣传推进改革的新进展新成效,准确解读出台的改革政策举措,为全面深化改革营造良好舆论氛围。

中共中央纪委常委会议决定纪检监察干部违反八项规定精神案件一律点名曝光

2月28日,中共中央纪委常委会召开会议,会议审议通过了《关于公开曝光纪检监察干部违反中央八项规定精神案件的通知》,王岐山主持会议。

《通知》要求,对违反中央八项规定精神并受到党纪政纪处分的各级纪委委员、纪检监察机关干部,各人民团体、国有企业事业单位和金融机构从事纪检监察工作的干部,在中央纪委监察部网站公开曝光,内容包括违纪人姓名、单位、职务职级、主要违纪事实和处理结果。

会议指出,作风问题具有顽固性、反复性,改进作风不可能一蹴而就。要扭住"四风"不放,把落实中央八项规定精神的扣不断拧紧。公开曝光是坚持、巩固和深化作风建设的重要举措,是强化监督的制度创新,是党务公开的实践探索。打铁还需自身硬,正人先正己。各级纪检监察机关要创新组织制度和监督制度,带头强化自我监督,对存在的"四风"问题要敢于瞪眼、敢于红脸,从严执纪、不留情面。对匿情不报、压案不查的,要严肃追究有关领导责任。

纪念"三八"节暨全国三八红旗手表彰大会举行

2月28日,纪念"三八"国际妇女节暨全国三八红旗手(集体)表彰大会在北京举行,李源潮出席并讲话,沈跃跃主持会议。大会表彰了10名全国三八红旗手标兵、300名全国三八红旗手和200个全国三八红旗集体。受表彰的全国三八红旗手向广大妇女发出了"巾帼建新功、共筑中国梦"的倡议。

李源潮向全国各族各界妇女和广大妇女工作者致以节日的问候,希望广大妇女牢记党中央和习近平总书记要求,为实现中华民族伟大复兴的中国梦贡献巾帼力量。李源潮说,全国三八红旗手和红旗集体的精神和事迹要在全社会传播,影响和带动更多妇女同胞在工作岗位上做先进,在家庭亲友里做表率,在社会群众中做模范。广大妇女要坚定中国特色社会主义理想信念,把自身奋斗追求汇聚到实现中华民族伟大复兴的历史征程之中;积极投身全面深化改革历史洪流,为促进经济社会持续健康发展发挥半边天作用;积极践行社会主义核心价值观,传承美德、弘扬新风,为社会主义道德建设积聚正能量;积极发挥在幸福家庭建设中的独特作用,培育良好家风,把每个人、每个家庭追求幸福梦想的动力汇成实现中国梦的强大合力。

中央直属机关党的工作会议召开

2月28日,中央直属机关党的工作会议在北京召开,栗战书出席并讲话。

栗战书强调,深入学习贯彻习近平总书记系列重要讲话精神、切实做到"三个表率",是中直机关党的建设的重要政治任务。要以深入学习贯彻习近平总书记系列重要讲话精神、切实做"三个表率"为工作主线,全面推进中直机关党的思想政治建设，真正使“三个表率”成为中直机关党员干部的思想追求和行动追求，提高紧跟党中央、维护党中央的自觉性和坚定性。严格遵守党的纪律是中直机关党员干部必须牢牢把握的重大政治原则。要认真贯彻落实中央纪委三次全会精神，深入开展党的政治纪律和组织纪律教育，加强党的纪律执行情况监督检查，引导党员干部始终把讲政治作为最基本和第一位要求，坚定政治立场，把牢政治方向，强化组织意识和程序观念，加强请示报告，始终做到自觉遵守纪律、切实维护纪律、严格执行纪律，坚决维护中央权威，进一步增强同以习近平同志为总书记的党中央保持高度一致的思想自觉和行动自觉。

第三部分

党的群众路线教育实践活动

密切联系群众　全力整肃“四风”

郭金龙

开展党的群众路线教育实践活动是党的十八大作出的重大部署，是新形势下坚持党要管党、从严治党的重大举措。我们要按照中央提出的“照镜子、正衣冠、洗洗澡、治治病”的总要求，聚焦整肃“四风”，深入开展学习教育，广泛听取意见建议，认真查摆问题，积极开展批评与自我批评，力求使广大党员干部思想进一步提高，作风进一步转变，党群干群关系进一步密切，为民务实清廉形象进一步树立。

加强理论武装，打牢思想根基

理论上清醒，政治上才能坚定。群众路线的贯彻、工作作风的转变，前提在于认识水平的提高，在于思想理论的自觉。牢固树立群众观点、掌握群众工作的方式方法，需要经过反复学习、反复实践、反复认识。开展教育实践活动第一位的任务是搞好学习教育，衡量教育实践活动成效的一个重要方面是看党员干部的认识是否提高。在教育实践活动中，我们注重把思想理论武装放在首位，坚持将学习贯穿活动全过程，集中时间和精力加强学习，对广大党员干部进行一次普遍的马克思主义群众观教育。市级领导班子带头，深入学习党的十八大和习近平总书记一系列重要讲话精神以及中央要求的学习书目，努力在知行合一上下功夫，以知促行，以行促知，着力增强思想自觉和行动自觉。在加强自学的同时，确保市级领导班子集中学习时间达到11天。各部门各单位采取集中学习和自学等多种形式，力求学深、学精、学透，推动学习教育活动不断深入。

通过学习和交流，使党员干部进一步提高思想理论水平，牢固树立正确的世界观、人生观、价值观，增强对中国特色社会主义的道路自信、理论自信和制度自信，打牢为民务实清廉的坚实思想基础，永葆共产党人的政治本色。同时，紧密结合首都实际，着力强化四个意识。一是强化宗旨意识。牢记全心全意为人民服务是党的根本宗旨，牢记群众路线是党的生命线和根本工作路线，始终把人民的利益放在第一位，把人民群众的需求作为我们各项工作的出发点和落脚点，把群众是否满意作为衡量我们工作的根本标准，紧紧依靠广大群众，不断提高首都工作水平。二是强化政治意识。讲政治、顾大局、守纪律，是首都工作之首要，必须在思想上、行动上始终与以习近平同志为总书记的党中央保持高度一致，自觉维护中央权威，确保中央政令在北京畅通，做到在任何情况下政治信仰不变，政治立场不移，政治方向不偏。三是强化责任意识。时刻牢记首都职责使命，认真负责，敢于担当，勤勉敬业，求真务实，心无旁骛地做好首都各项工作，提高“四个服务”水平，努力创造出经得起实践、人民、历史检验的实绩。四是强化首善意识。坚持高标准、严要求，把“建首善、创一流”作为首都工作的基本标准，为党分忧、为国尽力、为民奉献，在中华民族伟大复兴的进程中当好先锋、作好表率，更好地发挥示范作用。

领导带头示范，层层抓好落实

领导干部的示范表率作用至关重要。正如古人所说，“上为之，下效之”。习近平总书记强调，作风建设一定要从上头抓起，各级领导机关、领导班子和领导干部都要把自己摆进去，带头转作风。中央政治局带头贯彻落实改进工作作风、密切联系群众的八项规定，带头开展教育实践活动，严格要求自己，得到了人民群众的一致拥护，为全党同志作出了表率，树立了榜样。这次教育实践活动以县处级以上领导机关、领导班子、领导干部为重点，只要领导干部带头，坚持上级带下级、主要领导带班子成员、领导干部带一般干部，不正之风就转得快、改得彻底。领导干部带头应该是具体的而不是抽象的，全面的而不是有选择的，一以贯之的而不是虎头蛇尾的，应该体现到教育实践活动的全过程。特别是“一把手”在教育实践活动中处于关键地位、负有全面责任。

我们认真落实“一把手”第一责任人的职责，既当好组织者、推动者、监督者，更当好参与者，努力在全市形成上级带下级、一层抓一层、层层推进作风建设的生动局面。市级领导同志坚持以身作则，怀着对人民群众的感情，担起应尽的历史责任，把自己摆进去，高标准、严要求地投身教育实践活动。带头加强学习，着力提高思想认识，努力做到学习上深一步，认识上高一层；带头深入基层、深入群众，广泛听取基层干部群众意见，进一步增进同人民群众的感情；带头开展批评与自我批评，“一把手”要与班子成员交交心、提提醒，开好民主生活会；带头结合实际查摆问题，直面问题，动真碰硬，洗洗澡、治治病，加强整改落实和制度建设，推动解决突出问题取得好的成效。

聚焦“四风”问题，坚持边学边改

这次教育实践活动聚焦解决形式主义、官僚主义、享乐主义和奢靡之风这“四风”问题。“四风”是违背我们党的性质和宗旨的，是当前群众深恶痛绝、反映最强烈的问题，也是损害党群干群关系的重要根源。抓住了“四风”问题，就能找准穴位、抓住要害，有的放矢、对症下药；解决好这“四风”问题，就能使作风有一个大的改观。社会各方面对教育实践活动寄予厚望，就是期望我们在解决“四风”问题上能够取得突破。所以，开展好教育实践活动，一定要抓住关键，聚焦整肃“四风”这个重点，把作风之弊和行为之垢找准、找实、找具体，防止“走神”、“散光”。习近平总书记在党的群众路线教育实践活动工作会议上给“四风”生动地画了像，在河北调研指导党的群众路线教育实践活动时又深刻剖析了产生“四风”的实质和根源，令人警醒，我们深受教育。

我们深刻认识到，“四风”问题在北京也不同程度地存在，有的方面还比较严重。我们不能等闲视之、漠然置之，要痛下决心、加快整改，正风肃纪、解决问题。我们坚持开门搞活动，通过召开座谈会、当面征求意见、开展问卷调查等多种形式，认真查找并梳理了群众反映突出的作风问题。对群众反映的问题，我们坚持不回避矛盾，不避重就轻，不藏着、掖着、护着，做到原汁原味反馈，作为查摆的重点，避免以形式主义反对形式主义，出现“夹生饭”；坚持边学习、边查找、边改进，使解决问题贯穿教育实践活动始终，什么问题突出就着重解决什么问题，什么问题紧迫就抓紧解决什么问题，让群众不断看到变化、见到成效。同时，我们要按照中央的要求，坚持标本兼治，以改革的精神、创新的办法建立健全制度，努力形成推动作风建设的长效机制。

切实提高能力，确保善作善成

提高做好群众工作的能力是这次教育实践活动的重要任务。当前群众工作面临着一些新的形势，主要表现为：群众工作对象日趋复杂，群众已经包含多个不同利益群体；群众利益诉求日益多元，人们思想活动的独立性、选择性、多变性、差异性明显增强，群众利益体现在经济、政治、文化、社会、生态环境等各方面；群众工作组织体系发生变化，传统的依靠“单位体制”和行政方式的群众工作体系已经不能适应；群众工作话语体系面临挑战，互联网等新媒体的出现，形成了新的诉求表达渠道。

我们要结合开展教育实践活动，深入研究形势和任务的发展变化对群众工作提出的新要求，进一步加强和改进群众工作，不断提高做好群众工作的能力。要求党员干部不断增强与人民群众的感情，站稳群众立场，学会用群众的眼光、从群众的角度来想问题、看问题、处理问题，既尊重群众、依靠群众、维护群众利益，又善于引导和带领群众前进。提高决策的科学化、民主化水平，凡是涉及群众切身利益的重大事项，都充分听取群众的意见和建议，充分考虑群众的承受能力，全面分析可能影响群众利益和社会稳定的各种问题，把决策的过程变成深入了解民意、广泛集中民智、寻求不同利益交汇点、获得群众普遍认同、赢得群众支持和拥护的过程。重视解决好民生问题，关注群众的柴米油盐，多做雪中送炭的事，不断健全公共服务体系，统筹抓好就业、增收、教育、文化、住房、社会保障等重大民生问题，特别是对困难群众格外关心，千方百计地帮助他们排忧解难。妥善化解社会矛盾，及时掌握社会热点，把握各方面利益关切，充分尊重和保护人民群众表达诉求的权利，积极引导群众依法理性表达诉求和维护权益，让群众话有地方说、事有地方办、困难有人帮、问题有人管。积极创新群众工作的方式方法，充分发挥基层党组织的作用，发挥工青妇等群众组织的作用，扩大党组织的覆盖面和群众工作的覆盖面，更好地把广大群众团结和凝聚在党的周围，不断夯实党的执政基础。

强化统筹兼顾，着力推动工作

教育实践活动的根本目的是为全面贯彻落实党的十八大精神、推动经济社会发展提供保障。我们要把开展好活动同做好首都工作紧密结合起来，把党员干部在活动中激发出的热情和进取精神转化为做好工作的动力，使活动的每个环节、每项措施都为中心工作服务，用经济社会发展和民生改善的成果检验教育实践活动的成效，真正做到“两手抓、两不误、两促进”。

当前，首都发展中呈现出许多新的阶段性特征：在经济发展方面进入了发展方式转变的攻坚阶段，在城市建设管理方面进入了实施精细化管理的阶段，在社会建设和管理方面进入了加强服务管理创新的阶段，在文化建设方面进入了推动文化大发展大繁荣的阶段，在生态文明建设方面进入了高度重视人与自然和谐发展的阶段。我们面临着难得的机遇，也面临着许多深层次矛盾和问题，需要下大力气破解。特别是要统筹好人口资源环境，实现城市的可持续发展；要着力解决好交通、大气污染、垃圾、污水和违法建设等问题，提高城市精细化管理水平；要推动城乡结合部和中心城区老旧小区改造，促进产业结构调整，改善群众生活条件，加强流动人口服务管理，保持社会和谐稳定。我们要通过开展教育实践活动，切实增强对群众的感情、对工作的激情，对矛盾不回避，对责任敢担当，对难题善处理，加快实施创新驱动发展战略，加快城乡一体化发展，着力抓好生态环境建设，加大保障和改善民生力度，使首都科学发展再上新台阶。

开展好以为民务实清廉为主要内容的党的群众路线教育实践活动，意义深远，责任重大。我们要紧密团结在以习近平同志为总书记的党中央周围，扎实开展好这次教育实践活动，切实加强作风建设，认真履行好首都职责，努力为实现中华民族伟大复兴的中国梦作出更大贡献。

（作者：中共中央政治局委员、北京市委书记）

敢碰硬　动真格　求实效

韩　正

深入开展以为民务实清廉为主要内容的党的群众路线教育实践活动,是党的十八大作出的重大部署。通过学习习近平总书记一系列重要讲话精神,在推进上海第一批教育实践活动的过程中,我们不断深化对活动的认识,牢牢把握聚焦作风建设、解决"四风"问题,着力抓好深化学习教育和深入查摆问题,更加注重把整改落实和建章立制贯穿始终,努力实现干部正作风、党员受教育、群众得实惠。

一、聚焦作风建设,全面查找"四风"方面的突出问题

抓好这次教育实践活动,首先要目的清、任务明,聚焦作风建设这个重大任务不能偏。抓作风建设,关键要认识我们在作风上最突出的问题是什么。只有发现问题、找准靶子,才能有的放矢。

首先,要对照"四风"现象认真查找问题。作风是立场和世界观在实践中的具体体现,不同时期、不同阶段工作作风问题不一样。当前,作风问题反映最突出、群众最不满的,是"四风"方面的问题,我们必须深入查找这方面问题。形式主义、官僚主义、享乐主义和奢靡之风的种种表现,中央已有详尽列举,很形象、很具体,也容易比对。我们强调要实事求是、自觉对照,更要举一反三、查找差距,找到思想深处的问题。要求围绕上海及各地区各部门各单位实际,聚焦群众反映强烈的、领导干部身上明显存在的、必须解决也能够解决的"四风"突出问题进行查找。任何遮遮掩掩,避重就轻,都是有私心杂念的表现,本身就是思想认识上出了问题。

其次,要走群众路线,开门搞活动,请群众和基层帮我们查问题、提意见。党员、干部身上的问题,群众看得最清楚、最有发言权。他们反映最强烈的,就是我们最需要改进的。如果我们只是从自己的感知出发找问题,或者是简单地在体制内征求一些意见,而不关注群众的感受,就会偏离中央的总体目标和要求,又搞成新的形式主义。从活动一开始,市委常委们就深入各自的联系点、到自己分管的实际部门充分听意见,采取各种形式请上来、走出去、沉下去查问题。市人大、市政协、市政府党组领导也都结合学习调研、召开座谈会、跑联系点,查问题、听意见。从各方面获得的意见,有的是我们以前不以为然、不知不觉的,有的是我们认识上同群众有偏差的,有的是我们根本就不知道的,更多的是我们也知道、但认识没有现在这么深刻的。我们普遍感到很受教育,真正体会到,群众是老师,只有走到群众中去,真心听取意见,才能把作风问题找准;只有了解群众的所思所想、所恨所痛,才能有针对性地去改,使领导机关、领导班子和领导干部的作风有一个大改变。

再次,要以整风精神,运用批评与自我批评的方式,认真查找问题。找"四风"问题,主要是找领导机关、领导班子和领导干部存在的突出问题。因此,领导干部特别是主要领导干部和班子成员要主动自觉把自己放进去,带头自己照镜子、正衣冠、洗洗澡、治治病。我们要求各级领导机关、领导班子和领导干部要抛开面子,善于运用批评和自我批评的利器,敢于亮短揭丑、勇于直面问题、深入剖析原因,真正对自己来一次思想上的大排查、大扫除。同时,要认真开展善意积极、对事不对人的批评,相互帮助查找问题。

通过认真查摆、听取意见，我们初步查找了上海在“四风”方面的突出问题。比如，在形式主义方面，基层和群众反映最突出的是追求形式、不重实效，图虚名、务虚功。在官僚主义方面，群众最不满意的是办事推诿扯皮多，效率低下，不作为、不负责任。在享乐主义方面，基层和群众反映最多的是一些领导干部安于现状、贪图安逸，缺乏忧患意识和创新精神。在奢靡之风方面，主要是条件好了，许多方面过头了，有大手大脚、铺张浪费的现象。下一步，还要继续深入学习教育，广泛查摆问题，并通过召开民主生活会，开展批评与自我批评，深刻剖析问题。

二、向群众学习，群众路线、群众观点的思想认识和实践能力真正有新的提高

这次教育实践活动，根本目的是对领导机关、领导班子和领导干部进行一次深刻的群众路线教育。因此，我们必须拜群众为老师，虚心向群众学习，组织动员群众和我们一起不断把活动推向深入，在联系群众、服务群众中提高思想认识和做群众工作的能力。

一是要向群众学习、向基层干部学习，认真找差距和不足。群众是真正的英雄，基层的同志最懂群众。坚持党的群众路线，提高做群众工作的能力，领导干部要向群众、向基层同志学习。市委常委会组织开展专题学习会，首先就把长期奋战在基层一线的同志请来给大家讲课。他们用亲身工作实践，给我们上了生动的群众观点、群众路线教育课，让我们进一步深刻领会到，群众观点、宗旨意识不是与生俱来的，不是喊出来的，而是从实践中来的，靠实实在在长期努力做出来的。干部与群众的感情、做好群众工作的能力，根本上源于艰苦实践的磨练，来自基层一线的历练，靠的是长期为群众服务的积累。一些领导机关、领导班子和领导干部“四风”问题比较普遍，有的地方还很突出，说到底，是心中没有真正装着群众，眼睛里看不到群众，工作中脱离群众。

二是要把牢根本立足点，始终站在群众角度看问题。领导干部的作风如何，我们自说自话不管用，关键是群众怎么看、怎么说。搞好教育实践活动，我们必须转换思维视角，站在群众立场，用群众的立足点、用基层的立足点去找问题、论作风。我们要求各级领导换位思考，摒弃从管理者、领导者、组织者的角色出发，坚持从群众利益、群众位置、基层角度和服务对象的角度思考问题，做决策、定政策、搞管理、抓工作，都要立足于便利群众、服务群众，符合基层实际。领导干部一定要对群众有真感情，真正把群众利益放在心中最高位置，这样才能敢负责、敢担当。要与群众真联系，不能浮在上面，不能走马观花摆样子地走下去，要更多到艰苦的地方、困难的地方、矛盾多的地方查实情、找问题、解难事。要对群众真依靠，遇事多同群众沟通交流，遇问题多同群众坦诚讲，善于从群众中汲取智慧和力量，带领群众开拓进取。

整个教育实践活动中，我们都要坚持开门搞活动，广泛征求群众意见，认真倾听群众呼声，自觉接受群众监督，主动接受群众评判，引导群众帮助我们查摆问题，落实整改。

三、关键要敢碰硬、动真格，切实解决问题，取信于民

发现问题只是起点，解决问题、特别是解决群众关注的突出问题，使群众真正满意认同才是目的。这次教育实践活动有没有成效，根本上还是以群众的感受和工作实效来衡量，让群众得实惠。找到问题，又不解决问题，过程越是轰轰烈烈，形式越是夺人眼球，就越是在搞新的形式主义。特别是我们让群众讲了真心话，群众认真提出了问题，我们又不解决，说到、做不到，只会让群众更反感，就会失去群众的信任。为此，我们必须始终把切实解决问题作为教育实践活动的着力点。

一要即知即改。发现什么问题，就解决什么问题。不等不靠，能解决的就马上解决。强

调问题导向，从现在做起、从我做起，从领导干部做起，马上就改，要真改、真转、真变，让群众看得见、感受得到、内心认同。中央制定八项规定后，我们结合上海实际，研究制定市委30条细化实施办法，并加强对贯彻落实中央八项规定和市委实施办法的检查督促。比如，针对基层群众反映强烈的机关各类文件简报比较浪费的问题，我们已经着手精简文件简报，6月底起，报市委的参阅件已经取消纸质报送，改为电子版送阅材料，党政机关“网上办公”也开始试点。

二要领导带头找、带头改。这次教育实践活动，中央政治局率先垂范，树立了榜样。上海也从市委常委会自身抓起，按照总书记要求，做到“五个带头”，即带头学习、带头听取意见、带头谈心、带头开展批评与自我批评、带头整改，坚决防止“灯下黑”。坚持敢碰硬，动真格，看到了问题，就用整风的精神开展批评与自我批评，不闻过则过，也不避重就轻，决不能出现对上级批评放“礼炮”，对同级批评放“哑炮”，对自己批评放“空炮”的现象。要求市级领导机关、领导班子和领导干部以身作则、率先垂范，在学习上先一步，认识上高一层，实践上先一招，带头整改，带头推动定规矩、立制度，一级做给一级看，一级带着一级干，把作风带好，把好的风气带出来。

三要整改落实、建章立制。这是加强作风建设的治本之策。我们坚持把建章立制贯穿活动全过程，从一开始就强调，要紧扣群众反映强烈的突出问题，紧密联系本地区、本单位、本部门的实际和业务工作，找到工作不力、群众不满、基层反感背后的深层原因，从体制机制上拿出整改办法，建立长效机制。坚持从严要求、从严管理。中央明确规定不能做的，坚决执行到底，决不允许打折扣、做选择、搞变通。结合上海实际的制度规定，努力按更高标准、更严要求去定。制度一旦形成，就要责任明确、严格执行，确保制度面前没有特权、制度约束没有例外，坚决打消一些干部仍存在的侥幸心理、观望态度，坚决查处任何顶风作案、以身试法的人员，正风肃纪，形成威慑。坚持开阔视野，透过现象看本质、找规律，抓紧推动与干部作风紧密相关的重大改革，抓紧推动政府职能转变，抓紧健全面向实践、面向基层、面向群众选拔培养干部的长效机制，从源头上助推作风转变。建章立制，最终要落脚到可监督、可检查、可追究、可问责上，把监督权和评价权交给群众，顺应民意抓改进，依据民意抓效果，让群众检验活动的成效。最终通过制度建设，使领导干部始终在有效的监督中行使职权，权力运行始终在法律规章的约束下进行。

四要两手抓、两促进，确保改革发展各项工作稳步推进。中央要求上海继续当好全国改革开放的排头兵和科学发展的先行者，赋予上海率先探索建设中国(上海)自由贸易试验区的重大任务。我们要以这次教育实践活动为契机，进一步把思想和行动统一到中央的决策部署上来，坚持两手抓、两手硬，以为民务实清廉的群众路线活动成效，促进作风建设有新面貌，推动改革开放有新突破，实现创新转型有新进展，不断开创上海改革发展的新局面。

（作者：中共中央政治局委员、上海市委书记）

牢牢把握总要求　把整风精神贯彻始终

孙春兰

"照镜子、正衣冠、洗洗澡、治治病"是习近平总书记对党的群众路线教育实践活动提出的总要求，是指导当前教育实践活动的重要遵循，也是党员、干部加强党性修养锻炼的行动指南，对于提高管党治党水平、永葆党的先进性和纯洁性具有长远指导意义。我们认真学习习近平总书记的重要讲话，深刻理解其丰富内涵，牢牢把握好精神实质，不折不扣地把整风精神贯彻教育实践活动始终，力求取得实实在在的效果。

一、总要求是党的整风精神的继承和发展

我们党在长期自身建设实践中，尤其是在历次整党整风和集中教育实践活动中，形成了包括整风精神在内的一系列优良传统和作风。"照镜子、正衣冠、洗洗澡、治治病"的总要求同党在历史上形成的整风精神既一脉相承又与时俱进，是整风精神在新的历史条件下的传承和弘扬，是党的思想作风建设的经验总结和智慧结晶，是中国共产党人精神品格的集中体现。

总要求体现了自我净化、自我完善、自我革新、自我提高的无私无畏精神。共产党人没有任何私利，为了人民的利益甚至可以献出生命，"难道还有什么不适合人民需要的思想、观点、意见、办法，舍不得丢掉的吗？难道我们还欢迎任何政治的灰尘、政治的微生物来玷污我们的清洁的面貌和侵蚀我们的健全的肌体吗？"习近平总书记强调，"无私者无畏"，党员、干部尤其是领导干部，要有抛开面子、揭短亮丑的勇气，有动真碰硬、敢于交锋的精神，有深挖根源、触动灵魂的态度，勇于向自身开刀，勇于自我清洗，勇于刮骨疗伤，对作风之弊、行为之垢来一次大排查、大检修、大扫除。这是共产党人随时准备坚持真理、修正错误应有的品质。

总要求体现了以民心为镜、开门整风的民主精神。全心全意为人民服务是党的根本宗旨，"我们如果有缺点，就不怕别人批评指出"。习近平总书记在教育实践活动一开始就指出，"群众的眼睛是雪亮的。党员、干部身上的问题，群众看得最清楚、最有发言权。要坚持开门搞活动，一开始就扎下去听取群众意见和建议，每个环节都组织群众有序参与，让群众监督和评议，切忌'自说自话、自弹自唱'"。中国共产党人从不害怕任何人批评，这是我们的一贯作风，也是传统，更是我们赢得信任、避免重蹈"历史周期率"的根本途径。

总要求体现了即知即改、善做善成、雷厉风行的务实精神。一打纲领不如一个实际行动。习近平总书记指出，认识到了就做起来，要从现在做起，雷厉风行，说到做到。要言必信、行必果，发扬"钉钉子"精神，持之以恒、锲而不舍，善始善终、善做善成。中国共产党人以郑重的态度对待自己的缺点和不足，立查立改、立说立行、有诺必践、以行立威。这是求真务实的作风，也是对人民群众无限忠诚的态度。

总要求体现了从严要求、从严执纪、从严管理的自律精神。党的十八大以来，中央政治局带头执行"八项规定"，以实际行动为全党改进作风作出表率。教育实践活动开展以来，习近平总书记又多次强调，要有严的标准、严的措施、严的纪律、严的管理、严的监督，坚持制度面前人人平等、执行制度没有例外，确保党的纪律刚性运行。强调领导干部要以身作则、率先垂范，以普通党员身份把自己摆进去，用严格的尺

子衡量自己，用很高的标准要求自己，用无私无畏的勇气对照、检查、改进、提高自己。十二个字的总要求，实际上也是我们每个党员、干部自我约束、自我规范的行为准则。

二、总要求是教育实践活动的重要遵循

"照镜子、正衣冠、洗洗澡、治治病"，不仅指明了教育实践活动的目的任务，而且指明了活动的方法步骤。党的群众路线教育实践活动一开始，天津市委就紧紧抓住学习教育、查摆问题两个基础，把正风肃纪、建章立制融于其中，把总要求贯彻于各个环节，"你中有我，我中有你"，联动推进，相互渗透，真正把整风精神贯穿于教育实践活动始终。

把总要求贯彻到学习教育上，就是以整风精神清扫思想灰尘，增强思想自觉和行动自觉。着眼于从思想根子上解决党员、干部的理想信念、立场观点、思想感情问题，我们采取研读原著系统学、研讨交流深入学、重温传统思考学、带着感情体验学、对照镜子查中学、反腐案例警示学等多种形式，以深学促深思、以自警促自省、以严照促严查。围绕为民务实清廉主题，市委召开专题报告会和讨论会，列出如何牢固树立群众观点、如何始终走好群众路线、如何聚焦"四风"改作风、如何建立为民务实清廉长效机制等5个问题，深入思考"为了谁、依靠谁、我是谁"等根本问题。参观"红色足迹遍津门"和"为民务实清廉——党风楷模周恩来"专题展览，观看电影《周恩来的四个昼夜》，体味我们党艰辛的奋斗历程，感受革命先辈亲民爱民的公仆情怀和优良作风。请基层党员、干部的先进典型给市级和部门、区县领导干部作专题报告，以他们牢记宗旨、无私奉献、服务群众的模范事迹为镜，见贤思齐，查找差距。参观新中国反腐败第一大案展览，观看《居安思危》、《从政道德警示录》等专题片，用刘青山、张子善等反面典型案例警己律己，增强"赶考"的忧患之心。在活动中，引导教育党员、干部始终以党章为镜、纪律为镜、民心为镜、典型为镜、改进作风的要求为镜，深刻对照检查在思想作风、工作作风、生活作风、领导作风，以及学风、文风、会风等方面存在的问题，以知促行，以行促知，知行统一。

把总要求贯彻到听取意见上，就是以整风精神开门搞活动，广纳群言，即知即改。我们坚持全过程开门搞活动，让群众监督评议，请群众"品头论足"，帮助我们端正衣冠、清垢治病。在听取意见时坚持"四个导向"。

一是以问题为导向，正面反面兼听。听建议更听意见，听肯定的话更听逆耳的甚至牢骚、埋怨的话。群众的每一条意见建议都原汁原味地梳理，做到问题不回避、矛盾不遮掩、困难不轻描、有"病"不讳医。

二是以需求为导向，上下左右都听。听各级领导干部的意见，也听普通群众的意见；听上级督导组的指点，也听下级的评议；听同级、同事的建言，也听服务对象的评判；听在职党员干部的意见，也听离退休老同志的意见；听党内同志的直言，也听党外人士的诤言。领导干部听意见力求做到"五个到"：到矛盾多、条件差、困难大的地方，到基层前沿一线的地方，到领导干部平时去得少的地方，到田间地头、工厂车间、工地现场，到生活困难的群众家中。市委常委同志带头深入各联系点和基础弱、矛盾多、困难大的村庄、社区、企业、学校等基层单位，广泛听取群众意见，每人都形成调研报告，提交常委会研究。

三是以交心为导向，设身处地深听。在调研走访、征求意见中，严格遵守中央"八项规定"，领导干部与群众坐在一个炕头、一条板凳上，促膝交谈，设身处地、感同身受，与群众真诚交流交心，既接受教育、受到触动，又发现问题、解决问题。群众在天津教育实践活动官网上留言："走基层轻车行，不带记者闪光灯，走街串户聊家常，求真务实一风清。"

四是以长效为导向，贯穿始终反复听。采取请上来听、走下去访，面对面谈、背对背提，发

表格征、网络上搜等各种方式，多轮反复，层层扩大，群众参与面一轮比一轮更广泛，反映的问题一轮比一轮更深入。

把总要求贯彻到查摆问题、开展批评上，就是以整风精神开展认真而不敷衍的思想斗争，真洗真治，真正红红脸、出出汗、排排毒。查不出问题本身就是问题，不知何处是“歪”本身就是“歪”。市委抓住“一把手”这个关键，落实各单位“一把手”第一责任人职责，加强督促和问责，真正把自己摆进去，不当置身事外的“逍遥派”，不当只照别人的“手电筒”，上率下行，层层示范，一级做给一级看。在广泛听取意见的基础上，市委常委用两天时间召开查摆“四风”问题专题讨论会，聚焦“四风”逐项逐条查、往深处细处查，不散光走神、不避重就轻、不舍本逐末、不“打捆查摆”，不以工作问题代替“四风”问题，不以笼统的班子问题代替个人存在的问题，不以客观原因的分析代替主观因素的剖析，从理想信念、宗旨意识、党性修养、政治纪律上深挖思想根子。按照习近平总书记关于“触及灵魂与促进团结相统一”的要求，围绕召开高质量的民主生活会，我们精心谋划、充分准备，提前打“预防针”，出“安民告示”，把会前工作做扎实，着力解决“放不开胆子、磨不开面子、找不准靶子、兜不清底子、挖不了根子”的问题，力求做到“四透、四到位”：相互之间谈心交心要透、民主生活会上问题要点透、个人剖析中思想根源要挖透、意见忠告拿到桌面上说透，批评开展到位、灵魂触及到位、共识凝聚到位、整改落实到位，真正达到出汗排毒、醍醐灌顶、醒脑省心、神清气爽的目的。坚持把惩前与毖后、治病与救人、弄清思想与团结同志、查摆问题与落实整改统一起来，引导各级领导班子在开展批评和自我批评时，既要在原则问题上严之又严、紧之又紧，动真格敢较真，又要在非原则问题上善交流、勤提醒，讲究方式方法，不搞无限上纲、人人自危；既要以科学的态度开展积极健康的思想斗争，敞开心扉、敢于交锋，防止“庸俗化”，又要坚持实事求是、出于公心、与人为善，防止“极端化”；既要坚持惩前毖后、治病救人，对事不对人，通过查摆问题、以事论理，达到共同提高的目的，又要严肃执纪，特别是对问题严重的坚决进行组织处理。

把总要求贯彻到整改落实、建章立制两个关键上，就是以整风精神立查立改、立说立行、善做善成。坚持在学中查、查中改、改中建，无缝链接、整体推进。坚持一手抓正风肃纪专项工作，一手抓服务效能的提高。本着有什么问题就解决什么问题，什么问题突出就着重解决什么问题，什么问题紧迫就抓紧解决什么问题的原则，在全市开展以“十查摆、十整改”为主要内容的正风肃纪专项工作，通过自查自纠、完善制度、公开承诺、接受监督、组织检查等步骤，集中解决群众反映强烈的突出问题。把转作风与提效能紧密结合起来，在全市推进公共服务标准化，全面提高行政效能和为民服务水平。坚持一手抓各级领导机关和党员、干部作风转变，一手抓村和社区的基层基础工作。从今年开始用 4 年的时间开展市级机关、市属企事业单位结对帮扶 500 个困难村，市和区县两级机关、企事业单位联系服务 500 个社区的工作，打造党员、干部服务基层和群众的有效载体，把转作风的成果落实到基层，落实到群众的心坎上。坚持一手抓整改落实，一手抓建章立制。我们坚持查摆一批、整改一批、规范一批、提升一批，通过整改落实找漏洞、补笼子，跟踪做好“立、改、废”工作，把正风肃纪的成果及时用制度巩固下来，形成作风建设的长效机制。活动开展以来，我们着力健全和完善党员领导干部基层联系点制度、改进机关和公务员作风的制度、联网实时审计监督制度，进一步规范会议文件、学习培训、外事出访、公务接待、公务用车、办公用房、节庆论坛展会等，着力落实一些已经明确规范的事情，约束一些不合规范的事情，规范一些没有规范的事情，防止和克服“四风”问题的顽固性和反复性，做到学习教育、查摆问题每深入一步，正风肃纪、建章立制就跟进一步；教育实践活动每向前推进一步，实际成果就往更宽领域拓展一步，让群众真正看到变化、得到实惠。

三、总要求是党员、干部加强党性修养的行动指南，对于提高管党治党水平具有长远指导意义

“照镜子、正衣冠、洗洗澡、治治病”，充满着唯物辩证法的思想，凝结着深刻的规律性认识，是党员、干部加强党性修养的重要途径，是一生一世的修炼，也是党内政治生活的重要组成部分，是须臾不可离的法宝。学习习近平总书记的重要论述，我体会，牢牢把握总要求，就要在实践中正确处理以下几个方面的关系：

第一，“知”与“行”相互统一。习近平总书记强调指出，教育实践活动，要一手抓教育，一手抓实践。知之越深，才能行之越远、走之越正。“四风”问题表现于行为作风，根子在理想信念、在立场观点、在思想感情。立场树不起来，作风就沉不下去；感情拉不近，工作就贴不紧；理想信念动摇，精神上“缺钙”，气节必然不保，防线就会崩溃。这些思想，是马克思主义知行统一观在教育实践活动中的具体体现，也是我们党把思想建设放在首位，以思想建设促作风建设这一历史经验的运用和发展。管党治党必须把解决行为作风问题同解决理想信念问题紧密结合起来，用党性修养促作风转变，用主观世界的持续改造促良好行为的不断养成。

第二，“立”与“改”相互结合。习近平总书记指出，这次教育实践活动要“立”字当头，同时又要以整风精神抓整改。我体会，所谓“立”，就是在理想信念上立支柱、在行为上立标准、在制度上立规矩、在作风上立形象、在群众中立威信。所谓“改”，重点改不合党的宗旨的观念、改群众不满的工作、改不合时宜的制度、改群众工作的方法、改群众反感的作风。坚持不懈地在立中改、改中立，是管党治党的一条重要经验，我们要以等不起的紧迫感、慢不得的责任感、坐不住的危机感行动起来，边学边改、边查边改、边整边改，用“钉钉子”的精神，一事一事做，一件一件改，改出党内新风气，立起队伍新形象。

第三，自律与他律相互借力。贯彻总要求，主要靠自己照、照自己，自查自纠、自洗自治。对于存在问题而又不能真心诚意、格“己”致知的党员干部，就要批评教育，对问题严重的进行查处，对不正之风和突出问题进行专项治理。要引导和组织群众帮助党员、干部查摆问题，监督党员、干部实施整改，形成党内外良性互动。坚持自律与他律相结合，既体现从严治党要求，又体现了爱护干部、区别对待的原则，是管党治党必须长期坚持的重要原则。

第四，治标与治本统筹兼顾。既要立足当前、切实解决群众反映强烈的突出问题，又要着眼长远、建立健全促进党员、干部坚持为民务实清廉的长效机制。习近平总书记指出，在这次教育实践活动中，建章立制非常重要，要把笼子扎紧一点，牛栏关猫是关不住的，空隙太大，猫可以来去自由。因此，我们必须着力加强制度建设，以法治的思维和方法抓好作风建设，以改革的办法固化作风建设成果，把制度的笼子扎紧、铸牢、关严，让老虎苍蝇都难逃法网，这是党的制度建设和反腐倡廉建设一项长期的根本性的任务。

（作者：中共中央政治局委员、天津市委书记）

新时期贯彻党的群众路线的生动实践

孙政才

在全党开展党的群众路线教育实践活动，是新时期新形势下马克思主义群众观的一次再学习、再教育、再实践，是实现党的奋斗目标、巩固党的执政基础、提高党的执政能力的必然选择，非常紧迫、重要和及时。习近平总书记指出："开展党的群众路线教育实践活动，对保持党的先进性和纯洁性、巩固党的执政基础和执政地位，对全面建成小康社会，具有重大而深远的意义。"我们必须站在党和国家事业长远发展的战略高度，切实增强贯彻党的群众路线的政治自觉、思想自觉和行动自觉。

一、贯彻群众路线是党的历史经验、历史方位和历史使命所系

人民群众是历史的创造者，群众路线是党的生命线和根本工作路线。回顾党 92 年的奋斗历程，把握党所处的历史方位，审视党所肩负的历史使命，我们更加深刻地认识到这一点。

90 多年来，我们党领导的革命、建设和改革不断铸就新的辉煌，源于党始终同广大人民群众紧紧联系在一起。我们党成立以来，经过长期艰苦卓绝的奋斗，团结带领人民，胜利完成了新民主主义革命，完成了社会主义革命、进行了社会主义建设，进行了改革开放新的伟大革命，从根本上改变了国家和民族的前途命运，迎来了迈向中华民族伟大复兴的光明前景。不同时期的条件和任务有所不同，党的群众路线都是一以贯之的。正是坚持一切为了群众、一切依靠群众，从群众中来、到群众中去，我们才能历尽艰难而百折不挠，不断开创新局面、实现新跨越、铸就新辉煌。回顾重庆成为直辖市以来的发展历程，可以清楚地看到，重庆经济社会长足发展，改革开放取得较大突破，民生得以持续改善，特别是完成三峡百万大移民和实现 300 多万贫困人口脱贫等历史性任务，都是全市人民接续努力、共同奋斗的结果。保持党同人民群众的血肉联系，始终是确保我们各项事业不断发展和进步的取胜法宝。

新形势下，党风问题、党同人民群众联系问题，是关系党生死存亡的重大问题。"政之所兴，在顺民心；政之所废，在逆民心。"我们党的根基在人民，血脉在人民，力量在人民，人民群众始终是党的力量源泉和执政基石。密切联系群众是我们党的最大政治优势，脱离群众是党执政后的最大危险。当前，党面临的"四大考验"、"四大危险"比以往任何时候都更加复杂、更加严峻。从重庆党员干部队伍作风建设的情况来看，主流是好的，但一些党员干部形式主义、官僚主义、享乐主义和奢靡之风问题还比较突出，个别领导干部所作所为在群众中甚至造成极为恶劣的负面影响。这疏远了党群干群关系，带坏了社会风气，抹黑了党和政府的形象，影响了经济社会发展，必须引起我们高度警醒，下大力气抓紧加以扭转和解决。

面向未来，实现"两个一百年"奋斗目标和中华民族伟大复兴的中国梦，必须团结和依靠广大人民群众共同奋斗。党的十八大提出"两个一百年"奋斗目标，习近平总书记提出中华民族伟大复兴中国梦的战略构想，这是我们党面向未来的政治宣言，是激励中华儿女团结奋进、开创未来的旗帜。"中国梦归根到底是人民的梦，必须紧紧依靠人民来实现，必须不断为人民造福。"面对社会主义初级阶段的基本国情，面对发展起来以后的问题和前进道路上的

挑战,我们唯有坚持和贯彻党的群众路线,才能更加坚定中国特色社会主义道路自信、理论自信、制度自信,才能以13亿人民的大团结汇聚起实现中国梦的磅礴力量。对于重庆来讲,要加快“科学发展、富民兴渝”,全面建成小康社会,必须紧紧依靠全市广大人民,不断从人民群众中汲取智慧和力量,不断把我们的事业推向前进。

二、自觉实践为民务实清廉的价值追求

这次教育实践活动以为民务实清廉为主要内容,这抓住了群众路线的关键。在新形势下坚持群众路线,就是要自觉把为民务实清廉的价值追求深深植根于自己的思想和行动之中。

为民,强调的是“为了谁”,解决的是党的根本宗旨问题,事关党执政的根基、血脉和力量。习近平总书记指出:“人民对美好生活的向往,就是我们的奋斗目标。”真正解决好“为了谁”的问题,党就更有活力、生命力和创造力。“为民”,就要坚持为了人民、奉献人民、热爱人民,就要团结人民、带领人民、依靠人民。一些党员干部角色移位、错位,公仆意识淡化,高高在上,无视百姓疾苦,漠视群众利益,这是与党的性质宗旨完全相悖的。重庆还有14个国家级、4个省级扶贫工作重点县,有200多万贫困人口,改善和保障民生的任务繁重。我们必须牢固树立“为民”理念,既夙夜在公,服务人民,把群众的安危冷暖时刻放在心上,千方百计为群众排忧解难;又积极作为,创造条件,调动群众的主动性积极性,鼓励和引导人民用勤劳双手创造幸福美好生活。

务实,强调的是“怎么做”,解决的是工作作风问题,事关党的执政理念和行为方式。我们现在办许多事,往往不缺思路、点子和说法,缺的是责任、担当和落实。关键是要在落实上下功夫。习近平总书记反复告诫全党“空谈误国,实干兴邦”,就是要求全党同志求真务实、真抓实干,反对夸夸其谈、坐而论道。重庆集大城市、大农村、大库区、大山区于一体,仍处于欠发达阶段、属于欠发达地区,正处在统筹区域发展、统筹城乡发展、加快转变经济发展方式、加快体制机制改革创新的关键节点。我们想问题、作决策、干工作,都要坚持从重庆实际出发,决不能超越发展阶段、脱离现阶段实际,提那些看似激动人心、却不切实际的高指标、空口号,决不能违背发展规律,搞那些劳民伤财、贻祸子孙的面子工程、政绩工程。必须坚持实事求是、一切从实际出发,尊重科学、尊重规律,始终低调务实、少说多干,敢于担当、积极作为,一步一个脚印推进改革发展稳定各项工作。

清廉,强调的是“怎么样”,解决的是党的形象和本色问题,事关党的凝聚力和号召力。当前党内存在的腐败问题,已经成为影响党群干群关系的重大问题。这个问题解决不好,就会脱离群众,就会动摇党的执政基础。当前,少数干部理想迷惘、信念动摇,贪污堕落、腐化变质。如果放任这些问题发展恶化,后果不堪设想。近年来重庆发生的一系列腐败案件,严重损害了党和政府形象。必须深刻汲取教训,时刻绷紧廉洁自律这根弦,扎实推进党风廉政建设和反腐败斗争,努力营造廉洁从政、干净干事的好氛围,不断凝聚积极向上、奋发有为的正能量,切实树立和维护重庆的良好形象。

贯彻为民务实清廉的要求,必须聚焦和解决形式主义、官僚主义、享乐主义和奢靡之风。“四风”问题与党的性质和根本宗旨完全背离,与为民务实清廉的要求格格不入,是作风问题的集中表现,是损害党群干群关系的重要根源。开展教育实践活动,必须把着力点放在反对和解决“四风”问题上,下大力气扫除“四风”之害,全面加强党的建设。

三、以教育实践活动的实际成效取信于民

开展党的群众路线教育实践活动是当前的一项重大政治任务。重庆全市党员干部要认真落实中央部署和习近平总书记重要讲话精神,

围绕“照镜子、正衣冠、洗洗澡、治治病”的总要求，着力在坚定理想信念、强化宗旨意识，增强政治定力、严明党的纪律，勇于担当奉献、敢于坚持原则，完善体制机制、实现规范有序上下功夫，坚持领导率先垂范，带头抓学习教育、抓查找问题、抓调查研究、抓督促推动、抓整改落实，全体党员干部积极投身活动，努力使活动达到干部受教育、问题得解决、作风大改善、形象再提升、人民更满意的效果。

一是突出抓好思想政治建设，增强政治意识大局意识纪律意识。开展教育实践活动，必须把思想政治建设摆在第一位，进一步提高党员干部的思想政治素质和修养，做到始终坚持正确的政治路线、政治立场、政治方向、政治道路，在任何时候、任何情况下都能保持清醒的政治头脑和政治本色。要坚定不移地走中国特色社会主义道路，深入贯彻落实党的十八大精神，加快全面建成小康社会步伐；坚定不移地用邓小平理论、“三个代表”重要思想、科学发展观武装头脑、指导实践、推动工作；坚定不移地在思想上政治上行动上同以习近平同志为总书记的党中央保持高度一致，坚决维护中央的权威，确保中央政令畅通。要教育广大党员干部更加牢固地把好正确的世界观、人生观、价值观这个“总开关”，更加自觉地践行实事求是的思想路线，更加紧密地保持党与人民群众的血肉联系。

二是突出抓好学习教育和查摆问题，为开展活动奠定坚实基础。这是中央强调的教育实践活动的两个基础。我们坚持把学习教育贯穿活动始终，既要求个人自学，也组织集中学习；既认认真真、原原本本地学习原作原著，也紧密联系实际思考问题；既注重个人自觉、独立思考、深刻领悟，也注重讨论交流、思想碰撞、相互启发；既向书本学习，掌握理论，也向基层、向群众学习，接好地气。市委多次召开常委会、领导小组会和专题集中学习会，认真学习习近平总书记一系列重要讲话精神、中国特色社会主义理论、党的历史、党的领袖关于群众路线重要论述，进一步提高对群众路线的认识，增强搞好教育实践活动的思想自觉。

查摆问题，要对照党章、对照先进典型、对照反面案例、对照群众意愿、对照基层和市场主体需求“照镜子”。要照“平面镜”、“放大镜”，不照“哈哈镜”，既注意查找小事和细节背后折射出的大问题，查找平时看不清楚、习以为常的问题；又防止避实就虚，把自己照“好看”了、把别人照“丑”了。要真正把自己摆进去，敢于揭短亮丑、触及灵魂，决不可以只讲下级不讲自身、只讲别人不讲自己、只讲班子不讲个人、只讲工作不讲思想、只讲虚的不讲实的、只摆现象不作剖析。市委先后召开 9 次常委会、3 次领导小组会，举办 4 次专题会，认真研究搞好教育实践活动；召开 11 次征求意见座谈会，广泛听取干部群众意见、查找突出问题。第一批活动启动单位也普遍行动起来，抓学习、搞调研，听意见、查问题，征求各类意见建议 7784 条，制定整改措施 1813 条，活动开展扎实有序。

三是突出抓好“四风”整治，解决群众反映强烈的突出问题。这次活动的聚焦点是解决“四风”问题，解决人民群众反映强烈的民生等实际问题。我们坚持把治标和治本结合起来，既注重有什么问题就解决什么问题，什么问题突出就解决什么问题；又着力在理想信念、宗旨意识及制度创新、体制机制改革等方面下功夫。

在解决“四风”突出问题方面，我们坚持边学边纠、边查边改、边破边立。中央“八项规定”下发后，我们结合实际，明确了 7 个大项、23 个小项的具体规定。今年以来，与上年同期比较，全市性会议数量减少 21%、会期缩短 41%，文件数量减少 21%，公务接待费减少 28%，车辆配置费减少 29%，因公出国费减少 40%。全市评比达标表彰项目由 143 项减至 70 项，表彰次数由年均 55 项次减至 20 项次。全面清理各类领导小组和议事协调机构，等等。这些都为教育实践活动奠定了坚实基础。下一步要着力解决领导干部思想不纯、立场不坚定，缺乏担当精神、怕接触矛盾，作风漂浮、工作落实不力，衙门习气、好大喜功，铺张浪费、奢华享乐，不讲原则、违背程序，搞“小圈子”、凭个人好恶用人等问题。

在解决人民群众反映强烈的突出问题和具体困难方面，着力在全市深入开展“五项行动”，即：正风肃纪专项治理行动，祛歪风、压邪气，倡新风、树正气；提升效能服务市场主体发展行动，着力打造各类市场主体公平竞争的良好环境；优化考核助推区县科学发展行动，以科学考核促进各区县因地制宜、科学发展，促进干部转变作风、树立科学发展观；干部下访化积案解难题行动，着力解决影响社会和谐稳定的突出问题和群众生产生活的具体困难；固本强基创建基层服务型党组织行动，切实提高做好群众工作的能力。同时，把民生工作摆在更加突出位置，坚持既尽力而为、又量力而行，既当期可承受、又长远可持续，既解决民生实际问题、又持续提高民生整体水平，既抓实具体民生项目、又建立民生工作长效机制，切实增强民生工作的针对性、实效性和可持续性，多做雪中送炭的工作，少做锦上添花的事情。在全面推进城乡居民就业、社保、教育、医疗、住房、环保等重大民生工程的基础上，区分城市和农村，针对普遍性的、具体的突出民生事项制定方案，提出解决办法。

四是夯实基层基础工作，提高为民利民服务水平。我们以教育实践活动为契机，着力为群众办事、为百姓解难。切实加强城乡社区建设，加强社区公共服务，关心关爱基层干部。大幅度减轻城乡社区的额外负担特别是事务性负担，让社区干部把主要精力集中到服务社区居民、建设和谐社区上来。不断创新群众工作方式方法，在全市乡村大力推广干部与群众面对面交流的村民“院坝会”、“赶场会”，在城乡社区基层党组织大力推广党群“连心卡、连心箱、连心室”活动，大力推广“网络化 + 网格化”群众工作信息管理，不断提高基层党组织为民利民便民服务水平。进一步拓宽群众诉求渠道，针对群众反映强烈的基层执法、涉法涉诉、征地拆迁、生态环保等问题，积极寻求解决途径，及时发现问题，妥善处置问题。

五是突出抓好勤政廉政，永葆共产党员政治本色。恪尽职守、勤勉尽责，是对党员干部的基本要求；廉洁从政、清白为官，是党员干部应坚守的底线。我们要求全市党员干部进一步增强责任意识、服务意识，大力倡导低调务实、少说多干，敢于担当、积极作为，始终保持奋发进取的精神状态和争创一流的工作劲头，敢啃“硬骨头”，知难而进，全身心投入改革发展实践。教育党员干部正确看待和运用手中权力，脑子里时刻有一盏“红绿灯”，筑牢拒腐防变思想防线，保持清正廉洁政治本色。注重从源头上预防和解决腐败问题，加强容易滋生腐败的重点领域和关键环节的管理，不断铲除腐败现象滋生的土壤和条件。始终保持惩治腐败的高压态势，对违纪违法案件，坚持发现一起、查处一起，以实际行动取信于民。

六是突出抓好制度建设，保证作风建设常态长效。搞好教育实践活动，重在实效，贵在长效。治理“四风”，加强作风建设，要坚持标本兼治、重在治本。制度是治本之策，是釜底抽薪之计，是管源头、管长远的。要着力推进改革和制度建设，把权力关进制度的笼子里。我们坚持依法治市、依法行政，大力建设法治重庆，努力实现作风建设法治化、规范化、科学化。深化行政体制改革和转变政府职能，推进行政审批制度改革，大力简政放权。改革干部人事管理制度，完善选人用人机制。坚持边整改、边总结、边提升，把一些经过实践检验、行之有效的经验做法上升为新的制度，制度要具体化和具有可操作性，以制度固化作风建设成果。切实维护规章制度的严肃性和权威性，强化制度的约束力和执行力。

（作者：中共中央政治局委员、重庆市委书记）

真正把改进作风落到实处

胡春华

当前，广东正按照中央的统一部署，扎实开展党的群众路线教育实践活动。通过系统学习习近平总书记一系列重要讲话精神，通过对广东在“四风”方面存在的突出问题的边查边整边改，我们受到了教育，深化了认识，增强了弘扬党的群众路线的政治自觉。我们深刻体会到，弘扬党的群众路线，扎实推动教育实践活动取得实效，必须牢牢把握作风建设这个聚焦点，在解决突出问题上下功夫，以优良党风促政风带民风，为广东实现“三个定位、两个率先”的总目标提供坚强的作风保障。

一、加强作风建设是一项重大而紧迫的任务

良好的作风是我们党区别于其他政党的显著标志。高度重视作风建设是我们党的优良传统和政治优势，在革命、建设、改革的长期实践中，我们党之所以能够战胜各种困难，实现一个又一个奋斗目标，就是因为我们党始终以优良作风赢得了最广大人民群众的拥护。我们党要长期执政，人心向背是根本，群众工作是基础，优良作风是保障。丢掉了优良作风，就会丧失民心支持，就会动摇执政根基。

加强作风建设，是我们必须面对的时代课题。习近平总书记深刻指出，“随着改革不断深入和对外开放不断扩大，党必将面临前所未有的风险和挑战，党的作风建设始终是摆在我们面前的一项重大而紧迫的任务，抓作风建设一丝都不能放松、一刻都不能停顿”。特别是现阶段，我国经济体制深刻变革、社会结构深刻变动、利益格局深刻调整，群众的构成和利益诉求日益多元多样，加强作风建设面临着一系列新情况新问题新挑战。尤其是一些地方、一些单位、一些领导干部在作风方面存在突出问题，直接损害了党在人民群众中的威信和形象，我们决不能听之任之，任其发展。越是深化改革开放和发展社会主义市场经济，越是在这样的条件下长期执政，越要重视加强作风建设，这是关系党的事业兴衰成败的重大政治课题。

弘扬党的群众路线，加强作风建设，对于做好广东工作至关重要。广东是经济大省，但城乡区域发展很不平衡，无论是加快粤东西北地区发展，还是推进珠江三角洲地区转型升级，都要求我们的党员干部树立求真务实、敢于担当的优良作风，把发展改革的各项措施落到实处。广东是人口大省，人民群众对改善民生的期望较高，加之经济社会进入转型期，社会流动性比较大，各种社会矛盾暴露得相对较早较集中，如果我们的党员干部宗旨意识不强，不树立优良的作风，不善于做群众工作，群众的各种诉求就得不到及时回应，社会矛盾也得不到妥善处理，就必然会影响社会稳定大局。广东地处改革开放前沿，面临复杂环境，只有时刻绷紧作风建设这根弦，坚持团结和依靠人民群众，才能筑牢团结奋斗的思想基础和群众基础，也才能为港澳长期繁荣稳定创造良好环境。我们必须充分认识加强作风建设在当今时代的重要性和紧迫性，围绕保持党同人民群众血肉联系这一核心，与时俱进地加强和改进作风建设。

二、解决“四风”问题是作风建设的聚焦点

改革开放以来，广东发展取得的一切成就，都是在党中央正确领导下，全省各级党委政府

团结和依靠广大人民群众，以求真务实的作风、敢为人先的勇气和艰苦创业的精神干出来的。在新的发展阶段，广东要实现“三个定位、两个率先”的总目标，加强作风建设同样带有决定性意义。我们要以正在开展的党的群众路线教育实践活动为契机，切实把作风建设抓出成效。

开展党的群众路线教育实践活动，中央明确要求聚焦作风建设，集中解决形式主义、官僚主义、享乐主义和奢靡之风“四风”问题，这抓住了问题的要害和关键。习近平总书记深刻指出，“四风”是违背我们党的性质和宗旨的，是当前群众深恶痛绝、反映最强烈的问题，也是损害党群干群关系的重要根源。党内存在的其他问题都与“四风”有关，或者是“四风”衍生出来的。“四风”问题解决好了，其他一些问题解决起来也就有了更好条件。从广东来看，干部作风主流是好的，但对照中央关于作风建设的要求，“四风”问题在广东都不同程度地存在，有的还比较突出，我们必须从严要求，对准焦距、找准穴位、抓住要害，认真查找并着力解决存在的突出问题。

对照“为民”的要求，一些干部对人民群众感情淡薄，一些地方干群矛盾尖锐，官僚主义问题突出。有的长期不下基层，不接地气，和群众搞不亲、坐不近、谈不拢。有的调研蜻蜓点水，走马观花，听不到真实意见，看不到真实情况。有的防群众、怕群众，不敢做、不会做群众工作。有的不问群众意愿，不顾实际情况，机械执行上级决定，生搬硬套其他单位、其他地区的做法。有的工作方法简单粗暴，让老百姓很反感。

对照“务实”的要求，一些干部工作不扎实不落实，形式主义问题突出。有的把心思放到做表面文章上，讲形式不讲内容。有的好高骛远，贪图虚名，不顾实际提过高目标，不计后果竭泽而渔。有的干部习惯坐而论道，口头上“落实”，行动中“落空”。

对照“清廉”的要求，一些干部贪图享受，享乐主义和奢靡之风问题突出。有的艰苦奋斗意识淡化，讲享受不讲奉献，凡事搞排场摆阔气，铺张浪费讲奢华。有的思想空虚意志消沉，浑浑噩噩熬资历，得过且过混日子。更有一些干部守不住基本底线，为政不勤不廉，甚至道德败坏，以权谋私，腐化堕落。

对照广东发展新阶段新要求，一些干部紧迫感和责任感不强，精神不振奋的问题突出。有的骄傲自满，盲目自大，看不到我们的发展现状与“三个定位、两个率先”总目标的很大差距。有的成天把“紧迫”、“责任”挂在嘴上，心底里却不以为然。一些发达地区的干部自以为发展起步早、经验多，安于现状，不思进取，干事创业劲头大不如前。一些欠发达地区的干部对落后面貌习以为常，长期“等、靠、要”，结果丧失了发展机遇。

这些作风上的突出问题，决不是小节，其危害不可低估，放任这些不良之风蔓延，势必危害党的事业和执政地位。广东在全国发展大局中具有重要地位，当前改革正处于攻坚期、发展处在转型期、稳定处在矛盾凸显期，干部精神懈怠、作风不实，就不能团结带领广大人民群众艰苦奋斗，就实现不了习近平总书记提出的“三个定位、两个率先”的总目标。我们必须坚持从严治党，坚持从严整风，聚焦“四风”不“走神”、不“散光”，通过“照镜子、正衣冠、洗洗澡、治治病”，切实解决广东干部在“四风”上的突出问题，努力打造一支保持清正廉洁、敢于攻坚克难、勇于开拓创新、具有过硬作风的干部队伍，承担起广东改革发展的重大使命，不辜负党中央的重托和广东人民的期待。

三、关键是领导干部带头

领导干部是作风建设的关键，是这次教育实践活动的组织者、参与者，更是受教育者。领导干部作风好坏，影响的是一大片地方、一大批干部。领导干部作风这一关过不了，一切都无从谈起。领导干部加强作风建设的一个基本要求，就是要求别人做到的自己首先要做到，要求别人不做的自己坚决不做。在这个问题上，习近平总书记和中央政治局常委同志带了好头，我们必须学习跟上。各级领导班子和领导干部要发挥表率作用，带头整改自身存在的问题，带头解决群众反映强烈的突出问题，带头真心实意为群众办实事谋利益，带动广东干部作风有一个大的转变。

要坚持讲政治守纪律这个根本。判断领导干部特别是一把手作风状况的一个根本点，就是要看能否严守政治纪律，做到在思想上、政治上、行动上与以习近平同志为总书记的党中央保持高度一致。我们必须以更高的尺子衡量自己，用更高的标准要求自己，讲政治、顾大局、守纪律，自觉服从党和国家工作大局，坚决维护中央权威，坚决执行中央决策部署，自觉做到有令则行、有禁则止。

要坚持求真务实这个导向。当前作风建设上存在的种种问题，说到底是脱离实际、脱离群众带来的。改进工作作风，必须坚持实事求是、求真务实，把各项工作落到实处。具体工作中尤其要注意抓好调查研究。调查研究既是一种工作方法，又是领导干部联系实际、联系群众的重要途径。领导干部要把调查研究作为一项基本功和决策的必经程序，拿出时间和精力，真正深入基层、深入群众，察实情、听民意、谋实策，为正确决策奠定基础。

要坚持用结果说话这个标准。习近平总书记指出，"检验我们一切工作的成效，最终都要看人民是否真正得到了实惠，人民生活是否真正得到了改善"。同样，检验我们作风的好坏，也要拿出结果来。如果老百姓不满意，那么转变作风肯定就是空的。事实上，要结果就会重实干，工作是干出来的；要结果也会重实际，不结合实际就不会有好的结果；要结果还会推动干部反对官僚主义和形式主义，因为这两个"主义"只会搞花架子、做表面文章，对完成任务只有害处没有好处。领导干部一定要努力形成用结果说话、重实干求实效的工作导向和政绩导向。要坚持科学审慎决策，时刻把群众利益摆在首位，决不以牺牲群众利益为代价，决不能搞"形象工程"、"政绩工程"，而要多做打基础、利长远的事情，努力创造群众认可、不含水分、经得起考验的实绩。

要坚持清正廉洁这个底线。党的十八大指出，要做到干部清正、政府清廉、政治清明。群众最不能容忍的就是党员干部搞腐败，清廉从政是群众对党员干部的最起码要求。广东干部队伍主流是好的，是清正廉洁的，但腐败现象仍处于多发高发态势，大案要案时有发生。各级领导干部一定要警钟长鸣，拒腐防变，始终保持清正廉洁的政治本色，切实为人民群众掌好权用好权。坚持清正廉洁，必须树立底线思维，绷紧党纪国法的"高压线"，严格遵守党风廉政建设各项规定，坚守做人、处事、用权、交友的原则底线。要树立正确的权力观，把为人民谋利益作为行使权力的根本出发点和落脚点，决不能用党和人民赋予的权力谋取私利。要完善制度建设，强化对权力的监督，规范权力运行程序，让权力在阳光下行使，把权力关进制度的笼子里。

加强作风建设是一项长期任务。当前和今后一个时期，我们将按照中央部署，集中精力开展好党的群众路线教育实践活动，确保活动取得扎实成效，努力形成改进作风的长效机制，努力在教育实践活动的持续推进中，不断取得广东经济社会发展的更大成绩。

（作者：中共中央政治局委员、广东省委书记）

热爱各族人民　建设美好新疆

张春贤

在全党深入开展党的群众路线教育实践活动，是我们党审时度势、高瞻远瞩作出的重大战略部署。从新疆实际出发，开展好党的群众路线教育实践活动，就是要教育广大党员干部牢固树立宗旨意识、强化群众观点，把为民务实清廉的价值追求深深植根于思想和行动中，真心热爱新疆各族人民，真诚为新疆各族人民服务，真正凝聚和带领各族人民群众，建设繁荣富裕和谐稳定的美好新疆。

一、增强热爱各族人民、建设美好新疆的自觉性和坚定性

开展党的群众路线教育实践活动是当前一项重大政治任务。我们要深刻领会习近平总书记“三个必然要求”的重要论述，把思想统一到中央的决策部署上来。在新疆，开展教育实践活动，树立热爱各族人民、建设美好新疆的理念，既具有明显的全局性、战略性，又具有特殊的现实性、必要性、紧迫性。

贯彻党的十八大精神、谱写中国梦的新疆篇，就是要推进新疆跨越式发展和长治久安，建设繁荣富裕和谐稳定的美好新疆；到2020年全疆生产总值比2010年翻一番半以上，城乡居民收入翻一番半左右，确保全面建成小康社会。实现这一奋斗目标，必须紧紧依靠新疆各族人民，充分调动最广大人民的积极性、主动性、创造性。

新疆是边疆民族地区，必须做过细群众工作，才能凝聚各族群众意志、突破制约新疆发展的各种困难。新疆地域辽阔，接触群众相对不易，更要求各级干部多深入基层、深入群众。同时，王震、王恩茂等老一辈革命家在新疆留下了密切联系群众的好传统、好作风，为各级干部树立了榜样，也让各族群众对党员干部有了更高期待。

新疆各族群众与“三股势力”的斗争是长期的、复杂的、尖锐的，有时甚至是十分激烈的。特别是西方敌对势力亡我之心不死，对新疆的渗透破坏活动不断加剧。近期新疆发生多起暴力恐怖案件，给各族群众生命财产安全造成严重损失，也对广大党员干部的政治素质、工作能力和工作作风提出了更高要求。既要坚决打击“三股势力”，更要最大限度地团结群众、依靠群众、发动群众，打好反恐维稳的人民战争。

中央新疆工作座谈会以来，在党中央坚强领导下，我们紧紧依靠和团结新疆各族人民，推动新疆发生了令人振奋的历史性变化。但同时也要看到，面对世情、国情、党情的深刻变化，一些党员干部的思想表现与形势任务和党的要求不适应不符合的问题还比较突出，作风不正、不实、不廉的问题还比较严重，学习风气不正、创新意识不强、进取精神不够还一定程度存在，宗旨观念淡薄、政绩观念错位、权力观念异化也时有显现。面对新疆的特殊区情和实现两大历史任务的艰巨使命，必须按照习近平总书记重要讲话要求，对作风之弊、行为之垢来一次大排查、大检修、大扫除，把各族群众紧密团结在党和政府周围，形成同心共筑中国梦、同力共绘新疆篇的强大力量。

二、始终牢记和恪守全心全意为人民服务的根本宗旨

人民群众是我们党的根基、党的血脉、党的执政基础。只有我们时刻把群众放在心上，群众才会时刻把我们放在心上；只有我们时刻把群众当亲人，群众才会时刻把我们当亲人。必

须牢固树立群众观点，从根本上解决好对各族人民群众的感情、立场和态度问题，解决好“为了谁、依靠谁、我是谁”的问题，使教育实践活动取得实实在在的成效。

一是要保持同各族人民群众的血肉联系。新疆是一个多民族大家庭，各民族有着自己独特的文化和风俗习惯，这是新疆的特点，也是新疆的优势。一定要以尊重、理解、欣赏、包容的态度来对待，发自内心地热爱各族人民，真正同各族人民群众同呼吸、共命运、心连心，拿出全部的心思、热情和精力，为各族群众服好务。真心同各族群众交朋友，同群众打成一片，接地气、通下情、结穷亲，了解群众的所思所想、所愿所盼，增进同各族群众的感情。必须谨记，无论现代通讯多么发达，无论情况怎么变化，都不能取代领导干部与群众面对面、心贴心的直接接触。

二是要充分发挥各族人民群众的主体作用。牢固树立人民群众是历史创造者的观点，端正对人民群众的根本态度，尊重人民群众的历史地位。充分发挥人民群众主人翁精神，把蕴藏在人民群众中的无穷力量和智慧最大限度地发掘、激发出来。问需于民、问政于民、问计于民，拜群众为师，到群众中寻找破解各种难题的答案，从群众的意见建议中寻找“金点子”、“妙法子”。引导群众克服“等、靠、要”思想，树立“只有努力才能改变，只要努力就能改变”的信念，最大限度地把各族人民群众的积极性调动起来。

三是要让各族人民群众过上更好日子。实现全国各族人民共同富裕，是党的民族政策的根本出发点和归宿，也是我国社会主义制度的本质要求。要坚持“稳疆兴疆”总体战略不动摇，始终把推动科学发展作为解决一切问题的基础，始终把改革开放作为促进发展的强大动力，始终把保障和改善民生作为全部工作的出发点和落脚点，始终把加强民族团结作为长治久安的根本保障，始终把维护社会稳定作为发展进步的基本前提，通过不懈努力，使各族人民群众充分享受到改革发展的成果，让各族人民群众生活得更加幸福、更加美好、更有尊严。

三、以优良作风带领各族人民建设美好新疆

党的作风关系党的形象，关系人心向背，关系党和国家生死存亡。当前，党内作风不正、脱离群众的现象集中表现在形式主义、官僚主义、享乐主义和奢靡之风这“四风”上。必须聚焦“四风”，着力解决突出问题，形成优良作风。

改进作风、反对“四风”，关键是领导干部带头。领导干部既是教育实践活动的组织者、推进者、监督者，更是活动的参与者。只有坚持领导干部带头，才能以上率下、自上而下，一级带一级，形成上行下效。每个党员领导干部都要把自己摆进去，按照“照镜子、正衣冠、洗洗澡、治治病”的总要求，带头学习理论、听取意见、查摆问题、整改落实，时时处处作好表率，真正做到认识高一层、学习深一步、实践先一着、剖析解决突出问题好一筹。在教育实践活动中，新疆坚持党委常委带头，深入田间地头、车间工地、群众家中，在与基层干部群众同吃同住同劳动中体察民情民意，广泛听取群众意见，与基层群众零距离、面对面、心贴心接触，普遍感到床板硬了、距离近了，汗水多了、心贴近了，了解的情况更加真实，听取的意见建议更加“原生态”，对各族群众的所期所盼更加感同身受。

解决“四风”问题，还要坚持立学立改。什么问题突出就重点解决什么问题，什么问题紧迫就抓紧解决什么问题。我们制定了改进工作作风、密切联系群众十条规定及37条实施细则，精简各类评比达标表彰活动，清理庆典研讨会和论坛活动。围绕清理行政审批事项、治理宗教“三非”、重点乡镇集中整治等，开展11项集中专项治理工作，明确责任单位，规定整改时限，完善工作措施，制定规章制度，形成长效机制。研究制定自治区部门主要领导每年深入基层群众、改进工作作风制度化的意见，以及加强基层服务型党组织建设的意见。公开承诺践诺，在自治区主要媒体开设教育实践活动“公开承诺践诺”专栏和“立学立改”公示栏，在天

山网、昆仑网开设邮箱、公布热线电话，接受群众监督，推进整改落实。通过在解决群众最关心、最直接、最现实利益问题上下功夫，以解决问题的实际成效，赢得群众的信任和支持。

坚持“民生优先、群众第一”。中央新疆工作座谈会以来，我们始终把民生建设摆在重要位置，连续四年实施“民生建设年”活动，实施一系列重点民生工程，使发展的成果更多地惠及全疆各族群众特别是困难群众，赢得了各族群众的广泛好评和衷心拥护。在教育实践活动中，通过深入基层、深入群众蹲点调研，大家对此有了更加深刻的认识和体会。要与群众将心比心、以心换心，求大成而不取小巧，始终以人民群众是否满意来衡量检验各项工作。要坚持把改善民生作为出发点和落脚点，更加注重让各族群众共享改革发展成果，更加注重提高基本公共服务能力和均等化水平，更加注重解决就业和教育问题，不断改善各族群众生产生活条件，让各族群众在改革发展中得到实惠、走向富裕、走向现代文明。

坚持一切从实际出发，创造性开展工作。加快发展是解决新疆一切问题的基础，也是新疆各族人民的强烈愿望。要顺应各族人民过上更好生活的新期待，利用好国家政策支持和全国各地支援的机遇，充分发挥新疆的资源优势、比较优势和后发优势，走出一条具有中国特色、符合新疆实际的发展路子，推动新疆与全国一道全面建成小康社会。要把中央的决策部署与新疆实际紧密结合起来，坚持变化变革、敢于担当、务求实效，充分发挥人民群众的首创精神，只要有利于发展、有利于稳定、有利于民生，都可以大胆地试、大胆地闯，不断推进工作创新、体制机制创新，激发全社会活力，推动新疆高起点、高水平、高效益发展。

四、坚定不移维护各族人民的根本利益

新疆的稳定事关全国大局，社会稳定是各族人民的根本利益所在，是最大的民生。我们要求各级党组织切实把维护社会稳定作为教育实践活动的头等大事，把维护社会稳定中的现实表现作为衡量党员干部是否树立了宗旨意识、群众观点的首要标准，认真查找对维护新疆大局稳定认识不到位、态度不坚决、工作不落实、群众工作不扎实的问题，深入分析影响稳定的现实危害、突出矛盾、薄弱环节，以整改硬措施落实维护稳定硬任务，不断夯实稳定的基础。

教育实践活动重在正风肃纪。在新疆，正风肃纪的核心就是突出政治坚强，把政治上强作为检验所有党员干部的第一标准，把坚定不移与民族分裂主义及其活动作坚决斗争作为第一要求，把遏制宗教极端主义渗透、坚决防止暴力恐怖案件发生、维护社会稳定作为第一责任，要求党员、干部敢于发声亮剑，面对矛盾敢于迎难而上，面对危机敢于挺身而出，面对“三股势力”敢于坚决斗争。先后选派7名副省级干部、50名厅级干部深入重点场所、重点乡镇开展反恐维稳工作，听取群众意见；从区地县抽调1193名得力干部组成工作队，深入基层做好群众工作；组织发动几十万名党员群众，强化群防群治群控；发动少数民族领导干部、专家学者、宗教人士和基层群众通过媒体、电视讲话、署名文章等形式主动发声、表明观点、亮明态度，在全社会形成谴责暴恐犯罪行为、揭露宗教极端思想本质的强大声势。在取得反恐维稳阶段性成效的同时，增强了干部的政治敏锐性和政治鉴别力，坚定了当好维护社会稳定、民族团结引路人的决心，进一步提高了宣传群众、教育群众、组织群众、服务群众的能力。

坚持为民务实清廉，保持党同人民群众的血肉联系是一个永恒主题。我们要以奋发有为的精神状态和务求实效的工作作风，努力把教育实践活动组织好、开展好，确保取得实实在在、让人民群众满意的成效，凝聚起实现中国梦、建设美好新疆的强大力量。

（作者：中共中央政治局委员、新疆维吾尔自治区党委书记）

在群众路线教育实践中改进作风

中央党校中国特色社会主义理论体系研究中心

在全党深入开展以为民务实清廉为主要内容的党的群众路线教育实践活动，是党的十八大作出的重大决策。这次教育实践活动，就是要教育引导党员、干部牢固树立宗旨意识和马克思主义群众观点，改进党的作风，克服有的领导机关、领导班子和一些领导干部中存在的形式主义、官僚主义、享乐主义、奢靡之风，进一步密切党群干群关系，为推动经济持续健康发展、全面建成小康社会、实现中华民族伟大复兴的中国梦提供坚强保证。

群众观点是作风建设的重要思想基础

群众观点是马克思主义的基本观点，是我们党作风建设的重要思想基础。党的作风是党的性质的外在表现，党性决定党风。党组织和党员的作风是否符合党的性质要求，是由其党性是否纯洁决定的。始终站在广大人民群众的立场上，坚持马克思主义唯物史观，坚持从群众中来、到群众中去，就是我们党对各级党组织和广大党员的党性根本要求。

中国共产党历来以作风优良著称于世。优良的作风决定了我们党能够形成无比坚强的力量，克服各种艰难困苦，战胜各种强大敌人；决定了我们党能够赢得广大人民群众的拥护和支持，总是和人民群众保持着密切联系，不断发展壮大自己；决定了我们党能够及时预防和纠正自己的缺点和错误，敢于和善于同自己内部各种不良现象作斗争，保证队伍的纯洁性；决定了我们党在事业取得巨大成就时能够始终保持清醒冷静，不骄不躁；决定了我们党能够以广阔胸怀学习吸收一切对我们有用的东西，广泛团结一切可以团结的力量。从根本上讲，我们党之所以能够形成和保持优良的作风，就是因为始终把人民放在心中最高位置，把为广大人民谋利益作为一切工作的出发点和归宿。党的优良作风，最深厚的根源就在于党以天下为己任，以为广大人民群众谋利益为根本宗旨。我们党的事业是一个伟大崇高的事业，是中国共产党人严格律己、奋斗不息的不竭动力。

如果换一个角度，同样可以看出群众观点对作风建设的直接影响。我们党内不正之风的各种表现，如理想信念动摇，宗旨意识淡薄，精神懈怠；贪图名利，弄虚作假，不求实效；脱离群众，脱离实际，不负责任；铺张浪费，奢靡享乐，甚至以权谋私、腐化堕落等，说到底，正是因为少数党员干部心中没有群众。如果心中有群众，看到群众还有那么多实际问题需要我们去解决，看到群众中蕴藏的巨大积极性创造性，看到群众在各个领域以他们的艰苦劳作推进社会的发展、创造着我们赖以生存的物质和精神财富，看到那些埋头苦干默默奉献、不求闻达不图功名堪称中国脊梁的平凡群众，看到那些把权力赋予我们、把希望和信任都寄托在我们身上、期盼我们带领他们奔小康的善良群众，我们怎么能不保持良好的作风？中国人历来讲良知，其实，现实中持什么作风，也是对我们如何对待群众的一种良知的拷问。

群众中蕴藏着作风建设的巨大能量和动力

作风建设，各级党组织和广大党员是主体，主体的作用发挥不好，作风建设就搞不好。作风建设的过程，是一个党和人民群众互动的过程，脱离广大群众“修身养性”、“独善其身”，是不可能形成好的作风的。党的优良作风，就是在领导中国人民进行革命、建设和改革实践中形成的。坚持群众路线，是作风建设的重要内容、重要目的，也是作风建设的重要条件。

延安时期，毛泽东曾经对美国记者埃德加·斯诺谈到他的世界观转变过程，讲他怎样由一个看不起劳动人民的知识分子，转变成一个马克思主义者。当时，我们队伍中很多出身于有产阶级家庭的知识分子党员，都有这个转变过程。这种转变，是在与工农大众长期接触中实现的。有了世界观的转变，才会有作风的转变，才会去关心人民的疾苦，解决群众的问题。与那个时候相比，虽然我们所处的环境发生了根本变化，但基本道理没有变。好的作风的形成，依然需要到群众中去，需要参加群众的实践活动。

只有真正深入群众，深入到群众的实践活动中去，切身感受到群众的智慧和力量，深刻认识到群众的作用和地位，全面了解了群众的意愿和呼声，才能真正懂得作风建设的意义，才能把改进作风落到实处。民主革命时期，党内之所以有人看不到农民在中国革命中的作用，不懂得发动广大农民参与革命的重要性，就是因为他们不了解农民。毛泽东之所以在这一点上有清醒的认识，就是因为他真正深入地考察了农民运动，了解中国农民的实际生活状况、思想状况和在革命中的态度。没有真正的了解，即使能照本宣科，把联系群众讲得头头是道，但一到实际工作中，还是不知道怎样联系群众，怎样做群众工作，甚至还会高高在上，脱离群众。密切联系群众本身就是在联系群众的实践中培养起来的。同样，理论联系实际的作风、批评与自我批评的作风、艰苦奋斗的作风、谦虚谨慎的作风等，都需要在联系群众中培养。不到群众中去，不到实践中去，就不了解实际对理论来讲意味着什么，不了解脱离实际会有什么样的后果；不到群众的实际活动中去，就不能清醒认识自己个人的地位和作用，那些自以为是，看不到自己的缺点和不足，不愿意接受别人的意见，更不愿意进行自我批评的人，往往都是井底之蛙；不到群众中去，不了解群众的疾苦和困难，不了解群众的吃苦耐劳、勤俭节约，不知道群众过的什么日子，就不知道艰苦奋斗是什么，不懂得为什么要提倡艰苦奋斗。深入到群众中去，了解群众的生活，认识群众的力量，是培养优良作风的重要前提。

只有把自己融入群众之中，密切联系群众，倾听群众的心声，对照群众的期盼，才能更清楚地看到我们自己的不足以及这些不足在实际工作中造成的危害，不断改进我们的工作作风。对这些认识越明确越深刻，改进作风的动力就越强烈。我们有的干部，弄虚作假，好大喜功，搞政绩工程、形象工程，群众怨声载道，他却自鸣得意，丝毫没有愧疚之意，因为他根本没有到群众中去，认真倾听了解群众的呼声和意愿；有的干部追求享乐、奢靡浪费、大肆挥霍群众的血汗钱，群众议论纷纷，他还我行我素，一切照旧，因为他根本没有顾忌到群众的反映，没有感受到群众的切肤之痛；有的干部自以为是，主观武断，个人说了算，拍脑袋做决策，给国家和人民财产造成很大损失，引起群众极大不满，他还浑然不觉，沉浸在自我欣赏的“成就”之中，因为他被周围廉价的赞扬褒奖冲昏了头，根本不知道群众在说什么；有的干部滥用权力，以权谋私，腐化堕落，早已被群众唾弃，他仍肆无忌惮为所欲为，直到被送上审判台，才突然“良心发现”，觉得自己对不住群众。实践出真知，我们一切工作在实践中的成败得失，群众看得最清楚。我们的作风正不正，群众最有发言权。要真心改进作风，就应该真心到群众中去，虚心听取群众的意见，拜群众为师。这正是中央要求在群众路线教育实践中改进作风的原因。

在贯彻群众路线、密切联系群众中加强和改进作风，根本要求就是要有真诚的态度和坚持不懈的精神。没有真诚的态度，搞形式、走过场，或者到群众中去不是虚心向群众学习，而是高高在上，颐指气使，合自己口味就听，不合自己口味就不听，甚至不让人家说话，那就不可能达到改进作风的目的。同样，没有坚持不懈的精神，想起来就到群众中去走一走，想不起来就把联系群众忘在一边，活动来了就到群众中去走一走，活动过了就把联系群众丢在一边，也不可能真正达到转变作风的目的。我们要像中央要求的那样，建章立制，通过制度保证各级党组织和党员、干部在坚持党的群众路线中不断加强和改进党的作风。

以良好的作风赢得群众信任和拥护

相信群众，依靠群众，在贯彻群众路线中改进作风，又通过良好的作风赢得群众的拥护和支持，这两个方面是有机统一的。作风代表党的形象，进而决定党群关系。人民群众认识我们党，首先是从作风开始的。他们从党的组织和党员、干部的作风，来做出对党的朴素而真实的判断。作为一个在市场经济和改革开放条件下长期执政的马克思主义政党，赢得人民群众的信任和拥护，是夯实执政基础、巩固执政地位的根本条件。而这就要靠良好的作风。

怎样才能克服我们党内存在的不正之风，树立党在群众中的良好形象呢？习近平同志用非常形象的说法表达了这样的要求，那就是“照镜子、正衣冠、洗洗澡、治治病”。这是贯穿党的群众路线教育实践活动全过程的总要求。这个总要求具有很强的针对性和指导性。

通过对照检查、触及思想、开展批评与自我批评、惩前毖后治病救人，来解决作风建设中存在的问题，加强和改进党的作风，是我们党的优良传统和宝贵经验。我们党正是通过这样的方法，一次又一次地解决了作风建设中存在的问题，保证了党的纯洁性和先进性，取得了党的建设和党的事业的发展。今天，我们在继承和弘扬历史经验和优良传统时，一定要认真分析面临的新情况和新问题。首先，与革命时期相比，我们党已经是一个执掌政权的党，党的干部特别是各级领导干部，手里都掌握着大大小小的公共权力，同样的问题，如形式主义、官僚主义、享乐主义、奢靡之风，在性质和表现程度上会有很大的不同。其次，与计划经济时期相比，我们党是在市场经济和改革开放条件下执政，内外部环境已经发生了巨大变化，同样的问题，解决起来难度和需要的手段、方法等都会有不同的要求。再次，与过去通过开展群众运动来解决党内外矛盾的时期相比，随着社会主义民主法治建设进程的不断推进，党员和群众的民主法制意识不断增强，对通过民主法治来解决各种问题的要求会越来越高。

针对新情况新问题，中央关于开展党的群众路线教育实践活动的安排部署显示出新的特点。第一，强调为民务实清廉。体现了作风建设的主要目标，包含了我们党执政的根本宗旨、执政的工作作风和在执政实践中掌好权用好权的基本要求。第二，强调从领导做起。中央政治局带头开展党的群众路线教育实践活动，体现了作风建设自上而下、领导带头的规律，反映了人民群众对领导机关和领导干部作风高度关注的特征。第三，强调克服形式主义、官僚主义、享乐主义和奢靡之风。抓住了领导干部作风方面最容易出现的问题，特别是在市场经济条件下执政活动中表现突出的问题。第四，强调加强制度建设。提出从干部联系群众的制度，到各种接待制度、待遇制度、经费管理制度、会议活动制度等一系列具体而明确的制度建设要求，用制度来推动改进工作作风、密切联系群众常态化长效化。这些都充分表现出我们党改进作风的坚定意志，表现出我们党以良好作风赢得广大人民群众信任和拥护的决心。

（执笔：戴焰军）

始终保持党同人民群众的血肉联系

全国党的建设研究会

密切联系群众是我们党的最大政治优势，脱离群众是我们党执政后的最大危险。防范和化解“最大危险”，保持和发展“最大政治优势”，是我们党面临的严峻考验和重大任务。在全党深入开展以为民务实清廉为主要内容的党的群众路线教育实践活动，对于教育引导党员、干部牢固树立宗旨意识和马克思主义群众观点，贯彻党的群众路线，切实改进工作作风，始终赢得人民群众的信任和拥护，始终保持党同人民群众的血肉联系，具有重大而深远的意义。

一、当前党群关系面临的新情况新特点

我们党在长期的革命、建设、改革实践中，形成并发扬了密切联系群众的优良传统。当前，在我们党长期执政和实行改革开放、发展社会主义市场经济的条件下，世情、国情、党情都发生了很大变化，党群关系面临很多新情况、新挑战，呈现出新特点。

一是在长期执政的条件下与和平环境中，党员干部密切联系群众的外部压力减小，特别是没有了生死攸关的危险，党群之间相互依赖性减弱。这使得一些党员干部容易淡化群众观点和群众路线的观念，滋生官僚主义、形式主义，出现脱离群众、侵害群众利益等不良现象。

二是在改革开放、发展社会主义市场经济的条件下，利益格局发生深刻变化，维护群众利益的难度增大。经济体制的变化，导致经济成分、就业形式、分配方式的多样化，人们工作和生活的自主性大大增强，对党组织的直接依赖性大大减弱。

三是随着群众物质文化生活水平的不断提高，群众思想观念多元、多样、多变，特别是以互联网为代表的现代信息传播技术出现后，各种思想观点、价值理念在网络上快速便捷传播，一些错误观点和主张打着维护群众利益的旗号挑拨是非、混淆视听，党群密切联系的思想基础受到一定的削弱。

四是社会结构深刻变化，既增强了社会流动性、激发了创造活力，又增加了党群关系的复杂性。各社会群体之间及其内部个体之间的利益关系呈现多样化，群众的利益诉求呈现个性化、显性化、复杂化特征，平衡各种利益诉求难度增大，保持党同各个社会群体的紧密联系难度增大。

五是年轻党员干部大多数缺乏实践锻炼，缺少与基层群众同甘苦、共命运的体验，做群众工作的能力相对较弱。特别是许多年轻领导干部缺乏基层历练，其思想的纯洁性、对党的忠诚度、宗旨意识和群众观念，尚需进一步提升。他们在各种非主流价值观的影响下，容易过多地关注自身的价值和个人的得失，容易忽视与群众的联系，导致脱离群众。

二、正确认识党群关系上存在的问题

当前党群关系的整体情况是好的。我们党坚持全心全意为人民服务的根本宗旨，在密切党群关系上做了大量卓有成效的工作，制定了一系列符合广大人民群众根本利益的方针政策、法规制度，采取了许多联系和服务群众的措施，做了大量惠民利民的工作。涌现出一批又一批与群众心贴心肩并肩的好党员、好干部。

特别是新一届中央政治局作出改进工作作风、密切联系群众的“八项规定”，并带头实践，为各级党员干部树立了榜样。同时，我们也应看到，当前党群关系中仍然存在一些不容忽视的问题，有些还十分突出。主要有以下几个方面。

一些党员干部宗旨意识和群众观念淡化，一些法规政策的制定和调整没有充分体现以人为本、执政为民的要求，造成群众反映较大的问题不能及时得到解决。社会差别、特别是收入差距呈扩大趋势，一些群众的利益诉求没有得到满足，对党和政府有怨气。城乡、地区、行业、部门、社会群体、不同所有制单位之间以及单位内部收入差距仍然明显。困难群体的社会不公平感日益积累，常常因一些小事导致矛盾冲突并被放大。一部分群众在切身利益长期得不到满足甚至是受损的情况下，对党的共同富裕政策产生怀疑，对党和政府心生怨气。

唯GDP至上的政绩观，导致一些领导干部只关注经济增长，忽视群众在教育、卫生、环保等方面的诉求；关系群众切身利益的食品安全、安全生产、环境保护等问题频繁出现，少数事件处理不当，群众对当地党委政府的信任度有所下降。在经济快速发展、社会事业大力推进、民生投入稳步增长、人民生活水平不断提高的情况下，部分群众的幸福感并没有同步大幅提升。

有的党员干部对群众的民主权利尊重不够，重大决策不认真听取群众意见，导致群众对党和政府有意见。群众直接参与和管理公共事务、公益事业的渠道不通畅。一些地方对关系群众切身利益的问题，不履行民主决策程序，不注重听取群众意见，草率作出决定，往往容易引发群众不满，甚至引发不同程度的矛盾冲突。

一些党员干部理想信念动摇，价值观念扭曲，少数人作风不良，特权思想严重，对群众态度生硬，为政不廉甚至腐化堕落，侵害群众利益，损害党的形象。群众反映强烈的问题有：吃拿卡要、索贿受贿、假公济私、化公为私等为政不廉的问题；在选人用人上讲关系，跑官要官、买官卖官现象屡禁不止；“三公”消费过高，存在讲排场、比阔气、挥霍公款、铺张浪费行为；一些领导干部特别是少数党的高级干部腐化堕落，在群众中影响很坏。这些问题虽然只是发生在少数党员干部身上，却严重败坏了党的形象，损害了群众对党的感情和认同。

一些体制、制度和机制尚不健全，密切党群关系缺乏坚实有力的保障；党员干部队伍教育监督管理的有效性不强，造成党的根本宗旨、群众观点、群众路线还没有真正落实到全体党员干部的行动上。

三、扎实做好密切党群关系的工作

保持党同人民群众的血肉联系，需要全党同志的共同努力，需要采取多方面措施。当前，应着重从以下几个方面进一步做好工作，力求取得实效。

以开展党的群众路线教育实践活动为契机，加强对党员干部的教育管理，着力解决人民群众反映强烈的突出问题。加强对党员干部特别是领导干部的教育，增强他们贯彻党的宗旨、坚持群众路线、做好群众工作的自觉性。严格管理党员干部特别是领导干部，制定保障中央有关干部管理监督法规落实的配套机制；完善党规党纪和国家法规制度，从制度层面加大对干部侵犯群众权利的追究力度；制定规范权力行为的具体规定，建立防止公权滥用的制约机制；进一步完善干部考核评价体系，加大群众评价在考核中的权重。充分发挥领导干部的示范带动作用，建立领导干部联系群众情况专题报告制度，并实行专项评议。充分发挥基层党组织联系服务群众的作用，把坚持群众路线和做群众工作情况，作为对基层党组织和党员干部考核评价的内容。建立完善年轻干部深入实际、深入群众的制度，推动他们在实践中、在广泛联系群众中学会做群众工作、增长才干。把权力关进制度的笼子里，从制度层面加大对干部侵犯群众权利行为的追究力度，以最坚决的态度整治各种损害群众利益的不正之风和消极腐败现象，切实解决群众反映突出的形式主义、官僚主义、享乐主义和奢靡之风问题，切实转变各级领导机关和领导干部的作风，以作风建设的新成效取信于民。

着眼于维护人民群众的根本利益，对有关政策法规进行梳理、调整和更新，解决贫富差距过大等社会问题。抓紧研究制定针对群众最关心问题的政策法规，坚决取消那些损害广大群众利益的政策条规，坚决调整那些与实际不符合的条款。加大政策宏观调控力度，坚持民生优先的政策导向，着力解决经济社会发展中的不协调、不平衡和不可持续问题，特别是从政策法规层面缩小并消除就业、教育、住房、医疗、社会保障等方面的区域和城乡差别。坚决扭转收入差距扩大的趋势，改革收入分配制度，建立国有资产经营收益适当集中和有效运用于实现共同富裕目标的政策和办法，促进社会结构优化。

积极推进制度和机制改革创新，使密切党群关系得到有效的制度保障。改进信访工作机制，保障群众诉求充分表达。健全依法决策、协商决策机制，从制度上遏制“公共利益部门化、部门利益合法化”现象。深化司法体制改革，建立健全制约、问责、监督、查处等机制。构建上下联动、整体配合、责权明晰、有效管用的群众工作体系。

坚持以党内民主带动人民民主，保证广大人民群众充分行使民主权利、充分体现当家作主的主人翁地位。加大对党内民主的探索力度，建立党内重大问题听证制度、党组织定期听取党员意见制度；落实党员选举权，拓展直选范围、扩大差额范围和差额比例，探索在党内基层选举中引入竞争机制，让候选人参加竞职演说并接受质询。加强和完善人民代表大会制度，改进和完善人大代表提名方式和选举方式，充分体现人民代表的“代表性”。尊重人民群众的首创精神，及时将人民群众在基层民主政治实践中创造的好经验、好做法上升为政策法规。

把联系和服务群众作为各级党组织和广大党员的核心任务，提高党员、干部做群众工作的能力和水平。把提高群众工作能力作为基层党员干部培训的重要内容，建立完善党员干部深入实际、深入基层广泛联系群众的制度，推动他们在实践中努力提高政策水平、依法办事能力、化解复杂矛盾能力以及疏导群众心理、理顺群众情绪等方面的能力。围绕增强基层组织联系服务群众功能，构建以直选、民主评议、党务政务财务公开为主要内容的基层民主自治工作体系，以“说事”、“恳谈”、“调解”等为主要方式的基层和谐稳定工作体系，形成科学化、系统性的群众工作方式、流程。改进做群众工作的方法，突出抓好对群众的法纪教育、公民权利和义务教育，引导群众以理性合法方式表达利益诉求、解决矛盾纠纷。适应信息化、法治化社会的要求，积极运用网络、微博问政等新手段，拓宽党联系群众的渠道。

建立长效机制　保持党与群众的密切联系

张全景

深入开展党的群众路线教育实践活动，坚决反对和纠正“四风”，是一项长期而艰巨的任务，必须建立长效机制，经常抓、反复抓，保持党的优良作风，密切党与群众的联系。

一、严守党的群众纪律，正确处理党组织、党员与人民群众的关系

党的群众纪律是规范党组织、党员与群众关系的基本原则和具体要求，是党组织、党员在群众工作中必须遵循的行为准则。“加强纪律性，革命无不胜。”制定并严格遵守群众纪律，是我们党治党治国治军的重要措施，是我们党能够始终得到群众拥护的重要保证。在90多年的历程中，这个优良传统代代相传，对于保证革命、建设和改革事业的胜利发挥了巨大作用。当前，严明群众纪律具有很重要的现实意义。有些党员、干部没有摆正个人与群众的位置，不能正确对待群众，不关心甚至侵犯群众利益；有的官僚主义严重，高高在上，做官当老爷；有的对群众态度粗暴，工作中搞强迫命令甚至欺压群众，等等。这些都是严重违反群众纪律的行为，必须切实纠正。这次群众路线教育实践活动要着重解决的“四风”问题，很多都与执行群众纪律不到位有关。要巩固群众路线教育实践活动的成果，使各级党组织和广大党员、干部始终坚持群众路线，保持与人民群众的血肉联系，严守群众纪律是一个重要保证。

严守党的群众纪律的思想根基是唯物史观。要大力加强马克思主义群众观点和党的群众路线教育，使广大党员、干部牢记历史是人民群众创造的，从而自觉把人民群众当主人，当先生，认真向群众学习，全心全意为人民服务。要尊重群众的首创精神，从群众中来、到群众中去，坚决彻底地纠正“四风”。群众纪律体现在党的制度之中。严格遵守党章和党内各项规章制度，是严守群众纪律的重要表现。要切实加强党内制度建设，并严格抓好落实，真正用制度管人、管事、管权。这是严明党的群众纪律的核心任务。要加强党内监督，所有党员、干部，不论职务高低、功劳大小、资历深浅，都要严格遵守群众纪律，谁也不能违反，党内绝不允许有特殊党员和一般党员之分。作为纪律，就必须是铁的纪律，不能是“橡皮筋”纪律、“豆腐”纪律。对违反纪律者要“零容忍”，这样才能保证纪律的严肃性。在执行群众纪律中要防止两种倾向，既不能无限上纲上线，又不能偏宽偏软。

党员领导干部特别是高级干部，要当遵守群众纪律的模范，这对于加强党的作风建设，带动全党遵守群众纪律，有着重要示范意义。干部的职务越高，遵守、维护党的纪律的责任和义务就越大，绝不能自恃位高权重，或者因为监督机制不健全、不完善，就放松对自己的要求，甚至只用党纪来约束别人，而不让别人用党纪来要求自己。不仅要做遵守纪律的模范，还要带头同违反群众纪律的行为作斗争。要敢于担当，敢于坚持原则，不能计较个人得失。

二、开展批评和自我批评，随时随地改正缺点纠正错误

搞好群众路线教育实践活动，杜绝“四风”，必须以整风精神开展批评和自我批评。这不仅对开展集中教育活动具有重要指导意

义,更是建立服务群众联系群众长效机制的重要保证。

批评和自我批评是破除“四风”,保证我们党始终充满生机和活力的锐利武器。毛泽东同志说过,房子是应该经常打扫的,不打扫就会积满了灰尘;脸是应该经常洗的,不洗也就会灰尘满面。同样,思想上的灰尘也必须经常打扫,不打扫就会污染党内空气,弥漫起来必定会侵蚀党的肌体,损害党的先进性纯洁性。批评和自我批评是清洗思想和行动上灰尘的重要措施。只有经常开展批评和自我批评,才能防微杜渐,把不良思想、作风消灭在萌芽状态,才能弄清是非,辨明真理,全党团结一致为共同理想而奋斗。相反,如果丢掉了批评和自我批评这个武器,党内政治生活必定会偏离正常、健康的轨道,党的战斗力就会大大削弱。

开展批评和自我批评要严肃认真、实事求是、民主团结,坚决反对庸俗化倾向。党内生活庸俗化是目前党的建设中一个不容忽视的问题。有些人不敢坚持原则,不讲真话,吹吹拍拍,对不良作风和坏人坏事不敢批评和斗争,“你好我好大家好”,“多栽花、少栽刺”,一团和气,党的利益让位于个人利益,这种现象危害严重。要提高民主生活会的质量,真正开展批评和自我批评,不能只是研究工作而不研究思想、作风。要思想见面,特别是要经常检查密切联系群众的情况,纠正不正之风。要进一步健全民主生活会制度,领导干部要参加双重民主生活会。要坚持“团结——批评——团结”的原则,“惩前毖后,治病救人”,既不能搞残酷斗争、无情打击,也不能搞自由主义、敷衍应付。

要善于倾听群众意见,正确对待群众的批评。共产党是为人民大众谋利益的,没有自己的一己私利,难道还不能接受群众的批评吗?“知屋漏者在宇下。”人民群众奋斗在改革开放的第一线,对现实问题最有切身感受。从他们的批评中,我们可以更准确、更迅速地找出工作中的缺点与不足,从而把工作做得更好,更加自觉地为群众利益而奋斗。

三、扎实做好信访工作,诚心诚意为人民群众分忧解难

建立联系群众服务群众的长效机制,前提是要了解群众,知道群众想什么、盼什么、需要党和政府做什么。信访工作连着千家万户,反映着人民群众现实的生产和生活困难,是党和政府体察民情、了解民意、关注民生的重要途径。经常照照信访这面“镜子”,能使我们更好地了解群众的期盼,了解政策的得失,更加深入地把握党风建设状况。

加强信访工作,首先要正确认识信访工作。有的干部把群众来信来访当成额外负担,甚至把上访群众当“刁民”;有的认为群众来访是给自己工作抹黑;还有的认为信访是不稳定因素,影响和谐社会建设,等等。这些看法都是不对的。信访工作是党和政府密切联系群众的桥梁、倾听群众呼声的窗口,对于我们准确把握自身不足、查找自身问题、提高执政能力,具有重要作用。群众向领导机关反映问题,这是相信党、相信政府的表现,也是行使知情权、参与权、监督权的一种方法,体现了民主执政的要求,而绝不是什么不和谐因素。

要热情对待来访群众,认真听取他们的意见。对群众反映的问题,确实需要帮助解决的,要认真帮助解决;解决不了的或者不合理的,要耐心予以解释;有政策没有落实的,要督促有关方面抓好落实。有些问题涉及全局性政策的调整,要及时研究,千万不能站在部门利益的立场上,对群众的困难漠然视之。有的地方对群众反映的问题不作为,一推二拖,这是不对的。群众的问题推不走、拖不掉。推推拖拖只能把事情越搞越糟,问题越搞越大,最终受损失的是党的事业。还有的地方采取躲的办法,对上访群众连面也不敢见,实在是太不应该了。共产党的干部岂有怕见群众的道理?

要完善对信访工作的考核。现在,有的地方对上访群众采取管、卡、压的办法。这是思想认识问题、对群众的感情问题,实质上是一个党

性问题。同时，也有体制制度、政绩考核上的问题，不能对信访工作搞“一票否决”。当然，确实是因为干部不作为、乱作为而引起群众不满的，必须严肃追究责任。对具体情况要作具体分析，这是马克思主义的活的灵魂。考核者要有辩证思维，被考核者也要实事求是，正视存在的问题，并切实解决，任何时候都不要搞“一刀切”。

四、发扬党的好传统好作风，始终保持为民务实清廉的革命本色

我们党在坚持群众路线的过程中，形成了许多好传统好作风。这些好传统好作风是加强思想教育、锤炼党性的生动教材，对于激励广大党员、干部牢记党的宗旨，始终保持为民务实清廉的革命本色，具有非常重要的作用。

淡泊名利，无私奉献。老一辈革命家都是淡泊名利、无私奉献的典范。革命和建设时期，许多先烈和英雄模范人物胸怀共产主义远大理想，一切为了人民的利益，把个人利益乃至生命置之度外。王铁人的口号是：“宁可少活 20 年，拼命也要拿下大油田。”我们要向他们学习，多想想为群众、为党做了什么，不要计较个人的名利得失。古往今来无数事实证明，心里装着群众，为群众办了好事，群众就永远怀念你。要为群众谋利益，这样人生才有价值。

爱护群众，相亲相依。苏区时期有一首山歌：“苏区干部好作风，自带干粮去办公，日着草鞋分田地，夜打灯笼访贫农”，唱出了党和人民群众水乳交融的深厚感情。延安时期是我们党历史上党群关系最密切、最好的时期之一。党的领袖和普通群众密切往来，过年过节互相走动，真正与老百姓打成一片。我们要大力弘扬这种亲切、和谐的干群关系，把群众当亲人。只要我们把群众当亲人，群众就会把我们当亲人。始终和人民群众肩并肩、心连心，亲如一家，我们党就是不可战胜的。

深入群众，注重实践。我们党在革命、建设和改革中取得的胜利，都是建立在向实践学习，向群众学习的基础上的。现在，改革开放面临的情况更加复杂，尤其需要深入群众、深入实践，加强调查研究。只有情况明，才能决心大，才能妥善处理好各种问题。领导机关的同志到基层去，到群众中去，既能够了解实际情况，提高工作水平，又能砥砺感情，增强党性。

调查研究，有的放矢。搞好调查研究，有几个方面需要特别注意，一是要学好哲学，掌握唯物辩证法。这是分析和研究问题的“望远镜”、“显微镜”。二是要站在马克思主义的立场上，站在人民群众的立场上。面对同样的事实，立场不同，得出的结论就不同。共产党人必须站在维护最广大人民群众利益的立场上想问题、作决策。三是要提高研究能力。下去走一走、看一看、听一听，然后对得来的第一手材料作认真分析研究，弄清事物的相互联系，把握发展趋势。四是要谦虚谨慎，平等待人。否则，你就听不到真话，结果是一无所获。

苦干实干，不尚空谈。任何事情都是干出来的，不是说出来的。习近平总书记多次强调：“空谈误国，实干兴邦。”我们党向来提倡苦干实干。我们今天的一切都是靠艰苦奋斗干出来的。不要以为现在科技发达了，就不需要提倡苦干精神。“两弹一星”就是苦干实干搞出来的。要办实实在在的事，这样才能赢得民心，经得起改革开放和长期执政的考验。

清正廉洁，不搞特殊。艰苦奋斗、清正廉洁是我们党的光荣传统。革命时期，党的领袖同普通战士吃一样的伙食，穿一样的衣服，一起参加劳动。我们党执政后，党的领袖和广大党员、干部仍然始终同人民群众打成一片，艰苦朴素、不搞特殊，所以我们党就有力量，赢得了人民群众衷心拥护。邓小平同志说：“为什么过去很困难的局面我们都能渡过？根本的问题是我们的干部、党员同人民群众一块苦。”“一块苦”就是不搞特殊。现在有的地方党群干群关系之所以紧张，干部特权化是一个重要原因。要大力弘扬清正廉洁、不搞特殊的优良传统，永远密切联系群众，立于不败之地。

（作者：中共中央组织部原部长）

正确把握党的群众路线教育实践活动的总要求

虞云耀

依靠自身的力量和人民群众的帮助解决自身的问题，这是90多年来我们党的一条宝贵经验，也是一种特有的政治优势。这种政治优势，是由我们党的性质和根本宗旨所决定的，是我们党来自于人民、植根于人民、服务于人民的特质所形成的。我们党是一个勇于开展批评与自我批评、善于坚持真理、修正错误、始终走在时代前列的马克思主义政党。从一定意义上说，我们党的历史就是一部不断自我净化、自我完善、自我革新、自我提高的历史。以为民务实清廉为主要内容的党的群众路线教育实践活动，是对以往开展集中教育实践活动成功经验的坚持和运用，是对党的优良传统的继承和弘扬，是适应新的形势任务要求，增强自我净化、自我完善、自我革新、自我提高能力，密切党同人民群众的联系，夯实党的执政基础的重大举措。党中央提出，这次党的群众路线教育实践活动，要贯彻“照镜子、正衣冠、洗洗澡、治治病”的总要求。正确把握和贯彻这一总要求，对于开展好这次教育实践活动十分重要。

为什么要坚持群众路线？

全心全意为人民服务是党的根本宗旨，群众路线是党的生命线和根本工作路线。在世情国情党情发生深刻变化、党的使命和任务更加艰巨的新形势下，深入开展党的群众路线教育实践活动，具有重大而深远的意义。

——开展党的群众路线教育实践活动，是全面建成小康社会、实现中华民族伟大复兴中国梦的必然要求。马克思主义认为，人民群众是历史的创造者，是推动社会发展的决定力量。列宁曾经说过，创造性的社会主义是由人民群众创立的。毛泽东同志指出，群众是真正的英雄，我们共产党的任务，就是要使人民认识自己的利益，并且团结起来，为自己的利益而奋斗。我们党领导革命、建设、改革的长期实践证明，什么时候坚持了群众路线，制定并执行代表最广大人民群众根本利益的路线方针政策，就能得到人民群众的拥护和爱戴，就能立于不败之地。改革开放以来，我们党正是认真倾听人民群众的呼声，尊重人民群众的首创精神，实行家庭联产承包责任制等一系列改革开放的政策，从而充分激发了人民群众的创造热情，使社会活力竞相迸发，取得了举世瞩目的发展成就。党的十八大描绘了全面建成小康社会的宏伟蓝图，实现中华民族伟大复兴成为各族人民的“中国梦”。要使蓝图成为现实，使梦想成真，就需要党团结带领人民艰苦奋斗。党的群众路线教育实践活动将教育和引导广大党员干部牢固树立马克思主义群众观点，紧紧围绕党的中心任务，从人民的需要、利益、期盼出发，尊重人民的主体地位，把人民群众的智慧和力量集中到党的各项事业中来，为全面建成小康社会，实现中华民族伟大复兴的“中国梦”目标提供强大力量。这是实现宏伟目标的基本保证。

——开展党的群众路线教育实践活动，是新形势下密切党同人民群众联系、夯实党的执政基础的重要措施。历史和现实都充分说明，党群、干群关系问题是关系党和国家兴衰存亡的大问题。习近平总书记指出：“人民群众是共产党存在和发展的基础、力量和智慧的源泉。共产党最基本的一条经验是一刻也不能脱离人民群众。”作为一个拥有8200多万名党员的执政党，坚持党的群众路线须臾不能懈怠，牢记党的群众观点一刻不可放松。随着社会主义市场经济的发展和改革开放的深入，一些党员干部存在的不符合为民务实清廉要求的问题日益显现，形式主义、官僚主义、享乐主义突出，奢靡之风严重。主要表现在理想信念动摇，宗旨意识淡薄，精神懈怠；贪图名利，弄虚作假，不务实效；脱离群众，脱离实际，不负责任；铺张浪费，奢靡享乐，甚至以权谋私、腐化堕落。这些问题，严重损害党在人民群众中的形象，严重损害党群干群关系，必须认真加以解决。“知屋漏者在檐下，知政失者在草野”。在全党深入开展以为民务实清廉为主要内容的党的群众路线教育实践活动，将有助于教育广大党员干部树立马克思主义群众观点，密切党同人民群众的血肉联系，使我们的各项工作获得最广泛最可靠最牢固的群众基础和力量源泉，克服前进道路上的各种困难和风险。

——开展党的群众路线教育实践活动，是进一步加强党的建设、保持党的先进性和纯洁性的重大举措。党的先进性和纯洁性是党的力量所系、生命所在。我们党是中国工人阶级的先锋队，同时是中国人民和中华民族的先锋队。党除了工人阶级和最广大人民群众的利益，没有自己特殊的利益。党始终代表人民群众的根本利益，同人民群众同呼吸共命运，是党的先进性和纯洁性的重要体现。坚持和贯彻党的群众路线，是先进性和纯洁性的内在要求。任何脱离群众，损害群众利益，凌驾于群众之上的行为，都是与党的先进性和纯洁性格格不入的。无数事实告诉我们，党的先进性和纯洁性都不是一劳永逸的，丢失这种先进性和纯洁性的事情随时都在发生。开展党的群众路线教育实践活动，坚持以人民满意为标准，从群众最不满意的地方改起，自觉接受群众评议和社会监督，将有力推动解决党内存在的思想不纯、组织不纯、作风不纯、为政不廉等问题，推进党的先进性和纯洁性建设，全面提高党的建设科学化水平。

——开展党的群众路线教育实践活动，是适应国际国内形势的新变化，成功应对“四大考验”、“四种危险”的客观需要。当前，世情国情党情正在发生深刻变化，我们党面临着长期执政、改革开放、市场经济和外部环境的考验，党内存在着精神懈怠、能力不足、脱离群众、消极腐败的危险。从国际形势看，世界多极化、经济全球化，一方面给我们带来了难得的发展机遇，另一方面国内外敌对势力抓紧对我们进行渗透和“西化”、“分化”，党员干部队伍受到外部影响和干扰越来越大。从国内情况看，随着经济社会的发展，社会阶层结构变化，社会矛盾呈现新特点，广大群众的需要和诉求多样化，给党同群众的关系及党的群众工作带来了新挑战。我们党的根基在人民、血脉在人民、力量在人民，保持党同人民的血肉联系，是我们党战胜各种困难、无往而不胜的法宝。应对各种考验、化解各种危险，都离不开人民群众的支持，都必须依靠群众。开展群众路线教育实践活动，将有助于我们进一步增强忧患意识、使命意识和责任意识，进一步树立群众观念、站稳群众立场、贯彻群众路线、维护群众利益，不断提高新形势下做好群众工作的能力，增强党的创造力、凝聚力和战斗力，使我们党在各种困难和风险面前，能够任凭风浪起、稳坐钓鱼船，永远立于不败之地。

如何理解本次活动的总要求？

“照镜子、正衣冠、洗洗澡、治治病”，是贯穿党的群众路线教育实践活动全过程的总要求。这个总要求统揽全局、内涵丰富，立足当前、着眼长远，通俗鲜明、符合实际，具有很强的针对性和指导性。

“照镜子”就是要学习和对照党章，对照廉政准则，对照改进作风要求，对照群众期盼，对照先进典型，查找宗旨意识、工作作风、廉洁自律方面的差距，敢于揭短亮丑。要以党的基本理论为镜，认真学习马克思列宁主义、毛泽东思想、中国特色社会主义理论体系，学习党的十八大报告和习近平同志一系列重要讲话精神，坚定共产主义理想信念，坚定对中国特色社会主义理论、道路和制度的自信。要以党章和党内法规为镜，加强党性修养和道德修养，通过认真学习和对照检查，认清在践行党章和党内法规上存在的差距，特别是在践行党的宗旨、贯彻群众路线、保持清正廉洁等方面存在的突出问题。要以群众的期盼为镜，深入基层、深入实际、深入群众开展调查研究，认真倾听群众意见，了解掌握群众的所思所想所需所求，反思工作中的差距和不足，明确改进作风的方向。要以先进典型为镜，学习优秀共产党员和先进人物的模范事迹，把握他们身上彰显的共产党人的伟大精神和人格力量，看到差距，切实改进，坚守共产党人的精神家园。还要以党的历史为镜，认真学习党的历史，学习党的两个历史问题决议总结的经验教训，开展马克思主义群众观点和党的群众路线专题学习讨论，继承和弘扬党的优良传统作风，树立正确的世界观、权力观、事业观。

“正衣冠”就是要按照为民务实清廉的要求，严明党的纪律特别是政治纪律，敢于触及思想，正视矛盾和问题，从自己做起，从现在改起，端正行为，维护良好的形象。党员、干部尤其是领导干部，要针对“照镜子”发现的差距和问题，以对党和人民高度负责的态度和强烈的自省自律意识，认真进行自我教育、自我完善、自我提高。对存在的问题要有清醒深刻的认识，真正触及思想，荡涤心灵。对存在的矛盾和问题要抓紧解决，不漠视、不淡化、不回避、不推卸，做到敢于正视、敢于纠正、敢于担当。要提出解决问题、改进工作的具体目标、方法和步骤，落实措施，扎实推进，保证取得实际成效，进一步树立为民务实清廉的良好形象，真正做到取信于民。

“洗洗澡”就是要以整风精神开展批评和自我批评，深入分析出现形式主义、官僚主义、享乐主义和奢靡之风的原因，坚持自我净化、自我完善、自我革新、自我提高，既要解决实际问题，更要解决思想问题。自觉拿起批评和自我批评的武器，同各种不良风气作斗争。各级党组织要召开高质量的组织生活会，开展积极健康的思想斗争，通过群众提、自己找、上级点、互相帮，深挖形式主义、官僚主义、享乐主义和奢靡之风的深层次原因。要坚持“团结—批评—团结”，倡导同志间真诚平等地交流帮助，推心置腹地分析问题背后的思想根源，真心实意地去除杂念，清除污垢。认真撰写自我剖析材料，自觉接受群众监督。

“治治病”就是要坚持惩前毖后、治病救人方针，区别情况、对症下药，对作风方面存在问题的党员、干部进行教育提醒，对问题严重的进行查处，对与民争利、损害群众利益的不正之风和突出问题进行专项治理。在总要求中，“治治病”是整个教育实践活动的归宿和落脚点，是决定活动最终效果的要害。必须运用马克思主义立场、观点、方法来分析和认识问题，开出对症、管用的药方。治病要以“救人”为目的，以教育提醒为主，区别不同情况，对存在问题的党员、干部严肃批评教育，对违纪者要依纪依规给予纪律处分和组织处理，对突出问题要集中力量专项解决。要着眼于“毖后”，从普遍存在的问题入手，从制度政策上找原因，在治本上下功夫，有针对性地健全和完善制度规定，形成长效机制。还要注意总结“防病治病”的经验，认识和把握“防病治病”的规律，做到防微杜渐，注重从制度和体制机制上解决问题。

总之，“照镜子、正衣冠、洗洗澡、治治病”四个方面紧密联系、不可分割，要不折不扣地全面贯彻落实，并贯穿于教育实践活动的全过程，确保整个活动不走过场、不出偏差，真正取得实效。

如何确保活动的质量与效果？

为使本次活动达到预期目的，取得扎实效果，各级党组织和党员领导干部，要以高度负责的态度，精心筹划、精心组织，努力在以下几个方面下功夫。

一是从严要求。开展好这次教育实践活动，关键是坚持从严要求。从严要求体现在高标准上，就是要站在保持党的先进性和纯洁性的高度，突出为民务实清廉的基本要求，教育引导党员、干部自觉树立马克思主义群众观点，弘扬党的优良传统和作风，着力解决突出问题，做到思想进一步提高、作风进一步改进、为民务实清廉的形象进一步树立。从严要求体现在执行程序上，就是要认真落实中央统一部署，紧密结合各地区各部门实际，做到基本环节不能少、不变通，把“规定动作”做到位。学习要原原本本、认认真真，调查研究要踏踏实实、深入细致，查摆问题要态度端正、实事求是，开展批评要开诚布公、打开情面，整改落实要说到做到、力求实效。从严要求体现在活动效果上，就是要与党员、干部履职尽责、做好本职工作紧密结合，以改进作风的实际成效凝聚群众，共同推动各项工作任务的完成；要加大对党的作风方面突出问题的整治力度，以治懒提效率，以治散正风气，以治奢树威信；要坚持把解决突出问题与严格执行纪律结合起来，真正做到令行禁止。

二是领导带头。开展好教育实践活动、切实转变作风，首先要从领导做起。不能上面有病、下面吃药，领导有病、群众吃药。新一届中央领导集体率先提出中央政治局改进作风的“八项规定”，充分发挥了表率和带头作用，使广大群众看到了党中央加强作风建设的坚定决心。这次教育实践活动自上而下分批进行，坚持上级带下级，主要领导带班子成员，领导干部带一般干部，一级抓一级，层层抓落实。坚持领导带头，领导干部以身作则、率先垂范，不仅体现在带头改进作风上，还要体现在带头抓作风建设上。要带头学习、听取意见，带头到基层一线调查研究，带头查摆问题、开展批评，带头整改落实。各级领导机关和领导干部要认真解决自身存在的问题，制定并落实好整改措施，同时严格执行领导责任制，抓好下级的整改落实，一级做给一级看，一级带着一级干，切实发挥示范引领作用。

三是优化环境。搞好这次教育实践活动，要着力营造有利于开展活动特别是开展批评与自我批评的环境氛围。在各级领导班子内部，要营造一种开诚布公、敢于揭短亮丑、崇尚真理、改正缺点、修正错误的良好氛围。自我批评坚持高标准、严要求，不护短、不遮掩、不怕丑、不怕痛；相互批评既坚持原则，又从团结的愿望出发，采取与人为善的态度，不乱扣帽子，不无限上纲，不允许打击报复，努力做到思想上共振、感情上共鸣、行动上共进。要做好宣传工作，让广大党员群众了解这次教育实践活动，积极参与，提出意见，建言献策。要加强舆论引导，通过新闻报道、宣传先进典型和经验、言论评论等方式，充分反映教育实践活动的进展和成效，创造良好的舆论氛围。

四是健全制度。教育实践活动的成果要体现在制度建设上。要把坚持正面教育的经验和解决突出问题的成功做法，用制度的形式确定下来、坚持下去，并在长期坚持中不断加以完善。例如，要进一步完善党员干部直接联系群众制度、党员党性定期分析制度、领导干部作风状况评价机制等。要针对新情况、新问题，建立完善新的群众工作机制。建立各级党委的群众工作统筹领导机制、基层党组织的群众工作机制、领导干部执行群众路线的规范监督机制，等等。还要从实际和现实需要出发，切实增强制度的可行性和可操作性，重视做好相关制度的配套完善。要完善群众工作的考核评价机制，重视考核结果的运用。建立客观公正的评价标准和简便易行的操作方法，全面、准确地评价干部的作风状况，并将考核评价结果作为干部任免、奖惩的依据，形成正确的用人导向和有利于党员、干部作风养成的制度环境，为改进作风提供制度保证。

（作者：全国党建研究会会长）

以整风精神开展批评和自我批评

郑科扬

当前,围绕保持党的先进性和纯洁性,以为民、务实、清廉为主要内容的党的群众路线教育实践活动,正在全党陆续展开。在部署工作时,习近平同志借鉴延安整风经验,明确提出"照镜子、正衣冠、洗洗澡、治治病"的总要求,强调"以整风精神开展批评和自我批评","在批评和自我批评上好好下一番功夫"。中央要求,在这次教育实践活动中,要用好批评与自我批评这个武器,对形式主义、官僚主义、享乐主义、奢靡之风来一次切实有效的大扫除。这必将有利于大大弘扬为民、务实、清廉之风,进一步密切党群干群关系,保证党更好地带领全国各族人民,为实现党的十八大确定的宏伟目标努力奋斗。

上世纪40年代初,以毛泽东同志为核心的党中央,在延安开展了一次马克思主义教育运动,集中整治对党和革命事业危害最大的主观主义、宗派主义和党八股。通过近三年整风学习,总结了历史经验,澄清了什么是真马克思主义、什么是正确路线等重大是非问题,帮助"患病"的同志抛弃了错误思想和作风,大大增强了全党的团结统一,为抗日战争的最后胜利和新民主主义革命在全国的胜利奠定了重要的思想政治基础,准备了高素质的骨干队伍。延安整风是党加强自身建设的一次成功实践,是一个伟大创举。延安整风距今虽然过去了70多年,但其创造的基本经验没有过时,理论联系实际、密切联系群众、批评和自我批评这三大优良作风,始终是我们党的传家宝和特有的政治优势。

党的十一届三中全会以来,以邓小平同志为核心的党的第二代中央领导集体、以江泽民同志为核心的党的第三代中央领导集体和以胡锦涛同志为总书记的党中央,在领导全党探索、开辟中国特色社会主义道路的进程中,都反复强调继承发扬延安精神,一定要拿起并用好批评和自我批评这个武器,使我们党保持了马克思主义执政党的先进性、纯洁性,成功应对了国际风云变幻和国内改革、发展、稳定的各种考验,找到并开辟了一条国强民富、民族振兴的光辉道路,创造了经济社会发展的世界奇迹。

应该说,在新形势、新挑战和新考验面前,我们党展示了蓬勃生机与活力,党内政治生活总体上是正常的,党员、干部队伍是好的。但是不能不看到,思想、作风方面问题不少,形式主义、官僚主义、享乐主义、奢靡之风相当突出,已经成为我们党化解精神懈怠危险、能力不足危险、脱离群众危险、消极腐败危险的严重障碍,成为更多更好地造就善于治党治国优秀人才、保证党员干部继续健康成长的严重障碍,成为凝聚全党全国人民继续高举中国特色社会主义伟大旗帜、成功应对新考验新挑战的严重障碍。为贯彻落实好党的十八大精神,很有必要集中一段时间,借鉴延安整风经验,开展积极的而不是消极的、认真的而不是敷衍的、真诚的而不是虚伪的批评和自我批评,让那些身染"四风"尚不自知、自省、自净的同志来一次警醒,出一身冷汗,通过刮骨疗毒达到祛病强身的目的。

贯彻执行"党要管党、从严治党"方针,一定要落实到严肃开展批评和自我批评上。要真正拿起批评和自我批评的武器,按照党章党纪对照检查,不可失之于宽;要有针对性地进行治理,解决问题,不可失之于软。在一些党组织和党员干部中,开展自我批评难,开展相互批评更难，搞形式、走过场的现象经常可见。有的甚至把自我批评变成自我表扬，把相互批评变成相互吹捧。其所以出现这种现象，固然有不少客观原因，但主观原因是主要的，其中的主要因素就是一些党员、干部特别是领导干部放弃党性原则，公心太少，私心太重。必须下决心改变这种状况，帮助那些“为私心所扰、为人情所困、为关系所累、为利益所惑”的同志，明辨是非，放下包袱，对拿起批评和自我批评武器有一个新认识、新觉醒。

开展批评和自我批评是“重搞‘左’的一套”吗？绝对不是。十一届三中全会前的一段时期，其所以不时出现“左”的错误，根本原因不是批评和自我批评本身，而是指导思想上发生了“左”的错误。十一届三中全会以来，党的指导思想、政治路线和组织路线都被实践证明是正确的。这次教育实践活动，在正确的指导思想和方针政策指导下，借鉴整风经验开展批评和自我批评，集中指向严重脱离群众、危害党和人民事业的“四风”。只要我们把握好方向，坚持实事求是，就不会混淆原则是非，不会混淆两类不同性质的矛盾。

批评别人“会丢选票”吗？这种认识不对。在风气不正，特别是领导层存在团团伙伙的地方和单位，在有人借发扬民主之机泄私愤、图报复的情况下，确实出现过不正常现象，使坚持党性原则、敢于批评错误的同志受到不公正对待，优秀干部的得票率反而受到影响。不少干部和群众对这种现象已经十分不满，各级党委正在采取措施避免这种现象，不搞唯票是举。作为共产党员，绝不能为了自己一时多得选票而放弃党性原则，向歪风邪气低头，而应当坚守党性原则，保持一身正气，绝不用牺牲党和人民利益的做法去同歪风邪气做交易、换选票。

认真自我批评会“丢掉‘面子’、被抓‘辫子’”吗？这是利己主义患得患失的反映。党员、干部的进步，需要组织和同志的外在助力，更需要自身的内在动力。“身正不怕影子斜”。自己胸怀坦荡，行端坐直，不搞邪门歪道，就没有什么辫子可抓，没有什么可怕的。金无足赤，人无完人。共产党员尽心尽力为党和人民工作，也难免会有过失、犯错误，但是只要自己能正视、敢担当，光明磊落、襟怀坦白，勇于自我批评，而且下决心改正，主动放下“面子”、割掉“辫子”，就能赢得主动。反之，如果讳疾忌医，对存在的问题遮遮掩掩，即便过了关，问题却不断积累，迟早会大丢面子。

看到有问题不批评，还帮助掩护，是“爱护同志”吗？这不是爱，而是害。同志之间、党组织对党员、干部，当然要爱护，而且应当爱得很深，护得有力。问题在于爱什么？护什么？我们只能以是否对人民对党有利为根本标准，来判别思想和行为的是非，据此确定应当采取何种方式爱护。明明看到同志身上有病，却不及时提醒和帮助，反而护短，这同医生为病人养痈遗患有什么区别呢？在原则是非面前，抱着明知不对、少说为佳的自由主义态度，正是党性不强、不纯的表现，其深层的原因，就在于信奉明哲保身的庸俗人生哲学。

相互批评“不利于团结”、“影响和谐”吗？这起码是糊涂观念。我们共产党员之间的关系，是同志关系，是坚守共同理想信念和党性原则的关系。这种同志情谊是建筑在以党和人民利益为重的基础上的。有了这种关系，当看到某个同志优秀，就会“见贤思齐”，虚心学习；看到谁有了缺点错误，就会真诚帮助他克服和纠正。如果看到损害党和人民利益的思想和行为，自己不提出批评、不给予帮助，反而置若罔闻、冷漠相待，那绝不是维护党的团结与和谐，而是破坏团结、损害和谐，是用团结和谐的名义掩盖自己对党对人民对同志的不负责任。这样的团结是虚伪的，这样的和谐是脆弱的，结果必然是误己害人。

拿起批评和自我批评这个武器，为人民利益坚持好的，为人民利益改正错的，是党员应有的权利，也是应尽的义务。我们不但要勇于批评和自我批评，而且要善于批评和自我批评。这次教育实践活动，怎样按照中央要求用好批评和自我批评这个武器呢？以下几点需要重视。

坚持正确方向，聚焦清扫“四风”。深入开展教育实践活动，不能空喊口号，一定要落到实处，真正大兴为民、务实、清廉之风，坚决扫除伤民、害党、祸国的“四风”。这就要以中央“八项规定”为切入点，认真排查问题，认真开展批评和自我批评，坚定理论自信、道路自信、制度自信。要凝心聚力，集中指向，不可跑题，不能分神。

坚持公道正派，实事求是。批评和自我批评要起到扶正祛邪的作用，必须公道正派；而要公道正派，就必须实事求是。要分清大是大非，明确我们党提倡什么、维护什么，反对什么、纠正什么，对人对事坚持是即是、非即非，不搞似是而非或似非而是，更不能颠倒是非。由于党员、干部的情况不同，存在问题的性质、程度、表现形式也有差异，所以批评和自我批评必须做到实事求是，具体问题具体分析，严格按照事物的本来面目去认识事物，切忌主观主义和形而上学，更要排除私心杂念，避免从个人恩怨、得失、利害、亲疏出发看事待人。

坚持团结—批评—团结的公式。我们开展批评的出发点和落脚点，都是为了帮助同志祛病强身，增强党内团结，因此批评一定要与人为善。在运用这个武器的时候，务必找准病灶，摸透病因，对症下药，用摆事实、讲道理的方法，以理服人，以情感人。既要实事求是提出问题，严肃批评，又要恰如其分，分析危害和原因，提出切实可行的解决问题的办法。这需要下苦功夫，学会当受人敬重的良医，绝不可做无能的庸医，更不能做害人的巫医。

坚持惩前毖后，治病救人的方针。开展批评和自我批评，不能就事论事，而要立足于帮助同志提高思想政治觉悟，该洗脸的洗脸，该洗澡的洗澡，既要治标疗疾，又要祛病除根。特别是要从世界观、人生观、价值观、权力观、事业观上解决问题。凡能虚心自查自纠，不怕良药苦口的，就是好同志。对个别问题多、错误重，自己却讳疾忌医，拒绝组织和同志帮助的人，需下重药，但也要适当用药，该惩治的应给予必要的惩治。这也是一种不可缺少的教育帮助。

坚持既勇于自我批评，又勇于开展批评。共产党员的进步，是在发展积极的先进的因素，克服消极的落后的因素过程中实现的。在这里，内因起决定作用，外因是必要的条件，内因和外因互动得越好，矛盾转化就越顺利，效果越大。我们既要强调开展批评，更要重在自我批评。只作自我批评，不敢批评别人，不行；只会批评别人，不严格自我批评，也不行。这两种情况，都无助于坚持真理、修正错误，都对党和人民不利，对自己也没有好处。

历史和现实充分证明，中国共产党需要批评和自我批评，能够运用好批评和自我批评这个武器。我们党是中国工人阶级的先锋队、中国人民和中华民族的先锋队，凝聚和升华了工人阶级的优良特质，坚持全心全意为人民服务的根本宗旨，因而，对自身出现的问题和错误，敢于开展批评和自我批评。我们党善于运用马克思主义的世界观和方法论观察事物的矛盾运动，坚持从群众中来到群众中去的群众路线，在实践—认识—再实践的过程中正确认识自己，通过经常开展批评和自我批评，努力使主观认识符合客观实际，不断实现自我净化、自我完善、自我革新、自我提高。对于共产党员来说，这个过程，就是检验和锤炼党性、坚定政治立场，学习和掌握科学的世界观和方法论的过程。在教育实践活动中，我们这样锻炼得越好，成长就会越快；这样做的同志越多，党内政治生活就会越健康，党的凝聚力和战斗力就会越强，就能够有效地扫除“四风”，更有把握应对新考验、夺取新胜利。

（作者：中共中央政策研究室原副主任、全国党建研究会顾问）

深化对党的作风建设核心问题的认识

李景田

开展党的群众路线教育实践活动，是以习近平同志为总书记的党中央加强党的作风建设、推进中国特色社会主义伟大事业的一项重大部署。中央政治局率先垂范、以身作则，带头开展群众路线教育实践活动，召开专门会议，总结检查八项规定的落实情况，分析存在问题，开展批评和自我批评，研究提出进一步加强作风建设的措施，为全党作出了表率，立下了标杆。我们要以此为激励，进一步深刻认识、全面把握密切党群关系与党的作风建设的本质联系，进一步增强改进作风、保持党同人民群众血肉联系的自觉性，以作风建设的新成效凝聚起全面建成小康社会和实现中华民族伟大复兴的强大力量。

一、密切党与人民群众的血肉联系是作风建设的核心问题

我们党是一个伟大光荣正确的党，是一个创造无数奇迹的党。“问渠哪得清如许，为有源头活水来。”当我们翻开历史的壮丽画卷，为党所取得的辉煌成就而骄傲的同时，不禁会思考：党的生机与活力来自哪里？是什么因素使得党能够历经风雨而更加坚强？答案就在于，我们党能够始终清醒认识自己与人民群众的关系，把人民群众视为党的“生命之本”和“力量之源”，始终高度重视人民群众的主体地位和作用，形成了以密切联系群众为核心的作风建设的传统和优势，从而不断提高党对人民群众的凝聚力、向心力、吸引力，获得了不竭的动力和制胜的法宝。

我们党在长期的革命、建设和改革实践中，形成了理论联系实际、密切联系群众、批评与自我批评以及谦虚谨慎、艰苦奋斗等一系列优良作风。密切党与人民群众的血肉联系，在我们党的整个作风建设中始终处于核心地位。作风是立场和世界观在实践活动中的体现，有什么样的立场和世界观就有什么样的作风。马克思主义以彻底的唯物史观而区别于以往所有的唯心史观，充分肯定人民群众在人类社会历史发展中的作用，始终以实现和维护最广大人民群众的根本利益为己任。马克思恩格斯在《共产党宣言》中指出：共产党人“没有任何同整个无产阶级的利益不同的利益”。我们党坚持人民创造历史这一马克思主义立场和世界观，视人民群众为根基和血脉，视群众路线为生命线和根本工作路线，努力把为了人民、依靠人民的崇高价值追求付诸实践，不断铸造中国共产党人的优良作风。因此，从根本上说，抓作风就是抓对待人民群众的态度问题，就是要解决好立党为谁、执政为谁的问题。

密切党与人民群众的血肉联系之所以是党的作风建设的核心问题，还因为党的作风建设的所有方面，都同党是否密切联系群众紧密相关。解放思想、实事求是、求真务实是我们党的思想路线和思想作风，其源泉则是广大人民群众的伟大实践。人民群众是社会实践的主体。脱离了人民群众，高高在上，也就脱离了最有生命力的实践，难免会犯教条主义或经验主义的主观主义错误。批评与自我批评的优良作风，就是要为人民的利益坚持好的、为人民的利益改正错误的作风。谦虚谨慎、艰苦奋斗的作风，就是要为最广大人民的根本利益而不懈奋斗的作风。当前我们党的作风所存在的突出问题，归根到底都是源于脱离群众、违背群众利益。

群众反映强烈的形式主义、官僚主义问题之所以存在,就是因为一些人心中没有群众,脱离群众,不关心群众疾苦,不解决群众遇到的问题,甚至把自己置于人民群众之上,当官做老爷,只做表面文章、官样文章。享乐主义、奢靡之风等问题的出现和蔓延,反映的也是一部分领导干部的群众意识和宗旨观念淡薄,个人利益至上,背离了全心全意为人民服务的宗旨,甚至站到了人民群众的对立面。因此,加强和改进党的作风,从根本上说,就是要解决党和群众关系中存在的问题,更好地贯彻党的群众路线,保持党同人民群众的血肉联系。

二、以密切党群关系为核心的作风建设不是一劳永逸的

中国共产党一贯重视以密切党群关系为核心的作风建设。以毛泽东同志为代表的共产党人,在井冈山时期,就特别注意在实际工作中坚持"革命成功,尽在民众"的观点,教育党员干部"深刻地注意群众生活的问题"。在延安时期,我们党成功进行了延安整风,培育并形成了党的三大优良作风。在革命战争年代,党的事业在艰难困苦中星火燎原,根本原因就是我们党高度重视并不断加强作风建设,以作风建设的成效保证了党的宗旨的实现,使我们党得到了最广大人民群众的拥护,凝聚了最广大人民群众的无穷伟力。抗战时期,美国军事观察组来华考察后,得出一个结论:国民党占有着大片的土地,而共产党则占有大片的人心。我们正是发挥了密切联系群众、"得民心"的政治优势,最终夺取了新民主主义革命的胜利,建立了新中国。

新中国建立初期,为经受住执政考验,中国共产党坚决地反贪污、反浪费、反官僚主义,对极其严重的腐化分子,如刘青山、张子善,采取了坚决果断的措施。改革开放以来,以邓小平同志、江泽民同志、胡锦涛同志为代表的中国共产党人始终高度重视作风建设,从打击经济领域中严重犯罪、纠正不正之风、反对领导干部特殊化、脱离群众,倡导高级干部要带头发扬党的优良传统,到后来开展整党、"三讲"教育、保持共产党员先进性教育、深入学习实践科学发展观、创先争优活动,党的思想作风、学风、工作作风、领导作风、干部生活作风不断改进。正是通过不断加强作风建设,充分发挥了我们的密切联系群众、"得民心"的政治优势,我们党才取得了社会主义革命、建设和改革开放的一系列伟大成就。

简要的历史回顾告诉我们,以密切党与人民群众的血肉联系为核心的党的作风建设,是我们党的成功之道和政治优势。同时,历史也告诉我们,党的政治优势与执政地位一样,不是与生俱来,也不是一劳永逸的。过去拥有不等于现在拥有,现在拥有不等于永远拥有。只有持续地加强党的作风建设,才能不断地保持自己的政治优势、提升自己的政治优势,从而为改革开放和社会主义现代化建设顺利推进提供重要保障。

当前,从总体上看,我们党的政治优势是强的,广大党员、干部在改革发展稳定各项工作中冲锋陷阵、忘我奉献,发挥了先锋模范作用,赢得了广大人民群众的肯定和拥护。同时,我们必须看到,面对世情、国情、党情的深刻变化,精神懈怠危险、能力不足危险、脱离群众危险、消极腐败危险更加尖锐地摆在全党面前,党内脱离群众的现象大量存在,一些问题还相当严重,集中表现在形式主义、官僚主义、享乐主义和奢靡之风这"四风"上。如果任其发展下去,就会像一座无形的墙把我们党和群众隔开,我们党就会失去根基、失去血脉、失去力量。我们要致力于实现党的十八大提出的"两个一百年"的奋斗目标,实现中华民族伟大复兴的中国梦,就必须加强党的作风建设,解决好这些问题,最大限度发挥好党密切联系群众的独特优势,舍此别无他途。

正因为如此,党的十八大以来,新一届中央领导集体以更大的力度抓作风建设。党中央把贯彻落实八项规定作为加强干部作风建设的切

入点和突破口，并以此推动作风方面深层次问题的解决。八项规定的制定并落实，有力遏制了迎来送往、文山会海、铺张浪费等不良现象，促进了党风政风转变，带动了社会风气好转，明显提高了党在人民群众中的威信。当前正在全党深入开展的群众路线教育实践活动，必将对进一步加强党的作风建设，保持党的先进性和纯洁性，巩固党的执政基础和执政地位，对全面建成小康社会、推进中国特色社会主义事业，产生重大而深远的影响。

三、以教育实践活动为契机推进密切党群关系常态化长效化

作风问题具有反复性顽固性，形成一种优良作风不可能一蹴而就，克服一种不良作风也不可能一劳永逸。以密切党同人民群众血肉联系为核心加强作风建设，既是当前一项重大政治任务，也是党在长期执政条件下加强自身建设的一项长期任务，必须发扬“钉钉子”的精神。钉钉子往往不是一锤子就能钉好的，而是要一锤一锤接着敲，才能把钉子钉实钉牢。钉牢一颗再钉下一颗，不断钉下去，必然坚不可破。抓作风建设也要像“钉钉子”这样，经常抓、长期抓，一个一个举措扎实抓，切实让每个举措抓出实效。当前我们的责任，就是要努力搞好群众路线教育实践活动，并且把着力点放在推进密切党群关系的常态化长效化上。

强化为民务实清廉的价值追求。价值追求不解决，作风问题就不可能真正解决。要在教育实践活动中，切实加强马克思主义群众观点和党的群众路线教育，引导党员干部进一步坚定理想信念、提高思想认识，把为民务实清廉的价值追求深深植根于思想和行动中，做到在任何时候任何情况下，与人民同呼吸共命运的立场不变，全心全意为人民服务的宗旨不忘，群众是真正英雄的历史唯物主义观点不丢，始终坚持立党为公、执政为民。

强化领导干部带头作表率。领导干部的一言一行，会对广大干部、党员和群众产生强烈的示范和导向作用。开展好群众路线教育实践活动，要从领导机关、领导班子、领导干部做起，坚持上级带下级、主要领导带班子成员、领导干部带一般干部，形成一级抓一级、层层抓落实的工作格局。要坚持打铁自身硬、正人先正己，每一个领导干部都要以普通党员的身份把自己摆进去，高标准、严要求，要求别人做到的自己首先做到，要求别人不做的自己坚决不做，真正做到认识高一层、学习深一步、实践先一着、剖析解决突出问题好一筹。

加强制度建设。制度更带有根本性、全局性、稳定性和长期性。制度规范人，也造就人。制度问题不解决，作风问题也很难解决。只有建立完备系统、科学有效的制度体系，并且不打折扣严格执行，才能打造好的作风、好的队伍。在开展党的群众路线教育实践活动中，不但要把群众观念内化于心、外化于行，而且要固化于制。要注意梳理现有的制度、制定新的制度、完善已有的制度、废止不适用的制度，完善制度体系。要坚持一手立规矩、定制度，一手抓整改、抓落实。要坚持制度面前人人平等、执行制度没有例外，坚持违规就要问责，就要付出代价。

加强群众监督群众评价。党员、干部身上存在的问题，各项工作的实际效果，人民群众看得最清楚，最有发言权。群众路线教育实践活动不能搞闭门修炼、体内循环，也不能搞自说自话、自弹自唱。要充分相信和依靠群众，认真倾听群众意见、有序组织群众参与、虚心接受群众监督，以群众意见评价活动成效，以群众满意作为最高标准，使活动更加符合群众意愿、体现群众需求。

（作者：中共中央党校原常务副校长）

做好开展批评和自我批评这篇大文章

张柏林

群众路线教育实践活动开展以来，中央一再要求，以整风精神开展批评和自我批评，对“四风”问题来一次大排查、大检修、大扫除。习近平总书记强调指出，要在批评和自我批评上好好下一番功夫，达到红红脸、出出汗、排排毒、治治病的效果。这充分体现了我们党坚持党要管党、从严治党、从严治吏的严肃态度和坚定决心。对此，广大党员期待，人民群众期盼，社会各界关切。开展批评和自我批评，既是教育实践活动的重点，也是难点，是一篇必须做好、也能够做好的大文章。要在提高认识、抓住重点、创造环境等方面下足功夫。

一、提高开展批评和自我批评的思想认识

作为党的优良传统和重要法宝，大家对批评和自我批评并不陌生，但仍有不少同志感到不适应，有畏难情绪，以至于这个“利器”在一些地方变成“钝器”。究其根源，原因很多，思想认识不到位是一个重要方面。要抓住教育实践活动这一契机，努力解开要不要、敢不敢、会不会的思想“扣子”，为开展批评和自我批评奠定基础。

强化共识，才能增强自觉。党的建设实践充分表明，什么时候批评和自我批评搞得好，党内就风清气正，党的事业就蓬勃发展，反之就会受损失、走弯路。无论党所处的历史方位发生什么样的变化，我们面临的环境发生什么样的改变，批评和自我批评这个优良传统决不能忘，坚持真理、修正错误的科学态度决不能变，自我净化、自我完善、自我革新、自我提高的决心和勇气决不能丢。教育实践活动能否达到预期目的，能否取得人民群众满意的效果，重要的是在于能否激发批评和自我批评这个最具活力的“生命要素”。这就需要我们具有自我纠错的政治觉悟，从原则上分清是非，从思想深处统一共识。要加强思想动员，提升思想境界，引导党员干部切实增强责任感紧迫感，紧密联系实际，理直气壮开展批评和自我批评。

放下包袱，才能轻装上阵。开展批评和自我批评，没有勇气是办不到的，必须卸掉种种包袱，变压力为动力。现在，开展批评和自我批评之所以难，难就难在脑中有误区，心中有杂念。一些同志为人情所困、为关系所累、为利益所惑，事不关己，高高挂起，缺乏应有的批评锋芒。这就需要我们有抛开面子、揭短亮丑的勇气，有动真碰硬、敢于交锋的精神，有深挖根源、触动灵魂的态度，及时发现错误，勇于纠正错误，主动开展批评和自我批评。要把批评和自我批评作为一种需要，而不是一种束缚、一种负担，始终坚持党的事业至上、人民利益至上，敢于坚持原则，敢于开展积极健康的思想斗争，使思想和行为受到“洗礼”，真正达到互相帮助、增进团结、促进工作的效果。

有的放矢，才能取得实效。存在问题并不可怕，可怕的是不真找问题、不找真问题。如果不认真找问题，这本身就是最大的问题。有无认真的批评和自我批评，关键看在找问题上较不较真。教育实践活动聚焦的“四风”问题，在各部门各单位不是有没有的问题，而是多和少、重和轻、深和浅的问题。不能用笼统的抽象问题代替具体的实际问题，不能用工作差错问题代替“四风”方面的突出问题，也不能用形式主义、官僚主义问题代替享乐主义、奢靡之风问

题。这就需要我们增强批评和自我批评的实效性，抓住主要矛盾，什么问题突出就着重解决什么问题，什么问题紧迫就抓紧解决什么问题。要坚持下一股狠劲、带一种韧劲，不走神，不散光，对准焦距、找准穴位、切中要害，确保不走过场、取得实效。

二、抓好开展批评和自我批评的重点环节

开展批评和自我批评，需要在整体推进的同时突出重点，在方式方法上打好组合拳，做到不虚、不空、不偏。江苏、安徽在活动中的一些好思路、好做法，值得总结与借鉴。

一把手带头是关键所在。一个单位、一个班子批评和自我批评开展得好不好，与一把手能否带头有直接关系。一个单位、一个班子存在的突出问题，往往与一把手的工作分不开；有的班子成员存在的问题，也与一把手有关。一把手对开展批评与自我批评不积极、不主动、不真诚，其他班子成员、党员干部就会畏缩不前。江苏省委、安徽省委坚持一把手抓、抓一把手，专门召开一把手推进会，省委主要负责同志带头深入基层听取意见，带头查找剖析存在问题，发挥了很好的带动作用。实践表明，一把手有决心，大家才会有信心；一把手自觉放样子，普通党员才会紧紧跟上。一把手要带头开展批评和自我批评，营造放心说、大胆说的强大“气场”。要落实好第一责任人责任，使一把手舍得投入精力、用心谋划，以抓铁有痕的劲头对每个步骤亲自过问，真正做到把责任扛在肩上，把要求落到实处。要加强对一把手的问责，推动各级一把手把示范作用发挥好，形成上级带下级、一级带一级的生动局面。

把自己摆进去是基本要求。自己的问题，自己查找、自己解决最有触动。能否坚持把自己摆进去，是衡量有没有批评和自我批评勇气的试金石。江苏省委在教育实践活动中提出“四个摆进去”，即班子查摆的问题把个人摆进去、下级查摆的问题把上级摆进去、业务部门查摆的问题把分管领导摆进去、社会面上的问题把自己摆进去，真正触及思想深处、触及问题实质。安徽省委要求省辖市的书记、市长与省委领导谈心时，“至少要贡献几条”意见和建议。实践表明，把自己摆进去，素颜照镜子，才能看清、看全、看真自己，才有资格、有底气批评别人，批评才容易为别人所接受。要树立问题意识，以坦荡的胸襟、向自己开炮的勇气，多讲自己的问题，多讲自己的短板，不遮遮掩掩，不文过饰非。要深入查摆问题，具体地而不是抽象地找问题，有针对性地而不是泛泛地找问题，切忌笼而统之、大而化之走过场。要深挖问题根源，由表及里，由现象看本质，着重从理想信念、宗旨意识、党性修养、政治纪律等方面剖析原因，洗污垢、清肌体、醒脑子，实现自己对自己的变革。

开门纳谏是重要途径。“知屋漏者在宇下，知政失者在草野”。坚持开门搞活动，敞开大门听意见，是贯彻批评和自我批评要求的具体体现。江苏省委集中开展“四听四问”，安徽省委开展“党员干部走访基层行动”，两省通过召开座谈会、发放调查问卷、开通网络平台、开展群众评议机关作风等方式，努力实现征求意见全覆盖。实践表明，党员干部身上的问题，群众看得最清楚、最有发言权。只有让群众“号脉”，接受群众监督，才能给批评和自我批评增添“慧眼”。要真心诚意欢迎群众提意见，以虚怀若谷、从善如流的胸怀，放下架子、放低身段，自觉让群众挑毛病、评头品足。要畅通渠道方便群众提意见，把面对面和背靠背结合起来，减少“肠梗阻”，让群众有直接和间接提意见的机会和通道。要全过程敞开大门让群众“会诊”，意见够不够、准不准向群众公示，问题透不透、深不深向群众反馈，措施实不实、管用不管用接受群众评判，为了人民利益坚持好的、改正错的。

谈心交心是有效方法。真交心讲实话，敞开心说亮话，可以防止误会矛盾，避免无原则纷争。谈心谈话，是党内过民主生活的一种重要方法，也是用好批评和自我批评的一个有效步骤。江苏省委、安徽省委各位常委之间、常委与

分管部门主要负责同志之间认真进行谈心交心,相互“把脉”,对准备相互批评的问题进行“亮底”,对自我批评的问题深入沟通。实践表明,“拉拉袖子”提个醒,亮剑揭短喝一声,都是出于对同志的关心爱护,只要双方开诚布公,敞开心扉,就能把批评和自我批评真正开展起来。要坚持摆事实、讲道理,具体问题具体分析,有一说一、有二说二,实事求是、恰如其分,使批评让人心悦诚服、经得起检验。要坦诚相见,既谈成绩,也谈问题,更谈认识谈意见,不避重就轻、不回避矛盾,对一些苗头性倾向性潜在性问题,要及时告诫提醒。要出于公心、与人为善,把关心、关怀、关爱送给同志,让人脸上火辣辣、心里热乎乎,促进双方直面问题、增进共识。

民主生活会是重中之重。批评和自我批评能否动真碰硬,关乎民主生活会的质量。开好民主生活会,必须更高标准、从严要求开展批评和自我批评。江苏省委、安徽省委围绕召开专题民主生活会,会前充分准备,民主氛围浓厚,聚焦“四风”紧密,批评和自我批评严肃认真,整改方向明确,达到了预期目的。实践表明,“当面锣”、“对面鼓”,真诚地提出问题,真心地帮助改正,班子会更团结,队伍会更和谐,实现“团结—批评—团结”的目的。要把功夫下在会前,系统梳理和分析各方面意见,认真撰写对照检查材料,凡是准备在会上提出的问题,都在会前谈通谈透。要以对党、对事业、对同志、对自己高度负责的精神,开展积极健康的思想斗争,防止讲情面、当老好人、搞一团和气。当然,有的批评和自我批评应当在一定范围内搞。上级和上级机关的领导,要亲自参加民主生活会,并实事求是地进行点评。要明确整改方向,针对突出问题,提出具体改进措施,制定整改路线图、任务书、时间表,巩固批评和自我批评成果。

三、创造开展批评和自我批评的良好环境

打好批评和自我批评这场持久战,要在“常”、“长”二字上抓实抓出成效,靠导向、靠氛围、靠机制构筑有利于批评和自我批评的大环境,让认真严肃的批评和自我批评蔚然成风。

以鲜明导向开新风。风气好,关键在导向。要树立敢于批评和自我批评的正确导向,旗帜鲜明地鼓励那些坚持原则、严肃批评别人的党员干部,鼓励那些勇于剖析、认真自我批评的党员干部,鼓励那些诚心诚意开展批评、又虚心接受意见的党员干部。要大张旗鼓在党内倡导不怕得罪人、容得下尖锐批评的作风,让敢于批评和自我批评成为党员干部的一种担当、一种坚守,使党员干部增强批评和自我批评的勇气、正气、锐气,荡涤作风之弊、扫除行为之垢。当然,敢抓敢管敢于开展批评的领导干部,可能会得罪少数人,但会得到大多数人的拥护;同时,干部考核评价机制和制度,要不断完善,不使这类干部吃亏。

以浓厚氛围立风尚。氛围教化人,风尚引导人。要认真贯彻党章规定,充分发扬党内民主,尊重党员主体地位,鼓励讲真话、讲实话、讲心里话,允许不同意见碰撞和争论。要大力营造知无不言、言无不尽,言者无罪、闻者足戒的风气,使大家感到批评和自我批评是一种党内生活的习惯,闻过则喜、有则改之、无则加勉。要加强宣传引导,及时宣传各地各部门的好经验好做法,积聚开展批评和自我批评的正能量,树立开展批评和自我批评的新风尚。

以完善机制作保障。开展批评和自我批评,既需要思想觉悟,也需要制度保障。我们已经有不少严肃党内生活包括开展批评和自我批评方面的制度性规定和做法,多年实践下来,效果很好,要倍加珍视、继续执行好落实好。要结合新情况,尤其是这次教育实践活动中形成的一些新认识、新经验和新做法,及时总结,进一步完善促进批评和自我批评的制度办法。要通过建章立制,强化制度硬约束,提高制度执行力,把批评和自我批评体现到党内生活各方面,使开展积极健康的思想斗争常态化制度化,使我们党永葆生机和活力。

(作者:中央第三督导组组长)

大兴求真务实之风　坚决反对形式主义

王东明

这次党的群众路线教育实践活动，以为民务实清廉为主要内容，以“照镜子、正衣冠、洗洗澡、治治病”为总要求，集中解决形式主义、官僚主义、享乐主义和奢靡之风问题，充分体现了党中央对党要管党、从严治党的坚定决心。形式主义位于“四风”之首，严重违背党的性质和宗旨，严重损害党同人民群众的血肉联系，必须以更坚定的决心和更有力的举措坚决予以铲除。习近平总书记强调，反对形式主义，要真正把心思用在干事业上，把功夫下到察实情、出实招、办实事、求实效上。我们要认真贯彻习近平总书记的重要指示精神，紧扣四川改革发展实际，大兴求真务实之风，坚决反对形式主义，努力开创事业发展新局面。

一、在察实情上下功夫，深入群众开展调查研究，凝聚群众智慧推动科学决策

人民群众是我们党的力量之源和胜利之本，他们中蕴藏着无穷的智慧和力量。而形式主义往往眼睛向上，不注重调查研究，凭经验办事，拍脑袋决策。察实情，最重要、最根本的方法就是深入基层、深入群众，开展调查研究，拜群众为师、向群众学习、向群众请教，问政于民、问需于民、问计于民，把群众的智慧和力量汇聚起来，作为我们想问题、作决策、抓工作的重要依据和动力。

党的十八大后，我们围绕“贯彻落实党的十八大精神、到2020年与全国同步全面建成小康社会”的全省工作主题，确定了10个方面重大课题，由省委、省政府领导牵头，轻车简从，深入全省各地特别是地震灾区、民族地区、边远山区，开展调查研究，广泛听取基层干部群众和专家学者意见。在此基础上，召开省委十届三次全会，确立了“科学发展、加快发展”的工作指导思想，提出了实施多点多极支撑、“两化”互动城乡统筹、创新驱动“三大发展战略”和推进四川由经济大省向经济强省跨越、由总体小康向全面小康跨越“两个跨越”的奋斗目标。为了贯彻落实好党的十八大精神和省委十届三次全会各项重大部署，我们紧紧围绕装备制造、天府新区建设、现代农业、县域经济发展、金融支持、危旧房和棚户区改造、小城镇建设、信息消费等重点工作开展专题调研，结合贯彻中央要求，立足四川实际，逐项研究对策，明确发展思路和路径，着力破解影响制约发展的矛盾和问题，切实推动工作有序开展。

二、在出实招上下功夫，始终扭住经济建设这个中心，采取有力举措推动科学发展

坚持实事求是，一切从实际出发，是推动科学发展的重要前提。而形式主义则表现为，发展思路脱离实际，发展措施不切实际，工作落不了地，喜欢摆花架子、喊空口号。出实招，就是要使发展思路符合本地发展的阶段性特征，推进工作有具体抓手，实现目标有措施保障，始终保持专注发展的定力，着眼于取得实际发展成果，不分心、不走神，凝心聚力抓发展，一心一意搞建设。

这些年，四川经济社会发展取得了巨大成绩，但“人口多、底子薄、欠发达、不平衡”的基本省情没有根本改变，到2020年与全国同步全面建成小康社会任务十分艰巨。我们针对发展

不足和区域发展不平衡的突出问题，大力实施多点多极支撑发展战略，在支持成都领先发展的同时，做强市州经济梯队，做大区域经济板块，培育天府新区、川南经济区和川东北经济区三个新兴增长极，发展壮大县域经济，构建全省竞相发展新格局。针对城乡发展不协调的突出问题，大力实施“两化”互动城乡统筹发展战略，推进新型工业化、新型城镇化互动发展，培育壮大电子信息、装备制造、饮料食品、油气化工、能源电力、钒钛稀土、汽车制造七大优势产业，有序淘汰一批高污染、高耗能的落后产能；坚持把成都平原、川南、川东北、攀西“四大城市群”作为主要形态，建立完善以特大城市为核心、区域中心城市为支撑、中小城市为骨干、小城镇为基础的现代城镇体系；深化统筹城乡改革，促进城市和农村协调发展，推动工业化、信息化、城镇化、农业现代化“四化”同步发展。针对发展内生动力不足的突出问题，大力实施创新驱动发展战略，推进发展观念创新、体制机制创新和科技创新，加快推进绵阳科技城、攀西国家级战略资源创新开发实验区、新川创新科技园建设，加强科技成果转化，推动经济结构调整，转变发展方式。同时，我们积极扩大对内对外开放，开展“民企入川”、“央企入川”、“港澳企业四川行”三大投资促进活动，成功举办成都《财富》全球论坛，引进一大批符合国家政策导向和产业发展方向的重大项目，签约总投资9500多亿元，树立了四川良好的对外形象，拉动了即期经济增长，为未来发展奠定了坚实基础。

三、在办实事上下功夫，始终把实现人民群众根本利益放在首位，坚持不懈保障和改善民生

实现好维护好发展好最广大人民的根本利益，是一切工作的出发点和落脚点。而形式主义则表现为做事只顾眼前利益，喜欢做表面文章，对事关群众安危冷暖的事情，往往是领导看得见的才做，看不见的就少做甚至不做。办实事，就是要始终想群众之所想、急群众之所急，真心实意排民忧、解民难、帮民困，切实把涉及群众生产生活的民生事项办好、做实。

我们把保障和改善民生作为头等大事，一方面靠不断发展经济，以如期实现全面建成小康社会目标，从全局上改善人民群众生活水平。另一方面采取针对性措施，加大工作力度，着力解决一些重点民生问题。今年以来，我们继续实施收入倍增、就业促进、社保提升等“十项民生行动计划”，财政投入比去年增加了15.7%，并研究新增了县级公立医院取消药品加成、实施困难群众重特大疾病医疗救助等八项民生政策措施，让人民群众共享改革发展成果。另外，对四川来讲，改善民生还有特殊任务，就是特困地区的扶贫攻坚问题。我省贫困人口多、贫困面积大、贫困程度深，全省有农村贫困人口750万，其中秦巴山区、乌蒙山区、高原藏区、大小凉山彝区就有450万。在党的正确领导下，这些藏区、彝区过去实现了“一步跨千年”，今天如何带领他们“同步进小康”，是必须破解的难题，也是我们肩负的历史责任。我们把“四大片区”作为主战场，启动实施了“扶贫攻坚行动”，全面落实新一轮扶贫开发纲要和规划，大力实施基础、产业、新村、能力和生态“五大扶贫工程”，突出抓好“彝家新寨”、“巴山新居”、“藏区新居”等新村聚居点建设，确保到2020年贫困人口数量极大减少，贫困群众生活水平明显改善，如期实现全面建成小康社会目标。同时，我们采取有力措施，认真做好地震灾区、暴雨洪涝灾区的民生工作，特别是在群众安置阶段，切实做到“五有三防”，有力保障了灾区群众的生产生活需要；在灾后恢复重建阶段，我们组织参加第一批群众路线教育实践活动单位的党员干部，开展“联村帮户”活动，对口帮扶760个重灾村和受灾村，帮助群众加快建设灾后幸福美好新家园，取得了干部受教育、群众得实惠的效果。

四、在求实效上下功夫，着力解决群众反映强烈的实际问题，建立健全推动落实的制度机制

无论察实情、出实招，还是办实事，最终都要落到求实效上。形式主义的一个显著特征，就是走程序、走过场，结果矛盾和问题却没有解决好。反对形式主义，就是要把工作的着眼点放在真正解决好问题上，从群众反映最强烈的问题入手，有什么问题就解决什么问题，什么问题突出就着重解决什么问题，真正取得人民群众看得见、摸得着的实际成效。

"四风"问题，人民群众深恶痛绝。我们以这次党的群众路线教育实践活动为契机，狠抓班子队伍建设，认真解决"四风"方面存在的突出问题，以良好的精神状态带领人民群众实现既定奋斗目标。我们坚持开门搞活动，认真开展开门评风、百姓听音、基层问症等活动，征求各方面意见建议2000余条；坚持边学边改、边查边改，发扬"钉钉子"精神，切实解决"四风"方面的突出问题。上半年，全省性会议精简40%，行政审批减少221项，一般性预算压缩了5.5%，省级"三公"经费缩减11%。同时，我们对经常出现的问题从规律上找原因，对反复发生的问题从制度上找原因，针对解决党员干部作风中的顽症痼疾制定具体措施。我们着重对减少节庆活动、精简文件会议、整治跑官要官等选人用人不正之风、解决吃拿卡要问题、清理会员卡预付卡、制止滥建楼堂管所等进行专项治理，制定了正风肃纪的七条规定，把权力关进制度的笼子。我们还建立了省领导联系指导市（州）和基层工作制度，每位省领导联系1个市（州）、1个县、1个乡镇、1个村和1至2家贫困户。这样既可以使省领导把身子沉到基层、了解掌握第一手资料，为科学决策、民主决策奠定基础；又可以起到推动工作落实的作用，形成一级抓一级、层层抓落实的长效机制。目前，我们正在研究制定机关党员干部直接联系服务群众制度、群众利益诉求表达和处理机制、维护群众利益的决策机制、群众工作考核评价机制等，力求把密切联系群众、转变工作作风进一步具体化、制度化、常态化。下一步，我们将认真贯彻中央部署要求，坚持"五个带头"、"五个结合"，扎实抓好教育实践活动；在解决突出问题中进一步完善制度机制，让制度刚性运行，切实做到"不虚"、"不空"、"不偏"，不走过场，确保活动取得实实在在成效，让中央放心、群众满意。

（作者：中共四川省委书记）

保持同人民群众的血肉联系是政治本色问题

秦光荣

习近平总书记指出：要保持同人民群众的血肉联系，把立党为公、执政为民落实到全部工作中，认真贯彻党的群众路线，坚持人民主体地位，发挥人民首创精神，着力解决好人民群众最关心最直接最现实的利益问题，不断让人民群众得到实实在在的利益，充分调动人民群众的积极性、主动性、创造性。这一重要论述，进一步体现了党的宗旨性质的核心要求。在党的十八届三中全会上，习近平总书记强调，要坚持以人为本，尊重人民主体地位，发挥群众首创精神，紧紧依靠人民推动改革。保持党同人民群众的血肉联系，不仅是态度感情问题，更是政治立场、政治本色问题。能否始终做到与人民群众心连心，始终保持同人民群众的血肉联系，是检验党员干部党性是否坚强、作风是否优良的首要标准，是党的群众路线教育实践活动必须牢牢把握的一条主线，直接关系到全面深化改革的成败。

对"孟连经验"的思考

承认人民群众是历史的创造者、是推动社会进步的决定性力量，承认人民群众的实践主体观、认识主体观、利益主体观、权利主体观和价值主体观，是马克思主义基本立场、观点、方法的集中体现。这些马克思主义的基本立场、观点、方法，经过了中国革命、建设、改革的长期历史检验，被证明是颠扑不破的真理。2008年，云南孟连县发生了震惊全国的"7·19"干群冲突事件。究其根本原因，就在于一些干部群众观点树得不牢，"屁股坐歪了"、"脑子想偏了"、"作风漂浮了"。"孟连事件"发生后，我们痛定思痛、深刻吸取教训，教育当地干部牢固树立相信群众、依靠群众与教育引导群众相统一的观点，及时摆正位置、端正态度，坚持面对面做工作，最终实现了干群关系的根本性好转，创造出"孟连经验"，谱写了党群干群鱼水情深的新篇章。基于对"孟连事件"的深刻反思，省委从2011年底全面加强新形势下群众工作，推动全省各级党员干部在深入基层中感知、感受群众所思所盼，践行以人为本、执政为民理念；同时，每年选派两万名左右干部组成新农村建设工作队，住村入户帮助工作，从符合条件的党员干部中选拔近万人担任村（社区）党组织常务书记，履行抓基层党建、群众工作等职责。通过两年来的工作，各级党政机关、党员干部与群众的联系普遍得到加强，作风明显好转，在与群众同吃同住同劳动中，增进了对农村的认识和对群众的感情。

"孟连事件"到"孟连经验"的转变，以及群众工作取得的新成效，深刻地启示和教育我们：任何时候任何情况下群众观点都不能丢、不能忘，越是在深化改革攻坚期、社会转型深水区，越需要保持对人民群众的赤子之心。只有牢固树立群众观点，才能坚信人民群众是社会变革的决定力量和推动历史前进的根本动力，从而正确把握同人民群众的关系问题，时刻摆正自身位置，增强贯彻执行党的群众路线的自觉性和坚定性；才能在思想上筑牢抵制形式主义、官僚主义、享乐主义、奢靡之风的"防火墙"，把实事求是、艰苦创业、勤俭节约这些党的优良作风传承下去、坚持下来。这要求我们在开展党的群众路线教育实践活动中，切实打牢学习教育这个基础，真正从思想和灵魂深处解决好广大党员干部的认识问题，使大家更加清醒地认识

“我是谁、为了谁、依靠谁”这一基本问题，深刻理解党与人民群众的鱼水关系、血肉关系，始终视群众为衣食父母，以植根于内心深处的真挚感情和群众观来指引我们的一切行动，保持党同人民群众的血肉联系。

学习杨善洲精神给我们的启示

群众路线是党的生命线和根本工作路线。回顾我们党90多年来动员群众、组织群众、依靠群众进行革命、建设和改革的光辉历程，可以得出这样的结论：一切为了群众、一切依靠群众，从群众中来、到群众中去的群众路线，是贯穿党的全部历史的一条红线，是党永远立于不败之地的根本。守住了这个根本，我们的事业就无往而不胜；背弃了这个根本，我们党就失去了存在的基础。结合正在全党深入开展的党的群众路线教育实践活动，省委把杨善洲精神作为一个重要载体，在全省各级领导班子和党员干部中组织开展专题讨论，进一步掀起学习杨善洲精神的热潮。杨善洲是云南土生土长的党员领导干部和先进典型。他坚持人民至上、爱民至深、为民至诚，始终把自己的根扎在群众当中，把一生的全部心思和精力都用在党的事业和为人民服务上，努力为群众办实事、办好事、解难事。在职时，他带领干部群众把贫穷落后的保山地区建成了全国闻名的“滇西粮仓”；退休后，又一头扎进家乡的大亮山义务植树造林，一干就是22年，在荒山荒坡上造就了5.6万亩价值3亿元的林场，并无偿移交给当地林业部门。他以实际行动诠释了党的群众路线，做到了“只要生命不结束，为人民服务就不停止”、“干革命就要干到脚直眼闭”。

杨善洲同志堪称执政为民的典范、求真务实的典范、廉洁奉公的典范，是广大党员干部践行马克思主义群众观和党的群众路线的榜样，是开展党的群众路线教育实践活动的生动教材。我们每位党员干部都应该以杨善洲同志为镜子，认真查找在党性党风党纪方面存在的差距和不足，自觉学习他信念坚定、对党忠诚的政治品格，以正确的世界观立身，始终坚定共产党人的理想信念；学习他牢记宗旨、一心为民的公仆情怀，始终坚持马克思主义群众观和党的群众路线，追求为民谋幸福的人生价值；学习他鞠躬尽瘁、艰苦奋斗的崇高境界，以正确的事业观干事，始终保持求真务实的优良作风；学习他大公无私、淡泊名利的奉献精神，以正确的权力观用权，始终坚守廉洁自律的从政底线，以走群众路线的坚定步伐和为民务实清廉的实际行动，增进党同人民群众的血肉联系。

群众利益在本质上与我们党的奋斗目标是一致的

马克思指出，人们为之奋斗的一切，都同他们的利益有关。利益关系是一切社会关系的基础，抓住了利益关系，就抓住了社会问题的根本；统筹协调好了利益关系，就把握住了工作的关键。从本质上说，群众利益与我们党的奋斗目标是一致的，维护群众利益就是维护党的形象、维护党的执政根基，损害群众利益就是损害党的形象、损害党的执政根基。不论从执政为民的高度，还是从推动工作的角度，我们都必须把实现好、维护好、发展好最广大人民的根本利益作为一切工作的出发点和落脚点。云南近年遭遇百年不遇“四年连旱”，广大党员干部想群众所想、急群众所急，深入旱情最严重、抗灾最困难的地方，划片包干，驻点蹲守，与广大群众汗水交融、同甘共苦抗旱救灾，并普遍成立党员突击队，肩挑背驮为群众送水，在众志成城抗击旱魔的过程中谱写了干群“一家亲”的动人篇章。沾益县人力资源和社会保障局副局长陈家顺同志为了解决好歉收农民的生计问题，把劳务输出和农民工权益保障作为自己的事业，通过与农民工同吃同住同劳动全面掌握他们的利益诉求，并亲自到沿海地区工厂“卧底”打工，了解情况，推动解决了近两万名务工人员的就业和权益保障问题，被大家亲切地称为“招工局长”。

云南省第九次党代会以来，广大党员干部

立足基层群众最关心的利益问题开展工作，帮助解决群众反映强烈的突出问题近30万个，协调项目5万多个，落实资金63.2亿元，群众工作取得明显成效。一个个鲜活生动的事例告诉我们，在任何时候任何情况下，我们都必须牢牢抓住群众利益这个“牛鼻子”，始终站在群众利益的立场上想问题、谋发展、作决策、抓落实；必须以满腔热情对待群众利益问题，针对国企改革改制、旧城拆迁改造、土地征用、移民搬迁、灾民安置、食品安全、公共环境事件、涉法涉诉、社会治安等领域群众反映强烈的突出问题，一件一件地弄清楚、解决好，坚决纠正漠视群众利益、损害群众利益的行为；必须更加重视民生问题，加大民生投入，搞好扶贫济困，加强教育、就业、社保、卫生等公共服务薄弱环节，不折不扣地抓好保障房建设等重大民生工程、民生政策的落实，以维护和发展群众利益的更大决心、更大行动，加强党同人民群众的血肉联系。

解决新问题既要用老办法也要创造新办法

正确的方式方法是做好群众工作的重要保证。毛泽东同志曾说，我们的任务是过河，不解决桥或船的问题，过河就是一句空话；不解决方法的问题，任务也只是瞎说一顿。随着经济体制的深刻变革、社会结构的深刻变动、利益格局的深刻调整、思想观念的深刻变化，社会阶层更加复杂，人口流动性显著增大，群众工作的对象更加多样化；群众利益诉求呈现差异化、多元化特征，民主意识、法律意识、参与意识、维权意识不断增强，群众工作的难度日益增大；人民内部矛盾触点增多、燃点降低、关联性增强，不少利益冲突往往通过干群矛盾表现出来，群众工作压力空前。这些新情况、新变化，对我们的领导方法和工作方法提出了新的要求，对做好群众工作提出了新的挑战。近年来，云南努力探索干部直接联系群众制度，在县以上机关全面实行领导蹲点联户、部门挂钩联户、干部结对联户、建卡经常联户的“四联户”制度，实行省直机关“挂县包乡联户”、州市机关“挂乡包村联户”、县(市、区)机关“挂村包组联户”，依靠制度将领导、机关、干部和群众长期有效地联系在了一起，在创新群众工作方面探索了一些好的做法。目前，全省50万名干部直接联系群众364.5万户，覆盖全省农村家庭户的36%。在云南武定县插甸乡，干部与群众“同吃同住同劳动，真情融入‘面对面’；同苦同乐同分担，真心做事‘手拉手’；同创同建同发展，真诚服务‘心连心’；同心同德同命运，真正感知‘亲上亲’”，形成了做好群众工作的“插甸经验”。

实践中我们深刻体会到，只有立足实际创新群众工作方法，真正做到与群众一条心，才能继承好、运用好群众路线这个传家宝。面对各种困难和挑战，我们要始终坚持与群众面对面、手拉手、心贴心、实打实，使干部串百家门、听百家言、知百家情，在与群众朝夕相处中增进感情；始终坚持把创新方法与创新思维结合起来，加强法治化思维、科学化思维、制度化思维、网络化思维、社会化思维，及时准确地把好人民群众需求变化的“脉搏”，用现代社会的通行规则、通行工具和表达方式，直接联系群众、服务群众，提高群众工作的针对性和实效性；始终坚持把创新方法与加强和创新社会管理结合起来，坚持整体把握、统筹兼顾，不断增强群众工作的整体合力，既注重与群众恳谈协商，又注重为群众排忧解难，使情绪在真挚交流中理顺、困惑在深度沟通中消除、矛盾在有效疏导中化解，以创新群众工作的新举措、新成效，更好地管理社会、服务社会，巩固党同人民群众的血肉联系。

（作者：中共云南省委书记）

学习焦裕禄精神改作风　做到“六问”“六带头”

郭庚茂

焦裕禄精神发源于河南，是我们党的宝贵精神财富。习近平总书记把焦裕禄精神概括为亲民爱民、艰苦奋斗、科学求实、迎难而上、无私奉献，提出要学习焦裕禄同志的公仆精神、奋斗精神、求实精神、大无畏精神、奉献精神，大兴服务群众之风、艰苦奋斗之风、求真务实之风、知难而进之风、敬业奉献之风。河南省委认真落实习近平总书记重要讲话精神，在开展党的群众路线教育实践活动中，把“学习弘扬焦裕禄精神、作为民务实清廉表率”作为学习教育的主题，要求党员、干部对照焦裕禄精神做到“六问、六带头”，“照镜子、正衣冠、洗洗澡、治治病”，在纠正“四风”、改进作风、推动科学发展上取得实际效果，进一步密切党同人民群众的血肉联系。

“六问”，就是以焦裕禄精神为镜子，找差距、找不足、找原因，问出自责、问出“汗珠子”、问出整改的内生动力，真正做到有反思、有触动、有提高。

一问是否像焦裕禄那样，把群众当亲人，想群众之所想，急群众之所急，始终做到一心为民。全心全意为人民服务是焦裕禄精神的本质。现在一些党员干部时常把为人民服务挂在嘴上，但实践中存在很多问题，文化素质提高了，却不会讲老百姓听得懂的“家常话”了；交通便捷了、通讯发达了，与群众联系却少了、交心却难了等。其根源在于群众观点丢掉了、群众立场站歪了、群众路线走偏了、群众工作方法不对头。

二问是否像焦裕禄那样，深入基层、深入实际、深入群众，查实情、出实招、求实效，始终做到真抓实做。当年兰考的“三害”能在较短时间内得到有效治理，靠的是焦裕禄同志带领全县人民真抓实做。形式主义是真抓实做的天敌，其危害在于误事，不仅解决不了问题，还会错失机遇、贻误发展；在于伤民，损害群众利益，破坏党群干群关系；在于“毁容”，严重损害党和政府的威信与形象。一些干部搞形式主义，根本原因是名利思想作怪，蒙骗上级求官，糊弄群众求名，弄虚作假求利。

三问是否像焦裕禄那样，知难而进、迎难而上，锐意进取、奋发有为，始终做到敢于担当。习近平总书记把“敢于担当”作为好干部的“五个标准”之一。不畏艰险、敢于担当是焦裕禄同志的宝贵品格，他以“革命者要在困难面前逞英雄”的大无畏气概，带领兰考人民在重重困难中闯出了一条生路。相比之下，今天一些干部却不敢担当，做得过且过的“太平官”、因循守旧的“平庸官”、逃避责任的“圆滑官”，主要原因是缺乏责任心、能力不足、私心作祟。

四问是否像焦裕禄那样，坚持一切从实际出发，解放思想，实事求是，始终做到科学求真。焦裕禄精神的灵魂是实事求是。焦裕禄同志不死抠“本本”，从兰考实际出发，作出和实施了治理“三害”的正确决策。现在我们做的事情要求越来越高、涉及领域越来越新、复杂性越来越强，更应该遵循规律、科学决策，用正确的方法做正确的事，不走错路、少走弯路。

五问是否像焦裕禄那样，厉行节约、反对浪费，勤俭办一切事业，始终做到艰苦奋斗。艰苦奋斗是焦裕禄精神的精髓。“奢靡之始，危亡之渐”。领导干部一旦追求物质享受，就会意志消退、精神萎靡，丧失积极进取的精神动力；

习惯了奢靡生活，就会欲望越来越高，逐步走向腐败。领导干部的作风是社会风向标，追求享乐、贪图享受，既会对社会风气产生恶劣影响，更会削弱党的执政基础和执政地位。

六问是否像焦裕禄那样，严格要求自己，无私奉献，勤政廉政，始终做到廉洁奉公。清正廉洁、无私奉献是焦裕禄同志的崇高精神风范。“物必先腐，而后虫生”。分析一些领导干部腐败的原因，关键是放松了主观世界改造，动摇了理想信念，丧失了党性原则，丢掉了做人的基本道德。清则心境高雅，清则正气充盈，清则百毒不侵，清则万众归心。只有廉洁自律、为党和人民事业鞠躬尽瘁，人生才会活得精彩，才不会辜负这个伟大的时代。

“六带头”，就是强调领导干部以焦裕禄同志为标杆，作为民务实清廉的表率，一级做给一级看，一级带着一级干，凝聚各方智慧和力量，为全面建成小康社会努力奋斗。

一是带头学习提高。把学习教育、思想理论武装摆在第一位，提升认识水平，为改进作风打牢思想基础。着力解决五个问题：解决政治方向问题。是非明于学习。坚持用中国特色社会主义理论体系武装头脑，深入学习党的十八大精神和习近平总书记一系列重要讲话精神，提高政治敏锐性、政治鉴别力和政治定力，坚定中国特色社会主义道路自信、理论自信、制度自信，与以习近平同志为总书记的党中央保持高度一致，做共产主义远大理想和中国特色社会主义共同理想的坚定信仰者和忠实践行者。解决政治立场问题。群众立场是我们党最根本的政治立场。深入学习马克思主义群众观点，坚持党的群众路线，站稳群众立场，真正做到一切为了群众、一切依靠群众，不断密切党同人民群众的血肉联系。解决思想方法问题。一些领导干部做错事，个别是出发点不对、有私心，更多的是思想方法不对，脱离实际、违背规律，好心做了错事。加强对马克思主义世界观和方法论的学习，坚持解放思想、实事求是、与时俱进、求真务实，增强运用规律科学决策、运用正确方法开展工作的本领。解决精神状态问题。自觉学习党的光辉历史和优良传统，加强党性修养，提升道德素养和思想境界，牢记“两个务必”，甘于奉献、艰苦奋斗，始终保持昂扬向上、奋发有为的精神状态。解决能力素质问题。广泛学习各方面的知识，提升综合素质。坚持干什么学什么、缺什么补什么，努力成为行家里手、内行领导，不断提高执政能力和执政水平。

二是带头服务群众。过去我们党用“延安作风”打败了“西安作风”，今天我们要用优良作风荡涤损害群众利益的各种不正之风。坚持和人民群众站在一起。像焦裕禄那样主动去了解群众想什么、盼什么，自觉为群众做好事、办实事，解决好群众生产生活中的实际困难和问题。尊重大多数群众的意愿。为群众办好事要讲究方式方法，即使思路和想法是正确的，倘若大多数群众不理解、不认同，那就说明还不具备实施的条件，不能和大多数群众顶牛，更不能不顾群众意愿强行蛮干。让人民群众成为改革发展的现实受益者，既要维护人民群众的根本利益、长远利益，同时必须给群众看得见、摸得着的现实利益，让群众共享改革发展成果。

三是带头开拓创新。应对当前面临的一系列矛盾和挑战，仍然要靠改革创新释放发展的动力活力。强化开放意识，坚定不移实施开放带动主战略，努力形成全方位、宽领域、多层次的开放格局，在开放系统中寻求资源要素的最佳组合，实现优势互补、合作共赢。突破思维定势，破除小农意识、计划经济思维、因循守旧思想，加快树立战略思维、创新思维、辩证思维、法治思维、底线思维等，不断破除束缚科学发展的思想障碍。树立先进理念、采用科学方法，面对全球化、市场化、现代化的复杂局面，建立健全决策程序，加强信息收集整理和分析研判，加强咨询、论证、评估，加强跟踪问效，提高决策的科学化民主化水平。

四是带头务实重干。做事情、干工作要

"顶天立地",既了解全局、开阔视野,站到高点来谋划,摒弃井蛙之见,又立足客观实际,创造性地开展工作,讲实话、干实事,敢作为、勇担当,言必信、行必果。坚持抓大事、解难题,抓大事是"改造世界",把已经明确的主要任务、重大措施落到实处;解难题是"认识世界",研究解决影响发展的重大问题,两者相辅相成,不断把事业推向前进。坚持抓当前、谋长远,既要高瞻远瞩,加强对长远发展的谋划,更要把当前工作抓实做好、取得阶段性成果,为下一步发展积累基础、开辟道路。坚持抓具体、促落实,对确定的战略谋划和决策部署,发扬"钉钉子"精神,一锤接着一锤敲,持之以恒、锲而不舍地抓下去,抓出实效。坚持抓基层、打基础,加强基层党组织和城乡基层群众性自治组织建设,加强基层民主决策机制和矛盾调解化解机制建设,加快公共服务能力建设,为推动科学发展、促进社会和谐创造条件。

五是带头廉洁自律。领导干部要认真落实党风廉政建设责任制,以廉当福、视贪为祸,筑牢拒腐防变的思想防线,以反腐败的实际成效取信于民。正确对待权力,深刻认识权力是一柄双刃剑、任何权力都有潜在的腐蚀性,敬畏权力、管好权力、慎用权力,真正把权力用到为老百姓办事上、用到推动发展上、用到党的事业上。正确对待同志,严格教育、严格管理,出现苗头性、倾向性问题及时"咬咬耳朵"、"扯扯袖子",早提醒、早纠正。正确对待人情世故,人情之中有原则、交往当中有政治、交友当中有底线,谨慎交友、从善交友、择廉交友,管好家里人、身边人。正确对待监督,监督是最好的爱护,自觉接受监督是政治上成熟的主要标志之一,光明磊落就不怕监督,想减少失误就会欢迎监督,想提高决策水平就应该要求监督。

六是带头推动发展。衡量教育实践活动搞得好不好,最终还是要看是否促进科学发展、民生改善。要增强历史责任感。领导干部对一个地方的经济社会发展和人民福祉所起的作用,不是动力就是阻力。思路对头、作风良好、事业心强,就是正能量,可以形成动力;走偏路、使反劲,就是负能量,成为阻力;无所作为、不履行职责,就是失职,也是阻力。领导干部在其位就要尽其职、负其责、出其力,切实担负起发展一方、造福一方的重任。要正确判断形势。意识不到形势的变化往往会"刻舟求剑",错误估计形势就可能"南辕北辙"。适应经济发展进入新阶段所呈现的新特点,顺势而为、抢抓机遇、应对挑战,把加快经济结构战略性调整和产业转型升级作为突出任务,把提升开放水平和深化改革作为稳增长、调结构、推动科学发展的根本性举措,稳中有为,持续求进,努力保持河南经济社会发展良好局面。要始终坚持正确的战略和策略。把握好全局性、方向性、根本性的战略问题,坚持以提高经济发展质量和效益为中心,促进经济社会发展"多快好省"。对河南而言,坚持正确的战略,就是实施好国家批复的粮食生产核心区建设规划、中原经济区规划、郑州航空港经济综合实验区发展规划;坚持正确的策略,就是要在推动科学发展中坚持三化协调、四化同步,产城互动、相互促进,城乡统筹、以城带乡,以人为本、人民至上。要着力打造新优势、提升竞争力。从特殊省情出发,提升劳动力技能素质,发挥人力资源优势;打造现代综合交通枢纽,形成现代物流优势;培育产业集群,形成专业分工协作配套优势;加快科技创新,打造科技优势;深化改革,创造体制机制优势,打造河南经济升级版,加快中原崛起、河南振兴、富民强省,为实现中国梦作出积极贡献。

(作者:中共河南省委书记、省人大常委会主任)

坚决反对“四风”　解决突出问题

张宝顺

在全党深入开展以为民务实清廉为主要内容的党的群众路线教育实践活动，是党的十八大作出的重大决策。在中央召开的党的群众路线教育实践活动工作会议上，习近平总书记发表了重要讲话，对教育实践活动进行了部署，为我们开展好活动指明了方向，提供了遵循。我们必须深刻领会、全面贯彻，尤其要按照中央要求，把反对形式主义、官僚主义、享乐主义、奢靡之风（以下简称“四风”）作为重点，着力解决人民群众反映强烈的突出问题，确保教育实践活动取得实效。

反对“四风”是密切党同人民群众血肉联系的必然要求

党的作风关系党的生死存亡，关系国家前途命运。我们党历来高度重视作风建设，党的历史既是一部波澜壮阔的革命、建设和改革史，也是一部深入持久的作风建设史。在90多年的奋斗历程中，我们党始终把作风建设作为党的生命线，围绕不同历史时期的中心任务，针对存在的突出问题，相继开展延安整风、“三讲”、先进性教育、学习实践科学发展观、创先争优等一系列活动，增强了党的创造力、凝聚力、战斗力，密切了党群干群关系，保障了党的事业不断从胜利走向胜利。党的十八大以来，新一届中央领导集体着眼新的形势和任务，出台八项规定等一系列务实举措，特别是习近平总书记等中央领导同志率先垂范、身体力行，以实际行动释放了上行下效的正能量，彰显了改进作风的新气象，对于匡正党风政风、净化社会风气起到了重要作用。

近年来，安徽省委认真落实中央要求，紧密结合实际，在加强作风建设上进行了积极探索。为推动机关干部下基层，从2001年起我们分五批选派16000名干部到村任党组织书记，选派12000多名干部到市县乡和企业挂职，增进了机关干部对基层工作的了解和对群众的感情。为适应农业税全面取消后乡镇政府职能转变的需要，从2003年起我们在农村推行为民服务全程代理，在城市设立为民服务窗口，对群众需要办理的事项实行统一受理、限时办结，实现了“干部动动嘴、群众跑断腿”向“群众动嘴、干部跑腿”的转变。为深入贯彻党的群众路线，2011年我们在全省开展了“五级书记带头大走访”活动，各级领导班子成员和广大机关干部，深入基层、深入群众，在体察群众疾苦、倾听群众呼声中密切了党同人民群众的血肉联系，在落实群众诉求、解决群众困难中提升了群众工作能力。为扎实做好新形势下保持党的纯洁性各项工作，2012年我们集中开展了迎接党的十八大、保持党的纯洁性主题教育实践活动，查找和解决了一批在保持思想纯洁、组织纯洁、作风纯洁和清正廉洁方面存在的突出问题，在提升党性修养、加强基层组织、服务人民群众、促进各项工作方面取得了新的成效。

作风问题具有顽固性和反复性，尽管我们长期在抓，但仍然存在不少问题，其中“四风”表现比较突出，特别是一些机关特权思想严重，服务意识淡薄，门难进、脸难看、事难办，各种检查评比名目繁多，基层疲于应付；一些领导干部不坚持原则，奉行好人主义；一些基层干部工作方法简单，作风粗暴，吃拿卡要，甚至与民争利，等等。这些问题，严重损害了党群干群关系，削弱了党和政府的威信和公信力。我们必须居安思危,增强忧患意识,切实把反对“四风”摆在作风建设的突出位置,下大气力来抓,确保实现根本性转变,始终保持与人民群众的血肉联系。

反对“四风”必须着力解决人民群众反映强烈的突出问题

聚焦作风建设、集中解决“四风”问题是群众路线教育实践活动的主要任务,要以贯彻中央八项规定为切入点,突出解决实际问题,使党员干部思想进一步提高,作风进一步转变,党群干群关系进一步密切,为民务实清廉形象进一步树立。

坚持求真务实,着力解决形式主义问题。求真务实是我们党思想路线的重要内容,是克服形式主义最好的良药。求真务实,首在求真。要坚持一切从实际出发,把中央精神与安徽具体实践结合起来,做决策、上项目都要加强调研论证,广泛征求意见,尊重社会发展规律和人民群众意愿,防止出现急功近利的政绩工程、劳民伤财的形象工程。求真务实,重在务实。要认真贯彻中央八项规定,进一步改进会风文风,清理各类检查评比,真正把心思用在干事业上,把精力投入到抓落实中,尤其要把工作着力点放在更加注重经济发展的质量效益和不断改善民生上,推动经济社会又好又快发展。求真务实,贵在有恒。要牢固树立正确的政绩观,要有“功成不必在我”的理念和境界,按照打造“三个强省”(经济强省、文化强省、生态强省)、建设美好安徽的奋斗目标,多做打基础、利长远的工作,多干经得起历史、实践和人民检验的事情,一张蓝图绘到底,深入推进兴皖富民大业。

坚持群众路线,着力解决官僚主义问题。群众路线是我们党的根本工作路线,也是克服官僚主义的利器。要深怀尊民之心,始终牢记人民群众才是历史的创造者、国家的主人,切实摆正主与仆、官与民的关系,摆正老师与学生的关系,问政、问需、问计于民,真正把群众当主人、当老师。要常兴亲民之举,时刻把群众的安危冷暖放在心上,经常深入基层、深入群众,与群众打成一片、融为一体,在同吃同住中体验百姓酸甜苦辣,在促膝交流中掌握工作利弊得失,在朝夕相处中增进与群众的感情。要恪守为民之责,加快转变政府职能,加大简政放权力度,深化机关效能建设,切实解决机关效率低下、办事推诿扯皮等问题,有效杜绝权力寻租、以权谋私现象。要多办利民之事,紧紧围绕“五有”(学有所教、劳有所得、病有所医、老有所养、住有所居)目标,进一步找准民生工作与群众需求的结合点,深入推进民生工程,扎实开展美好乡村建设,大力实施居民收入倍增规划,加快完善基本公共服务体系,使发展成果更多更公平惠及全省人民。

坚持艰苦奋斗,着力解决享乐主义问题。艰苦奋斗是我们党的优良传统,是克服享乐主义、抵御腐朽思想的重要法宝。古往今来,大凡有所作为的人,无不牢记“艰难困苦,玉汝于成”的道理,长期艰苦奋斗,以毕生精力实现“修身、齐家、治国、平天下”的抱负。我们共产党人更应该把艰苦奋斗作为一种政治觉悟、精神境界和思想作风,先天下之忧而忧,后天下之乐而乐,为党和人民的事业鞠躬尽瘁、死而后已。要牢记“两个务必”,增强忧患意识,坚决克服贪图享乐、不思进取的思想,始终保持昂扬向上、奋发有为的状态,扎扎实实把美好安徽建设推向前进。艰苦奋斗、勤俭节约,不仅是科学的世界观、人生观、价值观,也是重要的方法论。要牢固树立过紧日子的思想,勤俭办一切事业,把有限的资金和资源用在改革发展稳定的关键部位和薄弱环节上,推动经济社会平稳健康较快发展。

坚持廉洁从政,着力解决奢靡之风问题。廉洁从政是对领导干部的基本要求,也是克服奢靡之风的必然要求。要严格遵守廉洁从政各项规定,常怀敬畏之心,常思贪欲之害,常拂心灵之尘,自重、自省、自警、自励,筑牢杜绝奢靡、拒腐防变的思想防线。要切实加强财政预算管理,严格控制一般性支出,特别是要进一步规范和压缩“三公”经费支出,杜绝铺张浪费行为。

要以改革的精神、创新的思路解决滋生腐败的深层次矛盾和问题,不断深化土地审批出让、矿产资源开发、公共工程建设、企业重组改制等重点领域和关键环节的改革,最大限度地减少和杜绝腐败问题的发生。坚持廉洁从政、克服奢靡之风,根本还靠制度。要全面推进惩治和预防腐败体系建设,加强对权力运行的制约和监督,把权力关进制度的笼子里,形成不敢腐的惩戒机制、不能腐的防范机制、不易腐的保障机制。

反对"四风"要以教育实践活动为载体深入持久推进

开展群众路线教育实践活动,是反对"四风"的有效载体和重要抓手,要围绕活动的总体要求和基本原则,抓住"学习教育、听取意见,查摆问题、开展批评,整改落实、建章立制"三个关键环节,扎实有序推进,让群众看到实实在在的成效。

突出正面教育,抓好学习实践。针对当前少数党员干部理想信念动摇、宗旨意识淡薄等问题,组织党员干部认真学习中国特色社会主义理论体系,学习党章和党的十八大报告,学习习近平总书记一系列重要讲话,开展党的群众路线、党性党风党纪和道德品行教育,引导党员干部坚定理想信念,增强公仆意识,讲党性、重品行、作表率。发扬理论联系实际的学风,把实践作为检验学习教育成果的重要标准,各级各部门都要集中一段时间,组织党员干部深入基层、走访群众,在实践中倾听意见、接受教育、锤炼作风、提升能力。

突出自我剖析,抓好问题查摆。围绕为民务实清廉的要求,通过群众提、自己找、上级点、互相帮等形式,认真查摆"四风"方面存在的突出问题,深刻进行自我剖析,弄清原因,汲取教训,明确整改和努力方向,严防活动走过场。召开一次高质量的专题民主生活会,以整风精神开展批评和自我批评,既要敢于对自己揭短亮丑,也要本着关心同志和对工作负责的态度,实事求是地指出缺点和不足,以达到解决问题、促进团结、推动工作的目的。

突出建章立制,抓好整改落实。针对查找出来的突出问题,要采取切实有效的办法措施,制定任务书,明确时间表,逐一抓好落实。要坚持开门搞活动,充分发挥群众监督的"放大镜"和"显微镜"作用,请群众参与,让群众评判,受群众监督,确保整改措施落到实处、群众满意。要强化正风肃纪,对作风方面存在问题的党员干部进行提醒,对问题严重的进行查处,对与民争利、损害群众利益的不正之风和突出问题进行专项治理。要注重总结活动中的好经验好做法,以制度的形式固定下来、坚持下去,推动改进工作作风、密切联系群众常态化长效化,以作风建设的新气象促进安徽各项事业不断取得新成就。

(作者:中共安徽省委书记)

扫除奢靡享乐之风　提振艰苦奋斗之气

赵克志

反对奢靡享乐之风是聚焦和解决“四风”问题、开展好党的群众路线教育实践活动的一项主要任务。习近平总书记指出:“‘历览前贤国与家,成由勤俭败由奢。’能不能坚守艰苦奋斗精神,是关系党和人民事业兴衰成败的大事。”对于贵州这样一个经济社会发展处在全国靠后位置的省份来说,全面建成小康社会任务尤为艰巨,扫除奢靡享乐之风、提振艰苦奋斗之气尤为必要、紧迫。我们以“忠实务实实干兴省、同心同苦同步小康”为总载体,以踏石留印、抓铁有痕的劲头狠抓作风建设,教育引导各级党员干部始终牢记“两个务必”,坚持做到勤俭节约、艰苦奋斗、昂扬向上、奋发进取,为科学发展、后发赶超、推动跨越、同步小康提供有力保障。

一、从坚定理想信念和发展信心出发,通过筑牢思想防线,扫除奢靡享乐之风、提振艰苦奋斗之气

坚定的理想信念是保持优良作风的根本支撑。理想信念“缺钙”,就会在世界观、人生观、价值观上出现偏差。发展信心不足,就会失去为党和人民的事业不懈奋斗的理想和激情,滋生奢靡享乐思想,错失难得的发展机遇。我们首先从思想上遏制奢靡享乐的动机,从根源上消除奢靡享乐的因素,始终保持共产党人艰苦奋斗的政治本色。

注重在坚定理想信念中筑牢思想防线。由省委常委带头,深入学习习近平总书记一系列重要讲话精神,组织各级党员干部原原本本学习《厉行节约 反对浪费——重要论述摘编》等必读篇目,使节约光荣、浪费可耻的思想观念入脑入心。省委常委带头,组织党员干部到遵义会议会址、息烽集中营旧址参观,以革命先辈“保持党的纯洁”的遗志激励自己,牢记根本宗旨,树立艰苦奋斗之志,争做忠诚清廉之人。

注重在坚定发展信心中筑牢思想防线。我们把远大理想与现实发展紧密结合,不断增强发展自信、跨越自信、小康自信,坚持发展、团结、奋斗,开展以“突破信心不足的思想、树立敢于争先的意识”等“十破十立”为主要内容的解放思想大讨论等活动。大力构筑“自觉自信自强,创先创新创优”的精神高地,营造发展干事创业氛围,点燃党员干部和各族群众苦干实干的激情与自信,自觉抵制奢靡享乐等不良影响,提振奋力赶超、后来居上、同步小康的精气神。

注重在开展廉政教育中筑牢思想防线。固守根本、坚守底线,深入开展党风廉政警示教育和廉政文化创新活动,编发《警示教育读本》,以案促教、以案示理、以案明纪,警示党员干部坚持做到自重、自省、自警、自励。为教育引导党员干部保持高尚情操、反对奢靡浪费,组织各级党员干部集体观看电影《杨善洲》,学习杨善洲淡泊名利、廉洁奉公、艰苦奋斗、永不褪色的崇高精神,切实做到克己奉公、清正廉洁。

二、从贵州省情出发,通过艰苦奋斗、勤俭办事,扫除奢靡享乐之风、提振艰苦奋斗之气

艰苦奋斗、厉行节俭是我们党的传家宝和凝聚人心、战胜困难的强大力量。我们深深感到,贫穷和落后是贵州的主要矛盾,加快发展是贵州的根本任务。作为欠发达、欠开发、欠开放

的贵州，没有排场可讲，没有阔气可比，没有奢华可享。必须倍加保持艰苦奋斗、长期奋斗、不懈奋斗，才能把同步小康的现阶段奋斗目标变为美好的现实。

大力弘扬苦干实干的精神，锤炼过硬作风推动科学发展。贵州的基础和条件决定我们要干成一件事情，要比其他省区付出更大的努力。我们围绕“加速发展、加快转型、推动跨越”的主基调，实施工业强省和城镇化带动主战略，弘扬“不怕困难、艰苦奋斗、攻坚克难、永不退缩”的贵州精神，团结带领各族干部群众推动跨越发展，用苦干实干扫除奢靡享乐的不良习气。在全省各级机关开展以整治“庸懒慢浮贪”问题为主要内容的效能革命，教育党员干部不光要苦熬、关键要苦干，“白加黑”、“五加二”成为各级干部的工作常态。广泛开展以县为单位同步小康创建活动，激励全省上下攻坚克难、奋力争先，确保到2020年建成一个不含水分、群众得实惠、老百姓认可的全面小康社会。

大力提倡节俭办活动，杜绝奢华之风。注重算细账、算准账、算实账，从严控制节庆、会议等各种活动，最大限度压缩活动成本，真正把有限的资金和资源用在刀刃上。大力推进减政、减负、减支，今年以来，省委会议活动经费和接待费同比分别下降30%和21%。取消第十届“中国凉都·六盘水消夏文化节”开幕式晚会，将第九届泛珠论坛、第三届中国（贵州）国际酒博会合办并压缩会期，形成绿色消费、崇俭戒奢、安定祥和的文明新风。

大力勤俭办一切事情，做好打基础利长远的事。如何让十分有限的资金和资源发挥最大效用，是我们面临的一大问题。我们严格要求各地不准搞劳民伤财的“形象工程”，不准搞沽名钓誉的“政绩工程”，自觉克服困难、挤出资金，集中力量办大事。勒紧腰带办教育、惠民生，今年初以来，按照5%的比例，省级部门压缩行政经费5992.8万元、市（州）级压缩两亿元、县级压缩7亿元，用于支持全省的义务教育和职业教育。勒紧腰带建园区、上项目，由省级财政专门安排，设立“贵州省产业园区发展资金”，用于支持产业园区基础设施、标准厂房建设以及对园区发展奖励扶持，由各级财政出钱，对农业、服务业和工业类项目分别按实际完成固定资产投资额的2‰和3‰给予奖励。勒紧腰带聚人才、促创新，省市县三级财政分别按不低于每年一般性财政预算收入的3%，设立人才发展专项资金，用于奖励科技创新，改善人才的工作和生活条件。

三、从党的群众观点和群众路线出发，通过密切党和人民群众血肉联系，扫除奢靡享乐之风、提振艰苦奋斗之气

奢靡享乐之风是损害党群、干群关系的重要根源。我们深刻体会到，干部心系群众、埋头苦干，群众就会赞许你、拥护你、追随你；干部不务实事、骄奢淫逸，群众就会痛恨你、反对你、疏远你。我们始终牢记“两个务必”，通过为群众办实事、让干部受教育、狠刹挥霍享乐和骄奢淫逸的不良风气，形成党群齐心除奢靡、凝神聚力促发展的良好政治生态环境。

坚持把领导干部带头作为扫除奢靡享乐之风的关键举措。古人说：“上为之，下效之。”坚持省委常委以身作则、率先垂范，一级带着一级干、一级做给一级看，带头严格执行中央作风建设八项规定，要求领导干部做到带头查找和解决“四风”问题等“十带头”，并严格要求一把手做到不用公款大吃大喝等“五个从我做起”。最近，省委要求全省党员干部必须做到不准收受土特产和利用职务之便吃、拿、卡、要等“十不准”，切实以良好党风带动政风民风，赢得群众的信任和拥护。

坚持把深化联系群众作为扫除奢靡享乐之风的重要载体。连续三年开展“四帮四促”、“帮联驻”等活动，所有的省委常委都坚持深入各自的基层联系点蹲点驻村，开展“同步小康驻村”工作，选派3万名机关干部，组建6000个同步小康驻村工作组，全省县处级以上干部每年至少有1/3的时间到基层帮促，推动全省各

级领导和驻村干部在农村脱贫改貌中各显神通，使“大领导”当上“小村官”。2013年以来，驻村干部累计化解矛盾纠纷5.3万起，办实事17.9万件。通过真蹲实驻、真帮实促，让干部更加接地气、联民心，亲身体验基层群众的实际困难，使艰苦朴素成为广大干部的自觉行为。

坚持把搭建服务平台作为及时回应群众诉求、查办奢靡享乐之风问题的重要途径。成立省委群众工作委员会和省群众工作中心，从省委常委带头做起，实行各厅局窗口接访、联席会议办案、省级领导接访“三级接访”，确保群众的“呼声疾苦”一站式受理、“疑难杂症”一揽子解决。搭建和充分运用“书记省长—群众直通交流平台”，开展领导干部“包案”工作，认真查处损害群众利益以及滥用公款、铺张浪费等群众反映强烈的问题，确保群众疾苦有人问、上访诉求有人接、奢靡问题有人管，促进干部公道办事、自觉节俭、清正廉洁。

四、从标本兼治出发，通过强化制度约束，扫除奢靡享乐之风、提振艰苦奋斗之气

强化制度规范是扫除奢靡享乐之风、提振艰苦奋斗之气的根本保障。如果没有制度作保障，狠刹奢靡享乐之风就很可能成为“一阵风”。只有建立好的制度，才能持续让艰苦奋斗的作风得到弘扬，奢侈浪费之风受到遏制。我们坚持以法治思维和建章立制来推进作风建设，切实推动反对奢靡之风、坚持艰苦奋斗常态化和长效化。

强化制度建设，做到有章可依。2012年4月，省委新一届领导班子一成立，就及时作出加强党的纯洁性建设的决定，提出坚决查处党员干部社会生活不纯洁的典型案例。去年年底以来，我们在贯彻落实中央八项规定等有关精神过程中，深入分析奢靡享乐之风的多发领域、易发人群、突出环节，及时研究制定《改进工作作风、密切联系群众的十项规定》、《贵州省机关工作人员作风问题处理办法》、《关于进一步精简会议和文件的规定》等15项制度，切实把“权力关进制度的笼子里”，从源头上防止和解决奢靡享乐等不正之风。

强化遵章守纪，做到有章必依。着力在不断增强执行力上下功夫，狠抓中央关于改进作风的规定和系列制度的落实。从省委常委开始，全面清理各级领导干部会员卡、贵宾卡、违反规定配车和“小金库”等问题，把深化“三项清理”工作和行政收费、检查评比、会议文件、节庆活动等清理活动的责任细化到部门，做到会员卡“零持有”，小金库“零设立”，公务用车“零违规”，违规军牌警牌“零发生”。

强化违章查究，做到执章必严。我们严格执行制度，及时严肃查处一批利用公款大吃大喝、公务接待规格超标，公车私用，国家工作人员上班时间打麻将、玩游戏、上网聊天、网购炒股等行为，有效发挥了警示和震慑作用。加大反面典型曝光力度，让干部敬畏制度、严守制度，使各级党员干部把好思想关、欲望关、权力关、小节关、约束关，始终保持艰苦奋斗、清正廉洁、两袖清风、一身正气。

（作者：中共贵州省委书记、省人大常委会主任）

大兴密切联系群众之风

强 卫

密切联系群众是党的三大优良作风之一。无论什么时候,只要群众路线这个法宝用得好,我们党就能一路攻坚克难,不断发展壮大,党领导的伟大事业就能从胜利走向胜利。在党的群众路线教育实践活动中,江西始终围绕增强群众观点、增进群众感情、站稳群众立场这个根本,大兴密切联系群众之风,坚决扫除背离群众的"四风",让党的优良传统在赣鄱大地上深扎根、长新枝。

把群众当亲人

"饮水思源"是传统美德,懂得感恩是做人之本。我们不能忘记,是群众养育了我们党,是群众成就了党的光辉事业,是群众给予了我们干事创业的舞台。离开了群众的支持,这一切都没有了依托,没有了支撑。井冈山斗争时期,面对敌人的残酷封锁,红军却能"岿然不动",就是因为有了广大群众的真心帮助。在南方游击战争中,红军战士始终得到了老百姓的支援和掩护。陈毅同志在《赣南游击词》中感慨道:"靠人民,支援永不忘。他是重生亲父母,我是斗争好儿郎。"实践证明,群众是我们的根、我们的本。无论什么时候、处于什么位置,我们都要把群众当作衣食父母,当作最亲的人,始终保持血肉联系、鱼水情深。

在教育实践活动中,我们要求把群众来信当作家信来回复,把群众的委屈当作家人的委屈来倾听,把群众的难事当作家事来办。省委常委带头开展"五访纳谏"和"下访听诉、排忧解难"活动,遍访县乡村干部、农民和返乡务工人员、社区群众和离退休老干部、企事业单位管理人员和职工、老师和科技人员,与群众同坐一条板凳,和百姓面对面拉家常。重点关注老城区、棚户区的改造,着力改善困难群众的生活条件。大力宣传农民将军甘祖昌的夫人龚全珍老人情牵百姓、造福桑梓的感人事迹,出版了《龚全珍日记选》,开展了形式多样的学习活动。这些都得到了广大群众的好评。

大兴密切联系群众之风,我们就要始终把心思用在增进群众感情上,常怀感恩之心,保持赤子之心,像对父母那样善待他们、像对亲人一样为他们服务。与群众"零距离",无论工作多忙,都安排时间深入基层;无论通讯工具怎么发达,都与群众面对面交流,同群众融为一体、打成一片。多开展体验式调研,经常逛一逛市场,坐一坐公交,当一当普通职员,体会群众的苦与乐,了解群众的喜与忧,走进他们的内心世界,真正做到彼此心心相印。特别要下大力气解决群众的难处,用汗水感动群众,以真心换来真情。

与群众一块艰苦奋斗

中华民族历来以勤俭节约、不畏艰苦著称,"勤俭持家久"、"成由俭来败由奢"等观念深入人心。我们党从诞生那天起,就与人民群众同甘苦、共患难,始终保持勤俭节约、艰苦奋斗的好作风。当年在中央苏区,党的领导干部与当地百姓"有盐同咸,无盐同淡",留下了一个个感人的故事。方志敏同志在《清贫》中写道:清贫,洁白朴素的生活,正是我们革命者能够战胜许多困难的地方!共产党员的高洁品质,感动了千千万万群众,也赢得了千千万万群众。改革开放以来,受各种因素的影响,享乐主义、拜金主义在干部队伍中有所滋长,讲排场、比阔气、乱挥霍的现象还大量存在，严重败坏了党的形象，损害了党群关系。

在教育实践活动中，我们聚焦“四风”问题，要求党员干部反思是否存在及时行乐、挥霍浪费、骄奢淫逸等现象，把功夫下到克己奉公、勤政廉政、厉行节约、艰苦奋斗上来。省委常委带头执行中央改进作风的八项规定，下基层轻车简从，吃自助餐、住普通房间。出台了《关于全面推进预算绩效管理的实施意见》等一系列规定，从源头上把住关口。目前，“三公”经费支出已显著下降，厉行节约初见成效。

大兴密切联系群众之风，我们就要进一步发扬艰苦奋斗的优良传统，坚持勤俭办一切事业，“一分钱掰成两半花”，努力把有限的资源用在打牢发展基础、增强发展潜力上，用在提升发展能力、提高发展质量上，用在解决人民群众反映强烈的重点难点问题上。持之以恒落实中央八项规定，严格落实各项节约措施，坚决杜绝公款浪费现象，切实把艰苦奋斗的要求体现在各个环节、各个细节上。更要守住清正廉洁的底线，采取有力举措把党风廉政建设和反腐败斗争抓得更好，像爱护江西山清水秀的自然生态一样，建设好、维护好江西风清气正的政治生态。

请群众裁判监督

我们党是代表最广大人民利益的马克思主义执政党，一切工作的成败得失必然要由人民群众来检验、来评价。干部是为民办实事，还是做表面文章，群众看得最真切，也最有发言权。习近平总书记指出：干部心系群众、埋头苦干，群众就会赞许你、拥护你、追随你；干部不务实事、骄奢淫逸，群众就会痛恨你、反对你、疏远你。只有把广大群众都变成“裁判员”，使各项工作都离不开群众的视线，干部才不敢存私心，才不能随意踩红线。1945 年 7 月，毛泽东同志在回答黄炎培“历史周期率”的疑问时指出：只有让人民来监督政府，政府才不敢松懈；只有人人起来负责，才不会人亡政息。这给我们以深刻的警示。

在教育实践活动中，我们始终强调开门搞活动、依靠群众搞活动，通过网上在线交流、公布专用信箱、电子信箱等多种形式，广泛征求各方意见。在此基础上，开展 12 项专项治理工作，重点从戒庸、懒、散、假、浮、蛮、私、奢、贪 9 个方面进行整改，着力整治突出问题。并且把整改责任、整改方案、整改结果向群众公示，让群众知道改什么、怎么改、改得怎么样，使教育实践活动成为群众监督、群众支持、群众满意的民心工程。

大兴密切联系群众之风，我们就要充分尊重群众的主体地位，把群众意见作为最好的尺子，把群众批评作为最大的动力，把群众肯定作为最佳的“奖杯”。无论是制定政策，还是评选评比、考核表彰，都要充分体现群众的知情权、话语权、评判权、监督权。强化换位思考，经常自我反省，看一看是否站在群众的立场上想问题、做决策，看一看还有哪些地方做得不够好、不到位，看一看还有哪些措施可以更细一些、更实一点，不搞沽名钓誉的“形象工程”，不干劳民伤财的事情，努力让各项工作经得起实践的检验，受得住老百姓的评议，真正向人民群众交出一份合格答卷。

拜群众为老师

“知屋漏者在宇下，知政失者在草野。”群众身处生产生活第一线，手上掌握了宝贵的第一手资料，对事物的观察更深刻、对情况的了解更透彻。谁经常走入基层、深入群众，老老实实调查研究，老老实实听取意见，老老实实改进工作，谁就能取到真经，增长智慧，获得能量。当年中央苏区时期，毛泽东同志经常深入调查研究，面对面向老乡求教，先后写下了《寻乌调查》、《兴国调查》等著名篇章，提出了正确的革命斗争策略。改革开放以来，从实行家庭联产承包责任制到兴办乡镇企业、推行村民自治，许多具有里程碑意义的重大创举，都不是事先由上面设计好的，而是由基层率先突破的。历史告诉我们,只有深深植根于群众的实践土壤,才能找到打开工作思路的金钥匙。

在教育实践活动中,省委常委带头,每位省领导和第一批活动单位的班子成员都走出机关,到最基层的地方去,到各行各业中去,虚心求教,听取建议,不仅查找到了"四风"方面的突出问题,也收集到了经济社会发展方面的宝贵建议。我们正在抓好整改落实、建章立制各项工作,努力把教育活动成果转化为扫除"四风"的实际举措,转化为改进作风的长效机制,转化为加快发展的科学决策。

大兴密切联系群众之风,我们就要继续坚持问政于民、问需于民、问计于民,克服高高在上、高人一等的错误心理,降低身段、俯下身子,真心实意当群众的学生,多听听群众怎么说,多问问群众怎么看,多请教群众怎么干,力求获得平时难以听到、不易看到、意想不到的新情况,把基层一线的生动实践和鲜活经验总结好、提炼好、推广好。在信息时代,更要善于利用网络等新媒体,建立网上"民意直通车",做到"网络听诉没有下线时,网络问政时刻在线上",不断拓宽和畅通联系群众的渠道。

让群众得实惠

马克思说:人们为之奋斗的一切,都同他们的利益有关。密切联系群众不仅是一种理念,更要成为实打实的行动。只有把群众的衣食住行、柴米油盐记挂在心,为他们解决实际困难、谋取切身利益,他们才会明白跟着党走有甜头、有奔头。我们党从成立之日起,就把实现人民利益写在自己的旗帜上。战争年代,党领导人民打土豪、分田地、搞土改,人民群众欢欣鼓舞,踊跃参军,铁了心跟党干革命。改革开放以来,党和政府发展经济、改善民生,群众享受到了发展成果,看到了美好前景。

在教育实践活动中,我们强调推动发展和改善民生是开展活动的最大实践、需要取得的最大成果。在集体学习、开门纳谏、集思广益的基础上,7月下旬召开了省委十三届七次全体(扩大)会议,确立了以中国梦为引领、与全国同步全面建成小康社会的总体目标,提出了"发展升级、小康提速、绿色崛起、实干兴赣"的战略部署。8月中旬派出宣讲团,赴全省各地宣讲省委全会精神,引导各级党组织和广大党员、干部,从自我做起,提振精气神,增强执行力,开创各项工作新局面,做到了教育实践活动与经济社会发展"两不误、两促进"。

大兴密切联系群众之风,我们就要进一步把推进教育实践活动与贯彻落实十八届三中全会精神有机结合起来,认真落实省委全会提出的"发展升级、小康提速、绿色崛起、实干兴赣"的各项要求,进一步找准教育实践活动的着力点,多办群众看得见、摸得着的实事,多谋利长远、打基础的好事,努力让发展的步伐更快些,发展的质量更好些,发展成果的惠及面更大些,让4500万赣鄱儿女都过上好日子,早日实现与全国同步进入全面小康社会的目标,以富民兴赣的新辉煌谱写中国梦的新篇章。

(作者:中共江西省委书记、省人大常委会主任)

联系群众有途径　造福群众有抓手

——开展“联村联户、为民富民”行动的实践与启示

王三运

在全党深入开展以为民务实清廉为主要内容的党的群众路线教育实践活动，是党的十八大作出的重大决策。习近平总书记在党的群众路线教育实践活动工作会议上的重要讲话，为我们做好新形势下的群众工作指明了方向，为开展好教育实践活动提供了遵循。我们必须深刻领会、全面贯彻，尤其要结合在全省深入开展的“联村联户、为民富民”行动，不断丰富党的群众路线教育实践活动的形式，积极创新实践方法，使党员干部联系群众有渠道、深入群众有平台、服务群众有载体，从而确保教育实践活动真正取得实效。

一、现实抉择：“双联”行动开启了践行群众路线、加快同步小康的新征程

坚持走群众路线，是我们党的优良传统和重要法宝。在新的历史条件下，我们只有植根于人民，才能有效应对各种困难和挑战；只有造福于人民，才能不断赢得群众的信赖和拥护。

新世纪特别是“十二五”以来，甘肃经济社会驶入了加速发展的快车道，站在了新的历史起点上。但由于历史、自然、社会等方面的原因，甘肃总体上仍是一个欠发达省份，经济总量小、人均水平低、贫困人口多的基本省情没有根本改变。甘肃要实现转型跨越发展，全面建成小康社会，最大的难题在农村，最难啃的“硬骨头”在贫困地区。只有坚持发挥密切联系群众的政治优势，进一步激发各级干部服务群众、推动发展的热情和干劲，充分调动各族群众脱贫致富的积极性创造性，才能加快全面建成小康社会进程。

从2012年2月开始，适应加快全面建成小康社会新形势，立足推动转型跨越新实践，着眼密切党群干群关系新要求，省委在全省组织开展了以单位联系贫困村、干部联系特困户为主要内容的“联村联户、为民富民”行动。一是在推进四级联动中凝心聚力。省市县乡四级联动，全省1.5万个单位、40多万名干部结对帮扶全省86个县市区的67万贫困户，建立了纵向到底、横向到边的领导体系、组织体系和责任体系，在帮扶力量上实现了对各级机关和所有干部的全覆盖，在帮扶对象上实现了对特困户的全覆盖。二是在落实六项任务中攻坚克难。“双联”行动，以为民富民为根本目的，包括宣传政策、反映民意、促进发展、疏导情绪、强基固本、推广典型六项任务，涵盖了强化“三农”工作、夯实基层基础、转变机关作风、加强队伍建设等诸多方面，着力点是在破解难题中促发展，在改善民生中转作风。三是在打造“三大工程”中务求实效。打造机关作风转变的形象提升工程，促使各级机关联系基层更紧密、服务群众更直接、为民办事更高效；打造教育培养干部的能力锻造工程，促使各级干部在艰苦环境中砥砺意志品质，在接地气中强化宗旨意识，在服务发展中增强能力素质；打造造福人民群众的德政民心工程，促使党群关系大改善、农村发展上水平、贫困群众得实惠。

二、生动实践：“双联”行动显现了践行群众路线、转作风促发展的新成效

“双联”行动开展一年多来，各级党政机关、企事业单位和广大干部充分发挥组织、人才、智力、技术等方面的优势，带着感情访贫问苦、带着责任结对帮扶，行动见效之快、社会影

响之大、群众反响之好鲜有前例，初步形成了大规模、全覆盖、综合性、常态化的工作格局，正在逐步显现力量大凝聚、民心大融合、作风大转变、干部能力大提升的多元效应。

着力在破解瓶颈制约中促增收，"三农"工作迈上新台阶。"双联"行动中，我们坚持把增收致富作为核心任务，注重破解制约"三农"发展的根本性、普遍性问题，有力促进了农业增效、农民增收、农村和谐稳定。一是拓宽了致富门路。各联村单位和联户干部围绕实施村级有一个主导产业、农户有一个致富门路、劳动力掌握一门致富技能的"三个一"工程，群众脱贫致富的路子越走越宽。2012 年，全省农民人均纯收入比 2011 年增长 15.3%，其中 58 个贫困县农民人均纯收入增长 17.7%。二是突破了融资难题。以省财政注资为主，在 58 个贫困县成立了担保公司；与中国农业银行合作实施每年 60 个亿、共计 300 亿元的"双联惠农贷款"项目；争取到了中国扶贫基金会的"中和农信"小额贷款，加快发展新型农村金融组织，初步构建了渠道多元、产品多样、优势互补的农村金融服务体系，有效缓解了农村发展资金缺、农民贷款难等突出问题。三是创新了扶贫模式。健全完善社会帮扶工作机制，挖掘和整合帮扶资源，深化和拓展省内对口帮扶工作，引导致富能人、协会带头人、民营企业家结对帮扶贫困户。同时，不断拓展东西部扶贫协作的内涵和领域，探索"东部带西部、先富帮后富，县村结对、同奔小康"的扶贫新路子。"双联"行动有力促进了全省"三农"工作，2012 年全省粮食总产量超过 1110 万吨，实现了"九连丰"。

着力在接地气解民忧中转作风，干群关系得到新改善。"双联"行动中，省级领导以身作则、率先垂范，各级干部积极响应、踊跃参与，以作风的大转变促进了党群干群关系的大改善。一是身心沉下去，增进了与群众的感情。各级领导和广大干部深入基层一线、深入贫困家庭，住农家、干农活，与群众结穷亲、交朋友，在零距离接触中感知百姓冷暖，在面对面交流中了解农村实情，在与群众同甘共苦中净化了思想灵魂、强化了宗旨观念。用群众的话说就是："联村联到了根上、联户联到了心上。"二是竭诚办实事，拉近了与群众的距离。各"双联"单位按照"绝不能让一个家庭因贫困而生活不下去、绝不能让一个儿童因贫困而失学、绝不能让一个人因贫困而看不起病"的目标要求，解决了一大批事关群众切身利益的实际困难和问题，极大地改善了农民群众生产生活条件。"双联"行动开展以来，共为联系村帮办各类实事 45.47 万件，解决群众急事难事 25.1 万件，开展农民培训 167.5 万人次。三是悉心理情绪，提升了群众工作能力。强化政策宣传，采取群众易于接受、喜闻乐见的方式方法，耐心细致地向群众宣讲党的路线方针政策，督促和推动强农惠农富农政策不折不扣地落实。着力强基固本，积极帮助村两委班子提高工作创新能力、领导发展能力、凝聚群众能力和维护稳定能力，基层基础更加牢靠。积极疏导情绪，充分尊重和理解群众的意见和诉求，认真排查掌握村户矛盾纠纷，协助做好调处化解工作，千方百计把问题解决在源头、化解在基层。这些工作，不仅有效促进了农村社会和谐，而且增强了基层干部驾驭和处理复杂问题的能力。

着力在放大整体效应中强动力，全省发展呈现新气象。我们及时总结和推广"双联"行动的成功经验和做法，以点带面、放大效应，凝聚起了广大干部群众干事创业的热情和干劲，形成了促进发展的巨大正能量，为全省整体工作注入了强大活力。2012 年，全省主要经济指标增速均排在全国前十位，其中，社会消费品零售总额增长 16%，增速居全国第 1 位；城镇居民人均可支配收入增长 14.5%，增速居全国第 2 位；农民人均纯收入增长 15.3%，增速居全国第 4 位，呈现出改革日益深化、开放不断扩大、民生显著改善、社会保持稳定、环境逐步优化、发展后劲增强的良好局面。今年上半年，在经济下行压力没有根本缓解、遭遇重大干旱灾害的情况下，经济发展继续保持了稳中有进、进中有好、好中有快的良好势头。

三、深刻启示:“双联”行动拓展了践行群众路线、密切血肉联系的新途径

实践证明,“双联”行动符合中央要求、符合省情实际、符合群众愿望,不仅是甘肃打好扶贫攻坚战、加快全面小康进程的务实举措,而且是转变机关作风、密切党群干群关系的重要途径,为践行党的群众路线、深入开展教育实践活动提供了有效载体和有益借鉴。

必须把领导带头示范作为关键举措。领导机关和领导干部的作风具有导向作用,直接关系到党风、政风和社会风气。“双联”行动能够在陇原大地迅速展开,关键是我们坚持省市县乡四级联动,领导机关和领导干部做好表率、身体力行,起到了示范和带动作用。深入开展群众路线教育实践活动,必须坚持领导机关、领导班子和领导干部带头,真正做到带头参加活动、带头自我剖析、带头开展批评和自我批评、带头进行整改、带头提高能力,力争认识高一层、学习深一步、实践先一着、解决问题好一筹,努力形成上行下效的示范效应。

必须把办实事解难事作为检验标尺。是否真心为民办事、一心为民谋利,是检验党员干部党性修养高不高、宗旨意识强不强、群众立场稳不稳的“试金石”。正是由于各联村单位和广大联户干部情系百姓、心忧民生,把实事办到了群众的心坎上,把难事解在了群众的急需处,才使“双联”行动受到了社会各界的广泛好评,赢得了人民群众的衷心拥护。深入开展群众路线教育实践活动,必须认真践行党的宗旨,主动为民排忧解难,多办好事顺民心,多干实事得民心,多解难事暖民心,真正让群众感受到教育实践活动带来的新成效新气象。

必须把提升服务本领作为重点任务。会做群众工作,是党员干部的一项基本功。面对新情况新变化,一些干部在群众工作中不同程度地存在方法“失灵”、工作“失位”、行为“失范”等问题。开展“双联”行动,广大机关干部特别是年轻干部,在与群众同吃同住同劳动中,不仅学会了替群众想、说群众话、办群众事,而且探索出了许多群众工作的方式方法,提高了做群众工作的本领。深入开展群众路线教育实践活动,既要注重学习教育,深化思想认识,又要注重为民实践,让党员干部在深入基层、深入群众中经风沐雨、强筋健骨、增长才干,在深入研究和把握新形势下群众工作的新特点新要求中不断提高引导群众、服务群众、宣传群众、组织群众的能力,真正成为做群众工作的行家里手。

必须把建立长效机制作为重要保障。推动群众工作深入持久地开展下去,必须靠制度机制来保障。“双联”行动实践证明,要认真总结为民富民的成功经验,并上升到制度层面确定下来、推广开去,使察民情、接地气成为一种常态,使办实事、解民忧成为一种自觉,使抓落实、促发展成为一种追求。深入开展群众路线教育实践活动,必须着眼始终保持同人民群众的血肉联系,本着于法周延、于事简便的原则,把制定新的制度、完善已有制度和废止不适用的制度有机统一起来,建立健全促进党员干部坚持为民务实清廉的长效机制,使践行群众路线制度化、规范化和常态化。

(作者:中共甘肃省委书记、省人大常委会主任)

大兴调查研究之风　践行党的群众路线

罗保铭

调查研究是深入基层、深入群众、深入实际了解客观真实情况，实现科学决策、民主决策的重要工作方法，也是践行群众路线、转变干部作风、真正做到从群众中来到群众中去的重要途径。全面建成小康社会和实现中华民族伟大复兴中国梦的宏伟目标，要求我们践行好党的群众路线，进一步改进作风，特别是要大兴调查研究之风，把调查研究作为培育和弘扬良好作风的重要途径，引导党员干部在深入实践中学习，在总结经验中提高。

大兴调查研究之风是党的成事之道

重视和善于调查研究，是我们党薪火相传的优良作风和传统。无论是革命、建设还是改革的各个时期，调查研究在党的全部领导工作中都具有不可替代的基础性作用，必须始终坚持和不断加强调查研究工作。

大兴调查研究之风，是贯彻党的思想路线的基本要求。党的思想路线的核心是实事求是。坚持实事求是，前提是做好调查研究。通过对客观实际情况的调查了解，进行去粗取精、去伪存真、由此及彼、由表及里的分析研究，了解事情真相，把握问题本质，找准解决矛盾的思路和对策，这是马克思主义认识论在实际工作中的具体运用。只有通过不断的调查研究，用马克思主义的立场、观点、方法来观察问题、解决问题，获得正确的认识，不唯书、不唯上、只唯实，才能使我们的工作体现时代性、把握规律性、富有创造性，真正做到实事求是、知行合一，进而创造性地解决前进道路上的各种问题。

大兴调查研究之风，是我们党制定和执行正确的路线方针政策的基本前提。没有调查研究，就没有发言权。调查研究是我们党的好传统、好作风、传家宝。回顾我们党92年的历史，什么时候重视和坚持调查研究，各项方针政策就符合客观实际，党的事业就顺利发展；反之，就会脱离实际、脱离群众，造成决策失误，党的事业就会走弯路、受损失。

大兴调查研究之风，是应对新形势、解决新问题的客观需要。当前，我国正处在发展的重要战略机遇期、改革攻坚期、社会转型期和矛盾凸显期，改革、发展、稳定的任务十分繁重，各种新情况、新问题层出不穷，我们党面临的执政考验、改革开放考验、市场经济考验、外部环境考验长期而复杂。这些都迫切需要我们不断加强调查研究，学习新知识，掌握新趋势，拓宽新视野，找准解决问题的新办法，形成正确的决策思路。自以为熟悉情况，凭老经验、老眼光看待新问题，或者信赖本本、坐在办公室拍脑袋决策的做法，只会导致主观主义、形式主义、官僚主义，最终贻误事业、贻误发展。

大兴调查研究之风，是改进作风、密切党群干群关系的重要举措。领导干部走出机关，深入基层调研，是践行从群众中来、到群众中去的群众路线的有效途径，是聚民心、集民智的有效方法，也是检验干部作风的试金石。那种“坐在车里转一转，隔着玻璃看一看，座谈会上谈一谈”的调研，走马观花、浅尝辄止，群众特别反感。要想知道梨子的滋味，就得亲口尝一尝。搞好调查研究，就必须扑下身子、沉到一线，听真话、察实情。党的十八大以来，以习近平同志为总书记的新一届中央政治局，率先垂范，轻车简从，带头多次深入基层调查研究，访贫问苦，问计于民，以实际行动践行党的群众路线，给全党作出了表率。

习近平同志指出，“调查研究不仅是一种工作方法，而且是关系党和人民事业得失成败的大问题”，“下去调研，要去困难多的地方、问题多的地方”。开展党的群众路线教育实践活动，中央一再要求兴起学习之风、调研之风、实干之风，强调领导带头深入基层调研，把群众的意见作为我们的镜子，把百姓的期待作为我们的努力方向。这是新一届党中央治国理政思想和工作方法的一大体现，也为我们做好调查研究提供了遵循。我们要深刻领会中央的要求，切实把加强调查研究作为提升决策水平的重要基本功、破解难题的重要抓手、改进作风的重要突破口，践行好党的群众路线，聚集推动事业发展的正能量。

把调查研究贯穿到海南科学发展、绿色崛起的实践中

近年来，我们始终把调查研究作为推动海南各项工作、密切联系群众的重要工作方法，拜群众为师，坚持问政于民、问需于民、问计于民，使省委、省政府的决策和部署符合中央精神、符合省情民意，努力在实践中不断提高领导科学发展的能力。

一是把调查研究作为科学民主决策的重要依据。广泛倾听群众意见、深入调查研究，有利于我们了解客观真实情况，真正把理论与实际相联系，把中央精神与地方实际相结合，做到科学民主决策。近年来，省委坚持把调查研究作为决策的重要前提、必经程序，贯穿于决策全过程，确保海南的重大发展思路、举措务实有效。2011 年底，为筹备好省第六次党代会，科学谋划未来五年海南的发展蓝图，省委广泛发动各市县、省直各部门，组织开展了为期半年、涉及各方面工作的 30 项专题调研和专家论证，集中全省智慧，提出了“以科学发展为主题，以转变发展方式、实现绿色崛起为主线，以建设国际旅游岛为总抓手”的重大部署。这一发展思路既适应当今世界绿色、低碳发展的时代潮流，又体现中国特色社会主义五位一体总布局和中央对海南工作的要求，也符合海南高起点追赶、跨越式发展的省情民意。这是我们深入调查研究结出的重要思想成果，从源头上促进了决策的科学化。

二是把调查研究作为解决民生急需的重要渠道。只有深入调查研究，才能准确掌握基层和群众的所需所盼所忧，才能找准民生工作的努力方向。近年来，我们通过调研发现，海南省小、人口少，又实行省直管市县的体制，随着经济不断发展，有条件搞好基本公共服务均等化。在深入调查研究、了解把握省情的基础上，去年省委、省政府提出未来五年创建基本公共服务均等化先行区的目标，制订了五年民生规划，坚持有所为有所不为，集中财力，加强城乡统筹，解决民生急需，不断提高基本公共服务的标准和普惠水平。我们坚持开门办民生，每年向全社会公开征集为民办民生实事的意见，经过深入调研准确把握群众意愿，着力解决住房、城乡居民收入等最急需的民生难题。省委把保障性住房作为“一号民生工程”，累计建设城镇保障性住房 36.3 万套，改造农村危房 10.1 万套，113 万群众受益。省委还把增加城乡居民收入作为重点民生大事，列入对市县的重点考核指标，努力实现居民收入与经济发展同步。特别是针对农民增收这个短板，加大强农惠农力度，下大力实施“中部市县农民增收三年计划”，集中支持农民发展特色经济，有力促进了中部农民收入，年均增长达 20.6%。今年，我们又决定实施新一轮“中部市县农民增收计划”，结合党的群众路线教育实践活动，开展“我为农民增收办实事”的主题活动，投真情实感，出真金白银，真抓实干。应该说，正是通过调研，抓住了人民群众最需要解决的利益问题，也抓住了最需要关心的人群。

三是把调查研究作为改进干部作风的重要手段。深入基层、深入群众调查研究虽然很辛苦，但很管用，没有吃苦的精神是难以取得实效的。调查研究本身就是理论联系实际、密切联

系群众的重要途径，是及时发现群众反映强烈的干部作风问题的有效方法，是克服形式主义、官僚主义的有力手段。2011 年底，省委通过实地调研、问卷调查等多种方式，及时摸清了一些干部作风上的突出问题，出台了 26 条作风整治措施，向"庸懒散贪"等不良作风开战。2012 年 4 月，在全省大张旗鼓开展"庸懒散贪"专项整治，今年又结合贯彻落实中央八项规定出台了 20 条规定，根据中央纪委部署把清理会员卡扩大到了全省党政机关，制定了海南省"庸懒散奢贪"行为问责办法，严肃查处了一批消极懈怠、失职渎职、为政不廉的干部，作风建设取得了初步成效。在部署开展这些工作中，省委特别把改进调查研究作为转变作风的一大抓手，健全了省委、省政府领导联系市县制度、各级领导定期下基层调研制度，有力促进了领导干部多到困难和矛盾集中、群众意见多的地方去掌握民情、纾解民忧。实践证明，只要深入基层、深入群众，就能及时检验、发现和整改干部作风的突出问题。

把加强调查研究作为践行群众路线的重要着力点

深入开展党的群众路线教育实践活动，给我们进一步解决"四风"问题提供了"尚方宝剑"，省委抓住这个契机，把加强调查研究作为教育实践活动的重要内容，切实改进作风、密切党群干群关系，为海南绿色崛起、实现中国梦提供作风保障。

要坚持领导带头。俗话说，上行下效，上率下行。领导带头就是最有力量的号召、最有力量的要求、最有力量的执行力。加强调查研究，关键在领导带头。我们各级领导干部要自觉增强群众观念，带着感情、放下架子，深入最基层、第一线，深入最贫困、矛盾最尖锐的地方，接地气，查实情，解民困，努力使我们的决策、政策符合民意、科学有效。

要重在发现和解决实际问题。这是调查研究的根本目的。各级领导干部要以求真务实的作风，不搞形式主义、不走过场，一竿子扎到基层，既解剖麻雀、发现典型、指导全局，又敢于直面矛盾，找准群众最盼、最急、最忧、最怨的问题，勇于担当，庖丁解牛，抓紧解决。这次教育实践活动中，我们通过调研发现，人民群众对涉及民生、涉及稳定的信访积案反映强烈，省委决定由每位省委常委包案，带动全省一抓到底、逐一解决。

要建立和完善调研制度。调查研究经常化，根本的是靠制度。近年来省委建立了先调研论证再提交常委会、全委会决策的相关制度，收到了较好效果。要进一步坚持和完善先调研后决策的制度，特别是要完善重大项目、重大决策风险评估机制，从源头上防止矛盾纠纷、防止"炒夹生饭"。对各级领导深入基层调研要严格制度规定，切实做到省部级领导每年不少于 1 个月、市县和省直机关领导不少于 2 个月，各级领导都要建立联系点、挂钩户，真正使下基层调研成为硬约束。

要创新方式方法。我们党在长期实践中积累了许多好的调查研究方法，比如深入基层的蹲点调查、实地考察，解剖麻雀的典型调查、案例研究，互动性强的调查会、研讨会，感受直接的走访调查、面对面谈。这些方法现在仍然管用。当然，随着科技进步和信息网络的发展，也需要我们掌握和运用问卷调查、抽样调查、网络调查等调研方法。特别是当前我国网民已接近 6 亿人，互联网普及率达 44.1%，网络正成为交流信息、纾解情绪、释放能量的重要渠道，也要善于通过网络倾听民意，掌握民情，集中民智，服务决策。

（作者：中共海南省委书记、省人大常委会主任）

党的群众路线的由来

冷　溶

群众路线是党的生命线和根本工作路线，贯穿于党的一切工作中。它是在革命战争年代产生的，主要创立者是毛泽东同志，同时凝结着党的集体智慧。毛泽东同志根据马克思列宁主义的历史观和群众观，结合中国革命的实际，提出了一整套党的群众路线理论。我们后来在群众路线理论和实践上的丰富和发展，都是建立在这个基础上的。在以为民务实清廉为主要内容的党的群众路线教育实践活动将要开展之际，首先了解群众路线的历史由来，了解毛泽东同志关于群众路线的丰富思想，对于学习掌握这一重要理论，搞好这次教育活动，是很有必要的。

(一)

党的群众路线是在红军时期孕育产生的。

群众路线讲的是党与群众的关系问题。它的含义概括地讲，就是党章中所说的"一切为了群众，一切依靠群众，从群众中来，到群众中去，把党的正确主张变成群众的自觉行动。"这里，"一切为了群众，一切依靠群众"，是讲党应该具有的群众观点，这是关系党的性质、宗旨的根本问题；"从群众中来，到群众中去"，是讲党的基本领导方式和工作方法，回答的是党的正确领导意见是从哪里来的。

这两个问题，在红军初创的时候就都提出来了。

群众路线对我们党之所以具有特别的重要性，是与中国革命长期处于艰苦卓绝的环境有关系。在强大敌人包围的严酷斗争中，红军要生存、要打仗，就必须赢得群众的支持，重视做群众工作，注意工作的方式方法。

首先要有群众观点。红军是否要做群众工作，群众工作在党和红军工作中处于怎样的位置？这在当时认识并不一致。而这又直接涉及红军的性质、军事和政治的关系，以及红军应该采取什么样的战术等诸多重要问题。毛泽东同志正是在说明和解决这些问题的过程中，提出和阐发了党的群众观点的思想。他指出，红军与白军的不同，正在于"红军是一个执行革命的政治任务的武装集团"。"红军决不是单纯地打仗的，它除了打仗消灭敌人军事力量之外，还要负担宣传群众、组织群众、武装群众、帮助群众建立革命政权以至于建立共产党的组织等项重大的任务。"我们的战术是游击战，"分兵以发动群众，集中以应付敌人"。红军主要任务是做群众工作，打仗与做群众工作是一与十之比的。他认为"政治观点即群众观点"，批评红四军中一些同志存在的单纯军事观点，说"这是一个很严重的政治路线问题"。"为了谁、依靠谁"的问题，就这样不可回避地提了出来。

再一个是党的领导方式和工作方法问题。"群众路线"这个词，当时更多地还是从这个意义上使用的。毛泽东同志在指导查田运动时，就强调要按"群众路线"办事，一切经过群众。他说："不按阶级路线与群众路线，不得群众赞助与同意，都不能使查田运动收到成绩，反会使群众不满，阻碍查田运动的进行。"他还说，要用很好的方法来发动群众，使"群众工作的技术"更娴熟，这样群众斗争的发展就会一天天扩大，"任何强大的敌力是奈何我们不得的"。

这一时期，毛泽东同志搞了多次调查研究，进一步深化了对这些问题的认识，集中反映在

《关心群众生活，注意工作方法》等文章中。他说，我们要动员广大群众参加革命战争，“那末，我们对于广大群众的切身利益问题，群众的生活问题，就一点也不能疏忽，一点也不能看轻”。我们这样做了，“广大群众就必定拥护我们，把革命当作他们的生命，把革命当作他们无上光荣的旗帜”。他用过河与桥或船的关系，生动地说明了工作方法的重要性，说：“不解决桥或船的问题，过河就是一句空话。”他强调，要把群众生活和革命战争联系起来，把革命的工作方法问题和革命任务问题同时解决。他列举了当时群众工作做得好的几个例子，如兴国模范县、长冈模范乡等，号召像它们那样做“第一等的工作”。

群众路线既是领导方式和工作方法，也是一种工作作风。端正党的作风问题，当时也提出来了，主要是针对在做群众工作中出现的官僚主义。毛泽东同志把官僚主义与群众路线看作是两种对立的工作方法和工作作风。他说，官僚主义的表现，“一种是不理不睬或敷衍塞责的怠工现象”，“另一种是命令主义”。我们应该采取“群众化的方式”，“要把官僚主义方式这个极坏的家伙抛到粪缸里去。”

可以看出，群众路线所涉及的主要概念和主要思想，在这一时期都已经形成了。

（二）

对红军时期所形成的经验，毛泽东同志十分看重。他说，红军“关于如何联系群众和动员群众反对敌人这一方面”，是对“抗日时期的最好的和最切近的参考”。他把这些经验运用到抗日战争的一切工作中，指导开展敌后抗日游击战、根据地建设、建立抗日民族统一战线等各方面的工作，并进一步做了丰富和阐发。这一时期，他所做的重要工作，就是对红军时期形成的经验进行理论上的概括和升华，形成了党的群众路线理论。主要表现在三个方面：

一是概括了党的根本宗旨，提出全心全意为人民服务的思想。这成为党的群众路线的核心观点。毛泽东同志说，与广大人民群众的密切联系，是我们党区别其他政党的一个显著标志。他反复论述了我们党为什么人的问题，立场问题，对人民群众的态度、感情问题，共产党人的标准问题等。在延安整风中，树立群众观点是一个重要内容。毛泽东同志的这些思想在八路军和党的一切工作中的实行，通过共产党人的模范作用和优良作风，使人民认识到中国共产党是什么样的党，共产党人是什么样的人。党在人民中的形象，共产党人的形象，就是从党与人民群众的关系这个核心问题上一点一点地树立了起来，对全民族产生巨大的感召力和影响力。

二是概括了党的基本的领导方法，即“从群众中来，到群众中去”。在《关于领导方法的若干问题》一文中，毛泽东同志说，凡属正确的领导意见都是从群众中来的。将群众的意见集中起来，再到群众中坚持下去，在群众行动中考验这些意见是否正确，如此无限循环，一次比一次地更正确、更生动、更丰富。他要求全党必须广泛深入地提倡这种“马克思主义的科学的领导方法”。

三是概括了党的三大作风，深刻阐述了密切联系群众的群众路线和实事求是的思想路线的关系，使群众路线理论上升到哲学高度。毛泽东同志认为，群众路线既是领导方法，又是马克思主义的认识论。二者的连接点就是深入实际、深入群众调查研究。他强调，人民群众的实践活动是正确认识的来源，是检验真理的标准。他所写的《实践论》、《矛盾论》，是讲思想路线问题也是讲群众路线问题，既是世界观也是方法论，都是马克思主义的立场观点方法。毛泽东同志概括的党的三大作风，对它们之间关系的论述，深化了我们党对群众路线的理论认识，标志着我们党思想路线和群众路线的理论都成熟起来了。我们说延安时期是我们党理论认识的成熟期，产生了毛泽东思想，重要的标志就是这两大理论的形成。

由经验上升为理论，成熟的理论对实践的

指导作用，在解放战争的凯歌行进中得到了充分的印证和展现。战争的发展中所形成的一边倒的局面，告诉了人们什么叫作人心所向！

（三）

艰苦环境中播下的种子，终于结出了硕果。新中国是人民的胜利，也是党的群众路线的胜利。然而，党执政以后，依然有一个继续坚持和发扬党的群众路线的问题。

新中国成立后，毛泽东同志在群众路线问题上有很多好的思想，大大丰富和发展了这一理论。比如：关于党群关系好比鱼水关系，如果党群关系搞不好，社会主义制度就不可能建成，建成了也不可能巩固的思想；关于兼顾各方面利益，调动一切积极因素，把我国建设成为一个强大的社会主义国家的思想；关于正确处理人民内部矛盾的思想；关于需要建立一定的制度来保证群众路线的贯彻实施，提倡坚持民主集中制的原则和领导方法的思想；关于党要接受监督，注意扩大党和国家的民主生活的思想；关于坚决反对各种形式的官僚主义，干部要以普通劳动者的姿态出现，扫除"摆架子、摆资格、不平等待人、看不起人"这种低级趣味的"官气"的思想；等等。

这里，特别要说说他关于"艰苦奋斗是我们的政治本色"的重要思想。这是他在新中国成立后讲得最多的问题之一。

新中国成立后，我们党成为执政党。这种身份的转变，使党面临着完全不同于革命时期的新的考验。脱离群众就是最大的考验和最大的危险。

关于这一点，毛泽东同志在新中国成立前夕召开的党的七届二中全会上就预见到了。他严肃告诫全党，由于胜利可能出现的主要问题是骄傲自满、不思进取和贪图享乐。他提出对付的办法是牢记"两个务必"，反骄破满，保持艰苦奋斗作风。

毛泽东同志预见到的问题很快出现了。典型例子就是刘青山、张子善问题。他们两个人都是老革命，都为党和人民立过大功，都在敌人的监狱里经受过严刑拷打的考验，但是在成为执政党之后的短短几年里就变了质。正像毛泽东同志当初指出的那样，其根本问题，一个是骄傲自满，一个是贪图享乐。刘青山曾经说：老子革命那么多年，该享受一下了。

保持艰苦奋斗作风，反对贪图享乐，这是毛泽东同志特别强调的问题。在我们党开展的"反贪污、反浪费、反官僚主义"的三反运动中，他对浪费问题看得很重，认为浪费和贪污一样，"都是极大的犯罪"。他解释说：浪费和贪污在性质上虽不同，"但浪费的损失大于贪污，浪费的范围极广，项目极多，又是一个普遍的严重现象，故须着重地进行斗争，并须定出惩治办法。""严惩浪费必须与严惩贪污同时进行。"

对于提倡艰苦奋斗，毛泽东同志讲了很多话，举了很多例子，给人留下深刻印象。比如：

"酸菜里面出政治"的故事。他说："我是历来主张军队要艰苦奋斗，要成为模范的。一九四九年在这个地方开会的时候，我们有一位将军主张军队要增加薪水，有许多同志赞成，我就反对。他举的例子是资本家吃饭五个碗，解放军吃饭是盐水加一点酸菜，他说这不行。我说这恰恰是好事。你是五个碗，我们吃酸菜。这个酸菜里面就出政治，就出模范。解放军得人心就是这个酸菜，当然，还有别的。现在部队的伙食改善了，已经比专吃酸菜有所不同了。但根本的是我们要提倡艰苦奋斗，艰苦奋斗是我们的政治本色。"

还有一个"苹果里面出精神"的故事。他说："锦州那个地方出苹果，辽西战役的时候，正是秋天，老百姓家里很多苹果，我们战士一个都不去拿。我看了那个消息很感动。在这个问题上，战士们自觉地认为：不吃是很高尚的，而吃了是很卑鄙的，因为这是人民的苹果。我们的纪律就建筑在这个自觉性上边。这是我们党的领导和教育的结果。人是要有一点精神的，无产阶级的革命精神就是由这里头出来的。"

再一个是"朱老总过草地"的故事。他说：

“要勤俭建国,反对铺张浪费,提倡艰苦朴素、同甘共苦。同志们提出,厂长、校长可以住棚子,我看这个法子好,特别是在困难的时候。我们长征路上过草地,根本没有房子,就那么睡,朱总司令走了四十天草地,也是那么睡,都过来了。我们的部队,没有粮食,就吃树皮、树叶。同人民有福共享,有祸同当,这是我们过去干过的,为什么现在不能干呢?只要我们这样干了,就不会脱离群众。”

毛泽东同志的这些话,他讲的这些故事,对今天有着重要启示。他这方面的论述,是我们需要重点学习的。

(四)

对毛泽东同志关于群众路线的思想,在我们党的历史上有过三次系统的总结和概括,这对党的群众路线的形成和发展起了重要作用。

第一次是在1945年党的七大上。

党的七大召开前所作的《关于若干历史问题的决议》,系统总结了我们党成立以来特别是党的六大以来与第三次“左”倾错误路线斗争的历史,总结了党的群众路线思想。党的七大上,毛泽东同志所作的《论联合政府》政治报告和《愚公移山》的闭幕式讲话,都着重讲了群众路线问题。这些关于群众路线的基本精神,集中反映在党的七大通过的党章中。这是我们党第一次在党章中系统地阐述群众路线问题,概括了建党以来特别是土地革命战争时期和抗日战争时期关于群众路线的理论和实践。

刘少奇同志在党的七大作的关于修改党章的报告中,用专门一个部分论述毛泽东同志关于群众路线的思想。他首先明确了群众路线在毛泽东思想中的重要位置,指出:“我们党代表中国民族与中国人民的利益”,“这是我们党与毛泽东思想根本的东西。”我们党之所以获得伟大的成就,就“在于坚持地实行了为人民服务的基本原则”。他强调,党的群众路线,“是我们党根本的政治路线,也是我们党根本的组织路线。”把群众路线放在这样的高度上予以定位,这还是第一次。他重点阐述了什么是党的群众观点的问题,把毛泽东同志在这个问题上的思想观点作了四个方面的系统概括,即:一切为了人民群众的观点,一切向人民群众负责的观点,相信群众自己解放自己的观点,向人民群众学习的观点。他说:“有了坚固的明确的这些群众观点,才能有明确的工作中的群众路线,才能实行正确的领导。”这里,他把群众观点的重要性,群众观点与群众路线的关系,讲得非常清楚。

第二次是在1956年党的八大上。

这集中体现在八大党章和邓小平同志作的关于修改党章的报告中。邓小平同志说:“从第七次大会到现在的十一年间,党的实际斗争的经验,给了这一路线以更深刻更丰富的内容,因而在党章草案中,这一路线也得到了进一步的反映。”八大党章根据执政后党的状况发生的变化,要求全党继续坚持群众路线,“特别应当注意谦虚谨慎,戒骄戒躁”,“同脱离群众、脱离实际生活的官僚主义现象进行斗争。”八大党章第一次写入了“群众路线”的概念,要求“必须不断地发扬党的工作中的群众路线的传统”。

邓小平同志根据毛泽东同志的论述,对党的群众路线理论作了进一步阐发,提出要通过建立制度和加强监督来保证群众路线的贯彻,使党不脱离群众。他所作的一个重要理论工作,就是概括了群众路线的内涵。这如同刘少奇同志在党的七大上对群众观点内涵所作的概括一样重要,反映了我们党对这一理论认识的不断深化。他说,党的群众路线包含两方面的意义,一方面是从党的性质、宗旨上讲的,强调“每一个党员必须养成为人民服务、向群众负责、遇事同群众商量和同群众共甘苦的工作作风”;另一方面是从做群众工作方法上讲的,重申和强调了“从群众中来,到群众中去”的方法。这样表述,就用群众路线这个总的概念,把群众观点和群众工作方法都统了起来,使群众路线的内涵明确了、完整了。

第三次是在1981年党的十一届六中全会作《关于建国以来党的若干历史问题的决议》的时候。

历史决议对群众路线的理论总结，主要表现在两个方面。一是对群众路线的内涵在八大党章的基础上作了更为明确、简洁的概括，指出："群众路线，就是一切为了群众，一切依靠群众，从群众中来，到群众中去。"后来，党的十三大党章中又加了一句"把党的正确主张变成群众的自觉行动"，形成了关于群众路线的完整表述。一直到现在，我们使用的就是这个表述。

另一方面的贡献，是把群众路线同实事求是、独立自主放在一起，作为毛泽东思想活的灵魂的三个基本方面，认为这是贯穿于毛泽东思想各个组成部分的立场观点和方法，是"在中国革命长期艰苦斗争中形成的具有中国共产党人特色的立场观点方法，丰富和发展了马克思列宁主义"。"它表现在毛泽东同志的全部科学著作中，表现在中国共产党人的革命活动中。"这样高度的评价，突显了群众路线在我们党的指导理论中所具有的重要地位。

需要指出的是，这次总结是在经历了党的八大以来25年社会主义建设正反两方面经验教训的基础上，着眼于开创改革开放新时期而进行的。我们对群众路线作为党和国家事业生命线的极端重要性，有了更为深刻的认识。所以，邓小平同志在提出恢复党的实事求是思想路线的同时，提出要恢复党的群众路线的优良传统。他说："毛泽东同志倡导的作风，群众路线和实事求是这两条是最根本的东西。""我个人觉得，群众路线和实事求是是特别重要。"他甚至把群众路线放在了前面。历史决议关于群众路线的这些认识，虽然吸收了党的十一届三中全会以后的新鲜经验，但主要还是总结概括了毛泽东同志从战争年代特别是社会主义革命和建设时期关于群众路线的思想，是拨乱反正，完整、准确地理解毛泽东思想，恢复和发扬党的优良传统的成果。

在改革开放新的历史时期，我们党根据新的情况进一步丰富和发展了党的群众路线理论。邓小平、江泽民、胡锦涛、习近平同志都作了大量论述。这些新的发展，集中反映在党的历次代表大会的政治报告和党章修改中。

回顾党的群众路线的由来，学习毛泽东同志关于群众路线的重要论述，有两点感受很深。一是它来之不易，绝不能丢掉。二是它意义重大，决定党和国家事业的兴衰成败。我们在各个历史时期取得的胜利，从根本上说，靠的都是坚持了党的群众路线。现在，要完成党的十八大提出的两个百年的任务，实现中华民族伟大复兴的中国梦，关键还在于我们党能不能继续赢得人民群众的支持，能不能动员全体中国人民与我们一起奋斗。这次群众路线教育活动，就是要达到这个目的。正像习近平总书记所指出的："开展这项活动，最重要的问题是要教育引导全党始终坚持全心全意为人民服务的根本宗旨，不断赢得人民群众的信任和拥护，保持同人民群众的血肉联系。""人民是我们力量的源泉。只要与人民同甘共苦，与人民团结奋斗，就没有克服不了的困难，就没有完成不了的任务。"

（作者：中共中央文献研究室主任）

从党章看群众路线的形成和发展

曲青山

当前,全党正在开展党的群众路线教育实践活动,广大党员干部正在学习马克思主义群众观点和党的群众路线。那么,什么是党的群众路线?其科学内涵的准确、完整、规范、权威表述是什么?这种表述到哪里去找?笔者以为,要到《中国共产党章程》(以下简称党章)里去找。党的十八大修正后的党章指出:“党在自己的工作中实行群众路线,一切为了群众,一切依靠群众,从群众中来,到群众中去,把党的正确主张变为群众的自觉行动。”概括地说,群众路线的最主要内容就是“两个一切”、“一来一去”。可以说,这个表述是迄今为止我们党对党的群众路线作出的最准确、最完整、最规范、最权威的表述。深入理解和把握这个表述,有必要考察一下这个表述的由来。

“为了谁、依靠谁”:群众路线问题的最早提出

翻阅党的一大的纲领和党的二大至六大的党章可以发现,其中都没有关于群众工作和群众路线的明确表述。但从党领导的革命实践来看,党对群众工作在1922年就有要求。群众路线的问题在土地革命战争时期红军初创的时候就已经提出,并开始孕育和产生。为什么在这个时候会提出这个问题呢?这是因为,大革命失败后,毛泽东于1927年10月率领秋收起义的部队上了井冈山,创建了中国第一块较为完整的农村革命根据地。这时,根据地如何建设、如何巩固和发展的问题就提出来了,其中就涉及党和红军与人民群众的关系问题。

1928年11月,李立三在与江浙地区党的负责同志的谈话中首先使用了“群众路线”这个概念。紧接着,毛泽东、周恩来也使用了这个概念。由于毛泽东十分重视群众工作,所以他使用了这个概念以后,更多的是在一系列文章、指示、报告和讲话中阐述和强调深入群众、动员群众、组织群众、相信群众、宣传群众、教育群众、依靠群众、尊重群众、关心群众的问题。当时,关于红军是否要做群众工作,群众工作在党和红军工作中处于怎样的地位等问题,在党内和红军中有不同的认识,思想并不统一。而这方面问题又直接涉及红军的性质,涉及军事和政治的关系如何处理,以及红军应该采取什么样的战略战术等重要问题。毛泽东正是在说明和解决这些问题的过程中提出和阐发了党的群众观点的思想。他强调:“红军决不是单纯地打仗的,它除了打仗消灭敌人军事力量之外,还要负担宣传群众、组织群众、武装群众、帮助群众建立革命政权以至于建立共产党的组织等重大的任务。”他认为,政治观点即群众观点。他批评了红四军中一些同志存在的单纯军事观点。“为了谁、依靠谁”的问题,就这样历史地、不可回避地提出来了。

“这就是马克思主义的认识论”:群众路线的初步阐述

党的群众路线实现的途径和方法是什么?怎样实行?以毛泽东为代表的中国共产党人在实践中不断探索和总结。1943年6月,他在为中共中央起草的《关于领导方法的若干问题》决定中第一次较为系统地初步阐述了党的群众路线,指出:“在我党的一切实际工作中,凡属正确的领导,必须是从群众中来,到群众中去。这就是说,将群众的意见(分散的无系统的意

见）集中起来（经过研究，化为集中的系统的意见），又到群众中去做宣传解释，化为群众的意见，使群众坚持下去，见之于行动，并在群众行动中考验这些意见是否正确。然后再从群众中集中起来，再到群众中坚持下去。如此无限循环，一次比一次地更正确、更生动、更丰富。这就是马克思主义的认识论。”这段论述是对党的群众路线即党对群众的基本领导方式和基本工作方法进行的总结和概括。虽然这时还没有在表述中明确强调党的群众观点，但是党的群众工作如何去做，怎样实行党的群众路线，已经科学地阐述清楚了。

1945 年党的七大召开前，中共中央作出了《关于若干历史问题的决议》，系统总结了党成立以来特别是党的六大以来与“左”倾错误进行斗争的历史，总结了党的群众路线思想。1945 年 4 月至 6 月，毛泽东在党的七大上所作的《论联合政府》的书面政治报告和《愚公移山》的闭幕词讲话，都着重强调了党的群众路线问题。这些关于党的群众路线的基本精神，集中反映和体现在党的七大的党章中，其中指出：“每一个党员都必须理解党的利益与人民利益的一致性，对党负责与对人民负责的一致性。每一个党员都必须用心倾听人民群众的呼声和了解他们的需要，并帮助他们组织起来，为实现他们的需要而斗争。每一个党员都必须决心向人民群众学习，同时以革命精神不知疲倦地去教育人民群众，启发与提高人民群众的觉悟。中国共产党必须经常警戒自己脱离人民群众的危险性，必须经常注意防止和清洗自己内部的尾巴主义、命令主义、关门主义、官僚主义与军阀主义等脱离群众的错误倾向。”党的七大党章虽然没有正式使用党的“群众路线”这个概念，但却第一次系统地阐述了党的群众路线问题，并概括了建党以来特别是土地革命战争时期和抗日战争时期关于群众路线的理论和实践。

刘少奇在党的七大上作的关于修改党章的报告中专门用了一个专题论述了毛泽东关于群众路线的思想。他指出：党的群众路线，“是我们党的根本的政治路线，也是我们党的根本的组织路线。”“我们党的一切组织与一切工作必须密切地与群众相结合。”把群众路线放在这样的高度予以定位，这在党的历史上还是第一次。他还重点阐述了什么是党的群众观点的问题，并把毛泽东在这个问题上的思想观点系统地进行了梳理，作了四个方面的概括，即：“一切为了人民群众的观点，一切向人民群众负责的观点，相信群众自己解放自己的观点，向人民群众学习的观点。”他强调：“有了坚固的明确的这些群众观点，才能有明确的工作中的群众路线，才能实行正确的领导。”这里，他把党的群众观点的重要性，群众观点与党的群众路线的关系，阐述得非常清楚和深刻。

把群众观点和群众工作方法统领起来：群众路线的进一步发展和完善

1956 年 9 月，在党的八大上，我们党对党的群众路线有进一步的发展和完善。这集中体现在党的八大党章和邓小平所作的关于修改党章的报告中。

党的八大党章的总纲中第一次写入了“群众路线”，并对党的群众观点和党的群众路线进行了阐述，其中指出：“中国共产党的一切主张的实现，都要通过党的组织和党员在人民群众中间的活动，都要通过人民群众在党的领导下的自觉的努力。因此，必须不断地发扬党的工作中的群众路线的传统。”但是，对什么是党的群众路线？八大党章没有给出定义，也没有进行概括和提炼。

邓小平在关于修改党章的报告中指出：“党章草案的总纲，着重地指出了党必须不断地发扬党的工作中的群众路线的传统，并且指出了这个任务由于党成了执政的党而有更加重大的意义。”八大党章根据党执政后的状况发生的深刻变化，要求全党继续坚持群众路线，并同脱离群众、脱离实际生活的官僚主义现象进行斗争。邓小平还根据毛泽东的论述，对党的群众路线理论作了进一步阐发，提出要通过建立制度和加强监督来保证群众路线的贯彻，使党不脱离群众。他所作的一个重要理论工作，就是概括了群众路线的内涵。他指出："什么是党的工作中的群众路线呢？简单地说来，它包含两方面的意义：在一方面，它认为人民群众必须自己解放自己；党的全部任务就是全心全意地为人民群众服务；党对于人民群众的领导作用，就是正确地给人民群众指出斗争的方向，帮助人民群众自己动手，争取和创造自己的幸福生活。""每一个党员必须养成为人民服务、向群众负责、遇事同群众商量和同群众共甘苦的工作作风。""在另一方面，它认为党的领导工作能否保持正确，决定于它能否采取'从群众中来，到群众中去'的方法"。这样进行表述，就用群众路线这个大的范畴和总的概念，把党的群众观点和群众工作方法都统领了起来，使党的群众路线的内涵更加明确了，内容更加丰富了，表述上也更加完整了。

"两个一切"和"一来一去"：群众路线的高度提炼和概括

翻阅党的文献资料可以看到，党的九大党章、十大党章在总纲中都取消了对群众路线的表述。党的十大党章只保留了党的三大作风的表述。党的十一大党章讲到了全党必须保持和发扬群众路线、实事求是的优良传统和党的三大作风问题，但对什么是党的群众路线？没有论述，更没有具体地展开。

1981年6月，党的十一届六中全会讨论通过的《关于建国以来党的若干历史问题的决议》（以下简称《决议》），对群众路线进行了高度概括，这就是："一切为了群众，一切依靠群众，从群众中来，到群众中去。"这是党的文献中第一次从定义的角度对党的群众路线进行的阐述和概括。

1982年9月，党的十二大党章恢复了党的七大党章、八大党章的许多内容，还增加了许多新的内容。其中对党的群众路线是这样表述的："党坚持用共产主义思想教育群众，并在自己的工作中实行群众路线，一切为了群众，一切依靠群众，把党的正确主张变为群众的自觉行动。"这个表述是在《决议》基础上，减少了两句话即"从群众中来，到群众中去"，又增加了一句话"把党的正确主张变为群众的自觉行动"。

1992年10月，党的十四大党章恢复了《决议》中的两句话，并对党的群众路线作了这样的表述："党在自己的工作中实行群众路线，一切为了群众，一切依靠群众，从群众中来，到群众中去，把党的正确主张变为群众的自觉行动。"这样五句话的经典表述，一直沿用到党的十五大至十八大的党章中，形成了我们党关于党的群众路线的准确、完整、规范、权威的表述。党的十四大党章、十六大党章、十七大党章，在总纲阐述党的群众工作和党与人民群众的关系时，还与时俱进地充实和增加了其他许多新内容。

综上所述，党章对党的群众路线的表述中，"两个一切"强调的是党的最根本的群众观点，"一来一去"强调的是党的群众工作的主要领导途径和工作方式方法，它们二者集中到一起，构成了党的群众路线的最主要内容。而关于党的群众观点，我们党在改革开放以来的新时期又有进一步的丰富和发展，例如提出和总结概括提炼了牢固树立人民群众是历史创造者的观点、干部的权力是人民赋予的观点、对党负责与对人民负责相一致的观点、立党为公、执政为民的观点、群众利益无小事的观点等等，这些都是"两个一切"根本观点的拓展、延伸和丰富、完善，是对党的群众观点和党的群众路线的继承、创新和发展。

（作者：中共中央党史研究室主任）

以整风精神开展新形势下群众路线教育实践活动

李君如

在全党全国人民学习贯彻十八大精神，为实现“中国梦”而奋斗的重要时刻，党中央决定根据十八大的部署，在全党开展一场以为民、务实、清廉为主要内容的群众路线教育实践活动。我们要很好地学习和领会习近平总书记十八大以来关于这一决策的一系列重要论述，很好地学习和领会中央关于开展这一活动的工作会议的重要精神，以整风精神开展新形势下群众路线教育实践活动。

一、当前开展群众路线教育实践活动的必要性和重要性

前不久，我在山东临沂参加“沂蒙精神与群众路线”研讨会。我们研讨的“沂蒙精神”是沂蒙人民爱党爱军、无私奉献的精神，讲的是像“红嫂”、“沂蒙六姐妹”这样的人民群众的崇高精神风貌；而我们研讨的“群众路线”是党的工作路线，讲的是党做工作的立场、观点和方法。也就是说，我们研讨的主题，一头讲的是人民群众，一头讲的是党，两者的联系是党要根据群众是真正英雄的观点，坚持相信群众、依靠群众的工作路线；党坚持群众路线，就能够赢得人民群众的信赖、拥护和支持。现在要研讨的问题是，群众这么好，我们党员干部怎么办；群众有困难，我们党员干部怎么办；群众不满意，我们党员干部怎么办。对于这“三个怎么办”，十八大的回答是：要围绕保持党的先进性和纯洁性，在全党深入开展以为民务实清廉为主要内容的党的群众路线教育实践活动。通过这个例子，我们基本上可以理解今天开展这场群众路线教育实践活动的必要性和重要性了。

党的十八大和十八大后形成的党中央为什么要提出把这一活动作为加强党的建设的重头戏？

第一，当前开展群众路线教育实践活动，是凝聚中国力量、实现“中国梦”的迫切需要。党的十八大举世瞩目，党代会后的任务是，怎么把这样一个具有划时代意义的党代会精神转化为全国各族人民的共同追求和精神力量。这是贯彻落实十八大精神必须精心研究和认真解决的重大课题。因为党代会是8500多万党员的事，而党代会讨论的又是全国人民的事，这里就有一个怎样把党的主张与人民的要求统一起来的问题。这不仅涉及党怎样反映人民诉求的问题，还涉及怎样把党的意志转化为人民共识和人民行动的问题。记得党的七大闭幕时，毛泽东同志在致词时对于怎样贯彻好党代会精神讲了“两个觉悟”：一是，首先要使先锋队觉悟，下定决心，不怕牺牲，排除万难，去争取胜利；二是，要使广大人民群众觉悟，甘心情愿和我们一起奋斗，去争取胜利。为了把党代会的精神转化为广大人民群众“甘心情愿和我们一起奋斗”的共识，他讲了“愚公移山”的故事，要求广大党员干部用自己的模范行动去“感动”群众这个“上帝”。习近平总书记在十八大后不失时机地提出“实现中华民族的伟大复兴，就是中华民族近代最伟大的中国梦”。“中国梦”的提出，在党与群众之间架起一座直通的桥梁，使得十八大精神能够转化为全国各族人民的共识；同时，要求我们更好地密切党与群众的联系，使广大人民群众能够“甘心情愿和我们一起奋斗”。这就需要我们开展党的群众路线教育实践活动，凝聚起强大的中国力量，为实现伟大的“中国梦”而奋斗。

第二，当前开展群众路线教育实践活动，是按照党的建设的总体布局解决党内存在的突出问题，保持党的先进性和纯洁性的迫切需要。我们党的最大政治优势是密切联系群众，党执政后的最大危险是脱离群众。在党的十七届四中全会上，党中央就已经提醒全党："世情、国情、党情的深刻变化对党的建设提出了新的要求，党面临的执政考验、改革开放考验、市场经济考验、外部环境考验是长期的、复杂的、严峻的，落实党要管党、从严治党的任务比过去任何时候都更为繁重和紧迫。"在庆祝中国共产党成立90周年的时候，党中央在再次强调这"四大考验"的同时，又加上了"四大危险"，指出"精神懈怠的危险，能力不足的危险，脱离群众的危险，消极腐败的危险，更加尖锐地摆在全党面前"。这表明我们党不仅对自己所面临的挑战十分清醒，对自己存在的问题也十分清醒。针对这些问题，十八大在关于加强党的建设的战略部署中，明确指出我们加强党的建设的主线是"加强党的执政能力建设、先进性建设和纯洁性建设"。同以往党代会文件相比，这次增加了"纯洁性建设"这一新课题。历史实践证明，要坚持党的先进性，必须保持党的纯洁性。党的队伍的壮大，是党充满生机的表现。但是在党执政的条件下，也会发生列宁曾经提醒过的两种情况：一种是到党内来"捞好处"的，一种是"徒有其名"的。因此，在改革开放的历史条件下加强党的建设，必须认真对待党内存在的思想不纯、政治不纯、组织不纯的问题。增强党的先进性和纯洁性，是为了更好地提高党的执政能力。围绕这样的主线，十八大提出了"五位一体"的工作布局，这就是全面加强党的思想建设、组织建设、作风建设、反腐倡廉建设、制度建设。这五大建设过去也提过，但是这次次序有些调整，"反腐倡廉建设"原来是第五大建设，现在改为第四大建设，与"制度建设"换了位置。这样的调整，显然既突出了"反腐倡廉"的重要性，也强调了所有的建设最后都要通过"制度建设"来解决。根据这样的主线和布局，明确了党的建设的目标是要建设"学习型、服务型、创新型的马克思主义执政党"。这里，"学习型"是前提，"创新型"是生机之源泉，"服务型"是核心。要实现这样的主线、布局和目标，使党具有强大的凝聚力、生命力和战斗力，一要保持党同人民群众的血肉联系，二要发扬党内民主。十八大报告在这两个方面都做了深刻的论述和周密的部署。特别是报告提出，要通过在全党深入开展以为民务实清廉为主要内容的党的群众路线教育实践活动，提高在新形势下做群众工作的能力，解决人民群众反映强烈的突出问题，非常有针对性。

第三，当前开展群众路线教育实践活动，是提高党的执政能力，巩固党执政的群众基础的迫切需要。党在全国范围执政后，特别是改革开放以来，已经从一个领导人民为夺取全国政权而奋斗的党，发展成为领导人民掌握着全国政权并长期执政的党；从一个在外部封锁和实行计划经济条件下领导国家建设的党，发展成为在对外开放和发展社会主义市场经济条件下领导国家建设的党。党所处的历史方位发生的这一深刻变化，一方面使党能够运用手中掌握的权力更好地实现全心全意为人民服务的根本宗旨，为人民执好政，掌好权；另一方面也使党的干部面临着权力和利益的双重诱惑，使党与群众的关系出现了逆向发展的势头。与此同时，党的队伍特别是干部队伍发生了深刻的变化。今天，我们党已经发展成为拥有8500多万党员的大党，新党员的数量大幅度增加，干部队伍整体性新老交替已经完成，一大批年轻干部走上领导岗位。这是党充满生机和活力、后继有人的重要标志。同时党内也出现了许多问题。比如在党内包括在干部队伍内不好学习、不思进取、不作为的情况滋长；遇到矛盾束手无策、惊慌失措的情况滋长；心中没有群众、足迹不到基层、开口全是套话、工作只为领导满意的情况滋长；奢靡享乐、要官买官、贪污受贿的情况滋长。尽管这在党内包括干部队伍内不是主流，但这些突出问题，关系到党的生死存亡，对于执政党来说是实实在在的危险。在这种情况下,必须痛下决心解决脱离群众的问题,痛下决心提高党联系群众的能力,以巩固党执政的群众基础。正如十八大所强调的:“为人民服务是党的根本宗旨,以人为本、执政为民是检验党一切执政活动的最高标准。任何时候都要把人民利益放在第一位,始终与人民心连心、同呼吸、共命运,始终依靠人民推动历史前进。”

总之,在肯定党的作风总体上是好的同时,应该面对世情、国情、党情的深刻变化,看到党面临的挑战和危险也非常突出。深入开展党的群众路线教育实践活动,对于教育引导党员干部牢固树立宗旨意识和马克思主义群众观点,切实改进工作作风,赢得人民群众信任和拥护,夯实党的执政基础,巩固党的执政地位,完成党所肩负的历史重任,具有十分重大而深远的意义。

二、深入研究新形势下群众工作面临的新问题

全心全意为人民服务是党的根本宗旨,群众路线是党的生命线和根本工作路线。我们已经注意到,今天坚持党的群众路线,不是简单地恢复或弘扬这一传统。我们在这个问题上面临许多新情况和新问题,必须研究新形势下群众工作面临的新问题。

深入研究今天的党群关系,问题确实不少,集中起来,就是现代化进程中的执政党建设问题。我们可以注意到,在成为执政党后,我们党同群众、干部同群众的角色和关系发生了变化。在革命战争年代,党和人民群众、干部和人民群众有共同的斗争对象,大家在一个战壕里,是鱼水关系、血肉关系。现在我们党成为执政党了,执政党手中掌握的权力是公共权力,角色是社会管理者、领导者,群众有什么诉求理所当然要向执政党提出来。至于我们工作做得不好,脱离群众,那更是要遭到群众的批评。这个角色的转换是我们作为执政党面临的巨大挑战。上世纪50年代,这一情况就已出现。这就是毛泽东同志写《不要四面出击》、《论十大关系》、《关于正确处理人民内部矛盾的问题》等著作时的背景。现在,在改革开放年代,这一特点更突出了。人民群众在就业、医疗、教育、住房、养老等问题上的诉求,只能向执政党及其领导的政府反映。至于在征地、拆迁等直接触及群众切身利益的事情,群众更会把问题追究到我们执政党及其领导的政府头上。这些情况是过去革命战争年代基本上没有的,是我们今天开展群众工作必须认真研究和正确对待的新情况。

因此,在新的历史条件下坚持群众路线,就要像习近平总书记提出的“空谈误国、实干兴邦”的告诫那样,从转变思想作风和工作作风做起,创新党的群众工作。

一要以转变作风为前提做好群众工作。过去,我们的干部骑车下基层,戴草帽进农户,朴素的工作作风,平易近人的交流,群众能同干部讲真心话,群众工作富有成效。这几年,我们许多干部小车进出,同基层群众接触少了;即使到基层也是前呼后拥,而且不会讲群众语言。与此同时,一些群众工作做得比较好的地方,干部经常上街下乡,直接听取群众意见,甚至直接到有意见想上访的群众那里谈心,人对人、面对面、手拉手、心连心,也没有官腔,效果很好。这些情况和经验告诉我们,切实转变作风,做到群众的门走得进,群众的话听得进,是做好新形势下群众工作的前提。

二要以信任为纽带做好群众工作。现在,一个大问题是许多群众对一些干部缺乏信任。这是做好群众工作的一大障碍。出现这种情况,原因很复杂,既有这些地方平时做表面文章,大话空话多、许诺多,实际上没有落实,失信于民,也有这些地方个别干部言行不一,说一套做一套,致使党委和政府公信力降低,还有社会舆论的负面导向影响,等等。与此同时,我们也注意到,许多地方不仅党委和政府的话有权威性,而且群众遇到问题不信小道信正道,群众工作也做得比较好。因此,做好新形势下的群众工作,不在于对群众提要求,而在于我们的广大

干部通过实实在在的做法取信于民,能够真正获得广大群众的信赖、理解和支持。

三要以解决实际问题为基础做好群众工作。分析现阶段党群关系、干群关系中存在的问题,我们可以看到,群众的意见和不满大部分不是针对党和政府的,而是针对一些具体做法和事情的。即使有一些"雷人"、"雷语",也仅仅是矛盾的引爆点。因此,我们要做好群众工作,重点是要通过调查研究解决群众最关心最直接最迫切要求解决的问题。许多地方的经验证明,只要我们帮助群众解决生产生活中的实际困难,尤其是努力满足群众在就业、教育、医疗卫生、社会保障等方面的合理要求,群众就会发自内心地拥护党和政府。

四要以制度为保障做好群众工作。我们党做群众工作的经验告诉我们,群众工作是一项经常性工作,而不是一项突击性工作;是一项党委、政府、政协和工青妇等人民团体共同的工作,而不只是党委或群众团体的工作。因此,做好群众工作的可靠保障,是健全的制度。对于过去那些制度,有的要坚持和完善,有的不适合新情况的就要取消,否则就是形式主义,影响群众工作的成效;更重要的是,要创造适应今天新情况的新制度。比如,有的地方长期坚持"民主恳谈会"的协商民主形式,把群众工作制度化了。有的地方实行"党员志愿者"制度,及时帮助群众排忧解难,改善了党在群众中的形象。这类经验告诉我们,以制度为保障做好群众工作才会取得实效。

五要把服务群众与教育群众结合起来做好群众工作。做群众工作,要以服务群众为重点,同时还要敢于讲话,对群众中的不良现象和不合理诉求进行教育引导,用真心把"服务群众"与"教育群众"联结起来,这样才是真正的关心和爱护群众。

总之,我们要认真研究和总结新形势下的群众工作经验,并把它上升到理论层面,更好地指导新形势下加强和改进群众工作的探索和创新。

三、开展好群众路线教育实践活动必须全面领会中央精神

我们在按照十八大的重要决策,开展好群众路线教育实践活动时,首先要很好地学习和领会习近平总书记十八大以来关于这一决策的一系列重要论述,学习和领会中央关于开展这一活动的工作的会议的重要精神。

中央关于开展这场教育实践活动的要求和部署,内容很丰富。根据我们的学习体会,其基本精神大体上可以概括为五个"主要":

一是主要目的。在中央关于开展这场教育实践活动的指导思想中,已经讲清楚了这场活动的目的,是要保持党的先进性和纯洁性,切实加强全体党员马克思主义群众观点和群众路线教育,着力解决人民群众反映强烈的突出问题,提高做好新形势下群众工作的能力,为推动经济持续健康发展、全面建成小康社会、实现中华民族伟大复兴的中国梦提供坚强保证。

二是主要对象。中央明确,这次集中教育实践活动,以县处级以上领导机关、领导班子和领导干部为重点。

三是主要内容。十八大已经明确,这次教育实践活动是以为民、务实、清廉为主要内容的群众路线教育实践活动。

四是主要任务。中央决定从今年下半年开始,用一年左右时间,在全党自上而下分批开展党的群众路线教育实践活动。主要任务是,把贯彻落实中央八项规定作为切入点,聚焦于作风建设,进一步解决形式主义、官僚主义、享乐主义、奢靡之风这四股歪风。这些问题,已经严重损害党在人民群众中的形象,严重损害党群干群关系,必须认真加以解决。

五是主要做法。中央决定,要以整风精神开展批评与自我批评,把"照镜子、正衣冠、洗洗澡、治治病"的总要求贯穿在教育实践活动全过程。

我们要很好地领会这些精神,全面地落实这些精神,把这场教育实践活动认认真真、扎扎

实实地开展好。

四、党心和民心对党的群众路线传统提出的新要求

在全面学习领会中央精神的时候，需要进一步思考十八大为什么要把“为民、务实、清廉”作为这次群众路线教育实践活动的主要内容？我们认为，这是因为“为民、务实、清廉”是时代和实践、党心和民心对党的群众路线传统提出的新要求。

（一）为民，是群众路线的出发点和落脚点，更是新的历史方位对执政党提出的新要求。

群众路线，是党的根本工作路线。概括地说，就是“从群众中来，到群众中去”的路线。其出发点和落脚点都是群众。但在今天党所处的历史方位中，能否恪守“为民”的根本宗旨，已经成为执政党的“最大危险”。

这是因为，自从党所处的历史方位变化，党在全国范围执政以来，党的队伍不可能像战争年代那样经受那么多的血和火的考验，党怎么样把自己在长期斗争中形成的优良传统和作风一代代地传承下去，已经成为党的建设面临的一大课题。事实上，在我们的党员和干部队伍中，一些人入党前表现很好，入党后放松要求，逐渐同党离心离德，甚至违法乱纪走向腐败；一些人缺少长期党性锻炼，在关键时刻东摇西摆，有的还进入了党的干部队伍；一些人没有实际能力，只会夸夸其谈，甚至擅长阿谀奉承，有的也进入了党的干部队伍：一些人带着私利到党内来捞好处，进入了党的队伍甚至平步青云成为党的干部；这几年还出现了用金钱“买党票”、“买官”等现象，给党的队伍包括干部队伍的纯洁性带来了更大的威胁。

应该讲，党所处的历史方位变化是“外因”，党的队伍发生的变化是“内因”。“外因”通过这样的“内因”，使党发生了两方面的变化：一方面，使党的队伍不断壮大、活力不断增强，这是主流；另一方面，党风问题日益突出、消极腐败现象不断滋生蔓延，使一些党员干部越来越脱离群众。有的从“社会公仆”变为“社会主人”（官僚），有的从“社会公仆”变为某些利益集团和家属、亲朋好友或情人的“私仆”，走向党和群众的反面。尽管这不是党情的主流，但不能掉以轻心。因此，我们今天说要加强群众路线教育，不是一般的谈论或简单地重复过去的做法，首先要从我们面临的新情况出发，进行党的根本宗旨教育，使全党更好地树立“为民”意识，努力加强和改进新形势下的群众工作。

（二）务实，是群众路线的本质特征，更是在新的历史条件下改进党风的重要任务。

群众路线，是以毛泽东同志为主要代表的中国共产党人把历史唯物主义的群众观点同辩证唯物主义的认识论有机统一起来，在长期的革命实践中形成的。毛泽东同志对群众路线有过一个深刻而又精辟的理论概括，“将群众的意见（分散的无系统的意见）集中起来（经过研究，化为集中的系统的意见），又到群众中去做宣传解释，化为群众的意见，使群众坚持下去，见之于行动，并在群众行动中考验这些意见是否正确。然后再从群众中集中起来，再到群众中坚持下去。如此无限循环，一次比一次地更正确、更生动、更丰富。这就是马克思主义的认识论。”毛泽东同志把党的群众路线定性为马克思主义的认识论，从根本上阐明了群众路线与实事求是思想路线的关系及其“务实”本质。

为了坚持务实，就要在思想上真正按照实事求是的要求办事，下大力气破除形式主义、做表面文章、说一套做一套等官场陋习。在我们这个以实事求是为思想路线的党内出现这些极坏的官场陋习，是非常令人痛心的，我们不得不从思想深处作出检讨。这些官场陋习能大行其道，从思想根子上讲，还是个人名利思想占了上风，具体地就表现为追求个人政绩的政绩观；但是，这还是一方面的原因，之所以这种政绩观盛行，除了我们的干部考核指标具有片面性外，还有“上行下效”的问题。孟子说过：“上有好者，下必有甚焉者矣。‘君子之德’风也；‘小人之

德'草也。草尚之风,必偃",意思是说居上位的人有什么爱好,下面的人一定爱好得更深。特别是我们在选拔、使用干部的问题上,如果喜欢任用那些搞形式主义的人,势必会产生这样的官场陋习。因此,坚持务实,必须像习近平总书记要求的那样:"打铁还需自身硬。"一必须从领导干部自己做起,特别从高层领导做起;二必须让底下的同志能干者有机会,干成事者有舞台,不让老实人吃亏,不让投机专营者得利,让所有的优秀干部都能为党和人民贡献力量。

为了坚持务实,除了在思想上要坚持实事求是的原则,最重要的,是要在决策中按照党中央的要求,一要坚持问政于民、问需于民、问计于民,真诚倾听群众呼声,真实反映群众愿望,真情关心群众疾苦,依法保障人民群众经济、政治、文化、社会等各项权益;二要坚持工作重心下移,经常深入实际、深入基层、深入群众,做到知民情、解民忧、暖民心;三要把服务群众、做群众工作作为基层党组织的核心任务和基层干部的基本职责,同时要把基层一线作为培养锻炼干部的基础阵地。只有我们把群众放在心上,群众才会把我们放在心上;只有我们把群众当亲人,群众才会把我们当亲人;只有我们为群众办实事,群众才会同我们一起把实事办好。

(三)清廉,是群众路线的基本要求,更是在新的考验面前党要解决的紧迫课题。

群众路线,是干部密切联系群众的纽带。在"从群众中来"与"到群众中去"之间,干部既要将群众的意见集中起来,又要将根据群众意见作出的决策在群众中贯彻下去。由此决定了干部的素质、能力和作风在贯彻群众路线过程中具有重要的作用,由此也决定了干部的道德、品行、操守在贯彻群众路线过程中具有特殊的作用。

所以,党的十八大在论述党的思想建设时,强调要"抓好道德建设这个基础,教育引导党员、干部模范践行社会主义荣辱观,讲党性、重品行、作表率,做社会主义道德的示范者、诚信风尚的引领者、公平正义的维护者,以实际行动彰显共产党人的人格力量。"事实上,我们在贯彻群众路线的过程中,群众工作不得力,不仅是因为我们有些干部能力不强、方法不对,还因为有些干部人格低下、人品庸俗,甚至守不住基本的道德操守,在群众中没有权威性和号召力。我们抓干部教育,不仅要抓理论学习,还要把干部的理论素养转化为党性、德性。一个只会夸夸其谈讲大道理而缺乏党性、德性的人,不可能成为真正的中国特色社会主义的信奉者,也不可能成为可靠的群众路线的执行者。

当前,在干部的道德建设中,尤其要加强反腐倡廉教育和廉政文化建设,做到干部清正、政府清廉、政治清明。正如习近平总书记所说的:"为政清廉才能取信于民,秉公用权才能赢得人心。"剖析一些地方脱离群众而发生的群体性案例,往往同那里有些干部为政不清廉直接相关,甚至有腐败干部在其中作祟。我们过去研究群众路线理论,开展群众路线教育,都偏重从认识论和方法论角度开展研究和宣传,现在应从新的实践出发,把共产党人的道德观包括廉政意识教育纳入其中。只有这样,才能使党的干部队伍健康成长,使党经受各种考验,永葆青春的生机和活力。

由此可见,十八大强调的"为民、务实、清廉"是今天的时代和实践、党心和民心对我们坚持党的群众路线提出的新要求。我们开展群众路线教育实践活动一定要按照这样的要求和部署去推进。

五、以整风精神用好批评与自我批评的武器

在学习和领会中央精神的时候,还要进一步了解中央为什么在这次群众路线教育实践活动中,强调要以整风精神,用好批评与自我批评这个武器。

第一,批评与自我批评是保持党的先进性和纯洁性的利器。中国共产党是中国工人阶级的先锋队,同时是中国人民和中华民族的先锋队,始终代表中国先进生产力的发展要求、中国

先进文化的前进方向、中国最广大人民的根本利益。党的这一性质，决定了这是一个具有先进性和纯洁性的党。这里所说的先进性和纯洁性，包括了中国共产党是一个既坚持全心全意为人民服务根本宗旨，又坚持实事求是思想路线的党，即一个能够为人民坚持真理、又能够为人民修正错误的党。而批评与自我批评正是这样一个通过积极的思想斗争来保持党的先进性和纯洁性的有力武器。正是在这个意义上，我们党在实践中形成的三大作风，不仅包括理论联系实际、密切联系群众，还包括批评与自我批评。而且，这种批评与自我批评，也是党在民主政治上的先进性即自觉坚持党内民主的一种体现。正如毛泽东同志曾经说过的，有无认真的自我批评，是共产党区别于其他政党的显著特点。我们要在群众路线教育实践活动中，使党的先进性和纯洁性能够在今天新的历史条件下得以保持和发扬，必须由领导干部带头，认认真真地开展批评与自我批评。

第二，批评与自我批评也是坚持党的群众路线的基本要求。“群众路线”这个概念，是1929年9月28日在《中共中央给红军第四军前委的指示信》中第一次提出的。在长期的革命实践中，以毛泽东同志为主要代表的共产党人形成了一切为了群众、一切依靠群众，从群众中来、到群众中去的群众路线。这是与实事求是的思想路线相统一的工作路线。在认识论中，从物质到精神，从实践到认识，是认识的第一次飞跃；从精神到物质，从认识到实践，是认识的第二次飞跃。在群众路线的工作路线中，同认识上第一次飞跃相对应的是“从群众中来”，同认识上第二次飞跃相对应的是“到群众中去”。毛泽东同志说，在认识论中，第二次飞跃“比起前一次飞跃来，意义更加伟大”。这是因为，第二次飞跃不仅是理论指导实践的过程，而且是实践检验、丰富和发展理论的过程。因此，在群众路线中，“到群众中去”也承担着领导发动和组织群众、群众监督领导、在群众实践中完善和发展领导决策的任务。这就决定了，我们今天开展群众路线教育实践活动，内在地包含了领导干部要自觉开展批评与自我批评、自觉接受群众监督的要求。

第三，批评与自我批评更是解决党的作风上存在的不正、不实、不廉问题的有力举措。坚持为民、务实、清廉，是这次群众路线教育实践活动的主要内容。提出这三个要求，是因为多年来在我们党内滋生了不正、不实、不廉等严重问题。正如中央政治局所指出的：当前，党员干部贯彻落实党的群众路线总体是好的，在联系服务人民群众方面做了大量富有成效的工作，但也存在着不符合为民务实清廉要求的问题。特别是有的领导机关、领导班子和一些领导干部形式主义、官僚主义、享乐主义突出，奢靡之风严重，主要表现在理想信念动摇，宗旨意识淡薄，精神懈怠；贪图名利，弄虚作假，不务实效；脱离群众，脱离实际，不负责任；铺张浪费，奢靡享乐，甚至以权谋私、腐化堕落。这些问题，已经严重损害党在人民群众中的形象，严重损害党群干群关系，而多年来这些问题不仅没有得到解决，反而还在不断蔓延，其中一个重要原因，是因为搁置了批评与自我批评这把刀子。群众调侃说：“新三大作风是：理论联系实惠，密切联系领导，表扬与自我表扬。”其实，这正是一种衰败之风，而不是什么新风。今天，要解决不正、不实、不廉等问题，必须动一动批评与自我批评这把刀子了。

第四，开展批评与自我批评就是要坚持这次群众路线教育实践活动的总要求。中央强调，开展批评与自我批评就是要在这次群众路线教育全过程中贯穿一个总要求。这个总要求，就是“照镜子、正衣冠、洗洗澡、治治病”。

照镜子，主要是以党章为镜，对照党的纪律、群众期盼、先进典型，对照改进作风要求，在宗旨意识、工作作风、廉洁自律上摆问题、找差距、明方向。这是开展批评与自我批评的首要环节和基本前提。开展批评与自我批评不是整人，而是一种马克思主义的自我教育，因此首先要进行自我对照、自我批评。古人说:“以铜为镜,可以正衣冠;以史为镜,可以知兴替;以人为镜,可以明得失。”对于我们共产党人来讲,更要以“党章”、“纪律”、“民意”为镜,以此来对照自己的思想和言行。江泽民同志曾经说过:“党组织和群众的监督是一种警戒,是一面镜子,经常想一想、照一照,检查一下自己有什么不足和缺点,及时加以改进和纠正,对自己的成长有好处。”在集中开展群众路线教育实践活动的时候,这样想一想、照一照,更有必要。

正衣冠,主要是按照为民务实清廉的要求,勇于正视缺点和不足,严明党的纪律特别是政治纪律,敢于触及思想、正视矛盾和问题,从自己做起,从现在改起,端正行为,自觉把党性修养正一正、把党员义务理一理、把党纪国法紧一紧,保持共产党人良好形象。这是开展批评与自我批评的基本条件。古代的官服以禽和兽来区分文官和武将,做官如果不正、不实、不廉,甚至贪赃枉法、鱼肉百姓,被称为“衣冠禽兽”。正衣冠,即正官风、立官德。对于我们共产党人来讲,当干部不是为了做官,而是要更好地为人民服务,为人民谋利益。在开展群众路线教育实践活动的过程中,进行批评与自我批评,就是要正一正干部队伍中那种对待群众的错误立场、蛮横态度和官僚作风,树立共产党人对待人民群众的正确立场、态度和作风,用以解决新时期干群关系问题。

洗洗澡,主要是以整风的精神开展批评和自我批评,深入分析发生问题的原因,清洗思想和行为上的灰尘,保持共产党人政治本色。这是开展批评与自我批评的基本方法。领导班子的团结,是做好工作的重要条件,但是这种团结不是建立在无原则的姑息迁就上的,不是无原则的一团和气。历史实践告诉我们,能不能经常自觉地拿起批评与自我批评的武器,开展积极健康的思想斗争,是衡量一个领导班子是否坚强有力、一个领导干部是否具有一身正气的重要尺度。为此,我们建立了党内各级领导班子的民主生活制度。在开展群众路线教育实践活动中,更要通过积极健康的思想斗争,让每个领导干部洗一洗身上的污垢,清一清领导班子的肌体,以清新、清明、清正的新形象出现在群众面前。

治治病,主要是坚持惩前毖后、治病救人方针,区别情况、对症下药,对作风方面存在问题的党员、干部进行教育提醒,对问题严重的进行查处,对不正之风和突出问题进行专项治理。这是开展批评与自我批评的基本目的。我们党自延安整风开始,就一直强调开展批评与自我批评是为了治病救人,包括惩前毖后也是为了治病救人。在建设社会主义的过程中,又强调“团结—批评与自我批评—团结”,即开展批评与自我批评是为了增强团结而不是要增加矛盾。但不管是“救人”还是“团结”,都必须先“治治病”。而且,为了保持党的先进性和纯洁性,解决思想不纯、政治不纯、组织不纯等问题,该动手术的还要动手术,该处理的违法违纪问题还要坚决处理。

与此同时,我们要认识到,在今天的条件下,开展批评与自我批评,必须破除思想认识上的各种障碍。人们常说:“积习难返。”在今天,要认真开展批评与自我批评,并不是容易的事。要做到这一点,还要深入思考和研究我们这么多年来搁置批评与自我批评这把刀子的原因何在,特别是,在我们的干部队伍中存在哪些思想认识上的障碍。只有明确提出并破除这些障碍,才能用好批评与自我批评这个有力的武器。

一是,严≠“左”。从历史角度来看,搁置批评与自我批评这把刀子,是一种历史的反动。过去,在“左”风盛行的年代,用“斗争哲学”、“残酷斗争、无情打击”、“全面专政”来取代正常的党内政治生活,给党带来了灾难性的后果。这种后果,不仅伤害了我们的许多好同志,而且破坏了党风。这种破坏,包括使许多人谈“斗争”色变,视“严格”为“左”,从一个极端走向另一个极端。江泽民同志曾经指出:“党内存在的一些消极腐败现象之所以屡禁不止,有的还日趋严重，一个重要原因，就是相当一些地方和单位的党组织和领导者治党不严，对党员干部特别是领导干部疏于教育、疏于管理、疏于监督。”“有的不能正确总结历史教训，把从严治党同‘左’的做法混为一谈，以为‘严’就是‘左’，对错误的东西放弃了批评和斗争。”因此，我们讲党要管党、从严治党，包括对干部要进行严格的教育、管理和监督。古人说：“严是爱，宽是害。”我们对同志要宽容，但不能放弃原则，不能丢掉批评与自我批评这个武器。

二是，正面教育≠一团和气的好人主义。以习近平同志为总书记的党中央指出，在这次群众路线教育实践活动中，要牢牢把握正面教育为主、批评和自我批评、讲求实效、分类指导和领导带头的原则，确保教育实践活动沿着正确轨道健康深入推进，努力在解决作风不正、不实、不廉上取得实效，在提高群众工作能力、密切党群干群关系、全心全意为人民服务上取得实际成效。这是在认真总结党内斗争历史教训的基础上提出的重要问题。同时，我们要认识到强调“正面教育为主”不等于一团和气的好人主义，更不等于庸俗关系学。江泽民同志在谈到这个问题时说过：“有的搞‘好人主义’和庸俗关系学，面对错误的思想行为缺少正气，尤其是对亲近自己的所谓‘熟人’，能为自己办事的所谓‘能人’，有点影响的所谓‘名人’，处在重要位置上的所谓‘要人’，以及所谓‘有背景’的人和自己的亲人，即使问题严重，也往往宽容有加，甚至姑息养奸。”因此，要开展批评与自我批评，必须在坚持正面教育为主的同时，坚决破除那种一团和气的好人主义，尤其要坚决摒弃庸俗关系学。

三是，批评≠不讲政治讲“八卦”。在开展批评与自我批评的时候，既要防止不讲原则的好人主义和庸俗关系学，也要防止时下流行的“八卦”等庸俗化倾向。毛泽东同志曾经说过：“党内批评是坚强党的组织、增加党的战斗力的武器。”“不应当利用批评去做攻击个人的工具。”“党内批评要防止主观武断和把批评庸俗化，说话要有证据，批评要注意政治。”这种历史经验也要记取。在开展群众路线教育实践活动过程中，我们不能因为强调批评与自我批评，就让自由主义和不讲政治的低级庸俗的“八卦”干扰积极健康的思想斗争。

只要我们破除了诸如此类思想认识上的障碍，就能既积极又健康地开展批评与自我批评。全面贯彻落实党的十八大提出的各项任务要求，以作风建设的新成效凝聚起推动事业发展的强大力量。

（作者：中共中央党校原副校长）

把握密切干群关系的新要求

孙怀山

问题是时代最实际的呼声。党的十八大以来，习近平总书记从党和国家前途命运的战略高度，就防止和克服脱离群众这一执政党的最大危险，进一步加强干部同人民群众的血肉联系，提出了一系列新思想新观点新要求，赋予了马克思主义群众工作理论新的时代内涵。这为我们忠诚践行党的宗旨、密切干群关系提供了新的理论指导和行动指南。

一、真正悟透群众是真正的英雄，切实尊重人民主体地位

人民群众是人类社会生产生活的主体，是历史的创造者。对于执政的中国共产党来说，干群关系直接反映党群关系，关乎党的形象，关乎群众福祉，关乎人心向背，关乎党和国家的前途命运。密切干群关系，干部负有主要责任。党的干部是人民的勤务员，必须始终坚持马克思主义唯物史观，摆正同人民群众的位置。现在有的干部在如何认识和对待群众的问题上，存在这样那样的错误观点和做法。比如，有的迷信“天命”、“天意”，不相信群众、不依靠群众；有的眼里只有领导、老板、“能人”、“精英”，瞧不起群众，听不进群众意见，遇事不愿意找群众商量等。群众观上出了问题，就容易脱离实际，脱离群众。习近平总书记郑重指出：马克思主义执政党的最大危险就是脱离群众，脱离群众的种种问题，主要表现在领导机关、领导干部中。他尤其强调，领导干部“要真正悟透群众是真正的英雄”。

“真正悟透群众是真正的英雄”，要求党员干部把握唯物史观的真谛，尊重人民主体地位。人民政协是中国共产党领导的各党派、各团体、各民族、各阶层大团结大联合的组织，是党和政府联系群众、团结各界的重要桥梁和纽带。政协委员中的党员和政协工作者要树立正确的群众观，以深入开展党的群众路线教育实践活动为契机，进一步强化践行党的群众路线意识，切实解决好“为了谁”、“依靠谁”、“我是谁”的问题，在任何时候任何情况下都坚持一切为了群众、一切依靠群众，从群众中来、到群众中去，把群众当主人、视群众为亲人。要树立以人民为中心的工作导向，把服务群众同教育引导群众结合起来，把满足需求同提高素养结合起来，不断丰富人民群众的物质文化需要，把为人民群众的事业贡献力量作为最高追求。要摆正自己的位置，处理好个人与组织、领导与群众的关系，始终把人民放在心中最高位置，尊重人民首创精神，拜人民为师，把政治智慧的增长、服务本领的增强深深扎根于人民的创造性实践之中，始终植根人民、相信人民，始终与人民心连心、同呼吸、共命运。

二、权力必须为人民服务、对人民负责并接受人民监督，切实做到执政为民

我国宪法明确规定，国家的一切权力属于人民。这说明，干部手中的权力是受人民委托、为人民服务并受人民监督的。当前，绝大多数干部能够为民掌好权，但确实有少数干部用权为私。比如，有的把权力当儿戏，工作敷衍了事，推诿扯皮，得过且过；有的把权力当成个人飞黄腾达的云梯，板凳尚未坐热就想着提拔晋级；有的把权力当成个人地位的象征，自以为高人一等，摆官架子、说官话，对群众吆五喝六，门难进、脸难看、事难办；有的把权力当成“摇钱

树”,不给好处不办事,给了好处乱办事;有的把权力当成“遥控器”,为家人、朋友牟取暴利,想干什么就干什么;有的沉迷于声色犬马,陶醉在轻歌曼舞,甚至挥霍无度、骄奢淫逸、贪污腐化等。这些问题都是对人民赋予的权力的异化,解决不好就会直接割裂党的血脉,造成干群分离。剖析问题原因,从主观上讲,主要是由于有的干部经不起长期执政考验、改革开放考验、市场经济考验、外部环境考验,权力观发生了扭曲。从客观上讲,主要是因为党政领导干部掌握着执政资源,如果缺乏有力监督,容易引起以权谋私、权力泛滥、腐化堕落。目前绝大多数干部未经历战乱之苦、开国之艰、创业之难,特别是改革开放之后成长起来的年轻干部,更缺少与群众同甘共苦、艰苦斗争环境的历练,缺少对工农劳动群众唇齿相依的情感维系,容易脱离群众。另外,我国封建文化传统中的“官本位”意识至今仍不同程度地影响着一些干部的思想和行为。习近平总书记一再告诫全党:领导干部要牢记手中的权力是党和人民赋予的;任何人都没有法律之外的绝对权力,任何人行使权力都必须为人民服务、对人民负责并自觉接受人民监督;要加强对权力运行的制约和监督,把权力关进制度的笼子里;所有领导干部都必须把反腐倡廉当作政治必修课来认真对待,决不能把权力变成牟取个人或少数人私利的工具,永葆共产党人政治本色。这些重要论述,掷地有声,振聋发聩,体现了夙夜在公、一心为民的责任担当,体现了根治作风之弊的坚定决心。

权力就是责任,权力越大责任就越大。人民政协虽不是国家权力机关,但作为我国政治体制的重要组成部分,是为实现党的总任务、总目标服务的政治组织和民主形式,具有政治协商、民主监督、参政议政的重要职能,肩负着重大的政治责任。政协委员中的党员和政协工作者同样要树立正确的权力观,始终做到权为民所用。要坚持时刻为自己补充精神之“钙”,自觉用中国特色社会主义理论体系武装头脑,加强对党史国史的深入学习,始终坚定对马克思主义的信仰、对社会主义和共产主义的信念,坚定共产党人的精神追求,夯实克己奉公、勤政廉政、拒腐防变的思想基础。要坚持把对国家重大决策和重要部署的话语权和影响力为民所用,专题调研、提案建议、资政建言等各项工作都要把服务群众作为第一职责,自觉维护人民群众正当权利,真正做到为民发声、为民议政。要严守政治纪律,牢固树立党章意识和制度意识,自觉维护中央权威,做到令行禁止,保证中央政令畅通。要加强党性修炼,把“照镜子、正衣冠、洗洗澡、治治病”当成人生总要求,认真落实中央八项规定,经常在宗旨意识、工作作风、廉洁自律上摆问题、找差距、明方向,经常把党性修养正一正、把党员义务理一理、把党纪国法紧一紧,守住做人、处事、用权、交友的底线,管好自己的生活圈、亲属链,切实在社会各界树起艰苦奋斗、廉洁向上的良好形象。

三、坚持以民为本、以人为本,切实把人民利益实现好、维护好、发展好

我们党90多年的历史,就是一部不断为维护好、实现好、发展好最广大人民群众的根本利益而奋斗的历史。新形势下,随着经济社会发展,我国社会利益结构发生重大变化,利益关系日益复杂,干部代表和维护群众利益的任务比以往任何时候都更艰巨。大多数干部能够适应新情况,多措并举为人民谋利益,但也有少数干部存在问题。比如,有的不自觉落实党关于改善民生的方针政策,不主动谋划惠及民生的有效举措,不积极探索解决民生问题的具体办法,对群众的实际困难和利益诉求不闻不问、漠不关心;有的甚至把个人利益凌驾于人民群众的利益之上,在具体利益上与民争利等。这些都极大地损害了干群关系。习近平总书记明确指出:要坚持从维护最广大人民根本利益的高度,多谋民生之利,多解民生之忧,着力解决在人民群众利益上不维护、不作为的问题。要坚持人民性,把实现好、维护好、发展好最广大人民根

本利益作为出发点和落脚点，坚持以民为本、以人为本。这些重要论述，正本清源，启人心灵，为我们保持共产党员的政治本色提出了要求、指明了方向。

人民对美好生活的向往，就是我们的奋斗目标。政协委员中的党员和政协工作者必须树立正确的利益观，把实现好维护好发展好最广大人民根本利益作为参政议政的根本出发点和落脚点，把履行职能的实践与最广大人民的根本利益紧密联系起来，把权力和精力用于服务人民，把智慧和才能奉献给人民，把情感和爱心倾注于人民，常怀爱民之心，常谋富民之策，常为利民之举，协助党委和政府解决好事关民生的突出问题，不负各界群众的重托和期盼。要及时反映社情民意，既正确反映最广大人民群众的根本利益和现阶段群众的共同利益，又正确反映和兼顾不同地区、不同部门、不同阶层、不同群体、不同方面的利益；既关心广大群众的发展愿望和多样性需求，又尊重和关注人的价值、权益和生活质量、发展潜能、幸福指数，推动人的全面发展。要发挥联系各界群众广泛的优势，及时准确地了解群众所思、所盼、所忧、所急，从人民群众最关心、最直接、最现实的问题入手，真诚倾听群众呼声，真实反映群众愿望，真情关心群众疾苦，自觉承担社会责任，努力为群众解难事、办实事、做好事。

四、牢记“空谈误国，实干兴邦”，切实真抓实干

“空谈误国，实干兴邦”。一事当前，是空谈，还是实干，不仅是工作方法问题，而且是事关政绩观、事关工作成效、事关群众对党和干部信任的问题。只有真抓实干，才能推动经济社会发展，创造更多社会财富，让人民过上更加富裕的生活。我们必须下决心、下大气力克服空谈现象和问题。比如，有的讲大话、空话、套话、废话，摆花架子，弄虚作假，投机取巧；有的喜欢照抄照搬，有事无事都开会，以会议落实会议，以文件落实文件；有的工作飘浮，不深入、不踏实，犹如墙上芦苇、井中葫芦，立不起来、沉不下去；有的下基层走马观花，热衷于“四个轮子转、隔着玻璃看，听听汇报、看看材料”；有的上报情况不断“注水”，搞假成绩、假数字、假典型、假指标等。这些都是搞形式主义的表现，其共性是重形式轻内容、重口号轻行动、重数量轻质量、重局部轻全局、重眼前轻长远。搞形式主义，劳民伤财，对密切干群关系危害极大。习近平总书记明确指出：检验我们一切工作的成效，最终都要看人民是否真正得到了实惠，人民生活是否真正得到了改善；很多时候，有没有新面貌，有没有新气象，并不在于制定一打一打的新规划，喊出一个一个的新口号，而在于结合新的实际，用新的思路、新的举措，脚踏实地把既定的科学目标、好的工作蓝图变为现实。这些重要论述，体现了共产党人求真务实精神，为干部扎实开展工作提供了理论遵循。

牢记“空谈误国，实干兴邦”，关键是要树立正确的政绩观，以“踏石留印、抓铁有痕”的劲头抓落实、见实效。政协委员中的党员和政协工作者要为政协履行职能建言献策，力戒空谈，多建有据之言，多献务实之策。要大兴求真务实之风，尊重客观规律，尊重群众意愿，察实情，建真言，把人民拥护不拥护、赞成不赞成、高兴不高兴、答应不答应作为政治协商、民主监督、参政议政的标准要求，把建言献策的着力点放到解决人民群众的诉求上来，决不让鲜花掌声淹没群众意见，决不让成绩数字掩盖矛盾问题，勇于担当，真正做到对历史和人民负责。要加强调查研究，深入基层接“地气”，走近群众聚“人气”，坚持研究发展思路向群众问询，查找发展问题听群众意见，提出发展建议向群众请教，检验发展成效由群众评判，深深扎根于人民群众的实践当中探寻改善民生的好办法。要提高创造性开展工作的能力，解放思想，转变观念，以科学的思维研究新情况、解决新问题，不断把人民群众的事业推向前进。

（作者：中共全国政协机关党组书记、常务副秘书长）

坚持唯物史观　贯彻群众路线

贾高建

在党的群众路线教育实践活动工作会议上，习近平总书记强调指出：群众路线是我们党的生命线和根本工作路线。对这一重要论断，我们必须依据历史唯物主义的立场、观点、方法，从理论与实践的结合上深刻理解和把握，充分认识党的群众路线教育实践活动的意义，切实提高新形势下贯彻党的群众路线的自觉性。

一

如何看待人民群众在历史上的作用以及人民群众与个人历史作用之间的关系，是人类思想史上的一个重大问题，不同的历史观对此作出了不同的回答。历史唯心主义往往把各种英雄、超人等看作历史的创造者，忽视和贬低人民群众的历史作用；而马克思和恩格斯创立的历史唯物主义则在对人民群众和个人不同历史作用作出科学分析的基础上，深刻提出了人民群众是历史的创造者的基本观点，驳斥了历史唯心主义的英雄史观。

马克思恩格斯在谈到这一问题时指出："一切唯心主义者，不论是哲学上的还是宗教上的，不论是旧的还是新的，都相信灵感、启示、救世主、奇迹创造者，至于这种信仰是采取粗野的、宗教的形式还是文明的哲学的形式，这仅仅取决于他们的教育程度"，"在唯心主义者看来，任何改造世界的运动只存在于某个上帝特选的人的头脑中，世界的命运取决于这个把全部智慧作为自己的私有财产而占有的头脑在宣布自己的启示之前，是否受到了某块现实主义的石块的致命打击。"马克思恩格斯还特别批判了青年黑格尔派布鲁诺等人将少数思想家所代表的所谓"精神"与人民群众对立起来的观点，指出："布鲁诺先生所发现的'精神'和'群众'的关系，事实上不过是黑格尔历史观的批判的漫画式的完成，而黑格尔的历史观又不过是关于精神和物质、上帝和世界相对立的基督教日耳曼教条的思辨表现。"

与历史唯心主义的观点相反，马克思恩格斯认为，"全部历史的过程"不是由那些自命不凡的思想家或少数杰出人物所决定，而是"决定于活生生的人民群众本身的发展"。之所以如此，首先是因为人民群众作为历史主体中的基本构成部分，是社会历史发展的主要承担者，一切社会过程的进行都有赖于人民群众的实践，一切社会变革也最终需要通过人民群众的实践来完成；人民群众本身的发展水平及其作用发挥的状况，直接决定着历史过程的结果。在人民群众的决定作用面前，任何个人的作用都只能是第二位的，不管是什么样的杰出人物，离开了人民群众的实践，都将是一事无成。其次，人民群众的实践是社会历史规律借以实现出来的基本途径。社会历史过程有着自己的客观规律，这种客观规律又要通过主体即人的活动来实现，而人民群众既然是历史主体中的基本构成部分，社会历史发展的客观规律也就只能借助于他们的实践实现出来，离开了人民群众的实践，这些客观规律就无法得到实现。至于某些个人的活动，对社会历史规律的实现来说则是次要的，同时也是不确定的。正是在这个意义上，恩格斯写道："如果要去探究那些隐藏在——自觉地或不自觉地，而且往往是不自觉地——历史人物的动机背后并且构成历史的真正的最后动力的动力，那么问题涉及的，与其说是个别人物，即使是非常杰出的人物的动机，不如说是使广大群众、使整个整个的民族,并且在每一民族中间又是使整个整个阶级行动起来的动机。”马克思恩格斯充分肯定人民群众在历史上的决定作用,并由此提出了他们的那个著名论断:“历史活动是群众的活动,随着历史活动的深入,必将是群众队伍的扩大。”

认为人民群众是历史的创造者或是主张英雄创造历史,这是历史唯物主义和历史唯心主义之间的一条重要分界线。但是历史唯物主义是否只承认人民群众的作用,而否认个人特别是杰出人物的历史作用呢?当然不是。历史唯物主义只是反对把个人的作用无限度地加以夸大,并不反对对个人的历史作用恰当地加以估价。马克思曾肯定地指出:“如爱尔维修所说的,每一个社会时代都需要有自己的大人物,如果没有这样的人物,它就要把他们创造出来。”历史上的杰出个人对于他所在的那个时代的社会历史发展起着重要的作用,在一定程度上影响着历史发展的速度和进程。在这个问题上,还应注意到恩格斯的著名的“合力论”思想,这一思想实际上是从更为广泛的意义上,肯定了个人在历史上的作用。恩格斯指出,历史是这样创造的:最终的结果总是从许多单个的意志的相互冲突中产生出来的,其中,各个人的意志融合为一个总的平均数,一个总的合力,“每个意志都对合力有所贡献,因而是包括在这个合力里面的”。

强调人民群众在社会历史发展中的决定作用,同时又承认个人特别是杰出个人对历史发展的贡献,这就是历史唯物主义在人民群众和个人历史作用问题上的基本观点。这一原理对于无产阶级及其政党的社会实践具有十分重要的指导意义,我们只有按照历史唯物主义的立场、观点、方法,正确处理好人民群众和个人之间的关系,才能正确地发挥历史主体的能动作用,有效地促进社会历史的发展进程。

二

在长期实践中,我们党将历史唯物主义的基本观点与中国革命和建设的具体实际相结合,最终形成了以“一切为了群众,一切依靠群众,从群众中来,到群众中去”为主要内容的群众路线。这就为各级党员领导干部在实际工作中坚持历史唯物主义的基本观点,处理好人民群众与个人之间的关系,指明了方向和路径。

从内容来看,党的群众路线首先提出了一个明确的价值目标,即“一切为了群众”。这一目标体现了我们党的根本宗旨,是每一个党员领导干部都必须认真遵循的。正如党的十八大所指出的:为人民服务是党的根本宗旨,以人为本、执政为民是检验党一切执政活动的最高标准。应该说,我们党从成立的那天起,就把为人民谋利益作为自己的使命;党领导人民闹革命,推翻旧社会,建立新中国,正是为人民求解放,让人民翻身当家做主人;党领导人民建立社会主义制度,走中国特色社会主义道路,也正是为人民谋幸福,使中国最广大人民的根本利益在新的社会条件下不断得到实现。人民利益是我们党全部事业的出发点和落脚点,我们每一个党员干部,都要始终把人民利益放在第一位,真正做到权为民所用、情为民所系、利为民所谋。

“一切为了群众”是我们的价值目标,那么怎样才能够围绕这一目标推进党的事业,使这一目标真正得到实现呢?对此,党的群众路线进而提出了一个基本原则,即“一切依靠群众”。这一原则正是以历史唯物主义关于人民群众和个人历史作用的观点为依据的。既然人民群众是社会历史发展的主要承担者,一切社会过程的进行都有赖于人民群众的实践,一切社会变革也最终需要通过人民群众的实践来完成,那么我们党的事业要想取得成功,就必须得到人民群众的拥护和支持。我们的目标是为人民谋利益,但我们不能离开人民群众的实践去实现这一目标,不能代替人民群众去“包打天下”,更不能以高高在上的救世主姿态将幸福“赐予”人民群众,而只能动员和组织广大人民群众进行能动的实践,引领他们通过自己的实践去实现自己的利益。这也就是马克思所强调的，"历史活动"说到底"是群众的活动"。在革命战争年代，我们党之所以能够由小到大、由弱到强，在极其困难的条件下一步步发展起来，最终领导中国革命取得成功，就是由于得到了广大人民群众的拥护。人民群众认识到了自己的利益，在党的领导下投入到革命斗争的实践中来，形成了不可阻挡的历史洪流。如今，在新的发展阶段上，我们党正在领导人民进行建设中国特色社会主义的新的实践，这是一场彻底改变中国社会面貌、使中国真正走向现代化的伟大事业，更需要广大人民群众的共同参与和投入。没有人民群众的支持，没有人民群众的创造性活动，我们的事业就不可能取得成功，这是我们每一个党员领导干部任何时候都必须牢记的基本道理。

"一切依靠群众"是我们必须遵循的基本原则，那么应该如何依照这一原则开展工作，将这一原则真正落到实处？党的群众路线进一步告诉我们，必须要有正确的领导方法，这就是"从群众中来，到群众中去"。这个方法将历史唯物主义的基本观点运用于领导工作的具体实际，明确了将人民群众和个人的历史作用有机结合的工作机制。对此，毛泽东同志曾在《关于领导方法的若干问题》一文中作过专门的论述："在我党的一切实际工作中，凡属正确的领导，必须是从群众中来，到群众中去。这就是说，将群众的意见（分散的无系统的意见）集中起来（经过研究，化为集中的系统的意见），又到群众中去作宣传解释，化为群众的意见，使群众坚持下去，见之于行动，并在群众行动中考验这些意见是否正确。"既然人民群众的实践具有根本意义，领导者就应该首先向群众学习，了解群众的诉求，倾听群众的呼声，尊重群众的首创精神。但同时也应看到，在实际过程中，群众的意见往往带有经验的和感性的特点，因而是分散的、不系统的。这就需要我们的领导者充分发挥自己的作用，在此基础上作出进一步深入的研究，从理性的层次将其集中化、系统化，找到隐藏于其中的内在必然性，并提出解决问题的对策。然后，再将自己的认识结果返回到群众中去，让群众了解和接受，并将其付诸实践。在这个过程中，领导者的作用与人民群众的作用融为一体，形成一种良性互动；领导者的作用以人民群众的作用为基础，并最终要汇入到人民群众的作用中去。只有通过这样的结合，才能真正推动历史的进步，舍此别无他途。

党 90 多年的历史告诉我们，群众路线是党的生命线，只有坚持这条路线，始终保持与人民群众的密切联系，我们才能站稳脚跟，并不断取得事业的胜利。但要真正做到这一点并不容易，尤其是在我们党长期执政的条件下。《中国共产党章程》明确指出："我们党的最大政治优势是密切联系群众，党执政后的最大危险是脱离群众。党风问题、党同人民群众联系问题是关系党生死存亡的问题。"这是依据历史唯物主义的基本观点总结我们党的长期历史经验所得出的重要结论，也是对全党的重要警示。

（作者：中共中央编译局局长）

牢固树立马克思主义群众观点

郭开朗

在全党深入开展党的群众路线教育实践活动,对于教育引导党员、干部牢固树立唯物史观、树立马克思主义群众观点,贯彻党的群众路线,切实改进工作作风,始终赢得群众信任和拥护,具有十分重大而深远的意义。

一、把树牢群众观点作为第一政治要求

群众观点是马克思主义第一位的政治观点,它鲜明表达了马克思主义政党的政治立场,真正体现了共产党执政的根本目的和最高价值。领导干部要把牢固树立马克思主义群众观点,作为首要政治要求,从理论上深刻认识,在实践中自觉坚持。

历史之鉴。古往今来的无数事实充分证明,"水能载舟,亦能覆舟","得民心者得天下,失民心者失天下"。一个政权也好,一个政党也好,其前途与命运最终取决于人心向背,不能赢得人民群众的信任和支持就必然垮台。以史为镜可以知兴替。只有强化群众观念,牢固树立以人为本、人民至上的价值观和立党为公、执政为民的执政观,才能忠实践行党的宗旨,密切联系群众,始终得到人民群众的信任、拥护和支持。

兴党之要。我们党的根基在人民、力量在人民。密切联系群众是我们党的最大政治优势,脱离群众是我们党的最大危险。保持和发展"最大政治优势",防范和化解"最大危险",是摆在每个党员、干部面前的严峻考验和重大任务。只有增强宗旨意识和群众观念,密切党群干群关系,树立为民务实清廉形象,才能坚持不懈地为人民谋利益,团结和带领人民奋力开创中国特色社会主义事业新局面。

事业之需。中国特色社会主义是亿万人民的共同事业。在前所未有的发展机遇和前所未有的风险挑战面前,我们要乘势而上、趋利避害,必须切实落实为民务实清廉要求,着力解决突出问题,更加重视和依靠群众的力量。要增强践行马克思主义群众观的自觉性,扎实做好新形势下群众工作,把人民群众的智慧和力量凝聚到推进伟大事业上来。

二、把站稳群众立场作为根本党性原则

群众立场是党的根本政治立场。立场问题,说到底是党性问题。领导干部要始终把人民放在心中最高位置,坚持一切为了群众、一切依靠群众,从群众中来、到群众中去。

让群众作主。共产党执政的本质,就是支持和保障人民当家作主。现在一些地方,政府办的事与群众意愿南辕北辙,群众怨气很大。领导干部作决策、办事情,要以群众意愿为取向,群众不答应的,坚决不能去做。对群众期盼的事,集中力量重点办;群众迫切需要解决的问题,尽快部署抓紧办,切实做到急群众之所急、想群众之所想、办群众之所需。

为群众谋利。要用发展的眼光看待群众利益问题,把握群众诉求、回应群众期待,最大程度地实现群众利益。更加注重富民优先,既要做大财政"大盘子",更要充实群众"钱袋子"。更加注重改善民生,解决群众关切的就业、看病、上学等实际问题,让群众切实享受改革发展带来的"红利"。更加注重公

平正义，发展成果公平地惠及各方面群众，政策制定公平地兼顾不同群体，法规执行公平地对待所有群众。

向群众学习。群众是真正的英雄。向群众学习的过程，就是密切联系群众、了解社情民意的过程。向群众多学一点，离科学决策就近一步，离工作失误就远一些。有的党员干部自恃学历高、有知识，看不起群众，常常陷于工作被动。要放下架子，虚心向群众学习，善于从群众鲜活思想中汲取营养，从群众实践创造中提炼经验，推动改革创新、科学发展。

三、把做好群众工作作为重要领导责任

党的群众工作，是我们党一切工作的基础工程、“生命工程”。对领导干部来说，如何做好新形势下的群众工作，既是一道绕不开的难题，更是一道需要全力做好的必答题。

要敢于担当。敢于担当，既是一种政治责任，也是一种群众感情。现在，一些党员干部遇到大事、难事、棘手事，特别是群体性事件，总是想方设法躲着走、绕道走，生怕“惹火烧身”，这是要不得的。领导干部要敢于到一线去，到群众中去，直面矛盾，妥善处置，不要怕群众，不要怕风险。特别要重视信访工作，定期接待来访群众，为群众解决实际问题。

要提升能力。能力是干事的基础。各级领导干部要加强学习实践，提高本领，增强能力。要察准实情，学会和群众打交道交朋友，及时掌握群众思想动态、利益诉求，把实事办在群众急需之处，把问题解决在萌芽状态。要拢住人心，善于把握群众利益关注点、情感共鸣点、民意交织点，把工作做到群众心坎上，把群众凝聚在党组织周围。要化解矛盾，学会用平等对话、协商沟通的办法，消除群众怨气、理顺群众情绪，把矛盾从源头控制、在一线解决。

要掌握方法。群众工作千头万绪，需要综合运用各种手段，提高针对性实效性。要注重公开，凡是面向基层、面向群众的事，都应该公开，公开是原则、不公开是例外，让权力在阳光下运行。要发扬民主，进一步畅通民意表达渠道，搭建民主讨论平台，让群众说话有人听、苦难有处诉、冤屈有处申。要加强教育，引导群众理性表达诉求，自觉遵守法律，共促社会和谐。要善用网络，学会运用网络语言，掌握网络技巧，在与群众网上互动中增进互信。

四、把密切联系群众作为基本作风标准

密切联系群众是作风建设的核心内容。要以反对形式主义、官僚主义、享乐主义和奢靡之风为重点，突出解决干部队伍中作风不实、不正、不廉问题，做到清正、清廉、清明。

在改进作风中融入群众。工作作风上的问题绝对不是小事。领导干部要不折不扣执行改进工作作风各项规定，不能讲价钱，不可搞变通，不搞一阵风。既从自己做起，做改进作风的示范者；又严格要求身边工作人员及下属单位，做改进作风的推动者。下基层要多体谅基层群众的难处，少些“官威官仪”，少些“劳民扰民”，不打招呼、不要陪同、不预先定好走访路线和对象。要多与困难群众交朋友、结对子，把党的政策和温暖送到群众心窝里。

在务实干事中凝聚群众。党的宗旨、群众观念不是用来喊的，而是身体力行做的。空谈误国，实干兴邦。干部就是要干事，群众最需要实干的干部。领导干部要把心思放在干事上，把精力投到抓落实中，定下的事情要雷厉风行、抓紧实施，部署的任务要加强督查、一抓到底，重点工作要身先士卒、靠前指挥。要从“文山会海”中解脱出来，把更多的精力用来深入基层、深入群众，研究工作、抓好落实，以作风建设的新成效凝聚起干事创业的强大力量。

在艰苦奋斗中赢得群众。艰苦奋斗是我们

的传家宝，任何时候都不能丢。领导干部只有自觉艰苦奋斗，保持清廉本色，和群众同甘共苦，才能有力地推动党风政风改进，维护良好形象，赢得群众信任。要始终牢记“两个务必”，厉行勤俭节约，反对铺张浪费，反对奢靡之风。始终筑牢廉洁自律防线，严格执行党章和廉政准则，把住小事小节，自觉纯洁社交圈、净化生活圈、规范工作圈，真正做到清清白白为官、干干净净做事。

（作者：中共湖南省委常委、组织部长）

狠刹形式主义之风

许又声

目前，党的群众路线教育实践活动正在自上而下地开展。习近平总书记明确指出，这次教育实践活动要聚焦作风建设，集中解决形式主义、官僚主义、享乐主义和奢靡之风这“四风”问题。其中，形式主义被列为“四风”之首。在新的形势下，坚持党的群众路线，弘扬求真务实精神，坚决反对和克服形式主义，对于坚定自觉地贯彻党的解放思想、实事求是、与时俱进的思想路线，保持和发扬党的先进性和纯洁性，以优良作风凝聚推动经济社会发展的正能量，具有极为重要的意义。

形式主义是危害党和人民事业的大敌

我们党历来高度重视反对和克服形式主义。毛泽东同志深刻指出，“形式主义害死人”，形式主义“实在是一种最低级、最幼稚、最庸俗的方法”，并用“墙上芦苇”、“山间竹笋”给形式主义者画像。邓小平同志多次告诫全党，“现在有一个问题，就是形式主义多”，“形式主义这个祸害，非克服不可”。江泽民同志强调指出，“当前，影响党的群众路线贯彻落实最突出的问题，就是形式主义、官僚主义”。胡锦涛同志明确要求，“要坚持发扬共产党人的革命精神和坚持科学务实态度的统一，脚踏实地，埋头苦干，讲实效，办实事，坚决反对形式主义和官僚主义”。习近平同志一针见血指出，“求真务实、真抓实干的对立面，就是弄虚作假，搞形式主义”。这些重要论述，深刻阐明了形式主义的危害，为我们反对和克服形式主义指明了方向。

在我们党内，求真务实、真抓实干已成为广大党员干部的共识。但由于种种原因，我们的工作中仍然存在比较严重的形式主义，必须引起高度重视。比如，有的热衷于用学习“装门面”，不认真学习党的创新理论，不善于运用马克思主义立场观点方法解决实际问题，形成学用脱节的“两张皮”；有的习惯于赶时髦、图表面，喊不着边际的空口号，提不切实际的高指标，搞劳民伤财的“形象工程”，求没有实效的“轰动效应”；有的沉湎于文山会海，以会议贯彻会议，以讲话落实讲话，以文件落实文件；有的满足于蜻蜓点水，“坐在车上转、隔着玻璃看”，结果是“调查研究隔层纸，政策执行隔座山”；有的执迷于弄虚作假，明知报来的是假情况、假数字、假典型，也听之任之，虚假应付，粉饰太平；有的沉醉于“自我循环、自我欣赏”，热衷于“上面热闹、表面热闹”，习惯于“讲大话、讲空话”，等等。这些形式主义的东西有百害而无一利，如果任其泛滥，必将给党和人民的事业带来严重危害。

形式主义妨碍科学发展。推进科学发展，就要尊重客观规律，倡导真抓实干，保证决策科学，坚持以人为本，坚持全面协调可持续。搞形式主义势必不能全面准确地掌握客观情况，导致决策失误；势必违背群众愿望，使发展以牺牲群众利益为代价；势必只为求得虚名、谋取私利，不惜干只顾眼前、不顾长远的事情。这些都表明，科学发展要求与形式主义恶习“水火不相容”，要推动经济社会科学发展，就必须坚决治理形式主义顽症。

形式主义损害党的形象。形式主义表里不一、言行相悖，说一套、做一套，容易使群众对党的路线方针政策产生不信任情绪；形式主义热衷于送往迎来，只摆花架子，不为群众办实事、谋实利，容易使群众对党的干部产生反感；形式主义讲排场、比阔气，搞“政绩工程”、“形象工程”，容易使群众对党员干部践行为人民服务的宗旨产生怀疑。这些都表明，形式主义是挡在党和人民中间的一堵无形的墙，维护党的形象，必须坚决破除形式主义的梗阻。

形式主义破坏社会风气。党风政风直接影响社会风气。形式主义不说真话，如果任其蔓延，就会催生弄虚作假之风；形式主义不重视实干，如果任其蔓延，就会催生投机取巧心理；形式主义不讲效益，如果任其蔓延，就会催生铺张浪费陋习。这些都表明，一旦形式主义成为党内顽症，也会与社会不良风气相互影响，成为社会毒瘤。要保持社会肌体健康，必须坚决杜绝形式主义的侵蚀。

形式主义产生的根源是脱离群众

形式主义是一种形而上学的思想观点和方法，其所以屡反不止，原因是多方面的。但是，出现形式主义的问题，根子在于与人民群众的关系出了问题。脱离群众，对群众缺乏感情，对群众的利益无动于衷，是形式主义产生的总根源。

宗旨意识淡薄是产生形式主义的源头。全心全意为人民服务是我们党的根本宗旨，也是我们党能够赢得民心、集中民智、凝聚民力的根本保证。牢固树立宗旨意识，才能增强群众观点，坚持真抓实干，才能使工作更好地贴近群众、服务人民。反之，宗旨意识淡薄，就容易脱离群众，走向形式主义的泥潭。无论是摆花架子、哗众取宠，还是追名逐利、虚报浮夸，这些形式主义的东西，从目的上看都是为个人或小集团谋取私利，都是党的宗旨意识和群众观念淡薄的反映。

价值判断扭曲是滋生形式主义的土壤。正确的世界观人生观价值观，是共产党人立身处世的思想基础。坚持正确的价值取向，才能正确处理同人民群众的关系，正确处理国家、集体、个人的关系，正确处理当前与长远的关系，才能尊重规律，求真务实，才能使工作更好地融入大局、造福人民。反之，价值观出了问题，就容易只重形式、不重内容，只顾当前、不顾长远，就会滋生形式主义的东西。无论是做表面文章的“形象工程”，还是做官样文章的“政绩工程”，这些形式主义的东西，从本质上看都是“官本位”与“民本位”的关系错位，都是人民至上价值判断扭曲的结果。

考核评价导向偏移是导致形式主义的诱因。有什么样的考核评价导向，就有什么样的干部作风。坚持正确的考核评价导向，才能形成有利于促进科学发展的考核评价体系，才能形成实事求是、风清气正、齐心协力的干事创业氛围。反之，如果考核评价导向出现偏移，就容易诱发懒汉习气和投机心理，助长华而不实、弄虚作假的风气。无论是热衷于搞短期行为，还是喜欢搞轰动效应，这些形式主义的东西，从动机上看都是追求对上负责而不是对下负责，都与考核评价导向偏移有直接关系。

思想方法落后是孕育形式主义的温床。坚持理论与实践相统一，是我们党一贯倡导的马克思主义学风。坚持与时俱进，深入实践，不断了解新情况，研究新办法，解决新问题，才能把各项工作做实做好，才能使工作更好地适应新形势。反之，如果思想跟不上形势变化，方法跟不上实践需要，简单地拿过去老一套的东西敷衍塞责，就会滋生形式主义的做法。无论是拿学习“装门面”，还是在工作中“装样子”，这些形式主义的东西，从根源上看都是理论与实践脱了节，都与思想方法落后密切相关。

克服形式主义的关键是坚持党的群众路线

扫除形式主义之风，必须对准焦距，找准定位，抓住要害。在这方面，关键是要坚持党的群众路线，做到为民务实清廉，大兴求真务实之风，教育引导党员干部从实处着眼，用实干考量，凭实绩说话，真正把功夫用到察实情、出实招、办实事、求实效上。

加强思想教育，树立正确的群众观。提高思想政治素养，是根除形式主义的重要基础。要通过加强党的宗旨教育和优良作风教育等工作，引导党员干部端正工作指导思想，增强人民创造历史、人民是真正的英雄的观念，拜人民为师，向人民学习；增强以人为本、人民至上的观念，坚持发展依靠人民、发展为了人民，把人民放在心中最高位置；增强立党为公、执政为民的观念，坚持对党负责与对人民负责相统一，弄清楚当官为什么、掌权干什么、工作图什么。联系宣传思想工作的实际，我们要更加自觉地服务人民群众，实现重心下移，真正把满足人民群众精神文化需求作为工作的根本目的。

坚定理想追求，树立正确的利益观。形成正确的价值追求，是克服形式主义的重要前提。要通过加强中国特色社会主义和中国梦宣传教育、社会主义核心价值体系教育等工作，引导党员干部志存高远，增强个人利益服从整体利益的观念，当个人利益与整体利益发生冲突时，做到个人利益服从整体利益；增强局部利益服从全局利益的观念，自觉站在党和人民的立场上，从全局的高度观察、思考和处理问题；增强甘于清贫、无私奉献的观念，绝不能利用手中的权力与民争利。联系宣传思想工作的实际，我们要更加自觉地把社会效益摆在首位，积极实施文化惠民工程，努力维护好和实现好人民群众的整体利益、长远利益和根本利益。

坚持贴近实际，树立正确的实践观。养成从实际出发、实事求是的良好作风，是铲除形式主义的重要途径。要引导党员干部自觉坚持从实践中来、到实践中去，增强“没有调查就没有发言权”的意识，努力使各项工作更加符合客观实际要求；增强“实践出真知”的意识，努力使各项工作体现时代性、把握规律性、富于创造性；增强“实践是检验真理的唯一标准”的意识，努力使各项工作经得起实践检验。联系宣传思想工作的实际，我们要更加自觉地坚持围绕中心、服务大局，为经济社会发展提供强有力的思想保证、精神动力和文化条件，把宣传思想工作的成效落实到推动科学发展上。

优化评价导向，树立正确的政绩观。建立科学完善的考核评价机制，是消除形式主义的重要保证。要通过建立科学完善的考核评价机制、规范领导干部从政行为的工作运行机制、让权力在阳光下运行的民主监督机制等工作，引导党员干部树立实干兴邦的信念，增强科学发展的思想，把是否符合科学发展观的要求作为衡量政绩观正确与否的试金石；增强严格按客观规律办事的思想，把认识规律、把握规律、尊重规律作为做好各项工作的重要遵循；增强对上负责与对下负责相统一的思想，把为人民群众谋利益作为各项工作的出发点和落脚点。联系宣传思想工作的实际，我们要更加自觉地肩负推动社会主义文化大发展大繁荣的时代责任，让人民群众评判我们的工作，建设好人民群众的精神家园。

（作者：中共湖南省委常委、宣传部长）

力戒官僚主义之风

孔繁顺

官僚主义的要害是脱离群众、脱离实际、做官当老爷。正是一切为了做官、保官、升官，为了自己的“乌纱帽”，才会有对党和人民的事业不负责任的官僚主义作风。要充分认识官僚主义的表现、根源和危害，旗帜鲜明地反对并坚决予以铲除。

一

追根溯源，官僚主义与我国封建社会形成的“官本位”意识有着直接关联，是特权思想、等级观念残余的反映和表现。当前，官僚主义的主要表现是脱离实际、脱离群众，高高在上、漠视现实，唯我独尊、自我膨胀。有的居官自傲、官气十足，独断专行、作风霸道，“架子大、脾气大、口气大”，老子天下第一，一切自己说了算，听不得不同意见，容不下批评监督；有的饱食终日、无所用心，养尊处优、不思进取，在原则问题上明哲保身，事不关己、高高挂起，碰到困难就躲，打折扣、做选择、搞变通，遇见责任就推，不敢担当、不负责任，一切成绩归于自己，所有过错推给他人；有的对实际情况不了解不关注，不愿深入困难艰苦地区，不愿帮助基层和群众解决实际问题，甚至不愿同基层和普通群众打交道，怕给自己添麻烦，工作上敷衍塞责、推诿扯皮、得过且过；有的为政不实，作风漂浮，抓工作浮光掠影，搞调研蜻蜓点水，展示成绩弄虚作假，遇到问题欺上瞒下，用浮夸对付上级，以假象应付群众；有的好摆门面、好大喜功，沽名钓誉、哗众取宠，报喜不报忧、示美不见丑，说话假大空、工作瞎糊弄，习惯做表面文章；有的不顾地方实际和群众意愿，喜欢拍脑袋决策、拍胸脯表态，热衷于搞形象工程、政绩工程，劳民伤财、误国误民，最后拍屁股走人；有的对上吹吹拍拍、曲意逢迎，对下吆五喝六、横眉竖目，门难进、脸难看、事难办，甚至不给钱不办事，收了钱乱办事；有的对待上级部署囫囵吞枣、断章取义，执行上级决定照本宣科、等因奉此，或者照猫画虎、生搬硬套，完全不顾本地区本部门实际情况；有的与群众貌合神离、离心离德，对群众疾苦视而不见，对群众呼声听而不闻，对群众利益漠不关心，对群众诉求无动于衷，甚至站到了群众的对立面；有的以权谋私，贪图个人享受，追求低级趣味，大手大脚、奢侈浪费，台上道貌岸然，台下苟且龌龊；有的办事拖拉，不讲效率，繁文缛节，人浮于事，责任意识淡漠，行政效能低下……，凡此种种，映照出官僚主义的病症和丑态。

为什么我们党历来高度重视并坚决反对官僚主义，但官僚主义却屡禁不止，成了一种顽症，在有的地方和部门甚至愈演愈烈？究其根源，就在于一些党员干部理想信念动摇、宗旨意识淡化、执政理念缺失、价值追求偏移、精神消极懈怠，在“为了谁、依靠谁、我是谁”上迷失了方向。官僚主义极大地涣散党的凝聚力战斗力，严重干扰党的大政方针的贯彻执行，影响党的事业，损害人民利益，破坏党群干群关系，败坏党的形象和社会风气，为广大群众深恶痛绝。如果任其发展下去，就会像一座无形的墙把我们党和人民群众隔开，我们党就会失去根基、失去血脉、失去力量，党的事业就会毁于一旦。能不能坚决、有力地克服官僚主义，是一个关系到党的生命和中国特色社会主义事业兴衰成败的大问题。

二

官僚主义与共产党人的党性宗旨是根本对立的，反对和克服官僚主义，根本在于增强党性。优良的思想作风和工作作风是坚强党性的外在表现。党性不纯,我们的根基就会倾斜,精神就会缺钙,官僚主义就会乘虚而入、滋生蔓延。作为党员和党的干部,必须时刻牢记自己的身份和肩负的使命,自觉把加强党性修养锻炼作为立身做人、为官修德的重中之重,切实筑牢思想防线,坚决抵制官僚主义的侵蚀。

自觉强化党的意识、党员意识。党员干部特别是领导干部,不论职务多高,资格多老,都要牢记自己是共产党员,牢记入党誓言,把党章作为根本遵循,经常照镜子、正衣冠、洗洗澡、治治病,经常思考入党为了什么、当干部干些什么、身后留下什么的问题,都要从党的指导思想和党的创新理论中,从广大人民群众推动历史前进的伟大实践中汲取政治营养,把党性修养正一正、把党员义务理一理,认真清洗思想和行为上的灰尘,努力自我净化、自我完善、自我革新、自我提高,不断校正自己的价值追求,永葆共产党人的政治本色。

自觉强化宗旨意识、公仆意识。共产党员来自人民,植根人民,除了服务人民,没有任何特殊权力。要树立正确的世界观、人生观、价值观、权力观、地位观、利益观,牢记全心全意为人民服务的宗旨,切实把立党为公、执政为民根植于心、外化于形,时刻把群众利益放在心中最高位置,努力做到立身不忘做人之本,为政不移公仆之心,用权不谋一己之私,自觉反对和抵制特权思想、极端个人主义等的侵蚀。

自觉强化组织意识、纪律意识。坚持贯彻党的民主集中制原则,严格执行党的各项纪律特别是政治纪律,坚决反对主观主义、自由主义、极端个人主义、官僚主义、形式主义,时时处处使自己的思想作风、言行举止与党的性质宗旨相符合,与党的先进性纯洁性要求相一致,以实际行动和良好形象不断积累讲党性、重品行、作表率的正能量。

三

官僚主义与历史唯物主义世界观是背道而驰的,反对和克服官僚主义,关键在于践行群众路线。一些人之所以成为官僚主义的俘虏,根本在于动摇了与人民同呼吸共命运的立场,淡忘了全心全意为人民服务的宗旨,丢弃了群众是真正英雄的历史唯物主义观点。一些地方之所以党群干群关系紧张,根本在于一些党员干部官僚主义习气严重,脱离群众,远离基层,不关心百姓疾苦,损害了群众利益。“意莫高于爱民,行莫厚于乐民。”党员干部是党联系群众的桥梁,只有始终站稳群众立场,摒弃官僚主义作风,在思想上尊重群众、感情上贴近群众、工作上依靠群众,才能赢得人民群众的信任和拥护。

要切实摆正位置,虚心向群众学习。人民群众是创造历史的英雄,人民群众中蕴藏着无穷的智慧和力量。要主动放下架子、扑下身子,接地气、通下情,深入基层了解实情,问政于民、问计于民、问需于民,甘当群众的小学生。像“农民书记”杨善洲这样的好干部,他们赤脚下农田、脱鞋上炕头,与群众同吃一锅饭、同睡一张床,丢掉的是官气,换来的是民心。如果一口官腔、一副官架、一派官威,只能让群众退避三舍,自己也成了“孤家寡人”。

要端正根本态度,真心为群众负责。党的干部在其位就要谋其政、尽其责,不能心里只想着自己的“帽子”和“位子”。要时刻想着党的事业,始终保持昂扬奋进的精神状态,自觉强化事业心责任感,坚决纠治不作为、乱作为、消极应付、效率低下等不良倾向。要坚持求真务实的工作导向,一切工作以群众拥护不拥护、满意不满意作为根本标准,注重体察民情、顺应民心、尊重民意,自觉按客观规律办事,防止和克服主观臆断、长官意志、颐指气使。

要坚持以人为本,热心为群众服务。“衙斋卧听萧萧竹,疑是民间疾苦声。”古代官吏尚且如此,关注民生、关心群众就更是共产党人的责任和本分。要把群众的呼声作为第一信号,把群众的需要作为第一选择,防止和克服门难进、脸难看、话难听、事难办的衙门作风,满腔热忧地解决好就业、看病、上学、住房等群众最关心最直接的现实问题，最大限度地发展好、维护好、实现好群众的根本利益。

四

官僚主义是权力刚性约束不力的必然表现，反对和克服官僚主义，必须着力完善制度机制。邓小平同志认为，高度集权的管理体制是官僚主义的总病根。当前，制约权力的“笼子”尚不完善，一些工作领域权力过分集中，管理制约机制不够健全，从政行为、权力运行缺乏有效监督，为官僚主义的滋生和蔓延提供了温床。要把权力关进制度的“笼子”，首先在于建设科学有效的制度之笼，同时提高贯彻落实制度机制的刚性约束。

健全民主监督制约机制。坚持依法治国、依法执政、依法行政共同推进，坚持法治国家、法治政府、法治社会一体建设，把党和国家各项事业和各项工作纳入法制轨道，建立健全决策权、执行权、监督权既相互制约又相互协调的权力结构和运行机制，坚持用制度管权管事管人，着力解决权力过于集中、缺乏有效监督以及执行不力等问题，是铲除官僚主义的治本之策。要全面贯彻执行民主集中制，严格按照规则和程序办事，重大经济开支、大宗物资采购、大项工程建设、选人用人等重要事项，按少数服从多数的原则集体作出决策，不搞“一言堂”或少数人说了算。雷厉风行地狠抓政策、决策和制度落实，增强干部的执行力和制度的约束力。大力推行党务政务公开，对重点领域和关键环节，严格限制权力范围、界定自由裁量、规范用权程序，让权力在阳光下运行，让“暗箱操作”、违规行为无处藏身，最大限度地杜绝权力运行的漏洞。

严格干部评价考核机制。要坚持德才兼备、以德为先的用人导向，正确认识和评价干部政绩，建立和完善科学的考核标准，让那些勤政为民、真抓实干、求真务实的人担当重任，让那些喜欢做表面文章、夸夸其谈、不干实事的人没有市场。深化干部人事制度改革，完善干部队伍建设的竞争激励机制，用民主公开、平等择用、竞争上岗和岗上竞争的方式，实现“能者上、庸者下、劣者汰”，促进干部队伍结构优化，推动干部队伍整体素质的提高。

建立惩治预防长效机制。官僚主义具有反复性和顽固性。反对和克服官僚主义不可能一蹴而就，也不可能一劳永逸，必须以踏石留印、抓铁有痕的狠劲和韧劲，坚持在“常”、“长”二字上持续用力。要坚持制度面前没有例外，该惩则惩、当罚则罚，不搞“网开一面”和“下不为例”，对因官僚主义造成严重危害和影响的，要严肃处理，决不迁就。要注重制度文化建设，使勤政廉政成为一种自觉、一种习惯、一种风尚。要进一步扩大外部监督体系，充分发挥信息网络、新兴媒体等舆论监督作用，努力形成反对和抵制官僚主义的强大社会力量。

（作者：第二炮兵后勤部政治委员）

做自觉坚持党的群众路线的典范

孙清云

党的十八大报告提出，围绕保持党的先进性和纯洁性，在全党深入开展以为民务实清廉为主要内容的党的群众路线教育实践活动，着力解决人民群众反映强烈的突出问题，提高做好新形势下群众工作的能力。贯彻落实中央这一重大决策，自觉坚持党的群众路线，对于身负重任的领导干部来说显得十分重要。

我们党来自于人民，密切联系群众是党员干部政治立场和政治本色的重要体现。回顾党90多年的发展历程，无论是革命年代，还是和平建设时期和改革开放新阶段，都十分重视坚持党的群众路线，在加强和改善党的领导、密切党同人民群众血肉联系、巩固与发展党的政治基础和群众基础、推进党的作风建设等方面，进行了积极探索，积累了成功经验。但也要看到，在建设中国特色社会主义事业过程中，脱离群众的现象仍然存在，脱离群众的问题还很突出，违背群众意愿和损害群众利益的行为还时有发生，主要表现在：一是贯彻落实宗旨意识还不够强。当前少数领导干部宗旨意识淡薄，存在着脱离群众的危险。二是联系实际调查研究还不够深入。当前在领导干部队伍中，还不同程度地存在着不重视调查研究、不善于调查研究的问题。三是统筹兼顾利益协调还不够到位。一些地方之所以出现上访和群体性事件，一个重要原因就是群众反映的合理诉求没有得到有效解决，群众的合法权益没有得到有效维护。四是做群众工作的方式方法还不够适应。面对改革开放后群众利益诉求多样化，社会矛盾呈现多发易发态势，一些领导干部难以适从，工作方式方法不到位。

面对新形势新任务新问题，领导干部要做自觉坚持党的群众路线的典范，就要敢于直面难题，勇于担当和履行职责，切实把坚持群众路线作为根本工作方法。

把明确群众的历史地位作为做好群众工作的关键。人民群众是历史的创造者，是社会物质财富和精神财富的创造者，是历史发展的动力和最终的决定力量。作为党员领导干部，要始终明确群众的历史地位，做到心里时刻装着群众，事事想着群众，站稳群众立场，清醒认识“我是谁、为了谁、依靠谁”这个重大问题，把人民群众放在心中最高位置。要牢记“群众利益无小事”，从群众的角度想问题、办事情，站在群众立场上做决策、定政策，办实事不违背民意，做好事不超越民力，使各项工作更加符合群众的利益和愿望。

把牢记党的根本宗旨作为做好群众工作的核心。看一名领导干部党性强不强、群众路线坚持的好不好，关键要看他能否坚持党的根本宗旨，做到立党为公、执政为民。这就要求我们必须相信群众、依靠群众，始终保持同人民群众的血肉联系，多做群众急需的事，多办群众受益的事，多干群众欢迎的事，真正为人民群众排忧解难。树立正确的权力观、价值观、政绩观，牢记权力是人民赋予的，只能用来为人民谋利益，把服务群众、造福百姓作为最大责任。

把坚持求真务实、真抓实干作为做好群众工作的基本要求。空谈误国，实干兴邦。坚持走群众路线，领导干部就要把求真务实、真抓实干贯穿到为民服务的具体实践中去，让人民群众真切感受、得到实惠。坚持科学发展不动摇，把加快发展作为解决所有问题的关键，在发展中既见物更见人，努力提高发展的质量和效益，让发展更好地为增进人民福祉服务。

把群众满意作为做好群众工作的根本标准。标准体现工作导向，反映价值取向。以什么为标准、用什么来衡量，实质上是一个对谁负责、让谁满意的问题。我们党代表最广大人民群众的根本利益，一切工作的成败得失要由群众来检验。群众的评价是一把最好的尺子，最能衡量工作的好坏优劣；群众口碑是最大的丰碑，最能说明工作业绩。我们无论权力多大、地位多高，也不管在什么岗位、从事什么工作，都要把群众满意作为检验工作的最高标准。

自觉坚持党的群众路线，必须提高能力，练好做群众工作的基本功。群众工作是一门学问，是领导干部必备的基本素质。看一个政党执政能力强不强、领导水平高不高，关键是看能不能最大限度地把人民团结在自己周围，为既定的目标而奋斗。衡量一个党员领导干部能力高低，最根本的还是要看他对群众有没有感情，能不能处理好与人民群众的关系，解决好群众反映强烈的突出问题。这既是对领导干部的基本要求，也是最高标准。那么，如何增强做好群众工作的本领呢？

要重视加强学习。勤于学习、善于学习是领导干部提高素质、增强本领的重要途径。事业发展没有止境，学习就没有止境。同过去相比，我们今天学习的任务不是轻了，而是更重了。经济越发展，社会越进步，对群众工作的要求越高，学习的紧迫性也更强。我们领导干部都要有“本领恐慌”意识，更加重视学习，努力提高认识水平、理论水平、政策水平、知识水平。把深入学习马列主义、毛泽东思想和中国特色社会主义理论体系放在首位，重点掌握贯穿其中的立场、观点和方法，全面理解、准确把握党的路线方针政策，在群众工作中不断增强贯彻落实科学发展观的自觉性和坚定性。

切实转变作风。作风事关人心向背，关乎事业成败。党员干部有了好的作风，才会得到群众拥护，才有广泛的群众基础。做好群众工作首先要重心下移，与基层群众打成一片，多到困难大、矛盾多、条件苦、工作推不开的地方去调查研究，倾听群众呼声，了解群众真实想法，以真心换真话，以虚心换智慧，以真情换真招。深入群众，深入基层，问政于民、问需于民、问计于民，多做打基础、利长远的事情，加深同人民群众的感情。带头落实中央八项规定，切实转变作风，不断丰富联系群众的手段，拓宽联系群众的渠道，以良好的党风促政风带民风。

不断创新方法。新形势下的群众工作，对象更加多元，内容更加丰富，环境更加复杂，难度不断加大，仅靠传统的工作方法已不能适应形势发展的需要。群众工作说到底是做人的工作。创新群众工作方法，最根本的还是要适应新的形势和人们思想观念的变化，倾注真情，带着感情，疏民怨、解民忧。现在人们的法律意识、维权意识普遍增强，政策水平明显提高，群众工作既要依法依据，更要讲究策略，方法得当。在工作中，善于把法律、经济、行政等手段与协商、疏导、服务的办法结合起来，在服务中加强管理，用人性化的办法争取群众的支持。正确引导舆情民意，提高群众工作的实效性。结合开展群众路线教育实践活动，努力提高坚持群众路线的自觉性和做好群众工作的本领，凝聚广大人民群众的智慧和力量，在加快西部强省建设中共同谱写全面建成小康社会的新篇章！

（作者：中共陕西省委副书记）

贯彻落实党的群众路线　坚持人民主体地位

任新民

人民主体性表示的是："人民在认识和改造客观对象的过程中表现出来的自主地位和性质。这种自觉性突出表现在人民群众在历史活动中的主动性、积极性和创造性。"在科学社会主义里，"人民主体性地位"的概念可以从三个不同的层面来表述：一是人民群众与社会主义的关系；二是人民群众与政党的关系；三是执政党在执政过程中与人民群众的关系。中国共产党的群众路线是马克思主义人民主体地位准则在中国特色社会主义实践中的体现。按照党的十八大改革攻坚的精神，不断推进社会主义民主建设，是贯彻落实群众路线，实现人民主体地位的必然要求。

一、人民主体性：马克思主义理论产生的逻辑起点和核心价值准则

"人的主体性"概念最早是在资产阶级在推翻封建主义，建立资本主义生产方式，针对封建专制和宗教精神枷锁对人的束缚时提出来的口号。当资产阶级建立自己的统治以后，他们把昔日共同推翻封建主义制度的盟友——无产阶级作为剥削和压迫的对象，无产阶级及劳苦大众仍然没有摆脱受剥削、被压迫的地位，对他们来说，"主体地位"仍然是一个可望而不可及的奢望。

早期社会主义者对资本主义制度进行了尖锐的批判，揭露了资产阶级人权的虚伪性，提出只有人类停止一部分人对另一部分人发号施令，建立一个没有剥削、没有贫困，实现社会公正和共同富裕的理想社会，组织起来共同征服自然，世界才能得到高度繁荣，从而为启发工人阶级的觉悟提供了宝贵的思想资料。但正如列宁所指出的："空想社会主义不能指出真正的出路。它既不能阐明资本主义制度雇佣奴隶制的本质，又不会发现资本主义发展规律，也不会找到能成为新社会的创造社会力量。"这种特征就使早期社会主义者的理论带有浓厚的道德批判和空想色彩，因而被称为空想社会主义者。"马克思继承了社会主义创立者们的价值观，但他们没有停留于对资本主义的道德批判和沉溺于重建传说中的理想国的幻想之中，而是力图从新近产生的机器大工业中寻找实现社会公正的经济和社会基础。他们从工业的勃兴看到了实现社会主义理想的希望，认为社会主义已经从一种空想变成经过严密论证的科学，于是把自己的改造社会的学说称为'科学社会主义'。"

马克思主义从五个相互联系、逐步递进的关系中阐明了关于人民在社会历史活动中主体性地位的概念：一是揭示了人在社会历史活动中的地位。"历史不过是追求着自己目的的活动而已。""历史活动是群众的活动，随着历史活动的深入，必将是群众队伍的扩大。"人民是历史活动的主体，是历史活动的创造者。二是认为资本主义剥削制度是造成无产阶级及其人民大众被剥削和压迫的根本原因。"如果无产阶级不消灭它本身的生活条件，它就不能解放自己。"只有彻底消灭一切剥削制度，建立共产主义社会才能解放人，实现人的主体性价值。三是指出"只有社会主义制度下，人们第一次成为自然界的自觉和真正的主人。因为他们已经成为自身的社会结合的主人了。人们自己的社会活动的规律，这些一起作为异己的、支配着人们的自然规律，那时就被人们熟练地运用，人

们才能完全自觉地创造自己的历史。”列宁认为:“马克思主义学说中的主要一点,就是阐明无产阶级作为社会主义创造者的世界历史作用。”无产阶级之所以能够解放自己和全人类,实现人的主体性,是由其经济社会地位和阶级特征所决定的。四是认为社会主义与其他剥削阶级统治的社会制度不一样。“过去的一切运动都是少数人的或者为少数人谋利益的运动。”社会主义是为绝大多数人谋利益。深入考察无产阶级解放“事业的历史条件以及这一事业的性质本身,从而使负有使命完成这一事业的今天受压迫的阶级认识到自己的行动的条件和性质,这就是无产阶级运动的理论表现,即科学社会主义的任务。”五是坚持人民群众历史主体地位实现“将是这样一个联合体,在那里,每个人的自由发展是一切人的自由发展的条件”,是“以每个人的全面而自由发展为基本原则的社会形式”的共产主义社会。因此,从科学社会主义的角度来认识人民主体地位,人民主体性是马克思主义理论产生的逻辑起点和核心价值准则。

二、群众路线:马克思主义人民主体性价值准则的中国化体现

政党本质上是特定阶级利益的集中代表者,是特定阶级政治力量中的领导力量,是由各阶级的政治中坚分子为了夺取和掌握国家权力实现自己所代表的阶级、阶层、集团的利益而组成的政治组织。马克思主义政党的主要政治功能体现在能够集中最广大民众的利益诉求,把最广大民众的利益诉求转变为党的路线方针政策,组织动员群众为实现党的路线方针政策,也就是为实现群众的根本利益而奋斗。从中国共产党与人民群众的关系上看,人民主体性准则集中体现在党的群众路线上。群众路线是马克思主义人民主体性价值准则的中国化体现。“一切为了群众,一切依靠群众,从群众中来,到群众中去”的群众路线,是我们党把马克思列宁主义关于人民群众是历史创造者的原理,系统地运用在党的全部活动中形成的根本工作路线。党的群众路线规定了党的一切政治活动的价值理想和实践活动导向,规定了党的根本宗旨、力量源泉、政治行为、政策取向。

最广大人民群众的利益诉求是中国共产党存在、发展的社会基础,我们党的路线方针政策要充分体现最广大人民群众的利益诉求,不仅是我们党主要的政治功能,也是我们党取得最广大人民群众支持和拥护,获得政治合法地位的关键。同时,我们党的组织能力和社会号召力从根本上也取决于党的纲领政策对最广大人民群众利益是否充分体现。毛泽东明确指出:“共产党人没有任何同整个无产阶级利益不同的利益。”邓小平情真意切地提出:“共产党——这是工人阶级和劳动人民中先进分子的集合体,它对于人民群众的伟大的领导作用,是不容怀疑的。但是,它之所以成为先进部队,它之所以能够领导人民群众,正因为,而且仅仅因为,它是人民群众的全心全意的服务者,它反映人民群众的利益和意志,并且努力帮助人民群众组织起来,为自己的利益和意志而斗争。”我们党从成立的那一天起,始终坚持诚心诚意为人民谋利益,集中、引导人民群众的利益诉求,把党的根本宗旨、价值目标转化为党在社会发展不同阶段的方针政策,维护好、实现好人民群众的最根本利益。可以说,党的群众路线是马克思主义人民主体性价值准则在中国特色社会主义实践中的体现。坚持党的群众路线是马克思主义人民主体地位原则的本质要求。

党的群众路线要求我们把人民群众放在心中最高的位置,尊重人民群众的主体性地位。党的群众路线要求我们尊重人民首创精神,拜人民为师,把政治智慧的增长、执政本领的增强,深深扎根于人民的创造性实践之中。党的群众路线要求我们通过不断加强党的作风建设,来实现与社会各阶层有效的沟通和合作,赢得各阶层的认可、支持和拥护。

三、贯彻落实群众路线：需要处理好几个方面的关系

当前，我们党贯彻落实群众路线，坚持人民主体性准则的实践面临着两个主要课题：一是如何始终保持与改善党和人民群众之间的血肉联系，巩固自己的执政基础；二是如何解决好为谁执掌政权、怎样执掌好政权的课题，为实现人民主体性准则创造条件。要解决好这两个课题，我们党面临着如何处理好以下几个方面的关系。

（一）执政党所代表利益的广泛性与人民的广泛性之间的关系。从本质上看，执政党仍然保持着强烈的阶级性，但同时也不能不承担利益协调者的角色，必须能够设法整合各种社会利益，构建一个和谐的社会。党和人民群众关系的外延和内涵正发生着根本性的变化。夺取政权时，“人民”更多时是作为一个整体出现，一个统一的概念出现，人民的利益诉求比较接近。在市场经济条件下，社会利益急剧分化，社会利益结构调整，利益矛盾突出，阶级逐渐分化为纷繁的各个不同的社会群体。如何弥合党所代表人民的“广泛性”和满足人民利益需求“广泛性”的矛盾，是新形势下我们坚持群众路线的最大难题。在处理好人民长期利益与短期利益、群体利益与个体利益、不同群体利益之间等矛盾，协调人民群众复杂的利益诉求中，政治热情不可能成为推动社会长期可持续发展的动力，大规模政治动员的工作方式也陷于困境，一味依靠行政强制手段容易把党和群众的关系推向对立，甚至于对抗。

（二）执政党的高度组织化与社会组织化程度比较低之间的关系。在执政党与社会的关系中，社会组织化程度比较低是导致党整合利益矛盾的社会能力降低的重要原因。在市场经济体制下，社会阶层的急剧分化正改变着中国的社会结构，多元化的利益主体具有复杂的利益表达愿望，需要通过多渠道来表达他们的诉求，有限的政府没有可能去应对无限的公众利益诉求。全能主义管理理念指导下的政府管理手段如仍然沿袭于单纯依靠国家权力，自上而下的强控制，必然导致社会结构与政府结构的错位，社会治理的失调。人民当家作主是通过组织的形式来实现的，社会组织是协调多元化利益诉求，缓和和解决社会矛盾的重要手段。“社会组织的成熟标示着劳动者维护自身权利的自主意识、民主意识到自我管理能力的提升。”社会中介组织则使社会成员的利益诉求有了合法的表达途径，也成为缓解群众对政府压力的平和的手段。如何加快基层组织民主化进程，建立有序的政治参与，创造各种形式的社会组织形式，是实现人民当家作主，整合群众利益复杂性矛盾，充分调动人民群众主动性、积极性和创造性，提升党的执政能力的必然选择。

（三）政治领导与法治建设的关系。在政党和国家政治关系中，执政党可以把自己的政治理想通过国家权力来实现，借用国家意志来体现。在国家权力的运行机制中，执政党不可能通过道德的自我约束要求、保证其每一个成员都自觉维护好实现好人民利益，谨慎地使用好手中的权力。应加强相关的制度建设，以制度规范、纪律约束来规范、监督权力的运行。邓小平在总结“文化大革命”的教训时说：“为了保障人民民主，必须加强法制。必须使民主制度化、法律化，使这种制度和法律不因领导人的改变而改变，不因领导人的看法和注意力的改变而改变。”对执政党来说，只有把群众性的民主引入法治化的轨道，才可能在稳定的政治秩序下来集中各个不同利益集团的利益和政治要求，形成法治化的民主。规范性的民主才能够真正体现人民民主的价值。

（四）党的根本宗旨与具体政治行为之间的关系。在党和人民群众直接的关系中，党的全心全意为人民服务的根本宗旨是通过党员、党员干部具体政治行为体现出来的。党的作风是党的性质的一面旗帜，是党政治理想为群众所认知、认同、自觉接受的关键。我们党在夺取政权时，在强大的政敌和迫在眉睫的生存危机

压力下，人民群众是我们党最大的政治资源，密切联系群众是我们党最大的政治优势。当我们执掌政权后，可以利用国家资源来实现党的意志，“人民授权”的意识容易淡薄，“为民务实清廉”的价值追求容易迷失。缺乏生存的危机感，就多了物质财富的享受感，运用权力的自豪感，形成了对人民群众的拯救感和为民作主的观念意识，党的宗旨容易演变为一句空泛的政治口号。当人民群众成为被管理者时，隐含着党的活动目标、活动方式等与人民群众之间出现矛盾，甚至于对立的危险。从总体上看，当前各级党组织和党员干部贯彻执行党的群众路线情况是好的，党群干群关系是好的，党的作风也是好的，但要看到的是，在某些领导机关和领导干部身上的形式主义、官僚主义、享乐主义、奢靡之风严重，成为人民群众深恶痛绝、反映最强烈的问题。“四风”使党逐渐游离了群众，党和群众之间直接的隔阂越来越深。“四风”虽然不是主流，但危害甚大。任由“四风”发展下去，党会失去群众的信任、拥护和支持，从而会失去根基、失去血脉、失去力量。

四、推进社会主义民主建设：坚持人民主体地位的必然要求

“民主”一词，按希腊文直译就是人民的政权。马克思恩格斯在《共产党宣言》中指出：“工人革命的第一步就是使无产阶级上升为统治阶级，争得民主。”对民主的内涵，我国学者认为，“民主这个概念应该包括三个方面的含义：第一，民主是指居民与政权的关系，即指公民的权利，主要指公民管理国家的权利。”“第二，民主是指统治阶级实行统治的方法，也叫作管理国家的方法，即国家政治统治形式。”“第三，民主是指国家活动的原则。”从公民与政权的关系看，我国的宪法规定“中华人民共和国的一切权力属于人民。……人民有权依照法律的规定，通过各种途径和形式，管理国家事务，管理经济和文化、管理社会事务。”从国家政权制度上看，人民代表大会制度、共产党领导的多党合作和政治协商制度、民族区域制度、基层群众自治制度等一系列中国特色的政治制度为保障人民民主权利提供了制度保障。在国家活动的原则上，党的十八大报告提出：“必须坚持人民主体地位。中国特色社会主义是亿万人民自己的事业。要发挥人民主人翁精神，坚持依法治国这个党领导人民治理国家的基本方略，最广泛地动员和组织人民依法管理国家事务和社会事务、管理经济和文化事业，积极投身社会主义现代化建设，更好保证人民当家作主。”中国特色社会主义道路、理论、制度实质上就是人民民主。建设中国特色社会主义就是坚定地维护我们的人民民主性质。推进社会主义民主建设，是坚持人民主体地位的必然要求，是我们赢得人民群众真心支持的重要手段。

（一）始终坚持“把人民放在心中最高的位置”。“坚持问政于民、问需于民、问计于民、真诚倾听群众呼声、真实反映群众愿望、真情关心群众疾苦，依法保障人民群众经济、政治、文化、社会等各项权益”（胡锦涛：《在庆祝中国共产党成立90周年大会上的讲话》）。“各级党委和政府要坚持从群众中来、到群众中去的工作路线，倾听群众呼声，反映群众意愿，集中群众智慧，推进决策科学化、民主化，创新发展思路，努力使我们的方针政策更好地体现人民群众的利益，使先进生产力和先进文化更快更好地发展起来，不断让人民群众得到实实在在的利益”（胡锦涛：《在“三个代表”重要思想理论研讨会上的讲话》）。一是要深入基层，加强调查研究，真正了解人民群众的利益诉求，把握人民群众最关注、最突出的问题，反映最强烈的问题。江泽民说，“我们讲政治，离不开人民群众。实现、维护和发展人民群众的利益，始终是我们最大最重要的政治。”二是要注意到群众的利益诉求的复杂性多样性，注意到群众在不同阶段利益诉求变化，注意到人民群众不同利益群体间的矛盾与冲突，对人民群众的利益进行分类、协调和引导，注意让党的纲领路线政策真正能够体现人民群众的利益诉求和意志，而

且以群众能够接受的方式，动员组织起群众。三是进一步改进人民民主参与的方式。党的十八大政治报告指出："社会主义协商民主是我国人民民主的重要形式。要完善协商民主制度和工作机制，推进协商民主广泛、多层、制度化发展。通过国家政权机关、政协组织、党派团体等渠道，就经济社会发展重大问题和涉及群众切身利益的实际问题广泛协商，广纳群言、广集民智，增进共识、增强合力。"四是民主的关键是人民群众满意。"我们想事情，做工作，想得对不对，做得好不好，要有一个根本的衡量尺度，这就是人民拥护不拥护，人民赞成不赞成，人民高兴不高兴，人民答应不答应"（江泽民：《深入进行群众观点和群众路线的教育》）。

（二）加强基层政治民主化进程。推进基层政治民主化进程，能够促使我们建立与人民群众多层次多渠道的沟通，保持对人民群众意愿的敏感性，并根据群众不断发展的利益诉求，及时调整政策，维护好最广大人民群众的根本利益。这不仅是执政党发挥最大政治优势的根本要求，也是执政党的政治智慧所在。群众的利益诉求是随着经济社会的发展变化而不断发展变化的。一要注重调查研究，"深入实际、深入基层、深入群众，做到知民情、解民意、暖民心。要把基层一线作为培养锻炼干部的基础阵地，引导干部在同群众相处中增进对群众的思想感情，增强服务群众的本领"（胡锦涛：《在庆祝中国共产党成立 90 周年大会上的讲话》）。二要"把服务群众、做群众工作作为基层党组织的核心任务和基层工作的基本职责，使基层组织成为推动发展、服务群众、凝聚人心、促进和谐的坚强堡垒"（同上）。三要加快社会主义政治文明建设，广开言路，集思广益，扩大社会参与的范围，充分吸取群众的智慧，建立科学的决策机制。四要提倡培养领导干部与人民群众直接的关系，保持政治精英对民众的影响力。五要加快社会组织的培育，加快基层组织民主化进程，建立有序的政治参与，创造各种形式的社会组织形式，集中人民群众利益诉求，倾听人民群众呼声，协调群众利益矛盾，充分调动人民群众主动性、积极性和创造性，提升党的执政能力。六要在城乡社区治理、基层公共事务和公益事业中实行群众自我管理、自我服务、自我教育、自我监督，通过各种组织方式，启发群众的觉悟，建立有序的政治参与，改革并完善目前人民群众政治参与的制度，创造各种形式的社会组织形式，形成社会汲取人民群众智慧的畅通渠道。

（三）加强对政治权力的监督和约束。我们要按照党的十八大政治报告提出的："健全权力运行制约和监督体系。坚持用制度管权管事管人，保障人民知情权、参与权、监督权，是权力正确运行的重要保证。要确保决策权、执行权、监督权既相互制约又相互协调，确保国家机关按照法定权限和程序行使权力。"一要摆正我们与人民群众的关系。牢记"我们的权力是谁给的？是工人阶级给的，是贫下中农给的，是占人口百分之九十以上的广大劳动群众给的"。二要全面推进依法治国。坚持"党领导人民制定宪法和法律，党必须在宪法和法律范围内活动。任何组织或者个人都不得有超越宪法和法律的特权，绝不允许以言代法、以权压法、徇情枉法"。三要改革完善政治协商制度，增强政协委员民主监督的效能作用。健全知情制度，畅通民主监督的知情渠道，完善提案反馈督办制度，推进提案工作的规范化、程序化和制度化。四要健全舆论监督机制，充分发挥舆论在制约权力、维护权利方面的第四种权力作用。理顺新闻管理体制，加大新闻立法力度，克服舆论监督利益化倾向等问题，扩大新闻舆论监督的相对独立性，确保舆论监督的真实性、公正性和权威性。五要健全广泛而丰富的民意表达渠道，提高社会团体监督、公民监督和道德监督等制度化水平，加强信访制度和举报制度建设。六要充分利用网络和现代传媒等多种监督的形式，探索社会主义制度下对执政党的监督机制。

（四）加强中国特色社会主义制度建设。在社会主义条件下，人民主体性地位的价值准则体现在社会主义制度中。在社会主义政治民主化进程中,制度是最广大人民群众意志的体现,是带根本性、长期性的民主保障手段。一个成熟的制度能够协调利益矛盾,解决好利益矛盾冲突,实现社会利益最大化最优化,充分体现最广大人民群众权益。制度建设要求我们,一要坚持和捍卫人民代表大会制度这一保证人民当家作主的根本政治制度。还要对党的职权范围和活动程序作出制度安排,明确规定党和各民主党派实体上和程序上的权利赋予和义务约束,使"党必须在宪法和法律范围内活动"的原则具体化、制度化,善于使党的主张通过法定程序成为国家意志。二是加强人大的权力和地位,保证人大监督作为权力监督体系主体地位的回归,改变"柔弱人大"的形象。三是党要支持人大及其常委会充分发挥国家权力机关作用,依法行使立法、监督、决定、任免等职权,加强立法工作组织协调,加强对"一府两院"的监督,加强对政府全口径预算决算的审查和监督。四是提高基层人大代表特别是一线工人、农民、知识分子代表比例。完善人大代表联系制度,逐步建立人大代表竞选制度,确立选民对人民代表的监督罢免制度,完善代表性民意表达机制,渐进有序地扩大直接选举的范围和层次。我们既要支持人民正义的合理的呼声和要求,也要进一步依靠民主法治建设来实现人民民主。

(五)认真抓好党的作风建设。当前,我们要按照党的十八大提出的:"围绕保持党的先进性和纯洁性,在全党深入开展好以为民务实清廉为主要内容的党的群众路线教育实践活动,着力解决人民群众反映强烈的突出问题,提高做好新形势下群众工作的能力。"党的政治行为准则是政党性质、奋斗目标、纲领的集中体现。对中国共产党来说,党员的政治选择是基于信仰,基于对理想的追求。以党的为民务实清廉的政治行为准则统一党内思想观念,明确党的价值追求,对于树立政党的形象,扩大社会认同,巩固执政基础具有十分重要的意义。应以贯彻落实党中央八项规定为切入点,解决好当前党群关系中最突出的作风建设问题。通过反对形式主义、官僚主义、享乐主义和奢靡之风,使为民务实清廉的政治行为准则扎根于广大党员和党员干部思想深处,是推进中国社会主义政治民主化进程,坚持人民主体地位的政治保证。

(作者:云南大学马克思主义学院教授)

群众路线:聚力中国梦的根本工作路线

毕京京

群众路线是我们党的生命线和根本工作路线,也是聚力中国梦的根本工作路线。实现党的十八大确定的奋斗目标和中国梦,要求全党同志必须有优良作风,必须坚持党的群众路线。我们要深刻认识坚持党的群众路线的重大意义,坚持与人民群众同呼吸共命运的立场不能变,全心全意为人民服务的宗旨不能忘,坚信群众是真正英雄的历史唯物主义观点不能丢,以实际行动密切党群干群关系,为实现中国梦而努力奋斗。

一、走好群众路线,才能经受住各种困难和风险考验,确保党始终成为坚强的领导核心

办好中国的事情关键在党。中国梦的顶层设计、总体规划和战略举措,要靠党集中全国各族人民的意愿来制定;中国梦在各个领域和层面的具体实施,要靠党的各级组织和领导干部团结带领人民群众来推进。离开了党的领导,人民群众的智慧和力量就难以集中起来、发挥出来,伟大梦想就不可能变成现实。同时必须清醒地看到,只有在党的性质宗旨不变,党的先进性纯洁性不变的前提下,党的领导核心作用才能真正形成和发挥出来。要做到这一点,就必须贯彻党的群众路线。党的群众路线,从根本上决定着人心向背和党的生死存亡。得民心者得天下,民心之得失取决于民利之益损。察民心、谋民利,必须深入群众,听取群众呼声,集中群众智慧,依靠群众力量。我们党的最大政治优势是密切联系群众,党执政后最大的危险是脱离群众。人民群众的拥护和支持,是党执政的最牢固根基。保持党的先进性纯洁性、增强党的凝聚力战斗力,最重要的就是靠坚持党的群众路线,密切联系群众。

在当今时代背景下,我们党要保持先进性纯洁性、巩固执政基础和执政地位,面临着重大考验。从外部看,各国民众对执政党的要求更多更高更新,致使许多执政党难以快速适应,执政周期明显缩短,任何一个政党想要长期执政,都面临巨大挑战。同时,超级大国推动国际政治格局深度裂变。上世纪80年代末以来,世界战略格局重大变化引发不少国家政权更迭。这样的世界形势,给我们党长期执政带来前所未有的挑战和压力。从内部看,精神懈怠危险、能力不足危险、脱离群众危险、消极腐败危险更加尖锐地摆在全党面前,党内脱离群众的现象大量存在,一些问题还相当严重,集中表现在形式主义、官僚主义、享乐主义和奢靡之风这"四风"上。外部因素与内部因素交汇交织,叠加作用,对党的先进性纯洁性和凝聚力战斗力构成严重威胁。一些党员干部经受不住"糖衣炮弹"、"香风毒雾"的袭击和侵蚀,败下阵来。这样的严峻形势,要求我们以更大的决心和力度贯彻党的群众路线。

着眼强化党的先进性纯洁性、增强党的凝聚力战斗力贯彻群众路线,核心要求是坚持"一切为了群众",做到为民务实清廉。坚持"一切为了群众",最重要的是落实到行动上。要着重解决在维护人民群众利益问题上不作为的问题,教育引导党员干部深入实际、深入基层、深入群众,虚心向群众学习,热心为群众服务,诚心接受群众监督,坚决整治消极应付、推诿扯皮、侵害群众利益的问题。要贯彻"照镜子、正衣冠、洗洗澡、治治病"的总要求,针对

“四风”问题，对准焦距、找准穴位，下猛药、治好病。做到“一切为了群众”，必须加强群众监督、舆论监督，切实形成立体式、全方位、多渠道的监督体系，确保权力真正用来为人民谋利益，让行使权力的过程成为实践党的宗旨、接受群众监督的过程。只有党员干部时时处处做到为民务实清廉，切实为人民谋利益，我们党才能赢得人民群众的信任、拥护和支持，成为团结带领人民实现中国梦的主心骨和坚强领导核心。

二、走好群众路线，才能把人民团结成“命运共同体”，同心同德为伟大梦想而奋斗

人民群众是实现中国梦的主体，是推动社会进步的力量主体和实现人的全面发展的价值主体。只有把人民群众的积极性主动性创造性调动起来，使一切有利于造福人民的源泉充分涌流，才能使中国梦的光明前景真正变为现实。离开了人民主人翁精神的发扬，离开了群众积极性主动性创造性的发挥，再好的蓝图也只能是“空中楼阁”。而人民群众发挥主体作用的前提，是让人民群众认识到实现中国梦是自己的利益所系、幸福所在、未来所寓。中国共产党之所以能够领导人民军队用小米加步枪打败飞机加大炮武装起来的国民党反动军队，根本原因是党代表了人民的利益，坚持走群众路线，让人民认识到自己的利益，唤醒和调动了人民的创造精神。历史证明，通过走群众路线，宣传群众、动员群众、组织群众，把群众的力量集结起来，就能形成排山倒海、气吞山河的磅礴力量。

应当看到，要把人民群众的力量凝聚起来，决非易事。改革开放以来，随着经济体制深刻变革、社会结构深刻变动、利益格局深刻调整，人们的思想活动和价值取向的独立性、选择性、多变性、差异性明显增强，利益主体多元化、利益关系复杂化、利益诉求多样化日趋明显，统筹兼顾各方面利益的难度空前增大。多样多变的思想文化和多元的社会利益，既使人们的思想极大解放、社会活力竞相迸发，同时也使统一思想、凝聚力量的难度空前增大。新的形势要求我们不断探索走群众路线的新形式新方法，最大限度地统一思想、凝聚力量。

毋庸置疑，我们党的优良传统，我们党长期坚持的深入工厂车间、田间地头，听群众说心里话，问寒问暖的联系群众方式，在今天仍然是我们走群众路线、掌握社情民意必不可少的重要方法。但同时也要看到，在社会群体、行业分工、工作岗位日益多样化的今天，要全面了解各社会群体的利益需求，就必须在搞好实地走访的基础上，积极创造联系群众的新方式、新方法，特别要拓宽和疏通反映社情民意的渠道，防止民意堵塞。比如，当今时代，信息网络很大程度上已经成为社情民意的“晴雨表”，应注意通过网络了解社会矛盾焦点、群众苦乐和民心民意。新形势下走好群众路线，要体现信息时代的特点和要求，积极打造网上沟通平台，掌握矛盾问题的真实状况，使网络成为为民服务的助推器。要健全社会利益协调机制，广泛听取不同方面、不同阶层群众的利益诉求，积极协调各阶层群众利益，努力使改革向着发展成果和机会由人民共享的方向前进，把全体人民团结成为“利益共同体”、“命运共同体”。有了这种新型的群众路线，就能够让人民群众“共同享有人生出彩的机会，共同享有梦想成真的机会，共同享有同祖国和时代一起成长与进步的机会”。

三、走好群众路线，才能发挥群众的主动性创造性，解决好民族复兴的时代课题

马克思说过，问题就是时代的声音。一个时代的理论与实践，只有聚焦最集中最突出的问题，才能取得重大突破和进展。当代中国面临的最重大时代课题，就是如何从大国向强国跨越、实现民族伟大复兴、让全体人民幸福。社会主义中国的和平发展，不可避免要改变国际社会原有的力量平衡和利益格局。世界上没有哪一个原本占有优势地位的国家，会愿意主动

与别国分享战略利益。面对中国的稳定快速发展,西方强国千方百计对我采取围堵遏制战略,我国和平发展受到的外部制约愈益凸显,国际社会的矛盾焦点不断向我聚焦。当前,我们既要与周边国家解决好领土主权和海洋权益争端,又要应对来自西方敌对势力的西化、分化;既要妥善应对原有国际利益格局的制约,又要面临世界科技革命、产业革命、军事革命加速推进带来的动态压力等种种挑战。无论国际形势有多么复杂,外来压力有多么巨大,只要我们党坚持群众路线,保持同人民群众的血肉联系,再大的压力也能顶住,再大的困难也能化解,再大的风浪也能"稳坐钓鱼船"。

面对风云变幻的国际形势,面对艰巨繁重的国内改革发展稳定任务,我们要科学统筹国际国内两个大局,既要有面向世界的战略眼光,也要有面向群众的大众情怀,坚持把基本立足点放在我国基本国情上,把重点放在通过坚持群众路线办好自己的事情、解决自己的问题上。当前,从国内看,解决好向强国跨越的时代课题,就是要在全面深化改革开放的进程中,以更大的智慧和勇气啃硬骨头,涉险滩。比如,如何冲破利益固化藩篱、遏制权力腐败;如何处理好贫富差距拉大、食品安全隐患、环境污染严重等一系列人民群众强烈不满的问题,老祖宗的本本里没有现成答案,西方那一套又"水土不服",唯一的办法是把马克思主义基本原理与中国实际和时代特征结合起来,创造性地提出新思路新举措。这种结合,不仅需要理论创新,更需要走群众路线,以实践创新来落实。作为根本工作方法,党的群众路线与认识路线是高度统一的,"群众—领导—群众"同"实践—认识—实践"这两个公式是完全一致的,从群众中来到群众中去的过程,也是从实践中来到实践中去的过程;是为人民服务的过程,也是发现真理修正错误的过程。坚持党的群众路线,我们党就能通过正确的认识路线掌握新形势下改革发展的特点规律,找到破解时代课题的金钥匙,从而在实现马克思主义中国化新飞跃的同时,推进中华民族伟大复兴的历史进程。

群众是真正的英雄。解决时代课题的智慧就蕴藏在人民群众的朴素思想之中,需要我们党通过坚持和创新党的群众路线去发掘。只有自觉克服形式主义、官僚主义,以群众为师,坚持问政于民、问需于民、问计于民,通过调研、座谈、咨询、听证等形式深入了解民情,与群众一起研究解决矛盾问题的新思路、新办法、新举措,把人民群众中蕴藏的卓越智慧集中起来,吸纳到党的理论路线方针政策之中,才能有效解决面临的矛盾和问题。在很多情况下,破解时代课题的最大障碍,在于没有真正贯彻党的群众路线的勇气。我们既要把群众路线作为唯一正确的认识路线加以运用,也要把群众路线上升到党的生命线高度,从实现人民当家作主的根本政治要求出发,积极探索新形势下民主监督的体制机制,让民主监督的阳光照进国家政治生活的每一个角落,用党务公开、政务公开和民主监督的威力,促使各级干部特别是领导干部切实解决群众反映强烈的突出问题。可以预见,只要我们扎扎实实地贯彻党的群众路线,党对人民的庄严承诺就一定能变为现实,中国梦就一定能够在神州大地实现。

(作者:国防大学副校长、国防大学中国特色社会主义理论体系研究中心领导小组组长)

县乡领导干部眼中的党群关系

谭　建

山东省委党校“党密切联系群众制度创新”课题组，于2012年分别在山东省就党群关系问题访谈了部分县区委书记、乡镇书记及与群众联系较为密切的县直部门（如信访局、教育局、卫生局、民政局、住房和城乡建设局等）主要负责人200余人。由于访谈对象是处于直接与广大群众联系、接触的县乡基层主要领导干部，其所反映的信息对我们把握当前党群关系具有极为重要的作用和启示。

一、县乡领导干部眼中的党群关系现状及问题

针对如何评价当前党群关系现状，大部分访谈对象认为，当前党群、干群关系总体上是好的，但存在比较严重的问题；也有部分县乡领导干部有强烈的忧患意识和危机感，认为当前党群关系总体不容乐观。我们认为，对这一问题的分歧，恰恰是对当前党群关系现状的多面性、多层次性、复杂性及存在问题严重性的真实反映。

关于当前党密切联系群众存在的问题，接受访谈县乡领导干部们虽然概括总结的角度各异，但内容呈现基本一致性。主要有以下几方面。

1. 党员干部方面。一是群众观念淡薄，不愿联系群众。主要表现为：有的不愿深入基层、深入群众，不愿和群众交朋友；有的对待工作只求形式不重实绩，甚至为了追求眼前利益而损害群众利益；有的对群众生活、疾苦不关心，群众办事虽然门不难进了、脸不难看了、话不难听了，但事难办的现象依然存在；个别党员干部动辄认为群众无知、不讲理，只要群众听话，不要群众说话，有的甚至视上访群众为“刁民”。二是联系群众途径渠道、方式方法滞后，不善联系群众。主要表现为：有的党员干部习惯于在办公室里“上传下达”，或者习惯于“从干部中来，到干部中去”，满足于开会听汇报、作指示；有的不善于调查研究，下基层蜻蜓点水，与干部接触多，和群众交心少；有的不善于沟通协调，存在说不上话、说不进话的现象；有的不善于化解矛盾，不善于利用民间组织去做群众工作、化解矛盾纠纷。三是素质能力不强，不能联系群众。有的党员干部对涉农政策法规了解不透、把握不准，遇到实际问题讲话不响、底气不足；有的不了解群众愿望，不熟悉群众语言，不会与群众面对面，和群众说不上话，搭不上腔。同时，少数党员干部为政不廉，也是当前党群干群矛盾激化的重要诱因。以上是接受访谈的县乡领导干部对领导干部自身存在问题的认识和总结，这些结论也与我们同时针对城乡居民搞的党群干群关系状况调查问卷（调查有效样本1629份）相关内容基本吻合。调查问卷中，对“您身边的党员干部经常与群众沟通吗?”的回答，“经常”选项占45.2%，“偶尔”的占25.6%。“很少”的占20.1%，“没有”的占9.1%。对“您认为当前干群矛盾主要发生在哪一级干部身上?（多选）”的回答，“掌握实权的工作人员”选项占比最高，达57.6%。

2. 基层组织方面。一是党员教育管理的形式、内容不能适应新的需要，未能形成一套行之有效的制约激励机制；二是有些基层党组织在党员联系和服务群众方面缺乏有效的组织和引导，体现为节日走访慰问多、平时交流沟通少，送钱送物帮扶多、感情投入关怀少，存在口号

式、运动式下基层现象;三是有些基层党组织班子软弱涣散,缺乏号召力、凝聚力、战斗力,起不到应有作用;四是党员干部联系和服务群众的考评机制不活,对一些群众工作有布置、无检查、无落实,缺乏切实有效的监督考评机制。

3. 群众自身方面。一方面,群众学习政策、了解信息、掌握知识的渠道越来越广,反映情况、表达民意、诉求利益的手段日益多样化,内容日益多元化,已不局限于物质利益,而是体现在经济、政治、文化、社会等方面的各项权益,更加看重个人的权利和对个人利益与意见的尊重;另一方面,部分群众的民主意识、参政意识和维权意识明显增强,但集体意识、大局意识和法制意识淡薄,出现了"只讲民主不讲法制"、"只讲权利不讲义务"的现象,极少数群众还产生了"以闹维权"和"大闹大解决、小闹小解决、不闹不解决"思想,甚至被别有用心的人操纵,动辄采用过激乃至违法方式进行利益诉求,给基层群众工作增加了难度。

群众自身方面出现的这些变化,在党群干群关系状况调查问卷中也得到了具体体现和数据支持,例如,针对"您认为当前影响党群干群关系的社会问题主要有(多选)"问题的回答,"看病难、看病贵"选项占74.1%,"子女上学难、上学贵"占51.4%,"就业难、失业多"占59.5%,"群众养老保障水平低"占57.3%,"社会治安不好"占29.7%,"住房价格过高"占76.8%,"环境污染严重"占34.1%,"其他"占3.1%。这也可以部分地解释为什么近几年党委政府民生投入最多、群众得到实惠最多,但党群干群矛盾依然较多的问题。

二、当前党密切联系群众的难点与原因

当前密切联系群众暴露出来的一系列问题,接受访谈的县乡领导干部认为既有党员干部个人主观因素的影响,也有体制机制等客观因素的制约。在体制机制方面,联系群众主要存在以下几个难点。

1. 干部群众路线教育有效难。一是学习被动应付,学用脱节;二是教育内容空泛,缺乏针对性和时效性,特别是缺乏统一的、贴近群众实际的教材;三是教育纪律不严格,参加培训串串门、认认人,借学习结交朋友、联络感情,不重视教育的单位或个人得不到惩处,重视教育或成绩突出的单位或个人得不到鼓励。

2. 现有体制机制在联系群众方面体现难。一是干部管理体制。中共中央和山东省委制定了《关于建立促进科学发展的党政领导班子和党员干部考核评价机制的意见》和具体实施意见,虽然其中加大了群众的满意度的考核和分值,但民意标准仍存在形式大于内容问题。二是压力型体制。由于层层分解的目标管理责任制,在实际工作中形成了一种典型的"压力型"体制,各级政府特别是基层政府工作的重心都是与目标管理有关的"指标",与"指标"无关的工作,即使与群众的切身利益联系紧密,一些干部也无心去做。即使一些直接面对群众的基层干部,往往也在多种"一票否决"工作的压力下,全力完成招商引资、维稳、计生等任务,有限的时间都用在应付各种检查考核上,联系群众成为工具而非目的。三是镇街管理体制。镇街处在农村工作的最前沿,是联系群众的主体,上级部门大量的群众工作,都要通过镇街干部去落实。但目前,镇街功能不仅没有得到进一步的加强,反而有被弱化的趋势。有的镇街干部没有做好长期在基层工作的打算,而是把基层当成了提升的跳板,"走读"现象在镇街较为普遍。

3. 现有制度落实难。各地结合实际制定了不少联系群众的制度和规定,但如何不折不扣地抓落实是个难题。一是宏观意见多,具体细化制度少。近年来,各级出台了许多关于加强党同人民群众联系的意见,但类似《关于领导干部定期接待群众来访的意见》、《关于定期组织干部下访的意见》、《关于把矛盾纠纷排查化解工作制度化的意见》等这样具体可操作的制度少。二是实体性制度多,操作性制度少。许

多制度偏向于“应该做什么”，而没有规范“应该如何做”，缺乏可操作性，极易流于形式。三是存在应急性制度多，目标性制度少；单一性制度多，整体性制度少；特定性制度多，普适性制度少；治标的制度多，治本的制度少，没有形成层次结构合理、权力配置均衡、内容协调耦合、链条环节承续的制度体系。因而制度的有效性受到限制。

4. 监督考核难。一是监督标准不完善。各地在监督党员干部密切联系群众时，没有制定科学的测评标准，无法解决认定党员干部“联系群众行不行”的问题，无法科学测评党员干部联系群众的实效。二是监督运作不科学。对党员干部密切联系群众的监督并没有做专门的程序设计，还是依托传统的干部年度考核。在有限的监督渠道中，还存在三个偏重：偏重年度考核，日常监督流于形式；偏重组织意见，民意测评流于形式；偏重经济业绩考查，服务群众成效考评流于形式。三是监督主体不广泛。对党员干部联系群众的监督主要是由党委及其组织（人事）部门，包括纪检监察部门进行的体制内的监督，人大监督、群众监督、舆论监督力度不够。这就使得干部联系群众的外在压力不足。

三、下一步工作意见和建议

针对当前存在问题，访谈中，县乡领导干部提出以下意见和建议。

1. 建立双重管理制度，厘清工作责任。工作责任明确是做好工作的前提。目前，建议把组织部门作为开展群众工作的牵头部门或建立专门的群众工作主管单位（目前多地已成立群众工作部，但一般是由政法委书记担任负责人，实体办公机构多是设立在信访部门，这种模式依然是把群众工作的重心放在了维稳方面。这是否最为合理，值得探讨），负责组织党员干部联系群众，并定期向党员干部所在单位通报和反馈情况，形成双重管理、双向互动的管理局面。

2. 完善考核激励机制，激发内在动力。完善的党群联系考核激励机制，能有效激发党员干部密切联系群众的内在动力。要坚持“群众公认”原则，定期进行群众满意度测评，把评判权交给群众，以服务对象的评价作为部门工作业绩和干部政绩的考核指标之一，以群众是否满意作为检验党员干部联系和服务群众工作有没有成效的基本标准，充分保障和扩大群众对干部考核评价的知情权、参与权、表达权和监督权；要把深入群众发现问题的多少，为群众解决困难的多少，为群众办实事办好事的多少，作为民主评议党员、党性分析评议和考核评优的硬指标、实任务，计入干部实绩档案，切实奖优罚劣，真正调动党员干部密切联系群众的积极性、主动性和创造性。在考核激励机制中要强化重心下移，切实关心县乡两级干部内容。由于群众工作的着力点和主要内容都在县乡两级，即使有省市领导蹲点的规定，他们也不可能拿出很大精力。因此，要更重视县乡两级干部的使用，干得好的应切实得到提拔。应逐步做到提拔干部要有基层工作经历，这样做既能全面锻炼干部，更大的意义在于增强干部对群众的感情。

3. 建立群众工作总体格局，强化上级监督力度。党员联系群众工作是一项系统工程、长期工程，不是个别党员、个别部门的事情，必须形成党委领导、组织部门（或专门的群众工作部门）牵头抓总、各部门齐抓共管、全社会广泛参与的工作体制和总体格局，以此凝聚起联系群众工作的整体合力。应逐步建立分级述职制度，强化上级监督。要进一步明确各级党组织抓党员联系和服务群众工作的职责，采取下级党组织定期向上级党组织分级分层述职的方式，以此强化各级党组织和党员干部密切联系群众的意识。

4. 完善干部选任制度，树立重视群众工作导向。不可否认，目前干部选任关注什么，干部的重心和方向就是什么。因此，要加大干部选任这个指挥棒的群众工作导向作用。判断一个领导班子强不强，配备是否科学，应该看这个领导班子在工作一定时间后,各界群众对干部的认可程度,而不能靠简单的经济排名。

5. 完善社会分配机制。有的县乡领导干部提出,党群干群关系问题不是单单靠服务、联系群众来解决。根本在于完善社会分配机制。因为,现在群众上访量增大、群众不满情绪上升,很大程度上缘于社会分配不公、贫富差距拉大。社会上出现的仇官、仇富、仇警等社会心态,靠单纯联系群众不能完全解决。要治标,更要治本。要从体制机制上来解决贫富不均和社会公平问题。既要继续加大对弱势群体的扶持力度,切实限制某些行业的过高收入;又要切实做到财政下移,向基层倾斜,实现财权与事权的统一。

6. 应加大对基层党组织和党员领导干部的正面宣传力度。现在有部分媒体为了爆料、制造卖点,对很多问题添枝加叶,这使部分群众心态发生负面变化,也造成基层党委政府为群众办事的力度再大,群众却往往更注意关注负面问题,使得基层工作比较难做。因此,要大力树立正面宣传导向,应让群众感觉我们党和各级领导干部总体上是好的,是尽心尽力的。现在中央和省级媒体搞走基层活动,在一线发现亮点,在基层树立典型,效果较好。

(作者:中共山东省委党校党建部副教授)

实践思维方式与党的群众路线

贺祥林

一、问题的引出

《中国共产党章程》关于党的群众路线的完整表述是："党在自己的工作中实行群众路线，一切为了群众，一切依靠群众，从群众中来，到群众中去，把党的正确主张变为群众的自觉行动。"并指出："我们党的最大政治优势是密切联系群众，党执政后的最大危险是脱离群众。"可以说，自觉实行党的群众路线是实现党的思想路线、基本路线、组织路线的根本工作路线。那么，党的群众路线制定与实行的哲学依据是什么？答案是马克思主义哲学原理，或者说马克思开创的"实践的唯物主义"（马克思用语）是党的群众路线的哲学依据。如果由抽象上升到具体来梳理或寻找，我认为这具有多方面的具体依据：一是实践唯物主义的唯物论，特别是"从物质实践出发"（马克思用语）或"从实际出发"（毛泽东用语）的原理；二是实践唯物主义的辩证法，特别是实践主体与实践客体相互对象化、实践主体与实践主体相互作用的辩证运动的原理；三是实践唯物主义的认识论，特别是"以实践为基础"、真理原则与价值原则相统一的原理；四是实践唯物主义的历史观，特别是人民群众对历史起决定作用和杰出人物的伟大历史作用的原理等等，至此仍可继续梳理、寻找并作出说明与论证。本文在此不一一展开说明与论证，本文在此要揭明与论证的是在党的群众路线制定与实行的哲学依据中，除有以上梳理出来的实践唯物主义四个方面具有实质性思想内容的哲学基本原理之外，还有一个蕴存于它们之间一旦运用起来便彰显得十分明晰而具有程序性操作意谓的实践思维方式。

马克思开创实践唯物主义的同时所开创的实践思维方式，简略地说，就是基于实践"解释世界"（马克思用语）的思维路径与回到实践"改变世界"（马克思用语）的思维路径相统一的辩证运动的思维方式，其间包括一系列基本思维方法与一系列基本思维形式的运用与互动。这一实践唯物主义哲学内容与这一实践思维方式方方面面深深地影响到了中国共产党人，特别是毛泽东。毛泽东1937年完成的《实践论》可以说是马克思主义哲学中国化的代表作之一，也可以说是实践唯物主义认识论与实践思维方式中国化的典范与集大成之作。毛泽东哲学思想的中心内容就是《实践论》为代表作的认识论，即以实践为基础的唯物主义的辩证的能动的认识论。这就是基于实践"认识世界"（毛泽东语）与回到实践"改造世界"（毛泽东语）相统一的辩证运动的思维路径。《实践论》的最后一段抽象结论，可视为我党的群众路线得以制定与实行的最一般的哲学依据，即"通过实践而发现真理，又通过实践而证实真理和发展真理。从感性认识而能动地发展到理性认识，又从理性认识而能动地指导革命实践，改造主观世界和客观世界。实践、认识、再实践、再认识，这种形式，循环往复以至无穷，而实践和认识之每一循环的内容，都比较地进到了高一级的程度。这就是辩证唯物论的全部认识论，这就是辩证唯物论的知行统一观。"

1943年毛泽东在《关于领导方法的若干问题》中首次谈到党的群众路线时指出："在我党的一切实际工作中，凡是正确的领导，必须是从群众中来到群众中去。这就是说，将群众的意见（分散的无系统的意见）集中起来（经过研究，化为集中的、系统的意见），又到群众中去做宣传解释，化为群众的意见，使群众坚持下去，见之于行动，并在群众行动中考验这些意见是否正确。然后再从群众中集中起来，再到群众中坚持下去。如此无限循环，一次比一次地更正确、更生动、更丰富。这就是马克思主义的认识论。”他同年在《组织起来》中接着指出：“我们应该走到群众中间去，向群众学习，把他们的经验综合起来，成为更好的有条理的道理和办法，然而再告诉群众（宣传），并号召群众实行起来，解决群众的问题，使群众得到解放和幸福。”实际上，这既是对党的群众路线的基本内容的一种集中阐明，又是对党的群众路线的哲学基础是实践唯物主义认识论与实践思维方式的一种集中阐明，或称对二者有机融合的阐明，只不过是在语言表达上有多有少或有明显与内蕴之别罢了。

二、以实践思维方式把握党的群众路线内蕴的多维关系

党的群众路线内蕴的一个关键问题或本质关系就是党群关系问题。以下试从内蕴于实践思维方式之中的逻辑思维形式与形象思维形式来把握党的群众路线内蕴着两大维度的关系。

第一，从逻辑思维形式把握党的群众路线内蕴着多维关系。这里的逻辑思维形式包含普通逻辑思维形式与辩证逻辑思维形式的运用与整合，它们都是内在于实践思维方式的逻辑思维形式。其一，从实践思维方式就是基于实践“解释世界”的思维路径与回到实践“改变世界”的思维路径相统一的辩证运动的思维方式来看，党的群众路线内蕴的“党”和“群众”之双重实践主体所面对的是同一实践客体，即面向处于同一实践活动过程的客体即客观世界，因而党和群众在实践活动过程中面临的是共同或同一的任务，其目的也是共同或同一的“解释世界”与“改变世界”，或“认识世界”与“改造世界”，特别或主要是“认识中国”（毛泽东用语）与“改造中国”（毛泽东用语），这是一种双重实践主体的前提与目标相统一的关系，抑或一种追求真理与创造价值相统一的关系，体现了党和群众在真理原则与价值原则面前相统一的关系。其二，从实践思维方式来看，就党的群众路线内蕴的“党”和“群众”之双重实践主体之间的相互作用关系而言，二者是同一实践活动过程有同有异的主体间性关系。党这一主体，从中央到基层的各级党组织的领导人，相对群众而言，无疑是处于上层领导者这种主体地位与上层组织者这种主导作用，是居领导地位起组织作用的实践主体，而广大基层群众无疑是处于被领导与被组织这种主体地位，是基层的一线的直接认识与改造客观世界特别是认识与改造中国的实践主体。其三，从实践思维方式来看，党的群众路线内蕴的“党”和“群众”的主体间性关系，又是一种“先生”与“学生”之间的互动相长关系。毛泽东在《学习马克思主义认识论和辩证法》中指出：“力量的来源就是人民群众。不反映人民群众的要求，哪一个人也不行。要在人民群众那里学得知识，制定政策，然后再去教育人民群众。所以要当先生，就得先当学生，没有一个教师不是先当过学生的。而且就是当了教师之后，也还要向人民群众学习，了解自己学生的情况。”邓小平在《关于修改党的章程的报告》中也指出：“只有首先善于做群众的学生的人，才有可能做群众的先生，并且只有继续做学生，才能继续做先生。一个党和它的党员，只有认真地总结群众的经验，集中群众的智慧，才能指出正确的方向，领导群众前进。”

从逻辑思维形式看党和群众的上述三种形式的关系之中，虽然其一是主体面对客体的前提性、同一性关系，其二是主体间性有同有异的关系，包括其三由面对客体而发生的主体间性的关系转换为师生关系，都属于从普通逻辑思维形式与辩证逻辑思维形式的运用与整合来把握党的群众路线内蕴的多维关系。如果从正面价值取向的话，它们都属于既对立又统一的矛盾有机融合关系，因而在本质上为规定党和群

众的关系步入良性运行提供了可能性。如果从负面价值取向的话,它们就属于一种单一对立而难融合的矛盾关系,因而在本质显现的可能是党和群众的关系滑向不良轨迹乃至步入恶性循环的境况。

第二,从形象思维形式把握党的群众路线内蕴着多维关系。这里的形象思维形式包含着直观性形象思维形式与整体性形象思维形式的运用与整合,它们都是内在于实践思维方式的形象思维形式。其一,从实践思维方式来看,党的群众路线内蕴的“党”和“群众”的关系可以形象比拟为“鱼水”这种直观性与整体性关系。毛泽东曾把党及其领导的红军比喻为“鱼”,把井冈山人民比喻为“大海”,这就是后来人们一直把党群关系、军民关系都比喻为鱼水关系的思想源头。建国后不久,毛泽东在《一九五七年夏季的形势》中进一步指出:“党群关系好比鱼水关系。如果党群关系搞不好,社会主义制度就不可能建成;社会主义制度建成了,也不可能巩固。”其二,从实践思维方式来看,党的群众路线内蕴的“党”和“群众”的关系也可以形象地比拟为“种子与土地”这种直观性与整体性关系。毛泽东在《关于重庆谈判》中指出:“我们共产党人好比种子,人民好比土地。我们到了一个地方,就要同那里的人民结合起来,在人民中间生根、开花。”其三,从实践思维方式看,党的群众路线内蕴的“党”和“群众”的关系还可以形象比拟为“血”与“肉”这种直观性与整体性关系。这种比拟比较集中地反映在江泽民和胡锦涛的一系列讲话中。江泽民多次讲话中讲得最好的一段是:“我们党有许多优势,根本的一条是同人民群众保持血肉联系。在人民群众中生长、成熟和发展起来,始终为人民群众的利益而奋斗,这是我们党充满生机与活力的源泉所在。过去革命战争年代是这样,现在搞改革开放和现代化建设也是这样。”胡锦涛多次讲话中讲得最好的一段是:“一个政党,如果不能保持同人民群众的血肉联系,如果得不到人民群众的支持和拥护,就会失去生命力,更谈不上先进性。我们党的根基在人民、血脉在人民、力量在人民。保持党同人民群众的血肉联系,是我们党无往而不胜的法宝,也是我们党始终保持先进性的法宝。”

从形象思维形式看党和群众的上述三种形式的关系中,一种形式是以植物(种子)的生命离不开土地,一种形式是以动物(鱼类)的生命离不开水体,一种形式则是深入到动物生命机体内部的血液离不开肌肉,以此来形象地阐明党和群众的关系如同自然生命价值或意义一样形象而深刻地阐明了党和群众的关系所具有的社会生命价值或意义。如果从正面价值取向的话,党和群众之间就像种子不离土地那样必然会生根、开花与结果,就像鱼不离水那样必然会源源不断地承传着鱼自身的生命再生产,就像血液不离肌肉那样必然会让生命的血液不断进行新陈代谢从而使生命充满活力,因为土地、水体和肌肉始终是“支持和拥护”种子、鱼类和血液的。如果从负面价值取向的话,党和群众之间就像种子离开土地那样必然不再是作为生命的种子而会死种,就像鱼离开水那样必然不再是作为鲜活生命的鱼而是死鱼(或者就像人们把某些恶化了的党群关系比喻为油与水两相分离的关系、火与水难相容的关系),就像血液离开肌肉那样必然不再是作为生命的源泉而是败死之血。

总而言之,党的生命由群众所系,党始终不脱离群众,其生命就可能永葆,一旦逐步或严重脱离群众那就会缩短生命乃至快速亡命。那么,如何才有可能使党的生命永葆,下文继续以实践思维方式来做探讨。

三、以实践思维方式把握党的群众路线的路径、形式与环节

一方面,党和群众共同面对的是追求真理与创造价值,这里高度概括与整合就是求真务实;另一方面,党和群众相互面对的是“把党的正确主张变为群众的自觉行动”,带领群众共创幸福生活,党群始终保持血肉联系。这就是

党的群众路线内蕴的多维关系中具有核心价值属于关键所在的二重关系或本质规定,那么这二重关系的维系并带动其余关系一并作良性运行的路径、形式与环节应当是什么呢?以下就来阐明这个问题。

第一,从实践思维方式中两大思维路径与党的群众路线中"怎么来"与"怎么去"的结合上看其良性运行必须经历三次飞跃形式。宏观上看,这个良性运行是:基于实践"解释世界"的思维路径与追求真理这个任务同党获得"正确主张"是同一系列的话语,是同一取向的活动,那么"党的正确主张"怎么来,这就是"从群众中来";回到实践"改变世界"的思维路径与创造价值这个目标同"把党的正确主张变为群众的自觉行动"是同一系列的话语,是同一取向的活动,那么这就迎刃而解地回答了"党的正确主张"怎么去,这就是"到群众中去"。

从中观上看,必须经历三次飞跃形式的良性运行或相继更替:"从群众中来"的"党的正确主张"首先是基于实践实现由感性思维形式向理性思维形式飞跃而来的,这就是要把握好"解释世界"的良性运行;其次是在实现由理性思维形式向构建思维形式飞跃即行将回到实践要对"改变世界"发挥作用,这是一次中介性飞跃,前一端是止于"解释世界",后一端则步于"改变世界";再次是"党的正确主张"再"到群众中去"即"变为群众的自觉行动"之时实现由构建思维形式向反馈思维形式飞跃,这就是要把握好"改变世界"的良性运行。

第二,从实践思维方式中三次飞跃形式与党的群众路线中"为了谁"与"依靠谁"的结合上看其良性运行必须经历顺序渐进的多个具体环节。这是在宏观上与中观上看之后,从微观上看问题,即更具体、更细致、更深入地看问题。"为了谁"也就是毛泽东在延安时期就明确指出的"为什么人的问题,是一个根本的问题,原则的问题",共产党人就是"一切为了群众",并且"是要全心全意为人民服务,不要半心半意或者三分之二的心三分之二的意为人民服务"。"依靠谁"也是一个根本的问题与原则的问题,共产党人就是"一切依靠群众","马克思主义向来认为,归根结底地说来,历史是人民群众创造的。工人阶级必须依靠本阶级的群众力量和全体劳动人民的群众力量,才能实现自己的历史使命——解放自己,同时解放全体劳动人民。"然而,把"为了谁"与"依靠谁"这个问题明确地规定为"一切为了群众"与"一切依靠群众",这只是抽象地一般规定,还不等于具体地贯彻实行。这个具体贯彻实行必须经历基于实践"解释世界"与回到实践"改变世界"的两大思维路径及多种思维形式之中顺序渐进的多个具体环节,由此来环环紧扣、环环把关,让其环环实现良性运行。

首先是在基于实践实现由感性思维形式向理性思维形式飞跃中,前一形式中有感觉、知觉和表象三个具体环节,后一形式中有概念、判断和推理三个具体环节。那么,在贯彻实行党的群众路线的第一次飞跃中,党和群众如何一同通过前后六个具体环节来把握这次飞跃的相关内容呢?就前一形式中三个具体环节而言,由于人民群众是基层或一线的直接实践主体,他们亲身参加改造世界的不同领域与方方面面的内容,对其亲身经历的生产或工作、生活或享受的种种现象的内容之感觉、知觉和表象最直接最真实最全面,因而就会对种种现象的内容作出分析之后进行综合,即在后一形式中如实地形成概念、作为判断、进行推理,得出符合事物现象背后的本质规定的朴实结论。而党的各级领导干部相对而言属于不同层次的上层或二、三线等间接实践主体,不可能事事亲历实践,他们在提出党的带有理性的一般指导意见之时,必须了解基层或一线的直接实践主体亲身参加改造世界的不同领域与方方面面的实际情况,这既不能只凭已有理论照"本本"而来,也不能只凭已往经验套用过来,即使是像毛泽东、邓小平这些经验丰富、智慧高超的中央领导人,他们都承认与相信"人民群众的眼睛是雪亮的",需要从人民群众那里获得不同领域与方方面面的实际情况，从而提出党的带有理性的一般指导意见。正是在这个前一形式向后一形式飞跃的前提性问题上，毛泽东说过："群众是真正的英雄，而我们自己则往往是幼稚可笑的，不了解这一点，就不能得到起码的知识。"

其次是在实现由理性思维形式向构建思维形式飞跃中，即由形成概念、作出判断和进行推理三个具体环节之后，进到构建思维形式中的决策、设计和实施这三个具体环节。那么，在贯彻实行党的群众路线的第二次飞跃中，党和群众如何一同通过这后三个具体环节来把握这次飞跃的相关内容呢？继前，在提出党的带有理性的一般指导意见之后，那就是党带领和组织群众想什么问题？办什么事情？在这个阶段党和群众共同面临的就是理性决策、精心设计、努力实施三个具体环节。在这三个具体环节中，决策是首要的关键的一环，毛泽东对此早就说过："一切为群众的工作都要从群众的需要出发，而不是从任何良好的个人愿望出发。有许多时候，群众在客观上虽然有了某种改革的需要，但在他们的主观上还没有这种觉悟，群众还没有决心，还不愿实行改革，我们就要耐心地等待；直到经过我们的工作，群众的多数有了觉悟，有了决心，自愿实行改革，才去实行这种改革，否则就会脱离群众。凡是需要群众参加的工作，如果没有群众的自觉和自愿，就会流于徒有形式而失败。'欲速则不达'，这不是说不要速，而是说不要犯盲动主义，盲动主义是必然要失败的。在一切工作中都是如此……这里是两条原则：一条是群众的实际上的需要，而不是我们脑子里头幻想出来的需要；一条是群众的自愿，由群众自己下决心，而不是由我们代替群众下决心。"这两条原则至今仍不失为我党开展决策这一环的指导性原则，这其中还包括党领导群众实行改革必须充分考虑群众的心理承受能力。在改革开放以来，对于决策这个首要的关键的环节，党中央从开始提出决策的科学化、民主化，到后来反复强调科学决策、民主决策、依法决策，这就为决策制定了更多的具有时代要求的指导性原则。胡锦涛在新世纪新阶段谈到决策这一环时指出："要坚持从群众中来到群众中去，把人民群众的愿望和要求作为决策的根本依据，使各项决策既体现人民群众的现实利益又代表人民群众的长远利益，既反映大多数群众的普遍愿望又照顾部分群众的特殊要求。"他还进一步指出："要深入实际、深入基层、深入群众，倾听群众呼声，了解群众意愿，集中群众智慧，使我们作出的决策、采取的举措、推行的工作更加符合客观实际和规律，更加符合广大人民的愿望和利益。"这两段论述言简意赅，不仅是对我党历代领导人有关决策思想的继承、丰富与发展，而且包含着构建思维形式中三个具体环节的连贯性阐明，其"作出的决策"为首要一环，其"采取的举措"可视为"设计"这一环，其"推行的工作"可视为"实施"这一环，并从中强调这三个具体环节的相关内容都应一环一环地更加符合客观实际和规律，更加符合广大人民的愿望和利益，这就是环环都要实现客体尺度的内容与主体尺度的需要达到辩证统一，这就为理性思维形式向构建思维形式的飞跃在其内容与需要的良性运行上，提供了合理性与合目的性的可靠保证。

再次是在深化实践实现由构建思维形式向反馈思维形式飞跃中，即由理性决策、精心设计、努力实施三个具体环节之后，进到反馈思维形式中的审视、评价和修正这三个具体环节。那么，在贯彻实行党的群众路线的第三次飞跃中，党和群众如何一同通过这后三个具体环节来把握这次飞跃的相关内容呢？续前，党提出的主张是否是"正确主张"？"群众自觉行动"完成后的效果如何？这必须看主观认识形式是否与客观实际内容相符合，客观效果是否满足主观愿望与需要，这就有待于党和群众一同如何审视、评价和修正。我这里仅以改革开放以来党的一系列指导方针、政策与措施在决策、设计、实施后在社会上进而在党内高层的反映来看，在最初十余年，正如邓小平所说："我相信人民的眼睛是雪亮的。现行政策只要一改变，人民生活肯定会下降。如果人民认为现行政策是正确的,谁要改变现行政策,谁就要被打倒。”在随后十余年,正如江泽民所说:“我们想事情,做工作,想得对不对,做得好不好,要有一个根本的衡量尺度,这就是人民拥护不拥护,人民赞成不赞成,人民高兴不高兴,人民答应不答应。”在最近十余年,正如胡锦涛所说:“人民群众是推动科学发展的主体。科学发展取得了多大成效、是否真正实现了,人民群众感受最真切、判断最准确。推动科学发展,必须紧紧依靠人民群众,做到谋划发展思路向人民群众问计,查找发展中的问题听人民群众意见,改进发展措施向人民群众请教,落实发展任务靠人民群众努力,衡量发展效果由人民群众评判。”在改革开放的实践过程中,无论是党或是群众,都必须坚持真理与修正错误,实行在真理面前人人平等的原则,真理与价值相统一的原则,通过审视,进行评价,正确的有益的就坚持不动摇,错误的不利的就坚决修正,坚持在实践中检验真理和发展真理这个标准,坚持个人、集体和国家三者利益相统一这个原则。

最后必须指出,在贯彻实行党的群众路线的实践过程中,党的领导与组织的主导作用不可忽视,群众的主体地位与决定作用不可忽视,党的各级领导干部还要在对上与对下的关系问题上保持一致性。这样一来,就存在着非常现实又得妥善处理的两个方面的关系问题:其一是从党的基层领导干部对中层领导干部,中层领导干部对高层领导干部,高层领导干部对党中央领导干部,这样一种层层对于上级的指示、上级的文件怎么理解与怎么执行;其二是从党中央领导干部层层往下直至基层领导干部在对广大人民群众的意见与愿望、利益与要求怎么采取与怎么满足。我认为,从党的基层领导干部层层对上而言,一般都应认真贯彻实行上级指示与上级文件,但又不能不顾当地当时当下条件等实际作机械地贯彻与硬性地实行,要体察当地当时当下群众的意见与愿望、利益与要求,把原则性与灵活性结合起来贯彻实行,还是陈云说得好:“不唯上、不唯书、只唯实,交换、比较、反复。”同时不能在群众面前搞官僚主义与命令主义。我还认为,从党中央领导干部到基层领导干部,他们对广大人民群众而言,一般都应认真听取正确的意见与愿望、尽力满足合理利益与要求,但又不能不顾全局、整体和长远,对少数群众不正确、不合情、不合理的意见与愿望,特别是某些集体乃至某个行业的利益群体不公正不公平的利益要求,不能简单采取一应满足了事,同样也不能在群众面前持民粹主义倾向或做群众的尾巴。对此也应当说:不唯下、不唯民、只唯实,交换、比较、反复。在这个党内上下关系与党群关系问题上,对上有“不唯上、不唯书”,对下有“不唯下、不唯民”,这是既有区别的对待又都是正确的对待,两个向度中唯独既是无区别又属正确对待的就是“只唯实”,这就要求党的各级领导干部和广大人民群众一同想问题要实事求是,办事情要实事求是,也就是上上下下方方面面既要求真又要务实。可以说,坚持求真务实这个核心思路,坚决维护广大人民群众这个根本利益,坚持个人、集体和国家三者利益相统一这个基本原则,坚持统筹兼顾这个根本方法,这是贯彻实行党的群众路线的四大真谛。

(作者:湖北大学马克思主义学院教授、博士生导师)

党的群众路线教育实践活动常态化及其机制构建

戴安林

党的十八大报告指出,"围绕保持党的先进性和纯洁性,在全党深入开展以为民务实清廉为主要内容的党的群众路线教育实践活动,着力解决人民群众反映强烈的突出问题,提高做好新形势下群众工作的能力。"为深入贯彻落实党的十八大精神,加强和改进新形势下党群、干群关系,2013 年 4 月 19 日,习近平总书记主持召开中央政治局会议,决定从 2013 年下半年开始,用一年左右的时间,在全党范围自上而下地分期分批开展党的群众路线教育实践活动。为保证党的群众路线教育实践活动顺利进行和深入开展,取得明显的效果,有必要建立和完善常态化机制。

一、建立和完善党的群众路线教育实践活动常态化机制的价值

建立和完善党的群众路线教育实践活动常态化机制是由中国共产党的阶级性质和党的制度建设的基本特征决定的。

(一)建立和完善党的群众路线教育实践活动常态化机制是由中国共产党的阶级性质决定的。

以"一切为了群众、一切依靠群众,从群众中来、到群众中去"为核心内容的群众路线,与"全心全意为人民服务"的根本宗旨一脉相承,是中国共产党根据自身的性质和马克思主义的认识论,结合中国具体国情创造出的一种科学的领导方法和工作方法。群众的观点是马克思主义的基本观点。无产阶级政党的最大危险就是脱离群众。人民群众是我们党的力量源泉和胜利之本。我们党要经受住长期执政、改革开放和发展社会主义市场经济的考验,就必须始终保持和人民群众的血肉联系,始终坚持全心全意为人民服务的宗旨。马克思主义的群众观点主要包括六个方面:

1. 人民群众是历史的创造者。历史唯物主义关于人民群众是历史创造者的原理,是无产阶级政党群众观念的理论基础。唯物史观认为,人民群众是社会物质财富的创造者。人民群众创造的社会物质财富,是社会得以存在和发展的物质保障。人民群众是社会精神财富的创造者。人民群众的社会实践活动是科学、文化、艺术的唯一源泉,劳动群众为人们从事精神文化活动提供了一切物质手段和物质条件,劳动知识分子在精神财富的创造过程中起着极其重要的作用。人民群众是社会变革的决定力量。人民群众既是社会革命的决定力量,又是社会改革的决定力量。社会革命、社会改革根源于社会基本矛盾,但生产关系一定要适应生产力发展状况的规律、上层建筑一定要适应经济基础发展状况的规律不可能自发地起作用,必须通过人民群众这一社会变革的主体才能实现。唯物史观的这个基本观点,要求在实际生活中坚持群众观点。人民,只有人民,才是历史发展的真正动力。

2. 全心全意为人民服务。全心全意为人民服务的观点,是党的性质和宗旨在群众观念中的具体体现。无产阶级政党作为无产阶级的先锋队,是人民利益的代表者和人民意志的执行者,除了人民的利益,没有自己的特殊利益。党的性质决定了它必须把全心全意为人民服务作为自己的根本宗旨。党的宗旨贯穿于党的一切活动中,主要体现在制定和执行党的路线、方针、政策上。共产党人的一切言论和行动,都必

须合乎广大人民群众的根本利益，坚持同广大人民群众同呼吸、共命运、心连心，为民奉献，不断实现好、维护好、发展好最广大人民群众的根本利益。

3. 虚心向人民群众学习。虚心向人民群众学习的观点，深刻揭示了无产阶级政党群众观念的基本实现途径。人民群众中蕴藏着无穷无尽的智慧和力量。毛泽东同志在 1943 年发表的《向群众学习，与群众结合》一文中指出："群众有伟大的创造力……我们应当走到群众中间去，向群众学习，把他们的经验综合起来，成为更好的有条理的道理和办法，然后再告诉群众（宣传），并号召群众实行起来，解决群众的问题，使群众得到解放和幸福。"他强调指出：要"拜人民群众为师，恭恭敬敬地学，老老实实地学。不懂就是不懂，不要装懂"，并表示："群众是真正的英雄，而我们自己则往往是幼稚可笑的，不了解这一点，就不能得到起码的知识。""和全党同志共同一起向群众学习，继续当一个小学生，这就是我的志愿。"真知来源于实践，人民群众创造历史的实践活动中蕴藏着丰富的智慧。只有善于集中群众的意志，发现和总结群众创造的新鲜经验，制定出正确的路线、方针、政策，才能团结和带领人民群众完成全面建成小康社会、实现中国梦的伟大历史任务。

4. 党员干部的权力是人民赋予的。党员干部的权力是人民赋予的观点，深刻揭示了无产阶级政党群众观念的本质特征，体现了正确的权力观。在社会主义制度下，人民群众是国家和社会的主人，而党的各级领导干部是人民群众的公仆。每一个党员干部，必须牢固树立公仆意识，要时时刻刻把自己当作为人民服务的公仆，利用人民赋予的权力为人民群众办好事、办实事，心中牢记党和人民的嘱托，想人民群众所想，急人民群众所急，把人民的事业当作自己终身为之奋斗的事业，为之奉献，为之牺牲。每一个党员干部，要牢固树立勤政廉政意识，决不能利用手中的权力搞腐败，为个人、为亲朋好友谋取私利，要做人民的勤务员，为人民掌好权、用好权。

5. 对人民负责与对党负责相一致。对人民负责与对党负责相一致的观点，深刻揭示了无产阶级政党群众观念的本质，揭示了对党负责与对人民群众负责之间的辩证统一关系。党的领导干部的每一项工作都应当对党的组织负责，对党的领导机关负责，对人民负责。实际上，对党负责和对人民负责在本质上是一致的，对人民负责也就是对党的领导机关负责，损害了人民的利益，也就损害了党的利益。党员个人对党的组织负责，党的下级组织对上级组织负责，全党对党的中央委员会负责，而党的中央委员会、党的领导对全国人民负责。因此，党员干部必须正确处理对人民负责和对党的领导机关负责的辩证统一关系。

6. 要依靠群众又要教育引导群众前进。党要依靠群众又要教育引导群众前进的观点，深刻揭示了无产阶级政党群众观念的实践方法，是党领导人民群众进行斗争的实践经验的总结。即在方式方法上既要相信群众、依靠群众，又要教育群众、引导群众，不断提高群众的觉悟，坚定人民群众跟党走的决心和信心。强调人民群众是社会发展的主体力量，并不是否认无产阶级政党的作用。无产阶级政党是以马克思主义为指导的工人阶级的先锋队，是按照民主集中制原则建立起来的战斗集体，能够把人民群众的意志集中起来，形成统一的意志和行动，能够宣传群众、组织群众、领导群众完成自己的历史使命，人民群众需要无产阶级政党的组织和领导。现阶段，党的各级领导干部要认真做好思想政治工作，对群众进行教育和引导。如果用损害长远利益和整体利益的办法来满足群众的眼前利益和局部利益，实际上也就破坏了群众利益，这并不是马克思主义的群众观点。因此，党既要充分相信群众、尊重群众、坚定地依靠群众，同时，党又要在理论和实践上引导和教育群众，担负起教育和引导群众的责任，凝聚和带领群众前进，不断开创新局面，夺取新胜利。

为保证党的群众路线教育实践活动能够顺利和深入开展，使广大党员干部在思想上牢固树立群众的观点，始终保持党同人民群众的血肉联系，始终保持党的无产阶级政党的先进性和纯洁性，就必须有新的思路、新的途径和新的举措来保障党的群众路线的贯彻和落实。

（二）建立和完善党的群众路线教育实践活动常态化机制是由党的制度建设的基本特征决定的

重视机制建设，是由党的制度建设的基本特征决定的。邓小平同志曾指出："领导制度、组织制度问题更带有根本性、全局性、稳定性和长期性。"

1. 党的制度建设的第一个基本特征是根本性。党的制度建设的根本性，主要是由党的制度的性质所决定的。党的制度是党的生活规律和党的工作经验的规范化和条文化，是党的根本行动法则和依据，是全党共同意志和共同利益的体现，对党的路线、方针和政策的实现起着强有力的保障作用。制度一旦形成，就成为党的法规，具有极大的权威性，对全党具有普适性、强制性和约束力，各级组织和每个党员都必须切实遵守。党的制度的这种根本性，决定了党的制度建设具有根本性。

2. 党的制度建设的第二个基本特征是全局性。党的制度建设的全局性，是指它在党的建设的全局中具有不可替代的重要作用。党的制度不是只与党的工作的某一具体方面相联系，而是与党的工作的所有重要方面相联系，制度的完善与否对党的工作和党的建设的全局都会发生影响。党的政治建设、思想建设、组织建设、作风建设和反腐倡廉建设都离不开党的制度的规范和保证，离开了制度建设，党的其他方面的建设就不可能顺利进行。

3. 党的制度建设的第三个基本特征是稳定性。党的制度的稳定性体现在两个方面：一是党的制度本身具有稳定性。党的任何一项制度都不是随意产生的，而是由相应的党的权力机关按照法定的程序制定的，其修改或者废除也要经过一定的法定程序。党的制度是党内法规，一经制定和颁布实施，就具有一定的独立性和神圣不可侵犯性，是全党意志的体现，不会因党的领导人的改变而改变，也不会因党的领导人的看法和注意力的改变而改变。二是制度建设是党巩固组织、稳定队伍的基本条件，放弃了党的制度建设，党的组织就无法巩固，队伍就无法稳定。

4. 党的制度建设的第四个基本特征是长期性。党的制度建设的长期性有两层含义：一是党的制度本身具有长期性。制度之所以成为制度，就是因为它是实践经验的结晶，被认为是可以长期起作用的东西，才会用条文的形式把它固定下来，要求全党共同遵守。二是党的制度建设是一个长期的过程。在党的生命全过程之中，党的制度建设自始至终相伴随，一方面随着党的任务和形势的发展党需要与时俱进不断制定新的制度；另一方面，原有旧制度要随着党的任务和形势的变化而不断更新完善。因此，党的制度建设是一个长期过程。

正是由于党的制度建设具有上述特征，所以建立和完善党的群众路线教育实践活动常态化机制，对于深入开展党的群众路线教育实践活动，才具有重要的现实意义。

二、党的群众路线教育实践活动常态化机制的构建策略

开展党的群众路线教育实践活动，贯彻落实党的群众路线，提升执政党联系群众的实效性，既要坚持和弘扬党在长期坚持群众路线实践中所形成的优良传统，又要结合时代的发展，以改革创新的精神，探索构建党的群众路线教育实践活动的常态化机制。构建党的群众路线教育实践活动的常态化机制，就是要将一些有利于密切党和群众联系的成功做法、实践经验转化为经常之举，用党的制度的形式固定下来、坚持下去，一直到完完全全地融入党员干部的日常工作和生活中，从而实现成为制度化和长效化的一种模式。为使党的群众路线教育实践

活动常态化，必须建立和完善以下机制：

（一）建立和完善党员干部的群众路线教育培训机制，激发密切联系群众的主动性

开展党的群众路线教育实践活动，建立和完善党的群众路线教育培训机制是基础。

1. 建立和完善党员干部学习培训制度。列宁指出："没有革命的理论就不会有革命的运动。只有以先进理论为指南的党，才能实现无产阶级先锋战士的作用。"毛泽东同志也指出："领导我们事业的核心力量是中国共产党，指导我们思想的理论基础是马克思列宁主义。"所以，深入开展党的群众路线教育实践活动，就必须建立和完善党员干部学习培训制度，要求党员干部认真学习和掌握系统的马克思主义理论，尤其是要认真学习和掌握邓小平理论、"三个代表"重要思想和科学发展观。中国特色社会主义理论体系是当代中国的马克思主义，是马克思主义中国化的最新成果，坚持中国特色社会主义理论体系就是真正坚持马克思主义。因此，必须用马克思列宁主义、毛泽东思想、中国特色社会主义理论体系武装党员干部的头脑，使党员干部保持坚定的共产主义理想信念，牢记立党为公、执政为民的责任意识，发扬勤政廉政、艰苦奋斗的优良作风。

2. 建立和完善党员谈心、党员思想汇报活动等经常性的教育引导制度。在开展党的群众路线教育实践活动中，要分层次建立起党员干部经常性的教育引导机制，开展党员谈心、党员思想汇报等形式多样的学习活动。通过集中理论学习研讨、专题知识讲座等形式，在党员干部中普遍开展"信仰信念信心、为民服务、廉洁自律和个人品德"等主题教育活动，全面提升干部的个人修养。各级党组织要经常性听取党员干部贯彻执行群众路线的情况汇报，强化党员干部的群众观念，从而使党员干部积极、主动、自觉地做到权为民所用、情为民所系、利为民所谋，以人民群众赞成不赞成、高兴不高兴、满意不满意、答应不答应，作为评判自己一切工作好坏的最根本的标准。

3. 建立和完善"三会一课"（即支部大会、支部委员会、党小组会和党课）和"党员活动日"等党员活动制度。在开展党的群众路线教育实践活动中，要通过坚持开展一系列的党组织活动，使党员干部发扬理论联系实际的优良传统作风，增强为民做好事、办实事、解难事的本领，能够着力于解决人民群众最关心、最直接、最现实的重要问题，多做解民忧的好事，勤做暖民心的实事，甘做听民声的小事，切实树立起改革开放新时期党员干部的良好形象。

（二）建立和完善党员干部联系与服务群众的工作机制，保持与人民群众的经常性联系

开展党的群众路线教育实践活动，建立和完善党员干部联系与服务群众的工作机制是根本。

1. 建立和完善党员干部联系点制度，切实为群众排忧解难。在开展党的群众路线教育实践活动中，要使每个党员干部有一个相对固定的基层联系单位。例如建立联系一个乡镇（村）、一个学校、一个社区、一个企业等；甚至可以进一步具体建立联系信访户、困难户、帮扶济贫户、示范户等。使党员干部人人联系群众有载体、深入群众有平台、服务群众有渠道。要怀有爱民之心，要尊重群众。党的群众路线的要义在于"尊重"。只有尊重群众的主体地位，坚持用平等的心态联系群众，不高高在上，不以权压人，群众才能对我们说心里话，道烦心事，讲真想法。群众中蕴藏着无尽的智慧，要拜群众为师，以谦虚姿态，听群众言，知群众意，明群众理，真正把爱民之心、为民之举、富民之策融入日常工作之中，使广大党员干部与群众零距离交流、面对面谈心，以点带面，坚持问政于民、问计于民、问需于民，做到与人民群众思想相同、感情相通，保持与人民群众的经常性联系。

2. 建立和完善党员干部调查研究制度，深入走访调研。变群众"上访"为领导"下访"，化"被动"为"主动"。在开展党的群众路线教育实践活动中，党员干部必须放下架子，深入实践，深入群众，甘当群众的小学生。虚心向群众请教学习，倾听群众呼声，把群众的事看得重于自己的事，为群众排忧解难，这是切实改变党员干部领导作风和工作作风的根本措施。要深入开展党员干部进普通百姓家活动，深入基层了解民情，化解民怨，赢得民心。党员干部在开展党的群众路线教育实践活动中，要做好“五送”工作，即送温暖，主动访贫问苦，体察民情；送真情，与群众面对面心交心，真心诚意地倾听群众呼声，听取民众的意见、建议；送关怀，要多做暖人心、得人心的工作，帮助群众，特别是帮贫困群众解难事、办实事，及时协调解决其实际困难；送宣传，要将党的大政方针、科技知识、先进文化等送到农村、送到基层、送到社区；送信息、法律知识，将使城乡居民能够脱贫致富的市场信息及时、准确地提供给他们，指引他们走勤劳致富、共同富裕的道路。

3. 建立和完善党员干部接待群众制度，促进社会和谐。在开展党的群众路线教育实践活动中，要坚持和完善党员干部接访、约访、回访以及定期信访接待制度，大力推动接访下访工作常态化，健全和完善抓预防、抓排查、抓化解、抓查处、抓问责的“五抓”长效机制建设，切实做到“有访必接，有问必答，有疑必释，有难必解”，党员干部要通过亲自接待群众，更好地掌握真情实况，及时有效将矛盾化解在基层、把问题解决在萌芽状态，关注群众诉求，为群众排忧解难，对群众的每一次来访、每一封来信、每一个邮件，有承诺的要按承诺要求办；有规定的要不折不扣地办；没有规定的要创造条件办；一时解决不了的要耐心细致地做好解释说服工作，决不能大而化之、一推了之。要善于“以小促大”，抓住群众关注的热点、焦点、难点问题，从“小处”入手，以重点带动一般，以个别促进整体，通过化解各个具体的小纠纷、小隐患、小难题，有针对性地维护人民群众的切身利益，推动影响全局性的问题的有效解决。

4. 坚持党员干部与困难群众结对帮扶制度，密切联系群众。在开展党的群众路线教育实践活动中，要从实际出发，开展以帮扶生活困难群众、帮扶生活困难党员、帮扶薄弱基层党组织、帮扶困难企业为主要内容的“四帮扶”活动，要组织引导党员干部与生活困难的群众结对子、交朋友，采取“一帮一”、“多帮一”等方式，即党员干部上门看望结对帮扶对象每半年至少两次，党员干部每年给帮扶对象送温暖至少四次，党员干部为每个帮扶对象至少解决一个实际问题。通过这些具体的明确的切实可行的措施帮助群众解决实际生活中的困难，切实保障他们吃得饱、穿得暖、上得了学、看得起病等基本生活要求。

5. 建立党员志愿者服务机制，优化服务惠民。在开展党的群众路线教育实践活动中，要大力倡导发挥以党员为主体的志愿者服务队的作用，积极倡导、动员和组织党员干部积极开展多种形式的救助活动，参与社区、乡村组织的志愿活动、公益活动和文化体育活动，密切同群众联系，了解群众生活状况，协助发动、组织和宣传党的路线方针政策，积极帮助解决好群众反映的突出问题，为群众释疑解惑。对农村贫困家庭、城镇下岗失业职工、城乡贫困学生以及鳏寡孤独、丧失劳动能力的城镇贫困户，要组织社会各界进行结对帮扶。落实就业扶持政策，培育人才和劳动力市场，帮助困难群众解决好就业问题。通过发挥以党员为主体的志愿者服务队的作用，在参与活动和服务群众的过程中树立起党员干部“亲民、爱民、为民”的良好形象。

（三）建立和完善群众利益保障及多渠道利益表达机制，使人民群众享有充分的知情权、发言权和监督权

开展党的群众路线教育实践活动，建立和完善群众利益保障及多渠道利益表达机制是关键。

在开展党的群众路线教育实践活动中，要逐步建立和完善由党和政府主导的维护群众权益机制，是在新形势下贯彻和落实党的群众路线的重要途径。要让群众有地方说话、有机会说话，最大限度地保障社会各阶层和各个群体利益表达的路径通畅，使社会成员在科学、有效的体制通道内表达利益诉求。现阶段，利益问题往往是影响党群关系的主要问题，在现实生活中贫富悬殊较大已成为影响党群关系的一个重要原因。因此，坚持群众路线，就应当强调社会的公平正义，缩小贫富差距，让广大人民群众共享改革开放发展成果；要进一步构筑安全稳定防范网，拓宽社会保障覆盖面，推进城乡居民养老保险、医疗保险，以利益保障机制去化解民怨，才能真正取得实效。利益表达与政治参与紧密相关，后者是人们权利意识日益觉醒、民主意识日益增强，在政治上要求参与关系切身利益重大事务的一种表现形式。因此，坚持群众路线，还应当努力扩大基层民主，实行政务、村务、党务公开透明，保障人民群众享有充分的知情权、发言权和监督权，从而形成一种生动活泼的政治氛围。

（四）建立和完善联系群众的信息网络平台沟通机制，保证党的政治社会化功能的充分发挥

开展党的群众路线教育实践活动，建立和完善联系群众的信息网络平台沟通机制是重要环节。

互联网的出现和信息化的迅速发展，为加强党与群众的联系创建了一个新的沟通平台。互联网作为新兴媒体，已经成为公众表达诉求和互动交流的重要平台。作为互联网时代的执政党，要善于利用网络等现代媒体资源来为巩固自身的执政地位服务，要时刻关注网络，通过网络了解社情民意，倾听群众呼声，解决群众难题，改进实际工作。在开展党的群众路线教育实践活动中，可以在互联网上，将党的许多重大方针、政策、倡议等及时快捷地传递给人民群众；在互联网上构筑起一个互动交流平台，倾听群众呼声，解决群众难题，征求群众对党和政府工作的建议与意见，通过发表各种不同的观点和看法，进行讨论，相互争鸣，不断提高党和政府工作的科学化水平；在保障网络信息安全的前提下，利用网络等现代媒体资源了解社情民意，进一步密切党与人民群众的联系。

（五）建立和健全监督约束机制，强化党员干部联系群众的自觉性

开展党的群众路线教育实践活动，建立和健全监督约束机制是前提。

建立和健全监督约束机制是确保党员干部密切联系群众各项制度落到实处的有力举措。开展党的群众路线教育实践活动，要建立和健全便利、有效、约束力强的群众监督机制。在发挥好党内监督、法律监督、舆论监督的同时，强化群众监督，建立和完善群众申诉、检举、控告制度以及群众监督员制度等，推行“下评上，民评官，企业、社区、村寨评机关”的工作办法，并建立和健全相应的责任机制、惩戒机制，逐步形成覆盖面广、多层次的社会监督约束机制，切实把群众监督落到实处，进一步强化党员干部密切联系群众的自觉性。

（六）建立和健全激励评价机制，提高党员干部密切联系群众的积极性

开展党的群众路线教育实践活动，建立和完善激励评价机制是保障。

1. 改进党员干部考核机制，加大党员干部使用提拔时群众公认程度的组织认可力度。在开展党的群众路线教育实践活动中，要建立科学的联系群众考评机制。实现和维护群众合法权益，是群众路线的出发点和归宿点；尊重人民主体地位是群众路线的根本要求。群众路线贯彻得怎么样，群众工作做得怎么样，群众自身最有评判资格。现阶段，坚持群众路线与群众工作的评价主体更多地局限于党的各级组织，主要是党的组织系统内的评价，这种自体评价显然难以保证评价结果的全面性和客观性。必须改变封闭式、自话自说的考评模式，要增加群众评价在党员干部考核中的分量，把群众的认可度作为考核党员干部德能勤绩的重要依据，把群众工作能力和群众工作状况作为党员干部考核的重要内容，在干部的提拔使用交流上，要进一步扩大群众参与度，关注干部的群众口碑，真正使那些素质高、能力强、群众公认的干部得到重用，树立起正确的选人用人导向，建立起以各级党组织和党员干部联系群众能力为内容、以群众为评价主体、以群众满意为出发点和落脚点、以多种评价形式为手段的评价机制，努力形成群众有效参与、信息渠道通畅、评价标准客观、党群干群互动良好的运行方式，充分发挥考评机制在坚持群众路线，密切党群、干群联系方面的指挥棒作用。

2. 不断创新奖优罚劣的激励机制。在开展党的群众路线教育实践活动中，要建立起客观公正的评价机制。针对不同岗位、不同层次党员干部的不同职责，制定和实行党员干部量化经常化考核办法，形成科学合理、明确具体的党员干部政绩评价体系，采取量化打分、质询、听证、问责等多种行之有效的形式，真正把评判权交给群众。要通过开展一系列群众满意党员干部评选活动，让联系群众、和群众打成一片、实绩明显的党员干部得到社会的认可，受到应有的尊重。对联系群众好、群众公认的党员干部，在提拔重用上给予优先考虑；对群众意见较大的党员干部给予通报批评；对有问题的党员干部，给予免职处理；对问题严重的党员干部，要移送司法机关处理。通过奖优罚劣的激励机制，激发广大党员干部密切联系群众的热情。

（作者单位：中共湖南省委党校党史教研部）

新时期新阶段坚持和贯彻党的群众路线的思考

刘靖北

以党的十八大胜利召开为标志,国家的事业进入了一个新的发展阶段。根据党的十八大部署,中央决定从2013年下半年开始,用一年左右时间,在全党自上而下分批开展党的群众路线教育实践活动。这是我们党在新形势下坚持党要管党、从严治党的重大决策,是推进中国特色社会主义伟大事业的重大举措,对于我们进一步加强党的先进性和纯洁性建设,进一步密切党同人民群众的血肉联系,促进党员干部做到求真务实、清正廉洁,具有极其重要的意义。为此,我们选择"贯彻党的群众路线若干问题思考"作为我们的研究课题,以期通过本课题的研究,加深对党的群众路线教育实践活动重要性的理解,提高坚持和贯彻党的群众路线的自觉性和主动性。

一、新时期新阶段坚持和贯彻党的群众路线的极端重要性

在新时期新阶段,面对新形势新任务,党的十八大作出在全党特别是领导干部中深入开展群众路线教育实践活动,强调要始终保持同人民群众血肉联系,这显然具有极强的时代紧迫性和现实针对性。

(一)坚持和贯彻党的群众路线是永葆党的性质的内在需要

共产党之所以是共产党,马克思主义政党之所以是马克思主义政党,就在于,也仅仅在于它是代表工人阶级和最广大人民群众的政党,是彻底为工人阶级和最广大人民群众谋利益的政党。早在世界第一个无产阶级政党诞生之初,马克思恩格斯就鲜明地指出:"过去的一切运动都是少数人的或者为少数人谋利益的运动。无产阶级的运动是绝大多数人的、为绝大多数人谋利益的独立的运动。"恩格斯还指出:"……被剥削被压迫的阶级(无产阶级),如果不同时使整个社会永远摆脱剥削、压迫和阶级斗争,就不再能使自己从剥削它压迫它的那个阶级(资产阶级)下解放出来……"马克思早前曾说,"因为工人的解放还包含普遍的人的解放"。在马克思恩格斯看来,无论工人阶级政党采用什么形式,都不应该是孤立于工人阶级和广大人民群众之外的宗派集团;不论工人阶级政党多么先进,都不应代替工人阶级和广大人民群众的革命作用。他们进一步指出,无产阶级政党的历史使命就在于,组织和领导本阶级和最广大人民群众,为实现人类的解放从而也是工人的解放而斗争。这就清楚地表明了共产党的根本性质和宗旨。

按照马克思主义建党原则建立起来的中国共产党,是中国工人阶级的先锋队,同时也是中国人民和中华民族的先锋队。中国共产党始终把一切从人民利益出发,全心全意为人民服务作为自己的根本立场和唯一宗旨。中国共产党的这种性质和宗旨就决定了党的根本的路线是群众路线。毛泽东同志指出:"共产党是为民族、为人民谋利益的政党,它本身决无私利可图。……它的党员应该站在民众之中,而决不应该站在民众之上。""全心全意地为人民服务,一刻也不脱离群众;一切从人民的利益出发,而不是从个人或小集团的利益出发;向人民负责和向党的领导机关负责的一致性;这些就是我们的出发点。"毛泽东还着重地把"和最广大的人民群众取得最密切的联系"作为中国共产党区别于其他任何政党的重要标志。建国以

后，邓小平在党的八大上作的《关于修改党的章程的报告》中指出："同资产阶级的政党相反，工人阶级的政党不是把人民群众当做自己的工具，而是自觉地认定自己是人民群众在特定的历史时期为完成特定的历史任务的一种工具。"他还指出：共产党"它之所以成为先进部队，它之所以能够领导人民群众，正因为，而且仅仅因为，它是人民群众的全心全意的服务者，它反映人民群众的利益和意志，并且努力帮助人民群众组织起来，为自己的利益和意志而斗争"。进入新世纪新阶段，党中央一再强调坚持群众路线对于保持党的性质的重要性。江泽民同志指出："全心全意为人民服务，立党为公，执政为民，是我们党同一切剥削阶级政党的根本区别。"胡锦涛同志再三强调："相信谁、依靠谁、为了谁，是否始终站在最广大人民的立场上，是区分唯物史观和唯心史观的分水岭，也是判断马克思主义政党的试金石。"习近平同志进一步指出："党除了工人阶级和最广大人民群众的利益没有自己特殊的利益，党在任何时候都把人民群众的利益放在第一位，全心全意为人民服务。党的这种性质和宗旨，既决定了党的先进性，也决定了党的纯洁性。"

可见，中国共产党的性质决定了群众路线是党的根本的路线，群众路线是马克思主义政党性质的根本要求，正如毛泽东所说："共产党的路线，就是人民的路线。"离开了这条路线，党就要变质，就不再是代表最广大人民群众根本利益的马克思主义政党了。在深刻变化的国内外环境中，党面临着前所未有的风险和考验，保持党的先进性纯洁性也面临不少新情况新问题。这就要求我们必须从保持党的先进性纯洁性、保证党永不变色的高度，充分认识坚持党的群众路线、保持与人民群众最紧密联系的极端重要性和紧迫性。

（二）坚持和贯彻党的群众路线是我们党长久执政的根本保证和基础

历史实践证明，坚持群众路线，不断从人民群众中汲取智慧和力量，这是我们党能够并长期执政的最根本的原因。正如邓小平同志指出的："群众是我们力量的源泉，群众路线和群众观点是我们的传家宝。""如果哪个党组织严重脱离群众而不能坚决改正，那就丧失了力量的源泉，就一定要失败，就会被人民抛弃。"

弘扬密切联系群众的优良作风，坚持从群众中来到群众中去的群众路线，是中国特色民主的重要内容。林尚立教授在《党内民主》一书中指出："群众路线不论体现为一种领导方法，还是一种工作方法，都是党内民主的一种运作形态，是一种有明确价值取向的运作形态。"不仅如此，与目前流行的各种参与型民主相比，群众路线可以说是一种更广泛真实的参与型方式，它不仅强调广大群众自觉主动的政治参与，而且强调领导者、决策者必须主动深入到人民群众中去，与群众打成一片。笔者曾到江苏淮安调研，一位农村老大爷说，"我们理解的民主，就是干部与群众打成一片"。著名学人南怀瑾先生也曾说过中国共产党创造了中国数千年所未有、人类历史上所未见的三大人间奇迹，其中群众路线，干部与人民同甘共苦，是人类历史上最高级的民主。这种观点是十分深刻的。

党90多年来的历史，就是一部团结、带领、依靠人民群众的历史，就是一部坚持党的群众路线，倾听群众呼声、反映群众愿望、关心群众疾苦、保障群众权益、维护群众利益的历史。正是凭借群众路线和党与群众的密切关系，我们的工作才获得了最广泛、最可靠、最牢固的群众基础和力量源泉，取得了一个又一个辉煌的胜利。针对党目前存在的"脱离群众的危险"，必须坚持党的群众路线，始终把人民利益放在第一位，问政于民、问需于民、问计于民，做到权为民所用、情为民所系、利为民所谋，为我们党的长期执政获得最广泛最可靠最牢固的群众基础和力量源泉。

（三）坚持和贯彻群众路线是推进中国特色社会主义事业的必然要求

人民群众是创造世界历史的真正动力，是社会物质财富和精神财富的创造者，是推动社会变革和发展的决定力量。这是唯物史观的最根本观点。90多年来,我们党取得的所有成就都是依靠人民共同奋斗的结果,人民是真正的英雄,这一点我们永远不能忘记。习近平同志担任总书记后一再强调,“中国特色社会主义是亿万人民自己的事业,所以必须发挥人民主人翁精神,更好保证人民当家作主。”“中国梦归根到底是人民的梦,必须紧紧依靠人民来实现,必须不断为人民造福。”

坚持尊重人民群众的历史主体地位,始终坚持党的群众路线,极大地焕发人民群众投身民族复兴伟业的创造热情,是中国特色社会主义的一个鲜明特质。一方面,中国特色社会主义坚持人民利益至上,始终着眼实现维护和发展最广大人民的根本利益,努力把实现民族复兴与谋求人民福祉统一起来,使人民群众真切感受到自己是民族复兴伟业的直接受益者,为民族复兴出力流汗就是为自己创造幸福生活。另一方面,中国特色社会主义坚持发展人民民主,不断增进人民群众对公共事务的知情权、参与权、管理权和监督权,努力把实现民族复兴与尊重民主权益统一起来,使人民群众真切感受到自己是民族复兴伟业的主人翁,为民族复兴贡献才智就是实现自己的人生价值。在社会主义条件下,把人民群众当做“上帝”加以尊崇,必然会激励他们自觉站在主人翁的立场上,将个人前途命运同整个民族前途命运融为一体,以不断高涨的积极性、主动性和创造性,推动民族复兴历史伟业又好又快向前发展。

二、新时期新阶段坚持和贯彻群众路线面临的新情况新问题

历史时期不同,发展阶段不同,贯彻党的群众路线、开展群众工作面临的情况和问题也不同。对新时期新阶段坚持和贯彻群众路线新形势、新问题、新特点的准确把握,是做好党的群众工作的前提和基础。

(一)新时期新阶段坚持和贯彻群众路线面临的新挑战新问题

随着改革开放的深入和社会主义市场经济的发展,群众工作对象更加多样,群众工作内容更加丰富,群众工作环境越来越复杂,这使得新时期新阶段坚持和贯彻群众路线面临新的挑战,呈现新的特点。

1. 群众工作环境更加复杂。改革开放以来,经济体制深刻变革,社会结构深刻变动,利益格局深刻调整,思想观念深刻变化,坚持和贯彻群众路线的环境发生了翻天覆地的变化。比如,我们用短短的几十年走过了西方国家几百年走过的里程,由于发展时空的急剧压缩,中国社会已进入矛盾多发期和所谓“风险社会”,坚持和贯彻群众路线面临着全新的社会环境;中国已步入中等收入国家行列,发展起来后人民群众对党和政府提出了更高的要求和期待,同时利益博弈、利益矛盾和利益冲突加大,坚持和贯彻群众路线面临着全新的经济环境;各种思想文化相互激荡,人们的道德伦理和价值观念发生深刻变化,坚持和贯彻群众路线面临着全新的文化环境;信息化渗透到经济和社会生活的方方面面,深刻影响和改变着人们的学习、生活、工作与思维方式,对人们的价值取向、行为模式、道德观念、社会认知结构等都带来巨大冲击,坚持和贯彻群众路线面临着全新的网络环境,等等。所有这些变化,都对坚持和贯彻群众路线提出了新的挑战、新的要求。

2. 群众工作对象更加多样。在计划经济年代,阶级阶层结构相对比较简单,党的群众工作对象也相对比较单一。同时,各阶级阶层的思想观念、利益诉求、生活方式具有较大的同质性,因而也容易被代表,群众工作方式也比较简单。而改革开放30多年来,随着社会主义市场经济的深入发展,社会结构的深刻变动,社会阶层分化日益明显,社会流动不断加快,中国原有的阶级阶层结构发生了深刻的分化和重组。在这样的条件下,群众的内涵与外延在不断扩展,群众工作对象不仅包括工人、农民、知识分子群体(即所谓的“两阶级一阶层”),而且包括民营科技企业的创业人员、受聘于外资企业的管理

技术人员、个体户、私营企业主、中介组织的从业人员、自由职业者等社会新阶层，以及流动人群、新经济组织和新社会组织等群体。不仅如此，随着经济社会的发展，今天党的群众工作对象既不是旧时代唯命是从的“臣民”，也不是计划经济时代对政府绝对服从的“群众”，而是逐渐形成现代权利意识的“公民”。党的群众工作对象的多样化，给党的群众工作带来一系列新的挑战、新的问题。

3. 群众工作内容更加丰富。第一，在计划经济体制下，由于实行单一的公有制，群众之间利益关系单一，没有明显的利益矛盾。但市场经济条件下，利益格局的深刻变动，需求结构趋于多元，利益关系更加复杂，利益矛盾日益突出，党和政府统筹和整合群众利益的难度越来越大，如何公正合理地协调社会各阶层利益关系和利益矛盾成为党的群众工作的核心内容。第二，在深刻变化的社会转型期，各种思潮相互激荡，人们的思想观念更趋复杂，价值观念更加多元多变，形成社会共识的难度加大；一些领域道德失范，一些社会成员人生观、价值观扭曲，用社会主义核心价值体系凝聚各阶层群众的任务艰巨，在全社会培育和形成共同的价值观将成为贯彻党的群众路线、做好群众工作的难点。第三，市场经济的发展使群众的主体意识、权利意识迅速成长，网络世界的勃兴使人们的表达意识、参与意识空前增长，群众运用法律、政策维护自身权利的能力不断提高。这些都是过去贯彻群众路线、开展群众工作不曾面临的新环境。这就要求我们必须改变传统的行政化的工作方式，把运用民主法治方式开展群众工作作为重要内容，等等。

（二）新时期新阶段坚持和贯彻群众路线中存在的问题

面对新时期新阶段坚持和贯彻群众路线的新问题新挑战，我们在坚持和贯彻群众路线中，无论在思想和作风上，还是在工作能力和工作机制上都还存在着许多与时代要求不协调不适应的问题，主要表现在以下三个方面：

1. 思想和作风不端正。在实际工作和干部队伍中，存在着一些违背党的性质和宗旨、群众反映强烈的突出问题。一是官僚主义严重。有的官气十足，高高在上，对群众呼声置若罔闻，对群众疾苦麻木不仁；有的作风粗暴，专横跋扈，办事不公，严重的甚至强迫命令，欺压百姓；有的精神懈怠，不思进取，对工作不负责任，照抄照搬、被动应付，得过且过、效能低下，等等。二是形式主义严重。有的习惯于漂浮在上，方案计划一大堆，实际工作不落实；有的喜欢做表面文章，工作过程很热闹，实际问题没解决；有的热衷于迎来送往，没有精力抓工作、抓落实；有的贪图名利，弄虚作假，搞“形象工程”、“政绩工程”，等等。三是享乐主义严重。有的热衷于讲排场、比阔气，挥霍公款，铺张浪费；有的沉湎于灯红酒绿、吃喝玩乐，致使奢靡之风盛行；甚至见利忘义、以权谋私，违法乱纪、腐化堕落，消极腐败现象屡禁不止，等等。四是文牍主义严重。有的习惯于以会议落实会议，以文件落实文件，文山会海，以假话、空话、大话、套话为特点的会风、文风远未绝迹，等等，这也是一种严重的形式主义。出现这些问题，有多方面原因，就客观方面来说，既有“官本位”意识积淀的历史原因，又有联系群众机制不健全的现实原因，就主观方面来说，既有少数人理想信念动摇、宗旨观念淡薄的原因，又有相当数量的人思维方式陈旧、工作方法简单的原因。不管什么原因，这些问题的存在严重损害群众利益，严重影响党和政府形象，必须下大力气加以解决。

2. 群众工作能力不适应。面对新时期新阶段坚持和贯彻群众路线的新形势、新特点，由于我们的观念、方式、能力没有及时跟上时代的变化，导致一些地方的群众工作方法保守、方式呆板，缺乏想象力，缺乏创造性。一些同志只会利用组织或行政资源联系群众，离开了这些资源，就不会与群众打交道；一些同志只会机械地通过物质满足的方式联系群众，缺乏对群众真实需求的洞察，缺乏与群众的感情交流；一些同志在“摆平就是水平、稳定就是搞定”的实用主义观念的影响下，重堵轻疏，重利轻义，只能用金钱解决问题，没有从源头上化解长期积累的利益矛盾；一些同志不善于利用网络媒体与群众打交道，少数党员干部在网络上要么失语、要么雷语，加上工作方法简单生硬，丧失引导信息传播的主导力；一些同志面对群众利益诉求多元、民主平等意识增强的新情况，仍然习惯于传统说教和命令，不会用民主协商和对话的方式以消解社会紧张；一些同志深入群众不多，缺乏直接面对群众工作的实际锻炼，对群众没有感情，不懂群众语言，把握不准群众的思想脉搏，抓不准群众诉求的核心问题，在实际工作中难以有效解决矛盾，等等。习近平就曾形象地说："要群众信任，决不仅仅靠权力，更主要的是靠你的人格魅力和工作能力，靠你做群众工作做法和本领。在开展群众工作方面，我们有的领导干部确实比较欠缺，不懂得如何积极主动地维护好群众的合法权益，切实做好宣传思想工作，甚至不会说话，语言表达苍白无力。有的同志自嘲：与新社会群体说话，说不上去；与困难群众说话，说不下去；与青年学生说话，说不进去；与老同志说话，给顶了回去。很多场合我们就是处于这样一种失语的状态，怎么能使群众信服呢？"总之，如何提高党员干部做好群众工作的能力素质，增强群众工作本领，是新形势下贯彻群众路线、做好群众工作的迫切要求。

3. 群众工作制度不健全。领导制度需要进一步改进，党政不分、政社不分，以党代政，以政代社，党与政府通过社会组织开展群众工作的力度不够，因此也容易使党和政府成为各种利益矛盾的焦点，导致党和政府公信力下降。民主决策机制需要进一步健全，由决策失误给群众造成的损害时有发生；政治参与机制不完善，有序政治参与渠道不畅，不能满足广大人民群众日益增长的参与需求，非理性和制度化政治表达和参与事件增多；干部人事制度改革有待深化，选人用人机制不完善，一些地方用人上的不正之风潜孳暗长，特别是"对下负责"的制度刚性弱于"对上负责"的制度刚性，在客观上造成一部分干部不愿意费力吃苦地做与民生和群众有关的工作；民主法治机制不健全，致使一些地方对党群干群关系热点难点问题的处理带有很大随意性，或是出现"小闹小解决、大闹大解决、不闹不解决"的现象，与"法治"要求相去甚远；收入分配制度、社会保障机制不健全不完善，弱势群体难以享受中国经济发展的丰硕成果，增强了他们对社会的怨恨，加大了坚持和贯彻群众路线的难度。社会矛盾调解机制、社会管理机制和联系服务群众机制不完善，群众工作的系统性、协调性、持续性不强，群众工作组织网络需要进一步健全，等等。

三、新时期新阶段坚持和贯彻群众路线路径选择

那么，新时期新阶段坚持和贯彻群众路线的现实路径是什么呢？我们认为，应当从思想教育、改进作风、提升能力、解决问题和制度建设等方面入手，建构新时期新阶段坚持和贯彻群众路线的有效途径。

思想教育是前提。思想是行动的先导，也是贯彻党的群众路线、开展群众工作的基本前提。要加强对干部的马克思主义群众观点与群众路线的再教育活动，通过群众路线再教育，使干部牢固树立宗旨意识和马克思主义群众观点，真正从思想上解决好我是谁、为了谁、依靠谁的问题。同时要坚持与时俱进，适应新时期新阶段开展群众工作的新要求、新特点，牢固树立以人为本、人民至上的理念，把满足人民群众日益增长的物质文化需要作为工作的出发点和落脚点，坚持一切为了群众、一切依靠群众，从群众中来，到群众中去；牢固树立民主法治、公平正义的理念，通过民主协商、依法办事，统筹兼顾，协调利益矛盾，化解群众纠纷，公平对待各个群体的群众的利益需求，让发展的成果全面惠及最广大的人民群众；牢固树立社会的理念，积极培育公民精神，充分发挥社会组织在贯彻党的群众路线、开展群众工作中的作用。进行群众路线再教育，要注意克服以下倾向：一是

反对包办主义、替民作主的倾向，真正发动和依靠广大人民群众为实现自身的福祉而奋斗。二是反对民粹主义、迎合群众倾向，防止把群众的胃口提得太高，陷于福利主义的泥潭。三是反对实用主义、摆平群众倾向，防止重利轻义，重堵轻疏，把群众工作仅仅当做维护稳定的方式和手段。四是反对命令主义、强迫群众的倾向，违背群众意愿，甚至与民争利，欺压百姓，损害群众利益，等等。

提升能力是基础。新形势下坚持和贯彻群众路线，既要提高对群众工作重要性的认识，更要掌握群众工作的方式方法，提高做好群众工作的能力。群众工作能力涉及许多方面，但就目前干部能力状况而言，主要是提高以下五种能力。一要提高与群众的接触和沟通能力。要经常深入到群众中去，深入到问题和矛盾集中的地方去，在与群众面对面的接触和沟通中，学会“群众语言”，增进与群众的感情，提高与群众打交道的能力。二要提高协调关系和化解矛盾的能力。要运用过去形成的行之有效的方法和现代科学的理论和方法，化解群众的不满情绪和各种矛盾，有效增强党与人民群众以及人民群众之间的团结和谐。三要提高防范和处置群体性事件和突发事件的能力。及时发现各种倾向性的苗头问题，及时消除各种可能导致突发事件的隐患。一旦发生群体性事件，要“早说话，说真话，会说话”，“不失语，不妄语，不乱语”，及时有效地加以处置，确保社会安定稳定。四要提高运用信息网络等新媒体的能力。要深入研究网上舆论引导的特点和规律，积极运用通信平台和信息媒介，广泛使用移动电视、手机报、短信、微博等新兴媒体，建立联系各级党政机关和群众之间、党员干部和群众之间的直接通道。五要提高运用社会化手段开展群众工作的能力。要充分发挥人大代表、工青妇等人民团体为本阶层、本群体群众在表达利益、维护利益中的作用。要提高群众的组织化水平，重视新社会组织工作，提高党对新社会组织的影响力，充分发挥社会组织在群众中的沟通协调、促进和谐的作用。

改进作风是重点。作风体现党的形象，关乎党的生命。作风不正，形象不会好，必然脱离群众、脱离实际，损害党和政府在群众中的公信力。作风问题涉及许多方面，但人民群众感受最直接的是领导机关和领导干部的工作作风。习近平同志指出：“工作作风上的问题绝对不是小事，如果不坚决纠正不良风气，任其发展下去，就会把我们党和人民群众隔开，我们党就会失去根基、失去血脉、失去力量。”现在，群众反映最大的工作作风方面的问题，尽管有多种多样的表现形式，概括起来，就是形式主义、官僚主义和享乐主义。去年12月4日，中央政治局发布了关于改进工作作风、密切联系群众的八项规定。这八项规定，针对的都是群众长期反映强烈的现实问题，因此深受欢迎，深得人心。几个月来，中央领导率先垂范，各级党组织认真贯彻执行，改进工作作风的“八项规定”取得了阶段性成效，为建设清明政治开了一个好头。但是，也有人怀疑这次改进工作作风会不会又是“一阵风”，难以持久。因为，过去我们也多次制定过类似的规定，但多是抓一阵子，然后又回到从前的状态。因此，我们认为，将于下半年开始的群众路线教育实践活动，一定要乘势而上，以贯彻落实中央八项规定作为切入点，把作风建设放在更加突出位置，“照镜子、正衣冠、洗洗澡、治治病”，着力解决领导机关和领导干部中存在的作风不实、不正、不廉的问题，努力促使领导机关和领导干部的工作作风有一个明显的改进，以作风建设的实际成效取信于广大人民群众。

解决问题是关键。在为群众排忧解难、解决现实问题的过程中，解开群众的思想疙瘩，赢得群众的理解和信任，是我们党做群众工作的一条基本经验，也是最实际、最普遍、最有效的群众工作。在新的形势下，一定要把解决群众最现实、最关心、最直接的实际问题作为贯彻党的群众路线、开展群众工作的关键。群众是最讲实际的，不解决群众的实际问题，就难以取得群众的信任，群众工作也难以取得实际效果，甚至还会适得其反。因此，坚持和贯彻群众路线，必须从解决人民群众最关心、最直接、最现实的利益问题出发，既要解决那些关系全局的问题，也要解决群众生产生活中的各种问题，包括吃穿住行、子女教育、社会治安、水电供应、就医看病等各种民生问题，为群众办实事、解难事，从而实现人民群众的根本利益和长远利益。当前还要特别注意处理好土地征用、房屋拆迁、企业改制、涉法涉诉以及劳动、社保、环境等突出问题，切实维护群众的合法权益。

制度建设是根本。制度问题更具有根本性，也是解决一切问题的根本保证。在新形势下，必须健全和完善群众工作的制度体系，为贯彻群众路线、开展群众工作提供根本的保证。一是要健全和完善民主决策制度。正确的决策，是最大最有效的群众工作。要建立健全科学民主的决策制度，完善决策程序，加强决策咨询、社会听证，广泛听取群众意见，做到重大决策没有兼顾各方利益的政策不出台、得不到大多数群众赞成的政策不出台、与民争利的政策不出台，防止因政策措施制定不当给群众利益造成损失，引发群众的不满。二是要健全和完善民主协商制度。要按照党的十八大的要求，建立和完善协商民主制度和工作机制，疏通协商民主的渠道，扩大协商民主的范围，推进协商民主广泛、多层、制度化发展，减少政府与群众在建设与发展中引发的矛盾。三是要健全和完善民主监督制度。要大力推进党务公开、政务公开、厂务公开、村务公开和公共事业单位办事制度公开，完善权力公开的机制，构建完善的民主监督体系，推进权力运行的公开化、规范化，提高权力运行的透明度和公信力。四是要健全和完善民主管理制度。进一步健全民主参与制度，丰富民主形式，拓宽民主渠道，从各个层次、各个领域扩大群众有序政治参与，广泛动员和组织人民依法管理经济、文化和社会事务。五是要健全和完善干部制度。要进一步完善群众测评制度，把群众的认可度作为考核领导干部德能勤绩的重要依据，把群众工作状况作为领导干部考核的重要内容。在干部的选拔任用和交流上，要进一步扩大群众参与度，关注干部的群众口碑，真正使那些素质高、能力强、群众公认的干部得到重用，树立起正确的选人用人导向。六是要健全和完善联系群众服务群众的各项制度。要严格执行领导干部接访下访群众制度、领导干部联系基层和群众制度，建立健全联系群众的保障机制等。最后，要强化服务型基层党组织建设。以服务群众、做群众工作为主要任务，加强基层服务型党组织建设，使基层党组织在功能定位上、工作重心上、工作方式上，真正转变到服务群众上来，在服务中最大限度地形成对群众的动员力、对社会的凝聚力。

（作者：中国浦东干部学院科研部主任、教授）

第四部分

学习贯彻党的十八届三中全会精神

遵循"四个坚持"的改革经验

栗战书

党的十八届三中全会对35年改革开放的成功实践进行科学总结，分别从党的领导、思想路线、实践主体、科学方法方面概括了"四个坚持"的重要经验。这"四个坚持"，是我们党带领人民在改革开放实践中积累的宝贵财富，是新的历史起点上全面深化改革的重要遵循。

一、坚持党的领导，贯彻党的基本路线，不走封闭僵化的老路，不走改旗易帜的邪路，坚定走中国特色社会主义道路，始终确保改革正确方向

改革开放是我们党在新的历史条件下带领人民进行的新的伟大革命，是当代中国的鲜明特色，是我们党在新时期建设社会主义的鲜明旗帜。中国能有今天这样的大好局面，中国人民的面貌、社会主义中国的面貌、中国共产党的面貌能发生如此深刻的变化，中国能在国际社会赢得越来越举足轻重的地位，靠的就是坚持不懈推进改革开放。面向未来，我们要解决发展进程中出现的各种难题，化解来自各方面的风险和挑战，更好地发挥中国特色社会主义制度优势，推动经济社会持续健康发展，除了深化改革开放，别无他途。党的十八届三中全会重点研究全面深化改革问题并作出重要决定，顺应了广大党员、干部、群众的愿望，抓住了社会最关心的问题，是以习近平同志为总书记的党中央坚定不移高举改革开放大旗的重要宣示和重要体现。

邓小平同志1992年在南方谈话中说："不坚持社会主义，不改革开放，不发展经济，不改善人民生活，只能是死路一条。""基本路线要管一百年，动摇不得。只有坚持这条路线，人民才会相信你，拥护你。"学习邓小平同志这些重要思想，回顾我国改革开放的历程，可以清楚地看到：中国特色社会主义之所以具有蓬勃的生命力，就在于它是实行改革开放的社会主义，是通过改革开放自觉地实现社会主义制度自我完善和发展；我国的改革开放之所以能够健康发展，就在于它是社会主义的改革开放，目的是巩固和发展社会主义事业。35年来，我们党毫不动摇地坚持党的基本路线，既以四项基本原则保证改革开放的正确方向，又通过改革开放赋予四项基本原则新的时代内涵，坚持把以经济建设为中心同四项基本原则、改革开放这两个基本点统一于坚持和发展中国特色社会主义伟大实践，使中国特色社会主义经受住国际国内各种风险和挑战的考验，成为充满发展生机和活力的社会主义。35年改革历程也经历过曲折，但由于我们党牢牢把握住改革开放和现代化建设的正确方向，始终保持清醒的政治认识，有了问题能及时发现和纠正，所以能够不断取得新的成就。东欧、苏联等前社会主义国家也搞了"改革"，有的甚至比我国还早，但他们的"改革"方向偏了、路走歪了，不但没有完善和发展社会主义制度，巩固和壮大社会主义事业，反倒是颠覆了社会主义制度，葬送了社会主义事业，教训极为深刻。这充分表明，他们进行的"改革"同我们进行的改革是性质完全不同的；这也充分说明，社会主义国家在改革中能否保持社会主义方向，直接决定着社会主义制度和事业的命运。

实践证明，坚持改革正确方向，最核心的是在改革中坚持和完善党的领导，坚持和完善中国特色社会主义制度。偏离了这一条，方向就

完全偏了。有的人把改革开放定义为往西方"普世价值"、西方政治制度的方向改，否则就说你"不改革"。这是对改革的曲解。我们的改革已进行了35年，总体上不存在哪些方面该改的而没有改。问题的实质是改什么、不改什么。那些不能改的，包括中国特色社会主义基本路线、基本纲领、基本经验、基本要求等，不但现在不能改，今后仍然不能改。在改革方向问题上，我们必须保持清醒头脑，排除各种干扰，不动摇、不懈怠、不折腾，始终坚定中国特色社会主义道路自信、理论自信、制度自信。

二、坚持解放思想、实事求是、与时俱进、求真务实，一切从实际出发，总结国内成功做法，借鉴国外有益经验，勇于推进理论和实践创新

改革开放35年来，我们党遵循马克思主义思想路线，坚持解放思想、实事求是、与时俱进、求真务实，运用辩证唯物主义和历史唯物主义立场观点方法来观察世界、指导实践，从改革开放的实践中和人民群众的创造中总结经验、汲取营养，勇于推进实践基础上的理论创新，为改革开放提供了体现时代性、把握规律性、富于创造性的理论指导。我们党坚持用马克思主义中国化最新成果武装全党，推动广大党员干部解放思想、实事求是、一切从实际出发，自觉把思想认识从那些不合时宜的观念、做法和体制的束缚中解放出来，从对马克思主义的错误的和教条式的理解中解放出来，从主观主义和形而上学的桎梏中解放出来，不断提高马克思主义理论水平，始终保持勇于变革、勇于创新、永不停滞、永不僵化的精神状态，为改革开放的顺利推进提供了重要思想保证。解放思想、与时俱进，目的和实质都是为了做到实事求是，从各种陈旧落后的和错误的思想观念束缚中解放出来，使我们的认识以及制定的方针、政策、措施符合客观实际的要求。我们党倡导解放思想、与时俱进，都是始终同实事求是相统一的。正是在党的实事求是思想路线指引下，我们党带领人民锐意推进各方面体制改革，使我国成功实现了从计划经济体制到社会主义市场经济体制、从封闭半封闭到全方位对外开放的伟大历史转变，推动党和国家各项事业取得举世瞩目的伟大成就。

我们正在进行具有许多新的历史特点的伟大斗争，面临的挑战和困难前所未有。应对这些挑战和困难需要进一步解放思想、坚持实事求是，推进具有许多新的历史特点的伟大斗争也需要进一步解放思想、坚持实事求是。党的十八届三中全会明确提出，要进一步解放思想、进一步解放和发展社会生产力、进一步解放和增强社会活力。这"三个进一步解放"，解放思想是前提，是解放和发展社会生产力、解放和增强社会活力的总开关。冲破思想观念的障碍、突破利益固化的藩篱，其首要任务是解放思想。在深化改革问题上，一些思想观念障碍往往不是来自体制外而是来自体制内。思想不解放，就很难看清各种利益固化的症结所在，很难找准突破的方向和着力点，很难拿出创造性的改革举措。贯彻落实党的十八届三中全会精神，要求我们进一步解放思想，坚定不移地推进经济体制、政治体制、文化体制、社会体制、生态文明体制和党的建设制度等各个方面改革，敢于啃硬骨头，敢于涉险滩，不断在全面深化改革上取得新的突破。领导干部要做解放思想的表率，要有自我革新的勇气和胸怀，跳出条条框框的限制，正确处理中央和地方、全局和局部的关系，正确对待利益格局调整，坚决克服地方和部门利益的掣肘。只要有利于解放和发展社会生产力，只要有利于推动经济社会持续健康发展，只要有利于实现好、维护好、发展好最广大人民根本利益，只要有利于巩固党的执政基础和执政地位，就大胆试、大胆闯，就坚决破、坚决改。

三、坚持以人为本，尊重人民主体地位，发挥群众首创精神，紧紧依靠人民推动改革，促进人的全面发展

我们是社会主义国家，人民是国家的主人，

是社会主义改革开放的实践主体，是决定我国前途和命运的根本力量。35 年来，我们党始终坚持一切为了人民、一切依靠人民，从群众中来、到群众中去的群众路线，坚持尊重社会发展规律与尊重人民历史主体地位的一致性，把人民拥护不拥护、赞成不赞成、高兴不高兴、答应不答应作为制定各项改革政策的出发点和落脚点，把是否有利于发展社会主义社会生产力、有利于增强社会主义国家综合国力、有利于提高人民生活水平这“三个有利于”作为判断改革得失成败的根本标准，既通过提出和贯彻正确的理论和路线方针政策带领人民前进，又从人民的实践创造和发展要求中获得前进动力。回过头来看，改革开放在认识和实践上的每一次突破和发展，改革中每一个新生事物的成长和壮大，改革开放每一个方面经验的创造和积累，无不来自亿万人民群众的实践和智慧。

经过 35 年改革，很多容易改的问题已经得到有效解决，留下来的大都是比较难啃的硬骨头，甚至是牵动全局的敏感问题和重大问题。推进改革的复杂程度、艰巨程度一点也不亚于改革开放之初。实践证明，越是面对分散于各个领域和各个社会层面错综复杂的具体利益格局，越是面对改革发展稳定的繁重任务，越要善于按照人民群众的切身要求和总结人民群众在实践中创造的新鲜经验来完善政策主张，越要善于集纳民智、凝聚民心、激发民力，为深化改革夯实坚实的群众基础。深化改革关系人民利益，也是人民自己的事，不能没有人民参与，更不能少了群众创造。缺少群众基础，没有人民支持和参与，任何改革都不可能取得成功。无论遇到任何困难和挑战，只要有人民支持和参与，就没有克服不了的困难，就没有越不过的坎。我们要认真贯彻党的群众路线，最大程度吸纳人民群众参与改革，保证改革始终有众志成城的民意支撑，始终有破浪前行的民众动力。我们推进任何一项重大改革，都要站在人民立场上把握和处理好涉及改革的重大问题，都要从人民利益出发谋划改革思路、制定改革举措，都要紧紧依靠人民来推进，做到谋划改革汲取人民智慧，推进改革凝聚人民力量，检验改革依靠人民评判，使全面深化改革开放的过程成为人民广泛参与、普遍受益的过程。唯有充分尊重人民意愿，形成广泛共识，人民才会积极支持改革、踊跃投身改革；唯有让改革成果更多更公平惠及全体人民，整个社会的创造活力才会竞相迸发，人民的发展机会才会丰富多彩，人民的生活质量和水平才会不断提高，深化改革才能获得最广泛最可靠的群众基础和最深厚的力量源泉。

四、坚持正确处理改革发展稳定关系，胆子要大、步子要稳，加强顶层设计和摸着石头过河相结合，整体推进和重点突破相促进，提高改革决策科学性，广泛凝聚共识，形成改革合力

改革发展稳定是我国社会主义现代化建设的三个重要支点。改革是经济社会发展的强大动力，发展是解决一切经济社会问题的关键，稳定是改革发展的前提。35 年来，我国社会之所以发生巨大而深刻变化却又保持了社会稳定，很重要的是我们注重处理好改革发展与稳定的关系。只有社会稳定，改革发展才能顺利推进；只有改革发展不断推进，社会稳定才能具有更坚实的基础。我们要坚持把改革力度、发展速度和社会可承受程度统一起来，把改善人民生活作为正确处理改革发展稳定关系的结合点，在保持社会稳定中推进改革发展，通过改革发展促进社会稳定。

胆子要大、步子要稳，是深化改革中需要遵循的重要原则。胆子要大，说的是既要脚踏实地，又要有开拓前进的胆量和勇气。面对新形势新任务，一定要解放思想，大胆探索，看准了的事情就坚定不移地做下去。同时，又要稳妥审慎，三思而后行。胆子大不是不看客观条件、脱离实际的蛮干，蛮干必然导致瞎折腾。对一些重大改革，不可能毕其功于一役，可以提出总体思路和方案，稳扎稳打地推进，通过不断努力

逐步达到目的，积小胜为大胜。

摸着石头过河，是对脚踏实地、尊重实践、从实践中摸经验摸规律，努力做到实事求是的一种形象说法，也是推进改革健康有序发展的一种重要改革方法。这个方法，不仅在改革之初行之有效，而且在整个改革进程中都是行之有效的。我们实行改革开放，发展社会主义市场经济，是前无古人的事情，只能通过实践、认识、再实践、再认识的反复过程，逐步取得规律性认识。实践中，对必须取得突破但一时还不那么有把握的改革，采取试点探索、投石问路的方法，先行试点，鼓励创造，鼓励探索，取得经验后再推开。我国的改革开放就是这样走过来的，就是从农村到城市、从沿海到内地、从局部到整体不断深化的过程。这种渐进式改革，避免了因情况不明、举措不当而引起的社会动荡。我们党是在一个 13 亿多人口的社会主义发展中大国领导改革开放，决不能在根本性问题上出现颠覆性失误，一旦出现就无可挽回、无法弥补。

摸着石头过河和加强顶层设计是辩证统一的。随着改革不断深入，各个领域各个环节改革的关联性互动性明显增强，要求更加注重各项改革的相互促进、良性互动、协同配合，把推进经济体制、政治体制、文化体制、社会体制、生态文明体制等改革有机衔接起来，把推进理论创新、制度创新、科技创新、文化创新以及其他各方面创新有机衔接起来，整体推进，重点突破，形成推进改革开放的强大合力。

凝聚共识，对于深化改革至关重要。没有广泛共识，改革就难以顺利推进，也难以取得全面成功。现在，社会结构深刻变动，利益格局深刻调整，思想观念深刻变化，统筹兼顾各方面利益任务艰巨。这就需要我们下功夫进一步凝聚改革共识。做好进一步统一思想的工作，需要加强对改革的正面宣传和舆论引导，及时回答干部群众关心的重大思想认识问题，为推进改革营造良好社会环境。

（作者：中共中央政治局委员、中央书记处书记，中央办公厅主任）

全面深化改革的重大意义

郑必坚

学习党的十八届三中全会通过的《中共中央关于全面深化改革若干重大问题的决定》(以下简称《决定》),关键问题之一就是联系党的十一届三中全会以来的历史发展,联系国内国际两个大局,深入领会在新的历史起点上全面深化改革的重大意义。这对于我们坚定改革信心,增强改革的责任感和紧迫感至关重要。

全面深化改革的广泛性深刻性前所未有,鲜明体现了党的十一届三中全会以来历史发展的新要求

全面深化改革,是以习近平同志为总书记的党中央带领全国各族人民在新的历史起点上进行的具有新的历史特点的伟大斗争。这场伟大斗争肩负的一个重要历史使命,就是确保用今后几年时间到2020年如期全面建成小康社会,进而到21世纪中叶建成富强民主文明和谐的社会主义现代化国家,实现中华民族伟大复兴的中国梦。

这无疑是中华民族伟大复兴进程中必须打赢的一场攻坚战。进入新世纪第二个10年,我国发展进入了新的阶段。这个阶段既有别于过去30多年,也与过去10年有明显不同。一方面,我国经济社会发展和综合国力迈上了一个大台阶,中华民族比近代以来历史上任何时期都更接近伟大复兴的目标,比近代以来历史上任何时期都更有信心有能力实现这个目标。另一方面,这一阶段我国经济社会发展面临的矛盾和问题也更为艰巨复杂,这些矛盾和问题躲不开绕不过,解决不好就有可能陷入中等收入陷阱。能不能保持经济社会持续健康发展,确保到2020年如期全面建成小康社会,就看我们在改革上能否迈出新的重大步伐,越过这道大坎。

面对这样一个重要历史关头,中国共产党有没有迈出新的改革重大步伐的信心、智慧、勇气,打开新的局面,广大干部群众充满期待,国际社会普遍关注。党的十八大提出了全面建成小康社会和全面深化改革“两个全面”的战略任务,党的十八届三中全会贯彻十八大精神就全面深化改革作出系统部署,充分表明了中国共产党自觉顺应人民愿望和时代要求、坚定不移推进改革的鲜明立场,充分体现了我们党勇于改革创新、不断夺取中国特色社会主义新胜利的坚定信念和巨大勇气。从这个意义上讲,党的十八届三中全会在整个改革开放和社会主义现代化建设进程中具有里程碑意义。

回顾历史,改革开放以来我们党历次三中全会都聚焦改革。党的十二届三中全会主题是以城市为重点的经济体制改革,十三届三中全会主题是深化经济体制改革特别是价格改革、企业改革,十四届三中全会主题是建立社会主义市场经济体制,十五届三中全会主题是农村改革,十六届三中全会主题是完善社会主义市场经济体制,十七届三中全会主题是新形势下推进农村改革发展。由此可见,这6次三中全会基本上都是专注于某个领域或者某个方面的改革,而且都是以经济体制改革为主。而十八届三中全会部署的全面深化改革,是以经济体制改革为重点,以协同推进经济体制、政治体制、文化体制、社会体制、生态文明体制和党的建设制度改革为主要内容的全面性、系统性、整

体性改革，改革涉及的领域之多、范围之广前所未有。可以说，这是自党的十一届三中全会以来党就改革作出的最全面最系统的一次部署。正因为这样，全面改革就成为党的十八届三中全会《决定》的重大历史特点。

从现实情况看，全面深化改革需要解决的问题也远比以往更为敏感和复杂，任务更加艰巨而繁重。35 年来，我国改革开放由浅入深、由易到难、逐步深化，破解了许多影响和制约发展的重大难题，但还有一系列深层次矛盾和问题尚未得到根本解决，剩下的都是难啃的硬骨头。不仅如此，随着国际国内形势深刻变化，我国发展又面临一系列新的问题和挑战。老问题新问题相互交织，国内国际因素相互影响，需要解决的问题分外艰巨，需要攻克的是体制机制上的一系列痼疾。中央提出改革进入攻坚期和深水区，就是对改革所处时代背景和现实条件的一个形象而又准确的重大判断。基于这一判断，党的十八大报告和十八届三中全会《决定》都特别提醒全党，要敢于啃硬骨头、敢于涉险滩，以更大决心和勇气冲破思想观念的束缚、冲破利益固化的藩篱，推动中国特色社会主义制度自我完善和发展。

从推进改革的方式看，全面深化改革的系统性、整体性、协同性要求更是前所未有。现阶段，随着经济建设、政治建设、文化建设、社会建设、生态文明建设的融汇不断深化，任何一个领域的改革都会影响到其他领域，需要其他领域改革的配合。不同领域的改革可以有先有后、有主有次、有快有慢，但必须统筹兼顾、协同推进，而不能各自为政、畸轻畸重。只有各方面改革相互促进，发生化学反应，产生共振效果，才能放大改革的效应。中央成立全面深化改革领导小组，负责改革总体设计、统筹协调、整体推进、督促落实，这也是党的十一届三中全会以来从未有过的重大举措。

总之，全面深化改革将成为改革开放以来中国共产党领导人民进行的最广泛、最深刻的一场变革。

全面深化改革必将带来新的重大突破，推动经济社会发展全面提升

党的十八大提出在十六大、十七大确立的全面建设小康社会目标的基础上努力实现新的要求，包括经济持续健康发展、人民民主不断扩大、文化软实力显著增强、人民生活水平全面提高、资源节约型环境友好型社会建设取得重大进展，等等。这与十六大提出的“六个更加”（即党的十六大报告提出的：我们要在本世纪头二十年，集中力量，全面建设惠及十几亿人口的更高水平的小康社会，使经济更加发展、民主更加健全、科教更加进步、文化更加繁荣、社会更加和谐、人民生活更加殷实。）和十七大提出的“五个方面的新要求”（即党的十七大提出的：在十六大确立的全面建设小康社会目标的基础上对我国发展提出新的更高要求，包括增强发展协调性，努力实现经济又好又快发展；扩大社会主义民主，更好保障人民权益和社会公平正义；加强文化建设，明显提高全民族文明素质；加快发展社会事业，全面改善人民生活；建设生态文明，基本形成节约能源资源和保护生态环境的产业结构、增长方式、消费模式。）是一脉相承的，都是为了建设惠及十几亿人口的更高水平的小康社会，使经济更加发展、民主更加健全、科教更加进步、文化更加繁荣、社会更加和谐、人民生活更加殷实。应当说，这是我国经济社会发展的全面提升。而全面提升，就要求全面深化改革。只有全面深化改革，才能在新条件下系统地解决我国经济社会发展面临的突出问题。

所谓全面提升，概括起来说，可以叫做练好“四大内功”或叫“基本功”。

一是正确处理政府和市场的关系，使市场在资源配置中起决定性作用，从而显著提高经济发展的质量和效益。总体而言，我国经济总量虽已达到世界第二，但创新创业活力不旺，大而不强的问题非常突出，经济发展的质量和效益不高是我国发展的最大短板。究其原因，一

是在于经济结构、产业结构不合理,二是在于经济体制改革不到位。这就要求加快转变经济发展方式、加强创新驱动发展的动力,同时加快体制改革。而体制改革的根本一条,则是进一步正确处理政府与市场的关系,积极稳妥从广度和深度上推进市场化改革,使市场在资源配置中起决定性作用,从而推动资源配置依据市场规则、市场价格、市场竞争实现效益最大化和效率最优化,推动生产要素向优势产业、现代服务业、前瞻性战略性产业聚集。

二是通过改革加快构建城乡一体化发展体制机制,积极推进城镇化、农业现代化,完善生产力发展的区域布局。城乡、区域之间发展的不平衡是制约我国经济社会发展全面提升的又一个重大问题,突出表现在优势产业、优质生产要素主要集中在城市和东部地区,广大农村和中西部地区发展基础相对薄弱。而如果不在今后几年内从根本上扭转这种状况,就不可能真正达到全面小康。因此,只有通过改革加大实施西部大开发和中部崛起战略力度,推动更多优质生产要素和先进生产力向农村和中西部地区转移,使国民经济布局更加均衡、更加合理,才能按照邓小平同志提出的“两个大局”(即邓小平同志1988年提出的:“沿海地区要加快对外开放步伐,使这个拥有两亿人口的广大地带较快地先发展起来,从而带动内地更好地发展,这是一个事关大局的问题。内地要顾全这个大局。反过来发展到一定的时候,又要求沿海拿出更多力量来帮助内地发展,这也是个大局。那时沿海也要服从这个大局。")方针,东西并举、共同富裕。

三是通过改革,推动社会分配制度和社会保障体系建设,以利于发展成果更好地惠及全体人民。衡量一个社会的现代文明程度,不仅要看经济发展,还要看发展成果是否惠及全体人民,人民各方面权益是否得到切实保障。在迈向全面小康的决战决胜进程中,在社会生产力、综合国力大发展和坚持贯彻按劳分配原则的基础上,正确处理社会分配和社会保障问题,从而促进社会公平正义,是一件大事。在中国共产党领导下实现学有所教、劳有所得、病有所医、老有所养、住有所居,乃是全面建成小康社会必不可少的基本要求之一,也是建成富强民主文明和谐的社会主义现代化国家的题中应有之义。实际上,这也是中国几千年文明史上前人早就提出但从未真正实现的一项反映最广大人群心愿的社会理念。

四是改革社会治理体制机制,提高社会治理水平。所谓提高社会治理水平,实质包含两个方面内容,一是社会的和谐稳定,二是社会的创新创造活力。而这两方面问题,都直接关系国家治理体系和治理能力的现代化。正是围绕这两方面问题,《决定》系统提出了改进社会治理方式、激发社会组织活力、创新有效化解社会矛盾体制和健全公共安全体系的举措,同时系统提出了深化教育领域综合改革、推进文化体制机制创新及健全促进就业创业机制等重大任务。由此可见,《决定》关于社会治理体制机制改革的布局,是与整个国家制度体系和各方面体制机制的改革和完善密切联系的。正如邓小平同志在1992年初南方谈话中提出的,“恐怕再有三十年的时间,我们才会在各方面形成一整套更加成熟、更加定型的制度”。我理解,这里所说的“一整套”就包括更加成熟更加定型的社会治理制度体系。

总之,全面深化改革必将带来新的重大突破,推动经济社会发展全面提升。而所有这些新的重大突破,实质上都离不开我们中国特色社会主义制度的更加成熟和我们社会主义国家治理体系和治理能力的完善提高。正是在这个意义上,《决定》精辟指出:“全面深化改革的总目标是完善和发展中国特色社会主义制度,推进国家治理体系和治理能力现代化。”我们学习《决定》,可以体会到《决定》通篇充满着改革精神、改革思维、改革勇气,围绕经济体制、政治体制、文化体制、社会体制、生态文明体制和党的建设制度等方面改革提出了大量新论断、新举措,在许多方面都有重大突破。正是在这个意义上，我们还应当说，《决定》本身就是“全面深化改革总目标”的生动体现。

全面深化改革的核心是“三个进一步解放”，极大增强中国特色社会主义的生机和活力

毛泽东同志在《论联合政府》这篇重要著作中郑重指出：“中国一切政党的政策及其实践在中国人民中所表现的作用的好坏、大小，归根到底，看它对于中国人民的生产力的发展是否有帮助及其帮助之大小，看它是束缚生产力的，还是解放生产力的。”我们今天理解全面改革的重大意义，根本一条就是理解全面深化改革对于解放和发展中国人民的社会生产力的重大意义。《决定》站在坚持和发展中国特色社会主义的战略高度，坚持党的基本理论、基本路线、基本纲领、基本经验、基本要求，鲜明提出“三个进一步解放”，即进一步解放思想、解放和发展社会生产力、解放和增强社会活力。

这“三个进一步解放”是相互联系、相互促进、有机统一的。解放思想是前提，是总开关和原动力。解放和增强社会活力，是解放思想的必然结果，也是解放和发展社会生产力的重要基础。而解放和发展社会生产力，实质上就是围绕以人为本，解放和发展人的创新活力、创业活力以及承受、抵御和应对巨大风险的能力和活力。

中国特色社会主义制度的一个重大创造，就是把社会主义制度与市场经济体制有机结合起来，既发挥社会主义制度集中力量办大事的优越性，又通过发展市场经济增强发展活力。这是我们党在探索社会主义建设规律过程中的一个伟大创举。改革开放以来，我们不断深化经济体制和其他各方面体制改革，目的就是要把社会生产力中最重要最活跃的因素即人的因素充分解放出来，把人的思想活力和创造活力充分激发出来，推动社会生产力发展，增强党和国家发展活力。当然，我们又清醒看到，作为最大发展中国家，我国社会生产力总体发展水平还不高，发展很不平衡，先进生产方式和落后生产方式并存，要赶上发达国家还有很长的路要走，进一步解放和发展社会生产力仍是最紧迫最根本的任务。我们同时清醒看到，当前制约社会生产力发展的因素是多方面的，有思想观念因素、也有体制机制因素，有发展基础较差问题、也有社会活力不足问题。《决定》如此鲜明强调“三个进一步解放”，归根到底就是针对这种情况而来的。

我们讲增强“三个自信”，自信从何而来？就要靠中国特色社会主义比资本主义在发展社会生产力上更有效率，在实现人民权益上更有保障，在激发全体人民的积极性主动性创造性和社会活力上更有办法，从而在竞争中赢得比较优势。强调“三个进一步解放”，也使得改革的价值取向和目标任务更加全面、更加明确，有利于进一步增强党和国家活力，体现中国特色社会主义制度优越性，增强人民对中国特色社会主义的道路自信、理论自信、制度自信。

紧紧抓住今后几年全面深化改革战略机遇，谱写中华民族伟大复兴历史新篇章

从现在起到2020年全面建成小康社会，尔后再经过30年奋斗，基本实现现代化，这无疑是近代以来中国历史上前所未有的大变动。新的大变动必然带来新觉醒，而新觉醒又必然造就新的大变动。这就要求我们的党、我们的人民、我们的国家、我们的民族，包括我们的军队，对我们的光荣传统和今天的理论、道路、制度有新的自信，在解放和发展社会生产力、推动经济社会持续健康发展上有新的自觉，在看世界上有新的眼界，从而能够抓住新条件下的新的战略机遇。

进入新世纪第二个10年，我国发展仍处于可以大有作为的重要战略机遇期。联系这种形势，党的十八届三中全会关于全面深化改革的决定的重大意义更加突出。

一是时间节点特殊。根据邓小平同志提出

的“三步走战略”，从改革开放开始到本世纪中叶基本实现现代化，大体是70年时间。这70年的前35年，中国共产党和中国人民干成了一番大事业，顺利实现了第一、第二步战略目标。能否如期实现第三步战略目标，那就要看后35年我们怎么干。而这后35年当中，又首先要看今后这几年，即全面建成小康社会的决战决胜阶段我们怎么干。党的十八届三中全会，正好担负起启动今后几年决战决胜伟大斗争的光荣使命。

二是思想条件具备。正因为在这样一个关键点上，全党上下和社会各方面对全面深化改革的呼声和期待非常强烈，对全面深化改革的重要性、紧迫性认识总体一致，这为统一思想、凝聚共识、形成改革合力提供了极为有利的条件。从整个社会来看，人心思安、人心思进、人心思富是主流。虽然存在这样那样的突出矛盾和问题，但没有也不可能改变中国继续向前蓬勃发展的大势。

三是改革基础扎实。改革开放35年为全面深化改革打下了坚实基础，也积累了丰富经验。我们对人类社会发展规律、社会主义建设规律、共产党执政规律的认识达到了新高度，对改革开放的方向、路径、目的之把握以及实际驾驭改革发展稳定大局的能力达到了新水平，创新活力、创业活力和抵御风险挑战能力显著提高。

四是国际环境总体有利。和平与发展仍是时代主题，而科技革命孕育新突破、社会信息化持续推进、全球合作和利益汇合点向多层次全方位拓展、新兴市场国家和发展中国家实力增强等因素，又为我国改革发展带来新机遇。当然，形势复杂，正面和负面因素相交织，这样的“两重性”将长期存在，对此我们也一定要有充分的精神准备。

五是归根到底，我们有中国共产党的坚强领导。全面改革必须加强和改善党的领导，充分发挥党总揽全局、协调各方的领导核心作用，建设学习型、服务型、创新型的马克思主义执政党，提高党的领导水平和执政能力，确保改革取得成功。以习近平同志为总书记的新一届中央领导集体高举中国特色社会主义伟大旗帜，继往开来，与时俱进，勇于冲破思想观念的束缚，勇于突破利益固化的藩篱，勇于推进理论和实践创新，这为我们伟大事业的发展提供了根本保证。

总之，党的十八届三中全会就全面深化改革作出总体部署，可说是正当其时、机遇难得。我们有信心在党的十八大总体纲领和十八届三中全会全面深化改革具体纲领指引下，打赢全面深化改革这场攻坚战，进一步打开改革开放新局面，全面建成小康社会，进而建成富强民主文明和谐的社会主义现代化国家，实现中华民族伟大复兴的中国梦。

（此文载2013年12月4日《人民日报》）

坚持社会主义市场经济改革方向

郑新立

党的十八届三中全会通过的《中共中央关于全面深化改革若干重大问题的决定》（以下简称“《决定》”）指出：“坚持社会主义市场经济改革方向，以促进社会公平正义、增进人民福祉为出发点和落脚点，进一步解放思想、解放和发展社会生产力、解放和增强社会活力，坚决破除各方面体制机制弊端，努力开拓中国特色社会主义事业更加广阔的前景。”这段话概括了全面深化改革的方向和要求，是改革进程中必须遵循的指导思想。坚持社会主义市场经济改革方向，应着重学习和把握好以下几个方面。

一、发挥市场对资源配置的决定性作用是我们党对市场经济规律认识的新飞跃

党的十四大提出建立社会主义市场经济体制的改革目标，并明确要使市场在国家宏观调控下对资源配置起基础性作用。21 年来，以市场为取向的改革不断深化，市场对资源配置发挥着越来越重要的作用。实践证明，凡是市场配置资源作用发挥比较好的领域，资源配置效率明显提高，经济发展就充满活力；市场作用受到限制的领域，对资源的吸引力明显偏低，经济发展就一潭死水。经验还证明，所谓市场配置资源，实质上就是由具有独立经济利益的市场主体根据国家宏观政策和市场信号来决定资源配置。也就是说，投资项目由企业自主决策，资金由企业在金融市场自行筹集，生产经营由企业全面负责。这种完全属于市场行为的经济活动，充分体现了市场经济的基本规律即价值规律的作用。在市场经济条件下，价值规律是具有决定性作用的规律。价值规律在行业之间运动，决定着社会劳动在各个行业分配的比例。供不应求的行业由于资金利润率高于社会平均资金利润率而吸引到更多的资金，从而实现供求平衡。反之，产能过剩行业由于资金利润率低于社会平均利润率，其资金转移到其他行业。价值规律的这一作用使各个行业保持着供求的大体平衡。在各个行业内部，由于价值规律的运动，使资金在先进企业和落后企业之间做出选择。先进企业由于得到足够的资金支持而获得充分发展，落后企业由于得不到资金支持而逐步被淘汰。这是市场机制的活力所在，也是市场配置资源的效率高于政府配置资源的根本原因。

《决定》在总结改革经验的基础上，明确提出“使市场在资源配置中起决定性作用”，是对党的十四大提出的市场配置资源的基础性作用的继承和发展。如果说提出发挥市场配置资源的基础性作用，相对于计划体制下由政府配置资源来说，是我们党对客观经济规律特别是市场经济规律认识的第一次飞跃，那么，时隔 21 年后提出发挥市场配置资源的决定性作用，是我们党对经济规律主要是市场经济规律认识上的又一次新的飞跃，体现了中国共产党人实事求是、探索真理、不懈奋斗的精神。历史已经并将继续证明，党的十四大提出建立社会主义市场经济体制是对生产力的一次大解放，党的十八届三中全会提出使市场在资源配置中起决定性作用是对生产力的又一次大解放。

对于下一步改革的任务，《决定》明确指出：要“紧紧围绕市场在资源配置中起决定性作用深化经济体制改革”。为此，“必须积极稳妥从广度和深度上推进市场化改革，大幅度减

少政府对资源的直接配置，推动资源配置依据市场规则、市场价格、市场竞争实现效益最大化和效率最优化。”根据《决定》的要求，今后深化经济体制改革，应当朝着扩大市场配置资源作用的方向来进行。这是针对当前资源配置中存在的问题提出来的。应当看到，虽然经过多年改革，在发挥市场配置资源的作用方面取得了历史性进步，但是，由于生产要素的市场化程度和市场发育程度都比较低，市场对资源配置的作用远远没有发挥出来，降低了市场配置资源的效益和效率。具体来说：

由于社会体制改革滞后，对社会事业、公共服务领域形成屏蔽，资金等生产要素难以进入，造成经济和社会发展一条腿长、一条腿短，诸如交通拥堵、进养老院难、入幼儿园难、停车难等，都是由于社会资金进入难带来的。

由于城乡一体化改革滞后，形成城乡之间的市场壁垒，阻碍了生产要素在城乡之间的双向自由流动，一方面是城市大量闲置的资金、技术、人才等要素难以进入农村市场，另一方面是农村大量资源由于不能市场化而吸引投入，农民犹如“捧着金碗要饭吃”，严重制约了农业的现代化和农村的发展，直接导致城乡差距不断拉大。

由于地区之间的行政分割，严重扭曲了生产要素在地区之间的配置，形成了城市与周边地区发展水平的巨大落差。在城市内，人口和产业高度密集，土地、淡水等资源严重短缺，房价不断攀升；而在临近地区，经济发展落后，投资严重不足，资源大量闲置，半小时车程之内房价相差10倍以上，形成繁华的城市被贫困地区包围的状况，削弱了城市对周边地区的辐射带动作用。

由于生态文明体制改革滞后，阻碍了生产要素对生态环境的投入，直接导致大面积雾霾天气和水资源严重污染。核心问题是没有找到共享性公共产品的价值补偿机制，生态环保工作停留在空喊阶段，治理者得不到回报，污染者大赚其钱。脱硫、脱硝、除尘任务未能交由独立于排放方、具有特许经营权的企业来承担，谁污染、谁治理流于形式。如何尽快形成环保产业的投资激励机制，吸引社会资金投入，使环保产业成为新的投资热点和经济增长点，亟待进行市场化改革。

由于文化体制改革滞后，文化产品的市场交换价值难以实现，制约了社会资金对文化产业的投入，使广大人民文化创新的智慧和能力受到压抑。中华民族是具有文化创造力的民族。只要通过深化文化体制改革，在弘扬核心价值观的前提下，引入市场观念，强化商品意识，使文化产业投入能够取得合理回报，我国文化繁荣的局面一定会早日到来。

使市场在资源配置中起决定性作用，是深化经济体制改革的“牛鼻子”，紧紧抓住这个关键环节，就能带动和影响各方面的改革，不断取得改革的新进展、新成就。

二、深化公有制实现方式的改革将使其更有效地与市场经济融合

公有制经济能不能与市场经济对接，是建立社会主义市场经济体制要解决的关键问题。21年前，当我们提出社会主义市场经济体制改革目标时，一些西方经济学家曾断言，市场经济只能建立在私有制的基础之上，除非全盘私有化，否则中国是不可能搞市场经济的。然而，通过探索全民所有制的实现方式，对国有资产实行所有权与经营权分离，国有企业建立起以股份制为基础的现代企业制度，实现了国有企业与市场经济的融合。在农村，通过实行土地家庭联产承包责任制，土地所有权归村集体，经营权归农户，使农户成为独立的商品生产经营者，从而调动了农户的积极性，实现了农村土地集体所有制与市场经济的融合。股份合作制是中国农民在改革中创造出来的，是劳动者的资本联合与劳动联合相结合的产权组织形式，是集体所有制的一种实现形式。运用这种形式兴办乡镇企业，农民既是企业所有者又是企业劳动者，既利用农户零散资金办一些单独办不了的

事，又增加了农民的财产性收入。实践证明，对公有制包括全民所有制和集体所有制实现方式的改革是成功的。公有制与市场经济的无缝对接，既有利于发挥公有制经济的优越性，又有利于发挥市场机制的作用。

在深化公有制实现方式的改革上，《决定》从有利于公有制经济发展出发，提出了新的要求。

对国有企业改革提出“以管资本为主加强国有资产监管，改革国有资本授权经营体制，组建若干国有资本运营公司，支持有条件的国有企业改组为国有资本投资公司”。这是继建立现代企业制度之后国有企业改革面临的新任务。由过去以管资产为主转变为以管资本为主，有利于调整和优化国有经济布局，有利于扩大国有企业自主经营的权利，有利于国有企业在与各类企业平等竞争中提高经营、创新能力，有利于通过参股、控股放大国有经济控制力和影响力。这是国有经济实现方式的创新和完善，将使国有经济与市场经济更好地融为一体。

对于农村土地集体所有制实现方式的改革，《决定》提出稳定农村土地承包关系并保持长久不变，“赋予农民对承包地占有、使用、收益、流转及承包经营权抵押、担保权能，允许农民以承包经营权入股发展农业产业化经营。”提出建立城乡统一的建设用地市场，改革完善农村宅基地制度，“慎重稳妥推进农民住房财产权抵押、担保、转让，探索农民增加财产性收入渠道。”农村土地制度的这些改革，将有利于土地的流转，促进农业向集约化、规模化方向发展；有利于充分挖掘土地潜力，满足经济发展和城乡建设对土地的需求，对同步推进城镇化与农业现代化，具有重要意义。土地作为短缺资源，只有通过市场交换，使其价格反映稀缺程度，才能促使人们对土地利用的节约，使农民对土地的用益物权转变为财产性收入的来源。土地所有权与经营权的分离，既保持了其公有性质，避免土地的买卖和兼并，又能体现其商品属性，与市场经济相融合。

《决定》提出积极发展混合所有制经济，指出“国有资本、集体资本、非公有资本等交叉持股、相互融合的混合所有制经济，是基本经济制度的重要实现形式”，要推动更多国有经济和其他所有制经济发展成为混合所有制经济。鼓励企业员工持股，“形成资本所有者和劳动者利益共同体”。这种以股份制为基础的混合所有制经济，是与市场经济高度融合的现代产权组织形式。员工持股使劳动者成为所有者，对于调动劳动者积极性、增强企业凝聚力、实现共同富裕，具有重要意义。

三、分配制度的改革将进一步形成经济发展的强大动力机制

以按劳分配为主体、多种分配方式并存的分配制度，是中国特色社会主义的分配制度。由于确立了劳动、资本、技术和管理等生产要素按贡献参与分配的原则，极大地调动了劳动者钻研技术、改善管理的积极性，激发了生产要素的潜力，形成了推动经济发展的动力机制。

《决定》针对当前分配领域存在的行业、地区和个人之间收入差距拉大的问题，从初次分配、再分配和分配秩序 3 个方面指出了深化改革的方向和措施。提出“提高劳动报酬在初次分配中的比重”，“促进以高校毕业生为重点的青年就业和农村转移劳动力、城镇困难人员、退役军人就业”。合理确定并严格规范国有企业管理人员薪酬水平、职务待遇、职务消费、业务消费。“健全资本、知识、技术、管理等由要素市场决定的报酬机制。扩展投资和租赁服务等途径，优化上市公司投资者回报机制”，多渠道增加居民财产性收入。在再分配方面，提出“完善以税收、社会保障、转移支付为主要手段的再分配调节机制，加大税收调节力度”。提出规范收入分配秩序，建立个人收入和财产信息系统，增加低收入者收入，扩大中等收入者比重，努力缩小收入分配差距，逐步形成橄榄型分配格局。

《决定》关于分配制度的改革，体现了 3 个

明确要求：一是在国民收入分配中尽可能向居民倾斜，提高居民收入占国民总收入的比重。这是提高居民消费率的需要，也是转变发展方式的首要任务。通过多种途径提高居民收入水平，增强居民购买力，才能建立消费增长的长效机制。二是调整收入分配结构，重点增加中低收入者收入，调节过高收入。通过缩小收入分配差距，走共同富裕道路。扩大就业是增加中低收入者收入的重要途径。三是规范收入分配秩序，实行收入透明化，取缔非法收入。深化收入分配制度改革，形成合理有序的收入分配格局，将为我国经济发展提供源源不断的动力支持。

四、健全宏观调控体系是发挥社会主义市场经济体制优势的内在要求

社会主义市场经济体制的一个重要特征，就是科学的宏观调控和有效的政府治理。我们要在较短时间内赶上发达国家的经济水平，同时推动经济体制的转轨，必须合理发挥政府的作用。在计划体制下，政府对微观经济活动干预过多，干了许多干不了的事情，以致阻碍了经济发展。在过去35年的改革中，我们在简政放权、扩大市场作用的同时，不是简单地认为政府管得越少越好，而是不断转变政府职能，切实把那些市场解决不了的问题承担起来。通过宏观调控，保持经济总量平衡，促进重大经济结构协调和生产力布局优化，减缓经济波动影响，防范区域性、系统性风险，稳定市场预期，实现经济持续健康发展，就是政府必须加强并全力履行好的重要职能。

《决定》对转变政府职能、健全宏观调控体系提出了一系列改革举措，指出要“健全以国家发展战略和规划为导向、以财政政策和货币政策为主要手段的宏观调控体系，推进宏观调控目标制定和政策手段运用机制化”。完善发展成果考核评价体系，纠正单纯以经济增长速度评定政绩的偏向。进一步简政放权，市场机制能有效调节的经济活动，一律取消审批。政府要加强发展战略、规划、政策、标准等制定和实施，加强市场监管，加强各类公共服务的提供。

《决定》从市场的作用、基本经济制度、收入分配制度、政府宏观调控等方面所作出的改革部署，很好地坚持了社会主义市场经济改革方向，应当认认真真学习领会，不折不扣贯彻落实。通过全面深化改革，实现党的十八大提出的到2020年全面建成小康社会的宏伟目标。

（作者：中共中央政策研究室原副主任、中国国际经济交流中心常务副理事长）

进一步深化文化体制改革

雒树刚

文化建设是中国特色社会主义五位一体总体布局的重要内容，文化体制改革是我国全方位改革事业的重要组成部分。按照党的十八大关于全面深化改革开放的目标任务和扎实推进社会主义文化强国建设的总体要求，十八届三中全会《决定》对推进文化体制机制创新作出新的重大战略部署，鲜明提出，建设社会主义文化强国，增强国家文化软实力，必须坚持社会主义先进文化前进方向，坚持中国特色社会主义文化发展道路，巩固马克思主义在意识形态领域的指导地位，巩固全党全国各族人民团结奋斗的共同思想基础。坚持以人民为中心的工作导向，坚持把社会效益放在首位、社会效益与经济效益相统一，以激发全民族文化创造活力为中心环节，进一步深化文化体制改革。这为我们在新的起点上加快文化改革发展指明了前进方向。

改革开放特别是党的十六大以来，在中央的科学决策和正确领导下，文化体制改革由点到面、逐步推开，取得重大突破和阶段性成果。中央确定的文化体制改革阶段性任务基本完成，公共文化服务体系框架初步建立，文化产业规模和实力不断壮大，文化市场空前繁荣，精品力作大量涌现，文化走出去日益拓展，文化改革发展开创了新局面，初步走出了一条中国特色社会主义文化发展道路。实践充分证明，深化文化体制改革顺应时代发展要求、符合文化发展规律，是推动社会主义文化大发展大繁荣、建设社会主义文化强国的根本途径和必由之路。

实践发展永无止境，改革创新亦无穷期，文化体制改革只有进行时、没有完成时。党的十八大提出全面建成小康社会和全面深化改革开放这“两个全面”的要求，给文化体制改革打开了新的天地、注入了新的动力、提出了新的要求。习近平同志在全国宣传思想工作会议上强调指出，要继续推进文化体制改革，推动文化事业全面繁荣和文化产业快速发展、建设社会主义文化强国。同时，把握好意识形态属性和产业属性、社会效益和经济效益的关系，始终坚持社会主义先进文化前进方向，始终把社会效益放在首位。这进一步明确了我们加快文化改革发展的基本遵循。只有深化文化体制改革，不断增强改革的系统性、整体性、协同性，发挥市场在文化资源配置中的积极作用，激发文化工作者和全社会文化创造热情，推动文化事业文化产业繁荣发展，提供更多更好的优秀文化产品和文化服务，才能更好地满足全面建成小康社会伟大进程中人民群众日益增长的精神文化需求，才能更好地适应全面深化改革伟大事业中使各方面制度更加成熟更加定型的时代要求，才能更好地形成有利于创新创造的文化发展环境。要看到，前一阶段文化体制改革成效明显但成果还不稳固，一些制约文化科学发展的深层次矛盾和问题还没有完全破题，文化创新环境还有待进一步优化。必须按照中央全面深化改革的部署和要求，拿出更大的勇气和智慧，推进文化体制机制创新，确立新目标、规划路线图、实施新举措，进一步解放和发展文化生产力，为社会主义文化强国建设打下更加坚实的基础。

一、完善文化管理体制

创新文化管理体制，是加强和改进党对意识形态工作领导的内在要求，是行政管理体制改革的重要方面，也是深化文化体制改革的重点任务。必须牢牢把握正确方向，建立健全党委领导、政府管理、行业自律、社会监督、企事业单位依法运营的文化管理体制，切实提高文化领域管理效能和服务水平。

加快转变文化行政管理部门职能。转变政府职能，形成科学的宏观调控和有效的政府治理，是文化管理体制改革的基本要求和重要任务。要按照政企分开、政事分开原则，推动政府部门由办文化向管文化转变，推动党政部门与其所属的文化企事业单位进一步理顺关系，不断强化政策调节、市场监管、社会管理、公共服务职能。转变政府职能，需要统筹"放"和"管"的关系，做到简政放权和加强监管齐推进、相协调。创新文化行政管理方式，善于综合运用法律、行政、经济、科技等多种管理手段，加快文化立法，加强行业自律，做到科学管理、依法管理、有效管理。

健全国有文化资产管理体制。国有文化资产是重要的宣传文化资源，是推动社会主义文化大发展大繁荣的重要基础和保障。加强国有文化资产管理既是政府部门的事情、又是党委的重要工作，既要保证国有文化资产保值增值、又要保证文化企业正确导向。要认真总结实践经验，建立党委和政府监管国有文化资产的管理机构，实行管人管事管资产管导向相统一。充分考虑宣传文化工作自身特点和管理需求，认真落实谁主管谁负责和属地管理原则，探索建立主管主办制度与现代企业出资人制度有机衔接的工作机制。坚持党管意识形态不动摇，始终确保党对国有文化单位重大事项的决策权、资产配置的控制权、宣传业务的终审权、主要领导干部的任免权。

完善互联网管理体制和工作机制。随着现代信息技术的日新月异，互联网迅速发展、广泛普及，日益大众化、媒体化，对加强和改进互联网管理提出迫切要求。要创新管理思路，统筹各方力量，认真贯彻积极利用、科学发展、依法管理、确保安全的方针，进一步健全基础管理、内容管理、行业管理以及网络违法犯罪防范和打击等工作联动机制，加快形成法律规范、行政监管、行业自律、技术保障、公众监督、社会教育相结合的互联网管理体系。加强和改进网络文化建设和管理，加强网上舆论引导，实施网络内容建设工程，加强网络法制建设，健全网络突发事件处置机制，形成正面引导与依法管理相结合的网络舆论工作格局。加大依法治网力度，加强对网上有害信息、网络谣言的整治，推进网络依法规范有序运行，使网络空间更加清朗起来。完善互联网管理领导体制，确保国家网络和信息安全。

进一步规范传播秩序。巩固发展健康向上的主流舆论是宣传思想文化工作的基本职责，加强舆论引导、规范传播秩序是完善文化管理体制的重要任务。要健全坚持正确舆论导向的体制机制。整合新闻媒体资源，加大国家扶持力度，做强主流媒体，壮大主流声音。适应多媒体融合发展的新趋势，以党报党刊、电台电视台为主，推动传统媒体和新兴媒体融合发展。推动新闻发布制度化。构建多层次、专业化的新闻发布平台。严格新闻工作者职业资格制度，加强职业道德和业务知识培训，确保新闻工作者真实准确传播新闻信息，坚决杜绝虚假新闻、新闻敲诈等行为。

二、建立健全现代文化市场体系

随着社会主义市场经济体制的不断完善，文化繁荣发展越来越离不开市场，越来越需要发挥市场在文化资源配置中的积极作用。必须加快构建统一开放竞争有序的现代文化市场体系，进一步打破文化市场条块分割、地区封锁、城乡分离的传统格局，完善文化市场准入和退出机制，鼓励各类市场主体公平竞争、优胜劣汰，促进文化资源在全国范围内流动。

（一）加快培育合格文化市场主体

经营性文化单位转制为企业只是培育合格市场主体的第一步，其发展活力和竞争力如何，还要看其内部治理结构和经营管理水平。要以培育合格文化市场主体为目标，继续推进经营性文化单位转企改制，深化拓展出版、发行、影视、演艺等领域改革成果，完善法人治理结构，加快公司制、股份制改造，形成符合现代企业制度要求、体现文化企业特点的资产组织形式和经营管理模式，切实提高导向把控、资本运作和市场经营能力。对按规定转制的重要国有传媒企业，开展探索实行特殊管理股制度的试点，使国有资本始终保有最大的决策权和控制权。把转企改制与资源整合、结构调整、做大做强结合起来，鼓励有实力的文化企业跨地区、跨行业、跨所有制兼并重组，使之尽快成为文化产业发展的中坚力量和文化领域的战略投资者，提高文化产业规模化、集约化、专业化水平。

（二）鼓励非公有制文化企业发展

加快发展文化产业，必须毫不动摇地支持和壮大国有或国有控股文化企业，毫不动摇地鼓励和引导各种非公有制文化企业健康发展，进一步形成以公有制为主体、多种所有制共同发展的文化产业格局。要引导社会资本以多种形式投资文化产业，允许其参与对外出版、网络出版，允许其以控股形式参与国有影视制作机构、文艺院团改制经营。加强和改进对非公有制文化企业的服务和管理，引导它们自觉履行社会责任。支持各种形式的小微文化企业发展，加大财税扶持，缓解融资难题，为其加快发展创造良好环境。在坚持出版权、播出权特许经营前提下，允许制作和出版、制作和播出分开。

（三）建立多层次文化产品和要素市场

文化产品和要素市场是现代文化市场体系顺畅运行的基础条件。要重点发展图书、电子音像制品、演出娱乐、影视剧、动漫游戏等产品市场，加快培育产权、版权、技术、信息等要素市场，进一步完善中国国际文化产业博览交易会等综合交易平台。大力发展连锁经营、物流配送、电子商务等现代流通组织和流通形式，加快建设大型文化流通企业和文化产品物流基地。鼓励金融资本、社会资本、文化资源相结合。创新投融资体制，支持国有文化企业面向资本市场融资，办好重点文化产权交易所，完善文化无形资产评估，健全文化中介机构。

（四）完善文化经济政策

文化经济政策是文化宏观管理的重要手段，也是文化繁荣发展的有力保障，对文化产业和文化市场具有重要的扶持、激励和引导、调控作用。要对当前行之有效的文化经济政策进行延续和规范，对不适应实际需要的政策及时进行修订和完善，探索推动文化经济政策创新，进一步形成文化领域宏观调控目标和政策手段的机制化。提高文化支出占财政支出的比例，扩大政府文化资助和文化采购。继续执行文化体制改革配套政策，对转企改制国有文化单位扶持政策执行期限再延长五年。健全文化产品评价体系，改革评奖制度，充分发挥评奖在文化产品创作生产中的示范、导向和激励作用。加强版权保护，鼓励文化原创，加大对拥有自主知识产权、弘扬民族优秀文化的产业支持力度，打造知名品牌，推出更多文化精品。

三、构建现代公共文化服务体系

加强公共文化服务是实现人民基本文化权益的主要途径。必须坚持政府主导，按照标准化、均等化的要求，加强文化基础设施建设，完善公共文化服务网络，构建覆盖城乡、结构合理、功能健全、实用高效的公共文化服务体系，让群众广泛享有免费或优惠的基本公共文化服务。

（一）统筹公共文化服务设施网络建设

公共文化服务体系建设涉及面广、各地情况千差万别，需要加强统筹、科学规划、整体推进、提高效益。要建立公共文化服务体系建设协调机制，研究和协调解决有关重大问题，推动各有关部门各负其责、形成合力。统筹市、区、街道（社区）和县、乡、村这两个三级公共文化设施建设，整合基层宣传文化、党员教育、科学普及、体育健身等设施，推动建设综合性文化服务中心，实现资源整合、共建共享，提高公共文化设施的综合利用水平，发挥其最大服务效益。

（二）促进基本公共文化服务标准化、均等化

基本公共服务标准化、均等化，是实现城乡文化一体化发展的内在要求。要以保障人民群众看电视、听广播、读书看报、进行公共文化鉴赏、参与公共文化活动等基本文化权益为主要内容，明确适合、适应、适当的服务标准，制定和实施基本公共文化服务指标体系和绩效考核办法，做到扩大覆盖、消除盲点、完善服务、改进管理。建立群众评价和反馈机制，推行“菜单式”服务，变“我给你接”为“你需我送”，推动文化惠民项目与群众文化需求有效对接，真正把公共文化服务的选择权和评价权交给群众。按照反弹琵琶的思路，加快推进贫困地区公共文化服务体系建设，加大对革命老区、民族地区、边疆地区、贫困地区文化服务网络建设支持和帮扶力度，形成文化服务均等享受、文化发展同步推进的城乡文化一体化发展格局。

（三）深化公益性文化事业单位改革

公益性文化事业单位是构建现代公共文化服务体系的骨干力量。要按照国家分类推进事业单位改革的总体要求，明确不同文化事业单位功能定位，深化公益性文化事业单位内部改革，完善绩效考核机制，突出公益属性、强化服务功能、增强发展活力。探索建立文化事业单位法人治理结构，推动公共图书馆、博物馆、文化馆、科技馆等组建理事会，吸纳有关方面代表、专业人士、各界群众参与管理，创新运行机制。

（四）推动公共文化服务社会化发展

引入公共文化服务竞争机制是提高服务效能的内在要求。要加大政府购买服务力度，鼓励有条件的地方进行项目外包和设施委托管理。引导和鼓励社会力量通过兴办实体、资助项目、赞助活动、提供设施等形式参与公共文化服务，培育文化非营利组织，形成以政府为主、社会力量积极参与的公共文化服务投入机制。建立完善公共文化设施长期免费开放的保障机制，为丰富群众文化生活创造便利条件、提供多样化平台。

四、提高文化开放水平

扩大文化领域对外开放，是推动中华文化走出去、提升国家文化软实力的迫切需要，也是吸收各国优秀文明成果、促进文化繁荣发展的必然选择。必须坚持政府主导、企业主体、市场运作、社会参与，统筹用好国际国内两个市场、两种资源，统筹推进文化交流、文化传播、文化贸易，着力构建全方位、多层次、宽领域的文化对外开放格局，推动中华文化走向世界。

（一）扩大对外文化交流

对外文化交流是推动文化走出去的有效手段。要深化政府间文化交流，进一步丰富交流渠道，整合交流平台。要构建人文交流机制，把政府交流和民间交流结合起来，鼓励社会组织、中资机构等参与孔子学院和海外中国文化中心建设，承担人文交流项目。鼓励代表国家水平的各类学术团体、艺术机构在相应国际组织中发挥建设性作用，鼓励海外侨胞积极开展中外人文交流。创新交流方式，通过教育培训、语言推广、学术交流、研究资助、文体活动、观光考察等，构建交流网络，提高交流效果。

（二）扩大对外文化贸易

以贸易和投资形式推动文化走出去，更可持续、效果更好。要积极探索市场化、商业化、产业化的运作方式，培育外向型文化企业，支持文化企业到境外开拓市场，鼓励其与国外知名文化机构的合资合作，鼓励有条件的企业在海外设立分支机构、进行战略投资，推动我国文化产品进入海外主流社会。积极探索符合国际惯例和市场运作规律的营销方式，加强国际文化产品交易平台和国际营销网络建设。充分考虑各国文化传统、宗教信仰、审美标准，贴近国外受众文化需求和消费习惯，推出更多具有中国特色、中国风格、中国气派的文化精品。组织实施中国当代作品翻译工程，为文化走出去搭建翻译平台、提供翻译资助,使我们的优秀文化产品能够展示出独特魅力。

(三)提高国际传播能力

加强国际传播能力和对外话语体系建设,提升国际舆论话语权,是增强国家文化软实力的重要内容,是传播中国声音、塑造国家形象、维护国家利益的迫切需要。要加快构建技术先进、传输快捷、覆盖广泛的现代传播体系,加快形成独具中国特色、能与国际交流的对外话语体系。理顺内宣外宣体制,支持重点媒体面向国内国际发展,提高新闻信息原创率、首发率、落地率。创新对外宣传传播方法,妥善回应外部关切,增进国际社会对我国基本国情、价值观念、发展道路、内外政策的了解和认识,不断增强说服力和认可度。

(四)积极吸收借鉴国外一切优秀文化成果

坚持以我为主、为我所用,学习借鉴一切有利于加强我国社会主义文化建设的有益经验、一切有利于丰富我国人民文化生活的积极成果、一切有利于发展我国文化事业文化产业的经营管理理念和机制。加强文化领域人才、技术、经营管理经验的引进和利用工作,吸收外资进入法律法规许可的文化产业领域。鼓励外资企业在华进行文化科技研发,发展服务外包。完善文化领域准入政策,强化文化市场监管,确保意识形态安全和国家文化安全。

文化体制改革既与经济体制改革紧密相联,又与政治体制、社会体制改革密切相关,政治性、政策性很强,涉及领域和范围很广。必须始终坚持社会主义先进文化前进方向,坚持中国特色社会主义文化发展道路,牢牢把握党管意识形态、党管干部、党管导向的基本原则,妥善处理好意识形态属性和产业属性、社会效益与经济效益的关系,无论改什么、怎么改,导向不能改,阵地不能丢。抓紧制定出台深化文化体制改革实施方案,明确任务要求,强化组织领导,完善政策保障,推动文化改革发展迈出新步伐、登上新台阶。

(作者:中共中央宣传部常务副部长)

深化教育领域综合改革

袁贵仁

党的十八届三中全会通过的《中共中央关于全面深化改革若干重大问题的决定》（以下简称《决定》）对全面深化改革作出重大部署，其中围绕党的十八大报告提出的“深化教育领域综合改革”总体要求，明确了教育改革的攻坚方向和重点举措，对于促进教育事业科学发展、努力办好人民满意的教育具有重要指导意义。

深化教育领域综合改革的重要性和紧迫性

《决定》立足社会主义初级阶段基本国情，直面现代化建设需要解决的体制机制问题，回应广大人民群众关切和期盼，在全面深化改革特别是推进社会事业改革创新方面把深化教育领域综合改革摆在突出位置，充分体现了以习近平同志为总书记的党中央站在党和人民事业全局高度，加快社会事业改革创新、着力保障和改善民生的政治决心和战略考虑。

（一）改革是新时期教育事业发展的强大动力

回顾改革开放35年的辉煌历程，以邓小平同志为核心的党的第二代中央领导集体，高瞻远瞩地提出“教育要面向现代化，面向世界，面向未来”的重要方针，20世纪80年代中期发布关于教育体制改革的决定，坚定不移推进教育改革。以江泽民同志为核心的党的第三代中央领导集体，强调把教育摆在优先发展战略地位，发布面向新世纪的教育改革和发展纲要，努力构建充满生机的中国特色社会主义教育体系。党的十六大以来，以胡锦涛同志为总书记的党中央，围绕建设人力资源强国、努力办好人民满意的教育作出战略部署，特别是2010年发布教育改革发展规划纲要，努力推进教育事业科学发展。党的十八大以来，以习近平同志为总书记的党中央继往开来，形成了全党全社会关心支持教育改革发展的良好局面，我国人才培养体制、考试招生制度、现代学校制度、办学体制、管理体制等多方面改革正在向纵深推进。我国教育快速发展，从人口大国转变成为人力资源大国，正在向人力资源强国进军，这完全得益于持续深化的教育改革所注入的活力动力。

（二）教育改革是新的历史起点上全面深化改革的重要组成部分

随着我国发展进入新阶段、改革进入深水区，经济社会发展面临许多新情况新问题新挑战，教育也深度融入改革开放和现代化建设大潮之中。在中国特色社会主义事业五位一体总布局中，社会建设与经济建设、政治建设、文化建设、生态文明建设密切联系。按照《决定》关于“紧紧围绕更好保障和改善民生、促进社会公平正义深化社会体制改革”的新部署和“必须更加注重改革的系统性、整体性、协同性”的新要求，深化教育领域综合改革不仅要破除制约教育事业科学发展的体制机制障碍、促进教育体系自身完善，而且要与各项改革事业相互配合、协同攻关，为经济社会发展、实现“两个一百年”奋斗目标提供人才和智力支持。

（三）深化教育领域综合改革是满足人民群众对多样化高质量教育需求的可靠保障

我国已进入全面建成小康社会的决定性阶段，人均国内生产总值由世纪之初的1000美元上升到目前的6000美元以上，社会开始由生存型消费进入发展型消费阶段，广大人民群众对通过接受良好教育提高自身素质、增强发展能力、改善生活质量，以及更好服务国家社会的愿望愈加迫切，也更为多样化。习近平同志明确指出，我们的人民热爱生活，期盼有更好的教育、更稳定的工作、更满意的收入、更可靠的社会保障、更高水平的医疗卫生服务、更舒适的居住条件、更优美的环境，期盼孩子们能成长得更好、工作得更好、生活得更好。深化教育领域综合改革，就是要以实现好、维护好、发展好最广大人民根本利益为依归，以立德树人为根本任务，以促进教育公平、提高教育质量为主线，以改进政府教育管理方式、激发释放学校办学活力、构建全民终身学习体系为重点，努力满足人民群众对多样化高质量教育的现实需求。

深化教育领域综合改革的攻坚方向和重点举措

教育要发展，根本靠改革。《决定》关于深化教育领域综合改革的新部署新要求，集中反映了今后教育领域以改革推动发展、提高质量、促进公平、增强活力的总体思路，也明确提出了今后工作的攻坚方向和重点举措。

（一）深化教育领域综合改革必须坚持立德树人基本导向

如果说社会主义核心价值体系是兴国之魂，那么，立德树人作为教育的根本任务，就是深化教育领域综合改革之魂。《决定》明确提出“全面贯彻党的教育方针，坚持立德树人，加强社会主义核心价值体系教育，完善中华优秀传统文化教育，形成爱学习、爱劳动、爱祖国活动的有效形式和长效机制，增强学生社会责任感、创新精神、实践能力”，字里行间深深寄托着对青少年一代的殷切期望。我们党在探索中国特色社会主义教育发展道路的进程中，在弘扬中华优秀传统文化、积极吸收各国优秀文明成果的基础上，赋予立德树人以深刻理论内涵和全新时代特征，意义非常深远。今后教育领域的所有改革，都必须坚持立德树人基本导向，始终高度重视教育和帮助学生打牢共同思想基础、端正政治立场和前进方向、砥砺品德陶冶情操、激发历史责任感、树立正确的世界观人生观价值观，将个人成长成才与投身实现中华民族伟大复兴中国梦的实践紧密相连。

坚持立德树人基本导向，本质要求是育人为本、德育为先、能力为重、全面发展，尽力为每个学生提供适合的教育，让每个孩子都能成为有用之才，成为德智体美全面发展的社会主义建设者和接班人。《决定》要求强化体育课和课外锻炼，促进青少年身心健康、体魄强健，改进美育教学，提高学生审美和人文素养；要求统筹城乡义务教育资源均衡配置，实行公办学校标准化建设和校长教师交流轮岗，不设重点学校重点班，破解择校难题，标本兼治减轻学生课业负担。这就是要把全面实施素质教育的宏观政策要求细化为学校教育的具体安排，把中小学生尤其是小学生从过重课业负担下解放出来，使其腾出更多时间探究思考、加强锻炼、了解社会、参与实践。

坚持立德树人基本导向，必须积极为多样化、个性化、创新型人才成长提供良好环境和机制。《决定》强调加快现代职业教育体系建设，深化产教融合、校企合作，培养高素质劳动者和技能型人才；创新高校人才培养机制，促进高校办出特色争创一流，以及推进学前教育和特殊教育改革发展，清晰表明了我们党关于促进全体人民学有所教、学有所成、学有所用的政策基点。深化教育领域综合改革，必然要在更新教育观念、理顺结构体系、创新培养模式、加强能力建设、推动内涵发展上下功夫，全面形成与社会主义市场经济和全面建成小康社会相适应的充满活力、富有效率、更加开放、有利于科学发展的教育体制机制，尽快办出具有中国特色、世界水平的现代教育。

（二）深化教育领域综合改革必须有利于促进公平提高质量

教育领域综合改革要以解决人民群众关心的热点难点问题为着力点，加大攻坚力度，力求取得突破性进展。

考试招生制度就是教育领域综合改革"牵一发而动全身"的重点领域和关键环节。《决定》明确了"探索招生和考试相对分离、学生考试多次选择、学校依法自主招生、专业机构组织实施、政府宏观管理、社会参与监督的运行机制"的改革方向,着眼于从根本上解决一考定终身的弊端,提出坚持义务教育免试就近入学;试行学区制和九年一贯对口招生;推行初高中学业水平考试和综合素质评价;加快推进职业院校分类招考或注册入学;逐步推行普通高校基于统一高考和高中学业水平考试成绩的综合评价多元录取机制;探索全国统考减少科目、不分文理科、外语等科目社会化考试一年多考;试行普通高校、高职院校、成人高校之间学分转换,拓宽终身学习通道。相信这一制度改革的顶层设计,再跟进系列配套政策,将是我国教育考试招生制度系统性综合性最强的一次改革,将显著扭转应试教育倾向,更加有利于促进学生健康成长、科学选拔人才、维护社会公平,彰显有教无类、因材施教、终身学习、人人成才的理念,为亿万学生提供多样化的学习选择和成长途径,搭建符合基本国情的人才成长"立交桥"。

促进教育公平,是坚持社会主义制度下教育公益性普惠性的必然要求。在社会主义初级阶段基本国情条件下,我国城乡、区域教育发展还不平衡,贫困地区、民族地区教育发展滞后状况有待改变。对此,《决定》在部署深化教育领域改革时强调大力促进教育公平,健全家庭经济困难学生资助体系,构建利用信息化手段扩大优质教育资源覆盖面的有效机制,逐步缩小区域、城乡、校际差距。促进教育公平,需要循序渐进和制度创新,既要把促进公民受教育机会公平摆在突出位置,又要善用政策手段促进公共教育资源配置公平,还要更加重视促进教育制度规则公平。这些都将是深化教育领域综合改革的着力点。

(三)深化教育领域综合改革必须构建政府、学校、社会新型关系

按照党的十八大精神,《决定》专门就加快转变政府职能进行具体部署。深化行政体制改革,创新行政管理方式,进一步简政放权,最大限度减少政府对微观事务的管理,特别是加快事业单位分类改革、推动公办事业单位与主管部门理顺关系和去行政化、建立事业单位法人治理结构等等,都是亮点,必将为深化教育体制改革创造良好外部环境。《决定》还提炼出教育管理和办学体制改革要点,大的方向就是构建政府、学校、社会之间新型关系,落实和扩大学校办学自主权,建设依法办学、自主管理、民主监督、社会参与的现代学校制度。

"深入推进管办评分离,扩大省级政府教育统筹权和学校办学自主权,完善学校内部治理结构。强化国家教育督导,委托社会组织开展教育评估监测。"《决定》提出的系列改革举措,关键在于推进中央向地方放权、政府向学校放权,通过建立"管办评分离"制度,明确各级政府责任,推进学校分类管理,规范学校办学行为,发挥社会参与作用,形成政事分开、权责明确、统筹协调、规范有序的教育管理体制。政府将更多运用法规、规划、标准、政策、公共财政、信息服务等手段,引导和支持学校发展。

"健全政府补贴、政府购买服务、助学贷款、基金奖励、捐资激励等制度,鼓励社会力量兴办教育。"《决定》提出的极具创新性的政策要求,就是坚持教育公益性原则,健全政府主导、社会参与,办学主体多元、办学形式多样、充满生机活力的办学体制,要求各级政府因地制宜采取多样化政策措施,引导社会资金以多种方式进入教育领域,支持民办教育事业发展,并积极鼓励行业企业等社会力量参与公办学校办学,形成以政府办学为主体、全社会积极参与、公办教育和民办教育共同发展的格局。

深化教育领域综合改革的保障措施和行动路径

当前和今后一个时期,是教育系统深入贯彻党的十八大和十八届三中全会精神、继续落实国家中长期教育规划纲要的新阶段，对深化教育领域综合改革来说也是难得的重要战略机遇期。我们一定要把思想和行动统一到中央关于深化教育领域综合改革的重大决策部署上来，抓住历史性机遇，统筹安排改革保障措施，坚定不移实现中央改革决策部署。

（一）进一步凝聚深化教育领域综合改革的共识

我国改革开放35年的经验表明，任何成功的改革都是上下左右通力合作、紧密配合，都是群众广泛参与、集体同心攻坚的结果。我们要把《决定》精神落到实处，必须科学分析、深刻认识当前教育体制机制积弊，尽快克服改革动力不足、缺乏有效措施手段、不敢或不愿打破常规的想法和做法，在各级政府、教育系统和社会各界中凝聚起改革的高度共识，形成深化教育改革的强大合力。按照中央的要求，凡涉及群众切身利益的教育领域综合改革重大政策举措，一定要正确处理改革发展稳定的关系，坚持改革力度、发展速度、社会可承受程度的统一。除完善专家咨询机制、注重配套政策措施到位等环节外，更重要的是从制度层面提高教育决策科学化、民主化水平，要求在重大教育改革实施前进行合法性审查和风险评估，根据需要向社会公开征求意见；在改革实施中加强检查监督和定期评估，对于出现的问题及时进行妥善处理及动态调整，避免产生大的偏差，并加强党内监督、民主监督、法律监督、舆论监督，确保人民群众知情权、参与权、表达权、监督权行使顺畅，为重大教育改革付诸实施创造更加有利的环境。

（二）不断完善上下联动、各方协同创新的改革推进机制

改革是复杂的社会系统工程，如何避免改革的碎片化是包括教育系统在内的各地区各部门都要直面的问题。《决定》强调加强和改善党对全面深化改革的领导，充分发挥党总揽全局、协调各方的领导核心作用，并对各级领导班子和基层组织提出了明确要求。深化教育领域综合改革，在不同部门之间会有一定的职能交叉和需要协调的关系。围绕《决定》所布置的教育领域综合改革各项重点任务，要在国家层面制定指导性意见，注意加强部委之间的政策协调，逐项明确本届政府任期内重大教育改革清单。地方要以加强本级教育统筹为重点，制定综合改革方案，落实国家重大教育改革任务，体现省域教育改革特征，重在解决本地的实际问题。国家建立鼓励支持改革激励机制，对改革成效显著的地区和学校，在资源配置、权力下放等方面给予更多倾斜支持。

（三）继续坚持系统设计、整体推进、重点突破、试点先行的改革路径

深化教育领域综合改革，必须立足基本国情、坚持全国一盘棋，但决不能“一刀切”。根据《决定》总结的“加强顶层设计和摸着石头过河相结合，整体推进和重点突破相促进”的改革重要经验，要继续沿着系统设计、整体推进、重点突破、试点先行的改革路径，按照《决定》提出的教育领域综合改革任务以及2020年在重要领域和关键环节改革上取得决定性成果的时间表，对国家和各地的教育改革试点进行整体评估，形成新的改革方案，加强统筹，多措并举，以点带面，扎实推进。

（作者：教育部部长）

加快推进让人民普遍受益的改革

赵正永

在攻坚阶段深化改革，关键是要保障好、维护好、实现好人民群众的根本利益。统筹把握陕西全省大局，当前和今后一段时期，要紧紧围绕经济发展难点、民生改善重点、生态建设热点攻坚克难，深化重要领域和关键环节改革，着力解决分配不公、收入差距大等群众反映强烈的突出问题，为加快建设“富裕陕西、和谐陕西、美丽陕西”注入强大动力，让三秦百姓过上更加幸福美好的新生活。

一、坚持以深化改革推动结构调整，建设共同富裕新陕西

陕西经济正处在转型发展的关键时期，既有乘势而上、实现跨越式发展的潜力和优势，又有总量不大、结构不优、创新不够、动力不足的问题。必须以改革创新推动经济结构调整和发展方式转变，盘活存量、升级增量，着力优化发展环境，激发各类市场主体活力，为实现共同富裕目标奠定雄厚物质基础。

着力激发各类市场主体新活力。就是要为各种所有制经济创造平等使用生产要素、公平参与市场竞争的良好环境，着力促进国有经济和非公有制经济共同发展。国有经济比重大，国有企业数量多，是陕西经济的一大特征。要进一步深化国企改革，不断探索完善现代产权制度和各类国有资产管理体制，推进强强联合和股权多元化，实现区域化布局、专业化分工、集群化发展，提高产业集中度和企业竞争力，切实增强其引领带动作用。非公有制经济是我省最具活力、最具潜力的经济增长点，是扩大就业、增收富民的重要力量。要坚决破除阻碍非公有制经济发展的“瓶颈”，抓紧清理有碍公平竞争的制度规定，推动民间资本进入基础产业、基础设施、国防科工、金融服务和商贸流通领域，促进民营经济转型升级，扶持其做大做强。积极顺应全球产业转移和分工调整的大趋势，加大开放深度、广度和力度，吸引“央企进陕”、“民企进陕”、“世界500强进陕”，推动其与我省优势产业和资源对接；大力发展混合所有制经济，促进大中小企业深度分工、密切协作和配套发展，加快形成大中小企业充满活力、竞相发展的良好局面。

切实增强创新驱动发展新动力。就是要充分发挥科技资源优势，实施创新驱动发展战略，着力促进高新技术产业和传统产业协调发展。陕西拥有100多所高等院校，1000多所科研机构，100多万科技人员。要把科技创新放在全省发展大局的核心位置，深化体制改革，强化政策支持，激发创新活力，推动科技和经济的紧密结合和深度融合，加快科技成果转化，建设创新型陕西。坚持以建设国家统筹科技资源改革示范基地为抓手，以工业技术、能源化工、循环经济等7家技术研究院为平台，促进中央与地方、军工与民用、高校院所与企业科技资源的有效整合，依托高新区和各类产业园区，培育壮大高新技术产业和战略性新兴产业，抢占产业发展战略制高点。同时，要做精做强传统优势产业，利用先进适用技术改造提升医药、食品、纺织等传统行业，关键是延伸产业链条、促进转型升级、提升发展能力；加快西安、咸阳新型工业化纺织产业示范基地建设，使老产业焕发新活力；充分发挥西安等中心城市优势，巩固提高传统服务业，加快发展现代服务业，着力提升对全省经济增长的贡献率。

加快完善城乡一体化发展新机制。就是要着力在推进新型城镇化和农业现代化同步发展上下功夫，逐步缩小城乡差距，实现城乡共同繁荣。推进新型城镇化，关键在提高质量，核心是人的城镇化。要加强规划引导，完善城镇体系，着力做美城市、做强县城、做大集镇、做好社区，形成科学合理的城镇发展格局，促进城镇化转型升级。深化户籍制度改革，逐步剥离附着在城乡户口上的不平等福利待遇，加快实行城乡统一的居住证制度，鼓励人口向中小城市和小城镇集中，以农民工为重点有序推进农业转移人口市民化。创新体制、松绑放权，逐步扩大省内计划单列市范围，推进省直管县改革，扩大重点镇经济管理权限，激发城镇发展动力。推动资源要素向农村转移流动，促进城乡基本公共服务均等化，加大农村综合改革力度，深化土地制度、产权制度等相关配套改革，建立支农惠农富农长效机制，创新农业经营体制，培育新型农业经营主体，发展现代农业，增强农村发展活力。

二、深入推进民生领域改革，建设和谐幸福新陕西

近年来，陕西在经济快速发展的同时，着力改善民生，实现了城乡低保、养老、医疗的全覆盖，创造出中国医改的陕西样本。要继续深化民生领域改革，在健全和完善群众利益保障机制上下功夫、求突破，使改革发展成果更多、更公平地惠及广大人民群众。

健全城乡居民收入增长机制。收入是民生的核心问题。尽管近年我省城乡居民收入保持了较快增长，但总体水平依旧偏低，必须以有效的制度保障促进收入水平不断提高。按照国家部署，抓紧制定和实施我省收入分配制度改革方案，加强收入分配调节，缩小收入分配差距；强化农民、企业职工、中低收入和困难家庭增收扶助措施，建立收入过低行业工资正常增长机制和支付保障机制，创造条件增加群众财产性收入。坚持以就业促增收，实施积极就业政策，不断完善综合机制，把劳动者自主就业、市场调节就业、政府促进就业和鼓励创业结合起来，以创业带动就业，多渠道扩大就业，创造公平的就业机会，让所有劳动者都能通过自己的努力得到应有收益。

创新扶贫开发机制。陕西是全国集中连片扶贫开发的重点省份之一。支持贫困地区发展，让贫困群众尽快富裕起来，要创新模式，完善措施，建立起持续推进扶贫开发的长效机制。健全资金投入机制，加大公共财政投入力度，打破条块界限和部门分割，依托项目整合资金，创新金融产品和服务方式。健全社会帮扶机制，积极鼓励和引导社会资本参与扶贫开发，形成全社会帮贫助困的合力。建立贫困地区自我发展机制，制定产业扶贫规划，坚持把扶贫和扶智结合起来，深入实施“雨露计划”、“阳光工程”等技能培训工程。继续坚持把扶贫开发与推进城镇化结合起来，大力实施陕南陕北避灾扶贫移民搬迁工程，下大气力搞好搬迁户集中安置，完善公共设施，培育发展产业，拓宽增收门路，真正实现搬得出、稳得住、能致富。

加快完善公共服务体系。推进基本公共服务均等化，提高人民群众幸福指数，是维护公平正义、建设和谐陕西的客观需要。深化教育体制改革，推动教育优先发展，促进教育公平，构建有利于学前教育、义务教育、高等教育和职业教育协调发展的体制机制，实现教育大省向教育强省转变。完善社会保障制度，按照“全覆盖、保基本、多层次、可持续”原则，扩大覆盖范围、提高统筹层次，推动城乡社会保障由补缺型向普惠型转变。加快保障性住房建设，探索以房养老新模式。坚持把深化医疗卫生体制改革作为保障和改善民生的重要任务，积极推进居民大病保险试点，加快建立疾病应急救助制度，完善基本药物制度和基层运行新机制，坚持县域突破推进公立医院改革，统筹推进相关配套改革，筑牢群众看病就医安全网。

扎实推进文化惠民工程。激发文化创造活力，丰富人民精神文化生活，保障人民基本文化

权益，是全面建成小康社会的必然要求。通过这几年持续深化改革，陕西丰富的文化资源优势正在向发展优势、产业优势转变，文化影响力不断扩大、文化软实力不断增强。坚持文化事业和文化产业两手抓、政府扶持与改革创新两加强，发挥政策引导和市场机制作用，推动要素整合，建设文化强省。创新投入机制，制定政府购买文化服务的财税政策，建立支持公益性文化事业发展的投入机制，加快构建覆盖城乡的公共文化服务体系。探索建立精品创作新体制，鼓励和引导社会资本参与文化产品生产创作，推出更多具有中华气派、陕西特色、时代精神的精品力作。实施重大文化项目带动战略，加快西安国家级文化和科技融合示范基地、曲江国家级文化产业示范区等建设，支持民营文化企业发展，促进文化与金融、科技、旅游融合，培育新型文化业态，打造文化支柱产业，形成具有陕西特色的文化产业体系。

三、着力构建生态文明制度体系，建设山川秀美新陕西

再造山川秀美大西北，让人民充分享受生态文明建设的成果，既是党中央对我们的殷切期望，也是人民生活福祉的重要内容。三秦大地的主色调实现了由黄到绿的历史性转变，但长期形成的生态欠账在短期内难以根本改观，生态环境整体上依然脆弱。我们决不能因为图一时发展和眼前利益而牺牲长远利益和后续发展的根基，要以解决突出环境问题为重点，着眼长远发展，把三秦大地建设成为天蓝、地绿、水净的美好家园。

建立有效激励约束机制。让保护者获得收益，让污染者付出代价，是环境治理中维护公平正义的重要保障。要发挥政策导向作用，坚持奖罚并举、标本兼治、扶优汰劣，坚决适时淘汰落后产能和技术，实施有利于污染防治和生态保护的财税金融政策。加快制定节约能源、发展再生能源、保护生态的地方性法规，加大执法监管力度，健全生态环境保护责任追究制度和环境损害赔偿制度。尽快启动耕地保护补偿试点，完善退耕还林机制，实行严格的林地保护和林地限额制度。认真落实资源税改革政策，推进电、水、成品油和天然气价格改革，建立资源有偿使用和生态效益补偿制度，依法征收能源资源、矿产资源、水资源的生态补偿费。

建立有力支撑保障机制。充分发挥考核“指挥棒”作用，坚决不搞唯GDP论，坚持把生态建设作为各级政府和领导干部政绩考核重要内容，形成正确导向，切实改变抓经济硬、抓环境软的问题。完善生态文明建设评价指标体系，健全相应的评价标准、考核办法、奖惩机制，提高生态建设考核权重。落实政府生态建设主导责任，加大财政投入力度，发挥市场机制作用，引导社会投资更多投入环境整治，形成生态建设投入长效机制。同时，要组织实施好陕西主体功能区规划、“关中大地园林化、陕北高原大绿化、陕南山地森林化”、“治污降霾·保卫蓝天”等重大部署，加快推进全国低碳示范省建设。

建立农村污染防治机制。农村环境不仅关乎农民生活生产，也直接影响城市居民生活质量。要抓住我省被列入全国农村环境连片整治示范省的契机，加大农村环境保护力度，建立适应农村实际的环境监管体系，坚持以严格的监管制度防止环境污染、以坚实的投入保障促进污染治理、以有力的政策引导推动环境保护，加快建设农村各类污染治理设施，持续开展垃圾污水、畜禽养殖、农业种植、工矿企业等重点污染专项整治行动，抓好43个县区试点工作，以点带面促进农村环境改善，决不让农村再走先污染、后治理的老路。

（作者：中共陕西省委书记）

坚持“六个紧紧围绕”全面深化改革

潘盛洲

党的十八届三中全会通过的《中共中央关于全面深化改革若干重大问题的决定》(以下简称《决定》),对当前至2020年我国重要领域和关键环节的改革作出了部署,是指导我们推进全面深化改革的纲领性文件。《决定》提出的“六个紧紧围绕”和强调以经济体制改革为重点、发挥经济体制改革牵引作用,实际上就是全面深化改革的总体思路,也是全面深化改革的路线图。确定这样的总体思路和路线图,一方面明确了全面深化改革的主要内容,突出体现了改革的全面性;另一方面明确了改革的重点和主轴,使全面深化改革的顶层设计、优先顺序、重点领域、关键环节一目了然,有利于整体推进和重点突破相结合、相促进。

一、紧紧围绕使市场在资源配置中起决定性作用深化经济体制改革

《决定》指出,紧紧围绕使市场在资源配置中起决定性作用深化经济体制改革,坚持和完善基本经济制度,加快完善现代市场体系、宏观调控体系、开放型经济体系,加快转变经济发展方式,加快建设创新型国家,推动经济更有效率、更加公平、更可持续发展。这就告诉我们,深化经济体制改革必须围绕如何发挥市场在资源配置中起决定性作用来推进。这是《决定》的一个重大理论创新。

我们党对市场在经济发展中的作用的认识是不断深化的。党的十四大提出“使市场在社会主义国家宏观调控下对资源配置起基础性作用”,党的十五大提出“使市场在国家宏观调控下对资源配置起基础性作用”,党的十六大提出“在更大程度上发挥市场在资源配置中的基础性作用”,党的十七大提出“从制度上更好发挥市场在资源配置中的基础性作用”,党的十八大提出“更大程度更广范围发挥市场在资源配置中的基础性作用”。这次《决定》将我们过去20多年所界定的市场在资源配置中的“基础性作用”修改为“决定性作用”,强调必须积极稳妥从广度和深度上推进市场化改革,大幅度减少政府对资源的直接配置,推动资源配置依据市场规则、市场价格、市场竞争实现效益最大化和效率最优化,无疑是一次理论上的重大突破,必将对我国经济发展产生重大影响。与此同时,《决定》也对政府的职责和作用作出了明确界定,即主要是保持宏观经济稳定,加强和优化公共服务,保障公平竞争,加强市场监管,维护市场秩序,推动可持续发展,促进共同富裕,弥补市场失灵。

《决定》在强调深化经济体制改革必须紧紧围绕使市场在资源配置中起决定性作用的同时,还强调了与之配套的一些重要方面的改革:一是坚持和完善基本经济制度,提出公有制经济和非公有制经济都是社会主义市场经济的重要组成部分,必须毫不动摇巩固和发展公有制经济,毫不动摇鼓励、支持、引导非公有制经济发展;提出的主要举措包括:完善产权保护制度,积极发展混合所有制经济,推动国有企业完善现代企业制度,支持非公有制经济健康发展。二是加快完善现代市场体系,提出必须加快形成企业自主经营、公平竞争,消费者自由选择、自主消费,商品和要素自由流动、平等交换的现代市场体系;提出的主要举措包括:建立公平开放透明的市场规则,完善主要由市场决定价格的机制,建立城乡统一的建设用地市场,完善金

融市场体系，深化科技体制改革。三是加快转变政府职能，提出必须切实转变政府职能，深化行政体制改革，创新行政管理方式，建设法治政府和服务型政府；提出的主要举措包括：健全宏观调控体系，全面正确履行政府职能，优化政府组织结构。四是深化财税体制改革，提出必须完善立法、明确事权、改革税制、稳定税负、透明预算、提高效率，建立现代财政制度；提出的主要举措包括：改进预算管理制度，完善税收制度，建立事权和支出责任相适应的制度。五是健全城乡发展一体化体制机制，提出必须健全体制机制，形成以工促农、以城带乡、工农互惠、城乡一体的新型工农城乡关系，让广大农民平等参与现代化进程、共同分享现代化成果；提出的主要举措包括：加快构建新型农业经营体系，赋予农民更多财产权利，推进城乡要素平等交换和公共资源均衡配置，完善城镇化健康发展体制机制。六是构建开放型经济新体制，提出推动对内对外开放相互促进、引进来和走出去更好结合，促进国际国内要素有序自由流动、资源高效配置、市场深度融合，加快培育参与和引领国际经济合作竞争新优势；提出的主要举措包括：放宽投资准入，加快自由贸易区建设，扩大内陆沿边开放。

二、紧紧围绕坚持党的领导、人民当家作主、依法治国有机统一深化政治体制改革

《决定》指出，紧紧围绕坚持党的领导、人民当家作主、依法治国有机统一深化政治体制改革，加快推进社会主义民主政治制度化、规范化、程序化，建设社会主义法治国家，发展更加广泛、更加充分、更加健全的人民民主。这就使当前和今后一个时期我们推进政治体制改革的正确方向和重点任务更清楚了。

政治体制改革事关党和国家工作全局，事关广大人民群众根本利益，既要坚定不移实施，又要积极稳妥推进，特别是要坚持正确政治方向，即坚持党的领导、人民当家作主、依法治国有机统一。党的领导是人民当家作主和依法治国的根本保证，人民当家作主是社会主义民主政治的本质和核心，依法治国是党领导人民治理国家的基本方略。三者是一个有机整体，统一于中国特色社会主义民主政治实践，任何时候任何情况下都不能动摇、都不能偏废。坚持这一方向深化政治体制改革，就要以保证人民当家作主为根本，以增强党和国家活力、调动人民积极性为目标，针对当前我国政治体制总体状况和面临的问题，采取有效措施，革除一些具体制度方面存在的不完善、不健全的地方，促进我国社会主义政治文明更好发展。

《决定》从三个方面提出和部署了政治体制改革的任务：一是加强社会主义民主政治制度建设，提出必须以保证人民当家作主为根本，更加注重健全民主制度、丰富民主形式，从各层次各领域扩大公民有序政治参与；提出的主要举措包括：推动人民代表大会制度与时俱进，推进协商民主广泛、多层、制度化发展，发展基层民主。二是推进法治中国建设，提出必须坚持依法治国、依法执政、依法行政共同推进，坚持法治国家、法治政府、法治社会一体建设；提出的主要举措包括：维护宪法法律权威，深化行政执法体制改革，确保依法独立公正行使审判权检察权，健全司法权力运行机制，完善人权司法保障制度。三是强化权力运行制约和监督体系，提出坚持用制度管权管事管人，构建决策科学、执行坚决、监督有力的权力运行体系，健全惩治和预防腐败体系；提出的主要举措包括：形成科学有效的权力制约和协调机制，加强反腐败体制机制创新和制度保障，健全改进作风常态化制度。

三、紧紧围绕建设社会主义核心价值体系、社会主义文化强国深化文化体制改革

《决定》指出，紧紧围绕建设社会主义核心价值体系、社会主义文化强国深化文化体制改革，加快完善文化管理体制和文化生产经营机

制，建立健全现代公共文化服务体系、现代文化市场体系，推动社会主义文化大发展大繁荣。这为今后一个时期深化文化体制改革指明了方向。

文化是民族的血脉，是人民的精神家园。没有文化的积极引领，一个国家、一个民族不可能屹立于世界民族之林。当今世界正处在大发展大变革大调整时期，各种思想文化交流交融交锋更加频繁，文化在综合国力竞争中的地位和作用更加凸显。因此，建设社会主义文化强国、增强我国文化软实力、提升中华文化国际影响力，是全面建成小康社会进而实现中华民族伟大复兴中国梦的必然要求和迫切要求。社会主义核心价值体系作为社会主义意识形态的本质体现，集社会主义价值理念之大成，把我们党倡导的基本理论、思想观念、价值取向等都系统凝练地整合在一起，深刻揭示了共同思想道德基础的基本内涵和基本要求。通过弘扬社会主义核心价值体系，在多元中立主导，在交流交融中谋共识，必将有力推动形成既有国家统一意志又有个人心情舒畅、既包容多样又有力抵制各种错误思潮和腐朽思想、既坚守基本社会思想道德又向着更高目标迈进的生动局面。因此，要积极有效地推进社会主义文化强国建设，必须把弘扬社会主义核心价值体系放在首位。

《决定》对深化文化体制改革进行了重点部署，提出必须坚持社会主义先进文化前进方向，以激发全民族文化创造活力为中心环节，推进文化体制机制创新；并从完善文化管理体制、健全现代文化市场体系、构建现代公共文化服务体系、提高文化开放水平等方面提出了一些重要改革举措和要求。

四、紧紧围绕更好保障和改善民生、促进社会公平正义深化社会体制改革

《决定》指出，紧紧围绕更好保障和改善民生、促进社会公平正义深化社会体制改革，改革收入分配制度，促进共同富裕，推进社会领域制度创新，推进基本公共服务均等化，加快形成科学有效的社会治理体制，确保社会既充满活力又和谐有序。这是我们深化社会体制改革必须遵循的重要思路和必须抓好的重点任务。

保障和改善民生是我们党的根本宗旨所要求的，也是社会主义现代化建设的根本目的。我们党坚持全心全意为人民服务，坚持立党为公、执政为民，说到底就是党的一切奋斗和工作都是为了造福人民、使人民幸福。具体到民生领域，就是要多谋民生之利，多解民生之忧，解决好人民最关心最直接最现实的利益问题，在学有所教、劳有所得、病有所医、老有所养、住有所居上持续取得新进展，努力让人民过上更好生活。促进社会公平正义是中国特色社会主义的内在要求。正如党的十八大报告所强调的那样，发展中国特色社会主义，就是要在全体人民共同奋斗、经济社会发展的基础上，抓紧建设对保障社会公平正义具有重大作用的制度，逐步建立以权利公平、机会公平、规则公平为主要内容的社会公平保障体系，努力营造公平的社会环境，保证人民平等参与、平等发展的权利。因此，深化社会体制改革，必须紧紧围绕更好保障和改善民生、促进社会公平正义来进行。

《决定》主要从两个方面对深化社会体制改革作了阐述和部署：一是推进社会事业改革创新，提出必须解决好人民最关心最直接最现实的利益问题，努力为社会提供多样化服务，更好满足人民需求；提出的主要举措包括：深化教育领域综合改革、重点对群众反映较多的考试招生制度改革作了部署，健全促进就业创业体制机制、重点对高校毕业生等青年就业改革作出部署，形成合理有序的收入分配格局，建立更加公平可持续的社会保障制度，深化医药卫生体制改革。二是创新社会治理体制，提出必须着眼于维护最广大人民根本利益，最大限度增加和谐因素，增强社会发展活力，提高社会治理水平；提出的主要举措包括：改进社会治理方式，激发社会组织活力，创新有效化解社会矛盾体制，健全公共安全体系。

五、紧紧围绕建设美丽中国深化生态文明体制改革

《决定》指出，紧紧围绕建设美丽中国深化生态文明体制改革，加快建立生态文明制度，健全国土空间开发、资源节约利用、生态环境保护的体制机制，推动形成人与自然和谐发展现代化建设新格局。这为我们深化生态文明体制改革提供了重要遵循。

建设美丽中国是党的十八大首次提出来的。这次全会《决定》之所以强调要紧紧围绕建设美丽中国深化生态体制改革，主要有以下考虑：第一，这是深入贯彻落实科学发展观的必然要求。坚持生产发展、生活富裕、生态良好的文明发展道路，统筹人与自然和谐发展，形成资源节约型、环境友好型社会，使人民在良好生态环境中生产生活，实现经济社会永续发展，是科学发展观的内在要求。而这恰好也是建设美丽中国的核心内容。第二，这是破解当前我国经济社会发展面临资源环境瓶颈约束的必然选择。随着我国经济规模的扩大和粗放式增长的延续，资源约束日益趋紧，一些重要矿产资源的对外依存度近些年来快速上升，一些重大环境污染事件的发生，不仅给人民群众身体健康带来危害，还对社会和谐稳定构成直接威胁。因此，必须以建设美丽中国为目标，大力推进生态文明建设，并把其融入经济建设、政治建设、文化建设、社会建设各方面和全过程，不断提高生态文明水平。

《决定》对深化生态体制改革作出了重点部署，提出要加快生态文明制度建设，实行最严格的源头保护制度、损害赔偿制度、责任追究制度，完善环境治理和生态修复制度，用制度保护生态环境。并从健全自然资源资产产权制度和用途管制制度、划定生态保护红线、实行资源有偿使用制度和生态补偿制度、改革生态环境保护管理体制等方面提出了一些重大改革举措。

六、紧紧围绕提高科学执政、民主执政、依法执政水平深化党的建设制度改革

《决定》指出，紧紧围绕提高科学执政、民主执政、依法执政水平深化党的建设制度改革，加强民主集中制建设，完善党的领导体制和执政方式，保持党的先进性和纯洁性，为改革开放和社会主义现代化建设提供坚强政治保证。这为我们深化党的建设制度改革进一步指明了方向。

《决定》在最后一部分对加强和改善党对全面深化改革的领导进行了阐述和部署。《决定》强调，全面深化改革必须加强和改善党的领导，充分发挥党总揽全局、协调各方的领导核心作用，建设学习型、服务型、创新型的马克思主义执政党，提高党的领导水平和执政能力，确保改革取得成功。并从三个方面提出了要求和措施：一是全党同志要把思想和行动统一到中央关于全面深化改革重大决策部署上来，正确处理中央和地方、全局和局部、当前和长远的关系，正确对待利益格局调整，充分发扬党内民主，坚决维护中央权威，保证政令畅通，坚定不移实现中央改革决策部署；并宣布中央成立全面深化改革领导小组，负责改革总体设计、统筹协调、整体推进、督促落实。二是坚持党管干部原则，深化干部人事制度改革，构建有效管用、简便易行的选人用人机制，使各方面优秀干部充分涌现；建立集聚人才体制机制，择天下英才而用之。三是坚持党的群众路线，建立社会参与机制，充分发挥人民群众的积极性、主动性、创造性，齐心协力推进改革；鼓励地方、基层和群众大胆探索，及时总结经验，宽容改革失误，加强宣传和舆论引导，为全面深化改革营造良好社会环境。

（作者：中共中央政策研究室副主任）

深化干部人事制度改革

陈　希

全面深化改革，需要有力的组织保证和人才支撑。深化干部人事制度改革，是造就高素质执政骨干队伍，形成人才辈出、人尽其才生动局面的制度保证。党的十八届三中全会通过的《中共中央关于全面深化改革若干重大问题的决定》（以下简称《决定》）全面贯彻党的十八大精神，适应全面深化改革新要求，对进一步深化干部人事制度改革作出了新部署，我们一定要认真学习领会，切实加以贯彻落实。

一、进一步明确深化干部人事制度改革总要求

《决定》提出，坚持党管干部原则，深化干部人事制度改革，构建有效管用、简便易行的选人用人机制，使各方面优秀干部充分涌现。这是在总结实践经验的基础上，对干部人事制度改革总的方向、目标和思路的新概括，是进一步深化干部人事制度改革的总要求。

（一）坚持党管干部原则，牢牢把握深化干部人事制度改革正确方向。

干部人事制度改革是党的建设制度改革和政治体制改革的重要内容，需要把它放到坚持和发展中国特色社会主义制度这个大局下去认识、去审视，放到全面深化改革的整体布局中去谋划、去推进。党管干部是我国干部人事制度最鲜明的政治特色，是坚持党的领导、巩固党的执政地位的根本保证，任何时候都不能动摇。随着全面深化改革的展开，特别是市场在资源配置中决定性作用的发挥，干部工作需要充分走群众路线，进一步扩大民主，增强透明度。但必须明确，这种改革的目的是提高党管干部水平，更好地为党选拔优秀人才，决不是放弃党管干部原则。在全面深化改革中继续推进干部人事制度改革，必须坚持党管干部原则，牢牢把握正确方向，干部人事制度改革每一项措施，都应有利于加强而不是削弱党的领导，有利于巩固而不是动摇党的执政地位。

（二）着眼选拔党和人民需要的好干部，进一步明确深化干部人事制度改革目标。

我们党选拔任用干部的标准，大的方面说就是德才兼备。不同历史时期，对干部德才的具体要求有所不同。习近平同志在2013年6月召开的全国组织工作会议上，正确回答了怎样是好干部、怎样成长为好干部、怎样把好干部用起来等重大问题，明确提出新时期党和人民需要的好干部的标准，即信念坚定、为民服务、勤政务实、敢于担当、清正廉洁，并对这一标准的内涵作了深刻阐述。习近平同志要求各级党委及组织部门坚持党管干部原则，坚持正确用人导向，坚持德才兼备、以德为先，努力做到选贤任能、用当其时，知人善任、人尽其才，把好干部及时发现出来、合理使用起来。这就指明了深化干部人事制度改革的目标和着力点。在新的历史阶段，面对全面深化改革、全面建成小康社会的艰巨任务，我们继续推进干部人事制度改革最根本的任务，就是要培养选拔更多党和人民需要的好干部，尤其要使那些理想信念坚定、锐意改革创新、敢于负责担当的优秀干部充分涌现，使各级干部都各尽其能、才尽其用。

（三）构建有效管用、简便易行的选人用人机制，着力提高干部人事制度改革科学化水平。

干部人事制度改革政治性、政策性和敏感性都很强，必须科学设计，扎实推进，务求实效。我们要按照《决定》提出的构建有效管用、简便

易行选人用人机制的要求，以求真务实精神深化干部人事制度改革。有效管用，就是改革措施的推出要服务于选准用好干部的需要，更加注重实际效果，遵循干部人事工作规律，坚持形式服从内容、过程服从结果。简便易行，就是改革制度的设计要坚持于法周延、于事简便，既坚持标准、严格程序，又提高效率、降低成本。为此，要正确处理继承干部工作优良传统与改革创新的关系，尤其要坚持在实践中培养、发现和使用干部。要把自上而下的改革和自下而上的探索结合起来，改革措施要成熟一个推出一个，重大改革举措坚持试点先行。要加强制度统筹，既着力解决制度缺失问题，又有效防止制度繁密现象。要注意各项改革措施的衔接和配套，重视抓好已有制度的完善和落实。

二、抓住群众反映强烈的突出问题着力推进改革

深化干部人事制度改革，必须抓住当前干部人事工作中群众反映强烈的突出问题，认真总结，深入研究，不断改进，努力取得突破性进展。要把完善干部选拔任用制度与完善考核评价、管理监督、激励保障制度结合起来，修订好干部任用条例、干部考核评价办法等，努力形成科学完备的制度体系。

（一）完善干部选拔任用相关制度。

《决定》提出，发挥党组织领导和把关作用，强化党委（党组）、分管领导和组织部门在干部选拔任用中的权重和干部考察识别的责任。这是正确认识和处理干部人事制度改革中出现的新情况新问题、构建科学的选人用人机制的关键所在。

一是完善民主推荐、民主测评制度。主要是把加强党的领导和充分发扬民主结合起来，提高干部工作民主质量。一方面，要改进民主推荐、测评方式和程序，增强民意表达的真实性。在干部工作中发扬民主，不仅体现在投票推荐上，而且体现在个别谈话、实地调查、广泛听取各方面意见等各个方面，体现在酝酿动议、考察预告、沟通协商、讨论决定、任前公示等各个环节。另一方面，要正确分析和对待票数，把得票作为用人的重要参考。坚持全面、历史、辩证看干部，注重一贯表现和全部工作，把干部推荐得票情况与组织平时掌握的德才和实绩情况对照起来分析，综合考虑确定人选。对那些坚持原则、敢抓敢管而得票相对较少的干部，要具体情况具体分析，该保护的一定要保护，坚决纠正唯票取人现象。

二是改进竞争性选拔干部办法。合理确定公开选拔、竞争上岗的职位、范围、规模，坚持选拔任用条件和资格，改进选拔程序和方法，严格组织考察和把关，加强纪律监督，引导干部在实干、实绩上竞争，防止把严肃的干部工作搞成选秀，坚决纠正唯分取人现象。

三是区分实施选任制和委任制干部选拔方式。根据选任制和委任制的不同特点，探索不同的干部人选产生方式和票数权重，避免一刀切。选任制干部即各级党政领导班子成员，适用选举民主。委任制干部即各级党政机关的部门领导、中层干部和一般干部，适用“实绩晋升”。这一层面干部的选拔，主要是扩大提名、考察环节的民意收集和决定环节党委（党组）内部的民主，不能把竞争性选拔作为主要方式甚至唯一方式。

四是改进优秀年轻干部培养选拔机制。培养造就大批优秀年轻干部，事关党的事业薪火相传，事关国家长治久安。要按照拓宽来源、优化结构、改进方式、提高质量的要求，搞好优秀年轻干部培养选拔的总体规划。下大气力抓好培养工作，对那些看得准、有潜力、有发展前途的年轻干部，要敢于压担子，有计划安排他们去经受锻炼，尤其要放到基层、艰苦岗位去磨炼。注意用好各年龄段干部，既重视选拔优秀年轻干部，又合理使用其他年龄段干部，不能简单地以年龄划线，不搞任职年龄层层递减。

（二）改革和完善干部考核评价制度。

《决定》明确提出，完善发展成果考核评价体系，纠正单纯以经济增长速度评定政绩的偏

向，加大资源消耗、环境损害、生态效益、产能过剩、科技创新、安全生产、新增债务等指标的权重，更加重视劳动就业、居民收入、社会保障、人民健康状况。要据此改革实绩考核指标体系的设置，完善考核办法，健全奖惩机制，形成促进科学发展导向，促进各级干部树立正确政绩观。要实行对不同区域、不同层次、不同类型领导班子和领导干部分类考核。改进德的考核办法，细化干部德的评价标准，检验干部理想信念坚定不坚定，主要看是否在重大政治考验面前有政治定力，是否能树立牢固的宗旨意识，是否对工作极端负责，是否能做到吃苦在前、享受在后，是否能在急难险重任务面前勇挑重担，是否能经得起权力、金钱、美色的诱惑。要把考察识别干部的功夫下在平时，健全到基层干部群众中、从履职过程中考察干部制度，完善通过谈心谈话、民主生活会了解干部办法，建立领导班子、领导干部综合分析研判制度，增强考核全面性和准确性。

（三）完善干部管理相关制度。

一是打破干部部门化，拓宽选人视野和渠道，加强干部跨条块跨领域交流。这对于坚持五湖四海、任人唯贤，统筹干部资源的优化配置，改善领导班子的群体结构，促进党的事业发展具有重要作用。在选人用人上，现在还存在着违背五湖四海原则的现象，有的用干部以部门、地域、单位划线，干部调不进、派不出，有的只注重安排身边的干部。客观上讲，单位、部门之间领导职数资源分配不够均衡，从制度上导致干部发展机会不平衡。因此，必须打破干部部门所有，大力推进干部跨条块跨领域交流，统筹用好各类干部资源，增强干部工作的系统性和协调性。二是破除“官本位”观念，推进干部能上能下、能进能出。创造条件，逐步取消学校、科研院所、医院等单位的行政级别。三是完善从严管理干部队伍制度体系，把从严治党要求落实到对干部严格考核、选拔和监督上，贯穿于干部选拔任用全过程。要完善和落实领导干部问责制，规范被问责党政领导干部重新任职的条件、程序。对于那些拍脑袋决策、拍胸脯蛮干造成恶劣影响的要追究责任，而且要终身追责。四是完善公务员激励保障制度。主要是推行公务员职务与职级并行、职级与待遇挂钩制度，加快建立专业技术类、行政执法类公务员和聘任人员管理制度，完善基层公务员录用制度，在艰苦边远地区适当降低进入门槛。通过这些措施，着力改变公务员队伍千军万马挤领导职务这个独木桥问题，调动广大公务员特别是基层公务员积极性，使他们都能各尽所能、各得其所。

三、建立集聚人才的体制机制

邓小平同志曾经说过，事情成败的关键就是能不能发现人才，能不能用人才。当今世界综合国力的竞争归根到底是人才的竞争。《决定》提出，建立集聚人才体制机制，择天下英才而用之。这是加快确立人才优先发展战略布局，推动我国由人才大国迈向人才强国的体制保证，有利于为全面深化改革提供有力的人才支撑。

建立集聚人才的体制机制，首先要深刻分析人才工作面临的新形势新情况。《决定》强调，打破体制壁垒，扫除身份障碍，让人人都有成长成才、脱颖而出的通道，让各类人才都有施展才华的广阔天地。这是人才工作重要理念创新。改革开放以来，经济社会发展为人们提供了广阔发展空间，同时也出现了社会分层“凝固化”和社会流动“缓慢化”趋势。这不仅不利于把大批优秀人才凝聚到党和国家事业中来，而且易激起社会“仇官心理”。一段时间以来，人们对一些年轻干部破格提拔习惯性质疑，从深层次上折射出社会公众对社会流动不畅的焦虑。因此，必须着力打破体制壁垒，扫除身份障碍，大力营造机会公平、规则公平的制度环境，让社会各阶层人员都有通过平等竞争向上发展的机会和通道。

完善党政机关、企事业单位和社会各方面人才顺畅流动的制度体系。现在，党政机关、企事业单位之间干部交流渠道不够通畅，许多社会优秀人才，包括非公有制经济组织、新社会组织、自由职业者中的人才，海外留学人员和普通工人农民，由于受到体制和身份限制，难以进入党政干部队伍。要探索建立由多种干部选拔方法、多条干部选拔渠道构成的干部选拔体系，进一步拓宽选人用人视野。对社会上的优秀人才可推行直接引进、公开选拔、聘任、挂职等办法，畅通进入党政领导岗位和公务员队伍渠道，给他们提供平等的机会。同时，对党政机关干部向企事业单位流动也要进行一些制度性探索，打通干部在不同体制之间的流转通道，优化干部队伍结构，增强干部队伍活力，促进人才资源的开发和利用。当然，这种流动要严格按制度办事，增强透明度，接受社会监督，防止期权交易、权力寻租等问题发生，防止干扰正常经济秩序，防止滋生腐败。

健全人才向基层流动、向艰苦地区和岗位流动、在一线创业的激励机制。当前推动基层各项事业改革发展，面对的迫切问题是人才缺乏，中西部地区和基层学校、医疗卫生、农技推广等机构和艰苦岗位人才匮乏、留不住人、人员素质整体偏低问题比较突出。因此，要创新体制机制，完善激励政策，在待遇、职称、选拔任用等方面真正向基层、向中西部地区和艰苦岗位人才倾斜，切实解决他们在工作、学习、生活等方面的实际困难，促进人才向缺乏人才地区聚集。要树立“不求所有，但求所用”的理念，打破户籍、地域、身份、人事关系等刚性制约，通过智力引进、人才创业、人才派遣等多种形式，实现高层次人才柔性流动。要大力倡导服务基层、奉献社会精神，鼓励年轻人到基层和艰苦地区锻炼成长。

加快形成具有国际竞争力的人才制度优势。李光耀曾说，中国和美国之间的竞争，关键在人才，中国从13亿多人中选人才，而美国是从全球70亿人中选人才。此说虽不完全准确，但也有一定道理。这与我国人才引进方式单一、引才审批手续繁琐等不无关系，特别是对外国人才来华留华工作缺乏有吸引力的制度。因此，必须适应构建开放型经济新体制要求，增强人才政策开放度，敞开大门，招四方之才。要完善人才评价机制，借鉴国际经验，研究建立各类人才能力素质标准体系，通过业绩和贡献评价人才，依靠实践和群众发现人才。要持之以恒抓好“千人计划”等重大人才工程实施，完善人才签证、绿卡等管理办法，研究制定国家技术移民、投资移民等法律，推动人才试验区建设等，大力吸引国（境）外优秀人才回国或来华创业发展。要按照支持留学、鼓励回国、来去自由、发挥作用的方针，千方百计创造条件，使广大留学人员回到祖国有用武之地，留在国外有报国之门，让他们把自己的梦想融入亿万人民实现中华民族伟大复兴中国梦的壮阔奋斗之中。

（作者：中共中央组织部常务副部长）

中国改革的总动员和总部署

叶小文

中共十八届三中全会审议通过《中共中央关于全面深化改革若干重大问题的决定》，对中国改革作出了总动员和总部署。

总动员：惟有改革，别无他途

改革，是由问题倒逼而产生的。

凡涉一国、一民族之改革，乃大势要改，人心思改，不能不改，是“置之死地而后生”逼出来的。沦为半封建半殖民地的旧中国，必然爆发翻天覆地的历史变革——新中国诞生了。新中国成立30年成就巨大，但“文革”使国民经济几近崩溃。邓小平大声疾呼：贫穷不是社会主义，不改革开放死路一条！于是，35年改革开放，使经济社会发展的活力在中华大地像火山一样迸发，使中国特色社会主义大放光芒。今天，我国经济总量已跃居世界第二位，综合国力快速增长，世界刮目相看。我们的日子也好过多了，并无“置之死地”之险境。

那么，当代中国面临什么问题？或者说，是什么问题在倒逼我们改革？

我们必须清醒地看到，我们在创造35年连续增长的奇迹的同时，要进一步保持可持续发展的难度加大了。世界上许多经济体的发展在多年连续增长后，往往出现拐点。盛极而衰，似乎是在劫难逃。纵观一部近、现代世界经济发展史，连续保持十年、二十年增长的国家有若干，但“三十而立”者寥寥，“四十而惑者”多多，能继续走好“第四个十年”的经济体，当代几乎没有。一些发展中国家更是相继落入“中等收入陷阱”。中国经济能否迈过这个坎，走好“第四个十年”？事实上，当前我国经济已处于增长速度换档期和结构调整阵痛期，经济下行的压力在增大。

我们必须清醒地看到，近代大国经济的发展，都是以工业化和城市化为基本模式，必然涉及到对煤、石油和天然气等不可再生资源的大量需求，以及对市场、对资源不断扩张的需求。近代西方世界在崛起的过程中为满足这种需求，以坚船利炮、圈占土地和奴役他人来掠夺资源。这虽造就了西方世界近代以来的繁荣，也埋下了它与世界其他部分的仇恨。他们的发展路子是“国强必霸”。但“霸极必衰”，历史规律无情，衰败端倪已现。中国当然不会、也不可能再走这种大国崛起之路，必须坚持和平发展。但和平发展也有激烈竞争。逆水行舟，不进则退。当前国际局势继续发生深刻复杂变化，世界经济进入深度调整期，综合国力竞争日益激烈，各种矛盾错综复杂。各国都在加快推进变革，特别是新一轮科技革命和产业变革正在孕育兴起，中国不迎头赶上去，就会再次错失发展机遇。

我们必须清醒地看到，我们要聚精会神搞建设，一心一意谋发展。但外部环境中影响和平与发展的不稳定、不确定因素增多。我们仍将长期面对西方发达国家在经济和科技方面占优的压力。我们仍将长期面对西方敌对势力对我实施“西化”、“分化”战略的冲击。有人希望我们回到封闭僵化的老路，有人则鼓捣我们走改旗易帜的邪路。而我们这样一个大国，改革必须有原则，有定力。不能改的，怎么说也是不改。一旦在根本问题上出现颠覆性错误，就无法挽回，无法弥补。

我们必须清醒地看到，我国发展中不平衡、不协调、不可持续问题依然突出，科技创新能力不强，产业结构不合理，发展方式依然粗放，城乡区域发展差距和居民收入分配差距依然较大，社会矛盾明显增多，教育、就业、社会保障、医疗、住房、生态环境、食品药品安全、安全生产、社会治安、执法司法等关系群众切身利益的问题较多，部分群众生活困难，形式主义、官僚主义、享乐主义和奢靡之风问题突出，一些领域消极腐败现象易发多发，反腐败斗争形势依然严峻。

总之，当前国内外环境都在发生极为广泛而深刻的变化，我国发展已经走到关键路口，面临难得的机遇，也面临一堆突出的矛盾、问题和挑战。

中国要锐意进取，攻坚克难，实现健康发展、持续发展、科学发展，实现中华民族伟大复兴的中国梦，化解矛盾之法、解决问题之策、战胜挑战之方，惟有改革，别无他途！

总部署：全面深化，六个围绕

改革，已经进入攻坚区、深水区，如何推进？

十八届三中全会明确，最重要的是，坚持党的领导，贯彻党的基本路线，不走封闭僵化的老路，不走改旗易帜的邪路，坚定走中国特色社会主义道路，始终确保改革正确方向；坚持解放思想、实事求是、与时俱进、求真务实，一切从实际出发，总结国内成功做法，借鉴国外有益经验，勇于推进理论和实践创新；坚持以人为本，尊重人民主体地位，发挥群众首创精神，紧紧依靠人民推动改革，促进人的全面发展；坚持正确处理改革发展稳定关系，胆子要大、步子要稳，加强顶层设计和摸着石头过河相结合，整体推进和重点突破相促进，提高改革决策科学性，广泛凝聚共识，形成改革合力。

这次改革，一是全面。这次改革是历次改革中范围最广的，体现了改革顶层设计的综合性、统筹性和协调性。二是深入。这次改革内容涉及到国家治理、现代化建设各个层次，涉及到改革进程各个阶段，有社会主义市场经济性质的理论突破，有改革探索实践的政策确认，有成功改革经验的制度化完善，有解决现实问题和突出矛盾的攻关性创新。要进一步形成公平竞争的发展环境，进一步增强经济社会的发展活力，进一步提高政府的效率和效能，进一步实现社会公平正义，进一步促进社会和谐稳定，进一步提高党的领导水平和执政能力。

全面深化改革的总目标，是完善和发展中国特色社会主义制度，推进国家治理体系和治理能力现代化。必须更加注重改革的系统性、整体性、协同性，加快发展社会主义市场经济、民主政治、先进文化、和谐社会、生态文明，让一切劳动、知识、技术、管理、资本的活力竞相迸发，让一切创造社会财富的源泉充分涌流，让发展成果更多更公平惠及全体人民。

全面深化改革的总部署，是“六个紧紧围绕”：

——紧紧围绕使市场在资源配置中起决定性作用深化经济体制改革，坚持和完善基本经济制度，加快完善现代市场体系、宏观调控体系、开放型经济体系，加快转变经济发展方式，加快建设创新型国家，推动经济更有效率、更加公平、更可持续发展；

——紧紧围绕坚持党的领导、人民当家作主、依法治国有机统一深化政治体制改革，加快推进社会主义民主政治制度化、规范化、程序化，建设社会主义法治国家，发展更加广泛、更加充分、更加健全的人民民主；

——紧紧围绕建设社会主义核心价值体系、社会主义文化强国深化文化体制改革，加快完善文化管理体制和文化生产经营机制，建立健全现代公共文化服务体系、现代文化市场体系，推动社会主义文化大发展大繁荣；

——紧紧围绕更好保障和改善民生、促进社会公平正义深化社会体制改革，改革收入分配制度，促进共同富裕，推进社会领域制度创新，推进基本公共服务均等化，加快形成科学有效的社会治理体制，确保社会既充满活力又和谐有序；

——紧紧围绕建设美丽中国深化生态文明体制改革，加快建立生态文明制度，健全国土空间开发、资源节约利用、生态环境保护的体制机制，推动形成人与自然和谐发展现代化建设新格局；

——紧紧围绕提高科学执政、民主执政、依法执政水平深化党的建设制度改革，加强民主集中制建设，完善党的领导体制和执政方式，保持党的先进性和纯洁性，为改革开放和社会主义现代化建设提供坚强政治保证。

“六个紧紧围绕”，是要解决当前经济社会发展中两个最突出的问题。一是集中反映了当前经济社会发展的需要，把经济体制改革作为全面深化改革的重点，核心问题是处理好政府和市场的关系，使市场在资源配置中起决定性作用和更好发挥政府作用，促使生产关系更加适应生产力的发展；二是集中反映人民群众基本的要求和期盼，坚定不移地走中国特色共同富裕的道路，使改革发展成果惠及全体人民，解决好社会公平问题。

走活一盘好棋的两个“眼”

全面深化改革的布局和推进，就像在下一盘头绪繁多、错综复杂、厮杀激烈的围棋，形势的驾驭、棋形的死活、力量的消长、最后的胜算，关键在是否做出两个“眼”，而且必须是“真眼”，不能是“假眼”。

这次全面深化改革的一个关键的“眼”，就是使市场在资源配置中起决定性作用和更好发挥政府作用。

35年前，中国的改革始于邓小平说的“社会主义也有市场，资本主义也有计划”。1992年，党的十四大明确提出我国经济体制改革的目标是建立社会主义市场经济体制。十四大以来的二十多年间，对政府和市场的关系，我们一直在根据实践拓展和认识深化寻找新的科学定位。十五大提出“使市场在国家宏观调控下对资源配置起基础性作用”。十六大提出“在更大程度上发挥市场在资源配置中的基础性作用”。十七大提出“从制度上更好发挥市场在资源配置中的基础性作用”。十八大提出“更大程度更大范围发挥市场在资源配置中的基础性作用”。我们的认识在不断深化，我国社会主义市场经济体制已经初步建立，但仍存在不少问题，主要是市场秩序不规范，以不正当手段谋取经济利益的现象广泛存在；生产要素市场发展滞后，要素闲置和大量有效需求得不到满足并存；市场规则不统一，部门保护主义和地方保护主义大量存在；市场竞争不充分，阻碍优胜劣汰和结构调整等等。这些问题，集中表现为行政干预过多、市场体系不完善、监管不到位三个突出矛盾，最突出的是政府行政干预过多的矛盾。进一步处理好政府和市场关系，实际上就是要处理好在资源配置中市场起决定性作用还是政府起决定性作用这个问题。

使市场在资源配置中起决定性作用，意味着要大力推进市场准入和竞争方面的改革。除了个别特殊行业外，各种所有制经济都可以进入，平等进入，公平竞争，同时也就需要加强监管，防范风险。资源配置指的是生产要素配置，包括劳动、资本、土地，还有技术管理，为此必然导出财税体制改革、土地改革、利率市场化和汇率决定机制等改革。市场经济强调消费者主权，又必然推动着金融改革。要加快形成企业自主经营、公平竞争，消费者自由选择、自主消费，商品和要素自由流动、平等交换的现代市场体系，着力清除市场壁垒，提高资源配置效率和公平性。要建立公平开放透明的市场规则，完善主要由市场决定价格的机制，建立城乡统一的建设用地市场，完善金融市场体系，深化科技体制改革。总之，把市场在资源配置中的“基础性作用”改为“决定性作用”，尽管是遵循市场经济一般规律的必然选择，却带来一场更全面、更深刻、更剧烈的变革。

三十多年前的改革，一个“联产承包责任制”，就极大地调动了人民群众的积极性，解放了生产力；今天的改革，一个“使市场在资源配置中起决定性作用”，必将有利于全党全社会树立关于政府和市场的正确观念，有利于转变经济发展方式，有利于转变政府职能，有利于抑制消极腐败现象。市场的作用发挥出来了，群众求发展的积极性更高了，一切劳动、知识、技术、管理、资本的活力就有可能竞相迸发，一切创造社会财富的源泉就有可能充分涌流。

在使市场在资源配置中起决定性作用的同时，要更好发挥政府作用，主要是保持宏观经济稳定，加强和优化公共服务，保障公平竞争，加强市场监管，维护市场秩序，推动可持续发展，促进共同富裕，弥补市场失灵。

这次全面深化改革的另一个关键的“眼”，是发展更加广泛、更加充分、更加健全的人民民主。

有一种误解，认为当前只是在着力推进经济体制改革，而政治体制改革则搁置不动、滞后不前。这次全面深化改革，明确部署了包括加强社会主义政治制度建设、推进法治中国建设、强化权力运行机制和监管体系等诸多方面内容的政治体制改革，目标就是建设社会主义法治国家，发展更加广泛、更加充分、更加健全的人民民主。

如何实现民主，许多发展中国家都在探索，主动或被动地充当西方民主制度“实验品”的都有，结果政治动荡、经济停滞、民不聊生。一系列严酷现实告诉人们，选择适合本国国情的民主新路，是一个民族走向成熟的标志。

我们的民主之路，要和平、稳定的民主政治，不要暴力连连、社会动荡；要统一、和谐的民主发展，不要国家分裂、一盘散沙；要繁荣发展的民主建设，不要经济停滞、生活倒退；要干部清正、政府清廉、政治清明的民主政治，不要官员腐败、政府变质；要吸收人类民主政治建设共同文明成果，又与本国实际结合，坚持党的领导、人民当家作主和依法治国的有机统一，避免封闭保守、简单照搬。

我们的民主之路，要有中国特色、中国创新。2006年，中共中央就明确提出，“人民通过选举、投票行使权利和人民内部各方面在重大决策之前进行充分协商，尽可能就共同问题取得一致意见，是我国社会主义民主的两种重要形式。”在努力改进、逐步完善选举民主的同时，将协商民主作为民主形式之一，在国家权力中枢和社会公众之间建立起一道桥梁，增强政治体系的开放性和包容性，最大限度地反映民意，凝聚民智，维护人民群众的根本利益。两种民主形式结合起来，将有力推动民主政治的新发展。

这次全面深化改革的决定，把推进协商民主广泛多层制度化发展作为政治体制改革的重要内容，强调在党的领导下，以经济社会发展重大问题和涉及群众切身利益的实际问题为内容，在全社会开展广泛协商，坚持协商于决策之前和决策实施之中，构建程序合理、环节完整的协商民主体系，拓宽国家政权机关、政协组织、党派团体、基层组织、社会组织的协商渠道；深入开展立法协商、行政协商、民主协商、参政协商、社会协商；发挥统一战线在协商民主中的重要作用，完善人民政协制度体系，规范协商内容、协商程序，拓宽协商民主形式，更加活跃有序地组织专题协商、对口协商、界别协商、提案办理协商，增加协商密度，提高协商成效。

社会发展需要活力，但这种活力又必须是有序活动的，死水一潭不行，暗流涌动也不行。推进协商民主广泛多层制度化发展，必将有序地解放和增强社会活力。

当然，强调“两个眼”，决不是只在某个领域某个方面进行单项改革。经济、政治、文化、社会、生态文明各领域改革和党的建设改革紧密相连，相互交融，任何一个领域的改革都会牵动其他领域，同时也需要其他领域改革密切配合。例如，推进协商民主广泛多层制度化发展的一项重要内容，就是完善中国共产党同各民主党派的政治协商，认真听取各民主党派和无党派人士意见。中共中央根据年度工作重点提出规划，采取协商会、谈心会、座谈会等进行协商。完善民主党派中央直接向中共中央提出建议制度。相应地，民主党派就要与时俱进，加强自身建设，建设中国特色社会主义参政党。要与中共“肝胆相照”，自身也要“有胆有识”。相应地，作为民主党派的联合党校的中央社会主义学院，就必须以改革的精神加强正规化建设，向着建设名副其实的民主党派的高级政治学院发展和转型，跨越和升级。

总动员、总部署与凝聚改革共识

中国新一轮改革，在新的历史起点上启动了。

改革之难，首先难在凝聚共识。

过去的改革从重在提高效率起步；新一轮改革既要提高效率也要促进公平，必须着眼创造更加公平正义的社会环境，不断克服各种有违公平正义的现象，使改革发展成果更多更公平惠及全体人民。

过去的改革从让一部分群众、一部分地区先富起来破题；新一轮改革要从进一步均衡协调发展，根本改变城乡二元结构，根本扭转城乡发展差距拉大趋势，促进共同富裕入局。

过去的改革侧重于利益杠杆的撬动；新一轮改革要从整体增进人民的福祉，就必须看清各种利益固化的症结所在，突破利益固化的藩篱。

过去的改革多在体制外进行；新一轮改革则要克服体制内产生的障碍，尤其要超越来自各种既得利益的羁绊。

过去的改革可以摸着石头过河；新一轮改革在越来越深的水中前行，摸得着石头固然好，摸不着石头、只看见暗礁潜流旋涡，也得过河！必须识得水性，把握大局，顶层设计，稳中求进，全局和局部相配套，治标和治本相结合，渐进和突破相衔接，实现整体推进和重点突破相统一。

过去的改革，一个“联产承包责任制”就解放和活跃了生产力；新一轮改革，则要深入地使市场在资源配置中起决定性作用，使一切劳动、知识、技术、管理、资本的活力竞相迸发。经济体制改革的深入，必然牵引出政治、文化、社会、生态和党的建设一系列改革。

过去的改革是在僵化封闭、万马齐喑中启动；新一轮改革必须从社会结构深刻变动、利益格局深刻调整、思想观念深刻变化，社会思想空前活跃、众说纷纭中出发。

古往今来的一切改革，首先都难在凝聚共识。“提起中国民族工业、重工业不能忘记张之洞”（毛泽东语），但张氏之长叹，令人伤心：“海内志士，发愤搤捥，於是图救时者言新学，虑害道者守旧学，莫衷於一。旧者因噎而食废，新者歧多而羊亡；旧者不知通，新者不知本。不知通则无应敌制变之术，不知本则有非薄名教之心。”意思是不知道变通就没有面对敌情变化制定相应对应之策的能力，不知道本原就会对名声和教化都产生怀疑。“夫如是，则旧者愈病新，新者愈厌旧，交相为瘉，而恢诡倾危乱名改作之流，遂杂出其说以荡众心”。

时代不同了，今天在需要改革这个重大问题上，全党全社会是有广泛认知的。但究竟改什么，怎么改？可以百花齐放见仁见智，不可以各行其是互相扯皮，尤其不可以听任“恢诡倾危乱名改作之流”来“杂出其说以荡众心”，把中国引向封闭僵化的老路、改旗易帜的邪路。越是认识不统一，就越要善于寻求最大公约数，把13亿人的改革共识凝聚起来。

十八届三中全会审议通过的《中共中央关于全面深化改革若干重大问题的决定》，是当代中国改革的总纲领、总动员、总部署。它深刻剖析了我国发展稳定面临的重大理论和实践问题，阐明了全面深化改革的重大意义和未来走向，提出了全面深化改革的指导思想、目标任务、重大原则，描绘了全面深化改革的新蓝图、新愿景、新目标，汇集了全面深化改革的新思想、新论断、新举措，反映了社会呼声、社会诉求、社会期盼，凝聚了全党全社会关于全面深化改革的思想共识和行动智慧。

中国共产党在关键时刻，总能够凝聚全民族共识。要说中国的优势，中国共产党的优势，中国特色社会主义的优势，这应该是一个方面，而且是很重要的一个方面。

凝聚改革共识，看我众志成城，可以无坚不摧，何惧路险水深。

（作者：中央社会主义学院党组书记、中共十八届中央委员）

党的十八届三中全会的理论创新与进一步解放思想

严书翰

习近平总书记在党的十八届三中全会重要讲话中指出:“理论创新对实践创新具有重大先导作用,全面深化改革必须以理论创新为先导”。这既是对马克思主义关于理论与实践关系重要原理的重申,又是对改革开放以来基本经验的科学总结。

党的十八大以来,以习近平同志为总书记的党中央带头解放思想、实事求是,实现了一系列理论创新,尤其是十八届三中全会提出的许多重大理论创新观点,为中国特色社会主义理论体系注入了新的内涵。我们需要进一步解放思想,充分发挥理论创新成果对全面深化改革实践的重大先导作用。

一、党的十八届三中全会理论创新的主要成果

十八届三中全会实现了一系列重大理论创新和一系列重大政策突破。就理论创新而言,主要有以下八个方面。

关于全面深化改革的出发点和落脚点以及“三个解放”的论述。十八届三中全会通过的《决定》在论述全面深化改革指导思想时把促进社会公平正义、增进人民福祉作为全面深化改革的出发点和落脚点,这个重要论断既是由我们党的性质和宗旨决定的,又是重要理论观点创新。我们党的领导人总是善于运用言简意赅、深入浅出的话语来表述党的性质和宗旨的。毛泽东用“为人民服务”这五个字来概括我们党的性质和宗旨。邓小平讲要用“人民答应不答应、高兴不高兴、拥护不拥护、赞成不赞成”,作为衡量党的路线方针政策是否正确的标准。江泽民认为“三个代表”,最终是要落脚到代表最广大人民的根本利益上来的。胡锦涛指出,科学发展观的核心是以人为本。习近平总书记提出:“人民对美好生活的向往,就是我们的奋斗目标。”

那又如何理解关于全面深化改革的出发点和落脚点的论述是重要理论观点创新呢?这是因为公平正义是中国特色社会主义的内在要求,人民福祉是中国共产党人的不懈追求。把促进社会公平正义、增进人民福祉作为全面深化改革的出发点和落脚点,体现了党领导的全面深化改革,是为了人民、依靠人民、让改革成果更多更公平惠及全体人民。正如《决定》指出:让一切劳动、知识、技术、管理、资本的活力竞相迸发,让一切创造社会财富的源泉充分涌流,让发展成果更多更公平惠及全体人民。这是党的群众路线在全面深化改革中的充分体现,无疑是重要理论观点创新。

《决定》在论述全面深化改革指导思想时指出,要进一步解放思想、解放和发展生产力、解放和增强社会活力(即“三个解放”)。这“三个解放”中的每一个“解放”的提法,都不陌生。但是把“三个解放”统一起来并作为全面深化改革指导思想的重要内容,就有了新的理论意义。尤其是“解放和增强社会活力”的提法具有很强的现实针对性。我们说今天改革进入攻坚期和深水区,就是指改革到了今天容易改的都改了。突破利益固化的樊篱,这是躲不开、绕不过的问题。当前出现的经济社会发展不可持续、科技创新能力不强、产业结构不合理,发展方式依然粗放等问题,其深层次原因就是活力不足。所以只有进一步解放和增强社会活力,才能解决这些问题,才能进一步激发活力,释放

改革的"红利"。

关于完善和发展中国特色社会主义制度,推进国家治理体系和治理能力现代化的论述。《决定》在论述全面深化改革总目标时,鲜明地指出了全面深化改革的性质和根本任务。习近平总书记多次指出,中国特色社会主义是三位一体的统一。道路是实现途径,理论体系是行动指南,制度是根本保障。因此,不断完善和发展中国特色社会主义制度是坚持全面深化改革正确方向的根本保障。我们所进行的全面深化改革是有方向、有立场、有原则的。正如习近平总书记指出的,中国是一个大国,决不能在根本性问题上出现颠覆性的错误,有些不能改的,再过多长时间也不能改。全面深化改革我们决不走封闭僵化的老路,决不走改旗易帜的邪路,而要坚定不移地走中国特色社会主义道路。《决定》对全面深化改革性质的论述,一定会对今后的改革实践产生重大先导作用。

推进国家治理体系和治理能力现代化,是全面深化改革的根本任务。这是《决定》重大理论观点创新。国家治理体系是在党的领导下管理国家的制度体系。是全方位的制度安排,即包括经济、政治、文化、社会、生态文明和党的建设等方面的体制机制和法律法规安排。它是从制度层面提出的现代化目标,这样与以往我们从发展层面提出的富强民主文明和谐的社会主义现代化目标结合起来,丰富了党对社会主义现代化建设规律的认识;国家治理能力是指运用国家治理体系管理各方面事务的能力。包括驾驭改革发展稳定、内政外交国防、治党治国治军等方面能力,是党的领导水平和执政能力的最重要体现。

需要指出的是,从社会管理到国家治理这是重要的理念创新和体制创新。就理念创新而言,它体现了系统思维,即治理主体多元化,包括了政府、社会和中介等治理主体。而且重视多元治理主体之间的利益关系的协调,追求双赢和多赢的结果。它体现了法治思维,即依法治国、依法执政、依法行政、依法治理,建设法治中国的理念。最终要形成办事依法、遇事找法、解决问题用法、化解矛盾靠法的法治环境。它体现了互动思维,即顶层设计与群众参与相结合,制度硬件建设与道德软件建设相结合等。就体制创新而言,就是要建立起一整套与加强党委领导、发挥政府作用、鼓励和支持社会各方面参与以及与坚持系统治理相适应的社会治理体制机制。

《决定》关于推进国家治理体系和治理能力现代化的重要理论创新,必将对我们为实现民族复兴中国梦而奋斗的实践产生重要影响。

关于经济体制改革是全面深化改革重点的论述。这是《决定》中总揽全面深化改革的重要论断。这个论断既符合历史唯物主义关于经济基础决定上层建筑的要求,又是从我国实际情况出发的,即经济体制改革对其他方面改革具有重要的影响和传导作用。正如《决定》指出:以经济建设为中心,发挥经济体制改革牵引作用,推动生产关系同生产力、上层建筑同经济基础相适应,推动经济社会持续健康发展。

自从1978年改革从农村向城市推进后,迄今为止,应该说经济体制改革都是我国改革的中心和主轴。那么在经历30多年改革开放后,今天全面深化改革的重点是什么?这是需要统一认识的。习近平总书记指出:"只要国内外大势没有发生根本变化,坚持以经济建设为中心就不能也不应该改变。这是坚持党的基本路线100年不动摇的根本要求,也是解决当代中国一切问题的根本要求。"这个重要论断告诉我们:当前我国存在的问题从根本上说还是发展问题。"发展仍是解决我国所有问题的关键"。因此,党的坚持以经济建设为中心的指导思想,决定了全面深化改革重点是经济体制改革。只有在实践中坚持这个重要论断,经济体制改革才能对其他领域改革起"牵引"作用。《决定》也是按照这个重要思路来安排全面深化改革部署的。在15项改革中有6项是经济体制改革,加上生态文明体制改革,经济体制改革几乎占了改革任务的一半。

关于使市场在资源配置中起决定性作用和更好发挥政府作用的论述。这个论断的理论意义和对全面深化改革实践的重大先导作用，可以与党的十四大提出的我国经济体制改革的目标是建立社会主义市场经济体制的论断相媲美，这是《决定》中最重要的理论观点创新。

从党的十五大到十八大我们都是提发挥市场在资源配置中的基础性作用。这次是提使市场在资源配置中起决定性作用。虽然后者提法是在前者提法基础上形成的，因而这两个提法是与时俱进的关系。但是这“两个字”的改动，表明党对社会主义市场经济规律和市场与政府的关系有了全新的认识。发展经济必须把“看得见的手”与“看不见的手”结合起来。这是对现代经济发展一般规律所作的深入浅出的表述。也就是说在现代经济发展过程中市场和政府的作用都是不可或缺的。因此，进一步发展社会主义市场经济，健全社会主义市场经济体制，必须遵循这条规律。正如习近平总书记指出：“理论和实践都证明，市场配置资源是最有效率的形式。市场决定资源配置是市场经济的一般规律，市场经济本质上就是市场决定资源配置的经济。”

这个重要论断还告诉我们：市场作用和政府作用的内涵和地位是不同的。就资源配置而言，市场是起直接配置作用的，政府是起引导和影响作用的。就起作用的地位而言，市场在资源配置中起决定性作用，政府是起非决定性作用。但这决不是说市场起全部作用，也决不是说政府的作用无足轻重或可有可无。简要地说政府是起“到位”和“补位”的作用。因此，我们要把这个重要论断的两层涵义说全了。

习近平总书记在十八届三中全会上的重要讲话阐述了党中央对《决定》中涉及的十一个重大问题和重大举措的战略考虑。把“使市场在资源配置中起决定性作用和更好发挥政府作用”摆在第一个。可以这么说，《决定》中的这个论断，是马克思主义政治经济学中国化的成果，是党在解放思想实事求是基础上实现的重大理论创新。

关于到2020年，在重要领域和关键环节改革上取得决定性成果并使各方面的制度更加成熟更加定型的论述。这是对邓小平提出的要经过努力使我们各方面制度定型的战略思想的深化和拓展。

1992年，邓小平在南方谈话中指出，改革开放以来，我们立的章程并不少，是全方位的。而且有准确的表述语言。他预计再有三十年的时间，我们才会在各方面形成一整套更加成熟、更加定型的制度。十八大后，习近平总书记多次讲到这是邓小平关于制度定型的战略思想。《决定》进一步明确了使制度更加成熟、更加定型的内涵是“形成系统完备、科学规范、运行有效的制度体系”。而且《决定》进一步指出了实现制度改革和定型的路线图和时间表。路线图是指这些重要领域的改革涉及市场经济、民主政治、先进文化、和谐社会、生态文明和党的建设等各方面制度。《决定》在论述15项改革任务时，对其中每一项都指出了改革的关键环节。时间表是指到2020年使各方面制度更加成熟更加定型。《决定》关于使各方面的制度更加成熟更加定型的论述，这是实现我国社会主义现代化题中应有之义，深化和拓展了我们党治国理政的方略。

关于坚持和完善对社会主义基本经济制度的论述。这是《决定》重要的理论创新。党在十五大就明确指出，“公有制为主体、多种所有制经济共同发展，是我国社会主义初级阶段的一项基本经济制度。”并且提出要全面认识公有制经济的含义。1999年通过的《宪法修正案》明确规定这是我国社会主义基本经济制度。党的十六大、十七大和十八大都重申了社会主义基本经济制度和“两个毫不动摇”。

《决定》在总结改革开放历史经验的基础上，进一步阐述了坚持和完善社会主义基本经济制度，实现了理论上的突破。《决定》指出：公有制为主体、多种所有制经济共同发展的基本经济制度，是中国特色社会主义制度的重要支柱，也是社会主义市场经济体制的根基。公有制经济和非公有制经济都是社会主义市场经济的重要组成部分，都是我国经济社会发展的重要基础。必须毫不动摇巩固和发展公有制经济，坚持公有制主体地位，发挥国有经济主导作用，不断增强国有经济活力、控制力、影响力。必须毫不动摇鼓励、支持、引导非公有制经济发展，激发非公有制经济活力和创造力。这段论述明白无误地告诉我们：公有制经济和非公有制经济都是社会主义基本经济制度的重要基础。两者没有老大老二之分。

习近平总书记重要讲话，把坚持和完善社会主义基本经济制度摆在党中央战略考虑的第二条。他指出，如何更好体现和坚持公有制主体地位，进一步探索基本经济制度的有效实现形式，是摆在我们面前的一个重大课题。习近平总书记还从功能定位、产权保护和政策待遇上作了重要阐述。《决定》从公有制经济和非公有制经济的产权保护、积极发展混合所有制经济、推动国有企业完善现代企业制度和支持非公有制经济健康发展等方面，全面论述了坚持和完善社会主义基本经济制度。这表明我们党对社会主义基本经济制度的认识达到了新的高度。这无疑是重大理论突破。

关于推进协商民主广泛多层制度化发展的论述。我们党对协商民主的认识和实践由来已久。最早可追溯到民主革命时期尤其是延安时期。新中国成立以来尤其是改革开放以来，我们党对协商民主认识的深化和实践中一步步扎实推进的轨迹，体现在十一届三中全会以来党的一系列文献中。这里尤其要提到2006年2月中共中央下发的《关于加强人民政协工作的意见》。《意见》明确地把选举民主和协商民主作为我国社会主义民主制度的两种基本形式。《意见》是新中国成立57年来第一次以党中央名义颁布的关于人民政协工作的文件。其中对协商民主制度的定位具有里程碑的意义。

《决定》在以往党的文献关于社会主义协商民主论述的基础上有重要创新，主要体现在三个方面。一是把推进社会主义民主政治作为政治体制改革的重要内容，又把政治体制改革摆在全面深化改革框架中来加以论述。二是指出，协商民主是我国社会主义民主政治的特有形式和独特优势，是党的群众路线在政治领域的重要体现。推进协商民主，有利于完善人民有序政治参与、密切党同人民群众的血肉联系、促进决策科学化民主化。三是推进协商民主具体化和制度化，指出要拓宽五个协商渠道，要深入开展五种协商，要规范协商的内容和程序，要更加活跃有序地开展四类协商，等等。

关于政府职能的新论述。政府职能的改革和完善不仅涉及对市场与政府关系的认识，而且关系经济体制、政治体制和社会体制方面改革。《决定》对政府职能的论述，表明我们党对它的认识有了新飞跃。

《决定》界定了政府的五项职能：宏观调控、市场监管、公共服务、社会管理、环境保护。党的十六大和十七大在论述政府职能时都讲了四项：经济调节、市场监管、社会管理、公共服务。《决定》与以往党的文献对政府职能界定相比，修改了一项职能，增加了一项职能。这是理论上的重要突破。邓小平曾经严厉批评在计划经济条件下，我们党政机关“都管了很多不该管、管不好、管不了的事。”与计划经济时期政府无所不管无所不包相比，对政府职能作了这四项界定，可以说是政府职能的革命性变革。这次《决定》对政府职能的新界定，是政府职能的又一次革命性变革。

《决定》修改了一项政府职能是指把政府经济调节职能改为宏观调控。这是重大的修改。宏观调控是发展社会主义市场经济对政府职能提出的根本要求。如果继续沿用“经济调节”的提法，那么不但不能适应我国经济社会发展的阶段性特征对政府职能提出的要求，而且会给政府越位、缺位和不到位留下了空间。所以必须修改。所增加的环境保护这项职能，这是建设中国特色社会主义事业总体布局对政府职能提出的新的客观要求。而且在当前我国生态环境面临极其严峻状况下,增加环境保护是政府的重要职能,这合乎规律、势在必然。《决定》关于政府职能的新论述,这是党对社会主义现代化建设规律认识的深化,是重要理论创新。

尤其需要提到的是,最近中央组织部下发的《关于改进地方党政领导班子和领导干部政绩考核工作的通知》,其精神体现并贯彻了《决定》关于政府职能的界定。尤其是《通知》提出的“四个不能”是重要亮点。即不能仅仅把地区生产总值及增长率作为考核评价政绩的主要指标;不能搞地区生产总值及增长率排名;中央有关部门不能单纯以地区生产总值及增长率来衡量各省(自治区、直辖市)发展成效;地方各级党委政府不能简单以地区生产总值及增长率排名定下一级领导班子和领导干部的政绩和考核等次。我们相信,《通知》会对各级党政领导带领人民群众实现全面小康的实践起极为重要的导向作用。

当然,十八届三中全会理论创新不止这八个方面。比如,关于推进社会事业改革创新、创新社会治理体制、加快生态文明制度建设以及加强和改善党对全面深化改革的领导等方面,尤其是改革政策方面也有很多创新和突破,限于篇幅,在此不再叙述。

二、发挥理论创新对全面深化改革的先导作用要进一步解放思想

党的十八届三中全会的理论创新是以习近平同志为总书记的党中央带头解放思想、实事求是、与时俱进、求真务实的重大成果。必将对全面深化改革实践起重大的先导作用。而要发挥这些理创新成果对全面深化改革实践的先导作用,就必须进一步解放思想。

我国改革开放的总设计师邓小平,对解放思想、实事求是体会最深,论述精辟。他指出,一个党,一个国家,一个民族,如果一切从本本出发,思想僵化,迷信盛行,那它就不能前进,它的生机就停止了,就要亡党亡国。他还指出,解放思想、实事求是,这是马列主义、毛泽东思想的精髓。

十八届三中全会通过的《决定》把改革开放以来的成功实践,宝贵经验总结为四条(即“四个坚持”)。其中第二条就是:坚持解放思想、实事求是、与时俱进、求真务实,一切从实际出发,总结国内成功做法,借鉴国外有益经验,勇于推进理论和实践创新。可以说,解放思想、实事求是贯穿十八届三中全会《决定》和习近平总书记重要讲话的一条红线。习近平总书记重要讲话,阐述了党中央对《决定》十一个重大问题和重大举措的战略考虑。可以说,其中每一个战略考虑都体现了以习近平同志为总书记的党中央解放思想、实事求是的精神。正如习近平总书记在党的十八大后多次指出的:解放思想、实事求是、与时俱进、求真务实,是个根本的思想武器,要深入探求和把握事物发展规律,勇于变革、勇于创新、永不僵化、永不停滞,使各项工作体现时代性、把握规律性、富于创造性。

发挥理创新对全面深化改革实践的先导作用必须进一步解放思想,这是由全面深化改革的艰巨性和复杂性所决定的。习近平总书记重要讲话把我国发展面临一系突出矛盾和挑战,前进道路上的困难和问题概括了十个方面:发展中不平衡、不协调、不可持续问题依然突出,科技创新能力不强,产业结构不合理,发展方式依然粗放,城乡区域发展差距和居民收入分配差距依然较大,社会矛盾明显增多,教育、就业、社会保障、医疗、住房、生态环境、食品药品安全、安全生产、社会治安、执法司法等关系群众切身利益的问题较多,部分群众生活困难,形式主义、官僚主义、享乐主义和奢靡之风问题突出,一些领域消极腐败现象易发多发,反腐败斗争形势依然严峻,等等。体现了习近平同志为总书记的党中央领导集体强烈的忧患意识和务实的思想作风。因此,全面深化改革是在攻坚期和深水区的改革。是要涉险滩、啃硬骨头、破瓶颈,是要突破利益固化的藩篱。因而全面深

化改革必然涉及深层次问题、深层次矛盾,涉及利益关系的深度调整,其复杂程度、敏感程度、艰巨程度,一点都不亚于30多年前的改革开放。前已论及,《决定》把“三个解放”作为全面深化改革指导思想的重要内容。在“三个解放”中解放思想是根本前提,是解放和发展生产力、解放和增强社会活力的总开关。35年改革开放实践证明:每一次改革的重大突破,每一次体制机制的重大创新,都是以解放思想为先导的。进一步解放思想一定会对全面深化改革实践产生难以估量的影响。今天回过头看,邓小平在南方谈话中讲的“改革开放胆子要大一些,敢于试验”、“没有一点闯的精神,没有一点‘冒’的精神,没有一股气呀、劲呀,就走不出一条好路,走不出一条新路,就干不出新的事业。”对此,我们会有更深的理解。

发挥理创新对全面深化改革的先导作用必须进一步解放思想,这是贯彻落实《决定》的紧迫要求。十八届三中全会的《决定》是我们党在新的历史起点上全面深化改革的蓝图和纲领,习近平总书记重要讲话是全面深化改革的动员令和方法论。党的历史经验证明:出台了好的文件之后,关键在落实。一分部署,九分落实。习近平总书记重要讲话,全面阐述了进一步解放思想同贯彻落实《决定》的关系:一是贯彻落实《决定》解放思想是首要的。习近平总书记在十八届三中全会上说了这段意味深长的话:“在深化改革问题上,一些思想观念障碍往往不是来自体制外而是来自体制内。”如果我们不进一步解放思想,那么就很难看清各种利益固化的症结所在,很难找准突破的方向和着力点,很难拿出创造性的改革举措。只有进一步解放思想,才能冲破思想观念的障碍、突破利益固化的藩篱。正如习近平总书记指出的,一定要有自我革新的勇气和胸怀,跳出条条框框限制,克服部门利益掣肘,以积极主动精神研究和提出改革举措。二是贯彻落实《决定》也是进一步解放思想的契机。习近平总书记重要讲话指出:“中央决定用党的十八届三中全会这个有利契机就全面深化改革进行部署,是一个战略抉择。我们要抓住这个机遇,努力在全面深化改革上取得新突破。”而要有新的突破,就必须进一步解放思想。十八届三中全会要求全党要以良好的精神状态即增强进取意识、机遇意识、责任意识,来贯彻和实现党中央全面深化改革的战略部署。而这样的精神状态,也来自于我们进一步解放思想。

解放思想与实事求是密不可分。这就要求在贯彻落实《决定》过程中对提出改革举措要慎重,要反复研究、反复论证,但也不能因此就谨小慎微、裹足不前,什么也不敢干、不敢试。正如习近平总书记指出:要全面深化改革,“现有的工作格局和体制运行不可能一点都不打破,不可能都是四平八稳、没有任何风险。”因此,要发扬解放思想实事求是精神,只要是符合实际、必须做的,该干的还是要大胆干。正是从这个意义上我们说,贯彻落实《决定》也是进一步解放思想的契机。

总之,我们党在中国这样一个有着13亿人口的大国执政,面对着十分复杂的国内外环境,肩负着全面深化改革的重任,必须善于以科学的理论思维来支撑,必须善于发挥理论创新对全面深化改革实践的先导作用,必须敢于进一步解放思想,只有这样才能很好完成我们党承担的历史使命,不负人民的期盼。

(作者:中共中央党校教授、博士生导师,马克思主义理论研究和建设工程课题组首席专家)

习近平改革战略思想特征

唐任伍

十八届三中全会通过的《中共中央关于全面深化改革若干重大问题的决定》,提出了很多新思想、新论断、新举措,描绘了一幅中国未来相当长的一段时期全面深化改革、实现"中国梦"的宏伟蓝图,全面体现了习近平总书记的改革战略思想。研究习近平的改革战略思想,可以更加深刻地了解《决定》的精神内涵。

习近平改革战略思想产生的背景

改革开放 35 年来,中国综合国力持续增强,人民生活大幅改善,中国 GDP 占世界 GDP 总量的比重由 2005 年的 5.0% 上升到 2012 年的 9.5%,被世界称为"中国奇迹"。但是,中国在发展道路上潜伏了一系列的矛盾和问题。发展中不平衡、不协调、不可持续问题突出,深化改革开放和转变经济发展方式任务艰巨,腐败现象日益猖獗,社会矛盾多发,国际环境也发生了巨大变化,催生中国经济高速增长的制度创新动力已经惯性疲劳,无法创造出"红利"。中国进入了改革的深水区、攻坚期,发展的关键期,矛盾的凸显期。

习近平作为新一代党和国家的领导人,深知前进道路上的坎坷和艰难。他居安思危,以极大的勇气和胆量,用改革的思维来治国理政。2013 年 8 月 22 日习近平在接见牙买加总理辛普森·米勒时说,在中国这么大的国家搞建设,很不容易。艰难困苦,玉汝于成。我们正是在不断迎接挑战、克服困难中向前迈进。9 月 17 日中共中央在中南海召开党外人士座谈会,习近平进一步指出,"解决我国发展面临的一系列突出矛盾和问题,实现经济社会持续健康发展,不断改善人民生活,要求全面深化改革"。他在一系列讲话中,对全面深化改革的目标、路径、过程、重点、核心和发展趋势等进行了系统性、规律性、整体性的战略思考,力图通过全面深化改革获得发展的"红利",解决我国发展面临的一系列突出矛盾和挑战,实现经济社会持续健康发展。

改革战略的起点:问题导向

习近平在对《决定》的说明中强调指出,全面深化改革要有强烈的问题意识,以重大问题为导向,抓住关键问题,着力推动解决我国发展面临的一系列突出矛盾和问题。中国共产党人干革命、搞建设、抓改革,从来都是为了解决中国的现实问题。可以说,改革是由问题倒逼而产生,又在不断解决问题中而深化。35 年来,我们用改革的办法解决了党和国家事业发展中的一系列问题。同时,在认识世界和改造世界的过程中,旧的问题解决了,新的问题又会产生,制度总是需要不断完善,因而改革既不可能一蹴而就、也不可能一劳永逸。

习近平反复强调,实践发展永无止境,解放思想永无止境,改革开放也永无止境,停顿和倒退没有出路,改革开放只有进行时、没有完成时。因此,以习近平为总书记的党中央经过深思熟虑,精心策划,将改革红利作为中国可持续发展的新引擎,启动中国的全方位改革,明确指出改革是党在新的时代条件下带领全国各族人民进行的新的伟大革命,是当代中国最鲜明的特色,是决定当代中国命运的关键抉择,是党和人民事业大踏步赶上时代的重要法宝。

改革战略总依据：社会主义初级阶段

习近平提出，建设中国特色社会主义，总依据是社会主义初级阶段。全面深化改革，必须立足于我国长期处于社会主义初级阶段这个最大实际。因此，必须坚持发展是解决我国所有问题的关键这个重大战略判断。尽管经过35年的改革开放，中国取得了巨大的成就，但中国仍然处于社会主义初级阶段，依然是占世界人口1/5的发展中国家，有很多“成长中的烦恼”。全面深化改革一定要基于这个基本国情，制订改革措施和政策，一定要立足于这个总依据。

改革战略总目标：推进国家治理体系和治理能力现代化，实现“中国梦”

改革战略目标模式设定能够凝聚人心，明确方向，激起人们为之奋斗的热情和力量。全面深化改革的总目标是完善和发展中国特色社会主义制度，推进国家治理体系和治理能力现代化，实现中华民族伟大复兴，即习近平在参观《复兴之路》展览时提出的“中国梦”。

实现中华民族伟大复兴的“中国梦”，不仅是全面深化改革的总目标，同样也是中华民族为之奋斗的伟大目标。全面深化改革是决定当代中国命运的关键一招，也是实现“两个一百年”奋斗目标、实现中华民族伟大复兴的“中国梦”的关键一招。在中国经济社会发展的关键时期，习近平提出了“中国梦”的伟大设想，振奋人心。

为了实现这个总目标，习近平认为，中国特色社会主义制度是特色鲜明、富有效率的，但还不是尽善尽美、成熟定型的，中国特色社会主义制度需要不断完善。改革是发展中国特色社会主义的必由之路，在新的历史条件下，要开创发展新局面，就必须实现改革新突破。不断增强中国特色社会主义道路自信、理论自信、制度自信，进一步完善中国制度，重树中国制度文明。

改革战略重点：经济体制改革

全面深化改革是一个系统工程，其中经济体制改革是重点。正如习近平在《决定》的说明中所说，经济体制改革仍然是全面深化改革的重点。习近平将经济体制改革作为其改革战略重点是经过深思熟虑的，它是立足中国基本国情、增强综合国力的必然选择，是适应形势变化、推动中国经济转型升级的迫切需要，是引领其他领域改革、推进五位一体建设的客观要求。因此，要使全面深化改革取得成功，必须抓住经济体制改革这个重点，发挥经济体制改革的牵引作用。

以经济体制改革为重点的战略思想，具有鲜明的时代特征，为今后中国深化经济体制改革指明了方向。《决定》中关于经济体制改革的布局，包括所有制改革、国有企业改革、财税体制改革、城乡二元经济结构改革、金融外汇体制改革等，紧紧地围绕经济体制改革这一重点，提出了一系列的新思想、新政策、新举措。

改革战略路径选择：立足国情与汲取人类成功经验有机融合

改革、建设中国特色社会主义，是人类历史上前无古人的伟大事业，没有现成的模板，必须在学习吸收人类文明成果基础上，既要不断改革，更要不断创新。习近平指出，每个国家和民族都有自己的特点，应该根据本国国情选择发展道路，坚定深化改革的信心、坚持深化改革的正确方向、凝聚深化改革的共识、注重深化改革的统筹谋划、协同推进各项改革，才能达到理想的彼岸。

根据习近平的讲话精神，中国改革的路径，一要坚持自主性，真正的改革创新必须是自主创造的，是战胜并超越自我。如果改革创新所导致的结果是丧失自我，便不是改革创新，而是自我毁灭。二要坚持首创性，真正的改革创新必然具有“第一次”特征，虽然要借鉴学习别人的东西，但其结果绝不能与任何已有成果雷同。

因此，照搬照抄即使行得通，也不是改革创新，而是生搬硬套、拙劣模仿。三是注重先进性，真正的改革创新应符合世界文明潮流、体现时代脉搏，能够独树一帜、开创未来。中华民族具有海纳百川、改革创新的传统，建设中国特色社会主义本身就是一种改革创新，学习他国的成功经验和制度模式对很多国家来说是一条捷径，但由于不同国家在经济、政治和社会文化等方面存在差异，简单地移植政治构架、经济体制、法律制度等大多是不适宜的。

习近平的改革方法论：改革战略“五大关系”思想

习近平关于正确处理改革战略“五大关系”思想，全面体现在十八届三中全会通过的《全面深化改革若干重大问题的决定》中。正如习近平所说，改革是由问题倒逼而产生的，因此，《决定》围绕改革这些重大问题，以强烈的问题意识，抓住关键问题，着力推动解决我国发展面临的一系列突出矛盾和问题，既着眼宏观全局又涉及具体工作，既有很强的思想性又有明确的针对性，非常符合我国当前改革发展的实际。这是为中国未来的全面深化改革定位导航，为开拓新局面指明了方向。

习近平认为，改革要处理好的第一大关系是“解放思想和实事求是的关系”。解放思想和实事求是是辩证统一的关系，只有解放思想，才能做到实事求是；只有坚持实事求是，才能真正解放思想。思想不解放就会僵化，思想僵化就会教条地理解和执行党的路线、方针和政策，工作就缺乏主动性和创造性。只有处理好“解放思想和实事求是的关系”，才能既警惕右又防止“左”。当然，解放思想必须立足实际，科学地研究新情况，灵活地解决新问题，绝不能头脑发热、空想蛮干，更不能“打擦边球”、“闯红灯”。习近平总书记关于处理好解放思想与实事求是关系的思想，是与邓小平思想一脉相承的。正如习近平总书记在对《决定》的说明中指出的，全面深化改革要有新突破，就必须进一步解放思想。冲破思想观念的障碍，突破利益固化的藩篱，解放思想是首要的。《决定》突出全面深化改革的新举措，一般性举措不写，重复性举措不写，纯属发展性举措不写；要围绕老百姓关注、人民群众反映强烈的问题，回应人民群众的呼声和期待。

改革要处理好的第二大关系是“整体推进和重点突破的关系”。改革开放是前无古人的崭新事业，必须坚持正确的方法论。一方面，要通过试点摸清规律，从实践中获得真知。另一方面，又要善于在深入调查研究的基础上提出全面深化改革的总体规划。在坚持正确方向，充分论证后，就要敢于打攻坚战，整体推进，就像习总书记提出的“敢于啃硬骨头，敢于涉险滩，既勇于突破思想观念上的障碍，又勇于突破利益固化的藩篱”。只有这样，才能真正在重要领域和关键环节的改革方面取得突破。《决定》完整地体现了习近平这一思想，明确指出全面深化改革的总目标是完善和发展中国特色社会主义制度，推进国家治理体系和治理能力现代化，更加注重改革的系统性、整体性、协同性，整体推进社会主义市场经济、民主政治、先进文化、和谐社会、生态文明建设，让一切劳动、知识、技术、管理、资本的活力竞相迸发，让一切创造社会财富的源泉充分涌流，让发展成果更多更公平惠及全体人民；在整体推进的基础上要重点突破，突出重要领域和关键环节，突出经济体制改革的牵引作用，将经济体制改革作为全面深化改革的重点，将处理好政府和市场关系作为核心，最后达到使市场在资源配置中起决定性作用和更好发挥政府作用的目标。

改革要处理好的第三大关系是“顶层设计和摸着石头过河的关系”。习近平认为，只有处理好顶层设计和摸着石头过河的关系，才能不断把改革引向深入。全面深化改革要在加强顶层设计的前提下进行，加强顶层设计要在推进局部的阶段性改革开放的基础上来谋划。因此，要坚持摸着石头过河和加强顶层设计的辩证统一，不断推进改革，不断加强宏观思考、顶层设计，更加注重改革的系统性、整体性、协同性。以更大的勇气和智慧深化改革开放,推动经济社会发展取得新的更大成绩。十八届三中全会通过的《全面深化改革若干重大问题的决定》,就是正确处理这一关系的典范。在进行顶层设计过程中,习近平亲自担任组长,对全面深化改革的指导思想、目标任务、重大原则、战略重点、优先顺序、主攻方向、工作机制、推进方式和时间表、路线图,进行了精妙的顶层设计和合理布局。在实际操作过程中,则反复征求意见,开展专题论证,进行调查研究,通过各种试点、探索,成熟了就果断推开,一步一个脚印。这种摸着石头过河的改革,已被35年来中国改革开放伟大实践证明是成功的方法。在全面深化改革过程中,习近平再一次强调这一方法,意义重大。

改革要处理好的第四大关系是"胆子要大和步子要稳的关系"。习近平认为,只有处理好这一关系,改革才能事半功倍。胆子要大,就是要坚定不移地执行改革开放的总方针总政策,敢于试验,敢冒风险,开拓前进。就像邓小平指出的那样,"改革开放胆子要大一些,看准了的,就大胆地试,大胆地闯。没有一点闯的精神,没有一点'冒'的精神,就干不出新的事业"。《决定》形成了改革理论和政策的一系列新的重大突破,出台的很多全面深化改革的措施大大超出了人们的预期,充分体现了以习近平为总书记的党中央的改革气魄和胆量。步子要稳,就是在改革开放的具体步骤上要循序渐进,谨慎从事,注意选择恰当的方式和时机,及时总结经验,对的就坚持,不对的赶快改,新问题出来抓紧解决,避免犯大的错误。习近平认为,只要经过了充分论证和评估,只要是符合实际,必须做的,该干的还是要大胆干。这一论断既是对我国改革开放成功经验的科学总结,又是全面深化改革大踏步前进的保证。

改革要处理好的第五大关系是"改革发展稳定的关系"。改革是发展的动力,是实现长期稳定的基础;发展是改革的目的,是稳定最可靠的保证;稳定则是改革、发展的前提条件,也是发展的重要要求。处理改革发展稳定的关系,就是要坚持把改革的力度、发展的速度和社会可承受的程度统一起来,在社会稳定中推进改革发展。具体地讲,就是把保障和改善民生作为各项工作的最终目标、最高检验标准。通过改革发展,确保人民安居乐业、社会和谐稳定。习近平认为,只有处理好这一关系,才能促进社会和谐稳定。

正如习近平指出的,人无远虑,必有近忧。长远发展的关键,在于改革创新。改革之路从无坦途,要做好为改革付出必要成本的准备。惟其艰难,才更显勇毅;惟其笃行,才弥足珍贵。习近平关于"改革战略五大关系"的思想,是新一轮改革的总体规划和部署,在中国改革进入深水区、攻坚期的关键时刻,"改革战略五大关系"的思想有着特别重要的意义,为我国今后一个时期全面深化改革指明了方向。

改革战略总内容:五位一体、六大方面

习近平指出,改革开放是我们党在新的历史条件下带领人民进行的新的伟大革命。这场伟大革命,从党的十一届三中全会到现在,走过了35年极不平凡的历程。要下大功夫总结和运用我国改革开放的成功经验,下大功夫把握党和国家事业发展对改革开放的客观要求,下大功夫了解党内外对改革开放的各种意见和建议,下大功夫了解地方、基层和群众在改革方面做的有益探索。事实证明,改革开放是当代中国发展进步的活力之源,是党和人民事业大踏步赶上时代的重要法宝,是大势所趋、人心所向,停顿和倒退没有出路。习近平改革战略总布局是"五位一体",即加快发展社会主义市场经济、民主政治、先进文化、和谐社会、生态文明,具体落实到"六个方面"。一是经济体制改革是全面深化改革的重点,核心问题是处理好政府和市场的关系,使市场在资源配置中起决定性作用和更好发挥政府作用。二是进一步增强经济发展活力,为实现经济持续健康发展提

供不竭动力，不断增强经济发展微观基础的活力，完善产权保护制度，积极发展混合所有制经济。三是进一步提高宏观调控水平，提高政府效率和效能，切实转变政府职能。像习近平所指出的，以加快转变政府职能为抓手，处理好政府和市场的关系。四是进一步增强社会发展活力，促进社会和谐稳定，通过社会体制改革创新，充分调动各方面积极性。五是进一步实现社会公平正义，通过制度安排更好保障人民群众各方面权益。六是进一步提高党的领导水平和执政能力，充分发挥党总揽全局、协调各方的作用，把党要管党、从严治党落到实处，加强惩治和预防腐败体系建设。

习近平担任党的总书记一年多来，深入基层调查研究，雷厉风行推行了一系列改革举措，对中国全面深化改革作了深入思考，初步形成了改革战略构想。其改革战略思想归纳起来为：一个起点——问题导向；一个总依据——社会主义初级阶段；一个总目标——实现“中国梦”；一个重点——经济体制改革；两个路径选择基本点——立足国情与吸取人类先进经验相结合；路径选择三个特色——自主性、首创性、先进性；策略选择——正确处理五大关系；五位一体总布局；六大改革内容。习近平的改革战略思想，描绘了全面深化改革的新蓝图、新愿景、新目标，汇集了全面深化改革的新思想、新论断、新举措，对中国全面深化改革和经济社会发展具有重要的指导作用。

（作者：北京师范大学政府管理学院院长、教授、博士生导师）

全面深化改革目标与特点

施雪华

十八届三中全会是继35年前的中国共产党十一届三中全会之后的又一次历史性的会议，是一次改革开放再出发的动员大会、誓师大会。如果说35年前的十一届三中全会为中国改革开放指明了方向、吹响了号角，那么，十八届三中全会则为未来30年改革开放的扩大和深化提出了战略、绘制了蓝图。全面深化改革将是未来数十年中国社会现代化进程加速推进的主要手段和方法。

建构现代国家治理体系：大幅提高国家的治理能力，为加速中国现代化进程谋划战略、设计制度

全面深化改革的总目标是完善和发展中国特色社会主义制度，推进国家治理体系和治理能力现代化。改革开放以来的30多年，中国社会的经济体系、政治体系、社会体系、文化体系已经开始逐渐从传统体系向现代体系转型，可是，阻碍这一转型进程的因素还有很多，有经济体系、政治体系、社会体系、文化体系自身的因素，也有国家治理经济、政治、社会、文化的体系即国家治理体系不完备，治理能力不高的因素。

由于种种原因，近十年中国社会的经济体系、政治体系、社会体系、文化体系加速转型，可是，国家的治理体系从传统向现代的转型进程十分缓慢，国家的治理能力还不是很高，跟不上外在的经济、政治、社会和文化发展的步伐和需要。十八届三中全会的任务就是要通过改革目前的旧的国家治理体系，建构现代国家治理体系，使国家治理体系现代化，大幅提高国家的治理能力，为清除经济体系、政治体系、社会体系和文化体系转型道路上的种种阻碍，加速中国社会的现代化进程谋划战略、设计制度、想好思路、提出举措。

全面深化改革的分目标：让发展成果更多更公平惠及全体人民，到2020年在重要领域和关键环节改革上取得决定性成果

一是让发展成果更多更公平惠及全体人民。中国30多年的改革开放，我们国家以年均10.7%的速度高速发展，国民财富迅猛发展，但同时，贫富差距也越拉越大，基尼系数已从1980年的0.33，上升到2001年的0.45，再到近几年的0.48，社会中最富的10%的人掌握了将近50%的社会财富，远远超过了世界上一个社会中最富的10%的人掌握31.7%的社会财富的平均数。贫富差距过大已经严重影响中国社会阶级、阶层、团体、行业、职业和区域的团结与和谐，社会矛盾十分突出，成为横亘在中国社会现代化道路上的最大障碍。全会决定认为，必须更加注重改革的系统性、整体性、协同性，加快发展社会主义市场经济、民主政治、先进文化、和谐社会、生态文明，让一切劳动、知识、技术、管理、资本的活力竞相迸发，让一切创造社会财富的源泉充分涌流，让发展成果更多更公平惠及全体人民，这里当然包括农民和农民工、城市失业者和低收入阶层、残疾人、老少边穷地区的人们等社会弱势群体。

二是到2020年在重要领域和关键环节改革上取得决定性成果，形成系统完备、科学规范、运行有效的制度体系，包括经济体系、政治体系、社会体系、文化体系自身的现代化，

也包括治理经济、政治、社会、文化的两大制度体系:现代国家治理体系和现代社会治理体系,使各方面制度更加成熟更加定型。众所周知,在传统社会里,国家与社会几乎是不分开的,有时候是社会(如氏族、部落、军队、宗教力量等)控制国家,有时候(特别是绝对君权制下)是国家支配社会;近代以来,国家与社会开始分离,从传统的一元结构逐渐走向二元结构。支撑现代人类共同体的两大主要治理体系是现代国家治理体系和现代社会治理体系。前者的主要职能是对国家和政府公共事务的治理,而后者的主要职能是社会组织和市民个人对私人事务和半公半私事务的治理。改革开放以来,伴随着有计划的商品经济和社会主义市场经济的生长发育,中国的私人事务率先从公共事务中分离出来,然后,半公半私事务也从公共事务中分离出来,社会开始进入半自治状态。可是,由于历史的和现实的各种原因,至今中国的国家治理体系和社会治理体系基本上还停留在传统治理阶段和水平,不能很好地适应社会变化的需要,当务之急就是要采取措施实现中国的国家治理体系和社会治理体系从传统向现代的快速转变,从而更好更快地推进中国社会的现代化进程。

全面深化改革的方法和特点:从过去主要是浅层次的感性化改革,进入了深层次的理性化改革进程中

集分平衡。此次改革把该集中的权力集中到政府,特别是中央政府,把该分散的权力分散给地方政府、基层组织和社会组织,达成集权与分权的平衡。中央把国防军队、教育卫生、国家安全、食品安全、环境保护、土地使用、财政税收、金融贸易、国企改革、收入分配、基本公共服务等社会改革权集中在中央手里,但同时也下放部分权力特别是行政权给地方,让地方把部分权力下放给基层、私人部门和社会组织,使国家与社会、政府与市场、私权与公权之间有一个基本的界线,使国家和政府有能力做事,社会和公民有活力发展。

放权让利。国家向社会放权让利,中央向地方放权让利,地方政府向下级政府、基层政府放权让利,政府向企业、公民放权让利,国企向私企、外企放权让利。通过行政体制改革,转变政府职能,建设服务型政府。通过收入分配改革,缩小收入差距,对国民财富重新分配,以前主要是增量的国民财富改革,现在更多涉及到存量的国民财富改革,对一些特殊利益集团的固化利益要进行调整,主要表现在减少国有企业的垄断领域和事项。通过户籍制度改革、农村土地制度改革促进城乡一体化,保障农民的公民权益。通过金融体系改革(放开金融体系内的垄断限制)、财税体系改革(通过重新划分税种及其分享比例,使中央政府把部分财政能力转移给地方政府),使地方政府摆脱以地养政的情况,降低地方债务过高导致财政和金融风险的可能。

理性改革。一方面,本次改革坚持了过去三十多年改革成功的主要经验,即渐进改革,不搞休克疗法,既不走封闭僵化的老路,也不走改旗易帜的邪路,坚定走中国特色社会主义道路,即在中国共产党领导下,走共同富裕的社会主义道路。这条道路是中国人民用一百多年探索找到的正确道路,是30多年改革开放中成功的基本经验和失败或挫折的教训的总结和概括。许多国家虽然改旗易帜了,但是,之所以没有发展好,就是因为走错了道路。另一方面,本次改革与过去三十多年的改革也有不同,过去主要是浅层次的感性化改革,现在进入了深层次的理性化改革进程:涉及的利益更广、更深,矛盾更加错综复杂;改革更加组织化,中央成立全面深化改革领导小组,负责改革总体设计、统筹协调、整体推进、督促落实。各级党委也要切实履行对改革的领导责任;改革更有预见性,而非完全盲目的摸索。

正确处理改革、发展、稳定的关系非常重要。全会认为,新一轮改革胆子要大、步子要

稳，既要加强顶层设计，同时，也不排斥摸着石头过河，即要把中上层学者官员的理性的制度设计与下层和基层干部群众的实践摸索、试点结合起来，把整体推进和重点突破结合起来，从而提高改革决策科学性，广泛凝聚共识，形成改革合力，以改革促发展，以发展求稳定，以稳定保改革，促进三者的良性循环，使中国今后数十年的改革开放继续走渐进改革的道路。

（作者：北京师范大学政府管理学院副院长、二级教授、博士生导师）

谈论改革应当注意十大问题

韩庆祥

十八届三中全会通过的《中共中央关于全面深化改革若干重大问题的决定》(下文简称《决定》),体现了以习近平同志为总书记的新一届中央领导集体治国理政的核心理念、施政纲领、基本方略、工作思路和总体框架。正因如此,我们需要对有关全面深化改革的某些误解、曲解加以澄清,特别强调全面理解改革,强调正确把握改革的方向和方式,以避免在改革问题上出现偏差。

谈论当前我国改革,应注意以下十个问题。

改革中的"变"与"不变"

改革当然意味着变,它要革除各方面的体制机制弊端,破解固化的不合理的利益格局,破除发展进程中面临的突出矛盾和问题,改变陈旧思想观念、思维方式和落后做法,改变广大人民群众不满意的社会现象等。

变与不变是辩证统一的。所谓"变",主要指"改变和革除"。在改革中,在注重变的一面的同时,也要注意某些不该变的方面,正确处理变与不变的关系,不能只注重变而忽视不变。正如习总书记指出,不能改的任何时候都不能改。改革中不该变的方面,主要是我们党所坚持的根本原则与优秀成果:新时期我们党确定的根本方向;中国特色社会主义道路、理论体系和制度;我们党所坚持的正确立场、观点、方法;对中国发展产生积极影响的人类文明优秀成果;中国文化中优秀的思想资源;延续下来且被实践证明的优秀历史传统;被实践长期证明且受人民群众欢迎的好的做法与经验,等等。如果不顾这些根本原则和优秀成果,一味强调变,就很容易割断中国优秀的历史文化传统,使人们面对着一个碎片化的社会,从而缺乏恒定统一的方向感,社会心态变得浮躁,心灵无所归依,甚至会引起社会的某种不稳定。

改革中的"前进"与"回归"

改革是为了更好的前进,是往前走。它既要为前进破除障碍、注入发展动力和创新活力,也要在前进中不断增加和谐稳定因素,还要为全面建成小康社会、实现中华民族的伟大复兴、建设富强民主文明和谐的社会主义现代化国家开辟路径、增强动力。

然而,不容忽视的是,在我国改革中也有"回归"的方面。这种回归具有"拨乱反正、正本清源"的特征。它既有回到原原本本的马克思主义本质上来,澄清一些人对马克思主义产生的种种误解;也有回到马克思、恩格斯和列宁晚年所讲的社会主义本质上来,理清一些人对社会主义产生的某种曲解;又有回到社会主义现代化建设所内在要求的体制机制上来,改革被扭曲的体制机制弊端;当然还有回到中国共产党的本质上来,重塑被一些人丢掉和损害的党的威信和形象;甚至在某种意义上还要回到绵绵延续且在今天改革实践中能发挥补偏纠弊作用的优秀历史文化传统上来,找回被一些人丢弃的传承。没有前进的改革不是真正的改革,只有前进而没有回归的改革,也不是真正的改革。

改革中的"进步"与"代价"

改革是为了进步,历史和实践证明,改革也确实促进了中国进步。改革要破旧立新,它使我们与时俱进地跟上了时代发展步伐;改革要破除僵化保守，它推动马克思主义、社会主义、中国特色社会主义的创新和发展；改革要披荆斩棘，攻坚克难，是攀登人迹罕至的高山，它不断提升着中国共产党的执政能力。

但不能否认，改革也会有代价。任何发展总会有代价，任何改革也总会有代价。缺乏科学分析、研究和论证的改革常常会出现失误，违背科学方法的改革会付出代价，把握不好改革发展稳定关系的改革会给发展和稳定带来阻碍，胆子不大的改革会错失机遇，步子不稳的改革会走弯路，割断优秀历史文化传统的改革会使人们迷失方向，利益格局调整的改革会使某些人作出牺牲，等等。我们在看到改革取得进步的同时，也要看到改革可能会付出代价。承认改革中的代价，实质上也是为了做好少犯错误、减少代价的准备，把代价限制在最小范围之内，更好地促进社会进步。

改革中的“不好的改革”与“好的改革”

改革既是为了解决经济社会的发展动力、创新活力问题，也是为了解决社会的和谐稳定问题。不好的改革制造问题，好的改革解决问题。

不好的改革，既影响发展，也影响稳定。今天，我国经济社会发展取得了极大成就，同时也要看到，我国经济社会的发展动力、创新活力有所不足，社会的和谐稳定因素也显得不够。其原因是多方面的，在一定意义上与“不好的改革”有关：有些人打着改革旗号而在行动上却是最大的保守分子；有些人高举改革旗帜却在谋取并固守个人私利；有些部门在根本没有弄清改革的正确方向、目标、路径和方法的情况下就去改革，效果不好；有些地方用陈旧落后的思维方式搞改革，反而使改革出现不少问题；有些人认为改革就是不断地变更，在工作中经常变来变去，但就是抓不住改革中的根本问题。

“好的改革”，就是习总书记讲的遵循科学方法论的改革。它既遵循历史发展规律又体现人民群众根本利益，它既有正确方向、目标又有正确方式、手段，它能抓住经济社会发展的深层或根本问题并真正解决问题。改革，从本质上就是要解决发展和稳定问题，进一步说就是要解决好经济社会发展的动力机制和平衡机制问题。一个健康有序持续发展的社会，既具有健全的动力机制，也具有健全的平衡机制，而且这两种机制相互配合与协调。这是经济社会发展的最根本机制。好的改革，就是要着力于建立健全这两种机制。应当说，这一点，我们做得还不很够。

改革中的“中央”与“地方”

我国的改革是由中央发动、组织的，它既涉及到党和国家层面，也涉及到地方政府部门层面。在改革中，既要树立中央的威信和权威，从而有效实施中央对改革的强有力领导、组织和推动，又要推进国家和地方层面的改革。

十八届三中全会《决定》指出：“全党同志要把思想和行动统一到中央关于全面深化改革重大决策部署上来，正确处理中央和地方、全局和局部、当前和长远的关系，正确对待利益格局调整，坚决维护中央权威，保证政令畅通，坚定不移地实现中央改革决策部署。”对此，习总书记特别加以强调。

现在的问题是，在改革中，一些地方政府部门为了保护其既得利益或部门利益，往往是口头上说要与中央倡导的改革保持一致，实际上却极力保护其部门利益，没有全国一盘棋观念。这种改革，往往是一些政府部门高举改革的旗帜，但在行动上却迟迟不动，甚至有时借改革之名行固守固化其部门利益之实，这无疑会败坏改革的名声，拉改革的倒车。对此，我们要倍加警惕。

改革中的“政府力量”与“市场力量”

十八届三中全会的一个重大突破，就是确定使市场在资源配置中起决定性作用。这一突破实际上设定有边界，即市场只限于在“资源配置”中起决定性作用，而不是在一切方面都起决定性作用。

然而,在对“使市场在资源配置中起决定性作用”这一论断的理解中,一些人认为,市场力量应在各个方面发挥决定性作用。这实际上就是让市场力量没有边界,可以越“资源配置”的位。对“使市场在资源配置中起决定性作用”这一论断的正确理解应当是:市场只在资源配置中发挥决定性作用,而这既是为了增强市场活力,也是为了让政府在为市场提供公平竞争的环境和为社会提供公共服务方面发挥更好的作用。这里,政府力量不会因市场力量的增大而削弱,反而会在该发挥作用的领域和地方更加增强。

改革中的“政治宣传”与“学理支撑”

中央作出改革部署之后,就需要动员、组织和推动改革。在这种情况下,往往需要通过媒体报道、专家解读等途径做好政治宣传工作,既使人民群众了解改革精神,又动员和组织人民群众参与改革。这是非常必要的。

然而,如果仅仅满足于政治宣传而使改革缺乏学理支撑,仅仅让专家学者解读改革精神而不积极吸收专家学者的科研成果,宣传就可能仅仅成为一种宣传。不仅不能奏动员和推动之效,还会导致一些专家学者对改革缺乏共识。由此,在对改革的政治宣传中,我们既要为其提供科学的学理支撑,又要积极吸收专家学者有价值的科研成果,还要善于把政治宣传话语转化成为学术话语和大众话语,以建构起被政治家、专家学者和大众都认同接受的哲学社会科学话语体系。

改革中的“现代思维”与“陈旧思维”

在改革中需要确立现代新思维,即一种适应时代潮流与社会实践发展趋势的现代新思维。比如注重平等对话、协商民主、包容共识、合作共赢等。

然而,在我国改革进程中,一些人往往用陈旧落后的思维方式搞改革:或用陈旧落后的方法处理以陈旧思维搞改革而造成的问题,或用简单的方法处理改革中复杂的问题。如过度强调行政管制的力量而忽视市场力量、社会力量和思想力量,不注重平等对话、协商民主、包容共识、合作共赢等。这样的改革不仅赶不上时代发展的步伐,而且会使改革本身出现问题。

改革中的“物象世界”与“观念世界”

改革在表面上直接改变的是物象世界,从深层上则是要改善人的观念世界。如果人的观念世界没有在改革中得以改善,物象世界的改变就是不彻底的。不改变错误的思想,就永远改变不了不尽人意的物象。比如,关于经济体制改革,直接来看是要处理好政府与市场的关系,深层上却是要消除“官本位”的思想观念;关于文化体制改革,从表层上看,应改变的是不好的文化产品、文化现象,从深层上看,却是要丰富和增强人的精神世界。

然而,在我国改革进程中,人们往往把改革停留在物象世界层面,多注重解决物象世界的问题,而不注重解决人们精神世界的问题,不触及人们的价值取向、思想观念、思维方式和社会心理。实际上,在改革进程中,思想的力量是无穷的。如果人们的精神世界、思想观念得不到真正完善,物象世界最终是难以彻底改变的;只触动物象世界而不触及观念世界的改革,往往是不彻底的,甚至会恶性循环,用陈旧落后的思想观念和思维方式来解决因陈旧落后的思维方式而产生的改革问题。这样的改革往往会事倍功半。因此,改革,既要解决物象层面的问题,也要解决思想观念、价值取向、思维方式、社会心理的转变问题,既要注重物的力量,也要注重思想的力量。

改革中的“特殊”与“普遍”

过去,我们较注重按照从普遍到特殊的路向来谈论改革。因为中国具有自己的特殊性,马克思主义的一般原则要坚持,然而只有与我国特殊实际相结合,才能解决中国问题。要实现好这种结合，就必须通过改革开辟一条新路。这种改革的特殊性在于它具有中国特色：它立足于我国特殊国情，体现中国特殊的历史文化传统，注重考虑每个地方的特殊实际，它是建设中国特色社会主义的必由之路。

今天，我们还应当注重从特殊到普遍的路向来谈论改革。这不仅体现在我们在改革中要坚持马克思主义、社会主义的普遍原则，遵循人类历史发展的一般规律，而且要注重思考研究中国改革的世界意义或普遍意义，研究改革过程中的普遍性问题。不注重中国改革的特殊性是空谈改革，这种改革是漂浮无根的；不注重中国改革的普遍性是缺乏自信，这种改革会缺乏世界影响力。

（作者：中共中央党校研究生院院长、教授、博士生导师）

2014:政治改革清单与走向

杨光斌

十八届三中全会《中共中央关于全面深化改革若干重大问题的决定》(下文简称《决定》),是以经济改革为主的“改革60条”,但在我看来它也是一份政治改革的大清单。

这就关系到如何认识“政治”。政治不但是我们习惯上所理解的政体、政党制度、政府体制这样的硬制度,其实凡涉及人们重大利益重组的改革,无论是经济改革、社会改革还是科技体制改革,事实上都是政治改革。不是吗,过去35年的经济改革带来社会结构的多元化和社会自主性就是政治变革,开放互联网这样的科技改革所带来的政治生态的结构性变革更是有目共睹。也正是在这个意义上,我认为“改革60条”其实也是一份政治改革大清单。

“国家治理体系和治理能力现代化”究竟何指

“改革60条”的总体目标是推进“国家治理体系和治理能力的现代化”,那么到底如何理解这个总目标?从政治统治、政治管理向国家治理的转变,无疑是观念上的革命,即从权力的单向度强制性行使转变为国家与社会的良性互动。这是“国家治理”本身的含义。如何理解这个总目标?从目前学术界讨论和媒体报道看,有狭义和广义的两种完全不同的理解。狭义的理解主要来自法学界,认为总目标就是以法治化为核心的“法治中国”。法治化无疑是国家治理体系现代化必须具备的,但这样狭义地理解总目标显然不是“全面深化改革”本身所要追求的目标。广义的理解就是政治体制、经济体制、社会体制、军事体制等所有方面的现代化。这样说当然很全面也不会有什么问题,但是也正是因为“全面的正确”,反而淹没了“改革60条”的良苦用心,也不能告诉我们改革所要达成的目标到底是什么,因为我们已经太熟悉“现代化”一词,而且制度上和体制上的“现代化”的标准到底是什么?都是很难断定的事。换句话说,要在7年内即到2020年实现与“传统”相对应的“现代化”,是不可能的,没有任何制度和体制能在如此短的时间内实现这样的结构性质变。因此,要准确地把握“国家治理体系和治理能力现代化”,我们必须找到最能让老百姓能理解、一目了然的概念或标准。

这就需要我们跳出字面本身,回到本次改革的形成历程以及“改革60条”——而不仅仅是政治学字面意义上的“国家治理”和“现代化”概念。十八届三中全会之前的政治局会议已经很明确地指出,改革主题将有三项:地方政府职能转变、上海自贸区和廉政建设。果然,“改革60条”基本上围绕这三项主题展开:地方政府职能转变和上海自贸区在《决定》中体现为压缩政府权力边界并约束政府,廉政建设体现为控制政府权力,而且压缩政府权力边界和控制政府权力是以建设有能力的国家为前提的。这样,“国家治理体系和治理能力现代化”这个总体目标就很清楚了:建设一个“有能力的有限政府”。

有限的政府和有能力的政府

什么是有限政府?政治学理论上讲的有限政府就是两种要素:权力有边界和权力受制约。西方国家都以此为标准,比如发达国家美国是这样,发展中国家印度和墨西哥也是这样。这样类型的政府的问题是,别说印度、墨西哥这样的发展中国家，就是美国也面临国家治理难题，因为彼此制约的权力最后变成了福山所说的“否决型政体”，这样的体制不仅导致美国联邦政府关门，还使得枪支难以得到控制，全民医保方案屡屡流产。对此，美国人已经开始反思、甚至怀疑自己的政治制度问题了，不再是信心满满地认为“历史终结”了。美国尚且如此，对很多发展中国家来说，如果国家无能力而仅有西方的有限政府标准，简直就是灾难。在印度，联邦政府经过几十年的努力，贫困人口依然在4亿以上，比非洲人口总和还要多；印度德里、孟买和墨西哥的墨西哥城的贫民窟蔚为壮观，举世闻名，但每年的改造速度只是几百间，如此下去需要一千年。关键原因在于，权力有边界而又受到约束的有限政府没有行动能力。

我认为，中国“改革60条”的总体目标不但是要建设一个权力有边界和权力受约束的政府，而且是一个有国家能力的政府，即“有能力的有限政府”。“有能力的有限政府”是一个看得见的可以衡量的目标。

建设一个“有能力的有限政府”

首先，所谓“国家能力”就是权力中枢超越社会利益集团和部门政治的约束而将自己意志变为现实的能力。国家能力的实现首先要有一个强有力的决策机关，其次是政府在市场经济中的合理作用。相比较过去十年只有改革愿望而无改革顶层设计机关而导致的种种改革的流产，比如红十字会社会化改革、新旧非公36条，“改革60条”中决定成立中央全面深化改革领导小组，这是一个比上个世纪80年代的国家体制改革委员会更没有部门利益色彩的超级改革机构。另外，非常重要的一点是，在强调市场的决定性作用的同时，没有忘记政府这只看得见的手，因为市场失灵屡见不鲜。有了专司改革的超级机构和对政府作用的定位，国家改革意愿、顶层设计变为现实的能力，非常值得期待。

其次，权力有边界。与前几次以机构调整为主的改革相比，本轮改革的最大亮点是围绕政府职能转变，由此将形成权力有边界、权力受约束的有限政府。中国过去改革的伟大成就不容置疑，但改革的一个非预期结果便是：因没有相应的政府职能改革而使得政府占有资源越来越多、以及由此而形成的社会结构的利益集团化。“改革60条”中的经济改革围绕市场在资源分配中发挥决定性作用，比如上海自贸区的负面清单制度、统一市场监管、城乡统一的建设用地市场、打破行政主导和部门分割而建设市场主导的科研经费分配体制、投资体制中减少政府审批，放宽投资准入，社会组织成立由审批制改为登记制，等等，所有这些都是事实上压缩了政府权力边界、尤其是清理并减少地方政府对经济活动的干预。可以想见，压缩政府权力边界就等于激发了市场主体的活力。

再次，权力受约束。过去十年地方一把手成为腐败重灾区，这是因为他既管人事资源又管经济资源，权力空前增大而又不受约束，为此“改革60条”一方面决定加强地方人大的财政监督权和人事决定权，同时改革司法体制和纪检体制，实行省以下法院的垂直管理，上级纪检部门提名下级纪检负责人，这些无疑是从纵横两方面加大对地方一把手的约束。过去若干年内很多事业单位问题重重，比如大学自主招生中的腐败，教育行政化难辞其咎；再则把大学区分为副部级的“985学校”和正局级的“211学校”，本身就是人为制造不平等的伤害千千万万大学生利益的教育行政化的产物，为此“改革60条”决定事业单位去行政化。再比如，建立公开透明的预算制度意味着，每一分钱到哪里、怎么花，都有了明确的规定，而不再是一笔糊涂账，因而不再需要各省驻京办“跑部钱进”，结果既约束了财政主管部门的权力又保护了掌握财政分配权的干部。

这样，“推进国家治理体系和治理能力的现代化”这一改革总目标，事实上是可以量化的、看得见摸得着的一个又一个具体制度安排的总和——“有能力的有限政府”。

党政关系的新走向

2014 年，是中国党政关系的新起点，其标志是相继成立的中央全面深化改革领导小组和中央国家安全委员会。

党的十八届三中全会决定成立一个超级改革领导机构即中央全面深化改革领导小组，组长是总书记，副组长是总理和另外两位政治局常委。如《决定》所言，小组的任务是设计、协调、推动和监督改革的实行。

全社会对于这样的超级机构都给予高度评价，这是改革决心的彰显。因为是全面改革，涉及政治体制乃至军事体制，确实需要这样一个设立在党中央的超级机构。同时，一个值得记录下来的事实是，这也意味着党政关系有了新变化，是一种权力转移，即过去由国务院去执行的事直接由党中央去决策去执行。我认为，目前不宜对这种新变化做出价值上的评判，因为在党和国家同构化的体制中，权力是在党还是在政府，有时并不是十分清晰。对此，我们只能在时间进程中看效果。如果这种权力的转移最终有利于分权和自治，比如取消事业单位的行政化，能够推动社会组织更加自主，能够推动协商民主体制的形成，能够让市场在资源分配中发挥决定性作用而更好地压缩政府的权力边界，能够管住地方政府，那么这种权力转移最终是积极的，因此倒也不必依据过去的党政分开改革思维而看待这次的权力转移。过去的分权化改革是行政性而非市场化的，结果使得部门和地方政府占有了更多的资源，获得了更多的权力。面对这种格局，只有更有权威的部门才能破解特殊利益集团。从这个角度看，更大的集权恰恰是为了合理的分权和制约权力。对此，我们乐观其成。

如果说中央全面深化改革领导小组是一种党政关系上的权力转移，更大的权力转移还体现在刚刚成立的中央国家安全委员会上。它首先是党的机构，而不是流行的一般意义的国家安全委员会，直接对政治局负责，主席是总书记，副主席分别是国务院总理和人大常委会委员长，由此可以被视为党、政、人大的“三大班子”的“三合一”机构。由此观之，它的权力和地位远远高于只对总统负责的美国国家安全委员会。“三大班子”一体化的机构，在新中国历史上确属罕见。至少在形式上，它是对处理党、政府和人大三者关系的新尝试。

那么，中央国家安全委员会统一了哪些原来属于政府部门的职能呢？我们知道，在过去，军事安全和对外政策也事实上归属于中共中央，其主管机构分别是中央军事委员会和中央外事领导小组，台湾问题有中央对台事务领导小组，意识形态安全（即政治安全）有专门的中央外宣办管。也就是说，军事安全、涉外事务和政治安全这几块，政府本来就不是主管部门，只不过由原来的各种中央领导小组领导统一到国家安全委员会那里。

有所变化的是，原来属于国务院的很多权力，比如国家能源安全问题，国家发展规划问题，过去虽然有中央财经领导小组，但这个机构毕竟只管经济上的大政方针，具体的国家能源、发展规划以及环境保护等怎么个运行法，都是国务院去执行，现在，按中央国家安全委员会组成人员的情况看，这些职能和运行状况，这个超级机构都有权去管。

中央全面深化改革领导小组、尤其是中央国家安全委员会的设置意味着，在党管国家的体制中，不但党政分开是不可能的，更要在党政同构的基础上强化党政合一，党政合一的超级机构不但要进行政治领导即做决定，还要具体执行。具体运行中的党政关系到底是什么样式？我们还不得而知，但至少从目前的形式上看，是一种加强版的党政合一关系，是一种比 1958 年毛泽东讲的党政关系更加强化的新型党政关系，或者说新中国历史上前所未有的加强版的党政合一机构，在某种意义上也是“议行合一”原则的再现。

这两大机构的设立无疑是一种制度创新，作为中国政治研究者，我们当然期盼这样的制度创新能做到：第一，集权化的中央全面深化改革领导小组最终能破解特殊利益集团并分解被行政部门和地方政府过分垄断的资源，最终有利于公正社会的形成；第二，“三合一”的中央国家安全委员会最终能让党政关系更顺畅、更合理、更制度化，把原来归口管理体制下的众多领导小组的权力统一到这个超级机构。新制度的绩效到底如何，只能让时间告诉未来。

（作者：中国人民大学政治学教授）

第五部分

学习习近平同志系列讲话

新形势下政法工作的科学指南

——深入学习贯彻习近平同志在中央政法工作会议上的重要讲话

孟建柱

习近平同志1月7日在中央政法工作会议上的重要讲话,站在党和国家事业发展全局的高度,深刻阐述了事关政法工作全局和长远发展的重大问题,提出了一系列新思想、新观点、新要求,是指导新形势下政法工作的纲领性文献。各级政法机关要把学习好、贯彻好习近平同志重要讲话精神作为重大政治任务来抓,把思想和行动统一到习近平同志重要讲话精神上来,推动政法事业在新的历史起点上取得新的发展进步。

新时期政法工作的基本遵循

习近平同志在中央政法工作会议上的重要讲话,进一步明确了新形势下政法工作的地位作用、方向目标、主要任务,对政法机关坚持什么、反对什么,做什么、怎么做,都讲得很透彻,为新时期加强和改进政法工作提供了基本遵循。

深刻阐明了政法工作的重要地位作用。习近平同志指出,政法工作做得怎么样,直接关系广大人民群众切身利益,直接关系党和国家工作大局,直接关系党和国家长治久安,直接关系实现“两个一百年”奋斗目标和中华民族伟大复兴的中国梦。这些重要论述,把政法工作和党、国家、人民紧密联系在一起,深刻揭示了政法工作的本质特征,明确了政法工作的历史方位,指出了做好政法工作的重大意义。各级政法机关要从全局和战略的高度,充分认识政法工作在中国特色社会主义事业中所处的重要地位作用,更加自觉地把政法工作摆到党和国家工作大局中来谋划,切实增强做好政法工作的政治责任感和历史使命感。

深刻阐明了政法工作的正确政治方向。习近平同志指出,中国特色社会主义最本质的特征是坚持中国共产党领导,党的领导与社会主义法治是一致的,既要坚持党对政法工作的领导不动摇,又要加强和改善党对政法工作的领导。这些重要论述,深刻揭示了党的领导和中国特色社会主义、党的领导和社会主义法治、加强党对政法工作的领导和改善党对政法工作的领导的关系,对于确保政法工作沿着正确政治方向前进,意义重大。政法机关作为人民民主专政的国家政权机关,必须置于党的绝对领导之下。各级政法机关要以坚定的政治立场、高度的政治清醒、强烈的政治自觉,在思想上政治上行动上同以习近平同志为总书记的党中央保持高度一致,坚定不移地走中国特色社会主义政治发展和法治建设道路,在政法工作中牢牢把握这一坚定正确的政治方向。各级党委政法委要善于议大事、抓大事、谋全局,善于运用法治思维和法治方式领导政法工作,不断提高领导政法工作能力和水平。

深刻阐明了政法工作的基本任务。习近平同志指出,没有稳定的社会政治环境,一切改革发展都无从谈起,再好的规划和方案都难以实现,已经取得的成果也会失去;维护社会大局稳定是政法工作的基本任务;要处理好维稳和维权的关系,把群众合理合法的利益诉求解决好;要处理好活力和秩序的关系,发动全社会一起来做好维护社会稳定工作。这些重要论述,深刻阐述了维护社会大局稳定的特殊重要性,集中揭示了维护社会稳定规律,明确提出了政法工作的基本要求。各级政法机关要深刻懂得稳定是根本大局的道理,深入研究、准确把握维护社会稳定规律，着力提升维护社会稳定能力和水平，为经济社会持续健康发展创造稳定的社会环境。

深刻阐明了政法工作的核心价值追求。习近平同志指出，实现社会公平正义是我们党的一贯主张，公平正义是中国特色社会主义的内在要求；促进社会公平正义是政法工作的核心价值追求；从一定意义上说，公平正义是政法工作的生命线，司法机关是维护社会公平正义的最后一道防线。这些重要论述，把中国特色社会主义的内在要求和政法工作的核心价值追求有机联系在一起，既赋予了政法工作新的内涵，也对政法工作提出了新的要求。各级政法机关要把促进社会公平正义的核心价值追求贯穿于政法工作全过程，体现在处理的每一项工作和办理的每一起案件中，以严格执法、公正司法的实际行动，肩负起维护社会公平正义的神圣使命，让人民群众切实感受到公平正义就在身边。

深刻阐明了政法工作的根本目标。习近平同志指出，平安是老百姓解决温饱后的第一需求，是极重要的民生，也是最基本的发展环境；人民安居乐业，国家才能安定有序；保障人民安居乐业是政法工作的根本目标。这些重要论述，既是对我们党执政为民理念的充分诠释，也是对新形势下政法机关践行党的宗旨的根本要求。各级政法机关要自觉把保障人民安居乐业作为一切工作的根本出发点和落脚点，以人民对平安的愿望和要求为导向，以提升人民安全感和满意度为目标，全面提升社会治安工作水平，努力让百姓心安、社会平安。

指导新时代政法工作的马克思主义文献

习近平同志在中央政法工作会议上的重要讲话，运用马克思主义的立场、观点、方法，对新形势下政法工作的一系列重大理论和现实问题作了科学回答，充分体现了中国共产党人的政治立场、价值追求、思想风范，标志着我们党对政法工作规律的认识达到了一个新高度。

通篇贯穿着科学的辩证思维。辩证唯物主义的世界观和方法论是我们认识世界、改造世界的强大思想武器。习近平同志的重要讲话，运用辩证唯物主义的世界观和方法论，深刻阐述了做好新形势下政法工作必须处理好的若干重大关系，比如坚持党的领导和人民当家作主、依法治国的关系，维稳和维权、活力和秩序的关系，依法治国和以德治国的关系，文明执法、公正执法和严格执法的关系，从严治警和从优待警的关系，胆子要大和步子要稳、顶层设计和摸着石头过河的关系等。这一系列重大关系，充分体现了辩证唯物主义的思想方法，充分体现了对新形势下政法工作规律的深刻把握，为政法战线辩证地观察、分析事物，正确地研究、解决问题，提高政法工作科学化水平，提供了强大思想武器。

通篇贯穿着鲜明的群众观点。群众观点是历史唯物主义的基本观点。习近平同志的重要讲话，运用历史唯物主义的基本观点，明确指出政法工作搞得好不好，最终要看是否有利于人民安居乐业，要求把人民群众的事当作自己的事，把人民群众的小事当作自己的大事，从让人民群众满意的事情做起，从人民群众不满意的问题改起，为人民群众安居乐业提供有力法律保障；明确指出政法机关的职业良知，最重要的就是执法为民，要求做到对群众深恶痛绝的事零容忍、对群众急需急盼的事零懈怠，决不允许对群众的报警求助置之不理，决不允许让普通群众打不起官司，决不允许滥用权力侵犯群众合法权益，决不允许执法犯法造成冤假错案。这一系列重要思想，是我们党一切为了群众、一切依靠群众的根本立场在政法领域的具体体现，明确回答了“为了谁、依靠谁、我是谁”这一根本问题，为政法战线牢固树立群众观点、站稳群众立场、践行群众路线、维护群众权益，努力把政法工作深深扎根于人民群众之中，指明了前进方向。

通篇贯穿着深邃的法治思想。马克思主义法律观是马克思主义的重要组成部分。习近平同志的重要讲话，运用马克思主义法律观，深刻阐述了党的政策和国家法律、坚持党的领导和确保司法机关依法独立公正行使职权的关系，要求做到党领导立法、保证执法、带头守法；明确指出维权是维稳的基础，维稳的实质是维权，要求完善对维护群众切身利益具有重大作用的制度，强化法律在化解矛盾中的权威地位；明确指出法治不仅要求完备的法律体系、完善的执法机制、普遍的法律遵守，更要求公平正义得到维护和实现，要求政法机关坚持法律面前人人平等，以实际行动维护社会公平正义；明确指出中国特色社会主义法律体系形成后，工作重点是保证法律实施，做到有法必依、执法必严、违法必究，要求政法干警把法治精神当作主心骨，做知法、懂法、守法、护法的执法者；明确指出法律要发挥作用，需要全社会信仰法律，要求引导群众遇事找法、解决问题靠法。这一系列重要思想，丰富和发展了马克思主义法治理论，是马克思主义法治思想中国化的最新成果，把我们党对法治的认识提升到了一个新高度，在中国法治史上具有里程碑意义，为政法战线运用法治思维和法治方式做好政法工作，推动依法治国基本方略落实，肩负起法治中国建设者、实践者的历史重任，树立了新的航标。

通篇贯穿着强烈的创新精神。创新是马克思主义理论的本质要求。习近平同志的重要讲话，着眼于马克思主义理论的运用，着眼于对实际问题的理论思考，着眼于新的实践和发展，对政法工作面临形势作出了新判断，对政法工作主要任务作出了新概括，对政法工作科学发展提出了新思路，明确要求创新社会治理方式，完善执法司法制度体系，加强和改进政法队伍建设，深化司法体制改革，推动政法事业发展进步。这一系列重要思想，是我们党与时俱进的理论品质对政法工作的必然要求，为政法战线以时代发展的要求审视自己、以改革创新的精神提高和完善自己，用新理念提出新思路、用新举措应对新情况、用新办法解决新问题，实现政法工作长足发展，具有巨大推动作用。

努力在新的历史起点上开创政法工作新局面

学习习近平同志在中央政法工作会议上的重要讲话，关键是要用习近平同志重要讲话精神统一思想、指导实践、解决问题、推动工作。各级政法机关要围绕完善和发展中国特色社会主义制度、推进国家治理体系和治理能力现代化的总目标，把握促进社会公平正义、增进人民福祉的总要求，深入推进平安中国、法治中国和过硬队伍建设，切实提高政法工作现代化水平，为全面建成小康社会和实现中华民族伟大复兴的中国梦创造安全稳定的社会环境、公平正义的法治环境、优质高效的服务环境。

创新社会治理方式，努力建设平安中国。习近平同志指出，社会治理是一门科学，要求坚持系统治理、依法治理、综合治理、源头治理，确保社会既充满活力又和谐有序。这进一步明确了新形势下社会治理的目标、思路，对建设更高水平的平安中国具有十分重大的现实意义。创新社会治理方式，是我国社会主义社会发展规律的客观要求，也是我们党在社会建设理论和实践上的一次新飞跃。各级政法机关要着眼于进一步解放和增强社会活力，转变社会治理理念，创新社会治理方式，提高社会治理水平。树立系统治理理念，自觉把平安中国建设融入中国特色社会主义事业总体布局中来推进；树立依法治理理念，善于用法治精神引领社会治理、用法治方式破解社会治理难题，提升社会治理法治化水平；树立综合治理理念，发挥党委领导核心作用、政府主导作用、社会各方面协同作用、群众主体作用，形成社会治理合力；树立源头治理理念，标本兼治、重在治本，从源头上解决影响社会和谐稳定的深层次问题。坚持把维护群众合法权益放在首位，推动解决保障和改善民生的突出问题，筑牢社会和谐稳定的民心基础。坚持维护群众权益与维护信访秩序相结合，学习和推广“枫桥经验”，建立依法有序表达诉求、及时就地解决群众合法合理诉求的机制，推动信访步入良性轨道。坚持常态治理与应急处置相结合，依托基层组织，整合资源力量，提升预防化解社会矛盾的能力和效果。坚持专项整治与长效机制相结合，既破大案又管小案，坚持贯彻落实宽严相济刑事政策，既该严则严又当宽则宽，加快创新立体化社会治安防控体系，提高动态化条件下驾驭社会治安局势的能力。坚持资源共享与深度应用相结合，加强整体规划，提高信息互通和资源共享程度，拓展信息技术应用广度深度，完善信息安全保障体系，以信息化引领社会治理现代化。坚持党政主导与社会参与相结合，完善党组织领导的充满活力的基层群众自治机制，发挥人民团体、群众组织、企事业单位、社会组织的积极作用，深入开展基层平安创建活动，夯实社会治理的基础。

严格执法、公正司法，不断提升执法司法公信力。习近平同志指出，政法机关要完成党和人民赋予的光荣使命，必须严格执法、公正司法；执法司法是否具有公信力，主要看两点，一是公正不公正，二是廉洁不廉洁；要求扭住职业良知、坚守法治、制度约束、公开运行等环节，坚持不懈、持之以恒抓。这明确指出了政法工作的权威和公信力所在，具有很强的针对性、指导性。政法机关是老百姓打交道比较多的部门，是人民群众感知依法治国的一把尺子、评判党风政风的一面镜子。能否做到严格执法、公正司法，体现着国家法治文明程度，影响着国家治理体系和治理能力现代化。各级政法机关要把严格执法、公正司法摆到更加突出的位置来抓，以执法规范化建设为主线，进一步提高执法司法公信力。深入开展社会主义法治理念教育，确保政法干警信仰法治、坚守法治，增强抵制干扰的定力，自觉把遵守法律作为第一遵循，挺直脊梁、铁面无私、秉公执法。针对容易发生执法不严、司法不公问题的重点领域和关键环节，完善执法司法制度，构建决策科学、执行坚决、监督有力的执法司法权运行体系，确保在执法办案各个环节都设置隔离墙、通上高压线，让执法司法权在制度的笼子里运行。把信息化与执法司法公开结合起来，促进执法司法公开、规范、公正、高效，让暗箱操作没有空间，让司法腐败无处藏身。把严格执法、公正执法、文明执法有机统一起来，健全防止、发现、纠正冤假错案机制，依法清理久押不决案件，严格规范减刑、假释、暂予监外执行工作，规范法官、检察官与当事人、律师、特殊关系人的接触交往行为，解决好执法司法突出问题，树立严格公正文明执法司法新形象。

加强政法队伍建设，提升政法工作能力水平。习近平同志指出，实施依法治国基本方略，建设社会主义法治国家，必须有一支高素质的政法队伍，强调按照政治过硬、业务过硬、责任过硬、纪律过硬、作风过硬的要求，努力建设一支信念坚定、执法为民、敢于担当、清正廉洁的政法队伍。这明确指出了政法队伍建设的极端重要性，对政法队伍建设提出了新的更高要求。坚定的理想信念是政法队伍的政治灵魂，敢于担当是政法干警必须具备的基本品质，纪律严明是政法队伍的光荣传统和政治优势，旗帜鲜明反对腐败是政法队伍必须打好的攻坚战。各级政法机关要坚持“两手抓，两手都要硬”的方针，以坚定理想信念为根本，以提高职业素养为核心，以培育优良作风为保证，努力建设一支党和人民满意的过硬队伍，为政法事业发展进步提供坚强保证。政法干警特别是领导干部在思想政治建设上要有更严格的要求，成为一个始终与时代同呼吸、与国家共命运的人，把坚持和发展党和人民事业作为自己的理想、信念、责任；成为一个有原则、意志坚定的人，管得住心中的“老虎”，不能有权力欲望，不为金钱收买，不被美色打倒，真正做到秉公执法、刚正不阿；成为一个有担当、乐于奉献的人，对党和人民事业要敢于负责，危难时刻要挺身而出，遇功要谦让、遇责要担当，工作要忘我、为人要无私；成为一个明辨是非、公道正派的人，敢于坚持真理、修正错误，敢于批评、纠正政法队伍中的不良倾向，敢于为坚持原则的同志说公道话，弘扬正气；成为一个有作为、积极进取的人，始终保持昂扬锐气、坚强韧劲，勤奋学习、奋发向上，不惧风险、勇于创新，不做唯唯诺诺、浑浑噩噩、安于现状的庸人。以正规化、专业化、职业化为方向，健全政法干警统一招录机制和学习培训体系，提升政法干警职业素养和专业水平，确保追得上、打得赢、说得过、判得明。把强化公正、廉洁的职业道德作为政法干警的必修课，加强政法干警核心价值观教育和职业伦理操守教育，树立惩恶扬善、执法如山、公平如度、清廉如水的浩然正气。深入开展党的群众路线教育实践活动，加大正风肃纪力度，坚决扭转特权思想、衙门作风，坚决遏制不作为、乱作为，努力促进干警清正、队伍清廉、司法清明。加强纪律教育，健全纪律执行机制，抓好党纪国法和铁规禁令的严格执行，以铁的纪律带出一支铁的政法队伍。以最坚定的意志、最坚决的行动扫除政法领域的腐败现象，对徇私舞弊、贪赃枉法、充当黑恶势力保护伞等腐败问题，不管涉及什么人，不论职务高低，都要发现一起、查办一起，绝不姑息迁就。

深化司法体制改革，促进社会公平正义。习近平同志指出，司法体制改革是政治体制改革的重要组成部分，对推进国家治理体系和治理能力现代化具有十分重要的意义；深化司法体制改革，是要更好坚持党的领导、更好发挥我国司法制度的特色、更好促进社会公平正义。这明确了司法体制改革的方向、目标，对于推动中国特色社会主义司法制度自我完善和发展具有重要指导意义。各级政法机关要正确处理按司法规律办事和从中国国情出发、促进司法文明进步和维护社会大局稳定、整体推进和重点突破、中央和地方的关系，积极稳妥地推进司法体制改革，着力解决影响司法公正、制约司法能力、损害司法公信的深层次问题，加快建设公正高效权威的社会主义司法制度。深化执法司法公开，构建开放、动态、透明、便民的阳光执法司法新机制，提高执法司法透明度，努力实现公开与公正的高度契合。完善司法责任制，理顺司法权与司法行政事务管理权、司法权与监督权的关系，健全有权必有责、用权受监督、失职要问责、违法要追究的体制机制，促进公正高效廉洁司法。深入研究论证，积极稳妥推动省以下法院、检察院人财物统一管理，探索与行政区划适当分离的司法管辖制度，建立符合职业特点的司法人员管理制度，确保依法独立公正行使审判权、检察权，确保宪法法律统一正确实施。

（作者：中共中央政治局委员、中央政法委书记）

矢志不渝做中国特色社会主义事业建设者捍卫者

——深入学习贯彻习近平同志关于维护国家安全和社会稳定的重要论述

郭声琨

社会稳定、国泰民安既是广大人民群众的热切期盼,也是我们党治国理政的重要目标。党的十八大以来,习近平同志从全局和战略高度,就维护国家安全和社会稳定作出了一系列重要论述和指示,深刻阐述了新形势下维护国家安全和社会稳定的极端重要性,进一步明确了新形势下维护国家安全和社会稳定的总体思路、基本原则和目标任务。公安机关作为武装性质的国家治安行政力量和刑事司法力量,肩负着维护社会大局稳定、促进社会公平正义、保障人民安居乐业的神圣使命。面对新形势新要求,各级公安机关必须深入学习领会习近平同志系列重要讲话,特别是关于维护国家安全和社会稳定的重要论述精神,紧紧围绕全面建成小康社会奋斗目标,切实履行中国特色社会主义事业建设者捍卫者的职责使命。

新形势下维护国家安全和社会稳定的科学指南

习近平同志关于维护国家安全和社会稳定的重要论述和重要指示,是其系列讲话的重要组成部分,为我们加强和改进新形势下维护国家安全和社会稳定工作提供了科学指南。

在战略定位上。明确指出稳定是改革发展的前提,只有社会稳定,改革发展才能不断推进,只有改革发展不断推进,社会稳定才能具有坚实基础;强调要正确处理改革发展稳定的关系,坚持把改革的力度、发展的速度和社会可承受的程度统一起来,把改善人民生活作为处理改革发展稳定关系的重要结合点,在保持社会稳定中推进改革发展,通过改革发展促进社会稳定。

在工作布局上。明确提出要坚持把维护国家安全和社会稳定置于中国特色社会主义事业全局中来谋划,统筹考虑国际国内、内政外交、网上网下、维权维稳等各方面因素,统筹做好维护政治安全、经济安全、文化安全、社会安全、信息安全等各方面工作,对外坚决维护国家主权、安全、发展利益,对内坚决维护政治安全和社会稳定。

在根本目标上。明确提出要把人民对美好生活的向往作为努力方向,把促进社会公平正义、增进人民福祉作为根本出发点和落脚点,积极顺应人民群众对公共安全、司法公正、权益保障的新期待,妥善处理好各方面利益关系,让改革发展成果更多更公平惠及全体人民。

在方针原则上。明确提出要着眼于最大限度增加和谐因素、最大限度增强社会发展活力,紧紧围绕完善和发展中国特色社会主义制度、推进国家治理体系和治理能力现代化的总目标,坚持系统治理、依法治理、综合治理、源头治理,创新社会治理体制,改进社会治理方式,提高社会治理水平,全面推进平安中国建设,确保人民安居乐业、社会安定有序、国家长治久安。

集中体现了对维护国家安全和社会稳定规律特点的新认识

习近平同志关于维护国家安全和社会稳定的重要论述,高屋建瓴、总揽全局,内容丰富、内涵深刻,集中体现了马克思主义的世界观和方法论,标志着我们党对维护国家安全和社会稳定规律特点的认识达到了一个新高度。

充分体现了深邃的战略眼光。紧紧围绕实现"两个一百年"奋斗目标和中华民族伟大复兴中国梦,从维护我国发展重要战略机遇期国家安全和社会稳定的高度出发，全面审视我国发展面临的各种风险和挑战，通盘谋划维护国家安全和社会稳定工作，加强顶层设计，创新工作思路，极大地拓宽了维护国家安全和社会稳定的工作视野。

充分体现了科学的辩证方法。坚持用联系的、发展的观点观察研判形势，坚持用“一分为二”的观点分析处理问题，更加注重社会和谐、动态稳定，更加注重源头治理、标本兼治，更加注重整合资源、多元共治，明确要求既要增强政治定力、保持清醒头脑，以不变应万变，又要科学判断形势、提高谋略水平，以万变应不变；既要立足当前、直面问题，确保社会大局稳定，又要着眼长远、综合施策，促进国家长治久安。

充分体现了强烈的法治意识。明确提出建设法治中国，全面推进科学立法、严格执法、公正司法、全民守法，坚持依法治国、依法执政、依法行政共同推进，坚持法治国家、法治政府、法治社会一体建设；强调领导机关和领导干部要提高运用法治思维和法治方式的能力，努力以法治凝聚改革共识、规范发展行为、促进矛盾化解、保障社会和谐。

充分体现了鲜明的群众观点。明确要求牢固树立人民是真正英雄的历史观、以人为本人民至上的价值观、立党为公执政为民的执政观，继承和发扬党的群众路线，坚持和发展“枫桥经验”，夯实维护稳定工作的群众基础，把维护稳定工作深深扎根于人民群众之中。

充分体现了清醒的底线思维。始终把工作基点放在有效应对各种风险挑战、牢牢掌握工作主动权上，突出强调凡事预则立、不预则废，凡事从最坏处准备、从最好结果去努力，居安思危、未雨绸缪，见微知著、提早应对，不断提高工作的前瞻性、预见性、针对性，确保国家安全和社会稳定。

全力做好维护国家安全和社会稳定各项工作

深入学习贯彻习近平同志维护国家安全和社会稳定的重要论述精神，关键是要将其落实到实际工作中。各级公安机关一定要坚持以党和国家工作大局为重，以最广大人民利益为念，高举旗帜、牢记使命，勇于担当、忠诚履职，全力做好维护国家安全和社会稳定各项工作，确保人民安居乐业、社会安定有序、国家长治久安。

切实增强政权意识，矢志不渝做国家政权的捍卫者。政治安全、政权安全，事关党的执政地位，事关国家核心利益。习近平同志指出，要坚定不移坚持和发展中国特色社会主义，不断把中国特色社会主义事业推向前进，保证先辈们用鲜血和生命打下的红色江山不改变颜色，保证我们党始终立于不败之地。习近平同志强调，在关系中国共产党领导、我国社会主义制度、国家发展道路、政治体制模式等重大原则问题上，决不能头脑不清醒，决不能东摇西摆、含含糊糊。公安机关是人民民主专政的重要工具，公安工作是巩固国家政权的重要工作。各级公安机关要牢固树立国家安全观，始终把维护国家政治安全、政权安全置于首要位置，坚持下好先手棋、打好主动仗，以实际行动坚决捍卫中国共产党的领导，坚决捍卫人民民主专政政权，坚决捍卫中国特色社会主义制度。切实增强政治敏锐性和政治鉴别力，善于从战略上把握大势、研判形势，善于从政治上观察问题、分析问题，坚决抵制西方反华势力的意识形态渗透，依法打击境内外敌对势力的捣乱破坏活动，确保政治安全和政权安全。高举维护社会稳定、维护社会主义法制、维护人民根本利益的旗帜，大力加强反分裂斗争，严厉打击暴力恐怖活动，确保国家安全和社会稳定。坚持依法管网、以人管网、技术管网相结合，健全完善网络综合防控体系，加强和改进网络安全管理，严厉打击网络造谣诽谤、网络诈骗等违法犯罪活动，确保网络安全和网上良好秩序。

积极创新治理理念，矢志不渝做平安中国的建设者。平安是人民幸福安康的基本要求，是改革发展的前提。习近平同志指出，真正实现社会和谐稳定、国家长治久安，还是要靠制度，靠我们在国家治理上的高超能力；要更加注重治理能力建设，创新社会治理体制，提高社会治理水平。习近平同志强调，要把人民群众对平安中国建设的要求作为努力方向，坚持系统治理、依法治理、综合治理、源头治理，着力建设平安中国。公安机关是维护稳定的专门力量，在推进平安中国建设中起着主力军作用。各级公安机关要积极适应推进国家治理体系和治理能力现代化的新要求，主动顺应人民群众对社会平安稳定的新期待，创新社会治理理念，改进社会治理方式，努力在更高起点、更高层次上推进平安中国建设，确保社会大局持续稳定，确保人民群众安全感稳步提升。坚持打防结合、整体防控，积极构建动态化信息化条件下打防管控一体化运作的社会治安防控网络，依法打击各种严重刑事犯罪活动，及时整治人民群众反映强烈的突出治安问题。坚持整合资源、完善机制，充分发挥社会主义制度优势，更加注重专群结合、依靠群众，更加注重夯实基础、整合力量，全面深化社会治安综合治理。坚持关口前移、源头治理，健全完善社会矛盾纠纷和火灾、道路交通等安全隐患排查治理机制，从源头上预防和减少重大突发事件和公共安全事故的发生。

牢固确立法治思维，矢志不渝做公平正义的维护者。法治是我们党治国理政的基本方式，是实现社会公平正义的重要保障。习近平同志指出，公正司法是维护社会公平正义的最后一道防线，要切实保障公民享有权利和履行义务，依法公正对待人民群众的诉求，努力让人民群众在每一个司法案件中都感受到公平正义。习近平同志强调，要全面落实依法治国基本方略，加强宪法和法律实施，坚持法律面前人人平等，以事实为依据，以法律为准绳，坚守防止冤假错案底线，切实维护人民群众合法权益和司法权威。公安机关具有行政执法和刑事司法职能，是国家重要的执法机关，是建设法治中国的重要力量。各级公安机关要牢牢把握推进法治中国建设对公安执法工作提出的新要求，积极适应人民群众对社会公平正义的新期待，把公安法治建设置于重中之重的位置，深入推进执法规范化建设，不断提升公安机关公信力。牢固确立法治思维，教育引导广大民警树立严格依法履行职责、法律面前人人平等、尊重和保障人权的观念，严格依照法定权限、时限和程序履行职责、行使权力，善于运用法治思维处理复杂情况、解决疑难问题，善于借助法治方式化解社会矛盾、维护社会稳定，善于依靠法律手段加强社会治理、维护治安秩序。健全完善执法制度，进一步细化刑事执法程序，完善人权司法保障制度，健全错案防范、纠正、责任追究机制，确保执法权力正确行使；进一步完善行政执法程序，健全行政执法与刑事司法衔接机制，规范执法自由裁量权，防止执法权力被滥用。全面加强执法监督，紧紧围绕容易产生执法问题的关键岗位、关键环节，深入开展执法检查，坚决整治执法不严格、不公正、不规范和执法不作为、不勇为、乱作为等突出问题；充分借助信息化手段，努力实现对执法活动的全程、实时监督；加大警务公开力度，在遵守国家秘密和警务工作秘密的前提下，最大限度地公开执法依据、执法程序、执法进度、执法结果，努力以群众看得见的方式实现公平正义。

忠实践行群众路线，矢志不渝做群众权益的保障者。一切为了群众、一切相信群众、一切依靠群众，是我们党的根本立场。习近平同志指出，在任何时候任何情况下，与人民同呼吸共命运的立场不能变，全心全意为人民服务的宗旨不能忘，群众是真正英雄的历史唯物主义观点不能丢，要把人民放在心中最高位置，始终与人民心心相印、与人民同甘共苦、与人民团结奋斗。习近平同志强调，要坚持党的群众路线，坚持人民主体地位，时刻把群众安危冷暖放在心上，把群众工作做实、做深、做细、做透。坚持专门工作与群众路线相结合，是公安机关的优良传统和政治优势。各级公安机关要始终坚持把人民群众安全感和满意度作为衡量和检验公安工作的根本标准，以开展党的群众路线教育实践活动为契机，牢固树立群众观点，切实站稳群众立场，自觉践行群众路线，全力维护群众权益，永远做人民群众的贴心人。打牢执法为民的思想基础，深入开展“为何从警、如何做警、为谁用警”大讨论活动，使广大民警切实解决好世界观、人生观、价值观这一“总开关”问题，切实解决好“为了谁、依靠谁、我是谁”这一根本问题。坚决维护人民群众的合法权益，健全完善民意导向的警务工作机制，坚持从群众满意的事情做起、从群众不满意的事情改起，努力把工作做到老百姓心坎上。切实提高做群众工作的本领，积极探索新形势下专门工作与群众路线相结合的新思路，不断创造沟通组织发动群众的新办法，充分调动广大群众参与平安建设的积极性、创造性，努力为公安工作赢得最可靠最牢固的群众基础和力量源泉。

着力打造过硬队伍，矢志不渝做公安事业的奋斗者。打铁还需自身硬。只有一流的班子才能带出一流的队伍，只有一流的队伍才能创造一流的业绩。习近平同志指出，与党和国家事业发展的要求相比，我们的本领有适应的一面、也有不适应的一面，适应的一面正在下降、不适应的一面正在上升，全党同志都要有本领不够的危机感，都要努力增强本领，都要一刻不停地增强本领。习近平同志强调，领导干部要有天下为公的宽阔胸襟，树立责任重于泰山的意识，言必信、行必果，勇作为、敢担当，逢山开路、遇河架桥，不断交出坚持和发展中国特色社会主义的合格答卷。公安队伍是一支拥有200多万人的纪律部队，如何管理好、建设好这支队伍，是我们面临的一个重大课题。各级公安机关要紧紧围绕加强党的执政能力建设、先进性和纯洁性建设这条主线，坚持政治建警、素质强警、从严治警、从优待警，全面加强公安队伍建设，努力打造一支忠诚为民公正廉洁的过硬队伍。大力加强思想政治建设，坚持不懈地用中国特色社会主义理论体系武装头脑，真正把绝对忠诚、绝对纯洁、绝对可靠铭刻在灵魂中、熔铸在血脉里，坚定政治方向，站稳政治立场，增强政治定力，严守政治纪律，始终在思想上、政治上、行动上与以习近平同志为总书记的党中央保持高度一致，坚定不移做党和人民的忠诚卫士。大力加强能力素质建设，坚持把教育训练作为提升队伍能力素质的根本途径，积极推行“轮训轮值、战训合一”模式，全面强化实战技能培训，不断提升广大民警的专业素养和实战本领。大力加强纪律作风建设，在认真落实从优待警各项措施的同时，进一步加大从严治警力度，严格执行“五条禁令”、“五个严禁”等纪律规定，集中整治纪律作风方面存在的突出问题，着力形成干警清正、队伍清廉、政治清明的清风正气。

（作者：国务委员、公安部部长）

牢牢把握党中央对检察工作的新要求新部署

——学习贯彻习近平总书记在中央政法工作会议上重要讲话精神

曹建明

习近平总书记在中央政法工作会议上的重要讲话，从党和国家工作大局和战略高度，深刻阐述了事关政法工作全局和长远发展的一系列重大理论和现实问题。讲话内涵丰富宽广、思想深邃高远、观点鲜明新颖、阐述精辟深透，贯穿了辩证唯物主义和历史唯物主义精神，具有深刻理论内涵和鲜明时代特征，充分体现了我们党的执政理念和执政方略，充分体现了我们党全面推进依法治国的坚定决心和清晰思路，进一步明确了新形势下政法工作的方向目标、地位作用、主要任务和基本遵循，进一步厘清了政法工作中一系列重大关系，是指导当前和今后一个时期政法工作的纲领性文献。各级检察机关一定要深入学习领会、全面贯彻落实习近平总书记重要讲话精神，切实把思想和行动统一到讲话精神上来，以高度的使命感和责任感，努力把各项检察工作做得更好，为实现"两个一百年"奋斗目标、实现中华民族伟大复兴的中国梦提供有力保障。

牢牢把握检察工作的政治方向，毫不动摇地坚持党对检察工作的领导

习近平总书记突出强调，政法战线要旗帜鲜明坚持党的领导，并要求正确处理党的政策和国家法律、坚持党的领导和确保司法机关依法独立公正行使职权两个关系。这一重要论述，指明了政法工作的政治方向。

检察机关作为党领导下的司法机关，是人民民主专政的国家机器的重要组成部分，方向问题至关重要。可以说，中国特色社会主义最本质的特征就是坚持中国共产党的领导。我们强调坚持党的领导、人民当家作主、依法治国有机统一，最根本的也是坚持党的领导。各级检察机关必须始终坚持党的领导，自觉在思想上政治上行动上同以习近平同志为总书记的党中央保持高度一致，在大是大非面前保持政治清醒和政治自觉，任何时候、任何情况下都不能有丝毫动摇；要坚定不移走中国特色社会主义政治发展和法治建设道路，正确处理党的领导与依法独立公正行使检察权的关系，把坚持正确政治方向体现和落实到各项检察工作中；要深刻认识党的政策和国家法律在本质上的一致性，自觉维护党的政策和国家法律的权威，确保党的政策和国家法律得到统一正确实施；要始终以党和国家工作大局为重，自觉融入中国特色社会主义事业发展全局，切实找准服务改革发展稳定的切入点、着力点，全力推进平安中国、法治中国建设，为全面建成小康社会、全面深化改革营造良好法治环境。

牢牢把握检察工作的基本任务，全力维护社会大局稳定

习近平总书记深刻指出，维护社会大局稳定是政法工作的基本任务，强调要处理好维稳和维权、活力和秩序的关系。这些重要论述，是新时期党中央对政法机关最基本的要求，是政法机关必须首先履行好的重要使命。政法机关作为维护国家安全和社会稳定的重要力量，在保障国家长治久安、社会安定有序方面具有不可替代的重要作用。

当前，我国对外维护国家主权安全发展利益、对内维护社会大局稳定任务艰巨。各级

检察机关要按照党的十八届三中全会和中央政法工作会议关于创新社会治理方式的要求，充分发挥职能作用，积极推进平安中国建设，全面落实宽严相济刑事政策，促进提升社会治理法治化水平。特别是要积极参与反分裂反恐怖斗争，坚决打击敌对势力的分裂、渗透、颠覆活动，确保国家安全；要密切关注社会治安和公共安全出现的新情况，突出打击黑恶势力、严重暴力、涉枪涉爆涉恐、拐卖妇女儿童、危害食品药品安全、环境污染等严重危害人民群众生命健康的犯罪，坚决遏制严重刑事犯罪高发态势，促进健全公共安全体系；要积极参与整顿和规范市场经济秩序，依法惩治财政、金融、证券、知识产权保护等领域的犯罪活动，坚决打击侵犯非公企业特别是小微企业合法权益的犯罪，加强行政执法与刑事司法衔接，共同营造法治化营商环境；要依法惩治利用网络实施的造谣、敲诈勒索、诈骗等犯罪，维护网络社会安全；要创新预防和化解社会矛盾机制，坚持好发展好“枫桥经验”，探索开展网上受理信访工作，建立来信、来访、电话、网络“四位一体”的群众诉求表达机制，最大限度把矛盾化解在最初环节、化解在基层，筑牢社会和谐稳定的基础。

牢牢把握检察工作的核心价值追求，始终把公平正义作为检察工作的生命线

习近平总书记指出，促进社会公平正义是政法工作的核心价值追求，并强调公平正义是政法工作的生命线，司法机关是维护社会公平正义的最后一道防线，要求政法机关严格执法、公正司法，以实际行动维护社会公平正义。这些重要论述，深刻阐述了公平正义在政法工作中的极端重要性，深刻揭示出中国特色社会主义的内在要求。

检察机关作为国家法律监督机关，不仅自身要信仰法治、坚守法治，坚持法律面前人人平等，坚持以事实为依据、以法律为准绳，增强秉公执法的定力，做到严格执法、文明执法、公正执法，而且还要通过强化法律监督，促进其他执法司法机关严格执法、公正司法。特别是要紧紧抓住人民群众反映强烈的执法不严、司法不公突出问题，真正做到敢于监督、善于监督、依法监督、规范监督，让受到侵害的权利一定得到保护和救济，使违法犯罪活动一定受到制裁和惩罚，不偏不倚，不枉不纵，铁面无私，秉公执法，让人民群众切实感受到公平正义就在身边。当前，要深入开展清理纠正久押不决案件工作，进一步完善长效机制；要加强对有权人和有钱人减刑、假释、暂予监外执行的专项监督，建立职务犯罪罪犯减刑、假释及暂予监外执行备案和逐案审查制度，加强对执法司法权的监督制约；要严肃查处司法工作人员贪赃枉法、索贿受贿等职务犯罪，从严惩治司法腐败；要积极推动健全司法权力运行机制，确保执法司法权在制度的笼子里运行，提升执法司法公信力。

牢牢把握检察工作的根本目标，不断提升人民群众满意度

习近平总书记强调，保障人民安居乐业是政法工作的根本目标，要求政法机关和广大干警要把人民群众的事当作自己的事，把人民群众的小事当作自己的大事，从让人民群众满意的事情做起，从人民群众不满意的问题改起，为人民群众安居乐业提供有力法律保障。这些重要论述，体现了社会主义法治的本质要求，体现了我们党全心全意为人民服务的根本宗旨。

我国检察机关是“人民检察院”。要牢固树立以民为本、执法为民的理念，把维护人民群众合法权益作为各项检察工作的出发点和落脚点，善于从群众立场分析问题，真正做到对群众深恶痛绝的事零容忍，对群众急需急盼的事零懈怠，顺应人民群众对公共安全、司法公正、权益保障的新期待，不断提高人民群众的认同感和满意度。特别是要深入开展党

的群众路线教育实践活动，坚决纠正“四风”和执法司法中的突出问题，始终保持同人民群众的血肉联系；深入开展查办和预防发生在群众身边、损害群众利益职务犯罪专项工作，坚决惩治教育、就业创业、社会保障、医药卫生、食品药品安全、征地拆迁等领域的职务犯罪；依法公正对待群众诉求，建立完善来信、来访、电话、网络“四位一体”的群众诉求表达机制，切实维护人民群众合法权益，使群众由衷感到自身权益受到了公平对待、利益得到了有效维护；深入开展爱民实践活动，不断提高群众工作能力，进一步提升检察工作的亲和力和公信力。

牢牢把握深化司法体制改革的战略部署，积极稳妥有序推进检察改革

习近平总书记指出，司法体制改革是政治体制改革的重要组成部分，对推进国家治理体系和治理能力现代化具有十分重要的意义，强调要加强领导、协力推动、务求实效，加快建设公正高效权威的社会主义司法制度。这些重要论述，不仅鲜明指出了深化司法体制改革的重大意义，也深刻阐明了深化司法体制改革的方向、目标和工作要求。

各级检察机关要坚决贯彻党中央关于深化司法体制改革的战略部署，积极稳妥有序推进检察改革，切实解决影响司法公正、制约司法能力、妨碍司法公信的深层次问题，破解体制性、机制性、保障性障碍，提高司法公信力，推动中国特色社会主义检察制度自我完善和发展。特别是要把握好改革的正确方向，始终坚持党的领导，坚持从我国基本国情出发，坚持维护社会公平正义和增进人民福祉的宗旨，增强对中国特色社会主义司法制度的自信，增强政治定力；正确处理胆子要大和步子要稳、顶层设计和摸着石头过河的关系，以求真务实、真抓实干的作风，着力完善依法独立公正行使检察权的保障机制、法律监督工作机制、检察权运行工作机制、检察机关自身监督制约机制、检察队伍专业化职业化建设机制，更好发挥我国检察制度的特色、更好促进社会公平正义。今年要全面推进涉法涉诉信访工作机制改革，抓好推进检务公开、检察官办案责任制、人民监督员制度三项改革试点工作。

牢牢把握队伍建设的总体要求，努力建设一支党和人民满意的过硬检察队伍

习近平总书记强调，要按照政治过硬、业务过硬、责任过硬、纪律过硬、作风过硬的要求，努力建设一支信念坚定、执法为民、敢于担当、清正廉洁的政法队伍。这些重要论述，为新时期政法队伍建设提供了基本遵循。

检察机关作为反腐败的重要职能部门，在队伍建设方面必须有更高的标准、更严的要求。要认真落实习近平总书记对政法队伍建设的总体要求，统筹推进思想政治、领导班子、法律监督能力和纪律作风建设，努力建设一支高素质的检察队伍，为检察工作科学发展提供根本保证。特别是要坚持把信念坚定作为政治灵魂，把理想信念教育摆在第一位，打牢高举旗帜、听党指挥、忠诚使命的思想基础，坚持党的事业至上、人民利益至上、宪法法律至上，永葆忠于党、忠于国家、忠于人民、忠于法律的政治本色。要坚持把执法为民作为最重要的职业操守，决不允许对群众诉求置之不理，决不允许滥用权力侵犯群众合法权益，决不允许执法犯法造成冤假错案。要坚持把敢于担当作为党性原则，面对歪风邪气必须敢于亮剑、坚决斗争，绝不能听之任之；面对急难险重任务，必须豁得出来、顶得上去，绝不能畏缩不前。要把清正廉洁作为根本保障，紧紧扭住职业良知、坚守法治、制度约束、公开运行等环节，严明纪律，狠抓制度执行，加强自身监督制约，以最坚决的意志、最坚决的行动扫除执法司法腐败现象，坚决清除害群之马，真正让铁规发力、让禁令生威，以铁的纪律带出一支铁的检察队伍。

当前各项检察工作任务十分繁重。各级检察机关领导干部一定要以只争朝夕的精神和扎实有效的举措，从自己做起，带头做有信仰、有原则、有担当、有作为的人。要紧紧围绕习近平总书记重要讲话中关于政法工作全局和长远发展的一系列重大问题和重大关系，加强学习、深入思考，有针对性地加强和改进检察工作，奋力把中国特色社会主义检察事业推向前进。

（作者：最高人民检察院党组书记、检察长）

当今中国马克思主义的重要文献

—— 习近平总书记系列重要讲话精神的学习体会

王伟光

深入学习贯彻习近平总书记系列重要讲话精神，是当前和今后一个时期全党的重大政治任务，对于全党全国进一步统一思想、统一行动，不断开创中国特色社会主义事业新局面，具有十分重要的理论意义和实践意义。

一、坚持和发展中国特色社会主义的政治宣言

党的十八大标志着我们党领导的中国特色社会主义伟大事业进入全面建成小康社会的决定性阶段，党领导人民开创的社会主义伟大实践，已经行进到一个新的历史起点上。从国际看，由美国次贷危机引发的国际金融危机使国际形势发生了逆转，世界力量对比发生了深刻变化，形势越发有利于我，但竞争更为激烈，使我国既面临有利的国际环境，又面临复杂的全球局面。从国内看，经过35年的改革开放，中国特色社会主义取得了伟大成就，证明了中国特色社会主义道路是中国人民正确的历史选择，证明了中国特色社会主义理论体系是我们事业的科学指南，证明了中国特色社会主义制度是我们必须始终坚持的社会制度。但在取得巨大成就的同时也累积了一些难题。

正是在党和国家事业发展的这一决定性时刻，习近平总书记发表一系列内涵极其丰富的重要讲话，对事关中国特色社会主义前途命运的重大问题做出了十分肯定的政治结论。这些重要讲话，为治党治军治国理政提供了基本遵循，是高举中国特色社会主义旗帜的政治宣言，是坚定不移地走中国特色社会主义道路的行动纲领。对于全党在一系列重大问题上统一思想、统一行动起到了至关重要的把关、定向、凝心和聚力作用。

在重大原则和根本方向问题上，习近平总书记毫不含糊地表明我们党一贯的政治主张，使党员、领导干部有了极其明确的言行准则。习近平总书记系列重要讲话对于“坚持什么、反对什么”，“肯定什么、否定什么”，“做什么、不做什么”，都发出了明确无误的政治信号，有利于我们坚定“主心骨”，筑牢“压舱石”，知道“为什么做”、“做什么”、“怎么做”，更加坚定对马克思主义、对科学社会主义、对毛泽东思想和中国特色社会主义理论体系的信仰，更加坚定了对共产主义远大理想和中国特色社会主义共同理想的信念，更加坚定了走中国特色社会主义道路的决心和信心，更加坚定了全面深化改革开放、坚持社会主义市场经济体制的改革取向和政策选择。

高举中国特色社会主义伟大旗帜，坚定不移地走中国特色社会主义道路，这是我们党最根本的政治理念。习近平总书记就坚持和发展中国特色社会主义这一根本问题表明了党的最根本的政治主张。他科学地分析了国际共产主义和社会主义运动的历史发展进程，特别是我们党探索中国特色社会主义的伟大实践，全面系统深刻地阐述了坚持和发展中国特色社会主义需要把握的重大理论和现实问题，起到了正本清源、把关定向、明辨是非、提高认识的重大作用。他关于中国特色社会主义是社会主义，不是别的什么主义；只有社会主义才能救中国，只有中国特色社会主义才能发展中国；中国特色社会主义是社会主义，不论怎么改革、怎么开放，都要始终坚持中国特色社会主义道路、理论体系和制度；在新的历史条件下体现科学社会

主义基本原则的内容不能丢，丢了这些，就不成其为社会主义；不能用改革开放后的历史时期否定改革开放前的历史时期，也不能用改革开放前的历史时期否定改革开放后的历史时期，本质上都是我们党领导人民进行社会主义建设的实践探索；资本主义必然灭亡、社会主义必然胜利，马克思、恩格斯关于资本主义社会基本矛盾的分析没有过时，要始终坚持马克思列宁主义、毛泽东思想和中国特色社会主义理论体系；改革开放是决定当代中国命运的关键一招，也是决定实现"两个一百年"奋斗目标、实现中华民族伟大复兴的关键一招，要坚定不移地推进改革开放；我们的改革是有方向、有立场、有原则的，是中国特色社会主义道路上不断前进的改革，即坚持社会主义市场经济方向的改革；问题的实质是改什么、不改什么，有些不能改的，再过多长时间也不能改，既不走封闭僵化的老路，也不走改旗易帜的邪路；密切党群、干群关系，保持同人民群众的血肉联系，始终是我们党立于不败之地的根基；如果我们脱离群众，失去人民的拥护和支持，最终也会走向失败；等等。这一系列重要论断，在错综复杂的国内外环境下，为我们指明了方向。全党只有用讲话精神武装头脑，用讲话思想指导实践，认识才能统一、步调才能一致，在大是大非面前才能毫不含糊，在根本方向、根本原则问题上立场才能愈益坚定。

二、对关系中国特色社会主义前途命运一系列重大问题的科学回答

习近平总书记系列重要讲话，运用马克思主义立场观点方法，对中国特色社会主义的重大理论和现实问题给予明确回答，提出并形成了一系列富有创建的新思想、新观点、新论断、新要求、新举措，进一步升华了我们党对执政规律、社会主义建设规律、人类社会发展规律的认识，是对中国特色社会主义理论体系的进一步丰富、发展和创新，是推进马克思主义中国化、时代化和大众化的重要文献。

关于坚持和创新马克思列宁主义、毛泽东思想和中国特色社会主义理论体系的重要论述。习近平总书记指出，认真学习马克思主义理论，是我们做好一切工作的看家本领，也是领导干部必须普遍掌握的工作制胜的看家本领。既要把"老祖宗"的话说对，又要把"新话"说好。只有学懂了马克思列宁主义、毛泽东思想和中国特色社会主义理论体系，特别是领会了贯穿其中的马克思主义立场、观点、方法，才能深刻认识和准确把握客观规律，才能始终坚定理想信念，才能在纷繁复杂的形势下坚持科学指导思想和正确前进方向，才能带领人民走对路，才能把中国特色社会主义不断推向前进。习近平总书记还指出，马克思主义必定随着时代、实践和科学的发展而不断发展，不可能一成不变，社会主义从来都是在开拓中前进的；坚持马克思主义，坚持社会主义，一定要有发展的观点，一定要以我国改革开放和现代化建设的实际问题、以我们正在做的事情为中心，着眼于马克思主义理论的运用，着眼于对实际问题的理论思考，着眼于新的实践和新的发展。

关于坚持和发展中国特色社会主义的重要论述。学习贯彻好习近平总书记系列重要讲话精神，要明确中国特色社会主义是科学社会主义理论逻辑和中国社会发展历史逻辑的辩证统一，必须始终不渝地高举中国特色社会主义伟大旗帜，坚持中国特色社会主义制度，坚定不移地走中国特色社会主义道路；要明确必须以发展的观点对待科学社会主义，不断有所发现、有所创造、有所前进，不断丰富中国特色社会主义的实践特色、理论特色、民族特色、时代特色；要明确中国特色社会主义的真谛要义，增强道路自信、理论自信、制度自信，排除和纠正各种错误思想认识，毫不动摇地坚持、与时俱进地发展中国特色社会主义。

关于实现中华民族伟大复兴的中国梦的重要论述。习近平总书记鲜明提出实现中华民族伟大复兴的中国梦，论述了中国梦的重大意义、基本内涵、精神实质、实现路径和实践要求。这

一重要论断之所以能够得到13亿中国人民发自内心的一致拥护，成为海内外中华儿女的最大共识，成为激励全体人民团结奋进的精神旗帜，主要是因为它将共产主义的远大理想和中国特色社会主义共同理想有机统一起来，并成功转化成了人民听得懂的语言、摸得着的未来。

关于推动经济社会持续健康发展的重要论述。习近平总书记指出：发展是解决中国一切问题的金钥匙，是解决我国所有问题的关键，以经济建设为中心任何时候都不能偏离；发展就要坚持以科学发展为主题，坚持稳中求进的工作总基调，切实把发展的立足点转到提高质量和效益上来，再也不能简单地以国内生产总值增长率论英雄。

关于全面深化改革开放、不断激发全社会的发展动力和创造活力的重要论述。习近平总书记系列重要讲话明确了改革的性质、方向、目标、任务、总体思路和重大举措。他认为改革开放是党和人民大踏步赶上时代的重要法宝，改革开放只有进行时、没有完成时，在整个社会主义现代化进程中，我们都要高举改革开放的旗帜，决不能有丝毫动摇。他强调全面深化改革要坚持社会主义市场经济方向，坚持一切从实际出发，以我为主，该改的坚决改，不能改的坚决守住，牢牢把握改革的主动权和领导权。

关于加强宣传思想工作、牢牢掌握意识形态工作领导权话语权的重要论述。习近平总书记强调，在集中精力进行经济建设的同时，一刻也不能放松和削弱意识形态工作。要始终不渝地坚持和巩固马克思主义在意识形态领域的指导地位，坚持正确政治方向，做到守土有责、守土负责、守土尽责，把思想统一到中央对意识形态工作的形势判断和工作措施上来，把意识形态工作的领导权话语权牢牢掌握在手中。在事关大是大非和政治原则问题上，必须增强主动性、掌握主动权、打好主动仗，帮助干部群众划清是非界限、澄清模糊认识。

关于社会主义民主政治和依法治国，关于国际关系和我国外交战略，关于加强党的建设、切实提高从严管党治党的能力和水平，习近平同志都有一系列重要论述。对国防和军队建设、“一国两制”、做好港澳台工作、推进祖国统一大业等，也都提出了一系列新思想、新对策，丰富和创新了党的理论。

三、运用马克思主义立场观点方法分析和解决问题的典范榜样

习近平总书记系列重要讲话贯穿了一脉相承、一以贯之的一条红线，这就是马克思列宁主义、毛泽东思想和中国特色社会主义理论体系所贯穿的基本立场、基本观点、基本方法，这就是马克思主义哲学世界观方法论，这也是贯穿于习近平总书记系列重要讲话中的活的灵魂和精神实质。深入学习贯彻习近平总书记系列重要讲话精神，最根本的是学习讲话贯穿的思想精髓即科学世界观方法论，学会用马克思主义的立场观点方法认识问题、分析问题和解决问题，不断提高马克思主义理论素养和运用马克思主义处理问题的能力。

实事求是，一切从实际出发，是马克思主义哲学精髓。习近平总书记系列重要讲话就是坚持解放思想、实事求是思想路线，准确把握客观实际、科学掌握客观规律的创新产物。习近平总书记牢牢把住实事求是精髓，一切从中国国情实际出发，从客观事物的规律出发，分析问题、认识问题、说明问题，导引出解决当前中国一切复杂难题的良方益药。他客观分析我国国情、党情和发展变化的世情，得出了一系列正确判断和科学结论。这些重要讲话就是对当今中国实际和世界实际全面把握和实事求是分析的科学成果。

辩证唯物主义是关于自然、社会和思维发展一般规律的概括，是共产党人观察分析处理问题的思想方法。习近平总书记强调要增强战略思维、辩证思维、系统思维、创新思维和底线思维能力，要善于运用辩证法正确地观察分析事物，研究解决改革发展中的困难和问题，不断

增强决策的科学性、前瞻性、主动性。要从事物表象中把准改革脉搏，把握全面深化改革的内在规律，指出全面深化改革是一项复杂的系统工程，应有总体设计和总体规划，包括总体方案、路线图、时间表以及战略目标、工作重点、优先顺序等。要加强顶层设计，增强改革措施的系统性、协调性，对经济体制、政治体制、文化体制、社会体制、生态文明体制和党的建设制度改革进行整体谋划，加强各领域改革的关联性、系统性、协同性研究，使各项改革举措在政策取向上相互配合、在实施过程中相互促进、在实际成效上相得益彰。

对立统一规律即矛盾规律是辩证法的核心和实质，掌握了矛盾分析方法，也就掌握了辩证法。习近平总书记娴熟地运用“矛盾论”和“两点论”来观察和处理问题，要求把握全面深化改革的重大关系，处理好解放思想和实事求是的关系、整体推进和重点突破的关系、顶层设计和摸着石头过河的关系、胆子要大和步子要稳的关系，以及改革发展稳定的关系。他关于既要以经济建设为中心，又要重视党的意识形态工作；既要坚定不移地抓好党的建设、反腐倡廉建设，又要坚定不移地、大胆地推进改革开放；既要在新的历史起点上全面深化改革，深化改革又必须牢牢坚持正确方向，坚持和完善我国基本经济制度；既要重视市场在资源配置中的决定性作用，又要更好发挥政府作用；既要统筹兼顾又要突出重点，既要立足当前又要放眼长远，既要把握国情又要了解世界，既要循序渐进又要竞相突破，既要胸怀全局又要抓好局部，既要治标也要治本，等等，为我们提供了成功运用辩证法的范例。

历史唯物主义是马克思主义关于社会历史发展问题的哲学总说明，是共产党人认识与解决社会问题、推动社会进步的思想武器。习近平总书记远见卓识，科学地把握了人类历史发展的总趋势，既看到历史发展的光明前景，又清醒地看到当前存在的困难和问题。他告诉我们，既要看到国际金融危机所显现出来的资本主义必然灭亡、资本主义内在矛盾不可克服的历史趋势，同时又实事求是地看到资本主义现在还有自我调节的能力。正因为站在彻底的历史唯物主义立场上，正因为对人类历史发展规律和总趋势的彻底的理论把握，他要求我们，必须树立坚定的共产主义理想和中国特色社会主义共同理想，要把最高纲领和最低纲领统一起来，把远大理想和共同理想统一起来。

社会基本矛盾原理是历史唯物主义的基本思想，社会基本矛盾分析方法是历史唯物主义的基本方法。习近平总书记从唯物史观社会基本矛盾原理和分析方法出发，把生产力和生产关系的矛盾运动同经济基础和上层建筑的矛盾运动结合起来观察，提出生产力是社会基本矛盾的主要方面，坚持发展生产力仍是解决我国所有问题的关键这个重大战略判断；提出社会基本矛盾是不断发展的，调整生产关系、完善上层建筑要相应地不断进行下去；提出要以经济建设为中心，发挥经济体制改革的牵引作用，带动全面改革。

群众观点是唯物史观的根本观点。从群众中来、到群众中去，是建立在唯物史观基础上的党的根本工作路线。习近平总书记认为，坚持群众观点和群众路线是历史唯物主义的重要内容，是无产阶级政党的本质要求。一切为了群众，一切从人民的利益出发，是我们党的价值追求，是党开展一切工作的根本目的和宗旨。习近平总书记大力倡导转变作风、密切联系群众，推动在全党深入开展群众路线教育实践活动，在全面转变作风方面取得良好效果。

（作者：中国社会科学院院长）

以敢于亮剑的精神确保西藏意识形态领域安全

——认真学习贯彻习近平总书记在全国宣传思想工作会议上的重要讲话精神

陈全国

习近平总书记在全国宣传思想工作会议上的重要讲话中强调指出，经济建设是党的中心工作，意识形态工作是党的一项极端重要的工作。他从一个政权的瓦解往往从思想领域开始，经过思想演化的长期过程，导致政毁人亡悲剧发生的角度，深刻总结历史教训，告诫全党务必负起政治责任和领导责任，不断提高领导宣传思想工作的能力和水平。总书记的重要讲话，深邃辩证、蕴涵哲理，令人警醒和震撼，给人勇气和力量，具有很强的战略性、前瞻性、针对性，是亿万中华儿女坚持中国道路、弘扬中国精神、传播中国声音、凝聚中国力量，共同为实现中华民族伟大复兴中国梦而团结奋斗的纲领指南。

西藏作为边疆民族地区，处于反分裂斗争的第一线。全区藏传佛教寺庙1700多座、在编僧尼46000人，信教群众200多万人。当前，各种思想文化交流交融交锋更加频繁，特别是敌对势力和十四世达赖集团勾联聚合、沆瀣一气，把西藏作为分裂渗透的重点区、破坏捣乱的主战场，千方百计与我们争夺阵地、争夺人心、争夺群众，使西藏始终处在意识形态斗争的"风口浪尖"。基于此，我们充分认识到加强意识形态工作的极端重要性和现实紧迫性，勇于担当、敢于亮剑、善于创新，旗帜鲜明、理直气壮、毫不放松地抓好意识形态工作，切实担负起党和人民赋予的重大政治责任。

抢占制高点：以勇于担当的精神做好意识形态工作

强化"一个责任"。各级党委把意识形态工作摆上重要议事日程，成立由党委书记任组长的意识形态工作领导小组，建立例会制度，切实加强对意识形态领域重大问题的分析研判、重大任务的统筹指导；强化各级党委"一把手"的政治责任，靠前指挥、直面挑战、及时指导，带头收听收看中央媒体和本地1报2台（党报、电台、电视台），带头把住本地媒体舆论导向，切实做到守土有责、守土负责、守土尽责。

抓好"两大阵地"。始终坚持党管媒体的原则不动摇，始终坚持政治家办报、办刊、办台、办新闻网站的立场不动摇，始终坚持弘扬主旋律、传播正能量的主线不动摇。一方面抓好传统媒体这个阵地。坚定宣传党的理论和路线方针政策，坚定宣传以习近平同志为总书记的党中央对西藏各族人民的关心关怀，坚定宣传社会主义新西藏翻天覆地的巨大变化，坚定宣传西藏各族人民安定祥和、幸福美好的新生活，确保报刊重要版面、广播重点频率、电视黄金时段的报道内容不少于95%。同时，重心下移、面向基层，增强西藏电视台、广播电台、人民日报、西藏日报等的覆盖率和传播的实效性。另一方面抓好新兴媒体这个阵地。成立由区党委副书记负责的互联网工作党工委，在所有具备条件的网站建立党支部（党小组），对暂时不具备条件的派驻2—3名党建指导员，实现全区互联网党建工作"全覆盖"；加快完善自治区、地（市）、县（市、区）三级互联网信息办公室，加大互联网信息管理力度，积极开展网上宣传舆论斗争；加快组建西藏网络电视台，办好中国西藏新闻网、中国西藏之声网等重点新闻网站，加快推动国内主流网站建立西藏频道或网页，使西藏的网络空间更加清朗。

建强"三支队伍"。建设一支忠于党、忠于祖国、忠于人民的宣传思想文化队伍。加大宣传思想文化干部培训力度，在每个乡镇设立1名专职宣传委员，着力培养一批政治上可靠、业务上过硬的优秀宣传干部，一批忠于职守、爱岗敬业、道德高尚的新闻采编队伍。建设一支立场坚定、反应迅捷、可信可靠的网宣网管队伍。依托各级党(团)组织和广大党(团)员，组建政治可靠、善用网言网语的网评员队伍，不断壮大网上正面声音；依托公安网安队伍，组建业务精湛、快速反应的网警队伍。建设一支听党话、感党恩、跟党走的高素质知识分子队伍。加强对知识分子的教育、关心和培养，着力培养一批政治立场坚定、业务素质较高的马克思主义教育骨干；建立网络意见领袖、网络作家、签约作家、自由撰稿人、独立演员歌手等特殊群体的沟通联络机制，使他们最大限度地团结凝聚在党的周围。

健全“四项机制”。健全正面宣传引导机制。各级宣传部门主动设置议题组织新闻宣传，建立新闻联络员制度，扩大正面宣传的覆盖面。健全突发事件应对机制。加快完善社会舆情监测平台，及时掌握重大舆情动向，切实做好突发事件舆论引导工作。健全齐抓共管领导机制。树立“大宣传”理念，落实公共财政投入稳定增长的支持政策，形成党委统一领导、党委宣传部协调指导、各部门分工协作、全社会共同参与支持的工作格局。健全奖惩问责监督机制。对贯彻落实中央决策部署和自治区党委、政府中心工作宣传力度大、效果好、贡献突出的单位和个人，给予表彰奖励；对违反新闻纪律、出现导向错误的，依规依纪严肃处理。

把握着力点：以善于创新的精神做好意识形态工作

习近平总书记强调，“明者因时而变，知者随事而制”。意识形态工作是在人的头脑里搞建设，我们有些做法过去有效，现在未必有效；有些过去不合时宜，现在却势在必行；有些过去不可逾越，现在则需要突破。这为我们针对西藏特殊区情，顺应新形势、应对新挑战，增强意识形态工作的说服力感染力吸引力指明了方向。

坚持以理想信念引领人。理想信念是共产党人精神上的“钙”。把学习宣传贯彻习近平总书记系列重要讲话精神与学习中国特色社会主义理论体系和党的十八大精神结合起来，将公开发表的总书记重要讲话、社论、评论员文章(藏汉文)汇编成册，全区党员干部人手一册，深入学习；充分发挥驻村干部、驻寺干部、双联户户长和党员干部结对认亲交朋友活动的优势作用，深入宣讲总书记系列重要讲话精神，做到家喻户晓、深入人心；推进马克思主义研究与建设工程，合作建立“中国社科院西藏重大现实问题研究基地”，把马克思主义理论作为各级党校(行政学院)主体班次的主修课，所占课时不低于总课时的60%；制定实施《加强高校思想政治工作的意见》，统一编写区内6所高校思想政治课教材，确保马克思主义、党史国史进教材、进课堂、进头脑。

坚持以“中国梦”凝聚人。广泛开展“中国梦大讨论”、“中国梦实践活动”，实施“中国梦·文明西藏五大行动”；采编系列报道“中国梦·西藏故事”，拍摄“中国梦·我的梦”群众宣讲电视纪录片和主题公益广告，宣传“中国梦·从我做起”100名爱岗敬业先进模范，使全区各族群众更加深刻地理解实现中国梦必须在党的领导下走中国道路、弘扬中国精神、凝聚中国力量，更加深刻地理解国家梦、民族梦、个人梦的内在联系，汇聚起为实现中国梦而共同奋斗的强大合力。

坚持以主题活动感染人。深入开展爱国主义教育活动。重点挖掘历代中央政府治理西藏的历史遗迹和红色遗迹，发挥好爱国主义教育基地的优势作用，唱响共产党好、社会主义好、改革开放好、伟大祖国好、各族人民好的主旋律。深入开展以爱国、团结、和谐、发展、文明为主题的核心价值观教育活动。积极推动核心价值观进机关、进企业、进乡村、进社区、进学校、进军营、进寺庙,使核心价值观深深植根于全区各族人民的头脑中。深入开展新旧西藏对比教育活动,教育引导全区各族群众感党恩、听党话、跟党走。深入开展民族团结进步创建活动。坚持每年开展“3·28”西藏百万农奴解放纪念日和9月份民族团结宣传月活动,每年召开1次民族团结进步表彰大会,不断巩固各民族和睦相处、和衷共济、和谐发展的好局面。

坚持以“老西藏精神”激励人。通过举办研讨会、模范事迹报告会等形式,深入挖掘“老西藏精神”的丰富内涵,大力弘扬“缺氧不缺精神”的优良传统,不断赋予其新的时代特征,做到特别讲政治、特别能创新、特别能吃苦、特别能担当、特别能贡献,使“老西藏精神”在雪域高原上永放光芒。

紧扣聚焦点:以敢于亮剑的精神做好意识形态工作

习近平总书记强调,要坚持团结稳定鼓劲、正面宣传为主的方针,在事关大是大非和政治原则问题上,必须增强主动性、掌握主动权、打好主动仗。总书记的重要论述振聋发聩、掷地有声,指引我们必须以敢抓敢管、敢于亮剑的精神,勇当西藏意识形态安全的忠诚捍卫者、社会大局持续稳定长期稳定全面稳定的坚定维护者。

坚决开展反分裂斗争。采取理论揭批、舆论驳斥、政策宣讲、现身说法等形式,深入揭批十四世达赖集团政治上的反动性、宗教上的虚伪性、手法上的欺骗性,深入揭批十四世达赖集团所谓“中间道路”、“大藏区”、“高度自治”的反动图谋,教育引导各族干部群众将藏传佛教与十四世达赖区分开来、将十四世达赖与达赖的称号区分开来,自觉与十四世达赖集团划清界限,在反分裂斗争这个重大政治原则问题上旗帜鲜明、立场坚定,与党中央保持高度一致。

坚决抵御渗透破坏活动。积极构筑地面、空中、网络“三位一体”反渗透防控体系,大力实施“西新工程”,加强广播实验能力建设,开展非法电视卫星接收设备查缴专项行动,确保广播实验合格率达到99%以上、重点地区达到100%;严厉打击分裂分子进藏入境反动宣传;加强网络等新兴媒体监督管理,在全区实施电话和互联网用户真实身份登记,及时有效地监控、封堵反动言论和有害信息,努力实现党中央的声音形象在全区120多万平方公里的辽阔疆域上听得到、看得到,敌对势力和十四世达赖集团的声音形象听不到、看不到。

坚决与错误思潮和观点作斗争。重点围绕“宪政民主”、“普世价值”、“公民社会”、“新自由主义”、“新闻观”和“历史虚无主义”、“改革开放”7个专题,采取中心组学习、组织力量批驳错误思潮和观点等形式,教育引导广大党员干部和专家学者认清错误思潮和观点的本质及危害,分清是非、坚定立场。同时,严厉打击网上攻击党的领导、攻击社会主义、攻击祖国统一、歪曲党史国史、造谣传谣、诽谤炒作等行为,坚决整治虚假信息、网络侵权、淫秽色情等乱象,引导网站网民自觉坚守互联网信息传播的“七条底线”(即法律法规底线、社会主义制度底线、国家利益底线、公民合法权益底线、社会公共秩序底线、道德风尚底线、信息真实性底线)。

(作者:中共西藏自治区委书记)

切实掌握新形势下强军兴军的强大思想武器

——深入学习贯彻习主席关于国防和军队建设重要论述

中国人民解放军总政治部

党的十八大以来，习近平主席着眼坚持和发展中国特色社会主义、实现中华民族伟大复兴中国梦，对加强国防和军队建设作出一系列重要论述，鲜明回答了在世界形势发生深刻复杂变化、我国全面建成小康社会进入决定性阶段新的历史条件下，建设一支听党指挥、能打胜仗、作风优良的人民军队的重大课题。这些重要论述是习主席系列重要讲话精神的“军事篇”，是对毛泽东军事思想、邓小平新时期军队建设思想、江泽民国防和军队建设思想、胡锦涛国防和军队建设思想的继承和发展，为在新的历史起点上加快推进国防和军队现代化提供了根本遵循。军队思想政治建设的首要任务，就是深入学习贯彻习主席系列重要讲话精神特别是关于国防和军队建设重要论述，切实把全军官兵的思想和行动统一到党中央、中央军委和习主席决策指示上来。

一、认清重大意义，增强学习贯彻习主席关于国防和军队建设重要论述的自觉性坚定性

深刻把握时代和实践要求推进军事理论创新并用以指导国防和军队建设，是我们党领导军事工作的根本经验。习主席关于国防和军队建设重要论述，深刻阐明了新形势下国防和军队建设的一系列重大理论和现实问题，把我们党对军事力量建设和运用规律的认识提升到新高度。深入学习贯彻习主席重要论述，对加快推进国防和军队现代化具有重大而深远的意义。

这是用党的意志主张贯注部队，确保军队建设正确方向的迫切需要。我军是执行党的政治任务的武装集团，必须始终以党的旗帜为旗帜、以党的方向为方向。我们党和国家的战略目标，就是实现“两个一百年”奋斗目标、实现中华民族伟大复兴的中国梦。政治决定军事，政略决定战略。习主席重要论述，是从国家和民族最高利益出发作出的战略运筹，反映了党的执政使命对军队建设的迫切要求，是党的意志主张在军事领域的具体体现。学习好、贯彻好习主席重要论述，才能把国防和军队建设放在实现中国梦这个大目标下来认识和推进，自觉在党和国家事业大局下思考和行动，确保军队建设始终沿着党指引的方向阔步前进。

这是用发展着的军事理论指导实践，实现党在新形势下的强军目标的迫切需要。建设巩固国防和强大军队事关中国特色社会主义事业全局。当前，我国发展仍处于可以大有作为的重要战略机遇期，但重要战略机遇期内涵和条件发生新的变化，国际形势和我国安全环境更趋复杂，维护国家安全和发展利益任务艰巨繁重，迫切要求国防和军队建设有一个大的发展。习主席重要论述，准确把握世界大势和时代发展脉搏，科学阐明了为什么要强军、强军目标是什么、怎样走中国特色强军之路等重大问题，赋予党的军事指导理论新的时代内涵。学习好、贯彻好习主席重要论述，才能拎起军队建设的总纲，牢牢把握听党指挥这个强军之魂，能打仗、打胜仗这个强军之要，依法治军、从严治军这个强军之基，推动实现强军目标不断取得实质性进展。

这是用改革创新精神开拓前进，深化国防和军队改革的迫切需要。党的十八届三中全会对我国全面深化改革作出战略部署，深化国防

和军队改革是紧跟国家全面深化改革步伐、顺应世界新军事革命发展潮流、解决军队建设面临的突出矛盾和问题的内在要求，是实现强军目标的必由之路。习主席重要论述，贯穿着勇于探索、大胆创新、开拓前进的理论勇气和政治智慧，提出了深化国防和军队改革的一系列战略举措和要求，为军队改革提供了科学指导。学习好、贯彻好习主席重要论述，才能牢固树立进取意识、机遇意识、责任意识，积极拥护改革、坚定支持改革、自觉投身改革，把国防和军队改革推向前进。

这是用崇高的价值追求引领官兵，汇聚强军兴军强大正能量的迫切需要。实现强军梦是伟大而艰巨的事业，需要凝聚起全军官兵的意志和力量，坚持不懈地为之奋斗。习主席重要论述，反映了全党全军全国人民建设强大人民军队的共同愿望，阐明了中国梦、强军梦和每个官兵梦的有机统一，明确了当代革命军人应有的价值追求，具有巨大的感召力和凝聚力。学习好、贯彻好习主席重要论述，才能引导官兵自觉把个人理想抱负融入强军梦，强化使命担当，激发奋斗精神，矢志建功军营，形成同心聚力实现强军梦的生动局面。

二、领会精髓要义，全面深刻学习理解习主席关于国防和军队建设重要论述的科学内涵

习主席关于国防和军队建设重要论述，内涵丰富、思想深刻，涵盖军队建设各领域各方面，我们既要全面学习理解，又要突出重点，着力把握其科学内涵、精神实质和实践要求。

深入学习领会关于我国国家安全面临的新形势新挑战的重要论述，进一步增强忧患意识、危机意识、使命意识。形势决定任务，安全需求引领军事力量建设。习主席指出，当前，国际形势保持总体和平、缓和、稳定的基本态势，但世界依然面临着现实和潜在的战争威胁。世界急剧变化增大了我国安全的不稳定性不确定性，我国安全面临的现实威胁呈上升趋势，世界新军事革命加速发展对我军提出严峻挑战，维护国家安全和发展利益的任务更加艰巨。这是对国家安全形势的清醒认识和准确判断，为筹划国防和军队建设提供了基本依据。

深入学习领会关于国防和军队建设重要地位和作用的重要论述，自觉担当起维护国家主权、安全、发展利益的重大责任。国防和军队建设是国家安全的坚强后盾。习主席指出，实现中华民族伟大复兴是中华民族近代以来最伟大的梦想。没有一个巩固的国防，没有一支强大的军队，中国梦就难以真正实现。国防和军队建设，必须服从服务于国家和民族最高利益，为实现中国梦提供坚强力量保证。这就把军队建设发展与国家总体战略、民族复兴伟业有机统一起来，明确了国防和军队建设的战略定位。

深入学习领会关于实现党在新形势下的强军目标的重要论述，牢记强军目标、坚定强军信念、献身强军实践。目标昭示方向、引领发展。习主席指出，建设一支听党指挥、能打胜仗、作风优良的人民军队，是党在新形势下的强军目标。听党指挥是灵魂，决定军队建设的政治方向；能打胜仗是核心，反映军队的根本职能和军队建设的根本指向；作风优良是保证，关系军队的性质、宗旨、本色。建军治军抓住这三条，就抓住了要害，就能起到纲举目张的作用。要把强军目标要求贯彻到部队建设各领域全过程，使之成为推动部队各项工作的根本遵循和强大动力。这阐明了我们党在新形势下建军治军的总方略，明确了加强军队建设的聚焦点和着力点。

深入学习领会关于从思想上政治上建设和掌握部队的重要论述，确保部队绝对忠诚、绝对纯洁、绝对可靠。注重从思想上政治上建设部队是我军的特有优势。习主席指出，政治工作永远是我军的生命线，要始终把思想政治建设摆在军队各项建设首位，抓住思想政治教育这个中心环节不放，加强理论武装，强化军魂教育，持续培育当代革命军人核心价值观，深化光荣传统教育，大力发展先进军事文化，提高坚持

党对军队绝对领导的政治自觉和实际能力，确保一切行动听从党中央、中央军委指挥。要紧紧围绕实现强军目标加强和改进军队思想政治建设，着力增强思想政治教育的时代性和感召力，为全面加强我军革命化现代化正规化建设提供可靠政治保证、强大精神动力、有力人才支持。这明确了军队的根本性建设，赋予军队思想政治建设新的重大历史责任。

深入学习领会关于按照打仗标准搞建设抓准备的重要论述，确保部队召之即来、来之能战、战之必胜。能打仗、打胜仗是军队存在的根本价值。习主席指出，必须坚持全部心思向打仗聚焦、各项工作向打仗用劲，牢固树立战斗力这个唯一的根本的标准，创新发展军事战略指导，提高军事斗争准备的针对性实效性，建设保障打赢现代化战争、服务部队现代化建设、向信息化转型的后勤，大力发展高新技术武器装备，着力提高军事训练实战化水平，坚持在近似实战环境中摔打磨砺部队，加强战斗精神培育，提高我军信息化条件下威慑和实战能力。这抓住了军队建设的“牛鼻子”，明确了能打胜仗的实现途径。

深入学习领会关于把作风建设作为基础性长期性工作抓紧抓实的重要论述，始终保持我军光荣传统和优良作风。作风问题关系军队生死存亡。习主席指出，要坚持依法治军、从严治军方针，加大纪律执行情况的监督和检查力度，下功夫解决“四风”方面的突出问题，重点解决发生在士兵身边的不正之风，坚持严字当头、以上率下，持之以恒、锲而不舍，着力在纠治官兵反映强烈的突出问题上见到成效，在解决深层次矛盾和问题上见到成效，在构建规范化、制度化的长效机制上见到成效，努力实现作风根本好转。这指明了军队建设的紧迫课题，明确了推进各项工作的重要突破口。

深入学习领会关于建设高素质干部队伍的重要论述，努力培养造就能够担当强军重任的优秀军事人才。成就强军事业，要在得人。习主席指出，要严格按原则、按政策、按规矩、按程序选用干部，坚持五湖四海、任人唯贤，坚持德才兼备、以德为先，树立注重基层的导向、注重实干的导向、注重官兵公认的导向，增强选人用人的科学性、准确性、公信度。要实施人才强军战略，把联合作战指挥人才、新型作战力量人才培养作为重中之重。这抓住了建军治军的决定性因素，明确了加强军事人才队伍建设的目标要求和鲜明导向。

深入学习领会关于按照全面进步的要求抓基层打基础的重要论述，切实打牢实现强军目标的坚实基础。基层是部队全部工作和战斗力的基础。习主席指出，要强化强基固本思想，始终把工作重心放在基层，把党支部建设作为基层建设的重点来抓，加强经常性基础性工作，真正关心关爱官兵，组织好下连当兵、蹲连住班，广泛开展尊干爱兵、兵兵友爱活动，把部队基础打得更加牢固，推动贯彻落实强军目标向基层拓展、向末端延伸。这明确了军队建设的基础和重心，为推动基层建设全面发展、全面进步指明了方向。

深入学习领会关于深化国防和军队改革的重要论述，为实现强军目标提供体制机制和政策制度保障。抓住时机加快改革步伐关系军队发展和未来。习主席指出，深化国防和军队改革是一场大考，就是要解决制约国防和军队建设的突出矛盾和问题，构建中国特色现代军事力量体系。加快重要领域和关键环节改革步伐，把领导指挥体制作为重点，优化规模结构，深化政策制度改革，推动军民融合深度发展，进一步解放和发展战斗力，进一步解放和增强军队活力。必须坚持正确政治方向，加强统筹谋划，坚持用战斗力标准衡量和检验改革成效。这进一步明确了国防和军队建设的发展动力，指明了深化改革的目标、重点和指导原则。

深入学习领会关于全面加强军队党的建设的重要论述，为实现强军目标提供坚强思想和组织保证。搞好军队党的建设，关系到党的执政地位，关系到我军性质宗旨，关系到部队战斗力。习主席指出，必须始终坚持党对军队的绝对领导，始终坚持以能打仗、打胜仗为根本着眼点，始终坚持党要管党、从严治党方针，始终坚持以改革创新精神加强军队党的建设，不断提高军队党的建设科学化水平。这就明确了军队建设发展的核心问题，为全面加强军队党的建设提供了根本遵循。

三、掌握科学方法，增强学习贯彻习主席关于国防和军队建设重要论述的实效

党的十八大以来，全军部队以高度的政治自觉学习贯彻习主席系列重要讲话精神特别是关于国防和军队建设重要论述，有力引领了军队建设、改革和军事斗争准备。学习贯彻习主席关于国防和军队建设重要论述是一项长期的战略任务，必须作为头等大事紧抓不放，在加深学习理解上求深入，在更新思想观念上求深入，在推动实践转化上求深入，确保取得扎实成效。

坚持全面准确学习、融会贯通理解。学习贯彻习主席重要论述，必须注重从整体上、内在联系上理解把握。要坚持原原本本研读，自觉放到习主席系列重要讲话精神中来领会，联系习主席领导国防和军队建设的生动实践来感悟，结合学习毛泽东军事思想、邓小平新时期军队建设思想、江泽民国防和军队建设思想、胡锦涛国防和军队建设思想来把握，全面准确、系统深刻地理解习主席重要论述的重大意义、基本内涵和实践要求，进一步增强思想认同、政治认同、情感认同。

突出学习贯彻强军目标这个核心之点。实现强军目标是习主席建军治军的核心思想，是我军建设的时代主题。学习贯彻习主席重要论述，要始终聚焦强军目标，牢牢把握强军目标，深刻领悟党中央、中央军委和习主席加快推进国防和军队现代化的战略决策、战略部署、战略意图，切实把意志和力量凝聚到强军兴军的伟大实践上来，使强军目标深入人心、落地生根。

着力把握贯穿其中的立场观点方法。习主席重要论述，充分体现了共产党人所具有的政治立场、价值追求和思想风范，体现了马克思主义的世界观和方法论。要深刻把握贯穿其中的坚定信仰追求，自觉做共产主义远大理想和中国特色社会主义共同理想的坚定信仰者、忠实践行者，坚定不移听党的话、永远跟党走。深刻把握贯穿其中的历史担当意识，努力担负起推进国防和军队现代化、坚决维护国家安全和发展利益的重任，努力创造无愧于历史和时代的业绩。深刻把握贯穿其中的真挚为民情怀，始终坚持人民军队的根本宗旨，永远做人民利益的坚定捍卫者。深刻把握贯穿其中的务实思想作风，做到心无旁骛干事业，追求卓越创一流，一张蓝图干到底，有板有眼抓落实。深刻把握贯穿其中的科学思想方法，努力提高战略思维、辩证思维、系统思维、创新思维、底线思维能力，增强工作的科学性、预见性、主动性。

在联系实际学以致用上下功夫。学习贯彻习主席重要论述，必须在武装头脑、指导实践、推动工作上见到实效。要紧密联系官兵思想实际，紧密联系部队建设和工作实际，把学习成果转化为听党指挥的坚定信念和自觉行动，转化为与强军兴军相适应的思想观念和精神境界，转化为建设发展的科学思路和有力举措，转化为履行使命任务的更高标准和素质能力。

进一步强化深入学习贯彻的落实措施。要加大学习教育力度，纳入党委中心组学习、领导干部轮训、部队政治教育、院校教育教学，举办全军高级干部研讨班，抓好团以上领导干部全员轮训和主题教育活动。深化理论研究阐释，搞好重要思想理论观点的深入解读，结合使命任务开展课题研究，做好通俗化大众化工作。加强舆论宣传和典型引导，注重文化熏陶和政治环境建设，形成学习贯彻的强大声势和鲜明导向。各级党委要负起政治责任，精心筹划部署，加强检查督导，领导干部要以身作则、率先垂范，做到真学真懂真信真用，推动部队学习贯彻深入发展。

把中国特色社会主义在青海坚持好拓展好

——学习习近平同志系列重要讲话精神体会

骆惠宁

党的十八大以来，习近平同志站在时代和战略的高度，围绕坚持和发展中国特色社会主义，发表了一系列重要讲话，提出了许多重大思想和观点，为全党进行具有许多新的历史特点的伟大斗争提供了科学指南。深入学习习近平同志重要讲话精神，是我们在思想上政治上行动上与党中央保持高度一致的必然要求，也是做好青海工作的迫切需要。我们只有在学深悟透上下功夫、在推动工作上见成效，才能切实把中国特色社会主义在青海坚持好拓展好。

一、坚定走中国道路，为实现中国梦贡献力量

习近平同志指出，道路问题是关系党的事业兴衰成败第一位的问题，道路就是党的生命。90多年来，我们党历经千辛万苦，开创了中国特色社会主义道路，从根本上改变了中国人民和中华民族的前途命运。青海也从半封建半农奴社会实现了向社会主义的跨越。特别是实施西部大开发战略以来，中央加大对民族地区、贫困地区支持力度，青海得到了长足发展。玉树强烈地震发生后，国家更是采取特殊政策，帮助灾区恢复重建，充分体现了社会主义制度的优越性。学习贯彻习近平同志关于道路问题的重要论述，我们深刻体会到，坚持和发展中国特色社会主义，是把当代中国引向光明未来的唯一正确道路，是青海实现跨越发展和长治久安的必然选择。当前，青海既面临艰巨繁重的改革发展任务，又面临反分裂斗争的严峻挑战，把中国特色社会主义在青海坚持好拓展好，必须充分认清世情国情党情，深刻把握社会发展规律和正确方向，坚持科学社会主义基本原则不动摇，始终坚定道路自信、理论自信和制度自信，不为任何艰险所惧，不为任何干扰所惑，使中国特色社会主义牢牢植根于青海大地。

习近平同志指出，实现中华民族伟大复兴，是中华民族近代以来最伟大的梦想。中国梦是当代中国进步的精神旗帜，是民族复兴伟大目标与中国特色社会主义道路的统一。近年来，青海小康社会建设不断加快，但与全国相比仍有不小差距。在整体上与全国同步全面建成小康社会，既是实现中国梦的青海实践，也是青海对国家的重要责任。学习贯彻习近平同志关于中国梦的重要论述，我们深切感到，实现中国梦，必须把国家梦、民族梦、个人梦紧密结合起来，在青海还要与省情实际紧密结合起来，科学确定发展目标与路径，求真务实，奋力打造国家循环经济发展先行区、生态文明先行区、民族团结进步先进区，使各族人民保持昂扬向上的精神面貌，在中国特色社会主义旗帜下，凝聚起强大力量，加快全面建设小康社会进程，为实现中国梦而不懈奋斗。

二、全面深化改革，促进经济社会跨越发展

习近平同志指出，发展是解决中国一切问题的金钥匙，要在不断转变经济发展方式、不断优化经济结构中实现增长。青海地广人稀，发展起点低、底子薄，制约因素多，但同时资源富集，发展特色鲜明，后发优势大。今年以来，面

对错综复杂的宏观经济环境，我们以习近平同志重要讲话为指导，坚持稳增长、调结构，把经济发展立足点放在提高质量和效益上，正确处理政府与市场的关系，运用市场倒逼机制，下气力解决若干行业产能过剩问题，有力推动了产业延伸和升级。特别是新能源、新材料等战略性新兴产业发展取得突破，经济保持了持续快速健康发展的良好势头。实践中我们更加体会到，科学发展是当今时代的潮流，是兴国之要、强省之本。在青海这样一个集中了西部地区、民族地区、高原地区和贫困地区全部特征的省份，要肩负起加快发展与加速转型的双重任务，必须立足资源优势，尊重经济规律，把发展循环经济作为壮大经济实力、加快转变发展方式的主攻方向。按照国家区域发展布局，我们制订了建设全国循环经济发展先行区行动方案，统筹当前与长远，大力推进科技创新，正推动产业向特色优势型、循环利用型、创新驱动型转变，努力探索一条资源富集地区实现科学发展的新路子，促进城镇化、工业化、信息化、农业现代化同步发展。

习近平同志指出，我们必须通过全面深化改革，着力解决我国发展面临的一系列突出矛盾和问题，不断推进中国特色社会主义制度自我完善和发展。青海地处内陆，相对封闭，全面深化改革开放，尤为迫切和紧要。今年以来，我们坚持用改革的办法，解决发展中遇到的难题，农牧区、医疗卫生体制、户籍制度、地勘和矿产资源管理改革进一步呈现特色和亮点，实现了重点领域和关键环节改革的新突破，为经济社会发展增添了动力和活力。学习贯彻习近平同志关于改革开放的重要论述，我们愈发感到，改革开放是坚持和发展中国特色社会主义的必由之路，是决定当代中国命运的关键一招。青海虽然发展相对滞后，但改革开放绝不能滞后，必须以改革红利弥补发展不足和区位劣势。我们要按照党的十八届三中全会精神，高举改革开放的旗帜，把握正确方向，坚持加强顶层设计和摸着石头过河相结合，整体谋划、协同推进，敢于啃硬骨头，勇于涉险滩，以更大决心和勇气全面深化改革，破除体制机制弊端，促进公平正义，增进人民福祉，做到改革不停顿、开放不止步，不断开拓青海各项事业更加广阔的前景。

三、加强生态文明建设，筑牢中华民族生态安全屏障

习近平同志强调，良好的生态环境是最公平的公共产品，是最普惠的民生福祉。最近又明确指出，青海是中华水塔，西藏是世界屋脊，如果把青海、西藏污染了，多搞几百亿的生产总值又有什么意义呢？要坚持生态保护第一。这些重要论述，深刻体现了中央对推进生态文明建设的高度重视，为我们进一步指明了治青理政的方向。

青海在生态上具有全局性战略地位，三江源被列为首个国家级生态保护综合试验区。一年来，我们认真贯彻习近平同志关于生态文明建设的重要论述，深入实施生态立省战略，投资75亿元的三江源生态保护和建设一期工程历经8年全面收官，一批重大生态工程加快推进。目前，我们正着力抓好启动三江源二期工程、落实草原生态补奖政策、优化藏区地勘项目布局、加快节能减排、治理西宁大气污染、实施农牧区清洁工程、开展生态保护执法检查等措施，全面推动青海生态建设迈上新阶段。我们更加深刻认识到，生态文明建设是人类发展的重要成果和必然趋势，是思想观念的一场深刻变革，必须把生态文明建设的理念和原则融入经济、政治、文化、社会建设各方面。我们已按照国家主体功能区规划，提出了建设全国生态文明先行区行动方案，决心把保护好三江源作为对国家和民族、对子孙后代承担的历史责任，处理好发展经济、保护生态、改善民生三者的关系，决不以牺牲环境为代价换取一时的经济增长，把良好的生态环境打造成青海最大的优势、财富和品牌，不断提高绿色指数，努力探索一条符合青海实际的生产发展、生活富裕、生态良好的文明发展之路，为美丽中国作出新贡献。

四、坚持各民族共同团结进步，夯实长治久安的根基

习近平同志指出，要始终高举民族团结旗帜，推动各民族和睦相处、和衷共济、和谐发展。他强调，要着力建设平安中国，确保人民安居乐业、社会安定有序、国家长治久安。青海多民族聚集，少数民族人口占全省的47%，民族自治区域面积占全省的97%，且处于反分裂斗争一线地区。做好民族工作，不断巩固和发展平等团结互助和谐的社会主义民族关系，深化平安建设，始终是青海一切工作的基础，是青海工作的大局。

今年以来，我们认真贯彻党的民族政策，采取有效举措，着力解决影响民族地区稳定的深层次问题。特别是作出了创建全国民族团结进步先进区的战略部署，确立三年强基础、八年创先进的“两步走”目标，通过严格依法治理、深化思想引导、夯实基层基础、化解矛盾纠纷、抓好宗教工作、创新社会管理、贯彻民族政策、保障改善民生、加快统筹发展、提升干部素质10大举措，凝聚起了构建和谐社会的强大正能量。学习贯彻习近平同志关于民族工作的重要论述，我们深切感到，民族工作关乎大局、关乎长远、关乎根本，能不能正确处理民族关系、解决好民族问题，是衡量执政能力的重要标尺。我们要深刻认识现阶段民族工作的特点和规律，坚持各民族共同团结奋斗、共同繁荣发展，提高做好民族工作的原则性、系统性、预见性和创造性。要牢固树立马克思主义民族观，强化思想教育引导，增强各族群众对中华民族的认同感和归属感，力争在社会环境比较和谐的条件下，实现青海特别是藏区持续稳定。要以科学发展、改善民生为根本，按照“守住底线、突出重点，完善制度、引导舆论”的要求，用小财政托起大民生，不断把公共资源、公共财政向藏区和少小民族地区倾斜，加大扶贫攻坚力度，让发展成果更多更公平地惠及全省各族人民。

五、加强和改进党的建设，提高在多民族地区的执政能力

习近平同志指出，党要管党，才能管好党；从严治党，才能治好党。党的十八大之后，中央以加强作风建设为突破口，全面推进党的建设。我们认真落实中央八项规定，出台了21条具体措施，在转变作风方面取得了初步成效。特别是中央作出开展党的群众路线教育实践活动部署后，青海省委高度重视，从一开始，就坚持严字当头，发挥“一把手”关键作用，着力在吃透中央精神、把握正确方向上下功夫，着力在体现地方特色、增强活动实效上下功夫，确保不走过场。通过认真学习理论、深入调查研究、广泛听取意见、严肃查摆问题、开展批评与自我批评，以及正在开展的“回头看”和整改落实、建章立制，使作风建设有了很大提升，有力带动了党建各项工作。实践中我们深刻体会到，面对不断变化的新形势新任务，以改革创新精神加强党的建设，比以往任何时候都更为重要。我们要不断深化对党在新的历史条件下执政规律与特点的认识，以新的伟大工程保障新的伟大事业顺利推进。

当前，我们正按照习近平同志关于党的建设的重要指示精神，坚持用中国特色社会主义理论体系武装党员干部头脑，不断坚定理想信念；积极开展舆论引导特别是加强网上工作，牢牢掌握意识形态工作的领导权、管理权和话语权；遵循“好干部”五条标准，大力推进领导班子和干部队伍建设，促进五湖四海各民族干部团结共事，切实增强各级党组织战斗力；不以青海条件艰苦而放松对干部的管理，落实党风廉政建设责任制，深入推进廉政建设和反腐败斗争，党建各项工作不断取得新成效。我们决心大力弘扬“五个特别”的青藏高原精神和“人一之、我十之”的实干精神，甘于吃苦奉献，勇于开拓创新，打造精神高地，让中国特色社会主义在青海永远焕发出蓬勃生机与活力。

（作者：中共青海省委书记、省人大常委会主任）

把作风建设作为一项长期性基础性工作抓紧抓实

——深入学习习主席关于党的作风建设制度化的重要论述

田修思

党的十八大以来,习主席站在时代发展和战略全局的高度,深刻把握世情、国情、党情和军情变化,鲜明提出了一系列关于党的作风建设的重要思想。这些新思想充分体现了时代性、规律性、创新性的有机统一,为巩固党的执政基础,推进党的群众路线教育实践活动,进一步加强军队作风建设,提供了强大思想武器和行动指南。

深刻认识新形势下加强作风建设的极端重要性

作风建设是党的建设的一项战略任务,关系党的生死存亡,关系国家的兴衰成败,关系中国梦强军梦能否实现。深刻学习领会习主席关于作风建设的重要论述,首要的是深刻认识新形势下加强党的作风建设的重要现实意义,不断增强抓作风建设的紧迫感责任感。

作风建设是关系党的生死存亡的重大问题。习主席指出:"作风问题关系党的生死存亡。一个人不论活到多大岁数,最宝贵的是历经沧桑仍怀有赤子之心。同样,我们党成立90多年了,执政60多年了,最宝贵的是要永葆青春、永葆生机活力。这就要不断改进作风,不断改革创新,保持党的先进性和纯洁性。"习主席的重要论述,深刻阐明党的作风是党的执政基础,是创造力、战斗力和凝聚力的重要源泉。90多年风雨征程,我们党之所以能够战胜各种困难和风险,取得革命、建设和改革开放事业的伟大胜利,一个重要原因就是我们党以优良的作风影响和带领人民群众投身火热的斗争实践。新民主主义革命时期,我们党创立并发扬了理论联系实际、密切联系群众、批评与自我批评的三大优良作风。正因为共产党人有这样的作风,中华民族才有了"兴国之光"。社会主义建设时期,我们党始终保持谦虚谨慎、不骄不躁的作风,始终保持艰苦奋斗的作风,取得社会主义建设的伟大成就;改革开放和现代化建设时期,我们党更加重视作风建设,把党的作风问题提高到关系党和国家生死存亡的高度予以加强,开创和发展了中国特色社会主义事业。历史反复证明,作风建设关系人心向背,关系党和国家生死存亡。只有不断加强党的作风建设,才能始终保持党的先进性和纯洁性,才能使我们党永远立于不败之地。

作风建设是全面建成小康社会的客观要求。当前,我国正处于全面建成小康社会的关键时期,改革发展任务繁重艰巨,既涉及经济发展、社会和谐,又关乎民主法制、文化道德、资源环境,一些深层次矛盾逐步浮现;面对世情、国情、党情的深刻变化,精神懈怠的危险、能力不足的危险、脱离群众的危险、消极腐败的危险更加尖锐地摆在全党面前。推动改革开放伟大事业,既要有直面挑战、逢山开路、遇水架桥的勇气,也要有管控风险、防守底线的能力和定力,必须对作风之弊、行为之垢来一次大排查、大检修、大扫除,坚决纠治"四风"问题;必须善始善终、深入持久地抓作风建设,防止虎头蛇尾和一阵风。只有持之以恒、一抓到底,纠"四风"、改作风才能不断取得实质性进展,我们党才能经受"四大考验"、化解"四种危险",始终保持同人民群众的血肉联系,凝聚起全面建成小康社会的强大力量,推动全面深化改革等各项任务落实。

作风建设是实现强军目标的坚强保证。习主席指出："军队抓作风建设，最重要的是聚焦能打仗、打胜仗，贯彻和体现战斗力这个唯一的根本的标准，为实现强军目标提供坚强作风保证。"习主席的重要论述，深刻阐明了加强作风建设对强军兴军的极端重要性。我军肩负着党和人民赋予的神圣使命，始终保持压倒一切敌人而不被任何敌人所压倒、征服一切困难而不被任何困难所征服的英雄气概和革命精神。这是人民军队从胜利走向胜利的重要法宝。时代在变，军队的性质宗旨不能变，政治本色不能变，优良传统和作风不能丢。当前，意识形态领域斗争日益尖锐复杂，不良风气侵蚀军营，保持我军优良传统和作风面临严峻考验，必须把作风建设作为一项基础性长期性工作抓紧抓实，贯彻到军队建设、改革每个环节，锲而不舍、常抓不懈，坚决纠治"四风"问题，不断端正训风、演风、考风，提高军事训练实战化水平；下大力气整肃军纪，培养官兵自觉而又严格的组织纪律观念；大抓基层风气，把部队带得虎虎生威、充满活力，确保人民军队信念不动摇、思想不松懈、斗志不衰退、作风不涣散。

加强作风建设的根本之策是制度化建设

习主席指出："作风问题具有顽固性和反复性，不仅需要经常抓、长期抓，还要靠体制、机制来保证。"分析近年来一些单位发生的不良风气，根本原因就在于没有实现制度化，或制度的可操作性不强，缺乏长期起作用的内在因素。只有切实加强作风制度化建设，才能从源头遏制不正之风。

作风建设制度化是辩证唯物主义的思想体现。辩证唯物主义认为，世界上任何事物都以普遍联系和系统方式存在的，事物的发展始终是系统诸要素相互作用的过程。现实中反复出现的问题必然有其规律性，具有规律性的问题就要通过制度加以规范。通过制度化建设来解决作风问题，是中国特色社会主义法治建设的题中之义。从马克思主义联系发展的观点看，作风建设制度化既是长期作风建设的实践经验和积累，也源于对作风建设中出现问题和教训的反思；既是我们党在长期治国理政过程中所形成的思想共识，也反映了广大人民在法治实践过程中所形成的普遍愿望与真实感受，符合事物发展的普遍规律，顺应时代发展客观要求，是历史发展的必然，是从严治党、依法治国的必由之路。

作风建设制度化是常态化长效化的根本保障。有了好的制度机制并使之发挥作用，就能让好的作风得到更好的弘扬、让不良作风得到更有效的遏制。加强作风建设的形式主要有两种：防范和整治。防范就是要对党内不正之风早发现早预防，及时消除在萌芽状态。从一定意义上说，事前预防比事后处置更重要，中央反复强调，加强作风建设、推进反腐倡廉，要惩防并举、注重预防。整治就是要集中一段时间集中解决突出问题。正在全党自上而下开展的党的群众路线教育实践活动，就是针对形式主义、官僚主义、享乐主义和奢靡之风的一次集中整治活动。无论防范、还是整治，一个重要环节，就是要建立健全相关制度体系，通过法治思维和方式，规范各种行为决策，实现从以人的意志为中心向以法规制度为中心的转变。

作风建设制度化是解决"四风"问题的关键之举。通过开展党的群众路线教育实践活动，大吃大喝、收受礼物等不正之风大为收敛，党员干部的先锋模范作用普遍增强。改进作风有了一个好的开端，但不能估价过高、不能松劲。现在群众最担心的是反弹，最期待的是坚持。纠治"四风"、改进作风必须下深功夫、细功夫，发扬"宜将剩勇追穷寇"的精神，一有反弹，露头就打、务见成效。"四风"问题具有顽固性和反复性等特点，需要广泛而深入地开展教育实践活动，对准焦距、找准穴位、集中整治，而最根本的就是要抓住要害，深挖根源，以水滴石穿、锲而不舍的韧劲加强制度建设。只有这样，才能够对"四风"来个釜底抽薪、斩草除根。

以制度机制的建立健全推动作风建设的常态长效

求木之长者,必固其根本;欲流之远者,必浚其泉源。实现作风建设的长效化,就是要把习主席一系列重要指示要求、作风建设成功经验、教育实践活动重要成果,及时固化为制度机制,着力在创新制度、完善制度、落实机制上下功夫,强化制度的原则性、战斗性,提高约束力、执行力,确保作风建设取得扎实效果。

聚焦解决问题,增强制度机制的针对性。去年下半年开始的在全党深入开展的群众路线教育实践活动,解决了群众反映的许多突出问题,受到群众欢迎。但这只是解决作风问题的第一步,后续的任务非常繁重,仍需要以钉钉子、啃硬骨头、打攻坚战的精神持续深入推进,要针对痼疾顽症,出重拳、用实招,从制度层面不断加大对"四风"的纠治力度。党的十八大以来,空军党委以踏石留印、抓铁有痕的决心力度抓作风建设,针对具体问题,不仅出台了"防止和纠治六个方面不良倾向"的措施、防止和纠治元旦春节期间不正之风的"八个不准"等规定,还着眼解决制约战斗力成长的深层次矛盾,旗帜鲜明地正学风、治训风、严考风,不断使作风建设制度化,以制度化保持长效化。

强化科学规范,提高制度机制的适用性。不管建立和完善什么制度,都要本着于法周延、于事简便的原则,注重实体性规范和保障性规范的结合和配套。要本着科学适用的原则,以科学的态度、求实的作风,深入调研、慎重提议、精心设计、正确决策,真正使制定的制度科学完备、具体周密、系统配套。空军党委在整改的基础上,通过充分酝酿、反复论证,健全完善了11项制度机制,诸如修改完善了加强军事训练作风建设措施等,发挥了制度建设的整体功能和实际效能。

严格执行力度,维护制度机制的权威性。制度的价值和生命在于执行,执行的核心在于严格。祛除歪风邪气、树立新风正气,就要在执行制度上敢于较真碰硬,对违反制度的行为,发现一起查处一起,绝不允许在贯彻执行上级决策部署上做选择、搞变通、钻空子,绝不能让权力凌驾于制度之上、游离于制度之外,通过强化制度规范的执行力、约束力,使规章制度真正起到防火墙、防波堤的作用。特别是领导干部要自觉当好定规立矩的"明白人"、遵章守纪的"带头人"、执法执纪的"铁面人",营造按制度办事的浓厚氛围,以作风建设的新成效推动党的十八届三中全会确定的深化国防和军队改革目标顺利实现。

(作者:空军政治委员)

治国必先治党　治党务必从严

——学习贯彻习近平同志关于从严治党的重要思想

徐伟新

党的十八大以来，习近平同志着眼于党和国家事业长远发展，围绕管党治党发表了一系列重要讲话，深刻阐明了从严治党的一系列重要思想和基本理念，为我们在新的历史起点上加强和改进党的建设提供了基本遵循。学习贯彻习近平同志关于从严治党的重要思想，关键是要提高思想认识、把握思想要义，把从严治党的要求落实到各项具体工作中，汇聚起不断提高管党治党水平的整体合力。

充分认识治国必先治党、治党务必从严的重大现实意义，确保党在发展中国特色社会主义历史进程中始终成为坚强领导核心

习近平同志指出，发展中国特色社会主义是一项长期的艰巨的历史任务，必须准备进行具有许多新的历史特点的伟大斗争。中国特色社会主义事业越前进、越发展，新情况、新问题就会越多，面临的风险和挑战就会越多，面对的不可预料的事情就会越多。当前，改革进入深水区、攻坚期，经济社会发展到了一个爬坡过坎的关键阶段，推进改革发展的复杂程度、敏感程度、艰巨程度又提到了一个新的高度。党的十八届三中全会提出了全面深化改革的重大战略任务，继续深化改革涉及利益格局的深刻调整，涉及各方关系的多重协调，没有哪项任务不是涉险滩、啃硬骨头，没有哪项任务不遭遇思想观念的障碍、利益固化的藩篱。

面对日益复杂的利益格局，面对不断高涨的改革期待，改革大业能否统筹谋划、各项措施能否协同推进，考验着改革者的智慧、勇气和担当。改革能否顺利推进，关键取决于我们党，取决于党能否发挥好总揽全局、协调各方的领导核心作用。这是一场新的革命，党要领导和推进这场革命，自身必须坚强有力。

这些年来，我们党始终高度重视自身建设，全面推进党的建设新的伟大工程，党的执政能力得到新的提高，党的先进性和纯洁性得到保持和发展，党的领导得到加强和改善。但与国内外形势发展变化相比，与全面深化改革的艰巨任务相比，党在自身建设方面还存在不小差距。党要管党、从严治党方针在有些地方没有落到实处，在一些方面还存在管党、治党失之于宽、失之于松、失之于软的情况。特别是新形势下党的自身建设面临一系列新情况新问题新挑战，“四大考验”是长期的、复杂的、严峻的，“四种危险”更加尖锐地摆在全党面前，形式主义、官僚主义、享乐主义、奢靡之风还不同程度地存在，对党的执政基础提出了重大考验，落实党要管党、从严治党的任务比以往任何时候都更为繁重更为紧迫。

“打铁还需自身硬”，对我们这样一个拥有8500多万党员、在一个13亿人口大国长期执政的党，管党治党一刻也不能松懈。邓小平同志曾意味深长地告诫，要聚精会神地抓党的建设，这个党该抓了，不抓不行了。党不管党，党的路线和各项方针政策就难以贯彻落实，放松了管党，就不可避免地会导致党组织涣散，有的党员就会腐化变质。如果管党不力、治党不严，人民群众反映强烈的党内突出问题得不到解决，那我们党迟早会失去执政资格，不可避免地被历史淘汰。

历史和现实一再证明，办好中国的事情关键在党，党要管党才能管好党，从严治党才能治

好党。必须不断深化对从严管党治党重要性和紧迫性的认识,以更大的决心和勇气抓好党的自身建设,确保党在发展中国特色社会主义历史进程中始终成为坚强领导核心。

从严治党首先要依法执政,提高领导干部运用法治思维和法治方式推进改革发展的能力

习近平同志指出,新形势下,我们党要履行好执政兴国的重大职责,必须依据党章从严治党、依据宪法治国理政。怎样治理社会主义社会这样全新的社会,是一项前无古人的事业,没有先例可循。马克思、恩格斯未能进行这方面的实践,以往的世界社会主义实践也没能很好解决这个问题。

我们党在全国执政后,实现了有效的国家治理,并在实践中不断探索,既积累了丰富经验,也汲取了重大教训。特别是在深刻总结历史教训的基础上,邓小平同志指出,制度问题更带有根本性、全局性、稳定性和长期性,还是要靠法制,搞法制靠得住些。党的十五大确立了依法治国,建设社会主义法治国家基本方略,党的十六大将坚持依法执政明确为党的领导的重要内容,党的十六届四中全会对依法执政作了深入阐述,并把它确定为新的历史条件下马克思主义政党执政的基本方式。党的十八大提出要更加注重发挥法治在国家治理和社会管理中的重要作用。党的十八届三中全会再一次设定历史航标,把完善和发展中国特色社会主义制度,推进国家治理体系和治理能力现代化作为全面深化改革的总目标。这是我们党顺应时代发展提出的重大课题。

一个国家的现代化程度越高,现代国家建设的力度越大,对制度化程度的要求也就越高,越是面对纷繁复杂的形势,越要运用法治思维和法治方式实现国家治理。当前,社会矛盾更加复杂多元,甚至引发群体性事件,特别是近年来随着我国城市化进程的不断加快,由农村土地征收、城市房屋拆迁所引发的利益矛盾和冲突成为影响社会和谐与政治稳定的重要因素。如何避免因执政不当甚至侵害群众利益而侵蚀党和政府的形象,最根本的就是要坚持依法执政,这也是从严治党的基本出发点。

要加强党对立法工作的领导,推进科学立法、民主立法,从制度上、法律上保证党的路线方针政策的贯彻实施。各级党组织都要在宪法和法律范围内活动,全体党员都要模范遵守宪法和法律。领导干部要提高运用法治思维和法治方式进行深化改革、推动发展、化解矛盾、维护稳定的能力,努力推动形成办事依法、遇事找法、解决问题用法、化解矛盾靠法的良好法治环境。要依法公正对待人民群众的诉求,努力让人民群众在每一个司法案件中都能感受到公平正义,使一切矛盾纠纷都可以通过法治得到公平合理的解决。

党内法规建设是党的制度建设的核心环节,要有计划有步骤地统筹推进党内法规制定工作,加强党内法规制度体系建设,推进党的建设制度化、规范化、程序化。

要把权力关进制度的笼子里,健全权力运行制约和监督体系,保证人民赋予的权力始终用来为人民谋利益。要努力在法治轨道上推动各项工作,提高党的科学执政、民主执政、依法执政水平,不断推进各项治国理政活动的制度化、法律化。

从严治党关键是从严治吏,把从严管理干部贯彻落实到干部队伍建设全过程

习近平同志强调,党要管党,首先是管好干部;从严治党,关键是从严治吏。要把从严管理干部贯彻落实到干部队伍建设全过程,坚持从严教育、从严管理、从严监督,让每一个干部都深刻懂得,当干部就必须付出更多辛劳、接受更严格的约束。

一是严明政治纪律,以铁的纪律维护党的集中统一。我们党是靠革命理想和铁的纪律组织起来的马克思主义政党,纪律严明是党的光

荣传统和独特优势。新的历史条件下，我们党要团结带领人民全面建成小康社会、基本实现现代化，同样要靠铁的纪律保证。严明党的纪律首要的是严明政治纪律，每一个共产党员特别是领导干部都要牢固树立党章意识，自觉用党章规范自己的一言一行，同党中央保持高度一致，自觉维护中央权威。各级党组织自觉担负起执行和维护政治纪律的责任，加强对党员遵守政治纪律的教育，确保全党统一意志、统一行动、步调一致前进。

二是改进工作作风，以作风建设的新成效取信于民。工作作风上的问题绝对不是小事，如果不坚决纠正不良风气，任其发展下去，就会像一座无形的墙把我们党和人民群众隔开，我们党就会失去根基、失去血脉、失去力量。抓改进工作作风，就是要打掉这堵"无形的墙"。抓改进工作作风，最根本的是要坚持和发扬艰苦奋斗精神。要坚持勤俭办一切事业，坚决反对讲排场比阔气，坚决抵制享乐主义和奢靡之风。作风问题具有反复性、顽固性，必须经常抓、长期抓，必须坚持领导带头，各级干部以身作则、率先垂范，说到做到，兑现承诺，树立好导向。作风是否确实好转，要以人民满意为标准，要广泛听取群众意见和建议，自觉接受群众评议和社会监督，让人民群众不断看到实实在在的成效和变化，以作风建设的新成效取信于民。

三是严肃党内生活，提高领导干部党性修养。一个领导干部强不强、威信高不高，同是否经受过严格的党内生活锻炼密切相关。必须按照从严的要求，切实解决党内生活不经常、不认真、不严肃的问题，使之真正严格起来。要健全和认真落实民主集中制的各项具体制度，促使全党同志按照民主集中制办事，促使各级领导干部特别是主要领导干部带头执行民主集中制。坚持用好批评和自我批评这一重要思想武器，增强党内生活的庄重性、严肃性、政治性，不断提高领导干部的党性修养。

四是反腐倡廉，抓惩治这一手不放松。反对腐败、建设廉洁政治，保持党的肌体健康，始终是我们党一贯坚持的鲜明政治立场。反腐倡廉是一项长期的、复杂的、艰巨的任务。关键在于"常"、"长"二字，要经常抓、长期抓，坚持"老虎"、"苍蝇"一起打，既坚决查处领导干部违纪违法案件，又切实解决发生在群众身边的不正之风和腐败问题。坚决反对和克服特权思想、特权现象，共产党员永远是劳动人民的普通一员，除了法律和政策规定范围内的个人利益和工作职权以外，所有共产党员都不得谋求任何私利和特权。

坚持把党校姓党、从严治校作为党校工作的重要方针，把从严管党治党要求贯彻落实到干部教育培训各方面

党的建设是一项系统工程，从严治党必须形成合力。党校作为培训党的领导干部的主渠道、党员干部党性锻炼的熔炉，在党的建设中具有特殊地位和重要作用，必须始终坚持从严施教、从严治学、从严管理，把习近平同志关于党校姓党、从严治校的要求落到实处。

一是要坚持从严施教。新的形势下，从严施教的根本要求就是要坚持把中国特色社会主义理论体系作为党校教学的中心内容，坚持推进马克思主义中国化，用马克思主义中国化的最新理论成果特别是习近平总书记系列讲话精神武装全党。牢牢把握党校办学的正确方向，党校一切教学活动、科研活动、办学活动都要遵循党性原则、遵循党的政治路线、恪守党的政治纪律。把学习贯彻习近平总书记系列讲话精神作为党校教学的一项重要政治任务，通过修订教学大纲和教学计划、开设专题课、编辑习近平总书记重要论述专题摘编、辑印系列讲话要点、编写学习读本等，着力做好讲话精神进党校教材、进党校课堂、进党校学员头脑工作。

二是要坚持从严治学。我们党历来重视抓全党特别是领导干部的学习，这是推动党和人民事业发展的一条成功经验。党校要定好位，增强党的意识，把培养学员坚定理想信念、提高

思想政治水平放在首位。要大力加强学风建设，自觉抵制形式主义、官僚主义、享乐主义、奢靡之风等不良风气，教育引导学员在党校学习中坚持理论联系实际，努力提高运用马克思主义立场、观点、方法分析和解决实际问题的能力。刻苦学习，勤于思考，学以致用，切实做到带着问题来，带着成果回，把学习收获体现到为实现党的基本路线和基本纲领而奋斗的实践上，体现到努力做好本职工作上，体现到自身的道德、品行、操守、价值观等高尚的精神追求和党性修养上。

三是要坚持从严管理。严肃校风校纪、坚持从严管理是贯彻党校姓党原则的基础和保证。在学员管理工作中深入贯彻落实中央“八项规定”精神，认真执行中组部《关于在干部教育培训中进一步加强学员管理的规定》。教育引导学员严格执行和维护党的纪律与党校纪律，自觉遵守学习纪律、课堂纪律、考试纪律、请销假纪律等，把党性锻炼贯穿于党校生活的各个环节，体现在党校学习的全过程。提高学员管理工作的制度化、规范化和科学化水平，坚持制度管校、制度管事、制度管人，做到有章可循、有章必循、违章必究。加强学员部工作人员的党性党风教育，提高学员管理部门工作人员的政治素养、理论素养和管理水平，自觉做党性锻炼、廉洁自律、风清气正的模范，使党校真正成为不良风气的“净化器”。

（作者：中共中央党校副校长）

习近平 8·19 重要讲话的八大亮点

张　峰

习近平同志在全国宣传思想工作会议上的重要讲话，是党的十八大之后他作为党的总书记第一次专门就宣传思想工作所作的全面系统的讲话。习近平站在党和国家全局高度，深刻阐述了事关宣传思想工作长远发展的一系列重大理论问题和现实问题，提出了一系列新思想新论断，是一篇马克思主义的纲领性文献。

亮点一：摆正经济建设工作和党的意识形态工作的关系。习近平在讲话中强调，“经济建设是党的中心工作，意识形态工作是党的一项极端重要的工作。”这一论述既讲明了经济建设在党的各项工作中的中心地位，也指出了意识形态工作的极端重要性。党的十一届三中全会以来，我们党确立了以经济建设为中心，坚持四项基本原则、坚持改革开放的基本路线。这个路线是党和国家的生命线，也是人民群众的幸福线。坚持党的基本路线一百年不动摇，核心是坚持以经济建设为中心不动摇。经济建设的中心地位是由其基础作用所决定的，只有搞好经济建设，国家发展繁荣、各族人民幸福安康，中华民族伟大复兴才会有强大物质基础。意识形态工作的极端重要性，在于它的保障作用，关乎国家的社会主义性质，关乎建设中国特色社会主义的精神动力。经济建设工作搞不好要翻船，意识形态工作搞不好要变色。但相对于经济建设这一中心工作来说，意识形态工作毕竟是配合性的。因此，习近平强调，“宣传思想工作一定要把围绕中心、服务大局作为基本职责，胸怀大局、把握大势、着眼大事，找准工作切入点和着力点，做到因势而谋、应势而动、顺势而为。”这实际上也是做好意识形态工作的要义。经济基础决定包括意识形态在内的上层建筑。宣传思想工作如果不围绕中心便没有根基，不服务大局便没有出路，不把握大势便难有作为。

亮点二：巩固马克思主义在意识形态领域的指导地位。习近平指出：“宣传思想工作就是要巩固马克思主义在意识形态领域的指导地位，巩固全党全国人民团结奋斗的共同思想基础。”“两个巩固”是宣传思想工作的根本任务。先说巩固马克思主义在意识形态领域的指导地位。马克思主义是我们立党立国的根本指导思想，也是社会主义意识形态的伟大旗帜。马克思主义深刻揭示了历史发展的客观规律，为人类社会发展进步指明了正确方向。尽管世界形势风云变幻，出现许多闻所未闻的新情况，远不是马克思当年所能具体预见的，但是马克思主义的基本理论仍然是认识和改造世界的强大思想武器。人类社会迄今为止的发展仍然没有越出马克思主义所揭示的基本规律。因此，习近平强调“要把系统掌握马克思主义基本理论作为看家本领”。马克思主义既要坚持，更要发展。中国共产党人始终推进理论创新，在同中国实际相结合的过程中，不断为马克思主义理论增添新的内容，先后产生了毛泽东思想、邓小平理论、“三个代表”重要思想、科学发展观等重大成果。马克思主义的发展历程犹如一场“接力赛”，既一脉相承，又与时俱进。我们今天理论建设的重要任务就是“取得‘接力赛’中我们这一棒的优异成绩”，胸怀远大理想，实现基本纲领，让马克思主义继续焕发真理的光芒。

亮点三：巩固全党全国人民团结奋斗的共同思想基础。中国特色社会主义是全体中国人民的共同理想，中国特色社会主义理论体系是全国各族人民团结奋斗的共同思想基础。因此,习近平强调:“要深入开展中国特色社会主义宣传教育,把全国各族人民团结和凝聚在中国特色社会主义伟大旗帜之下。”只有社会主义才能救中国,只有社会主义才能发展中国。在当代中国,坚持社会主义就是坚持中国特色社会主义。中国特色社会主义是当代中国发展进步的根本方向,集中体现了最广大人民根本利益和共同愿望,既是实现社会主义现代化和中华民族伟大复兴的必由之路,也是创造人民美好生活的必由之路。只有中国特色社会主义的伟大旗帜,才能最大限度团结和凝聚全国各族人民共同奋斗。坚持和发展中国特色社会主义,需要有强大的精神支撑。因此,习近平强调:“要加强社会主义核心价值体系建设,积极培育和践行社会主义核心价值观,全面提高公民道德素质,培育知荣辱、讲正气、作奉献、促和谐的良好风尚。”党的十八大提出“倡导富强、民主、文明、和谐,倡导自由、平等、公正、法治,倡导爱国、敬业、诚信、友善”,朝着培育社会主义核心价值观迈出了重要一步,是社会主义核心价值体系建设取得的重大成果。社会主义核心价值体系建设要与社会主义道德建设紧密结合、融为一体,要把全面提高公民道德素质作为基本任务,着力培育知荣辱、讲正气、作奉献、促和谐的良好风尚。

亮点四:宣传思想工作的党性和人民性的统一、一致。习近平指出“党性和人民性从来都是一致的、统一的”,详尽阐述了宣传思想工作如何坚持党性和人民性。这澄清了在宣传思想工作中长期存在的一个很大的误区,即替党说话还是替人民说话的问题,具有极为重要的现实意义。宣传思想工作如何坚持党性,就是要把握一个核心:“核心就是坚持正确政治方向,站稳政治立场”。做到“三个坚定”:“坚定宣传党的理论和路线方针政策,坚定宣传中央重大工作部署,坚定宣传中央关于形势的重大分析判断”。树立“两个坚决”:“坚决同党中央保持高度一致,坚决维护中央权威”。全党服从中央是党的政治纪律的要求,是全党团结统一、步调一致的重要保证,也是党性强的主要体现。在这个问题上只能旗帜鲜明,而不能有丝毫的含糊摇摆。宣传思想工作如何坚持人民性,就是要把握一个根本原则:“把实现好、维护好、发展好最广大人民根本利益作为出发点和落脚点,坚持以民为本、以人为本。”“以民为本”点出了“以人为本”的“人”的主体和重点,是必要的深化和聚焦。树立一个工作导向:“以人民为中心的工作导向”,做到“两个结合”:把服务群众同教育引导群众结合起来,把满足需求同提高素养结合起来。在具体工作中要做到多宣传报道人民群众的伟大奋斗和火热生活,多宣传报道人民群众中涌现出来的先进典型和感人事迹,达到丰富人民精神世界,增强人民精神力量,满足人民精神需求之目的。概而言之,宣传思想工作坚持党性和人民性相统一、相一致,就要既是党的喉舌,又传播人民福音。

亮点五:宣传思想工作必须遵循坚持团结稳定鼓劲、正面宣传为主的重要方针。习近平指出“坚持团结稳定鼓劲、正面宣传为主,是宣传思想工作必须遵循的重要方针。”这是继1994年初江泽民在全国宣传思想工作会议上提出“以科学的理论武装人,以正确的舆论引导人,以高尚的精神塑造人,以优秀的作品鼓舞人”作为党的宣传思想工作指导方针之后,党的总书记又一次提出宣传思想工作的方针。之所以有必要提出这一方针,是因为我们正在进行具有许多新的历史特点的伟大斗争,面临的挑战和困难前所未有。我国正值改革发展的关键时期,各种思想文化相互激荡,人们思想活动的独立性、选择性、多变性、差异性显著增强,价值取向日益多样化。先进文化、有益文化与落后文化、腐朽文化同时并存,正确思想和错误思想、主流意识形态和非主流意识形态相互交织。在这样的情况下,“必须坚持巩固壮大主流思想舆论,弘扬主旋律,传播正能量,激发全社会团结奋进的强大力量。”团结稳定鼓劲,是宣传思想工作的责任所在,也是衡量宣传思想工作有无成效和成效之大小的重要标准。正面宣传为主,是宣传思想工作的着力点,也是弘扬社会正气、树立时代新风的必要手段。之所以坚持正面宣传为主,是因为我们的社会是不断发展进步的,真、善、美是社会的主流、常态,而假、恶、丑是社会的邪流、病态。人是环境的产物,营造健康舆论环境极为重要。正面宣传的突出问题是提高质量和水平的问题,要把握好时机、力度、效果三个环节,增强吸引力和感染力,以群众喜闻乐见的方式发挥出鼓舞人、激励人的作用。正面宣传,贵在主动,不能等到问题已严重到了积重难返时才动手、才解决,要先声夺人。因此,习近平提出:"在事关大是大非和政治原则问题上,必须增强主动性、掌握主动权、打好主动仗,帮助干部群众划清是非界限、澄清模糊认识。"

亮点六:加强宣传思想工作创新。继承和创新是党的理论建设的永恒主题。继承是前提、是基础,创新是动力、是发展。我们党历来重视宣传思想工作,在长期实践中积累了十分丰富的经验。这些经验来之不易、弥足珍贵,要认真总结、长期坚持。但宣传思想工作也面临着新形势新情况,也存在着老办法不管用、新办法不会用的问题,需要在实践中不断丰富和发展。因此,习近平强调:"宣传思想工作创新,重点要抓好理念创新、手段创新、基层工作创新,努力以思想认识新飞跃打开工作新局面,积极探索有利于破解工作难题的新举措新办法。"这不仅强调了宣传思想工作创新的重要性,而且指出了创新的三个重点。理念创新是前提,手段创新是保证,基层工作创新是基础。宣传思想工作创新是一项长期的任务,需要做出持久的努力,但最根本的还是坚持党的群众路线,把创新的重心放在基层一线。

亮点七:更加全面客观地认识当代中国、看待外部世界。习近平指出:"在全面对外开放的条件下做宣传思想工作,一项重要任务是引导人们更加全面客观地认识当代中国、看待外部世界。"我们处在全面对外开放的时代,关起门来搞建设不行,关上窗来搞宣传也不行。既要让世界了解中国,也要让中国了解世界。认识当代中国,最大的问题莫过于弄清中国特色。有种模糊认识,"中国特色是个筐,什么都往里面装",说不清、道不明,甚至成了自甘落后、盲目排外的口实。习近平以"四个讲清楚"详尽阐释了中国特色的丰富内涵:基于历史传统、文化积淀、基本国情的有自己特点的发展道路;积淀着中华民族最深沉的精神追求,成为中华民族生生不息、发展壮大的丰厚滋养的中华文化;作为中华民族的突出优势、最深厚的文化软实力的中华优秀传统文化;有着深厚历史渊源和广泛现实基础的中国特色社会主义。看待外部世界,目的是积极借鉴人类文明创造的有益成果。为此就需要了解世界形势发展变化、世界上出现的新事物新情况、各国出现的新思想新观点新知识。传统文化的东西毕竟是过去时代的产物,外国的东西毕竟是在异域土壤上滋生的,不能盲目照套、照搬。因此,习近平强调:"对我国传统文化,对国外的东西,要坚持古为今用、洋为中用,去粗取精、去伪存真,经过科学的扬弃后使之为我所用。"对外宣传工作要创新,"着力打造融通中外的新概念新范畴新表述,讲好中国故事,传播好中国声音。"所谓融通中外,就是中外通用,就是话语权。有许多概念源于西方,不是中国传统社会已有的,甚至也不是马克思主义经典作家用过的,但只要是属于人类文明创造的有益成果,就可以用、应该用。在这一点上,我们要有邓小平果断切割"市场经济"与资本主义的必然联系,大胆提出"社会主义也可以搞市场经济"的勇气。

亮点八:做好宣传思想工作必须全党动手,树立大宣传的工作理念。宣传思想工作是宣传思想部门的重要职责,要强化责任意识,做到"守土有责、守土负责、守土尽责"。但宣传思想工作不只是宣传思想部门一家的事情,而是全党的事情。因此,习近平强调"做好宣传思想工作必须全党动手。”首先是各级党委要加强领导，切实负起政治责任和领导责任，加强对宣传思想领域重大问题的分析研判和重大战略性任务的统筹指导。其次是要“树立大宣传的工作理念”，动员各条战线各个部门一起来做，把宣传思想工作同各个领域的行政管理、行业管理、社会管理更加紧密地结合起来。只有党委高度重视、宣传思想部门尽职尽责、社会广泛积极参与，管理工作紧密配合，才能不断开创宣传思想工作新局面。

（作者：中央社会主义学院副院长、党组成员、教授）

8·19讲话:增强国家精神力量之"新"

——巩固马克思主义意识形态主导地位的新指南

顾海良

习近平总书记在全国宣传思想工作会议上的重要讲话强调:"宣传思想工作就是要巩固马克思主义在意识形态领域的指导地位,巩固全党全国人民团结奋斗的共同思想基础。"两个"巩固",既阐明了当前宣传思想工作的根本要求,也提出了马克思主义理论建设和研究的新要求,展现了马克思主义理论发展和创新的新路径。

习近平总书记的重要讲话凸显了马克思主义在意识形态领域指导地位的思想。要从"大局"、"大势"和"大事"上,深刻把握"经济建设是党的中心工作,意识形态工作是党的一项极端重要的工作"的本质要求及其关系。党的十一届三中全会以来,以经济建设为中心,集中精力把经济建设搞上去、把人民生活搞上去,始终是我们党坚持的"大局";坚持以经济建设为中心是坚持党的基本路线100年不动摇的根本要求、是解决当代中国一切问题的根本要求,始终是我们党坚持的"大势";物质文明建设和精神文明建设都搞好、国家物质力量和精神力量都增强、全国各族人民物质生活和精神生活都改善,始终是我们党坚持的"大事"。从"大局"、"大势"和"大事"上来理解意识形态工作的重要意义,大大拓展了我们对为什么要以马克思主义为指导、如何以马克思主义为指导等重大理论和实践问题的认识视野。

"因时"、"随事":中国化马克思主义的理论建设和研究的新视界

习近平总书记在谈到思想宣传工作创新问题时,引用了"明者因时而变,知者随事而制"的说法,强调了思想理论要"因时"、"随事"而变的深刻道理,这也就是习总书记所提出的"做到因势而谋、应势而动、顺势而为"的思路和方法。马克思主义的理论品质就是与时俱进。自《共产党宣言》发表以来近170年的历史证明,马克思主义基本原理与各国具体实际和时代特征的密切结合,是马克思主义理论生命力的根本所在。中国化马克思主义就是马克思主义基本原理与中国实际和时代结合的科学理论,是马克思主义的当代形态。在当代中国,坚持以马克思主义为指导,就是要坚持以中国化马克思主义即中国特色社会主义理论体系为指导,加强中国特色社会主义理论体系的建设和研究,要凸显马克思主义基本原理的科学内涵、精神实质和时代风格,要提升中国特色社会主义道路和制度探索的理论精髓,要体现科学社会主义当代发展的新概括和新提炼。在理论建设和研究中,要特别重视和着力体现马克思主义中国化时代化大众化理论的、实践的研究成果和成效;要在现实、理论与历史的结合上,在党性和人民性的统一上,在维护国家意识形态安全和发挥意识形态引导功能的协同上,在中国的现实发展和中国梦的未来憧憬的联结上,彰显中国化马克思主义的解释力、影响力和作用力,提升中国化马克思主义的理论自觉、理论自信和理论自强。

四个"讲清楚":马克思主义理论建设和研究的四个着力点

"要深入开展中国特色社会主义宣传教育,把全国各族人民团结和凝聚在中国特色

社会主义伟大旗帜之下”，这是当前宣传思想工作的重要任务，也是马克思主义理论建设和研究的重要任务。以中国特色社会主义的实际和实践为对象，是马克思主义理论建设和研究的根本要求。习近平总书记在党的十八届中央政治局第一次集体学习时的讲话中强调：“我们一定要以我国改革开放和现代化建设的实际问题、以我们正在做的事情为中心，着眼于马克思主义理论的运用，着眼于实际问题的理论思考，着眼于新的实践和新的发现。”面对当代中国发展大势，加强中国特色社会主义理论和实践问题的研究，就要在习近平总书记讲话中强调的四个“讲清楚”上下功夫、求成效。这四个“讲清楚”就是：“要讲清楚每个国家和民族的历史传统、文化积淀、基本国情不同，其发展道路必然有着自己的特色；讲清楚中华文化积淀着中华民族最深沉的精神追求，是中华民族生生不息、发展壮大的丰厚滋养；讲清楚中华优秀传统文化是中华民族的突出优势，是我们最深厚的文化软实力；讲清楚中国特色社会主义植根于中华文化沃土、反映中国人民意愿、适应中国和时代发展进步要求，有着深厚历史渊源和广泛现实基础。”四个“讲清楚”，深刻阐明了中国特色社会主义道路的历史、文化和国情基础，揭示了中国特色社会主义的实践特色、理论特色、民族特色和时代特色。深化四个“讲清楚”的研究，能够更为广泛地激励以人民为主体的全面建成小康社会的实践创新，能够更为深刻地激发实现民族伟大复兴的中国梦的奋斗精神。

“增强国家精神力量”：马克思主义理论建设和研究与精神文明建设的新内涵

习近平总书记的重要讲话赋予了社会主义精神文明建设理论以新的内涵。他在肯定物质文明建设和精神文明建设都要搞好时，提出了“增强国家精神力量”的新观点；在肯定改善人民精神生活重要性时，阐释了“丰富人民精神世界，增强人民精神力量，满足人民精神需求”的新思想。贯穿国家的“精神力量”和人民的“精神世界”、“精神力量”、“精神需求”之中的主线，就是社会主义核心价值体系理论建设和现实践行的问题。社会主义核心价值体系是社会主义先进文化的灵魂和精髓，是凝聚和增强人民精神力量的根本的价值支撑。习总书记在重要讲话中指出：“要加强社会主义核心价值体系建设，积极培育和践行社会主义核心价值观，全面提高公民道德素质，培育知荣辱、讲正气、作奉献、促和谐的良好风尚。”要坚持以中国化马克思主义为指导，在全社会形成统一指导思想、共同理想信念、强大民族精神和时代精神力量及基本道德规范，积极探索践行和实施社会主义核心价值观的有效途径和载体。要按照习近平总书记在重要讲话中所要求的，“坚持巩固壮大主流思想舆论，弘扬主旋律，传播正能量，激发全社会团结奋进的强大力量”。同时，“在事关大是大非和政治原则问题上，必须增强主动性、掌握主动权、打好主动仗，帮助干部群众划清是非界限、澄清模糊认识”。马克思主义理论要能在积极引领社会思潮中发挥中坚作用，在多元中立主导、在多样中谋共识、在多变中定方向。

“中国特色、中国风格、中国气派”：马克思主义理论要有新表达

习近平总书记的重要讲话还强调：“着力打造融通中外的新概念新范畴新表述，讲好中国故事，传播好中国声音。”马克思主义理论建设和研究要在学习借鉴人类文明成果的基础上，用中国的理论研究和话语体系解读中国实践、中国道路、中国形象，不断概括出理论联系实际的、科学的、开放融通的新概念新范畴新表述，形成具有中国特色、中国风格、中国气派的哲学社会科学学术话语体系。要着力提高理论研究和宣传的质量和水平，

努力做到“把握好时、度、效，增强吸引力和感染力，让群众爱听爱看、产生共鸣，充分发挥正面宣传鼓舞人、激励人的作用”。要努力做到“中国立场、国际表达”，讲真、讲实、讲好、讲活、讲深中国故事、中国情怀，进一步扩大中国道路、制度及其理论的国际亲和力、感染力和认同力，不断提升国家文化软实力和中华文化国际影响力。

（作者：教育部社会科学委员会副主任、武汉大学马克思主义学院教授）

勇于担当　尽责圆梦

——深刻领会习近平同志关于责任的重要论述

内蒙古自治区中国特色社会主义理论体系研究中心

党的十八大以来，习近平同志提出了一系列治国理政的重大战略思想，其中，责任担当是反复强调的重要内容。习近平同志关于责任的重要论述，把我们每个人的责任担当与实现中华民族伟大复兴的中国梦紧密联系在一起，深刻阐明了只有尽责才能圆梦的道理，为责任赋予了新的时代内涵，也为我们尽责担当、共筑中国梦指明了路径，提出了要求。

一、责任思想的新境界

习近平同志关于责任的重要论述，体现了当代中国共产党人对责任认识和责任担当的新境界。

把责任定位在对民族、对人民、对党负责的基点上，凸显了中国共产党人高度的历史责任感。习近平同志强调：我们肩负着对民族的责任，就是要团结带领全党全国各族人民，接过历史的接力棒，继续为实现中华民族伟大复兴而努力奋斗，为人类作出新的更大的贡献；我们肩负着对人民的责任，就是继续解放思想，坚持改革开放，不断解放和发展生产力，努力解决群众的生产生活困难，坚定不移走共同富裕道路；我们肩负着对党的责任，就是坚持党要管党、从严治党，使我们党始终成为中国特色社会主义事业的坚强领导核心。习近平同志关于"三个责任"的论述，把对民族的责任、人民的责任、党的责任有机地统一于实现国家富强、民族振兴、人民幸福、人类发展进步的历史使命之中，体现了当代中国共产党人的崇高责任境界。

把责任与实现中国梦的目标紧密相连，赋予了每个人尽责担当的职责使命。习近平同志谈到责任时，总是将其寓于实现中华民族伟大复兴的奋斗目标之中，赋予责任鲜明的目标指向性。在参观《复兴之路》展览首次提出中国梦时，习近平同志指出，实现中国梦需要一代又一代中国人共同努力，并特别强调"空谈误国，实干兴邦"的责任意识。在十二届全国人大一次会议闭幕式的讲话中，他将每个中华儿女应尽的责任与实现中国梦联系起来，对全国工人、农民、知识分子、一切非公有制经济和其他社会阶层人士、广大青少年和港澳台同胞提出了共同尽责的明确要求。此后，在同劳动模范、优秀青年代表、科技人员、部队指战员的一系列谈话中，都强调了责任问题。习近平同志尤为重视各级领导干部的责任担当，明确把"敢于担当"列为好干部的五条标准之一，要求干部"守土有责、守土负责、守土尽责"，并把领导干部是否敢于担当责任，提升到政治上是否合格的高度。习近平同志强调实现中国梦人人有责、人人尽责，体现了对领导干部的严格要求和对人民主体地位的充分尊重，体现了党性与人民性的高度统一，是唯物史观在新的历史实践中的生动展现，对于引领各族人民为实现中国梦团结奋斗具有深远影响。

把责任贯穿于改革发展稳定的全过程，强化了各级领导干部深化改革、推动发展、维护稳定的政治责任。在习近平同志主持制定的《中共中央关于全面深化改革若干重大问题的决定》和有关讲话中，从厘清政府与市场的地位和职能，到明确经济、政治、文化、社会、生态文明以及国防军队建设、党的建设制度改革的各项任务，责任思想都贯穿始终。习近平同志在不同场合反复强调，改革是关键一招，发展是第一要务，稳定是第一责任，要求各级领导干部切实担负起领导改革发展稳定的政治责任，把改革的力度、发展的速度和社会可承受的程度统一起来，把改善人民生活作为正确处理改革发展稳定关系的结合点，为我们统筹推进改革发展稳定各项工作指明了方向。

把履行责任提升到贯彻党章、宪法的高度，突出了责任落实在责任链条中的地位。习近平同志高度重视责任的落实，把履行责任提升到贯彻党章、宪法的高度，强调“我们党要履行好执政兴国的重大职责，必须依据党章从严治党、依据宪法治国理政”，要求党员干部增强责任意识，切实做到为党分忧、为国尽责、为民奉献，要求所有组织和个人遵守宪法和法律，依法开展活动、规范行为、承担责任。针对当前存在的问题，他强调落实责任的关键是要以制度建设为重点，建立健全考核问责、监督保障的制度体系，确保有刚性的制度约束、严格的制度执行、强有力的监督检查、严厉的惩戒机制。强调“有权必有责，用权受监督，失职要问责，违法要追究”，要求纪检监察机关“执好纪、问好责、把好关”。习近平同志关于责任落实的一系列重要思想，进一步细化和强化了“定责、践责、考责、问责、追责”的责任链条，彰显了新一届党中央重视责任、注重从强化责任落实入手推进党和人民事业发展的治国理政的新思路新要求。

习近平同志如此强调责任，是由责任本身的重要价值决定的。责任是人类社会崇尚的基本价值理念，其基本含义就是要求人们做好分内的事，把尽责作为起码的行为操守和道德品质。责任是赋予每个人不可推卸的权利和义务，履职尽责是维护社会和谐、推动社会发展进步的必然要求。应当看到，责任缺失已成为当下一个突出问题。面对世情国情党情的深刻变化，如果我们没有强烈的责任意识和担当精神，不能建立起正确的责任观和科学的责任落实机制，就难以带领人民在具有新的历史特点的伟大斗争中取得胜利，难以承担接力开创中国特色社会主义新局面的历史使命，难以实现中华民族伟大复兴的“关键一跃”。

二、责任担当的新使命

内蒙古作为祖国北疆少数民族地区，在全面建成小康社会、实现中国梦的进程中，担负着重要而特殊的责任。学习贯彻习近平同志的责任思想，从根本上说，就是要进一步增强责任意识和担当精神，认真履行好地方党委在改革发展稳定中的职责使命，团结带领全区各族干部群众谱写好实现中国梦的内蒙古新篇章。

履行好推动科学发展职责使命。内蒙古是我国第一个成立的少数民族自治区，在党的领导下取得了历史性进步。2012 年，经济总量达到 1.6 万亿元，人均国内生产总值位居全国第 5 位。但是，欠发达的基本区情没有根本改变，仍面临着保持合理发展速度和提升发展质量效益的双重任务。能否把内蒙古建设好、发展好，不仅关系着全区 2400 万人民的福祉，也影响着全面建成小康社会的进程。我们的责任，就是要牢牢抓住发展这个第一要务，坚持以经济建设为中心，多措并举稳增长、下大气力调结构，不断提高发展质量和效益，努力推动内蒙古经济持续健康发展，加快实现科学发展、富民强区的目标。

履行好全面深化改革职责使命。改革开放 35 年来，内蒙古取得了世人瞩目的发展成就，但制约发展的体制机制障碍仍然存在并日益凸显，迫切需要通过全面深化改革来破解，尤其是一些边疆民族地区特有的改革任务，需要我们积极探索。我们的责任，就是要认真贯彻落实中央关于全面深化改革的决定，在党中央的领导下，立足本地实际，创新完善思路和举措，通过深化各领域改革，进一步激发新活力、增强新动力、再造新优势、实现新发展。

履行好维护团结稳定职责使命。总结历史经验，内蒙古之所以能够实现跨越发展，关键是有一个民族团结、和谐稳定的良好环境。但我们也要清醒地看到，外部敌对势力从来都没有放弃对内蒙古的渗透、分裂和破坏活动，内蒙古自身也存在不稳定、不和谐的因素。新的形势下，能否继续保持民族团结、社会稳定的局面，事关国家和民族发展大局。我们的责任，就是要认真贯彻落实好党的民族政策，坚持和完善民族区域自治制度，加强和创新社会治理，切实把内蒙古建设成为祖国北疆安全稳定屏障。

履行好增进人民福祉职责使命。中国梦归根到底是人民的梦。我们谋发展是为了人民，发展的目的就是要使人民过上富裕美好的生活；我们搞改革就是为了完善和发展中国特色社会主义制度，保障人民共享发展成果；我们讲稳定就是为改革发展创造条件，满足人民安居乐业的期盼。我们的责任，就是要全心全意为人民服务，实现好、维护好、发展好人民的根本利益，努力把内蒙古各族人民对美好生活的向往变为现实。

三、尽责圆梦的新举措

习近平同志反复强调，要"真抓实干，勇于担当，言必信、行必果，真正做到对历史和人民负责"。贯彻落实习近平同志的重要讲话精神，必须更加深刻地认识内蒙古肩负的重大责任，找准履职尽责的发力点，激发各族干部群众的担当精神，形成尽责圆梦的强大合力。

深入学习领会，增强尽责共识。自治区党委坚持把学习贯彻党的十八大精神和习近平同志系列讲话精神作为首要政治任务，以此统一思想和行动，认真组织开展"尽责圆梦"主题教育实践活动。这一活动对全区各行各业、各个不同岗位和每个人的责任担当都提出了具体要求和努力方向，进一步增强了各族干部群众尽责思为的主人翁意识，进一步增强了各族干部群众为实现中国梦尽责作为的使命感，丰富了尽责圆梦的生动实践。

紧密结合实际，明确发展思路。担当好内蒙古尽责圆梦的历史重任，必须有符合国家战略要求和区情实际的战略谋划。党的十八大以来，自治区党委以习近平同志系列讲话精神为指导，着眼于形势和任务变化，研究提出了"8337"发展思路，进一步明确了内蒙古的发展定位、工作重点、目标任务。这一发展思路，是内蒙古结合实际贯彻党的十八大精神和习近平同志系列讲话精神的体现，既涵盖了"五位一体"总体布局的各项内容，又突出了经济建设这个中心，把实现中国梦与内蒙古的发展战略相结合，是内蒙古尽责担当的总抓手。

贯彻群众路线，狠抓责任落实。为了把"8337"发展思路落到实处，自治区党委在党的群众路线教育实践活动中，直面"四风"问题，组织省级领导干部开展专题调研，逐项研究提出具体目标、任务举措；组织编制清洁能源输出基地等11个专项规划，启动实施一批重大工程和重点项目，着力完善规划、政策和项目支撑体系；大力推进重大项目建设和县域经济、非公有制经济发展"三个专项"，深入实施大学习、大调研、大接访、大落实"四大行动"和扶贫攻坚、创业就业、平安创建、百姓安居、人才强区、干部素质提升"六大工程"，扎实开展领导干部联系贫困县、造林绿化、正风肃纪"三项重点工作"，引领和带动各领域工作实现新的突破；加强重点工作定期督查，开展科学发展巡回观摩，狠抓"十项整改"和"十项制度"等一系列转变作风的制度和举措，努力将党的群众路线教育实践活动成果转化为各族干部群众履职尽责的具体行动，带领全区干部群众在新的历史起点上，迈出了全面深化改革、加快转型升级、持续科学发展、保持社会和谐稳定的坚实步伐。

（执笔：蔡常青　马慧吉）

为全面深化改革聚集强大正能量

——深入学习贯彻习近平同志关于宣传思想文化工作的重要论述

胡苏平

党的十八届三中全会吹响了全面深化改革的号角，开启了改革新征程，也对新时期做好宣传思想文化工作提出了新的更高要求。深入学习贯彻习近平同志关于宣传思想文化工作的重要论述，为全面深化改革加油鼓劲、保驾护航、聚集强大正能量，关键要做到“六个不动摇”。

坚持正确导向不动摇，着力打牢全面深化改革的共同思想基础

导向问题至关重要。导向就是旗帜，导向就是方向。现在，宣传思想文化工作的环境、对象、范围、方式发生了很大变化，但根本任务没有变，也不能变。习近平同志指出：“宣传思想工作就是要巩固马克思主义在意识形态领域的指导地位，巩固全党全国人民团结奋斗的共同思想基础。”宣传思想文化工作的思想性、政治性、导向性很强，事关改革发展稳定全局，事关党和国家事业成败，在导向问题上绝不能含糊、绝不能动摇。

当前，国际国内形势纷繁复杂，社会思想多元多变多样，全面深化改革的任务艰巨繁重。在这样的新形势下，要啃硬骨头、涉深水区，实现中国梦，宣传思想文化工作者更要牢牢坚持正确导向不动摇。始终不渝高举马克思主义旗帜，坚定对马克思主义、共产主义的信仰，用真理的力量、科学的力量“炼就金刚不坏之身”，引导党员干部用战略思维、系统思维、辩证思维、创新思维、底线思维全面深化改革。用马克思主义引领、统领、整合多样化的社会思潮，坚定不移地坚持和发展中国特色社会主义，坚定不移地同以习近平同志为总书记的党中央保持高度一致，确保既不走封闭僵化的老路、也不走改旗易帜的邪路，避免在根本问题上犯颠覆性错误。牢牢掌握意识形态工作的领导权、管理权、话语权，在多样化的社会思潮中不迷失、不走偏，始终把好正确前进方向，打牢全面深化改革的共同思想基础。

坚持人民立场不动摇，始终坚守人民至上的根本价值追求

习近平同志指出：“坚持人民性，就是要把实现好、维护好、发展好最广大人民根本利益作为出发点和落脚点，坚持以民为本、以人为本。”这就要求宣传思想文化工作必须坚持人民立场不动摇，不断满足人民群众日益增长的精神文化需求，努力做到宣传思想文化工作为了人民、依靠人民、成果由人民共享。

“问渠哪得清如许，为有源头活水来。”人民群众是父母、是大地，宣传思想文化工作者坚持人民立场不动摇，就要始终坚守人民至上的根本价值追求。要对人民有感情、有爱心、有忠心、有诚心，在全面深化改革的宣传中坚持人民是真正英雄的唯物史观，把人民放在心中最高位置。尊重群众创造，集中群众智慧，总结群众经验，把人民群众的实践作为我们探索规律、发现真理、获取真知的不竭源泉。把服务群众同教育引导群众结合起来，从群众推进改革发展的伟大实践中汲取主题题材、思想激情，把镜头对准群众，把版面留给群众，讴歌群众的伟大创造，记录群众的生动故事，展现群众的博大情怀，弘扬群众的可贵精神。用宣传思想文化工作的优异成绩不断满足人民群众日益增长的精神需求、发展需求和幸福需求。尤其在全面深化改革涉及深层次利益调整的大背景下，更要

做好深入细致的宣传思想文化工作，对于群众的诉求、利益、情绪要满腔热情地给予关心、回应、引导。

坚持文化根基不动摇，深入挖掘提高文化软实力的丰厚资源

文化是民族的血脉，是人民的精神家园。习近平同志指出：“中华优秀传统文化是中华民族的突出优势，是我们最深厚的文化软实力。”宣传思想文化战线必须把深化文化体制改革、增强全民族文化创造活力作为神圣职责，深入挖掘提高文化软实力的丰厚资源，不断推动文化事业全面繁荣、文化产业快速发展，努力弘扬社会主义先进文化。

源浚者流长，根深者叶茂。5000年的中华文明为我们发展社会主义先进文化、提高文化软实力提供了取之不尽、用之不竭的丰厚资源，也是我们的文化根基。宣传思想文化工作要充分利用和发挥好我国独特的历史文化资源优势，努力建设具有中国特色、中国风格、中国气派的文化，不断增强中国特色社会主义文化的感染力、吸引力和影响力。把弘扬中华优秀传统文化同阐释中国梦、传播当代中国价值观紧密结合起来，使社会主义核心价值观深入人心，增强全民族的道路自信、理论自信、制度自信和文化自觉、文化自信。努力展示中华文化的独特魅力，以人们喜闻乐见、具有广泛参与性的方式推广开来，使中华民族最基本的文化基因与当代文化相适应、与现代社会相协调。加强国际传播能力和对外话语体系建设，讲好中国故事，传播好中国声音，阐释好中国特色，让中华优秀文化走向世界。

坚持服务大局不动摇，努力营造改革发展稳定的良好氛围

习近平同志指出：“宣传思想工作一定要把围绕中心、服务大局作为基本职责，胸怀大局、把握大势、着眼大事，找准工作切入点和着力点，做到因势而谋、应势而动、顺势而为。”宣传思想文化工作必须围绕中心、服务大局，在大局下行动。

当前和今后一个时期，我们要紧紧围绕党的十八大和十八届三中全会提出的重大理论观点、重大战略思想、重大决策部署，持续深入地做好宣传工作，特别要把学习宣传贯彻十八届三中全会关于全面深化改革的战略思想和战略部署作为重中之重，并同学习宣传贯彻习近平同志系列讲话精神紧密结合起来，深入学习宣传全面深化改革的指导思想、总体思路、方针原则、目标任务、重大部署。无论宏观的理论创新和政策突破，还是微观的具体规定和要求，我们都要做好深入细致的阐释、解读和宣传工作，全面准确地把中央精神送进千家万户。通过持续深入的宣传，深化认识、统一思想，坚定改革信心、凝聚改革力量，为全面深化改革营造良好的思想舆论文化环境。

坚持全面创新不动摇，不断增强宣传思想文化工作的动力和活力

创新是宣传思想文化工作的灵魂，是推动社会主义文化大发展大繁荣的不竭动力，是服务全面深化改革的必然要求。习近平同志指出：“宣传思想工作创新，重点要抓好理念创新、手段创新、基层工作创新。”通过创新，使宣传思想文化工作体现时代性、把握规律性、富于创造性，更加符合人民意愿，更加切合实践要求，更加适应世界潮流，更好地为全面深化改革服务。

面对快速变革的时代，面对思想文化的相互激荡，面对科学技术的飞速发展，特别是面对新媒体的兴起运用和文化产业的异军突起，宣传思想文化工作创新的任务比以往任何时候都更加艰巨、更加迫切。而且，这种创新是全面系统的，要求我们以全方位的创新赢得先机、赢得主动、赢得未来。理念创新，就是要保持思想的敏锐性和开放度，打破传统思维定势，努力以思想认识新飞跃打开工作新局面；手段创新，就是要积极探索有利于破解工作难题的新举措、新

办法；基层工作创新，就是要把创新的重心放在基层一线，扎实做好抓基层、打基础的工作。通过创新树立新理念、打开新视野、形成新思路、拓展新途径、运用新方法、构筑新格局、展现新风貌。宣传思想文化工作者提高创新能力，必须认真学习经典，锤炼思维能力，提升综合素质；改善知识结构，涵养文化底蕴；关注现实变化，把握时代脉搏。

坚持科学方法不动摇，全面提升宣传思想文化工作的质量和水平

做好宣传思想文化工作既要讲求策略艺术，更要讲求科学方法。习近平同志强调，要“努力以思想认识新飞跃打开工作新局面，积极探索有利于破解工作难题的新举措新办法”。应认识到，方法解决的是过河的桥和船的问题，方法科学与否对做好宣传思想文化工作至关重要；如果方法不对头，就很有可能造成南辕北辙的结果。

坚持科学方法不动摇，全面提升宣传思想文化工作的质量和水平，要弄清楚坚持什么、反对什么。一方面，坚持科学方法，最根本的是坚持辩证唯物主义和历史唯物主义的方法。只有把这一根本方法同优秀传统方法、现代方法特别是现代信息技术结合起来，宣传思想文化工作才能全面深入，入脑入心，最大限度地发挥作用和价值，用方法的科学性保证效果的实在性。另一方面，坚持科学方法，要特别注意防止和克服两种不良倾向：一是用僵化的观点对待马克思主义，用僵化的手段和方法宣传马克思主义、开展宣传思想文化工作；二是食洋不化，照抄照搬西方思想文化。在全面深化改革的进程中，宣传思想文化工作要高度自觉，确保改革的宣传不虚、不空、不偏，确保宣传的质量和水平不断提升，聚集全面深化改革的强大正能量，为实现“两个一百年”奋斗目标和中华民族伟大复兴的中国梦作出新的更大贡献。

（作者：中共山西省委常委、宣传部长）

新形势下要实现领导方式方法的转变

——学习习近平总书记十八大后系列讲话的体会

胡 坚

一、奋力实现"中国梦"——新的战略思想和施政纲领激励人心、凝聚人心

习近平总书记曾指出:"我们要全面建成小康社会和实现社会主义现代化,有许许多多的重大问题需要进行战略谋划。"2012 年 11 月,习近平总书记在参观"复兴之路"展览时,提出了实现中华民族伟大复兴的"中国梦",在十二届全国人大一次会议上的讲话中更是全面系统地阐述了这个思想,在出访俄罗斯、非洲国家和出席亚洲博鳌论坛等讲话中又进一步作了论述。每一时代的理论思维,都是一种历史的产物。"中国梦"的提出,既饱含着对近代以来中国历史的深刻洞悉,又彰显了全国各族人民的共同愿望和宏伟愿景,是在实现两个一百年的宏伟奋斗目标基础上,推进实现"中国梦"的新的战略思想。以习近平同志为总书记的党中央,从顶层设计的战略高度,用"中国梦"阐述了科学社会主义在新的历史条件下的新特征,就如何在社会主义初级阶段的背景下实现中华民族伟大复兴、在发展中国家的基础上建设现代化、在 13 亿多人口的国度中实现共同富裕、在以西方为主导的世界格局中实现大国的和平发展等方面的问题作了全面概括和回答。"中国梦"为坚持和发展中国特色社会主义打开了新的视野,已经成为新一届政府的行动纲领和施政目标,已经成为凝聚全党全国各族人民团结奋斗的一面旗帜。

习近平总书记指出:"实现中华民族伟大复兴的中国梦,就是要实现国家富强、民族振兴、人民幸福。"这就告诉我们,民族复兴的中国梦,在本质内涵上与社会主义现代化的奋斗目标是高度统一的,呈现出鲜明的时代特征:一是突出综合国力,只有实现国家富强才能屹立于世界民族之林;二是突出人民民主,要实现党的领导、人民当家作主、依法治国的有机统一;三是突出文明发展,中华文明要在与其他文明的借鉴、竞争中彰显生机活力、绽放时代光彩;四是突出社会和谐,只有社会和谐稳定才能实现人的全面自由发展;五是突出生态环境,要顺应时代潮流发展生态文明、建设美丽中国;六是突出团结奋进,要汇集党内外、国内外一切力量,在实现共同梦想征程上同心同德、群策群力;七是突出幸福目标,中国梦归根到底是人民的梦,必须提升人民的幸福指数;八是突出和平崛起,高举和平、发展、合作、共赢旗帜的中国,必将对人类和平与发展作出新的更大贡献。梦在前方,路在脚下。习近平总书记强调,"实现中国梦必须走中国道路,必须弘扬中国精神,必须凝聚中国力量。""鞋子合不合脚穿着才知道。"中国特色社会主义道路,是一条经过 90 多年艰辛探索、为 30 多年成功实践所证明的符合中国国情的道路,是一条给中国带来巨大发展成就的正确道路。因此,必须增强对中国特色社会主义的理论自信、道路自信、制度自信,坚定不移沿着这条道路奋勇前行。同时,要大力弘扬民族精神和时代精神,促进全国各族人民大团结,为实现中国梦提供强大的内在动力。

二、"治大国若烹小鲜"——强调对党、对人民、对历史高度负责的执政态度和治国理念

习近平总书记在接受金砖国家媒体联合采

访时说:“这样一个大国,这样多的人民,这么复杂的国情,领导者要深入了解国情,了解人民所思所盼,要有‘如履薄冰,如临深渊’的自觉,要有‘治大国如烹小鲜’的态度。”“治大国若烹小鲜”,语出老子《道德经》第六十章。“小鲜”,即“小鱼”。唐玄宗曾对这一名句作过诠释:“烹小鲜者,不可挠,治大国者不可烦,烦则伤人,挠则鱼烂矣。”在中国的文化传统中,管理向来被视为一种智慧,它的最高目标是艺术化。“治大国如烹小鲜”,象征的就是一种高超的治国艺术,是中华民族独有的治国理政经验。从字面上理解,就是:治大国就像烹鱼鲜,油盐酱醋料调放、火候把握要恰到好处。“烹小鲜”彰显了一种积极却不激进的进取。这样的治国之道从古代延续下来,放置在中国现实的语境中仍然适用。

改革开放以来,中国经济高速发展了30多年,发展中产生的问题以及长期累积的困难不少。面对13亿多人口、经济发展进入“深水区”、诸多矛盾共存的发展重要时期,习近平总书记坦言国家的真实情况,引用《道德经》的“治大国若烹小鲜”,强调既不能操之过急,也不能松弛懈怠,才能把事情办好,道出了人民内心的期待,也作出了明确的政治表态。第一,就是要常怀“如履薄冰,如临深渊”的危机感,永不懈怠。“烹小鲜”要求小心专注。当前我国正处在社会转型时期,情况复杂,矛盾交织,既有尚未化解的老问题,更有不断出现的新问题,改革中较容易的领域已经完成,只剩下需要攻坚的任务,改革的深度推高了工作难度,怎样平衡改革发展稳定三者关系,从上到下都需要投入严谨细致的调研谋划,继续“摸着石头过河”,切实找准规律、把握好度,促成整个社会和谐共进。第二,就是做工作不能过头,也不能缺位。“烹小鲜”需要对火候、味道精细掌控,张弛有度进行安排,这体现了一种“无为而为”的辩证思想。小政府,而后才会有大管理。十八大报告指出:继续简政放权,推动政府职能向创造良好发展环境、提供优质公共服务、维护社会公平正义转变。简政和放权,前者是“有所为”,后者是“有所不为”,凸显了我们党对新的历史条件下社会管理规律的深刻理解。第三,就是不折腾,不劳民,多干实事。“烹小鲜”不能多搅动翻腾。具体到治国理政,就是要防止“情况不明决心大,稀里糊涂办法多”,拍脑袋决策、凭感觉折腾,以致政令频出、朝令夕改,而是要把主动权交给人民,多体察民心民意,既保证政策的合理性,又保持政策的坚韧性。第四,就是以严谨细致的态度对待每件事,不马虎,敢担当。“烹小鲜”是小事也是难事。这也是提醒我们各级领导干部,要以对党、对人民、对历史高度负责的态度,时刻保持清醒的头脑,认真地做好每一件事情,尽量做到决策不失误。

三、“踏石留印、抓铁有痕”——强调要以良好的精神状态加强和改进作风建设

作风建设,是党的建设永恒的主题。从“三大作风”到“两个务必”,从“八个坚持”到“四个大兴”,长期以来,我们党始终从关系党的形象、关系人心向背、关系党和国家生死存亡的战略高度,重视并不断加强党的作风建设。“作风上的问题绝对不是小事”。习近平总书记在十八届中央纪委二次全会上指出,作风建设“要以踏石留印、抓铁有痕的劲头抓下去,善始善终、善做善成,防止虎头蛇尾,让全党全体人民来监督,让人民群众不断看到实实在在的成效和变化”。新一届中央领导集体执政伊始,就顺应人民群众对党风廉政建设的新期待,作出了关于改进工作作风、密切联系群众的“八项规定”,并采取了一系列重要措施。好作风只能在从严治党中形成,在党建实践中铸就。“踏石留印、抓铁有痕”八个字,斩钉截铁,掷地有声,向全党发出了扎实深入推进作风建设,以良好作风正党风、纠政风、转民风的时代强音。

作风问题,说到底是一个事业观、工作观、政绩观的问题。作为党的领导干部,必须自觉加强党性锻炼,严肃认真、坚定自觉地抓好作风

建设。一是要有一股真抓真改的冲劲。抓作风既是思想问题，也有工作方法问题。只有着眼全面加强思想作风、学风、工作作风、领导作风、干部生活作风建设，紧紧扭住那些主要矛盾、关键环节和突出问题，把心思和精力用在抓落实上，以“人一之，我十之；人十之，我百之”的魄力，加大“治庸、治懒、治散”力度，才能确保作风建设要求逐项落地、取得实效。二是要有一股敢于“碰硬”的狠劲。抓作风是一个需要付出艰辛努力的过程。无论“踏石”还是“抓铁”，实质上都是“碰硬”。只有增强“敢抓”的意识，动真碰硬、严查严纠，对不良现象“亮剑”，敢于打破陈旧的经验、过时的套路、失效的做法，才能切实根除作风建设中的“顽症”。三是要有一股锲而不舍的韧劲。作风问题具有顽固性和反复性，抓作风建设既是苦功夫也是长功夫，能否打消干部群众对改作风的疑问，能否使各级干部的作风有一个深刻转变，关键就看能否持之以恒、持久发力。如果不能坚持下去，抓一抓、松一松，虎头蛇尾，最终就会失信于民。只有以坚定的决心与毅力真改实转，让人民来监督，让群众看到变化，让百姓得到实惠，才能使党和群众的血肉联系更加紧密，使党执政的根基更加牢固。

四、“打铁还需自身硬”——强调要加强党的执政能力建设，永葆党的先进性和纯洁性

最朴实的话语最有力量。“打铁还需自身硬”，是习近平总书记面对各国媒体反复提及的一句中国传统白话，无论是新一届政治局常委记者见面会，还是赴基层调研，都多次强调，得到社会各界乃至国际媒体的高度关注。这是对党的执政经验的总结。治国在政，为政在人。邓小平同志曾说过：“党是整个社会的表率，党的各级领导同志又是全党的表率。”一个以身作则、率先垂范的领导干部、领导班子能让人民群众看到希望与方向，充满信心和力量。这是党中央发出的警示之声。“打铁还需自身硬”，最直接的含义是我们自身还不够硬，必须坚持党要管党、从严治党，从我做起、从现在做起、从身边的事情做起，切实解决存在的突出问题。这是对全体人民作出的庄严承诺。习近平总书记指出，“我们的责任，就是要团结带领全党全国各族人民，接过历史的接力棒，继续为实现中华民族伟大复兴而努力奋斗。”面对新时期的重大使命，面对人民群众对美好生活的新期盼，要求我们党必须不断提高领导力、战斗力和驾驭复杂局面的能力。

“打铁还需自身硬”，形象地点出了当前党所面临的挑战，指明了8300多万共产党员努力的方向。一是政治上要过硬。就是要始终坚定政治立场，坚决拥护党的领导，服从中央决策部署，确保中央政策执行不走样、不走过场，做一个政治上靠得住的人；始终做到大局为重、人民利益为重，勇挑重担、勇担责任，真心为民谋福祉，真情为民办实事，对党和人民高度负责。二是思想上要过硬。一个政党只有不断解放思想并自我净化，才能保持生机和活力。正如习近平总书记所指出的，“党内还存在着许多亟待解决的问题，尤其是一些党员干部中发生的贪污腐败、脱离群众、形式主义、官僚主义等问题，败坏了党的形象。”思想过硬，要求所有党员干部树立正确的人生观、价值观和权力观，始终保持务实、廉政、为民的作风，常怀律己之心、常思贪念之害、常修为政之德，经得起各种考验，做到“政治清白、思想清明、工作扎实，做事干净”，在本职岗位上作出无愧于党和人民的业绩。三是能力上要过硬。实现党的十八大提出的各项目标任务，应对复杂多变的国际形势，把握改革发展稳定大局，做好方方面面的工作，对党员干部的本领提出了新的要求。素质和能力，来自勤恳的学习、实践的磨砺。习近平总书记指出：“好学才能上进。中国共产党人依靠学习走到今天，也必然要依靠学习走向未来。”只有坚持不懈乐学、博学、善学，才能熟练掌握并正确运用党的基本理论、国家法规政策和工作方法技能；只有发扬理论联系实际的马克思主义学风，带着问题学，拜人民为师，学以致

用、学用相长,才能真正成为领导科学发展的行家里手。

五、"空谈误国、实干兴邦"——强调以求真务实的态度不断深化改革、推动发展

实干是连接认识与实践的一座桥梁。反对空谈、强调实干、注重落实,是我们党的一个优良传统。2012 年 3 月,习近平同志在文章《关键在于落实》中曾指出:"'空谈误国,实干兴邦'这是千百年来人们从历史经验教训中总结出来的治国理政的一个重要结论。"党的十八大将"求真务实"写进《党章》,确定为党的思想路线的重要组成部分。十八大后,习近平总书记在参观《复兴之路》展览时再次强调,"实现中华民族伟大复兴是一项光荣而艰巨的事业,需要一代又一代中国人共同为之努力。空谈误国,实干兴邦。""空谈误国,实干兴邦"最早是由邓小平同志在 1992 年视察南方途中提出来的。我国改革开放 30 多年的实践充分证明了这个真理。在我国改革开放已进入攻坚期、全面建成小康社会进入决定性阶段的今天,习近平总书记再次强调这一口号,就是要求全党同志在党的十八大精神引领下,牢记"两个务必",求真务实、攻坚克难、开拓创新,为实现伟大中国梦而努力奋斗。

历史从来不是空洞的言语。在民族复兴之路上,能留下怎样的印迹,关键取决于踏踏实实地干了些什么。落实"空谈误国,实干兴邦"的要求,首先要坚定信念不动摇。当前我国正处于社会转型期,不同利益互相缠绕、不同观念互相碰撞,出现这样那样的矛盾与问题在所难免。习近平总书记在论述改革开放前后两个历史时期的关系时明确提出:"不能用改革开放后的历史时期否定改革开放前的历史时期,也不能用改革开放前的历史时期否定改革开放后的历史时期。""两个不能否定",对于把全党全国人民进一步团结凝聚在中国特色社会主义伟大旗帜之下,更好地开辟未来,具有重大意义。党的十八大对党和国家各项事业作出了全面部署,目标十分明确,关键在于落实。唯有坚持不动摇、不懈怠、不折腾,坚定不移地推进改革开放、走中国特色社会主义道路,就一定能够实现既定目标。第二,要树立正确的务实观。"务实"与"形式主义"格格不入,也绝不是强调主观的"实用主义"和"识时务"的庸俗观,其本质内涵在于"不唯书、不唯上、只唯实"。有的地方工作看似落实了,实际并未落实。如以会议落实会议,以文件落实文件;不讲大局,只选有利于一时一地一己的工作落实;抓工作不是为了见成效,而是为了做给上级看;上面抓一项落实一项,不作全面统筹整体部署等,都不是抓工作应有的态度。每一个当下,都将成为历史。正如李克强总理所指出的,"改革贵在行动,喊破嗓子不如甩开膀子","不干可能不犯错,但要承担历史责任。"广大党员干部只有把心思放在干实事上,把作风转到干实事上,把能力用在干成事上,才能真正无愧于历史、无愧于人民。第三,要用创新的精神推动务实。马克思主义强调,我们的行动"不是从原则出发,而是从事实出发"。将主观与客观、理论与实践相统一,坚持上级精神与本地实际相结合,是求真务实的内在要求。只有用开放的思维、宽广的视野和预见性的眼光,不断研究新情况、积累新经验,实现工作思路、工作方法的与时俱进,科学施策干、尊重规律干,围绕大局干、依靠大家干,才能真正做到改革有新突破,开放有新局面,发展有新境界。

六、"夙夜在公,勤勉工作"——强调要始终保持强烈的事业心责任感,勤勤恳恳、全心全意为人民服务

夙夜在公,语出《诗经·召南·采蘩》"被之僮僮,夙夜在公",意思是夜以继日地勤于政事公务。中华民族历来就有"敬业乐群"、"恪尽职守"的传统美德。"业精于勤荒于嬉"。夙夜在公,宣扬的是一种恭敬严肃、认真负责、任劳任怨、踏实奉献的态度,体现的是一种勤奋、

刻苦和谨慎的作风，彰显的是一种珍惜生命、珍视未来的人生观念。在新一届中央政治局常委与中外记者见面会上，习近平总书记强调："我们一定要始终与人民心心相印、与人民同甘共苦、与人民团结奋斗，夙夜在公，勤勉工作。"在十二届全国人大一次会议上，当选为国家主席的习近平同志发表讲话时说："我将忠实履行宪法赋予的职责，忠于祖国，忠于人民，恪尽职守，夙夜在公，为民服务，为国尽力。"习近平同志两次履新都用"夙夜在公"回应人民的期待和信任，表达出一种强烈的使命感和责任感，体现了我们党将始终坚持为人民服务的决心。

毛泽东同志在1939年的延安庆贺模范青年大会上，以"永久奋斗"为讲话标题，号召全体共产党员、模范青年把革命进行到底。在新任政治局常委与记者见面会上，习近平总书记也提到了"有限"和"无限"的问题，即"个人的工作时间是有限的，但全心全意为人民服务是无限的。""夙夜在公，勤勉工作"与"永久奋斗"的号召在思想内涵上一脉相承，对于当代共产党人承前启后、继往开来，继续朝着中华民族伟大复兴的目标奋勇前进，具有重要的教育启迪意义。一是要增强发展的危机感。党的十八大以来，我国经济社会发展继续阔步前进，但仍面临着突破改革的难关险隘、破解民生的重点难点、经受执政党建设中的危险考验等硬任务。加上全球化竞争日趋激烈，不进则退，慢进也是退。这就要求广大党员干部居安思危，始终保持不骄不躁、奋发有为的精神状态，凝神聚力，团结一心，不断创造新的业绩。二是要增强时间的紧迫感。当前，我们比以往"更加接近实现中华民族伟大复兴的目标"，能否"百尺竿头，更进一步"，取决于现实的作为。这就要求我们以只争朝夕、时不我待的精神状态干工作、抓落实，多深入实际、深入改革发展一线，多做一些实事，多出一些成果，真正把发展推向前进。三是要增强工作的责任感。"责任重于泰山，事业任重道远。"对于党员干部来说，权力就是责任，在其位就要谋其政。这就要求对于干事创业要有食不甘味、寝不安席的高度自觉，要有一日不为、三日不安的责任担当。要以党的好干部焦裕禄、杨善洲、沈浩、李林森等时代先锋和楷模为榜样，爱岗敬业、勤勉工作，锐意进取、敢于拼搏，努力向历史、向人民交一份合格的答卷。

七、"人民是力量源泉"——强调要始终保持党同人民群众的血肉联系，坚持不移地走群众路线

"一切为了群众，一切依靠群众，从群众中来，到群众中去"的群众路线，是党的一切工作的根本路线，贯穿于我们党产生、发展、成熟的全部历史过程。毛泽东同志说过："共产党的路线，就是人民的路线。"邓小平同志告诫全党："一个党和它的党员，只有认真地总结群众的经验，集中群众的智慧，才能指出正确的方向。"江泽民同志指出："联系群众，宣传群众，组织群众，团结群众为实现自己的利益而奋斗，这是我们党的根本力量和优势所在。"胡锦涛同志指出："科学发展观核心是以人为本。我们党的一切奋斗和工作都是为了造福人民。"近年来，中央反复强调，密切联系群众是我们党的最大政治优势，脱离群众是我们党执政后的最大危险。习近平总书记在十八届中央政治局第一次集体学习时指出："密切党群、干群关系，保持同人民群众的血肉联系，始终是我们党立于不败之地的根基。"这是对我国革命、建设和改革经验的深刻总结，是对马克思主义群众观实践价值的重申强调。

党的群众路线关系党的事业的兴衰成败，任何时候都必须牢牢坚持。党的十八大报告提出，要围绕保持党的先进性和纯洁性，在全党深入开展以为民务实清廉为主要内容的党的群众路线教育实践活动。当前，党要长期执政所面临的考验、面对的危险，社会结构和社会环境的深刻变化，都对进一步贯彻落实好群众路线提出了新的更高要求。一是把提高做群众工作的水平作为"第一能力"。习近平总书记在天津

调研时指出，“做实际工作情商很重要，更多需要的是做群众工作和解决问题能力。”这就要求善于研究和把握群众工作的特点和规律，大力提高自身政治理论素质，增强服务群众的本领。要形成较强的决策能力，坚定不移地执行好党的路线、方针、政策；具有较强的组织协调能力，带领群众改革发展，能够应对复杂局面、破解各种难题；培养较强的思想政治工作能力，善于用法律的、行政的、经济的和思想教育的手段处理新形势下的人民内部矛盾等。二是要把体察民情、倾听民声作为“第一责任”。“安民之要，在于察其疾苦”，“为政，通下情为急”。历史表明，只有体察老百姓的苦乐好恶、是非利害，才能真正施惠民之政，行益民之举。因此，做好群众工作，必须接地气、通下情，做群众的“知心人”、“贴心人”、“暖心人”。要坚持深入群众、深入基层、深入调查研究，拿出更多时间精力到一线去、到条件较差和情况复杂的地方去，了解群众所思、所虑、所盼，掌握基层热点、难点和焦点，常思富民之策，常做利民之事，常兴为民之举，切实使民情民意在一线掌握、党群干群关系在一线密切。三是要把群众满意作为“第一标准”。“权为民所用，情为民所系，利为民所谋”，这是党对各级干部的基本要求，也是人民群众的殷切期盼。衡量工作得失，评价政绩大小，从根本上说只有一个判断标准，就是看人民群众的生活水平是否不断提高、合法权益是否得到切实维护。因此，作为领导干部，必须清醒地认识“我是谁、为了谁、依靠谁”这一基本问题，站稳群众立场，围绕为人民谋利益、为人民创政绩，使各项决策和各方面工作符合实际情况、符合客观规律、符合人民意愿，以为民务实清廉的良好形象赢得民心，以惠民安民富民的工作实绩接受历史的检验。

八、“政贵有恒”——强调要发扬“钉钉子”的精神，树立“功成不必在我”的历史观、发展观、政绩观

今年3月，习近平总书记在参加十二届全国人大一次会议上海代表团的审议时，提出了一个意蕴深远的命题，即“发扬钉钉子的精神”。钉钉子往往不是一锤子就能钉好的，而是要一锤一锤接着敲，才能把钉子钉实。并且只有钉下一颗再钉一颗，不断钉下去，才能管住长远。干事业就好比钉钉子。有了好的发展机遇和条件，明确了发展的方向，就需要沿着目标久久为功、坚持不懈。4月初在海南考察时，习近平总书记反复用持之以恒、锲而不舍等词汇，强调抓发展、抓民生、抓作风要一以贯之、一抓到底，都体现了这种“钉钉子”的工作理念。《尚书》有言：“政贵有恒。”党和人民九十多年奋斗的历程也充分证明，无论顺境还是逆境，只要始终坚守崇高理想、保持坚定信念，一代接着一代、一步一个脚印地干下去，宏伟目标就一定能实现。

中国特色社会主义是前无古人的伟大事业，需要一代又一代人“发扬钉钉子精神”。正如习近平总书记曾指出的：“领导干部在抓落实过程中，还要有‘功成不必在我任期’的理念和境界”，“不贪一时之功、不图一时之名，多干打基础、利长远的事。”“功成不必在我任期”，反映的是一种淡定从容的执政心态，本质上是科学的历史观、发展观和政绩观。实践“功成不必在我任期”的要求，首先是要有接续发展的胸襟。“言多变则不信，令频改则难从。”一个地区的工作和政策，应当保持连续性和稳定性，特别是有些工作本身就需要持续推进才能见出成效，比如人才建设、文化建设、社会建设等。对于继任者来说，要有“新官理旧账”的胸怀，只要前任的决策正确、政策对路、规划科学，就应充分尊重，做到有头有尾、善始善终，而不应该急于为“立言、立功”推倒重来、提新口号、搞新规划、上新工程。这样不仅可以避免急于求成激化矛盾，更能够真正赢得干部群众的认可。二是要有功在千秋的远见。建设工程中有个“赶工期”的现象，结果往往造成“豆腐渣”工程。在一些领导干部当中，也存在着一种“赶任期”的现象，不少“政绩工程”的背后就是这

种心态在作祟。“政绩为谁而树，树什么样的政绩”，体现着不同的人生境界和价值追求。习近平总书记曾强调，“要按照实际情况决定工作方针，不提不切实际的口号，不提超越阶段的目标，不做不切实际的事情。”对于党的领导干部而言，在任期内，要处理好“显绩”和“潜绩”的关系，既注重近期效益，更致力于长远发展，多做“铺路石”的工作，甘为发展铺路，不断促转型、增后劲；甘为改革铺路，坚持打基础、夯基层；甘为稳定铺路，切实惠民生、促和谐。三是要有“工”在当代的担当。倡导“功成不必在我任期”，淡化的是一朝一夕的政绩得失，但绝不是降低工作标准和要求，成为不做工作、不抓落实的“挡箭牌”。今天的工作今天做，当前的任务当前来完成。尤其是进入改革深水区、矛盾凸显期，攻坚克难的任务更加繁重。越是这个时候，越需要各级领导干部从具体细微的基础性工作入手，从事关群众长远利益的事情入手，从制约经济社会发展的体制机制问题入手，坚持在继承中创新，从源头、根本、长远上拿出治本之策，耐心踏实地啃好每一根“硬骨头”，把好事办好、把实事办实，真正为人民群众带来长远的福祉。

（作者：中共浙江省委宣传部常务副部长）

第六部分

纪念毛泽东同志诞辰 120 周年

宝贵的精神财富　伟大的领袖风范

——回忆毛泽东同志藏书和文稿整理保管工作

王　刚

我在担任中共中央办公厅主任前后，负责和分管档案工作有 18 年的时间。在这期间，档案工作经历了一些值得回忆的往事，其中最难忘的是组织参与毛泽东同志藏书和文稿整理保管工作。通过这项工作，我进一步加深了对毛泽东同志思想理论、丰功伟绩和领袖风范的敬仰之情，受到了一次终生受益的教育。

（一）

毛泽东同志一生酷爱读书。青年时代，他就孜孜不倦，博览群书。革命战争年代，尽管戎马倥偬，但他总是千方百计搜集各种书籍报刊来阅读。新中国成立后，他有了更好的条件可以读书。几十年来，毛泽东同志阅读和收藏了大量书籍，从马列经典到文史典籍，从社会科学到自然科学，囊括古今中外，纵横经史子集，涉及哲学、经济、政治、军事、文艺、历史、科技、宗教等领域。其中大量书籍有毛泽东同志的亲笔批注，这既是毛泽东同志读书生活的真实记录，也反映了毛泽东同志读书时的深刻思考，是研究毛泽东思想的珍贵历史资料。

1988 年底，根据中央指示，中央办公厅决定将毛泽东同志藏书移交中央档案馆保管。为此，中央档案馆抽调专门人员组成了毛泽东同志藏书管理组，来到中南海丰泽园，开始对藏书进行整理。

1990 年 9 月，我到中央档案馆工作后，在原来安排的基础上，把毛泽东同志藏书整理工作作为一件大事来抓。我常到丰泽园现场了解情况、参与工作，要求大家以高度的政治责任感和历史使命感，认真细致保护好每一本书，记录好每一处眉批，为党和国家留下珍贵资料。

1992 年 7 月 15 日，江泽民同志来到丰泽园，了解故居管理情况。他用很长时间，仔细看了毛泽东同志做过眉批的藏书，同时还翻阅了历史、哲学、古诗词等方面的书籍，高度评价了毛泽东同志博大精深的学识和刻苦读书的精神。他对工作人员说：毛泽东同志的藏书是我们党的一笔宝贵财富，我们一定要整理好、保管好，并加强对毛泽东同志读书眉批的研究。当时中央办公厅主任温家宝同志和不久接任的曾庆红同志，要求档案部门认真贯彻江泽民同志指示，把毛泽东同志藏书整理保管工作有组织有计划地进行下去；利用现代化的保存手段、科学的管理方法，把毛泽东同志藏书长久保存好。

1993 年初，考虑到丰泽园的温度湿度不符合图书长期保管的要求，而档案库房恒温恒湿保管条件好，经中央办公厅批准，我们计划在原来整理的基础上加快工作进度，争取年内全部完成毛泽东同志藏书整理工作。整理工作按照中国图书分类法进行分类、编目，对每册藏书都加以著录、打号、贴标签，把毛泽东同志批注、圈划的图书进行复制，将破损的书籍进行修复。由于时间紧、任务重，我们制定了严格的工作程序和进度表。那段时间，大家经常晚上和周末加班加点，付出了不少辛劳。我们还把工作人员的家属请到中南海，参观毛泽东同志故居，向其介绍藏书情况，说明做好这项工作的重要意义，得到了家属们大力支持。在丰泽园的日子里，参与藏书整理的同志们了解到毛泽东同志生前日常生活异常节俭，特别是看到老人家穿了很多年、补了又补的睡衣时，心灵受到了极大震撼，大家怀着更加崇敬的心情投入到工作中。通过努力，藏书整理工作在毛泽东同志诞辰

100周年前夕顺利完成。大家以实际行动,表达了对毛泽东同志的深切缅怀之情。经过整理,毛泽东同志藏书的总数为96473册,并编印了《毛泽东藏书目录》。

1995年5月,我们把藏书从丰泽园转移到中央档案馆库房。按中央办公厅批准的方案,对移送的藏书实行"原貌保存",强调毛泽东同志藏书顺序不能打乱,丰泽园里200多个书柜的原来位置、摆放顺序要有文字记录和现场录像,搬到档案馆库房仍是原顺序。这就要求工作更细致,不能出差错。参与藏书移送的同志们做了大量工作,大家对每一柜藏书进行拍照和录像,依原样绘制书柜位置平面图并作文字说明。这些书籍运至中央档案馆后,经过仔细检查,藏书和书柜没有任何损坏。这一工作为毛泽东同志藏书的长久保管和利用打下了良好基础。

读书是毛泽东同志工作生活的重要组成部分,贯穿了他的一生,这是大家从毛泽东同志藏书整理工作中得到的深刻体会。早在学生时期,他就"颇有奋发踔厉之概,从早至晚,读书不休"。在硝烟弥漫的革命战争年代,他仍然抓紧时间读书。全国解放后,他多次对身边工作人员说,"我一生最大的爱好就是读书","饭可以一日不吃,觉可以一日不睡,书不可以一日不读"。特别是到了晚年,老人家视力严重下降,但他仍然坚持读书,一本一本看,一页一页读。仅从1972年底到1976年,他就先后看完了129种数百万字的书籍和刊物。毛泽东同志在为中国人民不懈奋斗的光辉一生中,表现出了伟大领袖坚定不移的革命信念、高瞻远瞩的政治远见和杰出高超的领导才能,这正是源于他的勤奋学习和丰富实践。我们要认真学习毛泽东同志酷爱读书、热爱学习的优秀品质,博览群书、博采众长的宽广胸怀,勤于思考、敏于实践的深邃智慧,真正做到爱读书、善读书、读好书,不断增长知识、增进智慧、增强本领。

(二)

毛泽东同志非常喜欢读史书,所以在他所藏书籍中,历史书籍占了很大比重,而其中最为引人注目的一套书,就是清乾隆武英殿版的线装本《二十四史》。这是身边工作人员根据他的要求,在1952年专门添置的。毛泽东同志非常喜欢这部《二十四史》,可以说是走到哪、带到哪、读到哪,24载风雨相随、朝夕相伴。它在毛泽东同志藏书中占有很重要的位置。这部浩瀚的历史长卷,有850册、3700多万字,记载了我国从黄帝时代到明朝崇祯十七年长达4000多年的历史,就是粗粗从头到尾看上一遍,也是极费时力的。毛泽东同志不仅通读了全书,而且对其中的很多章节反复读了多遍,留下大量的批注、圈划和评语。其批注、圈划和评语之多,思考问题之深,令人叹服。而这些批注、圈划和评语,也成为研究毛泽东思想的重要文献,弥足珍贵。

为了便于世人了解和学习毛泽东同志评点《二十四史》,我们以馆藏原书为底本,影印出版了《毛泽东评点二十四史》。这套书有13万页,编辑出版的工作量非常大。为了确保出版质量,我们邀请了中央文献研究室和中央档案馆的几十位专家学者及技术人员来做这项工作。这些同志靠着长期积累的知识功底和刻苦钻研的精神,找来各种工具书和各种版本的《二十四史》作参照,发现并纠正了原书160余处印装方面的错误,逐页逐字、全面准确地校核了毛泽东同志评点的所有内容。最后用数码技术拍照制版,制成可供影印的胶片。经过一年多时间的努力,1996年5月,《毛泽东评点二十四史》精装本由中国档案出版社正式出版;同年9月,线装本由线装书局正式出版。《毛泽东评点二十四史》具有重要的文献价值、思想价值和学术价值,特别是它对于学习研究毛泽东思想、弘扬中华民族优秀传统文化等都具有重要意义。该书一问世,就受到了广泛关注和欢迎。

1997年10月底,江泽民同志访问美国。根据日程安排,有一项重要活动是到哈佛大学演讲。江泽民同志决定将《毛泽东评点二十四史》作为礼品赠送给哈佛大学。11月1日，江泽民同志到哈佛大学发表演讲，生动介绍了中国五千年的灿烂文明史、历史文化传统和改革开放的伟大成就，将一个团结统一、独立自主、爱好和平、自强不息的中华民族形象展现在世界面前，他充满智慧和幽默的演讲博得在场师生阵阵热烈的掌声。江泽民同志最后说，“哈佛大学一向重视对中国的研究”，“为了有助于研究中国的历史和现实，我愿向贵校赠送一套新出版的《毛泽东评点二十四史》。二十四史是记载中国几千年历史的重要典籍。毛泽东先生一生对二十四史做过许多评点和批注，为认识中国的历史和吸取历史经验，留下了丰富的思想遗产。”哈佛大学校长代表全校师生非常高兴地接受了这份珍贵的礼物。

重视对历史的学习和对历史经验的总结与运用，以马克思列宁主义为指导，坚持从中国实际出发认识和把握历史规律，坚持从丰富的实践探索中找到前进方向和正确道路，是毛泽东同志领导中国革命和建设的重要方法，也是我们党90多年来不断发展壮大、从胜利走向胜利的重要经验。我们要从毛泽东同志阅读历史、评点二十四史的故事里，深入学习他尊重历史、热爱读史的自觉意识，研究历史、总结历史的辩证方法，以史为鉴、把握规律的深邃思想，着眼于我国改革开放和现代化建设实际，认真学习历史，深入总结经验，积极探索规律，与时俱进发展中国特色社会主义。

（三）

毛泽东同志一生写下许多不朽的光辉篇章，留下大量极为珍贵的手稿，这是一笔宝贵的精神财富。1981年6月，党的十一届六中全会通过《关于建国以来党的若干历史问题的决议》，科学评价了毛泽东同志和毛泽东思想的历史地位。我们党明确指出，毛泽东思想是被实践证明了的关于中国革命和建设的正确的理论原则和经验总结，毛泽东同志的科学著作是它的集中概括。

中央档案馆保存着4万多件毛泽东同志的文稿，专门建立了“毛泽东全宗”，加强对毛泽东同志所有文稿的管理。这些文稿时间跨度长、种类多，包括毛泽东同志的文章、批示、指示、讲话提纲、批注、书信、诗词、手书等，涵盖了毛泽东同志各个时期各种类别的文稿。比如最早的一件是1912年毛泽东同志青年时代写的一篇作文《商鞅徙木立信论》，最晚的一件是1976年6月28日毛泽东同志写的“国内问题要注意”。毛泽东同志历来强调做工作要自己动手，他曾明确要求领导干部向中央报告工作时，要“自己动手，不要秘书代劳”。毛泽东同志自己更是以身作则，作出了表率。在1948年9月至1949年1月三大战役期间，毛泽东同志亲笔起草的电报就多达数百件，有时一天近10件，展现了毛泽东同志伟大战略家、军事家的雄伟气魄和炉火纯青的战略战术，真可谓“运筹帷幄之中，决胜千里之外”。

为了尽可能收集全毛泽东同志文稿，中央曾多次通过有关部门下发文件，在全国范围征集毛泽东同志文稿。中央档案馆现存的毛泽东同志文稿有一部分就是从全国收集上来的。比如，1963年11月，毛泽东同志接见范文澜、冯友兰、高亨等10位学者，与山东大学教授高亨亲切交谈时，询问了他的学术研究情况。高亨先生十分高兴，回山东后就将他的专著《周易古经今注》、《诸子新笺》等寄给毛泽东同志。1964年，高亨先生在学习新版《毛泽东诗词》后，有感而发，写下了曾在当时广为流传的《水调歌头》一词，寄给毛泽东同志。这首词写道：“掌上千秋史，胸中百万兵。眼底六洲风雨，笔下有雷声。唤醒蛰龙飞起，扫灭魔炎魅火，挥剑斩长鲸。春满人间世，日照大旗红。抒慷慨，写鏖战，记长征。天章云锦，织出革命之豪情。细检诗坛李杜，词苑苏辛佳什，未有此奇雄。携卷登山唱，流韵壮东风。”我们听说当时毛泽东同志亲笔回了信，但档案没有记载。在全国文稿征集过程中，终于通过高亨先生收集到了毛泽东同志回信的原件。毛泽东同志亲笔回信，既体现了一位伟大领袖对人民群众的深厚感情，也是一幅难得的书法佳作，原文如下："高亨先生：寄书寄词，还有两信，均已收到，极为感谢。高文典册，我很爱读。肃此。敬颂安吉！"我们收藏了原件后，精心复制了一份送给高亨先生收藏留念。

胡锦涛同志非常关心档案工作。1995 年、1999 年，他分别会见全国档案工作会议代表，强调档案是人类活动的真实记录，是人们认识和把握客观规律、促进各项事业持续发展的重要依据，要努力采用现代化手段，确保档案得到安全保管和科学利用。毛泽东同志文稿作为最珍贵的馆藏档案，长期以来一直是档案部门的保管重点。经过多年的研究摸索，对毛泽东同志文稿原件的保存，既采取我们自己独特的传统做法，又运用了一些现代技术手段，全部实现了计算机管理。还安排专人对档案原件定期进行检查，对纸张变化情况做好记录，发现问题及时解决。中央档案馆历任馆长和许多专门负责保管的同志都作出了贡献。1996 年 9 月，第十三届国际档案大会在北京召开。大会结束后，我作为中国档案部门负责人和新当选的国际档案理事会主席，请国际档案理事会前任主席瓦洛和 130 多个国家、地区的档案机构负责人以及 2600 多位代表到中央档案馆参观。他们看到我们的档案保管得这样好，深表钦佩。

毛泽东同志文稿的收集和保管，为学习、研究和宣传毛泽东思想发挥了重要作用。1987 年 7 月，中央文献研究室编辑出版《建国以来毛泽东文稿》1—13 册，编入毛泽东同志建国后的手稿、讲话、谈话和文章，其中大量采用了中央档案馆提供的毛泽东同志文稿。1991 年 6 月，根据中央决定，在建党 70 周年前夕修订出版《毛泽东选集》1—4 卷（第二版），中央档案馆提供了毛泽东同志文稿。没有收入选集的文稿，经中央批准，由中央文献研究室负责编辑《毛泽东文集》，按文稿时间顺序分卷编排，从 1993 年毛泽东同志诞辰 100 周年时开始，陆续出版了 8 卷。档案部门也加强对馆藏毛泽东同志文稿的研究和利用，先后编辑出版了《毛泽东手书选集》1—10 卷、《毛泽东阅点资治通鉴》、《毛泽东书信手迹选》等一批书籍。1993 年 8 月，为了满足广大书法爱好者学习和研究毛泽东同志书法的需要，我们根据馆藏档案编辑出版了《毛泽东书法大字典》。从毛泽东同志大量手稿中精选出 3094 个单字，然后每个字都选出不同文稿中的多种写法，累计达到 13739 种。毛泽东同志的书法大气磅礴，形神兼备，豪放酣畅，特别是注重兼学并蓄、广采博取，在继承传统的基础上形成了独具特色的"毛体"书法，在中国书法史上树立起崭新的丰碑。《毛泽东书法大字典》系统展示了毛泽东同志的书法风貌，为发展我国书法艺术作出了积极贡献。

时间过得真快，一晃 20 多年过去了。每当回忆起整理毛泽东同志藏书和文稿的日子，仿佛就在昨天，心中充满感慨。我们从藏书整理和文稿保管工作中，深切认识到毛泽东同志的一生是伟大的，我们要永远铭记他为民族独立、国家富强、人民幸福不懈奋斗中建立的丰功伟绩，把他和老一辈无产阶级革命家所开创的事业继续推向前进，不断发展中国特色社会主义。

习近平同志强调，历史是最好的教科书。学习党史、国史，是坚持和发展中国特色社会主义、把党和国家各项事业继续推向前进的必修课。这门功课不仅必修，而且必须修好。要继续加强对党史、国史的学习，在对历史的深入思考中做好现实工作、更好走向未来，不断交出坚持和发展中国特色社会主义的合格答卷。党的十八届三中全会作出《关于全面深化改革若干重大问题的决定》，是全面深化改革的又一次总部署、总动员。我曾经作为工作人员参加了党的十一届三中全会和之前的中央工作会议的服务工作。35 年波澜壮阔的改革开放和社会主义现代化建设取得了巨大成就，中华大地发生了翻天覆地的变化。35 年的改革历程使我深深感到，党的十八届三中全会必将使我们党和国家事业焕发出新的勃勃生机，必将对实现

“两个一百年”奋斗目标、实现中华民族伟大复兴的中国梦产生深远影响。我坚信，全党全国各族人民更加紧密地团结在以习近平同志为总书记的党中央周围，进一步增强道路自信、理论自信、制度自信，以强烈的进取意识、机遇意识、责任意识贯彻落实党的十八届三中全会精神，不管遇到什么样的艰难险阻，都一定能够排除万难，一往无前，不断谱写中国特色社会主义新篇章。

（此文载2013年12月24日《人民日报》）

毛泽东的历史功绩

逄先知

在中国历史上，出现了许许多多的杰出人物，他们对中华民族的发展与进步都作出过这样那样的贡献。毛泽东同志是其中的佼佼者，是一位伟大的马克思主义革命家、战略家、理论家。他把自己的一生都奉献给了中国革命和建设事业，为中国人民和中华民族作出了巨大贡献。我们应当永远铭记毛泽东同志的历史功绩。

创建了一个新中国——中华人民共和国

毛泽东同志同他的战友们领导中国共产党和中国人民，经过长期艰苦卓绝的斗争，经历了多次挫折和失败，克服了千难万险，在几次危急的时刻力挽狂澜，出奇制胜地挽救了革命，最终取得了革命的胜利，创建了新中国。一个黑暗的旧中国，变成一个光明的新中国；一个四分五裂、内乱不已、匪患不绝、民不聊生的旧中国，变成一个强大统一（除台湾等岛屿）和人民安居乐业、各民族平等和睦相处的新中国；一个饱受列强欺凌和宰割、被人称为“东亚病夫”的旧中国，变成一个独立自主、屹立在世界东方的新中国；一个由地主、官僚、买办乃至洋人主宰的旧中国，变成一个由人民当家作主的新中国。谈到这些巨大而深刻的改变，人们首先不能不想到毛泽东同志对党、国家、人民和民族所建立的不可磨灭的历史功绩。正如邓小平同志所指出的：“没有毛主席，至少我们中国人民还要在黑暗中摸索更长的时间。”“没有毛主席就没有新中国”。

新中国的成立不仅在中国近现代历史上是一个翻天覆地的大事件，在中国几千年的历史上也是一个划时代的大事件。它改变了 100 多年来半殖民地半封建的社会，推翻了帝国主义和封建主义的双重压迫和统治，废除了 100 多年来帝国主义在中国的种种特权和延续几千年的封建土地制度，彻底结束了近代以来中华民族的屈辱历史。

毛泽东同志为新中国确立了人民民主专政的国体，并在此基础上建立了一个根本政治制度——人民代表大会制度，两个基本政治制度——中国共产党领导的多党合作和政治协商制度、民族区域自治制度。毛泽东同志又适时地、创造性地用和平的方法实现社会主义的三大改造，建立了社会主义基本经济制度。这些制度是总结了近代以来中国的历史经验、完全根据中国的实际情况制定的，对于坚持和巩固社会主义，充分发扬人民民主，保证国家长治久安，巩固国家统一，实现各阶层、各党派、各民族的大团结，起着决定性的作用。

把中国建设成为一个文明、民主、富强的社会主义现代化国家，使中国走在世界前列，是毛泽东同志不懈奋斗的目标。为了实现这一目标，他从思想上、理论上和实践上进行了艰辛探索。尽管经历了许多困难，也犯过错误、走过弯路，终究在他和其他老一辈革命家领导下，经过中国各族人民的艰苦奋斗，在不到 30 年的时间里，在旧中国遗留下来的一穷二白的基础上，建立起一个独立的比较完整的工业体系和国民经济体系。这一时期，我国经济的发展速度总体说来是相当快的。

毛泽东同志非常重视发展我国的科学技术，特别是尖端科学技术。当我国处于经济困难时期，在国防尖端技术是上马还是下马的关键时刻，他一锤定音：“要下决心，搞尖端技术。”他说：“国防尖端这个东西要切实抓一下，世界上没有这个东西,好像就不是一个国家,人家就不理你。”在他的这个战略思想指导下,我国在发展尖端科技方面取得了突出成就,出了许多重大成果,填补了许多空白,培养了大批科技人才,为此后我国在两弹一星以及航天事业方面取得辉煌成就打下了坚实基础。

作为中华人民共和国的主要缔造者,毛泽东同志时刻高度重视捍卫国家的独立、统一、主权和领土完整,始终不渝地维护中华民族的尊严。他决不允许任何国家侵害中国的安全和尊严。他说:“我们热爱和平。如果有人危害我们的独立,我们的天性就是奋不顾身地起来捍卫。”他敢于顶住来自任何一个霸权主义国家的压力,不管它是多么的气势汹汹,彰显了中华民族刚强不屈的骨气。

中华人民共和国的成立,引起了世界格局的重大变化。她以一个保卫世界和平、主持正义、反对帝国主义侵略的重要力量,站在世界舞台上。毛泽东同志为新中国制定的独立自主的和平外交政策和许多重大国际战略,使新中国赢得了国际尊严,赢得了越来越多的朋友,彻底摆脱了旧中国那种“弱国无外交”的险恶处境。到1976年,同我国建交的国家达到111个。邓小平同志曾深情地说:“我们能在今天的国际环境中着手进行四个现代化建设,不能不铭记毛泽东同志的功绩。”

总起来说,新中国成立后的前30年,在毛泽东同志和中国共产党领导下,我国在各个方面所取得的成就是十分显著的,为改革开放后30多年的发展打下了重要而坚实的基础。改革开放前的30年和改革开放后的30多年,是中华人民共和国连续不断而又有所不同的两个历史时期。前者为后者打下基础,后者是对前者的继承和发展。不能将这两个历史时期割裂开来,更不能对立起来、互相否定。

建设了一个先进的党——中国共产党

近代以来,为了救国救民、改变旧中国的悲惨命运,无数志士仁人和各式各样的政治力量纷纷提出各自的救国主张,有改良的,也有比较激进的。但是这些主张都不灵,没有一个能够解决中国的问题。以马克思列宁主义为指导思想的中国共产党一成立,情况就开始发生根本的变化。诚如毛泽东同志所指出的:“自从有了中国共产党,中国革命的面目就焕然一新了。”

中国共产党刚成立的时候只有几十名党员,在一个相当长的时间里还是一个幼年的党,很不成熟。从一个幼年的党到一个完全成熟的党,直到领导中国人民取得新民主主义革命的胜利,经历了一个漫长的、艰难曲折甚至是痛苦的过程。这中间有胜利,有失败;有前进,有后退;有壮大,有缩小;有正确的时候,有犯错误甚至是犯严重错误的时候。中国共产党在实际斗争中,运用马克思主义的立场、观点、方法,不断总结成功的经验和失败的教训,根据具体情况,实事求是地纠正党内各种错误倾向,包括“左”的和右的,并上升为理论,反过来又指导革命实践向前发展。就这样经过多次的循环往复,中国共产党逐渐发展壮大,从一个幼年的党变成一个成熟的党。对此,许多老一辈革命家都作出了贡献,而贡献最大、起决定性作用的是毛泽东同志。

说毛泽东同志的贡献最大,不只是因为他参与了中国共产党的创建,是党的创始人之一,更主要的是因为他根据马克思特别是列宁的党建理论,紧密联系中国革命斗争的实际,形成了中国共产党一套完整的党建学说。早在抗日战争时期,毛泽东同志就提出,要把中国共产党建设成为一个全国范围的、广大群众性的、思想上政治上组织上完全巩固的布尔什维克化的党,并称之为“一件伟大的工程”。毛泽东同志完整的党建学说,是经过总结中国共产党成立以后的20年间正反两方面的实践经验,在延安整风时期全面确立起来的。邓小平同志曾深刻指出:“我们回想一下,正是根据毛泽东同志的建党学说,才建立了这样一个好的党。从延安整风以后，无论前方后方的人，真是生气勃勃，生动活泼，心情舒畅，团结一致。毛泽东同志建立的这个党，既能够充分发扬民主，充分发挥下面遵守纪律的自觉性，又能够在这样的基础上建立高度的集中。”

如果要对毛泽东同志的党建学说作一个概括，最主要的可以归纳成这样几条：关于党的工人阶级先锋队性质；关于全心全意为人民服务的根本宗旨；关于辩证唯物主义和历史唯物主义的世界观、方法论；关于共产主义的远大理想；关于实事求是的思想路线；关于民主集中制的组织路线；关于从群众中来到群众中去、集中起来坚持下去的工作路线；关于维护团结统一、维护中央领导权威、坚持集体领导的政治原则；关于坚持“五湖四海”、“德才兼备”、“任人唯贤”的用人方针；关于理论联系实际、密切联系群众、批评和自我批评的工作作风；关于正确处理党内矛盾的原则和方法；等等。

中国共产党在全国执政以后，所处的环境和面临的任务发生了根本变化。毛泽东同志高瞻远瞩，把注意力集中到防止党腐化变质、脱离群众、做官当老爷、形成一个贵族阶层的情况发生上。这是他在新中国成立后一直非常关注的一件大事。他不断向全党敲警钟，并采取了许多重大步骤及具体措施加以防范。他把这个问题作为党的建设的重要任务，放到十分突出的位置。毛泽东同志多次说过，他最厌恶的是官僚主义，在老百姓面前摆官僚架子。邓小平同志认为：“不要‘做官当老爷’，要反对‘衙门作风’，这是毛泽东同志的一些根本的思想观点”。

毛泽东同志提出的关于党的建设的一系列重要原则和方针，使我们党从根本上区别于一切非无产阶级的政党，成为最先进、最有战斗力的党。她以全国各族人民的利益为最高利益，成为中国革命、建设和改革的领导核心。中国共产党是经过千锤百炼、经验十分丰富的党，是唯一能够团结、凝聚和领导中国这样一个拥有众多人口、众多民族和广大国土、情况十分复杂的大国的政治力量。在中国共产党领导下，新中国成立以后我们仅仅用了60多年的时间，就把一个积弱积贫、极端落后、被人看不起的旧中国建设成为世界第二大经济体。毛泽东同志关于党的建设的基本原则和方针，在改革开放的今天仍然是我们党所遵循的，并在新的历史条件下不断有所发展、有所创新。

缔造了一支人民的军队——中国人民解放军

毛泽东同志是中国人民解放军的创建人之一。这个军队开始的时候是很弱小的，其主要成分是农民，又带有旧式军队的影响。要将这样一支军队改造并建设成用无产阶级思想武装起来的人民军队，其艰巨性可想而知。许多老一辈革命家对军队的建设都曾作出过不同贡献，但作出贡献最大、起决定性作用的还是毛泽东同志。

为建设和培育这支军队，毛泽东同志耗费了大半生的心血。从三湾改编决定党的支部建在连上，制定三大纪律、六项注意，到古田会议总结建军两年多的经验作出决议，明确红军是一个执行革命的政治任务的武装集团，使红军肃清了旧式军队的影响，完全建立在马克思列宁主义的基础上，整个红军成为真正的人民军队，毛泽东同志的建军路线基本形成。以后，经过抗日战争、人民解放战争，毛泽东同志的建军思想不断丰富和发展。如规定官兵一致、军民一致、瓦解敌军的政治工作的基本原则；提出“三八”作风；在军队内部实行政治、经济、军事三大民主；规定军队是战斗队，又是工作队、生产队。新中国成立后，又提出实现军队的革命化、正规化、现代化，等等。如果把毛泽东同志关于中国人民解放军的建军思想综合起来，可以归纳为这样几条：坚持党对军队的绝对领导；全心全意为人民服务是军队的唯一宗旨；政治工作是军队的生命线；军队必须执行严格的纪律和发扬勇敢战斗、不怕牺牲、不怕疲劳和连续作战的优良作风；军队要实现革命化、正规化、现代化。

在毛泽东建军思想的指导和培育下，在毛泽东同志亲自领导和指挥下，中国人民解放军由小到大、由弱到强，经过长期的艰苦卓绝的斗争，战胜了比自己强大得多的内外敌人，解放了全中国（除台湾等岛屿）。这是一支听党指挥，与人民血肉相连，纪律严明、英勇善战的军队。当年人民解放军解放大上海，官兵不住民宅而露宿街头的事迹，被广为传颂。锦州那个地方出苹果，辽西战役的时候正是秋天，老百姓家里有很多苹果，我们的战士一个都不去拿。这个消息感动了毛泽东同志，他说："我们的纪律就建筑在这个自觉性上边"。这只是体现人民解放军性质、代表人民解放军形象的千千万万事例中的两个具体事例。这就是毛泽东思想武装起来的人民军队，这样的军队无敌于天下。

新中国成立以后，中国人民解放军的任务、组织形式等都发生了很大变化。军队建设从低级阶段向高级阶段发展，军队也由单一军种兵种的军队发展成为多军种多兵种组成的军队。人民解放军逐步建设成为一支正规化、现代化的革命军队。它担负着保卫国家安全、保卫国家主权和领土完整、保障人民过和平生活的神圣任务，是巩固人民民主专政的主要工具。人民解放军又担负着国家经济建设的艰巨任务，是一支最有组织性、最有战斗力的生产大军。

这里特别要提到毛泽东同志对建设空军和海军的重视和关怀。新中国成立之初他就提出，我们不但要有一支强大的陆军，还要有一支强大的空军和一支强大的海军。他亲自点将组建这两支队伍。为了在实战中锻炼和提高年轻的空军队伍，毛泽东同志让他们到抗美援朝战争的最前线，同世界上头号强大的美国空军在战斗中较量，使我国空军的战斗力得到了提高。我国是一个海洋大国，有着1.8万多公里的海岸线。毛泽东同志对发展海军尤为重视。他说："为了肃清海匪的骚扰，保障海道运输的安全；为了准备力量于适当时机收复台湾，最后统一全部国土；为了准备力量反对帝国主义从海上来的向我国的侵略，我们必须在一个长时期内，根据工业建设发展的情况和财政的情况，有计划地逐步地建设一支强大的海军。"他又说："一百多年来，帝国主义侵略我们都是从海上来的，不要忘记这一历史教训。"

中国人民解放军的建设，在我国改革开放时期，适应现代战争的需要，先后在邓小平同志、江泽民同志、胡锦涛同志领导下，有了很大的发展，作出了新的重要贡献。他们都继承了毛泽东同志确立的建军基本原则。习近平同志提出党在新形势下的强军目标，即建设一支听党指挥、能打胜仗、作风优良的人民军队，言简意赅、内涵深刻，同样继承了毛泽东同志的建军基本原则，具有很强的现实针对性和指导意义。

创立了一个科学理论——毛泽东思想

上述毛泽东同志的三大历史功绩都同毛泽东思想密不可分，新中国是在这个理论指导下创立和发展起来的，中国共产党是在这个理论指导下壮大和成熟起来的，中国人民解放军是在这个理论指导下成长和强大起来的。没有毛泽东思想，就没有这一切。

毛泽东思想是一个完整的、内容极其丰富的科学体系，包括政治、军事、经济、文化、统战、外交、党建等各个领域。在这些方面，毛泽东同志都有大量科学著述。而贯穿于其中的精髓是他的哲学思想，即马克思主义的唯物史观、认识论和辩证法。当年邓小平同志主持起草《关于建国以来党的若干历史问题的决议》（以下简称《历史决议》），在讲到如何写毛泽东思想的问题时，曾特别嘱咐："历史决议中关于毛泽东同志对马克思主义哲学的贡献，要写得更丰富，更充实。""陈云同志说，他学习毛泽东同志的哲学著作受益很大。"

毛泽东同志把产生于欧洲的先进科学理论——马克思主义创造性地运用到中国这个农民占人口绝大多数的经济文化落后的东方大国，紧密结合中国实际，并汲取中华文明之精华，创立了毛泽东思想，开辟了马克思主义中国化道路。这个理论生长在中国这片土地上并已深深扎根在这片土地上。它具有彻底性、深刻性、严密性、实践性等特点，具有很强的说服力，又体现了新鲜活泼的、为中国老百姓所喜闻乐见的中国作风和中国气派。这个理论培养了一代又一代中国共产党人。这个理论被广大人民群众掌握，就变成改造和建设中国的巨大物质力量。

任何一种科学理论都是从实践中来的，是对实践经验的总结和概括，而不是凭空想出来的。毛泽东思想的形成就是如此。在这里，让我们看看毛泽东同志本人对这个问题是怎样说的。他说："我写的文章就是反映这几十年斗争的过程，是人民革命斗争的产物，不是凭自己的脑子空想出来的。先要有人民的革命斗争，然后反映在我们这些人的脑子里。既然有人民革命斗争，就产生要采取什么政策、策略、理论、战略战术的问题，栽了跟头，遭到失败，受过压迫，这才懂得并能够写出东西来。"这就是说，一种科学理论要有长期实践经验的积累，包括正面的和反面的，才能产生出来。毛泽东同志这些切身经验之谈，对于我们进行理论创新是很有启发意义的。

对待毛泽东思想的态度，是一个严肃而重大的政治问题，涉及党的指导思想，涉及党的光荣历史，涉及党能否团结一致地领导全国人民继续前进。所以，邓小平同志力主在《历史决议》中把毛泽东思想这个问题写好。他说："毛泽东思想这个旗帜丢不得。丢掉了这个旗帜，实际上就否定了我们党的光辉历史。"他警告说："不写或不坚持毛泽东思想，我们要犯历史性的大错误。"

《历史决议》对毛泽东思想作了系统阐述和精辟概括。今天重温这些论述，仍然很有必要。《历史决议》指出："毛泽东思想是我们党的宝贵的精神财富，它将长期指导我们的行动。""毛泽东同志的重要著作，有许多是在新民主主义革命时期和社会主义改造时期写的，但仍然是我们必须经常学习的。这不但因为历史不能割断，如果不了解过去，就会妨碍我们对当前问题的了解；而且因为这些著作中包含的许多基本原理、原则和科学方法，是有普遍意义的，现在和今后对我们都具有重要的指导作用。因此，我们必须继续坚持毛泽东思想，认真学习和运用它的立场、观点和方法来研究实践中出现的新情况，解决新问题。"

毛泽东思想和中国特色社会主义理论体系是马克思主义中国化的两大理论成果，它们是一脉相承的，前者是后者的思想来源和理论基础，后者是对前者的继承和发展。中国特色社会主义理论体系是沿着毛泽东同志开辟的马克思主义中国化道路、随着时代的不同和建设社会主义实践的发展而向前发展的，其中许多基本原则、基本思想是直接从毛泽东思想那里继承下来的。我们党的指导思想就包括毛泽东思想。党的十八大报告指出："科学发展观同马克思列宁主义、毛泽东思想、邓小平理论、'三个代表'重要思想一道，是党必须长期坚持的指导思想。"

毛泽东同志所建立的历史功绩，改变了中国近代历史的发展方向，实现了中国由弱到强、由衰而盛的伟大转折，为中华民族的振兴奠定了坚实基础、提供了根本保障。

（此文载2013年12月25日《人民日报》）

坚持全面正确的历史观　科学评价毛泽东和党的历史

——学习习近平同志在纪念毛泽东同志诞辰120周年座谈会上的重要讲话

冷　溶

习近平同志在纪念毛泽东同志诞辰120周年座谈会上的重要讲话，内涵丰富、思想深刻，具有很强的理论性和指导性。讲话有不少精彩之笔，关于毛泽东同志历史功绩和如何正确评价历史人物的论述，就是其中的一大亮点。

全面科学地阐述毛泽东同志和毛泽东思想的历史功绩和历史地位

习近平同志在讲话中对毛泽东同志和毛泽东思想作了高度评价，强调我们将永远高举毛泽东思想的旗帜前进。这是新一届中央领导集体作出的明确宣示，再次表明中国共产党坚定的政治立场和鲜明的政治态度。

毛泽东同志为党、国家、民族作出了彪炳史册的伟大贡献，在晚年也犯过严重错误。但是，他的功绩是第一位的，错误是第二位的。全面科学地阐述毛泽东同志和毛泽东思想的历史功绩和历史地位，对于正确认识毛泽东同志的历史功过十分重要，也十分必要。改革开放以来，我们党对这个问题曾作过多次阐述，集中反映在邓小平同志指导作《关于建国以来党的若干历史问题的决议》（以下简称《历史决议》）的谈话中和江泽民同志、胡锦涛同志在纪念毛泽东同志诞辰100周年、110周年时的讲话中。习近平同志的这次讲话，进一步作了全面阐述，其中有很多新的概括和深刻阐发。

比如，对毛泽东同志"毕生最突出最伟大的贡献"，根据党的十八大精神作了进一步概括。这就是：领导我们党和人民找到了新民主主义革命的正确道路，完成了反帝反封建的任务，建立了中华人民共和国，确立了社会主义基本制度，取得了社会主义建设的基础性成就，并为我们探索建设中国特色社会主义的道路积累了经验和提供了条件，为我们党和人民事业胜利发展、为中华民族阔步赶上时代发展潮流创造了根本前提，奠定了坚实的理论和实践基础。

比如，作出毛泽东同志"是马克思主义中国化的伟大开拓者"的评价，并从5个方面、用5个"创造性"精辟概括他的杰出理论贡献，即：创造性地解决了中国革命的道路问题，建设马克思主义政党问题，建成新型人民军队问题，建立革命统一战线问题，提出和实施一系列正确的战略策略。

比如，结合新的实际对毛泽东思想活的灵魂作出系统阐发，回答了在新形势下怎样坚持和运用好毛泽东思想的问题。毛泽东思想活的灵魂是贯穿其中的立场、观点、方法，它们有三个基本方面，这就是实事求是、群众路线、独立自主。只有抓住这三个方面，才能深刻揭示毛泽东思想的科学内涵和现实意义，才能真正理解毛泽东思想同中国特色社会主义理论体系的逻辑关系。

比如，对毛泽东同志的领袖品格、革命精神和崇高风范作出精辟概括，指出：在为中国人民不懈奋斗的光辉一生中，毛泽东同志表现出一个伟大革命领袖高瞻远瞩的政治远见、坚定不移的革命信念、勇于开拓的非凡魄力、炉火纯青的斗争艺术、杰出高超的领导才能。他思想博大深邃、胸怀坦荡宽广，文韬武略兼备、领导艺术高超，心系人民群众、终生艰苦奋斗，为中华民族和中国人民建立了不朽功勋。

习近平同志的这些概括和阐发，使我们对毛泽东同志和毛泽东思想的历史功绩和历史地位认识得更加清楚，为我们民族拥有这样一位历史伟人感到自豪和骄傲。这些论述,政治性、理论性、政策性都很强,具有重要指导意义,需要很好地学习理解。

正确评价历史人物的原则和态度

对于毛泽东同志的历史功过,我们党在1981年作《历史决议》的时候作出过明确的结论。但是,由于种种原因,这个问题今天仍然很受关注,还有一些噪音杂音;又由于这个问题事关政治大局,所以,迫切需要进一步从理论上进行说明,讲清道理,以统一全党思想。

习近平同志直面问题,提出了正确评价历史人物的基本原则和科学态度。有这样几个重要思想观点。

一是,从历史发展的一般规律,从一切正义事业发展的历史逻辑的高度,说明人世间没有一帆风顺的事业,越是伟大的成功其过程越是充满艰辛。历史本来就是在曲折中发展的,失败为成功之母。"我们的事业之所以伟大,就在于经历世所罕见的艰难而不断取得成功。"这正是毛泽东同志所说的"人间正道是沧桑"。

二是,毛泽东同志晚年犯错误,有其主观因素和个人责任,也有复杂的国内国际的社会历史原因,应该全面、历史、辩证地看待和分析。"在中国这样的社会历史条件下建设社会主义,没有先例,犹如攀登一座人迹未至的高山,一切攀登者都要披荆斩棘、开通道路。"我们要注意从这个方面去认识和分析毛泽东同志犯错误的原因,客观公正地、全面正确地认识错误、吸取教训。

三是,评价历史人物应该放在其所处时代和社会的历史条件下去分析,做到"六个不能",即:不能离开对历史条件、历史过程的全面认识和对历史规律的科学把握,不能忽略历史必然性和历史偶然性的关系;不能把历史顺境中的成功简单归功于个人,也不能把历史逆境中的挫折简单归咎于个人;不能用今天的时代条件、发展水平、认识水平去衡量和要求前人,不能苛求前人干出只有后人才能干出的业绩来。

四是,革命领袖是人不是神,他们的认识和行动也要受时代条件限制。因此,对待他们所犯的错误,要做到"两个不能"。一个是"不能因为他们伟大就把他们像神那样顶礼膜拜,不容许提出并纠正他们的失误和错误";另一个是"也不能因为他们有失误和错误就全盘否定,抹杀他们的历史功绩,陷入虚无主义的泥潭"。

五是,能否正确对待自己所犯的错误,是衡量一个马克思主义政党是否真正对人民负责任、是否郑重的一个最重要最可靠的尺度。提出对错误采取郑重态度的标准:"一是敢于承认,二是正确分析,三是坚决纠正,从而使失误和错误连同党的成功经验一起成为宝贵的历史教材。"这是对列宁在《共产主义运动中的"左派"幼稚病》中提出的重要理论观点的进一步阐发。我们党对自己包括领袖人物的失误和错误历来采取这样的郑重态度。毛泽东同志说,我们党的"主动权来自实事求是"。邓小平同志说,我们党所以是一个好的党,总是能从错误中走出来取得更大成功,一个重要原因就是一贯采取这样的态度。

六是,总结和吸取历史教训,目的是以史为鉴、更好前进。指出:一个民族的历史是一个民族安身立命的基础。不论发生过什么波折和曲折,不论出现过什么苦难和困难,中华民族5000多年的文明史,中国人民近代以来170多年的斗争史,中国共产党90多年的奋斗史,中华人民共和国60多年的发展史,都是人民书写的历史。这就是说,我们要尊重自己的历史、珍惜自己的历史,着眼未来,把我们的全部历史作为向前发展的宝贵财富。

上述思想观点,讲得系统、深刻、精辟,有说服力。这是根据辩证唯物主义和历史唯物主义的基本原理,从哲学和历史的高度进行的阐述,充分体现了马克思主义的立场、观点、方法,体现了实事求是的精神。讲话提出的基本原则和科学态度,是对《历史决议》有关内容的丰富和发展，是在今天的认识基础上阐述中国共产党自己的历史观。

把党和人民90多年的实践及其经验当做立身之本

习近平同志在讲话中阐述了改革开放的由来和伟大意义，指出："35年前，在党和国家面临向何处去的重大历史关头，在邓小平同志领导下，我们党解决了正确评价毛泽东同志和毛泽东思想的历史地位、根据新的实际和历史经验确立中国实现社会主义现代化的正确道路这两个相互联系的重大历史课题，作出了把党和国家的工作重点转移到以经济建设为中心的社会主义现代化建设上来、坚持四项基本原则、实行改革开放的历史性决策，实现了新中国成立以来我们党历史上具有深远意义的伟大转折。"他高度评价改革开放的意义，指出："要实现中华民族伟大复兴，我们就必须坚定不移推进改革开放。没有改革开放，就没有中国的今天；离开改革开放，也没有中国的明天。"

正确认识改革开放以来的历史与党全部奋斗史的关系，是习近平同志阐述的一个重要问题。他强调，我们党领导的革命、建设、改革伟大实践，是一个接续奋斗的历史过程，是一项救国、兴国、强国，进而实现中华民族伟大复兴的完整事业。改革开放以来的成功实践，是这一伟大事业的重要组成部分。我们决不能忘记过去的历史。"一切向前走，都不能忘记走过的路；走得再远、走到再光辉的未来，也不能忘记走过的过去。"

中国特色社会主义不是从天上掉下来的，是党和人民历尽千辛万苦、付出各种代价取得的根本成就。习近平同志强调，我们要把党和人民90多年的实践及其经验，当做时刻不能忘、须臾不能丢的立身之本，毫不动摇走党和人民在长期实践探索中开辟出来的正确道路。他再次阐述了改革开放前后两个30年的关系，指出：改革开放前的社会主义实践探索，是党和人民在历史新时期把握现实、创造未来的出发阵地，没有它提供的正反两方面的历史经验，没有它积累的思想成果、物质成果、制度成果，改革开放也难以顺利推进。这些精辟论述，把改革开放以来的历史在我们党90多年奋斗历史中的重要地位，以及毛泽东同志为我们今天正在从事的中国特色社会主义事业作出的贡献，讲得非常清楚。他动情地说："今天，我们可以告慰毛泽东同志等老一辈革命家的是，在他们带领党和人民建设社会主义的基础上，我国改革开放和现代化建设取得了举世瞩目的成就，我们比历史上任何时期都更接近中华民族伟大复兴的目标。"

习近平同志明确表示："党的十八大以来，我们所做的一切工作，就是要团结带领全党全国各族人民坚持党的十一届三中全会以来的理论和路线方针政策，把以毛泽东同志为核心的党的第一代中央领导集体、以邓小平同志为核心的党的第二代中央领导集体、以江泽民同志为核心的党的第三代中央领导集体、以胡锦涛同志为总书记的党中央开创和发展的伟大事业坚持好、发展好。"这种清醒的认识、鲜明的态度、坚定的立场和神圣的责任感，为我们坚持和发展中国特色社会主义指明了方向。

习近平同志这篇重要讲话，是站在新的历史起点上，从新的认识高度，对如何正确评价毛泽东同志和党的历史这样的重大问题作出的全面阐释。我们要认真学习讲话精神，始终坚持全面正确的历史观，牢记"勿忘昨天的苦难辉煌，无愧今天的使命担当，不负明天的伟大梦想"，在中国特色社会主义伟大道路上，为实现中华民族伟大复兴的中国梦而努力奋斗。

（作者：中共中央文献研究室主任）

永载中华民族伟大复兴的光辉史册

欧阳淞

毛泽东同志是伟大的马克思主义者，无产阶级革命家、战略家和理论家。作为一代伟人，他为新民主主义革命的胜利、社会主义革命的成功和社会主义建设的探索所作出的不可磨灭的历史功勋，将永载中华民族伟大复兴的光辉史册，永远为党和人民所铭记。

一、永远铭记毛泽东同志创立和建设中国共产党的伟大历史贡献

当毛泽东同志等中国共产党的缔造者登上中国政治舞台的时候，中华民族正在帝国主义、封建主义的黑暗统治之下苦苦挣扎。1840年鸦片战争后，中国社会逐步变成一个半殖民地半封建的社会，中华民族日益陷入苦难的深渊。争取民族独立、人民解放和实现国家富强、人民富裕，成为近代以来中国人民面临的两大历史任务。哪种理论能够对实现这两大历史任务提供行动指南，它就会成为中国人民的坚定信仰；哪条道路能够引导中国人民完成这两大历史任务，它就会成为中国人民的历史选择；哪种政治力量能够带领人民实现这两大历史任务，它就能够成为掌握中国历史前进方向的领导力量。在中国人民反帝反封建的斗争遭受一次次挫折之后，历史和人民呼唤一个用科学理论武装起来的先进政党。在俄国十月革命影响下，一批中国的先进分子在纷繁杂陈的学说中选择了马克思主义，开始了在中国创建无产阶级政党的探索实践。毛泽东同志就是其中的杰出代表。1920年11月，毛泽东同志在湖南长沙创建共产党早期组织。1921年7月，他出席中国共产党第一次全国代表大会，参与了这个以马克思主义为行动指南的新型中国工人阶级政党的创建，成为中国共产党的重要创始人之一。

在长期的革命、建设实践中，以毛泽东同志为主要代表的中国共产党人，把马克思列宁主义建党学说同中国共产党的自身建设实践紧密结合起来，创造性地解决了在农民和其他小资产阶级占人口绝大多数的社会里，把党建设成为一个全国范围的、广大群众性的、思想上政治上组织上完全巩固的马克思主义政党的问题。毛泽东同志把党的建设提高到“伟大的工程”的战略地位，强调紧密围绕党的政治路线加强党的建设。他特别着重于从思想上建设党，强调把思想建设放在党的建设的首位，探索形成了实事求是的思想路线；他坚持和发展了民主集中制原则，提出和完善了“德才兼备”、“任人唯贤”和“五湖四海”的干部路线；他培育和坚持了中国共产党区别于其他任何政党的理论联系实际、密切联系群众、批评与自我批评三大优良作风。新中国成立前夕和成立之后，鉴于我们党成为领导全国政权的党，毛泽东同志多次提出要继续保持谦虚、谨慎、不骄、不躁的作风，继续保持艰苦奋斗的作风，反对脱离群众的官僚主义等。以毛泽东同志为主要代表的中国共产党人把党的建设作为重要法宝，坚持不懈推进党的建设伟大工程，确保了我们党始终成为中国革命、建设事业的坚强领导核心。

二、永远铭记毛泽东同志创立和建设人民军队的伟大历史贡献

半殖民地半封建的中国没有民主可言，反动统治势力总是凭借强大的武力对人民实行独裁统治。这种条件，决定了中国革命只能以长期的武装斗争为主要形式。毛泽东同志深刻总

结大革命失败的惨痛教训，鲜明提出了“须知政权是由枪杆子中取得的”这一重要观点，积极参加了党独立领导的武装斗争。1927年9月，他组织领导的湘赣边界秋收起义，同南昌、广州等起义一起，标志着中国革命进入创建红军和开展土地革命战争新的历史时期，并在实践中逐步走出了一条农村包围城市、武装夺取政权的革命道路。

毛泽东同志对人民军队建设进行积极探索，系统提出了人民军队建设的重要思想。他从主持“三湾改编”把支部建在连上起，就确定了党对军队绝对领导的原则，强调是党指挥枪而不是枪指挥党。他规定了全心全意地为人民服务是人民军队的唯一宗旨，规定了人民军队打仗、做群众工作和生产三大任务，制定了三大纪律八项注意。他提出政治工作是人民军队的生命线，提出和总结了一整套军队政治工作的方针、方法和制度等。毛泽东同志领导人民军队建设的探索实践，系统解决了以农民为主要成分的革命军队如何建设成为一支无产阶级性质的、具有高度政治觉悟和严格纪律的、同群众保持密切联系的新型人民军队的问题。

毛泽东同志是中国革命战争的主要领导者和指挥者，他始终以极大的精力关注战争、研究军事、指挥作战，形成了独具特色的军事理论。他总结革命战争经验，提出了以人民军队为骨干，依靠广大人民群众，建立农村根据地，进行人民战争的思想。他把游击战争提到战略地位，并提出要随着敌我力量对比的变化和战争发展的进程正确地实行军事战略转变。他提出了一系列符合人民战争特点的战略战术原则，强调在敌强我弱形势下，在战略上要藐视敌人，在战术上要重视敌人；实行战略的持久战和战役战斗的速决战，把战略上的劣势转变为战役战斗上的优势等。在毛泽东军事思想指导下，人民军队历经土地革命战争、抗日战争、解放战争20多年浴血奋战，由小到大、由弱变强，终于推翻了压在中国人民头上的“三座大山”，赢得了中国革命的胜利。新中国成立后，毛泽东同志提出必须加强国防、建设现代化革命武装力量（包括海军、空军以及其他技术兵种）和发展现代化国防技术（包括用于自卫的核武器）的重要指导思想，指导我国建立起巩固的国防和强大的军队。

三、永远铭记毛泽东同志领导完成新民主主义革命、建立新中国的伟大历史贡献

在半殖民地半封建的中国进行革命，与西方资本主义国家无产阶级革命的条件极为不同，必须探寻适合中国国情的革命道路。以毛泽东同志为主要代表的中国共产党人，坚持把马克思列宁主义基本原理同中国实际相结合，对中国革命一系列基本问题进行了不懈探索。

面对党内一度盛行的把马克思主义教条化、把共产国际决议和苏联革命经验神圣化的倾向，毛泽东同志鲜明地提出，中国革命斗争的胜利要靠中国同志了解中国情况。他从中国社会历史状况出发，深刻研究中国革命的特点和规律，创立了无产阶级领导的，工农联盟为基础的，人民大众的，反对帝国主义、封建主义和官僚资本主义的新民主主义革命的理论，系统回答了中国革命的性质、对象、任务、动力和领导权等问题，制定了中国革命分“两步走”的战略，制定了新民主主义革命总路线，明确指出新民主主义革命的前途是社会主义。他把统一战线、武装斗争和党的建设作为党领导中国革命的三大法宝，并在实践中正确处理了三者之间的关系。毛泽东同志这一系列探索成果，创造性地解决了在中国这样一个经济文化十分落后的半殖民地半封建的东方大国，进行什么样的革命、怎样进行革命，以及如何在无产阶级及其政党领导下经过新民主主义到达社会主义的重大理论和实践问题，从而保证了党领导的新民主主义革命走向胜利，建立了中华人民共和国。新中国的成立，为实现国家富强、人民富裕的历史任务和中华民族伟大复兴奠定了根本政治前提。

四、永远铭记毛泽东同志领导社会主义改造、确立社会主义制度的伟大历史贡献

新中国成立后，在党中央、毛泽东同志领导下，建立和巩固了新生人民政权，完成了民主革命遗留任务，仅用三年时间就恢复和发展了国民经济。1953年6月，党中央正式制定了党在过渡时期的总路线。以毛泽东同志为主要代表的中国共产党人，坚持把马克思列宁主义基本原理同中国实际相结合，采取社会主义工业化和社会主义改造同时并举的方针，实行对农业、手工业、资本主义工商业逐步进行改造的具体政策，创造性地开创了一条适合中国国情的社会主义改造道路。

在对资本主义工商业的改造中，党和政府创造了一系列由低级到高级的国家资本主义形式，并成功实现了马克思、列宁曾经设想过但却未曾实行过的对资产阶级的和平赎买。在对农业的社会主义改造中，党和政府制定了积极引导、稳步前进的方针，采取由低级到高级的形式，把农民个体经济逐步改造成了集体所有制经济。在对手工业的改造中，党和政府采取了与农业改造大体相同的形式。到1956年，社会主义改造基本完成，我国确立起以生产资料公有制为主体的社会主义基本经济制度。在政治领域，毛泽东同志主持制定了我国第一部社会主义类型的宪法，以根本大法的形式确立了党对国家和社会的领导地位，确立了人民民主专政的国体。人民代表大会制度这一根本政治制度的正式确立，中国共产党领导的多党合作和政治协商制度、民族区域自治制度等基本政治制度的逐步稳固并继续发展，构筑了社会主义的政治制度体系。马克思列宁主义、毛泽东思想在意识形态领域的指导地位得到牢固确立。

社会主义基本制度在中国落地生根，成功实现了中国历史上最深刻最伟大的社会变革，为当代中国一切发展进步奠定了根本制度基础。

五、永远铭记毛泽东同志领导探索适合中国国情的社会主义建设道路的伟大历史贡献

社会主义基本制度建立后，党领导人民开始全面的大规模的社会主义建设。以毛泽东同志为主要代表的中国共产党人，对适合中国国情的社会主义建设道路进行了艰辛探索。以发表《论十大关系》、《关于正确处理人民内部矛盾的问题》等为主要标志，这种探索取得了重要成果。主要包括：生产力和生产关系、经济基础和上层建筑的矛盾是社会主义社会的基本矛盾，人民对于经济文化迅速发展的需要同当前经济文化不能满足人民需要的状况之间的矛盾是我国国内的主要矛盾，发展生产力是根本任务；要把党和国家的工作重点转到技术革命和社会主义建设上来；要坚持以农业为基础和工业为主导，以农轻重为序安排国民经济，走一条中国工业化的道路；社会主义发展目标是建设并实现现代工业、现代农业、现代科学技术、现代国防；社会主义可分为“不发达”和“比较发达”两个阶段；必须扩大社会主义民主，坚持民主集中制，加强社会主义法制建设，反对领导机关和领导干部官僚化、特殊化；必须正确区分和处理敌我矛盾和人民内部矛盾，等等。党中央、毛泽东同志还提出了建设社会主义经济、政治、文化以及国防和军队建设、外交工作等一系列重要指导方针和政策主张。党在这一时期的经验总结和认识成果，已经初步涉及到建设什么样的社会主义、怎样建设社会主义的一系列基本问题，为改革开放新时期开创和发展中国特色社会主义提供了重要思想资源。

由于主客观方面的原因，毛泽东同志在探索适合中国国情的社会主义建设道路的过程中，也出现过经济建设上急躁冒进和把阶级斗争扩大化的错误，甚至发生了“大跃进”、“文化大革命”那样的严重错误。但是，正如《关于建国以来党的若干历史问题的决议》所指出的：就他一生来看，他对中国革命的功绩远远大于

他的过失。他的功绩是第一位的，错误是第二位的。在党中央、毛泽东同志领导下，社会主义建设仍取得了巨大成就。我国在“一穷二白”基础上建立了独立的比较完整的工业体系和国民经济体系。1952 年至 1978 年，工农业总产值年均增长 8.2%，其中工业年均增长 11.4%。我国经济实力、科技实力、国防实力显著增强，城乡居民生活水平逐步得到提高，国际地位显著提高，我国在联合国的合法席位得到恢复。到 1976 年，同我国建交的国家达到 111 个。

六、永远铭记毛泽东同志创立和发展毛泽东思想的伟大历史贡献

在长期的革命、建设实践中，以毛泽东同志为主要代表的中国共产党人，努力推动马克思主义中国化，形成了具有鲜明中国特点的科学指导思想——毛泽东思想。1945 年党的七大把毛泽东思想确立为党的指导思想，这是我们党作出的历史性抉择。新中国成立后，毛泽东思想继续得到丰富和发展。毛泽东思想是一个完整的科学体系，在新民主主义革命、社会主义革命和建设、革命军队建设、军事战略和国防建设、政策和策略、思想政治工作和文化工作、外交工作和党的建设等方面，以创造性的理论丰富和发展了马克思列宁主义。毛泽东思想活的灵魂，是贯穿于上述各个组成部分的立场、观点和方法，这就是实事求是、群众路线、独立自主。毛泽东思想是马克思列宁主义在中国的创造性运用和发展，是被实践证明了的关于中国革命和建设的正确的理论原则和经验总结，是中国共产党集体智慧的结晶。毛泽东思想永远是中国共产党人理论宝库的重要组成部分，永远是我们党必须长期坚持的指导思想。

历史、现实、未来是相通的。中国特色社会主义，是几代共产党人历经千辛万苦、付出各种代价开创和发展起来的。我们永远铭记以毛泽东同志为主要代表的中国共产党人的“奠基之功”，这就是团结带领人民成功建立新中国和确立社会主义基本制度之功。我们永远珍惜那一代中国共产党人的“探索之果”，正如党的十八大报告所指出的：“在探索过程中，虽然经历了严重曲折，但党在社会主义建设中取得的独创性理论成果和巨大成就，为新的历史时期开创中国特色社会主义提供了宝贵经验、理论准备、物质基础。”正是在以毛泽东同志为主要代表的那一代中国共产党人奠定的思想、物质、制度条件基础上，党的十一届三中全会以后，以邓小平同志为核心的党的第二代中央领导集体成功开创了中国特色社会主义；党的十三届四中全会以后，以江泽民同志为核心的党的第三代中央领导集体成功把中国特色社会主义推向21 世纪；新世纪新阶段，以胡锦涛同志为总书记的党中央成功在新的历史起点上坚持和发展了中国特色社会主义；党的十八大以来，以习近平同志为总书记的党中央团结带领全国各族人民，实现了夺取中国特色社会主义新胜利的精彩开局。今天我们纪念毛泽东同志，就要继承伟人遗志，弘扬伟人精神，更好地从他那一代中国共产党人的实践探索中汲取智慧和力量，自觉做到新民主主义革命胜利的成果不丢失、社会主义革命和建设的成就不否定、改革开放和社会主义现代化建设的方向不动摇，更加紧密地团结在以习近平同志为总书记的党中央周围，不断开创中国特色社会主义事业新局面，为实现中华民族伟大复兴的中国梦而努力奋斗。

（作者：中共中央党史研究室主任）

正确对待历史　正确评价历史

——学习习近平同志在纪念毛泽东同志诞辰120周年座谈会上的讲话

何毅亭

习近平同志在纪念毛泽东同志诞辰120周年座谈会上的讲话，全面科学地评价了毛泽东同志和毛泽东思想的历史功绩和历史地位。他明确指出：“我们党对自己包括领袖人物的失误和错误历来采取郑重的态度，一是敢于承认，二是正确分析，三是坚决纠正，从而使失误和错误连同党的成功经验一起成为宝贵的历史教材。”他提出和阐述的全面正确的历史观，对于正确评价毛泽东同志，正确看待党和国家的历史，具有重要指导意义。

敢于承认自己包括领袖人物的失误和错误

习近平同志指出：“前事不忘，后事之师。一个马克思主义政党对自己的错误所抱的态度，是衡量这个党是否真正履行对人民群众所负责任的一个最重要最可靠的尺度。”我们党在发展历程中经历过不少失误和挫折，最难能可贵的，是敢于公开承认并纠正自己的错误。

毛泽东同志十分重视总结犯错误的教训。他指出：“错误有两重性。错误一方面损害党，损害人民；另一方面是好教员，很好地教育了党，教育了人民，对革命有好处。”毛泽东思想之所以能够创立，是因为毛泽东不光总结我们党和他自己的成功经验，还总结了陈独秀、王明等人犯错误的教训。正是在延安整风清算王明等人错误的基础上，党的六届七中全会通过的《关于党的若干历史问题的决议》统一了全党思想，党的七大确立了毛泽东思想的指导地位。

邓小平同志同样重视总结历史教训。他指出：“我们现在的路线、方针、政策是在总结了成功时期的经验、失败时期的经验和遭受挫折时期的经验后制定的。历史上成功的经验是宝贵财富，错误的经验、失败的经验也是宝贵财富。这样来制定方针政策，就能统一全党思想，达到新的团结。这样的基础是最可靠的。”他还说：“应该说‘文化大革命’也有一‘功’，它提供了反面教训。没有‘文化大革命’的教训，就不可能制定十一届三中全会以来的思想、政治、组织路线和一系列政策”。邓小平同志能够领导全党全国人民成功开创中国特色社会主义，同他在“文化大革命”中两次被打倒、深刻总结党犯错误的教训有直接关系。邓小平同志主持起草、党的十一届六中全会通过的《关于建国以来党的若干历史问题的决议》，既纠正了毛泽东同志晚年的错误，又维护了毛泽东同志和毛泽东思想的历史地位，是马克思主义科学态度和求实精神的集中体现。

习近平同志强调，要正确对待党在前进道路上经历的失误和曲折。他认为，人世间没有一帆风顺的事业。综观世界历史，任何一个国家、一个民族的发展，都会跌宕起伏甚至充满曲折。“艰难困苦，玉汝于成”，这是一切正义事业胜利的逻辑。从成功中吸取经验，从失误中吸取教训，不断开辟走向胜利的道路，这就是共产党人的历史进程。自己的经验，包括自己的失误，是最好的历史教科书。

一个人也好，一个党也好，都不可能永远不犯错误。重要的是，只要认识错误，总结教训，纠正错误，就能变坏事为好事，在今后的路途上走得更稳，取得更大成就。我们党在历史上犯过的所有错误，都是自己指出并纠正的。党就是在不断探索、不断总结的历史进程中逐步成熟、赢得人民信赖和支持的。

正确分析失误和错误产生的原因

习近平同志指出:“毛泽东同志晚年的错误有其主观因素和个人责任,还在于复杂的国内国际的社会历史原因,应该全面、历史、辩证地看待和分析。”这一论述为我们观察和审视毛泽东同志晚年错误提供了科学方法。

毛泽东同志晚年犯错误确有其主观因素和个人责任。比如,他领导经济建设尤其是现代化工业建设的经验不足;在建设时期自觉不自觉地照搬革命战争年代的成功做法;注重政治运动和阶级斗争,对经济建设没有始终一贯地重视;一系列胜利使他晚年产生了骄傲情绪,不大听得进党内外不同意见,等等。有些问题,在错误出现严重后果后,他自己也有所察觉。

从更大的空间和更长的时间范围观察,毛泽东同志的晚年错误又确有复杂的国内国际的社会历史原因。比如:发动“大跃进”运动,是希望以最快的速度改变贫穷落后面貌,使中国真正发展强大起来,反映了干部群众的普遍愿望。因此,头脑发热的现象,不仅毛泽东同志有,其他中央领导同志有,在党员干部中也较为普遍地存在。实行“单一公有制、单一计划经济、单一按劳分配、单一农业集体经营”的体制和政策,跟那个时代社会主义的理论与实践密切相关。马克思、恩格斯等人设想的社会主义和苏联等国实践的社会主义,就提供了这样一种社会主义模式,若有不同便很容易被认为离经叛道。遭受西方国家包围封锁,再加上后来中苏关系破裂,来自外部的巨大压力,不可避免地会对确定党和国家的中心任务以及各项方针政策产生重大影响。包括采取“一边倒”的对外政策,长期处于备战状态,希望以超高速度发展起来,过分强调阶级斗争等。由于长期处于革命战争环境,又受到封建主义思想残余的影响,党和国家没能健全民主制度,致使领导人的权力过分集中,缺乏有效的监督制约机制,一旦领导人的认识出现失误便很容易变成党的决策失误,而失误出现后也难以得到及时有效的纠正。

习近平同志指出:“对历史人物的评价,应该放在其所处时代和社会的历史条件下去分析,不能离开对历史条件、历史过程的全面认识和对历史规律的科学把握,不能忽略历史必然性和历史偶然性的关系。不能把历史顺境中的成功简单归功于个人,也不能把历史逆境中的挫折简单归咎于个人。不能用今天的时代条件、发展水平、认识水平去衡量和要求前人,不能苛求前人干出只有后人才能干出的业绩来。”这是分析和对待毛泽东同志晚年错误应持的科学方法。既要实事求是承认过去的失误和挫折,又要充分肯定探索过程中取得的成就。“不能因为他们有失误和错误就全盘否定,抹杀他们的历史功绩,陷入历史虚无主义的泥潭。”如果那样,不只是违背历史的真实,对前人有失公道,而且还必然导致对党的历史贡献和执政地位的否定。

习近平同志还说:“革命领袖是人不是神。尽管他们拥有很高的理论水平、丰富的斗争经验、卓越的领导才能,但这并不意味着他们的认识和行动可以不受时代条件限制。”同样是毛泽东同志,领导新民主主义革命、社会主义革命取得了一个又一个辉煌胜利,而在社会主义建设问题上,却发生很多失误,造成巨大损失。我们回顾过去的曲折历史,分析毛泽东同志晚年犯错误的原因,应该汲取历史教训,不再重犯过去的错误。“不能因为他们伟大就把他们像神那样顶礼膜拜,不容许提出并纠正他们的失误和错误。”如果那样,就不可能真正认同中国特色社会主义,甚至有可能重犯过去的错误。

此前,习近平同志针对在党的历史问题上存在的两种错误思潮,指出不能用改革开放后的历史时期否定改革开放前的历史时期,也不能用改革开放前的历史时期否定改革开放后的历史时期。这次讲话又明确提出,既不能不承认毛泽东的晚年错误,也不能全盘否定毛泽东的历史功绩。其精神是完全一致的,都是对《关于建国以来党的若干历史问题的决议》基本观点在新形势下的进一步发展。

坚决纠正错误，以史为鉴更好前进

习近平同志指出："历史总是向前发展的，我们总结和吸取历史教训，目的是以史为鉴、更好前进。"十一届三中全会以来，我们党在深刻总结历史经验教训的基础上，坚决纠正过去所犯的各种错误，继承各方面成就和经验，成功开创和发展了中国特色社会主义。

一是开辟了中国特色社会主义道路。毛泽东同志为探索中国社会主义建设道路付出了艰辛努力，取得了不少成就。但总体上说，对苏联模式弊端，对马克思主义经典作家关于社会主义社会一些重要设想，认识上存在偏差，等等，因而在探索中出现了严重失误和挫折。邓小平同志总结历史教训，深刻提出要搞清楚"什么是社会主义、怎样建设社会主义"这个首要的根本问题，并明确提出"走自己的道路，建设有中国特色的社会主义"的历史性结论。35年来，中国共产党人成功走出中国特色社会主义道路，在实践中取得了举世瞩目的伟大成就。

二是创立了中国特色社会主义理论体系。毛泽东同志在探索中国社会主义建设道路的过程中，提出了一系列正确的理论和观点。比如，关于十大关系的思想，关于正确处理人民内部矛盾的思想，关于独立自主的和平外交思想，关于执政党建设和人民军队建设的思想等。但是，他的有些正确观点没能展开和系统化，有些正确思想没能坚持下去，有些甚至走向反面，后来形成所谓"无产阶级专政下继续革命的理论"。"文化大革命"结束后，以邓小平同志为代表的中国共产党人以极大的理论勇气拨乱反正，抛弃过去的错误理论，继承和发展毛泽东思想，并在改革开放中推进理论创新，创立了包括邓小平理论、"三个代表"重要思想和科学发展观在内的中国特色社会主义理论体系，丰富和发展了马克思主义。

三是健全了中国特色社会主义制度。在毛泽东同志领导下，我们建立了人民代表大会制度、中国共产党领导的多党合作和政治协商制度、民族区域自治制度，确立了马克思主义在意识形态领域的指导地位，这些都为中国特色社会主义奠定了制度基础。改革开放以来，我们党在坚持社会主义基本政治制度和公有制主体地位的基础上，不断改革经济体制、政治体制和其他方面的体制，建立社会主义初级阶段基本经济制度、基层群众自治制度和中国特色社会主义法律体系，健全了中国特色社会主义制度。这一制度经受了实践检验，发挥了巨大优越性。

从历史的回顾中可以看到，中国特色社会主义道路、理论体系、制度的形成和发展，都与毛泽东同志的努力和探索有着密切关系。正如习近平同志所指出的："中国特色社会主义不是从天上掉下来的，是党和人民历尽千辛万苦、付出各种代价取得的根本成就。改革开放前的社会主义实践探索，是党和人民在历史新时期把握现实、创造未来的出发阵地，没有它提供的正反两方面的历史经验，没有它积累的思想成果、物质成果、制度成果，改革开放也难以顺利推进。一切向前走，都不能忘记走过的路；走得再远、走到再光辉的未来，也不能忘记走过的过去。"

习近平同志对待历史的态度和方法，给我们以深刻的教益。我们要珍视中华民族5000多年的文明史、中国人民近代以来170多年的斗争史、中国共产党90多年的奋斗史、中华人民共和国60多年的发展史、改革开放30多年的创业史，把一代一代中国共产党人开创和发展的伟大事业坚持好、发展好，毫不动摇走党和人民在长期实践探索中开辟出来的正确道路。

（作者：中共中央党校常务副校长）

坚持和运用好毛泽东思想活的灵魂

——学习习近平同志在纪念毛泽东同志诞辰120周年座谈会上的讲话

杨胜群

习近平同志在纪念毛泽东同志诞辰120周年座谈会上的讲话(以下简称讲话)中指出,任何时候都不能动摇坚持毛泽东思想的原则,特别强调在新的形势下,要坚持和运用好毛泽东思想活的灵魂——实事求是、群众路线和独立自主,并对三者的科学内涵和时代要求作了深刻阐述。学习贯彻好讲话精神,对于推进马克思主义中国化,搞好党的建设,把中国特色社会主义伟大事业继续推向前进,具有非常重要的意义。

一、坚持和运用好毛泽东思想活的灵魂,是不断推进马克思主义中国化的必然要求

毛泽东思想活的灵魂——实事求是、群众路线和独立自主,是毛泽东同志将辩证唯物主义和历史唯物主义运用于无产阶级政党的全部工作,在中国革命长期艰苦实践中形成的具有中国共产党人特色的立场、观点和方法,是毛泽东思想的精髓。

实事求是、群众路线和独立自主三者紧密联系,是一个用中国语言、中国风格表达的,集中体现马克思主义世界观和方法论的统一体,它们又各自具有独特的思想内涵和指导意义。它们的形成和确立,大致上是在同一个过程。这个过程,就是中国共产党探索中国革命正确道路的过程,也是中国共产党将马克思主义中国化的过程。在第二次国内革命战争时期,尚处在幼年的中国共产党党内先后出现了三次大的“左”倾错误。三次“左”倾错误虽然表现形式不尽相同,危害程度也不一样,但其根源都是犯了脱离实际的本本主义、把共产国际指示教条化的教条主义和脱离群众的命令主义错误,给革命造成极大损失甚至严重危机。以毛泽东同志为代表的中国共产党人在反对党内“左”倾错误的斗争中,逐步提出了实事求是、群众路线和独立自主的思想。到了抗日战争时期,通过对建党以来历史经验的深刻总结和对党内“左”倾错误思想的系统清算,实事求是、群众路线和独立自主形成完备的理论形态,分别被确立为党的根本的思想路线、工作路线和党处理外部事务的重要原则。从此,中国共产党获得了系统的马克思主义世界观和方法论的指导,大大促进了马克思主义中国化的进程。通过进一步夯实辩证唯物主义和历史唯物主义的哲学基础,毛泽东思想得以系统地形成和确立,成为中国共产党科学的指导思想。

后来的实践表明,坚持和发展毛泽东思想,最重要的是坚持毛泽东思想活的灵魂——实事求是、群众路线和独立自主,坚持毛泽东思想的这一精髓。世界观和方法论是最根本的。只有真正坚持贯穿于毛泽东思想各个组成部分的基本立场、观点和方法,才能坚持毛泽东思想,才能在坚持的基础上发展毛泽东思想,继续推进马克思主义中国化。

实事求是、群众路线和独立自主是马克思主义中国化的主要“生长点”。在新的历史时期,邓小平同志曾经指出,“毛泽东同志倡导的作风,群众路线和实事求是这两条是最根本的东西”。他就是从恢复确立实事求是的思想路线开始开创中国特色社会主义的。他对中国改革开放的许多重要设计,都是遵循群众路线,尊重人民群众的首创精神,总结人民群众的实践经验而形成的。之后,以江泽民同志为核心的

党的第三代中央领导集体、以胡锦涛同志为总书记的党中央和以习近平同志为总书记的党中央，在继续推进中国特色社会主义事业和马克思主义中国化的进程中，都始终如一地坚持实事求是、群众路线和独立自主的基本立场、观点和方法，先后提出“三个代表”重要思想、科学发展观与坚持和发展中国特色社会主义的一系列重要论述，丰富和发展了中国特色社会主义理论体系。

实事求是、群众路线和独立自主，不仅是毛泽东思想活的灵魂和精髓，也成为中国特色社会主义理论体系活的灵魂和精髓。习近平同志在讲话中指出，“我们要及时总结党领导人民创造的新鲜经验，不断开辟马克思主义中国化新境界”。在新的形势下，我们推进马克思主义中国化，最重要的，仍然是坚持和运用好毛泽东思想和中国特色社会主义理论体系这一活的灵魂和精髓。

二、坚持和运用好毛泽东思想活的灵魂，是把党建设好，把中国特色社会主义推向前进的必然要求

党的十八大提出了“两个一百年”的宏伟目标。十八大后，习近平同志提出并深刻阐述了实现国家富强、民族振兴、人民幸福的中国梦。十八届三中全会为推进中国特色社会主义作出了全面深化改革的战略部署。我们已经站在一个新的历史起点上，比任何时候都更接近中华民族伟大复兴的目标。但是，越到这个时候，任务越艰巨，情况越复杂，困难越多。

办好中国的事，关键在党。越是在这个时候，越要搞好党的建设。1945 年 2 月，当抗日战争胜利曙光开始展露的时候，毛泽东同志关注更多的是党的状况。他告诫全党，“我们要不要胜利，要不要在全国胜利？如果要的话，就要有一个有纪律的、思想上纯洁的、组织上纯洁的党，合乎统一的标准的党。”现在历史又到了这样的时刻，到了一个需要全党有一个更好的思想、作风和精神状态的时刻。最根本的，还是要真正解决好思想路线、工作路线和基本立足点的问题。全党只有始终坚持实事求是、群众路线和独立自主，才会有脚踏实地、求真务实、全心全意为人民服务的优良作风，才会有敢作为、勇担当、“踏石留印、抓铁有痕”的精神，才会有对中国特色社会主义道路“咬定青山不放松”的政治自信和前进定力。

党的建设的历史经验表明，党在思想、作风方面存在的问题，症结大都还是在世界观和方法论的问题上，在违背实事求是的思想路线、从群众中来到群众中去的群众路线或者独立自主原则的问题上。1948 年 4 月，毛泽东在晋绥干部会议上讲话指出：“我们所犯的错误，研究其发生的原因，都是由于我们离开了当时当地的实际情况，主观地决定自己的工作方针。”在此之前，他在《论联合政府》中也指出：“凡属错误的任务、政策和工作作风，都是和当时当地的群众要求不相适应，都是脱离群众的。”1977 年 8 月，邓小平同志指出：解决党风问题，“培养好的风气，最主要的是走群众路线和实事求是这两条。”

今天，党在思想、作风方面存在这样那样的问题，究其主要原因，仍然是在新的历史条件下，一些党员、干部没有很好地坚持实事求是、群众路线和独立自主。因此，我们要有效解决党在思想、作风方面存在的问题，还是要从实事求是、群众路线和独立自主的教育与实践入手。党的十八大以后，习近平同志明确指出，“加强干部作风建设，最重要的是要抓住同人民群众的血肉联系这个核心问题”，解决干部脱离实际、脱离群众的问题。正是基于这一考虑，党中央部署了在全党开展以为民务实清廉为主要内容的党的群众路线教育实践活动。

坚持实事求是、群众路线和独立自主，不是一劳永逸的。习近平同志在讲话中指出：“不论过去、现在和将来，我们都要坚持一切从实际出发，理论联系实际，在实践中检验真理和发展真理。”“不论过去、现在和将来，我们都要坚持一切为了群众，一切依靠群众，从群众中来，到

群众中去，把党的正确主张变为群众的自觉行动，把群众路线贯彻到治国理政全部活动之中。”“不论过去、现在和将来，我们都要把国家和民族发展放在自己力量的基点上，坚持民族自尊心和自信心，坚定不移走自己的路。”这三个“不论过去、现在和将来”，突出体现了我们党对坚持实事求是、群众路线和独立自主的鲜明态度和不变立场。

三、在新的形势下，把坚持和运用好毛泽东思想活的灵魂，牢记于心付之于行

讲话站在历史和时代的高度，根据新的形势和任务，对坚持和运用好毛泽东思想活的灵魂，把党建设好，把中国特色社会主义伟大事业继续推向前进，提出了一系列明确要求。

在坚持实事求是方面，讲话提出，要深入实际了解事物的本来面貌；要清醒认识和正确把握我国仍处于并将长期处于社会主义初级阶段的基本国情；要坚持为了人民利益坚持真理、修正错误；要不断推进实践基础上的理论创新。这些要求，拓展了实事求是的基本内涵，揭示出实事求是不只是实践环节的要求，而且是理论创新的要求；不只是对人们改造客观世界的要求，而且是对人们改造主观世界的要求。

在坚持群众路线方面，讲话提出，要坚持人民是决定我们前途命运的根本力量的观点；坚持全心全意为人民服务的根本宗旨；保持党同人民群众的血肉联系；真正让人民来评判我们的工作。这些要求，凸显了人民主体地位的观点和全心全意为人民服务的根本宗旨，特别是提出真正让人民评判党的工作的新思想，为党的群众路线注入了新的内容。

在坚持独立自主方面，讲话提出，要坚持中国的事情必须由中国人民作主张、自己来处理；坚定不移走中国特色社会主义道路，既不走封闭僵化的老路，也不走改旗易帜的邪路；坚持独立自主的和平外交政策，坚定不移走和平发展道路。讲话在阐述这些要求时，把独立自主提到立党立国的重要原则的高度，使独立自主的思想得到了新的升华。这些要求集中体现了中国共产党独立自主的品格和底蕴，充满了走自己的道路的信心和前进定力，具有很强的感召力和凝聚力。

讲话的上述要求，是对党提出来的，也是对每个党员、干部提出来的。其中特别指出，我们要“时时处处把实事求是牢记于心、付诸于行”，“要把群众观点、群众路线深深植根于全党同志思想中，真正落实到每个党员行动上”。

实事求是、群众路线和独立自主的要求不难理解，难的是付诸于行，特别是时时处处付诸于行。时时处处付诸于行，需要一种持之以恒艰苦实践的精神。要时时处处做到实事求是、一切从实际出发，就要深入到实际中去了解事物本来面貌，了解新情况、新问题，并且要勤于思考和分析问题；要时时处处坚持群众路线，就要一刻也不能脱离人民群众，深入到人民群众中去了解他们的意见和要求，并且要与他们同甘共苦。独立自主，对党员、干部来讲，主要是要对党和人民在长期探索中开辟出来的正确道路，保持一种政治自信和定力。要真正从书斋和书本里走出来，从别人的影子里走出来，到实践中去寻找解决问题的答案，寻找自信与定力。要做到这些，无疑就需要付出更多的心血与汗水，牺牲自己更多的生活享受。付诸于行，首先必须牢记于心。这就要求我们把坚持实事求是、群众路线和独立自主内化于心，使之成为一种内在的思想修养，成为一种内在的精神状态。这样，才能使全党坚持实事求是、群众路线和独立自主，成为一种自在的状态，成为一种常态。

（作者：中共中央文献研究室常务副主任）

从五大坐标看毛泽东的历史地位和历史贡献

李 捷

2013 年是中国人民的伟大领袖毛泽东诞辰 120 周年。尽管斯人早已离我们远去,但是伟人的音容笑貌依旧在人眼前。毛泽东为中国共产党的创建、中国人民解放军的创建、新中国的创建立下的丰功伟绩,为成功开辟社会主义革命道路和在社会主义建设中取得的独创性理论成果和巨大成就做出的杰出贡献,为新的历史时期开创中国特色社会主义提供的宝贵经验、理论准备、物质基础,永远彪炳史册。历史是人民写的,而不是站在人民对立面的少数人写的。公道自在人心。尽管各种"非毛化"的言论不绝于耳,各种污蔑毛泽东的谣言在流传,但是这些都不能抹杀最基本的历史事实,也不能撼动毛泽东的历史地位和丰功伟绩。

毛泽东的历史地位和伟大贡献,可以从以下五大坐标来审视。

1. 从马克思主义发展的坐标来审视。

毛泽东所处的时代,恰好是马克思列宁主义面临新挑战新机遇的时代。在这以前,资本主义从自由竞争发展到垄断并且产生了金融寡头和产业托拉斯的时代,是列宁解决了时代特征、主要矛盾以及如何实现无产阶级革命、建立社会主义国家政权以及在帝国主义国家四面包围之中如何建设社会主义等一系列重大的理论问题和实践问题,创立了列宁主义,使马克思主义从学说变为了活生生的实践。

而在毛泽东所处的时代,帝国主义的殖民体系遭遇到前所未有的危机和反抗。一方面是帝国主义国家相互争夺殖民地、相互瓜分势力范围的斗争,最终爆发了第二次世界大战;另一方面是广大殖民地半殖民地国家人民的新觉醒,孕育着反帝反封建的资产阶级民主革命。但是,由于时代变迁,这时殖民地半殖民地国家的解放运动,已不再必然地同资本主义发展前途相联系,而是成为了世界无产阶级革命运动的同盟军。列宁看到了这一点,因而形成了由他执笔的共产国际《关于民族和殖民地问题的决议》。毛泽东根据中国实际创立的新民主主义革命理论,成功地解决了在中国这样的半殖民地半封建社会中,如何紧紧依靠中国共产党的领导,将新民主主义革命纳入世界无产阶级革命体系,使中国反帝反封建的革命力量成为世界无产阶级革命的同盟军,最终取得新民主主义革命的彻底胜利,逐步走上社会主义发展道路。这一成功,为广大民族独立国家树立了榜样,也使马克思列宁主义有了在殖民地半殖民地国家的成功实践,并且形成了中国化的马克思列宁主义理论——毛泽东思想。

毛泽东的这一探索,并非一帆风顺,遭遇了党内把俄国十月革命经验和共产国际指示神圣化、把马克思列宁主义理论教条化的严重阻碍。因而,毛泽东的探索过程,既是实事求是、依靠群众实践、独立自主地运用和发展马克思列宁主义的过程,也是从各种思想僵化和把马克思主义理论教条化中解放出来的过程。正是在这一过程中,毛泽东不但以其一系列独创性的思想极大地丰富和发展了马克思列宁主义,而且极大地推动了对什么是马克思主义、怎样坚持和发展马克思主义的新认知。这突出地表现在三个方面。

一是对马克思主义理论关键在于运用、关键在于实践的思想。实践出真知。邓小平说过:不干,半点马克思主义也没有。毛泽东在延安整风期间回答我们需要什么样的理论家时说过：我们所要的是这样的理论家，他们能够依据马克思列宁主义的立场、观点和方法，正确地解释历史中和革命中所发生的实际问题，能够在中国的经济、政治、军事、文化种种问题上给予科学的解释，给予理论的说明。

二是马克思主义要同本国实际相结合的思想。毛泽东从1930年5月写作《反对本本主义》一文开始，就强调要独立自主地探索自己的道路，要把马克思主义同中国实际相结合。他在1956年中国进入社会主义社会以后又提出：最重要的是要独立思考，把马列主义的基本原理同中国革命和建设的具体实际相结合。民主革命时期，我们吃了大亏之后才成功地实现了这种结合，取得了新民主主义革命的胜利。现在是社会主义革命和建设时期，我们要进行第二次结合，找出在中国怎样建设社会主义的道路。这个思想不但影响了我们中国共产党人，而且对世界社会主义都产生了很深刻的影响，特别是到了改革开放以后，更是产生了很深远的影响。正如邓小平在十二大开幕词中所说："把马克思主义的普遍真理同我国的具体实际结合起来，走自己的道路，建设有中国特色的社会主义，这就是我们总结长期历史经验得出的基本结论。"

三是实践是检验真理的唯一标准，一切理论都要接受实践的检验。毛泽东认为，马克思主义的哲学辩证唯物论有两个最显著的特点：一个是它的阶级性，公然申明辩证唯物论是为无产阶级服务的；再一个是它的实践性，强调理论对于实践的依赖关系，理论的基础是实践，又转过来为实践服务。判定认识或理论之是否真理，不是依主观上觉得如何而定，而是依客观上社会实践的结果如何而定。真理的标准只能是社会的实践。实践的观点是辩证唯物论的认识论之第一的和基本的观点。毛泽东还强调：要用发展的眼光对待马克思主义，马克思主义的论断也要放到实践中去接受检验。客观现实世界的变化运动永远没有完结，人们在实践中对于真理的认识也就永远没有完结。马克思列宁主义并没有结束真理，而是在实践中不断地开辟认识真理的道路。

上述新认识，是毛泽东在中国革命的长期实践中反复得到的，由此形成了毛泽东思想的活的灵魂，也是中国特色社会主义理论体系的活的灵魂，这就是实事求是、群众路线、独立自主。因此而言，毛泽东是马克思主义中国化的伟大开辟者，也是中国共产党指导思想中三个活的灵魂的奠基人。

2. 从科学社会主义发展的坐标来审视。

毛泽东时代是科学社会主义在第二次世界大战前后发展极其重要的一环。在以下几个方面，毛泽东的探索都是前无古人的。

一是成功解决了一个东方农业大国如何通过无产阶级政党对民主革命的领导避免资本主义前途而逐步走上社会主义道路的问题。在探索解决这个问题的时候，毛泽东冒了巨大的政治风险。首先遇到的就是中国革命的中心应当放在中心城市还是放在广大农村。毛泽东是在领导湘赣边界秋收起义失败以后，才走上了开辟农村包围城市、最终夺取全国政权的中国革命特殊道路的。接着就遇到了中国革命扎根在农村，建立党组织、建立红色政权、建立人民军队的主要成分是农民的问题。这就发生了一个尖锐的问题，是把党的水准降低到农民意识的水准上，还是使其用无产阶级思想克服农民意识而提高到无产阶级先锋战士的水平之上，这便是我们通常所说的"思想建党"的实质。这件事是经过了从红四军七大前后到九大最终形成"古田会议决议案"才得以实现的。正因为如此，毛泽东将这一决议案的最主要的部分命名为《关于纠正党内的错误思想》，由此形成了建党纲领和建军纲领。在长期革命斗争中，毛泽东总结出武装斗争、统一战线、党的建设克敌制胜的三大法宝，精心培育出理论联系实际、密切联系群众、批评和自我批评这三大优良作风，保证了中国革命的胜利。在解放战争革命与反革命两大营垒的决战时刻，毛泽东还总结提出新民主主义革命总路线、土地革命总路线，系统地提出新民主主义革命的政治纲领、经济纲领、文化纲领，为新中国的诞生绘制了完整的蓝图。

二是成功解决了一个经济文化落后的东方农业国如何通过社会主义工业化建设和社会主义改造同时并举而逐步确立社会主义基本制度的问题。在探索中国特色社会主义改造道路的时候，毛泽东面临着两大历史传统：一个传统来自苏联。苏联进入社会主义是采取“一举进入”的方式，对于工业是一举实现国有化，对于农业是一举实行土地国有化，消灭富农经济，普遍建立集体农庄。这种实践，对于新中国成立之初的中国共产党人影响极大。另一个传统来自中国自身。按照毛泽东的设想，在中国革命取得彻底胜利之后，在中国共产党的领导下，是完全有可能通过“不流血的革命”来实现在中国建立社会主义制度这一前所未有的社会大变革的。然而，在中国几千年的历史中，没有“不流血的革命”的先例。封建王朝的更替，要么是通过农民起义、农民战争来实现，要么是通过少数民族政权入主中原等暴力方式来实现。近代以来，就连极其温和的戊戌变法，也不能不以谭嗣同等血染刑场的方式而告失败。如今，中国的社会主义革命能不能以最低限度的避免社会震荡、避免社会生产力的破坏的方式取得成功？这对中国共产党来说，是一个重大考验。实际上，也考验着中国共产党的执政能力。其结果，这条道路最终走通了。正如毛泽东在1956年1月指出的：“我们进行社会主义革命所用的方法是和平的方法。对于这种方法，过去在共产党内和共产党外，都有许多人表示怀疑。但是从去年夏季以来，由于农村中合作化运动的高潮和最近几个月以来城市中社会主义改造的高潮，他们的疑问已经大体解决了。在我国的条件下，用和平的方法，即用说服教育的方法，不但可以改变个体的所有制为社会主义的集体所有制，而且可以改变资本主义所有制为社会主义所有制。”

三是对符合本国国情的社会主义建设道路进行了艰辛探索，其成功为最终开创中国特色社会主义道路提供了宝贵经验、理论准备、物质基础，其失误也为开创中国特色社会主义道路提供了重要的借鉴。毛泽东探索的社会主义建设道路，从本质来说，也就是社会主义现代化道路。在此之前，整个世界上的现代化道路无外乎两种类型。一种是西方资本主义国家的现代化道路，尽管就其具体内容也是千差万别，但总起来说是同一种类型。另一种是苏联社会主义现代化道路。苏联社会主义现代化道路，取得了极大的成功，成为苏联打败德国法西斯的强大物质基础。但是，这条道路也有其严重的弊端，特别是以牺牲农业为代价，直接满足人民生活的轻工业生产也长期不能过关。可以说，苏联的社会主义现代化发展，在很大程度上偏离了社会主义生产是为了最大限度地满足人民日益增长的物质文化需求这一根本目的。毛泽东看到了这些问题，因此着力探索一条适合中国国情的社会主义工业化、现代化发展道路。在1957年2月《关于正确处理人民内部矛盾的问题》中，专门有一部分是探讨“中国的工业化道路”的。他认为：在我国这样一个大农业国里，发展工业必须和发展农业同时并举，工业才有原料和市场，才有可能为建立强大的重工业积累较多的资金。他还特别强调：轻工业和农业有极密切的关系；没有农业，就没有轻工业。重工业要以农业为重要市场；在第二个五年计划和第三个五年计划期间，如果我们的农业能够有更大的发展，使轻工业相应地有更多的发展，这对于整个国民经济会有好处；农业和轻工业发展了，重工业有了市场，有了资金，它就会更快地发展；这样，看起来工业化的速度似乎慢一些，但是实际上不会慢，或者反而可能快一些。遗憾的是，后来历史的发展并没有完全按照这个思路来办，而是走了曲折艰难的道路。但是，就提出这一思想本身来说，已经是前无古人的。

以此同时，毛泽东在社会主义发展的理论创新上有三大突破：一是突破社会主义无矛盾、无冲突的思想框框，形成社会主义基本矛盾和人民内部矛盾的学说；二是突破社会主义建设必须以重轻农为序的思想框框，形成具有中国特点的以农轻重为序、充分发挥两个积极性、两条腿走路的社会主义现代化理论；三是突破社会主义阵营必须以苏联为中心的思想框框，形成独立自主地搞建设、独立自主地搞国防、独立自主地搞尖端技术、独立自主地搞外交、独立自主地进行道路探索的思想。

总之，毛泽东是推动科学社会主义在中国成功实践的第一人。

3.从中华民族伟大复兴发展的坐标来审视。

毛泽东是近代以来中华民族最伟大的民族英雄，也是20世纪推动中国发生历史性巨大变化的三位伟人之一。

实现中华民族伟大复兴中国梦，是近代以来中华民族最伟大的理想和追求。为了实现这一理想，中华民族的无数仁人志士付出了一代又一代人的不懈努力和牺牲，也出现了站在时代前列推动中国发生历史性巨大变化的三位伟人。

孙中山先生是伟大的民族英雄、伟大的爱国主义者、中国民主革命的伟大先驱。孙中山先生站在时代前列，高扬反对封建专制统治的斗争旗帜，提出民族、民权、民生的三民主义政治纲领，率先发出“振兴中华”的呐喊，希望推动中华民族摆脱封建专制统治和外国列强侵略，推动中国跟上世界发展进步的步伐、跻身世界先进行列。他领导辛亥革命，推翻了统治中国几千年的君主专制制度，开创了完全意义上的近代民族民主革命。辛亥革命推翻了清王朝统治，结束了统治中国几千年的君主专制制度，传播了民主共和的理念，极大推动了中华民族的思想解放，打开了中国进步潮流的闸门，以巨大的震撼力和深刻的影响力推动了近代中国的社会变革。

然而，由于历史进程和社会条件的制约，辛亥革命没有改变旧中国半殖民地半封建的社会性质，没有改变中国人民的悲惨境遇，没有完成实现民族独立、人民解放的历史任务。孙中山先生未竟的事业，毛泽东将其继承下来，并且找到了实现中华民族伟大复兴的正确革命道路。

毛泽东是伟大的马克思主义者，是伟大的无产阶级革命家、战略家和理论家，同时也是极大地推动了中华民族伟大复兴历史进程、影响深远的民族英雄。中国共产党成立后，继承孙中山先生的遗志和事业，经过北伐、土地革命、抗日战争和解放战争，推翻了帝国主义、封建主义、官僚资本主义三座大山，取得了中华人民共和国的成立和社会主义制度的建立的巨大历史进步。中华民族伟大复兴开启了新纪元，谱写了新篇章。中国人民从此站起来了，并且从新民主主义走上社会主义道路，取得建设社会主义的巨大成就。这是中国亘古未有的人民革命的伟大胜利，也是社会主义和民族解放的具有世界意义的伟大胜利。在这一过程中，毛泽东为我们党和人民军队的创立和发展，为中国各族人民解放事业的胜利，为新中国的缔造和我国社会主义事业的发展，建立了永远不可磨灭的功勋。

当然，毛泽东在探索中国社会主义建设道路中，也出现过严重失误。一个是发动“大跃进”，犯了超越社会发展阶段、违背经济发展规律的错误；另一个是发动“文化大革命”，犯了阶级斗争严重扩大化、背离经济建设中心的错误。尽管毛泽东的动机是要更好更快地推进现代化建设，是要确保党和国家不改变颜色，但是由于主观严重脱离实际，结果事与愿违。彻底纠正毛泽东晚年错误、带领中国人民走上实现中华民族伟大复兴康庄大道的历史重任，就落在了邓小平肩上。

邓小平是全党、全军、全国各族人民公认的享有崇高威望的卓越领导人，伟大的马克思主义者，伟大的无产阶级革命家、政治家、军事家、外交家，久经考验的共产主义战士，中国社会主义改革开放和现代化建设的总设计师，邓小平理论的创立者。他在中华民族伟大复兴中占有十分重要的历史地位。一方面，他亲自主持起草第二个《历史决议》，全面评价毛泽东的历史地位和毛泽东思想的指导作用,避免了中国重蹈苏联全盘否定自己历史的覆辙;另一方面,他又继续毛泽东开始的中国现代化道路的探索,开创了中国特色社会主义和改革开放事业。经过几代中央领导集体的接力发展,中国特色社会主义道路、理论体系、制度显示出蓬勃生机和活力,中国道路、中国经验、中国梦为全世界所瞩目。

4. 从中华文明发展的坐标来审视。

可以说,毛泽东是中华文明发展的集大成者,也是用马克思主义的立场观点方法系统整理中华文明的第一人,解决了中华文明发展在近代以来面临的困境问题:既要实现中华文化的现代化,又要使中华文化的文化基因得以保留和传承。

自从1840年中国国门洞开,各种西方思潮接踵而至,中国传统思想武库又无法为中国变法图强或革命自强提供有力的思想武器之时,中国的有识之士就一直在苦苦寻找救国图存的思想。从学习西方的船坚炮利,到效法日本明治维新,再到辛亥革命创建资产阶级性质的共和国,一切救国方案都试过了,都没有成功。只有到俄国十月革命一声炮响,给我们送来了马克思列宁主义,中国的形势才为之一变。先是由五四运动给予封建腐朽文化以致命的打击,继而是中国共产党的诞生,掀开了中国反帝反封建民主革命新篇章。以马克思列宁主义为指导,以中国工人阶级的先锋队中国共产党为领导,以工农联盟为基础,联合一切反对帝国主义、封建主义、官僚资本主义的力量结成最广泛的革命统一战线,形成了中国革命史上最为彻底的新民主主义的革命浪潮。

在探索新民主主义革命道路的过程中,毛泽东同样创造性地开辟了一条在马克思主义指导下,批判地继承和弘扬中华优秀文化传统的成功之路,使得古老的中华文明在新时代焕发出新的活力,通过取其精华、去其糟粕获得了新生。这一点,康有为、梁启超没有实现,孙中山同样未能实现,新文化运动和五四运动的旗手们没有实现,只有毛泽东实现了。正如毛泽东所说:"学习我们的历史遗产,用马克思主义的方法给以批判的总结,是我们学习的另一任务。我们这个民族有数千年的历史,有它的特点,有它的许多珍贵品。对于这些,我们还是小学生。今天的中国是历史的中国的一个发展;我们是马克思主义的历史主义者,我们不应当割断历史。从孔夫子到孙中山,我们应当给以总结,承继这一份珍贵的遗产。这对于指导当前的伟大的运动,是有重要的帮助的。"

值得一提的是,毛泽东讲这番话的同时,提出了"马克思主义的中国化"这一千古命题。可见"承继这一份珍贵的遗产"在毛泽东的心目中居于何等重要的地位。

与此同时,毛泽东还以其独具一格的诗词艺术和书法艺术,将古老的诗词书法这种表现形式同丰富的时代内涵高度融合为一体,为世人树立了"古为今用"、"推陈出新"的典范。

5. 从世界文明发展的坐标来审视。

毛泽东的许多探索,具有广泛的国际性。他对中国革命和建设道路的探索,激励着广大民族独立和民族解放国家走独立解放之后自主发展道路,为第二次世界大战后世界多极化发展趋势冲破美苏冷战格局的束缚和阻碍形成不可阻挡的大趋势,作出了突出贡献。毛泽东身处于旧殖民体系解体、民族独立、民族解放成为世界发展不可抗拒的潮流的时代。无论在革命时期还是在建设年代,毛泽东始终对亚非拉美国家和民族独立和解放运动给予极大的同情和支持。在新中国国力十分有限的情况下,仍然对亚非拉美的穷朋友们伸出无私的援助之手,使得中国在广大发展中国家中享有极高的威望。正因为如此,当中国高举起反对美国帝国主义和苏联霸权主义的国际旗帜时,很快就在广大发展中国家中找到了战略支持,并且在它们的积极支持下,促成了中华人民共和国于1971年重新恢复了在联合国中的合法席位。不仅如此,中国从以苏联为首的社会主义阵营中走出来,成为最大的发展中国家这件事,极大地改变了世界格局，有力地推动了当时围绕二百海里经济权和石油生产国定价权而开展的捍卫发展中国家经济权益的斗争，使得第二次世界大战后蓬勃发展起来的民族独立、人民解放斗争进一步发展为争取和捍卫经济发展权的斗争，促使整个世界朝着和平发展的方向进步。正是在这样孕育着深刻变动的国际背景下，毛泽东审时度势，提出了“三个世界”的战略思想，从而在世界上第一次出现以世界多极化的趋势为支撑、代表广大发展中国家利益的国际战略理论。这是毛泽东对当今和平与发展的时代主题所作的巨大贡献。与此同时，毛泽东对社会主义平等性的追求，尽管其中存在着某些历史的局限，其积极意义也是不可低估的，也曾经对世界社会主义思潮产生了广泛的影响。毛泽东对社会主义平等性的追求，不但对于我们今天建设社会主义和谐社会，实现国家繁荣富强、人民共同富裕这两大奋斗目标有着积极作用，而且对整个世界思潮中赢得独立、捍卫主权、争取平等的理念广泛传播、深入人心起了极大的推动与示范的作用。这就是为什么说毛泽东是为世界和平进步事业做出了巨大贡献，具有广泛国际影响的伟大人物的理由。迄今为止，国际上为了构建一个更加平等、更加公正的世界政治经济新秩序的斗争远没有结束，毛泽东国际战略思想仍具有极大的生命力、影响力。这是我们中华民族的骄傲，也为中华民族赢得了国际声誉。

（作者：中国社会科学院副院长、当代中国研究所所长）

毛泽东对社会主义的实践探索和理论贡献

陈 晋

党的十八大以来,习近平同志多次强调:中国特色社会主义承载着几代中国共产党人的理想和探索,它是从改革开放的伟大实践中走出来的,也是从新中国成立后的持续探索中走出来的;我们党领导人民进行社会主义建设,有改革开放前和改革开放后两个互相联系而又有重要区别的历史时期,但本质上都是进行社会主义建设的实践探索;改革开放前的探索为改革开放后的社会主义实践,积累了重要的思想、物质、制度条件。在毛泽东诞辰120周年之际,认真学习习近平同志的重要论述,回顾和梳理毛泽东对中国社会主义建设道路作出的实践探索与理论贡献,对于我们继续推进中国特色社会主义,实现中华民族伟大复兴具有十分重要的意义。

毛泽东探索中国社会主义建设道路的独创性理论贡献,概括地讲可以归纳为以下10个方面。

一、提出把党和国家的工作重点转到社会主义建设和技术革命上来。革命的目的是解放和发展生产力,这是毛泽东从战争年代到社会主义建设时期都强调过的重要思想。他指出:阶级斗争仅仅是为建设、为发展生产、为由农业国到工业国、为人民生活的提高开辟道路。1949年在革命胜利前夕召开的党的七届二中全会上,他提出将工作重心由乡村转移到城市,并且以生产建设为中心任务。1956年在基本完成社会主义改造、我国社会主义基本制度全面确立时,他再次宣布党和国家的中心任务就是搞建设。他对中国20世纪的历史进程作了一个大致的划分:上半个世纪搞革命,下半个世纪搞建设。在我们这样一个落后的国家靠什么来搞建设、发展生产力呢?毛泽东十分重视科学技术。他把提高国家整体科学技术水平称作一个伟大革命,叫技术革命,甚至把它放到同社会政治革命同等重要的地位,认为单是政治改变了,社会制度改变了,我们国家还是一个穷国,不搞科学技术,生产力无法提高,还是要落后挨打。毛泽东的这些主张,是我们进入新的历史时期确立以经济建设为中心的先声,对于我们今天牢牢坚持以经济建设为中心不动摇,不断提高国家综合实力和人民生活水平,具有重要意义。

二、提出走自己的路,探索适合中国国情的社会主义建设道路。新中国成立初期,毛泽东从中国实际出发,运用马克思主义基本原理,在政治制度上,成功地确立了人民代表大会制度、中国共产党领导下的多党合作和政治协商制度、民族区域自治制度,为新中国长治久安奠定了稳固基础;在经济制度上,成功开辟了一条用和平的方法对生产资料所有制进行社会主义改造的道路,建立起了社会主义基本经济制度。在怎样建设社会主义方面,由于没有经验,开始更多的只能是学习苏联经验。但是,毛泽东很快就觉察到苏联模式的局限,提出要以苏联的经验教训为鉴戒。他强调要"独立思考",推动马列主义同中国实际"进行第二次结合",找出适合中国国情的建设社会主义的道路。这种独立自主、走自己路的思想,也成为改革开放后直至今天我们推进改革发展仍然坚持的一个基本立足点。

三、提出社会主义社会的基本矛盾和主要矛盾,为确立社会主义社会的根本任务,改革和完善社会主义制度,提供了理论依据。社会主义社会有没有矛盾？马克思主义经典作家没有论述。斯大林在相当长的时间内否认社会主义社会存在矛盾。毛泽东对此作出明确论断：社会主义社会仍然存在矛盾，社会矛盾是社会主义的发展动力；社会主义社会的基本矛盾，仍然是生产关系和生产力、上层建筑和经济基础之间的矛盾，可以通过社会主义制度本身的不断完善得到解决；社会主义建设时期的主要矛盾，是人民对于经济文化迅速发展的需要同当前经济文化不能满足人民需要的状况之间的矛盾。毛泽东关于社会主义社会基本矛盾和主要矛盾的理论，为我们改革不适应生产力发展的生产关系和上层建筑的某些环节、某些方面，以促进社会主义制度的自我完善与发展，提供了理论依据，也为我们提出社会主义社会的根本任务是发展生产力，以满足人民不断增长的物质文化需求，提供了理论依据。

四、提出社会主义现代化建设分两个步骤，进而提出中国社会主义的发展分两个阶段，为确立社会主义现代化发展战略和社会主义初级阶段理论，作了理论准备。我们的社会主义，究竟处于什么样的历史阶段？建设社会主义强国，究竟需要经历什么样的步骤？这是毛泽东在20世纪50年代中期以后多次思考的问题。他的规划和设想是，在建设社会主义步骤上，分两步走，第一步，建立独立的比较完整的工业体系和国民经济体系；第二步，建成一个具有现代农业、现代工业、现代国防和现代科学文化的社会主义强国。在所需时间上，毛泽东最初设想，十五年打下基础，五十年实现现代化。经过“大跃进”的挫折和三年困难时期，他对这一问题的考虑变得更加符合实际，认为中国人口多、底子薄，经济落后，要把中国变成富强的国家，五十年不行，会要一百年，或者更多的时间。与这种思考相联系，毛泽东还提出中国社会主义的发展可以分为两个阶段：第一个阶段是不发达的社会主义，第二个阶段是比较发达的社会主义。后一阶段可能比前一阶段需要更长的时间。因此，他强调，不要过早地讲建成社会主义，不要那么十分急，搞社会主义建设没有耐心是不行的。毛泽东关于社会主义社会阶段论和实现社会主义现代化分两个步骤的设想，为改革开放后“三步走”发展战略提供了思想来源。

五、提出社会主义社会还存在商品生产和商品交换，要尊重价值法则，大力发展商品生产。毛泽东认为，马克思、恩格斯曾经设想未来的社会主义取消商品生产，其前提是一切生产资料都归全民所有；而在我国，除了全民所有制外，还存在集体所有制和部分个体所有制，不同所有制的存在决定了商品经济存在的必要性。在完成生产资料所有制的社会主义改造时，他就提出：可以搞国营，也可以搞私营；可以消灭了资本主义，又搞资本主义。后来，他又把这个想法聚焦在商品经济问题上，指出：必须肯定社会主义的商品生产和商品交换还有积极作用；社会主义需要有一个发展商品生产的阶段。针对那种将商品经济与资本主义混为一谈的错误观点，他指出：“商品生产，要看它是同什么经济制度相联系，同资本主义制度相联系就是资本主义的商品生产，同社会主义制度相联系就是社会主义的商品生产。”他明确提出：“现在要利用商品生产、商品交换和价值法则，作为有用的工具，为社会主义服务。”这些正确主张，为我们党在新的历史时期实行经济体制改革，进而推行社会主义市场经济，提供了认识准备。

六、提出社会主义建设要处理好一系列重大关系，必须采取“统筹兼顾”的方针，成为我们今天推动经济社会发展的根本方法。毛泽东提出，统筹兼顾，调动一切积极力量建设社会主义，这是一个“战略方针”。他在《论十大关系》和《关于正确处理人民内部矛盾的问题》等著作中，系统论述了社会主义建设中带有全局性的重大关系，强调要用马克思主义唯物辩证法来处理好这些重大关系，既坚持两点论，又坚持重点论。他指出：要实行工业与农业并举，以农业为基础，工业为主导，走有别于苏联的工业化道路；要实行中央与地方并举，充分发挥两个积极性；要处理好沿海工业和内地工业的关系，促进共同发展;要处理好国家、集体和个人的关系,使各方各得其所;要处理好汉族和少数民族的关系,巩固民族团结,共同建设祖国;要处理好党和非党的关系,坚持“长期共存、互相监督”;要正确处理自力更生与发展对外交流的关系,坚持自力更生为主、争取外援为辅,积极学习其他国家和民族的长处,积极利用有利条件开展对外贸易和交流,等等。从毛泽东的论述看,统筹兼顾,不但是经济建设的战略方针,而且是全面建设社会主义的战略方针。我们今天推动经济社会全面协调可持续发展,强调遵循“统筹兼顾”这个根本方法,即源于此。

七、提出正确处理人民内部矛盾的重要思想,对我们今天处理好新形势下的人民内部矛盾具有重要指导意义。在实现社会主义改造任务以后,大规模的急风暴雨式的阶级斗争基本结束,人民内部矛盾越来越明显地突出出来。这是一个新问题,全党没有思想准备。毛泽东对这个新问题进行了深入研究,提出了正确处理人民内部矛盾的重要思想。他指出:要严格区分和正确处理敌我矛盾和人民内部矛盾,这两类矛盾性质不同、解决方法不同;在社会主义根本政治制度和经济制度建立后,敌我矛盾已不是主要矛盾,大量的是人民内部矛盾,要把正确处理人民内部矛盾作为国家政治生活的主题。他还强调,处理人民内部矛盾要运用民主的和团结——批评——团结的方法;要正确对待和处理群众闹事,善于从中接受教训、改进工作、教育干部群众,把坏事转化为好事。这些主张,对于我们今天正确处理新形势下人民内部矛盾、不断提高群众工作水平,具有重要指导意义。

八、提出搞好民主集中制,造成又有集中又有民主的生动活泼的政治局面。毛泽东认为,社会主义不仅是强大的,还应该是“可亲的”。怎样才能形成“可亲的”,有利于社会主义建设的良好政治局面呢?关键是要搞好民主集中制。我们党胜利了,自己掌握了政权,很容易忽略民主,听不见和听不得不同意见。为此,他提出:没有集中和统一是不行的,但同时必须想些办法扩大民主,使人民敢于讲真话,敢于批评。人民的政治情绪能够得到合理表达,人民与政府的关系,领导者与被领导者的关系,人民与人民之间的关系,将是一种合理的、活泼的关系。毛泽东还把他希望达到的目标概括为:“造成一个又有集中又有民主,又有纪律又有自由,又有统一意志、又有个人心情舒畅、生动活泼,那样一种政治局面”。这些主张,对于我们今天推进社会主义民主政治建设,具有重要的启发意义。

九、提出“百花齐放、百家争鸣”、“古为今用、洋为中用”的文化方针。毛泽东认为:我国是人民民主专政的社会主义国家,必须坚持马克思主义在思想意识形态领域的指导地位,但是对于艺术和学术上的自由讨论,不能用行政命令去压制和禁止,必须坚持“百花齐放、百家争鸣”的方针。“百花齐放、百家争鸣”,是促进艺术发展和科学进步的方针,是促进我国社会主义文化发展繁荣的方针。当然,实行“双百”方针必须有一定的政治标准和前提,除了遵守宪法原则外,毛泽东提出了六条政治标准,其中最主要的是要坚持社会主义道路和党的领导两条。在文化建设上,毛泽东还提出,要批判地继承历史文化遗产,取其精华、去其糟粕,做到古为今用;同时要学习借鉴外国进步文化,做到洋为中用,使之具有中国特点和民族风格。这些思想对于我们今天推动社会主义文化大发展大繁荣,仍然具有重要指导意义。

十、提出保持“两个务必”、密切党和人民群众血肉联系等一系列加强执政党建设的要求。中国共产党在全国执政以后,如何保持马克思主义先进政党的本色不变质,如何保持党同人民群众的血肉联系,防止出现因贪图享乐、权力腐败、脱离群众而导致人亡政息的危险,是毛泽东始终思考和探索的重大问题。早在革命胜利前夕,他就告诫全党,必须牢记“两个务必”。新中国成立后,他一直对我们党可能出现的脱离群众、脱离实际的现象保持高度警惕,对一些党员干部做官当老爷、搞特殊化甚至欺压群众的官僚主义作风深恶痛绝。他将党群关系提到关系党和国家事业兴衰成败的高度，指出："如果党群关系搞不好，社会主义制度就不可能建成；社会主义制度建成了，也不可能巩固。""一定要每日每时关心群众利益，时刻想到自己的政策措施一定要适合当前群众的觉悟水平和当前群众的迫切要求。凡是违背这两条的，一定行不通，一定要失败。"他强调，领导干部要"打掉官风"，丢掉"官气"，遇事要同群众商量，以普通劳动者的姿态出现，才能保持同人民群众的鱼水关系。这些深邃思想和战略考虑，对于我们今天保持党同人民群众的血肉联系，开展群众路线教育活动，仍然具有十分重要的指导意义。

毛泽东对探索中国社会主义建设道路作出的独创性理论贡献，细说起来还有不少，以上只是主要的带根本性的10个方面。我们党在新的历史时期，继承了毛泽东探索中国社会主义建设道路所形成的正确认识，并根据新的时代条件与新的实践基础，不断加以丰富和发展，在一以贯之的接力奋斗中，开创、推进和发展了中国特色社会主义，形成了中国特色社会主义理论体系。党的十八大以来，以习近平同志为总书记的党中央，承继伟业、不负重托，继续谱写坚持和发展中国特色社会主义这篇大文章，并作出了一系列新的论述，必将为实现中华民族伟大复兴的中国梦开辟更加广阔的道路。

（作者：中共中央文献研究室副主任）

毛泽东的气质

唐双宁

作为中国人民的伟大领袖和伟大的思想家、政治家、军事家，毛泽东的天资特别是他经过长期革命实践的磨练，在领导中国革命的同时形成了自己特有的气质，对指导中国革命的胜利起到了特殊作用，也影响和感染了几代中国人。

对毛泽东的气质可以作如下的探讨：

一、英雄气质。毛泽东的英雄气质可以说是他特征最为鲜明的气质

无论是广大人民群众、毛泽东的战友抑或是他的敌人，都不能不承认毛泽东身上存在的这样一种与生俱来的气质。毛泽东的英雄气质可以用英姿焕发、雄才大略、雄视天下等等词语来表达。还在毛泽东十三岁就读东山学堂时，一首“独坐池塘如虎踞，绿杨树下养精神。春来我不先开口，哪个虫儿敢作声”，就呈现出一种少年豪气。他在重庆谈判期间发表的《沁园春·雪》，“江山如此多娇，引无数英雄竞折腰”，不知令多少人折服。据李银桥《走下神坛的毛泽东》回忆，毛泽东转战陕北期间，当他率领300人同百倍于己的国民党部队在陕北捉迷藏时，竟敢于冒险同追捕他的国民党部队相向而行，大有十万军中探囊取物的气概。抗战后期，美国向日本投放了两颗原子弹，一时间全世界“谈原子弹色变”，延安的《解放日报》也在头版报道了这一消息。毛泽东得知后，立即将《解放日报》负责人叫到窑洞进行严厉的批评。他知道原子弹的厉害，他更知道信心的重要。此后，他多次谈到“一切反动派都是纸老虎”，“原子弹也是纸老虎”。1947年6月他转战城南庄，国民党飞机投下炸弹，在尚未爆炸一些人连拖带拽拉他进防空洞时，他偏要指着丝丝冒烟的炸弹说“还可以打两把菜刀嘛”。这就是充溢着英雄气质的毛泽东，泰山崩于前而色不变，麋鹿兴于左而目不瞬。三大战役后，卫士给他梳头，发现他头上生出一根白发，他幽默地说：“打了三大战役，害得我白了一根头发。”毛泽东的英雄气质，坚定了中国人民革命和建设的信心，成为中国共产党和中华民族的精神柱石。

二、天下气质。天下气质就是胸怀天下，忧乐天下，以天下为己任

如果说英雄气质反映的是一种豪气，天下气质则是在英雄气质基础上又平添了一种境界，一种责任。项羽是英雄，但他的境界定格在“不能锦衣夜行”上；梁山好汉是英雄，但他们的境界定格在大碗喝酒、大块吃肉、大秤分金银上；唐宗宋祖是英雄，但他们的境界定格在“普天之下莫非王土”上；毛泽东的境界，是追求中华民族自立于世界民族之林，是追求社会主义、共产主义理想。青年毛泽东辞别父母留下的“孩儿立志出乡关，学不成名誓不还”的诗，充分反映了毛泽东从小志存高远、胸怀天下的抱负。还在长沙第一师范读书时，他就发出“天下者我们的天下，国家者我们的国家，社会者我们的社会，我们不说谁说？我们不干谁干？”的呼声。此后，从上海建党到安源罢工，从农运讲习所到挥师井冈山，从反围剿到长征，从抗战胜利到解放全中国……这一切，原动力都是毛泽东的“天下气质”。天下气质的背后是担当、是境界、是责任、是胸襟，也是对大势的把握和驾驭。毛泽东的这种以天下为己任的气质同他的

革命实践相结合，领导中国人民取得了新民主主义革命、社会主义革命和社会主义建设一个又一个的伟大胜利。

三、求真气质。“求真”就是追求事物的本源，就是在科学理论与方法的指导下不断地认识事物的本质，把握事物的规律

求真气质是毛泽东从小养成并在求学和以后的革命实践中日益鲜明的气质。学生时代，在保守主义、自由主义、激进主义等各个主义的选择中，他认定了中国革命的出路，选择了马克思主义。苏联十月革命通过城市暴动取得胜利，实践证明是成功的。中国共产党的早期领袖照搬苏联经验，实践证明是不成功的。无数次失败的教训，促使毛泽东不断思考和探索，寻求中国革命成功的道路。秋收起义的目标本来是打长沙，这是上级的指示、中央的决定。但在如此敌众我寡的形势下，打长沙无异于以卵击石。“求真气质”促使毛泽东进行新的思考，寻找新的目标，建立了井冈山革命根据地，继之开辟了中央苏区，并探索出“农村包围城市、武装夺取政权”的道路。长征中，面对左倾错误路线指挥下红军遭受的挫折，“求真气质”促使毛泽东在担架上，在通道会议、黎平会议、猴场会议直至遵义会议上不断力争，使中国革命重新走上正确轨道。抗战中，面对“亡国论”、“速胜论”等思潮，“求真气质”促使毛泽东冷静分析中日力量对比，从战术到战略，从军力到人心，从国内到国际，最后以一篇《论持久战》奠定了抗战胜利的理论基础。“求真气质”贯穿了毛泽东的一生，甚至包括他后来的失误。失误，也是他在“求真”，是他“求真”的代价。

四、善事气质。善事包括善学、善思、善谋、善断、善处（处理实际问题）等多个方面，它反映的是一种智慧，一种能力，一种超越于“自发”的“大自觉”

善学，毛泽东一生手不释卷，从政治、历史、文学、哲学到自然科学、军事，无所不包。“善学”不仅指“学”，更包括“善”。毛泽东的“善学”就是善于从各类书籍中吸取他人的智慧。他从《水浒传》、《三国演义》中启发出军事斗争的灵感，从《资治通鉴》中学习到治国的经验，从马克思、恩格斯、列宁的著作中学习到立场、观点、方法。这些是读有字书。他还善于读无字书。还在湖南一师的时候，他就多次和同学好友结伴“游学”，从现实生活中增长知识和智慧。在以后的革命斗争中，他把书本知识和实际相结合，不拘泥、不刻板、不教条，学用结合，学用相长，真正是学到了家、学到了真谛。善思，他思维开阔，或纵情于天地万物之间，或驾驭于古今风云之上，忽天马行空，忽独辟蹊径，常常能想别人所不能想，思别人所不能思。他的思维大到政治上把地球“裁为三截”，小到从科学上认定“基本粒子”还可再分。1977年，在夏威夷召开的第七届世界粒子物理学讨论会上，美国著名微粒子物理学家、诺贝尔物理学奖获得者格拉肖提议，把科学家新发现的构成“夸克”和“层子”的更基本的粒子命名为毛粒子（Maons），以纪念毛泽东。这一提议被大会通过。这个提议的起因是，1955年，毛泽东同钱三强等人曾有过一段对话。毛泽东问：“原子核是由中子和质子组成的吗？”钱三强回答：“是这样。”毛泽东又问：“质子、中子又是什么东西组成的呢？”这一问把这位科学家问住了，因为当时世界上认为，质子、中子是最小的基本粒子。停了一会儿，钱三强说：“根据现在科学研究的最新成果，质子、中子是构成原子的基本粒子。基本粒子也是最小的，不可分的。”毛泽东微笑着说：“从哲学的观点来说，物质是无限可分的，原子、中子也应该是可分的。一分为二，对立统一嘛！你们信不信？”“你们不信，反正我信。”后来，毛泽东当着于光远和周培源的面又提起这件事，并引用了庄子《天下》篇中“一尺之棰，日取其半，万世不竭”的说法……在国际科学界，有用科学家的名字命名科学概念的，也有用发现者的名字命名新的科学发现的,但几乎没有用政治家的名字命名的。毛泽东是一个例外。善谋,毛泽东的善谋表现在对复杂矛盾的判断上,表现在跳出局部范畴的大视野大思路上。在军阀割据中,他认为军阀与军阀之间的"几不管地带",正是给中国革命发展留出的空间,并借此谋划开辟了农村革命根据地。在风云变幻的世界格局中,他思考新的世界划分方式,改变了传统利益格局中东西两大阵营的划分,谋划出"三个世界"的理论,彻底打破了原有世界格局。善断,是基于对复杂事务的深刻判断而表现出来的一种胆略,一种魄力。毛泽东的善断表现在每当革命处于危亡时刻,在他人无法找到出路的时候,他总能及时提出自己独到的主张并大胆决断。遵义会议后,面对敌人的四面围堵,毛泽东以出其不意、攻其不备的决断,指挥红军四渡赤水,甩开了敌人的围追堵截。"毛主席用兵真如神",这是当时红军指战员的心声,也是对毛泽东"善断"的由衷感佩。善处,即与人共事的能力。毛泽东一生面临各种复杂情况,国际怎么处,国内怎么处,与敌人怎么处,与朋友怎么处,与自己的同志怎么处,顺利时怎么处,不顺时怎么处,处于多数的时候怎么处,处于少数的时候怎么处,他都有一套自己的办法。他的一句名言是:什么是政治,政治就是把自己的人搞得多多的,把敌人搞得少少的。这不啻于"善处"的最好诠释。

党内有"善学"者,但由于种种原因,学成了教条主义;有善学善思善谋者,但由于种种原因,缺少善断的魄力和善处的能力。由于"五善"兼具,使得毛泽东成为全党公认的领袖。这不是偶然,而是全党在革命斗争选择中的一种"必然"。

五、自信气质。自信是一种健康向上的心理状态,一种坚定的自我价值体现

毛泽东自信气质贯穿一生。他曾多次引用少年时期的诗作"自信人生二百年,会当水击三千里",用以倾述自己的志向,表达自己的自信。如果说青年毛泽东的自信是一种志向和责任,那么参加革命后,实践斗争的锤炼又使他增加了一份能力和智慧。因为他找到了施展抱负的舞台,就是农村根据地;找到了在这个舞台上演出大剧的功夫,就是武装斗争;找到了这出大剧的脚本,就是农村包围城市最后夺取城市。1945年,在风云莫测、险象环生的背景下,毛泽东毅然应老对手蒋介石之邀到重庆谈判,坦然赴之,从容应对,平安归来。试问,此举非大智大勇者焉能处之,非充分自信者焉能为之?毛泽东的自信气质表现在革命实践和日常生活的各个方面。政治上,他坚信"我们不但善于破坏一个旧世界,我们还将善于建设一个新世界";生活上,他畅游长江吟出"不管风吹浪打,胜似闲庭信步"。毛泽东的自信不是自我的盲目乐观,而是源于他对人类历史发展根本规律与最终归宿的洞察,源于他对社会矛盾的深入了解和精确判断,源于他为了崇高理想置生死于度外的大智大勇。他的那句"当着天空出现乌云的时候,我们就指出,这不过是暂时的现象,黑暗即将过去,曙光就在前头",至今还在影响着我们。

六、率性气质。"率性"是一种"真性情",是一种自我情感的天然流露

毛泽东是一个本真的人,处处表现出敢爱、敢恨、敢为、毫不做作的率性。毛泽东喜欢游泳。赫鲁晓夫来访,本来是一场十分正规的外事活动,毛泽东却拉着赫鲁晓夫套上救生圈去游泳池里"会谈"。尼克松来访,本来这是惊动世界的大事,毛泽东却要和尼克松谈哲学问题,"正事"告诉他"同总理谈"。毛泽东的率性气质更多地反映在生活上。据警卫员回忆,1958年,毛泽东在上海看《白蛇传》看得入迷,他看到法海阻挠白娘子、许仙成婚时,在剧场当场站起来指责。当时由于他肚子大看演出时松开了皮带,以至于裤子掉了下来,害得警卫员急忙帮他提裤子。演出结束同演员握手时,毛泽东用

两只手同“青蛇”握手，用一只手同“许仙”和“白蛇”握手，却没有理睬“法海”。毛泽东的“率性”很难用“好”和“不好”、“对”和“不对”来解释。毛泽东就是毛泽东——只能这样理解。

七、幽默气质。幽默是一种寓含着“哲学思考”的乐观人生态度，是严肃话题的诙谐轻松表达

毛泽东可以说是语言表达大师，通过他的幽默气质，常常把复杂、紧张、刻板的问题简单化、趣味化，妙趣横生，令人忍俊不禁。1929 年他为红四军制定《教授法》时曾特别提出“说话要有趣味”。在谈到和朱德的关系时，他风趣地说：“你是‘朱’，我是‘毛’，我是你身上的一根毛，没有朱，哪有毛?”一句幽默的笑谈道出了两人的深情厚谊。1939 年 7 月 7 日，华北联大举行开学典礼，校长成仿吾请毛泽东作报告。毛泽东在演讲中说：“当年姜子牙下昆仑山，元始天尊赠了他杏黄旗、四不像和打神鞭三样法宝。现在你们出发（当时联大将迁到抗日根据地去）上前线，我也赠给你们三样法宝，这就是统一战线、武装斗争、党的建设。”在这里，毛泽东引用《封神演义》中姜子牙的神话故事，借题发挥，十分精练地将中国革命取得成功的根本经验概括成“三件法宝”，给人留下十分深刻的印象。1945 年国共和谈期间，重庆各界邀请毛泽东演讲，突然有人提出：“假如此次和谈失败，国共再度开战，毛先生有无信心战胜蒋先生?”毛泽东机智巧妙地回答：“至于我和蒋先生嘛！蒋先生的‘蒋’字，乃是将军的‘将’字头上加了一棵草，他不过是一位草头将军而已。我这个‘毛’字，可不是毛手毛脚的毛，而是一个反‘手’，反手即反掌。意思就是代表大多数中国民众意愿和利益的共产党，要战胜代表少数人利益的国民党，易如反掌。”此言一出，掌声雷动。毛泽东就是这样经常不经意间运用“幽默气质”的“四两”拨开压顶的“千斤”。

八、倔强气质。倔强就是性格的刚强不屈

它展示的是一种执着，一种坚韧，一种毅力。在革命事业上，毛泽东一生克服了许多困难，从参加建党到秋收起义、到井冈山、到长征、到陕北直至“北京赶考”夺取全国胜利，经历了许多的曲折和危险，但他始终矢志不渝，从来没有在困难面前低头。从已知的文字记载和毛泽东大量诗词文章中都可见到他的刚强，也可透过刚强看到他的倔强。论资历，毛泽东是党的“一大”代表，早期曾经做过党内事实上的二号人物，但后来又多次降职，甚至被误传“开除党籍”。毛泽东几度沉浮，但都不曾灰心丧气。可以说毛泽东身上的巨大能量和对理想目标追求的意志力是常人难以比拟的。革命期间，有的人害怕了，有的人逃跑了，有的人叛变了，而毛泽东却始终思考着、坚持着、战斗着，这当然主要是毛泽东的历史责任感，是他的革命理想和信心的支撑，同时也是他的倔强气质使他能做到不妥协、不屈服。毛泽东革命斗争中如此，生活上也是如此。也许是一方水土养一方人，毛泽东从小就越摧越坚，越压越硬。13 岁时，因为同父亲发生争执，父亲要他下跪，他就威胁要跳池塘，最终以“一膝下跪”达成妥协。毛泽东喜欢挑战别人没有做或者不敢做的事情，他不听劝阻游长江、游湘江、游珠江，他还要游黄河，还要从头至尾考查黄河，甚至还要到密西西比河游泳。这些都反映了他敢于挑战一切的刚强和刚强中透出的倔强。

九、风雅气质。毛泽东一生饱读，成就了他的风雅

毛泽东手不释卷、信手拈来，他的风雅不是矫揉造作，不是附庸风雅，而是真本性、纯天然的风雅，是大气度、雄万端的风雅。毛泽东一生创作诗词百余首，既有“我失娇杨君失柳”的柔肠，又有“为有牺牲多壮志”的豪情；既有“坐地日行八万里”的浪漫，又有“引无数英雄竞折

腰”的慨叹。每一段柔肠、每一段豪情无不透视出他的风雅。人们最为叫绝的词作《沁园春·雪》,以其撼动山河、摇曳历史的气势,不但打赢了国共两党的文坛政治大战,而且成为中华诗词宝库中前无古人、后启来者的千古绝唱。据回忆,毛泽东早年在湖南安化拜访一位老先生时,老先生写了一副上联摆在桌上:“绿杨枝上鸟声声,春到也,春去也。”毛泽东随即写出下联:“清水池中蛙句句,为公乎?为私乎?”其语中的内涵让老先生顿然亲近有加。在井冈山革命处于低潮时,当行军打仗人困马乏,吃不上喝不上许多人悲观失望时,毛泽东坚信“星星之火可以燎原”,并用诗一样的浪漫语言预言革命高潮的到来:“它是站在海岸遥望海中已经看得见桅杆尖头了的一只航船,它是立于高山之巅远看东方已见光芒四射喷薄欲出的一轮朝日,它是躁动于母腹中的快要成熟了的一个婴儿。”毛泽东一生不但创作了大量诗词,而且留下了许多墨宝,成为近现代攀上狂草高峰第一人。1999年新世纪来临之际,《中国书法》杂志和几家媒体举行了一次评选百年十大书法家的活动。通过专家评选和无记名投票,毛泽东被列为第五,列吴昌硕、林散之、康有为、于右任之后,与沈尹默并驾,排在沙孟海、谢无量、齐白石、李叔同之前。郭沫若诗赞毛泽东“泰山北斗,诗词余事”。诗词是毛泽东的余事,书法对于毛泽东就是余事的余事了。

毛泽东的风雅来自于他的浪漫情怀和高度自信,来自于他的文学功底和人生驾驭,这种风雅是黑暗岁月里民众看到的天边朝霞,是枪林弹雨中人们嗅到的战地黄花。

十、平民气质。毛泽东生于农村,长于农村,一生保持平民本色

还在毛泽东幼年的时候,他就同情弱者,乐于助人。一次毛泽东的父亲买猪,并付了定金。等毛泽东去赶猪的时候,猪价上涨,毛泽东感到心里不安,自作主张退还定金,觉得不应“赚心灵不安的钱”。工作中,毛泽东也许是平民气质使然,他一生倡导没有调查就没有发言权,经常深入群众向群众学习,向下级学习,先当学生后当先生。这种平民气质使他能体察下情,了解实际,写出了《湖南农民运动考察报告》、《反对本本主义》、《兴国调查》等大量著作,指导中国革命取得胜利。毛泽东的平民气质表现在生活上,他喜欢自由自在、无拘无束,反感戒备森严、警卫重重,把自己和群众隔离;他更反对走形式,讲排场,比如众所周知的他最爱吃的就是“红烧肉”,最爱穿的就是“布鞋便装”。他生活上不讲究,衣服破了可以补一补再穿,走路累了捡一根树枝可以当拐杖。毛泽东平民气质的本质是他始终把自己当作人民的一份子,和广大的劳动者打成一片,尊重他们的生活习俗,体会他们的温饱冷暖。他的每一次握手、每一次交谈、每一个玩笑,平民气质都使他赢得人民更多的尊敬和爱戴。今天,在纪念毛泽东诞辰120周年的时候,我们从一个特定的角度研究毛泽东的气质。作为中华民族优秀分子的代表,毛泽东的气质可以说既有一般性,又有特殊性。从一般性讲,毛泽东的气质凝聚着中华民族的优秀品质与传统美德;从特殊性讲,毛泽东的气质展示了个人的独特魅力和人格风采。毛泽东特有的气质同他的革命理想、革命理论、革命实践相结合,领导中国革命取得成功,使其成为中国人民的伟大领袖。任何事物都是一分为二的,不可否认,毛泽东后来的失误,除了其他原因以外,同他的个人气质也有一定关系,但孰重孰轻,毋庸置疑。如果不怀有偏见,都应当承认毛泽东的气质是指导中国革命取得胜利的一个“特殊法宝”。毛泽东是人不是神,但他是一位二十世纪的伟人。随着时间的推移,他的伟人定位越来越将被历史所证明。而毛泽东的气质,在一定意义上成就了这位伟人。

(作者:中国光大集团总公司党委书记、董事长,中共文献研究会副会长,中共党史人物研究会副会长)

毛泽东的两份历史遗产与中国特色社会主义的理论和实践

刘林元

新中国60年历史以十一届三中全会为界分成前后两个30年:前30年是在毛泽东领导和影响下,进行了社会主义革命和无产阶级专政下的继续革命,以阶级斗争为纲,遵循的是革命逻辑;后30年是在邓小平理论指导下开始的改革开放建设中国特色社会主义的实践,以经济建设为中心,遵循的是建设逻辑。这两种逻辑前后相随,互相衔接,完整地反映了以毛泽东、邓小平为代表的中国共产党人领导中国人民为社会主义奋斗的历程。应该说,毛泽东时代的革命逻辑有成功也有失败,但无论成功与失败,对后毛泽东时代中国的发展都产生重大的影响。十一届三中全会以后的历史证明,毛泽东的两种历史经验——成功的和失败的,两份历史遗产——毛泽东思想和毛泽东晚年错误的教训,都直接或间接地影响到改革开放建设中国特色社会主义的实践。

一、毛泽东留下的两份精神遗产,都是我们党的宝贵财富

毛泽东的逝世,预示中国传统社会主义时代即将结束。毛泽东主席不在了,中国今后怎么办?是按"文化大革命"的路子继续走下去,还是改弦更张,另辟蹊径,走出一条新路?当时确实存在着两种发展思路的对立:一条以华国锋为代表,主张"两个凡是",执行毛泽东的"政治遗嘱",继续把无产阶级专政革命搞下去;另一条以邓小平为代表,主张中国必须进行社会主义改革,走一条具有中国特色的社会主义道路。这两种对立的观点都主张要继续高举毛泽东思想的旗帜,但对毛泽东思想的理解不一样。"凡是"派的领导者认为,毛泽东著作、毛泽东的指示决策(包括毛泽东"文革"中的"最高指示")统统都是毛泽东思想,统统都要贯彻执行,连毛泽东圈阅过的文件、文章、材料,都被认为符合毛泽东思想而要加以保护。而与"凡是"派相对立的观点则认为,毛泽东思想是马克思主义基本原理与中国实践相结合的理论结晶,是被实践证明的正确的毛泽东的思想理论;毛泽东思想是以毛泽东为代表的中国共产党人集体智慧的结晶,那些错误的毛泽东的思想、言论、指示就不属于毛泽东思想的范围,而是毛泽东的错误思想。毛泽东晚年的一些思想就属于这一类,如"文化大革命"的思想。与此相联系,对毛泽东的评价也存在对立的两种意见。一种意见认为,毛泽东是没有晚年错误的,他领导的"文化大革命"从理论和实践上解决了反修防修、反对资本主义复辟、巩固和发展社会主义的大问题,是对马克思主义的伟大发展。与此相对立的观点则认为,毛泽东的一生,功绩是主要的,但他晚年确实犯了严重的错误,尤其是"文化大革命",实际上不是任何意义上的革命,而是一场动乱。这两种意见的对立,不仅关系对毛泽东功过和毛泽东思想的评价,而且直接关系毛泽东之后中国共产党怎么办、中国的社会主义道路怎么走。

如果不承认毛泽东晚年错误,不批评"文化大革命"的理论和实践,那么会有什么结果呢?第一,无法向党和人民交代。这些错误及其后果,大家历历在目,如果还把它们说成是"英明"、"伟大",人民能信服吗?能得到人民的信任和支持吗?第二,那就按过去方针办,继

续阶级斗争,继续斗私批修。人民会喜欢这样的社会主义吗?第三,那就让“文化大革命”中的既得利益者继续领导社会主义。这些“凡是”派之所以不顾事实坚持“文革”的错误,就是因为他们是依靠“左”的路线登上高位的,承认“文革”错误就等于否定自己。由他们来领导搞社会主义,则必定走向绝路。第四,不承认毛泽东晚年错误,那就不要进行改革,不需要搞什么中国特色社会主义道路;不承认错误,不深刻总结错误和失败的教训,就不可能变坏事为好事,使教训变成宝贵财富,不可能形成中国特色社会主义的理论路线和方针政策。一句话,没有对毛泽东晚年错误的科学批评和深刻总结,就不会有“文化大革命”后的社会主义新时代,当然也就不存在两个30年的衔接问题。

以邓小平为代表的马克思主义者对毛泽东晚年问题的认识和处理坚持了彻底的唯物主义态度,体现了新一代共产党领导人的伟大气魄和智慧。首先,向全党、全国和全世界宣告,毛泽东是中国人民的伟大领袖,他的一生功绩是主要的,但在晚年也犯了严重错误。其次,强调毛泽东思想是科学的,以后仍然要坚持,毛泽东犯的错误应该实事求是地纠正。再次,关于毛泽东的错误,毛泽东个人要负主要责任,但党的中央集体也应该承担,让全党从中吸取教训。最后,从制度方面寻找错误原因,推动制度改革。这就使坏事变成好事,错误教训变成财富,失败变成前进的动力。

在对待毛泽东两份历史遗产问题上,还存在另一个倾向,这就是有些人或明或隐在否定和贬低毛泽东思想。他们不仅否定社会主义革命理论,而且否定新民主主义革命理论,认为毛泽东的革命理论是农民的革命理论,不是马克思主义的,而是民粹主义的,从而既否定了毛泽东思想的马克思主义科学性,也否认了毛泽东思想的现实指导意义。针对“否定派”的观点,以邓小平为核心的党中央针锋相对地提出,毛泽东思想是科学的,仍有现实意义,我们要继续高举毛泽东思想的旗帜。

毛泽东思想和毛泽东晚年错误教训是毛泽东留下的两份历史遗产,这两份遗产都是宝贵的,只肯定其中一份而否定另一份遗产的观点是片面的、有害的。

二、毛泽东思想对中国特色社会主义具有重要的指导意义

毛泽东思想是马克思主义普遍原理与中国国情、中国实践相结合的产物,它的主要内容是关于中国革命的逻辑,特别是新民主主义革命理论,也包括社会主义革命理论。毛泽东晚年对社会主义建设进行过独特的探索,但由于他坚持以阶级斗争为纲,未能把握社会主义经济建设的规律,他的探索是不成功的,留下了深刻的教训。以革命理论为主要内容的毛泽东思想对社会主义现代化建设还有没有指导意义,有的人对此持怀疑、否定的态度。他们认为,实践已经证明,毛泽东搞革命行,特别是指导战争行,搞建设不行,他的“三面红旗”出这么大的问题就是最好的说明。应该承认,毛泽东领导经济建设确实不如领导革命斗争那么顺手,但不能得出毛泽东思想对社会主义现代化建设就没有现实意义的结论。

应当承认毛泽东在领导社会主义建设中有不少错误的思想和决策,如反右派运动,提出并坚持总路线、“大跃进”和人民公社“三面红旗”,庐山会议后反对右倾机会主义运动,坚持以阶级斗争为纲,主张阶级斗争年年讲月月讲,提出党内走资派理论,坚持无产阶级专政下继续革命,发动导致全国动乱的“文化大革命”,认定知识分子是资产阶级的一部分,等等。但上述这些思想并不属于毛泽东思想的组成部分。十一届三中全会以后,我们党坚持实践是检验真理的唯一标准,坚决反对“两个凡是”观点,明确把这些错误的思想理论和实践决策从毛泽东思想中剔除了出去。因此,在认识毛泽东思想的现实意义时,首先要区分毛泽东思想和毛泽东的错误,不能把二者混同起来。

其次,虽然毛泽东思想内容丰富,但并不是

它的所有组成部分对当代中国社会主义现代化建设都有现实的指导意义,都可以用来指导实践。在这里也存在一个反对“凡是”态度的问题。不能认为,凡是毛泽东思想的内容都可以指导今天的实践。比如毛泽东思想中关于新民主主义革命的理论(根据地理论,农村包围城市的革命道路理论,人民战争理论等),实践证明是正确的,但却不能搬来指导今天的中国特色社会主义建设。如果照搬民主革命的做法就犯了经验主义的错误。但毛泽东思想中还有其他重要思想理论,在今天仍有重要的现实意义,比如,关于坚持马克思主义基本原理与中国实践相结合的思想,关于重视国情分析、从中国国情出发的思想,关于理论结合实际、一切从实际出发、坚持实事求是的思想理论,关于坚持群众路线、调查研究的工作作风和工作方法,关于分析矛盾解决矛盾的方法,关于立党为公、全心全意为人民服务的思想理论,关于反对腐败、反对官僚主义、反对特权的思想,关于坚定社会主义信念、坚决走社会主义道路、为社会主义奋斗终生的意志决心,关于独立自主、自力更生的建国方针,关于要学习世界上一切民族的长处的思想,关于社会主义基本矛盾的理论,关于正确区分和处理两类不同性质矛盾的思想,关于必须坚持社会主义基本制度而要改革社会主义的具体体制(环节)的思想,关于坚持社会主义公平、平等,防止和反对两极分化的思想,等等。这些在今天仍有现实意义,把它们同实际结合起来,就能成为实践决策的指导思想。当然,由于历史条件的不同,国情特点有所变化,今天我们以毛泽东思想为指导,也不是具体搬用毛泽东的做法。比如,毛泽东在三大改造完成后,强调坚持社会主义道路的一个主要内容就是坚持社会主义公有制,而且是纯而又纯的公有制,而今天我们仍然要坚持公有制,但是在社会主义初级阶段,我们只能坚持以公有制为主体、多种所有制经济共同发展。再比如,关于独立自主、自力更生的方针,我们今天仍然应该坚持,但今天的世情、国情与毛泽东当年很不一样,具体要求和做法就要适合今天的情况。

再次,要把发展毛泽东思想与背离毛泽东思想区分开来。毛泽东思想也不是固定不变的,它要随着实践发展而发展。十一届三中全会以来,以邓小平为代表的中国马克思主义者在坚持马克思主义、毛泽东思想的同时,坚持与时俱进,适时地提出新的思想理论,做出新的重大决策,其结果是发展了马克思主义和毛泽东思想。而这是因为实践提出了新的问题,需要用发展了的马克思列宁主义、毛泽东思想才能指导新的实践。这时可能有人会说,这不是坚持而是背离马克思列宁主义、毛泽东思想。特别是针对马克思列宁主义、毛泽东思想的重大的突破性发展,有的人就会怀疑甚至否认这是坚持—发展,而认为这是对马列主义、毛泽东思想的背离。比如,当邓小平提出社会主义也可以搞市场经济时,就有人认为这是反马克思主义的;当提出在社会主义初级阶段私有制也可以有一定发展时,又有人认为这是背离社会主义道路。那么,怎么区分是坚持—发展还是背离—倒退呢?我以为:一是看是否符合马克思主义基本原理。只要符合马克思主义基本原理,那就是坚持,在坚持前提下的新的结论就是新的发展。比如,社会主义初级阶段发展市场经济和私有经济,这是符合历史唯物主义基本要求的,是符合生产关系要适合生产力发展要求的基本原理的,这绝不是背离而是坚持和发展了马克思主义基本原理。二是看是否经得起实践检验。实践检验是真理,那就不仅是坚持,而且是发展了马克思列宁主义、毛泽东思想。三是看是否符合广大人民的根本利益要求,得到人民群众的拥护。凡是符合人民群众的根本利益要求,那就一定符合历史发展规律,就一定符合马克思主义的历史观和价值观。中国特色社会主义理论体系与马列主义、毛泽东思想是一脉相承的,这不仅指前者对后者的继承,还是指在继承基础上的发展。就中国特色社会主义实践的特点来看,发展不仅是必要的,而且是可能的和应该的。进行社会主义的改革开放,建设中国特色社会主义,这是全新的实践,必然会突破马列主义、毛泽东思想的原有结论。因为前人不可能预见到今天实践的内容和要求,不可能“预留”解决后人实践问题的整套锦囊,只有在前人思想启发下,从实践中摸索提出新的理论,才能指导新的实践。因为这是新的历史条件下的新的实践,实践经验是新鲜的,用以总结实践经验的理论指导是科学的,方法是正确的,这样立足新鲜经验而产生的理论认识必然具有新鲜的内容,具有创新的特点。邓小平的社会主义初级阶段论、社会主义本质论、社会主义市场经济论,以及江泽民的“三个代表”重要思想和胡锦涛的社会主义和谐论、以人为本的科学发展观就是对马列主义、毛泽东思想的坚持和发展,是具有重大创新的理论。

三、毛泽东晚年教训,对认识什么是社会主义和怎样建设社会主义具有重要的启示

十一届三中全会以后,邓小平有一个重要思想,就是中国共产党在改革开放中为什么能实行正确的路线和方针政策,成功地进行中国特色社会主义实践,这跟正确总结“文化大革命”的教训有关。他说:“毛主席经常讲坏事转化为好事。善于总结‘文化大革命’的经验,提出一些改革措施,从政治上、经济上改变我们的面貌,这样坏事就变成了好事。为什么我们能在七十年代末和八十年代提出了现行的一系列政策,就是总结了‘文化大革命’的经验和教训。”他在总结经验教训的基础上得出这样的结论:我们现在的路线、方针、政策是在总结了成功的经验、失败和挫折的教训后制定的。历史上成功的经验是宝贵的财富,错误和失败的教训也是宝贵的财富。在总结历史经验和教训基础上制定的方针政策,能够统一全党思想,达到新的团结,这样的基础是最可靠的。邓小平指示我们要重视错误和失败的教训这一份宝贵财富,这个认识是十分深刻的。我们总结成功的经验,是为了认识事物及其过程的本质,掌握规律性的认识。错误和失败是由于歪曲事物本质,违背客观规律,那么通过对错误失败教训的深刻总结,也可能达到对事物本质和过程规律的正确认识。生活实践表明,主体对自己错误失败教训的深刻总结往往更具有警示作用,因为错误是自己犯的,付出了代价,经受了错误后果的惩罚,因而更加刻骨铭心。一个党也是这样。所以恩格斯说:“伟大的阶级,正如伟大的民族一样,无论从哪方面学习都不如从自己所犯错误的后果中学习来得快。”

那么纠正毛泽东晚年错误为什么能成为改革开放的契机呢?这是由毛泽东晚年错误的特点和纠正错误的正确指导思想决定的。

问题是在社会主义建设中发生的,因此,答案一定要联系社会主义建设这个大背景来寻找。从根本上看,问题主要发生在毛泽东的社会主义理想模式上。毛泽东的社会主义理想模式既包含正确内容,又包含错误之处;既有科学的部分,又有不切实际的成分。当毛泽东把他的理想模式付诸实施时,或者因为有些人对这个模式不理解而实施不力,或者因为这个模式本身的问题而不可能完全变成现实,或者因为有人不完全同意这个模式而加以抵制,这种种原因使毛泽东的理想在实现过程中遇到了困难、阻力、障碍。当这种情况出现时,毛泽东往往不是检讨自己的理想模式存在的问题,而是把阻力、困难看成是资本主义势力对社会主义的反抗、破坏。谁如果被怀疑为是社会主义的“阻力”,谁就是资产阶级的代表。当毛泽东将寻找“阻力”的视线从党外转到党内以后,阶级斗争的扩大化也就由党外发展到党内。1957年以后,毛泽东违背党的“八大”提出的国内主要矛盾的观点,提出无产阶级与资产阶级的矛盾,社会主义道路与资本主义道路的矛盾是整个社会主义时期的主要矛盾,这个思想就是这样产生的。阶级斗争扩大化,从一般扩大化到严重扩大化,从党外的扩大化到党内的扩大化,原因概出于此。

毛泽东的社会主义理想模式可以写成这样

的公式:社会主义 = 公有制 + 计划经济 + 按劳分配 + 高尚的社会主义道德 + 阶级斗争。粗看起来,构成这个模式的各个要素并没有问题,这就说明这个模式具有科学成分。但结合实践具体分析一下各个要素,就会发现这个模式存在问题。就所有制来说,毛泽东坚持社会主义要搞公有制,这是合理的。但毛泽东在社会主义的初级阶段要求建立纯粹的公有制,取消个体经济和私营经济(在社会主义改造完成以后,毛泽东曾经表示过:尽管所有制改造基本完成了,只要社会需要,可以开设地下工厂、私营工厂、投资公司等,可以消灭资本主义后又搞资本主义,但这些思想并未得到贯彻),并急于将集体所有制经济过渡到全民所有制经济,急于将各种形式的所有制变为单一的全民所有制,这就"左"了。社会主义初级阶段,应该坚持以公有制(全民所有制 + 集体所有制)为主体,同时还需要个体经济以及其他经济成分来补充。毛泽东只要"主体",不要"补充",把对社会主义有益的"补充",当成"资本主义尾巴"割掉,实践已经证明这不仅是有害的,而且是行不通的。行不通还得行,这就势必把一些人人为地推到社会主义的对立面上去,当成资产阶级和走资本主义道路的代表来打击。这种情况在 20 世纪 50 年代后期就已经出现,到 60 年代前半期又有发展(特别是八届十中全会以后),直至"文化大革命"时期发展到极端。

再看计划经济。十一届三中全会以后,我们所理解的社会主义经济是有计划的商品经济,是计划与市场的结合,而毛泽东的计划经济(这是改革开放前我国通常的理解)是排斥市场经济的,是限制商品经济发展的,他虽然讲过要保护和发展商品经济,利用价值规律,但实际实行的却是扩大产品分配,缩小商品交换,窒息市场调节。"文化大革命"中批判的"三自一包"(自留地、自由市场、自负盈亏和包产到户)和"四大自由"(雇工自由、贸易自由、借贷自由、生产自由)实际上是社会主义条件下发展商品生产、搞好社会主义经济的手段,却被当成复辟资本主义的典型"谬论"来批判。毛泽东甚至把等价交换看成是资产阶级法权而加以限制。实践已经证明,传统模式的计划经济,由于排斥市场机制,限制商品经济的发展,是不利于社会主义经济发展的,但在当时的历史条件下,谁也不能怀疑这样的计划经济,否则就会被认为反对社会主义,是搞资本主义的。

关于"按劳分配"。应该说,就总体来看,毛泽东晚年还是承认"按劳分配"的。虽然毛泽东有一段时间想急于改变按劳分配政策,想改薪金制为供给制,实行平均主义分配制度,"文革"中还把按劳分配、八级工资制当成资产阶级权利来对待,但他毕竟没有取消按劳分配政策。但是,毛泽东晚年时期的按劳分配是有平均主义色彩的,实行的是不拉开距离的"按劳分配"。他担心,拉开分配的距离会造成两极分化,产生新的资产阶级分子。他反对搞"奖金"一类的物质刺激,主张政治挂帅、精神鼓励。应该说,毛泽东关于社会主义的分配思想中有许多是合理的,比如强调共同富裕,反对两极分化;重视精神鼓励,反对金钱挂帅;提倡对社会主义的奉献精神,要求兼顾国家、集体和个人三者关系。但由于他不是把"按劳分配"看成是具有社会主义特征的分配制度,而把它看成是"资产阶级的权利"的体现,是社会主义条件下产生新生资产阶级分子的土壤,社会主义实行按劳分配制度是不得已而为之,因此在实行这项分配制度的过程中加上许多限制,特别是害怕拉开距离,不重视劳动者的物质利益原则。这一方面会损害劳动者的积极性和创造性,另一方面也会把积极贯彻按劳分配制度视为不突出无产阶级政治的表现。按照当时通行的逻辑,不突出无产阶级政治,就一定突出资产阶级政治,这自然又同资产阶级联系起来。

关于社会主义的道德要求。毛泽东主张社会主义要有高尚的道德,标准就是"全心全意为人民服务",或者说"毫不利己、专门利人"。他亲自树立的雷锋就是这样的典型。毫无疑问,这个要求是积极的,特别是对于无产阶级的先进分子——共产党员来说，是应该争取做到的。上个世纪50年代到60年代的千千万万的青年，都在努力实践成为毛泽东所要求的社会主义新人。但是，我们还处在社会主义初级阶段，要求人人都像雷锋那样毫无自私自利之心是不可能的。作为社会的一员，每一个人应该关心国家和集体的利益，同时也应该关心自己的正当利益；每一个人除了应该完成国家和集体规定的任务之外，也应该有各人自己的兴趣、爱好。但是在那"左"的年代，往往把考虑个人利益当成个人主义或资产阶级思想，因此，"个人主义"、"成名成家思想"、"白专道路"的帽子到处乱飞，当然，特别容易飞到知识分子头上。

关于社会主义社会的阶级斗争问题。应该说，毛泽东在这个问题上有许多正确的思想，即使在今天看来也仍然站得住脚。但毛泽东认为，社会主义社会从始至终存在阶级斗争，并且是各项工作的"纲"，这就成问题了。在剥削阶级被消灭以后，提出阶级斗争还是"纲"，这本身就是把阶级斗争扩大化了。同时，时时处处坚持这个"纲"，就势必会影响以至破坏社会主义事业的发展，势必会受到党内外和各种形式的抵制，出现种种阻力。

毛泽东是一个具有崇高理想的人，他终生都在为社会主义奋斗（新民主主义革命是社会主义革命的准备）。当他抱定一个目标并为实现这个目标而奋斗时，任何人都是阻挡不了的。进入社会主义建设时期，他心中只有社会主义，绝不允许谁对社会主义说三道四。在毛泽东的心目中，一个共产党员如果对社会主义发生了怀疑、动摇，如果成了阻挡社会主义前进步伐的障碍，那么不管他过去功劳多大、地位多高、资格多老，不管他是昔日亲密的战友，还是曾信任过的下级，毛泽东就不再视他为同志，而视他为资产阶级的代表、社会主义的敌人，毛泽东晚年阶级斗争扩大的根本原因应该可以从这里寻找。

毛泽东晚年的错误有如下几个特点：第一，他的错误是在社会主义建设过程中对什么是社会主义和如何建设社会主义的探索中产生的。比如，他认为社会主义就是要坚持生产关系的"一大二公"，因此不断进行生产关系的革命。他认为在整个社会主义时期，阶级斗争是一切工作的纲，要坚持以阶级斗争为纲，不断进行阶级斗争和两条道路的斗争。实践证明，他的认识是错误的。通过总结历史教训，弄清错误的本质所在，就会给后人探索中国社会主义建设规律产生重大的启示作用。第二，毛泽东晚年错误历时长、涉及面广，加之林彪"四人帮"的破坏，对党、国家和人民产生了严重的后果，全党和全国人民的认识比较一致，特别是党的领导层，从自己的经历中切身体会到错误的原因和危害，因而大彻大悟，这为坚持实事求是思想路线，自上而下进行社会主义改革起到了至关重大的作用。第三，毛泽东晚年错误主要是"左"，这在"文革"中被林彪"四人帮"推向极端，并在全国范围内产生了破坏作用。这个历史教训给人们以深刻教育，进而为排除"左"的干扰，实施对内搞活、对外开放的方针打下了基础。

毛泽东晚年错误已经客观存在，问题是我们如何面对，如何认识和总结。回避掩盖，这不是彻底唯物主义的态度，对中国社会主义事业十分有害；采取简单粗暴的办法来对待，不仅损害党和毛泽东的形象，也达不到深刻总结教训、变坏事为好事，从而使教训成为中国特色社会主义建设的宝贵财富的目的。邓小平领导纠正毛泽东晚年错误，着眼点在于我们党吸取教训，着眼于制度的改革。他指出：历时20年的"左"的错误，毛泽东应负主要责任，但不能把错误归到毛泽东一个人身上，党中央集体领导也要负责。他说："中央犯错误，不是一个人负责，是集体负责。"又说："过去有些问题的责任要由集体承担一些，当然，毛泽东同志要负主要责任。我们说，制度是决定因素，那个时候的制度就是那样。那时大家把什么都归功于一个人。有些问题我们确实也没反对过，因此也应该承担一些责任。……我们承担一下责任没有坏处,还有好处,就是取得教训。”这样,从党中央集体的角度来总结,从制度的缺陷来认识,就能使全党取得深刻教训,并为制度改革提供思想基础。

还应该指出,邓小平在纠正毛泽东晚年错误的同时,旗帜鲜明地提出坚持毛泽东思想。在高举毛泽东思想旗帜的前提下来认识和纠正毛泽东的错误,这就是坚持了认识的全面性,避免了片面性的认识和极端的做法,为其后的改革开放提供了一个正确的思想舆论前提,维护了党的统一、民族的团结和国家的安宁。

四、改革开放的战略决策与对历史教训的深刻认识

在认识世界和改造世界的过程中,因为认识错误而导致实践失败是经常发生的。错误和失败的价值就在于它能启发人们改变思维,另辟蹊径,走向一条成功之路。

十一届三中全会以后,我们党坚持了一条具有中国特色的社会主义道路,形成了中国特色社会主义理论体系。这条“道路”和这个“理论体系”的形成,原因是多方面的,有马列主义、毛泽东思想的指导,有对国际国内社会主义实践正反两方面经验的总结,有对国际资本主义发展经验的借鉴,更有从中国国情出发进行的创造,不是某一个方面的原因所能说明了的。但应该说,我们党对建国后30年的经验教训的深刻总结是主要原因,特别是对“文革”教训科学总结更为主要。改革开放以后,邓小平说过:我们做对了一些事,是因为我们总结了过去的教训。那么,我们是如何总结教训,从错误走向正确的呢?

首先,决心进行社会主义改革、走改革开放的中国特色社会主义道路,这主要是总结新中国前30年发展的经验教训而形成的。建国初期,毛泽东说只有社会主义才能救中国,后来邓小平也强调只有社会主义才能救中国,只有社会主义才能发展中国,中国走社会主义道路是正确的选择,但长期坚持的苏联模式的社会主义道路发展不快。毛泽东在20世纪50年代中期虽然提出要走与中国国情相适合的发展道路,但从总体上未能付诸实践。在“文革”中,这种僵化模式的“道路”更是暴露了严重缺陷,大大阻碍了中国的发展,使中国发展速度不仅明显落后于英美发达国家,而且落后于亚洲“四小龙”。十一届三中全会以后,邓小平明确指出,贫穷不是社会主义,发展太慢也不是社会主义,中国不能固守传统僵化的社会主义模式,但也不能走资本主义道路,而必须从中国国情出发,改革开放,走中国特色的社会主义道路。这是从总结中国自身几十年发展的经验教训中得出的结论。

其次,关于主要矛盾思想的转变,从阶级斗争为纲转到以经济建设为中心。前30年中,我们始终坚持以阶级斗争为纲(八大以后有个短暂改变),阶级斗争从党外到党内,无时不在无处不在,主要矛盾就是两个阶级两条道路的斗争。实践证明这是对阶级斗争形势的错误估计。严重扩大化的阶级斗争导致“文化大革命”,造成严重的政治危机和经济危机。在后30年刚刚开始的时候,邓小平就宣布停止执行以阶级斗争为纲的方针,要以经济建设为中心进行社会主义建设。邓小平清醒地分析了阶级斗争的形势,认为阶级斗争只是残余形态,不是主要矛盾,社会主义的主要矛盾是发展生产力。应该承认,前30年,特别是反右派运动以后的20年,全党在阶级斗争的认识上是“左”的;而进入新时期以后,对阶级斗争能有这样清醒的认识和处置,显然是总结了阶级斗争扩大化的教训。有了这一条,就排除了改革开放的最大障碍。

第三,对国情认识的改变,表现为社会主义初级阶段理论的形成。国情认识是决策的前提。前30年的中后期,苏联宣布自己是发达的社会主义,准备向共产主义过渡。我们没有明确的说法,但从50年代“大跃进”时,我们要与苏联比试,也准备进入共产主义,至少也处于发达社会主义阶段。正因为国情估计严重脱离实

际,因此政策就“左”了,脱离人民群众。对国情的清醒的、实事求是的认识是在十一届三中全会以后,邓小平的结论是:我们国家是社会主义,但很穷,是不够格的社会主义,属于社会主义的初级阶段。从社会主义初级阶段的国情出发,思想就解放了,决策就实事求是了,人民也满意了。从此,中国特色社会主义建设有了可靠的出发点。

第四,关于社会主义本质的认识。传统观点是社会主义就是公有制+计划经济+按劳分配,这在十一届三中全会前是没有争议的。但十一届三中全会以后,邓小平有了新的认识,他几次谈到贫穷不是社会主义,发展太慢也不是社会主义,明确指出,“社会主义的本质,是解放生产力,发展生产力,消灭剥削,消除两极分化,最终达到共同富裕”。传统的对社会主义本质的认识是着眼于社会主义的结构,静态观察社会主义。十一届三中全会以后,邓小平则着眼于社会主义的功能,动态观察社会主义,二者相比较,后者关于社会主义本质的认识,纠正了传统社会主义本质观中对发展生产力的功能的认识缺失,这个新的认识应该是通过总结社会主义的发展经验并与资本主义的比较取得的。

第五,关于社会主义市场经济的崭新认识。传统观点往往认为市场经济是资本主义的经济制度,姓资不姓社。但邓小平通过长时间的思考和研究,认为社会主义国家搞计划经济可以办大事,但信息不灵,发展太慢;计划与市场都是发展经济的手段,不是根本制度,资本主义有计划,社会主义也可以搞市场经济。中国要搞社会主义市场经济,这是邓小平关于改革开放中最有创新的思想。邓小平关于社会主义市场经济理论的形成当然不仅仅是立足于中国社会主义发展的经验,而是具有世界眼光。他比较了社会主义与资本主义的根本制度与发展经济的手段的同异之间的关系,深知中国计划经济的弊病,因此才有勇气突破传统认识,突破马克思恩格斯社会主义计划经济的经典结论,主张社会主义也可以搞市场经济。

第六,关于国际社会两大主题的提出,改变了列宁以来的战争与革命的两大主题的观点。前30年,我们坚持战争与革命的世界两大主题,国内坚持以阶级斗争为纲,主张尽快彻底消灭资产阶级、资本主义;对外进行革命输出,在世界范围内与资产阶级斗争,争当世界革命的领袖。这使我们一度相当孤立,相当被动。十一届三中全会以后我们改变了思路。邓小平根据国际社会发展变化的实际情况,提出以和平与发展的两大主题论代替坚持战争与革命的主题论。国际资本主义发展的基本规律表明资本主义社会的基本矛盾仍然存在,资本主义的最终灭亡是不可避免的。但现实资本主义还有生命力,社会主义代替资本主义是一个漫长的历史过程,我们要与资本主义和平共处,要学习资本主义有益的方面。这一指导思想大大推动了对外开放,加强了国际交流,促进了国内的发展。

第七,思维方式的改变:从“斗”到“和”。前30年,我们的矛盾思想方法是:世界万事万物是由矛盾组成的,矛盾就是对立面的斗争,因此不少人信奉斗争哲学。“八亿人口,不斗行吗?”在和平建设年代,回避矛盾斗争是不可能的,但“斗”字当头的思维方法是有害的。改革开放以后,时代变了,哲学是时代精神的精华,矛盾是对立统一,要在对立面的统一中生存和发展。国际要和平,国内要和谐,人与人“和”为贵,成为多数人的共识。取得这样的认识跟正确总结阶级斗争年代残酷斗争所造成的伤害和破坏的惨痛教训是密切相关的。

任何错误,当它被人们普遍地提倡和接受而没有受到批评时,它会产生有害的结果,而当它受到人们的反对,其本质与后果被揭露时就会成为教训。对教训进行深刻总结,就会成为新的思想认识产生的根据和动力。总结成功的经验对后来者固然重要,但失败的教训只要加以正确总结,其教育意义也会更深更远。应该看到,毛泽东的错误是在建设社会主义过程中,探索什么是社会主义和怎样建设社会主义的问题上发生的，因此它对后来的探索者不仅直接警示此路不通，而且会启发人们怎样才能另辟蹊径。实践表明，毛泽东晚年在建设社会主义过程中犯错误的教训推动了邓小平对什么是社会主义和怎样建设社会主义的思考。在总结两个 30 年的衔接时，毛泽东思想不能丢，丢了就割断血脉，失了根本；毛泽东晚年的教训也不能忘，忘了就没了鉴戒，失去动力。珍爱这两份历史遗产，消化吸收，使之成为继续前进的动力，这是当代中国共产党人的历史责任。

（作者：南京大学哲学系教授、博士生导师）

论毛泽东建设新中国的愿景与中国梦

齐卫平

1949年中华人民共和国成立开启了中华民族伟大复兴的新征程。当年的毛泽东56岁，经过革命战争的艰难锤炼和卓越才能的显示，他的中国人民领袖地位得到全党和全国人民的衷心拥戴。在领导新中国建设的实践中，毛泽东满怀大志，心揣愿景，致力于将新中国带进世界先进行列。在党中央率领中华民族为实现中国梦而奋斗的今天，毛泽东建设新中国的愿景为我们留下了宝贵的思想遗产和丰富的现实启示。

一、新中国初期毛泽东谋划国家建设的几个时间概念

新中国的建设起步维艰。鸦片战争后一百多年的衰败，民族战争和国内战争的摧残，以及国际社会反动势力的打压，使百废待兴的中国面临重重困难，处于贫穷落后的中华民族充满对未来的憧憬。执政的中国共产党能够给中国人民带来什么？中华民族的命运将发生怎样的改变？毛泽东以循序渐进的谋划表达着新中国的建设愿景。

"历史是以若干年为单位来计算的"。毛泽东建设新中国的谋划，既有当下目标的任务设定，又有远大目标的愿景揭示。具有战略家气质的毛泽东，将理想主义与现实主义相统一，显示了其谋划新中国建设的卓越智慧。以下几个时间概念体现了毛泽东和党中央领导人民发愤图强的中国故事。

三年准备，十年建设。1950年6月党的七届三中全会上，毛泽东提出要用3年或者更多一点的时间争取财政经济状况的根本好转，为有计划地进行经济建设准备条件。1951年2月，毛泽东在政治局会议上明确提出"三年准备，十年计划经济建设"的想法。同年3月30日，毛泽东审阅刘少奇全国第一次组织工作会议的报告上写道："三年准备十年建设的思想，请你在会议中讲一下，使他们有所准备"。按照这个想法规定的时间，新中国在1952年底顺利实现了恢复国民经济的任务。

15年向社会主义过渡。新中国建设的历史起点是新民主主义社会，《共同纲领》没有提社会主义前途，党中央在发展战略上设计了从新民主主义向社会主义的一个过渡期。根据薄一波回忆，毛泽东第一次谈向社会主义过渡问题是在1952年9月24日的中央书记处会议上，他说："10年以后会怎么样，15年以后又怎么样，要想一想"。毛泽东讲这个话的意思，说明他的头脑里对向社会主义转变已经有了比较明确的进度表。这个过渡期的时间概念虽然与原先建设新民主主义社会的设计有所变化，主要的区别在于15年时间概念的理解，即究竟是15年后开始过渡，还是15年完成过渡。按照毛泽东的进度表，显然他的意思是从现在就开始过渡，15年后的中国将结束新民主主义社会。毛泽东的这个想法为党的过渡时期总路线定了基调，而实际进程大大压缩了预定的时间，原先准备花15年的过渡任务经过3年就完成了，到1956年底社会主义制度在中国建立起来。

20年完成中国的工业化。在1945年党的七大上，毛泽东明确提出"使中国由农业国变为工业国"的目标。1949年党的七届二中全会上，他在报告里详细分析了中国以农业和手工业为主体的经济构成后认为：我国

百分之九十的经济"和古代没有多大区别",强调"由落后的农业国变成了先进的工业国",建立起独立完整的工业体系,才可以说真正站立起来。"中国民族和人民要彻底解放,必须实现国家工业化"。毛泽东有一个20年完成工业化时间概念,他计划在党执政后用3年时间作准备,"从一九五三年起,我们就要进入大规模经济建设了,准备以二十年时间完成中国的工业化。"由此推及,毛泽东希望在1973年左右完成从农业国向工业国转变的任务。这个预期实现的目标因指导思想坚持以"阶级斗争为纲"的错误实践而受挫,从农业国向工业国转变的任务没有实现。

50年建成伟大的社会主义国家。中华人民共和国是在旧中国的废墟上建立起来的,经济文化落后是党领导社会主义建设的现实国情,毛泽东对此有清醒的认识。1955年3月21日,他在党的全国代表大会上讲话指出:"在我们这样一个大国里面,情况是复杂的,国民经济原来又很落后,要建成社会主义社会,并不是轻而易举的事。我们可能经过三个五年计划建成社会主义社会,但要建成为一个强大的高度社会主义工业化的国家,就需要有几十年的艰苦努力,比如说,要有五十年的时间,即本世纪的整个下半世纪。"这里,毛泽东给出的时间不是很确定,用"比如说"来表述有模糊性,但它传递了用"半个世纪"致力建设强大社会主义国家的意思。按照毛泽东头脑里的进度表,从1949年到20世纪结束的50年里,中国将实现建设社会主义伟大国家的目标。

以上几个时间概念,是毛泽东筹划新中国建设的计划。虽然在实践过程中完成的情况有些变化,有的任务提前完成,有的任务因各种主客观因素影响遭遇挫折,但从新中国初期的建设看,基本上是有计划地按照时间进度在发展的。从一个阶段预期目标的实现到进入下一个阶段的预期目标,新中国的建设一步步向着计划的愿景发展。

二、毛泽东的"愿景意识"与百年"中国梦"

眼光深远是英明领袖的素质之一,作为中国人民的伟大领袖,毛泽东具有很强的"愿景意识",有计划地领导人民一步步实现前进的目标,是他的思想和实践的显著特征。毛泽东曾说,计划的用处"是有一个长远的目标,使人们的眼光不被限制在眼前走出的一步。这种计划只是一个大方向,还要用每一个五年计划和每一年的年度计划去加以具体化","我们有一个一定的发展方向,有一个社会发展的规律可以把握,应该是心安的。"这样的计划观念促使毛泽东在领导国家建设中始终有着鲜明的愿景意识。

建国初期毛泽东就立志"把我们的祖国建设成为繁荣强盛的国家"。起初的愿景意识还显得比较笼统。1954年9月15日,毛泽东在第一届全国人大会议上的开幕词中提出"为建设一个伟大的社会主义国家而奋斗"的总任务,指出:"准备在几个五年计划之内,将我们现在这样一个经济上文化上落后的国家,建设成为一个工业化的具有高度现代文化程度的伟大的国家"。这里,毛泽东关于社会主义伟大国家的思绪集中在工业化和现代文化上。这是针对经济文化落后的现状而形成的初步认识。

随着新中国建设的发展,毛泽东的愿景意识在内容上丰富和清晰起来。1956年1月25日,他在一次会议的讲话中指出:"我国人民应该有一个远大的规划,要在几十年内,努力改变我国在经济上和科学文化上的落后状况,迅速达到世界上的先进水平。"这里加入了"科学"的内容。当时,世界上正在掀起战后科学技术革命的浪潮,党中央开始酝酿向科学进军的部署。因此,科学技术也就成为毛泽东认知社会主义强国的一个方面,他的愿景意识增添了着力改变"科学落后"的思想。1959年底至1960年初,毛泽东在读苏联《政治经济学教科书》期间的谈话中第一次形成了"四个现代化"的说法，他说："建设社会主义，原来要求是工业现代化，农业现代化，科学文化现代化，现在要加上国防现代化。"20世纪60年代初，周恩来总理对"四个现代化"有详细的阐述，并在1964年第三次全国人民代表大会上正式提出两步走的计划，即第一步建立一个独立的比较完整的工业体系和国民经济体系；第二步全面实现农业、工业、国防和科学技术的现代化，使我国经济走在世界的前列。显然，"四个现代化"成为党中央的愿景目标。这个提法一直沿用到20世纪末，改革开放后邓小平在讲话中还经常使用。虽然随着时代发展和社会的进步，一个国家现代化的认知已经不再局限于工业、农业、科学技术、国防的现代化上，但"四个现代化"的提法则在相当长一段时间里代表着党和人民憧憬的愿景。在毛泽东那里，"四个现代化"就是社会主义强国的具体化，也是毛泽东"中国梦"的体现。

毛泽东的头脑里有一个百年中国梦。据相关资料记载，曾有两个外国人问询过毛泽东关于中国愿景的问题。一个是英国陆军元帅蒙哥马利，他先后于1960年和1961年两次访问中国，毛泽东都与他见面会谈。另一个是延安时期的美国朋友斯诺，于1960年重访中国，毛泽东接见了他。蒙哥马利问毛泽东："五十年以后中国的命运怎么样？那时中国会是世界上最强大的国家了。"斯诺问毛泽东："主席认为中国需要多少时间才能在每人每年平均收入方面达到美国现有的水平？"两个外国人都问到中国实现发展目标的预期时间问题，毛泽东在回答他们时都表达了这样的看法：中国一定能赶上和超过美国，但要经过一段时间，"建设强大的社会主义经济，在中国，五十年不行，会要一百年，或者更多的时间……在我国，要建设起强大的社会主义经济，我估计要花一百多年"。毛泽东多次使用"一百年"的概念。他还曾说：将来所有的人都要读书，都要大学毕业，"要做到全国人民都从大学毕业要一百年。"

关于时间问题，毛泽东的中国梦在说法上前后有一些变化。原先，毛泽东预期的时间不是一百年而是五十年。建国后的一段时间里，他领导党中央作出的部署经常以五十年作为愿景目标。经过实践探索，毛泽东对社会主义建设的复杂性和艰巨性有了更深的认识。从文献资料可以看出，在遭遇20世纪50年代后期急躁冒进的挫折以后，毛泽东开始将实现愿景的时间调整为一百年。1959年2月22日，毛泽东审阅一篇新闻稿，原文写道："1958年大跃进的成就证明，我国人民将在一个时期内把我国建成为一个经济上、文化上繁荣昌盛的强大的社会主义国家"，毛泽东将"一个时期内"，修改为"一个不是很短但也不是太长的时期内"。很明显，这个修改反映了毛泽东在遭遇挫折后的思想谨慎。1962年，他在七千人大会上发表讲话就讲得更直接更清楚了。毛泽东指出："中国的人口多、底子薄，经济落后，要使生产力很大地发展起来，要赶上和超过世界上最先进的资本主义国家，没有一百多年的时间，我看是不行的。也许只要几十年，例如有些人所设想的五十年，就能做到。果然这样，谢天谢地，岂不甚好。但是我劝同志们宁肯把困难想得多一点，因而把时间设想得长一点……把时间设想得长一点，是有许多好处的，设想得短了反而有害。"从五十年到一百年的时间变化，反映了毛泽东对中国梦有了更切实际的认识，其中，强调困难的思想反映了他对建设社会主义强大国家任务艰巨的告诫。

毛泽东百年中国梦里有两个目标，一个是苏联，一个是美国。前者是为中国建设增添信心，看到的是社会主义国家建设的希望。后者是为中国建设树立一个追赶目标，力求赶上和超过资本主义发达国家。苏联社会主义建设的成功使毛泽东决心以它为学习榜样，通过走社会主义道路实现中国繁荣富强的目标。"苏联建成社会主义的伟大历史经验，鼓舞着我国人民，它使得我国人民对于在我国建成社会主义充满了信心。"美国是世界上最强大的资本主义国家，代表着国际的先进水平。毛泽东从建国初期就下决心要发奋努力赶超美国，他的心里总是憋着一股气，说："我们是一个新中国，虽然号称大国，但是力量还弱。在我们面前站着一个强大的对手，那就是美国。美国只要有机会，总是要整我们"。1954年12月11日，毛泽东会见缅甸总理吴奴时说："像我们这一类国家受过很多气，亚洲、非洲国家都是多年来受帝国主义大国的气的。这些帝国主义国家主要的就是英国、美国、法国、德国、日本。我们现在还在受气。总有一天，我们真正独立起来，把自己的国家搞好，就可以少受一点气。"1957年底毛泽东赴莫斯科参加俄国十月革命40周年庆典，发表讲话提出"赶超英国"的口号。20世纪50年代后期，"赶英超美"目标广泛宣传并在中国掀起建设社会主义的热潮。虽然这个理想化和简单化的追赶行动造成盲目冒进的失误，但赶超世界先进国家的愿望则记载了中国人民实现中国梦的一段经历。

毛泽东的百年中国梦，起算时间是中华人民共和国成立的1949年，到建成强大的社会主义国家，时间终点在2049年。毛泽东的百年中国梦与改革开放以来党中央推进中国特色社会主义建设的战略步骤和预期目标相吻合。后毛泽东时代的中国，社会主义建设在新的道路探索中面貌已经焕然一新。进入21世纪以来，党领导中国人民通过改革开放不断推进中国特色社会主义建设，快速发展的成就举世瞩目。党的十八大后，以习近平为总书记的党中央深情阐述中国梦，是毛泽东百年中国梦的承续和延伸。在历史实践和经验的基础上，中国梦的涵义更深刻、内容更丰富、语言更新颖，它振奋和激励着中国人民向实现中华民族伟大复兴和社会主义现代化的愿景而不懈奋斗。

三、毛泽东"中国梦"思想遗产的现实启示

1840年鸦片战争发生，标志着古代中国领先世界辉煌历史的终结，落伍时代和国家衰败使中国人民陷入半殖民地半封建社会泥潭。在奋起抗争的实践中，实现国家统一、民族独立，实现国家繁荣富强、人民幸福安康、社会和谐稳定，是全体中国人民的梦。这个梦的核心是实现中华民族伟大复兴，而实现中华民族伟大复兴的核心是实现社会主义现代化。

中华民族伟大复兴的中国梦在接续奋斗中代代传递接续。历史进程将这个伟大的中国梦分为两个时段，即近代与现代，由此也形成两个百年中国梦。从1840年至1949年的百余年里，期待民族独立和国家统一，是第一个中国梦，这个梦已经实现，它为实现第二个中国梦创造了前提条件。从1949年到2049年的一百年，期待国家繁荣富强，人民幸福安康，社会和谐稳定，是第二个中国梦，这个梦正在实现过程中。毛泽东百年中国梦的思想给现代中国留下了宝贵的历史遗产，具有丰富的现实启示。

第一，强烈的使命意识为实现中华民族伟大复兴和社会主义现代化的中国梦注入了强大的前进动力。引领中国社会发展进步，为人民谋幸福，是中国共产党从诞生之日起就确立的价值取向，实现中华民族伟大复兴和社会主义现代化与党的使命和职责完全相一致。毛泽东指出：中国共产党人一切奋斗的目的"在于建设一个中华民族的新社会和新国家"，使中国"变为一个政治上自由和经济上繁荣的中国"，"变为一个被新文化统治因而文明先进的中国。"他深切认识到，只有使中国繁荣富强起来，才能使我们的民族在世界上真正站立起来。"我国从十九世纪四十年代起，到二十世纪四十年代中期，共计一百零五年时间，全世界几乎一切大中小帝国主义国家都侵略过我国，都打过我们"，"如果不在今后几十年内，争取彻底改变我国经济和技术远远落后于帝国主义国家的状态，挨打是不可避免的。"毛泽东的中国梦始终表现出强烈的使命感，并且将党的使命转化为推动中国发展的实践。这样的使命意识源自于中国社会的需要，是中国人民为实现中华民族伟大复兴和社会主义现代化而不懈奋斗的动力源泉。在当前新的历史条件下，实现中国

梦必须有强烈的使命意识。

第二，显著的民族自信为实现中华民族伟大复兴和社会主义现代化的中国梦提供了有力的精神支持。古代中国两千多年居于世界先进水平的历史事实，是中华民族卓越的创造能力，显著的聪明智慧和勤劳敬业、艰苦奋斗的优良秉性造就的。近代中国的衰败，是制度落后和统治阶级腐朽的结果，中国人民凭借不屈不挠的顽强意志，经历各种失败曲折，克服各种艰难险阻，战胜各种风险挑战，以一系列出色的成绩证明了中华民族的卓越能力、聪明智慧和优良秉性。毛泽东对中华民族充满着自信，他始终抱持强烈的信念：伟大的中国人民是不可战胜的，任何困难都难不倒中国人民，人民群众蕴藏着无穷无尽的力量，只要人民群众的积极性充分调动起来，就可以干一番惊天动地的大事业。毛泽东对实现中国梦的信心来自于依靠人民的力量。1954 年在一次会议上他指出："中国现在的潜在力量将来发挥出来是惊人的。"这里所说的"潜在力量"，指的就是人民群众的力量。毛泽东的这些思想对于我们树立高度的民族自信、实现中国梦具有重要意义。当代中国是一个拥有 13 亿人口的大国，实现中华民族伟大复兴和社会主义现代化是全体中国人民的梦。实现这样一个伟大的梦，必须发挥人民群众整体的力量。而要使全体中国人民心往一处想，劲往一处使，首先就必须树立高度的民族自信。一个民族缺乏足够的自信，有梦也圆不成。充分相信中华民族的聪明智慧和卓越创造能力，是对毛泽东关于中国梦思想的继承，能够为实现中华民族伟大复兴和社会主义现代化提供精神支撑。

第三，坚定的道路、理论、制度自信为实现中华民族伟大复兴和社会主义现代化的中国梦指明了正确的前进方向。鸦片战争以来一个半世纪的历史证明，中国人民从遭受耻辱到顽强抗争，从站立起来到富强起来，从经济文化落后到国家崛起腾飞，从"东亚病夫"的弱国到成为世界第二大经济实体国家，一步步成功业绩的取得建立在道路、理论和制度的正确选择基础之上。近代中国许多先进人士和各种政治力量，曾经为中国社会向何处去寻找出路。统治阶级内部一些开明人士试图通过枝节的改革进行自救，农民阶级组织过规模巨大的起义战争，资产阶级改良派发动了维新变法运动，资产阶级革命派领导了辛亥革命，虽然他们的努力不乏进步的意义，但都没有改变中华民族落后挨打的耻辱命运。中华民族只是在中国共产党树立起马克思主义的思想旗帜，并将马克思主义与本国实际相结合的实践中形成正确的道路，命运才发生根本的改变。新民主主义革命的胜利、社会主义建设的成绩以及改革开放的发展，都离不开正确道路的引导、正确理论的武装和正确制度的保证。毛泽东的中国梦具有马克思主义思想、社会主义道路和社会主义制度的坚定信念。农业合作化运动中，毛泽东指出："全国大多数农民，为了摆脱贫困，改善生活，为了抵御灾荒，只有联合起来，向社会主义大道前进，才能达到目的。"他强调，社会主义制度比资本主义具有发展生产力更大的优越性，因此，一定要在五六十年里赶上美国，显示比资本主义发展得更快。如果不是这样，就要被开除"球籍"。可见，毛泽东以坚信社会主义道路和制度作为实现国家繁荣富强的保证，这个思想与党的十八大要求全党坚定道路自信、理论自信、制度自信完全相一致，是实现中华民族伟大复兴和社会主义现代化的思想指南。

第四，鲜明的人民观念为实现中华民族伟大复兴和社会主义现代化的中国梦揭示了科学的价值取向。实现中华民族伟大复兴和社会主义现代化，目的是为了造福人民。中国共产党全心全意为人民服务的宗旨决定了中国梦的人民性，毛泽东的百年中国梦是以人民利益为出发点的。他指出："我们的目标是要使我国比现在大为发展，大为富、大为强"，"现在我们实行这么一种制度，这么一种计划，是可以一年一年走向更富更强的，一年一年可以看到更富更强些。而这个富，是共同的富，这个强，是共同的强”。这里,“共同的富”、“共同的强”,是中国梦价值取向的表达。中国人民做中华民族伟大复兴和社会主义现代化的梦,是为了过上更好的生活。国家的强大必须建立在人民的富裕基础上。毛泽东的中国梦以共同富强作为价值取向,符合人民的要求,满足人民的期待,是对实现中华民族伟大复兴和社会主义现代化的科学诠释。中国特色社会主义建设实践突出了加强以民生为重点的社会建设,实现中国梦必须牢固树立人民观念,坚定不移地将维护好、实现好、发展好人民利益贯彻于实现中华民族伟大复兴和社会主义现代化的全过程。

1956年11月12日,毛泽东为纪念孙中山诞辰九十周年撰写文章指出:“一九一一年的革命,即辛亥革命,到今年,不过四十五年,中国的面目完全变了。再过四十五年,就是二千零一年,也就是进到二十一世纪的时候,中国的面目更要大变。中国将变为一个强大的社会主义工业国。”毛泽东的这个预言可以说已经基本得到实现。进入21世纪的中国正在以踏实的步伐向中华民族伟大复兴和社会主义现代化的目标奋进,党的十八大以来,中国梦已经成为振奋炎黄子孙精神,砥砺中华民族意志,激发中国人民行动的术语。在毛泽东120周年诞辰之际,研究他的中国梦并从中汲取前进的动力,是对他最好的纪念。

(作者:华东师范大学政治学系主任、终身教授、博士生导师)

毛泽东思想时代价值再认识

柳建辉

毛泽东思想作为中国革命和建设的正确的理论原则与经验总结，是经过实践检验的科学真理，具有极其丰富的时代价值，集中体现在它为中国特色社会主义道路、理论体系和制度的开辟与形成提供了思想准备。自中共七大把毛泽东思想作为党的指导思想写入党章以来，它已成为人类先进文化的一种精神象征，具有长久指导作用，是中国共产党人和中华民族必须高举的伟大旗帜。值此毛泽东诞辰120周年之际，深化对毛泽东思想时代价值的认识，对于进一步掌握中国化马克思主义的基本立场、观点和方法，特别是掌握马克思主义与中国实际相结合的本领和与时俱进、开拓创新的科学精神，提高运用科学理论分析、解决中国特色社会主义现实问题的能力，具有重要的现实意义。

一、毛泽东思想的时代价值源于其丰富的时代内涵

从马克思主义中国化的实际过程来看，毛泽东思想的产生并非偶然，而是历史的必然，是近代中国社会矛盾发展和人民革命斗争深入的结果。它是当年那个时代人类先进文化的成果，其理论来源、理论基础是马克思列宁主义。

作为无产阶级革命的科学理论，马克思主义产生于19世纪40年代的西欧，并逐步传播到世界各地。到20世纪初，世界革命的中心和马克思主义的重心东移到俄国后，列宁指导十月革命取得了历史性胜利。列宁关注世界上被压迫民族的解放，提出了民族和殖民地问题的理论纲领。在这个过程中，马克思主义被推进到一个新的阶段，产生了列宁主义。十月革命后，世界革命的中心和马克思主义的重心又进一步东移到中国等东方殖民地半殖民地国家。随着马克思主义传播到中国并与中国的革命实际相结合，催生了工人阶级的先进政党——中国共产党。此后，中国共产党承担起领导中国革命，实现国家独立和民族解放的历史使命，在这个过程中产生、形成了毛泽东思想，指导中国革命取得了最后胜利。正如毛泽东所说，马克思主义是挽救和解放我们民族的最好的武器，“而中国共产党则是拿起这个武器的倡导者、宣传者和组织者。马克思列宁主义的普遍真理一经和中国革命的具体实践相结合，就使中国革命的面目为之一新”。

在把马克思主义同中国革命实际相结合这个动态的历史过程中，毛泽东思想的产生、形成和发展，只具备一个要素即理论来源或理论基础是进行不下去的，必须是两个要素的互动，即毛泽东思想的实践来源或实践基础（这个实际大体可归纳为三个方面：当时的中国国情、当时的中国革命运动、源远流长的中国传统文化）。我们只有明确了毛泽东思想形成发展的这两个来源或基础，才能深入理解马克思主义同中国实际相结合的有关问题，也即毛泽东思想的科学内涵和精髓。刘少奇在中共七大上作《关于修改党章的报告》时说：“毛泽东思想，就是马克思列宁主义的理论与中国革命的实践之统一的思想，就是中国的共产主义，中国的马克思主义。”“毛泽东思想，从他的宇宙观以至他的工作作风，乃是发展着与完善着的中国化的马克思主义，乃是中国人民完整的革命建国理论。”这一阐述深刻揭示了毛泽东思想的本质特征和时代内涵。

毛泽东思想是在不断同教条主义的斗争中

逐步形成和发展起来的，这是一个最主要的特点，具有深刻的现实启示。第一次大革命失败后，中国共产党立即发动了一系列武装起义，并在八七会议上确定了土地革命和武装反抗国民党反动派的总方针。这时党面临的主要任务，是尽快找出一条适合中国情况的革命道路，并制定出土地革命、武装斗争的正确方针和策略。但是，由于共产国际的错误指导等各方面原因，当时党内把马克思主义教条化、把共产国际决议和苏联经验神圣化的倾向十分盛行，导致中共中央接连出现"左"的错误，特别是王明"左"倾教条主义的错误指导，给党造成惨重损失，几乎使中国革命陷于绝境。在这种情况下，以毛泽东为主要代表的中国共产党人，善于思考，敢于创新，在同各种教条主义的斗争中把马克思主义同中国革命的实际相结合，成功解决了中国革命的一系列重要问题，提出了许多重要思想，特别是农村包围城市革命道路理论的提出，成为毛泽东思想形成的重要标志。抗日战争爆发后，以毛泽东为主要代表的中国共产党人，又在深刻总结历史经验的基础上，及时吸取抗日战争的新经验，明确提出了新民主主义理论及科学的思想体系，成为毛泽东思想成熟的主要标志。同时，围绕这一科学理论展开了多方面的论述和理论创造，毛泽东哲学思想、军事思想、统一战线思想、党的建设思想等方面也都逐渐形成体系。这些创造和发展既是时代的要求和需要，又是中国革命艰难实践的呼唤。正如1962年1月30日毛泽东在扩大的中央工作会议上所说："在民主革命时期，经过胜利、失败，再胜利、再失败，两次比较，我们才认识了中国这个客观世界。在抗日战争前夜和抗日战争时期，我写了一些论文，例如《中国革命战争的战略问题》、《论持久战》、《新民主主义论》、《〈共产党人〉发刊词》，替中央起草过一些关于政策、策略的文件，都是革命经验的总结。那些论文和文件，只有在那个时候才能产生，在以前不可能，因为没有经过大风大浪，没有两次胜利和两次失败的比较，还没有充分的经验，还不能充分认识中国革命的规律。"

总之，中国是一个完全不同于西方国家的东方大国，中国的革命遇到了以前的马克思主义者从未遇到过的复杂而艰巨的任务。为了解决这些新的问题，以毛泽东为代表的中国共产党人对马克思主义进行了创造性运用和发展，成功地解决了如何在经济文化落后的东方大国进行新民主主义革命以及如何向社会主义过渡的问题，并对在这样一个落后的国家如何进行社会主义建设进行了艰辛探索，提出了许多有价值的思想。因此，毛泽东思想不是在个别方面，而是在许多领域，以独创性的理论丰富和发展了马克思主义，是马克思主义在东方的重大发展，在马克思主义发展史上具有重要的历史地位。毛泽东不仅提出了"马克思主义中国化"的科学命题，推动了马克思主义中国化的进程，实现了西方文化向中国文化的转变；而且提出了"批判继承"、"古为今用"的口号，实现了传统文化向现代文化的转变。中国传统文化的许多精华，在毛泽东思想中都得到了继承和发展，使中华民族的思想文化发展到一个前所未有的高度。像"实事求是"，本是《汉书》中的一句话，中国古代的一句成语，毛泽东却赋予它新的时代含义，做出了马克思主义的解释，把它提升到新的学风和党的思想路线的高度，使之成为毛泽东思想的精髓，为全党和全国人民所熟悉。

可以说，毛泽东思想已浸透到中国社会生活和精神生活的各个方面，深刻地影响着中国社会思想文化的发展和人们的价值取向。

二、毛泽东思想的时代价值源于其科学的世界观和方法论

说毛泽东思想具有丰富的时代价值，就是说它在当今时代仍然具有不可忽视的现实指导意义，特别是毛泽东思想的活的灵魂，即世界观、方法论，也就是分析问题、解决问题的立场、观点和方法具有长远指导意义。

历史已经证明，毛泽东思想的活的灵魂，即

实事求是、群众路线、独立自主,任何时候都要坚持,其中最重要、最根本的是实事求是的原则和方法,这是毛泽东思想的精髓。遵义会议前,中国共产党内的教条主义十分严重,王明等根本瞧不起在国内搞实际斗争的毛泽东等人,认为他们根本没有什么理论,更谈不上什么马克思主义,最典型的说法就是“山沟里出不了马克思主义”。他们开口闭口“国际指示”,搞的实际上也是“两个凡是”,即凡是共产国际的指示,必须坚决执行;凡是苏联的经验和做法,必须坚决照搬。对于这种教条主义的态度和做法,毛泽东曾给予深刻的批评和讽刺,指出:“我们历史上的马克思主义有很多种,有香的马克思主义,有臭的马克思主义,有活的马克思主义,有死的马克思主义,把这些马克思主义堆在一起就多得很。我们所要的是香的马克思主义,不是臭的马克思主义;是活的马克思主义,不是死的马克思主义。”这里所说的“臭的”、“死的”马克思主义,就是主观主义、教条主义、经验主义,其中主要是教条主义。他还曾说教条主义者连猪都不如,因为猪碰到墙上还知道痛,马上转弯,而教条主义者碰得头破血流,就不知道转弯。正因为毛泽东深刻地批判了教条主义,把马克思主义与中国的实际结合起来,大胆进行理论创新,从而领导全党实现了认识上的第一次飞跃,形成了毛泽东思想的科学体系。可见,毛泽东思想形成发展的过程并不是一帆风顺,而是一个探索的过程、曲折的过程。在这个过程中,体现着中国革命的时代烙印,折射出毛泽东思想的时代之光。因此,只有把毛泽东思想同它形成发展的历史条件联系起来,了解把马克思主义与中国实际相结合的实际过程,才能真正把握毛泽东思想的时代特点和思想精髓。

毛泽东思想活的灵魂的三个方面相互联系、有机统一。其中,“实事求是”集中体现了马克思主义的认识论和唯物辩证法,是中国共产党人认识世界和改造世界的思想路线;“群众路线”是实事求是思想路线在党的工作中的运用,是马克思主义关于人民群众创造历史的原理在党的领导工作中的运用,是这两者的有机结合;“独立自主”是实事求是思想路线在党的建设、社会主义建设以及党际、国际关系中的正确运用。可以说,群众路线和独立自主是实事求是思想路线的展开,因此也必须体现实事求是的思想路线。过去搞革命要坚持这三条,今天搞中国特色社会主义建设,搞改革开放,仍然要坚持这三条,而且必须是这三者的有机结合。所以,把它们称之为“灵魂”,其意在于说明它贯穿于毛泽东思想理论体系形成发展的始终。正因为我们党在领导改革开放、开辟中国特色社会主义道路的过程中,始终牢牢把握毛泽东思想的活的灵魂,才在实践中敢于解放思想、实事求是,与时俱进、开拓创新,在继承发展毛泽东思想的基础上提出和形成了中国特色社会主义理论体系,实现了党的指导思想的又一次历史性飞跃。

共产党人和领导干部不论职务高低,在理论素养方面的基本要求,就是要不断提高“相结合”的本领,做好“相结合”这篇大文章。一个党员或领导干部能力的大小,也主要是看他能否做到“相结合”,要真正做到这种“相结合”,就必须从毛泽东思想的形成与发展中得到有益的启示。

三、毛泽东思想的时代价值源于其独特的历史地位

在学习、研究毛泽东思想的过程中,有同志认为毛泽东关于中国革命的论述已经过时,而晚年又犯了严重错误,除了那些世界观、方法论以外,对今天已经没有多少指导意义,学了也没用。这种看法和疑问是片面的。当今时代,毛泽东思想不仅对党和国家的工作,而且对人生道路的选择,都具有长远指导作用,我们应着力挖掘毛泽东思想的时代价值。倡导学习毛泽东思想,一个重要原因就是因为时代、实践和科学的发展要求我们根据新的情况,来认识、继承和发展毛泽东思想。即是说,经过中共十一届三

中全会以来的改革开放和现代化建设，我们对马列主义、毛泽东思想已有了新的认识，党的一系列重要会议、重要文件和重大决策都包含了对毛泽东思想的继承和发展。今天的学习不是过去学习的简单重复，而是要以新的视角、新的眼光来重温毛泽东思想，进一步挖掘这一精神财富的时代价值，真正做到“常学常新”。

首先，毛泽东思想作为中国共产党人的宝贵精神财富，是党的指导思想的重要组成部分。

毛泽东思想同马列主义、中国特色社会主义理论体系是一脉相承的科学体系，并在这个体系中起着不可替代的、承上启下的独特作用。不了解毛泽东思想，就不能科学、完整地把握中国共产党的指导思想发展史和一脉相承的历史关系。我们之所以要继续学习毛泽东思想，学习毛泽东等人的重要著作，一是因为历史不能割断，如果不了解过去，就会妨碍我们对当前问题的了解；二是中国特色社会主义理论体系与毛泽东思想是一脉相承的，是对毛泽东思想的继承和发展。正确认识毛泽东思想的历史地位，就必须正确回答毛泽东思想与中国特色社会主义理论体系的关系。我们一直说马列主义、毛泽东思想、中国特色社会主义理论体系是一个一脉相承的科学体系，那么，中国特色社会主义理论体系和毛泽东思想的“一脉相承”表现在什么地方呢？是否可从以下几个方面来理解：

第一，毛泽东思想中关于中国革命和建设的成功经验和正确总结，为中国特色社会主义理论体系的形成奠定了基础。

例如毛泽东对社会主义社会矛盾的创造性分析和正确处理人民内部矛盾的学说；在政治方面和民主党派“长期共存，互相监督”的方针，实行民族区域自治等有利于国家统一和民族团结的主张；在经济方面正确处理各方面的关系，走“中国工业化的道路”，实现“四个现代化”，重视价值规律的作用，主张发展商品生产和商品交换，以及改进经济体制的初步设想；在文化方面“百花齐放，百家争鸣”、“古为今用，洋为中用”的方针等，都被中国特色社会主义理论体系继承下来了。有些问题毛泽东在实践上虽然没有解决好，特别是关于什么是社会主义和怎样建设社会主义，在执政的条件下要建设一个什么样的党和怎样建设党等问题没有解决好，但那时的探索对后来解决这些问题是很有启发的。正如中共十八大报告分析指出：以毛泽东同志为核心的党的第一代中央领导集体“在探索过程中，虽然经历了严重曲折，但党在社会主义建设中取得的独创性理论成果和巨大成就，为新的历史时期开创中国特色社会主义提供了宝贵经验、理论准备、物质基础”。这是符合历史实际的科学结论，精辟地说明了它们之间的科学关系。

第二，毛泽东领导对中国社会主义建设道路的探索及其失误，为中国特色社会主义理论体系的形成和中国特色社会主义道路的开辟提供了宝贵经验和借鉴。

经验有正面和反面之分，从认识论的角度讲，反面经验在某种意义上更容易使人们发现真理，事物发展的客观规律常常就是在正反两方面经验的比较中认识的。邓小平就十分重视对毛泽东晚年错误的科学总结，把毛泽东晚年的错误看作一笔难得的财富。他曾评价指出：“我们根本否定‘文化大革命’，但应该说‘文化大革命’也有一‘功’，它提供了反面教训。没有‘文化大革命’的教训，就不可能制定十一届三中全会以来的思想、政治、组织路线和一系列政策。”改革开放要归“功”于十年“文化大革命”，因为“这个灾难的教训太深刻了”。邓小平的很多正确的理论，就是在纠正毛泽东晚年错误、拨乱反正的基础上形成和发展起来的。

第三，毛泽东思想和中国特色社会主义理论体系都是马克思主义同中国实际与时代特征相结合的产物。

作为“相结合”过程中第一次历史性飞跃的产物，毛泽东思想开始把马克思主义成功地运用于中国，形成中国化的马克思主义；作为“相结合”过程中第二次历史性飞跃的产物，中国特色社会主义理论体系则是马克思主义中国化的继续发展，是当代中国的马克思主义，是马克思主义中国化的最新理论成果。毛泽东思想和中国特色社会主义理论体系在基本内容上有不少是相同的。如在政治上都坚持人民民主专政、人民代表大会制度、统一战线、民族区域自治制度、共产党领导下的多党合作，都重视正确处理人民内部矛盾，强调要调动各方面的积极因素；在经济上都主张尽快地发展社会生产力，重视调整各方面的经济关系，重视经济体制的改革，都主张自力更生为主，争取外援为辅；在发展速度上都主张要有比较高的发展速度；在思想文化上都重视思想政治工作和意识形态工作，都重视科学、教育和文化建设，都重视知识分子等；在理论品格上，两者都不迷信本本，都主张大胆创新，与时俱进等。因此，毛泽东思想在马列主义与中国特色社会主义理论体系之间，起了承上启下的历史作用。它上承马列主义，下启中国特色社会主义理论体系。毛泽东思想、中国特色社会主义理论体系属于统一的马克思主义科学体系，它们有着统一的世界观、方法论，只是因为时代不同、具体历史条件不同和所要解决的问题不同，而呈现相继发展的过程。因此，必须把它们结合起来，联系在一起进行学习、理解和运用。任何把它们割裂开来或者对立起来的想法和做法都是完全错误的。

其次，毛泽东思想是实现中华民族伟大复兴"中国梦"的强大精神支柱。

对于中华民族在21世纪的振兴和长远发展，毛泽东思想仍然具有重要的时代价值和指导作用。从历史的视角看，毛泽东思想对中国社会乃至国际社会发生的影响，已经远远超越一个政党的指导思想的功能，而成了20世纪人类社会的文化现象。进入21世纪后，毛泽东思想还是我们必须高举的伟大旗帜，毛泽东和毛泽东思想作为人们常常谈论的话题或学者研究的课题，会贯穿这个世纪甚至更为久远。由于我们现在所处的时代和毛泽东所处的时代已经有了很大的不同，因此，在学习、研究毛泽东思想时，应该力求完整、准确地理解毛泽东思想，掌握毛泽东思想的科学体系，深刻领会它的精神实质，着重学习其中的立场、观点和方法，并运用这些立场、观点和方法研究实践中出现的新情况，解决新问题。

再次，毛泽东思想是加强执政党建设的重要指南。

大革命失败后，由于党处在农村，不能不吸收大批农民入党，使农民出身的党员成为党的主要成分。在这种情况下，党还能不能保持无产阶级先锋队的性质，成为一个突出的问题。当时，共产国际和斯大林都不相信中国共产党是一个无产阶级政党，认为不过是一个"农民党"。可是毛泽东认为，一个党的性质不决定于党员的出身和成分，而决定于以什么思想为指导。因此，他始终把思想建设放在党的建设的首位，注意用马克思主义武装全党，而没有过分强调党员的出身和成分，处处从实际出发。他主持制定的古田会议决议提出的入党条件，只列了五条：一是政治观念没有错误的（包括阶级觉悟）；二是忠实；三是有牺牲精神，能积极工作；四是没有发洋财的观念；五是不吃鸦片、不赌博。应该说，这些条件是不高的，只要拥护党的最低纲领，积极参加革命工作，起带头作用，就可以入党。当然，党员入党以后还要继续进行思想教育，使他们逐步成为真正的共产主义战士。由于党根据实际提出入党的条件，而不局限于某种成分，就使党的队伍不断发展壮大，具有了广泛的群众性。同时由于党始终重视思想建设，终于把一个以农民为主体的党，建设成为一个真正的无产阶级政党，并且培育出了三大优良作风和清正廉明的作风，从而获得广大人民群众的衷心拥护。现在，我们仍然面临着如何搞好执政党建设，保持和发展党的先进性、纯洁性的问题。要解决好这些问题，就要像毛泽东当年建设一个革命党那样，一切从实际出发，与时俱进。在这方面，可以从毛泽东建党思想中得到很多启发。

综上所述，毛泽东思想是一个丰富的思想

宝库,里面有挖掘不尽的财富。学习任何理论,都不能采取实用主义的做法,仅仅引用某些具体的词句和结论,而应该系统、全面、准确地去理解和掌握。学习毛泽东思想的基本问题,可以学到长期管用的科学世界观和方法论,掌握马克思主义的群众观,站稳共产党人的根本立场,从中得到丰富的历史智慧。这对于进一步加深领会中国特色社会主义理论体系,科学认识党的指导思想不断发展、与时俱进的历史规律,深入贯彻落实科学发展观,很有裨益。

(作者:中共中央党校党史教研部主任、教授、博士生导师)

毛泽东历史价值的时空维度

程美东

人们可以从不同的角度来解读毛泽东，可以对毛泽东有不同的认识和看法，但是在大的问题上、在基本的历史价值的认识上不能含含糊糊、模棱两可，不能碎片化地解读毛泽东，不能没有是非标准，不能把片面的主观认识绝对化。如果那样的话，就会陷入相对主义、不可知论和历史虚无主义的泥潭。审视毛泽东的历史价值，最根本的是要从宏观的视野、大历史的眼光来进行。具体来说，要注意从以下几个方面来着手：

从世界现代化的时空环境来审视毛泽东的历史价值

自文艺复兴之后，现代化成为一直延续至今的世界发展的主流，我们考察这段历史内出现的重要人物的价值，就要以其是否顺应、推动世界现代化潮流作为基本的标准。更具体地来说，就是要以是否顺应和符合现代化的核心理念——民族主义、民主主义、科学主义的发展作为基本的标准。

纵观毛泽东一生的思想和实践，他是始终服膺现代化的上述基本理念的，只不过在具体的路径和内容上更多地考虑中国国情而已。就民族主义而言，毛泽东一生都强调全世界范围的民族平等、民族独立、民族自由，反对民族沙文主义、民族压迫行为。他不仅领导中国人民获得了民族独立，还有力地积极支援了世界其他民族的独立解放运动；就民主主义而言，毛泽东一直把实现人民当家做主视为其革命事业的源泉和社会主义的正当性和优越性的体现，将之视为社会主义事业顺利发展的保证，并为此实行了许多具体的措施。中国人民在毛泽东时代获得的群体阶级性民主是史无前例的，毛泽东对于推动世界人民反对殖民统治、获得民主权力也作出了巨大的努力；就科学主义而言，毛泽东始终把科学作为克服愚昧落后、推动革命和建设事业顺利前进的法宝。所以，以这个现代化大视野的标准来审视毛泽东的历史价值，无疑会得出总体充分肯定的结论。

从中国现代化的时空环境来审视毛泽东的历史价值

近代以来中国现代化发展的基本目标就是：民族独立、国家富强、人民幸福，近代以来各界志士仁人基本都是围绕这个大的目标而展开其现代化思想和实践的，毛泽东也不例外。

就民族独立而言，在以毛泽东为领袖的中国共产党的领导下，中国摆脱了半殖民地的耻辱地位，结束了军阀割据的混乱局面，实现了近代以来国人梦寐以求的民族独立和国家统一，其辉煌事迹已然彪炳史册。

就国家富强而言，毛泽东时代的中国人的物质生活虽然不算富裕，但国家强大却是无可置疑的，关于这一点我们至少可以从以下几个方面的成就理解：其一，建立了一支近代以来中国最强大的国防力量。中国在十九世纪六七十年代搞了“两弹一星”，在国防高科技领域，迎头赶上了世界先进技术的潮流，奠定了中国作为一个有根本自卫能力的世界大国的地位。其二，实现了工业化。在毛泽东时代中国建立了门类比较齐全的重工业、轻工业体系，中国在20几年的时间完成了西方国家用了近百年所完成的任务。其三，农业基础设施得到明显改善。

就人民幸福而言，毛泽东时代中国人的物

质生活的提高的确不够快,尤其是探索社会主义实践中的坎坷更影响了这方面成效的获得,这的确是个遗憾。但毛泽东时代中国人的精神生活丰富,充满理想和活力。尤其在这个时期中国人的教育、健康多方面的国民素质得到了根本提高。比如,我们消灭了天花、麻疹、血吸虫、麻风等严重危害中国人身体健康的疾病,对于结核、鼠疫等传染病也进行了有效地预防、诊治,有的甚至是完全由政府出钱免费防治。

毛泽东时代中国现代化所取得这些成就不仅与此前的历史相比具有极大的震撼力,也给中国未来的进一步发展打下了扎实的基础,没有这些基础,中国的改革开放也不可能成功。

从人类历史文化传承的角度来审视毛泽东的历史价值

毛泽东作为一个对于中国历史发展起到非凡影响的人物,无论其个人的历史还是其思想行为都是中华民族历史文化的一个重要组成部分。对于她,我们有学习、了解、继承、超越的责任和义务,而绝不能漠视不管,不能把这份珍贵的历史文化遗产丢弃一边、置之不理。

以毛泽东名字命名的毛泽东思想是中国共产党人在 20 世纪 20 年代至 70 年代艰苦奋斗、锐意进取、改天换地的勇气和睿智的集中体现,是中华民族无数的辉煌思想中的一朵奇葩,她在中华民族的振兴、发展史上留下了光辉的篇章。毛泽东思想的伟大历史价值,从根本上体现在她使鸦片战争之后中华民族逐渐失落、荒芜的精神家园在新的养料滋养之中,得到了新的开垦,从而使中华民族的精神得到了新的整合。中国人民在毛泽东思想这面大旗的召唤下,万众一心,意气风发,众志成城,彻底地消灭了国内一切反动势力,结束了百年中国山河破碎的局面,使中华民族具备了复兴所必需的基本条件。如果没有毛泽东思想,中国就不可能在 1949 年获得独立,中国将在黑暗中继续摸索前进的道路。毛泽东思想之所以能够起到这么大的作用,就是因为她重新整合了中华民族的精神,使整个中华民族形成了强大的合力。毛泽东思想可以说是一笔伟大的历史文化遗产,她具有伟大的历史价值。不断地开挖这个历史遗产的价值,对于中国现代化的顺利发展会有积极的意义。

从长时段的历史后馈性来审视毛泽东的历史价值

所谓历史的后馈性,就是任何历史发生后,随着时空条件的变化,它对于后来的历史的发展所发生的影响会发生相应的变化,任何具体的历史对于未来的人类进程会产生的或积极或消极的影响具有不确定性的特点。正是因为历史发展的这种鲜明的后馈性特点,所以治史者向来对于史评持谨慎态度,尤其对于当代史更为慎重。历史的后馈性特点使得后人普遍注意从长时段来评价历史人物和历史事件,中国人所熟知的"盖棺定论"就是这种研究思想的通俗表达。当然,"盖棺"也未必能够"定论",因为"盖棺"只能使研究者知道死者一生思想、行为对于死者刚去世那个时段的历史所产生的影响,至于对于后世会产生如何的影响,时下的任何研究者都无法获得确切的预知。

毛泽东是一个改变了 20 世纪中国和世界的历史人物,他的影响不会仅仅止于其生存的时代,而会不断延伸下去。因此,对于毛泽东历史价值的认识,就不能静态地止于毛泽东时代,而必须放眼于中国和世界未来的发展。

就毛泽东研究来说,我们究竟如何注意在实践中科学地把握其后馈性呢?我想,从总体来看,就目前我们可见的历史观和人类发展进程来看,考虑毛泽东的后馈性,就是要在世界和中国未来发展的大趋势中考察毛泽东的成败得失,从中国和世界现代化的整体延续性上去把握其价值。我认为,随着时间的不断延续,毛泽东的历史价值会愈益得到彰显,毛泽东这个名字会散发出越来越冷峻又耀眼的光芒!

总之,以宏观的大历史的视野来审视毛泽

东，毛泽东无疑是顺应世界现代化趋势、推动中国现代化跨越式发展的一个伟人。当然，我并不会因此就讳言毛泽东的具体失误，并不会因此而主张研究毛泽东就只能一种声音、一个腔调。对于学界整体来说，在研究毛泽东具体问题上“百花齐放、百家争鸣”的时候，千万不要犯盲人摸象的错误，而应当有宏观的大历史的视野。采取这样的态度，不仅是为了公平地对待毛泽东，也是为了保证历史研究的科学性，还为了推动中国现代化的顺利前进！

（作者：北京大学马克思主义学院教授、博士生导师）

在新高度上研究和宣传毛泽东

陈扬勇

在社会主义道路上实现中华民族伟大复兴，是毛泽东同志以及千百万革命先烈最伟大的梦想。经过几代人的不懈接力奋斗，中华民族伟大复兴今天已展现出前所未有的光明前景，我们比以往任何时候更加接近这个伟大目标。我们党对社会主义的认识，对中国特色社会主义规律的把握，达到了前所未有的新高度；中华民族伟大复兴的中国梦，已经站到一个新的历史起点。

站在这样一个新起点、新高度，我们应当怎样来学习研究宣传毛泽东同志？这对于我们更好地坚持和发展中国特色社会主义，有什么重要意义呢？

（一）毛泽东同志是我们党最早提出实现民族复兴战略构想的领导人。今天学习研究宣传毛泽东，就是要深刻理解和全面把握中华民族伟大复兴中国梦的丰富内涵和精神实质

党的十八大以来，习近平总书记动情地指出：实现中华民族伟大复兴的中国梦，“凝聚了几代中国人的夙愿，体现了中华民族和中国人民的整体利益”，其“核心内涵是中华民族伟大复兴”，“基本内涵是实现国家富强、民族振兴、人民幸福”。近代以来，无数志士仁人为此进行了不懈的奋斗。但在很长时间内并没有找到实现这个梦想的具体道路。以毛泽东同志为代表的老一代中国共产党人，经过艰苦卓绝的奋斗和思考，在近代中国最早提出了实现民族复兴分两步走和两个一百年的战略构想：第一步，完成新民主主义革命，实现民族独立和人民解放，完成这一步从 1840 年算起花费了大约 100 年的时间；第二步，建立社会主义社会，实现工业化，建设社会主义的现代化强国，这一步从 1949 年起大概也需要 100 年的时间。第一步是为第二步扫清障碍，创造必要的政治前提。对于第二步、第二个 100 年，毛泽东同志又提出了分两步走的战略设想，第一步，建立比较完整的工业体系和国民经济体系；第二步，实现农业、工业、科学技术和国防四个现代化。在实现目标和途径上，毛泽东同志提出：要实现国家富强、人民幸福，必须实现国家工业化。“没有工业，便没有巩固的国防，便没有人民的福利，便没有国家的富强。1840 年鸦片战争以来的 105 年的历史，特别是国民党当政以来的 18 年的历史，清楚地把这个要点告诉了中国人民。”在依靠力量上，毛泽东同志提出，一切政治的关键在民众，实现民族复兴必须紧紧依靠人民团结奋斗。社会主义制度的建立给我们开辟了一条到达理想境界的道路，而理想境界的实现还要靠我们的辛勤劳动和团结奋斗，用自己的双手创造出一个富强的国家。在强调实干的同时，毛泽东同志又十分重视精神的力量。他说：精神发扬起来，许多认为做不到的事情做得到。穷，就要革命，就要干，就要有一股干劲。

今天学习研究毛泽东，就是要用事实告诉人们：中华民族伟大复兴中国梦，与以毛泽东同志为核心的党的第一代中央领导集体领导中国人民革命和建设，在奋斗目标上是完全一致的，在奋斗精神上是一脉相承的，在奋斗历程上是有机统一的；中华民族伟大复兴的中国梦，归根到底是中国人民的梦，是和平发展的梦；实现中国梦必须走中国道路，必须弘扬中国精神，必须凝聚中国力量，必须发扬艰苦奋斗、埋头苦干的

实干精神。

(二)毛泽东同志是中国社会主义制度的奠基者。今天学习研究宣传毛泽东,就是要深刻揭示中国特色社会主义的深厚历史渊源和实践基础

习近平总书记指出:“中国特色社会主义是改革开放新时期开创的,也是建立在我们党长期奋斗的基础上的,是由我们党的几代中央领导集体团结带领全党全国人民历经千辛万苦、付出各种代价、接力探索取得的。”其中,当然包括以毛泽东同志为核心的党的第一代中央领导集体的奋斗和探索。在中国实现社会主义的理想,是毛泽东同志一生的坚定追求和信念。在他看来,1840年鸦片战争后,中国遭受列强欺凌,陷入民族危亡、民不聊生的境况,根本原因在于“一是社会制度腐败,二是经济技术落后”。为了改变这种状况,各种政治力量做过种种改良尝试,都没能解决中国的前途和命运问题。在总结前人经验教训的基础上,在俄国十月革命的影响下,以毛泽东同志为代表的中国共产党人,选择了马克思主义,坚定不移地走革命的道路,确立了社会主义和共产主义的理想。从此,毛泽东同志带领全党和全国各族人民,进行了惊天动地的顽强奋斗,经历了刻骨铭心的磨难锤炼,终于取得新民主主义革命的胜利,建立了社会主义制度的新中国。社会主义制度建立后,为了从事这项前无古人的全新事业,毛泽东同志领导党和人民对如何建设社会主义进行了艰辛探索,取得了巨大成就,也经历了严重曲折。改革开放以后,我们党正是在总结这正反两方面经验教训的基础上,成功开创和发展了中国特色社会主义。毛泽东同志一生的奋斗和探索,是中国特色社会主义的深厚历史渊源。

今天学习研究宣传毛泽东,就是要用事实告诉人们:中国人民选择了马克思主义、选择了中国共产党、选择了革命、选择了社会主义道路,把马克思主义基本原理同中国具体实际结合起来,是历经千辛万苦,付出各种代价,经历反复比较和总结,才独立自主地走出这样一条道路来的。

(三)毛泽东同志是毛泽东思想的主要创立者。今天学习研究宣传毛泽东,就是要深刻揭示毛泽东思想与中国特色社会主义理论体系既一脉相承又与时俱进的辩证统一的关系

毛泽东同志毕生留给我们的最宝贵思想遗产就是毛泽东思想。这是毛泽东同志集中全党智慧,运用马列主义的基本原理,对中国革命和建设实践中的一系列独创性经验作出新的理论概括,形成的马克思主义中国化的理论形态和适合中国国情的科学指导思想。毛泽东思想的活的灵魂,是贯穿所有这些方面的立场、观点、方法。它的三个基本方面,是实事求是、群众路线、独立自主。毛泽东思想是中国特色社会主义理论体系的思想基础和直接来源。

今天学习研究毛泽东,就是要用事实揭示和阐释:中国特色社会主义理论体系与毛泽东思想具有既一脉相承又与时俱进的关系。这种关系,主要体现在三个方面:一是,中国特色社会主义理论体系在基本立场、观点、方法上,直接继承了毛泽东思想的活的灵魂的三个基本方面。正如习近平总书记指出的:“从理论渊源上,毛泽东思想和中国特色社会主义理论体系都坚持解放思想、实事求是、与时俱进,坚持党的群众路线,坚持独立自主走自己的路。这是它们在立场、观点、方法等基本方面的共同点。”二是,毛泽东同志探索中国社会主义建设道路取得的独创性理论成果,是中国特色社会主义理论体系的重要思想来源。三是,我们党在改革开放新的历史时期,继承毛泽东思想,并根据新的时代条件,新的实践要求,提出了一系列新思想、新观点、新论断,形成和发展了中国特色社会主义理论体系,丰富和发展了毛泽东思想,开辟了当代中国马克思主义发展新境界。说与时俱进,这个“进”主要体现在这里。

（四）毛泽东同志是中国社会主义建设道路的开辟者和探索者。今天学习研究宣传毛泽东，就是要引导人们正确认识和把握改革开放前后两个历史时期辩证统一的关系

习近平总书记指出：“我们党领导人民进行社会主义建设，有改革开放前和改革开放后两个历史时期，这是两个相互联系又有重大区别的时期，但本质上都是我们党领导人民进行社会主义建设的实践探索。中国特色社会主义是在改革开放历史新时期开创的，但也是在新中国已经建立起社会主义基本制度、并进行了20多年建设的基础上开创的。”习近平总书记这段话，是对我们党领导社会主义建设历程的深刻总结。走社会主义道路，建设一个伟大的社会主义强国，让人民过上幸福美好的生活，是毛泽东同志毕生的追求。革命是为了实现这个目标，建设也是为了实现这个目标。新中国成立后，毛泽东同志从中国实际出发，运用马克思主义基本原理，成功地建立了新中国的三大基本政治制度，为新中国长治久安奠定了稳固基础；领导全国人民开创了中国历史上从未有过的热气腾腾的社会主义工业化局面，建立了比较完整的工业体系和国民经济体系；成功开辟了一条适合中国国情的和平地对农业、手工业、资本主义工商业进行社会主义改造的道路，建立起了社会主义基本制度。社会主义基本制度全面确立后，毛泽东同志从中国实际出发，独立探索符合中国国情的社会主义建设的道路，对怎样建设社会主义形成了一些十分重要的认识。在探索过程中，经历过严重曲折，但他带领全党全国人民在社会主义建设中取得的独创性理论成果和巨大成就，为新的历史时期开创中国特色社会主义提供了宝贵经验、理论准备、物质基础。改革开放以后，邓小平同志继承和发展了毛泽东同志这种独立自主的探索精神和走自己的路的坚定决心，总结历史经验，成功开创了中国特色社会主义，社会主义中国从此进入了一个新的发展时期。

今天学习研究宣传毛泽东，就是要用事实告诉人们：一是，1978年以来实行的改革开放，是我们党在新的历史条件下带领全国各族人民进行新的伟大革命，是决定当代中国命运的关键抉择，是毛泽东同志开创的党和人民事业努力大踏步赶上时代的继续和发展；同时，如果没有建立新中国，没有毛泽东同志领导进行的社会主义革命和建设积累起来的思想、物质、制度条件和正反两方面的经验，改革开放也很难确立和顺利推进。二是，改革开放前后两个历史时期，虽然在进行社会主义建设的具体指导思想、方针政策、实际工作上有很大差别，但绝不是彼此割裂的，更不是根本对立的，本质上都是我们党领导人民进行社会主义建设的实践探索。三是，要正确看待两个历史时期的关系，不能用改革开放后的历史时期否定改革开放前的历史时期，也不能用改革开放前的历史时期否定改革开放后的历史时期。

（五）毛泽东同志是领导中国人民彻底改变自己命运和国家面貌的一代伟人，是近代以来中国伟大的爱国者和民族英雄。今天学习研究宣传毛泽东，就是要引导人们正确认识和把握党的历史发展的主题和主线、本质和主流

习近平总书记强调，近代以来，中国人民面临着争取民族独立、人民解放和实现国家富强、人民富裕这两大历史任务。我们党团结带领全国各族人民为实现这两大历史任务而不懈奋斗，是党的历史发展的主题和主线。90多年来，我们党领导人民进行新民主主义革命，进行社会主义革命和开展大规模社会主义建设，进行改革开放和社会主义现代化建设并取得伟大胜利，都是围绕这个主题和主线展开的。这是党的历史发展的主流和本质。毛泽东同志的一生，是为争取民族独立、人民解放，实现国家富强、人民富裕而不懈奋斗探索的一生，生动反映了我们党的历史发展的主题和主线、本质和主流。

我们党成立90多年来做了3件大事：完成了新民主主义革命，实现了民族独立和解放；完成了社会主义革命，确立了社会主义根本制度并取得了社会主义建设的巨大成就；进行了改革开放新的伟大革命，开创和发展了中国特色社会主义。这三件大事，第一件大事，是在毛泽东同志的领导下搞成功的，没有毛泽东，至少中国人民还要在黑暗中摸索更长的时间；第二件大事，是在毛泽东同志的领导下取得决定性胜利的，社会主义革命的完成，社会主义制度的确立，社会主义建设取得的巨大成就，都是同毛泽东同志的领导分不开的；第三件大事，是在毛泽东同志逝世后进行的，是在毛泽东同志领导建立的社会主义基本制度和社会主义建设成就的基础上进行的。当然，毛泽东同志在探索社会主义建设中犯过这样那样的错误，包括出现“文化大革命”这样全局性的严重错误，这毋庸讳言。但它是支流，而不是主流。我们党在毛泽东同志领导下所取得的新民主主义革命胜利和社会主义建设的巨大成就，使中国社会发生了翻天覆地的变化，这是本质和主流。它对中国社会方方面面巨大变化产生的深刻影响，直到今天仍能强烈地感受到。

今天学习研究宣传毛泽东，一定要坚持实事求是地研究宣传党的历史，牢牢把握党的历史发展的主题和主线、本质和主流，从党的光辉历程和伟大业绩中获得继往开来的强大动力，坚定不移地维护毛泽东同志的历史地位和毛泽东思想的旗帜，坚决反对任何歪曲和丑化毛泽东同志和党的历史的错误倾向，反对历史虚无主义。

毛泽东同志指出：“对于马克思主义的理论，要能够精通它，应用它，精通的目的全在于应用。”今天学习研究宣传毛泽东，就应当坚持以发展的眼光，以我国改革开放和现代化建设的实际问题、以我们正在做的事情为中心，着眼于毛泽东思想基本立场、观点、方法的运用，着眼于新的实践和发展，作出新的理论概括，使中国特色社会主义道路越走越宽广；就是要牢记中国特色社会主义来之不易，坚定中国特色社会主义的道路自信、理论自信、制度自信，坚定在中国特色社会主义道路上实现中华民族伟大复兴中国梦的决心和信心。

这是今天我们对毛泽东同志的最好纪念。

（作者：中共中央文献研究室室务委员兼第一编研部主任）

第七部分

中国梦

为实现中国梦提供有力理论支持

刘奇葆

繁荣发展哲学社会科学，是坚持和发展中国特色社会主义的必然要求，是实现国家富强、民族振兴、人民幸福的强烈呼唤。十六大以来，在党中央的坚强领导下，哲学社会科学战线牢牢把握正确政治方向，紧紧围绕党和国家工作大局，大力度推进各项工作，取得新的明显进展，为巩固主流思想舆论、繁荣学术理论事业，为推动改革开放和现代化建设，作出了重要贡献。在实现民族复兴中国梦的伟大征程中，哲学社会科学天地广阔、大有可为。

一、科学把握党的十八大对哲学社会科学工作提出的新任务新要求

以十八大为标志，党和国家各项事业发展已站在新的起点上，哲学社会科学工作同样也站在新的起点上。繁荣发展哲学社会科学，必须认真学习和深刻把握十八大提出的新任务、新要求。十八大把科学发展观确立为党必须长期坚持的指导思想并写入党章，这就要求我们深入研究科学发展观，进一步推动用科学发展观武装头脑、指导实践。十八大提出夺取中国特色社会主义新胜利的根本要求，这就要求我们深入研究什么是中国特色社会主义、怎样建设中国特色社会主义，不断深化规律性认识。十八大提出全面建成小康社会和全面深化改革开放的目标，这就要求我们深入研究加快社会主义现代化建设的新思路新举措，更好地推动科学发展、促进社会和谐。十八大提出扎实推进社会主义文化强国建设的战略任务，这就要求我们深入研究深化文化体制改革的途径办法，推动兴起社会主义文化建设新高潮。十八大作出我国发展仍处于可以大有作为重要战略机遇期的科学判断，这就要求我们深入研究重要战略机遇期内涵和条件的变化，为抓住新机遇、应对新挑战、创造新优势提供有力支撑。十八大在对中国特色社会主义事业作出全面部署的同时，对全面提高党的建设科学化水平也作出重大部署，这就要求我们深入研究加强和改进党的建设的新任务新要求，全面推进党的建设新的伟大工程。十八大以来，习近平总书记发表一系列重要讲话，对十八大精神作了进一步深化和拓展，要认真学习和深刻领会，很好地贯彻到哲学社会科学各项工作之中。总之，我们一定要增强责任感使命感，坚定学术自觉、提升学术自信，为实现十八大确定的目标任务贡献智慧和力量。

推动哲学社会科学繁荣发展，必须以学习宣传贯彻十八大精神为主线，认真贯彻我们党关于繁荣发展哲学社会科学的一系列重要方针原则，做到坚持正确方向、服从服务大局、发扬学术民主、锐意改革创新。坚持正确方向，就是要始终坚持马克思主义指导地位不动摇，自觉用中国特色社会主义理论体系统领学术研究，站稳政治立场、保持政治定力，确保哲学社会科学沿着正确方向前进。服从服务大局，就是要坚持为人民服务、为社会主义服务，紧紧围绕党和国家中心工作和决策需求，植根人民、聚焦实践，着力攻关重大理论和现实问题，发挥好思想库和智囊团作用。发扬学术民主，就是要坚持百花齐放、百家争鸣，尊重劳动、尊重知识、尊重人才、尊重创造，遵循学术规律，鼓励大胆探索，倡导兼收并蓄，提倡不同观点和学派充分讨论，营造生动活泼、宽松和谐的学术氛围。锐意改革创新，就是要坚持解放思想、实事求是、与时

俱进，着力创新体制机制，丰富内容形式，拓展方法手段，以创新精神推动哲学社会科学繁荣发展，为实现民族复兴中国梦贡献力量。

二、加强中国特色社会主义和中国梦研究阐释

中国特色社会主义是新时期我们党全部理论和实践的主题，中国梦是近代以来中华民族最伟大的梦想。哲学社会科学要把研究阐释中国特色社会主义和中国梦作为首要任务，集中骨干力量，集聚优势资源，加强综合攻关，努力推出一批重大理论成果，为增强道路自信、理论自信、制度自信提供坚实学理支撑。

十八大精神的核心，就是坚持和发展中国特色社会主义。这既是一个重大实践问题，也是一个重大理论问题。我们的理论研究越深入，对中国特色社会主义的把握就越深刻，对事业发展就越有利。要紧密联系中华民族5000多年的文明历史，联系社会主义思想500年的发展进程，联系我国革命、建设、改革90多年的伟大实践，深入研究坚持和发展中国特色社会主义的历史必然、基本要求和重大意义，深刻阐释我们在道路上的创造、理论上的贡献、制度上的优势，深刻阐释中国特色社会主义是社会主义而不是其他什么主义，深刻阐释改革开放前和改革开放后两个历史时期是相互联系又有重大区别的历史时期，深刻阐释马克思主义必定随着时代、实践和科学的发展而不断发展、社会主义从来都是在开拓中前进的，不断赋予中国特色社会主义丰富的实践特色、理论特色、民族特色、时代特色。要深入研究阐释科学发展观的历史地位和指导意义，研究阐释贯彻落实科学发展观的实践要求，进一步增强贯彻落实科学发展观的自觉性坚定性。社会主义核心价值体系是兴国之魂，决定着中国特色社会主义发展方向。要紧扣十八大提出的“三个倡导”“24个字”，加强理论研究和概括提炼，引导人们自觉践行社会主义核心价值观，推动社会主义核心价值体系建设不断深入。

民族复兴中国梦，是新一届中央领导集体提出的重大战略思想，是党和国家未来发展的政治宣言，是全党全国各族人民共同的奋斗目标，是团结凝聚海内外中华儿女的一面精神旗帜，充分体现了我们党高度的历史担当和使命追求。中国梦一经提出，就引起了强烈反响，释放出强大的号召力和感染力。要把研究中国特色社会主义与研究中国梦统一起来，深入阐释中国梦的重大意义、精神实质和实践要求，讲清楚中国梦在国家、民族、个人三个层面的深刻内涵和有机联系，讲清楚实现中国梦在经济建设、政治建设、文化建设、社会建设、生态文明建设等方面的目标要求，讲清楚实现中国梦的现实路径、精神支撑和动力源泉。要深入阐释中国梦是和平之梦、和谐之梦，不仅造福中国人民，也造福世界人民，能够为世界和平发展带来新机遇，有利于推动世界持久和平、共同繁荣。研究中国特色社会主义、研究中国梦，要同研究马克思列宁主义、毛泽东思想结合起来，深入研究马克思主义基本观点，研究毛泽东思想独创性的理论贡献，深刻阐明党的理论创新成果是对马克思列宁主义、毛泽东思想的坚持和发展，既一脉相承又与时俱进。

马克思主义理论研究和建设工程，是十六大以来我们党实施的最重大、最基础、最具深远意义的思想理论建设工程，在推动实践基础上的理论创新、繁荣发展哲学社会科学上发挥了龙头作用、基础作用和导向作用。要坚持工作不断、力度不减、队伍不散，结合时代和实践的新发展，把工程不断引向深入。要继续推进哲学社会科学学科体系和教材体系建设，把工程教材编写的后续工作完成好，把已出版教材使用好、修订好，推进党的理论创新成果进教材、进课堂、进头脑。

三、深化关系全局的重大现实问题研究

我们的事业，是在发现问题、研究问题、解决问题中不断前进的。研究回答时代提出的问

题，是哲学社会科学的重要职责所在、价值所在。要牢固树立问题意识，主动迎上去，直面现实矛盾，回应时代声音，立足实践进行理论创造，积极服务党和国家工作大局，更好推动经济社会持续健康发展。

当前，我国正处于发展关键期、改革攻坚期、矛盾凸显期，面临的困难和问题很多。只有把这些困难和问题研究透、解决好，我们的事业才能往前走、才能走得好。要围绕全面落实中国特色社会主义事业“五位一体”总体布局，加强推动科学发展、转变经济发展方式的研究，加强破解发展不平衡、不协调、不可持续问题的研究，加强稳增长、控通胀、防风险的研究，推动实现有质量、有效益、可持续的发展，不断开拓生产发展、生活富裕、生态良好的文明发展道路。要围绕构建系统完备、科学规范、运转有效的制度体系，认真开展改革顶层设计和总体规划的研究，开展改革系统性、整体性、协同性的研究，开展重要领域和关键环节改革的研究，推动改革不断深化，促进各方面制度更加成熟更加定型。要围绕确保人民安居乐业、社会安定有序、国家长治久安，不断深化加强和创新社会管理的研究，深化保障和改善民生的研究，深化涉及群众切身利益问题的研究，解疑释惑、推动工作，促进社会主义和谐社会建设。要围绕推动形成有利于我国改革发展稳定的国际环境，积极研究国际国内两个大局的互动规律，研究当今世界格局调整的未来走向，研究大国力量变化和博弈的基本态势，着力维护国家利益和安全。

党的十八大立足形势的发展、事业的开拓、人民的期待，对全面提高党的建设科学化水平作出战略部署。要围绕这一部署，深入研究加强党的执政能力建设、先进性和纯洁性建设的新挑战新要求。特别是要结合即将开展的以为民务实清廉为主要内容的群众路线教育实践活动，深入研究新形势下群众工作的特点和规律，研究提高做好群众工作能力、保持党同人民群众血肉联系的制度措施，研究解决群众反映强烈的形式主义、官僚主义、享乐主义和奢靡之风等问题的有效途径，推动教育实践活动扎实深入开展，努力建设学习型、服务型、创新型马克思主义执政党。

现在，我国意识形态领域活跃复杂，各种社会思潮竞相发声，深层次思想理论问题不少，在一定范围内产生了影响，迫切需要加强正面引导、深度引导。在这方面，哲学社会科学战线应当积极作为、有所作为。要加强跟踪分析和科学研判，有针对性地推出一批研究成果，以正确的立场、鲜明的观点、坚定的态度，对各种错误思潮和观点进行深入辨析和有力批驳，帮助人们划清是非界限、澄清模糊认识，坚定不移地巩固和壮大主流思想舆论。

四、积极推进哲学社会科学创新体系建设

建设哲学社会科学创新体系，是十八大提出的一项重要任务，也是当前哲学社会科学工作的战略重点。建设创新体系，就是要坚持走自己的学术发展道路，促进学科体系、学术观点、科研方法创新，赋予哲学社会科学更加鲜明的中国特色、中国风格、中国气派，推动建立植根民族沃土、体现时代精神的学术家园。

建设哲学社会科学创新体系，关键是要加强基础研究，打牢学术根基。没有扎实深入的基础研究作支撑，学术的影响力和生命力就难以持久。纵观哲学社会科学发展史，基础领域的重大发现和突破往往孕育着新的学术变革，不仅能催生新的研究领域、思想观点，而且会极大改变学术的概念范畴、话语系统。要从战略上重视基础研究，立足中国学术实际，瞄准世界学术前沿，实施一批“高、精、尖”重大基础科研专项，增强学术发展后劲，培育新的学科生长点，提升我国学术原创能力。要积极为基础研究创造良好条件，设立一批特色鲜明、结构合理的研究基地，加大投入、加强扶持，吸引更多专家学者安心基础研究、乐于基础研究。

建设哲学社会科学创新体系，很重要的是构建当代中国的学术话语体系。学术话语问

题,表面上是一个"说什么话、怎么说话"的问题,实质上则是一个涉及思想传播、价值认同、形象塑造等多方面的重大问题。这个问题解决不好,我们就难以在国际学术交流交融交锋中掌握话语权、赢得主动,就难以抢占世界学术制高点。经过新中国成立以来特别是改革开放30多年的努力,我国成功走出了一条自己的路,创造了发展的"中国奇迹",这是开展学术研究、赢得话语优势的丰厚资源。我们要有这个底气、有这个自信,建立自己的学术话语体系。要秉持中国立场,坚持开放包容,以宽广的视野和胸怀,主动回应当今时代面临的重大挑战,着力打造融通中外的新概念、新范畴、新表述,形成富有吸引力和感染力的中国话语。现在,国际上很多人并不真正了解中国。面对这种情况,必须进一步加强理论构建和对外宣传阐释,着力构建让世界听得懂、能信服的理论和话语,让国际上了解和理解中国道路、中国制度。要广泛开展对外学术交流,既要积极"发声"、又要善于"发声",既要阐述学术见解、又要传递中国理念,在国际学术舞台上唱响"中国声音"。

国家社科基金是繁荣发展哲学社会科学的有力抓手,是团结凝聚广大专家学者的重要平台。要按照坚持正确导向、突出国家水准、注重科学管理、服务专家学者的要求,把政治上的严要求和学术上的高标准结合起来,把多出精品力作和培养优秀人才结合起来,把完善资助机制和弘扬优良学风结合起来,把加强科学管理和服务专家学者结合起来,增强示范性、导向性和权威性,做大做强国家社科基金,把广大社科工作者更好地凝聚起来,推动哲学社会科学繁荣发展。

(此文是中共中央政治局委员、中央书记处书记、中宣部部长、全国哲学社会科学规划领导小组组长刘奇葆在2013年度国家社科基金项目评审工作会议上的讲话,《求是》发表时有删节)

中国共产党与中国梦

——纪念中国共产党诞生九十二周年

王伟光

有梦想的民族才是有希望的民族。中华民族在漫长的历史长河中曾创造出辉煌的成就，为人类文明的进步作出过伟大的贡献。鸦片战争以来，尽管中华民族饱经磨难，历经沧桑，但一刻也没有放弃实现民族复兴的梦想。然而，只有当历史的接力棒交到中国共产党人手中后，“中国梦”才真正扬帆起航。建党92年来，中国共产党人将马克思主义与中国实际相结合，成功探索出一条适合中国国情的新民主主义革命与社会主义革命、社会主义建设与中国特色社会主义发展的成功之路。回顾和总结中华民族近两百年的“逐梦之旅”，一个不容否认的事实是，“中国梦”的提出是中国共产党顺应时代和人民需要做出的历史选择，“中国梦”的实现一刻也离不开中国共产党的正确领航。

中国共产党与中国梦的历史逻辑

没有理想驱动的现实是盲目的，没有现实支撑的理想是虚无的。建立在现实基础上的、符合历史发展必然趋势的梦想就是科学的理想。正是建立在革命和建设所取得的伟大成就的基础上，中国共产党顺应历史潮流和时代需要，适时提出了“中国梦”，发出了凝聚人心、鼓舞人心的时代最强音。“中国梦”是适合历史发展必然逻辑的共产主义远大理想与适合中国现实国情的中国特色社会主义共同理想的高度结合，是中国共产党最高纲领和最低纲领的高度结合，也是马克思主义与中国国情的高度结合。

回顾历史，我们发现，寻找实现梦想的正确道路是一个艰难曲折的过程。如何走上一条正确的民族解放、民族振兴之路？危机重重的近代中国在这个问题上没有先例可循，只能在黑暗中摸索。各种救国主张都曾问诊中国，无论是“禁烟运动”、“师夷之长技以制夷”，还是“中体西用”；无论是太平天国运动、义和团运动，还是洋务运动和维新运动，它们或者没能提供正确的理论指导，或者没能指明正确的前进方向，无一例外地以失败收场。就连开启了中国进步之门的孙中山领导的资产阶级旧民主主义的辛亥革命，也最终失败。原因何在？最根本的在于缺乏科学理论的指导，缺乏有力的核心力量和坚强的领导核心，没有找到一条正确的民族解放和复兴之路。

在经历了多次失败的探索之后，中国终于迎来了中国共产党。与马克思主义在多种思潮的斗争中脱颖而出取得主导地位一样，中国共产党的领导地位并不是天生的，而是历史选择的结果。社会主义在中国也绝不是空想，而是中国国情和时代逻辑的必然结论。

孙中山先生是中华民族振兴、独立、解放的先驱。他在诸种方案比较中，选择了资产阶级民主主义理论，选择了资产阶级民主革命的道路，力图建立资产阶级共和国以实现民族复兴。为什么这条路在西方各国走通了，在中国却走不通呢？

自鸦片战争以来的近代中国，旨在争取国家独立、人民解放的斗争和探索，每一次都在一定的历史条件下推动了中国进步，但为什么一次次归于失败？除客观条件外，主观上的根本原因就是没有选择正确的道路、正确的领导阶级及其政党，没有正确的理论指导。除了一些旧式农民起义以及对封建制度修修补补的方案外，很多民族复兴的方案，其指导思想是资产阶级政治理论，其主要学习对象是西方资本主义文明，是发展资本主义的经济、政治和文化，走资本主义道路建立现代资本主义国家，革命的领导阶级和领导者是农民阶级、封建阶级的改革派、民族资产阶级及其政党。为什么西方在资产阶级思想武器指导下资本主义民主革命可以成功，而在旧中国却失灵了呢？这是由国内外的客观条件决定的。国内外条件不允许中国建立独立富强的资产阶级民主共和国。帝国主义列强入侵中国的目的，决不是把封建落后的中国变成强大的资本主义国家。他们要永久地控制、剥削中国，帝国主义列强从自身利益考虑，绝不容许中国变成一个强大的资产阶级民主共和国，必然要维持和强化中国的半殖民地半封建制度。为了维持旧制度，它就需要与封建势力和官僚资本勾结，不允许中国资产阶级强大起来。帝国主义是不允许在中国这块土地上进行资产阶级民主革命的，它只允许中国保持半殖民地半封建制度。中国资产阶级必然是一个软弱的、两重性的阶级，担当不起领导革命的使命。在资产阶级思想指导下的资产阶级旧式民主革命解救不了中国。

毛泽东同志指出："十月革命一声炮响，给我们送来了马克思列宁主义。十月革命帮助了全世界的也帮助了中国的先进分子，用无产阶级的宇宙观作为观察国家命运的工具，重新考虑自己的问题。走俄国人的路——这就是结论。"十月革命的成功对中国先进知识分子产生了巨大的震撼和影响，使他们开阔了眼界，认识到决定中国人民命运的不是资产阶级，不是资本主义，也不是资产阶级思想武器，而是工人阶级、科学社会主义和马克思主义。在旧中国，运用资产阶级思想武器，走改良的、资产阶级旧民主主义的革命道路不行。中国先进知识分子通过十月革命接受了马克思主义，开始在马克思主义中寻找答案，冲破了资产阶级民主思想的藩篱，冲破了旧民主主义民主、科学、爱国主义的精神界限，把马克思主义作为思想工具，选择社会主义作为中国唯一出路，选择中国工人阶级及其政党作为领导阶级和领导核心。这就是中国人民正确的历史选择。

中国共产党是马克思主义与中国工人运动相结合的产物，自诞生之日起，其使命和责任就是双重的：挽救民族危亡、实现民族复兴。由此开始，中国共产党和中国人民就并肩在民族复兴的道路上不断前行：在长达28年的反帝反封建斗争中走出了一条新民主主义道路，使中华民族屹立于世界民族之林；实现了从新民主主义革命到社会主义革命和建设的历史性转变，从高度集中的计划经济体制到社会主义市场经济体制的历史性转变，推动中国社会步入了改革开放和中国特色社会主义现代化建设的新时期；在苏东剧变使得世界社会主义运动陷入低潮之时，中国特色社会主义道路坚定而不动摇；在国际金融危机和欧洲债务危机席卷全球之时，坚持从本国国情出发，遵循经济社会发展规律，保证了中国经济的持续高速增长和社会的和谐稳定。

中国共产党92年矢志不移地追求"中国梦"的奋斗历程，在世界历史进入21世纪后，终于结出了累累硕果。如今，中国经济总量已跃居世界第二位，综合国力显著提升，国际话语权空前增强，在国际事务中日益发挥着不可替代的重要作用，一个自信的、充满生机活力的强大中国再次成为世界瞩目的焦点。值此之际，习近平总书记提出"中国梦"，彰显了中国共产党在民族复兴道路上所取得的丰功伟绩，抒发了中国共产党为人民谋福利、为民族图富强的壮志豪情，展示了中国共产党人在实践基础上产生的中国特色社会主义道路自信、理论自信和制度自信。

中国共产党与中国梦的实践路径

"中国梦"的提出，其历史依据是中国共产党探索民族复兴的伟大实践。实现"中国梦"，必须走中国特色社会主义道路，必须弘扬以爱国主义为核心的民族精神和以改革创新为核心的时代精神，必须凝聚中华民族大团结的中国力量。

中国特色社会主义道路是实现"中国梦"的制度保障。中国共产党之所以取得新民主主义革命和社会主义革命的胜利,之所以创造社会主义建设的"中国奇迹",其根本原因在于中国共产党在马克思主义中国化方面创造性地开展了理论创新工作,走出了一条符合中国国情的中国特色社会主义道路。

改革开放前30年,中国共产党创造性地完成了由新民主主义到社会主义的过渡,并通过实施数次国民经济建设的"五年计划",构建了相对完备的工业体系,为改革开放后30年奠定了坚实的基础。改革开放30余年来,中国共产党带领中国人民,以中国特色社会主义理论体系为指导,从中国实际出发,坚持改革开放,解放和发展生产力,发展了中国特色社会主义经济、政治和文化,在中华民族伟大复兴的历史征程上书写了浓墨重彩的一笔,成功走出一条中国特色社会主义道路,即中国道路。中国道路是从新中国成立60多年来特别是改革开放30多年的艰辛探索和伟大实践中走出来的,具有深厚的历史底蕴和牢固的实践基础,是中华民族"逐梦之旅"中必须坚持的唯一正确道路。

爱国主义和改革创新是实现"中国梦"的精神动力。民族复兴之路充满了各种艰难险阻,甚至生与死的考验,没有对民族的无限热爱,没有为民族复兴而献身的精神,民族复兴大业的实现将遥遥无期。中国共产党成立之初,面临着凶险的国内外环境,武器装备、后勤补给严重不足,但是,中国共产党凭借着满腔的爱国热情和视死如归的大无畏精神,让"星星之火"成为"燎原之势",取得抗日战争和解放战争的伟大胜利,缔造了民族独立、人民解放的伟大奇迹。社会主义建设时期,虽然不再面临革命年代的刀光剑影,但爱国主义精神仍然是我们凝聚人心、投身国家建设、抵御敌对势力分化瓦解的精神支撑。

如果说爱国主义将中华儿女维系起来,万众一心,进行"逐梦之旅",那么,改革创新的进取精神则使我们永远保持开拓的斗志,永不停息,永不止步。实现"中国梦"所依托的中国道路,是几代中国共产党人针对新情况、新问题、新变化,以敢为人先的创新精神大胆探索的结晶。中国道路未来仍然会面临各种风险和挑战,贫富差距、环境恶化、社会公平正义等问题仍然是横亘于民族复兴之路上的绊脚石,唯有通过改革创新而非改旗易帜才能真正解决。

人民群众是实现"中国梦"的根本力量。中华民族的伟大复兴不只是某个人、某个党的梦想,也非依靠某个人、某个群体就能实现,它需要中华民族共同投身于这项庄严而神圣的集体事业。"中国梦"是民族的梦,也是每个中国人的梦。人民群众是历史的创造者,只有全国各族人民万众一心、众志成城,民族复兴的梦想才能成真,个人的梦想才有实现的广阔空间。中国共产党为实现"中国梦"所从事的革命和建设工作,其成功的一大法宝即是群众路线。一切为了群众,一切依靠群众,从群众中来,到群众中去,是中国共产党最根本的工作路线,是我们党最大的政治优势,是我们党区别于其他政党的最显著标志。坚持群众路线,保持党同人民群众的血肉联系,是中国共产党永远立于不败之地的根本保证。

中国梦的世界历史意义

习近平总书记2013年3月在莫斯科国际关系学院发表演讲时强调:"中国发展壮大,带给世界的是更多机遇而不是什么威胁。我们要实现的中国梦,不仅造福中国人民,而且造福各国人民。"中国共产党追求民族复兴的历史实践证明,"中国梦"的实现对于促进世界的和平与发展,具有重要的世界历史意义。

"中国梦"是和平发展之梦。近代以来,中国人民蒙受了外国侵略和内部战乱的百年苦难,深知和平的宝贵。中国共产党历来坚决反对霸权主义和强权政治,反对侵略扩张和肆意干涉别国内政,主张大小国家一律平等,尊重主权国家的领土完整和国家统一。中华民族的伟大复兴,是在不懈地反抗外部侵略、争取民族独立、捍卫国家统一、维护世界和平的斗争中艰难前行的,这决定了中华民族的伟大复兴必将走一条和平发展之路。中国的发展,不会走西方国家殖民扩张、掠夺他国资源的老路,中国的发展主要依靠自身的资源和努力,通过积极参与全球化,通过与世界各国开展平等互利的合作,来壮大自己;中国强大之后,也不会称王称霸,横行世界。中国反对霸权主义,致力于构建超越旧式国际政治逻辑的新型大国关系,致力于开放的发展、合作的发展、共赢的发展,同时呼吁各国共同走和平发展之路。中华民族的伟大复兴将永远高举和平、发展、合作、共赢的旗帜,坚定地奉行独立自主的和平外交政策,积极致力于和谐世界的构建;同时,实现民族复兴的中国,也必将是维护世界和平发展的一支重要的战略力量。

"中国梦"是造福世界之梦。中华民族的伟大复兴,建立在继承中华文明优秀遗产的基础之上,走的是一条自主探索适合本国历史传统与现实国情的中国特色社会主义道路。在探索民族复兴的历史征程中,中华民族曾因照搬他国模式而深受其害,也因中国共产党人的自主探索而成功开创社会主义现代化建设的新局面。中国的现代化建设,使得占世界人口近1/5的国家走上了富强文明之路,这本身就是对世界文明作出的重大贡献。中华民族复兴之路是和平发展之路,中国的发展绝不以侵占任何国家、民族利益为代价,而是造福世界人民。中国共产党人认为,世界文明是多样的,都为人类文明的进步作出过贡献,应该加强不同文明的对话和交流,在竞争中取长补短,在求同存异中共同发展,使人类更加和睦,让世界更加美好;应当尊重各国自主选择社会制度和发展道路的权利,在相互借鉴中推动各国的发展。中华民族的伟大复兴,不是闭关自守、抱残守缺,而是以包容开放的心态,从世界诸文明中汲取一切有利于中华民族复兴的智慧,坚持以我为主,为我所用,造福中华民族,造福全人类。

"中国梦"是人类进步之梦。中国共产党在实现"中国梦"的历史进程中,始终不曾忘却中国对人类进步所肩负的责任。1956 年,毛泽东在《纪念孙中山先生》一文中富有远见地指出,"再过四十五年,就是二千零一年,也就是进到二十一世纪的时候,中国的面目更要大变。中国将变为一个强大的社会主义工业国。中国应当这样。因为中国是一个具有九百六十万平方公里土地和六万万人口的国家,中国应当对人类有较大的贡献。"毛泽东同志对历史大势的敏锐洞察力令人惊叹不已,而他对人类进步的使命感则令世界为之动容。在那个一穷二白、百废待兴的艰苦岁月中,以毛泽东同志为代表的中国共产党人仍然激情满怀地畅谈中国对人类进步的贡献,充分展现了中国共产党人的道路自信以及对人类进步的终极关怀。历史已经证明并将继续证明,在中国共产党的坚强领导下,建立在道路自信、理论自信和制度自信基础上的"中国梦"将不再遥远。实现"中国梦"的进程,本身就是中华民族对人类进步、发展作出贡献的进程,而"中国梦"的实现,必将为实现人类共同的伟大梦想提供强大的动力。正如恩格斯在《家庭、私有制和国家的起源》中引用摩尔根的话说:"管理上的民主,社会中的博爱,权利的平等,教育的普及,将揭开社会的下一个更高的阶段,经验、理智和科学正在不断向这个阶段努力。"

(作者:中国社会科学院院长、党组书记)

实现中国梦要大兴学习之风

袁纯清

中国梦承载着我们的理想、追求和精神，是伟大目标、崇高价值观、历史机遇的综合体。实现这个伟大梦想，需要各级党组织和广大党员干部以开拓创新精神和更大勇气与智慧、更强本领与能力带领人民破难前行，尤其需要以学习为先导，通过加强学习，为追梦圆梦奠定坚实基础、注入强大正能量。

加强学习是实现伟大民族复兴的基本经验和持续动力

我们党是一个重视学习、善于学习的党。党领导中国革命、建设和改革的历史，就是一部创造性学习的历史。在每一个重大转折时期，面对新形势新任务，我们党总是号召全党同志加强学习；而每次这样的学习热潮，都能推动党和人民事业实现大发展大进步。延安整风，在全党大兴学习之风，引导党员总结历史经验，统一思想认识，“放下包袱、开动机器”，推动形成了中国化的马克思主义——毛泽东思想，培养了一大批善于把理论与实际结合起来的治党治军的领导骨干，为新中国的建立奠定了坚实的理论基础和人才基础。真理标准大讨论，在全党再次大兴学习之风，号召党员“善于重新学习”、“解放思想，实事求是，团结一致向前看”，开创拨乱反正、改革开放的大好局面，推动形成了中国特色社会主义理论体系，为中国的长期发展树立了旗帜，指明了道路。

习近平总书记指出：“好学才能上进。中国共产党人依靠学习走到今天，也必然要依靠学习走向未来。我们的干部要上进，我们的党要上进，我们的国家要上进，我们的民族要上进，就必须大兴学习之风。”这既是对历史经验的深刻总结，也是立足实现中国梦的迫切要求，再一次吹响了大兴学习之风的号角。

实现中华民族伟大复兴的中国梦，我们需要应对大量新情况新问题。加快转变经济发展方式，跨越“中等收入陷阱”，保持经济长期持续健康发展，统筹推进新型工业化、信息化、城镇化和农业现代化，等等，都需要加强学习、增强本领。应当清醒地看到，我们面临的机遇十分难得，需要应对的挑战也更艰巨、更复杂，改革进入爬坡过坎的新阶段，需要解决的体制机制性问题更困难、更棘手。这就要求全党加快实现思想作风的切实改进和工作方法的全面创新，要求党员干部特别是领导干部通过重新学习、创造性学习适应新形势新任务的要求。

然而，长期的发展、巨大的成就，使我们一些同志乐而忘忧，学习热情有所下降，停顿下来不求进步的情绪大有滋长。因为长期执政，一些同志看不到人民拥护是巩固党的执政基础和执政地位的根本条件，忘记了时刻保持与人民群众的密切联系就必须向人民学习；因为长期快速发展，看不到与发达国家的差距，忘记了实现赶超任务需要不懈地改革创新，以致因循守旧，固步自封。更为严重的是，有的人长期养尊处优，理想信念动摇，放弃马克思主义世界观、人生观、价值观，信奉个人主义、拜金主义、享乐主义，把升官发财作为最大追求，把宝贵的学习时间用于吃喝玩乐、用于“跑关系、找门路”。这种思想上的庸俗、怠惰、滑坡，不仅侵害干部队伍，而且毒化社会风气，对于个人意味着蜕化的开始，对于党、国家、民族意味着生机的丧失。因此，必须予以高度警惕，坚决纠正。

围绕正确认识和妥善处理发展起来后出现的新情况和新问题而学习

实现中国梦，必须走中国道路、弘扬中国精神、凝聚中国力量，必须坚持辩证唯物主义和历史唯物主义的世界观、历史观、价值观、方法论，用中国特色社会主义理论体系研究解决面临的国内外发展环境问题，研究解决关系全民族的福祉问题，研究解决发生在每个党员干部身边的现实问题，特别是研究解决发展起来后面临的新情况新问题。

正确认识世情，开拓视野。我国综合国力的增强和国际地位的上升，是世界格局大变革、大调整、大发展的一大亮点和动因。它使中国与世界的联系比以往任何时候都更加紧密，一方面中国在国际社会的话语权不断增强；另一方面针对中国制造的麻烦明显增多。正负两方面共同作用，使中国这艘巨轮必须面对国际海洋中各种各样的风浪。如何在仍由西方国家主导的国际秩序和游戏规则中，维护自身利益、拓展发展空间；如何在应对世界局部动荡和突发事件中，既坚持维护正义，又不动摇以经济建设为中心这条主线；如何在维护国家核心利益的同时，维护和平发展的环境，这些重大战略问题，既考验我们党的执政能力和领导水平，也考验各级党组织和党员干部特别是领导干部的认知能力和思维水平。这就要求我们学会科学利用和全面把握国际形势的变化趋势，树立世界眼光和战略思维，善于在应对和解决重大国际问题上形成举国共识，凝聚起推动民族复兴的磅礴力量，为实现中国梦创造良好外部环境。

正确认识国情，创新思维。改革开放以来，我国经济社会快速发展，但随之而来的各种矛盾也日益凸显和增多，有的甚至已经成为持续发展的阻碍。这就要求我们加强学习研究，自觉运用历史的、全局的、辩证的、发展的观点和方法，清醒认识国情、剖析问题根源、探索内在规律、创新工作思维。例如，在形势判断上，既要充分肯定成绩，坚定发展信心，又要清醒认识深层次矛盾的严重性和解决这些矛盾的艰巨性和复杂性，增强忧患意识、危机意识；在发展方式上，既要看到生产力水平不高，经济结构不合理，更要看到发展不全面、不协调、不可持续，既要见物更要见人，既要注重效率也要注重公平，切实解决贫富差距拉大这一突出矛盾，全面提高发展质量；在深化改革上，既要继续完善市场经济改革，又要注重政治、文化、社会管理等改革的协调配套，正确处理市场与政府的关系，充分发挥市场在资源配置中的基础性作用，让市场无形的手与政府有形的手有效结合，相互促进；在人与自然的关系上，既要看到我们以相对匮乏的资源和脆弱的环境支撑了经济赶超，更要看到当前的发展已遭遇资源环境生态的瓶颈制约，必须把经济发展与生态文明建设密切结合起来，形成节约资源与保护环境的发展模式，以经济永续健康发展支撑中华民族的伟大复兴。

正确认识党情，端正理念。我们党领导人民赢得一个又一个伟大胜利的最根本原因和经验，就是坚定不移地走群众路线，全心全意为人民服务。要看到，一部分党员干部淡化了立党为公、执政为民理念，导致一系列必须解决的突出问题。每一个党员干部都要清醒认识到，人民群众是我们的衣食父母，我们的权力来自人民，只能用于为人民服务。必须放下架子，俯下身子，恭谨、勤勉、廉洁、高效地为人民服务，努力满足人民对物质文化生活的新期待，努力维护社会公平正义；必须根据新的历史条件，践行好群众观点、群众路线，不仅从思想上，而且从体制上、法律上、行动上摆正党与群众的关系，保持党同人民群众的血肉联系。

正确认识自己，提升素质。与肩负实现民族伟大复兴的历史使命相比，我们的党员干部在素质和本领方面，或多或少都有不适应的一面，存在“本领恐慌”。没有勤奋不懈的学习，没有过硬的素质和本领，没有一大批善于治国理政的领导人才和掌握专门科学技术的专业人才，实现中国梦就是一句空谈。在神舟飞天、蛟龙潜海的今天，我们对学无止境应有更深的感悟，要进一步增强学习的责任感和紧迫感，迎战前进道路上的困难、风险、挑战。

把改进学风作为转变作风的关键抓紧抓实

学风是具有启示意义的作风。延安整风以“改造学习”开篇，成为我们党历史上加强作风整顿和自我建设的成功典范。同样，我们也要把改进学风作为转变作风的重要内容和基本前提，通过改进学风促进良好作风养成和工作落实，为实现“中国梦”提供作风保证。

首先，要有学习的自觉。思想是行动的先导，而学习无疑是提高思想认识，转变思想观念的前提。党员干部要跟上时代前进步伐，带领群众干事创业、追梦圆梦，必须自觉学习、不断学习，把学习工作化、工作学习化作为一种新的工作形态。山西省委中心组按照“六学六用”模式带头加强学习，通过省委领导亲自讲课、推荐好书、强化培训等措施，在全省党员干部中掀起学习新高潮，引导大家重点研读马克思主义革命导师的经典著作，系统学习中国特色社会主义理论体系，重点掌握干好本职工作必需的理论和专业知识。特别是要用发展的眼光抓学习，以谦虚诚实的态度学知识、学本领，摒弃一知半解、浅尝辄止的不正学风，力求学有所成、学有所得、学有所长。

第二，要有学用结合的本领。学习的目的全在于运用。领导干部加强学习，根本目的是增强工作本领，提高解决实际问题的水平。理论与实际结合的过程，同时也是积累经验，创新知识，增强本领的过程。在推动山西转型跨越式发展过程中，我们强调要做到用好建设国家综合改革试验区政策与破解资源型经济转型难题的结合，分析研究省情与策划引进布局建设项目的结合，学习市场经济知识与推进体制机制改革的结合，真正把马克思主义的立场、观点和方法，运用到推动经济社会发展，建设小康山西、美丽三晋的丰富实践，从而提高工作的主动性、预见性、创造性、实效性。

第三，要有向群众学习的精神。人民群众不仅是社会发展的力量源泉，也是知识和智慧的源泉。我们必须以历史唯物主义态度，恭恭敬敬向群众学习。基层是最贴近群众的地方，师法群众最有效的途径就是深入基层。今年2至4月，山西省集中开展了以“访民生、知民情、解民事”为主要内容的领导干部集中走访活动，省级、市级、县级领导干部的分别走访覆盖了所有县（市、区）、所有乡（镇、街道）、所有村（社区），共走访农户14.7万户，收集意见建议7.2万条，帮助当地解决实际困难3.4万个，有力推动了基层工作，有效促进了干部作风的转变，也为深入开展党的群众路线教育实践活动奠定了坚实基础。

第四，要实现改造主观世界与改造客观世界的统一。改造主观世界与改造客观世界相辅相成、相互促进。党员领导干部必须把改造主观世界与改造客观世界有机结合起来，不断提升党性修养和思想境界，努力做到修身慎行、怀德自重、敦方正直和清廉自守。要通过不断的学习实践，提升工作能力，学会辩证思维，改进领导方法，善于驾驭复杂局面，处理突发事件。只要我们大力弘扬理论联系实际的学风和为民务实清廉的作风，就能够培养出一大批肯负责、敢担当，有操守、重品行的领导干部，就能最大限度地凝聚起广大人民群众的智慧和力量，美好的中国梦就一定会梦想成真。

（作者：中共山西省委书记、省人大常委会主任）

奋力谱写共筑中国梦的新篇章

徐守盛

党的十八大后，以习近平同志为总书记的新一届中央领导集体提出了实现中华民族伟大复兴的中国梦。从激发三湘儿女共筑中国梦的时代责任出发，湖南省委省政府提出了加快实现湖南"小康梦"、"两型梦"、"崛起梦"的奋斗目标。目前，全省上下正以开展党的群众路线教育实践活动为契机，奋力谱写共筑中国梦的新篇章。

三湘儿女共筑中国梦的生动实践

近代以来，在中华儿女波澜壮阔的百年追梦历程中，三湘儿女上下求索，开拓进取，为谱写共筑中国梦的新篇章不懈奋斗。改革开放后，湖南提出了"崛起中部、跻身十强"的美好梦想；进入新世纪后，提出了"科学发展、富民强省"的美好梦想；在省第十次党代会上，提出了"加快建设全面小康，努力在中部地区率先实现全面小康；加快建设两型社会，在全国率先走出一条两型社会建设的路子"的"两个加快、两个率先"的美好梦想。特别是党的十八大以后，湖南提出了加快实现"小康梦"、"两型梦"、"崛起梦"的美好梦想，号召和激励全省人民用建成全面小康、建设两型社会、实现中部崛起的生动实践共筑中国梦。

加快建设全面小康，实现在中部地区率先建成全面小康的目标。全面建成小康社会，是中国梦的重要内容。经过多年努力，湖南经济社会发展已经进入快车道，但仍然存在发展不平衡、发展动力不足、人均水平落后等问题。在全面小康社会建设的23个重要指标中，我省有11项还低于全国平均水平。我们要全面贯彻落实党的十八大要求，加快全面建成小康社会的步伐，争取到2017年实现全省地区生产总值比2010年翻一番、人均生产总值达到全国平均水平的目标，努力使湖南经济发展更加科学、民主法治更加健全、社会更加和谐、文化更加繁荣、环境更加优美、人民更加幸福。

加快建设两型社会，实现在全国率先走出一条两型社会建设路子的目标。建设资源节约、环境友好的两型社会，是中国梦的时代特征。设立长株潭两型社会试验区，推动两型社会向全省纵深发展，是中央赋予湖南的重大使命。经过几年的努力，湖南两型社会建设在体制机制改革、经济结构转型等方面取得了突破性进展。长株潭城市群跻身全国十大城市群行列，三市经济总量占全省的比重由2007年的37.8%上升到2012年的42.6%。但是，经济发展中资源相对不足、环境容量有限的"短板"仍然突出。我们要贯彻落实党的十八大要求，坚持把两型社会作为加快转变经济发展方式的重要方向和目标，努力把长株潭试验区建设成为具有湖湘特色、国际影响的现代化生态城市群，率先在全国建成两型社会示范区。

加快实施中部崛起战略，实现在中部地区率先崛起的目标。推动中部崛起，是中国梦的重要战略支点。近年来，湖南大力实施中部崛起战略，开启了科学发展富民强省的新征程。2012年全省经济总量跃升到22154.23亿元，连续5年位居全国十强之列；全省工业增加值位列全国第十位，开始步入工业强省行列。但是，内需不足、出口滞后等影响中部崛起的因素仍然存在。我们要贯彻落实党的十八大要求，抓住中部崛起的战略机遇，大力推进新型工业化、农业现代化、新型城镇化、信息化，着力调整经济结构、加快自主创新、推进节能环保、深化改革开放,争做中部地区科学发展的排头兵。

走符合湖南实际的科学发展路子

谱写共筑中国梦的新篇章,必须以科学发展观为指导,从湖南实际出发,创造性地贯彻中央精神,力争在科学发展大道上迈稳步、不停步、年年都有新进步,努力走出一条反映时代特征、具有中国特色、体现湖南特点的科学发展路子。

推进"四化两型"。"加快推进新型工业化、农业现代化、新型城镇化、信息化和建设资源节约型、环境友好型社会"的"四化两型",是我省经济社会发展总战略。我们坚持"四化联动",抓好新型工业化这个龙头,着力构建具有湖南特色的现代产业体系;夯实农业现代化这个基础,实现确保粮食安全、增加农民收入和提高农业现代化水平的目标;拓展新型城镇化这个平台,走集约、智能、绿色、低碳的新型城镇化之路;以信息化为支撑,大力推进数字湖南建设。坚持"两型引领",将两型社会建设贯穿于转方式、调结构的全过程,在全省基本形成节约资源和保护环境的空间格局、产业结构、生产方式、生活方式。2012 年,湖南城镇化率提高到46.7%,7 大战略性新兴产业增加值增长20.6%,科技进步对经济增长贡献率超过51.5%。"四化两型"总战略的实施,为谱写共筑中国梦的新篇章提供了强大引擎。

坚持"五个发展"。"促进经济社会转型发展、创新发展、统筹发展、可持续发展、和谐安全发展",是我省经济社会发展的总思路。我们注重推动转型发展,把保增长与转方式、调结构有机结合起来,形成内涵式、两型化、高端化的发展,促进湖南经济向工业化的中高级阶段发展;注重推动创新发展,实施创新驱动战略,提高创新对经济发展的贡献率;注重推动统筹发展,实现新型工业化、农业现代化、新型城镇化和信息化同步推进,区域之间、城乡之间统筹部署,消费、投资、出口协调拉动;注重推动可持续发展,把生态文明理念贯穿于经济社会发展的全过程,努力实现经济发展与生态保护相融合;注重推动和谐安全发展,建立完善以人为本的发展模式,推进社会公平正义,使发展成果更多更公平惠及全体人民。"五个发展"的思路,为谱写共筑中国梦的新篇章优化了现实路径。

实现"三量齐升"。"实现经济发展中经济总量、人均均量和运行质量'三量齐升'",是我省经济社会发展的重要目标。我们着力做好"扩总量"的文章,集中精力面向经济建设主战场,牢牢抓住项目建设这个"牛鼻子",把加快发展作为人民群众的根本利益来谋划和推动;着力做好"增均量"的文章,努力实现居民收入增长和经济发展同步、劳动报酬增长与劳动生产率提高同步,让人民群众直接感受到经济发展带来的实惠;着力做好"优质量"的文章,做到经济发展与两型社会建设、扩大就业、城乡居民增收以及增加财政收入"四个结合"。实现"三量齐升",为谱写共筑中国梦的新篇章明确了努力方向。

打造"四大板块"。"打造长株潭城市群两型社会试验区、大湘南国家级承接产业转移示范区、大湘西武陵山区国家扶贫攻坚示范区、洞庭湖生态经济区等四大区域板块",是我省经济社会的区域发展战略。进一步突出长株潭的两型示范作用和核心增长极作用,使之真正成为辐射带动全省经济社会发展的动力源;进一步加大湘南承接产业转移力度,把湘南地区建设成中部地区承接产业转移的新平台、跨区域合作的引领区、加工贸易的聚集区、转型发展的试验区;进一步推动武陵山与罗霄山集中连片特困地区的扶贫攻坚,着力培育这些地区发展致富的内生动力;进一步建设洞庭湖生态经济区,打造全国现代农业引领区、绿色经济先行区和现代物流区。同时,积极推动长株潭融入和对接长江中游城市群建设,共同打造经济增长"第四极"。打造"四大板块",为谱写共筑中国梦的新篇章规划了空间蓝图。

关键在积聚科学发展的正能量

谱写共筑中国梦的新篇章，必须深入贯彻落实十八大精神，坚持解放思想、改革开放、凝聚力量、攻坚克难，坚持党的群众路线，积聚全省干部群众致力于科学发展的磅礴正能量。

着力推动解放思想。党的十八大后，我省先后组织了党的十八大精神和中国梦的主题宣讲，组织对全省2603名厅级干部进行全面轮训，组织“小康梦、两型梦、崛起梦——党的十八大精神在湖南”媒体访谈等活动，引导干部群众进一步破除安于现状、因循守旧、封闭狭隘、片面发展的旧观念，树立科学发展的新理念。实践启示我们：解放思想是科学发展的“总开关”，是实现中国梦的一大法宝。只有坚持解放思想，坚决摒弃一切因循守旧、不思进取的思想观念，不断破除不利于转型发展的障碍和瓶颈，才能为共筑中国梦提供思想保证。

着力深化改革开放。党的十八大后，我省采取一系列有力措施推动改革开放。在改革方面，坚持以长株潭两型社会建设综合配套改革为引领，紧紧围绕国有企业改革、国资监管体制改革、财税金融体制改革、农村经营体制改革、资源环境价格改革等，加大重点领域和关键环节的改革力度；在开放方面，坚持以开放促调整、促转型、促改革、促创新，扩展省部、省际、省企合作，积极参与泛珠三角和中部地区合作，加强与长三角、中原经济区的联系，构筑开放型经济承载平台。目前，长株潭试验区第一阶段改革建设任务全面完成，实施重点领域原创性改革106项，率先全国出台两型社会建设的标准、考评、监管、法规和示范创建体系；对外贸易快速增长，去年全省进出口总额达219.41亿美元，同比增长15.5%，已累计引进世界500强企业127家。实践启示我们：改革开放是科学发展的最大“红利”，是实现中国梦的“关键一招”。只有抢抓先行先试的机遇，敢于涉险滩、破坚冰，以逢山开路、遇河搭桥的精神，毅然决然地推动改革开放，才能为共筑中国梦铺平前进道路。

着力弘扬湖南精神。党的十八大后，我省正式提出了“忠诚、担当、求是、图强”的湖南精神，组织“雷锋家乡学雷锋”系列活动，开展“德行潇湘”道德模范巡讲，启动“美丽湖南，道德先行”主题实践活动，成立岳麓书院国学研究与传播中心，等等。通过这些活动，进一步形成知湖南、爱湖南、兴湖南的浓厚氛围，进一步形成一如既往抓重点、破难题、补短板，持之以恒打基础、利长远、惠民生的浓厚氛围。实践启示我们：强化精神支撑是科学发展的助推器，是实现中国梦的力量之源。只有大力弘扬湖南精神，充分展示湖南人的精气神，彰显湖南人共有的气魄与追求，才能为共筑中国梦注入强劲动力。

着力坚持实干兴湘。党的十八大后，我省出台了一系列实干兴湘的举措。省委根据中央关于改进作风的“八项规定”，制定了“约法九章”，采取切实措施加大落实力度；倡导“五个坚持”，即坚持前后相继、一以贯之地干，坚持脚踏实地、迎难而上地干，坚持勤俭节约、务实高效地干，坚持和谐团结、齐心协力地干，坚持身先士卒、以身作则地干；在全省深入开展“转作风、解难题、抓关键、见实效”主题活动，省委组成14个工作组深入一线进行督查；实行项目建设考核责任制，形成千方百计引项目、抓项目、促项目的生动局面。实践启示我们：真抓实干是科学发展的有力杠杆，是实现中国梦的根本保障。只有大力弘扬求真务实的作风，坚持一张好的蓝图干到底，不折腾，不反复，才能为共筑中国梦作出应有贡献。

（作者：中共湖南省委书记、省人大常委会主任）

同梦想　共奋斗

——关于中国梦的几点思考

黄新初

习近平总书记提出的中国梦，是对中华民族数千年文明史和中华民族近现代奋斗史的总梳理，是对亿万中国人家国情怀的总回应，是对未来中国加快实现社会主义现代化的总动员。认真学习领会中国梦的重要战略思想，对自觉投身改革开放和现代化建设宏伟实践，汇聚实现中国梦的强大力量，具有极为重大的意义。

一、如何认识中央提出中国梦的战略考量

作为近代以来中华民族最伟大的梦想，中国梦是贯穿中国近现代史的根本主线，也是中国共产党从成立之日起就肩负的历史使命。中华民族从亡国灭种的危险边缘到今天走向繁荣富强，这幅艰苦卓绝而又波澜壮阔的历史画卷，是中国共产党团结带领亿万人民展开的。进入新世纪的第二个十年，在继往开来的历史节点上，我们党郑重提出中国梦的战略构想，蕴含着一系列重大考量。

深厚的历史渊源。中国梦一经提出就引起广泛共鸣，是因为这个梦想根植于深厚的历史土壤。围绕中国梦的"寻根"、"萌芽"、"成形"、"圆梦"四个环节，可以把中国几千年的发展历程分成四段来考察：中国梦首先是一个复兴梦。从秦汉到明朝后期，中华民族在世界上处于领先地位，梦的根源就在这个时期。从明朝后期到20世纪初叶，中华民族的发展落后于西方列强，逐渐陷入了半殖民地半封建社会的深渊。从洋务派"自强求富"，到梁启超的"少年中国说"，再到孙中山喊出"振兴中华"，都体现了中国梦的萌芽。上世纪20年代，中国共产党的诞生，为实现中国梦找到了领导核心和正确道路。中国共产党为民族独立而战斗，为民族富强而奋斗，通过革命、建设和改革的壮丽事业，引领中国踏上了现代化的发展道路，重新回到了国际舞台的重要位置。这是中国梦成形的时期。从现在起到21世纪中叶，将实现"两个一百年"的奋斗目标，也就是到中国共产党成立100年时全面建成小康社会，到新中国成立100年时建成富强民主文明和谐的社会主义现代化国家。这四个发展阶段，可以概括为中华民族"前天的辉煌"、"昨天的苦难"、"今天的奋斗"、"明天的美好"。而把中华民族的前天、昨天、今天和明天串联在一起的基本线索，就是中国梦。

现实的国情基础。当前，我国正处在经济体制的深刻变革期、社会结构的深刻变动期和利益格局的深刻调整期，社会思想和价值追求多元多样多变的特征日益鲜明。如何在多元中立主导、在多样中求共识、在多变中找恒量，是新一届中央领导集体治国理政必须解决的重大课题。而中国梦恰恰就是全体中国人利益的最大交集，是中国社会共识的最大公约数。只有中国梦能够把全民族的期盼和追求凝聚起来，把十几亿中国人的利益整合起来，因此具有强大的力量。中国梦的提出，体现了新一届中央领导集体用中国梦这个"一"来整合"多"元社会的执政智慧，标志着我们党找到了新形势下把全体中国人思想意识和目标指向高度联系起来的价值纽带。

宏大的国际视野。纵观人类社会发展史，大国崛起的过程无不伴随着全体国民共同的期待与奋斗，无不是以宏大的国家梦想作为精神引领。近代以来，世界历史上出现了三次大国

崛起的浪潮。第一次是18到19世纪以英国、法国、德国为代表的大国崛起，这次崛起的国家是千万级人口规模。这些国家的崛起，离不开以航海梦、工业梦为象征的“欧洲梦”的支撑。第二次是20世纪以美国为代表的大国崛起，这次崛起的国家是上亿级的人口规模。美国的崛起，同样离不开“美国梦”的支撑。第三次是新世纪以来中国的崛起，这次崛起的国家是10多亿级人口规模，远远超越历史上任何一次大国崛起，因此也面临前所未有的困难和挑战。这就更加需要用“中国梦”这样一个伟大的梦想来打牢团结奋斗的共同思想基础，塑造积极健康的大国国民心态，养成昂扬奋进的民族精神特质。

二、如何把握实现中国梦的基本要求

习近平总书记指出，实现中国梦必须走中国道路，必须弘扬中国精神，必须凝聚中国力量。这“三个必须”，鲜明指出了实现中华民族伟大复兴的基本要求。

实现中国梦，必须把坚持中国道路作为首要遵循。道路问题，是关系党的事业兴衰成败第一位的问题。正如习近平总书记所指出的，坚持正确的政治路线、政治立场、政治方向、政治道路，是坚持党的领导、坚持社会主义制度的头等大事。中国特色社会主义道路，是我们党把科学社会主义基本原理同当代中国国情和时代特征相结合探索出的一条正确道路，是人民的选择、历史的选择。正是这条道路，使中国连续30多年保持近10%的经济增长，城乡居民收入更是增长30倍以上，成为世界第二大经济体；正是这条道路，让我们短短10年间构筑起一些西方国家近百年才完成的基本社会保障体系，不到20年就为全球减贫事业作出重大贡献；正是这条道路，让我们能够接连夺取抗击汶川地震、玉树地震、舟曲泥石流、芦山地震等重大自然灾害的胜利，书写了一个又一个人间奇迹。这一系列“中国奇迹”都显示出中国道路的比较优势和旺盛生命力。反观其他国家照搬西方民主的教训，更让我们感到这条正确道路来之不易，必须倍加珍惜。实践证明，中国特色社会主义道路是实现中国梦的必由之路，我们应当有这样的道路自信、理论自信和制度自信。

实现中国梦，必须把弘扬中国精神作为思想支柱。毛泽东同志讲，人总是要有一点精神的。一个国家，更是需要精神支柱。实现中国梦，不仅要在物质上富裕起来，更要在精神上强大起来。当前，我们离“两个一百年”的宏伟目标越来越近。但梦想之路越近，阻力就越大，问题就越多，精神力量的作用就显得更加重要。特别是要看到，在市场经济大潮的冲击下，社会思潮交流、交融、交锋日趋激烈，拜金主义、享乐主义、极端个人主义有所抬头。个别党员干部理想信念淡薄，急需在精神上“补钙”。怎么办？关键就要靠中国精神。爱国主义，是把中华民族坚强团结在一起的精神力量；改革创新，是激励我们与时俱进的精神力量。这是兴国之魂、强国之魂，也是中国精神的本质内涵。实现中国梦，就必须大力弘扬以爱国主义为核心的民族精神和以改革创新为核心的时代精神，朝气蓬勃、精神抖擞地迈向未来。

实现中国梦，必须把凝聚中国力量作为根本依托。凝聚中国力量，对实现中国梦具有决定性的意义。什么是中国力量？就是中国各族人民大团结的力量，就是13亿人心往一处想、劲往一处使的力量。中国梦既是宏大叙事的国家梦，也是具体细微的个人梦，是千千万万个求学梦、安居梦、创业梦、成功梦等个体梦想的总和。只有让每个人都为个体梦想不懈努力，才能汇聚起一个国家最为持久的追梦力量。团结才有力量，团结是胜利之本。近代中国之所以积贫积弱，除了武器装备和综合国力的差距外，一个更重要的原因就在于当时的中国四分五裂、一盘散沙。今天的中国已经到了实现中国梦“关键一跳”的时候，汇聚中国力量的任务显得尤为迫切，必须坚定不移地走群众路线。新一届中央领导集体把改进作风作为工作开局，深入开展党的群众路线教育实践活动，正是要通过优良作风汇聚中国力量,就是要切实增强做好新形势下群众工作的能力,让每个普通人都享有人生出彩的机会,享有梦想成真的机会,享有同祖国同时代一起进步成长的机会。

三、积极投身实现中国梦的伟大实践

党员干部投身中国梦的伟大实践,就要把中国梦作为人生目标的"靶心",围绕这个目标而努力,形成"同心共筑中国梦"的强大合力。

胸怀远大理想。中国梦是由亿万人的理想汇聚而成的。理想信念是人生之帆,既决定着人生的航向,又关系到人生前进的动力。一个人如果没有理想,就好比船没有帆一样,这样的人生只能是随波逐流,不可能到达成功的彼岸。对于党员干部,理想信念更是人生不可缺少的精神支柱,是思想和行动的"总开关"。党员干部增强理想信念,最根本的是坚持"一面旗帜、一条道路、一个理论体系",确信中国特色社会主义能够成功,确信中国梦能够实现,并愿意为之奋斗终生。党员干部要有家国情怀,有"天下兴亡,匹夫有责"的大局观,有"家事、国事、天下事,事事关心"的使命感。用更朴素的话来说,就是要把个人理想和国家梦想融合起来,有为社会、为国家多做一些事情的高尚追求。

练就过硬本领。共产党人的先进性不仅体现在思想上、作风上,还体现在能力上、本领上。能力突出、本领过硬,我们作为带头人才有说服力,团结群众、组织群众才有号召力。需要练就什么样的过硬本领?首先,要有"观大势、谋大事"的过硬本领,善于透过事实表象看清大方向,善于在复杂局面中寻求突破口,善于紧贴党和国家工作大局找准自身工作的着力点。其次,要有领导科学发展的过硬本领,准确把握加快转变经济发展方式的节奏、方向、力度和策略,提高推动经济转型升级的决策水平和工作能力。再次,要有做好新形势下群众工作的过硬本领,视群众为亲人,问需于民;视群众为老师,问计于民;视群众为裁判,问效于民。把身段放低一点、腿脚练勤一点,多到基层去,真正把那些带着原汁原味、带着现场温度、带着鲜明情绪的群众诉求采集回来,努力把群众利益的"多声部"调和成一个"大合唱"。最后,要有拒腐蚀、永不沾的过硬本领,自觉接受监督,作好表率,进一步营造风清气正的政治环境。我们应当随时有"本领恐慌"的危机意识,把加强实践、提升能力作为一种生活方式、一种行为自觉,以过硬本领实现中国梦。

发扬实干精神。让梦想照进现实,关键靠实干。实干精神,就是习近平总书记倡导的"钉钉子"的精神,干任何事情都不能浮在"表面",而要钉到"里面",做到入木三分、锲而不舍。发扬实干精神,就是要发扬三股劲:实干精神是一种钻劲,这就要求我们钻进去、深下去,用严谨、精细、负责的态度了解实情、搞好谋划、抓好细节;实干精神也是一种拼劲,要发扬"为官避事平生耻"的作风和"拼命三郎"的精神,把组织和人民的托付看得比泰山还重,敢于碰硬、敢于负责、敢于较真地开展工作;实干精神还是一种韧劲,要拿出"踏石留印、抓铁有痕"的力度来干事情,不见成效不罢休。有了这样一种钻劲、拼劲、韧劲,事必责实、功必责实,我们就能以务实作风兴起同心共筑中国梦的强大热潮。

(作者:中共四川省委常委、成都市委书记)

坚持中国道路　弘扬中国精神

陈　竺

习近平总书记8·19重要讲话指出:“意识形态工作是一项极端重要的工作。”“历史和现实反复证明,能否做好意识形态工作,事关党的前途命运,事关国家长治久安,事关民族凝聚力和向心力。”民主党派的宣传思想工作是执政党和国家意识形态工作的重要组成部分,在服务国家中心工作、发展多党合作事业、加强参政党建设中,担负着统一思想、凝聚力量、鼓舞人心的重大任务,担负着促进科学发展、推动整体工作、引领舆论导向的重要使命。做好民主党派的宣传思想工作,必须全面客观地认识当代中国、看待外部世界,牢牢把握国际形势发展变化和国内经济社会变革两个大势,充分认识新的历史条件下宣传思想工作面临的新情况新挑战,充分认识加强宣传思想工作的极端重要性,切实增强做好工作的历史责任感和使命感。

国际形势复杂多变,给宣传思想工作带来新情况新挑战

当前,随着世界多极化和经济全球化深入发展,国际力量不断分化组合,世界范围内各种思想文化交流交融交锋更加频繁,国际思想文化领域斗争深刻复杂。伴随着中国举世瞩目的发展进步,中国发展模式的影响也日益扩大,我国与外部世界的利益摩擦、舆论交锋更加突出,如何有效应对国际舆论、增信释疑、消除误解,如何有效彰显我们的发展理念、发展道路的优势,我们面临的任务更加艰巨。西方国家虽然不得不承认中国的经济成就,实际上他们也从中获益,但从来没有也不可能认可中国的政治制度,一些人仍抱着意识形态偏见和冷战思维不放,把中国的发展壮大视为对西方制度模式和价值观的挑战。特别是一些敌对势力,从未放弃对我国“西化”、“分化”的战略图谋,加紧对我国进行思想文化渗透。其中包括把矛头指向我国的多党合作制度,倚仗其在所谓政党、人权、民主等方面话语权的强势地位,插手我国人民内部矛盾和群体性事件,竭力歪曲和攻击我国的政治制度和政党制度,其实质就是企图用西方多党制、议会制取代我国多党合作制度。对此,我们必须时刻警惕,始终保持清醒的头脑和政治定力。实际上,西方自以为是的所谓政党制度优势已经在一系列事实面前不攻自破。以美国为例,现在民主、共和两党党争已经导致非常严重的财政僵局,造成政府关门,大批公务员无薪休假,导致国家机器运转发生严重危机;在提高债务上限方面的党争,将政党利益置于国家利益之上,有可能会加剧经济金融方面的危机,造成国家信用等级下降,并可能会对我国这样持有巨额美债的国家造成严重损害。

国内经济社会转轨转型,给宣传思想工作带来新情况新挑战

当前,我国改革已经进入攻坚期和深水区,经济社会转轨转型和对外开放不断扩大,经济体制、社会结构、利益格局正在深刻变革和调整,既给社会带来了巨大活力,也使各种社会矛盾和问题更为集中、更加复杂、相互叠加,呈现出新旧矛盾相互交织、长期性和阶段性矛盾相互交织、可以预料和难以预料的矛盾相互交织的局面。总的看来,我国发展的重要战略机遇期没有改变,但面临的形势可能更加复杂、挑战可能更加严峻,协调利益关系、凝聚社会共识的任务很重,稳定社会心理、维护社会和谐的任务

很重，引导社会思潮、形成良好社会风尚的任务很重。到今天，我们才真正深刻认识到什么叫中等收入陷阱。我们的的确确存在着一系列不可回避的、需要通过加快改革和维护稳定才能解决的社会矛盾。反映到思想领域，人们思想活动的独立性、选择性、多变性、差异性不断增强，社会思想日趋多元、多样、多变，正确的与错误的、先进的与落后的、积极的与消极的彼此交织。这就不可避免使一些人容易在思想上产生混乱，如有的人理想信念不坚定，一些腐朽落后的思想文化沉渣泛起，道德失范、拜金主义、享乐主义、极端个人主义仍在滋长蔓延。当这些情况和我们面临的某些制度积弊交织在一起，有的时候就会在某些领域、某些行业产生所谓“潜规则”。农工党联系的一个重要界别就是医药卫生界，从最近媒体曝光的情况，实际上也是我们早就掌握的情况来看，医药卫生领域的医德医风问题非常突出，农工党也不是“真空”。当然，出现“潜规则”问题，就不仅仅是个人的素质和道德问题，背后往往存在着体制、机制方面的深层次问题。同样，这些现实社会问题和思想认识问题，不可避免地影响到我们民主党派成员，导致有的人政治方向不清、是非辨别能力不强，有的人经不住考验，出现道德滑坡，甚至走向反面。这就要求我们充分发挥宣传思想工作的优势，通过深入、扎实、持久的思想政治工作，释疑解惑，正本清源，使广大党员坚定政治理念，坚定理想信念，增强精神追求。

现代传播技术迅猛发展，给宣传思想工作带来新情况新挑战

互联网的裂变式发展，对宣传思想工作的影响是深刻的、全方位的、深层次的，这是一把典型的“双刃剑”，其积极功能、正面作用是强大的、不容置疑的，但由此带来的问题也是前所未有的。互联网的迅猛发展，正在深刻地改变着社会结构、社会关系，使网络化生活成为常态，一些志趣相投、利益相关的网民，形成一个个社会群体，随时随地联系活动、讨论问题、评判社会，在相当程度上影响社会公众的思想与行为。互联网的广泛应用，正在重塑媒体格局、舆论生态，特别是论坛、博客、微博、微信等网络应用传播，使网络成为信息发布、舆论传播、社会动员的“聚合器”。真实的、虚假的，理性的、非理性的，正确的、错误的，正面的、负面的，各种思想舆论在网上竞相发表，相互叠加，严重影响社会思想道德规范。当前，互联网这个阵地，已经成为意识形态斗争的前线，成为渗透与反渗透的主战场。以美国为首的西方国家利用其互联网的先发优势、话语优势、技术优势，把他们的价值观极力渗透到中国，企图利用互联网“扳倒中国”，西方反华势力声称：“有了互联网，对付中国就有了办法”，“社会主义中国投入西方怀抱，将从互联网开始”。因此，在互联网这个战场上，我们能否顶得住、打得赢，直接关系到国家的意识形态安全和政权安全。在这方面，民主党派的宣传思想工作肩负着重要历史使命。农工党的网络建设还属初级阶段，运用、管理、引导工作还比较有限，我们必须深入研究现代传播技术下宣传思想工作的特点和规律，加强网络的运用管理，积极营造客观理性、健康向上的网络舆论环境。我想，未来我们也应该造就一批自己的“意见领袖”，加强主旋律宣传，弘扬正能量，完全可以用更加生动活泼、为网友喜闻乐见的方式，形成对舆论包括新媒体的引导。

党员思想观念发展变化，给宣传思想工作带来新情况新挑战

随着时代发展和形势变化，农工党的社会基础、成员结构和党员的政治理念、价值观念、思想方法、行为方式都发生了深刻变化。一是党员规模有了较大发展，党员结构发生了新的变化。目前，农工党党员人数已经从1979年恢复组织活动时的6000余人发展到近13万人。现在，各级组织领导层基本上由新一代代表人士组成，他们思想基础和政治素质好，知识层次高，年富力强，但政治经验、政治阅历和政治把

握能力以及个人威望都有待提高，尤其是需要在政治思想、参政能力等方面加强锤炼。二是在开放性、多样性的社会环境中成长起来的新党员，个体自主性不断增强，对于新知识的接受和新事物的评判有独立的思考，特别是大量外来文化和网络信息，使他们思维更加活跃，价值取向多元，民主意识、自我观念极大增强。与此同时，西方的意识形态、价值观念对他们产生潜移默化的影响，尤其是西方多党制、三权分立、"普世价值"等政治观念也会影响他们对多党合作的认识。从农工党中央宣传部上半年开展的党员思想问卷调查来看，绝大多数党员的思想状况呈现出团结和谐、积极向上的良好态势，但是也有1.6%的受访党员认为多党合作制度不适合中国国情；有5%的党员认为西方敌对势力对我国实行的"西化"、"分化"图谋没有什么影响等等。虽然存在不正确或错误认识的党员比例很小，但反映出的思想认识问题不可小觑。我们一定要认清形势，明确自己肩负的重任，加强学习，创造性地做好工作。特别是要用包括我党历史在内的中国近代史、革命史来教育青年党员，只有这样才能加深对我国政党制度是中国人民历史的必然选择的坚定信念。

总之，当前国际国内形势发生着深刻复杂的变化，更加凸显了宣传思想工作的地位和作用，也给我们做好宣传思想工作提出了更高的目标和要求。因此，我们要以强烈的历史责任感和使命感，积极迎接挑战，扎扎实实地做好农工党宣传思想工作。

认真学习领会习近平总书记8·19重要讲话精神，努力开创农工党宣传思想工作新局面

习近平总书记8·19重要讲话，站在党和国家全局的高度，深刻阐述了事关宣传思想工作长远发展的一系列重大理论问题和现实问题，进一步明确了新形势下宣传思想工作的方向目标、重点任务和基本遵循。讲话统揽全局、思想深刻，蕴含着一系列新思想、新观点、新要求，体现了新一届中共中央领导集体的执政理念和执政方略，是一篇重要纲领性文献。当前，摆在我们面前的一项重要任务，就是要深入学习领会、认真贯彻落实习近平总书记的重要讲话精神，切实把思想和行动统一到讲话精神上来，努力把宣传思想工作做得更好。

认真学习贯彻习近平总书记8·19重要讲话精神，努力做好当前和今后一个时期农工党的宣传思想工作，必须要高举中国特色社会主义伟大旗帜，以邓小平理论、"三个代表"重要思想、科学发展观为指导，深入学习贯彻中共十八大精神和习近平总书记一系列重要讲话精神，坚持围绕中心、服务大局，坚持解放思想、实事求是、与时俱进，坚持贴近实际、贴近生活、贴近群众，紧紧围绕坚持中国道路、弘扬中国精神、凝聚中国力量，积极探索新形势下宣传思想工作的特点和规律，充分发挥宣传思想工作的思想引领作用、舆论推动作用、精神激励作用，努力开创农工党宣传思想工作新局面。

宣传思想工作责任重于泰山、使命无尚光荣。中共中央关于新形势下宣传思想工作的大政方针已定，我党的方向任务明确，关键是要靠各级组织共同努力抓好落实。我们要紧密团结在以习近平同志为总书记的中共中央周围，高举中国特色社会主义伟大旗帜，团结合作，同心同德，奋发进取，努力开创农工党宣传思想工作新局面，为全面建成小康社会、实现中华民族伟大复兴的中国梦作出新的更大贡献！

（作者：全国人大常委会副委员长、农工党中央主席）

凝聚中国力量　实现伟大梦想

中国社会科学院中国特色社会主义理论体系研究中心

把实现中华民族伟大复兴喻为中国梦，这种表述富有诗意，通俗凝练，意味深长，描绘出国家富强、民族振兴、人民幸福的壮丽图景，吹响了民族复兴伟大征程新的进军号角，令人心潮澎湃、豪情满怀。伟大梦想，需要凝聚伟大力量来实现，这个力量就是13亿中国各族人民大团结的力量。万象更新，众志成城；千帆竞发，乘风破浪。只要凝聚中国力量，弘扬中国精神，坚定不移走中国道路，我们就一定能够实现中华民族伟大复兴的“中国梦”。

中国梦是人民的梦，是13亿中国人共同的梦

近代以来特别是近90多年跌宕起伏波澜壮阔的革命、建设和改革历史，揭示了一个深刻道理：个人命运与国家命运、民族命运紧密关联；没有国家富强、民族振兴，就没有人民幸福，更谈不上个人幸福。

鸦片战争后，中国逐步沦为半殖民地半封建社会，主权和领土完整遭西方列强肆意践踏，国力衰微，政治腐败，民不聊生。无数仁人志士和广大民众投袂而起，苦苦探索改变中国积弱积贫现状、实现民族复兴的道路，但都没有成功。

中国共产党的诞生，给灾难深重的中国带来了希望的曙光。党带领人民经过28年浴血奋战，完成反帝反封建的历史使命，实现民族独立和人民解放，建立了新中国。中华民族和中国人民的前途命运从此发生根本性转折。建国60多年特别是改革开放30多年来，国势蒸蒸日上，人民生活水平不断提高，民族复兴前景灿烂辉煌。从摆脱贫困、解决温饱到总体达到小康，从全面建设小康社会到党的十八大提出全面建成小康社会，我们比历史上任何时期都更接近中华民族伟大复兴的目标。“我们唱着东方红，当家作主站起来。我们讲着春天的故事，改革开放富起来。”这是从苦难岁月迈进激情燃烧岁月的中国人民从心底唱出的时代欢歌。

抚今追昔，我们深切体会到：祖国的利益高于一切，有国才有家；只有国家富强、民族振兴，人民幸福才有依托和保障。人民是国家的主人，是实现中国梦的主体力量，也是实现中国梦的直接受益者。因此，中国梦归根到底是人民的梦，与每个中国人的个人梦想和切身利益紧密相连。把握中国梦，就是把握自己的命运。作为人民的一员，我们每个人都是中国梦的追梦者、圆梦者，要把个人梦与国家梦、民族梦、人民梦，把个人利益与国家利益、民族利益、人民利益有机统一起来。改革开放初期，“为中华崛起而发奋读书”，成为大学校园的最强音，影响了一代代莘莘学子。在这种信念激励下，无数青春在建设祖国的事业中焕发出绚丽光彩，以个人的成长进步见证并推动了民族的发展进步，以个人命运的变化印证并助推了祖国的沧桑巨变。将个人梦融入中国梦，实现个人梦想的空间会更大、机会会更多，人生会更精彩。集腋成裘，聚沙成塔。无数个人梦叠加得越高，距离中国梦的实现也就越近。

与改革开放初期相比，目前我国发展呈现一系列新的阶段性特征，社会结构、社会组织形式、社会利益格局发生了深刻变化，人们思想活动的独立性、选择性、多变性、差异性明显增强。不同的人有不同的个人梦想，对中国梦的理解和感受也不尽相同。但这并不妨碍全体人民对

中国梦的共同向往和一致认同。包括工人、农民、知识分子、干部、军人与新的社会阶层人士在内的全体人民，都是中国特色社会主义事业的建设者，全体人民在根本利益上是一致的，彼此血脉相连、休戚与共。中华民族为改变命运所进行的不懈奋斗是大家刻骨铭心的共同记忆。实现中华民族伟大复兴，寄托着无数仁人志士、革命先烈的理想和夙愿，代表了全体人民的共同利益，是全体人民心中共同的梦想。

在漫长的峥嵘岁月中，我国56个民族同呼吸、共命运、心连心，共同经历了非凡奋斗，共同创造了美好家园，共同培育了璀璨的中华文明和伟大的民族精神。各民族兄弟姐妹是唇齿相依的命运共同体，具有极强凝聚力。全国各族人民的大团结，是实现中国梦的力量源泉。我们要继续巩固和发展平等团结互助和谐的社会主义民族关系，坚持“三个离不开”思想，坚决抵御一切民族分裂势力和分裂活动，齐心协力共圆中国梦，共同谱写各族人民美好生活的新篇章。

实现中国梦，有赖于海内外中华儿女大团结，有赖于海峡两岸同胞的团结合作。携手推动两岸关系和平发展，共同维护中华民族的整体利益，是大势所趋、人心所向。两岸统一是中华民族走向伟大复兴的历史必然。两岸同胞肝胆相照和衷共济，这个目标就一定能实现。

总之，中国梦是人民共同的梦。生活在这个伟大时代，亲身参与、经历民族复兴的伟业，为共同梦想而奋斗，是我们每个人的光荣，更是一种崇高使命和历史责任。

团结就是力量，团结就是胜利

实现伟大梦想，必须凝聚中国力量。团结就是力量，团结就是胜利，这是中国人民从长期奋斗历程中得出的一个重要结论。

我们党成立时仅有50余人，中国社会风雨如磐一盘散沙，中外反动势力十分强大。以毛泽东同志为主要代表的中国共产党人高举反帝反封建大旗，深入发动工农，紧紧依靠人民，历经北伐战争、土地革命战争、抗日战争、解放战争的洗礼，百折不挠高歌猛进。中国共产党在中华民族伟大复兴的历史进程中发挥了中流砥柱作用。中国各族人民从切身体验中坚定了跟党走的决心，纷纷汇聚在党的周围，实现了我国自近代以来空前强大的政治团结。在中国共产党的坚强领导下，革命力量、人民力量不断发展壮大，夺取了新民主主义革命的胜利。新中国的诞生，彻底结束了旧中国饱受屈辱的历史和一盘散沙的局面。中国人民从此站立起来，中华民族的发展从此开启了历史新纪元。

新中国成立后，百废待兴，千头万绪。党紧紧依靠人民，创造性地完成社会主义改造，确立社会主义基本制度，实现了我国历史上最深刻最伟大的社会变革。在中国这样一个社会生产力水平十分落后的东方大国建设社会主义，是极为艰巨复杂的崭新实践。党领导人民，在异常复杂的国际国内条件下，开始探索适合中国国情的建设社会主义道路。面对西方国家的封锁和遏制，面对中苏关系恶化后苏联施加的巨大压力，以及国内发生的严重自然灾害等种种困难，党和人民团结一致，奋发图强，掀起社会主义建设热潮，充分展示了中国人民的凝聚力以及自力更生、艰苦奋斗的精神风貌。29年间，我们虽经历曲折乃至严重挫折，但依然取得了伟大的建设成就，为随后的新探索提供了宝贵经验、理论准备和物质基础。

以党的十一届三中全会为标志，我国进入改革开放历史新时期。新的伟大征程前途光明，同时充满风险挑战。改革开放每向前推进一步，几乎都会遇到来自方方面面的阻力，都会碰到这样那样的困难和挑战。中国共产党人紧紧依靠人民，经过接力探索和奋斗，战胜各种艰难险阻，排除一切干扰，成功开辟和捍卫了中国特色社会主义道路，形成了中国特色社会主义理论体系，确立了中国特色社会主义制度，谱写了中华民族自强不息、顽强奋进新的壮丽史诗。短短30余年，我国大踏步赶上时代潮流，创造了举世瞩目的发展奇迹。中华民族伟大复兴呈现前所未有的光明前景。

我们所取得的一切伟大成就，都是全党全国各族人民团结奋斗的结果，彰显了以爱国主义为核心的民族精神和以改革创新为核心的时代精神。实现中国梦任重道远，需要继续弘扬中国精神来增强团结、鼓舞斗志。当前，我国发展仍处于可以大有作为的重要战略机遇期，同时又面临着前所未有的风险挑战，国际形势复杂多变，国内改革发展稳定的任务十分繁重艰巨，改革进入攻坚期和深水区，不确定不稳定因素增多。“人心齐，泰山移。”只要我们不自乱阵脚，万众一心、众志成城、埋头苦干，那么，世界上就没有任何力量、任何风险挑战能够阻挡13亿中国人民奋然前进的步伐。13亿双手共同托举中国梦，梦想必定成真。

坚持党的领导，以伟大旗帜汇聚力量

凝聚中国力量，实现伟大梦想，必须有一个坚强的领导核心。这个核心就是中国共产党。

历史充分证明，我们党始终走在时代前列，不愧是中国工人阶级的先锋队、同时是中国人民和中华民族的先锋队，不愧是以人为本、执政为民的马克思主义政党，不愧是领导中国人民不断开创事业发展新局面的核心力量。面对新形势下的“四大考验”、“四种危险”，我们党一再强调党要管党、从严治党，不断提高领导水平和执政水平、提高拒腐防变和抵御风险能力，大力加强执政能力建设、先进性和纯洁性建设，以改革创新精神全面推进党的建设新的伟大工程。党的十八大以来，新一届中央领导集体在深化改革开放、改进工作作风、惩治腐败、遏制奢靡陋习等方面，采取了一系列有力措施，立竿见影，深得党心民心。办好中国的事情，关键在党。坚持党的领导，是凝聚中国力量、实现中国梦的必然选择。全党同志要紧密团结在以习近平同志为总书记的党中央周围，自觉维护党的集中统一和中央的权威，形成全党上下步调一致、奋发进取的强大力量，进而团结全国各族人民，为实现中国梦而奋斗。

凝聚中国力量，实现伟大梦想，必须有一面旗帜来指引。这面旗帜就是中国特色社会主义伟大旗帜。

高举中国特色社会主义伟大旗帜，最根本的就是要坚定不移走中国道路，坚定中国特色社会主义道路自信、理论自信、制度自信。封闭僵化的老路，改旗易帜的邪路，都是死路一条，都会使中国梦落空。中国特色社会主义道路是党带领人民历经艰辛开辟出来的新路，是实现中华民族伟大复兴的必由之路。这条道路之所以正确，关键在于有中国特色社会主义理论体系的指导。思想僵化，党和国家就会失去活力；思想西化，党和国家就会走上邪路。两者都会葬送我们的前途和事业。中国特色社会主义理论体系既不丢老祖宗，又讲出了新话，是马克思主义中国化的最新成果，是实现中华民族伟大复兴的行动指南。道路、理论两个层面的探索实践成果，最终都要靠制度来落实和保障。中国特色社会主义制度集中体现了中国特色社会主义的特点和优势，是实现中华民族伟大复兴的根本制度保障。旗帜就是方向，旗帜就是形象。惟有高扬中国特色社会主义这面大旗，才能凝聚党心民心，进而形成实现中国梦的不可战胜的磅礴力量。

团结动员亿万职工　为实现中国梦不懈奋斗

陈　豪

4月28日，习近平总书记等中央领导同志来到中华全国总工会机关，看望全国劳动模范代表，与劳模面对面座谈、亲切交流，同庆五一节、共话中国梦。这充分体现了党中央对工人阶级、劳动模范的深厚感情和亲切关怀，对工会工作的充分肯定和高度重视，在全社会引起了热烈反响。习近平总书记发表重要讲话，热情赞扬了工人阶级的历史功绩，充分肯定了劳动模范的卓越贡献，突出强调了弘扬劳模精神的重大意义，深刻阐述了发挥工人阶级主力军作用与实现中华民族伟大复兴中国梦、巩固工人阶级领导阶级地位与坚持和发展中国特色社会主义的内在联系，明确指出实现中国梦这一共同理想要靠劳动者的辛勤劳动、诚实劳动、创造性劳动。习近平总书记的重要讲话，具有很强的思想性、指导性和针对性，不仅明确了夺取中国特色社会主义新胜利、实现中华民族伟大复兴的依靠力量、实现途径等重大理论问题，也明确了当前和今后一个时期我国工运事业发展的前进方向和大政方针，是新形势下指导我国工会工作的纲领性文献。

一、深刻领会必须发挥工人阶级主力军作用的重要论断，推动党的全心全意依靠工人阶级根本方针的贯彻落实

习近平总书记指出，工人阶级是我国的领导阶级，是我国先进生产力和生产关系的代表，是我们党最坚实最可靠的阶级基础，是全面建成小康社会、坚持和发展中国特色社会主义的主力军。强调必须全心全意依靠工人阶级、巩固工人阶级的领导阶级地位，充分发挥工人阶级的主力军作用。指出全心全意依靠工人阶级不能只当口号喊、标签贴，而要贯彻到党和国家政策制定、工作推进全过程，落实到企业生产经营的各方面。

如何认识工人阶级的历史地位、历史作用，是马克思主义的一个重大理论问题，是关系党和国家事业前途命运的重大政治问题。习近平总书记在重要讲话中，坚持历史唯物主义的立场观点方法，充分肯定我国工人阶级的社会地位、杰出贡献和历史作用，具有很强的现实针对性。工人阶级是推动我国历史发展和社会进步的先进阶级，新中国的建立、社会主义革命和建设的成就、改革开放以来我国经济社会的快速发展，无不凝结着工人阶级的历史贡献，无不彰显着领导阶级作用的充分发挥。在推动历史发展、社会进步的同时，我国工人阶级队伍不断壮大，素质全面提高，结构更加优化，面貌焕然一新，先进性不断增强。习近平总书记的重要讲话向世人昭示，在实现中国梦的过程中，我们党将始终把工人阶级作为推动我国先进生产力发展和社会全面进步的根本力量，作为不断发展人民群众根本利益的坚定力量，作为维护社会安定团结的中坚力量。讲话还对在新形势下如何贯彻落实全心全意依靠工人阶级根本方针提出了明确要求。这些重要思想必将极大激发工人阶级的积极性、主动性和创造性，成为我国工人阶级为实现中华民族伟大复兴中国梦作贡献的强大精神动力。

二、深刻领会必须紧紧依靠工人阶级发展中国特色社会主义的重要论断，坚定中国特色社会主义道路自信、理论自信、制度自信

习近平总书记指出，中国特色社会主义是

当代中国发展进步的根本方向，是实现中国梦的必由之路，也是引领我国工人阶级走向更加光明未来的必由之路。我国工人阶级要增强历史使命感和责任感，立足本职、胸怀全局，自觉把人生理想、家庭幸福融入国家富强、民族复兴的伟业之中，把个人梦与中国梦紧密联系在一起，始终以国家主人翁姿态为坚持和发展中国特色社会主义作出贡献。

中国特色社会主义是党和人民长期实践取得的根本成就，是关乎包括工人阶级在内的全体中国人民光明前途的宏伟事业。各级工会要通过卓有成效的工作，焕发我国工人阶级的历史主动精神，调动劳动创造的积极性和主人翁责任感，充分发挥主体作用，努力成为坚持和发展中国特色社会主义的强大组织力量。要团结引导广大职工牢固树立中国特色社会主义共同理想，坚定永远跟党走的信念，坚决拥护社会主义制度，坚决拥护改革开放，在思想上政治上行动上与以习近平同志为总书记的党中央保持高度一致，坚定不移沿着中国特色社会主义道路奋勇前进，勇当实践者，始终做坚持中国道路的柱石。要团结引导广大职工践行社会主义核心价值观，牢固树立爱国主义、集体主义、社会主义思想，解放思想、实事求是、与时俱进、求真务实，发扬工人阶级伟大品格，用先进思想、模范行动影响和带动全社会，增强团结一心的精神纽带，激发自强不息的精神动力，不断为中国精神注入新能量，勇当承载者，始终做弘扬中国精神的楷模。要团结引导广大职工以振兴中华为己任，继承团结协作、互助友爱的光荣传统，识大体、顾大局，正确对待国家利益、集体利益和个人利益的关系，增进工人阶级队伍的团结，增进全体劳动群众的团结，增进全民族的团结，自觉维护安定团结的政治局面，充分发挥在社会主义经济建设、政治建设、文化建设、社会建设、生态文明建设中的伟大创造力量，勇当主力军，始终做凝聚中国力量的中坚。

三、深刻领会必须坚持崇尚劳动、造福劳动者的重要论断，倡导辛勤劳动、诚实劳动、创造性劳动

习近平总书记指出，劳动是财富的源泉，也是幸福的源泉。全社会都要贯彻尊重劳动、尊重知识、尊重人才、尊重创造的重大方针，牢固树立劳动最光荣、劳动最崇高、劳动最伟大、劳动最美丽的观念，维护和发展劳动者的利益，保障劳动者的权利，坚持社会公平正义，排除阻碍劳动者参与发展、分享发展成果的障碍，努力让劳动者实现体面劳动、全面发展。

马克思、恩格斯在劳动发展史中找到了理解全部社会史的锁钥，劳动学说是马克思主义的重要组成部分。习近平总书记强调，人世间的美好梦想，只有通过诚实劳动才能实现；发展中的各种难题，只有通过诚实劳动才能破解；生命里的一切辉煌，只有通过诚实劳动才能铸就。讲话把辛勤劳动、诚实劳动、创造性劳动与实现“两个一百年”奋斗目标、实现中国梦紧密结合起来，用通俗的语言阐释了物质生产劳动对于推动我国发展的决定性意义，从而在新的历史条件下坚持和发展了马克思主义的劳动学说。劳动者是物质财富和精神财富的创造者，是社会生产力诸因素中最积极最活跃的因素，是人民的主体，劳动是一切有劳动能力的公民的权利和义务。无论是体力劳动者，还是脑力劳动者；无论是生产劳动者，还是科技劳动者、服务劳动者、管理劳动者，都是国家的主人，都是实现中国梦的主体力量。劳动者用智慧和力量诠释了劳动最光荣、劳动者最伟大的真理。解决中国一切问题的关键是发展，而发展最根本的是要靠劳动。在中华民族伟大复兴光明前景的召唤下，亿万职工与全国人民一起，必将进一步焕发劳动热情，进一步释放创造潜能，加快建设富强民主文明和谐的社会主义现代化国家。

四、深刻领会必须大力弘扬劳模精神、发挥劳模作用的重要论断，进一步形成崇尚劳模、学习劳模、争当劳模、关爱劳模的社会氛围

习近平总书记指出，在我们党团结带领人民进行革命、建设、改革各个历史时期，劳动模范始终是我国工人阶级中一个闪光的群体，享有崇高声誉，备受人民尊敬。长期以来，广大劳模以平凡的劳动创造了不平凡的业绩，铸就了“爱岗敬业、争创一流，艰苦奋斗、勇于创新，淡泊名利、甘于奉献”的劳模精神，丰富了民族精神和时代精神的内涵，是我们极为宝贵的精神财富。号召全国各族人民向劳模学习，以劳模为榜样，以只争朝夕的奋斗精神，共同投身实现中华民族伟大复兴的宏伟事业。

一个民族要繁衍生息，一个国家要创新发展，必须有强大的精神力量作支撑。习近平总书记在重要讲话中充分肯定了劳模精神，把劳模精神与中国精神联系在一起，强调劳模精神是鼓舞全国人民为实现中国梦而奋斗不可或缺的重要精神力量，从而进一步诠释了中国精神。习近平总书记在座谈会上有许多关于劳模精神的精彩插话。比如，他称赞工人阶级劳模界群星灿烂，表示自己作为劳模事迹的经历者、见证者，对他们的事迹历历在目，对劳模肃然起敬，尊重知识、尊重劳动的情怀油然而生。又比如，他讲到，要把个人的理想之梦和中华民族伟大复兴之梦紧密联系在一起，劳动模范都是这么做的，以个人的贡献来支撑中华民族梦想的实现。再比如，他说，各级领导干部应该人人都是劳模，共产党是工人阶级的先锋队组织，共产党员都应该是劳模。你自己不当劳模，做群众的尾巴，这怎么行呢？习近平总书记把劳模精神作为中国精神的重要内容，对于纠正精神缺失、信仰危机、享乐主义、奢靡之风等社会失范现象，构建积极向上的社会道德伦理，弘扬社会主义核心价值观，积聚实现中国梦的强大正能量，具有十分重要的指导意义。

五、深刻认识做好工会工作的新要求，始终保持工会组织正确的前进方向

习近平总书记在重要讲话中，对做好新形势下工会工作提出了明确要求，强调中国特色社会主义工会发展道路是中国特色社会主义道路的重要组成部分，要坚持和拓展这条道路，努力使这条道路越走越宽广，全心全意为广大职工服务。

我国已经进入全面建成小康社会的决定性阶段，工会工作面临新机遇新挑战，党对工会寄予厚望，职工群众对工会充满期待。各级工会组织和广大工会干部一定要按照习近平总书记的重要指示，顺应时代要求、适应社会变化，牢固树立大局观和责任感，着力抓好工会重点工作，努力开创工会工作新局面。一是要始终坚持在党和国家工作全局中把握工会工作。认真学习领会中央重大决策部署，进一步提高在大局下行动、为大局服务的自觉性，在为大局服务中切实发挥组织、引导、服务职工和维护职工合法权益的作用。二是要始终坚持中国特色社会主义工会发展道路。深刻理解这条道路形成的历史必然性，把握科学内涵、精神实质和完整理论，切实增强对这条道路的自觉自信，努力使这条道路越走越宽广。三是要始终坚持全心全意为职工服务，切实维护职工合法权益。真正把职工群众放在心中最高位置，把竭诚为职工群众服务作为一切工作的出发点和落脚点，推动健全党政主导的职工群众权益维护机制，扎扎实实为职工群众做好事、办实事、解难事。四是要始终坚持以改革创新精神加强工会自身建设。奉行“忠诚党的工运事业、奉献职工群众”职业操守，加强工会领导班子和干部队伍建设，坚决反对形式主义、官僚主义、享乐主义和奢靡之风，打造学习型服务型创新型工会，让职工群众真正感受到工会是“职工之家”，工会干部是最可信赖的“娘家人”。

（作者：中华全国总工会党组书记、副主席、书记处第一书记）

实现中国梦的根本途径、精神支撑、力量之源

肖贵清

党的十八大闭幕后，习近平总书记在参观“复兴之路”展览时，提出了实现中华民族伟大复兴的中国梦。他在十二届全国人大一次会议上的讲话中又系统阐发了这一思想，实现中国梦必须走中国道路、弘扬中国精神、凝聚中国力量。中国特色社会主义道路是实现中国梦的根本途径，以爱国主义为核心的民族精神和以改革创新为核心的时代精神是实现中国梦的精神支撑，最广大人民群众是实现中国梦的力量之源。本文试就此作一简要论述。

一、中国道路：实现中国梦的根本途径

道路关乎党的命脉，关乎国家前途、民族命运、人民幸福。中国共产党人不断探索、开创中国特色社会主义道路的过程，也就是我们不断追逐和实现中国梦的过程。

1. 中国特色社会主义道路的开辟。中国特色社会主义道路是一条全新的发展道路，其开辟经历了一个艰辛而曲折的过程。早在1956年，毛泽东就提出，要实现马克思主义和中国实际的第二次结合，探索符合中国特点的社会主义建设道路。针对苏联社会主义建设过程中存在的问题，毛泽东提出要以苏为鉴，不能再走苏联走过的弯路。在这一时期，他相继发表了《论十大关系》、《关于正确处理人民内部矛盾的问题》等讲话，针对我国社会主义建设过程中存在的一些问题进行了深入思考。毛泽东对符合中国特点的社会主义建设道路的探索，是中国特色社会主义道路探索的起点。“在探索过程中，虽然经历了严重曲折，但党在社会主义建设中取得的独创性理论成果和巨大成就，为新的历史时期开创中国特色社会主义提供了宝贵经验、理论准备、物质基础。”

十一届三中全会以来，党在改革开放30多年一以贯之的接力探索中，坚定不移高举中国特色社会主义伟大旗帜，既不封闭僵化，也不改旗易帜，坚持解放思想、实事求是、与时俱进、求真务实，对马克思主义、社会主义以及中国的现实国情都有了更加深刻的认识。1982年召开的党的十二大提出了“建设有中国特色的社会主义”这一科学命题，为中国特色社会主义道路的探索指明了方向。我国社会主义初级阶段的基本经济制度、社会主义市场经济体制、社会主义法律体系等各方面制度、体制也随着探索的深入不断确立和完善，在实践中为中国特色社会主义道路的探索提供了制度保障。有了正确理论的指导和制度的保障，中国特色社会主义道路不断拓展。党的十七大概括了中国特色社会主义道路的内涵，党的十八大对此又作了进一步丰富和发展。“中国特色社会主义道路，就是在中国共产党领导下，立足基本国情，以经济建设为中心，坚持四项基本原则，坚持改革开放，解放和发展社会生产力，建设社会主义市场经济、社会主义民主政治、社会主义先进文化、社会主义和谐社会、社会主义生态文明，促进人的全面发展，逐步实现全体人民共同富裕，建设富强民主文明和谐的社会主义现代化国家。”

2. 中国特色社会主义道路的意义和价值。中国特色社会主义道路的开辟具有十分重要的意义和价值。中国特色社会主义道路的开辟，首先在于从根本上解决了当代中国的发展问题，使一个贫穷落后的中国发展成为一个繁荣

富强的中国。邓小平在总结社会主义建设经验教训时指出:“贫穷不是社会主义,发展太慢也不是社会主义。”“社会主义的优越性归根到底要体现在它的生产力比资本主义发展得更快一些、更高一些,并且在发展生产力的基础上不断改善人民的物质文化生活。”中国特色社会主义道路以经济建设为中心,把社会主义制度与市场经济有机结合起来,在坚持社会主义制度的基础上,解放和发展生产力,到2010年我国经济总量跃居世界第二,综合国力显著增强,人民生活水平不断提高。在中国特色社会主义道路的指引下,中国特色社会主义经济建设、民主政治建设、先进文化建设、社会建设和生态文明建设都取得了长足的进步和发展。

中国特色社会主义道路的开辟,让世界重新思考马克思主义和社会主义的价值。苏东剧变之后,世界社会主义运动步入低潮。西方社会普遍认为,社会主义运动已经成为历史,社会主义作为一个名词,应该被扔进历史的“垃圾箱”,自由资本主义是通往未来的唯一发展道路。然而,中国特色社会主义道路的开辟,让世界重新瞩目社会主义。特别是西方世界陷入经济危机的大背景下,中国特色社会主义道路成功引领了当代中国的发展和进步。一些西方学者指出:“中国的发展给人们指出了一条摆脱全球资本统治的破坏性进程的出路,也使人们产生了一种对社会主义前景的希望。”“中国将马克思主义同中国具体实际相结合,找到了解决时代课题的途径和方法,丰富和发展了马克思主义。这让西方重新认识了马克思倡导的社会主义理论。”

中国特色社会主义道路的开辟,对广大发展中国家具有重要的启示意义。一些西方学者指出,中国特色社会主义道路,吸引了许多发展中国家的注意。因为,“对全世界那些正苦苦寻找不仅自身发展,而且还要在融入国际秩序同时又真正保持独立和保护自己生活方式和政治选择的国家来讲,中国提供了新路”。虽然中国国情特殊,但中国在处理改革、发展和稳定的关系问题上,在独立自主参与经济全球化等发展中国家改革发展普遍会遇到的一些问题上的经验,对于其他发展中国家具有重要的借鉴意义。正如一些西方学者所言,虽然“由于中国发展道路的独特性,其他发展中国家无法复制,但可借鉴中国模式背后务实主义的哲学思想和根据自身国情探寻发展道路的基本思路”。

3. 中国道路引领中国梦的实现。中国特色社会主义道路不仅是引领当代中国经济发展和社会进步,实现民族复兴的道路,也为人类文明的发展与进步提供了一种新的选择,为广大发展中国家实现现代化提供了新的思路和经验。我们应当坚定道路自信,沿着这条道路,逐步实现全体人民共同富裕,把中国建设成为经济发展、政治民主、文化繁荣、社会和谐、生态良好的社会主义现代化国家,实现中华民族伟大复兴的中国梦。

中国共产党人在探索中国道路的过程中,形成了中国特色社会主义理论,系统回答了“什么是马克思主义、怎样对待马克思主义,建设什么样的社会主义、怎样建设社会主义,建设什么样的党、怎样建设党,实现什么样的发展、怎样发展”等重大理论和实际问题。我们应当有这样的理论自信,中国特色社会主义理论既坚持了科学社会主义的基本原则,又符合中国实际,为建设和发展中国特色社会主义提供了根本理论指导,也是实现中国梦的强大思想武器。我们要进一步把马克思主义与中国实际和时代特征相结合,创新和发展党的理论成果,不断开辟马克思主义发展的新境界。

在探索中国道路的过程中,确立了中国特色社会主义制度,包括我国的根本政治制度,基本政治、经济制度,中国特色社会主义法律体系,以及建立在这些制度基础上的经济体制、政治体制、文化体制、社会体制等各项具体制度,是当代中国发展进步的根本制度保障。我们应当坚定这样的制度自信,中国特色社会主义制度符合马克思主义经典作家对未来社会主义制度的基本构想，又适合当代中国的基本国情，也顺应了时代发展的趋势和潮流，也是实现中国梦的根本制度保障。同时，我们还要在实现中国梦的实践中，不断推进制度创新，完善保障经济发展、政治民主、文化繁荣、社会和谐、生态良好的体制机制，进一步推进中国特色社会主义制度的完善和发展。

中国特色社会主义道路、理论体系、制度，三者构成了中国特色社会主义的基本框架，中国特色社会主义道路是实现中国梦的根本途径，中国特色社会主义理论是实现中国梦的行动指南，中国特色社会主义制度是实现中国梦的制度保障，体现了中国共产党人在追逐和实现中国梦的过程中高度的道路自觉、理论自觉和制度自觉。我们坚信，中国道路一定会引领中国梦的实现。

二、民族精神和时代精神：实现中国梦的精神支撑

一个国家和民族要自立于世界民族之林，不仅要有坚实的物质基础，更要有强大的精神力量。实现中国梦必须弘扬中国精神。中国精神就是以爱国主义为核心的团结统一、爱好和平、勤劳勇敢、自强不息的民族精神，以改革创新为核心的与时俱进、开拓创新、求真务实、奋勇争先的时代精神。民族精神和时代精神是凝心聚力的兴国、强国之魂，是实现中国梦的强大的精神支撑。

1. 以爱国主义为核心的民族精神是凝聚中华民族力量的精神纽带。民族精神是一个民族在漫长的繁衍生息过程中逐渐形成的渗透在其思想文化、思维模式、伦理道德、风俗习惯、心理素质、语言文字中的共同价值观。民族精神是一个民族信心和力量的源泉，是促使民族团结统一的精神纽带，是民族不断前进的精神力量。“民族精神是一个民族赖以生存和发展的精神支撑。一个民族，没有振奋的精神和高尚的品格，不可能自立于世界民族之林。”以爱国主义为核心的民族精神是一个历史范畴，在社会发展的不同阶段、不同时期有不同的具体内容，从而能够在不同的历史条件下凝聚共识，团结一切可以团结的力量。

关心社稷民生，维护民族独立，为报效祖国而英勇奋斗的精神品格，是中华民族的优秀传统。《礼记》中“天下为公”的大同社会的美好理想，屈原《离骚》中忧国忧民、眷恋故土的爱国情怀，贾谊《陈政事疏》中“国耳忘家，公耳忘私”的思想主张，无不显现着国人心怀天下百姓，把祖国利益、民族利益、社会利益放于首位的强烈信念和浓厚情感。范仲淹的“先天下之忧而忧，后天下之乐而乐”的忧国忧民的情怀，陆游的“位卑未敢忘忧国”的社会责任意识，文天祥的“留取丹心照汗青”的凛然正气，无不显示着为国家、为民族的献身精神，反映了中国人民深厚而崇高的爱国情感，体现了维系祖国统一、凝聚民族团结的爱国主义精神。

鸦片战争以后，中国逐步沦为半殖民地半封建社会，救亡图存成为中华民族面临的时代主题，以爱国主义为核心的民族精神被赋予了时代特色，无数中华儿女为了实现民族独立和人民解放，进行艰苦卓绝的奋斗。林则徐提出“苟利国家生死以，岂因福祸避趋之”，魏源论述“师夷长技以制夷”，康有为倡导“中国一家，休戚与共”，梁启超提出“少年中国”，孙中山喊出“振兴中华”，李大钊呼吁“中华民族更生再造”，这些思想情感和爱国情怀，以其巨大的感召力、向心力和凝聚力，维系着中华民族的意志和信念，鼓舞着中华民族前赴后继的爱国斗争，成为支撑中华民族独立和解放的强大的精神力量。

中国共产党在革命、建设和改革实践中，不断结合时代和实践发展要求，发扬光大民族精神。中国共产党从成立之日起，就以民族独立和人民解放、国家富强和人民幸福为己任。中国革命过程中产生的“井冈山精神”、“长征精神”、“延安精神”、“红岩精神”、“西柏坡精神”等，是以爱国主义为核心的民族精神在革命时期的丰富和发展。邓小平将中国革命精神概括

为“革命和拼命精神，严守纪律和自我牺牲精神，大公无私和先人后己精神，压倒一切敌人、压倒一切困难的精神，坚持革命乐观主义、排除万难去争取胜利的精神”。胡锦涛在谈到抗战时期民族精神的鲜明特点时指出：“坚持国家和民族利益至上、誓死不当亡国奴的民族自尊品格，万众一心、共赴国难的民族团结意识，不畏强暴、敢于同敌人血战到底的民族英雄气概，百折不挠、勇于依靠自己的力量战胜侵略者的民族自强信念，开拓创新、善于在危难中开辟发展新路的民族创造精神，坚持正义、自觉为人类和平进步事业贡献力量的民族奉献精神。”这是中国共产党的政治本色，是中华民族精神的发扬和体现，成为中国人民团结一致、振兴中华的强大精神动力。

新中国成立60多年来，在社会主义建设和改革过程中形成的“雷锋精神”、“铁人精神”、“两弹一星精神”等，都是以爱国主义为核心的民族精神的具体体现，成为新时期激励全国各族人民团结奋斗，实现中国梦的强大精神力量。

2. 以改革创新为核心的时代精神是建设中国特色社会主义的精神动力。时代精神是一个社会在新的实践中激发出来的，反映社会发展方向，引领时代进步潮流，为社会成员所普遍认同和接受的思想观念、价值取向、道德规范。它是人们在实践活动中体现出来的精神风貌和精神品格。以改革创新为核心的时代精神，其本质是与时俱进，根本要求是肩负时代使命、体现时代要求，具有引导、凝聚和约束人们的思想和行为的功能，是激励党和人民奋发图强，实现中国梦的强大精神动力。

以改革创新为核心的时代精神就是要不断解放思想，推进实践创新。改革开放30多年来，逐步建立和完善社会主义市场经济体制，促进政治、经济、文化、社会和生态文明建设的协调发展，深化改革开放，推进实现中国梦的步伐，取得了伟大成就。在此过程中形成的“小岗精神”、“深圳精神”、“浦东精神”等都是以改革创新为核心的时代精神的集中表达和生动体现，丰富着时代精神的内涵。

以改革创新为核心的时代精神不仅体现在实践创新上，而且体现在实践创新基础上的理论创新、科技创新、文化创新以及其他各方面创新。“实践基础上的理论创新是社会发展和变革的先导。”改革开放30多年来，党带领人民自觉地把思想认识从那些不合时宜的观念、做法和体制的束缚中解放出来，从对马克思主义的错误的和教条式的理解中解放出来，从主观主义和形而上学的桎梏中解放出来，取得了令世人瞩目的巨大成就。这主要表现在，不断推进理论创新，形成了邓小平理论、“三个代表”重要思想和科学发展观等理论成果；深化经济体制、政治体制、文化体制、社会体制以及其他各方面的体制改革，形成了符合当代中国国情、充满生机活力的体制机制；扩大对外开放，使我国成功实现了从封闭半封闭到全方位开放的伟大历史转折；推进科技创新，具有世界先进水平的重大科技创新成果不断涌现，高新技术产业蓬勃发展，等等。这些成就的获得与始终坚持和弘扬以改革创新为核心的时代精神密不可分。“要始终把改革创新精神贯彻到治国理政各个环节，坚持社会主义市场经济的改革方向，坚持对外开放的基本国策，不断推进理论创新、制度创新、科技创新、文化创新以及其他各方面创新。”以改革创新为核心的时代精神，已经深深地融入我国经济、政治、文化、社会和生态建设的各个方面，成为各族人民不断开创中国特色社会主义事业新局面的强大精神力量。

3. 中国精神是实现中国梦的精神支撑。民族精神和时代精神相互联系，密不可分。民族精神是时代精神的基础，时代精神是民族精神在新的历史条件下的发扬光大，二者共同构成中华民族自立自强的精神品格，不仅是中国革命、建设和改革的精神动力，也是国家文化软实力和综合国力的重要体现。只有始终坚持和弘扬以爱国主义为核心的民族精神和以改革创新为核心的时代精神，才能始终保持昂扬向上、奋发进取的精神状态，增强战胜困难的信心和决心，凝聚全国人民的力量，实现中华民族伟大复兴的中国梦。

三、最广大人民群众：实现中国梦的力量之源

实现中国梦必须凝聚中国力量。“中国梦归根到底是人民的梦，必须紧紧依靠人民来实现，必须不断为人民造福。”中国力量是指积极投身于中国特色社会主义伟大实践的最广大人民群众，这是实现中国梦的根本依靠和力量源泉。实现中国梦，必须始终依靠最广大人民群众，坚持以人为本的价值取向。只有从人民群众的根本利益出发，中国梦才具有牢固的群众根基，才能全面建成小康社会，建设富强民主文明和谐的社会主义现代化国家，从而实现中华民族伟大复兴的中国梦。

1. 人民群众是实现中国梦的实践主体。人民群众是历史的创造者。“人民，只有人民，才是创造世界历史的动力。”凝聚中国力量，实现中国梦，必须尊重人民群众的历史主体地位，做到紧紧依靠人民，全心全意为人民服务。“全国各族人民是建设中国特色社会主义事业的主体，人民群众积极性创造性的充分发挥是我们事业成功的保证，不断实现最广大人民的根本利益是我们党全部奋斗的最高目的。”必须始终把人民利益放在第一位，把实现好、维护好、发展好最广大人民根本利益作为一切工作的出发点和落脚点。中国梦是民族的梦，也是每个中国人的梦。中国梦的实现离不开每一个中国人的努力，只有最广大人民群众紧密团结，凝心聚力，为实现中华民族伟大复兴而奋斗，才能凝聚起无穷的中国力量，实现中国梦。

人民群众是社会物质财富的创造者。人民群众作为建设中国特色社会主义的主体力量，是生产力中最活跃的因素，创造出供人类生存和发展必需的物质条件。在社会主义实践中，人民群众通过积累生产经验、提高生产技能、改革生产工具，不断促进生产力的发展，创造出实现中国梦必需的物质基础。人民群众还是社会精神财富的创造者。人民群众对精神财富的创造作出直接的贡献，创造出社会主义先进文化，并在坚持和发展中国特色社会主义实践中践行社会主义核心价值观，为实现中国梦树立价值目标、理想信念和道德准则，形成良好的道德精神风尚。人民群众是社会变革的决定力量。制度建设贯穿于建设中国特色社会主义的始终，只有从人民群众的根本利益出发，不断加强制度建设，构建系统完备、科学规范、运行有效的制度体系，才能保障中国梦的实现。

习近平总书记指出：“生活在我们伟大祖国和伟大时代的中国人民，共同享有人生出彩的机会，共同享有梦想成真的机会，共同享有同祖国和时代一起成长与进步的机会。”“要在全体人民共同奋斗、经济社会发展的基础上，加紧建设对保障社会公平正义具有重大作用的制度，逐步建立以权利公平、机会公平、规则公平为主要内容的社会公平保障体系，努力营造公平的社会环境，保证人民平等参与、平等发展权利。”只有社会公正、机会平等，才能保证每个人梦想的实现不会成为其他人的噩梦。不仅要实现国家繁荣、民族富强的社会目标，也要鼓励每个中国人都梦想成真，涓涓细流汇成滚滚长江，民族复兴的中国梦和个人理想的统一才是我们的最高追求。

2. 中国革命、建设和改革始终依靠最广大人民群众。中国共产党几代领导集体都坚持把人民利益至上作为执政理念和价值追求。只有将着眼点放在保障人民利益、满足人民需求上，把人民群众对美好生活的向往作为奋斗目标，才能最大程度地凝聚中国力量。

1938 年，毛泽东在《论持久战》中指出“兵民是胜利之本”，认为“战争的伟力之最深厚的根源，存在于民众之中”。1944 年，毛泽东发表了《为人民服务》的演讲，将“为人民服务”作为检验共产党员行为的最高价值准则。在党的七大上，毛泽东号召全党“应该谦虚，谨慎，戒骄，戒躁，全心全意地为中国人民服务，在现时，为着团结全国人民战胜日本侵略者，在将来，为着

团结全国人民建设新民主主义的国家”。新中国成立后,毛泽东多次强调依靠人民群众的重要性,强调“共产党就是要奋斗,就是要全心全意为人民服务,不要半心半意或者三分之二的心三分之二的意为人民服务”。

1992年,邓小平发表南方谈话,提出判断改革和各方面工作是非得失的“三个有利于”标准,即“是否有利于发展社会主义社会的生产力,是否有利于增强社会主义国家的综合国力,是否有利于提高人民的生活水平”。将生产力标准、综合国力标准和人民利益标准结合起来,并将人民拥护不拥护、赞成不赞成、高兴不高兴、答应不答应作为制定各项方针政策的出发点和落脚点。

以人民群众为本是贯穿“三个代表”重要思想的一条红线。江泽民指出:“始终保持同人民群众的血肉联系,是我们党战胜各种困难和风险、不断取得事业成功的根本保证。”并强调:“必须始终把体现人民群众的意志和利益作为我们一切工作的出发点和归宿,始终把依靠人民群众的智慧和力量作为我们推进事业的根本工作路线。”坚持以人民群众为本,就是始终坚持人民群众是历史创造者这个马克思主义基本观点,始终坚持把人民群众作为巩固和加强我们党领导地位的力量之本,始终坚持把人民群众作为推动中国特色社会主义伟大事业的胜利之本。

科学发展观的核心是以人为本。胡锦涛指出:“坚持权为民所用、情为民所系、利为民所谋,为群众诚心诚意办实事,尽心竭力解难事,坚持不懈做好事。”党的十八大报告提出:“必须更加自觉地把以人为本作为深入贯彻落实科学发展观的核心立场,始终把实现好、维护好、发展好最广大人民根本利益作为党和国家一切工作的出发点和落脚点,尊重人民首创精神,保障人民各项权益,不断在实现发展成果由人民共享、促进人的全面发展上取得新成效。”科学发展观充分体现以人为本的内在要求,坚持人民利益至上的价值取向,追求人的全面发展和可持续发展。

2012年11月15日,新一届中央领导集体首次亮相时,习近平总书记强调:“人民是历史的创造者,群众是真正的英雄。人民群众是我们力量的源泉。我们一定要始终与人民心心相印、与人民同甘共苦、与人民团结奋斗,夙夜在公,勤勉工作,努力向历史、向人民交一份合格的答卷。”并指出:“我们的责任,就是要团结带领全党全国各族人民,继续解放思想,坚持改革开放,不断解放和发展社会生产力,努力解决群众的生产生活困难,坚定不移走共同富裕的道路。”突出了“人民”与“责任”两个关键词。正是由于我们党几代领导集体始终把人民放在首要地位,全心全意为人民服务,才使中国梦的实现具有坚实的群众基础和力量源泉。

3. 凝聚最广大人民群众的力量实现中国梦。中国共产党自成立伊始,始终坚持辩证唯物主义和历史唯物主义的世界观和方法论,把马克思主义关于人民群众是历史的创造者的原理系统地运用在党的全部活动中,形成党在一切工作中的群众观点和群众路线。只有把群众观点作为正确处理社会主义实践中改革、发展和稳定相互关系的基本观点,把群众路线作为贯彻落实党的工作的基本路线,中国梦才不会是空中楼阁。

群众观点是唯物史观的基本观点,也是我们党秉承的基本观点。“相信谁、依靠谁、为了谁,是否始终站在最广大人民的立场上,是区分唯物史观和唯心史观的分水岭,也是判断马克思主义政党的试金石。”具体来讲,群众观点是指我们党对待人民群众的立场和态度。“一切为了人民群众的观点,一切向人民群众负责的观点,相信群众自己解放自己的观点,向人民群众学习的观点,这一切,就是我们的群众观点,就是人民群众的先进部队对人民群众的观点。”群众观点是党长期以来制定路线、方针、政策和处理党群关系的根本立场,也是我党始终坚持的领导原则。群众观点的主要内容是指人民群众是历史的创造者的观点,即人民群众不仅是物质财富和精神财富的创造者，也是社会变革的决定性力量。虚心向人民群众学习，竭诚为人民群众服务，把对党负责和对人民负责统一起来，依靠最广大人民群众，实现中国梦。

群众路线是我们党的根本工作路线，也是我们党基本的领导作风和工作方法。《中国共产党章程》概括了群众路线的主要内容：“党在自己的工作中实行群众路线，一切为了群众，一切依靠群众，从群众中来，到群众中去，把党的正确主张变为群众的自觉行动。”毛泽东曾经指出：“我们是革命战争的领导者、组织者，我们又是群众生活的领导者、组织者。组织革命战争，改良群众生活，这是我们的两大任务。”即使在艰苦的土地革命战争时期，我们党也把群众生活当作最重要任务之一，始终把人民群众作为最根本的依靠力量。群众路线与实事求是、独立自主共同成为毛泽东思想的活的灵魂，指导中国革命、建设和改革不断向前发展。坚持群众路线，需要群策群力、集思广益，从群众中集中正确的意见，再依靠群众贯彻到实践中去。必须坚持走群众路线，全心全意为人民服务，诚诚恳恳为最广大人民群众谋利益，这是我们党始终立于不败之地的根本保证。

中共中央政治局2013年4月19日召开会议，决定从今年下半年开始，用一年左右时间，在全党自上而下分批开展党的群众路线教育实践活动。通过开展群众路线教育实践活动，密切党与人民群众的血肉联系，对于教育引导党员干部牢固树立宗旨意识和马克思主义群众观点，切实改进工作作风，赢得人民群众信任和拥护，夯实党的执政基础，巩固党的执政地位，进而凝聚中国力量，实现中国梦，具有十分重要的意义。

（作者：清华大学马克思主义学院教授、博士生导师）

比较视野下的"中国梦"多维透视

孙来斌 刘 近

随着习近平近期在多个场合的多次阐释,"中国梦"已经成为国内与国际高度关注的热词,一股探讨"中国梦"的热潮迅速掀起。随之也出现了一些需要重视和回应的不同见解,其中,国外有观点认为,中国梦是集体主义版的美国梦,抑或是欧洲梦最可能的亚洲版本。国内有观点将中国梦等同于"中山梦"、"中共梦",还有人认为它与个人无关。以上种种认识,使得我们有必要对"中国梦"进行一次全方位的考察,以达到开显中国梦总貌、进而凝聚共识的目的。

一、中国梦:东与西

中国梦正引起越来越多国外学者的关注,并形成了一些不尽相同的见解。托马斯·弗里德曼在五年前指出,包括中国在内很多国家和地区都在复制美国生活,成为"美国梦"的副本。在中共十八大召开前夕,他再次提出担忧:"共产党新领导人会有一个有别于'美国梦'的'中国梦'吗?"埃菲社报道称,"十年来激励了无数美国人的带有个人主义色彩的'美国梦',如今有了东方的集体主义版本'中国梦'。"而杰里米·里夫金认为欧洲梦具有成为普世梦想的特质,并希望看到中国在"欧洲梦"成为世界主义梦想方面的贡献。在我们看来,国外学者的担忧与"厚望"是不会发生的,因为中国梦与美国梦、欧洲梦在追求目标、价值基础与世界意义等层面具有根本性的不同。

其一,追求目标不同。美国梦主要包括房子、汽车、高等教育、退休保障、医疗保险与休闲时间六个方面。对许多新移民来说,美国梦则缩减为"3P(Ph. D.、P. R.、Property,即博士学位、永久性居住权和房产)"。而在金融危机之后,近六成美国人难圆美国梦。"2009 年,美国《纽约时报》和 CBS 新闻所做的民意调查显示,在美国只有 44% 的受访者认为自己已实现了'美国梦',而余下者则认为'美国梦'遥不可及,20% 的人已放弃美梦成真的希望。"

相比而言,"在许多方面,欧洲梦都是美国梦镜中的反像"。美国梦追求经济增长、个人财富和独立自由,而欧洲梦更加关注可持续性、生活质量和社会关系。"美国梦效忠于工作伦理。欧洲梦更加协调于闲适和深度游戏。"美国梦强调生活是为了工作,而欧洲梦则主张工作是为了生活。欧洲梦追求的是一种"生活方式",一种富有"生活质量"的生活,相当于一种普遍富裕、拥有社会安全且有"品味"的生活。只不过,这种生活在美国梦中是个人奋斗的结果,而在欧洲梦中则意味着更多的政府责任。欧洲官员们常常被指责为对欧洲民众的需求漠不关心、不负责任,而他们是理应服务于后者的。正因如此,个人责任问题是"美国的强项、欧洲的软肋"。

总体来看,无论是美国梦,还是欧洲梦,在本质上都是一种个体的梦。很多时候,这种梦只是一种个体在美国、在欧洲的梦想,个人对美好生活的追求占据最高位置,国家在他们那里只是实现个体梦想的手段和条件。而中国梦不仅仅停留在"在中国",它有更高的层次,就是"为了中国"。中国梦如同单复同形的复合名词,它既指实现中华民族复兴的民族群体梦,也包含每个中国人的个体梦。中国人的个体梦并不排斥物质性追求,但它始终与中华民族的复兴息息相关。也就是说,中国梦不仅具有美国梦与欧洲梦的现实感、未来感，更承载着一种历史感和使命感。

其二，价值基础不同。正如有学者指出，梦的底色是价值观，不同的价值观决定了梦的不同色彩。美国梦的形成正如美国一样，得益于一种移民文化。在一定意义上可以说，先有美国梦而后有美国人。美国梦“至少可以追溯到1620年102名英国清教徒乘‘五月花’号木帆船登上美洲新大陆的十年之后，温思罗普关于清教徒对‘山巅之城’即‘希望之乡’的寻找的布道文”。许多美国人至今仍把自己看作上帝的选民，而美国则是应许之地，自己将注定在美国创造伟业。美国梦将个人价值与个人奋斗置于至高无上的地位。这往往使得在美国的现实社会中，“自力更生和独立自主会变成自私自利和无法无天，雄心抱负变成贪婪和一种不惜一切代价获取成功的狂热欲望”。

“‘个人’在美国社会比世界其他国家都更受推崇”，因而个人主义在美国大行其道，并将个人贫穷与否首先视为个人自己的责任。而在欧洲则将这种责任更多地归结到社会和政府身上。欧洲梦对集体关注更多的是为了维护个体福利，强调集体对于个体生活质量不可推卸的责任。有观点认为，欧洲梦是亚洲极端集体主义与美国极端个人化之间最佳的平衡点，最具普遍精神、全球意识。但是，移民文化与欧洲大陆文化呈现出的矛盾与冲突，则是对这种乐观看法最直接的否定。这再次证明欧洲梦是放大版的个人主义——地方主义，其实质是对内的集体主义，对外的个体主义。“如果说欧洲和美国都把个人的绝对性看作是至高无上的原则，那么欧洲更重视的是精神个人主义，而美国推崇的是物质个人主义。这一差异虽然还不足以形成在‘政治现代性’方面的重大差别”，但却反映出个人主义是两者共同的价值基础。

在社会主义中国，中国梦的价值基石是集体主义。中国梦从其产生开始，就是一个民族的梦、全体中国人的集体梦，所以它的实现需要每个人的共同努力，但集体梦的实现并不意味着对个体梦的忽视甚至剥夺。改革开放以来，随着中国经济的跨越式发展，每个中国人的命运也发生了巨大变化。这在证明中国梦的优势与活力的同时，也表明中国梦和美国梦、欧洲梦在价值观上的区别。

其三，世界意义不同。在全球化的今天，每个国家和地区都在寻找并实现各自梦想的世界意义。在这个问题上，中国梦与美国梦、欧洲梦也存在着极大的不同。

具体来说，美国梦永远是以自己为轴心，其他国家和地区的梦想往往被其视为对美国梦的挑战和威胁，全世界都必须为美国梦服务。“美国梦试图‘以世界供一国’，从长期博弈来看，终究是不可行的，世界的不合作最终会破坏这种过于昂贵且损人利己的梦想模式。”因而，“从本质上说，美国梦不是一个为世界准备的梦，而是一个分裂世界的梦，一个为美国自己谋幸福的梦”。

在一定程度上看，欧洲梦作为一个具有跨国性质的梦想，内在地潜藏着一种世界化的渴望。它追求可持续性和包容性，倡导普遍人权和自然权利，重塑全球意识，强调人类及其伙伴的不可分割性。这与包括中国在内的很多国家的发展理念都产生了某种契合。但是，一些西方人因此深深陷入对欧洲梦的自我陶醉之中，无视其他国家和地区与欧洲的差异，一厢情愿地向世界其他国家推销欧洲梦，希望其他国家跟随其后。

不难看出，美国梦与欧洲梦的“世界观”流露着鲜明的西方中心主义，持此梦者往往以世界的主人、人类的标杆自居，将梦想的世界意义狭隘地理解为能否普世化的问题。无论是美国梦的普世化，还是欧洲梦的普世化，最终无非是使世界美国梦化、欧洲梦化。在西方，这种寻求普遍适用的方法的热情很高，但最终只能成为自我臆想。

我们认为，“正如一棵大树上没有完全一样的两片树叶一样，天下没有放之四海而皆准的经验”。对于中国梦而言，“中国梦的普世化或者世界的中国梦化”从一开始就不是中国梦的“人生追求”。中国梦所承载的世界意义有两方面:一方面,实现中华民族伟大复兴的中国梦,意味着为人类文明与进步做出更大的贡献;另一方面,中国梦不仅属于中国,也属于全世界。“我们要实现的中国梦,不仅造福中国人民,而且造福各国人民。”

可以说,尽管中国梦与美国梦、欧洲梦在某些方面存在着共通之处可供相互借鉴,但是在“人生观”、“价值观”和“世界观”方面存在的根本性的差别,使得中国梦不是——也绝不会是——美国梦的副本、欧洲梦的翻版。

二、中国梦:今与昔

“三年以来,在人民解放战争和人民革命中牺牲的人民英雄们永垂不朽!三十年以来,在人民解放战争和人民革命中牺牲的人民英雄们永垂不朽!由此上溯到一千八百四十年,从那时起,为了反对内外敌人,争取民族独立和人民自由幸福,在历次斗争中牺牲的人民英雄们永垂不朽!”这段碑文始终告诉我们,“实现中华民族伟大复兴的中国梦,是近代以来中华民族的夙愿。1840 年鸦片战争以后,中华民族蒙受了百年的外族入侵和内部战争,中国人民遭遇了极大的灾难和痛苦,真正是苦难深重、命运多舛。”中国梦的历史就是中华民族伟大复兴的历史。但是,一些学者从“民族复兴”的角度就“中国梦”的历史起点及其发展历程分别提出了自己的观点,比较典型的有两种。一种观点认为,“辛亥革命开启了中华民族伟大复兴的序幕,是中华民族伟大复兴的历史起点”。“孙中山所领导的资产阶级革命揭开了中华民族伟大复兴的序幕。”另一种观点认为,“五四运动催生了中国共产党,是中国共产党带领中华民族走向复兴的,所以五四运动是近代中华民族走向复兴的起点”。“中国共产党领导的抗日战争是中华民族伟大复兴的开端。”在我们看来,孙中山与中国共产党在中华民族伟大复兴征程中所成就的历史功绩都是毋庸置疑的,但是,我们不能将中国梦简单地归结为“中山梦”或“中共梦”,从而使一段 60 年到 90 年的近代历史成为中国梦的空白。邓小平在谈及中国近代屈辱历史曾说:“要懂得些中国历史,这是中国发展的一个精神动力。”同样,懂得中国梦的历史,也是实现中国梦的一个精神动力。

从鸦片战争起,一方面,在客观上,中华民族开始走下坡路——一步步沦为列强欺凌掠夺的对象;另一方面,在主观上,中华民族走的是上坡路——开始萌生中国梦。历史赋予了中国梦以“恢复中华”与“振兴中华”两个基本任务。在这里,恢复中华,主要是实现民族独立,为实现中华民族伟大复兴创造前提。具体来看,“恢复中华”大体可以划分为三个阶段。

第一阶段:从 1840 年鸦片战争到 1895 年中日甲午战争。鸦片战争之后,中国社会出现了分别由统治阶级与下层百姓发动的抵御西方侵略与扭转民族命运的抗争。地主阶级开明派当中的林则徐、魏源等首先“睁眼看世界”。面对西方进步与本朝腐朽的客观现实,林则徐提出“师敌之长技以制敌”,魏源进一步提出“师夷长技以制夷”。“师夷制夷”的思路在洋务派的自强运动中得以实践。但是,由于固守“变器不变道”,“以中国之伦常名教为原本,辅以诸国富强之术”,企图在封建制度的框架内,以器物革新,来达富国强兵、抵御侵略之目的,无异于空想。在这一阶段,下层民众因不堪压迫与剥削,发动了太平天国运动,尽管在经济上提出了令人鼓舞的若干主张,但在政治上仍然没有跳出封建皇权的逻辑,最后也归于失败。

第二阶段:从 1895 年中日甲午战争到 1919 年的五四运动。甲午一战,蕞尔小国日本大败“天朝上国”,对中国社会产生了巨大震撼。资产阶级维新派觉悟到中国衰落的根源不在器物而在制度,主张效法日本,走资本主义君主立宪之路。尽管最终失败,但它将改革对象直指政治制度,这一历史性突破直接影响了此后的民族振兴运动。1894 年 6 月,上书李鸿章被拒,7 月中日甲午战争爆发,使孙中山等猛然醒悟，深感改良之路已不可行，唯有推翻腐朽政权，方可挽救民族危亡。同年11月，孙中山创立兴中会，取“振兴中华”之意。随后辛亥革命推翻了封建君主专制制度，并试图“取欧美之民主以为模范”建立资产阶级合众国，但是在世界资本主义体系下，这条路已被西方列强堵死了。中国半殖民地半封建的社会性质仍然没有改变，中华民族的命运仍然没有彻底扭转。

第三阶段：从1919年五四运动到1949年新中国成立。大体说来，中华民族伟大复兴的历史进程，在第一个阶段追求的是一种封建主义性质的复兴之路，在第二阶段选择的则是资本主义性质的复兴之路，而在第三阶段，中国人民经过比较与探索，最终选择了社会主义作为国家的发展方向和民族复兴的道路。在中国共产党的领导下，中国人民推翻了三座大山，建立了新中国，为中华民族伟大复兴奠定了根本政治前提。

“新中国成立后，我们党创造性地完成由新民主主义到社会主义的过渡，实现中国历史上最伟大最深刻的社会变革，开始了在社会主义道路上实现中华民族伟大复兴的历史征程。十一届三中全会以来，我们党找到建设中国特色社会主义的正确道路，赋予民族复兴新的强大生机。中华民族的伟大复兴展现出灿烂的前景。”“振兴中华”大体可划分为五个阶段。其中，第一阶段，从1949年新中国成立至1978年党的十一届三中全会，这一阶段是中华民族伟大复兴打基础的阶段；第二阶段，从1978年党的十一届三中全会到2002年党的十六大，这一阶段是处于建立小康社会的阶段；第三阶段，从2002年党的十六大到2012年党的十八大，这一阶段处于全面建设小康社会的阶段；第四阶段：从2012年党的十八大到2020年，这一阶段处于全面建成小康社会的阶段；第五阶段：从2020年到本世纪中叶，建成富强民主文明和谐的社会主义现代化国家。

两个世纪、八个阶段组成一条连续发展、环环相扣的历史链条。抚今追昔，从中我们不难得出以下几点最基本也最重要的历史结论。

其一，因为实现中国梦的各种和平方式都被历史一次又一次地否定了，所以实现中国梦必须选择革命的道路。一些人回顾中国20世纪的历史，提出彻底否定一切革命，断言“改良可能成功，革命则一定失败”。“告别革命”否定中国革命的历史，这实际上是要告别马克思主义，告别社会主义。历史事实证明，不触动封建根基与列强压迫的种种方案，都不可能将中国梦化为现实。革命是实现中国梦必须迈出的一步。

其二，因为地主阶级以及资产阶级通过改良与革命来实现中国梦的尝试都失败了，所以社会主义成为中国人民的必然选择。地主阶级开明派、资产阶级改良派与革命派，要么借封建主义来发展资本主义，要么靠帝国主义来实现资本主义，都失败了。因此，历史表明，只有社会主义才能救中国。

其三，因为各种政治力量都没有肩负起实现中国梦的历史重任，所以只有中国共产党能够成为带领中国人民实现中国梦的领导核心。各路政治势力的努力最终失败的原因之一，就是没有得到全国民众的响应和支持。只有中国共产党做到了，“我们党紧紧依靠人民，从根本上改变了中国人民和中华民族的前途命运，不可逆转地结束了近代以后中国内忧外患、积贫积弱的悲惨命运，不可逆转地开启了中华民族不断发展壮大、走向伟大复兴的历史进军”。两个“不可逆转”充分地说明没有共产党，就没有新中国。

其四，因为中国特色社会主义所取得举世瞩目的成就，所以我们比历史上任何时期都更加接近中国梦。重温历史，我们才能深知中国特色社会主义道路来之不易，并倍加珍惜。实现中国梦必须走中国道路，“历史和现实都告诉我们，只有社会主义才能救中国，只有中国特色社会主义才能发展中国，这是历史的结论、人民的选择”。

三、中国梦:大与小

习近平先后对“中国梦”分别从内涵与外延两个方面进行了概念界定和阐释。2012年11月29日,针对“何为中国梦?”的问题,习近平指出,“实现中华民族的伟大复兴是近代以来中华民族的最伟大的梦想”。2013年3月17日,习近平进一步指出,“实现中华民族伟大复兴的中国梦,就是要实现国家富强、民族振兴、人民幸福”。3月23日,在莫斯科国际关系学院的演讲中,习近平再次指出,中国梦的“基本内涵是实现国家富强、民族振兴、人民幸福”。中国梦包含两个层面的内容:大梦(集体梦)——国家富强、民族振兴,小梦(个体梦)——人民幸福。缺少哪一个,都不能称之为中国梦。这需要我们从以下方面把握两者内在关系。

其一,大梦与小梦关系的静态分析。在任何时候,大梦都是小梦的根本保障,没有大梦,小梦也就无从谈起;小梦都是大梦的最终体现,没有小梦,大梦也就失去了实现的动力与存在的意义。两者之间内在的逻辑关联具体体现以下两个方面。

一方面,小梦以大梦为依托和追求。当前,关于中国梦的探讨很多,也出现了不同的声音。有人认为,“中国梦”是一种集体想象,所以与其个人无关。在现实生活中,这种冷淡、消极甚至是错误的观点不同程度地存在一些人的头脑中。众所周知,大与小是一对矛盾统一体,没有大,何谈小;同样,没有小,也就无所谓大。大梦与小梦的关系亦是如此。在中国近现代史上,大梦与小梦从来就不是两条互不相干、“各自为政”的平行线。恰恰相反,大梦与小梦之间始终都保持着一荣皆荣、一损皆损的互生互动的关系。我们每一个中华儿女都与我们的国家和民族同呼吸,共命运。国家与民族强大与否,最终都会在每个个体的命运中体现出来。因此,从这种意义上讲,大梦是小梦的依托。没有大梦的保障,任何个人的小梦都将无所谈起。只有国家富强、民族振兴,个人才会幸福。正如习近平所说,“国家好,民族好,大家才会好。”这朴素的话语,生动地阐释了个人命运与国家和民族命运的内在关联,深刻地揭示了人民幸福与国家富强、民族振兴的必然联系。历史反复告诉我们,“国家富强,国人才能受到世界的尊重;国家贫弱,人民就无尊严可言,更无幸福可谈”。

另一方面,大梦以小梦为动力与目的。大梦是小梦的汇聚。如果没有国家的发展与进步,实现个人梦想的机会就越小。反言之,没有普通个体为了梦想努力奋斗,也就不可能有国家的繁荣与富强。正所谓,大河无水小河干,小河水丰大河盈。这就告诉我们,“伟大的梦想必须落实到每个小小的梦想上,才能常开常新、永葆活力”。无论是国家的富强梦,民族的振兴梦,还是个人的幸福梦,归根到底是人民的梦,它们的实现必须紧紧依靠人民。人民不仅是历史的创造者,也是中国梦的实现者。一个个小梦的实现,就是向大梦的一步步迈进。所以“大梦”并不遥远,它就在每个“小梦”中真真切切地展开着。再伟大的梦想,也要从每个小小的梦开始。李克强在谈改革时说,“喊破嗓子不如甩开膀子”。实现中国梦,何尝不是这样。伟大梦想的实现,从来都不是喊出来的,而是干出来的。这需要我们13亿中国人凝心聚力,“心往一处想,劲往一处使”。“如果每个人自己的梦实现了,那么国家的梦也就实现了。”同时,大梦的实现最终要以小梦的实现为目的。“国家梦想若不能化身千万,让每个国民切实感受到个人与国家发展休戚相关,心相连,梦相连,则国必不能真强,梦也不能尽美。”

其二,大梦与小梦关系的动态转化。对于大梦与小梦关系的把握,仅仅停留在逻辑层面的静态分析是远远不够的。理论上的应然关系如何转化为现实层面的实然状态,如何实现大梦与小梦的双向互动与动态平衡,才是关键之所在。国家富强是个人幸福的外在保障、必要前提,人民幸福是国家富强的最终目的与价值所在。国家富强是为了人民幸福，人民的幸福又是国家富强实现的源源不断的动力。所以我们在推动大梦与小梦互动融合的过程中，要始终关注人民幸福的个体梦。人民不仅是国家富强梦想实现的力量源泉，也是国家富强梦想的最终目的与具体体现。正如习近平指出的那样，“中国梦归根到底是人民的梦，必须紧紧依靠人民来实现，必须不断为人民造福”。

“中国梦”的实现有很多指标，比如经济指标、军事指标、文化指标、科技指标、环境指标等等，但是最根本的是幸福指标。如何才能让全国人民都来关注中国梦，凝聚中国力量，而不仅仅是关注个人梦，成为一个“胸有大梦”的人？对于“与我无关论”者，我们除了批评、劝告之外，更多地是去思考如何扭转这种偏见，挖掘出每个人内心深处的正能量，激励其为中国梦而奋斗。方法和路径有多条，但最根本的在于要让人们能够在梦中看到“自己”，让每个人感受到梦的温度。这要求我们必须始终以民之所望为施政所向，也就是习近平在阐释中国梦中所讲的，“我们要随时随刻倾听人民呼声、回应人民期待，保证人民平等参与、平等发展权利，维护社会公平正义，在学有所教、老有所得、病有所医、老有所养、住有所居上持续取得新进展，不断实现好、维护好、发展好最广大人民的根本利益，使发展成果更多更公平汇集全体人民，在经济社会不断发展的基础上，朝着共同富裕方向稳步前进”。

当然，梦想从来都不会自动化为现实。我们要时刻牢记“空谈误国、实干兴邦”。多彩的蓝图，需要我们一笔笔去勾画；美丽的梦想，需要我们一步步去实现。梦在前方，路在脚下。只要我们继续坚持中国道路，大力弘扬中国精神，不断凝聚中国力量，“中国梦”必会实现。

（作者：武汉大学马克思主义学院教授、博士生导师；武汉大学马克思主义学院博士生）

“中国梦”凸显中国特色社会主义的五个自信

朱继东

自从习近平同志去年11月29日在参观《复兴之路》展览时发表重要讲话提出“实现中华民族伟大复兴,就是中华民族近代以来最伟大的梦想”之后,“中国梦”迅速成为2012年度的最热词汇之一,并在2013年持续升温。为什么“中国梦”会成为越来越多人热议的焦点,为什么举国上下对“中国梦”充满信心?探究“中国梦”的渊源、内涵和愿景,我们不难发现,“中国梦”凸显中国特色社会主义的五个自信——道路自信、理论自信、制度自信、政治自信、价值自信。正是这五个自信,让“中国梦”不仅成为中国人民的福祉,也正造福于世界人民。

道路自信:明确实现“中国梦”的正确征程

“举什么旗,走什么路”一直是事关党和国家命运的根本问题,旗帜引领道路,道路支撑旗帜,只有高举中国特色社会主义伟大旗帜沿着中国特色社会主义道路前进才能真正实现“中国梦”。3月17日,新当选的国家主席习近平在第十二届全国人民代表大会第一次会议闭幕会上的讲话中再次强调,实现中国梦必须走中国道路,这就是中国特色社会主义道路。1月5日,他在新进中央委员会的委员、候补委员学习贯彻党的十八大精神研讨班开班式上强调,道路问题是关系党的事业兴衰成败第一位的问题,道路就是党的生命。这两次重要讲话都启示我们,中国特色社会主义是全面建成小康社会、加快推进社会主义现代化、实现中华民族伟大复兴“中国梦”的必由之路。

党的十七大最为重要的成果就是确立了中国特色社会主义这“一面旗帜、一条道路、一个理论体系”。党的十八大提出“中国特色社会主义是当代中国发展进步的根本方向,只有中国特色社会主义才能发展中国”的重要论断,对“举什么旗,走什么路”作出了最鲜明、最正确、最直接、最深刻的回答。只有在旗帜、方向、道路问题上坚定不移,不动摇、不懈怠、不折腾,才能带领全党全国各族人民凝聚进一步深化对中国特色社会主义总依据、总布局、总任务的认识、理解和认同,既不走封闭僵化的老路、也不走改旗易帜的邪路,始终坚持并沿着中国特色社会主义的康庄大道这条正确道路去实现“中国梦”。

一个国家、一个民族选择什么样的发展道路,决不能听从别国的操纵、摆布!社会主义的新中国如果照抄照搬西方资本主义国家的那一套,不仅不可能自立于世界民族之林,而且会导致亡党亡国。30多年的成功实践证明,只有始终牢牢坚持四项基本原则、坚持改革开放,只有牢牢把握八个“必须坚持”,始终坚持中国特色社会主义道路,才能真正实现“中国梦”。

理论自信:指引实现“中国梦”的前进方向

是否具有理论兴趣、是否注重理论学习、是否重视理论建设,是衡量一个阶级、一个政党乃至一个国家是否具有活力和前途的重要标志。党的十七届四中全会总结建党88年、执政60年以来的历史经验时,第一条经验就是“坚持把思想理论建设放在首位,提高全党马克思主义水平”。习近平同志在出席中共中央党校建校80周年庆祝大会暨2013年春季学期开学典礼并发表重要讲话时要求全党同志特别是各级领导干部都要有加强学习的紧迫感,都要一刻不停地增强本领。这是在新的历史时期对全党学习理论发出的一次动员令,也是在告诫全党必须不断增强本领,没有理论自信的社会主义建设将是无源之水、无本之木,实现"中国梦"必须有正确的理论作指导。

中国共产党从诞生之日起就一直非常重视理论学习和理论创新,强调要学会用马克思主义的箭射中国革命的靶子,毛泽东思想就是马列主义普遍原理和中国革命具体实践相结合的伟大产物,这是马克思主义中国化的第一次历史性飞跃。正如习近平同志所强调,"马克思列宁主义、毛泽东思想一定不能丢,丢了就丧失根本",历史和现实都已经证明,毛泽东思想是我们党最可宝贵的精神财富。

马克思主义基本原理同中国具体实际和时代特征相结合的伟大产物,是马克思主义中国化的最新成果,是马克思主义中国化的第二次历史性飞跃。中国特色社会主义理论体系指引实现"中国梦"的前进方向,是我们党和国家必须坚定信仰、长期坚持的指导思想。

坚持中国特色社会主义理论自信,我们应该坚持解放思想、实事求是、与时俱进、求真务实的思想路线,坚决反对主观主义、教条主义和经验主义,坚持用发展着的马克思主义指导我们的建设实践,纠正对"一切以经济建设为中心"等思想的片面理解,尤其是坚决反对将其解读为"一切工作以 GDP 增长为中心",形成一种单纯的 GDP 崇拜,导致精神文明和意识形态建设被轻视、边缘化甚至被淡忘,整个社会出现道德滑坡、信仰迷失、极端物质化的危险现象,让"中国梦"彻底远离环境污染和精神污染。

制度自信:推动实现"中国梦"的根本保障

科学揭示社会制度变迁规律、指引社会前进方向是马克思主义政党与其他一切政党的一个根本区别,也是体现马克思主义政党革命性、先进性的重要标志之一。正如习近平同志所强调,中国特色社会主义是社会主义而不是其他什么主义,科学社会主义基本原则不能丢,丢了就不是社会主义。一个国家实行什么样的主义,关键要看这个主义能否解决这个国家面临的历史性课题。历史和现实都告诉我们,只有社会主义才能救中国,只有中国特色社会主义才能发展中国,这是历史的结论、人民的选择。这些话对那些曲解、诋毁甚至攻击中国特色社会主义制度的言论给予有力回击,发人深思、令人振奋、催人奋进。

十八大报告提出"要把制度建设摆在突出位置",并就如何进一步完善人民代表大会制度、健全协商民主制度等作出了科学安排,既是对中国特色社会主义制度提出的新要求,也是我们进一步努力的方向。我们要牢记习近平同志在十八届中央政治局第一次集体学习时提出的要求,要坚持以实践基础上的理论创新推动制度创新,坚持和完善现有制度,从实际出发,及时制定一些新的制度,构建系统完备、科学规范、运行有效的制度体系,使各方面制度更加成熟更加定型,为夺取中国特色社会主义新胜利提供更加有效的制度保障。不断增强制度自觉、制度自信,不断扩大制度认同、凝聚制度共识、夯实制度根基,并在继续坚持和完善中国特色社会主义制度的行动中推动实现"中国梦"。

政治自信:确保实现"中国梦"的根基所在

新时期的中国共产党人非常清楚和清醒地认识到,当前最大的危险是腐败。3 月 17 日的讲话中,习近平同志再次强调,要坚决反对形式主义、官僚主义,坚决反对享乐主义、奢靡之风,坚决同一切消极腐败现象作斗争,永葆共产党人政治本色,矢志不移为党和人民事业而奋斗。2012 年 11 月 15 日,他在十八届中共中央政治局常委同中外记者见面时要求,全党必须警醒起来。此后,1 月 22 日他在十八届中央纪委二次全会对新形势下党风廉政建设和反腐败工作作出战略部署,要求坚持"老虎"、"苍蝇"一起打,把权力关进制度的笼子里。一次次强调坚决惩治腐败、坚定理想信念和牢记为人民服务的根本宗旨等要求的背后,体现了我们党对自己的政治信仰、政治目标、政治理论、政治制度和政治理想的高度自信,更展示出我们党对自身、对国家、对未来的高度政治自信。

实现中国梦必须走好中国道路、弘扬中国精神、凝聚中国力量,这就需要有一个有着高度自信的政党团结带领全国人民为实现共同梦想而奋斗,这个政党只能是中国共产党。去年底,习近平同志走访民主党派中央和全国工商联,重提毛泽东同志和民建领导人黄炎培关于历史周期律的谈话,就是向外界展现新一届中央领导集体高度的危机感、责任感、使命感的同时,也向外界表明共产党人有跳出兴亡周期律的高度自信。

因此,我们应该在适当的时机,坚持实事求是和解放思想的原则,像1945年党的六届七中全会通过的《关于党的若干历史问题的决议》和1981年党的十一届六中全会通过的《关于建国以来党的若干历史问题的决议》那样,集中全党、全国各族人民智慧,对改革开放30多年来的成败得失进行深入、深刻总结,既要充分看到我们的伟大成就和经验,也不回避问题和失误,作出一个经得起历史考验的《关于改革开放以来党的若干历史问题的决议》,再一次统一全党的认识,加强全党的团结,增强政治自信,朝着正确的方向去努力实现"中国梦"。

价值自信:凝聚实现"中国梦"的不懈动力

民族自信是一个民族生存发展的基础,是一个民族自立自强的灵魂,是一个民族成熟和强大的标志。面对"普世价值"论等西方价值观和历史虚无主义等的冲击,民族自信的关键是真正懂得中华文化所具有的高度和在人类文明中的价值,明白中国社会主义革命、建设的伟大成绩和中国特色社会主义文化在世界格局中所应该占有的地位和应赢得的敬重,这就是价值自信。价值自信是一个国家、一个民族、一个政党对自身价值的充分肯定,是一个民族的精、气、神,是一种战无不胜的不竭精神动力和强大灵魂支柱,是建设社会主义核心价值体系最根本的价值追求,是实现"中国梦"的重要思想基础和强大力量源泉。我们应该深刻认识到,没有价值自信,民族自信就会成为无源之水、无本之木。要民族自信必须价值自信,只有价值自信才会拥有真正的民族自信,真正凝聚实现"中国梦"的不竭动力。正如习近平同志所说,实现中国梦必须弘扬中国精神。这就是以爱国主义为核心的民族精神,以改革创新为核心的时代精神。这种精神是凝心聚力的兴国之魂、强国之魄,是价值自信的核心所在。爱国主义始终是把中华民族坚强团结在一起的精神力量,改革创新始终是鞭策我们在改革开放中与时俱进的精神力量。全国各族人民一定要弘扬伟大的民族精神和时代精神,不断增强团结一心的精神纽带、自强不息的精神动力,高举价值自信的旗帜,永远朝气蓬勃迈向未来。

中华民族素有价值自信的气度,并在漫长的历史长河中保持自己、广纳百川,形成了独具特色、辉煌灿烂的中华文明。90多年来,中国共产党人和全国各族人民前赴后继、顽强奋斗,不断夺取革命、建设、改革的重大胜利。中国共产党人之所以能战胜那么多难以想象的困难和挑战,表现出极强的生命力,就是因为有信仰力量的支撑、价值自信的鼓舞。党的十八大明确把"促进人的全面发展"纳入中国特色社会主义道路的内涵之中,这标志着中国已把实现人的自由全面发展作为终极价值追求,这也在价值层面上极大提升了"中国梦"的吸引力、凝聚力、感染力和感召力,丰富了价值自信的内涵。我们一定要坚定不移地走好共同富裕道路,从根本上破解贫富差距拉大等社会问题,从而为每一个人的自由全面发展奠定坚实基础。

什么是真正的中国特色社会主义?习近平明确指出,我们党领导人民进行社会主义建设,有改革开放前和改革开放后两个历史时期，这是两个相互联系又有重大区别的时期，但本质上都是我们党领导人民进行社会主义建设的实践探索。不能用改革开放后的历史时期否定改革开放前的历史时期，也不能用改革开放前的历史时期否定改革开放后的历史时期。这段话不仅澄清了社会上对于中国特色社会主义的一些错误认识，而且坚定了全党、全国人民的价值自信。

人民对美好生活的向往，就是我们的奋斗目标。"中国梦"的本质内涵是实现国家富强、民族复兴、人民幸福，也就是让国家更强盛、人民更幸福，中华民族对世界作出更大贡献。这就要求我们必须以高度的文化自觉和文化自信，从价值自信走向民族自信，为实现"中国梦"凝聚强大力量。习近平同志提出，中国与世界已成为利益共同体，"中国梦"的实现离不开世界的和平与发展。这些话正是他面对西方发达国家所体现出的高度价值自信，"中国梦"追求的是促进世界共同发展、建设和谐世界，实现"中国梦"是世界的重大"利好"，是全世界人民的福祉。

（作者：中国社会科学院世界社会主义研究中心常务理事）

“中国梦”与民主政治道路的选择

喻　中

民族复兴中国梦，是新一届中央领导集体提出的重大战略思想，是党和国家未来发展的政治宣言。实现“中国梦”，需要选择正确的民主政治道路。最近，在关于“中国梦”的讨论中，宪政再次成为焦点。在一些人看来，“中国梦”就是“宪政梦”：宪政就代表了中国的未来，宪政的方向就是中国政治体制改革的方向，宪政民主是最高的国家利益。在当前的舆论话语中，“宪政梦”也可能表达了一些立言者对于美好政治的憧憬。但是，憧憬是一回事，实践过程是另一回事。“中国梦”显然不是“宪政”一词可以概括的，不是“宪政梦”可以指代的。

一、“宪政梦”里有什么？

宪政是什么？“宪政梦”里有什么？有一种代表性的回答是：宪政的核心内容就是自由、民主、人权。从一般意义上看，抽象地看，民主是个好东西，人权是个好东西，自由何尝不是一个好东西！如果把宪政理解为自由、民主、人权的汇聚，那么，宪政当然也是一个好东西。但是，从实践层面上看，从行为、过程和历史来看，无论是自由、民主还是人权，特别是宪政，都是一个动态的过程，都没有固定的模式。

例如，1899 年，梁启超在《各国宪法异同论》一文中认为，宪政是君主立宪政体的简称。英国式的有君主、有宪法、有议会的政治，就是梁启超眼中最理想的宪政，甚至是唯一的宪政。梁启超的“宪政梦”其实就是“英国梦”。再如，鉴于 1917 年俄国十月革命的成功，孙中山提出了“以俄为师”的口号。在孙中山看来，俄国的政党政治比英法美的政党政治更进了一步，因而，俄国式的政党政治就成为孙中山向往的政治。按照孙中山提出的从“军政”到“训政”再到“宪政”的路线图，孙中山的“宪政梦”虽不等同于“俄国梦”，但在他的理论逻辑中，“俄国梦”实为“宪政梦”的前奏，“宪政梦”必须借助于“俄国梦”才能实现。

中国半个多世纪的历史表明，“宪政梦”有时是“英国梦”，有时又是“俄国梦”，等等。这就表明，宪政的形态、宪政的实践过程是多元性和多样化的。在不同的时代、不同的情境下，不同的人怀有截然不同的“宪政梦”：虽然都在说“宪政”，但你此时此刻梦想的宪政，可能完全不同于他人彼时彼刻梦想的宪政。可见，“宪政梦”并不是一个单一的、清晰的、具体的梦。

就世界范围来看，民主政治的实践不可能是单一的。任何国家的民主政治实践，包括宪法的设计、议会的体制、司法的框架，尤其是对于民主和自由的表达、对于人权的保护等，都必须从本国的实际情况出发，必须根据特定语境下的具体情况做出相应的制度安排。任何国家的民主政治实践，都不可能像在一张白纸上画图那样简单、那样随心所欲、那样天马行空、那样无羁无绊。

这样一个再明白不过的事实提醒我们，一个国家的民主政治状况，其实就是各种主体之间相互交往、相互作用甚至是相互博弈的产物，它受制于一个国家的历史传统、规模大小、人口多少、经济状况、信仰方式等诸多因素。因此，严格说来，一国民主政治的具体形态只能在各种主体相互交往的过程中循序渐进地达致。在民主政治建设上，试图东施效颦式地模仿某个国家，很少有成功的；对于像中国这样体量庞大的国家来说，尤其如此。

在一些立言者的笔下，只要建立了美国式的司法审查制度或违宪审查制度，就可以实现理想中的权力制衡，就可以消除权力腐败，就可以建立清廉政治；只要建立了县长、省长以及国家元首的直选，就可以实现理想中的民主政治，等等。这种“只要如何，就能怎样”之论，看上去逻辑性很强，因果关系也很清晰，其实是把复杂的问题进行了过于简单化的处理。政治体制的任何改革，都是牵一发而动全身的系统工程，需要考虑方方面面的因素，那种一蹴而就的思维模式，那种以憧憬代替行动的思维模式，虽然很明快，也很痛快，但很可能是不得要领的。

二、“中国梦”高于“宪政梦”

在一个多元化的时代，应当看到民主、自由在不同语境下的不同含义。在民主的旗帜下，有代议民主，也有协商民主，有直接民主，也有间接民主，还有其他类型的民主；在自由的旗帜下，有积极自由，也有消极自由，还有其他类型的自由。民主、自由的这些不同提醒我们，要以差异、共存的思维看待我们的民主政治建设，以及政治体制改革。在这个问题上，还是费孝通先生说得好：“各美其美，美人之美，美美与共，天下大同。”

不同的国家有不同的梦想，不同国家的梦想应当“美美与共”。在当前的语境下，更具体、更有针对性地说，“中国梦”与“美国梦”就应当“各美其美”。那种以“美国梦”来代表“宪政梦”，再以“宪政梦”来代表“中国梦”的思维模式，既是一种文化上的不自信，也是一种“懒汉思维”。试看这种思维模式背后的逻辑：因为美国有总统与州长的大选，所以我们也要有这样的大选；因为“美国梦”代表了“宪政梦”，所以“宪政梦”就可以代表“中国梦”……诸如此类的逻辑，实在是过于简单化了。

那么，“中国梦”到底是指什么呢？从文明发展的角度回答是：“中国梦”是对中华文明的现实坚守和未来进行的想象与憧憬，或者说，是对中华文明未来形态的描绘。“中国梦”的内容，就是中华文明的方向。“中国梦”之所以是“梦”，就在于它还没有最后完成，还没有最后实现，还有待于中华民族去追求。这样的“中国梦”，显然不是“宪政”一词可以概括的，不是“宪政梦”可以指代的。

在这个问题上，福山的“文明终结论”提供了不同的、同时也是颇具诱惑力的解说：美国式的文明形态已经展示了其他文明的未来或最后归宿，中华文明的未来当然也不例外。福山的这种言论，实为当代中国的一些立言者以“宪政梦”指称“中国梦”的依据。然而，正如前文所言，政治是多元化的，文明是多元化的，多元文明之间的共存、竞争甚至冲突必将长期存在。

在这样的背景下，“中国梦”或中华文明的未来图景绝不是福山的“文明终结论”所能够解释的。这既是“中国梦”的问题，同时也是一个国家和民族的文化自信的问题。

三、对“中国梦”的信心从何而来？

理解“中国梦”的一个必要前提，就是要形成文化自信。没有文化自信，“中国梦”就无从谈起。所谓文化自信，就是要树立起对于中国文化及其未来的信心。文化自信的依据在哪里？对“中国梦”的信心从何而来？本文认为，中国文化的“大历史”可以为“中国梦”的信心提供依据。

在中国文化的演进过程中，先后经历了两次“西方文化”的冲击。第一次是印度佛教文化。佛教大致是在公元二世纪传到中国来的。从两汉到魏晋再到隋唐，四五百年之间，佛教文化全面影响了中国人的精神生活与信仰世界。无论是在统治集团还是在民间社会，佛教文化都拥有广泛而真诚的信奉者：每个地方都有寺庙，佛教大师备受尊崇。但是，即便如此，佛教文化是否从根本上征服了中国？回答显然是否定的。佛教文化虽然极大地影响了中国本土文化，但中国文化并没有因此而变成佛教文化。相反，佛教文化融入中国文化之中，使中国文化的内容更加丰富。因此，准确的说法是：不是佛教文化征服、取代了中国文化，而是中国文化转化、吸纳了佛教文化。

19世纪之后，中国文化第二次遭遇了外来文化，就是欧美基督教文化。在甲午战争前后，这次外来文化的冲击给中国人带来了“乾坤颠倒”般的震撼，中国人对于中国本土文化的信心开始动摇。从那以后，文化上的不自信，成为中国难以摆脱的一道阴影。但是，欧美基督教文化同样不会征服中国文化，它同样会为中国文化所转化、所吸收，并成为中国文化在当代和未来自我更新、自我生长的添加剂或营养品。

在近期内，欧美文化看上去很有魅力，似乎代表了人类文明的“终结”或“终极形态”。但是，事物都是发展变化的。从根本上看，中国文化虽然会吸收欧美文化，但中国文化不会变成欧美文化的复制品。中国文化在吸纳了欧美文化之后，只会变得更丰富、更具包容性，同时也更有生命力。这就是中国文化自信的根据，也是我们实现“中国梦”的前提条件。

四、如何认识“中国梦”？

我们以“中国梦”指代中华文明的未来，那么，这个未来的图景又是什么呢？本文认为，对“中国梦”的认识，可以从以下几个方面展开。

首先，从“中国梦”的文化渊源来看，面向未来的“中国梦”是不同历史时期多种渊源汇聚、融合的结果。这就像一条大河，总是汇聚、接纳了多条支流才成为大河一样。“中国梦”也是这样。“中国梦”最早的源头，书写在像《山海经》这样的典籍中。《山海经》中的夸父、刑天、精卫、女娲，承载了最早的“中国梦”。后来的周公、孔子、董仲舒，都表达了不同时期的“中国梦”。佛教传入中国后，慧能表达了当时“中国梦”中最精微的部分。再往后，朱子、王阳明又在中国文化吸收了印度文化的大背景下，实现了对“中国梦”的重新表达。晚清以后，随着中国迈入“万国”时代，欧美文化全面传入中国。在这样的时代，“中国梦”作为中国未来的理想图景，必然会打上欧美文化的痕迹。尽管如此，“中国梦”依然是“中国梦”。

其次，从“中国梦”的不同层次来看，“中国梦”是由若干层次叠加起来的。这仿佛我们熟悉的法律体系，其中既有位阶最高的宪法，也有仅次于宪法的法律，法律之下还有行政法规、地方性法规和地方政府规章，以及位阶更低的其他规范性文件。“中国梦”也可以从不同的层次来认识：其中最高的层次是精神文化，这是“中国梦”中最隐秘的内核。接下来是“中国梦”中的制度文化。譬如，十八大报告中归纳的“党的领导、人民当家作主与依法治国有机统一”。最后是“中国梦”中的技术层次或技术文化，譬如，作为民主实践方式的协商民主，作为纠纷解决方式的调解等，都属于这个层次。

再次，从“中国梦”横向涉及的众多领域来看，可以从政治、经济、文化、社会，以及伦理、道德、法律、宗教等不同的方面来认识和描述“中国梦”。大致说来，在政治、伦理、道德、宗教、文化等领域，“中国梦”将会更多地延续中国固有的因素。但在经济、科学、技术等方面，“中国梦”将会更多地吸纳外来的因素。在法律领域，情况则较为复杂：政治、家庭方面的法，可能会更多地延续中国固有的传统（包括新近形成的现代传统）；经济、科技方面的法，则可能会更多地吸纳外来因素。因此，从横向展开的各个领域来看，“中国梦”的内容将呈现出更加多样化的色彩。

当然，“中国梦”作为对中国未来的探索，是一个极其重要的大问题，绝不是这篇小文章能够解决的。以上简略的分析，只是一孔之见，希望引起有识之士更多、更深、更有见地的思索。

（作者：首都经济贸易大学法学院院长、教授）

中国梦的文化精神

金元浦

作为一个民族的集体梦想，中国梦是中华民族的复兴梦，符合中华民族和中国人民的整体利益。它是强国梦，体现了刚健有为、自强不息的精神；它是文明梦，体现了贵和尚中、海纳百川的精神；它是幸福梦，体现了追求个体全面发展的共同期盼。中国梦所凝结的文化精神，对于凝聚力量、振奋人心、积聚正能量具有重要而现实的意义。

中国梦是“强国梦”

刚健有为、自强不息，是中国人积极人生态度的最集中的理论概括和价值提炼，是中国传统文化的主导精神。《易经》中说：“天行健，君子以自强不息”，以天体运行无休无止、永远向上的规律，要求人们积极有为、勇于进取。孔子是极力提倡有为并身体力行的思想家。儒家学派的后继者们，对“有为”和“自强”的学说作了进一步发挥。孟子从人格修养、扩充人性中的善这一角度提出“我善养吾浩然之气”；荀子从天人关系角度作出“制天命而用之”的著名论断。这种精神彰显的是中华民族一以贯之的家国情怀和文化胸怀，凝聚、增强了中华民族的向心力，培育了中华民族的自立自强、反抗压迫的精神和不断学习、不断前进的精神，不仅在我们民族兴旺发达的时期起着重大作用，更重要的是在民族危难之际，总是能激励人们起来进行反侵略反压迫的斗争。

中华民族创造过人类历史上的繁荣和辉煌，它是周秦伟业，是两汉文明，是大唐盛世，是宋季富土，是元朝拓疆，是明代兴旺，是康乾胜景。然而这片土地也经历过1840年以来的百年梦魇。战争、失败、割地、赔款……那是一个祸患频仍、灾难深重的一百多年，是一个民不聊生、备受凌辱的一百多年，是一个悲怆无助、不堪回首的一百多年。民族复兴的中国梦是这个苦难民族的光明之梦、理想之梦，更是无数仁人志士、民族脊梁的信仰之梦、实践之梦。而正是这种刚健有为、自强不息的精神，激励无数志士仁人，怀抱着强国梦，鞠躬尽瘁，不息奋争，为中华民族的复兴前赴后继，牺牲前行。

可见，中国梦不是异想天开，不是空穴来风，它是沉重而艰难的记忆，是近代以来无数仁人志士用鲜血和生命换来的历史经验，是要发愤图强使中国发生翻天覆地变化的现代化梦想，因为只有一个现代化的强大中国才能反抗和摆脱西方的霸权、强权。真正把实现中国梦引上人间正道的是中国共产党。自1921年成立起，中国共产党经历了一次次血与火的考验，团结带领人民掀起了一场彻底的反帝反封建的民主革命，建立了人民当家作主的新中国。新中国成立后，我们在一穷二白的基础上，经过前30年的不懈努力，取得了很大的成就。特别是改革开放以来，我们总结历史，借鉴其他国家现代化的有益经验，综合中西文化的优点，避开了资本主义发展方式的弊端，成功开创了中国特色社会主义这条实现中华民族复兴的惟一正确道路。

所以，中国梦是一个拥有悠久文化的大国自近代一百多年来历经外敌入侵与种种苦难而形成的伟大梦想，是不满现状的中国人顽强不屈、坚持探索形成的发展道路。这就不难理解一个曾经落后挨打、任人欺凌的半殖民地半封建国家图自强、谋发展的热切愿望，不难理解中国共产党人重温革命理想、呼唤新时代的崇高信念和理想境界，以及勇于承担、不谋私利、富于牺牲精神的历史使命感和民族责任感。因此，中国梦必将最大限度地凝聚全民族的力量，激励全国人民释放磅礴正能量，齐心协力圆梦。

中国梦是“文明梦”

中国梦是文化中国之梦。“中国梦”作为中国传统文化理念的一种历史性体现，是对中国文化价值观的世界性新诠释。中国文化的“和为贵”、“和而不同”、“讲信修睦”、“己所不欲，勿施于人”，是中国梦对世界与社会构想的思想来源之一。这种“天下为公、世界大同”的中国传统文化理念，为世界全球化与人类社会发展赋予了中国特色的文化内涵，为世界如何面对矛盾与冲突提供了新视角、新思路。

中国是世界历史中惟一从古至今延续下来的文明古国。中国的现代化建设，是实现中华民族伟大复兴的壮丽事业，不仅要实现经济社会的全面发展，还要完成中华民族优秀传统文化的现代转换。因此，无论是增强国家“软实力”、提高国际影响力，还是实现经济与文化相互促进融合，构建和谐社会，都需要树立一个充满活力、富于创新的“文明中国”的国际形象。毫无疑问，一个被世界各国广泛认同接受的“文明中国”，将会展示中国国际形象的最具体、最亲切可感的一面，这是在经济上日益现代化的中国向世界展示自己博大浩瀚的文化蕴含、开放进取的文化品格，以及崇尚和平的文化理想的由衷愿望。

作为中国形象在文化层面的反映，“文明中国”还意味着中华民族优秀传统文化的丰富性、独特性在21世纪的传承和拓展，意味着大力弘扬社会主义先进文化，意味着中国文化对人类文化的丰富和发展，从而以高度的文化自觉和文化自信，通过对话与交流广采博纳世界各国文化的有益成果，树立一个充满魅力与活力的中国形象。不难想象，在文化多样性和文化间的对话交往愈来愈发达的今天，一个新的“文明中国”必定是一个统一但同时又充满魅力的多元文化竞相发展的中国，必定是一个热爱和平、尊重人类所有文化价值的中国。可以说，一个热爱和平、富于创新、豁达、开放、理性的“文明中国”，必将赢得国际社会的广泛信赖与尊重，也必将早日实现和平发展的民族理想。

中国梦是美丽中国梦。美丽中国梦不仅是生态理念的问题，而且是更宏大更长远的文化理念，除了美丽山川、美丽江河，它还包含美丽社会、美丽文化、美丽人生和美丽心灵等更为丰富的内涵。中国文化中的“天人合一”思想，强调人与自然的统一、人的行为与自然的协调。也就是说，人不能违背自然，不能超越自然界的承受力一味改造自然、征服自然、破坏自然，而只能在顺从自然规律的条件下去利用自然、调整自然，使之既符合人类自身的需要，又使自然界的万物都能生长发展。因此，生态问题绝不是孤立的自然和环境问题，而是与经济建设、政治建设、文化建设、社会建设各方面紧密融合在一起的文明形态。只有推进绿色发展、循环发展、低碳发展，树立新的生态文明理念，落实生态文明的实践，才能实现古老中国恒久美丽的千年祈愿，实现中华民族永续发展。

中国梦是同世界人民携手共进、同各国合作共赢之梦。中国文化具有包容性和开放性，中国文化正是在其发展历程中不断吸收、融合不同地域的文化而逐步形成的。由于中国地域广大，中国文化从一开始就表现出多元文化的特征，是中华大地不同文化融合的产物。“汉唐气象”正是中华文明海纳百川、开放博大的体现。所以，中国梦是和平之梦，它秉持“求同存异”的理念，追求世界的和谐相处，以开阔的胸怀广泛吸纳世界各民族的优秀文化，让中国分享世界，让世界参与中国，不是一厢情愿地改造他者，而是谋求共同发展，以积极的姿态与其他国家共同应对世界发展带来的新挑战。

中国梦是“幸福梦”

中国梦、中国道路最终都要落到全体人民的幸福生活上。中国梦并不仅仅是宏篇大论，它是国家的梦、民族的梦,归根结底也是每个中国人的梦,每一个人都是"梦之队"的一员。今天,文化的多样性激发了全社会强劲的政治参与热情,每个人都在密切关注当下和长远的生存质量,因为它关乎中国每一个普通百姓的"幸福梦"的实现。

中国梦关注每一个公民在教育、工作、收入、社会保障、医疗卫生服务、居住条件、优美环境等方面具体梦想的实现,它尊重个体尊严,为个体自由全面的发展创造了可能。中国梦的内涵有意识地体现了对个体的重视与关注,在强调集体主义的同时又尊重个体的需要,让每一个人都参与,使每个人都能"共同享有人生出彩的机会,共同享有梦想成真的机会,共同享有同祖国和时代一起成长与进步的机会",是以人为本的切实体现。网上流传着这样一句话:"你所站立的那个地方,正是你的中国。你怎么样,中国便怎么样。你是什么,中国便是什么。你有光明,中国便不黑暗",可谓一语道出了中国梦的个体观。所以,实现中国梦需要我们众志成城,始终不渝地凝心聚力、艰苦奋斗。也就是说,个人发展的梦想与民族复兴的梦想是一致的,个人的梦想汇聚起来就是国家的梦想、民族的梦想。所以,中国梦不仅以国家的名义而存在,也不仅作为对一百多年来耻辱记忆的回应而存在,而是切切实实地通过实现每一个国民的个人权利与个人福祉来实现。

这些思想从本质上体现了以人为本的文化精神。天地之间人为贵,把人作为考虑一切问题的根本,是中国文化基本精神的重要内容。在中国文化中,人是宇宙万物的中心,人可以"赞天地之化育",可以与天地"相参",考察事物,明辨物理,既要"上揆之天","下察之地",还要"中考之人",等等。而旨在实现民族复兴的中国梦,既吸取了传统文化中积极一面,又摈弃了消极一面,既重视民族的整体利益,又不忽视个体利益,实现了二者的统一。质言之,实现中华民族伟大复兴的中国梦,就是要实现国家富强、民族振兴、人民幸福。

对个体的重视、对个体的幸福和自由的关注,是马克思主义的重要特征。在《德意志意识形态》中,马克思恩格斯宣称,任何人类历史的第一前提,就是"有生命的个人的存在"。在《共产党宣言》里,他们更是把共产主义社会界定为一个自由人的"联合体","在那里,每个人的自由发展,是一切人自由发展的条件。"所以,中国共产党人提出的中国梦,正是继承了马克思主义的这样一种理念。中国梦本质上是人民的梦,它重视个体,普惠于民,它是每一个个体和家庭的幸福梦、富裕梦、安全梦,是公平梦、成功梦、小康梦。

实现梦想从来都不是一帆风顺的。当下的中国正处在发展关键期、改革攻坚期、矛盾凸显期,我们前行的道路上有鲜花,也有荆棘。实现民族复兴的中国梦,不但要有勇气直面问题,更要掌握解决难题的"钥匙",其路径无疑是知行合一,靠脚踏实地、团结奋斗,靠实践探索、实干兴邦。每一位中华儿女,都应当行动起来,不断丰富中国梦的思想内涵和现实内容,为实现中华民族伟大复兴的中国梦而奋斗。

(作者:中国人民大学教授)

"中国梦"与"两个一百年"

辛向阳

2012 年 11 月 29 日，习近平同志在参观《复兴之路》展览时说：每个人都有理想和追求，都有自己的梦想。我以为，实现中华民族伟大复兴就是中华民族近代以来最伟大的梦想。这个梦想，凝聚了几代中国人的夙愿，体现了中华民族和中国人民的整体利益，是每一个中华儿女的共同期盼。对于中国梦，世界给予了高度关注。世界关注我们，我们不禁要自问：为什么要有中国梦？中国梦到底是什么？中国梦如何实现？

一、为什么要有中国梦？

（一）伟大复兴的中国梦有着我们民族文化的深厚基础

中华民族是一个从不缺梦想的民族。2000 多年前，我们的祖先就描绘了小康社会和大同理想，让人动容。《礼记·礼运》中描绘了"大道之行也，天下为公，选贤与能，讲信修睦。故人不独亲其亲，不独子其子，使老有所终，壮有所用，幼有所长，矜、寡、孤、独、废、疾者皆有所养"这样一种理想社会。我们党提出的"努力使全体人民学有所教、劳有所得、病有所医、老有所养、住有所居"的要求不正是 2000 年来的中国人梦想的实现吗？这"五有"里面包含着无数中国人的梦想，是我们在 2020 年要实现的目标。这"五有"实际上包含着更远大的梦想。在 2020 年的基础上，我们再用 10 到 15 年的时间做到"五应"：学有应教、老有应得、病有应医、老有应养、住有应居。在"五应"的基础上，再奋斗 10 到 15 年，到新中国建立 100 周年时做到：学有优教、劳有多得、病有良医、老有乐养、住有宜居。这"优、多、良、乐、宜"五个字恰恰就是我们更高一级的梦想。

（二）伟大复兴的中国梦寄托着无数仁人志士、革命先烈的理想和夙愿

有了这些可歌可泣的梦想，有了为梦想而进行的艰苦卓绝的奋斗，中华民族迎来了伟大复兴的历史时刻。党的十八大指出：我们党紧紧依靠人民，付出了最大牺牲，书写了感天动地的壮丽史诗，不可逆转地结束了近代以后中国内忧外患、积贫积弱的悲惨命运，不可逆转地开启了中华民族不断发展壮大、走向伟大复兴的历史进军，使具有五千多年文明历史的中华民族以崭新的姿态屹立于世界民族之林。在这两个不可逆转中，有着很多动人的故事：三个百年梦想，在新中国逐一实现。第一个故事：梁启超的和平梦想。1902 年，梁启超写了一篇小说，叫《新中国未来记》。他在这篇小说中提出了一个宏大梦想：公元 1962 年正月初一，南京举行维新 50 年之大祝典，其时正值万国太平会议召开，各国全权大臣在这里签署太平条约，并向中国表示祝贺。100 年后的中国，我们提出了走和平发展道路，赢得了世界的尊重，更为我们的发展赢得了和平的国际环境。第二个故事：百年奥运的梦想。1908 年，一本名为《天津青年》的杂志向国人提出三个追问：中国何时才能派一位选手参加奥运会？中国何时才能派一支队伍参加奥运会？中国何时才能举办奥运会？整整 100 年后，2008 年我们成功地举办了一届无与伦比的北京奥运会，实现了中华民族的百年期盼，完成了海内外中华儿女的共同心愿，履行了对国际社会的郑重承诺，赢得了国际社会高度评价，在现代奥林匹克运动史册上深深印上了红彤彤的中国印。第三个故事：百年

世博梦。1910年,晚清小说家陆士谔(江苏青浦,今属上海市人)在《新中国》中虚构了100年后在上海浦东举办万国博览会的情景。又是整整100年,2010年我们成功地举办了上海世博会。上海世博会创造和演绎了一场精彩纷呈、美轮美奂的世界文明大展示,以一届成功、精彩、难忘的世博会胜利载入史册。

(三)伟大复兴的中国梦承载着中国人民实现幸福生活的梦想

中国人的梦想正是在国家梦、民族梦的实现中不断得以实现的。新中国建立初期,人们的梦想就是:一亩地两头牛,老婆孩子热炕头。这一梦想在新中国的土地改革和合作化过程中实现了。1956年,经过社会主义改造,占世界人口四分之一的东方大国进入社会主义社会,实现了中国历史上最广泛最深刻的社会变革。这是梦想实现的制度基础。到了20世纪50年代"大跃进"时期,人们憧憬的梦想就是:社会主义,耕地不用牛,点灯不用油;楼上楼下,电灯电话。到了20世纪80年代,人们的梦想就是:多打粮多种树,尽快成个万元户。这些梦想都在改革开放的进程中实现了。随着中国社会主义现代化在新世纪的不断推进,国民经济越来越发展,人民生活水平大幅度提高,很多人的个人梦想已经或者正在实现之中。

(四)伟大复兴的中国梦体现着中国对世界所承担的责任

新中国成立以来,中国人一直有一种梦想,就是要对人类作出自己的贡献。这种梦想又是与中国工业化和社会主义现代化的梦想紧密联系在一起的。毛泽东在1956年中共八大期间曾说过:中国是一个大国,它的人口占全世界人口的四分之一,但是它对人类的贡献是不符合它的比重的。1956年11月,毛泽东在《纪念孙中山先生》一文中正式提出了"中国梦":再过四五十年,进入到21世纪的时候,中国的面目更加要大变,应当对于人类有较大的贡献。"对于人类有较大的贡献"这一想法,毛泽东可谓是一生念念不忘。第二代领导集体的核心邓小平继承了毛泽东的这一思想。他把实现四个现代化作为实现"中国梦"的最坚实基础。1978年6月10日,邓小平在会见卢旺达总统哈比亚利马纳时曾说:衡量我们是不是真正的社会主义国家,不但要使我们自己发展起来,实现四个现代化,而且要能够随着自己的发展,对人类作更多的贡献。第三代领导集体始终认为,对人类作出较大贡献是中华民族义不容辞的责任。1997年11月,江泽民在访问美国时指出:"中国作为疆域辽阔、人口众多、历史悠久的国家,应该对人类有较大的贡献。中国人民所以要进行百年不屈不挠的斗争,所以要实行一次又一次的伟大变革、实现国家的繁荣富强,所以要加强民族团结、完成祖国统一大业,所以要促进世界和平与发展的崇高事业,归根到底就是为了一个目标:实现中华民族的伟大复兴,争取对人类作出新的更大的贡献。"在这里,江泽民把中国梦与中华民族的伟大复兴联系在一起,使中国梦的实现坚实有力。以胡锦涛为总书记的中央领导集体也十分强调中国对人类的贡献,他在党的十七大报告中向世界作出了庄严承诺,指出2020年的中国在"全面建设小康社会目标实现之时,我们这个历史悠久的文明古国和发展中社会主义大国,将成为工业化基本实现、综合国力显著增强、国内市场总体规模位居世界前列的国家,成为人民富裕程度普遍提高、生活质量明显改善、生态环境良好的国家,成为人民享有更加充分民主权利、具有更高文明素质和精神追求的国家,成为各方面制度更加完善、社会更加充满活力而又安定团结的国家,成为对外更加开放、更加具有亲和力、为人类文明作出更大贡献的国家"。

二、要有什么样的中国梦?

(一)全面小康的中国梦

1. 在第一个百年,即中国共产党成立100周年时,全面建成小康社会,这是中国梦的第一个宏伟目标。1979年12月6日,邓小平会见了日本首相大平正芳。大平正芳在和邓小平见面时,就问邓小平:中国将来会是什么样?整个现代化的蓝图是如何构思的?邓小平提出:"我们要实现的四个现代化,是中国式的四个现代化。我们的四个现代化的概念,不是像你们那样的现代化的概念,而是'小康之家'。"如何实现小康目标?邓小平提出"三步走"的发展战略。1984年10月,他说:"我们确定了一个政治目标:到本世纪末翻两番,国民生产总值按人口平均达到八百美元。……在这样一个基础上,再发展三十年到五十年,力争接近世界发达国家的水平。"以江泽民为主要代表的中国共产党人在1997年党的十五大提出了"新三步走"战略,他指出:"展望下世纪,我们的目标是,第一个10年实现国民生产总值比2000年翻一番,使人民的小康生活更加宽裕,形成比较完善的社会主义市场经济体制;再经过10年的努力,到建党100年时,使国民经济更加发展,各项制度更加完善;到下世纪中叶建国100年时,基本实现现代化,建成富强民主文明的社会主义国家。"十八大报告强调:只要我们胸怀理想、坚定信念,不动摇、不懈怠、不折腾,顽强奋斗、艰苦奋斗、不懈奋斗,就一定能在中国共产党成立一百年时全面建成小康社会,就一定能在新中国成立一百年时建成富强民主文明和谐的社会主义现代化国家。

2. 全面建成小康社会的内涵。党的十八大提出:确保到2020年实现全面建成小康社会宏伟目标。2020年的小康社会是一个什么样的社会?我的概括是:塑型、强体、着色、铸魂的中国。

(1)成熟定型的中国。使中国成熟定型是邓小平在1992年南方谈话中提出来的一个重要思想。邓小平讲:"恐怕再有三十年的时间,我们才会在各个方面形成一整套更加成熟、更加定型的制度。在这个制度下的方针、政策,也将更加定型化。"制度定型、方针定型、政策定型,这是邓小平同志的一个重要嘱托。20多年过去了,十八大指出了到2020年全面建成的小康社会是一个六型中国:第一,建设职能科学、结构优化、廉洁高效、人民满意的服务型政府。第二,全面提高开放型经济水平。第三,科技进步对经济增长的贡献率大幅上升,进入创新型国家行列。目前世界上公认的创新型国家有20个左右,包括美国、日本、芬兰等国。从量化的角度看,这些国家的共同特征是:科技进步贡献率在70%以上,研发投入占GDP的比例一般在2%以上,对外技术依存度指标一般在30%以下(美国只有5%)。此外,这些国家所获得的三方专利(美国、欧洲和日本授权的专利)数占世界数量的绝大多数。目前中国对外来技术的依存度为50%,需要加大自主创新力度,大幅度降低外来技术依存度。第四,资源节约型、环境友好型社会建设取得重大进展。第五,办好学前教育,均衡发展九年义务教育,基本普及高中阶段教育,加快发展现代职业教育,推动高等教育内涵式发展,积极发展继续教育,完善终身教育体系,建设学习型社会。第六,建设学习型、服务型、创新型的马克思主义执政党。

(2)体魄强健的中国。第一,工业化的中国,用产业强体。工业化基本实现,这就需要大力发展现代工业。现代工业是一个地区一个城市一个国家发展的关键所在。1986年,在诺贝尔经济学奖获得者索罗等著名人士的倡导下,美国麻省理工学院(MIT)成立了工业生产率委员会。该委员会在迈克尔·德托佐斯的领导下,经过3年多的努力,调查了40多个制造行业的情况,于1989年提交了《美国制造》的报告。报告开宗明义地指出,"一个国家要想生活得好,就必须生产得好"。其实早在1848年,马克思恩格斯在《共产党宣言》中就讲:"新的工业的建立已经成为一切文明民族的生命攸关的问题。"第二,法治的中国,用法治强体。到2020年依法治国基本方略全面落实,法治政府基本建成,司法公信力不断提高,人权得到切实尊重和保障。第三,文化的中国,用文化强体。文化产品更加丰富,公共文化服务体系基本建成,文化产业成为国民经济支柱性产业,中华文化走出去迈出更大步伐,社会主义文化强国建设基础更加坚实。第四,人才的中国,用人才强体。到2020年全民受教育程度和创新人才培养水平明显提高,进入人才强国和人力资源强国行列,教育现代化基本实现。第五,民生的中国。“五有”的中国,即学有所教、劳有所得、病有所医、老有所养、住有所居;贫富差距缩小的中国,中等收入者占多数。一个体魄强健的中国应该是一个民有、民治、民享的中国。

(3)五颜六色的中国。第一,蓝色的中国:初步建设海洋强国。第二,绿色的中国。初步建成美丽中国。森林覆盖率提高,生态系统稳定性增强,人居环境明显改善。第三,金色中国:GDP翻一番,达到90万亿元(约14万亿美元),综合国力进一步增强。第四,红色中国:社会主义核心价值体系深入人心。第五,青色中国:干部清正、政府清廉、政治清明,建设廉洁政治。

(4)铸魂的中国。积极培育和践行社会主义核心价值观。与核心价值体系相比,核心价值观更加具象化、更具有直接现实生活性、更能够与大众的现实感受和利益相联系。倡导富强、民主、文明、和谐的价值观,倡导自由、平等、公正、法治的价值观,倡导爱国、敬业、诚信、友善的价值观。自由、平等、公正、法治的价值观都要求不断破除社会中的种种特权,使人们在经济、政治以及社会生活等各个方面的权利实现真正的平等。

(二)基本实现现代化

中华人民共和国成立100周年时,基本实现现代化,这是中国梦的第二个宏伟目标。包括:(1)富强的中国。中国的GDP到2050年应该占世界的30%以上,重新回到世界经济的制高点上。(2)民主的中国。在2050年实行普选,邓小平在1987年讲:“我向一位外国客人讲过,大陆在下个世纪,经过半个世纪以后可以实行普选。”(3)文化的中国。文化强国建立起来,中国思想、中国价值观在世界上有巨大的影响。(4)美丽中国。促进生产空间集约高效、生活空间宜居适度、生态空间山清水秀,给自然留下更多修复空间,给农业留下更多良田,给子孙后代留下天蓝、地绿、水净、气洁的美好家园,建成美丽中国,实现中华民族永续发展。

三、怎样实现中国梦?

(一)深入研究和把握世界历史上的“国家梦”出现的共性与条件

1.历史上的“国家梦”。人类2000多年来,一共出现过六个世界性的“国家梦”。第一个世界性的“国家梦”就是罗马梦,所谓“条条道路通罗马”。公元前3世纪到公元2世纪,罗马以其强大的势力吸引着来自无数国家的人士。公元2世纪的罗马,是一个管辖6000万人口(当时世界人口不到2亿人)、统治500万平方公里版图的世界城市。第二个世界性的“国家梦”就是中国的长安梦,所谓“梦回大唐”。在公元7—9世纪,中国的长安成为了世界上人们梦寐以求的地方和世界西方和东方商业、文化交流的汇集地,是当时世界上最大的国际大都会。长安为当时规模最大、最为繁华的国际都市,是世界历史上第一个达到百万人口的大城市。唐长安的人口中,除居民、皇族、达官贵人、兵士、奴仆杂役、佛道僧尼、少数民族外,外国的商人、使者、留学生、留学僧等总数不下10万人。当时来长安与唐通使的国家、地区多达300个。唐的科技文化、政治制度、饮食风尚等从长安传播至世界各地。另外,西方文化通过唐长安城消化再创造后又辗转传至周边的日本、朝鲜、缅甸等国家和地区。第三个世界性的“国家梦”就是荷兰梦,阿姆斯特丹成为了世界城市。17世纪的阿姆斯特丹成为了欧洲的商品与交换的中心,它是贸易的司令部,这是一个世界性的商场。第四个世界性的“国家梦”就是伦敦梦:18世纪末,英国人将煤炭用作机器动力,工业革命给经济带来了深刻变革。到19世纪中叶,伦敦已经拥有240万居民,是高度发展和繁荣的世界城市。第五个世界性的“国家梦”就是苏联梦。20世纪30年代到50年代初,苏联的社会主义制度为全世界进步人士所认同:所有的进步的人们都认为社会主义将在全世界范围内不可避免地和普遍地到来,苏联的社会主义制度就是人类的未来。许许多多进步的知识分子都认为人类的未来寄托于苏联社会主义身上。苏联成为了人们向往的圣地。第六个世界性的“国家梦”就是当今的美国梦。美国梦是什么? 创业的机会,暴发的可能,游艇、别墅、私人飞机,就是布热津斯基讲的把理想主义与物质主义完美地结合在了一起。

2. 世界性“国家梦”是如何出现的? 第一,都是国家经济高度发展的时期出现的,而且经济实力在世界上都占有数一数二的地位。罗马帝国的经济实力最强盛的时期约占世界的 1/4 到 1/3;中国隋唐时期经济实力占世界的 40% 左右,有的数据甚至讲,公元 820 年,大唐 GDP 一度达到全球的 58%;荷兰在 17 世纪被称为“海上马车夫”,其经济规模在当时的欧洲是处于第一位的;19 世纪中期,英国取得了世界工业和世界贸易的支配地位,成为“世界工厂”,它一个国家的生产能力比世界上其他国家的总和还要多得多,由于当时英国拥有强大的经济实力和海上霸权,所以几乎完全能够控制全世界的贸易;20 世纪 30 年代,苏联在极短的时间内利用社会主义的制度优势,在经济上一跃成为世界 GDP 第二大国;而美国在冷战后经济总量占世界 GDP30% 的情况下,“美国梦”在世界范围内流行开来。第二,国家制度比较健全,制度优势充分显现。成为世界性“国家梦”的国家都是在其社会形态具有典型意义的时候出现的,因而其制度比较先进和完善。罗马是奴隶社会最典型的形态,因此,罗马法是奴隶制社会最发达、最完备的法律体系。全面维护了生产资料的私有制,促进了奴隶制经济的发展。罗马法的内容和立法技术远较其他奴隶制法律完善和高超,为后世调整和保障私有制经济关系,特别是商品经济关系提供了现成的形式。它对世界法律的发展产生了重要影响,很多地方的法律都沿袭了罗马法的传统。苏联是人类第一个社会主义国家的创造者,它以社会主义制度的优势短时间内创造出了无数人间奇迹。第三,高度重视人才的培育、使用和引进。荷兰奇迹或者是荷兰梦的出现得益于当时荷兰政府大力吸收新移民,促进社会职业分化和专业化。从 1550 年到 1650 年,移民到荷兰的人口不少于 100 万,仅仅是阿姆斯特丹每年就有近 3000 人移民于此。这是一个奇迹。荷兰政府在鼓励移民的同时,鼓励社会的职业分层。1728 年,一个名叫伯利的学者分析当时荷兰的职业状况:海上捕鱼和造船的就业人口为 50 万,农业和淡水捕鱼的就业人口为 25 万,加工业就业人口为 80 万,供货商 80 万人。

(二)塑造中国梦的途径

1. 实现中国梦的实践基础是中国特色社会主义道路。美国《国际先驱论坛报》2012 年 10 月 2 日发表文章,题目是“中共需要推出新的‘中国梦’”。文章提出:美国梦中国根本不能照搬,否则为了生产中国消费者想要消费的一切,地球的自然资源将被开采得一干二净,中国应当结合自身的民族特点,创造一个可持续的中国梦,这样一个中国梦将“打破收入增长与越来越高的资源消费之间的历史关联,有望成为中国人新的民族特性的一部分,并可能在世界上产生影响”。中国特色社会主义道路,深刻总结近代中国一切救亡图存、振兴中华的经验教训,深刻总结在中国推进社会主义建设的正反两方面经验,深刻总结世界各国实现发展进步的历史启示,符合我国实际和时代要求,符合中国最广大人民根本利益,符合中华民族根本利益。这条道路是充满生机活力的新路,是充分借鉴人类成果并为世界作出贡献的现代“丝绸之路”,是发挥群众主动性的人民道路,是中国梦得以实现的根本所在。

2. 实现中国梦的理论基础就是中国特色社会主义理论体系。中国特色社会主义理论体系使我们的“百年梦想”有一个实施的战略及规划。百年梦想首先设计成若干个 20 年的战略步骤。到现在我们已经有两个“二十年”。第一个是邓小平“三步走”战略中的“二十年”:第一步，从1980年到1990年国民生产总值翻一番，实现温饱；第二步，从1991年到20世纪末再翻一番，达到小康；第三步，到21世纪中叶再翻一番，达到中等发达国家水平。第一个“二十年”（1980—2000年）目标已经超额完成。第二个“二十年”就是江泽民在2001年提出的全面建设小康社会思想中的“二十年”。二十年目标的实现又转化为4个五年规划，包括三个主要方面：（1）制定国民经济与社会发展的五年规划，清楚地绘制出具有约束力的发展的路线图和时间表。（2）配套编制各个部门的五年发展规划，包括新兴战略产业五年规划、国家文化发展五年规划、国家科技发展五年规划、社会保障发展五年规划、人力资本发展五年规划，等等。这些规划更加具体，实施起来更有针对性。（3）编制区域发展规划，以经济区带动中国经济发展。

3. 实现中国梦的制度基础就是中国特色社会主义制度。不断完善中国特色社会主义制度体系，使这一制度的优势不断得到发挥。中国特色社会主义制度能够捕捉重要发展机遇并且不断把这些机遇转化为发展的动力。改革开放30多年来，中国特色社会主义不断以其逐步完善的政治制度来捕捉各种世界范围内有利于中国发展的重大机遇。中国特色社会主义制度能够集中力量办大事，我们能够运用中国特色社会主义政治制度集中力量的优势办发展方面的大事。利用这一优势，30多年来，中国特色社会主义政治制度把中央与地方的积极性充分调动起来，通过不断加强和改善宏观调控，既发挥好中央的积极性，使经济社会又好又快发展，又发挥好地方积极性。

4. 实现中国梦的动力基础就是不断增强人民群众的幸福感。幸福感是梦想的重要内容。从国家的层面讲，“中国梦”的远景目标，是要为每个中国人创造最大限度的机会和条件来实现自我的价值，并为每个人的自由充分发展提供政治制度、社会环境和自然生态的保证。

中国有梦，中国更有实现自己梦想的道路、体系和制度。中国梦是靠13亿中国人的美好向往和勤奋努力来支撑的，是靠历史规律和社会制度的完善来实现的。

（作者：中国社会科学院马克思主义研究院二级研究员、博士生导师）

中国梦学术史述评

戴雪梅

2012年11月，习近平总书记在参观《复兴之路》展览时，郑重宣告“实现中华民族伟大复兴，就是中华民族近代以来最伟大的梦想”。这是党和国家领导人对实现中华民族伟大复兴的中国梦的首次有力倡言，引发了国内外的广泛关注，激发了知识界的持续热情，为中华民族伟大复兴的中国梦鼓与呼的理论文章如雨后春笋般迅速见诸报刊网络。为了推动中华民族伟大复兴的中国梦在凝聚共识中成为现实，本文在梳理和研究中华民族伟大复兴的中国梦形成和发展的基础上，揭示中国梦拥有无可辩驳的理论渊源。

一、中华民族伟大复兴是社会主义初级阶段的目标

中华民族伟大复兴作为一个政治内涵丰富的概念，与社会主义初级阶段紧密相连，它最早出现在1987年党的十三大报告中。为了回应之前国内外舆论对邓小平、陈云、李先念即将退居二线后中国改革开放政策连续性的种种疑虑和担忧，党的十三大报告在作出“我国正处在社会主义的初级阶段”这一科学论断的同时，把社会主义初级阶段界定为“全民奋起，艰苦创业，实现中华民族伟大复兴的阶段”，对社会主义初级阶段的经济建设作出了“三步走”的战略部署，宣告以实现中华民族伟大复兴为目标的社会主义初级阶段将持续到21世纪中叶。当时，美国耶鲁大学历史学教授保罗·肯尼迪曾称赞中国领导人“正在推行一种大战略”，这个大战略“在连续性和向前看方面，比莫斯科、华盛顿或东京的战略都强，更不用说西欧的了”。

1997年2月改革开放的总设计师邓小平逝世后，国内否定改革开放和社会主义初级阶段的“左”的思潮泛起，对改革开放进程造成了严重干扰。为此，1997年召开的党的十五大针锋相对地重申了社会主义初级阶段理论，强调社会主义初级阶段是“逐步缩小同世界先进水平的差距，在社会主义基础上实现中华民族伟大复兴的历史阶段”。2002年，党的十六大报告总结回顾了建党81年的历史，宣告了“实现中华民族伟大复兴”是中国共产党从成立那一天起就“肩负着的庄严使命”。2007年，党的十七大报告指出，“改革开放”是“实现中华民族伟大复兴的必由之路”。2012年，党的十八大报告提出要“牢牢把握社会主义初级阶段这个最大国情”和“牢牢立足社会主义初级阶段这个最大实际”，强调“实现社会主义现代化和中华民族伟大复兴”是建设中国特色社会主义的“总任务”，并充满信心地表示，“中华民族不断发展壮大、走向伟大复兴的历史进军”是“不可逆转”的。

二、中国梦概念在被称为中国崛起年的2005年应运而生

尽管中国梦作为一个文化意义上的词汇，早在1987年上海人民艺术剧院推出的热门话剧《中国梦》中就已与美国梦作了比较和诠释，而中国梦作为一个描绘外籍友人的中国情结、归国留学人员的报国情结和本土与外国企业家在中国的梦想的语汇，在20世纪八九十年代已有使用，但作为一个政治意义上的严肃语汇，中国梦这一概念是由中国改革开放论坛理事长郑必坚在2005年首次提出的。

2005年被称为中国崛起年，这一年中国

GDP以2.23万亿美元首次超过英国的2.03万亿美元，成为全球仅次于美国、日本和德国的第四大经济体，对全球经济增长的贡献超过20%。这一显著的经济成就使得“中国威胁论”一时甚嚣尘上。阎学通是国内最早研究中国崛起的学者，他认为，“中国威胁论”事实上从1993年就已经出现，当时国际社会只是担心中国崛起。但到2002年中国超过日本成为东亚第一大进口国时，国际社会才开始真正讨论中国是否已经崛起，并集中关注“如果中国崛起，会给世界造成什么样的威胁”这样的话题。为了回击“中国威胁论”，为中国崛起争取良好的国际环境，郑必坚在2003年11月初的博鳌亚洲论坛上阐释了中国开创的“和平崛起新道路”。但随着中国经济的加速增长势头越来越猛，“中国威胁论”的论调越唱越高。2005年5月，郑必坚在美国布鲁金斯学会就中国的和平崛起与中美关系两大主题发表演讲时，首度提出“中国和平崛起所做的只是‘中国梦’”，同时声明中国在能源消耗上不会做“美国梦”，在人口流动上不会做“欧洲梦”，在增强综合国力上不会做“苏联梦”。在2005年11月召开的“共济会三边委员会亚太会议”上，郑必坚重申“中国的和平崛起所做的只是基于中国国情、解决中国问题的‘中国梦’”，强调“中华民族的复兴是文明的复兴”。

2005年末2006年初，时任外交学院院长的吴建民也同样敏锐地发现历史上任何国家的崛起都需要有自己的梦想，并在2006年2月“两会”前夕预言：“中国崛起的过程中一定会有‘中国梦’”，并希望“有人能够把‘中国梦’是什么讲清楚”。从2006年到2008年，吴建民连续发起召开了三届“中国梦与和谐世界”研讨会。在2006年4月召开的第一届“中国梦与和谐世界”研讨会上，吴建民认为，中国梦具有规模大、领域广、与世界分享这三个特征，中国远高于韩国和日本的高开放度为中国民众、海外华人和各国人民提供了做中国梦的机会，因此“中国梦不仅属于中国，也属于世界”。叶小文提出，中国政府对内致力构建和谐社会、对外呼吁共建和谐世界的“双和模式”有助于缓解中国经济快速发展引起的人与自然、人与人的双重紧张关系及其对社会失范、文明冲突的双重焦虑，将为国家和个人带来圆梦的机会。郑必坚阐明了中国梦与近代以来三轮经济全球化相联系，经历了从“救亡图存，强国富民”到“和平发展，文明复兴”的演进历程，“和平发展”意味着“中华文明在21世纪同其他文明不是通过对抗，而是在和谐与合作当中实现伟大复兴”，“文明复兴”中的“文明”是指“物质文明、政治文明、精神文明、社会文明、生态文明的综合”。

张颐武是我国较早和长期关注中国梦问题的文化学者。早在2005年7月，他就谈道，中国的市场化和全球化，中国千百万人民“视个人物质生活的改善为人生最大目标”的新的中国梦，非但没有使“社会整体性破产”，反而带来了和平崛起的新的历史景观，改变了世界历史的进程，在新的全球格局下展现了前所未有的价值。8月，他在唐季礼影视作品研讨会上发言，认为新的中国梦是“一个成功的梦，一个凭自己的勇气、智慧、创造精神争取美好生活的梦，一个充满希望的梦想，这是一个强者的梦想，一个每个个人冲向未来的梦想”；这个中国梦是“相信在这个国家的全球化和市场化的进程中每个人都有自己的机会，都有可能实现自己的期望的梦想”；这个中国梦告诉世界，“中国是世界的一部分，中国不是世界的问题，而是世界的机会”。2006年“两会”前夕，张颐武注意到中国的和平崛起已经成为整个世界的一个组成部分，提出中国需要借鉴美国梦的经验，利用大众文化发展造就的平台，创造一个充满魅力的中国梦。

李君如是较早出版中国梦相关论著的学者。2006年6月，他在其著作《中国梦：和平发展的中国》中，阐释了两类中国梦——中国人的中国梦和世界各友好国家人民的中国梦，并把1840年鸦片战争以来中国人实现工业化和现代化的梦想划分为两个阶段，前100年是为救亡而强国的中国梦，是争取民族独立和人民解放的中国梦，最终以人民共和国的成立为中国梦的实现提供了政治条件；后100年是为国家富强和人民幸福而奋斗的中国梦，是在科学发展观统领下全面建设小康社会的中国梦，是对内和谐与对外和平相结合的中国梦。

三、中华民族伟大复兴与中国梦两个概念在2006年开始连结

2006年9月，在以“中国与世界：和谐、和平”为主题的第二届“世界中国学”论坛上，郑必坚首先把“中华民族伟大复兴”与“中国梦”这两个概念明确联系起来，认为13亿到15亿中国人的“中国梦”同中华民族的伟大复兴紧密相连，中华民族的伟大复兴在本质上是一种文明的复兴，是用文明的理念、文明的方式、文明的手段、文明的形象，在自主创新中实现包括物质文明、政治文明、精神文明、社会文明、生态文明这五大文明在内的中华文明的复兴。除此之外，也有把“中国梦”与“中华民族伟大复兴”直接等同的观点。例如，何振梁在第一届“中国梦与和谐世界”研讨会上发言时，认为“中国梦”即“中华的腾飞，中华民族的伟大复兴”。2007年，吴建民提出“中国梦就是实现中华民族的伟大复兴，建设一个富强、民主、文明、和谐的伟大国家”，并相信中国能与世界共享中国梦，使得世界更美好。

2008年3月，在第三届“中国梦与和谐世界研讨会”上，李君如表达了“希望北京奥运会推进‘中国梦’实现”的良好愿望。2008年8月，中国成功举办以“同一个世界，同一个梦想”为主题口号的北京奥运会，这表明中国梦在某一方面得到了实现。但正如张颐武所指出的：“奥运这样一个中国人百年梦想的实现不是前进的终点，而是一个新的起点和新的巨大的可能性的展开。”他认为中国的工业化和城市化进程还没有结束，中国的发展还远远没有到顶，中国人在中国和世界舞台上的辉煌其实才刚刚开始，中国梦还在延伸之中，强调国人“对于面前的问题和挑战的乐观和坚定”是“异常宝贵的”。他称赞30年的努力已经让中国梦有更灿烂的展开，呼吁被称为“鸟巢一代”的年轻人在新的平台和起点上，承担起自己的责任，在分享国家的光荣的同时，为国家创造更多的光荣。

四、中国梦在中国成为世界第二大经济体的2010年得到重申

2010年，中国GDP首度超过日本，成为仅次于美国的世界第二大经济体。2010年年初，被基辛格称为“必胜主义者”的刘明福出版了畅销一时的著作《中国梦：后美国时代的大国思维与战略定位》，该书从国家角度阐述了中国梦，主张中国崛起和复兴的战略目标包括意识形态崛起、军事力量崛起、科学技术崛起和经济崛起，抨击了把中国崛起等同于经济崛起的错误理念，认为这只会把中华民族变成“经济民族”，断送中国崛起和民族复兴的伟业。他认为中国应勇于参与国家竞争，敢于对弈美国，通过创造比“美式民主”更好的“中式民主”奇迹，创造比“福利国家”更公平的“财富分配”奇迹，创造比“多党竞争”更有效的“长治久廉”奇迹，完成从生存、发展、崛起到领袖的战略转移，取代美国成为21世纪的冠军国家。

从2010年5月1日到10月31日，以“城市，让生活更美好”为主题的上海世博会隆重举办，7308万的参展人数创下了历届世博会之最。张颐武提出世博会是“中国梦”展开的大平台，展现了世界和中国一起前进，中国在融入世界的同时改变世界的新的历史篇章，其期许的不仅是中国的未来，也是世界的新的未来。他认为中国30多年的伟大变革昭示了中国梦的基本内核，即“许许多多的个体通过自己胼手胝足的劳作，通过将自己的智慧和能力发挥到最大来为社会和国家创造更好的未来”。他担忧一些年轻人沉溺在抱怨文化中，用抱怨使自己的疏懒合法化，用社会问题使自己的消极

合法化，与积极努力向上的中国梦形成了鲜明对照。他疾呼中国需要在和抱怨文化赛跑中不断丰富和升华中国梦，用中国梦激励人民特别是年轻人用自己的努力去改变中国和世界。

2011年6月，周天勇在其著作《中国梦与中国道路》中，从个人角度，把中国梦具体化为“成为城里人:数亿中国农民之梦”、“安居和乐业梦”、“生活的社会保障梦”、“公共服务梦”、“生态环境优美和家庭平安梦”、“精神生活之梦”，并运用经济学分析框架勾勒了实现中国梦的中国道路:调整城乡、产业和企业结构，转变发展模式;实施赶超型科技进步战略;克服利益梗阻，坚定地推进改革，形成调整结构和促进发展的体制和机制;深入推进政治、社会和文化等体制改革。他认为充满创造力和活力的社会、强有力的执政党和政府、秩序和稳定的社会政治环境是实现中国梦的三个条件。

五、中华民族伟大复兴的中国梦在2012年大放光彩

2012年1月，李源潮在《国际人才交流》期刊发表卷首语《中国也有一个可以追求的梦》，指出“开放的中国机遇无限，发展的中国希望无限。现在世界上不仅有一个西方的美国梦，也有一个东方的中国梦”，号召世界各国专家来华工作，分享中国的发展机遇，实现自己的人生梦想。4月，李源潮在欧美同学会组织的“我的中国梦”座谈会上，阐明了中国梦是真实的、进步的、长久的、大家的，希望海外归国人才与国内人才共同用智慧和坚韧托起中国梦。

2012年8月，张颐武在评述伦敦奥运会时，认为尽管中国存在不少挑战和问题，但北京奥运会标举的中国梦并没有枯竭，中国梦珍重奋斗的价值、珍重梦想的价值的弥足珍贵的观念依然鼓舞着我们前行，个人的幸福感与国家和社会发展之间的平衡需要社会和个人用奥运的精神去奋斗，追求梦想、永争第一的精神，既支撑着个体前进，也支撑着社会和国家前进。

2012年11月，习近平总书记郑重宣告:“实现中华民族伟大复兴，就是中华民族近代以来最伟大的梦想。”得益于党和国家领导人的号召力，以中华民族伟大复兴为指向与依归，中国梦迎来了前所未有的关注热潮。12月20日，在“汉语盘点2012”活动中，“梦”当选2012年国内“年度汉字”，主办方认为这表明在奥运梦、飞天梦、航母梦、诺贝尔梦、GDP赶英超法等强国梦想一一兑现之后，人民群众期待个人有更可靠的社会保障、更高水平的医疗卫生服务、更舒适的居住条件、更公平的社会环境，中华民族伟大复兴的中国梦在社会中已奠定了深厚的民意基础，中国社会需要通过制度创新为更多的年轻人圆中国梦提供制度平台。

2012年12月底，在中华民族伟大复兴的中国梦热潮方兴未艾之际，《人民日报》以“中国梦·数字观”为题，公布了一组反映国人对中国梦认识情况的社会调查统计数字。对于第一个被调查问题——“您如何理解‘中国梦’”，在参加调查的1186人中，选择“自我实现”、“社会和谐”、“美丽中国”、“政治民主”、“民族复兴”、“经济富强”、“文化繁荣”的分别占50.9%、45.3%、39.8%、36.9%、33.2%、17.1%、16.4%。对于第二个被调查问题——“您认为‘中国梦’有哪些圆梦条件”，在参加调查的1127人中，选择“政治清明”、“社会公正”、“实干兴邦”、“改革开放”、“凝聚共识”、“制度自信”的分别占72.3%、69.3%、56.3%、27.1%、15.4%、11.3%。对于第三个被调查问题——“您认为国家梦想与个人梦想是什么关系”，在参加调查的934人中，选择“互为前提”、“个人本位”、“国家本位”的分别占49.7%、46.3%、41%。对于第四个被调查问题——“您认为实现‘中国梦’有哪些阻力”，在参加调查的1026人中，选择“贪污腐败”、“社会不公”、“形式主义”、“价值缺失”、“改革惰性”、“缺少共识”的分别占75%、57.2%、56.7%、39%、29%、11%。上述社会调查数据表明，仅有33.2%的人把中国梦与民族复兴联系在一起，仅有27.1%和15.4%的人认为“改

革开放”、“凝聚共识”是中国梦的圆梦条件，认为“贪污腐败”是实现中国梦阻力的高达75%，这些数字反映了当前民众的关切，对中国梦的研究与宣传提出了值得关注的问题。

六、中华民族伟大复兴的中国梦的重大意义与若干研究重点

2013年4月，在深化中国梦宣传教育座谈会上，刘云山阐明了实现中华民族伟大复兴的中国梦是新一届中央领导集体对全体人民的庄重承诺，是新一届中央领导集体提出的重大战略思想，是党和国家未来发展的政治宣言，是全党全国各族人民共同的奋斗目标，是团结凝聚海内外中华儿女的一面精神旗帜。刘云山首先分析了习近平在党的十八大结束之际在国家博物馆提出实现中华民族伟大复兴的中国梦、在十二届全国人大一次会议闭幕之际在人民大会堂系统阐释中国梦这两个重大事件，认为“在这样的时间节点，在这样的历史性场合，提出中国梦、阐释中国梦，足以说明中国梦特殊重要的意义”。他强调，提出实现中华民族伟大复兴的中国梦，将中国的昨天、今天、明天联系起来，将国家、民族、人民联系起来，将中国、世界、人类联系起来，这是时代的召唤，是人民的期盼，是历史的必然。中国梦顺应了当今中国的发展大势，昭示了党和国家走向未来的宏伟图景；中国梦顺应了全国各族人民创造美好未来的热切期盼，反映了全体中华儿女梦寐以求的共同心愿；中国梦顺应了世界发展进步的潮流，展示了中国为人类文明作出更大贡献的意愿。他提出，领会中国梦的精神实质，要把握好中国梦国家富强、民族振兴、人民幸福的基本内涵，在建设强盛中国、文明中国、和谐中国、美丽中国中实现伟大梦想；要把握好坚持中国道路、弘扬中国精神、凝聚中国力量的重要遵循，在坚定自信、增强自觉、奋力自强中实现伟大梦想；要把握好中国梦是人民的梦这一本质属性，在依靠人民、造福人民中实现伟大梦想；把握好顽强奋斗、艰苦奋斗、不懈奋斗的根本要求，在求真务实、真抓实干中实现伟大梦想。他要求哲学社会科学理论界把中国梦的研究作为重要课题，深入阐释中国梦的重大意义，讲清楚实现中国梦对国家、对民族、对人民的深远影响，讲清楚实现中国梦不仅造福中国人民，也有利于世界的文明进步；深入阐释中国梦的精神实质，讲清楚中国梦的基本内涵和真谛要义，讲清楚实现“两个一百年”奋斗目标与实现中华民族伟大复兴的内在联系；深入阐释中国梦的文化底蕴，讲清楚中国梦的历史渊源和文化传承，讲清楚中国梦在构建核心价值理念上的独特贡献；深入阐释实现中国梦的基本要求，讲清楚实现中国梦必须坚持中国道路、弘扬中国精神、凝聚中国力量，讲清楚实现中国梦对推进改革发展稳定提出的新任务、新要求，为深化中国梦的宣传教育，为实现中国梦的伟大实践，提供有力的理论支撑和文化条件。

5月，在2013年度国家社会科学基金项目评审工作会议上，刘奇葆强调中国特色社会主义是新时期我们党全部理论和实践的主题，中国梦是近代以来中华民族最伟大的梦想，要求哲学社会科学把研究阐释中国特色社会主义和中国梦作为首要任务，把研究中国特色社会主义与研究中国梦统一起来，深入阐释中国梦的重大意义、精神实质和实践要求，讲清楚中国梦在国家、民族、个人三个层面的深刻内涵和有机联系，讲清楚实现中国梦在经济建设、政治建设、文化建设、社会建设、生态文明建设等方面的目标要求，讲清楚实现中国梦的现实路径、精神支撑和动力源泉。要深入阐释中国梦是和平之梦、和谐之梦，不仅造福中国人民，也造福世界人民，能够为世界和平发展带来新机遇，有利于推动世界持久和平、共同繁荣。

七、中国梦的研究展望

从近期研究成果来看，侧重单一层面、单一学科和定性研究的成果较多。例如，李君如研究了改革开放与中国梦的关系，认为实现中国梦与推进改革开放是一个问题的两面，实现中

国梦是改革开放的目的,改革开放是实现中国梦的动力,改革开放的成功就是中国梦的实现。石仲泉认为,实现中华民族伟大复兴是中国梦的本质内涵,实现中华民族伟大复兴的要义不是恢复到古代中国鼎盛时期的疆域版图,而是使中华民族为人类作出的贡献尽量占很大份额。他设想了实现中国梦的四大战略步骤或“四步走”的奋斗目标,第一步奋斗目标是在建党100年时全面建成小康社会,第二步奋斗目标是到新中国成立100年时达到中等发达国家水平,第三步奋斗目标是接近和达到世界上最发达国家水平,第四步奋斗目标是实现中华民族伟大复兴,我国对人类文明的贡献率与我国人口占世界人口的比率大体相当。蒋熙辉认为,中国梦在一定意义上是法治梦,只有积极培育和践行法治价值观,坚持中国法治道路、弘扬中国法治精神、凝聚中国法治力量,才能为实现伟大中国梦保驾护航。张汝伦认为,中国梦要超越美国梦,就必须有自己的哲学思想和价值诉求,内能凝聚人心,明确国家、民族、社会发展的方向,外能向世人展现一种有感召力的文明形象。王淑芹认为,中国梦的价值主体是国家、社会、个人,民族复兴的总体目标实体化为三重主体的协调共进、有序发展,最终体现为国家富强、社会发展(民族振兴)和人民幸福。陈众议认为,中国梦需要两只坚韧的翅膀,一是“硬实力”,一是“软实力”,中国梦能否成真有赖两只翅膀有力、持续的均衡伸展和相互砥砺。王义桅分析了“中国威胁论”的三种版本,认为破除“中国威胁论”的唯一出路是实现“再全球化”,即以中国梦实现世界梦,为世界转型提供“源于中国而属于世界”的器物、制度与精神公共产品。他认为,中华民族的伟大复兴不是“复古”,更非“接轨”,而是复兴(原生文明)、包容(西方文明)、创新(人类文明)的三位一体,是塑造传统中国、现代中国、全球中国三位一体式的国家身份。

从定量角度对中华民族伟大复兴进行研究的代表人物是杨宜勇,他的团队认为中华民族复兴至少应该包括五个方面的内容:一是以经济为主的综合国力得到进一步增强,达到世界中等发达国家的水平,人民生活水平基本达到现代化;二是实现社会的全面进步和各个领域整体协调发展,科技、教育、医疗水平进入世界先进行列;三是社会主义民主更加完善,法制更加完备,人民的政治和文化权益得到切实尊重和保障,社会秩序良好;四是人与自然和谐发展,可持续发展能力不断增强,生态环境得到改善,资源利用效率显著提高;五是实现祖国统一,并能为世界的和平与发展作出更大的贡献。在此基础上,他们在2008年建立了一个三级监测评价指标体系对中华民族伟大复兴的各项指标进行评价,并在2012年进行了修正。目前这一指标体系一级指标为民族复兴指数,二级指标包括经济发展、社会发展、国民素质、科技创新、资源环境、国际影响等六个方面,三级指标由GDP与人口份额的匹配度、恩格尔系数、基尼系数、人均教育年限、万人拥有专利申请量、森林覆盖率、国际竞争力等29项指标构成。根据这个指标体系,该团体测算了2005年和2010年的中华民族复兴指数,分别是46.4%和62.7%。

通过对中华民族伟大复兴、中国梦概念发展历程与相关研究成果的梳理,不难看出,中国梦涉及国家、社会和个人三个层面,有其内在规律,在当代中国具有重要意义。对于中国梦的研究需要学者们从经济、政治、文化、社会、生态、军事、国际关系等角度进行跨学科研究,并有意识地把定性研究和定量研究结合起来,建立全方位、多层面的研究方法体系。

(作者:上海社会科学院中国马克思主义研究所副研究员)

第八部分

思想政治工作研究与创新

弘扬延安精神　坚定理想信念

赵克实

近段时间，我先后两次踏上延安这片革命圣地，祭奠“4·8”烈士英灵，瞻仰老一辈革命家工作生活旧址，实地学习，接受教育，脑子里一直在思考：那时的延安，环境如此艰苦，物资极度匮乏，为什么会有成千上万的热血青年和仁人志士义无反顾地奔赴延安？为什么我们党能够在延安由小到大、由弱到强，带领人民进行伟大的抗日战争和解放战争？为什么我们党能够在延安创造出建党治党的一系列根本原则和制度？为什么伟大的延安精神始终是我们党宝贵的精神财富和重要法宝？

延安给我们最强烈的感受是，这片热土永远是共产党人历久弥新的精神高地。延安，是红军长征胜利的落脚点，也是赢得抗日战争胜利、进而夺取全国胜利的解放战争的出发点，是举世闻名的红色大本营。在党的历史上，延安同上海、井冈山、遵义、西柏坡，构成了中国共产党开天辟地、扭转乾坤、铸就辉煌的壮美画卷。

在延安，我们党形成了第一代稳定成熟的中央领导集体。延安是中国革命的圣地，也是中国革命的福地，她带给我们国家和民族最大的福气，就是形成了以毛泽东为核心的党的第一代领导集体。正如小平同志讲的，从毛刘周朱开始，中国共产党才真正形成了一个稳定的成熟的领导集体，如果没有以毛泽东为核心的党中央正确领导，中国人民还要在黑暗中苦斗很长时间。在延安，因为有了毛泽东和以毛泽东为核心的党中央，中国革命才有了救星，我们党实现高度的团结统一才有了坚强的组织保证；因为有了党中央英明正确的领导，苦难的中国人民才见到了太阳，中华民族才有了希望，才能不断从胜利走向胜利。

在延安，我们党结出了第一个马克思主义中国化成果。纵观我党的历史，延安是一个非常重要的分水岭。刘少奇同志讲，在此之前，我们党和许多党员曾经因为理论上的准备不够，因而在工作中吃了不少徘徊摸索的苦头，走了很多不必要的弯路。只有到延安后，毛泽东等老一辈革命家坚持用活的马克思主义指导实践，对中国革命的理论指导和政治路线、军事工作、党的建设、统一战线等问题，进行了系统深邃的思考，形成了马克思主义普遍原理与中国革命相结合的理论成果——毛泽东思想。在党的七大上，我们党高扬起毛泽东思想的伟大旗帜，统一全党的意志，凝聚全党的力量，指导全党的行动，极大地加速了中国革命胜利的进程，我们党的面貌从此焕然一新。《毛泽东选集》第二版收录的159篇文章，有112篇是在延安诞生的。毛主席的《矛盾论》、《实践论》、“老三篇”和少奇同志的《论共产党员的修养》、《论党》等一批经典文献，今天读来，仍然荡气回肠，给人以智慧和启迪，永远是我们共产党人的精神食粮和行动指南。

在延安，我们党组织了第一次普遍的马克思主义教育运动。这就是著名的延安整风运动，历时3年、覆盖全党、影响深远。延安整风，反对主观主义以整顿学风，解决了党的思想路线问题；反对宗派主义以整顿党风，解决了党的组织路线问题；反对党八股以整顿文风，解决了党的宣传路线问题。延安整风，是我们党开展的第一次思想解放运动，也是我们党解决自身问题的第一次成功实践，充分体现了我们党始终坚持真理、勇于纠正错误的先进性和战斗性，为我们建党治党管党积累了宝贵的经验。解放思想、实事求是的思想路线，理论联系实际、密切联系群众、批评与自我批评的“三大作风”，坚持任人唯贤、五湖四海和惩前毖后、治病救人的重要方针，都是在延安整风中孕育、创造和形成的，时至今日，仍然是我们党的传家宝，是推进党的建设新的伟大工程的坚强基石。

在延安，我们党实施了第一次大数量培养干部的战斗任务。党中央一到陕北，就在瓦窑堡会议上明确提出：“必须大数量的培养干部。党要有成千上万的新干部，一批又一批地送到各方面的战线上去。”到延安后，毛主席高瞻远瞩、审时度势，进一步深刻指出：“政治路线确定之后，干部就是决定的因素。有计划地培养大批的新干部，是我们的战斗任务。”正是有党中央、毛主席的远见卓识，我们党才能在延安这个陕北的小山城里，创办出抗日军政大学、陕北公学、中央党校、马列学院、鲁迅艺术学院、女子大学、自然科学院、延安大学等数十所干部院校，在简陋的窑洞里培养出一大批党政军领导骨干和各类精英人才。回顾历史，可以说，如果没有延安大数量地培养干部，就没有抗战期间我军的迅速壮大、从3万发展到120万，就没有解放战争初期数万干部奔赴东北，就不可能用短短3年时间打败800万国民党军队，赢得中国革命的彻底胜利。

在延安，我们党创造了中国第一个政治清明的崭新社会。当时的中国，民族内忧外患，人民苦难深重，沦陷区饱受蹂躏，国统区反动黑暗，唯有我们党领导下的以延安为中心的19个根据地，呈现出政治清明、人民民主、社会进步的光明景象。明朗的天空、清新的空气、纯洁的净土，延安让世界感受了“东方魔力”，让人民看到了“兴国之光”。“万众瞩目宝塔山、天下人心归延安”，通过西安八路军办事处奔赴延安的知识青年就超过一万人。上海青年摄影家吴印咸，应邀到延安拍一部纪录片，来前他明确表示拍完片子就回上海，片子拍完后，不想被赤化的吴印咸却向党组织递交了入党申请书。美国记者斯蒂尔访问延安后说了三句话：“第一，共产党常常说的为人民服务，我亲眼所见，货真价实；第二，不到延安，实在不能深触到中国问题的心脏；第三，真的，我要在延安住上十天，那我一定也将变成一个共产主义者！”

延安给我们最深刻的启迪是，坚定的理想信念永远是战胜一切困难、经受任何考验的强大精神支柱。革命理想高于天。当年，我们党在延安这样艰苦的环境下，能够战胜各种艰难险阻，创造彪炳史册的伟大业绩，靠的就是对马克思主义的信仰，为的就是实现共产主义理想。尽管我们的先辈们知道，自己追求的理想并不一定会在自己手中实现，但他们坚信，只要一代又一代人为之持续努力，一代又一代人为此作出牺牲，崇高的理想就一定能实现。正所谓“砍头不要紧，只要主义真”。这正是我们来延安学习，要取的“真经”，要接续的“血脉”。我历来认为，共产党人的精神支柱是第一位的，精神支柱动摇了，就会出各种各样的问题。理想信念在哪里滑坡，哪里就要出问题；理想信念偏差有多远，出现的问题就有多重。特别是现在发展社会主义市场经济，以利益为杠杆，在调动人们积极性创造性的同时，也带来思想观念、价值取向的多元多样多变，容易滋长拜金主义、享乐主义、极端个人主义，动摇共产党人的精神支柱；加之西方敌对势力千方百计对我实施“西化分化”战略，使得我们党带领人民实现中国梦的征程不可能一帆风顺，面临“四个考验”“四个危险”比任何时候都现实直接，更加需要加强理想信念的经常性灌注和培育。

坚定理想信念，坚守信仰是根本。习主席指出：“一些人认为共产主义是可望不可及的，甚至认为是望都望不到、看都看不见的，是虚无缥缈的。这就涉及是唯物史观还是唯心史观的世界观问题。”信仰既内化于心、又外化于形。对马克思主义、共产主义的认同认定，坚定不移地沿着这条道路、这个方向前进，就是共产党人必须始终秉持的抱负和信仰。我们要深信实现共产主义是历史的必然，深信中国共产党人的不懈奋斗必成正果，深信现在每一天的奋斗都与共产主义紧密相连。做到这“三个深信”，根本的是要学马列、信马列、用马列。学马列学什么？最基本的还是学经典、读原著，切实把马克思主义关于世界观、人生观、价值观的基本观点，关于辩证唯物主义和历史唯物主义的基本观点，关于社会形态和社会基本矛盾运动规律的基本观点，关于社会主义必然代替资本主义的基本观点，关于社会主义革命和无产阶级专政的基本观点，关于无产阶级政党的基本观点，关于社会主义本质和社会主义建设发展的基本观点等等，学深弄透，融会贯通，真正掌握马克思主义这个强大的思想武器，做一个有远见、有胸怀、有定力、有作为的当代共产党人。

坚定理想信念，忠诚于党是核心。作为党员，承认党的纲领，加入党的组织，遵守党的纪律，忠于党的事业，本身就是对理想信念的忠诚和坚守，是对我们坚定理想信念最核心最现实的要求。建党之后，我们党根据形势任务的发展变化，数次修改党员的入党誓词，但“忠诚于党，永不叛党”始终一脉相承、一以贯之，这是党魂、也是我军的军魂。现实条件下，我们讲忠诚于党，不能当成一句口号，不能空泛地表态，要用党性来证明、用行动来回答。对党的感情要无比深厚，真正知党恩、报党情，一辈子铁心跟党走；对党的事业要忠贞不渝，始终把党和人民的需要作为奋斗目标，坚持党的事业和人民的利益高于一切；对党的纲领要坚决拥护，执行党的意志和主张不打折扣，在坚定道路自信、理论自信、制度自信上做好表率；对党的任务要勇于担当，能够勤勤恳恳、任劳任怨、勇挑重担、多作贡献；对党的纪律要严格遵守，真正把党纪国法作为行为准则，自觉接受法纪约束和组织与群众的监督；对党的形象要倍加维护，像对待自己的母亲一样去挚爱，像对待自己的生命一样来珍惜，做到增光不丢脸，添彩不抹黑，坚决同败坏党的威信、损害党的形象的行为作斗争。

坚定理想信念，思想改造是基础。事实表明，党员干部的理想信念不会因为党龄的增长而必然增强，每个人的思想境界、道德修养也不会因为职务的升迁而自然提升。加强思想改造、坚定理想信念，只有起点没有终点、只有毕生没有毕业，必须终其一生、不懈努力。作为一名共产党人，要经常读读毛主席的“老三篇”，看看少奇同志的《论共产党员的修养》，用“吾日三省”等方法，洗洗澡、治治病，不断校正人生追求，提高思想境界。作为党员领导干部，更要常思大局之重培育忘我心，常修为官之德培育公仆心，常念权力之责培育敬畏心，常戒贪欲之害培育清廉心，真正做到趋大势、明大义、守大节，努力做一个高尚的人、一个纯粹的人、一个有道德的人、一个脱离了低级趣味的人、一个有益于人民的人。

坚定理想信念，躬身践行是关键。理想的花朵只有盛开在现实的沃土，才会生机盎然、绚丽多彩。白求恩，一个外国人，毫无利己的动机，不远万里来到中国，把中国人民的解放事业当作他自己的事业；张思德，完全是为着解放人民，彻底地为人民的利益工作，他的死比泰山还重；雷锋，把有限的生命投入到无限的为人民服务之中。他们平凡而伟大的事迹，既是理想信念修养的过程，也是理想信念支撑的结果，为我们坚定理想信念提供了最好的示范。古人讲：“道虽迩，不行不至；事虽小，不为不成。”我们要认真负责地守好每个岗位，脚踏实地地做好每项工作，为理想的大厦添砖加瓦，在实现强国强军梦、进而迈向共产主义的历史进程中，付出我们这代人的努力，尽到我们这代人的责任，无愧于共产党员这个光荣称号。

延安给我们最有力的法宝是，优良作风永远是凝聚党心民心、成就伟大事业的强大力量源泉。延安13年，我们的党风政风举世公认，激励和教育了一代又一代共产党人。这次我们到延安，看一看毛主席的菜地、少奇同志的窑洞、朱老总的毛毯、周总理的纺车，听一听革命领袖与普通百姓的生动故事，走一走革命先辈工作生活的地方，就能找到当年中国革命胜利的政治密码，那就是“延安作风打败了重庆作风”。重温历史，追根溯源，我们不能仅仅有感染、有震撼，还要有责任、有担当，自觉把延安精神和延安作风继承下来、传承下去。

任何时候都不能背离求真务实。求真务实是党的思想路线的鲜明体现，也是党性原则的具体表现。要在调查研究上下苦功。像习主席要求的那样，调查研究要务求“深、实、细、准、效”，深入一线、蹲连住班，面对面、心贴心，和官兵交朋友，贴近他们的脉搏，读懂他们的心，了解掌握他们最关心、最困惑、最需要帮助的问题，这样才能对基层、对官兵亲知深知真知，增强工作指导的针对性有效性。要在真抓实干上下苦功。鼓励实践、参与实践、重在实践，在实干中找到解决问题的办法、推动发展的路径，哪怕只是向前走一小步，也比原地踏步强。当然，创新肯定是有风险的，也会遭到这样那样的非议，但是我们不能因为这些，就泯灭创新的激情，停止创新的步伐。党员领导干部，要有一种“逢山开路、遇河架桥”的闯劲，要有一种“抓铁有痕、踏石留印”的狠劲，要有一种“善始善终、善做善成”的韧劲，能够像“愚公移山”那样干工作。

任何时候都不能丢掉群众路线。人心向背，决定政党兴亡和政权盛衰。我们党最大的政治优势是密切联系群众，执政后最大的危险是脱离群众；离开了群众的支持和拥护，党就失去了生存土壤和发展根基。当年在延安，毛主席送岸英同志到农村劳动，提出要“拜人民为师”。我们要深刻领会这句至理名言，实实在在拿出自己的行动。党中央作出重大部署，在全党深入开展以为民务实清廉为主要内容的党的群众路线教育实践活动。落实习主席的指示，军队正分批组织团以上领导干部下连当兵锻炼，这些都是强宗旨、贴民心、接地气的有力举措。我们要把这次延安之行，作为群众路线教育的实地动员，以新的感悟和新的自觉，在为民务实清廉上带好头，进一步牢固树立群众观点、自觉践行群众路线、始终站稳群众立场、扎实做好群众工作，真心诚意为基层服务、为官兵服务。作为总后勤部部长，我秉持一个理念，就是带领总后当好官兵生活保障的“娘家”，部队的困难就是我们的困难，部队的建设发展就是我们的努力方向。这是一个服务方向问题，也是一个群众路线问题。

任何时候都不能忘记艰苦奋斗。提到延安，首先想到的是艰苦奋斗，延安是我们党艰苦奋斗的代名词。靠艰苦奋斗，我们的领袖，在小小的窑洞里，指挥了世界最大的人民战争；我们的党，在贫瘠的黄土地上，探索创立了民主政治的边区政府；我们的军队，在荒无人烟的南泥湾，自己动手、丰衣足食，建设出“到处是庄稼、遍地是牛羊”的“好江南”。延安现存的445处革命旧址，处处都有艰苦奋斗的感人故事。我们作为新一代的革命军人，作为军队后勤工作的领导同志，没有理由、更不能够让艰苦奋斗这个“传家宝”在我们身上失传。坚持艰苦奋斗，强调的是一种精神状态，不是让大家过苦行僧式的生活，而是要保持奋发向上、勤俭创业的斗志。要把艰苦奋斗作为后勤工作的根本理念，作为后勤建设的基本准则，作为后勤官兵的职业操守。无论环境怎么变化，坚持艰苦奋斗、勤俭建军的方针不能动摇；无论条件怎么改善，“节约每一个铜板，为着战争和革命事业”的传统不能丢掉；无论社会怎么发展，革命军人的血性和创业奋进的精神不能懈怠，坚持勤俭办一切事情，把钱花在刀刃上、用出效益来。

任何时候都不能丧失清廉本色。人们说，延安的天是晴朗的天，那是因为这片天空下有一批清廉无私的共产党人。1943年，朱老总家乡闹饥荒，为了让老母亲活下来，写信向朋友求援，信中写到，“十数年革命实无一钱，即将来亦是如此”。延安“五老”之一的林伯渠，担任边区政府主席，主管百万财政，却用一根麻绳当腰带。统领千军万马的彭老总，穿的背心是用缴获敌人降落伞做的。现在大家都知道，当年的延安是“只见公仆不见官”，这是我们党政治清明、政府清廉、干部清正的真实写照。今天，我们的物质生活条件越来越好，党和人民给予领导干部的待遇也越来越高，更应该清廉为官、干净做事。党员领导干部,千重要万重要,清廉至关重要。我们要清心常在、廉钟常鸣,坚持修身慎行、怀德自重、敦方正直、清廉自守的从政哲学,不断提高是非面前的辨别能力、诱惑面前的自控能力、警示面前的醒悟能力,做到稳得住心神、守得住清贫、耐得住寂寞、经得住考验。

延安给我们最生动的示范是,民主集中制永远是维护党的团结统一、坚强党的领导的根本制度保证。延安是我们党民主集中制发展成熟的重要时期。在这里,我们党召开过两个重要的会议:一个是党的六届六中全会,强调要通过党内法规来建立健全党内关系,第一次提出了“个人服从组织、少数服从多数、下级服从上级、全党服从中央”的组织原则和纪律;再一个是党的七大,第一次把民主集中制概括为“民主基础上的集中和集中领导下的民主”,为正确处理民主与集中提供了基本遵循。延安时期,我们党形成的一系列组织制度、领导制度、工作制度、生活制度和监督制度,都是对民主集中制创造性的发展和实践。正是依靠民主集中制,我们党成功地把一个以农民为主体的政党,建设成为无产阶级的政党,创造了“既有民主、又有集中,既有统一意志、又有个人心情舒畅,生动活泼的政治局面”,党的力量不断壮大,党的优势充分发挥,成为民族独立和人民解放的中流砥柱。70多年来,我们党的民主集中制日益成熟,在党、国家和军队政治生活中的作用越发凸显,是我们的根本领导制度和组织制度,是共产党员的必修课,是党组织建设的基本功。

贯彻民主集中制是篇大文章,认识一定要到位。民主集中制在党的建设中具有根本性决定性的作用,没有民主集中制,就不可能构成一个从上到下、覆盖各级组织和全体党员的严密的、科学的组织系统,党就会一盘散沙。贯彻民主集中制,是党兴国强的根本保证。小平同志深刻指出:“民主集中制执行得不好,党是可以变质的,国家也是可以变质的,社会主义也是可以变质的。”苏联和东欧那些国家的共产党,就是长期背离和最终取消民主集中制,导致党的思想涣散、组织分裂、队伍瓦解,最终亡党亡国。这为我们提供了一个深刻的教训。贯彻民主集中制,是党指挥枪的根本保证。我军从诞生之日起,党就按照民主集中制原则建立起了保证党对军队绝对领导的一系列根本制度,包括:军队的最高领导权和指挥权集中于党中央、中央军委;部队各级党委贯彻民主集中制的组织原则;实行党委统一的集体领导下的首长分工负责制;团以上单位设立政治委员和政治机关;坚持支部建在连上等。这些制度,确保了党从思想上政治上组织上牢牢掌握部队。无论战争多么残酷、形势多么险恶,我军从来没有一支成建制的部队被敌人拉过去,任何野心家篡夺军权的阴谋从未得逞。贯彻民主集中制,是坚强党委领导的根本保证。各级党委只有贯彻好民主集中制,才能形成坚强的领导核心,履行好思想政治领导的根本职责,提高党委科学决策民主决策依法决策水平,把党的政治优势和组织优势,转化为领导部队科学发展、保障打赢的实际本领。

贯彻民主集中制是门大学问,把握一定要准确。现在,有些单位的领导班子中,专家教授多,业务干部多,半路改行的多,有很强的业务和学术指导能力,但在党内政治生活中,尤其是对领导工作的程序、组织生活的方法,还缺乏系统的学习和历练,迫切需要掌握民主集中制的真谛。一是民主与集中。集中是民主基础上的集中,主要表现为:党的领导机关由党员选举产生,党的决议由党员代表们决定,党的领导机关权力由广大党员授予等;民主是集中指导下的民主,必须做到:党的一切会议由领导机关召集,一切会议的进行要有领导,一切决议和法规要经过充分酝酿,一切选举要有审慎考虑过的候选名单,全党有一切党员都要履行的党章和纪律,并有一切党员都要服从的统一的领导机关。在实际工作中,有时强调集中多一些,有时强调民主多一些,这都是正常的,但决不能借口集中,搞个人或少数人专断,也不能强调民主,搞极端民主化。二是上级与下级。我们党明确规定,下级组织必须服从上级组织的决定,接受上级组织的领导和检查,全党各个组织和全体党员必须服从党的全国代表大会和中央委员会。强调下级必须服从上级,是因为上级组织代表的是更大的多数,党中央代表的是最大的多数。按照这个总的原则和要求,上级要注意听取下级的意见,充分考虑下级的实际,该沟通的要沟通,该通报的要通报;下级要有服从意识,不能片面强调局部和本位利益,特别是对上级作出决定的事情,必须自觉拥护、坚决执行,不搞变通、不打折扣。三是个人与集体。个人服从组织,少数服从多数,是处理个人与组织之间关系的原则,也是党内讨论决定问题的准则。这方面,要注重倾听少数人的意见,善于发现和吸收合理的成分,用以补充和调整多数人意见中的缺陷和不足,真正做到民主决策、科学决策。四是书记与委员。在党组织内部,书记和委员之间是平等的关系,讨论决定问题具有平等的发言权和表决权。要注意防止两种倾向:一种是把"班长"当成"家长",使书记与委员之间变成行政上的上下级关系;再一种是把"一票的权利"当成"一票的责任",出现名曰集体领导实则无人负责的现象,虽然书记也是一票,但有正确集中之责。总之,书记要把舵抓总、勇于负责,尽到把方向统班子带队伍的职责;委员要直抒己见、畅所欲言,积极参与集体领导。

贯彻民主集中制是个大原则,执行一定要自觉。民主集中制既是个理论问题,更是个实践问题,关键是要照着去做。要在强化集体领导上见实效。集体领导是党的领导的最高原则。要把集体领导作为党委决策的基本方式,该由党委集体讨论决定的,必须按议事规则和决策程序来实施;要把集体领导聚焦对重大问题的研究决策,而不能事无巨细地统统拿到党委会上讨论决定;要把集体领导与分工负责有机统一起来,保证在集体领导下事事有人管、人人有专责、件件有落实。抗战时期,我军各级党组织中就盛传四句话,叫做"军政不分家、正副不争权、凡事商量做、及时提意见",很朴素也很精到,时隔70多年,仍然闪烁着共产党人的思想光辉。我们要继承革命先辈的好思想好品质,自觉服从党委的集中统一领导,坚决维护党委集体领导的权威。要在维护班子团结上见实效。从生命线的高度认识和维护党委的团结,班子的成员不仅要团在一起,更要结成一体,产生"1+1>2"的效果。民主集中制,是保证团结的制度基础,是维护团结的基本准则。班子成员团在一起是组织的安排,是难得的缘分,而融为一体、结成整体,需要大家按照民主集中制的原则互相支持、互相配合,靠民主集中制打牢团结共事的基础,靠民主集中制处理好相互之间的关系,靠民主集中制及时调节和化解内部矛盾,建立和巩固党委班子高质量的团结。要在坚持党性原则上见实效。这方面存在的主要问题是:有的不敢揭露矛盾,在原则面前退让,放弃积极的思想斗争;有的开展党内生活搞相互表扬,缺乏健康有益的批评与自我批评,被大家比作"集体按摩";有的"乐于当好人",明知不对的事情不提醒不反对,对得罪人的难事更不愿去做。增强党性原则,提高党内生活质量,离不开党委坚强的集体领导,离不开党员干部的广泛参与,离不开广大官兵的有力监督。归根结底,还是要用民主集中制这个根本制度来保障。通过民主集中制的有效执行,形成敢于较真碰硬的制度机制,保证各级组织对不听招呼的敢批评,对明显错误的敢斗争,对发生问题的敢惩处,不断增强党内生活的原则性战斗性。

(作者:中央军委委员、总后勤部部长)

大数据时代的舆情研判和舆论引导

李希光

一、大数据与我们的生活

我第一次接触电脑是1982年大学毕业分到中科院理论物理所当研究实习员。所长周光召教授花了250美元从美国带来了一台刚面世的苹果电脑，让我第一次看到了电脑视窗，第一次意识到电脑里的数据是可以看得见、看得懂，而且还可以用来玩游戏。而在此之前的六十年代，周光召、于敏、何祚庥等科学家做核武器的理论设计，使用的还是手摇计算机。

研究生毕业以后，我被分配到新华社做记者，恰好赶上新华社全面采用电脑终端编辑英文新闻，使英文新闻的编发工作实现了电脑化。在此之前，记者要靠纸笔、打字机、传真机和电传机进行手工作业，编辑部门要把编好的稿件送到发稿部门，由报务人员按稿件先打字作电传孔条，然后再在各条线路的发送机上发出。使用终端机后，编辑记者可以在电脑上直接对稿件进行编辑修改。

我买的第一台个人电脑是中关村的组装机。那台电脑的操作系统是UCDOS，使用的是5.25英寸的软盘，容量是360K。我的第二台个人电脑的软盘已经更新成3.5寸的，容量也增加到1.44M，我的办公室现在还有上百张3.5寸的软盘，可惜现在已经不太容易找到能够读软盘的电脑了。光驱、移动硬盘、U盘打败了软盘，成为数据存储的主流，存储介质的容量也越来越大，几年前的U盘一般都是16M的，而如今64G的U盘都嫌不够用。

过去20年，我每次出国都要逛电子产品商店，看看有没有容量更大的移动硬盘或U盘。我现在使用的是两块1TB(1TB=1024GB)的移动硬盘，分别存储不同的文件。其中一块移动硬盘里存储着Foxmail邮件客户端，数据容量已经达到30GB，存储着我所有的电子邮件，我用Foxmail对邮件信息进行了分类，它就像我的一个私人图书馆一样，随时可以方便地查找资料。

我对“网络数据”的直观感受就是它的增长速度像原子弹链式反应一样，至今仍在加速膨胀。从2010年到现在这3年的时间，就积累了2T的数据，与前15年数据的容量相当。

我的办公室有一面墙的书架都是存放录音带、录像带、光盘和各类软盘的，存储着我从教书以来的所有影像、课件、资料，但是查找文件就像大海捞针一样。现在许多软件对数据分类和查找都支持得很好，如果能在一张移动硬盘上集中存储这些数据，自然要方便很多。但移动硬盘也不安全，既有被盗的风险，也担心使用中损坏。所以最终的解决方案还是要依靠云存储，所有的文件都存储在虚拟空间里，随时可以通过互联网找出来。

作为一名研究人员，我从事研究工作的基础是文献检索和综述，离不开数据的收集、分类、综述、摘要，这些工作在过去都是依靠纸质的报刊、图书文献，工作的方法是“剪报”，我从小学三年级开始剪报，一直到读研究生还保持着这个习惯。后来到新华社当记者，查找文献还是依靠剪报。再后来出现了电脑，的确给文献的收集和使用带来了方便，但由于太相信电脑，一旦系统崩溃了或硬盘坏了，数据就没了。

云计算的发展不仅使得通过互联网获取个人信息更加容易、可获取的内容也更多，而且在云技术环境下，大量用户的数据不再存放于个人电脑或移动硬盘中,而是存储在远在天边的云储存器提供商的服务器里。越来越多的像百度、腾讯、新浪微博、谷歌提供的网络信息服务,正在变成超级信息工厂和仓库。由于智能手机、平板电脑、社交媒体网站、电子邮件和其他形式的数字通讯的广泛使用,全球每天产生250亿字节的新数据。据IBM估计,在全球现存数据中,有90%是过去两年中产生的。据国际数据公司(International Data Corporation)预计,从现在起到2020年,数字世界的规模将每两年翻一番,和爆炸性的数据增长相伴随的,是大数据技术的快速发展。

大数据技术是指运用搜索引擎、社交媒体、各类网络数据库,实时聚集数以百万本书那么厚的文本和图像,用一种搜索、分类、分析的软件,通过高速的计算机运算和业内专家的研判,精确描绘现状并预测未来。比如,利用谷歌、腾讯、百度、微博提供的数据预测今年的流感、预测社会舆论的趋势。大数据正在彻底改变我们对政治、新闻、商业、健康、教育的认识。

大数据技术使对规模巨大的数字信息进行自动及瞬时的分析变成可能。而掌握这种技术的公司,就会成为别人数字资产的事实上的拥有者,这些公司运用大数据软件,跟踪分析社交媒体或搜索引擎,就有可能跟踪世界上几乎任何地方的人的活动和往来。运用大数据分析事物,其最大的特点,是帮助我们发现两个看上去毫不相关的事或人之间暗藏的关联。数据挖掘技术的提高使得目标信息能够被还原得更加准确。近年来,以微博、微信为代表的社交媒体受到热捧。人们热衷于在这些社交媒体上发布自己的照片、心情、行踪等各类信息。与此同时,服务器还会记录下用户的登录时间、信息消费习惯、地理位置等大量后台数据。以这些信息为基础进行数据挖掘,便能够准确地掌握需要的个人信息。目前为止,位置数据的使用者多是第三方——程序开发员,知名品牌和广告公司;“第二方”(电信商和设备管理者)拥有这些数据,而“第一方”,即我们每个人既无法得到数据也无法支配这些信息。中国移动推出的手机地图服务,通过你或朋友的手机号吗,即可找到你自己的位置或你好友的位置,体验大数据拥有者的概念,发现电信或网络公司是如何利用大数据对你的日常生活进行跟踪、监测和控制的。例如,美国国家情报局花更多的钱去挖掘元数据,而不再是窃听和偷听通讯内容。元数据指的是关于谁在打电话或发邮件的信息。美国法律和美国政策把通讯内容视为最为私密且最有价值的,但这在今天已经过时了。美国情报和执法部门使用大数据技术,能从手机蜂窝塔得到的数据跟踪一个人所在的海拔高度,精度足以确定该人在某栋建筑的某一层,甚至能够通过分析手机数据,寻求预测一个人最可能采取的路线。

当不同的数据流被整合到大型数据库中后,例如把使用手机的时间和地点与信用卡购物、银行卡电子收费系统的数据相匹配,数据分析师能获得一个人生活的不同侧面,而在过去,仅靠偷听他们的谈话绝对无法得到这么多。《自然》杂志发表的报告显示,打一次移动电话的地点、时间和内容等数据,足以在95%的情况下确定打电话者的身份。通过大数据,数据分析可以发现各种各样的关联。

英国《卫报》在2011年英国伦敦暴乱事件中成立了“解读暴乱”团队,广泛使用大数据,帮助读者更好地理解事态进展和背后原因。与此同时,《卫报》还与学界进行合作,邀请曼彻斯特大学的Rob Procter带领的学术团队一起研究社交媒体在暴乱中的作用。后者一共分析了260万条关于暴乱的推特(Twitter),观察谣言如何在推特上传播,不同的用户在宣传和散布信息中的功能,以确定推特和其他组织是否煽动了暴乱。《卫报》的“解读暴乱”数据团队使用简单的地图,显示暴乱发生地点的贫困程度,让“暴乱与贫困没有关系”的主流政治话语不攻自破。他们还制作了一段视频,将暴乱发生地和参与群众的家庭住址联系起来,显示出“暴乱通勤路线”,建模预测暴乱者最有可能采取的路线。此外,他们还展示出网络流言的传播途径。研究者按照话题将关于暴乱的推特分类,编码为重复、驳斥、质疑和评论,然后进行可视化处理。该研究发现了主流媒体在流言传播中的明显角色以及推特在矫正流言中的作用。

通过大数据的应用程序,人们可发掘大数据的意义。国外已经开发出软件查询所处地区的犯罪趋势,社区医生的安全执业记录,或是为他们选出的候选人的政绩。

二、大数据时代的舆论宣传

但是,研究人员在研究了谷歌、推特、百度、腾讯、新浪等搜索引擎和社交网络媒体后,开始预言大数据带给人类的危害:不会自我删除有害、仇视、无用、虚假信息和个人隐私的信息。虚假、仇视和个人隐私的信息往往更容易聚集大量的信息和人群。如果有害的、仇视的和虚假的信息聚集得愈来愈多,大数据制造的人类大脑空间会带来一种世界末日的恐惧。牛津大学互联网学院网络治理与管理教授肖恩博格在其不久前出版的《删除》一书中指出,大数据让人类获得了前所未有的巨大能量,但是大数据同时带来严重的不良后果。例如,各类搜索引擎、社交媒体诬蔑他人的信息会永久性地留在那里。腾讯、谷歌、百度会记住我们搜索任何信息的内容、时间和地点。搜索引擎会记住你的那些你个人认为最好永远被遗忘的东西——媒体断章取义报道的你的谈话、电脑合成的你的不雅照片和视频,这些虚假的内容和图像就如同你身上的纹身一样永远地把你留在大数据里了。在这样的大数据时代,我们生活在这样一个无边无际的时空里:无网络尽头的点击、无时间尽头的翻页、无边界尽头的信息聚集,越来越多的无用信息淹没相关信息,越来越远离自身真实需求的阅读。

2013 年暑假,我带着学生,来到印度洋的一个海岛上,在无手机和网络信号的地方,听世界著名传播大师 Miles Young 讲大数据时代的新闻传播。他说,"如果你被手机和网络媒体利用,你就成了白痴。"

在网络上、在微博里看到温州动车事故大照片和 200 多万条围攻高铁的微博,是什么感觉?多数人这时想到的是:乘坐动车的风险太大!而没有想到其在现实生活中发生的概率。在这种时刻,很少有官员或记者有一种强大的内定力,不被这种具有强大的新闻价值、高情感的事件左右自己独立的思考和判断。更多的是跟随着高情感的故事去激动地发泄,而不是去冷静思考。科学家与媒体对风险的不同评估。科学家用数学模型和概率评估风险,媒体对风险判断基于新闻价值判断,而不是科学判断。天天发生的事情不是新闻,极少发生的事情成了大新闻。每年近十万人死在公路上不是新闻,而每年死在铁路上的十几个人就是天大的新闻。2011 年 7 月 22 日"信阳大巴失火事故"死亡 41 人,但是在百度的新闻网页搜索中,只显示了 19 条搜索结果。而第二天发生的温州动车死亡 39 人的事故,在百度的新闻网页搜索中,出现了 116 万条新闻。

经过上面这一番分析,我们想想看,过去十年里,哪一条网上热炒的新闻让你变得聪明?你是希望理性认知世界?还是感性认知世界?

超过全国人口半数的人使用移动通讯设备,其中很多人每天早上醒来,第一件事就是看微博、查微信。这些人无论乘车、上班、上课、开会、吃饭、喝茶、聊天,每四分钟低一下头,一天要低头两百次,都是在转入"云端"去获取第一时间的新闻。

处在云端、靠大数据舞台支撑的社交媒体呈现给我们的内容越来越与我们的现实生活不相关。媒体和网络认为新闻的价值在于"新",而不在于这条新闻对你个人的生活、职业、工作、教育、住房、看病、养老、收入等的"相关性"。多数社交媒体和网络的消费者在看新闻事件时,看不到这条新闻与自己的"无关性"。他们看到的,更多的是事件的"新鲜性"、"趣味性"。媒体和网络机构的口号是,让你第一时间获得新闻。好像你如果比别人早在媒体上看到这条新闻，你就比别人优秀和幸福。但是，我们每一个人问一问自己：我有必要第一时间看到这条新闻吗？第一个看到这条新闻的读者比最后一个看到这条新闻的读者真的更幸福吗？有人说，如果你不看新闻，你就会与现实舆情和主流社会脱节。但是，今天的越来越备受关注的网络舆情，更多的是媒体上的诡辩家和舆论领袖煽动乌合之众，为了某种个人的目的制造出来的。今天的舆情更多地依存于影星式的学者、影星式的记者、影星式的商人和影星式的政客为中心的伪舆情。正像美国哲学家埃里克·霍弗所描绘的，“一个国家最不活跃的人群，为占大多数的中间层次。他们是在城市工作和在乡间务农的正派老百姓，然而，他们的命运却受分据社会光谱两头的少数人——最优秀的人和最低劣的人所左右。”

在网上看社交媒体新闻，有点像得了白内障，失去大部分视野，只保留中央视力，只专注一件事，忽略了一个意义重大的趋势。只关注社交媒体的人，观点会非常狭隘，大脑集中在一个单一的想法、意见等，排除不同观点。社交媒体轰炸性地重复那些受众无能为力的新闻，受众越来越感觉被网络牵着走。我们一直这样被动地被网络牵着鼻子走下去，直到有一天，我们对社会产生了悲观的、麻木的、玩世不恭的和宿命论的世界观。我们最终患上了一种心理学上的抑郁症“习得性无助”，在看到网络对某件事的轰炸性报道后，会产生无助感，通常会从三个角度来处理问题：将个人投射到问题上，针对问题来内化自己；认为问题是普遍的，影响了生活中每个层面；认为问题是永恒的，不可能被改变。

社交网络媒体上的新闻好像是专门用来扰乱你的思考，不断用短时记忆把你的长期记忆偷走。人类有两种记忆力：长期记忆和短时记忆。长期记忆储存着无限的信息，短时记忆是瞬间即逝的信息片段。从短时记忆进入长期记忆要经过一个瓶塞，如果你要提高对事物的理解力，你必须进入长期记忆。但是，片段化的、瞬间社交网络新闻阻碍你进入长期记忆的通道，就像一部只有内存、没有硬盘的电脑，让人无法全面地、历史地、完整地、准确地把握一件事、一个人。

新闻传播的信息多是短时记忆，是今天或近期刚刚发生的瞬间的孤立事件，经过媒体聚焦、放大、炒作，变成了一件网上人人传播的关于一个人的真实事件。大数据的挖掘和舆情研判是关于一个人、一件事的完整画面和全部事实，是客观存在的，而不是媒体主观选择的。准确完整的科学判断比夸张和主观选择的舆情判断更重要。

运用大数据研判和预测社会舆情，必须坚持客观性和价值中立。价值中立是在大数据研究中不让学者的价值偏好对舆情的分析与结论产生影响。但当前，要防止某些部门和舆情公司呈送给党政有关部门的舆情报告往往刻意选取某些数据、剔除另一些数据。

三、大数据时代的舆情研判与舆论引导

习近平同志8.19讲话是做好社会重大舆情准确研判的指导思想。习近平说，“各级党委要负起政治责任和领导责任，加强对宣传思想领域重大问题的分析研判和重大战略性任务的统筹指导，不断提高领导宣传思想工作能力和水平。要树立大宣传的工作理念，动员各条战线各个部门一起来做，把宣传思想工作同各个领域的行政管理、行业管理、社会管理更加紧密地结合起来。”因此，大数据时代的舆情研判的基础必须是完整、准确和极速的信息抓取。准确的舆情报告需要纯粹的事实、一手的材料，是不经过修饰、篡改的事实性信息。但是，今天的舆情是可以被各方利益集团的政治力量和经济力量所操纵的，是主观选择的。完整的信息暴露的是赤裸的事实，这包括一手的文本、图片、音频、视频等。目前，向中央各部门报送舆情的机构很多。各利益集团也都在试图向中央呈送有利于自己政治议程的舆情报告，从内部

影响高层。重大敏感事件发生后，一方面，某些网管用最快的速度封堵主观上认定的“有害信息”；另一方面，某几个有影响的舆情机构又依据某些利益集团的隐藏议程需要，选择性地编撰所谓“舆情报告”，向上呈送，影响高层对形势的研判。舆论的形成不是社会公众理性讨论的结果，而是网络媒体建构的“‘意见环境’的压力作用于人们惧怕被群体孤立的心理，强制人们对所谓的‘优势意见’采取趋同心理和行动”。多数网民属于中下层社会，但网上的意见领袖和大V却是一个特殊群体。网上大V不代表社会不同阶层的全部民意，他们更多的是某既得利益集团的代言人，但他们以民意代表自居。一些利益集团精心扶植培育自己的网络代言人，引导网民去思考哪些问题、怎么去思考这些问题。结果，利益集团的代言人和舆论领袖对关键事件和问题的片面观点，导致很多网民和群众对事实真相的了解产生巨大的偏差。而这些片面、偏激观点却被包装成了“主流民意”或所谓的“真实的舆情”。网络媒体通过突出某些观点、忽视某些观点、给某些观点贴上“主流”和“正确”的标签、给某些观点贴上“非主流”和“谬误”的标签来影响和制约舆论。有的政府官员为了维护个人的形象，在舆论面前，把被利益集团精心策划的“网络多数人的意见“当成全部事实，用网上突发的新闻炒作这种短时记忆埋葬了头脑里更为真实、更为全面、更有价值的长期记忆。

正确的大数据环境下的舆情搜集是：不留死角、360度全视角、分秒不停地抓取全部的赤裸裸的数据，用大数据消除新闻制造的短时记忆，恢复科学的、真实的长期记忆。

在获取完整的全部数据的基础上，正确的舆情研判包括6个要素：

1. What：发现了什么敏感信息，这些敏感信息内容是什么？严重程度如何？关系到哪些部门和个人？

2. Who：谁在撰写、发表、阅读、转载、评论、搜索这些敏感信息？

3. Where：在哪里可以找到敏感的信息？搜索引擎、网站、博客、微博、微信、论坛……

4. How：这些信息将（已经）如何传播？怎样去正确引导它在互联网上的影响？

5. When：你是不是可以第一时间得到这些敏感信息？

6. So what：这些信息传播到社会上又怎样？究竟有何严重的不良影响？值得我们或上级领导去花时间和人力去关注和干预吗？不进行舆论干预和引导又会怎样？

在大数据形势下开展社会舆情收集、研判和预警工作在于以数据挖掘、分词技术、语义分析、情感识别等技术为手段，建立高效灵敏的社会舆情软件系统并安排配套的工作机制，及时辨别舆情风险并发出预警信号，科学研判舆情热度、烈度、敏感度和扩散度，行之有效地干预应对。其中舆情研判的实现目标包括：

1. 实现媒体报道、论坛贴文、博客文章、微博文章和新媒体互动讨论的全面舆情抓取和数据实时更新，舆情监测无死角。

2. 实现对文本数据、图片数据、音频数据和视频数据的综合处理，攻克目前舆情处理局限于文本报道的技术瓶颈，舆情监测全覆盖。

3. 实现对舆情数据的可视化展示，用图表呈现舆情的时间走势、地域分布、主题分布、文章排行、热度聚集、热词发现等舆情分析结果，辅助决策。

4. 实现对相关热点话题的自动识别、智能聚类以及对传播路径的追溯、对议题漂移的捕捉和核心观点的摘要。

5. 实现对舆情背后核心人物、核心媒体、核心机构的智能发现，以及关系分析和意见阵营分析。

6. 实现对负面突发敏感舆情的及时预警，做到早发现、早预警、早引导。

舆情系统的风险预警应建立在对社会舆情大数据进行充分的数据挖掘、分析和研判的基础上，应用社会学、政治学、传播学、管理学等交叉学科的理论、原则、规律和方法，通过互联网和计算机软件技术平台，坚持定量研判、科学决策、多重模拟、人机结合的原则，对舆情风险进行预测、预警和干预，并应用虚拟现实技术，将警源、警兆、警情实行模拟预测，对于重大突发事件提供有针对性的危机处理对策。根据中国科学院牛文元教授的“社会燃烧理论”，把各种各样反社会主流的议论、见解和诉求作为“燃烧物质”的集合，随着时间的演变，舆论“场”中开始呈现出等级分布，将会催生向一致意见靠拢的机会，这可以理解为社会“助燃剂”在起作用，最终引发舆论形成的是某个突发事件或舆论领袖的言论，这就是具有临界阈值的“点火温度”。

舆情风险预警机制能否科学、准确地实现危机预警，是整个舆情系统成功的关键。在大数据时代，预警子系统的设计应遵循以下原则：

第一，重点监测原则。网络舆情的酝酿、发酵过程中，各方舆论领袖起到了关键性的作用，因此，要敏锐识别和观察各方舆论领袖；此外，既要对互联网进行全面信息扫描，又要重点扫描重点网站，一方面避免漏报信息，另一方面大大地减轻服务器的负荷。

第二，可操作性原则。网络舆情涉及多个变量，有些变量是难以进行量化测量的，因此预警指标应具有可操作性，并能够客观、准确地反映网络舆情风险的本质。可操作性是舆情系统的必然要求，舆情系统的研究不能只停留在理论上，要论证预警指标体系能否符合实际需要，指标的数量不宜过多，层次不能过于复杂，评估方法应该能够实现自动化。

第三，人机结合原则。再智能的计算机软件也难以匹敌经验丰富的专家人脑。一方面，舆情分析、研判、预警属于前沿探索技术，软件的准确率需要一定的时间和突发事件检验；另一方面，舆情隶属于社会科学范畴，诸如社会心理、网络情绪等纯主观舆情指标，很难分解为具体可量化指标。这些因素导致目前阶段舆情系统必须辅以一定的专家人工服务，尤其是在舆情预警、研判方面，能够提高舆情管理的效率和水平。

总而言之，在舆情研判和舆论引导中，要充分利用大数据技术，通过网络数据搜集的爬虫技术，360 度全视角获取纯粹的事实、一手的材料，即不经过修饰、篡改的全部的事实性数据，去做出准确的舆情研判，为党和国家的科学决策服务。

（作者：清华大学新闻与传播学院常务副院长）

大宣传理念的内涵及价值

公茂虹

习近平总书记在全国宣传思想工作会议上强调,宣传思想工作要把理念创新作为重点,并明确要求树立大宣传的工作理念。那么,该怎样理解大宣传?

首先,大宣传是宣传思想工作的新理念,是宣传思想工作创新发展的大战略。

思想观念创新是开时代新风、破工作难题、创工作新局面的闸门。改革开放以来,宣传思想工作解放思想、不断创新,逐步确立了把围绕中心、服务大局作为基本职责的职能定位,实现了工作的平稳发展和快速健康成长,为发展中国特色社会主义做出了重大贡献。但同时也要看到,经济社会发展中还存在一些与宣传思想工作密切相关的不可忽视的问题。譬如,一些领域道德失范、诚信缺失;少数党员干部理想信念动摇、宗旨意识淡薄,形式主义、官僚主义、享乐主义和奢靡之风问题突出;基层宣传思想工作薄弱的状况没有得到根本改变,等等。这些问题的出现有多方面的原因,但要清醒地看到,这些问题的解决离不开宣传思想工作的积极作为和奋发努力。这使大家明显感受到,宣传思想工作迫切需要创新,关键是观念创新。这就不难理解习近平总书记为什么强调宣传思想工作要把观念创新作为重点,并要求树立大宣传的工作理念。究其指向,是希望宣传思想工作能够站在新的起点上用新观念新思路新手段,破解工作中的难题,提高工作的质量和水平,更好地服务党和国家的工作大局。因此,要深刻理解和把握大宣传的重大意义,把大宣传作为谋划宣传思想工作总体布局、破解工作难题、开创工作新局面的大战略。

其次,大宣传是对宣传思想工作认识的新飞跃,有着十分丰富的思想内涵。

从表面看,大宣传是相对于"小宣传"而言的。"小宣传"是指单纯由宣传思想工作部门抓宣传思想工作,也指宣传思想工作的视野不够开阔、布局不够科学、重点不够突出、覆盖面小、工作质量不够高、效果不够好,等等。"小宣传"理念容易造成宣传思想工作在宣传思想工作部门内部上下或左右循环,尤其是与各方面的建设缺乏关联、衔接不够,不能动员各方面广泛参与,客观上制约了宣传思想工作应有效能的正常发挥,这远不能适应党和国家工作大局的需要。大宣传是指宣传思想工作跳出宣传思想工作部门的局限,打破宣传思想工作领域各方面工作壁垒,打通宣传思想工作与经济建设、政治建设、文化建设、社会建设、生态文明建设以及党的建设甚至军队国防建设、外交等各方面的内在关联,形成全党动手抓宣传思想工作的大格局。概括来说,大宣传是对宣传思想工作的视野、思路、内容、手段、载体、机制、格局以及主客体等提出的全方位的新要求。

从深层次来看,大宣传是对新形势下宣传思想工作的价值定位、价值指向以及对宣传思想工作的高度、深度、广度和效能提出的总体性要求。大宣传要求宣传思想工作要站在党和国家工作大局的高度,自觉顺应时代发展的潮流,积极适应全面深化改革新阶段的迫切需要,遵循宣传思想工作的客观规律,实现宣传思想工作的规范化、科学化,避免宣传思想工作中存在的主观随意性甚至盲目性,戒除不作为或乱作为,按照这些标准,谋划、推动、组织实施并完成各方面的工作,着力在统一思想、凝聚力量、振奋精神、推动发展上下功夫,推动宣传思想工作向更宽的视野、更深的层次、更高的水平、更好的效果发展，不断提高围绕中心、服务大局的能力和水平。也就是说，宣传思想工作一定要把围绕中心、服务大局作为基本职责，胸怀大局、把握大势、着眼大事，找准工作切入点和着力点，做到因势而谋、应势而动、顺势而为。

第三，大宣传是党的优良传统，具有扎实的历史依据、实践基础和迫切的现实需要，对创新宣传思想工作具有重要的指导意义。

历史地看，我们党一贯强调和坚持大宣传，全党抓宣传工作是我们党的工作的宝贵经验。对此，1951 年 5 月召开的第一次全国宣传工作会议进行了总结，并提出要继续发扬这一优良传统。会上，刘少奇在作总结报告时指出："我们党从最初建立起，就是全党作宣传的。所以，我们的宣传工作做出了这样大的成绩，革命得到了胜利，广大人民信服共产党的主张，信服马列主义。以后，更要这样做。"进入改革开放时期，邓小平进一步升华了对党的宣传思想工作的认识，把改进宣传工作与改善党的领导紧密联系在一起，对全党做好宣传思想工作提出了明确的要求。1980 年 12 月，邓小平在中央工作会议上指出："宣传工作，实际上包括党的整个思想政治工作。……为了保证全党思想上行动上的一致，必须有效地加强和改善我们党的思想政治工作。""中央认为，从原则上说，各级党组织应把大量日常行政工作、业务工作，尽可能交给政府、业务部门承担，党的领导机关除了掌握方针政策和决定重大干部的使用以外，要腾出主要的时间和精力来做思想政治工作，做人的工作，做群众工作。"全党做宣传思想工作，既是我们党在民主革命时期一贯坚持的做法，又是在新中国成立后特别是改革开放以来一直强调的原则。

从实践基础来看，改革开放以来，基层的实践探索为大宣传提供了可靠的依据。特别是一些地方把宣传思想工作与物质文明、精神文明、政治文明、社会文明和生态文明建设有机结合起来、协调起来、统一起来，形成宣传思想工作的整体思路、通盘设计和综合创新，取得了很好的效果。湖北省十堰市竹山县的"十星级文明创建"自1993 年以来坚持20 年常抓不懈，正确处理了宣传思想工作与经济、政治、文化、社会、生态文明建设的关系，有力地服务了经济建设中心和大局的工作。山东莱州市委市政府实行的诚、孝、仁、爱"四德工程"建设、浙江富润集团自 1996 年以来实行的"思想政治工作六十条"等等，都把宣传思想工作与各方面的工作结合起来、统筹起来、共同推进、协调发展。实践证明，这样的宣传思想工作更具有生机和活力。

从现实需要来看，树立大宣传理念的客观要求十分迫切。当前，我国已进入全面深化改革的新阶段，经济、政治、文化、社会、生态文明各领域改革和党的建设改革紧密联系、相互交融，任何一个领域的改革都会牵动其他领域，同时也需要其他领域改革密切配合，这迫切需要树立和强化大宣传理念，从更大的视野、更深的层次、更高的要求思考和谋划宣传思想工作，建立健全系统、有力、高效的大宣传工作格局，为全面深化改革提供强有力的思想和舆论支撑，应该说，这已成为宣传思想工作刻不容缓的重大任务。从更大的视野来看，党和国家工作的大局、国际和国内发展的大势、事关全局以及人民群众关注的大事、信息技术快速发展普及以及广泛应用形成的大数据时代，都迫切需要对宣传思想工作有新认识新创造新提高，从而确立与时代潮流、社会发展、人民期待相适应的宣传思想工作的大思路、大机制、大格局。从具体工作来看，推进大宣传应注意做好以下工作：一是深入研究和挖掘大宣传的思想内涵。二是总结和推广一批基层开展大宣传工作的典型，推动大宣传工作更加深入发展。三是建立健全大宣传的工作机制体制。四是按照大宣传要求，探索推动手段创新和基层工作创新的新思路新举措。五是加强体制内外宣传思想文化队伍建设，建立一支高素质的大宣传队伍。

（作者单位：中共中央宣传部政研所）

宣传思想工作需增强统筹两个大局的能力

张　丽

全国宣传思想工作会议和刚刚召开的全国宣传部长会议提出，要胸怀大局、把握大势、着眼大事，找准工作切入点和着力点。胸怀大局，才能开拓眼界，才能因势而谋、应势而动、顺势而为。现在，宣传思想工作面临着国内国际两个环境，也面临着国内国际两个大局的重要考验。做好宣传思想工作，更好地服务党和国家中心工作，是对新形势下宣传思想工作的新任务新要求，也是需要着力加强和改进的关键环节。

为什么要增强统筹两个大局的能力

当前，宣传思想工作的环境、对象、条件、手段都发生了新的变化。

首先，宣传思想工作的环境对象发生了深刻变化。世界各国综合国力竞争激烈，不同制度模式和发展道路角逐博弈，使得我国与外部世界的利益摩擦、舆论交锋更加突出，周边安全环境严峻。同时，我国社会发展进入关键时期，经济转轨，社会转型，利益格局纵横交错，社会节奏加快、竞争加剧，经济社会发展的阶段性特征深刻影响了社会思想情绪的变化。因此，宣传思想工作面对的环境、对象、条件与历史上任何一个时代不同，既要面对国内环境，也要面对国际环境。工作的外延进一步扩大，思想问题、舆论斗争和文化竞争，不仅在国内显现，也延伸到各种国际场合、国际关系之中。国内国际两个大局互为因果、内政外交相互依存，宣传思想工作在国内国际“两线作战”。这种情况下，提高统筹两个大局能力十分重要，也非常紧迫。

其次，宣传思想工作的力量对比发生了新的变化。随着改革开放的进一步深化，社会生活中思想多元、文化多样和观念嬗变的特征更加突出。各种社会思潮利用多途径宣传教育手段影响民众，一些带有复杂背景的舆论力量日渐活跃，由背后推手支持和包装，借助图书、报刊、网络等渠道进行传播，抢占舆论阵地，争夺更多的人群。面对各种思想文化相互交织、相互激荡的状况，传统的宣传思想工作内容方式出现很多不适应之处，针对性、实效性亟待提高，探索引领多元化社会思潮的有效途径成为必要。同时，尽管我们的宣传思想工作有长期丰富的国内经验，但在国际传播上却面临着十分强大的竞争和挑战，甚至处于弱势。如何提高我国思想文化的国际竞争力，做好国际传播和国际表达，是宣传思想工作的新课题和难点。

第三，宣传思想工作的途径和手段发生了深刻变革。现代传播技术的迅猛发展，深刻改变了经济结构、社会关系，也改变了人与世界的联系方式，人们在电脑前、手机上便可方便快捷地观察世界、了解资讯、参与社会活动。“世界是平的”，在信息技术的整合和联通之下，地理的界限被打开，国家的壁垒被打破，传播的渠道被打通，文化的鸿沟被填充，人们思想和信息的联系更加紧密。互联网的裂变式发展对宣传思想文化工作产生了全方位影响，传播在一个更加开放、多元、互动的视野中展开，以往单向的方式被打破，互联网成为宣传思想工作的新领域和重中之重。我们要正视这个事实，深刻认识人类社会的深刻变革，把宣传思想工作放在国内国际整体的工作平台布局和实施，有效地进行改革创新，才能更好地适应时代发展的新趋势新特点。

"统什么"是增强统筹两个大局能力的核心

统筹两个大局，统什么是核心问题。宣传思想工作必须着眼于服务党和国家工作大局，提高统筹能力，加强辨识和引导，充分发挥思想引领作用、舆论推动作用、精神激励作用、文化支撑作用。

首先，统筹思想观念，最大限度凝聚社会共识。宣传思想工作是直接做人们思想观念方面的工作，能够稳定社会心理、维护社会和谐，引领社会思潮、形成良好风尚，增强全社会的凝聚力向心力。同时，宣传思想工作还担负着在统一思想的同时解放思想的任务，从思想根源上为深化改革扫除观念障碍，走出思想误区，扩大利益交汇点、解决好思想认识问题，凝聚促进改革发展、维护社会稳定的正能量。今天，在实现民族复兴中国梦的伟大征程中，我们要把自己的理论成果及时加以提炼、总结、宣传，在日益复杂的国内国际环境中更好地宣传中国特色社会主义理论、制度和道路，更好地弘扬中国梦，培育和践行社会主义核心价值观，培植共有精神家园，推动全体人民坚持中国道路、弘扬中国精神、凝聚中国力量，这是宣传思想工作统筹两个大局的中心任务。

其次，统筹舆论导向，营造有利的内外部环境。在西方国家，宣传能力是维护国家安全的重要标志。各国几乎都把宣传舆论工作纳入到国家安全战略当中，对于危害国家形象及根本利益的言论有着严格的限制。我国的宣传思想工作也必须以维护我国的核心利益和国家安全为主旨，统筹好国内国际大局，不断壮大主流思想舆论。在国内，坚持舆论阵地守土有责，履行好围绕中心、服务大局的基本职责，牢牢把握正确导向、发出正面声音，营造积极健康的舆论环境，为全面深化改革提供强大舆论支持。在国际上，通过精心宣传，让世界各国了解中华民族的独特的历史文化传统，了解中国改革开放的艰苦奋斗，以及维护和平与发展的理念，用强大的正面声音更好缝合内外舆论，有效消除误解，营造稳定的外部舆论环境。

第三，统筹文化资源，提升与综合国力相匹配的文化软实力。近年来，特别是国际金融危机之后，各国都在产业转型和经济结构调整方面寻求突破，许多国家把文化作为新的经济增长点和提升国力的重要途径，制定和实施了相应的文化发展战略，以国家之力助推本国文化"走出去"。我们要适应国际文化发展的新态势，从国家层面上将文化摆在突出战略位置，充分利用国内国际两种资源、两个市场，着力培育文化优势，推动对外文化贸易，促进文化产品和价值观念输出，从根本上提升我国文化整体实力和国际竞争力，把世界的机遇转变为中国的机遇，把中国的机遇转变为世界的机遇，在与各国良性互动、互利共赢中推动文化发展。

第四，统筹工作部署，全方位维护国家和人民利益。随着我国全面深化改革，宣传思想工作涉及的领域越来越多、涵盖的范围越来越广，越来越需要与其他各条战线各个部门工作统筹起来，推动国家整体利益的实现。在统筹工作部署的过程中，宣传思想工作要坚持以民为本、以人为本，树立以人民为中心的工作导向，把实现好、维护好、发展好最广大人民根本文化利益作为出发点和落脚点，不断繁荣发展文化事业和文化产业，保障文化民生，丰富人民精神世界，增强人民精神力量，满足人民精神需求。

"怎么统"是增强统筹两个大局能力的关键

统筹两个大局既是一个理论认识问题，更是一个工作实践问题，需要通过具体的工作来达成。增强统筹能力，关键在于如何统好、统活，从体制机制上进行梳理和调整，实现统中求稳、统中求进。

第一，加强宣传思想工作"一盘棋"的顶层战略设计。统筹考虑各层次和各要素，从高层次上设计总体目标和战略步骤。一是把宣传思想工作放在党和国家改革发展全局中，从经济、政治、外交、军事的整体利益着眼，从国内国际两个环境、两种资源的视角观察，从经济社会各领域的工作实际入手，统揽全局，布局谋篇，形成“一盘棋”的战略思想和战略设计。二是应对国际格局和秩序的深刻变革，制定和优化中长期发展规划和专项规划，细化宣传思想工作的目标项目和措施办法，在国家规划、政策、法律、资金等方面提供强大支撑，进行全方位的任务安排。三是加强智库建设和升级，整合宣传思想工作战线资源，以党和国家关注的重大问题为主攻方向，加强分析研判和战略性任务的研究，建言献策，切实提高社会科学各个领域的研究水平和应用转化能力。

第二，进行“牵一发动全身”一揽子的重点突破。宣传思想工作要想找准工作切入点和着力点，最为迫切的是要针对最核心、最关键的环节，合力攻关、深入推进，用点上的攻关，带动面上的覆盖和线上的提高。这些重大环节有些属于宣传文化领域自身的重点部位，有些则是与其他领域相交叉的、关联度大的重点领域。一是巩固新兴媒体和互联网舆论宣传阵地，抓好网上舆论工作这个重中之重，深度介入数字报刊、移动电视、手机媒体、手机短信、微信、博客、播客、微博客、论坛等新兴媒体，注重宏观调控和微观管控相结合，注重技术治理、社会治理、依法治理相结合，增强主流媒体舆论引导能力，引导舆论健康发展。二是行之有效地开展多种形式、入脑入心的宣传教育工作，深化中国特色社会主义与中国梦的宣传，培育和践行社会主义核心价值观，加强公民道德建设，把主流思想、理念和内容真正渗透到社会基层、进入人们心灵，把理论自信、制度自信和道路自信传递给全体人民，形成向上向善的力量。重视“量”和“质”的关系，增强宣传教育的针对性、实效性，改变多而无效的状态，变数量优势为质量优势。三是推进国际传播能力建设，优化传播内容、传播途径、传播效果，逐步实现机构本土化、人员本土化、内容本土化，扩大中华文化的影响力和辐射力。四是积极扶植文化事业和文化产业繁荣发展，传承弘扬优秀传统文化，以政府为主导，发动社会力量，培育骨干文化企业，扩大文化产品贸易，打造良性循环的产业链，不断提高国家文化软实力。

第三，树立“大宣传”的工作理念。提高宣传思想工作能力，仅靠宣传文化部门自身是不够的，必须树立大宣传的工作理念。宣传思想工作不仅需要自我整合、自我提升，还要发动社会资源，统筹各种力量协同作战、共同参与，使宣传思想工作能够渗透到各个领域的核心层，发挥应有的功效，改变与其他领域工作脱节、各行其是的现象。一是宣传思想工作部门应当积极加强同经济、教育、科技、政法、工会、共青团、妇联等部门的沟通和配合。二是要组织调动社会各界的支持参与，更好地与各种利益群体达成理念共识，实现同频共振，使宣传思想工作最大限度地代表社会群体利益，形成全社会的传播引导力量和舆论监督力量。三是高度重视知识分子工作，关注和团结那些具有特殊性的知识分子，探索有效途径和方法，做好网络意见领袖、网络作家、签约作家、自由撰稿人、独立演员歌手等群体的工作，最大限度引导这些新型人才发挥好建设性作用。

第四，提升宣传思想工作应对复杂多变形势的创新能力。遵循宣传思想工作的内在规律，加强理念创新、手段创新和基层工作创新。一是遵循法治化和制度化的思路开展宣传思想工作，减少随意性和盲目性，推动宣传思想工作有序地开展。二是增强宣传思想工作的对象化、精细化，精准定位工作对象、服务对象，有的放矢地开展思想、舆论和文化引导。三是创新内容、创新形式、创新载体，由灌输式的“硬宣传”转变为劝导式的“软宣传”，紧扣人们普遍关注的问题，在传播细节、宣传口径、推介方式上更加贴近大众思想习惯、文化习惯和生活习惯，通过情感方式、互动交流方式进行表达，避免模式化、套路化，避免生硬刻板、缺乏亲和力。四是改进对外宣传手段，加强话语体系建设，着力打造融通中外的新概念新范畴新表述，讲好中国故事，传播中国声音，形成有利于传播中国声音的本土化的“国际表达”。

（作者单位：北京市社会科学院）

论意识形态工作的三个策略

刘建军

要做好意识形态工作就必须注意方式方法，而这其实就是一个策略的问题。因此，从理论的高度，从理论与实际的结合中，深入探讨意识形态工作的策略问题是非常必要的。

一、意识形态工作必须讲究策略

所谓策略，简单地说就是为取得好的工作效果而在复杂的情形下巧妙地运用方式和方法。策略与战略、政策既有联系又有所区别。战略和策略都具有谋略的性质，但是战略的层次更高、更宏观，而策略则层次略低一些。在许多情况下，战略与策略联系在一起，难以完全分清。在战略中包括一定的策略思想，但战略又不能归结为策略。策略与政策有紧密的联系，但二者在许多方面不能等同。策略与方法、手段也有密切联系。策略是比较高层次的方法，它不是个别的方法，而是有一定的提升，是可以重复运用的思想方法和工作方法。同时，策略也是比较复杂的方法。方法有的简单，有的复杂。简单的方法，片面孤立的方法不能算是策略，只有具有一定复杂性的、比较巧妙的方法，只有体现出一定的方法论智慧的方法，才可以算得上是策略。策略可以说是属于手段的范畴，它是相对于目的而采取的手段。只考察目的，不考虑手段，或简单地运用手段，那就谈不上策略。另外，凡是策略，都是带有一定让步、迂回性质的，不然也谈不上策略。一般来说，策略产生于目的实现的艰巨性和实现目的的条件的复杂性。

意识形态工作是在复杂的社会形势下的思想性工作，是一种难度很大的复杂性工作，要想取得好的效果，必须讲究意识形态工作的策略。所谓讲究意识形态策略，就是在意识形态工作中，讲究方式方法及其恰当运用，特别是面对复杂的意识形态形势，针对艰巨的宣传任务时，必须有意识地采取巧妙的方式方法。灵活性是策略的灵魂，复杂性是策略形成和存在的土壤，迂回是策略的重要表现。

总的来说，我国高度重视意识形态工作，实行了比较恰当的战略和策略。在国家内部倡导社会主义核心价值体系，用以引领多样化的社会思潮；在对外意识形态斗争中，高度重视提升国家文化软实力，进行有理有据的意识形态斗争。党中央提出“三贴近”的原则等，主张增强社会主义意识形态的包容性，正确处理一元主导和多样并存的关系，处理政治问题和学术问题的关系，等等。应该说，我国意识形态工作已经总结出一些行之有效的原则和方针，这些原则在某种意义上也可以算作是策略思想。但是，我们仍需要进一步有意识地关注意识形态的策略问题，分析国外意识形态的相关策略，针对国内实际寻找有效的策略思想。尤其要注意以下三个基本的策略，这是人们长期以来注意不够的。

二、“公开—隐蔽”策略

意识形态工作很大程度上就是宣传，而宣传在一定意义上就是公开。宣传的目的就是使宣传的内容达到最大化的公开，成为众所周知的公众见解。这种“公开”是意识形态工作目的意义上的公开，而不是方式方法意义上的“公开”，不是宣传策略意义上的“公开”。从策略的意义上讲，宣传工作或意识形态工作，既可以用公开的、旗帜鲜明的方式进行，也可以用隐蔽式的不张扬的方式进行。前者就是宣传的“公开”策略,后者就是宣传的“隐蔽”策略。这两种策略好像是两个极端,但又是密切联系的,是同一个策略的两个侧面,要善于根据具体情况的需要,将二者搭配使用。

一般来说,我们的意识形态工作是公开的,是以旗帜鲜明的方式来进行的。也就是说,我们通常采用的是公开式的宣传策略。其特点是:一开始就明确地告诉受众,我们要开始向他做宣传,并尽力证明我们所宣传的都是正确的,他应该自觉地接受我们所宣传的东西。在宣传中,明确地亮出观点和结论,摆事实,讲道理,一切大大方方。我们不像西方那样,回避爱国主义教育的字眼。相反,我国的一些历史遗址、重要的政治活动场地,都明码标着“爱国主义教育基地”,明明白白地告诉人们,你来这里就是要接受爱国主义教育。学校的教师组织学生们外出参观,也明确地告诉他们是要对他们进行教育。我们更不像西方那样回避“宣传”这个字眼,把它当作“为了达到蛊惑的目的而漫天撒谎”的代名词。我们是在正面的意义上,或至少是在中性的意义上使用这个概念。我们党和政府的意识形态工作部门就叫作“宣传部”,这是很可以把西方人吓一大跳的。

“宣传”是有目的的,宣传者出于一定的目的而进行宣传。党和国家的意识形态工作也是有着明确的目的,而且不隐瞒这一目的,在亮出观点的时候,同时也亮出宣传的目的。这是我们的宣传工作的一大特点,也是一大优点,这是由我们党和国家的性质所决定和要求的。从党的性质和品格来说,是敢于公开说出自己的政治见解的,并向社会进行公开的党的路线方针政策的宣传。党是人民群众的利益代表者,在人民面前没有什么不可告人的目的,也不必要隐藏什么。特别是在互联网高度普及和发达的情况下,意识形态工作需要面向一些社会事件,公开地做报道和解释工作。对于已经发生或已经在网上传播开来的事情,特别是类似官员腐败等负面的事情,我们不能力图回避,甚至加以隐瞒,而要公开地去报道,旗帜鲜明地把党和国家清除腐败的态度和要求宣传出去。党和政府的各级负责人,特别是负责意识形态方面的同志,要转变观念、增长本领,善于直接面向公众回答问题、讲解政策。这也是意识形态工作公开式策略的重要方面。

但是,公开只是矛盾的一个方面,不要忘记矛盾的另一面,即隐蔽的一面。性质上的旗帜鲜明,不等于方式上的明火执仗;目的上的正当,不意味着方法上的简单。现在隐藏式宣传或教育已经成为当代世界公认的、有成效的方法。所谓隐蔽式宣传或教育,就是在受众不知晓的情况下,至少是在不知晓宣传者目的的情况下,来进行宣传教育。这样,就有效地规避了受众通常具有的心理阻抗和心理逆反,提高了宣传教育的效率和效果。国外在这方面做得比较好,他们善于在人们似乎是自由出入式的环境中,让人们在身心放松的情况下,无意识地受到一定的宣传教育。他们不刻意标榜自己在宣传,也不刻意地从自发事件中提取宣传的主题和因素,而是提供许多事实材料,让人们不受影响地作出自己的判断。

现在是信息爆炸的时代,人们并不珍惜所收到的宣传信息,所以宣传并不天生就拥有听众,而必须设法吸引听众。同时,由于人们主体意识增强,不喜欢接受别人的宣传,特别是不喜欢直接灌输结论。因此,不必结论当头,不能强加于人,而要让人们能够自己得出结论。把最后的结论一开始就亮出来,并不适应于每一种场合和情况。把所有的话都说尽,有可能费力不讨好。要多讲事实,少重复结论,给人们留出思考的空间,留出自己得出结论的空间。最高明的宣传是不着痕迹的,似乎没有宣传,但最后达到了宣传的效果。这是一种宣传艺术,一种意识形态工作的高境界。

三、“清晰—模糊”策略

与“公开”策略相联系,在意识形态工作中,在宣传思想工作中,首先要注意思想观点的清晰。宣传的目的，也是要把一些事情说清楚，把一些道理讲明白，让人们了解真相，接受真理。这就要求理直气壮、清楚明白地讲解正面的道理，深入揭示被许多东西所掩盖着的社会关系和利益关系，让人们看清现实的真相。

但是，任何清晰都有限度，绝对的清晰是不可能的。特别是在社会急剧变化的过程中，有些事情人们想不清楚是正常的。意识形态工作上的清晰也是有限度的，并不能把所有的一些困惑都说明白。要允许一定的模糊性存在，并有意识地认识到模糊的价值，自觉地运用模糊性策略。特别是在现在的社会条件和人们思想状况下，更应把清晰与模糊联系起来，在不同的情况下，掌握其合适的度。在革命年代，革命的意识形态和思想宣传的主导策略是清晰，就是把被意识形态和温情面纱掩盖着的利益矛盾和冲突都挑明起来，甚至让它以激化的形式鲜明地表达出来。这是革命宣传的需要，只有这样才起激发人们起来革命。而在革命成功后，尤其是在和平建设阶段，意识形态工作就不能再像过去那样挑动矛盾了，而是要适当地增加模糊度，增加人们的社会共识，减少矛盾和冲突。但遗憾的是，在新中国成立以后，我们由于坚持以阶级斗争为纲，结果在意识形态上继续沿用革命时期的意识形态策略，着力于划分不同的阶级、阶层，区分不同的思想观点和阵营，在“文化大革命”的时候甚至还提倡跟自己的亲人“划清界限”，结果造成了很大的危害。在我们现在的历史条件下，由于社会分化的加剧，人们的意识矛盾有不断加剧的趋势，在这样的情况下，社会的意识形态就要加强统合的力量，减少分化的力量。不要把掩盖着的利益上的差别挑明，更不能放大，而是要让人们意识到社会的统一性，意识到大家根本利益的一致性。因而在宣传教育中，就需要讲一些大家都便于接受的话，或者同一种思想用不同的方式，用大家都可以接受的方式表达出来，而这样的表达显然会具有一定的模糊性。这种模糊性是必要的。

改革开放以来，特别是提出建设和谐社会以来，我们能明显地感觉到意识形态策略上的一种变化，那就是从过去的注重清晰，转而重视模糊。提出的一些道理、一些提法等，就不像以前那样泾渭分明，有的是中性的，有的既可以做这样的解释，也可以做那样的理解。同一个政策，同一种说法，不同的阶层都可以从自己的愿望去理解。“以人为本”的提出，就有这样的特点。它本身应该是比较模糊的一种提法，不同的人的理解是很不相同的。这甚至引起一些理论工作者的批评，说是政治属性不够鲜明，是掩盖矛盾等。其实，这是符合时代和社会要求的做法。试想，如果我们还是像以前那样，把矛盾不仅不来掩盖和调和，而且故意去挑明、去激化，那么在矛盾凸显期，就会加剧社会动荡。所以，我们在意识形态工作中不论是设立超级目标也好，还是语言中性化等，都有实际上的用处。

当然，任何事情都有两面性。正像只讲清晰不行一样，只讲模糊也不行。意识形态策略上模糊策略的运用在达到一定程度时需要向清晰回摆。清晰与模糊是一对矛盾，我们在工作中可以有侧重点，坚持重点论，但任何时候都不能放弃“两点论”。一味地玩“模糊”，虽然可以掩盖矛盾、淡化甚至化解矛盾，但也有其弊端，那就是容易使人们不分善恶，不辨美丑，放弃原则。这当然也是危险的。所以，在一定的时候，就需要再次强调一下清晰的方面。但并不是在任何问题上都求清晰，而且这在事实上也是不可能的，我们不得不在某些问题上满足于模糊处理，而是在一些重大原则问题上，提出划清界限的问题。

四、“正面—反面”策略

意识形态工作要以正面宣传为主，这是我们的一条原则。这是我们从长期的工作实践中总结出来的，是适合于社会主义国家的实际的。在社会主义国家，人民的根本利益是一致的，党和国家是人民群众根本利益的代表者和维护者。这些本原的东西，在根本上是靠得住的。

社会主流是好的，光明面是主要的，人民群众是懂事明理的，这些都是以正面宣传为主的原因所在。而且从宣传教育的学理上讲，只有正面的东西立住了，负面的反面的东西才不能得逞。

正面和反面也是一对矛盾，不能完全割裂开来。正面是相对于反面而存在的，它需要反面的衬托。比方说，在报道正面消息的时候，如果不搭配一定比例的反面消息，就给人们一种"报喜不报忧"的印象。久而久之，人们对于报纸上的正面消息的真实性就会产生怀疑。这样的话，正面宣传就会产生负面效应。而有些表面看属于消极现象，是负面的消息，但如果报道得好，就会产生正面的效应。在这方面事例是很多的。反面宣传的策略包括很多方面：既讲主流，又不忽视支流；既报道光明面，给人以信心，也暴露和批判阴暗面，释放人们的怨气；既进行英雄模范的宣传，也进行警示教育；既进行科学理论的教育，又批判错误的思潮，等等。

总之，意识形态工作的策略可以有好多条，我们也可以从不同的角度来总结这些策略，本文所讲不是全部，而只是其中的需要特别引起关注的几条。同时需要说明的是，策略有层次之分。要注意区分原则策略与具体策略，以及策略与策略的具体运用。本文所说的三个策略，是一般层次上的重大策略，与具体而特定的策略有所不同，事实上属于原则性策略或策略原则。每一个这样的原则，都可以包含不同的具体策略，比如"公开—隐蔽"策略本身就是公开性策略和隐蔽性策略的结合，"清晰—模糊"策略本身包括着清晰策略和模糊策略，"正面—反面"策略也是如此。在不同的时期和不同的情况下，完全可以具体采用其中任何一个方面的具体策略。但是，两种相反的策略又统一于一个原则性的策略之中，成为这一策略原则的两方面的内容。我们要用辩证的思维来把握对立面，善于运用不同的策略，以更高的宣传艺术和斗争艺术，取得更好的意识形态工作效果。

（作者单位：中国人民大学）

“思想政治需要”的理论分析

王　颖

需要理论是马克思哲学思想的重要组成部分。马克思主义认为，人以其需要的无限性和广泛性区别于其他动物，需要是社会、政治实践活动的客观要求在主观世界中的反映，是人类实践活动的前导性因素。需要不仅是人的本质力量对象化的重要环节，也是人类结成社会关系和进行认识活动深层原因。它通常被体验为一种不满足感，是个体活动的内驱力，不断推动人的实践活动逐步深入和扩展。思想政治教育作为完成党和国家思想道德建设任务的主要手段，它对人本身的发展和完善具有重要的价值和意义。这种价值和意义，体现在对人的思想政治需要的满足和思想政治素质提高上。但是，目前关于思想政治需要理论的研究显得特别薄弱，对于如何激发和培养人的思想政治教育需要也缺少正确的理论指导。针对人的思想政治需要，提高其对思想政治教育的内在感，培养、激发人的思想政治需要，调动教育对象参与思想政治教育的积极性，激发人们参加和接受思想政治教育的动力，避免等待式的被动教育现象，将有助提高思想政治教育的针对性和实效性。

一、思想政治需要的基本内涵

需要是人的本质力量对象化的重要环节。思想政治教育需要是人的需要的一个重要方面。全面了解人的思想政治需要，有助于提高思想政治教育的针对性。也只有把握人的思想政治需要的特征，才能与时俱进，从变化了的社会发展和人的发展的实际出发，提高思想政治教育的实效性。思想政治需要并不是人对思想政治教育的需要。有学者认为，“我们只注重思想政治教育作为政党或政治集团的一种意识形态活动而对政权的获得或巩固所起的作用，即它的社会作用，而忽视了思想政治教育也是个人健康成长和自我实现完善的需要。这种偏颇所导致的直接后果就是：一方面，党和国家不断强调思想政治工作的重要性，花大力气进行思想政治教育；另一方面，许多公民对此却不感兴趣。”关于思想政治需要，目前存在着思想政治理论需要、思想政治教育需要、思想政治需要三种相近似的提法和看法，董浩军认为“思想政治理论需要是人们基于对思想政治理论所具有的满足自我和社会的价值而对思想政治理论产生的一种内在渴求。”张海军、王效仿认为，人的思想政治教育需要是“融求知需要求证需要和自我实现需要于一体的一种需要。”张世欣认为，人的思想政治需要主要体现在求知需要、自尊心理需要、实现利益追求需要三个方面。这些观点都比较明确地突出了思想政治需要的个体性特征。比照思想政治素质这个范畴，我们倾向于在概念上使用思想政治需要一词来称谓人对于思想理论的求知求证需要和提高自身思想政治素质的需要。当然，这并不是一个精确的定义，仍有待我们深入研究，揭示其基本内涵。思想政治教育学科在跨越式的发展过程中，应进一步旗帜鲜明地加强思想政治教育学科本身的建设，克服“杂、散、疑、平、虚”等似是而非的问题，明确学科内涵，解决基本理论中的重大问题，加强内生性研究和自在性诠释，提高思想政治教育学研究中学术论证的逻辑性和论据表达的真实性，提升学术品味，巩固基本理论和学术观点，揭示思想政治教育对社会和人民群众的真实意义和价值。

在思想政治素质上不断地提高自我修养是学习者的精神需要，是学习者精神生活的重要方面，是个主动、自觉的能动过程。思想政治需要推动受教育者学习、了解和接受思想政治教育内容，将其内化在自己的认知结构之中，并外化为良好的思想道德和行为。对不同思想政治需要属性的满足方式影响着思想政治教育的方式方法。思想政治需要的方向性影响着思想政治教育接受的选择性；思想政治需要的层次性和结构决定着思想政治教育接受内容的序列性。思想政治教育要重视人的需要并根据需要的变化调整自己的内容和方法，激发人们提高思想政治素质的主动性和自觉性。忽视思想政治需要、排除教育对象思想意愿的思想政治教育，是目中无人、一厢情愿的思想政治教育，很难达到预期目的，也很难取得理想的教育效果。

二、思想政治需要是思想政治教育的起点

人的需要具有层级的多样性和分化性，包括历史地自行产生的需要和社会需要、社会交往秩序的需要、精神上的意义需要。思想政治需要是人的内在心理状态，属于精神上的意义需要。人是具有形而上的追求、渴望着思想和理论的存在物，“人是不会满足于生命支配的本能生活的，总要利用这种自然的生命去创造生活的价值和意义。人之为‘人’的本质，应该说就是一种意义性存在、价值性实体。”黑格尔认为，“在人类生活的这种自然需要范围里，这种满足在内容上还是有限的，窄狭的；这种满足还不是绝对的，因此它无止境地引起新的需要，今天吃饱睡足，饥饿和困倦到明天还是依旧来临。所以再进一步走到心灵的领域，人就努力从知识和意志，从学问和品行里去寻求一种满足和自由。”人类的精神生产能力和人的精神需要证明人是有意识的类存在物，充分满足人的精神需要更能实现人的发展程度和发展水平。各种精神文化需要、自我实现和发展需要等等应该呈现在人的现实需要结构中。没有这样一个丰富的需要结构，人就很难成为一个全面发展的人。

思想政治教育要从现实的社会正义出发，通过政治社会化的方式提升统治阶级和上升阶级的思想政治素质，培养高起点的人。满足人的思想政治需要、提高人的思想政治素质是思想政治教育的根本目标和实质性追求。思想政治教育肩负着沟通、满足思想理论和人彼此间需要的中介角色，这要求我们改变原有的强必然性、决定论的教育模式和思维习惯，要承认思想政治教育不是万能的（承认必要性、重要性和可能性之间的距离），在教育目的和教育结果之间存在着大量的或然性因素，承认人的思想政治素质的培养与发展是多因多果的，从政治的高度和力度，用思想的智慧、教育的情怀、艺术的手笔、文化的渗透做好思想政治教育工作。“思想根本不能实现什么东西。为了实现思想，就要有使用实践力量的人。”思想理论要展现自身的力量必须找到“使用实践力量的人”，说服并掌握他。人也要在众多的理论中“选择”他们所需要的思想理论，只有那些能“说服人”的思想理论才能受到青睐和选择。教育是价值引导和自我建构的统一，是双方相互交往、平等互动的过程，伴随着知识的传递和衍生、知识的挑战和脑力的激荡以及情意的感染和深刻体验。思想政治教育在开展教育性的价值引导过程中，向教育对象所展示的、可能的意义世界会使教育对象此基础上进行自主建构和重构。一个人的成长和成就，相当程度上取决于他自主建构、主动学习的积极性和连续性。

按照“需要—动机—行为”规律，人的需要总会影响人的行为，人的思想政治需要也会影响人的思想政治行为。思想政治教育的目标就是要通过“灌输”把外在的社会理论、规范内化于人的内心，并且成为一种自觉意识。要完成这一过程，必须以人的思想政治需要为基础。“一种思想教育如果不能纳入受者的内在需要，就难以为受者所接受，忽视受体的内在需要

(包括正确需要的关心和错误需要的导引),则易产生受教之间的内在障碍,拉开心理距离。……思想政治教育要善于激活受体的需要,也即激活内动力,不能让人们出现需要的满足后的沉沦,要善于挑明受与教的利益的相关性,指明实现需要的可能性,挑明需要的新的指向性。要善于利用思想信息的新鲜度、蕴含度,激发人们的好奇性,强化其求知需要;善于肯定人们的成就感,从而激发人们放大视野,产生新的追求。”只有深刻理解教育对象的内在意愿,才能获得教育主动,保持教育活力。全面深入认识思想政治需要的本质和特点,建构合理的思想政治需要,有效满足、激励和引导思想政治需要,才能实现思想政治教育目的,提升思想政治教育价值。

三、思想政治需要理论的应用价值

人的发展程度和人生境界在很大程度上取决于人的需要类型和满足程度。因此,不断满足人类的多方面需要,是人的发展的重要内容和途径。马克思对于需要问题的理论思考,总是紧密联系社会实际,从“有生命的个人的存在”出发,着眼于“现实世界中”个人的“许多需要”,立足于这些现实的需要与满足需要的实践要素之间的矛盾,揭示客观规律。个体对思想政治教育工作的接受,总是与切身的需要联系在一起的。思想政治需要产生于人的成长过程中既有的思想政治素质与社会要求之间的失衡。思想政治教育要做好人的思想工作,首先要打破人的思想政治素质平衡状态,激发思想政治需要。通过做思想工作调整教育对象的心理状况,使他们的动机、意识、情感等方面发生变化,如渴望了解事情的原因,急切想了解事情的结果,求异心理等,或者出于自尊感、荣誉感、羞愧感、责任感等道德情感,这些变化均可以成为激发其思想政治需要的触媒。

从思想政治教育的实践看,思想政治教育既要立足经典,更要源于生活。教育内容如果与教育对象的需要和利益相联系,就会引起教育对象的兴趣。联系越紧密,兴趣越强烈;教育的方法越适合教育对象,教育的效果就越好。“思想政治工作的重点,不应停留在防范群众出思想问题的取向上,而应在于如何通过思想政治工作激发、调动群众发展的创造性,帮助群众发展自己,使思想政治工作真正成为群众在寻求发展中的需要。……如果思想政治工作不了解群众的需要,不能‘满足’群众的需要,无法激发他们需要的情感,群众就会对思想政治工作产生抵触,甚至抗拒的情绪。这样,再正确的原则,再好的内容,在教育的意义上,都是无济于事的。”思想政治教育者要针对受教育者的合理需要,遵循情理一致和循序渐进原则,接近教育对象的需求期望值,形成共鸣。思想政治教育只有面向现实、面向生活,不回避社会心理热点问题,高度重视人们心理需要的指向性与强烈性,不断满足现实需求,才能真正起作用、见成效。思想政治教育越贴近教育对象的内在需要,越容易在彼此间产生心理共振,营造良好的心理接受状态。反之,如果教育对象发现自己的内在需要被忽视了,油然而生的被忽视感会造成受与教的心理距离和心理屏障。

思想政治需要既在满足中激励和强化,又在激励和强化中满足。瓦西留克认为,“人永远是自己也只能是自己才能体验所发生的事情以及产生危机的那些生活环境和变化。谁也不可能代替他这样做,就像最有经验的教师也不可能代替自己的学生去理解所讲的内容一样。”要准确理解人的思想政治需要,首先必须深入调查,充分了解其内心世界,把握其思想脉搏。“理论只要说服人,就能掌握群众;而理论只要彻底,就能说服人。所谓彻底,就是抓住事物的根本。但是,人的根本就是人本身。”“人的根本”和“人本身”包含着人的需要和人的思想政治需要。其次,分析思想政治需要产生的具体原因,针对性地安排教育内容,理性化的思想政治教育认知导向要转化为个体内在的心性价值信仰，首先教育内容要折射社会正义与公共理性，其次要体贴蕴含着生活体验的思想政治需要，切中个体自由的心性价值世界，将教育内容的先进性和教育对象的层次性有机结合起来，把思想政治教育内容具体化，充分调动思想理论接受的可能性，提升教育对象的价值认识、探究、体验能力，把人们的思想和行为引导到正确的、积极的、健康的轨道上。

（作者：首都师范大学研究生院副院长）

新中国成立初期党的思想政治工作经验总结

张旭东

1949—1956 年,中国社会制度发生了两次巨变:由半殖民地半封建社会到新民主主义社会,再由新民主主义社会到社会主义社会,每一次变革都引起了道德上和精神上的巨大高涨。为了使转变的合法性为全国各阶层群众所承认和支持,党继承和发扬了革命年代重视思想政治工作的传统,采用宣传网等制度方式,围绕不同时期的不同中心工作,加强了党的思想政治工作,从而使得建国初期党执政的合法性和各项工作的顺利开展有了思想上的保证。这些经验值得我们认真总结和学习借鉴。

一、强化思想政治宣传及教育

建国初期,新旧政权更替,各种思想相互激荡,共产党从农村走进了城市,成为新中国的执政党。在新的历史条件下,如何保持自己的先进性?如何使全国各阶级、阶层接受新政权?如何使其合法性得到广泛承认?面对这些问题,共产党强化了思想政治宣传及教育工作。

首先,提出了"思想政治工作"的概念。思想政治教育是中国共产党的传家宝,其正是靠着思想政治教育工作起家并发展壮大的。在思想政治教育史上,共产党先后使用过"政治工作"、"政治教育"、"思想教育"等概念,但这些概念都没有完整地表达出思想政治工作的内涵。1951 年 5 月在中国共产党第一次全国宣传工作会议上,刘少奇首次提出"思想政治工作"概念,他指出,"今天,思想政治工作的必要性更加提高了,更加需要加强党的思想领导,……实际工作任务更加重了"。思想政治工作概念的提出是一个重大的进步,它从字面上突出了两个极为关键的字眼,即"政治"和"思想",将二者结合成一个概念。这一概念的提出,使思想工作和政治工作在内容上有所交叉和互补,从而增加了其所能概括的内容范围,使之更加清晰、科学化。该概念不仅包含了政治工作中的思想工作,而且包含了政治工作之外的思想工作,还包含了政治工作中的非思想工作,并突出了思想工作的政治性。

其次,中央高度重视思想政治宣传及教育工作。一般来说,新制度刚刚代替旧制度之时,执政者势必会加强思想政治宣传及教育,为的是破旧立新,新中国建立之初也不例外。在 1951 年 5 月召开的第一次全国宣传工作会议上,刘少奇强调要加强党的宣传工作,他指出,"每个党员要把党的主张、党的政策向人民作解释、作宣传,宣传我们党的基本观点,以马列主义的观点反对一切错误的观点。每个党员都要这样做"。为了避免实践过程中各级领导一手硬一手软而忽视思想政治工作的现象,毛泽东特别强调:"我希望,所有的省委书记、市委书记、地委书记以及中央各部门的负责同志,都要奋发努力,在提高马克思列宁主义水平的基础上,使自己成为政治工作和经济工作的专家。一方面要搞好政治思想工作,一方面要搞好经济建设工作。"中央的高度重视,使得在每一个运动中、在每一处地方,都有成千上万的宣传人员向群众进行宣传活动。这导致全国人民个人的生活和思想都发生了从来未有的根本变化,比民主革命的影响要广泛和强烈得多。

再次,建立宣传网制度。为了更好地开展建国初期的思想政治宣传工作,党中央创立了一种思想政治教育的有效形式,即宣传网制度,使"全国每一处,每一人都能受到适当的宣传教育”,“使我们的国家整个地变为一座伟大的学校”。建立宣传网的目的是在新中国政治社会化过程中,建立党领导的、以报告员和宣传员为核心骨干的群众宣传工作队伍及其组织制度。中宣部于1950年初开始在东北、华北、华东、中南等地区试行建立宣传网的工作。1951年1月1日,中共中央迅速将这一制度推向全国。到1952年底,全国共发展宣传员379万人,报告员75万人。一个在各级党委领导下,以报告员和宣传员为骨干,从上到下、层层沟通联系,覆盖机关、厂矿、农村、街道、学校等一切社会组织细胞的庞大政治社会化组织制度和工作机制开始形成。“正是因为有了这样一支有组织的、经常起作用的、强有力的宣传队伍,党的群众宣传工作才能逐渐克服了过去所存在着的缺乏经常性和组织性的缺点,而迅速地加强和发展起来。”

建国初期的宣传网制度作为党实现政治社会化的重要渠道,在宣传党的意识形态、推动全体人民达成共识、激励动员人民群众积极投身新中国的各项工作、激发政治热情和主人翁态度等方面起到了重要作用。

二、思想政治工作和中心工作并举

党的思想政治工作是党的事业的一部分,思想政治工作应与党的基本路线和中心任务相一致,为中心工作提供思想保证和精神动力。建国初期,党的思想政治工作始终是围绕党的中心工作开展的,具体体现在以下几个方面。

(一)思想政治工作围绕经济恢复工作展开

革命胜利的曙光来临之际,党确定以发展经济为中心任务。“从我们接管城市的第一天起,我们的眼睛就要向着这个城市的生产事业的恢复和发展”,“城市中其他的工作,例如党的组织工作,政权机关的工作,工会的工作,其他各种民众团体的工作,文化教育方面的工作,肃反工作,通讯社报纸广播电台的工作,都是围绕着生产建设这一个中心工作并为这个中心工作服务的。”围绕着恢复国民经济这个中心工作,共产党教育全党全国人民要树立战胜困难的信心,指出,“这一生产任务是必须而且可能实现的”。

(二)思想政治工作围绕抗美援朝运动展开

朝鲜战争爆发后,1950年10月,中共中央发出《关于时事宣传的指示》,在全国范围内发起了声势浩大的抗美援朝运动,同时广泛开展国际主义、爱国主义和革命英雄主义教育。深入的宣传和思想教育,使广大人民群众在抗美援朝中表现出空前的积极性,广大群众以实际行动参加抗美援朝。1951年5月1日,全国有2.29亿人参加了支持抗美援朝、保卫世界和平的示威游行与签名活动。大批青年和学生争相报名参加志愿军或军事干校,成千上万的铁路职工、汽车司机和民工到朝鲜担负战地的各种运输与服务工作,医护工作者组织了大批医疗队为中朝部队服务。各阶层人民热烈响应党的号召,捐献飞机大炮。到1952年5月,全国人民捐献了价值相当于3710架飞机的款项,加强了我军战事储备。

(三)思想政治工作围绕土地改革展开

为了使全国人民都能深刻领会土改精神,党中央以《中华人民共和国土地改革法》为指导文件,就土改的政策、法规、方法等问题向群众做思想政治工作。刘少奇在《关于土地改革问题的报告》中指出,“在土地改革时期,除开在农村中进行广泛的宣传解释外,还应该在城市的各界人民中,在人民解放军的部队中,进行广泛的宣传解释”。为了加强对土改运动的领导,党和政府派出了约30万人的土改工作队,分赴各地区领导土改,教育农民做一个革命派,开展“自下而上”的斗争,进行了“吐苦水、挖穷根”、“算剥削账”、“谁养活谁”等形式的反封建主义思想政治工作。通过教育,农民的阶级觉悟、政治觉悟得到提高,从而为土地改革的顺利开展提供了强大的精神动力和思想保证。

(四)思想政治工作围绕镇压反革命运动

展开

为了保证镇反运动的顺利开展，毛泽东特别强调，“镇压反革命无论在城市在乡村均须大张旗鼓，广泛宣传，使人民家喻户晓”。同时，在镇反运动中，对人民又进行了“纠偏”教育，党中央于1950年10月10日发出了《关于纠正镇压反革命活动的右倾偏向的指示》，1951年2月21日又发布了《中华人民共和国惩治反革命条例》，规定了处理反革命分子的原则和方法。另外，在教育形式上也摸索了诸如公审大会的形式，通过公审大会，对人民群众进行活生生的阶级斗争教育，不仅密切了党群关系，而且进一步推动了镇反工作的顺利开展。

（五）思想政治工作围绕社会主义改造展开

1953年，党中央正式提出过渡时期总路线，进行对农业、手工业和资本主义工商业的社会主义改造。为了给社会主义改造的顺利开展提供强大的思想保证和精神动力，在全国开展普遍的思想政治教育工作势在必行。1953年12月，党中央批准并转发了中宣部《为动员一切力量把我国建设成为一个伟大的社会主义国家而斗争——关于党在过渡时期总路线的学习和宣传提纲》。这次总路线的宣传教育活动，是建国初期规模最大、范围最广、时间最长，效果也是很好的一次思想政治教育活动，使全国人民受到了一次深刻的社会主义思想教育。正如1954年共产党在七届四中全会上总结指出的——这个宣传教育活动，使党在过渡时期的总路线获得了全国大多数人民的热烈拥护，使社会主义思想在国内树立了压倒一切的优势，使资本主义思想受到了深刻的批判。

三、把握社会主义思想教育和新民主主义思想教育的关系

早在1940年，毛泽东在《新民主主义论》中就明确地指出，“但是我们既应把对于共产主义的思想体系和社会制度的宣传，同对于新民主主义的行动纲领的实践区别开来；又应把作为观察问题、研究学问、处理工作、训练干部的共产主义的理论和方法，同作为整个国民文化的新民主主义的方针区别开来”。在新民主主义革命时期，正是由于党正确区分了新民主主义思想和社会主义思想的关系，从而团结了一切可以团结的对象，才取得了革命的胜利。建国初期，思想政治工作在内容上十分广泛，涉及不同的领域和层次，这就要求思想政治工作要把握广泛性和重点性的统一。要做到这一点，就应当注意区分社会主义思想教育和新民主主义思想教育的层次关系。

国民经济恢复时期，共产党主要围绕《共同纲领》来开展思想政治工作，目的是通过大力宣传《共同纲领》的基本思想，获取最广大民众对新民主主义政权的支持与认同。同时，为配合抗美援朝、土地改革、“镇反”、“三反”、“五反”及知识分子思想改造等运动，党和政府通过多渠道，采取多种形式在党内和国民中开展了改造旧社会意识形态的宣传教育活动，包括肃清帝国主义文化影响、批判封建主义意识形态，学习宣传马克思主义、毛泽东思想，批判意识形态领域的错误倾向等方面。通过这些意识形态的宣传教育活动，人民政权很快得到了社会各阶级、阶层的支持与认同。

从1953到1956年，这一时期思想政治工作主要是围绕过渡时期总路线精神和社会主义改造而展开的，重点是对全国人民进行社会主义思想教育。为了赢得民众对社会主义道路的支持与认同，各级党组织和政府围绕“总路线”进行了强有力的宣传。但即使这样，党中央依然注意思想政治工作的层次性，在强调社会主义思想的同时，照旧宣传新民主主义思想，对资本主义及资本主义思想的存在仍是允许的：“学习是自愿的，不能强制。对马列主义有的人信得多，有的人信得少，比如有的政协常委他只爱国，不愿意学习马列主义，也没有办法。”

令人遗憾的是，这些正确思想未能在后来的思想政治工作中得到始终如一的坚持和贯彻。在改造后期，由于意识形态领域求急、求

纯、求同的“左”倾指导思想急剧增长，出现单纯地通过不断的群众运动强硬灌输社会主义思想、片面追求“资本主义绝种，小生产也绝种”的现象，基本忽视了思想政治工作的层次性。

思想政治工作是共产党的优良传统和政治优势。当下，我国正处在改革开放的关键时期，经济体制在进行深刻变革，社会结构在进行深刻变化，利益格局在进行深刻调整，发展方式在进行深刻转型，社会价值观念也在日趋多元化。这种情况下，我们必须不断加强和改进思想政治工作，不断提高新形势下做好思想政治工作的能力和水平。尽管时代条件不一样，面对的问题也不一样，但我们还是可以从党在新中国成立初期思想政治工作的基本经验中得到一些有益的启示，为当前的工作提供借鉴。首先，全党要高度重视以社会主义核心价值体系为核心内容的思想政治工作。全球化时代，各种思潮相互激荡和影响，在此背景下，社会主义核心价值体系的提出有着立魂、寻根、开源、固本的作用。正如党的十八大报告所强调的，社会主义核心价值体系是兴国之魂，决定着中国特色社会主义发展方向。要深入开展社会主义核心价值体系学习教育，用社会主义核心价值体系引领社会思潮、凝聚社会共识。各级党组织和政府要高度重视倡导社会主义核心价值体系，运用各种新闻媒体，发挥先进典型的示范引导作用，从中央到地方在全社会促成积极培育和践行社会主义核心价值观的良好氛围。用马克思主义中国化最新成果武装全党、教育人民，用中国特色社会主义共同理想凝聚力量，用爱国主义为核心的民族精神和改革创新为核心的时代精神鼓舞斗志，用社会主义荣辱观引领风尚。牢牢掌握意识形态工作领导权和主导权，坚持正确导向，提高引导能力，壮大主流思想舆论。其次，坚持从实际出发，把先进性要求同广泛性要求结合起来。当代社会，社会分层加剧，人们的利益追求越来越多元化，不同阶层存在着不同的思想问题。这就要求在思想政治工作对象上，要注意分层次，把先进性要求同广泛性要求结合起来。比如在价值观宣传方面，国家层面要倡导富强、民主、文明、和谐；社会层面要倡导自由、平等、公正、法治；公民层面要倡导爱国、敬业、诚信、友善。再比如，应当区分党的价值观和社会价值观，先进分子价值观和人民群众价值观，共产主义价值观和中国特色社会主义价值观，一定要避免混淆大类和小类之嫌。再次，要进一步加强思想政治工作队伍建设。新中国成立初期的思想政治工作之所以抓得好，一个重要原因是有一支过硬的思想政治工作队伍。在和平发展的新时代，我们更要重视这一工作。思想政治工作队伍首先必须坚定正确的政治方向，全面深入掌握中国特色社会主义理论体系，学贯中西，与时俱进；其次，要能够理论联系实际，践行群众路线，热爱祖国和人民。正如江泽民同志指出的：“要切实重视宣传思想工作队伍建设，不断提高这支队伍的政治业务水平……我们的事业就大有希望。”

（作者：中共中央党校党史教研部副教授）

论雷锋精神的形而上价值

陆杰荣

一

雷锋精神产生于新中国社会主义建设的早期发展阶段。与这个时代的特有精神风貌相吻合的雷锋精神有着深厚的中国文化传承的历史前提,也有着当今社会演进的现实基础。从雷锋精神产生"原像学"观察可以看到,雷锋精神既承载着历史上诸多仁人志士的精神情操和天下胸怀,又持守着当代中国共产党人的现代志向与奋斗追求。从雷锋精神的一个维度理解的话,笔者认为其最重要的特点在于雷锋精神所体现的形而上价值。

在早期的西方社会里,"在政治理论领域,很少有人对人性持不同的看法"。对人性的理解很少有更多的差异性理解,因为在共同体设计中,无论是柏拉图还是亚里士多德都有一个基本的想法,这就是人性趋同之理论。在对人性规定设计的铸型中,形而上学作为某种理念性的超越规定得以形成。西方形而上学在与对人性的塑造和范式的建立上起到了重要的作用。至于亚里士多德对实践理性与理论理性的差异性划分,以及各自限度的阐释对形而上学的未来走向起到了奠基的功能。西方意味的形而上学本质上是以超越性的追求,尽管初始建构者的意图在于设定一个"无限"的理想,但由于其概念性的架构与世俗的世界无关,最终成为了"本体"的附庸。中国哲学的形而上期冀主要是借助于对人的本性"还原"形成的,这就意味着与西方形而上学体系的结构相异,中国哲学更注重在对人性独特探讨的同时,提出了对人的本性理解的新的视域。例如,"孔子不仅充分肯定了人的自主能力和作为,而且在人类历史上率先对人性进行了探讨。"无论东方思想还是西方思想在理解人的本性问题上都有一个形而上的约定,并以不同的途径勾勒了演进路径。

进一步的考察会看到,雷锋精神缘起于中国文化的精神土壤,并通过辐射性的方式成为了时代精神的特有象征。这是因为雷锋精神的内涵是归属"人类性"一般规定,是超越时空的界限的。雷锋精神既发端于中国文化的精神源泉,又贯穿着影响人类本身的世界性价值。具体来说,中国的形而上学尽管有"学"的特点,但它始终是有践行的"价值"。与西方形而上学的旨趣相异,本土化的形而上学既可以"安心",又可以"践行",甚至是理论理性与实践理性二者一体化的现实操守。因此,在西方哲学里时而出现的关于理论理性与实践理性的争执,在中国文化类型中很少呈现出来。雷锋精神具有着中国式的独特品格。

二

在理解雷锋精神的过程里,还有一个更为重要的因素值得关注和挖掘。从中国文化的理论资源和历史资源来看,中国少有西方的结构性形而上学类型,而是偏重于以人文精神的典范方式建构起个体性的整体性楷模形象。与西方世俗化的"脱魅"倾向相关,"碎片化"进程使得原有的西方形而上学在"解构"中不断趋向于虚无。从西方精神的延续来看,最初的形而上学以概念化的方式建构的"本体"只是一种至上的与现实无关的理想。苏格拉底确认理想的努力在无程序性的判决里进入到终点。与西方形而上学形态相异,在雷锋精神凸显的形而上价值有着固有的人文特征，据此在理解和践行形而上学的同一维度中使得形而上学具有着理论与实践一体性作用。理解这一特点对理解雷锋精神的价值和中国形而上学类型的人文性有着极其重要的意义。依笔者看来，东西形而上学的差异在于西方形而上学用理论说明世界和人的关联，在于诠释和论证世界与人的存在普遍性质；而中国的形而上学在于“树人”，在于用形而上的价值表征出人的发展的现实前景，而不是在对理论自身的先天设计中达到某种精神内部的若干协调。换言之，中国的形而上学是“做”出来的，而不是“思”出来的。在“做”与“思”的选择中，“做”才是最当紧的。因为“做”使人成为了自由。“在马克思看来一个人是自由的，仅当他是自己决定的；而他是自我决定的，前提是他掌控自己的生活。在后一种意义上成为自主的，成为自己的主人。”依据马克思的判断可以推出，雷锋精神的形而上价值则正是集中体现在这样几个方面：西方形而上学关注于理论和概念自身，因为这种形态理论样式主要是关心于“天上”的精神本体，与世俗的人间无关；在雷锋身上映现的形而上价值着重于个体的身体力行，在细微的具体的工作中兢兢业业，在成就事业的劳作里实现着自身的追求；西方形而上学强调对感性的经验的世界的意识超越，在二元论的二难抉择里造成了自身的内在分裂；在雷锋身上蕴含的形而上价值则是现实的行动与理想的确立融为一体，人格的完整性在这里有了实践的前提；与西方形而上学的抽象性规定不同，雷锋精神关注于现实，置身于现实，用自身的积极行动改变着现实，在新的理想性中创建“理想”的现实。这意味着雷锋身上的形而上价值具有典型的“本土化”之特征，因为雷锋精神所持守的形而上价值是从“今天”或“当下”向着“未来”的延伸，是将理论理性与实践理性结合起来予以实施和践行的整体活动；是通过个体自身的建设性努力以感召其他人迸发的正能量迸发；是把平凡的尘世与理想的超世连接的通道。这样，雷锋精神的形而上价值遂有着中国本土化的坚实根基。

西方形而上学是以本体为主的理论体系，尽管在涉猎形而上学的时候它也以不自觉地途径关涉到与实践理性的若干联系，但从其在理论内部的高位运行走势来看，它与世俗的路径和历史境遇无涉。孕育在雷锋精神中的中国形而上学形态在相当程度上刻画出其特有的精神品格以及现实意义。

三

对雷锋精神形而上价值的当代阐释有着重要的意义。首先，雷锋精神与中华民族的优秀伦理道德有着历史上传承的关系。在市场逻辑和道德逻辑互为交织的网络社会条件下，彰显雷锋精神可以传导着一种“纯粹的”生活态度。事实上，确立某种价值观的目的就是培养自身的“纯粹的”生活态度，“纯粹的”生活就是面对着“真实”。依据黑格尔的看法就是消解和否定非辩证的思维方式。“纯粹的”生活态度包含着对“当下”现存规定的否定性理解，又包含着对“未来”的理想性建树。在中国文化背景的形而上学理解里，形而上学或许是一种“向上”乐观取向。在自身生命的旅途中，每天都以生命的饱满精神迎接着创造性的感受。雷锋精神在这个意义上是“纯粹的”生活态度。其次，雷锋精神是中国传统文化的人格境界的具体体现。因为“哲学作为形而上学的表达总要以显隐的方式涉及哲学的境界。哲学作为人的精神表达的最高层级的自我意识方式，其深度思维的运思取向与目的就是确立哲学的境界。人性精神的升华主要是借助于哲学境界提供的世界图景，通过人对生活终极问题的殷切关怀，期冀对人自身活动统一意义的把握来完成的。”雷锋精神的内涵在本质上可以说是对人的境界提升性的表达。用康德的观点表述的话，人是在精神的境界之中完成自身的使命的。正因为如此，雷锋精神的价值具有着人文精神标本的意义。进一步的分析还会看到，在人的自然性与超自然性的对比以及选择过程中，人文尺度的确立和理想价值的铸就在人的全面发展中具有极其重要的作用。其实,人的全面发展的本质就是使得自己"真正成为一个人",因此,把握雷锋精神的境界观实质是非常重要的。再次,雷锋精神是现代交往性社会的"主体间性"显现的价值连接的具象化楷模。对于雷锋来说,他的生命只是为大多数人幸福的一个环节。在雷锋看来,"我活着只有一个目的,就是做一个对人民有用的人"。雷锋这句话一方面表达了他的人生追求,另外一方面在深层次上揭示了人与人的关系的真实本质所在。在雷锋的心目中,人与人的关系是和谐的、单纯的、超越世俗的、理想的。在哈贝马斯的论述中,在交往理性的基础上人与人之间的相互关系能够在协商的前提下达到主体间性的"共识"。在当今现实社会里,空间的聚集和时间的交叉以及运转速度的加快使得人与人之间的关系有了新的特点,在这一情形下,人与人之间心灵的沟通和联系变得越来越重要。而在交往过程中的情感共同与价值的共享以及人的主体间性相互融合有着重要的功能。对雷锋精神的承继显然在这个方面有着自身的特有的优势。特别是在市场经济的现代性背景中,人与人之间的关系和人与物之间的关系以及人与物的商品形式的关系在多向度层面上给予呈现,如何在社会交往的过程里,在与人或对象打交道的时候始终保持着特有的人文精神维度,雷锋用自己的实际行动对这一问题做了很好的诠释。第四,雷锋精神是对美好的人生价值的现实证明。就人的本性而言,人是一个具有超越性的存在。所谓超越性就是指人在现存的限定下,总是表现出试图超出自身限制的进取过程。雷锋本人就是如此。在他看来,一个人活着的真正意义在于在为他人的奉献里体会到自己的幸福。雷锋对幸福的理解是在对他人的真切的情感关系里把握的,而他始终认为一个人的生命价值一定是在对他人的关怀和帮助他人过程中才能达到体现。在市场体制的商品化以及资本能量实施的世俗社会里,雷锋精神就是对现实的功利性生活的解毒剂。可以说,雷锋本人在现实生活面前是幸福的,这一幸福是在人的内在本体中充盈地生成着。正因为如此,对美好生活充满期待的人在价值的追求实现中,一定会在不断地"成长"中。从雷锋本人在自身的践行活动中对雷锋精神的最初凝聚到雷锋精神的形象广泛传播,进而到雷锋精神价值的当代确立,这不仅是一段雷锋精神的演进与丰厚的历史,因为可以说从今天到未来都可以坚信,对雷锋精神的敬仰,对雷锋精神价值的赞赏,对雷锋精神的现实践行会化成更多的人的实际行动。雷锋精神已经成为当代中国价值文化的最具精神凝聚力的"本土化"元素。

(作者:辽宁大学哲学与公共管理学院教授、博士生导师)

新时期继承弘扬大庆精神铁人精神的实践与研究

宋传修　王玉库

大庆精神铁人精神形成于石油会战时期，是大庆石油人学习和运用毛泽东思想，继承和发扬中国共产党、中国工人阶级和中国人民解放军的优良传统，开发和建设大庆油田的产物，是铁人王进喜等一大批英雄人物的理想、信念、情感和意志在广大员工中扩展而形成的群体意识，是中央几代领导人精心培育的结果。多年来，大庆油田始终继承弘扬大庆精神铁人精神，坚持用大庆精神铁人精神推进企业科学发展、永续辉煌。

一、新时期继承弘扬大庆精神铁人精神面临的挑战和机遇

随着党的理论创新不断加强，国家新的能源战略逐步实施，文化大发展大繁荣进程不断加快，企业内外部环境发生深刻变化，面对新形势、新任务、新要求，如何让大庆精神铁人精神在推动企业发展，实现大庆油田宏伟的奋斗目标中发挥更大作用，既面对诸多新的严峻挑战，也面临许多难得的历史机遇。

(一)面临的挑战

弘扬大庆精神铁人精神面临的挑战主要有四个方面。

1. 文化发展的挑战。当今世界正处在大发展大变革大调整时期，文化呈现出世界文化大融合、中国文化大发展、行业文化大提升三个特点，文化已成为国家竞争、民族复兴、经济发展的重要力量。党的十七届六中全会以来，党中央做出了一系列建设社会主义文化强国，推进文化大发展大繁荣的部署。石油企业加快“走出去”步伐，中国石油建成了“海外大庆”。海外队伍在“走出去”的过程中，面临着国际“接轨难”、管理“对标难”、文化“沟通难”、工作“适应难”等，文化交流与融合的任务更加繁重。这些对继承弘扬大庆精神铁人精神提出了新的挑战。

2. 思想观念的挑战。随着经济体制的深刻变革、社会结构的深刻变动、利益格局的深刻调整，带来了人们思想观念的深刻变化，思想意识的异常活跃，人们思想活动的独立性、选择性、多变性、差异性明显增强，思想观念、价值取向、理想信念呈现出多元化特点。在主流思想舆论进一步巩固的同时，影响企业和谐稳定的因素增多，引领整合多样化思想的任务更加繁重。这些对继承弘扬大庆精神铁人精神提出了新的挑战。

3. 员工代际交替的挑战。经过50多年的发展，大庆油田员工队伍状况呈现出新变化，即青工比例较大、人员结构多样。如何让在岗职工爱岗敬业，让转岗人员安心，让青工在企业发展中发挥好突击队作用，使大庆精神铁人精神根植人心，对继承弘扬大庆精神铁人精神提出了新的挑战。

4. 新兴媒体的挑战。新兴媒体是指除了众所周知的互联网、手机外，还包括近年来传统媒体与互联网相融合产生的一些新的媒体形态。新兴媒体在信息的发布上的畅通无阻，给一些不良信息的发布提供了可乘之机。这些对继承弘扬大庆精神铁人精神提出了新的挑战。

(二)面临的机遇

弘扬大庆精神铁人精神主要有三方面有利时机。

1. 党中央提出的文化大发展大繁荣的要求，为继承弘扬大庆精神铁人精神提供了良好

的历史机遇。当代中国进入了全面建成小康社会的关键时期和深化改革开放、加快转变经济发展方式的攻坚时期,文化越来越成为民族凝聚力和创造力的重要源泉、越来越成为增强国家综合竞争力的重要因素、越来越成为经济社会发展的重要支撑,丰富精神文化生活越来越成为我国人民的热切愿望和迫切需要。党的十八大提出了要增强文化整体实力和竞争力,为大力弘扬民族精神提供了良好的文化环境和制度保障。这些为继承弘扬大庆精神铁人精神,赢得了难得的历史机遇。

2. 建设综合性国际能源公司战略为继承弘扬大庆精神铁人精神提供了有利的企业环境。中国石油提出建设综合性国际能源公司的战略目标,忠实履行好国有企业政治、经济、社会三大责任,维护树立诚信、稳健、负责任的企业形象,建设忠诚、放心、受尊重和绿色、国际、可持续的中石油,突出做好发展、转变、和谐三件大事,实施好资源、市场、国际化三大战略,建设好海外大庆、西部大庆和新疆大庆,这些都需要创新和发展以大庆精神铁人精神为主要内容的企业精神,提升企业的核心竞争力和国际市场竞争力,为继承弘扬大庆精神铁人精神提供了更为广阔的发展空间和实践平台。集团公司提出大力加强新形势下的三基工作,对继承弘扬大庆精神铁人精神也提出了新的课题。

3. 科学发展、永续辉煌目标的确立为继承弘扬大庆精神铁人精神搭建了广阔的实践平台。大庆油田制定了《大庆油田可持续发展纲要》,明确了“4000 万吨硬稳产,油气重上 5000 万”的目标。深入落实《纲要》,实现这一宏伟目标,是一次新的伟大实践,既需要有强大的物质基础为保障,也需要有强大的精神做动力。这些为继承弘扬大庆精神铁人精神,筑牢全体干部员工的核心价值观,搭建了广阔的实践平台。

二、继承弘扬大庆精神铁人精神的生动实践

多年来,不管形势如何变化,企业结构怎样调整,人员如何新老交替,大庆油田继承弘扬大庆精神铁人精神的光荣传统始终不改变,弘扬大庆精神铁人精神的工作力度始终不减弱,创新发展大庆精神铁人精神的步伐始终不放松。

(一)新时期继承弘扬大庆精神铁人精神,必须用大庆精神铁人精神引领企业发展

大庆油田开发建设 50 多年来,一条宝贵的经验就是始终坚持高扬大庆精神铁人精神旗帜,使大庆红旗更加鲜艳。

1. 靠大庆精神铁人精神制定《纲要》。2010 年,大庆油田立足新起点,围绕深入贯彻落实科学发展观,制定了《大庆油田可持续发展纲要》,确定了大庆油田科学发展、永续辉煌的目标,提出了建设始终保持重要地位的百年油田、建设在中石油战略中发挥重要作用和在海外油气资源勘探开发领域具有强劲竞争力的能源企业、建设一个始终走在全面建设小康社会前列的现代企业,保持油田开发的领先水平,保持经济贡献的稳定增长,保持精神品牌的历久弥新,保持大庆红旗的政治地位,建设政治大庆、经济大庆、社会大庆、精神大庆、科技大庆、人才大庆、和谐大庆、发展大庆等“八个大庆”一系列发展构想,并把“保持精神品牌的历久弥新,保持大庆红旗的政治地位”提升到“四个保持”的两项内容,从而使大庆精神铁人精神始终贯彻《纲要》,成为《纲要》的核心思想和精神灵魂,确保了《纲要》更好地引领企业发展。

2. 靠大庆精神铁人精神宣传《纲要》。大庆油田紧紧抓住庆祝大庆油田发现 50 周年等重大时机,通过开展系列主题教育活动、培养选树新时期的新典型等多种形式,大力加强《纲要》学习教育,使广大干部员工对《纲要》有了更加深刻的理解和认识,使《纲要》逐步深入人心。

3. 靠大庆精神铁人精神落实《纲要》。实现“科学发展、永续辉煌”的奋斗目标,需要《纲要》引领,更需要大庆精神铁人精神提供不竭动力。大庆油田坚持大力弘扬大庆精神铁人精神,引领广大干部员工自觉落实《纲要》,实践

《纲要》,推进油田发展的伟大实践。

(二)新时期继承弘扬大庆精神铁人精神,必须用大庆精神铁人精神推动管理提升

大庆油田始终坚持把大庆精神铁人精神的丰富内涵、本质要求和内在品格与企业管理手段有机结合,深度融合,把继承弘扬大庆精神铁人精神的过程变成加强企业管理、转变发展方式、提升发展质量的过程。

1. 融入建立科学管理体系。大庆油田结合现代企业管理要求,构筑了综合一体化的新优势。通过加强内控管理体系建设,实现对公司主要业务领域及所属单位的全面覆盖。通过加强 ERP 系统建设,实现上市和未上市上线单轨应用,物流、资金流、信息流"三流合一",加快了向科学化管理的迈进。

2. 融入创立特色管理模式。按照加快转变发展方式,提高发展质量,不断推动管理创新的形势要求,大庆油田在继承的基础上勇于探索,把大庆精神铁人精神的管理思想精华嵌入特色管理模式,使特色管理模式在体现老传统的同时更彰显新特色。深入开展精细管理活动,加大水驱挖潜技术研究,在采油四厂建立了精细管理实验区;在采油一厂建立了"萨中模式",推动了老油田持续稳产;建立了以"三超"精神为引领,以一体化和联合攻关为纽带的科技创新管理模式,引导和鼓励广大科技人员勇于"超越权威、超越前人、超越自我",大力开展联合攻关,解放思想、挑战极限,加快自主创新步伐,累计获得各类成果 8900 多项。

3. 融入锤炼过硬管理作风。通过把大庆精神铁人精神渗透到企业日常经营管理活动中,不断提高广大干部员工严格执行制度的责任心和自觉性,在全体干部员工中形成了一个自觉从严的良好工作氛围,打造了一支"铁人式"的员工队伍。

(三)新时期继承弘扬大庆精神铁人精神,必须用大庆精神铁人精神育人铸魂

大庆油田始终把弘扬大庆精神铁人精神作为主线,做到"三个坚持",即坚持开展大庆精神铁人精神再学习再教育再深入活动,坚持选树具有鲜明时代特色的先进典型,坚持不断赋予大庆精神铁人精神新内涵,使大庆精神铁人精神深入人心、根植血脉。

1. 坚持开展大庆精神铁人精神再学习再教育再深入活动。充分利用各种资源,保持传统教育强势,让员工时刻工作和生活在大庆精神铁人精神的熏陶之中。一是把弘扬传统作为员工入厂、入党、入团教育的第一课、必修课。持续开展"珍惜光荣史、再创新辉煌"、"学铁人、立新功"等主题教育活动,让大庆精神铁人精神教育伴随员工职业生涯全过程。二是组织了"石油魂——大庆精神铁人精神巡回宣讲"活动,在国内外、企业内外宣讲 350 多场,直接受众达 10 万人以上,近百万员工通过视频、光盘等形式进行了收看和学习。三是先后建成了铁人王进喜纪念馆等 19 个企业精神教育基地和 1205 钻井队等 50 个企业文化建设示范教育基地。铁人王进喜纪念馆新馆和大庆油田历史陈列馆自开馆以来,累计参观人数都已突破 100 万人次,成为油田进行大庆精神铁人精神教育的"圣地",成为新时期石油人自觉传承大庆精神铁人精神的加油站。

2. 坚持选树具有鲜明时代特色的先进典型。注重抓典型、树样板、立标杆,对于传承大庆精神铁人精神、推动企业发展发挥了重要作用。一是典型选树与时俱进。从铁人王进喜到新时期铁人王启民再到大庆新铁人李新民,从会战时期"五面红旗"到新时期"五面红旗"、"五大标兵",大庆油田在每个时期选树的先进典型,都体现了鲜明的时代特征、行业特色和企业特点,切实发挥出了典型的示范和激励作用。二是构建良好的典型宣传推广机制。在范围上,加大重要领域、重大项目、重点工程的典型选树力度;在管理上,建设先进典型数据库,形成规范管理机制;在宣传上,让典型上报纸、上电视、上网页,进书本、进展馆、进讲堂,让员工群众学有榜样、赶有目标。三是着力推出享誉全国的重大典型。2011 年,李新民被中国石油党组命名为“大庆新铁人”荣誉称号。大庆油田加强对这一重大典型的宣传，通过开展座谈讨论深挖大庆新铁人李新民精神内涵，采取事迹报告会、编辑故事集、印发宣传材料等形式，广泛宣传李新民的先进事迹，使李新民事迹家喻户晓。

3. 坚持赋予大庆精神铁人精神新内涵。通过在队伍中培育创新文化、诚信文化、和谐文化等，不断赋予大庆精神铁人精神新内涵。在研究上，总结探索丰富内涵。深入开展大庆精神铁人精神研究，先后开展了《大力弘扬大庆精神铁人精神，深入践行社会主义核心价值体系》等课题研究。在宣传上，创新载体丰富内涵。组织出版《大庆油田企业文化辞典（50年）》等文献。协助拍摄电影《铁人》等一批弘扬大庆精神铁人精神的精品力作。在理念提炼上，突出特色丰富内涵。油田各单位结合自身特点提炼了“用铁人精神创新每一天”等理念用语和行为规范，不断赋予大庆精神铁人精神新内涵。

（四）新时期继承弘扬大庆精神铁人精神，必须用大庆精神铁人精神强化三基工作

新时期，大庆油田着力加强党组织建设，开展全员培训，夯实基础工作，使基层建设日益加强，基础工作更加扎实，员工队伍基本素质持续提升。

1. 用大庆精神铁人精神加强领导班子建设，使各级领导干部成为强化三基工作的模范领导者。把践行大庆精神铁人精神和加强领导班子建设有机结合起来，有力地促进了领导班子建设上水平。一是发扬领导干部作风建设的优良传统。把领导干部“三个面向、五到现场”等成功经验作为各级领导干部践行大庆精神铁人精神的一项标准，贯穿领导干部作风建设的全过程。二是明晰领导干部作风建设的总要求。强化整体意识、推进意识、责任意识“三种意识”，达到讲觉悟、强能力、有胸怀、宽眼界、重自律“五种境界”，树立讲大局重事业、讲责任重落实、讲发展重实干、讲学习重创新、讲廉洁重自律“五讲五重”的良好风气，实施党政“一把手”教育管理工程，有力地促进了领导干部作风转变、综合素质的提高和驾驭复杂局面能力的增强。三是开展“四好”领导班子创建活动。突出思想政治建设，不断增强领导班子履行国有企业经济、政治、社会三大责任、高唱“我为祖国献石油”主旋律的信念和决心；突出素质能力提升，围绕提升引领发展、驾驭全局、创新成事、培育文化、拒腐防变“五种能力”，强化培养培训；突出有效沟通协作，把营造和谐发展局面作为班子建设的内在要求，依靠发展妥善解决企业深化改革中的深层次矛盾，较好地实现了改革发展稳定的协调统一。

2. 用大庆精神铁人精神加强基层组织建设，使党组织成为强化三基工作的坚强堡垒。注重用大庆精神铁人精神加强基层党组织建设，做到组织健全不动摇、配强干部不迁就、职责明确不模糊。一是坚持配齐配强基层党支部。坚持“队建党支部、班组有党员”，做到“四个同步”，即党政组织同步建立，党政干部同步配备，党政制度同步制定，党政工作同步考核，尝试党支部书记兼任行政副职或党政“一肩挑”。二是开展基层“六好”达标活动，做到支部建设好、领导班子好、队伍素质好、经营管理好、文化氛围好、环境建设好。三是探索制定《基层党支部工作细则（试行）》，明确了基层党支部要切实履行好“抓方向、抓思路、抓服务、抓自身、抓队伍、抓热点、抓文化、抓群团”8项工作职责，使基层党支部的工作做到了有章可循、统一规范。

3. 用大庆精神铁人精神提高队伍整体素质，使广大员工成为强化三基工作的中坚力量。坚持开展大庆精神铁人精神及会战优良传统教育，使广大员工做到“三老四严”、“四个一样”，切实提高基层的执行力。一是坚持严格执行制度。形成了“三会一课制度”等7项党支部工作制度，以及岗位专责制等工作制度。二是坚持打造学习型团队。在全体员工中开展“读书励志·岗位成才”读书活动，激发和引导广大员工读书学习的积极性主动性。坚持员工教育培训制度，经常开展岗位大练兵、大比武、师徒传帮带等活动。三是加强人才培养，增强队伍的战斗力。坚持“人才强企”，积极推进“四大人才”培养工程，即建设具有引领企业科学发展能力的经营管理队伍、具有较强自主创新能力的专业技术骨干队伍、具有高水平操作技能的一线骨干队伍和适应海外业务发展需要的高素质国际化人才队伍。

（五）新时期继承弘扬大庆精神铁人精神，必须用大庆精神铁人精神促进企业和谐

大庆油田把继承弘扬大庆精神铁人精神落实到以人为本、构建和谐上，以维护好、实现好、发展好广大员工群众的根本利益为出发点和落脚点，实现员工与企业的共同发展。

1. 把弘扬大庆精神铁人精神体现在实现员工的政治追求上，让员工在履行责任中享有充分的政治权益。油田各级党组织把强化企业民主管理，作为维护员工政治权益的具体体现。先后制定了《厂务公开实施细则》等20多项规章制度，坚持“四个必须”，即关系企业改革发展的重大问题必须公开，经营管理的重点问题必须公开，涉及员工利益的热点问题必须公开，党风廉政建设的关键问题必须公开；实现了“两个延伸”，即从一般性问题公开向特殊性问题公开延伸，从结果公开向全过程公开延伸。

2. 把弘扬大庆精神铁人精神体现在保障员工的经济利益上，让员工在推进企业发展中享有充分的经济权益。坚持在生产发展的基础上，全面关心和改善员工生活。实行了一线员工免费工作餐和员工免费体检、带薪休假及货币化疗养办法，并为一线小队配备了空调、电视、电冰箱和消毒柜等设备，完善了活动室、图书室，较好地满足了员工的物质文化需求。建设油田员工服务中心，为广大员工提供“一站式”综合服务。投入大量资金，实施了小区综合整治、矿区绿化美化、道路基础设施建设、安全环保隐患治理、生活及医疗设施完善，支持物业、医疗、公交等事业，不断提升员工群众的生活质量。

3. 把弘扬大庆精神铁人精神体现在为员工搭建发展平台上，让员工在实现自我价值中享有充分的发展权益。坚持“企业的现代化从人的现代化抓起”，促进员工全面发展。加强全员教育培训工作。坚持开展多种形式的岗位练兵和集中培训，大力实施对员工的能力关怀。拓宽员工成长成才渠道。分别建立了从普通技术人员到技术专家、资深专家的六级成长通道，从技术能手、助理技师到技师、高级技师的四级成长通道，使员工人人都有成才的机会。搭建员工展示自我、施展才华的平台。通过开展技术比武和技术能手选拔评比活动，让员工一显身手；成立各种群众性的文体协会，开展演讲比赛、征文比赛和书法、美术作品展等活动，让员工充分展现一技之长。不断创新载体，以员工“创新大讲堂”为龙头，以基层创新工作室为辐射，一批领军人物走进了大讲堂。

三、继承弘扬大庆精神铁人精神的基本经验

坚持与时俱进，始终推动企业科学发展，是继承弘扬大庆精神铁人精神的永恒主题。坚持把发展作为第一要务，为国家做出高水平的贡献，是大庆油田持续发展的根本经验。大庆油田始终坚持以经济建设为中心，按照党中央关于推进国有企业改革的要求和部署，继承弘扬大庆精神铁人精神，不断冲破各种思想束缚，按照建立现代企业制度的要求，努力推进企业体制转换、机制转变，积极探索国有企业走中国特色新型工业化道路，实现了企业科学发展、永续辉煌。

坚持以人为本，传承依靠员工，弘扬为了员工，是继承弘扬大庆精神铁人精神的根本。员工群众是继承弘扬大庆精神铁人精神的主体。只有真正做到以人为本，才能充分调动广大干部员工的积极性、主动性和创造性。只有把企业员工作为大庆精神铁人精神的传承主体，才

能凝聚实现油田科学发展、永续辉煌的强大力量。大庆油田党委把继承弘扬大庆精神铁人精神落实到以人为本、构建和谐上,做到了切实维护好、实现好、发展好广大员工群众的根本利益,实现了员工与企业的共同发展,开创了油田和谐发展的新局面。

坚持继承创新,在继承中创新、在创新中发展,是弘扬大庆精神铁人精神的动力。弘扬大庆精神铁人精神,永葆大庆精神铁人精神生生不息、历久弥新,继承是前提,创新是灵魂。大庆油田开发建设50多年来的发展实践证明,无论是在大庆石油会战时期,油田全面开发建设时期,还是新时期,大庆精神铁人精神始终是推动企业发展的不竭动力。只有不断继承创新大庆精神铁人精神,坚持与时俱进,才能使大庆精神铁人精神充满生机和活力。

坚持活化载体,选好用好载体,是继承弘扬大庆精神铁人精神的重要途径。继承弘扬大庆精神铁人精神,使大庆精神铁人精神充满生机和活力,必须时时围绕发展选好载体,处处突出主题活化载体,坚持实践第一用好载体。大庆油田始终坚持开展大庆精神铁人精神再学习再教育活动,从抓教育、抓阵地、抓典型、抓创新等入手,先后开展了“石油魂”巡回宣讲,开办了“铁人大讲堂”等一系列活动,选树了大庆新铁人李新民这一重大典型,充分发挥典型的引领和带动作用,使大庆精神铁人精神教育活动,既生动又富有实效。

(作者单位:大庆油田有限责任公司党委宣传部)

后现代主义思潮及其对社会价值观的影响

葛晨虹

后现代主义是产生并流行于西方世界的一种理论范式和社会思潮。它颠覆了西方传统的价值观秩序和话语方式，走向了一个新的理论思维和文化世界。作为一种理论和社会文化思潮，后现代主义不仅显现于建筑、文学、音乐、绘画等文学艺术领域，还影响了哲学观念、思维语境及社会价值取向的改变。后现代主义随着文化交流传入我国后，也成为中国学术和社会思潮的一个重要话题。后现代主义渗透在各学科领域并对其产生了重要影响，对社会价值观的影响也是必然和明显的。后现代主义价值观是整个后现代思潮的核心，也是当代中国社会主义核心价值体系建设和理论大众化中需要研究和把握的问题。

一、后现代主义理论范式及特征

后现代主义由于其包罗万象的内容，复杂纷繁的争论，很难简而概之，以至有学者说，我们无法说明“后现代”是什么。海德格尔因此说，“后现代”不是“什么”。后现代主义并没有一种明确的理论纲领，但我们可以从其多样、混杂的思想观点中，理出相对共有的理论特征。

1.“解构”：否定传统“普遍基础”的思维观念。

对“普遍基础”的“解构”差不多是所有后现代主义者的共同主题。基础主义（foundationalism）是西方一种传统思维模式，它确定世界上存在着某种人类理性能最终依据的客观本质基础。在后现代主义看来，不存在反映世界本质的普遍真理。罗蒂说，“不存在任何指导我们的永恒的、中立的、超历史的框架。”其解构逻辑是：所有理论所指的“实在性”只是在语言和文本中确立起来的。德里达说，文本即一切，文本之外别无他物。任何理论和价值都是“主体间性”或“互文”（context）的意义。后现代主义颠覆了传统的反映论，认为任何认识都是人的思维活动。罗蒂说，心灵犹如“中了魔法的镜子，满布迷信和欺骗”，真正的哲学必须是“无镜哲学”，真理不是“发现”的，而是在人的思想、文本中“发明”的。应明确的是，没有永恒的基础或普遍理念前提，不等于没有相对普遍的客观基础。人们对世界的认知不是绝对真理，但相对认知是存在的，世界的意义建构可以是普遍主体的价值共识，所以相对的普遍价值或共同价值观也是存在的。

2.“碎片化”：解构本体论和理论体系。

后现代主义强调多元化、个性化、“碎片化”，因而反对体系化的理论。反普遍基础，在理论逻辑上就必然要解构本体论。解构本体论和理论体系，意味着认为现象重于本质，边缘重于中心。它批判一切建立总体认识和理论体系的企图，强调差异、多元、片段、异质分裂，对理性、共识、总体性、系统概念一味拒斥。认为人们把握的只不过是事物的“碎片”现象，而事物本质是“不可言说的”。罗蒂指出，人们不再相信本质主义的大写哲学了，强调对现象进行复杂性研究，发散思维重于独断态度，通过“互文”阐释而实现，这些思想都有一定合理之处。但一味反本体和反基础理论前提，也往往会使理论言说的意义陷入莫衷一是，陷入知识、价值的相对主义。

3.“去中心”：走向多元性和不确定性。

后现代主义强调世界的多样性和碎片性，认为“中心”、权威是传统理性的产物。西方思想史上一直存在寻找去异求同的普遍统一性观念,而后现代理论范式中,永恒性问题或普遍基础的"第一原理"哲学已经终结。罗蒂由此强调要摒弃以往将万事万物归为某种普遍本质的观念,走向后现代哲学境地。福柯在《后现代精神》中提出拒绝无条件接受传统外在权威的集权性规范。后现代主义放弃了对中心权威、同一性、确定性的强调,追求多元性、差异性和不确定性。主张自然、宽容地看待各种价值标准和理论争论,任何价值标谁都不可能具有中心地位。这种理论否定绝对理念、先验设定、终极价值,强调走向具体历史,张扬个性和主体思考,这在解放思想,强调人人平等方面都有积极意义。但一味追求多元性、个性自由、不确定性,一味反对中心权威的存在,也会走向价值相对主义、极端个人主义甚至是无政府主义。

4."平面化":消解意义和深度模式。

后现代文化特征之一即"平面化或无深度"。"深度模式"即承认事物现象背后还存在着本质和意义的思维模式。后现代主义认为,所谓本质是认识不了的,所谓价值意义不过是人们的主观构建和文本阐释,不存在客观普遍本质和普遍价值。由此,传统真善美的意义深度在后现代文化中被消解了。在消解深度的"平面化"理论中,后现代主义不再提供传统经典作品中具有的深远意义,更反对传统价值观以及意义的崇拜及信任。和去中心、去本质相联系,"消解深度"主张要从本质走向现象,从普遍真理走向"互文"的个体体验。德里达干脆说,"放弃一切深度,外表就是一切"。后现代主义者对人性深度也进行了解构。人性深度的消除导致了人们对人文精神的放逐,转而生发对物欲的追求。

总之,解构与重构都是后现代主义的特征,由此后现代主义被分为"积极的"和"消极的"。积极的后现代者重估传统价值时也在建构,其中也有诸多如基于"主体间性"之上的责任理念的构建等积极思想。但后现代文化中,历史感、价值意义、普遍本质反映等,在根本上是被解构了。而消解历史意识、削平意义深度,实质上消除了文化的精神特性。詹姆逊分析说,后现代主义"在理论中也出现了一种新的平面感,无深度感……旧式的哲学相信意义,相信所指,认为存在着'真理',而当代的理论不再相信什么真理。"后现代主义尤其是消极的后现代者,解构普遍基础,解构对知识、价值的信仰,也解构掉了人类社会价值的相对共识标准和相对确定性。

二、后现代思潮及其在中国的价值影响

后现代人站在历史转折点上,也处在诸多迷茫、困惑和质疑否定之中,其中有解构也有重构,在个体与他人、共同体的关系重构中,个人自由、个性释放和对自我的责任,是这一时代的文化心态。他们反对普遍主义、强权主义,注重个体的自由发展,注重文化的主体性、大众化以及多元价值的共生。正因为如此,后现代主义中存在着各种观点和流派,解构主义、怀疑主义、虚无主义、非理性主义、存在主义、价值中立、无政府主义、大众文学运动、社会批判理论等都在其中,这些思潮在带来新的理论范式的同时,也带来诸多社会价值观的负面影响。

1.后现代价值"解构"思潮带来价值迷惘。

后现代主义显著特征之一即价值的"碎片化"、"去中心化"和"意义深度的解构"。当那些普遍的、共同的价值和意义消解后,代之而起的是价值多元主义、相对主义和虚无主义,这些主张往往给社会带来价值"空场"和"不确定",表现为社会生活中出现的价值无序甚至是精神危机。

在当代中国,后现代价值思潮连同市场商业文化一起,给人提供了一个万花筒般的社会状态。人们可享受多样的文化商品,可选择多元的价值观及生活方式,爱情可以"不求天长地久,只求曾经拥有",可以"天亮说分手";"躲避崇高"、"告别理想"成了一些人认同的口号;一些作品直言不再负有"载道"、"言志"的责

任。传统价值观在失落，工具理性在替代价值理性，许多人尤其是一些青年人在这种思潮影响下，生活和行动的重心不再是对超越性意义和神圣价值的追求，而是生命当下的快感和快餐式的实用主义。有些人忽略或不屑道德的社会价值功能，也有人指责社会现象讨论中的道德声音是"占领道德制高点"、"挥舞道德大棒"，或贴上"伪崇高"的标签。网上讨论败德现象时，甚至有人直接倡导"宁做真小人，不做伪君子"，为无德行为辩护开脱。社会舆论如果容忍甚至鼓励不道德行为，"劣币驱逐良币"现象就会发生在道德建设领域。去道德或价值虚无主义的声音强了，社会正能量的思想道德观就会在"沉默的螺旋"规律中沉默下去。如此，价值不明，道德失范，荣辱不辨，公序良俗不再，精神良知无存，社会就真的危险和可怕了。

许多年来，我们努力为大众提供"日益丰富的精神文化产品"，但大众精神文化的满足不光是文化产品的提供，重要的是在文化中是否提供了精神支柱或精神家园。随着市场经济的发展，中国的产业文化也获得了极大发展，但同时也存在着"气血精神弱化"的文化症状。在物欲主义和消费主义盛行的市场经济时代，后现代思潮的价值解构加速了精神价值和意义世界的"不在"。中共十八大提出了"文化强国"思路，文化发展中首要的是把握好社会主义核心价值体系的构建。思想道德建设一直是我们社会强调的主题，一个国家、民族和社会必须要树立一种理想信念。价值及其思想理论的"在场"是社会发展以及人生意义的精神支柱与文化担保。

2. 后现代"价值祛魅"思潮带来的"无意义感"。

价值祛魅也是后现代思潮的一个关键词。马克斯·韦伯曾说，现代化是一个价值多元和价值除魅的时代，是一个以工具理性替代价值理性的时代。经济学也认为，物质生活达到一定满足后，就易发生人生意义的问题困惑。人需要物质生活基础，但人异质于动物的本质就是人最终必须拥有一种有意义的精神生活。且人的理想愿望往往会受外在现实条件制约，产生诸多如生与死、理想与现实的矛盾困惑，所以人类一直都有一种超越现实局限的意义理念支撑着人类的精神生活。用儒家的话讲，人类的许多矛盾仅靠"在外者"是解决不了的，须靠"在我者"心灵精神调适来解决，即需要靠价值意义构建和精神信仰去做超越把握。理想信仰等价值体系就是给我们提供精神生活、意义世界的价值基础和文化支柱。人如没有精神支柱，就会因感到"身无所安、命无所立、心无所属、情无所托"而处于"精神危机"中。人的精神被放逐后，就会陷于物欲之中，而越是陷于对外在物质的追逐，就越会失去人的精神家园，这已成了人类片面追求物欲的一种谶语。人在物欲追逐中会遗忘或迷失人生意义和人格的尊严，最终会失去生活理想目标而沦落于"无意义感"。弗洛姆因此说，"19 世纪的问题是上帝死了，20 世纪的问题是人死了"，他批判现代西方物质主义文化使人沦落成一种物欲动物。

事实上人类思想史上一直存在着关于人如何生活的"应然"价值理论。从古希腊始，哲学、伦理学、政治学就开始在思考探究，什么是我们想要的好的生活？为了好的生活我们应该怎样做？人应该成为怎样的人？这些问题中都隐含着人类"应然"的价值范式。如果社会和人的精神世界不去构筑价值和意义，价值虚无，意义失落，精神就会危机，人在物质世界就一定会出问题。在当下社会中，个人的无意义感，即那种找不到生活价值和意义的感受，已成为许多人的心理障碍。正因为如此，有人说现在中国人正遭遇"富裕后的迷惘"以及"富极无聊"的困扰，物质生活富有了，精神却病了。这就更需要我们对"价值祛魅"思潮进行辩证分析，积极构建中国社会价值体系，给人们提供一个充满理想信念而有意义的生活世界的精神文化支撑。

3. "游戏的"后现代思潮对人生观的影响。

后现代思潮中还衍生出因解构、放弃一切

“意义”而及时行乐或游戏人生的价值态度，以至有学者说，后现代遗留给人类的，除了游戏，别无他物。霍尔·福斯特区分两种后现代思想时指出，存在着一种丧失严肃批判立场、彻底世俗化了的“嬉皮笑脸”的后现代主义。对于这种彻底否定普遍价值和崇高意义的后现代思潮，要有清醒的认识，因为它完全陷入了“怎么都行”的价值相对主义，不仅抹杀了社会价值的正当性、确定性，也否定了人类精神真善美的意义取向。如一些后现代作家，通过调侃的方式对一切崇高或有意义的东西重新解读。他们“既调侃生活中的虚伪和投机，也调侃生活中的严肃与残酷；既调侃人生的无意义，也调侃人生的有价值；既调侃悠闲自得的看客，也调侃忙忙碌碌的实干家；既调侃别人，也调侃自身；既不肯定什么，也不否定什么；不管是欢乐还是痛苦，不管是理想还是崇高，一概化为笑料。”

“游戏”的后现代思潮在“意义消解”上走得很极端，怀疑一切，解构一切，虚无一切是其思维范式，价值、意义都消失在“碎片化”的虚无中，它嘲笑并否定传统文化中崇尚的精神追求，主张直接体验当下情境与感官，使人的生命本能获得最大满足。这种消极“玩世”的思想会给人们带来游戏人生和纵欲主义的取向。从文化角度看，“游戏”的后现代提倡的“怎样都行”理念，以其自我放纵、虚无主义、荒诞性而影响着人们，改变着社会风气，正在加重人类文化自身的“精神瘫痪症”。许多当代西方著名思想家和后现代主义研究者，也对这种消极、破坏性的后现代思想提出了批评，如丹尼尔·贝尔、哈贝马斯、詹姆逊等人，他们把后现代思潮的兴起看做是西方世界的一场浩劫，是人类的一次自戕行为，它使西方社会陷入了精神文化危机。西方世界其他学者也批评这样的后现代主义是一种“文化破坏主义”，事实上在中国文化发展中，消极的、“游戏的”后现代思潮也产生着价值与意义破坏作用。

4. 后现代思潮的“深度消解”对中国大众文化的影响。

当代中国是一个发展中国家，后现代主义生存和发展的基本社会条件也不一定完备，但后现代思潮已伴随着经济全球化的浪潮，在思想理论的交流中，在大众文化的世界性发展中，进入了中国社会、思想理论界和文化领域，使中国文化无论在形式、话语范式还是在内容方面，都日益彰显出后现代的特征。后现代主义消解深度、反中心、反权威，颠覆传统，蔑视经典以及商业化的特征在中国大众文化中都有突出体现。

后现代大众文化是消费社会的产物，消费社会中任何对象都可以作为商品进行买卖。后现代大众文化对价值意义的“深度消解”使其成为注重当下享乐的快餐文化，许多时候也意味着对真善美等社会永恒价值的远离或否定。商业利润导向也导致许多大众文化产品中道德内涵和社会价值的淡出或丧失。后现代大众文化还呈现出反权威、无主题、零散化和碎片化的趋势。文化产品不再强调通过完整主题和故事的“中心思想”给人以启迪和价值观教育，而是采用“碎片化”、“平面化”、“娱乐游戏”方式，迎合大众感官口味，消解文化作品深度。在商业利润和迎合大众感官享乐驱动下，后现代大众文化往往“远离”和放弃了社会价值观的引导和教育功能。

娱乐也是文化的功能之一，但问题不在于要不要大众文化及其娱乐和感性快乐，如美国著名传播学者尼尔·波兹曼在《娱乐至死》中指出的，“我们的问题不在于电视为我们展示具有娱乐性的内容，而在于所有的内容都以娱乐的方式表达出来，这就完全是另一回事了”。德国著名学者阿多诺说：“失却了审美精神与人文理想制衡的文化是可怕的，文化陷入单边主义和商业实用主义是危险的；这种可怕的背后是非人化与物化，这种危险的内里隐藏着自我的失落和意义的虚无。”不仅如此，这种即时的感性娱乐文化的蔓延，还易导致人们对传统文化、社会历史、道德责任的淡化，会使社会进步缺乏可持续的动力。而“如果一个民族分心于繁杂琐事,如果文化生活被重新定义为娱乐的周而复始,如果严肃的公众对话变成了幼稚的婴儿言语,总而言之,如果人民蜕化为被动的受众,而一切公共事务形同杂耍,那么这个民族就会发现自己危在旦夕,文化灭亡的命运就在劫难逃"。

当代中国大众文化的后现代特征,给文化繁荣带来了生机,但其对价值意义世界的"深度消解",对商业利益、感官快乐的过度追求,也是导致当前社会中一些人价值紊乱的原因之一,对社会主义核心价值观的构建也具有一定的解构作用。

三、后现代思潮反思及社会主义核心价值观建设应注意的几个问题

后现代主义在反思和批判社会方面无疑有深刻之处,但在构建社会主义核心价值观时,要对后现代主义及其价值思潮进行反思与把握。

1. 价值"解构"与中国核心价值观的"建构"。

作为一种批判性理论,后现代"解构"思想反对传统形而上学一元世界观、静止结构等逻各斯中心主义立场,反专制,反教条僵化理论,对技术理性的物化冷漠也做了批判,尤其是"积极的"后现代者,在强调解放思想、价值共存、主体自由、个性张扬方面,在重构人与自然、人与人关系方面,都提供了积极的理论范式和思维方式。"解构"理论在后现代思想尤其是消极后现代那里,表现为一种重注"破旧"解构、疏于"立新"建构的否定性思维方式,哈桑形容后现代思潮是一种"摧毁"(unmaking)运动。他把后现代主义特征概括为"不确定性"、"零乱性"、"非原则性"、"无深度性"、"反讽"、"种类混杂"和"狂欢"。消极后现代者是一些怀疑论和悲观论者,他们悲观、消极和沮丧,对未来丧失信心,有学者评论这是一种"灰色的"、"失望的"后现代主义。在他们眼中,一切都是碎片的、转瞬即逝的、表面化和空无意义的东西。他们以愤世嫉俗的怀疑批判态度对待传统的理论、文化和价值理念。

后现代解构传统理论和价值观时,还表现为对历史意识也进行"平面化"消解,在后现代主义眼中,历史事件只是一些照片、文件、档案,历史在解构思维中被视为"碎片"。在詹姆逊看来,后现代时间概念只有现在、当下,除此以外,什么也没有。后现代思潮是后现代社会多元复杂状况的反映,社会变迁,个体觉醒,传统价值观变革,这也是社会发展的规律表现。但否定普遍价值意义,对历史采取虚无主义的态度,也使后现代思潮带有诸多的理论局限。后现代思潮中充满价值解构、祛魅、碎片化,也充满内在矛盾和困惑。历史是割不断的,事实上传统思想文化中具有的超越历史的普遍价值因素,往往都被世代流传了下来。新时代的新思想文化,就包含着对历史文化的传承与变更,而且,正是传统思想文化激发着我们现时代思想文化的产生。在建构中国社会主义核心价值观的今天,我们对后现代"解构"的思维方式要做辩证把握。

2. 后现代"价值中立"思潮与核心价值导向问题。

"价值解构"与"价值中立",是一枚硬币的两面。但社会理论有价值属性,中国特色社会主义理论建构中不仅要张扬中华民族文化的特色和优秀传统价值,还要凸显社会主义道路的价值主张。曾经一度,"价值中立"主张在我国学术研究和思想道德教育中产生了不小的影响。价值中立思潮在西方社会产生过很大影响,但在实践过程中,理论局限使其逐步走向衰落。其问题主要在于,价值共识以及社会凝聚力被瓦解,漠视责任和极端个人主义泛滥,引发了社会价值的模糊和行为选择的失范。无导向的价值教育,使受教育者的价值观出现虚无化、功利化、非理性化等倾向。20世纪80年代末,美国的道德教育对主张价值中立的"价值澄清"理论进行了彻底反思,以传导核心价值观的"品格教育复兴运动"逐步兴起。诺贝尔奖获得者缪尔达尔就"价值中立"主张也曾指出,

"努力逃避价值观念是错误的,并且注定是徒劳的和破坏性的,价值观念和我们在一起,即使把它打入地下,它们仍然指导我们的工作。"社会政策资深学者蒂特姆斯也指出:"以中立的价值立场讨论社会政策是没有意义的事情。"

核心价值观及其基本理论主导对一个社会来说必不可少,因为它是引导社会方向、规范社会秩序的根源性思想动力。迪尔凯姆(Emile Durkheim)在研究社会秩序时强调,价值观的"社会失范"是引发社会无序、松散、人们迷茫甚至自杀的重要原因,他指出,在社会发展过程中,传统社会的价值规范和信仰变化瓦解的同时,新的价值观如果没有随之跟进建立,就会产生令人不安和困惑迷茫的价值"空场"阶段。

3. 价值"多元主义"与价值观建设中的"一元和多样"。

"一元"和"多样"是哲学中一般和个别、普遍性和特殊性对立统一规律的一种表达。中国在社会主义核心价值观建设中,要注意把握价值多样取向与一元导向的辩证关系。社会如果缺乏核心价值一元对多样价值观的导向与整合,社会价值观就会出现"失范"或"冲突",就会引发社会的规范无序和紊乱。美国社会学家默顿曾把"社会失范"的原因由"无规范"诠释为"规范冲突"。他认为,社会多元价值观的冲突,以及文化蕴含的价值目标同当下社会的制度环节之间的游离,是造成社会秩序失范的原因。

同时,在多元主义思潮影响下,"意识形态终结论"、非意识形态化理论,价值虚无主义、实用主义等都开始浮现,对中国特色社会主义理论及其核心价值观的构建产生了诸多消极影响。价值多元化的另一现实后果是造成人们社会行为的多样性和不确定性。在市场经济条件下,各利益主体有不同立场和价值主张,如果缺乏统一价值标准,规范冲突、利益冲突就会变得普遍。多元思潮的冲突,还会导致人们失去生活方向和确定的意义感,导致社会理想信念的复杂化,社会荣辱评价紊乱,以及行为选择的无所适从,这不仅直接影响着我国的思想道德建设,也影响社会主义市场经济的发展,对和谐文化与和谐社会的建设也具有负面影响。

中国处于改革发展转型期,社会从单质向多质或异质化转型,各种文化思潮在激荡,人们思想的独立性、差异性显著增强。改革中原有的价值观念被打破,新的价值观念体系亟须构建。中国市场经济的发展决定了社会利益主体的多样性,现代社会给予了人们价值选择的自由空间。但无论是多元利益主体,还是多样的价值取向,都必须相容在一元价值原则的统领下,相洽在有序整合的价值体系中。

4. 共同价值观:一种必要的社会功能力量。

任何一个国家和社会,想要秩序、要发展,就需要建构相应的核心价值观和意识理论。葛兰西曾将意识形态等主导价值和理论的凝聚功能比作"水泥",他说:"保持整个社会集团的意识形态的统一中,意识形态起了团结统一的水泥作用。"阿尔都塞说,任何一个国家"如果不在掌握政权同时对意识形态国家机器并在这套机器中行使领导权的话,那么它的政权就不会持久。"功能结构学派代表帕森斯提出,一个社会只有拥有文化系统、社会系统、人格系统以及行为机体系统等四个功能系统才能维持其秩序和稳定。其中帕氏特别推重价值和文化的整合功能。帕氏强调社会"共意"即共同价值观存在的必要,认为正是社会成员认同且受其影响的共同价值观,能产生凝聚力量将社会成员整合在一起。正如马克思所说的:"如果从观念上来考察,那么一定的意识形式的解体足以使整个时代覆灭。"中国要走适合自己的社会主义发展道路,也需要构建并坚守中国特色的核心价值原则并使大众对其认同,这是一种国家能力,也是社会发展提出的任务。

事实上许多国家都很重视共同价值观的存在。美国政治学家罗伯特·达尔说:"美利坚是一个高度注重意识形态的民族。只是作为个人,他们通常不注意他们的意识形态。因为他们都赞同同样的意识形态,其一致程度令人吃惊。在表达对民主意识形态信仰方面,美国人比世界其他任何民族都更一致。”许多国家也都将国家价值观教育作为国民教育的重要组成部分,以此建构社会思想理论的支撑,整合社会“共意”。

主导理论及价值取向,是一个国家、民族的精神灵魂,是社会发展道路的旗帜。一个国家必须要有成熟的理论或核心价值观,可以说,有什么样的思想理论,有什么样的核心价值及其文化,就有什么样的国家发展道路。中共十八大报告强调指出:“道路关乎党的命脉,关乎国家前途、民族命运、人民幸福。”中国要建成富强、民主、文明、和谐的社会主义现代化国家,应有坚定的道路自信、理论自信、制度自信。道路自信必须建立在理论自信和理论自觉基础之上,而对后现代理论范式及价值思潮的透视把握和反思,对中国特色社会主义核心价值体系的建构以及文化价值导向,对坚守中国的道路自信、理论自信和制度自信,对文化生态和共同价值观、公民思想道德素质与国家精神培育等方面,都具有重要的理论意义和现实意义。

(作者:中国人民大学教授)

论意识形态主导话语权的变革

——科学发展观统领思想政治教育话语体系创新的方法论阈

邹绍清

在当代中国，怎样坚持改革、创新，牢牢掌握主流意识形态在意识形态领域中的主导话语权；怎样传递出科学的发展观和价值观，促进社会进步；如何把体现新时代的社会主义意识形态话语与受众心声结合起来；为构建和谐社会提供强大的精神动力和理论支撑，是我们肩负的重建马克思主义主导话语权的历史使命，实现这一历史使命，就是要在与其他意识形态话语共存、交锋的当代中国话语系统中，使马克思主义意识形态话语权处于真正的主导和优势地位，“真理的火花，始终来自它和谬误的碰撞”。这就要求具有这一特殊功能的思想政治教育话语体系的创新成为必然；也是引领各种社会思潮，凝聚社会共识，维护国家意识形态安全，增强我国文化软实力的关键所在。深入学习和贯彻党的十八大精神，努力把握科学发展观是意识形态主导话语权——思想政治教育话语体系创新的理论指导，增强其方法论和实践路径的科学指引，是我们当前面临的重要任务。

一、思想政治教育话语体系创新的理论指导

党的十八大报告明确指出，“科学发展观是中国特色社会主义理论体系的最新成果，是中国共产党集体智慧的结晶，是指导党和国家全部工作的强大思想武器。科学发展观同马克思列宁主义、毛泽东思想、邓小平理论、‘三个代表’重要思想一道，是党必须长期坚持的指导思想。”以科学发展观为指导，积极夯实意识形态主导话语权——思想政治教育话语体系创新的理论指导，是深入贯彻落实科学发展观和增强国家文化软实力的必然要求。

1. 思想政治教育话语体系创新的内涵

“话语”一词起源于拉丁语的“discourse”，到20世纪60年代末70年代初，福柯从语言哲学的角度提出了“话语问题”，是指一种言说或表达方式。而相对于意识形态主导话语权的思想政治教育来说，“话语体系”则“涵盖了各种形式的正式和非正式的言语互动以及各种形式的书面文本。”因此，所谓思想政治教育话语体系，是指在思想政治教育理论研究和实践过程中，用来传递思想政治教育的目的，实现思想政治教育目标的各种形式的正式和非正式的言语互动以及各种形式的书面文本。它既包括传播社会主义主流意识形态的经典文献、各种文件及理论著作，也包括传播社会主义主流意识形态的思想政治教育实践活动中的各种言语互动的话语。这些话语体系的创新，不仅蕴含着社会主义主流意识形态传播言说方式的创新，更蕴含着一种软权力，即话语权的主导和发展，它有助于维护国家意识形态安全和增强国家的文化软实力。

2. 以科学发展观为思想政治教育话语体系创新的理论指导

贯彻落实科学发展观，积极夯实意识形态的主导话语权——思想政治教育话语体系创新的理论指导。

首先，科学发展：思想政治教育话语体系创新的第一要义。党的十八大明确指出：“全党必须更加自觉地把推动经济社会发展作为深入贯彻落实科学发展观的第一要义。”以科学发展为主题，就要搞清楚，思想政治教育话语体系是发展什么，怎样发展，牢牢扭住发展和创新这个中心，着力把握思想政治教育话语体系的发

展规律、创新其发展理念、破解其发展难题，加快形成符合科学发展观要求的发展和创新方式，为我国经济社会发展保驾护航，保证新形势下主流意识形态的核心统领和话语主导权。其根本任务就是要实现思想政治教育的理论创新和实践创新。包括：一方面，要坚持以联系、发展的眼光考察思想政治教育的理论和实践话语体系，并促进其创新。坚持科学发展观的核心要义——科学发展，要以发展的视角和思路来审视当代思想政治教育复杂多变的环境。“必须从国际和国内、历史和现实的角度，深刻分析新形势下对广大干部群众的思想活动发生作用的客观环境及其基本特点，正确审视和解决那些影响干部群众思想活动的重大理论问题和实际问题。”立足于国际经济政治文化的全球化、多极化和信息一体化风云变幻的格局，紧密贴近我国改革开放和市场经济发展的现状，注意贴近思想政治教育对象的各个群体、贴近教育对象的思想实际、生活实际和现实需要，进行有针对性的思想政治教育及其话语体系创新。

另一方面，要坚持以系统的观念来指导思想政治教育话语体系的创新。思想政治教育话语体系的创新既是一项理论话语体系的创新，又是一项实践话语系统的创新。从理论话语系统来看，即思想政治教育文本系统包括思想政治教育原理理论系统、思想政治教育史理论系统、思想政治教育方法论理论系统、思想政治教育管理理论系统，共同构成了思想政治教育学科理论体系，这些理论系统具体来说，是伴随着中国特色社会主义实践发展而发展的，其理论体系话语必然要随着马克思主义理论的发展和实践创新而不断发展与创新。从实践话语系统来说，更是多层次多系统的，其话语体系也是多姿多彩的。就高校大学生思想政治教育实践活动话语体系来说，包括思想政治理论教学话语体系、常规思想政治教育话语体系、社会实践活动话语体系等。而每个体系又涵盖若干层面。这就要求既要注意思想政治教育理论话语体系内部要素的创新和融合，又要注意思想政治教育实践活动话语体系的丰富多彩，更要注意对实践活动话语体系的提炼和时代升华，剔除一些过时、陈旧的“政治术语”和“空洞口号”，实现思想政治教育理论话语体系和实践话语体系的融通与创新。

其次，以人为本：思想政治教育话语体系创新的核心立场。党的十八大明确要求，必须更加自觉地把以人为本作为深入贯彻落实科学发展观的核心立场，始终把实现好、维护好、发展好最广大人民根本利益作为党和国家一切工作的出发点和落脚点。在促进人的全面发展上取得新成效。坚持以人为本，是思想政治教育话语体系创新的核心，也是当代思想政治教育促进人的自由而全面发展，实现思想政治教育话语体系的科学化和艺术化的保障。这是思想政治教育话语体系创新必须坚持的正确立场。“科学发展观是马克思主义同当代中国实际和时代特征相结合的产物，是马克思主义关于发展的世界观和方法论的集中体现，对新形势下实现什么样的发展、怎样发展等重大问题作出了新的科学回答，把我们对中国特色社会主义规律的认识提高到新的水平，开辟了当代中国马克思主义发展新境界。”发展不仅是为了物的增长，更重要的是为了人的发展；发展的根本动力更是赋予了以人为本全新的内涵，强调发展的全部出发点和逻辑起点都是“人”，实现人的全面发展。思想政治教育从本质上来说，就是教育人、改造人的学说和实践，要求其用科学的理论武装人、用正确的思想教育人、用正确的舆论引导人。从根本目的上说，思想政治教育是要“提高人们认识世界与改造世界的能力，在改造客观世界的同时改造主观世界。”科学发展观统领思想政治教育话语体系创新，其目标就是要坚持“以人为本”，促进人的自由而全面的发展，实现其科学化和艺术化。胡锦涛指出：“加强和改进思想政治工作，注重人文关怀和心理疏导。”以人为本，具体到思想政治教育话语体系创新，就是要始终以“促进人的自由而全面的发展”为目标，充分发挥“生命线”的职能，实现思想政治教育话语体系的科学化和艺术化。这一目标统领关系到思想政治教育话语体系创新的根本方向，也是重要保证。它要求思想政治教育话语体系创新要注意将思想政治教育理论研究和实践活动紧密结合起来，不断吸收社会科学和自然科学的优秀理论及其语言成果，不断完善和更新思想政治教育理论研究的话语体系和科学内涵，积极促进思想政治教育文本话语的科学化、人文化；同时，在思想政治教育实践活动中，坚持以人为本，全方位地关注大学生日常生活和学习，注重对教育对象的人文关怀，凸显思想政治教育话语体系的大众化、生活化、艺术化；真正使思想政治教育工作做到“润物无声”。

最后，可持续、统筹兼顾：思想政治教育话语体系创新的基本要求和根本方法。党的十八大报告明确指出：“必须更加自觉地把全面协调可持续作为深入贯彻落实科学发展观的基本要求”，“必须更加自觉地把统筹兼顾作为深入贯彻落实科学发展观的根本方法。”这既要求思想政治教育话语体系创新必须面对和结合我国经济建设、政治建设、文化建设、社会建设、生态文明建设中的新情况、新问题，不断总结新经验和新方法，进一步做好舆论和宣传导向工作，充分调动各方面积极性，努力保障中国特色社会主义道路各项建设的良好运行，增强国家的软实力。同时，用科学发展观统领思想政治教育话语体系创新，就是要坚持统筹兼顾的根本方法，善于把握全局，处理好思想政治教育话语体系创新的各个系统及其要素之间的关系，将系统整体、协调共生的理念真正贯穿于创新的全过程，努力解决和协调好思想政治教育话语体系的滞后性与时代发展前进性之间的矛盾，牢固树立科学发展和协同创新的理念，真正掌握统筹兼顾的思想方法和辩证思维能力，积极增强统筹兼顾的本领，努力推进思想政治教育话语体系的科学发展和协同创新。

二、思想政治教育话语体系创新的方法论原则

深入贯彻落实科学发展观，就是要把科学发展观贯彻到思想政治教育话语体系创新的全过程、体现到其创新的各个方面。为此，必须把握以科学发展观为指导，努力实现思想政治教育话语体系创新的方法论原则和要求。

1. 一元主导与多元语境话语体系创新相统一

所谓一元主导与多元语境创新相统一，是指思想政治教育话语体系创新必须在坚持马克思主义理论一元主导下的多元语境话语体系的创新。即在创新中坚持运用马克思主义的立场、观点、方法回答新形势下思想政治教育所面临的新实践、新课题，是在确定的前提下讨论新话题、说新话语。就思想政治教育而言，如何坚持马克思主义在意识形态领域的指导地位，适应时代主题的转换和建设中国特色社会主义的需要思考其话语体系的发展和创新。换言之，当代中国思想政治教育话语体系的创新本质上就是如何在新的历史条件下，维护国家意识形态的安全，增强文化软实力，有效掌控社会意识形态的主导话语权。这就需要把握意识形态发展的特点，而“特殊地说，近代以来意识形态日益显现出两大特点：一是作为新国家制度架构的观念基础而具有先导性；二是作为现代国家的‘软实力’而具有核心性。”

美国哈佛大学约瑟夫·奈首次将综合国力分为“硬实力”和“软实力”两种形态。他指出：“在国际政治中通过制定议程来吸引他人，与通过威胁或使用军事或经济手段来强迫他人改变立场同等重要。我把实力的这一方面称为软实力。它可以拉拢他人，而不是胁迫他们。软实力依赖于制定政治议程并使之成为他人所喜好的议题的能力。……决定他人喜好的能力往往同无形实力资源联系在一起，如有吸引力的文化、意识形态和制度等。”软实力相对于硬实力来说，更具有隐性的支配力，包括一个国家的

凝聚力、文化的认同程度和参与国际事务的程度等。事实上,1989 年法兰西斯 · 福山提出“西方自由民主制度是人类意识形态发展的终点”和“人类最后一种统治形式”的所谓“历史的终结”论后,“当代西方意识形态扩张、渗透,更多的是以‘全球话语’和‘普世价值’的方式实施的。”

为此,思想政治教育话语体系的创新必须坚持马克思主义指导思想的一元主导,绝不能在西方主导的“流行话语”下“自我消解”或“解构”,更不能打着“创新”的旗号消解马克思主义;坚守思想政治教育话语体系创新的“底线”,既要在向实践开放的同时,向人类一切优秀文明成果开放而不能自我封闭而窒息;又要在科学发展观指导下,观照当今世界的文化多元、价值多元、信息发达的社会发展现实,注重多元语境下思想政治教育话语体系的创新。因为价值多元决定了人们在话语表达和话语方式上的多样化,而不再满足于过去单一的说教,特别是包括高校大学生在内的青年人热衷于话语的标新立异,渴望统领话语时代潮流,其开放化、平等化的话语体系逐渐成为公民社会相应的多重导向的话语体系。为此,要注意一元导向与多元语境话语体系创新的统一,要加强针对性。江泽民指出:“开展思想政治工作,要注意因地制宜,因人制宜,因事制宜。不同地区、不同部门、不同领域的干部和群众,所处的环境、承担的任务、面临的问题不同,其思想活动的特点和要求也会不同。……做工作一定要把握这些特点和要求,有针对性地进行。”其着力点在于要根据人们所处的环境、所面临的不同问题,所处的不同场合而进行有针对性的教育和平等对话,这就直接决定了思想政治教育本身的一元导向和多元语境话语体系创新的统一,只有这样,思想政治教育话语体系创新才会有好的效果。

2. 继承与创新相统一

所谓继承与创新相统一,是指思想政治教育话语体系要在继承思想政治教育已有的优秀理论成果和实践经验的基础上,根据思想政治教育环境和实践的变化发展而不断促进话语体系的创新。科学发展观强调以科学发展为主题,实现“又好又快”的发展,而作为“经济工作和其他一切工作的生命线”的思想政治教育,要实现“又好又快”的发展,其话语体系的发展和创新是其内在规定,其发展也必然是继承与创新相统一。

回顾历史,思想政治教育话语体系是在坚持把马克思主义普遍真理与中国革命和建设的实践相结合中逐渐形成、发展、成熟的一整套话语体系,是我们党的一大“政治优势”和“法宝”,在改革开放的今天,仍然发挥着“生命线”作用。因此,这是在继承基础上的创新,一是要继承我国古代优秀传统文化中思想政治教育成果;二是要继承中国共产党在革命和建设中总结和提炼出来的思想政治教育经验及其成果;三是要继承思想政治教育学科在理论和实践活动中形成的优秀成果。继承思想政治教育的优秀成果,创新话语体系,就是对传统话语体系的吐故纳新、熔旧铸新,在“意识形态若要在话语转换中不被颠覆,必须特别注意在吸纳‘流行话语’的同时,不要轻率丢弃传统话语,较为稳妥的方式是‘老话新说’或‘添新不去旧’。”只有这样,思想政治教育话语体系创新才会充满“活力”,成为“有源之水”!

同时,在继承的基础上要创新,随着我国改革开放与和谐社会的建设,思想政治教育的任务越来越艰巨,要求思想政治教育话语体系创新必须结合当代中国的实际,着眼于它的丰富内涵,创新思想政治教育话语体系构建的理念,开拓思路,破解难题,探索实践途径。这就要求,一是要立足于实践,贴近生活、贴近群众、贴近当代高校大学生实际,使抽象的理论通俗化,政治语言平民化。毛泽东曾经说过:“我们说的马克思主义,是要在群众生活群众斗争里实际发生作用的活的马克思主义。”二是要充分体现时代要求。思想政治教育话语体系创新必须把握时代特点,回答时代的新课题。“时代话语作为时代精神浓缩和呈现,对理论的发展与传播起着尤为关键的作用。"尤其是在经济全球化、政治多极化、文化多元化、信息一体化的背景下,外来语言、网络语言层出不穷,对人们的生活方式和价值观念产生了极大的影响,特别是对易于接受新鲜事物的青少年来说充满了吸引力。因此,坚持科学发展观统领思想政治教育话语体系创新就必须吸收富有时代气息的话语和丰富内涵,努力用发展的马克思主义理论武装人、塑造人、引导人、说服人,不断提高人民群众运用最新理论成果去认识新情况、解决新问题的水平。

3. 统筹兼顾与协同创新相统一

所谓统筹兼顾与协同创新相统一,是指思想政治教育话语体系创新必须坚持全面协调可持续发展、共生发展的原则和要求,促进其各要素的协同创新。科学发展观提出全面协调可持续的基本要求,强调统筹兼顾为根本方法,这就为思想政治教育话语体系创新提出了协同创新的要求。其一,统筹好思想政治教育话语体系的创新。"加强理论研究,不仅要把握好思想政治教育话语的内涵和基本要求,而且要围绕具有全局性、前瞻性、战略性的重大时代课题,开展调查研究,加强理论分析与探讨,要注重把握社会发展的新趋势、新特点和新动向,借鉴国内外其他学科关于话语研究的成果,推动思想政治教育话语的理论发展。"其二,统筹好思想政治教育实践活动话语体系的创新。思想政治教育是做人的工作,其话语体系创新的关键是要有吸引力和说服力。所以,江泽民指出,要"根据不同对象,采取不同方式,加强针对性,增强思想政治工作的实效"。胡锦涛也强调:"思想政治工作说到底是做人的工作,必须坚持以人为本。既要坚持教育人、引导人、鼓舞人、鞭策人,又要做到尊重人、理解人、关心人、帮助人。"这就要求在思想政治教育话语实践活动中,要认真探讨思想政治教育活动中话语的场域、受众和对象(如大学生)的特点和心理,加强思想政治教育实践活动话语体系的艺术性和说服力。其三,统筹好思想政治教育和实践话语体系的协同创新。马克思认为:"理论一经掌握群众,也会变成物质力量。理论只要说服人,就能掌握群众;而理论只要彻底,就能说服人。"只有理论被人民群众所掌握,才能化为物质的力量。这就需要在加强思想政治教育话语体系创新的同时,要注意将理论话语转换为实践活动话语,用科学的理论指导人和教育人,并转化为物质的动力;从鲜活的实践活动中提炼科学的理论和艺术化的话语,从而促进思想政治教育理论和实践话语的协同创新。

三、思想政治教育话语体系创新的实践路径选择

科学发展观不仅为意识形态主导话语权——思想政治教育话语体系创新提供了强大的思想武器,也指明了其创新的实践路径及其选择。

1. 将社会主义核心价值体系融入思想政治教育话语体系创新之中,增强文化自信和自觉性

"社会主义核心价值体系是兴国之魂,决定着中国特色社会主义发展方向。要深入开展社会主义核心价值体系学习教育,用社会主义核心价值体系引领社会思潮,凝聚社会共识。"将社会主义核心价值体系贯穿于思想政治教育话语体系创新之中是其应有之义,也有助于增强创新的自信和自觉性。因此,就是要将社会主义核心价值体系融入思想政治教育全过程,贯穿于其话语体系创新的各个领域,体现到思想政治教育理论研究、实践活动各个方面,全面融入社会主义核心价值体系的内容;并通过思想政治教育话语体系的创新加以承载和传播,充分发挥社会主义核心价值体系的价值统领和教育功能,切实推动其进教材,进课堂,真正发挥思想政治教育传授社会主义主流意识形态的主渠道作用。坚持马克思主义指导思想,中国特色社会主义共同理想,以爱国主义为核心的民族精神和以改革创新为核心的时代精神,社

会主义荣辱观四项基本内容来加强思想政治教育及其话语创新，是将社会主义核心价值体系贯穿于思想政治教育话语体系创新的生动体现。

为此，提高思想政治教育理论话语整体水平，深刻解读思想理论问题和社会热点难点问题，推出一批具有国际影响，经得起实践检验的优秀思想政治教育理论成果，是思想政治教育话语体系创新的当务之急。这就需要从以下几方面入手：其一，加强对中国传统思想道德资源的挖掘和研究，吸收中国传统文化中优秀的思想政治教育资源，创新思想政治教育话语体系。要全面认识中国传统文化，要古为今用，推陈出新，去其糟粕，吸取精华，坚持积极利用与普及弘扬并重，维护中华文化的基本元素，增强民族文化的自信。其二，加强对党在领导革命、建设和改革实践中创造的奋发向上的革命精神以及时代精神的提炼，丰富思想政治教育话语体系的时代内容。中国共产党在长期的革命和建设实践中创造了井冈山精神、长征精神、延安精神、西柏坡精神、雷锋精神、大庆精神、“两弹一星”精神、“载人航天”精神、抗震救灾精神，等等，这些富有民族特色和时代特征的宝贵精神财富，是党和人民伟大创造精神的生动体现，它是激励我们不断奋进的巨大精神力量。其三，加强与世界文明的对话，开展多层次、多形式的对外文化交流活动，增强思想政治教育在国际上的话语权和影响力、感召力。思想政治教育话语体系创新不能故步自封，必须以开阔的视野和博大的胸怀对待外来文化，坚持择善而从，辩证取舍，学习借鉴一切有利于思想政治教育理论和实践发展的有益经验。总之，一切符合马克思主义的社会科学理论和自然科学理论都是思想政治教育话语体系创新的理论源泉；一切推动人类文明发展的实践活动都是思想政治教育话语体系创新的实践源泉。思想政治教育话语体系需要在同外来文化的交流互动中丰富发展，并在交流、交融和交锋中增强自信和自觉性。

2. 观照教育对象的日常生活实践，增强思想政治教育话语体系创新的大众性

思想政治教育话语体系产生于人们生活的需要，其内容也来源于生活。马克思认为：“全部生活在本质上是实践的。”一定的意识形态是思想政治教育的根本内容。思想政治教育话语体系创新需要处处观照教育对象（如大学生）的日常生活实践，并注意从教育对象日常生活实践中吸取养分，借鉴和运用教育对象所熟悉的生活化语言、事实材料和语言习惯去阐发理论、分析理论，使教育对象在喜闻乐见中接受教育，提高兴趣，增强大众性。这要学习艾思奇的《大众哲学》，通过一些人们熟知的故事和语言将深奥的哲学道理讲得深入浅出、通俗易懂，如用“卓别林和希特勒”、“一块招牌上的种种花样”、“七十二变”等贴近生活、贴近实际的语言，清新活泼，一扫过去哲学的艰深晦涩、玄奥难懂的特点，给人以耳目一新的感觉。只有这样，思想政治教育话语体系创新才能真正观照到教育对象（如大学生）的实际生活，贴近其物质生活、政治生活、文化生活和交往生活，积极发掘生活世界丰富的思想政治教育资源和共同的话语场景，准确把握好教育对象的思想脉搏和所思所想，用生活化的语言去教育、引导教育对象，促进其创新的大众性。

3. 转换话语方式，牢牢把握思想政治教育话语体系创新的主动性和话语权

思想政治教育话语体系创新必须坚持以人为本，转换话语方式，牢牢把握其创新的主动性和话语权。主要应从以下几个方面入手：其一，注意思想政治教育学术性话语体系向生活化话语体系转换。用科学发展观统领思想政治教育话语体系创新，就是要将思想政治教育学术话语体系转化为用人们喜闻乐见、通俗易懂的表达方式，促使思想政治教育理论从书本上解放出来，摆脱其“过度学术化”的倾向，增强其生动性和通俗性。这就要学习毛泽东对马克思主义理论的转换方式，如“星星之火可以燎原”、“糖衣炮弹”、“纸老虎”等论述都是浅显直白，直指要害，并契合了大众生活的话语方式，值得大家认真学习。其二，注意从政治性话语和权利话语向平民话语体系的转换。长期以来，思想政治教育话语体系中的“政治话语、主流话语遮蔽了个体话语、边缘话语，那些模式化的话语占据了大量的空间，形成了一个‘先在性的话语框架’。这些充斥着‘官话’、‘套话’的非真实言说遮蔽了思想政治教育‘以人为本’的本质，也使思想政治教育实践处于一定的困境”，使思想政治教育话语体系呈现出过度“政治口号化”的倾向。为此，思想政治教育话语体系创新要注意从政治性话语体系和权利话语体系向平民话语体系的转换。在这方面，邓小平堪称思想政治教育话语体系创新的典范。邓小平所说的“摸着石头过河”、“发展才是硬道理”、“不管黑猫白猫，抓到老鼠就是好猫”等通俗易懂的话语，深刻回答了群众所关心的实践问题，也科学解决了改革开放的理论问题，值得我们学习和借鉴。其三，注意现实话语与虚拟网络话语体系之间的转换。科学发展观要求思想政治教育话语体系创新要不断拓展实践领域，注意现实话语体系与虚拟网络话语体系之间的转换。互联网的快速发展使其成为人们工作、休闲、娱乐和交往的重要平台，虚拟网络的高速发展使网络话语成为一种新兴的话语资源和一支重要的话语力量。为此，思想政治教育话语体系创新必须借助互联网发展的平台，注意研究网络话语发展的规律和传播特点，大力促进现实话语与网络话语之间的转换，努力占领思想政治教育网络阵地和把握网络话语权。江泽民指出：“信息技术特别是信息网络技术的发展，为我们开展思想政治工作提供了现代化手段，拓展了思想政治工作的空间和渠道。要重视和充分运用信息网络技术，使思想政治工作提高时效性、扩大覆盖面、增强影响力。”只有这样，意识形态主导话语权——思想政治教育话语体系创新才能增强时代感和主动性。

（作者：西南大学马克思主义理论研究中心教授）

打铁先得自身硬
——谈政工干部素质

高　伟

有句俗话叫“人心似铁”,意思是说人的思想意志是相当顽强的,却是可以锻造的,当然需要经过炉火加热,再用相当的力度和技巧反复捶打加工成型,才能成为理想的模样。还有一句俗话叫“打铁先得自身硬”,不是金刚钻别揽瓷器活儿。自身不过硬,打铁打不成。政工干部是造就心灵的工程师,必须怀着火一样的热情,具有一颗匠心,炼就一身硬功,方能不负使命。概括起来必须做到“十过硬”。

一、素质担当过硬

思想政治工作是一切工作的生命线。这一颠扑不破的伟大真理,革命导师早已指明,许多专家早有论证,历史经验早已证明,广大公众早已认同。所谓“一切工作”,就是党和国家上上下下,各条战线里里外外,各个行业层层次次,各个环节岗岗位位,各项任务大事小情,无所不包均在其中。所谓“生命线”,就是无所不包大事小情之所以能够生存发展的生机线、活力线、创新线。万事万物一旦失去了这条生命线,就统统没了生机,没了活力,不能创新,不能发展,无疑就进入了死亡线。

生命线的极端重要性是不言而喻的。生命线哪里来?当然不会从天上掉下来,只能靠在党的领导下,全国亿万人民共同组成的浩荡大军一起努力打造出来,而政工干部则是这支浩荡大军的主力,是牵动这条生命线的“首席执行官”、“第一责任人”。显然,如果没有政工干部发挥思想政治工作的主力军作用,这条生命线就会弱不禁风,甚至形同虚设,党的这一强大政治优势也就不复存在了。后果会怎样呢?因为失去了一只马掌而失去了一匹战马,因为失去了一匹战马而失去了一位将军,因为失去了一位将军而输掉了一场战争,因为输掉了一场战争而灭亡了一个国家。道理就这么简单,教训就是这么深刻。作为政工干部就要做一只过硬的马掌,负起关乎国家兴亡的重任,难道这不足以让我们引以为荣吗!

二、理论基础过硬

中国共产党是马克思主义政党,在领导中国革命、社会主义建设和改革开放过程中,把马克思主义基本原理同中国的具体实践紧密结合起来,不断与时俱进,大大丰富发展了马克思主义,不断把马克思主义推向新的境界,逐步形成了一系列马克思主义中国化的伟大成果。这是我们从胜利走向胜利的神圣法宝。党的十八大要求我们,“推进马克思主义中国化时代化大众化,坚持不懈用中国特色社会主义理论体系武装全党、教育人民”。这是政工干部的首要职责。是一项巨大的系统工程。我们要肩负起这一历史重任,必要打好理论根基。先把自己的头脑全面武装起来,因为要想给人一滴水,自己必须要有一桶水。对于马克思主义哲学、政治经济学、科学社会主义的基本原理要下功夫真学、真懂、真信不疑,在此基础上,对于中国化的马克思主义毛泽东思想、邓小平理论、“三个代表”重要思想、科学发展观,要花大力气系统地全面地而不是碎片化地深学、甚解、活用,从而坚定地形成完全正确的世界观,切实掌握科学无暇的方法论。这样,才能既上得厅堂,又下得厨房,游刃有余,不负众望。当前的问题是,有的政工干部受浮躁心态影响,理论学习浅尝辄止,正像毛泽东曾经批评的那样:“墙上芦苇，头重脚轻根底浅；山间竹笋，嘴尖皮厚腹中空。”这种状况必须改变。

三、理想信念过硬

中国共产党从成立那天起，就把实现共产主义写在自己的旗帜上。几十年来，无论经历怎样的艰难曲折都一直矢志不移。党的十八大修改通过的党章中继续郑重重申，“党的最高理想和最终目标是实现共产主义”。共产主义是人类最先进的思想体系，最美好的社会制度。作为党的政工干部，不仅要牢牢记住“为共产主义奋斗终身”的入党誓言，而且要切实把此作为最忠贞的信仰、最崇高的追求，无论遇到什么挫折都绝不放弃，毫无动摇，把今天的一切努力，哪怕只是点点滴滴的小事，都能同远大理想联系起来，就像张思德那样，每烧一窑炭，都是为共产主义炉火助燃；就像雷锋那样，每推一车砖，都是为共产主义大厦奠基。知道共产主义离我们是相当遥远的，但有我们一代人接一代人的不懈努力，是一定能够实现的。为此，什么困难都能克服，什么委屈都能承受，从不牢骚抱怨。有了这样的共产主义觉悟，就心底无私天地宽，一切总能向前看，认真做好每件事，幸福快乐每一天。然而当前，有些政工干部对共产主义知之甚少，信之缺笃，行之乏力，甚至有的认为向前看不如向钱看实惠，搞共产主义不如积点家产有用。这种状态必须彻底转变，否则，有辱灵魂工程师的神圣使命。

四、宗旨意识过硬

中国共产党立党为公，执政为民，始终把全心全意为人民服务作为自己的宗旨。作为党的政工干部必须像雷锋那样，把自己有限的生命投入到无限的为人民服务中去。把人民的利益看得高于一切，重于一切，一言一行都以维护人民利益，造福人民为出发点和落脚点。除了按照政策规定取得自己应得的那一份报酬以外，不另谋任何私利，要守得住清心寡欲的底线。可是当前有些政工干部经受不住市场经济的考验，在种种诱惑面前，认为不捞白不捞，结果是滚鞍落马，身败名裂。还有身居下层的政工干部，感到自己位卑言轻，付出超众而入不及人，常常陷入羡慕嫉妒恨的纠结之中，以至心生旁骛又欲罢不能。这除了确有一些客观的致病因素外，主要还是自己宗旨意识不过硬造成的。因而，加强宗旨意识修炼是治本之策。

五、核心价值观过硬

党的十八大把积极培育和践行社会主义核心价值观，作为一项重大的战略任务摆在我们面前：“富强、民主、文明、和谐”是我们国家的兴盛之魂，“自由、平等、公正、法治”是我们社会的和谐之魂，“爱国、敬业、诚信、友善”是我们每个公民的做人之魂。这是一项伟大的同大国崛起相适应的塑魂工程，志在国家、社会、个人三个层面树立起坚不可摧的精神支柱。对于推进中国特色社会主义伟大事业，实现中华民族伟大复兴的中国梦，具有重大战略意义。作为党的政工干部首当其冲，加强学习、宣传、教育，真正让社会主义核心价值观融入到人们精神世界的方方面面，落实到学习、生产、生活和人们相互关系的言行之中，成为扬美德、斥丑恶，讲正气、克歪风的巨大正能量，形成知荣辱、作奉献，增团结、促和谐的良好新风尚。为了这一重大使命，我们必须使出浑身解数，把高度凝练的24个字背得滚瓜烂熟，对其丰富内涵和重大意义，字字能深解，条条能阐明，在宣传、教育、沁入人心的深度和广度上作铿锵有力的推手。更要身体力行率先垂范，在理论联系实际的作为上作令人钦佩的好手。还要大力树先进，促后进，在运用典型引路上，作步步提升的高手。

六、执行大政方针过硬

改革开放的总设计师邓小平早就给我们党定下了一个总基调即立下了一个总规矩，就是坚持党的基本路线100年不动摇。这是关系到我们举什么旗走什么路,何从何去根本性的大政方针问题。至少在百年之内只能顺延升级不能改变、翻盘。其核心就是坚持以经济建设为中心,促进发展,这是解决中国一切问题的关键。坚持四项基本原则,这是我们的立国之本,要旗帜鲜明地反对资产阶级自由化。坚持改革开放,这是我们的强国之路,一定不能再搞封闭僵化。我们沿着这条路线一路走来,已经取得了节节胜利,必须继续走下去,最终实现我们的伟大梦想。作为党的政工干部,头脑要十分清醒,旗帜十分鲜明,立场十分坚定,标准十分严格,态度十分过硬。

七、服务党建过硬

中国共产党之所以伟大正确,能保持先进,具有无限生机活力,不在于它本身不出任何问题,而在于能及时地纠正错误。比如延安整风,彻底清算了教条主义的严重危害,党的面貌焕然一新,日臻成熟的毛泽东思想高度统一了全党的思想,最终取得了抗日战争和解放战争的全面胜利,开辟了中国新纪元。又如1978年发起的真理标准大讨论,扫清了林彪、"四人帮"反革命集团极左谬论的阴霾,全党全国人民思想空前大解放,再次复出的邓小平拨转船头,冲破桎梏,把中国引向了改革开放的强国之路。当前,以习近平为总书记的党中央,针对党内存在的"四风"问题,正在开展党的群众路线教育实践活动,必将在新的历史条件下,使党的面貌再次焕然一新,为确保实现两个百年的宏伟目标提供坚强保证。作为党的政工干部,要自觉当好教育实践活动的马前卒,精心做好各个阶段的服务工作:为学好文件铺路,为开展批评加温,为联系群众搭桥,为搞好整改助力。把"洗洗澡"的水添得更足,把"治治病"的药煎得更好,把拿来要照的"镜子"擦得更亮,把"衣冠"正得更整洁。同心协力,把"四风"恶习扫地出门,让"三严三实"安家落户。让群众满意,领导满意,人人满意,自己满意。

八、业务能力过硬

政工干部必须是专家型、学者型、能工巧匠复合型的执行者。一是要有学习能力。要爱学、好学、精学、博学、善学、常学、永学。除了真正学深学好思想政治工作学的专业理论,切实掌握人的思想变化规律和思想政治工作规律以外,还要广开学路,尽可能多地了解相关学科的各种知识。特别要懂得本行业本单位所从事的业务,做到在教知教、在工知工、在农知农、在商知商、在兵知兵,这样才能与大家有共同语言,把工作做到点子上。要做到无处不学,无时不学,学习工作化,工作学习化,学习成为一种习惯,一种生活方式。久而久之,成为学识渊博、思维敏捷、理通四海、道贯古今的学人。二是要有表达能力。口头表述:能说会道,抓住要领,让人爱听。且能见什么人说什么话,到什么山唱什么歌,常给人留下听其一席话胜读十年书的好印象。文字表达:精通常用的各种文体写作,层次分明,条理清楚,词语准确,鲜明生动,让人读之受益。三是调研能力。要善于走访,用腿;要善于请教,用嘴;要善于观察,用眼;要善于倾听,用耳;要善于记录,用手;要善于分析,用脑。通过调查弄清真相,通过研究抓住本质,通过思考拿出办法,通过举措解决问题。四是新技术应用能力,随着手机、电脑等普及升级,许多工作都在网上进行。政工干部必须紧跟新时代,掌握新技能,拓展新渠道,用好新阵地,把工作做得更快更好。五是沟通协调能力。政工工作离不开领导支持、群众信任、同事帮助、多方协调,否则就障碍重重乃至劳而无功。这就需要政工干部具有过硬的沟通能力。要有诚恳态度、高度涵养、善于听取、恰当表达、得当作为,这样才能工作顺畅,成效显著。六是创新能力。思想政治工作的理念、内容、形式、方法、手段、载体等等都必须与时俱进,因地制宜,因人而异,不断创新,绝不能一招鲜吃遍天,更不能老一套辈辈套,不分男女和老少。政工干部必须开动脑筋,推陈出新,勇于求变,点石成金。

九、人际关系过硬

政工干部必须有个好人缘,对上下左右都一视同仁,一律尊重,待之以礼,奉之以诚。脸上总带微笑,从不乱发脾气。即使批评人的缺点,也和颜悦色,掌握分寸。常把方便让给别人,困难留给自己,脏活累活抢着干,推功揽过助人为乐。同你相处的人们有安全感、温暖感、亲和感、愉悦感。有心里话愿意同你说,说了不白说。有什么问题愿意听听你的意见,听了不白听。你在台上讲话,台下人们鼓掌,你工作有了难处,人们主动帮忙。这就是你的人脉,是你人格的力量。

十、身心健康过硬

新形势下的思想政治工作,任务越来越重,难度越来越大,要求越来越高,常常需要加班加点超负荷工作,必须要有健康的体魄,要善于忙里偷闲,加强锻炼,注意营养,适当保健。拿得起来放得下。还要特别修炼心理承受能力,能耐得住冷漠,受得住误会,经得起讥讽,相信彩虹总在风雨后,金子总会发光的。当然,如果自己确有不足,应当及时改正。对别人的批评,哪怕不完全正确或完全不正确,也能有则改之,无则加勉,相信路遥知马力,日久见人心。政工干部应有海纳百川的襟怀,万里晴空的大度。

(作者单位:天津国土资源和房屋职业学院)

马克思主义“灌输”理论研究

易　强

在科学社会主义运动史上，马克思主义“灌输”理论对于无产阶级政党争取群众、理论武装群众、形成坚实的思想堡垒发挥了重要作用，为无产阶级夺取政权、巩固政权打下了坚实的思想基础。在当今，重新研究“灌输”理论，对系统理解“灌输”理论，澄清人民对“灌输”理论的错误认识，坚持马克思主义在意识形态领域一元化的指导地位，加强和改善党的思想政治工作具有一定的促进作用。

一、马克思主义“灌输”理论的理论渊源及其发展

（一）马克思、恩格斯是“灌输”理论的首创者

在科学社会主义创建的过程中，马克思、恩格斯不仅使空想变成了科学，形成了革命的理论，而且也有大量论述“灌输”的思想，并且多次强调与论证向人民群众“灌输”革命理论的重要性。马克思最早是在1844年2月在巴黎出版的《德法年鉴》一书中涉及“灌输”思想，在这里他提出理论掌握群众之后也会变成物质力量。恩格斯首先明确地提出了“灌输”的概念，正式使用了“灌输”一词，1844年他写信给马克思时指出：在共产主义运动中不能“灌输”庸俗习气。这是在国际共产主义运动史上首次正式使用“灌输”的概念。1844年11月，恩格斯在谈到德国画家许布纳尔一幅画，认为这幅描述西里西亚纺织工人生产与生活的画“给不少人灌输了社会主义思想”。在《共产党宣言》中，马克思、恩格斯指出：要教育工人，让工人具有阶级意识，并且认识到资产阶级与工人阶级是对立的阶级，具有不可调和的矛盾。而后在《国际工人协会成立宣言》中，马克思又进一步指出：群众组织要用知识武装起来和作指导，才能发挥人数众多的优势，才能决定胜负的走向。1885年马克思批判了《哥达纲领》草案，指出：拉萨尔派歪曲了现实主义观点，而这种观点好不容易才“灌输”到共产党员头脑中，并且已经在党员头脑中生了根。1880年恩格斯在《社会主义从空想到科学的发展》中指出：“真正的理性和正义至今还没有统治世界，这只是因为它们没有被人们正确地认识。”1888年恩格斯在写给文斯涅维茨基夫人的信中指出：我们的革命理论不是教条，不需要机械地、反复地进行重复，也不需要对美国人进行强制“灌输”，而需要美国人在德国人的帮助下去亲身体验，这样才能深入他们的内心。在创立科学社会主义理论并在向人民群众传播革命理论的过程中，马克思、恩格斯首先提出了“灌输”的概念，也从多个方面对“灌输”的内涵进行了论述，但是这些思想的火花都散见于马克思、恩格斯的著作和信件当中，他们并没有把这些思想形成系统的科学理论。

（二）“灌输”理论在俄国的形成与发展

1901年10月，考茨基在《新时代》上发表文章引证了由其讨论和最后定稿的奥地利社会民主工党纲领《海因菲尔德纲领》中关于“灌输”的提法，并对“灌输”作了更完整的表述，指出：无产阶级政党首先必须要有阶级意识，认识到自己的历史使命，把这种阶级意识“灌输”到无产阶级中去。上面这一段论述，列宁在《怎么办?》一书中作了直接引证，并且称其是“一段十分正确而重要的话。”苏联共产党的前身——俄国社会民主工党于1889年3月在明

斯克召开第一次代表大会,大会上宣布俄国社会民主工党成立,但是在刚成立时党内存在以马尔托夫为首的机会主义者和以列宁为首的马克思主义者两派的对立,没有统一的指导思想,组织也处于涣散状态,一批在“合法马克思主义”熏陶下成长起来的年轻人在俄国科学社会主义运动中居于主导地位,而他们反对党对革命运动的领导,认为党在革命运动中最多只能做一些“服务性”工作,而主张工人运动的自发性,鼓励通过经济斗争的方式去进行革命,这在历史上称为“经济派”。列宁在流放期满后,随即就展开了对“经济派”的批判,1901 年至 1902 年期间列宁撰写了《怎么办?》一书,在书中一方面指出革命理论对无产阶级革命运动具有极其重要的指导作用;另一方面指出无产阶级政党必须用革命理论作指导,才能去有效地领导革命。而且列宁认为:工人阶级的政治意识只能是“一种从外面灌输到无产阶级的阶级斗争中去的东西。”在这样的背景下列宁在《怎么办?》一书中系统形成了科学的马克思主义“灌输”理论。斯大林坚持和发展了“灌输”理论,认为马克思主义理论和社会主义意识必须从外面进行灌输,认为工人阶级是社会主义革命的基础,社会主义革命必须与工人运动结合起来,马克思主义政党在实施“灌输”任务中具有十分重要的职责与作用。

(三)“灌输”理论在中国的继承与创新

在领导中国革命与建设的过程中,中国共产党及其领导人一贯重视在结合中国国情的基础上,对人民群众进行理论“灌输”,走出了一条极具中国特色的“灌输”道路。毛泽东注重向人民群众和军队进行理论“灌输”,并认为:政治工作是军队的生命线,在其著名的《论持久战》中指出:必须把政治精神贯注于军队。列宁强调对工人进行理论“灌输”,而不提倡对农民进行理论“灌输”,而毛泽东在强调向军队进行“灌输”之后,又在建国后强调:向农民不断地“灌输”社会主义思想,这是对“灌输”理论体系的延伸和拓展。毛泽东这些和中国国情相结合的论述不仅丰富和发展了“灌输”理论,而且也使得“灌输”理论开始具有中国特色。以邓小平同志为核心的第二代领导人进一步强调了理论“灌输”的重要性,认为要加强大学生思想政治工作,邓小平明确指出:“学生从到学校的第一天起,就要对他们进行政治思想工作。”邓小平进一步提出要培养政治与专业相结合的复合型人才,提出了著名的“又红又专”理论,这里的红就是指具有深厚马克思主义理论水平、坚定的社会主义信仰和高尚的道德品质,这是在坚持“灌输”理论内涵基础上的开拓与创新。根据邓小平的总结,20 世纪 80 年代末期,我们为什么造成了严重的后果,就是因为我们忽视了对人民进行社会主义意识形态的“灌输”教育。邓小平这些宝贵的思想为我们在新时期认识思想政治工作的重要性,坚持和加强“灌输”理论打下了坚实的思想理论基础。江泽民同志继承第一代、第二代领导核心坚持“灌输”的思想,并且在此基础上进行了凝练与提升。江泽民在谈到思想政治教育指导思想时指出:“思想政治工作的实践证明,我们的阵地,如果无产阶级思想不去占领,非无产阶级思想就必然会去占领。”“坚持和巩固马克思主义在我国意识形态领域的指导地位。”坚持创新思想政治教育的手段和方法要在继承优良传统的基础上,运用现代科学手段,不断更新思想政治教育的内容、形式与方式,提高思想政治教育的实效,不断提升思想政治教育的有效性。江泽民的这些论述为新时期坚持“灌输”理论、应用“灌输”理论指明了方向。在新世纪、新阶段胡锦涛同志提出要不断加强和改进大学生思想政治工作,为祖国现代化建设培养大批优秀人才,是对“灌输”理论发展的有效探索。这些和中国实际相结合的言论和思想,使马克思主义“灌输”理论在中国得到了不断的丰富和发展,形成了具有中国特色的“灌输”理论体系。

从上述引文论述可以看出,马克思主义经典作家,特别是列宁,对“灌输”的论述是全面的、系统的,使“灌输”理论构成了一个完整的科学理论体系，通过中国共产党几代领导人的继承、开拓与创新，使得"灌输"理论在中国得到了进一步的丰富和发展，形成了具有中国特色的"灌输"理论体系。

二、"灌输"理论的科学内涵

(一)"灌输"的必要性

马克思主义经典作家强调理论对革命指导的极端重要性，马克思认为："理论一经掌握群众，也会变成物质力量。"列宁认为要使革命运动朝正确方向发展就必须有正确的革命理论作指导，无产阶级政党也必须用革命理论武装起来，才具有向心力和战斗力，才能实现对革命有力的领导。列宁进一步指出："之所以革命理论如此重要，是因为它是党的三种斗争形式之一，即除了政治的和经济的斗争以外，还有'理论的斗争'形式。这三种基本形式相互联系，紧密配合，缺一不可。"既然理论如此重要，那么理论是怎么来的呢？理论研究是一种"抽象"，即建立在总结前人认识的基础上，通过"抽象力"总结出来的，马克思曾深刻地指出"分析经济形式，既不能用显微镜，也不能用化学试剂，二者都必须用抽象力来代替。"理论研究具有一定的门槛，而工人一是知识文化水平比较落后，很难从事这种抽象活动，二是工人没有可靠的经济保障和时间去从事脑力劳动和理论研究，也就是说，科学理论不是由普通工人群众创立的，科学的社会主义理论只能由某些具有高度"抽象能力"的知识分子创造。列宁认为科学社会主义理论体系是由马克思、恩格斯创造出来的革命理论，然而从社会出身和其社会地位来看"马克思、恩格斯也属于资产阶级知识分子。"列宁又进一步指出从各国历史来分析，工人的自发运动只是为了改善生产与生活条件，缩短劳动时间，提高工资待遇，他们的自发运动是产生不了科学社会主义理论，而只能产生"工联主义"。江泽民也指出：思想政治工作的实践证明，我们的阵地，如果无产阶级思想不去占领，非无产阶级思想就必然会去占领。

(二)"灌输"的主客体

1."灌输"的主体即由谁"灌输"的问题。列宁认为十分有必要对工人群众进行科学社会主义和阶级意识的"灌输"，这项工作具体由谁去实施，去实施这项工作的人员应该具备什么样的素质和能力才能有效的开展这项工作，列宁认为：进行马克思主义科学理论"灌输"的人应当是"革命的社会主义知识分子"，列宁进一步指出：俄国社会民主党应当承担起这项"灌输"任务，应该把科学社会主义理论和无产阶级阶级意识"灌输"到工人群众中去。具体去实施这项工作的人员应该首先是马克思主义理论专家，具有坚定的社会主义信念，具有较全面的素质与能力，既当组织员又当宣传员，组织员能写，宣传员会讲。

2."灌输"的客体即向谁"灌输"的问题。"灌输"的客体是谁？即被"灌输"者是谁的问题，列宁作出了明确的回答，列宁指出"工人群众"是科学社会主义理论"灌输"中的"灌输"对象。列宁要求加强对工人阶级进行理论"灌输"，在进行了广泛社会调查实践的基础上，对工人阶级进行了层次分析，按照与党关系的远近，列宁将工人阶级各组织和人员分为五个层次，并且要求突出重点，把党的外围作为重点"灌输"对象，"必须经常教育这一阶级不断出现的新阶层。"

(三)"灌输"的内容

"灌输"理论的"灌输"内容是什么？并非不加选择地将所有知识都进行"灌输"，"灌输"的内容是马克思主义的科学社会主义理论体系和无产阶级的政治意识，这一点列宁在其著作《马克思主义的三个来源和三个组成部分》中作了充分的论述，指出马克思主义即科学社会主义理论体系和无产阶级的阶级意识是向工人阶级"灌输"的内容，科学社会主义理论是马克思、恩格斯在19世纪工人运动实践基础上创立的理论体系，是从唯物主义角度分为三个部分进行撰写的马克思主义哲学、马克思主义政治经济学和科学社会主义，是马克思、恩格斯受德国古典哲学、英国古典政治经济学和法国空想社会主义的影响，并在总结工人运动的基础上创立的科学的、完整的理论体系。列宁在这里进一步证明了：工人的自发运动产生不了科学社会主义理论体系，科学社会主义理论体系和无产阶级的阶级意识必须从外面进行“灌输”。

（四）“灌输”的方法

1. 善于理论结合实践。列宁认为“灌输”不仅是理论宣传，还要理论与实践相结合。第一，要加强对工人阶级进行理论宣传，用理论把工人阶级武装起来，只有群众被知识武装起来，才能发挥人数众多的作用。第二，对工人群众进行宣传教育之后，要引导工人参与革命斗争，积极参与到反对旧政权的斗争中去。第三，社会民主党应当深入到居民当中，广泛地与人民群众接触，去进行宣传、引导，领导无产阶级革命运动。总之，“灌输”不仅要对工人阶级宣传理论，还要与革命运动结合起来，去引导工人阶级进行革命斗争。

2. 利用身边的生活小事进行宣传教育。列宁认为只有利用事例进行宣传教育才生动、深刻，才会达到事半功倍的效果。要利用宣传身边的小事来解释工人阶级的历史使命，要利用宣传身边的小事来坚定社会主义的理想信念，要利用宣传身边的小事来揭露资本主义的剥削本质。

3. 要煽情以激发行动。马克思主义革命理论的目的是激发人民的革命行动，推翻旧的政权，最后建立无产阶级政权，“灌输”马克思主义理论和阶级意识，必须知情并重、知行统一，但是只靠单纯的理论“灌输”是很难激发人民的革命行动，必须“煽情”才能激发人民的行动，列宁认为在进行革命理论“灌输”的过程中，必须投入感情才能激起工人阶级的革命行动，才能引导工人阶级进行有效的革命斗争。

三、对“灌输”理论“非议”的批判

一听到“灌输”二字，大家脑海里马上就会想到“填鸭式”、“单向式”的强迫教育，在现实生活中和理论界存在大量对“灌输”理论的误解，本文对“灌输”非议的主要观点进行简述并逐一对其进行批判。

（一）对“灌输”理论“非议”的主要观点

1. “灌输”已过时。有的人认为，“灌输”理论起源于马克思、恩格斯思想，是列宁系统形成于110年前的战争年代，现在的社会历史条件与100多年前相比已经大不相同了，“灌输”理论在当今已经“不合时宜”，而且现在的主要任务已经不同于革命战争年代，在革命与战争年代以推翻旧政权，赢得人民的解放为重任，而现在以经济建设为中心，以不断提高人民群众的物质文化生活水平为根本任务，再谈理论“灌输”已经是“不务正业”。

2. “灌输”已无效。有些人认为，革命与战争年代“灌输”对象是工人群众，当时的工人群众文化程度比较低，所以对他们“灌输”才有效果，而现在随着教育的发展，人民群众的文化程度提高了，人民完全可以开展自学，没有必要进行政治理论“灌输”。而且现代社会通讯非常发达，人民通过网络等现代传播媒介可以实时掌握大量信息，至于人民选择接受什么样的“理论”、“主义”是他们自己的事情，再对人民进行“理论”、“主义”的“灌输”完全是“多管闲事”。

3. “灌输”强制性。有的人认为，“灌输”是一种强制性的教育形式，把教、学双方对立了起来，只突出教者的主体地位，完全不管教育对象的感受。甚至有的人认为“灌输”理论是一种“我讲你听、我打你通”不人道的教育理论。接受这种教育，培养出来的只是“知识虫”、“书呆子”，抑制了教育对象个性与能力的发展，达不到提高教育对象素质的目的。

4. “灌输”为应急。有些人认为只有两种情况可以用到“灌输”：一是迎接文科类考试。为了突击获取高分，在短时间内，老师将大量的知识传授给学生，学生在较短的时间内通过强记背诵，迅速提高考试成绩。二是出现重大时事政治时，如国内有重大政治理论创新成果出现，或者国家面临严重困难,需要进行理论“灌输”来救火,来对人民群众进行“灌输”以稳定人心。

(二)对“非议”观点的批判

1. 对“过时论”的批判。马克思主义“灌输”教育并没有过时,因为不论是在革命前还是在革命后,无论文化程度高还是文化程度低,都要加强党的思想政治工作,需要党把马克思列宁主义和中国化的马克思主义理论成果有组织、系统地灌输到党员、干部、人民群众中去,用社会主义一元意识形态来武装头脑,这在任何时候都不能变。马克思主义觉悟的高低可能与文化水平有一定的关系,但是未必文化水平高马克思主义觉悟就会高,如果这样理解那就是新时期“自发论”的变种与体现。人民的文化水平提高了,只能说人民群众理解马克思主义理论及其中国化的理论成果的能力增强了,为我们更加顺利地实施理论“灌输”打下了良好的基础。

2. 对“无用论”的批判。由于任何科学理论都不能自发的形成,所以“灌输”教育就变得卓有成效。“灌输”理论重视对科学理论进行系统的宣传、教育,使得新思想、新经验得以系统的传播和推广。在信息时代,在网络技术高速发展,文化价值发展多元化倾向的条件下,人们在世界观、人生观、价值观的形成过程中会受到各种观点和思潮的影响,问题是在这个过程中不是这种思想起主要影响就是那种思潮起主要影响。列宁指出自从马克思主义诞生以来,世界上就存在社会主义和资本主义两种思想体系的对立,而没有第三种思想体系。通过灌输教育则可以有意识、有目的地让先进的思想、理论武装头脑,对行为起主要影响作用,使社会主义思想体系在人们的生活中起支配作用,从而引导人们的思想朝着正确的方向发展。

3. 对强制性的批判。“灌输”并不必然意味着强制。如果把“灌输”等同于强制,大多是从“灌”字出发理解“灌输”。列宁指出我们需要从外面把革命理论“灌输”给工人,并不是指从“头脑”的外面,而是指的从经济斗争外面,从工人与厂主的关系外面,从“工联主义”的外面进行“灌输”。革命导师也反对机械性地、强制性地进行“灌输”,恩格斯在论述对美国无产阶级革命运动的指导时,曾明确地指出我们的理论不是“机械地、加以重复的教条”,反对进行“硬灌”,列宁也反对进行空洞与无用的说教和做重复无用的教育工作。此外,列宁只是把工人阶级作为“灌输”的对象,反对“强迫”农民接受社会主义理论。

认为“灌输”理论没有强制性也是不符合现实的。马克思曾经深刻地指出“统治阶级的思想在每一时代都是占统治地位的思想。”统治阶级要把自己的意识形态作为维持社会秩序的精神力量,要在全社会推行自己的思想,这本身就具有一定的强制性。正如胡锦涛同志指出:坚持不懈用中国特色社会主义理论体系武装全党、教育人民。要实现这种理论武装全党、教育人民的目的,不通过系统的“灌输”是无法实现的,认为“灌输”没有强制性也是不符合事实的。

当然不能把马克思主义“灌输”理论与西方教育哲学所否定的对儿童进行的道德“灌输”及实践中存在的那种填鸭式的教条化教育混为一谈。“灌输”是一种原则,而又不排除具体方法的运用,作为原则的“灌输”,实际上是对思想、观点与价值观有目的、有针对性地输送。从这个角度看,“灌输”可以说就是教育。作为原则的“灌输”理论体现了强制性与非强制性的辩证统一,这本身就是一种正确的逻辑与辩证关系。

4. 对“应急论”的批判。这种“头痛医头,脚痛医脚”的做法虽然有可能会取得一时一事的效果,但是从长远来看必然会埋下严重的隐患,产生不良的后果。意识形态领域的斗争是激烈而长期的,马克思主义和社会主义思想体系不会在人民头脑中自发的产生,必须坚持从外面进行系统的“灌输”,意识形态这个阵地马克思主义不去占领,非马克思主义就会去占领。有时甚至已经出现了错误的思想倾向,如从2006年的“西山会议”到2008年谢韬掀起的

“民主社会主义救中国”，再到2008年的极力宣扬西方价值观念的“普世价值热”等等，这些错误思潮的实质都是在否定社会主义，有的甚至直接反对共产党的领导，主张实行西方多党制。我国将继续坚持改革开放道路和中国特色社会主义制度，正如胡锦涛同志指出：我们坚定不移高举中国特色社会主义伟大旗帜，既不走封闭僵化的老路、也不走改旗易帜的邪路。然而，事实上资产阶级从来没有放松向本国和他国灌输它的思想体系，正如苏华指出：东欧剧变，苏联解体后，西方敌对势力把和平演变的重点转向中国。所以在思想意识形态领域的斗争是长期的、激烈的、复杂的，从这个意义上来讲，“灌输”理论具有普遍性、长期性的指导意义。

四、“灌输”理论对我们的启示

一是要充分认识到在当今社会不能放松对人民群众进行政治理论的“灌输”教育。我们当前所处的社会历史条件与革命战争年代相比已经大不相同了，我国现在是共产党领导的以马列主义为指导的社会主义国家，马列主义、毛泽东思想和中国特色社会主义理论体系已经深入人心，而且我国社会主义已经有了60多年的历史，拥有各种新闻媒介，但是由于意识形态领域斗争的长期性和复杂性，我们不能因为这些优越条件就忽略对人民群众进行理论“灌输”。因为，进行意识形态的“灌输”教育是世界各国维持制度、保持社会稳定的通用法宝。马克思曾经指出：任何统治阶级的思想都是占统治地位的思想，美国学者奥尔穆也指出：任何社会要存在下去，都要控制社会成员的思想，向社会成员“灌输”有利于维持其统治的思想。

二是要重视不断提高“灌输”主体的素质与能力。列宁当年对“灌输”主体提出了具体的要求，并用“革命的社会主义知识分子”来定义与要求“灌输”主体。在当今社会，我们要提高党的思想政治教育的有效性，提高理论“灌输”的效果，也要不断提高“灌输”主体的素质，结合马克思主义“灌输”理论的要求与我国思想政治工作的实际，“灌输”主体应该主要具备以下几个方面的素质。一是较高的马列主义理论水平和坚定的社会主义政治信仰。二是具有广博的知识面，特别是要掌握一些现代化的知识。三是要会运用各种有效的方法进行理论“灌输”，不断提高理论“灌输”的水平与实效。

三是要认真研究和分析“灌输”对象。复杂多样性和层次性是事物的固有属性，要提高理论“灌输”的效果，就必须认识到教育对象的思想觉悟具有层次性和多样性的现实，加强对“灌输”客体的研究，列宁当年对“灌输”对象进行了层次划分，当下，我们在进行政治理论“灌输”时，也要对对象进行层次分析，正确处理好先进性与普遍性的关系，突出普遍性与特殊性的要求，在实施理论“灌输”过程中坚持以人为本、以教育对象为中心，针对教育对象的不同思想状况来制定教育计划，设计教育内容，不断提高教育的针对性和有效性。

四是要把理论“灌输”贯穿于社会主义现代化建设的全过程。我们不能仅把理论“灌输”看作是知识的宣传与教育，而且要与社会主义现代化建设的伟大实践结合起来，如营造良好的社会道德环境，积极发展社会公益事业，开展感党恩、赞成就活动等等，激发人民群众建设社会主义现代化的热情，这都是有效的理论“灌输”形式。所以理论“灌输”要结合并贯穿于社会主义现代化建设的伟大实践之中，才能为社会主义现代化建设提供精神动力与智力支持，才会实现马克思所讲的：理论一经掌握群众，也会变成物质力量。

五是理论“灌输”在新形势下要不断与时俱进。随着科技的进步和马克思主义在中国的不断创新与发展，理论“灌输”也要结合中国的国情不断与时俱进，正如列宁所指出的：要避免“反复地咀嚼一些大家早已知道的东西就够了的简单化、形式化的教育。”要充分运用现代科技成果，不断更新教育内容、模式、方法，不断提高理论“灌输”的实效。

（作者：中南大学马克思主义学院博士生）

做好农村思想政治工作是建设社会主义新农村的根本保证

王子文

建设社会主义新农村，是党的十八大提出的重大战略部署。抓好农村思想政治工作是培育新型农民，提高农村建设主体素质，改善农村社会风气，优化是农村建设发展环境的主要方式，同时激活农民积极性、主动性和创造性，是增强农村建设发展动力的根本手段。做好农村思想政治工作，在运行方法上，要以农村发展战略和项目建设为带动力；在工作过程中，要以农户家庭建设为落脚点和突破口；在工作手段上，要以以人为本贴近农民实际的活动为有效方式。

建设社会主义新农村，是当前我国现代化进程中的重大历史性、战略性任务。按照党中央提出的“生产发展、生活富裕、乡风文明、村容整洁、管理民主”的总体要求，新农村建设是一项涵盖经济、政治、文化、社会及党的建设在内的五位一体的系统工程。思想政治工作作为一切工作的生命线，是新农村建设顺利推进的重要保证。因此，深入研究和把握新农村建设进程中农村思想政治工作的基本价值，找准当前农村思想政治工作的着力点，做实、做好新时期农村思想政治工作，具有重要的现实意义。

一、抓好农村思想政治工作培育农村新型农民

建设社会主义新农村是一项长期、复杂而艰巨的任务，这一任务的最终实现，需要整合政府、社会及农民自身等各种力量，形成一场“泛国民运动”。在贯彻落实进程中，党委政府是主导，各种社会力量的参与和支持是必要条件。但这些都只能视作新农村建设的外部推动力。农民作为农村生产、生活的主人，才是建设社会主义新农村的真正主体。与以往农村发展模式不同的是，新农村建设对主体—农民的素质提出了更多、更高的要求，没有新农民，就没有新农村。因此，培育新型农民，充分发挥其新农村建设主体的作用，既是全面贯彻党的十八大精神的要求，也是整个新农村建设进程中的一项基础性、战略性工作。新农民的培育归根到底要靠教育，即包括科学文化教育、法制教育、职业技能培训，其中，思想政治教育是灵魂和统帅。它内在地规定着新农民的性质及发展走向，从根本上制约着农民的文化素养、职业技能等其他素质发挥实际效应的程度。从现实层面来看，以保守、封闭、小富即安、不思进取为基本特征的小农思想，以家法代替国法、讲人情而不讲法律的强烈的宗族观念，以及忽视集体利益和团队协作的狭隘的个人主义思想等与时代进步要求不相适应的思想意识在农民群众头脑中现实而普遍地存在，成为农民致富、农村发展的深层瓶颈。因此，培育新农民、建设新农村，最根本的任务在于对农民的现代性改造，尤其是思想观念的现代性改造。只有通过耐心细致的思想政治工作，帮助农民群众摒弃愚昧、落后的思想观念，增强民主法治观念、树立竞争效率意识、培养改革创新、团结协作精神，实现由传统农民向现代农民的根本性转变，充分激发他们的创造热情，新农村建设才有坚实、可靠的主体力量。

二、抓好思想政治工作改善农村社会风气，优化新农村建设发展环境

新农村建设需要有良好的发展环境作支

撑。现阶段，农村地区改善发展的硬环境具有了难得的历史机遇。在政府发起和主导的新农村建设的启动阶段，增加对农村的公共品的投入，致力于农村的基础设施建设、村容村貌整治、生态环境改善是国家推动新农村建设的关键切入点和突破口。可以乐观地预期，农村的可持续发展将因此而具备坚实的物质条件和良好的客观环境。但需要引起高度重视的是，改革开放30多年来，处于大变革时期的农村经济社会结构发生了深刻变化，农村社会及精神生活领域随之也出现了许多突出的问题。有的农村道德失范、诚信缺失，欺骗欺诈打架斗殴等现象屡禁不止，是非、善恶、美丑界限混淆；有的农村封建迷信活动泛滥，黄赌毒等丑恶现象沉渣泛起；有的农村干部作风粗暴、方法简单，损害群众利益的情况时有发生。这些现象的存在，败坏了农村社会风气，削弱了农民发展的斗志，严重的甚至会引发利益冲突，影响农村的稳定。因此，与硬环境的改善相比，优化农村发展的软环境可谓形势严峻、任务艰巨。而思想政治工作无疑是解决这些问题的主要方式。思想政治工作作为社会的“稳定器”，通过发挥统一思想、凝聚人心、化解矛盾的功能，可为农村发展打牢坚实的、共同的思想基础；思想政治工作作为社会的“润滑剂”，通过发挥利益协调、情绪疏导、心理调适的功能，可为农村发展创造和谐的人际关系及良好的社会风尚；思想政治工作作为社会的“推进器”，通过发挥社会关怀、激励引导功能，可为农村发展营造团结互助、开拓创新、进取向上的精神氛围。而所有这些都是我们推进新农村建设所必需的。

三、抓好农村思想政治工作激活农民积极性、主动性和创造性，不断增强新农村建设发展动力

新农村建设的主体是农民，其成败归根到底取决于农民积极性、主动性和创造性的发挥程度，这也是新农村建设的原动力所在。激活农民的积极性、主动性和创造性，需要我们把物质鼓励和精神鼓舞结合起来，一方面，在新农村建设进程中要始终坚持以农民为本，一切发展依靠农民，一切发展为了农民，充分尊重农民的意愿和首创精神，并致力于解决好农民群众最直接、最关心、最现实的利益问题，让他们在新农村建设的过程中得到实惠、“尝到甜头”，进而积极主动、自觉自愿地参与到这一伟大进程中来。另一方面，需要发挥思想政治工作的教育、关怀和激励、引导功能。要通过思想政治工作，向农民群众大力宣传新农村建设的宏伟蓝图和重大意义，让他们体会到新农村建设并非是“又一场空洞的政治运动”，而是与他们的自身利益、长久幸福密切相关，要把思想政治工作作为真正的“温暖工程”、“民心工程”来抓，通过经常性的、细致的思想政治工作，把党和政府的心声、温暖和关怀，正确、及时、顺利地传递给农民，尽可能地增强他们的满意度和幸福感。惟有如此，我们才能赢得群众，新农村建设才有了源源不断的动力。

四、紧紧抓住当前做好农村思想政治工作的几个着力点

做好农村思想政治工作，必须重点研究和解决具体操作层面的问题是：如何才能“做得下去”即渗透方式和带动力问题，落实在什么层面即落脚点和突破口问题，怎样落实下去即方式和载体问题，这些问题是农村基层思想政治工作经常遇到并不断求索的问题，因而是做好当前农村思想政治工作的几个关键着力点。遵循思想政治工作自身规律，结合当前农村和农民的实际，我们可作如下探索：

1. 农村思想政治工作要积极寻求与农民利益之间的结合点和渗透点。农民群体是一个相对朴素的群体，他们讲实际、求实惠。实践证明，思想政治工作如果能帮助他们解决实际问题、使其得到实际好处，就会受到他们的欢迎，其教育的正向效果就能顺利产生。而任何“假、大、空”的思想政治工作方式，都会因为不对农民的“胃口”，受到农民的反感和抵触，最

终流于形式。因此,农村思想政治工作必须改变过去就思想问题而做思想工作的空洞、单一的方式,努力实现思想政治工作与农村发展、农民利益的有机结合,积极寻求思想政治教育和农民利益之间的现实结合点和渗透点,以此带动农村思想政治工作"做下去"并产生积极的效果。这个结合点和渗透点就是关系农民切身利益的地区发展战略与项目建设。农村基层政权组织要在新农村建设进程中,坚持科学指导,在充分尊重农民意愿和本地实际的基础上,科学制定和选择本地区的发展战略和具体发展项目。农村思想政治工作者要紧紧围绕发展战略和项目建设这个关系地区发展和农民群众切身利益的大局工作,及时地跟进思想政治教育。以战略实施和项目建设为契机与依托,渗透思想政治工作,以思想政治工作的有效展开,推动战略实施和项目建设的发展。惟有如此,思想政治工作才能真正地"做下去",农村各项工作才能协调发展并最终获得物质文明和精神文明建设的"双丰收"。

2. 农村思想政治工作贵在坚持,重在落实。从农村思想政治工作的具体工作层面来看,农户家庭无疑是农村思想政治工作做实、做细的落脚点和突破口。家庭作为社会的基本细胞,不仅具有生产经营、生活养育等多重社会功能,还包括有社会管理的功能,千百年来中国的道德文化传承都是以家庭为基本载体的,在农村地区尤其如此。因此,农村思想政治工作的有效展开,要充分利用好家庭这一基础性资源,发挥其教育管理和道德教化功能,管好一个家(家族),就管好了一群人,以此为切入点,在此基础上,从家庭(家族)逐步上升到社区(村庄)及至整个乡镇,由点到线、最后到面,构筑起立体化、网络化的工作模式,思想政治工作的整体效果才能充分显现。实践已经证明,许多地方实施的"五好家庭"、"文明家庭"、"星级家庭"等群众性创建和评比活动,都取得了良好的精神文明建设成效,值得总结和推广。此外,必须引起注意的是,伴随产业结构调整,农村家庭成员的流动性增强,在广大中西部地区,"留守儿童"、"留守老人"的现象大量存在。计划生育政策的实施,也使农村家庭结构呈现出小型化的趋势,受社会文化变迁的影响,农村家庭内部的伦理道德出现了一定程度的失范。这些变化不仅影响到农村家庭的稳定,也引发了诸多的社会问题。因此,家庭既是我们开展思想政治工作可资利用的重要阵地和资源,也是当前农村思想政治工作必须给予足够重视的"桥头堡"。只有重视加强农户家庭这一基本阵地和资源的建设与利用,农村思想政治工作才能真正落到实处,取得实效。

3. 农村思想政治工作的有效开展需要依托一定的阵地,借助于必要的手段和载体。现在人们在研究和讨论农村思想政治工作时,关注较多的是阵地建设问题。阵地缺失无疑是影响当前农村思想政治工作有效开展的重要因素。但在对农村和农民群众而言,能够吸引他们广泛参与,真正满足他们精神文化生活需求的,并不是那些具有很强现代气息和较高文化品位的东西,而恰恰是那些贴近农民实际的、看起来"土得掉渣"的内容、方式和活动载体。我们必须要反思,为什么在有些农村地区,有线电视通了,但农民从中获取的有用信息和受到的健康精神享受十分有限?为什么图书室建起来了,但光顾者却寥寥无几?为什么活动中心却成了农民在农闲时节打牌赌博的"好处所"?这种情况与我们致力于提高农民精神文化生活质量的初衷是相去甚远的。究其原因,与我们"重建设"而"轻利用"、"轻引导"的工作思路是有关的。因此,在充分尊重农民的文化生活消费习惯的基础上,积极探寻并组织开展贴近农民实际的、群众喜闻乐见的、形式多样的活动,应是当前农村思想政治工作的一个关键着力点。实践证明,有些农村地区重视对本地区非物质文化遗产(如民间艺人、民间艺术)的保护、挖掘和利用,不仅使其得到了有效的传承,而且在思想政治工作和农村文化建设中大放异彩,有些农村地区在农闲时节,组织农民开展具有浓郁乡土气息的各种文化活动,如海南省海口市琼山区农民的篮球赛、海南省文昌市大致坡镇的琼剧、海南省保亭县的少数民族槟榔舞村、村队卡拉 OK 比赛等,这些文化活动因与农民的生产生活实际紧密相连,本身有着广泛的群众基础,群众参与度高,开展起来简便易行且成本较低,而效果却十分明显。因此,重要的并不在于高标准的阵地建设,而在于活动的组织和引导。作为农村基层的思想政治工作者,我们要坚信在农村和农民群众中蕴藏着无限的智慧和资源,只要我们在实际工作中贯彻以农民为本的工作理念,"静下心来","沉得下去"实施从群众中来到群众中去,我们就能不断探索到贴近农民实际的、行之有效的工作载体,农村思想政治工作在推进中国特色社会主义新农村建设的过程中即将实现物质文明、精神文明双丰收。

(作者:求是杂志社海南工作站站长、全国思想政治工作科学专业委员会特约研究员、中国思想政治工作网华南工作站站长,北京师范大学哲学博士)

第九部分

党的建设研究与创新

落实党的十八大精神　深化党建研究工作

赵乐际

2013年是全面贯彻落实党的十八大精神开局之年。十八大统筹伟大事业与伟大工程，对坚持和发展中国特色社会主义作出全面部署，对全面提高党的建设科学化水平提出明确要求。党的建设是党的事业不断取得胜利的重要保证，党建研究是党的建设扎实推进的重要基础。我们要充分认识新形势下做好党建研究工作的重要性，运用马克思主义立场、观点和方法，以宽广眼界、敏锐眼光，及时发现新情况；以战略思维、前瞻思考，深入研究新问题；以求实精神、创新方法，善于提出新建议，不断开辟党建研究新境界。

一、牢牢把握党建研究的正确方向

习近平总书记最近指出，党的十八大精神，说一千道一万，归结为一点，就是坚持和发展中国特色社会主义。这为我们领会贯彻十八大精神、做好各项工作指明了方向。开展党建研究，要把坚持和发展中国特色社会主义作为聚焦点、着力点、落脚点，努力为丰富中国特色社会主义的实践特色、理论特色、民族特色、时代特色贡献智慧和力量。

一要从90多年来党的建设实践中把握方向。就是要坚持唯物史观，把历史作为最好的教科书。毛泽东同志1942年曾说过，“如果不把党的历史搞清楚，不把党在历史上所走的路搞清楚，便不能把事情办得更好”。我们要从党的辉煌历史、巨大成就、成功经验中“寻根守魂”，清醒认识党的历史、党目前所处的方位，明确党是怎样走过来的、要怎样走下去，这样才能使党建研究具有可靠的根基和不竭的动力。我们党成立90多年来，走过了极不平凡的历程。新民主主义革命时期，党带领人民历经千辛万苦、付出巨大牺牲，建立了新中国，实现了民族独立、人民解放。社会主义革命和建设时期，党艰辛探索符合中国国情的社会主义建设道路，为开创中国特色社会主义提供了宝贵经验、理论准备、物质基础。改革开放新时期，邓小平同志响亮地提出“走自己的道路，建设有中国特色的社会主义”。30多年来，中国特色社会主义不断发展、不断前进，“风景这边独好”。我们对中国特色社会主义有了深刻认知，明白这是党和人民90多年奋斗、创造、积累的根本成就，是改革开放30多年实践的根本总结，是实现中华民族伟大复兴的必由之路，才会在党建研究中，更加自觉地坚持中国特色社会主义这个根本方向，更加自觉地遵循科学社会主义基本原则这个内在要求，更加自觉地把握改革开放前后社会主义实践探索不能彼此割裂这个政治问题，更加自觉地运用马克思主义必定随着时代、实践和科学的发展而不断发展这个基本观点。站在党的事业发展的历史长河中，着眼马克思主义理论的运用，着眼对实际问题的理论思考，着眼新的实践和新的发展，使党建研究在新的历史起点上，不断有所发现、有所创造、有所建树。

二要从党建研究的内在规律中把握方向。就是要坚持科学认识论，在总结经验中探索规律。我们党是一个善于总结经验、运用规律的马克思主义政党。在党的历史上，中央先后作出两个关于历史问题的决议，即1945年4月扩大的六届七中全会通过的《关于若干历史问题的决议》，1981年6月十一届六中全会通过的《关于建国以来党的若干历史问题的决议》。

它们虽然形成于不同历史时期，但都是运用马克思主义立场、观点和方法来研究党的历史，都起到了总结历史经验、统一思想认识、团结一致向前看的重要作用。改革开放以来，我们党在坚持和发展中国特色社会主义实践中，形成了党的基本理论、基本路线、基本纲领、基本经验、基本要求，在探索共产党执政规律、社会主义建设规律、人类社会发展规律上取得一系列新的重大理论成果。党的建设有规律，党建研究也有自身规律。就全国党建研究会来说，从1992年成立以来，职能定位不断明晰，工作布局不断完善，运行机制不断健全，方式方法不断改进，在把握党建规律过程中，积累了丰富的党建研究经验，概括起来就是：必须坚持高举旗帜，以发展着的马克思主义为指导；必须坚持服务大局，紧紧围绕伟大事业和伟大工程来开展；必须坚持解放思想与实事求是的统一，积极推进实践基础上的理论创新；必须坚持理论联系实际，立足基本国情、回答现实问题；必须坚持发扬学术民主，开放包容、博采众长，集中各方面智慧和力量。这些经验，反映了党建研究的规律，体现了时代发展要求，要坚持下去，在新的实践中不断丰富和发展。

三要从世界执政党的经验教训中把握方向。就是要坚持正确比较观，拓宽研究视野。我们党对中国特色社会主义道路的探索，不是在封闭孤立的条件下进行的，而是把中国问题放在世界格局中去思考。我们开展党建研究，要以宽阔的世界眼光、以开放的战略思维，纵览世界风云的跌宕起伏、洞察世界政党的兴衰成败，在比较中鉴别优劣、在鉴别中明白得失，廓清迷雾、看清趋势、得到深刻的启迪，为进一步作好中国特色社会主义这篇大文章出计献策。要在比较中，研究怎样进一步坚定党员干部对中国特色社会主义道路、理论体系、制度的自信，研究怎样进一步使党员干部不忘根本，研究怎样进一步密切党同人民群众的联系。党建研究的责任，就是要在全球大背景下，从我国实践到多国情况、从坚持科学社会主义原理到适应历史条件的变化、从分析当前到把握未来，不断探寻发挥党的理论优势、政治优势、组织优势、制度优势、密切联系群众优势的有效途径和方式，使我们党永葆生机活力。

二、深入研究党的建设的重大问题

党建研究的价值在于发现问题、解决问题。当前和今后一个时期，要围绕落实十八大精神和习近平总书记一系列重要讲话精神，牢牢把握加强党的执政能力建设、先进性和纯洁性建设主线，牢牢盯住建设学习型、服务型、创新型马克思主义执政党的目标任务，牢牢抓住党的思想、组织、作风、反腐倡廉、制度建设的关键问题，突出优势、突出重点、突出特色，开展深度研究，推动理论创新和实践创新。

要围绕坚定理想信念开展深度研究。对马克思主义的信仰、对社会主义和共产主义的信念，是共产党人经受住任何考验的精神支柱。人生活在现实中，思想使人超越现实、构想未来，这种超越和构想，就形成了理想。理想具有无穷力量，“砍头不要紧，只要主义真”，就是理想的力量。当前，坚定理想信念，最根本的是要坚定对中国特色社会主义的自信、自觉、自强。要以马克思主义唯物史观，研究坚定理想信念的客观要求，解决少数党员干部信仰迷茫、精神迷失的问题。要从社会主义初级阶段的国情出发，阐释党的最高纲领和基本纲领的统一，引导党员干部矢志不渝贯彻中国特色社会主义基本路线。要运用马克思主义关于资本主义社会基本矛盾的科学判断，分析人类社会不可逆转的发展趋势和曲折现象，引导党员干部坚定信心，集中精力推动科学发展、扎扎实实做好当前工作。

要围绕严明政治纪律开展深度研究。具有铁的纪律，是我们党的光荣传统和独特优势。严明纪律，首要的是严明政治纪律。遵守政治纪律，最核心的，就是坚持党的领导，坚持党的基本理论、基本路线、基本纲领、基本经验、基本要求，同以习近平同志为总书记的党中央保持高度一致,自觉维护中央权威。要多宣传党章是我们党的总章程、总规矩,党员遵守和维护党章是重大的政治责任,对大是大非问题必须有鲜明立场,对背离党性的言行必须有鲜明态度,对违反政治纪律的行为必须坚决制止。要加强纪律建设的研究和宣传,多研究加强纪律教育、细化纪律规定、增强纪律刚性、强化纪律执行的有效办法,促使广大党员始终做到政治信仰不变、政治立场不移、政治方向不偏。

要围绕抓好教育实践活动开展深度研究。 一个长期执政的党,总会遇到各种风险和考验,党自身也会遇到这样那样的问题,特别是随着国际国内形势深刻复杂的变化,这种情况会更突出。开展集中教育实践活动,主动查找和解决问题,是党自我净化、自我完善、自我革新、自我提高的一个好办法。要研究总结延安整风运动、十五大以来历次集中教育活动的宝贵经验,以史为镜,使这次群众路线教育实践活动开展得更扎实、更有效。要突出重点,围绕怎样把保持党的先进性和纯洁性这条主线贯穿起来、怎样把为民务实清廉这个主题突出出来、怎样把群众反映强烈的问题解决到位、怎样使党组织和党员干部做群众工作的能力得到提高、怎样达到"照镜子、正衣冠、洗洗澡、治治病"的效果等,深入调查研究,提出意见建议。

要围绕造就高素质执政骨干队伍开展深度研究。 干部工作,既要看当前、理人头,又需要分析研判、加强谋划。要加强干部工作理论研究,在规律把握、政策规范、宏观管理上提出建议;加强干部队伍建设前瞻性研究,在干部队伍素质、来源、年龄、专业结构的优化方向上提出建议;加强干部人事制度改革顶层设计的研究,在健全干部选拔任用、考核评价、教育培训、管理监督、奖惩、保障机制上提出建议;加强扩大干部工作民主、提高民主质量的研究,在尊重民意与正确集中上提出建议,为建设一支政治坚定、能力过硬、作风优良、奋发有为的执政骨干队伍提供决策参考。

要围绕建设基层服务型党组织开展深度研究。 十八大报告提出,要"加强基层服务型党组织建设",这是对基层党组织功能定位认识的深化和飞跃,是党在基层执政方式和工作方法上的重大转变。要紧紧围绕这个新定位新要求,研究建设基层服务型党组织的具体载体,提出创建目标、创建内容、创建方式的对策建议。研究不同地区、不同阶层、不同方面群众的愿望和诉求,运用利益分析法,提出完善共建共享机制、分配调节利益关系、惠及更多人民群众的对策建议。研究特殊群体的个性需求,提出服务弱势群体、困难群众的对策建议。研究服务群众的新途径新方法,总结推广区域化党建、网格化管理、组团式服务等有效做法,提出整合服务资源、丰富服务内容、提高服务质量的对策建议。研究服务群众的长效化、常态化问题,提出健全和落实相关制度的对策建议。

要围绕落实从严治党要求开展深度研究。 贯彻十八大关于党的建设的部署,重要的是落实好党要管党、从严治党的要求。从严治党,从一定意义上讲就是从严治吏。严则警钟长鸣,严则邪气难侵,严则队伍纯洁,严则凝聚民心。要深入研究怎样应对"四大考验"、防止"四种危险",怎样把从严要求贯彻到干部教育培养、考核选拔、管理监督的全过程和各方面,怎样整治用人上不正之风、营造风清气正的用人环境;怎样抓好中央八项规定贯彻落实,建立长效机制,确保善始善终、善做善成,真正以作风建设的成效取信于民。反对腐败、建设廉洁政治,是从严治党的重大任务。要深入研究怎样从源头上防治腐败,怎样完善权力运行制约和监督体系,怎样用法治思维和法治方式反对腐败,怎样加强对典型案例的剖析,从中找出规律性的东西,最大限度地减少体制障碍和制度漏洞。要注重总结我们党管党治党的经验做法,为保持党的先进性和纯洁性提供借鉴。

三、以科学求实精神提高党建研究水平

党建研究政治性、思想性、应用性很强,只

有坚持科学求实精神，才能导向正确、思想深刻、务实管用，才能进一步发挥在推进党的建设新的伟大工程中的重要作用。

一是坚持立足党建与放眼全局的统一。党的建设和党建研究，历来都是同党领导的伟大事业紧密联系在一起的。眼界决定境界，登高才能望远。要深入研究世情国情党情的新变化，深入研究全球思想文化交流交融交锋的新趋势，善于把党建研究放在国际大背景下去认识、去思考。要深入研究中国特色社会主义道路、理论体系、制度的基本内涵及其相互关系，善于把党建研究放在全党全国工作大局中来谋划、来推进，做到党的事业发展到哪里，党建研究就跟进到哪里；党的建设实践推进到哪里，党建研究就延伸到哪里。

二是坚持理论与实践的统一。实践是基础、是源泉，理论是升华、是结晶，二者相辅相成、相互促进。要在掌握实情上下功夫，坚持早调研、勤调研、深调研，坚持深入农村、企业、社区，深入党员、干部、群众，注重从各级党组织和广大党员干部的实践创造中总结经验、汲取营养。要增强问题意识，有时开展研究需要问题来驱动，针对问题才能有的放矢、找到良策。要在分析研判上下功夫，善于运用辩证思维、逻辑思维、系统思维，善于运用定性定量分析等方法，精耕细作、精雕细琢，抓住问题实质、找准矛盾根源、预见变化趋势。要在认识规律上下功夫，善于把感性认识升华为理性认识，使对策建议充分考虑到全局与局部的配套、治本与治标的结合、渐进与突破的互促，更好地指导、推动党建实践。

三是坚持政治性与学术性的统一。党建研究是党的工作的一部分，必须有鲜明的党性。党建研究又是一门相对独立的学科，也应当有很强的学术性。要坚持以党的旗帜为旗帜、以党的意志为意志，始终遵循党性原则、党的政治路线、党的政治纪律。要坚持解放思想、实事求是，一切从实际出发，遵循研究规律、遵守学术规范，活跃学术空气、繁荣学术研究，在实践中检验真理、发展真理。

四是坚持专业研究与社会参与的统一。全国党建研究会要充分发挥凝聚、组织、协调作用，广泛团结理论工作者、党务工作者，加强与各级党校、高等院校、社科研究机构的联合，加强与各地区各部门各行业党建研究会、党建研究机构的协作，整合资源、形成合力。要注重培养造就高素质党建研究队伍，把更多优秀人才吸引到党建研究中来，着力培养掌握一批政治上靠得住、理论研究有水平、人民群众中有影响的党建研究领军人才，不断壮大党建研究骨干力量。

（此文是赵乐际同志2013年1月26日在全国党建研究会学习贯彻党的十八大精神研讨会暨五届三次理事会上的讲话，《求是》发表时略有删节）

党要管党　首先是管好干部

王儒林

习近平总书记在全国组织工作会议上强调,“党要管党,首先是管好干部。”这一重要论述,为贯彻落实党要管党、从严治党方针指明了方向,为加强新形势下党的建设尤其是干部队伍建设提供了重要遵循,我们一定要认真学习领会、全面贯彻落实。

一、深刻认识管好干部的重大意义,切实增强从严管理干部的责任感紧迫感

进入新世纪新阶段以来,世情、国情、党情发生重大而深刻的变化,我们党面临的“四个考验”、“四个危险”更加突出。面对前所未有的新情况新问题新挑战,党要管党的任务比以往任何时候都更为繁重,管好干部的要求也比以往任何时候都更为紧迫。

管好干部,是由干部所处的重要地位决定的。政治路线确定之后,干部就是决定的因素。我们党是执政党,各级干部是党执政的中坚和骨干,党的领导要靠各级干部去实现,党的路线、方针、政策也要靠各级干部去落实。各级干部素质的高低、能力的强弱、工作的优劣、作风的好坏,直接关系党的形象、关系党的事业兴衰成败。只有把各级干部队伍管理好、建设好,我们党才能更加坚强有力,更好地肩负起历史使命,始终成为中国特色社会主义事业的坚强领导核心,带领全国各族人民全面建成小康社会,实现中华民族伟大复兴的中国梦。

管好干部,是巩固党的执政地位的必然要求。党的执政地位不是与生俱来的,党的先进性也不是一成不变的,过去先进不等于现在先进、现在先进不等于永远先进,过去拥有不等于现在拥有、现在拥有不等于永远拥有。这一论断振聋发聩、令人警醒。与执政前残酷的斗争洗礼相比,与执政初期“赶考”的谦虚谨慎相比,现在我们党的执政环境发生了很大变化,长期执政使得一些干部逐渐滋长了脱离群众的危险思想,产生了特权观念和官僚化倾向,滋生了严重的形式主义、官僚主义、享乐主义和奢靡之风。这些都严重损害了党同人民群众的血肉联系。把从严管好干部作为党要管党的首要任务,是从巩固党执政地位的战略高度提出的一项重大举措,是加强党的执政能力建设、先进性和纯洁性建设的必然要求。

管好干部,是加强党的自身建设的迫切需要。坚持和发展中国特色社会主义,关键在于建设一支政治坚定、能力过硬、作风优良、奋发有为的执政骨干队伍。我们的干部队伍总体上是好的,但要清醒地看到,当前干部队伍建设面临许多新情况新课题,一些干部的思想观念、能力素质、工作作风与保持党的先进性和纯洁性的要求还不完全适应、不完全符合,一些干部在党性党风党纪方面还存在这样那样的问题,严重制约和影响了党的领导能力和执政水平的发挥。管好干部,是加强党的自身建设,增强干部队伍自我净化、自我完善、自我革新、自我提高能力的基本途径,也是进一步增强党的创造力、凝聚力和战斗力的重要保证。

二、牢牢把握管好干部的着力点,扎实推进从严管理干部任务的落实

管好干部,必须按照习近平总书记提出的好干部“信念坚定、为民服务、勤政务实、敢于担当、清正廉洁”的标准要求,在以下几个方面下功夫。

管好干部的思想。思想观念是“总开关”、“总闸门”。一些干部出问题,无一不是首先在思想上出了问题,特别是在理想信念上出了问题。坚定的理想信念,是共产党人经受住任何考验的精神支柱。理想信念的支柱一旦倾斜,思想的大厦就会垮塌。要把坚定理想信念作为思想理论建设的核心内容,坚持不懈地用中国特色社会主义理论体系武装干部头脑,使各级干部始终坚守政治信仰,坚定政治立场,不断增强道路自信、理论自信和制度自信。要教育干部牢固树立宗旨意识,始终保持心系群众的为民情怀,自觉贯彻党的群众路线,把实现好、维护好、发展好最广大人民的根本利益作为一切工作的出发点和落脚点,切实解决好群众最关心、最直接、最现实的利益问题,使我们的各项工作获得最广泛最可靠最牢固的群众基础。要注重强化干部讲规矩的意识。讲规矩就是讲政治,是一个干部行为做事的基础和准则。领导干部要做讲规矩的模范,懂规矩、用规矩、守规矩,严格按党的纪律办事、按法律法规办事、按制度程序办事,不折不扣地贯彻落实中央各项决策部署。

端正干部的作风。干部的作风怎么样,同群众的关系如何,对党的整体形象和威信,对党的事业发展有着至关重要的影响。从吉林省干部队伍的作风情况看,总体上是好的,但也存在一些问题,集中表现在形式主义、官僚主义、享乐主义、奢靡之风普遍存在,以及“工作不落实”这一顽症上。我们要坚决贯彻中央要求,紧紧抓住开展党的群众路线教育实践活动这一契机,对准焦距、找准穴位、抓住要害、动真碰硬,对作风之弊、行为之垢来一次大排查、大检修、大扫除,重点解决好“四风一顽症”,以作风建设的新成效凝聚起推动吉林振兴发展的强大力量。在倡新风、树正气上下功夫,大力倡导清廉、敬业、和谐、务实、创新、学习“六种风气”,形成干正事、务正业、走正道的良好氛围。在强化正风肃纪上下功夫,对作风方面存在问题的干部进行教育提醒,对问题严重的进行查处,对与民争利、损害群众利益的不正之风和突出问题进行专项治理,切实体现从严治党要求。

提高干部的能力。能力素质是履职之本。干部能力素质的高低,直接关系到所在地方经济社会的发展和人民群众的福祉。按照干部培养规律,提高能力素质,一靠学习培训,二靠实践锻炼。要加强学习型政党、学习型党组织建设,组织干部认真学习马克思主义理论特别是中国特色社会主义理论体系,学习掌握做好工作、履行职责必备的各种能力,克服本领恐慌,打牢知识基础。要强化实践锻炼,积极为干部的锻炼成长搭建平台,把干部放到艰苦岗位去磨练,多“墩墩苗”、深“扎扎根”,促使干部在改革发展的主战场、维护稳定的第一线、服务群众的最前沿砥砺品质、锤炼作风、提高本领。

管住干部的权力。各级干部手中都掌握一定的权力。要清醒认识到,权力是人民赋予的,行使权力必须为人民服务、对人民负责,并自觉接受人民监督。要有敬畏意识。心有所敬,行有所循;心有所畏,行有所止。敬畏权力、敬畏人民、敬畏法纪,公正公道地行使权力,把人民群众的安危冷暖放在心上,自觉接受法纪约束监督,做到不违规、不逾矩、不营私。要依法依规用权。严格按照规定的权限、程序和责任行使权力,不超越边界、不任意妄为、不逃避约束,做到法律面前人人平等、制度面前没有特权、制度约束没有例外。要加强对权力运行的制约和监督,把权力关进制度的笼子里,形成让干部不想腐的教育机制、不敢腐的惩戒机制、不能腐的防范机制、不易腐的保障机制,确保干部清正、政府清廉、政治清明。

三、着力改进管干部的方法手段,不断提高从严管理干部的水平

管好干部,是各级党组织的重大政治责任。要增强党要管党的意识,坚持“认真”二字,积极探索、不断改进,建立健全科学有效的选人用人机制,大力推进干部队伍建设。

坚持教育为先,夯实思想基础。把从严教

育摆在重要位置，紧密联系干部的思想和工作实际，加强经常性培训和教育，引导干部树立正确的世界观、人生观、价值观和权力观、地位观、利益观，增强干部的党性观念、大局观念、组织观念和纪律观念，打牢干部敢于负责、勇于担当、心系群众、为民服务的思想基础。强化正确政绩观教育，引导干部求真务实、真抓实干，发扬钉钉子的精神，一锤一锤接着敲，一任接着一任干。强化艰苦奋斗教育，引导干部勤俭办事、厉行节约，克己奉公、廉洁从政，坚决抵制享乐主义和奢靡之风。强化提醒教育，对干部身上出现的苗头性、倾向性问题，要早发现、早提醒、早纠正。

坚持严把选用关，真正把干部选准用好。按照新时期好干部的标准，注重选拔那些心无旁骛、全身心扑在工作上，抓落实态度坚决、工作成效显著，敢抓敢管、扛事顶硬，善于攻坚克难、破解棘手问题的干部，坚决不用那些心浮气躁、好大喜功，打空拳、练虚招，只求当官、不求做事，形式主义、官僚主义、享乐主义、奢靡之风严重的干部，鲜明树立起选人用人的"风向标"。进一步深化干部人事制度改革，努力形成系统完备、科学规范、有效管用、简便易行的制度机制。进一步健全完善民主推荐、民主测评制度，充分发挥党组织在干部选拔任用中的领导和把关作用。要切实改进竞争性选人用人方式，合理确定选拔对象、选拔范围以及资格条件、考试方法，让干得好的考得好、作风实的出得来。

坚持严格考评，务求把干部考准考实。改进干部的考核评价，强化以德为先的导向，强化改进作风的导向，强化促进科学发展的导向，把民生改善、社会进步、生态效益等指标和实绩作为考核的重要内容，增强考核的全面性、科学性和针对性。要突出干部德的考核，多到干部和群众中去，了解他们怎么说、怎么看，既要在"大事"上看德，又要在"小节"中察德；既要听其言，更要观其行；既要看其表，更要察其里；既要看一阵子，又要看一辈子。要把功夫下在平时，特别要注意在重大关头、关键时刻考察识别干部，了解掌握干部真实情况。将考核结果作为干部选拔任用的重要标尺，充分发挥考核的导向作用和激励约束功能。

坚持敢抓敢管，强化干部监督管理。从严管理监督干部是对干部最大的爱护。一些地方和部门在干部管理上失之于宽、失之于软，致使一些干部身上的小毛病演变成大问题、小事酿成了大事。从严管理监督干部，关键是要敢于较真、敢于监督。要勇于坚持党的原则，不怕得罪人，坚决维护法律法规的严肃性和权威性，对违反党的原则的人和事不留情面，对工作不力和作风不正的干部不姑息迁就，对出了问题的干部不包庇袒护，形成讲认真、讲原则、讲规矩的良好风气。畅通干部监督管理渠道，强化党内监督，充分发挥人大和政协的监督作用，加强群众监督和舆论监督，形成干部监督管理合力，促使各级干部忠于职守、秉公用权。

坚持领导带头，切实发挥示范带动作用。管理干部能否取得实效，很重要的是看各级领导干部做得怎么样、表率作用发挥得怎么样。各级领导干部要从自身做起，要求别人做到的自己首先做到，要求别人不做的自己绝对不做，一级做给一级看，一级带着一级干。尤其是各级领导班子的一把手，肩负着抓班子、带队伍的重大责任，只有自身过得硬，才能真正抓出一个好班子、带出一支好队伍，更要时时处处从严要求自己，以身作则、率先垂范，真正立标杆、当典型，以自身的示范作用，影响和带动各级干部见贤思齐、奋发向上。

（作者：中共吉林省委书记、省人大常委会主任）

保持共产党员信仰纯洁性研究

中组部党员教育中心

信仰纯洁是马克思主义政党的本质属性，是中国共产党始终走在时代前列的思想基础和政治保证。为深入研究新形势下如何加强党员教育、保持党员信仰纯洁性，我们先后赴北京、青海、中国兵器装备集团公司等开展实地调研，召开座谈会6场，访谈党员干部群众110人。同时，在承担子课题调研任务的相关省市、国有企业和高等学校开展了问卷调查，共发放调查问卷162479份，收回有效问卷156404份。在深入调研分析的基础上，形成此报告。

一、党员队伍信仰纯洁性的现状

近年来，党中央对党的先进性和纯洁性建设作出一系列部署，各级党组织把坚定理想信念放在重要位置，采取有效措施，切实加强和保持党的先进性和纯洁性。当前，党员队伍的整体素质是好的，对共产主义和中国特色社会主义信仰是坚定的。但我们也要清醒地看到，党员队伍信仰纯洁性方面也存在一些不容忽视的问题。

大多数党员信仰纯洁、理想信念坚定，极少数党员信仰动摇、信仰缺失、信仰多元。调研中大家认为，绝大多数党员信仰马克思主义、共产主义，对中国特色社会主义充满信心，对社会主义核心价值观普遍认同。问卷调查显示，63.7%的人认为绝大多数党员信仰坚定，25.5%的人认为多数党员信仰坚定。同时，也有一些党员的信仰出现了问题。有的信仰动摇，对党的奋斗目标信心不足；有的信仰缺失，精神空虚、思想“抛锚”；有的不信马列信鬼神，热衷于求神、拜佛、占卜、看风水。

大多数党员党性观念强、与党保持一致，极少数党员政治意识不强、组织观念淡化、纪律性较差。大多数党员对党忠诚，讲政治、顾大局、守纪律，能够在大是大非面前保持清醒的头脑。对党组织交给的工作任务，能够及时主动完成。同时，调研发现，一些党员不愿意服从领导，不遵守党的纪律；一些党员缺乏责任意识，对党内不正之风和腐败现象不敢斗争；有的党员对党组织缺少归属感、认同感。

大多数党员价值取向正确、利益诉求务实，少数党员入党动机不纯、功利化倾向严重、价值观扭曲。调研发现，多数党员能够坚持正确的价值观。调查问卷显示，在入党动机上（可多选），为了理想信念的占69.6%；基于既为党工作，也有利于个人发展而入党的占48.6%；组织上动员的占19.8%；同时，也有一些党员在市场经济大潮中迷失方向，价值取向错误；一些党员入党动机不纯，把入党作为谋取个人利益的途径。

大多数党员追求先进优秀、能够发挥先锋模范作用，极少数党员引领作用不强、榜样作用不好、形象口碑不佳。无论是在急难险重任务面前，还是在日常工作当中，广大党员创先进、争优秀，以实际行动彰显着共产党人的政治本色。同时，也有一些党员宗旨观念不强，忘记了党的群众路线，甚至违反党纪国法、腐化堕落，严重损害了党在人民群众心目中的形象。

二、开展党员信仰教育的主要做法

近年来，各级党组织紧密联系改革、发展、稳定的实际，把教育作为保持党员信仰纯洁性的重要途径，广泛开展党员信仰教育，使广大党员的理想信念、党性修养、宗旨观念得到进一步加强。

抓住根本,始终把理论武装放在首位。各级党组织采取组织宣讲团、举办研讨班、集中轮训等一系列举措,对党员进行党章和党的基本理论、基本知识和路线方针政策教育培训,重点突出中国特色社会主义理论体系特别是科学发展观的教育,引导党员努力掌握贯穿其中的马克思主义立场、观点、方法,做到真学、真懂、真信、真用。

围绕中心,开展集中性学习教育活动。根据中央统一部署,在全国农村开展了"三个代表"重要思想学习教育活动,开展了保持共产党员先进性教育活动、深入学习实践科学发展观活动和创先争优活动等。这些集中学习教育活动坚持围绕中心、服务大局,组织引导广大党员认真学习党的最新理论成果,使广大党员在感情上认同党、政治上信仰党、行动上与党保持一致。

贴近实际,开展特色鲜明的主题教育活动。围绕纪念改革开放30周年、新中国成立60周年、建党90周年,广泛开展知党、爱党、兴党教育。在奥运会、世博会、亚运会期间,分别开展了"我为奥运做什么"大讨论、"世博先锋行动"、"迎亚运创文明,党员当先锋作表率"主题教育活动。全国组织系统开展了"讲党性、重品行、作表率"学习教育活动。这些主题教育活动,使广大党员党性观念、服务意识得到进一步增强。

示范引领,用先进典型教育激励党员。近年来,中央先后推出了沈浩、杨善洲、李林森、郭明义等一批重大典型,表彰了一大批先进典型,在全社会形成了学习先进、崇尚先进、争当先进的良好风尚。各地也推出一批先进典型,用身边人身边事进行教育,使广大党员产生共鸣,收到了良好效果。

创新载体,多渠道开展党员信仰教育。各级党组织通过组织党员到爱国主义教育基地进行体验式教育、重温入党誓词、举办"党在我心中"主题演讲等一系列活动,丰富党员信仰教育形式,激发党员爱党、爱国、爱人民的情怀。充分发挥现代信息传媒作用,大力推动党员教育上电视、上手机、上互联网,增强了教育的活力和吸引力。

人文关怀,寓党员信仰教育于管理服务中。各地各部门把党员信仰教育与党员管理、服务结合起来,采取多种措施关怀、帮扶党员,提高党员带头致富、带领群众致富能力,激励党员真心实意地跟党走、为党工作。认真落实"三会一课"制度,增强党员的党性观念、组织观念。

建章立制,促进党员信仰教育规范运行。中央切实加强党员教育工作的领导和指导,制定出台《2009—2013年全国党员教育培训工作规划》、《关于推进学习型党组织建设的意见》等,对开展信仰教育提出明确要求。各级党组织把理想信念教育、党性教育、宗旨教育贯穿于党委中心组学习、"三会一课"和各类党员学习培训班中,并建立党员经常性学习制度,使信仰教育常态化。

三、党员信仰教育存在的主要问题

各级党组织在加强党员教育培训、保持共产党员信仰纯洁性方面进行了积极探索和实践,取得了一定成效,但与中央的要求和党员群众的期望相比,还有差距。

对党员信仰教育重视不够。一些地方党组织对当前党员信仰状况不了解,对加强党员信仰教育的重要性和紧迫性认识不足,认为是"软指标"、"看不见"、"不好抓",缺乏主动性、积极性。问卷调查显示,26.5%的党员认为理想信念教育存在的主要问题是基层党组织重视程度不够,23.1%的党员认为所在党组织开展了理想信念教育,但内容较少。

党员信仰教育没有形成体系。对党员信仰教育,没有从内容、形式、方法、载体、制度上建立起完善的体系。不少党员反映,目前理想信念教材设计缺乏科学性、层次性,不能满足党员的现实需求。问卷调查显示,认为信仰教育教材种类多、切实管用的只占44.9%,其余的认为种类少或不管用。

党员信仰教育的针对性不强。不少地方党员信仰教育偏重理论说教，讲原则概念的多，具体深入分析的少，不能有效解决党员思想实际问题；理论教育的内容与实际脱节，言教与身教不一致，缺乏说服力和可信度；选树典型，有的缺乏感染力和可学性，未能做到入脑入心。

党员信仰教育方式尚需改进。一些单位党员信仰教育的形式单一、枯燥无味，学文件、听报告、写心得、谈体会等传统做法已经不能满足新时期广大党员的需求。问卷调查显示，61.5%的党员认为理想信念教育存在的主要问题是“教育形式单一，缺乏吸引力”，居各类问题之首。

党员信仰教育覆盖不够广泛。随着党员流动性增强和新的社会阶层党员增多，党员的信仰教育存在薄弱环节和空白点。调查显示，党政机关、事业单位、国有企业、高校的党员受党内教育力度较大；农村党员、非公企业党员、社会组织党员、离退休党员受党内教育力度较小，特别是流动党员教育管理存在“挂空挡”现象。

党员信仰教育保障有待加强。一些地方党员教育工作队伍不够健全，力量配备不足。一些基层党务工作者不能做到理论联系实际，难以激发党员的学习兴趣。一些地方开展党员信仰教育，缺少必要的教材、场地。尤其是一些欠发达地区、偏远农村、非公有制经济组织和社会组织的党员教育经费缺口较大，不能保证教育正常开展。

四、新形势下加强党员信仰教育的意见建议

保持党员信仰纯洁性，是一个长期的系统工程，需要全党重视、各级党组织和广大党员共同努力。参与座谈、问卷调查的党务工作者、党员和专家学者对加强和改进党员教育工作、保持党员信仰纯洁性，提出了许多意见和建议，主要有以下几个方面。

开展集中教育，增强信仰教育的感召力。一是加强理论武装，坚定广大党员对共产主义和中国特色社会主义的信心信念，切实把思想和行动统一到党的十八大精神上来，统一到推动改革发展稳定上来；二是加强宗旨教育，进一步密切党同人民群众的血肉联系；三是加强能力建设，大力开展业务知识、岗位技能教育培训，引导和激发广大党员立足岗位创先争优；四是加强道德修养，引导广大党员自觉践行社会主义核心价值体系。

推进理论学习，筑牢信仰教育的理论基础。一是抓好党的基本理论的学习。坚持开展经常性的学习教育活动，组织党员对马列主义、毛泽东思想、邓小平理论、“三个代表”重要思想和科学发展观进行全面、系统的学习，从理论高度保持信仰纯洁性。二是推进马克思主义中国化、时代化、大众化。提高广大党员运用马克思主义立场、观点和方法分析解决问题的能力。三是加强信仰理论体系的研究和宣传。准确把握时代发展的本质和规律，不断加强市场经济条件下信仰理论的前瞻性研究，形成一套与社会实践相结合、相统一的党员信仰教育理论体系。

注重实践活动，提高信仰教育的实际效果。一是广泛开展重温入党誓词、向党旗说句心里话等仪式教育。二是积极服务人民群众，自觉实现好、维护好、发展好最广大人民根本利益。三是以参观红色教育基地、观看优秀党员教育电视片等形式开展党员信仰教育。同时组织党员深入基层、深入群众、深入实际，进行广泛深入的调查研究。

加强监督管理，提升信仰教育的约束力。一是严把“入口”关。认真贯彻发展党员工作十六字方针，切实做好发展党员工作，从源头上保持党员信仰的正确性和纯洁性。二是畅通“出口”，认真落实党员干部任期制、问责制、罢免制，净化队伍。三是充分利用社会力量加强监督，运用反面教材进行警示教育，不断纯洁党员的信仰。

创新方式方法，提高信仰教育的操作性。

一是创新教育手段，广泛利用现代信息技术，推进信仰教育的现代化。二是准确把握时代脉搏，把最新的科技知识、市场经济知识注入党员教育内容中，做到寓教于乐。三是积极探索更加务实管用、灵活多样的党员信仰教育方法和途径，激发党员参加教育培训的内在动力。

强化基础保障，发挥信仰教育的资源优势。一是充分挖掘教育资源，注意利用爱国主义教育基地、警示教育基地、廉政教育基地等开展党员信仰教育。二是选调信仰坚定的党员干部从事党员教育工作，建设信仰纯、业务熟、靠得住的专兼职教师队伍。三是采取财政拨款、党费补助、渠道多元的办法，建立健全经费保障机制，确保各级党组织有足够的经费开展党员信仰教育活动。

健全体制机制，确保信仰教育的长效性。一是完善党委统一领导，组织部门牵头，纪检、宣传、党校等部门共同负责，各级党组织齐抓共管的党员教育工作体制。党员领导干部要带头践行信仰，发挥表率作用。二是各地各部门加强沟通、协调、互动，进行一些大选题、大策划、大协作，共同开展教育活动，努力形成信仰教育整体推进的良好格局。三是广泛开展先进基层党组织和优秀共产党员评比活动，激发党员学先进、当先进的动力，增强党员责任感使命感自豪感。四是建立完善党内激励关怀帮扶机制，特别要做好关怀帮扶老党员、困难党员的工作。尊重和保护党章赋予党员的权利，正确看待和尊重党员对正当个人利益的需求，增强党员对党组织的归属感。

架起理论与大众之间的桥梁
——中国共产党推进马克思主义大众化的历史经验

国防大学中国特色社会主义理论体系研究中心

马克思主义大众化是党的创新理论与大众之间的桥梁，是推动理论走向大众、贴近大众、服务大众，实现由抽象到具体、由深奥到通俗、由被少数人理解掌握到被广大群众理解掌握转变的重要途径。正如艾思奇同志所说："写通俗文章比专门学术文章更难。"推进马克思主义大众化，不是理论观点和内容的简单化，而是充满创造性、挑战性的精神劳动。92年来，中国共产党人在领导革命、建设、改革和发展的伟大实践中，卓有建树地推进马克思主义大众化，取得了丰富而宝贵的历史经验。科学总结并创造性地运用这些历史经验，对于更好地发挥党的理论的引领作用，团结群众为中国特色社会主义伟大事业共同奋斗，具有重要而深远的意义。

一、推进马克思主义大众化，要把服务群众与引导群众统一起来

马克思主义本质上是人民大众的科学理论。大众化不仅是表达方式问题，更是根本立场和根本态度问题。推进马克思主义大众化，必须坚持理论的人民性，确保站稳人民立场，实现好维护好发展好人民群众的根本利益、长远利益、整体利益。党的理论要转化为改造世界的伟力，就必须用党的理论去引导群众，在改造世界的实践中发挥作用。引导群众与服务群众具有内在的一致性。引导群众的广泛性与深刻性，在很大程度上决定着服务群众的有效性。推进马克思主义大众化，必须努力实现服务群众与引导群众的有机统一。

92年来，我们党始终着眼服务人民，坚持不懈用党的理论创新成果武装群众、引导群众，使人民群众在与党的理论和实践同频共振中实现自身的利益。新民主主义革命时期，人民的利益集中体现为推翻三座大山，我们党广泛宣传马克思主义的革命思想特别是毛泽东思想，唤醒工农千百万，为夺取革命胜利提供了有力保证。新中国成立后特别是改革开放以来，人民的利益集中表现为通过建设和改革实现共同富裕和幸福，我们党着力破除"左"的思潮，兴起学习贯彻邓小平理论和"三个代表"重要思想新高潮，开展保持共产党员先进性教育、深入学习实践科学发展观活动等项活动，使广大干部群众受到了普遍的、深刻的党的理论创新成果的学习教育。通过引导和教育群众，保证了全国各族人民始终紧密团结在党的周围，形成了全国一盘棋、共同搞建设、齐心谋发展的生动局面。

在当代中国，人们的利益追求多样化，利益关系复杂化，西方的意识形态攻势与国内利益固化同步增强，凝聚社会共识难度空前增大，传统的思想理论教育已经很难起到一呼百应的效果。在这样的时代条件下服务群众、引导群众，一是要站稳群众立场，牢固树立以人民为中心、以普通大众为对象的导向，推进理论创新，发挥理论激发正能量，释疑解惑、凝聚人心、引领改革的积极作用。切忌盲目套用西方的范畴、理念和结论，削中国实践之足、适西方理论之履，更不能站在西方敌对势力立场上抹黑和唱衰中国。二是理论宣传要力避空谈，切忌说不符合事实的大话，以坚决有力的实际行动，通过良好的学风、文风、作风增强党和政府公信力，让人民群众看到希望、得到实惠。

二、推进马克思主义大众化，要把满足人民的理论需求与促进人的全面发展统一起来

理论在一个国家实现的程度，总是决定于理论满足这个国家人民需要的程度。人民的终极需要是人的自由全面发展。问题是时代的呼声，人民的需要往往以问题的形式表现出来。理论始于问题、又阐明问题，它的价值和作用就在于科学地回应人民群众提出的问题。理论对大众需求的满足，既取决于理论本身是否和群众的问题“对症”，也与人民群众全面发展的程度有关。全面发展的程度越高，群众理论需求的境界和层次就越高，掌握理论就越容易越彻底。马克思主义大众化要取得实效，既要着眼于群众的理论需求，围绕群众关注的问题给予理论上的解答，又要注重促进人的全面发展，更好地提升人民群众的精神文化生活水平和文明素质。

92 年来，我们党始终紧紧围绕国家发展和人民需要，回答解决重大时代课题，促进人的全面发展，从而实现经济社会发展与人的发展的互促互进。新中国建立之前，我们党科学回答了半殖民地半封建的旧中国如何进行新民主主义革命的问题，完成了民族独立、人民解放的历史任务。新中国成立后特别是改革开放以来，我们党科学回答了什么是社会主义、怎样建设社会主义，建设什么样的党、怎样建设党，实现什么样的发展、怎样发展等重大理论和实际问题，以新理论新学说使人民群众认识到自己就是国家和社会的主人，极大地焕发出亿万人民的积极性、主动性和创造精神，中国人民的面貌和社会主义中国的面貌都发生了历史性变化。

当代中国面临前所未有的发展机遇，也面临前所未有的严峻挑战。需要我们创造性地运用马克思主义基本原理，回答在攻坚克难的新阶段如何全面建成小康社会进而实现中国梦的时代课题、在和平发展关键期如何实现国力强劲跃升的时代课题、在贫富差距拉大的时代条件下如何突破利益固化藩篱的时代课题、在腐败易发多发的条件下如何编织制约权力的笼子的时代课题。把这些热点敏感问题回答好，满足广大人民的热切期盼，才能实现习近平同志提出的让人民“共同享有同祖国和时代一起成长与进步的机会”，真正实现人的全面发展。因此，树立强烈的问题意识，着眼于满足人们多样化、多层次、多方面的需求，眼睛向下、重心下移，既致力于回答“怎么看”，又着力说明“怎么办”，既“解扣子”又“指路子”，才能让改革发展成果更好地惠及人民群众，促进人的全面发展。

三、推进马克思主义大众化，要把“深入群众”与“心系群众”统一起来

推进马克思主义大众化，根本方法是走群众路线。走群众路线，关键是深入群众。深入群众是“身入”与“心入”的统一。“身入”是方式方法问题，就是要沉下身子、放下架子，到基层、到群众中去，面对面、实打实地去察民情、汇民智。“心入”是立场态度问题，就是要带着真诚感情、血肉亲情去倾听群众呼声，做群众的知心人、暖心人和贴心人，同时也做理论大众化的有心人。“身入”是“心入”的先导和体现，没有“身入”，何谈“心入”？“心入”是“身入”的本质和内核，没有“心入”，“身入”就是图形式、走过场。只有既“身入”又“心入”，才能真正深入，理论大众化才能化到群众心坎上，达到春风化雨、润物无声的境界。

92 年来，我们党探索出群众路线的根本工作方法，把全心全意为人民服务确立为党的根本宗旨，保证了“身入”与“心入”的统一。新民主主义革命时期，我们党用先进的思想理论深入发动群众、组织群众、教育群众，获得了人民的信任和支持。社会主义革命和建设时期，我们党更广泛地动员、组织和教育群众，依靠人民的力量在较短时期内就建立了社会主义制度，形成了独立的比较完整的工业体系和国民经济体系。改革开放以来，我们党进一步坚持和升华群众路线，坚持以人为本、执政为民，凝聚起

团结奋斗的伟力，创造了举世瞩目的"中国奇迹"、"中国震撼"。90多年的历史成就告诉我们：坚持党的根本宗旨和群众路线，坚持"身入"与"心入"相统一，是马克思主义大众化取得实效的决定因素。

新形势下，党群关系、干群关系出现一些新情况新问题。有的党员干部联系上级多、联系老板多、联系富人多，而联系基层少、联系群众少，尤其是联系困难群众少。这就使部分群众有怨气、有情绪。在这种情况下推进马克思主义大众化，更要强调身入与心入的统一。要把深入基层、走进群众作为理论大众化的理念和常态，把实践当成最好的课堂、群众当成最好的老师，从人民鲜活的首创中萃取创造的元素，从基层的生动实践中探寻打开理论视野的钥匙。要视群众为亲人、把群众当主人，坚持以理服人与以情感人相统一，在情与理的沟通中产生共鸣，推动科学理论的内涵要求具体化、形象化，让人们感到可亲可近、可学可用。

四、推进马克思主义大众化，要把运用大众化的语言形式与构建大众化的传播手段统一起来

大众化的理论要变成群众掌握的武器，需要满足两个条件，一是理论本身要通俗化，浅显易懂；二是要有理论到达大众的有效途径，传播广泛。前者要求有大众化的语言形式，有好的话风、文风，后者要求有大众化的传播手段，有好的大众传媒。只有讲群众熟悉的语言，讲短话、新话、实话，群众听着才带劲、才有味，才愿意继续听下去。只有让大众化的理论进入群众身边的传媒，群众才能在耳濡目染中接受理论的熏陶和感召。因此，推进马克思主义大众化，要把运用大众化的语言形式与构建大众化的传播手段统一起来。

92年来，我们党坚持把运用大众化的语言形式与构建大众化的传播手段相结合，极大地推动了马克思主义向全党和广大群众的普及。党的十八大以来，习近平同志带头改进文风和话风，要求克服"长、空、假"的不良文风，提倡"短、实、新"的优良文风。在运用大众化语言形式的同时，我们党也高度重视运用大众化的传播手段。在革命战争年代，主要通过发表社论、举办集会、散发传单等形式，利用报刊、广播、戏剧等媒介在群众中广泛宣传我们党的路线、方针、政策。新中国成立后，建构起马克思主义宣传教育体系，运用更为鲜活的形式进行宣传，真正使大众化的理论起到了"化大众"的作用。

新形势下，我们党拥有更好更多的执政资源，能够不断创造和丰富马克思主义大众化的语言形式和传播手段。特别是现代信息技术突飞猛进，互联网、手机等快速普及，为开展理论大众化工作提供了更广阔的空间。贴近群众、贴近实践，就要从实践破题、用实践立论、拿实践论证，避免从理论到理论、从概念到概念、从口号到口号，尽量不说正确的废话、动听的大话、漂亮的空话、严谨的套话。善用大众传媒，就要多搭建群众便于参与、乐于参与的平台，把话筒交给群众、把讲台让给群众、把镜头对准群众。积极适应传播格局的深刻变化，就要用群众热爱的载体广泛搭建理论大众化的平台。适应互联网发展的新趋势，就要善于运用各种网络传播手段和"网言网语"，把互联网打造成理论大众化的崭新平台。

首先是管　关键在严

——论党要管党、从严治党

北京市中国特色社会主义理论体系研究中心

党的十八大以来，中华民族伟大复兴的“中国梦”如春潮般在祖国大地上涌动，广大人民群众对中华民族的“领路人”中国共产党寄予厚望，这体现了实现中国梦与坚持党的领导的内在联系。办好中国的事情，关键在党。越是面对艰巨复杂的形势和任务，越要坚持从严治党方针，保持党的先进性纯洁性，增强党的凝聚力战斗力。90多年党的建设经验告诉我们，“党要管党、从严治党”，首先是管，关键在严。

实现“中国梦”的必然要求

中国共产党何以能够担负起领导中国人民实现民族复兴的历史重任？从根本上说，是党的性质和宗旨决定的。党是用马克思主义科学理论武装起来的工人阶级先锋队，能够正确认识和把握历史发展大趋势，作出顺应时代要求的正确决策；党始终坚持全心全意为人民服务，能够得到最广大人民真心实意的拥护，有了什么力量也打不破的铜墙铁壁。同时，这也表明，党要实现宏伟目标，首要的是从严“管”好、“治”好自身。

中国共产党90多年来的一条基本经验，是始终坚持党要管党、从严治党。不论党面临的环境多么恶劣、肩负的任务多么艰巨，也不论党取得了多么大的胜利、事业有了多么大的发展，党始终清醒地把“管党”放在一切工作的核心地位，不断加强自身建设，以党的建设推动党的事业发展；始终坚持从严治党方针，保持党的凝聚力、增强党的战斗力。实践证明，“党要管党、从严治党”，是我们党的一大法宝，是实现中华民族伟大复兴的必要条件。

建党90多年来、新中国建立60多年来、特别是改革开放30多年来，我们党以及党员干部队伍的主流始终是好的，在中国革命、建设、改革的历史进程中发挥了中流砥柱的作用，得到了全国各族人民的信赖和拥护。我们党一以贯之地为保持发展党的先进性纯洁性而努力，一以贯之地把党风廉政建设和反腐败斗争作为重大任务来抓，以鲜明的态度、坚定的决心、有力的举措，坚持发扬党的好作风、好传统、好经验，同时坚持严肃纪律、纯洁队伍，不断整顿作风、整肃队伍，清理贪腐分子、铲除腐败现象滋生蔓延的土壤，以实际成效取信于民。党的十八大后，以习近平同志为总书记的党中央，以加强作风建设为切入点，进一步从严治党管党，中央政治局作出的“八项规定”，充分体现了党中央带头改进作风的坚定决心，体现了首先是管、关键在严的要求，得到广大党员干部群众的真心呼应，效果立竿见影，党心民心为之振奋。

但也要清醒地认识到，新形势下，党面临的执政考验、改革开放考验、市场经济考验、外部环境考验更加复杂和严峻。一些党员干部特别是某些高级干部把“党要管党、从严治党”的要求置于脑后，当前一些地方和单位党组织软弱涣散，缺乏凝聚力战斗力，一些党员干部理想信念动摇、宗旨意识淡薄，形式主义、官僚主义、享乐主义问题突出，奢侈浪费现象严重，精神懈怠危险、能力不足危险、脱离群众危险、消极腐败危险更加尖锐。正如习近平总书记强调的，“反腐倡廉必须常抓不懈，拒腐防变必须警钟长鸣”。

我们党是执政党，肩负着治国理政的重任，只有党把自己管好了、治好了，才有资格领导人民、治理国家，才有力量带领人民实现“中国梦”。如果管党不力、治党不严，党就不可能保持先进性纯洁性，就没有凝聚力战斗力，不要说治国理政，恐怕连执政地位也保不住。

管党治党并不是孤立进行的，而是在治国理政的社会实践中不断推进的。作为党员干部特别是领导干部，应当具有科学的系统观念和辩证思维。所谓系统观念，就是要把治国理政、经济建设、社会发展等具体工作与党的建设和管理作为一个有机系统看待，无论工作怎样千头万绪，都不能忘记和丢掉从严管党与治党。所谓辩证思维，就是要用发展、变化、联系的观点看待管党治党与治国理政的关系，学会“弹钢琴”。把我们执政党管好治好，无疑是治理国家和社会发展的必要前提。

关键是从严管好领导干部

实践证明，在管党、治党方面，关键是领导干部，特别是主要领导干部、高级干部。

在思想上，重在坚定理想信念，坚守共产党人精神追求。少数领导干部之所以在形形色色的负面影响和诱惑下犯了严重错误，甚至堕落为腐败分子，很重要的一个原因，是理想信念这个“总开关”、“总闸门”出了问题。习近平总书记指出：“坚定理想信念，坚守共产党人精神追求，始终是共产党人安身立命的根本。对马克思主义的信仰，对社会主义和共产主义的信念，是共产党人的政治灵魂，是共产党人经受住任何考验的精神支柱。”因此，管住领导干部，首先要在思想教育和引导上下功夫。不少领导干部，或多或少地存在着“高人一等”的优越心理，很难真正接受思想教育。这就必须运用党的组织权威，充分发挥党的组织优势和制度优势，形成让领导干部不能不接受教育的氛围。领导干部的理想信念端正了、坚定了，才能够按照党的要求管住自己。

在组织上，重在严守党的纪律特别是政治纪律。我们党是靠革命理想和铁的纪律组织起来的马克思主义政党，纪律严明是党的优良传统和独特优势。党面临的形势越复杂、肩负的任务越艰巨，越要加强纪律建设，确保全党统一意志、统一行动。政治纪律是最重要、最根本、最关键的纪律，遵守党的政治纪律，是遵守党的全部纪律的基础。每一个领导干部都必须自觉用党章和党内政治生活准则来规范自己的一言一行，在任何情况下都做到政治信仰不变、政治立场不移、政治方向不偏。必须同中央保持高度一致，自觉维护中央权威，决不允许“上有政策、下有对策”，决不允许有令不行、有禁不止，决不允许在贯彻执行中央决策部署上打折扣、做选择、搞变通。必须坚决查处严重违反党的政治纪律的行为，让党的政治纪律制度化、具体化、刚性化，成为一条决不能触碰逾越的高压线。

在作风上，重在始终保持同人民群众的血肉联系。从严治党，必须重点整治领导干部的作风。作风上的问题绝对不是小事，如果不坚决纠正不良风气，任其发展下去，就会像一座无形的墙把我们党和人民群众隔开，我们党就会失去根基、失去血脉、失去力量。抓作风建设，首先，各级领导干部要以身作则、率先垂范，要求别人做到的自己先要做到，要求别人不做的自己坚决不做；其次，要坚持和发扬艰苦奋斗精神，坚决抵制享乐主义和奢靡之风；再次，要不折不扣贯彻执行改进作风的各项规定，以踏石留印、抓铁有痕的劲头抓下去，善始善终、善做善成；最后，让全党和全体人民来监督领导干部的作风转变，以人民满意为标准，评判干部作风是否确实好转。各级纪检监察机关要加大监督检查力度，执好纪、问好责、把好关，切实督促领导干部改进作风。

在权力运用上，重在严格规范权力行使，决不允许搞特权。一是破除特权思想。从一定意义上说，腐败就是特权惹的祸。因此，要管住领导干部，就必须加强对权力运行的制约和监督，把权力关进制度的笼子里，夯实不搞特权、远离腐败的制度基础。二是加强权力的规范和制约，防止权力恶性膨胀。要建立结构合理、配置科学、程序严密、制约有效的权力运行机制，以权力制约权力；保障宪法关于公民自由、平等及各项权利不受侵犯，以权利制约权力。三是加强对权力运行的监督，防止和减少权力“暗箱操作”。要完善党务公开、政务公开等各项施政行为公开制度，提升公开的范围和质量，加强党内监督、民主监督、法律监督、舆论监督，有效防止领导干部滥用权力。四是依纪依法严惩腐败，为防止权力腐败作出有效警示。坚持党纪国法面前没有例外，不管哪一级领导干部滥用权力搞腐败，都要一查到底，决不姑息。邓小平同志早就尖锐指出：“不惩治腐败，特别是党内的高层的腐败现象，确实有失败的危险”；“你这里艰苦创业，他那里贪污腐败，怎么行？”

重要的是做好基础性工作

党要管党、从严治党，不仅要抓好管住领导干部这个关键，还要做好一系列基础性工作。

严把党员和各级领导干部的“入口关”。要严格执行“坚持标准、保证质量、改善结构、慎重发展”方针，做好发展党员工作，努力把社会各领域各阶层先进分子吸收到党内来。在干部选拔任用中，坚持五湖四海、任人唯贤，德才兼备、以德为先，真正使最优秀者成为党的各级干部队伍的主体。如果让只想从执政党的地位中捞好处，信奉“当官不发财，请我都不来”的人混入党内，特别是提拔到领导岗位，那么无论怎样努力“管党”、“治党”，都很难取得理想的成效。

加强学习型党组织建设。从坚持党要管党、从严治党的角度看，只有加强学习，才能筑牢管党、治党的理论基础、思想基础，才能使管党、治党的理念、方针、方法与时俱进，取得成效。因此，党要管党的题中之意，也包括管学习。要大力营造和形成重视学习、崇尚学习、坚持学习的浓厚氛围，建立健全管用有效的学习制度，使党员的学习能力不断提升、知识素养不断提高、先锋模范作用充分发挥，使党组织的创造力、凝聚力、战斗力不断增强。

进一步发展党内民主。党员是党的主体，也是管党、治党的主体。只有充分发展党内民主，切实保障党员的民主权利，才能有效发挥党员主体的作用，提高他们自觉履行党员义务和管党、治党的积极性主动性。党内的任何不良现象，不管以什么作挡箭牌，都逃不过全体党员的眼睛。“党内民主是党的生命”，民主是从严治党的利器，无论是从党的长远发展考量，还是为了解决眼前管党、治党的实际问题，都必须高度重视和切实发展党内民主。

真正提拔和重用优秀领导人才。党的治乱兴衰，根本在于大批领导人才的得与失。如果在党的各级领导岗位上的是优秀领导人才，那么党内存在的问题就能够看得准、抓得住、解决得好，管党才能管得牢，治党才能治得严；反之，则必然是管党管不住、治党治不严，误党误国，贻害无穷。

建构密切联系群众和群众监督的科学机制。密切联系群众是我们党长期执政的根本政治优势，是保持党的先进性纯洁性的基本途径和必然要求，也是克服党内一切不良现象的力量源泉。密切联系群众不能泛泛而论，而应该从制度层面作出规定，形成人民群众监督、评价党组织和党员、领导干部的科学机制。要解放思想，创新思路，建立健全密切联系群众和群众监督的一系列制度，使党员干部联系群众，以及群众评议评价党组织、党员和领导干部，做到客观化、常态化、制度化，并要求党组织、党员和领导干部及时作出负责任的回应。有了这样一种党内党外互动的科学机制，落实党要管党、从严治党方针，就有了更加可靠的保障。

首部"党内立法法"推进执政党制度建设

甄小英

今年5月27日,中国共产党公开发布了《中国共产党党内法规制定条例》(以下简称《制定条例》)和《中国共产党党内法规和规范性文件备案规定》(以下简称《备案规定》)。《制定条例》修订了1990年发布的《中国共产党党内法规制定程序暂行条例》,将原条例名称中的"程序"二字去掉,因为这次修订不仅完善了党内法规制定程序,还增加了制定法规工作的实体性要求,并去掉了"暂行"二字,使其成为正式条例。《制定条例》的颁布使中国共产党有了第一部正式的公开发布的"党内立法法",这是推动以党内法规建设为核心环节的党的制度建设,推进党建制度化、规范化、程序化,提高党科学执政、民主执政、依法执政水平的重要举措。

党内法规的科学化程度关乎国家兴衰

党内法规是经过党内一定授权机关,通过法定程序产生,规范党内关系、党组织的工作和活动及党员行为的党内规章制度的总称。它集中反映了全党意志和党的理论路线方针政策,对全体党员具有同等约束力,具有权威性、普遍性和一定强制性;它不依个别领导人的思想作风或注意力的变化而变化,因此,具有相对稳定性和长期有效性。

从本质上讲,党内法规是党的权力架构和整个肌体有序运行的制度载体,也是政党运行现代化、科学化、民主化、规范化的重要衡量标准。党内法规是否合乎政党运行的科学规律关乎党的兴衰。由于中国共产党是中国特色社会主义事业的领导核心,因此,中国共产党党内法规的科学化程度也关乎国家的兴衰。

党内法规制度的完备程度,是党发展成熟与否的重要标志。在中国共产党的幼年时期,由于党内法规不健全,因此,不能有效地通过党内法规集中党内正确意见,也难以通过党内法规有效制止错误路线的推行。如:1927年6月30日陈独秀在中央扩大会议上提出一个右倾错误政纲。在讨论时,任弼时提出批评该政纲的书面意见,当面交陈独秀,陈看后,不传阅,当众撕碎,扔在地下,踏上一只脚。任弼时要求发言,遭到拒绝。其他人也不便发言,这个错误政纲就不明不白地算通过了。民主革命时期《关于若干历史问题的决议》指出,王明是在选举手续不完备的情况下上台的。以王明为代表的"左"倾错误路线,长达4年之久,几乎把中国革命引向绝路。遵义会议之后,党总结了以往的历史经验教训,比较重视党内一些基本制度的建设。如:六届六中全会通过一系列决定,比较详细地规定了中央委员会、政治局、书记处及各级党委、党部的工作任务、职责范围和纪律。

新中国成立后,党的八大通过了扩大党内民主,坚持集体领导,反对个人崇拜,实行党代表大会常任制等一系列重要主张和决定。但可惜的是,当时没有将党内对民主问题的正确认识用党内法规制度形式加以确立,并变成全党的自觉行动。八届二中全会否定了八大关于社会主义主要矛盾、反对个人崇拜等正确论断。从"大跃进"运动到庐山会议,违背党内民主原则的"瞎指挥"、"强迫命令"和违反党内民主生活准则、破坏党的纪律的状况越来越严重。为解决"大跃进"错误带来的各种问题,党中央召开了七千人大会,毛泽东作了民主集中制为主题的长篇报告，对党内民主建设进行了反思。但是，我们仍然把民主视为一种作风，单纯强调民主是手段、是工具，忽视了民主关乎党内性质及作为法规制度对保证正常的党内生活的重要意义。会后，对党内民主中存在的种种缺陷，特别是党中央领导核心民主生活不正常的问题，并没有解决。以至于破坏党内民主集中制，个人凌驾于党中央之上的行为和“左”的错误越演越烈，直至毛泽东错误地发动“文化大革命”，使党和国家遭受一场十年浩劫，对毛泽东本人，也是一个巨大悲剧。

十一届三中全会后，总结“文革”教训，邓小平指出：“从遵义会议到社会主义改造时期，党中央和毛泽东同志一直比较注意实行集体领导，实行民主集中制，党内民主生活比较正常。可惜，这些好的传统没有坚持下来，也没有形成严格完善的制度”，“我们过去发生的各种错误，固然与某些领导人的思想、作风有关，但是组织制度、工作制度方面的问题更重要。这些方面的制度好可以使坏人无法任意横行，制度不好可以使好人无法充分做好事，甚至会走向反面。”“不是说个人没有责任，而是说领导制度、组织制度问题更带有根本性、全局性、稳定性和长期性。这种制度问题，关系到党和国家是否改变颜色”。看来，我们党已经认识到，执政党的建设必须开创一条不靠政治运动，而在加强思想建设、组织建设、作风建设的同时，大力推进改革，加强制度建设的新路子。

以党内法规建设为核心推进党的制度建设

改革开放30多年来，以党内法规建设为核心的党的制度建设取得了很大进展，党内生活的主要领域基本实现了有章可循、有规可依。但是，与党肩负的历史重任以及党建面临的大量新情况、新问题对党的制度建设提出的新要求相比，党内法规建设还存在一些突出问题和薄弱环节。主要是党的法规滞后于时代发展和党的建设、党的工作实践，有的党内法规质量不高、针对性可操作性不强，一些党内法规执行得不好，落实不到位。有些法规内容重复或相互冲突。有些法规不配套，难以形成有效运行机制。在法规内容方面，也存在强调集中多，保障民主不够；强调党员义务多，保障党员权利不够；规范管理基层党组织和党员行为的法规多，规范管理领导机关和领导干部行为的法规相对较少；规范自身建设的法规多，规范党的执政方式、领导制度的法规少等等不足。总的看，还没有形成一整套内容协调、程序严密、配套完备、有效管用的党内法规制度体系。

两部新法规在完善以党内法规为核心的党的制度建设方面凸显以下着力点：

第一，坚持依法治国，依法执政，确保党在宪法和法律范围内活动。中国共产党作为执政党，既要依据宪法和法律治理国家，又要运用党内法规管党治党。使两者协调统一的关键就是党必须在宪法和法律范围内活动，这也是两部新法规实施的着力点。《制定条例》把“遵守党必须在宪法和法律范围内活动的规定”作为制定党内法规应遵循原则的重要内容，又把“是否同宪法和法律不一致”作为法规审核的重要内容。《备案规定》同样把上述内容作为报送备案法规文件的审查内容。

第二，确保党内法规制度体系的统一性与权威性。《制定条例》明确了党内法规效力等级，对党内法规制定权限作出专门规定，明确了哪些事项只能由党的中央组织制定、哪些事项可以由中纪委、中央各部门或省区市党委制定，并将省区市党委制定党内法规纳入《制定条例》适用范围（在原暂行条例中，只在附则中规定“依照本条例的基本精神进行”），有利于从根本上避免或减少无权制定、越权制定、重复制定等无序制定现象以及一些省区市党委制定党内法规的做法不够规范的问题。

第三，提高党内法规质量和执行力度。两个新法规，一是强化了党内法规起草的调查研究和征求意见环节，以提升党内法规制定的科学性。二是完善了党内法规前置审核程序，明确了合法性、合规性等审核内容，规定了发现问题后的处理办法和程序，有利于更好地把住党内法规的质量关。三是全面确立了党内法规备案、清理与评估制度，有利于加强对党内法规质量审核监督。对党内法规适时清理，对相关法规作出修改、废止等相应处理，有利于及时解决党内法规存在的不适应、不协调、不衔接、不一致的问题。四是确立了实施后的评估制度，这样有利于督促党内法规实施，提高党内法规的执行力，并推动党内法规的及时完善，不断提高其质量。

第四，提高党内法规制定的民主性、公开性。《制定条例》规定党内法规的制定要充分听取各级党组织和广大党员的意见建议。同时，明确了党内法规公开发布制度，有利于推进党务公开，提高党内法规的知晓率和执行力，也便于党内外对执政党党内法规执行情况进行民主监督。

第五，顶层设计，统筹规划，构建科学完备的党内法规体系。《制定条例》编制党内法规制定工作“五年规划”是在党的历史上第一次提出，这与五年一届的党代会相衔接，有利于落实党代会报告中关于党的制度建设的要求，有利于加强党内法规建设的顶层设计和整体布局，保证党内法规制度建设的系统性、协调性和前瞻性。

邓小平在1992年南方谈话中提出，再过30年的时间，要“在各方面形成一套更加成熟、更加定型的制度”。中国共产党正在以实际行动向着这一目标前进。

把党的制度建设推向新高度

治国必先治党，治党务必从严，从严必有法度，我们要高度重视党内法规制度建设，认真贯彻两部新法规，不断提高党建科学化水平。

第一，在认真学习两个新法规的基础上，对党内法规进行认真集中清理，摸清“家底”，提出立改废的意见，为党内法规制度的科学构建打下基础。这种“集中清理”，在党的历史上还是第一次，任务繁重。从去年6月开始，经中办清理的改革开放30年来仅党中央制定发布的法规文件就有760多件，其中，需要废除的就占了49.9%。“清理”工作体现出党内法规建设的与时俱进。在清理过程中，要善于总结研究党内法规建设的规律，吸取历史的经验教训，以进一步提升党内法规建设的科学化水平。

第二，要以改革创新精神加强党内法规建设，深入研究执政党面临的新情况、新问题。一是从解决当前党内外反映强烈，迫切需要解决的问题入手，比如：把权力关进制度的笼子，从完善法规制度上遏制官僚主义、形式主义、跑官卖官、贪污腐化、公权谋私等消极腐败现象的蔓延。二是抓住邓小平指出的“权力过分集中”这一产生上述问题的总病根，从建设马克思主义现代民主政党出发，通过完善党内法规制度，推进党内民主，完善民主集中制，保障党员主体地位，增强党的创新活力和自我净化能力。三是作为执政党，党内法规建设要与正在进行的建设服务型政府、突破体制弊端的行政体制改革相契合、相促进。认真总结新时期密切党群关系的好做法、好经验，使之规范化、制度化、长效化。增强法规建设的针对性、时效性。

第三，围绕“执政党应该是什么样的党以及如何建设党”的问题，在研究中国共产党执政规律和党建现状、党内法规建设经验教训以及国外政党兴衰规律和党内法规制度建设实践基础上，编制党内法规制定工作五年规划和年度计划，搞好顶层设计，有目标、按计划、分阶段扎实推进。

（作者：中央社会主义学院教授）

论服务型执政党建设的四重维度

唐志龙

党的十八大报告明确提出了“建设学习型、服务型、创新型的马克思主义执政党,确保党始终成为中国特色社会主义事业的坚强领导核心”的重要任务。可以说在“三型”执政党整体建设中,学习是基础,创新是动力,而服务则是核心,承载着马克思主义执政党全部理论和实践的出发点与归宿点。

一、紧紧围绕主线:增强党的执政能力

新形势下的执政党,担负着团结带领全国各族人民全面建成小康社会、推进社会主义现代化、实现中华民族伟大复兴的历史重任,是全国人民和一切工作的领导核心。邓小平早就说过,什么叫领导?领导就是服务。领导者必须多干实事。那种只靠发指示、说空话过日子的坏作风,一定要转变过来。十八大报告明确指出:“全党要增强紧迫感和责任感,牢牢把握加强党的执政能力建设、先进性和纯洁性建设这条主线。”显然,服务型执政党体现了马克思主义的本质要求,只有聚焦于紧紧围绕主线开展建设,强化服务意识与付诸实践的统一,才能不断提高科学化水平,真正成为全国人民和一切工作的领导核心。

在世情、国情、党情发生深刻变化的新形势下,围绕主线加强服务型执政党建设,面临许多前所未有的新情况新问题新挑战。执政考验、改革开放考验、市场经济考验、外部环境考验是长期的、复杂的、严峻的;精神懈怠的危险,能力不足的危险,脱离群众的危险,消极腐败的危险,更加尖锐地摆在全党面前。因此,加强党的执政能力建设和先进性、纯洁性建设的任务,比以往任何时候都更为繁重、更为紧迫。十八大报告指出:“不断提高党的领导水平和执政水平、提高拒腐防变和抵御风险能力,是党巩固执政地位、实现执政使命必须解决好的重大课题。”当前切实做好保持党的纯洁性的各项工作,对执政党的党员和干部来说尤其重要,也是加强党的执政能力建设和始终保持先进性的牢固基础。2012 年 1 月,胡锦涛在十七届中纪委第七次全会上深刻阐述了保持党的纯洁性的极端重要性与紧迫性,提出了明确要求。习近平强调:“党的纯洁性,体现在党的思想、政治、组织和作风各个方面。”我们只有从保持纯洁性入手,才能为党的先进性奠定坚实基础,在贯彻“主线”中促进党的执政能力建设获得成效,不断提升党的建设科学化水平,适应全面建成小康社会决定性阶段任务的需要,也体现了服务型执政党建设与时俱进的时代诉求。

应该看到,我们党成立已经 92 年,执政 64 年,领导改革开放也 30 多年了,党的纯洁性与先进性不断得到坚持与发展,党的执政能力和执政地位进一步得到提高、加强和巩固,服务型执政党在实践中锻炼得更加成熟、更加全面。但也应该看到,党的先进性、纯洁性与执政能力,都不是一劳永逸、一成不变的。过去先进不等于现在先进,现在先进不等于永远先进。党的执政地位的稳固,也不是形而上学地静止的稳固,而是通过纯洁性、先进性与执政能力的提高和升华,在创新发展和服务人民中获得更广泛的价值认同,在成功实践中获得人民群众真心实意地拥护与支持,才能进一步巩固执政地位,真正确保党始终成为中国特色社会主义事业的坚强领导核心。因此,服务型执政党建设

与党所领导的事业是相互依赖、相互促进的。服务型执政党建设搞得越好，党所领导的事业就越兴旺发达，人民群众就越拥护和支持；同样，党所领导的事业越红火，也越需要和促进服务型执政党建设向深度与广度发展。建设服务型的马克思主义执政党，根本目的完全是为了党和人民的事业更好的发展、进步。

显然，围绕主线提升党的执政能力，才能使服务型的马克思主义执政党建设落在实处。在新形势下，群众工作的对象十分广泛，领域更加宽泛，问题也更突出，而人民群众对党的建设各项工作要求也更高，加之“把人民群众放在最高位置”理念的鲜明提出，使我们党执政为民的任务更加艰巨复杂。服务型执政党只有坚持不懈地对全体党员、干部加强纯洁性先进性教育，不断提高大家为人民服务的思想道德素质和政治品格，才能为实现最广大人民群众的根本利益努力工作，在实践中增长才干，为不断提升党的执政能力构建良好基础。同时，服务型执政党只有坚持创新体制机制，更新工作方式方法，革新思想观念和理论策略，才能不断提高服务人民的水平和质量，满足人民群众日益增长的各方面需求，为科学执政进一步巩固和扩大党的群众基础。鉴此，全党要以高度的自觉精神，牢牢把握加强执政党建设的主线，坚持解放思想、改革创新，积极进行党的思想建设、组织建设、作风建设、反腐倡廉建设、制度建设，努力建设好服务型的马克思主义执政党，确保我们党始终成为中国特色社会主义事业的坚强领导核心。

二、端正价值取向：切实坚持以人为本

围绕主线增强执政能力，提升服务型执政党建设的内在力量，指向上必须端正价值取向。以人民群众为价值主体，全心全意为人民服务，实现好、维护好、发展好人民利益，是中国共产党人伟大的价值取向，是我们党具有先进性和代表性的根本标志。新形势下，我们党要建设服务型执政党，始终代表中国最广大人民的根本利益，达到历史主体、实践主体与价值主体的统一，为全面建成小康社会奋斗，仍须恪守这一科学价值取向。

为谁服务、为谁谋利，是执政党应该认真解决的基本问题。十八大报告在首次提出“服务型的马克思主义执政党”概念的同时，“人民”和“服务”两个关键词熠熠生辉，反复出现；“为人民服务”、“人民主体地位”、“人民当家作主”等要求贯穿报告始终，凸显了服务型执政党科学理念的十分重要性。十八大报告指出：“必须坚持人民主体地位。中国特色社会主义是亿万人民自己的事业。要发挥人民主人翁精神，坚持依法治国这个党领导人民治理国家的基本方略，最广泛的动员和组织人民依法管理国家事务、管理经济和文化事业、积极投身社会主义现代化建设，更好保障人民权益，更好保障人民当家作主。”报告在对社会主义经济、政治、文化、社会、生态文明建设各部分论述和部署中，处处体现了党和国家全方位为人民服务的宗旨，凸显了加强各方面、各领域服务体系建设，服务各方面人群的服务功能、服务效能。同时，报告也对基层“服务型”党组织建设作出了总体部署，必将充分发挥基层党组织推动发展、服务群众、凝聚人心、促进和谐的作用，进一步夯实党执政的基层组织基础。作为马克思主义的执政党，恪守立党为公、执政为民的执政理念，从根本上说，也就是始终坚持以人为本。

以人为本是科学发展观的核心，也是指导我们各项工作的世界观与方法论的集中体现。在全面建成小康社会伟大进程中，服务型执政党只有坚持以人为本，才能使经济建设、政治建设、文化建设、社会建设以及生态文明建设五位一体整体推进。立党为公、执政为民，全心全意为人民服务，是中国共产党人的根本宗旨与执政理念，也是我们党先进性的根本标志与服务型的执政实践。无论是革命战争年月，社会主义建设年代，还是改革开放新时期，虽在实现这一宗旨的形式与途径上有所不同，但党的这一

根本宗旨始终没有变，这一科学的执政理念始终没有变，坚持以人为本的服务实践也始终没有变。胡锦涛在党的十七大报告以及一系列讲话中对此进行了科学阐明，习近平更明确指出："我们党坚持全心全意为人民服务的根本宗旨，坚持从群众中来、到群众中去的工作路线，坚持党的一切工作体现人民的意志、利益和要求，这是密切联系群众的优势，也是我们党最大的优势。"十八大报告再次强调："坚持以人为本、执政为民，始终保持党同人民群众的血肉联系。为人民服务是党的根本宗旨，以人为本、执政为民是检验党一切执政活动的最高标准。任何时候都要把人民利益放在第一位，始终与人民心连心、同呼吸、共命运，始终依靠人民推动历史前进。"显示了执政的中国共产党人宗旨的唯一性与服务主体的坚定性。

在全面建成小康社会进程中坚持以人为本，不仅必须认真贯彻党的立党宗旨，切实解决"为谁发展"的问题，还要努力寻求现实力量，切实解决"靠谁发展"的问题。两个问题密切相连，体现着发展的目的同工具的辩证统一。"为谁发展"表明，以人为本要求执政党把人民群众作为经济社会发展的价值主体即根本目的，在发展中始终坚持理解人、尊重人、关心人；党的一切工作，都要从满足人的全面需求、促进与实现人的全面发展出发，坚持把维护人民群众的根本利益放在第一位，做到权为民所用，情为民所系，利为民所谋，使全体人民共享改革发展成果。"靠谁发展"表明，以人为本阐明了人民群众是执政党干好一切工作的基本保证与重要工具，是推动各项事业顺利前进的巨大力量，继承和发展了唯物史观关于人民群众是创造历史决定力量的观点。这种使目的与工具辩证统一的以人为本理念，与那些割裂二者有机联系、仅将人作为单方面工具的观点不可同日而语，显示了理论底蕴的科学性与价值取向的唯一性。十八大报告强调："坚持问政于民、问需于民、问计于民，从人民伟大实践中汲取智慧和力量。坚持实干富民、实干兴邦，敢于开拓，勇于担当，多干让人民满意的好事实事。"新形势下，执政党要努力从理论与实践结合上紧紧围绕以人为本的价值取向，研究新问题、开拓新思路、提出新办法，使思想观念、政策措施、工作方式更好体现科学发展观内在要求，成为团结人民、鼓舞人民建成小康社会的动力源泉。

三、努力改善民生：解决好人民现实利益问题

服务型执政党坚持以人为本，现实性上一定要解决好群众的利益问题。十八大报告用了专章，突出强调"在改善民生和创新管理中加强社会建设"的重要问题。"加强社会建设，必须以保障和改善民生为重点。提高人民物质文化生活水平，是改革开放和社会主义现代化建设的根本目的。要多谋民生之利，多解民生之忧，解决好人民最关心最直接最现实的利益问题，在学有所教、劳有所得、病有所医、老有所养、住有所居上持续取得新进展，努力让人民过上更好生活。"从而为我们在实践上建设服务型执政党进一步指明了方向。

唯物史观揭示，利益是人类一切社会活动的原动力，本质上是个社会关系范畴，标示着主体需要同满足需要的客体之间关系。获取利益的主体有人类、国家、民族、团体、个人等，都因存在生存及发展之需要，必定产生利益问题。利益源于需要，既包括物质利益，也包括精神利益，二者具有内在统一性，物质利益是基础。人类历史是由人们的活动构成的，每个人在参与社会活动时都有不同的思想动机，隐藏其后的动因就是利益，特别是物质经济利益在起作用。马克思指出："人们为之奋斗的一切，都同他们的利益有关。"邓小平强调："革命是在物质利益的基础上产生的，如果只讲牺牲精神，不讲物质利益，那就是唯心论。"不仅从理论与实践统一的高度，揭示了利益原则是人与社会全面发展的最终物质动因，也进一步从性质与宗旨上表明全心全意为人民谋利益是我们党产生与发展的价值根据，实践指向的明确性与价值取向

的科学性，凸显出我们党鲜明的党性原则。从理论上说，人民利益是个集合概念，主要包括人民群众的“根本利益”与“最直接最现实的利益”两个方面。二者相互联结、辩证统一，在一定条件下相互转化，共同促进着人民利益的整体实现。同根本利益这种长远性、终极性、抽象性利益不同，直接而现实的利益指当前利益、具体利益、实际利益，即人民群众看得见摸得着的最关心的切身利益，具有多样性、细小性、发展性等特征。诚然，“着眼点”应注重人民长远的根本利益，这是毫无疑义的；但是，“着力点”应关注人民当前利益、具体利益与实际利益，这也是理所当然的。注重二者的联结统一，执政党才能避免理论上的割裂与实践上的误区，防止各种形式的损害人民群众利益的思想与行为，科学把握人民利益的现实规定。

当前，我们党已是一个拥有400多万个基层组织、8260多万名党员的执政党。胡锦涛强调：“一切为了群众，一切依靠群众，立党为公、执政为民，把党的正确主张变为群众的自觉行动，最广泛地动员广大人民群众为实现自己的利益和美好生活而团结奋斗，这些要求高度概括地回答了中国共产党人依靠谁、为了谁这个根本问题。”科学论述了党的宗旨与群众路线的内在统一，进一步阐明了关注人民现实利益的重要性与必要性。新形势下总体说来，各级党组织、领导干部自觉维护人民群众直接利益是好的，但因情况的变化也存在一些亟须妥善解决的实际问题，少数人服务意识出现了一定程度的偏移，严重影响了人民群众现实利益的实现。十八大报告指出：“城乡区域发展差距和居民收入分配差距依然较大；社会矛盾明显增多，教育、就业、社会保障、医疗、住房、生态环境、食品药品安全、安全生产、社会治安、执法司法等关系群众切身利益的问题较多，部分群众生活比较困难。”因此，切实做好关心群众生产生活工作，时刻把群众安危冷暖放在心上，特别是要做好关心困难群众工作，千方百计帮助他们排忧解难，是服务型执政党必须抓紧完成的崭新课题。

解决人民群众最关心最直接最现实的利益问题，不仅要进一步推进改革开放，促进科学发展，还应多从一些具体而实际问题入手。十八大报告全面阐明了努力办好人民满意的教育、推动实现更高质量的就业、千方百计增加居民收入、统筹推进城乡社会保障体系建设、提高人民健康水平、加强和创新社会管理六个方面，要求开创社会和谐、人人共享的生动局面。当前应着手解决的具体问题较多，主要包括关注农村多余劳动力与城市下岗失业人员，就业使之直接获得利益收入，也关系社会和谐及建成小康社会的进程；关注低收入阶层、农村独女户养老、鳏寡孤独抚养、大病费用统筹、经济适用房建设等方面，从群众的“吃、穿、住、行、医、学”入手，解决生产生活中实际困难。同时，要认真治理违法施政。有些党政干部肆意侵害人民利益，引发了一些社会矛盾，必须坚持依法治国和以德治国相结合，尊重群众民主权利，强化信访、上访的解决效果，达到暖人心、顺民意；要加强社会管理，许多群众对家中失盗、路上遭抢、水火灾难、事故频繁、环境污染、公共场所遭窃、摔倒或落水后无人敢救及各种暴力威胁的担忧等，亟须党和政府加强社会治安与诚信教育，抓紧抓好，抓出成效。此外，要着力维护社会稳定。没有稳定，什么事情也办不成，已经取得的成果也会失去。胡锦涛多次要求各级党委和政府，“认真贯彻稳中求进的工作总基调，保持经济平稳较快发展势头，为大局稳定奠定坚实基础”。当然，还有其他方面数不胜数的突出、琐碎而实际的问题，也应以认真负责的态度切实抓紧抓好，保证人民利益的现实获得，使服务型执政党建设落在实处和细处。

四、拓展实践路径：自觉加强作风建设

服务型执政党无论是加强执政能力建设，还是端正价值取向和解决好群众的现实利益，都需要在实践中自觉加强作风建设，创造提高

党的建设科学化水平的重要条件,锻造服务型执政党建设的关键性环节。十八大报告指出:“我们党担负着团结带领人民全面建成小康社会、推进社会主义现代化、实现中华民族伟大复兴的重任。党坚强有力,党同人民保持血肉联系,国家就繁荣稳定,人们就幸福安康。形势的发展、事业的开拓、人民的期待,都要求我们以改革创新精神全面推进党的建设新的伟大工程,全面提高党的建设科学化水平。”

作风,是一个人、一个团体、一个政党内在素质的外在表现。在政党那里,作风指党风,是一个政党性质、宗旨、纲领、路线的反映与表现。在我国,由于我们党是执政党,其干部特别是40多万名中高级领导干部绝大多数是共产党员,因此领导干部的作风与党风密切相连,或者说就是党风。正如习近平最近在十八届中央政治局第一次集体学习时所说,治国必先治党,治党务必从严。从严治党就需要全方位的加强作风建设,因为执政党干部的作风具体体现了党的形象与人格力量,成为人民群众认识、评判、检验执政党言行是否科学与一致的根本参照系,也是人民群众决定自己政治态度与行动的基本依据。实际上,高度重视干部队伍的作风建设,是我们党的优良传统,是我们党区别于其他政党的显著标志,也是建设服务型执政党的重要内容。

服务型执政党干部的作风建设真正出现新局面,必须在实践中狠抓落实。为此,我们党强调:各级党委都要坚持把干部作风建设作为党的作风建设的重点工作来抓,建立健全领导和监督机制,以加强建设的实际成效推进各项工作。各级干部全面贯彻落实“八个方面”作风建设新要求,真正取得党和人民满意的效果,应该在实践中坚持“内外结合”,注重自律与他律的有机统一。一要使作风建设的基本内容转化为干部的内在素质,夯实作风建设的思想道德基础,具备严于律己能力。实践表明,某些党政干部犯错误的一个重要原因就是缺乏这种能力。他们在许多问题上明知不对,但自律能力太差,侥幸心理严重,管不住自己的“非分之想”,导致“免疫力”下降,“软骨病”发生,由贪图生活享受等“小节”,逐渐堕落为铤而走险、以身试法,做出各种贪污腐败、以权谋私、鱼肉民众等违法乱纪之事,导致“大节”失措,成为罪人。要通过持久的教育与学习,使之牢固树立马克思主义的世界观、人生观、价值观,确立正确的权力观、地位观、利益观。自觉把新时期作风建设要求转化成为“自重”的标准、“自省”的镜子、“自警”的标尺、“自励”的目标,努力解决自身在作风方面存在的突出问题。特别是要切实把人民群众作为价值主体,全心全意为人民群众服务;不能把自己作为价值主体,不能搞自我服务,或者“为领导服务”。要使全体党员、干部一身正气、两袖清风,清清白白做人、堂堂正正做官、勤勤恳恳做事,在尽职尽责中当好人民最关心最直接最现实利益的忠实维护者。二要建立健全加强干部作风建设的制度机制。干部作风建设是执政党一项长期任务,各级党委和领导机关必须按照“一靠教育、二靠制度”的要求,坚持不懈做好有关工作。胡锦涛指出:“必须始终把制度建设贯穿党的思想建设、组织建设、作风建设和反腐倡廉建设之中,坚持突出重点、整体推进,继承传统、大胆创新,构建内容协调、程序严密、配套完备、有效管用的制度体系。”各级党委一定要认真查找本地区本部门干部队伍在作风方面存在的突出问题,深入剖析原因,研究制订进一步加强和改进的具体措施,促进服务型执政党建设。三要加强监督检查,以确保干部作风建设取得实效。执政党干部及其手中掌握的权力,必须受到有效的监督与制约,这不仅是向人民负责,向党和国家负责,也是向干部本人及其家庭负责。我们要认真执行党内监督各项制度,切实加强对干部作风建设的监督检查,认真贯彻标本兼治、综合治理、惩防并举、注重预防的反腐倡廉战略方针,抓紧完善惩治和预防腐败体系。十八大报告强调:“反对腐败、建设廉洁政治,是党一贯坚持的鲜明政治立场，是人民关注的重大政治问题。这个问题解决不好，就会对党造成致命伤害，甚至亡党亡国。反腐倡廉必须常抓不懈，拒腐防变必须警钟长鸣。”因此，努力落实人才选拔等一系列规章制度，从根本上促进广大党员、干部真正把心思用在事业上、情感贴在民心上、作风拧在求实上、成绩记在集体上，为广大党员、干部促进作风建设，建设好服务型执政党，提供可靠保证。

特别需要指出的是，服务型执政党建设需要大力弘扬求真务实之风。加强作风建设，从思想上说必须坚持求真务实。求真务实是辩证唯物主义和历史唯物主义一以贯之的科学精神，是我们党的思想路线的核心内容，是党的优良传统和共产党人应该具备的政治品格，也是科学发展观最鲜明的精神实质之一。胡锦涛多次指出：“各级领导干部都要大力弘扬求真务实精神、大兴求真务实之风，坚持说实话、办实事、求实效，端正工作指导思想，改进工作方法，努力学习新知识、总结新经验、增长新本领。”服务型执政党加强作风建设的目的，完全在于维护人民利益。这就需要广大党员、干部切实树立密切联系群众的作风，坚持走从群众中来到群众中去的工作路线，通过广泛开展调查研究，全面而不是片面地、深入而不是肤浅地把握人民群众的需要脉搏，确实了解人民群众迫切需要获得的直接利益，坚持把维护人民群众各方面利益作为服务型执政党决策的第一要素。如果不能做到这一点，仅凭主观臆断、拍脑袋考量问题，脱离人民现实利益，其决策就会纰漏百出，导致实践失败，人民也是不会赞成和满意的。同时，对于经济、政治、文化、社会以及生态文明五位一体的建设各个方面，存在着需要解决的诸多实际问题，也必须坚持求真务实精神，查实情、说实话、办实事、求实效。这就要求我们党坚持把治理庸懒散问题作为加强干部队伍作风建设的突破口，以治庸提能力、以治懒增效率、以治散正风气，用党风廉政建设的实际成效取信于民，进一步推动服务型执政党建设健康发展，落在实处。

（作者：解放军南京政治学院上海分院教授、博士生导师）

保持党的纯洁性的政治伦理性思考

阎 钢

保持纯洁性,是关系着中国共产党的自身建设,加强党的执政能力、先进性建设的内在要求,是一篇大文章。这正如习近平同志所说:"加强党的自身建设,保持党的纯洁性,是一篇永无止境、在实践中常做常新的大文章。"在此,把保持党的纯洁性纳入到政治伦理的语境中进行思考,并赋予道德形而上的考量,这对于加强党的现代化建设,具有厚重的学理性追问。

一、保持党的纯洁性的政治伦理语义

从词语学的意义上讲,纯,就是单一,不含杂质的。洁,干净,不具污点的。纯洁,就是纯粹、单一,没有杂质污点。纯洁性就是事物内在的纯粹、单一,不含杂质污点的品质和能力。

中国共产党的纯洁性,就是与中国共产党自身的性质、任务、终极目标紧密相连的纯粹性、单一性,以及不掺杂任何其他属性在内的政党品质和执政能力。这是由中国共产党在中国所处的政治领导地位所决定的。《中国共产党章程》写得十分清楚:"中国共产党是中国工人阶级的先锋队,同时是中国人民和中华民族的先锋队,是中国特色社会主义事业的领导核心,代表中国先进生产力的发展要求,代表中国先进文化的前进方向,代表中国最广大人民的根本利益。党的最高理想和最终目标是实现共产主义。"

保持党的纯洁性所寄予的政治伦理语义,实质就是对其进行政治道德形而上的追问。在此须要厘定的问题,就是关于政治的道德意蕴问题。"诚然,政治与道德作为两种不同的社会意识形态,在人类一定的社会历史阶段各自有着不同的特殊规定性和不同的特点与功能,两者不能互相混淆或替代,这是无疑的。但是,政治与道德并不由此而成为相互排斥的两极。"也就是说,政治无法与道德相脱离,无论从政治意识的内涵,还是从政治行为的形式上把握,政治具有许多道德的要素,政治充满着道德的意蕴。这也就是政治伦理的本源所在。

所以,政治的道德意蕴问题,也就是政治是否应该具有某种伦理价值的问题。对于这个问题,人类学者在一开始讨论时,其回答无疑是完全肯定的。古希腊人就相信,政治的目的在于谋求善。犹如亚里士多德所说:"所有人类的每一种作为,其本意总是在求取某一善果。"国家的建立,"其目的总是为了完成某些善业。"因此,在古希腊人那里,政治生活就应该是一种符合道德的生活。在柏拉图看来,政治的本质就在于"公正",他梦寐以求的国度就是"公正"国。柏拉图说:"我认为真正的国家,乃是……可以叫做健康的国家。"又说:"我们建立这个国家的目标并不是为了某一个阶级的单独突出的幸福,而是为了全体公民的最大幸福;因为,我们认为在一个这样的城邦里最有可能找到正义。"

在中国思想史上,政治更富有道德的内涵。"政治"就是道德之治,孔子对此说的十分明白:"政者,正也。子帅以正,孰敢不正?"管子解释为:"政者,正也。正也者,所以正定万物之命也。是故圣人精德立中以生正,明正以治国。故正者,所以止过而逮不及也。过与不及也,皆非正也,非正则伤国一也。"在此,"政者"的核心是"精德立中"。"精德立中"便为"正",明"正"得以治国。这里的政治,就是道德之治，政治具有与道德不可分离的理论与实践的意义。

保持党的纯洁性，就是坚持政治的道德性。因为，政党道德问题无疑是当代政治伦理学所囊括的核心范畴。尤其是作为执政党的中国共产党，其“正”否，决定着治国的成败得失。而“正”所考量的就是“精德立中”的政治品质，就是为政者的纯洁性。

今天的中国，正处在全面建成小康社会，实现中华民族伟大复兴的历史进程中，机遇与挑战并存，困难与希望同在。新形势下，中国共产党人正面临着长期的、复杂的、严峻的执政考验，改革开放的考验，市场经济的考验，外部环境的考验。保持党的纯洁性更具有其向善的伦理意味。

因为，纯洁性直接关系着中国共产党的良性状况，关系着中国共产党的自我净化、自我完善、自我革新的内在品质和能力。从政治道德的实践意义上来把握，保持党的纯洁性，就是保障中国共产党人坚信马克思主义的始终如一性；就是保障中国共产党人执行《中国共产党章程》的一丝不苟性；就是保障中国共产党人代表中国先进生产力发展要求、代表中国先进文化前进方向、代表中国最广大人民根本利益，以科学发展观严于律己、洁身自好的品质和能力。

二、保持党的纯洁性的政治伦理特征

党的十八大政治报告明确指出：“全党要增强紧迫感和责任感，牢牢把握加强党的执政能力建设、先进性和纯洁性建设这条主线。坚持解放思想、改革创新，坚持党要管党、从严治党。”

我们应该十分清楚地知道，保持党的纯洁性是确立在全面提高党的建设科学化水平的基础之上的。而全面提高党的建设科学化水平，其目的明确地彰显着积极向善的政治伦理性。这正如十八大政治报告所说：“我们党担负着团结带领人民全面建成小康社会、推进社会主义现代化、实现中华民族伟大复兴的重任。党坚强有力，党同人民保持血肉联系，国家就繁荣稳定，人们就幸福安康。形势的发展、事业的开拓、人民的期待，都要求我们以改革创新精神全面推进党的建设新的伟大工程，全面提高党的建设科学化水平。”

据此，保持党的纯洁性已经超越了党自身建设的范畴，而直接关系着“国家的繁荣稳定，人们的幸福安康”之大义。这对保持党的纯洁性便有两个方面的政治伦理性认识角度：一是从实现“中国梦”，即实现中华民族伟大复兴的理想层面来看，保持党的纯洁性的着力点，在于坚持党要管党、从严治党，以坚守全体中国人民利益的维护；二是从政党建设的发展来看，保持党的纯洁性是党自身向善发展的内在要求，即以维护和坚守执政党的政治利益为前提，加强和完善党的自身建设。因此，保持党的纯洁性问题，从政治伦理的实践过程及内在要求来认识，更具有典型性、表率性和先导性。这是由中国共产党的执政理念所决定的，即“全党必须牢记，只有植根人民、造福人民，党才能始终立于不败之地；只有居安思危、勇于进取，党才能始终走在时代前列。”

所以，我们说无论是在理论认识和实践行为上，保持党的纯洁性，在当下全面建成小康社会的历史进程中，便充分体现着更广泛的民本价值，即以实现中国梦，为每一个中国人的幸福获取，以及基本利益的保障为核心的政治道德理念，正如习近平所说：“中国梦是国家的梦、民族的梦，也是包括广大青年在内的每个中国人的梦。”又说：“实现中华民族伟大复兴，就是中华民族近代以来最伟大的梦想。……我们这一代共产党人一定要承前启后、继往开来，把我们的党建设好，团结全体中华儿女把我们国家建设好，把我们民族发展好，继续朝着中华民族伟大复兴的目标奋勇前进。”正是在这一基点上，保持党的纯洁性反映出的政治伦理特征比较于党的其他建设显得更为集中和显著。

首先，保持党的纯洁性，就是坚持“以人为本”的政治道德原则。“以人为本”是政治道德最基本的原则之一，这应该是毫无疑义的。所谓以人为本，就是坚持历史唯物主义观念，承认人在自然世界和社会领域中的根本权益性，由此而肯定与维护人性、人道和人权的根本态度和实践方法。黄楠森认为：“以人为本指的是人们处理和解决一个问题时的态度、方式、方法，即指人们抱着以人为根本的态度、方式、方法来处理问题，而所谓根本就是最后的根据或最高的出发点与最后的落脚点。”

保持党的纯洁性的直接指向性，就是为了从根本上保障人民的根本利益。对于中国共产党来说，人民利益高于一切，“为人民服务是党的根本宗旨，以人为本、执政为民是检验党一切执政活动的最高标准。”党保持纯洁性，就是为了着力解决人民群众反映强烈的突出问题，关心人民群众的生活，邓小平说：“我们党和国家一定要关心群众的生活。”就是要坚定不移地执政为民。执政为民的核心，在于“密切联系群众，这是最根本的一条。不要‘做官当老爷’，要反对‘衙门作风’。”就是要坚持实干富民、实干兴邦，敢于开拓，勇于担当，多干让人民满意的好事实事。

当我们从政治伦理的意义上解读以人为本的价值理念时，无非是在解读“利”为谁谋，“权”为谁用的根本性问题，这不单是决定一种政治道德理念及政治实践好坏的基本性质问题，而且也是决定一种政治观及其执政走向的基本道德问题。如果我们由此把保持党的纯洁性作为一种政治道德规范及实践来解读的话，那么，我们不可否认的是，保持党的纯洁性就是一种对以人为本原则的伦理性坚持，是将中国共产党的建设向善的道德方向积极推进的实践革新。

其次，保持党的纯洁性，就是坚持诚信原则的道德取向性。在伦理学领域，“诚”是指人们在行为修养、思想道德上所达到的一种状态，它有着规范人的生活行为的实践性功能。“信”是指信守诺言，忠于自己所应承担的义务。诚信，即诚实守信。所谓诚实，就是表里如一，说老实话，办老实事，做老实人。所谓守信，就是言行一致，讲信誉，重信用，守承诺。从道德的意义上讲，诚和信是同义，是相关联的。诚是守信之后所表现出来的品质，如诚实、诚恳；信是诚实的实践依据和实证标准，如守信用、能信任等。

诚的实质在于真实无欺，“诚者，真实无妄之谓。”即说真话做真事，不违背良心，不自我欺骗；不说谎话，不弄虚作假，不欺骗他人。而信的道德价值就在于：一是真实，“敬事而信。”（《论语·学而》）二是信用，“与朋友交，言而有信。”（《论语·学而》）三是信任，“信则人任焉。”（《论语·阳货》）总之一点“民无信不立。”（《论语·颜渊》）

为此，诚信在保持党的纯洁性中具有不可或缺的伦理地位和实践价值。同时，诚信在保持执政党的纯洁性中存在的好与坏，往往又决定着相应国家政权组织状况的好与坏。国家作为某一个阶级“为了在国内外相互保障自己的财产和利益所必然要采取的一种组织形式”，它既根源于、基于一定的社会，又超然于、高于该社会之上，这正如恩格斯所说的国家是一种“从社会中产生但又自居于社会之上并且日益同社会脱离的力量。”因此，国家及其政权组织具有为首的、表率的榜样作用。“民以吏为师”，国家通过其政府官员的行为往往影响着社会大众的行为。

今天，在现代化国家发展进程中，没有任何一个国家政权组织机构不是由某一个或几个政党掌控的，也就是说，当今较为发达的国家几乎都是由党派执政的国家。没有诚信，或不讲诚信，不仅其纯洁性遭到破坏，而且必将导致其所掌控的国家政权失信于民，又怎么能让民众讲诚信？如果国家机器的诚信资质严重缺失，整个社会的公信力将遭到极大的破坏，政治文明发展的积极性也就会丧失，整个社会就将陷入诚信危机的恶性循环之中。

诚信在政治层面，主要是指掌控着特定国家政权组织机构的政党及其各级党务官员，其思想观念、行为实践、行政决策应本着“以人为本”的政治伦理原则还政于民，充分体现“主权在民”的价值理念，全力维护人民的根本利益，恪守对人民的承诺，不失信于民。

保持党的纯洁性，就是坚持“主权在民”，以“始终代表中国最广大人民的根本利益”为出发点和归宿点，忠实地服务于民，为人民谋利益。在此，取信于民，民不可欺，不仅是我国人民对执政党的必然要求，也是每一个中国共产党员的基本德性及其纯洁性标志。

其三，保持党的纯洁性，就是坚持为人民服务的政治伦理本性。从政治伦理的角度审视，作为执政党的中国共产党，其党员必须具有社会公共事务的性质，这不仅是由中国共产党的性质和宗旨所决定，而且更由绝大多数党员参与国家公共事务管理的实践要求所决定。这也就意味着，作为执政党的党员，在其执政的现实性上，他是社会公共权力的实际组织者和应用者。

因此，党员道德品质的好坏，直接关系到国家前途命运的好坏。因为在我国的公务员队伍中，党员担当着重要的责任和起着决定性的作用。四五十万县处级以上的领导干部，其中有几千名省厅局级高级领导干部，相当数量都融含在中国共产党的队伍中，他们具体而直接地领导着全体中国人民。

所以，如何使今天的中国始终处在一个和谐健康发展的状态中，怎样才能使中国的经济发展起来，使人民充分享有应得的福祉，在全面建成小康社会的基础上，真正实现富强民主文明和谐的社会主义现代化国家，党员具有不可推卸的历史与时代责任。因此，作为执政的中国共产党从政治伦理的本性上，就应当始终是具有为人民服务性质的政党。

但是，在中国共产党执政的历史过程和现实发展中，却并不尽然地完全表现出为人民服务的性质。相反，少数党员，具有另一种性质，即单一的人身依附性和官僚主义属性。这就意味着，党员原本是代表人民执政、为人民谋利的，却在实际的行政过程中，一方面成为仅代表和仅服从于上一级党政官员，仅为上级谋事和为自己政治前程考量的行政人物；另一方面成为政府公共权威的化身，以官僚的形态居高临下地对待民众、管理民众，民众成为了被管理、被支配的对象。

这种扭曲，一方面使少数党员成为脱离群众、高高在上的滥用权力者；另一方面成为腐败的直接作俑者和行为者，导致党的队伍纯洁性被污染，其直接的后果就是使政府失信于民，没有公信力。人民信赖政府靠什么，靠的是政府能为民办实事、办好事，政府又由谁来办实事、办好事？具体的行为人说到底，就是在国家各级各部门执政的中国共产党党员。

邓小平早在20世纪90年代就曾经告诫我们：“中国要出问题，还是出在共产党内部。”中国今天的许多问题，看起来是政府的问题，但问题的根本还是在执政党的党员身上。因此，保持党的纯洁性，就是在根本上坚持党员队伍建设的政治伦理性，就是从个体道德行为实践的基础上，防止党员道德品质的异化，即为人民服务性的异化，就是防止党员个体的道德人格裂变。

所谓“道德人格裂变”，也就是指既定的基本稳定的符合一定社会道德原则、规范的个体行为心理的倾向性在变革社会的矛盾冲突下，而导致的普遍性的行为心理失衡和理想价值失落。道德人格裂变的结果，往往会直接造成双重人格乃至病态人格的产生。

作为执政党的中国共产党人，是当今中国社会生活中不可或缺的政治人，是国家机器得以正常运行的实际操作者和具体行为人。因此，党员队伍素质的好坏，不仅从根本上决定着执政党的基本政治风范，而且还决定着一个国家是否具有良好的国内、国际形象。所以，保持党的纯洁性，在其现实性上，就是加强中国共产党人矢志不移地为人民服务的政治伦理本性的修养与坚持。这不仅是新形势下中国共产党建设的重要组成部分，而且对呵护党的形象，保障党的良性执政，维护国家善政具有十分重要的政治伦理意义和道德实践价值。

三、保持党的纯洁性的政治伦理建构

应该看到，保持党的纯洁性在今天全面提高党的建设科学化水平的政治实践领域，并没有真正地健全和完善起来。我们党的一些成员，尤其是一些领导干部，在面对各种利益引诱时，稳不住心神、管不住行为、守不住清白，难得以淡泊之心对待个人名利和权位，也难得以敬畏之心对待肩负的职责和人民的事业，没有能够保持住中国共产党人的高尚品格和廉洁形象。这些问题的存在，从客观方面来看，“官本位”，以及千百年来人民习惯于服从和失语的状态依然存在，也就是说，监督和掌控执政党的社会伦理机制还没有真正地建构起来；从主观方面来把握，执政者的自我调控能力较差，正确的世界观、人生观没有从道德品质深处确立起来，出了问题。这犹如习近平所说：“有些领导干部所以走向违纪违法、腐化堕落的深渊，从根本上讲是世界观、人生观这个‘总开关’出了问题，丧失了拒腐防变的能力。”为此，眼下保持党的纯洁性仍然是中国共产党人，在全面建成小康社会的历史进程中的一个重要话题。

第一，必须树立进一步保持党的纯洁性的坚定信心。保持党的纯洁性，从严格的意义上来讲，不仅是一种建党观念更新的问题，而且是一种建党观念如何与现代化进程中的伦理规范、道德标准紧密结合，能否真正走向现代化与社会文明的客观标准。

立于始终不移地坚持中国特色社会主义道路的视域，保持党的纯洁性，就意味着中国共产党在当代经济社会中存在的伦理价值性与执政合法性，意味着中国特色社会主义现代化文明的健康程度，乃至于对坚定道路自信、理论自信和制度自信给予正能量。

作为执政党，中国共产党在今天中国的各级各类政权组织机构中都居于领导地位，毋庸置疑地执掌着各种权力，担当着各种责任。中国共产党人的德行状况、价值取向，完全可以决定着一个国家、社会的伦理形态与道德趋向。

如果出现不纯洁，党组织中的成员一心只为自己谋取利益，这就从根本上违背了中国共产党为人民而存在的伦理意义。犹如亚里士多德所说：“一人或少数人或多数人的统治要是旨在照顾全邦共同的利益，则由他或他们所执掌的公务团体就是正宗政体。反之，如果他或他们所执掌的公务团体只照顾自己一人或少数人或平民群众的私利，那就必然是变态政体。”一个“变态政体”，无论是在政治理论上，还是在政治实践中，都不具有存在的伦理性意义，更不会具有正能量的道德价值。

正因为如此，树立保持党的纯洁性的坚定信心，就能正确引导党员行使权利、认真履行义务，充分发挥党员在中国特色社会主义现代化建设中的主体作用，以确保党的政治领导地位，由此而极大地强化和巩固党在国家的政权管理和行政过程中的纯洁性，从而确保党的领导性质永不褪色和领导力量的坚定有力。

正是基于这样的政治伦理性思考，习近平有一段完整的论述。他说：“领导干部处在党和人民事业的领导岗位上，这就决定了在保持党的纯洁性方面负有极为重要的责任，由此也决定了务必时时、处处用党的纯洁性要求对照自己、检点自己、修正自己、提高自己，要求别人做的自己带头做到，要求别人不做的自己带头不做，以自己率先垂范的实际行动充分体现党的纯洁性。”

第二，必须确立和完善保持党的纯洁性的制度建设。保持党的纯洁性不单纯是一种精神教育的过程，而且是一种物质性的制度建设过程，也就是说保持党的纯洁性必须通过制度化来保障。

孟德斯鸠曾经在讨论罗马盛衰的原因时指出：“不应该责怪某些个别人物的野心，应该责怪的是人:他越是有权力,就越是拼命想取得权力;正是因为他已经有了许多,所以要求占有一切。"所以,他的结论是:"每个有权力的人都趋于滥用权力,而且还趋于把权力用至极限,这是一条万古不易的经验。"因此,相对于孟德斯鸠一类的西方政治思想家们得出的结论是:以权力约束权力。也就是以制度的完善性来加强对权力及其权力行使者的制约与监督。

党的十八大政治报告提出,要全面加强党的制度建设,其实质就是要以健全的制度、严格的管理机制,加强对党员管理,以保持党的纯洁性。这主要表现为两个方面的伦理价值功能。一是严格的监督机制的确立。严格的监督是防止党员及其党的干部腐化变质、保持党的纯洁性的重要途径。严格的监督应该建立在党内、党外广泛的民主基础上,也就是说,在上级与下级、下级与上级、同级之间,以及群众对领导干部,干部与干部之间,都要建立起勇于和敢于进行监督的机制,从根本上纠正"监督就是不信任"的观念。二是严明的纪律条例的制定。严明的纪律是保持党的纯洁性的有力支撑,加强纪律性,革命无不胜,这是一条经过实践检验的真理。邓小平早就指出:"中国要坚持社会主义制度,要发展社会主义经济,要实现四个现代化,没有理想是不行的,没有纪律也是不行的。"又说:"共产党员一定要严格遵守党的纪律。……遵守纪律的最高标准,是真正维护和坚决执行党的政策、国家的政策。"习近平说得更加明白:"党的各级领导干部还要担负起加强纪律建设的责任,严肃查处违反纪律的行为包括各类腐败案件,切实做到纪律面前人人平等,遵守纪律没有特权,执行纪律没有例外,努力使党的纪律真正成为全党同志在任何时候任何情况下都必须遵守的统一的铁的纪律。"

第三,必须注意加强党员的道德品质修养。显然,我们今天所言及的保持党的纯洁性的主体是中国共产党组织中的每一个党员,而每一个党员的道德品质修养程度和抗击风险的自律能力,是保持党的纯洁性真正落到实处的必要前提。因此,提高党员个体的道德品质,强化党员的自律意识,是保持党的纯洁性的必要手段。只有在根本上提高每一个党员的道德品质和自律能力,才能使党的整体组织纯洁化。

要从根本上保持党的纯洁性,加强党员道德品质修养,最核心、最要害的是反腐倡廉,增强党员拒腐防变的能力。中共中央在《建立健全教育、制度、监督并重的惩治和预防腐败体系实施纲要》中写道:"进入新世纪新阶段,……腐败现象滋生蔓延的土壤和条件依然存在,腐败现象在一些领域易发多发,反腐败斗争的形势还比较严峻。一些地方、部门和单位的违纪违法案件不断发生,特别是少数高级干部的腐败案件造成了很坏的社会影响。"

今天党内的腐败问题,已经是迫在眉睫、不得不重视的问题。因为,党的纯洁性同一切腐败现象是根本对立的,腐败越严重,党的纯洁性就越污染,党的肌体就越不健康。这将直接破坏党的生命力、公信力、号召力和领导力。习近平说:"反腐倡廉就是要同各种腐败现象作斗争,维护党的肌体健康,维护党的纯洁性。"因此,应努力地加强对党员,尤其是党的领导干部的拒腐防变教育,使其加强自身的道德品质修养,以正确的人生观修身、立德,以正确的事业观做事、立功,以正确的权力观用权、立言。

总之,正如习近平所说:"以淡泊之心对待个人名利和权位,以敬畏之心对待肩负的职责和人民的事业,任何情况下都要稳住心神、管住行为、守住清白,做到一尘不染、一身正气,始终保持共产党人的高尚品质和廉洁形象。"

(作者:四川大学马克思主义学院教授、四川大学锦江学院思想政治理论教学部教授)

学习型政党:中国共产党的显著特征

何祥林　薛平军

一

从党的孕育和建立过程看,中国共产党是一个重视学习、善于学习的马克思主义学习型政党。中国共产党是学习、研究和宣传马克思主义的产物,是马克思主义同中国工人运动相结合的产物。

从19世纪40年代末《共产党宣言》问世到20世纪初五四运动的前夜,在近70年的时间里,中国人对马克思主义不曾有真切了解。自从鸦片战争失败那时起,先进的中国人,经过千辛万苦,向西方国家寻找真理。他们探索救国救民真理只有"封建主义和资本主义"这两种思想武器可供选择。腐朽的清王朝对外国侵略者的屈服宣告了落后的封建主义不可能成为团结御辱的有力武器。洪秀全、康有为、严复和孙中山,代表了在中国共产党出世以前向西方寻找真理的一派人物。那时的外国只有西方资本主义国家是进步的,它们成功地建设了资产阶级的现代国家。日本人向西方学习有成效,中国人也想向日本人学。以康有为、孙中山等为代表的先进知识分子改学西方,以为"要救国,只有维新,要维新,只有学外国"。但尽管他们翻译出版西方书籍,发动戊戌变法、辛亥革命等运动,但最后都归于失败。"帝国主义的侵略打破了中国人学西方的迷梦。很奇怪,为什么先生老是侵略学生呢?中国人向西方学得很不少,但是行不通,理想总是不能实现。"因为帝国主义不允许中国独立和富强,"就是这样,西方资产阶级的文明,资产阶级的民主主义,资产阶级共和国的方案,在中国人民的心目中,一齐破了产。"

从"十月革命"开始,先进的知识分子开始把目光从西方转向东方,从欧美转向俄国,从资产阶级的民主主义转向无产阶级的社会主义。李大钊、陈独秀、毛泽东、周恩来、李达、李汉俊等中国共产党早期的马克思主义者都曾是热忱的民主主义战士,他们先后抛弃资产阶级民主主义的信念,转向马克思主义的立场。这是他们对各种学说、各种救国救民方案进行反复的比较和认真的思考之后,所作出的抉择。五四运动前后,在学习、研究和传播马克思主义的过程中,李达、瞿秋白、邓中夏、何孟雄、蔡和森、恽代英、张闻天等一大批知名的先进知识分子成为马克思主义者。这为中国共产党的创建准备了思想理论条件和干部条件。这些知识分子学习、研究和传播马克思主义的实践活动,尤其是马克思主义在五四运动前后的"'问题与主义'之争"、"关于社会主义的讨论"、"反对无政府主义的斗争"等论战中成为新思潮的主流,促进了马克思主义与中国工人运动的结合,把中国共产党的创建提上了议事日程。刘少奇曾明确指出:"中国共产党的产生,一个是由于中国工人阶级的成长;一个是由于世界无产阶级革命运动的发展,俄国十月革命的胜利;还有一个直接的原因,就是对于马列主义的学习、研究和宣传。"

二

从党的发展过程看,中国共产党是一个重视学习、善于学习的马克思主义学习型政党。

中国共产党从一开始就不把马克思主义当作教条,而是力图将其同中国社会的发展实际相结合,努力做到"真学、真懂、真信、真用",这也是中国共产党建设马克思主义学习型政党特有的内在逻辑。其中真学是前提,真懂是关键,真信是根本,真用是目的。纵观92年的发展史,我们可以发现,每当遇到重大历史发展关头的考验,党都注重努力通过马克思主义的"真学、真懂、真信、真用"来提高认识问题、分析问题和解决问题的能力,从而实现了党自身及所领导事业的不断发展。

从成立起到大革命时期,中国共产党以宣传思想文化工作为主要载体,行之有效地开展马克思主义的学习、研究和宣传。党的第一次全国代表大会通过的纲领和决议指出了党的宣传工作的重要性,制定了宣传工作计划及宣传纪律,规定中央和地方组织都要宣传党的纲领和政策,使马列主义和党的主张深入人心。这一时期的共产主义知识分子通过多种途径开展宣传思想文化活动和相应的组织活动,其主要方式有:创办工人刊物,进行马克思主义通俗化的宣传;创办书社,销售进步书刊,并在读书学习的基础上,以学术讨论的名义,采取公开合法的方式宣传马列主义;开办文化补习学校,启发工人的觉悟;发动和组织工人,成立工会组织,加强对工人运动的统一指导和开展宣传教育;建立青年和妇女组织,扩大党的阶级基础,作为训练党团骨干和培养进步青年的基地;在黄埔军校通过传播革命思想、设立党代表和政治部等方式实现军校政治工作的制度化,为党培养和储备了一大批优秀军事人才。这一时期中国共产党一无军队、二无政权,就靠宣传思想文化工作发挥特殊的学习作用,从而集合了自己的阶级队伍。在这个时期,中国共产党正是通过学习,靠马克思主义的真理、靠党员的坚定信念、崇高人格和献身精神,从小到大逐步发展起来了。

土地革命战争时期,党结合实际创建红军和农村革命根据地,"三湾改编"、赣南"四整"以及井冈山的斗争开创了党在学习型政党建设上的新阶段。其中,三湾改编将"支部建在连上"的创举,不仅确立了党对军队的绝对领导,而且开创了军队内部的民主制度和学习制度,奠定了新型人民军队的基础。1929年12月毛泽东根据中央九月来信的精神和红四军的实际情况,主持召开了古田会议。会上通过的《古田会议决议》从九个部分详细规定了以马克思主义克服红军中的非无产阶级思想,规定了红军的任务及其与剥削阶级军队的区别,规定了加强红军思想政治工作的措施和方法,因而是一个伟大的建党建军纲领性文献。"这个决议使红军肃清旧式军队的影响,完全建立在马克思列宁主义的基础上。这个决议不但在红军第四军实行了,后来各部分红军都先后不等地照此做了,这样就使整个中国红军完全成为真正的人民军队。"因此,这个决议无疑是中国共产党建设马克思主义学习型政党的纲领性文献。

抗日战争时期,中国共产党建设学习型政党的活动,是在建立和发展抗日民族统一战线的背景下展开的。这一时期学习型政党建设服从和服务于抗日这一中心任务,针对党内外的实际,安排了民族的、人民的、阶级的和党内的教育内容,娴熟地处理了民族斗争和阶级斗争的关系、抗日战争与新民主主义革命的关系,为抗日战争的胜利作出了贡献。这一时期毛泽东的《实践论》、《矛盾论》、《改造我们的学习》、《整顿党的作风》、《反对党八股》,周恩来的《抗战军队的政治工作》,刘少奇的《论共产党员的修养》,谭政的《关于军队政治工作问题的报告》等一系列著作、讲话和报告,奠定了学习型政党建设的理论基础。这一时期的延安整风运动有领导、有计划、有准备、有步骤地展开,强调反对主观主义以整顿学风、反对宗派主义以整顿党风、反对党八股以整顿文风,是无产阶级政党学习教育活动的伟大创举和成功实践。因此,延安时期全党形成了"认字就在背包上,写字就在大地上,课堂就在大路上,桌子就在膝盖上"的可贵学习精神,延安整风运动实质上就是一场广泛、生动的马克思主义学习型政党建设运动。

解放战争时期,中国共产党通过开展整党

运动和召开七届二中全会,进一步推进了学习型政党的建设,为建设新中国做好了准备。中共中央结合土地改革中出现的党建工作问题,从1947年起开展了以三查(查阶级、思想和作风)、三整(整顿组织、思想和作风)为内容的整党运动,提高了党员的政治觉悟,增强了党组织的先进性,密切了党群关系,保证了解放战争的胜利。在1949年3月召开的中国共产党七届二中全会上,毛泽东正确地预见到我党成为执政党后面临的新问题和严峻考验,并及时向全党发出了重新学习的号召。邓小平后来对此高度评价:"全国胜利前夕,毛泽东同志号召全党重新学习。那一次我们学得不坏,进城以后,很快恢复了经济,成功地完成了社会主义改造。"

新中国成立初期,中国社会的大变革史无前例,中国共产党作为执政党如何面对全新的考验,就成为学习型政党建设面临的突出问题。这一时期,中国共产党坚持把学习视为"党的一项最基本的政治任务",力图对上述问题作出正确的回答,从而推动了党自身及所领导事业的大发展。1950年中共中央发出《关于整党的指示》和《关于发展和巩固党的组织的指示》。1951年下半年,结合"三反"、"五反"运动开始的为期三年的整党运动成为建国初期党风建设的又一重大举措,特别是1952年对刘青山、张子善事件的处理起到了良好的作用,从而在上世纪五十年代出现了良好的党风和社会风气。

在1956年到1966年的十年全面建设社会主义时期,尽管党内出现了日益严重的"左"倾错误,但党中央和毛泽东等老一辈革命家仍努力地推进了马克思主义学习型政党的建设。1956年9月召开的中国共产党第八次全国代表大会强调,执政党必须坚持理论与实践相统一的原则;要始终坚持群众路线,反对官僚主义;要维护党的团结和统一,反对宗派主义。这个时期全党全国人民还广泛开展宣传学习雷锋精神、焦裕禄精神、"铁人"精神,学习王杰、学习"南京路上好八连"、学习解放军等活动,并逐渐兴起了群众性的学习马列主义、毛泽东思想的热潮。刘少奇在庆祝建党40周年的大会上号召全党开展一个新的学习运动。1964年2月,毛泽东和党中央就组织高级干部学习马列著作作出批示,党中央还专门下发了《干部选读马克思、恩格斯、列宁、斯大林著作目录(草案)》,共提出30本书,由各地从中圈定并组织学习。这一时期,毛泽东、刘少奇、周恩来等老一辈革命家发表的《论十大关系》、《关于正确处理人民内部矛盾的问题》、《人的正确思想是从哪里来的?》、《学习态度和学习方法》、《党在宣传战线上的任务》、《反对官僚主义》等等,都是中国共产党建设马克思主义学习型政党的标志性文献。

"文化大革命"时期,在"无产阶级专政下继续革命的理论"的指导下,学习型政党建设出现了严重的错误。这对中国共产党的学习型政党建设及党所领导的事业造成了全面破坏,但也以沉重代价换取了对学习型政党建设的深刻反思。

1978年的中国共产党十一届三中全会开启了马克思主义学习型政党建设的新时期。改革开放之初,以邓小平为核心的第二代领导集体对学习型政党建设有着清醒的认识:"在不断出现的新问题面前,我们党总是要学。我们共产党人总是要学,我们中国人民总是要学,谁也不甘于落后,落后就不能生存。"邓小平强调:"实现现代化是一场深刻的伟大革命,全党同志一定要善于学习,善于重新学习,除马列主义毛泽东思想外,还要学习经济学、学科学技术,学管理。""我们要向资本主义发达国家学习先进的科学、技术、经营管理方法以及其他一切对我们有益的知识和文化,闭关自守、故步自封是愚蠢的。"邓小平还多次强调"要把学习搞好,认真建立学习制度"。

党的十三届四中全会以来,以江泽民为核心的第三代领导集体再三向全党发出"学习学习再学习"的号召,努力"创建学习型社会",学习型政党建设由此全面展开。1990年10月中宣部、中组部下发《关于组织各级干部深入学习社会主义理论的意见》。1992年10月中共十四大提出“学习马克思列宁主义、毛泽东思想，中心内容是学习建设有中国特色社会主义的理论。党员领导干部首先是高级干部要带头学好用好。”江泽民同时指出：“形势、任务和干部队伍的状况，都要求全党同志必须进一步加强学习。”1998年到1999年底，全党根据中央的部署开展了“讲学习、讲政治、讲正气”的教育活动，取得了良好效果。在2001年的亚太经合组织人力资源能力高峰会上，江泽民明确提出要构建终身学习教育体系，创建学习型社会。

2002年中共十六大召开以来，中国共产党关于建设马克思主义学习型政党的理念和举措越来越明确。2002年11月党的十六大把建设学习型社会明确纳入建设小康社会的目标之中。2004年9月党的十六届四中全会通过的《关于加强党的执政能力建设的决定》，提出“努力建设学习型政党的要求”。2007年10月党的十七大正式把“建设学习型政党”写入党的代表大会报告。2009年9月党的十七届四中全会通过《中共中央关于加强和改进新形势下党的建设若干重大问题的决定》指出：“必须按照科学理论武装、具有世界眼光、善于把握规律、富有创新精神的要求，把建设马克思主义学习型政党作为重大而紧迫的战略任务抓紧抓好。”2010年2月中共中央办公厅印发《关于推进学习型党组织建设的意见》。2011年7月1日，胡锦涛在庆祝建党90周年大会上的讲话中强调：“我们必须按照建设马克思主义学习型政党的要求，抓紧学习人类社会创造的一切科学的新思想新知识。”全体党员、干部都要真正做到学以立德、学以增智、学以创业。2012年11月党的十八大进一步提出了建设学习型、服务型、创新型的马克思主义政党的重大战略任务。因此，十一届三中全会以来形成的历届党中央领导集体，在实践中不断开拓了马克思主义学习型政党建设的新境界。

三

从党在着力推进马克思主义中国化、时代化、大众化的基础上，勇于担负及努力实现中华民族伟大复兴的崇高历史使命来看，中国共产党是一个重视学习、善于学习的马克思主义学习型政党。

自1921年成立以来，中国共产党为了实现国家富强、民族振兴和人民富裕，已经走过了92年曲折而光辉的历程。“在新民主主义革命时期，我们经过28年艰苦卓绝的斗争，推翻了帝国主义、封建主义、官僚资本主义的反动统治，实现了民族独立和人民解放，建立了人民当家作主的新中国。在社会主义革命和建设时期，我们确立了社会主义基本制度，在一穷二白的基础上建立了独立的比较完整的工业体系和国民经济体系，使古老的中国以崭新的姿态屹立在世界的东方。在改革开放和社会主义现代化建设时期，我们开创了中国特色社会主义道路，坚持以经济建设为中心、坚持四项基本原则，坚持改革开放，初步建立起社会主义市场经济体制，大幅度提高了我国的综合国力和人民生活水平，为全面建设小康社会，基本实现社会主义现代化开辟了广阔的前景。”因此，胡锦涛指出：“这三件大事，从根本上改变了中国人民的前途命运，决定了中国历史的发展方向，在世界上产生了深刻而广泛的影响。”回顾中国共产党92年的历史，我们可以毫无疑问地得出结论，中国共产党之所以能领导人民干成这三件大事，是因为它以马克思主义学习型政党的建设作为自身不断发展壮大和开拓创新的重要力量之源，并通过这种重要力量之源所激发出来的巨大动力，始终保持和发展了自己作为中国工人阶级先锋队和中华民族先锋队的先进性，始终代表了中国先进生产力的发展要求、中国先进文化的前进方向和中国最广大人民的根本利益。

中国共产党92年的发展史，是在不断推进马克思主义学习型政党建设以实现中华民族伟大复兴的过程中，不断结合中国具体实际将马克思主义中国化、时代化、大众化的历史。中国共产党自成立后就担负起实现中华民族伟大复兴的历史重任，也就是要完成“求得民族独立和人民解放，实现国家富强和人民幸福”的历史任务。面对近代中国积贫积弱、灾难深重的国情，只有通过新民主主义革命才能推翻帝国主义、官僚资本主义、封建主义三座大山，才能求得民族独立和人民解放；只有通过社会主义革命和建设，才能奠定社会主义制度的基础和展开大规模的社会主义建设；只有通过改革开放和社会主义现代化建设，才能实现“三步走”的发展战略，进而实现中华民族的伟大复兴。客观上如此艰巨的任务要求中国共产党必须重视学习、善于学习。中国共产党正是把马克思主义学习型政党建设与推进党领导的伟大事业紧密结合起来，在上述不同的历史时期坚持理论联系实际地开展学习，成功地解决了中国革命、建设、改革过程中的诸多重大而紧迫的课题，实现了马克思主义中国化的两次历史性飞跃，形成了毛泽东思想和中国特色社会主义理论体系，开辟了新民主主义革命道路、社会主义革命和建设道路、中国特色社会主义现代化建设道路，同时也使中华民族得以巍然屹立于世界民族之林。

四

从中外政党比较竞争的角度看，中国共产党是一个重视学习、善于学习的特色鲜明的马克思主义学习型政党。

20世纪80年代末、90年代初以来，世界上一些长期执政的大党、老党，包括苏联共产党、东欧国家的共产党、墨西哥革命制度党等都先后丧失执政地位。其中一个很重要的原因就是这些大党、老党不善于学习，理论和实践严重脱节。例如苏联和东欧国家的共产党，它们先是长期故步自封，僵化教条地学习运用马克思主义，窒息了党的生机和活力，后是无视科学理论的重要指导作用，虚无主义地对待马克思主义，造成了思想理论的极大混乱和政治、经济、文化、社会的全面失控，最终导致党丧失了先进性和执政资格。苏联、东欧国家共产党“学习”建设的失误与衰败提供的重要教训之一就是要不断提高执政党的创新能力、努力推进党自身的现代化。同时，我们注意到，越南、古巴等社会主义国家的共产党在理论的学习和创新方面取得的新进展，与党的自我革新和执政兴国大业关系十分密切。未执政的西方发达资本主义国家共产党的学习建设，也有很多宝贵的经验值得我们借鉴。更值得注意的是，民主社会主义政党重视理论创新导致势力大张，也给我们深刻启示，这就是“调适可以带来生机、学习能够焕发活力”。

中国共产党则不同。不仅党的领袖重视学习、善于学习，而且更重要的是中国共产党有一整套科学的建党学说，并且这个建党学说是把思想建设放在首位的。把思想建设放在党的建设首位，从根本上讲，就是要用马克思主义武装全党，运用马克思主义的立场、观点和方法解决中国的实际问题。毛泽东曾经说过：“掌握思想教育，是团结全党进行伟大政治斗争的中心环节。如果这个任务不解决，党的一切政治任务是不能完成的。”党中央领导集体历来都是坚持把党的思想建设放在首位的，同时又始终不渝地坚持了党的建设必须密切联系党的政治路线进行的原则和原理。这就凸显了中国共产党作为学习型政党的显著特征和实质。

综上所述，学习型政党是中国共产党的显著特征。回顾中国共产党90余年的历史，我们可以看到：什么时候重视学习、善于学习，什么时候党的事业就会兴旺发达；反之，党的事业就会遭受挫折甚至失败。因此，重视学习、善于学习，是中国共产党作为学习型政党的本质要求，同时也是中国共产党的优良传统及加强执政党建设的重大战略决策。

（作者单位：华中师范大学马克思主义学院；华中师范大学社会学院）

建设学习型服务型创新型政党的理论思考

王炳林　方　建

党的十八大报告提出，为确保中国共产党始终成为中国特色社会主义事业的坚强领导核心，必须把党建设成为"学习型、服务型、创新型的马克思主义执政党"。将学习型、服务型、创新型（简称"三型"）作为执政党建设的统一目标提出来，这在党的历史上是第一次。这既是总结党建历史经验的结晶，也是针对新形势下党建面临新考验和新危险的理论创新，更是实现党的宗旨和使命的必然要求。在理论上搞清楚"三型"政党的内涵、特征以及三者之间的相互关系，对于加强执政党建设无疑是非常重要的。目前，关于"三型"政党的研究进度并不一致，研究成果的数量和质量相差较大。学习型政党提出时间最早，已出版或发表了一系列有分量的论著，较好地实现了理论研究指导实践、实践探索提升理论的互动转化。由于服务型政党和创新型政党提出时间不长，专门研究服务型政党和创新型政党的成果比较少，有学者在研究服务型政府、创新型国家、党的建设等课题中对该论题已有涉及，但对"三型"政党尤其是服务型、创新型政党的内涵、特征及"三型"政党之间的相互关系还有待深入研究。本文在梳理中国共产党关于学习、服务、创新认识过程及其提出背景的基础上，对学习型、服务型、创新型政党的内涵、特征以及相互关系等基本问题进行一些理论探讨。

一

学习型，是近年来使用比较频繁的概念。从中国共产党建设学习型政党的视角探讨其内涵，有必要追溯其形成发展的历史过程。从有学习活动到学习自觉，中国共产党对学习的认识经历了一个不断深化的过程。在中国共产党90多年的历史上，比较集中的学习活动主要有这么几次。一是延安时期提出"把全党变成一个大学校"。这次学习活动的指向十分明显，就是为了解决党在理论上准备不足的问题，扭转教条主义在党内盛行的状况。二是新中国成立前后强调"重新学习"。这次学习是党在由乡村转向城市，即将成为全国执政党的转折关头提出来的，学习的目的是解决如何执政的问题。三是改革开放伊始又提出"重新学习"。这次学习是在结束了"文化大革命"的动乱、摆脱"知识无用论"不久后提出来的，学习的目的是适应改革开放和经济建设的需要。党对学习的理解更加丰富，把学习与建设紧密地结合在一起。四是发展社会主义市场经济条件下强调"学习，学习，再学习"。这次学习特别规定了四方面的内容：注重理论学习、学习现代经济知识、学习科技知识、学习历史知识。江泽民认为："一个党、一个国家、一个民族，特别是像我们这样一个大党、大国和人口众多的民族，如果没有科学理论的武装和对各种新知识的掌握，就不可能有真正的腾飞，不可能有现代化的前途。所以，学习问题，关系到广大干部自身的进步，关系到国家、民族的兴衰和社会主义现代化事业的成败。我们全党全民族都必须有这个共识。"这一论断在一定程度上代表着中国共产党对学习的新认识，迄今仍是理解学习重要性的主要依据。2001年5月，在借鉴国外"学习型组织"的管理理论基础上，党的领导人首次使用了"学习型政党"的概念。2004年9月，党的十六届四中全会提出了"建设学习型政党"的任务。2009年9月，党的十七届四中全会进一步提出要“建设马克思主义学习型政党”的战略任务。党的十八大将学习型与服务型、创新型共同作为马克思主义执政党建设的战略任务，是党建理论的新发展。

历史实践表明，重视学习是中国共产党的优良传统，而且每次学习的现实指向都非常明确，也就是说通过学习解决什么问题很清楚。那么，中国共产党提出建设学习型政党的现实指向是什么？这需要从党所处的历史方位和党的现状来分析。

当今世界正处在急剧变革时期。科学技术突飞猛进，知识经济的兴起，信息社会的到来，使我们处于一个瞬息万变、创新创造的时代。然而，金融危机、贫富差距、地区争端、政局动荡、环境污染、能源短缺、科技双刃剑效应等问题也随之不断出现。一方面是日新月异、欣欣向荣的世界图景，另一方面却是增长的极限与发展的困境。面对经济全球化和科学技术快速发展的挑战，如何把握时代脉搏，在错综复杂的发展形势面前赢得主动，成为任何一个不甘落伍、居安思危的政党或组织不得不思考的问题。学界政界在探索应对之举的过程中，不约而同地把目光投向学习。终身学习、学习型社会、知识社会等理论开始风靡全球，成为人们商讨的重要议题。联合国教科文组织、世界银行、经济合作与发展组织等国际组织发布研究报告或行动纲领，美国、欧盟、韩国、日本等国家通过立法或发布白皮书，竭力推动学习理念的普及和学习行动的开展。这些报告和法律的核心观点就是身处这样的时代，无论是个人还是组织，都要持续学习、不断学习，正如国际21世纪教育委员会的报告所言：“每个人在人生之初积累知识，尔后就可无限期地加以利用，这实际上已经不够了。他必须有能力在自己的一生中抓住和利用各种机会，去更新、深化和进一步充实最初获得的知识，使自己适应不断变革的世界。”在这样的社会背景下，建设学习型政党的提法开始出现在中国共产党的文献中，成为中国共产党抓住机遇，应对挑战，实现自我更新、自我提高的选择。

从党的现状来看，党员的数量和结构都有新的变化，坚定党员的马克思主义信仰的任务是长期的、艰巨的。据中央组织部党内统计数据显示，截至2011年底，中国共产党党员总数达8260.2万名，其中，具有大专以上学历的党员3191.3万名，占党员总数的38.6%；35岁以下的党员2062.2万名，占党员总数的25%。而截至2002年6月，全国党员总数6635.5万名，其中，大学专科以上学历1536.6万名，占党员总数的23.2%；35岁以下的青年党员1480万名，占党员总数的22.3%。比较这两组数据，我们发现十年来大学专科以上学历党员人数以及青年党员人数在党员总数中的比例均有提高。这一变化说明越来越多的年轻人尤其是大学生加入共产党。青年人思想开放、思维活跃，易于接受新思潮、新事物，他们加入共产党，有利于增强党的活力。毋庸讳言，青年党员的马克思主义理论素养还是不够的，对理论的认知也是粗浅的，由于缺乏改革开放前后的生活体验，对在党领导下取得的发展成就的理解也不那么深刻，虽然组织上已经入党，但是在思想上入党，坚定马克思主义信仰，还需要经过持续的学习教育才能实现。老党员同样面临着继续学习理论，坚定马克思主义信仰的问题。在党长期执政的条件下，特别是在以经济建设为中心任务时，党员干部很容易产生忽视理论学习的思想倾向，陷入到事务主义当中去。恩格斯在《路德维希·费尔巴哈和德国古典哲学的终结》中曾严厉地批判了德国资产阶级夺取政权后抛弃理论，消退理论兴趣，转向对名利的追求。他说：“而在包括哲学在内的历史科学的领域内，那种旧有的在理论上毫无顾忌的精神已随着古典哲学完全消失了；起而代之的是没有头脑的折中主义，是对职位和收入的担忧，直到极其卑劣的向上爬的思想。”邓小平在思考党的建设时也意识到这个问题，他非常明确地提出：“现在我还想提出一个新的要求，这不仅是专对新干部，对老干部也同样适用，就是要学习马克思主义理论。或者会有同志问：现在我们是在建设，最需要学专业知识和管理知识，学马克思主义理论有什么实际意义？同志们，这是一种误解。马克思主义理论从来不是教条，而是行动的指南。”建设学习型政党的核心任务就是加强思想理论建设，坚定理想信念，学以立德、学以增智。党的十八大报告在谈到党的思想建设时，明确提出确立马克思主义信仰的问题，要求“推进学习型党组织创建，教育引导党员、干部矢志不渝为中国特色社会主义共同理想而奋斗”。

中国共产党既然一贯重视学习，现在强调“学习型”又有什么特殊意义？这里的关键是要把握好“型”的意义。学习型政党与无产阶级政党、资产阶级政党不是同一个意义上的概念。无产阶级政党、资产阶级政党是对政党阶级性质的描述，而学习型政党是对政党在学习这方面品质的描述，学习型政党不是一个独立的政党，而是政党的一种形态。所谓学习型政党，就是指能够形成重视学习、善于学习的理念，建立持续学习的保障机制，形成符合时代要求的学习方法，使学习成为内在需求，主动地运用学习的理念去处理和解决工作中遇到的复杂问题，以学习力推动创新力和凝聚力，不断增强生机活力的政党。理解学习型政党内涵，需要把握好以下几点：一是树立先进的学习理念，包括终身学习的理念，团队学习的理念，学习工作化、工作学习化的理念等等。二是选择符合时代要求的学习方法，即团队学习。团队的学习力直接影响着整个组织的战斗力，通过团队学习可以把个人的智慧和力量充分汇聚到组织的建设和发展上来，产生高于个体的集体智慧。加强团队学习是建设学习型政党的关键所在。三是坚持学用结合，学习的目的全在于应用，学习型政党对党员学习的要求和期待，显然与纯粹研究式学习、消遣式学习不同，应把学习作为解决问题、引领发展的一种方式。四是能够实现自我完善。通过学习，党组织能够以创新力和凝聚力推动党的自我更新、自我提高，坚定党员的马克思主义信仰。建设学习型政党的基本要求是，坚持科学理论武装，用马克思主义凝聚全党力量，坚定党员干部的马克思主义信仰；具有世界眼光，以开放的态度学习借鉴国内外一切优秀成果来推动党的发展；善于把握规律，不断深化对共产党执政规律、社会主义建设规律、人类社会发展规律的认识；富有创新精神，始终保持改革创新、与时俱进的精神状态。

学习型政党与服务型政党、创新型政党是对中国共产党学习、服务、创新品质的描述，三者之间是相辅相成、相互贯通的关系。学习型政党之于服务型政党、创新型政党的意义在于凝聚共识、提高能力。具体来说，通过持续有效的学习，把全党的思想认识统一到服务人民、改革创新上来，坚定党员干部服务人民的立场，增强改革创新的意识，不断提高服务水平和创新能力。学习型政党的这种作用是基础性、永久性的。基础性作用是指学习是提高服务人民、改革创新能力的基本途径，学习型政党的创建程度制约着服务型政党和创新型政党的创建；永久性作用是指学习的过程与服务、创新的过程是相伴随的，只有持续不断地学习，才能使自己的思想适应新的情况，做到主观与客观相统一。在不断变化的形势下，即便是工作经验丰富、有高学历的党员也同样需要学习，不存在学过了就不学，先学习再服务创新这种逻辑。

二

理解服务型政党的内涵，同样需要先了解中国共产党关于服务人民的认识过程以及服务型政党提出的背景。

纵观马克思主义发展史，“服务”、“谋利益”、“谋幸福”一直是共产党话语体系的关键词、高频词。最早使用“为人民服务”的中国共产党人是毛泽东。1939 年 2 月，毛泽东在给张闻天的信中对孔子的知仁勇进行了批判，他说：孔子的勇是“勇于压迫人民，勇于守卫封建制度，而不勇于为人民服务的”。1939 年 12 月，毛泽东在《大量吸收知识分子》一文中提出“为工农服务”和“为群众服务”的思想。1942年5月，毛泽东在延安文艺座谈会上提出“为什么人的问题，是一个根本的问题，原则的问题”，要求文艺要为人民服务。在这次座谈会上，毛泽东还对人民的范围进行了界定，认为“最广大的人民，占全人口百分之九十以上的人民，是工人、农民、兵士和城市小资产阶级”。这一时期毛泽东谈为人民服务，都是在讨论知识分子问题时提出的。为人民服务扩展到党和军队这个范围并且流传开来，是在《为人民服务》发表之后。1944年9月8日，中央警备团召开张思德追悼会，毛泽东在即兴演讲中说道：“因为我们是为人民服务的，所以，我们如果有缺点，就不怕别人批评指出。不管是什么人，谁向我们指出都行。”毛泽东还说：“人总是要死的，但死的意义有不同。……为人民利益而死，就比泰山还重。”此后，“为人民服务”这一表述开始明确起来，得到党内外认可。1945年，中共七大通过的党章第一次将“全心全意为人民服务”写入党章，为人民服务被正式确立为中国共产党及人民军队的根本宗旨。

进入改革开放新时期，中国共产党根据形势发展不断深化对为人民服务的认识。党提出把“人民拥护不拥护”、“人民赞成不赞成”、“人民高兴不高兴”、“人民答应不答应”作为制定各项方针政策的出发点和归宿，把是否有利于发展社会主义社会的生产力、是否有利于增强社会主义国家的综合国力、是否有利于提高人民的生活水平作为判断一切工作是非得失的标准。贯彻“三个代表”重要思想的本质在坚持执政为民，把实现好、维护好、发展好最广大人民的根本利益作为党和国家一切工作的出发点和落脚点，做到发展为了人民、发展依靠人民、发展成果由人民共享。这些新思想新论断的提出实现了生产力标准和人民利益标准的统一。党的十八大继承和发展了中国共产党人为人民服务的思想，提出建设服务型的马克思主义执政党的目标。在新一届中央政治局常委与中外记者见面会上，习近平用“人民对美好生活的向往，就是我们的奋斗目标”这一朴实话语表达了共产党人与人民的紧密联系。

中国共产党关于为人民服务思想的认识，既有对党员的道德要求，更是党的宗旨的根本体现。随着实践的发展和认识的深化，党把服务人民作为执政的评价标准和一切工作的出发点落脚点。邓小平讲过：“领导就是服务”。服务型政党的提出，在道德要求、评价标准的基础上又前进了一步，把服务人民作为党的执政方式。中国共产党是执政党，领导干部作为人民的公仆当然应当是服务，只有服务人民才能领导人民，讲“服务型”是对党和人民关系的准确表达。回顾历史可以清楚地看到，党关于服务人民的问题已经有丰富的论述和深刻的认识，那么，党的十八大提出建设服务型政党的特殊意义何在？回答这个问题需要从目前党群关系的现状来分析。

解决党群关系出现的问题，夯实党执政的群众基础是建设服务型政党的现实原因。在长期执政条件下，存在着公仆蜕变成主人的环境，党员干部很容易滋生腐败行为，产生脱离群众、形式主义、官僚主义等问题。当前，党同群众的关系确实存在着一些急需解决的问题，党面临着脱离群众的危险。例如，一些党员干部把党和人民对立起来，看不到党与人民的一致性；一些党员干部高高在上，不走到群众当中去，不虚心向群众学习，无视群众的实践创造；一些党员干部在制定或落实政策时，不从群众的利益出发，搞形象工程，形式主义严重；一些党员干部把群众视作刁民，遇事不与群众商量，不把群众的冷暖安危放在心上；一些党员干部态度蛮横，工作方法简单，不会做群众工作；一些党员干部自作聪明，肆意欺压群众，以权谋私、与民争利。这些情况的出现，严重损害了党在群众心中的形象，是与党的宗旨和性质格格不入的。在这种情况下，为人民服务，密切联系群众就不能停留在一般的道德要求上，而应该有制度的规范和组织的保障，实现常态化、制度化。在群众对党的期待中服务型政党应运而生。服务型政党的提出，使得为人民服务不仅仅是一种道德约束，而是有制度上组织上的保障。

对中国共产党来说，服务型政党是指在科学执政、民主执政、依法执政过程中贯彻以人为本、执政为民的理念，把服务人民作为执政的首要价值和核心任务，始终保持同人民群众血肉联系的政党。服务型政党以服务为导向，与以领导为导向的执政方式和以管理为导向的执政方式有质的不同。服务型政党应该具有以下特征：一是在价值导向与行为方式上，服务型政党是为人民服务的价值追求与为人民服务的事务、载体、行为的统一，服务导向体现在制度安排、职能结构、组织运行、活动方式等各个方面。二是在政党职能结构上，服务型政党实现了寓领导和管理于服务之中，服务是政党职能结构的重心，党在服务人民的过程中实现领导核心作用。三是在党的作风上，密切联系群众的作风得到弘扬，党员干部为民务实清廉，党得到人民充分信赖和拥护，党同群众保持着血肉联系。四是在执政成效的评价上，以人为本、执政为民是检验党的一切执政活动的最高标准。党执政得好不好，最终要看群众拥护不拥护、赞成不赞成、高兴不高兴、答应不答应。

完整理解服务型政党的内涵，需要把握好以下四点。首先，建设服务型政党最基本的条件就是科学执政、民主执政、依法执政。民主和法治是服务型政党的基础，科学执政、民主执政、依法执政为建设服务型政党提供了有序的执政环境和良好的条件保障。其次，建设服务型政党不仅仅是对党员的道德要求，更是一种执政方式。党领导和支持人民当家作主，保障人民群众的经济、政治、文化、社会等权益主要通过服务而不是权力来实现。从执政方式的高度来理解服务型政党的内涵，就不会简单地认为建设服务型政党就是建立服务中心、提供便民服务、走访困难群众、参加志愿服务等。再次，满足群众的需要和尊重群众的意愿始终是服务的首要原则。服务群众不是恩赐性的，更不是强制性的，服务内容最终取决于群众的实际需要和意愿。在民主革命时期，毛泽东就提出服务人民的两条原则：“一条是群众的实际上的需要，而不是我们脑子里头幻想出来的需要；一条是群众的自愿，由群众自己下决心，而不是由我们代替群众下决心。”建立群众利益表达机制和党员干部直接联系服务群众机制是了解群众需求和意愿的基本途径。最后，密切党同人民群众的血肉联系，夯实党执政的群众基础是建设服务型政党的目的所在。服务型政党的建设成效最终要看党群关系状况。实现人民群众的根本利益，满足群众的现实需求始终是建设服务型政党需要思考和解决的根本问题。总之，伴随着建设服务型政党的深入进行，党原有的制度安排、职能结构、组织运行、活动方式等诸方面都会有相应的转变，实现这种转变就是“以人为本、执政为民”从执政理念具体化为制度形态，进入到党执政的各个环节，形成以服务为导向的执政方式的过程。从这个角度看，中国共产党提出建设服务型政党具有深刻而长远的战略意义。

服务型政党的提出，明确了建设学习型政党、创新型政党的根本目的和学习创新的主要内容。首先，服务型政党回答了“学习为了什么、创新为了什么”的问题。学习成效和创新成果必须通过更好地服务人民来体现，不断改善人民生活是学习服务创新的重要结合点。脱离群众，为学习而学习，为创新而创新的做法是形式主义在建设过程中的表现。这样的学习，形式再好、内容再丰富也容易流于形式。这样的创新，想法再新颖、论证再严密也缺乏实践的土壤。其次，建设服务型政党是学习和创新的主要内容。领导和支持人民当家作主是共产党执政的目的所在，为人民当家作主提供服务是服务型政党的根本任务。党要为实现人民当家作主做好服务，必须创造各种有效的人民当家作主的民主形式，完善人民代表大会制度的根本政治制度，中国共产党领导的多党合作和政治协商制度、民族区域自治制度以及基层群众自治制度等基本政治制度，以及中国特色社会主义法律体系、基本经济制度和各项具体制度，等等。为群众“提供什么服务，如何提供服务”不是党自己说了算，而是取决于群众的需要和意愿，党要了解群众的需求和意愿，必须建立并完善群众利益表达机制和党员干部直接联系服务群众机制。要做好这些工作，都离不开向书本学习、向实践学习、向群众学习，都需要靠实践创新、理论创新和制度创新来推动。

三

创新是一个民族进步的灵魂，是一个国家兴旺发达的不竭动力，也是一个政党永葆生机的源泉。根据形势的发展，不断推进理论创新和实践创新，是中国共产党的显著特征。中国共产党对于创新的重要性有着深刻的认识。在对待马克思主义的态度上，毛泽东提出：“马克思这些老祖宗的书，必须读，他们的基本原理必须遵守，这是第一。但是，任何国家的共产党，任何国家的思想界，都要创造新的理论，写出新的著作，产生自己的理论家，来为当前的政治服务，单靠老祖宗是不行的。”邓小平也强调指出：“世界形势日新月异，特别是现代科学技术发展很快。现在的一年抵得上过去古老社会几十年、上百年甚至更长的时间。不以新的思想、观点去继承、发展马克思主义，不是真正的马克思主义者。”在看待党领导的事业上，江泽民认为：“如果我们不解放思想，不进行创新，我们的理论和政策不向前发展，我们的现代化建设事业就不可能前进，我们也不可能应对各种挑战。因此，全党同志必须统一认识，必须在建设有中国特色社会主义的伟大事业中坚持创新、创新、再创新。”胡锦涛强调指出：“只有创新型的国家才能实现繁荣富强，只有创新型的民族才能兴旺发达，只有创新型的政党才能永葆先进性。”习近平指出：“改革开放是坚持和发展中国特色社会主义的必由之路，所以必须始终把改革创新精神贯彻到治国理政各个环节，不断推进我国社会主义制度自我完善和发展。”这些重要论述都是建设创新型政党的思想基础。

创新往往预示着困境的破解。从中国共产党人的创新实践来看，每一次创新都对党的建设和事业发展起到了积极的推动作用。井冈山时期，在“边界各县的党，几乎完全是农民成分的党”的情况下，毛泽东提出无产阶级思想领导的问题。思想建党的提出是对党内“唯成分论”的一种突破，注重从思想上建党成为党的建设的首要任务和显著特征。20 世纪 20 年代后期和 30 年代初期，党内出现把马克思主义教条化、把共产国际决议和苏联经验神圣化的错误倾向，几乎使中国革命陷入绝境。在这种情势下，马克思主义中国化的思想开始形成，从而确立了党的理论创新的基本思路。“文化大革命”结束后，面对中国向何处去的疑问，中国共产党开启了改革开放历史新时期，把党员群众的思想认识从对社会主义的教条理解中解放出来。随着改革开放深入进行，党确立了社会主义市场经济体制的改革目标，正确处理了计划与市场的关系，没有陷入姓“资”姓“社”的抽象争论，推动了改革开放和现代化建设的发展。在发展社会主义市场经济条件下，个人的财产逐渐增加，如何看待“有产”和“无产”的关系，如何看待其他社会阶层人员特别是私营企业主入党一时成为人们思想上的困惑。党提出判断人们政治上先进与落后的标准主要应该看思想政治状况和现实表现，看财产的来源和对财产的支配和使用，看自己的劳动对中国特色社会主义的贡献。这一新论断解开了人们思想的紧箍咒，有助于增强党的阶级基础，扩大党的群众基础。

党的十八大提出，我国要实施创新驱动发展战略，坚持走中国特色自主创新道路，建设创新型国家。既然如此，作为这个国家的领导力量，就应当是创新型政党。否则，创新型国家也不可能建立起来。建设创新型政党也是保持党的生机活力，实现党长期执政的必然要求。一个政党，无论指导的理论多么先进，无论过去的功绩多么辉煌，若因循守旧、安于现状、保守求稳，躺在过去的功劳簿上，那么这个党就很容易失去生机活力，同样会落后于时代的发展要求，最终丧失先进性甚至失去执政资格。创新型政党就是在马克思主义指导下，坚持一切从变化着的实际出发，把改革创新作为事业发展的推动力量，使党的全部理论和工作体现时代性、把握规律性、富于创造性，始终保持与时俱进、奋发有为精神状态的政党。建设创新型政党，坚持继承和创新相结合是基本原则，解放思想、实事求是、与时俱进、求真务实是基本要求，推进党的建设实践创新、理论创新、制度创新是主要任务。

创新型政党具有以下特征：一是创新方向明确。方向的作用重在引领，只有创新方向明确了，大家才知道往哪儿使劲，才能集中力量攻坚克难，避免在创新过程中发生偏向。一些政党失去执政资格，并不在于没有创新，而是偏离了正确的方向，不能把沉渣泛起、走改旗易帜的邪路误认为是创新。苏联共产党在这方面的教训对我们具有长期的警示作用。二是民主制度健全。创新不是单靠个人的力量就够的，需要把集体的智慧和力量凝聚起来。党内民主是党的生命，也是增强党的创新活力的重要保证。只有在民主平等的气氛中大家才敢畅所欲言、建言献策。在民主制度欠缺的情况下，领导干部专断独行、偏听偏信、以言代法、随心所欲，只能导致万马齐喑、唯领导是从，个人的创造性和积极性受到压抑，创新也就无从谈起。三是党员思想解放。创新的价值在于突破常规，提出更有效、更便捷、更实用的思路和方法。一个政党，如果思想僵化、因循守旧、教条盛行、安于现状，是很难有创新的意愿和创新的行动的。四是创新机制完善。形成鼓励创新的体制机制，使创新愿望得到尊重，创新活动得到支持，创新才能得到发挥，创新成果得到肯定，调动党员干部的创新积极性。五是学习氛围浓厚。要实现创新，就应该有丰富的知识储备，详细了解现状，准确把握群众诉求，这就需要向书本学习、向实践学习、向群众学习，通过学习来增强创新能力。

建设创新型政党，为建设学习型政党和服务型政党提供动力，创造条件。首先，改革创新是建设学习型、服务型政党的动力源泉。随着时代的发展，人们的生活方式、学习方式、交往方式、思维方式等都发生了全方位的变化，一些以往行之有效的学习方法、服务方式不可避免地会失效，只有不断改革创新才能探索出学习型、服务型政党建设的新思路、新举措。其次，建设创新型政党为学习型服务型政党建设提供更加有利的条件。当前，党内存在着民主制度不健全、党员干部腐败、干部人事制度不完善等问题，这些问题是影响学习服务成效的主要因素。如果党员干部违法乱纪，党内民主破坏，德才兼备的干部得不到提拔，党组织软弱无力，无论怎样强调学习服务的重要性，怎样创新学习和服务的新思路新举措都没有实质性的意义。党的十八大提出了一些具体的改革创新举措，例如，通过深化干部人事制度改革，健全党内民主制度体系，加快人才发展体制机制改革和政策创新，推进惩治和预防腐败体系建设，创新基层党建工作，等等。这些内容都是建设创新型政党的重要任务。通过建设创新型政党，以改革创新的精神加强党的建设，必然有利于推动学习型服务型政党的发展。

学习型、服务型、创新型是相辅相成的，统一于马克思主义执政党建设的伟大实践之中。以改革创新精神全面提高党的建设科学化水平，是新时期党的建设宏伟目标。提高党的建设科学化水平，关键是要认识和把握新的历史条件下党建的规律。“三型”政党的提出，深化了对共产党执政规律的认识，体现了党加强自身建设的高度自觉，是全面提高党的建设科学化水平的基本途径。

（作者单位：北京师范大学马克思主义学院）

纯洁性建设:关乎马克思主义政党生命的重大命题

杨礼宾 黄红平

纯洁性建设是关系到马克思主义政党生死存亡的重大命题。胡锦涛同志在十七届中央纪委第七次全会上强调指出,“我们党作为马克思主义执政党,只有不断保持纯洁性,才能提高在群众中的威信,才能赢得人民信赖和拥护,才能不断巩固执政基础,才能实现党和国家兴旺发达、长治久安”。相较于党的十七大报告明确规定“必须把党的执政能力建设和先进性建设作为主线”,十八大报告的鲜亮之处就是在党建主线中增加了“纯洁性建设”这个关键词,为新形势下全面提高党的建设科学化水平指明了前进方向,标志着我们党对马克思主义政党建设规律的认识达到新境界。结合认真学习胡锦涛同志的重要讲话,特别是在党的十八大上提出把纯洁性建设作为党建主线的精神要旨,我们认为,新形势下加强马克思主义政党纯洁性建设应该把握规律性、突出紧迫性、提高实效性。

一、把握规律性,是加强马克思主义政党纯洁性建设的立足点

世界上任何事物的发展都有其内在的客观规律性。所谓客观规律性,常常是指事物内部所固有的、本质的、稳定的必然联系,它的存在和作用不以人的主观意志转移而转移。马克思主义政党纯洁性建设同样存在着规律性。这种规律性主要体现在,纯洁性是马克思主义政党的本质属性,任何时候都不可弱化,否则马克思主义政党将在日益变化的新形势下逐步丧失先进性;纯洁性既是马克思主义政党保持先进性的前提,也是马克思主义政党生存和发展的基础。在全面提高党的建设科学化水平的进程中,只有准确把握马克思主义政党纯洁性建设的规律性,才能增强对党建工作的主动性和预见性,才能正确应对考验和化解风险。

1. 纯洁性是马克思主义政党的本质属性。 从字义上理解,纯洁即纯粹洁白、没有污点,常用来形容一个人或一个组织的性质。与世界上任何资产阶级政党不同的是,马克思主义政党的鲜明特征就在于其纯洁性。马克思主义政党向来高度重视纯洁性建设实践和理论建构。共产主义者同盟是世界上第一个真正的工人阶级政党。为保持纯洁性,马克思、恩格斯在共产主义者同盟章程中,对党员条件做出严格规定,提出每个支部要对其所接纳党员的品质纯洁负责。在创建俄国无产阶级革命政党的过程中,列宁非常强调党的纯洁性建设。他指出,对于入党条件的态度务必坚持宁缺毋滥的原则,“我们的任务是要维护我们党的坚定性、彻底性和纯洁性”。作为马克思主义政党的中国共产党,是中国工人阶级的先锋队,同时是中国人民和中华民族的先锋队,代表着先进生产力发展要求,代表着先进文化的前进方向,代表着最广大人民的根本利益,其性质和宗旨包含着纯洁性价值。但这种纯洁性价值,不是指“年幼龄轻、没有社会关系、单纯的纯洁”,而主要指“在复杂动荡的环境中忠心为共产主义坚持奋斗的纯洁”。

2. 纯洁性是先进性建设的重要前提和基础。 先进性和纯洁性,既是马克思主义政党的根本属性,又是马克思主义政党始终遵循的价值追求。坚持党的先进性和纯洁性的辩证统一,是马克思主义政党的本质体现。党的纯洁性与先进性是两个既有联系又相区别的概念。

在逻辑关系上，作为区别于其他政党的特质，纯洁性是马克思主义政党先进性建设的前提和基础，是马克思主义政党保持先进性的可靠保证；而先进性是衡量马克思主义政党纯洁性的具体体现。但先进性源于纯洁性，又高于纯洁性，二者在内在本质上是一致的。一个政党只有始终保持纯洁性，才能永葆先进性。90 多年的历史表明，正是因为我们党重视保持党的纯洁，坚持把纯洁性建设视作提高党的先进性的重要抓手，所以能够始终走在时代前列，成为中华民族的主心骨，团结领导全国各族人民取得了“新民主主义革命、社会主义革命和改革开放新的伟大革命”三大胜利。党的纯洁性需要千千万万高素质党员和干部来体现和保证，只有每个党员和干部真正成为有共产主义觉悟的先锋战士，才能保证我们党是中国工人阶级、中国人民和中华民族的先锋队，才能保证党的整体纯洁性。邓小平曾经郑重指出，建设具有先进性的马克思主义政党“有一个党员要合格的问题”，而“合不合乎党员的资格，合不合乎党员的条件”是检验党的纯洁性的重要指标。

3. 马克思主义政党的活力在于保持纯洁性。保持纯洁性是马克思主义政党的本质要求和内在追求。从历史事实看，我们党之所以能在长期的革命、建设和改革的过程中不断取得胜利，始终保持生机勃勃的朝气与活力，就在于其深刻认识到保持纯洁性的重要性，并在分析历史和现实的基础上加强纯洁性建设。新民主主义革命时期，党坚持把保持纯洁性作为党的建设的根本问题和重要目标，提到关系革命成败的高度上。针对党内非无产阶级成分比重较大的突出问题，毛泽东提出从思想上建党的原则，强调要取得新民主主义革命胜利，就必须“严肃地坚决地保持共产党员的共产主义的纯洁性”，努力建设“一个有纪律的、思想上纯洁的、组织上纯洁的党，合乎统一的标准的党”。新中国成立后，新的历史方位和新的历史使命，对党的建设提出了新要求。我们党在发动群众性反腐败运动的同时，开展整党整风，对全体党员和干部进行了普遍而深入的思想教育，发展了全国执政条件下党的纯洁性的内涵，提高了党的先进性、树立了威信。进入新时期，我们党在总结过去经验教训的基础上，提出治国必先治党、治党务必从严的方针，把反腐倡廉建设与纯洁党的组织相结合，集中开展各种形式的保持先进性保持纯洁性教育活动，推动了新时期党建科学化进程。历史证明，我们党之所以能在 90 余年应对考验、化解风险的风雨历程中发展壮大，法宝就是整体上保持纯洁性。

4. 苏共亡党亡国教训警示纯洁性的重要性。丧失纯洁性是马克思主义政党走向衰亡的重要表征。在国际共产主义运动史上，这样的悲剧不是没有，譬如苏共亡党亡国的惨痛教训就具有非常深刻的警示价值。根据大型纪录片《居安思危——苏共亡党的历史教训》的介绍，苏共在拥有 20 万名党员的时候，就领导“二月革命”推翻了沙皇专制统治；在拥有 35 万名党员的时候，就取得“十月革命”的胜利，并执掌了全国政权；在拥有 550 余万党员的时候，就领导苏联人民打败法西斯，为二战的全面胜利立下了不朽功勋；然而在拥有 2000 万党员的时候却轰然倒下，失去执政地位，给后人留下无尽疑惑。一个执政长达 74 年的大党老党，亡党亡国的重要原因就在于其纯洁性建设出了问题。从逻辑上看，尽管纯洁性是马克思主义政党的本质属性，但其纯洁性与先进性一样，从来都不是静止不动的，也不可能是一劳永逸的，过去纯洁，不等于现在纯洁，现在纯洁，也不等于永远纯洁。在历史上，苏共经历了一个纯洁性逐步蜕化的过程。列宁领导时期，是苏共纯洁性积累发展和显著提升的重要时期。列宁在晚年曾就保持苏共的纯洁性做过努力，但由于执政日久，种种原因促使苏共纯洁性资源加剧流失，其后继者未能改变这种颓势，因而在面对精神懈怠、能力不足、党群疏离和消极腐败等问题上失去民心，失去战斗力，以致在亡党亡国时出现集体沉默的怪象。

二、突出紧迫性，是加强马克思主义政党纯洁性建设的着力点

马克思主义政党的纯洁性问题，既是一个重大的理论问题，又是一个重大的实践问题，两者辩证统一于这个命题的现实紧迫性。所谓现实性，是指包含内在根据的合乎必然性的存在，是客观事物和现象种种联系的综合。现实性与必然性有其内在联系，在事物发展中只有表现为必然性的东西才具有现实性。作为一个重大的理论问题，加强纯洁性建设源于马克思主义政党建设实践；而作为一个重大的实践问题，加强纯洁性建设需要马克思主义政党理论指导。无论是作为理论问题还是作为实践问题，马克思主义政党纯洁性建设都是有所指向的，并非是无的放矢。这种现实紧迫性取决于马克思主义政党所肩负的使命和面临的挑战。

1. 实现新战略目标需要加强党的纯洁性建设。党的十八大报告在十六大和十七大的正确判断基础上，对当前中国国内外形势做出正处于重要战略机遇期的科学定位。战略机遇期，主要是指国际国内各种因素综合作用形成的，能为国家（地区或集团）经济社会发展提供良好机会和境遇，并对其历史命运产生全局性、长远性、决定性影响的某个特定历史时期。在这一特定时期，党的十八大报告明确指出，我们党要在“三个不变”的宏观历史背景下实现“两大新战略目标”，面临的挑战更加严峻、承担的任务更加繁重。所谓“三个不变”，是指在当前重要战略机遇期“我国仍处于并将长期处于社会主义初级阶段的基本国情没有变，人民日益增长的物质文化需要同落后的社会生产之间的矛盾这一社会主要矛盾没有变，我国是世界上最大发展中国家的国际地位没有变”；所谓“两大新战略目标”，一是针对中国特色社会主义伟大事业，提出全面建成小康社会和深化改革开放目标；二是针对党的建设新的伟大工程，提出要确保党始终成为中国特色社会主义事业的坚强领导核心。在这一重要战略机遇期，实现新战略目标需要我们党始终走在时代前列，保持先进性。但纯洁性是党的先进性的前提和基础，没有纯洁性就难以保证党的先进性，这就要求我们党要把纯洁性提到应然高度。

2. 应对考验和化解风险需要保持党的纯洁性。对于我们党目前所面临的严峻形势和重大挑战，胡锦涛同志在纪念建党 90 周年大会的讲话中做出“四大考验”和“四大危险”精辟集中的科学概括。他在这次会议上指出，“在世情、国情、党情发生深刻变化的新形势下，提高党的领导水平和执政水平、提高拒腐防变和抵御风险能力，加强党的执政能力建设和先进性建设”，面临着如何有效应对长期、复杂、严峻的“执政考验、改革开放考验、市场经济考验、外部环境考验”，如何深入破解“精神懈怠的危险，能力不足的危险，脱离群众的危险，消极腐败的危险”的重大挑战。从实践逻辑看，“四大考验”和“四大危险”与能否保持党的纯洁性紧密相关。一个政党执政日久，容易出现精神懈怠、思想僵化、居功自傲的现象，容易产生脱离群众、贪图享乐、滥用权力的问题；发展市场经济，容易使利益交换原则渗透到政治和社会生活中，腐蚀那些免疫力低的党员干部；在改革的进程中，社会结构的全方位转型容易对维护党的性质、坚守党性观念、牢记党的宗旨带来挑战；实行对外开放基本国策，容易使党员干部的思想观念和生活方式受到冲击。在此情形下，经得住考验、化解得了风险，保持党的先进性、提高党的战斗力都要保持纯洁性。在根本策略上，“从严治党，是保持党的先进性和纯洁性，增强党的凝聚力和战斗力的保证”，除此无它途。

3. 保持纯洁性需要解决党内存在的突出问题。对照世界上所有政党，我们党既是一个老党，也更是一个大党。经过 90 余年的发展，党由最初的一个 50 多人的小党，到当前已成为一个拥有 8200 多万党员、400 多万个基层党组织的老党大党。在世情、国情、党情发生深刻变化的新世纪新阶段，我们党所处的历史方位也发生了翻天覆地的变化，已经实现“三大转

变”,即从武装夺取政权的政党成为执掌全国政权的政党,从领导计划经济的政党成为引导市场经济的政党,从处于相对封闭状态的政党成为全面开放的政党。党员队伍的急剧发展壮大,加上历史方位的转换,使我们党在加强自身建设,特别是在加强纯洁性建设问题上面临着比以往任何时候都更为艰巨的任务。然而,对党的整体情况的正确判断,在坚持辩证唯物主义观点的基础上,要深刻认识到党的主流与支流的关系。在总体上,党的队伍是纯洁、团结、有战斗力的,这是我们党之所以能在复杂条件考验下取得伟大成就的根本保障。与此同时,表现在某些党组织和党员干部中不符合纯洁性要求的问题,着实需要引起全党警醒:一是某些党员、干部的理想信念不坚定,信仰动摇;二是某些党员、干部的道德作风方面的不纯洁,群众不满;三是某些党员、干部贪污腐化,为政不廉,等等。这些违反党的性质和宗旨的行为,对新形势下大力加强纯洁性建设提出严峻的挑战,亟待予以解决。

三、提高实效性,是加强马克思主义政党纯洁性建设的落脚点

纯洁性关乎党的生命,这是马克思主义政党建设的重要经验。从国际共产主义运动史来看,是否纯洁是检验马克思主义政党的核心标准。它既是关系到能否保持党的性质和宗旨的大问题,关乎是否变质或变色,也是涉及党自身崇高形象的树立、党的领导和执政地位长期巩固的大问题。因此,作为马克思主义政党,我们党应当把加强纯洁性建设的实效性放到突出位置上。所谓实效性,是指事物经过某种活动过程后,产生的客观结果与预期目标相比较,所达到的有效程度或理想状态。只有切实提高纯洁性建设的实效性,党的先进性才有坚实的基础。

1. 严格坚持党员标准。马克思主义政党的根本性质,决定其是一个聚合社会特别是工人阶级先进分子的政治集团。我们党是中国工人阶级的先锋队,也是中国人民和中华民族的先锋队。“两个先锋队”的性质定位,说明作为党的肌体的细胞和党的活动的主体的党员应该是具有共产主义觉悟的先锋战士,在思想、作风、从政或从业道德等标准上要高于普通群众。但在和平执政的条件下,我们党所处的外部环境发生了根本变化,入党好处比较多,也没有革命战争时期可能面临着被杀头的高风险,简言之就是收益大而成本小,自然不乏有某些投机分子利用党在扩大阶级基础和群众基础之机钻营入党。习近平同志在2012年中央党校春节学期开学典礼上指出,“现在有的人入党、当干部,不是因为信仰马克思主义,不是矢志为中国特色社会主义、共产主义事业奋斗终身,而是认为入党、当干部能给自己带来好处,把入党、当干部作为个人或家庭、亲属获取利益的政治资本”。因此,新形势下发展党员要严把关口,注重质量而非数量。列宁曾经指出,对于那些徒有其名的党员,就是白给也不能要,世界上只有真正的马克思主义政党“才不追求党员数量的增加,而注意党员质量的提高”。建国后,刘少奇提出党员必备的八项条件。新时期以来,邓小平、江泽民和胡锦涛都强调,提高党员质量,建立健全党员队伍自我纯洁机制,特别是习近平要求把是否遵守党章作为“加强党性修养”和“判断各级党组织和党员、干部的表现”的标准。

2. 加强理想信念教育。思想是导向,也是灵魂,更是行动的指南。着力加强思想教育提高纯洁性建设水平,既是我们党长期以来推进党建科学化的历史经验总结,又是国际共产主义运动史上反面教训的现实镜鉴。历史上,我们党在成立之初就尤为重视对党员的马克思主义信仰灌输,正因如此才有那么多优秀党员不惧赴死,富贵不能淫、威武不能屈。在后来的革命、建设中,我们党始终坚持把思想教育放在党建的首位,强调从思想上建党,通过以整风整党为主要形式加强全党教育,凝聚了力量、纯洁了党性,在保持自身活力的同时领导全国各族人民取得伟大成就。而苏共躺在过去的功劳簿上

忽视了思想教育，特别是放弃对党员的马克思主义理想信仰教育，结果走向湮灭。两种截然相反的后果深刻说明思想教育的重要价值。因此，新形势下加强党员思想教育，要系统学习马克思主义立场、观点、方法，中国特色社会主义理论体系，党的优良传统和作风，但更要把理想信仰作为判断党员和党组织是否纯洁的根本标准，深化理想信念教育。习近平总书记在新一届中共中央政治局第一次集体学习时指出，现实生活中，一些党员、干部出这样那样的问题，说到底是信仰迷茫、精神迷失，"对马克思主义的信仰，对社会主义和共产主义的信念，是共产党人的政治灵魂，是共产党人经受住任何考验的精神支柱"，就好比理想信念是共产党人精神上的"钙"，如果"没有理想信念，理想信念不坚定，精神上就会'缺钙'，就会得'软骨病'"。

3. 健全自我净化机制。马克思主义政党之所以有战斗力和生命力，主要在于其是由无产阶级先进分子而不是由乌合之众组成的政治团体。但在实践中不能完全杜绝一些不合格分子混迹于党内，也并不能保证少数人随着时间的流逝而放弃共产主义信仰，出现奋斗意志消退的情形。恩格斯指出，"当各种腐朽分子和好虚荣的分子可以毫无阻碍地大出风头的时候"，"一个政党宁愿容忍任何一个蠢货在党内肆意地作威作福，而不敢公开拒绝承认他，这样的党是没有前途的"。在领导苏俄革命过程中，列宁提出，保持党的纯洁性必须要有强有力的手段"把欺骗分子、官僚化分子、不忠诚分子和不坚定的共产党员以及虽然'改头换面'但内心依然故我的孟什维克从党内清除出去"。我们党成立后，严格遵照马克思、恩格斯、列宁的党建理论对党的队伍进行经常性整顿。早在1926年，鉴于少数党员有"贪官污吏化"倾向，党中央发出"清除贪污腐化分子"的通告。其后，我们党根据形势需要开展整党和反腐败群众运动，"经常把不可救药的腐化堕落分子清除出党"，纯洁了党的组织。这就要求马克思主义政党在自身建设问题上要有主动性和自觉性，不断增强自我净化、自我完善、自我革新、自我提高的能力，建立健全自我净化长效机制。各级党组织要严格按照党章要求，建立健全党员评价考核制度，坚持日常考评与年度考评相结合，党员干部对党员群众评价与党员群众对党员干部评价相结合，主动对不合格党员按党内有关制度规定作严肃处理，同时借助外力，在拓展党外监督的基础上，努力提高吐故纳新能力。

4. 构建保持纯洁性制度体系。对于建设好、管理好、发展好一个有着8000多万党员的老党大党，保持党的纯洁性，"制度问题更带有根本性、全局性、稳定性和长期性"。这是我们党长期以来在推进先进性和纯洁性建设过程中总结正反两方面的经验教训所得出的科学结论，其重要性即使无论怎么强调都不为过。相对于教育等方式，制度建设的优势就在于它的稳定性、持久性、公开性，从而"不因领导人的改变而改变，不因领导人的看法和注意力的改变而改变"，避免把希望全部寄托在人治模式上的历史悲剧。从党的建设的实践看，构建有权威的制度体系，不仅可以矫正人的行为，提升人的思想境界，而且可以自我净化组织体系之内的"杂质"，最大程度上防范某些人在无约束的条件下干坏事、干蠢事、干错事。因此，我们党要适应新形势新任务的要求，加强以党章为核心的党内法规建设，构建内容科学、程序严密、配套完善、有效管用的保持党的纯洁性制度体系。在保持纯洁性制度体系的建构原则上，一是注重科学性，既要使制度要素反映时代要求，又要注意要素之间的联系和整体效应；二是提高民主性，既要制度制定反映全党意志，又要体现制度执行公开。在保持纯洁性制度体系的建构内容上，加强以民主集中制为核心的党内根本制度建设，完善党的组织体制和活动机制，细化党内各项具体制度，严肃要求党员遵守党章，以党章为根本标准衡量自己的行为。

（作者：南通大学党委副书记、纪委书记，南通廉政文化研究所所长，《廉政文化研究》杂志主编，教授；南通大学南通廉政文化研究所讲师，博士）

论党内权力运行体制与党的纯洁性的逻辑关系及其改进完善

杨久华

保持党的纯洁性，是我们党在改革开放和社会主义现代化建设进程中应对和经受住各种考验、化解和战胜各种危险的重要法宝。党的纯洁性如何，与党的性质、党员领导干部党性修养等相关，更与我们党内权力运行体制有着正相关的逻辑关系。

一、党内权力运行体制与党的纯洁性的基本逻辑关系

（一）影响党的纯洁性建设的因素及党的纯洁性建设的制度转型尚未根本实现

1.影响政党纯洁性的因素。党的纯洁性，是指党组织或党员及党员领导干部在日常工作和生活中所呈现出来纯正清白的阶级性。影响党的纯洁性的因素主要有：政党的性质、马克思主义理论政治教育、个人党性修养和制度。第一，共产党的纯洁性根源于党的根本性质即党的无产阶级属性。无产阶级的历史使命、宗旨客观要求我们党必须是一个有组织、有纪律的党，客观要求党员和领导干部在思想上、政治上、组织上和作风上都要保持高度纯洁性。而最早的西方资产阶级政党则不同，资产阶级私利性及其产生的历史背景决定了其在思想、政治、组织和作风上不可能、也不必强调一种党组织的纯洁性。第二，党的纯洁性还与党的马克思主义理论政治教育直接相关。无论是革命时期还是社会阶层日益分化的今天，党员都来源于不同的社会阶层，一些党员在思想上必然带有原有阶层残留的思想或意识。早期无产阶级革命家认识到这一基本问题，列宁的马克思主义灌输理论为后来的共产党人解决此问题奠定了基本的理论基础；毛泽东在土地革命时期就指出去除党员原有社会阶层的残留思想，就要用无产阶级思想教育广大党员领导干部，用马克思主义理论占领广大党员干部的思想阵地。因此，马克思主义理论政治教育与党的纯洁性息息相关。第三，党的纯洁性与广大党员干部的个人党性修养紧密相关。一个党员的党性修养水平不是一劳永逸、一成不变的。在利益交织和复杂的矛盾中如果不注意自觉强化自身党性修养，党性就有可能逐渐退化，甚至退化为腐败分子。“革命实践的锻炼和修养，无产阶级意识的锻炼和修养，对于每一个党员都是重要的，而在取得政权以后更为重要。”第四，党的纯洁性与党的制度完善程度直接相关。这里的制度既包括框架结构的体制也包括具体的制度。上述前三个因素解决了党员纯洁性的自律性问题，而体制和具体制度则在他律上保障了党的纯洁性。邓小平指出：“制度好可以使坏人无法任意横行，制度不好可以使好人无法充分做好事，甚至走向反面。”这里的“好人”或“坏人”，实际上就是指思想、政治、组织、作风上都纯洁的合格的党员干部或混到党内的投机分子、腐化变质的分子。邓小平的话从另一个角度说明了制度与党员、领导干部纯洁性的基本关系。

2.我们党纯洁性建设的模式转型尚未根本实现。从建党以来党的历史看，党的纯洁性建设主要呈现如下两个基本阶段和基本形态：改革开放以前，党的纯洁性建设主要方式是通过对党员和领导干部马克思主义理论政治教育和党员干部个人党性修养的自律来维持实现的。

刘少奇指出的“胜利后,一定会有些人腐化、官僚化。如果我们党注意到这一方面,加强思想教育……否则,堕落的人会很多,会使革命失败”,另一个层面反映了这一基本事实。

改革开放以后,基于“文革”及其以前的历史教训,邓小平调整了党和国家建设的基本思路(含党的纯洁性建设问题),开始高度重视制度和法制建设。“制度问题更带有根本性、全面性、稳定性和长期性”,“还是要靠法制,搞法制靠得住些”,等等,这些话语正是邓小平思路调整的外在体现。在这种思路下,1978 年以来党的纯洁性建设有了越来越系统、严格的制度保障,但由于党内权力运行体制的总特征仍呈现权力过分集中和不对称的状态属性,这使得党内制度对党的纯洁性建设的制度价值没有得到充分发挥,或者说,党的纯洁性建设基本上还主要以马克思主义理论政治教育、广大党员干部的自我党性锻炼为主,邓小平所倡导的党的建设、纯洁性建设的制度转型还没有真正实现。

(二)党内权力运行体制与党的纯洁性的基本逻辑关系:保障与修复

正如上文所指,在具体制度和权力运行体制两者之间,后者更为关键,关系到制度的系统性、长期性、绩效性问题,更关系着党的纯洁性建设的制度转型能否实质性实现。本文所谈党内权力运行体制指党内权力运行中涉及的组织机构、职权的配置、相互关系及其制度化状态的总和。它最初形成于革命战争年代,定型于建国初期,后在上世纪六七十年代“左”的政策下不断强化甚至扭曲,经过改革开放后 30 多年的完善而发展成为今天的体制形态。党内权力运行体制是历史路径依赖发展而来,具有一定的历史和绩效合理性,但与此同时也存在着一些弊端和问题。这里,笔者重点分析党内权力运行体制与党的纯洁性的基本逻辑关系。

1. 党内权力运行体制的组织机构健全与否直接影响党的纯洁性。党的纯洁性根源于一个党的阶级属性,但没有一个健全的权力运行组织系统和制度体系的保障,党的纯洁性就会在一定程度上为革命和建设的新形势和新问题所影响,个别信仰不坚定或者投机主义的党员或干部就会侵蚀党的肌体。如在第一次国共合作时期,随着革命事业和党组织的发展,革命经费开支已经有了相当规模,但由于党内还没有形成一个解决党的纯洁性的他律制度和机构,比如没有成立专门的监察机构,个别党员在巨额的革命经费面前,思想信仰纯洁性发生了退化乃至异化,发生了建党以来首次出现的腐败问题。为此,1926 年 8 月,中共中央第一次向全党发出关于清洗贪污分子的通知,要求各级党部把经济上的腐败分子“务须不容情的洗刷出党,不可令留存党中,使党腐化,且败坏党在群众中的威望”。除了在金钱面前个别党员的纯洁性发生退化,在严峻革命环境中,个别党员干部的纯洁性同样也没有经受住考验。在“四·一二”反革命事件后的阴森恐怖政治形势下,相继出现了一定数量的退党或叛变革命的党员干部。由于革命初期党自我纯洁“进入”、“维护”和“清除”机制不健全,这使退党或叛变的问题最初并没有被遏制,以至于给党带来了严重损失。更为惨痛的教训是“文革”初期,各级党委、纪检和党代会全面陷于瘫痪,原有党内权力运行的组织系统遭到严重的破坏,党员干部的纯洁性完全建构于表面的政治许诺和口号之上,使大量的政治投机分子进入到党内,继而给党和国家带来不可挽回的损失。这再一次证明了党内权力运行组织机构健全与否与党自身纯洁性的直接相关性。

2. 党的权力运行体制对党的纯洁性建设具有制度保障和修复作用。所谓保障作用,即科学、民主的党内权力运行体制可以使党员和领导干部纯洁度基本维持在一定水平或进一步提升,从而更好地为党的事业和为人民服务。所谓修复作用,主要是针对混到党内的投机分子或者原先党性强但面对诱惑而不能把持自我,党性纯洁度呈现下降状态的党员领导干部而言,“现在入党……可以捞好处、占便宜。因此,在加入我们党的大批新党员中,不可避免地会混进一些落后分子、投机分子甚至坏分子来，从而造成党在思想上和组织上的不纯。”科学、民主的权力运行体制可以使得这些党员干部难以或者不能去做违背党性和宗旨的事情，甚至因为好的制度环境的感化而使其党性纯洁度修复、提升到党所要求的水平。

从理论上看，党的权力运行体制对党的纯洁性的制度保障和修复作用，主要体现在如下几个环节：一是科学、民主的党内选举制度使领导干部候选人的纯洁性等考核内容不仅要经过党组织部门严格审查和党委会的集体遴选，更为重要的是还会同时受到广大党员群众及党代会代表的集体把关，这使党的纯洁性在党内政治生活的“入口”关就得到了多重保障；二是科学、民主的决策制度有助于防范权力异化问题，完善的决策制度使得个别纯洁性退化的干部无法做“坏事”，甚至因一个好的制度环境的熏陶而使其纯洁性得到修正和提高；三是民主、科学的监督体制，不仅能够对党员或领导干部予以日常化和多层次监督，而且还能及时而不是数年或十几年后才把蜕化变质的腐败分子剔除到党外。

从实践看，自我们党执政后到 1956 年，尽管党的权力运行体制存在一些潜在问题，但当时党的各级领导人有着高度的民主自觉，党的权力运行是健康的、有序的。可以说这一阶段是党的纯洁性比较好的时期，党的民主自觉下权力运行体制对党的纯洁性起到重要的保障和修复作用。改革开放以来，党内权力运行总体是好的，但在思想和利益日益分化的复杂环境下，党内权力运行体制中潜在弊端被凸显、放大，一些地方党内权力往往集中于常委几个人，特别是集中于党委书记；一些地方党内权力的授受关系表面正常但实际上发生紊乱；一些地方党政领导干部候选人的纯洁性等考核内容为少数人甚至党委书记一人所掌握，脱离了广大党员和党代会代表的监督和把关，以至于腐败特别是人事腐败问题日益严重。这种权力运行体制及其运行状态不仅不能充分发挥其保障和修复功能，而且还有可能使个别地方原来一些党性强、党性纯洁度高的党员干部群体，因地方主要领导纯洁性退化或腐败堕落，而出现干部群体性的作风不正、原则性不强、为政不廉等不符合党的纯洁性要求的问题。辽宁的慕马大案、郴州的李大伦案等在事发之前干部群体的思想、政治、组织、作风纯洁性状态就印证了这一可能性。这些问题对于整个体制保障和修复党的纯洁性极其不利，应高度重视并予以渐进改革。

二、当前不利于党的纯洁性建设的体制性弊端

我们党总体上是纯洁的。这与改革开放以来党内权力运行体制的逐渐完善息息相关，如废除了领导干部职务终身制，各级党的领导班子特别是党的最高领导人实现了制度化更替；基层党委公推直选、公开选拔和竞争上岗的制度创新取得了新的进步；党代会常任制试点数量和覆盖面进一步扩大；党委常委分工负责制改革强化了党委集体领导等等。但不可否认的是，党内权力运行体制与经济社会发展仍有不相适应的部分，与广大党员、群众的希望和诉求仍有一定差距，党内权力运行体制在保障和修复党的纯洁性方面仍然略显薄弱：在保证党的纯洁性“入口”方面，一些基层党组织制度不完善，一些条件不够，有“私人目的”的人进入到党内。而在保障促进党的纯洁性方面，体制运行对纯洁度的正面维护、提升作用有待进一步提高。一些党性强、能力强的领导干部得不到重用提拔，而个别党性差、有政治野心甚至早已堕落腐化的领导干部却“带病提拔”、平步青云；在解决党的纯洁性“出口”方面，个别不合格的党员特别是腐化堕落领导干部还不能及时清除出党。

总的来看，当前党内权力运行体制中的不足及尚存在的弊端，主要是党内权力非对称性和过分集中的问题。简单地说就是党内权力运行体制在存在特定时代合理性的同时，又存在

不符合权力运行规律及时代发展要求的，内部权力关系失衡、权力过分集中于党委常委会特别是党委书记的问题。具体表现如下：

表现一：党代表、党代会、党委会、纪委、党委书记之间的权力呈现非对称性。“一切权力集中于党委，党委的权力又往往集中于几个书记，特别是第一书记，什么事都要第一书记挂帅，拍板。……往往因此变成个人领导。”邓小平在30年前讲的这一弊端，客观地说今天并没有发生根本性变化，地方党内的决策权、执行权和监督权主要集中于常委会，而常委会的权力又常常集中于党委书记一人手中。上世纪90年代党内权力过分集中、非对称性问题曾经还一度出现强化的趋势，如在乡镇党政一把手普遍兼任、党委书记兼任人大主任等。这些制度变化虽然有其合理性，但从长远看，不利于党的威信和合法性提高，并使党的纯洁性完全建立于个人的内在自律和自觉上，这也是今天个别领导干部纯洁性发生退化的重要原因。

表现二：在个别地方党内权力运行体制中，党内组织的权威次序仍呈现隐性的“人格化”特征问题。以实证的视角来审视个别地方党内组织权威次序，当地普通党员和社会群众大致认同的由高到低的排列顺序是：党委书记权威、常委会权威、全委会权威、党代会权威、《党章》权威等。而按照《党章》规定，地方党内组织权威排列的次序应该是《党章》和党代会权威、全委会和纪委权威、常委会权威，最后是党委书记权威。可见，现实政治生活中的个别地方党内权力体制仍残存有隐性的人格化特征问题。如个别地方党委书记享有最高权威，“三重一大”决策形式上是集体决定，而实际上是以书记个人的主要意向而定。具体到党的纯洁性建设，这种隐性的“人格化”特征的权力运行体制无论是对党员领导干部的纯洁性提高，还是对整体的党的纯洁性建设无疑都是不利的。

表现三：党代会虚化问题。现实中党代会五年开一次会议，这使党代会的决策权、监督权等并不能切实得以实现，结果只能是党委代行了党代会决策权和监督权。这样党委特别是常委会集决策、执行和监督三权于一身，党代会机构和职能虚化成为必然。为了改变党代会虚化的问题，我们党在上世纪80年代中期后先后进行了两轮党代会常任制改革，但从改革试点的情况看，多数只是将党代会由五年开一次变为一年一次，党代会地位表面提高但实质上仍是虚化状态；而少数试点如四川雅安雨城等实质性地改革党内权力运行体制，党代会实现了同级党组织中的最高权力机关、最高决策机关和最高监督机关的职能定位，但不久却被叫停。可见，党代会虚化的情况到目前仍未彻底改变，这对于以制度保障党员干部的纯洁性、提高全党的纯洁性程度无疑是不利的。因为党代会的职能定位及其常任制改革是理顺党内权力关系的关键，也是实现党的纯洁性建设模式转型的核心制度改革。

表现四：同体监督问题。同体监督，这里指各级党的委员会在实质地拥有决策、执行权的同时，还同时领导同级党的纪律检查委员会，这就使党委会处于一种自我监督的同体监督状态。早在列宁时期党的监察委员会只对党代会负责，其主要职能就是监督同级党委。实践证明那种制度设计相对于监督同级党委来说是科学、有效的。但斯大林将监察委员置于同级党委领导之下，这是后期苏共进一步高度集权，发生大肃反悲剧的重要制度性原因之一。我们党执政后，沿袭了这种监督体制。自此，各级党委常委权力特别是一把手的权力监督制约问题一直就没有得到很好的解决。这也是我们党改革开放前党内生活不正常乃至发生“文革”灾难，以及改革开放以后个别党员干部纯洁性发生退化甚至腐败堕落的重要制度原因之一。

三、改进完善党内权力运行体制，切实实现党的纯洁性建设的制度转型

（一）强化顶层设计，实现权力运行体制与党的纯洁性的良性互动

“顶层设计”，简单地说就是宏观构架设

计,具体讲就是站在全局制高点对一项制度进行的宏观架构的设计,主要包括基本理念、主体结构、关键点及其实施路径等。

党的权力运行体制作为一项宏观层面的制度,其改革创新同样需要顶层设计;顶层设计不科学,党内权力运行体制就会面临立足点不高、系统性不足、配套性不强、绩效过低以及稳定性差等问题,继而不能充分发挥对党员、干部乃至整个党的组织的纯洁性的保障和修复作用,就不能稳定地与党的纯洁性建设形成良性互动,共同推进党的事业发展。

当前党的权力运行体制的顶层设计应注意如下几个方面的问题:第一,"权为党员所赋"和"权由党员所限"应该成为两大基本价值取向。当前党的权力运行体制中的诸多弊端都与这两者有着直接或间接的关系。前者解决了党内权力的合法性问题,是民主价值取向的另一种通俗表述;后者解决了党内权力的边界问题,是权力配置科学性价值取向的通俗表述。第二,主体结构上要理顺一个权力授受关系和三个制度。一个理顺的关系即以党代会常任制改革为载体理顺党代会、党委、纪委的权力授受和对应负责关系,三个制度则是此关系模式下的党代会制度、党委会制度和纪委制度的完善。第三,明确党内权力运行体制改革的关键点。党的权力运行体制的关键点是党代会常任制改革。只有让党代会真正成为党内最高的权力机关、决策机关和监督机关,才能改变当前党内决策、执行和监督集中于各级党委会特别是常委会的格局。第四,实现路径上要有阶段性任务和目标。如同经济三步走的发展战略及其实施,党的权力运行体制改革,也要有明确的战略策略。譬如当前党代会常任制改革的目标不明晰及阶段性任务不明确,需要对党代会常任制、党的纪律检查委员会等改革在目标和时间进程上都应有大致的轮廓,并在顶层设计中体现。

(二)改革和完善党代会常任制是提高党的纯洁性的根本制度保障

前文指出,党内权力运行体制的科学化和民主化程度如何直接关系到投机分子能否进入到党的组织,关系到能否以制度保障党员领导干部理想信念坚定不坚定、党性退化不退化以及能否及时把蜕化变质的腐败分子清除出党的一系列问题。而党内权力运行科学化和民主化的关键点或者说结点就在于党代会常任制这一根本性制度的改革上。因为它能根本地解决当前党内决策权、执行权、监督权三权合一的体制性弊端问题。要"采取一项根本的改革,就是把党的全国的、省一级的和县一级的代表大会,都改作常任制"。鉴于改革开放以来党代会常任制改革试点中多数采取"外围战"策略,没有触及"三权合一"这一根本性弊端,有些试点触及这一弊端并进行了相应改革,如上文提到的雨城区"三委员会"制度创新,但这种彻底的改革并没有被推广,相反却消失了。为此,本文认为为巩固党的领导和执政地位,必须根本性地推进党代会常任制改革工作(以中央组织为例):第一,党的中央和组织部门要统一对党代会常任制改革重大意义的认识,明确党代会常任制对党内民主制度建设的"根本性"意义并在实际工作中以"强制性制度变迁"模式,推进和推广地方试点中有突破性的制度模式。第二,党代会的地位、职能及党组织间权力关系目标模式问题。既然党代会常任制改革是根本性的一项制度创新,那就要明确党代会是党内最高权力机关、拥有最高决策权和最高监督权的定位,并且确立党委、纪委由党代会选举产生并对党代会负责的基本权力关系格局,纪委要履行如列宁时期只对党代会负责,并且重点监督同级党委的职责。第三,党代会选举产生常务委员会,并授予党代会闭会期间的最高决策权和监督权。因为如果不设常务委员会,这样和"三权合一"的传统党内权力运行模式没有本质的区别,只是开会频率增加而已。第四,党代表的权利保障问题。以完善的制度保障党代表在大会期间的选举权、审议权、重大事项决定权、质询权、评议权、提出罢免案权以及闭会期间的学习培训权、调研视察权、提出意见建议权、日常监督质询等权利,充分发挥党代表的作用。

（三）进一步完善党政领导干部选拔任用机制，实现对领导干部候选人的纯洁性等内容考核由少数人把关到多数人把关的转变

党政领导干部的产生是党和国家政治生活的起点，通过广大党员和人民群众授权产生党和政不同层级领导人，党和政的法理型合法性由此建立。具体到党的纯洁性，科学、民主的党政领导干部选任制度对党政干部纯洁性有双层保障：一是党组织对候选人的纯洁性进行了首次把关；二是党政干部候选人的纯洁性还将受到党员代表或人民代表大会代表的再一次筛选，进而优中选优。它不仅解决了上述“入口”纯洁性问题，在日常领导干部监督和“出口”纯洁性修复和保障上，也是一目了然的：通过党组织和代表的日常督促提醒乃至选票，使得领导干部的纯洁性得到制度性的修复和保障。可见，和平建设时期科学、民主的领导干部选拔任用机制对于党的“纯洁性”的价值是何其之大。

应当看到，由于历史和现实的诸多原因，我们的党政领导干部选拔任用机制仍存在制度性问题，日常生活中存在的买官卖官、跑官要官等现象，说明个别地方的领导干部选拔任用在一定程度上仍然由少数人说了算，干部候选人的纯洁性等鉴定只进行了具有人格化特征的组织内审查，党员代表和人民代表大会代表对领导干部的纯洁性把关还没有实质意义上实现，这就使得党的纯洁性的制度保障功能有待进一步发挥。为此，第一，在候选人推荐方面，要加重党员和群众推荐的工作力度，凡是党员和群众推荐的候选人经组织考察确实优秀的，要列入候选人名单。第二，要实行真正的差额选举和适度的竞选。为了增强选举的民主性和竞争性，应尽可能多提一些候选人。没有差额的选举，不是真正的选举；没有竞选的差额，也不是真正的差额。要鼓励领导干部在党的制度许可范围内宣传推介自己、让党员和群众了解自己。第三，维护和尊重选举结果。经党代会选举产生的干部，只要在其任期内不犯错误，不应随意调动，这对于保证一个地方政策的连续性和维护党代会的权威是很有必要的。

（四）在党内权力民主运行的前提下强化纪律检查机关的独立性和权威性，确保其对党的纯洁性的保障和修复功能正常发挥

当前学术界一个比较有影响的观点就是要改革党的纪律检查机关的双重领导体制，实行党的纪律检查委员会的垂直领导；认为只要垂直领导，就能根除腐败问题。笔者并不赞同该类观点，原因有：第一，在现有党代会常任制改革没有实质到位，核心决策权和执行权掌握在党委特别是常委的模式下，强化党的纪律检查委员会的垂直领导并没有根本解决导致党内权力运行体制中权力过分集中的弊端，或者说没有根本解决党员干部纯洁性退化并腐化堕落的根源。第二，在上述模式下只强调纪律检查机关的垂直领导，并不能根本解决对同级党委特别是常委和一把手的监督问题。因为常委委员或者一把手仍然可能通过权力运作对同级纪检机关的上一级领导施加影响，以达到虚化其监督的目的。第三，党代会没有实现常任制以及设立常设委员会，对同级纪委权力主体的监督难以到位。因为上级纪检机关对下级的监督太远或者出现因新的裙带依附关系而庇护个别纪检工作人员的问题；当前制度下党代会代表无法对产生的纪委实行日常监督。第四，在上述模式下，纪律检察机关垂直领导容易带来党内两个权力中心，并产生同级党委不作为问题。慑于垂直的强化的纪律检查机关的监督，容易产生同级党委领导干部不求有功但求无过的不作为现象。

为此，本文认为，实现纪律检查机关的垂直领导并强化对同级党委的监督，必须在党内权力运行机制革新的制度构架下强化纪律检查监督的独立性和权威性，也就是要从权力、权利对权力予以制约与权力运行公开透明化两条思路予以建构：一是实行党代会常任制度并设立党代会常务委员会，强化以广大党员权利和党代表权利对其产生的党委和纪委的民主监督；二是实行纪检机关的垂直领导，党委只在方针政策上对同级纪委进行指导，不再决定其人事、待遇和经费；三是明确同级纪律检查机关的职责和权力边界，明确党代会及其常设委员会对纪律检察机关的监督职权，避免纪律检察机关权力膨胀问题；四是进一步完善权力运行的公开透明化制度，如财产公示制度等等。

在改革开放和利益多元化的今天，党内权力运行体制对于党的纯洁性建设无疑更具有根本性意义。当然，强化党内权力运行体制来保障、修复党的纯洁性，并不是说要否定通过马克思主义理论政治教育和党员领导干部的党性修养等层面进行的纯洁性建设；相反，还要强化制度外各种途径和方式，以与体制和制度的作用形成合力。唯有如此，才能把我们党的纯洁性提高到新的水平。

（作者：交通运输部党校教学研究部副教授，中国人民大学政治学博士）

论利益关系多样化条件下党的纯洁性建设

葛本成

随着我国以公有制为主体，多种所有制结构并存和以按劳分配为主体多种分配方式并存为核心的经济体制改革的深入推进，我国经济社会发生了广泛而深刻的变化，具体表现为“经济体制深刻变革，社会结构深刻变动，利益格局深刻调整，思想观念深刻变化”。这种变化表现在利益关系上，就是形成了利益关系的多样化。这是我国现阶段社会利益格局的主要特征，也是党的纯洁性建设所处的时代环境。利益关系多样化为党的纯洁性建设提出了新的课题。

一、我国利益关系多样化的主要表现形式

经过三十多年的改革开放，我国经济社会发生了广泛而深刻的变化，这种变化的一个重要结果就是形成了利益关系多样化的基本格局。

(一)利益获取方式的多样化

改革开放以来，我国社会成员利益获取方式发生了深刻变化，最主要特征就是利益获取方式的多样化，主要表现在两个方面：一是体制外“两栖人”及其利益获取方式的多样化。随着传统社会组织方式和管理体制的逐渐式微，以自由流动为主要特征的社会成员大流动格局基本形成。这些社会成员走出了传统体制，但又没有被新的管理体制真正吸纳，成为“即此即彼”而又“非此非彼”的“两栖人”。从利益实现的角度看，“两栖人”的突出特征就是权利实现的“分体化”，即在传统社会组织方式中获取政治和社会保障等基本公民权利，在新的组织方式中获取经济利益和文化利益等生存资源。这在以农民工为代表的流动性社会群体中表现得最为明显。二是体制内社会成员利益获取方式的多样化。改革开放后，体制内成员的利益实现方式实现了多样化。他们在体制内获取社会身份和社会保障等赖以安身立命的基本生存资源的同时，又充分运用各种资源从体制外获取社会认同和物质资料等个人发展性资源，成为在两种体制中“共赢”的社会群体。利益获取方式的多样化成为当前最主要的时代特征。

(二)利益群体的多样化

改革开放以来，我国社会结构发生了深刻变化，突出特点就是各类社会群体大量出现。这主要表现在两个方面：一是传统的工人阶级和农民阶级都发生了急剧变动，各种新兴社会阶层应运而生，“出现了民营科技企业的创业人员和技术人员、受聘于外资企业的管理技术人员、个体户、私营企业主、中介组织的从业人员、自由职业人员等社会阶层。而且，许多人在不同所有制、不同行业、不同地域之间流动频繁，人们的职业、身份经常变动”。新的社会阶层结构取代了传统社会的阶级结构。二是随着社会组织方式和管理方式的变革，以各种纽带而结成的新社会组织大量涌现出来。常见的类型有以业缘关系为纽带形成的社会组织，如行业协会；以乡缘为纽带形成的社会组织，如同乡会；以共同的志趣爱好为纽带形成的社会组织，如各种学会；以学缘关系为纽带形成的社会组织，如校友会。如此等等，不一而足。这些社会组织之间界限不分明，大多是相互交织，形成了“你中有我，我中有你”的态势。单个社会成员往往因此同时具有多种组织身份，成

为集多种社会角色于一身的“社会人”。这些社会组织既承载着我国传统社会的文化基因，也携带着现代社会文明元素。无论是“紧凑型”的行业组织还是“松散型”的同乡会，都有一个共同点，那就是或强或弱的利益诉求，它们是当代社会利益分配格局中的重要参与者。

（三）利益表达方式的多样化

在利益关系多样化条件下，利益表达方式也呈现多样化特征，出现了制度化利益表达和非制度化利益表达并存的局面。所谓制度化表达就是利用现有的如人大、政协等正式政治渠道，将有利于自身或本群体的利益诉求传递到决策体制之中，从而形成有利于本群体利益实现的公共政策。所谓非制度化表达就是利用论坛、博客、微博、报纸、电视和广播等各种传媒，为有利于本群体公共政策的形成营造适宜的舆论氛围，最终促成这种公共决策的形成。带有明显倾向的第三方表达也属于非制度化表达。近年来出现的、借助暴力等极端方式、以个体性或群体性事件为主要形式的利益诉求表达方式同样属于非制度化的利益表达方式。利益表达方式多样化是不同利益群体在利益分配中激烈竞争的外在表现。从根本上说，利益表达方式多样化出现的根本原因在于各个利益群体在制度化表达中的话语权不对等，拥有更多话语权的群体倾向于制度化表达，而拥有话语权少或没有话语权的利益群体更倾向于用非制度化的方式来表达。但无论属于何种类型，利益表达方式多元化已经成为当前的一个重要社会特征。

（四）思想观念的多样化

利益获取方式多样化、不同利益群体的出现和利益表达方式的多样化必然带来思想观念的多样化。而且二者逐渐呈现出相互影响、相互促进的关系。在以公有制为主体，多种所有制结构并存，以及以按劳分配为主体，多种分配方式并存的条件下，人们的思想观念也呈现多样化特点。从总体上说，以马克思主义为指导的爱国主义思想和集体主义思想仍然是当前社会中占据绝对主导地位的思想观念。但是，我们也应清醒地看到，在利益多样化的条件下，一些与不同所有制和分配方式相适应的新的思想观念也孕育出来。尽管各个群体之间的根本利益没有冲突，但不同的群体总是从自己所代表的利益群体出发，构建起有利于维护本群体利益的思想意识、价值观念和评价标准，极力维护这种观念的合理性与合法性。于是就出现了思想意识领域中的“百家争鸣”，形成了马克思主义思想指导下的爱国主义和集体主义观念占主导，多种非主流观念并存的局面。“人们思想活跃，各种观念大量涌现，正确的思想和错误的思想相互交织，进步的观念和落后的观念相互影响，这是难以避免的。”各种思想观念之间相互竞争、相互激荡的局面对我国社会生活的影响也开始出现。

（五）“双重人格”利益群体的出现

在利益多样化条件下，多种所有制和分配方式并存，社会组织方式和管理方式的变革，使得相当一部分社会群体的利益实现形式发生了重大变化。在利益获取方式上，他们既不能完全依靠旧的社会组织形式和管理方式，又不能完全依靠新的社会组织形式和管理方式，游走在旧体制与新体制之间。在文化认同上，他们既想坚守传统文化，又愿意接受现代文化，游荡在传统与现代之间。在价值观念上，他们既想坚守传统的主流价值观，又崇尚某种非主流价值观，游移在主流与非主流之间。这是一种典型的“即此即彼”又“非此非彼”的“候鸟式”群体。组织归属和角色定位的混乱使这个群体具有“双重人格”。这种“双重人格”在政治生活中明显地表现为政治立场的不坚定性，尤其是涉及利益选择时波动尤为明显，容易秉持“这样也行，那样也可以”的“中间”立场。这种人格特点既表现在一部分公职人员身上，也表现在一部分普通公众的身上。这种由于利益角色叠加而带来的社会认同混乱对党和国家建设的影响也逐渐显现出来。

二、利益关系多样化对党的纯洁性建设的冲击和挑战

马克思指出："物质生活的生产方式制约着整个社会生活、政治生活和精神生活的过程。不是人民的意识决定人们的存在，相反，是人们的社会存在决定人们的意识。"马克思的这段话，揭示了物质生活与政治生活之间的关系。当前，我们也必须用马克思主义的这一基本观点分析利益关系多样化对党的纯洁性建设的冲击与挑战。从总体上说，这种冲击与挑战集中表现在党的思想建设、组织建设、制度建设、作风建设和反腐倡廉建设等各个方面。

(一)对党的思想建设的冲击与挑战

这种挑战主要是思想观念多元化和非主流思想的出现，加大了我们党维护主流思想观念的难度，尤其是加大了推进马克思主义中国化时代化大众化的难度。在利益关系多样化的条件下，国内依然存在诸如要不要坚持马克思主义以及如何坚持马克思主义，要不要走社会主义道路以及如何走社会主义道路，要不要继续推进改革开放以及如何继续推进改革开放等激烈的争论。当前，民主社会主义、新自由主义和历史虚无主义等社会思潮在党内还有很大市场。此外，如何破除西方社会模式和民主政治的"样板效应"也成为党的理论建设亟待解决的问题。在推进社会主义政治建设过程中，少数党员干部都自觉不自觉地用西方国家民主模式作为"参照物"，要求经济、政治、文化和社会建设都以西方现有模式为参照，这对中国特色社会主义发展道路的认同形成挑战。如何用马克思主义中国化的理论成果武装全党，教育人民，增强广大党员和人民群众"道路自信、理论自信、制度自信"，坚定不移地走中国特色社会主义发展道路始终是利益关系多样化条件下党的建设必须解决的重大课题。

(二)对党的组织建设的冲击与挑战

这种冲击与挑战就是影响到党的人才选拔政策的贯彻执行。能否培养、造就和使用大批优秀人才将直接关系到中国特色社会主义事业的兴衰成败。"在新的历史条件下提高党的建设科学化水平，必须坚持五湖四海、任人唯贤，坚持德才兼备、以德为先用人标准，把各方面优秀人才集聚到党和国家事业中来。"这是我们党在新时期的人才政策。在利益关系多样化条件下，不同利益群体之间的利益竞争除了现实的直接的物质利益之外，一些重要公共职位等政治资源也会成为不同利益群体之间争夺的对象。一旦这些公共职位被少数利益群体所控制，这些公职人员也会成为这些利益群体的"代理人"，这些利益群体也因此在未来利益格局的竞争中占据有利地位。当前，我国腐败期权化趋势已经明显地昭示了这一点。因此，如何通过制度建设，铲除各种人为的利益陷阱，排除利益群体对人才培养的影响，为各类人才健康成长营造良好的内部和外部制度环境，真正做到"凭实绩使用干部，让能干事者有机会、干成事者有舞台，不让老实人吃亏，不让投机钻营者得利"，这是新形势下党的组织建设必须要解决好的难题。

(三)对党的制度建设的冲击与挑战

这种冲击与挑战主要表现在我们所建立的各项制度能否真正维护社会的公平与正义。因为在特定的历史阶段，社会利益的分配严格遵循着总量守恒定律，一个利益群体的得到就意味着其他群体的失去。实现利益协调的最主要手段就是制度建设。利益多样化对制度建设的影响主要表现在两个方面：一是影响到事关党自身建设的各项制度的制定与执行，二是影响到全局利益重大公共政策的制定和执行。在利益关系多样化条件下，在通过发扬党内民主来建立健全党内决策制度和通过发扬人民民主来制定重大公共政策的过程中，我们党将不得不面临集权与分权、民主与集中、传统与现代、改革与稳定等诸多"两难困境"。如何摆脱这些困境，实现各种利益的合理表达和有效平衡，增强制度建设的实效性，不断提高制度建设科学化水平，这将考验党的执政能力和执政水平，考

验党应对复杂局面的能力。

(四)对党的作风建设的冲击与挑战

这种冲击与挑战主要表现在如何加强党同人民群众的联系,确保党实现全心全意为人民服务这一根本宗旨。党的发展实践证明,来自人民、植根人民、服务人民,是我们党永远立于不败之地的根本,全心全意为人民服务是指引、评价、检验我们党一切执政活动的最高标准。在新形势下,我们党如何坚持做到"始终把人民利益放在第一位",如何做到发展为了人民、发展依靠人民、发展成果由人民共享,如何做到实现好、维护好、发展好最广大人民根本利益,是对党的作风建设的严峻考验。在利益关系多样化的条件下,加强党的作风建设的关键就是要充分发扬人民民主,建立健全公民有序政治参与的体制机制,丰富、畅通各个利益群体利益表达的通道,让公共政策真正成为实现、发展和维护最广大人民群众根本利益的工具,防止优势利益群体的利益结盟及其对弱势群体的利益掠夺,防止优势群体联盟独享社会发展成果。

(五)对党的反腐倡廉建设的冲击与挑战

这种冲击与挑战主要表现在利益关系多样化给我国反腐倡廉建设添加了新因素。在社会转型过程中,旧体制的式微和新体制的完善是一个长期的渐进的过程,体制过渡带来的腐败机会短期内难以完全消除,这决定了我国反腐倡廉建设是一个长期、复杂和艰巨的过程。在利益关系多样化条件下,公职人员面临的利益诱惑不断增多,与财富创造和财富积累密切相关的重点领域、主要行业、关键部门和重要岗位的廉政风险进一步上升,预防腐败的难度进一步加大。一些利益群体和社会成员"双重人格"的负面影响在党内生活与社会经济生活中逐步地表现出来,进一步腐蚀一部分公职人员和社会公众的自律机制。

三、在利益关系多样化条件下加强党的纯洁性建设

在特定的历史阶段,党的纯洁性的内涵都是历史的、具体的。在利益关系多样化条件下,加强党的纯洁性建设就要求把党的建设与国家建设紧密结合起来,在治国理政过程中,必须把利益关系协调能力建设作为党的纯洁性建设的重要内容,逐步提高党组织协调复杂利益关系的能力。

(一)进一步发扬党内民主,健全党内民主机制

用党内民主的手段解决党内面临的各种问题,这是我们党在革命、建设和改革过程中积累的基本经验。在利益关系多样化的条件下,保持党的纯洁性,从根本上说仍然要靠党内民主。发扬党内民主的核心就是确保全体党员的以知情权、参与权、表达权和参与权为主要内容的基本权利,建立健全确保党员基本权利得以实现和保障的基本制度,进一步提高党内政治生活制度化、规范化、程序化和公开化的水平。发扬党内民主的关键是深化干部人事制度改革和党内决策制度改革。进一步扩大党内直接民主的范围,扩大党内民主选举、民主决策、民主管理和民主监督的范围,建立健全更加科学的干部选拔、任用、评价和监督制度,防止权力沦为少数党员干部谋取私利的工具。深化党内决策制度改革就是要扩大民主决策的范围,将党内重大事项民主决策制度化、规范化、程序化和公开化,消除党内重大决策的神秘性,让权力在阳光下运行。

(二)加强人民代表大会制度建设,发挥其利益调控功能

发扬人民民主是我们党取得革命、建设和改革胜利的重要保障。在利益关系多样化条件下,加强人民代表大会制度建设,必须按照党的领导、人民当家作主和依法治国有机统一的要求,逐步实现从"替民做主"向"让民做主"转变,使这一制度更好地适应利益关系多样化的新形势。加强人民代表大会制度建设应进一步增强人大代表代表的广泛性,进一步发挥人大代表在利益表达中的作用,发挥人民代表大会在利益协调中的重要作用。增强人民代表大会

代表的广泛性是尽可能地在各个利益群体之间合理分配代表名额，让不同利益群体的诉求都能够在人民代表大会中得到表达。发挥代表作用就是要通过建立健全各项制度，不断提高人大代表参政议政的能力和水平，保证人民代表更好地代表人民。充分发挥人民代表大会在利益协调中的作用，从根本上说，就是要充分发挥人民代表大会在利益协调中的立法、监督、质询等功能。

（三）发扬基层民主，加强党同人民群众的联系

社会公众直接参与基层公共事务治理是加强党同人民群众联系的最主要途径。社会公众直接参与基层公共事务治理是依靠民主选举、民主决策、民主管理和民主监督这一整套的民主机制来保障和实现的。当前，社会公众直接参与公共事务治理机制数量不足与运行不顺畅是两个主要问题。数量不足主要是指公众直接参与公共事务治理机制不足，范围相对有限。当前，我国社会公众直接参与基层公共事务治理的机制主要有农村村民自治、城市居民自治和单位职工代表大会这些社会治理层面。运行不顺畅主要是指这些机制行政化色彩太浓，一些涉及群众根本利益的深层次矛盾和问题难以在这一机制中得到解决，严重影响到了党同人民群众的联系。尽管随着互联网的发展而兴起的网络政治的影响力正在逐渐显现，但其利益表达和维护的功能难以有效发挥出来。如果这两个问题不能得到有效解决的话，党就有可能成为脱离社会、脱离群众的“悬浮型”政党。

（四）加强党员干部教育，巩固全党团结的思想基础

加强思想政治教育，巩固党的团结和实现党的思想的高度统一，这是我们党加强和改进自身建设的一条基本经验。胡锦涛同志在庆祝中国共产党成立90周年大会上的讲话中指出：“理论上的成熟是政治上坚定的基础，理论上的与时俱进是行动上锐意进取的前提，思想上的统一是全党步调一致的重要保证。”在利益关系多样化条件下，加强党员干部教育主要解决好“为谁服务”和“为谁用权”这两个根本问题。社会主义核心价值观是社会主义先进文化的精髓，是时代思想的精华，也是党带领全国各族人民艰苦奋斗的思想保证。用社会主义核心价值观教育全党，须将党员干部思想道德建设放在更加突出的地位，探索提高教育实效性的具体途径，建立健全党员干部思想道德评价体系，完善党员干部思想道德建设制度体系。通过教育，让广大党员干部成为社会道德的楷模，巩固和强化各个利益群体之间的文化认同和社会认同，筑牢全党和全国人民共同奋斗的思想基础。

（五）健全社会主义法制，推进依法治国战略

发扬民主，健全法制，建设法治国家，这是发达国家建设的成功经验。依法治国，建立社会主义法治国家，这是我国的既定战略。在建立完善社会主义市场经济体制的过程中，我国初步建立了中国特色社会主义法律体系，依法治国的条件基本具备。在利益关系多样化的条件下，必须继续推进社会主义法制建设，尤其是建立健全社会立法，进一步完善中国特色社会主义法律体系，用法律和制度制约各个利益群体的行为，让“法律面前人人平等，制度面前没有特权，制度约束没有例外”和“绝不允许以言代法、以权压法、徇私枉法”成为全体社会成员的基本共识，并用生动的政治实践把这种观念转化成全体社会成员的实际行动，切实用法制来维护社会的公平和正义。

（作者：河南大学纪委副书记，河南大学廉政研究中心副主任，副教授）

论加强领导干部网络执政能力的建设

杨静美

随着信息技术的发展,网络的广泛普及,在手机、电子邮件、论坛、博客、微信上形成了一条快速传播各路消息的渠道,任何人都可以在网络上记录生活、不受约束地发表意见,观点比传统媒体更尖锐,传播也更迅速。在这种传播格局下,几乎没有人可以垄断所有的信息。而在海量的信息当中,由于其来源的复杂性,很多时候好坏相随、真假难辨,甚至不乏别有用心者恶意造谣以煽动公众的负面情绪,极易酿成网络公共事件,因此如何加强网络执政能力建设就成为摆在政府和领导干部面前的一道必答题。

一、领导干部网络执政能力的含义

所谓领导干部网络执政能力是指领导干部借助互联网了解当前形势下社会公众的呼声和实际情况,开展有利工作的能力;是利用互联网掌握舆论动态并加以引导使之走向健康发展的能力;是了解网民的建议和诉求并及时给予反馈和处置的能力;是大力宣传政府的工作规划和政策、实行政务公开的能力。网络执政是保证领导干部科学执政、民主执政、依法执政的重要途径。

二、网络执政面临的舆论环境与压力

较之传统的舆论传播方式,网络传播尤其具备实时性、互动性等特点,使得信息传播更为迅速,信息接受者更能主动参与到信息传播过程中,因此促使网络舆论形成了一定的规模。社会公众通过网络可以关注政府的各项举措并及时作出自己的意见反馈,这将促使政府要根据民意采取积极稳妥的工作方式。

据中国互联网络信息中心(CNNIC)发布的第33次《中国互联网络发展状况统计报告》显示,截至2013年12月,中国网民规模达6.18亿,手机网民规模达5亿。首先,在这个庞大的群体中,网民分属于不同的行业和阶层,扮演着各种角色,从某种程度上说,网民的声音反映了百姓的想法和诉求;他们所反映的社会问题涉及面广、触角深,一般能够代表百姓生活和社会现状;其次,在网络上可以匿名发表言论,这给网民带来安全感,使他们敢于发表意见,没有后顾之忧;第三,网民利用网络参与到对社会现状的评价之中,不仅可以保障我国公民行使言论自由的权利,也是我国民主建设进程不断深入的体现。公众通过网络了解事件的起因并结合其他网民的意见形成自己的观点,从而主动参与到国家建设的出谋划策中;公众通过网络将自身在生活中的所见、所闻、所感传播到网上分享给其他人,使关系到老百姓切身利益的问题成为社会关注的重点议题,网民在网络中的舆论监督作用极大地促进了我国政治民主化的进程。

但从另外的角度讲:第一,网民对政府工作状况的关注和监督,也有可能将某些焦点扩大化,让一件小事通过网络的传播扩大为一个大事件,使政府所承受的舆论压力成倍地增加;第二,由于参与网络监督的成本很低,只需要借助电脑和网络就可以把自己的想法在一个广阔的平台上传播出去,而且能够畅所欲言,所以使得参与的人数及信息量陡增;第三,互联网技术的运用促进了政府执政的公开性,迅速的网络传播和巨大的网民数量使得一经曝光的问题迅速扩散,形成舆论风暴,这就要求政府及时地对曝光的问题进行回应与处置，以免酿成大的公共网络事件，带来难以弥补的损失。

三、领导干部网络执政能力的现状和问题

随着网络融入社会生活的各个方面，促使了人们思维方式的改变，特别是由于网络操作的便捷性，极易形成舆论风暴，使之对政府决策有着越来越大的影响作用，这已经引起了党和政府的高度重视，因此，现在从中央到地方，都在不断加强政府官方网络建设，提升党政领导干部的网络执政能力和水平，充分利用微博、论坛、博客、微信等各种网络手段，与社会公众积极互动，既有利于人民群众参政议政，推动我国民主政治的建设，又有利于宣传党和政府的施政方针、政策，展示解决社会矛盾的决心和成果，树立责任政府的良好形象。

近几年，我国从中央到地方各级政府都建立了官方网站，在很多的高级别官员中，都开通了微博，直接与社会公众进行网络沟通。例如：2011 年新疆维吾尔自治区党委书记张春贤在开通微博第一天回复网民到凌晨两点，粉丝称他为“贤大哥”，它则向粉丝道“晚安”，张春贤曾在人民网评选出的十大官员微博中位于榜首；浙江省委组织部长蔡奇，在腾讯微博的粉丝有几百万，而且他还带动了浙江干部的“微博热”。截至 2013 年 12 月 30 日，腾讯政务微博开通总数为 172276 个，其中党政机构的微博达到 103556 个，公务人员微博 68720 个。网络不仅成为政府及官员与社会公众交流、沟通的平台，而且在应急处置中也发挥了无可替代的重要作用。2011 年发生的“7·23”甬温线动车追尾事故中，浙江省通过微博上演救援接力，及时把信息传达给公众：事故发生初期，政府官员蔡奇发微博称：“严重关注这起脱轨事故！请浙江卫生厅帮助”；随后，联络温州市委市政府，告知网民温州方面正在现场全力组织施救；至深夜 2 点多钟（共 4 个小时内），他连发 36 条微博，向社会报告浙江省组织救援的情况，赞扬温州“的哥的姐”免费送客人到医院献血，当时多家媒体引用了蔡奇微博更新事故伤亡数据；浙江省主管副省长及卫生厅官方也利用微博平台发布医疗救援的进展，几乎每一条微博发出后都有数百次甚至上千次的转发、评论。可见，善用网络工具能够有效遏制谣言的产生与传播，树立责任政府的良好形象，并且在危难中传递出人间真情。

当然，我们还应看到网络执政中仍然存在一些问题，一些领导干部的网络执政素养还有待提高。例如：面对网民的监督一些领导干部往往采取回避的态度；与网民的交流缺乏平等的心态；对网民的诉求不能及时地回复与解决；对网络谣言不能及时应对处置，导致恶性网络事件；喜欢使用官腔官调，难以贴近百姓；把微博当作一种摆设，很少与网友互动，甚至少有更新和管理。在网络如此发达的今天，如何演绎出个性，同时又能代表自己的部门在网络平台这个特殊的“民意广场”来发言，已经成为党政领导干部的必修课。

四、领导干部网络执政能力提升的途径

（一）与时俱进，转变领导干部的执政理念

网民在网络平台上关注与自己利益息息相关的社会问题，提出意见，发出自己的声音，这声音往往聚集成为强大的舆论漩涡。这其中难免夹杂着虚假的信息或被别有用心者恶意炒作，将负面情绪进行渲染和放大。如果政府部门不能很好地利用网络开展工作，不仅会使公众对政府的支持产生动摇，还将损害责任政府的良好形象。因此，这就需要政府领导干部转变执政理念，强化主流意识，变被动为主动，利用网络开展正面宣传，引导舆论导向，把网络当作与百姓心连心的互动平台，想百姓所想，急百姓所急，传播正能量，扬善惩恶，牢牢把握话语的主动权。

（二）加强领导干部的从网能力建设

互联网技术的不断发展使网络衍生工具不

断增多，如网站、博客、微博、论坛等多元化的信息传播方式使信息传播更为快捷，使传播范围加大，使网民发表言论的方式更加多元化。这些情况使政府面对的舆论压力不断增加，因此需要领导干部学会借助这些网络工具加强执政能力建设。例如：收集网民在政府论坛、博客等网络留言并进行研读，对网民的意见及时反馈并作为制定以后工作计划的参考；政府将工作信息发布到官方网站上，即政务公开，可以采用微博等方式，让社会公众了解政府的工作动态；关注网络的舆论动态，对出现的问题及时处置，主动化解危机；善于疏导个别网民的负面情绪，时刻把握舆论的导向。

（三）建立健全网络执政机制

网络的健康发展，需要一套完整的管理机制，这不仅是政府依法执政的体现，也是领导干部网络执政的有效保障。它主要包括以下几个方面：

一是政府建立专门分析网络舆情的小组。政府机关合理利用人力资源组织专门人员利用互联网收集民情和社会舆论情况，并对这些资料进行分析，实现对社会热点问题的了解和掌控；设立专门的网络新闻热线，公布在政府官方网站上；在政府官方网站上设立群众发表言论的板块收集民意；利用手机短信、微博等方式收集公众的建议和意见。汇总各方信息，进行整理、分析，呈送给上级领导，上级领导以此作为参考资料，制定正确引导舆论走向的政策、方案，有针对性地开展以后的工作。

二是充分利用网络，做好政府新闻发布工作。新闻发布是社会公众了解政府工作情况的一种有效手段，政府通过新闻发布的形式向公众传达政府工作信息，并且可以与民众互动，接受询问，答疑解惑，使公众了解真实、准确的信息，尊重他们的知情权，将政府的工作公开化，使政府的公信力和形象不断增强。

三是对公众关注的热点问题、突发事件等进行全程信息跟踪和报道。让公众了解并看到政府都做了什么、采取了怎样的措施。特别是对具有重大影响的自然灾害、事故灾害等突发事件，要充分调动和发挥公众的积极性，使公众有机会参与其中，传递人间温暖，传播社会的正能量，从而稳定民心、树立责任政府的良好形象。

四是及时对网民的发言给予反馈和回帖。当前网络论坛的发展日趋成熟，政府可以和各声誉良好的大型论坛网站密切合作建立政府的论坛，使百姓可以在论坛上进行发言并对百姓发言及时给予回复。组织专门人员进行跟帖回帖，对百姓提出的问题给予回复，争取在第一时间内将事件的真实情况、事件的处理情况、以及事件的结果呈现在公众眼前，从而摆脱负面的评价，积极地引导社会舆论沿着正确的道路走下去，不断提高政府的公信力。

总之，随着互联网技术的发展，网络舆论已经成为一股不可忽视的力量，其对政府决策的影响力也在不断地增强，这使领导干部的执政能力面临重大的挑战。因此，需要领导干部迅速提高网络执政能力的素养，引导网络舆论正确的发展，将网络宣传和传统舆论宣传方式相结合，在保证公民言论自由和知情权的同时，加强社会舆论导向的把控，发挥正能量，使我国社会中存在的矛盾和不和谐关系都能得到妥善的解决，从而树立一个自信、自强的责任政府的良好形象。

（作者：中共天津市委党校助理研究员）

建设“三型”执政党与实现宏伟目标的关系

黄远固

党的十八大为中国的未来确定了两个100年的宏伟目标：一个是2020年，中国共产党成立100周年；一个是2050年，新中国成立100周年。两个时间节点有两个要实现的目标，一个是全面建成小康社会，一个是全面实现现代化。党的奋斗目标与加强党的自身建设紧密相联。“办好中国的事，关键在党”，为了实现国家富强、民族振兴、人民幸福的梦想，十八大要求全面提高党的建设科学化水平。建设学习型、服务型、创新型马克思主义执政党，是实现十八大确定的宏伟目标最强有力的政治、组织保障。

一、建设学习型执政党，为实现宏伟目标增强本领

2013年3月1日，习近平出席中央党校建校80周年校庆并作重要讲话。他指出，我们党历来重视抓全党特别是领导干部的学习，这是推动党和人民事业发展的一条成功经验。实现党的十八大提出的各项目标任务，做好方方面面的工作，对我们的本领提出了新的要求。只有全党本领不断增强了，“两个一百年”的奋斗目标才能实现，中华民族伟大复兴的中国梦才能梦想成真。

（一）学习是政党巩固之基、国家兴盛之要

学习是文明传承之途、人生成长之梯、政党巩固之基、国家兴盛之要。学习是一个人、一个团体、一个国家、一个民族保持先进的根本保证。我们党要保持先进性取决于我们党的学习状况。不学习，我们就难以有科学的理论，不学习我们就难以有正确的指导，不学习我们就难以做到与时俱进。习近平强调，好学才能上进。中国共产党人依靠学习走到今天，也必然依靠学习走向未来。我们的干部要上进，我们的党要上进，我们的国家要上进，我们的民族要上进，就必须大兴学习之风，坚持学习、学习、再学习，坚持实践、实践、再实践。全党同志特别是各级领导干部都要有加强学习的紧迫感，都要一刻不停地增强本领。

（二）学习是全面、系统、富有探索精神的

中国特色社会主义事业是前人没有做过的。因此，我们的学习应该是全面的、系统的、富有探索精神的。经济、政治、历史、文化、社会、科技、军事、外交等方面的知识，都需要学习。在学习中既要抓住学习重点，也要注意拓展学习领域；既要向书本学习，也要向实践学习；既要向人民群众学习，向专家学者学习，也要向国外有益经验学习。作为执政党，认真学习马克思主义理论，这是做好一切工作的看家本领。学习党的路线方针政策和国家法律法规，这是各级党组织和党员开展工作要做的基本准备，也是很重要的政治素养。认真学习党史、国史，知史爱党，知史爱国也是建设学习型政党的重要内容。建设学习型执政党要结合工作需要来学习，不断提高自己的知识化、专业化水平。要在党员干部中倡导，干什么学什么、缺什么补什么，有针对性地学习掌握做好领导工作、履行岗位职责所必备的各种知识，努力使自己真正成为行家里手、内行领导。

（三）学习型执政党学习方式要转型

经过30多年的改革开放，市场经济和信息化、全球化、高新技术潮流交互激荡，党的各级组织和党员每天都必须面对大量新的复杂问题的挑战。面对诸多挑战，我们党的学习方式也

有一个转型的问题。学习型执政党的理念本身就有与时俱进的特征,它既是中国的现实需要,也吸收了国际社会学习方面的先进理念。学习型政党反映的是在信息化条件下学习的大转型:从以书本为中心转向以问题为中心,从以提高素质为目的转向以提高能力为目的,灌输式学习转向研讨式学习,行政化学习转向灵活多样的组织化学习,个人式学习转向共享式学习,人生一个阶段的学习转向终身学习等等。因此建设学习型执政党,就意味着要告别带有形式主义和运动化色彩的学习方式,用更科学的学习方式推动学习的转型,这是党的建设科学化的一个重要方面。

(四)学习的目的全在于运用

毛泽东讲,学习的目的全在于运用。习近平强调,领导干部加强学习,根本目的是增强工作本领、提高解决实际问题的水平。要发扬理论联系实际的马克思主义学风,带着问题学,拜人民为师,做到干中学、学中干,学以致用、用以促学、学用相长。习近平在中央党校的讲话中倡导,领导干部应该把学习作为一种追求、一种爱好、一种健康的生活方式,做到好学乐学,如饥似渴地学习,只要坚持下去,必定会积少成多、积沙成塔,积跬步以至千里。学习的目的全在于运用,检验学习效果的最终标准,要看我们的学习是否提高了执政能力,促进了十八大确定的宏伟目标的实现。

二、建设服务型执政党,为实现宏伟目标凝聚力量

实现十八大确定的宏伟目标,人民是主体。中国特色社会主义是亿万人民自己的事业,必须坚持人民主体地位。2013 年 4 月 28 日习近平与全国劳动模范代表座谈时强调指出,人民创造历史,劳动开创未来。实现我们的奋斗目标,开创我们的美好未来,必须紧紧依靠人民、始终为了人民,必须依靠辛勤劳动、诚实劳动、创造性劳动,必须充分发挥我国工人阶级的重要作用,焕发他们的历史主动精神,调动劳动和创造的积极性。

(一)服务型执政党体现了人民主体地位

中国共产党的根基在人民、血脉在人民、力量在人民。1945 年党的七大把为人民服务作为党的宗旨正式写进党章,明确规定“中国共产党人必须具有全心全意为人民服务的精神”。党的十八大报告提出建设“服务型执政党”,体现了我们党在新的历史时期对自身角色的定位,彰显了我们党全心全意为人民服务的宗旨。中国共产党 90 多年的光辉历程告诉我们,我们党之所以能够取得革命、建设、改革的胜利,根本原因在于中国共产党的本质是一个服务型执政党,赢得了广大人民群众的信任和支持。党的十八大报告中“人民”一词出现了 145 次,字里行间都体现出了对民生工作的高度重视,充分体现了建设“服务型执政党”的要求。特别是报告提出要在全党深入开展以为民、务实、清廉为主要内容的党的群众路线教育实践活动,更是建设服务型执政党的重要载体。服务型执政党强调的是植根人民、造福人民的中国共产党根本宗旨,其内涵就是党的一切活动、一切工作都要服务于人民的福祉,始终把人民放在心中最高位置。服务是党的根本价值取向,始终把人民群众放在最高位置来对待、把群众利益作为最大利益来维护、把民生疾苦作为最大问题来解决,让人民群众生活得更加有质量、更加有尊严。

(二)服务型执政党要保证人民当家作主

建设服务型执政党要支持和保证人民通过人民代表大会行使国家权力。人民代表大会制度是保证人民当家作主的根本政治制度。要善于使党的主张通过法定程序成为国家意志,支持人大及其常委会充分发挥国家权力机关作用,依法行使立法、监督、决定、任免等职权,加强立法工作组织协调,加强对“一府两院”的监督,加强对政府全口径预算决算的审查和监督。提高基层人大代表特别是一线工人、农民、知识分子代表比例,降低党政领导干部代表比例。

建设服务型执政党要保障人民知情权、参

与权、表达权、监督权。坚持科学决策、民主决策、依法决策，健全决策机制和程序，发挥思想库作用，建立健全决策问责和纠错制度。凡是涉及群众切身利益的决策都要充分听取群众意见，凡是损害群众利益的做法都要坚决防止和纠正。推进权力运行公开化、规范化，完善党务公开、政务公开、司法公开和各领域办事公开制度，健全质询、问责、经济责任审计、引咎辞职、罢免等制度，加强党内监督、民主监督、法律监督、舆论监督，让人民监督权力，让权力在阳光下运行。

（三）服务型执政党要完善基层民主制度

建设服务型执政党要完善基层民主制度。在城乡社区治理、基层公共事务和公益事业中实行群众自我管理、自我服务、自我教育、自我监督，是人民依法直接行使民主权利的重要方式。要健全基层党组织领导的充满活力的基层群众自治机制，以扩大有序参与、推进信息公开、加强议事协商、强化权力监督为重点，拓宽范围和途径，丰富内容和形式，保障人民享有更多更切实的民主权利。全心全意依靠工人阶级，健全以职工代表大会为基本形式的企事业单位民主管理制度，保障职工参与管理和监督的民主权利。发挥基层各类组织协同作用，实现政府管理和基层民主有机结合。

建设服务型执政党要发扬党的群众工作的优良传统和政治优势，采取多种措施让党员干部深入基层、深入实际、深入群众，通过调查研究了解真实情况，把群众的呼声作为改进工作的第一信号，把维护群众利益作为工作的第一职责，把群众满意作为衡量工作的第一标准，做到从思想上尊重群众、感情上贴近群众、行动上深入群众、工作上依靠群众。

（四）服务型执政党必须切实改善民生

建设服务型执政党必须从维护最广大人民群众根本利益的高度，加快健全基本公共服务体系，加强和创新社会管理，推动社会主义和谐社会建设。必须以保障和改善民生为重点。提高人民物质文化生活水平，是改革开放和社会主义现代化建设的根本目的。要多谋民生之利，多解民生之忧，解决好人民最关心最直接最现实的利益问题，在学有所教、劳有所得、病有所医、老有所养、住有所居上持续取得新进展，努力让人民过上更好生活。努力办好人民满意的教育，推动实现更高质量的就业，千方百计增加居民收入，统筹推进城乡社会保障体系建设，提高人民健康水平等等，都是建设服务型执政党必须认真做好的服务人民的工作。服务型执政党服务人民的工作做得越好，民心的凝聚就越强，实现十八大确定的宏伟目标就越有力量。

三、建设创新型执政党，为实现宏伟目标谱写新的华章

创新是我们前进的不竭动力。没有创新精神，一个政党就会抱残守缺、固步自封；没有创新精神，一个政党就会失去生机活力、落后于时代社会发展。当前，世情、国情、党情继续发生深刻变化，我们面临的发展机遇和风险挑战前所未有。新形势下，党面临的执政考验、改革开放考验、市场经济考验、外部环境考验是长期的、复杂的、严峻的，精神懈怠危险、能力不足危险、脱离群众危险、消极腐败危险更加尖锐地摆在全党面前。不断提高党的领导水平和执政水平、提高拒腐防变和抵御风险能力，是党巩固执政地位、实现执政使命必须解决好的重大课题。面对新的危险与考验，我们要以创新的精神，建设创新型执政党，去开创新的未来。

（一）党的理论创新为实现宏伟目标提供精神动力

一部中国共产党的发展史，就是马克思主义的基本原理与中国具体实际相结合、不断进行理论创新的历史。中国共产党在成立之初，就郑重地把马克思主义写在自己的旗帜上。90多年来，在中国革命、建设和改革的不同历史时期，我们党都是一个高度重视理论指导又善于进行理论创新的马克思主义政党，不断进行理论创新始终是中国共产党人的不懈追求。毛泽东同志明确提出要把马克思主义中国化，要求

全党按照中国的实际去应用和发展马克思主义。我们党在把马克思主义同中国实际相结合的过程中，实现了两次历史性飞跃，创立了毛泽东思想和中国特色社会主义理论体系。

理论的生命力就在于能及时回答时代提出的重大问题。把握时代主题、体现时代精神，是党进行理论创新的基点，必须时刻用时代发展的要求审视自己，以改革创新的精神完善自己。当前，我国的改革和发展正处在新的历史起点上，世情、国情、党情的深刻变化给我们党提出了一系列新的历史课题，我们党面临着难得机遇和严峻挑战。这就要求当代共产党人顺应时代发展的潮流，继续用发展着的马克思主义指导新的实践，在中国特色社会主义的伟大实践中不断推进党的理论创新。用新的理论不断为实现宏伟目标提供精神动力和智力支持。

（二）党的制度创新为实现宏伟目标构筑良好秩序

实现十八大确定的宏伟目标，需要良好的秩序作保障，党的制度创新可以为实现宏伟目标构筑良好的秩序。我们党提出用制度管权管事管人，强调以党章为根本，以民主集中制为核心，健全完善党的制度体系。制度体系的内容极其丰富，最少应有以下内容：

坚持和完善党的领导制度。坚持党总揽全局、协调各方的领导核心作用，坚持党的领导、人民当家作主、依法治国有机统一，改革和完善党的领导方式和执政方式，提高党的领导水平和执政水平。党委既要支持人大、政府、政协、司法机关和人民团体依照法律和各自章程独立负责、协调一致地开展工作，又要发挥这些组织中党组的领导核心作用，保证党的路线方针政策和党委决策部署贯彻落实。

保障党员主体地位和民主权利。以落实党员知情权、参与权、选举权、监督权为重点，进一步提高党员对党内事务的参与度，充分发挥党员在党内生活中的主体作用。推进党务公开，健全党内情况通报制度，及时公布党内信息，畅通党内信息上下互通渠道。建立党委新闻发言人制度，办好党报党刊和党建网站。拓宽党员意见表达渠道，建立健全党内事务听证咨询、党员定期评议基层党组织领导班子成员等制度。鼓励和保护党员讲真话、讲心里话，营造党内民主讨论、民主监督环境。

完善党代表大会制度和党内选举制度。改善党代表大会代表结构，提高基层一线代表比例，增强代表广泛性。扩大党代表大会代表对提名推荐候选人的参与，改进候选人提名方式。建立各级党代表大会代表提案制度。落实和完善党代表大会代表任期制，建立健全代表参与重大决策、参加重要干部推荐和民主评议、列席党委有关会议、联系党员群众等制度和办法，做好代表联络工作，保障代表充分行使各项权利，充分反映党员意见和建议。推广基层党组织领导班子成员由党员和群众公开推荐与上级党组织推荐相结合的办法，逐步扩大基层党组织领导班子直接选举范围。

完善党内民主决策机制。党的各级委员会按照集体领导、民主集中、个别酝酿、会议决定的原则决定重大事项。发挥全委会对重大问题的决策作用，完善常委会议事规则和决策程序，推行和完善地方党委讨论决定重大问题和任用重要干部票决制，健全和规范党委常委会向全委会定期报告工作并接受监督制度。落实重大决策报告制度，健全决策失误纠错改正机制和责任追究制度。

（三）党的工作方法创新为实现宏伟目标增添活力

党的工作方法创新，要体现在广大基层组织的工作上，党的基层组织要适应新形势新任务要求，创新活动内容方式，找准开展活动、发挥作用的着力点，在扩大党员参与面、提高实效性上下功夫，增强创造力、凝聚力、战斗力。

农村党组织要把发展现代农业、培养新型农民、带领群众致富、维护农村稳定贯穿农村基层党组织活动始终，发挥党组织在建设社会主义新农村中的领导核心作用。国有企业党组织要把建设高素质经营管理者队伍、人才队伍、党员队伍、职工队伍和增强国有经济活力、控制力、影响力贯穿国有企业党组织活动始终，保证党组织参与决策、带头执行、有效监督，发挥政治核心作用。街道社区党组织要把服务群众、凝聚人心、优化管理、维护稳定贯穿街道社区党组织活动始终，发挥党组织在建设文明和谐社区中的领导核心作用。机关党组织要把服务中心、建设队伍贯穿机关党组织活动始终，发挥党组织在完成本部门各项任务中的协助和监督作用。高校党组织要把全面贯彻党的教育方针、培养社会主义建设者和接班人贯穿高等学校党组织活动始终，发挥党组织在推进教育改革、搞好教书育人、加强教师队伍建设中的领导核心作用。科研、文化、卫生、体育和中小学等事业单位党组织要把做好思想政治工作、促进事业发展贯穿活动始终，发挥党组织在本单位履行职责中的政治核心作用。非公有制经济组织、新社会组织中的党组织要围绕贯彻党的方针政策、引导和监督遵守国家法律法规、团结凝聚职工群众、维护各方合法权益、促进健康发展等职能探索发挥作用的途径和方法。民族地区基层党组织要在团结各族群众推动发展、促进和谐、反对分裂、维护稳定中发挥战斗堡垒作用。根据不同的情况，充分发挥各个不同类型党组织的创造活力，创新型执政党建设就会百花齐放，万紫千红。

建设创新型执政党，以科学方法推进党的建设，最根本的是既要继承和发展党在长期实践中积累的党的建设成功方法，又要积极探索运用现代科学方法，包括探索运用信息网络技术，探索运用现代管理学、组织学、心理学等现代科学方法，借鉴外国执政党建设的有益做法，不断提高党建工作水平。一个充满创新精神的执政党，必将带领人民为实现宏伟目标谱写新的华章，为共和国的大厦铸就新的辉煌。

（作者：中共重庆市委党校党建教研部主任，教授）

第十部分

文化建设研究与创新

吹响深化文化体制改革新号角

蔡　武

党的十八届三中全会吹响了我国全面深化改革新的号角。2013 年 12 月 30 日，中共中央政治局就提高国家文化软实力研究进行第十二次集体学习。习近平总书记在主持学习时强调，要建设社会主义文化强国，着力提高国家文化软实力。当前，文化体制改革进入了攻坚期和深水区，面临许多制约文化科学发展的深层次矛盾和问题，需要我们以更大的勇气、更高的智慧去破解，采取强有力的举措去解决。

继续解放思想，牢固树立科学发展观指导下的新的文化发展理念。解放思想是解放和发展社会生产力、解放和增强社会活力的原动力。文化发展所面临的问题，既有外部环境的问题，也有文化建设自身体制机制的问题；既有多年来的积弊，也有国内国际环境变化所带来的新问题新挑战。比如，各种思想文化交流交融交锋更加频繁，人们思想活动的独立性、选择性、多变性、差异性不断增强，给引领社会思潮、维护国家文化安全带来的挑战；城镇化进程的加快，给公共文化服务资源配置、设施跟进、人员配备、公共文化服务质量提升带来的新要求，对基于农耕文明的传统文化的保护与传承带来的新课题；以互联网、信息技术为代表的高新技术突飞猛进，对传统文化业态升级、新兴文化业态发展带来了新机遇，对于占领网络文化阵地、提高文化传播水平提出了新要求；十八届三中全会提出的提高国家治理能力的宏伟目标如何在文化领域得到落实；如何加强对艺术创作的引导，怎样借鉴利用国外的有益经验，如何加强公共文化资源的整合，推动资源配置的科学化；如何破解文化遗产保护与开发利用的矛盾；如何构建现代文化市场体系，促进文化产品和要素合理流动；如何使中华文化更加具有感召力、影响力，等等。这些都要求必须牢固树立符合科学发展观要求的新的文化发展理念，始终坚持中国特色社会主义文化发展道路。牢牢把握社会主义先进文化前进方向，始终坚持马克思主义在意识形态领域的指导地位，把建设社会主义核心价值体系作为首要任务，确保无论改什么、怎么改，导向不能改，阵地不能丢。始终坚持以人民为中心的工作导向，发挥人民的首创精神，推动全社会文化创造活力竞相迸发、充分涌流。

增强全局意识，从战略高度布局和谋划文化改革发展。文化体制改革作为全面深化改革的重要组成部分，必须与经济、政治等各领域改革协同推进。目前，一些地方党委政府的领导对文化的功能价值认识存在偏差，存在着对文化忽视、轻视、偏视的观念，把文化建设视为软任务，认为可抓可不抓，说起来重要、做起来不重要，加快文化发展的责任感、紧迫感不强。这在很大程度上制约了文化工作的开展。因此，各级党委政府必须把文化建设摆到更加突出的地位，促进文化建设与经济社会发展相协调。我国文化改革发展进程滞后于经济社会发展速度，与经济社会发展水平不相适应，必须投入更多的人力物力财力，努力实现文化建设与经济建设、政治建设、社会建设、生态文明建设整体推进、同步发展，从而提高发展质量、巩固发展成果、增强发展后劲。同时，文化建设也要从社会主义初级阶段的基本国情出发，从经济社会发展实际出发，科学制定规划，合理安排投入，积极稳妥实施文化建设项目，增强文化发展与其他领域改革发展的系统性、协同性。要统筹各方面力量推动文化建设。建立健全党委统一领导、宣传思想文化部门主要负责、党政各部门齐抓共管、社会各方面共同参与的工作体制和工作格局。

改善宏观管理，不断健全和完善文化管理体制机制。随着我国经济体制深刻变革、社会结构深刻变动，旧有的文化管理体制存在不适应性，政府职能转变不到位、文化企事业单位内生动力和发展活力不足等问题，制约了文化生产力的解放。因此，必须正确处理好政府与市场、政府与社会的关系，不断健全和完善党委领导、政府管理、行业自律、社会监督、企事业单位依法运营的文化管理体制和富有活力的文化产品生产经营机制。进一步转变文化行政部门职能。按照建设法治政府、服务型政府、创新型政府的要求，把文化行政部门的职能转到政策调节、市场监管、社会管理、公共服务上来，避免失位、越位、错位等情况的发生。进一步简政放权，推进行政审批改革，把该管的事抓在手上管好，把不该管的事坚决交给企业和社会，更加注重对事中、事后的监管和调控。推进文化法制建设，加快文化立法，提高依法行政的能力和水平。健全国有文化资产管理体制，实行管人管事管资产管导向相统一。完善文化市场综合执法管理体制，提高文化市场综合执法效率。加强文化发展规划编制和政策研究，使出台的规划和政策更加科学合理。创新机制和服务方式，建立和完善公共文化服务体系建设统筹协调机制，避免资源分散和浪费，对重要公共文化产品、重大公共文化项目和公益性文化活动，采取建立基金、政府招标、定向资助等手段，进一步提升服务效能。培育合格的文化市场主体。深化国有经营性文化单位转企改制，推动已转制文化企业加快公司制、股份制改造，建立现代企业制度，完善法人治理结构，增强市场竞争能力。鼓励重点文化企业以资本为纽带，实行跨地区、跨行业、跨所有制兼并重组。降低文化产业进入门槛，推进投资主体多元化。支持各种形式小微文化企业发展，鼓励非公有制文化企业积极提供多样化的文化产品和服务。发展新型文化业态，促进文化产业转型升级。以供给、流通和消费为基础，建立多层次文化产品和要素市场，鼓励金融资本、社会资本、文化资源相结合。加快构建文化产业政策平台，消除政策壁垒、地区差别、所有制差别，营造公平宽松的市场环境。增强文化事业单位发展活力。明确不同文化事业单位功能定位，突出公益属性，强化服务功能。推动保留事业单位性质的文化单位实行企业化管理，完善人事管理、收入分配、艺术生产管理等机制。推动公共图书馆、博物馆、文化馆等组建理事会，完善免费开放长效保障机制，提高服务群众的能力和水平。鼓励发展文化类社会组织。健全行业规范，完善行业管理，积极培育文化类行业协会、学会、基金会等非政府组织，充分发挥协调、监督、服务、维权功能。发展文化经纪、评估鉴定、技术交易、推介咨询等文化中介服务机构，使中介机构和行业组织成为政府联系文化市场的桥梁和纽带。

增加文化投入，为文化繁荣发展提供强有力的保障。目前，各级政府财政对文化建设的投入依然总量偏小、比重偏低，与人民群众的期待和经济社会发展的要求不相适应，迫切需要加大支持力度、突出支持重点、优化支持方式。加强各级财政对文化的预算投入。我国文化事业费占国家财政总支出的比重多年来在0.3%—0.4%之间徘徊，因此，要进一步加大投入，提高文化支出占财政支出比例，力争各级政府公共财政对文化建设投入的增长幅度高于财政经常性收入增长幅度。加强公共文化基础设施建设。由于过去底子薄、欠账多，我国的公共文化设施数量严重不足。要不断完善公共文化服务设施网络，着力推动国家重大文化设施、地市级文化设施和村级文化设施建设。坚持重心下移，把更多的资源向老少边穷地区和城乡结合部倾斜，推动公共文化资源合理配置，推进基本公共文化服务标准化、均等化。加大对相关平台和具体项目的支持。加强文化产业发展服务平台、文化市场监管平台、对外文化贸易服务平台、国际文化产品交易平台等专项平台的开发和运营,增加文化惠民工程、公共文化设施免费开放、舞台艺术创作扶持、文化产业发展、文物和非物质文化遗产保护等方面专项资金的支持额度。积极探索科学合理的财政支持方式。建立健全财政绩效评价机制,提高财政资金使用效益。推动建立基层公共文化财政保障机制,对重大文化惠民项目,适当降低基层贫困地区的财政配套资金比例,提高基层政府整合公共财政资源的能力和效率。注重发挥财政资金撬动社会资本的杠杆作用,采取项目补贴、定向资助、贷款贴息、服务外包等多种方式,引导社会力量积极参与文化建设。

扩大文化开放,进一步提升对外文化交流和文化贸易的水平。扩大文化领域对外开放,是促进文化繁荣发展、提升国家文化软实力的必然选择。要不断增强文化发展的开放意识,统筹国内国际两个大局,利用国际国内两个市场、两种资源,处理好"引进来"与"走出去"的关系,提升文化开放水平。努力扩大对外文化交流。以世界的眼光、博大的胸怀,坚持洋为中用、兼收并蓄,借鉴一切有利于加强我国社会主义文化建设的有益经验和丰富我国人民文化生活的积极成果。按照"政府统筹、社会参与、官民并举、市场运作"的思路,把政府交流与民间交流结合起来,把双边交流与多边交流结合起来,把调动国内力量与借助国外力量结合起来,拓展广度、增进深度,精心策划文化活动,形成对外文化交流的强大合力和整体效应。加强思想领域对话,构建人文交流机制,鼓励社会组织、中资机构承担人文交流项目。注重内宣和外宣的协调配合,统筹国内国际舆论引导,加强国际传播能力和话语体系建设,增进国际社会的了解和认同,维护意识形态领域安全。积极发展对外文化贸易。积极引进国外优秀人才、先进技术、管理经验,吸收外资进入法律法规许可的文化产业领域,推动中外文化产业合作,鼓励外资企业在华进行文化科技研发。研究制定鼓励核心文化产品和服务出口的政策,培育外向型骨干文化企业,建立外向型文化产业聚集区。着力打造具有国际影响力的文化交易平台,以企业为主体、以市场化运作为主要方式推动文化产品"走出去",努力提高我国文化产品在国际市场的份额,逐步改变文化贸易逆差的局面。

加强队伍建设,打造一支规模宏大的文化人才队伍。目前,我国文化领域人才队伍建设与文化发展的要求尚不匹配,各类文化特殊人才的培养、激励和保障机制也不完善。这些都成为制约文化科学发展的瓶颈。因此,必须大力实施人才兴文战略,牢牢掌握文化改革发展的领导权、管理权、话语权、主导权。落实国家艺术基金的人才支持项目,重点实施文化名家工程、文化干部能力建设培训计划、文化创意创业人才培养计划、对外文化人才培养计划、文化产业高层次经营管理人才培养计划,造就高层次的领军人物和高素质的文化人才队伍。解决乡镇文化站人员编制,开展"三区"人才支持计划文化工作者专项工作,加大对基层文化人才的教育培训力度,落实各项保障措施。大力发展艺术职业教育和社会教育,加快人才培养体制机制改革和政策创新。健全人才使用机制,推动设立文化艺术高层次人才引进、培养和支持项目,探索通过市场化、社会化手段"经营"人才。要重视知识分子精英在文化建设中的作用,探索与体制内外、各层面文化界人士建立良好沟通联系的途径,最大限度调动他们的积极性、主动性、创造性,造就一大批政治坚定、与党同心同德、坚持为社会主义服务、为人民服务的文化工作者。

(作者:文化部党组书记、部长)

坚持中国特色社会主义文化发展道路

——《文化强国之路——文化体制改革的探索与实践》学习体会

赵　实

当前，全党全国各族人民正在深入贯彻落实党的十八大、十八届三中全会精神和习近平总书记的一系列重要讲话精神，满怀豪情地迈向夺取全面建成小康社会、实现中华民族伟大复兴中国梦新胜利的伟大征程。进一步深化文化体制改革，扎实推进社会主义文化强国建设，是全面深化改革的重要内容，也是坚持和发展中国特色社会主义的必然要求。回顾党的十六大以后10年间，以胡锦涛同志为总书记的党中央高度重视文化建设，以科学发展观为统领，坚持和发展了中国化的马克思主义文化建设理论，作出了一系列促进文化改革发展的重大决策部署，形成了一整套推动文化繁荣发展的新体制新机制，成功探索出一条中国特色社会主义文化发展道路，确立了建设社会主义文化强国的宏伟目标，我国的文化改革发展取得了历史性成就。总结和梳理10年文化建设和文化体制改革理论成果和实践成果，对于进一步深化文化体制改革、推动社会主义文化大发展大繁荣具有十分重要的意义。

近日，李长春同志的《文化强国之路——文化体制改革的探索与实践》（以下简称《文化强国之路》）一书正式出版。这本书真实记录了党的十六大以来，在中央的正确领导下，我国文化改革发展奋斗历程和成功实践，体现了我国文化建设的重大理论创新成果，充分展示我国文化事业和文化产业不断发展壮大、文化竞争力和影响力持续增强的辉煌成就，对于进一步推动我国文化改革发展具有重要的指导意义。实践发展永无止境，解放思想永无止境，改革开放永无止境。认真学习《文化强国之路》这部著作，对于文艺界学习贯彻党的十八大和十八届三中全会精神，深入学习贯彻习近平总书记的一系列重要讲话精神，进一步解放思想、解放文化生产力、解放文艺发展活力，充分发挥文艺界人民团体的独特优势和重要作用，推动社会主义文艺大发展大繁荣，具有重要的意义。

一、正确把握文化“魂”与“体”的辩证关系，大力弘扬社会主义核心价值体系，唱响实现中华民族伟大复兴中国梦的时代最强音

《文化强国之路》中有多篇文章论述了文化的“魂”与“体”的辩证关系，提出要始终牢牢抓住文化的“魂”，创新和用好各种文化的“体”，使二者相互促进、相得益彰，做到形神兼备、强“魂”健“体”。社会主义核心价值体系是兴国之魂，是先进文化的精髓，建设社会主义核心价值体系是繁荣发展文艺事业的根本任务。当今世界，思想文化领域的交流交融交锋日趋频繁，文艺领域的情况也更加纷繁复杂。这就要求广大文艺工作者牢牢把握社会主义先进文化的前进方向，进一步廓清文化的意识形态属性和产业属性、文化事业与文化产业、文化规律与市场规律、社会效益与经济效益、文化传承与文化创新等一系列重要关系的思想认识，更加自觉运用好文艺创作生产这个“体”，大力弘扬社会主义核心价值体系这个“魂”，确保文化建设始终沿着社会主义先进文化的方向前进。

当代中国已经进入追梦、筑梦、圆梦的伟大时代，实现中华民族伟大复兴中国梦，既是人民的梦，也是文艺工作者的梦。广大文艺工作者要紧紧围绕坚持中国道路、弘扬中国精神、凝聚中国力量，讲好中国故事，抒发中国情怀，塑造

中国形象。要用高品质的文艺作品和多姿多彩的文艺表现形式，反映人民创造，塑造美好心灵，礼赞高尚情操，大力讴歌以爱国主义为核心的民族精神和以改革创新为核心的时代精神，大力唱响国家富强、民族振兴、人民幸福的时代主旋律，不断增强人民群众奋发向上的精神力量，形成团结和谐的精神纽带，建设中华民族共有的精神家园，为实现中华民族伟大复兴中国梦凝魂聚气。

二、深入贯彻“贴近实际、贴近生活、贴近群众”重要原则，坚持以人民为中心的工作导向，密切文艺工作者与人民群众的血肉联系

这本著作反复强调，“贴近实际、贴近生活、贴近群众”是宣传思想工作增强针对性、实效性和吸引力、感染力的根本途径，是宣传思想战线必须长期坚持的工作原则，充分体现了辩证唯物主义和历史唯物主义的世界观和方法论。对于文艺工作而言，“三贴近”原则是党的全心全意为人民服务宗旨在文艺界的直接体现，是文艺工作和文联工作坚持“二为”方向、“双百”方针，不断创新发展的必然要求。在文艺创作实践中，如果不贯彻“三贴近”原则，就不可能创作出思想性艺术性观赏性完美统一的优秀作品，社会主义文艺就难以焕发出蓬勃的生机和活力；偏离或忽略了“三贴近”原则，文艺作品就会苍白无力、枯燥无味，社会主义文艺的根脉就会窒息和枯萎。

人民是历史的创造者，是文艺工作者的母亲。社会主义文艺来源于人民、植根于人民，也必须服务于人民。人民群众的社会实践和社会生活是文艺创作唯一的源泉。党的十八大以来，中央在全党开展了党的群众路线教育实践活动，文艺界自觉坚持以人民为中心的工作导向，不断把教育实践活动引向深入。广大文艺工作者要进一步牢固树立马克思主义群众观点，始终与人民群众同呼吸、共命运、心连心，自觉把“三贴近”原则贯穿到文艺创作生产传播的全过程和各方面，把人民群众作为文艺的创作主体和服务对象。要把社会当作大课堂大舞台，走出高楼、走出书斋，观察生活、感悟生活，积极开展采风创作，深入生活、深入群众、汲取营养、净化心灵，进一步密切与人民群众血肉联系，创作出更多更好为广大人民群众喜闻乐见的优秀文艺作品。各级文联组织要秉持文化惠民、文化为民、文化乐民的宗旨，把满足人民群众基本文化需求作为重要使命，广泛开展深入基层、面向群众、形式多样、影响广泛的文艺志愿服务活动，让人民群众享有改革开放的最新文化成果。

三、始终坚持以改革创新为强大动力，激发文艺创造活力，努力攀登艺术高峰

《文化强国之路》着力强调改革创新对于文艺发展的极端重要性、紧迫性，指出只有通过改革创新，破除妨碍文化改革发展的思想观念和体制弊端，才能充分解放和发展文化生产力，推动广大文艺工作者和文化企事业单位遵循艺术规律、市场规律，焕发创造活力，提高竞争能力，提供丰富多彩的文化产品和服务，最大限度满足人民日益增长的精神文化需求。创新是文艺发展的本质要求和不竭动力。当今社会文化交流日益频繁，人民群众的文化需求和审美情趣呈现出多层次、多样化的新期待，对文艺繁荣发展提出了新的更高要求。习近平总书记明确要求，宣传思想文化工作创新重点是抓好理念创新、手段创新、基层工作创新。这就要求我们必须进一步强化创新意识，大力推进文艺观念、内容形式、体制机制创新，大力推进文艺体裁题材、风格流派、样式手段的创新，努力弘扬和建设先进文化，不断提高文艺作品的吸引力、感染力、影响力。文艺精品反映着一个国家、一个民族的文化品格和创新能力。要始终坚持把提高思想艺术质量摆在更加突出的位置，以超越前人、超越自我的勇气，努力攀登艺术高峰，着力打造思想性艺术性观赏性相统一、无愧于历史、

无愧于时代、无愧于人民的文艺精品。要建立健全文艺精品和重点题材、重大创作项目的扶持机制,形成科学的评价体系,开展积极健康的文艺批评,对文艺名家和中青年文艺拔尖人才进行资助,加大对文艺精品和原创作品的购买力度,为中国文艺精品的产生创造更加肥沃的土壤和更加适宜的环境。要积极推进文艺科技创新,充分认识现代科技对文艺发展产生的革命性影响,高度重视互联网、手机等新兴媒体在文艺创作生产传播和新业态发展中的作用,善于运用现代信息技术进行文化创造和传播,积极运用高新技术提高文艺的表现力和传播力。

四、努力追求"德艺双馨",引导广大文艺工作者提升职业道德素质,认真履行人类灵魂工程师的神圣职责

著作中特别对文艺工作者"德"与"艺"的关系进行了充分论述。指出文艺工作者素有人类灵魂工程师的美誉,承担着提高人民精神境界、培育社会文明风尚的光荣使命。正人必先正己。要做到这一点,文艺工作者首先要努力塑造自己的崇高灵魂,始终追求德艺双馨。文艺人才是党和人民的宝贵财富。德艺双馨,是党和人民对广大文艺工作者的殷切期望,更是每一位杰出文艺工作者的毕生追求。培养一支德艺双馨、规模宏大的文艺人才队伍,是文艺事业繁荣发展的根本保证。这就要求我们必须在全社会大力营造尊重劳动、尊重知识、尊重人才、尊重创造的良好氛围,鼓励创新、宽容失败,为优秀人才特别是青年文艺人才脱颖而出、施展才干创造有利条件,最大限度地激发文艺工作者的创造活力和创作激情。

2012 年中国文联九届二次全委会在广泛讨论、充分论证的基础上,制定颁布了"爱国、为民、崇德、尚艺"文艺界核心价值观和《中国文艺工作者职业道德公约》,得到了广大文艺工作者的广泛认同,引起了热烈反响。一切有理想有抱负的文艺工作者,都应该努力践行文艺界核心价值观,自觉坚持爱国为民,弘扬先进文化,追求德艺双馨,倡导宽容和谐,模范遵纪守法。要树立正确的世界观、人生观、价值观,始终坚守艺术理想和艺术良知,恪守职业精神和职业道德,弘扬社会正义,传递人间真情,讴歌真善美、贬斥假恶丑,自觉抵制腐朽文化和低俗之风,努力以高尚的道德情操、真诚的艺术态度和良好的社会形象,赢得人民群众的尊重和爱戴,努力做先进文化的建设者、美好心灵的塑造者、时代风尚的引领者、社会和谐的促进者。

五、充分发挥文联在党和政府与文艺界之间的桥梁纽带作用,努力建设团结服务广大文艺工作者的温馨和谐之家

文联是党领导的人民团体,是党和政府联系文艺界的桥梁和纽带,是繁荣社会主义文艺、发展先进文化、建设社会主义文化强国的重要力量,是广大文艺家和文艺工作者的共同家园。随着我国经济社会的快速发展,尤其是文化体制改革的深入推进,我国文艺工作者所处的社会环境、体制环境、创作环境、成长成才环境已经发生了深刻变化,队伍构成也发生了深刻变化,文艺界知识分子,包括自由职业者、自由撰稿人、独立演员歌手、网络文艺创作者、"北漂"等一些特殊群体,都应该成为文联的工作对象和服务对象。如何进一步增强文联自身的吸引力、凝聚力、影响力,广泛团结和有效引导各方面各层次文艺人才,不断巩固我们党在文艺界的执政基础和群众基础,为繁荣发展文艺事业、建设文化强国、实现中国梦而奋斗,是新形势下文联组织面临的时代课题和紧迫任务。

(作者:中国文联党组书记、副主席)

从北京看中国城市的文化角色定位及战略行动

陈宇飞

一、"世界城市"的文化角色功能

北京是第一个明确提出要建设"世界城市"的中国特大型城市。但是,世界城市究竟应该由哪些内容构成,却有着很多不同的讨论方式。世界上评价城市发展质量和口碑的渠道有很多种,比如世界上经济实力最强大的城市、发展质量最高的城市、最佳旅游目的地城市、最美丽的城市、最佳宜居城市、最有活力和最佳创新型城市、最佳人文城市、最具特色城市、最佳教育城市,等等。这些内容映射出人们评价城市、感受城市和使用城市的不同方式。

迄今为止,还存在着很多种"世界城市"排序的指标体系,其依据也不尽一致。虽然对世界城市可以有多样化的评述角度,但对于整体世界格局中最有影响力的城市,还是具有相对一致的判断。提及全球公认的世界城市,一般就是指纽约、伦敦、东京、巴黎,以及在这四座"世界城市"所引领和辐射下的现代世界城市体系。这一体系,是现有世界秩序的体现,也是最主流、最活跃的城市群。

自从北京市明确提出建设"世界城市"的战略构想后,论及世界城市功能、定位、战略布局的文章、观点、讲话就层出不穷,也出版了相当一批专门的著作。这些论述,其实都提出了一个城市角色功能定位的问题,也从多个方面论及了世界城市的定义、效应、路径等问题,有很多很好的建议和操作性设计。如上海的叶辛、蒯大申二位先生对世界城市的评价标准,更多地考虑了中国城市发展的实际状况,因而比较符合中国的实践条件,他们所提出的世界城市标准为:文化要素集聚;文化产业空间集聚;文化创意产业充分个性化并以文化资源多样性为基础;文化事业必须非常繁荣;文化创新活跃;文化体制健全;文化精神强健,并且必须具有很强的文化影响力、文化包容性、市民精神健康,等等。这些,属于比较全面的概括性评述。相比较而言,国务院参事牛文元先生的观点更加简洁明晰,笔者试图以他的评述标准要求为依据,作为认识世界城市的基本标识。

第一,知名度标识。城市影响力的最关键标识是知名度。一座好的优秀城市,应该具有很高的城市品牌提及率,即"世人耳熟能详,具有很高的国际知名度:一提纽约、伦敦、东京,妇孺皆知"。在城市知名度维度上,城市是一个非常明显的符号标识,作为经济、文化、政治活动的中心园地,城市的影响力实际有着超越国家的能量。在世界上最活跃的各类活动中,城市是最重要的实际载体单位,可比较和可以计量的指标繁多,其实质上的思想策源、金融运转、政治决策、经济活动、文化影响等城市功能作用,都鲜明地指出了一座城市的能量所在,并指明了其不可替代的作用和标识。知名度标识是积累出来的,也是大家共同认可的,其口碑名望和实际功能效应,应该是相互匹配的。北京建设世界城市的目标核心,首先是提高知名度。

第二,影响力标识。人们一般认为,能够对世界主体活动和事务产生重大影响力的城市,就具备了世界城市的资格,即"世界事务的策源地:联合国总部、世界银行总部所在地等"。同时,世界城市还应该有众多的世界经济核心组织,是决定世界经济事务的重要运作中心,是世界性经济活动和金融信息的重要节点,具有不可替代的角色功能。在这一目标考量下,一座世界城市应该具有巨大的影响力能量，能够在相当重要的世界核心领域及最重要的国际事务上，有效、持续地释放出集聚和发散的双重能量效应，实际上就是世界事务的能量中心和操控中心。今天，这样的世界事务中心并非一定是超大型城市，很多世界事务中心城市规模并不大，但因为具备了集聚事务能量和人才的能力，可以提供良好完善的服务，运转灵活，制度完备，因而能够担当世界事务中心的角色，比如瑞士著名的国际“小城”日内瓦，就是小城大能量的典范。日内瓦虽仅有 20 万人口，占地仅 15.86 平方公里，却是当今世界国际组织最多的城市，如联合国驻欧洲总部、世界贸易组织（WTO）总部、世界卫生组织、国际红十字会、联合国难民署、世界气象组织、世界知识产权组织、万国邮政联盟、国际标准化组织、世界经济论坛和国际劳工组织等国际组织和 200 多个各种代表机构，都以日内瓦为驻地。其城市影响力水平自然会很高。

第三，人才库标识。世界城市应该拥有极为丰厚的优质人力资源，应该是吸纳人才、储备人才、使用人才、充分展现人才价值的世界性大本营，是世界上主流知识集聚地，重要人文思想策源地，前沿科学探索和科技研发的重镇，是人类智慧流动、凝聚和交流的重要平台，即牛文元先生所说的“数量巨大的人力资源：千万级人口数量和来自世界各地的高端人才”。世界城市还应该是世界上的著名教育城市、人才成长大本营，有“蜚声国际的文教实力：拥有世界一流大学、科研机构、国际学术大师”。建设世界城市，最为重要的是有悉心培育、吸纳、爱护、激励世界一流人才的能力，精心建构有利于世界级人才充分发挥才能的宏大平台，建设优秀的由小学、中学、大学构成的优质的现代教育体系。世界上有许多座城市，虽不是人口规模巨大的城市，但由于其在现代知识体系中担当了重要角色，是原创性知识和重大科学发明的原生地，因而成为了重要的世界性知识中心城市。如哈佛大学所在地的剑桥小城，规模上根本不能与任何大城市相比，但因为小城中有哈佛大学和麻省理工学院两座世界一流大学，因而具备了影响世界的能量。

第四，枢纽地标识。世界城市必然是世界范围内的重要流通枢纽。无论是作为世界性的海事航运中心或是航空枢纽，它们的枢纽角色功能都必然十分突出，比如日本东京，既是世界级的海运中心，也是航空业的重要中转地。世界级的枢纽地城市，绝非区域范围内的流通中心点，它们必须具有强大的全球性的物流和人流调度能力，有全面的国际公认的高效仲裁能力，能够方便地充分地承接世界物流人流中的主要部分，具备优质、快捷、友善的全面服务功能，成为“重要的流通便捷的交通枢纽：世界级港口、机场等交通枢纽中心”；这类功能的展开，需要全面提升城市的世界意识，具备世界范围内的枢纽功能建构能力，能够充分利用自己的区位优势，积极充当全球重要的交通节点。

第五，文化力标识。文化影响力远远超越国界限制。世界城市一定是世界上重要的文化中心之一，扮演着全球最为重要的文化角色之一，拥有非常强大的文化实力，拥有极为丰富多样的文化设施和文化内涵，拥有多样性的文化活动和文化活动组织力，并且在功能定位、环境设施、构成内容等方面都具有重要的文化品牌，即要有大量世界第一甚至是唯一的文化品牌，即“享誉世界的文化重镇：拥有著名博物馆、图书馆、歌剧院、历史遗迹等”。当然，仅有设施还不足以成为世界城市，而是在综合文化实力上能够对世界具有影响力和文化辐射力。按此标准要求，北京的文化力还有很大的提升空间，文化资源需要进一步整合、梳理，并在世界性平台上对其进行全面定位。作为中国的首都，北京所拥有的文化资源还没有完成向“世界历史文化教科书”必选内容的转换，也还没有以世界著名文化城市的身份成为人们“一生必到的地方”中的重要选项，甚或第一选项。

第六，传播力标识。现代世界的一个重要标识，是信息流动速度不断加快，信息容量不断提升。特别是借助有线和无线宽带互联网传输的信息,几乎每天都在以惊人的速度攀升。各个国家和城市,都在以极大的投入和关注,力图在新时代的信息传播上有所作为,至少长时期内不要落伍。在这方面,世界城市也必然应该是最为积极的角色。世界城市应该具有引领和影响世界的传播能力,应该能够在不同意识形态领域和不同的话语范围内,都有很强的影响力和话语权。世界城市应该是最重要的新闻舆论中心、信息发生地、最佳出版物的原生地、最活跃和最具掌控力的电视传播渠道的基地,"是左右舆论的世界媒体:通讯社、电视台、报纸、网络媒体"。传统格局中,信息的生成和延伸路径以报刊、电视和通讯社为基础,主要采取有源信息和有限传输方式,具备较为成熟的信息筛选机制,借助纸媒、电波和电视网络完成信息传输。今天的信息传播方式已发生了巨变,筛选机制已突破了传统的制度设计,话语权变得模糊了,传输范围却极大地拓展了,人人可以作为信息源头,人人可以是信息终端,信息互动能力也极大增强,这样的信息生成方式和传播方式前所未有。这本身就是一个巨大的时代挑战,也是时代的发展机遇。世界城市能否再次在新的信息转播格局中脱颖而出,成为新世界、新形态、新平台中的新能量角色,这是对现有的世界城市和未来的世界城市的最大挑战,也是一个最新课题。

二、世界格局中的角色功能判定

(一)城市角色身份的迁移

现代城市功能的生成和历史文化角色的现代转换,是成为当代世界城市角色的关键性要素。当今意义上的世界城市,其核心在于,它们不仅仅是传统历史城市功能的线性式的当代延续,更是在不断促进现代城市功能的生长、成熟、壮大的前提下,成为今天世界格局中最重要的角色。

历史上,世界城市的角色曾由不同的城市担当,如15—16世纪的意大利佛罗伦萨、18世纪初的奥地利维也纳、18世纪后期的巴黎都是各自时代中的世界城市。德国诗人烁璧曾在18世纪后叶,将罗马和巴黎称为世界城市。在20世纪初期,一些西方国家迅速发展的大城市被称作世界城市,实际就是指那些在世界活动中较为活跃的城市。在20世纪60年代,世界城市是指那些能够对全世界或大多数国家发生全球性经济、政治、文化影响的国际第一流大城市。此外,还有以国际劳动分工作为认定世界城市的依据,比如主要金融中心、跨国公司总部(包括地区性总部)、国际化组织、重要的制造中心、主要交通枢纽等。美国经济学家丝雅奇·沙森根据生产性服务业来鉴别世界城市,把世界城市定义为:发达的金融和商业服务中心。当今时代,世界城市作为信息、资金、人才、物流的中心地位日益凸显,它们既是海量信息的收纳地,也是信息处理、思想投射、资金流动的发散地。在不断变化、动荡的世界格局中,如果不能够把握讯息主动权,不能够有效参与世界性的话语表达,那么一座城市的文化权利就无法充分实现,也就不能成为世界城市。

(二)确立城市角色的基本依据

巨型都市,并非一定就是天然的强者,规模并非繁荣昌盛的唯一条件。强者需要在特定的秩序中,按照清晰的路径和节奏去渐渐成型,每座真正的强大城市都有着艰辛的成长故事,任何浮躁和虚饰,都无助于其成长,更遑论世界城市了。比如,根据英国拉夫堡大学(Loughborough University)"全球化与世界级城市研究小组"(GAWC)所做的城市评级模型理论,依据城市在当今世界政治、经济、文化整体格局中的角色以及其所能生发出的能量和效应,对世界上的几百座城市,做了一个较为清晰和可信度较高的排序。在这一序列图中,世界上被列入考评对象的城市达300座,地域分布范围比较合理,涵盖类型大致周全,基本能够代表全世界主要城市的功能类型。其排序梯次分为四级12类:第一级(Alpha)++城市;第一级+城市;第一级城市;第一级-(减号)城市;第二级

+城市；第二级城市；第二级－城市；第三级+城市；第三级城市；第三级－（减号）城市；第四级城市分为高能量级（High Sufficiency）城市和一般能量级（Sufficiency）城市。其中，被列为第一级++城市的只有2座，即纽约和伦敦；列为第一级+城市的有8座，即香港、巴黎、新加坡、东京、上海、芝加哥、迪拜、悉尼。第一级城市共有18座，大都是我们熟悉的有世界性影响的城市，依序是米兰、北京、多伦多、圣保罗、马德里、孟买、洛杉矶、莫斯科、法兰克福、墨西哥城、阿姆斯特丹、布宜诺斯艾利斯、吉隆坡、首尔、布鲁塞尔、雅加达、旧金山、华盛顿。

（三）北京在大格局中的定位

北京排列在第一级城市（即排在第一级城市++和第一级城市+之后的三等城市）的第2位，总排名第12位，居于比较靠前的位置。这是考量了北京市的多种作用、功能和影响后做出的判定，基本准确地反映了北京在世界格局中的实际位置。当然，仅根据一种维度作为判断北京城市价值和作用的全部依据，显然不尽合理。据一般统计，纽约、伦敦、东京等世界城市，其过半从业人员（50%—55%）都集中在高科技、金融、文化创意产业等领域，而北京的这一数字只有17%。因此，应从文化角色定位的维度，集中讨论一下北京的定位究竟应该是什么，北京应该并可以在哪些文化领域中明确目标，有效动员社会的全面的智慧劳动，不断在这些文化领域中积极行动，有效推进，进而促进整个世界文化格局的改变，提升北京的整体发展竞争力和文化影响力。

三、城市文化角色的“文化版图”定位

（一）文化版图要略

当今世界已经形成了一个基本成型的世界“文化版图”，划定了大致的文化模式，确定了现今世界影响力最大的基本文化活动形式，反映出了人类主流文明形态的基本面貌，标明了世界上最活跃、最有影响的文化产品、文化传播、文化活动、文化节日和文化辐射能力，以致文化控制、文化话语权等方面的既成事实。在这一世界“文化版图”中，世界各个城市均依据不同的角色定位，成为对现实世界产生影响的重要角色，也是城市竞争布局中的不同角色，而其中的一些城市，由于其集聚功能的凸显，其功能效应格外鲜明，而成为整个格局中的统领者，这就是所谓世界城市的文化角色定位的基点。能够在这一世界性的文化版图上担当重要角色的城市，一定并应该是重要的文化核心、重要的文化集散地、文化传播和收纳的枢纽，一定是思想文化的大本营，是最重要的思想库，是最具世界影响的文化成果原生地之一，即最为重要的文化“第一品牌”城市。同时，必须要指明的是，整个新兴国家群体的文化行动力量，特别是我们自己浸润其中的中华文明的价值，也是我们正在努力营造的新文明空间，在原有格局中还没有充分显现出来。

（二）文化角色功能识别

在今日的几座世界城市中，纽约是当今世界的金融中心，华尔街的金融行为，对整个世界的金融运行乃至大部分的资金流动，起着关键性的掌控作用。同时，纽约也是世界上最为重要的文化集聚地，是文化、科技、艺术、文博、演出、影视、出版、传媒、体育等领域的佼佼者和领军城市。纽约的文化软实力，首先得益于它的多元文化资源的构成，纽约有来自全球180多个国家和地区的大量移民，全市36%的人口为外国移民（据2000年人口普查数据），纽约市人口使用约170种语言（2005年），纽约的文化影响力和作用价值，则更多地体现在它全面、丰富的文化角色功能上。如1869年成立的美国自然历史博物馆，以及著名的纽约大都会博物馆、纽约现代艺术博物馆、惠特尼美国艺术博物馆等等，都是世界级的、一流的优质博物馆，其中的纽约大都会博物馆，馆藏极为丰富，有超过200万件的世界艺术品。纽约是世界顶级表演艺术中心，纽约的大都会歌剧院和百老汇演艺中心，都是闻名世界的艺术殿堂，在它们的舞台

上，谁能够有机会一展身手，也就意味着已经站在了世界最高舞台上。

纽约还有哥伦比亚大学、纽约大学等数十所著名大学，构成了一座优质教育中心城市的动人风貌，增添了一座城市的深厚气度和优雅气质，提供了丰厚的思想文化资源支撑。纽约还是出版、报刊、影视、传媒业的世界级中心，如德国贝塔斯曼集团属下的兰登书屋总部就设在纽约，是纽约强大的出版业的龙头。兰登书屋是全世界最大的大众图书出版集团，是一家在文化和商业两方面都取得巨大成就的、充满创意和活力的公司，每年出版新书1.1万多种，涉及17个国家和地区的不同语言，图书年销售量超过5亿多册，拥有众多世界著名的作家，包括政治名人、诺贝尔奖得主和畅销书作家。兰登书屋之所以曾经令无数出版人向往，正因为它出版了大量不朽的精品著作，是世界出版业的风向标式的文化标识。

城市文化角色功能的体现，是以城市的文化地标、文化场所、文化功能、文化辐射力、文化品牌等要素组合而成的，也是以它们集聚金融业、演艺业、出版业、传媒业、影视音像业、会展业等高端业态，集聚优质博物馆、图书馆、体育场所、大学、大剧院、文化机构的文化整合力为标识的。

（三）多样态的文化角色价值

在世界的文化版图上，绝非仅有世界城市可以担当重要角色，许多“小地方”，由于经历了艰辛的品牌培育过程，其文化角色呈现小中见大、小城大效应的状态。比如意大利的佛罗伦萨、威尼斯的文化极致效应，是无数只有规模而人文影响不够的城市望尘莫及的。奥地利维也纳具有“世界音乐之都”的效应；小小的仅有14万人口的奥地利萨尔茨堡，却能够举办具有世界影响的萨尔茨堡音乐节；苏格兰历史文化名城爱丁堡，仅有47万人口，也一样可以办成闻名世界的爱丁堡艺术节；法国南部小城阿维尼翁，因为世界级的阿维尼翁戏剧节而享誉世界。世界不需要将所有文化功能角色都交由几座超级城市担当，那样的世界会非常无趣。而这意味着，新的城市文化的重要角色是中国城市特别是北京这样的城市的新机遇。

通过比较可以发现，在世界文化领域中，许多城市文化品牌已经有了很大的影响，像萨尔茨堡、爱丁堡、阿维尼翁这样的小城，却能够扮演着世界性的重要文化角色，这也就意味着，在讨论建设世界城市问题时，确实应该对别人保持高度的尊重，而不要目空一切和妄自尊大。相比之下，以北京目前的状态考量，确实还欠缺能够与世界级的文化小城并称的声誉和声望，也远未形成巨大的文化品牌影响力。罗马不是一天建成的。要想完成北京的自我超越，与世界城市并驾齐驱，不仅确非易事，而且需要很长的时间。

四、中国城市的文化角色战略行动

（一）整体定位

凡在世界上有巨大文化影响力的城市，一定有着“教科书”般的高提及率、导游手册的重点推荐、专业行当的高美誉度、旅游爱好者高向往度等文化角色的基本特征，一般也具有文化存续力、文化传播力、文化涵养力、文化创新力、文化竞争力、文化品牌力等几个最重要的文化能力，其中最为重要的是文化存续力、文化传播力、文化涵养力和文化创新力。文化竞争力和文化品牌力属于衍生能力，有了前四种能力，竞争力和品牌力就不会成为问题。

1. 文化存续力。文化存续力并不是专指一种具体的能力，而是基于文化自觉的完整认识和行动能力的总括。主要是指承接文化、学习文化和保存文化的总体能力。美国城市学家刘易斯·芒福德就形象地将城市比作“文化的容器”，这个文化容器不但应该具备接续自己民族文化和历史文化遗存的能力，也应该具备善于学习其他民族、国家文化的能力，并且能够将所承接的文化很好地延续和传递下去。文化存续力的强弱，代表了一座城市、一个民族对自身文化的认知和把握的程度，也包含着对文化价值的判断能力。

2. 文化传播力。文化传播力是现代城市文化行为中的重要组成部分，一座城市的文化影响力强弱程度，与它所具备的文化传播力有很高的关联性。文化传播力是可以不断提升的。在世界视野内，凡能够有效地将自己的优秀历史文化成果，经过精心地整合、组合、包装，形成具有市场适应性的文化形象的城市，都有机会成为具有较大影响力的城市。中国的历史漫长悠久，在历史演进过程中，创造了极其丰富多样的文化样态、文化品种，有异常丰盈的文化产品，其特有的民族风格的审美方式和表达方式，都是可以卓然于世并长久流传的。今天，一座城市的文化传播力，主要表现为能够将一座城市的内在精神之美、民众的生活情趣和文化风情，以及相应的文化表达方式、对美的热切追求、特有的文化气质和他们的文化产品，通过多种渠道、平台、媒介有效地传播出去。

3. 文化涵养力。文化涵养力也是一个综合性概念，它包含了文化传习能力、文化教化能力和文化成长能力等多个意项，文化涵养力更多的是指文化内生的多重能力。文化涵养力最基础的建构，是要不断培育民众的文化兴趣，提高文化鉴赏水准，持续优化社会文化环境，改善文化氛围，以丰富多样的文化传播、传习、培植方式，借助城市公共文化设施和公共文化空间，有效地展开文化涵养行动，以博物馆、图书馆、美术馆、文化馆、科技馆、影剧院、展览馆等多种文化场馆为平台，借助文化节、演出季、活动月、大型比赛等形式，推进文化传播，提升市民文化文明素养。文化涵养重在养成的过程，重在其对人心的造化作用。这样，其社会效果将会很长远。

世界城市一定要有一流的世界级的综合博物馆。法国巴黎的卢浮宫、奥赛博物馆、蓬皮杜文化艺术中心等大型艺术博物馆，成为了一座著名大都会城市的文化地标，每年吸引无数的游客前来文化朝圣，卢浮宫的《蒙娜丽莎》、《维纳斯》、《胜利女神》等藏画成为每个游客必看的艺术名作，并作为自己确实到过卢浮宫的象征性符号；英国伦敦著名的大英博物馆，以其极为丰厚的收藏而傲然于世，博物馆极为宏富的文物收藏，会让每一位到访者流连忘返，惊奇震撼，特别是它的东方艺术收藏，连许多来自其文物国家的到访者都嗟叹不已；美国纽约的大都会博物馆当然同样是文化的巨型宝库。世界城市一定要有一流的高尚艺术演出场所，巴黎歌剧院、纽约大都会歌剧院、伦敦以国家大剧院为首的八大剧院，都是世界一流的演艺场所，长年不断上演着一流的剧目，是世界演艺界的风向标。而且这些世界城市，都拥有规模宏大、内容丰富、服务周到的一流图书馆，是城市文化智慧的宝库，也是市民和普通人获取知识的核心场所。

近年来，中国的城市建设中，对文化涵养能力有了越来越深刻的认识，对文化之于社会文明素养的提升关系，有了更好的认知和理解。于是，在上海、北京等有志于建设世界城市的“排头兵”城市中，大型文化设施开始更自觉地承担其文化涵养的责任义务，且对其社会功能的理解也愈来愈深入。北京国家图书馆、国家博物馆、国家大剧院，上海大剧院、上海博物馆、上海图书馆都不仅作为城市景观地标而存在，而且更是作为人们心灵世界的文化路标。北京在传播和涵养市民音乐素养上，也做出了很多努力，已有很多音乐场所在主动承担传播音乐文化的职责。北京中山公园音乐堂主动与社会企业结合，年年举办暑期艺术节，主要针对青少年的音乐兴趣培养做文章。2012 年的暑期艺术节，从 2012 年 7 月 6 日开始，持续到 8 月 30 日结束，举办了多场音乐会、音乐讲座，涵盖内容丰厚、涉及范围非常广阔。

4. 文化创新力。对于一座世界城市而言，文化创新力是最重要的文化能力之一。它的能量集中体现为对文化资源的高度整合能力，也体现在能够很有效地完成资源向文化资产的转换后，能够使之与市场化要素紧密相连，并且善于将文化资产与现代城市生活更好地融合，融入到推进城市更好更快发展的所有活动之中，使文化力量更广、更深地全面融入城市生活。整合文化资源的目的，是期望其能够形成有效促进今天城市发展的强大资源，并且能够促进文化的不断创新、进步、拓展。文化资源的能量几乎是无限的，它们不但能够成为激活和催生文化创新的巨大力量，也能够成为促进创意引领作用和促进社会进步与思想拓展的巨大力量。文化创新力是检验一种文化生存能力的重要标准，也是决定一种文化长久命运的关键性力量。检验文化创新能力状况的方式有许多种，比如文化原创性成果的多少，学术创新力的高低以及学术氛围的宽松度和自由度，原创性科技发明成果的世界性意义，还有引领文化时尚的能力高低等等，这些都可以作为检验文化创新力的标准。

（二）持续优化原生文化品牌

优秀的原生文化资源，本身就具有世界性的价值。只是在新的世界格局中，把这些原生文化资源的品牌价值和文化内涵更好地发掘、整理、优化，并有效地推介到世界平台上去，不断使其显现出独有的文化魅力和内涵意义，才能将其文化品牌的不可替代性发挥到极致。在这方面，与世界上的许多典范性文化品牌相比，北京还存在着较大差距，同时也存在着很大的提升空间。从世界范围来看，北京独有的文化资源价值是非凡的，如城市历史文化风貌资源、人文类型故事资源、城市文化韵味与文化行为方式资源等，都有着独特的不可替代的文化价值。问题是，北京应该在更广阔的视域中，重新审视自身的文化资源价值，在对当代社会生活构成和世界发展新格局的全面把握中，对独有文化资源要不断提升其品质，开掘其新的价值能量。在构成世界城市文化角色的各要素中，原生性的地域文化元素，和依照城市发展需要而借鉴、学习、引进、新生的诸文化元素，经过有效的文化整合，可以形成新的合力，进而成为世界城市的文化角色的坚实支撑。优化“唯一品牌”效应，是拓展一座城市的世界性影响的重要途径。所谓唯一品牌，是指那些有世界影响的，又是其他地方所没有的唯一性的文化景观、文化遗产、文化场所、文化风物等，在它们身上，可以体现出无可替代的唯一性的文化标识价值。比如北京所拥有的众多世界文化遗产项目、具有世界品牌价值的文化景观等等。

（三）拓展新文化平台

在通常意义上，全球性的大型文化活动、文化仪式和文化节庆活动，是提升城市影响力和辐射力的有效激励元素。特别是对于超大型城市，包括要建设世界城市的北京来说，这类活动的意义更大。对于现代城市的发展和成长意义的建构而言，这类大型活动的价值作用和实际效果，基本可以类同于人的成年仪式。能够举办世界级的大型活动，需要城市能量的大幅度提升，需要城市管理水平和市民素养的全面提高。

有一个很有意思的现象，像北京、上海这样迅速成长中的城市，举办大型活动，引进世界级活动项目和文化项目，对其城市发展水平的提升作用非常明显。比如 2008 年第 29 届夏季奥运会在北京举办、2010 年上海世界博览会的举办，再如世界一级方程式赛车锦标赛上海站的活动、美国迪士尼主题游乐园项目在上海落地，都对这两座城市产生了裂变式的影响，将中国处于发展状态中的两座城市提升到了一个新的高度。大型活动对于发展中国家的城市和发达国家的城市，其作用力可能是有差异的。城市社会是以城市生命有机体的形式存在的，其保障要素十分繁复，而文化生态体系，就是重要的保障要素之一。北京在建构世界城市的过程中，需要有清晰的意识去建构城市文化生态体系，从现代理性意识、市民文明素养、政府管理水平、社会自治水平和文化软实力等多个方面，建构活力无限的、生生不息的城市文化生态体系。这不仅是为了满足举办 2008 年奥运会的整体需求，更是为了实现世界城市建构的长远发展要求。

在北京的城市发展过程中，一大批新型文

化平台正在崛起，其承载文化内涵的能力显著提升，这也是北京扩展文化品牌，在新文化角色定位中，可以担当重要功能的关键保障。如原址重建的国家博物馆，完全新建的国家大剧院；再有，比如经过精心规划，在城市整体布局中有意做成的新型文化集聚区，如天桥文化演艺区、幸福大街演艺区；还有就是利用原有场地条件，不改场景形态，甚而还有意保护原有文化符号的城市场景，但又彻底改变了其内在构成的场所，如南新仓文化创意园区、北京798文化创意园区、北京751文化创意园区、石景山文化创意园等。在这些方面，北京的施展空间极为广阔，新旧城市空间内涵的转换与更新，完全能够为新的文化活力的生长，培育新的文化生长点和更大的创意空间，拓展出更为多样的形式。

（四）培育次生文化品牌

所谓次生文化品牌，是指在世界原有格局中，别人早已声名赫赫，功成名就，而我们则需要在学习建构中，不断地、持续地精心培育的文化品牌。这里，还包含着一个隐性问题，即培育这类品牌，必须要和别人去“比拼”名气，要在既成的格局中，经过自己的努力，做出一片新天地。因此，我们对世界既成文化格局有较为清晰的了解，为自己做好准确的定位，不要妄谈世界角色、世界第一。这其实也无形中加大了品牌培育的难度。如何使这类新生的文化品牌博得世界的认可，形成人所共知的文化品牌效应，北京还需要做出更多的努力。比如，成长中的中国网球公开赛和北京三大演出季，都属于北京正在精心培育的文化品牌，也是拓展北京新文化生长空间的重大举措。

（五）涵养文化包容心

文化包容心是城市最大的文化财富。有了文化包容心，城市的文化资源就会更为丰沛更为多样，文化动力就会更加强劲。但文化包容说着容易，做起来则难。包容我们愿意包容的东西，接纳很能给城市增面子的“高端”人士、高端文化容易，接纳几百万流动人口、普通劳动者、新市民和“草根文化”就没那么容易了。怎样为解决所有人群的孩子上学问题提供有效帮助，怎样将所有人的生命价值置于同一平台上，怎样看待许多不那么顺眼的人，怎样对待摊贩、打工者、低消费人群、乞讨者等群体，同样是对一座城市精神的考量，需要全社会一起认真面对。首先从政府做起，全面提升整个社会的公共意识，这也是世界城市的文化胸襟，也是伟大城市应有的气度。没有这样的文化包容，就不会有文化品牌的成长和塑造。

文化包容，还可以体现为对活力无限的大众文化和流行时尚文化的接纳。像北京的“迷笛音乐节”、“草莓音乐节”这类受到青年群体喜爱的文化品牌，正在迅速地成熟起来。在如何看待这类似乎比较另类的新文化表达形式方面，人们的看法差异很大。但是，随着时间的推移，人们对这样的青春文化形式将会越来越宽容，也将有越来越多的人们会逐步喜欢上这类激烈的文化表达形式。这其实也是北京文化正在成长的一个重要标识。

（作者：中共中央党校文史教研部文化学教研室副主任，教授）

社会主义核心价值观的历史进步意义

中央党校中国特色社会主义理论体系研究中心

党的十八大提出的"三个倡导"的社会主义核心价值观，是马克思主义与社会主义现代化建设相结合的产物，与中国特色社会主义发展要求相契合，与中华优秀传统文化和人类文明优秀成果相承接，是我们党凝聚全党全社会价值共识作出的重要论断。培育和践行社会主义核心价值观，对于推进中国特色社会主义伟大事业、实现中华民族伟大复兴的中国梦，具有重要的战略意义。

一、社会主义核心价值观的历史必然性

一个社会的本质、特征和理想追求集中表现为该社会的基本价值观念和价值取向，也就是社会的核心价值观。核心价值观既决定于经济基础，又对社会发展起着不可或缺的规范、引导和推动作用。每一个社会都有自己的核心价值观。社会主义核心价值观，是社会主义核心价值体系的内核，体现社会主义核心价值体系的根本性质和基本特征，反映社会主义核心价值体系的丰富内涵和实践要求，是社会主义核心价值体系的高度凝练和集中表达。一言以蔽之，社会主义核心价值观是中国特色社会主义的本质要求，具有历史必然性。

当代中国，只有"三个倡导"的社会主义核心价值观，才真正反映了中国特色社会主义实践的需要和最广大人民的根本利益、共同愿望。社会主义核心价值观既是马克思主义与中国特色社会主义相结合的产物，又是批判地继承古今中外人类基本价值观的结果。虽然资本主义的核心价值观在世界历史发展进程中发挥过积极作用，但其固有的局限以及赖以产生和存在的历史条件，决定了它根本不适合中国，任何照抄照搬都是不现实的，都会给中国特色社会主义事业造成颠覆性的危害。特别是面对世界范围思想文化的交流交融交锋形势下价值观较量的新态势，面对改革开放和发展社会主义市场经济条件下思想意识多元多样多变的新特点，积极培育和践行社会主义核心价值观，对于巩固马克思主义在意识形态领域的指导地位、巩固全党全国人民团结奋斗的共同思想基础，对于促进人的全面发展、引领社会全面进步，具有重要的现实意义和深远的历史意义。

二、社会主义核心价值观的历史进步性

我们倡导的社会主义核心价值观，植根于中国特色社会主义实践，既体现了科学社会主义的基本原理，又借鉴和发展了中西方价值观的合理因素，具有鲜明的历史进步性。这在民主、和谐、公正、自由等价值上充分展示了出来。

民主是关于人民群众在国家和社会生活中的地位的规定和要求。在中国，民主一词最早见于《尚书》："天惟时求民主，乃大降显休命于成汤"，"简代夏作民主"，意为作民之主。孟子的"民为贵，社稷次之，君为轻"就是这种思想的集中体现。在西方，民主一词最早见于古希腊希罗多德《历史》一书，是由"人民"和"统治"两词构成，指人民的统治或权力。后来，资产阶级启蒙思想家光大了古希腊的民主含义。比如卢梭认为，民主就是把权力"置于普遍意志的最高指导之下"。密尔提出，最好的民主形式是代议制民主。现代西方思想家们对民主作了进一步阐述，比如哈贝马斯重视和强调程

序民主等。虽然资产阶级的民主思想较之以往有很大进步，但根本上仍是少数人或一部分人的民主。在马克思主义经典作家看来，民主首先表现为国家形态，同时也体现在体制、原则和价值观等方面。马克思指出，民主作为一种国家形态和基本制度，其特点在于人民是国家的主体，"在民主制中，国家制度本身就是一个规定，即人民的自我规定"，而"国家制度无论如何只是人民存在的环节"。所以，民主体现人民主权和人民意志，体现人民的主体地位和自决权利，是社会主义社会的政治前提和基本要求。

和谐是关于人与人、人与自然之间的合理关系的规定和要求。在中国，和谐观念出现得很早。《周易》中有"保合大和"的说法；老子强调"合异以为同"；孔子主张"致中和"，"礼之用，和为贵"，"君子和而不同"；惠施宣扬"泛爱万物，天地一体"；张载提出"天人合一"等。在西方，"和谐"概念源于古希腊哲学，指事物之间最佳的结合，如赫拉克利特认为"自然是由联合对立物造成的最初的和谐"。从苏格拉底开始，"和谐"被引入社会领域。柏拉图认为"公正即和谐"。傅立叶在《全世界和谐》一书中提出"和谐制度"与"和谐社会"。马克思在批判地继承前人思想的基础上，全面而深刻地提出了关于和谐社会的一系列重要理论观点。马克思指出，和谐是包括社会主义历史阶段在内的共产主义社会的本质特征，标志着通过消灭阶级而实现的人与人、人与自然之间的一种高度协调统一的社会状态和社会境界。同时，人类社会是一个从低级到高级发展的进程，消除资本主义不和谐的弊端，建立平等、互助、协调的和谐社会，是历史发展的必然。而未来的和谐社会则是一个全面协调统一的社会，是人与人、人与社会、人与自然的和谐统一。今天，我们构建社会主义和谐社会，应当准确把握这一原则，努力推进人、自然、社会协调发展。

公正是关于社会政治伦理关系及其原则的规定和要求。中国传统文化中有大量关于公正的思想。《礼记》设想"大道之行也，天下为公"的"大同"世界。孔子提出："政者，正也。子帅以正，孰敢不正？"庄子也说："公而不当，易而无私。"在西方，柏拉图明确提出"正义就是平等"。近代资产阶级的"天赋人权论"和"社会平等论"，进一步宣扬了古希腊的正义思想。卢梭提出，公正就是公意，公意永远是公正的，而且永远以公共利益为依归。西方现代思想家们非常重视对公平正义的研究。比如罗尔斯认为，正义是社会制度的首要价值，而公正的本质在于社会制度如何分配基本的权利和义务。但是仅仅追求公正是远远不够的。公正需要历史的依据，一旦忽视了历史精神和历史依据，对公正的追求和理解就会陷入"永恒公正原则论"和"乌托邦空想论"。与这些思想家不同，马克思主义经典作家用唯物史观来分析公正问题，把公正建立在对包括资本主义社会在内的以往社会不平等现象的批判基础之上，把公正的理想与历史精神融为一体。在他们看来，只有共产主义制度才能真正体现公正，是公正的真正实现。同时，还注重把公正理论的完整性与开放性有机地统一起来，为后人发展与深化公正思想留下了广阔的空间。

自由是关于社会发展的终极目的的规定和要求。《论语》中的"从心所欲，不逾矩"是儒家对自由的理解。老子的"为无为"、庄子的"逍遥游"，则典型地表达了道家对自由的体认和追求。到了近代，自由概念被运用到政治领域，出现了政治意义上的自由观念，梁启超就明确指出："人人于法律内享有自由，法律之下人人平等。"在西方，亚里士多德认为，真正的自由并非个人无所顾忌的放纵，而是与遵守社会生活规则和法律相联系。在资本主义早期，自由主要针对封建专制和封建神权，旨在解决人权与神权的冲突。18 世纪末以后，自由主要是针对国家和政府的强权和过多干预，旨在解决个人与社会的矛盾。所有这些关于自由的思想，要么是主体服从于客体，要么是主体的精神具有无限能动性，都具有片面性。只有以实践为基础的马克思主义自由观从根本上克服了这种片面性，马克思、恩格斯把自由与“人类解放”联系起来，不仅将其作为个人发展的尺度，而且作为共产主义社会最重要的本质特征。他们认为，只有在扬弃了以往剥削社会的强制劳动和固定分工、特别是资本主义的雇佣劳动和固定分工之后，人们才能实现“自主活动”，从而实现人的自由而全面的发展。真正的自由王国只存在于物质生产的彼岸，它的实际内容就是人类能力的发展成为目的本身。也就是说，人不再屈从于任何外在的目的，人成了人本身的主人，这就是人的自由的最高的体现。

三、社会主义核心价值观的实践意义

社会主义核心价值观的提出，有助于打牢中国特色社会主义的精神基础。当代中国，只有社会主义核心价值观能够产生强大凝聚力，把整个国家、民族和人民紧密团结在一起，朝着共同目标前进。中国特色社会主义是在经济文化落后的基础上产生的，没有任何经验可以借鉴，必定会遭遇许多不可预料的重大历史课题和风险挑战。因此，提出社会主义核心价值观，对于坚持走中国特色社会主义道路，有效应对各种艰难险阻，有着十分重大的意义。特别是我国正处于社会转型期，一些领域道德失范、诚信匮乏现象严重，一小部分社会成员人生观、价值观扭曲，等等。如何整合各种社会思潮和价值观念，统一不同社会主体的思想观念和价值追求，是急需解决的一项重大课题。社会主义核心价值观就是旨在应对并且满足实践发展的需要，最大限度地形成全党和全国人民的价值认同和共识，不断坚定中国特色社会主义道路自信、理论自信和制度自信。

社会主义核心价值观的提出，有助于规范公民的行为和提升公民的思想道德境界。提倡“爱国、敬业、诚信、友善”，不仅体现了国家的本质规定和社会的根本要求，同时也为每个个体即每个社会公民提供了基本的道德伦理规范和行为准则，对于培育和塑造新型的现代公民具有重要意义。可以说，妥善处理个人与社会、个人与他人的关系，是社会主义核心价值观在个体层面的体现，也是国家、社会对个体公民的一种道德和伦理要求。

积极培育和践行社会主义核心价值观，关键在于提高价值主体的自觉性。社会主义核心价值观是由国家、社会、个体三个层面构成的统一整体，其价值主体分别是国家、社会、个体。马克思说过：“社会结构和国家总是从一定的个人的生活过程中产生的。”因此，要把提升每个公民认同和践行社会主义核心价值观的自觉性作为重中之重，深入开展社会主义核心价值观的学习和教育，全面提高公民的道德素养，尤其要重视官德建设，以此来促进全社会的道德建设。培育和践行社会主义核心价值观，是中国共产党人义不容辞的责任，也是每个社会公民的神圣职责。

中国特色社会主义仍在发展过程中，人们对社会主义核心价值观的认识也会随着实践的深入逐步深化。与此相适应，社会主义核心价值观也必将不断得到提炼和升华。

（执笔：侯　才　唐忠宝）

文化发展需要打破政府迷思

陶东风

党的十八大报告指出："建设社会主义文化强国，关键是增强全民族文化创造活力。要深化文化体制改革，解放和发展文化生产力，发扬学术民主、艺术民主，为人民提供广阔文化舞台，让一切文化创造源泉充分涌流，开创全民族文化创造活力持续迸发、社会文化生活更加丰富多彩、人民基本文化权益得到更好保障、人民思想道德素质和科学文化素质全面提高、中华文化国际影响力不断增强的新局面。"如何正确理解并贯彻落实胡锦涛同志的这段讲话精神？我以为关键是要打破政府迷思，调整好国家与社会、社会与个人的关系。

一、文化的活力在社会

著名马克思主义文化学理论家葛兰西认为，文化的领域是市民社会的领域，是非政府组织的领域，"文化领导权"是在市民社会领域形成和运作的。而哈佛大学肯尼迪政府学院教授、著名的"软实力"概念的提出者约瑟夫·奈则认为，美国文化软实力的优势得益于其强大的非政府组织和公民社会。

这些理论卓见启示我们，文化的活力在社会，激发全民族的文化创造力，关键是激发民间社会的文化创造力，增强社会自身的活力，激活社会而不是管死社会。

最近看到华东师范大学童世骏教授的文章提出"社会建设不等于社会管理"，深以为然。从国家（政府）和社会的关系理解，应该把社会当成建设的对象而不仅是管理的对象，建设的手段则是让社会获得自己的自主性，建设的目的是使社会获得创造力。社会管得太死就失去活力，失去创造性。这就要求我们深入反思计划体制的弊端，重新思考国家和社会的关系。计划体制的最大弊病就是扼杀社会自身的创造活力，"文革"时期的文化活动高度计划化，结果整个民族丧失了文化创造力；新时期改革开放的重要举措就是国家权利逐步退出社会领域，结果社会的文化创造力得以大大提升。但是最近又出现了文化领域国富民穷的情况，主要表现为大量政府主导的文化资产的整合和大规模文化央企的出现。这未必是好事，因为这些文化巨无霸很多是按照计划体制的方式强行合并的，它的强大其实是靠对资源和市场的垄断，而不是靠自己的文化创造力和市场竞争力。

我们所习惯的"管理"思维对社会充满了不信任甚至恐惧，好像社会是一个需要加以严密监控的对象，是混乱的根源，似乎社会稳定、社会和谐只有通过严密的管理才能获得。其实，社会的真正稳定最终需要的是社会成员对于公共事务的积极参与，而参与的前提则是创造条件使社会成员有更多的机会、更强的能力来实现这种参与。而且这种参与是多方面的，只是让公民参与各种植树活动是不够的，真正重要的是要让公民真正行使公民权利。

由于历史的原因，特别是由于计划体制的遗留，中国社会领域的独立性低，自组织能力差，这在很大程度上抑制了社会的创新能力。在社会转型期，由于社会的复杂性程度大大提高，国家权力已经不可能再像以前那样全面控制社会，结果导致在社会创造力降低的同时，大量黑社会现象随之出现，社会秩序大不如此前。因此，在目前情况下，需要在政府引导下进行社会改革，这个改革的最终目的是增强社会的自主性和创造性，同时通过强化社会的自主管理能力来优化社会秩序。

有人可能会说,如果政府不把社会管起来,社会不就乱了吗?特别是中国的社会,自组织能力差,政府不管怎么行?我们应该辩证地看这个问题。社会的自组织能力是与社会的自治、社会的自主性紧密相关的,没有自主性的社会不可能有自组织能力,也不可能有自治能力。打个比方,如果母亲总是把孩子抱在怀里不让他自己走路,他就永远也不会走路,因为他没有走路的机会。这个时候如果母亲一下子不管他,把他放在地上,他当然会跌倒,甚至根本站不住。这就是中国目前的情况:一放(政府退出社会和市场)就乱;一管(政府介入社会和市场)就死;但须知孩子(社会)站不住(无法自我管理)的根本原因不是他天生没有走路的能力(自治能力),而是母亲没有给他走路(自治)的机会。所以在目前情况下,一方面政府不能一下子撒手不管,也不应该继续抱着他,而是扶他走路,但最终的目的是让孩子自己走路。

二、社会的活力在个体

如果说从国家和社会的关系理解,不能把社会当作管理的对象,那么,从人和社会的关系来理解,则每个个体是社会文化创造力的来源。要把每个人的自由发展作为社会建设的目的。虽然人的发展离不开社会条件,包括社会的稳定与和谐;但绝对不能把社会的和谐和稳定与社会活力也就是每个人的创造力对立起来。

社会活力来自何处?当然来自每个社会成员的活力。马克思曾经把个人的自由全面发展当作未来社会,亦即共产主义社会的根本特征。个人的全面发展是社会发展的根本目的和归宿,社会主义事业的根本目的,就是为这样的自由个性的创造力的发挥创造条件。如果把维护社会稳定与发展个人的自由创造力对立起来,认为社会稳定必须建立在扼杀个人自由和创造力的基础上,那就违背了社会稳定的根本宗旨,这样的社会稳定不是真正的稳定,而是死水一潭的僵化状态,是剥夺了个人自由之后的"稳定"。真正的社会稳定必须创造条件使每个社会成员有更多的机会、更强的能力发展自己的个性和创造力,来实现社会参与。社会的文化发展也是这个道理。

我们有些官员有这样的认识误区:政府只要拿出钱来就可以打造"文化航母",就可以增强文化软实力、成为文化强国。中国目前文化软实力不强、文化创造力不足的现象,不能简单地认为是由于政府对文化管得太少。以北京的先锋艺术为例,它是民间艺术家个人创造力自发发展的结果,其最具创造力的时期恰恰就是政府管得最少的时期。

真正阻碍文化发展的正是这种以为政府可以无所不能的政府迷思。当然这不是说政府应该什么也不管。关键是怎么管和管什么。在某种意义上说,目前文化创造力不足的原因不是政府管得太少,而是管得太多;不是政府对社会管理太过放松,而是管得太死;该管的没有管或管得不好,不该管的管得太多太死。政府把社会和文化管得太多太死的例子比比皆是。我们每年一度的官方制定的文化发展规划,常常把文化活动的方方面面规划得"无微不至"、面面俱到,甚至文学艺术和科学研究的生产也要落实到具体僵化的数字,比如每年要打造多少项"哲学社会科学精品",多少部"电影或电视剧精品",如何通过行政方式(而不是市场的方式)打造"文化航母",等等。在我看来,这种打造文化强国的做法无疑是缘木求鱼。

政府对文化的管理应该通过文化立法保障公民的文化权利,提供公共文化服务,营造文化人、艺术家自由公平竞争的环境。政府不应该太过以临时出台、经常变化的政策法规管理文化,更不该直接经营文化活动,由服务主体变成经营主体,由裁判员变成运动员。还要纠正一个观点,即由政府投资提供公共文化服务。政府是不会赚钱的,政府本身没有钱,它花的其实是纳税人的钱。因此,政府提供优良的公共文化服务是它的职责,而不是它的恩赐;如果政府没有提供好公共文化服务,如果政府用纳税人的钱打造了一堆文化垃圾(这样的例子比比皆是),那就是政府的失职。

三、告别文化建设中的计划思维

近年来政府文化部门喜欢搞各种"工程"、"规划"。这些形形色色的"工程"、"规划",无论是"十一五"的还是"十二五"的,常常非常具体地规定了文化发展的数字化目标。比如,完成100幅(件)表现中国近现代重大历史事件和重要历史人物的大型绘画和雕塑作品;重点资助出版400部优秀的哲学社会科学、自然科学领域原创性学术著作;重点扶持和推出100部反映中国革命和现代化建设事业以及当代现实生活的优秀长篇小说、报告文学、长诗等等。

不知道这里所说的"100"、"400"有多少科学依据,是经过什么样的"科学方法"计算出来的。依据我的个人经验同时证诸以往的历史教训,深感这种数字化的"科学"管理方式并不适合于文化,甚至也不很符合于整个社会的发展规律。首先,我的第一个疑问是:为什么恰好是100或400部?99部、101部、399部、401部就不可以或不可能么?有必要、有可能做到这样准确么?怎么做到这样准确?常识告诉我们,文化建设(包括艺术创作和学术研究)在很大程度是一个长期积累、水到自然成的过程,国家可以对文化的建设和发展进行一定程度的引导和调节,但是通过政府直接介入并调节到这么准确无误的程度,其动机、效果和目标却是非常令人怀疑的。我们很难想象某一个特定时期(比如"十一五"或"十二五")中国学者恰好能够提供400部"原创性的优秀学术著作",中国作家恰好能够创作出100部"优秀的、反映中国革命和现代化建设事业以及当代现实生活的优秀长篇小说、报告文学、长诗"。这与一个人的研究或创作其实有相似的地方。就以本人为例,上一个五年我出版了3部学术著作,这个五年我估计却只能出版1部,而下一个五年能够出版几部我根本无法规划。我只能依据自己的精力、时间和工作、生活状况对我今后的研究进行大致计划,但即使是这样的"大致计划"也是充满不确定性的。由于种种不可预知的个人和社会因素,我不但不可能准确计划我出版著作和发布论文的准确数量,而且连它的基本走向、是否会发生较大变化乃至根本变化,也难以准确预测。如果非要做出这样的规划并强制实施,其结果无非是:或者这样的计划因为情势变化无法执行而流于一纸空文,浪费了大量人力财力;或者为了让千变万化的现实就范于原先的计划而人为地控制文化和知识的生产,为了能够"圆满完成计划"而自欺欺人地造数字(比如今年的计划是100部,那么,即使真正优秀的作品只有90部或80部甚至70部,也要矮子里面拔高个凑成100)。说实在的,这样准确的数字化管理和数字化目标使我常常产生不愉快的联想,比如想起"大跃进"时期的亩产多少多少斤(而且据说也是"科学论证"的)。

其次,这种文化发展的规划常常充满了"社会园艺"思维——政府官员就是那个拿着剪刀到处修剪的"园艺师",根本不让文化的花园获得自发生长的土壤和可能性。比如人为地规定要重点发展哪几个出版社和杂志社,扶持哪几个艺术表演团体,支持哪几个文化会展和文化节等等,所有这些都体现出国家有关部门操纵和控制文化活动的强大权力,而不是从尊重文化活动的自身特征和规律出发的。它也是对市场机制的人为扭曲和破坏。人们说市场是调节资源分配和商品生产的"看不见的手",但是如果这只手被巨大的绳索紧紧捆住,那么它的调节功能就会受损乃至彻底丧失。比如当国家通过行政力量对某些文化单位或文化活动投入巨额资金而对其他的文化单位和文化活动漠然视之或人为压制时,无论是受到特殊宠爱者,还是受到漠然视之或人为打压者,都将丧失基于真正的市场竞争的生存发展能力。

其实,我们的数字化思维在很大程度上是计划体制时代思维模式的遗留,它的背后的支撑理念是把文化、学术、经济乃至整个国家和人类社会都看作是可以精准计划和严密控制的对象，把文化和社会的管理看作是“社会园艺”或“社会工程”。现在的各式政府文化规划中“规划”、“工程”、“打造”等词的出现频率高得惊人，就是其计划思维的体现。最高计划者像一个总设计师那样设计出社会和文化的“蓝图”，然后让各级官员和知识分子、教师等充当具体实施这个蓝图的“园丁”，按照“蓝图”、“计划”选定应该重点培植的“鲜花”和必须彻底清除的“毒草”，然后将“鲜花”圈护起来加以培植，把“毒草”坚决无情地铲除。事实证明，这样的严密计划不利于社会文化生态的平衡，不利于百花齐放和百家争鸣，最严重的时候会导致百花凋敝或一花独放的局面。原因很简单，多样化和差异性是人类社会的本质特征，也是文化学术的本质特征，而各种各样数字化的蓝图和规划恰恰建立在对于这种多样化和差异性的压制和歼灭上。

让我们学会尊重社会建设的自身规律，尊重文化发展的自身规律，不要认为政府力量是万能的，不要认为文化的大发展大繁荣是政府拿钱就可以打造出来的。政府的职责只是为社会和文化创造力的自由发挥创造条件而已。

（作者：首都师范大学中文系教授、博士生导师）

文艺批评:增强文化自觉和文化自信

仲呈祥

一、文艺批评要“为人民立言”

为生活写真,为人民立言,是文艺批评的核心价值所在,也是我从事文艺批评30多年领悟出的一个道理。懂得了这个道理,我就有了坚守文艺批评领域的信心和动力。文艺是满足人日益增长的多样化精神文化需求、提升人的精神境界和人格品质的一门“学问”。坚持以人为本,把满足人、服务人、提升人当做出发点和落脚点,是文艺创作的题中应有之义。马克思主义认为,人类愈文明,社会愈进步,人对世界的把握就理应愈全面、愈完整、愈和谐、愈科学。其间,既有经济的、政治的、宗教的、哲学的、历史的等多种方式的把握,也必不可少地需要有艺术的即审美方式的把握。文艺创作与鉴赏就是以独特的审美方式去把握世界、反映世界,去作用于人民群众的精神世界。

与文艺要为人民服务一样,文艺批评也要为人民服务,这是由马克思主义的美学观、历史观所决定的。70年前《讲话》对于文艺批评也要“为人民”的回答,至今掷地有声。“为人民”的文艺批评,要求批评家在行动上成为对人民负责任的批评家,要求批评家自觉地深入生活以人民创造历史的奋发精神来哺育自己,从而做到以科学的文艺批评,去培养高雅、文明、幽默、机智的审美创作与鉴赏群体,同时抵制以庸俗的市侩的文艺批评,去造就浮躁、平庸、浅薄、低俗的社会文化氛围。

时至今日,十七届六中全会关于文化大发展大繁荣的决议,与《讲话》精神一脉相承,充分表达了中华民族文化复兴的自觉、自信与自强,具有重大的现实意义。人类发展的历史,尤其是当代历史,已经反复证明:在和平时期,国家与国家、民族与民族、地区与地区的竞争,归根到底是文化软实力的竞争。在现阶段,强调要高度的文化自觉,就是因为某些地方、某些人在发展社会主义先进文化上不那么自觉,比较盲目;强调要高度的文化自信,就是因为有的人对中华民族的优秀文化不那么自信,甚至于自卑;强调着眼于提高民族精神素质和塑造高尚人格的文化自强,就是因为有的地方与部门工作的着眼点只在GDP上。

文化是人类的一种生存方式。完整意义上的人,一方面是为一定的文化所塑造的人,另一方面又是创造有别于传统文化的新文化的人。在宇宙间地球上,惟有人,才能创造文化。“观乎人文,以化成天下。”天下者,乃人之天下。所以,文化也是用来化人的。文化的第一要义,就是要营造氛围,一种启迪智慧、熏陶灵魂、提升素质的氛围。毋庸置疑,这些年的文化氛围被功利浸染得很厉害。人的道德滑坡、精神恍惚,都是文化氛围出了问题。

经济只能致富,文化方能致强。文艺批评与文艺作品应该携手营造一种看不见、摸不着的文化氛围,使每个人都能深入其间,感受到心灵的洗涤、灵魂的升华。这种氛围体现着一个社会、一个时代的文明水准,这种氛围涵养着一个国家、一个民族的文化软实力,能够将精神藏富于民,成为抵御各种风险的不竭动力和智慧源泉。文艺作品不仅可以激发人的创造性思维,而且可以培养善良的人性、美好的情感。在文艺创作和鉴赏上,不能从过去一度把艺术简单地从属于政治、以政治思维取代艺术思维去把握世界的“形而上学猖獗”的极端，走向把艺术笼统地从属于经济、以利润思维取代艺术思维去把握世界的“形而下学泛滥”的另一极端。长期以来，我们在文艺领域吃了不少非此即彼的单向思维的亏。比如，在电影界就有一种倾向，一说主旋律就是拿政府奖的，不计成本，不考虑有没有艺术感染力；一说商业片就是赚钱的，想着如何去打“擦边球”，不考虑提升民族精神素质。这类现象深刻地启示我们，自觉坚持全面、辩证、发展的思维，坚持有思想的艺术与有艺术的思想的和谐统一，才能创造出具有较高思想品位、文化意蕴和审美情趣的文艺作品，才能有力推动社会效益和经济效益双赢局面的出现。我们必须谨记，一切文艺作品的灵魂，最后都是通过视听感官和阅读神经的快感进而达于心灵、思想深处，并化为受众的精神美感。

国家在新形势下以高度的文化自觉和文化自信倡导文化大发展、艺术大繁荣，落实在文艺批评战线的具体表现，就应该是高度重视“为人民立言”的批评宗旨，凝聚民族精神和民族力量，走向文化自强。对于今天的文艺界而言，文化自觉就是要自觉认识文艺化人养心的独特功能，自觉把握文艺创作与批评不从属于经济思维和工具理性思维的独特规律，自觉践行文艺不可逃避的历史责任和时代担当；文化自信就是自信中华民族的优秀传统文化和中国共产党领导革命的红色文化在新的历史条件下永存的魅力，自信世界先进文明中适合中国国情民情的东西能够为我所用，自信与时俱进的中国化的马克思主义对文艺创作与鉴赏的一元化主导作用。我们也拥护创新，也主张创新，但要在捍卫这些中华民族文化艺术大厦的根根支柱的同时，顺势方向去丰富深化发展，而反对逆势方向去颠覆拆卸解构。

文化氛围出了问题，文艺批评界是有责任的。检视我国市场经济进程中的文艺批评，其滞后于创作、不很健康的现状，不仅是人民群众，就连作家、艺术家和批评家在内，都颇有微词——有的批评趋时媚俗，将科学地评判作品优劣得失的神圣职能，跌落为评功摆好、庸俗吹捧；有的批评浮躁起哄，人为地制造热点，将引导创作健康发展、升华大众审美情操的社会责任，蜕变为随波逐流、浅尝辄止；有的批评东施效颦，或食古不化，或食洋不化，将东西方八面来风、生机勃勃的大好局面，损毁为不分良莠、削足适履；还有的批评也许是出于对过去“极左”思潮影响下，那种动辄把文艺批评搞成大批判或无谓论争的行为，将健康的文艺批评也斥为棍子而加以排斥。于是，文艺批评的舞台看似热闹，常常是你未唱罢我就登场，但实则生命力不足，甚至丧失了鲜活灵动的生命之魂。

另外，“文艺不迎合观众迎合谁啊？”这种流行论调，未免失之轻率。乍一听，如果从“二为”方向之“为人民服务”的维度来理解，似乎说得过去，但实质上却是以“为人民”之名，行“伪人民”之实。这种迎合论，容易导致一些作品消极地适应当代观众中尚存的那种落后的审美心理和情趣。而这种消极地适应，无疑强化了有悖于现代化进程的落后的审美心理和情绪。于是，被强化了的这种审美心理和情绪，又进而反过来刺激创作者生产文化品位和审美情绪更为低下的精神产品。这样，文艺的生产与消费之间部分地形成了一种“二律背反”式的恶性循环。

纵观历史，“花雅之争”古已有之，“普及与提高”更是时代命题。是让欣赏者“高攀”，还是让文艺创作与批评“低就”而丧失引领？这是任何一个文艺工作者都无法绕过的、需要慎重思考的问题。客观地说，欣赏者的审美品位并非整齐划一，但文艺创作应当防止“尾巴主义”，那种“群众要怎么办就怎么办”、以“迎合”的形式来“为人民服务”的方式是十分错误的。如果文艺批评无视创作中对于一部分人的艳情化、娱乐化需求的一味迁就，那么，就是在纵容那些肤浅的作品让欣赏者止于养眼而无益于养心、止于视听快感而错失诗意美感，甚至是花眼乱心、败坏性情。批评家应该以具有“独立之精神，自由之思想”的一双慧眼，辨析出思想性艺术性俱佳的作品来引导人、塑造人、鼓舞人，这才是文艺批评“为人民立言”的正确选择。古今中外的经验反复证明：一切优秀的文艺作品都是既反映人民精神生活、又引领人民精神世界的。

二、文艺批评要有宏阔的哲学视野

失语，就是失去了生命力，失去了存在价值，失去了合法性。当然，批评家没有权力对文艺创作随便指手画脚，更没有权力强迫欣赏者选择“法定”的文艺作品，但这并不意味着批评家可以放弃自己应该承担的责任，即引领文艺创作与鉴赏求真、求善、求美。文艺批评放弃了追求真善美的“失节”，就是“失语”的真正根源所在。

历史证明，一部优秀文艺作品的最佳社会效益和经济效益的产生，即其价值的最终理想实现，不仅凭借作品自身思想精深、艺术精湛、制作精良，而且有赖于作品面世后批评家们辩证的哲理思辨及其指导下的科学的文艺批评。对作品做出实事求是、入木三分的科学评价，才能超越作品实现感性认识基础上的理性升华，也才能帮助欣赏者提高审美修养。读点哲学，悟点历史，懂点辩证法，这是非常重要的事情。哲学管总，氛围养人。文艺批评要加强哲学关注，要提倡批评家从哲学思维层面考虑问题。文艺批评有了宏阔的哲学视野，就能够敬畏历史、珍惜今天、放眼未来，也才有可能重新赢得鲜活的批评生命力。

近年来，文艺创作上出现了“过度娱乐化”倾向，还被美其名曰为了满足广大人民群众的审美需要。这种现象看似有理有据、缘由复杂，但从哲学思维层面深究，根子就是哲学思维的钝化甚至缺失，导致文艺创作在指导思想上出了毛病。具体表现在文艺创作上，就是从过去一度忽视作品审美化艺术化程度的公式化概念化、忽视观众娱乐快感的说教化教条化的极端，跑到以视听感官的娱乐刺激冲淡甚至取代精神美感、以大制作大投入“营造视听奇观”的唯美主义形式主义的极端；从过去一度盛行的“高大全”式的伪浪漫主义形象塑造的极端，跑到“好人不好、坏人不坏”的“无是无非”、“非英雄化”的极端；从过去一度不分青红皂白一概排斥帝王将相、才子佳人的极端，跑到违背唯物史观、失度讴歌帝王将相历史作用和把才子佳人当成审美表现的主要对象的极端；从过去一度把“人性”、“人道主义”列为创作禁区的极端，跑到以展示“人性恶的深度”和“窥人隐私”为“审丑”之能事的极端；从过去一度对传统经典敬若神明不敢越雷池半步的僵化极端，跑到专门逆向解构、颠覆传统经典以吸引眼球寻求“娱乐”的极端；从过去一度在历史题材创作中混淆历史思维与审美思维、历史真实与艺术真实的界限的极端，跑到随意解构历史、戏说历史、消费历史的另一极端。凡此种种都导向了“过度娱乐化”，都有悖于“提高民族素质和塑造高尚人格”。

文艺批评对此既不能居高临下、大话套话式的指责满天飞，也不应该取悦低俗、津津乐道于某些局部或细节的引人入胜，而是必须入情入理地进行总体分析。不仅要在捡起芝麻的同时不要丢了西瓜，而且要在珍惜美玉的同时不忘点明瑕疵。哲学通，一通百通；哲学思维失之毫厘，必然导致创作实践谬以千里。马克思说：“人类最精致、最珍贵和看不见的精髓都集中在哲学思想里。”文艺批评只有立足于哲学思维，才能够在“治本”的层面上根除“过度娱乐化”。

比如，影视艺术要有人文精神和历史内蕴的支撑。新世纪前10年的中国影视艺术，可以说是迅猛发展、生机蓬勃。但是，没有质量的数量是没有意义的。艺术的价值，归根结底取决于质量。回顾过去的10年，影视艺术有一个趋向，就是视听快感冲淡乃至取代了精神美感。影视作品有一种离开哲学自觉，无限度地夸张视听语言营造“奇观”作用的倾向，缺少人文精神和历史内蕴。其实，偏离了刘勰在《文心雕龙》里倡导的“奇正”，就势必滑向“奇邪”。我们必须看到，这是理论思维的“失之毫厘”所带来的创作实践的“谬以千里”。我不赞成片面理解和追求观赏性。观赏性作为接受美学的范畴，虽然与作为创作美学范畴的思想性、艺术性有一定的联系，但仍主要取决于观众的人生阅历、文化修养和审美情趣，以及作品与观众发生关系时的历史条件、文化环境和审美空间。这是因人而异、因时而变、因地而迁的。时代在变，引领这一代人的文艺作品，不可能成为引领下一代年轻人的全部精神食粮。但是，今天应该提倡什么，是一个必须慎重对待的问题。如果思想品位不高、文化内蕴稀薄、审美格调低下的影视作品持续作用于观众的鉴赏心理，势必营造出一种肤浅、浮躁、畸形、油滑的群体性审美定式。这对于提升中华民族的整体精神素质会带来负面影响。

优秀的影视作品，应该通过养眼，进而养心、怡神。有思想的艺术和有艺术的思想的和谐统一，才是艺术的“最高的标准”。有思想的艺术就是反对为艺术而艺术、艺术至上，有艺术的思想就是反对公式化、概念化。面对如此强势的影视媒介，影视批评的发展迫在眉睫。

21 世纪影视艺术面对这样的挑战，这确实是当前迫切需要严肃思考的问题。

首先，不要惟票房或收视率。现在有一些影视作品缺思想、缺智慧、缺精神，单纯地信奉数字崇拜，这不能再继续下去了。一方面，对这些数字必须进行科学统计、辩证认识；另一方面，观赏质量的准则必须重视。艺术创作应当充分尊重并服务于观众——即使观众不总是对的，不考虑观众却总是错的。不过，这种尊重并非不加分析一味迁就、一味消极适应，这种服务并非顺从不健康、不文明的审美情趣。我们不能淡化甚至消解影视工作者传播民族文化的使命意识和责任意识，不能须臾忘却“重在引领”。

其次，不要轻易解构传统。我认为，改编应该在忠实于对原著的题旨和灵魂的正确理解，忠实于原著主要人物的精神气质和意蕴指向的同时，忠实于影视艺术所特有的审美规律，忠实于改编者自身的审美优势和个性。实践证明，对于深入人心代代相传的艺术典型、艺术观念，不是要逆势解构，而是要从顺势方向去深化丰富发展，要用新鲜的时代思维成果加固有生命力的价值观、加固优秀传统文化之根。解构经典、告别革命之类的历史虚无主义态度要不得。我们要以一颗敬畏之心看待历史，看待优秀传统文化。

再次，不要陷入二元对立、非此即彼的单向思维。影视艺术要从审美思维出发，营造一种深刻而不肤浅、幽默而不油滑、沉稳而不浮躁的群体性鉴赏氛围。氛围是最养人的。这种氛围能够令人深入其中，不能自已地得到精神的滋润、灵魂的升华、素质的提升。这便是民族文化的软实力。

我不反对娱乐，健康适度的娱乐有益身心，但我反对恶俗过度的娱乐。像现在电视综艺娱乐节目就是失衡的，十多家电视台在炒作相亲，几十家电视台在搞才艺比拼；电视剧产量过大、题材重复，一窝蜂地都是婆媳争斗、小两口吵架。如果承认电视节目承载着当代中华民族的大众审美趋向，那就要重视它的内容调控和方向指引。

文化化人，艺术养心，重在引领，贵在自觉。这句话我已经说了十几年。文艺批评是激发文艺作品的引领作用、深化人民群众的文化自觉意识的最适宜的媒介。上升到哲学思维高度的文艺批评，不是跟在社会时尚潮流的后面做诠释性的工作，而是自觉站在社会思潮的前端，引领思想、艺术与技术有机结缘，攀登更高的艺术、思想高峰——揭示文艺作品独特的文化品格和美学个性，探寻文艺创作和鉴赏思潮的历史走向；揭露精神形态的“瘦肉精”、“毒奶粉”，敬畏自己民族的文化传承，在历史观上寻求思想的甲胄。文化化人，教育育人，艺术养心，国泰民安。文不化人，教不育人，艺不养心，长此以往，国将不国。文化、艺术的主体都是人，关键也都在人，其积极价值都在于提高人的素质、提升人的精神境界。

有人说，上帝丢下了三个苹果，第一个被夏娃摘走了，于是造就了人类；第二个苹果落在牛顿头上，人类进入了机械时代；第三个苹果被乔布斯接到了，手机新媒体的时尚文化打开了新的时代大门。这样的联想与联系不无道理，也给了我们深刻的启示：在如何理解文化的重要性，以及怎样推动文化建设的认识层面，哲学意识的树立与灌注非常关键。乔布斯自己就说，他愿意用一生靠科学技术创造的财富，去交换与苏格拉底聊上半天。这足见其对哲学营养的珍视。哲学管总，是人类的智慧学。马克思主义的哲学，是科学的智慧学，也是坚持先进文化前进方向、坚持"为人民立言"的文艺批评的灵魂。在深化改革、扩大开放，社会生活日趋多样、多元、多变，各种思想观念相互交织、碰撞、激荡，民族的文化精神和审美范式正在重构的新的时代背景下，文艺界要为整个国家的政治稳定、人民团结、社会和谐营造舆论氛围和文化环境，就必须下功夫学懂弄通马克思主义的辩证唯物论和历史唯物论，充分吸取和借鉴中华民族优秀文化传统中至今仍有生命力的"天人合一"、"协和万邦"、"执其两端取法乎中"等兼容并包、辩证和谐的思维营养，追求健康的美感与卓越的思想启迪的和谐统一，尤其要从哲学层面上彻底摒弃那种简单的二元对立、非此即彼的单向思维方式，代之以科学发展观所坚持的全面、辩证、发展的思维方式，从而真正做到"不唯上，不唯书，只唯实"，"按美的规律和方式"进行文艺创作、鉴赏和批评。

以影视批评为例，影视批评要上升到哲学高度。

时下影视艺术发展不很理想、不尽如人意，影视批评不够发达是重要原因。伴随着"眼球为王"、票房或收视率至上的影视创作旨趣，影视批评中出现了"批评商业化"的问题，缺失了高瞻远瞩的人文忧患和旗帜鲜明的价值立场。与此同时，有的影视批评在"喧议竞争，准的无依"、"庸音杂体，人各为容"的批评生态中，呈现出"批评无标准"或者创作能产生意义、批评则不能产生异议的思想倾向，以致令影视批评沦为艺术创作的附庸乃至广告。

艺术创作逃脱不了历史的制约，艺术批评亦是如此。造成上述现象的根源在于，批评家对已经深刻变化了的艺术实践和审美对象缺乏与时俱进的文化自觉，因而不能有效弥合审美泛化表象与文化反省间的鸿沟，将美学的历史的批评进行到底。

影视批评必须上升到哲学高度，清醒地认识到"存在的"并非都是"合理的"。只有坚持美学评析与历史评析的和谐辩证统一，影视批评才能对作品做出实事求是、入木三分的科学评价，才能超越作品实现感性认识基础上的理性升华，也才能帮助观众提高审美修养。

电视剧艺术以其覆盖面广、影响力大、渗透性强，创造了进入亿万寻常百姓家的空前广阔的影像新世界，改变着当代中国人的生活方式和审美思维方式，在整个国家的文化建设和美学建构中发挥着其他艺术形式难以企及和替代的重要作用。但是，创作和批评是其两翼，如果一只翅膀迅猛发展，另一只翅膀太稚嫩，显然就会偏离前进的方向。未来中国的电视剧批评应逐步走上以科学发展观为指导的兼容整合、全面辩证思维的健康轨道，真正对创作和欣赏"执其两端取法乎中"，把握好"度"，引领电视剧艺术的健康繁荣，从而担当起时代和人民所赋予的重任。

从这个角度出发，一个从事电视剧批评的人，必须坚持德艺双馨德为先，德是我们安身立命之根，艺是我们成就事业之本。我认为，真正的批评家要享受孤独，要坚持自己的文化身份和学术操守。

三、文艺批评要坚持科学标准

批评，在某种意义上是需要与创作保持一定距离的，不能既当运动员又当裁判员，只有冷静观照，才能客观求实。如果按照实用主义的观点，谁的收视率高，谁的票房高，谁的发行量大，谁就是批评家的上帝，那么，电视节目锁定收视率，电影争夺票房，出版物吹捧码洋，以及现今网络时代对于点击率的推崇，惟物质指标至上就成了天经地义的了，这个样子继续下去，精神指标怎么办呢？这种数字崇拜的批评，必然会带来一系列的文化问题。科学的文艺批评的体系建设，首先要有科学的批评标准。我一向坚信，“美学观点和历史观点”的辩证统一是评判文艺作品价值的最高准绳。

恩格斯当年在《致斐·拉萨尔》中把“美学观点”置于“历史观点”之前，在他看来，考察一部文艺作品在美学上的优劣程度，即审美化、艺术化的程度，应当是第一步的工作。如果一部文艺作品经不住美学标准的检验，即它不是靠审美的方式去把握世界，而是公式化、概念化、说教式地把握世界时，就不值得再对它进行历史评析。题材再重要、主题再深刻的文艺作品，倘若审美化、艺术化程度太低，其“吸引力和感染力”就低，其征服受众和占领市场的能力也会很低。文艺创作坚持以人为本，服务人、满足人、提升人的目的就很难实现。这是问题的一方面。

另一方面，历史标准也是不可缺少的。文艺创作始自人类的审美活动，但终究贯穿着人类对世界的历史评价。别林斯基就强调过：“历史的批评是必要的。特别在今天，当我们的世纪有了肯定的历史倾向的时候，忽略这种批评就意味着扼杀了艺术。”当新世纪已经奏响了时代主旋律的时候，忽略文艺创作反映历史的深度和广度也就意味着扼杀了文艺。

我认为，所谓美学观点的评析，是指科学揭示作家、艺术家在作品里表现其意识到的历史内容所采用的审美形式所达到的美学高度，这就需要批评家自身“必须是一个有艺术修养的人”；所谓历史观点的评析，是指深刻揭示作家、艺术家意识到的历史内容即作品反映的生活的深度、广度，这就需要评论家“置身到创造那些作品的时代和文化里去”。前者即艺术性，后者即思想性。两者相辅相成，交融统一，才能既防止在历史层面失去宏观价值判断的大智慧而津津乐道于形式层面的细枝末节的小聪明，又防止离开对艺术本体真切的美感体验，去空洞地做出大而无当的价值判断。

文化的兴衰关乎国家、民族的命运。文化如水，滋润万物，悄然无声，要靠长期的积累，水到渠成。文化大发展大繁荣，不意味着把文化事业和文化产业全面推向产业化的道路。化者，彻头彻尾之谓也。文化是用来化“人”的，不是用来化“钱”的。如果违背规律，操之过急，那样做是毁文化，不是创文化。文化属于上层建筑范畴，如若变为经济基础，就不仅违背了马克思主义的基本原理，也放弃了文化重在化育人心的高尚目标。

文化自觉、文化自信、文化自强关涉到以什么样的视角认识文化、以什么样的态度对待文化、以什么样的思路发展文化的重要课题。要真正做到文化自觉、文化自信、文化自强，就要有对自身文化价值的充分肯定，要有对自身文化生命力的坚定信念，要有对外来先进文化的兼容吸收。我们要坚持引导，反对迎合；坚持教育，反对媚俗；坚持推动，反对盲动。这样才能坚持文化自觉，才能建立文化自信，也才能健康、可持续地通向文化自强，才能屹立于世界先进民族之林。

艺术大繁荣、文化大发展，这两者必然是密不可分的。只有提高人的综合素质，才能真正提升我们的文化软实力和国际竞争力。我要特别强调，艺术也坚决不能走产业化的道路。凡是以人作为终极目标的东西，都要反功利化。马克思在《资本论》里深刻揭示过资本生产的最大原则是“利润的最大化”，而人类艺术地把握世界的最佳境界是“审美的超功利”。就影视艺术而言，影视作品在总体上文化厚度与深度的不足，与其产业化的发展如影随形。这值得我们深思。

各种门类的文艺作品，都是民族文化的重要载体。我们要通过科学的文艺批评提升整个民族的文化自觉，营造一种健康向上的文化氛围。这需要从构建民族文化宝塔做起。宝塔里面有一个底线。你不要解构、消解、反对我们的价值取向。你只要符合我们的伦理道德底线，都有一席位置，我们都不反对。但是，塔尖只能是那些艺术上品。“先进文化引领民族文化”不能成为一句空话。现在与此相反的倾向却很明显，一些所谓的“文化偶像”就引领青少年天天都来做“一日成星”、“一夜致富”的美梦，而不去“好好学习，天天向上”。这样做就是等于放弃了引领，放弃了一个民族的未来。

我之所以用“民族文化宝塔”作比喻，是想说明当前文化建设的紧迫性。文化建设的自觉和自信是有时代内涵的，坚持引领还是放弃引领则是评价民族文化自觉与自信的重要标志。文化是流淌在一个民族肌体内无处不在的软实力，需要长期积累，水到渠成，不能急功近利地违背规律让文化直接去化钱。文化化钱，以牺牲人的素质为代价，将来低素质、低境界的人不仅会把积累起来的物质财富吃光、花光、消费光，还会从根本上成为中华民族宝贵的精神财富的“败家子”。这是完全背离科学发展观的。

科学的文艺批评的任务，就是要以长远的眼光引导文艺界和社会各界携手构建一座民族文化的宝塔。科学的文艺批评，是以马克思主义的美学观、历史观为指导的实事求是、充分说理的文艺批评。它与健康的文艺创作相辅相成，是社会主义文艺不可缺少的两翼。文艺批评薄弱，宝塔的设计与构建就会出现位置错乱的现象：在市场经济无形之手的作用下，“泛娱乐化”、“观赏性第一”和“唯收视率”等倾向把一些理应位居塔尖的文艺经典和精品，强行拽到了塔座，甚至挤出了塔身；把本来仅有资格停留在塔座、尚需提升品位和格调的作品，炒作上了塔尖，误导了大众的文艺鉴赏。快感只是审美的途径，美感才是审美的宗旨。快感过度之时，伴随而来的往往是精神反思能力的衰减。鲁迅先生说得好：“若文艺设法俯就，就很容易流为迎合大众，媚悦大众。迎合和媚俗，是不会于大众有益的。”

应当看到，在文艺创作中，只强调美学观点即艺术性而忽视历史观点即思想性，或反过来只强调历史观点即思想性而忽视美学观点即艺术性的倾向，都不同程度地存在。前者如一批以“玩艺术”自诩，声称“回到艺术本体自身”，实质淡化时代、远离群众、远离生活的技巧至上的作品；后者如一批仅凭题材重大而缺乏艺术魅力的应景趋时之作。这种创作思维方式上的片面性，是文艺创新的大敌。

富有生命力的文艺批评，应该能够与文艺创作携起手来，传精神、铸灵魂、出思想。文艺能不能化人，能不能养心，坚不坚持引领，关键还在于文化自觉。只有不断反思自己的历史并获得生存智慧的民族，才是有希望的民族；只有对历史进行扎实研究与严肃思考并赋予它隽永的美学品位的文艺作品，才能给受众以理性思考的快感和诗意的美感，才能赋予此类作品以美学价值和历史价值。在文艺批评中，我们要坚守中华民族审美创造力表现上的特点不能变，坚守中华民族心理素质上的特征不能变，坚守中华民族独特的思维方式不能变，坚守中华民族价值系统中的核心概念不能变。倘若变了，中华民族就失去了自立于世界先进民族之林的文化根基。

盛世包容，艺术犹如一座金字塔。塔座愈多样愈丰富则愈繁荣，但选择眼光应以不突破中华民族历来倡导的价值取向和道德准则为底线；至于塔尖，则应该推举那些体现时代、民族的历史思维和美学思维较高成果的“有思想的艺术和有艺术的思想和谐统一”的精品力作。身居塔尖者，担当着引领民族精神航程的神圣职责，决不能被拽到塔底，甚至挤出塔身。更不能通过炒作和“看不见的手”，把本来只有资格在塔座居一席位置尚需提升的艺术作品，捧上塔尖，误导大众。文艺评论界呼唤第一流的懂艺术、懂文化、懂哲学的批评通家，因为这不仅仅是坐井观天式的所谓“专业化的批评”所能承担的责任，它需要激活全民族的艺术思维。

文艺批评的科学性，集中体现在准确地给予不同思想品位、不同美学格调的文艺作品，在宝塔中的适当位置，从而令民族文化宝塔既坚实又美观。塔座，盛世包容，只要不逾越中华民族倡导的价值和伦理道德底线，只要能满足人民群众多层次多样化的精神需求，那么愈丰富则愈繁荣，都有一席之地；塔尖，则应顺着塔身拾级而上，由科学的文艺批评把经受住了历史和人民检验的、精选出的"有思想的艺术"与"有艺术的思想"完美和谐统一的优秀文艺作品推上去，以引领整个民族的精神航程。

要充分重视文艺批评家的作用，应该组建一个全国性的文艺批评家协会，因为现在缺乏一个贯通艺术各个门类、把握民族文艺思潮和鉴赏普遍规律的文艺批评家学术团体。这样一个全国性、综合性、统一性的文艺批评组织，非常有利于各省市、各条战线的文艺批评家广泛开展交流，尤其是有利于改变各个门类的文艺批评一直以来分头研究的状态，让文艺批评家能够站在各个艺术门类交汇的顶峰对当下民族的创作思潮、批评思潮、鉴赏思潮做出宏观的评价，让科学的文艺批评发出声音。

所以，我一向坚信，追求健康的美感与卓越的思想启迪的和谐统一，是文艺批评美学的历史标准的最高境界。艺术不仅可以激发人的创造性思维，而且可以培养善良的人性、美好的情感。在艺术创作和鉴赏上，不能从过去一度把艺术简单地从属于政治、以政治思维取代艺术思维去把握世界的"形而上学猖獗"的极端，走向把艺术笼统地从属于经济、以利润思维取代艺术思维去把握世界的"形而下学泛滥"的另一极端。一切艺术的灵魂，最后都是思想深化为受众的精神美感。文艺批评与文艺作品应该携手营造一种看不见、摸不着的文化氛围，使每个人都能深入其间，感受到心灵的洗涤、灵魂的升华。这种氛围体现着一个社会、一个时代的文明水准，这种氛围涵养着一个国家、一个民族的文化软实力，能够将精神藏富于民，成为抵御各种风险向前行进的不竭动力和智慧源泉。

（作者：中国传媒大学艺术研究院院长、教授、博士生导师）

论文化的主导作用

陆　扬

一、文化的定位

在过去的20年里,“文化”已经成为我们最为火热的社会政治和学术关注焦点。特别是中共十七大提出提高国家文化软实力、解放和发展文化生产力的战略思想之后,普天之下莫不谈文化。当一个概念变得无所不包时,它的具体内涵也就成了一个令人颇费猜测的问号。无怪有学者埋怨当代中国社会中“文化”在无限膨胀,不但吞没了社会、经济、政治、法律等领域,也吞没了历史、艺术、道德和宗教。甚至,风马牛不相及的事情,但凡扯到文化上去,似也便迎刃而解。所以应该严肃拒绝滥用文化概念,自觉“把文化理解为观念形态的东西,其核心是价值观念。正如《圣经》启示我们的,应该把上帝的归给上帝,把凯撒的归给凯撒”。

这个埋怨是夸张了,但它并非空穴来风。文化长期以来是信仰当中并不太风光的一个部分,它理所当然该归给上帝。可是当代社会的真正上帝是经济,文化不过是经济的一个跟班,所谓“文化搭台,经济唱戏”,它能在多大程度上主导一个社会的发展方向和发展程度,也一直是讳莫如深的问题。今天文化有幸翻身,主流意识形态姗姗来迟终于认可它是生产力,它如何又能同世俗世界逃脱干系?其实早在马克思写作《资本论》的年代,德国和英美的一批人类学家,已经通力将文化从上帝麾下往凯撒的阵营里拉。著名的文化定义如爱德华·泰勒在1871年的《原始文化》中所言:文化,或文明,就其广泛的民族学意义来说,是包括全部知识、信仰、艺术、道德、法律、风俗以及作为社会成员的人所掌握和接受的任何其他的才能和习惯的复合体。人类社会中各种不同的文化现象,只要能够用普遍适用的原理来研究,就都可成为适合于研究人类思想和活动规律的对象。

这个划时代的文化定义将文化与文明等量齐观,这在今天看来也未必过时。它的意义并不在于鼓吹相对于“自然”的泛文化概念,将人类的物质生产和精神生产一并囊括其中,而是提醒我们文化除了具有以价值观念为核心的观念形态,同样也具有作为生产力、诸如文化产业那样的物质形态。

但肯定文化对于社会进步的主导作用,并不等于认同文化决定论。历史上不乏发达文化亡于不发达文化的例子,如罗马亡于“蛮族”,宋为元灭,明为清灭。中国改革开放以来经济上已经取得突出成就,相对来看文化发展滞后。在中西文化融合与冲突日益明显的今天,我们已经有足够的文化自信杜绝全盘西化,但当今各种古装片里前现代中国的专制意识形态是不是在卷土重来?中国社会的现代文明转型应是一个多维度、多变量的系统工程。唯有经济、文化、制度诸要素相互协调,才能实现中华民族的伟大复兴。

至此我想借用雷蒙·威廉斯1958年著名文章的标题《文化是普通平常的》(*Culture is Ordinary*),说明文化固然已经习惯归于上帝,但是它同样可以归于凯撒。因为文化也就是我们生生不息的日常生活方式,它并不仅仅是观念层面的宏大叙事。从世界范围看,文化同样是当今国际社会关注的一个热点。不同文明和少数族裔的文化冲突此起彼伏,美国更凭借其强大的军事和经济实力无孔不入,在全球建立它的文化霸权,致使过去的一个世纪里,从英法这样的老牌发达国家到第三世界的新兴发展中国家,莫不担忧本土文化被"美国化"。但是,一切都怪该死的"美国佬",还是致力于理论和实践双管齐下,培育我们自己的文化自信?答案是不言而喻的。从理论层面看,无产阶级如何夺得文化领导权,事实上是20世纪马克思主义文化理论的一个发轫点。近年伴随文化研究的风行,有关文化理论探讨的著作多不胜数。当年伯明翰文化研究传统的4部先驱著作,霍加特的《识字的用途》、威廉斯的《文化与社会》和《漫长的革命》,以及汤普森的《英国工人阶级的形成》,都强调文化是一个动态的概念,是在与特定阶级和意识形态因素你来我往的"连接"之中,显示出特定历史时期的特定意义。值得一提的是,数度访问过中国的托尼·本内特在其《文化:一门改革家的科学》中,专门讨论了政府和文化的关系,包括广播、影视和传媒政策、艺术政策、知识产权、文化旅游和文化产业等,进而主张在历史视域中理解当代政府和文化的关系,同时积极推动当代文化理论及实践对政策导向的质疑和论争。虽然,曾经盛极一时的文化研究,其咄咄逼人的锐利锋芒已稍见驽钝,传统学科一度被文化研究攻占的"失地",纷纷得以收复,微观层面的实证研究也逐渐占据上风,但这些背景,对于中国文化产业和文化事业的政策制定应有借鉴意义。

当今时代文化呈现出的明显多元化走向,从历时上看,应是英、法、美、德、日等大国崛起的社会转型时期同样经历过的文化重组重建阶段的阵痛;从共时上看,也是全球化时代中各国同步面临的文化困境。中国传统文化实际上面临着一个两难窘境,即一方面它是在走无孔不入的商业化路线,诸如形形式式的国学班;一方面如和而不同、己所不欲勿施于人这类核心价值观念,岌岌可危。与此同时,新中国成立以来源于苏联模式的主导意识形态发生危机,正统马克思主义、西方马克思主义、后马克思主义、我们自己的马克思主义,究竟何为真正的马克思主义?我们有没有可能在马克思主义的理论基础之上,兼收并蓄重建可望引领当代中国走出意识形态迷茫的主导文化模态?这些问题都涉及文化定位的根本问题。有鉴于此,结合中国国情,我认为总体上可以在三个层面上定位"文化",来建构我们的马克思主义文化理论:其一是文化作为精神启蒙,引导建设社会主义核心价值体系;其二是文化作为大众文化,满足人民精神文化需求,进而在雅文化与俗文化的相互渗透中,发展我们的社会主义文化软实力;其三是文化作为社会生活方式的总和,充分重视文化的物质层面,推进文化体制改革,加强文化产业的持续创新能力。

二、构建我们自己的马克思主义文化理论

葛兰西以降,历代马克思主义理论家都格外关注文化问题,它不妨视为马克思主义理论发展的一个"文化转向"。美国的文化软实力举世公认,即便鲜有国家能够容忍美国人自命担负着全球普世价值的普及使命,美国文化产业的国家背景意识形态传布值得重视。今天中国已经是经济大国,中国文化也开始强势走向世界。由是观之,理论作为实践的先导与后援,应有充分理由能够先行一步,为建设中国自己的社会主义文化提供科学指南。理论的特点是继往开来,它从来就不是空中楼阁。因此,建构我们自己的马克思主义文化理论,殊有必要就此一理论发展线索予以回顾。

首先,马克思恩格斯的文化观迄今未得到充分发掘。马克思主义创始人著作中"文化"一语每与"文明"互释,明显涉及物质层面。如《1844年经济学哲学手稿》中,马克思在阐释什么是共产主义时指出,以私有财产普遍化来反对私有财产,就好比用公妻制来反对婚姻,都属于粗陋不堪的原始共产主义,因为它否定人的个性,是用妒忌心遮蔽了贪财欲。对此马克思评论说:粗陋的共产主义者不过是充分体现了这种忌妒和这种从想象的最低限度出发的平均主义。他具有一个特定的、有限制的尺度。对

整个文化和文明的世界的抽象否定,向贫穷的、需求不高的人——他不仅没有超越私有财产的水平,甚至从来没有达到私有财产的水平——的非自然的简单状态的倒退。

这里马克思即是以"文化"和"文明"并举,理解为人类物质和精神发展达到相当程度之后的高级状态。但马克思更多将"文化"同"精神生产"、"意识形态"、"哲学"等概念互释,一方面对传统文化展开批判,一方面又秉承了"文化"一语的启蒙传统,视文化为人类解放的力量。虽然马克思恩格斯没有留下系统完整的文化理论,但迄今为止,无论东方还是西方,举凡建构一种文化理论,马克思主义永远是一个里程碑式的基石。法兰克福学派的文化工业批判理论、葛兰西的文化霸权理论,以及英国伯明翰学派的文化研究,都直接缘起于马克思主义创始人的有关学说。故弄清楚文化在马克思本人的哲学中究竟占据怎样一种地位,重要意义不言而喻。事实上,马克思恩格斯著作中有关经济基础和上层建筑,以及对意识形态、哲学等概念的论述,留下了丰富的文化思想和巨大的阐释空间。

从普列汉诺夫到考茨基等第一代马克思主义理论家开始,大都把马克思对社会科学的独特贡献,首先定位在他对资本主义生产方式"内在运动"的分析,认为其间运作的规律决定了历史发展的结构也决定了这一发展的方向。从前苏联到我国改革开放前的理论界,长期以来基本上都把"基础"和"上层建筑"的关系,理解为近乎机械的关系。但实际上文化并不光是一种结果,它同样是人类生活生生不息的动因;不仅仅是经济基础的反映,同样也是内在于历时和共时语境的民族精神和时代精神,是可以主导基础的推动力。确认这一点,应是建构我们自己的马克思主义文化理论的一个前提。

其次,列宁的"文化革命"思想,比较普列汉诺夫本人侧重社会心理的文化观更值得重视。列宁主张通过吸收改造旧有的文化传统来建设社会主义主导文化,视其为与政治革命对举的文化革命,并且充分估计了社会转型过程中文化可能发生的决定性作用:"只要实现了这个文化革命,我们的国家就能成为完全社会主义的国家了。"这里的"文化革命"具有物质和精神的双重内涵,诚如列宁紧接着说的,文化革命这个目标实现并不容易,因为在纯粹文化即精神层面上我们是文盲;而要成为有文化的人,少不了发达的物质基础,这在我们也还是相当贫乏。因此,列宁坚决反对当时呼吁唯我独尊,一脚踢开资产阶级文化的"无产阶级文化派",主张用渐进的、温和的策略来完成其文化革命构想。列宁的文化思想有其鲜明的社会背景,首先是确立苏共的意识形态统治,其次是为新经济政策服务。文化在此背景中算不上主角,但其地位可见一斑。

列宁之后,西方马克思主义者逐渐开始聚焦文化的深层因由,即无产阶级如何夺得文化领导权的问题。卢卡奇和葛兰西求诸文化分析,来解释匈牙利和意大利的革命失败。阿尔都塞解构意识形态,把它定位在家庭、学校、教会、工会这类基本生存环境的体验方式上,无疑同样是在为意识形态这个马克思主义文化的核心概念充实物质内涵,是以阿尔都塞的意识形态理论终成为伯明翰文化研究传统的结构主义范式。从总体上看,西方马克思主义割裂决定论的是是非非一言难尽,但它凸显文化的革命性、阶级性和实践性,应给予肯定。文化由此获得的鲜明的社会维度,足以显示马克思主义文化理论在诞生之初,就难分难解地牵擎着社会进步。

再次,从文化工业批判理论、文化研究到后马克思主义的文化思想,这些从现代性到后现代的各类新异理论形态,究竟能不能以及在多大程度上能为我们建构自己的马克思主义文化理论提供镜鉴,学界多有争议。就对国内广有影响的法兰克福学派来看,阿多诺和霍克海默判定文化工业是将数千年来判若两途的高雅文化和低俗文化硬捆绑在一起,结果两面不讨好:为求效益,高雅文化的严肃性被摧毁殆尽;而为文明计，低俗文化原有的那种离经叛道本能，也给磨平了棱角。与之相关的一个关键问题是：法兰克福学派的文化工业思想是不是将文化生产的理论分析简单化了？另一方面，伯明翰文化研究传统见证了先后以文化主义、结构主义、葛兰西霸权理论、连接理论四种范式，来串联从威廉斯、霍加特、汤普森对工人阶级文化的关切，到霍尔以降的符号学和媒体研究转向。文化从启蒙演绎为生活方式，进而被阐释为各种政治力量的角逐场。但与之相关的问题同样呈现出来：伯明翰学派是不是将工人阶级文化和青年亚文化浪漫化了？

最后，就近年来看，文化研究逐渐淡出理论视野之后，拉克劳和墨菲标举的“后马克思主义”异军突起。攀援它反本质主义和反中心主义的后现代理路，我们可以往前推溯，甚至将列斐伏尔、德勒兹、福柯、布迪厄、德里达、鲍德里亚、詹姆逊和齐泽克这些名字一道纳入这个宽泛的框架。这些人物与马克思主义的渊源各不相同，理论建树也自备系统，其荦荦大端者，甚至非“文化批判”一语可以概括，是为典型的“非决定论领导权连接实践”。后马克思主义认为大众文化在某种程度上扮演着服务资本主义意识形态和解放大众的双重政治功能，但是它相信马克思主义的启蒙现代性并没有过时，在今天依然具有解放意义，这一点无疑是值得肯定的。英国学者保罗·鲍曼在《后马克思主义与文化研究》一书中的这一段话值得回味，他认为，在讨论“真正的”后马克思主义，或者说它同文化研究的结构性相遇之前，是不是会有人提出这样一些问题：先别在意“后”马克思主义，“马克思主义”存在什么问题吗？进而言之，要是马克思主义就是，或者过去是一个疑云密布的问题，那么为什么今天还言必称马克思主义？如前所述，马克思主义的一个基本问题事关其决定论中的简化主义。换言之，在马克思主义中，几乎所有事物的决定，都是同被视为封闭系统的阶级和经济方面的某些“本质性”东西联系在一起的。对于霍尔和拉克劳以及其他一些人来说，阶级本质主义和经济主义是叫人失望的简单化判断，无以解释万事万物，故而也是令人生疑的。但是，他们有意对决定论的过程作更为深入的理论再思考，因此也标志并且保持了马克思主义的一种结构性言说。

经济决定论不尽如人意，那么文化的主导作用又当何论？鲍曼没有说错，正是在对决定论的更为深入的理论再思考中，马克思主义在彰显它与时俱进的不朽价值。

构建我们自己的马克思主义文化理论，必然涉及中国传统文化的反思和扬弃。“五四”以降，在与西方文化的碰撞中，中国的本土文化像是在坐过山车，时而被弃之如敝屣，时而被旌表为乌托邦式的绝对信仰。中国文化在走向现代化过程中的这一曲折命运，不只在于它太多被视为绊脚石，更深层的缘由还在于儒家修齐治平的集体无意识在培植国家英雄主义和大同理性的同时，也忽略甚至扼杀了鲜活个体生命的基本权益。是以传统批判者如鲁迅，其针对中国文化的种种激烈之言，并非空穴来风。马克思主义进入中国同样有它特定的文化语境。毛泽东《新民主主义论》曾经从民族性、科学性、大众性三个方面定义文化，唯此一理路未见一以贯之。新中国成立后的一系列文化举措，其背后的理论动因考量下来，可以发现大都偏离了这个民族性、科学性和大众性纲领。今天我们的文化如何才能发展为面向现代化、面向世界、面向未来的本民族的社会主义文化？这不可能有一蹴而就的现成结论，而必然是一个持之以恒，须有涓涓细流不断予以充实的宏大理论工程。要之，在中国文化传统和当代文化动向的联系中，以马克思主义为指导发展我们的文化软实力，推进中华民族文化的复兴和发扬光大，应是建构我们自己的马克思主义文化理论的基本思路。这个思路可以显示的文化主导作用在于，营造健康向上的文化氛围，引导提高全民族的精神素质，坚持社会主义核心价值观和信仰体系，这些都将体现出鲜明的国家建设意义来。惟其如此，我们自己的马克思主义文化理论将可以彰显一种底蕴深厚的“中国品格”，由此来应对从经济到文化的全球化挑战。

三、反思文化决定论

肯定文化的主导作用并不等于拥抱文化决定论。文化决定论在西方和中国都有相当影响。在西方它的渊源由来已久，在中国则随着近年反对经济决定论的西方文化理论大量译介，以及文化本身从上层建筑到生产力的定位演变，也开始被认真对待。按照韦伯《新教伦理与资本主义精神》中的看法，文化就是一个独立的独特的价值体系，是历史运动背后的推动力所在。而正是新教伦理中节俭、禁欲、勤奋这些精神因素，导致了资产阶级和资本主义的崛起。美国哈里森与亨廷顿2000年主编的《文化的重要作用》一书，特别强调是文化造成了社会发展的不平衡，富国愈富，穷国愈穷。工业国家对世界市场的控制，以及穷国底子薄、教育基础差、国民素质低、缺乏机会和资金、市场不健全和基本设施薄弱等等因素，都足以充分说明社会不发展的根本原因。由此我们可以反思一系列历久弥新的问题：文化有优劣之分吗？在人类社会发展过程中，一些文化是否优于另一些文化？进而视之，文化决定论对于当代中国文化大发展的趋势，会不会构成一个理论陷阱？

文化决定论的理论渊源在于文化社会学，即从社会学角度对文化的认知、定位和分析研究。以涂尔干、西美尔和韦伯等人为代表的古典社会学，从一开始就明确以社会为研究对象，有意识将之与历史学、心理学、政治学、经济学等传统学科区分开来；在方法上，一开始就围绕文化的性质展开论辩。如三人都反对机械马克思主义的经济决定论，强调文化模式的重要作用。涂尔干不遗余力探究社会生活中所谓独立的文化模式，像民族主义、宗教等，认为正是这些文化模式使个人得以相互交流，并且建立价值和意义体系，从而形成有机的现代社会。问题是，上述文化模式能在多大程度上独立于社会的其他模式？

文化社会学将文化视为一个独立、独特的价值体系，认为它是历史运动背后的推动力。如韦伯反对把社会变化看作经济法则所直接决定的客观历史过程，坚持正是清教伦理转化为经济和社会原则，为社会变革的发生提供了必要的观念形态以及动因。故文化对于一个时代、一个社会以及一种传统的发展，是举足轻重的因而不是果。诚如韦伯所言：“如果旧日的新教精神和现代的资本主义文化之间有什么内在联系的话，我们无论如何也不应该在所谓多少带点唯物主义色彩或至少反禁欲主义色彩的声色享乐中寻找，而应在其纯粹的宗教品性中寻找。”在韦伯看来，作为纯粹文化层面的价值理性，就是对一个特定信念的无条件信仰，不论这信念是伦理的、美学的、宗教的或其他，而不计任何功利目的。反之工具理性则具有鲜明的功利目的取向，它完善了资本主义的主要机制及其实践，完善了自由市场及其管理机制，然而却是以牺牲这些领域自身内在最根本的东西为代价的。

韦伯将文化的自治原则置于特定的历史和文化语境中加以分析，这对于我们的文化建设极具镜鉴意义，但他将文化结构从它同其他社会力量广泛且复杂的关系中抽绎出来，界定为一个独立王国，服从它自己的独特原则，是不是也冒着将它同历史过程割断开来的风险？文化的普世性原则究竟是脱离历史的抽象，还是必须建立在历史的具体性上面？这些问题无疑是需要作进一步深入思考的。

亨廷顿的文化决定论在国内也广有影响。在《文化的重要作用》的《前言》中，亨廷顿称他比较了60年代初加纳和韩国的经济资料，发现这两个国家当时的条件惊人地相似：人均国民生产总值相同，原材料、制造业、服务业在经济中的结构地位相仿，都大量出口原材料，唯韩国稍多一点制造业，两国得到的国际援助也大致相同。但30年后韩国经济占世界的第14位，加纳则停滞不前，人均GDP约为韩国的1/15。

如此巨大的发展差距主因何在？亨廷顿将之归结为文化，认为韩国人崇尚节俭、精于投资、工作勤奋、重视教育、有纪律性，加纳的价值观念却不相同。显然，亨廷顿是舍弃了文化的物质层面而专取文化的精神层面，把它定位在一个社会、一个民族的价值观、人生观、世界观上，由此得出文化决定发展的结论。但说到底，亨廷顿等把文化的重要作用一路重申下来，是不是最终肯定现代欧美社会的根本优越性，强化欧美自鸣得意的文化和文明观，将之鼓吹为普世价值？今天的美国见证了金融危机和经济疲软，中国崛起已成世界第二大经济体，我们怎么来看亨廷顿的文化决定论？我们的文化究竟又在什么程度促进和阻碍了经济和社会的发展？当发展已成全球共识，让文化出来担一点责任，应是势所必然。但是，让文化独自担当发展的重担，它担得起吗？

也许雷蒙·威廉斯的"文化唯物主义"可以为解决文化决定论提供一个理论出发点。威廉斯本人对其文化唯物主义理论并没有系统阐释，其基本观点与亨廷顿大体相反，是把文化的重心定位在物质而不是精神上。文化唯物主义强调从历史唯物主义内部来深入解剖物质生产、文化生产和文学生产的特征，认为上层建筑活动和经济基础一样，本身就是物质性和生产性的。所以文化不是高高在上的启蒙理念，而是整个社会生活方式和生活过程。概言之，文化本身具有物质的属性，本身就是一种物质生产，文化最终必须在与其潜在生产系统的关系中来作阐释。以文化为生活方式的总和，威廉斯进而以"情感结构"为全部生活方式的组构原则。威廉斯指出："我建议用来描述这一现象的术语是'情感结构'：它就像'结构'一词寓示的那样，坚定而又明确，但是它运作在我们行为的最精致、最捉摸无定的部分。某种意义上说，这一情感结构就是一个阶段的文化；它是那个普遍机制里的所有要素的一个活生生的特定果实。"

由此可见，情感结构同时表现了社会和物质世界的常规和非常规经验。威廉斯认为，正是这些情感结构，潜移默化形成了系统的观念信仰，以及意义传达模式，虽然它们本身是活生生的生活经验。故此，情感结构一方面是指文化的正式构造，一方面又是指文化被感受经历的直接经验，具体说，它是某个特定阶级、社会和集团的共享价值，或者说，一种集体文化无意识。所以，有人这样梳理威廉斯文化唯物主义的定义："文化是'意义和价值'的创造，是一种'生活方式的总和'，而用文化唯物主义的模式来看，它是与全部'社会物质活动'难分难解的'人类建构过程'。"这是坚持文化的物质属性，反对纯粹把它看作精神活动。但问题在于，威廉斯的这一明显是吸收了结构主义方法的文化唯物主义，在坚持文化的物质属性，反对纯粹把它看作精神活动的同时，是不是有些矫枉过正？今天中国的发展，是不是物质层面的文化动因就能解释清楚，进而，我们共同的文化理想，中华民族不屈不挠的共同信仰，是不是仅仅文化唯物主义就能构成它们的坚实基础？

结语：重读马克思

显而易见，解决今天文化发展的根本理论问题，辨明文化决定论的是非得失，最终必须在马克思主义经典作家的论述中寻找路径。我们不妨重温马克思《〈政治经济学批判〉序言》中的这一段话：随着经济基础的变更，全部庞大的上层建筑也或慢或快地发生变革。在考察这些变革时，必须时刻把下面两者区别开来：一种是生产的经济条件方面所发生的物质的、可以用自然科学的精确性指明的变革，一种是人们借以意识到这个冲突并力求把它克服的那些法律的、政治的、宗教的、艺术的或哲学的，简言之，意识形态的形式。

这段话里，马克思将意识形态和经济基础区分开来，特别指出当社会变革发生时，必须把物质生活的变更和精神生活的变更区分开来。由此并不宜简单得出经济决定论的判断。事实上马克思这里更多强调的是精神生产和物质生产不可混为一谈的问题。“生产”作为马克思社会理论的一个核心概念，如上所见，不宜仅仅定位在“经济基础”之中，仅仅把它看作一个物质范畴。由此造成的一个误区，便是当今畅行的鲍德里亚的消费文化理论，所谓马克思以“生产”为核心的政治经济学已经过时，逊位于围绕“消费”编织而成的后现代拟像或者说符号政治经济学。事实上任何一种消费形态，本质上依然是出于生产和实现资本剩余价值的需要。精神生产这样来看，它就不是一种比喻义，而是具有文化创造的一切涵义。它意味着文化必然积极参与社会生产更进一步的发展。没有文化就没有生产。物质生产作为一种生产活动，总是发生在一个特定的文化框架内。

由此我们可以达成的基本立场是，文化的主导作用必须在历史唯物主义的视野中予以认知。文化作为上层建筑，包括观念和意识的产品，假如缺乏辩证的认识，它就失去历史，失去发展。所以我们不能违背文化本质，迫使其承担其不能、不该承担的职责，而应充分认识到任何一种文化强国策略，必有相应的政治、经济、科技、军事等综合因素作为后盾。同时，肯定文化在社会进步中的决定性作用，并不简单等同韦伯的观念信仰先行论、亨廷顿的文化观念决定论，以及威廉斯的文化—物质同构论，虽然它们当中都有合理的因素可资借鉴。甚至，它也不会满足于上层建筑反作用于经济基础这一马克思主义传统阐释，而势将呈现开放性走向，把我们引向密切联系中国当下文化实践的一系列问题，比如：中国的和谐社会理想与西方文化的黄金时代乌托邦有何异同？它们对于当今文化的发展模态有着怎样的引领意义？文化作为一个民族生存发展的最根本原则，又怎样在走向市场的过程中，继承并发展优秀的共有价值？以及，中华民族认同中的“文化整合”问题，怎样在文化的精神和物质层面协调解决，真正确认中国当下语境中文化的原动力作用？这些问题大都涉及思想尖锐碰撞的区域，以及符号创造和意义创造的文化基本功能，然非结合文化的物质生产实践和历史语境，不可能得到突破性解决。

（作者：复旦大学中文系教授、博士生导师）

毛泽东与文化软实力建设

雷国珍

文化软实力是最近提出来的一个新概念，但并不等于文化软实力建设是从最近才开始的。因为文化与人类同在，即使是在愚昧时代，人们也自觉或不自觉在从事文化建设。毛泽东作为中国共产党第一代中央领导集体的核心，担任党的主要领导人长达41年之久，新中国成立后又担任国家主要领导人长达28年。无论从理论上，还是在实践中毛泽东对我国文化软实力建设都作出了杰出的贡献。

一、毛泽东对文化软实力建设的科学论述

毋庸讳言，无论是综合国力，还是文化软实力，这两个概念都是新提出的。毛泽东没有使用这两个概念，但并不等于毛泽东没有这方面的思想。在毛泽东时代，既明确提出要建设一个经济强国，又要建设文化强国的战略构想。而且，现代意义上的综合国力中文化因素即“国家意志”、“国民士气”、“国内政治稳定性”、“政治组织力”等等，毛泽东几乎都论及过，尽管其用词和含义与当下不尽相同。

具有五千多年文明历史的中国，使毛泽东深深感受到文化的魅力。文化是一个民族传承绵延的精神血脉，是形成民族归属感认同感的精神纽带，是孕育民族气质品格的精神基因。中华民族兴衰强弱，无不与文化的兴衰强弱密切相关。中华民族之所以分而不裂，就是中华民族的文化传统具有巨大凝聚力。毛泽东非常善于从历史中吸收安邦治国智慧，这是他深刻认识文化的价值与作用的历史底蕴。

中国共产党运用文化团结人民、打败敌人的伟大实践，使毛泽东深刻地认识到文化是力量的源泉之一。中国共产党成立之前，一本《新青年》凝聚起一群热血青年，开创了中华民族走向民主与科学的新天地；成立之后，一个科学思想——马克思主义成为武装党员、教育群众的共同思想基础；当民族革命高潮到来的时候，一曲《义勇军进行曲》，鼓舞了亿万不愿做亡国奴的中国人忘我投入到反侵略战争中；中华人民共和国成立后，一种精神风貌引导全国人民迅速医治战争创伤，建立社会主义基本制度。毛泽东不仅直接参加和领导这一伟大实践，而且善于科学总结历史经验，这是他深刻论述文化问题的实践基础。

毛泽东对文化软实力的价值与作用的认识在实践中不断深化。他从中国近代社会发展的内在动因上揭示了新文化的历史地位和伟大意义。他认为，新文化的发生与发展实质上反映了中国近代以来社会变迁及发展的要求和阶级斗争消长的实际状况，“中国自从发生了资本主义经济以来，中国社会就逐渐改变了性质，它不是完全的封建社会了，变成了半封建社会，虽然封建经济还是占优势。这种资本主义经济，对于封建经济说来，它是新经济。同这种资本主义新经济同时发生着发展着的新政治力量，就是资产阶级、小资产阶级和无产阶级的政治力量。而在观念上作为这种新的经济力量和新的政治力量之反映并为它们服务的东西，就是新文化。”在此基础上，毛泽东强调：“新的政治力量，新的经济力量，新的文化力量，都是中国的革命力量。”毛泽东深刻地认识到，文化在革命发生前发挥着准备作用，革命发生中起到调动积极性的作用，“革命文化，对于人民大众，是革命的有力武器。革命文化，在革命前，是革

命的思想准备;在革命中,是革命总战线中的一条必要和重要的战线。"要打败强大的敌人,既要依靠武装的军队,又要依靠文化的力量。

在抗日战争时期,毛泽东提出了"战争是力量的竞赛"的命题。1938 年 5 月,毛泽东发表了著名的《论持久战》,使用了人力、军力、经济力和政治组织力的概念。他对中日双方的特点即综合国力作科学分析,并在此基础上得出中国的抗日战争是持久的,但最后胜利是属于中国人民的科学结论。他认为,日本方面的军力、经济力和政治组织力比中国要强,但人力、物力又不足,相反,中国在军力、经济力和政治组织力方面不如日本,但由于是大国,在人力、物力方面有一定的优势,特别是战争的正义性和得到世界爱好和平的国家和人民的支持,中国人民经过持久抗战,一定能取得抗日战争的最后胜利。而且,毛泽东分析了国力的基本要素,认为决定战争胜负,是"全部基本要素,不是残缺不全的片段"。在毛泽东看来,国力的全部基本要素必须包括文化。比如,他关于战争性质、人民情绪、世界舆论对战争胜负的影响,都属于文化范畴,特别是他提到:"如此伟大的民族革命战争,没有普遍和深入的政治动员,是不能胜利的。"按照毛泽东的思路,政治动员就是把战争的政治目的告诉人民和军队,有一个政治纲领,并且通过传单布告、报纸书册、戏剧电影、学校、民众团体、干部等反复动员,从而提高人民的抗战积极性。毛泽东认为"这是一件绝大的事,战争首先要靠它取得胜利。"显然,毛泽东在这里所论述的既包括观念形态意义上的文化,又包括看得见摸得着的文化事业,只有充分发挥这两个方面的作用,才能为夺取抗日战争的胜利创造精神文化方面的条件。

中华人民共和国的成立彻底改变了历史的发展方向与进程。毛泽东预言,随着经济建设的高潮的到来,不可避免地将要出现一个文化建设的高潮。中国人被人认为不文明的时代已经过去了,我们将以一个具有高度文化的民族出现于世界。要达到这一目的,文化是不可少的,任何社会没有文化就无法正常运转。在以后岁月,毛泽东依然重视文化的作用,也仍然重视文化软实力建设。新中国成立后所处的国内环境十分险峻。从国内来看虽然通过新民主主义革命推翻了三座大山,实现民族解放、国家独立、人民翻身的目的,但旧文化的影响依然存在。从国际来看,外国列强除梦想用军事、政治和经济手段把新生的共和国扼杀在摇篮中外,还想从文化的角度侵蚀新中国,所以毛泽东清醒地认识文化领域的斗争会更加复杂,他更希望新中国不仅在政治上不再受压迫,经济不再剥削,而且在文化上不再愚昧落后,号召全国人民,以勇敢而勤劳的姿态工作着,创造自己的文明和幸福,克服一切困难,进行大规模的经济建设和文化建设,扫除旧中国所留下来的贫困和愚昧,逐步地改善人民的物质生活和提高人民的文化生活。毛泽东在建构战略目标时,特别提出了科学文化现代化的口号。现代化强国应该包括文化强国的思想,在毛泽东这里就非常清楚地表达出来,提出"要把我们这个经济落后、文化落后的国家,建设成为富裕的、强盛的、具有高度文化的国家"。

毛泽东一生都看重文化的作用,直到他的晚年。也许是因为太看重文化的价值,毛泽东发动的一系列政治运动都与文化相关,如社会主义教育运动,与苏联的论战,特别是"文化大革命",这些运动有不同的内容,不同的对象,但文化意义都是相通的。这些具有文化意义的运动并没有更好地促进文化建设,也没有利于促进文化软实力的增强,甚至削弱了文化软实力,但丝毫不影响毛泽东重视文化建设,至于客观效果我们另当别论,当然其中留给我们的教训,是永远无法忘记的。

二、毛泽东对狭义文化软实力建设的指导

毛泽东非常重视文化软实力建设,从理论上科学地论证了文化在综合国力中地位,为他

领导文化软实力建设创造了理论条件，而其伟大实践又为毛泽东更深入思考文化软实力问题提供直接经验。

众所周知，文化既有广义和狭义之分；广义上的文化又可分为器物文化、制度文化和观念文化和行为文化。那么，毛泽东领导文化软实力建设的伟大实践，既可从广义的角度来认识，又可以从狭义的角度来分析；既可以研究毛泽东领导器物文化建设，也可以研究毛泽东领导制度文化建设，更可以研究毛泽东领导观念文化建设和行为文化。为了研究方便，我们首先分析毛泽东如何领导狭义意义上的文化建设，即领导文化教育事业建设。

毛泽东年轻时就对文化事业表现出很大的兴趣。从湖南第一师范毕业便在长沙以教师为职业。如果不是时代把他引入到革命洪流中，也许他是一位出色的教师，而且他一生对“导师”称呼情有独钟。不仅如此，毛泽东对文化研究也有很大兴趣。1919 年 9 月 5 日，毛泽东读了黎锦熙所写《国语学之研究》一文后，致信黎锦熙，表示“国语这个问题，弟亦颇想研究……关于‘国语’的材料，先生遇着，千万惠给一点”。1920 年 6 月 7 日，毛泽东再次向黎锦熙表达了要研究文字学的愿望。他说：“文字学、言语学和佛学，我都很想研究，一难得书，二不得空时，懈怠因循，只好说‘今日不学又有明日’罢了。希望先生遇有关于言语文字学及佛学两类之书，将书名开示与我，多余的印刷物，并请赐寄。收聚了书，总要划一个时间，从事于此。”从中国共产党成立时起，就非常重视文化事业。还在筹建中国共产党时，就创办了《共产党》月刊，不久创办了人民出版社。毛泽东为《共产党》月刊在湖南发行做了许多工作。在创建湖南早期党组织时，毛泽东主持创办湖南自修大学。进入大革命时期，在国共两党合作的条件下文化事业也有了较大发展。在土地革命战争期间，中国共产党开始独立领导中国革命。毛泽东领导建立的第一块农村革命根据地——井冈山革命根据地，后来转战赣南闽西，建立了中央革命根据地。当时的主要任务是革命战争和土地革命。毛泽东以主要精神领导完成这两大任务的同时，也领导了根据地的文化教育事业。1934 年 1 月，根据中央苏区的统计，在 2900 多个乡中，有列宁小学 3000 余所，学生近 9 万人。干部教育是苏区教育的重要方面。在中央苏区，创办了中央党校、苏维埃大学、中央教育干部学校和红军大学等，总计在瑞金设立的大中专学校有 10 余所。毛泽东把革命文化建设看作是宣传群众、教育群众、组织群众的重要武器，中央革命根据地的戏剧、歌谣、绘画、新闻出版和图书博览事业都获得了空前的繁荣和发展，先后成立了中央出版局、中央总发行部等数十个出版发行机构，建立了 10 余个印刷厂、印刷所，先后创办出版了《红色中华》、《青年实话》、《斗争》、《红星》等 130 余种报纸杂志。在瑞金还建立了中央博物馆和中央图书馆，丰富群众的精神文化生活。毛泽东赞中央苏区文化教育事业发展是“人类精神解放绝大的胜利”。

抗日战争时期，陕甘宁边区是中国共产党领导下的革命大本营和战略后方，形势相对稳定。党中央、毛泽东把教育作为工作的大事来抓，先后设立过抗日军政大学、陕北公学、中央党校、马列学院、鲁迅艺术学院等 20 余所学校。毛泽东多次主持研究这些学校的工作，而且还亲自到这些学校讲课。毛泽东为文化教育制定了正确的方针政策，促进各抗日根据地文化教育事业的发展。1938 年毛泽东在扩大的中共六届六中全会上的报告《论新阶段》中提出实行抗战教育政策，确立了教育为长期战争服务的方针。1942 年毛泽东在延安文艺座谈会上发表重要讲话，提出了中国共产党文艺路线，成为中国共产党文艺事业发展的基本原则。抗战期间，陕甘宁边区汇集了来自全国各地的大批文化人，形成了一支相当大的文艺队伍，毛泽东同他们交朋友，相信一个文艺战士利用手中的笔所能起的作用，赛过三千毛瑟精兵。在毛泽东的亲自指导下，延安文艺社团如雨后春笋般出现，以延安为中心的革命文艺运动，不仅遍及边区和后来的各个解放区，而且波及国统区和敌占区，真正成为“团结人民、教育人民、打击敌人、消灭敌人的有力武器”。这个时期的文艺运动，确实成了中国文艺史上的奇观、壮举和伟业。另外，抗战期间，延安和各边区的新闻出版工作得到很大的发展，出版了50多种马列著作和30多种报刊杂志，卫生工作也得到了很大的发展。解放战争时期，尽管战事频繁，但毛泽东没有放松对文化教育工作的指导。

新中国成立后中国共产党所面临的形势与任务发生了根本性变化。如果说，在这之前党领导全国人民的主要任务是破坏一个旧世界，那么，现在面临的任务主要是建设一个新世界。中国共产党成为了唯一的执政党，毛泽东作为党的最高领导人，也是国家的最高领导人，直接担任起在全国范围内领导文化建设的伟大任务。新中国成立后文化建设高潮是从除旧布新的举措中开始的。在中共七届三中全会上，毛泽东提出要有步骤地谨慎地进行“旧有社会文化事业的改革工作，争取一切爱国的知识分子为人民服务”。对旧有文化事业的改革，首先是对国民党遗留下来的公立学校，采取了“维持现状，立即开学”办法，复课开学，同时对所有学校进行初步的改革，对外国补贴的学校全面接管，把所有的私立学校改为公办。与此同时，还发展自己的高等教育。通过这些措施完成了由半殖民地半封建的教育体系向新民主主义教育体系的转变。对于教育的指导，毛泽东提出一系列重要的思想。他认为，新中国的教育，必须符合中国实际；教育必须与劳动相结合；必须改革学校的课程和讲授方法；必须与扫盲结合。这些思想在以后的时间，毛泽东一直坚持着，并影响中国的教育事业。毛泽东重视卫生事业，新中国成立后不久就提出了决不轻视卫生工作的方针。

国民经济恢复任务完成后，建设的任务摆在面前，文化建设即是其中的一个重要方面。技术革命与文化革命于社会主义改造即将完成之际被作为一个整体战略提出。1956年1月，中央召开关于知识分子问题的会议。毛泽东在会议最后一天发表讲话，提出要进行技术革命、文化革命，革技术落后的命，革没有文化、愚昧无知的命，号召全党努力学习科学知识，同党外知识分子团结一致，为迅速赶上世界科学先进水平而奋斗。1957年在全国宣传工作会议上，他把科学文化建设列为我国现代化的宏伟大业之一。其后，在南京、上海党员干部会议上讲：“现在处在转变时期，由阶级斗争到向自然界斗争，由革命到建设，由过去的革命到技术革命和文化革命。”在毛泽东主持制定的1956年至1967年《全国农业发展纲要（草案）》中，要求从1956年开始，按照各地情况分别在十二年内，基本上扫除青年和壮年中的文盲，普及小学教育。要做到一般社有业余文化学校和农业中学，以便进一步提高农村基层干部和农民的文化水平。毛泽东于1956年正式提出了“百花齐放、百家争鸣”的方针。这一方针写入了党的八大文件，正式成为我国发展社会主义文化事业的方针。1957年，毛泽东在《关于正确处理人民内部矛盾的问题》中，要求“团结全国各族人民进行一场新的战争——向自然界开战，发展我们的经济，发展我们的文化，使全体人民比较顺利地走过目前的过渡时期，巩固我们的新制度，建设我们的新国家。”毛泽东反复强调技术革命的战略意义，渴望在一个不太长的历史时期内把我国建设成伟大的社会主义强国。1958年1月，毛泽东在《工作方法六十条》中表达了这种心情：“现在要来一个技术革命，以便在十五年或者更多一点的时间内赶上和超过英国。中国经济落后，物质基础薄弱，使我们至今还处在一种被动状态，精神上感到还是受束缚，在这方面我们还没有得到解放。”在毛泽东的直接指导下，我国文化事业得到迅速恢复和发展，在某些方面走进了世界先进行列，并逐步培养出为社会主义建设服务的知识分子队伍，既提高了文化软实力，又为中国经济社会发展提供了强有力的文化支持。

三、毛泽东对广义文化软实力建设的指导

毛泽东不仅十分重视狭义意义上的文化软实力建设，同时也重视广义意义上的文化软实力建设。而且他作为伟大的马克思主义者、伟大的理论家对广义意义上的文化软实力建设作出了更加重要的贡献。随着时间的推移，这些贡献在文化发展的历史长河中越来越彰显出强大的生命力和科学价值。

首先，毛泽东不遗余力地坚持和维护马克思主义的指导地位。观念形态意义上的文化软实力建设最核心最关键的问题是必须首先解决指导思想问题。中国近代以来，当先进的中国人们在运用中国传统文化及西方资本主义学说无法战胜中外敌人的时候，就开始把目光转向马克思主义，为马克思主义在中国的传播开通了光明大道。就在这样的大背景下，毛泽东经过反复比较选择了马克思主义，1920 年冬他就成为了马克思主义者，并从此就没有动摇过。当毛泽东学会用马克思主义观察、分析和解决中国问题后，逐步认识到从根本上解决中国的问题，必须坚持马克思主义的指导地位，从此他一生不遗余力地坚持和维护马克思主义的指导地位，坚持以科学的态度对待马克思主义。毛泽东认为，中国需要马克思主义，离开马克思主义的指导，要取得中国革命的胜利是不可能的。中国需要马克思主义是坚持马克思主义指导地位的前提。不解决这个问题，坚持马克思主义的指导地位就无从说起。当马克思主义在中国广泛传播后，特别是中国共产党成立后明确提出以马克思主义作为指导思想后，就提出了如何对待马克思主义的问题。在中国，对待马克思主义态度有两种，一种是教条主义的态度；另一种是科学的态度。前者以王明等为代表；后者毛泽东等是典范。按照教条主义的做法，不是真正坚持马克思主义的指导地位。毛泽东的科学态度才是真正意义上的坚持马克思主义的指导地位。马克思主义传播到中国后，并不是从一开始就获得了指导地位。其指导地位确立后也不是没有遇到挑战。因此，毛泽东坚持把马克思主义与中国实际相结合，逐步使全党真正认识马克思主义的价值，自觉地坚持马克思主义的指导地位。当马克思主义的指导地位遇到挑战时，毛泽东与各种错误思潮作坚决斗争，维护马克思主义的指导地位。新中国成立后，毛泽东进一步认为马克思主义不仅是党的指导思想，而且也应该是国家意识形态的指导思想。1954 年中华人民共和国第一次全国代表大会召开时，毛泽东庄严宣布："指导我们思想的理论基础是马克思列宁主义。"从文化的角度来看，毛泽东维护马克思主义的指导地位的意义不可低估。人类发展的历史表明，同一社会虽然可以有多种并存的思想价值体系，但国家的指导思想、理想信念应当是共同的。这是一个社会健康、稳定、协调发展的保证。怎样看待社会的发展，确立什么样的指导思想，表明了一个社会意识形态的性质，决定着社会前进的方向。文化是民族的血脉，是人民的精神家园。社会主义现代化事业离不开文化的发展，中华民族伟大复兴离不开文化的繁荣。先进文化是人类文明进步的结晶，是引导人们积极向上、推动人类社会前进的强大动力。马克思主义揭示了人类社会发展的规律，为社会发展、变革和进步提供了理论指南，是人类先进文化的集中体现。坚持以马克思主义为指导，是中国文化先进性最集中的体现。加强文化软实力建设，最根本的就是要坚持马克思主义的指导地位。毛泽东坚持和维护马克思主义的指导地位，就是从根本上解决了文化建设的方向问题，建构了文化软实力的可靠内核。这是毛泽东对中国文化软实力建设最重要的贡献之一。

其次，毛泽东坚持不懈地推进马克思主义中国化的历史进程。中国需要马克思主义。这是历史与现实的结论。但马克思主义必须中国化。所谓马克思主义中国化，就是把马克思主义的基本原理更进一步和中国实际、中国历史、中国文化结合起来，使马克思主义在中国实现民族

化和具体化。对于马克思主义中国化本身,人们已经进行了深入研究,并产生了丰硕成果,本文不再赘述。从文化软实力的角度来思考这个问题,推进马克思主义中国化对于文化软实力建设具有不可估量的意义。马克思主义产生于欧洲,属于外来文化,这种外来文化要发挥指导思想的作用,必须与中国实际和中国文化相融合。马克思主义中国化就是要建构符合时代潮流的真正发挥作用的精神支柱。一个民族没有精神支柱就缺乏凝聚力,就会成为一盘散沙。中国传统文化是中国人民的精神支柱,也显示出巨大的力量。但是,当人类社会进入资本主义时代,当中国经历1840年鸦片战争后沦为半殖民地半封建社会,中国传统文化就显得软弱无力,无法成为凝聚人们力量的文化基础。这就提出了重构中国人民精神支柱的问题。正在这个时候,马克思主义传入中国,成为中国人民解决问题的思想武器。而以毛泽东为代表的中国共产党人进一步认识到:"离开中国特点来谈马克思主义,只是抽象的空洞的马克思主义。因此,马克思主义的中国化,使之要其每一表现中带着中国的特性,即是说,按照中国的特点去应用它,成为全党亟待了解并亟待解决的问题。"毛泽东之所以成为推进马克思主义中国化杰出典范,是因为毛泽东不仅是马克思主义中国化的实践者,而且是马克思主义中国化最有力的推动者。在毛泽东等的推动下,实现了马克思主义中国化的第一次飞跃,飞跃的理论成果就是毛泽东思想。毛泽东思想的创立并确立为中国共产党的指导思想,是中国近现代以来文化软实力建设史上一件意义非凡的大事。毛泽东思想是马克思列宁主义在中国的运用和发展,系统回答了在一个半殖民地半封建的东方大国,如何实现新民主主义革命和社会主义革命的问题,并对建设什么样的社会主义、怎样建设社会主义进行了艰辛探索,以创造性的内容为马克思主义宝库增添了新的财富。毛泽东思想是马克思主义在中国的运用与发展,又是中华民族精神的集中表现,更是中国文化软实力中的核心要素。毛泽东创立毛泽东思想是他为文化软实力建设作出的最伟大的贡献。历史已经证明并将继续证明,只有高举毛泽东思想的伟大旗帜,坚持毛泽东思想的基本原理,中华民族才能够高度团结,中国人民才能够战胜敌人,中国共产党才有团结统一的思想基础,中华民族的伟大复兴才能由理想变为现实。

再次,毛泽东以科学态度认识对待中国传统文化和外来文化。拥有五千多年文明史的中国,曾经是世界上文化软实力最强大的国家之一。在漫长的岁月中,中国传统文化经过历代思想家、哲学家、政治家的阐发与完善,逐渐积淀成为中华民族的精神、性格和气质中不可替代的文化传统,并且深深地融会于中国人的精神血脉之中。在西方与东方的历史上,没有任何国家能与中国相比。中华文化源远流长、博大精深,是我国文化软实力的首要资源和重要基础。重视和发掘中国传统文化的精神、智慧中的思想资源,是文化软实力建设的重要内容。在提高国家文化软实力过程中,必须充分发掘中华传统文化优势,把传统文化精华发扬光大,进一步培育中华文化魅力,抢占文化发展的制高点。毛泽东生活的时代正是中国传统文化受到空前冲击的时代。如何面对和评价中国传统文化是毛泽东不可回避的问题。在传统文化熏陶之下,传统文化积淀于毛泽东的文化心理结构之中,并在其思想和实践中表现出来,为毛泽东思想打下了深厚的文化根基。毛泽东思想的文化渊源,既有马克思主义这条主线,又有中国传统文化这条副线。毛泽东对待中国传统文化的总方针、总态度是:"学习我们的历史遗产,用马克思主义的方法给以批判的总结,是我们学习的另一任务……从孔夫子到孙中山,我们应当给以总结,承继这一份珍贵的遗产。"他认为"这对于指导当前的伟大的运动,是有重要的帮助的。"以毛泽东为代表的中国共产党人,将马克思主义与中国优秀传统文化相结合,创立了中华民族的新文化。这样的新文化,对提高民族自信心,使中华民族屹立于世界先进民族之林发挥了重要作用。在毛泽东的时代,除了马克思主义这个外来文化外,还有其他外来文化。在古代有来自印度的佛教,融入中国文化后成为中国传统文化的重要组成部分。近代以来,西风东渐,并由此引起体学之争。毛泽东旗帜鲜明地反对"全盘西化"。对于外来文化,毛泽东坚持科学的态度,"中国应该大量吸收外国的进步文化,作为自己文化食粮的原料,这种工作过去还做得很不够。这不但是当前的社会主义文化和新民主主义文化,还有外国的古代文化,例如各资本主义国家启蒙时代的文化。"对待传统文化和外来文化,毛泽东明确提出了"古为今用"和"洋为中用"的原则。这两大原则的确立,表明中国共产党人对中西文化的认识达到了前所未有的高度。从中国传统文化和外来文化中吸取有用部分,为文化软实力建设开辟两条最有价值的通道。提升现实的文化软实力,既不可能割断历史,也不能可能关起门来提升。

最后,毛泽东率先垂范建设符合时代要求民族特色的新文化。毛泽东在其伟大的、革命的一生当中,始终给予中国文化建设问题以高度的关注。他以马克思主义为指导,从不同时期中国经济、政治和文化的实际情况出发,结合中国革命和建设的实践,总是适时地提出并领导代表中国先进文化前进方向的新型文化。中国共产党90多年的历史就是不断创造新文化的历史。毛泽东思想是中国共产党新文化的最重要的组成部分,毛泽东则是最重要的贡献者。除此之外,还有各个时期所形成的革命精神和优良传统,如井冈山精神、苏区精神、长征精神、延安精神、西北坡精神、雷锋精神、铁人精神、焦裕禄精神、大庆精神、实事求是的传统、三大作风的传统、艰苦奋斗的传统,等等。毛泽东对于这些新文化的作用与影响可分为三种类型:第一类,毛泽东作为直接参与者,身体力行为这类新文化作出巨大贡献;第二类,毛泽东作为间接参与者,为这类新文化建设发挥作用;第三类,毛泽东作为倡导者推进这类新文化的传播和扩大影响。这些是新文化的重要组成部分,在文化软实力建设中发挥了极其重要的作用。一方面,这些文化符合时代要求,是不同时期时代精神的写照;另一方面,又是中国共产党扎根于中华民族土壤,用血肉之躯铸就而成。由此决定其对文化软实力建设的作用。这些新文化中蕴含的艰苦奋斗、敢于胜利的英雄气概,不怕艰难困苦、不怕流血牺牲,不断挑战自我、不断追求卓越,增强压倒一切困难而不为任何困难所压倒的勇气,始终保持积极向上、乐观进取的生活态度,让人们感受信仰之光,铸牢人们信念之基,人们从中吸取精神养分,成为强劲力量的源泉。

文化越来越成为中华民族凝聚力和创造力的重要源泉,越来越成为综合国力竞争的重要因素。一个国家的人民精神是否蓬勃向上,关系到社会是否安定有序,国家能否长治久安。精神层面的文化,是意识形态和文化价值观的整合。毛泽东对这一层面文化建设的精心指导,是毛泽东对文化软实力建设的重大贡献。随着时间的推移,毛泽东在这一方面的贡献所体现出来价值越来越重要,越来越长久,越来越产生深远的影响。

四、毛泽东领导文化软实力建设的经验教训

毛泽东是伟大的马克思主义者,是无产阶级革命家,是文化巨匠。他为文化建设贡献了毕生精力。他领导的文化软实力建设为夺取革命和建设的胜利发挥了十分重要的作用,他所创建的文化建设理论在马克思主义发展史上具有重要地位,是对马克思主义的卓越贡献。毛泽东在领导文化软实力建设的历史进程中,既有成功的经验,也有一定的教训。

毛泽东领导文化软实力建设的经验教训,主要包括:

第一,必须把文化软实力建设纳入总体战略。毛泽东对文化建设地位作用的认识,总是同革命和建设的事业目标联系在一起的。这是毛泽东在指导文化软实力建设进程最成功的经验之一。毛泽东是最伟大的战略家,擅长谋划战略全局问题。他所谋划的问题都是事关党的国家生死存亡的大事。他深刻地认识到,文化

不是孤立的，文化软实力建设也不可能孤立进行。因此他在思考文化建设时总是与其他建设问题联系一起来思考，总是从总体战略的高度考虑文化建设问题。《新民主主义论》是毛泽东关于新民主主义革命的总体论述的代表作。原来的题目是《新民主主义的政治与新民主主义的文化》，全文 15 个部分，专谈文化问题的就有 6 个部分。可见，他思考中国革命的总体战略和文化建设的联系何等紧密。毛泽东在 1944 年 3 月 22 日发表的《关于陕甘宁边区的文化教育问题》中还明确讲："文化是不可少的，任何社会没有文化就建设不起来。"1949 年新中国成立时，他又预言："随着经济建设的高潮的到来，不可避免地将要出现一个文化建设的高潮。"进入社会主义建设时期，确立了"四个现代化"的战略目标，在这个目标中，毛泽东的本意也是有一条"文化科学"的现代化。这说明，从革命到建设，文化问题始终是毛泽东构想的中国共产党的奋斗目标和战略任务中不可缺少的重要组成部分。从总体战略的高度谋划文化建设，为文化建设开辟了广阔前景，也为文化软实力建设与综合国力其他要素的建设实现良性互动开辟了道路。

第二，必须坚持文化软实力建设的人民性。历史唯物主义认为，人民群众不仅是物质财富的创造者，也是精神财富的创造者。文化是人民创造的，文化软实力建设的力量源泉是亿万群众。文化源于人民，又服务于人民。这就是文化的人民性，也是文化软实力建设的人民性。毛泽东提出"我们的文化是人民的文化，文化工作者必须有为人民服务的高度的热忱，必须联系群众，而不要脱离群众。"他把为什么人的问题作为文化建设的基本问题，高度重视人民群众在文化软实力建设中作用，注重文化软实力建设的人民性，希望所有的文化工作者"必须到群众中去，必须长期地无条件地全心全意地到工农兵群众中去，到火热的斗争中去，到唯一的最广大最丰富的源泉中去，观察、体验、研究、分析一切人，一切阶级，一切群众，一切生动的生活形式和斗争形式，一切文学和艺术的原始材料，然后才有可能进入创作过程。"毛泽东把人民群众是否喜欢作为衡量文化好坏的标准，希望文化工作者创造为人民喜闻乐见的文化。人民群众是文化最大消费者，只有创造人民喜闻乐见的文化，才是真正的先进文化，才能经得起时间和实践的检验。

第三，必须广泛调动各方面文化软实力建设者的积极性。"文化是人类创造的物质财富和精神财富的总和"，文化从何而来？由人化文；文化是干什么的？以文化人。总之，文化与人紧密联系在一起。文化不是少数人的事业，文化属于大众。人是文化的动物，文化是人的灵魂。毛泽东在坚持人民是文化的真正创造者的前提下，高度重视发挥各方面的人才的作用，充分调动知识分子对文化软实力建设的积极性。在新民主主义革命时期，毛泽东就提出应尊重知识分子，把他们看作是国家和社会的宝贵财富。把对于知识分子实行正确的政策，看作是革命胜利的重要条件之一。在社会主义社会，毛泽东更加明确地指出："我国的艰巨的社会主义建设事业，需要尽可能多的知识分子为它服务。凡是真正愿意为社会主义事业服务的知识分子，我们都应当给予信任，从根本上改善同他们的关系，帮助他们解决必须解决的问题，使他们得以积极地发挥他们的才能。"加强文化软实力建设，就必须建设一支宏大的知识分子队伍。"为了建成社会主义，工人阶级必须有自己的技术干部的队伍，必须有自己的教授、教员、科学家、新闻记者、文学家、艺术家和马克思主义理论家的队伍。这是一个宏大的队伍，人少了是不成的。"只有建设起宏大的知识分子队伍，调动广大知识分子的积极性，才能很好地发展社会主义社会的精神生产，大力发展教育、科学、文学艺术、新闻出版、体育、卫生等事业，才能繁荣我国的现代科学文化，才能增强文化软实力。不过到了毛泽东晚年，毛泽东在对待知识分子及知识分子在文化软实力建设中的作用走向另一个方面，过多地看到了，甚至夸大了知识分子的不足或落后面，否定文化软实力建设的知识分子属性，从而影响我国文化软实力建设。

第四，必须制定文化软实力建设的正确方针。方针政策的导向作用十分明显，正确的方针政策有利于文化软实力建设。毛泽东在指导文化软实力建设过程中的重要贡献是制定正确的文化政策。这些政策既包括广义上的文化政策，也包括狭义上的文化政策。对于马克思主义，毛泽东认为中国需要马克思主义，而且必须坚持马克思主义与中国实际相结合，对于马克思主义，不能搞教条主义，新中国成立后毛泽东号召："全党都要注意思想理论工作，建立马克思主义的理论队伍，加强马克思主义理论的研究和宣传。"对中国传统文化的方针是"剔除其封建性的糟粕，吸收其民主性的精华"；对于外来文化的方针是"一切民族、一切国家的长处都要学，政治、经济、科学、技术、文学、艺术的一切真正好的东西都要学。但是，必须有分析有批判地学，不能盲目地学，不能一切照抄，机械搬用。"文艺发展方针"百花齐放"，学术发展方针"百家争鸣"，教育发展方针"应该使受教育者在德育、智育、体育几方面都得到发展，成为有社会主义觉悟的有文化的劳动者。"其他方面，毛泽东都提出了相应的方针和政策。应该说，毛泽东主持制定的文化建设政策大大促进了我国文化实力建设。而在政策方面的教训，是一些政策方针未能贯彻到底，有的政策方针在实施过程中走向相反的方向或者自我否定，从而影响政策的效应和文化软实力建设。

第五，必须处理文化软实力建设的各种关系。文化有广义与狭义之分。广义文化包含了器物文化、制度文化、观念文化和行为文化。狭义文化主要指文化事业，其中有教育、文化、文学、艺术、科技等。如何处理这些方面的关系对文化软实力建设关系密切。毛泽东是处理这些关系的典范。他始终把文化软实力中的思想建设放在首位，在领导中国革命和建设的历史进程中提出了一系列重要思想，如思想建军、思想建党，把这些东西升华为理论，成为建党建军的一般规律。毛泽东重视意识形态的作用，主张开展积极的思想斗争，特别是他一生积极推进马克思主义中国化，致力于理论创新，为中国人民贡献巨大的精神财富，即创立了毛泽东思想。毛泽东是各种先进文化如服务人民的精神、爱国主义精神、牺牲精神、奋斗精神、奉献精神、廉洁精神的实践者、倡导者和推广者。对于制度文化建设毛泽东也非常重视，特别是建国后，在他的领导下建立了以宪法为基础的国家制度体制，同时，也形成党的制度。在指导狭义意义的文化建设上，坚持用弹钢琴的思路推进各个方面的文化建设，使各方面的文化事业都得到发展，也使中国文化软实力得到较快和较大的增强。的确，毛泽东对制度文化建设存在认识误区，一方面未能建设完整的制度体系，另一方面建立起来的制度也没有按其去执行，制度不健全和不执行的因素产生了严重的负面影响，导致文化软实力建设的人治色彩比较浓，文化软实力建设的秩序不正常现象时有发生。后来邓小平总结历史的经验教训，更加重视制度建设，特别是坚持依法治国，依法推进文化软实力建设，文化软实力建设更加健康发展。

第六，必须遵循文化软实力建设的基本规律。任何事情都有自身的规律，文化软实力建设也离不开自身的规律。毛泽东在《新民主主义论》论证新民主主义文化时指出："民族的科学的大众的文化，就是人民大众反帝反封建的文化，就是新民主主义的文化，就是中华民族的新文化。"实质上，毛泽东揭示了文化软实力建设的三规律，即民族的规律、科学的规律和大众的规律。必须遵循文化的民族性，世界上任何文化都有其民族性，文化软实力建设，必须发掘中国传统文化的积极因素，从文化发展的连续性和继承性的一面对待民族传统文化，同时以开放的姿态对待外来民族文化，吸收外来文化中好的东西，关起门来建设文化是不可能的，不加分析地对待外来文化，实行全盘西化也是错误的。必须坚持文化的科学性。文化的科学性在于文化的产生、存在和发展符合社会历史的本质和规律。无论是物质层面的、还是精神层面的文化,它既要真正成为人类生存与发展的条件和方式,又要成为人类进一步生存与发展的基础和依据。文化的大众性就是指文化的人民群众性,广大人民群众是创造历史活动的真正主体和动力,人民群众始终是文化的主体,文化的大众性,源于文化产生、存在和发展的广泛性基础,文化的主体即人民群众不仅是物质文化的创造者,也是精神文化的创造者,文化必须能够满足社会的需要,因此,面向大众、服务人民,这正是文化的价值和意义所在。任何时候的文化软实力建设都不能违背这些规律,遵循这些规律,文化就能得到发展,文化软实力就能增强。在毛泽东晚年因背离了文化建设的规律,不仅影响文化软实力的增强,而且还损害了文化软实力。

第七,必须以创新推动文化软实力建设。创新是文化发展的不竭动力。毛泽东在指导文化软实力建设的进程中表现出强烈的创新意识和创新能力,以丰硕的成果成为创新的典范。鉴于理论与实践的关系,毛泽东提出:“实践是发展的,理论也应是发展的。”中国共产党坚持马克思主义的指导地位,这是历史的选择,但是“马克思主义一定要向前发展,要随着实践的发展而发展,不能停滞不前。停止了,老是那么一套,它就没有生命了。”毛泽东率先垂范,在坚持马克思主义基本原理的前提下,从中国实际出发,创造性地运用和发展了马克思主义。毛泽东的创新意识在推进其他文化软实力建设中同样得到充分体现。他为中国戏剧提出了“百花齐放,推陈出新”方针,他希望中国音乐工作者要善于“标新立异”,“为群众所欢迎的标新立异,越多越好,不要雷同。雷同就成为八股。”社会存在决定社会意识,社会存在的变化必然引起文化意识的变化,“经济有变化,反映经济之政教亦将有变化,文事亦将有变化。一成不变之事,将不可能。”在毛泽东的指导下,中国文化软实力建设不断创新,呈现生机盎然的局面。当然由于毛泽东晚年在创新问题上犯了急于求成的错误,导致了文化软实力建设出现了混乱,尤其是在“文化大革命”中,由于不能正确对待传统的文化,不能正确对待知识分子,不能正确遵循创新的规律,把所谓的“无产阶级专政下继续革命”理论作为创新成果,从而不仅没有促进中国文化软实力的发展,反而妨碍了中国文化软实力建设,甚至使中国文化软实力倒退了许多年。

第八,必须及时总结文化软实力建设的基本经验。毛泽东坦承,自己是靠总结经验吃饭的。他在领导其他领域的实践是这样,在领导文化软实力建设的伟大实践中同样是这样。70年前,毛泽东发表《在延安文艺座谈会上的讲话》,就是对中国共产党成立以来领导文化工作经验的科学总结,对指导文化软实力建设起了十分重要的作用,随着时间的推移,毛泽东的这个讲话的科学价值越来越显示出来。后来毛泽东又多次总结文化软实力建设的历史经验,并升华为科学理论,成为长期必须遵循的指导思想。不过,毛泽东在这个问题也有深刻教训,特别在“文化大革命”中,他对建国后到“文化大革命”发生之间的17年的文化战线的评估出现了严重失误,对文化战线的领导机关和领导人的评价出现严重偏差,对担负文化软实力建设的历史重任的知识分子的认识存在严重问题,并因此对文化软实力建设乃至其他的负面影响不可低估。

毛泽东是伟大的马克思主义者。在他伟大的一生中,为中国革命,为中国人民,为中华民族所作的贡献与日月同辉,与天地同在。他为中国文化软实力建设贡献了毕生精力,尽管在这方面也曾走过一些弯路,但其贡献是第一位的。在全党高度重视文化软实力建设、文化竞争成为最主要的竞争领域的今天,重温毛泽东对文化软实力建设的贡献,其重要意义不言自喻。

(作者:中共湖南省委党校、湖南行政学院副校(院)长,教授、博士生导师)

全球化背景下当代中国文化传播的困境与出路

徐　稳

中国共产党第十七届六中全会要求深化文化体制改革、推动社会主义文化大发展大繁荣，建设社会主义文化强国，这是中国共产党第一次提出“文化强国”理念，显示出中国共产党的文化自觉、文化自信。而文化强国的建立，与先进的文化传播体系密不可分。“当今时代，谁的传播手段先进、传播能力强大，谁的文化理念和价值观念就能更广泛地流传，谁就能更有力地影响世界，文化的传播能力已经成为国家文化软实力的决定性因素。”本文试就全球化背景下当代中国文化传播的困境与出路问题，做一探讨。

一、全球化背景下文化传播的特点

全球化是一种世界历史发展趋势，具有丰富内涵，它发轫于经济领域，内含着深刻的政治意蕴，已经产生了强烈的文化效应。

经济全球化是指以资本为主体，凭借发达的高新技术手段，促使生产要素在全球范围内自由流动和优化配置，使世界各国生产、交换、消费和分配等各种经济活动打破传统国家地域限制，从而将整个世界紧密联系在一起。正如英国社会学家安东尼·吉登斯所说：全球化就是“世界范围内的社会关系的强化，这种关系以这样一种方式将彼此相距遥远的地域连接起来，即此地所发生的事件可能是由许多英里以外的异地事件而引起，反之亦然。这是一个辩证的过程”。但它的意义远非如此，全球化绝不是一种单纯的经济现象，它已经凭借经济的全球化运行，广泛渗透在政治、文化、意识形态等领域，对世界的经济、政治、文化、社会生活各个领域都发生巨大的影响。

全球化已经产生强烈的文化效应。在全球化的进程中，经济交流必然带动文化交流，经济与文化互依、互动、共存的内在关系日益显现，文化与经济的共融已经成为世界性潮流。汤姆林森认为：“全球化处于现代文化的中心地位，文化实践(cultural practice)处于全球化的中心地位。”美国学者罗兰·罗伯森也认为：“全球化包含了这样的压力，它迫使社会、文明和传统——既包括‘隐蔽的’传统又包括‘发明的’传统——的代言人转向全球性文化场景(the global cultural scene)，寻求被认为与他(它)们的认同相关的思想和象征。”在全球化时代，文化传播全球化已经成为一种不可忽视的社会现实。文化传播全球化有深刻的全球化背景。一方面，当今全球化的发展，使人类社会生活超越原有的地域和空间限制，人类的实践活动和思想活动的环境发生大大改变，文化的主体、载体在全球范围内流动，因而文化是在全球传播的；另一方面，科学技术尤其是信息技术的出现，能够使信息瞬间传播到世界的每一个角落，使人类和文化跨时空交往，特别是国际传媒公司的出现，推进文化传播的全球化步伐，更带来文化价值观、文化模式的冲突、整合和融合，从而产生新的文化关系、文化模式，这即是当今时代文化传播全球化的客观状态。

在全球化时代，文化传播呈现以下特点：(1)文化传播范围广。每一种类型文化的形成和发展都不会固守在特定区域，都不会静止、封闭发展，都不会离开世界范围内的开放和传播，这是文化发展变化过程中的自发的现象和规律。在全球化时代，每一个国家、民族或地域的大门自动敞开，每一种类型的文化都积极、主动、自觉与异质文化沟通、交流、交融，使文化传播冲破原有的地域和国界限制，走出民族文化的狭隘和偏见，在全球范围内获得认同。(2)文化传播速度快。在全球化时代，科学技术迅猛发展、信息技术革新为文化的快速传播提供迅捷而新颖的物质载体。互联网的使用，极大地促进文化传播的速度；资本在全球的快速流动，裹挟着文化价值观在全球快速游走。经济与科技的全球化，引发文化交往的全球化，文化传播的速度加快，文化在全球范围内达到即时共享的程度。(3)文化传播强度大。在全球化时代，与其说是文化传播，倒不如说文化冲击更准确。不同类型的文化具有不同的个性形态，在全球化冲击下一齐摆放到同一个平台，形成世界性的交流和碰撞、冲击，不管对本土文化、异质文化采取什么态度，都难以避免异质文化的冲击甚至被淹没，特别是对弱势文化来说，面对强势文化的冲击，几乎无招架之力。所以说，“在全球化时代，文化霸权已经成为一种不可忽视的现实。所谓文化霸权，就是一些西方强势国家，尤其是美国打着文化普遍主义的旗号，把自己的文化价值观肆意地渗透和入侵到其他民族文化当中，不考虑其他民族文化的自主性和独立性，甚至中断其他民族文化的发展，从而使整个世界的文化同质化，使全球文化朝着单一的向度发展”。文化霸权主义是全球化时代文化传播强度的典型特征和集中体现。(4)文化传播多样性。多样性是世界文明的一个重要特征。就世界主要文明来说，很早便形成多种类型。美国著名的政治学家亨廷顿把当代世界文明分为8类，即西方文明、中华文明、伊斯兰文明、俄罗斯文明、日本文明、印度文明、拉丁美洲文明和非洲文明。在全球化时代，概括文化发展的特征，首先也是多样性。文化多样性是全球化时代世界文化发展的标志和表现，文化的多样性，构成了世界多样性的主要存在方式。这是人类文化的多样性在全球化时代的主要存在方式，是世界各国的地域文化形式维持其存在的主要特征，也是文化传播在当今时代的一个重要特征。

二、全球化背景下当代中国文化传播之困境

自从改革开放以来，伴随着中国经济实力的增强，中国文化传播能力大大增强，特别是在过去的20年里，中国文化传播力发展很快，中国已经成为名副其实的传媒大国。但是，在全球化时代，中国的文化传播却面临现实的困境。

第一，西方传媒大国传播力强，中国传媒传播力弱，这是中国文化传播面临的最大困境。在当前全球化文化传播体系和格局中，西方大国的一些大型跨国传媒集团凭借强大的经济实力、科技优势，利用资本市场的威力，把传播的触角伸向地球的每一个角落，因而成为主导者。西方传媒强大的传播力、渗透力挑战着中国的传播环境、国家形象、民族精神、社会主义核心价值体系，进而挑战中国的传播能力。尽管经过三十多年的改革开放，中国的经济和科技实力大大增强，中国的传播实力相对于自身比过去有很大的提高，但是，与国际传媒巨头相比还有很大差距。“2006年中国传媒产业总产值仅相当于全球传媒总产值的3%左右，从传媒产业与GDP的比值来看，中国广告经营额约占中国GDP的0.93%，中国传媒产业约占中国GDP的2.2%，而世界上先进国家的平均水平是，广告经营额占该国GDP的2%，传媒产业占该国GDP的5%。”从这个角度也可以看出中国传媒传播实力与西方发达国家存在的差距，在全球文化传播格局和体系中改变“西强我弱”的局面既不是一日之功，也不是举手之劳。

第二，中国的文化传播体制落后。相对于经济体制改革来说，中国的文化体制改革是滞后的。这是中国文化国际传播力较弱、落后于美国等西方发达国家内在的、根本的原因。当前中国的对外文化传播的主导思想是：“对内宣传和对外宣传相结合”，“中央电视台和各地电视台相结合，系统内和系统外相结合。”也就是说，“国家目前仍然在对外传播行为中起着

决定性的作用:政府决定传媒的报道计划,批准和资助传播内容、促成传播过程、甚至评估传播的结果。”这种传播体制的特点是国家政府对传媒微观管理多,宏观管理少;最大的弊端是国家对传媒管得太死。在文化传播全球化时代,这种文化传播体制导致中国文化传播力弱、时效性差,既影响传播者的形象和可信度,也影响传播的效果。在2002年冬天到2003年春天,中国曾经发生“SARS”疫情。初期,中国媒体对疫情的报道和传播迟缓,结果导致谣言四起,公众因此产生巨大的恐惧感和焦虑感,国外媒体借机抢先负面报道并借机发挥,并且纷纷指责中国隐瞒疫情不加以报道。对突发事件的报道迟缓甚至“失语”不仅使中国政府和传媒的对外传播由主动变为被动,而且破坏了中国政府和传媒的形象和公信力。这一事件的发生,不能不说是落后僵化的“事先预防”的管理体制造成的。很显然,这种封闭、僵化、落后的传播体制与全球化时代文化传播的开放、快速、新颖要求是相悖的。体制性约束是目前中国文化传播力弱的根源之一,也是中国文化传播面临的困境。

第三,传播模式、方法和手段僵化。中国文化传播的目标是把代表人类共同利益的先进文化范式和体系输出到接受国,使接受国了解中国,并培养它们对中国的友善态度,创造有利于中国的国际环境,以取得国际支持和合作,目的在于宣传自己,消除误解,在国际上树立正确的社会主义中国的形象。要达到这样的目标,实现这样的目的,需要灵活的传播模式、多样化的方法、先进的手段。但是中国的文化传播模式“基本上是‘以我为主’的宣传型模式,这种模式的最大特点就是传播主体主导,而将受众放在次要的位置上”。中国媒体“在对内传播时总是乐于站在政府的立场上发言。在对外传播时,仍然毫不避讳地充当起了‘官方发言人’的角色”,甚至在对外文化传播中也经常流露出中国化的语言和思维方式,经常出现套话、空话、政治术语;在语言表达上缺乏灵活性,一贯采用说教式的传播方法;在典型人物特点塑造上,有着典型的“中国式的刻板僵化印象”,也就是说,我国通过选择一些典型人物形象传播中国文化,但是存在明显的“类型化思维”,即总是把一些人物归类于某一个阶层、民族、道德和意识形态。比如,在报道地震这一自然灾难时,中国媒体往往坚持“灾难不是新闻,救灾才是新闻”的立场和原则,这样做有历史合理性,但是这种“以我为主”、“以正面报道为主”的模式很容易产生负面问题,极容易导致报喜不报忧,甚至对负面新闻充耳不闻、视而不见。这些情形很容易让国外受众反感、厌恶,甚至误解中国,达不到传播效果。从一定意义上讲,对传播模式、方法和手段的研究事关中国对外传媒的国际竞争力问题,事关中国对外传媒的发展生存问题,也决定着中国文化传播力的高低。

第四,传播内容选择缺乏针对性。中国的文化传播无论是对内还是对外,在内容选择上有一个特点:主观倾向性很强,总是强调“我想让你知道什么”、“你应该知道什么”、“你应该学会什么”,没有充分认识到受众的愿望、意图和心理认同、接受是文化传播的目标。这种思维惯性,使中国国际传媒往往更多关注“主流文化”、“高层政治文化”、“民族文化”,而且带有普遍化倾向,却忽视了受众人数众多,成分复杂,文化背景不同,思维方式、思维习惯、价值观相异等一系列现实问题。比如,有些报纸、电视中经常会宣扬主流,报道典型人物的先进事迹,报道先进人物在灾难面前舍己为人,为了抢救其他群众的生命或者国家集体财产,而牺牲自己孩子或者自己的生命。这种传播内容的选择在国内报道尚可,中国的受众能够认识到他是一个“正面典型”,符合正面报道原则,而这样的新闻对西方的受众的负面影响非常大,因为典型人物的这种做法违背西方人把生命视为第一位的价值原则,这种传播内容的实效性就可想而知了。所以,不研究受众的特点,不加分析一味“以正面宣传为主”,关注视角狭窄,传播内容重复,特别是忽视外国受众的需求、兴趣和价值观,忽视传播内容的多维性、合理性,导致了中国的文化传播信息量少,可欣赏度低,吸引力差,主观色彩和说教味浓厚,内容缺失针对性,不仅外国受众,而且中国受众也会半信半疑,传播效果很差。

总之,无论是在传播管理体制,还是在传播理念、传播模式、方法手段、传播内容的选择等方面,中国的文化传播都还存在许多问题,至今仍未形成与中国的国际地位和声望相称的传播局面。

三、全球化背景下当代中国文化传播困境之突破

面对现实困境,中国政府、中国执政党和中国传媒业都在寻求突破之策。笔者认为,可以选择如下的路径突破困境。

第一,提升经济实力和科技水平,缩小和西方传媒传播力的差距。这是突破困境的根本之举。在影响文化传播的众多因素中,经济因素是最重要的因素。经济高质量发展是中国文化传播力增强的硬道理。20 世纪 80 年代特别是 90 年代以来,中国进入经济高速发展时期,尽管经历了亚洲金融危机、美国金融危机和国内的一系列自然灾害,但是经济增长速度在世界上一直位于前列。“从 1978 年到 2010 年,经济以年均 9.8% 的速度稳步增长,远高于同期世界经济 3% 的增长速度,国内生产总值于 2010 年跃居世界第二位”;“人均国内生产总值由 1978 年的 226 美元增加到 2010 年的 4000 多美元”,正如法国学者埃里克·伊兹拉莱维奇所说:“在人类的经济发展史上,人们还从未见过一个人口如此众多的国家(13 亿),在一个如此长的时期内(25 年),有过如此迅猛的发展(年增长率达到了 8%—9%)。”埃里克·伊兹拉莱维奇还在其著作的“引言”中说:“明天,中国即将超越美国,成为世界第一经济强国。”国家的文化传播力与经济实力是相对应的,有了强大的经济实力才会有强大的国际传播体系,才能在国际文化传播格局和体系中占有一席之地,才能巩固其在世界传播舞台上的地位。

文化传播技术是文化传播力的核心。“一个国家文化的影响力,不仅取决于独特魅力的文化内容,也取决于先进的传播手段和强大的传播能力。”全球化时代,文化传播技术的提高主要是指信息技术,网络媒体是当代传播范围最广、速度最快的传播载体。“从 1994 年中国接入互联网 16 年来,中国互联网发展迅速。中国是世界上网民人数最多的国家。截至 2010 年 11 月底,中国网民总数达到 4.5 亿人,年度增长率为 20.3%。中国互联网的普及率达到 33.9%,已经超过了 30% 的世界平均普及率。”可以看出,中国互联网的普及率虽然超过世界平均普及率,但是中国普及水平还是落后的,中国仍然是一个“数字穷国”。国家一方面要加大对网络技术的投资力度,另一方面还要鼓励多方社会力量投资,才能改变“数字穷国”局面。只有充分利用信息技术革命所带来的有利机遇,加速吸收、消化和利用信息技术,才能实现文化传播技术的跨越式发展,这是增强中国先进文化影响力的重要手段,也是破解文化传播实力“西强我弱”的关键。

中华民族在 21 世纪的复兴是全方位的,其中文化的大发展大繁荣,建设社会主义文化强国是一个必不可少的方面。文化复兴的内涵十分丰富,当今时代,文化“软实力”竞争十分激烈,文化传播实力的大小对提高中国文化“软实力”,建设社会主义文化强国具有至关重要影响。所以,在信息全球化时代,通过提升经济实力和科技水平,缩小和西方传媒传播力的差距、增强中国传媒的传播力是扩大文化吸引力和影响力的重要手段。

第二,更新文化传播理念,改革文化传播管理体制,建立有效、合理的传播机制。首先,要更新文化传播理念。现实之惑要求中国改“以宣传为本位”为“以传播为本位”,变“文化宣传”为“文化传播”,变“政治话语”为“民间话语”、“学术话语”,而且应该根据受众选择、探

索和研究合适的话语体系。在文化传播中，传播者和受众之间的关系是平等的，不应主张强行对受众灌输，而应注重对受众的心理渗透，使之接受和认同。其次，要改革文化传播管理体制。在中国的传播体制改革实践中，国家和政府的职能要转变：强化宏观管理职能，淡化微观管理职能。国家和政府一方面要加强对各种文化传媒的宏观管理，加强对文化传播的立法、司法和执法，有效整合各种媒体，引领其健康发展，使之成为传播先进文化的阵地；另一方面使中国传媒自主决策、自主经营。这样，既提高国家的宏观监控能力，也为中国传媒提供较自由自主发展的平台，“着眼于活力、能力、创造力、创新力”，中国媒体藉此可以摆脱体制性约束，实现灵活自由的发展。当前，中国文化传播面临着重要挑战，不仅要与国内的各种非社会主义势力和反社会主义势力进行传播竞争，而且更要与国际社会中的反共、反华、反社会主义势力进行文化传播竞争。中国媒体的竞争对手十分强大，特别是那些跨国传媒集团，它们往往拥有较大程度的传播自主权，行动迅捷、嗅觉敏锐。中国必须在传播体制方面进行改革，才能在传播的快捷性、时效性方面与西方传媒一决高下，才能在国际舆论中占有一席之地，才能更好地维护国家文化和意识形态安全。最后，自觉遵循市场经济规律，提升中国传媒业的国际竞争力。目前，资本已经进入媒体，媒体市场化管理势在必行。中国传媒应改变运作方式，自觉规避计划经济的弊端，提高竞争力。中国传媒的生存发展离不开市场经济，只有市场经济才能给中国传媒带来希望。在竞争中求发展，在市场中求生存，减少对国家政策和政府保护的依赖。中国传媒应该独立于权力与资本之间，把“自由”和“责任”视为一对相伴相生的永恒命题；遵循传播规律，又能驾驭市场风浪，在传媒市场竞争中自立自强。

第三，研究文化传播规律，创新传播模式、手段和方法。文化传播是有规律的过程。文化的传播是强势文化向弱势文化区的辐射和渗透，强国文化往往被更多地关注和传播，“器”文化层往往比“道”文化层更容易传播和被接受，信仰文化有着巨大的传播力，文化的传播程度与文化本身的风格有很大的关系，文化载体对文化的传播有重大影响。由此看来，中国文化属于弱势文化，对其认同和传播面临西方强势文化的挑战。在全球化的今天，强大的文化就是强大的国际影响力，反映其国际竞争力，体现着国家的软实力。在当今时代，哪个国家的传播手段先进、传播能力强大，哪个国家的文化理念和价值观念就能更广泛地流传，哪个国家就能更有力影响世界。因此，要建立社会主义文化强国，必须“运用现代技巧增强文化的表现力”，创新传播方式、手段和方法，根据文化的不同层面来选择不同的路径。因为“器”文化比“道”文化更容易被传播和接受，所以要区分文化中的“道”与“器”，中国文化中的“道”是指蕴含在中国文化中的社会主义意识形态、价值观和信仰，社会主义意识形态、价值观和信仰基础上的各种文化产业、文化商品、文化服务则是指“器”。所以，在中国文化传播中，要避免直白、直接宣传中国文化中的“道”，要把“道”转化为“器”，发展文化产业，创造出更多优秀的文化产品、商品和服务——电影、电视节目、书籍和音乐，除了娱乐，还天然地蕴含中华文化中的意识形态、价值观和信仰，受众会在观赏电影、收看电视节目、阅读书籍、欣赏音乐的同时不自觉地被潜移默化。可见，与其直白地宣传中国文化，不如输出文化产品、商品和服务。在这方面，美国是最典型的例子。《泰坦尼克号》、《哈利波特》、《阿凡达》、《狮子王》、《玩具总动员》等卡通片，不仅创造了全球票房奇迹，同时也把美国的意识形态、价值观、道德感输出到全世界；中国的青少年儿童在麦当劳、肯德基餐厅就餐的同时，就已经接受了美国文化；中国学者、学子们在大量阅读被翻译过来的西方书籍时，就已经在开始接受西方思潮；中国青少年们在模仿麦克·杰克逊的同时就是在开始接受美国文化。美国文化传播和接受最大的特点和优势就是“润物细无声”，美国正是借助于多样化的文化载体，获得文化霸权，在成为经济强国的同时，成为文化强国。美国在对外文化传播时，非常注意传播技巧，善于把意识形态、价值观、信仰隐藏在貌似娱乐、公正、客观、中立的文化产品、商品和服务中，善于运用最佳的传播技巧达到最佳的传播效果。“美国主流媒体利用大众传播内容所具有的特定价值和意识形态倾向，形成对受众潜移默化的‘培养’效果。美国的传播媒介在总体上反映了占统治地位的利益、观念和价值，其传播倾向通常不是以说教而是以‘报道事实’、‘提供娱乐’形式传达给受众，塑造人们的现实观、社会观于潜移默化之中。”

美国的传播理念是：“winning heads and minds”（赢得大脑和思想）。美国利用这种理念成功实现对全球的控制，但是中国还没有形成和确立一种有中国特色的国际传播理念和策略战略，这制约了中国的国际影响力。因此，借鉴学习美国的传播理念，实现传播理念创新，选择先进的传播手段，运用传播技巧和方法策略，有利于增强中华文化的国际影响力。

第四，研究受众特点，根据受众特点选择传播内容。“国际传播领域中的受众因其意识形态、文化背景、接受习惯的不同而显现出更大的选择上的差异。”受众不是被动接受信息，其文化背景、意识形态、接受习惯决定受众对传播内容的选择性接受。为了改变中国在全球化背景下文化传播中“西强我弱”的局面，中国传媒首先应该研究受众，了解受众特点，掌握受众的文化背景、接受习惯、信仰和其意识形态，根据受众特点选择特定传播内容，面向不同的受众进行传播，满足不同受众多样化的文化需求，增强文化传播效果。

如前所述，许多学者把世界上的文化划分为很多类型。不同的文化类型之间在意识形态、价值观、信仰方面肯定有差异。美国一位学者把文化差异划分为四个层次：（1）没有文化上的差异，两个国家语言也相同，如美国和加拿大。（2）很小的文化差距，国家之间具有相同的语言，如美国与英国、澳洲等，比较容易沟通。（3）中等程度的文化距离，国家之间具有相同的文化渊源，不同的语言，如美国与欧洲国家，共享西方文明，但是语言不同，差距较大；又如中国与日本、越南、韩国，虽然享有共同的儒家式文化，但是语言不同，文化差异还是比较大的。（4）大的文化差距，国家之间具有不同的文化渊源，不同的语言，如中国与美国、美国与阿拉伯国家等文化差距就比较大。不同的文化背景会有不同的价值观、善恶标准、信仰，会坚持不同的意识形态。研究各国受众的文化背景，精心细致研究中国文化与其他类型文化的差异与相融之处，把意识形态、价值观转向融合之处，寻找两种文化的结合点，选择契合受众的认知心理、情感心理、审美心理的内容有针对性、有目的地传播。一方面，在文化传播中传播者要关注不同文化类型的差异，避免文化传播发生的冲突，否则传播效果适得其反。比如，《西游记》作品，不管是电视剧，还是动画片或者书籍，由于猪八戒这一形象的原因而不适合在阿拉伯文化国家和地区传播；另一方面，传播者要研究不同文化类型的共性，寻找不同文化类型的共通之处。“文化的共性决定了人类对于真善美的追求一致，对于新鲜事物有强烈的接纳意识。因此在宣传中应以文化共性为基础，逐渐打开通向另一文化的窗口。”比如，自从20世纪90年代中后期开始，中国大陆韩剧盛行，根源之一就在于韩国选择了与中国的伦理、道德一致的内容；再如，“花木兰”本来是一个中国故事、中国元素，但是为什么会风靡全球？迪斯尼在拍摄《花木兰》时，运用好莱坞的技巧，且进行全球化转换，把花木兰“变成了一个更容易被不同文化观念接受的，父女间有着双向的爱，以荣耀家庭为责任的女性发现自我的故事，而不再是原来那个只强调单方面的付出的孝女的传说”。也就是说，即使中美之间、中国和世界各国文化背景、信仰不同，意识形态相异，但是代表人类共同利益和发展方向的、先进的文化范式是全球人类共同的追求。程曼丽认为,只有当中国的文化与价值观念在国际社会广为流传并得到普遍认同的时候,中国文化软实力才真正提升了。所以,中国的文化传播只有选择先进的文化范式来阐释人类对真善美的追求,才能让世界接受,中国倡导的社会主义意识形态、价值观、信仰才能在世界上产生更大的影响力。

总之,在全球化的今天,强大的文化就是强大的国际影响力和竞争力,体现着国家的软实力。在当代中国文化"软实力"构建过程中,我们必须加快构建技术领先、理念新颖、手段先进、方法方式灵活、覆盖全球的文化传播体系,增强当代中国的文化影响力。

(作者:山东师范大学政治与国际关系学院副教授)

论先进文化引领社会风尚

刘淑兰

当前我国社会风尚总体上呈现积极健康向上的良好态势，但也存在许多不和谐的社会风气。如何通过先进文化的引领，聚集正能量，培育良好社会风尚，是实现中国梦亟待解决的重大课题。

一、先进文化引领社会风尚的内在属性

社会风尚是在一定时期普遍流行的风气和习惯，体现人们的社会心理和道德观念，反映人们的精神风貌和价值观念，标志着社会文明进步的程度。社会风尚是社会经济的反映，与同时代的社会发展相适应，而社会发展和社会过程在本质上是文化现象和文化发展过程，因此，社会风尚与社会文化有着内在的联系。以先进文化引领社会风尚具有内在规定性。

1. 先进文化具有对社会风尚的引领能力

当代中国社会主义先进文化既凝聚了传统文化的精华，又展示了时代精神的风貌，对经济社会发展具有强大的引领能力。其主要表现为内化品质、外化行为，具体包括价值整合、素质提升、行为导向、关系协调等能力。先进文化的价值整合能力，就是通过宣传社会的主导价值观、世界观和人生观去引领和整合其他价值取向和社会思潮，实现社会的利益整合、思想整合、道德整合和价值观整合，最大限度地形成社会共识。先进文化的素质提升能力，就是要发挥先进文化的思想启迪、精神感召和知识化育作用，提高人们的思想道德素质和科学文化素质，培育人们的科学精神和人文精神，增强人们的自立意识、竞争意识、效益意识、民主法制意识和开拓创新精神，提升综合素质。先进文化的行为导向能力，就是宣传科学的思维方式、正确的价值取向、健康的理想人格、高雅的审美情趣，高尚的伦理观念、使先进文化真正外化为人们日常工作生活中普遍遵循的行为准则，引导人们积极进取、健康文明地生活。先进文化的关系协调能力，就是通过先进文化的教化和交流，架起沟通心灵的桥梁，粘合心理裂痕，平定过激情绪，从而化解矛盾、舒缓压力、愉悦身心、增进融合。先进文化的引领能力使先进文化成为人们价值取向的主导、大众文化的主体、行为规范的主流；这种引领力也是促进良好社会风尚形成的内在依据之一。

2. 良好社会风尚反映先进文化的内涵和特征

首先，良好社会风尚反映先进文化的内涵。社会风尚是社会心理和道德观念的总体表现，反映了人们的生存状态以及在当时生存状态下的心理状况与道德水平。任何国家、民族、社会的精神面貌状况，总是从社会风尚表现出来。而社会主义先进文化作为中国长期革命、建设和改革成功实践的文化结晶，是能够为人类社会文明进步提供强有力的思想保证、精神动力和智力支持的文化，决定中国特色社会主义的发展方向。因此，良好社会风尚与先进文化的内涵是一致的。

其次，良好社会风尚体现先进文化的特征。归结起来，良好社会风尚从三个方面体现了先进文化的特征：良好社会风尚体现了先进文化的历史继承性。先进文化具有民族性，同样，良好社会风尚的形成离不开植根其中本民族的历史文化传统。比如，两千多年来，中国儒家思想的“礼”、“仁”等核心概念代表的文化观，早已

积淀成人们司空见惯的生活方式。良好社会风尚体现了先进文化的群体性。良好社会风尚不是由个体形成的,是个体借助于集体力量,在社会主义核心价值体系及核心价值观引导下,个人和集体互动、合力所形成的文明风尚。良好社会风尚体现了先进文化的能动性。良好社会风尚与社会主导价值观相吻合,能够为社会大多数人所认同、遵守和推崇,并且形成强大的文化效应场和精神力量,人们在潜移默化中受它影响支配,形成符合社会需求的道德情操、价值观念和行为规范。

二、先进文化引领社会风尚的时代诉求

随着改革开放的深入和社会主义市场经济的发展,我国社会风尚发生了可喜变化,呈现出积极健康向上的良好态势。然而,不和谐不文明的社会风气也广泛存在并在有些领域有扩大的趋势,必须发挥先进文化的引领能力,扶正祛邪,促进良好社会风尚的形成,是当今时代的要求。

1. 传递和凝聚道德正能量的需要

当前,中国正处于大发展大变革的伟大时代,随着社会主义核心价值体系建设的不断深入,思想道德建设取得了重大成就。但也要清醒地看到,我国正经历道德的进步,也承受着道德的阵痛。具体表现在:社会上极端个人主义、享乐主义、拜金主义、封建迷信、奢侈浪费等腐朽思想和丑恶现象还未完全消除;一些人滥用职权、暗箱操作、权钱交易、权色交易常有存在;是非不分、荣耻不明、善恶不分、美丑不辨的现象时有发生。一些人的诚信缺失、道德滑坡、感情淡漠的问题同样不容忽视……。这些问题和现象与社会主义道德要求格格不入,与现代文明风尚极不协调,如得不到及时有效的解决,必然损害正常的经济和社会秩序,影响改革发展稳定的大局。因此,当前多元价值观交织碰撞、痛心与感动并存的复杂形势,迫切需要传递和凝聚道德正能量。

2. 构建开放文明的人际关系的需要

开放、文明、积极向上的人际关系,是社会和谐发展不可或缺的因素。随着经济的发展,人们收入在不断提高,人际关系越来越物质化。探亲访友、礼尚往来本是传统美德,但是,在人情消费快速增长的今天,一些人却歪曲了礼仪文化的内涵,重礼薄情,人际交往中出现功利化、庸俗化、实用化等趋向,"择权"、"择富"、"择利",成为一些人的择友动机,正常人际关系已出现扭曲。投之以桃,报之以李,这种权钱交易不仅损害了社会上一般的伦理道德,还直接导致社会风气的败坏、堕落,影响政府的公共服务能力与社会公信力。故此,如何在先进文化引领下,以和谐理念协调好各阶层利益关系,正确处理社会生活中的复杂矛盾和人际关系,形成团结互助、友爱互信的良好社会风尚成为当前迫切需要解决的问题。

3. 构建公平正义的社会环境的需要

公平正义是人类社会文明进步的重要标志,是社会主义的本质要求,也是我们党一直关注并积极解决的问题。但是,由于我国改革和发展进入关键时期,随着社会转型、体制转轨,利益调整、结构变动,人们在获得巨大物质文化利益的同时,社会不公现象在社会生活的各个领域也不同程度地存在,如贫富差距、城乡差距、区域差距拉大,经济社会发展不协调,收入分配不公平,教育不公平,等等。社会不公在一定程度上已经影响到了社会不同阶层的和谐相处,甚至影响社会的稳定和政权的巩固。构建公平正义的社会环境,不仅仅需要通过行政的、法律的、经济的等各种手段,建立一个系统的公平竞争规则,还需要增强社会主义先进文化的引领力和凝聚力,建立与之相适应的思想观念、价值体系、行为方式和社会心理,这是构建公平正义社会环境的思想文化基础。

4. 实现文化强国的需要

国家是否强盛、社会是否繁荣,不仅要看它的经济实力,在很大程度上还取决于它的文化软实力。目前,与经济建设相比,我国的文化建

设仍然是短腿，文化的整体实力和竞争力还有待增强。推动文化的大发展大繁荣，必须加强公共文化服务，提升文化产业竞争力，以文化事业和文化产业的强势发展弘扬社会主义核心价值体系。但是在当前文化产业发展中，文化的创作生产价值引导不力，文化产品中价值诉求模糊，文化消费中的享乐性、功利性以及审美趣味的低俗化媚俗化等倾向正在成为一种社会风气，影响人们的精神健康。如何在先进文化引领下，营造健康文明的文化氛围，为人民群众提供更好更多的精神食粮，这是当前实现文化强国目标必须解决的一项重要任务。

三、先进文化引领良好社会风尚形成的建议

社会风尚是社会存在的客观反映，不能主观臆造，也不能随某些人的主观意志而转移，但人们可以在掌握客观规律的基础上，科学地加以引导，使其向健康文明和谐的方向转化。

1. 宣传主导价值观，提升公民道德素质

良好社会风尚的形成，首先要“知荣辱”，因此，必须要在“知”上下功夫。为此，主流媒体如报刊杂志、广播电视等，应牢牢把握正确的舆论导向，积极宣传党的理论、路线、方针和政策，倡导与中国传统优秀文明相承接、与时代要求相适应的良好风尚，讴歌真善美，鞭挞假恶丑，匡扶正风正气，打击歪风邪气，营造积极健康向上的舆论氛围，宣传弘扬社会“正能量”，提升公民道德素质。高度重视手机、互联网等新兴媒体的建设、运用和管理，特别是要加强网络管理，净化网络社会环境，树立网络道德新风，使互联网真正成为科学知识、进步思想、高尚道德、主流意识、高雅情趣的集散地，成为传播先进文化的有效平台。加强社会主义核心价值观的普及宣传。社会主义核心价值观的本质是文化，要扩大对其宣传的覆盖面和影响力，深化社会公德、职业道德、家庭美德以及个人品德教育，倡导爱国、敬业、诚信、友善，还要将其融入精神文明建设中、各行各业的规章制度中、文化产品的创作和生产中、国民教育以及社会主义现代化建设的全过程，使之成为全社会共同的理想信念和精神追求，全面提高公民道德素质。

2. 建设廉洁文化，促成公平正义之风

官气正则民风清。领导干部的言行举止及其表现出来的思想境界、道德情操，是公民价值取向、行为规范的风向标，直接影响着良好社会风尚的形成。廉政文化是社会主义先进文化的重要组成部分，其本质是一种道德的教化。因此，必须按照最近中央出台关于改进工作作风、密切联系群众的八项规定和六项禁令的要求，加强廉政文化建设。既要坚决惩治腐败，又要有效预防腐败；既要通过教育实现自律能力，又要通过监督加强他律机制；不断强化党员干部的党性修养，倡导新风、扶正祛邪、以廉正人、以制度规范人，以良好的政风引领良好的民风。另外，把解决思想问题与解决实际问题结合起来，把教育群众与服务群众结合起来。处理好人民内部矛盾，协调好社会各方面利益关系；持续实施“文化惠民”工程，丰富人们精神文化生活；特别是要加强以改善民生为重点的社会建设，着力于教育、医疗、住房、就业、收入分配、社会保障等民生问题的改革，回应民众关切，使改革发展的成果惠及人民群众，他们才会自觉地认同并且践行主导价值观，维护社会的公平正义。

3. 弘扬民族精神和时代精神，促成社会向上力量

首先，弘扬民族精神和时代精神，能使人们始终保持昂扬向上的精神状态。民族精神凝聚了传统文化的精华，时代精神注入了创新发展的活力。要把弘扬民族精神和时代精神贯穿到媒体宣传、文化产品创作生产、精神文明创建和思想道德教育等各个方面，开展群众性主题教育活动和实践活动，使之内化为人们的精神素质，形成社会的凝聚力和向心力。其次，倡导公益理念，培养慈善之心。“乐善好施”是中华民族伟大的文化品格，提倡公益理念是培养慈爱

之心,促奉献的有效途径。要树立普遍从事慈善捐助的理念,注重企业慈善事业的发展;倡导“平民慈善”;提倡不以报酬为目的的志愿服务;发挥公益广告的宣传作用;提升慈善事业机构的公信力,从而营造温情、和谐、阳光的社会氛围。最后,发挥榜样的典型示范作用。社会道德的力量来自榜样。“最美人物”以及其他道德模范等能够引导和带动人们见贤思齐、奋发向上,逐步使典型效应传递为社会效应,形成文明风尚。

4. 塑造健康社会心态,养成文明的行为和生活方式

社会主义先进文化,提供了建设文明和谐社会所需要的价值追求和文化认同,提供了一套正确的认识事物、解决问题的基本标准。在先进文化引领下,民众能够正确看待经济社会发展存在的矛盾和问题,能激发勇于进取、顽强拼搏的精神,塑造自尊自信、理性平和、积极向上的社会心态,并转化为人民群众普遍的自觉自愿的选择和追求,养成文明健康的生活方式和行为习惯,形成身心健康、人际和谐、文明环保的良好社会风尚。

良好社会风尚的形成是一个逐步积累的过程,决不可一蹴而就。用先进文化引领社会风尚,是一项长期而艰巨的战略任务,必须在以舆论引导人、以教育塑造人、以示范带动人、以活动影响人等方面上下功夫,必须依靠社会各方面各领域以及各个社会成员的共同努力,使健康向上的社会风尚真正成为促进社会进步、民族复兴的推动力量。

(作者:福建农林大学马克思主义学院副教授)

中国元素:实现中国梦的文化基因

邵龙宝

中国梦是建立在文化自觉基础之上,既有超越性又有现实性的当代中国人的奋斗目标;中国梦是民族精神与时代精神有机统一的科学表达;中国梦是人民的梦,它以国家富强、人民幸福、民族复兴为根本目标;它是国家的梦、民族的梦、人民的梦、集体的梦、单位的梦、家庭的梦和个人的梦的有机统一——体现为强国梦、复兴梦和幸福梦。中国梦是精神的旗帜、民族的愿景、时代的强音、人民的期盼。中国梦着重体现了中国特色社会主义现代化事业的道路自信、理论自信和制度自信。

中国元素是实现中国梦的文化基因;中国模式是中国梦的现实形态,中国梦的提出见证了中国共产党人的政治智慧和执政方略。哲学是历史性的思想,是人类把握世界的一种方式。恩格斯说:“哲学是一种建立在通晓思维的历史和成就的基础上的理论思维。”对中国模式进行哲学反思是实现中国梦的一种思想路径和精神动力。

中国模式是一个有层次、要素、特点等组成的一个结构。它至少可以分三个层次:最外的表层是经济发展的奇迹,中间层是政治制度的内在优势,深层是中国文化的元素与中国精神。

一、中国经济奇迹的秘密在于中国制度的内在优越性

中国经济奇迹的秘密在于政治制度的内在优势:其一,在于政治制度体现了有效性,我们很少有类似西方所谓的民主政治的权力多元导致的各权力机关之间互相扯皮、互相掣肘,政治权力运行效率不高、成本高昂的问题。意大利学者洛丽塔·纳波利奥尼在《中国道路:一位西方学者眼中的中国模式》一书中写道:“经济危机将整个欧美变成人人自危的恐怖之地。……然而在中国,人们在见证经济高速增长的同时,幸福感也与日俱增。”她的观点来自于广阔视野的一种比较,如在与冰岛模式、东欧模式、智利模式等的比较中得出的中国模式的优势,使得新自由主义的独一无二受到普遍的质疑,使越来越多的西方人看到了中国模式的精髓就是“团结就是力量”的整体主义的中国元素。用我们的话来说,它能组织和调动起八千多万党员和十三亿人民的积极性和创造性。曾经预言“共产主义在20世纪兴起又在20世纪终结”的日裔著名学者弗朗西斯·福山最近撰文认为,“与其他权威政府相比,中国的机制化程度相当高。中国共产党已经发展成一个高度适应性强、独立自主和上下一致的组织,能够在偌大的一个国家动员所有成员——中国体制更少受到个人因素影响,更为现代”。中国制度的优势表现在决策和行动的效率高。以人为本、执政为民的政治理念体现了更广泛和高效地服务于民众的优越性。可以说,我们的制度是代表人类历史上先进的社会主义性质的,它切实符合人民群众的意愿和要求,是具有中国元素、民族特色的制度。其二,能为现代化目标做出长远规划且能在动态中加以调整,确保改革开放在和谐稳定的环境中逐步推进。中国现代化“三步走”的战略目标在近几十年的发展中已经实现了许多阶段性成果,不仅使得全体中国人改善了生活质量,也给全世界带来了极大的利益和好处。我们的现代化目标绝不是欧美式的现代化,而是要为全人类探索一种真正幸福的生活之途;它注重精神价值的追求,这正

是中央号召全国上下致力于社会主义核心价值体系建设的宗旨。我们的现代化更加注重意义世界的构建，我们的最高理想和目标是要实现马克思主义“人的自由全面发展”。其三，我们的政治制度有足够的组织上的激励去执行和维护经济发展的战略。其四，能推动国家和社会的良性互动。其五，能为“包括地级市和县在内的几千个地方政府间互相竞争，提供了一个可持续的学习和创新平台；自上而下，自下而上，双向互动，上有大政方针，下有广泛试验创新，中有多层次研讨交流和知识扩散，从而使得改革年代的中国成了全世界规模最大，最有活力的知识更新和制度创新的试验场”。其六，在面对国际国内危机时善于化危机为机遇。中国中央政府不仅能为现代化目标做出长远规划，还能在动态中加以调整。中国政府是一个强而有力的有威信的政府，它能确保改革开放在和谐稳定的环境中逐步推进，在有效借鉴西方理念和经验的基础上使得经济发展与政治制度转型以及国家能力的增长有机结合，这样一个有威信的强势政府才有足够的组织上的激励去执行和维护经济发展的战略。改革开放以来，中国的民主政治建设取得明显进步，人民群众的主体性、独立性、自由度和参与度空前高涨，无论农村改革还是城市改革都应归功于人民群众的实践创造。伴随信息化、网络化程度的提高，无论舆论监督机制，决策民主化、科学化的程度，党内民主和多党合作机制都取得了明显进展。中国定然会创造政治发展的奇迹，形成与市场经济相适应的更加优越的政治文明，以满足民权的需要，解决社会资源分配不公；实现有效执政，满足可持续发展；实现依法治官，遏制并解决腐败的蔓延。如此，可以得出一个基本的结论：一方面，经济的高速发展为政治制度的改革提供了物质条件和环境因素，即政治制度的变化是内生于经济发展的结果；另一方面政治制度的进一步改革和优化一定会为经济发展创生出更加稳定、和谐的社会环境和条件。“教育的普及和收入提高带来的最重要结果不是技术的扩散，而是对大众参与和对政治问责及需求的不断增长。”

二、中国模式的深层原因在于中国文化的驱动力

上述六个方面的制度优势的深层原因之一是由中国文化与中国精神的内驱力在发挥效应。比如我们制度的决策和行动的高效与我们文化传统的大一统有密切的关系；与我们的团结统一、爱好和平、勤劳勇敢、“刚健有为、厚德载物”等中华民族精神有关；与我们文化传统的“阴阳协调”、“整体和谐”、“以民为本”、“生生之谓德”、“天地之大德曰生”等智慧和凝聚力有关。我们的传统有一种整体和谐的优势，整体和谐是中国元素中最重要的内容，中央政府和地方政府上下互动，既有“自下而上”又有“自上而下”，中国现代化的进程就是一个整体和谐、可持续向前推进的过程。中央政府的通盘指导为各个城市和县区的发展提供了一个可持续的学习和创新的大环境和平台。正是上有大政方针，下有广泛实验创新，中有多层次研讨交流和知识扩散，才使得改革年代的中国成了全世界规模最大、最有活力的知识更新和制度创新的试验场。

又如在面对国际国内危机时我们善于化危机为机遇，在历史上从春秋战国到近代，曾经遇到过七次危机，中华民族凭借自己的智慧度过了危机。今天我们在国际政治上的“因时而变、以变求胜、纵横捭阖、左右逢源”等又与传统的“和合”、“包容”理念以及“中庸之道”中的“权变思想”等有密切的关联。2013 年 6 月 7 日，习近平主席在美国加利福尼亚州安纳伯格庄园与美国总统奥巴马会晤中明确指出：中国将坚定不移地走和平发展道路。中国梦与包括美国梦在内的世界各国人民的美好梦想相通。习近平指出，中美应该也可以走出一条不同于历史上大国冲突对抗的新路，得到对方积极回应。奥巴马表示不愿错失把两国关系推向更高水平的良机。通过在安纳伯格庄园会晤，

两国元首面对面确立和巩固了今年3月在电话中达成的关于构建中美新型大国关系的战略共识，使其成为造福两国人民和世界人民的战略抉择。中美双方选择的不是对抗，而是合作。这是此次中美元首会晤的核心。习近平强调，中美两国合作好了，就可以做世界稳定的压舱石、世界和平的助推器。奥巴马也表示，美中合作而不对抗，就更有可能实现各自安全和繁荣的目标。

我们的文化传统中的"仁爱"、"忧患意识"、"天人合一"、"三军可夺帅、匹夫不可夺志"、"革故鼎新"等中国元素都在发挥作用。我们的祖先给我们留下四个遗产：一是世界上唯一的5000年从未中断的文化和文明，二是大国的领土，三是世界上五分之一的人口，四是很多科学发明的记录。李约瑟曾在剑桥大学的寓所说过："从五世纪到十五世纪，中国古代科学技术曾经对人类做出伟大的贡献，绝不是四大发明，不是四十项发明，也不是四百项发明，而是大大小小四千多项发明。这头沉睡的雄狮一旦苏醒过来，一定会对世界做出更加伟大的贡献。"那么，支撑中国古代科学技术的智慧是什么呢？是阴阳协调、整体和谐、直觉顿悟、有机论的思维模式。这种智慧是中国元素的核心，它经由文化传统这个"流"贯通古今，被中国共产党人在长期的革命战争和社会主义建设事业的实践中所继承和弘扬，已经成为当代中国制度和机制运行的智慧特点。

中华民族一方面有悠久的古代历史文化的辉煌，另一方面我们又有近代割地赔款、丧权辱国的耻辱史。我们不仅有古代文化的丰厚资源还有近代在苦难中获得的足够的历史教训和反思的成果。儒释道传统文化是中国模式的文化底蕴，一直在现代转化的动态演化中，同时它的负面效应也一直在困扰着国人，有许多需要澄清和排除的"传统情结"的迷障。反思近代中国的历史经验与教训，从孙中山到毛泽东、邓小平、江泽民、胡锦涛、习近平等领导人，他们早就意识到西方列强之强并非单纯器物层面之强，而是包括制度机制和观念的综合之强，近代中国的有识之士早就意识到"强者不在于器而在于政"。戊戌变法的失败原因之一是，只看到宪政的好处而未能充分认识宪政所需要的社会条件——宪政是一个历史概念，1689年《权利法案》的通过标志着英国确立了世界上最早的宪政，英国的君主立宪制是资产阶级与封建势力相互斗争相互妥协的产物。到了18世纪的欧洲，在启蒙思想的引领下，天赋人权、自由、平等的资产阶级民主共和的宪政思想和制度深入人心。恩格斯在1884年3月24日致爱·伯恩斯坦的信中说道："不应该忘记，资产阶级统治的彻底的形式正是民主共和国……自由主义的原则，作为一定的、历史地形成的东西，实际上是一种不彻底的东西。资产阶级统治将在这种形式下走向灭亡。"宪政蕴含着深刻的阶级内涵，具有鲜明的阶级性，当它进入到某一民族国家时，一定要适应该国的历史国情和现实国情，它绝不是放之四海而皆准的"普世制度"。国家的性质与政权的组成形式是宪政问题的实质，宪政是人类社会发展到资本主义阶段的产物，它伴随宪法的产生而产生。资产阶级的宪政必定要被无产阶级专政的社会主义民主制度所取代。宪政在英国、德国、法国由于其文化历史的背景不同，其内涵均有差异，但在资本主义条件下宪政的实质就是资产阶级专政。毛泽东曾批判西方的资产阶级宪政时说道："像现在的英、法、美等国，所谓宪政，所谓民主政治，实际上都是吃人政治。"在清朝末年，资产阶级的宪政要比宗法专制主义的清王朝在制度上先进，然而在21世纪的今天，西方宪政的弊端越来越明显地暴露出来。毛泽东在《新民主主义的宪政》一文中说："中国缺少的东西固然很多，但主要就是缺少了两件东西：一件是独立，一件是民主。这两件东西少了一件，中国的事情就办不好。"自中国共产党成立以来，几代中央领导带领全国各族人民呕心沥血、上下求索，一直致力于社会主义的民主政治制度的建设，直到今天，中国共产党领导的多党合作和人民代表大会制度已然形成社会主义民主制度的特色。我们的奋斗目标是建设具有中国特色的社会主义的民主政治制度，而不是照搬移植西方的资产阶级的民主宪政。可见，近代以降我们的文化传统已经不是纯粹意义上的中国传统文化，而是由马克思主义理论指导下的马中西融合创新的新传统。

三、实现中国梦要进一步注入中国元素

中国梦是建立在文化自觉基础上的既有超越性又有现实性的当代中国人的奋斗目标。中国模式并非凝固、静止、僵化的格调，它是正在途中，不断向未来展开、延伸的中华民族的伟大实践。马克思主义与中国革命的实践相结合建立了新中国，在社会结构的变革上取得了伟大的成就，但是马克思主义在与中国传统文化的结合上还有许许多多的空白，尤其是在与诸如儒学的心性修养的理念和资源的结合方面，在人的现代化方面还有许多未竟的事业。经过90多年尤其是改革开放30多年的努力，我们已经成为世界上第二大经济体，科技、政治、经济都取得了前所未有的成就。正是在此意义上，西方人认识到“发达工业化经验在指导发展中国家工业化与传统工业化上已经失去了灵验”，“西方的‘民主加市场’未必是成功的模式，已经失去了灵丹妙药的功能”。福山还说：“今天中国根本达不到公民权的标准，却不仅积累了世界上最多的外汇储备，而且也蓄积了世界上巨大的经济力量，以至于中国的需求足以左右全球市场活动。偏偏是一种如此古老的政治制度实现了世界经济的一体化，并成功适应了意识形态敌人的经济制度。”有人甚至认为，“以理性为主的西方的思维模式也已走到了尽头，而中国智慧、中国的思维模式却可以弥补西方思维模式之不足”。我们应该认识到上述西方有识之士的反思虽带有批判、挖苦意味却又不失为某种明智的看法。原来西方人以为只有实现了民主才能发展经济，现在他们意识到随着经济的发展，某些具备一定条件的社会民主制度会逐步成熟起来。所以，他们中的一些人觉悟到：“按照我们的想法去改造中国是不可能的。我们无法把西方的标准强加给中国，不得不改变的是我们自己，因为中西方深层的观念文化不同。”甚至有人认为，中国的民主是一种特殊的民主，这种民主将考虑到这个大国的社会、文化和经济特点。“这种亚洲的社会主义民主的文化背景是孔子的公共伦理，而不是抽象地复制西方资产阶级的民主。”最近西方有一条新闻引起轰动，说世界大型企业研究会在2012年5月对70名企业首席执行官提出一个问题：你认为世界上哪些组织最称职可信？结果则是，他们把跨国公司排在第一位，把中央银行排在第二位，把中国共产党排在第三位（占总数的64%），而美国总统仅获33%，美国国会只获5%。

越来越多的老外承认了在西方民主的市场经济国家以外有一种截然相反的模式，这就是充满中国元素的中国模式。例如澳大利亚的中国通李睿智早在6年前就曾在国际儒学学术研讨会上说：“中国现在在超越西方，将来中国将引领世界，它的成功主要有10大原因：一是注重教育；二是中国文化适应性强；三是中国文化包容性强；四是中国的‘道’文化圆润通达，使人有力量、能变通，而西方的宗教像洗脑；五是科学发展观首先注重人的身心和谐，促进了人与社会，人与自然的和谐；六是儒家的和合文化特别有价值，善于在和谐中讲变革。对和谐世界都有意义；七是‘天人合一’更有利于生态环境的优化；八是中国的上层建筑和社会组织的调动力更强，善于处理突发事件；九是中国文化的‘中庸之道’有更大的回旋余地，是极高明的智慧；十是‘儒道互补’使中国人像毛笔既刚劲有力，又龙飞凤舞、圆润柔顺。”可见越来越多的外国人看到了中国模式的内在因素即中国元素、中国文化传统的优越性，可是我们有不少中国人却患了“文化侏儒症”，只看到自己文化的封建性的糟粕，看不到作为中国模式的母体性、

根源性、民族性的中国元素,看不到中国文化的内在优势,仍然把传统文化当做封建性的糟粕。今天的中国是传统中国的延续,今日中国的文化软实力要仰赖对传统的反思、批判、继承和弘扬。无视和丢弃传统智慧的历史虚无主义应该受到彻底的批判,不懂得人类的智慧要靠历史的累积是愚蠢的。毛泽东早就说过,从孔夫子到孙中山,我们应当给以总结,承继这一份珍贵的遗产。在这笔遗产中,最重要的是"道"的智慧、"仁义"的德性、"和合"和"中庸之道"、"天人合一"等理念。值得我们进一步开掘的中国文化的基本精神和要素主要有:其一,是在包容基础上的中国特有的自由平等的精神,这种精神区别于西方的宗教偏执性,不仅能包容56个民族,还能包容各种宗教和谐相处。所以,中国真正强大了不会对世界造成威胁,只会促进世界和平。其二,中国人的勤劳勇敢崇尚节俭是在今天注重功利主义的现实下尤应反思和继承的资源。其三,中国文化传统中有中国特色的公正理念,它是一个包括价值理想和目标、价值观念和人格品质、社会秩序与和谐的状态、经济制度、政治原则、思维方法等有机互动的思想体系,当然这与近现代的公正思想、与马克思主义的公正思想是不同的。其四,中国文化注重实践理性,讲求实务,悲天悯人、经国济世,反对唱高调。1992年初,小平同志在南巡谈话中说:"现在有一个问题,就是形式主义多。电视一打开,尽是会议。会议多,文章太长,讲话也太长,而且内容重复,新的语言并不很多。重复的话要讲,但要精简。形式主义也是官僚主义。要腾出时间来多办实事,多做少说。毛主席不开长会,文章短而精,讲话也很精练。"周总理也曾说,"四届人大的报告,毛主席指定我负责起草,要求不得超过5000字,我完成了任务。5000字,不是也很管用吗?我建议抓一下这个问题"。其五,注重仁爱(博爱)和平精神,反对以力服人,讲求兼爱非攻。孙中山先生赞美中国文化最重道德,认为中国文化是世界上讲道德修养方面的最高水平的理论,他把传统道德概括为"忠孝、仁爱、信义、和平"八个字,认为中国人爱好和平是出于天性。"仁爱"是我们文化中最重要最珍贵的思想资源,"仁爱"应该进入社会主义核心价值观,既然"民主和自由"进入了十八大所倡导的核心价值中,它们显然不是古希腊和基督教意义上的民主和自由,是中国共产党人在中华大地上重新理解和诠释的民主和自由,那么土生土长的具有母体性民族性的"仁爱"就不能加以现代诠释吗。其六,主张不屈辱的和平,我们从不侵略别人,也不允许别人侵略我们。在历史上每当国家危亡的时候,总会有一批仁人志士站出来,头可断、血可流,前赴后继、奋勇直前,他们是中华民族的脊梁。其七,独立创造精神。中华民族具有不竭的创造力,来自于我们文化的"革故鼎新"和"生生之谓易"、"天地之大德曰生",古代中国人曾经创造了辉煌的古代科学技术和人文思想,当代中国人一定能为整个世界做出更加伟大的贡献。其八,道德自觉的人文主义精神是中华民族屹立于世界民族之林最值得开掘的珍宝。中华民族早在周朝就有忧患意识,当周朝统治者战胜商代之后并没有沾沾自喜,而是战战兢兢、如履薄冰、如临深渊。这是一种最早的道德自觉,他们不认为国家的兴旺,个人的得失是由天帝裁决的,而是由自己的行为决定的,是由自己的行为有利于百姓,还是不利于老百姓决定的,这是中国文化的人文主义的开端。它与"生于忧患、死于安乐"的忧患意识紧密联系在一起。这正是今天各级领导干部立身处世,踏实工作的一种"集体无意识",一种流淌在血脉中的文化因素在发挥强大的作用。我们要把中国文化的积极因素发掘出来,用以塑造当下中国人的心性和人格;把马克思主义的"人的自由全面发展"的终极理想与我们自己的文化传统的积极因素有机结合起来。中国梦归根结底是人民的梦,每个中国人的心性和人格境界切实提升了,达到对天地、自然、社会和他人都讲爱心,都有公共理性和公共精神,都能在日常行为中做到"己欲立而立人,己欲达而达人;己所不欲勿施于人”,人人做到“民吾同胞,物吾与也”。中国梦就接近和真正实现了!

100多年来中国文化的适应性非常强,中西文化在冲撞中不断融合,尤其是在马克思主义的历史唯物主义的指导下,中西文化整合创新,正在剔除宗法专制主义的遗存,人的主体性得到极大的张扬,但是公民的法权人格尚未真正确立。我们已经把民主、自由、平等、公正、法治等价值写进党的十八大的文件中,但各种形式的消极腐败现象远未消除。习近平总书记在中纪委第二次全体会议上讲话时指出,要加强对权力运行的制约和监督,把权力关进制度的笼子里,形成不敢腐的惩戒机制、不能腐的防范机制、不易腐的保障机制。他强调,各级领导干部都要牢记,任何人都没有法律之外的绝对权力,任何人行使权力都必须为人民服务、对人民负责并自觉接受人民监督。反腐倡廉必须常抓不懈,拒腐防变必须警钟长鸣,坚持“老虎”、“苍蝇”一起打,以踏石留印、抓铁有痕的劲头抓下去,坚决做到有腐必反、有贪必肃。这就需要将制度创新与人格修养有机结合起来。

中国文化的老传统与近代以降的西方启蒙思想的新传统的好的因素的结合已经成为中国模式的文化基因,但是我们还要看到老传统和新传统的积极因素还有很多资源尚未开掘,中华民族优秀的文化传统的心性修养的精华与马克思主义理论的结合还有许多空白,新老传统的消极因素的勾连已然成为阻碍现代化进程的障碍和权力腐败的文化背景因素。中华民族伟大复兴正展现出美好的前景,但同时应该看到,不利于中国发展的国际复杂因素正在加剧,国内发展中的不平衡、不协调、城乡区域发展差距和居民收入分配差距,社会矛盾明显增多,道德失范、诚信缺失,不可持续发展的矛盾增加,我们必须保持对中国模式在行进中的双重反思。我们决不能把马克思主义哲学“神化”即教条化;把中国模式“神化”,变成一个真理体系或完美的实践模型。马克思的人学思想博大精深,中国文化的人学思想同样博大精深,西方的人学思想也是博大精深,如何打通三者综合创新是一个全新的课题,是中国梦实现的一条思想路径和实践的道路。马克思在《德意志意识形态》中明确地把唯物史观界定为“现实的人及其历史发展的科学”,历史不过是人的自我解放及其实现过程,历史不仅是过去的存在,还本质地蕴含并指向未来。西方启蒙思想的积极因素和中国文化做人的信仰的结合是中国梦实现的理念目标。

中国模式在途中,中国元素是中国梦的文化基因,伟大的中国梦在实现的过程中:每一个做梦的中国人都要为中华民族的伟大复兴贡献力量,每个中国人都要在梦中改造自己的人性,在实践中完善自己的人格,为进一步完善中国模式尽自己的一份力!

(作者:同济大学马克思主义学院教授、博士生导师)

论国家文化软实力建设中思想政治教育的价值及实现

郑元景

基于对当今世界文化发展战略的深刻把握，党的十八大不仅从全面建设中国特色社会主义“五位一体”的高度来定位增强国家文化软实力，而且把增强国家文化软实力作为整个文化建设的总领性要求，进一步突出、强化了文化软实力在国家发展战略中的重要地位。作为一种政治性、社会性和文化性有机统一的教育活动，思想政治教育与国家文化软实力二者密切关联、互相促进。在当代多元价值观激烈碰撞的社会境遇下，国家文化软实力的提升尤其需要思想政治教育发挥方向指引、动力源泉、思想保障和人才支撑等价值功能。

一、思想政治教育与国家文化软实力建设的内在关联

（一）思想政治教育与国家文化软实力建设在目标上具有一致性

思想政治教育作为一种政治性、社会性和文化性有机统一的教育活动，它不是单纯地传授知识和技能，而是具有鲜明的价值取向和目标指向。其首要任务是将主流文化所体现的核心价值观转化为社会成员的理想、信念、意志、情感与行动。在长期的理论研究和实践活动中，思想政治教育者“采用一定的文化方式，通过文化武装人的头脑，提高人对不同层次、不同风格文化的分辨力、鉴赏力和创造力，通过文化进一步挖掘人的知识及技能的潜力，陶冶人的情操，增强人的道德自律性，从而提高人的总体素质，达到人的全面和谐与充分自由的发展，即马克思所说的对人的本质的全面占有或本质的回归。”因此，提高人的思想文化素质、塑造健康完美的人格、实现人的自由全面发展，始终是思想政治教育的追求目标。这与国家文化软实力建设在目标上具有一致性。一个国家文化软实力的建设，首先必须回答好、解决好“为谁发展”的问题。不同国家由于国情民意、发展道路的不同，决定了其文化软实力发展目标具有差异性。我国文化软实力建设必须坚持以社会主义先进文化服务人民的前进方向，激发全民族文化创造活力，既要维护我国的文化安全，又要以人为本，不断满足人民日益增长的文化需求。正因如此，我国文化软实力建设的根本目标是为了使最广大人民得到自由全面的发展。“我们建设有中国特色社会主义的各项事业，我们进行的一切工作，既要着眼于人民现实的物质文化生活需要，同时又要着眼于促进人民素质的提高，也就是要努力促进人的全面发展。”从根本上说，国家文化软实力建设和思想政治教育都必须坚持以人为本，开展“育人”、“塑造人”、“服务人”的理论和实际工作，互相促进，不断满足人民日益增长的文化需求，共同致力于“人的自由全面发展”目标的实现。

（二）思想政治教育与国家文化软实力建设在内容上具有同构性

思想政治教育是一种建构民族精神家园的文化实践活动，体现主流文化的生成与传播，其实质是社会核心价值观的继承与创新过程。在当代中国，社会主义核心价值体系既是思想政治教育的核心内容，也是提升国家文化软实力的精神导向和根本内容。在长期的理论研究和实践活动中，思想政治教育直接参与国家文化软实力的建设，通过有效地继承、创新和传播社

会主义核心价值体系，再转化为社会成员的理想和信念，充分激发全社会的文化创造力，调动社会各领域力量支持并参与文化建设，不断创新文化软实力的建设内容和实现途径。与此同时，文化的繁荣发展、文化软实力的提升能为思想政治教育提供新的内容载体和养分，为增强思想政治教育实效性积蓄充足的能量。国家文化软实力对内表现为国家与民族的生命力、创造力和凝聚力，对外表现为社会发展模式、主流意识形态的影响力和感召力，而这一切主要取决于社会核心价值的认同度。在当代中国，社会主义核心价值体系支撑和牵引着我国文化软实力建设，而文化软实力的建设在许多方面是直接通过思想政治教育领域展开的。因此，一方面，增强思想政治教育的实效性，必须把社会主义核心价值体系建设融入到国民教育和社会主义精神文明建设的全过程；另一方面，提升国家文化软实力，必须加强社会主义核心价值体系建设以统领、整合各种社会思潮。这反映出二者在内容上具有同构性，体现出相辅相成、相互促进的关系。

二、思想政治教育在国家文化软实力建设中的价值意蕴

（一）思想政治教育：国家文化软实力建设的“生命线”

纵观中国革命与社会主义建设历程，思想政治工作都发挥了“生命线”作用并作出了巨大的贡献。1932 年党中央就已指出“政治工作不是附带的，而是红军的生命线。”思想政治工作的导向价值已经凸现。新中国成立后，毛泽东进一步提出“政治工作是一切经济工作的生命线”，为“生命线”论断注入新的内涵。改革开放时期，邓小平重申了思想政治工作的“生命线”作用，指出“思想政治工作是经济工作和其他一切工作的生命线”，高度肯定了其历史贡献与时代价值。在深化改革、扩大开放的时代条件下，江泽民指出，“党的思想政治工作是经济工作和其他一切工作的生命线，是团结全党和全国人民实现党和国家各项任务的中心环节，是我们党和社会主义国家的重要政治优势”。再次强调、突出了思想政治工作的引导和服务功能。进入新世纪后，胡锦涛指出，思想政治教育要“促进社会进步和人的全面发展”，要“贴近实际、贴近生活、贴近群众”；并提出“学校教育、育人为本，德智体美、德育为先”的理念，倡导将“生命线”的精神实质贯彻落实于实际工作中。

作为思想政治工作的核心，思想政治教育已经成为中国共产党的优良传统和政治优势，其“生命线”的论断尽管在不同时期有不同表述，但都发挥了引领和服务的功能，形象地反映了思想政治教育价值的本质。思想政治教育价值是指思想政治教育实践及其属性对国家、社会、个体发展需要的适应与满足所表现出的效益、效用和意义。当代，思想政治教育价值主要体现在两大方面：一是思想政治教育可以根据不同时期国家社会发展的需要设置教育目标、选择教育内容、营造教育情境，使社会成员的思想认识纳入到社会的主导思想之中，通过疏通引导，化解利益冲突，凝聚价值共识，将社会异质元素、不同部分融合成一个有机整体；二是通过加强意识形态教育、理想信念教育尤其是爱国主义教育，形成共同的精神支柱与奋斗目标，增强中华民族的凝聚力和向心力，促使最广大人民群众投入到国家富强、民族振兴的伟大实践中。当今世界各国文化软实力竞争日益加剧，国际上多元价值观激烈碰撞，我国文化软实力的提升尤其需要思想政治教育发挥方向指引、动力源泉、思想保障和理论支撑的价值功能。思想政治教育的价值定位如何直接影响着教育客体的发展方向和道路，进而也就规定着国家软实力建设的性质和走向。正是在这种时代背景和国际形势下，我国思想政治教育凸显出丰富的价值意蕴，构成国家文化软实力建设的“生命线”，集中、突出体现于其政治引导价值、人才塑造价值和文化整合价值。

（二）国家文化软实力建设中思想政治教

育的价值体现

1. 政治引导价值。在国家文化软实力的组成结构中，政治价值观居于核心层，决定文化软实力的性质和发展方向。因此，政治价值观的培育成为国家文化软实力建设的核心和关键。思想政治教育通过实施意识形态教育，使社会成员接受、内化进而认同主流政治价值观，并转化为大众的政治信仰和政治行为，从而维护政权与社会的稳定，促进文化软实力健康发展。造成前苏联解体、东欧剧变的原因较多，其中一个重要原因是未能正确处理好“硬实力”与“软实力”的关系，未能发挥思想政治教育的引导价值，尤其是忽视了培育与强化民众的政治价值观、政治信仰和政治觉悟。当代中国国内外环境比较复杂，思想政治教育必须充分发挥、强化其政治引导价值，教育内容可以丰富多样，但其核心必须始终是主流政治价值观—社会主义核心价值观。思想政治教育通过政治社会化的引导作用，实现社会成员的社会主义核心价值观的再生产，为国家文化软实力建设构筑思想基础和政治保障，借助理想信念导向、政治目标导向和政治行为导向，保证国家文化软实力健康发展。

2. 人才开发价值。人既是已有文化的继承者，又是新文化的创造者；既是发展文化软实力的终极目的，又是提升文化软实力的核心动力。人才资源的开发程度，不仅关系到个人，也关系到一个组织乃至整个社会和国家的发展水平。人才资源是第一资源，在文化软实力提升过程中，与物的因素相比，人的因素起决定性作用，而在人的因素中，思想道德因素又起主导作用，是构成一国文化软实力的“第一位要素”。正因如此，我国文化软实力的提升，越来越取决于国民素质的提高和人才资源的开发。推动我国社会主义文化大发展大繁荣，归根结底离不开人才的支撑，必须有大批素质高、能力强的人才全身心投入到中国特色社会主义文化的建设当中，才能提升文化建设的层次和水平。“思想政治教育之所以具有人才开发功能，是因为人在认识和改造世界的过程中，具有能动性。人的能动性不可能由人们自发地释放出来，而需要对其进行开发和挖掘。”思想政治教育遵循人才开发规律和教育规律，通过对个体的思想素质、政治素质、道德素质、智能素质等的引导、培养和塑造，表现出强大的开发功能。首先，思想政治教育大力弘扬社会主义核心价值体系，为人们思想和行为提供了精神引领和行动指南，直接提高、优化了人才的思想政治素质；其次，思想政治教育通过公民教育和心理健康教育，以及开展智能培育、心理咨询辅导等活动，有力地促进了受教育者的知行转化。尤其重要的是，当代思想政治教育注重人的创新意识和创新能力的培育，借助一系列措施努力挖掘人的内在潜能，体现出对人才的间接开发功能。总之，思想政治教育能够充分调动人的主动性和积极性，在培养和开发现代人才中具有精神导向和激发动力的重要作用。这种独特的人才开发价值，使提升我国文化软实力始终具有充足的精神动力和强大的人才支撑。

3. 文化整合价值。国家文化软实力的建设是项极其重要的战略性的开放系统工程，是在国内外不同文化互动整合的基础上建成的，这种互动整合实际上对国家文化软实力起到了增强或减弱的作用。当代中国，社会深度转型造成社会结构、利益关系和生活方式等日益多样化和复杂化，进而导致社会意识和文化价值取向更加多元化；国际上，各种思想文化相互激荡，意识形态领域“多种话语”的对话与交锋日趋激烈，表面上平等而事实上不平等的跨文化传播，是文化扩张、渗透、殖民的新表现形态。国内外各种因素交错影响，各种各样的思想无时无刻不在交融、碰撞，给国家文化软实力建设造成严峻的冲击和挑战。这在客观上要求思想政治教育对文化进行有效的整合。思想政治教育的文化整合，是指思想政治教育通过各种方式和手段在容纳多种文化因子、要素的基础上，根据时代要求和社会需要，建构与社会核心价值取向一致的特色文化模式和思想观念，将社会主流文化渗透到各种非主流文化当中去，进而实现社会主流意识形态对各类文化和社会思潮引领。其功能是：一方面可以持续提炼社会所需要的符合广大人民群众利益要求的核心价值理念；另一方面又将这种核心价值理念内化为社会成员的共有信念，并以此协调人们的思想与行为，促成人们对特定价值准则、行为规范的自觉遵从，从而实现社会的有机整合。由此可见，思想政治教育的文化整合具有明显的价值导向作用和强大的整合功效，它凭借自身的解释力、说服力、辐射力和凝聚力，发挥着聚合与统领功能，通过增强社会主义核心价值体系对不同利益群体的统摄力和对不同社会思潮的引领力，排除错误思想的干扰，达成思想共识，极大地增强了民族精神凝聚力，从而保证国家文化软实力的建设与提升。

三、国家文化软实力建设中思想政治教育价值的实现路径

在当代多元价值观激烈碰撞的社会环境下，提升国家文化软实力必须锻造强大的思想引导力。当代中国马克思主义只有被广大人民群众真正地理解和掌握，并转化为改革开放的内在动力，才能真正成为提升我国文化软实力的思想引导和强大力量。思想政治教育作为推动马克思主义中国化、时代化、大众化的重要载体，不仅需要强化理论的权威，而且需要强化对其价值理念由外在认识到内在认同再到创造性践行。只有这样，思想政治教育才能为其“生命线”作用的发挥提供学科自信和价值自信，才能为提升我国文化软实力发挥方向指引、思想保障和人才支撑等价值功能。

（一）推进马克思主义中国化、时代化、大众化，努力加强思想政治教育学科建设

每种文化都有自己的传统和特点，任何国家文化软实力的建设只有从特定的历史条件与时代背景出发，继承和弘扬文化优良传统，立足其文化的民族特色与时代特征，才能准确把握、确立文化发展的价值定位。从历史上看，马克思主义与中国实际相结合的每一次重大飞跃，都为我国革命和建设提供了强大的思想引导力。当代，提升我国文化软实力，当务之急是加强马克思主义理论研究和建设，努力推进马克思主义中国化、时代化、大众化。思想政治教育作为推动马克思主义中国化、时代化、大众化的重要载体和手段，首先，必须坚持马克思主义的指导地位不动摇，采取切实措施提升其学科建设的质量和科学化水平，善于借鉴、吸收先进理论成果，建构更加系统化、实际化的理论与方法体系；其次，在科学剖析世界政治经济形势、回答时代课题和现实难题的基础上，从理论和实践的结合上提升其对现实的解释力和说服力，坚持用马克思主义中国化的最新成果武装全党、教育人民；再次，思想政治教育必须强化学科自信和价值自信，通过主动回应各种社会思潮的挑战以彰显其理论水平和价值魅力，确保马克思主义在各种社会思潮中的话语权和主导权，从而为提升我国文化软实力提供方向指引和理论支撑，确保我国文化软实力建设的性质和发展方向。

（二）加强社会主义核心价值体系的塑造与教育，为建设文化软实力提供思想保障

国家文化软实力根本上体现为社会主体基于核心价值体系认同而产生的强大民族凝聚力。与发达国家相比，我国文化软实力比较薄弱，其重要原因是对社会主义核心价值体系认同度的不足。因此，加强社会主义核心价值体系的塑造与教育，将之融入国民教育和精神文明建设全过程，使全社会的力量得以有效整合、凝聚，为建设文化软实力提供思想保障，成为当代我国思想政治教育的使命和责任，也是实现思想政治教育价值以提升文化软实力的有效途径。加强社会主义核心价值体系的塑造与教育，体现为三条基本途径：一是合理建构和创新发展社会主义核心价值体系，这不仅是一个凝炼的过程，更关键的是落实在具体的制度和政策层面；二是促进全体国民对社会主义核心价值体系的积极认同，形成国家民族的凝聚力、自

信力，从而激发人们的创造力；三是推动社会主义核心价值“转化为人民的自觉追求”，使来自群众实践的理论回到实践、指导实践，“内化于心，外践于行”，转化为改造世界的强大力量。只有这样，才能使社会主义核心价值体系真正为人们所感知、所接受、所认同、所掌握、所践行，真正成为社会运行和人民精神生活的“主旋律”；也才能使思想政治教育真正成为社会发展进步和文化软实力建设的“生命线”，为建设国家文化软实力提供精神动力和思想保障。

（三）创新思想政治教育教学内容，为建设文化软实力提供人才支撑

思想政治教育活动“是一个不断创新的实践性生成过程”，创新是思想政治教育体现时代性、把握规律性、富于创造性、增强实效性的保证。思想政治教育教学的内容创新能有效促进公众对社会主义核心价值体系的认同。因此，当代思想政治教育工作者自身必须具备创新的思维理念并不断提高各方面素质，善于顺应时代发展和环境变化，在整合多元文化的过程中不断实现思想政治教育教学内容的创新。首先，教育内容的创新要以开放包容的文化心态，既要坚持马克思主义指导思想的一元化，进行系统的中国特色社会主义理论教育，又要适应文化多元化的客观现实，对西方各种理论流派和思潮进行科学介绍，正确处理好传统文化与现代文化、本土文化和外来文化的关系，吸收和借鉴其他文化形态中具有共性、可共享的内容，让公众在比较中掌握真理，在选择中把握方向；其次，教育内容的创新必须来源于现实、面向现实，不回避现实中的难点和热点问题，并结合时代和社会发展要求，不断为思想政治教育增添新内容。例如，应当积极介入、突出对大众生活和民生问题的关注和研究，善于消解公众的疑惑，创新发展思想政治教育内容体系。思想政治教育内容除了具有科学性、真理性和先进性，还应具有现实性、生活性和大众性，并致力于解决现实问题的有效性，增强公众对社会主义核心价值体系的认同。当代，高等学校成为我国同世界各国进行文化交流的桥头堡，高等教育在实现伟大中国梦、建设特色文化软实力的征途中具有突出的战略位置。在世界多极化、经济全球化和文化多元化的时代格局下，青年大学生是提升国家文化软实力的主要力量源泉。由于当代思想政治教育在大学生成才中发挥着重要作用，因而，只有不断创新思想政治教育教学内容，才能有效提高大学生的思想道德素质和科学文化素质，促进大学生的全面发展，为建设文化软实力提供动力源泉和人才支撑。

（作者：福建农林大学马克思主义学院副教授）

澄清"普世价值"上的迷雾

侯惠勤

从20世纪末、尤其是进入新世纪以来，意识形态冲突的一个重要变化，就是在综合国力的竞争中，文化软实力的竞争在加大，而核心价值观的冲突首当其冲。西方的政界和学界开始密集地使用"普世价值"表征其核心价值观。美国奥巴马政府每年的国情咨文，都将"推行自由、民主、人权这些普世价值"视为美国的"国家战略"。

国际金融危机爆发以来，一个值得深思的现象是，资本主义各国在承认其存在各种各样的缺陷的同时，却异口同声地捍卫和宣扬其核心价值观，并极力贬损在危机中表现最好的中国。美国《福布斯》杂志网站曾载文称，"美国依然代表着全世界民众向往的普世理想——自由和民主。美国人一直在向世界传达着一种清晰的理念。与美国人不同，中国人自己都没有明确的价值观，更别提影响世界了"。

不能用"普世价值"来指导改革的实践

"普世价值"之争表明，核心价值观上的渗透与反渗透，既是当前意识形态冲突的动向，也是我们借以判断当前意识形态态势的重要依据。

"普世价值"问题现在之所以使一些人严重困惑，原因就在于人们往往偏离了这一讨论的关键所在，陷入了人类有否"共同价值追求"的抽象争论。其实，问题的关键就是为什么"践行普世价值"必然导致"全盘西化"，而坚持改革开放则必须批判抵制所谓"普世价值"。实际上，关于"普世价值"问题无论存在着多少歧见，认为"争论的要害不在有无价值共识（或人类共同的价值追求），而是这些共同价值能否成为行动指南，能够成为谁的行动指南"，却成为真正争论双方的唯一共识。在极力推行"普世价值"的人看来："以自由、理性和个人权利为核心的'启蒙价值'成为推动人类社会从传统走向现代的精神力量，成为现代性社会的价值基础。""批判普世价值的人士所反对的，不是普世价值这个概念，甚至也不是自由、民主、平等、人权这些价值理念，他们所反对的，是根据这些价值理念来设计和建设的制度。他们反对按照自由、民主、人权等价值理念来改革政治体制和社会体制。这才是问题的本质所在。"

而在我们看来，在今天，推行"普世价值"不仅是西方进行意识形态渗透的主要方式，也是我们坚持和发展中国特色社会主义、深入改革开放所必须克服的重大干扰。因此，问题根本不在于是否承认人类有否某些共同的价值追求，而在于为什么不能用"普世价值"来指引我国的改革实践。

西方以"普世价值"的名义推行自身价值观

"普世价值"不是抽象的价值共识，而是思想统治的形式，即在一定历史条件下支配人们头脑、规范人们行为、支撑相应国家制度的统治思想。人类的某些共同价值追求，无非以两种方式存在：

一是作为美好的愿望存在，例如人类"大同"的理想等，可以说是各民族世世代代的一种追求。其对于人类的道德进步和人性修养具有一定的积极意义，但也只限于道德价值，而不能作为实践的行动指南,因为愿望不能代替现实。历史发展并不以人们的主观愿望为转移,不以人性的诉求为路径,只有客观条件已经具备的理想才具有实践意义。人们的主观愿望可以超越客观历史条件,想象美好的社会和完善的人性,也可以据此对现实作道德批判,但历史只能解决客观条件已经具备的问题,科学理论只能回答已经进入实践视野的课题。这就是说,作为美好愿望的人类共同价值不是科学理论,不能作为现实运动的行动指南。

二是作为一个时期社会的主流价值存在,例如封建社会的荣誉、门第,资本主义社会的自由、民主等。其作为具体时代的价值共识,甚至获得了并不适合该价值的一些社会群体的认同,因而成为思想统治的最好方式,成为维护特定社会秩序的手段。正如马克思、恩格斯所说:"任何一个时代的统治思想始终都不过是统治阶级的思想。"在当今世界,西方资本主义凭借其在经济科技上的优势,依然维系着其思想上的统治,把持着强势话语权,有资格以"普世价值"名义推行自身价值观。

中国梦的圆梦力量

"普世价值"否认现代化过程中的道路之争,视社会主义现代化为虚构,而视资本主义现代化为"普世道路"。在这方面,西方意识形态制造的一个神话,就是这种不平等与资本主义所制造的剥削无关,而是从传统社会向现代社会过渡的必然现象。他们提出,"在现代经济增长的过程中,财富分配里的不平等起初在拉大,随后出现拉平的效果,后来事情的发展就颠倒了过来……发生这种过程的两个主要原因在于技术和人口,而不是社会和政治原因,虽然在增长和不平等的三个阶段中的第二阶段里,政治干预可能在某种程度上会强化拉平不平等差距的过程"。

从理论上说,资本主义现代化之所以此路不通、而社会主义现代化之所以成为必然的历史选择,是因为进入帝国主义时代以后,对于后发展国家,尤其如中国这样的后发展大国,由于一些初始条件(如形成统一的世界市场,形成稳固的势力范围,形成世界范围"核心—边缘"的二极结构等,因而可以在一定程度上自由竞争)的丧失,作为一个统一的国家自发地走向现代化已无可能。从实践上看,后发展国家之所以在资本主义主导的世界格局中步履维艰,就是因为落后和受控使得资本主义国家所经受过的历时性矛盾挤压成共时性矛盾,因此各种矛盾错综复杂、各种恶果叠加显现。而且,资本主义利用与其经济政治实力相应的思想文化上的优势,不断地制造落后是因为没有实行资本主义的神话,加剧了发展中国家的混乱和分裂。

选择资本主义现代化道路,对于中国只能意味着国家分裂、国内混乱、国际依附、历史中断的无序状态,只能是死路一条。因此,中国现代化之路必定如此,即在社会自觉力量的领导下,先取得政治独立和民族解放,继而取得经济独立和国家发展,再借此参与国际竞争,全面走向世界,实现现代化目标。在这一过程贯穿始终、起领导核心作用的自觉社会力量,就是中国共产党。承认历史发展的规律性以及自觉利用历史规律的可能性,形成领导中华民族伟大复兴的政治核心力量,是中国特色社会主义形成的历史和理论前提,也是中国梦的圆梦力量。因此,是否坚持中国共产党的领导,也就成为辨别中国梦和借中国梦兜售"西化梦"的根本界限。

"普世价值"的玄机

"普世价值"否认人性的历史变化,因而把资本主义制度视为符合人性的"终极设计",认为人类的理想状态是橄榄形的"中产阶级社会",而不是没有阶级和剥削的共产主义社会。"普世价值"营造的一种思维定势,就是资本主义不可超越。不管你是否喜欢资本主义,可你必须得接受它;不管目前和未来还有多少思潮在碰撞、在挑战现实,可最终还是无法逾越自由民主的制度架构;也就是说,你可以批判它,却无法取代它。支撑这一思维的有两个“论据”：一是我们注定不能生活在一个“无缺陷的社会”，而资本主义是缺陷相对最小的社会；二是人性注定有其不可克服的弱点，而资本主义是与人性最为相符合的社会制度。问题的实质在于，阶级划分是一种历史现象，还是永恒的社会现实？人的利己主义本性是资本主义历史条件的产物，还是永恒不变的人性？进一步，是人性创造历史，还是历史改变人性？

“普世价值”以现下大多数人的主观认同为前提，不是以符合历史发展客观规律的科学为前提，因此它不能等同于“普遍真理”。这里也暴露了“普世价值”的一个玄机：它看似意味着人心所向、大势所趋，实际上与普遍真理、客观规律有本质的区别。作为体现历史必然性的普遍真理，具有不以人们的主观意志为转移的客观普遍性，不以人们的主观认同状态为依据，换言之，历史发展的客观真理为大多数人所接受，往往是结果，而不是前提。因此，邓小平在苏东剧变后坚定地表示：“一些国家出现严重曲折，社会主义好像被削弱了，但人民经受锻炼，从中吸收教训，将促使社会主义向着更加健康的方向发展。因此，不要惊慌失措，不要认为马克思主义就消失了，没用了，失败了。哪有这回事！”他充满信心地预言：“我坚信，世界上赞成马克思主义的人会多起来的，因为马克思主义是科学。”“普世价值”则不然，它的力量主要来自某一时段大多数人的主观认同。我们常常可以听到主张照搬西方制度论者的一个似乎很充分的论据，就是认为虽说西方制度并非完美无缺，但它毕竟为现下绝大多数国家认可并实行，中国为什么要例外呢？然而历史反复证明，如果大多数人的认同就等同于历史规律，人类社会可能就止步于原始社会了；新制度、新道路的开辟，总是由小到大、由弱变强；历史潮流不取决于一时的人数多少，而取决于是否遵循客观真理和历史规律；甚至可以从一定意义上说，历史的每一个进步，都是对于某种“普世价值”的颠覆。

资本主义必然是对封建社会的“尊贵血统”和“家族荣誉”一类价值共识的颠覆，而社会主义则必然是对资本主义“自由”、“民主”一类价值共识的颠覆，这难道还需要论证吗？反过来，成功颠覆了资本主义社会价值共识的共产主义，就必然被现今依然占据统治地位的“价值共识”视为洪水猛兽般的“恶”，这同样是不争的事实。这也驳斥了一些人试图通过划分价值和价值观、把“普世价值”冒充为普遍真理的辩称。如果把“普世价值”视同普遍真理，就必须具体分析共产主义对于西方“自由、民主、人权”的超越，而不是抽象地谈论和全盘接受当今流行的民主、自由价值观。

由此可见，应该把能够使我们对非资本主义独有的价值作出自己解释的价值依托，作为社会主义核心价值观的基础。这些价值依托主要是：人民至上、劳动伟大、共同富裕等。

（作者：中国社会科学院马克思主义研究院研究员）

文明对话模式之争:普世价值与核心价值

谢文郁

不同文明之间一旦发生接触,就开始交往。而且交往的模式很多:有外部冲突式的不打不相识;有相互渗透式的相辅相成;有教化式的大鱼吃小鱼;甚至还有灭绝式的你死我活等等。在宽泛的意义上,这些交往活动也可以称为文明对话。笔者并不打算对这些交往—对话方式进行逐一分析讨论。我们注意到,近代西方文明产生后,以其强盛的科学技术力量把世界各文明的地理距离大大拉近,从而使世界各文明之间的交往和对话具有直接的迫切性。

冷战结束之后,在世界各文明交往和对话中开始流行一种所谓的“普世价值—文明转型”对话模式。这是一种教化式的对话模式。在西方文明优势这个大语境中,人们有意无意地接受了一种预设,即:世界文明发展应该有一个共同的方向,而调整文明发展方向的指示性标志便是普世价值。因此,各文明应该以这个普世价值为坐标进行自我改造,实现自我转型。不然的话,西方文明就应该借助外在压力迫使弱势文明转型。这种文明对话模式目前是主导性模式。然而,我们要提出的问题是:这种模式是否有益于不同文明之间的交往?

本文希望通过追踪这一对话模式的形成历史,揭示其在当代文明对话中陷入的困境,进而提出并论证一种新的文明对话模式:核心价值—文明自觉模式。本文认为,一种文明的产生和成长,其根本动力乃是该文明的原始责任意识。不同的责任意识会培养出相应的核心价值。破坏文明的核心价值必然伤及她的原始责任意识,导致这一文明的消失。因此,引导各文明在对话中深入认识自己的核心价值,不断消除自身视觉盲点而进入自我更新之途,才是文明对话应当承担的任务。

一、普世价值说法之起源

20 世纪 90 年代初,苏联解体。这一事件宣告了以美国为首的资本主义阵营和以苏联为首的共产主义阵营之间冷战的结束。冷战结束之后,在世界政治版图上,美国成为唯一的超级大国。同时,西方文明似乎也因此牢固地主导着世界文明的方向。关于这个事件,人们可以从不同角度进行分析和解释。有意思的是,在过去的二十余年中,解释者都来自作为胜利者的西方世界。苏联解体后留下的俄国面临生存危机,因而全力关注自身生存问题。对于俄国人来说,他们不希望担当苏联解体的责任。因此,他们对于如何解释冷战的形成和结束显得漠不关心。这种做法无异于放弃发言权。在另一方,作为这场冷战的胜利者,西方学者对于自己的胜利激动不已,喋喋不休。在他们看来,这场胜利来自普世价值的胜利,并很快形成了一个共识:在全世界推广普世价值。

我们试着追踪一下“普世价值”这一提法的历史演变。“普世价值”是二次大战后慢慢流行起来的说法。冷战结束之后,这一说法开始主导以西方政治为中心的国际关系,一直延续至今。推行普世价值观的过程,对于弱势文明的自我反省和其视角盲点的暴露起到了积极作用。但是,它倡导文明转型,要求弱势文明国家进行政治改革。这种要求往往引发弱势文明国家的内乱,危害世界和平,这对于国际政治关系来说是消极的。因此,对普世价值观的起源、演变及其困境进行分析和讨论,从而呈现它在冷战问题以及当前国际关系处理上的解释误区，就显得十分重要了。

“普世价值”这一提法的前身来自《世界人权宣言》。1948 年 12 月 10 日，联合国在巴黎发表了这个宣言，认为二次世界大战给人们留下的最深刻教训是对人权的不尊重，因而联合国必须公开地对基本人权进行全面认可并进行保护。这个宣言共有 30 条，无论是直接的还是间接的，都涉及了人的生存权利。就文字而言，《世界人权宣言》没有直接提到“普世价值”一词。但是，在解释上，人们认为这些人权具有普世价值。为了方便进一步分析和讨论，笔者在这里自行翻译并列出《世界人权宣言》的一些与当前国际关系有密切相关的所谓普世价值条款：

第 1 条：所有的人生而自由，在尊严和权利上彼此平等。他们拥有理性和良心，相待以兄弟之情。

第 2 条：所有的人都拥有生活、自由和人身安全的权利。

第 13 条：所有的人都有在国内出行和迁居的自由。所有的人都有离开和返回自己国家的自由。

第 17 条：所有的人都有独占财产和共享财产的权利。任何人的财产都不能被强行剥夺。

第 18 条：所有的人都拥有思想自由、良心自由和宗教自由的权利。这个权利包括改变宗教或信念的自由，以及独自地或集体地、公开地或私下地，仅仅通过自愿而非强迫的教导、实践、敬拜、约束等方式，表达其宗教或信念的自由。

第 19 条：所有的人都拥有意见表达自由。这个权利包括不受干涉地坚持自己的意见和追寻、接受以及通过媒体分享信息和观念的自由，且不受国界限制。

第 20 条：所有的人都拥有和平集会和结社的自由。任何人都不能被迫隶属一个社团。

我们看到，这些条文使用了“所有的人”这样的字样。这就是说，这些条文是适用于所有的人的，因而是普世的。在这种导向中，人们在阅读这个宣言时不小心就会把它读成“普世人权宣言”（有些中文翻译就是这样做的）。1966 年，联合国还采纳了另外两个有关人权的文件：《经济、社会、文化权利公约》和《公民权利与政治权利公约》；并于 1976 年把这三个文件合并为《国际人权法》，作为联合国在人权问题上的官方文件和处理人权问题的依据，要求各成员国认可并保护这些权利。

中国政府没有参与这些文件的制定。1971 年，中华人民共和国取得了联合国常务理事国的席位。1980 年，中国政府认可并签署了《国际人权法》。不过，这个文件在中国境内并无法律效力。严格来说，这个文件不是法律文件，而是政治文件。从法律的角度看，《国际人权法》不是联合国的宪法或法律。无论执行什么法律，执法者首先需要明确对相关法律的理解和解释；并且，一旦出现对法律理解的不同意见，在执法程序上就必须确立最高解释权威。缺乏最高解释权威，任何法律都无法落实。我们也注意到，有些国家采纳《国际人权法》作为法律。然而，他们在实际操作中都是依据本国法律权威的解释，并不求助于联合国。这就是说，《国际人权法》只有在符合本国法律（或至少不与之矛盾）的基础上才具有法律效力。从这个意义上说，认可和采纳其实并无实质上的区别。更准确地说，这些文件对于联合国成员国来说仅仅具有意识导向作用，联合国并无执法功能。

然而，苏联解体之后，西方世界在意识形态上展现了某种强势，在《国际人权法》解释上占据高位。比如，在当代国际关系中，西方政治家强调民主选举、宗教自由、言论自由、结社自由等，认为它们是人权的核心内容，具有普世价值，各国应该建立相应社会制度加以保障。对于那些未能按照西方政治家的解释进行政治治理的国家，西方国家便利用强大的经济、舆论和军事力量，强迫其实行政治改革，保障上述人权。受这种强势意识形态的影响，世界各文明之间的对话和交流就变得极为简单：宣传并推动世界各文明采纳普世价值，促使文明转型而趋向一个拥有普世价值的大同世界。美国哥伦比亚大学的萨缪尔·莫恩教授在他的新著《最后的乌托邦：在历史中的人权》一书的序言中谈到："这个词（人权——引者）意味着一个改善世界的方案，催化一个新世界的到来，让每一个体的尊严都得到国际性的保护。"我们称这种做法为"普世价值—文明转型"世界文明对话模式。

二、权利和责任

人权是人类生存的出发点。没有权利的人不可能进行任何判断选择，从而无法生存。但是，对于人类生存来说，个体并不是孤立的瞬间存在，而是在群体中走向未来的持续存在。因此，人的存在还涉及责任，包括每个人在进行生存选择时对自己未来的责任和对他人存在的责任。人是在一定的责任意识中进行判断选择的。权利意识不过是一种责任意识的表达形式而已。我们可以这样分析：有些"权利"和人的实际生存可以毫不相关，即使"拥有"也不会去使用它们。比如，对于一个不愿迁居的人来说，迁居自由和他的生存毫无关系。如果把这些不在人的意识中的权利奉为普世权利，那么，我们就要进行大力宣传，使那些缺乏权利意识的人对此有所意识。宣传是一种责任意识培养。对于那些接受权利意识教育的人来说，他们接受教育在先，享用权利在后。在这种情况下，权利是某种责任意识的形式化表达。于是，我们看到，对于人的生存来说，一方面，人必须拥有某种权利进行判断选择，因而权利在先；另一方面，人是在某种责任意识中拥有权利的，因而是在一定的责任意识中行使权利（责任在先）。权利和责任的这种生存关系值得引起我们足够的重视。

西方意识形态中对某些人权的偏好其实也是由某种责任意识来引导的。我们来分析《世界人权宣言》的第 1 条："所有的人生而自由，在尊严和权利上彼此平等。他们拥有理性和良心，相待以兄弟之情。"这里，开头在谈论平等权利，接着却谈论理性、良心和兄弟之情。显然，理性、良心和兄弟之情不是一种权利，而是一种责任意识。我们在哪个意义上能够说一个人是有理性和良心的呢？对于一个以杀人为乐趣的人来说，他可以有条不紊地设计并执行杀人计划。这个人是否有理性？一个人的兄弟之情是天生的吗？抑或需要后天培养？在哪个层次上他才算具有了兄弟之情？不难看出，我们只能在责任范畴中使用理性、良心和兄弟之情这些语词。拥有不同的责任意识，关于理性、良心和兄弟之情的理解也就不同。

就历史发展而言，文明的差异性来自于不同的责任意识。一种文明的原始责任意识之培养是一个十分复杂的问题，涉及生存环境、语言文化、自身努力等等。在许多情况下，一个微不足道的偶然因素就可以培养出一种责任意识。比如，对于一对双胞胎，母亲随意指定其中之一为长，另一为幼，将导致他们形成不同的责任意识以及不同的成长之路。一个文明的原始责任意识的出现也是这样的。而且，一种责任意识形成之后，人们就开始自觉或不自觉地受之引导，从此出发关心周围事物、判断并处理人际关系、设计未来生活等等。因此，对于个人来说，不同的责任意识引导不同的生存方式；而对于一种文明来说，不同的原始责任意识会造就不同的文明性格。任何一种文明都具有某种独特的原始责任意识，并在它的驱动和引导下生存发展。文明的这种原始责任意识需要我们特别重视。进一步分析，责任意识是流动性的，它必须形式化而成为某种固定的价值，才能作为人的判断选择之根据。因此，就其表现形式而言，一种文明是通过一系列权利、美德、规范、榜样、愿望等确定的价值来表达自己的。其中，那些表达原始责任意识的价值，我们称之为文明的核心价值。不同文明之间的冲突主要表现为不同价值间的冲突。这种冲突一开始是一些次要价值之间的冲突，如见面时应该如何打招呼？看见他人的奇怪动作应该如何回应？这些次要价值间的冲突在进一步交往中因为彼此适应而一一化解。但是，当冲突触及核心利益时，冲突的双方便呈现为势不两立。

就现象而言，人在一种文明中生活，其判断选择都受到他已经接受的核心价值所左右。不过，核心价值是在一定原始责任意识中培养出来的。原始责任意识是基础性的。因此，人们必须反省并进入自身文明的原始责任意识。在他们的价值判断中，符合这种原始责任意识的就是天经地义、理所当然的。值得注意的是，人们不可能追问作为文明基础的原始责任意识之合法性问题，因为它就是一切合法性的基础。由此，我们可以有两个推论。首先，在没有外来文明的影响下，一种文明的发展始终受其原始责任意识驱动而自我发展、自生自灭。而且，人们不可能对自身的原始责任意识进行反思和分析——很显然，他们没有反思的基础。人们是在一定的原始责任意识和价值观中观察世界的。任何文明都有自己的观察角度。由此可见，考虑到一种文明的有限性，我们可以说，一种封闭的文明无法认识并消除自己的视角盲点（略后我们还要对"视角盲点"一词的用法进行分析）。其次，我们也注意到，限制或破坏一种文明的原始责任意识等于阉割或摧毁这种文明的存在。原始责任意识是一种文明借以生存的基础；丧失自己的原始责任意识，等于丧失自己的存在基础。

我们认为，在文明对话这一话题上，充分认识和强调文明的原始责任意识和核心价值的基础性地位，是我们寻找文明交流—对话模式的关键所在。

三、寻找文明交流—对话模式

在经济全球化的推动下，无论是自愿还是被迫，世界诸文明被结合为一个经济共同体，彼此受益。同时，诸文明在这个共同体中发生直接联系。在当今世界，文明的孤立发展已属罕见。随着诸文明之间的交往加深，不可避免地会触及各自的核心价值，发生冲突。因此，如何使世界各文明之间的交往交流成为祝福，而非演变为外在冲突，危害各文明的生存，对于当今国际关系来说，乃是当务之急，需要我们认真对待。

西方思想界比较早地认识到这个问题，并希望建立各种文明对话模式作为解决方案。然而，西方思想家在思路上无法摆脱普世价值—文明转型的谈论方式。尽管有些学者小心翼翼地企图摆脱西方中心论，强调诸文明之间的平等，但是，他们所提供的各种对话模式仍然无法指出世界文明对话的出路。我们这里试图追踪约翰·希克（John Hick，1922—2012）多元主义视角下的宗教对话，第二轴心时代的跨文化对话，以及亨廷顿的文明冲突理论，展示普世价值—文明转型这一模式在理论上和实践上的困境。

希克在20世纪70年代提出了宗教多元主义命题。在此命题中，各宗教（可引申为诸文明或文化）就其终极诉求而言都自认为把握住了终极实在。但是，究竟谁才真正地把握了终极实在，各方只不过是自说自话。结果是，强势文化自认为自己把握了终极实在，因而往往会对弱势文化进行外在压制。然而，没有完全的证据来证明，强势文化把握了终极实在。希克认为，没有任何宗教能够完全把握这个终极实在，各宗教充其量不过是把握住了它的某个方面。如果对这一点有深刻认识，那么，不同宗教就可以放下自己的自以为是，相互尊重，相互学习，进行对话交流。在希克看来，只要诸宗教放下身段，承认其他宗教和自己一样也拥有关于终极实在的认识，那么，诸宗教之间的交流和对话就不成问题。我们看到，希克是努力在多元主义名义下为诸宗教对话寻找途径。但这一努力并不成功。从文明对话的角度看，每一文明都有自己的核心诉求，并且在情感和责任意识中坚持自己的核心诉求。且不说多元主义的说法在逻辑上无法自圆其说，在实践上，它加给弱势文明的压力要远远大于对强势文明的压力。遵循希克的对话模式等于要求弱势文明不再坚持自己的核心诉求。

"第二轴心时代"在理论上是对多元主义的某种修补。希克的"终极实在"隐含着某种"轴心时代"的痕迹,在肯定诸宗教的平等地位的同时,要求诸宗教改变自己的核心诉求,转向对终极实在的追求。当代一些西方学者企图修补这一缺陷。他们(包括尤尔特·卡曾斯[Ewert Cousins]、雷蒙·潘尼卡[Raimon Panikkar]、保罗·尼特[Paul F. Knitter]等人)提出并企图打造"第二轴心时代"。他们分享了多元主义的忧患情结:多元宗教如何能够平等相处、进入对话?"第二轴心时代"强调全球意识,认为人类共处一个地球,有共同利益;不同宗教(文化、文明)之间应该一起来爱护而不是损害这个地球。仅凭这一点,不同宗教(文化、文明)之间就应该避免冲突和战争,通过和平对话来增进相互理解,解决彼此之间的争端。为达此目的,他们当中的有些人愿意进入多种宗教身份,比如,潘尼卡就身兼天主教神父、印度教古鲁、佛教和尚以及世俗主义者。身份转换在他们看来可以使他们对不同宗教(文化、文明)拥有切身理解。不过,我们注意到,这种不断转换身份的生存大概只有几位学者能够做到,对于普通百姓来说是不可能的。普通百姓只能生活在自己的宗教(文化、文明)中。因此,"第二轴心时代"乃是一座空中楼阁,与现实生活无关。

1993年,哈佛大学教授萨缪尔·亨廷顿(Samuel P. Huntington, 1927—2008)在美国的《外交》季刊夏季号上发表了《文明的冲突》一文,并在1996年出版了《文明的冲突与世界秩序的重建》一书。亨廷顿注意到了普世价值—文明转型模式在国际关系上的危险导向。他在阐述该书第四部分的主题时写道:"西方国家的普世主义日益把它引向同其他文明的冲突,最严重的是同伊斯兰和中国的冲突。"而第五部分的主题,用他的话来说就是:"西方的生存依赖于……把自己的文明看作独特的而不是普遍的,并且团结起来更新和保护自己的文化,使它免受来自非西方社会的挑战。避免全球的文明战争要靠世界领导人愿意维持全球政治的多文明特征,并为此进行合作。"

亨廷顿是在西方文明处于强势而其他文明的自觉意识已经兴起的语境中发表这种议论的。我们可以称之为普世价值思路中的焦虑意识。尽管他批评西方的普世主义在国际关系中的负面作用,但是,在他看来,只是由于西方文明对非西方文明的过于强烈的冲击,才导致了非西方文明的强烈反弹。因此,西方人在全球范围内推广普世价值必须有所收敛。他在第十二章中有这样的话:"西方的普世主义对于世界来说是危险的,因为它可能导致核心国家之间的重大文明间战争;它对于西方来说也是危险的,因为它可能导致西方的失败。"在亨廷顿心中,西方文化必须有所收敛并强调自己的独特性,只有这样才能生存下去并保持强势。这是亨廷顿式的韬晦之计。

前面谈到,任何文明都是在某种原始责任意识中发展起来的。在原始责任意识中,维持自身的生存是首要原则。当诸文明进行直接接触和交流时,每一种文明都只能从自身的角度对对方进行理性评判,并在价值判断中赞美与吸收对方的优点,忽略或排斥对方的丑陋。理性评判和价值判断都是带着普遍主义和自我中心倾向的。没有人会赞美并吸收对方的丑陋,忽略或排斥对方的优点。因此,无视文明的普遍主义和自我中心倾向,就无法讨论文明间的冲突和对话。这种无视,如果不是别有用心(如亨廷顿的韬晦之计),那就等于放弃自己的原始责任意识,放弃自身文明的生存。

我们指出,任何一个微不足道的因素都可以引导一种责任意识。在前面的双胞胎例子上,或长或幼只凭母亲一句话,而此后这对双胞胎的责任意识培养却走向完全不同的方向。一种文明的原始责任意识也可以是这样产生的,即:它可能产生于某种偶然因素。任何文明都建立在一定的原始责任意识之上。不同的责任意识给出不同的价值观,形成一定的视角,并在此基础上进行各种评判。受着自己的原始责任意识的制约,任何文明都有自己的视角盲点。比如,如果一件事在某种责任意识中被判断为毫无意义,那么,无论这件事在其他责任意识中被认为多么重要,在这个视角下,这件事就是可以忽略不计的。我们称之为视角盲点。

而且,任何文明都不可能通过自己的努力来呈现自己的视角盲点,就好像自己的眼睛不可能看到自己的眼睛一样。消除视角盲点需要其他文明作为对照物。可以这样看,对于一个文明认为毫无意义的事,却在其他文明中被认为极为重要,那么,这一文明的价值观就难免受到冲击,即视角盲点被暴露。面对这一冲击,如果两种文明之间处于敌对状态,彼此没有信任,那么,这一冲击就导向外部冲突和战争;如果两种文明之间处于互信状态,那么,视角盲点的暴露就会被当做善意的礼物接受下来。在信任中,两种文明将相互呈现对方的视角盲点,共同扩展视野。这里,信任是关键点。

四、文明对话的基本原则

我们对文明的特性进行了分析,发现其中有两个关键因素,即:原始责任意识和视角盲点。进一步,我们分析了文明间的交流和对话,发现一种健康的世界诸文明关系必须建立在彼此信任的基础上。任何文明都带着普世主义倾向。在彼此信任的基础上,文明对话可以帮助指出对方盲点,推动对方发展自己的原始责任意识,共同扩展视野,实现自我更新。对于弱势文明来说,它需要对自己的原始责任意识有深刻的反省和清楚的认识,需要在与其他强势文明的对照下认识并消除自己的视角盲点;对于强势文明来说,它同样需要其他文明来映照自己的视角盲点,深化自己的原始责任意识。任何文明,只有在互信的气氛中和其他文明进行直接接触和交流,才能继续生存下去。我们称这样的文明对话为“核心价值—文明自觉”模式。在这种模式中,我们要从诸文明的自觉意识出发来面对文明冲突问题,即:建立文明对话平台,突出各文明的平等尊严,彼此帮助消除对方的视角盲点,推动并深化各文明对自身核心价值的认识,导向一种和而不同的诸文明共存的和谐世界。

我们从历史、理论和当代实践的角度对“普世价值—文明转型”和“核心价值—文明自觉”这两种模式进行了分析和论证。就思维性格而言,“核心价值—文明自觉”模式具有相当浓重的中国传统思维特性,即和而不同的情感取向。《礼记·中庸》有言:“万物并育而不相害,道并行而不相悖。小德川流;大德敦化。此天地之所以为大也。”每一文明都是一“物”,在自己的原始责任意识中生存发展,但可以“并育而不相害”。每一文明在自己的原始责任意识中都走自己的道路,但可以“并行而不相悖”。只有这样,这个世界才能和谐共存。从中国立场出发,我们认为,文明对话的“核心价值—文明自觉”模式具有优越性。也许,对于那些坚持“普世价值—文明转型”模式的人来说,“核心价值—文明自觉”模式过于保守。然而,只有这种模式才能切实地在实践上推进世界文明对话。为此,我们提出如下文明对话原则,或称核心价值—文明自觉文明对话模式五条原则。

首先,必须尊重诸文明的平等话语权。在当代世界文明的交往和对话中,不得不面对其他文明的存在。从一种文明的角度看,其他文明的问题关注、思维方式、待人接物、行为规范等等都是陌生的。一般来说,这种陌生性会引发某种恶感,即排斥对方的倾向。但是,这种恶感并不一定是消极的、破坏性的。不难指出,交往各方都希望向对方推荐或推行各自认定的良善因素,同时也情不自禁地会批评乃至教导对方以改变对方的丑恶因素。也就是说,交往中的恶感可以作为交往—对话的动力。然而,这里的推荐—推行和批评—教化,即使充满善意,也必须在尊重对方意愿的前提下进行。否则,不同文明间的交往—对话不可避免地将引起情绪上的对抗,并导致冲突。

其次,推动诸文明在对话中深入认识自己的核心价值。任何文明都有其历史和传统,因而拥有自身的核心价值。坚持自身价值,并使之发扬光大,乃是各文明的本分。文明发展有历史长短和发展方向的差异。抹杀这种差异,等于摧毁弱势文明。我们也注意到,受到自身的视角限制,任何文明,都有其视角盲点,文明对话恰好提供了一个暴露其视角盲点的平台。盲点暴露对一个文明的存在和发展来说当然会形成巨大的冲击,甚至导致体系的解体。但是,它不会破坏文明的核心价值。相反,解体的同时也在推动重构,形成新体系。这是一个自身核心价值发扬光大的过程。文明对话的目的正是要推进各文明对自身核心价值的自我意识,使之发扬光大。

第三,在平等对话和文明自觉这两条原则的基础上,各文明在政治上应该互不干涉对方内政,并鼓励各国实行符合本国民众心理结构的政治制度。一定意义上说,政治是一种强制性的社会管理,涉及社会内部各种力量。我们指出,文明发展史是由一定的责任意识所驱动的,这种责任意识只有当事人(即文明内部诸个体)才能拥有恰当的把握。当然,当事人关于这种责任意识—核心价值的认识和把握是多样的,甚至彼此相互冲突。究竟谁的认识和把握才是正确的?究竟怎样的表达才是准确的?对于这样的问题,只有当事人才最为清楚。因此,站在文明的外部,尽管可以在平等对话中给当事人提供一种观察角度,但决策者必须是当事人,而不能来自外部。强势文明在“普世价值—文明转型”模式中追求从外部对弱势文明的政治介入,这种做法在既往经验中被证明无助于文明对话,反而在相当大的程度上破坏弱势文明的生存。因此,当代世界文明对话不应采行简单地从外部强力推行某种政治制度这样的做法。相反,各文明在政治上要奉行不干涉内政原则,鼓励各国从本文明的责任意识出发,建立适合的政治制度。这一政治要求应该成为文明对话的基本原则。

第四,走向全球融合的经济关系。文明之间可以通过不同纽带建立关系,如地缘毗邻、贸易需要、艺术爱好、思想魅力等等。在这些纽带中,在贸易需要基础上发展起来的经济关系特别需要注意。长期以来,地理距离阻碍着文明间的交往。然而,过去几十年来,由于交通工具的发展,地球各个角落的地理距离大大缩短,各文明之间的经济关系日益密切。贸易需要已经进入日常生活,达到了相互依赖的程度。实际上,如果没有这种密切的经济纽带关系,各文明对话充其量也只是局部的和表面的。当人的衣食住行依赖于其他文明时,切割和其他文明的关系等于直接损害自己的生存。这种相互依赖的经济关系无疑是文明对话的推手。因此,经济上的全球融合趋势要求文明之间在深层次上进行相互了解。同时,文明对话加深了彼此了解,反过来进一步促进经济上的融合,使各方都能得到实实在在的益处。因此,我们认为,全球经济一体化与文明对话是相辅相成的。

第五,推动搭建宗教对话平台。人在生存上不可能没有终极诉求,宗教是这种终极诉求的一种表达。终极诉求指向完善存在。也就是说,这种诉求就其目标而言不是现实的,此即宗教的超越性。但是,不同的诉求引导不同的生存方向。因此,宗教在表达人的终极诉求的同时,对人的现实生活发挥直接作用,这便是宗教的现实性。各文明在终极诉求上有不同的宗教表达形式。考虑到宗教的超越性和现实性,我们必须十分谨慎地处理不同文明在宗教问题上的交往关系,在充分尊重各宗教人士的情感的前提下,搭建宗教对话平台。

以上五条原则仅仅具有指导性作用。在实践上采用“核心价值—文明自觉”模式,推进文明对话,我们还需要就事论事,具体问题具体分析和处理。我们相信,超越那种无法满足世界文明对话的内在要求的“普世价值—文明转型”模式,转而由“核心价值—文明自觉”模式来主导未来的文明对话,将是对世界文明生存和发展的祝福!

(作者:山东大学哲学与社会发展学院暨犹太教与跨宗教研究中心教授)

第十一部分

反腐倡廉建设

深入推进党风廉政建设和反腐败斗争
——学习习近平总书记在十八届中央纪委三次全会上的重要讲话

钟纪岩

之一:成绩可喜,任务艰巨

2014年1月14日,习近平总书记在十八届中央纪委三次全会上发表重要讲话,站在党和国家全局的高度,全面总结了一年来党风廉政建设和反腐败工作成绩,全面分析了党面临的形势,明确提出当前和今后一个时期的总体思路和主要任务,强调以深化改革推进党风廉政建设和反腐败斗争,严明党的组织纪律,增强全党的组织纪律性。学习贯彻习近平总书记重要讲话精神,就要深刻认识和准确把握党风廉政建设和反腐败斗争面临的形势和任务,这样才能胸怀全局、有的放矢地开展工作。

一年来的党风廉政建设和反腐败斗争交出了合格答卷

2013年,在党中央的正确领导下,经过各级党委、政府和纪检监察机关共同努力,党风廉政建设和反腐败斗争取得了新进展新成效,呈现出鲜明特点。

一是从中央做起,率先垂范,以上带下。中央出台改进工作作风、密切联系群众的八项规定之后,中央政治局从自身做起、从身边事抓起,带头改进工作作风,带动全党抓好落实,在改进调查研究、精简会议活动、精简文件简报、规范出访活动、改进警卫工作、改进新闻报道、严格文稿发表、厉行勤俭节约等方面取得积极成效。在党的群众路线教育实践活动中,领导干部特别是高级干部带头把自己摆进去,直接联系和服务群众,认真查摆问题,加强整改落实,发挥了表率作用。

二是以作风建设为切入口,刹歪风,扬正气。全党从改进作风入手,立行立改,积小胜为大胜,提振了正气,震慑了歪风。中央出台了《党政机关厉行节约反对浪费条例》和相关具体制度。各级纪检监察机关扭住贯彻落实八项规定不放,着力整治"四风",抓住每一个时间节点,严禁用公款购买赠送月饼、贺卡、烟花爆竹等节礼,制定出台一系列制度规定并逐条落实,严肃查处、曝光各种违规行为。全年共查处违反八项规定精神问题24521起,处理党员干部30420人,给予党纪政纪处分7692人。通过抓好党风政风带动社风民风,廉洁从政的政治生态正在形成。

三是"老虎"、"苍蝇"一起打,依靠法治反腐败。2013年,全国各级纪检监察机关共接受信访举报1950374件(次),其中检举控告类1220191件(次)。立案172532件,结案173186件,处分182038人。中央纪委对涉嫌违纪违法的中管干部已结案处理和正在立案检查的有31人,其中8人涉嫌犯罪已被移送司法机关依法处理。严肃查处和公开审判薄熙来严重违纪违法案,中央为此专门发出通报,在全党开展警示教育。通过不断加大惩治腐败力度,形成了对腐败分子的高压态势,鼓舞了士气,增强了党员干部和人民群众开展反腐败斗争的信心。

四是强化党内监督和群众监督,促进权力规范运行。我们进一步加强对领导干部特别是主要领导干部行使权力的监督,发挥纪检监察派驻机构的监督作用,加强和改进巡视工作,建立领导干部谈话制度,探索开展领导干部个人有关事项报告材料抽查核实工作,强化对各级领导班子及其成员的监督。改进信访工作,畅通人民群众举报和监督渠道,认真受理和解决人民群众反映的突出问题。充分发挥舆论监督包括互联网监督作用，积极推动党政机关作风转变。通过强化监督，各级领导干部勤政廉政意识和权为民所用的自觉性进一步增强，权力运行进一步规范。

反腐败形势依然严峻复杂

在肯定成绩的同时，我们也要看到，当前滋生腐败的土壤依然存在，反腐败形势依然严峻复杂，一些不正之风和腐败问题影响恶劣、亟待解决。一些党员干部宗旨意识淡薄，脱离群众的现象比较突出，形式主义、官僚主义、享乐主义和奢靡之风在一些地方还比较严重。腐败案件依然多发，有的是系统性腐败问题，往往一个案件"拔出萝卜带出泥"，牵出一批案件，刘志军案件牵出铁路、煤炭等相关领域行贿受贿犯罪100多人；有的是区域性腐败问题，一时一地，腐败成风，广东茂名系列腐败案，牵涉原市委书记以下300多人，涉及党政部门上百个；有的是家庭性腐败问题，以腐败官员为轴心，夫妻联手，父子上阵，兄弟姐妹联盟，共同敛财；有的是跨国性腐败问题，腐败分子在国内搞腐败，跑国外收贿金，或是将赃款赃物转移到国外，妄图逃避法律制裁；有的腐败分子违纪违法问题严重，不择手段、不讲底线，涉案金额动辄上千万上亿，往往集政治蜕变、金钱贪婪、生活腐化于一身。

这些现象的存在，原因很多，有党员干部思想蜕变的问题，也有组织上教育、管理、监督、惩治不力，体制机制制度不完善的问题。不正之风和腐败问题是建设中国特色社会主义的"拦路虎"，是实现中华民族伟大复兴的"绊脚石"。这些问题解决不好，我们党就会腐化变质，就会失去人民的支持，最终被人民抛弃。我们一定要深刻认识反腐败斗争的长期性、复杂性、艰巨性，以猛药去疴、重典治乱的决心，以刮骨疗毒、壮士断腕的勇气，革除弊端、涤荡污浊，坚决把党风廉政建设和反腐败斗争进行到底。

切实抓好党风廉政建设和反腐败工作任务的落实

习近平总书记在讲话中部署了落实惩治和预防腐败体系工作规划、深化党的作风建设、严厉惩治腐败三个方面的任务，为我们深入开展党风廉政建设和反腐败工作指明了方向。

第一，抓好惩治和预防腐败体系新的五年工作规划的贯彻落实。建立健全惩治和预防腐败体系是国家战略和顶层设计，体现了反腐败是一项系统工程和长期任务的思想。中央印发《建立健全惩治和预防腐败体系2013—2017年工作规划》，这是开展党风廉政建设和反腐败工作的指导性文件。当前关键是要抓好工作规划的贯彻落实，把各项要求体现到工作中去。各级党委要在惩治和预防腐败方面切实担负起领导责任，把这项重大政治任务贯穿到改革发展稳定各项工作之中，依靠群众的支持和参与，调动各方面的积极性，综合运用各项措施，努力增强整体合力。各级纪委要在党委统一领导下，把惩治腐败作为重要职责，更好地协助党委加强党风建设和组织协调反腐败工作。各地区各部门要结合实际、针对问题制定贯彻落实工作规划的实施办法，把惩治和预防腐败各项任务落到实处。

第二，继续深化党的作风建设。作风问题具有反复性和顽固性，抓一抓就好转，松一松就反弹。抓作风问题，不可能一劳永逸，不可能一蹴而就，不可能毕其功于一役，必须经常抓、长期抓，使之变成常态。要继续倡导领导机关和领导干部带头，发挥标杆和表率作用，一级做给一级看，一级带着一级干。要深入开展理想信念教育，促使全体党员干部坚定道路自信、理论自信、制度自信，不为任何风险所惧，不为任何干扰所惑。广大党员干部要模范践行宗旨，正确认识和处理"公"与"私"的关系，做到公私分明、克己奉公、严格自律，深入实际、深入基层、深入群众，真心诚意为人民群众办实事、办好事、解难事。各级党委、政府和纪检监察机关要继续加大对党员干部违反作风建设有关规定行为的查处力度，建立健全作风建设制度规定，从长远着想、从小处入手，坚持不懈纠正"四风"，不断巩固作风建设成果。

第三，严厉惩处一切腐败分子。广大人民群众对腐败现象深恶痛绝。坚定不移惩治腐败，是全党同志和广大群众的共同愿望。从当前反腐败形势看，反腐败高压态势必须继续保持，惩治这一手一刻也不能放松。要对腐败实行零容忍，坚持有腐必反、有贪必肃，严肃查办发生在领导机关和领导干部中贪污贿赂、买官卖官、徇私枉法、腐化堕落、失职渎职案件，严肃查办发生在重点领域、关键环节和群众身边的腐败案件。要坚持抓早抓小，对党员干部身上的问题要早发现、早提醒、早纠正，有病就马上治，防止小毛病演变成大错误。要建立健全查办案件组织协调机制，进一步明确各级反腐败协调小组工作职责，加强同司法、审计、金融等机关协调配合，增强工作合力。要健全重大案件剖析制度，以总结教训、堵塞漏洞，发挥查办案件的治本功能。要加强反腐败国际合作，加大国际追逃追赃力度，切断腐败分子后路，让腐败分子无处藏身。

之二：强化反腐败体制机制创新和制度保障

十八届三中全会对加强反腐败体制机制创新和制度保障进行了重大部署。在十八届中央纪委三次全会上，习近平总书记又对改革党的纪律检查体制，强化反腐败体制机制创新和制度保障作了深刻阐述，提出了明确要求。这对于加强党风廉政建设和反腐败斗争，对于建设廉洁政治，实现干部清正、政府清廉、政治清明的目标，对于推进国家治理体系和治理能力现代化，都具有十分重要的意义。

体制障碍是最大的障碍，机制缺陷是根本的缺陷。这些年来，我们党坚定不移地反对腐败，坚持不懈地开展党风廉政建设，但腐败现象依然多发，滋生腐败的土壤依然存在，反腐败斗争形势依然严峻复杂，不正之风和腐败问题一直是党内外高度关注、群众反映强烈的问题。总结起来，影响反腐败成效的问题主要是反腐败机构职能分散，形不成监督合力，有些案件受到各种因素的影响难以得到坚决查办，有的地方腐败案件频发却追究责任不力。归根到底，这都是体制机制方面的问题。要突破这个困境，就应该在总结实践经验的基础上，对反腐败体制机制进行必要的改革和创新。

党的各级纪律检查机关是党内监督的专门机关，是党风廉政建设的重要组织者、协调者、参与者，是一把永远出鞘的斩腐利剑。纪律检查体制是否科学有效，关系重大。1978 年恢复和重建党的纪律检查机关以来，纪律检查体制经历了从一开始的由同级党委领导，到由同级党委和上级纪委双重领导、同级党委为主，再到党的十二大党章确定的由同级党委和上级纪委双重领导的过程。现行党章还明确规定“党的中央纪律检查委员会在党的中央委员会领导下进行工作”。从总体上讲，纪律检查工作双重领导体制是基本符合党情和国情的，在党风廉政建设和反腐败斗争中发挥了积极作用。但面对新的形势和任务，这种领导体制还存在一些不适应、不协调的地方。比如，不少地方没有充分认识到纪委是由党代会选举产生的“两委”之一，往往把同级纪委当作党委的一个工作部门；纪委书记特别是副书记的职务晋升与否往往由同级党委掌握，很难对领导班子成员特别是一把手进行监督；有的党委和政府给纪委交办了不少与反腐倡廉建设无关的任务，使其主业不突出、往往疲于奔命，等等。特别在查办腐败案件方面，受到牵制的因素就比较多，有的地方主要负责同志担心查办案件会损害形象、影响发展，有时就存在压案不办、瞒案不报的情况。在一口锅里吃饭，监督别人就比较难。对于地方纪委来说，对同级党委的监督忌讳也不少，以致在开展执纪监督、查办腐败案件时往往缩手缩脚、瞻前顾后。因此，必须继续改革党的纪律检查体制，推动双重领导体制具体化、程序化、制度化，强化上级纪委对下级纪委的领导，保证纪委监督权的相对独立性和权威性。

推进党的纪律检查体制改革创新，必须落实“两个为主”。一是“查办腐败案件以上级纪委领导为主，线索处置和案件查办在向同级党委报告的同时必须向上级纪委报告”。掌握案件线索和查办腐败案件是反腐败工作的重点内容，是反腐败威慑力的关键所在。在原来的习惯性程序中，不少地方纪委如果发现本地重大案件线索或者查办重大腐败案件，都必须先向同级党委报告，在得到主要领导同意后才能进行初核或查处。如果案件线索处置和查办必须同时向上级纪委报告，上级纪委同时知情，那么就会对地方党委形成制约，就不能轻易放弃对案件的查办，这有利于推动查处腐败案件，打击腐败犯罪。二是“各级纪委书记、副书记的提名和考察以上级纪委会同组织部门为主”。纪委书记、副书记是一级纪委的主要领导，他们的提名和考察以上级纪委会同组织部门为主，有利于强化他们同上级纪委的沟通和联系，有利于他们更加大胆地履行监督职责。需要指出的是，这“两个为主”是在现行双重领导体制内从工作机制上解决问题的创新做法，既坚持了党对反腐败工作的领导，坚持了党管干部的原则，又保证了纪委监督权的行使，有利于加大反腐败工作力度。

推进党的纪律检查体制改革创新，必须落实“两个全覆盖”。一是“全面落实中央纪委向中央一级党和国家机关派驻纪检机构，实行统一名称、统一管理”；二是“改进中央和省区市巡视制度，做到对地方、部门、企事业单位全覆盖”。从这些年的反腐败实践看，一些所谓的“清水衙门”也发生了腐败案件。这说明权力不论大小，只要失去制约和监督，就可能被滥用。今后，按照所有权力都要受到制约和监督的原则，必须进一步强化纪委的派驻监督和巡视监督。各派驻机构是由上级纪委派出的，必须把“屁股”坐到纪委位置上来，代表上级纪委行使监督权。各巡视机构都要聚焦党风廉政建设和反腐败斗争这个中心，着力发现领导干部，包括中央政治局委员兼任地方党委书记的同志在内，是否存在违反政治纪律、贪污腐败、违反中央八项规定精神、违反组织人事纪律等问题，真正做到早发现、早报告，促进问题解决，遏制腐败发生。同时，还要合理分解、科学配置权力，不同性质的权力由不同部门、单位、个人行使，形成科学的权力结构和运行机制。要推行地方各级政府及其工作部门权力清单制度，依法公开权力运行流程，让权力在阳光下运行，让广大干部群众在公开中监督，保证权力正确规范行使。

完善和落实党风廉政建设责任制，是强化反腐败体制机制创新和制度保障的重要举措。反腐败体制机制改革创新，一个很重要的方面，就是理清责任、落实责任。不讲责任，不追究责任，再好的决策也落不到实处，再好的制度也会成为纸老虎、稻草人。党风廉政建设责任制是党风廉政建设的一项重要基础性制度，抓好了党风廉政建设责任制，也就抓住了党风廉政建设的牛鼻子，就能形成全党动手、全社会参与反腐败的强大合力。

完善和落实党风廉政建设责任制，首先是各级党组织要切实担负起党风廉政建设的主体责任。党委的主体责任，主要体现在选好用好干部、纠正损害群众利益行为、从源头上防治腐败、支持执纪执法机关工作、党委主要负责同志当好廉洁从政表率等五个方面。现在，不少党组织特别是主要负责人对党委主体责任认识不清、落实不力，没有把党风廉政建设当做分内之事，只是每年开个会、讲个话，或签个责任书就万事大吉了，甚至当作纪委一家的事一推了之。这次反腐败体制机制改革部署，强化了各级党委在党风廉政建设方面的主体责任。各级党委必须牢固树立不抓党风廉政建设就是失职的意识，坚持党要管党、从严治党，在惩治和预防腐败方面更多地承担领导责任，把预防腐败的要求体现和落实到本地区本部门本单位各项改革和制度建设中去，领导和支持执纪执法机关查处违纪违法问题，并加强领导班子自身建设，当好廉洁从政的表率。

完善和落实党风廉政建设责任制，各级纪委要担负起监督责任。当然，纪委履行监督责任，绝不是"隔岸观火光吆喝、卷起袖子不干活"。各级纪委必须协助党委加强党风建设和组织协调反腐败工作，督促检查相关部门落实惩治和预防腐败工作任务，更多地担负起惩治腐败方面的责任，组织协调有关力量，加大办案工作力度，坚决遏制腐败蔓延势头。

有权就有责，权责要对等。无论是党委还是纪委或者其他相关职能部门，都要对承担的党风廉政建设责任进行签字背书，做到守土有责、守土尽责。出了问题，就要严格追究责任。现在，一些被揭露查处的大案要案，实际上已经存在好多年了，却迟迟未能发现，结果愈演愈烈、触目惊心；有的地方长期存在团伙性的腐败活动，涉案人数很多，活动范围很大，也迟迟未能查处；有的干部刚刚提拔上来，或者刚刚经过考核考察，就发现有重大问题，给我们党的公信力造成了极大伤害。责任追究既是压力，更是动力。要制定切实可行的责任追究办法，对发生重大腐败案件和严重违纪行为的地方、部门和单位，实行"一案双查"，既要追究当事人责任，又要倒查追究相关领导责任，包括党委和纪委的责任。当然，要实事求是，区别对待，分清责任，对于出现的违纪问题，要弄清楚是领导干部主动发现并坚决查处的或积极支持配合有关部门查处的，还是有失职渎职情节甚至故意掩盖、袒护违纪问题的，前者不承担领导责任，后者必须承担领导责任。总之，要进一步健全责任分解、检查监督、倒查追究的完整链条，有错必究，有责必问，真正维护和发挥责任制的权威性、实效性。

之三：深化改革要体现惩治和预防腐败要求

在十八届中央纪委三次全会上，习近平总书记强调指出，"各项改革措施都要体现惩治和预防腐败要求"。历史经验告诉我们，改革是一个破旧立新的过程，如果不注意配套和衔接，不注意时序和步骤，也容易产生体制机制上的缝隙和漏洞，为一些人提供寻租、搞腐败的机会。当前，全面深化各领域改革，必须按照习近平总书记的要求，更加注重改革的系统性、整体性、协同性，同防范腐败同步考虑、同步部署、同步实施，保障改革健康顺利推进。

越是全面深化改革，越要加强党风廉政建设和反腐败工作

全面深化改革，涉及经济、政治、文化、社会、生态文明体制和党的建设制度改革，其广泛性、深刻性前所未有。加强党风廉政建设和反腐败工作，确保党员干部队伍的先进性和纯洁性，确保改革沿着有利于党和人民事业发展的方向前进，是我们党领导和推进改革必须解决的重大课题。

加强党风廉政建设和反腐败工作，是统筹协调、整体推进改革的现实需要。改革与反腐败相辅相成。十一届三中全会以来，我们党坚持一手抓改革开放，一手抓反腐败，在从源头上解决一些部门和领域的腐败问题、不断取得反腐败新成效的同时，改革也在不断向纵深推进，取得了举世瞩目的成绩。与以往的改革不同，全面深化改革是一项复杂的系统工程，各项改革举措之间的关联性、耦合性要求非常高，对加强各方面改革措施之间的统筹协调提出了新的更高要求。必须更加注重改革的系统性、整体性、协同性，适应各领域改革紧密联系、相互交融的特点，把防治腐败与推进全面改革紧密结合起来。在制定具体改革方案时，坚持超前思考，强化顶层设计，注重统筹规划，把惩治和预防腐败的要求融入到经济、政治、文化、社会和生态文明建设各领域各环节改革之中，为全面深化改革提供坚强保证。

加强党风廉政建设和反腐败工作，是全面深化改革的出发点和落脚点决定的。全面深化改革，必须以促进社会公平正义、增进人民福祉为出发点和落脚点。这是全面深化改革指导思想的关键要素之一，明确了全面深化改革需要着力解决的根本问题。改革开放以来，我国经济社会发展取得的巨大成就，为促进社会公平正义提供了坚实物质基础和有利条件。但在我国现有发展水平上，社会上也存在大量比如教育和就业机会不公，住房分配、收入分配差距等不符合公平正义等现象。在这些干部群众反映强烈的问题背后，往往有党员干部特别是领导干部搞特权甚至贪赃枉法、权钱交易、以权谋私等腐败行为。改革的目的是为了更好地造福人民。如果不能给老百姓带来实实在在的利益，如果不能创造更加公平的社会环境，甚至导致更多的不公平，改革就会失去意义，也不可能持续。因此，在全面深化改革的同时，必须加强党风廉政建设和反腐败工作，更加注重解决人民群众最关心最直接最现实的利益问题，既要加大惩治腐败力度、形成震慑，又要坚持不懈纠正“四风”，铲除滋生腐败的温床，保证改革发展成果更多更公平惠及全体人民。

加强党风廉政建设和反腐败工作，是避免改革过程中出现大面积腐败现象的迫切要求。当前，改革进入攻坚期和深水区，必须以更大决心冲破思想观念束缚、突破利益固化的藩篱。历史经验表明，新旧体制转轨过程往往是腐败现象的高发时期，改革的重点领域容易成为腐败现象高发区域。上个世纪 80 年代初，伴随着改革开放政策的实行，我们对可能产生的不正之风和消极腐败现象准备不足，在抓各项改革推进的同时，党风廉政建设一时没有跟上，一度出现了严重的经济犯罪行为，对改革形成了严重冲击。1984 年十二届三中全会提出全面开展城市经济体制改革后，由于当时没有充分估计到实行价格双轨制可能发生的腐败现象，没有及时拿出有力的应对措施，掌握生活资料审批权的岗位很快成了腐败的高发区。一些地方、组织和个人打着改革的旗号，大肆进行投机诈骗、倒买倒卖、行贿受贿等违法乱纪行为，败坏了社会风气，引起了人民群众强烈不满。前事不忘，后事之师。我们必须深刻总结历史经验教训，决不能发生边改革、边腐败的现象，决不能走先发展、后治理的老路。要把加强党风廉政建设和反腐败工作作为一项重大课题抓紧抓早，对改革中可能出现的腐败现象，及时采取有力措施加以预防，坚决避免出现大面积、系统性的腐败问题。

各项改革都要体现惩治和预防腐败的要求

随着全面改革深入推进，各个领域都有可能会出现腐败现象滋生蔓延的机会，给党风廉政建设和反腐败带来一系列新课题。必须切实将惩治和预防腐败要求贯穿到全面深化改革过程之中，在设计和执行改革方案的同时，对可能产生的腐败问题提前预判、认真研究，及时拿出有力的防范和治理措施。

将预防腐败工作与各项改革同步推进。全面深化改革，必须坚持超前思考，切实将防止问题出现、防治腐败滋生的理念和思路体现到总体布局之中。必须坚持加强顶层设计和摸着石头过河相结合，站在全局的高度科学谋划改革方案和具体举措，构建决策科学、执行坚决、监督有力的权力运行体系，形成科学有效的权力制约和协调机制。要切实强化权力制衡，按照分工负责原则，适当分解主要领导干部权力，减少主要领导干部对具体事务的插手干预，积极探索推广主要领导干部不直接分管具体事务的制度。要切实做到权力公开透明运行，不断完善并认真落实各项公开制度，让阳光照进权力行使的每一个角落。要进一步简政放权，充分发挥市场在资源配置中的决定性作用，大幅度减少政府审批事项，大幅度减少各级政府对资源的直接配置，最大限度减少中央政府对微观事务的管理，最大限度抑制寻租机会和消极腐败现象。要进一步健全基层民主机制，通过扩大有序参与、推进信息公开、加强议事协商，保障人民群众更好地实行民主选举、民主决策、民主管理、民主监督。

坚决惩治改革过程中伴生的腐败问题。随着改革全面推进，体制机制深刻调整，利益格局深刻变动，一些腐败现象有了滋生蔓延的土壤和条件，我们必须坚决惩治，决不能掉以轻心。对一些部门和领域出现的腐败现象，要坚持抓早抓小，发现问题就及时处理，防止小问题变成大问题，不能养痈遗患。要坚持有案必查、有贪必肃,“老虎”、“苍蝇”一起打,对腐败分子发现一个就坚决查处一个,让每一个干部都牢记“莫伸手,伸手必被捉”的道理,形成强大震慑。对发现的腐败问题,要及时掌握情况,摸清规律,对症下药,坚决遏制腐败滋生蔓延的势头。既坚决查处大案要案,严肃查办发生在领导机关和领导干部中的滥用职权、贪污贿赂、腐化堕落、失职渎职案件,又要着力解决发生在群众身边的腐败问题,严肃查处损害群众利益的各类案件,切实维护人民合法权益。

进一步加强反腐倡廉法规制度建设。全面深化改革,制度廉洁性问题至关重要。要把防治腐败的要求和措施体现到各项改革制度建设之中,先立后破、于法有据、有序进行,最大限度堵塞制度漏洞,避免制度真空为腐败提供可乘之机。要进一步明确各部门和岗位职责权限,划清责任红线,做到定位准确、边界清晰、人事相符、权责一致,确保权力依照法定程序行使。要完善惩治和预防腐败、防控廉政风险、防止利益冲突、领导干部报告个人有关事项、任职回避等方面法律法规,推行新提任领导干部有关事项公开制度试点,健全民主监督、法律监督、舆论监督机制,运用和规范互联网监督。要完善并严格执行领导干部亲属经商、担任公职和社会组织职务、出国定居等相关制度规定,防止领导干部利用公共权力或自身影响为亲属和其他特定关系人谋取私利,坚决反对特权思想和作风,为改革顺利推进提供坚强保障。

之四:切实增强党的组织纪律性

习近平总书记在十八届中央纪委三次全会上的重要讲话,强调要严明党的组织纪律,增强组织纪律性。我们要深刻领会讲话精神,认真思考和回答好这一重大课题,加强组织纪律性,坚决克服组织涣散、纪律松弛现象。

党的力量来自组织,组织能使力量倍增

列宁曾经说过,党是“组织的总和”,党的力量来自组织,“组织能使力量增加十倍”。我们党是按照马克思主义建党原则建立起来的无产阶级政党,组织严密、纪律严明是党的光荣传统和独特优势。90多年来,我们党栉风沐雨、历经坎坷,从小到大、由弱变强,发展成为一个拥有8500多万名党员、400多万个党组织的世界第一大执政党,不断取得革命、建设和改革的新胜利,严密的组织、严明的纪律是一个重要保证。

组织纪律是联结共产党人的纽带,如果没有严格的组织纪律,我们党的领导力、凝聚力和战斗力就无从谈起。毛泽东同志曾经说过,“领导我们事业的核心力量是中国共产党”。党的领导,不仅体现在党制定科学理论和正确路线方针政策上,体现在党的执政能力和执政水平上,同时也体现在党的严密组织体系和强大组织能力上。增强党的领导力,关键就在于党的正确路线方针政策的号召力,在于党具有强大的凝聚力,在于各级党组织和广大党员干部能够自觉地守纪律。这好比磁铁一样,能够吸引广大干部群众紧密地团结在党的周围,为了党和人民的事业共同奋斗。但是,如果没有敬畏之心,不把纪律当回事,纲纪废弛,风气败坏,就像磁铁消了磁,所有的吸引力都会随之消失,哪里还有领导力、凝聚力和战斗力?

组织纪律松弛已经成为党的一大忧患

当前,全党遵守组织纪律的情况总体上是好的。但是,随着改革开放和市场经济的发展,计划经济时期那种个人对组织的依靠感和归属感很强、组织的作用在各个层次各个领域都十分明显的现象发生了改变,越来越多的单位人变成社会人,各种复杂的人际关系和利益关系对党内生活带来不可低估的影响,组织涣散、纪律松弛的问题比较突出,有的还相当严重。比如,有的党员干部个人主义、自由主义严重,组织观念淡薄,目无组织纪律;有的党员干部奉行好人主义,对违纪行为听之任之,随波逐流,不抵制不斗争;有的党组织对党员干部疏于管理,缺乏严肃认真的组织生活,等等。这些问题已经成为党的一大忧患,如果任其发展,正气上不来,邪气压不住,我们党就会成为一盘散沙,一

事无成。因此,要进一步严明组织纪律,加强全党的组织纪律性,使组织观念、组织程序、组织纪律都严起来。

要增强党性,强化党的意识和组织意识

组织纪律性是党性修养的重要内容。加强组织纪律性必须增强党性。党性问题说到底就是立场问题。党性决定立场,立场体现党性。列宁曾经说过:"唯物主义本身包含所谓党性,要求在对事变做任何估计时,都必须直率而公开地站到一定社会集团的立场上。"刘少奇同志说过,党性是阶级性最高而集中的表现。因此,共产党人特别是领导干部都应该心胸开阔、志存高远,始终心系党、心系人民、心系国家,自觉坚持党性原则。

共产党人的党性就是要站在最广大人民根本利益的立场上。我们判断一名共产党员党性强弱的根本标准,就是看他在处理各种问题时,是把党和人民的利益放在第一位,还是把个人的利益放在第一位。在人民根本利益的立场上站得越稳,这个共产党员的党性就越强;站得不稳,党性就不强;如果不能站在人民根本利益的立场上,那他就没有党性。

增强党性,就要强化党的意识,牢记自己的第一身份是共产党员,第一职责是为党工作,自觉用党章规范自己的一言一行,切实增强对党的认同感、归属感、责任感,真正做到在党信党、在党爱党、在党为党、在党忧党,任何时候都与党同心同德、风雨同舟、休戚与共;就要强化组织意识,时刻想到自己是党的人,是组织的一员,相信组织、依靠组织、服从组织,自觉接受组织安排和纪律约束,维护党的团结统一。

要遵守组织制度,严格执行请示报告制度

民主集中制、党内组织生活制度等党的组织制度,都非常重要,必须严格执行。讲话中,总书记重点强调了严格执行请示报告制度问题。请示报告制度是我们党的一项重要制度,是执行党的民主集中制的有效工作机制,也是组织纪律的一个重要方面。1948 年 9 月,党中央在西柏坡召开政治局扩大会议,会议的一个重要议题是强调要建立请示报告制度。正是这项制度的建立和执行,有力推进了党的作风和纪律建设,保证了政令军令畅通,为解放战争胜利提供了重要保障。

当前,请示报告制度的执行情况总的是好的,但也存在不少问题。有的干部目无组织,干了什么、人跑到哪里去了,组织上都不知道,有事要找他们,还需颇费周折。从这些年查处的领导干部腐败案件来看,不请示报告,可能就是要出问题的前兆。领导干部独来独往、天马行空,迟早会走向反面。

作为干部特别是领导干部,在涉及重大问题、重要事项时按规定向组织请示报告,这是必须遵守的规矩,也是检验一名干部合格与否的试金石。领导干部要有组织观念、程序观念,该请示的必须请示,该报告的必须报告,决不能我行我素、自行其是,决不能遮遮掩掩,甚至隐瞒不报。要严格执行党员领导干部报告个人有关事项制度,对报告的事项在一定比例中开展抽查。要重申和完善各项报告制度,明确必须报告的事项和程序,该报告的事项第一时间就要报告,要报告发生了什么事、什么原因。该请示报告的不请示报告,或者不如实请示报告,那就是违纪,就要严肃处理。

要加强组织管理,引导党员、干部正确对待组织

党组织功能的实现、作用的发挥靠有效管理。自觉接受组织管理、监督和检查,是党员、干部必须担当的责任和义务。党员、干部要正确对待组织,对党组织忠诚老实。在党组织面前要言行一致、表里如一,讲真话,讲实话,讲心里话。作为共产党人,就是要敢于坚持真理,不能见风使舵,执行党组织的决定必须不讲任何价钱、不打任何折扣。如果认为组织决定有不妥之处,可以按照组织程序提出意见和建议,但在组织没有改变决定时,必须毫无保留执行,不允许以任何借口阻挠和拖延组织决定的执行。

每个党员、干部,不论党龄长短、职务高低,都必须接受党组织的教育和监督。越是党龄长、职务高、成绩大，越要谦虚谨慎、戒骄戒躁，而不能居功自傲，更不能把成绩和贡献当作向组织讨价还价的资本。对向组织讲真话、报实情的党员、干部，党组织要支持和保护。在党内，所有党员都应该平等相待，都应该平等享有一切应该享有的权利、履行一切应该履行的义务。

要严格执纪，使组织纪律成为带电的高压线

“不以规矩，不能成方圆”。纪律的效用在于执行，严格执纪是严明组织纪律的重要保证。党的规矩，党组织和党员、干部必须遵照执行，不能搞特殊、有例外。当前，一些地方和部门组织涣散、纪律松弛问题严重，一个重要的原因就是有的党组织和党员领导干部执纪不严，在执纪问题上失之于宽、失之于软。

各级党组织要敢抓敢管，使纪律真正成为带电的高压线，党员领导干部更要在这方面作出表率。要明确组织纪律，哪些事能做、应该怎么做、以什么样的程序做，都要规定得明明白白。要执纪必严、违纪必究，切实做到纪律面前人人平等、遵守纪律没有特权、执行纪律没有例外。对于违反民主集中制原则、拒不执行或擅自改变党组织作出的决定、个人或少数人决定重大事项的，对在党内搞非组织活动、破坏党的团结统一的，对不严格执行请示报告等组织制度的，对长期不参加党组织活动、不能履行党员义务的，必须及时批评教育，情节严重的要给予组织处理或纪律处分。要加强对组织纪律执行情况的监督检查，对问题突出的要启动问责机制，追究责任。要敢于板起脸来批评，平常有问题就要及时提出批评，防止小毛病演变成大问题。

（此文载2014年1月《中国纪检监察报》）

深入反腐　取信于民

黄苇町

习近平总书记在十八届中央纪委二次全会上指出:为政清廉才能取信于民,秉公用权才能赢得人心。更加科学有效地防治腐败,坚定不移把党风廉政建设和反腐败斗争引向深入,把我们党建设好,是实现党的十八大确定的各项目标任务,实现"两个一百年"目标,实现中华民族伟大复兴的"中国梦"的重要前提和重要保障。

反腐倡廉必须常抓不懈,拒腐防变必须警钟长鸣

我们党的执政能力和执政地位,从根本上说来自人民。人民群众的拥护和支持,是党执政的牢固基础和力量源泉,也是我们事业兴旺发达的根本保证。一项国际调查表明,社会主义国家的公众对社会不公正现象的敏感度和反感度最高,对以权谋私的腐败活动的承受能力最低。这既说明社会主义具有追求公平正义天然取向,而且这种价值取向已经深入人心;同时也表明,在社会主义国家,腐败是对执政党形象和执政合法性的最大颠覆。

苏共的垮台,与其腐败导致的丧失人心分不开。当它早年积累的人心、人脉和人气,因腐败而逐渐耗尽,甚至透支,当人们从满怀希望到一次次失望,最后变为绝望,这个党也就走到其生命的尽头。因此,腐败问题愈演愈烈,最终必然会亡党亡国。

我们党坚持改革开放,使我国进入了历史上最好、人民群众得实惠最多的时期。毫无疑问,党是得到人民信任和支持的。同时,也必须清醒地看到,各种不正之风和腐败现象仍然易发多发,一些重大违纪违法案件影响恶劣,反腐败斗争形势依然严峻。要坚定信心,常抓不懈,深入开展党风廉政建设和反腐败斗争,不断铲除腐败现象滋生蔓延的土壤,以实际成效取信于民,依靠人民的支持和参与建设廉洁政治。

以"踏石留印、抓铁有痕的劲头"取信于民

以党风廉政建设的实际成效取信于民,就要通过真抓实干,解除群众的疑虑。群众有哪些疑虑?简而言之有"五怕":一怕中央的好政策落实不到身边;二怕纠风只是一阵风;三怕只打"苍蝇",不打"老虎";四怕腐败的出生率大于死亡率;五怕特权难以触动。中央纪委二次全会有针对性地回应了这些疑虑,并提出了切实有效的措施。

"五怕"中,人们对治愈党风政风方面的一些痼疾,最缺乏信心。自改革开放以来,我们党就没有放松过对各种不良风气的整治。无论是针对公款吃喝送礼、年终突击发钱发卡、领导干部家属子女经商,还是建设楼堂馆所、公款出国旅游、超标准配车,等等,有关的文件已发了数百个,基本囊括了所有不正之风和腐败现象,且很多禁令都是三令五申、甚至年年重申。但"有令不行、有禁不止"的现象仍大量存在。有些违纪行为虽然短期内有所收敛,但"风头"一过又死灰复燃。发生在群众眼皮子底下的不正之风,每天都在触动和刺激着人们的神经。党内真正触犯刑律的腐败分子虽然还是极少数,但在一定环境条件下或多或少涉足了不正之风活动的党员干部却为数不少。不正之风对干部队伍的腐蚀、对党的形象的损害,是不能低估的。正如习近平同志所说:"如果不坚决纠正

不良风气，任其发展下去，就会像一座无形的墙把我们党和人民群众隔开，我们党就会失去根基、失去血脉、失去力量。”

为什么不良风气难以根除？重要原因之一，就是一些党组织软弱涣散、对党员干部疏于管理甚至放任自流，执行纪律时往往“雷声大、雨点小”，甚至“有雷声、无雨点”。于是，一些人便视纪律为“稻草人”，抱着“众人闯红灯，犯法不受罚”的侥幸心理违法乱纪。有的领导干部带头搞不正之风，更形成上行下效、不断蔓延的趋势。因此，坚持党要管党、从严治党，应当贯穿于抓纪律、转作风、反腐败的全过程。

第一，把严明政治纪律作为从严治党的核心。党员干部特别是领导干部要牢固树立党章意识，在思想上政治上行动上同党中央保持高度一致。决不允许“上有政策、下有对策”，决不允许“有令不行、有禁不止”，决不允许在贯彻执行中央决策部署上打折扣、做选择、搞变通。

第二，把中央政治局“八项规定”作为改进作风的切入口和动员令。“八项规定”是针对领导干部作风中存在的突出问题提出的，切合实际、明确具体，符合党心民意。习近平同志提出，“八项规定”既不是最高标准，更不是最终目的，只是我们改进作风的第一步，是我们作为共产党人应该做到的基本要求。也就是说，严守“八项规定”要成为党和国家政治生活中的常态。

第三，把从严治党落实到从严执纪上。各级领导干部要率先垂范，说到的就要做到，承诺的就要兑现。有关部门要加大检查监督力度，执好纪、问好责、把好关。要坚决处理各种违反党纪政纪的不正之风和腐败行为，既抓纪律检查，又抓纪律处置，既设“高压线”，又通“高压电”，使心存歪念者不敢越雷池一步，真正做到党纪面前人人平等，人人敬畏党的纪律。

第四，把从严执纪和长期执纪结合起来。作风问题具有顽固性和反复性，往往抓一抓有好转，松一松就反弹。针对过去有些纠风活动出现的“一阵风”现象，习近平同志提出，反腐倡廉关键就在“常”、“长”二字，一个是要经常抓，一个是要长期抓。要以踏石留印、抓铁有痕的劲头去抓，善始善终、善做善成，防止虎头蛇尾。

第五，把从严治党与人民监督结合起来。党政机关和党政干部的作风，是通过日常管理服务工作反映出来的，是人们“看得见、摸得着”的。因此，是否廉政勤政自己说了不算，服务对象说了才算。要以人民监督为压力，人民期望为动力，人民满意为标准，广泛听取群众意见和建议，自觉接受群众评议和社会监督。群众不满意的就要及时整改，让人民群众不断看到实实在在的成效和变化，这是最实际的取信于民。

以“‘老虎’、‘苍蝇’一起打”取信于民

惩治和预防腐败坚持两手抓，两手都要硬，是中央纪委二次全会关于反腐败斗争的重要指导思想。从严治党，惩治这一手决不能放松。反腐败斗争能否取信于民，群众把是否对腐败分子“动真格”看作是试金石。一些贪腐的领导干部之所以有恃无恐，就是存有“伸手未必被捉”的侥幸心理。只有坚决惩治腐败，惩治和预防腐败体系中的各环节才能发挥作用。

习近平同志提出要坚持“老虎”、“苍蝇”一起打，既坚决查处领导干部违纪违法案件，又切实解决发生在群众身边的不正之风和腐败问题。这不仅提出了惩治腐败的两个侧重点，也直面回应了一些人对我们“只打‘苍蝇’、不打‘老虎’”的怀疑。

“老虎”要打，是因为发生在一些高级领导干部身上的腐败大案令人触目惊心，政治影响极坏。要切实做到有腐必反、有贪必肃，不论什么人，不论其职务多高，只要触犯了党纪国法，都要受到严肃追究和严厉惩处。腐败没有“特区”、反腐败没有“禁区”。

“苍蝇”也要打，是因为这类案件尽管个案

案值不一定高，但直接侵害群众利益，也会形成对党群、干群关系的冲击，危及人们对党和政府的信任。对一切腐败行为，都必须坚决杜绝，坚决反对，坚决查处。当然，打“苍蝇”也要依靠群众，最根本的是要把各种民生工程建成民主工程，依靠民主决策消除长官意志；建成阳光工程，依靠透明公开消除暗箱操作；建成法制工程，依靠无处不在的群众监督，对付这些分散的腐败活动。

以“把权力关进制度的笼子里”取信于民

腐败的实质是以权谋私。只有管住权力，才能使腐败的出生率小于死亡率，实现“干部清正、政府清廉、政治清明”的廉洁政治目标。大量事实证明，如果管不住权力，仅针对各种具体违纪行为发禁令，必然堵不胜堵、防不胜防。条款订得再多、再细，也永远跟不上不断花样翻新的以权谋私活动。习近平同志提出要“把权力关进制度的笼子里，形成不敢腐的惩戒机制、不能腐的防范机制、不易腐的保障机制”，就是重要的治本措施。管住权力一要抓权力制约，适当分权、相互制约，严格权力行使的程序，划定权力边界；二要抓权力监督，前提是权力运行公开透明，党内外才能进行充分监督，包括舆论和媒体监督。从某种意义上讲，人民群众的关注和议论，也是一种“无形的笼子”。用健全的民主集中制取代“一言堂”，“一把手”就不能独断专行；做到施政透明公开，暗箱操作的空间就小了、代价就大了。

把权力关进制度的笼子里，要从最基础的工作做起。包括通过查处一批案子，发现一些漏洞，完善一批制度，出台一些改革措施，积小胜为大胜，积大胜为完胜。打造制度的“笼子”，既要有积极的态度，也需要一个不断努力的过程。首先要下大气力治标，着力解决群众反映强烈的作风问题，惩治已经暴露出来的腐败问题，提振干部群众的信心，形成全党参与廉洁政治建设的新风正气。要善于运用法治思维和法治方式反腐败，加强反腐败国家立法，与党内法规制度形成合力，并努力为党外群众监督违纪违法行为、有序参与反腐败斗争提供有效的制度平台。这样，就为从根本上铲除腐败滋生的土壤，创造了条件。

以“反对和克服特权思想、特权现象”取信于民

反对特权思想、特权现象，是习近平同志在中央纪委二次全会讲话中强调的一个重点。有的领导干部在自己的“一亩三分地”上称王称霸，对中央的政策部署，合意的就执行，不合意的就以各种理由拖着不办；对下面干部违纪违法行为的处理，不是依据党章和法律，而是搞个人“一言九鼎”，以权代法、以权压法。他们在生活上不愿“混同”于普通群众，甚至为此制造特权、玩弄特权、享受特权。因此，中央提出，各级领导干部都要牢记，任何人都没有法律之外的绝对权力，任何人行使权力都必须为人民服务、对人民负责并自觉接受人民监督，“纪律面前人人平等、遵守纪律没有特权、执行纪律没有例外”，是有很强针对性的。

特权思想和特权现象较多地存在于领导干部中，但又不限于领导干部。一些司法和执法部门的党员干部中，存在说话霸气、办事霸道、执法粗暴的职业特权现象；一些公共管理和服务部门的党员干部中，存在“近水楼台先得月”的行业特权思想。无论哪种特权思想、特权现象，对党风政风、党群关系、社会风气的危害都很大。群众反映最强烈的特权现象之一，就是领导干部利用职权和职务影响为配偶、子女及其他亲属经商办企业提供便利条件。这种家族腐败现象，历来是导致政权更迭的重要原因。俄罗斯社会政治研究所所长格·瓦·奥希波夫曾对中国社会科学院负责同志说：“党的领导层首先想的是把自己的儿孙辈安排好，把自己的家庭安排好，苏共的蜕化变质和最终解体，实际上是在家庭这个最基础的层面就发生了。”新一届中央领导集体率先垂范，以“八项规定”

为切入口，采取切实措施冲击和消除特权思想、特权现象，引起广大干部群众的高度关注和热烈回应，有力地促进了各级党员干部纪律意识、宗旨意识、公仆意识的回归。

总之，党风廉政建设和反腐败斗争要取信于民，必须"始终把人民放在心中最高位置"，从人民群众反映最强烈的问题入手，加大人民群众的参与和监督力度，以人民的评价来改进工作，达到让人民满意的目标。当然，有些问题沉疴已久，不能指望毕其功于一役。要充分认识党风廉政建设和反腐败斗争的复杂性艰巨性，"给希望一点时间"，"给理想一点时间"，既要看到党风廉政建设已取得的显著成效，也要做好与消极腐败现象打"持久战"的思想准备。

（作者：《求是》杂志研究员、红旗出版社原副总编辑）

加强对“一把手”监督的实践与思考

侯长安

把权力关进制度的笼子里，形成不敢腐的惩戒机制、不能腐的防范机制、不易腐的保障机制，关键要加强对权力运行的制约和监督，特别是加强对领导干部行使权力的监督。党政“一把手”在领导班子和全局工作中处于核心地位、起着关键作用，是党执政治国的骨干力量。加强对各级“一把手”的监督，规范其从政行为，是深入推进反腐倡廉的一项重要工作。

一

从近些年查处的腐败案件看，党政“一把手”违纪违法问题主要集中在五个方面。一是违规用人。借选拔任用干部、组织人事调配之机收受钱物、索贿受贿、买官卖官。二是违规用权。利用手中的资金拨付权、行政审批权、行政执法权、司法权、建议权等收受贿赂，谋取私利。三是违规决策。在“三重一大”问题上独断专行，个人说了算，致使权力失控、决策失误、行为失范。四是违规干预和插手市场经济活动。五是违规收受各种礼金“红包”。

“一把手”监督难是一个普遍的现象，权力过度集中、监督主体缺失、监督制度不完善等是造成对“一把手”监督难的主要原因。一是权力过度集中。“一把手”在领导班子中地位最高、权力最大，很多“一把手”集决策权、执行权、监督权于一身。许多事情强调“一把手”负总责，使“一把手”实际上拥有了决策话语权、主导权、决定权。由于权力过度集中，自由裁量空间大，难以实施有效监督。二是权力运行没有充分体现民主公开的原则。一些领导班子对民主集中制贯彻执行不好，集体领导和个人分工负责的要求没有落到实处，权力得不到有效的分解和制衡，致使少数“一把手”用人一言堂、花钱一支笔、办事一人定。一些地方和单位党务、政务、财务、事务的公开机制不健全，“一把手”搞“暗箱操作”十分便利。三是监督主体难以发挥作用。上级监督虽有效，但疏于监督、松于监督；同级监督虽然直接，但不敢监督、不愿监督；干部群众监督虽然广泛，但无力监督、无法监督。四是监督制度不完善，执行力不强。一些监督制度过于原则笼统，科学性、配套性、针对性和可操作性不强，没有发挥监督效力。还有一些制度执行力不强，落实不够，流于形式。五是监督资源和力量缺乏有效整合。各级党组织、纪检监察机关、组织人事部门、巡视机构等党内监督主体与人大、政协、审计、财政、司法部门等党外监督主体的职责，既交叉重叠又没有全面覆盖，既有时相互推诿又有时相互脱节，弱化了监督力度，影响了监督整体合力的发挥。

二

破解“一把手”监督难题，必须以贯彻执行党内监督条例为重点，以制约权力为核心，以制度建设为根本，建立全方位的监督制约机制。

改进“一把手”选任方式，建立能上能下机制。选优配强“一把手”，从源头上保证“一把手”队伍的纯洁性，是解决“一把手”问题的前提。应坚持更高标准、更严要求、更广民主，切实提高选任“一把手”的公信度。要扩大全委会票决“一把手”范围，增加“一把手”选任差额比例，加大“一把手”公开选拔力度。同时建立“一把手”“下”的机制，防止那些不称职的，“大错不犯、小错不断”的“一把手”长期居于重要岗位，增强“一把手”正确履职、规范用权的责任意识和危机意识。

规范“一把手”权力运行，形成权力明晰、规范、透明的运行机制。紧紧围绕“一把手”的用人权、决策权、财经权和管理权以及对其的监督权，通过厘权、“晒”权、行权、制权、评权等方式，进一步明确“一把手”的权力内容、权力边界、权力行使方式和程序、与权力对等的责任等。用人权方面，要规范和完善“一把手”提名权制度；决策权方面，要推行和完善重大决策票决制和“一把手”末位发言制；财经权和管理权方面，要推广一些地方探索试行的“一把手”“五个不直接分管”的做法经验，形成“副职分管、正职监管、集体领导、民主决策”的权力制衡机制；监督权方面，探索建立副职对正职有不同意见可以直接向上级反映并能得到重视和受到保护的机制，通过扩大副职职权来制衡“一把手”的权力。同时采取有效方式，对“一把手”接受组织和群众监督作出具体明确规定，实现权力在阳光下运行。

明确监督责任，整合监督力量，着力推进“一把手”监督工作常态化、科学化、规范化。一是加强层级监督。强化上级领导机关、领导干部特别是“一把手”对下级“一把手”教育、监督和管理方面的责任，完善上级党政主要负责人、纪检监察机关主要负责人、组织人事部门负责人与下级党政“一把手”定期谈话制度，做到一级抓一级、一级管一级。二是强化班子内部监督。严格落实集体领导和个人分工负责制度，完善领导班子内部议事规则和决策程序，实行对“一把手”执行民主集中制情况考核测评制度。对考核和测评结果较差的“一把手”，要按相关要求作出处理。三是强化专门机关监督。改革纪检监察机关派驻（出）机构管理体制，探索纪检机构对同级党组织监督的有效办法，增强监督主体的独立性和权威性，加强和改进巡视工作，发挥专门监督机关的作用。四是强化“全方位”监督。建立由纪检监察机关与组织人事、审计、财政、司法等部门参加的监督工作联席会议制度，明确分工、落实责任。加强人大、政协、媒体网络和社会各界对“一把手”的监督，形成监督合力。

改革完善体制机制，使“一把手”监督得到有效的制度保障。一是改革完善党的领导体制，解决以党代政、党政不分的问题。二是改革完善干部人事制度，扩大干部工作民主，提高民主质量，防止在干部选拔任用上个人说了算。三是改革完善行政管理体制，防止和克服公共权力部门化、部门权力“一把手”化的现象。健全行政法规，对行政决策、执行的程序进行规范，用行政程序的公正促进权力实体的公正。四是改革完善法律监督体制，保障检察司法机关的独立性，着力解决权大于法、少数“一把手”凌驾于法律之上的问题。五是改革完善公共资源交易制度，健全公共资源配置、公共资产交易、公共产品生产领域市场运行机制，建立防止利益冲突制度，防止权力干预微观经济活动。

发展民主、推行公开，保证广大党员和人民群众充分行使监督权。大力发展党内民主，带动人民民主，营造风清气正的政治生态。在党内民主方面，逐步探索建立党内公开监督、公开批评、公开质询以及对“一把手”弹劾罢免等制度，建立党内重大问题听证制度、党组织定期听取党员意见制度。在人民民主方面，加强和完善人民代表大会制度，充分发挥人大对政府及其组成部门“一把手”的监督职能。凡涉及群众利益的重大决策，引入和推行民调、民投、质询等制度，防范“一把手”权力失控。在公开方面，进一步完善党务、政务、厂务、村务、财务、事务、司法等公开机制，围绕加强对“一把手”权力的监督制约，建立健全各级党政“一把手”职责、权限和权力运行程序、结果等情况公开机制，接受社会公众的监督。

（作者：中共湖北省委常委、纪委书记）

从延安时期的廉洁政治追寻精神支撑

郭永平

反对腐败、建设廉洁政治，是我们党一贯坚持的鲜明政治立场。党在延安时期的廉洁政治是一座丰碑，是一笔宝贵的精神财富。继承发扬延安时期廉洁政治建设的优良传统作风，对于贯彻落实党的十八大提出的加强廉洁政治建设的新任务新要求，贯彻落实习近平总书记在十八届中央纪委二次全会上的重要讲话精神，具有重要的现实意义。

践行延安时期形成的全心全意为人民服务的思想，深入开展党的群众路线教育实践活动，切实筑牢廉洁政治建设的思想基础。延安时期，毛泽东同志在张思德同志的追悼会上，提出全心全意为人民服务这一光辉思想；在《纪念白求恩》一文中，又提出学习白求恩"毫不利己专门利人"的高尚情操。为人民服务的思想与张思德、白求恩这两个典型形象，深深融入了延安党政军干部的心里，成为他们学习践行的道德准则和价值取向。半个多世纪以来，为人民服务的思想，成为广大党员干部立身做人、干事创业的精神支柱，影响和感染了一代又一代青年的人生志向。新的历史条件下，我们党要经受住"四大考验"，化解"四种危险"，就必须使广大党员干部具有坚定的理想信念，深化群众观点群众路线的思想教育，坚持把"人民对美好生活的向往，就是我们的奋斗目标"作为一切工作的出发点和落脚点，不断筑牢同人民群众保持血肉联系的思想基础，保持共产党人的先进性、纯洁性永不变色。

发扬延安时期的民主监督精神，不断完善制约和监督体系，切实加强对党员领导干部行使公共权力的监督。延安时期，我们党为了保证干部清正廉洁，防止滋生腐败现象，在加强领导干部作风建设方面形成了较为完整的监督机制。一是建立健全监督机构，制定党的纪律检查制度，加大党的纪律检查力度。二是制定颁布党内法规，使民主监督有了制度依据。三是号召"放手发动群众，检查政府工作和人员"，以"发现问题，给以适当解决。"四是充分发挥各级参议会的民主监督作用，不断拓宽民主监督的渠道。五是实行政务公开，加强舆论监督。概言之，延安时期边区政府建立民主政权，自觉接受人民群众的监督和批评，是我们党为了跳出"历史周期律"创造的一条重要经验。也说明强化对权力运行的监督制约，始终是我们党反腐倡廉建设要解决的主要问题。十八大报告提出"建立健全权力运行制约和监督体系"，"严格规范权力行使，加强对领导干部特别是主要领导干部行使权力的监督"，这与延安时期加强民主监督的思想既一脉相承，又与时俱进。学习和借鉴延安时期对边区政府实施民主监督的经验，破解对领导干部用权行为监督难问题，要加强对权力运行的制约和监督，把权力关进制度的笼子里，形成不敢腐的惩戒机制、不能腐的防范机制、不易腐的保障机制。

坚持延安时期制度反腐的基本经验，努力健全反腐倡廉法规制度体系，深入推进惩治和预防腐败体系建设。延安时期，我们党十分重视依靠法规制度推进反腐败工作，这为我们今天的反腐败工作提供了有益启示和借鉴。1937年重新颁布了1933年在中央苏区制定的《关于惩治贪污浪费行为》的26号训令，1938年制定了《陕甘宁边区惩治贪污暂行条例（草案）》，1939年又对这一条例进行了修订完善，1941年颁布了《陕甘宁边区施政纲领》等。延安时期反腐败制度建设的实践说明，从那时起我们党就抓住了廉洁政治建设的根本和关键，积累了制度建设的成功经验。廉洁制度是廉洁政治建设的内容和保障。贯彻党的十八大精神，推进廉洁政治建设，必须针对制度建设中存在重形式轻内容、重选题轻破题、重制定轻执行等问题，切实把制度建设摆在突出位置，以建立健全构成惩防体系基本框架各项制度为重点，以制约监督权力为核心，以提高执行力为抓手，加强整体规划，抓紧重点突破，努力建成内容科学、程序严密、配套完备的反腐倡廉制度体系，实现依靠制度反腐败的重点突破。要注意制度建设与法规建设的相互衔接、相互照应和相互弥补，善于把制度创新成果总结提升到法律层面，发挥法规制度在推进惩防体系建设中的规范和保障作用。

坚持延安时期严厉惩处腐败的基本经验，坚决惩治腐败现象，始终保持惩治腐败的高压态势。坚决惩处腐败，是延安时期建设廉洁政治的最有效手段，当时所产生的重大影响过了半个多世纪仍然振聋发聩，对枪杀革命青年刘茜的红军领导干部黄克功处以极刑就是最好的例证。黄克功案件之后，边区政府根据中央从严治党的精神，由司法部门判处了 180 多起贪污腐化案件，清除了一些腐败分子，促进了廉洁政治的健康发展。如今，反腐倡廉建设的环境和条件与延安时期相比发生了很大变化，但优良传统不能丢。十八大报告强调：“始终保持惩治腐败高压态势，坚决查处大案要案，着力解决发生在群众身边的腐败问题。不管涉及什么人，不论权力大小、职位高低，只要触犯党纪国法，都要严惩不贷。”纪检监察机关肩负着惩治腐败的重要使命，贯彻落实十八大精神，必须充分认识惩治腐败对推进党的反腐败斗争的重要意义，坚持从巩固党的执政基础、推动经济社会发展、维护社会和谐稳定的大局出发，切实加强对查办案件的组织领导，建立健全查办案件的制度机制，加大查办案件力度，始终保持对腐败分子的高压态势。

发扬延安时期领导干部以身作则的优良传统，切实改进领导干部作风，努力使党成为整个社会的表率。领导干部特别是高级干部作风如何，对党风政风和社会风气具有重要影响。延安时期领导干部廉洁奉公，以身作则，创造了边区政府闻名中外“只见公仆，未见官”的清风正气。党是延安边区整个社会的表率，党的各级领导干部又是全党的表率。毛泽东等老一辈无产阶级革命家保持党的先进性、纯洁性的率先示范和人格魅力，是延安时期廉洁政治风貌得以形成，延安时期廉洁政治建设彪炳史册的重要原因。习近平总书记在新一届中央政治局常委会见中外记者时的讲话中指出：“打铁还需自身硬。我们的责任，就是同全党同志一道，坚持党要管党、从严治党，切实解决自身存在的突出问题，切实改进工作作风，密切联系群众，使我们党始终成为中国特色社会主义事业的坚强领导核心。”这一庄严承诺，与延安时期我党倡导的优良传统作风一脉相承，集中反映了时代的呼唤与人民的心声。学习贯彻十八大精神，必须把学习贯彻习近平总书记一系列重要讲话精神与继承发扬延安时期反腐倡廉的优良传统结合起来，严格执行中央政治局关于改进作风的“八项规定”，全面培养“为民务实廉洁”的过硬作风，努力为全党建设干部清正、政府清廉、政治清明的廉洁政治做出新的贡献。

（作者：中共陕西省委常委、纪委书记）

政治体制改革:中国特色反腐倡廉必由之路

包心鉴

党的十八大着眼于从严治党、"永葆共产党人清正廉洁的政治本色",将"反腐倡廉建设"提到全面加强党的建设更加突出的位置。坚持中国特色反腐倡廉道路,包括丰富内涵,需要作出多方面努力,其中,正如党的十八大报告所指出的"积极稳妥推进政治体制改革,发展更加广泛、更加充分、更加健全的人民民主",依靠人民民主的力量反对和抑制权力腐败,是十分必要的重要环节。反腐倡廉本身就是一种政治体制改革,是整个政治体制改革的重要组成部分,甚至是关键性组成部分;同时,反腐倡廉又不是孤立的,必然涉及现行政治体制的许多方面,内在地要求并启动相关领域的政治体制改革。

一、围绕反腐倡廉积极推进政治体制改革的基本出发点 :从"权力本位"到"权利本位"

政治体制改革,归根到底是解决权力的配置与使用问题。围绕中国特色反腐倡廉积极推进政治体制改革,需要解决的实质问题是各级领导干部手中权力的来源、运行、制约与归宿。是"权力本位"还是"权利本位",这是关于国家权力运行的实质与要害,也是反腐倡廉和政治体制改革的实质与要害。

(一)腐败现象的制度根源 :权力错位和权力失控

在我国现实生活中,为什么打击腐败的力度不断加大而腐败现象却禁而不止?为什么一些本质很好曾经优秀的领导干部最终会堕落为腐败分子?为什么在一些特殊领域和职务上一个又一个领导干部前赴后继走上腐败之路?如此等等一个又一个"为什么",可以称之为我国现阶段政治社会生活中一种特有的"腐败之迷",反腐倡廉理论研究与理论建设有责任更科学地解开这种"腐败之迷"。一桩桩触目惊心的腐败案件,一个个腐败分子面对法律严惩时的"沉痛忏悔",让我们找到了解开这种"腐败之迷"的钥匙,这就是,不仅要从腐败现象的客观环境和腐败分子的主观因素上寻求"谜底",而且要从国家权力的本质上寻求"谜底"。国家权力在少数领导干部手中"错位"与"失控",背离了权力的本质与运行轨迹,是腐败现象滋生与蔓延的制度根源。

国家权力的本质和运行轨迹是什么?马克思主义国家学说早已指明,权力不是国家机构所固有的,而是社会对国家机构的一种委托,是社会赋予国家的一种功能与责任。权力来自于社会,又服务于社会,同时受社会监督,最终回归于社会,这就是一切国家权力的本质,也是其运行的轨迹。国家权力的本质决定,在真正民主制社会中,权力不是少数人所私有,而是全体人民所共有。从理论上说,在社会主义制度中,公民所以享有广泛的民主权利,是由于公民已经成为国家的主人,每个公民都有一份主人的权力 ;凡享有公民权利的人,都有一定的权力;权力是权利的基础,也是权利的保证。这就是广义上的权力。

然而这种广义上的权力,在实际生活中却是相当抽象的。人们往往看重的是另外一种权力,这就是只能为少数人所掌握的政治上的强制力量。这可以说是狭义上的权力。这种狭义上的权力,具有两个重要特征 :一是权力同国家职位紧密相联系。由于国家职位只能为少数人所占有，因而政治权力这种本属于全社会的意志，在实际运行过程中就变成了少数人手中的神奇力量。二是权力与利益紧密相联系。从社会关系中产生出来的政治权力，不管掌权者是自觉还是不自觉，它总是代表着、反映着特定的利益关系，并为一定的利益服务。由此，政治权力可以依据掌权者的利益指向造成一定的利益倾斜：它可以给一部分人带来利益而对另一部分人的利益造成侵害；它可以创造利益公平和平等，也可能促成利益分化和冲突。

上述权力的两个基本特征，作用于经济社会生活中，尤其是在发展市场经济的现实环境中，很容易生成一种负面政治效应，这就是，一部分掌握着国家权力的人运用手中权力介入经济社会生活，以权力为依托进行商品经济交易。权力的利益效应和隐藏在权力背后的利益动机，是权力在某些人手中变成以权谋私工具的主观动因；而由于国家职位占有而导致的权力人格化以及由此产生的权力崇拜社会心理，则是一些掌权者可以依恃手中权力谋取私利的客观条件。政治权力介入的经济活动和商品交易，必然是不等价交换，交换的主要目的是为掌权者谋求私利，由此必然导致“权力商品化”的腐败现象。因此说，现实生活中腐败现象蔓延，根本原因在于掌权者不是代表社会公共利益，而是从满足私有利益出发操作手中的权力。那种把腐败现象简单地归咎于市场经济，认为只要实行市场经济腐败就难以避免的观点，是违背事物发展客观规律的。

少数掌权者手中权力游离权力的本质而导致腐败现象，突出地表现为两种情况：一种是权力错位，再一种是权力失控。偏离为公共利益服务的价值指向，介入公共利益之外的利益交易，从而达到谋取私利的目的，这是权力的错位；而权力高度集中，凌驾于集体和民主之上，失去应有的监督，从而依恃权力和滥用权力，这是权力的失控。一切受社会委托掌握着公共权力的人，都时刻面临着脱离社会和公共利益的风险，都有依恃权力腐败变质的可能。这就是腐败现象禁而不止、难以根除的制度根源。为此，必须加强权力的监控与制约，以完善的制度和健全的体制确保权力的本质与运行路线。以权力制约与监督为主要内容和指向的政治体制改革，是深入开展反腐倡廉制度建设的必然趋势和内在要求。

（二）以往政治体制改革的误区：权力在少数人中配置

对于政治体制改革，我们党历来高度重视。“改革，应该包括政治体制改革，而且应该把它作为改革向前推进的一个标志。”改革开放初期邓小平的这一重要论述，影响到整个改革开放历史时期，成为党的几届中央领导集体领导中国改革的共识。党的十八大报告进一步重申：“政治体制改革是我国全面改革的重要组成部分。”在充分肯定这一点的同时，我们也有必要作进一步的反思：虽然政治体制改革在不断推进，但是为什么一些政治体制弊端却难以消除，甚至愈加严重？尤其是权力错位、权力失控等腐败现象，为何有愈演愈烈的趋势？这就不能不涉及到政治体制改革的基本出发点和价值目标问题。

关于政治体制改革的目标，邓小平曾从多个角度进行精辟论述，概括起来主要有以下三点：(1)“从制度上保证党和国家政治生活的民主化”，“保证全体人民真正享有通过各种有效形式管理国家、特别是管理基层地方政权和各项企业事业的权力，享有各项公民权力”。(2)“充分调动人民和各行各业基层的积极性”，“处理好法治和人治的关系”，促进“整个社会生活的民主化”，“生产力发展了，人民积极性调动起来了，社会主义国家的力量就增强了，社会主义制度就巩固了”。(3)“克服官僚主义，提高工作效率”，切实改变党政不分、政企不分，机构臃肿、职责不清，“工作缺乏精力、知识和效率的状况”，让人民满意。邓小平反复阐述的这三个方面改革目标，贯穿着一个基本精神，这就是，使国家权力真正置于人民的监督和管理之下，由“权力本位”向“权利本位”

回归。

反思以往政治体制改革，某些改革不够彻底、人民不够满意的根本原因，是游离了确保人民当家作主和调动全体人民积极性这一根本前提和根本目标，改革仅仅局限在国家机构内部，变成了少数人的权力分配甚至权力角逐，从而造成了广大人民对政治体制改革的严重隔膜与疏离，造成了政治体制改革难以逾越的误区。比如政府机构改革，30 多年来进行过多次，声势很大，收效甚微，周而复始，有的甚至原地踏步，究其根本原因，就是仅仅在机构增减、人员去留上做文章，没有超越"权力本位"的局限，没有深层次地解决好"权利本位"即如何建设好公共政府和加强人民对国家机构的管理与监督问题。再比如干部人事制度改革，如何消除选人用人上的"权力本位"现象，坚持"权利本位"选人用人，实际扩大"民选"的范围与程度，仍然是当前干部人事制度改革难以逾越的困境。而如果这个问题不解决，跑官要官行为和选人用人上的不正之风就难以彻底根除。事实警示我们，"权力本位"的改革误区，不啻是我国政治体制改革的最大障碍，因此，必须着力突破并防止重蹈这一改革误区，将各类政治体制改革的出发点真正定位到"权利本位"上来。

二、围绕反腐倡廉积极推进政治体制改革的主要着力点：从"高度集权"到"党内民主"

腐败现象从其本质上说是对权力的滥用；而从权力滥用到权力腐败，是同权力高度集中的领导体制紧密联系在一起的。不少领导干部走向腐败的轨迹表明，党政不分、政企不分，权力高度集中于少数人甚至一个人手中，失去有效的制约与监督，是滋生腐败的一个根本原因。

（一）坚持党政分开：防止党委包揽一切

在我国现行的政治体制架构中，高度集权有着特定的含义，这就是邓小平深刻分析的：党政不分，权力高度集中于党委。他说："权力过分集中的现象，就是在加强党的一元化领导的口号下，不适当地、不加分析地把一切权力集中于党委，党委的权力又往往集中于几个书记，特别是集中于第一书记，什么事情都要第一书记挂帅、拍板。党的一元化领导，往往因此而变成了个人领导。"

改革开放以来，经过历次政治体制改革，"党的一元化领导"的体制虽然得到了一定程度的改变与纠正，但是由于历史的和现实的种种原因，这一党和国家领导体制中的"总病根"并未得到彻底根除，甚至在新的历史条件下有进一步加剧的趋势。对近几年中高级领导干部腐败案件进行深入剖析，不难发现，大部分领导干部的腐败行为，几乎都发生在其担任党委（组）书记期间；而从腐败分子所担任的职务和分布的领域来看，也无不表明党委（组）书记这一职务，是滋生腐败的"温床"。党政不分、权力高度集中从而导致权力腐败，突出表现在以下几个方面：

其一，由于党政不分，权力高度集中，个人说了算，导致市场经济规则往往被扭曲和侵犯，从而滋生"权力商品化"现象和权商勾结、权钱交易的腐败行为。在我国经济社会发展现实中，存在着这样一种"悖反"现象：一方面，市场经济改革深入推进，市场经济规律愈益覆盖经济社会的各个领域；另一方面，权力高度集中的领导体制和权力体系没有得到大的改变，甚至在某种程度上更加强化。这样一种"悖反"现象，必然会导致市场经济条件下一种特有的腐败现象——权力寻租。近几年来，在行政审批、工程建设、房地产、金融、教育等领域，腐败现象难以根除甚至呈上升态势，显然与目前依然比较严重存在的党政不分领导体制和高度集中的权力体系分不开的。

其二，由于党政不分，权力高度集中，个人说了算，导致选拔任用干部制度往往被扭曲和侵犯，从而滋生拉帮结派、跑官要官等腐败现象。近几年来，一些领域腐败呈现出"集团化"、"群体性"态势。一些重大腐败案件败露后，往往引发所辖地区或系统官场的"大面积塌方”。腐败之所以出现这样一种态势，显然与高度集权的领导体制和权力体系有着内在联系。由于党政不分、权力高度集中，一些领导干部，尤其是“一把手”，在选拔任用干部方面权力太大，由此，很容易造成部下看风使舵、跑官要官的不良风气。而政治上的相互牵连必然是建立在经济上的相互利用基础之上的，这就很容易在党内形成拉帮结派、结党营私行为，所谓“一荣俱荣、一损俱损”。

其三，由于党政不分，权力高度集中，个人说了算，导致主要领导干部尤其是“一把手”的权力失去有效的制约与监督，从而使一些领导干部放松对自己的严格要求，以至为所欲为，堕落为腐败分子。失去制约和监督的权力势必走向腐败。现行的各类监督体制与机制还缺乏权威性和长效性，还不足以从根本上遏制和消除腐败。尤其是“谁来监督一把手”的问题，尚缺乏行之有效的体制与机制答案。上级党委纪律监察部门对下级党委书记的监督，也往往是结果监督，即在东窗事发之后的惩处，而缺乏过程监督，即通过有效的监督体制未雨绸缪、防患于未然。

由以上分析，不难得出这样的结论：深入推进反腐倡廉制度建设与创新，必然提出改革党政不分、权力高度集中的领导体制和权力体系的迫切任务。实行党政分开，防止党委包揽一切，防止个人凌驾于组织之上，仍然是在新的历史条件下积极推进政治体制改革“躲不开”、“绕不过”的任务。

（二）坚持党务公开：防止权力被垄断

我们党是代表全体人民根本利益的执政党，担负着领导各方面现代化建设的重任。要完成这样一个伟大的历史任务，防止脱离人民群众、走向腐败的危险，除了要坚持党政分开，解决好党对国家和社会的领导体制外，还有一个根本性环节，就是要坚持党务公开，发展党内民主。

坚持党务公开，发展党内民主，是由工人阶级政党的性质与宗旨决定的。《共产党宣言》明确指出：“无产阶级的运动是绝大多数人的、为绝大多数人谋利益的独立的运动”。因此，无产阶级政党“没有任何同整个无产阶级的利益不同的利益”；“共产党人始终代表整个运动的利益”。这样一种性质与宗旨，决定了工人阶级政党内部是民主的、透明的，对全体共产党员来说没有任何隐私可言，更不允许任何特权存在。实行党内民主，防止党内特权，是无产阶级政党区别于其他阶级政党的一个最鲜明标志，是党能够不断发展壮大、领导与依靠人民取得革命、建设胜利的最根本因素。

坚持马克思主义的基本原理和建党原则，总结国际共产主义运动的正反经验，中国共产党人在新的历史征途上更高地举起党内民主的旗帜，把党内民主作为确保我们党的先进性与纯洁性的根本法宝，作为党治国理政的根本方略。邓小平明确指出，要在我们党内形成“又有集中又有民主，又有纪律又有自由，又有统一意志又有个人心情舒畅、生动活泼的政治局面”，必须“更要发扬民主”。只有“充分的民主、才能做到正确的集中”。党的十六大报告深刻指出：“党内民主是党的生命”。党的十七大报告深刻强调：“党内民主是增强党的创新活力、巩固党的团结统一的重要保证”。党的十八大报告进一步要求：“积极发展党内民主，增强党的创造活力”；“要坚持民主集中制，健全党内民主制度体系，以党内民主带动人民民主”。这些掷地有声的论断与宣言，有力表明我们党是有志于推进党内民主、依靠党内民主确保党的性质与宗旨的先进政党。

坚持民主建党的原则，大力发展党内民主，内在地要求在党内生活中必须坚持党务公开，防止少数人对党的权力的垄断而产生权力腐败行为。所谓党务公开，主要包括重大决策公开，选用干部公开，执行程序公开，重大事项公开。坚持党务公开，不仅是推进党内民主的重要渠道，而且是防范党员领导干部特别是“一把手”滥用权力走向腐败的关键环节。

（三）坚持党内监督：防止权力被滥用

加强党内监督，防止党员领导干部滥用权力而腐败堕落，是马克思主义建党学说的一个重要思想，是工人阶级政党建设的一条重要原则。恩格斯强调："为了防止国家和国家机关由社会公仆变为社会主人"，必须将国家机关的"一切职位交给由普选选出的人担任"，并且要加强对所有国家公职人员的监督，"规定选举者可以随时撤换被选举者"。列宁对党内监督的性质与意义则作出了更加明确的阐述："党本身必须对它的负责人员执行党章的情况进行监督，而'监督'也不单单是口头上加以责备，而是要在行动上加以纠正。"党的性质与宗旨决定，一切共产党员尤其是担负领导职务的共产党员，都必须高度重视党内监督，自觉接受党员和人民群众的批评监督意见，根据党和人民群众的愿望及时改正自己的错误。党的十八大报告明确强调：必须健全与完善权力监督体系，"加强党内监督、民主监督、法律监督、舆论监督，让人民监督权力，让权力在阳光下运行"。坚持党内监督，防止权力被滥用，要求进一步深化党内监督制度改革，健全与完善适应反腐倡廉需要的党内监督制度。

一是切实保障全体党员在党内的民主权利，有效发挥广大党员在党内监督中的主体作用。全体党员民主权利的切实保障和有效实现，是党内民主的基础。我们党拥有 8200 多万党员，是一支庞大的监督力量。党员民主权利包括选举权、知情权、讨论权和监督权，其中监督权是前三项权利的必然延伸，也是必要保证。不可否认，在现实生活中，大部分党员的民主权利尤其是监督权是概念化、虚拟化的，不少党员很难自觉地真实地履行自己的民主监督权，这是一些党员领导干部所以能够无视民主、滥用权力甚至压制民主、打击报复，最终堕落为腐败分子的一个重要原因。现实警示我们，对于广大党员的民主权利尤其是党内监督权，不仅要有明确的党章规定，而且要有严谨的制度安排和制度保障，从监督体制和监督制度上确保广大党员民主权利尤其是党内监督权的有效实现。

二是建立与完善各级党员代表大会常任制，有效发挥党员代表在党内监督中的先锋作用。各地各级党员代表大会直至党的全国代表大会，是党的最高权力机构，是发扬党内民主、保障党员权利的最有效形式。现在的党员代表大会是非常任制，每届党委仅召开一次党员代表大会，很难充分发扬党内民主，尤其很难发挥党员代表大会在党内监督中的重要作用。应当建立党员代表大会常任制，党内重大事务及时向党员代表大会报告、接受党员代表大会监督。党的代表大会闭会期间，实行党员代表对各级党委的巡察、监督制度。这样做，无疑可以将党员代表的民主权利尤其监督权落到实处，最大限度防止党员领导干部滥用权力现象的发生。

三是进一步完善党的纪律检查制度，有效发挥各级党的纪检委在党内监督中的权威作用。改革开放以来，党的各级纪律检查委员会得到了进一步加强，尤其在巡查和处理一些腐败大案、窝案中发挥了关键性作用，然而从反腐倡廉常效性和制度化来说，党的纪律检查制度还有待于进一步完善与加强，一些党内纪检体制还有待于在深化改革中进一步走向科学化、民主化、规范化。比如，如何从制度层面确保同级纪委对同级党委尤其是党委书记的经常性监督？这是一个尚未从制度和体制层面解决好的老话题，理应引起高度重视。再比如，如何把纪检委对重大案件的侦破和处理与对各级党员领导干部经常性监督有机地结合起来，使广大党员领导干部在长效化的制度监督与制约中防患于未然？诸如此类的问题，都涉及到党的纪律检查制度的改革以至整个政治体制改革，都关系到反腐倡廉制度建设与创新能否有一个大的突破。

三、围绕反腐倡廉积极推进政治体制改革的关键生长点：从"权力委任"到"权力民授"

改革实践表明，干部制度改革是整个政治

体制改革的基础环节，也是改革的“突破口”。从一定意义上说，党和国家的领导制度、权力体系，关键在于干部的选拔、任用与管理。反腐倡廉制度建设与创新，说到底是对各级领导干部的选拔、任用与管理，实质上就是要用科学的完善的制度管事、管物、管人，归根到底是管人。从现实情况看，这方面的任务还极其艰巨，必须继续坚定不移并持之以恒地将干部选拔、任用与管理制度的改革作为整个政治体制改革的“突破口”，作为反腐倡廉制度建设与创新的关键生长点，使所有肩负人民重托与期望的领导干部都能置于优良制度的管理之下而永不变质。

（一）进一步完善干部选拔过程中的民主化机制

我国是工人阶级政党执政的社会主义国家。无论是党的性质还是国家的性质，都从本质上表明，一切领导干部手中的权力，都是公共的权力。

我国现在还处在社会主义的初级阶段，支撑国家权力的经济基础是以公有制为主体多种经济成分并存的经济结构，加上旧社会遗留的思想文化的影响，还不可能完全实现和保证国家权力完全代表全体人民的利益运行；不仅如此，一部分国家权力还有可能背离社会的公共利益而发生“权力异化”。这就是现阶段所以会产生一些人滥用公共权力而走向腐败的根本原因。恩格斯曾深刻分析道：“政治权力在对社会独立起来并且从公仆变为主人以后，可以朝两个方向起作用。或者按照合乎规律的经济发展的精神和方向去起作用，在这种情况下，它和经济发展之间没有任何冲突，经济发展加快速度。或者违反经济发展而起作用，在这种情况下，除去少数例外，它照例总是在经济发展的压力下陷于崩溃。”恩格斯所说的政治权力这两种运行状况，在我国现阶段国家运行和经济社会生活中都还依然存在：政治权力的主体是与经济社会发展保持同一方向的，是“合乎规律”的运行，对人民大众的利益起保护和促进作用；同时也存在着一部分政治权力背离经济社会发展方向而对人民大众利益起阻碍或侵犯作用，这就是少数领导干部和国家工作人员把公共权力据为己有，依恃权力谋取私利，甚至贪赃枉法、贪污受贿、腐化堕落。

防止和清除公共权力背离人民大众的利益走向“异化”，需要从各个方面努力，最关键的环节是要从源头上解决“权力授受”问题。只有坚持“权为民所授”，才能做到“权为民所用”，防止“权为私所属”，有效地遏制和清除权力腐败现象。“权为民所授”，实质上就是要把好领导干部选拔任用关，完善与强化干部选拔过程中的民主化机制，使一切领导干部和所有国家工作人员从制度层面时刻清醒地认识到：自己手中的权力是人民授予的，是社会公共利益对国家政治权力的委托，必须运用手中权力全心全意为人民谋利益，使自己真正成为人民大众利益的“守护人”而绝不能成为人民大众利益的“盗墓贼”。

进一步深化干部选拔制度改革，从源头上防止权力腐败，需要进一步解决的是，是靠多数人的意志选干部还是靠少数人的意志选干部的问题。许多腐败案件，追根溯源，无不可以归结到选人用人制度上出了漏洞。历史与现实反复提醒我们，党风廉政建设，关键在于选人用人；而选人用人上的弊端，关键在于缺乏民主化机制。建立完善的民主选人用人制度，依托完善的民主机制选拔各级领导干部和国家工作人员，依然是现阶段深化政治体制改革、推进反腐倡廉制度建设与创新的重要突破口。

如何处理好“党管干部”与“民管干部”的关系，将“党选干部”、“党管干部”与“民选干部”、“民管干部”有机地统一起来，是当前深化干部选拔制度改革亟须着力解决的一个突出问题。坚持党管干部，是干部选拔任用不可动摇的原则，深化干部人事制度改革，必须在党的统一领导下进行，体现党治国理政的意志，这是整个改革的方向。但是必须切实防止将“党管干部”变成少数人选拔任用干部的倾向。党是人民利益的忠实代表,除了最广大人民利益之外,党没有自己任何特殊的利益。党的性质与宗旨决定,党在选拔任用干部并向国家机关和企事业单位推荐领导干部过程中,必须坚定站在最广大人民利益立场上,尊重民意、顺应民心,真正将那些能够为人民大众办事、群众公认与满意的人才选拔到各级领导岗位上。这些年揭露的一些腐败大案要案,绝大多数是与干部选拔任用方面高度集权的弊端联系在一起的。把"党管干部"演变为干部选拔任用少数人说了算,必然助长任人唯亲的宗派主义和跑官要官的腐败现象,必然会将一些干部引向权力腐败陷阱。

(二)进一步增强干部监督过程中的民主化权威

失去监督的权力有可能变成腐败的权力。权力监督是防止和消除权力腐败的重要环节。进一步改革与完善干部监督机制,切实增强干部监督过程中的民主权威,是深化政治体制改革、推进反腐倡廉制度建设与创新的十分重要的环节。

从广义上说,任何人都需要监督,这是促进一个人健康成长、防止发生失误乃至犯错误的必要因素。而干部队伍的监督,尤其是对各级领导干部的监督,则有着特殊的内涵与意义。干部监督的实质意义是防止由"权力人格化"而导致的"权力私有化"的行为,把由"权力滥用"到"权力腐败"的可能性减少到最低程度。

然而许多事例表明,一些腐败分子,具有较高的学历和文化素质,受党教育多年,并非不懂得什么叫正确的权力观,但为什么依然会深陷迷途走向腐败?回答这个问题,有必要深入研究权力运行过程中的"权力人格化"现象。

从社会分离出来的公共权力,通过国家职位实现向国家机构委授。一个人担任什么样的职务,就会拥有什么样的权力,同时也就具有了运用这种权力的资格。职务是权力的载体,权力是职务的延伸。国家职位是有限的,只能为少数人所占有,由此,公共权力由社会向国家转授,就必然会产生"权力人格化"假象——权力与个人紧密相联系。如果一个领导干部具有较高的思想觉悟和良好的人格素质,他就会审慎用权,严格划清权力与个人的界限,注重非权力人格的养成与坚守,以权奉公而绝不以权谋私,就会有效地杜绝权力腐败的可能。但是我们又必须看到,"权力人格化"——公共权力与个人职务紧密联系,又会对领导干部产生极大的诱导乃至腐蚀作用,稍有不慎,甚至一念之差,就有可能运用手中权力为自己或他人谋求私利。不少腐败分子,无不经历过这样一种由量变到质变的"权力异化"和"人格蜕化"过程。对领导干部进行权力运行情况的监督,是公共权力本质与功能的内在需要,更是对一切掌握公共权力的领导干部与国家工作人员的爱护与保护。加强权力监督,是进行反腐倡廉制度建设与创新的重要内容。

我们党历来重视对各级领导干部权力运用情况的监督,改革开放以来尤其是党的十六大以来,在领导干部监督方面采取了一系列强有力的措施。然而从一些腐败案件发生的原因和反腐倡廉面临的严峻形势和艰巨任务来看,我们的干部监管制度还不完善,有些方面还存在着缺陷与漏洞,改革与完善领导干部权力监督制度,依然是政治体制改革和反腐倡廉制度建设必须予以高度重视的最突出任务。这方面需要做的事情很多,其中最重要的是必须进一步明确谁是权力监督的主体、如何从制度和体制的层面强化这个主体。

人民是权力监督的主体,不是一句空话,而是有着实际的内容和体制的保证。当前进一步深化政治体制改革,推进反腐倡廉制度建设与创新,一个紧迫任务就是要强化人民在权力监督中的主体地位和权威作用。这需要从两个方面着力:一是体制内,进一步健全人民大众对党和国家权力的监督体制,保持人民大众对党和国家权力监督渠道的畅通。二是体制外,高度重视对来自于民间的批评意见和监督声音,这些批评监督意见可能是零星的、原始的甚至是粗糙的,但是对预防和消除领导干部滥用权力走向腐败来说,不啻是具有神奇疗效的"民间土方",不可轻视和忽视。倾听这些来自民间的批评意见,并将这种制度外的监督力量及时地真实地充分地转化为制度内的监督力量,无疑可以有力促进党和国家反腐倡廉制度建设,有力防止一些领导干部滥用权力走向腐败现象的发生。

党的十八大之后,以习近平为总书记的党中央不辜负全国人民的重托与期待,进一步加大了反腐倡廉制度建设和惩治腐败的力度,这是充满自信与希望的良好开端。可以坚信,沿着中国特色反腐倡廉道路,积极深化相关领域政治体制改革,一定会确保共产党人清正廉洁的政治本色,更广泛、可持续地实现"干部清正、政府清廉、政治清明"。

（作者:中国政治学会副会长,中国科学社会主义学会副会长,山东大学博士生导师,济南大学政治与公共管理学院院长）

当前反腐与廉政建设面临的新挑战与对策建议

常　健

中国共产党第十八次全国代表大会和选举出的新一届领导集体明确将反腐与廉政建设作为今后一个时期的工作重点。要有效地开展反腐和廉政建设，就要对反腐的形势进行具体的分析，明确反腐和廉政建设面临哪些新的挑战，并制定和采取有针对性的应对措施。

一、如何评估当前反腐工作的形势

在评估当前反腐与廉政建设形势时，不应只是纠缠于简单地断定现在腐败现象是增加了还是减少了，是更严重了还是更好转了，而应当进一步地从结构上对当前存在的腐败现象和反腐形势作出分析。从结构角度分析，应当有两个方面的区分：第一，在当前出现的腐败现象中，哪些是传统类型的腐败，哪些是新发类型的腐败？第二，民众对腐败严重程度的判断，在多大程度上是根据客观的事实，在多大程度上受到主观容忍度的影响？

根据以上两个区分，我们有以下两个方面的判断：第一，传统类型的腐败已经得到了有力的遏制，但我们当前面临着许多新发类型腐败的挑战；第二，政府的反腐力度空前加大，但民众对腐败的容忍程度也呈现日益走低的趋势。

因此，如何在巩固已有反腐和廉政建设成果的基础上迎接和应对新发类型腐败的挑战，如何在民众对腐败容忍度不断降低的条件下使反腐工作获得民众的满意评价，树立政府反腐倡廉的正面形象，是当前廉政建设应当面对和解决的问题。

二、当前反腐面临的新问题与新挑战

当前的反腐工作是在新的历史条件下展开的，因此反腐工作面临着一些新的挑战。这些挑战可以从以下几个方面加以概括。

（一）经济体制的变化使腐败的主要形式出现新变化

随着计划经济逐渐转变为市场经济体制，腐败的主要形式也逐渐变化。在计划经济占主导的时期，腐败的主要形式是贪污。由于没有市场竞争，行贿受贿的动力和范围都受到限制。但在市场经济体制条件下，残酷的市场竞争使市场主体面临生死存亡的抉择，因而会想尽一切办法来战胜竞争对手，其中一种重要的手段就是通过行贿来争取有利条件。现在，竞争不仅是经济领域的生存方式，而且成为社会、文化和政治领域的生存方式，这也使得行贿受贿成为当前社会中最为突出的腐败形式。与此同时，行贿受贿的形式也由单一的物质和金钱贿赂发展为包括性贿赂、服务贿赂、名誉贿赂、期权贿赂等各种各样的形式；行贿对象由当权者本人发展为子女、家属、亲戚、乡亲等等；行贿地点由国内发展到国外；行贿时间由当下发展为可见的未来；行贿手段由直接到隐蔽。这大大增加了反腐败工作的难度。

（二）改革进程阶段的变化使腐败的原因出现新变化

改革阶段理论将改革过程分为解冻阶段、变革阶段和再冻阶段。在不同阶段，腐败的主要原因会有所不同。在解冻阶段，法制和道德约束的放松会导致腐败滋生蔓延；在变革阶段，新旧体制的共存为腐败提供了丰富的机会，如过去由于双轨制导致的腐败；在再冻阶段，新制度的不完善会导致新形式的腐败。

从十八大报告对中国特色社会主义道路、

理论和制度三个方面的论述中可以看出，制度建设正在成为今后建设工作的重点，并特别提出要"构建系统完备、科学规范、运行有效的制度体系，使各方面制度更加成熟更加定型"，"要把制度建设摆在突出位置"。通过对十五大至十八大四个报告词频的统计分析，可以发现"制度"类的用词频数呈现出显著的上升趋势。其中，"体系"、"制度"、"机制"、"法治"的频数呈现出连续的上升趋势，"体系"、"制度"和"机制"的频数呈现出大幅上升趋势，"程序"、"法"、"规则"、"立法"的频数也有所上升。相反，具有灵活性的"政策"、"手段"和"措施"的频数则呈现出下降的趋势。这从一个侧面印证了制度建设日益受到重视的趋势。

十八大报告对制度建设的强调，预示着中国的改革进程走在步入"再冻阶段"。在这一阶段，新制度本身的不完善与严格执行，会引发新的甚至系统性的腐败现象。例如，当前的科研经费的分配制度本身存在重大缺陷，没有充分注重"以人为本"，而是更强调设备、材料、交通等"物"的开支消耗。在这种情况下，要求更加严格地执行这种不合理的制度，而不去改变制度本身的不合理方面，就会迫使科研人员不得不采取各种"变通"的办法来支付人力费用，导致本来具有合理性的行为变成系统化的"腐败"现象。因此，在制度化的过程中由于制度本身的不合理性导致的"腐败"问题，是改革进入"再冻阶段"后必须引起高度关注的问题。

（三）道德约束的变化使对腐败的道德评价出现新变化

在改革开放之前，"大公无私"的一元化道德对个人具有简单、一致和强有力的约束。但改革开放以来，道德呈现多元化的局面：不仅为公是道德要求，而且孝顺父母、尽丈夫、妻子和为人父母的责任也是道德要求，对朋友、同事守信用、伸援手也都是道德要求。道德多元化在现实中产生的一个突出的问题，就是各种不同道德要求之间经常会发生相互冲突。从一个道德标准被评价为不合理的行为，却可能被另一个道德标准评价为具有合理性。过去，腐败可以直接与缺乏道德约束挂钩，干部腐败的原因可以直接归结为"缺乏道德自律"。但现在导致干部腐败的重要原因却更可能是不能平衡各种道德要求，不能作出正确的道德排序，只注重了某个应当排在后位的道德要求，而忽略了更为优先的道德原则。因此，在道德多元化的社会背景下，各种道德要求之间的冲突成为导致腐败缺乏主观约束的重要原因。

（四）领域分离导致的心理不平衡成为腐败的潜在心理驱动力

在计划经济体制下，社会是政治主导的一元化结构，经济、社会和文化领域都与政治领域保持高度一致甚至同一，这被学者概括为"领域合一"。在领域合一的社会结构下，政治权力、经济收入、社会声誉和社会地位是高度统一的，政治上的优势地位会自然导致经济收入、社会声誉和社会地位的提高。随着市场经济的建立，社会各领域出现了分离：掌握政治权力并不意味着高收入和高声誉，经济收入高也不意味着有更大的政治权力和社会声誉，有社会声誉也不意味着一定会有更多的权力和收入。从领域合一到领域分离，一方面为人们提供了在不同领域施展才华的更多机会，使社会的发展更加平衡，但也使每个领域的人由于未能在其他领域得到相应地位而感到心理不平衡。特别是在领域合一向领域分离的转变过程中，习惯于在各领域"赢者通吃"传统的人们，一旦无法将在一个领域中的优势地位转化为在其他领域的优势地位，就会产生更为严重的不平衡感。这种不平衡感所形成的心理驱动力，会导致大量权钱交易、权文交易、钱文交易的行为，成为转型时期产生腐败现象的一个重要的心理原因。

（五）行政科层结构导致官民距离拉大

在改革开放之前，由于对官僚科层结构的反复批判，使得官民之间的距离相对拉近。改革开放以来，行政体制的规范化，使得行政科层结构明确化，行政组织内的分工更加精细，科层之间的等级关系更加严格。科层结构的明确化和严格化，有助于行政组织的有效运行，提高行政效率。但由于中国地广人多，中央集中体制使得行政层次相对较多，因此严格的科层结构的一个副作用就是导致官民间距离拉大。官民距离拉大所形成的层级阻隔，会阻碍民众对官员的直接制约。对上级权威的强调更会使这种阻隔衍生出各种符合组织规范的隔离形式。如果没有适当的机制弱化这种阻隔，将会使官员的行为难以受到民众有效的制约。因此，在充分利用科层制带来的行政效率的背景下，如何将民众对官员的制约内化到体制之中，是新形势下抑制腐败面临的新难题。

三、民众对腐败现象容忍度的变化

近些年来，尽管政府反腐和廉政建设的力度空前加大，但民众对腐败现象的容忍度也同时呈现明显的下降趋势。这主要是由下列因素引起的。

（一）预期反差从正向到负向的转变

所谓“预期反差”，是指人们对未来发展的预期与未来发展的实际状况之间的差距。预期反差可以分为正向反差和负向反差。当实际情况超出预期时，形成的是正向反差；当实际情况低于预期时，形成的是负向反差。

中国改革开放初期，人们对经济生活水平提高的预期低于实际经济发展的速度，形成了正向的预期反差。此后的高预期高增长维持了稳定的正向反差。经过35年的高速增长，中国经济增长开始呈现平缓的趋势，但人们的预期还在提高，从而形成负向的预期反差。

根据期望违背理论，预期反差会影响人们的情绪。根据预期反差模型，预期反差会影响公众对政府的评价。根据戴维斯J曲线和费耶拉本德反J曲线，当预期反差由正向转为负向并大幅扩大时，就会导致社会动荡。从现实情况看，根据皮尤研究中心的调查数据，中国受访者在被问及对国家的发展方向是否满意时，表示满意的人数比例开始呈现出圆弧顶趋势。这在某种程度上反映出预期反差逆转对公众对政府满意度评价的影响。在预期反差从正向到负向的逆转过程中，公众不仅对同样的政府绩效给予更低的正面评价，而且也会对同样的腐败现象给予更高的负面评价。公众这种对腐败容忍度的降低，使得其对政府反腐工作的评价相对较低，而对腐败的严重程度的评估相对更高。

（二）网络化导致的信息横向传播

信息获得的数量和质量影响着人们对腐败现象的评价。传统社会的政治信息主要是以书面方式自上而下地纵向传播，政府有充分的权力控制和过滤信息的传播。在这种情况下，公众获得的有关腐败的负面信息受到极大的限制，并同时获得超量的有关政府反腐努力的正面信息，从而使他们对腐败状况表现出更少的负面评价，并对政府的反腐工作更容易给予更高的正面评价。然而，互联网络的出现使信息更多地以横向的方式传播，政府作为传统信息中枢的控制地位被极大地削弱，有关官员腐败的信息得到迅速、广泛甚至夸大的传播。当民众对腐败情况有了更丰富、更具体、更深入的了解后，对腐败状况的负面评价也会随之提升。特别是媒体的商业化运作模式，使其自然倾向于用激发民众情绪的方式来传播相关信息，从而使得民众更加无法容忍他们从媒体中所获知的腐败事件，激发出更为负面的情绪。在这种情况下，传统的信息控制手段不仅失效，而且会产生相反的效果。越是受到官方限制传播的，越容易被公众坚信为确实存在的，并由此导致对官方信息的不信任和反向解释。

（三）社会空间的扩大导致社会制约方式的变化

在计划经济体制下，中国社会结构是高度行政化的，制约方式是纵向的自上而下制约。随着市场经济体制的建立和单位体制的逐渐弱化，行政管理空间相对缩小，而社会空间相应扩大。社会中人们之间的关系不再是上下级之间的等级关系，而转变为平权主体之间的平等关系。社会空间的扩大，导致横向的制约关系在广泛的社会领域中正在取代纵向的等级制约关系。这使得对腐败现象的揭露和追踪越来越多地来自民间社会力量,也意味着公众会更多地以平权的社会主体的身份对政府的反腐和廉政建设工作进行监督,更严格地督查政府对每一条腐败线索的追究。

需要指出的是,公众对腐败的容忍度降低,对政府来说,既是更高标准的挑战,也是可以利用的机会:更低的容忍度会产生反腐的更大动力。关键在于政府如何充分利用这种动能,形成对腐败的更有效制约,树立政府反腐的公信力。

四、关于在新形势下加强反腐和廉政建设的几点建议

面对新形势下腐败新型化和公众容忍度降低的双重挑战,政府应当在反腐和廉政建设方面采取更有针对性的措施。

第一,针对成为腐败主要形态并日益隐蔽化和复杂化的行贿受贿现象,采取切实有效的措施遏制,包括建立防止利益冲突的制度和规则,以政治上可行的方式建立和实施财产公示制度,将行贿受贿的各种隐蔽和复杂的形式纳入到追究和惩罚的范围之内,加大对不明来源财产的惩罚力度。

第二,在制度建设的过程中,要特别注意制度本身的可行性和可能带来的负面效应,并采取相应的补充措施抵消这种负面效应,以防止由制度本身造成的系统性腐败。

第三,加强道德行为规范建设。以往的道德教育更多地强调高尚的道德理想,但缺乏对具体的道德行为规范的规定和宣传,这种一般化的道德宣传对政府官员的具体行为难以产生直接和有针对性的约束。因此,在加强反腐败法律制度建设的同时,要加强各行各业和生活各个方面的具体道德行为规范的建设,使各个职业都有明确承诺和可供监督的道德行为规范,这将对腐败行为形成直接和有力的道德约束。

第四,干部道德教育培训要以多元道德冲突为背景。要改变以往干部道德教育培训只是强调道德原则的简单方式,要设置多元道德冲突的实际场景,让被培训者设身处地体验多元道德要求之间的冲突,选择正确的道德排序,提高防止腐败诱惑的道德自律能力。

第五,充分发挥社会力量在反腐和廉政建设中的积极作用。随着社会约束结构的变化,社会力量正在成为发现腐败和制约腐败的重要力量。应当建立适当的机制,使社会力量在反腐中的作用得到有序的发挥,使其有助于政府反腐倡廉形象的建设和公信力的提高。

第六,改变网络管理方式,发挥其积极效应,抑制其消极效应。网络是一柄双刃剑,既可以在反腐和廉政建设过程中可以发挥积极作用,也可以产生消极作用。网络是一种社会结构,单纯以行政方式来管理社会化的网络往往事倍功半,而且会对政府公信力造成一定损害。应当"原汤化原食",注重以社会的方式管理社会化的网络。具体来说,要通过机制建设,使网络成为一个对话和交流的平台,通过网络参与者之间的相互制约来抑制网络信息传播中的消极效应。

第七,转变反腐场景。在官员距离拉大的背景下,民众往往只是站在政府的对立面上成为腐败的旁观者和诅咒者。要通过干部产生体制的变革,扩大官员的社会基础,使其能够更直接地得到民众的支持和制约,使民众成为腐败的痛心者和医治者,使反腐和廉政建设成为政府和民众的共同努力的事业,从而使对腐败的揭露和惩处不再意味着政府公信力的丧失,而是政府公信力的增强。

(作者:南开大学周恩来政府管理学院副院长,教授、博士生导师,南开大学人权研究中心(国家人权教育与培训基地)副主任)

既得利益是如何搞垮苏联的

李永忠　董　瑛

“议行监合一”权力结构和等级授职制用人体制，是苏联模式的两大核心标志，也是苏共亡党、苏联“改变颜色”的两大根本性原因。从“以俄为师”，到“以苏为鉴”，既是中共摆脱“老路”，不走“邪路”的过程，更是积极探索并努力寻找“新路”的过程。

畸形权力结构和用人体制催生各种既得利益群体

在“议行监合一”权力结构和等级授职制用人体制的巨大惯性下，苏共不断形成和固化各种既得利益群体，为苏共亡党、苏联解体作了制度上、能力上和队伍上的铺垫。到戈尔巴乔夫上台执政之时，苏共已到了“极度萧条衰退时期”，出现了全面的政治、经济、社会和文化危机，党和国家开始显露出“苏联之灾厄”。

斯大林是苏共既得利益群体的肇始者，打造了以各级领导干部为主体的既得利益阶层。斯大林创造并固化的苏共两大根本性核心标志——过分集中的权力结构和过分集权的用人体制，既有利于夺取卫国战争的胜利，也有利于使权力倾向于腐败。苏共领导干部的核心利益之一，就是从斯大林时期就开始的各种公开和隐蔽的特权。随着执政时间的延续，特别是依仗二次世界大战胜利的革命红利和民心指数，斯大林借助“议行监合一”权力结构的“高效”，一方面进行残酷的大清洗，排除党内军内不同政见者，清除杂音，“纯洁”队伍；另一方面建立高度等级化、稳定化、优厚化的特权制，拉拢和集聚现有体制的“守夜人”和崇拜者，收编和固化官僚特权阶层，从上至下形成“苏维埃国家内部的一种圣剑骑士团”。

勃列日涅夫是苏共既得利益群体的集成者，固化了党政、军警、国防、军工、意识形态等各领域的既得利益群体，成为苏共走向衰亡的起点和执政红利盈亏的临界点。勃列日涅夫作为等级授职制复制的“武大郎式”干部的杰出代表，“权力是作为命运的礼物落到身上的”。为了消除“他将被更有才华、更有能力的新领导人代替，或被权力体系更庞大的领导人所代替”的担忧，他果断停止了赫鲁晓夫推行的改革，从多方面恢复、延续斯大林模式，从而形成了以勃列日涅夫为核心的“第聂伯罗帮”，以各级“一把手”为核心的老年政治官僚群体，以编造苏联及其领导人历史、粉饰苏联社会主义现实和鼓吹个人崇拜为己任的知识分子群体，以军事扩张和霸权为重任的军工、国防群体，以控制、打击和镇压不同政见者为使命的军警群体等各种利益集团，进而有效地稳固了勃列日涅夫第一书记的地位及其为核心的“超稳定”格局。

戈尔巴乔夫是苏共既得利益群体的改革者，又是新既得利益群体的肇始者。戈尔巴乔夫上台后，着手进行以加速战略为重点的经济体制改革，但立马遭到了既得利益群体的强烈反对。1986 年 1 月苏共中央全会上，他作了《关于改革党的干部政策》的报告，表示“如果不改变现行干部政策，我将辞职”。他转而进行以公开性、民主性、多元化为“新思维”的政治体制改革，企图改革特权制度和权力结构，然而难以形成共识，仍遭到了旧体制旧模式的强大阻碍。

在经济体制、政治体制先后受挫的情况下，戈尔巴乔夫终于明白了：不改革——等死，改革——找死！与其等死，不如九死中觅得一生。于是，他在二难悖理中选择了改革。但是，维稳抑变长达18年的勃列日涅夫，既未给他提供经改特区，也未给他留下政改特区，更要命的是迫在眉睫的改革，既没有可资借鉴的试点空间，更没有起码的回旋时间！党的领导制度改革阻力重重，戈尔巴乔夫便转向国家的领导制度改革。将国家最高权力中心由苏共党内转向苏维埃，再转向总统，实行总统领导下的内阁制，自己由苏共中央总书记兼任首届总统，形成以其为核心的新的既得利益群体——总统委员会和联邦委员会，成为拥有无限权力且不受监督制约的超级总统。但是，由于没有通过党内改革，没有先把党建设好；又没有通过党内的民主推动人民民主的发展，领导苏联改革事业的核心力量日益衰竭，很快被苏联的保守派、改革派和广大群众所抛弃。

既得利益群体是旧体制的最多受益者和最大守成者，是旧模式的最大改革阻碍和最先背叛者

在“议行监合一”权力结构和等级授职制用人体制的巨大惯性之下，苏共总是“老树培养病树，病树培养歪脖子树”。老年治国、病夫主政、职务终身制，加剧了苏联的全面危机。

既得利益群体是旧体制的最多受益者和最大守成者。按“议行监合一”权力结构和等级授职制用人体制的制度安排和运行规则，既得利益群体按官职大小享受制度化的特殊住房、医疗、供应、安保、车辆、开支、钱袋等利益，高级干部享有食品特供、公车私用、保健医疗、专门服装加工部和剧院预留座位等“内部待遇”，“一切都取决于官级高低”。

据此，庞大的既得利益群体成为旧体制旧模式最坚定的支持力量和守夜人。在“议行监合一”权力结构模式和等级授职制用人体制下，既得利益群体与斯大林、勃列日涅夫等主政者为了维持各自的地位、权力和利益，达成默契和共识：保持“稳定”，停止改革，阻碍改革，禁止改革。从上世纪70年代中期开始，苏联保守、僵化与停止改革趋势日益明显，后来取消了改革，甚至禁止使用“改革”一词。权力结构的先天之伤，用人体制的后天之忧，制约了苏联的改革和发展，为苏联解体埋下了巨大隐患。

既得利益群体是旧模式的最大改革阻碍和最先背叛者。既得利益群体为了维护各自的既得利益，谋取制度化和非制度化的特权，形成一种默契或约定：重新斯大林化，共同坚守原有的用人体制和权力结构模式，共建共享“议行监合一”和等级授职制的成果。他们害怕因根本性的权力结构改革而失去搞特权的领导制度条件，害怕因全局性的用人体制改革而失去他们所赖以生存的组织制度基础，害怕因实质性的党和国家制度改革而失去各种权力下的既得利益。因而，他们的主要使命是抵制各种实质性的改革，维持现状，使斯大林式的社会主义更加“成熟”。由此，根深蒂固、盘根错节的既得利益群体，成为改革的重要阻力，成为权力结构和用人体制改革和转换的障碍机制。

戈尔巴乔夫上台之时，不仅苏联重要的经济支柱——石油价格暴跌，国民收入和经济实力迅速下滑，而且长达半个世纪的冷战吞噬了苏联几乎80%的智力、思想、政治和物质资源，国际局势日益紧张，国内民生日益恶化；同时还面临着改革发展的“阻碍机制”，即“在斯大林体制模式下长期成长起来的、在各个领域让人感觉到的、实实在在存在的种种阻力，并在此基础上形成的一种十分顽固的、一时难以克服的机制。”

戈尔巴乔夫执政后期，他们不以享有的特殊利益为满足，不以人民的反对而收敛或放弃，反而以各种方式继续侵吞国家财产，谋取新的利益和特权，并联合起来反对任何有损自己利益的改革。苏联间或的经济增长、社会发展成果，大都被特权集团享用和吞食。叶利钦敏锐地看到了苏联党和国家领导制度的严重弊端，于是选择苏共的“特权”作为突破口，凭借反特权、反专制、反腐败的大旗，迅速形成挑战以戈

尔巴乔夫为核心的苏共领导地位和合法性的反对派，并获得那些没有特权且经常受到特权妨害的普通民众的政治支持，帮助他树立起了与"官僚集团"作斗争的"反特权"旗手形象，最终利用"8·19事件"，导致戈尔巴乔夫不战而降，改革破产，亡党亡国。

但可悲的是，既得利益群体成为旧模式的最先背叛者，其部分成员在改革破产、苏联解体后成为新体制的主要成员。因而，有学者指出，苏联"共产党是唯一一个在他们自己的葬礼上致富的党"。

对中国的镜鉴与启示

习近平总书记在十八届中央纪委第二次全会上告诫全党："我们国家无论是在体制、制度上，还是在所走的道路和今天所面临的前所未有的境遇，都与前苏联有着相似或者相近乃至相同的地方。弄好了，能走出一片艳阳天；弄不好，苏共的昨天就是我们的明天！"苏共的亡党给世界各国执政党留下了深刻的历史教训，更为我党推进权力结构改革、建设廉洁政治提供了重要镜鉴。

一是要把苏共亡党作为全党学习研究的教科书。我党是在苏共的帮助下建党建国建政的，因而现行权力结构带有明显的"苏联模式"特征。改革开放30多年来，我党虽然在经济体制上大体告别了"苏联模式"，走上了社会主义市场经济道路，但是在政治体制上特别是以权力结构为核心的党和国家领导制度上，仍基本沿用"苏联模式"。打破对"苏联模式"特别是其权力结构和用人体制的路径依赖和思维惯性促进干部清正、政府清廉、政治廉洁，打好廉洁性工程第一仗。

二是要加快推进权力结构改革。"权力过分集中"的结构是形成既得利益群体的"总病根"，也是苏共亡党的"总病根"。以苏共亡党为历史镜鉴，着眼于"权力过分集中"的"总病根"，着眼于形式主义、官僚主义、享乐主义和奢靡之风的制度根源，挖掘、总结和转化中国历史上权力结构和监察制度建设经验，切实加快推进以权力结构为核心的党和国家领导制度的改革。

三是全面推进干部人事制度改革。等级授职制的组织制度是"社会公仆变为社会主人"的加速器，导致苏共执政能力层层矮化以至无能力替天下负责。列宁建党之初就敏锐地认知到，党的执政队伍"宁可数量少些，但要质量高些"。因此，建议建立严格的执政队伍"准入标准"，改革党员纳新制度和干部人事制度，彻底摈弃苏共层层矮化、代代弱化的武大郎式"准入"标准，提防执政队伍掉入苏共平庸化、帮派化和腐败化的陷阱。同时，勇于改革不合时宜的组织人事制度，首先改革"一把手"主导的初始提名权，实行"三三制"提名改革，候选人1/3由党组织提名，1/3由党员群众提名，1/3由民主党派提名；并在县乡进行直选和差额选举试点，从帮派制、世袭制、指定制、控制性选举制走向竞选制、差额选举制、直接选举制，进而过渡到普选制，"创造比资本主义国家的民主更高更切实的民主，并且造就比这些国家更多更优秀的人才"。

四是切实保障人民和党员的国家主人和党内主体地位。苏共执政过程中，权力来源的变异性和畸形化，造成只对上负责难向下负责，只对个人利益负责难对天下和民生负责。为此，建议建立群众参政议政、推行民主政治和反腐败的机制和平台，落实党员、群众在党和国家建设上的主体地位，发挥群众的深厚伟力，切实改变党政机关孤军作战的局面。只有人人起来监督，党委政府才不会松懈；只有人人起来反腐败，党委政府才能真正反腐败。

五是改革监督体制、人员结构和方式方法。苏共亡党的深重教训告诫我们，同体监督机关既无法对"拥有无限的权力"的执行机关，特别是"一把手"进行监督制衡，更无法组织打赢反腐败这场没有硝烟的战争。面对"腐败问题越演越烈"的"大量事实"，特别是面对消极腐败"最终必然会亡党亡国"的危险，建议我党加快改革监督体制和反腐败体制，建立具有独立性、权威性、先进性的专门监督机关，尽快完成由“同体监督”转向“异体监督”，加强对权力主要是执行权力的监督制衡。对现有反腐机构进行力量重组和流程再造，由惩治为主转向预防为主、监督为主、制度建设为主。规范反腐机关的权力、手段、措施、机制，逐步取消纪检监察机关的“两规”、“两指”权，引导纪检监察机关由办案机关向监督机关转变；建立监督者必须接受监督的机制，把反腐机关建设成为党委、政府和人民群众的“良心机关”。

（作者单位：中国纪检监察学院）

把权力关进制度的笼子：建设廉洁政治的关键之举

袁　准

坚定不移反对腐败，建设廉洁政治，是党的十八大提出的重大政治任务。坚守党的这一鲜明政治立场，必须努力建立健全权力运行制约和监督体系，把权力关进制度的笼子。

一、把权力关进制度的笼子意义重大

廉洁政治，就是指权力的运行公平公正，防止权力异化。建设廉洁政治，要求国家机关工作人员廉洁从政，做到干部清廉、政府廉洁、政治清明，核心是全心全意为人民服务，实质是党政机关及其工作人员要做人民的公仆，正确运用人民赋予的权力，不以权谋私、不贪赃枉法、不奢侈浪费、不消极懈怠。廉洁的反面是腐败，即权力私化、为政不廉、腐化堕落。廉洁与腐败互相对立、互不兼容，搞廉洁政治就必须反对腐败。

马克斯·韦伯认为，“权力乃是这样一种可能性，即处于某一社会关系内的一个行动者能够不顾抵制而实现其个体意志的可能性，而不论这种可能性的基础是什么。”他还进一步指出，“某个体所有的品质及环境的一切组合都可能使他在某种特定环境中强施其意志。”根据韦伯的定义，权力有两个显著的特征：一是权力的强制性，二是权力的排他性。正是这两个特点，使拥有权力者一旦占有就无所不用其极，腐败应运而生。

古今中外的历史经验告诉我们，权力失去监督必然产生腐败，制约是预防腐败的有效方式。把权力关进制度的笼子，能推动依法执政、依法行政、公正司法、公民监督，营造公开、公平、公正的法治环境，减少腐败的滋长蔓延。

1. 能推动依法执政。党的十八大报告指出：“党领导人民制定宪法和法律，党必须在宪法和法律范围内活动。任何组织或者个人不得有超越宪法和法律的特权，绝不允许以言代法、以权压法、徇私枉法。”我党成立90多年来，带领全国人民夺取了革命建设改革的伟大胜利，并继续担负着团结带领人民全面建成小康社会、推进社会主义现代化、实现中华民族伟大复兴的重任。党坚强有力，党同人民保持血肉联系，国家就繁荣稳定，人民就幸福安康。无数事例证明，监督是政治生活的“安全阀”，失去监督的权力就如同洪水猛兽一发而不可收。如果执政权力不公开，极少数人就有可能不作为、乱作为，搞暗箱操作、谋取私利等，损害党的形象和群众利益；而将权力公开化、透明化，党员干部只能依规作为、依法执政，有利于提高党的执政能力，巩固执政地位，做到为民、务实、清廉。

2. 能推动依法行政。我国政府是人民的政府，政府的权力是人民赋予的，要保证人民赋予的权力用来为人民谋利益，就必须对权力进行制约和监督。权力是把双刃剑，政府权力运用得好，可以指挥得法、令行禁止、造福于民；权力一旦被少数人滥用，超越了法律的界限，就有可能以权谋私、滋生腐败、贻害无穷。因此，把权力关进制度的笼子，有利于防止越法行政、违法行政，通过对权力的制约和监督，减少权力寻租。

3. 能推动公正司法。司法不公，司法腐败是当前社会生活中一个突出问题，影响社会和谐稳定。深化司法体制改革，确保审判机关、检察机关不受其他因素的干扰，依法独立行使审判权、检察权，提高群众的参与权、知情权、表达权,能更好地促进司法公正,推动社会实现公平正义。

4. 能推动群众监督。对群众而言,随着社会发展,他们的经济、政治、文化等各类需求越来越多样化,民主法治、自我维权等意识越来越强,比如各种民生制度怎样设计,民意渠道怎样畅通,民众利益怎样实现等等,群众十分关切。要回应群众关切、满足群众要求、维护群众利益,就需要在公权力运行过程中增强透明度和开放性,让群众依法参与、依法管理、依法监督。对干部而言,因为工作内容、工作流程、工作要求公布于众,受到更多更广泛的监督,在群众的舆论和监控之下,会更加自觉遵纪守纪、依规办事,有利于形成知法守法的良好局面。

二、把权力关进制度的笼子任务艰巨

我国宪法规定:一切权力属于人民,人民是国家权力的所有者。行使权力者与权力所有者必须保持一致,即权力为人民大众服务。我国社会生活中腐败问题之所以屡禁不止,最根本的原因是权力运行中产生了异化。

1. 权力集中严重。其主要体现在:一是权力集中在部分管人管财管资源的单位,其集决策权、执行权于一体;二是权力集中在少数人,主要集中在单位的领导层尤其是主要负责人手中。从历史的角度看,中华传统道德受儒家影响极深,群众普遍有逆来顺受、遵守顺从思想,许多人纵容"家长制作风"、"一言堂"等行为,因而权力集中现象比较普遍。

2. 权力规则模糊。在权力运行过程中,权力行使者在以下两方面对权力的处置自由度较大,容易以权谋私,产生腐败:一是无规则或规则模糊,有"空隙"可钻,有"擦边球"可打;二是规则弹性过大,权力行使者具有较大的自由决定权和自由裁量权。这两种情况,都会导致出现权力黑角落、监督空白区。我省原郴州市委李大伦、曾锦春系列大案、要案之所以发生,与权力规则模糊、权力行使过程中自由决定权过大有很大关系。

3. 权力监督缺位。其主要体现在:一是有些领导同级相互监督缺位或失位,致使相互监督"虚化";二是管理制度上存在漏洞,可操作性不强,致使制度监督"软化";三是上级组织对下级的监督不全面、不连续,下级对上级不敢监督、不愿监督或认为监督无用,导致组织监督"弱化";四是人大、政协、司法、新闻媒体等对权力运行的参与层面都不够深、不够广,群众监督作用甚微,导致民主监督"空化"。如原株洲县委书记龙国华,在即将调离株洲县委书记赴市人大常委会任副主任之际,违反规定,突击提拔调整大批干部100多名,造成恶劣影响。还有在湘潭发生的违规提拔使用干部的"神女事件"等案例也表明,解决对权力如何监督,如何使权力在行使过程中不变质的问题,还任重道远。

三、把权力关进制度的笼子重在落实

习近平总书记反复强调,空谈误国、实干兴邦。把权力关进制度的笼子,建设廉洁政治,必须真抓实干。

1. 催生健康的权力心态。要通过各种形式的理想信念、思想道德、党性党风教育,让领导干部树立正确的世界观、人生观、价值观、权力观、利益观,形成健康的权力心态。首先要牢记权力是人民赋予的。一切权力属于人民,权力是为人民服务的工具,权力的大小只意味着责任的大小,不代表身份的高低贵贱,决不允许任何人凌驾于党纪国法之上,胡"扬"威风、乱"逞"霸气。其次要牢记权为民所用。领导干部在利欲面前,必须保持清醒头脑,划清公私界限,把权力放在为人民群众谋福利上,做到"权为民所用,情为民所系,利为民所谋",像郑培民同志那样"做官先做人,万事民为先"。再者要牢记权力要接受监督。不受监督的权力必然导致腐败。领导干部要树立正确的监督观,要有虚怀若谷的胸怀,要有求贤若渴的勇气,自觉接受方方面面的监督。

2. 打造公平的法制环境。法律制度是权力运行的"控制钮"和"安全阀"。邓小平同志在谈到廉政建设时说:"还是要靠法制,搞法制靠得住些。"迄今为止,我国尚无一部专门用于制约权力的法律,已出台的法规还存在监督盲区和死角。因此要健全法制,以法治权。一要坚持依法治国,从制度上维护宪法和法律的权威和统治,否定任何形式的绝对权力和专横统治。二要坚持权力法定,通过健全法律制度,将权力范围限制在宪法和法律的规制之下,确保宪法和法律之外无权力。确立权力分工和制衡制度,确保决策权、执行权、监督权既相互制约又相互协调,确保国家机关按照法定权限和程序行使权力。三要坚持权力问责,在全省各级党政机关和国家工作人员中全面推行工作责任制和责任追究制,明确岗位职责,规范工作程序,健全责任体系,严格责任追究,对决策失误、违法行政、滥用职权、失职渎职等行为,要严格依法依规追究有关领导和工作人员的责任,做到有权必有责、用权受监督、违法受追究、侵权须赔偿。

3. 实施健全的工作流程。要健全权力的运行流程,确保权力始终沿着制度化、规范化的轨道健康运行。一是提高配权的科学性。人权、财权、事权过于集中在某些部门或主要领导手中,容易导致腐败。因此,要实行权力分解,科学配置权力。宏观上,不仅要把部门之间的权力界定清楚,还要把中央和地方、上级和下级之间的权力界定清楚;微观上,要对领导干部特别是党政"一把手"的项目审批权、人事任免权、资金财物调配权和协调指挥权等进行明确界定和分解,加快完善和严格实行"一把手"不直接分管财务、人事和项目的规定。二是增强制度的系统性。在内容设计上,要围绕权力运行容易出现问题的环节和部位,重点健全党务、政务、村务和财务工作制度,加强"人、财、物、事"四权运行的规范、约束和监督。在结构设计上,要做到总体制度和实施细则相配套,实体性制度与程序性制度相配套,发挥制度建设的整体合力。三是维护制度的权威性。要加大制度的执行力度,做到令行禁止;加强制度落实的督办检查,对违反制度的予以严肃处理;对在制度贯彻落实、监督管理上负有重大责任的主要领导和相关责任人要严格实施责任追究,决不能"网开一面",网开一面,看似保护了领导干部,实则伤害了多数干部和群众的心,损害党和人民的血肉联系,破坏党的执政基础,害莫大焉。

4. 推行阳光的政务公开。全面推行政务公开,让权力在阳光下运行,是保障群众知情权、参与权、监督权的重要措施,是监督制约权力腐败的有效途径。一要规范公开内容。要将党务、政务、财务和政府职能及机构设置、依法决策程序、办事程序、法律法规等信息向群众公开发布。二要丰富公开形式。通过会议传达、文件通报、热线电话、公告公示、网络发布、电子屏显示等方式,形式多样地进行公开。还要借助电子政务、网上政务服务大厅等平台,增强政府工作透明力度,方便群众参与经济社会活动,监督行政行为。三要设计公开程序。政务公开的各个环节要环环相扣,相互制约,做到有公开、有反馈、有办理、有检查,保证收到实效。

5. 形成有效的监控合力。以强化人大监督为重点,构建党内监督、人大监督、行政监督、司法监督和社会监督有机结合的全方位监督体系,在当前,特别要重视发挥好新闻舆论的监督作用。不要把新闻舆论当做异己的力量。现在有些领导同志害怕报纸、电视、网络等媒体监督,有事尽量捂着、瞒着,结果越捂问题越多,越瞒漏洞越大,甚至导致不可收拾。集历史之经验,积极发挥新闻媒体的正能量作用,让一切能够公开的信息尽早、尽量公开,让老百姓的知情权、表达权、监督权落到实处,真正实现让权力在阳光下有序运行,反腐败才能真正产生实效。

（作者:中共湖南省委党校副校长,教授）

加强廉政文化建设　实现"三清"政治社会

——学习党的十八大文件感思

唐凯麟　彭定光

贯彻落实党的十八大会议精神,努力建设一个"干部清正、政府清廉、政治清明"的社会,是摆在全党、全国人民面前的一个长期艰巨的任务,是加强党的领导、坚持中国特色社会主义道路、充分发挥社会主义制度的优越性、全面建成小康社会、实现中华民族伟大复兴的政治保障和社会前提。廉洁文化建设是一个复杂的系统工程,关涉到政治、经济、文化、社会等方方面面,关涉到社会的各个阶层、各个群体和各种利益集团。在廉政建设中,各级干部尤其是领导干部却是关键。对于干部尤其是领导干部而言,洁是廉的基础,只有做到思想纯洁、作风纯正、行为纯真,才能在自己的公务活动中清廉自律,拒腐抗变,保持人民公仆的本色。在这里,敢讲真话、敢于担当、务实求真,就是一个领导干部做到廉洁从政的政治思想基础和道德人格保证。廉政文化建设要做到以预防为主,标本兼治,就不能简单地停留在惩治几个贪官上,而必须在全社会营造一种敢讲真话、敢于担当、求真务实的政治氛围和社会环境,必须努力提高和培养广大干部敢讲真话、敢于担当、求真务实的政治思想素质和道德人格。

一

敢讲真话,是一种最基本的道德要求,是每个人应该具有的道德品质。党的各级领导干部更应该讲真话,这是我们党一贯提倡和坚持的优良作风。我们党正是由于有千千万万敢于讲真话、做人光明磊落、襟怀坦白的领导干部群体,才塑造了党的光荣、伟大、正确的光辉形象。

那么,究竟什么是真话?领导干部应该讲的真话与普通人应该讲的真话有何不同?这是领导干部需要弄清的两个重要问题。

首先,真话是与真诚地讲话不同的。真诚地讲话是一种态度。显然,这也是领导干部所应该具有的态度,因为如果领导干部不能真诚地讲话,而是言不由衷,那么,他实际上是对听者的不尊重,听者就可能怀疑或者不相信他所说的话。但是,真诚地讲话毕竟和讲真话不是一回事,因为真话是就一个人所说话的内容及其性质而言的。它不能等同于心里想什么,嘴上就说什么,不隐瞒自己的观点、想法或者意见。事实上,一个人的"心"既可能是"公心"又可能是"私心",其观点、想法、意见还可能是片面或者错误的,它"不是为了团结,为了进步,为了把事情弄好,向不正确的意见斗争和争论,而是个人攻击,闹意气,泄私愤,图报复。"而真话则与此不同,是指那些反映了事物真相的话。它不是对事物的现象的简单描述,而是那些不被现象所迷惑的实事求是的话。这就是说,真话的实质在于它的真实性、真理性,而假话却违背了真实和真理。这也说明领导干部应该讲的真话并非简单地来自于下级的汇报,对于下级的汇报,领导干部也应该坚持"兼听则明,偏信则暗"的原则,经常而又广泛地听取下级的各种不同的建议和意见。需要强调的是,领导干部要讲的真话应该是来源于社会实践和调查研究。这种实践不仅应该是持久、深刻和具有创造性的,而且应该是善于观察、勤于思考、能够更好地认识和把握社会发展的客观规律和社会生活的真相的。领导干部的调查研究也不应该是"例行公事",只在表面上对群众"问一问",更不应该"不屑多问"、"不愿深问",而应该用心地"看"、认真地"听"、广泛地"问",并通过由此及彼、由表及里、由浅及深的分析，真正深入到事情的内部和本质之中，把握社会现象的真相和群众需要的真实情况。所以，对于领导干部而言，讲真话是真诚地讲话和讲真实的话的统一，是态度和事实的统一。真诚是真实的主观前提，它不仅能为把握真实创造条件，还可以增强真实的说服力；而真实则是真诚的客观规定，它不仅是衡量真诚与否的尺度，还可以增强真诚的感染力。

领导干部是党和国家的公职人员，他同时具有“私人性”和“公共性”、“私人性人格”和“公共性人格”两重身份。我们这里讲的领导干部应该讲真话，是就其在公职范围而言的。它要求领导干部能够站在“公共人”、“公共性人格”的立场上来规范自己的言行。他不能如普通人讲真话那样可以有多样的甚至不同的价值立场，而只能基于我们党和国家所确立的那种价值立场。如果做不到这一点，他就与普通人无异，他就违背了领导干部作为“公共人”和“公共性人格”的社会期望。

领导干部要讲真话，不讲假话，作为社会的期望和公众的要求，关系十分重大。第一，对于领导干部自身而言，讲真话可以使自己内心宁静，为人光明磊落、襟怀坦白。因为一个讲真话的人，既用不着因担心露出什么马脚而致千方百计地掩饰自己、为自己辩护甚至如讲假话者那样“一条道走到黑”，又不会自责或者内疚，甚至担惊受怕、如履薄冰、战战兢兢，担心自己的人格形象受到损害、自己的言行得不到他人的认同和支持。

第二，对于领导干部的行政活动而言，讲真话可以取信于民。领导干部是国家和政府的公务员，正如有的学者指出，一个讲真话、“公道的政府会激发人们的正义感。一个玩弄虚假欺诈的政府必然会使社会流行阳奉阴违的两面派伪善习气。”可以这样说，“在尘世中没有什么比分裂整个人类社会的谎言和背信弃义更为有害的恶行了。因为谎言和背信弃义先是分裂人们的心灵”，这必然使民众与领导干部、与党和政府不能同心同德，民众会因此而极为反感，不相信领导干部的言行，领导干部的行政活动就会失去群众基础，执政党的形象就会遭到严重的损害。领导干部要取信于民，如西方社会的格言所说的，“诚实是最好的策略”。即使领导干部在工作中有失误，只要不弄虚作假、虚报浮夸、假公济私，而是开诚布公，公开真相，民众是会谅解和相信领导干部的所作所为的。

第三，对整个社会而言，讲真话有利于社会风气的纯正。领导干部的所作所为与整个社会风气的营造有着直接关系。如果一个领导干部讲大话、套话、空话、假话，那么，他就没有资格要求下级和群众讲真话，于是，巧言令色、溜须拍马的社会风气就会滋生，他也会很难再听到真话；如果他乐于讲真话和听真话，那么，他的下级和群众就会毫无顾忌地讲心里话，假话就不会再有市场，党风、政风和社会风气就能真正纯正。

第四，对党和人民的事业而言，讲真话有利于推进社会主义建设事业的发展。列宁强调：“我们的力量在于说真话。”领导干部讲真话，可以将中国特色社会主义事业建设中所取得的成就、所面临的各种问题和矛盾，如实地摆在大家的面前，认真地听取各方的建议或者意见，进行全面而又深入的分析，这样有利于统一大家的认识，作出实事求是的判断和科学的决策，脚踏实地地进行社会主义现代化建设。相反，不讲真话的人是难以找到解决问题和矛盾的科学而又有效的办法的，是很难做好工作、办好实事的。

在现实生活中，有的领导干部却不敢讲真话。这种现象是客观存在的，其表现也是多种多样的，主要有：讲套话、大话、空话，毫无实事求是之心，而有哗众取宠之意；讲上级领导愿意听的话，以投其所好，以获得上级领导的褒奖；讲与自己的职责无关的话，使他人无法了解自己的真实想法；讲避重就轻的话，以掩饰自己工作中的失误或者社会生活中所出现的重大问题，蒙骗组织和群众；讲夸大自己政绩的话，以骗取组织和他人的信任，造成自己具有突出的行政能力的假象；等等。甚而有的领导干部还千方百计地使自己的假话合理化，不惜为此而强词夺理。原安徽省阜阳市委书记、安徽省副省长王怀忠，就被人称为“王三吹”。为了捞取政治资本，他竟然要求他人虚报“政绩”，公然声称：“数字报大点无关紧要，又不交税，数字能鼓舞干劲”，“只要你能搞出政绩，就算你能，能上，关键不是让百姓看到政绩，而是要让领导看到政绩”。这种不讲真话，以讲假话为能事的恶劣行径，绝非细节或者小事，只会给党和政府、社会主义事业和人民利益造成极大的危害。实践证明，那些贪腐干部总是以讲假话为能事，因为他们的行径违背党心民意、害人害己，他们只能生活在谎言之中。

领导干部不敢讲真话，这绝不只是一种外在行政规范的要求问题，也是一个事关领导干部自身人品的重要道德问题。第一，讲不讲真话总是这样或那样地与领导干部的利益有关。如果领导干部过于注重自己的私利，甚至只从自己个人的私利出发，那么，他是不敢讲真话的。他会担心讲真话会影响自己的物质利益的获取或者职位的晋升，在现实生活中存在的“说真话被穿小鞋，说假话升官发财”的现象，就是一些领导干部的这种不正常的心态的反映。如果一个领导干部能够以国家和人民利益为重，不斤斤计较自己的利害得失，那么，他就会毫无顾虑地讲真话，无需掩饰自己工作中的任何失误。

第二，讲不讲真话总是与领导干部的能力有关。在强调管理效率和政绩的当代社会里，领导干部非常重视其履行行政职责的能力，并普遍地对自己的管理能力充满着自信。这是无可非议的。一般说来，领导干部的能力的强弱，是以他能够实现自己所预设的目标及其效率的程度来衡量的。这种预设目标虽然是对社会生活的反映，但是，有的领导干部却往往更加重视上级的期望在确定这种目标中的地位。这样，上级的期望就可能被转化为领导干部对顶头上司投其所好，讲大话、表决心，急功近利，好大喜功。当其管理出现失误、管理效率不佳时，有的领导干部就会因担心上级或者他人怀疑自己的管理能力而说假话，不敢自我揭短，想方设法捂盖子，目的是为了不影响自己作为管理者的形象。

第三，讲不讲真话也与有的领导干部是否奉行好人主义的不良作风有关。对于好人主义，胡锦涛进行了尖锐的批判，他在第十六届中共中央纪律检查委员会第三次全体会议上的重要讲话中指出：“明哲保身、患得患失，在原则问题上采取事不关己、高高挂起的态度，奉行‘你好、我好、大家好’的处世哲学，不开展批评，不让人批评，甚至压制批评。”这种好人主义的做派是怕得罪人，甚至还为那些在工作中有缺点和错误的人辩护，文过饰非，以便为自己留条后路。好人主义也是阻碍一些领导干部讲真话的大敌。

要遏制和克服领导干部不讲真话的不良现象，需要做大量的工作，例如加速民主化的进程、完善干部选拔和管理制度等等，但对于领导干部自身来说，严格党性锻炼和加强道德修养是十分重要的。这主要要在以下几个方面狠下功夫：第一，坚持实事求是的原则。邓小平明确地指出：“做老实人，说老实话，干老实事，就是实事求是。”要讲真话，领导干部就要坚持实事求是的原则，要努力提高自己了解和把握事物真相的能力，提高自己的理论水平和知识修养。同时，要注重调查研究，坚持没有调查就没有发言权的原则。第二，树立以人为本的理念。判断领导干部是否讲真话，不只是要看他讲的话是否反映了事物的本质和规律，还要看他站在什么价值立场上为哪些人说话。对领导干部来说，判断其是否讲真话的根本价值标准就是“以人为本”。“以人为本”是指领导干部的言行应该以人民群众的根本利益为出发点和评价标准，坚持人民群众利益高于一切，努力为实现人民群众的利益创造有利条件。这是领导干部讲真话的价值保障。第三，弘扬公正无私的精神。人品是一个人言行的内在基础。领导干部只有具有公正无私的精神，才会有一身正气，才会诚心诚意，开诚布公，无所顾虑，而不会从一己之私、个人好恶出发，故意掩盖真相；才会因为对党和人民的忠诚而“多管闲事”，而不会对违背国家和人民利益的言行保持沉默、听之任之的；才会以事实为依据来坦诚地陈述自己的观点或者意见，而不会无视真假，不顾是非对错。

敢讲真话，坚持党性原则，这是共产党人的真正本色。领导干部只有敢讲真话，才会做到上无愧于天，下无愧于地，中无愧于党、国家和人民，这样的领导干部才是真正的光明磊落、襟怀坦白的人。

二

一个领导干部是否真正具有讲真话、光明磊落、襟怀坦白的政治品质和道德人格，也只有从他是否敢于担当、言行一致、表里如一的外在行为才能予以判断。生活实践告诉我们，凡是能够为党和人民建功立业，“为官一任，造福一方”的好领导、好干部，都无不是敢于担当，始终言行一致、表里如一的人。而人民群众之所以信服他们，遵从他们，称颂他们，怀念他们，也正是由于他们具有这样一种高尚的品质和德行。

所谓敢担当，是指一种能够担负起做某种事情或行为并自觉地对其后果承担责任的实践精神。这也是领导干部应该具有的品质。它主要表现在两个方面：其一是对某种事情或行为具有高度自觉的责任心；其二是力求使自己所做的事情或行为取得对党和人民有利的良好的效果。这两者是相辅相成的。其中最为重要的是领导干部应该具有高度自觉的责任心，这是力求取得良好效果的前提，又是其不可或缺的精神动力。

之所以说领导干部应该具有勇于担当和乐于担当的行为特征和精神气质，这是因为：

第一，它是保持中国共产党的先进性的必然要求。中国共产党的先进性主要表现在她代表了中国先进生产力发展的要求、中国先进文化的前进方向和中国最广大人民的根本利益。而这些都是通过党的成员尤其是党的领导干部脚踏实地的工作来实现的，是由党员尤其是党的领导干部所做的实实在在的业绩来表征的。如果离开了党员尤其是党的领导干部的勇于担当和乐于担当，党的先进性就不可能体现出来、落到实处。而要发展先进生产力、建设先进文化和实现人民的根本利益，就需要党的领导干部高瞻远瞩地把握生产力发展的趋势，殚精竭虑地寻求发展生产力的可行路径，想方设法地为发展生产力创造各种有利条件；就需要党的领导干部澄清、反对和抵制消极、落后和腐朽的思想观念，认同、提倡和宣传科学的、积极向上的世界观、人生观和价值观，并通过自己的一言一行来影响和引导广大群众；就需要党的领导干部带头抵制一切损害人民利益的行为，急人民群众之所急，想人民群众之所想，真正地关心人民群众的疾苦，积极地创造实现人民群众利益的条件，真正让人民群众得到实惠，共享改革开放的成果。

第二，它是领导干部当好人民的公仆的必然要求。无论职位的高低，领导干部手中所拥有的权力都是人民赋予的，都是人民委托领导干部用来为自己办事、进行社会管理的手段。为此，领导干部首先应该不断强化公仆意识、服务意识和群众意识，树立“立党为公，执政为民”的理念，真正做到“权为民所用，情为民所系，利为民所谋”，自觉地意识到自己应该承担的责任，明白自己应该做什么和不应该做什么、应该如何做和不应该如何做，始终为人民掌好权、用好权，同危害群众利益的人进行不调和的斗争。领导干部要力戒做那种“事不关己，高高挂起……明哲保身，但求无过”的“懒官”；要力戒做那种不注重行政能力和管理效率的提高、终日忙忙碌碌却无所作为的“庸官”；要力戒做那种随心所欲、指手画脚、是非不分的“昏官”和信奉“人不为己，天诛地灭”、不择手段地为自己牟取私利的“贪官”。不论是“懒官”和“庸官”，还是“昏官”和“贪官”，都忘记了自己的公仆角色，都没有履行对人民的政治和道德的责任，都会被人民所鄙视甚至唾弃，如胡长清、成克杰之流就是这样的反面教材。

第三，它是提升政府公信力的必然要求。政府的公信力虽然同诸多因素有关，但最终还是由政府的所作所为决定的。民众看政府的所作所为，最直接的就是看其成员尤其是领导干部的所作所为。政府的公信力不是“说”出来的、“吹”出来的，更不是“骗”出来的。而是“做”出来的，是脚踏实地地“干”出来的。如果党的领导干部说得多而做得少，或者只说不做，承诺的事情不能兑现，甚至做的和说的完全相反，那么，这就远远不只是影响领导干部个人的威信和号召力的问题，而是关系政府是否有坚实的群众基础和强有力的执政能力的问题。政府的公信力事关执政党的生死存亡。古人说“天下将治，则人必尚行也；天下将乱，则人必尚言也。尚行则笃实之风行焉，尚言则诡谲之风行焉。”（邵雍：《皇极经世·观物内篇》）对于领导干部而言，虽说在政治生活中“说”也不可少，但远不如“做”重要。这是因为“以言感人，不若以行感人，言虚而行实也。”（石成金：《传家宝》初集卷五《知世事》）这就要求领导干部不要在“说”上千方百计、绞尽脑汁，而要在“做”和“行”上下足功夫，乐于担当，树立身体力行、为社会主义事业真抓实干的良好形象。这样才能实实在在地提升政府的公信力。

既然领导干部的勇于担当和乐于担当如此重要，那么，有的领导干部为什么却不能如此呢？就我国当前的情况而言，除了有关制度不健全、不完善等之外，从领导干部自身来看，则主要是一个政治觉悟和道德品性的问题。首先，勇于担当和乐于担当是要付出成本的。与“不求有功，但求无过”的“懒官”相比，勇于担当和乐于担当的领导干部是一个具有高度责任感的人，他不只是要准确地理解和执行党的方针政策和上级的指示精神，有时还要挤掉自己的休息和享受天伦之乐的时间，消耗相当多的心力和精力，走访群众，进行深入的调查研究，雷厉风行地解决工作中所出现的各种问题和矛盾。这就是说，他要承负比一般工作人员多得多的艰辛。领导就是服务，领导干部首先应当具有这种意识。如孔繁森逝世前一天在电话中被女儿埋怨自己只顾工作不顾家庭时，他语重心长地说：地委书记不只是一个职务，更是一种责任，党把这个责任交给我，我就要对阿里人民负责。如果领导干部不具有这种意识，希图过得舒服自在，那么，他是不会勇于担当和乐于担当的。

其次，勇于担当和乐于担当有可能出现失误。中国特色社会主义建设是一项前所未有的伟大事业，只按红头文件和上级指示办事是远远不够的。为了承担这一历史重任，领导干部需要有高度的使命感，需要有敢为人先、敢闯敢试、敢于突破常规的实践精神，这样才能解决摆在自己面前的各种问题和矛盾。由于这种难题的解决往往带有尝试性，因此，在工作中就有可能走弯路、出现失误，以致招来他人的不理解、指责、反对，甚至失去已有的职位。敢于担当和乐于担当对于领导干部来说，有时就需要为了党和人民的利益迎难而进，忍辱负重，就需要具有毛泽东所提倡的“下定决心，不怕牺牲，排除万难，去争取胜利”的精神。

再次，勇于担当和乐于担当还可能会触动某些人或者利益集团的利益。在实践中，我们的领导干部即使其一切言论行动都能“以合乎最广大人民群众的最大利益，为最广大人民群众所拥护为最高标准”，也明确了“对自己的行动或者不行动的结果承担责任（这意味着也要对没有料到的负作用和失误负责），其前提首先是承担在确定目标方面的责任”，但是，他们在实际工作中常常需要触及“敏感区”、“禁区”或者“雷区”。这就是说，他有可能因为要维护国家和人民的利益而触动某些个人或集团的既得利益，招致这些人的非议、刁难甚至攻击。可见，一个领导干部如果事先没有足够的心理准备和勇气,没有坚定的信心和崇高的道德追求,他就很难做到勇于担当和乐于担当。

作为领导干部的行为特征和精神品质,勇于担当和乐于担当并不是与生俱来的,而是后来习得的,是社会实践磨炼的结果。领导干部只有在社会实践中自觉地加强锻炼,努力进行自我修养,才能成就自己的勇于担当和乐于担当的高尚品德。为此,他在社会实践中需要努力做到如下几个方面:

第一,坚持正确的价值立场。不管人们自觉与否,价值立场是每个人都具有的,是多种多样的,其性质也有合理与不合理、正确与错误之分。由于价值立场对领导干部勇于担当和乐于担当起着定向定位和提供行为精神动力的作用,因此,领导干部应该坚持合理的、正确的价值立场。具体说来,就是他的一切言行都应该坚持从人民利益和社会主义事业出发,以人民利益和社会主义事业为其评价的最高标准,出于对人民利益和对社会主义事业高度负责的态度,坚决抵制社会上的各种不正之风。如果领导干部放弃了正确的价值立场,他就不但不会勇于担当和乐于担当党和人民所赋予的重任,反而可能会如广西壮族自治区主席、第九届全国人大常委会副委员长成克杰那样,将手中握有的权力变为自己捞取钱财和私利的工具,最终落得一个害人害己的可耻下场。

第二,坚持言行一致的原则。"言"和"行"既是领导干部必备的两种行政能力,又是其工作的两个方面,还是党、政府和人民群众评价其政绩的重要依据,如古人所说的"听其言而观其行"。正是因为如此,领导干部都希望自己成为既"能言"又"善行"的杰出行政人才,这是无可厚非的。然而,有的领导干部由于其能力不济和急于求成、不愿过多地付出等思想的作祟,就可能会言行不一。其主要表现是:言过其实,说得多,做得少,对组织和群众承诺多而兑现的少;言而不行,只说不做,只刮风、不下雨;阳奉阴违,说一套做一套;等等。这样做的结果自然是不能实现党和人民的重托的。因此,领导干部应该正确地认识和处理其言与行之间的关系。古人说:"君子耻其言而过其行"(《论语·宪问》),"有其言无其行,君子耻之"(《礼记·杂记下》),"能言不能行者,君子耻之"(桓宽:《盐铁论·能言》)。领导干部应该以此为戒,树立言行一致的正确的荣辱观。只有真正做到了言行一致,领导干部才会勇于并乐于担当党和人民所赋予的重任,身体力行地为实现人民利益和国家利益而努力工作。

第三,养成不务虚名的良好心态。人皆有趋荣避辱之心,应该说追求荣誉、名誉也是领导干部为人做事的一种动力。问题的关键在于领导干部所追求的荣誉、名誉是否名符其实。勇于担当和乐于担当的领导干部应该正确地处理名与实、荣誉与耻辱的关系,慎重地对待名誉与实际行为、实际贡献之间的关系。古人说:"名与实对,务实之心重一分,则务名之心轻一分;全是务实之心,即全无务名之心;若务实之心如饥之求食、渴之求饮,安得有工夫好名?"(《王阳明全集》卷一《传习录上》)又说:"名心盛者必作伪"(吕坤:《呻吟语·修身》)。古人的这些话是值得党的领导干部借鉴的。就担当的内在本性而言,领导干部应该重"实"而轻"名","耻有其名而无其实"。这种"名""实"相符的观念,一方面要求领导干部具有真才实德。事实上,勇于担当和乐于担当既是一个"能不能"的问题,又是一个"善不善"的问题。党的领导干部只有将高尚的道德品质与突出的管理才能统一起来,才能真正地担负时代所赋予的重任。另一方面,它要求领导干部能够为人民利益和国家利益多做实际的贡献,能够清清白白地做官,实实在在地做事,坚持求真务实的作风,不务虚名,不做表面文章,不摆花架子,不弄虚作假。

第四,确立积极主动的精神。勇于担当和乐于担当本身就是一种积极主动精神的表征。对于领导干部来说,不能只守着自己的"一亩三分地",更不能遇到问题就绕、碰到矛盾就躲,而应该做到在自己的职责范围内,凡是有利于人民和国家利益的事就积极主动而为。这就要求:首先,不能搞本本主义。毛泽东指出,本本主义就是"盲目地表面上完全无异议地执行上级的指示,这不是真正在执行上级的指示,这是反对上级指示或者对上级指示怠工的最妙方法"。邓小平也指出,这实质上是"把对上级负责和对人民负责对立起来"。其次,要解放思想,与时俱进,大胆地探寻可行有效的科学工作思路。在现实生活中,有的领导干部,职位越来越高,胆子却越来越小,一旦遇到问题和矛盾就上交,不敢承担责任。显然,这是同领导干部应当担当的职责背道而驰的。再次,要在"实"字上下功夫,积极抓好各项工作的落实。领导干部不能消极被动、能拖就拖,能推就推,而应该主动出击,努力寻找工作的突破口,敢于创新,敢于碰硬,对于工作中出现的失误,不掩饰、不推诿,能够及时纠正。总之,正如古人告诫的,只要"真心实作,无不可图之功。"(吴麟徵:《家诫要言》)

三

领导干部敢讲真话,做到光明磊落、襟怀坦白;敢于担当,做到言行一致、表里如一,这说明他们在自己的实际工作中能够求真务实,有坚持真理、捍卫真理的勇气。而求真务实、坚持真理、捍卫真理是以明辨真伪为前提的。明辨真伪,做到求真务实、坚持真理、捍卫真理,既是领导干部要努力养成的理论素养和实践智慧,又是领导干部可贵的道德品质和高尚的精神境界。可以说,我们党领导中国人民进行革命、建设和改革的历史,就是一部在实践中求真务实、不断辨明真伪,坚持真理、捍卫真理的历史。

所谓明辨真伪,是一种依据正确的标准对某种事物或行为的性质进行科学判断和实际抉择的认识与实践能力。它是领导干部必备的极为重要的素养,是求真务实作风的内在要求,也是进行科学管理、创造工作业绩的重要保障。

社会生活中各种问题和矛盾往往是纠结在一起的,社会的与个人的、传统的与现代的、客观的与主观的、正确的与错误的等各种问题都会摆在领导干部的面前,需要领导干部进行准确的分析甄别,科学地抉择和化解,真正做到求真务实。领导干部对真伪的明辨,表现为"求真"与"辨伪"两个相反相成的方面,其目标就是为了"去伪存真"。在新的历史时期,胡锦涛强调,我们要"不断求我国社会主义初级阶段基本国情之真,务坚持长期艰苦奋斗之实;求社会主义建设规律和人类社会发展规律之真,务抓好发展这个党执政兴国的第一要务之实;求人民群众的历史地位和作用之真,务发展最广大人民根本利益之实;求共产党执政规律之真,务全面加强和改进党的建设之实。"因此,对于各级领导干部来说,深入实际,结合本部门、本单位的具体情况,努力求得这"四真"、"四实",乃是一个极为重要的任务和责任,也是搞好本职工作,服务大局,造福人民的必然要求。

领导干部要不断求我国社会主义初级阶段基本国情之真。领导干部所要履行的职责,是由社会生活中所存在的各种问题和复杂矛盾所确定的。这些问题和矛盾多种多样,有些是真问题、真矛盾,有些则是虚假的、人为的;有些看上去是小问题、次要矛盾,实际上却是大问题、主要矛盾;有些本来很容易消解,如果过于敏感,将其主观地夸大或者处理的方法不当,它们就会转化为突出的、难以解决的问题和矛盾。这些都要求领导干部必须明辨问题和矛盾的真伪。而要做到这一点,则只能是基于对我国基本国情的认识和把握的。我国目前的基本国情是:正处于并将长期处于社会主义初级阶段,生产力发展水平还不高,人均国内生产总值仍居于世界后列,人民的生活水平相对于发达国家还较低,人口多、底子薄、发展不平衡的状况将长期存在。领导干部要真正坚持求真务实的作风,就必须从这一基本国情出发,既防止和克服急于求成、急功近利的浮躁心态和错误做法,又充分发挥自己的主观能动性,积极创造有利的条件,以只争朝夕的精神,抓住机遇,重视问题,化解矛盾,加快社会主义各项建设事业发展的步伐。

领导干部要不断求社会主义建设规律和人类社会发展规律之真。领导干部的决策是否科学，所采取的措施是否可行，其前提就在于他是否真正认识了社会主义建设和人类社会发展所固有的规律，尊重规律，运用规律。一方面，要认清社会主义建设不同于资本主义制度的独特性，要集中力量解决我国生产力水平不发达与人们的物质文化需要还没有得到充分满足之间的矛盾；另一方面要把握社会发展的共同规律，吸取资本主义社会的一切合理的因素，用以推进我国社会主义建设事业的发展。只有这样，才能真正地促进社会主义物质文明、政治文明、精神文明和生态文明的协调发展，促进社会的全面进步和人的全面发展。

领导干部要不断求人民群众的历史地位和作用之真。坚持全心全意为人民服务的宗旨，摆正同人民群众的关系，是领导干部坚持求真务实的根本准则。领导干部应该牢固树立人民群众是社会物质财富和精神财富的创造者、是社会变革的主体力量的观点，坚信“民为邦本”、“民为国基”，高度尊重人民群众的历史作用和首创精神，充分发挥他们的积极性。为此，领导干部就要不脱离群众、藐视群众，更不能站在群众的对立的方面，而要牢固地树立群众观点，坚持党的群众路线，虚心向人民群众学习，始终把人民群众的根本利益放在首位，以实现人民群众的利益为衡量一切言行的标准，千方百计地为民造福，抵制一切损害人民群众利益的思想和行为。

领导干部要不断求中国共产党执政规律之真。领导干部要清醒地意识到中国共产党执政与资产阶级政党执政的本质区别，不能简单地照搬资本主义国家的政治体制；要始终保持中国共产党的先进性，始终代表中国先进生产力的发展要求、中国先进文化的前进方向和中国最广大人民的根本利益；要努力巩固中国共产党执政的群众基础，始终保持党与人民群众的血肉联系，不搞官僚主义、教条主义和形式主义；要坚持以人为本，树立和落实全面、协调、可持续的科学发展观，努力推动社会主义各项事业的全面发展；要主动地听取社会各方面的建议和意见，自觉接受社会监督，协商处理好社会主义建设中所出现的各种矛盾和问题；要正确地行使权力，严守权力行使的边界，避免权力的“滥用”和“误用”，真正做到“权为民所用”。

现实社会是复杂的，不只是善恶并存、真伪难分的，有时还可能是扑朔迷离、真伪混淆、是非颠倒的。这就要求领导干部加强自身修养，不断提高识别真伪的本领，练就一双金睛火眼。为此，领导干部要努力做到：第一，要坚持原则。领导干部要坚持以客观实践作为检验其言行正确与否的标准，尊重实践，立足实践，不以主观的东西来决定取舍；要坚持正确的道德标准，坚持全心全意为人民服务的宗旨标准，反对形形色色的利己主义和个人主义；要坚持党性，反对那种“不讲党性，不讲原则，说话做事看来头、看风向”的错误倾向；要反对好人主义，认清好人主义是一种重关系、讲面子、徇私情，不守原则，不分是非，对各种不良风气视而不见、不敢坚决抵制，甚至是拿原则做交易的错误态度，必须坚持予以抵制。

第二，要顺应民意。民意就是民众的意愿和意志，它是民众的愿望和利益的表达。它虽然在其形式上是主观的，但其内容却是客观的，是客观的社会生活和社会发展要求的反映，是支配整个社会生活、规定社会发展的道路和关系国家民族前途命运的强大力量，因此，民意是不可违背的。党的领导干部在进行决策和解决实际问题时，都应该牢记前呼和浩特市市委书记牛玉儒的一段金玉良言。他说：“群众的事没有小事啊，对你们可能是小事，对老百姓就是大事。”领导干部的行政活动必须依据民意来确定自己应该做什么、不应该做什么。只有不小视、扭曲、违背民意，而能够尊重、顺应和实现民意，才能真正把握社会生活的真实，坚持社会历史的真理，也才能真正坚持为人民群众谋利益的宗旨，做到常怀为民之心，常办利民之事，坚决反对和抵制任何损害人民利益的思想和行为。

第三，要提高能力。识别真伪，对于领导干部来说，就需要培养较强的识别能力，否则，就难以明辨复杂社会生活中的真假、是非、对错。领导干部所需要具备的能力是多种多样的，主要要提高自己的认识能力和理论水平，坚持以马克思主义、毛泽东思想、中国特色社会主义理论来武装自己的头脑；要提高自己的见微知著的预见能力，能够立足大局，着眼未来，针对社会生活中所出现的各种问题，深入地思考群众在想什么、需要什么，解放思想，提前布局，把握工作的主动权；要提高自己的去粗取精、去伪存真、由此及彼、由表及里的科学分析能力，能够把握事物的本质和主流；要提高自己的对社会生活的引导能力，帮助人们认清什么样的思想观念是消极、落后和错误的，采取有效措施向人们传播科学、积极、高尚的思想观念，以扩大社会的共识，夯实党和人民群众同心同德的精神基础。

明辨真伪是为了坚持真理、捍卫真理、真正做到务实求真。领导干部坚持真理、捍卫真理、真正做到务实求真具有十分重要的意义。就个人而言，它可以使领导干部明确方向，站稳脚跟，坚持正义，而不随波逐流，不同错误的倾向与潮流同流合污；就我们党的整体而言，它可以使我们的党始终保持自己的先进性，不断提高自己的影响力、凝聚力和战斗力，不断增强党同人民群众的血肉联系；就国家的社会主义事业而言，它可以使现实社会生活中所出现的问题和矛盾得到及时有效地化解，理顺各种关系，使社会有序、顺利、和谐地发展。

总之，党的领导干部必须坚持求真务实的作风，常修为政之德，常思贪欲之害，常怀律己之心，永葆人民公仆的本色，以实现好、维护好、发展好社会主义事业和人民的根本利益，这既是领导干部明辨真伪、坚持真理、捍卫真理的道义保障，又是党和人民赋予领导干部的神圣使命。历史证明，无论在我国新民主主义革命时期还是社会主义建设和改革时期，我们党之所以能够领导人民群众克服重重困难，战胜各种艰难险阻，开拓前进，夺取新民主主义革命和社会主义建设事业一个又一个的胜利，就是因为我们党培养和造就了一批又一批敢讲真话、勇于担当、明辨真伪，能够务实求真，为坚持真理、捍卫真理而献身的领导干部队伍。这是我们党的优良革命传统，今天我们战斗在各条战线、各个岗位的党的领导干部，应该继承和弘扬这一伟大而光荣的革命传统。

（作者：湖南师范大学道德文化研究中心、中华道德文化协同创新中心教授、博士生导师；湖南师范大学道德文化研究中心、中华道德文化协同创新中心教授、博士生导师）

公众参与反腐倡廉的影响因素及其挑战

杜治洲

一、公众参与反腐倡廉的必要性

(一)《联合国反腐败公约》的要求

2005年12月14日正式生效的《联合国反腐败公约》,是联合国历史上通过的第一个用于指导国际反腐败斗争的法律文件。该公约对于公众参与反腐倡廉做出了明确的规定。《联合国反腐败公约》第五条规定,“各缔约国均应当根据本国法律制度的基本原则,制订和执行或者坚持有效而协调的反腐败政策,这些政策应当促进社会参与……”第十三条要求“各缔约国均应当根据本国法律的基本原则在其力所能及的范围内采取适当措施,推动公共部门以外的个人和团体,例如民间团体、非政府组织和社区组织等,积极参与预防和打击腐败,并提高公众对腐败的存在、根源、严重性及其所构成的威胁的认识。”因此,为了遵守公约的要求,也为了各缔约国自身的发展,必须力所能及地采取积极行动鼓励公众参与控制腐败。

(二)提升反腐败成效的需要

权力制约方式主要有两种:以权力制约权力和以权利制约权力。基于此,治理腐败也有两个主要途径:一种是依靠权力系统的自我调节、自我净化,即通过制度、体制、机制的改革,通过对公权力行使者的道德规范和约束,实现廉洁;一种是通过社会系统外在的施加压力,作用于国家权力,迫使国家做出遏制腐败的举动。前一种反腐模式可称之为制度反腐模式,后一种反腐模式可称之为权利反腐模式。在信息技术迅猛发展的今天,网络推动了信息的飞速传递,公众的民主意识和权利意识不断觉醒,国家越来越重视公众的民主权利,创造公众监督的软硬件环境,以此推动反腐倡廉工作,这种反腐模式就是权利反腐模式。在权利反腐模式下,网络给公众提供了更多的参与主要决策的席位,使公众更直接地参与那些密切影响自身生活和前途的决策。要提高反腐败效果,制度反腐与权利反腐这两种反腐败模式必须相互配合,相得益彰。在当前腐败依然易发多发的形势下,在充分肯定以权力制约权力的制度反腐模式的基础上,还要高度重视权利反腐的特殊功能,高度重视公众参与在治理腐败中的重要意义。同时,公众参与反腐倡廉与我国反腐败工作的领导体制也是一脉相承的。我国反腐倡廉遵循的是“党委统一领导,党政齐抓共管,纪委组织协调,部门各负其责,依靠群众支持和参与”的领导体制和工作机制。因此,公众要积极参与到反腐败工作中去,努力实现自己的监督权利,而政府则要创造条件,鼓励公众参与反腐倡廉,保障公众参与反腐倡廉的权利,从而从整体上提升反腐败成效。

二、影响公众参与反腐倡廉的主要因素

从本质上讲,公众参与反腐倡廉是一种政治参与行为。公众的政治参与行为受到社会环境、个性心理因素及政治系统状况等多方面因素的影响。作为一种较为特殊的政治参与,公众参与反腐倡廉也不例外,也受到以上各种因素的共同作用。从行为科学的角度来看,人的自主行为的发生,必须具备能力、意愿和机会,三者缺一不可。因此,影响公众参与反腐倡廉工作的主要因素包括三个大类:参与能力、参与意愿、参与机会。参与能力,是指公众参与反腐倡廉的自身条件,参与能力受到性别、年龄、文化程度等多种因

素的影响；参与意愿，是指公众参与反腐倡廉的期望程度，或者说是参与反腐倡廉的积极性，参与意愿受到自身涉及腐败的程度、对腐败的容忍度等因素的影响；参与机会，是指公众参与反腐倡廉的外在条件，信息公开水平、参与反腐败的渠道畅通程度、对参与人的保护和鼓励等，都会影响公众参与反腐倡廉的机会。

（一）参与能力

公众参与反腐倡廉的能力与其年龄、文化程度以及收入水平有较大的关系。首先，不同年龄段的公众的参与能力不同。一般来说，公众参与反腐倡廉的能力随着年龄的增长而提升，在中年达到顶峰，而后又随着年龄的增长而逐步下降。但是，由于网络等新兴参与渠道的出现，年轻人接触网络的时间较多，同时对新事物的掌握也较快，因此，对于成年人来讲，会出现参与能力与年龄负相关的现象。其次，公众参与反腐倡廉的能力还与文化程度紧密相关。政治参与需要一定的知识成本作基础。据加布里埃尔·A.阿尔蒙德等人对各国的调查统计表明：教育层级与参与程度成正比。第三，经济收入水平也影响着公众在反腐倡廉方面的参与能力。经济收入越高，其参与反腐倡廉的能力也就越强。

（二）参与意愿

要做出参与反腐倡廉的行为，具备参与能力还不够，还需要有参与意愿。公众的参与意愿受到四个方面因素的影响。第一是自身涉及腐败的程度。一般来说那些亲身经历腐败且深受其害的人，以及向官员行贿但未达到其目的（未办成事的）的人，更愿意举报腐败现象。而那些直接参与腐败并得到腐败带来的收益的人，则不愿意揭露腐败现象。而且受益越多，参与反腐败的可能性就越小。第二，对腐败的认知也会影响公众参与反腐败的信心。公众对腐败的危害认识得越深刻，就越有可能参与反腐败，反之，则可能对腐败现象视而不见。第三，对腐败的容忍度也是影响公众参与反腐意愿的重要因素。公众对腐败的容忍度与其参与反腐败的意愿成反比。第四，公众对反腐败信心的大小直接影响着他们参与反腐败的意愿。公众对反腐倡廉抱有的信心越大，他们参与反腐败的意愿也就越强烈。对反腐败失去信心的公众，是不会参与反腐活动的。第五，公众在参与反腐败活动尤其是在举报腐败现象时，受到的保护与鼓励，也会在很大程度上影响他们参与的积极性。如果公众举报时屡遭打击报复，他们参与反腐败的积极性一定会受到重创，很可能就不再敢于同腐败现象作斗争了。

（三）参与机会

当参与能力和参与意愿都具备了以后，是否存在参与机会，就显得非常重要了。公众参与反腐倡廉的机会主要取决于三个因素：政府信息公开的水平，参与渠道的畅通程度，以及对参与人的保护和鼓励。公众参与反腐败的广度（社会成员中参与的比例）和深度（参与者参与时是否充分）都有赖于社会成员了解和掌握的资讯，如果公众对其关心的问题一无所知，参与就无从谈起。政府运作越透明，信息公开水平越高，公众就越有可能获取一些监督政府及其公务人员的信息，从而具备参与反腐倡廉的条件。公众参与反腐倡廉的渠道包括信访、举报和提供腐败线索的其他途径，以及公众为反腐败工作建言献策的平台等，这些渠道是否畅通直接影响到公众参与反腐倡廉的机会。

三、公众参与反腐倡廉面临的主要挑战

当前，我国公众参与反腐倡廉的积极性比以往有所提高，尤其是在网络普及率越来越高的条件下，网民积极揭露腐败现象的行为经常发生。但总体来看，公众参与反腐倡廉的广度和深度还有待提高，公众参与反腐倡廉仍面临着诸多挑战。

（一）公众对腐败的危害认识不够

腐败的危害非常严重，它直接侵害了国家、集体和人民群众的利益。人们参与反腐败的行为不可避免也是受到利益的驱动，换句话说，人们参与反腐败也是为了获取一定的好处。但是

如果人们对腐败的危害认知不足，对腐败给国家和自己造成的损失不了解，那么他们就没有足够的动力参与反腐败。从实践来看，举报人通常是举报那些与自己的利益紧密相关的腐败现象，或者说他们所举报的腐败行为直接地、明显地侵害了自己的利益。只有很少一部分人关心并举报那些与自己没有直接利害关系的腐败现象。这主要源于人们对腐败现象的危害性认识不够。在大多数情况下，人们能够理解腐败对国家利益和集体利益的危害性，但很多人并不能深刻认识到腐败也会间接地危害身处国家和集体的每个公民的切身利益，他们认为腐败与自己无关，因此也就不会关心反腐败问题，更不会有反腐败行动了。

（二）公众对腐败的容忍度仍较高

在廉洁度较高的国家或地区，公众社会对腐败的容忍度通常是很低的，而目前我国公众对腐败的容忍度仍然处于较高的水平。有学者指出，当前社会流行按“潜规则”办事，“办事要送礼，送礼才办事”成为一种惯常的社会交往方式，公众对某些腐败行为见怪不怪，从心理上对一些腐败行为默认和容忍，参与反腐败的动力也就削弱了。我国社会公众十分痛恨腐败行为，但是对于贪污腐败行为又普遍做不到零容忍，尤其是受官本位文化的影响，认为官员理所当然应该比普通老百姓拥有更多的特权，对官员特权持容忍的心态，甚至有人认为当官赚钱并非一种耻辱、一种犯罪，而是从政过程中的一种必经程序。许多公众认为官员因贪污腐败被查处并不是道义上罪有应得，而是运气不好，或者是“上面没人罩着”而没有靠山所致。民众在痛恨腐败行为的同时，还会说某某官员对地方经济社会发展的贡献是很大的，人还是不错的，并为仅因一点小事（往往是贪污受贿数十万元）就受到刑罚而同情他（她）。如果受到查处的贪官是自己的亲友，那就更是愤愤不平，失去了应有的公平正义道德准则。在社会对腐败的容忍度如此之高的情形下，要实现公众对反腐败的深度参与，难度可谓不小。

（三）市民社会不发达

市民社会，是与政治国家相对应的特定范畴，它指的是个人、团体按照非强制的原则和契约观念进行自主活动，以实现物质利益和社会交往的、不受国家直接控制的民间独立自治组织和非官方也非私人性质的公共领域。公众参与公共决策过程以及对公共事务的监督和管理体现了善治的本质特征，公众参与反腐倡廉又是治理的一个重要方面。善治需要市民社会的发展，市民社会往往成为沟通政府与公众的重要桥梁。自20世纪80年代以后，中国市民社会得到了长足的发展，民间组织在数量、种类、独立性及合作性方面都较从前有所增强，但当前中国的市民社会仍处于较低的发展水平。我国公民社会组织目前尚缺乏行动的自主性和自觉性，而在更深的精神层面上，“公民社会作为一种观念和理念，还只是以零散的或碎片的形式存在于社会理论或社会运行的某些侧面，并没有作为社会的内在机理和文化精神、价值观念全面渗透到个体生存和社会运行中。无论是公民精神的培育、现代公民的生成还是社会组织的发育，都还处于初期或起始阶段”。而且中国市民社会存在一些天然缺陷，与政府有着千丝万缕的联系，不能完全独立于政府，因此，在监督政府行为、促进公众参与反腐倡廉方面，市民社会发挥的作用受到了很大的制约。

（四）政府透明度仍有待提高

透明政府的建立是社会公众参与反腐倡廉的重要条件，《联合国反腐败公约》也给予了足够的重视。《联合国反腐败公约》第十条规定，各缔约国均应当根据本国法律的基本原则采取必要的措施，提高公共行政部门的透明度，包括酌情在其组织结构、运作和决策过程方面提高透明度。反腐败能否成功取决于是否存在一个良好的治理体系。而良好的治理体系要求进行结构性调整，提高决策透明度，并促进公众监督和管理，在决策过程中发挥作用。从本质上讲，透明政府体现在政治信息的公开性和公民的政治知情权。每一个公民都有权获得与自己的利益相关的公共政策信息，包括立法活动、法律条款、政策制定、政策实施、行政预算、公共开支以及其他有关的政治信息。2008年，《中华人民共和国政府信息公开条例》的实施对我国政府信息公开具有重要的推动作用。然而，在实施过程中却面临公开范围不明确、公开方式滞后、监督和保障不力等诸多难题，严重阻碍了政府信息公开工作的开展，政府透明度有待大幅度提高。

（五）举报人没有得到足够的保护和激励

当前，我们在保护举报人的问题上并不是没有建立制度，而是执行力不够。最高人民检察院、中纪委监察部都有保护举报人的规定，而且还有奖励举报有功人员的规定。这些规定还很详细。如：最高人民检察院的《人民检察院举报工作规定》第6节专门就“保护”明确规定，要求对举报人的身份加以保护，不得泄漏有关举报人身份或者可以推测出举报人身份的信息，甚至规定了对匿名举报信不得进行笔迹鉴定等等。但问题在于，这些规定却常常最终得不到落实。如举报程维高的郭光允说，1995年8月，他写了“程维高、李山林是破坏河北省建筑市场的罪魁祸首”的材料，用匿名方式寄给中纪委和河北省检察院，但是程维高很快就从检察院拿到了这封检举信，并按照笔迹查出写信人是郭光允，之后郭光允的家便被抄了。匿名举报尚且如此，实名举报的困难更大。交通银行锦州分行风险处诉讼科科长鲍宇因举报锦州分行与当地法院联手作假，用伪造的法律文书上报交行总行，核销175户企业“不良”贷款2.21亿元的严重问题受到追杀报复；山东省济南市干部王家斌和夫人因举报山东聊城地委书记、省水产局局长、省人大常委会委员张程震，在家中被人残忍杀害并焚尸；江苏省滨海县小学教师顾汝汉，坚持举报与自己并无个人恩怨的上级领导叶秀河，曾被撤销职务、开除公职、停发工资，并被迫乞讨度日；辽宁省鞍山市国税局公务员李文娟，因举报鞍山市国税局存在人为地少征国家巨额税款等违法和违规行为等问题，两次被辞退，一次被劳教。中国矿业大学的副教授王培荣，在网络上不屈不挠地揭发“全国最荒淫无耻的区委书记”董锋，结果他赢得了举报者的胜利，却付出了一个公民的尊严，遭遇到了变相或直接的打击报复——曾被暴打住院过，手机也被抢走过，也“莫名其妙”地失去了教席；2009年，河南灵宝青年王帅因举报政府违法征地，在上海被灵宝警方跨省追捕抓走拘留了8天。王帅对记者说：我再也不反映问题了，不会在网上发帖，甚至连举报的事也不会再做。我只是做了一点维护自己权益的事，但发现这个代价太大了。由此可见，我国目前对举报人的保护还处于非常落后的阶段，更谈不上对举报人的激励了。

四、促进公众参与反腐倡廉的对策建议

（一）发掘动力——增强公众参与反腐倡廉的意愿

要提高公众参与反腐倡廉的广度和深度，必须发掘公众的参与动力，增强公众参与反腐倡廉的意愿。为此，要做到以下三点：第一，对公众宣传腐败的危害。必须加大宣传力度，让更多的公众知晓腐败的巨大危害，如威胁政权稳定，破坏社会和谐，扩大贫富差距，败坏社会风气，腐败与每个公民息息相关，每个人都要为腐败买单。第二，降低公众对腐败的容忍度。在公众理解腐败危害的基础上，要让公众对一切腐败行为说不，不论是大腐败还是小腐败，以降低公众对腐败的容忍度。只有公众对腐败越来越不能容忍了，他们参与反腐败的意愿才会变得更强。第三，增强公众对反腐败的信心。据《中国的反腐败和廉政建设》的公布，中国国家统计局的民意调查结果显示，2003年至2010年，中国公众对反腐败和廉政建设成效的满意度平稳上升，从51.9%提高到70.6%；公众认为消极腐败现象得到不同程度遏制的比例，从68.1%上升到83.8%。尽管如此，公众对反腐败的信心仍有待提高。而公众对反腐败的信心又受到各方面因素的影响，如政府透明度、治理

腐败的力度等。因此,提高政府管理过程的透明度,加大预防和惩治腐败的力度,将在很大程度上提高公众对反腐败的信心,从而增强公众参与反腐倡廉的积极性。

(二)提高素养——培养公众参与反腐倡廉的能力

一方面,要提高公众的受教育程度。因为受教育程度与参与反腐倡廉的能力存在着正相关的关系,所以,国家应该加大对教育的投入,使更多的民众接受良好的教育,从而从整体上提高公众参与反腐败的能力。另一方面,要加强对公众参与反腐倡廉技能的宣传和培训。反腐败是一项较为复杂的工作,不仅需要极高的热情,更需要高超的智慧和技能。如何在复杂的官僚体系中保持廉洁?如何正确处理亲情、友情与制度、原则之间的关系?如何做到自律以增强抵制腐败诱惑的能力?如何管理好利益冲突,从源头预防腐败?如何影响自己周围的人,让他们也参与反腐败?这些问题都需要认真对待,而政府和教育机构应该加大这方面的宣传和培训力度。就国家公职人员来说,各级政府及其纪检监察机构应该提供更多的反腐败培训,让他们掌握持廉拒腐的技能;就普通公众来讲,政府和社区应该多做些参与反腐技能的宣传,不断提高公众参与反腐倡廉的能力和水平。

(三)建立制度——创造公众参与反腐倡廉的机会

第一,要借助信息网络技术提高信息公开制度的执行力,大幅度提高政府透明度,为公众参与反腐倡廉创造必要的信息条件。信息技术在反腐败中的应用越来越广泛,而其中,运用信息网络技术实现政务公开、提高政府透明度,则是一项效果非常好的工作。目前,中央国家机关"三公经费"公开已经初见成效,但是,距离理想仍有相当大的差距。未来国家应该推行强制性技术应用的方式建立信息公开制度,大幅提高政府运行过程的透明度。

第二,要逐步建立财产申报制度。财产申报制度是一项有效的反腐制度,被称为"终端反腐"。官员财产若向公众公开,必然对官员行为形成巨大的约束力,也有利于公众对官员实施有效的监督。名表、眼镜、腰带、手镯等,一件件身价不菲的衣着饰品,让陕西省安监局局长杨达才深陷"多宝门",被网友戏称为"表哥"。官员的财产应不应该向公众公开?广东顺德的做法值得借鉴。日前顺德规定,从2013年起,凡拟新提拔为副科级以上干部,一律须先接受审计调查,并向公众公开家庭财产等信息。官员财产申报分步骤推行,最终实现官员财产向社会公众公开,这样会给公众创造良好的监督政府及其官员行为的机会。

第三,要建立并落实科学完备的公民举报权保护制度。当前国家鼓励实名举报,然而效果并不理想,因为在没有配套的举报权保护制度的情况下,实名举报的风险是很大的。因此,加强对公民举报权的保护刻不容缓。首先,建立举报信息保密制度。所有关于违法犯罪举报的材料和记录都应该按照国家保密法列入密件管理。在职务保障的前提下依法管理好涉密岗位,建立原始举报材料与传阅材料相分离的制度和严格的保密责任追究制度。其次,建立举报人安全保障制度。举报人的范围应该包括举报人及其三代以内直系亲属、未婚亲友和其他足以影响举报人的关系密切者。保护举报人安全的最好做法是建立举报人身份重置制度。这一制度在西方国家和香港特区的运作已经取得了较大的成功,有许多可以借鉴的经验。建立保护举报人安全的紧急保护制度,只要举报人发出了需要保护人身和财产安全的求助,公安机关就应当立即出警为举报人提供及时的紧急保护。最后,建立举报人受益制度。国家应该实行举报奖励制度和举报损失补偿制度,对举报有突出贡献的个人给予奖励,包括物质奖励和精神奖励,同时对举报人在被打击报复期间遭受的直接经济损失由国家给予补偿。而所有这些保护举报人权利的制度必须在《举报法》里明确规定。

(作者:北京航空航天大学公共管理学院廉政研究所副所长,副教授)

廉洁政治:内涵、结构与运行逻辑

庄德水

党的十八大强调:“坚决反对腐败,建设廉洁政治,是我们党一贯坚持的鲜明政治立场,是人民关注的重大政治问题。”“要坚持中国特色反腐倡廉道路,坚持标本兼治、综合治理、惩防并举、注重预防方针,全面推进惩治和预防腐败体系建设,做到干部清正、政府清廉、政治清明。”第一次在党的全国代表大会的工作报告中写入“建设廉洁政治”要求,表明廉洁政治不仅是执政党的执政要求,而且已上升至现代国家治理的层面。本文旨在分析廉洁政治的基本内涵、内在结构和运行逻辑,为建设廉洁政治提供参考思路。

一、廉洁政治的基本内涵

从现代国家治理角度来看,廉洁政治的基本内涵包括三个维度:

廉洁政治是一种政治设计。“政治设计是在一定的社会历史条件下,历史主体依照一定的历史经验与政治传统,以某种理想政治目标为依归,对社会进行以理念创设、制度安排、组织建构为主要内容的政治构想、政治筹划、政治创制及其理论形态。”政治设计属社会工程的一部分,其核心是制度安排。廉洁政治设计具有历史继承性,传承了人类社会对理想政治生活状态及其图景的期望和向往。亚里士多德的“理想城邦”、柏拉图的“理想国”、莫尔的“乌托邦”、孟德斯鸠的“分权政权”、马克思的“廉价政府”、透明国际的“国家廉政体系”以及中国的“惩治和预防腐败体系”等,无不蕴含着廉洁政治设计理念,代表了不同时期的人们对于“廉洁政治”这一政治图景的共同追求。从政治设计角度来说,廉洁政治不仅以政治理想和理论的形式存在,体现人类精神生产的成果,而且以实实在在的设计工作和制度成果的形式存在,是一项具体的廉政工程。廉洁政治设计所体现的是人类的理性追求,人们力图探究廉洁政治的内在本质和发展规律,建构起符合现实发展的廉政工程。这个廉政工程的建设让人们对廉洁政治的发展充满信心,并与政治体系之间建立信任关系,进而主动维护政治秩序和政治合法性。但是,我们必须注意到,廉洁政治设计不是对原有廉政制度体系的修补,而是在原有廉政制度体系的基础上进行顶层设计,综合考虑和规划廉洁政治的发展框架和路径,寻求实现政治和谐之路。廉洁政治设计必须考虑具体的国家发展情况,把设计思路立足于政治发展现实和社会廉洁需求。对于当前的中国社会来说,进行科学有效的廉洁政治设计是一项紧迫的时代任务,政治体系的存续、政治信任的维系、政治共识的形成等在很大程度取决于能否实现廉洁政治设计。可以说,廉洁政治设计的质量决定了中国特色反腐倡廉道路的发展方向和基本成效。从这个意义上说,廉洁政治建设具有政治合法性意蕴。

廉洁政治是一种价值取向。价值是社会生活的内在深层结构。政治是对公共价值的权威性分配,政治的功能在于运用公共权威协调政治共同体内部的利益关系,合理有效地分配公共利益和公共资源。公共价值分配问题直接关系到政治稳定和秩序,处理不当,会引发利益冲突,进而损害政治合法性和权威性。公共价值分配要实现正义和公平,其基础和标准在于价值分配程序和行为的廉洁性。在这里,程序是静态的,行为是动态的,二者都只有保持廉洁性，才能保证分配结果的公信度。人们之所以追求廉洁政治，其目的在于实现公共价值包括公共利益和公共资源分配的公平，保障自身的合法权益不受到损害。因而，廉洁是政治生活的基本价值，反映了政治文明发展的基本价值诉求。廉洁政治内在的逻辑结构是价值性的，代表了政治建设的基本方向和评价标准。就基本方向而言，廉洁是政治建设的内在本质，要求贯穿于政治建设过程和人类政治发展过程；就评价标准而言，“这套价值体系提供了人们行为评价的标准，它会告诉我们，什么是值得追求的，什么是应当反对的，什么是可以许可的；以它为基础，形成社会生活的基本理念和组织安排的基本原则。”廉洁是评判政治建设的重要标准，政治建设是否成功，要看其是否捍卫了廉洁价值、达到了廉洁目标。在现实生活中，为什么人们置疑社会分配结果，怀疑其缺乏公正性，一个重要原因在于分配过程和行为处于暗箱操作状态，人们无法获知分配决策的价值取向是私人化的还是公共性的。因此，建设廉洁政治不仅要实现政治本身的清明，而且要实现政治行为的廉洁，实现政治价值取向的公共性。廉洁政治作为一种价值取向，无疑会为政治建设提供基本的发展方向。

廉洁政治是一种实践状态。廉洁政治是变化发展的，是随着人类社会的实践而发展的，不同时代具有不同特征。与此同时，“全部社会生活在本质上是实践的。”廉洁政治本身是实践的，依赖实践来取得存在空间和拓展发展领域。实践状态其实是廉洁政治设计的实践化和廉洁政治价值的具体化，是实现廉洁政治目标的必然选择。与此相适应，作为一种实践状态，廉洁政治不能仅仅停留于空洞的观念或理想形态，而必须进入实践领域，演化成廉政治理并产生廉政绩效。否则，廉洁政治将成为另一类“乌托邦”，也难以获得公众信任。因此，建设廉洁政治的关键在于廉政实践，即把廉洁政治实践化为具体的廉政制度、廉政组织、廉政行为和廉政技术等，并通过这些内容的具体建构和应用来实现廉洁政治目标。廉洁政治的实践基础在于廉政参与，即要考虑社会公众对于廉洁政治的利益需求、心理预期和集体行动，让社会公众成为廉洁政治建设的重要主体。从实践角度来看，建设廉洁政治需要从实际出发，解决现实的廉政问题，离不开如何科学规范权力、利益、权利之间关系的问题，也离不开如何对待社会公众的廉政参与等问题。在现实生活中，廉洁政治建设之所以遇到这样或那样的阻碍，除体制机制因素外，还与我们的实践技术和路径存在不适应性相关。可以说，廉洁政治建设的成败与否，都需要通过实践来检验，实践也是廉洁政治设计变成现实的必由之路。我们重视实践状态的廉洁政治，其要旨在于强调建设廉洁政治是可行的，其关键要看政治主体是否具有明确的建设思路、路线设定、任务规划和执行。总之，实践状态是连接廉洁政治设计与政治价值取向的平台，让二者相互支持和促进，从而为廉洁政治建设开辟道路。

二、廉洁政治的内在结构

廉洁政治是一个复杂的结构体系，大致包括廉洁政治观念、廉洁政治关系和廉洁政治行为三个部分。这三个部分具有一定的逻辑关系，从廉洁政治观念到廉洁政治关系再到廉洁政治行为，一个比一个具体，一个比一个更接近于政治生活现实。

政治观念是人们对于政治生活的认知和态度，是人们处理政治关系和政治行为的准则。政治观念的进步具有指引意义。在不同历史发展时期，人们对廉洁行为和腐败行为的认识存在一定差异。随着政治文明的进步和政治观念的更新，对腐败的界定得到拓展，原有在旧社会被视为合情合理的一些行为，比如家族荫护、捐官、裙带关系等，逐渐被现代社会视为“腐败”，这无形中促进了国家廉洁政治建设。“政治观念在国家整个政治建设中起着先导性的作用。回顾改革开放的历史，我们很容易发现，没有以邓小平为核心的党的第二代中央领导集体在政治观念上的首先变革,就没有中国政治的历史性进步。”可以说,政治观念直接规定和影响到廉洁政治建设的发展方向。如果权力精英、政府组织以及社会公众都能形成廉洁的政治观念,把“廉洁”视为安身立命的行为准则,那么廉洁政治建设无疑会获得良好的发展环境,并成为社会共识和行为指南。廉洁政治观念与政治主体和政治行为是联系在一起的,不同的政治主体具有不同的政治角色和政治行为特点,与此同时承负不同的政治观念要求。但“廉洁”的要求却是共同的。为什么我们需要重视权力精英、政府组织以及社会公众的廉洁政治观念培养呢?其原因在于权力精英是公共权力的执掌人,他们的廉洁政治观念是保证公共权力正确行使和“干部清廉”的主体基础。政府组织是公共权力的集体行使者,组织形态的廉洁政治观念能够保证组织伦理的发育和成长,让组织利益与公共利益保持一致,实现“政府清廉”的目标。社会公众是廉洁政治建设的重要主体,他们的廉洁政治观念形成于个人成长和社会环境,同时反过来对廉洁政治建设的评判产生影响。在现实生活中,我们经常可以看到,某些人一方面对腐败现象表现出深恶痛绝的态度,大力呼吁反腐败,另一方面及至自己办事或遇到违规事情时,则竭力寻找“关系”和“后门”,希望能够规避管制和处罚,无意中成为腐败的推手。对腐败持非“零容忍”态度其实就是一种畸形的政治观念,这种观念使腐败行为在个别领域成为政治潜规则。因此,廉洁政治形成的重要标志在于,“廉洁”已成为人们的基本政治观念和价值共识。

每一个政治主体都处于一定政治关系之中,事实上都成为政治关系体系的一个结点。政治运行的基础即是政治关系。政治关系包括“政治组织和政治机构内部的各种关系,表现出层次性和复杂性,相互之间有单向关系、双向关系、复杂关系,彼此之间由政治活动引发的授权与被授权的关系、政治统治关系、政治管理关系、权威与服从关系、领导与被领导关系。”“各政治主体在社会政治生活中处于不同的地位,发挥着各自的功能,而要充分发挥各自的功能,就必须科学地界定其在社会生活中的地位,合理地在它们中间分配权力和利益,也就是说,要正确地处理各自之间的关系。倘若政治主体越位、错位、职责不清,势必出现功能紊乱的局面,影响和削弱其应有潜能的发挥。”政治关系的状态如何,关系到“政治”是以什么形象和面貌展现出来。能否形成一个廉洁的政治关系,让政治关系不再庸俗化和功利化,无疑是建设廉洁政治的重要内容。政治关系的核心是利益关系,利益关系决定了政治关系的性质,“某种政治关系便在这种利益的复杂交错的作用之下,形成并维持其相对的稳定性。”政治关系具有内部结构性,包括同一政治主体内部的政治关系和不同政治主体之间的政治关系。建立廉洁政治关系的关键在于协调并形成这些不同政治主体之间的利益秩序和权力秩序。如果政治主体之间存在严重的利益冲突,特别是被授权者、权威者、领导者随意侵害授权者、服从者、被领导者的利益,或者被授权者、权威者、领导者恣意强迫授权者、服从者、被领导者接受专断意志,那么这样的政治关系在本质上是腐败的,属于政治腐败范畴。如果同一政治主体不能形成政治共识和利益共识,那么这些政治主体所依赖的政治关系网可能会破裂,进而产生冲突性矛盾。无疑,腐败政治关系会严重破坏国家发展,让政治领域、社会领域、市场领域都充斥着腐败因子,似乎每一个领域和环节都需要腐败作为中介。廉洁政治是现实的,存在于政治关系体系之中,与政治主体的政治行为取向和绩效相关。由于政治主体一般是根据所接触到的政治关系来评价政治的廉洁状态,因此,在现时代,廉洁政治建设所面临的现实挑战是如何改变政治关系以及政治关系所生长的政治生态。

“政治行为是政治关系的直接动态表现,它是人们在特定利益基础上,围绕着政治权力的获得和运用、政治权利的获得和实现而展开的社会活动。”换言之,政治行为是政治主体按照利益要求参与社会政治活动的过程，是政治主体的一定政治态度和政治立场的体现。人们接触和了解政治生活，评判政治的廉洁性，一般依靠于对权力精英和政治组织的政治行为方式、权力获取方式以及利益分配方式的感受。并进而对自己的政治行为策略作出改变，参与政治或不参与政治本身就是一种态度和行为表现。政治行为属于政治体系的输入面，社会生活的方方面面与政治是联系在一起的，许多重大问题需要政治行为来解决。政治行为反映政治体系的廉洁性。通过政治行为分析，我们可以获知政治体系的输出是否具有廉洁性，是否符合社会正义和公正。因此，廉洁政治的具体运作形态在于廉洁政治行为，毕竟政治行为与社会公众最密切相关，社会公众在日常生活中最能直接感受到也最有权利评价政治行为的廉洁性。换言之，人们是通过观察权力精英和政府组织的政治行为来判断政治的廉洁性。政治行为是围绕利益而展开的，权力精英和政府组织在利益分配和信息资源方面处于优势地位，社会公众一般处于劣势地位，难以享有决策权力。如果政治行为只满足于少数掌权者和组织的“私利”，不能实现和维护公共利益，甚至把社会公众排斥在利益范围之外，那么这样的政治行为无疑是腐败的，整个政治体系也是腐败的。权力精英和政府组织的政治行为包括行政管理、行政执法、公共服务、公共决策、市场监管等，而公共权力是这些政治行为的保障。特别是在现时代，政府承担着社会管理职能，掌握着大量公共资源，政府的决策行为对社会公共资源配置具有决定性意义，直接影响利益分配格局的最终形成，由此，人们对政治行为的廉洁标准越来越高，要求把任何政治行为都处于社会监督过程之中。“权力产生腐败，绝对的权力产生绝对的腐败”。如果这些行为存在违规违法现象，权力无法保证公共性，那么社会公众将会认为这个政府的“政治”是腐败的。因此，从某种意义上说，廉洁政治更多地表现为廉洁政治行为，通过廉洁政治行为实现廉洁目标。为了实现廉洁政治，必须重视对廉洁政治行为的管理。

三、廉洁政治的运行逻辑

廉洁政治的运行逻辑是内在的，一方面取决于廉洁政治所处的国家发展阶段，另一方面反过来影响现代国家治理的发展进程。具体而言，廉洁政治的运行逻辑包括法治逻辑、制度逻辑和治理逻辑。

廉洁政治是政治生活法治化的产物，法治是廉洁政治的核心精神，规定了人们的权利和义务以及行为限度，为人们的政治关系和政治行为提供一个可资遵循的法律体系。法治本身即是理性的、有秩序的政治。根据法治逻辑，建设廉洁政治首先应实行法治，把所有廉政建设事务和廉洁政治要求纳入法制框架，用法的手段和方式来解决廉政问题。任何政治主体包括权力精英、政府组织和社会公众等都必须忠实于法律，受法律的制约。“如果包含在法律规定部分中的‘应当是这样’的内容仍停留在纸上，而并不影响人的行为，那么法律只是一种神话，而非现实。另一方面，如果私人与政府官员的所作所为不受符合社会需要的行为规则、原则或准则的指导，那么是专制而不是法律，会成为社会中的统治力量。”因此，发挥法治作用，让法治成为治理腐败的根本力量是必然选择。从国家治理角度来说，依法治国是一项基本方略，与此相适应，依法治腐是廉洁政治建设的基本策略，整个廉洁政治建设过程与依法治国的实现是统一的。法治逻辑要求包括两个方面内容，一是在形式上，要有一套相对完善的法律结构，即“健全反腐败法制制度……更加科学有效地防治腐败。”具体而言，要建立健全廉政法律体系，对公共权力行使和公共利益分配都提出具有权威性的法律要求。要通过组织立法，确定政府组织的基本职能、权能和责任，实现权力与责任的对称，对于违反责任要求的腐败行为要严格追究相应的政治责任和法律责任。二是在实质上，要有一个相对稳定的政治秩序。

具体而言，要重视民主规则和权利规则，既摒弃运动式的治理腐败模式，同时又依靠社会公众的廉政参与，发挥民主监督和权利监督作用，依靠法治力量来保障和规范廉政参与行为。特别是在现时代，新媒体给廉洁政治建设带来了新挑战，如何运用新媒体实现廉政参与、提高廉政建设效力，是一个现实的廉政法治问题。可见，依据法治逻辑，也如同透明国际的“国家廉政体系”所示，廉洁政治所支撑的“圆球”，除可持续发展、生活质量外，还有法治。廉洁政治建设是一个法治化过程，法治化水平代表了廉洁政治建设水平。

根据新制度主义理论，“制度是一个社会的游戏规则，更规范地说，它们是为决定人们的相互关系而人为设定的一些制约。制度构造了人们在政治、社会或经济方面发生交换的激励结构，制度变迁则决定了社会演进的方式，因此，它是理解历史变迁的关键。”这种制约规定了人们可以从事何种政治活动、采用何种政治行为、形成怎样的政治关系，并且对人们的政治观念也能产生形塑作用。在后发展中国家，受历史遗产因素的限制，廉政制度资源严重不足，廉政制度的供给与需求之间存在巨大差距，腐败现象据此得以滋生蔓延。因此，对后发展中国家来说，廉洁政治建设与现代国家治理是同步的，前者是后者的必要内容，后者规定前者的基本方向，二者都需要采纳新的制度发展策略来重构原来的制度体系。现代国家治理是一个漫长的制度变迁过程，涉及政治、经济、文化、社会等方面的制度建设，当然也包括廉政制度的设计和创新。基于现代国家治理的制度需求和现时腐败形势的挑战，国家制度建设是“第二次转型”，转型的目标包括政治清明和社会稳定。廉洁政治是现代国家制度建设的公共产出。不容置疑，廉政制度是廉洁政治建设的重点，廉政制度创新程度决定了廉洁政治的发展层次。依据制度逻辑，现代国家廉洁政治建设是一项宏大而系统的制度工程。廉政制度可以分为实体性制度和非实体性制度。就实体性制度而言，我们需要从宏观方面推进行政体制改革，实现宪政、民主、法治的宏观目标；从中观方面重点建设信息公开制度、财产申报制度、防止利益冲突制度以及问责制度等具体廉政制度，其着眼点在于为监督和制约政府的“利维坦”权力提供行为框架，让公共权力真正回归社会公共性的本质状态；从微观方面分析决策权、执行权、监督权的运行规律，查找各类权力产生腐败诱因，建立具体管理制度和预防制度。就非实体性制度而言，我们需要建立与现代国家治理和廉洁政治建设相适应的制度文化和廉洁文化，为实体性制度的创立、运作、维护和创新提供精神动力支持。

在廉洁政治建设过程中，面对结构性腐败和日益凸显的廉政风险，单纯依靠政府本身的力量是难以对抗的。从政府外部寻求支持力量已成为必要。自 20 世纪 90 年代，治理逐渐成为现代国家建设的一个工具策略和管理战略，并为廉洁政治建设提供政策思路。基于政治学理论，治理是不同政治主体所组成的公共行动体系和网络，治理腐败即是这样一种公共行动。廉洁政治建设不是一个封闭的系统，与其他政府治理工作以及政府外部系统之间存在相互沟通和促进关系，涉及廉政组织重构、廉政资源配置、廉政信息交流、廉政主体合作等内容。廉政组织重构旨在整合不同的廉政主体，比如纪检、监察、检察、审计力量，形成一个统一的廉政组织，实行协同治理策略。廉政资源配置旨在整合分散的监督资源、媒体资源、管理资源，提高廉政资源集中度。廉政信息交流旨以实现同一层级不同政府部门和不同区域政府之间的廉政合作，实现跨部门、跨领域、跨区域的治理要求。廉政主体合作旨在实现政府组织、私营部门、公民社会、社会公众之间的合作治理，让他们把廉洁政治建设视为一项公共事务，共同致力于腐败治理，并形成整体性治理态势。可见，廉洁政治建设既属于政府管理范畴，也属于社会管理范畴，需要政府、社会、市场等不同力量共同推进，集中体现了现代国家能力以及建设成果。

在国际社会,腐败具有"外部性",一国的腐败可能会影响另一个国家的政治建设。基于腐败发生的世界性,毫无疑问,国际腐败治理属于世界性公共事业,需要不同政府部门、国际组织的共同参与。进而,加强反腐败的国际合作有利于推进国际公共治理,能够为本国廉洁政治建设创造良好的国际环境。特别是在资金外逃、贪官外逃频发的情况下,更需要通过合理的国际反腐败合作机制来阻断"外逃"通道。依据治理逻辑,廉洁政治建设一方面关涉本国的国际形象建构,另一方面关涉人类共同发展难题的解决。

（作者:北京大学廉政建设研究中心副主任,博士）

试析制约反腐倡廉制度执行力的根源

赵绪生

反对腐败、建设廉洁政治，是党一贯坚持的鲜明政治立场，是人民关注的重大政治问题。经过长期的探索和实践，党和国家出台了一系列惩治和预防腐败的法律法规，制定了包括党风廉政建设和党政干部廉洁从政等制度机制，初步建立起具有中国特色的反腐倡廉制度体系，在反对腐败和廉政建设中发挥了积极作用。但是，在反腐倡廉制度建设体系不断健全完善的情况下依然存在着一些突出问题，主要体现在反腐倡廉制度执行力相对较弱。本文认为，制约当前反腐倡廉制度的执行力主要有以下五方面的原因。

一、反腐倡廉制度的设计缺乏科学规划

制定科学有效的反腐倡廉制度，是提高反腐倡廉制度执行力的基本前提和重要保障。而目前反腐倡廉制度设计缺乏科学的规划，导致制度设计上存在不科学和不合理的缺陷，是制约反腐倡廉执行乏力的根本原因。

1. 反腐倡廉制度设计缺乏体系化和规范化。腐败问题涉及各个领域、各行各业、各个系统，这就决定了廉政制度建设应该是一个综合性的系统工程，要针对各个领域、各行各业、各个系统，形成一个严密的、少漏洞、少缺失的制度体系。党的十六大以来，各级党委和纪检监察机关围绕贯彻落实科学发展观，制定和实施了一系列反腐倡廉法规制度，取得了反腐倡廉建设的显著成效。但是，既有的反腐倡廉制度在体系化和规范化发展方面依然有很大的改进空间。以反腐倡廉法律法规体系建设为例，我国就缺少一部能够统领和主导反腐倡廉建设的总法——《中华人民共和国廉政法》。我国现行的反腐倡廉制度在惩戒性法律法规方面，存在重治标轻治本、重惩治轻预防、重应急轻前瞻等问题。正如有研究者指出，有相当多数量的廉政法律法规属于应急型和补救型，从源头上预防和治理腐败的廉政法律法规不足。如针对2008年北京奥运盛会以及2003年非典、2008年四川汶川特大地震等公共突发事件、重大自然灾害，专门制定了一批廉政法规制度。这只能说明应急能力比较强，但不能从根本上解决预防和治理腐败现象的问题。

2. 反腐倡廉制度缺乏权威性和震慑力。制度之所以为人们自觉地遵守和服从，关键在于这些制度具有高度的权威性，能够对制度指向的对象形成强大的震慑力。如果制度缺乏权威性，即使制定再多的制度也会形同虚设、流于形式。在反腐倡廉制度建设的实践中，一些反腐倡廉制度因缺乏权威性而导致震慑力不足。其主要表现为：一是制度设置的盲目性和随意性。一些反腐倡廉制度的制定既缺乏足够的理论指导，也不符合实际。一些制度制定者在没有深入实际，认真研究反腐倡廉的形势和趋势、反腐倡廉建设究竟需要什么样的制度、反腐倡廉制度的供求现状等问题的情况下，就匆忙地制定和颁布了内容十分笼统、表述模糊的法规条款。二是制度刚性不强，弹性有余。目前的反腐倡廉制度体系主要由规范性文件构成，其中属于法律规定的不多，政策性和原则性的规定居多，属于党规党法和可操作性的规定不多，这就很容易出现"选择性"或"规避性"执行制度的问题。其原因就在于反腐倡廉制度法律法规表述过于笼统，弹性空间太大，缺乏规范性。

3. 反腐倡廉制度缺乏协调性和连续性。任何制度建设都是一个复杂的系统工程,需要做好科学的统筹和整体的规划,保证各项制度形成互补性强的整体合力。反腐倡廉各项制度是否具备协调性和连续性,直接影响和决定着制度本身效力和功能的发挥。随着反腐倡廉建设的深入发展变化,必然要求反腐倡廉制度体系要不断修订和完善。从总体上来看,目前的反腐倡廉制度建设未能反映和适应新形势下反腐倡廉建设的新要求,反腐倡廉各项制度未能形成相互补充和连贯协调的整体。以反腐倡廉法律法规体系建设为例,有的反腐倡廉法律法规不仅没有对反腐倡廉建设的各方面作出具体规范,而且也没有全面客观地反映当前反腐倡廉建设的总体要求,已发布的反腐倡廉法律法规依然显得分散、凌乱和繁杂,甚至有些法律法规缺乏衔接、相互抵触,无法形成各种法规之间协调配合的统一整体。

4. 反腐倡廉制度缺乏程序性和应用性。反腐倡廉制度建设是一项涉及面广的系统工程,在制度设计的各个环节需要在理论与实践、原则性与操作程序性、整体与具体等方面具有内在的紧密联系。但目前在反腐倡廉法律法规制度建设中,我们比较重视实体性的反腐倡廉的法律法规制定,而对于程序性和可操作性的反腐倡廉法律法规的制定重视不够。虽然制定了一些内容丰富的反腐倡廉法律法规,但因为没有一个完善的执行程序,导致法律法规要么无法贯彻落实,要么执行过程中走了样。同时反腐倡廉制度的制定,存在内容上的空洞化、标准上的虚泛化、程序上的模糊化等问题,使反腐倡廉制度看似健全充实,但在实质上难以贯彻执行,导致反腐倡廉制度的权威性和严肃性受到藐视、震慑力和公信力受到挑战。在既有的反腐倡廉法律法规中,虽然明确而具体地作了数量繁多的"严禁"、"不准"、"不能"、"不许"等禁止性条款规定,但对于违反这些规定的具体程序规则和处理办法,要么缺乏刚性规定,要么只是性质上规定而产生随意性太大。这类法律法规制定再多,也必然流于空转,无法发挥执行的效力。

二、对反腐倡廉制度执行力的重视程度不够

反腐倡廉制度由人来制定,也靠人来执行落实。反腐倡廉制度不被执行或执行不力,再好的制度最终也只是一纸空文。制度执行者对待反腐倡廉制度的态度,决定了反腐倡廉制度执行的实际效果。在反腐倡廉制度执行过程中,如果执行者对反腐倡廉制度没有树立正确的态度,必然出现反腐倡廉制度执行乏力和效果差的问题。当前一些领导和领导部门对反腐倡廉制度执行力的重视程度不够,就是一个突出的问题。

1. 缺乏法治意识。反腐倡廉制度的本质是党规国法在反腐倡廉建设领域的行为规范,是约束党员领导干部和国家公职人员的行为必须遵章守法的法律法规。我们党已经明确提出依法治国和依法执政的理念。要坚持把法治化作为治国理政的基本价值取向,体现在反腐倡廉建设领域,我们的党员领导干部和国家公职人员就要牢固树立法治意识。但是,少数党员领导干部和国家公职人员纪律观念淡薄、法治意识不强,不仅没有成为反腐倡廉制度的忠实执行者,反而成为违法分子的支持者,成为贪污腐败分子。近年来少数领导干部特别是高级领导干部违反党纪国法的行为,已在群众中造成了恶劣的影响,严重损害了反腐倡廉制度在群众中的公信力。

2. 缺乏权威意识。制度的生命力在于其权威性。反腐倡廉制度的权威性,不仅体现在制度本身,而且体现在制度执行的过程和结果上。反腐倡廉制度执行力的权威性就在于,明确规定了反腐倡廉制度建设中的相关机构及其人员应该做什么、不应该做什么等基本内容和具体要求。反腐倡廉制度的权威性,不仅要求反腐倡廉制度必须得到应有的尊重和服从,而且必须具有不可挑战的刚性。反腐倡廉制度指向的

主要对象是党员领导干部和国家公职人员，即受公众委托行使公共权力群体。通过制定和实施反腐倡廉制度，确保公共权力能够真正全心全意为人民服务，实践我们党"立党为公、执政为民"的理念和宗旨，阻止公共权力出现的扩张性和异化，防止党员领导干部和国家公职人员沾染上不正之风、甚至成为腐化堕落的贪污腐败分子。但是有一些党员领导干部和国家公职人员在不同程度对反腐倡廉制度缺乏权威意识，对待反腐倡廉制度缺乏最起码的尊重，在贯彻落实反腐倡廉制度过程中采取消极执行、象征执行、选择执行、替代执行，极大地削弱了反腐倡廉制度的权威性。

3. 缺乏自觉意识。执行反腐倡廉制度，贵在能够自觉贯彻落实。当反腐倡廉制度作为一种制度文化渗透到人们的思想意识中，就会转化为人们的自觉行动，才能使反腐倡廉制度形成"磨不推自转"的良好执行状态。绝大多数的党员领导干部和国家公职人员都具备遵守反腐倡廉制度的自觉意识，在学习工作生活的方方面面严格遵守反腐倡廉制度的规定。但是少数党员领导干部、特别是少数高级领导干部在思想观念和实际行动中缺乏自觉执行意识。个别领导干部还认为，按照反腐倡廉制度规定要求自己，就是上级组织和领导对自己的不信任，甚至把反腐倡廉制度视为工作和生活中的"紧箍咒"，限制了自己工作能力和才华的发挥。在这些错误思想的指导下，个别领导干部从忽视和无视反腐倡廉制度发展到违反反腐倡廉制度，从染上不正之风发展到最后走上贪污腐败的不归之路。其根源，就在于缺乏执行反腐倡廉制度的自觉意识。

4. 缺乏平等意识。反腐倡廉制度一旦制定颁布，就会对制度指向的对象普遍适用。无论是普通党员干部和国家公职人员，还是主要领导干部和高级领导干部，在反腐倡廉制度面前必须坚持人人平等。所有党员领导干部和国家公职人员，都必须严格遵守和贯彻落实反腐倡廉制度，任何组织或者个人都不得有超越制度规定之外的特权，绝不允许有"下不为例"和"例外特权"。但是在反腐倡廉制度执行过程中，少数领导干部当面一套、背后一套，台上一套、台下一套，要求别人不要碰的"高压线"，自己却屡屡碰撞，要求别人做到的，自己却做不到。这些领导干部由于存在特权思想和对制度的执行缺乏平等意识，将自己游离于制度的监督之外，根本谈不上反腐倡廉制度对其的监督和制约。这类领导干部不把"党要管党、从严治党"放在心上，执行制度采取双重标准、甚至置党纪国法于不顾，将人民赋予的权力异化为以权谋私的工具，从而严重影响了制度执行的公平性、公正性。更为恶劣的是，个别领导干部不仅自己不遵守反腐倡廉制度，在执纪办案中也缺乏公平性和正义性，为关系网所困、为说情风所扰，有章不依、执纪不严，徇私枉法、知法犯法。其根源就在于，缺乏党规国法的平等意识，把自己看成不受制约的特权人物。

三、对反腐倡廉制度的执行力缺乏有效制约和监督

腐败的实质是公共权力的滥用。权力导致腐败，绝对的权力导致绝对的腐败。要防止公共权力掌控者腐败，必须要加强对公共权力的制约和监督。通过建立公共权力的分立和制衡制度，确保公共权力得到公正行使，最大程度地为公共利益而服务。但是由于目前的制约监督制度机制的制定还不健全和科学，难以确保各项反腐倡廉制度真正贯彻落实到位。

1. 制约监督机制设置不科学导致监督制衡乏力。在一些反腐倡廉制约监督机制的设计上，往往忽视了一个重要前提，即反腐倡廉制度的执行关键在于人，包括反腐倡廉制度约束的对象和制度执行者。在没有建立健全决策权、执行权、监督权之间既相互制约又相互协调的权力结构和运行机制的条件下，在社会主义民主法治建设还不完善的条件下，目前所制定的反腐倡廉制度还是建立在依靠党员干部和国家公职人员的自身高素质和自觉执行的基础上。

但是，在所有的制度执行过程中，恰恰是人又必然存在不是完全可靠或不自觉的因素。因为毕竟千百万的党员干部和国家公职人员不可能百分之百的纯而又纯，在缺乏有效制约监督的机制下，人性中的弱点——“恶性”必然会使制度执行难以为继。这种基于“好人”假设理念来制定的反腐倡廉制度，在制约监督机制设置不完善和不科学的条件下，必然强化了监督制衡严重乏力的现象。

2. 制约监督机制的某些功能缺位导致监督制衡乏力。在反腐倡廉制度执行过程中，由于制约监督机制建设上的欠缺，反腐倡廉制约监督机制建设的瓶颈在于某些制度环节上没有形成有效的“闭环”，不能形成相互制约的监督体系，从而导致各项反腐倡廉制度无法形成整体合力，甚至出现了规避制度和利益结盟的不正常现象。如在一些腐败案件中就强烈地体现出在一些地方和部门由于反腐倡廉制度监督体系没有形成有效的制衡机制，相反形成了难以击破的利益同盟。一旦哪一方在反腐倡廉制度执行过程中出现了问题，首先不是按照原则去行使制约监督权，而是相互通气、彼此庇护，最后“大事化小、小事化了”。甚至一些执行反腐倡廉制度的相关职能部门，在地方利益和个人利益的驱动下，不仅为违犯反腐倡廉制度者提供各种保护，甚至为违犯反腐倡廉制度者的升迁宣传造势。其根源，就在于制约监督机制的某些功能缺位，导致监督制衡乏力。

3. 制约监督整体合力不强导致监督制衡乏力。反腐倡廉监督机制经过长期的建设，目前已形成了由中国共产党党内监督、人大监督、政府内部监督、政协民主监督、司法监督、公民监督和舆论监督组成的具有中国特色的监督体系。其中，以党委和纪检监察部门为主体的党内监督处于整个监督体系的中心。但是从近年来党内监督所暴露出来的问题看，突出反映了监督体制不顺、功能发挥受限制、成效受到质疑的问题。如在反腐倡廉制约监督中，出现了所谓硬监督缺乏刚性，软监督缺乏科学性，导致在现实中存在“上级监督太远、同级监督太软、下级监督太弱”，“看得见的无法监督、看不见的监督不了”等突出问题。正如有研究者分析其原因时指出，“从人大监督、民主党派监督、政府专门机关监督、人民群众监督以及社会舆论监督等其他监督主体来看，依然存在着监督关系不协调，整体合力不够强的问题，致使监督难以真正到位。”

四、对反腐倡廉制度的执行力缺乏完善的责任追究机制

执法不严和违法不究，既是对制度权威性和严肃性的挑战，也是对制度权威性和严肃性的最大伤害。在反腐倡廉制度建设执行过程中，虽然我们制定和出台了一系列的反腐倡廉制度和法规，但是目前一些反腐倡廉制度存在执行力缺乏的问题，在很大程度上是对那些不执行或违犯反腐倡廉制度者及其行为缺乏科学和完善的责任追究机制。

1. 反腐倡廉责任追究机制不健全不完善。在反腐倡廉制度的执行实践中，对违反制度者的责任追究，就存在着“失之于软、失之于宽”，导致违反制度者付出的成本太低的问题。如一些反腐倡廉制度内容要么是注重提醒和警告，要么是号召性的原则要求，实质性的责任追究规定不明确，即使发现了有违法违纪问题，往往是无法界定责任，导致本应追究当事人责任而无法执行。《关于实行党政领导干部问责的暂行规定》出台后，在实践的执行过程中就暴露出这一问题。如一些因违反党纪国法而被查处的党员干部，就将其一步步滑入贪污腐败深渊的责任推到了反腐倡廉制度本身，并认为是反腐倡廉制度的执行机构及其人员没有及时制止和警示，导致他们的贪污腐败问题由小到大、由轻到重，最后到了无药可救的地步。

2. 反腐倡廉责任追究缺乏严格执行标准。一些反腐倡廉的制度设计存在严重缺陷，忽视了责任追究方面的程序性和操作性规定；一些反腐倡廉制度内容设计和执行标准具有模糊性

和不确定性，制度执行中的刚性不足、弹性有余，导致制度执行机构及其人员的“自由裁量权”太大，甚至出现了“断章取义”地执行制度的现象。如一些反腐倡廉制度内容只规定了各种“定罪”原则和要件，而没有具体的“量刑”标准和程序，这就为实施责任追究造成了一定的困难。在部门利益分割化和权限责任不清的情况下，由于责任追究主体不明，造成了即使出现了违犯反腐倡廉制度规定的行为，也找不到相应的责任追究主体，更谈不上追究与反腐倡廉制度有关的制度制定者、监督者和评估者的连带责任。

3. 反腐倡廉责任追究的配套制度不完善。一些与反腐倡廉制度相关的制度不完善，影响了责任追究机制的实施。如决策制度的基本原则是“集体领导、民主集中、个别酝酿、会议决定”，但这一原则由于缺乏细化的责任界定和责任追究的配套制度，导致在一些地方、一些部门和一些领域出现的贪污腐败问题，恰恰是钻了“集体决策”的空子。在巨大利益的推动下，一些参与决策者明知作出的决策违反党纪国法，但为了自身利益依然制定这一政策。因为集体违反制度难以追究，集体负责会异化成集体不负责，在“法不责众”的心理下，就导致一些违犯反腐倡廉制度的政策制定者在这些领域堂而皇之地利用制度的不完善加以实施。

4. 反腐倡廉制度执行者缺乏良好的素养。一些反腐倡廉制度执行者由于政治和道德素养不高，不仅执法不严，甚至有的与违犯反腐倡廉制度者沆瀣一气，导致责任追究机制无法落实。如一些地方和部门的反腐倡廉制度执行者在地方保护的利益驱动、主要领导的授意、网络民意的影响下，丧失了基本原则、是非不分、徇私枉法、执法违法，对那些违犯反腐倡廉制度者及其行为置若罔闻、有禁不止，随意变通、恶意规避，堕落成了严重破坏反腐倡廉制度的同谋者；一些反腐倡廉制度执行者不仅没有发挥廉政制度执法者的职能和作用，甚至置广大人民群众和党员反映一些干部腐败的问题于不顾，为这些违犯反腐倡廉制度的领导干部的“带病提拔”担当说客。

五、反腐倡廉制度的执行力受到制度外因素巨大干扰

任何制度都是在现实的社会政治生活中运行的，其不可避免地受到各种制度之外的因素影响。有研究者指出，“谋求制度外的待遇和利益，必然导致对制度执行的干扰。从制度经济学的观点来看，制度决策者很可能在制度决策过程中追求个人利益的最大化；从信息经济学角度来看，制度执行者为获取制度信息优势方”。在反腐倡廉制度执行过程中，再健全再完备的反腐倡廉制度都会受到制度外因素干扰，严重影响反腐倡廉制度执行效力。目前反腐倡廉制度在执行过程中就遇到制度外因素的巨大干扰。

1. 官僚特权思想及其行为影响了反腐倡廉制度执行。在长期的封建专制社会发展过程中，各种类型的官僚特权思想在一部分党员干部和国家公职人员中根深蒂固，形成了固化的思维模式和行为方式。党执政以来，尽管经过了多次的政治运动和思想教育活动，但是在少数党员干部和国家公职人员身上体现出的官僚特权思想依然严重。少数领导干部，特别是个别位高权重的高级领导干部，不仅不以身作则、模范践行反腐倡廉制度规定，反而对党和国家反腐倡廉制度作出的规定视而不见，利用手中的权力，热衷于为自己及其身边人谋求制度外的特权待遇和个人利益。这种官僚特权思想及其行为在党内造成了恶劣的影响。

2. 受个人或小团体利益驱动影响反腐倡廉制度执行。不正之风和贪污腐败的本质就是利用公共权力谋取不正当利益。当执行反腐倡廉制度会使个人利益或小团体利益受到减损时，一些个人或小团体就会千方百计地消极执行或不执行反腐倡廉制度，采取各种方式干扰反腐倡廉制度执行。近些年来在工程招标领域、房地产开发、金融系统出现的贪污腐败群体案件，

就是典型的受到利益驱动而由利益相关方组成了规避或不执行反腐倡廉制度的腐败团体。如国家明确规定的金融实名制是预防和惩治腐败的有效手段,但是在一些金融部门基于自身利益的考虑,以各种方式规避这一制度,客观上为贪污腐败行为创造了有利条件,从而影响反腐倡廉制度执行。

3. 潜规则支配下反腐倡廉制度执行受到巨大的干扰。毋庸置疑,各种类型的反腐倡廉制度是摆在公众面前的显规则,是保证公共权力能够在阳光下公开公正公平行使的制度规则。然而,在当前中国经济转轨、社会转型的关键时期,由新旧体制更替带来的复杂因素,致使各种类型潜规则盛行。(“潜规则”概念最早由著名学者吴思在1998年提出,他认为在中国社会正式制度之外总存在着与正式制度相悖的规则,而这种规则在实际上支配着中国社会运行,这种规则就是潜规则,即一种“隐蔽的秩序”)“潜规则”是相对于“元规则”、“明规则”而言的。它是指看不见的、明文没有规定的、约定成俗的、但在相当一部分人中又是被广泛认同、实际起作用的,而对一些缺乏制约权利的人又是难以抗衡的一种隐蔽规则。于是一些党员干部和国家公职人员在“制度是死的,人是活的”,“没有一成不变的铁律,也没有不可变通的制度”的潜规则意识支配下,使公开的显规则执行受到巨大的干扰。这些潜规则以各种方式冲击和破坏反腐倡廉制度的执行,冲击反腐倡廉制度的权威性和严肃性。潜规则对反腐倡廉制度执行干扰的直接后果就是,执行反腐倡廉制度者受损,违犯反腐倡廉制度者受益,甚至执行反腐倡廉制度者会受到掌握权力的违犯反腐倡廉制度者的打击报复。

4. 复杂的人情关系使反腐倡廉制度执行受到严重干扰。我国社会在长期的社会历史发展过程中,形成了具有典型传统文化的“熟人社会”,它是指人与人之间有着一种私人关系,人与人通过这种关系联系起来,构成一张张关系网。著名社会学家费孝通先生指出,“陌生人社会”的规则是法律,而“熟人社会”的规则是背景或关系。尽管新中国成立已有60多年,改革开放和市场经济发展也有30多年,但我国社会以“熟人社会”为主导的模式并没有发生根本性改变。由亲情、友情、乡情、同学情、战友情等交织而成的人情关系网,覆盖着人们工作和生活的每个角落,使反腐倡廉制度的执行也不可避免地受到我国社会复杂的人际关系的困扰,在一些重大案件的查处过程中“讲人情”、“拉关系”、“走后门”问题频出,严重影响了反腐倡廉制度的顺利执行。

(作者:中共中央党校党建教研部副教授,法学博士)

我国反腐治权的思路和重点

李　林

目前，我国在应对和解决腐败问题上，大致有三种思维路向，即政治思维、德治思维和法治思维。总体而言，三者相互交织、彼此渗透、相互作用、各有侧重。

从政治思维的路向来看，应对腐败问题的基本思路是教育为主、惩治为辅、反腐倡廉、综合治理，其反对腐败的侧重点和落脚点是多管齐下、倡导廉洁、鼓励廉政，寄希望于执政党性质和宗旨、国家制度优势、社会民主参与、干部廉政楷模以及公仆政治觉悟。从德治思维的路向来看，应对腐败问题的中心思想是以德治国、道德教化、廉洁自律、软性约束，其反对腐败的侧重点和落脚点是教育、感化、训诫、教化，寄希望于公权力者自身的觉悟、觉醒和自律。从法治思维的路向来看，应对腐败问题的核心理念是依法治国、法律至上、反腐治权、刚性强制，其反对腐败的侧重点和落脚点是法治教育、制度规范、法律制裁，寄希望于法律和制度的严密性、权威性、规范性、强制性和他律性。

在应对和解决腐败问题上，法治思维并不排斥政治思维和德治思维，法治思维是政治思维、德治思维的法律化、制度化表现形式，法治方式是和平建设时期政治方式、德治方式的综合运用。事实上，法治思维必须高度重视、依赖并结合政治思维和德治思维，充分发挥政治优势与德治功能，这样才能在反对腐败斗争中真正做到标本兼治。但是，在社会主义初级阶段的基本国情下，在中国共产党成为执政党并坚持依法治国、依法执政新的历史条件下，对于腐败这个社会毒瘤，既不能靠搞20世纪50年代“三反、五反”那样的政治运动来解决问题，也不能靠搞“文化大革命”那样的“大民主”来解决问题，更不能靠搞意识形态斗争和道德说教来解决问题。许多国家反腐败的成功实践和有益经验证明，依靠与现代民主相结合的法治，依靠严谨的法律和有效的制度，才是应对和解决腐败问题的主要途径和根本利器。

在政治思维和德治思维下提出的“反腐倡廉”，所凸显的手段和目标是“倡廉”；在法治思维下提出的“反腐治权”，所凸显的手段和目标则是“治权”。腐败现象千变万化，腐败行为林林总总，但归根结底是公权力的腐败，因为“权力不受制约必然产生腐败”、“绝对的权力产生绝对的腐败”，所以各法治国家要依法分权和治权。公权力腐败的表现形式五花八门，公权力腐败的原因不尽相同，但归根结底是掌握和行使公权力的各类主体的腐败，而这些主体基本上都是政府官员和公职人员，所以各法治国家不仅要依法治权，而且要依法治官、从严治吏。在我国，依法治权、依法治官是推进依法治国、依法执政和依法行政的必然要求，也是法治思维下反腐治权的必然要求。反腐必须治权，治权必靠法治。

第一，坚持反腐治权，应承认公权力面前“人性恶”这一政治哲学的普遍假定。在“人性恶”的政治哲学假定看来，面对公权力的特性和巨大诱惑，包括政治领袖和政府高官在内的任何人，都有人性的弱点、缺点和局限，都有可能犯错误、出问题，甚至滥用权力谋私。西方先哲亚里士多德曾经说过，人在达到完美境界时，是最优秀的动物，然而一旦离开了法律和正义，他就是最恶劣的动物。在新中国革命和建设的实践中，我们也曾发生过“即使像毛泽东那样伟大的革命家、伟大的马克思主义者也会犯错误,也犯过错误”的悲剧。如果把行使公权力的国家公职人员、党政领导干部、所有公务员都假定为是大公无私、毫不利已专门利人、全心全意为人民服务的公仆和勤务员,都是圣人、完人和君子,那就不需要任何法治和监督了。政治哲学承认“人性恶”,看到人性的弱点、缺点和局限,有针对性地落实到国家制度设计和公权力配置上,就不能信任或者放任任何公权力主体,而要建立有效的法律制度和法治机制,监督制约所有公权力和每一个公权力行使者。

第二,坚持反腐治权,应更加重视发挥法律和制度对于权力的监督制约作用。通过法治思维反腐治权,就是要强调以制度规范权力,以民主监督权力,建立并完善以法律控制权力、以权力和权利制约权力的制度和机制,最大限度地减少公权力腐败的机会,最大限度地增加公权力腐败的成本。反腐治权的当务之急,就是要尽快从制度上和法律上切实解决“谁来监督监督者”、“谁来监督一把手”的问题。在这方面,认真研究国际上广泛认同的“立法、行政、司法三权分立,相互制衡”机制的合理性,仔细观察我国小朋友玩“锤子、剪刀、布”游戏以及民间饮酒对弈中“鸡吃虫,虫咬棒,棒打老虎,老虎吃鸡”的循环制约原理,都会给我们完善反腐治权的体制机制以深刻的启迪。反腐治权应更加注重法治的“顶层设计”和宪政制度安排,更加注重从法律制度、法治方式和法治机制入手,更加充分发挥法治对于公权力的引导、规范、制约和惩戒作用。当然,在解决公权力腐败的问题上,法治不是万能的,但忽视法治、弱化法治甚至撇开法治,却是万万不能的。

第三,坚持反腐治权,应进一步加强科学民主立法,完善反腐败法律体系。立法权本质上是人民意志的汇集和表达。立法权是提供制度、规范和程序从事反腐治权的第一道防线,如果因为法律的疏漏、程序的欠缺、规范的乏力、手段的不足等造成对某些腐败防治的不力或不能,其体制机制的主要原因就在于立法。因此,一方面,要确保民主立法、科学立法和公正立法,认真解决部门立法、借立法扩权卸责等问题,警惕并有效防止立法腐败;另一方面,应当加强反腐治权的立法力度,加快制定宪法实施监督法、反腐败法、公职人员财产申报法、国家机关编制法、重大决策程序法、政务公开法、行政组织法等法律,修改刑法进一步加大对腐败犯罪的惩罚力度,完善有关行政法(如政府采购法、招投标法)和经济法,从制度源头上堵住或减少公权力寻租的可能。在法治思维下,对公权力腐败的容忍,就是对公正的亵渎;对公权力腐败的手软,就是对人民的残忍。因此,靠法治反腐治权,不仅要有法可依、疏而不漏,而且要重典治腐、严刑惩贪。

第四,坚持反腐治权,应坚定不移地推进依法行政和严格执法。行政权本质上是人民意志的执行。行政权是把体现为人民意志和党的主张相结合的立法决策落实兑现的关键,既是反腐治权的重点对象,也是反腐治权的第二道防线。执法作为反腐治权的重点对象,是因为与立法权不直接经管人财物、司法权管辖案件较少接触人财物的特点相比,行政权非常强大,具体掌握着国家绝大多数资源的分配使用权,经常需要与经济文化事业、公民事项、社会事务、企事业单位等打交道,因此具有更多的腐败资源、腐败条件和腐败可能,是反腐治权的重点对象。另一方面,如果行政权切实做到有法必依,执法必严,依法行政,真正做到严格高效公正执法,把反腐治权的各项立法执行好,把反腐治权的各项法律规范严格高效地执行到位,执行到人,执行到权,就能起到反腐治权第二道防线的作用。如果说,无法可依和有法难依的主要责任在立法环节,那么,有法不依、执法不严、违法不究、放任贪腐的主要责任就在执法环节。作为执法环节的行政权,不仅要坚持依法自律和控权,做到自己不贪不腐、不滥用职权、不以权谋私、不执法犯法、不权钱交易……还要做到依法防贪、依法治权、依法治官,切实保证行政权依法廉洁高效的行使。

第五,坚持反腐治权,必须毫不动摇地坚持

依法独立行使职权和公正司法,充分发挥司法作为反腐治权最后一道防线的作用。司法是公正的象征,公正则是腐败的克星。司法权本质上是人民意志的裁断,它所追求的最高价值目标是公正,为了保证司法公正,必须要坚持司法独立原则,保证人民法院、人民检察院依法独立行使审判权和检察权,不受行政机关、社会团体和个人的干涉。实现司法作为反腐治权最后一道防线的功能,一方面,要切实保证司法机关依法独立行使职权,排除各种干预和干扰,明确区分司法权与行政权、立法权的界限,把判决执行权归还行政机关,把审判权回归人民法院,把矛盾纠纷解决的终结权回归人民法院,把人民法院回归宪法体制和法治。同时,应当尽可能地剥离或者减少司法权的经济、民事、行政和社会活动,避免司法机关自己成为被告,从制度设计和程序安排上最大限度地减少司法腐败的可能。另一方面,司法机关要以事实为根据,以法律为准绳,秉公司法,依法严惩各种腐败犯罪。尤其要坚持法律面前人人平等,切实做到"不管涉及什么人,不论权力大小、职位高低,只要触犯党纪国法,都要严惩不贷"。

第六,坚持反腐治权,应当重点"打老鼠"。我国反腐败的重点对象不是"老虎",而应当是"老鼠"。如果把当下我国反腐败的重点对象指向"老虎",很可能产生以下问题:一是"打老虎"尽管是比喻性的说法,但对于社会公众尤其是对广大青少年来说,老虎是威严可爱的珍稀保护动物,"打老虎"的这种说法不仅缺乏社会的生态伦理基础和普遍的道义支持,而且与我们保护珍稀动物的普遍宣传相矛盾,与生态文明建设的科学发展理念相背离。二是在我国古代社会,虎患成灾,因此打老虎是天经地义的为民除害,把那些腐败官吏比喻为"官虎吏狼"加以痛打,也就顺理成章。然而在今天中国,老虎濒于灭绝,稀缺珍贵,把"老虎"作为反腐败的重点打击对象,容易给人以反腐败找错了目标因而缺乏诚意的感觉。三是在我国传统文化中,虎与龙往往并列(如虎踞龙盘、龙腾虎跃、虎超龙骧),具有森林之王的观念地位和象征意义。如今天把老虎列为反腐败的重点对象,有可能误导人们把反腐败的矛头仅指向党和国家主要领导人,而忽视了那些危害很大、影响很坏、群众深恶痛绝而又大量存在的"贪官污吏"——"老鼠"。

反腐治权应当重视"打苍蝇、打蚊子",然而,苍蝇蚊子虽多且令人讨厌,但容易控制,危害不大;打苍蝇、打蚊子虽容易见成效,但难平民愤、难消民怨、难解民恨。因此,在"老虎"、"老鼠"和"苍蝇蚊子"这三个层级、三种类型的腐败对象中,应当提"老鼠"和"苍蝇蚊子"一起打,但把"老鼠"列为反腐治权的重点预防、惩治和打击对象。

之所以应当把反腐治权的矛头直指各种"老鼠"("硕鼠"),是因为:首先,在古今中华社会道德观念中,老鼠总体上都是负面的形象,"老鼠过街人人喊打"成为社会的共识,"打老鼠"具有广泛支持的社会基础和道义支持。其次,老鼠在现实生活中偷吃粮食、破坏庄稼、啃咬家具、传染疾病等等,老鼠的行为与腐败的现象比较贴切、如出一辙。因此,对于反腐败来说,"打老鼠"的提法更加形象具体、更加目标准确,能够更好地体现我国反腐治权的性质和重点,有利于吸引全社会参与反腐治权斗争。第三,老鼠数量多、繁殖快、分布广,屡除不绝,加之老鼠狡猾诡秘,贼头贼脑,鬼鬼祟祟,见不得阳光,比较符合当下我国腐败活动的表现形式和腐败高发、频发的基本态势。我们应当把反腐治权的矛头对准大大小小的"老鼠们",例如从级别来看,主要是省部级、司局级、县处级和科镇级领导干部;从领域来看,主要是管钱、管物、管人、管工程、管资源等岗位的公职人员,抓住反腐败工作的重点,切实有效地推进反腐败斗争。

(作者:中国社会科学院学部委员、法学研究所所长)

坚决提高腐败“死亡率”、降低“出生率”

黄苇町

中央纪委二次全会提出，要以反腐败的实际成效取信于民。应该说，世界上没有一个执政党像我们党这样高度重视反腐败斗争。从1983年至今，三任总书记连续21次出席了所有中央纪委全会并发表讲话。仅党的十七大以来的5年，就立案查处违纪违法案件60多万件，涉嫌犯罪被移送司法机关处理2.4万多人，包括坚决查处了薄熙来、刘志军等一批重大违法违纪案件。但一些领域消极腐败现象仍然易发多发，反腐败形势依然严峻。因此，如何更加科学有效地防治腐败，进一步提高腐败“死亡率”、降低“出生率”，无疑是廉洁政治建设的重要任务之一。

一、腐败的“出生率”为何居高不下

三十多年来的反腐败斗争实践证明，一些领域的消极腐败现象之所以易发多发，有多方面原因。

一是“糖弹”的攻击极其猛烈。随着经济持续高速增长和市场化转型，一个人数众多的富人阶层已经出现。在很多大中城市，还形成了专为他们服务的高档社区、会员制的交际和消费场所及子女受教育的贵族学校。他们的消费和生活方式，对靠正当收入和积蓄生活的公职人员包括领导干部，都形成强烈诱惑。而随着各种市场主体竞争的日趋激烈，有人便把高价收买公共权力作为主要经营手段，从奉送豪宅、股权直至美女，行贿花样不断翻新，意志不坚定者很容易被拉下水。反贪部门同志都知道，查处领导干部腐败案件，多数可从三方面入手：一是从和他关系密切的私人老板查起，二是从他包养的情妇查起，三是从他的子女亲属利用权力影响经商办企业查起。而有的领导干部之所以堕入腐败泥潭，与其强烈的“羡富”情结分不开，进而导致“一个富豪出了事，上百个干部倒下去”的现象不断重演。

二是经济社会转型中的漏洞导致腐败机会大量存在。如果说，在计划经济时代，掌权者能够支配资源，却不能变现为个人财产，那么转型期不健全的市场与缺乏制约的权力的同时存在，使得有的人不仅可以利用权力占有资源，还可以通过市场变现；不仅能在国内变现，还能洗出境外。国企改制中的经理人自肥现象，市场活动中的官商勾结、权钱交易现象，企业“走出去”过程中的国有资产海外流失现象，都是在这一背景下大量出现的。而制度建设的滞后和党内外民主监督的乏力，使腐败进入易发多发期。

三是基层腐败也有水涨船高之势。过去村干部贪污几万、十几万元就是很大的案件。随着经济总量迅速增长和工业化、城镇化对矿产资源和土地需求的剧增，近些年来村委会“三大员”相互勾结，贪污挪用数千万元甚至数亿征地拆迁补偿费的案子竟接连出现。而辽宁省抚顺市国土资源局顺城分局原副局长罗亚平，更创造了“受贿额最大的最小的官”的纪录。

四是一些地方政治生态恶化导致窝案大案频发。20世纪六七十年代出生的党员干部现在已成为领导干部队伍的主体。作为改革开放后成长起来的一代人，无论国际眼光、知识层次还是创新精神，都远远超出前几代人。但其中也有少数干部受物欲横流的社会风气的影响较深，“权力”意识、“交换”意识、“关系”意识比较浓厚，而宗旨意识、群众意识淡化，拒腐防变能力下降。尤其在一些政治生态恶化的地方，是与非、罪和非罪的界限都被“从众心理”搞模糊了，甚至形成一种“潜规则”下的“逆淘汰”，黑龙江的“韩马大案”、铁道部的刘志军案都是如此。

五是一些党组织软弱涣散，好人主义盛行，对党员干部管理失之于软、失之于宽。教育不够扎实，制度不够健全，监督不够得力，预防不够有效，应该及时提醒的没有及时提醒，应该坚决制止的没有坚决制止，应该严厉惩处的没有严厉惩处，有的甚至包庇腐败和犯罪。尽管党内纪律处分条例的有关规定中，都清楚地列举数款、十数款必须惩处的事项，执行时却往往“雷声大、雨点小”，甚至“有雷声、无雨点”。一些私欲较重的党员干部视纪律为“稻草人”，抱着“众人闯红灯，犯法不受罚”的侥幸心理违法乱纪。

因此，腐败“出生率”的居高不下，既有体制和制度原因，又有思想和作风原因，需要通过标本兼治来解决。

二、降低腐败“出生率”，必须提高“死亡率”

大量事实证明，腐败的高“出生率”和低“死亡率”是分不开的。从被查处的领导干部来看，很多都有相当长的腐败史，有的甚至是十几年来一直边腐边升。如果有10个领导干部以权谋私，能够被揭露和受到惩治的只有一两个人，甚至比例更低，腐败收益明显大于风险，就会刺激更多人的腐败冲动。某些腐败分子的有恃无恐，就是建筑在“伸手未必被捉”的侥幸心理之上的。而人民群众衡量反腐败工作成效的最主要标准就是腐败分子能否受到惩治。只有坚决惩治腐败，才能取信于民，才能极大地提升腐败犯罪的成本和风险，惩防体系建设中的教育、制度、监督、纠风、改革等措施才能发挥作用。反之，如果反腐败斗争没有结果，必会极大地挫伤广大干部群众与腐败活动斗争的积极性，甚至危及人们对党的信任。习近平总书记强调“老虎”、“苍蝇”一起打，更是非常形象地指出了我们惩治腐败的两个重点。

“老虎”主要指个别重要的领导干部的以权谋私活动。有的纵容子女亲属利用权力影响批地拿项目、经商办企业，社会影响非常恶劣。他们以为，只要自己的儿子、孙子完成了原始积累，即使共产党垮了也可以做“人上人”。这其实是大错特错了。罗马尼亚的齐奥塞斯库在台上时，家人风光无限。但剧变发生后，不仅齐奥塞斯库夫妇死于非命，其家人也被新执政当局没收全部财产，甚至身上穿的、头上戴的、手上挎的、脚下踩的国际名牌奢侈品也无一漏网。“覆巢之下、安有完卵”。认为自己的命运可以和党的命运分开，本身就是不切实际的幻想。而坚持党纪国法面前没有例外，不管涉及谁，都要一查到底，决不姑息，可以对腐败活动产生最大的威慑力。

“苍蝇”则是指那些发生在群众身边的腐败活动。尽管个案金额未必高，但数量大、涉及面广，由于直接侵害人民群众的利益，所以也会严重破坏党群、干群关系，威胁我们党的执政基础。不久前，习近平同志去河北省阜平县看望困难群众时，就对群众反映的扶贫款项被截流和挪作他用情况，表示非常愤怒。他说，这是犯罪行为。必须坚决杜绝，坚决反对，坚决查处。三个“坚决”的背后，是浓郁的人民情结。因此，强化民生领域反腐败工作非常紧迫。根本措施就是要把民生工程建成阳光工程，依靠透明公开消除暗箱操作；建成民主工程，依靠民主决策消除长官意志；建成法制工程，依靠无处不在的群众监督，对付小额、分散项目的腐败活动。

此外，针对海外同胞反映强烈的有的领导干部一掷千金在海外购置豪宅，家人、赃款都提前转移境外，自己留在国内当“裸官”、一有风吹草动拔腿就走的现象，中央纪委二次全会作出两项决定，一是明确要求加强对配偶子女均已移居国（境）外的国家工作人员的管理和监督。过去我们常说，“跑了和尚跑不了庙”，现在他们把“庙”都提前搬走了，对随时可能开溜的和尚自然要看紧点。深圳市首先规定“裸官”不能当“一把手”，就是不让他们有太大的权力。二是要进一步完善国（境）外办案合作机制，加大防逃、追逃、追赃力度。总之，决不让这些靠盗窃自己的祖国非法暴富的人跑到国外去当寓公，去享受下半辈子。断了腐败分子外逃这个后路，才有利于进一步降低腐败的“出生率”。

习近平同志还提出，要“把权力关进制度的笼子里”，这是新一届中央领导集体科学有效地防治腐败的重要思路。大量事实证明，从严执纪固然可以有效遏制腐败，但如果管不住权力，仅针对各种具体的以权谋私行为发禁令，必然堵不胜堵、防不胜防，只会使纪律越订越多、越订越琐细，而相比随着形势变化出现的各种花样翻新的以权谋私活动，永远至少慢半拍。因此，管住权力是根本。权力有制约才有平衡，只有适当分权、相互制约，严格程序，划定权力边界，才能把权力关进制度的笼子里。当然，有关的制度建设离不开“顶层设计”，但我们不可能坐在房子里就能搞出一套尽善尽美的方案，而是要从最基础的工作做起，包括通过查一批案子，发现一些漏洞，完善一批制度，出台一些改革，积小胜为大胜，积大胜为完胜。同时还要在增强制度的执行力上下功夫，做到既设“高压线”，又通“高压电”，使心存歪念者不敢越雷池一步。只有这样，才能逐步铲除腐败滋生蔓延的土壤，使腐败的“出生率”大大下降。

三、降低腐败“出生率”，发展民主监督是根本

讨论腐败的“出生率”和“死亡率”都离不开对腐败存量的估计，不同估计会产生不同对策。前一段时间，有同志提出了“有条件地赦免贪官过去的问题来换取他们对政治体制改革的支持”的建议，其立足点就是不同程度上涉足腐败活动的领导干部的数量之多，已经到了不消除这些障碍就无法继续改革的地步，有人甚至根据估算的腐败金额占 GDP 的比重，推算出贪腐者占领导干部和公职人员的比重。这个判断的依据首先就站不住脚。

腐败的本质是以权谋私，因此必须具备三个条件：一是掌握公共权力，不掌握公共权力就没有腐败的本钱，一般老百姓即使想腐败也腐败不了。二是有腐败机会，例如体制和制度存在漏洞、决策不公开不透明、监督乏力等。三是有腐败动机。一个领导干部能够廉洁奉公、自我约束，他掌握的公共权力再大也不会腐败。只有先产生腐败动机，才后有腐败活动。从第一、二个条件看，我国权力相对集中的领导体制，决定了在一个党政机关或国有企事业单位中，公共权力主要集中在“一把手”和少数实权部门的负责人中，这些年来被查处的腐败案件中，“一把手”比例长期处于 40% 左右就是证明。随着各种办事公开制度的发展，一些具体经办人员吃拿卡要的不正之风也受到有效遏制。党政干部队伍中的绝大多数人并不具备腐败条件和机会。从第三个条件看，掌握重要公共权力的领导干部才最有腐败的条件和机会。但由于我们党对这个层次的领导干部的选拔更慎重、管理更严格、反腐倡廉教育抓得更紧，所以总体而言，这部分干部的思想政治素质在整个干部队伍中最高，这决定了其中有腐败动机的只是很少数，涉足腐败活动的也是很少数，绝大多数的党政干部对腐败是深恶痛绝的。这是我们的反腐败斗争得民心、得党心、得党员干部之心，必然能够取得胜利的根本保证。因此，当前需要的绝不是通过“赦免”贪腐来获得他们对改革的支持，而是要通过严惩腐败来赢得包括领导干部在内的绝大多数党员干部和人民群众对改革的支持。而首先就是要大力发展党内民主和人民民主。以集体领导取代“一言堂”，使“一把手”的权力不会过大，公共权力受到有力制约；要求施政透明、公开，以权谋私的操作空间小了、代价大了，“位高不擅权、权重不谋私”就可以全面变为现实，就能形成不敢腐的

惩戒机制、不能腐的防范机制和不易腐的保障机制。因此，人民群众的众目睽睽也会成为一个关住权力的“无形的笼子”、一面揭露腐败的镜子、一把防止腐败之癌扩散的“手术刀”。当然，有些问题沉疴已久，不能指望毕其功于一役。广大党员干部和人民群众也要充分认识党风廉政建设和反腐败斗争的复杂性和艰巨性，“给希望一点时间”，“给理想一点时间”，既看到党风廉政建设已取得的显著成效，也要做好与消极腐败现象打“持久战”的思想准备。

（作者：《求是》杂志研究员、红旗出版社原副总编辑）

破除特权思想与保持党的先进性纯洁性

桑学成　王金水

在中共十八届中央纪委二次全会上，习近平总书记强调，开展反腐倡廉建设，必须反对特权思想、特权现象。共产党员永远是劳动人民的普通一员，除了法律和政策规定的个人利益和工作职权，所有共产党员都不得谋求私利和特权。

所谓特权，是指个人或集团凭借经济势力、政治地位、特殊身份等享有法律认可和政策规定之外的、以利益分配不公平为基础的特殊权力。特权为普通民众所不能享有。特权无序地扩展国家权力和公共权力的边界，将私利和"潜规则"强加进法律和制度的范围。法国启蒙思想家查理·路易·孟德斯鸠指出："一切拥有权力的人都容易滥用权力，这是一条亘古不变的经验。有权力的人们使用权力，一直遇到有界限的地方才休止。"英国哲学家约翰·洛克认为，"特权"是一种自由裁量权。而政治权力不过是公民权利让渡的结果，其设置的本意是保护公民权利。从社会契约的角度看，政治权力不能以官员的意志为意志，政府的行为必须基于公民授权。政府可以拥有一定限度的自由裁量权，但自由裁量并不意味着政府可以任意行事，而要受到严格限制。原南斯拉夫共产党领导人、著名理论家米洛凡·吉拉斯是东欧社会主义国家阵营中最早认识并系统研究社会主义国家特权阶层、尤其是苏联特权阶层问题的学者和政治家。他用"共产党新阶级"(Communist Party New Class)，指称生活在苏联模式中的共产党特权者，指出这个特权"新阶级"已经削弱苏共。

至于特权衍生出特权思想，当代法国思想家米歇尔·福柯指出：权力和知识是直接相关的。不相应的建构知识领域(包括文化机制)，就不可能有权力关系；不同时预设和建构权力关系，就不会有任何知识……贯穿权力—知识和构成权力—知识的发展变化及其矛盾斗争，决定着知识的形式及其可能的领域。由于文化具有沉淀性和渗透性的特点，能够影响人们的思维和行为，由于特权意识可以扎根于民族文化的血液之中，成为文化基因，因此，特权的出现必定伴生维护特权的文化思想。由特权衍生出的特权思想，是资产阶级腐朽思想和封建残余思想在现实生活中的反映。而权力的配置、使用、监督不当所产生的特权，又是官僚主义、形式主义、自由主义产生的总根源。

一、特权的产生和表现

我国社会主义制度的建立，从根本上否定了特权。权为民所有，权为民所用，理应成为社会主义中国的政治行为准则。然而，陈旧习惯势力和专制思想影响，社会主义民主制度不完善，一些党员干部仍然没有根除特权思想。他们淡漠宗旨意识，脱离人民群众，不为绝大多数人谋利益。在某些领域、某些方面，特权现象有愈演愈烈之势。特权的本质特点是权力拥有者违背民意，为了一己私利而滥用权力，与民争利。其危害在于颠倒权力的来源、混淆权力行使的目的、模糊权力行使的范围、扭曲执政为民的理念，侵蚀党的先进性和纯洁性。权力腐败已经成为越来越多的社会矛盾的导火索。人们深恶痛绝特权，也反思特权产生的原因。

第一，思想原因。新中国的成立，从制度层面消灭了封建特权。但是，封建专制主义的思想残存于包括领导干部在内的国人的头脑中。

在《党和国家领导制度的改革》一文中，邓小平指出："搞特权，就是封建主义残余影响尚未肃清的表现。"特权源于封建主义的官本位、等级制。不仅如此，共产党执政以后，由于过多地强调集体主义和整体利益，相对地忽视个人的权利和自由；片面地将权力制约视为资本主义的制度形式，忽视社会主义权力制约体系的建设；习惯将党政领导者视为"人民公仆"，疏忽对其制约与监督。这些都为特权现象的滋生和蔓延提供了思想基础。另外，我国政治架构的权力集中性，又往往体现为个人的身份和社会地位。随着实际的权力至上作用和社会广泛追捧权力拥有者，某些掌权者逐渐膨胀个人主义、唯我独尊、以权谋私的特权意识。教育的缺失，也使部分干部放松思想改造和纪律约束。他们的世界观、人生观、价值观出现蜕化和质变，必然加重权力腐败。

第二，体制原因。我国尚未建立起有效的权力制约机制，国家权力体系相对集中统一。虽然权力的集中有利于办成大事，但是，从政治权力运行的规律看，权力过分集中容易滋生特权和腐败。早在改革开放之初，邓小平就指出：在党的一元化领导的口号下，集权导致个人权力的膨胀和垄断。由于权力执掌者控制着公共产品的分配和公共权力的配置，如果民主制度和法治机制不健全，公共权力将会被用作非公共目的。制度变迁理论认为，任何制度一经形成，都会产生路径依赖。当经济社会发生重大变革而体制还不能及时调整与更新，原有体制的保守性和僵滞性就会表现出来。如果体制的保守性大于其进取性，官员就会维护原有的体制和巩固原有的权力关系，体制也会赋予官员以某种特权，使其能够效忠原有的体制，从而产生特权现象和特殊利益集团。不仅如此，职位权力的异化也会带来特权。当职位权力能够重复性地满足个人利益，职位权力就会转变为相应的特权。职位的高低决定职位性特权的差别，具有明显的等级性。权力的拥有者凭借"工作需要"，无视政策法规而假公济私，以公共之名行一己之私。公款吃喝、公费旅游，以及根据职位高低享受制度之外不同的待遇等，已经是权力的权利化或职位权力的异化。我国现行的法律法规、党纪党规、行政条例都规定监督公共权力，但其执行并不尽如人意。人治大于法治、落实流于形式的问题长期存在。即使到问责之时，往往避重就轻或相互推诿。监督缺位、惩处乏力是导致特权现象的重要原因。

第三，经济原因。我国实行全民所有制和集体所有制，曾经长期实行计划经济体制。政府部门、国有企业的负责人都是国有财产所有权的委托代理人，拥有人、财、物等各种资源的支配权和使用权。在实际运作的过程中，这些权力极易转化成为特权。改革开放以来，由于实行以公有制为主体，多种经济成分并存，传统的计划经济体制逐步向市场经济体制过渡，造成一定时期内的计划经济与市场经济并存的"双轨制"局面。加之管理机制、监督机制一度缺位，也给公共财产之非公共支配和公共权力之非公共运用提供可能，势必滋生特权现象。

当前，带有根本性的特权现象非常突出：

第一，职务消费过度。一些国家公职人员超出正常工作需要行使职权而产生不必要、不合理的费用支出，浪费惊人。公务用车超标及公车私用，财政负担沉重；公车使用效率低下，浪费惊人；公务接待超标准、扩大化、娱乐化，高消费愈演愈烈；公务送礼成风，形成公款行贿之势。

第二，权力特殊化。权力不是出自权利，而是产出了权利。权力没有制约，领导干部阶层呈现代际继承。领导干部待遇终身制，特权更多地转向经济上的"现实利益"。某些地方将公务员单独出来建立社会保障体系，公务员退休以后的福利待遇明显高于企业事业单位。在行政权力独大，甚至异化为特权的背景下，整个社会开始形成权力价值观。

第三，特权现象固化。目前，我国的官本位被等级制度化。同级干部，都有严格的座次排序；不同级干部，更有不可逾越的排名及待遇。

严重的是,在权力行使过程中逐渐出现权力“抱团”、利益“拉帮”和干部“结网”的既得利益集团现象。地区与地区、部门与部门、单位与单位、领导与领导之间,可以见到权力的相互利用、相互交换、彼此关照,公共权力因此固化在少数人手中。比如,在矿产资源开发、移民安置、建筑拆迁、国企改制中侵犯群众利益等诸多问题的长期沉淀,大多与特权和权力“集团化”有关。

二、特权思想破坏党的先进性和纯洁性

特权思想与公平正义的要求大相径庭,与和谐法治的秩序背道而驰。特权思想助长权力崇拜和不正之风,削弱党的凝聚力和战斗力,损害党的先进性与纯洁性。

首先,特权思想破坏党的思想建设。共产党执政的根本宗旨是全心全意为人民服务,为人民的富裕、幸福与社会的和谐、进步而奋斗。共产党员代表人民行使权力,必须置于人民的监督之下,保证权力不能变成谋取个人利益和集团私利的工具。邓小平指出:“我们今天所反对的特权,就是政治上、经济上在法律和制度之外的权利。”我国的社会主义制度是在半封建半殖民地社会制度的基础上建立起来的,封建主义残余思想一直未能根除。官贵民贱、封妻荫子、“刑不上大夫,礼不下庶人”、“为尊者讳,为尊者隐”,以及“劳心者治人,劳力者治于人”等种种特权思想观念,至今仍然有影响。反映到一些党员干部的世界观、人生观、价值观,就是独断专行、居功自傲、假公济私、以权谋私等特权思想。特权思想使得这些党员干部的理想信念飘忽不定,表面上信奉马克思主义,内心却迷信佛祖、上帝,真正信仰的是“权力至上、金钱至上、实用主义、享乐主义”等。他们在组织上入党,却没有在思想上入党,并且在行为上用手中的权力为个人谋利益,在态度上暧昧、容忍腐败。由此败坏党风、政风和整个社会风气。而思想腐败与道德腐败、生活腐败、权力腐败如影随形。

毛泽东着重强调思想建党。早在新民主主义革命时期,他就创造性地提出党员不仅“在组织上入党,而且在思想上入党”的观点。新中国成立以后,他仍然坚持把思想建设放在党的建设的首位。目前,我们党面临着多变的国际国内环境,所肩负的历史使命已经发生重大变化,加之党员队伍的构成庞杂,加强党的思想建设具有特别的重要性和紧迫性。而活跃在现实生活中的特权思想往往被“去道德化”,成为人们追逐的目标,使得特权拥有者不以为耻、反以为荣。人们对特权的羡慕、追逐和对公平的漠视、疏远,对特权的诉求超过对公平的诉求,导致正义和良知难以占据社会的主流心态和难以成为社会的主导意识。如果忽视和弱化思想建设,不能根本地解决党员的思想入党问题,就不能提高党员队伍的素质和增强党的凝聚力战斗力,就应对不了、化解不了我们党面临的“四大考验”和“四大危险”。因此,保持党员干部的思想先进、纯洁,任重道远。

其次,特权思想破坏党的组织建设。维护党的组织纯洁,确保党的队伍真正由无产阶级和人民群众中的先进分子组成,是党的先进性的组织前提。中国共产党已经是世界上规模最大、人数最多的政党。但是,党员规模不等于核心战斗力。改革开放的深入,带来我国经济社会的转型。社会阶层的分化,民众利益诉求的多元化,助长党内特权思想,导致某些党员丧失组织性、纪律性,对党的认同度降低。甚至在某些地区和某些领域形成特权集团、特权阶层,严重破坏我们党的阶级基础和群众基础。特权的泛滥实际地强化等级基础,强化不平等意识和不公平做法,削弱权力监督和权力制约,压制和破坏民主。同时,特权思想导致某些党员干部独断专行、唯权唯上,不能听从下级和基层的正确意见,破坏民主集中制的组织原则。特权和特权思想还会加剧制度的僵滞和保守,使制度在逆向条件下惰性运行,侵蚀党的组织建设的制度基础。新制度主义认为,制度的生命力在

于创新与发展。特权和特权思想具有天然的反制度性，尤其是反对制度创新。特权阶层和特殊利益集团是现存利益格局的既得者，自然反对再调整权力与利益的分配，阻碍组织制度的改革与发展，扭曲党的组织建设的深入与完善。贯彻执行正确的思想路线、政治路线，坚持民主集中制原则，建设高素质的党员干部队伍，充分发挥党组织的战斗堡垒作用和党员、干部的先锋模范作用，才能保持党组织的先进和纯洁，增强党的凝聚力和战斗力，防止特权思想侵害党组织。

再次，特权思想破坏党的作风建设。“水能载舟，亦能覆舟”，民众的拥护和支持是执政党的力量源泉和生存根基。马克思主义政党始终强调自身的纯洁，始终保持与人民群众的血肉联系。《共产党宣言》指出，共产党是无产阶级利益的忠实代表，只能代表“最广大人民群众的利益”。共产党人“没有任何同整个无产阶级的利益不同的利益”。共产主义者同盟严格要求每个支部负责发展品质纯洁的成员。列宁继承马克思主义政党的建党理论，强调共产党是无产阶级优秀分子的集合体。“徒有其名的党员，就是白给，我们也不要”。“我们的任务是要维护我们党的坚定性、彻底性和纯洁性”。毛泽东提出，中国共产党“必须坚持集中统一、思想一致、行动一致，保持党的纯洁性。这样的党，是自有政党以来从未有过的模范党派”。他强调，夺取全国胜利，要“有纪律的、思想上纯洁的、组织上纯洁的党，合乎统一的标准的党”。邓小平指出，“为什么过去很困难的局面我们都能度过？根本的问题是我们的干部、党员同人民群众一块苦”。“一块苦”就是密切联系群众、与人民群众同甘共苦。这是我们党取得革命、建设、改革成功的关键。在长期执政的历史条件下，党脱离群众的危险增加了。对此，党的十八大提出“权利公平、机会公平、规则公平”，要求我们党的各级领导干部不搞特权，与群众打成一片。“得民心者得天下，失民心者失天下。”中国共产党的最大政治优势是密切联系群众，执政后的最大危险是脱离群众。群众路线是党的生命线。做好新形势下的群众工作，既是坚持党的根本宗旨、巩固党的执政地位的必然要求，也是化解社会矛盾、强化社会管理、促进社会和谐的重要举措。马克思主义政党注重保持党的纯洁性，就是为了永葆党的政治本色和生机活力，更好地肩负起自己的历史使命。

三、制约特权的思想体系和体制机制

保持党的先进性和纯洁性，必须反对特权与特权思想。执政的共产党所处的特殊地位决定官德引导民德，党风决定民风。随着世情、国情、党情、社情的深刻变化，我们党的执政所面临的“四大考验”长期、复杂、严峻，所面对的“四大危险”现实、残酷、尖锐，反对特权与特权思想的任务尤其艰巨。当前，保持党的先进性、纯洁性，就必须制约权力、制止特权。

首先，从思想观念上厘清权力来源，树立公平正义的价值理念和人人平等的权利原则，从严治党。中国共产党的一切权力来自人民，并且用来全心全意为人民服务。马克思恩格斯肯定资产阶级废除封建特权的历史功绩，同时从全人类自由解放的角度指出，资产阶级的阶级局限使其不能彻底地废除特权。消灭一切特权、实现人类的自由平等，责无旁贷地成为无产阶级的历史使命。马克思恩格斯肯定巴黎公社的民主原则，即公职人员实行普选制，只领取相当于普通工人的工资，加强公众监督等，认为这样做才能够“可靠地防止人们去追求升官发财”。列宁主张人类一切权利的平等，反对一切形式的特权，“同一切特权作不调和的斗争”。

早在七大时期，中国共产党就把全心全意为人民服务的精神写入自己的章程。1958 年，毛泽东指出：“人们的工作有所不同，职务有所不同，但是任何人不论官有多大，在人民中间都要以一个普通劳动者的姿态出现。决不许可摆架子,一定要打掉官气。”他深恶痛绝特权,认识到党员干部只有正确对待手中的权力,不谋求特权,才能够保持党的先进性纯洁性。在改革开放初期,邓小平痛斥党内特权:“有一些干部,不把自己看成是人民的公仆,而把自己看成是人民的主人,搞特权、特殊化,引起群众的强烈不满,损害党的威信。如不坚决改正,势必使我们的干部队伍发生腐化。”现在,党中央再次重申“反对特权”,有着更为丰富的政治内涵和深厚的现实动因。在新的历史条件下,坚决反对特权,必将十分有利于和有助于我们党保持先进性、纯洁性。重新修订的《中国共产党章程》规定,“党除了工人阶级和最广大人民群众的利益,没有自己特殊的利益”;“共产党员永远是劳动人民的普通一员……不得谋求私利和特权”。《党内政治生活若干准则》更加明确地提出,领导干部“只有勤勤恳恳为人民服务的义务,没有在政治上、生活上搞特殊化的权利”。全心全意为人民服务是我们的立党之本。一些党员干部的种种特权与我们党的性质和宗旨背道而驰。如果任由其泛滥,势必使我们的党脱离群众,甚至形成列宁所说的“工人贵族阶层”,党就会变质,党的执政地位就要丧失。因此,反对特权、从严治党,首要从思想方面解决问题。增强制度意识,破除特权观念,是抵制特权的基础和前提。

其次,从体制机制上制约权力、监督权力运行,把权力关进制度的笼子里。建立健全决策权、执行权、监督权能够相互制约、相互协调的结构和运行机制,让公共权力在阳光下运行,使特权没有存在空间。总结“文化大革命”的教训,邓小平深刻指出:“我们过去发生的各种错误,固然与某些领导人的思想、作风有关,但是组织制度、工作制度方面的问题更重要。”而解决特权和特权思想,就“要解决思想问题,也要解决制度问题。”比较起来,制度问题“更带有根本性、全局性、稳定性和长期性”。目前,要坚持“老虎”、“苍蝇”一起打,形成不敢腐的惩戒机制、不能腐的防范机制、不易腐的保障机制。因此,制约特权的根本之道在于制度约束,尤其是建立长效机制,防止特权被承认和形成制度化。特权是制度性腐败,一旦得到承认,就意味着合法,意味着由特权导致的腐败可以不被追究。其危害将更为严重。因此,反对特权、反腐倡廉必须常抓不懈,拒腐防变必须警钟长鸣,关键是经常抓、长期抓。

制约特权需要加强对权力的规范和约束,防止权力恶性膨胀。一是以权力制约权力。建立结构合理、配置科学、程序严谨、制约有效的权力运行机制,防止权力的越轨和异化。二是以权利制约权力。权力的恶性膨胀必然侵害公民的合法权利。保障宪法赋予公民的各项权利,既能防止权力腐败,也能保证权力的良性运行。三是以舆论制约权力。舆论制约权力体现公民权利的延伸。舆论制约具有全方位、全天候的特征,能够弥补法律制度的不足。

科学地规约权力是预防特权、加强制度建设的根本途径,其中包括加强制度执行的效果和力度。制度遭遇特权,会被权力的傲慢束之高阁。制度执行的低效,会侵蚀优秀文化传统,加剧潜规则的滥觞,破坏社会的正常运转,使社会竞争的天平倒向特权者,加固社会结构的不合理,激增社会的不公和不稳的因素。政治体制改革分解过分集中的权力,建立起权力制约链,从制度和体制上杜绝个人说了算的特权现象。而至关重要的制度监督,需要完善的反特权法律法规,克服制度执行的随意性,限制权力的扩张,防止出现特权。“无论何种特权,其目的自然都在于免受法律的管束,或赋予法律所未禁止的某种事物以专属权利。”遏制特权现象,必须加快政治体制改革,运用法律手段禁止任何形式的“专属权利”。从严治党,以科学化、民主化、法治化创新党建制度,消除特权思想与特权行为,保持党的先进性、纯洁性。为此,坚持“法律面前人人平等、制度面前没有特权、制度约束没有例外”的党建原则,改变自上而下的、以“封闭—集中—运动”为主要特征的传统党建模式，建设以自上而下与自下而上相结合的、“公开—民主—法治”为特征的现代党建模式。1992年，邓小平在南方谈话中提出，廉政建设“还是要靠法制，搞法制靠得住些”。2000年，江泽民在中央纪委全会上提出：“反腐倡廉工作要逐步实现制度化、法制化。”2005年，胡锦涛在中央纪委全会上提出，“继续在完善制度上下功夫，推进反腐倡廉工作的制度化、法制化，发挥法规制度的规范和保障作用”。最近，习近平提出，“加强反腐倡廉教育和廉政文化建设，健全权力运行的制约和监督体系，加强反腐败国家立法，加强反腐倡廉党内法规制度建设”。这是社会主义民主政治建设的重大任务。

（作者：中共江苏省委党校副校长，教授；中共江苏省委党校副教授）

党的十八大关于权力监督问题的理论贡献

董世明

党的十八大明确提出了反腐倡廉的任务，要求加强对权力的监督，克服各种腐败现象，实现干部清正、政府清廉、政治清明。反对腐败现象是一个系统工程，加强对权力的监督是其中的一个重要环节。权力和腐败现象有着密切的关系，权力不受监督或监督不力就必然会产生腐败。孟德斯鸠指出，“一切有权力的人都容易滥用权力，这是万古不易的一条经验。有权力的人们使用权力一直到遇到有界限的地方才休止”，“要防止滥用权力，就必须以权力约束权力。”正因为加强对权力的监督是克服各种腐败现象、树立良好党风和社会风气的有效手段，所以党的十八大着重强调了权力监督问题，提出了一系列关于权力监督的重要思想。

一、权力监督的直接目标是克服腐败现象，实现干部清正、政府清廉、政治清明

权力，又称为公共权力，是统治、管理社会的重要工具。权力不是少数人的意志，而是社会成员公众意志的体现。公共性是权力的固有属性，权力的公共性要求权力必须维护社会全体成员的公共利益。但是，权力不是抽象的，它从来都是同具体的人、集团或阶级结合在一起的。所以，权力运行的结果有两种可能性：一方面，它可能维护全体社会成员的公共利益；另一方面，它也可能维护少数掌权者的利益，成为少数人谋取私利的工具。当权力符合人民的利益和意志，在法制轨道上进行公共运作时，它就能够推动社会的良性运行和协调发展；当权力违背人民的公共意志，偏离法制轨道，出现非公共、非规范运作时，它就会危害社会公共目标和公共利益，成为少数人谋取私利的工具，从而导致腐败的产生。加强权力监督的重要目标之一，就是让权力在法制的轨道上进行规范运作，从而避免腐败现象的发生。党的十八大要求健全权力监督体系，目的就是让权力维护社会全体成员的公共利益，坚持中国特色的反腐倡廉道路，“全面推进惩治和预防腐败体系建设，做到干部清正、政府清廉、政治清明”。

二、权力监督的重点是各级领导干部，特别是主要领导干部

建立健全权力监督体系、开展权力监督工作的重要环节是明确权力监督的客体。监督的对象不明，监督工作就无从开展。党的十八大对权力监督的对象作了明确的规定。十八大报告指出，要“严格规范权力行使，加强对领导干部特别是主要领导干部行使权力的监督”。

权力监督是全方位的工作，任何掌握权力的单位和个人都要接受监督，但监督的重点应该是各级领导干部，特别是主要领导干部，级别越高，权力越大的干部，越要接受监督。这是因为，一方面，各级领导干部掌握着国家的权力，在国家政治生活中居于重要地位，对党和国家的各项事业起着决定性的作用，他们理应被重点监督。另一方面，各级领导干部掌握着权力，对他们的监督有难度。从现实情况看，由于各种原因，对各级领导干部，特别是高级干部的监督是我们监督工作中的一个薄弱环节，应该加强这方面的工作。

三、加强制度建设，用制度来管权管事管人

加强权力监督、克服腐败现象是一个系统

工程,需要从政治、经济、思想、文化、社会生活等多方面开展工作,需要全社会的共同努力才能完成。在这个系统工程中,加强制度建设,特别是加强党的制度建设尤为重要。这是因为,第一,制度是一种行为规范,它对相应的单位和个人具有普遍的约束力,任何人违反了制度都要受到相应的制裁。第二,与其他工作相比,制度建设需要给予特别的重视。对于这个问题,早在 1980 年邓小平就明确指出,“领导制度、组织制度问题更带有根本性、全局性、稳定性和长期性。这种制度问题,关系到党和国家是否改变颜色,必须引起全党的高度重视。”第三,中国共产党是执政党,是全国人民的领导核心,党的制度的好坏对其他工作有着决定性的影响。

党的十八大十分重视制度建设,把制度建设与思想建设、组织建设、作风建设并列为党的建设的重要内容,强调用制度来管权管事管人。在以反腐倡廉和权力监督为主要内容的制度建设方面,党的十八大强调了下列几个问题:

1. 强调要特别重视社会主义政治制度建设。党的十八大报告指出:“要把制度建设摆在突出位置,充分发挥我国社会主义政治制度优越性。”在加强政治制度建设的过程中,要正确处理自身制度建设与学习其他国家制度建设经验之间的关系。我们要从本国实际出发,建设有中国特色的社会主义政治制度,同时要“积极借鉴人类政治文明有益成果”,但是又“绝不照搬西方政治制度模式”。

2. 明确了与权力监督和反腐倡廉有关的制度建设的具体内容。党的十八大强调,在加强制度建设的过程中,要加强党内民主制度和人民民主制度建设;“推进政治协商、民主监督、参政议政制度建设”;“坚持和完善中国特色社会主义司法制度,确保审判机关、检察机关依法独立公正行使审判权、检察权”;健全权力运行制约和监督制度;实行办事公开制度;完善选举制度;等等。

四、发扬民主,健全党和国家的民主生活

实现权力监督的重要一环是发扬民主,健全党和国家的民主生活。人民群众和广大党员的眼睛是雪亮的,大多数腐败现象都逃不过他们的眼睛。充分发扬民主,调动广大群众的积极性,让广大群众参加到权力监督工作中来,是搞好权力监督、防治腐败现象的有效办法。党的十八大十分重视发扬民主,保障人民的民主权利。

1. 要发扬党内民主。党的十八大报告强调了党内民主的重要意义,提出了“党内民主是党的生命”的重要论断。把党内民主提高到党的生命的高度来认识,这是党的十八大的一个突出的亮点。对如何发扬党内民主问题,党的十八大作了部署:首先,要坚持民主集中制。民主集中制是在民主基础上的集中和在集中指导下的民主的结合。它是党的根本的组织路线,也是群众路线在党内生活中的运用,我们必须坚持。其次,健全党内民主制度体系。党员的民主权利是靠一系列制度来保证的,所以加强制度建设对于发扬党内民主具有重要意义。再次,扩大党内基层民主,保障党员的主体地位。在党内生活中,要开展批评和自我批评,营造党内民主平等的同志关系、民主讨论的政治氛围、民主监督的制度环境。

2. 要发扬人民民主。发扬人民民主是民主政治建设的重要内容。党的十八大通过的党章明确规定,要发展更加广泛、更加充分、更加健全的人民民主,切实保障人民管理国家事务和社会事务、管理经济和文化事业的权利,尊重和保障人权,广开言路,建立健全民主选举、民主决策、民主管理、民主监督的制度和程序。

在党内民主和人民民主的关系上,党的十八大强调,要“以党内民主带动人民民主”,最终形成又有集中又有民主,又有纪律又有自由,又有统一意志又有个人心情舒畅的生动活泼的政治局面。

五、通过多种途径开展权力监督工作

权力监督途径是否科学、畅通，直接影响到监督工作的效果。过去我国腐败现象经常发生，权力监督工作的效果不甚理想，重要原因之一是权力监督途径不健全、不畅通。党的十八大对权力监督途径问题作了系统规定：

1. 党员的监督。 广大党员是党的各级组织的主体，是党的各种活动的主要参加者。动员广大党员参加监督，对于搞好权力监督工作至关重要。党的十八大十分重视党员监督工作。十八大报告明确指出，必须保障党员主体地位，健全党员民主权利保障制度。为了保障党员的民主权利，十八大报告提出，要完善党员定期评议基层党组织领导班子等制度；推行党员旁听基层党委会议、党代会代表列席同级党委有关会议等做法；落实党员知情权、参与权、选举权、监督权。十八大通过的党章也规定，党员有权"在党的会议上有根据地批评党的任何组织和任何党员，向党负责地揭发、检举党的任何组织和任何党员违法乱纪的事实，要求处分违法乱纪的党员，要求罢免或撤换不称职的干部"。

2. 群众的监督。 让广大群众参加国家和社会事务的管理，监督那些公职人员，有利于权力的公共运作，避免少数人把权力作为谋取个人利益的工具。所以，我们应该充分发动群众，让广大群众参加权力监督工作，同时制定一系列政策，为群众参加权力监督工作创造条件。党的十八大强调指出，必须坚持以民为本、执政为民，始终保持党同人民群众的血肉联系。要完善党员干部直接联系群众的制度，坚持问政于民、问需于民、问计于民，自觉地接受人民群众的监督。为了更好地动员群众，发挥群众的监督作用，党的十八大提出，要健全基层群众自治机制，"以扩大有序参与、推进信息公开、加强议事协商、强化权力监督为重点，拓宽范围和途径，丰富内容和形式，保障人民享有更多更切实的民主权利"。

3. 党组织的监督。 党的各级组织要对干部的工作开展切实有效的监督检查，发现有违法乱纪或犯有各种错误者，该批评就批评，该处分就处分。为了使各级党组织更有效地开展权力监督工作，党的十八大重点强调了两个方面的问题：第一，"强化全委会决策和监督作用，完善常委会议事规则和决策程序，完善地方党委讨论决定重大问题和任用重要干部票决制"。第二，加强基层党组织建设，发挥基层党组织的监督作用。

4. 专门机关的监督。 要健全各种专门监督机关，如法院、检察院、纪检监察机关等，制定和健全各种法律制度，以此来约束干部、规范权力的运行。在专门机关监督权力运行的问题上，党的十八大重点强调了两个方面的内容：(1)健全纪检监察体制。党的各级纪律检查委员会是党内监督的专门机关，肩负着协助党委组织协调党内监督工作，对党内监督进行督促检查的重要任务；同时，它还是受理对党组织和党员违纪行为的检举和党员的控告、申诉并保障党员权利的专门机关。多年来，党的各级纪检部门在加强党内监督、克服各种腐败现象、树立良好风气等方面发挥了重要作用。但是，党的纪检部门在发挥监督作用方面还存在着许多不足，这是党内各种违法乱纪行为时有发生的原因之一。因此，党的十八大明确提出了"健全纪检监察体制"的任务，要求建立结构合理、配置科学、程序严密、制约有力的纪检监察机制。党的十八大通过的党章专门把"党的纪律检察机关"列为一章，对党的各级纪律检查机关的产生、地位、职能和任务等作了明确的规定。(2)发挥巡视制度的监督作用。所谓巡视，是党的上级组织用以监督下级组织及其主要领导成员的一种工作方式。新中国建立后，党的各级组织开始采用巡视方式。中共十三届四中全会后，党的地方各级组织加大了巡视工作的力度，针对经济发展和党风廉政建设方面的突出问题，经常向下级组织派出巡视组，用以检查、督促、指导工作。这种方式对搞好党的各项工作,推动党风廉政建设起了重要的作用。但是,这时的巡视工作只是针对一些突发事件和党在不同时期的中心工作来开展的,并没有形成为一种制度。为了充分发挥巡视工作的作用,2001年中央纪委和中央组织部联合成立了巡视办公室。党的十八大报告强调,要更好地“发挥巡视制度监督作用”。党的十八大通过的党章明确规定:“党的中央和省、自治区、直辖市委员会实行巡视制度。”党的巡视制度逐渐正规化、规范化。

5. 舆论的监督。报纸、刊物、广播、电视等新闻媒介所形成的社会舆论在社会生活中影响巨大,能够形成强大的冲击力。社会舆论的监督与其他形式的监督相配合,可以对各种腐败现象产生强大的压力,从而有效地抑制腐败现象的发生。加强权力监督工作,应该充分发挥社会舆论的监督作用。党的十八大十分重视舆论监督工作,把舆论监督与党内监督、民主监督、法律监督一起,并列为权力监督的四种主要形式,要求全党做好舆论监督工作。

六、通过选举制度来约束权力的运行

正确地实行选举制度是约束权力的有效办法之一。在我国,公共权力的主体有两种形式:实质主体和形式主体。实质主体,即全体社会公民,其中主要是指人民群众。人民群众是国家的真正主人,是国家权力的所有者。形式主体,即公共权力的行使者(各级干部),他们掌握着公共权力的行使权。这两种权力主体之间是一种委托代理关系。这种委托代理关系是通过选举制度实现的:权力的实质主体由于人数众多,无法直接行使自己管理国家和社会公共事务的权力,不得不把自己的权力通过选举等办法委托给少数人来行使。一方面,被委托者(各级干部)的权力来源于委托者(人民群众),必须向委托者负责,受委托者的监督;另一方面,委托者有权监督乃至撤换被委托者。

可以看出,选举制度对于加强权力监督具有重要意义:第一,选举制度解决了掌权者对谁负责的问题。干部要对选民负责,对人民群众负责,而不仅仅是对上级负责。因为他们手中的权力是人民给的,他们必须维护人民的利益,否则人民就不会委托他们来掌权。第二,选举制度还包含着追究责任的涵义。在我国当前的选举制度下,人民群众是享有罢免权的。人民群众既可以将自己的权力委托给掌权者,也可以将权力收回。如果掌权者不能代表广大群众的利益,而是滥用手中的权力,人民群众有权追究他们的责任,直至将其罢免。

由于选举制度具有这些特点,所以,在科学的选举制度下,掌权者在行使权力的过程中就不能不顾及选民的利益和愿望,否则自己的乌纱帽就有保不住的可能。因此,选举对各级掌权者来说是一种直接的、最有威力的监督形式。

但是,我国当前的选举制度还不完善,许多干部不是对人民群众负责,而是对自己的上级负责。产生这种现象的根本原因,是这些干部手中权力的获得主要取决于自己的上级,而与广大群众无关或者关系不大。在上级对下级疏于监管或监管不力的情况下,一些人就会毫无顾忌地滥用手中的权力。这种现象说明,我国的选举制度还存在着缺陷。因此,党的十八大提出,要“完善党内选举制度,规范差额提名、差额选举,形成充分体现选举人意志的程序和环境”。在完善选举制度方面,党的十八大主要强调了三方面的内容:差额提名;差额选举;秘密投票。对这些内容,党的十八大通过的党章也作了明确的规定。

七、推行权力运行公开制度

公开是监督的前提,知情是监督的保证。权力运行的封闭性和隐蔽性是掌权者逃避监督、以权谋私的重要条件。一切腐败现象都是违反社会公共利益的见不得人的丑恶现象,一般只能在暗中进行。一旦把权力运行过程公开化,消除权力运行的封闭性和隐蔽性,人民群众就会随时了解权力的运行情况,掌权者就难以滥用权力谋取私利。所以,实行事务公开,增加管理工作的透明度,既是群众监督掌权者的前提条件,也是防止腐败现象发生的有效措施之一。对此,党的十八大明确指出,要"推进权力运行公开化、规范化,完善党务公开、政务公开、司法公开和各领域办事公开制度……让人民监督权力,让权力在阳光下运行"。提出"让权力在阳光下运行"的论断,并把它写进党的代表大会决议之中,这在党的历史上尚属首次。

八、实行重大事项报告制度

党的十八大提出,要"严格执行领导干部重大事项报告制度"。领导干部重大事项报告制度,是指各级党的组织和领导干部对于本地区、本系统、本单位事关全局和社会稳定的重要情况以及重大问题,应当按照规定的时限和程序向上级党组织报告或请示;各级党的领导干部应当向党组织如实报告个人重大事项,自觉接受监督。对隐瞒不报、不如实报告、干扰和阻挠如实报告或不按时报告、请示的,追究有关责任人的责任;对下级请示不及时答复、批复或对下级报告中反映的问题在职责范围内不及时处理,造成严重后果的,追究有关责任人的责任。这种制度对加强党的各级领导机关、领导班子特别是主要领导干部的监督能够起到积极的作用。

总之,党的十八大十分重视权力监督问题,提出了一系列加强权力监督的重要论断。这些思想的提出,进一步丰富和发展了马克思主义关于权力监督问题的理论,对于搞好当前的权力监督和反腐倡廉工作具有重要的意义。

(作者:广州大学廉政研究中心教授)

第十二部分

军队政治工作与现代化建设

为建设一支听党指挥能打胜仗作风优良的人民军队而奋斗

——学习贯彻习主席关于党在新形势下的强军目标重要思想

范长龙

在党的旗帜指引下，我军走过了86年光辉历程，为民族独立、国家富强、人民幸福作出了不可磨灭的贡献。经过一代代人接续奋斗，国防和军队建设取得了辉煌成就，站在了新的历史起点上。党的十八大以来，以习近平同志为总书记的党中央高度重视国防和军队建设，作出一系列决策指示。习主席着眼坚持和发展中国特色社会主义，从实现中华民族伟大复兴中国梦的战略高度，鲜明提出建设一支听党指挥、能打胜仗、作风优良的人民军队这一党在新形势下的强军目标，展示了党中央、习主席建设强大军队、保障国家和平发展的决心意志和使命担当，顺应了全党全军全国各族人民的期盼，开拓了马克思主义军事理论和当代中国军事实践发展的新境界。我们必须深入学习贯彻习主席关于党在新形势下的强军目标重要思想，深刻把握其重大意义、科学内涵和基本要求，切实作为统领国防和军队建设的强大思想武器和根本遵循，进一步凝聚起强军的坚定意志和磅礴力量。

一、深刻认识习主席关于强军目标重要思想的重大意义

建设强大的人民军队是我们党的不懈追求。习主席关于党在新形势下的强军目标重要思想，是对毛主席、邓主席、江主席和胡主席建军治军思想的继承与发展。毛主席在革命战争年代，提出坚定正确的政治方向、艰苦朴素的工作作风、灵活机动的战略战术，在新中国成立之初领导制定了建设优良的现代化革命军队的总方针；邓主席在上世纪80年代提出把我军建设成为一支强大的现代化正规化革命军队的总目标；江主席在上世纪90年代提出政治合格、军事过硬、作风优良、纪律严明、保障有力的军队建设总要求；胡主席在新世纪新阶段提出按照革命化现代化正规化相统一原则加强军队全面建设的重要思想。习主席关于党在新形势下的强军目标重要思想，高瞻远瞩，继往开来，从历史与现实、理论与实践的结合上，科学总结我们党建军治军成功经验，鲜明回答了在世界形势发生深刻复杂变化、我国全面建成小康社会进入决定性阶段新的历史条件下为什么要强军、强军目标是什么、怎样走中国特色强军之路的重大课题，具有重大而深远的意义。

实现中华民族伟大复兴中国梦的内在要求。实现中华民族伟大复兴，是近代以来中国人民最伟大的梦想。中国梦是国家的梦、人民的梦，也是强军梦。富国与强军，是坚持和发展中国特色社会主义、实现中华民族伟大复兴中国梦的两大基石。中国梦包含强军梦，强军梦支撑中国梦。历史经验表明，任何一个国家要真正强大起来，没有坚强的军事实力作后盾是决然不行的。对我们这样一个发展中的社会主义大国，越是发展壮大，面临的阻力和压力就会越大，遇到的风险和挑战就会越多，没有一个巩固的国防，没有一支强大的军队，中华民族伟大复兴就没有安全保障。强军目标重要思想，深刻揭示了军队的目标任务与党的目标任务相一致，建设强大军队与国家富强、民族振兴、人民幸福相统一的客观规律，进一步阐明了国防和军队建设在党和国家事业全局中的重要战略地位，要求我们把国防和军队建设放在实现中华

民族伟大复兴这个大目标下来认识和推进。

适应国际战略形势和国家安全环境发展变化的迫切需要。当今世界，求和平、谋发展、促合作已成为不可阻挡的时代潮流，但天下还很不太平安宁，霸权主义、强权政治和新干涉主义有所上升，我国安全和发展的国际环境更加复杂。世界新军事革命仍在加速推进，主要国家都在加紧推进军事转型，对我军提出了严峻挑战。我国周边特别是海上方向安全的不稳定性不确定性增大，国家安全面临的现实和潜在威胁增多，维护国家统一、领土主权、海洋权益和发展利益的任务更加艰巨。我国安全形势的复杂性和严峻性，要求国防和军队建设必须有一个大的发展。强军目标重要思想，从时代发展和国家利益全局的高度思考军事问题，充分体现了放眼世界的战略视野，居安思危的战略清醒，强军兴军的战略筹划。我们必须强化忧患意识、危机意识、使命意识，努力建设强大军队，有效应对风险挑战，牢牢把握战略主动权。

国防和军队建设历史方位和阶段性特点的准确把握。经过不懈努力，我军已发展成为诸军兵种合成、具有一定现代化水平并加快向信息化迈进的强大军队。我们从来没有像今天这样接近强军梦想，更加有信心、有能力实现强军目标。但要清醒看到，目前我军正处于机械化建设尚未完成、信息化建设加速发展阶段，我军现代化水平与国家安全需求和世界先进军事水平相比还有较大差距。同时，面对意识形态复杂形势和官兵成分结构变化，如何确保部队政治坚定、纯洁巩固；面对世界新军事革命加速发展和战争形态深刻演变，如何提高打赢信息化条件下局部战争的能力；面对社会环境变化和不良风气影响，如何保持我军光荣传统和优良作风，都是需要努力破解的重要课题。强军目标重要思想，准确把握了我军建设的基础和现状，抓住了建设强大军队的关键和要害，为解决军队建设面临的突出矛盾和问题、加快推进国防和军队现代化提供了强大动力和科学指南。

二、准确把握习主席关于强军目标重要思想的科学内涵和基本要求

习主席关于党在新形势下的强军目标重要思想，立意高远，内涵丰富，思想深刻，意义重大。建设一支听党指挥、能打胜仗、作风优良的人民军队，完整准确、高度凝练地概括了党在新形势下的强军目标，其中，“听党指挥、能打胜仗、作风优良”这三个方面是基本要求，“人民军队”则深刻揭示了我们这支军队的本质属性。这一强军目标集中体现了我军的根本原则、根本职能、根本性质和宗旨，明确了加强军队建设的聚焦点和着力点，指明了新形势下建设强大人民军队的前进方向。我们要深入学习领会，全面准确把握。

牢牢把握听党指挥这个灵魂。坚决听党指挥，是我军的立军之本、建军之魂，决定军队建设的政治方向。我军是党缔造的，86 年来取得的一切成就和进步，最根本的就是靠党的坚强领导。党对军队的绝对领导，关系我军性质和宗旨，关系社会主义前途命运，关系党和国家长治久安。军队听党指挥，是国家之福、人民之福，也是军队之福。任何时候任何情况下，我军都必须铸牢强军之魂，把听党指挥作为军队建设的首要，确保部队绝对忠诚、绝对纯洁、绝对可靠。在思想上，要坚定对中国特色社会主义的道路自信、理论自信、制度自信，坚定对党的信赖，坚定党对军队绝对领导的政治自信和政治自觉。在政治上，要坚决贯彻执行党的理论路线方针政策，与党中央、中央军委保持高度一致，始终忠于党、忠于社会主义、忠于祖国、忠于人民。在组织上，要坚持党对军队绝对领导的根本原则和制度，加强军队党的建设和干部队伍建设，确保枪杆子永远掌握在忠于党的可靠的人手中。在行动上，要永远听党的话、跟党走，一切行动听从党中央、中央军委和习主席指挥。

牢牢把握能打胜仗这个核心。能打胜仗反映军队的根本职能和军队建设的根本指向。战

场打不赢，一切等于零。我军素以能征善战著称于世，战胜了凶恶的国内外敌人，创造过许多辉煌战绩，但能打胜仗的能力标准是随着战争实践发展而不断变化的。必须扭住能打仗、打胜仗这个强军之要，强化官兵当兵打仗、带兵打仗、练兵打仗思想，牢固树立战斗力这个唯一的根本的标准，按照打仗的要求搞建设、抓准备，确保部队召之即来、来之能战、战之必胜。坚持一切建设和工作向能打胜仗聚焦，把战斗力标准贯穿于军队建设全过程和各方面。深化战略问题研究，与时俱进加强军事战略指导。加速推进军事斗争各项准备，着力提高军事训练实战化水平。紧紧扭住核心军事能力建设不放松，提高信息化条件下威慑和实战能力，统筹安排和抓好非战争军事行动能力建设。大力培养“一不怕苦、二不怕死”战斗精神，保持旺盛革命热情和高昂战斗意志。

牢牢把握作风优良这个保证。作风优良是我军的鲜明特色和政治优势，关系军队的性质、宗旨、本色。作风优良才能塑造英雄部队，作风松散可以搞垮常胜之师。我军在长期实践中培育和形成了一整套光荣传统和优良作风，这是我军始终赢得人民支持、保持良好形象、具有强大战斗力的重要保证。必须夯实依法治军、从严治军这个强军之基，把作风建设作为一项基础性长期性工作抓紧抓实，永葆人民军队政治本色。要弘扬传统，加强我党我军光荣传统和优良作风教育，大力弘扬艰苦奋斗精神，使人民军队的宝贵精神财富一代代传下去。要改进作风，坚决反对形式主义、官僚主义、享乐主义和奢靡之风，坚持领导带头，坚持严字当头，坚持在求实、务实、落实上下功夫。要严肃军纪，加大从严治军力度，提高法规制度执行力，保持严明的作风和铁的纪律。要加强反腐倡廉建设，旗帜鲜明反对腐败，军中绝不能有腐败分子藏身之地。要抓好基层，强化强基固本思想，多做关心基层、关爱官兵工作，把部队建设和战斗力的基础打得更加牢固。

听党指挥、能打胜仗、作风优良，抓住了建设强大人民军队最根本最紧要最现实的问题，三者相互联系、密不可分，是一个内在统一、不可分割的整体。听党指挥的不变军魂，敢打必胜的英雄血脉，作风优良的红色基因，是我军最可宝贵的精神财富。强军目标重要思想，与我军一以贯之的建军治军指导思想和方针原则是一致的，为我军革命化现代化正规化建设赋予新的时代内涵，提出更高标准要求。我们必须从整体上深刻把握习主席关于强军目标重要思想，全面贯彻强军目标要求，推动军队各项建设和工作协调发展、全面进步、全面过硬。

三、坚持用习主席关于强军目标重要思想统领军队建设、改革和军事斗争准备

目标昭示方向，凝聚力量，引领发展。坚持用发展着的马克思主义军事理论指导军事实践，是我们党领导国防和军队建设的一条根本经验。全军要深入学习贯彻党的十八大精神和习主席一系列决策指示，把学习贯彻习主席关于党在新形势下的强军目标重要思想，作为当前和今后一个时期一项重大政治任务，牢固确立其在国防和军队建设中的统领和指导地位，自觉用以统一思想和行动，凝聚意志和力量，坚定不移走中国特色强军之路，努力把国防和军队建设提高到一个新水平。

更加注重从思想上政治上建设和掌握部队。思想政治建设是强军兴军的政治保证和精神动力。要着眼当前意识形态领域尖锐复杂形势和部队实际，围绕高举旗帜、听党指挥这个根本，把思想政治建设抓得更加扎实有效。深化中国特色社会主义理论体系武装，持续培育当代革命军人核心价值观，大力发展先进军事文化，增强官兵理想信念的坚定性、思想道德的纯洁性和思维方法的科学性，自觉把个人理想抱负融入强军梦，使人生在献身强军实践中出彩。毫不动摇坚持党对军队绝对领导的根本原则和制度，坚决抵制“军队非党化、非政治化”和“军队国家化”等错误政治观点，坚决听从党中央、

中央军委和习主席指挥，做到平时听招呼，战时听指挥，关键时刻不含糊，任何时候都对党忠诚老实。把党组织和干部队伍搞坚强，按照“照镜子、正衣冠、洗洗澡、治治病”的总要求，扎实开展党的群众路线教育实践活动，务必取得实效。

坚持不懈拓展和深化军事斗争准备。军事斗争准备是实现强军目标的重要抓手。要按照能打仗、打胜仗要求，把各项准备工作往前头赶、朝实里抓，全面提高以打赢信息化条件下局部战争能力为核心的完成多样化军事任务能力，坚决维护国家主权、安全和发展利益。加强战略指导和作战问题研究，大力开展实战化训练，做到信息化条件下仗怎么打兵就怎么练，什么在实战中最管用就把什么练过硬。持续实施科技强军战略，加速推进信息化建设，加快发展新型作战力量，加强国防科技和武器装备建设，加快全面建设现代后勤，培养大批高素质新型军事人才。狠抓日常战备工作落实，确保边海空防安全。强化随时准备打仗思想，练就革命军人血性胆气，做到脑子里永远有任务，眼睛里永远有敌人，肩膀上永远有责任，胸膛里永远有激情。

不折不扣落实依法治军从严治军方针。从严治军是建设强大军队的铁律。要以纪律建设为核心，扭住依法治军、从严治军不放松，不断提高部队正规化水平。严格落实条令条例和规章制度，积极研究新形势下治军带兵特点规律，扎实做好抓基层打基础工作，保持部队高度集中统一和安全稳定。要保持作风建设的良好势头，一天不放松地抓下去，去虚功，出实招，使长劲。坚持严字当头、标本兼治，在解决深层次矛盾和问题上狠下功夫，制定科学合理、符合实际、便于操作的刚性措施。坚持领导带头，注重抓本级、严自身，以各级领导的模范行动带出部队的虎虎生气、融融暖气、堂堂正气。

积极稳妥推进国防和军队改革。改革是强军的动力和活力。要围绕实现强军目标，加快推进中国特色军事变革深入发展，不断在重要领域和关键环节实现改革新突破。把改革创新精神贯彻到各项工作中，努力推动军事理论、武器装备、组织体制、军事训练和保障方式创新。深入推进军队组织形态现代化，建立健全联合作战指挥体制、联合训练体制、联合保障体制，优化作战力量结构，构建中国特色现代军事力量体系。继续推进以军事人力资源为重点的政策制度调整改革，深化国防动员和后备力量调整改革，为建设巩固国防和强大军队提供体制机制保障。

进一步走开军民融合式发展路子。军民融合式发展是实现富国和强军相统一的重要途径。我军战争年代打胜仗，人民是靠山；和平时期军队建设和军事斗争准备，同样离不开人民群众的关心和支持。要更加主动地将国防和军队建设融入经济社会发展体系，加强军民融合式发展战略规划、体制机制和法规制度建设，努力形成基础设施和重要领域军民深度融合的发展格局。要大力弘扬我军拥政爱民光荣传统，积极参加和支援地方经济社会发展和生态文明建设，协助地方做好维护社会稳定工作，坚决完成抢险救灾等急难险重任务，巩固发展军政军民团结的良好局面。

强军路在脚下，实干铸就梦想。在阔步迈向强军之路的新征程上，我们要更加紧密地团结在以习近平同志为总书记的党中央周围，高举中国特色社会主义伟大旗帜，以邓小平理论、“三个代表”重要思想、科学发展观为指导，坚决贯彻习主席一系列决策指示，真抓实干，埋头苦干，奋力建设一支听党指挥、能打胜仗、作风优良的人民军队，为全面建成小康社会、实现中华民族伟大复兴中国梦提供坚强力量保证！

（作者：中共中央政治局委员、中央军委副主席）

以强军目标为统领 推进军队思想政治建设

张 阳

习近平主席在十二届全国人大一次会议解放军代表团全体会议上的重要讲话中，鲜明提出建设一支听党指挥、能打胜仗、作风优良的人民军队这一党在新形势下的强军目标，并深刻阐述了强军目标的科学内涵和实践要求，强调全军要准确把握强军目标，用以统领军队建设、改革和军事斗争准备。党在新形势下的强军目标，是总结我们党建军治军成功经验、适应国际战略形势和国家安全环境发展变化、着眼于解决军队建设所面临的突出矛盾和问题提出来的，与毛主席、邓主席、江主席、胡主席在不同历史时期提出的我军建设目标要求一脉相承，是党的军事指导理论的继承和发展，为加快推进国防和军队现代化提供了根本遵循。思想政治建设作为军队的根本性建设，必须坚持以强军目标为统领，积极适应新形势、谋求新发展，努力把各项工作抓得更加深入扎实、富有成效。

一、深刻认识强军目标对军队思想政治建设的重大指导作用

目标昭示方向，目标引领发展。党在新形势下的强军目标，是习主席治军方略的集中体现，拎起了军队建设的总纲，为军队思想政治建设注入新的时代内涵，提出新的更高要求，进一步指明了努力方向。

强军目标赋予军队思想政治建设重大历史责任。习主席把国防和军队建设放在中华民族伟大复兴的“中国梦”这个大目标下来运筹，发出实现强军梦的伟大号召，必将引领我军建设不断向前发展，为实现“中国梦”提供坚强力量保证。伟大的事业需要伟大的精神。实现强军目标，内在地要求更加注重从思想上政治上建设和掌握部队，更好地发挥我军特有的政治优势。实现强军目标是我们党在军事领域提出的行动纲领，需要思想政治建设肩负起用党的意志主张贯注部队的根本职能，坚持用党中央、习主席关于强军兴军的决策指示统一思想和行动，履行好保持强军正确方向的重任。实现强军目标是伟大而艰巨的事业，需要思想政治建设进一步凝心聚力，动员全军官兵同心同德为实现强军目标不懈奋斗，履行好激发强军精神动力的重任。实现强军目标关键在人、在人才，需要思想政治建设强化培养人、塑造人的功能，造就大批高素质新型军事人才，履行好坚固强军人才支撑的重任。实现强军目标一刻也离不开党的领导，需要思想政治建设积蓄和发挥组织优势，着力加强军队党的能力建设、先进性和纯洁性建设，履行好提供强军组织保证的重任。

强军目标规定着新形势下军队思想政治建设的使命任务。党在新形势下的强军目标，揭示了我军建设的历史方位和阶段性特点，明确了加强军队建设的聚焦点和着力点。军队的任务决定军队思想政治建设的任务，军队建设的聚焦点和着力点就是军队思想政治建设的聚焦点和着力点。在实现强军目标的历史进程中，既有难得机遇和有利条件，也会遇到各种阻力、压力和挑战，特别是国家安全环境发生新的变化，意识形态领域斗争尖锐复杂，改革开放深入发展和社会日益信息化影响深刻，加快推进国防和军队现代化任务繁重。思想政治建设必须紧跟形势发展，按照强军目标要求搞建设做工作，切实肩负起崇高的使命任务。牢牢把握听党指挥这个灵魂，始终把保证党对军队的绝对领导作为根本任务，使我军永远忠于党、忠于社

会主义、忠于祖国、忠于人民。牢牢把握能打胜仗这个核心，始终把提高部队战斗力作为出发点和落脚点，在建设召之即来、来之能战、战之必胜的威武之师中发挥服务保证作用。牢牢把握作风优良这个保证，始终把弘扬我党我军光荣传统和优良作风作为重要课题，永葆人民军队的性质、宗旨和本色。

强军目标确立了军队思想政治建设新的起点和标准。强军目标的提出，开启了我军建设发展的新征程。我们要从时代高度审视思想政治建设，高起点谋划、高标准推进、高质量落实。强军梦与强国梦紧密联系在一起，要求思想政治建设进一步拓宽战略视野，始终把国家和民族最高利益作为崇高价值追求，在实现强国梦强军梦的大目标下来认识和推进。强军目标不是轻轻松松、顺顺当当就能实现的，要求思想政治建设进一步强化使命担当，正确认识和把握面临的机遇和挑战，增强忧患意识、危机意识、使命意识，以强有力的工作集聚强军兴军正能量。实现强军目标旨在推动军队建设向更高水平发展，要求思想政治建设进一步提高质量效益，着力研究新情况、解决新问题，增强时代感和主动性针对性实效性。把强军目标变成现实归根结底靠实干，要求思想政治建设进一步改进工作作风，在求实务实落实上狠下功夫，把各项工作往实里抓、朝实里做。

二、军队思想政治建设必须围绕实现强军目标聚焦用力

建设一支听党指挥、能打胜仗、作风优良的人民军队，是新形势下军队建设的基本实践。思想政治建设要围绕强军目标来展开，紧贴强军实践来进行，使“生命线”在实现强军目标中充分发挥作用，有新的更大作为。

铸牢强军之魂，确保部队坚决听党指挥。习主席强调，要把听党指挥作为军队建设的首要，确保部队绝对忠诚、绝对纯洁、绝对可靠。这是党和人民对军队的最高政治要求，是思想政治建设必须高度关注和始终抓住的根本。在我军所处时代条件、面临社会环境和官兵成分结构发生很大变化的情况下，必须始终坚持把思想政治建设摆在军队各项建设的首位，更加重视做好占领思想、铸牢军魂的工作，不断打牢官兵高举旗帜、听党指挥的思想政治基础，确保一切行动听从党中央、中央军委和习主席指挥。要坚持不懈抓好中国特色社会主义理论体系武装，深入学习贯彻党的十八大精神和习主席一系列重要指示，持续培育当代革命军人核心价值观，大力发展先进军事文化，扎实搞好“坚定信念、铸牢军魂”主题教育活动，组织官兵认真学习党史军史，增强对中国特色社会主义的理论自信、道路自信、制度自信，坚定党对军队绝对领导的政治自信和政治自觉。要加强军队意识形态工作，抓好形势政策教育，及时回答官兵关心关注的重大理论和现实问题，严格政治纪律和组织纪律，坚决抵制“军队非党化、非政治化”和“军队国家化”等错误政治观点，引导官兵保持政治定力、站稳正确立场。要全面加强军队党的建设，认真落实党领导军队的一系列根本制度，加强党委班子建设，推动创先争优常态化长效化，增强党组织的创造力凝聚力战斗力。要坚持德才兼备、以德为先的用人标准，注重从政治上考察和使用干部，着力锻造对党忠诚的干部队伍，确保枪杆子始终掌握在忠于党的可靠的人手中。

聚力强军之要，在服务打赢中彰显威力。习主席强调，能打仗、打胜仗是强军之要，反映了军队的根本职能和军队建设的根本指向。思想政治建设各项工作都要更加自觉地向能打胜仗聚焦，为拓展和深化军事斗争准备，提高我军信息化条件下威慑和实战能力提供有力保证。要把时刻准备打仗的氛围搞得更浓，坚持用党中央、中央军委和习主席战略意图统一思想，加强战斗精神培育，强化当兵打仗、带兵打仗、练兵打仗的思想，培养官兵“一不怕苦、二不怕死”的战斗作风和军人血性。要把战斗力这个唯一的根本的标准树得更牢，政治教育、党的建设、文化建设等工作要紧贴战斗力建设用力，用

战斗力标准来检验，形成一切为打赢的生动局面。要把人才培养这个关键抓得更紧，深入推进人才战略工程，着力抓好新型作战力量人才培养，满足我军现代化建设和未来作战的需要。要把跟进渗透结合工作做得更好，扎实做好宣传鼓动、政策激励、群众工作和心理、法律、文化服务等工作，激发部队大抓军事训练、完成各项任务的强大动力。

夯实强军之基，大力弘扬我军优良作风。习主席深刻指出，作风优良是我军的鲜明特色和政治优势，要夯实依法治军、从严治军这个强军之基，把作风建设作为一项基础性长期性工作抓紧抓实。好的作风，要靠坚定的理想信念、坚强的党性原则、纯洁的思想道德、严明的纪律观念作支撑，思想政治建设在作风建设中具有重要作用。当前，全军部队坚决贯彻习主席和军委决策指示，认真落实中央政治局“八项规定”和中央军委“十项规定”，大抓作风建设，取得初步成效。要按照习主席“三个坚持、三个着力”的要求，巩固和发展好的势头，坚定信心、强化自觉，在“常”、“长”二字上下功夫，以踏石留印、抓铁有痕的狠劲，以常抓不懈、一抓到底的韧劲，扭住根本抓，盯着问题抓，从严从紧抓，持续用力抓，以上率下抓，把改进作风工作引向深入。要加强我党我军光荣传统和优良作风教育，扎实抓好“学习贯彻党章、弘扬优良作风”教育活动，按照中央和军委部署抓好以为民务实清廉为主要内容的党的群众路线教育实践活动，着力解决部队作风建设中存在的突出问题，防止和克服形式主义、官僚主义、弄虚作假、奢侈浪费等现象。要注重从制度层面拿出治本之策，建立健全立体式、全方位的制度体系，以刚性的制度约束、严格的制度执行、有力的监督检查、严厉的惩戒机制，推动作风建设不断加强。

三、按照强军目标要求推进思想政治建设创新发展

实现强军目标，为思想政治建设提供了广阔舞台，也提出了新的课题。思想政治建设必须以改革创新精神开拓前进，在继承优良传统的基础上实现新的发展进步。

树立与强军目标相适应的思想观念。新目标引领新实践，新实践需要新观念。要深入学习习主席关于强军兴军一系列决策指示，掌握蕴含其中的立场观点方法，紧跟实践发展，进一步解放思想、开阔思路，切实以观念的转变促进思想政治建设的进步。强化全局观念，自觉服从服务于党和国家工作大局，在强国梦强军梦的大目标下思考和行动。强化前瞻谋划，着眼强军目标要求加强总体设计和长远规划，增强工作的预见性计划性。强化全面建设，坚持革命化现代化正规化建设相统一，在强军目标的统领下推动工作协调发展、全面进步。强化打仗思想，牢固树立战斗力标准，更加注重紧贴军事斗争准备和遂行军事任务开展工作。强化开拓奋进，在应对挑战中占领思想工作新阵地，在攻坚克难中拓展服务保证新领域。强化实干精神，坚持真抓实干、埋头苦干、抓紧快干，把思想政治建设抓得扎实有效。

认真研究解决重大理论和现实问题。实现强军目标的过程，是一个不断破解矛盾、解决问题的过程。新形势下，思想政治建设面临许多新情况新问题，迫切需要从理论与实践的结合上作出回答。比如，如何针对敌对势力加紧对我实施西化、分化战略，把我军作为渗透破坏重点的情况，进一步铸牢军魂、确保我军永不变色；如何针对社会思想文化多元多样多变，腐朽思想文化和生活方式侵蚀影响的情况，引导官兵始终保持革命军人的崇高精神追求和良好道德风尚；如何针对长期和平环境容易精神懈怠、滋生松懈麻痹思想的情况，保持部队旺盛的革命热情和高昂的战斗意志；如何针对军事任务对官兵心理素质要求高的实际，加强人文关怀和心理疏导，促进官兵身心健康等。对这些问题，要加强理论研究和实践探索，使各项工作体现时代性、把握规律性、富于创造性。

积极改进创新内容方式和制度机制。用强

军目标统领思想政治建设，很重要的就是要紧跟强军步伐，在拓展内容、改进方法、丰富手段、完善机制上下功夫。要适应信息化条件下部队建设、训练和遂行重大任务实际，强化服务保证功能，确保使命任务延伸到哪里，政治工作就跟进到哪里。要根据官兵成分变化和思想行为特点，把官兵关心关注的问题作为推动工作的切入点，注重运用官兵喜闻乐见的形式和手段开展工作，使政治工作入脑入心、春风化雨。要针对信息网络对社会生活和人们思想观念的深刻影响，积极发展网络政治工作，加强网上舆论引导，切实使网络成为先进思想文化传播新阵地、官兵学习成才新平台、加强工作指导新手段。要根据部队建设发展的实践，及时建立、调整、完善政治工作相关制度规定，强化法规制度执行力，提高思想政治建设制度化水平。

四、把全军官兵的意志力量凝聚到实现强军目标上来

实现强军目标，是习主席发出的强军兴军动员令。要把学习宣传贯彻习主席重要指示、用强军目标凝聚军心意志，作为当前和今后一个时期的重大政治任务，引导全军牢牢把握党在新形势下的强军目标，努力把部队建设提高到新水平。

深化学习理解，切实用强军目标统一思想认识。学习理解越深透，贯彻落实就越自觉。要深入学习领会习主席重要指示，全面把握强军目标的重大意义、科学内涵和实践要求。坚持把学习理解习主席关于国防和军队建设的一系列重要指示，与学习毛泽东军事思想、邓小平新时期军队建设思想、江泽民国防和军队建设思想、胡锦涛国防和军队建设思想结合起来，深化对强军目标的理解。把习主席重要指示作为党委中心组学习、干部理论轮训、部队政治教育、院校教学的重要内容，推进强军目标进教材、进课堂、进头脑，增强为实现强军目标而奋斗的自觉性坚定性。

加强宣传阐释，切实形成强军兴军的浓厚氛围。军队新闻单位要采取多种形式搞好强军目标的宣传，充分反映部队强军兴军的生动实践和成效，形成鲜明舆论导向。领导干部和理论工作者要加强对强军目标的研究阐释和宣讲辅导，及时回答强军兴军的重大理论和实践问题，为部队实践提供理论服务。部队文艺创演、军营文化环境建设、群众性文化活动，都要突出强军目标这个主题，使强军目标在全军叫响，做到人人皆知、自觉践行。

推动贯彻落实，切实在真抓实干中实现强军梦。要引导各级领导干部强化实干强军、奋发有为的精神，始终以党和人民为念，以国家主权、安全、领土完整为念，以国防和军队建设为念，心无旁骛干工作，真正成为实现强军目标的中坚和骨干。着力提高各级党组织落实强军目标要求的能力，扎实推进学习型党组织建设，深入研究强军兴军的重大课题，把握新形势下部队建设特点规律，真正成为带领部队实现强军目标的坚强领导核心和战斗堡垒。教育广大官兵把个人理想抱负融入强军梦，积极投身实现强军目标的伟大事业，使人生在忠诚使命中出彩，为建设强大的人民军队贡献力量。

（作者：中央军委委员、总政治部主任）

学习水下先锋　献身强军实践

吴胜利　刘晓江

海军某潜艇基地官兵是在深入学习贯彻党的十八大精神、奋力实现中国梦强军梦的背景下涌现的时代典型，是在加速推进海军转型建设和海上军事斗争准备实践中产生的重大典型。习近平主席作出重要批示，高度赞扬基地官兵的先进事迹“集中体现了听党指挥的坚定信念、能打胜仗的过硬本领、英勇顽强的战斗作风、舍生忘死的奉献精神”。深入学习宣传他们的先进事迹，对于激励广大官兵牢记强军目标、坚定强军信念、献身强军实践，努力建设一支听党指挥、能打胜仗、作风优良的强大的人民海军，具有重要意义。

一

海军某潜艇基地，是我国第一支核潜艇部队。组建42年来，一代代核潜艇官兵用热血书写忠诚，用生命践行使命，为维护国家主权、安全、发展利益，建立了不朽功勋。

这是一支象征大国地位、支撑国家安全的战略部队。核潜艇是国家的战略利器，是国家安全的重要支撑，彰显大国地位、关乎国家安危。发展核潜艇，是党中央、中央军委继“两弹一星”之后，为了打破世界军事强国的核讹诈、核垄断而作出的又一重大战略抉择。42年来，基地一代代官兵坚决响应毛主席“核潜艇，一万年也要搞出来！”的伟大号召，始终牢记党和国家领导人的亲切关怀与全国人民的殷切期盼，把个人理想抱负融入打造祖国核盾牌的伟大事业，勇闯惊涛骇浪、建功深海大洋。他们信念如磐、铁心向党，不断强化政治意识、大局意识和战略意识，确保部队坚决听党指挥，确保历次兵力行动体现党和国家意志、服务政治外交大局；水下发射运载火箭，使中国成为继美国、苏联、英国、法国之后，第五个拥有核潜艇潜射运载火箭能力的国家，宣告中国海基战略威慑力量正式形成；连续42年守护核安全，从未发生过核事故，使我国核威慑和核反击能力不断提升，铸就了威慑强敌、反对霸权的海上核盾牌，为我国奠定大国地位、维护大国形象提供了战略支撑。

这是一支让祖国骄傲、令对手胆寒的“撒手锏”部队。42年来，基地官兵始终把出航当作出征、下潜当作战斗，在前出大洋中练就了过硬本领，在深海巡航中积累了实战经验。他们英勇顽强，凭着惊人的意志和精湛的技能，进行90昼夜水下长航，创造了世界核潜艇一次长航时间新纪录，令对手不寒而栗；他们挑战极限，凭着无畏无敌的勇气和科学求实的精神，不断挑战装备性能和艇员生理心理极限，把核潜艇深海作战性能发挥到极致，“长期蛰伏浩瀚大洋、随时点燃深海雷霆”，形成了强大的威慑力；他们充满血性，大力弘扬水下孤胆英雄精神，历经一次次惊心动魄的大洋角力，有效履行了“平时核威慑、战时核反击”的神圣使命。

这是一支牢记强军目标、献身强军实践的英雄部队。42年来，基地一代代官兵把打造祖国核盾牌和建设强大核潜艇部队作为执着追求，接力书写中国梦强军梦。他们牢记核潜艇部队的特殊使命，把忠诚于党、热爱人民、报效国家、献身使命、崇尚荣誉的价值观念融入血脉，培树起具有核潜艇部队特色的“〇九精神”，成为激励广大官兵强军报国的宝贵精神财富；他们勇担核潜艇部队的特殊任务，把战斗力作为唯一的根本的标准，夯实驾驭装备的技术基础，创新克敌制胜的管用招法，创造了20多项中国核潜艇的首次和第一，攻破了12项核潜艇的世界性难题，为形成海基核威慑和核反击能力作出突出贡献；他们践行核潜艇部队的特殊要求，在战风斗浪中砥砺军人血性，在恶劣环境中锤炼坚强意志，在精益求精中锻造严谨品格，先后涌现出被中央军委授予"水下先锋艇"荣誉称号的第11艇员队、革命烈士孟昭旭、"核潜艇保护神"焦增庚、"海底铁汉"李洪海等一批模范典型，出色完成了试验试航、实兵演习等一系列重大任务，在走向深海大洋的征程上留下了一道道英雄航迹。

二

习主席对基地官兵先进事迹和崇高精神的高度褒奖和充分肯定，深刻揭示了这个"用生命践行使命的水下先锋"先进典型的本质特征。

他们身上集中体现了听党指挥的坚定信念。核潜艇特殊的装备、特殊的使命，决定了这支部队必须把听党指挥作为最高政治要求。基地党委始终把思想政治建设摆在部队各项建设首位，不断深化党的创新理论武装，持久培育当代革命军人核心价值观，用强军目标引领官兵，用"龙宫文化"、"〇九精神"熏陶官兵，用先进典型激励官兵，使听党指挥的红色基因在这支部队中延续传承。正是凭着听党指挥的坚定信念，基地官兵在各种考验面前，始终保持政治上的清醒和坚定，自觉做到听党话、跟党走；针对核潜艇兵力行动政治性、政策性、涉外性极强的特点，充分发挥党组织的"定海神针"、"深海罗盘"作用，不折不扣地贯彻落实党中央、中央军委的战略意图和决策部署，确保艇由我操纵、我听党指挥；把对党忠诚的政治品格转化为讲科学、严管理的具体行动，以一万的努力确保核安全的万无一失，切实做到为党分忧、让党放心。听党指挥的坚定信念，是这一先进典型的灵魂所在。

他们身上集中体现了能打胜仗的过硬本领。核潜艇部队作为国家安全的重要战略支撑，责任重大、任务艰巨，必须练就过硬本领。基地党委始终坚持把战斗力标准贯穿于部队建设全过程和各方面，严格按照能打仗、打胜仗的要求搞建设、抓准备。从驾驭第一艘核潜艇下水，到一次次走向深蓝犁波耕浪；从圆满完成大深度极限深潜试验，到形成核威慑和核反击能力；从第一本核潜艇训练大纲的总结制定，到一系列训法战法创新；从蛰伏大洋数十载的神秘行踪，到多国海军活动期间的公开亮相；从每天安全监测巡查，到成功破解核盾牌的"安全密码"；从学习"何为核裂变"的艰难起步，到荣获118项军队科技进步奖……正是一代代基地官兵的牺牲奉献，把核潜艇锻造成水下先锋、大国重剑。核潜艇部队从无到有、由弱到强的辉煌历程，成为基地官兵勇担特殊使命、矢志精武强能的精彩写照。

他们身上集中体现了英勇顽强的战斗作风。基地官兵针对核潜艇部队的特殊风险、特殊考验，着力磨练和发扬迎难而上、敢打必胜的顽强意志和战斗作风。面对我国海上方向复杂严峻的安全形势，他们驾鲸蹈海、枕戈待旦，始终保持箭在弦上、引而待发的高度戒备态势，时刻准备从深海发出雷霆，捍卫祖国海洋的和平与安宁；面对执行任务期间遇到的特殊风险和考验，他们沉着冷静、临危不惧，沉着应对、化险为夷，一次次圆满完成党和人民赋予的使命任务；面对科技密集、结构复杂的武器装备，他们严谨细致、科学求实，坚持"慎之又慎、万无一失"的安全理念和"零容忍、零借口、零差错"的工作标准，使核潜艇"存在就是威慑"的核盾牌作用得到充分发挥；面对核潜艇长航带来的生理和心理考验，他们坚守岗位、淡定从容，勇于吃苦、敢于担当，始终保持高昂士气和旺盛斗志；面对核潜艇"团队一条艇，百人一杆枪"的特殊模式，他们齐心合力、团结协作，大幅提升核潜艇的整体作战效能。英勇顽强的战斗作风，是历代官兵有效履行使命任务的坚强保证。

他们身上集中体现了舍生忘死的奉献精

神。驾驭核潜艇是一个高风险的职业，往往与危险同在、与险阻同行。基地官兵始终把“怕死不干核潜艇”作为人生信条，为了祖国和人民的利益，甘愿献出青春年华、心血智慧乃至宝贵生命。他们笑傲大洋、无所畏惧，以“宁可丢命、不能违命”的政治自觉，与对手斗智斗勇，进行一场场真刀真枪的实兵较量；他们舍生忘死、义无反顾，像战争年代“堵枪眼”一样，不顾个人安危抢险排故，用生命守护核安全；他们把“祖国需要”作为无上荣光，抛家舍业、无怨无悔。多年来，基地官兵为了核潜艇事业，无私奉献，忘我牺牲，书写了一首首使命重于生命的壮歌。舍生忘死的奉献精神，是他们勇闯大洋、建功深蓝的不竭动力。

三

海军各级要把学习贯彻习主席重要批示，与学习贯彻习主席一系列重要讲话精神结合起来，与学习贯彻习主席关于国防和军队建设重要指示以及视察海军部队时的重要指示结合起来，努力把海军全面建设提高到一个崭新水平。

铸牢强军之魂，确保海军部队绝对忠诚、绝对纯洁、绝对可靠。海军部队地处改革开放、军事斗争、隐蔽斗争“三个前沿”，经常执行远洋护航、联合军演、舰艇互访等对外军事交流任务，在听党指挥上必须头脑特别清醒、态度特别鲜明、行动特别坚决。要坚持不懈用党的创新理论武装头脑，深入学习贯彻习主席一系列重要讲话精神特别是关于国防和军队建设重要指示精神，持续培育当代革命军人核心价值观，扎实开展军魂教育，系统学习党史军史，切实打牢高举旗帜、听党指挥的思想基础。要加强部队各级党组织建设，充分发挥党委领导核心作用、支部战斗堡垒作用和党员先锋模范作用，确保舰行千里、听党指挥。要始终不渝坚持党对军队绝对领导的一系列根本原则和制度，不断探索落实这些原则和制度的有效途径和科学方法，使之贯彻落实到部队建设发展各领域、完成各项任务全过程，确保部队坚决听从党中央、中央军委和习主席指挥。

扭住强军之要，确保海军部队召之即来、来之能战、战之必胜。建设海洋强国的发展战略、复杂严峻的海上安全形势、不断拓展的使命任务，迫切需要海军建设有一个大的发展，军事能力有一个大的提升。要坚持把战斗力作为唯一的根本的标准，从难从严从实战出发刻苦训练，不断提高履行使命的能力；牢固树立当兵打仗、带兵打仗、练兵打仗思想，大力弘扬一不怕苦、二不怕死的战斗精神，始终保持拼搏进取、一往无前、战胜一切困难和敌人的大无畏英雄气概；立足本职岗位，学习信息化知识，钻研信息化装备，创新信息化战法，在执行远海训练、远洋护航、中外联演等重大任务中，全面提升与打赢信息化海上局部战争要求相适应的综合素质；瞄准强敌对手，按照能打仗、打胜仗的要求，把海上军事斗争准备各项任务往前赶、朝实里抓，努力提高信息化条件下海上威慑和实战能力。

夯实强军之基，确保海军部队继承光荣传统、弘扬优良作风、保持良好形象。当前，海军建设正处于战略转型、加快发展的关键时期，尤其需要培育和弘扬优良传统和作风，为海军建设发展提供坚强保证。要永葆人民军队的性质宗旨，继承人民海军爱人民、爱舰爱岛爱海洋的光荣传统，坚定热爱海军、建设海军、献身海军的价值追求，弘扬舍生忘死的奉献精神，以昂扬向上的精神状态积极投身建设强大海军实践；坚持依法治军、从严治军，把作风纪律建设作为核心内容，狠抓条令条例和规章制度落实，培养官兵自觉而又严格的组织纪律观念，保持正规的战备执勤、训练、工作、生活秩序；深入推进党的群众路线教育实践活动，聚焦“四风”抓好整改落实、建章立制各项工作，以好作风好形象凝聚带动部队官兵扎实推进海军转型建设，为维护国家的主权、安全、发展利益作出新的更大的贡献。

（作者：中央军委委员、海军司令员；海军政治委员）

大力弘扬英雄“试飞精神”为实现中国梦强军梦不懈奋斗

马晓天　田修思

习近平主席强调指出，实现中华民族伟大复兴，是中华民族近代以来最伟大的梦想。我们要实现中华民族伟大复兴，必须坚持富国与强军相统一，努力建设巩固国防和强大军队。习主席关于中国梦、强军梦的深刻论述，激发亿万中华儿女走向民族伟大复兴新的高度自觉，引发当代中国军人对自身荣誉、责任、使命的热切关注和深切共鸣。

在人民空军的建制序列里，有这样一支使命光荣、任务特殊的队伍——空军试飞部队。这支队伍组建61年来，一代代试飞员接力拼搏进取、勇于牺牲奉献、不断创新超越，以强军报国、逐梦蓝天的科学精神和实际行动，托起民族航空工业和空中力量建设的腾飞之翼，用生命和热血书写了一个个感天动地的“中国故事”，生动诠释了“建设一支听党指挥、能打胜仗、作风优良的人民军队”强军目标的内涵真谛，铸就了人民空军的铁血脊梁。

一

守望天空，必须有天空一样辽阔、深远的胸怀与眼光，有一飞冲天、壮志凌云的胆魄与豪气，有不懈探索、一往无前的梦想与追求。60多年来，一代代试飞员把崇高的爱国情怀化作一个个脚踏实地的强军行动，凝结为报国强军、铸梦蓝天的“试飞精神”。“试飞精神”植根于中华民族优秀文化和我党我军优良传统的沃土，诞生于抗美援朝的炮火硝烟中，发展升华于社会主义建设和改革开放时期，源于党的关怀培养和人民群众支持，传承着人民空军的特有传统作风，具有深厚的实践基础和丰富的思想内涵。

用生命践行使命是“试飞精神”的灵魂。鹰飞万里，党引航程。人民空军在半个多世纪风雨征程中凝炼形成的蓝天忠魂，是“试飞精神”的核心内涵和试飞员的精神支柱。60多年来，一代代试飞员把个人理想与民族伟业、个人选择与国家利益紧紧联系在一起，他们历千难、排万险，即使为了试飞事业英勇牺牲，依然信念如磐、铁心向党，把无限忠诚镌刻在蓝天之上，谱写了一曲曲为祖国争光、为民族争气、为军旗增辉的慷慨壮歌。

追求卓越科学创新是“试飞精神”的特质。面对强军目标的召唤，英雄的试飞员以胸怀空天、经略空天、制胜空天的壮志豪情和科学精神，把技术难度当作创新高度，攻克一大批事关国家核心竞争力和部队战斗力的尖端技术，走出一条具有中国特色的自主创新试飞新路。经过60多年接力奋斗，新一代空军试飞员既有精湛的飞行技术，又有广博的工程理论，成为名副其实的“飞行的工程师”。

挑战极限英勇无畏是“试飞精神”的精髓。一架新型战机的飞天之路，就是一条充满艰险的“试飞险途”。完成试飞任务，不仅要有高超精湛的飞行技术和过硬的心理素质，更需要“我自横刀向天笑，去留肝胆两昆仑”的大无畏英雄气概。60多年来，一代代试飞员秉承人民空军在战斗中形成的优良作风，出征时勇往直前，攻坚中披荆斩棘，危难处义无反顾，培育出当代革命军人特有的战斗精神，铸就了一条报国强军的飞天之路。

执着坚守甘于奉献是“试飞精神”的本色。一代代试飞员把试飞事业当成“国家使命”和

"强军行动",一心只为飞行,一生只为飞行,铁骨柔情尽显英雄本色,不畏艰险诠释赤胆忠诚,充分体现了"忠诚于党,热爱人民,报效国家,献身使命,崇尚荣誉"的当代革命军人核心价值观,成为践行社会主义核心价值体系的一个群体式杰出代表。

二

"试飞精神"反映了民族精神与时代精神、战斗精神与奉献精神的高度统一,为全社会提供了宝贵的精神财富,是推进各项事业发展、实现中国梦强军梦的重要精神力量。

"试飞精神"蕴含着崇尚使命、矢志强军的报国情怀。以爱国主义为核心的民族精神,是成就伟大事业的精神动力,是中华民族薪火相传的文明血脉,是凝聚全国各族人民实现中国梦强军梦的精神纽带。英雄的试飞群体坚持把个人理想与民族大业、个人选择与国家利益紧紧联系在一起,始终以发展航空事业和建设强大空中力量为崇高使命,坚定追随、忠诚实践、接力书写着伟大的中国梦强军梦,用赤胆忠诚托起民族复兴的梦想和希望。60多年蓝天试剑的航迹,不仅折射出我们党、国家和军队各项事业昂扬奋进、蓬勃发展的历史轨迹,体现着我们党团结带领人民在中国特色社会主义道路上阔步前进的壮志豪情,更熔铸着试飞员群体炽烈的追梦情怀和强军报国的使命担当。把这种精神拓展到各个领域、各条战线,必将进一步坚定道路自信、理论自信和制度自信,凝聚全社会的共识共为,积聚起为实现中国梦强军梦而不懈奋斗的意志和力量。

"试飞精神"迸发着追求卓越、科学创新的奋进动力。创新是民族进步的灵魂,是一个国家兴旺发达的不竭动力,也是中华民族最深沉的民族禀赋。对于出发就远远落后的我们,要追赶世界步伐就必须付出更多。一个国家发展战略中的核心技术买不来,单纯模仿走不远,单靠引进行不通,依赖于人必然受制于人。长期以来,空军试飞员群体抱定"要飞就飞中国人自己研制的争气机",闯关夺隘、奋力超越,着力推动原始创新、集成创新和引进消化吸收再创新,完成了一系列重大科研试飞攻关任务,打造了一支与国际水平接轨的高素质科研试飞队伍,成为推动我国航空武器装备研制实现从测绘仿制到自主创新根本转变的重要力量。他们在试飞领域所取得的每一项成果、每一个进步,都在矢志追求中国梦强军梦,凝聚着创新的智慧和力量。大力弘扬这种创新精神,并将这种精神转化为无穷的创造力,我们就能够在世界高科技领域占据更多制高点,拥有更多自主创新成果,也必将进一步牵引各个领域的理念创新、手段创新和基层工作创新,加快推进创新型国家建设步伐。

"试飞精神"彰显着挑战极限、英勇无畏的英雄气概。革命英雄主义是人民军队代代相传的宝贵基因,更是提振民族精神、激发民族斗志的强大动力。在人民空军60多年光辉历程中,英雄辈出,群星璀璨,辉映长空。英雄的试飞员群体传承这一血脉基因,把英雄之气、血性之勇淋漓尽致地转化为敢于亮剑、敢打必胜的战斗豪情,体现为以强军报国为己任、时刻准备献身使命的无限赤诚。时代呼唤英雄,军人需要血性。在中华儿女戮力同心共铸中国梦的今天,大力弘扬"试飞精神",对于激发广大官兵自觉把报国激情和打赢勇气凝聚在祖国至上、人民至上的战斗精神中,渗透在"除了胜利一无所求、为了胜利一无所惜"的价值追求里,融入到日复一日居安思危、常备不懈苦练精兵上,为建设一支听党指挥、能打胜仗、作风优良的人民军队而努力奋斗,具有重要的激励促进作用。

"试飞精神"引领着默默坚守、甘于奉献的时代风尚。高尚的道德情操是中华民族传统美德的集中体现,也是践行社会主义核心价值体系的内在要求。60多年来,空军试飞员队伍不仅在试飞场上为国铸剑试剑,而且在精神高地矗立起一座时代丰碑。他们身上所体现的坚守信仰的政治品格,践行使命的执着精神,甘于奉献的价值追求,宠辱不惊的心理品质,百折不挠的进取意志,乐观向上的人生情怀,以及良好的敬业精神、职业素质和专业技术能力，都是当今社会所需要、应当大力倡导的。特别是在思想观念多元多样多变的今天，更需要精心培育、积极引导和躬身践行，构筑和坚守我们的精神家园。大力弘扬"试飞精神"，对于提升精神境界、培育文明风尚，推进社会主义核心价值体系建设，都具有重要意义。

三

时代呼唤英雄。大力弘扬"试飞精神"，既要胸怀空天梦想，又要脚踏实地，为实现中国梦强军梦贡献智慧和力量。

铸牢强军之魂，更加注重从思想上政治上建设和掌握部队，确保官兵坚决听党指挥。习主席指出，要把听党指挥作为军队建设的首要，确保部队绝对忠诚、绝对纯洁、绝对可靠。崇高的理想信念是共产党人永不褪色的精神旗帜，我们要像空军英雄试飞群体那样，始终坚守共产党人这个命脉和灵魂。坚持不懈用中国特色社会主义理论体系武装官兵，深入学习贯彻党的十八大精神和习主席一系列重要指示，广泛开展中国特色社会主义宣传教育，坚定道路自信、理论自信、制度自信，坚定对党的信赖，坚定党对军队绝对领导的政治自信和政治自觉。坚持不懈用中国梦强军梦凝聚意志力量，引导官兵自觉把个人理想抱负融入强军梦想，牢记强军目标、坚定强军信念、献身强军实践，锻造听党指挥、能打胜仗、作风优良的过硬部队。坚持不懈用当代革命军人核心价值观塑造官兵，大力发展先进军事文化，打好意识形态领域斗争主动仗进攻仗，引导官兵端正价值追求、筑牢思想防线，确保部队坚定正确的政治方向，一切行动坚决听从党中央、中央军委和习主席指挥。

聚力强军之要，牢固确立战斗力这个唯一的根本的标准，不断提高信息化条件下的威慑和实战能力。习主席强调，能打仗、打胜仗是强军之要，反映了军队的根本职能和军队建设的根本指向。大力弘扬英雄"试飞精神"，就要强化随时准备打仗思想，牢记能打仗、打胜仗要求，始终做到胸中有忧患、眼中有敌情、时刻在准备，全面提高以打赢信息化条件下局部战争能力为核心的完成多样化军事任务能力，坚决维护国家主权、安全和发展利益。空军部队全国部署、全疆作战、全域反应，肩负使命责任重大。要坚持一切建设和工作向能打胜仗聚焦，按照打仗的要求搞建设、抓准备，确保部队召之即来、来之能战、战之必胜。坚持不懈拓展和深化军事斗争准备，强化战略指导和作战问题研究，从实战需要出发从难从严训练部队，不断推进信息化条件下体系对抗训练，着力提高军事训练实战化水平。把日常战备工作摆到战略高度，保持常备不懈的战备状态，增强快速反应和处置突发事件能力。紧紧扭住核心军事能力建设不放松，加快发展新型作战力量，加速推进信息化建设和武器装备发展，培养大批新型高素质军事人才，把空军建设成让党中央、中央军委和习主席放心的战略力量。

夯实强军之基，培育锻造敢于亮剑英勇无畏的精气神，为实现强军目标、建设人民空军提供作风保证。习主席深刻指出，作风优良是我军的鲜明特色和政治优势，要夯实依法治军、从严治军这个强军之基，把作风建设作为一项基础性长期性工作抓紧抓实。学习英雄"试飞精神"，要与深入开展党的群众路线教育实践活动结合起来，与广泛开展学党史、学军史、学部队战斗史活动结合起来，大力弘扬我党我军优良传统，传承人民空军特有战斗作风，培育官兵勇往直前、英勇无敌的战斗精神。按照实战的要求练本领、练胆魄、练作风，在实兵实装实弹演练、联合对抗演习和武器装备试验等军事行动中，磨练摔打部队，使火热军营充满尚武精神和战斗气息。聚焦纠治"四风"，狠刹形式主义、官僚主义和弄虚作假等歪风，严查考风、训风不正的问题，挤干训练水分，砥砺官兵闻战则喜、有我无敌的精气神，以过硬作风和良好形象影响带动部队，坚决履行好党和人民赋予的神圣使命。

（作者：中央军委委员、空军司令员；空军政治委员）

坚持用强军目标统领后勤“三大建设任务”

赵克石

习近平主席明确提出“建设一支听党指挥、能打胜仗、作风优良的人民军队是党在新形势下的强军目标”，强调“全军要准确把握这一强军目标，用以统领军队建设、改革和军事斗争准备”，要求军队后勤要“努力建设保障打赢现代化战争的后勤、服务部队现代化建设的后勤和向信息化转型的后勤”。习主席的重要指示，准确定位了新形势下军队后勤的地位作用、使命任务和发展目标，深刻揭示了“三大建设任务”与实现强军目标的内在联系，科学阐明了全面建设现代后勤的聚焦点、着力点和落脚点，为在新的历史起点上加快推进后勤现代化建设提供了科学指南和行动纲领。

一、坚持用习主席重要指示统一思想，凝聚实现后勤“三大建设任务”的意志力量

习主席关于后勤“三大建设任务”的重要论述，立足国情军情深刻变化，顺应强国强军目标要求，科学回答了新形势下后勤建设发展的一系列重大问题，把我们党对后勤工作特点规律的认识提升到一个新高度，标志着党的军事后勤指导理论的与时俱进。

“三大建设任务”是强国强军梦在后勤领域的具体体现和生动展开。习主席指出，实现中华民族伟大复兴是我们的强国梦，对军队来讲也是强军梦。后勤是联接经济与军事的桥梁和纽带，担负着保障部队能打仗、打胜仗的重要职能，承载着拉动和促进经济社会发展的重要作用，必须着眼实现强国梦，紧紧围绕强军目标，大力推进“三大建设任务”，切实把国家综合实力有效转化为国防实力，推进经济建设和国防建设相互促进、协调发展，保障军队战斗力的生成发展、整体跃升，为实现富国与强军的统一作出应有的贡献。

“三大建设任务”是中国特色军事变革的内在要求和必然选择。习主席强调，世界新军事革命加速发展，战争形态正加速向信息化战争演变，世界各主要国家大大加快了军事转型步伐，军事领域的竞争和较量日益激烈。战争是科学基础上的艺术。完成后勤“三大建设任务”，是准确把握世界新军事革命发展趋势，积极适应现代战争规律、后勤建设规律的客观需要，是我们立足国情军情，在学习中创造、在实践中探索的主动作为。全军后勤必须牢固确立心系打赢、后勤先行、立体保障、主动作为四种意识，推动后勤保障由被动向主动、由单项向体系、由粗放向精准转变，在保障打赢现代化战争中实现后勤核心能力新跃升，在服务部队现代化建设中实现后勤质量效益新优化，在向信息化转型中实现后勤建设发展新跨越。

“三大建设任务”是全面建设现代后勤的深化拓展和有力抓手。习主席指出，要积极推动军事战略创新发展，与时俱进地加强军事战略指导。党的十八大对加快全面建设现代后勤作出了新的战略部署，“三大建设任务”揭示了全面建设现代后勤新的内涵，在新的起点上为推动后勤现代化建设提供了行动纲领和实践路径。建设保障打赢现代化战争的后勤，把保障打赢作为后勤建设的最高目标，把战斗力作为唯一的根本的标准，着力解决短板瓶颈，聚力提高核心保障能力，使后勤建设的目标指向更加鲜明；建设服务部队现代化建设的后勤，坚持面向部队、面向基层、面向现代化，统筹使用后勤

资源，进一步提高质量效益，全力保障军队现代化建设需要，使后勤保障的职能效益更加凸显；建设向信息化转型的后勤，充分发挥后勤有标准、可量化、易规范的优势，把信息化建设作为加快转变保障力生成模式的重要途径，聚合重组保障要素，提高体系保障能力，使后勤变革的方法手段更加先进。

二、准确把握军队建设新的历史特点，科学实施“三大建设任务”

“三大建设任务”是习主席着眼军队建设新的历史特点赋予全军后勤的时代重任，有着丰富的科学内涵和具体的实践要求。保障打赢是核心，凝练了军队后勤的根本职能；服务部队是天职，反映了后勤的基本属性；推进转型是关键，明晰了加快转变保障力生成模式的主导内容，三者相辅相成、相互促进，有机统一于全面建设现代后勤的总体目标和伟大实践。

适应国家安全和发展战略新要求，建设保障打赢现代化战争的后勤。坚持从作战看后勤、建后勤，从战时看平时、搞保障，进一步明确平时的服务是积累战斗力，战时的服务是持续保持和快速恢复战斗力，确保后勤建设向“能打仗、打胜仗”聚焦用力。重点构建信息主导、精干高效的后勤指挥体系，攻防兼备、陆海衔接的战场设施体系，用之有备、备之能用的战储物资体系，实用管用、复合发展的后勤装备体系，类型多样、规模适度的后勤力量体系，通过建设“五大体系”，形成伴随保障、基地保障、投送保障整体联动的保障格局，进一步提高平时服务、急时应急、战时应战的综合保障能力。

着眼提高军队全面建设新水平，建设服务部队现代化建设的后勤。按照统筹兼顾、突出重点，强化效益、集约建设的原则，优化资源投向投量，加强经费集中统管，规范财经管理秩序，切实当好军委的“红管家”、部队的“好娘家”。要着力强化“四个服务”：统筹配置资源，把正服务方向，以军事需求牵引部队建设，建立完善军事需求、规划计划与资源配置有机结合的运行机制，解决好“往哪投、投多少、怎么投”的问题。完善标准制度，规范服务行为，加紧构建集供应、消耗和管理于一体的后勤标准制度体系，扩大覆盖面、增强适用性、强化执行力，实现日常维持性开支按标准经费运转、统筹配发实物按消耗标准供应、建设性保障按制度规范管理。深化改革创新，提高服务效益，完善联勤保障体制，成建制成体系推进军队保障社会化，深化职工管理、预算、工资、保险、医疗和住房等制度改革，尤其要规范采购秩序，坚决叫停不符合限定条件的单一来源采购，切实把采购需求、计划、实施、管理和监督全部关进制度的笼子。严格审计监督，确保服务质量，突出领导干部经济责任审计、易发多发问题领域审计，坚持党委管审议审，强化审计惩戒问责，切实使审计监督成为经费用于作战、转化为战斗力的保底工程。

紧跟机械化信息化复合发展新趋势，建设向信息化转型的后勤。按照全军信息化建设路线图，坚持以后勤信息化骨干工程为抓手，以统一后勤数据、技术体制、系统软件、工程建设为途径，大力推进信息系统融合集成和信息资源开发，努力走出一条符合发展规律、体现我军特色的后勤信息化建设路子。突出抓好“五个环节”：充分运用物联网等技术，依托后勤一体化指挥平台和人员、物流系统，实时采集处理战场数据，自动收集汇总需求信息，实现需求实时感知；全流程、全要素掌握保障物资和后勤力量的数量、质量、状态，实现资源可视掌控；依据战场需求和保障可能，区分轻重缓急，优化生成保障方案，提高后勤指挥效率，实现决心及时正确；合理选用运输方式手段，快速准确投送兵力物资，实现配送精确定向；根据战争情况变化，随时调整保障任务，有效指挥和控制保障活动，实现行动全程调控。

三、坚决用打硬仗的劲头加强作风建设，为完成“三大建设任务”提供有力保证

今年以来，我们坚决贯彻党中央、中央军委

和习主席关于改进作风一系列决策部署，先后制定了加强总后党委作风建设十二条措施、廉洁过节七条禁令、反对铺张浪费九条规定、规范公务接待的具体措施，下大力纠治后勤系统最突出、官兵反映最强烈的问题，改进作风见到初步成效，新风正气日渐浓厚。我们必须发扬“钉钉子”精神，坚持不懈加强作风建设，释放正能量，提振精气神，用过硬作风确保“三大建设任务”的圆满完成。

坚持铸牢军魂、坚定信念。完成“三大建设任务”，必须把后勤置于党的绝对领导下，坚决落实永远听党指挥的根本政治要求。后勤管钱管物，理想信念是第一位的。要针对后勤系统开放程度高、融入社会深、知识分子多、受社会思潮影响大的特点，强化经常性理想信念教育，持续培育当代革命军人核心价值观，提高官兵思想政治素质，做到后勤业务工作有特殊性，政治要求不能搞特殊；业务种类多样，思想必须高度统一；方法可以据实变化，执行政令军令不能搞变通。始终坚持业务工作把握政治方向、对外交往保持政治警觉、学术交流不忘政治纪律、“三尺讲台”不出政治杂音，确保平时听招呼、战时听指挥、关键时刻不含糊。

坚持姓军为战、保障打赢。完成“三大建设任务”，必须扭住强军之要，全部心思和各项工作向能打仗打胜仗聚焦用力。要切实用战斗力这个唯一的根本的标准牵引后勤“三大建设任务”。“唯一”强调的是排他，任何因素都不能干扰、替代甚至损害这个标准；“根本”强调的是极致，一切工作都要从这里出发、向这里落脚，用这个来检验和衡量。有利于建设强大战斗力的，再难的事情也要抓紧干、必须干好；有悖于打仗能力提高的，再有好处的事也不能干。要着力提高实战化保障水平，重点抓好后勤指挥、物资保障、卫勤保障、运输投送、工程保障、后勤动员能力建设，积蓄能打胜仗的后勤保障优势。要以革命加拼命的精神抓准备、搞建设，强化随时保障打、随时保打赢的观念，保持枕戈待旦的忧患意识，做到仗没打之时，未雨绸缪，精心备战；战争来临之时，义无反顾，敢于亮剑；仗真正打起来之时，有勇有谋，战之必胜。

坚持开拓进取、改革创新。完成“三大建设任务”，是一项开创性的事业，面临大量新情况新问题，必须鼓励创新、崇尚创新、锐意创新。比如，过去开销开支，主要是用现金，现在有了银行卡、有价证券等电子货币；过去搞采购，主要是买卖双方直接交易，现在要招投标、订合同、综合衡量；过去讲理财，就是打打算盘、记记账，现在是建系统、用网络、核成本、比效能。推进“三大建设任务”，要勇于冲破思想观念的束缚，敢于突破利益固化的藩篱，大胆实践，不惧风险，善于在创新实践中找到解决问题的新办法、推动发展的新路径，绝不能因为创新可能会失败、容易遭非议，就泯灭创新的激情，停止创新的步伐。

坚持艰苦奋斗、崇尚实干。完成“三大建设任务”，是实打实的事业，来不得半点虚假。要始终保持奋发向上、艰苦创业的斗志，绝不能大手大脚、铺张浪费，做到足额而不奢华、够用而不浪费、保障好而不娇惯部队。坚持正确的用人导向，做到用勤的不用懒的、用能的不用庸的、用实的不用虚的、用干的不用跑的，大力营造靠素质立身、靠实绩进步的浓厚氛围。坚持求真务实、真抓实干，讲实话、报实情、求实效，下定决心，坚定信心，上下同心，聚精会神保打赢，一心一意谋发展，奋力开创军队后勤现代化建设新局面。

（作者：中央军委委员、总后勤部部长）

贯彻落实党的十八大战略部署 推动中国特色军事变革深入发展

刘亚洲

党的十八大强调："紧跟世界新军事革命加速发展的潮流，积极稳妥进行国防和军队改革，推动中国特色军事变革深入发展。"这是党中央站在历史与时代高度，着眼中华民族伟大复兴，为深入推进国防和军队建设作出的重大战略部署，对于加快我国军事力量建设，确保国家安全与发展，实现强国梦、强军梦，具有重大现实意义和深远历史意义。

一、推动中国特色军事变革深入发展的时代要求

推动中国特色军事变革深入发展是当代中国共产党人的重大历史责任。人类历史上已经发生和正在发生的重大军事变革主要有三次。

第一次是冷兵器战争向热兵器战争变革。当其进入关键时期时，我国正处于"康乾盛世"，然而，康乾严守"祖宗成法"，不思变革，其后代们更是逐步走向腐败昏庸，终于错过了军事变革的大好时机，在侵略者杀入国门时，中国军队上演了一场大刀长矛对洋枪洋炮的历史悲剧。第二次是热兵器战争向机械化战争变革。当其进入关键时期时，中国已沦为半封建半殖民地社会，军阀混战、国土肢解、积贫积弱、民族危亡。经过第二次世界大战，人类机械化战争形态已完全成熟，中国再次被甩到世界军事变革的大潮之外。今天，人类第三次重大军事变革——机械化战争向信息化战争变革正进入关键时期，于是，"历史责任"一词比以往任何时候都显得沉重。我国能否抓住机遇、攻坚克难，实现包括军事在内的全面复兴？我军能否避免重演历史悲剧？百年之后，子孙后代会不会像我们今天指责"康乾盛世"一样指责我们？这一切，都历史性地落在当代中国共产党人身上。正是基于强烈的历史责任感和使命感，党的十八大吹响了深化中国特色军事变革的战略号角，这是对历史的深刻反思，是对中华民族的郑重承诺，是对子孙后代的历史担当。

推动中国特色军事变革深入发展是应对世界新军事革命挑战的根本举措。党的十八大把"世界新军事变革"改为"世界新军事革命"，虽一字之改，但意义重大。军事革命是军事变革进入质变期的标志。将"变革"改为"革命"，是我们党对世界军事发展大势作出的全新重大战略判断，明确而郑重地警示全军：世界军事发展步伐加快、形势紧迫而逼人。世界各主要国家都在拼抢新的战略制高点，以新一轮科技创新和理论创新为先导，以武器装备高度信息化为基础，以信息化人才建设为核心，以体制结构革命性改造为支撑，加快构建新型军事力量体系。现代战争随之呈现出"信息主导、全维作战、体系对抗、网天决胜"的鲜明特征。目前，我军处于机械化任务尚未完成又需要努力实现信息化的特殊阶段，面对的主要矛盾仍然是现代化水平与打赢信息化条件下局部战争的要求不相适应，军事能力与履行新世纪新阶段我军历史使命的要求不相适应。解决这两个"不相适应"，唯有强化变革、深化变革，否则将再次被世界军事发展大潮所淘汰。

推动中国特色军事变革深入发展是实现中华民族伟大复兴的战略选择。富国强军是中华民族伟大复兴的基本要求，如果国富军弱，那将是残缺破碎的中国梦。据历史记载，19 世纪

末，中国的黄金储备高居世界之首，中国的财富位居世界前列。然而，无情的历史留下两道沉重而鲜明的风景线。一道血红——鲜血流成河，中国人的鲜血滚滚流淌，浸透祖国的大地。一道雪白——白银汇成海，中国人的白银滚滚外流，涨破列强的腰包。一红一白，彰显国防与经济的血肉关系。历史远去现实走来，伊拉克曾是“富得流油”的中等发达国家，然而，其主权和政权在一枚枚呼啸而来的巡航导弹面前彻底倒塌了。历史与现实警示世人：国富军弱必然引来祸端。今天，中华民族实现伟大复兴具有良好的环境和条件，但应看到，我国安全问题的综合性、复杂性、多变性进一步增强，呈现出“四个交织”的复杂态势：传统安全威胁与非传统安全威胁相交织、现实安全威胁与潜在安全威胁相交织、军事安全形势与其他安全形势相交织、国内安全问题与国际安全问题相交织。尤其应看到的是，中国经济越发展越要走向世界，与霸权主义、强权政治和不合理的国际政治经济秩序发生冲突的机会就越多，当这种冲突达到中国安全与发展底线时，军事力量必然走上前台。可以说，军事力量的强弱决定着国家生存与发展的命脉！中国特色军事变革已不仅仅是中国军事本身的事业，而是中华民族应对复杂安全威胁、真正实现伟大复兴的整体要求。

二、推动中国特色军事变革深入发展的基本思路

当前，中国特色军事变革已进入加速发展阶段。在新的起点上深入推进中国特色军事变革，必须按照习近平主席提出的“听党指挥、能打胜仗、作风优良”的强军目标，以国家核心安全需求为导向，坚持解放思想、全面统筹、突出重点、作战牵引、科技推动，力争到2020年基本实现机械化，信息化建设取得重大进展，为全面建成信息化军队奠定坚实基础。

——坚持以真正解放思想为先导。最落后的民族并不是贫穷的民族，而是自卑保守的民族。最落后的军队并不是劣势装备的军队，而是观念陈旧的军队。军事变革的最大障碍不在技术而在观念。因此，应努力从对各种军事理论僵化和教条的理解中解放出来；努力从工业时代战争背景下的思想观念中解放出来；努力从计划经济体制条件下的思维和工作方式中挣脱出来；努力从狭隘的权力和利益观念中解放出来；努力从按部就班的思想和行为惰性中解放出来；努力从形式主义和官僚主义的心理怪圈中解放出来；努力从“谋略大国”的自我欣赏中解放出来；努力从“胜利之师”的历史包袱中解放出来，真正为深入推进中国特色军事变革奠定良好的思想观念基础。

——坚持以科学统筹为首要。科学统筹是深入推进中国特色军事变革的首要任务。应坚持革命化现代化正规化相统一原则，着眼中国特色军事变革发展全局，统筹军队长远建设和阶段性能力生成；统筹军队信息化建设与机械化建设；统筹武器装备、军事人才、作战理论、教育训练等诸要素协调发展；统筹各种新型作战力量建设与运用；统筹陆军、海军、空军、二炮诸军兵种建设与发展；统筹军队建设资源的投向和投量；统筹军队与地方资源配置，使中国特色军事变革真正进入科学发展轨道。

——坚持以构建新型军事力量体系为重点。在党的十八大提出的“构建中国特色现代军事力量体系”的总要求下，应努力构建紧密联系、相互融合的四大支撑体系：以军事信息系统为依托、以新一代武器为主体的现代化武器装备体系；以联合作战指挥人才为重点，以信息化建设管理人才、信息技术专业人才、新装备操作维护人才为支撑的实战型人才体系；以战略预警、军事航天、防空反导、信息攻防、战略投送、远海防卫等新型作战力量为骨干，诸军兵种高技术部队为主体，进攻力量与防御力量有效配合，硬打击力量与软攻击力量紧密结合，现役力量与后备力量有机衔接的整体作战力量体系；有效保障实战、有效保障部队建设、有效保障军事改革，保障体制一体化、保障方式社会化、保障手段信息化，平战结合、军民融合的现

代化后勤装备保障体系。

——坚持以“能打仗、打胜仗”为核心要求。军事变革最终是为打赢战争服务的，要按照习主席“能打仗、打胜仗”的要求，以实战需求为着眼点，以提高战斗力为根本标准，以“打硬仗”军事斗争准备、维护海洋权益军事斗争准备、太空和网络空间等新型安全领域军事斗争准备为牵引，以主要战略方向和重要领域为重点，带动各军兵种、各方向、各领域战斗力水平和战备水平全面跃升。

——坚持以科技创新为根本推动力。军事变革源于军事科技革命，科技创新是军事变革深入发展的第一动力。应努力提高国防科技水平和武器装备科技含量，尤其是信息技术含量，加快武器装备的更新换代；不断提高官兵科技素质，尤其是信息素质，打牢建设信息化军队的人才基础；不断提高指挥体制的科技含量，真正依托科技基础实现一体化联合作战指挥；不断提高军事训练的科技含量，运用信息系统组织联合作战训练；不断提高军事理论创新的科技含量，运用高科技手段和量化分析方法丰富和拓展军事理论创新途径。

三、推动中国特色军事变革深入发展应正确处理的若干战略关系

正确处理军事变革与社会变革的关系。以美国为代表的西方国家的军事变革，是在市场经济条件相当成熟和稳定的社会环境中进行的，表现为军事领域的“单一变革”。而中国则表现为军事领域与社会领域的“双重变革”，并且同时进入攻坚期、“深水区”。在这种特殊的国情下，国家将承担多个领域重大变革的艰巨任务，必然面对西方国家不曾面对的诸多难题，因此，必须做好统筹军事变革与社会变革这篇大文章。一方面，加强总体筹划，把军事变革纳入国家总体建设和改革的大框架之内，使军事变革与政治体制改革、经济体制改革和其他领域的变革相配套，军事变革与社会变革相协调。另一方面，在社会总体变革的历史阶段内，军事变革不能超出社会变革的承受能力，这对于军事变革和国家整体发展都至关重要。

正确处理深化变革与保持稳定的关系。人类历史上任何一次军事变革，都是对原有军事系统的革命性改造，因而必然有阻力，有风险，有动荡，有代价。尤其变革体制涉及权力的重新调整，变革结构涉及利益的重新分配。不能冲破利益的藩篱，在阻力和代价面前止步，往往是变革夭折的基本原因。深入推进中国特色军事变革，必须树立强烈的风险意识和代价意识，如果把变革的成本或代价看得过重，如果过分求稳怕乱、瞻前顾后，就会犹豫不决，最终导致军事变革半途而废，丧失历史机遇。同时还应看到，军事变革的风险和代价是必然的，但风险和代价的程度及范围却是可控制的，应充分发挥我们的优势，既敢于变革，又善于采取科学的方式和措施将变革的风险和代价降至最低程度，达到稳与变、静与动的统一。

正确处理武器装备建设与其他建设的关系。军事变革通常分为初始期、攻坚期和成熟期。初始期主要是抓军事科技和武器装备，这是军事变革向纵深发展的基础。攻坚期的任务主要是实现战斗力两大基础要素（武器装备、军事人才）与四大交联要素（军事制度、体制结构、作战理论、军事训练）有机融合，其中最关键的是解决诸如军事制度陈旧、军事结构落后、利益群体复杂等深层次矛盾和问题，这是军事变革能否最后成功的分水岭。今天，中国特色军事变革在经历了大力发展武器装备的初始期后，正在进入攻坚期。因此，必须高度重视和遵循变革规律，适时果断地把变革锋芒指向深层次矛盾和问题，这样才能保证变革取得成功。

（作者：国防大学政治委员）

用强军目标引领战略导弹部队建设

魏凤和　张海阳

党的十八大以来，习近平主席站在时代发展和战略全局的高度，对国防和军队建设作出一系列重要指示，提出党在新形势下的强军目标，为在新的历史起点上加快推进国防和军队现代化指明了方向。二炮部队要认真学习、深刻领会、坚决贯彻习主席的重大战略思想，牢记强军目标，坚定强军信心，献身强军实践，奋力推进强大的信息化战略导弹部队建设。

一、凝聚意志，坚定实现强军目标的信心决心

习主席关于建设一支听党指挥、能打胜仗、作风优良的人民军队的重大战略思想，科学回答了新形势下建设一支什么样的军队、怎样建设强大军队的重大课题。我们要把思想和行动统一到习主席决策指示上来，把智慧和力量凝聚到实现强军目标上来。

实现强军目标，是推进中华民族复兴伟业的内在要求。中华民族有着辉煌灿烂的历史，但1840年鸦片战争以后屡遭磨难、备受屈辱。无数仁人志士知耻而后勇，为救亡图存不懈探索，却始终没有成功。中国共产党诞生后，找到了一条中国特色的革命道路，中华民族才彻底改变了内忧外患、积贫积弱的悲惨命运，开启了伟大复兴的历史篇章。建党90多年、建国60多年特别是改革开放30多年来的伟大实践，极大地增强了我国的综合国力，实现国家富强、民族振兴、人民幸福的中国梦离我们越来越近。强国梦蕴含着强军梦，强军梦支撑着强国梦。军队的发展壮大历来与国家的前途命运紧密相连，没有一支强大的人民军队，就没有国家的繁荣昌盛、人民的幸福安宁。我们要从大国兴衰的历史规律中，从近代以来正反两方面的历史经验中，深刻认识建设强大军队与实现民族复兴的辩证统一关系，切实把国防和军队建设放在中华民族伟大复兴这个大目标下来认识和推进，以高度的历史自觉、理论自觉、政治自觉献身强军实践，以实际行动托起民族复兴的伟大梦想。

实现强军目标，是继承发展我军建军治军成功经验的必然要求。我军建设发展历程中，凝结形成的具有中国特色的建军治军经验，归结起来最重要的就是全面加强革命化现代化正规化建设。毛主席领导制定建设优良的现代化革命军队的总方针，确立了我军建设发展的根本方向。邓主席明确建设一支强大的现代化正规化革命军队的奋斗目标，引领我军走上了中国特色精兵之路。江主席概括“五句话”总要求，推动我军建设以崭新面貌迈向新的世纪。胡主席提出按照革命化现代化正规化相统一的原则加强军队全面建设的战略任务，指引我军建设发展取得了历史性成就。习主席提出党在新形势下的强军目标，与我军一以贯之的建军治军指导思想和方针原则相一致，开辟了党的军事指导理论的新境界。我们要坚持从我国国情军情出发，坚定不移走中国特色强军之路，更加牢固地确立按照全面的观点搞建设的思想，努力开创部队全面建设新局面。

实现强军目标，是应对前进道路上各种风险和考验的迫切要求。当前我国发展仍处于可以大有作为的重要战略机遇期，同时重要战略机遇期的内涵和条件也发生了新的变化。国际战略格局加速演变，我国周边安全环境更趋复杂，对维护国家主权、安全和发展利益带来了新

的挑战；我国改革进入攻坚期、深水区，社会思想文化多元多样多变，加之西方敌对势力加紧对我实施西化、分化战略，给维护改革发展稳定大局增加了新的难度；军事技术和战争形态发生革命性变化，我军建设“两个能力不够”的矛盾更加突出，对加快推进中国特色军事变革提出了新的要求。我们要深刻认识建设巩固国防和强大军队的重要性紧迫性，坚持以强军目标为根本导向，以更大决心更大力度把国防和军队现代化建设搞上去，为中国特色社会主义事业提供坚强保障。二炮是我国战略威慑的核心力量，是我大国地位的战略支撑，是维护国家安全的重要基石，在实现强军目标中具有特殊重要的地位作用，更要抓住发展机遇，积极主动作为，努力推动部队建设向更高层次、更高水平发展。

二、聚焦使命，用强军目标统领部队全面建设

党在新形势下的强军目标，明确了加强军队建设的聚焦点和着力点，是统领军队建设、改革和军事斗争准备的总纲。我们要牢牢把握强军目标的核心要求，自觉用强军目标统领部队各项建设、一切工作，着力在求实务实落实上下功夫见成效。

以铸牢强军之魂为根本，确保绝对忠诚绝对纯洁绝对可靠。听党指挥是灵魂，决定军队建设的政治方向，是党和人民对我军的最高政治要求。我们要把做到“三个绝对”作为二炮部队投身强军实践的首要任务，始终坚持从思想上政治上建设部队，切实铸牢永远不变的军魂，为实现强军目标提供坚强政治保证和强大精神动力。要着力提高理论武装水平，按照走在前列要求深入抓好党的十八大精神和习主席重要指示的学习贯彻，在坚定道路自信、理论自信、制度自信上达到新高度，在把握新形势下建军治军客观规律上进入新境界，在用党的创新理论武装头脑、指导实践、推动工作上取得新成效。要着力夯实党的组织基础，毫不动摇地坚持党对军队绝对领导的一系列根本原则和制度，严守政治纪律和组织纪律，做到平时听招呼，战时听指挥，关键时刻不含糊。要着力增强思想政治工作的主动性针对性实效性，扎实开展“坚定信念、铸牢军魂”主题教育活动和“学习贯彻党章、弘扬优良作风”教育活动，有的放矢做好意识形态工作，深入持久培育当代革命军人核心价值观，不断深化党史军史和二炮发展史学习教育，大力弘扬以“四个非常过硬”、“三个绝对”为核心内容的火箭兵精神，切实打牢官兵高举旗帜、听党指挥、履行使命的思想政治基础。

以扭住强军之要为牵引，切实提升部队能打仗打胜仗能力。能打胜仗是核心，反映军队的根本职能和军队建设的根本指向，赋予我军捍卫国家安全和发展利益新的使命。习主席在视察二炮时的重要讲话中，科学定位二炮的重要地位作用，鲜明提出战略导弹部队建设的战略目标、战略任务、战略要求。我们要坚持以国家核心安全需求为导向，大力推进作战力量建设，不断巩固提升信息化条件下战略威慑和实战能力。坚持以拓展和深化军事斗争准备为龙头，着力强化官兵战争意识战备观念战斗精神，深化研究二炮遂行军事斗争任务的重大现实问题，强化打仗意识，提高打仗能力，做好打仗准备，坚决完成打胜仗任务。坚持以实战化军事训练为途径，牢固树立战斗力这个唯一的根本的标准，从实战需要出发从难从严训练，不断提高部队在复杂困难条件下可靠遂行任务的核心军事能力。

以夯实强军之基为保证，不断提高依法治军从严治军水平。作风优良是保证，关系我军的性质、宗旨、本色，体现了应对现实考验和传承“红色基因”的需要。我们要着眼二炮部队建设的特殊要求，坚持把依法治军从严治军贯穿到部队建设各领域各环节，始终保持我党我军光荣传统和优良作风。要进一步强化法治思维，牢固树立“一本条令管三军、一部纲要建基层”的思想，切实增强法规制度贯彻力执行力。

要依据《纲要》持续不断抓基层打基础，抓好新一轮帮建旅团工作，扎实开展练用知情功、说理功、疏导功、解难功活动，加强营连主官和班长队伍建设，着力提高一线带兵人的能力素质。要深入研究新形势下官兵成分结构、价值取向、行为方式和官兵关系的新情况新特点，创新管理教育的内容、形式和方法手段，突出重大安全问题防范，确保部队高度集中统一和纯洁巩固。

三、主动担当，切实为实现强军目标努力奋斗

我们要牢记习主席“打铁还需自身硬”的谆谆告诫，率先担当重任，主动履职尽责，以饱满的政治热情、昂扬的精神状态、务实的工作作风，带领部队向强军目标奋力前进。

要增强党性、坚定信念。要树立共产主义远大理想和中国特色社会主义共同理想，在思想上政治上行动上始终与党中央、中央军委保持高度一致，自觉维护党中央、中央军委和习主席的权威，做到任何时候任何情况下都坚决听从党中央、中央军委和习主席指挥。要把个人抱负和价值追求融入强军实践，为实现强军目标去拼搏、去奋斗，以全部精力投入战略导弹部队建设事业。要正确处理整体利益和局部利益的关系，决不能把部门利益、个人利益置于党和人民利益之上，解决好“为谁当官、为什么当干部”这个根本问题。

要加强学习、提高本领。强军目标既是催人奋进的前进号角，也是充满各种挑战的时代课题。只有重视学习、提高素质，才能担当强军重任。要学懂学好马克思列宁主义、毛泽东思想和中国特色社会主义理论体系，掌握马克思主义立场、观点、方法，坚持科学指导思想和正确前进方向。特别是要学深悟透习主席一系列重要指示，切实掌握党的军事指导理论最新成果，自觉运用于工作指导和实践。要按照打仗所需、岗位必需、任务急需的要求，认真钻研作战指挥、武器装备等知识，深入推进领导干部、领导机关学军事活动，做到一年比一年更深入。要以正在做的事情为中心，开展专题化学习、课题式调研、对策性研讨，根据需要学，联系实际用，以优良学风促进强军实践。

要严于律己、树好形象。认真贯彻落实中央“八项规定”、军委“十项规定”和二炮党委措施，照镜子、正衣冠、洗洗澡、治治病，真正做到崇清、严纪、纠风、肃贪。要树立正确的选人用人导向，坚持五湖四海、任人唯贤，坚持德才兼备、以德为先，注重基层、注重实干、注重官兵公认，增强选人用人的科学性、准确性、公信度。要旗帜鲜明反对腐败，把廉洁自律当作政治必修课来认真对待，自觉抵制个人主义、拜金主义、享乐主义的侵蚀，努力做到守得住清贫、耐得住寂寞、抵得住诱惑、经得起考验。要厉行勤俭节约、反对铺张浪费，不搞攀比、不破规矩，以实际行动把我党我军艰苦奋斗的传家宝接过来传下去。

要真抓实干、埋头苦干。强军目标不是轻轻松松、顺顺当当就能实现的。领导干部要牢固树立实干兴邦、实干兴军的思想，靠勤勉踏实的工作，为部队建设发展赢得主动、赢得优势、赢得未来。要抓住主要矛盾，抓紧重点工作，学会“弹钢琴”，积极主动地做好应该做的事。要树牢群众观点，认真落实团以上领导和机关干部下连当兵、蹲连住班规定，深入基层、深入实际，倾听官兵意见，吸取专家智慧，做到科学、民主、依法决策。要坚持解放思想、实事求是、与时俱进、求真务实，强化二炮意识，具备二炮素质，树立二炮形象，珍惜二炮荣誉，为建设强大的信息化战略导弹部队，实现强国梦强军梦作出应有的贡献。

（作者：中央军委委员、二炮司令员；二炮政治委员）

建设强大人民军队是我们党的不懈追求

刘成军　孙思敬

建设强大人民军队，是我们党始终不渝的战略任务和奋斗目标，是贯穿我们党的军事理论与实践的鲜明主题。毛泽东同志是人民军队的主要缔造者，为建设强大人民军队做出了历史性贡献。在新的历史起点上建设强大人民军队，必须认真学习贯彻毛泽东军事思想、邓小平新时期军队建设思想、江泽民国防和军队建设思想、胡锦涛国防和军队建设思想，学习贯彻习近平主席关于国防和军队建设一系列重要论述，聚焦党在新形势下的强军目标，坚定不移走中国特色强军之路。

一

"没有一个人民的军队，便没有人民的一切"，这是毛泽东同志总结中国革命的宝贵经验和沉痛教训得出的基本结论。在革命和建设的不同历史时期，无论面临什么样的复杂形势和严峻考验，以毛泽东同志为代表的第一代中国共产党人始终以高度的政治自觉，不断丰富发展人民军队建设理论，不断把人民军队建设推向前进。

创建一支党独立领导的新型人民军队，是我们党在近代以来中国人民在军队建设上不断艰难求索后的一个伟大创举。中国共产党虽然从成立之初，就开始注意军事工作，但对其"重要性的了解仍是不完全的"。直到国民党反动派的血腥屠杀，使我们党深刻认识到，枪杆子里面出政权，唯有独立领导军队、进行武装斗争，才能赢得革命胜利。南昌起义宣告了党独立领导的人民军队的诞生。从此，中国共产党有了自己绝对领导之下、忠实执行革命政治任务的武装力量，中国人民有了同自己血肉相连、全心全意为人民服务的子弟兵，中华民族有了实现独立解放和伟大复兴的坚强保障。

在艰苦卓绝的革命战争中，以毛泽东同志为代表的中国共产党人正确解决了如何在半殖民地半封建社会的旧中国条件下建设无产阶级新型人民军队的重大课题。经过三湾改编、井冈山斗争、古田会议等，我们党逐渐形成了一条崭新的建军道路。在土地革命战争、抗日战争、解放战争中，我们党在这条建军道路上不断前进，对建设一支什么样的人民军队、怎样建设人民军队的认识和实践日臻成熟。毛泽东同志在集中全党智慧的基础上，探索和形成了人民军队建军治军的一整套原则。主要包括：坚持党对军队绝对领导，坚持全心全意为人民服务的宗旨，建立强有力的革命的政治工作，坚持用马克思列宁主义、毛泽东思想教育和激励部队，实行官兵一致、军民一致、瓦解敌军的三大原则，发扬政治、经济、军事三大民主，执行三大纪律八项注意，等等。这些原则，使我们党成功地把以农民为主要成分的军队建设成了一支无产阶级性质的新型人民军队。

社会主义革命和建设时期，我们党对在推进国家现代化进程中建设强大人民军队进行了不懈探索。新中国成立后，面对我们党成功夺取政权成为全国执政党，面对战争形态向着新型机械化方向演进，毛泽东同志深入探索人民军队建设新的特点规律，领导制定了"建设优良的现代化革命军队"的总方针和总任务，做出一系列重要论述。主要包括：强调"国防不可不有"，明确了国防建设在国家全局中的战略地位；提出"我们现在已经进到了建军的高级阶段，也就是进到掌握现代技术的阶段"，明确了我军发展的历史方位;提出“大量裁兵”,明确了注重质量的建军思路;提出“中国是个大国,要有强大的陆、海、空军”,“搞一点原子弹、氢弹、洲际导弹”,对我军军种构成提出了创造性设想;提出实行统一的指挥、统一的制度、统一的编制、统一的纪律、统一的训练,对我军正规化的内涵做出了明确规定;等等。这些重要思想,引领我军在新中国成立后快速发展,使我军赢得了抗美援朝战争和其他军事斗争的胜利,捍卫了国家的独立、主权和尊严,奠定了我国在国际舞台上的重要地位,也开辟了我军建设由低级阶段向高级阶段迈进的历史征程。

二

伴随着改革开放的历史进程,我们党坚持从国家安全和发展的战略全局出发,在继承毛泽东军事思想的基础上,科学解答不同形势下国防和军队建设中面临的新课题,不断开辟马克思主义军事理论中国化的新境界,始终以建设人民自己的军队为己任,引领中国军队走出一条与众不同的强军之路。

在开启中国特色社会主义进程中,基于对和平与发展成为时代主题的战略判断,邓小平同志提出了“建设强大的现代化正规化的革命军队”的总目标,做出一系列重要论述。主要包括:军队和国防建设指导思想实行战略性转变,军队要服从整个国家建设大局,军队要担当起维护国家主权和安全的历史责任,实行积极防御的军事战略方针,始终不渝地坚持人民军队的性质,把解决现代化问题作为中心任务,提高军队建设的正规化水平,切实把教育训练提高到战略地位,军队和国防建设是全党和全国人民的事业,等等。在这些思想指引下,我军走上了中国特色精兵之路。

在把中国特色社会主义推向 21 世纪进程中,面对世界社会主义陷入低潮和国内外的严峻复杂局面,江泽民同志提出了“政治合格、军事过硬、作风优良、纪律严明、保障有力”的总要求,做出一系列重要论述。主要包括:党对军队绝对领导是我军永远不变的军魂,积极推进中国特色军事变革,始终把思想政治建设摆在军队各项建设的首位,实施科技强军战略,加强军队质量建设,培养和造就大批高素质新型军事人才,加快武器装备现代化建设步伐,坚持依法治军、从严治军,等等。在这些思想指引下,我军着眼于解决打得赢、不变质两个时代性课题,走出了一条跨越式复合式军队现代化建设路子。

在全面建设小康社会进程中,立足世界大发展大变革大调整的实际,胡锦涛同志提出了按照革命化现代化正规化相统一的原则加强军队全面建设的重要思想,做出一系列重要论述。主要包括:全面履行新世纪新阶段军队历史使命,在国防和军队建设中贯彻落实科学发展观,围绕“三个确保”加强军队思想政治建设,坚持以军事斗争准备为龙头带动军队现代化建设整体发展,积极推进机械化条件下军事训练向信息化条件下军事训练转变,加快信息化武器装备建设步伐,全面建设现代后勤,把依法治军、从严治军作为全局性基础性长期性工作紧抓不放,等等。在这些思想指引下,我军革命化现代化正规化建设向前大大推进了一步。

党的十八大后,习近平主席从实现中华民族伟大复兴中国梦的战略高度,鲜明提出“建设一支听党指挥、能打胜仗、作风优良的人民军队”这一党在新形势下的强军目标,并就加强国防和军队建设做出了一系列新的重要论述。这些论述与我们党在不同历史时期提出的军队建设思想既一脉相承又与时俱进,科学阐明了新的历史条件下为什么要强军、强军目标是什么、怎样走中国特色强军之路的重大课题,确立了军队建设新的起点和标准,明确了加强军队建设的聚焦点和着力点。

三

着眼有效应对中华民族伟大复兴道路上可能遇到的风险和挑战,坚持以党的军事指导理论为科学指南，坚定不移走中国特色强军之路，全面加强军队革命化现代化正规化建设，奋力实现党在新形势下的强军目标。这是对毛泽东军事思想及其创新成果最好的继承和发扬。

坚持把思想政治建设摆在军队各项建设的首位。坚持从思想上政治上建设部队，是毛泽东同志为我军建设确立的一条基本原则。无论我军组织形态怎么调整，官兵成分结构怎么变化，武器装备和作战手段怎么发展，我军特有的政治工作优势绝对不能丢，党对军队绝对领导不能变。要毫不动摇坚持党对军队绝对领导的根本原则和制度，持续深化中国特色社会主义理论体系武装，深入培育当代革命军人核心价值观，大力弘扬我党我军光荣传统和优良作风，扎实推进以“为民、务实、清廉”为主要内容的党的群众路线教育实践活动，全面提高军队党的建设科学化水平，确保枪杆子永远掌握在忠于党的可靠的人手中。

坚持把提高能打仗打胜仗能力作为军队建设的核心要求。正如毛泽东同志所强调的：“人民解放军永远是一个战斗队。”我军素以能征善战著称于世，但能打胜仗的能力标准是随着战争实践发展而不断变化的。要坚持以国家核心安全需求为导向，牢固树立战斗力这个唯一的根本标准，着力提高实战化训练和战备水平，把军事斗争准备工作往前头赶、朝实里抓。持续实施科技强军战略，加速推进信息化建设，加快发展新型核武器、战略预警、军事航天、防空反导、信息攻防、战略投送、远海远空作战、特种作战等新型作战力量，全面建设现代后勤，提高信息化条件下威慑和实战能力。

坚持把改革创新作为推进军队建设发展的强大动力。根据发展需要及时推动军队整编，是毛泽东同志建军治军的宝贵经验。要深入贯彻党的十八届三中全会作出的决策部署，着力解决制约国防和军队建设发展的突出矛盾和问题，创新发展军事理论，加强军事战略指导，完善新时期军事战略方针，构建中国特色现代军事力量体系。以推进军队领导管理体制和联合作战指挥体制改革为突破口深化军队体制编制调整改革，优化军委总部领导机关职能配置和机构设置，完善各军兵种领导管理体制，健全新型作战力量领导体制，加强信息化建设集中统管，优化军队规模结构和力量编成，健全军委联合作战指挥机构和战区联合作战指挥体制，提高军事管理科学化水平，为强军兴军提供强大动力和体制机制保障。

坚持走中国特色军民深度融合发展路子。坚持军民结合、寓军于民、军政军民团结，是毛泽东同志统筹国防建设和经济建设的重大创造。新中国成立60多年特别是改革开放30多年来，我国综合国力大幅跃升，为军民融合发展奠定了雄厚物质基础。要进一步做好这篇大文章，在国家层面建立推动军民融合发展的统一领导、军地协调、需求对接、资源共享机制，促进基础设施和重要领域深度融合。健全国防工业体系，深化国防教育改革和民兵预备役体制改革，调整理顺边海空防管理体制机制，形成军民融合深度发展格局，实现富国与强军的内在统一。

（作者：军事科学院院长、上将；军事科学院政治委员、上将）

在法治轨道上推动部队建设科学发展

张仕波

习近平主席指出："坚持依法治国、依法执政、依法行政共同推进，坚持法治国家、法治政府、法治社会一体建设，不断开创依法治国新局面"，强调"要牢记依法治军、从严治军是强军之基。"这些重要论述，深刻揭示了法治在国家和军队建设中的重要地位作用，为加强部队法治建设提供了根本遵循。我们必须从时代发展和战略全局高度，深入贯彻依法治军、从严治军方针，坚定自觉地在法治轨道上推动部队建设科学发展，努力建设听党指挥、能打胜仗、作风优良的人民军队。

一、深刻认识法治对部队建设的极端重要性

当前，国家法治进程逐步加快，部队建设内外环境深刻变化，军队使命任务不断拓展，加强部队法治建设更加重要而紧迫。

越是时代发展越要强化法治。法治是社会文明进步的重要标志。时代每发展一步，法治就必然推进一步。党的十八大吹响了在新的起点上加快建设社会主义法治国家的号角。我国人民民主越来越扩大，依法行政越来越规范，公民的法治意识越来越增强，社会主义法制越来越健全，国家法治建设呈现蓬勃发展的局面。在法治社会大背景下，官兵的民主意识、维权意识不断增强，涉军涉法问题逐步增多，军队必须紧跟全面推进依法治国步伐，进一步弘扬法治精神、强化法治理念、培育法治文化，努力使部队法治建设与时代发展要求相适应、与国家法治建设相衔接、与社会法治环境相协调。

越是现代化越要正规化。从严治军是军队建设的铁律。我军无论在革命战争年代还是在现代化建设时期，始终以纪律严明著称于世，始终注重依法治军、从严治军。随着我军现代化进程不断加快，部队法治建设不断加强，正规化水平逐步提高。现代化与正规化相互联系、相互促进，正规化贯穿于现代化全过程。当前，我军已进入机械化信息化复合发展新阶段，战斗力生成模式加快转变，武器装备日益精密，技术构成综合性、系统性越来越强，更加需要发挥法规制度的导向、规范和保障作用，以健全的法制、严明的纪律、精细的管理，把人与武器装备、信息系统有机结合起来，促进信息化条件下战斗力的生成、巩固和提高。

越是任务多样越要依法行动。随着国际国内形势发展变化，部队执行抢险救灾、维稳处突、联合军演、国际维和等多样化军事任务越来越频繁而艰巨。无论是战争行动还是非战争军事行动，都受到国际法则、国家法律和军事法规的严格规范和制约。特别是非战争军事行动政治性、政策性、敏感性强，稍有不慎就有可能带来严重后果。只有不断强化法治意识，学习掌握政策法规，熟悉相关法律，依法遂行任务，才能确保军事行动合乎法治要求，彰显我军威武之师、文明之师、正义之师的形象。

越是法制健全越要严格落实。随着依法治国、依法治军的加快推进，中国特色社会主义法律体系业已形成，以国防法为龙头，以条令条例为主体，相互配套、基本完善的军事法规体系也已经形成，为依法治军、从严治军提供了基本依据。但是，徒法不足以自行。法规制度只有落实到位，才能发挥应有的效力。无论是思想政治建设、军事斗争准备、部队安全管理、后勤装备保障，还是党委班子建设、基层建设、国防后

备力量建设，都必须认真抓好相关法规制度的落实，坚持有法必依、执法必严、违法必究，增强法规制度的执行力。

二、切实把法治要求落实到部队建设实践之中

在法治轨道上推动部队建设，最根本的是确保法规制度刚性运行，使之落实到部队建设各领域、各方面、各层次和全过程。

落实到坚决听党指挥上，确保部队绝对忠诚、绝对纯洁、绝对可靠。依法治军，是党对军队绝对领导的法律保障。加强党对军队绝对领导，就是要善于运用宪法、法律和法规的特有功能，实现党对军队领导的法治化、制度化、规范化。要认真贯彻党中央、中央军委和总政关于理论学习的一系列制度要求，深入学习贯彻党的十八大精神，扎实开展“学习贯彻党章、弘扬优良作风”教育活动和“坚定信念、铸牢军魂”主题教育活动，深化培育当代革命军人核心价值观，推动理论武装制度化。要坚持党对军队绝对领导的根本原则和制度。我们党在长期实践中形成的一整套领导军队的原则制度，对于保证我军经受住血与火的洗礼、经受住重大政治考验发挥了重要作用，必须始终坚持，绝不含糊。要坚决维护党的政治纪律。政治纪律是最重要、最根本的纪律。必须不断强化官兵的政治意识、号令意识、纪律意识，确保政令军令畅通，确保任何时候任何情况下都坚定地与党中央、中央军委保持高度一致，确保坚决听从党中央、中央军委和习主席指挥。

落实到有效履行使命上，确保部队能打仗、打胜仗。一支有战斗力的部队，必定是法纪严明、训练有素的部队。按照“能打仗、打胜仗”的要求加强部队建设，就要把依法治军、从严治军贯彻到军事斗争准备的具体实践中，全面提高部队履行使命任务能力。要认清国家安全形势的复杂性和严峻性，加强军队根本职能和形势任务教育，严格落实战备工作制度规定，强化当兵打仗、带兵打仗、练兵打仗的思想，始终保持箭在弦上、引而待发的戒备状态，确保部队召之即来、来之能战、战之必胜。要把各项工作向打赢聚焦聚力，牢固确立战斗力标准，无论是应急力量建设、信息化建设，还是后备力量建设、后勤装备保障，都必须用是否有利于提高战斗力来衡量，把提高战斗力作为部队建设的出发点和落脚点。要坚持依法从严治训，严格按照军事训练大纲规范训练，大力加强信息化条件下实战化训练，坚持从实战需要出发从难从严训练部队，仗怎么打兵就怎么练，打仗需要什么就苦练什么，坚决防止和纠正训为看、演为看、以牺牲战斗力为代价消极保安全等不良现象，不断提高部队实战能力。

落实到抓好安全稳定上，确保部队秩序正规、基础牢固。依法治军、从严治军是确保部队安全稳定的重要保证。一项制度就是一道防线，一条规定就是一道关卡。只有健全制度机制，从组织领导、制度规定、程序设计、保障措施等方面严格规范，形成系统配套、科学有效的制度机制，才能确保依法治军、从严治军真正落到实处。坚持依法管理。条令条例和规章制度是依法治军的依据。要严格依法教育管理部队，做到筹划指导以法规制度为遵循，解决问题以法规制度为准绳，检查讲评以法规制度为标准。坚持狠抓经常。依法治军、从严治军贵在经常、难在经常。要从经常性工作抓起，从点滴养成严起，定期分析安全形势，加强安全隐患排查，搞好安全风险评估，将事故案件止于未发、禁于未萌。坚持从严执纪。法规纪律是硬杠杠，任何人不能违反和破坏。要建立健全责任机制、监督机制、考评机制、奖惩机制，把法规制度落实情况作为衡量部队建设、评价干部政绩的重要尺度，对违规违纪的人和事要严格问责，该怎么处理就怎么处理，不搞下不为例、迁就照顾，通过严格落实法规制度，切实打牢部队安全稳定的基础。

三、充分发挥领导机关在法治建设中的带头作用

各级领导干部和领导机关，既是法律法规

的执行者,又是法治建设的领导者和组织者,要在学法规、用法规、守法规上做好表率,以实际行动影响带动部队。

带头强化法治思维、运用法治方式。习主席强调,要"提高领导干部运用法治思维和法治方式深化改革、推进发展、化解矛盾、维护稳定的能力"。领导机关和领导干部要自觉学法尊法、知法懂法、守法用法,努力实现"三个转变":从"治事"向"治法"转变。所谓"治法",就是坚持以法规制度为依据,自觉养成依法开展工作的习惯,使部队各项建设在法治轨道上有序运行。从"经验型"向"法治型"转变。推动部队建设科学发展,不能单凭主观意愿和个人经验抓工作,不能违背法规制度搞"土政策"、"土规定",要把功夫下在抓建章立制、抓法规执行、抓执法监督上。从"重行政"向"重法规"转变。综合运用行政手段与法律手段抓部队建设,使工作行为符合法治精神和法规要求,形成办事依法、遇事找法、解决问题用法、化解矛盾靠法的良好法治环境。

带头依法决策、依法指导。只有把决策纳入法治化规范化轨道,才能避免决策失误。要坚持民主集中制原则决策,按照民主集中、集体研究、个别酝酿、会议决定"十六字"原则研究决定重大问题。要依据相关政策法规决策,坚持先议政后议事、议政先学法,防止不按程序决策、违反规定决策,确保决策程序规范、过程民主、结果科学。要规范工作运行。按条令条例抓工作搞建设,严格执行工作计划安排,防止随意性,确保各项工作有序运行。要规范指导方式。依法履职尽责,按职责、按权限、按层级抓工作。部署、检查、考评工作,要充分考虑不同单位的性质、任务和特点,增强工作指导的针对性有效性。

带头坚持原则、遵守法规。法规是任何人都不可逾越的"高压线"。领导机关和领导干部只有带头遵法守法,才能形成崇尚法规、执行法规、维护法规的浓厚氛围。要敢于较真碰硬。对违规违纪的人和事敢抓敢管,真抓严治,一抓到底,绝不姑息,坚决维护法规制度的严肃性、权威性。要依法行使权力。领导干部无论职位多高、权力多大,都要树立权力服从法规的思想,坚决防止和克服权高于法、言重于法、情大于法的现象,切实把权力关进制度的"笼子"。要严守廉政规定。坚决贯彻关于加强廉政建设的一系列制度规定,保持对党纪法规的敬畏之心,守住做人、处事、用权、交友的底线,管住娱乐圈、生活圈、交往圈,管好亲属子女和身边人,以党纪法规约束自己、规范言行,永葆共产党人政治本色。

带头改进作风、树立良好形象。坚持依法治军、从严治军与改进作风相辅相成。要把作风建设作为事关党和国家前途命运,事关人民军队性质宗旨,事关未来战争胜负的大事来抓,贯彻到依法从严治军的实践中。要坚持党性原则。党性纯则作风正。具有坚强的党性、过硬的素质,才能自觉遵纪守法,严格执法执纪。要端正政绩追求。领导干部要树立正确政绩观,以对部队长远建设负责、对战斗力负责、对广大官兵负责的精神,坚持出实招、办实事、求实效,大力弘扬艰苦奋斗、求真务实的优良作风,坚决杜绝形式主义和官僚主义。要认真贯彻中央政治局"八项规定"和中央军委"十项规定",切实改进作风、端正作风,大力纠治官兵反映强烈的问题,当前要从转变文风会风严起,从厉行节约严起,从轻车简从严起,从廉洁自律严起,形成风清气正的良好环境,凝聚起部队建设的强大力量。

（作者:北京军区司令员）

坚持党的群众路线　奋力实现强军目标

吴杰明

习近平主席强调，军队开展党的群众路线教育实践活动，既要贯彻中央统一要求，又要体现自身特点和建设规律，努力从思想上、组织上、作风上为实现党在新形势下的强军目标提供坚强保证。这一重要指示，深刻阐明了强军目标与群众路线的关系，为军队开展党的群众路线教育实践活动提供了根本遵循。我们要站在始终赢得人民群众信任和拥护、夯实党的执政基础、巩固党的执政地位的高度，站在实现中华民族伟大复兴中国梦的高度，站在建设一支听党指挥、能打胜仗、作风优良的人民军队的高度，深入开展党的群众路线教育实践活动，以更加务实的行动和更加优良的作风，引领官兵投身实现强军目标的伟大实践。

一、坚持一切为了人民，把握强军兴军的正确方向

人民是历史的主人，这一基本原理决定了执政党的一切活动只有始终着眼实现和维护人民的根本利益，才能顺应和推动历史的发展。我们党是中国各族人民利益的忠实代表，是为了人民的利益、代表人民的意志履行执政使命的马克思主义政党。我军作为执行党的政治任务的武装集团，是深深植根于人民、服务于人民的人民军队，是中国人民根本利益的坚定捍卫者。党在新形势下的强军目标，深刻体现了我军的根本性质和宗旨。听党指挥，是忠于人民利益的最高政治要求；能打胜仗，其实质就是要当好人民利益的坚定维护者；作风优良，最核心的要求就是密切同人民群众的血肉联系，更好地实现和维护中国人民的根本利益。强军目标的灵魂、核心和保证，都是以维护、实现和发展最广大人民根本利益为出发点和归宿的。强军目标的提出，就是为了建设与我国国际地位相称、与国家安全和发展利益相适应的巩固国防和强大军队，以强军梦助推强国梦，为民族振兴、国家富强、人民幸福提供更加稳固的安全基石。

强军目标与人民利益的高度一致性，决定了贯彻落实强军目标，必须始终坚持“一切为了群众”的根本政治立场。只有坚持这一政治立场，才能巩固发展生死与共、鱼水情深的军民关系，坚持把服务人民作为军队建设发展的根本出发点和归宿，与人民群众心连心、同呼吸、共命运，学人民爱人民为人民，永远做人民的子弟兵；才能巩固发展团结、友爱、和谐、纯洁的军队内部关系，坚持基层至上、士兵第一，关心官兵成长进步，维护官兵的权益，为基层办实事、解难事、做好事，尊重官兵的主体地位和创造精神，激发官兵的积极性、主动性、创造性，增强部队的凝聚力和战斗力。

习主席强调指出：“国防和军队建设，必须放在实现中华民族伟大复兴这个大目标下来认识和推进，服从和服务于这个国家和民族最高利益。”国家和民族的最高利益，正是人民群众根本利益的集中体现。党的十八届三中全会从国家和民族最高利益和人民群众根本利益出发，提出包括国防和军队改革在内的各领域改革。实现强军目标，要坚持做到军队各项建设朝着国家和民族最高利益来加强，各项改革着眼国家和民族最高利益来展开，军事斗争各项准备围绕国家和民族最高利益来进行。要紧紧围绕打赢信息化条件下局部战争，抓紧做好军事斗争准备，做到“能战方能止战、有备才能无患”，确保国家不被侵略、不被颠覆、不被分裂。

要铸牢听党指挥这个强军之魂，扭住能打仗、打胜仗这个强军之要，夯实依法治军、从严治军这个强军之基，从政治方向、根本职能、政治优势上保证国家发展稳定大局不被破坏。要聚精会神抓好军队建设，一心一意谋求战斗力提升，以强大军事实力撑起强大"保护伞"，确保中国特色社会主义发展进程不被打断，确保国家和民族最高利益得到维护和实现。

二、坚持一切依靠人民，凝聚强军兴军的强大力量

强军目标的实现，不是一帆风顺的历史进程，不是轻轻松松、顺顺当当的一路凯歌，而是不断攻坚克难、爬坡过坎的艰难进军。一方面，我军建设的主要矛盾仍然是"两个不相适应"，军队现代化水平与国家安全需求相比差距还很大，与世界先进军事水平相比差距还很大。按照国防和军队现代化建设"三步走"战略构想，如期完成"到2020年基本实现机械化，信息化建设取得重大进展"的战略目标，任务艰巨、时间紧迫。另一方面，我国面临的安全挑战和风险非常突出、非常复杂，既要反对和遏制"台独"分裂活动，又要妥善处理与周边国家存在的领土主权和海洋权益争端；既要着力推动中国特色军事变革，建设中国特色现代军事力量体系，又要应对世界新军事革命风起云涌、各国积极抢占军事斗争制高点带来的动态压力；既要应对不合理的国际政治经济秩序下利益和力量格局的牵制，又要应对新形势下敌对势力西化分化的战略图谋。这些矛盾困难和风险挑战，极大地增加了推进强军进程的难度系数。在全面深化改革的攻坚期和深水区，国防和军队建设的航船同中国号巨轮一样驶入了"历史的三峡"，必须涉险滩、渡难关，才能迎来"潮平两岸阔"的新境界。

强军进程的艰巨性，决定了实现强军目标必须始终坚持"一切依靠群众"的领导方法和工作方法。革命战争年代，我们党能够领导小米加步枪的人民军队，打败飞机加大炮武装起来的敌军，根本原因是我党我军创立并坚持了群众路线，实行"三大民主"、官兵一致，破除军阀习气，打破旧式军队原有的官兵隔阂，形成良好内部关系，建成新式人民军队；加强军政军民团结，集聚起"军民团结如一人，试看天下谁能敌"的磅礴力量，陷敌于人民战争的汪洋大海。马克思在《路易·波拿巴的雾月十八日》中，曾把小农比喻成难以聚集起来的马铃薯。我们党创造性地解决了这个问题，创新了领导方法和工作方法，把所谓的"马铃薯"聚集起来了，砌合成了"铜墙铁壁"、"钢铁长城"。

今天，我们要实现强军目标，建设巩固国防和强大军队，同样要坚持"一切依靠群众"，靠群众路线凝聚全党全军全国各族人民的力量。一是要依靠人民建设军队、建设国防，寓军队的力量于人民群众的深厚伟力之中，寓军事力量体系于国家综合力量体系之中；二是要坚持问计于官兵、问需于官兵、问效于官兵，在军队建设和军事斗争准备中群策群力，发扬密切联系群众之风。就前一个方面而言，要坚持富国和强军相统一，加强军民融合发展战略规划、体制机制建设、法规建设，特别要在国家层面建立推动军民融合发展的统一领导、军地协调、需求对接、资源共享机制，形成军民融合深度发展，举国办国防、全民办国防的生动局面。同时，要深入研究新的历史条件下建军治军特点规律和人民战争战略战术，更好地依靠人民的力量实现强军梦。就后一个方面而言，要把握新形势下官兵的民主意识、权利意识更加强烈的发展趋势，把握强军梦也是每个官兵的梦的本质要求，坚持以人为本，尊重和维护官兵的民主权利，公平公正处理涉及官兵切身利益的敏感问题，促进官兵全面发展，充分调动官兵建设部队的积极性主动性创造性，同心同德为实现强军梦贡献智慧和力量。

三、坚持从群众中来、到群众中去，贯彻强军兴军的战略部署

党中央、习主席从时代发展和国家利益全

局的高度思考军事问题，提出强军目标重要思想，党的十八届三中全会对国防和军队改革作出全面部署，充分体现了我们党放眼世界的战略视野，居安思危的战略清醒，强军兴军的战略筹划。习主席强调，三中全会已经胜利闭幕，军令状已经下达，集合号已经吹响。一分部署，九分落实。改革蓝图有了，现在的关键是把蓝图一步步变为现实。学习贯彻习主席重要指示，必须始终坚持群众路线，在求实务实落实上狠下功夫。强军兴军的改革部署牵一发而动全身，是一个权力重新分配和利益重新调整的过程，必然遇到各种阻力。在很多情况下，改革推不动的深层次原因是思维定势和利益固化，改革越深入，观念转变、利益调整的范围就越大、程度就越深，相应的阻力也越大、风险也越高。坚持用党中央、习主席关于强军兴军的决策指示统一思想和行动，坚持走群众路线，我们就能克服各种阻力、压力和挑战。群众离实践最近，思想最鲜活，最能冲破陈旧思想观念的束缚；群众既得利益最少，最没有利益固化的牵绊，最能打破利益固化的藩篱。只有践行群众路线，才能进一步凝心聚力，动员人民群众和广大官兵为实现强军目标不懈奋斗。

实现强军目标的过程，是一个不断破解矛盾、解决问题的过程，是一个坚持从群众中来，到群众中去的过程。实践证明，结合部队实际贯彻党中央、中央军委决策指示的好做法好经验，都是坚持从群众中来，到群众中去的结果。回答好强军跨越的时代课题，贯彻好强军兴军的战略部署，同样要坚持"从群众中来，到群众中去"的根本工作路线。领导干部应抓住深入调研、蹲点驻队、下连当兵等有利契机，与连队官兵同吃、同住、同训练、同娱乐、同劳动，一起摸爬滚打，拒绝特殊照顾，不说官话、不打官腔、不摆官谱，当兵当出真感情，蹲点蹲出好作风，在知兵爱兵的基础上了解部队真情况，发现真问题，同时也让基层官兵敞开心扉说亮话，打开话匣子，说出金点子，形成智慧源泉充分涌流、强军活力竞相迸发的新局面。在集中官兵智慧提出落实强军部署的具体思路、举措基础上，把强军兴军的决策指示、思路举措等宣传普及到广大官兵中间去，使各级党委的决策变为广大官兵的自觉行动。

从群众中来，到群众中去，既是"集智"的要求，也是"正风"的要求。当前，我军作风建设处于关键期、攻坚期，一些深层次矛盾和问题还没有得到有效解决，形式主义、官僚主义、享乐主义和奢靡之风在一些领导机关和领导干部中还不同程度存在，影响了强军兴军战略部署的有力落实。要紧紧围绕强军目标，着眼保持军队党的先进性和纯洁性，以为民务实清廉为主要内容，把提高战斗力作为出发点和落脚点，切实加强全体党员马克思主义群众观点和党的群众路线教育，坚持开门搞活动，主动到官兵中去，虚心听取官兵意见，自觉接受官兵监督，主动请官兵评判，引导基层官兵帮助领导机关查摆问题，落实整改。领导要带头贯彻从群众中来，到群众中去的要求，以整风精神解决深层次矛盾和问题，打赢改作风这场硬仗，以实干兴军、实干强军的优良作风，带动官兵牢记强军目标、坚定强军信心、投身强军实践，以作风建设的新成效凝聚起落实强军部署的强大力量。

（作者：国防大学副政治委员）

努力建设一支听党指挥能打胜仗作风优良的现代化武装警察部队

王建平　许耀元

2013年1月29日，习近平主席视察武警部队时强调，要努力建设一支听党指挥、能打胜仗、作风优良的现代化武装警察部队。这一重要指示，深刻阐释了新形势下建设什么样的武警部队、怎样建设这支部队的重大问题，为武警部队建设发展提出了新的奋斗目标。3月11日，习主席在十二届全国人大一次会议解放军代表团全体会议上对强军目标作了重要阐述。我们要把思想和行动统一到习主席重要指示精神上来，把意志和力量凝聚到实现新的奋斗目标上来，推动武警部队现代化建设迈上新水平。

一、深入学习领悟，准确把握新的奋斗目标的时代内涵

武警部队1982年重新组建以来，在党中央、国务院、中央军委的亲切关怀和坚强领导下，圆满完成了各项任务，为改革发展和维护社会稳定做出了重要贡献，部队现代化建设不断取得新进展。在新的历史条件下，习主席关于武警部队新的奋斗目标的重要论述，赋予了武警部队建设发展新的时代内涵。我们要认真学习、深刻领悟，切实作为基本遵循贯彻落实。

听党指挥是灵魂。坚持党对军队绝对领导是我军永远不变的军魂。30多年来，无论环境如何变化、任务如何转换、体制如何调整，武警部队始终坚持党对军队绝对领导的根本原则和制度，坚决听党指挥。这是武警部队不断发展进步的根本力量所在。习主席把听党指挥作为第一位要素加以强调，给新的奋斗目标赋予了灵魂。武警部队使命任务特殊、领导体制特殊、所处环境特殊，面临的最大考验是政治考验。只有牢牢把握新的奋斗目标的灵魂，切实铸牢军魂，听党话跟党走，才能确保部队绝对忠诚、绝对纯洁、绝对可靠。

能打胜仗是核心。武警部队肩负着维护国家安全和社会稳定、保障人民安居乐业的神圣使命。能打胜仗是武警部队职能所系、使命所需、价值所在。习主席阐述武警部队新的奋斗目标时突出强调能打胜仗，为我们提高履行使命任务能力提出了新的更高标准和要求。武警部队天天执勤、经常处突、时有反恐、常态维稳，始终处于遂行多样化军事任务的状态。只有牢牢把握新的奋斗目标的根本指向，强化战斗队思想，坚持战斗力标准，围绕能打仗打胜仗搞建设，才能确保部队召之即来、来之能战、战之必胜。

作风优良是保证。武警部队诞生于人民军队的摇篮，继承弘扬了我军的优良传统，并在长期实践中培育形成了具有时代特征和自身特色的武警部队优良作风。习主席强调指出，武警部队要“既成为能打胜仗的威武之师，又成为人民群众爱戴的文明之师”。这“两个成为”是对武警部队作风优良的新定位新要求，也是实现新的奋斗目标的重要保证。应对“四个考验”、抵御“四个危险”，弘扬优良传统和作风的任务更艰巨更紧迫。只有牢牢把握新的奋斗目标的“红色血脉”，永葆武警部队性质本色作风，才能赢得人民群众支持，战胜一切艰难险阻，树立威武之师、文明之师良好形象。

现代化是关键。以信息化为主要标志的现代化是武警部队新的奋斗目标最鲜明的时代特征。武警部队正处在机械化程度不高、信息化

初始展开、机械化信息化复合发展的历史阶段，部队建设水平与现代化建设要求不相适应、遂行任务能力与履行使命要求不相适应仍然是主要矛盾。破解“两个不相适应”瓶颈，迫切要求武警部队现代化建设有一个大的发展和突破。只有牢牢把握新的奋斗目标的时代特征，加快现代化建设步伐，才能从根本上提高部队建设科学发展水平和有效履行使命任务能力。

二、注重全面建设，理清实现新的奋斗目标的基本思路

实现新的奋斗目标是一项系统工程，必须贯彻全面建设思想。要按照革命化现代化正规化相统一原则加强全面建设，夯实建设发展根基，确保完成以执勤处突为中心的各项任务，确保部队高度集中统一和安全稳定。

坚持把思想政治建设摆在首位，确保坚定正确的政治方向。按照习主席“走在前列”的要求，把学习贯彻党的十八大精神引向深入，坚持不懈地用中国特色社会主义理论体系武装官兵，坚定道路自信、理论自信、制度自信。毫不动摇地坚持党对军队绝对领导根本原则和制度，坚决维护党中央、中央军委和习主席的权威，确保部队任何时候任何情况下都坚决听从党中央、中央军委和习主席指挥。抓住坚定理想信念这个根本，持续培育当代革命军人核心价值观，教育引导官兵永远做党和人民的忠诚卫士。大力发展先进军事文化，扎实培育战斗精神，继承和发扬大无畏的革命英雄主义气概和英勇顽强的战斗作风，始终保持旺盛革命热情和高昂战斗意志。认真贯彻党要管党、从严治党方针，加强党委班子和党员干部队伍建设，把各级党组织建设成为实现党对武警部队绝对领导、团结巩固部队、完成各项任务的坚强领导核心和战斗堡垒。

坚持服从服务于党和国家工作大局，坚决完成以执勤处突为中心的各项任务。深刻认识当前维稳形势的复杂性和武警部队在维稳工作中的重要性，下好先手棋、打好主动仗，始终保持箭在弦上、引而待发的高度戒备态势。狠抓执勤工作不放松，严密组织经常性执勤和重大临时勤务，确保执勤目标绝对安全。密切关注国家安全形势动向和社会稳定动态，立足应对最复杂最困难情况，突出重点地区重点方向，扎实做好处突、反恐、维稳各项准备，妥善处置突发事件特别是大规模群体性事件，坚决防范和打击各种敌对势力破坏活动。勇于承担抢险救灾等急难险重任务，积极支援地方经济社会发展。

坚持把战斗力标准落到实处，着力提高遂行多样化任务能力。紧紧围绕执勤确保安全、处突确有把握、反恐确保制胜、维稳确保平安、救援确保高效要求，始终把各项建设向提高战斗力聚焦用力，切实把战斗力标准贯彻到部队建设全过程和各方面。坚持以维护国家安全和社会稳定核心需求为导向，突出遂行执勤处突核心能力建设。统筹加强执勤安保、处突维稳、反恐突击、抢险救援、应急保障、空中支援“六种力量”建设，优化编成和力量布局，提高力量建设水平。推动信息化建设加速发展，加大高素质新型军事人才培养力度，着力建设保障完成多样化任务、服务现代化建设、向信息化转型的后勤，完善具有武警特色的装备体系，不断提高基于信息系统的执勤处突体系能力。坚定不移深化改革，加快推进组织形态现代化，不断在体制编制优化、执勤方式改革、指挥控制手段创新等方面取得实质性进展。大抓军事训练，扎实抓好技术战术基础训练和首长机关训练，加强检验性、对抗性训练，练就遂行任务的过硬本领。

坚持依法治警从严治警方针，推动正规化建设向更高水平发展。武警部队点多线长面广、与社会联系广泛、遂行任务安全风险大，必须把依法治警、从严治警作为全局性基础性长期性工作抓紧抓实。狠抓条令条例和规章制度落实，保持正规的战备执勤、训练、工作、生活秩序。把纪律建设作为核心突出出来，下大力整肃军纪，强化官兵号令意识，培养官兵自觉而又

严格的组织纪律观念。积极探索新形势下治警带兵的特点规律，把关心关爱官兵和从严治警统一起来，把严格管理和科学管理统一起来，增强管理工作的科学性和有效性。坚持安全发展，扎实抓好安全基础工作，突出重大安全问题防范，确保部队安全稳定。

坚持抓基层打基础，不断增强发展后劲。强化强基固本思想，牢固树立大抓基层的鲜明导向，扎实打基础，反复抓落实，推动基层建设全面进步、全面过硬。始终把党支部建设作为基层建设的重点来抓，加强经常性基础性工作，坚持尊干爱兵、官兵一致，巩固和发展团结友爱和谐纯洁的内部关系。积极探索动态分散条件下加强基层建设的特点规律，做好动中抓建各项工作，确保既完成任务出色又全面建设过硬。坚持士兵至上、基层第一，关心官兵成长进步和安危冷暖，千方百计帮助基层解决实际困难和问题，最大限度把广大官兵智慧和力量凝聚到部队建设上来。

三、坚持实干兴警，不断向新的奋斗目标努力开拓前进

习主席关于武警部队新的奋斗目标的战略部署，为我们绘就了新的发展蓝图。把这一宏伟蓝图变为现实，必须坚持实干兴警，着眼全局、扭住关键，开拓奋进、狠抓落实。

在搞好战略筹划上下功夫。紧紧围绕新的奋斗目标，准确把握武警部队使命任务拓展期、现代化建设加速期、转型变革攻坚期的阶段性特征，统筹好革命化现代化正规化建设，统筹好各类部队和“六种力量”建设，统筹好重点方向与其他方向，统筹好当前与长远、任务与建设，搞好战略筹划和顶层设计，切实把握发展方向、明确发展思路、完善发展措施。积极适应国家发展战略和安全战略要求，贯彻军事战略方针，围绕“多能一体、依法维稳、合力制胜”，搞好武警部队建设战略谋划，加强武警部队建设战略指导。

在深化改革创新上下功夫。实现新的奋斗目标是一项开拓性事业，根本动力是改革创新。坚持以科学发展为主题、以加快转变战斗力生成模式为主线，注重解放思想、更新观念、开拓创新，走内涵式、复合式、集约式、融合式发展路子。着眼破解体制性障碍、结构性矛盾和深层次问题，深入调研论证，细化方案措施。正确处理改革发展稳定的关系，积极稳妥推进改革，增强部队建设发展活力。

在提高官兵素质上下功夫。实现新的奋斗目标，关键在人，根本是素质。要着眼创建学习型警营、培育知识型军人，深入开展学习成才和岗位练兵活动。大力实施人才战略工程，认真落实武警部队人才建设规划和主干任务推进路线图，健全人才选拔、培养、使用、激励和保障机制，提高“六类人才”建设质量。充分发挥院校和培训机构主渠道作用，办好军师职领导干部理论轮训和国防大学、国防科技大学武警班。坚持正确用人导向，努力营造靠素质立身、靠实绩进步的人才生长环境。

在大力改进作风上下功夫。成也作风，败也作风。实现新的奋斗目标，必须以优良作风作保证。坚持在“常”、“长”二字上下功夫，认真落实党中央、中央军委关于改进作风的各项规定，以踏石留印、抓铁有痕精神，下大力解决形式主义、官僚主义、铺张浪费等突出问题。坚持以上率下、立言立行，从各级党委班子和领导干部做起，带头弘扬优良传统，带头加强党性锻炼，带头强化事业追求，带头真抓实干，带头改革创新。坚持扶正祛邪，大力宣扬先进典型，严肃查处违法违纪问题，为实现新的奋斗目标创造良好环境和条件。

（作者：武警部队司令员；武警部队政治委员）

加强和改进新形势下部队思想政治教育的思考

于大清

当前，部队思想政治教育总的形势是好的，党委重教推进有力，机关抓教规范有序，部队施教形式多样，政治教育在推进部队建设、促进任务完成中较好地发挥了中心环节作用，同时也有一些值得思考和研究的矛盾问题。部队反映比较集中的就是，有时教育受外部环境影响比较大。比如，一次不长的休假回来，需要用很长的时间来“收心”；一次偶发的社会事件过后，需要费很多的功夫来说服“消磁”；一次对教育的反问，需要花很大的精力来“匡正”。究其原因是多方面的，从教育本身来检讨，与实际联系不够紧、对官兵研究不够透、抓质量效果不够实有关。这里，结合自己的调研，就加强和改进新形势下部队思想政治教育谈点思考。

一、关注环境条件新变化，牢牢把握思想政治教育的时代特征

开展思想政治教育的基本要求，是切实而有效地联系工作和思想实际。这个“实际”是历史的也是具体的，对官兵思想行为的影响是全面的也是深刻的。联系社会主义初级阶段历史条件，联系社会信息化、经济全球化和文化多元化现实环境，联系军队现代化建设和军事斗争准备使命任务，深入分析这个“实际”的特色、特质和特征，有六个方面需要引起高度关注：一是和平崛起关键期，多变安全形势是教育面临的时代背景。国际社会和平与合作在加深，但竞争与斗争也更加激烈，国家安全形势、安全环境更为复杂多变。二是深化改革攻坚期，社会矛盾多发是教育面临的重大挑战。改革是当今时代最鲜明的特征，也是影响官兵思想最深刻的因素。改革的巨大成就，给教育提供了丰富实践资源；改革的艰难探索，给教育增加了许多现实课题；改革的潜在风险，也给教育带来了新的挑战考验。经济社会中出现的区域差别、行业差异、贫富差距等信息不可避免地传导到军营，影响官兵的思想行为，深化改革中社会矛盾多发对官兵政治信念的隐性弱化需要引起重视。三是军事变革深化期，多重发展叠加是教育面临的现实压力。军队建设转型和军事斗争准备以信息化为目标取向，以半机械化、机械化为基础，推进“双化”复合发展，我们在学习中追赶、在应急中应变、在发展中超越，面临的矛盾很多、困难很多。知识、创新、人才日益发挥着主导、主体、主力的作用，特别是对人才的需求和依赖不断加深。四是核心价值重塑期，多元价值并存是教育面临的阶段特征。发展市场经济，是我国经济社会最为深刻而广泛的变革。利益观念的强化和民主意识的增强，是市场经济带来的最为深刻的变化。传统的价值观念受到冲击，新型的价值体系正日趋形成，多元价值并存对核心价值的影响是深刻的。特别是意识形态领域斗争尖锐复杂，敌对势力大肆鼓吹“军队非党化、非政治化”和“军队国家化”等错误政治观点，对官兵的影响不容忽视。在正确的价值观培育形成的同时，信仰迷惘、精神迷失，道德失范、行为失律等，在少数官兵中有所表现。五是网络影响凸显期，多种文化交织是教育面临的崭新课题。信息技术的迅猛发展，在推动社会生产方式、生存方式和生活方式进步的同时，网络的负面影响也不容忽视。近年来，网络炒作涉军敏感问题呈逐年递增之势，网上渗透、网上侵蚀、网上破坏无孔不入，部队保持纯洁巩固的压力很大。六是强军备战高压

期，多样任务并进是教育面临的实践考验。听党指挥、能打胜仗、作风优良的强军目标，以其历史继承性、鲜明指向性、全局指导性和任务艰巨性，引领军队建设由精兵之路向强军之路发展、由准备战争向打赢战争聚焦，赋予我军军事实践以新的时代内涵，部队现代化建设和军事斗争准备任务更加繁重。总之，新的历史条件下，部队思想政治教育的时代背景、环境条件、实践基础，都发生了新的变化。开展教育无疑要高度关注这些变化，并以此为基础对整个教育实践活动进行研究、设计，使之更加符合变化了的客观条件，符合发展了的形势任务，更能体现时代性、把握规律性、富有创新性。

二、关注教育对象新特点，准确把握官兵思想行为的变化趋势

新形势下，军队建设面临的一个重大现实是，伴随着改革开放、市场经济、信息网络的深入发展而成长起来的新一代青年步入军营，他们带着新时代所特有的风貌走上军队建设的舞台，成为部队建设的主体。他们具有较宽的眼界视野，具有浓厚的爱国情怀，具有强烈的进取精神，是充满活力、富有朝气的一代，是独立自信、勇于担当的一代，也是可信可爱、可以放心的一代。与传统军人相比，他们的思想和行为特征表现出五种趋势：一是在知识素养上，凸显出"文化人"特征。开放的社会、竞争的时代，青年官兵求知欲望增强，受教育程度普遍提高，对个人成长成才的期待也在加大。二炮部队年轻干部大多是大学以上学历，近年来新兵中具有大专以上学历的占1/4，高中以上学历的达66.5%，有信息网络、驾驶、汽修等专业技术等级证书的占37.1%。许多青年官兵坦言，来部队就是寻找出路，或是曲线就业。大学生士兵多数是为了提干、考军校，一旦不能如愿坚决要求退伍。二是在行为方式上，凸显出"个性人"特征。青年官兵来自不同的社会阶层，带着不同的生活烙印走进了军营，带着不同的文化背景相聚在军营，带着不同的性格习惯生活在军营，他们的价值判断、生活理念和处事方式表现出很大的差异性，思想行为多元、多样、多变，呈现出张扬个性、展示自我，标新立异、特立独行的特点。三是在兴趣爱好上，凸显出"网络人"特征。我们对7个军级单位调研比对验证表明，义务兵入伍前上过互联网的超过95%，每天上网超过1小时的达70%，家属随军干部家庭连接互联网的超过70%。今年的新兵入伍前100%上过网，90%以上有自己的QQ号，31%开通博客、微博。可以说，网络融入了官兵的工作和生活，对官兵思想行为的影响极为深刻，教育者与教育对象获取信息的时间差、数量差逐步缩小，甚至还有"倒挂"现象。四是在意志品格上，凸显出"脆弱人"特征。我国60年没"大仗"、30年没"小仗"，战争观念、战备意识、战斗精神在新一代青年官兵头脑中有所淡化。不少官兵出家门、入校门、进营门，少有艰苦环境的摔打和历练。部队反映，青年官兵中有三种焦虑：①沟通交流的焦虑。一些官兵感到交往恐惧、沟通障碍。②社会认同的焦虑。渴望用成就取得组织、同事和亲友认同，一旦自我设计的目标遭遇阻滞、受到挫折，就容易失去信心、甚至一蹶不振。③环境适应的焦虑。部分官兵入伍前受关爱多、吃苦少，生活环境相对宽松自由，对军营环境适应比较缓慢。五是在人际交往上，凸显出"情感人"特征。家庭小型化是当代青年官兵情感特征形成最直接的社会因素，他们更看重血缘关系、地缘关系、学缘关系、业缘关系所形成的情感圈。特别是独生子女增多、单亲家庭增多、有留守儿童经历的增多，与长辈亲人的双向感情需求更加强烈，期盼情感交流比以往更为频繁。许多官兵遇有矛盾困难，更习惯于向家人、朋友而不是向组织倾诉和寻求解决办法，给及时掌握官兵鲜活的思想、有针对性地开展教育带来一定困难。这些情况表明，传统军人的"政治人"、"道德人"、"奉献人"角色，随着时代的变迁正在发生变化。开展思想政治教育，必须关注人、研究人，把握青年官兵思想变化规律和心理行为特点，因人施

教、因时施教,不断增强教育的科学性针对性有效性。

三、优化教育内容,着力构建系统性与针对性相结合的教材体系

当前,各级抓教育的积极性很高,但也出现多头下达、内容庞杂、重复安排的现象。我军思想政治教育实践表明,教育内容贵在精、贵在管用,并非多多益善。军队思想政治教育《大纲》规定了5个方面14项基本内容。大家都感到,这些内容是重要的,也是必要的。关键是加强顶层统筹,把握好起点的“高”与“低”、主题的“大”与“小”、内容的“多”与“精”、目标的“远”与“近”,着力讲好大道理、讲实小道理、讲活硬道理,由低到高、由浅到深、由少到多,逐年递增、逐层升级安排内容、编写教材,形成层级递升、配套衔接的教材体系。具体可以分三类课程来考虑:一是政治理论课。主要是以树牢旗帜意识、军魂意识、使命意识为核心,以增强官兵政治觉悟、政治立场、政治素质为目的进行的教育,具体是“一个根本、四个重点”,即中国特色社会主义理论体系教育和我军历史使命教育、理想信念教育、战斗精神教育、当代革命军人核心价值观培育。可以编成三个读本:①以党的基本理论、基本路线、基本纲领、基本经验、基本要求为主要内容的旗帜教育读本。②以党对军队绝对领导优良传统、根本原则和根本制度为主要内容的军魂教育读本。③以我军性质、宗旨、职能为主要内容的使命教育读本。二是思想品德课。围绕培养好公民、好青年、好战士而进行的基础教育,包括社会公德、职业道德、家庭美德、个人品德教育,主要解决官兵立身做人、立业做事、立德从政的基本问题。具体可以设置道德观、事业观、成才观、婚恋观、消费观、交往观等若干课题,原则上每月安排一课,可采取递进升级的方式设置内容,由基层负责组织实施。三是人文科技知识课。主要应包括历史知识、社科知识、科技知识三个方面内容,其中最为重要的是法律知识、心理知识、军事高科技知识等。对以上内容,可以区分新兵和义务兵、初中级士官、高级士官和军官三个层次编写教材,用教材来规范内容,既解决教育内容多、重、杂,又解决教育年年重复搞、年年都是“一练习”的问题。

四、改进教育方法,构建统一性与多样性相结合的教法体系

《大纲》对教育规范了3种形式13种方法。基层官兵反映,现在教育不缺形式和方法,缺的是效果效益,个别的还有重过程轻目的、重手段轻效果、重形式轻内容、重声势轻本质等现象。基层反映,教育中坐不住、听不进、信不过的问题需要引起重视。灌输是教育的主要手段,课堂是教育的主要阵地。教育需要把课讲好,但不能满足于课堂;教育需要活动配合,但不能依赖于活动;教育需要手段创新,但不能局限于手段。必须基于问题、追求效果,直面本体、抓住本质,以开放的眼光、系统的方法、现代的手段,下功夫增强吸引力感染力,下功夫提高质量和效益。通过座谈和问卷,大家反映有五种教育方法比较受欢迎。一是精讲式。集领导干部、专家学者、教育骨干的智慧,把教育课备充分、讲精彩,打造“精品课”。同时,把电视、网络中的精品栏目、高端讲座送到基层,让更多官兵享受优质教育资源。二是互动式。让教育者和受教育者在平等的氛围中交流、讨论、辨析,互相启迪、解惑、提高。调查问卷中,42.5%的官兵希望教育中多一些互动交流,73%的官兵喜欢参与互动交流,67%的官兵认为教育中收获最多的来自讨论交流。三是自助式。适应官兵文化层次普遍提高、学习能力不断增强的实际,注重发挥自我教育作用。有的建议,可以效仿大学搞学分制教育,把需要掌握的内容分课程拉出菜单,制订个人学习路线图,以目标牵引学习,定期考核、逐年升级。这可在组织高级士官和基层干部教育上进行尝试。四是启发式。针对官兵工作生活中的现实思想反映,做好一人一事的工作,因势利导、析事明理,消除

模糊认识,化解不良情绪,深化课堂教育效果。五是实践式。注重把理论灌输与实践强化结合起来,把教育渗透到战备训练、教学科研、国防施工等全过程,让官兵在实践中受感染、受启迪、受教育、受磨砺。近年来,二炮部队在全国建立了井冈山革命纪念地、延安革命纪念馆等100余个理想信念教育基地,定期组织官兵现地接受教育,各级普遍反映印象深、效果好。我在工程部队看到,他们结合实际,以大山为题开展"山"字系列教育活动,以国防施工为题材开展书写征战风采录活动。这些源于生活、融入工作、存之身边的鲜活做法,参与很便捷、效果非常好。调研中大家谈道,把教育课讲好,还有两个问题需要关注和解决:一个是,教育要回到现实生活、回应现实需求、回答现实问题。比如,社会上利益分配不公、腐败问题触目惊心、道德滑坡失序,以及部队有的插手基层敏感问题、官兵家庭涉法涉诉问题处理不好等,大家反映对教育的负面影响较大,必须敢于面对现实、做出正面回答。一个是,教育要快速反应,适应信息时代社会生活节奏快、信息传播速度快、官兵思想变化快的实际,注意用好信息网络手段,特别是发挥好军队政工网的功能作用,改进教育的指导和实施方式,促进教育部署、展开、实施、保障等各环节,由慢向快、由粗向精、由虚向实转变,抢占先机、掌握主动。总之,教育的形式和方法都是为内容和目的服务的,既要继承传统、用好已有成果,又要与时俱进、注入时代元素,既把教育者的主导作用发挥好,又把受教官兵的主体作用发挥好,共同推动教育的高效落实。

五、建强施教队伍,构建专业性与群众性相结合的教员体系

当前,部队政治教员队伍存在的问题主要表现为"四个不足":一是政工业务先天不足,二是实践经验后天不足,三是人文社科知识储备不足,四是持续发展动力不足。一些年轻干部在座谈中直言,政治干部工作担子重、发展路子窄,各方面都不占优势。一些基层干部选择岗位,首选装备、其次后勤、再次军事、最后政工。过硬的教员队伍是落实教育的组织保证。需要从生长源头抓起,从基本功练起,从岗位锻炼做起,培养一支政治强、素质高、作风硬、形象好的政治教员队伍。同时,应改变教育只有少数人抓的状况,发动各级各类干部和士兵骨干都来关心教育、参与教育。从部队实际出发,主要应建立以下三支教员队伍。一是政治理论教员队伍。以部队团以上领导干部、政治理论骨干和院校专家教授为主体力量组成,主要承担理论性、时事性、政策性教育内容的授课辅导。比如钓鱼岛问题、南海争端问题、批驳"军队非党化、非政治化"和"军队国家化"等,是基层干部很难讲深讲透的,应当由领导干部和专家学者专题辅导,有利于把问题说清楚、讲明白。二是思想引导教员队伍。以基层政治干部为主体力量组成,根据官兵现实思想反映进行有针对性的思想教育和行为引导。如新兵入伍和老兵退伍教育、光荣传统教育、安全保密教育、行为指导教育等。这些教育往往来源于现实生活,而且各个单位表现不一,应当由基层干部针对本单位实际组织实施。三是人文知识教员队伍。以具备相关专业知识技能的大学生干部和骨干为主体力量组成,主要是进行专业性较强的知识和技能教育。如法律常识教育、心理健康教育、军事科技教育等。要对三支教员队伍的人员构成、基本职责、培训机制、激励机制进行明确规定。需要指出的是,政治教员担负着传道、授业、解惑的使命,要有很高的自身修养,要有让受教育者信服的水平和能力。一是传道要信道。以不信的心态搞教育,比不搞教育的危害更大。说服别人首先要说服自己,教育者不仅要做科学理论的忠实传播者,更要做科学理论的坚定信仰者。二是授业要敬业。课上怎么讲、课下就怎么做,言行一致、知行统一,以良好形象增强教育的说服力、感召力。三是解惑要不惑。就是要旗帜鲜明、观点

鲜明、立场鲜明,不能以己昏昏,使人昭昭。

六、完善评价机制,构建规范性与操作性相结合的考评体系

教育成效考评缺标准没抓手,是部队反映比较集中的一个问题。一些同志提出,由于考评机制不健全,效果优劣无评价,使教育成了软任务、软指标。部队建议,应当像军事训练与考核《大纲》一样有明确具体的实施规范、有操作可行的考评办法、有奖优罚劣的刚性措施。我们感到,建立政治教育科学规范的考评体系,需要注意把握以下四个方面:一是注重导向性。把教育时间、人员、内容落实情况和官兵对教育内容的掌握情况作为基本要求,突出了解官兵明白基本观点、明晰基本道理、明辨基本是非、明确基本规范的情况,把官兵政治素质、单位风气建设、部队完成任务情况作为重要指标,防止和克服检查教育仅仅是数人头、考背记、查笔记的简单化浅表化做法,切实把教育的出发点和落脚点放在推动部队科学发展、促进官兵全面发展上。二是注重规范性。明确考评内容,主要应包括思想调查、党委议教、教育准备、教育实施、教育效果等方面情况。明确考评主体,考评主要由军以下单位政治机关组织实施,大单位可结合蹲点调研进行抽查检查,重在总结经验、宣扬典型。明确考评时间,军师每半年、旅团每季度应检查考评一次,每年要进行情况通报,重大教育活动专题检查考评通报。三是注重便捷性。对落实教育时间、人员等应有指标量化,对教育基本内容的掌握情况可采取学分量化,对实践转化情况应从官兵精神面貌、部队内部关系、年度任务完成等方面进行验证,考评时机应尽量与单位阶段性任务考评和年度综合考评结合起来,不搞单项考评和重复考评。四是注重权威性。考评结果要与单位立功受奖挂钩,与个人成长进步挂钩,奖励先进、处罚后进,特别是因教育不落实直接导致单位发生问题的,要追究责任、严肃处理,真正使教育成为硬任务硬指标。

(作者:第二炮兵政治部主任、少将)

对新形势下军队意识形态安全的思考

王志平

军委习主席在2012年11月17日军委扩大会议上要求，要始终把思想政治建设摆在军队各项建设首位，使坚持党对军队的绝对领导在官兵思想中深深扎根，确保全军在任何时候任何情况下都坚决听从党中央、中央军委指挥。长期以来，西方敌对势力一直对我国进行意识形态渗透，军队则是西方敌对势力渗透的重点。在当前意识形态领域斗争异常激烈的情况下，确保军队意识形态安全，保持人民军队政治上的纯洁性，成为我们必须认真思考并加以解决的重要问题。

一、我国意识形态安全面临的主要挑战

所谓意识形态，是建立在一定的经济基础之上的观念上层建筑，是一定社会的阶级、集团基于自身利益，对现存社会关系自觉反映而形成的认知体系，反映了一定阶级或集团的利益取向和价值取向，并为其服务，成为其政治纲领、行为准则、价值取向、社会思想的理论依据。任何社会都存在着主流意识形态和各种非主流意识形态。主流意识形态构成一个社会思想文化的中枢和支柱，起着引导政治认同、进行政治整合、规范政治行为、增强政治体系合法性、促进政治稳定的作用。意识形态功能发挥的前提是意识形态安全，即必须确保主流意识形态在社会政治文化领域居于主导地位、发挥主导作用。我军意识形态安全，是指作为我军指导思想体系、政治路线方向、思想政治工作依托和内容的党的意识形态，是否处于相对安全的状态，实质是在军队内部主流意识形态的社会合法性，能否得到普遍认同和巩固，根本上体现为军人能否做到对于主流意识形态内在价值主张的高度认同和自愿践行。

据有关学者研究，我国目前意识形态安全面临着五大挑战：

一是西方敌对势力的文化渗透对我国意识形态的威胁。当前，西方敌对势力凭借其经济、政治和军事的先发优势，宣称西方的“自由民主制度”为“普世价值”，乘发展中国家在现代化过程中出现的民族文化认同危机，强迫或引诱他们认同西方价值，以达到对非西方国家进行文化渗透，对社会主义国家尤其对我国实现和平演变的目的。

二是信息革命造成的社会变迁淡化了两大意识形态的差异，“全球化”带来了“意识形态的陷阱”。信息革命的快速发展，使人们把更多的注意力集中到科学技术层面，注重以科学技术为主要载体的工具理性。人们更多地关注各国的综合国力，关注人才与科技的竞争，减少了对文化和传统意识形态差异与对立的关注，更甚者有人接受西方学者的观点，认为科学技术的全球化发展，必然使人类社会走上一条不可逆转的同质化道路，所有正在进行经济现代化建设的国家肯定会越来越相似。

三是社会主义市场经济的多元化价值取向对我国主流意识形态产生了直接影响。市场经济本身所固有的功利性、实效性等价值追求，影响越来越突出，一些不同于我国民族传统的、非马克思主义的、非社会主义的价值观逐渐流入我国。随着我国经济体制深刻变革、社会结构深刻变动、利益格局深刻调整，不同社会阶层和利益群体纷纷出现，一定程度上改变了我国主流价值观和意识形态存在的社会生态。不仅如

此,有的人开始淡化我国的主导价值观,甚至怀疑马克思主义的指导作用,使主流意识形态被冲击、被淡化的倾向有所增强。

四是国际社会主义运动的曲折发展也对我国意识形态产生了重大的影响。上世纪80年代后期,苏东社会主义国家在西方"和平演变"战略和本国各种危机的交互作用下,短时间内发生质变,给社会主义国家意识形态造成严重的混乱,对我国意识形态也构成一定的威胁。

五是网络化传播方式对我国意识形态构成了新的挑战。信息网络化发展改变了传统的文化传播方式,网络传播所具有的即时性、海量性、全球性、互动性等特点,构成了强大的渗透功能,这就为西方敌对势力的文化和意识形态渗透提供了条件。由于我国的网络技术相对落后,对信息的传播和防御能力相对有限,网络信息选择的多样性和价值取向的多元性,也弱化了有些人对我国主流意识形态的权威认同。

在当前意识形态领域斗争尖锐复杂,各种思想文化交流交融交锋更加频繁,国家意识形态安全问题突出的环境中,我军军事斗争准备深入推进,部队遂行多样化军事任务日益艰巨繁重,官兵成分结构不断发生变化,精神文化需求多层次多样化特征更加明显,网络等新兴媒体对官兵思想和行为的影响越来越大,军队意识形态安全问题也突显出来。毋庸讳言,党的意识形态,就是我军的意识形态,这是由我军的政治性质所决定的。我军的意识形态安全问题,直接关系到党对军队的绝对领导,关系到我军的性质宗旨,关系到我军现代化建设的方向,也关系到新时期我军职能使命的履行。

二、当前我军意识形态安全形势的新特点

从社会学意义上看,军队是特殊的社会群体。军队作为上层建筑的重要组成部分,与同为上层建筑的主流意识形态有着"天然"的联系。同时,军人也是社会人。除军人身份体现其社会性外,军人的成长成熟过程、军人的家庭、军人的社会关系等,都体现了军人的社会性,军人的社会性存在及其认知、思想、观念等,与军队意识形态安全有着直接的联系。所以,分析军队意识形态安全问题,重点是分析军人对主流意识形态内在价值主张的高度认同和自愿践行的问题。实事求是地看,我军绝大多数官兵对自身社会政治性存在的认知是明确的,能够做到对主流意识形态内在价值主张的自觉认同和自愿践行,能够正确认知和坚持党对军队的绝对领导,坚持用中国特色社会主义理论武装头脑,积极践行当代革命军人核心价值观等,对此,我们必须有充分的政治自信。

随着我国改革开放的深入和经济全球化的快速发展,西方意识形态渗透和国际意识形态斗争的现实存在,不能不影响作为一个社会人的军人的思想和行为。我军意识形态安全面临的主要挑战是西方敌对势力的意识形态渗透。对此,绝大多数官兵总体上都有着清醒的认识。西方敌对势力意识形态渗透的严重性不在于它们明目张胆地推销其价值观,或明火执仗地渗透,而在于它们利用军人社会化身份,通过"非政治"的引诱,使我军部分官兵受骗上当,不自觉或不经意地接受其价值观念,逐渐淡化自身的社会政治性身份,对军队秉承的主流意识形态产生怀疑,或想一套行一套,严重的可能蜕化变质,直接影响我军意识形态的整体安全。主要表现为以下几个方面:

一是借助社会主义市场经济的推行和消费主义旗号进行渗透。在全球化背景下,西方国家凭借其各方面的暂时优势,政治上推销资本主义民主自由、经济上鼓噪新自由主义、文化上宣扬西方文化的"普世"性、社会生活中大肆散播消费主义和享乐主义等。特别值得注意的是,随着社会主义市场经济的发展,西方消费主义文化正在我国迅速扩张,或多或少影响到了部分军人。这种文化以过度消费和高消费为特点,以追求享乐主义为目的,体现着西方国家的价值观念、生活方式。在西方强势媒体大肆鼓噪下,中国社会中正在弥漫着一种认识,即消费

是生活的主要目的，市场经济应该是消费至上，把社会的全部文化意识形态都卷入市场的轨道，被不少国人和部分军人误读为这是建立社会主义市场经济的“必然”。

二是借助科技竞争和科技理性旗号进行渗透。随着经济全球化、信息网络化的不断发展，各国都在利用这一良好的国际机遇，在各领域展开激烈的竞赛、竞争甚至是争夺，尤其是在信息技术等高新科技领域的竞争和争夺已经白热化。科技本身无国界，可以超越意识形态的对立，但科学技术为谁掌握并为谁服务产生的结果则大不相同。利用各种高科技产品和手段推行价值观念，已经成为西方敌对势力进行意识形态渗透的重要方式。某种程度上说，科技竞争蕴含着意识形态的交锋。但部分国人或军人却误认为科学技术与意识形态无关，国家信息化建设抑或军队信息化建设可以超越意识形态。

三是借助互联网和文化娱乐进行渗透侵蚀。西方敌对势力在大力加强报纸、电视、广播等传统手段进行意识形态渗透的同时，手法不断翻新，而且越来越隐蔽化，越来越具有欺骗性。他们利用国际互联网超越地域、时间限制，传播时间迅速和自由开放的特点，大肆传播西方价值观念，甚至运用网络鼓噪歪理邪说，进行造谣中伤，丑化我党和国家领导人，煽动民众情绪，对我进行渗透破坏活动。近年来阿拉伯世界动荡中所谓“媒体革命”已经充分显示了这一特点。西方敌对势力还利用各种体育文化娱乐活动，消解军人党性和政治属性。对此，也被不少国人或军人误读为是单纯的文化、体育或者娱乐领域的交流，是对外开放的结果，没有看到这些文化、体育和娱乐承载着不同的价值观念，蕴含着对我意识形态渗透的险恶用心。

三、增强官兵政治认同是保证军队意识形态安全的根本

确保我军意识形态安全，核心是要解决每个军人对主流意识形态内在价值主张的高度认同和自愿践行问题。从某种角度看，其实就是政治认同问题。在现代任何国家，主流意识形态内在的价值主张，都体现在政治制度、政治路线、政治方针和政策之中。军队的政治性存在，与一定社会上层建筑的同质性特点，以及我军的性质宗旨等，都是一种“天然的政治生态”，这充分说明，军人的社会性存在，首先就是政治性，需要有明确的政治态度、政治立场和政治信仰。确立军人政治态度、政治立场和政治信仰的前提，就是要有与自己政治身份相一致的政治认同。如果在对政治身份所要求的政治观念及其社会实体的认同中，存在这样那样的问题，就会直接影响我军的政治性存在，影响我军意识形态安全。所以，确保我军意识形态安全，关键是解决好每个军人的政治认同问题。

政治认同是人们从内心深处产生的一种对所属政治体系情感上的归属或依附，本质上是社会公众对政治权力的信任、对政治价值的信仰。在复杂的政治社会中，人们往往扮演不同的社会角色，军人也是特殊的社会角色。政治认同的对象最重要的有国家、政党和阶级。对国家的认同是最基本的政治认同，既有对共同种族、共同地域、爱国心、民族自豪感等情感层次的认同，也有对国家法律制度、政策方针的高层次认同。对阶级的认同是阶级社会一种不可避免的社会现象，每一个人都在一定的阶级地位中生活，多种思想无不打上阶级的烙印。政党是为捍卫阶级利益而自觉奋斗的团体，一般有明确的奋斗目标和行动纲领，对政党的认同多属较高层次的政治认同。任何一个政治组织只有得到成员广泛的认同，才能获得充沛的生命力并能长期存在下去；一个人只有在产生认同感的基础上，才能对一个政治组织或一种政治信念表现出最大的热忱和忠诚。可见，解决好军人政治认同问题，既可确保我军意识形态的安全，又可以激发广大官兵自觉践行主流意识形态内在价值主张的积极性，为军队建设和履行职能使命贡献力量。从这个角度看，我军思想政治教育无不体现着政治认同的内涵，如

培育当代革命军人核心价值观，就承载着要求军人有正确的政治认同的内涵。要求革命军人保持政治上的坚定性和思想道德上的纯洁性，也有着政治认同的内涵。

提出军人政治认同问题，并不意味着每个军人政治认同都存在问题，也不意味着每个军人的政治认同已经完美解决。因为政治认同是个相当复杂的问题，有着政治性、社会性、理念性和可塑性等特点。政治认同是社会的一种集体行为，认同根源于个人与他者之间的关系；认同是动态变化的，具有可塑性；既是个体意识作用的结果，同时也依赖客观社会存在的一些条件。军人确立正确的政治认同，根本的是军人个体思想观念中的政治信念端正，通过政治思想教育，经常性思想政治工作，使官兵生活在一种政治性的环境中，以塑造其正确的政治信仰。还应当看到，军人政治上的自觉对于政治信念的确立也有着直接作用，套用费孝通先生关于"文化自觉"的观点，所谓军人的政治自觉，就是指生活在特定环境的官兵，对这个特定环境的政治（包括政治性质、政治要求等）有自知之明，明白它的来历、形成过程、所具有的特色和它的发展趋势。这种政治自觉，既不是对这个特定环境政治的简单适应，也不是固守除军人身份之外的社会身份的无奈，而是以一种全新的理性精神获得一种新的政治信念。有正确的政治信念和政治态度，坚持正确的政治立场，对于政治认同的确立具有直接作用。

如果把政治认同规定为客观社会存在与个体意识作用相结合形成的认知、观念和思想，那么它既是个体意识作用的结果，同时也依赖客观社会存在的条件，这就会使人们的政治认同更具复杂性，军人的政治认同也不例外。从政治认同产生形式分析，军人的政治认同可以分为消极认同与积极认同；从政治认同产生的过程看，可分为本能认同与情感认同；从政治认同的结果或状态看，分为认同与不认同，或高度认同、基本认同、虚假认同、不认同等。除了极少数的不认同外，以上各种认同情况都可能在军队中存在，我们提倡和要求革命军人的政治认同，应该是积极的、本能的和情感的、高度的认同，正是由于消极认同、基本认同和虚假认同的存在，或者极少数不认同的存在，才使军队意识形态安全问题成为真实的存在，才使军队思想政治教育有了必要。

军人的政治认同是军人在社会政治生活中，对所在政治系统运行状态的认可，是构成军队政治共识的基本因素。按照党的十八大精神要求，我军思想政治工作的着力点应该围绕主题主线，着眼中国特色军事变革，抓住我军政治认同这个关键，实现对当代革命军人核心价值观的认同，这是军人政治认同的核心。当代革命军人核心价值观，充分体现了我国主流意识形态的内在价值。实现对当代革命军人核心价值观从单纯的盲目认同到理性认同的转变，从被动的消极认同向自觉的积极认同转变，每个军人就能够做到自觉践行，军队意识形态安全就有了保证。

（作者：西安政治学院军事系教授、博士生导师）

高扬艰苦奋斗光辉旗帜接力前行

——学习“南京路上好八连”先进事迹

中共南京军区委员会

今年是“南京路上好八连”命名50周年。50年来，八连始终铭记党的三代中央领导集体和胡锦涛主席、习近平主席亲切关怀和谆谆教诲，紧紧围绕推动连队建设科学发展、有效履行使命任务，坚持不懈用艰苦奋斗精神兴连育人，连队建设全面过硬、长期过硬，先后被表彰为全国创先争优先进基层党组织、拥政爱民模范单位、军民共建社会主义精神文明先进单位，全军基层建设先进单位、全军学雷锋先进单位，年年被军区、警备区表彰为基层建设标兵单位。在好八连命名50周年之际，习主席亲切接见连队代表，称赞好八连是我军的一面旗帜，勉励官兵要不断弘扬“南京路上好八连”精神，继承和发扬我军优良传统，永葆人民军队的本色。新形势下，学习好八连艰苦奋斗的先进事迹和经验，对于贯彻落实党的十八大精神和习主席一系列重要指示，深入开展以为民务实清廉为主要内容的党的群众路线教育实践活动，激励广大官兵弘扬优良传统，永葆政治本色，坚决反对形式主义、官僚主义、享乐主义和奢靡之风，为实现中国梦、强军梦贡献智慧和力量，具有重大时代价值和现实意义。

一、坚定信念是艰苦奋斗的动力支撑，要不断打牢高举旗帜、听党指挥的思想根基

一代代官兵红心向党，是艰苦奋斗精神在八连薪火相传的信念之源。凭着对党无比忠诚的理想信念，解放初期，好八连以昂扬的斗志和崭新的风貌巍然屹立在南京路上。和平建设时期，好八连不忘人民军队宗旨本色，矢志不渝忠于党、忠于国家、忠于人民、忠于社会主义，经受住了各种风浪考验。面对时代条件和社会环境的深刻变化，他们坚守“政治好、称第一”根本要求，紧跟党的理论创新步伐抓学习，让党的创新理论成为官兵天天见面的“精神食粮”、解疑释惑的“智慧宝典”，从源头上把理想信念植根于官兵心灵。他们坚持用当代革命军人核心价值观强基固本，注重用光荣传统励志塑形，帮助官兵在多元中立牢主导，在多样中高扬主流，在多变中掌握主动，做到信念不移、传统不丢、本色不改。

好八连先进事迹充分表明，坚定的理想信念是艰苦奋斗精神的核心和灵魂。有了崇高的理想信念作支撑，就能从根本上抵得住诱惑、守得住底线、保得住本色。当前，意识形态领域斗争尖锐复杂，社会价值取向多元多样，腐朽思想文化侵蚀渗透不可低估。学习好八连，必须把坚定理想信念作为根本任务，不断增强官兵的党性观念、宗旨意识，切实铸牢听党指挥的强军之魂。坚持不懈用中国特色社会主义理论体系武装官兵，按照走在前列的要求，深入学习领会十八大精神，突出学好习主席一系列重要指示，始终坚定马克思主义信仰，坚定共产主义远大理想和中国特色社会主义共同理想，坚定党对军队绝对领导的政治自信和政治自觉。坚持不懈用强国梦强军梦激励官兵，引导官兵为国家富强、民族振兴、人民幸福的伟大目标不懈奋斗，自觉把个人理想抱负融入强军实践，胸怀远大理想，勇担时代责任。坚持不懈用当代革命军人核心价值观塑造官兵，大力发展先进军事文化，打好意识形态斗争主动仗进攻仗，引导官兵端正价值追求，明确是非界限，把正人生航向，筑牢精神支柱，解决好为谁当兵、为谁打仗、

听谁指挥的问题。坚持不懈用人民军队优良传统熏陶官兵，广泛开展学党史、军史、部队战斗史活动，让官兵从我军性质宗旨和优良传统中汲取政治营养，深扎听党话跟党走的思想根子，确保部队绝对忠诚、绝对纯洁、绝对可靠。

二、献身使命是艰苦奋斗的目标指向，要大力锻造能打仗、打胜仗的过硬部队

50多年来，无论形势任务怎么变化、职能使命如何拓展，好八连始终保持昂扬向上、奋发有为的精神状态，把践行艰苦奋斗的主战场放在提高打赢本领、献身使命任务上。他们居安思危不忘战，坚持每周一次战备拉动、每月一次形势战备教育、每月一次支委议训、每季一次比武竞赛"四个雷打不动"，做到"霓虹灯越亮，使命感越强"。他们真抓实干砺硬功，以与作战对手抢时间比速度的急劲、跟自己过不去的较劲、永不服输的拼劲、倒也向前扑的冲劲，着力锻造打得赢的特战精兵，连队由摩步分队向特种分队转换不到一年，人人掌握特战专业技能。他们勤学苦钻创一流，瞄着信息化转型发展，学信息化知识，钻信息化装备，练信息化技能，率先谱写了由霓虹哨兵向特战精兵、信息化尖兵不断迈进的"三部曲"。

好八连先进事迹充分表明，献身使命、真抓实干是艰苦奋斗精神的显著特征，是实现强军目标、建设强大军队的精神力量和根本途径。学习好八连，必须始终牢记军队的使命任务，把岗位当战位，把工作当事业，攻坚克难，奋发有为，不断锤炼能打胜仗的过硬本领。要强化随时准备打仗思想，深刻学习领会习主席"三个高度警惕"的重要论断和对军队打得赢的嘱托厚望，坚决向"和平积习"和享乐主义开刀，始终做到胸中有忧患、眼中有敌情、时刻在准备。牢固确立战斗力这个唯一的根本的标准，旗帜鲜明地反对形式主义，坚持一切从实战需要出发，一切从部队实际出发，一切从建设实效出发，求实、扎实、务实、落实，端正训风演风考风，做到打赢先打假、治训先治虚、求胜先求实。把军事训练推向实战化，按照"真难严实"要求，立足最复杂最困难情况，提高训练标准，加大难度强度，做到仗怎么打兵就怎么练，打仗需要什么就反复苦练什么，在近似实战的环境下摔打锻炼部队。大力培育"两不怕"、"硬骨头"、"三个绝对"过硬战斗精神，加强革命军人生死观教育，培塑官兵闻战而起、英勇顽强、敢于亮剑的意志品格和军人血性，提振不畏战、不怕死、为国献身的精气神，确保部队召之即来、来之能战、战之必胜。

三、永葆本色是艰苦奋斗的本质要求，要始终保持艰苦朴素、一尘不染的优良作风

当年进驻南京路时，好八连凭着艰苦奋斗精神，把"香风毒雾"踩在脚下，把"糖衣炮弹"拒之门外，身居闹市，一尘不染，成为誉满天下的"霓虹灯下的哨兵"。新形势下，他们把艰苦奋斗作为一种责任来担当、作为一种美德来传承、作为一种风气来培育，使之成为官兵的价值追求和行为准则。他们坚守克勤克俭的生活方式，用穿草鞋、打补丁的精神教育引导官兵艰苦朴素、勤俭节约，自觉养成文化学习用一点、感恩父母寄一点等"五个一点"消费好习惯和头发长了自己理、营具坏了自己修等"四个好做法"。他们坚守阳光纯洁的行为导向，连队在入党、转士官等官兵关心关注问题上全程公开公平公正，引导官兵靠素质立身，靠奋斗成才，堂堂正正做人做事，在各种诱惑考验面前眼不红、心不跳、手不伸。他们坚守严格规范的自我约束，从严管理党员、管理干部，坚持讲团结不失原则，讲感情不丢纪律，做到"三个不放过"：不放过任何一个人，谁有问题就和谁"过不去"；不放过任何一件事，小中见大、事事较真；不放过任何一个死角，时时有人抓，处处有人管。

艰苦奋斗是一个民族自强自立、一个国家兴旺发达的精神支撑，是一个政党立于不败之

地、一支军队能打胜仗的力量源泉。学习好八连,必须大力弘扬艰苦奋斗精神,以踏石留印、抓铁有痕的劲头改进作风、纯正风气,用作风建设的新成效凝聚起推动部队建设的强大力量。要保持艰苦朴素本色,勤俭节约、崇尚简朴,狠刹挥霍享乐和骄奢淫逸之风,坚决反对铺张浪费,本着节约每一个铜板的精神花好每一分钱,精打细算,勤俭办一切事情,让艰苦奋斗的优良传统历久弥新、接力传承。要树好清正廉洁形象,坚持阳光做人、清白处事,不断加强党性修养,自觉遵守党章,严格执行规定,主动接受监督,净化社交圈、生活圈、朋友圈,增强反腐倡廉和拒腐防变的自觉性,坚决反对一切消极腐败现象,大力纠治发生在士兵身边的不正之风,做到干部廉洁自律、机关秉公用权、部队风清气正。要落实从严治党要求,始终保持党的先进性和纯洁性,增强党的凝聚力战斗力,做到坚强组织,发挥功能,开展积极健康的思想教育和批评帮助,惩前毖后、治病救人;领导干部率先垂范,克己奉公、勤政廉政、立言立行,切实以良好的作风形象弘扬好传统、凝聚正能量。

四、践行宗旨是艰苦奋斗的价值旨归,要着力培育服务人民、奉献社会的高尚情怀

几十年来,好八连始终把服务人民作为座右铭,把奉献社会作为接力棒,把学人民、爱人民、为人民作为必修课。他们坚持不懈奉献爱心,连续30年组织官兵到南京路开展为民服务,成为上海最繁华商业街上的一道独特风景;连续30年结对照料云中社区孤寡老人,用儿孙般的孝心让老人安享晚年;先后资助148名贫困学生完成学业,走上成才之路。他们坚持驻守一地、造福一方,哪里最需要就出现在哪里,哪里最艰险就奋战在哪里,先后参与17项重点市政工程建设,为驻地经济社会建设添砖加瓦、贡献力量。他们积极弘扬新风正气,走上街头、深入社区宣传精神文明,发起向农民工子弟献爱心、关爱空巢老人等各类志愿者服务行动,用实际行动彰显真善美、弘扬“主旋律”。好八连真诚爱民、倾心为民,赢得了人民群众的广泛赞誉,好八连精神成为上海的“精神名片”,“学习好八连”被写进《市民公约》、编入小学教材,市民自发捐款为好八连树起群雕,把南京东路广场命名为“好八连广场”。

好八连几十年如一日为民服务的先进事迹,集中展示了人民子弟兵的崇高追求和时代风采,生动回答了改革开放和社会主义市场经济条件下还要不要艰苦奋斗、怎样艰苦奋斗的重大课题。学习好八连,就是要忠实践行全心全意为人民服务的根本宗旨,始终保持与人民群众的血肉联系,永远做人民最可信赖的子弟兵。要始终用马克思主义群众观点和党的群众路线教育官兵,做到思想上尊重群众、感情上贴近群众、工作上依靠群众,永远把人民放在心中最高位置。要始终把服务人民作为一切工作的出发点和落脚点,坚持以人为本、人民至上,立党为公、执政为民,为广大人民群众的根本利益而不懈努力,积极为人民群众做好事、办实事、解难事,把人民群众的利益维护好、实现好、发展好。要不断赋予艰苦奋斗新的时代特色,增添新的时代内容,使艰苦奋斗精神与时代要求融为一体,使艰苦奋斗的旗帜永不褪色。要始终在播撒文明新风中走在前列,广泛开展军民共建与和谐创建活动,用真情和行动传播先进文化、弘扬传统美德、引领道德风尚,携手构筑中华民族共有的精神家园。要始终发扬人民军队拥政爱民光荣传统,在支援驻地建设中勇挑重担,坚决完成抢险救灾等急难险重任务,积极参与驻地经济社会建设和维护社会稳定工作,努力为民造福、为国兴利,不断谱写军政军民团结新篇章,开创军民融合协调发展新辉煌。

强军之路要以中国特色军事理论为先导

孙思敬

党的十八大以来，习近平主席鲜明提出了“建设一支听党指挥能打胜仗作风优良的人民军队”这一强军目标，这是党在新形势下建军治军方略的集中体现，是统揽军队各项建设的总纲。这就要求我们必须坚持以强军目标为统领，大力推进中国特色军事理论创新，充分发挥军事理论先导作用。

一、实现强军目标对军事理论创新提出了新要求

强军目标是习主席在深入思考世界形势发生深刻复杂变化、深入思考实现中华民族伟大复兴中国梦“需要建设什么样军队、怎样建设强大军队”等重大问题的基础上提出来的，为在新形势下走中国特色强军之路提供了根本遵循。实现强军目标，赋予军事理论创新以新的历史责任，同时也注入了强大动力，提供了广阔舞台。

强军目标赋予军事理论创新重大历史责任。进入21世纪第二个十年以来，国际体系加速演变，世界新军事革命加速发展，亚太地区格局面临二战以来最为深刻的调整，亚太地区成为新的世界地缘政治、经济、军事中心。面对大国的战略博弈、激烈的海洋竞争和频繁的局部动荡，我国安全环境的复杂性、敏感性、不确定性增大，维护国家主权、安全、领土完整，保障国家和平发展的任务艰巨繁重。习主席科学研判国际战略局势和国家安全环境，从实现中国梦的战略高度提出强军目标，进一步丰富和发展了党的军事指导理论，为新条件下党的军事指导理论创新发展确立了新的历史起点和逻辑起点。“没有革命的理论，就不会有革命的运动。”实现强军目标是伟大而艰巨的事业，须臾离不开先进军事理论的指导。军事理论创新必须紧紧围绕强军目标，紧跟世界军事发展潮流，紧贴国家安全需求变化，深入研究走中国特色强军之路的特点规律，切实将强军目标转化为具体的路线图、时间表，为建设大国军队、强国军队、一流军队提供可靠的理论支撑。

强军目标规定军事理论创新方向和重点。军队建设往什么方向发展，重点发展什么，既决定军队建设的质量和效益，也直接影响军队战斗力的快速提升，甚至关系到军队和国家的前途命运。当今世界正处在新一轮科技革命、工业革命的前夜，发轫于上世纪70年代的世界新军事革命仍在加速推进，战争形态正加速向信息化战争演变。蓬勃发展的军事实践，以近乎强制的方式促使各国军队竞相更新建设发展目标，并催生出许多新的军事思想观点，孕育着军事理论新的重大突破。习主席提出的强军目标，科学揭示了我军建设的历史方位和阶段性特点，明确了新形势下加强军队建设的聚焦点和着力点，提出了一系列亟须科学解答的新课题。军事理论创新应重点围绕筑牢坚决听党指挥这个强军之魂，扭住能打仗、打胜仗这个强军之要，夯实依法治军、从严治军这个强军之基，坚定不移地把推动军队信息化建设加速发展作为发展方向，把研究阐释好党的军事指导理论作为政治责任，把揭示信息化战争特点规律作为核心任务，进一步聚焦重大战略和作战问题，加强研究攻关，务求创新突破，努力为实现强军目标提供针对性指导和高质量服务。

强军目标呼唤充分发挥军事理论先导作用。强军目标的提出，开启了我军建设发展的

新征程，也对发挥军事理论先导作用提出了新的标准和更高要求。中外军事实践反复表明，没有先进军事理论指导的军事实践是盲目的，难免遭遇挫折甚至失败。军事理论的重大突破和科学运用，则会引发军事实践质的跃升。当今时代，人类战争形态进一步由机械化战争向信息化战争演变，军队建设和作战的成本更高、风险更大、复杂性更强，亟须先进军事理论的科学指导。各军事大国普遍把创新军事理论作为推进军队转型、引领战争实践的重要先导。美军是世界新军事革命的“领头羊”，先后提出了“空地一体战”、“网络中心战”、“空海一体战”、“全球一体化作战”等军事理论，不仅根据每场战争具体情况量身定做设计战争，而且将战场作为军事理论创新的“实验场”。俄、英、法、德、印、日等国，也纷纷推进军事理论创新，提出了许多新的军事概念和理论，形成了世界性的军事理论创新热潮。可以说，当今时代，军事理论创新的智慧博弈更加激烈，军事实践对军事理论创新的需求更加强劲。中国特色强军之路，具有鲜明的跨越性、自主性、时效性，不可能照抄照搬外军建设的经验模式，超前的军事理论设计至关重要。党的十八大明确要求“坚持以创新发展军事理论为先导”，加快推进国防和军队现代化。实现强军目标的一个基本要求，就是把军事理论创新作为强军基础工程，进一步提升军事理论创新的力度、速度和高度，深入揭示强军的阶段性特点和规律，切实用新的强军理论指导新的强军实践，推动军队现代化建设跨越式发展。

二、围绕强军目标构建中国特色现代军事理论体系

目标牵引创新，体系规范发展。新形势下，军事理论创新应当围绕强军目标，遵循党的军事指导理论，加快完善军事理论创新布局，努力构建中国特色现代军事理论体系，为构筑中国特色现代军事力量体系奠定坚实理论基础。当前，应重点深化四个方面问题研究。

基础问题研究。基础问题研究是军事理论创新的根基。往往提出一个新概念，发现一个新原理，就能开拓一个新领域，形成一个增长点。现代军事理论创新的一个基本趋势，就是适应信息化战争需求，构建信息化军事理论。为此，必须把基础问题研究作为科研强军的固本工程、力求率先突破，否则就不可能建成这种新质的理论大厦。要高度重视军队信息化基本概念、基本原理、基本方法研究，加强军战史研究，加大军事法规编修力度，深入开发军事新概念，积极探索信息化条件下建军与作战的新原理，不断推出原创性强、代表当今学术前沿的基础理论，努力形成具有我军特色、体现时代特征、结构合理、门类齐全的学科体系，为深化应用问题研究、谋求强军胜战之道打下坚实理论基础。

战略问题研究。战略问题研究是军事理论创新的龙头。战略的困惑是最大的困惑，战略的失误是最大的失误，战略的创新是最大的创新。实现强军目标，必须以战略问题研究突破带动军事理论整体创新，与时俱进加强军事战略指导。要适应国家发展战略和安全战略新要求，拓宽战略视野，更新战略思维，准确判断国际战略形势和国家安全环境，跟踪研究世界新军事革命发展动向，积极推动军事战略创新发展，深入研究海洋、太空、网络空间安全等重大战略问题，科学筹划军队建设、改革和军事斗争准备，探索和平时期军事力量运用，努力从战略上实现不战而屈人之兵，达到“以武止戈”的目的。

作战问题研究。作战问题研究在军事理论创新中居于核心地位。军事科学说到底是战争的科学、制胜的科学。随着人类战争形态由机械化战争向信息化战争加速演变，一体化联合作战成为基本作战样式，基于信息系统的体系作战能力成为战斗力的基本形态，能够打赢信息化战争成为强军的根本指向。军事理论创新必须贯彻新时期积极防御军事战略方针，向实现打赢信息化战争聚焦，向形成基于信息系统

的体系作战能力聚焦。要深入研究敌情、我情和未来战场环境，研究一体化联合作战的指挥体制、运行机制，研究立体、快速、机动、精确作战特点和非对称、非线性、非接触作战样式，创新训法战法，通过深入研究战争牵引军事斗争准备，提高信息化条件下威慑和实战能力。

未来问题研究。未来问题研究是军事理论创新的重要牵引。“神奇的预言是童话。科学的预言却是事实。”人们常说，一流军队设计战争，二流军队应付战争，三流军队尾随战争。推进军事理论创新，一个重要任务就在于拨开“战争的迷雾”，科学预言未来，否则当下的工作就可能迷失方向，打赢未来战争也会沦为空谈。军事科研必须紧紧扭住“能打胜仗”这个强军目标的核心，坚持未雨绸缪、未战先研，放眼大国强军的发展需求和使命任务，跟踪研判新的科技革命和军事革命发展态势，从国际战略格局、国家安全和发展利益、战争形态和作战样式演变、军事力量体系构成等方面，进行综合性全景式的构想，科学预见未来军队建设和战争演变的新特点新趋势，充分发挥军事理论指导军事实践、引领军事变革的先导作用。

三、适应强军目标要求加快推进军事理论创新

推进军事理论创新，必须深入学习领会习主席关于强军目标重要思想，全面把握强军目标的重大意义、科学内涵和实践要求，自觉坚持用强军目标统一思想认识，凝聚意志力量。

树立与强军目标相适应的军事理论创新理念。推动军事理论创新，首先必须打破传统思维定势，开阔视野，拓展思路，更新理念。树立用强军目标统领的理念，站在实现中国梦、强军梦的战略高度，聚焦强军目标筹划部署、组织实施科研工作，坚持用战斗力这个唯一的根本标准来检验评估科研创新成效，将强军目标要求贯彻到军事科研创新的方方面面和全过程。树立信息主导的理念，切实从机械化军事思维中解脱出来，增强科研人员的信息化素养，提高军事科研的信息化含量，努力消除“信息落差”、抹平“数字鸿沟”，为军事科研创新注入强大生机和活力。树立联合开放的理念，健全跨学科、跨领域、跨单位的联合研究机制，整合运用多学科资源和科研创新力量，以合作聚合力，以协作谋高效，以高质量的科研成果推动强军目标顺利实现。

加快转变军事理论创新方式。先进的研究方式，是理论创新的重要依托和倍增器。要把加快转变研究方式作为枢纽工程，作为解放和提升创新力的必由之路，着力解决军事实践的理论需求强劲与军事理论创新能力不足这一主要矛盾。坚持把改革创新精神贯彻到理论创新全过程，不断优化资源配置和组织方式，充分利用各种现代科技手段，加强军事信息网络、软件平台和数据库的建设、开发和应用，不断丰富实验模拟手段和方法，加大数据分析、对抗推演、分析计算、战略博弈的力度，努力实现由模糊到精确、由经验到科学、由定性为主向定性与定量结合转变，大幅度提高军事理论创新的科学化水平。

大力发展先进军事理论创新文化。先进军事理论创新文化是构成军事创新力的重要因素。必须大力发展先进军事理论创新文化，充分发挥其铸魂育人、凝聚激励等重要功能。大力倡导忠诚、笃学、谋胜、奉献，坚持不懈用中国梦强军梦、我党我军光荣传统凝魂聚气，引导科研人员不断解决好“为谁科研、为什么科研、怎样做好科研”等重大问题，确保绝对忠诚、绝对纯洁、绝对可靠。大力弘扬科学精神，营造崇尚学术、鼓励创新、团结和谐、催人奋进、充满生机活力的文化氛围，形成有利于名家大师、精品力作脱颖而出的生态环境。

（作者：军事科学院政治委员、中将）

中国梦引领强军梦　强军梦支撑中国梦

国防大学中国特色社会主义理论体系研究中心

习近平主席站在时代发展和中华民族伟大复兴战略全局的高度，提出中国梦、强国梦、强军梦等重大命题，强调指出，“实现中华民族伟大复兴，是中华民族近代以来最伟大的梦想。可以说，这个梦想是强国梦，对军队来说，也是强军梦。”这一重要论述，体现了肩负民族复兴重任的历史担当和统筹推进强国强军的战略眼光，具有鲜明时代特色、深远战略意蕴和重大历史意义，为推动实现中国梦、强军梦指明了前进方向，提供了根本遵循。我们要深刻领会中国梦、强军梦的内在联系，为实现中华民族伟大复兴的中国梦提供坚强力量保证。

一、实现强军梦对实现中国梦具有重大战略意义

实现中华民族伟大复兴的中国梦，就是要把我国建设成为富强民主文明和谐的社会主义现代化国家，这是坚持和发展中国特色社会主义的总任务。国防和军队建设是中国特色社会主义事业总体布局的重要组成部分，这决定了强军战略是强国战略的重要组成部分。强军梦不仅是中国梦的内在组成，也是其坚强支撑。这一点，对于我们实现中国梦，具有根本性战略意义。

强军是中华民族伟大复兴的重要基石。富国和强军是中华民族伟大复兴的两大基石。富国是强军的基本依托，强军是富国的安全保障。强军梦不圆，中国梦也难圆。雄厚的经济实力是一个国家强大的基础，但倘若没有相应的国防实力和军事能力作后盾，经济实力再强大也不能成就真正意义上的中国梦。要看到，国家越是富裕，就越可能引来贪婪目光和入侵者，如果没有与之适应的国防力量来保障，就会陷入被动挨打的境地。据估算，鸦片战争前，中国经济占全球经济总量的近1/3，但由于军事落后，清朝的百万军队竟被数千英军击败，国家很快跌入半殖民地半封建的深渊。历史昭示我们：能战方能止战，没有强大的军事力量作支撑，国家的繁荣兴盛就没有安全保障，实现民族复兴只能是海市蜃楼。

强军是保证中国实现从大国向强国跃升的战略支撑。随着我国综合国力的不断跃升，一方面，民族复兴离我们从未如此之近；另一方面，民族复兴遇到的阻力从未如此之大。这种阻力，在国内表现为深化改革要遇到许多深层次矛盾，在国际上则表现为我国和平发展会遇到前所未有的阻遏。当前，我国和平发展面临错综复杂的国际形势。我国尚未完全实现祖国统一大业，推动两岸关系发展、反对和遏制“台独”分裂活动、维护祖国和平统一任务艰巨；西方国家不断强化与我周边一些国家的军事和政治同盟关系，策动其挑起与我国的领土主权和海洋权益争端；我们既要应对不合理的国际政治经济秩序下利益和力量格局的牵制，又要应对世界新军事革命加速推进带来的现实安全压力；既要应对西方资本主义大国以冷战思维对中国融入国际社会和公平参与构建更加公正的国际秩序的抵制和阻碍，又要应对新形势下敌对势力西化分化的战略图谋。可以预见，国际社会的利益矛盾会随着我国和平发展进程不断向我聚焦。在这样的形势下，以强军有效应对和平发展进程中的复杂矛盾和严峻挑战，是实现中国梦的必然选择。

强军是中国与世界各国互利共赢的安全保

证。中国梦的实现以追求和谐、和平为先决条件。我们提倡各个国家、民族在发展中实现共存共赢,推动建设持久和平、共同繁荣的和谐世界,决不会以实现中国梦损害他国利益,但也决不会吞下牺牲我们国家、民族安全和发展利益的苦果。党的十八大报告强调:"加强国防建设的目的是维护国家主权、安全、领土完整,保障国家和平发展。中国军队始终是维护世界和平的坚定力量。"这充分阐明了中国梦强军梦的价值底蕴是和平发展。因此,中国越强大,维护世界和平与发展的力量也就越强大;实现中国梦强军梦是中国人民的福祉,也是世界人民的福祉。我们要为和平发展、互利共赢提供战略支撑,就必须做强包括军事实力在内的硬实力,为国家发展撑起强大的"保护伞"。

二、在中国梦战略全局中统筹谋划强军梦

中华民族伟大复兴作为国家和民族的最高利益,始终是党和国家事业的根本着眼点和战略谋划的落脚点。谋划强军梦,必须遵循有利于实现中国梦这一根本原则。

强军战略必须始终与强国战略相协调。中国梦是强军梦的目标指向,强军梦是中国梦的战略支撑,两者是一个有机统一的整体。从国家利益全局高度思考谋划军队建设,从政治大局高度思考处理军事问题,是遵循战略谋划规律的内在要求。随着经济全球化深入发展,国家利益同世界发展变化的关联度越来越高,只有从国家根本利益这个全局和大局高度思考处理军事问题,才能适应全球化时代世界发展大势。这就要求军事战略与国家总体战略必须高度协调一致。一方面,军事力量发展要与国家地位相适应,即国家安全战略与国家发展战略必须能够准确反映国家安全与发展之间轻重缓急关系;另一方面,军队建设和改革要与世界军事发展趋势相适应。习主席在提出中国梦、强国梦的同时提出强军梦,就包含着强军必须与强国战略相协调的思想,强军梦的实现必须着眼于保证中国梦的实现。

强军实践必须与国家发展的安全需求相适应。实现强军梦,离不开强大的经济实力支撑和全社会力量的支持。强军进程与强国进程相适应、相协调,是正确战略筹划的应有之义。这就要求经济建设与国防建设在发展阶段和发展进程上协调一致、同步发展;资源配置在国防安全与经济发展两大领域之间形成合理的比例。超出国力可承受的程度推进强军进程,就可能给国家带来沉重负担,不仅强军欲速不达,而且强国也必受影响。当前,人民日益增长的物质文化需要同落后的社会生产之间的矛盾这一我国社会的主要矛盾没有变,我国是世界最大发展中国家的国际地位没有变。这"两个没有变",决定了我国始终要把发展重心放在经济建设和提高社会生产力上。冷战时期,美国推出"星球大战"计划,苏联倾其国力与美搞军备竞赛,由此把苏联的国家建设引入错误轨道,耗尽了国力。对此,我们必须头脑清醒,保持高度警惕和战略定力,不能偏离发展重心,犯历史性错误。

强军成果必须为强国战略提供牢固底线支撑。主权安全、领土完整和基本价值观不受挑战,是国家的核心利益,也是战略底线。战略底线是发展的立足点和生命线。核心利益不被损害、战略底线不受冲击,是发展的前提。否则,即使发展起来了,其成果也难以保住。历史经验表明,国家的核心利益是否有保障,很大程度上取决于军事实力。军事实力强,就会产生战略威慑力,就能以不变应万变,不战而屈人之兵,从而实现和平发展。反之,军事实力弱,不仅会受人欺负,而且战争还会被强加到自己头上。强军的根本意义就是为实现中国梦提供战略支撑,创造和维护和平的发展环境。我们要始终着眼确保国家不被侵略、不被颠覆、不被分裂,确保发展稳定大局不被破坏,确保中国特色社会主义发展进程不被打断,来思考谋划强军战略。要按照国防和军队现代化建设"三步走"战略构想,加快完成机械化和信息化建设

双重历史任务,以强大的军事实力为实现中国梦提供力量保证。

三、在强军目标引领下奋力实现强军梦

习主席指出:"建设一支听党指挥、能打胜仗、作风优良的人民军队,是党在新形势下的强军目标",强调要牢记听党指挥这个强军之魂,能打仗、打胜仗这个强军之要,依法治军、从严治军这个强军之基,走中国特色强军之路。强军目标,是我们实现强军梦的行动纲领和基本遵循;中国特色强军之路,是实现强军梦的根本路径。我们要坚持用强军目标引领军队建设、改革和军事斗争准备,坚定不移走中国特色强军之路,推动强军梦最终实现。

把铸牢强军之魂与激发强军活力统一起来。实现强军梦首先要正确处理"不变"与"变"的辩证关系。这个"不变",就是要始终不渝地坚持党对军队绝对领导,铸牢听党指挥这个强军之魂;这个"变",就是要在世界形势已经并正在和继续发生深刻变化的时代条件下,因势而变、谋势而变,因敌而变、先敌而变,以"变"制敌。新形势下铸牢强军之魂,不能仅仅是政治上的表态,关键是要在"八面来风"中坚决抵制"军队非党化、非政治化"和"军队国家化"等错误政治观点,毫不动摇坚持党对军队绝对领导,在任何时候任何情况下都坚决听从党中央、中央军委和习主席指挥,不折不扣落实上级命令、指示。做到这一点,必须激发强军活力,充分尊重广大官兵的主体地位,发挥广大官兵为实现强军目标奋斗的积极性主动性创造性,解放思想、更新观念、鼓励创新,形成创新源泉充分涌流、创新智慧竞相迸发、强军人才大量涌现的良好局面。只有这样,军队建设才能充满活力,不断向前推进。

把聚力强军之要与确立强军标准统一起来。聚力强军之要,关键是确立强军标准。只有确立了强军标准,才能一切向能打仗、打胜仗聚焦,提起军队建设的总纲。习主席强调,要牢固确立战斗力这个唯一的根本的标准。这就明确地把战斗力标准确立为强军标尺。新形势下,我们要用打赢信息化条件下局部战争这把新的战斗力标尺检验部队建设和一切工作,坚决更新一切与战斗力提升不相适应的思想观念,坚决改变一切违背战斗力标准要求的陈规陋习,坚决革除一切影响和制约战斗力发展的体制机制弊端。以战斗力标准为锐利武器,冲破观念障碍、突破利益藩篱,以更大的智慧和勇气推进军队改革,使之与国家改革开放的进程相协调,与世界军事变革的进程相一致,与履行我军历史使命的要求相适应,建立起有中国特色、符合军队现代化建设规律的科学的组织模式、制度安排、运作方式和新型军事力量体系。

把夯实强军之基与抓好强军规划统一起来。国防和军队建设是一个大系统。毋庸置疑,军队的战备训练、军事装备、军事人员的能力素质和战斗意志等重要因素及其组合方式是决定战争胜负的关键,同时也要看到,现代战争是国家整体实力的较量,国防基础建设、国防动员体系建设、乃至国防文化建设和军人社会保障体系建设,都对打赢战争具有重要影响。从这个意义说,夯实强军之基的一个重要方面,就是要以更加宽广的视野、在更高层次上搞好强军规划。我们既要坚持依法从严治军,用严格的条令法规管理部队,用严格的训练演练磨砺部队,把每一支部队都锻造成为精锐之师;又要在顶层设计和总体规划中充分体现强军目标要求,提升国家安全与发展战略统筹能力。要强化大国防意识,确立国家安全与发展相统一的战略全局观,积极探索党对国防和军队建设领导在国家立法和行政层面的有效实现形式,增强经济建设与国防建设统筹协调能力,在推进强军实践中促进富国和强军高度统一。

(执笔:任天佑　赵周贤　刘光明)

对建立部队党委决策失误纠错改正机制的思考

薛谋社　谢小华

党的十八大报告明确指出，要坚持民主集中制，健全党内民主制度体系，以党内民主带动人民民主。要坚持问政于民、问需于民、问计于民，从人民伟大实践中汲取智慧和力量。围绕主题主线，推动科学发展，部队各级党委面临的新情况新问题新矛盾越来越多，既需要在改革创新党委领导运行机制上下功夫，也需要在建立党委决策失误纠错改正机制上求突破。

一、着眼部队党委建设形势，增强建立党委决策失误纠错改正机制的主动性

《党委工作条例》明确提出，党委议事和决策必须贯彻集体领导、民主集中、个别酝酿、会议决定的原则，应当建立决策监督机制、决策失误纠错改正机制和领导干部问责制，注重决策执行中的信息反馈，及时修正完善决策内容，研究解决落实中的问题。这既体现了党委建设科学化的本质要义，也是保证党委正确决策及时有效贯彻执行的重要基础。

建立党委决策失误纠错改正机制是有效推进党委议事和决策程序完善的内在要求。从党委议事和决策的程序来看，从确定议题、准备预案、提前通知、充分酝酿，到民主讨论、会议表决、形成决议、决策实施的每一个步骤，因主客观各方面条件的制约，都可能面临偏差或失误，进而影响正确决策。建立党委决策失误纠错改正机制，可以促进决策监督机制和领导干部问责制的进一步落实，牵引咨询制度、论证制度、参与制度和决策效果跟踪评价制度的创新运用，拓宽研究探索党委科学决策的空间，有效推进党委决策机制的发展完善。

建立党委决策失误纠错改正机制是有效提高党委成员决策能力素质的重要途径。在贯彻主题主线重大战略思想过程中，“实现什么样的发展、如何发展、怎样推动发展，转变什么、如何转变、怎样加快转变”等实际问题越来越多，关联性日益增强，考验着党委成员参与决策的能力素质。建立党委决策失误纠错改正机制，首先，可以促使党委成员胸怀全局、想事谋事、主动作为。决策问题的全局性、综合性，决定了党委成员必须站在党委工作的全局、部队建设的大局上思考问题、研究对策。这种思考和研究必须是理性的、科学的、全面的、持续的、主动的，是着眼于有效提高部队战斗力，着眼于单位建设的阶段性特征，着眼于部队建设长远发展的深谋远虑。所提出的意见建议，必须是法规所许、建设所需、单位所能的，是经过大量、具体、扎实、细致地调查、梳理、比较、反思后而得出的，是能够达到引领决策、支撑决策、影响决策、服务决策目的的思路、办法和对策。其次，可以促使党委成员走向基层、转变作风、接通地气。决策问题的现实性、针对性，决定了党委在决策过程中，必须想着基层、了解基层、适应基层、围绕基层、帮带基层、尊重基层、建好基层，必须做到基层有所呼，党委机关有所应；基层有所需，党委机关有所为；基层有所难，党委机关有所帮；基层有所厌，党委机关有所止。再次，可以促使党委成员横向交流、博采众长、为我所用。党委统班子、带部队的能力说到底是一个科学决策的能力。决策问题的复杂性、交互性，决定了党委在决策过程中，必须加强横向交流、博采众长、为我所用，必须面向社会、面向友邻、面向院校、面向学界合作交流，必须综合各方智慧，开阔眼界视野，提高能力素质。

建立党委决策失误纠错改正机制是有效提升党委成员集体决策质量的必然选择。随着社会的发展、科技的进步和部队建设的持续推进，特别是基于信息系统体系作战能力建设的要求，党委决策内容的广泛性、事项的专业性和环境的复杂性日益突显。如何由传统经验型决策为主向科学型决策为主转变，使决策能经得起实践的检验、发展的考量、历史的审视，必然面临决策失误纠错改正机制的问题。《党委工作条例》明确要求，党委议事和决策，应当事先进行调查研究，充分听取各方面意见特别是下级党组织、同级党的代表大会和官兵的意见，进行专业技术、法律法规等方面的咨询论证。对与下级党组织有关的重大问题、对涉及部队全局性的工作和官兵切身利益的事项、对干部任用和表彰奖励事项、对涉及专业技术的、法律法规的问题，要落实有关重大决策征求意见制度。这不仅是加强和改进党委决策失误纠错改正机制的实际步骤，也是有效提升党委成员集体决策质量水平的必然选择。

二、立足部队党委决策实际，探索建立党委决策失误纠错改正机制的有效性

党委决策是一种实践性、创造性、抉择性活动。构建科学的党委决策失误纠错改正机制，是党委实施科学决策的内在要求和正确领导的基本条件。

明晰主张议题责任。决策是一个获取、利用、处理信息的过程。党委集体讨论决定问题，通常由政治机关综合归口形成议题，正副书记或常委会研究确定。政治机关综合归口议题的过程，实际上是一个信息收集、统计、储存、检索、传递、显示的过程，也是与各部门交互信息、筛选议题的过程。成员主张议题，就必须提供有关信息，反馈相关情况，担当相关责任。一旦列入议题，就必须是事先深入调查研究的事项，经过反复论证后的预案，充分发扬民主的意见。因此，只有将主张议题责任的关口前置，才能避免成员事无巨细、盲目提议，才能促使成员研究、考量、评估所提议题的必要性、可行性，才能促使成员从局部与整体、定性与定量、当下与未来、对上与对下等各个角度综合分析、掂量责任、应对问责。同时，还可给成员加载决策形成后在实践中检验和完善的纠错改正责任，杜绝拍脑袋决策、拍胸脯保证、拍屁股走人现象的发生。

开展决策咨询工作。党委成员个人的能力与智慧总是有限的，不可能穷尽对单位所有情况的全面了解和掌握。或因成员认知能力有限，或因政策法规缺位，或因专业知识所制，或因观念陈旧保守，党委成员往往通过以往对某些事物、现象和过程的认识经验，来评判和把握新事物、新情况、新问题，这种重复性、表面性的判断，只适应于常规决策活动的经验型认知，违背了决策活动的内在规律和程序，缺少对方案进行可行性分析论证的科学方法，不可避免地存在盲目性和主观性的缺陷。特别是在基于信息系统体系作战能力建设这个大背景下，部队信息化建设的规模庞大、结构复杂、因素众多，党委决策事项涉及了大量的科技元素、信息素养、时代符号、技术规范、专业知识、发展远景，没有一群相对稳定、能参善谋的“智囊”，可以借用的“外脑”，显然是不行的。成立由单位能人、行业能手、外请专家、基层代表等组成的决策咨询组织或系统，通过周密系统的调查研究和分析，找出对全局工作有指导意义的问题作为决策的目标，主动向领导提出可供选择的若干方案，延伸党委成员思维的深度和广度，缓解成员的压力，担当帮扶的责任。

落实监督评价工作。监督评价是依据一定的标准和程序，对决策方案制订、执行过程中的效益、效果、价值进行全程跟踪、阶段分析、综合评价、反馈修正的过程。监督评价是实现决策控制的主要手段，是党委决策执行整个链条中不可缺少的重要环节。纪委是维护和执行党的纪律的检察机关，《政治工作条例》对纪委的主要任务、职权和工作原则提出明确的要求。《党委工作条例》对党委及其成员执行条例情况，明确了监督的内容及违反条例所应受到的

惩处。《纪委工作条例》、《军队党组织实施党内监督的规定》、《军队党员领导干部述职述廉的暂行规定》、《对军队党员领导干部进行诫勉谈话和函询的暂行办法》等，也分别从不同的角度和范围对党委成员执行党的决议以及履职尽责情况进行了详细的规范。这些制度规范对建立党委决策失误纠错改正机制，做好监督评价工作提供了基本遵循。监督评价工作要落实好计划监督评价、检查监督评价、纪委监督评价和党内群众监督评价。特别是群众监督评价是最清楚、最有效的监督。党委要主动“让监督”，让党员群众用基本制度来“管”自己；党员群众要“敢监督”，这既是党员的基本权利，也是民主集中制的必然要求。

通报相关决策情况。党委的决策，实际上就是党委对实践中遇到的情况和问题认识、判断所得出的结论。这种认识和判断是主观的，而情况和问题却是客观的，要使主观认识符合客观实际，就必须了解和掌握大量的事实，从中找出带规律性的反映本质的东西。《党委工作条例》规定，对全委会作出的决议，一般应当向下级党组织和党员通报；对常委会会议讨论决定的事项，根据需要向党委委员、本级机关党员领导干部、下级党组织和党员、群众通报。这种通报，既是一项制度要求，也是民主与集中的结合；既是吸取群众智慧的过程，也是挖掘事物本质的过程；既是对党委决策的监督，也是对党委决策失误纠错改正责任的明晰。

书记担当首要责任。党委决策的好坏，固然与班子其他成员的素质息息相关，但在很大程度上取决于“班长”执行和运用民主集中制的素质、能力和水平。首长分工负责，强调的是机关向首长负责、副职向主官负责、主官向党委负责。军政主官担当党委正副书记之职，特殊的职责、首要的责任，要求书记在党委议事和决策以及执行过程中勇于担当。担负起组织责任。履行好党委活动的组织责任和党委日常工作的主持责任。担负起示范责任。书记在党内虽然不能高人一等，但在领导素质、决策水平、思想修养等方面必须要高人一筹。处处作示范、当表率，顾大局、讲团结。担负起协调责任。及时沟通思想，调整关系，化解矛盾，凝聚力量。担负起督查责任。这既是书记的一项基本职责，也是提醒成员，消解苗头，增强团结的有效办法。担负起失察责任。正副书记因偏听偏信、主观臆断造成决策失误，或因班子成员隐瞒事实、信息不实、跑风漏气、执行不力造成失误的，正副书记要承担失察责任，确保责任追究有据可依、有人可责。

三、针对部队党委决策要求，营造建立党委决策失误纠错改正机制的氛围

党委成员要增强担当决策失误纠错改正责任的意识。责任心是最重要的能力素质。责任是大局观念，是人品官德，是团结精神，是忧患驱动。党委成员在决策过程中，或随声附和，或慎言慎行，或静坐观望，都是无责任化的表现，损害的是党委集体领导的权威，影响的是部队建设的大局。党委成员必须要抓好民主集中制理论的学习研究，不断增强党性修养，主动去想事、善于去谋事、敢于去议事，守好大规矩、参与大决策、担当大责任，确保担当决策失误纠错改正的责任落实到位。

党委内部要营造担当决策失误纠错改正责任的氛围。在党委决策过程中，民主与集中的结合不是一次完成的，也不是在那一个阶段完成的，而是贯穿于决策的整个过程，决策失误纠错改正责任也是如此。“决策在会上、功夫在会外、责任在处处”是不少党委班子共同的体会。因此，党委成员平时要多谈心。通过交流，掌握情况、了解意图、熟悉性格，便于统一思想，形成共识，团结共事。遇事要多碰头。每个成员的工作都有相对独立性，但这种独立性相对于部队建设这个整体又是相互联系的。遇事多碰头，表现的是胸怀，彰显的是素质，体现的是智慧，学会的是借力。工作要多通报。党委要采取必要的形式，有计划地组织成员互相通报工作进展情况，接受集体监督，增强工作透明

度,便于成员全面了解党委决议的执行情况及存在的问题,及时纠正和弥补决策的失误和不足,营造千斤担个个挑、万千难人人解的浓厚氛围。

党委书记要力做担当决策失误纠错改正责任的表率。感染、影响和带动成员的威信,靠上级封不出来,靠权力压不出来,靠吹牛吹不出来,是靠书记率先垂范、躬行实践,靠真理的力量、人格的力量逐步树立起来的。带头树立大局观念。不因涉及小集体或个人利益放弃党的原则,不能搞欺上瞒下的小动作。带头维护集体领导。不主观、不武断、不推责,始终把自己置于组织之中,置于制度约束之中,置于集体监督之中。带头遵章守纪。严格按民主集中制原则和党委议事决策的程序运作好班子。特别是自己的意见被否决后,更要模范地执行根据多数人意见形成的决议。

(作者单位:南京政治学院上海校区)

军人血性生成机理与锤炼研究

谈志兴

军人血性作为战争中最重要的精神力量之一，是战争力量对抗的精神标志。一支军队只有以昂扬的军人血性作为支撑，才可能具有强大持久的战斗力，并成就一番伟大的事业。古今中外，概莫能外。

一、军人血性的概念

所谓血性，现代汉语词典将其称为“刚强正直的气质”。血性，顾名思义，就是像血一样的气质。自古以来，血性是人的刚强正直的个性、忠义赤诚的品格、侠肝义胆的气质反映。

军人血性是军人精神面貌和气质特征的集中体现，是在敌我对抗中动员起来的一切思想、情感、意志、决心、信心、作风、气节等精神因素的凝结和升华。执着的信念、顽强的意志、乐观的情绪、战斗的激情、求胜的决心、征服的欲望、英勇的行为、振奋的精神等是军人血性的外在表现和内在品质。对知识型军人来说，军人血性最根本的是懂得为谁而战、为何而战后产生的情感和动力。

人民军队和革命军人的血性具有特有的精神内涵和内在气质。与古今中外一切军队相比，我军经历了更多的艰难困苦，承担了更多的历史责任和历史使命，这些都造就了这支军队特别的特殊的血性，这就是：把听党指挥作为军队灵魂，把全心全意为人民服务作为建军宗旨，具有一不怕苦、二不怕死的战斗精神，勇猛顽强的气势，纪律严明和秋毫无犯，钢铁般的意志，压倒一切敌人而不被敌人所压倒，即使我们身陷重围，即使我们面对最强大的敌人，即使我们面临险境，即使我们陷入千难万苦之中，但是我们敢于亮剑，敢于战斗；面对敌人，即使倒下也要倒在冲锋的方向，这就是我军的血性和气质。军队的血性是由组成这支军队的人造就并体现出来的。在我军，军人血性是赤诚爱党、精忠报国、服务人民的忠诚品质；是战必用我、用我必胜的求战热情；是“人不犯我、我不犯人，人若犯我、我必犯人”、敢于亮剑、敢于担当、敢于驱邪的果敢精神；是敢打必胜、不畏强敌、血战到底的必胜意志；是宁可站着生、绝不跪着死，不论在任何艰难困苦的场合，只要还有一个人，这个人就要继续战斗下去的英武气节；是坚持信念、执着于对真理和正义的维护，不欺软怕硬，不欺弱惧强，“对待人民像春天一样温暖，对待敌人像秋风扫落叶一样残酷无情”，百折不挠、无惧无悔的品格；是一种难不倒、捧不倒、诱不倒、吓不倒，始终保持那么一股劲、那么一种拼命精神，不断挑战自我、超越自我的力量。

二、军人必须有血性

军人与血性有天然的联系。军人血性是由军人的信念、情感、意志和行为等浓缩升华的一种战争力量，它是直接影响支配军人行为和战争要求的一种精神状态，是军队战争准备和战争行动的一种气质特征。军人必须具备铁血的性格。一个没有脊梁的民族注定无法自立于世界民族之林，一支没有血性的军队势必要在战争中吃败仗。军人要有血性，历来为兵家推崇和倡导。我国古代兵法主张“合军聚众，务在激气”，“民之所以战者，气也。气实则斗，气夺则走”。这股气，便是军人的血性。浑身血性的军人，自古常有。“临难不顾生，身死魂飞扬。岂为全躯士，效命争战场。”“捐躯赴国难，视死忽如归。”“愿得此身长报国，何须生入玉门关。”“只解沙场为国死，何须马革裹尸还。”等等泣血的诗词，描摹的是历代将士以身许国、效命疆场的英雄壮举，宣扬的是军人的血性。这些血性勇士也获得了人们的万世尊崇。

军人血性不是天生的。军人血性是军人气质、品格和意志的反映，在许多情况下表现形态是刹那间的无意识选择，似乎是与生俱来的。但是实际上，人的血性是社会积淀和教化形成的个人意识，是一种自觉、一种修养、一种习惯。它与人的相貌、体格、性别、血型、“星座”无关，或者说关系不大。体格魁梧、强壮的男人不一定有血性，让人感觉身体纤弱的女性也不是无血性的代名词。我党我军历史上，赵一蔓、“八女投江”的抗日女英雄、“生的伟大、死的光荣”的刘胡兰、牺牲在解放前夕的“江姐”等等巾帼英雄，都是人类血性的荣光。

军人血性是能够锤炼养成的。军人血性由多种因素激发，更多是后天养成的。我军是一个大学校，坚持用科学理论武装官兵、培养当代革命军人核心价值观，弘扬听党指挥、服务人民、英勇善战的光荣传统；坚持依法治军、从严治军、严守铁的纪律，坚持严格的军事训练，等等，这些都是养成、激发军人血性的土壤和条件。就像毛泽东所指出的：“红军的生活如此菲薄，战斗如此频繁，仍能维持不敝，除党的作用外，就是靠实行军队内的民主主义。”“尤其是新来的俘虏兵，他们感觉国民党军队和我们军队是两个世界。他们虽然感觉红军的物质生活不如白军，但是精神得到了解放。同样一个兵，昨天在敌军不勇敢，今天在红军很勇敢，就是民主主义的影响。红军像一个火炉，俘虏兵过来马上就熔化了。”

军人血性不是永久保持的。世界上任何的军队都有血性，作为一支军队来说，虽然有血性，但是如果不能长久地继承和保持下去，那么如果真正面对战争，就将作鸟兽散，一溃千里。比如，战国时期的赵国军队，在赵武灵王下决心采取“胡服骑射”学习匈奴的战法等改革措施后，一支强大的军队慢慢展现出来。只是这支军队的血性没有能够保持下去。在长平之战中，赵军被秦军战败，20 多万军人的血性磨灭了、消失了，选择放下武器，变成待宰的羔羊，而任人活埋、坑杀。强大秦军的最终命运也是如此。当年的秦军可谓是血性冲天、战无不胜的一支军队，只是他们最终也没能保持住自己的血性，在秦国政治腐败、宦官专权、各地群雄揭竿而起时，他们和项羽的军队作战，被项军所谓的“破釜沉舟”之气所吓倒，不战而降。因此，军人血性需要锤炼，需要不间断地锤炼。

三、激发锤炼军人血性

新形势下，我军面临复杂多变的国家安全形势和长期和平环境的考验，建设信息化军队打赢信息化战争的考验，改革开放、发展社会主义市场经济的考验，具有精神懈怠的危险、能力不足的危险、慵懒散奢的危险和贪图安逸的危险，在急难险重、多样化军事任务和信息化战争来临时，激发并保持昂扬的军人血性成为军队政治工作的重要任务。

（一）弘扬忠贞精神。忠诚是一种品质，它是“军人道德的罗盘”，是所有军人应当具备的一种崇高品质。军人对党、对国家、对人民的忠诚之心，是产生军人血性的源泉。一要坚定忠诚于党、听党指挥这个强军之魂。革命军人强调忠诚、忠贞，首先就是要忠诚、忠贞于我们的信仰、信念，忠诚于党，做到平时听招呼，战时听指挥，关键时刻不含糊，任何时候都对党忠诚老实，不管遇到什么样的挑战，不管面对多大的诱惑，不管经受什么样的挫折，都始终站稳立场，召之即来、来之能战、战之必胜。二要强化对军人职业的无限热忱。军人的真诚就是无论何时何地，都视党、国家和人民的利益重如山，“受命之日则忘其家，临阵之时则忘其亲，击鼓之时则忘其身”，对自己所从事的事业无限热忱，始终有一种强烈的忧患意识、备战观念，始终想打赢、谋打赢，忠于职守，殚精竭虑，毕其一生。三要强化对纪律的绝对服从。军人血性离不开钢铁纪律的维系。毛泽东同志说:“加强纪律性,革命无不胜。”邓小平同志强调:“一靠理想,二靠纪律。组织起来就有力量。没有理想,没有纪律,就会像旧中国一样一盘散沙,那我们的革命怎么能够成功?我们的建设怎么能够成功?”服从命令、听从指挥是军人的天职。

(二)保持战斗激情。激情是英勇行为产生的心理基础,是军人血性的塑造底板。新形势下激发军人血性,必须重视激情这个情感要素,通过加强人文修养、心理训练、人格磨砺,形成健全的人格、健康的心理和富有的人文精神,为军人血性产生提供一个厚实的情感基础。一要培育朝气蓬勃的乐观主义精神。乐观是军旅生活的必然要求,也是军人血性的重要体现。在“创业艰难百战多”的战争年代,老一辈革命家吃的是红米饭,喝的是南瓜汤,却表现出了坚定的理想信念和革命乐观主义精神。在新时期,中国梦强军梦给革命军人实现人生梦想提供了广阔的舞台,也为革命军人朝气蓬勃的乐观主义精神培养提供了土壤和目标。二要培育丰富的感情。一个充满血性的人,一定是一个感情丰富而敏感的人,一定是怀有英雄浪漫梦想的人;一个麻木绝望、失去热情失去梦想、心如死灰了无生趣的人,一定是丧失血性的人。当祖国、人民的安全受到威胁时,能有对敌的深刻仇恨之情;当面对身边流血牺牲的战友时,能有同情之爱;当面对弱小无助者时,能有恻隐之心;当面对强敌暴烈时,能义愤填膺。这种情感是正义的敏感和强烈的爱恨,是军人血性之源。三要培育战斗的热情。战斗的热情是军人血性的主要体现。它体现为一种强烈的求胜决心、一种坚决的自我行动、一种坚定的征服欲望、一种高昂的精神状态、一种不达目的不放弃的信念、一种渴望战斗和挑战的热情、一种有目的的冲动和激情。就是工作有激情、打仗有血性、平时有杀气。

(三)崇尚英勇气概。英勇气概是军人血性的核心内涵之一。这是由军人职业特点和要求所决定的。战争是军人的职业,这比其他职业更具有危险和牺牲的可能。因此,军人最基本的品质和美德就是英勇。一要锤炼英勇顽强的战斗作风。顽强意味强硬不屈服,意味泼辣勇敢,有了这种作风,在战时,就能为祖国和人民的利益冲锋陷阵,不怕疲劳和连续作战;在平时,就是雷厉风行,说干就干,在艰难险阻面前,始终保持乐观精神和积极态度,有一种强烈的征服欲望和求战决心,并且始终保持积极的行动。二要锤炼有我无敌的气势。通过马克思主义战争观、人民军队职能观的教育,引导官兵一方面从战略上藐视、蔑视、鄙视敌人,认清“帝国主义和一切反动派都是纸老虎”;另一方面,战术上重视,精心准备、充分准备,解决“敢不敢打”、“能不能打”、“能否打胜”的问题,从而使官兵敢打仗、能打仗、有我无敌、打胜仗。三要锤炼坚忍不拔的意志。军人的坚忍不拔意志表现在具有适应战场残酷环境的良好心理素质,遇险不惊、遇扰不乱、遇变不惑,心坚如铁,志强如钢。要通过细节培养、环境营造、敌情牵引、行为磨练等方法磨砺军人的坚忍不拔意志,从而达到锤炼军人血性的目的。

(作者:南京政治学院军事信息管理系主任、教授,大校)

第十三部分

高校党的建设与思想教育工作

现代大学的社会责任

严隽琪

我国正处在发展的关键时期,国内经济社会发展的战略转型与世界经济政治格局的深刻变革,对大学改革提出了新的挑战和更高要求。我留意到,很多企业为适应转型与发展的要求,更加关注人才的选拔、培养和储备。大学对于这个形势,应该有回应、有担当,而且应视为一种机遇。现代大学与社会关系日益密切,社会对大学的期望值日益提高,而大学始终肩负着社会使命和社会责任。

大学的社会责任来源于大学的社会地位、拥有的资源和享有的权利。英国教育家埃里克·阿什比在评价美国高等教育时说,在世界高等教育历史上,美国的贡献"是拆除了大学校园的围墙"。时至今日,一个游离于社会之外、我行我素的大学是难以找到的,一个不承担社会责任的大学是难以理解的。大学职能随着社会的发展而日益丰富,既传授知识、培养人才,又进行科研、生产新知识,还要走出"象牙塔"、直接为社会提供服务。现代大学需要实现从被动的社会义务履行者到主动的社会责任承担者的转变。这不仅仅是角色的转换,更是思想和观念的创新,是行动与实践的进步。再进一步说,大学必须开放学术思维,防止滞后于社会需要,但也不能简单地迎合时尚。大学要继承优良的知识传统,发挥传统优势,但更要不断地与时俱进,突出自身的主动性与首创性,积极推动改造现实和创造历史。与大学社会责任相伴的就是大学的社会贡献。对大学的社会贡献进行评价不是一件容易的事情,既需要考量它对社会当下的作用,也需要看它对人类文明积淀的历史影响;既是理论问题,又是实践问题;既是学术问题,又是社会问题和政治问题。2012年,国家颁布了《关于实施高等学校创新能力提升计划的意见》,积极倡导和推进大学开放办学,同时引导大学主动承担自己的社会责任。关于现代大学的社会责任,我想从三个角度谈自己的认识。

一、现代大学是构筑文化根基的主阵地

任何时代、任何社会的主流文化都力图追求某种社会认同,构建某种思想基础,提供某种精神寄托或信仰,反映一个时代的特征、条件、精神、问题等。主流文化决定着文化发展的方向,真正影响着国民的思维方式和生活方式。大学要在构筑文化的根基、引领社会主流文化、确立核心价值理念上作出独特贡献。这种贡献主要通过三种方式来实现:出人才、出成果和出思想。

首先,培养人才。"人是文化的创造物,同时也是文化的创造者。"所以教育通过培养人来传承、积累和发展文化,大学有责任把学生培养成为有文化、讲文明的人,成为具有公民道德、社会责任、文化价值、生存能力的人,使学生成为文明的创造结果。所谓人才,不仅是物质的人,更是精神的人;不仅有知识,更是会思维能判断的人;不仅追求自身的提高,而且促进社会的和谐;不仅能审视自己,而且能放眼看世界。爱因斯坦说过:"把为社会服务看作是自己人生的最高目标。"这种价值取向和对社会的认同感,在赋予人生意义、事业动力的同时,也约束和规范着人的行为。

其二,产出学术成果。一个民族的复兴、一个国家的崛起,就必须"在知识上扮演一个有

力的角色”,即对世界知识体系有贡献。大学在其中肩负重要的使命。大学通过学术成果来丰富、更新和发展人类文明的宝库,成为文明的创造者。随着社会的发展和文明的进步,知识更新的速度越来越快,原始性创新成果也越来越成为衡量一所大学的重要指标。

其三,引领思想。有一句名言:“最后,是思想而不是巨大的利益,来造成美好与邪恶的差异。”大学要做“有灵魂的教育”,应以思想“智库”的角色来对社会改造和不断进步作出贡献。大学的思想引领要体现为前瞻性、战略性、本原性和创新性,应把科学方法与研究领域中的实际结合起来。比如,在当前中国迈向大国之路的时代,就特别需要发展出能描述国内秩序,又能表达国际关系或国际事物,解释中国的国际行为的概念、理论或话语。再比如,文化强国对内要增强国人的自信、自爱和自强,对外要增强国际话语权,这样我们的文化产业就不仅要注重运用现代科技手段来表现产品,更应该注重内容的选择和创新,以及包含在内容之中的中国价值观的设计。这些都是大学责无旁贷要做的。

二、现代大学要成为推动创新的引擎

当今时代,科技发展成为经济社会发展的主要驱动力,知识创新成为国家竞争力特别是创新型国家的核心要素。创新型国家要落实到创新型体系的建设,要落实到一种革新意志、品质和能力的培养。知识经济时代的来临,赋予大学创新引擎的重要地位,大学无疑应该是一个国家创新体系的重要力量。

人是创新活动的主体,大学在创新体系建设中的重要使命之一就是培养具有创新精神的人。人类有好奇的本性,“为什么”是人在幼年开口之后最常见的询问方式,其中蕴涵着人类理性的最初表现,是创新知识的宝贵的原动力。因此,保护孩子的好奇心是学前教育阶段的一个主要任务。“不要输在起跑线上”,应该指的是基础教育的模式要重点关注和启发孩子提问,要重提问的过程而不要太纠结于结论。高等教育在整个教育体系中具有龙头地位,其在人才选拔过程中的价值取向,会逐级地向基础教育、学前教育的各个学段辐射其影响。高等教育要通过这种影响,来引导基础教育不断激发学生广泛的学习兴趣,引导学前教育注重保护孩子的好奇心。同时,在大学阶段要适时将学生的兴趣聚焦为志趣、转化为志向。

人的创新动力之源在哪里?这是需要我们关注的一个重要问题。人的思想境界是分层次的,最低的是只求满足生存所必需的欲求,这和动物无异。但是,如果人能够从“求知”境界的功用心(也可叫功利心)再提高一步,由外在目的转向内心,进而要对他人负责,这就上升到了道德境界。如果再进一步超越“求知”和“道德”中的认识和实践的关系,把认识对象融入自我之中,而达到一种“情景交融”的“意境”,这时“欲念”、“功用”和“外在的目的”消失了,就达到了最高的审美境界。

大学的老师和学生,一般都应有“求知”和“道德”交融的境界,使知识学习和科学活动具有道德意义。有了道德的意义,从“为一已”变成“为事业、为社会”,这种责任感或使命感就会成为另一层次的强大的求知动力和创新激情。如果科学活动不计功利的自由精神带给研究者一种愉悦之情,则进入了最高的审美境界。这种“科学美”,是一种经得起磨炼的蓬勃奋发、超脱高远之境。我觉得,一个人若能够自由地、不计得失又兴趣盎然地从事一项工作,既是一种难以言表的幸福,也是创新动力的不竭之源。大学培养人才,就是要引领更多的人进入到“道德”和“审美”的境界,培养具有科学精神的人。

因此,大学教育的灵魂和基础是人文精神的培育,是责任、情怀和文化的传递过程,即文脉的传承。有人说,“一种精神,只有深植于文化的沃土,体现为对生命意义的理解和追求,才能真正地开枝散叶”,这或许形象地表达了现代大学的精神守望和社会责任之间的关系。

三、现代大学需要承担更多的国际责任

综观世界高等教育史，现代大学虽因时变迁，但经兴衰进退，到今天遍及全球，形成庞大的国际学术研究网络，展现了强大的生命力。当今世界正处于大发展、大变革时期，各国政治、经济、文化、教育之间的交流越来越频繁，国际社会成为国家之间交流的舞台，人类社会的共存与发展成为世界主题。经济全球化的车轮在每一个国度隆隆作响的同时，也将那里的社会和文化卷入了国际化的交流、交锋和交融的大潮。在知识经济时代里，迅猛发展的科学技术和不断繁荣的物质生活，使我们以为自己对外部世界的掌控越来越强，但面对像多米诺骨牌滑落的世界经济，我们又不得不承认，眼前的世界还充满着不确定性、不可测性。

在政界和商界对国际金融危机进行把脉的时候，作为创新体系的重要组成部分、知识创造的重要主体、人才培育的重要基地的高等教育系统，应该如何在国际化大背景下审视自己的角色，权衡自己的责任，承担自己的使命，是世界各国和地区的大学都必须直面的课题，更是校长们必须面对的挑战。

大学的建立和发展与各国政府和社会的支持有密切关系。政府与社会作为重要的利益相关者，要求大学首先为本国社会发展服务，这是规定大学责任范围的重要因素。一个不能够很好履行本国社会责任的大学不可能担当国际责任。所以，通过发挥高等教育的职能推进创新型国家建设天经地义。但是，在经济全球化、科技一体化、文化交融化的新形势下，尤其是在全球变暖、环境恶化、危机暗涌、“蝴蝶效应”将东西南北不同国家、不同地区连成一个不可分割的自然生存体和社会利益体的大背景下，我们需要对高等学校的责任进行更大范围的再认识。在地球居民面临整体性生存与延续危机的重要时期，作为培养人才和奠基未来的专门性机构，作为挑战未知创造新知的专业性组织，高等教育机构需要率先承担更多的国际责任。

这就要求大学主动融入国际化的高等教育系统，积极建设多元文化沟通与融合的中心和桥梁，增加国际教育与学术研究交流，增进文明对话，促进世界和谐，建立开放活跃的教育环境，造就具有国际视野、跨文化修养和国际合作能力的国际性人才，创造反映时代发展水平的科学文化财富，提供积极促进世界和平而不是制造冲突深化矛盾的解决方案。

总之，今天的外部环境，是过去的大学所不曾遇到的。习惯于传统的知识传递功能的组织形态，显然已经无法适应多重使命牵引的组织发展要求。在高等教育系统内部，随着高等教育需求的增长，大学规模不断扩大，学科既不断分化又不断融合交叉，呈现多元多层的复杂态势。这对高等学校的组织和行为提出了新的挑战和更高的要求，需要大学改造文化，锻造精神，锐意改革，大胆创新。大学的社会使命感、国际责任感，以及焕发出来的创新精神，需要在具体的实践中体现出来。

物质文明和精神文明相互促进，但不能相互取代。如何克服为追求物质幸福带来的精神痛苦，是现代人内心的深层纠葛。我们需要有灵魂的教育。我们探讨现代大学的社会责任，强调的是大学要关注物质世界，但更要叩问人类的精神家园。

（作者：全国人大常委会副委员长、民进中央主席）

新形势下思想政治教育学科建设的问题与思考

王学俭　李东坡

思想政治教育学科作为在改革开放中发展起来的一门新兴学科，经过近30年的探索和建设，学科定位日渐清晰，研究对象日益明朗，学科体系逐步完善，学科队伍逐渐扩大，在继承与借鉴中不断开拓创新，在理论与实践上与时俱进，其学科地位愈加受到肯定，学术成就愈加得到赞誉。自《关于调整增设马克思主义理论一级学科及所属二级学科的通知》（学位〔2005〕64号）颁布以来，众多学者就思想政治教育学科的发展历程、学科定位、学科特点、研究对象、学科体系、现存问题和发展路径等方面展开了广泛深入的探讨，有力推动了学科的规范化建设和科学化发展。构建科学化的思想政治教育学科体系，切实推动学科发展，既需要对学科发展的历程和成就进行客观的回顾和整理，又需要对学科建设的经验和理论进行系统的研究和梳理，更需要对学科发展的现状和未来进行科学的探索和展望。如何在马克思主义理论一级学科之下加强思想政治教育学科建设，需要我们深入研究思想政治教育在学科定位、发展理念、建设过程等方面的突出问题，从多角度探寻学科发展的未来路径。

一、新形势下思想政治教育学科建设的突出问题

当前，思想政治教育学科建设面临着新的机遇和挑战。当今世界正处在大发展大变革大调整时期，世界多极化、经济全球化深入发展，科学技术日新月异，各种思想文化交流交融交锋更加频繁。同时，我国改革开放的深入推进，导致人们价值取向日趋多元化，表现出思想观念多元、理想信念淡化、伦理道德退化等不良倾向。如何引导人们树立科学的世界观、人生观、价值观，冷静和理性看待我国改革发展中的问题与世界发展趋势和格局，成为思想政治教育学科建设的新任务、新要求和新挑战。思想政治教育学科归属于马克思主义理论一级学科之后，逐渐呈现系统化和综合化的发展趋势，这对于实现学科的跨越式和科学化发展提出了更高的要求。当前，思想政治教育学科建设的突出问题主要表现在五个方面：

（一）重视学科意识形态性的同时，弱化人文性、科学性研究

思想政治教育是运用马克思主义理论与方法，研究人们思想品德形成、发展和思想政治教育规律，培养人们正确世界观、人生观和价值观的学科。思想政治教育在本质上是意识形态领域的工作，带有鲜明的意识形态性。在中国特色社会主义建设新阶段，思想政治教育的指导思想和理论基础是马克思主义理论，核心内容是中国特色社会主义理论体系，基本目标是引导人们树立科学的世界观、人生观和价值观，促进人的自由而全面发展。“思想政治教育学科的意识形态性是指这一学科以马克思主义为指导，以社会主义意识形态为主导，以中华民族文化为基础，坚持遵循科学规律的学术方向和社会主义政治方向的统一。”“思想政治教育学科的存在与发展，是建立在当代中国社会对马克思主义主流意识形态建设与发展的现实需要的基础之上的。”学科建设必须坚持意识形态性，反对“淡化意识形态”和“去意识形态”。但与此同时，研究呈现弱化人文性、科学性研究的趋向。“思想政治教育学科是一门综合性和应用性很强的学科，它的发展需要学科内部的努力，

同时也要依托其他人文社会科学学科的发展和支持。”思想政治教育学科是政治学、教育学、哲学、社会学、心理学、伦理学等人文社会科学相互渗透、交叉与综合的产物,人文性和科学性是其存在和发展所内在地蕴含着的本质规定性。这就要求学科建设在马克思主义理论指导下,科学把握其基本概念、范畴、规律、体系,促进学科规范化和科学化。目前研究主要表现为学科内含的人学取向和人本思想需要进一步强化;学科基本概念、范畴、规律、体系的科学性研究成果较少,尚未形成广泛的一致意见;学科话语体系建构过程中缺乏鲜明的特色和规范性。

(二)宣传和贯彻党的思想理论的同时,忽视个体主体性的微观研究

作为我们党和国家的优良传统和政治优势,在建设中国特色社会主义的进程中,思想政治教育必须发挥意识形态功能。一些学者强调思想政治教育的主要任务就是宣传和贯彻党的思想理论,使其由外在思想理论内化为人们的观念意志,进而外化为行为习惯。其实,思想政治教育不仅是党和国家理论的宣讲,还应是社会成员整体素质的提升和全面发展。在科学发展观的指导下,除却政治理想的选择、价值观念的确立,社会成员道德素质的提升、人文素养的发展、综合能力的提高、社会心态的矫正、人格品性的养成同样是思想政治教育的重要内容,是学科研究的未来方向。目前的研究并没有重视以社会成员个体为主的微观领域,忽视个体认知结构、心理结构等方面的研究,不利于思想政治教育的科学构建和有序发展。

(三)借鉴和吸收其他学科理论前沿的同时,淡化学科基本理论研究

思想政治教育作为一门新兴的交叉性和综合性学科,应积极借鉴和合理吸收相关学科的研究成果和理论前沿,取长补短、融会贯通,促进学科建设的规范化和科学化发展。有学者认为:“现代科学的发展要求进行多学科的研究,新兴学科多是横向学科,因此,只有不同流派充分发展,通过比较鉴别,实践检验,才能实现取长补短、相互融合,形成以马克思主义为指导、多学科综合应用的有中国特色的社会主义思想政治教育学。”目前学界既合理融合政治学、哲学、教育学、社会学、伦理学和心理学等相关学科的理论内容,丰富思想政治教育的理论体系和社会实践,又积极引进生态学、系统学、发生学、行为科学等其他学科的有益成果和理论前沿,为思想政治教育学科的规范化和科学化发展提供了理论营养和发展动力。吸收和借鉴固然重要,但必须要以学科基本理论的创新和发展作为出发点和落脚点。学科基本理论的研究与发展是思想政治教育基础研究的重要组成部分,其重要性有待进一步提升,关注度有待进一步加强。“思想政治教育学科建设的基本工作是加强科学研究,特别是加强对该学科基本理论或基础理论的研究”。构建完善的理论体系,需要我们注重发展思想政治教育学科的基本理论,深化学科基本概念、范畴、规律、内容与方法的研究,强化对学科基本矛盾、主要问题、发展趋势的研究,为学科良性发展提供坚实的理论基础。

(四)发展和创新学科理论的同时,欠缺思想政治教育实践研究

思想政治教育具有鲜明的实践性特征,其理论形态必然会随着思想政治教育实践的深入和拓展而不断深化和发展。有学者强调实现学科理论的创新与发展必须重视学科理论的系统化和再系统化,指出“学科基本理论走向成熟的基本方式之一是学科基本理论的系统化和再系统化”。理论创新的目的在于理论武装。思想政治教育的理论创新与拓展,迫切要求理论能够有效指导实践,推动实践新发展。进一步强化思想政治教育实践研究是学科建设和发展的价值旨归。思想政治教育实践研究包括思想政治教育实施途径和方法研究、思想政治教育社会实践教学研究、社会问题实证研究和师资队伍培养研究。思想政治教育实践研究的欠缺主要表现在:对社会问题的理论性解读较多,实证性研究较少;对社会现象和学科建设的定性研究较多,定量研究较少;对师资队伍培养的关注度不够。

(五)构建和完善学科体系的同时,缺乏问题意识和解题能力

在近30年的思想政治教育学科发展历程中,学者们始终高度重视学科体系建设,推动学科良性发展。通过坚持不懈的探索和研究,试图准确把握学科定位,严谨阐述学科范畴,规范研究学科内容,科学发展学科理论,精心构建和完善学科体系。目前学界不断坚持科学性解读学科内涵、合理性构建学科体系、特色化提炼学科话语,不断拓展学术研究新领域,形成自身特色和优势,巩固了思想政治教育的学科地位。同时,思想政治教育必须重视对问题意识和解题能力的培养。问题意识是“在科学研究中积极主动地发现有价值的命题并采取科学的方法加以解决的自觉意识。问题意识是思想政治教育研究者必须具备的重要素质,是深化思想政治教育研究的突破口,是思想政治教育学科发展的不竭动力和学科创新增长点”。思想政治教育要勇于面对社会现实,发现新现象,提出新问题,思考新方法,解决新瓶颈;要善于运用思想政治教育的基本理论,在对现实生活问题的回应和解答中培养思想政治教育的问题思维能力,提高解题能力。当前思想政治教育问题意识和解题能力的缺乏主要体现在:对社会实践的观察总结能力有待加强,对社会问题的研究意识有待提升,对实践问题的回应和解答能力受到学科建设实际的掣肘,对学科前沿问题的把握和驾驭能力受到自身理论水平的约束,等等。

二、进一步推进思想政治教育学科的建设和发展

思想政治教育学科的建设和发展是一项涉及学科各方面的系统工程。我们要立足本学科建设基础,突破学科建设和发展的现存障碍,探寻思想政治教育学科发展的未来路径。

(一)其他学科前沿成果的合理吸收

1. 合理采纳其他学科科学的研究方法。科学的研究方法是学科建设和发展的重要内容。“在思想政治教育的学术研究中,要注重积极借鉴相关学科从研究内容到研究方法、研究思维的新发展、新成果,根据本学科学术发展的需要,及时转化和消化到本学科领域,为本学科的学术发展提供新的知识积累、新的方法论借鉴和新的思维启发。”思想政治教育学科建设既要吸收传统的研究方法,更要积极借鉴现代新型研究方法,如以系统论、控制论和信息论为代表的系统科学方法,为思想政治教育学科建设提供更加合理、科学和健全的研究工具。在合理采纳和有效利用各种方法的过程中,促进传统研究、量化研究和质性研究的有机结合;并在具体实施过程中,考察方法的实际效果,在修正和完善中探索思想政治教育特有的研究方法,规范研究模式。

2. 参考其他学科完善学科体系的途径。完善的学科体系是思想政治教育学科建设的基本目标之一。如何构建科学合理的学科体系,需要我们认真考察相关学科的建构过程和发展历程,吸取经验和教训,学习和借鉴成熟的学科体系建设理论和方法,并将其运用到思想政治教育学科体系的建设过程中,“不断加强分支学科建设,形成内容完备、结构合理、动态开放的学科体系”。同时,要关注与思想政治教育学科同样具有交叉性和综合性特征的新兴学科的建设过程,在比较研究中考察学科体系建设的差距和问题,借鉴其中的有效方法和措施,努力建构思想政治教育系统化的学科体系。

3. 学习其他学科确立研究对象的经验。一个学科必须要有专属的研究对象。目前对思想政治教育研究对象的探讨尚没有达成共识,这不利于明确思想政治教育的学科内涵和学科边界。学习其他学科研究对象的确立过程和基本经验,目的在于通过对其他成熟学科研究对象的考察,总结研究对象确立的基本要素、途径和方法,考察研究对象唯一性和科学性的具体显现;通过理论与实践的比较、本学科与其他学科

的比较，吸取其他学科不懈探索和科学确立研究对象的方式和方法，借鉴其他学科准确表述和合理阐述研究对象的话语和形式，推动思想政治教育研究对象的新发展。

（二）思想政治教育学科的自我发展

1. 促进思想政治教育学科的科学性。思想政治教育学科的科学性集中体现在理论的逐步完善和实践的效果凸显上。在理论完善方面，思想政治教育学科要形成独立的研究范式、特有的话语体系、明晰的概念范畴和明确的研究内容。在实践效果方面，思想政治教育学科要在宣传马克思主义理论的过程中能够有效引领社会思潮、转变人们思想观念、培育合格社会公民，不断扩展领域和巩固阵地，为培养全面发展的社会主义建设者和接班人服务。强化思想政治教育的科学性，需要在"凝练学科方向、凝聚学科队伍、凝筑学科高地上下功夫，努力建设充分体现马克思主义中国化最新成果、充分体现思想政治教育实践最新经验、充分体现马克思主义理论研究最新进展的思想政治教育的学科体系、教材体系和人才培养体系"。一是要加快统一学科认识，明确学科研究对象、学科边界和学科内涵；二是要强化学科话语体系建设，构建专属学科语言，避免"庸俗化"和"神秘化"；三是要提高科学研究方法，避免低水平、重复性研究和建设，遏制"擦边球"研究现象；四是要增强研究成果转化能力，推进"大众化"。

2. 坚持思想政治教育学科的独立性。坚持思想政治教育学科的独立性，要在吸收和借鉴其他学科理论成果和研究方法的基础上，明确学科定位，凸显学科性质，凝练学科特色，完善学科体系，强化学科实践，推动学科发展。学科独立性本质上表现为学科定位归属明确和学科研究对象规范。思想政治教育学科是隶属于马克思主义理论一级学科的二级学科，是运用马克思主义理论与方法，培养人们正确世界观、人生观和价值观的学科，与西方国家的公民教育和道德教育等区分开来；思想政治教育学科的研究对象是人们思想品德的形成、发展和思想政治教育规律，与伦理学、德育等相近学科区分开来。我们要在厘清学科定位和明晰研究对象的基础上，"克服目前思想政治教育研究中存在的盲目论域扩张、理论依附、简单移植导致的学科研究边界模糊不良倾向"。

3. 明确思想政治教育学科的依托性。加强思想政治教育的学科依托性，既需要依托其他学科有益理论成果，推动学科理论创新，又需要依托自身学科建设的不断深化，强化学科特色；既需要依托其他学科专家参与学术研究，促进学科综合性发展，又需要依托自身学科领域专家投身研究实践，加快学科科学性发展；既需要依托社会力量支持，增强学科建设资源保障，又需要依托二级学院建设，构建坚实的组织保障。加强学科的依托性更要强调和坚持依托其他学科的底线，"学科依托是以思想政治教育学科的发展为中心而展开的。学科依托推进的结果，应该是推进思想政治教育学科的发展而不是消解思想政治教育学科的发展"。我们要在积极借鉴相关学科理论成果、研究方法和研究范式等方面的新突破、新发展和新成果时，更要结合学科自身特色和需要，提升学科自身问题意识和对话意识，在与其他学科的交流和对话中，在前沿问题的探讨和争论中，提高自身发展的理论水平和实践能力。

（三）学科建设制约瓶颈的科学破解

1. 在发展方向上恪守党性与人性相结合。思想政治教育既需要保持和贯彻党性原则，在学科建设、理论研究和实践落实中坚持意识形态要求；又要秉承和发展人性原则，深入领会和贯彻落实"以人为本"的科学发展观，坚持人文关怀，促进人的自由而全面发展。针对当前现实存在的"淡化意识形态"和"过分强调人文关怀"两种不良倾向，党性原则和人性原则是学科建设必须坚守的基本原则。坚持意识形态性是学科建设和发展的基础和保障，没有意识形态教育，学科建设和发展就失去了本质性特色，学科独立性就无法维持；坚持以人为本是学科建设和发展的目标与宗旨，没有人文关怀，学科建设和发展就不符合时代变化和要求，就失去了科学性的内在规定。要坚持党性和人性密切结合，实现价值观教育、责任感教育、道德教育的有机统一，实现知识教育、能力教育和素质教育的全面教育。

2. 在发展原则上坚持理论与实践相统一。思想政治教育学科具有鲜明的实践特征，不论是理论的发展与突破，还是教育实践的开展与贯彻，都需要坚持理论与实践相统一的原则。一是要认识到生动的社会实践是思想政治教育学科发展的内在动力和必然要求，始终关注和考察社会发展变化过程中的实际需求，结合学科发展方向，不断总结实践经验，丰富学科建设理论。二是要认识到学科理论的丰富和发展对学科实践活动的巨大推动力和科学引领力，结合社会现实，遵循学科规律，促进学科理论由经验形态向科学形态的新发展，以更好地指导思想政治教育实践。三是要认识到当前学科建设中存在的“重理论、轻实践”的现实问题，积极探寻破除理论与实践“两张皮”尴尬现状的路径与方法。四是要认识到坚持理论与实践相结合是持续推动思想政治教育学科发展的根本途径，要在学科理论创新和实践履行中着力体现时代性、把握规律性、富于创造性和增强实效性。

3. 在发展思路上贯彻特色与交叉相呼应。思想政治教育发展的历程表明，坚持特色发展和交叉发展，是学科理论生长和实践落实的重要条件和途径。贯彻特色与交叉相呼应的发展思路，一是要继续推进学科交叉研究。学科交叉与融合是学科建设的必然趋势，是学科发展的新生长点。“跨学科是未来我国学科发展的新思路，跨学科研究和交流对于一个国家的学术和学科的发展至关重要。”要重视思想政治教育与其他学科的交集领域和共同话题，联合其他学科专家学者共同攻关，推动学科理论新发展，取得学科实践新成效。二是要坚持和发展学科特色。学科特色是思想政治教育存在和发展的前提，要在拓展学科研究领域，巩固学科研究成果的同时，结合丰富的教学和社会实践，构建思想政治教育的特色分支学科、特色基础理论、特色研究方法和特色实践活动等。

4. 在发展方法上秉承借鉴与创新相促进。思想政治教育学科的发展历程表明，借鉴和吸收其他学科的研究成果是学科生长和发展的外在推力，创新和发展自身学科的理论体系和实践路径则是学科建设和成长的内在动力。没有借鉴，就没有比较和选择，没有充实和扩展思想政治教育学科的实践领域和知识来源；没有创新，就没有挑战和扬弃，没有优化和发展思想政治教育学科的实践推动和理论促进。秉承借鉴与创新相促进的发展方法，既需要我们发扬中华文化传统，继承中华民族传统美德，汲取西方文化精华，借鉴相关学科理论成果；又需要我们发扬创新精神，培育创新意识，促进思想政治教育学科的自主创新。一是要增强问题意识，在思想政治教育实践活动中，发现问题、提出问题、分析问题、解决问题；二是要强化民族特色，将思想政治教育与民族文化传统结合起来，推动学科落地生根；三是要推动内生性发展，突破现有理论体系和研究成果的束缚，转换范式、整合观念、创新体系，实现学科内生性发展。

5. 在发展格局上推进宏观与微观相补充。思想政治教育内容主要有两个方面：一是社会主流价值观的引领和个人价值观的养成；二是社会发展的能力要求和个人的全面发展。构建宏观与微观相补充的发展格局，要求我们既要充分发挥思想政治教育的社会价值和工具价值，即对社会主义核心价值体系的宣传和教育，又要高度重视其个人价值和目的价值，即促进人的自由而全面发展，进而实现社会价值与个人价值、工具价值与目的价值的统一，构建思想政治教育学科建设的协调、合理的科学格局。我们既要重视宏观领域研究，更要关注对微观领域的研究和开发。在微观领域，思想政治教育要对人的情感、意志、品格等心理要素，爱情、婚姻、家庭等生活要素，求职、职业等工作要素，亲人、朋友、同事等人际要素展开科学研究，关注个体的思想品德、心理素质、人际关系以及社会素养现状，研究非智力因素在人的全面发展中的地位和作用，培育自尊自信、理性平和、积极向上的社会心态。只有注重人文关怀，强化心理疏导，才能突破思想政治教育学科的发展瓶颈，贯彻思想政治教育的根本宗旨。

6. 在发展力量上实现研究与教学相整合。师资队伍是思想政治教育得以有效实施和开展的必要条件。师资队伍作为思想政治教育的主体之一，在促进和引导大学生树立科学的世界观、人生观和价值观，促进大学生全面发展的过程中发挥着主体性作用。因此，明确而又科学的师资队伍定位，健全而又规范的师资队伍架构，不仅可以实现思想政治教育工作师资的有效配置，提升思想政治教育实施的有效性，而且可以优化思想政治教育的工作生态环境，提升思想政治教育研究的学术水平、教学能力和工作效率。目前，对师资队伍的认识主要集中于学校党政干部和共青团干部、思想政治理论课教师和哲学社会科学课教师、辅导员和班主任三大主体，忽略了高校德育研究群体。建设师资队伍需要以"研究专家化、教学专业化、工作职业化"为目标，建构师资队伍的联动机制。一方面，要提高思想政治教育师资队伍的业务能力，思想政治教育教师既要夯实马克思主义理论基础，坚定理想信念，系统掌握其他学科相关的知识和理论，又要明确育人理念，创新教育途径与方法，增强教学效果，提高教学质量；另一方面，要提升思想政治教育师资队伍的师德水平，增强教师教书育人的荣誉感和责任感。

思想政治教育学科契合社会和时代的变化发挥应有功能和作用，既是思想政治教育研究者和工作者的根本任务，也是时代发展提出的现实要求。我们必须以推动学科发展为旨归，关注思想政治教育学科建设中的现存障碍，结合社会需求，突破传统理念，寻求破解途径。在构建科学、规范的思想政治教育理论体系过程中，在指导生动、深刻的思想政治教育实践活动中，促进思想政治教育学科建设的新发展。

（作者：兰州大学马克思主义学院教授、博士生导师；兰州大学马克思主义学院）

以党的十八大精神为指导加强思想政治理论课改革建设

逄锦聚

党的十八大在总结中国特色社会主义建设取得的成就和实践经验的基础上，实现了一系列重大理论创新，为思想政治理论课改革建设既提供了理论指南，又提出了新课题、新要求。以党的十八大精神为指导，把思想政治理论课改革建设提高到更高水平是今后一项重大任务。

一、党的十八大精神是进一步推进思想政治理论课改革建设的指南

党的十八大在总结中国特色社会主义建设实践的基础上实现了一系列理论创新，是马克思主义中国化的最新成果，这些理论创新至少包括如下几个方面：

一是党的指导思想的与时俱进。把科学发展观同马克思列宁主义、毛泽东思想、邓小平理论和“三个代表”重要思想一起，作为党必须长期坚持的指导思想，是党的指导思想的又一次与时俱进，是党的十八大的历史贡献。

二是明确阐述了中国特色社会主义道路、制度和理论体系的科学内涵、相互关系及其伟大意义，开拓了中国特色社会主义认识的新境界。党的十八大指出，中国特色社会主义道路是实现途径，中国特色社会主义理论体系是行动指南，中国特色社会主义制度是根本保障，三者统一于中国特色社会主义伟大实践，这是党领导人民在建设社会主义长期实践中形成的最鲜明特色。

三是系统阐述了建设中国特色社会主义的总依据、总布局、总任务。提出建设中国特色社会主义总依据是社会主义初级阶段，总布局是“五位一体”，总任务是实现社会主义现代化和中华民族伟大复兴。特别是将中国特色社会主义事业总体布局从经济政治社会文化建设“四位一体”扩展为经济政治文化社会生态文明建设“五位一体”，进一步丰富和发展了中国特色社会主义理论体系。

四是概括了中国特色社会主义的基本要求，丰富了中国特色社会主义的内涵。提出建设中国特色社会主义必须坚持人民主体地位，必须坚持解放和发展社会生产力，必须坚持推进改革开放，必须坚持维护社会公平正义，必须坚持走共同富裕道路，必须坚持促进社会和谐，必须坚持和平发展，必须坚持党的领导。“八个必须”丰富了中国特色社会主义内涵。

五是确立“两个百年”目标和“两个全面目标”。两个百年目标即在中国共产党成立一百年时全面建成小康社会，在新中国成立一百年时建成富强民主文明和谐的社会主义现代化国家。两个全面即到2020年全面建成小康社会和全面深化改革。从全面建设小康社会到全面建成小康社会，是奋斗目标的飞跃，对全面建成小康社会五个方面要求和全面深化五大领域体制改革的论述表明党对奋斗目标认识的深化和科学。

六是强调了转变经济发展方式的新的要求和任务，阐明了贯彻落实科学发展观、推进科学发展的新思路。报告强调必须坚持发展是硬道理的战略思想，在当代中国，坚持发展是硬道理的本质要求就是坚持科学发展。以科学发展观为主题，以加快转变经济发展方式为主线，把推动发展的立足点转到提高质量和效益上来，着力激发各类市场主体发挥新活力，推动新型工业化、信息化、城镇化、农业现代化同步发展，不

断增强长期发展后劲。提出全面深化经济体制改革;实施创新驱动发展战略;推进经济结构战略性调整;推动城乡发展一体化;全面提高开放型经济水平等五项任务。

七是全面阐述了全面深化经济体制改革的方向、核心。提出“经济体制改革的核心问题是处理好政府和市场的关系,必须更加尊重市场规律,更好发挥政府作用”,这是实践经验的总结,抓住了经济体制改革的核心。“保证各种所有制经济依法平等使用生产要素、公平参与市场竞争、同等受到法律保护”,是党的十八大的新观点,具有重要理论和实践意义。有针对性地回答了对中国经济体制改革各种各样的议论,表明坚定不移推进改革的决心,既不走僵化保守的老路,也不走改旗易帜的邪路,而是坚定不移走中国特色社会主义道路。

八是强调了推进政治体制改革和中国特色社会主义政治发展道路。明确提出:坚持走中国特色社会主义政治发展道路和推进政治体制改革,而政治体制改革必须坚持走中国特色社会主义政治发展道路,必须坚持党的领导、人民当家做主和依法治国的有机统一,以保证人民当家做主为根本,以增强党和国家活力、调动人民积极性为目标,必须健全社会主义协商民主制度。

九是强调了扎实推进社会主义文化强国建设,概括了社会主义核心价值观。提出要加强社会主义核心价值体系建设,要全面提高公民道德素质,要丰富人民精神文化生活,要增强文化整体实力和竞争力。要坚持社会主义先进文化前进方向,树立高度的文化自觉和文化自信,向着建设社会主义文化强国宏伟目标阔步前进。特别是从三个层次用 24 个字概括了社会主义核心价值观。从国家层面看,是富强、民主、文明、和谐;从社会层面看,是自由、平等、公正、法治;从公民个人层面看,是爱国、敬业、诚信、友善。

十是丰富和拓展了党的建设的部署。在总结新世纪新阶段党的建设新鲜经验的基础上,提出了党的建设的总体要求:其一,强调以执政能力建设、先进性和纯洁性建设为主线;其二,强调提高党“自我净化、自我完善、自我革新、自我提高”的能力;其三,强调建设学习型、服务型、创新型的马克思主义执政党,进一步回答了“建设一个什么样的党”的问题。

党的十八大的理论创新是对中国改革开放和现代化建设丰富实践经验的总结,同时,也提出今后在全面建成小康社会和全面深化改革进程中需要进一步着力研究创新发展的一系列重大问题。

二、以党的十八大精神为指导妥善处理思想政治理论课改革建设中的三个关系

思想政治理论课担负着人才培养、科学研究、社会服务和文化传承创新的神圣使命,是对青年学生进行思想道德教育的主渠道。以党的十八大精神为指导加强思想政治理论课改革建设,需要妥善处理三个关系,做好三项主要工作:

一是妥善处理教材体系、教学体系和学生认知体系的关系,实现由教材体系向包括教材体系在内的教学体系和学生认知体系的转变。教材的内容要变成学生的认知和思想道德素质,中间既有一个教师如何运用教材而又不拘泥于教材创造性施教的过程,也有一个学生如何发挥主动性独立思考勇于创新学习的过程。如何采取科学的方式方法使这两个过程有机地统一,相得益彰,收到成效,这既涉及教师的马克思主义理论水平、思想政治水平,也涉及到教师的教学艺术。

二是妥善处理课堂教学、校园文化、社会实践的关系。探索科学的人才培养模式,注重知行统一,实现由单一课堂教学向课堂教学、校园文化、社会实践“三位一体”教学模式的转变。究竟怎样才能使思想政治教育入耳、入脑,内化为大学生的基本素质,使之终生受益,这不仅仅是如何讲好一门课的问题,

还涉及到人才培养模式。最近一些年来，不少学校在重视课堂教学的同时，重视校园文化和社会实践，取得事半功倍的效果，值得肯定和推广。马克思主义本质上是发展的实践的科学。课堂教学无疑重要，但大学生学习马克思主义决不应该只局限于课堂教学。应该充分利用社会教育资源，开展各种课外校外活动，多组织学生深入我国改革开放和现代化实践，了解世界的发展和变化，同时，加强校园文化建设和学生社团组织指导，以加深对思想政治理论课的学习和理解。

三是妥善处理书面考试、日常考核的关系，探索科学质量评价体系，实现片面注重考试成绩向科学、多样的评价标准转变。对教育教学质量和人才质量的评价标准是指挥棒，有什么样的评价标准就体现什么导向，往往就会产生什么样的结果。我国长期实行的以书面考试成绩为主要甚至唯一尺度的评价标准虽然有一定的合理性，但其不合理性也是显而易见的。改革这样的评价标准已是当务之急，改革的方向应该建立以知识、素质、能力为一体的，由教师、学生、学校管理部门、社会等各方面参与的教育教学质量评价体系，并以此激励学生学习、运用马克思主义，努力成为合格的社会主义建设者和接班人。

三、以党的十八大精神为指导做好教材修订和建设

以党的十八大精神为指导加强思想政治理论课改革建设，当前一项重要任务是做好教材修订工作。高校现在用的思想政治理论课教材是2005年以后编写，2010年修订的教材，是马克思主义理论研究和建设工程的成果，总体上说这些教材结构合理，基本观点准确，使用效果是好的，所以，这次修订的重点要着力贯彻党的十八大精神，在推动马克思主义中国化最新成果进教材、进课堂、进头脑上下功夫，并在体系、结构、内容和文字上力求精益求精。

以“马克思主义基本原理概论”教材为例，修订中就要从继承和发展马克思主义基本原理的高度努力做到：

一要充分阐释科学发展观是党必须长期坚持的指导思想。党的十八大深刻论述了科学发展观的重大意义，确立了科学发展观的历史地位，实现了马克思主义指导思想的与时俱进。“马克思主义基本原理概论”教材贯彻党的十八大精神，就是要充分体现出科学发展观开辟了当代中国马克思主义发展的新境界，是我们必须长期坚持的指导思想。

二要充分阐释中国特色社会主义理论对科学社会主义的丰富发展。党的十八大报告关于中国特色社会主义理论的阐述十分丰富，有很多深刻的内容，如坚持科学社会主义基本原则，赋予其鲜明的中国特色，坚定中国特色社会主义道路自信、理论自信、制度自信，建设中国特色社会主义的总体布局，夺取中国特色社会主义新胜利的八项基本要求等，不仅有利于我们深化对马克思主义中国化及其理论成果的认识，而且对于我们更深刻地理解、阐释和掌握运用科学社会主义基本原理，具有重大启示意义。

三要充分阐释关于改革开放与科学发展的理论。改革是社会前进的重要动力，改革开放是坚持和发展中国特色社会主义的必由之路。党的十八大对改革开放的阐述，如准确把握时代主题与基本国情，全面建成小康社会和全面深化改革开放，以科学发展为主题，以加快转变经济发展方式为主线等，丰富发展了马克思主义关于改革开放与社会发展的基本观点，具有重大的理论意义和实践意义。

四要充分阐释关于建设中国特色社会主义文化强国的理论。全面建成小康社会，实现中华民族伟大复兴，必须推动社会主义文化大发展大繁荣，兴起社会主义文化建设新高潮，建设中国特色社会主义文化强国。党的十八大关于文化建设的论述，如文化及其在社会发展中的重要作用，走中国特色文化发展道路，建设社会主义文化强国，加强社会主义核心价值体系建设，培育和践行社会主义核心价值观等，丰富发

展了马克思主义文化观。

五要充分阐释关于人民主体地位和社会建设的理论。党的十八大报告从始至终贯穿了"以人民为本"的精神和底蕴,创新性阐释了马克思主义关于人民群众创造历史和社会建设发展的成就成果应由人民共享等唯物史观基本观点,深刻体现了唯物史观关于社会发展和人的发展的基本原理,是对马克思主义基本原理的丰富和发展。

六要充分阐释关于马克思主义执政党建设的理论。中国共产党是中国特色社会主义事业的领导核心,党的建设的状况决定着我们事业的成败。党的十八大对新形势下党的建设作了全面的论述和部署,如全面提高党的建设科学化水平,马克思主义执政党建设的主线,坚定理想信念,坚守共产党人的精神追求等,这些理论丰富和发展了马克思主义执政党建设的理论。

将中国共产党人带领中国人民,经过实践探索丰富和发展了的马克思主义基本理论、基本观点,适时地吸收到思想政治理论课教材中,并通过教育教学活动内化为青年学生的思想道德素质,对于培养合格的建设者和接班人,为实现中华民族伟大复兴的中国梦,是功在千秋的工作,思想政治理论课改革建设应该为此贡献特有的智慧和力量。

(作者单位:南开大学政治经济学研究中心)

大学生思想政治教育评价的当代价值取向

马　迅　叶金福

大学生思想政治教育评价价值取向是大学生思想政治教育的应然目标、理念和原则，是教育主体对教育方向的选择和把握，是指导思想政治教育的思维逻辑架构模式，是思想政治教育工作得以开展的基础。科学开展大学生思想政治教育评价的首要任务，是解决大学生思想政治教育评价的价值取向问题。

一、大学生思想政治教育评价价值取向的历史演进特点

对大学生思想政治教育评价的价值取向予以厘清对于创新大学生思想政治教育具有重要的意义，而把握大学生思想政治教育评价价值取向的历史演进特点则对此提供了诸多启发。

改革开放前及改革开放一段时期内高校思想政治教育评价注重工具性的价值取向。统观改革开放前高校思想政治教育评价所要求的价值目标，某种程度上可以认为，过分强调高校思想政治教育的社会价值，而忽略个体价值。在这种评价导向之下，思想政治教育目标在内容上表现为，往往围绕党和国家的发展任务、发展目标来设定，而较少考虑个体的利益诉求，也就是注重集体利益而忽视个体利益，体现了评价取向的工具性特点。

尽管这种取向有其局限性，但其产生和发展却有着历史的必然性。新中国成立后，在国外资本主义势力的极力扼杀和国内残余反动势力疯狂破坏的复杂环境下，维持社会秩序稳定、肃清封建残余、抵制资本主义腐朽思想、巩固新生的社会主义制度成为首要的历史重任。这一时期一切工作的核心是政治稳定。这种特殊的现实情况决定了高校思想政治教育及其评价必须以政治为中心、以社会稳定为前提和根本目标。改革开放以来，我国面临着在社会主义初级阶段的国情下加快经济建设、为社会主义现代化创造必要的物质基础的形势。这一时期，调动人民群众积极性以经济建设为中心成为思想政治教育的基本任务。这是工具性价值取向的高校思想政治教育评价继续存在的必然性和合理性。

但是，就思想政治教育的本质而言，教育是关于人的活动。人本身就是兼具自然性和社会性的存在物，而其本质属性则是社会性。“社会本身，即处于社会关系中的人本身。”因此，仅仅强调高校思想政治教育评价的工具性价值，无视其目的性价值，久而久之，思想政治教育就会变成远离人们社会生活需要的空洞的理论说教，这必将遭到受教育者的反感和抵触，使思想政治教育的效果大打折扣。长期以来大学生思想政治教育评价由于过于强调思想政治教育的社会政治价值或经济价值，否定或无视本体价值和育人价值，在某种程度上造成“人”即受教育者的空场，内容设计上的片面性与残缺性、手段方法上的单一性和刻板性、教育手段的单一性、目标规划上的狭隘性和短视性。这种评价的价值取向导致很长一段时间内大学生思想政治教育效果的零效应或负效应，值得深思。

新时期思想政治教育价值取向向以人为本转变。进入新世纪新阶段以来，我国大学生思想政治教育评价的价值取向开始了从工具性到以人为本的伟大转折。“以人为本”即把人的需要和发展作为一切工作的出发点和落脚点，旨在促进人的全面自由发展。思想政治教育评价价值取向以人为本，即要求通过评价活动促

使思想政治教育把人作为主体和目的，而不是客体和对象。从“四有”新人目标的确立到“以人为本”价值目标的提出，实现了大学生思想政治教育评价价值取向上的历史性转变。

当前，大学生思想政治教育评价价值取向的转变与改革开放深入发展所带来的种种变革息息相关。从国内来看，改革开放是一个不断深入发展的历史过程，先是国家的工作重心由政治领域转向经济建设，而后注意到由以经济建设为中心到“两手抓、两手都要硬”，进而到经济、政治、文化建设“三位一体”，继而到经济、政治、文化、社会“四位一体”、最后到经济、政治、文化、社会、生态文明“五位一体”建设格局的转变，这就决定高校思想政治教育要辩证看待和处理一手抓经济工作、一手抓思想政治工作的相互关系，把二者统一到人民群众认识世界和改造世界、推进改革开放和现代化建设的伟大实践中去，既实现经济可持续发展，又实现社会全面进步。从国际来看，世界多极化格局对当代大学生的影响日益明显。世界经济全球化、政治多极化发展趋势不可阻挡，中国与世界的联系日益紧密，在对外开放的过程中，国外各种思想文化潮流乘势而入、相互激荡；改革进入“深水区”，社会转型关键时期，各种社会问题矛盾突出，国际敌对势力采取政治、经济、文化等多种手段，竭力对我国大学生实施“西化”、“分化”图谋。原有社会背景与现代社会背景的置换，决定了实现大学生思想政治教育评价价值取向由工具性向以人为本的历史转变。

二、大学生思想政治教育评价价值取向的未来发展

长期以来，大学生思想政治教育过分突出社会价值而忽视人的价值，思想政治教育评价的价值取向也表现出过分倚重工具性价值的倾向。这不仅使思想政治教育评价的科学化水平大打折扣，而且使思想政治教育的现实成效不尽如人意，严重阻碍着思想政治教育“生命线”地位的巩固。

由于当前大学生思想政治教育评价的价值取向仍然处于转型期，所以历史上思想政治教育评价价值取向的偏颇所带来的影响依旧存在。这使得现行大学生思想政治教育评价的价值取向呈现诸多不足之处。

第一，价值取向单一化，这主要是指单一知识本位的价值取向。在思想政治教育目的评价上，倾向于知识性的传授，而忽视思想、灵魂、智慧的培育和塑造；在思想政治教育过程的评估上，重视认知过程评测，忽视情感体验、意志锻炼和行为训练过程的检验；在评估方法层面则表现为定量成分太多，定性成分不足。

第二，育人本位的错位与迷失。现行思想政治教育评价过分依赖科学的范式，使评价过于重视数的测量而不是质的探究；注重终结性的评价，而忽视过程评价。这种价值取向指导下，评价的“管理主义倾向”凸现，其根本是评价者与被评价者地位的不平等，是“忽视价值的多元化”。具体表现为，在评价中，重视评价者（即管理者）的价值观，而忽视被评价者的价值观，长此以往，思想政治教育的育人本能将得不到充分的发挥或者会被淡化，从而导致个体的畸形发展、精神价值的丧失和道德水准的下降。

第三，学生本位价值观的缺失。在大学生思想政治教育评价中，大学生理应是评价的主体之一，但是长期以来，大学生仅仅是作为被评价的对象而参与评价，其主体性得不到体现，直接导致学生的主体地位丧失、利益受损和在思想政治教育评价中话语权的丧失。学生主体性在学术权力和行政权力的双重挤压下无法释放。

高校大学生思想政治教育评价价值取向的种种现实弊端在现代思想政治教育兴起的背景下日益凸出，时代呼唤思想政治教育评价理论的创新，实践要求大学生思想政治教育评价的价值取向转变。面对新形势、新境况，当代大学生思想政治教育评价须坚持以下价值取向的发

展要求。

第一,时代性与前瞻性相统一。马克思主义认为,一切价值观念及价值取向都是一定社会实践的产物,都必然带有时代的烙印。我国目前尚未完全得以改变的工具性、理论化的大学生思想政治教育评价价值取向与教育体制、教育行政管理、教育水平现状等实际背景有密切的关系,它在一定程度上是适应社会发展需要的产物,是时代性的价值观念体现。然而,就教育而言,它总具有前瞻性,是面向未来的事业,大学生思想政治教育也不例外。因此,大学生思想政治教育评价价值取向也应该着眼于未来,从发展的角度出发,做到时代性与前瞻性相统一,使大学生思想政治教育更好地促进和适应未来社会的发展。

第二,多元性与一元性相统一。人们价值观的丰富性决定了价值取向的多元性。但从人类社会发展来说,价值取向又存在必然的一元性,价值取向的一元性与多元性是统一的。这种统一反映在大学生思想政治教育评价的价值取向上有两个层次:在具体的层次上,大学生思想政治教育评价应该反映参与教育评价的各个主体的多元性特征;在较高的层次上,大学生思想政治教育评价又应该反映为人类社会发展服务的目标。强调多元性与一元性相统一,是一种发展性评价,体现了大学生思想政治教育评价的人本价值取向与政治价值取向的有机统一。

第三,个人与社会需要相统一。大学生思想政治教育评价的基础和关键是价值判断。所以从某种程度上说,大学生思想政治教育评价活动也是一种价值活动,而价值活动的主体在价值活动中占有重要地位。因此,进行大学生思想政治教育评价时必须遵循主体原则。马克思指出:"首先应当避免重新把'社会'当作抽象的东西同个体对立起来。个体是社会存在物。"根据价值活动主体原则,大学生思想政治教育评价不应仅仅对客观的教育现象作判断,而首先要对主体本身及其需要进行分析,并在此基础上进行评价。但是,在阶级社会里社会发展与人的发展是既对立又统一的关系。一方面,人的发展需要会制约社会的发展进程;另一方面,人的需要的满足依赖社会提供的物质条件,社会的发展必需人的推动才得以进行。因此,大学生思想政治教育评价的价值取向必须将个人需要与社会要求统一起来。

三、以人为本:当代大学生思想政治教育评价价值取向的总标准

大学生思想政治教育评价价值取向的历史演进阐明了大学生思想政治教育评价价值取向的发展规律,大学生思想政治教育评价价值取向的未来发展趋势指出了当代大学生思想政治教育评价价值取向的构建框架。当代大学生思想政治教育评价价值取向的总标准,就是以人为本。以人为本体现了大学生思想政治教育评价的个体价值与社会价值的统一、工具理性与价值理性的一致。

以人为本是科学发展观的核心。现时代我们在科学发展观的总思想原则下进行的各项社会实践活动,必然要求科学发展思想的指导,必然要体现以人为本的价值取向。现代主体间性的思想政治教育就是一种贯通以人为本价值理念的教育实践活动。

"以人为本"是马克思主义的一项根本原则,马克思主义作为思想政治教育理论基础地位的不可动摇性,决定了现代思想政治教育必须秉承其以人为本的价值原则。另外,"以人为本"是科学发展观的核心立场,思想政治教育的政治目的性也决定了现代思想政治教育必然弘扬以人为本的价值理念。因此,现代思想政治教育理所当然地应承担起坚持以人为本的核心理念,促进人的全面发展的光荣使命。以人为本的现代思想政治教育实现了人的自然属性与社会属性、个人价值与社会价值、精神需求与物质需要、目的与手段的统一。

在以人为本价值理念和思维方式的指导下,现代思想政治教育必然成为以塑造人格、促

进人的全面发展为目的的实践活动,它的主客体都是人,是解决人的思想、观点和政治立场,是从人出发建构在“人”的基础之上的一项基本工作。思想政治教育是人的需要,而“他们的需要即他们的本性”。现代思想政治教育的这种人文关怀的价值旨归,使其挣脱了“理论世界”条条框框的束缚,回归教学意义生成之域的“生活世界”,克服了传统思想政治教育对生活的疏离、对人的割裂以及对人生意义的淡漠。继而扎根“生活世界”,关注人、促成人的主体性不断优化;关切人与人及人与社会的关系,促进人际和谐与个人和社会价值的统一,从而使个人的生命价值得到最真的实现;关爱人的现实生活需要,使思想教育与解决实际问题有机融合,进而使思想政治教育从根本意义上成为教育者和受教育者喜闻乐见的精神需求。

人文关怀的价值宗旨真正体现了以人为本的发展理念,同时也升华了思想政治教育的科学性和现效性,实现了思想政治教育从“文本”向“人本”的转变,促成其教学形态由单向灌输走向平等对话,教育方式从“独白范式”向“对话范式”转换。更重要的是,这种人文关怀不仅为受教育者的“自主建构”提供了现实可能性,而且为教育者的自我发展与完善搭建了宽广的平台。因为,人文关怀的价值诉求作为现代思想政治教育的灵魂,贯穿于其交往活动的始终,使其真正达到了教育者与受教育者在融洽的教育环境氛围中彼此共享知识、情感共鸣、智慧共筑、意义共建,双方相互影响、彼此促进、共同发展。思想政治教育由此真正实现合规律性与合目的性、社会价值与个人价值具体的、历史的辩证统一。

传统思想政治教育难见成效的症结就在于其缺乏交往意识和人本精神。所以,时代发展内在地要求思想政治教育这一历史性的实践活动应然地随着实践的发展而不断被赋予新的历史使命。就其本质而言,思想政治教育是一门“成人之学”,它理应成为以“人”的方式来关注人、认识人、理解人,促进人的发展,促进人的生命的精神交往的交往实践活动,其交往的目的在于促进受教育者主体性的发展和教育者的提高。

大学生思想政治教育评价作为大学生思想政治教育的一个基本环节,是根据思想政治教育的各项客观指标,对其进行评估的过程,它是为思想政治教育过程服务的,是实现思想政治教育目的的重要保证。因而,大学生思想政治教育评价也必须体现思想政治教育的本质要求,秉持其以人为本、促进人的发展和完善的价值取向。大学生思想政治教育评价坚持以人为本的价值取向,就是要在测评中充分体现和发挥大学生的主体性;就是要在评价指标的设计中体现其对促进大学生个体人格发展和完善的价值所在及其对于大学生成长和成才的重要性;就是要使评价的结果能够显现大学生思想政治和人格发展中的缺陷,为我们进一步有针对性地引导大学生树立科学的世界观、人生观和价值观指明方向;就是要在评价后的调整中,注重人文关怀和心理疏导。总之,无论在评价指标的设计、评价活动的开展过程,还是评价结果的反馈、调节中,都要时时展现思想政治教育的以人为本理念,使其无愧于“成人之学”的赞誉。

四、全面、协调、平衡:以人为本总标准的具体体现

当代大学生思想政治教育评价将以人为本作为总的评价标准,而这一总标准在具体操作中又必须通过一系列具体标准体现出来,这些具体标准则呈现出全面、协调、平衡的特点。

1. 经济价值取向

马克思主义认为,政治反作用于经济,是经济的集中表现。作为上层建筑形式之一的思想政治教育同样是经济基础的反映,并且通过自身的教育活动,反作用于经济基础,促进经济社会的发展。马克思指出:“人们奋斗所争取的一切,都同他们的利益有关。”就这一层面而言,思想政治教育集中地体现了统治阶级的经济利益要求,体现了一定社会经济发展要求。

因此，作为高校思想政治教育工作重要内容的大学生思想政治教育也必然具有经济价值，对其考评自然也要坚持经济价值取向。这是社会主义初级阶段“以经济建设为中心”的必然要求。

大学生思想政治教育评价坚持经济价值取向就是要考察大学生思想政治教育是否为党的领导服务、为促进经济又好又快发展服务；通过思想政治教育大学生是否树立了科学的市场经济观念、是否能够引导大学生适应市场经济的要求不断增强自我创新意识和竞争能力等。

2. 政治价值取向

在进行社会主义现代化建设的今天，我们仍要坚持党的领导。中国共产党的领导是社会主义现代化建设事业最终取得伟大胜利的坚强保障。我们要坚持走中国特色的社会主义道路，要实现中华民族的复兴和崛起，必须坚持中国共产党的领导，坚决捍卫党的领导地位。作为社会主义中国的领导阶级，共产党所进行的思想政治教育必然是为其阶级统治服务的，这是由思想政治教育的政治性特征所决定的。换言之，党的思想政治教育的内容、目的和价值都要服从、服务于党的领导。中国共产党是“三个代表”的体现者，党的理论与实践集中体现了最广大人民群众的利益要求。“任何一个时代的统治思想，始终都不过是统治阶级的思想。”因此，大学生思想政治教育也必须以拥护党的领导为己任，以传授、贯彻和落实党的大政方针政策为价值追求。进而，在此基本价值观的指导下，大学生思想政治教育评价的基本价值取向之一就是坚持中国共产党的领导。

这种价值取向贯通到大学生思想政治教育评价的全过程，就是要做到在大学生思想政治教育评价的指标设立中，不仅要对大学生对于党的拥护程度予以定量的测定，还要给予定性的考察；就是要做到将党关于思想政治教育的大政方针政策作为评价的基本指导思想之一；就是要做到将评价的结果，经过科学的分析和总结，归依到党的领导上来，使其为进一步提高党的领导能力和服务水平提供基本的借鉴，为改革、创新党的领导指明理路。

3. 理论价值取向

“理论一经掌握群众，也会变成物质力量。”马克思主义是真理，我们必须坚持马克思主义；但是，马克思主义是绝对真理和相对真理的统一，具有与时俱进的理论品质，我们要不断地解放思想、实事求是，将马克思主义不断推向前进，创新马克思主义，实现马克思主义的中国化。

在大学生思想政治教育评价中坚持马克思主义的指导思想，就是要测评大学生对于马克思主义这一最根本的世界观和方法论的掌握和践行程度；就是要考量大学生对于现实中国特色社会主义的认识和对未来共产主义理想社会的理解水平；就是要考察大学生对于资本主义制度及其思想文化的态度；就是要在综合考评的基础上，使当代大学生形成科学、正确的政治社会观，夯实中国特色社会主义主流意识形态的主导地位。

4. 知识价值取向

思想政治教育是一门综合性极强的学科，它不仅涉及政治学、心理学、教育学、美学、伦理学的相关内容，而且包括法学、社会学以及人学的知识成分。虽然思想政治教育的根本任务是教育人、发展人、完善人，但其同时作为一门独立的学科也承担着向受教育者传输人文知识和科学知识的责任，尤其是在教育教学的过程中不断地研究创新促进其学科自身的发展和完善。

大学生思想政治教育评价的指标之一就是考察大学生对于马克思主义的世界观、人生观和价值观的吸收“内化”情况以及“外化”成效；大学生对于党的大政方针政策的熟识程度；道德知识的习得和法律知识的掌握程度，等等。这些观测点都是基于通过思想政治教育对大学生知识传授效果的考评。

5. 生活化价值取向

从历史源头上看，思想政治教育产生于社

会生活的需要，随着社会生活的变迁而变迁，离开了人的生活需要，思想政治教育就失去了其存在的合理性。思想政治教育的内容来源于生活，却又高于生活，是生活过程在意识形态上的反射。从根本上讲，思想政治教育的目的和意义是为了生活，也只能在生活中才可以进行。但是，长期以来，思想政治教育陷于理想化、知识理论化、工具化的误区，脱离了现实的生活世界。只有实行生活化的教育，使思想政治教育回到生活的母体，在生活中进行，为生活服务，这样才能使思想政治教育更有生命的活力，更有实效。

坚持生活化价值取向，大学生思想政治教育就要时刻关心大学生多层次的现实需要，关注大学生的身心健康和全面能力的发挥发展，注重大学生个性的彰显和主体性的弘扬，营造生活化的学习环境。

（作者单位：西北工业大学人文与经法学院）

新形势下大学生思想政治教育的困境及对策研究

朱丽霞 胡中娟

思想政治教育工作作为一项引导学生、教育学生、塑造学生的基本工作,是帮助学生树立正确的世界观、人生观、价值观的主要渠道。改革开放以来,尤其是进入21世纪以来,随着国内环境和国际环境发生的巨大变化,我国的经济社会结构也在逐步转型,大学生也不可避免地受到非主流价值观的影响。新形势下如何全面贯彻实施《中共中央国务院关于进一步加强和改进大学生思想政治教育的意见》,有效地实施思想政治教育工作,再次成我们面临的新的考验。

一、加强和改进大学生思想政治教育工作的意义

(一)加强和改进大学生思想政治教育工作,是我国社会主义人才战略的内在要求

思想政治教育是一项塑造人的灵魂的工作,加强和改进大学生思想政治教育,不仅体现了我们党坚持以人为本的执政理念,也体现了党在确保事业后继有人和社会主义事业兴旺发达这一历史使命上的战略高度。党的十七届六中全会通过的《中共中央关于深化文化体制改革推动社会主义文化大发展大繁荣若干重大问题的决定》中指出:"推动社会主义文化大发展大繁荣,队伍是基础,人才是关键。"

早在1995年,江泽民同志在全国科技大会上的讲话中就提出了实施科教兴国的战略。重视大学生思想政治教育是我们党发展教育事业的一贯方针,也是总结教育改革发展经验得出的宝贵结论,更是世界教育改革的普遍趋势。思想政治教育关系到广大大学生的健康成长,对大学生形成科学的世界观、人生观、价值观起着重要的引导作用。大学是向社会输送人才的重要阵地,大学生作为国家宝贵的人才资源,他们的世界观、人生观和价值观不仅影响着其本人的行为取向,更影响着祖国未来的发展、民族的荣辱与兴旺。可见,有效地实施大学生思想政治教育工作是一项对国家和民族发展有着深远影响的艰巨任务。

(二)加强和改进大学生思想政治教育工作,有利于大学生树立正确的价值观

当前,中国正处于社会转型的关键时期,社会经济体制和政治体制都发生着深刻的变化。社会主义市场经济蓬勃发展,推动了我国社会主义现代化建设的发展,极大地改善了高校教育的宏观环境。同时多元复杂的社会氛围也对大学生的成长成才起着非常重要的影响作用,他们思想的独立性和差异性不断增强,使部分大学生在价值观的认识上产生矛盾,带来一些不容忽视的负面影响。面对新形势、新情况,加强和改进思想政治教育工作,可以帮助大学生树立正确的人生价值目标,引导他们确立人生追求的价值尺度。因此,加强和改进大学生思想政治教育工作,是落实素质教育,引导大学生树立正确价值观的关键。

(三)加强和改进大学生思想政治教育工作,是构建社会主义和谐社会的先导和基础

"构建社会主义和谐社会"的概念,是2004年9月19日党的十六届四中全会正式提出的。构建社会主义和谐社会是全党全国人民的奋斗目标,是人类孜孜以求的一种美好社会。

思想政治教育作为社会主义大学的基本特征,是构建社会主义和谐社会的基础工程。大学生是宝贵的人才资源,是未来构建和谐社会

的中坚力量。在经过几年的大学生活后，他们将走向社会的各个领域，成为全面建设小康社会的骨干力量，在各条战线尤其在高新技术领域中成为主力军。大学生能否承担起这样的历史重任，在很大程度上取决于他们在大学所受到的教育，尤其是思想政治教育。

首先，和谐社会是充满创造活力的社会，这就需要思想政治教育激发各行各业人们的创造力。其次，和谐社会需要妥善协调地处理好各方面的利益关系。而各方面利益关系的协调，仅仅靠法律和制度是不够的，更需要思想政治教育的疏导功能。再次，和谐社会需要不断加强社会建设和管理，这就需要发挥思想政治教育的组织功能，以思想政治教育凝聚人心，形成社会管理和服务的合力。要使大学生顺利接过构建社会主义和谐社会的接力棒，必须加强和改进大学生的思想政治教育工作。

二、大学生思想政治教育工作所面临的困境

长期以来，我国高等院校坚持把马克思主义作为大学生思想政治教育的根本指导思想，把培养德智体全面发展的社会主义建设者和接班人作为根本目标，把树立科学的世界观、人生观和价值观作为根本任务，把理论与实践相结合作为根本途径，把加强领导队伍建设作为根本举措，这些宝贵的经验有力地促进了我国高校思想政治教育的发展与转型。但是由于国内外形势的巨大变化，思想政治教育的一些薄弱环节制约了思想政治教育工作水平的进一步提高，阻碍了大学生思想政治教育工作的有效实施，归纳起来主要有以下五个方面的因素。

（一）传统教育模式的局限性

新形势下，大学生思想政治教育工作有效地实施和展开，必须摆脱传统的教育方式。虽然我国经历了无数次的教学革命，但是传统的教学观念的负面影响仍然存在。

首先，高校理论课课程设置没有突破传统的文本教育模式，教学方法和手段过于单一化、简单化，教材缺乏时代性。同时，教育者在认识上缺乏创新，片面地以教育者的思想观念为主导，单纯运用灌输式的教育方法，部分教师更是将学生当作是接受道德教育的容器，把教育当成管理学生的一种手段，使思想政治教育脱离实际，成为空洞的理论。尤其是随着网络的普及，大学生每天都会接受海量的信息，对于传统的一味“说教”的教学方法非常反感。其次，高校思想政治教育工作与学生的日常教育管理工作相对独立、各自为政，形成学生的思想政治教育理论归理论、行为归行为，课堂内与课堂外严重脱节，进而造成学生在现实生活中知与行不统一，甚至出现课堂成绩优秀、课外却违法乱纪的现象。

（二）网络的负面影响

网络在带给大学生学习、交流便利的同时，它的负面影响对部分大学生的思想造成了困扰。网络的开放性和虚拟性，使得生活在网络时代下的大学生生活空间、交流空间处于开放状态，不论什么样的言论和观点统统暴露在他们的眼前。由于涉世不深，在缺乏专人指导和监督的情况下，一些大学生沉溺于虚拟的网络世界，受网络上“个人主义、拜金主义、享乐主义”以及“暴力、黄色瘟疫”的影响，造成思想扭曲，阻碍了身心健康发展。这无疑是近年来高校学生不断地出现问题的根本原因。

（三）大学生的价值取向扭曲

当代大学生正处于价值多元化时代，无论是价值标准、价值评价、价值理解，还是价值取向都呈现多元化。在社会转型时期，社会原有的价值观体系受到挑战和质疑，甚至被破坏和瓦解，导致主导价值观的统摄力下降。而新的价值观体系尚未建立，个体的价值观自由度被无限扩大，价值观的冲突便成了人们无法回避的社会现象。大学生是社会的一员，社会的价值多元化不可避免地影响着他们价值观的形成。

面对价值观多元化的社会现实，本应作为思想政治教育内在要义的价值引导职能被一再

弱化，某些高校对价值观冲突的恐慌与逃避，使大学生思想政治教育工作陷入困境。部分大学生在面临着大量西方文化思潮和价值观念渗透时，常常感到无所适从，某些腐朽没落的生活方式趁机侵入大学生的生活。我国正处于社会转型的关键期，市场经济体制尚不完善，加之各种思潮的冲击，使许多大学生的人生价值观出现扭曲。部分大学生注重物质利益而轻无私奉献，注重金钱实惠而轻理想追求。同时，他们认同社会竞争，看重个人价值的实现，却忽视社会价值的实现及个人对社会的贡献。

（四）大学生心理问题突出

改革开放以来，随着我国社会生活发生重大变化，家庭生活也在发生着重大变化。一方面，当代80后、90后大学生大多是独生子女，部分学生受家长溺爱，缺乏生活的实际能力，加上学习、就业、经济等方面的种种压力，导致他们出现各种心理问题。另一方面，单亲家庭和破裂家庭的增多以及家庭流动的加快等，也给大学生带来巨大的心理压力。据报道我国大学生心理疾病发生率高达15%，其中35%的学生自卑心态严重，嫉妒情绪明显，心理素质较差，不能承受正常的生活压力。当代大学生的心理素质不仅影响到他们自身的发展，而且也关系到全民族素质的提高，更关系到祖国未来人才的培养。

（五）思想政治教育管理模式滞后

高校教育、管理模式一体化，使得学生日常思想政治教育管理与学科成绩管理脱节，高校思想政治教育出现“管教分离”的情况。出现这种情况首先是因为很多高校虽然认识到思想政治教育的重要性，但却没有将这种认识贯彻到实际工作中，认为做多做少区别不大。在这种认识的支配下，教师与学生缺乏应有的沟通与交流，无法形成师生互动的局面。其次，思想政治教育管理体制虽然是明确的，但普遍缺乏有效的制度保障。齐抓共管这个看似很完善的管理机制，由于缺乏有效的制度保障，最后变成了空中楼阁，无法形成工作的合力。

三、新形势下加强和改进大学生思想政治教育工作的对策

（一）促进思想政治教育模式的创新

创新是一个民族进步的灵魂，是一个国家兴旺发达的不竭动力。思想政治教育工作同样需要创新。尤其是步入21世纪以来，思想政治教育工作要适应新形势的需要，为时代发展和社会进步提供强大的精神动力支撑，必须对传统教育模式进行全面创新。

加强高校思想政治教育从文本化向人本化转变，提高认识，坚持以人为本，坚持运用马克思主义关于人的本质、人的需要、人的全面发展的理论，结合历史和现实对思想政治教育进行改进，创造出一种新的思想政治教育模式。过去我们对学生进行教育主要采用“一刀切”的方法，没有把学生当作一个个鲜活的生命看待，不关注学生的具体需要。坚持以人为本，就是要尊重学生、关心学生，根据学生的不同情况，采取不同的方法。同时，不同年龄、不同专业的学生接受教育的方式和方法也是有差异的，应当采取他们最易接受的方法对其进行思想政治教育。

促进思想政治教育模式的创新，还需要扩展思想政治教育的服务内涵。比如建设具有学校独特风格的校园文化，将思想政治教育融入校园文化的建设中，让大学生拥有思想政治教育的主动权。

（二）加强网络的信息管理

网络是一把双刃剑，一方面，网络世界里充斥着大量的、消极的、不健康的信息，对一些大学生的思想产生了不良的影响，使思想政治教育工作陷入网络困境。另一方面，网络又有利于增强大学生思想政治教育的针对性、实效性，增强其吸引力和感染力。面对网络时代给思想政治教育带来的严峻考验，我们必须加强网络的信息管理，对网络的积极方面高度重视并有效利用其长处。首先，作为教师必须要熟悉网络，了解网络，在学习网络知识的同时，走进网

络使用者的世界，拉近与学生的距离，真正地了解学生。其次，还需要通过创设一系列网络管理制度，保证校园的正常生活和管理秩序。

随着互联网的发展，网络化已经成为不可避免的趋势。作为思想政治工作者，只有在认清大学生网络化生存的现实基础上，才能更客观地把握大学生思想水平的实际情况。思想政治教育是一个不断发展和创新的实践过程，思想政治教育必须在实践活动中才能真正发挥作用。

（三）关注大学生的心理健康

近几年来，我国高校大学生人数急剧增加，随着生活节奏的加快，使大学生面临的压力越来越大，矛盾日益突出，大学生的心理障碍与疾患也日益增加。因此，高校要建立健全心理健康教育工作机制，配备专职的心理辅导人员，根据大学生心理成长的规律，在广泛宣传心理健康知识的同时，帮助大学生排忧解难，使其在与教师的交流中缓解和消除心理压力或紧张情绪。帮助大学生在现实中认清自己，正视自己的长处与短处，对自己有一个正确的评价，让他们明白良好的人际关系不仅能增进同学友谊、密切师生关系，还能使自己保持心理平衡。

（四）加强大学生的价值观教育

随着社会主义市场经济的发展，拜金主义在80后、90后大学生中盛行。部分大学生把钱作为评价人的价值的主要标准，把奢侈、享乐作为人生追求的最大目标。这些学生消极的价值观很大程度上影响着他们的道德观和行为标准。因此，我们必须加强大学生的价值观教育，用马克思列宁主义、毛泽东思想、邓小平理论和“三个代表”重要思想引导大学生，帮助他们树立正确的价值观。使大学生在提高自己专业文化水平的同时，加强思想政治理论的学习，提高自己的政治素养，树立正确的价值观，并把它付诸到实践中去，这样才能成为社会所需要的德才兼备的人才。

（五）改变滞后的教育管理方式

目前，高校任课教师多数不直接参与学生的日常生活管理，使得思想政治理论教育与学生日常管理相分离，严重影响了高校思想政治教育的有效性。要改变思想政治教育工作“管教分离”的情况，应制定“管教相融合”的协作制度，要把思想政治教育融入大学生学习和生活的每个环节，渗透到教学、科研和社会服务各个方面。坚持实事求是，解决思想问题与解决实际问题相结合，既要动之以情，又要晓之以理，增强思想政治教育的实效性。坚持教育与管理相结合，把思想政治教育融于学校管理之中，建立长效机制，使自律与他律、激励与约束有机地结合起来，有效地引导大学生的思想和行为。

（六）加强高校思想政治工作队伍建设

高校是重要的教育阵地，也是重要的思想文化阵地。各级党委要牢牢把握社会主义大学的办学方向，切实加强和改进高校思想政治工作，强化大学生思想政治教育，强化教师队伍特别是青年教师队伍的思想政治建设，加强辅导员队伍建设，加强党员队伍建设。加强高校教师队伍建设有利于教师更好地引导学生坚持把文化知识学习和思想品德修养紧密结合起来，把创新思维和社会实践紧密结合起来，把全面发展和个性发展紧密结合起来，在艰苦环境中砥砺意志，在实践锻炼中增长本领，在奉献祖国中成长成才，充分利用所学知识、充分发挥聪明才智，书写充实、美好、灿烂的人生。

总而言之，我们在加强和改进思想政治教育工作中，一定要坚持以人为本的思想，把思想政治教育工作与大学生的成长、成才结合起来，同时注重思想政治教育模式的创新，增强大学生适应社会环境的能力，成为建设中国特色社会主义的栋梁之才。

（作者：武汉纺织大学马克思主义学院教授；武汉纺织大学马克思主义学院硕士研究生）

思想政治教育价值再认识

褚凤英

思想政治教育的价值问题是关于思想政治教育存在的"元叙事"，思想政治教育价值是思想政治教育学理论的基石范畴。思想政治教育价值也是思想政治教育活动的灵魂，一定的思想政治教育活动总是体现着一定的思想政治教育价值追求。一般认为，按照价值主体划分，思想政治教育的价值包括个体价值与社会价值；个体价值是指思想政治教育对个体的内在价值，社会价值是指思想政治教育作用于政治、经济、文化和生态等所呈现出来的政治、经济、文化和生态价值。应该说这种认识是符合客观实际的。同时，这种理论认识也克服了传统认识中仅仅强调思想政治教育的社会价值，仅仅将思想政治教育的"生命线"价值局限于经济工作等物化领域，而忽视思想政治教育对于人的价值和意义，人的需求、利益和权利得不到满足和实现的弊端，在思想政治教育理论发展和实践创新方面都起到了重要的作用。但是，从总体上说，个人与社会是不能截然分开的，思想政治教育的个体价值与社会价值必然也是统一的。本文试从总体上探讨思想政治教育的价值，挖掘其个体价值与社会价值二者统一的基础，以期对思想政治教育的价值做进一步的深入思考。

一、思想政治教育价值的概念界定

马克思认为，"'价值'这个普遍的概念是从人们对待满足他们需要的外界物的关系中产生的"，"人在把成为满足他的需要的资料的外界物……进行估价，赋予它们以价值或使它们具有'价值'属性"，"它是人们所利用的并表现了对人的需要的关系的物的属性"。根据马克思的思想，人们一般认为，在哲学中，价值是以人为主体用以表示事物具有满足主体需要的属性、作用和意义的概念。

作为对人的需要满足的价值，是最直观的价值表现，学界对此已经达成了高度共识。但是，从本质上看，在客体与主体需要之间的满足与被满足的价值关系中，价值对于人始终具有不可替代的绝对超越的指向意义。价值的本质包括以下三层含义：其一，价值始终是以作为主体的人为中心的，是对于人自身生存和发展的肯定。在价值关系中不是人趋近于对象物，而是对象物趋近于人。尽管价值体现在具有某种属性的对象物身上，但对象物的属性本身并不是价值。主体现实的需要以及这种需要的程度，是衡量对象物的价值的内在尺度。其二，价值在本质上体现的是人的主动追求和创造性活动。与其他动物不同，人的需要是从实践活动中产生的，仅仅依靠自然存在物直接的、现成的存在形态，不能满足人所特有的需要。因此，主客体之间的价值关系不是一种自然的现成的关系，也不是主体需要与客体属性随机形成的关系，而是对这两种关系的超越，因而是主体在实践基础上确立的同客体之间的一种创造性的关系。因此，"价值的崇高性表现在，它不只是体现了满足人的某种需要，而且还表现着人的主动追求。"其三，价值体现的是人对人的本质的追求和选择。"人的价值追求的最高目标不是物，而是人自己，是人自身本质的实现，也就是要使人成为'人'。"可见，价值作为主体与客体之间客观存在的关系，其突出特征是具有超越性，"所谓价值，虽然不排除满足需要的涵义，但它并非只是这样一个表示这类直观意义和简单涵义的概念，本质上它是一个表现人的主体性、超越性和目的性的范畴……价值选择的奥秘，正在于人对人的本质的追求和选择。”

但是，价值的超越本性却常常为人们所忽略，正如高清海教授所言，“由于种种原因，许多人在谈论价值时，往往只是注意到它的满足需要的属性，而常常忽视其本身的目的性质和超越本性。”从根本上说，价值的超越本性根源于人的存在方式。人的存在是一种不同于动物的存在方式。动物是在其求生本能的驱动下习惯性地或一贯性地存活，动物的生存虽有“进化”意义却鲜有“发展”意义。生存同样也是人类生活的基础，但人却总是在自己的生存环境中不断地摆脱和超越自然生命对人的框限，积极地追求更为丰富、更加完美、更加符合人的理想的生活样式。正如赫舍尔所说：“人的存在从来就不是纯粹的存在，它总是牵涉到意义。意义的向度是做人所固有的，正如空间的向度对于恒星和石头来说是固有的一样。”人不是一种由外部条件盲目支配和随意支配的存在，也不是消极地依赖自然和社会所提供的现成条件来维持自己的生存，而是通过运用自己的力量和活动去改变和创造对象世界的属人方式来维持自己的生存和发展。人的这种存在方式要求不断地超越有机体、生物心理和客观环境强加于自身的限制。人不会停留在某一种已有的存在状况，也不会满足于某种已有的规定性，而是力求创造自己新的存在状况，力求生产自己新的规定性，人始终具有一种基于现实又超越现实的指向性。正如列宁所说，人“对对象的肯定性关系只是作为环节而蕴涵于对于对象的否定性的关系之中”。德国哲学家马克斯·舍勒也指出：人“与包围着他的现实永不休战，永远在想方设法打破他的此时——此地——以此方式的存在和他的周围世界的樊篱，其中也包括他自己当时的自身现实。”人总是不断扬弃对象和自身的自在规定性，从而在超越自在的客观实在的同时，既不断地重构人的世界，也不断地重构自己的本质。人的存在就是一种可能性，他生活在希望和未来之中。人对超越存在的追求，使人类建立起价值世界，从而把人提高到真正主体的地位。

思想政治教育作为人类的一种实践活动和普遍的社会现象，其中渗入了主体的价值追求，是人类的一种自觉选择。因此，思想政治教育具有满足主体需要的价值，便成为其普遍存在的根基和客观依据。所谓思想政治教育的价值，就是指作为客体的思想政治教育与作为主体的人的需要之间的一种特定的关系，即人在思想政治教育中通过创造性活动所实现的对人的超越性本质的追求。

二、认识思想政治教育价值的思维路径

价值产生于人与对象物的关系，任何价值的主体都是人，人是一切事物的价值主体，也是一切价值的归属。总之，人是价值世界生成的主体性根据。同样，思想政治教育的价值也是指向人的，其价值主体也只能是人。具体地说，是指参与思想政治教育价值关系的人，也是思想政治教育的价值和意义所归属的对象。作为思想政治教育价值主体的人包括人的个体、群体（社会）和人的类，但从个人与社会的关系来看，思想政治教育最基本的价值主体还是作为个体的人，思想政治教育的价值首先体现为对现实的个人的价值，现实的个人是思想政治教育价值的基本向度。

从个人与社会的关系来看，人是社会的主体，个人是这种主体最基本的形态；其他主体形态，包括群体主体、社会主体乃至整个人类主体，都是在个人或个人主体的基础上形成的。“‘人’在其现实性上，只能通过个人而存在，离开现实的个人，‘人’不过是一种空洞的抽象。”马克思指出，“以一定的方式进行生产活动的一定的个人，发生一定的社会关系和政治关系”，“社会结构和国家总是从一定的个人的生活过程中产生的。”可见，社会并不是反映某种独立存在的实体范畴，而是反映人与人的关系

的范畴，是由个人所构成的社会关系的总和。因此，马克思提醒人们："首先应当避免重新把'社会'当做抽象的东西同个体对立起来。"马克思把现实的个人看做人类社会历史的起点，并从现实的个人出发，考察了人的现实生活过程，揭示了个人从现实的生存条件中解放出来的自然的历史过程，也为历史找到了真正的主体。由此，从现实的个人出发也成为唯物史观观察社会历史现象的根本观点和方法，也是唯物史观区别于其他非科学的社会历史观的根本点。马克思在《德意志意识形态》中反复强调了这个思想，指出"我们开始要谈的前提不是任意提出的，不是教条，而是一些只有在臆想中才能撇开的现实前提。这是一些现实的个人，是他们的活动和他们的物质生活条件，包括他们已有的和由他们自己的活动创造出来的物质生活条件"，"符合现实生活的考察方法则从现实的、有生命的个人本身出发"。这就是要从"现实的个人"出发去说明社会，而不是相反，把社会当作现成的东西去说明个人。马克思曾经说过，"我们陷入困境，也许是因为我们只把人理解为人格化的范畴，而不是理解为个人。"也就是说，只有当我们把人还原为现实的个人，而不是纯粹的人格化的范畴，才能获得对人、对社会真实的、具体的理解。正是在这个意义上，恩格斯把马克思的学说叫做"关于现实的人及其历史发展的科学"。那么，我们应该看到而不能忽略这种事实：现实的个人是社会的核心和主题，这种逻辑地位是不能颠倒的。同样，思想政治教育与人之间的价值关系，首先体现的是思想政治教育与现实的个人之间的关系，现实的个人是思想政治教育价值的基本向度。

思想政治教育之于现实的个人的价值，亦即人们通常提到的个体价值。与个体价值相对应的思想政治教育的社会价值，学界一般是指思想政治教育与社会发展之间需要与满足的对应关系。从现实来看，思想政治教育满足社会发展需要的属性，主要体现在为社会各个子系统如政治、经济、文化、生态等系统，乃至为整个社会大系统提供以特定意识形态为核心内容的思想引导，力求使整个社会的思想观念符合特定社会意识形态的要求。意识形态是对一定社会经济形态和政治制度的自觉反映，是社会的观念上层建筑，主要包括哲学、政治法律思想、道德、艺术、宗教等。在阶级社会里，意识形态体现着一定阶级的利益和要求，"思想的历史除了证明精神生产随着物质生产的改造而改造，还证明了什么呢？任何一个时代的统治思想始终都不过是统治阶级的思想。"一定社会的意识形态作为对一定社会经济形态和政治制度的自觉反映，是统治阶级对其物质利益在思想领域中的维护，"反映和代表了某一方面的意识形态和文化资源，而并不能代表所有人的观点，也不能反映所有群体的价值"，因此，"任何统治都企图唤起并维持对它的合法性信仰。"统治阶级往往采取各种手段来巩固本阶级的意识形态，抑制和消除有害于本阶级利益的意识形态，以发挥意识形态维护或批判现实社会的功能。这不仅是维护其思想统治的客观要求，也是进而维护其经济、政治统治地位的客观需要。由于"思想本身根本不能实现什么东西。思想要得到实现，就要有使用实践力量的人"，思想政治教育就是意识形态掌握群众的重要手段。思想政治教育社会价值的实现，就是把意识形态转变为个人的理想和追求。而"理论一经掌握群众，也会变成物质力量"，这样就使一定社会意识形态得以巩固和发展，进而影响社会的经济结构和政治结构。可见，思想政治教育社会价值的实现不是直接的，而是要通过现实的个人这个中介。这样就实现了思想政治教育的个体价值与社会价值的辩证统一，其统一的基础就是现实的个人及其实践活动。

总之，思想政治教育的价值产生于思想政治教育与现实的个人的关系，这就要明确思想政治教育价值的个人向度，探讨思想政治教育与现实的个人之间的需要与满足的对应关系，探讨思想政治教育能够满足人的何种需要，体现的是人的何种主动追求和创造以及人的超越性本质的实现程度。这就是认识思想政治教育价值的思维路径,其思维的成果就是思想政治教育价值的具体内涵与本质。

三、思想政治教育价值的内涵与本质

在思想政治教育与现实的个人之间需要与满足的对应关系中,思想政治教育能够满足个人对以经济关系为基础的社会规范理解与认同的需要。这种需要根源于人的存在状态,根植于人的存在的二重性特征。人类产生和发展的历史表明,一方面,任何人都是一个个体的存在物,有属于自己的肉体和精神,而且各不相同,这是由每个人都是作为一个独立的自然机体而决定的。另一方面,人同时又是社会的存在物,任何人都不是纯粹的个人,人就其本质而言是一种关系性的存在,只有在社会关系中才能存在。这就是说,人同时又是一定群体、社会的成员,是一定群体、社会的存在物。人把自身的个体性与社会的整体性内在于一身,成为"只有在社会中才能独立的动物"。正如马克思所说,"人是特殊的个体,并且正是人的特殊性使人成为个体,成为现实的、单个的社会存在物,同样,人也是总体,是观念的总体,是被思考和被感知的社会的自为的主体存在,正如人在现实中既作为对社会存在的直观和现实享受而存在,又作为人的生命表现的总体而存在一样。"人类为了生存就必须进行生产,人们在生产的过程中必然形成个人与个人、个人与社会的各种关系和矛盾。这些矛盾是复杂的、多方面的,其中最根本的就是经济利益的矛盾。作为社会关系中的人,人的活动需要并逐渐形成了一定的秩序;在人与人尤其是个人与他人、个人与社会的关系中,也相应地产生了一定的维持社会共同体的存在和发展的要求。秩序、公理、要求相对于个人而言是一种"应当",是维系社会生活的必要纽带。经过阶级、国家等群体有意识地加工,就形成了人类社会特有的社会规范和行为规范,正如马克思所说,"人们按照自己的物质生产建立相应的社会关系,正是这些人又按照自己的社会关系创造了相应的原理、观念和范畴。"这些"社会规范反映着各种社会、阶级、集体和团体的利益,而它们主要的、直接的任务是在社会利益居支配地位的情况下来协调各种利益。所以,统一的规范按其实质是统一的利益的另一种反映。如果没有这种统一,要使人们按所希望的方向确定价值目标,以及使调节人们行为的机制有效地发挥功能都是不可能的。"这些规范在阶级社会里是统治阶级意识形态的具体表现,将人与人、人与社会联系在一起,保证社会生活的正常进行。作为生存于特定社会关系特别是经济关系中的个人,那些以经济关系为基础的社会规范和要求必须在他身上再现出来,他必然要取得这种在社会中生活所必需的现实规定性,成为现实社会规范的占有者和体现者,成为一个为社会所接纳的人,从而使人的存在获得了根本性的前提。它们不是凌驾于个人之上的外在物,不只是为维护一定的社会秩序和人际关系,也是为了发展人自身。正如列宁所指出的那样,"人的实践活动必须亿万次地使人的意识去重复不同的逻辑的式,以便这些式能够获得公理的意义。"黑格尔也认为,"谁要在这现实世界中行动,他就得服从现实世界的规律,并承认客观性的法。"因此,人的生存与发展离不开对以一定意识形态为基础的社会规范的认识与把握。马克思指出,"不言而喻,人们的观念和思想是关于自己和关于人们的各种关系的观念和思想……关于人们生活于其中的整个社会的意识。"掌握和认同一定社会的以意识形态为基础的社会规范,是人的生存与发展的一种必然性需要。正是由于人的这种必然性需要,才使意识形态和社会规范最终摆脱"抽象观念"的形态,成为对社会共同体起保证作用的积极因素,具有现实感与生命力。客观地看,思想政治教育活动的结果和价值的实现,就是促进个人把外在的社会规范内化为自身的思想品德素质,从而满足个人对意识形态和社会规范的理解与认同的需要。这也正是思想政治教育价值的基本内涵。

从本质上看,思想政治教育满足了个人对意识形态和社会规范的理解与认同的需要,体现的是个人对自身主体性的主动追求和对理想自我的不断创造。这是因为,思想政治教育价值产生的动力源泉,实质上在于现实的个人生存与发展的需要。而从思想政治教育的结果来看,思想政治教育即是通过使人掌握一定社会的意识形态和社会规范,掌握和占有社会思想文化领域的经验和内容,把个体的思想道德认识和经验水平提高到"类"的认识和经验水平。这些规范体系的掌握与遵守使人据此与自然、社会和他人建立全面、和谐的关系,使自身从一个孤立、片面、偶然的个体转变为掌握了必然的个体,从而使人充分发挥自身的本质力量。思想政治教育不但使人获得了现实的社会规定性,成为适应现实社会生活的人,而且还不断唤醒人对理想自我的更高追求,扩大理想自我的价值时空,从而给人展现出无限的精神追求视域,并增强了人的思想品德发展的意识和能力。总之,正是在这种规定和制约中,个人逐渐取得自己的独立自主性和积极创造性,即获得真正的主体性。同时,个人通过思想政治教育而实现的对社会规范的内化,是人的思想品德素质从无到有、从旧到新的过程,实质上是现实的个人创造自我和自我生成的过程。从这个意义上说,思想政治教育价值实现的是对人自身的创造,因而思想政治教育活动是更高层次的价值活动。

更深层地看,个人通过思想政治教育而实现的对社会规范的内化,并不是为了使人保持这种规定性而驻足不前,而是为了使人超越这种规定性,从而获得新的规定性,成为新的自我创造主体。思想政治教育在赋予人以种种现实规定性的同时,也使人积累了突破这种规定性的"种子"。可以说,思想政治教育对人的价值,不在于使人"接受"、"适应"已有的现实规定而成为现实性的人,而在于为其能够利用现有的一切社会规定,并超越社会对人的现实规定性提供了可能。通过思想政治教育,个人对现实规定性的每一次占有,理想自我向现实的每一次转化,便是对现实规定性的一次否定,也是一次自我确证、自我超越、自我发展。思想政治教育并不以现实个人的具体需求和特殊目的为内容,而是对这种目标和理想的现实具体性的一种否定和扬弃,是对其共同性、普遍性和本质性的一种理想表达。因此,个人在思想政治教育中所体现的对自身主体性的主动追求和对理想自我的不断创造,也实现了个人对人的超越性本质的不断追求,从而体现了思想政治教育对于人始终具有不可替代的绝对超越的指向意义。

综上所述可知,思想政治教育的价值就在于满足个人对以经济关系为基础的社会规范的理解与认同的需要,通过人的自我创造活动,实现人的超越性本质。那么,我们在思想政治教育实践中就应该立足于思想政治教育与现实的个人之间的需要与满足的对应关系,坚持"人本"的价值取向,把现实的个人的生存和发展作为思想政治教育的基本价值目标,关照现实的个人的地位与价值、人的独立与自由、人的尊严与人格、人的发展可能等,并为人的思想品德发展的超越性追求提供现实的方式与路径,使思想政治教育朝着更有利于现实的个人生存和发展的方向转变,从而实现思想政治教育对人的生存和发展的价值增值。

(作者:天津师范大学马克思主义学院教授,法学博士)

把住学科边界是深入推进马克思主义理论学科建设的前提

王秀阁

2012年6月国务院学位委员会下发了《关于进一步加强高校马克思主义理论学科建设的意见》(以下简称《意见》),该《意见》是党和国家高度重视马克思主义理论学科的又一具体体现。《意见》中提出在新形势下要深入推进马克思主义理论学科的建设。根据学科发展的现状,笔者认为要深入推进马克思主义理论学科建设,严格把住学科边界是前提。

一、把住学科边界是学科存在和发展的基础

所谓学科是指按照学问的性质而划分的门类。(《现代汉语词典》商务印书馆,1996年版)概念的内涵说明,学科是以不同性质的学问来划分的。客观世界是一个完整的、不断变化发展的有机系统,人类的任务就是在实践活动中认识客观世界和改造客观世界。为了达到对客观世界的正确认识,人们遵循认识规律,先对其各个组成部分进行分门别类的研究,以达到对各部分的本质认识。在此基础上形成对整个客观世界的本质认识。学科就是以客观世界的不同组成部分为研究对象,从而形成关于此部分的学问体系。因此,作为一个学科必须有自己独特的研究对象和特殊的学问范围,也就是说必须有清晰的学科边界。否则,就不能成为独立的学科。如是之,学科就有可能被其他学科所涵盖或替代,其自身也就失去了存在的基础与价值。为此,要使一个学科具有较强的生命力和发展活力,厘清和把住学科边界是不可忽视的前提。

马克思主义理论学科是党和国家为适应新时期思想理论建设的需要,坚持马克思主义在高校教学和研究中的指导地位,提升高校思想政治理论课教育教学质量而建立的新学科。该学科的一个鲜明特点就是和一些学科如马克思主义哲学、政治经济学、科学社会主义、中共党史、中国近现代史等具有很大的相关性乃至交叉性。故此,如不厘清学科的研究对象和研究范围,把握不住学科边界,就很容易与相关学科混淆,体现不出该学科的独特性。如果一个学科失去了独立性,那该学科存在的客观性与必要性就会受到质疑,更谈不上经受住历史的检验。经过几年的建设,马克思主义理论学科的研究对象和研究范围逐步清晰,近期国务院学位委员会下发的《意见》又进一步厘清了此问题。首先,《意见》明确了马克思主义理论学科的地位和研究对象,即马克思主义理论学科是马克思主义学科体系的重要组成部分,是对马克思主义进行整体性研究的学科。其次,《意见》指出了马克思主义理论学科研究的重点,即着重进行马克思主义理论整体性研究,着重进行马克思主义各主要组成部分内在关系的研究,着重进行马克思列宁主义、毛泽东思想和中国特色社会主义理论体系内在关系的研究。再次,《意见》廓清了学科研究的范围,即马克思主义经典著作历久弥新的思想价值,马克思主义理论体系、教材体系、教学体系及其相互联系,马克思主义在当代发展中的重大问题,中国特色社会主义理论与实践中的重大问题,思想政治理论课教育教学中的重点难点问题等。

《意见》中的上述精神,基本上划清了马克思主义理论学科与相关学科的界限。第一,马

克思主义理论学科的研究特点,不像其他相关学科是专门研究马克思主义某一组成部分的,而是对马克思主义进行整体性研究的。第二,马克思主义理论学科的研究重点,不像其他相关学科重点研究马克思主义理论内部各部分与各发展阶段的具体内容,而是揭示马克思主义理论各主要部分与各主要发展阶段间的内在关系,或者说是揭示马克思主义理论内部横向与纵向的逻辑关系。第三,马克思主义理论学科的研究范围,不像其他相关学科不涵盖思想政治理论课教育教学问题,而是既包括马克思主义理论及其现代化问题,也包括思想政治理论课教育教学问题。学科研究边界的厘清,为马克思主义理论学科的深入建设和健康发展奠定了基础。

二、目前在把握学科边界方面存在的主要问题

如前所述,马克思主义理论学科经过几年的建设,对学科边界的认识正在逐步厘清。但是到目前为止,学科仍比较普遍地存在着边界不清的问题,这些问题严重地阻碍着学科的建设与发展。其具体体现在以下三个方面:

1. 队伍构成复杂,部分导师尚未立足本学科。学科的队伍理应由从事该学科教学与研究的人员构成,不同的学科其队伍成员亦不同。马克思主义理论学科现有一级学科博士点 37 个、硕士点 133 个,二级学科博士点和硕士点 600 个。(《光明日报》2012 年 6 月 2 日)由于学科规模较大,覆盖高校较多,从而造成了学科队伍特别是研究生导师队伍构成复杂。其主要表现在两个方面,一是没有博士点或硕士点学科专业的教师"借船出海",到马克思主义理论学科中担任导师,但是人及其立足点仍在原来的学科。二是部分高校领导到马克思主义理论学科中担任导师,而其并未真正进入学科。学科队伍中的这种情况,造成了学科边界不清,使人们产生马克思主义理论学科专业性不强,有文科专业背景甚至理科专业背景的教授、副教授都可以进入此学科担任导师的误解。

2. 研究方向因人设置,偏离学科性质和特点的要求。学科专业的研究方向是学科存在的支撑,理应体现学科的性质与特点。但是,由于马克思主义理论学科导师队伍构成复杂,所以在确定研究方向时往往出现不是以学科性质、特点为依据,而是以导师原学科专业的背景为标准的问题,从而造成了马克思主义理论学科有些研究方向与相关学科难以区分,有的研究方向明显偏离了马克思主义理论学科性质、特点的要求。

3. 研究内容超出学科范围。学科专业的研究内容理应体现学科的特殊性,有助于推进学科专业建设的深入。然而,由于马克思主义理论学科师资队伍、研究方向中存在着偏离学科特点的问题,导致了学科专业的研究内容亦存在与学科性质、特点不完全相符,甚至超学科范围的问题。如有的学科成员在马克思主义基本原理学科中担任导师,而其研究内容不仅未体现出对马克思主义整体性研究的特点,而且研究的是其他学科的内容。导师如此,由其培养的研究生的研究内容就更难把握学科边界了。

三、把住学科边界需要解决的几个问题

为了有效地解决上述问题,保证新建立的马克思主义理论学科健康发展,充满活力,需要着重解决好以下四个问题:

1. 认识问题。认识是行为的先导。目前马克思主义理论学科内部存在超边界问题的重要原因之一是思想不清。因此,要把住学科边界,深入推进马克思主义理论学科的建设,首先,必须提高学科成员对把住学科边界重要性的认识。认识清楚了,行动就自觉了。为此,要加强宣传,让学科成员充分认识到把住学科边界对于学科存在与发展具有重大意义,其关系到学科存在是否必要,社会、学界能否认可的问题。尽管学科建设时间较短,认识需要一个过程,但对把住学科边界重要性的认识必须到位。其次,必须增强学科成员的责任感。责任感是做

好工作的强大内在动力。为此，要强化学科成员承担巩固学科地位、维护学科声誉、推进学科发展责任和义务的思想，树立个人与学科同在共荣的理念。只有这样，学科成员才能以主动积极的态度去思考学科发展的问题，才能自觉地做有利于学科发展的事情。

2. 支柱问题。研究方向是学科的支柱，其坚实与否决定着学科的根基是否牢固。马克思主义理论学科的研究方向只有设置合理，符合学科范围，才能成为学科的坚实支柱，推动学科的发展，使学科根深叶茂。为此，各学科在设置研究方向时，首先要克服因人设方向的现象，坚持方向服从学科要求、导师服从方向要求的原则，确保研究方向符合学科要求，突出学科特点，使之成为学科发展的有力支撑。其次要克服“挂羊头卖狗肉”的现象，即研究方向符合学科范围，但导师研究的内容与之相悖的现象。各学科的负责人应向学科成员明确，马克思主义理论学科不是什么都可以往里装的筐，而是有其研究范围与特点的独立学科。与此同时还要明确，在马克思主义理论学科担任导师，研究方向与研究内容必须符合本学科性质与特点的要求，否则就不符合在本学科担任导师的基本条件。

3. 培养机制问题。把住学科边界必须通过一定的机制来保证，因此，完善研究生培养机制是把住学科边界的又一重要方面。为此，学科需要加强以下环节的建设。一是把住培养方案关。培养方案是研究生培养的基本依据，其主要包括培养目标与课程设置。要在研究生培养中把住学科边界，师生必须明确学科专业的培养目标。马克思主义理论学科的基本培养目标是，具有坚定的马克思主义信仰和社会主义信念，具有较好的马克思主义理论素养，德智体美全面发展的，能够从事本学科专业科学研究、教育教学和在党政实际工作部门工作的专门人才。课程设置既是培养目标的体现，又是实现培养目标的保证。因此，学科必须规范课程设置，使课程体系特别是学位课程和必修课程体现马克思主义理论学科研究生必备的基础知识结构，坚决克服因人设课的现象。二是把住选题与开题关。研究生论文选题是在人才培养中能否把住学科边界的头道关口。如果头道关口没把住，学生的论文选题就会超出学科研究范围，偏离学科边界，那么，把住学科边界只能是一句空话。由于学生论文选题是在导师个人指导下确定的，所以还必须把住开题关，因为开题是由导师组集思广益，集体把关，这样认识会更加客观准确，把握边界的力度会更大。三是把住评审关。论文评审是保证论文质量的重要环节。为此，评审专家应坚决对不符合学科研究范围的论文说“不”，这样才能有效地把住学科的边界。四是把住论文答辩关。论文答辩是论文能否通过的最后环节，因而也是保证论文质量的最后关口。为此，在论文答辩时，答辩委员会的委员应坚持公平公正的原则，决不让超学科边界的论文过关。如果各学科点在建设中都能严把上述几关，且坚持数年，把住学科边界就不再成为马克思主义理论学科的问题了。

4. 队伍问题。学科队伍是学科存在和发展的关键，如前所述的提高对把住学科边界重要性的认识，合理设置学科研究方向，完善研究生培养机制等都是通过人即学科成员来实现的。因此，要把住学科边界，必须有一支强有力的师资队伍。为此，需要做好三方面工作。一是提出明确要求，即要求学科成员特别是博士生导师和硕士生导师必须立足本学科，自觉地将研究方向和研究内容定位在学科范围之内。二是把住准入关口，即在遴选导师时，对非从事本学科专业的教师到本学科任导师，不管是谁，都应坚决予以否定。三是加强检查评估，即有计划地对现有马克思主义理论学科的研究方向、导师的研究内容、研究生的论文进行检查评估，对不符合学科要求、超学科边界的，要亮黄牌警告，限期整改。对于告诫无用，再查未改的给予红牌。若是学科，撤销其学位授予权；若是导师，劝其退出学科；若是学生学位论文，视为未通过。

（作者：天津师范大学马克思主义学院教授、博士生导师）

社会主义核心价值观对大学生思想政治教育的启示

徐成芳　赵　颖

价值观是人们心中的深层信念,是判断是非的标准,是行动遵循的准则。社会主义核心价值观是指人们对社会主义价值的性质、构成、标准和评价的根本看法和态度。党的十八大强调"要深入开展社会主义核心价值体系学习教育,用社会主义核心价值体系引领社会思潮、凝聚社会共识","倡导富强、民主、文明、和谐,倡导自由、平等、公正、法治,倡导爱国、敬业、诚信、友善,积极培育社会主义核心价值观"。社会主义核心价值观的提出有力推进了社会主义核心价值体系建设,是社会主义核心价值从宏观层面的体系构建到具体层面的"观念"凝炼。既根植于中国优秀传统文化,又具有与时俱进的开放性;既是思想政治教育的重要内容,又对高校思想政治教育具有强大的引导和促进作用。

一、社会主义核心价值观教育是大学生思想政治教育的关键

社会转型期,我国在经济基础和上层建筑的各个领域都发生了剧烈变化,加之国际敌对势力的"文化渗透"和"和平演变",当前高校思想政治教育受到前所未有的冲击和挑战。价值观教育历来是高校思想政治教育的重中之重,为大学生精神世界和科学实践提供能量和动力。现阶段,如何进一步运用马克思主义来加强大学生的思想政治教育,确保大学生价值观的社会主义一元主导,培育大学生抵御"西化"、"分化"不良影响的抵抗力成为高校思想政治教育的关键。

(一)社会主义核心价值观教育应坚持马克思主义的理论指导

思想政治教育既把马克思主义理论作为重要教育内容又要坚持以马克思主义为指导,这与马克思主义的理论教育和思想武装功能密不可分。马克思指出:"理论一经掌握群众,也会变成物质力量。理论只要说服人,就能掌握群众;而理论只要彻底,就能说服人。所谓彻底,就是抓住事物的根本。"马克思主义理论的重要作用不仅是解释世界更重要的是改造世界。思想政治教育的根本目的是提高人认识世界和改造世界的能力,在改造客观世界的同时改造主观世界。我国也是在经历了一番艰苦卓绝的探寻后才选择了马克思主义。鸦片战争以后,我国沦为半殖民地半封建社会。当改良主义、无政府主义、实用主义、民主社会主义等先后失败后,马克思主义成为中国人民的历史选择。于是马克思主义与思想政治教育成为密不可分的有机整体,在我国革命、建设和改革中一直处于重要地位,发挥重要作用。早在第二次革命战争时期,党中央就提出了思想政治工作是"生命线"这一论断。1955 年,又进一步提出了"政治工作是一切经济工作的生命线"的论断。1981 年中共中央在《关于建国以来若干历史问题的决议》中强调"思想政治工作是经济工作和其他一切工作的生命线。"这些科学论断的提出都是建立在马克思主义理论基础上的,既以马克思主义理论教育为主要内容又以马克思主义理论为指导。改革带来的经济成分多样化、利益关系多样化等因素导致我国意识形态领域的情况越来越复杂,甚至出现了要不要坚持马克思主义在思想领域主导地位的疑惑和"歪理邪说"。现阶段在高校思想政治教育工作中大力加强社会主义核心价值观教育,积极培育和践行社会主义核心价值观,牢牢掌握意

识形态工作领导权和主导权,坚持正确导向,提高引导能力,壮大主流思想舆论,目的就是要旗帜鲜明地坚持马克思主义的指导地位。

(二)社会主义核心价值观教育是引导大学生多样价值观健康发展的方向标

我国社会目前正在进行经济结构调整、政治体制改革、文化多元发展等,这无不在人们的思想领域引起新旧矛盾的交织和观念上的激烈冲突,影响人们的价值判断和价值观形成。引导多样化价值观的健康发展对化解社会压力,迎接思想领域挑战,建设和谐稳定的社会极其重要。根据《2011 年全国教育事业发展统计公报》提供的数据:2011 年,全国共有普通高等学校和成人高等学校 2762 所,在校生 2856. 01 万人。高校涉及社会经济、政治、文化生活的方方面面,大学生联系着社会各个阶层。总结历史的经验和借鉴以往的教训,我们清醒地认识到,大学生的思想道德发展状况关系着社会道德建设的整体水平;高校大学生的价值观取向与社会整体价值观的发展相互影响。大学生是道德风尚、社会文明体现和传承的重要载体。过去近 30 年,我们维护了高校的稳定发展,保证了大学生价值观的正确发展方向,为社会稳定和国家发展作出了重要贡献。在我国改革攻坚期和进入全面建成小康社会决定性阶段,我们更要以社会主义核心价值观为方向标,努力引导高校大学生的价值观朝着更加健康的方向发展。大学生的世界观、人生观和价值观的确立是外界影响、个人学习和生活经历综合作用的结果,其中价值导向和教育实践的有机结合则是促使外在体验向内心体悟转化,最终外化为行动表现的重要环节。社会转型期间,在高校思想政治教育中发挥社会主义核心价值观的导向作用,是解决当前大学生政治信仰模糊、义利观迷茫、价值观扭曲等问题的有效方法。确定社会主义核心价值观的一元主导,能够帮助大学生在价值观反思的迷茫、困惑中形成普遍接受的社会主流意识。思想政治教育者要通过大力引导,促使这种主流意识进一步发展成为大学生在社会生活中共同遵循的规则共识。这种共识为大学生社会化过程中更新、塑造正确的价值观构建了统一认识、凝聚人心的思想基础,最终促进大学生知行统一,实现大学生社会化和社会主义核心价值观建设紧密联系同步进行。

(三)社会主义核心价值观教育是抵御西方“和平演变”的免疫剂

高校思想政治教育肩负着培养社会主义合格建设者和可靠接班人的重任。大学生的思维能力处于高峰水平,辩证逻辑思维方式趋于成熟与完善,思维更具独立性与批判性。但大学生的思想水平发展要滞后于思维能力的发展,没有树立牢固的世界观、人生观和价值观,极易受不良思潮和其他观念的影响。因此,在校大学生成为西方社会对我们实施“和平演变”的重点对象。尤其是利用大学生对宗教的心理需求和好奇心,敌对势力利用“公民有宗教信仰自由”的政策,在“传教布道”的外衣下打文化渗透、意识形态扩张的“擦边球”。国际敌对势力对我国的“西化”、“分化”、“和平演变”造成大学生的价值观呈现由社会本位向个人本位转移,价值取向由一元主导向多元发展,价值目标由理想化向现实化发展的趋势。“他们正不遗余力地同我们争夺青年。为了使西方敌对势力的这种图谋彻底遭到破产,我们必须用爱国主义、集体主义、社会主义的思想教育年轻一代。”当前亟待明确树立社会主义价值观并实现大众化。鉴于大学生的思维发展特点,思想发展水平和所处的国际形势,目前阶段的思想政治教育不同于以往任何时期的教育。在教育规律上要摆脱对客观事物和具体形象的依托,趋向理论教育和观念构成。在教育路线上必须坚持中国特色社会主义不动摇。在教育任务上要坚决抵御资本主义各种腐朽落后思想的侵袭。高校思想政治教育必须高度重视价值观教育,用科学的思想理论、知识体系和道德实践准则来武装大学生的头脑;提高大学生辩证看待改革开放和社会发展的阶段性问题,理性分析中西方的差异和发展情况的能力；引导大学生牢固树立社会主义、共产主义价值观；给学生思想观念注入“正能量”，增强对西方文化渗透和意识形态入侵等消极影响和负面作用的抵抗力。

二、社会主义核心价值观教育是大学生思想政治教育的主要内容

社会主义核心价值观从国家、社会和个人层面提出“三个倡导”，方向明确，标准清晰，是社会主义核心价值体系的精髓，是国家建设、社会进步和个人发展的思想共识和实践原则，向上关涉观念层面的思想内容，起到引领思想和调控主流意识的作用，向下连接人们生活实际的基本内容，影响个人的成长和发展。社会主义核心价值观内容与大学生思想实际紧密相连，是思想政治教育的主要内容，是思想政治教育与时俱进的具体体现。

(一)马克思主义理论体系教育

以马克思主义为指导思想，是体现社会主义本质要求的价值观，是社会主义意识形态的重要组成部分。“我们的党从它一开始，就是一个以马克思列宁主义的理论为基础的党。”改革开放的新时期，邓小平把马列主义、毛泽东思想作为必须坚持的四项基本原则之一；江泽民指出：“马克思主义是我们立党立国的根本指导思想，是全国各族人民团结奋斗的共同理论基础。”十六大以后，胡锦涛强调：“马克思列宁主义、毛泽东思想、邓小平理论和‘三个代表’重要思想，是我们立党立国的根本指导思想，是全党全国各族人民的共同精神支柱，也是我们战胜艰难险阻、抵御错误思想干扰的强大思想武器。我们说要建设社会主义核心价值体系，马克思主义指导地位是最根本的。”加强马克思主义基本原理、原则和规律教育要培养一批真信、真懂马克思主义的思想政治教育者，确保思想政治教育内容的社会主义方向，能用马克思主义基本原理、观点、立场来分析和解答问题，能引导大学生自觉真学、真用马克思主义。理解马克思主义的实质才能坚定马克思主义信仰，成为有理想、有道德、有文化、有纪律的社会主义建设者和接班人。

社会主义核心价值观是具有中国特色的，是以中国特色社会主义理论和实践为基础的。党的十八大在党章中把科学发展观和马克思列宁主义、毛泽东思想、邓小平理论、“三个代表”重要思想一同确立为党的指导思想，体现了党的指导思想的与时俱进。思想政治教育就是要用马克思主义中国化最新理论成果教育学生，使学生深刻理解只有中国特色社会主义理论才是解决中国改革开放过程中出现的各种问题的制胜法宝，才是解决中国特色社会主义发展前途和历史命运的理论武器。思想政治教育要善于用马克思主义中国化的最新理论成果引导大学生树立远大理想，提高理论联系实际的能力，提高认识世界和改造世界的能力，树立科学的世界观、人生观和价值观。

(二)中华民族共同的理想追求教育

在党的十六届六中全会上，党中央首次明确提出“社会主义核心价值体系”，阐述中国特色社会主义共同理想即坚定对中国共产党的信任，坚定走中国特色社会主义道路，坚定实现中华民族的伟大复兴。党的十八大进一步将社会主义核心价值观在国家层面高度概括为富强、民主、文明、和谐，是对中国特色社会主义共同理想的具体诠释，涵盖了全体公民的共同愿望。富强是要实现民族复兴、国家兴盛、人民富裕；民主是要依法治国，加强党的领导，让人民充分享有民主权力；文明是物质文明、精神文明、政治文明、社会文明和生态文明有机统一的社会主义文明；和谐是指人人共享社会发展成果的具有中国特色的社会发展状态。这一共同愿望在不同时期虽然各有侧重，但一直贯穿在党的建设和发展历程中。

中华民族在经历了长期的苦难后终于在中国共产党的领导下走上了正确发展道路，其中很重要的原因在于党的方针、纲领是符合中华民族的理想与追求的。但是，随着时代的不断

发展,党的领导力和执行力也在经受着考验。尤其是在经济还不发达,科学技术相对落后,人民的生活还处于较低水平的社会主义初级阶段,只有推出具有广泛影响力和生命力的新观念,才能实现不同的思维范式下国家情结的统一。只有在思想政治教育中加强共同理想信念教育,才能凝聚大学生的共同理想追求,最集中表达大学生的国家情感,形成爱国的合力。共同的理想追求是中华民族的共同信念,是奋发图强的不竭动力源泉,是思想政治教育的灵魂内容。

(三)社会发展共识教育

现阶段,我国的思想、文化、利益日益呈现多元化发展趋势,对能够引导主流价值观发展方向的“社会共识”的需求尤为突出。自由、平等、公正、法治的社会主义核心价值观的提出为社会发展确立了“主心骨”,为多元时代的高校大学生凝聚了社会共识。要解决因为多样化的生活内容和方式导致的社会思潮多元化问题,解决大学生因诸多社会思潮中正面与负面观念纷争而产生的判断失误,甚至涉及到一些重大的是非问题,就必须加强社会共识教育。引导大学生正确认识和把握社会主义核心价值观与多样化社会思潮的关系。通过思想政治教育强化社会共识,帮助大学生突破对表面上的社会发展态势的判断,透过现象看到本质,提升思想认识层次。

社会主义核心价值观是一种正能量的引导力,我们必须正确的认识和把握社会主义核心价值观和多元化时代的相互作用关系,在多元化的时代中通过思想政治教育牢固树立社会主义核心价值观的价值引领地位。以形成全社会范围内共同的思想基础、道德准则和精神支柱为终极目标,是对多元化社会加以凝聚的主要手段,加强在这一过程中思想政治教育的引导与整合作用,注意尊重与包容,使得多样化的社会思潮在保持自身主要特色的同时又能够维护和尊重核心价值的主体地位并找准自己的定位。在当下多元化的生活中准确的界定社会核心价值,并把它作为思想政治教育的根本内容,有助于学生思维能力和价值判断能力的全面发展,能够为思想政治教育的科学发展最大限度地增添生机与活力。

(四)个人道德准则教育

中国传统文化历史悠久、博大精深,向来注重个人的道德修养,早在古代就形成了一套完整的道德体系和标准。例如儒家的“忠、信、孝、悌、礼、义、廉、耻”的道德内容。新民主主义革命和社会主义建设初期党克服传统道德的局限性,提倡“全心全意为人民服务”、“集体主义”、“诚实守信”等代表无产阶级和广大劳动人民根本利益和长远利益的道德标准。随着改革开放的逐步深入,个人道德素质受到了冲击,导致“义利观念变迁”、“公平认识冲突”,一时间使人迷失了道德准则。“爱国、敬业、诚信、友善”是公民个人道德准则的重新确立,分别提出了公民个人对国家、对工作、对社会、对他人担负的责任和应该履行的义务,是对中华民族传统美德的集成,是中国共产党人革命道德和社会主义新时期道德的精华,是新时期思想政治教育加强在校大学生个人道德养成教育的需求。

中华民族是富有爱国主义光荣传统的伟大民族,爱国一直是团结和鼓舞广大人民的强大动力。新时期,爱国教育应促进爱国感情、爱国思想和爱国行为的统一,增强民族自信心和自豪感,齐心协力,投身改革开放与经济建设。要加强大学生敬业教育,帮助大学生树立积极的工作态度,培养“干一行、爱一行”的敬业精神,提高“爱一行、钻一行”的敬业能力。此外,新时期的敬业教育还应包括创业意识和创业能力的培养。诚信是立身之本,是“内诚于心”和“外信于人”的有机统一。诚信教育包括个人、家庭、组织和国家四个维度。为人恪守诚信,言行一致,表里如一。家人之间以诚相待和睦相处,构成社会和谐的基本单位。个人与组织之间诚信相待,践行学业诚信、交通诚信、信贷诚信等等,形成良好的社会风尚。从政为官清廉、秉公执法，取信于民。思想政治教育要发挥培养人、塑造人、发展人、完善人的功能，实现“人之所以为人”的全面、自由发展目标，必须遵循“爱国、敬业、诚信、友善”的个人道德教育准则。

三、以社会主义核心价值观引导思想政治教育的发展

社会主义核心价值观教育是思想政治教育的题中之义，具有教育对象的重叠性、教育内容的包含性和教育目标的一致性。思想政治教育是社会主义核心价值观教育的主阵地和主渠道，社会主义核心价值观对思想政治教育在理论上和实践上具有引导作用，明确回答了思想政治教育“培养什么样的人，怎样培养人”的问题。以社会主义核心价值观引导思想政治教育，是新时期思想政治教育的提升和发展。

（一）加强马克思主义理论指导，增强思想政治教育思想引领作用

党的十六届四中全会要求：“坚持马克思主义在意识形态领域的指导地位，不断增强党的思想理论工作的创造力、说服力、感召力，着力回答重大理论和实践问题。”马克思主义是人类优秀文化的结晶，是开放的、与时俱进的，是科学性、阶级性和实践性的统一。以社会主义核心价值观为引导，在思想政治教育中要始终如一地坚持马克思主义的指导地位，用历史和实践的经验证明只有马克思主义才是科学的理论。思想政治教育的理论灌输要取得效果，就要帮助学生站稳马克思主义基本立场，运用马克思主义的基本理论、基本观点对西方的非马克思主义和反马克思主义的错误思想进行有效的批判，在批判中加强学生对马克思主义的亲近感和自觉接受程度，使马克思主义成为当代大学生的思想武器。

在思想政治教育中还要坚持以中国特色社会主义发展理论为指导，这不但是思想政治教育发展的理论动力，更是解决当前大学生思想素质发展不协调和道德滑坡等问题的现实需要。理论能够与时俱进，能够解决实践中的问题，才能具有活力和吸引力。邓小平理论、“三个代表”重要思想和科学发展观是马克思主义理论体系的发展，是解决中国改革实践过程中出现的诸多问题的理论依据。尤其是以“以人为本”为核心的科学发展观，把参与社会活动的主体——人放在了空前重要的位置，是马克思主义理论“接地气”、“暖人心”的最新发展。教育只有深入人心才能触动思想，才能取得实效。思想政治教育要想被广大学生认可和接受并取得效果，就要用马克思主义理论中国化最新发展成果为指导，坚持以人为本，将思想政治工作做到大学生心坎里，促使学生在众多理论和观念中学会选择、学会认知，学会透过现象看到本质。要提倡人文关怀，从大学生的需要出发，为大学生的发展谋划，解决大学生的实际问题，提高思想政治教育的理论吸引力，增强思想引领作用。

（二）完善思想政治理论课教学，增强思想政治教育理论武装作用

思想政治理论课教学是大学生思想政治教育的主渠道，在社会主义核心价值观教育中发挥着其他学科不可替代的作用。“人们认同、接受某种思想、观念是一个复杂的思想矛盾运动过程，包括了主体对外界刺激信息进行反应、选择、整合、内化等一系列环节，是主体能动性、受动性辩证统一的过程。”抓住课堂教育这一主渠道，对大学生进行社会主义核心价值观教育要适应大学生价值观认知、接受和形成的特点，还要在课堂教学中充分挖掘课程所蕴涵的社会主义核心价值观教育资源，把社会主义核心价值观教育与课程育人目标有机结合，渗透到教学的全过程。

在思想政治理论课中加强社会主义核心价值观教育，首先要求教师不断提高理论水平。教师只有具备深厚的理论基础，才能帮助学生形成完善的知识体系，构建起社会主义核心价值观的理论结构。教师只有通过独特的学术魅

力，才能启迪学生的思想，激发学生对社会主义核心价值观产生认知需求。其次要求教师不断提高教学实践能力。教师要充分利用现代化的新媒体技术，不断创新授课形式，改善授课方法，改革考核方式，始终保持社会主义核心价值观的一元主导地位，使价值观教育充满生机、充满活力。最后要求教师融入真情。只有在教育教学中建立深厚的师生情谊与学生产生共鸣，才能调动起学生自觉接受社会主义核心价值观的主动性。这种理论水平高、实践能力强、饱含真情的思想政治理论课教育能更有效地发挥思想政治教育主渠道和主阵地作用，增强思想政治教育的实效性。

（三）促进服务型辅导员角色转化，增强思想政治教育服务育人功能

高校辅导员是大学生思想政治教育的骨干力量，积极用社会主义核心价值观引领学生思想发展，培养学生良好道德素质是辅导员工作的重要内容。首先，辅导员要成为学习和践行社会主义核心价值观的先行者，成为学生学习和效仿的榜样。这就促使辅导员要不断提高自身道德修养，深度理解和认可岗位职责，磨练提高职业技能，而这正是辅导员职业化和专业化发展的必然过程。其次，辅导员要履行好对学生进行价值观教育的任务。这就要求辅导员要了解和掌握学生思想发展上的差异性，对于思想进步的学生要着力培养，树立典型，发挥示范带动作用。对思想落后的学生更要倍加爱护，努力摸清其思想根源，予以正面引导，使之尽快向正确方向发展。辅导员要包容学生价值观的多样化发展，但要坚决抵制各种落后和错误思想的影响。第三，辅导员要为学生的成长成才提供高质量的服务。思想政治教育工作应该也是一种服务型的工作，这就要求辅导员要自觉转换角色，成为一名服务型的辅导员。服务型辅导员是对辅导员诸多素质的协调和统筹，是对辅导员综合素质提出的更高要求。要求辅导员以坚定的政治素养保障思想政治工作的正确方向；以先进的管理素质和能力实施思想政治教育工作；以高尚的道德修养和高度的社会责任意识践行岗位职责；以较高的理论水平和专业能力促进辅导员工作的专业化、职业化发展。在日常工作中要坚持公平的原则，以平等交流的方式促进学生发展，保证学生创造力的源泉持续涌流。服务型辅导员要充满人文关怀，以“以人为本”为出发点，把人的全面自由发展作为落脚点；以广大学生的利益为本，从学生的根本利益出发谋划和部署工作，最大限度满足学生的利益。服务型辅导员要尊重学生、理解学生，营造健康的精神家园，要努力实现人与社会、人与人、人与自然以及人自身的和谐发展。服务型辅导员的工作成果会被学生所感知、所接受，会让最广大的学生受惠，能够最大限度地发挥思想政治教育服务育人的作用。

总之，社会主义核心价值观的提出，给高校思想政治教育赋予了新的“正能量”，也提出了更高的要求。广大辅导员应当积极行动起来，与思想政治理论课教师紧密配合，形成社会主义核心价值观培育的合力。既要明确思想政治教育是社会主义核心价值观教育的重要途径，又要把社会主义核心价值观教育与加强和改进思想政治教育有机结合，以社会主义核心价值观为引导，不断丰富教育内容，增强高校思想政治教育的时代感和时效性，实现高校思想政治教育的新发展。

（作者：大连理工大学马克思主义学院教授、博士生导师；沈阳师范大学马克思主义学院讲师，大连理工大学马克思主义学院博士生）

思想政治教育学科的特点、规范与建设任务

郑永廷

新时期创立和发展起来的思想政治教育学科，同我国社会一样，经历了跨越式发展。党的十八大报告强调："实践发展永无止境，认识真理永无止境，理论创新永无止境。"思想政治教育学科是一个具有中国特色和鲜明特点的学科，是一个适应时代发展、遵循一定规范、不断充实完善的新型学科。随着我国改革开放的深化和中国特色社会主义现代化建设的发展，随着人的全面发展水平的不断提高，思想政治教育及其学科建设面临的任务更加艰巨，需要思想政治教育工作者攻坚克难，推进学科向前发展。

一、思想政治教育学科的鲜明特色

思想政治教育学科传承了我国注重伦理、讲究德治德教的历史文化，继承了我们党一向重视思想政治工作的优良传统，在我国社会发挥了巨大作用并具有明显优势。思想政治教育学科内容覆盖思想教育、政治教育、道德教育，与美国等发达国家的人文教育、政治社会化、道德教育等相互独立不同的是，其教育目标、教育内容、教育方法相互结合与渗透，综合性突出。思想政治教育学科的功能旨在以理服人、以情感人、以行导人，既重视理论研究，更重视正确理论、思想的内化与外化，立足于形成人的思想政治素质并指导行为。思想政治教育学科创立和发展的理论基础与实践基础，本身蕴涵着明确的目的性、实践性和价值性。学科科学性与价值性相统一的内涵，决定了思想政治教育学科富有鲜明的特色、强大的活力与生命力。

1. 思想政治教育学科富有中国特色

思想政治教育是中国共产党领导人民在实践中创造的实践活动。这一实践活动，既继承了我国古代社会重德治与德教的文化传统，又满足了我国革命与建设因具有开创性特点而必须思想先行的需要。思想政治教育把马克思主义理论、我国革命与建设实际、中华优秀文化传统紧密联系起来，形成了我国特有的思想政治教育文化。这一文化，立足当代又继承民族优秀文化传统，立足本国又吸收世界文化优秀成果，立足我国革命与建设实际又不断进行探索创新。因而思想政治教育及其学科建设，具有广泛的社会效用和心理认同，是最富有中国特色的教育活动与学科概念。思想政治教育工作者要按照《中共中央关于进一步繁荣发展哲学社会科学的意见》"努力建设面向现代化、面向世界、面向未来，具有中国特色的哲学社会科学"的要求，决心把思想政治教育学科建设成为"以当代中国马克思主义为指导的具有中国特色、中国风格、中国气派"的学科。

2. 思想政治教育学科具有理论性

思想政治教育学科的理论性，既由学科的理论基础、研究内容所决定，也是学科的功能要求。思想政治教育学科的理论基础是马克思主义，教育与研究的主要内容也是马克思主义，正是马克思主义理论的科学性、系统性与价值性，赋予思想政治教育学科理论性。同时，思想政治教育活动和学科建设所面对的研究内容，既有社会，也有个体；既有内在主观因素，也有外在客观条件；既有观念形态，也有行为方式；既有各种现实思想问题，也有网络虚拟表现。面对复杂多样、发展多变的环境与研究对象，只有认识其本质性，把握其规律性，才能获得有效的研究与教育成果，否则思想政治教育就会陷于

自发性与盲目性。另外，思想政治教育的主要功能是以理服人。马克思指出："批判的武器当然不能代替武器的批判，物质的力量只能用物质的力量来摧毁；但是理论一经掌握群众，也会变成物质力量。理论只要说服人，就能掌握群众；而理论只要彻底，就能说服人。所谓彻底，就是抓住事物的根本。"马克思的这段话，一是肯定了理论的重要性，即理论可以转化为物质财富；二是阐明了理论的价值性，即要用理论说服群众、掌握群众，也就是用理论满足群众的需要并指导实践；三是强调了理论的科学性，即理论要彻底，要反映事物的本质，揭示事物发展的规律。这既论述了理论的价值性与科学性，也揭示了思想政治教育的实质与功能。

思想政治教育及其学科的理论性，就是为了实现以理服人的教育效果。而以理服人，并不是单一的以逻辑推理服人，即以真理服人，也包括科学理论指导实践所取得的成果，即以事理服人；还包括对科学理论和所指导的实践活动富有真情实感的言行，即以情理感人。真理是对规律性与价值性的揭示，事理是规律性与价值性的体现，情理是真理与事理的内在融合，只有真理、事理与情理相结合，才是真正坚持理论联系实际的原则，才能强化思想政治教育效果。

3. 思想政治教育学科具有综合性

思想政治教育学科的综合性，具体表现在理论教育与实践教育两个方面。在理论教育方面，教育的内容主要是马克思主义基本原理和中国特色社会主义理论体系。为了使理论教育卓有成效，必须研究如何把理论体系转化为教材体系、把教材体系转化为教学体系、把教学体系转化为认识体系。理论体系及其转化，都具有综合性。应当看到，对马克思主义进行综合教育与研究，既是我国社会发展与人的发展的客观要求，也是马克思主义理论发展的需要。我国正在进行全面建设小康社会的伟大实践，按照物质文明、政治文明、精神文明、社会文明、生态文明协调发展的战略目标，推进社会与人的全面发展。特别是党中央提出的科学发展观和建设社会主义和谐社会的目标，强调以人为本，坚持全面、协调和可持续发展，是基于开放环境、信息社会、多样发展的实际所提出的指导思想综合化要求。因而，综合进行马克思主义基本原理与中国特色社会主义理论体系的教育与研究，既是当代社会发展的客观需要，也是完整、准确地学习、运用、发展马克思主义的需要。

在实践教育方面，思想政治教育所面向的是人们的实际生活。人们的实际生活具有政治的、法纪的、道德的、职业的、情感的内容与方式，并且这些内容与方式常常相互交叉和渗透而难以分离。特别是在新时期，社会与人的发展在开放环境、竞争状态、信息社会与多元文化条件下推进，自主选择、多样发展，决定人们思想的形成与发展、行为的交换与变化，不是过去社会的简单因素所导致，而是现代社会复杂因素综合作用的结果；人们的思想问题，也是综合因素影响的结果。因此，思想政治教育及其学科，必须在指导思想、教育原则、教育内容、教育方法上，根据社会与人的发展需要进行综合化、系统性的改革与研究。具体来讲，就是要综合运用马克思主义理论，采用综合教育方法，借鉴相关学科的知识，把思想教育、政治教育、道德教育有机结合起来，促进正确思想的形成，解决各种各样的思想和行为问题。

4. 思想政治教育学科具有应用性

思想政治教育学科的应用性特点，也是由思想政治教育的现实性与实践性决定的。思想政治教育的对象是现实社会与现实的人，是为促进社会发展和人的全面发展服务的。因此，思想政治教育工作者仅仅限于自己学习、理解马克思主义理论是不够的，还必须运用马克思主义理论与学科理论，通过各种适于时代、环境与教育对象特点的途径、方式，将正确理论转化为受教育者的思想与行为，改变、改造错误的思想与行为。这种既要进行塑造思想、培养行为，又要改造思想、转化行为的工作，需要应用理论与方法，有针对性地解决问题。不解决实际问题，仅仅限于理论与概念的传授，不是有效的思想政治教育，容易陷于形式主义或教条主义。因此，思想政治教育工作者同时也是研究者，既要研究教育的时代内容、理论内容、实际内容、相关内容的整合，形成具有充分说服力的内容体系，又要根据教育目的与内容的要求，采用适合教育对象的方法。

之所以要研究和掌握思想政治教育学科的特点，一是为了赋予思想政治教育学科独立性与生命力。因为富有特点的事物才能同其他事物区别开来而获得真正独立，获得了独立的事物在发展过程中才会富有活力与生命力。二是为了培养和提高思想政治教育工作者的特长。学科的特点体现学科建设者的特长，如果所建设的学科特点不突出，学科建设者的特长也就不明显。出现这种情况，学科则会遭受质疑，学科建设者也会受到责难。因此，认识和把握思想政治教育学科的特点，事关思想政治教育学科建设的成败。

二、思想政治教育学科的规范

明确思想政治教育学科的特点是学科建设的前提，遵循思想政治教育学科的规范则是学科建设的关键。规范概念最先指对物、料的约束器具，后来拓展成为对思维和行为的约束力量。规范作名词时，其含义是明文规定或约定俗成的标准；作动词时，其含义是按照既定标准、要求进行操作，使某一行为或活动达到符合规定的标准。所谓思想政治教育学科的规范，是指思想政治教育学科建设要遵循的规则和标准。这里主要阐述以下规范：

1. 性质规范

所谓思想政治教育学科的性质，就是思想政治教育学科固有的特性，或者说是思想政治教育学科质的规定性。思想政治教育学科，是一门价值性与科学性紧密结合的人文学科、理论性与实践性紧密结合的综合学科、针对性与实效性紧密结合的应用学科。因而，它不仅要以马克思主义理论，特别是中国特色社会主义理论为指导，研究运用正确理论进行教育的实践活动，而且要研究社会发展与人的发展的新情况新问题，形成新的教育理念与准则，推进思想政治教育发展。思想政治教育学科的性质规范主要体现在以下几方面：

第一，社会主义意识形态性。马克思、恩格斯阐述了阶级社会中各种思想意识的意识形态性，提出了一个著名论断："统治阶级的思想在每一时代都是占统治地位的思想。""占统治地位的思想不过是占统治地位的物质关系在观念上的表现，不过是以思想的形式表现出来的占统治地位的物质关系。"统治阶级为了保证自己的思想占统治地位，要进行"思想的生产和分配"。思想政治教育就是进行"思想的生产和分配"的重要途径。统治阶级占统治地位的思想，是反映经济基础与社会各方面的思想，是一个"思想体系"或意识形态，"在为阶级矛盾所分裂的社会中，任何时候也不可能有非阶级或超阶级的思想体系"。这就是说，只要不同性质的国家、政党、制度存在，反映、维护国家、政党、制度的"思想体系"即意识形态就一定要发挥作用。我国的思想政治教育是发挥社会主义意识形态作用的重要方式。在我国，坚持思想政治教育的意识形态性，就是坚持社会主义意识形态的主导地位，发挥社会主义意识形态的主导作用，并对非社会主义意识形态的内容，进行批判、继承、借鉴和吸纳，用人类创造的优秀文化成果丰富思想政治教育的内容。坚持社会主义意识形态的主导性，就是要坚持爱国主义、集体主义、社会主义的主旋律教育，坚持教育主导性前提下的多样性和坚持教育多样性之中主导性的统一。

任何国家之所以都要进行"思想的生产和分配"，坚持自己的"思想体系"，归根结底是由经济基础与上层建筑的规律所决定的。国家的存在与发展，都需要进行物质资料的生产。在社会生产过程中，人们"发生一定的、必然的、不以他们的意志为转移的关系，即同他们的物质生产力的一定发展阶段相适合的生产关系。

这些生产关系的总和构成社会的经济结构，即有法律的和政治的上层建筑竖立其上并有一定的社会意识形式与之相适应的现实基础”。虽然一定的政治、法律、哲学、文学、艺术等意识形式的发展要以经济发展为基础，“但是，它们又都互相影响并对经济基础发生作用。并非只有经济状况才是原因，才是积极的，其余一切都不过是消极的结果”。一定意识形态的相对独立性与反作用就是论证、维护一定经济基础的合法性与合理性，为一定经济基础提供思想与政治保证。因此，思想政治教育进行“思想的生产和分配”和坚持一定的“思想体系”，就是要为一定的经济基础服务。正如毛泽东所说的：“思想工作和政治工作，是完成经济工作和技术工作的保证，它们是为经济基础服务的。”

第二，实践性。所谓实践性，是指人们在进行认识和思维的过程中，必须参与实践，必须在实践中促进思维能力的进一步发展，在实践中检验思维成果的正确性。所谓“思想政治教育的实践性，就是思想政治教育的现实性和思想政治教育价值实现的有效性”。思想政治教育的实践性是思想政治教育的本质特性，表现为要与社会实践相结合。

马克思指出：“全部社会生活在本质上是实践的。凡是把理论引向神秘主义的神秘东西，都能在人的实践中以及对这个实践的理解中得到合理的解决。”社会生活的实践性，其主要内涵包括，实践是人类社会的发源地，实践是社会关系形成的基础，实践是推进社会发展的动力，实践构成了人类物质生活、政治生活和精神生活的内容，人类全部生活都建立在实践的基础之上。没有实践活动，社会生活就无法形成和发展。因而，实践是社会生活的本质所在，也是思想政治教育的本质体现。

思想政治教育的实践性，就是思想政治教育的现实性和思想政治教育价值实现的有效性，在社会生活中表现为与其他实践活动的结合与渗透，它是思想政治教育显著的本质属性。首先，从思想政治教育的出发点看，思想政治教育只能从现实人、具体人的实际出发开展教育。其次，从思想政治教育的落脚点来看，思想政治教育的最终目的是要提高人们的思想认识并使之付诸实践。因此，思想政治教育所要遵循的知行统一、认识世界与改造世界统一、改造主观世界与改造客观世界统一的原则，充分体现了思想政治教育实践性的本质属性。正如毛泽东所强调的：“马克思主义的哲学认为十分重要的问题，不在于懂得了客观世界的规律性，因而能够解释世界，而在于拿了对于这种客观规律性的认识去能动地改造世界。”“认识从实践始，通过实践得到了理论的认识，还须再回到实践去。”

第三，目的性。所谓目的性，是指所做事情反映出来的性质。目的性是思想政治教育区别于社会环境对人的影响、区别于掌握工具性活动的本质所在。“在社会历史领域内进行活动的，是具有意识的、经过思虑或凭激情行动的、追求某种目的的人；任何事情的发生都不是没有自觉的意图，没有预期的目的的。”马克思还对动物的“生命活动”与人的“生命活动”作过实质性的区别，指出动物的“生命活动”只有一个尺度，即它所属的“那个物种”的尺度；人的“生命活动”则有两个“尺度”，即“任何物种”的尺度和人的“内在固有”的尺度。人的“内在固有”的尺度讲的是人的目的性。思想政治教育明确地体现并指示着人的发展与社会发展的方向性和价值取向，这是思想政治教育与环境影响以及掌握工具性活动的区别。

思想政治教育的目的性，反映社会发展的本质要求和一定阶级的根本利益。思想政治教育的目的同有些社会活动的目的不同，它不是思想政治教育自身可以确定的，而是根据一定社会的生产力发展水平和经济、文化发展状况，根据统治阶级的意识形态要求提出来的。思想政治教育的目的，必须遵循一定社会发展的方向，体现一定社会发展的目标并为实现社会发展目标服务；必须反映统治阶级的根本利益和意志，为统治阶级的政治服务。所以，思想政治教育的目的既具有广泛的社会性,也具有鲜明的阶级性。在现代社会条件下,我国思想政治教育的目的必须反映时代特征,符合现代社会发展的方向,具有现代指向性;又必须符合广大人民群众的根本利益,坚持社会主义方向。思想政治教育的目的性也反映了人的能动性特点和人的发展要求。思想政治教育就是要通过人的主体选择,把人在发展中符合社会目标的思想政治强化,形成理想信念,并对其行为起支配作用,使之与社会发展方向保持一致,并同社会发展形成互动。

2. 范围规范

所谓范围,是指上下四周的界限。思想政治教育学科的范围,可称之为思想政治教育学科的界限。如果上面讲的思想政治教育学科的性质规范指的是思想政治教育学科内涵的话,那么范围规范指的是思想政治教育学科的外延。任何学科都是有界限的,不是无界限的,思想政治教育学科也是如此。

思想政治教育学科的范围,既不能根据该学科名称的文字来划定,也不能根据与该学科相关的内容、要素来拟定,而是要根据思想政治教育的目标、内容、任务综合判定。讲目标,既有社会目标,也有个体目标,还有各种类型、层次的目标,思想政治教育学科不可能研究所有内容、层次的目标,它主要研究思想政治教育的目标,包括中国特色社会主义共同理想、中国梦以及实现共产主义,也包括人的全面发展目标、“四有”新人目标,还包括个人的政治目标、道德目标、事业目标等。讲内容,既有理论内容,也有实际内容,既有现实内容,也有历史内容,涉及更为广泛,思想政治教育学科不可能研究所有的内容,它主要研究与世界观、人生观、价值观相关的思想内容,与政治立场、观点相关的政治内容,与道德品质、道德行为相关的道德内容。讲任务,各个领域、各项工作都有任务,思想政治教育学科不可能研究所有的任务,它主要研究理想信念教育、爱国主义教育、道德法制教育、全面发展教育等。把思想政治教育的目标、内容、任务综合起来,思想政治教育学科的范围就比较明显了。

在思想政治教育学科范围问题上,存在的主要问题是:既依托思想政治教育学科,又冲破思想政治教育学科的界限。有的人甚至以思想政治教育学科的综合性特点为由,为自己突破思想政治教育学科界限寻找借口。思想政治教育学科与其他相关学科确有交叉,可以进行交叉领域的研究,也可以借鉴、吸收其他学科的成果与方法。但不管是交叉还是借鉴、吸收,研究者如果以思想政治教育学科的身份出现,就要以思想政治教育学科为主,就要遵循思想政治教育学科的范围。如果冲破思想政治教育学科范围,进入其他学科范围,一是损害了思想政治教育学科的形象与声誉,二是不利于自己专业形象的树立与专业特长的提高,长此以往,既会受到同行的非议,也会受到其他学科研究者的质疑。所以,思想政治教育学科的建设者一定要本着自尊、自爱和珍惜思想政治教育学科的态度,对待思想政治教育学科的范围规范。

3. 概念规范

所谓概念,是反映对象的本质属性的思维形式,是事物本质特征的概括,是人们对事物本质的认识。思想政治教育学科的性质、范围,都是通过特定概念来表达的。

思想政治教育学科的概念,有主次之分、大小之别;有相近概念,也有相对概念。各种概念相互交错,形成了思想政治教育学科的概念体系,成为思想政治教育学科形成的标志。思想政治教育学科的概念规范,就是要按照思想政治教育学科的概念体系或话语体系来表达教育、研究的意义,如果突破概念规范,或用其他学科的概念体系,或乱用概念,就不是在进行思想政治教育,也无法实现思想政治教育的目标。当然,其他学科也可以用其学科概念开展育人活动,但其他学科毕竟有自己的主要任务。思想政治教育的主要任务是育人,如果思想政治教育工作者不以育人为主,就是失职。同时,还应当注意的是,思想政治教育既是我国的一个特定概念,也是我国的一个主要概念,其他国家都有自己的思想教育、政治教育、道德教育的概念。有些教育者不用我国的主概念,搬用其他国家的主概念,以为这样做有新意,可以吸引受教育者。殊不知,任何概念的提出、运用都是有历史背景、现实意义的,用别的国家的主概念来进行教育与研究,容易引起受教育者对我国思想政治教育概念的忽视、冷漠,甚至冲击思想政治教育的效果。

三、思想政治教育学科建设的艰巨任务

思想政治教育学科虽然实现了持续、快速发展,但毕竟是一门新型学科,不仅有许多问题需要深化研究,而且社会的快速发展和人的全面发展不断提出新问题。因而要把握发展趋势,推进思想政治教育及其学科向前发展。

1. 进一步转变教育观念与研究范式

在改革开放进程中,思想政治教育工作者不断转变思想政治教育观念与研究范式,以适应新形势与新发展的客观要求。进入新世纪新阶段后,不仅我国改革开放步入关键时期,许多深层次矛盾显露出来,而且社会的客观条件表现出新的状态:不断扩大的开放环境、迅速发展的信息社会、频繁发生的各种风险相互交错;不断扩展的竞争领域、网络开辟的虚拟领域、多元文化激荡形成的思想领域相互交叉;社会竞争机制所产生的竞争压力、科技创新与发展所形成的信息(或知识)压力、多元文化条件下的选择压力相互交汇,使得当代社会呈现出模糊、交互与多变状态。所谓模糊是指社会新的要素与领域形成时间短,人们对其性质、功能、规范的认识及心理适应尚处在探索之中;所谓交互是指社会新的要素与领域相互交叉与渗透,在发展变化过程中的不确定因素多;所谓多变是指社会新的要素与领域还在不断扩展、延伸,衍生新的因素与问题。在这样的社会背景下,人们的主体性、选择性进一步增强,社会环境影响不断加大,多样化发展更加突出,流变与风险冲击还会增多。

当代社会的客观存在既对人们的观念、行为起决定作用,又需要人们对客观条件进行符合发展趋势的改造。正如马克思和列宁所说的:“人的思维是否具有客观的真理性,这不是一个理论的问题,而是一个实践的问题。人应该在实践中证明自己思维的真理性。”“人的意识不仅反映客观世界,并且创造客观世界。”思维的真理性就是思想观念符合规律性,意识反映、创造客观世界就是运用正确理论指导实践。为此,思想政治教育学科必须根据社会发展提出的客观要求,进一步审视传统教育观念与研究范式,诸如理论思维的线性式、教育内容的平面式、教育关系的单向式、研究范式的阐述性等。需要研究和确立富有时代特征的教育观念与研究范式,主要有开放环境条件下的广阔视野与全局观念,竞争压力下的内在动力与理想信念,复杂多变情况下的辩证思维与价值选择,信息获取、更新过程中的理性思维,创新进程中的价值取向等。从而确立现代教育观念,一是体现时代性,即以适应开放、多样、多变的立体、互动、渗透观念,改变传统平面思维模式;二是力求综合性,将时代内容、理论内容、实际内容等有机整合,改变传统单一内容的传授;三是适应多样性,即以富有层次性的目标、内容、方法体系满足个体多样性需要,改变传统简单说教;四是增强互动性,即备课、教育、研究按照真理、事理、情理协调、互动的要求,突破传统个体思维与行为局限,增强群体互动与组织聚集能力,改变传统线性过程;五是强化探索性,即按照科学理论研究从累进范式(归纳—演绎模式)向问题范式(科学进化模式)的发展,加强现实理论问题、实际问题研究,兼顾常规问题研究与模糊问题研究,推进思想政治教育及学科发展。

2. 深化思想政治教育学科立论基础研究

思想政治教育学科经过20多年的建设,虽然已经确立了概念体系、研究对象,开展了对学科的理论基础、基本规律、结构功能、价值体系、目标内容、原则方法等主要问题的研究,形成了

相应的研究成果，在思想政治教育实践中得到了推广应用，收到了明显的效果。但是，除了这些研究成果还要在思想政治教育学科建设过程中进一步准确、充实和完善外，学科的立论基础，即思想政治教育哲学理论，还有待深化与系统化。学科立论，需要在理论上回答这样几个问题：

一是为什么各个社会、各种人群都有思想政治教育和都需要思想政治教育，这是思想政治教育的本源性问题。如果这个问题不从理论上彻底解决，就会产生思想政治教育只在我国存在、思想政治教育是外在施加的误解，甚至把思想政治教育看成是多余的、逐步消亡的活动。其实，对思想政治教育的本源探讨，从古到今没有停止过，中外古代先哲们的人性预设论、社会聚集论，尽管具有假设、猜想的局限，尽管人性论观点各有差异甚至观点相反，但都论述了思想、政治、道德教育的必要性与根源性。马克思主义关于人与社会实践本质、社会本质、需要本质的理论，科学解决了人的认识、人的思想关系、人的精神需要产生的根源，从而对思想政治教育的本源进行了科学论证。思想政治教育学科要以马克思主义关于人与社会本质理论为指导，从本源上认识思想政治教育的重要性是社会与人的需要。

二是不同社会、不同国家、不同人群为什么有不同的思想政治教育，这是思想政治教育的普遍性与特殊性问题。人类社会的漫长历史，经历了不同历史阶段的更替，思想政治教育也经历了全域性与历时性演进，尽管各个历史阶段与各个国家思想政治教育的理论、概念、目标、内容、方法等各有不同，表现出思想政治教育的阶段性、特殊性、相对性，诸如中国古代的德治德教、西方古代的博雅教育与宗教教育、资本主义社会的人文教育、社会主义社会的思想政治教育。正是这些不同社会、不同国家的阶段性的、特殊的思想政治教育，形成了人类社会思想政治教育的连续性、普遍性。梳理古今中外思想政治教育的历史演进，分析思想政治教育时段性、区域性与国度性特征，揭示思想政治教育连续性与阶段性的辩证发展规律，把历史逻辑上升到理论逻辑高度，是思想政治教育学科研究的任务。

三是思想政治教育的本质与规律是什么，这是思想政治教育根本问题。马克思主义的社会存在与社会意识关系理论、能动性理论、实践论与灌输论，都为研究思想政治教育的本质与规律提供了理论指导，但这些理论具有普遍指导意义，思想政治教育只是社会实践活动的一个方面，需要思想政治教育工作者以马克思主义理论为指导，根据思想政治教育实际，研究、概括其本质与规律，而不是对马克思主义理论进行阐述，这更是思想政治教育学科建设的艰巨的任务。

还有如思想政治教育的结构与功能、价值及实现等，也需要深化研究。

总之，从思想政治教育产生的必然性，到思想政治教育发展的普遍性，再到思想政治教育遵循的规律性和思想政治教育功能与价值的实现，是思想政治教育学科的逻辑理论与立论基础，需要从哲学的高度进行研究和提炼。只有把思想政治教育的立论做扎实，思想政治教育学科才有牢固的根基。

3. 追踪思想政治教育前沿课题研究

马克思指出："一切划时代的体系的真正的内容都是由于产生这些体系的那个时期的需要而形成起来的。"思想政治教育学科的建设和发展必须立足于中国特色社会主义现代化建设与人的全面发展的实际，既要为推进我国社会科学发展服务，又要为人的全面发展提供目标导向和精神动力。

一是坚持主导性与多样性的辩证统一，研究发展主导性思想政治教育。主导性思想政治教育，是根据社会与人的发展的多样性提出的。坚持主导性与多样性的辩证统一，既是思想政治教育面临的前沿课题，也是思想政治教育所要坚持的原则。主导性与多样性是社会与人发展的基本样态，其关系实际上是普遍性与特殊性、一致性与差异性的辩证。现代社会是一个多元文化交汇、价值观念多样、发展方式不同的社会，尊重、促进多样性发展是现代社会的特征。同时，在信息社会化和文化多元化条件下，仅仅强调多样性而忽视主导性，则容易迷失主导方向，一些人不同程度存在的理想信念模糊、价值取向扭曲、诚信意识淡薄等问题，很大程度上是主旋律教育跟不上时代发展的需要造成的。因此，思想政治教育学科既要研究坚持思想政治教育主导性的内容与方式，即研究坚持市场体制和经济全球化发展的国家政治主导，对外开放和多元文化激荡中的民族文化主导，科技发展和社会信息化条件下的人本主导，社会多样化和个体特色化发展的社会主义核心价值主导，又要研究促进社会与人的多样化发展。既要吸取过去只讲主导性、排斥多样性的教训，也要防止只讲多样性、忽视主导性的倾向。坚持在社会主义意识形态一元主导的前提下发展多样性，在发展多样性的基础上坚持主导性。

二是坚持以人为本思想，研究发展人本思想政治教育。我们党提出的以人为本，坚持全面、协调、可持续发展的科学发展观，其内涵是极其丰富的，其中以人为本则是科学发展观的核心，更是思想政治教育的根本宗旨。坚持思想政治教育以人为本，就是既要把人作为教育的对象，又要把人作为教育的主体；既要把人的全面发展作为社会和人的根本目标与根本利益，又要把人的全面发展作为社会发展的基础；既要尊重人、关心人，又要培养人、教育人。思想政治教育学科围绕人的全面发展，有一系列前沿课题值得深入研究。

三是坚持现实性与虚拟性的辩证，研究发展网络思想政治教育。网络社会的到来和虚拟空间的发展，把网络思想政治教育的探索与建设提上了日程。在网络这个新空间，虚拟实践是现实实践的延伸、优化和发展，人们在虚拟实践活动中形成的各种关系称之为虚拟关系。虚拟实践和虚拟关系构成了人们在虚拟领域的学习、工作、生活和交往方式。因此，网络领域的出现和发展，不仅为人们开辟了一个新的生存与发展空间，而且对人们现实的学习、工作、生活和思维方式产生了广泛而深刻的影响。这种新的空间与新的影响成为思想政治教育学科必须面对和研究的新课题。同时，网络作为信息传播、交流的集散地，作为信息选择、整合的优化场，作为关系调节、时空运筹的新领域，不仅可以提供丰富的信息资源，扩大人们的知识视野和交往空间，而且可以通过比较和借鉴，优化发展方式和培养能力。网络的这些特性与功能也为思想政治教育创设了一个新领域。思想政治教育如何根据网络的特点，研究虚拟空间思想政治教育的新理论、新形式、新方法，发展网络思想政治教育功能，把现实性教育与虚拟性教育结合起来，是思想政治教育学科亟待研究的课题。

还有坚持面向世界与立足民族发展的辩证、精神文化彰显与人文精神缺失的失衡、人的发展便捷与人的发展阻抗的矛盾、社会环境影响与思想教育作用的互动、教育隐性功效与教育显性释放的关联等问题，都需要深化和系统研究。

（作者：复旦大学马克思主义研究院特聘教授，中山大学社会科学教育学院教授、博士生导师）

文化冲突中的心理演变与思想政治教育的自觉策应

周　鸣

大学是当今文化变革时代文化冲突最为集中的所在，而大学生是感受当今剧烈文化冲突最为直接的群体。多质性的文化在校园内外交织碰撞，不仅影响着当代大学生的思想意识，而且影响着他们的价值观念与行为方式，他们或者选择了不同的价值观念与行为方式而走向心灵的解放；或者因为难以选择，又无法平息已然发生的冲突，而陷入心灵的困境。面对这样的状况，大学的思想政治教育应该有着清楚的了解，更应该反省自身的文化观念、文化立场与教育行为，并在这些冲突面前作出自觉的策应、自觉的调适。这不仅是解决大学生文化心理冲突所形成的问题的必需，而且是提高自身教育价值的必需。

一、大学生文化心理冲突的基本状态

在近几年的思想政治教育研究以及心理普查、心理咨询过程中，我们明显地感受到大学生群体在大学这个最具有文化气息的地方，经受着来自于多方面的、不同质性的文化冲击。冲击之下，有的可能以平和的心态做逐渐的甄别、选择与吸纳，并将其中富于生机的文化元素为我所用；有的则在冲突之中或偏执一隅，或无法调和，或迷失自我，乃至于酿成心理问题、心理疾患。如果暂时撇开个人因素、人际关系因素不谈，仅从这种心理冲突的角度来审视，与大学生心理状态密切相关的文化心理冲突至少有以下几个方面：

（一）东西方文化交织形成的心理冲突

东西方文化在思想本质上有许多互通之处，那是人类思维与思想的相通性所致，也是人类自我认识、自我改造、自我完善的共同追求所致。但是，东西方文化的差异也非常明显，尤其是在价值观、历史认识论、政治认识论、社会认识论等方面有着比较大的差异。这就是文化的“通性”与“间性”的问题。本文无意于去梳理这些差异的具体所在，却必须进一步指出：改革开放以来，大学生以最为积极的心态接受西方文化，已经在相当大的程度上使他们的价值观与认识论发生了与我们的期望不同的改变，而我们在思想政治教育之中所坚守的传统文化观念以及符合于现代中国需要的特色化的现代文化观念，必然与之形成激烈的冲突。这种冲突也必然会影响到学生的思想认识与人生态度，甚至于伴随着其他影响因素的介入，有可能导致诸如偏激、不满、愤懑等等情绪的形成，并迫使他们改变学习态度和生活行为。

（二）传统与现代文化更迭形成的心理冲突

虽然我们民族的传统文化在某种程度上已经得到高校和社会的高度重视，但是无法回避的事实却是我们正体验着传统与现代文化更迭所形成的心理冲突。比如，传统文化观念中诚信、节义、孝敬等一些重要的人格信条在与特定的新文化氛围中形成的新人格信条相互碰撞。又如，传统的价值观中君子固穷、以义制利的观念在与急功近利、追逐私欲的潮流相撞击。此外，传统审美观念中以对称为美、以和谐为美、以雅致为美的观念，在与种种反美以为美的观念相矛盾。这些不仅表现在观念形态上，并且以新的格言形式在大学生中流布，甚至已经相当充分地体现在他们的行为当中。毫无疑问，文化是一种在历史传统的基础上不断演变的精神现象,我们不能否认古今文化的碰撞,会导致许多新的文化质素的产生,会推动我们民族思想与文明的前行,但我们又不能不重视传统文化观念的良质如果被丢弃可能造成的巨大缺憾。而古今文化更迭所带来的心理冲突,自然应该成为我们思想政治教育必须面对的重要现象。

特别需要指出的是,我们目前的学校教育、家庭教育,我们的思想政治教育还在比较大程度上秉持着传统文化背景下形成一些精神与观念,我们都在试图用我们曾经认可的那些文化内容匡正不断变异的大学生的观念与行为。我们或可能常常以过来人的口吻和先验者的认识教育年轻人"我们过去如何如何,所以你们应该如何如何",然而,我们正遭遇着强烈的反击:"这都什么年代了,你们还是老一套的思想!"于是心理冲突就有可能酿成心理深层的难堪,有可能影响到外在行为的叛逆。

(三)"政教"文化与娱乐文化碰撞形成的心理冲突

不论在什么时代,什么国度,作为公民都必须面对自己所置身其中的"政教"文化,包括社会制度、主导思想、公众行为等等方面的"政教"文化都必然以巨大的内在传递力量和外在输送力量到达于公民的心灵。我们的思想政治教育即是在大学里传输"政教"文化的最直接、最核心的部分。我们设置了一批相关的必修性课程,我们规定了基本的课程内容,我们在按照既定的口径与步骤向学生进行楔入性"教育",我们也按照这种"政教"文化观念在学生管理之中推行我们的教育。

然而,正像我们每一个人都能感受到的那样,另一方面,以娱乐为主旨,以放弃思想、拒绝崇高为特征的娱乐文化却在以极为强势的吸引力、极为快捷的感染力影响着年轻的大学生。如果说这也是一种教育的话,它是以自然化传输与自愿化接受为特征的,而它与政教文化碰撞所形成的心理冲突,也不断地反映在大学生对人生的认知、对世界的评判上。

(四)城乡文化差异形成的心理冲突

大学生来源于界域区别非常明显的两大块:城市与乡村。这个很自然的现象所引起的影响过去并没有得到应有的注意,但是,在大量的接触中,我们感受到城乡文化差异在大学生中所可能形成的心理冲突。中国的城市是文化程度相对较高的区域,也是经济生活条件远高于乡村的区域,它所形成的文化观念相对来说进步一些、科学一些,虽然城市也存在着诸多的文化缺陷和文化陋习。中国的乡村文化和乡村经济也在不断地发展,然而相对于城市来说,它毕竟还要滞后很多。尤其是长久的历史文化积淀在乡村所形成的观念误区还被家长们程度不同地传导给他们的后代。他们的后代带着明显的乡村文化烙印来到城市大学中学习,并几乎一致地期望自己通过大学的教育,将来走出农村,融入城市,使自己和后代都成为城市人。

然而,他们又要经受城乡文化差异所带来的心理冲击。比如:在福建农村非常顽固而普遍地流行着男儿传宗接代的观念,读书是为了赚钱,会赚钱不必太多读书的观念,上大学就是为了改变农村身份的观念,等等,这些观念深刻地影响到他们的子弟,使他们在大学与城市文化的氛围之中,就多了一些包袱,形成一些不易排除的焦虑。焦虑或可能转化为压力与动力,又有可能转化为心理障碍与问题。

如此等等,这些文化心理的冲突,已经成为大学生心理问题的可能诱因。而"这些冲突不仅难以认识,不仅使人感到无助无望,还具有叫病人害怕的分裂其人格的力量"。我们的思想政治教育在实践中或者关注到了、认识到了,或者还没有予以应有的关注,没有对这些激烈的文化心理冲突予以清醒的认识。

二、思想政治教育应对文化心理冲突应有的文化省察

在充分认识这些文化心理冲突及其与大学生心理关系的基础上,思想政治教育则应该进一步作出自身的文化省察。也就是说,我们的

思想政治教育也一直处于改革之中，但是，往往只是一些枝节的、方式方法上的有限改革，要面对大学生如此剧烈而复杂的文化心理冲突，就需要站在更高的视点上，对自身进行必要的文化省察。之所要进行这样的文化省察，思想前提是，大学教育在整体上应该是一个既配置科学而又充满了内在自由的文化体系，而思想政治教育已经被安置在这个体系之中，所以，应该通过自身的省察发现与这个体系的矛盾之处，发现其与学生文化心理冲突的纠结之处，以便寻求从根本上改变自己的有效途径。

首先，应该省察到，在这些文化心理冲突之中思想政治教育是作为冲突的一方，强行介入到学生的心理活动之中，还是作为冲突的分析者与调停者和学生一起面对这些冲突，并寻求冲突的解决办法？这样讲所涉及的事实是，纵然学生的文化心理冲突是由各种社会影响、各种文化因素介入所形成的。但是，当我们的思想政治教育面对这些冲突的时候，我们或可能没有把自己当作冲突的分析者与调停者，以科学教育的心态和智者的思想帮助学生认识这些冲突，平息这些冲突，甚至学会从这样的冲突中获得思想与情感的生机，相反地我们可能因为自身的文化立场、文化观念的束缚，恰好成为介入这冲突的一方，加剧了这样的冲突。因为，我们的思想政治教育要坚守明确的教育目标，要坚守主导性的价值观念，要坚守既定的思想认识。

其次，应该省察到，大学教育的文化体系是一个以科学研究为基础，以思想的自由论争为特征，以智慧探寻与传导为目的的文化体系，这是它得以构成的必然规律，也是它能否健康发展的关键。那么思想政治教育不论是其课程教学，还是其管理教育，都应该融入这个体系之中，并与这个体系在思想上、认识上达成实质上的一致。这样说，并不意味着要求思想政治教育放弃它的主导性价值观，放弃它对党和国家的根本利益所承担的教育责任。而是说，它应该在思想本质上，把自己也化为大学教育整体的一个有机部分，同样用科学研究的态度、自由论争的方式来开启学生的智慧，来传导自己的主导性价值观，并实现自己的教育目的。

遗憾的是，我们在这一方面还做得非常不够，或者还留有巨大的欠缺。比如说，当我们的主导价值观及其规约下的社会政治意识，在我们的思想政治教育课堂上得到体现的时候，我们明显感到我们的社会政治意识受到了社会政治现实的严峻挑战，如果我们不能科学地直面这种挑战，却期望以大剂量“说教”与“道德独自”来赢得大学生的教育信任，就会变得非常困难。

目前大学的教学方案中，普遍设置了五到六门之多的思想政治教育课程，这些课程在事实上都往往与其他的基础课程、专业课程处于不太容易契合的状态。所以，如果我们不能对此进行省察，那么，在整个大学教育文化体系面前，在严峻的社会现实面前，我们的思想政治教育很可能变得既强悍而又无力，既丰富而又苍白。

再次，应该省察到，我们的思想政治教育的楔入性、重复性教育与拒纳性接受的冲突，已经成为思想政治教育低效化的又一个重要原因。笔者曾在拙文《接受心理的时代变化与高校思想政治教育变革》中指出：“不论思想政治教育有着怎样的主导性、原则性、严肃性等等特征，都应该追求它的实效性。而当今大学生接受心理发生巨大变化，引起了他们心理期待的改变，如果我们不重视这种改变，并在教育实践中体现出我们的改变，就极有可能引起他们在接受教育过程中的心理失落，并逐渐演变为对我们的思想政治教育的消极对待和疲惫应付，自然就会降低我们的教育效果。”我认为，这种现象并没有得到改变。

非常清楚的事实是，现今学生从中学起，就要重复地面对许多思想政治教育类课程的教育，要接受许多相关的考试。这种教育到大学阶段更为密集、更为强化，并一直延伸到他们的完全可以进行自我研究的硕士、博士阶段，他们的接受心理已然疲惫，甚至于产生了拒纳性心理。所以，如果我们对这一点没有足够的察省，改革的效果自然难能体现。同时，在前文所提到的“政治文化与娱乐文化的心理冲突”之中，如果我们还是简单地据守着政治文化的立场，却不能适应大学生中已经普遍形成的“愉悦接受的心理文化”，思想政治教育的低效化现象恐怕难以改变。相反地，有一些优秀的思想政治教育的学者，他们的课程之所以受到普遍欢迎，正是因为他们具有了这样的文化省察意识，并极力将自身在实质上融入大学教育的文化体系之中。

三、思想政治教育的文化融入

当我们对当今大学生的文化心理冲突有了足够的省察，对思想政治教育本身也有了足够的省察之后，应当进一步思考思想政治教育在根本策略上的改变，尤其要思考文化融入的问题。

所谓思想政治教育的文化融入，是指当它与理想的大学教育文化体系之间存在着一定的间隔的时候，应该考虑从一些根本的方面对自身作出重大调整，力求使自己能够成为我们理想的大学教育文化体系的一个有机组成部分，并且能够与之相通相应、相得益彰，使整个教育文化体系发挥出更大的实践能量。

当然，这里之所以用了“理想的大学教育文化体系”的说法，又是因为，我们现今的整个大学教育文化体系同样存在着各方面的问题，即使是本来纯粹的科学技术教育，在课程设置上、主导思想上、教学方式上也都有明显的或特别重大的缺陷，因而也有纠错补漏的必要，只是思想政治教育与这种理想的教育文化体系的间隔更需要引起我们的高度关注，更需要积极地调整自身的姿态，使自己真正融入这个体系之中，至少一定程度上缩小这种间隔，既实现自身的教育目的，也为整体的教育文化背景下更优质的学生培养起到推动作用。

那么，从大学生文化心理冲突的现实出发，从理想的大学教育文化体系的构想出发，思想政治教育在深刻的文化省察之后，要实现自身的融入，至少需要具备以下方面的新的思考和作为：

（一）实现从思想楔入到思想交流的转变

大学生的文化心理冲突，其实最主要的不是心理感受的深层冲突，而是思想认识上的深层冲突。也就是说我们在教育中据以为准则的思想与当今大学生多元的、不同质性的思想发生了相当程度的冲突，甚至还刺激出一些尖锐的对立，这是我们不应该回避的事实。那么在这种情况之下，如果我们还是坚持思想楔入式的教育立场，我们不仅解决不了与他们之间的冲突，反而有可能加剧这种冲突。所以，必须实现从思想楔入到思想交流的转变。

这里所说的思想交流不是一般意义上的思想交流，而是指我们在教育的过程中，重要的不是推出自己的思想，而是直面我们的思想与学生的真实思想的差异，将这些差异作为我们教育的前提和认识的前提，去力求寻找缩小这种差异的途径，即使我们还没有办法说服那些和我们隔着代沟、发生着心理激变的年轻人，让他们认可我们的思想，至少要让他们能够明白：我们和他们所秉持的思想都有存在的理由，都需要给予充分的理解，然后在此基础上，各自修正自己，使双方在朝向真实、朝向真理的探寻中各自都能有所进步。

（二）实现从文化自守到文化包容的转变

这是与前一种转变相随而来的另一层面上的思考。我们的思想政治教育不仅在长久地向受教育者楔入我们的思想，而且还坚守着我们的思想观念、文化立场，我将其称为文化自守。而当我们要将其转变为真正的思想交流的时候，那我们就必须同时做到从文化自守到文化包容的转变。

所谓的文化包容是指我们必须以宽容的心态理解各种质性的文化在大学生心理中发生的回应，容许他们以各种各样的文化立场面对世界、面对我们、面对我们的思想政治教育。这种包容是非常重要的。这不仅是因为，大学教育文化的精神本来就应该是学术自由、思想包容，只有这样我们才能真正地融入其中；而且是因为即使在主导性极强的思想政治教育活动中，我们的包容能够在质性不同的思想与文化的交流或交锋中激发出新的思想，产生出具有生命力的思想成果，当然，也能够展示我们思想政治教育的充分自信。

(三)实现从思想教化到智慧开启的转变

大学教育文化的本质是启人以思，更是启人以智，也就是说必须是一种充满着智慧的以启迪学生更高智慧为目标的教育。我们的思想政治教育要想融入这个体系之中，当然也必须是以自身的智慧去启迪学生的智慧，如果仍旧以教化为目的，就有可能游离大学教育文化的根本精神。

而从大学生的文化心理冲突与思想政治教育的关系来说，同样地，我们必须在直面这些冲突的时候，以充满睿智的政治观、历史观、社会观或者价值观，以充满着睿智的表达方式释疑解惑、激浊扬清，来帮助他们建构对于世界和人生的信仰与热情，建构对于自我、社会、历史、政治等等方面的科学认识，那样我们的思想政治教育也才能成为真正的大学教育文化体系的不可或缺的部分，我们也才能在解决学生的心理冲突、心理问题中起到应有的作用。

当然，要做到这些，首先应该解决的正是思想政治教育本身与学生心理、与大学教育文化体系之间的冲突。这样的冲突解决了，才能去面对学生的文化心理冲突，面对学生种种的心理问题。“能够在体验冲突时又意识到冲突，尽管这可能叫人痛苦，却可以说这正是一种宝贵的才能。我们愈是正视自己的冲突并寻求自己的解决方法，我们就愈能获得内心的自由和更大的力量。”这应该是我们的思想政治教育根本策略的一个重要方面。

（作者：集美大学心理咨询中心副教授）

十六大以来加强高校思想政治理论课教师队伍建设的重大举措

江　涌　姜建成

高校思想政治理论课是对大学生进行思想政治教育的主渠道。提高思想政治理论课教育教学质量和水平,关键在教师。党中央、国务院历来十分关心重视大学生思想政治教育和思想政治理论课教师队伍建设。党的十六大以来,党中央、国务院采取了一系列加强思想政治理论课教师队伍建设的重大举措,着力营造关心、支持思想政治理论课教师队伍发展的导向和氛围,思想政治理论课教师队伍建设取得了重要的阶段性成果。

一、把加强教师队伍建设作为一项重大战略任务

党的十六大以来,党中央把高校思想政治理论课教师队伍建设作为办好社会主义大学,培养中国特色社会主义事业合格建设者和可靠接班人的战略任务加以重视。2004 年 8 月,中共中央、国务院颁发了《关于进一步加强和改进大学生思想政治教育的意见》,2005 年 1 月召开了全国加强和改进大学生思想政治教育工作会议。会议与文件明确提出了一系列加强和改进思想政治理论课教师队伍建设的措施,对课程设置、教学学分、经费投入、业务培训、教师待遇、职务评聘、表彰奖励等进行了总体安排。经党中央同意,中宣部、教育部于 2005 年 2 月下发了《关于进一步加强和改进高等学校思想政治理论课的意见》,确立了思想政治理论课教师的学科地位,提出了“努力造就一支高素质的高等学校思想政治理论课教师队伍”的建设目标。2008 年 9 月,中宣部、教育部下发了《关于进一步加强高等学校思想政治理论课教师队伍建设的意见》,提出“要建设一支政治坚定、业务精湛、师德高尚、结构合理的教师队伍”。这是新中国成立以来加强思想政治理论课教师队伍建设的第一个专门文件,对高校思想政治理论课教师是莫大的鞭策和鼓舞。此后,中宣部、教育部又先后下发了《关于做好高校思想政治理论课骨干教师参观考察活动的通知》、《关于高等学校研究生思想政治理论课课程设置调整的意见》等文件;国务院学位委员会出台《关于进一步加强高校马克思主义理论学科建设的意见》;教育部下发了《关于印发〈高等学校思想政治理论课建设标准(暂行)〉的通知》等文件。为贯彻落实上述会议与文件要求,各地各高校普遍建立、健全思想政治理论课目标考核体系,制定切实可行的思想政治理论课教师队伍建设标准,把思想政治理论课教师队伍建设的要求、措施、效果等指标与教学业务工作一起量化、具体化,并层层分解到学校管理和教师教育教学的具体岗位,真正做到思想政治理论课教师队伍建设与思想政治理论课教育教学工作同时部署、同时考核、有效落实。党的十六大以来,出台了一系列有关加强思想政治理论课教师队伍建设的文件,为全面提高思想政治理论课教师队伍的整体素质和综合能力奠定了坚实的基础。

二、大力提高教师队伍的理论素养和政策水平

抓好教育,搞好培训,是提高思想政治理论课教师队伍自身素质的关键。党的十六大以来,党中央高度重视思想政治理论课教师理论

水平、政策水平和实际能力的提高,加大了思想政治理论课教师的培训力度,开展了大规模培训思想政治理论课骨干教师的工作。中宣部、教育部在《关于进一步加强和改进高等学校思想政治理论课的意见》中明确提出:"要建立和完善思想政治理论课教师队伍培训体系,加强高等学校思想政治理论课教师队伍建设。采取脱产进修、攻读学位、名师指导、社会考察、国内外学术交流等措施,力争在5年内培训数百名学术带头人和数千名骨干教师。"中央六部委联合举办哲学社会科学教学科研骨干研修、教育部举办全国思想政治理论课骨干教师研修,培养高校思想政治理论课教育教学骨干力量。教育部和地方各级教育行政部门积极组织教师通过脱产或半脱产进修、名师指导、国内外学术交流等形式到重点高等学校进修深造,鼓励和支持教师脱产或在职攻读博士、硕士学位,提升队伍的学位学历层次,大力提高思想政治理论课教师的整体水平。特别是今年6月,教育部印发了《普通高等学校思想政治理论课教师队伍培养规划(2013—2017年)》,对未来5年高校思想政治理论课教师队伍培养培训进行顶层设计,统筹规划。党的十六大以来,积极组织思想政治理论课教师培训,对于抓好思想政治理论课教师的自身理论武装,运用马克思主义的立场、观点、方法观察、分析社会矛盾和问题,完善教师知识结构起到了重要的导向作用。

三、为教师队伍建设搭建有效的工作平台

建立马克思主义理论一级学科,是党和国家从巩固和加强马克思主义在意识形态领域的指导地位、进一步完善哲学社会科学的学科体系、加强思想政治教育工作者的培养、特别是加强和改进高校思想政治理论课教师队伍建设而作出的重大决定。2005年12月,国务院学位委员会和教育部下发了《关于增设和调整马克思主义理论一级学科及所属二级学科的通知》,正式确定增设马克思主义理论一级学科,下设五个二级学科。2008年4月,又在马克思主义理论一级学科中增设"中国近现代史基本问题研究"二级学科。2012年6月,国务院学位委员会印发《关于进一步加强高校马克思主义理论学科建设的意见》,提出将马克思主义理论学科建设成为我国哲学社会科学领域优势学科的明确目标。这一系列举措对于加强和改进高校思想政治理论课教师队伍建设将起到长期的基础性作用。通过重视马克思主义理论学科体系的研究,大力加强马克思主义理论研究和教师队伍的建设,凝聚学科人才,建设学科梯队,为建设高水平、高质量的思想政治理论课提供重要的学科保障,为培养高素质思想政治理论课教师队伍搭建了有效的工作平台。

四、积极组织思想政治理论课教师投身社会实践活动

多年来,思想政治理论课教师队伍建设的一个薄弱环节是教师缺乏社会实践,在课堂教学中出现理论教学与社会实践脱节的现象。为了丰富思想政治理论课教师的社会实践经验,拓展社会认知的渠道,2009年6月,中宣部和教育部联合印发了《关于做好高校思想政治理论课骨干教师参观考察活动的通知》,决定从2009年起,将有计划、分层次地组织高校思想政治理论课骨干教师投身社会实践,帮助高校思想政治理论课教师进一步了解国情,开阔视野,增强感性认识,促进理论与实践的结合,不断提高思想政治素质和业务素质。2009年7月,中宣部、教育部组织全国百名思想政治理论课骨干教师组成两个团队,分赴上海、苏州进行参观考察;2010年、2011年、2012年暑期,中宣部、教育部又分别组织全国200名思想政治理论课骨干教师赴苏州、广州、内蒙古以及四川汶川、上海等地参观考察。中宣部、教育部还要求各地各高校要积极创造条件,组织思想政治理论课教师开展社会实践、学习考察和学术交流活动,使教师进一步了解国情,了解世界,开阔视野,丰富教学素材。各地各高校连续多年统

筹组织思想政治理论课骨干教师到改革开放前沿、贫困落后地区、工农业生产基地调查研究,到革命历史纪念地、爱国主义教育基地学习考察,增加教师的阅历,增长教师的见识。今年5月,教育部下发《关于建立首批全国高校思想政治理论课教师社会实践研修基地的通知》,在全国建立首批12个思想政治理论课教师社会实践研修基地,为思想政治理论课教师开展社会考察研修搭建了高层次的平台,是思想政治理论课教师社会实践研修制度化、长期化的重要一步。十六大以来,思想政治理论课教师积极参加社会实践活动,深受教育,对于增强思想政治理论课教育教学的针对性、有效性起到了重要的保障作用。

五、大力宣传思想政治理论课教师的先进典型

榜样的力量是无穷的。在党中央的高度重视和亲切关怀下,在高校思想政治理论课教师队伍建设中,及时发现、树立了一批思想政治理论课教师的先进典型,并加大宣传、推广力度。特别是2007年4月、2008年2月,胡锦涛同志两次亲切看望正在住院治疗的海军大连舰艇学院教授方永刚同志,高度赞扬方永刚深入学习、坚定信仰、积极传播、模范践行党的理论,是对思想政治理论课教师最大的关心、最大的鞭策。中宣部、教育部、总政治部发出《关于贯彻落实胡锦涛同志重要指示精神,广泛开展向方永刚同志学习活动的通知》,提出要以方永刚同志为榜样,牢固树立坚定的理想信念,提高为思想政治理论教育事业服务的责任感和使命感。从中央到地方在各级教育系统各类教师表彰体系中,对思想政治理论课教师的评比确定相应比例,树立优秀教师典型,宣传他们的先进事迹,集中进行统一表彰,大大增强了思想政治理论课教师的荣誉感、责任感和使命感。除方永刚外,近年来高校思想政治理论课战线还涌现出很多先进典型,如安徽师范大学的房玫、大连海事大学的贾风姿等。十六大以来,思想政治理论课教师受到高度重视,获得极高的荣誉,为发挥思想政治理论课教师教书育人的学科优势、不断完善思想政治理论课教师队伍建设的激励机制起到了积极的凝聚作用。

六、切实提高思想政治理论课教师的教学业务水平

2005年1月,中央政治局常委研究部署了高校思想政治理论课工作,讨论通过了新课程设置方案。中宣部、教育部《关于进一步加强和改进高等学校思想政治理论课的意见》明确提出,开设"马克思主义基本原理概论"、"毛泽东思想、邓小平理论和'三个代表'重要思想概论"(后调整为:"毛泽东思想和中国特色社会主义理论体系概论")、"中国近现代史纲要"、"思想道德修养与法律基础",并规定了相应的学分。为了提高新编教材质量,中宣部、教育部联合成立高校思想政治理论课教材编写领导小组,负责教材编写组织领导工作;成立了教材编审委员会,负责教材审议工作;以课程为单位组成教材编写课题组,课题组实行首席专家负责制。为适应广大教师教学需要,中宣部、教育部组织制作"精彩一门课"、多媒体课件等行之有效的辅助教材系列,形成包括基本教材、配套教材、电子音像类教材、教学示范等在内的立体化教材体系。在教育教学中,各高校注重发挥思想政治理论课教师的主导性,提高思想政治理论课教学水平,引导大学生健康成长,实现教材优势向教学优势的转化,不断增强马克思主义理论的说服力和感染力。十六大以来,思想政治理论课教师积极投身教学,效果明显,为建设高质量的思想政治理论课、培养高素质的创新型人才起到了重要的主导作用。

七、大力提高思想政治理论课教师的科学研究能力

为大力提高思想政治理论课教师的科研能力,中宣部、教育部明确将思想政治理论课的课程建设、教材建设、教学方法改革、教师队伍建

设、学科建设以及教学中重要理论和实际问题的研究等作为重要选题，列入人文社会科学研究规划中，推出一批高水平的思想政治理论教育教学研究成果。中宣部、教育部还明确要求，各地各高等学校要设立专门项目，引导和帮助思想政治理论课教师开展科学研究。为提高思想政治理论课教师整体科研水平和教学能力，教育部还专门设立人文社会科学研究专项任务项目（高校思想政治理论课），围绕教学搞科研，搞好科研促教学，重点资助高校思想政治理论课教学科研包括“精彩一课”、“精彩教案”、“精彩多媒体课件”等，充分调动思想政治理论课教师教学科研的积极性、主动性和创造性。各有关高校切实加强思想政治理论课教学团队、科研团队建设，创造条件建设重点学科和研究基地，为思想政治理论课教师单独设立研究课题，引导思想政治理论课教师关注社会经济发展的学科前沿问题和大学生思想政治教育相关的重大现实问题。十六大以来，思想政治理论课教师的科研能力有了较快的提升，为思想政治理论课教师的教学提供了坚实的学术支撑。

八、形成发挥思想政治理论课教师队伍作用的政策导向

《关于进一步加强和改进高等学校思想政治理论课的意见》明确提出：“要改善和提高高等学校思想政治理论课教师的待遇。及时向高等学校思想政治理论课教师传达党和国家的有关文件和政策，在阅读有关文件资料方面提供便利。各地及高等学校在职务聘任、科研立项、国内外学习进修和物质待遇等方面要充分考虑思想政治理论课教师工作的特点，在政策上予以扶持。要落实高等学校思想政治理论课的人员编制、经费投入和教学科研条件，创造良好的工作环境。”文件对思想政治理论课教师队伍建设作出了明确、具体的规定，要建立、健全思想政治理论课教学机构，加强思想政治理论课学科建设，进一步完善教师职务职称评聘体系，改善和提高教师待遇，使思想政治理论课教师工作有条件、干事有平台、发展有空间、待遇有保障，有力地调动了思想政治理论课教师的积极性、主动性和创造性，为教师队伍建设提供切实的政策和制度保障。各地各高校积极贯彻落实党中央的要求，切实加强对思想政治理论课教师队伍建设的领导，建立了思想政治理论课建设领导责任制，健全了一套行之有效的加强思想政治理论课教师队伍建设的体制、机制，为建设一支高素质的思想政治理论课教师队伍创造了条件、提供了平台，使思想政治理论课教师有想头、有奔头、有盼头，集中体现了党和国家对思想政治理论课教师的重视和关心。十六大以来，思想政治理论课教师心情舒畅、奋发有为，对于增强思想政治理论课教师队伍建设的实力、活力和凝聚力，建设一支可以让党放心、让人民放心、让学生满意的教师队伍起到了关键性作用。

加强思想政治理论课教师队伍建设是一项长期而艰巨的任务，需要科学制定并有效落实思想政治理论课教师队伍建设发展规划。我们应当以党的十八大为新契机、新起点，从时代和战略发展的高度，把党中央有关加强思想政治理论课教师队伍建设的方针政策进一步落到实处，以选聘配备为基础，以培养培训为途径，以学科建设为支撑，以制度建设为保障，大力提升思想政治理论课教师队伍的整体水平，培养一批坚持正确方向、理论功底扎实、善于联系实际的教学领军人才、中青年学术带头人和骨干教师，为培养21世纪中国特色社会主义现代化合格建设者和可靠接班人作出思想政治理论课教师新的贡献。

（作者单位：苏州大学）

网络境域下大学生社会主义核心价值观认同探析

张　琼

胡锦涛在党的十八大报告中提出要加强社会主义核心价值体系建设，“倡导富强、民主、文明、和谐，倡导自由、平等、公正、法治，倡导爱国、敬业、诚信、友善，积极培育和践行社会主义核心价值观”。建设社会主义核心价值体系，培育社会主义核心价值观，是引领社会思潮，应对西方价值观冲击，凝聚共识的现实需要。大学生是民族的希望，祖国的未来，在当今网络时代，互联网对大学生人生观、价值观形成和发展的影响日益突出，大学生能否把社会主义核心价值观转化为精神信仰、自觉行为和价值追求，是新世纪高校培养人才的重要任务。“没有社会上大多数人对社会核心价值观的广泛认同，就没有社会的稳定。”网络文化背景下加强大学生对社会主义核心价值观的认同，是高校教育工作者应该深入思考和研究的问题，也是新时期建设文化强国、和谐社会的必然要求。

一、大学生对社会主义核心价值观认同的重要性

（一）促进大学生全面发展的现实需要

实现人的自由而全面的发展是共产主义的理想，是科学社会主义的本质特征。党的十八大报告将科学发展观确立为党的指导思想，提出要更加自觉地把以人为本作为深入贯彻落实科学发展观的核心立场。坚持以人为本的落脚点就是为了实现人的全面发展。以人为本就是以大学生为主体，把实现大学生的根本利益，促进大学生的全面发展作为思想政治教育的最高目的，把社会主义核心价值观的认同与促进大学生全面发展有机结合起来，通过培养社会主义核心价值观，提升大学生对社会主义核心价值观的认同，帮助大学生养成良好的道德品格和行为习惯，从而使大学生更好地成长成才、全面发展。

（二）建设社会主义文化强国的内在需求

从党的十七届六中全会首次从完整意义上制定“文化强国战略”，到党的十八大报告强调“建设社会主义文化强国”，我们党对文化建设规律的认识越来越全面、越来越深刻。社会主义核心价值观是社会主义根本属性的价值反映，是社会主义文化的精华，只有最广大人民形成对社会主义核心价值观的认同，才能形成建设社会主义的强大合力。大学生作为社会主义建设者的主力军和接班人，必然要求形成对社会主义核心价值观的认同，自觉地将社会主义核心价值观融入到自身的价值体系中，在社会实践活动中能够以社会主义核心价值观作为标准来规范自己的活动，并使之内化为实际行为选择的自觉价值取向。

（三）建设和谐社会的本质要求

构建社会主义和谐社会是中国社会主义现代化建设的重要内容，构建和谐社会需要有强大的民族凝聚力，需要全国上下同心同德，按照“五位一体”的总体布局，促进社会各项事业加快发展。社会主义核心价值观一旦被认同，就会成为一股强大的向心力与凝聚力，使国家、民族的价值取向一致并形成一个坚强的堡垒。中国正处于社会转型期，全球化进程的加速以及西方各种错误思潮的涌入，都对社会主义核心价值体系造成一定冲击。为应对冲击，坚定人们共同的理想信念，就必须加强人们对社会主义核心价值观的认同。大学生作为中国特色社会主义事业的建设者和接班人，理应自觉认同

社会主义核心价值观,并用来指导自身的行动,以保持与时代同步。

二、网络境域下大学生社会主义核心价值观的认同困境

社会主义核心价值观是我国占主导地位的价值观念,在我国社会价值体系中处于核心地位,是社会主义制度的内在精神和生命之魂。党的十八大报告对社会主义核心价值观进行了最新概括,作为社会主义事业的建设者和接班人,当代大学生对社会主义核心价值观普遍认同,但受网络文化的影响,还不同程度地存在认同困境。

(一)国家层面:对富强、民主、文明、和谐的社会主义现代化国家的目标普遍认同,但一定程度上存在政治信仰迷茫化倾向

生产力是社会发展的决定力量,马克思恩格斯设想的未来共产主义社会正是建立在生产力高度发达基础上的社会,"随着个人的全面发展,他们的生产力也增长起来,而集体财富的一切源泉都充分涌流之后——只有在那个时候,才能完全超出资产阶级权利的狭隘眼界,社会才能在自己的旗帜上写上:各尽所能,按需分配。"生产力的巨大增长和高度发展,物质财富充分涌流,是实现共产主义社会的根本条件和基础。我们坚持科学发展观,提出建成富强、民主、文明、和谐的社会主义现代化国家目标,就是在生产力发展的基础上实现经济、政治、文化、社会发展的目标,正是遵循社会发展的普遍规律,基于对未来共产主义的美好设想。然而在网络技术迅速发展的今天,互联网在促进国际文化交流的同时,也为国际强势集团构建新的意识形态霸权创造了条件。由于美国等发达国家主导互联网,凭借技术和信息传播等优势推销自己的意识形态,网络上的各种信息隐含并充斥着西方的价值观念。当代大学生好奇心强,接受新事物快,长时间习惯于从网络获取信息,在西方文化冲击之下,造成了一定程度上的政治信仰迷茫化。一些大学生信奉西方民主,向往西方文明,追求民主形式而抛弃民主本质,对西方价值观念产生认同感,国家意识和民族情感弱化,甚至对社会主义前途感到困惑和迷茫。

(二)社会层面:对建立自由、平等、公正、法治社会普遍认同,但存在价值观念多元化、功利化趋向

人自由而全面的发展是马克思主义追求的终极目标,自由、平等、公正、法治体现了社会主义核心价值观在价值导向上的规定,反映了社会主义社会的基本属性,体现了现代社会的基本精神要素和价值追求。马克思恩格斯指出未来共产主义社会"将是这样一个联合体,在那里,每个人的自由发展是一切人的自由发展的条件。"作为社会主义国家,我们始终致力于维护自由平等、促进公正法治,并在实践中努力将之循序推进,发扬光大。当代大学生普遍认同自由、平等、公正、法治的价值追求,但在网络文化背景下显现出价值理念多元化、功利化趋向。网络文化作为开放的信息传递系统促成了网络信息的多元化,网络信息包含的多元文化特别是西方文化的渗透和侵袭,一定程度上使得崇尚个性自由与解放的大学生在价值观念上无所适从,造成价值观念的多元化、功利化,过分强调自我价值,奉行实用主义,重视自我利益而忽视对社会、对他人应尽的责任和义务。

(三)个人层面:对爱国、敬业、诚信、友善的精神品格普遍认同,但民族精神缺失、道德观念失范等问题有所显现

爱国、敬业、诚信、友善,涵盖了社会公德、职业道德、家庭美德、个人品德等各个方面,体现了社会主义核心价值观在道德准则上的规定。作为当代大学生,首先要爱国,爱国敬业是实现自身价值的内在修养条件,诚信是做人的根本,友善是人与人交往的道德要求,爱国、敬业、诚信、友善应是当代大学生的基本价值追求和道德准则。在网络文化背景下,网络的开放与自由使部分大学生容易跃过道德约束而放任自流,而网络交往的虚拟性容易使大学生沉迷

于虚拟空间的自由放纵、感官刺激，影响现实世界正常的人际交往和人格发展，导致部分大学生民族精神缺失，社会责任感和社会公德水准下降。一些大学生对爱国主义认知模糊，容易受外界影响而感情用事，难以理性把握爱国尺度；部分大学生习惯以自我为中心，缺乏宽容友善的胸怀，道德底线设置过低甚至道德观念缺失，混淆善恶、曲直、美丑，造成思想认识在一定程度上的偏离。

三、网络时代强化大学生社会主义核心价值观认同的途径

价值观作为意识形态范畴，属于一个国家文化体系中深层的精神文化，它的形成往往需要一个长期的历史进程，而它一旦形成并达到系统完备，就会成为人们自觉遵循的价值标准并影响人的终生。加强社会主义核心价值观的认同，尤其是提升大学生对社会主义核心价值观的认同，对转型中的中国社会的发展起着非常重要的作用。在网络迅速普及的今天，应对新的挑战，推进大学生对社会主义核心价值观认同，需要从思想理论灌输、校园文化渗透、实践活动养成等三个方面着手。

（一）思想理论灌输

哲学家康德指出，人们知道什么是真理不等于知道为什么这是真理，知道为什么是真理不等于知道应当怎样去做，知道怎样去做不等于愿意并真正去做。思想理论灌输不仅要解决知与不知、懂与不懂的问题，更要解决认同的问题。认同是指主体对国家的重大问题或公共事务具有相同或相似的看法、主张，是一种选择的过程。当主体对自己选择的内容认同后，才可能主动地将其内化为自己的意识并决定去实施，因此，思想理论灌输是必要的。对大学生进行系统的思想理论灌输，是培育社会主义核心价值观、加强社会主义核心价值观认同的重要途径。高校要承担起培育大学生社会主义核心价值观的历史使命，站在时代前列，主动抢占互联网这一阵地，破除“消极封堵”，系统地在网上进行正面的理论灌输。

第一，构筑网上社会主义核心价值观教育基地，搭建网络教育平台。“互联网站要成为传播先进文化的重要阵地”。要运用网络技术手段和网络德育资源开展学校社会主义核心价值观培育工作，加强校园网建设，构筑学校社会主义核心价值观教育虚拟阵地。要建立一批有质量、有层次、有特色，并为大学生所喜闻乐见、能够吸引大学生的网站作为网上核心价值观教育基地，要将马克思主义指导思想贯穿于理论网站的每个板块，向大学生传播马克思列宁主义、毛泽东思想和中国特色社会主义理论体系，在网络基地上营造主流文化氛围，鼓舞教育大学生，塑造美好心灵。内容上，要有计划、有系统地向大学生传授社会主义核心价值观的理论内涵：要选取一些理论性强、对大学生具有深刻启迪价值的“经典”，如马克思主义的经典著作，中国共产党的历史文献，中国优秀传统文化等；要加强对社会主义核心价值观相关政策的解读，使大学生领会社会主义核心价值观的内涵，明确国家对社会主义核心价值体系建设的要求，增强社会主义核心价值观教育的针对性与实效性。形式上，网络教育平台应充分利用现代数字技术，善于把计算机技术、网络技术、人工智能技术、信息技术和系统科学应用于核心价值观教育工作的创新领域，利用声、文、图、像等手段综合表达教育内容，增强社会主义核心价值观教育的吸引力和感染力，使大学生自觉地经常到基地来进行学习或讨论。

第二，开展网上社会主义核心价值观专题教育。开设社会主义核心价值观专题栏目，可以将践行社会主义核心价值观的先进事迹、模范人物和具有巨大影响力的历史事件，作为网站宣传内容的重点。通过网络技术平台对先进事迹模范人物的大力宣传，增强榜样教育在社会主义核心价值观网络教育中的作用。要贴近学生实际，采用身边的典型案例和个案剖析的方法，凸显社会主义核心价值观学习的重点和难点，克服宣传上的形式化，不断向感性化、日

常生活化转变，以达到入情、入理的教育效果；要开展形式多样的社会主义核心价值观专题教育网络讲座，利用网络开展社会主义核心价值观教育的相关讲座，通过政策解读和理论阐释等教育活动，明确社会主义核心价值观在我国文化建设过程的地位和作用，帮助大学生系统深入地学习社会主义核心价值观理论内涵，从而提高大学生社会主义核心价值观教育实效。

（二）校园文化渗透

曼纽尔·卡斯特认为，认同是在文化特质或相关的整套文化特质的基础上建构意义的过程。社会上各种文化形式都是意识形态的载体，文化作为载体始终在有效地传播着各种各样的思想信息。意识形态的传播主要有理论的形态和大众文化的形态，理论形态的意识形态往往需要严密的逻辑思考，而大众文化的特点则是浅显易懂、生动形象。根据尼尔·波兹曼的观点，我们的文化正在从以文字为中心向以形象为中心转变。人们更多地倾向于直接形象地接受事物而不愿意进行深入的社会政治思考，因而作为我国主流意识形态核心内容的社会主义核心价值观，更多地需要通过大众文化来向多数民众传播。文化的力量特别是网络文化的力量正在成为推动教育进步的巨大动力。在网络文化背景下，提升大学生对社会主义核心价值观的认同，就需要借助校园文化来向大学生传播核心价值观。

第一，营造健康向上的校园网络文化氛围，为大学生提供良好的网上生活空间。要以科学发展观为指导，以党的十八大报告关于建设社会主义文化强国的要求为目标，确保社会主义核心价值观教育进网络工作有正确的政治导向；要教育引导大学生将上网的宝贵时间主要用于查阅学习资料、拓展理论视野等方面，端正大学生对网络的态度，自觉抵制网络上的不良内容，提高鉴别能力；针对网络上出现的一些事关国家大局以及一些敏感的意识形态等问题，必须及时对大学生进行积极引导，旗帜鲜明地维护国家安全，拥护党的领导，同时对错误的思想勇于开展批评；要多介绍优秀的民族传统文化和国外的优秀文化成果，使大学生进一步树立民族文化的认同感和自豪感，同时使他们了解世界各民族的优秀文化，拓宽视野。

第二，积极开展校园网络文化活动，丰富校园网的内容，为大学生创建一个丰富多彩的第二校园。网上核心价值观培育以大学生主动参与为前提，只有大学生积极主动地参与网上社会主义核心价值观学习活动，才能提升自身对社会主义核心价值观的认同。要调动大学生的积极性和主动性，就要尽可能地丰富校园网的内容，本着为学生服务的宗旨，将大学生的眼球吸引到校园网，把解决学生思想问题和解决实际问题结合起来，寓教育于服务之中，使大学生感到校园网可信、可亲、可用，使校园网能够满足大学生学习、生活、娱乐等多方面的需求，为大学生学习生活提供全面、优质和高效的服务，以减少网络上的不良信息对大学生价值观的影响。可以开展网上社会主义核心价值观学习讨论活动，定期在网上举行学习交流活动；开通网上心理咨询，为大学生解答择业、竞争过程中出现的心理问题等。通过开展校园网络文化活动，将社会主义核心价值观的理论内容渗透其中，使大学生在享受互联网传播信息便利、快捷的同时，加强对社会主义核心价值观的认同，增强政治敏锐性和政治鉴别力，提高思想理论水平。

（三）实践活动养成

马克思恩格斯指出："不是人们的意识决定人们的存在，相反，是人们的社会存在决定人们的意识。"网络文化背景下，大学生对社会主义核心价值观认同问题的产生，往往由他们的生存环境和条件所决定。大学生经常迷恋于网络，使他们既是生存于现实社会中现实的具体的人，又是生存于基于互联网络虚拟社会中虚拟的符号化人，成为虚拟化了的现实的具体的人。他们对核心价值观认同问题的产生既与他们生活于现实社会环境和条件相关，也与互联网不良虚假信息对他们的思想干扰有关。"全部社会生活在本质上是实践的。凡是把理论引向神秘主义的神秘东西，都能在人的实践中以及对这个实践的理解中得到合理的解决。”提升大学生对社会主义核心价值观的认同，就必须付诸社会生活、付诸实践，把解决网络问题与解决实际问题结合起来，让大学生在实践中感知、领悟社会主义核心价值观的深刻内涵。

第一，积极开展大学生社会实践活动，增强核心价值观认同的实效性。江泽民指出：“人的一生只能享受一次青春，当一个人在年轻的时候就把自己的人生与人民的事业紧密相连，他所创造的就是永恒的青春。”大学生社会实践活动是将学校所学知识与社会实践紧密结合起来，服务社会、施展才华、磨炼意志的大课堂。在网络时代，大多数“90后”大学生没有经历社会实践的磨砺，对许多问题的理解认识还不够深刻，容易受网络不良信息的诱导，一味相信网络上某些别有用心之人的蛊惑之辞，更难以从社会实践中去寻找解决思想困惑的答案，造成他们对社会主义核心价值观认同的困境。因此，积极开展大学生社会实践活动，是服务大学生成长成才、实施素质教育的有效途径，是增强社会主义核心价值观认同实效性、引导大学生健康成长的重要举措。近年来，中宣部、教育部、团中央等部委，结合时代特点，在大学生中广泛开展了各种主题的社会实践活动，这些社会实践活动，是大学生践行社会主义核心价值观的生动体现，为大学生提供了锻炼自我的机会。各高校应努力创造条件，为大学生提供各种平台参加社会实践活动，通过各类社会实践活动，引导大学生去获取新知识、新思想，去追求真理，使大学生在理论与实践的联系中做出既符合社会需要又有助于个性发展的选择，促进大学生对社会主义核心价值观的认同。

第二，网络与实践相结合，积极开展日常核心价值观实践养成活动。要坚持用马克思主义联系的观点来分析大学生对社会主义核心价值观认同困境中网络影响的因素，分析这些问题形成的原因以及网络与现实问题的关系。大学生因互联网影响而表现出来的对社会主义核心价值观认同的困境，以及表现出来的思想和行为问题，不仅仅是互联网本身所产生的，其中大部分的网络思想和行为问题是大学生现实思想和行为问题在互联网环境中的一种折射。因此，做好大学生社会主义核心价值观认同工作，要坚持解决现实问题与解决网络问题相结合的原则，分析和研究大学生核心价值观认同问题产生的根源，帮助大学生克服不良的思想和行为问题。网络问题归根到底是由现实问题所引起，因此，促进大学生对社会主义核心价值观的认同，更要将因网络所导致的问题放在日常活动实践中去解决。高校要按照社会主义核心价值观的理论内涵，将社会主义核心价值观的基本要求融入到大学生的日常学习生活中，成为大学生遵循的行为准则。要鼓励、引导大学生投入到各种日常活动中去磨炼，让他们在参与中体验到自己的存在，展现自己的能力，思考和寻求人生真谛。要充分利用重大纪念日、民族传统节日等契机，以升国旗仪式、入党入团入队仪式等形式组织开展形式多样的纪念、庆典活动，引导学生利用课内、课外平台，积极参与学科竞赛和科研训练、参加党团和社团活动、参加青年志愿者活动等，使大学生真正深入了解社会，把握国情、民情、校情，改变脱离实际的想法，树立艰苦创业意识、竞争意识，以达到更好地传播社会主义核心价值观，不断增强大学生对社会主义核心价值观的认同感和归属感的目的。

（作者：河南农业大学校长，教授、博士生导师）

网络时代大学生思想政治教育调研方法创新

赵　扬

没有调查,就没有发言权。科学有效的调查研究是推动决策科学化的关键,也是做好大学生思想政治教育工作的基础和保证。只有"把准脉",摸清教育对象的真实想法、态度和需求,才能"下对药",增强大学生思想政治教育工作的针对性和实效性。随着网络信息技术的飞速发展,特别是移动互联网"异军突起"推动"无断点互联"新阶段到来,大学生的思维和行为方式所受影响更加深刻,思想价值观念更加多样多变。中国互联网络信息中心(CNNIC)最新发布的第31次"中国互联网络发展状况统计报告"显示,大学生是我国目前5.64亿网民和4.2亿手机网民的绝对"主力军",网络时代下大学生思想政治教育工作面临的挑战更多、要求更高、任务更重、难度更大。如何有效利用和充分发挥网络信息技术的优势,助推大学生思想政治教育调研方法的创新,更好地契合网络时代下大学生思想政治教育工作的新要求,是值得深入思考研究的课题。

一、网络时代大学生思想政治教育调研传统方法的现实考验

互联网技术全球范围内的飞速发展,深刻影响人们生产生活的各个领域。这个开放、充满变数的网络新时代,也给大学生思想政治教育调研工作带来深刻影响,将大学生思想政治教育调研的传统方法置于多重现实考验中。

考验之一:信度问题——如何更加准确地反映调查对象日趋复杂多变的思想状况。与其他领域不同,大学生思想政治教育调研指向的对象是青年学生,旨在深入了解和准确把握这个年轻群体的思想状况。目前在校大学生多为"90后"独生子女,个性张扬、特立独行,并略带一丝叛逆,爱走"不寻常路",是在"网络天空"下成长起来的一代,"数字原住民"的特征鲜明,思维活跃,眼界开阔,心态开放,接触新鲜事物的机会多、意愿强。大学生思想政治教育调研的传统方法是基于以往的大学生群体特点而形成,在使用过程中难免会出现与"90后"、"网络一代"大学生群体新特点不相符合或不相适应的问题。另外,由于长期广泛使用,大学生对传统调研方法的熟知度较高,他们对调研实施者的调研目的、调研技巧、预期调研结果等情况的认知程度和判断能力逐步提高。这种熟知,一定程度上有利于调研实施者更加便利、顺利地开展调研,但消极影响同样不容忽视,即大学生在被调研时会有意无意地发生心态变化,或倾向于填写调研实施者希望得到的答案,导致调研过程中出现较高的"社会期待效应",或对传统调研方法产生"审美疲劳感",应付性地予以回答,进而影响调查信度。此外,随着近年来国际国内形势的深刻变革,特别是当社会改革步入"深水区"和"关键期",深层次的社会问题和矛盾陆续浮出水面,多方面的思想困惑容易在大学生群体中持续"升温"、"发酵",导致他们在思想观念、道德选择、价值取向等方面日趋复杂多变。这些都对大学生思想政治教育调研的传统方法的信度提出了质疑和挑战。

考验之二:速度问题——如何更加快速及时地反映调查对象的思想动态。网络时代,速度决定成败。"如果说80年代是注重质量的年代,90年代是注重再设计的年代,那么21世

纪的头 10 年就是注重速度的时代","是信息渠道改变消费者生活方式的年代",比尔·盖茨在《未来时速》一书中曾做出的论断,已在现实中得到充分印证。互联网技术全面渗透和融入社会生活,不仅让信息自身的增长和传播"提速",更让人们的思维和思想变化"提速"。传统的大学生思想政治教育调研在每一次实施时,从设计到组织实施,到信息的回收汇总、整理分析,再到得出调研结果,所需周期较长,所耗时间较多,"新鲜出炉"的调研结果已不"新鲜"的情况时有发生,不利于及时反映大学生快速多变的思想动态。特别是当重大公共事件或特定突发事件等社会热点现象出现时,大学生往往是反应最活跃、最积极、最敏感的群体,乐于通过互联网、移动终端等渠道公开表达且与外界在线分享个人的观点和看法,对这些在网络上实时更新和快速传播扩散的思想动态,大学生思想政治教育调研的传统方法很难在第一时间内捕获和呈现。

考验之三:广度问题——如何更加广泛全面地呈现调查对象的意愿意见。运用一定方法、有目的地从全体调查对象中抽取最具代表性的一部分作为样本,进行抽样调查,"由部分认识总体",是传统的大学生思想政治教育调研常用的方法。但一直以来,由于大规模收集、分类和分析处理数据信息的成本高、技术手段不足,抽样调查的样本总量和调查对象的覆盖范围都比较有限,同时,为保证样本的代表性即样本与总体的一致性,减少抽样误差,传统的大学生思想政治教育调研更侧重于在抽样方法的设计和选择上下功夫,很少会增加抽样调查的样本量。不可否认,在抽样方法足够合理和优化的前提下,"小数据"可以在一定程度上反映和说明"大问题",但随着大学生思想政治教育调研对象的日趋复杂,以及调研要求的不断提高,如调研结论要用于决策、要针对多个变量做深度分析、要用多元统计方法对数据进行复杂的高级分析等,仅仅靠调整抽样方法,一方面很难保证所抽取的样本具有足够的代表性,即抽样方法上出现任何一点偏差或考虑不周,都会加大抽样误差;另一方面,小规模的样本也将难以满足大学生思想政治教育调研越来越高的要求和广泛深入地反映调查对象的意愿意见。

二、网络发展助推大学生思想政治教育调研方法创新

以往每一次新技术的出现和普及都会在一定程度上促进调研方法的革新。譬如,20 世纪 70 年代电话在西方发达国家的出现和普及,催生了电话调查法及大批专门从事调查研究的机构,帮助调研者实现了调研速度和效率的大幅提高;20 世纪 90 年代以来,现代信息技术特别是互联网技术的迅猛发展,为调研者采集海量数据和资料提供了新的技术和工具,推动了调研方法领域的新一轮改革浪潮,网络调研就是其中一种新型的调研方法。将网络调研引入大学生思想政治教育调研领域,是我们创新大学生思想政治教育调研方法的一种积极探索与尝试,主要基于两方面考虑:

一是网络调研的比较优势能够有效弥补大学生思想政治教育调研传统方法的不足。如前文所述,大学生思想政治教育调研的传统方法在信度、速度和广度等方面有局限性,引入网络调研可以在很大程度上有效弥补现有方法的不足。具体而言,第一,基于先进的网络信息技术,网络调研的样本量和覆盖范围可以更大、更广,调研数据回收和信息反馈的速度可以更快,数据收集整理和统计分析可以更便捷、更细致、更深入,调研者可以以更低的成本开展更高效的调研,及时掌握和准确把握大学生群体的最新思想动态;第二,网络调研的匿名环境和人机对话的虚拟环境,可以适度缓解调研对象在接受调研时的戒备心理,更加轻松、自由、开放地表达个人意见和想法,降低"社会期待效应";第三,网络已成为大学生日常学习、生活不可或缺的重要组成部分,他们更愿意也更容易在虚拟的网络空间中表现出最真实的自我,网络调研可以帮助调研者借助更加贴近大学生思维和

行为习惯、更容易为之接受的方式,获得更加全面、真实、准确的调研结果。

二是网络调研在市场调查、民意调查、科学研究等领域的运用能够为大学生思想政治教育调研方法创新提供经验借鉴。早在20世纪90年代末,美国内华达州大学商学院的学者朱迪·斯特斯就指出,"无论学术界还是市场调查行业,都在为一种高效便捷的新调查研究方法而欢欣鼓舞,这种新方法就是各种基于互联网的调查法",国外研究资料也显示,在美国、英国等发达国家,专业市场调查机构是最早开始大规模使用网络调研方法的,特别是进入21世纪以来,运用网络调研方法进行数据收集和分析的机构数量不断增加,并且普遍认为网络调研在各种调研方法中发展潜力最大。除了市场调查行业,一些国外知名高校也是运用网络调研方法开展科学研究和实验的"先驱",如美国佐治亚理工学院图形、可视化和可用性中心在1994年至1998年期间,每半年进行一次大规模网络调查,用户反馈量超过2300万,围绕互联网技术应用发展中业界和公众关注的热点问题展开调研,调查报告、原始数据集等信息均在网上公开供免费下载使用,并吸引了一些著名公司和网站加盟其专门调查委员会,调查的权威性和研究价值不断提高。网络调研在我国虽起步较晚,但近年来发展势头迅猛,在调查市场中所占份额已从2000年的10%跃至2010年的89%,门户网站和微博等网络社交平台上经常可见网络民意调查的"身影"。在看似无序的网络空间,无数网民的声音迅速聚集,只需轻点鼠标或手机屏幕,民意即可瞬间顽强"置顶"。此外,一些与计算机、通信和互联网技术密切相关的行业领域,也纷纷"试水"网络调研,如电信行业在营销调研中使用的网络口碑监测系统、"三屏"调查系统(电视屏幕、计算机屏幕、手机屏幕)等专门的网络调查软件系统和工具。网络调研在这些领域的广泛运用,可以为我们探索大学生思想政治教育调研方法创新提供有益的经验借鉴。

三、网络调研在大学生思想政治教育调研中的有效运用

在大学生思想政治教育调研中创新运用网络调研方法,旨在以现代信息技术之"长"补传统调研方式之"短"。根据调研目的和实施操作方式的不同,可以探索运用网络问卷、网络投票、网络讨论和网络观察等形式,面向大学生开展网络思想政治教育调研。

一是通过网络问卷测民意。在大学生思想政治教育调研中运用网络问卷法,并不只是将传统纸质问卷简单"放上网",而是要结合大学生群体日常的网络使用习惯、网络语言或行为的表达方式、网络心态与现实心态的差异等多种因素,科学合理地进行问卷的"再设计"和有效发放。在内容设计方面,网络问卷题目和选项的设计要紧扣大学生思想政治教育调研主题,文字描述上要贴近网络用语的特点;在问卷页面设计方面,要遵循"友好反馈界面"原则,运用多种技术和方式增强网络问卷页面的设计感、美观度,如字体字号、页面颜色及美工、分页设置、多媒体技术使用、嵌入式程序设计等,以期更加贴近当前"90后"大学生的群体特点和需求,适应他们的网络阅读习惯和喜好倾向等,切实提高其参与网络问卷调查的积极性;在问卷发放方面,通过网络站点Web、移动客户端等大学生常用的网络渠道发放问卷,尽量让他们能够通过快速便捷、简单易行的方式填写问卷、完成调查。

二是通过网络投票集民意。目前有不少大型网站、门户网站会在网页上设置只有若干问题甚至一个问题的投票调查,优势就在于调研问题明确聚焦,可以相对集中地呈现调查对象对某一问题的意愿意见。当代大学生是思维活跃、对社会热点现象和问题极易敏感和极易回应的群体,尤其是当社会热点事件、重大公共事件或特定突发事件发生时,他们往往会通过网络迅速做出反应。为及时获取和反映大学生群体对此类事件的思想动态,可以围绕此类事件设计一个或由若干个题目构成的网络投票,在事发后的第一时间

内开展调研,掌握第一手的新鲜信息。此外,网络投票还可以作为网络问卷调查的一种衍生方法,即跳出以整套问卷开展调研的固有思维,将问卷题目进行合理分类或分块,通过若干个网络投票的形式呈现,最终保证每道题能够有足够的样本支持即可。关于网络投票的问题选择和设计,可以尝试选取那些在整套问卷调查中容易引起大学生较高"社会期待效应"的题目,或敏感性、争议性较强的题目等,通过发起网络投票进行调查。这样操作的优势在于,首先,可以有效避免形式化和大题量可能引起的大学生的抵触情绪甚至消极回答等行为;其次,这种改变原有问卷题目顺序、变整套问卷填写为零散问题投票的形式,可以在很大程度上淡化大学生"被调查"的自我心理暗示,激发其参与调研的兴趣和自由表达想法的冲动。

三是通过网络讨论采民意。网络本身具有良好的互动性,可以借助即时聊天工具、网络实时交谈(IRC)、聊天室、微博客、BBS、新闻组(NewsGroup)等平台,设计和开展一对一或一对多的网络访谈,通过焦点小组在线座谈会、网络会议等形式,组织一对多或多对多的网络讨论。在网络访谈和讨论的过程中,调研者与大学生可以通过在线文字、图片、音频、视频等多样化的信息传播媒介,在相对宽松、自由的氛围中加强交流互动,有利于调研者在看似随意的网络讨论过程中"捕获"有效信息,更加深入地了解大学生的真实想法和态度。譬如,调研者可以借助微博平台,主动策划和设置讨论话题,与大学生进行网上微讨论。在这样一种相对开放自由的虚拟情境中,调研者可以通过网络"头脑风暴","收获"到大学生在"自然情境"中迸发出的思想火花,感受他们的"真情流露",了解他们内心的真实想法和感受。

四是通过网络观察淘民意。观察法是调研者直接进入日常生活现场,在自然情境下通过自己的感官或录音录像等辅助手段,有目的、有计划地观察被试者的表情、动作、语言、行为等,搜集记录相关资料,并通过有效分析进而研究被试者的心理活动规律的方法。这种方法的优势在于有助于帮助调研者获取大量真实可信的一手资料,但如何顺利进入现场,以及如何保证观察现场情境的自然性和真实性,是影响观察效果的主要因素。网络时代下,微博客、博客等网络社交平台是当代大学生记录日常行为、分享心情感悟、发表意见观点的主要渠道,因此,调研者可以将这些网络社交平台视为观察现场,在不"惊动"大学生正常网络社交行为的情况下,持续进行网络追踪观察,全面记录他们在自然的网络情境下所表现出的各种网络言行。与传统的现场实地观察相比,这种网络观察方式可以有效消除观察者在现场对调查对象无意或有意地影响或干扰,有助于获取更多一手的、反映调查对象真实心理的珍贵资料。

探索大学生思想政治教育调研方法的创新,并不是要对传统调研方法全盘否定,也不是要把网络调研作为传统调研方法的直接替代者。再新颖、再先进的调研方法,都有其固有的优势劣势和特定的适用范围,网络调研方法也不例外,它的比较优势并不能否定和抹杀大学生思想政治教育调研传统方法的固有优势。特别是当前大学生群体的思想状况复杂多变,仅依靠某一种方法"单枪匹马"地开展调研是不现实的。大学生思想政治教育调研关键要坚持"问题先行,方法匹配"的原则,首先明确调研主题,特别要厘清希望通过调研解决哪些具体问题,再结合调研对象的特点,选取与之匹配的调研方法。网络调研也不是网络技术与大学生思想政治教育调研传统方法的简单"拼接",不能只是把大学生思想政治教育调研传统方法简单搬上网络,要针对网络调研对象的特点,在调研内容和形式的设计上多花心思、多下功夫,才能有效发挥其特点和比较优势,让调查结果成为反映大学生思想政治状况的"晴雨表"、发现大学生思想问题和意愿诉求的"建议书"、改进大学生思想政治教育工作的"突破口"和推动大学生思想政治教育工作的"动力源"。

(作者单位:东北师范大学)

“微时代”大学生思想政治教育工作研究

——基于传播学视角的思考

沈培辉

一、“微时代”的定义:新兴网络媒体的革新

目前,互联网数字技术、手机3G技术得到进一步发展,以微博客、微信等新兴媒介为代表,人类的传播活动进入了全新的传播“微时代”。“微时代”是新兴网络媒体变革与创新的产物,它以数字化技术为基础,运用视频、音频、文字、图像等多种方式进行更加广泛和快捷的信息传播。以微博、QQ、微信、人人网、豆瓣、以及Twitter、Facebook等为代表的微传播媒介,具有内容短小精悍,传播速度迅速,传播者更加多元,交互性更强等特点,它们不仅可以在互联网终端使用,而且可以通过手机3G平台进行更为广泛和便捷的运用,实现更加实时、互动、高效的传播,并使人类传播活动的范围得到进一步拓展,突破时空的限制。

“微时代”带来的传播模式的革新不仅改变了数字技术的新形态,也创新了媒体传播的新格局。这场“微时代”的革命改变了人类的传播活动,也对高校的学生工作,特别是思想政治教育工作提出了更高的要求和挑战。面对个性鲜明、热衷于微传播媒介的“90后”大学生,高校需要准确把握新时期思想政治教育的变化和特点,与时俱进地跟随新兴网络媒体革新的脚步,探索“微时代”下信息传播的特点,充分利用数字资源和平台,不断改进工作的方式方法,让思想政治教育的传播更有针对性和实效性。

二、“微时代”大学生思想政治教育与传播

(一)“微时代”加强大学生思想政治教育的意义

中共中央、国务院2004年颁布的《关于进一步加强和改进大学生思想政治教育的意见》(中发〔2004〕16号文件)中指出:加强和改进大学生思想政治教育,提高他们的思想政治素质,把他们培养成中国特色社会主义事业的建设者和接班人,对于全面实施科教兴国和人才强国战略,确保我国在激烈的国际竞争中始终立于不败之地,确保实现全面建设小康社会、加快推进社会主义现代化的宏伟目标,确保中国特色社会主义事业兴旺发达、后继有人,具有重大而深远的战略意义。高校作为培养和教育未来社会主义建设者和接班人的重要基地,更是肩负着实施思想政治教育工作的重任。

当前高校的学生群体主要是“90后”,他们有着独特的世界观、人生观和价值观,他们对于先进的、新鲜的事物更为热衷,并倾向于通过新兴网络媒介去认识社会、接受教育、表达情感,建立属于自己一代人的精神家园和交流平台。因此新时期加强大学生思想政治教育,对于帮助他们提高正确认识自己和改造自己、正确认识和处理人际关系、正确认识社会和改造社会、以及正确认识世界和改造世界的能力有着重要的意义。同时,思想政治教育工作对于当前我国构建社会主义核心价值体系,以及全面建设和谐社会也将起到巨大的促进作用。

(二)思想政治教育是一种特定的传播活动

人类的传播活动贯穿社会生活的方方面面,涵盖了社会、经济、文化、教育等众多领域。以传播学的视角,思想政治教育是一种特定类型的传播活动。它主要是通过一定的思想观

念、政治文化观点、道德规范的传播，对社会群体施加有目的、有计划、有组织的教育和影响，使他们形成符合社会发展所需要的观念和思想。

1948 年，美国传播学家拉斯韦尔在《社会传播的结构与功能》一文中明确提出了传播过程及其五个基本构成要素，即：谁（who）、说什么（what）、对谁（to whom）说、通过什么渠道（in which channel）、取得什么效果（with what effect），即“5W 模式”。

作为一种特定的传播活动，大学生思想政治教育和人类其他传播活动一样，具有传播过程中的各要素：传播者（高校思想政治工作者）、传播内容（思想、政治、道德、文化、社会主义核心价值观等价值信息）、传播媒介（语言、校内媒体、电视、广播、互联网、手机等）、受传者（在校大学生），同样也有传播的目的，即：让当代大学生能够树立正确的世界观、人生观和价值观，有着崇高的社会主义理想，具备先进的道德品质、文化技能和政治理念，成为社会主义的建设者和接班人。大学生思想政治教育的传播过程是否有效，直接关系到当代大学生价值观和理想信念的形成，关乎国家的未来。这是一个复杂的动态的社会行为，要综合考虑传播过程中各个要素的协调与互动。大众传播环境的变革使得网络数字技术不断创新，并进一步推动了以微博为主体的“微时代”的到来，这势必在很多层面上影响着大学生思想政治教育工作的开展。

三、“微时代”大学生思想政治教育工作面临的新挑战

大学生思想政治教育工作是一项复杂的社会传播活动，不仅受到社会、经济、文化以及传媒环境的影响，而且要考虑到传播者、传播内容、媒介以及受众等要素的综合、协调与互动。“微时代”下，以微博为代表的新兴网络媒体正悄然改变着我们生活的环境，并通过海量的信息和便捷的互动模式渗透到当代大学生学习、生活的方方面面，给高校思想政治教育工作带来许多挑战。

（一）传播环境层面：新媒体技术促使社会环境改变

正如传播学者麦克卢汉所说：“任何技术都倾向于创造一个新的人类环境。”“微时代”下的新媒体技术也在无形中促使人类社会的发展变化。一方面信息的传播无时无处不在，社会呈现出多元、开放、民主和自由的状态；另一方面公众的认识更趋于理性，个人民主观念更强，更善于通过多种媒体获取信息，表达自己诉求。而我们的大学生在网络平台中也逐渐建立起自己的精神家园和交流平台。

社会环境的改变，使得传统自上而下灌输式的思想政治教育不能适应新时期大学生的需求。新媒体技术促进了多元化的人生观、价值观以及生活方式的融合，诸多不良信息会对青年学生群体的行为、生活方式、价值观念、伦理道德等产生消极影响，“微时代”下的思想政治教育处于一个多元、自由、繁荣但复杂的社会环境当中。

（二）传播者层面：“意见领袖”的主体权威受到挑战

传播者是大学生思想政治教育传播的主体，他们是拥有一定思想政治教育信息的人或者组织，在借助一定的传播手段和方法，对学生们进行思想政治信息的传播和教育。他们肩负着培养有理想、有道德、有文化、有纪律的社会主义接班人的重任。

“微时代”下传播模式的革新，改变了人们传统的信息交流方式、人际沟通方式以及文化表达方式，同时也改变着思想政治工作的舆论环境、文化环境、社会心理环境，这些改变一方面对思想政治教育的传播者作为“意见领袖”的条件提出了更高的要求；另一方面使得他们的主体权威受到了质疑和挑战。大学生可以利用各种新兴的媒介，与各类知名人士、专家学者直接互动和对话，分享各种以往没有的资源，同时大学生还会根据自己的兴趣爱好、专业、年

龄、所处区域等因素的不同,活跃在不同的“舆论社区”当中,他们更容易受到同龄人或某领域专家的影响,而轻视学校教师的作用,忽视他们的教育与引导。当出现认知偏差时更容易滋长不良情绪,挑战思想政治教育者的主体权威,使得信息的传递更加困难,思想政治教育工作更加复杂。

(三)传播内容层面:“把关人”的作用被弱化

思想政治教育主要传播的是社会主流文化、道德体系和核心价值观。传统的思想政治教育虽然传播形式简单、内容冗长,但对于内容的审核却非常严格,传授者注重对传播内容实施“把关人”的作用,并通过高校权威的渠道进行宣传和教育。“微时代”下的新兴传播媒介既是承载个体话语的私人空间,同时又是公开化的舆论平台,这让思想政治教育的内容有了更多的改变,内容变得更短小精悍,传播速度更迅速,受众范围更广泛,在一定程度上也突破了传统思想政治教育内容枯燥、篇幅冗长和资源有限的不足,让传播的内容更加多样和富有吸引力。

但同时网络信息传播的自由性、随意性和快捷性,使得传播内容很容易由多样化变成复杂化,教育信息的质量、真实性以及价值很难像以往一样,进行严格的审核和把控,传播内容层面上的“把关人”作用被严重削弱,思想政治教育的社会价值难以充分实现。加之新媒体强大的转发功能,使得某些网络上的“意见领袖”可以随意发言,并影响他人,特别是当一些信息受到别有用心的人的歪曲,并恶意地通过新媒体向外界传播时,思想政治教育工作就更加被动。

(四)传播媒介层面:“议程设置功能”出现转变

高校思想政治教育工作通常是由教师通过授课或者校园媒体等方式进行传播,这样大众化的宣传方式虽然缺乏必要的交流和互动,但却可以在一定时间内集中对一个议题进行宣传,让受众集中注意力,进而对他们施加影响。“微时代”下的新兴传播媒介具有较强的交互性和开放性,比如微博的“关注”、“转发”及“评论”以及“@”等功能充分展示其强大的交互性特征,这种传播方式更能够迎合“90后”大学生的需求。这些特征也一定程度上影响了思想政治教育传播的议程设置,教育者们很难再像以往一样,制造话题,引起关注,很容易地抓紧学生们的眼球,进行有效地传播和教育。

同时新媒体重视“生活性、娱乐性、草根性”信息的传播,而忽视了“思想性、教育性”等议题的设置和内容引导,这些都使得思想政治教育传播媒介方面的“议程设置功能”出现转变。在官方思想政治教育议题和内容受到忽视的时候,网络舆论却呈现出自发、无序的繁荣景象,新兴媒体在很多网络事件中起到“推波助澜”的作用。如何提高“微时代”下传播媒体的利用效率,加强教育性内容“议程设置功能”,是当前思想政治工作面临的挑战之一。

(五)众群体层面:“沉默的螺旋”作用在增强

1974年德国传播学者诺依曼提出了“沉默的螺旋”理论,指的是:对于有争议的议题,人们一般会有“从众的心理”,当他的意见属于“多数”或处于“优势”时,便倾向于大胆地表达;当发觉自己的意见属于“少数”或处于“劣势”时,为防止被“孤立”而选择保持“沉默”或者“从众”。这时就会出现优势一方声音越来越大,而持“劣势”意见的人越来越沉默下去的螺旋式过程。

“微时代”下的高校学生,基本上都为“90后”,他们追求个性和自由,并且精力旺盛、接受能力强,敢于质疑和挑战权威,而微媒体也给予他们更加自由选取信息的空间和平台,他们可以随意发布、转发和评论信息,对网络传播的内容处理具有更大的自主权。但大量的信息、多元化的内容、鱼龙混杂的人群、各式各样的观点,也让这群涉世未深的大学生(18—24岁之间)难以选择。他们缺乏必要的生活阅历和人生经验,缺乏科学、理性的分析和判断能力,更加情绪化，而且其思想和观念反复多变，更容易受到各种社会思潮和多元价值观的影响。

在思想政治教育传播过程中，当“意见领袖”权威受到挑战，“把关人”作用弱化，“议程设置功能”出现转变时，他们更容易对思想政治教育的内容产生质疑，选择听信那些“负面、不真实”的传言。无论他们是属于正确价值观的“少数”派，还是反面信息的“多数”派，都会使得“沉默的螺旋”的作用在增强，进而给思想政治教育带来阻力与困难，增强其工作的难度。

四、“微时代”加强大学生思想政治教育的思考

中共中央、国务院《关于进一步加强和改进大学生思想政治教育的意见》中明确提出，要主动占领网络思想政治教育阵地，形成网络思想政治教育工作体系，牢牢把握思想政治教育的主动权。“微时代”下，做好网络思想政治教育工作是高校思想政治工作的重中之重，从传播学的视角看，我们需要从高校“微环境”的营造；思想政治工作者“微权威”的树立；思想政治教育“微内容”的丰富与创新；思想政治教育“微力量”的培养和增强等几方面进行新的探索。

（一）重视和善用微媒体，营造大学生思想政治教育“微环境”

“微时代”改变了人们传统的信息交流与人际沟通方式、文化表达方式，也影响着思想政治教育工作的舆论环境、文化环境以及社会心理环境。做好大学生思想政治教育工作，需要适应这种媒介环境的变化，积极营造多元化的舆论传播氛围，重视和善用微媒体，给予学校师生更加平等和自由的交流空间。

高校首先要坚持弘扬社会主义核心价值体系，建立健全思想政治教育工作的制度，以学生为中心，努力使传播内容能够“贴近实际、贴近生活、贴近学生”；注重构建学校、院系、专业、班级一体化的微媒体传播体系；加强各社团、学生组织、校园科技文化活动等交互性传播平台的建设，服务学生成长，积极主动地营造高校思想政治教育的“微环境”。

（二）加强思想政治教育工作者队伍建设，提升大学生思想政治教育“微权威”

面对“微时代”给思想政治教育工作者提出的许多新挑战，高校要重新建立思想政治教育队伍“意见领袖”的权威，加强传播队伍的培养和建设，引进年轻的师资力量，扩充思想政治教育团队，结合新时期信息传播的新特点，与时俱进地培养思想政治教育工作者利用新兴媒介的观念和能力。

重视高校思想政治教育工作者“微权威”的建设，改变传统的工作观念和方法，树立全新的“意见领袖”的形象，在提高自身的传播素养、掌握最新的传播技术和能力的基础上，通过多种信息反馈渠道，及时掌握大学生的思想动态，丰富教育的内容与形式。同时做好思想政治教育效果的评估，完善和改进工作的方式，提高传播工作的针对性与有效性。

（三）强化信息把关和议程设置，丰富大学生思想政治教育“微内容”

大学生思想政治教育的内容直接关系到信息传播的效果，也会对大学生人生观、价值观的形成有着重大的影响。因此要做好思想政治教育内容的把关，提高对于信息的判断力和甄别力，提高思想政治教育工作的预见性。要选取符合社会主义核心价值观、符合我国社会发展需要的思想和道德观念，摒弃过分娱乐化、恶俗化、虚假性的信息，并将有价值话题在新媒体上进行有效引导和传播，进而提升思想政治教育传播内容的质量和传播效率。

丰富高校思想政治教育“微内容”，同时还需要处理好个人话题与公共议题、言论自由与社会责任、主观动机与客观事实之间的关系，认真做好思想政治教育议题在网络上的传播。议程设置需要时刻跟踪大学生们关注的热点、焦点问题，反映他们最为关心的问题，并通过高校的媒介“微体系”进行有关话题的设置、策划、宣传和引导。通过与大学生的平等接触和交

流,了解他们最实际、最需要的思想政治信息,丰富教育内容,提供更有教育价值的社会议题和素材,增强思想政治教育工作内容的关注度和吸引力。

(四)注重发挥学生干部作用,增强大学生思想政治教育"微力量"

大学生思想政治教育要取得良好的效果,就必须采用符合大学生群体行为习惯、心理特征、以及价值观念的内容和方式,并在认可大学生主体地位的前提下开展工作,而教育信息传播过程中学生干部起到至关重要的作用。作为同龄人,学生干部与普通学生之间有着更多相似的理念、人生经历以及共同语言,他们更容易获得学生们的信任,并协助教师开展思想政治教育工作。

"微时代"下,大部分"90 后"大学生都有自己的微博账号、使用 QQ 或通过手机上网,活跃于各种网络社区当中。提升思想政治教育的质量与效率,需要我们改变观念和做法,给予学生干部更多的信任和培养,发挥好各年级学生骨干、优秀学子的"微力量"。并且通过他们在学生群体中"意见领袖"的作用,利用微博等新兴网络媒体,拓展思想政治教育传播的新思路和新方法:设计学生喜闻乐见的"微话题"、开展形式多样的校园"微活动"、提供更加符合学生需要的"微文化"等等。在增强高校思想政治教育"微力量"的同时,提升大学生的"自我教育、自我管理、自我服务"能力。

总之,"微时代"是一个强调互动、创新的时代,它要求高校思想政治教育能够适应社会文化环境的变化和发展需要,也对高校思想政治教育工作者队伍建设提出更高的要求。首先,思想政治工作者需要逐渐改变传统的工作思路和模式,增加思想政治教育工作的主动性,更加熟练地利用微博等新媒介,注重交互式的交流模式,与学生建立起平等的对话关系;其次,需要积极对大学生关注的话题进行议程设置,加强舆论引导,丰富传播的内容;同时,加大力度培养政治觉悟高、品德优异、执行力强的学生干部队伍,充分发挥他们在思想政治教育工作中的作用;最后,高校应当通过微媒体积极消除社会负面思想影响,引导大学生树立正确的价值观和道德理念,提高理性、科学的思维和判断能力,在新时期认真做好思想政治教育工作,培养更多优秀的社会主义建设者和接班人。

(作者单位:厦门大学嘉庚学院)

新时期思想政治教育学科发展的战略布局与行动策略

李辽宁

任何一门学科的建设和发展都有一个阶段性的问题，在不同的发展阶段，其历史使命和发展重点都有其各自的特点，其战略布局和行动策略也有差异。思想政治教育学科也不例外。经过近30年尤其是21世纪以来的跨越式发展，我国的思想政治教育已经形成了系统的本科、硕士、博士和博士后流动站的人才培养体系，已经从争取学科地位阶段向提高学科建设质量的阶段转变。当前，思想政治教育学科建设的基本矛盾，不再是人才培养需要与学科平台不足之间的矛盾，而是学科发展速度与学科建设质量之间的矛盾。在这种背景下，谋划好思想政治教育学科发展的战略布局，并制定好相应的行动策略，对于推进学科的科学发展，提高思想政治教育的整体效能，完成时代赋予学科发展的历史使命，具有重要意义。

一、思想政治教育学科发展战略布局的建构原则

有学者认为，当前，思想政治教育学科建设过程中存在的问题主要有：学术概念需力求精准、学术边界需更加清晰、研究方式需重审和转换。也有学者从马克思主义理论学科建设的高度总结学科建设中存在的问题，即：在科学研究中马克思主义理论学科被边缘化；不坚持马克思主义指导；概念、范畴、术语缺乏马克思主义理论学科意识；导师遴选把关不严；研究方向面过窄等。虽然现在思想政治教育拥有规模庞大的文科科研和教学力量，但是如何将这支力量有效组织起来，真正在提高马克思主义理论教育与思想政治教育的有效性方面做出卓有成效的努力，还有待于人们今后的实践与探索。笔者认为，思想政治教育学科发展的重要前提是构建好学科的战略布局。否则，学科建设和发展就无法摆脱“东一榔头西一棒子”的状况，很难实现从“自发”阶段向“自觉”阶段的跨越。学科战略布局不是随意制定的，而是需要根据自身实际情况和外部环境条件来考虑以下原则。

（一）主导性原则

与其他学科相比，思想政治教育学科既有相同之处，也有其自身特色。思想政治教育学科是以马克思主义理论为指导的社会实践活动，兼具意识形态性和科学性双重特征。在学科发展的目标上，比其他学科的意识形态性更强。相应地，在学科建设的内容方面也要更多地体现马克思主义的主导性和指导性。

（二）全局性原则

思想政治教育学科发展是一个系统工程。思想政治教育的学科体系由三部分构成：一是思想政治教育的理论学科，包括思想政治教育原理、思想政治教育史、比较思想政治教育、思想政治教育预测学等；二是思想政治教育的应用学科，包括爱国主义及民族精神培育研究、网络思想政治教育研究等；三是思想政治教育的方法论学科。思想政治教育的方法体系是把哲学方法、逻辑方法、系统方法、统计分析方法、测量评估方法和社会调查方法等加以吸收和融汇，构成的一个完整的方法体系。作为一项战略布局，必须考虑学科发展的全局，而不是某一方面的内容。

（三）前瞻性原则

战略布局是战略实施的前期阶段，其主要任务是对战略形势进行科学预判，结合自身实

际确立相应的战略目标,并制定相应的实施策略。完成这一任务,战略制定者必须立足前沿,了解方方面面的力量对比状况,以及未来局势走向。就思想政治教育学科发展来说,战略布局必须体现学术前沿,围绕学科建设中的核心问题展开,并对未来发展趋势有比较科学的预测。思想政治教育是一项以培养人为目的的社会实践活动,随着时代的发展,作为教育对象的"人"处在变化之中,以思想政治教育为研究对象的知识体系也在发展之中,这些都要求思想政治教育学科发展体现前瞻性。

(四)可操作原则

战略布局的最终目标是实现预期目标。但如果战略目标过高,非自身能力所及,或者没有相应的实施途径,"有想法而无办法",这样的战略布局一开始就会导致局势被动,没有实质性意义。这就要求在制定战略布局的时候,要充分掌握信息,特别是随着时间的推移而带来的信息变化,既要掌握当前学科发展面临的机遇和条件,也要了解学科发展面临的困局与挑战,以及导致困局的根源。特别是所采用的方法要适合当前的形势和实施者的实际需要。否则,既定的战略布局很难得到充分实施,也难以收到预期效果。

二、构建思想政治教育学科发展"五位一体"的战略布局

关于学科布局的问题,目前学界主要针对学校或学院中的不同学科的关系进行研究,针对某一学科的布局研究很少。学界对于思想政治教育学科的认识,主要存在狭义和广义两种。从狭义来看,学科建设主要是学科理论和知识体系的建设与发展,比如把现代思想政治教育学科体系理解为由四个方面组成:现代思想政治教育基本原理、思想政治教育历史发展、现代思想政治教育方法理论和现代思想政治教育管理理论。也有学者设想从思想政治教育学科的本体性知识、实践性知识、条件性知识等方面对思想政治教育的学科体系进行重构。从广义来看,有学者认为,思想政治教育学科是思想政治教育学术共同体,它是以思想政治教育学知识为基础,由思想政治教育学科成员、价值观、科学研究、科学技术服务、学科规范(方法)等组成的学术性社会共同体。在这些概念中蕴含着几个相互关联的范畴:思想政治教育、思想政治教育学、思想政治教育学科。在此,我们采用广义的思想政治教育学科概念,并提出思想政治教育学科发展"五位一体"的战略布局。所谓"五位一体",是指战略布局主要由五个基本要素构成:学科目标、人员队伍、知识体系、平台体系和方法体系。

(一)学科目标

学科目标即战略目标,是思想政治教育学科发展的目的所在。我国思想政治教育学科的发展是从企业思想政治教育开始的。早在1983年6月20日由中共中央批转的《国营企业职工思想政治工作纲要(试行)》中就指出,中央和地方要筹办以培养思想政治工作的领导干部为目标的政治院校。此事由中央宣传部、国家经委会同国家计委、教育部,作出实施的规划。并且强调要经过若干年的努力,在全国形成一个初级、中级和高级的政治工作干部的教育训练体系,在全体政治工作干部中造成一个人人奋发学习、刻苦钻研的好风气,努力造就一大批思想政治工作能手,一大批精通思想政治工作的专家。从1984年起,思想政治教育专业开始招生,培养大专生、本科生(含第二学士学位生)等各种层次的思想政治工作专门人才,思想政治教育学科开始步入了正规化建设轨道。由此可见,思想政治教育学科发展的目标就是要培养"思想政治工作能手"和专门人才。学科战略布局应该围绕这一目标而展开。在这里需要澄清一个问题,即不能把思想政治教育的目标与思想政治教育学科的目标相混淆。虽然二者都是以马克思主义理论为指导,并共同存在于思想政治教育实践过程中,但是前者以培养"四有新人"为根本任务,后者则是以培养"精通思想政治工作的专家"为目标。

（二）人员队伍

人员队伍即力量分配，是思想政治教育学科发展战略的实施者和推动者。这是一个由不同部门和层次的人员构成的人才队伍体系，大致包括：体现着国家意志的执政者、分布在高校和科研院所的理论研究者、担任思想政治理论课的教师、从事与思想政治工作相关的部门或组织工作人员等。由于各自所处的地位和作用不同，这些人员队伍的价值取向也不尽相同：执政者是为了维护其执政地位，因而更关注学科发展的政治性；理论研究者重视的是理论自身的深刻性与逻辑性，因而更关注学科发展的科学性与系统性；思想政治理论课教师以传播主导意识形态为己任，因而更关注学科发展对于人才培养的方向指导性；各部门工作人员具体解决日常工作和生活中的思想政治工作问题，因而更关注学科发展对思想政治教育实践的指导性和工作的有效性。在战略布局中，对不同的人员队伍应该有相应的目标任务以及考核指标。当然，除了人员队伍的投入以外，还需要必要的物质力量和其他资源的投入，否则就是“巧妇难为无米之炊”了。

（三）知识体系

知识体系即战略理论。这是狭义上的学科概念，包括思想政治教育学原理、思想政治教育史、思想政治教育比较理论、思想政治教育方法论等。这一系列的知识体系因研究方向的不同而被划分为不同类别，成为思想政治教育专业建设的重要内容。在知识传播与传承过程中，还需要进行三次转化：从知识体系转化为课程体系；从课程体系转化为教材体系；从教材体系转化为教学体系。这三次转化工作都需要发挥思想政治教育工作者（主要是教师）的主观能动性。同时，为了保持知识体系自身的与时俱进，知识体系还与各种以“课题”、“项目”、“专题”等形态存在的一系列理论与实践问题保持互通关系，当这些理论与实践问题都得到解决或取得突破的时候，知识体系就获得一次发展更新的机会，学科建设也会得到明显的发展。本部分是学科发展的核心环节。

（四）平台体系

平台体系即战略要点。这是人员队伍和知识体系的栖身之所。学科平台是由学术研究和教学的实体（如学院、基地、研究所、研究院、研究中心等）和学术非实体（如硕士点、博士点、博士后流动站、重点学科等）组成，是学科建设发展的重要载体和抓手，也是衡量学科发展的重要指标。

（五）方法体系

方法体系即战略手段。这是为了实现学科战略目标所采取的途径和方法的总和。方法体系内容广泛，大致由几个方面的内容组成：一是关于思想政治工作的方法，这是作为思想政治教育者在工作中解决具体问题的方法和技能；二是关于知识体系的研究与获取方法，包括各种理论研究方法（如文献法等），也包括实证研究方法，如问卷法、访谈法等；三是管理层面的方法，包括各种制度规范、管理体制和运行机制，以及相关的评估方法体系，以获得对学科各要素发展程度和状态的掌握；四是策略层面的方法，比如研究思路、研究视角、思维方式等。

以上几个要素相互关联、互为支撑，共同担负着“培养思想政治工作专家”的重任。缺少任何一个环节，整个布局将无法实施。思想政治教育学科发展的理想状态，必须是“五位一体”战略布局中各个要素的充分发展以及要素之间的协调发展。

三、实施思想政治教育学科发展战略的行动策略

为了使“五位一体”战略布局得到有效贯彻和实施，需要做好以下几个方面的工作。

（一）统筹兼顾，突出特色，因地制宜构建学科发展战略目标

从目前思想政治教育学科发展的总体态势来看，各地区、各高校的发展并不同步，水平参差不齐。学科内部专业、方向设置各有特色，同时所存在的问题也是各不相同。为了有效推进

不同地区、不同类型和层次高校学科建设和发展，可以从三个方面来分步实施：一是做好调查研究，全面掌握学科建设和发展的信息，包括不同地区、不同类型、不同层次高校思想政治教育学科建设水平、学科布局和建设重点，特别是学科发展过程中存在的问题。二是在调查研究的基础上，依据“五位一体”的战略布局，从“全国一盘棋”的战略高度进行统筹规划，提出不同层次的高校在未来五至十年本学科建设和发展的战略目标。笔者建议，以上工作由教育部思想政治工作司牵头组织实施。三是各高校（及相关研究机构）根据教育部的总体部署，结合本校本学科的发展实际，突出特色，因地制宜地制定相应的发展目标和行动计划。在此过程中，要超越狭义上的学科概念（即把学科建设仅仅理解为专业建设或者理论体系的构建等），从广义的内涵上谋求学科的协调发展。

（二）制定规范，分类评估，推进学科精细化发展

规范化是学科科学发展的前提和制度保障，也是评价学科发展水平的重要抓手。在学科初创时期，其主要目标是专业建设，以及围绕专业建设展开的教材和课程建设、平台建设、师资队伍建设。随着学科规模的扩大和学科地位日益牢固，学科发展需要逐步加强规范化建设。目前，思想政治教育学科可以从“五位一体”战略布局的要素入手，有步骤地制定各要素的建设规范和评估体系，推进学科精细化发展。在这方面也取得了一些成绩，比如，华中师范大学承担的教育部重大课题攻关项目“高校思想政治理论课教育教学测评体系研究”已经完成，这是思想政治教育学科建设的重要成就之一，为学科其他要素的规范化建设提供了很好的参考。但是对其他要素的规范和评估还需要加强，比如学科平台方面，博士点和硕士点分别需要具备怎样的条件？应该如何管理、运作和监督？人才队伍体系需要具备怎样的梯队结构？具体研究方向和数量如何分布？等等，都需要用具体的制度来规范。同时，要以质量建设为中心，改进学科发展和管理机制，既要有“准入机制”，也要有“退出机制”。从总量上控制学科建设和发展的规模，防止数量扩张而质量下降的现象出现。

（三）鼓励创新，倡导争鸣，优化学术生态

学术研究鼓励创新，倡导交流和交锋，在思想政治教育学科建设过程中，这方面是薄弱环节。正因如此，有学者提出：“思想政治教育研究者应保持宽广的学术视野和宽容的学术心态，积极进行学术商榷和深度交流，达到充分的学术探究、思想交锋、平等对话，互相取长补短，避免曲解和误解。思想政治教育理论研究在学术争鸣和学术批评中才会以更高的学术品位呈现于学林。”但是，创新要有一个“度”，即不能抛弃马克思主义的指导，置思想政治教育的本质属性于不顾，盲目追崇西方理论。比如，有学者主张用“公民教育”代替“思想政治教育”，就是典型的“德育非政治化”观点，是非意识形态化的表现之一。针对这种现象，有学者针锋相对地提出“思想政治教育必须讲政治”。

当然，学科发展是一个长期而复杂的过程，不可能一蹴而就。即使制定了学科发展的战略布局，也需要根据实践需要与时俱进地对之加以完善和补充，并逐步推进和实施。与此同时，要善于借鉴其他学科的发展经验，总结学科发展规律，促进学科科学化发展。

（作者单位：海南大学马克思主义学院）

关于做好高职院校学生思想政治工作的思考

李秀红

高职院校肩负着培养人才，提高国民素质的重大责任。培养什么人？如何培养人？这是社会主义教育事业发展中必须要解决好的根本问题，也是思想政治工作者需要研究的重要课题。

一、尊重情感规律，正确把握学生的思想变化趋势

新时期的思想政治工作，需要研究学生的特点和社会环境，确立理解人、关心人和尊重人的指导思想，引导学生用正确的方法认识形势、分析矛盾。

1. 学生的思想是随着客观条件的变化而不断变化的。如新生入学时期，由于原来的政治觉悟、文化素养、生活习惯各不相同，乍一来到全新的环境中，会遇到各种问题和矛盾。学校严格的管理制度使一些生活习惯自由散漫且思想素质较差的学生产生消极的思想情绪。有的对于大学繁重的课程缺乏足够的思想准备，产生了畏难情绪，怕苦怕累，一时难以应对。有的觉得大学里自由支配的时间较多，“我的青春我做主”，出现了纪律松散的倾向，网络的消极影响不可低估。不少人喜欢在网上浏览信息，多年成为习惯，成为参与者、使用者、传播者，有的甚至沉迷网络，患上网络成瘾症，出现“网络低俗”、“网络犯罪”、“网络诈骗”等问题。

2. 学生的思想活动是不断变化发展的。随着时间推移，大学生年龄不断增长，生理和心理不断变化，思想活动相应的随之变化；随着学业进展，知识丰富，对所学专业了解增多，本专业是否完全适合自己，可能会作出一些新的判断，产生一些新的想法；随着思想政治教育的深入，觉悟不断提高，有的学生可能想加入党组织的愿望开始强烈，也有的可能还有种种新的考虑，人各有志的差异性更明显地显现；将要毕业的学生，对自己今后的出路、前途问题想得会更多，对自己的职业生涯究竟如何抉择、如何设计，是选择就业还是创业，既渴望得到明师指导，又生怕被某些不良信息误导；处于青春期的大学生，性器官发育成熟，处于干柴烈火的危险期，偷吃禁果者屡见不鲜，有的坠入爱河的误区不能自拔，影响了学业乃至身心健康；随着多元化社会现象日益纷繁复杂，尤其市场经济中的思想观念的现实性、价值取向的功利性和生活方式的多样性，无时无刻不在深深地影响着大学生思想变化的趋向性。思想政治工作必须注重研究学生的思想变化规律，见微而知著，由近而及远。不同经历的学生，往往关注点不一样，引发的思想变化也不相同。要及时掌握学生的思想活动情况，及时抓住主要矛盾，预见到学生可能产生的思想问题，把思想政治工作做在前面，把思想问题解决在萌芽状态。要通过调查研究，摸清学生人际交往、理想信念、法律素养、心理健康、恋爱观、荣辱观等方面的变化情况，以问卷调查、数据统计、座谈讨论等形式，把情况查准摸清，有针对性地加强教育和引导。

3. 学生的思想变化往往是由“需求”起动的。按照马斯洛人的需要层次论的原理，大学生的五种需要都是影响其思想变化的重要因素。由于大学生们来自不同的地区，家庭境遇和文化背景不尽相同，性格、爱好、追求、向往不一样，学生的需求是多样性的，它决定了学生的思想变化的复杂性；学生的需求是受制约的，它决定了因需要得不到满足而引起的思想活动是

大量的、复杂的。学生的思想变化情况，既受基本规律的支配，又受特殊规律的影响。因此，在把握基本规律的同时，还要研究不同对象和不同条件下思想变化的特殊规律，增强思想政治工作的针对性、时效性，尤其是要把解决思想问题同解决实际问题结合起来。

二、突出人文关怀，研究和把握学生的思想脉搏跳动

当前，国家正处在经济结构调整、社会群体心理活跃、就业岗位和方式多样化的时期，致使当代青年学生在政治信仰、理想信念、价值取向、诚信意识、社会责任感等方面不同程度地出现各种问题。我们采用无记名问卷方式进行调查，结果显示，大部分学生的主流思想是健康向上的，但同时也暴露出了在高职学生中存在的一些问题。如，学生对思想政治素质教育的认识不够清晰，学习缺乏主动性；自卑感较强，对学习缺乏自信心；缺少艰苦锻炼，心理承受能力差，依赖性较强。

1. 留心观察细微变化，做到端倪可察、征兆可寻。学生们日常学习和生活中的言谈举止、音容笑貌、饮食睡眠、习惯爱好、着装仪表、脾气性格、工作表现等方面的变化，都是内心活动的显露。个别学生出现思想疙瘩不是偶然的，而是平时思想活动的延续和发展，要准确掌握其思想脉搏，应该全面了解每个学生的思想动态。一是了解外界条件的变化，掌握学生思想变化的各种客观原因。实践证明，影响学生思想变化的因素很多，个别学生之所以有思想问题，外界条件的变化是一个重要因素。二是仔细观察个别学生异常的言行表现，掌握思想变化的症结。个别学生的思想变化超出了常规，无论他如何极力掩饰，这种变化也会不自觉地表露出来，这些征兆就是进行思想预测和防范的根据。

2. 综合分析思想动机，作出正确判断。人们是在思想观念指导下进行实践活动的，在做任何事情时，都会受到思想观念的影响和制约。在熟知基本情况、掌握其细微变化的基础上，认真坚持辩证唯物主义的观点，从具体的现实表现入手，由表及里、去伪存真，分析支配学生言行的思想动机。一是准确掌握真实情况，不要被表面现象所迷惑，不要被一时一事所左右，不要被暴露出的问题所干扰。二是通过综合分析，及时“对症下药”，把思想问题解决在萌芽状态，把矛盾化解在激化之前。三是坚持分层次、分阶段、分类别进行分析和判断，结合不同年级、不同专业、不同基础和不同生活背景的学生思想实际，进行有针对性的教育。

三、充分发挥政治优势，创新思想政治工作环境

近年来，社会上各种思想观念和文化思潮在满足师生精神文化多元化需求的同时，也出现了许多不容忽视的新情况、新问题。作为思想政治工作者，必须充分发挥政治优势，在科学发展观的指导下，创新思想政治工作的环境和条件，把思想政治工作做好、做扎实、做出成效。

1. 创新思想政治工作有效途径。当代大学生在文化多元化、信息网络化和各种思想文化、价值观念的影响冲击下，道德观念、思想意识和价值取向也越发地呈现多样化、复杂化。因此，要结合大学生实际，加大思想政治工作力度。一是要以社会主义核心价值体系引导和帮助广大青年学生树立正确的世界观、人生观和价值观，用以爱国主义为核心的民族精神和以改革创新为核心的时代精神及社会主义荣辱观武装学生的大脑。二是充分利用思想政治理论课的主渠道，引导学生树立远大理想，养成良好的心理素质和道德品质，坚定对中国特色社会主义的信念，增强对改革开放、现代化建设和实现伟大“中国梦”的信心。

2. 营造思想政治工作良好氛围。一是深厚的人文内涵和历史积淀影响着大学生的思想。几千年的人类文明史告诉我们：人类前行的历史就是文明史、思想史、文化史。随着社会的进步，讲文明、讲科学、讲理性，正在逐渐形成良好

的社会风气,思想政治工作者必须顺势而为,推波助澜,以形成恒久的文明氛围。二是当代英雄和时代楷模正在激励着大学生的德行与操守。现实和谐生活中的奉献者、倡导者,正在将社会文明和道德之美汇流成海。思想政治工作者必须因势利导,促使大学生更加自觉地见贤思齐,长江后浪推前浪,一浪更要高一浪。三是雷锋精神世代传承,呼吁全社会人人学雷锋,人人当雷锋,人人弘扬文明风尚。在新的时期,人人皆可以雷锋精神为镜子,大力弘扬雷锋精神,为雷锋精神注入时代内涵,真正使雷锋精神在当代大学生的思想上扎根,并落实到行动上,为实现中华民族伟大复兴的"中国梦"而奋斗不息。

四、转变思想观念,提高思想政治工作者综合素质

思想政治工作是一门综合性的科学,既要了解学生的心理,做好耐心细致的思想教育工作,又要善于管理,引领学生选择正确的人生道路,还要遵循规律、掌握方法、研究对策,把思想政治工作做深、做细、做实。在新的时期,思想政治工作者要以高度负责的精神教书育人,必须具备良好的素质。

1. 具备良好的政治思想素质。政治素质是思想政治工作者政治理想、政治觉悟、政治品质和政策水平的综合反映,它决定着为谁服务、为谁工作的发展方向。必须熟知马克思主义基本理论,精通中国特色社会主义理论体系,坚定不移走中国特色社会主义道路,在重大政治原则问题上,始终同党中央保持高度一致。具有很高的政治鉴别力和政治敏锐性,在错综复杂的政治风云变幻中,始终不迷失政治方向,坚定政治立场。思想素质是思想政治工作者思想意识、思想方法、思想作风的综合反映,它决定着服务的质量和水平。一是具有"为官一任,保一方平安"的责任意识,确保校园和谐、安全、稳定,树立良好的思想政治工作者形象。二是具有对每一个学生负责的观念,深入实际,关注其冷暖,充分发挥思想政治工作优势,真心实意为学生排忧解难。三是具有严谨细致、持之以恒的精神,真抓实干,务求实效,精心做好每一件事情,自觉维护思想政治工作的良好声誉。四是学会识别、发现和处理思想政治工作过程中的各种矛盾和问题,遵循经济社会发展的规律和大势,形成推动学院又好又快发展的合力。

2. 具备良好的道德品质。严格自己的德行培育和品格培养,以人格的力量感染学生。时刻关心、关爱学生,在力所能及的情况下,将善待和帮助学生成长成才上升为一种生活习惯和态度。真诚奉献爱心,为学生排忧解难。引导学生做善事、办好事,成就一代又一代新人茁壮成长。思想政治工作者要勇于担当激励教育之责、情感育人之任;开展"人人向善,追求榜样"的道德实践活动。自觉以雷锋、焦裕禄、张丽莉、罗阳等为榜样,逐步内化为自身优良品质,集聚正能量。一是具有顾全大局、任劳任怨的精神境界,让人尊重,让人敬服,增强凝聚力、感召力、说服力,克服教条、僵化、形式化的倾向。二是实事求是、尊重规律,说话办事要以事实为根据,以法律为准绳,主动克服"两张皮"的问题。三是具有公道正派、平等待人的优良品德,处理问题公平、公正、合情、合理、合法,克服习惯于"居高临下"的思维定势。四是严格守住社会主义核心价值观的底线,做知荣辱讲正气的表率。

3. 具备良好的民主意识。一是尊重学生的民主权利。现代学生见多识广、民主意识强烈。这是十分可喜的进步,特别需要珍惜和保护,在平时的工作中要让学生积极参与学院工作,提供发表意见的机会,虚心听取学生的建议。二是注意扩大民主渠道。认真分析学生的各种反映,使他们感到自己的民主权利得到充分发挥。三是创造良好的民主环境。鼓励学生积极提出合理化建议,逐步形成敢讲话、讲真话,主动反映情况的良好局面。四是建立促进学生全面发展的一套科学领导体制和工作机制,发挥学生自我教育、自我管理、自我服务的主体作用。

4. 具备相应的能力素质。一是加强业务知识学习，有针对性地安排培训、参观、讲座等活动，扩大视野，更新观念，特别是要刻苦学习与学生工作有直接联系的社会学、心理学、教育学、逻辑学、文学、美学等知识，从而提高观察分析解决问题的能力。二是讲究方式方法，正确分析和研究思想变化规律，掌握不同学生在不同情况下的心理特征，有的放矢地开展思想政治工作，有事半功倍的效果。三是学好经典，确立正确的世界观、方法论，特别是从承担历史责任出发，认真学习马克思主义经典著作，这不仅有助于提高思想理论修养，而且有利于确立正确的世界观、人生观、价值观，进而提高分析和解决实际问题的能力。四是坚持教书与育人相统一，育人为本，德育为先，将“人格塑造”与“培养高水平技术技能人才”有机结合起来，优化学生的道德素养，不断强化学生的专业技能。

（作者单位：天津国土资源和房屋职业学院）

试论现代大学精神构建下的党建工作创新

许益锋

《国家中长期教育改革和发展规划纲要（2010—2020）》提出，要完善中国特色现代大学制度，落实学校办学自主权，完善大学治理结构。大学是探求学问、追求真理、塑造精神、培育人才的地方，建设现代大学制度关键就是要弘扬大学精神。当前，我们必须深入学习理解党的十八大精神，贯彻落实科学发展观，进一步加大高校基层党建工作创新力度，以明确分工、领导方向，带好班子、凝聚力量，健全制度、推动发展，改进作风、强化监督为重点，全面加强高校基层党建工作的科学化，促进高等教育的科学发展。

现代大学精神的构建需要以传统大学精神为基础，注重时代精神的品质，以现代大学制度为载体。构建现代大学精神就是焕发大学的灵魂，与时俱进，落实科学发展观，引领现代大学健康发展，推动社会文明民主。只有坚持兼容并包、学术自由、办学自主、体现个性、与时俱进和制度保障等原则，才能培育出符合现代社会发展要求的大学精神。

一、现代大学精神与高校党建工作的概述

（一）现代大学精神

“大学精神是大学人在长期的办学过程中，共同的精神品质、理想追求、价值取向、行为理念等的积淀、选择、凝聚、丰富、发展而形成的，是大学文化的核心和大学生命的灵魂所在，对高校实现科学发展具有重要的作用”。具体可通过校风、教风、学风等校园精神面貌来表现。大学精神是大学长期历史发展的产物，是大学科学办学经验的凝结，是大学人共同理想的集合，是大学独特气质的升华，大学不仅要造就人才，更要有文化影响力和文化魅力，这种影响力和魅力必然存在于大学精神之中。我国现代大学精神产生于20世纪初，受西方大学精神影响较大，是“西学东渐”过程中移植西方学术自由、教授治学等理念而产生的大学价值体系，以“四大名校”的治学精神为典型代表，即北京大学之“思想自由，兼容并包”，清华大学之“自强不息，厚德载物”，南开大学之“允公允能，日新月异”；浙江大学之“求是创新”。

现代大学精神的内容主要包括人文精神与科学精神、自由精神与独立精神、创新精神与批判精神。人文精神是以人为本的人文情怀，关注人的价值、存在及发展，追求个性解放和个人理想的实现，积极营造平等、和谐的人际氛围。科学精神指科学、严谨、求真的精神，它强调实事求是、崇尚真理、精益求精的态度。自由精神包括学术自由、思想自由、言论自由等，指大学人不受任何外在压力和妨碍，自由地从事学术研究、表达思想和发表言论等。独立精神指大学具有独特使命，拥有独立自主的办学权利，遵从自身发展规律，不被社会中的外在因素所左右。创新精神体现大学作为新知识、新思想、新人才的发源地，具有不断革新、不断创新的精神实质。批判精神是以质疑和超越的态度对现有的理念、思潮、技术等进行合理性的批判。

（二）高校党建工作

高校党建工作可以说是将马克思主义建党理论同中国特色社会主义高等院校建设相结合，在马克思列宁主义、毛泽东思想、邓小平理论、“三个代表”重要思想和科学发展观指导下进行高校思想建设、组织建设、作风建设、反腐

倡廉建设和制度建设等实践活动。高校党建工作是党的建设的重要内容，党在1990年通过发布《关于加强高等学校党的建设的通知》明确指出，我国高等学校实行党委领导下的校长负责制，自此开始了党对高校的领导，并每年召开一次全国高校党建工作会议，针对高校党建工作中不断出现的新问题、新情况和新经验进行研究和探讨，切实提高党的指导能力和高校的建设能力。在第十八次全国高校党建工作会议上，习近平强调："认真贯彻落实党的十七大和十七届四中全会精神，进一步加强和改进新形势下高校党的建设，是坚持社会主义办学方向、促进高校改革发展、培养社会主义合格建设者和可靠接班人的根本政治保证。"这充分体现了高校党建工作的重要性，也表明了党中央对高校党建工作的高度重视。

二、现代大学精神与高校党建工作两者之间的关系

（一）现代大学精神赋予高校党建工作新内涵与新内容

当今世界正处于大发展大变革大调整的时期，全球思想文化交流交融交锋呈现出新的特点，我党的建设工作面临新的机遇和挑战，高校作为新观点、新思潮、新知识的汇集、交织之地，党建工作的推进具有艰巨性、复杂性和创新性。在纷繁复杂的社会境况下产生的现代大学精神为高校党建工作注入新的精神力量，赋予了高校党建工作新内涵与新内容。

具体而言，现代大学精神构建下，人文精神的倡导要求各高校在党建工作中贯彻"以人为本"的理念，建设服务型基层党组织，为教学、科研中心工作保驾护航，全心全意为广大师生员工服务。科学精神的培植则要求高校要以科学理论引导党建工作，建立学习型党组织。胡锦涛在庆祝中国共产党成立90周年大会上的讲话中就指出："我们必须从新的实际出发，坚持以科学理论指导党的建设，以改革创新精神研究和解决党的建设面临的重大理论和实际问题，着眼于全面建设小康社会、加快推进社会主义现代化，全面认识和自觉运用马克思主义执政党建设规律，全面推进党的建设新的伟大工程，不断提高党的建设科学化水平。"倡导自由精神，必须在高校党建工作坚持"百花齐放，百家争鸣"的方针，提倡学术自由，倡导党务公开，营造各具特色的高校党建氛围。培植独立精神，能够确保高校坚持社会主义办学方向，坚持四项基本原则，坚定理想信念不动摇，建立新时期的社会主义核心价值观不受社会外来压力和西方思潮的影响，集中力量完成培养人才的独特使命。贯彻创新精神，要求高校在党建工作中创新观念，勇于突破，建设创新型基层党组织。坚持改革开放政策，落实科学发展观，致力于校内体制改革和机制创新以及内涵发展，从不合时宜的制度和做法中解放出来，结合时代特点和高校实际转变工作思维，创新党建工作方式方法，提高新时期高校党建工作的科学化水平。倡导批判精神则强调高校在党建工作中明确方向，明辨是非，把握主流思想，敢于批判错误的思想和行为，注重培育大学人的思辨能力和质疑精神，提高大学生的综合素质，培养新世纪优秀人才。

（二）高校党建工作为现代大学精神构建提供思想、人才和组织保证

高校党建工作为现代大学精神构建提供了多方面的保证。一是思想保证。高校党建工作要结合时代要求和高校实际情况，坚持社会主义办学方向，深入贯彻落实科学发展观，不断提升师生员工的政治认知能力和思想觉悟，坚持立德树人，把社会主义核心价值体系建设融入办学全过程，用中国特色社会主义理论体系武装广大师生头脑，增强师生对中国特色社会主义的理论认同、政治认同、情感认同，坚定道路自信、理论自信、制度自信。二是人才保证。十八大报告要求"坚持党管人才原则，把各方面优秀人才集聚到党和国家事业中来。广开进贤之路，广纳天下英才，是保证党和人民事业发展的根本。"这为高校党建工作指明了方向。高

校紧紧围绕培养中国特色社会主义事业合格建设者和可靠接班人这个根本任务，保持高校党组织的先进性和纯洁性，加强学校领导班子和干部队伍建设，建立现代大学制度，弘扬大学精神。高校通过深化中国特色社会主义理论学习和党风党建实践，重点培养各方面的优秀人才，从而发挥优秀人才的领导能力与示范作用，为现代大学精神的贯彻与传播提供人才保证。三是组织保证。高校基层党组织和党员是党联系广大师生员工的重要渠道、沟通桥梁，是模范的表率、前进的先锋、稳定的基础。高校党组织通过组织、团结、宣传、引导大学人等方式解决高校广大师生员工的热点和难点问题以及合理诉求，开展好创先争优活动，做好固本强基工作，增强高校党组织的凝聚力、号召力和向心力，使广大师生员工切实感受到党组织的温暖，具有归属感、荣誉感和责任感，大大增强幸福指数，有利于校园的和谐稳定。

（三）现代大学精神构建与高校党建工作在目标上具有一致性

现代大学精神构建与高校党建工作都围绕着“办什么样的大学，怎样办大学”、“培养什么样的人，怎样培养人”这两个根本问题来开展，现代大学精神构建通过发挥大学精神的凝聚、熏陶、内化、导向、激励、拓展、规范等功能，培养有理想、有道德、有文化、有纪律的新时代大学生，打造文化深、校风好、教风正、学风浓、人心齐、质量高的大学。高校党建工作把党的教育方针政策贯彻落实到高校的人才培养之中，发挥党在高校建设中的政治核心和保驾护航作用，为中国特色社会主义事业培养优秀人才。总而言之，现代大学精神构建和高校党建工作都以培养中国特色社会主义事业合格建设者和可靠接班人为目标，致力于社会主义教育事业的建设与发展，为中华民族的伟大复兴而不懈努力。

三、高校党建工作现状及存在的主要问题分析

高校党建工作在学校的发展中发挥了积极的、巨大的作用，取得了显著的成绩，为推进高等教育又好又快发展提供了坚强的思想、政治和组织保证。但不可否认，新时期的高校党建工作也存在着一些新问题、新困难、新挑战，主要有：

（一）思想认识模糊，党建工作缺乏积极性

随着国际形势的复杂化和改革开放的推进，不可避免的多元化思潮涌入我国，加上社会上一些负面事件的影响，对人们的思想观念造成很大冲击，高校也因此受到较大影响，拜金主义、现实主义、实用思想有所抬头，考试作弊、诚信缺失、学术不端等行为不时浮出水面，理想信念出现模糊、迷茫甚至动摇。如何坚定不移地以马克思列宁主义、毛泽东思想、邓小平理论以及“三个代表”重要思想来指导高校党建工作，引导和教育高校广大师生员工，不少党员干部对此思想认识上不够清晰，且在党建工作中缺乏积极性。主要表现为：一是认为高校是人类精神的理想家园，长期以来保持了安定团结的局面和良好的发展状况，同时，当今中国处于和平发展的时代，在内外环境安定的局面下无须重视党建工作，这种对政治局面过度乐观的思想使部分党员干部政治警惕性不高、敏锐性不够，从而对党建工作疏忽大意、敷衍应付。二是认为衡量大学综合实力的标准是博士点、硕士点、重点学科、科研成果、优秀论文和国家基地等，抓好这些工作便能办好一所大学，更容易办出政绩，突显“成效”。党建工作虚而不实，难显效果，可抓可不抓。这种轻视党建、重视表面政绩的错误思想使部分党员干部在党建工作上缺乏主动性和积极性，将党建工作当成软指标，抓得不紧甚至放手不抓。三是认为改革开放时代，一切以经济建设为中心，人心浮躁涣散、急功近利，党建工作费心、费时、费力、枯燥难显成效，因此对党建工作失去兴趣、信心，出现工作懈怠、组织松散等状态。

（二）定位尚不明确，党政关系较为微妙

我国高校明确实行党委领导下的校长负责制，但高校到底是校长说了算还是书记说了算？

二级单位党政领导如何参照定位等等，这些问题仍未得到很好解决，主要表现在：首先，由于体制不完善，特别是二级单位党政联席会议制度和民主集中制没有得到认真贯彻执行，党政领导在责权利方面没有明确的定义，部分行政领导认为书记会削弱他们的权威和权利，以书记不懂业务、专业等为借口，导致书记难以发挥领导、统筹的作用。其次，一些单位党政领导班子成员个性较强，出现越位、错位，互不谦让、信服，互不配合、合作，关系处理欠佳，领导班子内部争权夺利甚至拉帮结派的现象，致使集体决策能力低，无法高效、正确作出重大决定，凝聚力差，战斗力弱，影响领导班子整体形象，甚至损害党的威信，阻碍高校和单位的发展。再次，部分二级单位没有对党政领导职责作出明确的分工，监督不到位，权力难以制约，致使领导班子内谁强势谁说了算，部分工作特别是责任大、难度高、无利可图的工作存在“真空”状况，无人负责和落实，影响到班子团结和执行效果。

（三）党风受影响，党群关系欠融洽

“近年来，高校学术腐败案件的发生率呈上升的趋势，特别是在招生、收费、教材采购、基建、教学设备采购等领域时常发生腐败案件，部分党员干部经不起利益的诱惑，利用手中的权力公然违法乱纪，以权谋私，损害了国家和人民的利益。”一些高校党员干部牵涉腐败案件，败坏了高校的党风，影响了党的形象和高校的声誉，伤害了广大师生的感情，使部分师生出现信仰危机，对党的建设缺乏信心。同时，受市场经济趋利性的影响，部分党员自私自利甚至争名夺利，或只关注本学科、本部门的利益和发展，缺乏大局观念，未能在学科建设和人才培养等方面发挥表率作用，责任心弱、工作消极、注重名利、沟通谈心少，甚至有的只谈报酬不讲奉献，台上大讲廉洁台下名利双收，使群众对部分党员的印象大打折扣，严重影响了党的整体形象。以上问题的出现使党风建设受到影响，群众谈及理想信念都觉得太抽象、太渺茫，发出“理想太丰满，现实太骨感”的感慨，党群关系紧张，因而群众不仅对党建工作不予以配合，还对党的威信和执政能力产生置疑，出现消极对待甚至抵制情绪。

（四）内容形式单调，党建工作难见实效

“我们有一部分高校，将发展党员数量看成硬性指标，教育引导成效看成是软目标，致使党建工作出现前紧后松现象，存在重发展、轻引导的问题，培养教育工作更呈现放任状态；没有真正把大学生党建工作与大学生思想政治教育工作结合起来，使学生党员在思想上入党的前提下成为党员。”以短信、QQ、微博、微信等为代表的新媒体有其草根性、快速化、影响力和炒作性等特点，对我们开展工作冲击力大，挑战性强。而反观我们高校的基层党组织生活存在形式单调、内容浅显、松散无力等问题，部分高校只看数量不看质量，重发展轻管理疏教育，没有从长远的角度考虑开展党建工作，具体表现在：内容上，没有将理论与实际相结合，不少高校的党建工作停留于口号化、灌输式的形式主义教育，没有将价值观、人生观、信念观教育等与新形势、新问题、新热点相结合，最终导致党建工作难以开展、难见成效。主要表现在三方面：一是基层党员活动少，组织活动形式单一，甚至经常以工作研讨会、办公会议代替，党组织涣散无力，缺乏凝聚力、战斗力和吸引力，多年来没有教职员工入党。二是宣传的形式单调，没有与校园文化、新媒体等有效结合，外地党员、流动党员、合同工党员等难以过上正常的组织生活，发挥示范作用。三是对党员的教育方式单调，说教乏味，文山会海疲于应付，无法取得教育实效。

（五）存在难题多，工作机制缺乏创新

目前高校党建工作面临的难题很多，主要表现为：一是师生员工的入党动机不纯，对教职工而言，有些人入党是为了谋求晋升机会、捞取政治资本等，部分学生入党则为了择业就业的需求，如为报考公务员和留校工作增加筹码，等等。二是基层党组织的设置不合理，党支部的划分缺乏科学的依据，导致党组织力量受到削弱。如跨学科、跨专业、跨校区选修学分多，如何将党支部建在学科群上、班级上、宿舍上等值得探讨。三是党组织有所涣散，支委力量不强，选配存在困难。由于党务工作比较繁琐、务虚、枯燥，又缺乏经费、场所、人力，很多人不愿意从事党务工作，特别是二级院系管理中，许多行政干部兼顾学术研究与教学，大部分人愿意倾注心思于教学与学术活动，不愿选择从事党务工作。而其他党派发展党员非常积极、灵活，目标瞄准中坚力量和骨干分子，党建工作面临很大挑战。四是党员管理、教育、考核、服务不完善，党员入党后缺乏有效的考核与培训机制，导致部分党员不参加组织生活会、不按时交纳党费、不能起到先锋模范作用、不完成组织交给的任务甚至发表有损党的尊严、威信的言论等，党组织内部存在党员涣散、懒惰、萎靡的现状，难以体现先进性。多种难题对党建工作提出挑战，但部分高校在党建方面缺乏创新和卓有成效的工作机制以及应对方案。

四、现代大学精神构建下高校党建工作的创新思路

（一）用科学精神深化思想认识，提高党建工作积极性与主动性

党的十八大报告强调，要以改革创新精神全面推进党的建设新的伟大工程，全面提高党的建设科学化水平。高校基层党组织要牢牢把握加强党的执政能力建设、先进性和纯洁性建设这条主线，在高校党建工作中融入科学精神，通过熏陶、导向、感召的方式引导和激励党员干部以科学的精神严肃对待党建工作，积极提高工作主动性，避免产生过于乐观或消极的思想态度，改正轻视党建工作的错误思想。用科学精神深化思想认识的途径有：首先，以马克思列宁主义、毛泽东思想、邓小平理论、“三个代表”重要思想和科学发展观为指导思想，把中国特色社会主义理论体系融进党的教育活动中，努力确保党的方针政策的先进性与党员先进性紧密相连。其次，认清当前的发展形势和严峻现实，理性客观地认识、分析我国高校发展面临的机遇与考验，从实际出发，总结经验，党政一把手均要站在全局和历史的角度认识党建工作的重要性，避免一味追求博硕士点、科研成果、论文数量等方面的成绩，而忽视党建工作对高校发展所起的作用。再次，统一思想，坚定信心，加大力度宣传党的方针政策，结合高校实际积极开展固本强基、创先争优、服务师生等活动，强化党员的服务意识、责任意识、奉献精神和示范作用，以党建推进学术、教学、科研、行政、服务等工作，发挥党支部的战斗堡垒作用，树立党的威信，使广大师生员工对党的工作有全面的理解，凝聚力量，团结奋进，从而对党充满信心和热情。

（二）结合现代大学精神的内容明确定位，建设和谐党政关系

党委领导下的校长负责制是符合我国社会主义特色高校发展现状的领导体制，应结合现代大学制度给予完善，妥善处理好党政关系。关于党委与行政的定位问题，应把握四个方面内容：一是学校贯彻实行党委领导下的校长负责制，学校党委应发挥统领和政治核心作用，统一指导学校工作；校长发挥管理作用，有权依照职权独立自主开展工作。二级院系应实行党政共同领导下院长（系主任）负责制，党组织发挥好政治核心、统筹协调和保驾护航作用，行政领导不论是否党员，均要支持党组织开展工作。二是党委是一个领导集体，不是党委书记个人，校长对党委负责不是对党委书记负责，而是对整个党委集体负责。应避免一言堂、独裁、专横，推行党政联席会议制度和民主集中制，才能办成事、办大事。三是注重党政和谐，班子团结。党政领导应互相谦让，包容互补，有商有量，交心交流，互相尊重，求同存异，大度大方，胸怀坦荡，共谋发展。四是党政领导意见不一致或理解出现偏差时，党委领导应该严格按照《中国共产党高等学校基层组织工作条例》中相关规定执行，原则问题应坚持，工作方式方法应灵活，包容谦让，务求共识。通过构建现代大

学精神妥善处理党政关系，完善大学内部治理结构，建设现代大学制度，促进党政关系和谐发展。

（三）结合人文精神与批判精神纯正党风，促进党群关系融洽

高校党风建设既是一项长期艰巨的任务，又是一项现实紧迫的工作。加强党风建设要把总体要求同坚持人文精神与批判精神结合起来，下大力气抓好党的思想建设、组织建设、作风建设、制度建设和反腐倡廉建设。要坚持党的先进性和纯洁性，增强解决自身问题的能力，树正气，立新风，聚人心，保质量，反腐败，促发展。具体说来，一是广开言路，公开公平，处事公正，及时化解各种矛盾。避免喊口号、戴帽子、上纲上线、高高在上、陈词滥调、言之无物，应搞好谈话谈心、沟通交流，重视感情联络，深入基层，给师生带来实惠，让他们共享改革发展的成果。二是关系广大师生员工利益的大事要事先向群众通报，广泛征求意见，推行党务公开，体现知情权、表达权、参与权，通过座谈会、报告会、教代会、党代会、学代会等多种形式保留与广大师生员工的密切联系，着力维护高校和谐稳定的局面。三是党员干部要增强责任心和奉献精神，坚持管理育人、服务育人、环境育人的宗旨，兢兢业业、勤勤恳恳为广大师生员工办好事、办实事、解烦忧，树立党组织的威信和党员的良好形象。四是强化学术道德建设，杜绝学术腐败，淡泊名利，乐享清平，营造良好的学术氛围与环境。在论文答辩、评审、课题、发表、出版等环节上严格把关，防止出现弄虚作假、抄袭剽窃等学术不良现象，建立公开、公正、公平的学术评价和职称、岗位评聘机制，确保党风正，党旗红，人心聚，事业兴。

（四）以创新精神丰富内容与形式，增强党组织凝聚力

高校基层党组织要增强“四种能力”（自我净化能力、自我完善能力、自我革新和自我提高能力），推进高校基层党建工作创新。高校党建工作的着力点在院系、学科等基层党组织，要科学设置高校基层党组织、完善工作机制、健全考评体系、创新工作载体，使基层组织活动富有时代感、充满吸引力和体现实效性，通过活跃基层组织、充实党员活动、增强科学化水平等提升整个高校党建工作的活力。创新高校党建工作，应从内容与形式上着手，与实际工作相结合，配合中心工作，虚功实做，注重成效。一方面，要建立党政互动、党团互动、师生互动、校内外互动、学校与社区互动的良好机制，协同创新党建工作，通过社团、社区、活动、网络等实践阵地和载体有效加强思想政治教育，坚定理想信念，加强道德修养，大力培育与发展青年党员。另一方面，高校基层党建要主动推进学校、学院的教学科研工作，积极参与国家和省市经济社会创新发展，推动“2011 协同创新计划”，实现教育为国家建设服务、为地方经济社会服务、为人民服务的目标。

（五）以现代大学精神构建为契机创新党建工作机制，建立学习型、创新型、服务型党组织

在现代大学精神构建的背景下，高校党建工作创新机制应把握三个方面内容：一是大力推进实施素质教育，调整学科结构，优化资源配置，提升高等教育质量，务实推进高校基层党建工作，建设学习型党组织。特别是要以党风带动学风、教风、校风，抓好人才培养，重点要培养学生的创新精神和质疑精神，建立以“质量”和“水平”为导向的评价机制，提升人才培养质量和师资水平。二是加强学习借鉴，吸收优秀成果，创新党建工作方式方法，体现基层党组织和党员的服务意识、服务精神。应结合新时期高校实际，探索党支部建在学科点、学科群、班级、宿舍甚至 QQ 群上，让党员在平凡岗位发挥关键作用，真正发挥党支部战斗堡垒作用，提高服务社会、服务师生员工的能力。并将校际之间、学院之间的党建工作进行横纵比较和协同创新，借鉴成功经验，不断改进基层党建工作，增强党组织的吸引力、凝聚力和号召力，建设创新型、服务型党组织。三是总领全局,统筹安排,充分发挥高校党组织的政治核心作用。高校党建工作的创新牵涉到大学的科研、教学、管理、服务等各方面的工作,因此创新应结合各个高校、各个校区、各个二级单位的实际情况,做好调研和试点,科学规划,逐步展开,有序推进,使各个部门有效配合,各个环节有效衔接,务求实效,深得人心,让党旗更红、作用更明显。

高校党建工作要紧紧围绕培养中国特色社会主义事业合格建设者和可靠接班人这个根本任务,推动高校全面落实党的教育方针、坚持内涵式发展,全面提高办学质量,加强自身建设,为办好人民满意的高等教育提供坚强的思想政治和组织保证。当前,高校基层党组织要突出在增强自我净化、自我完善、自我革新和自我提高能力上下功夫,致力于建设学习型、服务型、创新型的高校基层党组织。党建工作创新是一个动态、学习、循序渐进的过程,应该根据高等教育新时势、新情况、新特点、新内容和高校的实际情况不断作出调整、改进,保障运行机制的合理性、科学性、渗透性以及时效性,确保党建工作创新的效果,推进高校科学发展。

(作者:华南师范大学外文学院党委书记,研究员)

新形势下加强高校学生党建工作的思考

谭书臻

党的十八大提出了全面加强党的思想建设、组织建设、作风建设等要求，《中国共产党普通高等学校基层组织工作条例》和《国家中长期教育改革和发展规划纲要（2010—2020）》中对加强和改进教育系统党的建设、健全各级党的组织、充分发挥基层党组织的战斗堡垒作用和党员的先锋模范作用都有明确的要求。这些要求符合普通高校党建工作的现状，也指明了党建工作的方向。目前，普通高校学生党建工作的现状有喜有忧，对此，如何加强对普通高校学生党建工作的领导，重视学生党组织建设，充分发挥学生党组织和党员的作用，是普通高校广大学生工作者，特别是党建工作者需要认真思考和解决的课题。

一、当前高校学生党建工作中存在的问题

当前高校学生党建工作总体上呈现出学生入党热情高、入党比例高，党员发展程序规范、组织健全的良好局面，广大学生党员已经成为校园内人数众多、富有朝气的骨干队伍，他们不仅仅在学习和工作方面争当先锋，而且在建设和谐校园、文明校园的过程中也发挥着不可替代的作用。但也不可否认，高校学生党建工作还存在着一些问题，其主要表现在以下几个方面：

（一）大学生入党动机呈多样化趋势，功利色彩浓厚

进入大学，绝大多数学生也正好跨进成年人的行列，符合入党的年龄要求，入学后系统全面的入学教育、如火如荼的军训生活，使大学生的思想得到升华，政治觉悟得到提高，积极要求进步的激情被点燃，再加上随着年龄的增长，对未来的人生规划成了大学生必须思考和面对的问题。大学生一旦确定了自己的人生目标，就必须为实现这一目标付诸努力，因此，很多学生在入学不久就向党组织递交了入党申请书，表达自己要求加入党组织的强烈愿望。据调查统计，在大一期间，向组织递交入党申请书的学生约占90%。大学生入党热情高涨，其入党动机却呈现多样化趋势。在笔者所在单位组织的问卷调查中，选择入党是“为了实现共产主义的远大目标”的占16%，选择“为了很好地履行全心全意为人民服务宗旨”的占31%，选择是“为了将来个人政治仕途和发展”的占22%，选择纯粹是“为了增加就业砝码”的占16%，选择“随大流”的占6%，选择“有面子能当学生干部”的占5%，选择“为父母争光”的占4%，除了前两种选择是党建工作者期望看到的外，其他选择都不同程度地表现出以个人主义、实用主义为核心的功利性色彩。

（二）大学生入党材料繁杂，材料雷同现象严重

经过长时间的摸索和总结，大学生入党程序已经逐步规范。一般来说，入党分以下几个步骤：一是向党组织递交入党申请书；二是参加党校的学习，进行党的基本知识的培训；三是确定入党积极分子，进行一年左右的考察培养；四是从入党积极分子中经民主评议推选入党对象；五是对入党对象进行函调，确认主要社会关系清楚、无问题；六是召开支部大会，将入党对象吸收为中共预备党员；七是经过一年预备期的进一步考察，将中共预备党员转为中共正式党员。一个大学生从申请入党到成为正式党员

的过程中，要填的表格很多，需要培养人、介绍人、谈话人等填写的意见也较多。翻阅这些材料可以发现许多相似之处，材料雷同现象严重。像入党申请书几乎千人一面、千篇一律，谈话人、培养人意见也大同小异，发展对象的缺点都是“政治学习抓得不紧”、“对自己要求不够严格”、“学习有时有松劲情绪”等无关痛痒的话，死板和教条让规范的发展程序变得只有形式，没有多少实质内容。

（三）大学生基层党组织形同虚设，作用发挥不明显

根据党章的规定，结合普通高校的特点，近几年，凡是具备成立党支部条件的基层都成立了相应的党支部。前些年学生党员数量较少，一般是以年级为单位成立党支部；年级学生党员数量达不到成立支部要求的，则以学院为单位成立党支部；有的则采取多年级成立纵向党支部的方式，来确保学生基层党组织的健全。近几年，由于学生党员发展数量的增多，许多高校借鉴军队“支部建在连上”的经验，采取了“支部建在班上”的做法，以班为单位成立党支部，班级党支部成为班委会、团支部之外带动大家学习成长的“第三驾马车”。但是，健全的组织机构和越来越多的学生党支部并没有发挥它应有的作用。目前，有些大学生党支部的主要作用就是发展党员，至于如何落实组织生活制度、如何发挥党支部的战斗堡垒作用则无从谈起。像有的学校规定党员每半个月一次的组织生活制度根本得不到落实，支部大会如果没有发展党员的任务一般不会召开。支委会、支部大会、民主生活会这些会议有何区别、什么时候开，学生党员大都说不清楚，按组织制度的要求去落实也成了一句空话。党支部的作用远没有班委会、团支部的作用发挥得明显。

（四）大学生入党比例不断提高，但先锋模范作用缺失

前些年，大学生党员发展的比例一直不高，特别是20世纪90年代初期，大学生党员发展比例不足1%。后来，经过多年的探索和实践，普通高校的党建工作逐步得到重视，学生党员发展比例有了明显提高。2003年，全国高校在校生党员的比例达到了8%。经过又一个十年，特别是党的十六大、十七大以来，全面加强党的建设的客观要求、普通高校的党建工作越来越受到重视的现实，使大学生的入党比例节节提升。现在，部属重点高校的大学生入党比例一般超过了30%，有的学校甚至达到了40%以上。但是，让党建工作者感到尴尬的是，大学生入党比例的不断提高，并没有呈现出人们期望看到的局面，党员的先锋模范作用没有因为党员数量的大幅增加而在学习和日常工作中得到更多的体现，相反，现在党员多了，党员的党性观念反而淡薄了，不管是在学习上还是在工作上，许多大学生党员混同于普通学生，根本体现不出党员的先锋模范作用。

二、当前高校学生党建工作存在问题的主要原因

（一）世界观、人生观、价值观等发生偏差，造成大学生入党动机不纯

唯物辩证法指出，事物是发展变化的。随着改革开放的进一步深入和社会主义市场经济的建立，社会的经济成分、经济利益、生活方式以及学生就业方式出现了多样化的趋势，这就必然会导致学生思想的多元化。特别是中国传统文化中的某些糟粕以及西方资产阶级腐朽思想，对大学生尚未完全定型的世界观、人生观、价值观产生了一定的冲击；市场经济条件下催生的实用主义观念，使一些学生的政治理想中不可避免地掺杂了更多的功利成分，同时也使一些学生党员更强调个性独立、自我设计和自我完善，从而导致道德行为出现脱轨现象。个人主义、实用主义、拜金主义，成为他们在作各种选择时首先使用的考量标准，而为实现共产主义奋斗终生的崇高理想，在他们看来是那么的遥不可及，全心全意为人民服务的宗旨，也因党内个别贪污腐败分子的胡作非为而使大学生对此产生动摇。因此，他们考虑入党时，首先想

到的是是否有利于个人的发展和前途，是否能为自己带来实惠等等。

（二）重档案材料齐全、轻入党对象个性特征的形式主义，造成大学生入党材料雷同

每个人都有一个走到哪带到哪的档案袋，对一个党员来说，档案袋里装得最多的就是入党材料，尽管很少有人去阅读这些材料，但这些材料又是必不可少的，必须终身保存的。虽然没有听说过因为入党材料的内容与别人惊人的相似而怀疑党员资格的真假。但却存在因为入党材料不全而接受组织审查的事实。这从某种程度上说明了手续和资料的齐全是必须的，而内容的雷同则是无关紧要的。这种状况造成了某些申请人在写入党申请书时，只需要把别人的申请书拿过来抄写一遍，改个申请人的名字和日期就完事大吉，也使得培养人、谈话人、介绍人在填写意见时，根本不考虑入党对象的个性特征，而是照搬别人的措辞应付过关。究其原因，无非是形式主义的东西在作怪，只求简单应付顺利过关，不求标新立异、精益求精，也不求个性鲜明、与众不同。

（三）对学生基层党支部的骨干培训指导不力，造成基层党组织成员组织常识匮乏、组织生活制度难以落实

随着学生党员发展数量的增加，现在大多数高校都设有二级党校，二级党校每年都要对大量的入党积极分子进行培训，培训的主要内容是党的基本知识，如党的性质、宗旨等，而对支部建设方面的内容安排较少，这就造成大学生基层党组织成员组织常识匮乏，不知道怎样开展工作。对党建工作的督导检查发现，大部分学生党支部书记和委员，不知道支委会和支部大会的区别，不清楚什么情况下该开支委会、什么情况下该开支部大会，对于民主生活会这样有特定内容和含义的组织生活制度，既不知道该什么时候开，也不知道该怎么开。作为主管学生党建工作的二级学院党委，其主要精力也都放在应付党员发展数量激增带来的巨大工作量上，无暇顾及大学生党支部骨干的培训。而这样的培训由于学生四年一周期的流动性，变成了一项长期的、循环往复的任务，这使得二级学院党委产生了一定的畏难情绪，培训工作很难落实。另外，对学生基层党支部缺乏检查监督和指导，导致其组织生活过于随意。很多大学生党员骨干错误地认为，组织生活就是在重大节日、纪念日到来时出去走一走、看一看，一年搞几次活动就等于组织生活制度得到了落实。

（四）过度追求党员发展数量、对党员教育监管不力，造成学生党员的先进性不强

“成熟一个、发展一个”是中国共产党长期坚持的组织发展原则，也说明了党员发展的第一要素是确保发展的质量。没有质量做保证，单纯追求发展数量，是对党不负责任的表现。目前，许多高校的大学生入党比例已经超过了1/3，研究生的入党比例更是达到了80%以上。从党员的先进性上讲，如此高比例的党员队伍，将大大带动和影响身边的普通群众，使高校党建工作呈现出新的气象。但是，与此相反，党员发展数量的增加，并没有对党建工作产生推动作用，大多数党员的先锋模范作用没有得到发挥。许多人反映，现在党员多了，党员的先锋模范作用反而不如党员少的时候明显。和一些毕生追求入党，奋斗了几十年，到了晚年才实现入党愿望的老一辈党员比起来，现在的大学生入党似乎过于容易，这就使得他们对党员的称号和荣誉不够珍惜，缺乏创先争优意识。许多党员认为，周围的很多人都是党员，不需要自己去发挥先锋模范作用；有的甚至认为，周围的党员和自己都差不多，如果自己表现得太积极，反而会遭冷眼和讥讽，还不如和大家一样。另外，对党员的教育监管不力，缺乏必要的奖惩激励机制和监管措施，造成党员党性观念不强，也使党员失去了前进的动力，这些都是党员先锋模范作用发挥不好的重要原因。

三、加强高校学生党建工作的措施

（一）加强入党积极分子的教育和培养，使其树立正确的入党动机

胡锦涛在党的十八大报告中指出:“对马克思主义的信仰,对社会主义和共产主义的信念,是共产党人的政治灵魂,是共产党人经受住任何考验的精神支柱。”入党动机是否端正,关系到党的纯洁性和党组织的战斗力。历史和现实表明,一个政党、一个民族,如果没有坚定的理想信念,就如同一盘散沙没有凝聚力,就会失去奋斗目标和前进动力。历史也警示我们,如果共产党人的精神信仰垮了,就会导致红旗变色、江山易主。因此,对于申请入党的大学生来说,树立正确的入党动机就是要树立远大的共产主义理想,坚定为实现共产主义而奋斗的意志和信念。帮助大学生树立正确的政治态度,端正入党动机,是一项系统工程,需要多方面、多渠道、多形式、全方位地加强对入党积极分子的教育和培养。教育和培养的责任不仅仅是党务工作者承担的,而是以党务工作者为主体,由教师、行政管理人员和各种服务人员共同承担的。一是要把入党动机教育纳入高校学生思想政治教育体系,把入党动机教育与社会主义核心价值体系教育结合起来,使大学生树立正确的世界观、人生观和价值观。二是要把党校培训学习和日常思想政治教育等结合起来,让学生在潜移默化中提升思想觉悟和道德修养。道德建设是保持党员先进性、纯洁性的基础性工作,要教育引导广大青年学生和党员模范践行社会主义荣辱观,讲党性、重品行、作表率,做社会主义道德的示范者、诚信风尚的引领者、公平正义的维护者。三是要把书本学习与影视、网络、多媒体宣传结合起来,多渠道灌输党的基本理论和知识,让先进文化占领大学生的思想阵地,力争达到让入党积极分子在入党前都能够有正确的动机和目的,能够很好地把党的利益与个人的发展结合起来。

(二)确定科学的发展比例,不断提高党员的发展质量

积极在大学生中发展党员,把大学生中具备党员条件的优秀分子吸收到党内来,是实施人才强国战略、培养为中华民族伟大复兴而奋斗的一代新人的迫切需要,是党的事业发展的需要,是增强党的阶级基础、扩大党的群众基础、不断提高党在全社会的影响力和凝聚力的重大举措。重视大学生入党,适当增加大学生入党的比例是必要的,但这个比例绝不是越高越好。因为科学发展观的客观要求、数量和质量的辩证关系都明确地告诉我们,数量增加必然会影响到质量,一味追求数量是对党不负责任的表现。依笔者之见,把毕业班学生入党比例控制在1/3左右较为合理。此外,学生入党比例的确定不能偏离“坚持标准,保证质量,改善结构,慎重发展”的方针,不应该与“成熟一个、发展一个”的原则割裂开来。对于目前存在的高中生入大学前突击入党的情况,应该引起足够的重视,虽不能明令禁止,但也要严格控制。从笔者掌握的情况看,入大学前突击入党的这些高中生党员一部分表现较差,一些学生党员的表现还不如普通学生,严重影响了党组织的纯洁性和党员的形象。在发展学生党员中如何坚持标准、保证质量,不仅关系到党员队伍的整体素质,而且还直接关系到党在青年学生中的影响和形象。在此方面,各高校的做法尽管不尽相同,但也都趋向一致,即坚持又红又专的标准,把时代性与先进性相结合、学生的业务素质与思想素质相结合,明确提出“学生党员要以学习为中心,走全面发展之路”,在确定发展对象时明确规定“必须坚持党员标准,看大节,看主流,全面衡量,特别是要看其政治素质,对入党动机不端正、思想觉悟不高、政治品质不好的,不能列为发展对象,学习成绩应掌握在班级的前50%之内”。党员质量的提高,是保持共产党员先进性的基础。

(三)加强大学生基层党组织建设,充分发挥基层党组织的作用

新修订颁布的《中国共产党普通高等学校基层组织工作条例》规定:“大学生党的支部委员会要成为引领大学生刻苦学习、团结进步、健康成长的班级核心。”这既是对大学生党支部的功能定位,也是对大学生党支部建设的目标要求，对新形势下加强和改进大学生党支部建设具有很强的针对性和指导性。要发挥好大学生基层党组织的作用，一是要合理地设置大学生基层组织机构。有条件的学校，应坚持“支部建在班上”的做法，以班级为单位成立党支部，这样最有利于基层党组织作用的发挥；没有条件的可以以年级为单位成立党支部；若一个年级也达不到成立条件的，可以成立多年级的纵向党支部。二是要选好基层党组织的骨干。要把那些想干、能干、会干的党员选进支部，担任支部的书记、副书记和其他委员。可借鉴学生干部竞选上岗的做法，通过竞争切实选出最适合担任书记及委员职务的骨干力量。三是要加强对大学生基层党组织骨干的培训。要让骨干知道自己的职责和任务是什么，利用党校、网上课堂等阵地，向担任党组织骨干的大学生宣传必要的组织常识，要注意借鉴一些基层先进党组织的经验做法，利用参观学习、报告会、模拟练习等方式提高培训的效果。四是要规范大学生基层党组织的组织生活制度。要合理地规定组织生活的次数，依据目前各个高校的做法，一般每月组织一到两次组织生活较为适宜。还要为大学生基层党支部制作配发统一的党员发展工作流程图、党员发展的各类表格和各类会议记录本，制作发放《大学生党支部工作手册》或光盘，以便让学生党员干部形象直观地了解相关工作内容，使组织生活制度和党员发展工作规范化。另外，在入党材料的要求上，还要本着实事求是的原则，力戒形式主义、教条主义等做法，要突出个性特征，不看篇幅，看真情实感。五是要加强对大学生基层党组织的检查和指导。可以借鉴机关管理人员担任学生班主任的做法，扩大班主任的工作范围，使其兼任班级党支部书记，发挥老党员、老书记的带动和指导作用；还可成立各级党建工作督导组，通过督导检查及时发现工作中的问题，并予以纠正，避免工作的随意性。

（四）加强对大学生党员的管理教育，激发学生党员的内在动力

如何更好地发挥大学生党员的先锋模范作用是当前高校党建工作面临的重要任务。要发挥大学生党员的先锋模范作用，一是要注重教育，提高学生党员的党性修养。要坚持传统的“三会一课”制度，以院系二级党校为依托，定期开展理想信念教育，以先进的理论和文化帮助大学生党员树立正确的世界观和人生观，用社会主义核心价值体系武装头脑。除了传统的理论灌输方法之外，还要注意利用网络、音像资料、报告会等学生喜闻乐见的形式来影响大学生党员。同时，还要把自学作为提高大学生党员党性修养的必要措施，规定相关的学习内容，检查学习笔记和心得，以此来提高学生党员的党性修养。二是要实行奖惩激励机制，调动学生党员的积极性。要定期对学生党员进行民主评议，通过对学生党员进行量化考核，可以增强学生党员的党性观念，尤其是学生党员的责任意识，使学生党员获得坚实的群众基础。对于考核合格的学生党员可以奖励，或评选出优秀党员予以表彰，以发挥典型的示范作用，影响和带动身边的党员；而对于考核不合格的学生党员要进行批评教育，对于行为恶劣，经再三教育而不改正者，劝其退党。要按照党的十八大报告中提出的“健全党员能进能出机制，优化党员队伍结构”的要求，及时处置不合格党员。要通过奖惩激励机制，改变“干多干少一个样、干好干坏一个样”和“入党前拼命干、入党后减一半”的不良风气。三是要加强民主监督管理，提高学生党员的自觉意识。可通过佩戴党员标志、实行学生党员宿舍挂牌制度、设立学生党员监督岗等，提醒学生党员时刻牢记自己的党员身份，使学生党员在日常生活和行为中，时时刻刻置于普通群众的监督之中，接受广大学生的监督；还可以成立监督小组，设立意见箱，多方面接受广大群众的监督，以维护党员的先进形象，让践行党的宗旨、发挥党员的先锋模范作用逐步成为大学生党员的自觉行为。

（作者：中国石油大学（华东）后备军官学院副院长）

高校学生网络行为与规范管理研究

高德毅

随着新媒体的发展，网络已突破其固有的传播媒介的性能，成为人们生活中不可或缺的部分。尤其对于当代大学生而言，网络不仅改变着他们的生活方式，也深刻影响着他们的思想观念，部分大学生在享受网络带来便捷的同时，也暴露出了道德失范的问题。当前，网络社会道德标准尚未确立，网络相关立法尚不完善，如何规范大学生网络行为成为一项紧迫的任务与重要的课题。

一、高校学生网络行为现状分析

本文以3G通信技术的发展和以“微博”为代表的自媒体的发展为时代坐标，以“高校学生网络失当行为”为主要关注内容，开展了“互联网环境下的当代大学生”、“‘90后’大学生在微博虚拟环境中的自我形象构建”、“自媒体时代高校思想政治教育优化传播研究”、“大学生对微博实名制的认识”等系列调研，并借鉴了其他地区和高校近两年的相关调研成果。具体情况如下：

1. 高校学生网络行为总体评估

高校学生网络行为总体文明健康。调研显示，移动上网增加了大学生随时接入互联网的可能，但并没有增加学生的上网时间。总体来说，学生上网时间分配较为合理。而且，学生在使用网络的过程中能兼顾知识获取与休闲放松，上网旨趣呈现出积极健康的特点。同时，很多学生也乐于通过网络为他人提供帮助，如主动发布学习、生活方面的“攻略”，义务转发各类实用信息、求助信息，利用网络平台组织网上网下的志愿者活动等等。总体来说，网络的使用对高校学生主要起到了拓展人际交往，释放精神压力，展示自我个性等正面促进作用。

高校学生网络行为呈现出时代新特点：

第一，移动互联网日益影响着学生的网络行为。移动互联网即“移动通讯+互联网”，它具备随时随地在线的突出优势，极大地改变着包括高校学生在内的网民的网络行为及日常行为方式。综合多项调研结果，目前95%以上的高校学生拥有手机，其中有60%左右的学生每天使用手机上网，但手机上网总时长并不多，平均每天使用手机上网超过1小时的占25%左右，控制在15—60分钟的占60%左右，15%左右的学生每天手机上网少于15分钟。高校学生手机上网应用活跃，学习、休闲、娱乐、社交等都有涉及，其中以看新闻、聊天、信息检索和阅读网络小说为主。调查显示，认为自己对手机的依赖程度较强以及一般的学生比例相当。对于手机上网的利弊，43.14%的学生认为“利大于弊”，43.79%的学生认为“因人而异”，只有7.19%的学生认为“弊大于利”。可见，大多数高校学生能够理性对待手机上网，虽然他们活跃于移动互联网，但并没有沉迷其中。

第二，自媒体在大学生中广泛普及。自媒体，即“新闻媒体3.0”，其依托于互联网技术产生，载体从早期的MSN、QQ等即时通讯软件扩展到现在的论坛（BBS）、博客（个人空间）、社交网络等。根据自媒体使用情况调研，排在大学生使用频率前三位的自媒体依次是：即时通讯工具（48.5%）、微博（19.8%）、SNS网络社区（12.4%），博客以11.5%位列第四。可以说，自媒体正在为大学生所广泛使用。

第三，微博成为大学生网络“新宠”。受访对象中80%的学生了解微博，74%的受访学生表示已经注册了微博，在尚未注册微博的学生中，56.5%的学生表示准备近期开通微博。可见，以“90后”为主体的高校学生对微博表现出了较高的热情。但从学生登陆微博的频率以及每次登陆微博时长的调查情况来看，高校学生的微博黏着程度并不高。此外，高校学生使用微博，钟爱微博交友功能和信息传播功能，调研显示，24%的学生开通微博是为了交友，17.3%的学生是为了表达并传播自己的观点。有超过七成的大学生在看到有意思的信息时会通过微博群发。

2. 高校学生网络失当行为的主要表现

高校学生网络行为总体健康向上，但仍存在一些不容忽视的问题，主要包括网络失范行为和网络异化行为。

第一，高校学生网络失范行为。大学生网络行为失范是在网络空间中发生的违反道德和违法犯罪的非理性行为。网络失范行为表现为肆意性的网络行为和侵犯性的网络行为。一是侵犯知识产权。主要表现为利用网络抄袭文章和使用盗版。近60%的学生承认自己曾利用网络抄袭文章，另有26.1%的学生承认曾下载、使用盗版软件和音像制品。二是浏览并传播黄色暴力信息。调研中，有23.3%的学生曾浏览过色情暴力网站，其中近15%的学生承认是有意浏览，还有部分学生表示是无意中闯入。与浏览黄色信息相比，高校学生传播黄色信息的比例较少，行为较为隐蔽，影响范围较小，大多限于男生熟人圈子内部。三是威胁网络安全。主要表现为黑客行为和传播网络病毒，这类行为对技术要求很高，发生比例较小，但危害和不良影响却很大。调查显示，如果有可能，18%的大学生愿意模仿网络黑客行为。四是传播未经证实的消息。对于未经证实的信息，37.4%的学生直接转发或评论，32.5%的学生会在看完内容之后转发，只有15.3%的学生会在独立判断之后再转发评论。五是浏览被政府屏蔽的网站。通过特定软件等手段浏览被屏蔽网站的行为被称作“翻墙”。有32.8%的学生曾浏览被政府屏蔽、需翻墙进入的境外网站，甚至以此为潮流，认为这是了解真相的便捷手段。六是查探或暴露他人隐私。调研中，27.3%的学生承认曾通过网络查探他人隐私；6.6%的学生承认曾通过网络暴露他人隐私，其中7.1%的学生表示经常如此。七是言语攻击。22.2%的学生承认曾在网上“说脏话、谩骂他人”，但大多数是指向陌生人。另外，大部分受访学生都承认自己曾在网上发泄负面情绪。有较高比例的学生在跟风抱怨时只是一种盲目宣泄，有少数学生以频繁批评社会作为自己思想独立成熟的标志。

第二，高校学生网络异化行为。合理使用网络会给人们的生活带来便捷，但过度依赖网络则会带来一些负面的影响，主要表现为“网络成瘾”、“信息超载”和“现实社交障碍”等网络异化行为。一是网络成瘾。调研显示，七成左右的学生认为自己有不同程度的网络依赖。在调研中，58.4%的学生网络聊天的内容是“随性调侃”；12.46%的学生每天都玩网络游戏，其中有67.5%的学生是为了“消磨时间”。还有一些人临睡前必“偷菜”、每次外出必“签到”、每天必发微博等，都不同程度地体现了学生对网络的依赖。二是信息超载。网络在带来便捷的同时也带来了“信息超载”的问题。有的学生看到好的资料就一定要下载到自己的电脑，花大量时间去占有资源而并不去了解其中内容。有的学生上网目的与实际上网行为之间存在较大偏差，容易被临时闯入视线的大量信息所吸引，耗费掉大量的“计划外时间”。三是现实人际关系障碍。近几年，随着人人网、飞信、微博等社交平台和即时沟通工具的爆发式成长，大学生也花费更多的时间在网络人际交流上，挤占了有限的学习时间和现实生活中亲友互动时间，在一定程度上改变了部分学生的交往偏好。

综合调研情况来看，高校学生网络失当行为主要体现在失德层面，违法比例很小。从造成结果的行为主体的动机、参与程度、控制意愿以及对结果的感受为出发点对高校学生网络失当行为的程度进行分析,结果显示,“认识偏差型”和“网络恶搞型”网络失当行为占据主体,大学生主动发布有害信息较少,但“参与互动”和“被动接收”的情况较为严重。大多数学生公德意识、网络主体意识较强,也能明显感受到了网络失当行为的存在和危害,但部分学生主体控制意愿较弱,值得引起重视。

二、我国高校学生网络行为规范现状及问题

我国专门针对高校学生网络行为方面也并非无法可依,部分领域已进入立法的视野。但纵观整个现有规范体系,仍存在着体系不健全、规定笼统含糊、可操作性不强、立法滞后等问题,难以有效应对现实的实践。归纳来看,主要存在以下几个问题:

1. 体系尚不健全,科学性有待进一步提高

目前我国网络立法缺位严重,多停留在“管理办法”、“管理条例”或“解释”等行政规章层面上,全国人大、国务院层面上的网络立法还很薄弱。而且,无论是网络立法,还是网络立法中的学生网络行为立法,都存在立法主体多、层次低,缺乏权威性、系统性和协调性的问题,直接影响了规范效力。此外在我国学生网络行为规范体系中,不同规范存在竞合和冲突,体系结构尚待优化。

2. 规定较笼统,规范性有待进一步加强

从规范模式看,网络行为规范包括禁止性规定和倡导性要求。在高校学生网络行为规范体系中,占主导地位的是禁止性规定。而且,学生网络行为规范注重从传统行政的角度规制网络行为,既缺乏管理性和技术性内容,也缺乏对公民权利保护方面的内容。此外,我国现有的规范还存在着内容过于笼统,缺乏一个清晰的、具体的、可操作的规范体系的现象,直接导致了大学生网络行为规范的刚性约束力较弱,达不到应有的效果。

3. 规范有盲点,前瞻性需要进一步提升

与微博等新兴网络传播手段迅速崛起形成鲜明对比的是,我国对这些新兴网络传播手段以及由此带来的新兴违规行为的法律规制则相对滞后。目前的网络行为规范体系中,多为对电子邮件、BBS 等传统网络传播手段的规制,几乎未见新兴传播手段的踪影。虽有一些网络经营者意识到行业规范的重要性并着手建立,但仍限于网络经营者的自发行为。高校学生是新兴网络使用的重要群体,规制的滞后性导致对高校学生网络行为缺乏统一的规定与约束。

三、加强高校学生网络行为规范管理和网络道德教育的路径

1. 加强高校学生网络行为规范建设

第一,明确高校学生网络行为规范建设的基本原则。一是立足规范性。提高我国规制网络行为规范的位阶,增强规范条文的逻辑结构严密性和完整性,注重法律法规与计算机专业技术的衔接,并及时对新出现的网络行为和网络技术手段作出规制。二是强化系统性。不同位阶的规范间实现紧密衔接,强制性规范与倡导性规范紧密配合,中央宏观把握,国家统一立法与地方立法有机结合,专门立法与原则性规定相结合,注意保护高校学生网络行为的合法权益与惩治网络不端行为相结合;注重法律解释对规范体系的补充作用。三是着眼前瞻性。要提高立法技术,保证相关规范具有一定的超前性,能适应网络技术日新月异的变化发展,避免高校学生网络行为立法盲点。

第二,完善高校学生网络行为立法。首先,遵循高校学生网络行为立法原则。作为一种特殊性的立法,网络行为立法不仅应遵循宪法原则、法治原则、民主原则和科学原则,还应当符合自身立法的具体原则,包括信息自由与国家主权、社会公共利益相结合原则,适应网络发展特点原则等。其次,构建高校学生网络行为立法框架。在纵向上建立从宪法、法律、法规、规章、规定到公约和倡导性文件的一整套各层级的规范体系;在横向上涵盖内容立法、管理立法和网络行为侵权立法三大部分。最后,加强高

校学生网络行为规制。制定完善高校学生网络行为相关规范,一方面在现有校纪校规等规章中渗透网络规范要求,另一方面制定网络行为专门规章制度,具体包括校园网络安全管理规定、网络社区制度规定等,建立健全高校学生网络行为监督教育体制机制。

第三,建立健全高校学生网络不良行为的法规约束机制。要区分不同程度的网络不良行为,明确网络不良行为的边界,进而采取针对性的约束机制。如网络“违纪”行为,主要涉及的是对学校制定的管理制度的破坏,所以高校要根据新情况及时完善学校有关管理制度,创新处罚和教育手段,构建正当合理的处置程序;网络“违章”行为,是对网络社会的稳定秩序造成的相对比较轻微的破坏,如果破坏严重,就是违法行为。政府要改善相关管理措施,坚持灵活有度、合理合法的原则来进行,增加对大学生网络行为倡导性和教育性的规定,引导大学生的理性网络行为;网络“违法”行为,主要涉及有关网络行为的法律规范,在当前情况下,要根据具体网络违法行为类别和特点,对现有法律内容进行修改、完善和补充。此外,大学生网络行为违法案件的诉讼程序需要国家相关权力机构作进一步修改与完善,或适当作出说明。

2. 加强高校学生网络道德教育

第一,加强大学生网络行为的教育引导。一是加强网络功能选择的教育。提高大学生网络水平,培养大学生敏锐的网络意识,使他们养成高度重视网络信息的习惯,形成对信息具有较强的反应,提高他们对信息的批判与反思的能力。二是加强网络文明意识的教育。可借助学生网络互动社区,促进大学生自我管理、自我教育、自我服务。通过提升校园网的吸引力,丰富校园网的内容品质,畅通平等交流渠道,发挥校园网教育基地作用。三是加强网络法律知识的教育。要注重学生网络法制意识的培养,引导他们自觉遵守国家网络法规,养成遵纪守法的良好网络生活习惯,做一个网络守法人。四是加强网络安全常识的教育。协调学校与社会力量,一方面,政府应督促相关部门提升网络安全技术,加强网络监管力度,完善网络立法;另一方面,高校应该把大学生网络安全意识教育渗透到教学中去,在潜移默化中进行网络安全教育。

第二,推进高校学生网络行为自律。一是完善高校学生网络道德规范及公约。通过更新网络行为道德观念,加强管理及评价的针对性,将道德感化与规制措施相结合,增强道德规范和公约制定以及实施过程的参与性。二是加强高校学生网络行为自律组织建设。由教育部门引导组织牵头统筹,在高校设立专门组织和人员负责引导和管理,以学生社团组织和网络团体为抓手,建立以高校学生为主体的自律组织,充分调动和发挥他们的主体性。三是加强高校网络文化建设与思想政治教育。教育者应当根据有关文件精神,全面加强校园网的建设,使网络成为弘扬主旋律、开展思想政治教育的重要手段。同时把思政教育的内容有机融入高校网络文化建设中去,通过提高学生的思想政治觉悟和营造良好的高校网络文化氛围来有效促进高校学生网络行为的规制。

第三,建立大学生网络行为的道德档案制度。一是建立大学生网络行为诚信体系。坚持积极利用和加强管理并重,结合新时代网络传媒特点,创新诚信教育体系结构。要推进网络信息管理的制度化进程,完善大学生信用征集、评价和共享机制,理顺社会信用管理方法,形成基于现实社会的网络信用管理联防机制。二是实行黑名单制度。针对大学生实施的网络不法行为,受害人、管理人、一般网民都可以举报,由专门负责实施“黑名单”制度的部门审查确认后对违法行为人进行标记,并通过合法途径对“黑名单”进行公告,以达到教育施害人、警示其他网民的目的。三是实行举报不良网络行为的奖励制度。积极鼓励举报不良网络行为,采取精神、物质并重的激励措施。同时,还可以通过拓展举报人的网络权利来进行奖励,如提高举报人的网络等级和网络权限。

(作者单位:上海市教育委员会)

第十四部分

企业党的建设与思想政治工作

加强企业文化建设　凝聚新的发展力量

王忠禹

企业文化是社会主义文化的重要组成部分。企业文化是企业的软实力，与企业的可持续发展密切相关。企业发展理念、创新意识、现代化管理、生态文明建设和道德诚信等，既是企业软实力，也是企业文化的体现。这次全国企业文化年会以“提升企业软实力，推动企业新发展”为主题，就是为了深入贯彻党的十八大提出的“增强文化整体实力和竞争力”的精神，引导广大企业围绕发展主题，探讨新形势下企业文化建设的新思路、新方法。当前企业在转方式、调结构、促发展的过程中，面临着一些困难和问题。越是困难的时候，越要依靠群众，凝聚人心，发挥企业文化的引领和支撑作用。这次会议前，我们做了一些调研，走访了十几个省市的企业，了解了一些做得好的企业文化建设经验。借此机会，给大家做一个简要介绍，并就企业文化建设与推动企业发展的关系，谈几点看法，供大家参考。

只有创新企业发展理念，才能推动结构调整与产业升级

今年以来，我国经济总体上呈现出稳中有进、稳中有忧的态势，1 月—4 月份，全国规模以上工业企业工业增加值同比增长 9.4%，实现利润比去年同期增长 11.4%，外贸出口形势有所好转，物价水平总体稳定。但是经济运行中存在一些突出问题，部分行业产能过剩，财政金融领域存在多种风险隐忧，经济结构性矛盾和发展方式问题尚未根本解决。企业破解运营中的矛盾和问题，必须创新发展理念，加快结构调整和产业升级的步伐。

一是以创新的观念转变发展方式。加快转变经济发展方式，必须以改革求变的创新精神，把发展的立足点转到提高质量和效益上来，走生态环境与经济发展共赢的道路。青岛海尔集团创造性地提出“自主经营体”的经营理念，并以此创立了独具特色的“人单合一”双赢发展模式，使海尔集团成功实现了由单一制造型企业向制造服务型企业的转变。国家开发投资公司开创性地提出“资本经营与资产经营相结合”经营理念和运营模式，为实现国有资产保值增值做出了积极贡献。适应新的形势，企业应当以创新的观念，努力实现由依靠投资拉动、增加物质资源消耗的规模扩张发展，向依靠创新驱动、管理提升和劳动者素质提高的质量效益型发展转变。

二是以创新的意识推进结构调整。结构调整是企业转变发展方式的主攻方向。目前，我国部分行业的产能超出了国内市场需求，不仅造成大量产能闲置，而且导致企业陷入价格战，部分企业甚至出现了亏损。产能过剩的行业既有钢铁、水泥、平板玻璃、电解铝等传统行业，也有多晶硅、风电装备、碳纤维等新兴产业。解决产能过剩，必须要有创新的意识，注重依靠技术创新和市场培育来解决。中国化工集团确立“老化工、新材料”的发展战略，通过结构调整，将基础化工和材料科学、生命科学、环境科学确立为主业，给企业带来了新的生机。中国建材集团积极承担引领建材行业联合重组与结构调整的责任，积极开拓国内外市场，取得了积极效果。

三是以创新的思维促进产业升级。产业升级必须突出体现信息化、数字化、网络化、智能化的经营意识，以创新思维引导企业走科技含

量高、经济效益好、资源消耗低、环境污染少、可持续的发展道路。国家核电技术公司以“三和文化”促进创新文化建设，通过开展全员创新、全面创新，推进我国第三代核电技术的自主化进程，为提高我国核电产业的国家竞争力做出了贡献。中航工业沈阳飞机工业集团以创新的思维促使企业的研发体系从传统模式到二维三维数字化信息化提升，再到精益研发，保证了企业自主研发的我国第一代舰载机——歼15飞机在航空母舰上成功着舰起飞。企业要实现结构调整和产业升级，必须创新发展理念，通过开展技术创新、管理创新和制度创新，提高自主研发能力，建设自主品牌，由低端产业链向高端产业链升级。

只有推进企业文化与管理融合，才能培育形成新的综合竞争优势

企业文化与管理的融合是指在企业发展过程中，企业文化与企业生产经营管理的有机结合。企业管理实践是企业文化的土壤和源泉。企业文化只有与企业的发展战略以及产品质量、品牌、服务等紧密融合，才能形成企业新的竞争优势。

加大企业文化融合力度。企业文化融合既包括母子公司之间的融合，也包括并购重组企业之间的融合。中国移动安徽公司按照集团提出的“有机融合、彰显共性、拓展内涵、体现特色”的母子公司文化建设原则，积极开展特色文化建设，在与集团文化的有效融合中实现自身的健康发展。企业并购重组是企业加速发展的重要手段，并购成功与否的关键是跨文化、跨区域的文化融合。新兴际华集团将文化融合与战略规划、业务调整等统一部署、同步实施，做到集团兼并重组到哪里，集团文化就延伸到哪里，使重组企业实现了平稳过渡。中海油东南亚公司构建了跨文化融合的管理机制，在与印尼等国家的合作中，恪守企业公民责任，实现与当地社区的和谐发展。有效的集团管控和成功的并购重组，要求企业必须高度重视文化融合，在相融共生、兼收并蓄、取长补短中探索适合自身发展的文化融合模式，为企业实现组织融合、制度融合和管理融合提供有力的文化支撑。

注重企业品牌文化建设。品牌是企业的识别标志和精神象征，体现的是一种文化。联想集团在品牌中融入服务客户、精准求实、诚信共享、创业创新的文化理念，逐步扩大了国内外的影响力。华为技术有限公司为品牌注入“丰富人们的沟通和生活”的文化理念，已经成为世界著名的电信设备制造与服务企业。我国企业要在激烈的市场竞争中不断发展壮大，必须拥有自己的品牌，并赋予品牌鲜明的文化内涵，使企业文化有效地转化为企业的品牌资源，打造出让消费者认可、具有市场竞争优势的知名品牌。

加强企业质量文化建设。质量是企业的生命。加强企业质量管理，必须要推进质量文化建设。经过多年努力，我国企业的产品和服务质量明显提升。据国家质检总局抽查，我国产品质量合格率已从2008年的84.5%，提高到2012年的89.8%。但是，我国企业片面追求发展速度和数量，忽视发展质量和效益的现象依然存在。要解决质量水平的提高滞后于经济发展的问题，企业必须重视质量管理，发挥质量文化的引领作用。中国航天科技集团持续推进质量文化建设，全面实施精细化质量管理，圆满完成了载人航天、探月工程等重大任务。中铁大桥局集团以“精雕细琢，百年品质”的质量理念，先后修建了近2000座桥梁，没有一座桥梁工程出现过垮塌等质量事故。企业要在市场竞争中立于不败之地，必须牢固树立质量第一的理念，建立和完善质量管理体系，提高企业质量竞争力。

强化企业安全文化建设。近期，全国多地接连发生多起重特大安全生产事故，重大的人员伤亡和巨额的财产损失再次敲响警钟。没有安全何来发展？在企业发展过程中，必须始终把人的生命安全放在首位。中国核工业集团始终坚持把核安全放在各项工作的首位，形成了

完整的核安全文化建设体系,“安全无借口、赢在执行”、“人人都是一道屏障、人人都是最后一道屏障”的安全文化理念深入人心,有效保障了核电安全稳定运营。开滦集团构建“六位一体”的安全文化管理模式,通过建立科学的评价管理体系,实施“六位一体”的载体推进,实现安全文化建设整体功能的优化升级,企业安全生产呈现出良好发展态势。安全无小事,人命大于天,企业发展决不能以牺牲人的生命为代价。只有突出企业生态文化建设,才能促进企业可持续发展。

党的十八大提出,大力推进生态文明建设。最近,李克强总理主持召开国务院常务会议,部署大气污染防治十条措施。生态文化是尊重生态规律、正确处理人与自然之间关系的文化,其核心是树立尊重自然、顺应自然、保护自然的生态文明理念。

构建企业与社会环境和谐发展的生态文化。近年来,我国经济发展与资源环境约束的矛盾日趋尖锐,部分地区环境污染严重、生态系统退化。据中国环境监测总站公布的4月城市空气质量状况报告,京津冀地区空气质量平均达标比例为50.6%,低于全国平均12.9个百分点。企业是社会经济的细胞,既是物质财富的创造者,也是环境污染的主要制造者。企业要牢固树立保护生态环境就是保护生产力、改善生态环境就是发展生产力的理念,以生态文化引领企业生态文明建设。中国石化努力打造以“三个一”为核心的生态文化,即“只要是环境保护需要花的钱一分不少,凡是不符合环境保护的事一件不做,如果是污染和破坏环境带来的效益一分不要”,推动了企业与社会、环境的和谐发展。在经济全球化背景下,我国企业要对国际贸易中日益复杂的绿色壁垒有充分准备,对消费者日益增长的绿色需求有深入了解,努力拓展绿色发展的市场空间,获得新的竞争优势。

建立健康文明的生产方式。为尽快扭转生态环境恶化的趋势,创造良好的生产生活环境,企业必须要加强生态文化建设,推进绿色发展、循环发展、低碳发展的生产方式。鞍钢集团鲅鱼圈项目建立铁素资源、能源、水资源和固体废弃物循环和再利用系统,使水循环利用率达到98%、固体废弃物和化工副产品利用率达到100%。中电国际坚持传统能源高效清洁利用和大力发展清洁能源“双轮驱动”,通过“上大压小”、“发电优化”,促进传统能源优化升级;通过开发建设新能源项目,减少利用标准煤约500多万吨,污染物减排达千万吨。企业应当把生态文化建设融入企业发展战略、管理流程中,节约集约利用资源,加强全过程节约管理,大幅降低能源、水、土地消耗强度,大力发展循环经济,促进生产、流通、消费过程的减量化、再利用、资源化。

完善企业生态文化管理机制。保护生态环境,发展生态文化,必须依靠严格的制度。宝钢集团积极践行生态文化理念,制定了企业生态环境管理制度,推进废弃物的减量化、再使用和资源化,取得了良好的经济效益和社会效益。企业生态文化管理机制是生态文明建设的可靠保障。企业在发展目标上,应当建立生态环保目标体系,使绿色、低碳、循环成为企业发展的方向;在运营管理上,应当建立绿色供应链和绿色生产制造机制,使绿色环保覆盖企业运营全过程;在绩效考核上,应当建立环境绩效评价制度和员工环保考核奖惩机制,使之成为推进生态文明建设的重要导向和约束;在舆论导向上,应当大力宣传节约意识、环保意识、生态意识,营造爱护环境、节约资源的良好氛围。

只有推进企业文化与管理融合,才能培育形成新的综合竞争优势

诚信是市场经济的道德基础,是企业建立良好商业信誉的前提。加强企业诚信建设,不仅需要国家法律法规的规范和社会舆论的监督,而且需要企业坚持以人为本,增强企业自身的道德约束。

把诚信经营作为企业立身之本。随着我国社会主义市场经济体制的不断完善,企业的诚

信建设有了明显进展，神华集团、中国航油、大庆油田等一批讲诚信、重信誉的企业在市场竞争中获得了较好发展。国家电网认真履行社会责任，注重诚信文化建设，把诚信融入经营理念，树立了负责任的大公司形象。但是，目前我国一些领域的企业诚信缺失、道德失范问题仍然比较严重。人无信不立，业无信不长，国无信不强。企业在市场经济中要实现持久健康发展，不仅需要技术和资本的支撑，更需要诚实守信经营，把诚信作为生存发展的根本，以良好信誉赢得市场、赢得竞争。

把以人为本融入企业诚信文化建设。以人为本是科学发展观的核心。企业建设诚信文化，必须始终坚持以人为本。陕煤集团神木红柳林矿业有限公司注重在抓人心上下功夫，以心换心，以心取信，形成了“心 · Xin（注：读‘新’）”特色文化体系。中信重工发扬焦裕禄精神，立足岗位讲诚信，以岗位诚信度考核促进诚信文化“落地生根”，建立了岗位诚信为核心的企业诚信文化体系。建设以人为本的诚信文化，应当把提高企业家和广大员工的道德素质放在突出位置，必须重视企业家的道德素质提升，加强人格修炼，提高道德修养水平；必须加强员工的诚信道德教育，提高职业素养，引导员工自觉遵守和践行诚信道德。

把诚信文化落实到企业的生产经营过程中。诚信文化只有融入到企业生产管理的各个方面，才能真正转化为企业的行为和员工的行动。辽河油田确立了“诚信、合规、公平、公正”的经营理念，完善科学决策、制度执行、民主监督、风险管理机制，确保公司行为依法合规，诚信运营。中联重科秉持“诚信为本”的理念，构建企业诚信文化体系，形成了“至诚无息，博厚悠远”的核心价值观，并将“包容、共享、责任”的理念融入公司的全球化发展之中。诚信文化是理念，也是实践。企业只有把诚实守信的理念落实到企业生产经营全过程，才能成为消费者、客户和社会信得过的企业。

文化实力和竞争力是国家富强、民族振兴的重要标志，企业文化实力和竞争力则是企业做强做优的引领和支撑。改革开放以来，我国企业文化建设在实践中不断探索和发展，有力地推动了企业的健康发展。面对新形势、新机遇、新挑战，希望广大企业和企业家继续发扬创新精神，转变企业发展方式，加强企业文化建设，提升企业软实力，凝聚新的发展力量，为全面建成小康社会、实现“中国梦”做出新的贡献。

（作者：中国企业联合会、中国企业家协会会长）

谈谈央企领导班子的德能建设

唐双宁

在社会主义市场经济条件下，央企班子成员不仅是企业家，也应该是政治家。特别是在当前复杂的国内外经济环境中，全方位审视央企领导班子，我们认为尤要强化"十德十能"建设。这是确保国有资产始终掌握在党和人民手中的需要，是凝聚人心、做强企业的需要。

一、央企班子建设应有"高站位、大视角"

要从战略高度认识加强央企班子建设的重要性。市场经济条件下，党一定要管住"四子"即枪杆子、笔杆子、印把子、钱袋子，这是确保共产党执政、国家性质的底线。央企掌握着国家的"钱袋子"。为了巩固党的执政基础，必须强化央企班子建设。

要从金融危机的教训中认识加强央企班子建设的重要性。过去的战争主要是争夺物质形态财富的硝烟战争，必须把住"枪杆子"；现在的战场主要是争夺价值形态的财富，这种无硝烟的战争主要是通过金融形式实现数以亿计的资金转移。要牢牢把住"钱袋子"，就必须强化央企班子建设。

要从中国的特殊国情认识加强央企班子建设的重要性。中国正处于发展的关键期，经济运行呈现了一些前所未有的特征。特别需要强调的是，巩固和发展公有制经济与支持引导非公经济发展的范围要清晰界定，也就是说央企领导班子成员要以高度的政治自觉确保国有资产的保值增值，守住国家的经济命脉。

二、央企班子建设尤要强调以德为先进行"十德建设"

一是信仰之德。人可以有不同信仰，但不能没信仰。没有信仰就会成为金钱的奴隶，这就出来了地沟油、毒奶粉。作为央企班子成员，要信仰马克思主义及一切人类文明的先进成果，要把人民的利益放在首位，要深深知晓为国家守住、增值钱袋子是我们的责任。

二是境界之德。有什么样的信仰就有什么样的境界，信仰到什么程度境界就达到什么水平，所以有的人境界在"钱"，有的人境界在"来世"，有的人境界在"修齐治平"。央企班子成员应具有做大做强企业、振兴中华民族的崇高境界。

三是气节之德。央企班子成员要有忠诚于国家的坚定政治立场，要有维护国家利益的民族气节，并将忠于国家与供职企业有机融合起来。

四是诚信之德。企业要在市场经济中立足就要讲诚信。企业诚信首先是班子要诚信，每个成员要诚信。讲诚信首先要自己说的话自己信。自己说的话自己都不信，企业就没诚信。

五是胸襟之德。央企班子带领员工干事业，会遇到各种矛盾、困难和纠纷，在这种情况下，班子特别是一把手一定要有胸襟。没有比双脚更高耸的山峰，没有比眼界更宽广的原野，没有比胸襟更开阔的海洋，没有比思想更博大的世界，央企班子的眼界、思路、胸襟同市场的拓展成正比。

六是内修之德。央企班子成员服务国家、服务社会、服务企业、服务员工、服务投资者，要有孟子所说的"恻隐之心、羞恶之心、辞让之心、是非之心"，这是起码的良知和内修。除此之外，还要不怨天尤人，能拼才会赢。

七是慎独之德。央企班子成员一定要严以律己。人在做，天在看，要想人不知，除非己莫为。律己为企业提供正能量，能够在激烈的竞争中开疆拓土。

八是士风之德。 所谓士风就是"富贵不能淫,贫贱不能移,威武不能屈"。央企掌握着大量的社会资源,班子成员也常会在权力利益面前遇到诱惑产生困惑,这就要求秉公办事,对得起良心。

九是恤属之德。 就是爱护下属。员工是企业的主体。企业要有竞争机制,也要有关怀氛围,让员工有归属感和向心力。央企班子在关心员工、体恤下属方面理应比外企、私企做得更好,而且是根本上的好。

十是雅兴之德。 健康情趣也是一种美德。央企班子成员要有良好的社会形象就要有健康情趣。这种健康情趣又应该是本性天然、率性而为,而不是刻意雕琢、附庸风雅。

三、央企班子建设要培养大任之才进行"十能建设"

在市场竞争越来越激烈的情况下,央企班子建设尤需培养宏观大才通才以开拓市场,特别是通过"十能建设"打造央企领导班子的升级版。

一是任事能力。 央企班子要有任事能力也就是办好企业的能力。国际金融危机同债务危机交织使世界经济经历了5年萧条期,很可能还要经过几年复苏才能达到新的高涨。在这样的背景下,央企既要自身转型,又要走向世界,班子成员的任事能力非常重要。

二是辨向能力。 在市场经济条件下,一般经济体都会经历高涨、危机、萧条、复苏过程,央企班子一定要有方向辨别力,宏观经济的判断力,市场走向的前瞻能力。要善于抓住苗头,顺势而为。

三是谋事能力。 中国没有一说就成的事,也没有绝对办不成的事。在该干的时间里没干叫失去机遇,在不该干的时间里干了叫操之过急。找不到办法时放一放可能是一种办法;换个思路也可能是一种办法。央企班子在决策时要学会换个角度模拟思考,要假设一个对立面进行对比思考,尽可能减少谋事失误。光大现在能"活过来"就是我们在谋事时听取了不同意见,假设了各种可能,最后谋出一个"调理方":急不得等不得,快不得慢不得,力度大不得小不得的思路。

四是掌控能力。 央企班子在复杂的市场竞争中一定要有驾驭全局的能力。中国央企是世界企业中的特殊群体,不但立足企业自身,还要立足国家社会;不但面对当前和今后发展,还要面对历史遗留问题,因此一定要善于掌控复杂局面。

五是识才能力。 央企班子要有识人的能力,小才通技,中才通策,大才通略,超才通道,各种人才都不可或缺,要合理使用好人才。

六是聚人能力。 央企班子要有凝聚员工的能力,一把手要有凝聚班子的能力。我讲过班子建设的"大蒜原理",一定意义上一把手就是蒜柱,班子成员就是蒜瓣,蒜瓣能吃蒜柱不能吃,但没有蒜柱就凝聚不了蒜瓣;蒜柱又是管方向的,它向上蒜瓣才跟着向上长。班子建设靠制度也靠人,制度是人定的,还要靠人去执行,大力提倡"将相和"。

七是担事能力。 央企班子在错综复杂的市场竞争中要能担事,在风云变幻的市场环境中要沉得住气,要宠辱不惊,临危不惧,每临大事有静气。

八是息事能力。 市场经济条件下,矛盾错综复杂。央企班子要善于协调平息转化复杂矛盾,变被动为主动,变压力为动力。能干事不是本事,不出事不是本事,能干事、干成事、不出事才是本事。

九是识见能力。 央企班子成员特别是主要领导应是通才,有各方面知识支撑,多读书,善读书;不但要读"有字书",还要读"无字书"。读"有字书"和"无字书"都不是靠"眼"而是靠"心",靠眼增"见",靠心悟"识",悟出天下大势中本企业之"识"。

十是术业能力。 说到底央企要盈利。要盈利班子成员就要精于业务。这个"精"是辩证的,一把手要以"通"为主,通中有精,举重若轻;副手以"精"为主,精中有通,举轻若重。

(作者:中国光大集团董事长、党委书记)

关于深化国企党建的几个问题

韩冬雪　林　毅

随着我国社会主义市场经济体制的日益健全,如何在国有企业中开展党组织建设已成为党建全局中的重点和难点问题,其广度、深度和实效水平不仅直接关系到国有企业核心竞争力的保持与增强,而且将对巩固党的领导和执政基础以及构建和谐社会的实践产生深远的影响。尤其是在国企生存发展内外环境发生重大变化的条件下,我们更有必要明确国企党建的必要性与职能定位,处理深化改革中出现的各种矛盾,有针对性地分析破解目前国企党建面临的各种困局,以使国企党建水平的提升有机地融入国企建立现代企业制度的改革创新中,进而服务于中国特色社会主义事业"五位一体"的总体布局。

一、国企党建的必要性与职能定位

社会主义国有企业自其建立伊始就着眼于从根本上改造经济基础,进而达到支持相应上层建筑的目标。它不仅表现为国家干预调控经济的重要工具,而且也是直接参与经济活动的基本介质。就其经济职能而言,其运营目标也不仅是为了单纯的财富增值,而是需要通过承担相当一部分提供公共产品和公共服务职能来确保相应的政治功能。追溯其发展史,社会主义国企的产生并非市场经济的自发结果,而是特定的政治建设蓝图在经济领域的自然延伸。更明确地说,我国国企的经济职能与政治职能既存在区别,又具有天然的内在联系,两者在服务于巩固社会主义经济基础和政治上层建筑方面达到了高度的统一。也正因为此,国企党建也是居于领导和执政地位的中国共产党通过国企这一特殊经济单位,加强对经济社会发展全局掌控能力的必然要求。当前,我国国企正面临着日益激烈的国际竞争和国内多种所有制企业竞争的双重压力,同时也正迎来新一轮的战略调整期,为了确保国企能够保持与其掌控国民经济命脉职能相当的政治与社会职能水平,我们有必要在当前国企党建必要性与职能定位的几个相关问题上形成共识。

其一,国企党建是建设完善我国现代企业制度不可或缺的环节。应该承认,近年来现代企业制度的引入给国企党建提出了一系列全新课题。比如,股权多元化对党组织维权利益格局、分权的法人治理结构对传统的一元领导负责制、灵活的经营管理体制对传统单位制管理模式等都带来了巨大冲击,从而也使一些国企管理者质疑党建的必要性,自觉不自觉地将其与企业经营管理的现代化、科学化分割对立起来,从而导致党建工作边缘化现象,而无论是党组织在建设现代企业制度方面的"缺位"还是"越位",都可能影响到引发基层党组织管理制度与现代企业制度之间的脱节断裂,动摇国企党建的群众基础。其实,着眼于国企改革发展的大局,不难发现,建立现代企业制度从根本上还是为了适应社会化大生产的发展趋势,这一改革在得到了企业党组织这一联系企业与国家、企业与社会的中介要素支持的条件下,将得到更加顺利的推进。经过改革开放以来30多年的实践,关于国企内部党组织领导核心对企业人事管理、科学民主决策和监督等方面的积极作用已得到越来越多国企职工的承认与肯定。这表明,国企党组织不但不应也不会成为国企现代化改制的障碍和负担,反而可以通过实现与现代企业制度的融合,发挥减少改革中震动与代价的作用，充分体现出其作为我国国企独特组织资本和软实力优势的价值。

其二，国企党建是确保国企的经济、政治和社会职能正常履行的必要前提。与资本主义国家企业主要作为相对独立的盈利主体相比，社会主义国企与国家制度建设和无产阶级执政党领导之间存在着深刻的逻辑联系。时下，尽管我国国企已经超越了传统的行政性责任制模式，但这并不意味着其政治与社会职能的削弱，相反，在公共性事务日益体现高度的复杂性与关联性的条件下，上述职能的缺失只可能导致国企与社会和群众关系链条的断裂，甚至侵蚀动摇国企的社会主义性质。事实上，基于社会主义国企以社会目标为主、利润目标为辅的原则，国企党组织的存在与发挥政治影响保证了党和国家能够及时有效地调动国企资源来实现特定的经济调控与政治、社会发展目标，同时也有助于平衡企业单纯追求利润最大化的自利性倾向。相反，其实践水平的相对滞后，则意味着国企自身职责意识的淡化，将直接给国企树立服务社会的负责形象造成负面影响。

其三，国企党建是中国共产党实现政治领导和社会管理的重要实践内容。众所周知，中国共产党的政治领导是全方位的领导，从某种意义上说，国企既是经济单位，又是社会单位，还具有某些政治单位的属性，目前在职工中占到相当比例和规模的国企党员也同时具有工人阶级和党的基层组织成员的双重身份，党的领导也自然需要通过国企党组织延伸到其内部。很显然，一旦国企党组织被弱化和虚化，也就意味着党丧失了对相当一部分领导阶级基层党员的政治领导能力，意味着党没有将相当一部分社会成员纳入其领导管理的范围。从党的建设事业全局着眼，开展国企党建工作，起到了为探索新时期巩固党的执政基础，提高党的执政能力和积累相关经验的作用。中国共产党长期执政发展的历史证明，党的建设不仅仅是领导自觉和上层设计的问题，更多的还需要来自基层实践创新与检验的支持，故而也就更没有理由放弃国企党建这一重要的实践平台。此外，考虑到国企作为经济单位与其他所有制企业的共通性，深化对国企党建规律的认识还将有助于开辟党组织在后者内部的发展空间，并通过发挥维护工人权益、参与经营管理和承担社会责任等作用，引导后者与受到党直接政治领导的国企一同致力于服务社会主义政治经济发展目标。

其四，国企党建是社会建设与社会发展系统工程的重要组成部分。国企党建的重要逻辑依据之一就在于通过对企业成员思想和行为的社会主义改造，使之与社会发展的总体方向保持一致。这是社会主义国企独有的历史使命，也体现出其与社会整体密不可分的内在联系。与资本主义企业中的工会不同，社会主义国企中党组织存在的最大价值并不局限于平衡协调资方或领导层与员工的利益矛盾，而在于经由党组织这一载体对国企党员乃至更多的职工进行符合社会主义原则的思想教育，从微观的层面看，当国企自身发展遇到困难或是处于重大改革调整阶段时，国企党组织所起到的是协调各种政治关系和利益关系，进而凝聚人心、形成共识性合力的作用。而站在宏观和长远的角度看，国企党组织又要通过塑造新公民来创造参与社会建设和社会发展的基本元素。在这一基本框架下，党建中思想作风教育与先进企业文化的塑造、组织建设与企业内基层民主和协商参与机制氛围间存在着必然联系，并从目标和内容两个维度上内在地统一于建构和谐社会的整体实践中。

需要注意的是，以往我们强调国企党建的意义和职能，往往侧重于从有利于国企本身的改革经营的角度出发展开分析论证，这是远远不够的。事实上，如果不把国企党建放到党的建设全局和社会主义社会建设全局的高度加以认识，我们就很有可能被导向被动因循旧有体制惯性和人为割裂党建与企业发展内在联系这样两个错误路向，其后果则是国企党组织生存发展空间的逐渐缩小，进而引发国企责任丧失、性质改变甚至更严重的经济社会问题等连锁反应。当然,也只有通过有针对性地解决而非回避当前国企党建中的种种问题,才可能从根本上避免上述危局的出现。

二、国企党建中存在的主要问题

在此次由中组部组织的调研中,参照上述国企党组织职能标准,我们对于目前我国国企党建应然状态与实然水平间的差距形成了更加直观和全面的认识。具体而言,国企党建所面临的主要问题与挑战包括:

(一)国企党建与现代企业制度建设尚未实现有机衔接

毋庸讳言,以法人治理结构为核心的现代企业制度从管理理念到权力运行结构,全方位地重塑了国企的管理逻辑。但由于目前我国国企党组织的工作机制整体上尚未完全超越传统的行政型管理的层次,贯彻党的领导体制与现代企业制度建设之间还存在诸多矛盾,使得部分国企领导缺乏实现两者统一的信心和自觉意识,或在因循守旧中丧失国企党建跨越式发展的良机,或在边缘化党组织的过程中背离国企改革的初衷。针对这一情况,我们有必要准确把握目前国企党建与现代企业制度建设之间尚未实现有机衔接的节点。

1. 领导机构与领导机制。国企改革发展中,围绕国企党组织在企业领导层中的地位和作用存在着许多争议。由于公司法只是笼统地规定了国企党组织的地位,而对于党组织以何种形式进入和影响企业领导层缺乏细化规定,导致不同的企业在具体领导机构和机制设计上不得不自行其是。有的企业将党的领导理解为国企党组织领导直接领导企业,将“双向进入、交叉任职”的原则简化为集业务与行政领导权于一身的一元化领导体制,这实际上并没有跳出因袭传统的厂长(经理)负责制的范围,更无法与具有一定分权特性的公司治理结构顺利对接。相对的,有的企业则认为,鉴于传统党企部分体制的弊端和目前企业产权形式和人员结构发生重大变迁的情况,党组织应该专注于有限的思想教育和维权等工作领域,不再以组织形式影响企业的重大决策。在此认识前提下,这部分企业的领导尽管可能兼具业务和党务双重职务身份,但往往对党务党建职责兼而不管,而领导体制的虚化又往往成为整个企业党组织和党建工作陷于瘫痪的直接诱因。同时,由于目前党务党建的考核标准与业务和管理业绩考核标准实际上处于“两张皮”的状态,加之部分企业的特殊属性所带来的党组织属地领导与部门领导间关系不清等问题,党对国企组织领导原则的贯彻还面临着许多障碍。

2. 管理规范与党建资源。与领导机制方面的问题类似,由于企业作为经济单位的特殊性,党章中一般性的党组织管理规范很难简单照搬到国企党务党建实践当中。比如,对于一些工作流动性较强的企业党组织,是适用属地管理原则还是部门内部管理原则;在一些党员人数相对较少或分布不均的企业内部,如何设置党的基层组织,如何确保党的工作正常开展等,都缺乏统一具体的管理规范。其中最突出的矛盾还在于,对党管干部原则的强调与按照现代企业制度需要建立科学选用机制之间是一种什么关系,许多人的认识还处于比较茫然的状态,结果或是回到业务(行政)一把手执掌用人权的旧路上,或是干脆使党管干部的原则虚化,完全依赖法人治理结构三权分立的选任机制。考虑到国企党组织政治领导职能与日常管理工作的必然联系,上述两种偏差都可能从根本上削弱党在国企中的实际影响力。此外,管理规范的缺失所引发的问题还反映在国企党组织的人员配置和经费资源难以得到合理稳定的保障,部分企业的专职党务工作人员出现明显的年龄与人才断层等问题。总的来看,这些都表明目前我国国企党建制度化、规范化的水平远远落后于日臻健全完善的现代企业制度建设水平。

3. 参与和影响决策机制。就其本质而言,建立现代企业制度的精义在于通过一套兼顾效率、科学、民主原则的制度设计改善企业的治理与决策过程，因此，参与和影响企业决策也是国企党组织重要的活动空间。但目前一些企业将党组织参与企业决策片面解释为党组织领导人以个人形式进入决策层，却忽视了党组织集体领导、集体讨论和广大基层党员参与机制发挥作用，这不但与现代企业制度建立多元决策主体相对制衡机制的原理相违背，而且实际上弱化了作为一个整体的党组织介入企业的决策过程，也更谈不上发挥党组织调动党员群众积极性创造性，依据国企政治、社会责任标准对企业决策制定、实施和反馈施加积极影响的优势。事实上，一些企业党组织主动放弃参与影响决策过程的权力，进一步加深了企业上下对于能力缺失的党组织是建设现代企业制度的负担与障碍的观念，进而波及党组织一系列政治领导、思想教育等职能的行使。总体上看，目前我国国企中党组织在决策地位、参与决策机制、决策范围、决策主体、决策形式、决策责任等方面都处于规范缺失、实效有限的状况。

4. 责任与监督机制。当前国企党组织责任与监督机制的缺失不仅表现在党组织自身党务绩效考核制度和内部监督制度的虚化，更重要的还反映在党组织作为一种企业股东大会、董事会、监事会之外的组织化力量在监督约束企业领导和决策的过程中鲜有作为。由于缺乏统一规范和法定地位的保障，党组织监督这一原本作为我国国企在现代企业制度建设中所具有的独特优势时常无法转化为监督实效，这不仅可能导致一些国企领导借体制改革之名行拒斥监督、垄断权力之实，而且还将使党组织失去了基层党员群众的信任支持，更加游离于现代企业制度之外。

（二）对国企党组织职责内容定位不清

如上所述，国企党组织不仅应该成为公司治理结构在履行国企经济职能方面的得力助手，而且还有必要发挥一些与国企地位责任相对应的政治与社会职能。然而眼下，无论在思想认识还是在实践层面，对于国企党组织的职责范围和内容都存在着许多误区，制约着党组织融入现代国企有机整体的进程。

1. 围绕生产经营核心的经济职能。尽管所有的国企都已经认识到围绕推动生产经营核心开展党建的普遍规律，但在具体操作层面，由于一些企业的党组织相应职能的发挥还停留在口号与即时性运动的阶段，既没有发挥出党员特别是领导干部的先锋模范作用，也没有体现党组织作为工人阶级先锋队在调动员工生产管理积极性方面的组织优势，而随着一些企业党组织主动放弃在企业三重一大事项中发挥作用，通过党建带动企业效益提升的目标更是无从实现。需要注意的是，从我国国企的本质属性看，企业的所有生产经营行为都不是自主逐利的动力驱动的结果，而必须受到由执政党所规划的经济社会发展目标的制约规范。一旦缺失了党组织对企业履行经济职能活动的直接介入，党对宏观经济形势的调控能力必将受到消极影响，反过来对国企的整体发展不利。

2. 围绕职工维权和思想教育的职能。国企党组织日常工作的另一项重要内容，就是在基层党员、职工间开展组织化的思想政治学习、宣传教育和政治动员等活动，同时也需要为其提供与企业和部门进行权益保障协调沟通的渠道。对于前一项职能，多数企业党务工作者都形成了共识，但问题在于部分企业在受到企业生产压力和人员构成改变压力干扰的情况下，对于创新工作理念和工作机制，及时掌握党员群众思想动态，有针对性地解决各种思想困惑的自觉意识严重不足。部分企业党组织的思想教育功能被当作外部强加的政治任务，空洞的形式主义使之丧失了团结人、教育人、激励人、塑造人的正向引导作用。与之相似，一些企业党组织尽管提出了将党组织思想教育与企业文化建设结合起来的口号，但实际上其实践还停留在开展有限的文娱活动的层面，结果不过是把企业党组织变成了某种形式的工人俱乐部，与提升职工思想修养和凝练企业先进文化的目标相去甚远。同样根源于思想认识上的误区，一些企业党组织在维护基层党员在组织和企业中的民主权利、参与和知情权利，以及实际经济社会权益方面表现消极，没能很好地利用现有的企业党组织和工会这两大平台作为沟通上下的中介，导致一些党员职工在得不到组织帮助与协调的情况下，不得不越过党组织和工会，甚至采取一些有悖稳定大局的激进手段自力维权。这一现象在一些管理体制改革转型，并且效益出现波动的企业中表现得较为明显，需要引起高度重视。

3. 企业履行社会责任的职能。毋庸讳言，即使对于社会主义国企，其经济性目标与公共性目标之间也并不总是重合一致的关系。但与其他性质的企业相比，由于其产权的不可分割和不可让渡性，无形中制约了其在市场上依据合约原则自由选择的空间，即使在某些竞争性领域，国企也只是以不完全市场合约的形式模拟私企的形态，而这又必须是以国企首先按照国家需要履行政治和社会职能为前提的。按照党领导规范国企行为的原理，国企党组织正是引导企业遵循上述原则的载体。但在目前，由于一些企业党组织在介入企业的经营管理决策，发挥规制引导企业履行社会责任的功能方面的不作为，导致国企在提升经济效益的同时社会效益却出现了逆增长。同时，调查反映，许多企业党组织本身对积极组织基层党员职工开展公共服务缺乏自觉意识，其直接后果就是削弱了国企与社会的联系，降低了党在企业基层和基层社会的威信。

三、关于改进国企党建的对策建议

鉴于目前我国国企党建工作中存在的种种问题，我们有必要把握当前党建的薄弱环节，把握关系到党建全局的重点、难点，推动国企党建的实践尽快实现与现代企业制度建设的无缝对接，以达到既发挥组织和政治优势，增强企业竞争力，反过来服务于巩固党的执政基础和执政能力提升全局的总体目标。借鉴目前我国国企在实践中积累的一系列成功经验，针对共性问题提出以下对策建议。

（一）处理好国企党建与现代企业制度建设的关系

正如上文所述，国企党建之所以不同程度陷入虚化、边缘化困境，与国企党建水平不能同现代企业制度建设水平保持一致，且没有很好地融入后者的实践进程中有着密切关联。为此，我们除了应当在思想上统一认识，强调两者的内在统一协调关系外，还应该在具体制度机制的改革方面做出努力，具体而言，主要包括以下5个方面：

1. 管理规范。一方面是顶层制度法规完善的问题，即需要在目前公司法原则性规定的基础上尽快出台统一细化的管理规程和国企党组织工作条例，也可以通过对原则条目的增补赋予党的相关规章制度在国企党组织当中以更强的约束力。同时在规定现代企业制度内容的规章中也要明确地载入基层企业党组织的地位、职能、党建目标与内容、考核程序标准等具体条目，以使广大国企党组织有章可循、有制可行。另一方面是国企党组织的基层管理规范。当前一些国企党组织已经在自主探索中初步建立起一些较为细化并具有可操作性的党建标准管理规范，涵盖了从指标体系、责任体系、跟踪体系、评价体系到考核体系的多方面问题。接下来的工作重点应当是对这些规范和经验进行归纳提炼，着手尽快建立部门、行业乃至整个国企系统的统一党建规范体系。需要强调的是，这些管理规范的制定必须注意与现代企业制度建设在内容和形式上的衔接，注重程序性、科学性和可操作性，一旦付诸实施，就必须得到配套的管理约束力的保障。

2. 领导体制。首先应当重视党组织对企业法人治理结构主体施加政治影响，尤其是对于那些经过股权结构改革和管理人员构成发生变化的国企来说，是党组织发挥主导作用，成为塑造企业文化认同与融合氛围的核心，还是反过来被党外因素所影响制约，迷失国企党建的自觉和信心，这将是一个关系国企性质保持的根本性问题。为此，党组织除了通过健全完善包括“双向进入、交叉任职”等进入领导层的机制外，还需要提高国企领导的思想觉悟和综合能力，使之自觉将精力和资源投入党建工作中。同时，还应当着力避免党组织自身的官僚化倾向，通过强调基层组织民主和制度建设与现代企业制度建设的统一性，逐渐清除部分党组织和企业领导个人或小集体专权专断的文化与制度土壤。此外，在理顺部门管理与属地管理关系问题上，首先要明确以垂直管理作为基点，同时也应该明确属地党组织与企业党组织的协作关系，要积极利用垂直领导部门和横向属地党政、高校、科研机构等资源加强对党务工作人员和基层党员的思想教育和党务能力培训。

3. 组织机构与运行机制。国企党建的实质是党要依靠基层组织嵌入的方式获得强大的组织与动员力量，完成政治使命。具体而言，就是要用党严格的组织纪律性弥补企业基层较为涣散的自发秩序的组织作用，其根本目标在于改造工人阶级，进而改造社会。在国企基层组织机构设置上，首先要重视延伸基层组织的配置，具体而言，党支部的具体设置方式可以根据不同部门的实际灵活调整，坚持分类指导、整体推进的原则。可以根据资产纽带、属地关系、项目设置等不同方式组织基层党支部，在基层党组层级和统属关系设置方面也可以采取更加灵活的方式。在党组织机构内部人员配置方面，要尽可能在精简整合机构与提高工作实效间求得平衡，加大基层一线党务工作者的配置比例，缩小从事一般行政性党务工作的干部规模。特别是要解决好建立稳定的专职党务工作者队伍的问题，赋予基层党务工作人员相应的法定身份与合理待遇，以充分调动其积极性。在专职党务队伍建设方面必须特别注意强调党务工作者的年轻化与兼具党务、业务双方面能力，强调对可塑人才的培养教育，以保证这些党务工作者能够充分得到基层党员群众的信任支持，改变目前国企党组织专职党务人员因种种主客观原因被边缘化的尴尬局面。同时，还应该特别注意结合不同企业和不同项目的具体情况，实现专职党务机构和人才队伍的灵活整合，避免因规范不具可操作性反而导致一线党组织工作缺位的情况。组织生活方式要实现从单纯的灌输式向更有利于调动党员群众积极性的互动式的转变。注意发挥基层组织和基层党员的先进示范作用，通过积极的宣传和适当的奖励，使争先创优成为基层党员群众自觉的价值取向。组织的工作内容要有机地融入对当前经济、政治、社会形势的学习分析，利用企业内部及所在地教育、研究机构的相关资源，有针对性地及时解答基层党员群众思考现实问题中产生的种种困惑，引导大家端正认识、凝聚共识。

4. 参与影响管理决策机制。党在基层管理工作的组织权威，不仅来自于其意识形态和政治领导权，而且来自于其管理实效中产生的领导权威。这就需要在完成企业基层党组织的组织嵌入与内化任务需要在组织全覆盖的基础上实现工作全覆盖的目标。加强组织与个人联系作为核心工作，需要依靠基层党组织管理工作机制的不断创新。目前，基层党建的一项重要任务就是实现从传统的基层党组织直接管理到依托现代企业制度，党组织更多地发挥指导、协调、服务等作用的模式转变。从整体形态上看，这需要企业基层党组织实现从传统的“组织—动员”型到“聚合—协调”型的过渡，而这种过渡又是没有统一范本可以遵循的，需要企业根据实际情况的不同在基层党建工作中加以研究解决。在企业管理决策体系内，需要建立起有约束力的党企共管式的领导结构，赋予党组织法定的参与影响决策权，健全各类参与决策的运行机制，如党组织参与重大问题的讨论决策机制、党组织与法人治理结构间的协调机制、重大事项落实过程中纠错的协调处理机制、重大事项落实的监督管理机制、重大决策失误的责任追究机制等，以党组织为载体建立起企业内部从形成决策、实施决策到反馈检讨决策、修正改进决策的完整决策过程链条，探索企业内部由党组织牵头开展的政策讨论会、听证会等新形式，从而不断提高企业决策的科学化、民主化、程序化水平。

5. 监督机制。完善的监督机制不仅是防范企业经营管理风险的要素,也直接关涉到党在基层党员群众中的威信与形象。在国企党建中,我们应当寓企业廉政建设于党组织廉政建设当中,通过以纪委进入监事会、党组织审查外部与独立董事选聘等组织方式介入对生产经营管理各环节的监督,有效地规范制约权力运行,同时通过党组织建立基层信息公开和群众监督平台,形成党内廉政与群众廉政的合力。党组织还要注重企业廉政文化建设,并在思想政治教育中凸显正面榜样的示范效应,建立组织内和企业内标本兼治、综合治理、惩防并举、注重预防的反腐体系。此外,在加强党组织的内部监督和以党组织为核心对企业领导和决策的监督机制之外,党组织自身也必须接受基层员工群众的监督,惟其如此,才可以认为国企党建监督机制的完善具备了系统全面的内容。

(二)以发挥国企党组织职能为核心改进国企党建

从根本上说,国企党建不仅致力于维护工人阶级的利益,保障工人阶级的权利;而且也着眼于凝聚基层人心,巩固党的社会基础。在此前提下,才谈得上通过抓好人的工作来对业务领域产生积极影响。因此,企业基层党建需要在基层组织的经济职能和政治职能之间保持适当的平衡,使基层组织不仅成为生产力的增长点,而且成为延伸社会主义国家和执政党政治目标与发展方略的基点。除在探索国企组织运行机制与现代企业制度衔接过程中一如既往地提升其履行经济职能的能力外,针对目前国企党组织发挥职能的不足方面,我们还应该着力把握以下几方面工作重点:

1. 以推动国企履行政治社会责任为中心加强国企党建。有必要突破促进企业内部生产增效和维护企业稳定的视角,从增强国有企业社会责任感的高度来认识基层党建的重要性,社会主义国家的国有企业不仅具有维护经济基础的功能,而且其本质要求其必须在协助政府提高公共服务质量、维护社会和谐稳定、培育具有良好素质的公民方面发挥建设性作用。当前国企党建工作中应当通过在思想教育中强调党的先进性和党组织的实践指导示范效应来推动企业履行社会责任。首先应当在传统道德教育、职业精神和素质培训中有机融入企业社会责任的内容,让广大基层党员群众提高思想觉悟,在生产管理中时时提醒自己注意维护国企的社会形象。同时在基层党组织开展的关系到基层党员群众利益协调和诉求表达的工作中,要严格遵循公正公平原则,切实贯彻党的群众路线,树立基层组织权威,以提高基层组织引导党员群众履行社会责任的能力。在基层组织建设中,除了应当通过帮扶企业内部员工,建立健全企业自身的权益与福利保障机制外,还应当适时利用国企相关资源,同政府、其他企业和社会组织等展开协作,在诸如慈善事业、社会公益服务等领域投入更多精力,加强国企与社会的互动沟通。

2. 围绕践行党的性质宗旨开展国企党建。从本质上说,国企党组织是中国共产党在国企这一特殊经济单位中的组织延伸,这就决定了国企党建在紧密围绕践行党的先进性和为人民服务宗旨方面与其他系统内的党建具有共通性。所谓对党的先进性和宗旨的自觉践行,不仅要反映在国企党组织善于动员聚集员工合力提高企业经济效益,更应该表现在党组织领导员工、引导企业来忠实地履行社会主义国企的政治与社会责任;此外,党组织在企业内部起到帮扶基层党员群众,积极维护后者权益,及为其提供民主参与和民主监督的组织平台也是切合国企党建根本主题不可或缺的内容。

3. 以党组织为核心推动思想教育和文化建设。当前,在社会文化整体多元化趋势日益明显的情况下,国企党组织不应回避现实政治、社会问题,更不应希图简单因循传统教育模式仍能发挥重大影响,而是需要深入到基层一线,及时准确把握基层党员,特别是年轻党员的思想动态和文化取向,通过在这些基层力量、新兴力量中发展培养党的思想教育和文化工作者的方式,创新丰富思想教育与文化建设的具体形式,使党员群众更容易接受组织传输的正向引导力量。加强国企党组织的思想教育职能首先需要提高党务干部的政治素质,尤其是在当前转型中的多元社会复杂矛盾问题面前明辨是非,并通过以身作则的示范效应向基层党员群众传递正向能量的思想觉悟。同时,针对目前“80后”、“90后”高文化素质员工思想活跃、个体权利意识较强但同时吃苦精神有所下降、功利思想较重等特点,主要依靠年轻且有能力的基层干部开展能够吸引年轻员工的文化建设活动,重点加强对后者的传统道德教育、理想信念教育、职业精神培养和思想政治教育,达到巩固党的基层文化阵地的目标。此外,党组织的思想文化建设的一项重要内容还在于注重党的形象建设与企业形象建设相统一,在企业内部营造先进的企业文化,同时要敢于和善于利用公共媒体和各种信息传播平台宣传国企党建的实绩,塑造国企和国企党组织良好的社会形象。当然,国企企业先进文化的建设最终还需要统一到中国社会主义先进文化,特别是政治文化建设发展的全局中来,党组织能不能教育人、说服人、吸引人,能不能坚守住意识形态、主流价值观和伦理道德阵地,很大程度上就取决于党组织思想教育和文化建设的实效情况,国企党建中很有必要将这方面的履职内容提上任务序列的优先位置。

(三)立足发挥党组织的各项优势带动国企党建

国企党组织存在发展的一个根本理由就在于其作为中国社会主义国企特性与软实力的载体,具有许多其他的组织和制度所无法比拟的优势,因此,在国企党建中,需要自觉意识并且充分发挥出这些优势。

1. 发挥党的思想政治和文化引领优势。其重要内容就是对基层党员群众的思想政治教育与凝聚共识教育,为此,党组织的领导和党务工作者需要首先提高自身思想觉悟、统一党内思想认识,要紧密结合员工切身感受的企业内外的实际政治、经济与社会发展问题开展有针对性、有说服力的思想政治工作,把解决基层党员群众实际困难、困惑的过程当作思想政治教育发挥实效的必要环节。同时还要充分利用组织资源的优势,开拓基层党员群众的视野与胸怀,将其对当前中国发展形势的认识理解统一到符合改革发展需要的积极方向来。确保党组织始终把握企业文化建设的主导方向,寓先进企业文化建设于党的基层文化凝聚力增强过程中,以为党最终实现社会主体的自我改造与最终解放创造思想与文化条件。

2. 发挥党的组织动员优势。这不仅需要我们充分调动国企党组织在贯彻企业决策、团结党员员工致力于促进生产管理现代化的组织动员能力,也包括了健全完善基层利益表达、基层民主参与和政策传达反馈的组织载体与实践体制的内容。换言之,党的组织动员优势发挥除了依托现有的实体有利条件外,还需要与党的权威树立、党的形象保持等贯穿在一起。

3. 发挥党密切联系群众的路线与作风优势。从整体看,中国共产党执政根基巩固与执政能力提高的一个要点就在于能否坚持党密切联系群众的工作作风和工作路线,当前,国企党建中出现的许多问题都是由党组织不同程度地脱离群众所引起的,因此这些问题的治理从根本上还是要回到发挥党的传统优势的路径上来,国企党建所有的规范制度和运行机制设计都必须建立在坚持群众至上的基础上,党组织的日常工作也必须时时处处做到想群众之所想、急群众之所急,否则,国企党组织就可能因为背离人本原则和群众路线而成为无根之木、无源之水。

(作者:清华大学马克思主义学院副院长,教授;清华大学马克思主义学院博士后)

在践行群众路线中起飞远航

刘绍勇

国有航空运输企业是国民经济发展的“主力军”和“先行官”，是我国交通运输体系的重要组成部分，承担着安全运载人民生命财产，为民服务、优质服务的光荣使命。在党的群众路线教育实践活动中，我们进一步认识到，东航作为中央企业和国有三大航空运输集团之一，只有真正把群众路线作为航空事业发展的生命线，牢固树立为民服务的思想，才能更好地履行国企所担负的职责使命，在为人民提供优质服务和依靠人民谋发展的有机统一中起飞远航。

一、坚持领导干部带头，切实改进工作作风，为群众路线落到实处提供重要保证。作为中管企业第一批活动单位，我们围绕“照镜子、正衣冠、洗洗澡、治治病”的总要求，以解决“四风”问题为突破口，领导干部以身作则，深思考、细安排、查问题、办实事，确保了教育实践活动不走过场。公司领导干部在活动中真正做到了“五带头、五表率”，发挥了应有的模范带头作用。

一是带头深刻领会，做学习思考的表率。群众路线的贯彻、工作作风的转变，前提在于思想理论的自觉。我们领导班子认真研读中央指定的三本书，从中吸取了宝贵的精神财富。班子主要领导带头赶赴延安和西柏坡，在对革命传统的学习与思考中坚定带头转变作风的决心，深化始终坚持艰苦奋斗作风的认识。

二是带头深入基层，做听取意见的表率。教育活动开始后，我们组织各分、子公司正职，对领导班子和领导干部提意见和建议。集团、股份领导人员“三合一到基层”，即结合教育实践活动调研、结合旺季安全生产调研、结合高温天气职工慰问活动下基层，与职工群众进行交流，让群众看到了领导干部为民务实清廉的新气象。

三是带头查摆问题，做自我批评、自我剖析的表率。东航“四风”问题的突出表现，是重视决策的程序性、规范性、科学性，不重视决策的实际落实效果；注重口头上的要求，不注重行动上的跟踪检查；重视在前端的管控，不重视在实际中解决问题。我们认真思考领导班子在作风方面存在的问题，挖掘典型案例，深刻反省，剖析根源，制定出解决措施。

四是带头开展批评，做互相帮助的表率。我们坚持开展积极健康的思想斗争，领导干部带头从有利于党的事业，有利于东航发展，有利于同志进步出发，进行实事求是的批评与自我批评。领导干部在班子成员之间、在与中层干部交流中、在基层调研时，坚持讲真话、说直话，提倡大家不放礼炮、空炮和哑炮，坦诚相见、互相帮助。

五是带头整改落实，做解决问题的表率。我们针对征集到的职工群众的意见建议，带头认真剖析问题症结，查找思想根源，形成整改措施，明确整改任务书和时间表，通过这次活动，既解决自己的思想问题，又解决群众的实际问题。

二、坚持开门搞活动，紧密联系和依靠群众，大力解决职工群众反映强烈的突出问题。我们是一家拥有8万多名职工的大型国有企业，广大职工群众是推动事业发展前进的最持久、最可靠、最根本的决定性因素和根本力量。在群众路线教育实践活动中，我们广泛听取群众意见，认真抓好整改落实，在解决群众最关心的突出问题方面取得了明显成效。

多管齐下，畅通群众反映意见新渠道。我们通过发放征求意见函、设立征求意见箱、领导深入联系点、个别访谈等多种方式和渠道，广泛征求"四风"方面的意见建议。同时，十分关注"微时代"下的"新阵地"，大力加强基层党建网站建设，搭建"员工服务网"，畅通领导人员与一线员工直接联系的渠道。通过QQ群、微博群、微信群等新兴网媒，实现公司领导与员工的交流互动。连续举办6届网络交流活动，为员工答疑解难。

抓好落实，切实解决群众反映强烈的突出问题。我们坚持"调研"与"整改"紧密结合，把整改落实贯穿于活动始终。在活动开展的第一个月内就解决热点难点问题41项。目前，我们已针对收集整理的433条"四风"问题制定整改措施，落实整改责任和整改时限，作风转变初显成效。今年上半年，集团公司行政费用同比减少11.4%，会务费和公务接待费降幅均达30%左右，职务消费同比下降38.3%；集团公司各种评比奖项从原来的85项精简至26项，削减幅度达69.4%。

以人为本，让群众共享企业发展成就。职工群众是推动事业前行的根本力量，是关系事业成败的关键因素。我们始终坚持发展成果与群众共享，追求企业与员工同步发展、企业价值与顾客价值同步实现。我们坚持以人为本，关爱员工，为员工办实事、干好事、解难事，实施岗位薪酬改革，建立6大岗薪序列，打开了员工发展多通道。完善综合社会保障制度，建立综合医疗保障体系，率先为劳务制员工交纳"三险一金"。成立职工服务中心，在全国开设19个服务网点，累计提供服务70余万人次。

三、坚持为人民服务宗旨，着力改善服务质量，履行企业社会责任。东航作为中央企业，不仅承担着重大的经济责任，还担负着重要的政治责任和社会责任。以群众路线教育实践活动为契机，我们把"员工热爱、顾客首选、股东满意、社会信任"视为永恒使命，从解决群众最关心的服务问题入手，在服务群众、回报社会中体现企业价值。

切实改善服务质量，践行为民宗旨。东航作为旅客运输量排名世界前五的航空公司，每天要执行国内外1800多个航班，直接与20多万名旅客打交道。让旅客安全、正点、舒适地到达目的地，是我们服务群众的最好体现。在教育实践活动中，我们针对广大旅客最关心的航班准点、空乘服务、机上饮食等问题，秉承"以客为尊、倾心服务"的理念，在提升旅客服务体验，改善服务质量上下功夫。今年教育实践活动开展时期，正是航空运输企业传统暑运旺季和奋战高温、抢抓效益的重要时期的关键时期。公司领导干部带头深入基层，启动旺季生产"机关服务一线"工作，共同保障航班运营。职工服务中心主动上门"送服务"，在一线现场设立服务点，解除职工群众后顾之忧。

坚持履行社会责任，努力回报社会。我们航空企业坚持群众路线的一个重要体现，就是勇于担当、奉献社会，义不容辞地承担应急救援、抢险救灾等最难最险的紧急运输任务，全力以赴地完成国家重大活动的运输保障工作。今年雅安地震发生后，我们率先向灾区捐款1000万元。四年来，我们开展的大型公益志愿活动实施项目3000余个，关爱对象超过10万人次。在我们定点扶贫的云南双江、沧源两县，先后援建6个示范村、8所希望小学。在2013中国企业社会责任年会上，我们荣获"2012国有上市企业社会责任榜年度最佳企业奖"。今后，我们还将以履行企业社会责任为重要抓手，进一步推动群众路线教育实践活动的深入开展。

（作者：中国东方航空股份有限公司总经理）

努力践行当代工人阶级核心价值观

中国工运研究所课题组

今年“五一”国际劳动节前夕，习近平总书记亲临全国总工会机关，与劳模座谈并发表重要讲话，深刻指出，工人阶级要始终做坚持中国道路的柱石、始终做弘扬中国精神的楷模、始终做凝聚中国力量的中坚。对当代工人阶级理想信念和价值追求指明了方向，赋予新的内涵，提出新的期待。

本文围绕习近平总书记对工人阶级价值观念和精神品质提出的时代要求，依据社会主义核心价值观的内涵旨意，结合当代工人阶级的信念宗旨、优良传统和使命任务的特殊要求，对践行当代工人阶级核心价值观进行探讨，以不断丰富民族精神和时代精神的内涵，最大限度调动职工群众的积极性主动性创造性，为实现中华民族伟大复兴的中国梦贡献智慧和力量。

总结提炼当代工人阶级核心价值观应遵循的基本原则

1. 历史传统与时代精神相统一的原则。工人阶级价值观具有历史的延续性和共通性，当代工人阶级核心价值观是传统工人阶级价值观的继承和发展，总结当代工人阶级核心价值观在着力突出时代特征的同时，必须从传统价值观中汲取营养，挖掘其中所蕴含的优秀品质和积极因素。当然，总结凝炼当代工人阶级核心价值观要解决当前问题，适应现实需要，注意结合中国社会现实和职工队伍的实际状况，对传统价值观进行创造性的转换，赋予新的内涵，获取新的生命，努力实现历史性和时代性相统一。

2. 整体把握与突出特色相统一的原则。当代工人阶级核心价值观是社会主义核心价值观的重要组成部分，总结提炼工人阶级核心价值观必须充分吸收融入社会主义核心价值观的精神实质和科学内涵。当然，工人阶级核心价值观也是社会主义核心价值观在职工队伍思想道德建设上的生动体现，要为职工群众提供精神动力、思想基础和价值导向，总结凝炼时要密切结合职工队伍建设发展的具体情况，体现出职工队伍的本质特征和特殊品质，努力实现整体性和局部性相统一。

3. 民族性和世界性相统一的原则。当代工人阶级的价值观念在中国社会语境中滋养，在革命、建设和改革漫长岁月的磨练砥砺中形成，体现民族特质是凝炼工人阶级核心价值观的基本前提，否则就难以被广大职工群众所认同和接受，难以存续发展。总结提炼中国工人阶级核心价值观，也离不开对各国工人阶级价值观的吸收和交融，当代中国工人阶级价值观如果没有了世界性，不能给人类共同价值观注入新的内容，它就是一种没有生命力的价值观，就难以适应全球化时代思想文化交流合作的要求。总结提炼当代中国工人阶级核心价值观，必须坚持“以我为主、兼容并蓄”，针对性和包容性、民族性和世界性相统一的原则。

4. 理论性与实践性相统一的原则。工人阶级核心价值观的总结提炼具有高度的理论概括性和抽象性，要超越区域、行业和群体性特征差异，充分考虑职工队伍建设发展的整体需要，使其具有广泛适用性和宏观指导性。同时，凝炼工人阶级核心价值观也要紧扣中国社会发展进步的主题，结合职工队伍建设发展的经验，反映当前职工群众的利益诉求和价值追求，运用简洁生动的语言表述贴近职工群众，从而得到广大职工群众的广泛认同和普遍遵循，真正实现核心价值观内化于心，外化于行，总结提炼当代工人阶级核心价值观要努力实现理论概括性和实践指导性相统一。

当代工人阶级核心价值观的表述及内涵

根据以上原则，可以将当代工人阶级核心价值观表述为"胸怀大局、崇尚劳动、爱岗敬业、开拓创新"。这种概括紧紧围绕社会主义核心价值观的内容要求，紧密结合工人阶级伟大品格和劳模精神的科学内涵，从不同侧面对当代工人的政治立场、理想信念、职业道德和价值追求等作出指引，反映出当代工人的思想觉悟、本质特征、行为操守、奋斗精神等方面的基本状况，力求能对职工队伍的思想道德和行为方式起到引领示范作用。

"胸怀大局"意指工人阶级具有坚定鲜明的政治立场，热爱祖国，热爱人民，拥护党的领导，坚定不移走中国特色社会主义发展道路，自觉把人生理想、家庭幸福融入国家富强、民族复兴的伟业之中，把个人梦与中国梦紧密联系在一起，始终以国家主人翁姿态为坚持和发展中国特色社会主义作出贡献。识大体，顾大局，为企业解难，为国家分忧，具有强烈的集体荣誉感和社会责任意识。从党和国家的角度以及企业、社会层面，展示了工人阶级在看待和处理自身与党、国家、人民以及企业、社会之间关系的观念和态度。

"崇尚劳动"意指工人阶级具有高尚先进的理想信念，自觉树立劳动最光荣、劳动最崇高、劳动最伟大、劳动最美丽的观念，具有尊重劳动、淡泊名利、甘于奉献的精神境界和勤奋劳动、诚实劳动、创新劳动的优秀品格。表明工人阶级不但尊重热爱崇尚劳动，而且特别注重提升劳动品质，体现了崇尚劳动价值观中感性认识和理性认识的有机统一。

"爱岗敬业"意指工人阶级具有朴实崇高的职业道德，恪尽职守、吃苦耐劳，具有浓厚的责任感和使命感，团结合作、遵章守纪，具有严明的组织性和纪律性。表明工人阶级既注重立足本职岗位、踏实肯干，又特别注重在劳动过程中培育合作精神、纪律观念，体现了爱岗敬业价值观量的规定性和质的规定性的有机统一。

"开拓创新"意指工人阶级具有奋发有为的价值追求，始终保持不畏艰险、迎难而上的工作态度和刻苦学习新知识、努力掌握新技能、不断提高自身综合素质的求知欲望和进取意识。表明工人阶级不仅要有勇气、有力量，还应有智慧、有技术，能发明、会创新，体现了开拓创新价值观外在表现和内在要求的有机统一。

如何准确理解把握当代工人阶级核心价值观

"胸怀大局、崇尚劳动、爱岗敬业、开拓创新"分别体现和回答了工人阶级在宗旨、境界、操守、精神四个方面的基本属性和本质要求。这四个方面的内容相互联系、相互支撑，有着严谨的内在逻辑关系。"胸怀大局"反映了工人阶级的信念宗旨，体现了对工人阶级思想行为的政治要求，是工人阶级核心价值观的根本。这关系道路和旗帜问题，失去它，工人阶级的性质及宗旨就会发生质的变化，工人阶级价值观也就成为无源之水，无本之木。"崇尚劳动"反映了工人阶级的理想境界，体现了工人阶级一以贯之的伟大品格，是工人阶级核心价值观的灵魂。崇尚劳动、热爱劳动、尊重劳动是对工人阶级最基本的要求，也是工人阶级价值观核心之所在，否则其他价值观就会丧失血脉，缺乏动力，没有活力。"爱岗敬业"反映了工人阶级的职业操守，体现了工人阶级重大而光荣的责任使命，是工人阶级核心价值观的要义。光有思想上的热情不够，尤为重要的是在实际工作中脚踏实地，勤勉工作，这是工人阶级价值观的基本旨意，否则整个价值观体系就没有了血肉，流于空谈。"开拓创新"反映了工人阶级的精神风貌，体现出工人阶级追求卓越的昂扬斗志，是工人阶级核心价值观的精髓。它充分体现了伟大的时代精神，是工人阶级永葆先进性的最根本最重要的力量源泉，也是工人阶级生生不息、蓬勃发展的营养基础。

当代工人阶级核心价值观四个方面形成有机统一的整体，反映出当代工人阶级与党、国家、人民和企业、社会相互关系中最基本、最核心的价值观念。在实践中，应该针对不同区域、行业及群体的实际情况对工人阶级核心价值观作出更具体和有针对性的理解解释，结合时代发展需要给予新的内涵诠释，使其成为源头活水，不断增强生命力、感召力、凝聚力和亲和力。

（执笔：王利中　王压非）

国企思想政治工作现状、问题及对策
——河南省国有企业思想政治工作专题调研报告

河南省委宣传部 省国资委 省政研会联合调研组

为了解掌握国有企业贯彻落实省委办公厅印发《省委宣传部、省政府国资委关于加强和改进国有及国有控股企业思想政治工作的实施意见》(豫办〔2012〕35 号)情况,前不久,省委宣传部、省政府国资委、省思想政治工作研究会组成专题调研组,深入部分省辖市、中央驻豫企业、省管国有企业,通过座谈交流、实地考察等方法进行了认真调查研究。形成如下专题报告:

一、国有企业贯彻落实《实施意见》的基本情况

省委宣传部、省政府国资委《关于加强和改进国有及国有控股企业思想政治工作的实施意见》(以下简称《实施意见》)下发后,国有企业普遍比较重视,结合实际情况制定完善了加强和改进思想政治工作的具体措施,在组织机构、体制机制、物质保障等方面加大工作力度。

1. 对思想政治工作重视程度进一步提高。省委宣传部、省政府国资委《实施意见》出台后,国有企业及时进行学习宣传贯彻,列入党委中心组学习,安排专题讨论,并通过新闻宣传、集中培训、座谈研讨等多种方式,使《实施意见》精神深入到基层、贯彻到班组。大型国有企业都把思想政治工作作为改革发展稳定的有力保证来对待,每年党委都要对企业思想政治工作进行专题研究和部署。

2. 企业“大政工格局”进一步形成。中央驻豫和省管国有企业普遍将“一岗双责”作为企业管理体制的一部分,形成党委统一领导,党政共同负责、党政工团齐抓共管、职工群众全员参与的“大政工”组织架构。思想政治工作普遍纳入企业综合绩效考评体系和企业党政领导班子年度考核管理目标,使职业精神和职业道德融入岗位职责和工作标准,确保了思想政治工作渗透到生产经营管理的各个领域、各个环节。

3. 思想政治工作阵地进一步完善。国有企业在加强企业报刊、广播、电视以及图书馆、活动室、文化宫、俱乐部、影剧院、文化广场、公示栏、宣传橱窗、板报等传统宣传思想文化阵地建设的同时,适应大众传媒特别是互联网、手机等新兴媒体广泛普及的新趋势,加大网站、手机报、电子显示屏等现代媒体建设的投入,建立网络、手机即时交流平台,开设新闻、访谈、论坛、学习园地等栏目,开通博客、微博、微信、手机报等交流平台,扩大思想政治工作传播渠道,形成全方位、高效互动的企业思想政治工作网络体系。

二、当前国有企业思想政治工作存在的问题

1. 思想政治工作“生命线”作用发挥不够。一些国有企业对思想政治工作地位作用的认识存在偏差,主要是缺乏全面眼光和政治眼光,缺少国家维度和社会维度,总是根据企业经营活动直接相关性来认识思想政治工作的作用,用经济效益要求来衡量思想政治工作的有用性,仅仅认识到思想政治工作的显性意义,而忽视了思想政治工作的根本价值,造成思想政治工作配合多、引领少,企业的经济效益和总体运营状况好,思想政治工作就得到重视;总体经济效益比较差的企业,对思想政治工作的重视程度也相对较低。

2. 思想政治工作队伍有弱化趋势。国有企业在现代改制过程中，出于精简部门和人员的需要对思想政治工作机构进行了整合撤并，对思想政治工作人员进行了分流疏散。一些基层生产单位不再设立专职党务政工干部，而是由行政负责人兼任，在这种思想政治工作与生产经营管理工作一体化的格局中，政工部门被看作是囿于上级主管部门要求而被动保留的夕阳部门，导致思想政治工作者身份认同虚化，把思想政治工作看作分外之事，责任感不强，工作被动应付，甚至认为思想政治工作是负担而不愿意做。政工机构成为人人敬而远之的“冷衙门”，老的留不住，新的不愿来，优秀人才难引进。一些企业政工人员的待遇得不到保障，也极大影响了政工人员的工作积极性。

3. 思想政治工作创新不够、活力不足。改革不断深化而产生的遗留问题使思想政治工作难度加大，国有企业异地创业导致思想政治工作面临的环境复杂多变，网络信息技术高速发展给国有企业的思想政治工作带来一系列新的课题。但目前思想政治工作的创新力度和适应程度还远不能适应形势发展的需要，存在着系统研究不够、措施办法不多等问题，缺乏主动作为和自信应对。特别是互联网对职工群众的思想、工作、生活影响很大，已成为人们获取信息知识和表达自我意愿的重要载体，但很多政工干部还停留在传统的形式上，不善于运用新兴媒体加强与员工的思想沟通和交流，影响了思想政治工作的效果。

4. 不能正确处理思想政治工作与企业文化建设的关系。思想政治工作与企业文化建设，是两门科学，既有联系，又有区别，在性质、内涵、内容等方面各有侧重。企业文化建设是思想政治工作的抓手和载体，可以丰富思想政治工作的内容和形式。思想政治工作可以推动企业文化的建设，并保证企业文化建设正确的政治方向。但调研中发现有些国有企业不能正确处理二者的关系，存在着以企业文化建设代替思想政治工作的现象，这也是一个需要加以注意和引导的问题。

三、加强和改进国有企业思想政治工作的几点思考

1. 选准企业思想政治工作切入点。做好国有企业思想政治工作，必须紧紧围绕企业改革发展重点确立工作着力点，为实现企业科学发展、提高经济效益、积累物质财富提供精神动力。脱离了企业生产经营这个中心开展思想政治工作，就会形成“空对空、两张皮”，不但收不到实际效果，还会引起排斥和逆反心理。只有把党的政治优势转化为促进企业科学发展的竞争优势和发展优势，才能展示企业思想政治工作的重要性，不断巩固和提高思想政治工作在国有企业中的地位。

2. 积极推行双向进入、交叉任职。“双向进入、交叉任职”的领导体制，有利于加强党对企业全面工作的领导，为企业思想政治工作的有效开展提供有利条件，有利于思想政治工作者打破自我封闭的小圈子，自觉融入企业生产经营管理的中心工作中去，使政工干部由纯粹务虚向虚功实做转变，由单一型干部转变为政治强、业务精、懂经营、会管理的复合型干部。思想政治工作者只有投入生产经营主战场，才能及时准确把握广大职工在工作中出现的思想波动，提高思想政治工作的针对性和实效性，使企业发展真正做到“抓生产从思想入手，抓思想从生产出发”。

3. 适应形势发展创新方式方法。思想政治工作者要熟练掌握现代传媒技术，善于运用QQ、微博、微信等现代手段与广大职工沟通交流，更好地发挥新媒体在思想政治工作中的作用。要适应职工群众主体意识、参与意识日益增强的新变化，多搭建职工群众乐于参与、便于参与的活动平台，寓教于文，寓教于乐，寓教于各种健康有益的活动之中，吸引职工群众广泛参与，加强自我教育。要健全心理咨询网络，提供及时有效的心理咨询服务，不断丰富解决职工思想困惑的手段和办法，使思想政治工作能

够直达职工的心理情感地带。

4. 切实发挥领导干部表率作用。加强和改进国有企业思想政治工作,必须首先加强领导班子和领导干部的自身建设,充分发挥干部的示范表率作用和模范带头作用。凡是要求职工做到的领导干部率先做到,凡是要求职工遵守的领导干部带头遵守,给职工树立团结一致谋发展、心无旁骛干事业的良好形象。要坚持以人为本,倾听群众呼声、关心职工冷暖,把思想政治工作贯穿于为群众解决实际困难的过程中,让职工感到我们的干部可学、可敬、可亲、可信。只有这样,才能增强领导干部在群众中的号召力,才能提高企业思想政治工作的说服力。

建设幸福企业 增强员工幸福感

杨瑞云

习近平总书记指出，实现中华民族伟大复兴的中国梦，就是要实现国家富强、民族振兴、人民幸福。增强员工的幸福感，是实现员工梦想的重要指标，越来越受到各方面的关注。企业应如何帮助员工实现自己的梦想，努力为实现中国梦贡献力量，值得我们深入思考。本文结合企业的实际，就建设幸福企业，增强员工的幸福感，谈些思考和建议。

增强员工的幸福感是企业的重要使命和职责

近年来，我们对增强员工的幸福感进行了定位。大家深刻认识到，企业作为经济组织，不仅承担着经济责任，而且承担着政治责任和社会责任。员工是企业的主体。企业的发展不应仅是利润的增长，更重要的是做到以人为本，增强员工的幸福感，推动实现员工的全面发展。从企业文化建设的实际情况来看，增强员工幸福感，就是让员工看到企业的发展前景、找到实现自身价值的舞台、快乐地工作、共同成长、受到尊重以及安全健康。增强员工幸福感，是企业思想政治工作的重要着力点和最终落脚点。

基于这样的认识，广药集团广州医药有限公司作为一家医药流通企业，坚持以人为本，把增强大众和员工的幸福感作为自己的重要使命。从服务社会来说，把企业定位为“健康之桥，造福大众”，自觉接受公众监督，积极履行社会责任；从企业的价值追求来说，始终兼顾各方面的利益，把“为社会创造福祉、为客户创造价值、为员工创造幸福、为股东创造回报”作为企业的基本价值观。正是由于这一使命的驱动，广州医药有限公司近十年销售平均增幅18%，不仅经济指标名列全国医药流通企业前茅，而且在重大灾情疫情中，积极履行社会责任，确保市场药品供应，为社会做出了重要贡献。

影响员工幸福感的突出问题

目前一些医药销售企业存在以下影响员工幸福感的突出问题。一是只关心企业的利润，不关心员工个人追求。一些企业在制定企业发展规划和年度目标时，更多关注销售、利润等经营指标及要求，而且把指标细化到季度、月度，但员工在目标达成后应获得的利益往往被淡化，员工感受不到企业做大做强给自己带来的幸福感。二是只关心薪酬不关心员工其他方面的需求。一些企业员工的薪酬很高，但并不快乐，有的员工加班加点，觉得工作枯燥乏味、管理严苛，看不到发展前景、没有学习提高的机会，很难说谈得上幸福。三是只关心制度流程不关心员工内心感受。一些企业繁琐复杂的制度和流程给员工带来很大的无奈，员工有明显的压抑和约束感，更何谈幸福感。这些问题都亟待加以解决。

努力建设幸福企业

建设幸福企业，是提高员工幸福感的根本举措。为此，提出以下建议。

一是让员工看到发展前景。企业的梦想必须与员工的梦想相连，企业必须与员工分享发展成果，建立“水涨船高”的薪酬分配机制，实现员工利益实现与企业发展同步。绩效考核时，把重点放在各级主管与下属的沟通谈话、指导帮助方面，加强对员工人文关怀，既要谈绩效又要开展思想政治工作，把工作业绩与思想工作一起谈，让员工认识到企业发展的美好前景与个人幸福度息息相关。

二是让员工在企业快乐工作。从实现员工的切身利益入手，建立关心员工的各项机制，广州医药有限公司开展员工幸福度调研，了解员工的感受和意见；工会定期召开座谈会，听取员工代表的意见；改善员工的工作环境，关心员工情感生活、心理压力、家庭状况、子女教育等，及时解决存在的问题，不断满足员工的物质和精神需求，帮助员工协调好工作与生活的关系。

三是让员工在企业不断成长。企业成长壮大源于不断的创新，创新源于员工的观念的改变和能力的提高，企业必须培养员工通过持续不断的学习，不断提高自身的综合素质，培养员工积极主动地解决工作中遇到困难的能力。要建立与企业文化相适应的培训体系，要通过党、政、工、团组织抓好员工观念更新、理想道德教育、廉政自律学习。要搭建员工技能发展学习路径，明确各岗位学习路径课程要求，规范入职培训、调岗培训、晋升培训，使员工明确学习发展的目标和方向，自主自发地学习和提高。建立与企业发展相适应的员工成长制度机制，建立企业学院，拓展员工技能发展路径，建设学习型企业，引导员工不断学习创新，实现自身价值。

四是让员工在企业受到尊重。在制度建设方面，必须以关爱尊重员工为基础，要对员工信任授权，根据员工的合理化建议完善优化工作流程，时时处处为员工着想，设计便于操作、反应快捷、人性化的业务流程，定期了解员工对制度流程的满意度。企业的各级主管对下属要多指导少指责、公司的制度要多奖励少处罚，同事之间要多赞赏少挖苦，培育良好人际关系，建设和谐企业文化。企业的发展战略与重大决策要让员工参与进来，发挥员工的聪明才智。

五是保障员工在企业安全健康。企业要关爱员工身体健康，除了定期体检，确保员工工龄假期，还应该定期听取工会小组意见，关注员工的身体和心理健康，建立舒适的工作环境，提供完善的劳动保护，积极落实安全防护措施，及时检查监督，发现问题立刻整改。加强人文关怀和心理疏导，关爱员工身心健康，定期举办心理健康类讲座，为员工减压提供专业指导，及时疏导化解员工中出现的矛盾，预防不良情绪的产生和蔓延。

（作者单位：广药集团广州医药有限公司）

泰州市企业思想政治工作调查与思考

王海波　黄泽南　吉向荣

党的十八大明确提出要加强和改进思想政治工作，注重人文关怀和心理疏导，培育自尊自信、理性平和、积极向上的社会心态。泰州市企业思想政治工作课题组通过调查问卷和与部分企业负责人、政工干部及职工座谈，对全市企业思想政治工作取得的成效、存在的问题进行了总结，并对进一步推进企业思想政治工作思路和举措提出了对策建议。

现状调查

1. 在思想认识上，有的企业对思想政治工作重要性缺乏认识。调查中，绝大多数企业员工对企业思想政治工作的重要性、必要性有较为清醒的认识，但也存在思想政治工作"无用论"和"代替论"的现象，还有的认为，只要把经济搞上去，就什么问题都解决了。

2. 在组织体制上，民营和外资企业没有相应的组织机构，思想政治工作难以有效开展。对全市20家国有企业的调查，其中有18家企业保留着组织、宣传、纪律、党办等部门，2家企业保留1—2个政工机构。但一些民营企业、外资企业等没有相应的组织机构。有的成立了党组织，只有一个党群办（党政办）从事思想政治工作。一些新建企业甚至没有建立党的组织。

3. 在队伍建设上，政工队伍参差不齐，不能适应新形势发展要求。调查中，我们发现，近年来全市企业政工队伍的素质普遍提升。从学历构成看，被调查的100名政工干部中，高中学历30人，大专学历33人，本科35人，硕士2人。从职称上看，初级职称30人，中级职称52人，高级职称18人，普遍具有较高的职业素养和专业素质，大多数参加过市或县级的专业培训。从年龄结构看，30岁以下的2人，31—40岁的28人，41—50岁的26人，50岁以上的44人。大型企业中，76%企业拥有一批精干高效专职的政工干部；小型企业（新兴企业）中，只有29%的企业拥有从事政工工作的人员，而且大多是兼职。另外，政工干部"老龄化"趋势明显，且待遇不高，职称难评，观念陈旧，知识面不宽，升职无望。

4. 在方式方法上，有的企业教育内容空泛，效果不佳。调查中，65%的企业以政治理论、企业精神、良好行为养成为主要内容。但也有一些企业，思想政治工作的内容缺乏科学安排，随意性大，内容单一、陈旧，没有吸引力。有34%的被调查者认为企业的思想政治工作内容空洞，30%的人认为企业思想政治工作脱离实际空对空。

原因分析

1. 从思想认识来看，企业追求盈利、追求个人利益要求和思想政治工作追求道德价值、集体利益等价值取向发生碰撞，引起观念上的冲突。问卷显示，企业员工最关心的问题中，"企业的利润"占73.9%，"精神文化生活"占20%。"一手硬、一手软"，严重影响到企业思想政治工作的开展。

2. 从组织制度来看，民营、外资等企业的思想政治工作制度规范尚不健全，缺少考核评价和奖惩机制。中宣部、国务院国资委制定下发的《关于加强和改进新形势下国有及国有控股企业思想政治工作的意见》，在非国有企业中，仅有15%的人了解。有80%左右的各类中小企业，"大政工格局"、政工干部原则上不低于正式职工总数的1%等要求，难以得到真正落实。

3. 从社会环境来看，一些社会状况的出现让思想政治工作难以奏效，影响思想政治工作的效果。据统计，有65%的被调查者认为当前思想政治教育的内容与当前现实不符，难以让人信服。

处理好四个关系

1. 正确处理“少”与“多”的关系，做到“以少带多”。一是以“少数人”影响“多数人”。发挥好企业经营者、少数政工干部、先进党员、模范人物的影响，形成“传帮带”，提高思想政治工作的覆盖面。二是以“少数标杆企业”带动“大多面上企业”。让标杆企业发挥推进企业思想政治工作的示范作用，带动面上大多数企业思想政治工作的有效开展。

2. 正确处理“刚”与“柔”的关系，做到“刚柔相济”。提高法律意识，以法治厂，用法维权；要完善制度，用制度管人，按程序办事；要建立一套科学完善的监督管理体制，加大对企业思想政治工作的考核、评估。同时要对职工进行思想开导，讲道理、提要求、指方向。注重人文关怀和心理疏导，尊重人、理解人、关爱人、帮助人，让思想政治工作犹如春风化雨、润物无声，取得理想的效果。

3. 正确处理“虚”与“实”的关系，做到“虚实结合”。一方面要搞学习教育活动，一方面要及时掌握群众关注的难点、热点问题，为他们排忧解难，办实事、办好事、解难事，构建和谐企业。

4. 正确处理“创新”与“继承”的关系，做到与时俱进。一是搭建新载体。将思想政治工作与业务活动相结合，运用阅报栏、道德讲堂、竞赛活动、文化广场等新载体，共同做好企业思想政治工作。二是采用新手段。针对“80后”、“90后”的新特点，运用网络、手机等新媒介，运用QQ群、博客、微信等新载体，运用展览展示、文体活动等喜闻乐见、生动形象的新形式，把思想性、知识性、趣味性统一起来。宣讲报告运用多媒体课件，通过图、文、声、像等形式，直观、形象、生动地展示，增强教育效果。三是创新企业文化。借鉴企业文化，拓宽工作思路，丰富工作内容，将企业文化作为思想政治工作的手段，置入企业管理的各个环节和全体员工当中，使企业在竞争中做大做优做强，真正实现和谐可持续发展。

（作者：中共江苏省泰州市委宣传部副部长、市文明办主任；宣教处处长；宣教处副主任科员）

工人阶级核心价值观有利于充分体现工人阶级主体性

苏文帅

核心价值观蕴涵着人们对世界、人生、社会等一系列重大问题的价值共识,深刻影响着每个社会成员的思想观念、思维方式、行为规范,是人们思想上精神上的灵魂旗帜,给一个群体阶层乃至一个国家民族提供富有说服力和号召力的表达与承诺。在市场经济条件下和劳动关系日趋复杂的社会转型时期,确立工人阶级核心价值观可以使广大职工群众进一步认清阶级属性和总体价值目标,通过核心价值观的确立为工人阶级提供明确稳定的价值依据和评判标准,对当前的劳动关系作出科学而合理的价值论证,从而充分发挥社会主导价值观在工人阶级社会实践中的统摄、驱动、定向和凝聚等作用。当然,一个阶级和社会的核心价值观,要体现现实性的价值要求,更要包含理想性的价值诉求。立足现实性,是建立核心价值观的基础;具有理想性,是核心价值观的根本意义所在。党的十八大报告提出"倡导富强、民主、文明、和谐,倡导自由、平等、公正、法治,倡导爱国、敬业、诚信、友善,积极培育和践行社会主义核心价值观"。工人阶级核心价值观隶属于社会主义核心价值观,提炼其内容应依托和反映社会主义核心价值观的精神内核和根本原则,紧扣社会主义核心价值体系的基本内容,而不能离开这个体系另搞一套。基于此,工人阶级核心价值观应该包括"劳动光荣、振兴中华、团结互助、求实进取、幸福自由"五方面内容。

从体现工人阶级价值主体特征来看,"劳动光荣"作为工人阶级核心价值观内容,能够充分反映工人阶级最鲜明的特性。"劳动光荣"在社会主义发展史上始终是一个重要的价值观,也是工人阶级的本质之一。工人阶级是工人阶级核心价值观的价值主体,所以提炼工人阶级核心价值观,就应概括出最能体现工人阶级的最本质的特征,而劳动是全人类文明发展的起点和归宿,也最能体现工人阶级的主体性。正如恩格斯所指出的,在某种意义上不得不说劳动创造了人本身。把"劳动光荣"作为工人阶级核心价值观,是对勤劳致富的进一步强调,是对目前存在的漠视劳动现象的直接批判,是对劳动者劳动成果的充分尊重。一方面,"劳动光荣"意味着工人阶级是把劳动视为劳动者神圣的权利和义务,是自身鲜明的价值特征。另一方面,也意味着劳动者的劳动成果是神圣的,同时,"劳动光荣"能够把爱岗敬业、无私奉献等众多精神蕴涵其中。

从体现工人阶级价值理想来看,"振兴中华"作为工人阶级核心价值观内容,能够充分反映工人阶级在中华民族伟大复兴过程中的使命和贡献。通过科学发展实现中华民族伟大复兴是包括工人阶级和广大劳动群众在内的我国各阶层人民的共同事业。而工人阶级是社会主义中国当之无愧的领导阶级,又是我国先进生产力和生产关系的代表,也是推动经济发展和社会全面进步的根本力量,在中华民族伟大复兴中承载着重大使命。"振兴中华",既同为人民服务的价值观相联系,又是以爱国主义为核心的民族精神在当下的要求,阐明了工人阶级在民族复兴的中国特色社会主义事业中的主力军作用和主人翁地位,还反映了工人阶级作为中华民族的一个群体,其承载着爱国主义、民族主义的情怀和推动社会发展的责任和使命。应该说,"振兴中华"反映出工人阶级的个体特征,体现了工人阶级归属于中国特色社会主义的整体性。

从体现工人阶级的价值标准来看,"求实进取"作为工人阶级核心价值观内容,能够充分反映出工人阶级始终代表先进生产力发展的方向。在推动中国革命、建设和改革的伟大历程中,一代又一代的中国工人阶级以自己的模范行动,发挥了中流砥柱的作用,体现了崇高的精神风貌,形成和发展了工人阶级伟大品格和劳模精神,而品格和精神的实质就是"求实进取"。工人阶级充分发挥积极性、主动性、创造性,与时俱进,开拓创新,既体现了集体主义精神和自强不息的进取精神,又反映出工人阶级求真务实、注重实效实绩的精神。这些也正是衡量工人阶级先进性的突出表现。

从体现工人阶级的价值规范来看,"团结互助"作为工人阶级核心价值观内容,能够充分反映出工人阶级是历史上最先进、最革命和具有远大前途的阶级。"团结互助"一直是工人阶级的优良传统,无产阶级和劳动人民只有组织起来、团结起来才有力量,才能取得胜利,这是马克思主义的一个基本观点。中国工人阶级也正是具有高度的团结互助精神和严格的组织纪律性,才成为历史上最先进、最革命和具有远大前途的阶级。另一方面,工人阶级推进经济社会发展的历史进程也必然需要"团结互助"精神。我国国情决定了我们必须集中力量才能办成大事。我们的国家大人口多,办好我国的事情,最适合用"加法"和"乘法",就是要团结全国的力量。特别是构建社会主义和谐社会,应当促进人和社会之间的关系协调、人和人之间的关系融洽。所以,中国工人阶级必然要发扬"团结互助"这种具有自身特色的优良传统,在全社会大力提倡团结互助、助人为乐的良好风尚。

从体现工人阶级的价值目标来看,"幸福自由"作为工人阶级核心价值观内容,能够充分反映出工人阶级为实现人的全面而自由发展的价值取向。"幸福自由"一方面是工人阶级为人类的幸福和自由而奋斗。马克思主义自产生以来,就以推翻资本主义剥削制度,建立人民民主和每个人都能够得到自由全面发展的公平正义的社会为己任。马克思曾说过,"工人阶级的解放斗争不是要争取阶级特权和垄断权,而是要争取平等的权利和义务,并消灭一切阶级统治"。从无产阶级和劳动人民实现自身解放的历史使命来说,实现"幸福"和"自由"是社会主义的重要任务和目标。另一方面,"幸福自由"同样是工人阶级追求自身价值所在,具体到社会主义实际进程中,也是以人为本的体现。工人阶级作为社会建设的主力军,发挥着"共建"作用,同时工人阶级又是社会成员的一部分,必然也是"共享"的对象。

总之,"劳动光荣、振兴中华、团结互助、求实进取、幸福自由",既体现了工人阶级核心价值体系最集中的价值追求、价值理想、价值取向和价值规范,又简洁明快、朗朗上口,容易为职工群众所理解,易于用来感召职工群众,增强职工群众的认同感,还容易在继承人类价值进步的基础上与资产阶级的"民主、自由、人权"相分殊。这样的价值观基于历史发展,关照社会现实,考虑未来方向,容易为广大职工群众所接受和铭记,因而有利于提高中国工人阶级的吸引力和感召力,增强职工队伍的凝聚力、向心力,提升中国工会软实力。

(作者:中华全国总工会保障工作部干部)

认识国企要有思想定力

——国企的改革历程与存在价值

胡　钰

近年来，一种污名化国企的错误思潮颇有市场，令人深思，值得警惕。国企在遭遇困境的时候，被骂；在取得突出业绩的时候，赢得的掌声也是有限，更多的还是嘲弄、讽刺甚至骂声。国企突出的贡献与实力，与其当前在社会和媒体上的形象和美誉度存在着巨大的不对称，正在形成一条鸿沟，阻碍人们对国企的正确认知与评价。破解国企被污名化的难题，重点在澄清事实、明辨是非，尤其要对国企改革历程与存在价值有清晰认识。

做活、做大、做强、做优：国企 35 年改革历程

1978 年党的十一届三中全会至 1993 年十四届三中全会的 15 年，是国企改革的第一阶段。这个阶段，国企主要通过放权、让利、经营承包制等进行改革，目标是搞活企业、扩大企业自主权，把国有企业引入市场，提出建立“国家调节市场，市场引导企业”的机制。经营承包制短期内可以调动企业经营者积极性，但其会造成短期行为，容易忽视企业发展后劲，出现“杀鸡取卵、竭泽而渔”的问题。到 1991 年末，国营企业出现了明亏、暗亏、盈利各占三分之一的“三三制”，企业的承包制也就推行不下去了。

1992 年邓小平同志南巡之后，打破了思想上的禁忌。十四届三中全会，中央提出建立社会主义市场经济体制，国企改革进入第二阶段。从十四届三中全会到十六届三中全会的 10 年里，国企改革坚持“抓大放小”，收缩战线，让国有中小企业退出，让困难企业破产；转变企业经营机制，建立现代企业制度；分离企业办社会的职能，减少企业包袱。十四届三中全会《决定》将现代企业制度概括为“产权清晰、权责明确、政企分开、管理科学”，今天看来，对推动国企改革具有开拓性意义。十五大时，国企改革在理论上有不少创新。如，公有制经济“不仅包括国有经济和集体经济，还包括混合所有制经济中的国有成分和集体成分”，并且进一步指出，“公有制实现形式可以而且应当多样化”，提出股份制是一种重要的资本组织形式。1998 年，中央提出，计划用三年时间完成国企改革攻坚战，以实现使大多数国有大中型亏损企业脱困的目标。到 2000 年末，国有大中型企业三年脱困目标基本实现，并初步建立起现代企业制度。

从十六大、十六届三中全会开始，国企改革进入第三阶段。在此之前，国企没有统一、明确的归口管理机构，常常是一个国企班子成员可能由五、六个部委来任命。十六大决定成立国资委，对国有资产管理体制进行重大改革，从体制机制上推进“三分开、三统一、三结合”的改革，即政企分开、政资分开、经营权和所有权分开，确立了“权利、义务和责任相统一，管资产和管人、管事相结合”的国资监管重大原则。新型国资监管体系建立，国有企业实现突飞猛进发展。2002 年到 2012 年，全国国有企业营业收入由 8.53 万亿元增加到 42.38 万亿元，年均增长 17.4%；实现利润由 3786.3 亿元增加到 2.2 万亿元，年均增长 19.2%；上缴税金由 6960.4 亿元增加到 3.35 万亿元，年均增长 17%。国企对国家税收贡献显著，2012 年全国税收总收入完成 10.06 万亿元，国企的贡献超过 30%。

在2010年底召开的中央企业负责人会议上，国资委提出"十二五"时期中央企业改革发展的核心目标：做强做优中央企业、培育具有国际竞争力的世界一流企业。对每一个中央企业来说，要努力做到"四强四优"，即自主创新能力强、资源配置能力强、风险管控能力强、人才队伍强；经营业绩优、公司治理优、布局结构优、社会形象优。

习近平同志在2009年大庆油田发现50周年庆祝大会上讲话中指出，大庆的实践启示我们，国有企业的发展和进步，必须同国家和民族的命运紧紧联系在一起，必须坚持马克思主义科学理论的指导，必须始终坚持全心全意依靠工人阶级的根本方针，必须突出科技创新这个主题。这四条基本经验是对国有企业发展50年经验的总结，也是对未来国有企业发展的指导。

国企持续的市场化改革取得了巨大成效。2013年世界500强榜单中，中国企业95家上榜，其中内地86家企业，包括45家归属国资委监管的中央企业，22家地方国资委监管国企。而在上世纪90年代中期，我国最大的500家国有企业全年销售收入的总和还不如美国通用汽车公司一家的销售收入。

国企的存在价值：从理论与实践两方面探索中国自己的道路

西方经济学普遍认为，公有制与市场经济不相容。但中国走的是中国特色社会主义道路，就不能让这种理论来束缚自己，就要独立自主地探索自己的道路。中国国企35年改革发展的实践，坚持市场化改革方向，放权让利也好，经营承包也好，抓大放小也好，混合所有制也好，实际上都是在不断探寻公有制与市场经济结合的方式。按照十八届三中全会《决定》的表述，"国有企业总体上已经同市场经济相融合"。公有制经济发展是中国特色社会主义道路、理论和制度的重要组成部分。十八大强调"三个自信"。自信从哪里来？如果把国有企业搞垮了，我们很难有自信；如果没有国有经济的蓬勃发展，我们只能走完全西化的邪路。

中国国企的发展不但对中国探索自己的社会主义道路有重要意义，对世界社会主义运动也有重要意义。有学者认为，世界科学社会主义实践可以划分为两个阶段，即从1917年苏维埃政权建立到1992年中共十四大召开的75年，社会主义的实践是计划经济的社会主义；从1992年至今，社会主义的实践是市场经济的社会主义。事实上，整个中国的社会主义事业，尤其是国企改革取得的成效，对世界科学社会主义实践有重要意义，这种意义还会不断凸显。

对我们来说，研究国企理论，推进国企实践，就是从理论与实践两方面探索中国自己的道路，这样的道路是实现中国梦的重要基石。为此，我们需要对国企价值有清晰的认识，需要思想上的定力、方法上的定力，不能被各种纷繁的理论或者来自外界的噪音影响了自己的思考和判断。准确把握国企的存在价值，我认为可从四个维度来理解：

第一，坚持基本经济制度。十八届三中全会《决定》指出，"坚持和完善基本经济制度"。基本经济制度，是我们35年来改革开放探索中国道路的宝贵财富。公有制为主体、多种所有制经济共同发展的基本经济制度不能改变。按照十八届三中全会《决定》，基本经济制度"是中国特色社会主义制度的重要支柱，是社会主义市场经济体制的根基"。一个是支柱，一个是根基，用词非常实，也非常重。没有支柱就塌了，没有根基就松了。

我国经济学泰斗陈岱孙先生曾指出，国内西方经济学研究和教学工作的突出缺点是述而不作、述而不批。在西方经济学研究中，过去是盲目排斥，现在是盲目崇拜。他认为，"近年来我们一些学者倾向于将西方经济现状和前景描绘成一片光明。这些学者对西方经济的看法往往比西方国家的学者还要乐观得多"。我们要相信自己这么多年的探索在走出一条自己的道路。这35年的改革开放，我们没有走邪路，也没有走老路,我们在根据实际走自己的正路、新路。对中国来说,基本经济制度就是坚持走自己道路的压舱石。有没有战略定力,关键在于我们能不能坚持基本经济制度,不能坚持,后果将不堪设想。十八届三中全会《决定》指出,“必须毫不动摇巩固和发展公有制经济,坚持公有制主体地位,发挥国有经济主导作用,不断增强国有经济活力、控制力、影响力”。一个是“主体地位”,一个是“主导作用”,说得很清楚。我们在根本问题上不能犯颠覆性错误,这是个原则问题。

第二,提升国际竞争力。当今世界国与国之间的竞争,更多地体现在大企业之间的竞争。美国在世界500强企业的榜单上始终占据首位,从一定意义上说,这比其GDP总量占世界第一更有价值。一个国家是否在国际上有竞争力,关键看其是否有大企业。中国要实现民族复兴,必须要有自己的大企业,才能提升自己的国际竞争力。大企业首先要大,有一定体量,当然更要强和优,有相当竞争力。从这些年中国企业“走出去”的情况看,绝大多数都是国有企业。当然,在日益深化的经济全球化进程中,我国企业的规模依然不够大,产业集中度依然过低。在国际竞争中,全球主要行业的产业集中度都很高,少数几家大企业占据产业大部分份额,形成强大国际竞争力。从积极参与全球竞争的目标来看,与国际企业巨头的实力相比,我国国有企业的重要性愈发凸显,加快发展的紧迫性愈发凸显。

第三,保障国家安全。国有企业是具有特殊使命的企业,坚持国家利益至上,服从国家战略,切实履行好经济责任、政治责任和社会责任,立足自身优势和条件为国家做出贡献。国企要保障国防安全。最近解密的一大批军事武器,如航母舰载机歼15、大型运输机等,都是由国企设计、制造的。国企要保障经济社会安全。具体看,包括能源安全、粮食安全和信息安全等。

改革开放以来,中国经济30多年的快速增长,煤电油运需求量增长了几十甚至上百倍,但是我们没有出现大面积的短缺,这得益于国有企业提供的有力保障。绝大部分的原油、天然气、乙烯等石油化工重要产品,几乎全部的基础电信、电力供应、铁路和公路运输服务等都是国有企业提供的。不论是价格倒挂,还是节假日休息期间,为了保障市场供应,国有企业干部职工都是加班加点满负荷运转。

在历次自然灾害、突发事件救援中,国有企业也都发挥了重大作用。一旦发生灾情,电信企业冲上去接通线路,石化企业冲上去保障能源供应,电力企业冲上去抢修电力,所有这些都是不计成本的,都是为了保障社会安全。在2011年利比亚大撤侨时,国资委根据中央部署第一时间成立应急办公室,调集大规模航空、航运企业力量去接人,成立利比亚四个区块的前线临时指挥中心协助指挥所有中资企业撤离。这其中涉及的所有国企,都是不讲条件完成任务。用企业自己的话说:“我们是中国的国企,每逢国家和人民有难时,我们总会冲在最前面,宁可牺牲自己,也要保护国家和人民的利益。”

第四,实现共同富裕。邓小平同志指出:“一个公有制占主体,一个共同富裕,这是我们所必须坚持的社会主义的根本原则。”十八大指出:“共同富裕是中国特色社会主义的根本原则,要坚持社会主义基本经济制度和分配制度。”为什么?根据马克思主义原理,生产资料所有制决定分配制。坚持公有制的主体地位,才能保证财富分配不向极少数人集中,才能让创造出来的财富惠及广大人民。

新中国成立以来,我们党如此坚持公有制主体地位,强调发挥国有经济主导作用,就是为了保证社会主义方向不动摇,保护最广大人民利益。没有了共同富裕,也就没有了社会主义性质。在这其中,国有企业的健康发展,具有重要意义。

以私有制为基础的市场经济会带来很强的“造富”功能,但这种“造富”往往是集中在少数人身上的。比如美国最上层1%人群占有了超过1/5的国民收入和超过1/3的国家财富,在国际金融危机后,这种两极分化持续拉大,中产阶级受到严重挤压,2010年CEO平均年薪与普通工人年薪之比甚至达到243:1。作为社会主义国家,我们需要市场效率,我们也要警惕两极分化。国有企业属于全民所有,国有企业没有自己的特殊利益,有的只是国家的利益、人民的利益。国有企业的健康发展,公有制的主体地位,对于保证持续扩大的中产阶级阶层,对于实现公平与效率的平衡,对于实现中国经济可持续发展至关重要。

国有企业经过这些年的发展,整个面貌焕然一新,竞争力、创新力、带动力、保障力和内在活力越来越强。下一步,要根据十八届三中全会的部署,围绕布局的战略化、治理的市场化、竞争的国际化、信息的透明化,进一步深化改革,为推进国家现代化、保障人民共同利益、实现中华民族伟大复兴的"中国梦"作出更大贡献。

（作者:国务院国资委新闻中心副主任,研究员）

引导思想政治工作人才塑造企业文化的构想

王文波　武全陵

历史和现实的国际准则就是弱肉强食的“丛林法则”。21世纪全球竞争日益激烈，国际金融危机初显端倪。中国崛起并要求塑造全球话语权是21世纪的现实考量。中国上榜世界500强的公司数量由2000年11家跃升到2012年73家，仅次于美国的132家。这些一流企业就是中国崛起的尖兵，是塑造全球话语权的主力。打造中国崛起的尖兵是制胜未来的法宝，引导思想政治工作人才塑造优秀企业文化是提高企业核心竞争力、打造中国崛起尖兵的重要途径。

21世纪全球竞争日益激烈，中国企业面临的竞争压力前所未有，面临的机遇挑战前所未有。如何才能有效地提高企业核心竞争力？具有远见卓识企业家的共识就是：塑造优秀的企业文化才是企业最深层次的核心竞争力。如何塑造优秀的企业文化？这是任何一家企业都必须重视的一大课题。

一、引导思想政治工作人才塑造企业文化的必要性

1. 企业文化建设状况十分薄弱。改革开放以来我国企业成长取得了一定成绩。虽然我国自上世纪80年代就引入企业文化概念并进行了近30年的研究和实践，但是企业文化建设却十分薄弱。首先，企业文化无意识状态严重。大部分企业不仅对企业文化创造价值缺乏认识，而且对其战略地位也缺乏认识，更缺乏提炼与升华企业文化的能力。其次，企业文化建设存在“两层皮”。多数企业出于对企业文化的感性认识，策划过理念，提出过口号，制定过制度，甚至设计过企业标识，但是现实生产管理依然故我，完全是“两层皮”现象。再次，企业文化研究创新不足。一是存在“概念性研究”趋向，主要停留在企业文化的概念辨析和逻辑推论上；二是单纯套用西方企业文化概念，借用中国数据检验西方理论假设；三是对企业文化的批判和责难的多、建设性的少；四是甚至出现“文化无用论”、“文化虚无论”的论调。可见，探求符合中国国情企业文化路径成当务之急。

2. 企业思想政治教育工作乏力。改革开放之初，企业一味追求经济效益，导致思想政治教育工作被不同程度的弱化。具体表现在一系列错误倾向上：有的把企业思想政治工作当作一种形式、招牌、空架子；有的把思想政治教育工作当作额外负担和工作难题；有的把思想政治教育工作与企业生产经营完全对立起来、甚至加以排斥；有的要求用企业文化完全代替企业思想政治工作；有的甚至提出“过时论”：思想政治工作是计划经济时期产物，现在完全过时了。这样，企业缺乏有效的资源整合系统，内部潜能难以有效释放，企业思想政治教育和企业文化创新也常常成了空中楼阁。

3. 思想政治工作人才闲置或者缺乏。计划经济时期，国有企业思想政治教育工作曾经发挥了难以替代的作用。但是随着改革开放和现代企业制度的建立，企业回归到“经济利润”为中心之后，特别是上面提到的“企业思想政治工作过时论”甚嚣尘上，给国有企业思想政治教育工作带来诸多负面影响：政工部门被弱化、合并甚至撤销，政工人员编制压缩，工资待遇不断降低，使其工作热情日益下降，思想政治工作效能进一步降低。这样国有企业曾经安排使用的思想政治工作者，不是处于“闲置状态”，就

是下岗分流。民营企业、合资合作企业设有党支部的寥寥无几，有的也仅是一块牌子，几乎没有思想政治工作人员，思想政治工作更是无从谈起。这就很难保证企业正常开展思想政治教育工作，更谈不上促进企业效益。

二、引导思想政治工作人才塑造企业文化的可行性

1. 思想政治工作和企业文化存在一致性。企业思想政治工作同企业文化关系密切，存在内在的一致性。一是工作目标上，都强调强化企业精神，用价值观统一人们的思想意识，最大限度地调动员工的积极性、创造性，增强企业的凝聚力和向心力，提高企业竞争力。二是工作对象上，都强调以人为本、培养员工集体意识和提高员工思想道德素质，促进企业提高效益。三是工作方向上，中国的企业文化是社会主义的企业文化，与思想政治工作方向是一致的，发挥思想政治工作优势是坚持企业文化建设正确方向的保证。四是工作内容上，思想政治工作注重宣传党的路线、方针、政策，提升职工的思想觉悟；企业文化注重培养培训，提升员工的思想素质、业务素质；都注意吸收借鉴当今世界先进的思想和文化成果。五是工作手段上，宣传教育和培养培训方面使用的手段具有相似性。

2. 企业文化是思想政治工作的有效载体。思想政治工作是转变人们世界观、人生观、价值观和道德观念的一种手段，是需要一定载体才能进行的。如果缺乏有效的载体，思想政治工作就会索然无味、事倍功半。企业文化是企业思想政治工作和生产经营活动有机结合的纽带。企业文化包含的企业理念（或叫企业发展思路）对于一个企业兴衰成败起着决定性作用。优秀的企业文化如果和卓越的企业领导、科学的管理相结合，就容易被广大职工所接受和认可，自然就会成为企业的精神支柱，增强凝聚力，产生巨大动力，支持企业长盛不衰。

3. 思想政治教育具有十分强大的穿透力。毛泽东总结思想政治工作时说过，“政治工作是一切经济工作的生命线”。这一著名论断具有普遍指导意义。推而广之，可以说，思想政治工作是经济工作和其他一切工作的生命线。欧美国家似乎没有类似我国这样完整的思想政治教育概念和独立的思想政治教育学科，但是其思想政治教育的内容和理念却切切实实地渗透在有关学科的教学当中。各国通过“公民教育”、“人格教育”、“价值观教育”等无时无刻不在对学生进行着资产阶级的政治观、价值观、道德观的教育，很有实效性。欧美国家企业里面，对员工的教育虽然不叫思想政治教育，但实质上都是对员工进行精神层面上的激励、引导，激发其积极性，培育团队精神等，从而促进企业快速发展、提高其经济效益。

三、引导思想政治工作人才塑造企业文化的几个着力点

虽然我国企业思想政治工作出现滑坡，民营企业思想政治工作也不尽如人意，企业文化还在不断的探索，但是只要我们引导好思想政治工作人才抓好以下几个着力点，将思想政治工作与企业文化建设有机地进行整合，企业文化建设和思想政治工作必定走出“山重水复疑无路”的困惑，步入“柳暗花明又一村”的佳境。

1. 抓住有利的时机。当前，企业在引入企业文化理念、进行企业文化建设过程中，往往会出现“操之过急”和“左顾右盼”的错误倾向。要成功地塑造企业文化，避免上述错误倾向，就必须抓住时机，找准突破点：一是企业业绩平平或每况愈下之际；二是企业快速成长之际；三是企业所在行业竞争激烈而环境迅速变化之际；四是企业要成为一家大型企业集团之际；五是企业一贯依靠价值观为动力，而环境正在发生根本变化之际；六是企业兼并与重组之际，尤其是兼并方与被兼并方的企业文化存在重大差异，都需要对企业文化进行相应的调整。

2. 自上而下地推动。中国谚语“兵熊熊一个，将熊熊一窝”，充分肯定了领导者独特的价值。可以这样讲，有什么样的企业家就会有什

么样的企业文化。中国成功的企业家管理企业，注重“法治”的同时，更注重“人治”，注重感情的沟通。这是中国企业文化建设过程中独具中国特色的地方。他们既是企业文化的缔造者，也是企业文化最坚决的执行者和维护者。只有企业的最高管理者才拥有改变价值观念和改革深层机制的权力。虽然自上而下地改造企业文化不一定成功，但是改造企业文化成功的案例无一不是采取自上而下地强权高压形式。

3.借鉴国际企业文化。美国兰德公司和麦肯锡公司的咨询专家研究证实：世界500强之所以胜出，是因为这些公司善于给他们的企业文化注入活力。这些一流公司的企业文化有自身显著的特点：一是团队协作精神，二是以客户为中心，三是平等对待员工，四是激励与创新。正是凭借这四大支柱构建的企业文化，它们才能保持百年不衰。学习借鉴国际企业文化的优秀品质是塑造企业文化的捷径。

4.注重本土化建设。企业文化是社会文化的一个有机组成部分，离开了一定的社会环境，就成了无源之水、无本之木。企业文化的形成与发展离不开本土化条件。因此，塑造企业文化，除了吸收国际企业文化精华，还要考虑不同的社会制度、社会文化和民族传统所带来的差异，注意借助吸收传统优秀文化，实现企业文化本土化。一般来讲，一种经济模式的形成和成功必定源于一个民族的文化特质。一个成功的企业文化必定是充分吸收本民族传统文化精华、充分结合本地社会文化特点而发展起来的。这种企业文化才会根繁叶茂、茁壮成长。

5.选择合适的路径。塑造企业文化的途径实际上就是引导思想政治工作人才整合思想政治工作和企业文化的过程，就是利用企业文化这种特殊的“黏合剂”，改变思想政治工作与企业管理“两张皮”的现象。同时要发挥思想政治工作在企业文化中的核心作用，改变其长期在企业发展中“服从”甚至“虚无”的地位。引导思想政治工作人才整合思想政治工作和企业文化的路径主要有：一是在物质文化层次上，通过塑造品牌对二者进行整合；二是在行为文化层次上，通过强化观念对二者进行整合；三是在制度文化层次上，通过“优化规则”对二者进行整合；四是在精神文化层次上，通过团队再造对二者进行整合。

21世纪的国际竞争，首推是经济竞争；国际金融危机已经初显端倪，不是战争胜似战争。如何打造一支中国崛起尖兵是一个值得思考和重视的战略问题。本文从开发企业思想政治工作人才资源这一角度，对如何挖掘企业内部潜力、塑造优秀企业文化、打造企业核心竞争力进行了一些探索。希望抛砖引玉，引起大家对企业文化建设和打造企业核心竞争力的关注和思考。

（作者：重庆科技学院纪监审办公室助理研究员；重庆科技学院党政办党委副书记、纪委书记、工会主席，副教授）

企业经营模式转变中的思想政治工作如何创新

常智勇

随着国内外经济形势的变化,企业需要面对的压力也越来越大,同行业企业之间的竞争较以前有明显增多,许多企业都在进行企业发展创新的布局,力求使企业在竞争中能够战胜困难,克服挑战。经营模式的转变就是企业进行创新的一个重要组成部分,通过经营模式的创新和改变,从而获得新的资金和技术来源,增长企业的经济实力。但从某种角度来说,不是所有的企业都适合同一种经营模式的转变,经营模式的转变需要从不同角度进行综合考虑,从而取得实质上的成功。企业的思想灵魂就是企业经营模式转变需要考虑的因素之一,加强企业经营模式的转变,促进企业思想政治工作的创新在当今社会显得尤为必要。

一、企业经营模式分析

所谓企业的经营模式,就是企业通过一定方式获得利润,即企业经营模式就是企业获取利润的方式,通过各种各样的企业经营模式能够有效地促进企业内部人力资源、物力资源、财力资源以及其他现有资源得到最优配置,最终促进企业达到利润最大化。在企业的发展过程中,经营模式的选择十分重要。从目前来看,以生产为中心的企业经营模式已经逐步被其他种类的经营模式所替代,但是在企业内部,以生产为中心的企业经营模式还没有发生根本的变化,它在企业内部依旧呈现着不同的表现形式,其重要作用依然呈显性状态。面对激烈的竞争环境,企业的经营模式也在发生一些转变,具体来看,分工协作经营模式和特许权经营模式,以及利基经营模式、虚拟经营模式都在企业中发挥着一定的作用,是企业经营模式的创新。

首先,随着一些大规模企业在市场上的占有额不断提升,许多小企业很难在同业的市场中立足,形成一种与大型企业之间正面的竞争毫无取胜把握的局面。面对这种现实情况,许多小企业便产生了与大中型企业进行合作的模式,通过大中型企业为自己的发展谋求更多的空间,从而使自己获得一定的市场占有额。对于大中型企业来说,这种将一部分工作分配给小企业去完成的经营模式,也在很大程度上为大中型企业的发展提供了更多的发展机遇,减少了许多生产上的压力。这种经营模式我们通常称其为“分工协作式”。

其次,在我国的许多城市中,都会出现连锁店,或者是连锁厂家,这些厂家和企业对于总部来说,都是下属的连锁厂和连锁企业,他们可以共同拥有同一个品牌,享有同等的品牌效应,其中下属的一些企业通过总公司的支持能够增强其经营力度,而总公司通过下属的连锁机构能够促进企业扩展发展空间,在不同的地区建立分部,减少了其发展的压力。这种经营模式就是“特许权式”。通过对权力的使用而转嫁压力,减少竞争,为企业获得更好的发展空间。

第三,虚拟经营模式在当今社会中影响广泛。虚拟经营模式最大的优势就在于利用的是企业的资源,通过资源的共享而实现企业经营模式的转变,同时,通过虚拟经营模式,能够使企业掌握核心竞争力,掌握竞争的资本,促进企业经济的增长。

二、企业经营模式转变的必要性

企业经营模式的转变不是无稽之谈,而是有一定事实根据的。企业在经营模式转变的过程中承担着很大的风险，需要面对很多的困难。但是，面对如此多的困难，企业依旧在进行经营模式的转变和创新，就证明企业有必要去进行改革和创新，企业经营模式的转变有着其必要性，能够促进企业的进一步发展。

1. 有利于明确产品定位

清晰明确的产品定位对于企业来说十分必要，只有企业明确自己需要生产什么样的产品之后，才能够明确企业的发展方向。对于企业来说，转变企业的经营模式有利于企业明确自身产品的定位，使企业在生产产品的时候能够有消费群体，并能够满足消费群体的需求。在市场经济不断发展的今天，企业内部的经济模式和经济营销方式在很大程度上发生了转变，企业的发展和进步离不开经营模式的转变，同样，企业产品的定位也需要经营模式的转变。比如，海尔企业所采用的“安营扎寨”的经营模式。海尔集团为了推广自己的品牌，在海外市场中建立符合海尔自身发展的生产基地，从而更好地满足当地消费者的需求，这种经营模式的转变使海尔在产品定位上更加清晰，同时也为海尔获取更多的外部市场提供了可能。

2. 有利于减少企业发展带来的压力

当今的企业所面临的压力不仅仅来自企业外部，还来自国内外同行业的竞争压力，以及企业自身发展的压力。企业在不断的发展过程中需要解决的自身问题越来越多，大中型企业需要面对国内和国外的双重压力，而小企业则还需要面对大企业所带来的压力，面对这些无形和有形的压力，企业就需要不断地进行改革，创新经营模式，以减少企业发展的压力。比如，联想经营模式中所提及的“借船出海”的经营模式。联想收购 IBM 对于联想来说是一个挑战，但更是一个机遇，联想集团以“借船出海”的模式通过收购 IBM 获得了海外市场，获得了更多的销售渠道，这就减少了联想拓展市场的压力。这种模式对于联想来说是一种成功的模式，收购 IBM 后的联想发展情况就证实了这一点。但是，同样的模式并非在任何企业都具有切实意义，因此，在进行经营模式改变的时候，要斟酌进行。但无论怎样，成功的经营模式转变对于企业来说是一个巨大的机遇，能够为企业的发展减少压力。

3. 有利于促进企业资源优势的互补

从目前的经营模式出发，许多企业的经营模式的转变都不是某一个企业单独进行的，而是在不同的企业间进行的，需要在不同企业相互配合下才能完成。所以，企业经营模式的转变在很大程度上能够促进企业资源优势的互补，提高企业资源的利用率。中石油和中海油在经营模式上就实现了资源的互补。资源上的优势使企业获得更好发展的机会，有利于提高资源的利用率，以最优的方式利用资源，提高资源的使用情况，促进企业获得更好的发展。

三、企业经营模式转变中的思想政治工作创新

通过上述对企业经营模式的详细分析，可知企业经营模式的转变具有重大意义，企业经营模式的转变离不开企业财力的支持，更离不开企业的人力支持，促进企业的经营模式的转变需要强有力的人力支持。加强企业思想政治工作的创新是企业获得更强有力的人力资源支持的保障，在企业内部，加强思想政治工作，能够在很大程度上促进企业经营模式的成功转变。因此，在企业经营模式的转变过程中，企业思想政治工作需要进行如下方面的创新：

1. 提高思想政治工作者的文化水平

文化的积淀对于企业来说是十分重要的，一个企业需要与之相适应的企业文化，企业文化的进步和企业文化的发展离不开人才的培养，在企业经营模式转变中创新思想政治工作，也需要具备与之相适应的新型思想政治工作人才。提升思想政治工作者的文化水平是企业思想政治工作取得成功的关键。提高文化水平对于思想政治工作者来说十分必要，充实的文化知识不仅能够使思想政治工作者的工作变得简单易行，更能够提高其工作的效率，为企业经营

模式的转变提供原动力。

2. 加强企业思想政治工作的抗压能力

企业在进行经营模式转变的过程中，还需要企业的思想政治工作经受得住压力和挑战。在激烈的市场竞争中，优胜劣汰是市场经济条件下给企业提供的必然选择，面对重重的压力，许多员工的思想承受能力已经达到了极限，再加之企业经营模式为企业员工所带来的压力，他们随时有可能打退堂鼓，思想政治工作在此时显得尤为重要，要打破常规，对其进行思想承受力的教育，提高其抗压能力。而要增强企业员工的思想抗压力，首先要提高思想政治工作的抗压力，使思想政治工作能够理性地面对企业经营模式转变所带来的变化。

3. 改革思想政治工作的方式方法

传统的企业思想政治工作大多集中在企业的日常经营中，对企业的员工进行相对集中的思想政治教育，从而使企业在经营过程中具有统一的思想。面对企业经营模式的转变，一味地进行常规的思想教育是不够的，同样需要转变工作方式方法，比如将思想工作落实到日常工作的每一个具体环节中，同时，在企业进行变动的时候加强统一的培训。这样，不仅使企业员工在平时能够形成一定的思想积累和思想沉淀，而且在经营模式转变的过程中，也能够具备一定的适应能力，在面对变动的时候能够统一思想、形成合力。

4. 提升思想政治工作的适应能力

在市场经济环境中，无论是何种规模的企业，都会形成一种属于自身发展的经营模式，但是市场随时随地都在变化，面对变化，企业需要提高员工对这种变化的适应能力，使员工在面对变化的时候能够以平和的心态从全局的角度去思考问题。企业的经营模式转变对于企业来说就是一种为了适应变化而产生的变化，这种变化不仅仅需要领导者去适应，更加需要企业的员工去适应，适应经营模式转变后为企业带来的改变，其中不乏机遇，也会存在一定的挑战。因此，在企业进行经营模式转变的过程中，企业思想政治工作要着重对企业员工进行适应能力的培养，并且使“求变”的意识内化为员工的思想和行为，从而促进企业成功地进行经营模式的转变，提高企业应对国内外竞争的能力，提高企业的抗压能力，最终使企业获得长足发展。

（作者单位：唐山学院）

思想政治教育在企业实践中的作用探究

陈钦华

现在我国正是社会主义现代化高速发展时期，为了更好地促进我国市场经济的发展，就需要强化我国思想政治教育的管理理念和功效，这样才能更好地促进我国企业的长远发展。笔者对企业经济效益的潜力以新的视角进行了解读，分析了思想政治教育在促进企业经济效益方面的重要性，并就其重要作用进行了具体的阐述，希望以此来拓宽工作思路，更好地利用思想政治教育的手段来促进我国企业的发展。

一、思想政治教育对提升企业经济效益的重要性

随着市场经济的进一步发展，现代企业制度得到了广泛的应用，在这样的背景下，企业为了提高自身的经济效益而绞尽脑汁，找到增长企业经济效益的措施成为了企业管理者关心的重要问题。随着资本、技术、广告、销售等方式的利用，市场竞争越来越激烈，这些手段的效用也逐渐减弱，面对这种情况，一些企业的管理者开始寻找新的能够为企业带来经济效益的方法。而这种方法不是那种通过外在的方式来提高企业的经济效益，而是通过内在的一种管理来提高企业的净效益。作为内在管理的思想政治教育无疑就展现在了人们的眼前，其不但是市场经济发展的客观要求，同时也是符合我国的具体国情，有着我国的特色的方法，通过利用这种精神方面的管理，来激发人内在的一些信仰、价值观念、效能思想等，使之能够有效地作用到企业的经营管理的实践中去，从而改善企业的经营状况，提高企业的经济效益，使企业和员工紧密地联系在一起，从而更好地促进企业的长远发展。

二、思想政治教育在企业实践中的作用分析

那些在市场的激烈竞争中，能够坚定不移、勇于开拓、锐意进取的企业家们能够利用思想政治教育促进企业披荆斩棘，带领企业向前发展。只有认识到思想政治教育的作用，才能充分发掘企业的内在潜力，才能更好地实现对员工积极性的调动，从而使得员工和工作岗位之间形成一定的默契，结合成一个整体，这样就减少了内耗，能够更好地促进企业的稳定发展。之所以要在企业中进行思想政治教育就是为了提高员工的积极性和主动性，只有拥有了这样的心理状态和行动取向，才能够使员工在平凡的工作岗位上充分发挥出自己的能力，为企业带来更多的经济效益，与此同时帮助企业建立更加符合市场的现代企业制度。具体来说，思想政治教育的作用主要体现在以下三个方面。

（一）发挥员工的主体作用，提升企业的竞争力

随着市场经济的发展，人力资本的价值逐渐被人们所认识，其在市场经济条件下所表现出来的价值越来越大，在企业中起着越来越重要的作用。如果在这方面做的有所欠缺的话，就会影响到企业员工的积极性，使其产生抵触的情绪，并直接影响到其工作的效率和工作的热情。为了更好地利用企业的人力资本，就需要充分发挥其个性，体现其价值，改善企业中人与人的关系，改进激励绩效、制度管理等方面存在的不足，使企业员工的努力方向和企业发展目标相一致，从而更好地促进企业的发展。而在这种情况下，企业的制度设计、物质激励等手

段已经远远不能达到这样的效果，这就给思想政治教育的开展提供了很大的空间和舞台。通过企业的思想政治教育能够将企业的员工紧密团结在一起，使得其具有共同的价值观，置身于良好的激励环境和育人氛围之中，保证员工获得一定的成长空间，使其充分发挥出自身的能量，更好地促进企业的发展，为企业经济效益的提高贡献自己的一份力量。思想政治教育同时也是中国企业的特有传统，以往我国主要由国有企业构成，思想政治教育成为国有企业坚持社会主义道路不动摇的必要的思想武器，在新时代这种思想政治教育也逐渐被我国的企业吸收和借鉴，逐渐形成推动其发展的必要的思想力量。只有加强思想政治教育，才能使企业上下一心，弥补企业管理上的缺陷，使企业能够更加全面地进行自我提升与发展，将员工和企业牢牢地捆绑在一起，休戚与共，使员工在企业发展的同时实现自身的发展和理想的追求。

（二）注重企业无形资产，激发企业的活力

从经济学的角度说，无形资产主要是指那些特定主体控制的资产，其一般不具实体形态，是生产经营以及经济效益好坏的一切经济资源。具体还可以将无形资产分为两个部分：一个部分是可确指的无形资产，另一个部分是不可确指的无形资产。那些不可确指的主要包括能够有效提升企业的形象、企业的管理水平、员工的技能水平、员工的职业道德水平等相关的内容。而思想政治教育就具有这样的价值。企业在激烈的市场竞争中，能够团结一致，共同拼搏，在这个过程中企业的精神被提炼出来，并被企业作为思想政治教育的源泉。利用这种思想政治教育资源，能够有效地提升企业员工的职业道德水平，能够有效地提高生产和服务质量，对于建立企业的信誉，维系企业的品牌，提升客户的满意度，降低企业的成本等具有重要的促进和保证作用。只有通过思想政治教育将这些在企业竞争中不断积累的精神财富转化为企业的制度资源、行为资源、思想资源来促进企业的发展，才会使企业赢得越来越广阔的发展空间。在这个过程中，企业中的党员以及先进分子还应该充分发挥模范带头作用，以自身的表率作用来加强对普通职工的引领，增强企业的核心竞争力以及凝聚力，更好地完成企业的各项任务，实现企业的战略目标，推动企业在市场经济条件下长远发展。从世界发展的潮流来看，许多国家已经将无形资产看作是企业的重要组成部分，企业在进行相关的产权交易的时候，往往会对其无形资产进行评估，其不但可以直接进行买卖，还可以作为入股的股份。从我国的具体情况来看，思想政治教育是我国特定经济环境下的产物，为我国经济的发展提供了思想保证和智力支持，唯有坚持思想政治教育工作在企业中的重要地位，才能更好地提高企业员工的职业道德水平和技能素质，更好地提高企业资源的利用率，从而为企业创造更大的价值。

（三）提高企业管理水平，创造企业价值

现代管理科学认为，企业的管理就是人的管理，只有加强对人的管理，才能更好地实现企业的价值目标，才能充分调动人的主观能动性，才能更好地促进企业的发展。而实现企业管理的科学化和现代化的核心也是加强对人的管理。人和一般的资源相比是有所区别的，其行为存在着一定的自主性，现在很多的制度管理、行为管理、项目管理等，追究根本都是对人的思想的管理。企业通过思想政治教育，可以利用理性的思维和实证分析教育引导员工，使员工明白市场经济的规律，从以往的不合时宜的框架中脱离出来，解放思想，对企业的观念和价值产生认同，从而使得企业的价值观和目标能够更好地得到贯彻。只有让企业的员工逐渐接近真理，加深对经济规律的把握，加深对个人价值实现的理解，才能更好地弥补制度管理的缺陷，柔和企业的管理框架，提升管理的效果。除此之外，协调人事关系也是一个重要的方面，只有加强对相关人员的情感疏导，增长其智慧，才能更好地提高企业的管理水平，实现企业的价值和发展目标。

（作者：湖南农业大学东方科技学院党委副书记兼副院长，硕士研究生导师）

国有企业腐败的发生机理与治理对策

柏维春　李红权

国有企业特别是中央国有企业是我国公有制经济的主要实现形式，是稳定国民经济、提供国家财政收入、确保国家战略产业与资源安全最重要的经济力量。在由计划经济向社会主义市场经济转轨过程中，由诸种因素共同作用，国有企业成为腐败高发重点领域，造成了严重的经济、政治和社会后果。因此，把握国有企业腐败的现状，找到国有企业腐败的发生机理，进而探究国有企业腐败的规律，对于有针对性地提出治理对策至关重要。

一、国有企业腐败现状

国有企业腐败是指国有企业的工作人员滥用国有企业经营管理权为自己或利益相关者谋取私利，进而招致公共利益受损的行为。相关案例显示，国有企业腐败的行为主体主要是国有企业的管理人员特别是高层管理人员。因此，国有企业腐败在本质上是作为代理人行使国家委托给国有企业经营管理权的管理人员，违背权力委托人的意愿、目标和任务，滥用委托权力谋取私利的行为。

实践表明，国有企业已经成为腐败易发、多发的重点领域。根据最高人民检察院工作报告，我国每年涉及国有企业管理人员腐败的案件占全年立案查处职务犯罪的24%—30%。1997年深化国有企业改革以后的一段时间，国有企业成了腐败的重灾区，每年都有万名左右国有企业工作人员受到立案查处。党的十七大以来，国有企业改革取得阶段性成果，国有企业逐步摆脱困境，国有经济发展进入正轨，国有企业腐败发案率有所下降，但仍是腐败易发、多发领域。最近三年国企腐败案例明显呈现出犯案人员级别普遍较高、涉案数额巨大的特点。

目前国有企业腐败体现出以下特征：第一，国有企业腐败具有普遍性。石油、石化、烟草、邮政、电信、铁路、电力、金融、交通等行业均有腐败案件发生。第二，重点部门和重点环节是腐败易发、高发点。重点部门如采购、销售、财务管理等，重点环节如资产审计、评估以及领导离任前、大额资金投放审核、实施重大技改评估等。第三，腐败行为主体一般为国有企业领导、高层管理人员、重点岗位工作人员，以及在下属企业兼职的企业领导和派驻机构中的负责人。比如，首都机场集团公司原总经理、董事长李培英，中国石油化工集团公司原总经理、中国石油化工股份有限公司原董事长陈同海，四川移动党组书记、董事长、总经理李华等，都是企业的“一把手”。第四，国有企业腐败涉案金额和造成的损失特别巨大。2010年挪用公款的案例中，1人涉案5.8亿元人民币，2011年1人涉案7.9亿元人民币。第五，国有企业腐败多以贪污、受贿、侵占、挪用公款为主要表现形式，最近两年还出现了涉嫌内幕交易、利用未公开信息交易等新的表现形态。

二、国有企业腐败的发生机理

国有企业腐败也是一种权力腐败。由于权力的腐蚀性，作为行使国家委托权力的国有企业管理者具有发生腐败的可能性，但并不是每个人都会实施腐败行为。这是因为每个领域腐败行为的发生具有不同的条件。在国有企业腐败行为中，权力体制、企业制度、个人的主观心理是腐败行为发生的必要条件和决定性因素，社会历史文化则起到催化作用，是辅助因素。

上述因素的综合作用导致国有企业领域腐败频发。

（一）权力体制因素：多层级委托代理

国有企业腐败行为的实施者是国有企业的管理者特别是企业高管，发生腐败的根本原因在于国有企业的权力体制。国有企业的经营管理权具有双重属性，又是多层级委托—代理，国企管理者掌握了一种缺乏监督和制约的权力，因而具备了发生腐败的一个根本性的基础，从而具有实施腐败行为的可能性，即“能腐败”。

第一，国有企业的经营管理权具有双重属性。权力的委托—代理关系，是用来解决权力的所有者与行使者之间关系的一种模式。对企业而言，权力的委托代理作为权力的所有权（出资者）与经营权（管理者）分离的一种形式，是为了更好地实现出资者利益的现代企业管理制度。国有企业的经营管理权具有两个属性：一是就企业本身作为市场主体来讲，其经营管理权是国有企业自主经营、自负盈亏、自我管理、自我服务，在市场竞争中从事生产经营、追逐利润和谋求发展的权力。二是国有企业是公有制企业，代表人民行使国有资产经营管理的权力，这一权力本质上是属于人民的，形式上通过权力的委托代理来完成授权，这一权力是第一种权力的来源，是国有企业经营管理权的实质。按照现有的国有资产管理体制，国有企业的经营管理权既有公共权力属性又有经济权力属性。

第二，国有企业管理权力来源于多层级委托—代理。我国国有企业实行“统一所有、分级管理”的权力体制，国有企业的权力关系表现为多层级的委托—代理关系，即人民→人大→政府→国资委→国有集团公司→国有企业→企业管理者。这样一个委托代理框架，实际上就是层层委托—代理的权力关系。除人民和企业管理者之外，中间每个层次的主体都既是委托人，又是代理人。过长的委托—代理链条会导致以下后果：一是委托的任务和目标向下分解时因层级过多而传导阻塞；二是“代理人可能想利用委托人提供的资源达到自己个人的目标，而不是为委托人的目标着想”；三是层级过多造成终极委托人对终极代理人的监督失效和监督成本大幅增加，作为终极委托人，人民无法直接监督他的终极代理人——管理人员特别是高层管理者。

另外，现有国企的管理者特别是高层管理者一般都具有双重身份，既是企业的董事长、总经理，又有行政级别或党内职务，有的还有人大代表、政协委员头衔，这使得国有企业管理者与党政机关之间有着类似“脐带”的关系，这种关系缘于中国现存的行政管理体制。近年大型国企高管转任地方高官或政府高官转任国企高管的“双向交流”日渐频密，更让国企高层管理者具有了“亦官亦商”的特征。同时，国有企业内部的权力呈金字塔形结构，权力高度集中，极易形成“一把手”开设“一言堂”现象。这样一个既无制约又少监督的权力，在控制着其他市场主体无法企及的稀缺资源的条件下，具有天然的腐败可能性。因为“腐败的本质是权力的腐败，权力内在地存在着一种异化的机制，它的可交换性和不平等性，以及可能增值的特点，使权力随时可能被滥用，腐败是权力滥用和异化的极端表现形式”。

（二）相关制度因素：企业制度不完善、监管缺失

我国目前现代企业制度和公司治理结构还不完善，特别是内部监督制约机制缺乏，留下了许多制度漏洞和监管的真空领域，使得握有大权的国有企业管理者认为腐败的风险很小，即“敢腐败”。“制度最基本也是最重要的功能就是抑制投机行为或权力的滥用”。制度或体制的不健全和不完善，为权力行使者提供了腐败的机会，国有企业腐败是制度漏洞的表现。“在中国经济转轨过程中，旧的制度体系被打破，而新的、与社会主义市场经济体制相适应的制度体系尚未建立，这就造成了制度‘真空’或漏洞，给许多腐败行为提供了可乘之机”。

从20世纪90年代开始，我国陆续颁布实

施了《关于全民所有制工业企业纪律检查工作的暂行规定》、《关于全民所有制企业事业单位监察工作的若干问题的意见》、《企业国有资产监督管理暂行条例》、《公司法》、《证券法》等国有企业监管的文件和法律法规。中共十四届三中全会在《关于建立社会主义市场经济体制若干问题的决定》中，明确了国有企业改革的方向是建立现代企业制度，此后，股份制改革试点继续扩大。股份制改革不同于以往的"放权让利"，它是国有企业产权制度的大变革。2003 年，中共十六届三中全会作出《关于完善社会主义市场经济体制若干问题的决定》，要求建立健全国有资产管理和监督体制，完善公司法人治理结构，实现国有资产保值增值。然而迄今为止，我国国有企业的股份制改革尚未完成，现代企业制度仍未完全建立，企业内部纪检监察部门受制于党委书记或总经理而无法实现有效监督，经济审计监督走过场，工会、职工代表大会等群众监督流于形式，所有这些制度漏洞为部分国有企业管理者提供了腐败的空间。

另外，我国专门针对国有企业职务犯罪的法律和惩处机制不健全，降低了国有企业管理者腐败的风险成本。从近年国有企业腐败案例的判决情况看，判处死刑的极少，2010 年只有 2 例，而 2011 年没有人被判处死刑（死缓 14 人），被判处 5—15 年刑期的有 24 人，占所分析样本的 46%。

（三）主观心理因素：腐败成本收益分析

具备前两个条件，腐败行为也未必发生，还有一个关键的条件是权力的代理者必须具有腐败的主观愿望——"想腐败"，以及对腐败行为成本收益的博弈分析。国有企业腐败的主体是一些重点岗位或关键环节的管理者，特别是高级管理者，他们是特定的人，其腐败行为的发生具有主观心理因素。这种心理因素实际上就是在手握权力、面对制度漏洞和利益诱惑时，对腐败行为的一种成本与收益分析。企业的发展是为国家和全体人民增加财富，是对公共利益的促进，而腐败行为的唯一动机就是私人利益。这种私利不仅表现为国有企业管理者个人的私利，也可能表现为某些特定关系人（如亲属或情妇）的私利，还有可能是某个团体的私利（如集体腐败）。腐败的成本收益分析实际上是国有企业管理者在现有国有企业权力体制、企业管理制度框架内，在心中对腐败行为所要承担的一系列风险的主观评估与判断，是国有企业管理者从权力代理人的角度思考自己从事腐败需要付出的法律上的、精神上的和物质上的成本与代价和可能获得的收益与回报进行衡量与分析，当他认为预计收益（包括物质的和精神的）远大于成本的时候，他就会在主观上倾向于实施腐败行为。因此，主观心理因素是国有企业腐败行为发生的一个必要条件。如果企业的管理者不想实施腐败，那么，即使权力体制和企业的管理制度存在漏洞，腐败行为也不会发生，这取决于个人的廉洁自律能力。

（四）历史文化因素：不良风气催化腐败

我国的历史文化观念将人的本性假设为善，所以，崇尚教育和自律是官方对待腐败和反腐败的一贯态度和重要手段。而几千年的家天下和专制统治，形成了许多关于腐败的亚文化形态，如"笑廉不笑贪"、人脉、人情、关系网等，使得权力成为一种可利用的资源，社会对腐败呈现复杂心态：痛恨腐败，又对腐败有较高的容忍度，甚至羡慕腐败。这种情况反证了道德自律和廉政教育效果的有限性。在制度体制机制不健全的条件下，相关历史文化因素就成为腐败的催化剂。比如，2012 年 5 月腐败案发的重庆能源投资集团原董事长侯行知，利用手中权力大肆敛财，还称其为"给别人办事是能耐"、"够朋友"。国有企业均处于国民经济中的一些垄断性行业，国企管理者掌握着特有的稀缺资源，在一个对腐败容忍度高的文化环境下，一旦具备上述几个条件，国有企业管理者腐败行为发生的概率就会大大增加。历史文化因素虽然不是国有企业腐败的必要条件，但在某种程度上起着一种催化剂的作用。

三、国有企业腐败的治理对策

从表面上看,国有企业腐败行为是对其上一级委托人的欺骗、掠夺和侵害,实质上最终的受害者却是作为国家主人、国企终极委托者的人民群众。因此,治理国有企业腐败是反腐倡廉建设的重要内容。为此,应该加强制度设计和建设,针对国有企业腐败的发生机理,从源头上遏制国有企业腐败的发生和蔓延。

(一)理顺权力关系,改革国有资产经营管理体制

国有企业腐败现象是国有企业管理者"违反党、国家和其他社会公共机构授权的范围、限度和程序等有关规定而行使公职权力,致使公共财产、国家和人民利益遭受重大损失的行为"。针对其发生的权力体制因素,治理对策重点应放在理顺权力关系、改革国有资产经营管理体制上面。主要是简化委托——代理链,保证人民和权力机关能够实行有效监督。对于委托——代理链末端的国有企业管理者,应该通过责任审计、绩效考核、财产公开、严格问责、权力收回机制,对权力的运行在时空顺序上加以控制,使其成为可监督和可制约的权力。与此同时,必须通过深化行政体制改革实现政企分开,完善企业管理体制和国有资产管理体制。此外,国资委作为委托——代理链中的重要一环应充分发挥作为国有企业监管者的作用,密切监控国有资产的使用、保值、增值、流动情况,减少国有企业管理者利用职权寻租的机会。要集合审计、税务、工商、监察等机关的力量,从企业外部形成对国有企业经营管理活动的全面监督。

(二)深化国有企业改革,加强现代企业制度建设

针对腐败发生的制度因素,要深化国有企业改革,加强现代企业制度建设。作为市场经济的主体,国有企业必须建立与市场经济相适应的现代企业制度,这也是预防国有企业腐败发生的重要条件。通过深化国有企业改革,尽快建立和完善"产权清晰、权责明确、政企分开、管理科学"的现代企业制度。对国有企业实行规范的股份制和公司制改造,逐步健全监管制度、产权制度、融资制度、福利制度,建立"各负其责、协调运转、有效制衡"的法人治理结构,形成决策、管理、运行、监督的全面和完善的管理制度,把企业交给市场,自主经营,自负盈亏。依法建立健全监督制约机制,进一步明确股东大会、董事会、监事会和经理层的职责,使之各负其责,协调运转,有效制衡。增强企业内部制约,加强工会、职工代表大会以及广大职工的民主监督,发挥党组织的监督作用,从内部形成对权力的监督体系,防止个人或少数人集权。加快完善国有企业的相关法治建设,加大对国有企业腐败的惩治力度,增加腐败行为的风险成本。

(三)建立腐败风险防范机制和廉洁激励机制,增强廉洁自律的正效应

针对国有企业腐败的主观心理因素,应从人性的角度出发,建立腐败风险防范机制和廉洁激励机制,增大廉洁自律的正效应。通过腐败的成本收益分析可以看到,当作为权力代理人的国有企业管理者认为廉洁的收益大于腐败成本时,他就不会从事腐败行为。因此,首先要建立腐败风险防范机制,控制腐败动机形成的客观因素,这需要与理顺权力关系、加强制度建设相配合,从对腐败发生的岗位职责风险、思想道德风险、体制机制风险的防范出发,在客观源头上遏制腐败发生的动机。同时,要建立廉洁激励机制,将廉洁由被动形态转化为主动形态,通过名誉、地位、薪酬、福利、资源等方面的激励,增加廉洁的收益,从而使廉洁自律的正效应放大,使人从思想上减少腐败的动机,在心理上认可廉洁的收益大于腐败,使其不想腐败。

(四)净化文化生态,培育企业廉洁文化

如前所述,尽管历史文化因素不是国有企业腐败的决定性因素,但它却起着催化剂的作用。在中国人内在从众心理的支配下,这种历史文化因素对治理国有企业腐败的影响不容忽

视。因此,应从社会大环境出发,加强廉政建设,通过有效的预防和惩治腐败行动,净化社会环境,为反腐败创造一个良好的氛围。这就要通过廉洁教育消除社会上对腐败的容忍态度,倡导廉洁价值观,使全社会认识到廉洁对于国家发展、社会公正和人民福祉的重要性,形成对腐败零容忍的理念。同时,要加强企业文化建设。应在国有企业内部培育企业廉洁文化和企业家文化,使国有企业高级管理人员意识到作为国有企业家的社会责任,自觉拒绝腐败行为。

上述路径与措施可能都是国企腐败治理所不可或缺的,但是,由于国企系统是中国政治与行政系统不可分割的一部分,因此,归根结底,"国企腐败的治理取决于政治体制改革是否到位,只有政治体制改革到位,才能釜底抽薪,瓦解国企腐败所依赖的制度环境"。

(作者:东北师范大学政法学院教授、博士生导师;东北师范大学政法学院副教授,法学博士)

着力提高国有企业权力运行监督的实效性

陶连平

习近平在十八届中央纪委二次全会上发表讲话强调，要“把权力关进制度的笼子里”，这充分体现了中央反腐倡廉的决心和态度，进一步明确了中央反腐倡廉的措施和要求。这就要求国有企业党组织要按照党的十八大的部署，紧密结合国有企业的实际情况，加强对权力运行的制约与监督，保障权力运行的公开与透明，着力解决群众反映强烈的突出问题，更加科学有效地防范与惩治腐败，切实保证权力不成为个人或小团体谋私的工具，坚持反腐倡廉常抓不懈，坚持拒腐防变警钟长鸣，以扎实的工作持续提高国有企业权力运行监督的实效。

一、加强对国有企业权力运行监督的理论生长点

习近平关于权力运行的有关论述，对权力的安全运行提出了明确要求。新一届中央领导集体向人民群众和党员干部传递了非常明晰的反腐倡廉信息，也增强了党员干部反腐倡廉的紧迫感、责任感。这是在新的历史条件下，对于中国共产党进一步增强党组织内部自身监督力量理论的完善与发展。

在革命战争年代，毛泽东就强调中国共产党的宗旨是全心全意为人民服务，没有自己的特殊利益，共产党员在政府的工作中应该是十分廉洁、不用私心、多做工作、少取报酬的模范。毛泽东反复告诫：“应该使一切政府工作人员明白，贪污和浪费是极大的犯罪。”“自私自利，消极怠工，贪污腐化，风头主义等等，是最可鄙的；而大公无私，积极努力，克己奉公，埋头苦干的精神，才是可尊敬的”。中华人民共和国成立初期，毛泽东曾深刻地指出，腐败现象轻则会引起群众的不满，重则会引起第二次革命，造成干部霸王别姬，反腐败要从源头抓起，首先要加强对党员领导干部的监督。

建国前夕，毛泽东进一步把反腐败斗争提到立党立国的高度，提醒全党同志加以注意。1949 年 3 月，毛泽东在中国共产党七届二中全会上的讲话中提出了“两个务必”：“务必使同志们继续地保持谦虚、谨慎、不骄、不躁的作风，务必使同志们继续地保持艰苦奋斗的作风。”在中国共产党尚未成为执政党，还没有建立全国性政权组织的情况下，毛泽东就把反腐败斗争列为夺取和建立政权必须加以注意的。

建国后，毛泽东抓住党的组织和党员干部思想作风上暴露出来的问题，决定进行一次以反对“贪污腐化、政治上堕落颓废、犯法乱纪”为主要内容的大规模整风运动。毛泽东向全党要求：“应把反贪污、反浪费、反官僚主义的斗争看作如同镇压反革命的斗争一样的重要。”毛泽东认为，“党是社会的表率，党的各级领导干部又是全党的表率”。中国共产党及其领导干部所起到的表率作用是中国革命、社会主义建设事业不断取得新成就的主要基础，解决廉政的重点应首先放在领导干部的表率作用上。

1962 年，邓小平在扩大的中央工作会议讲话中谈到，“对领导人最重要的监督来自党委会本身”。1980 年 8 月，邓小平在中央政治局扩大会议上提出，“最重要的是要有专门的机构进行铁面无私的监督检查”。为了使纪检机关成为从事党内监督的专门机构，各级纪委分立出来。为了保证纪检机关能够进行无私的监督检查，十二大党章对党的纪律检查机关的权限做出了明确的规定，这就是：党的各级纪律检

查委员会由党的各级代表大会选举产生，党的中央纪律检查委员会的第一书记必须从中央政治局常务委员会委员中产生。

此后，江泽民、胡锦涛等都多次强调了加强监督的重要性，这些论述都成为我们加强对国有企业权力运行监督的理论基础。

国有企业是国民经济的重要支柱，是全面建成小康社会的重要力量，是中国共产党执政的重要经济基础，国有企业在重要行业和关键领域占据支配地位。国有企业的领导干部是我们党的干部队伍的重要组成部分，理应受到党的纪律、制度的约束。他们手中的权力与其他部门的领导干部一样，都是人民赋予的，这要求他们在行使权力的过程中要为权力的正确运行负责任、尽义务，要代表人民管理国有企业的一切事务。

因为权力本身所固有的两重属性，既可以为广大人民群众谋利益，也可以为个人和小集团的利益服务。因此，从理论上来说，权力对国有企业权力的掌握者来说，也会有以权谋私的可能性和条件。权力的这一特点决定着国有企业权力的掌握者们都必须接受监督。换言之，加强对国有企业权力运行的监督是国有企业领导干部正确行使权力的条件。

二、加强对国有企业权力全程运行监督的难点

由于监督制度、监督方式、监督意识等方面的原因，权力运行监督还存在薄弱环节，有的还相当严重，必须引起我们的高度重视。

1. 制度监督“软化”。制度建设是廉洁自律和反腐倡廉各项工作的治本之策。而现行的制度由于多方面原因，存在“执行难”、“难执行”的情况。一是有关长效治本的制度少。如纪委工作的相对独立性、权威性问题。二是违反规定如何处置的制度少。如该公开的业务不公开、该招标的搞变通等。三是关联配套的制度少。如各级都强调要强化思想政治工作、关注民生、保持稳定，但与之相关联的资金来源、成本渠道不明确，只能变通处理，而纪委制止则可能“犯众怒”。四是对同级乃至上级监督的制度少。一些领导干部不按法定程序办事、幕后办事，纪委很难知情和执纪，等等。另外，一些人心存侥幸心理，感觉现行法律法规有漏洞，只要自己做得足够巧妙和隐蔽，就能逃脱法律法规的制裁；认为制度是人定的，只要自己在官场经营有方，下有支持者奔走、上有庇护者相助，就不会出问题。这也说明制度在落实上存在问题，“硬度”不够。

2. 组织监督“弱化”。国有企业内部各级组织和部门以至每个人，既应该是监督者，又应该是被监督者；既有监督他人的权利，也有被他人监督的义务。而在实际运行中，上级组织对下级组织看业绩的多，看问题的少；或者由于其他原因，使得上级不容易了解所属下级的实际情况，导致党内监督难以落到实处。另一方面，下级组织对上级组织，一般干部和基层干部对于上级领导干部的监督，因主体地位的不平等，监督者受制于被监督者，使监督存在着先天性的缺陷，监督权当然也就名存实亡了。同级组织监督同样很难。同级的纪检监察部门由于监督权力缺乏独立性，运用自己较小的权力去制约较大的权力，往往显得力不从心；况且，纪检监察部门开展活动、甚至办案都要受到资金和其他硬件的约束，有求于权力部门，所以监督权力部门难以有效到位。因此，组织监督存在“上级监督太远，下级监督太难，同级监督太软，组织监督太少，群众监督太浅，纪监监督太晚”的问题。

3. 民主监督“空化”。参与是监督的前提。按照国有企业现行监督模式，具有监督职能的既有纪委、组织、财务、审计等部门，又有职代会的民主监督等。但在实际运行中，无论是纪检监察、审计等相关部门，还是职工代表大会等，对权力决策参与的层面都不够深、不够广，甚至在某些情况下基本没有参与。员工群众对本单位、本部门的重大决策更是缺乏参与了解，对领导干部的权力运作、业务活动、社交往来等知之

甚少。特别是一些领导干部打着“为群众、集体冒着风险办事”的旗号,故意将一些本应公开的公务活动和个人重大事项神秘化、隐蔽化,该报告的不报告,群众想监督却无从下手,只能人云亦云,捕风捉影;还有一些领导干部出于私心,怕实情公开之后影响仕途,更怕损害自身形象,不愿接受监督。且由于大环境的影响,人们越来越多地关注自己的利害得失,只要自身利益不受损害,抱着多一事不如少一事的心态,对权力的监督意识明显减弱,使民主监督流于“空化”。

三、加强国有企业权力运行监督的重点

1. 要加强对“人”的监督。这是指进一步加强对领导干部尤其是“一把手”的监督。目前,大多数的现行的监督制度都是建立在被监督者的自律基础上的。但是,随着时间的推移,实践的发展,利益驱动性将波及社会领域每个人,而且这种作用越来越显性化。如果单纯地寄希望于建立在领导干部的自觉意识和自律行为上的秩序的自动定位,那往往就不能达到预期的目的,监督制度的建立固然必要,比这个更关键的是监督制度的落实。

加强对国有企业权力运行全程的监督,就要加强对国有企业领导干部尤其是“一把手”的监督。注重对遵守党的纪律和制度、落实领导干部廉洁自律、对“三重一大”的决定和执行情况等的监督,这是从源头上预防腐败的关键。

加强对国有企业权力运行全程的监督,就要加强组织教育,使国有企业领导干部尤其是“一把手”树立正确的权力观,提高接受监督的自觉性,乐于接受来自各方面的、各种形式的监督。从而使监督与被监督形成良性互动,发挥对国有企业权力运行的监督制约作用。

加强对国有企业权力运行全程的监督,就要通过民主生活会、干部考核、廉洁谈话、诫勉谈话、述职述学述廉、廉洁审计和问责函询等方式,突出上级监督和同级监督,加大上级对下级主要负责人监督的力度。要积极推行国有企业党委无记名票决、纪委廉洁意见票决、差额推荐考核、公开竞聘等选人用人制度,并最终实现以公开竞聘为常态的选人用人机制,加大国有企业干部交流尤其是重要岗位干部交流的力度。要通过制订科学的干部测评办法,明确考核对象、原则、内容、方式、等次以及考核结果的运用,采取自我测评、分管领导测评、群众满意度测评、组织测评等方式进行综合评定,进一步完善干部考核评价机制,实实在在地监督好干部。

2. 要加强对“事”的监督。“事”是人的载体,事情做得怎么样,始终检验着人的德、能、勤、绩、廉。对权力运行的监督要把对事和对人的监督统一起来,通过对“事”的监督,最终达到对干部监督的目的。实践证明,有控则强、无控则弱、失控则乱。企业要建立完善配套的监督制度,将监督融入管理,介入业务流程,不断提升各项管理制度的执行力,从而有效预防腐败现象的发生。对重点领域和关键环节的监督,仅依靠单方面的监督是不够的,要整合财务、审计、纪检等监督部门专业力量,实现资源共享,动态监控。如工程建设领域是反腐倡廉的重点之一,也是广大员工群众关注的热点焦点。企业要以工程建设为重点,建立一个有权威的、技术全面的监督组织,强化对物资采购招投标、工程质量、安全进度、工程建设资金运行管理、廉洁风险防范管理等的监督,确保工程建设健康运行。同时,在日常工作中,对监督检查工作中存在的问题,要建立限期整改制度,切实增强重点领域和关键环节人员的责任心。要加强与审计部门以及上级派驻部门的联系,公布举报电话,定期开展“三务”公开即党务公开、厂务公开、业务公开,及时公布问题整改情况,接受员工群众的监督。

3. 要加强对“时”的监督。这是指既要加强对于国有企业领导干部的八小时之内的监督,更要搞好八小时以外的监督。从近年来查处的案件看,国有企业领导干部之所以犯错误,甚至违法犯罪,一个重要的原因往往就是与各

级党组织对于他们在八小时工作外的监督不力或者失去监督密切相关。因此，由于国有企业领导干部身份、地位的特殊性，决定了各级党组织对国有企业领导干部的监督，要注意从工作时间延伸到工作之外的时间。因此，不但在工作时间内对权力进行监督，而且应该把监督的触角延伸到八小时以外，帮助国有企业领导干部管好自己的配偶、子女、亲属等，监督国有企业领导干部过好"亲情关"、"交友关"和"生活关"，防止和减少腐败现象的发生。

四、加强国有企业权力运行监督的创新点

1. 创新科技监督。一是搭建电子监察平台。设立电子监察环节和监察点等。对出现的违纪情况，由系统自动给相关人员发出预警信号，依法清理和规范用权等，用无情的"电脑"管住有情的"人脑"，做到固定流程、责任到人、明确时限、全程留痕。如在工程招投标、物资采购等过程中，通过建立工程招投标、物资采购网上审批系统，通过网上审批，进一步规范审批事项，提高工作效率，实现监督关口前移，有效限制人为因素对权力的影响。中石化目前实施的ERP技术，就在很大程度上堵塞了管理漏洞。二是利用电子信息手段。企业要积极适应信息化发展的要求，不断改进工作的方式方法。如企业在招投标活动中，现在的项目信息如果单在报纸等传统媒体上刊登，就会让人因忙于事务而往往错过。而借用上网、电子信箱等网络技术不间断发布信息，使他们不受时间、地域等外在因素影响及时了解有关情况，以便进行实地调研、准备资料、调集资金等前期工作，积极参与招标采购活动。这为提高项目竞争性，降低项目建设成本，防范招标采购活动的围标、串标等不规范行为和腐败问题的发生起到了良好的保障作用。

2. 创新党外监督。整合各种监督资源，形成各监督主体协调行动的良好局面，是达到对国有企业权力运行监督的有效手段。计算机网络技术资源共享的公开性，有利于打破信息盲区，促使权力公开，透明运行。因此，在监督方式上，要积极建设纪检监察网络平台，在网站上设立电子邮箱、公布QQ群和举报电话等，为员工群众提供发表意见和建议的平台，同时从群众的评议中发现突出问题和案件线索。建立、完善反腐倡廉的专门网络，实行网上举报，在网上发布有关廉洁自律方面的信息和案例等。要注意发挥好新闻媒体的监督作用，运用好新闻媒体对公众的吸引力。在新的历史条件下，反腐败需要新闻舆论监督的积极参与，纪检监督机关要加强与新闻媒体的合作，要充分利用好这一辅助监督渠道的作用，逐步扩大媒体监督的力量和影响，及时公布对媒体反映腐败问题的处置结果，同时做好正面引导工作。实践证明，新闻舆论监督具有其他角度方式所不具有的特有优势，对腐败分子能够形成很强的心理压力。新闻舆论监督不仅可以帮助督促问题的解决，而且可以起到很好的警示作用，也可以增强国有企业员工群众的监督举报意识。

3. 创新制度监督。面对国有企业权力运行监督工作中的阻力和难点，要坚持不回避、不退缩，用务实的作风和创新的实践，不断推动工作的开展。在制度上创新，构建防控制度体系。国有企业权力运行监督工作是一项系统工程，重在融入管理、进入流程、不断创新、完善管理制度。第一，要对工作情况定期检查考核评估，综合评定工作成效，及时督导工作进展，并把考评结果作为奖励、晋级、评先、树优的重要依据。第二，要抓好总结提升、典型选树，宣传推广创新思路、先进经验和有效措施，适时固化为制度，引领工作持续深化。第三，要健全风险防控管理纠错修正制度，根据检查考核评估情况，及时纠正问题，完善工作措施，修改管理方案，优化防控办法。第四，要健全风险防控管理责任追究制度，坚持把开展廉洁风险防控管理作为实行党风廉政建设责任制的重要内容，把落实"一岗双责"作为加强廉洁风险防控的重要措施，明确责任分工，强化监督考核，加大问责

力度。

4. 创新内部监督。由于单位与单位之间有区别，岗位与岗位之间有不同，靠一种模式肯定不能解决所有难题。第一，针对试点时期风险查找欠深入的难题，向大家形象地讲明查找风险查的是岗位职权这把“椅子”，不是具体查坐在椅子上的人，让干部员工放下包袱、打消疑虑，保证风险查找的质量。第二，针对风险评估空泛化的难题，在评定风险等级时，坚持就高不就低的原则，宁可把小问题看大，也不可把大问题看小，坚持把问题说实，而不是空洞和泛化。第三，针对防控措施不具体的难题，在防控措施的制定上，坚持内控管理与外部监督、制度约束与教育引导、廉洁风险防控与业务工作、完善防控措施与强化企业管理相结合，做到用权有规范、执行有保障、平时有检查、违规受追究。

5. 创新纪检体制。监督部门在体制上不独立，在运行机制上受制于人，在工作条件上有求于人，这是当前监督部门开展工作难，权威性不够的主要“症结”。既然赋予监督的责任，必须给予监督的权利。纪检监督部门全部实行垂直管理，国有企业的纪检监督部门已经形成了自上而下的完整的组织系统。国内司法机关、国外廉政公署之类的体制值得我们借鉴，应该成为纪检监督部门发展的方向。同时，纪检监察部门要积极履行职责，努力开展工作，真正成为有权威的党风廉政监督机关。

6. 创新效能监察。随着效能监察工作的深入开展，其暴露问题、整改问题、优化管理、责任追究等监督作用日益明显。企业要把效能监察作为纪检监察工作为经济建设服务的最佳切入点，坚持以“查问题、抓整改、堵漏洞、建制度、促管理、增效益”为主要目标，积极开展物资采购、产品销售、工程建设等效能监察，为推进企业改革、发展、稳定做出积极的贡献。同时，要不断创新工作方式方法，找准着眼点，把反腐倡廉工作贯穿于生产经营管理工作的全过程，把制度的完善贯穿于有关人、财、物、事等权力运行的流程中，把预防的措施渗透到业务工作的各个环节内，促进效能监察权责清晰化、运行规范化、操作程序化、评审科学化，努力做到“防患于未然”。

（作者：胜利油田石油化工总厂纪委书记）

民法学视角下企业高管人员的贪腐行为及防范

孙科峰

从民法学的视角来看，企业高管人员的贪腐行为违背了公民的合法财产不受侵犯的平等权和诚实信用的原则，也是相关的民法法规监管不严的体现。因此，要从根本上对企业高管人员的贪腐行为加以防范，既要完善相关法律法规，加强监管力度，又要加强企业高管人员的修养。

在经济发展过程中，企业高管人员作为管理层，在很大程度上掌控着企业发展的方向，因此，如何防范企业高管人员的贪腐行为是一个很关键的问题。企业倒闭多和企业高管人员的贪腐行为存在着很大的关系。从民法学的视角来看，企业高管人员的贪腐行为违背了公民的合法财产不受侵犯的平等权和诚实信用的原则。企业高管为何会做出贪污腐败的行为呢？这是贪婪的本性在作祟。在现行的体制下，企业高管，尤其是国企高管具备着亦商亦官的双重身份，他们拥有不受制约的绝对权力，因此很容易滥用权力。一旦权力被滥用，就会做出违法的行为，损害到国家、集体或个人的利益。这种贪腐行为既违背了民法制度下市场主体诚实信用的原则，也违背了民法视角下的守法原则。这种贪腐行为对企业市场的正常有序运行极其不利，更不利于社会经济的良好有序发展。故而，在民法的法治不断发展的今天，需要对企业高管的贪腐行为加以防范，从根本上加以遏制企业高管的贪腐行为。

一、民法视角下企业高管贪腐行为的危害

1. 不利于社会经济秩序的良好运行

在民法法治不断发展的今天，企业市场的发展具有一定的市场规律性，社会经济秩序在人与人之间的关系中不断得以变化和发展。而人与人之间的关系就是意思自治的关系，诸如合同法下的合同自由，每个人具有平等的权利。在市场经济不断发展的今天，只有人人都自觉遵守民法的基本原则（如平等原则、公平原则、诚实信用原则、守法原则等），才能够营造一个良好的市场环境。当然，人与人之间的关系，更多地体现为个人与企业的关系，尤其是劳动者与企业的关系，进而会影响到个人与国家的关系，企业与国家的关系。企业的行为在很大程度上影响着社会个人的合法权益，同样会影响到国家利益。企业的合法行为能够给社会创造财富，给个人带来良性的发展，从而给国家注入新的生机。而企业的违法行为，如贪腐行为则会影响市场经济秩序的正常运行，扰乱社会经济秩序，从而给国家和个人带来创伤。从民法视角看，企业的贪腐行为会侵犯了个人合法的财产，甚至是国家的财产。民法明确规定，公民的合法财产不容侵犯。因此，企业的贪腐行为很有可能造成了公民个人合法财产的损失，侵犯了公民依法享有自己合法财产的权利。

2. 不利于企业社会责任的分配

从民法学的角度看，大多民法学者认为，企业社会责任与企业追求利润是相辅相成的。企业不能仅仅以攫取企业的利益和个人的利益为唯一的目的，而不管其他社会群体的利益，这部分社会群体的利益涉及的就是企业社会责任所在。如果大部分企业都存在这样的情况，自私自利，对企业社会责任的分配将造成极其不利

的影响，对市场规律的有效运转也是极其不利的。从这点来说，企业高管的贪腐行为对企业的社会责任分配就显得更为不利，企业高管作为企业管理层，本具有绝对的权力，控制着整个企业的运作，一旦其运用权力实施自己贪腐的欲望，对企业本身及其应尽的社会责任将是个重大的损害。

3. 不利于企业治理结构的优化

不管是企业高管以权谋私、贪图巨额财产，还是任人唯亲、贪污腐败、收受贿赂等，都是对企业有效运作的一种直接损害。从民法角度讲，企业运作讲究公平、机会平等，权力受到监督，互惠互利，而企业高管任人唯亲，以权谋私，滥用职权，贪污腐败，已经严重破坏了市场的正常运行规则，也违背了民法的基本准则。因此，要从根本上遏制企业高管的绝对权力，必须建立健全企业分权制衡的治理结构，分散企业高管的权力，从而形成权力的制衡局面，遏制个别人的贪腐行为。

二、民法视角下企业高管贪腐行为产生的原因

1. 权力垄断与滥用得不到有效制约

在现行体制下，企业高管往往一人独揽经营与决策大权，对公司的大小事务了如指掌，在权力得不到制衡与垄断的情形下，权力被滥用，得不到制约，就会滋生腐败。从民法的角度来说，在现行市场经济体制下，民法是用来保障公民的基本权利的，其具有保障公民的合法财产不受侵犯的功能，而这种功能的一个体现就在于能够对市场中垄断的权力加以及时制约与监督，并对违法行为加以惩处。企业高管的权力日益强大，得不到有效制约，主要是因为公司的法律监管缺位，不能够很好的发挥监管职能，导致权力寻租现象严重，造成腐败盛行。此外，企业高管贪腐的行为代价过低，市场运行的准则及民法的基本准则对其遏制作用并不强烈，也是腐败盛行的重要原因。尽管查出有贪腐的行为，大多也是以罚款的形式加以惩处，但是这种惩处方式起不到根本性的作用，腐败现象仍然很严重。

2. 企业社会责任缺位

前述企业高管的贪腐行为对企业社会责任的分配极为不利，从中也可以得知，实际上企业高管的贪腐行为得不到有效遏制也跟企业社会责任的缺位有很大关系。可以说，企业社会责任的缺位是造成企业高管贪腐行为频出的一个因素。企业社会责任指的是企业在创造企业财富，获取最大限度企业利益的同时，也应当考虑与保护其他利益主体外的利益。企业作为市场经济主体，是社会管理的一部分，各个不同的企业理应承担社会中的不同角色，承担各种各样的社会责任。原则上，学界把企业社会责任分为经济责任、法律责任、伦理责任、慈善责任。经济责任是指企业应当为社会市场经济考虑，积极创造社会财富，扶持社会各项经济事业的发展。而法律责任意味着企业经营应当符合法律的规定，在法律的轨道内经营，不能够做出违法乱纪的事情。从民法的角度来说，就是要遵循守法原则、公平公正原则、诚实信用原则，诚信经营，追求企业与企业之间、企业与个人之间、企业与国家之间的互惠互利、平等互助。伦理责任则要求企业应当遵循公序良俗原则，积极创造企业的伦理文化，各种企业行为应当符合社会的基本伦理。慈善责任则要求企业应当尽自己所能回馈社会，在社会上进行适当的慈善行为，促进社会的长远发展。然而正是因为长期以来企业只注重自身与个人的利益增长，而忽视了回报社会，造成企业社会责任的缺位。责任的重担一旦卸下，企业高管人员的权力就会迅速扩大，以权谋私的行为就变得更加普遍。

3. 法人治理结构缺陷

法人治理结构作为现代企业制度中最重要的组织架构，是明确划分股东会、董事会、监事会和经理层之间权力、责任、利益及相互制衡关系的一套制度安排。通过这样的制度安排，可以形成企业清晰的利益机制、决策机制和监督机制，确保企业生产经营活动有序、有效进行。

也就是说，完善的法人治理结构能够有效防止企业管理人员滥用职权的行为，制度越完善，监督力度越大，违法行为就会更多地被遏制；相反，如果治理结构存在制度缺陷，企业经营管理人员滥用职权就有可乘之机。虽然形式上，国企一般也设置了股东大会、董事会、监事会，并界定了各自的权力，但事实上股东会不能按时召开，董事会尤其是“一把手”可凌驾于股东会之上，或完全操纵股东会，有的企业甚至不设股东会，监事会受董事会的控制，无法真正行使监督权，纪检、审计、工会等部门不能发挥作用，必然导致企业内部机构虚设化和企业决策程序形式化，为个别人把集体决策变为独断专行创造了条件，更为一部分人在企业资金使用、产品购销以及子公司管理等重要环节和重大事项上搞暗箱操作、大肆损公肥私打开了方便之门。

三、民法视角下如何防范企业高管的贪腐行为

1. 强化法律监管与制约是重点

法律的功能不仅能够为现代市场经济提供行为准则，更能够防范现代市场经济的不规范行为。从民法的角度来说，民法的功能在于为现代企业市场提供良好的公平公正的运行准则，在民事权利、民事主体、民事责任“三位一体”的机制下，能够充分发挥市场主体的主观能动性，调整企业市场人与人之间的社会关系，尤其是人与人之间的利益关系。然而，民法是私法，重在保障公民个人的私权利，而对于企业中企业高管的强大垄断的权力则难以发挥更大的作用，从这一点来说，民法尚不能够全面地对企业市场的行为发挥很好的监管与制约作用，其能够保障公民个人的合法权利不受侵犯，但对于企业的贪腐行为则难以起到遏制的作用。这样，民法在现代企业市场运行中的作用将会受到冷落，因此要加强发挥民法的保障权利以及制约权力的功能效应，发挥其法律所特有的监管作用。一方面，要严格建立企业内部监管与外部法律监管相结合的体系，严格执法，限制企业高管的绝对权力。另一方面，要发挥法律赋予个人的监督作用，对企业高管进行监督，通过制约企业高管的权力，加强企业高管管理企业事务的透明性与公开性。最后，在强化监督与制约的前提下，要加强事后惩罚的力度，不仅仅要通过罚款的方式对企业高管的贪腐行为进行惩戒，一旦造成严重后果的，还应当追究直接责任人的刑事责任。

2. 完善企业社会责任

完善企业社会责任，一方面要建立良好的企业文化，通过建立良好的企业文化提升企业的良好形象，促进企业高管做好企业社会责任的榜样。从民法的角度来说，加强公司的文化建设，树立诚信观念是诚信原则的重要体现。建立良好的企业文化，营造一个诚信的企业文化氛围，不仅仅是树立企业良好形象的重要保障，更能对企业员工带来引以为戒的影响。另一方面要遵循社会的公序良俗，加快创建企业个人的职业伦理，从而不断加强企业高管人员的社会责任感，打消腐败想法。对于企业员工而言，其职务行为不但要符合各种法律规则、行为规范，还应符合职业伦理，即通常所说的职业道德准则。从民法角度来说，即是所谓的遵循公序良俗。特别需要重视的就是企业的高管人员，他们拥有强大的权力，并且担任着重要的职务，对其职务行为的要求自然要高一些。因为，企业高管的行为会对普通职工产生强大的示范效应。因此，强化企业职工特别是企业高管的社会责任感，深化企业伦理教育，对于提升企业的形象将具有深远的影响。通过强化企业职工的个人行为伦理教育，使之成为占主导地位的伦理理念，对于制约企业高管的贪腐行为具有重要作用。

3. 完善法人治理结构

企业运作不仅靠企业高管的控制权力与管理能力，更多的是需要广大员工一起努力创造出社会财富。一旦出现上述企业高管的贪腐行为，不仅仅造成企业权力的滥用，败坏企业形象，更会引起广大员工的不满，使员工劳动积极

性大幅度降低。因此,要从根本上遏制企业高管的绝对权力,建立健全企业分权制衡的治理结构,分散企业高管的权力,从而形成权力的制衡局面,遏制个别人的贪腐行为。一方面要优化内部董事的结构,给予职工代表一定的比例,充分体现民主管理的特性;另一方面要合理分散股权,保障中小股东的权益。从民法的角度来说,在市场基本规律的运转下,民法的功能是保障公民个人财产的合法性、公正性、公平性。因此,为保障公司治理的公平、公正、公开,就要促进公司股权多元化,并从外部不断加强对经营者的监督。与此同时,应当考虑给予职工一定的股份,使其自身利益与企业利益紧密相连,促使其关心企业的生产经营,并激励其去监督经营者的行为。这是尊重与发挥企业员工私权利的体现,能够形成与企业高管权力相制约。只有多方联动,才能够从根本上遏制企业高管的贪腐行为,从而不断完善企业的高效运作。

综上所述,权力滋生腐败,没有制约的权力将会导致绝对的腐败。企业高管的贪腐行为正是印证了这一点。从民法视角来看,企业高管的贪腐行为既是一种不诚信的行为,更是一种滥用私人权力的行为。不管是以权谋私,还是任人唯亲、贪污腐化,都是在浪费公民私权利的一种罪恶表现,是企业社会责任的缺位,也是企业法人结构机制的不健全,更是法律监督与制约功能的弱化。因此,从民法视角来看,不仅仅要加强法律的监督与制约功能,更要加强企业社会责任的分配,不断完善企业法人治理结构,从源头上整治企业高管的贪腐行为,促进现代企业的良性运作,完善社会市场经济秩序,保障社会经济持续健康发展。

(作者单位:浙江工业大学)

非公企业党建深化转型的逻辑动因与现实路径

佘 湘

改革开放30多年来,非公有制企业从无到有直至蓬勃发展,为中国经济和社会的发展注入了空前的活力,成为发展社会主义市场经济的重要力量。截至2012年5月,全国有非公有制企业1012.3万户、个体工商户3756万户,从业人员近2亿人,增加值占国内生产总值的60%以上,创造了近90%的新增就业岗位。因此,进一步加强和深化非公有制企业党的建设工作,是坚持和完善我国基本经济制度、引导非公有制经济健康发展、推动经济社会发展的需要,是加强和创新社会管理、构建和谐劳动关系、促进社会和谐的需要,是增强党的阶级基础、扩大党的群众基础、夯实党的执政基础的需要,是以改革创新精神提高党的基层组织建设科学化水平、全面推进党的建设新的伟大工程的需要。

一、非公企业党建深化转型的逻辑动因

非公有制企业党建工作是中共基层组织建设的重要组成部分,经过30多年的实践探索与理论研究,非公企业党建从无到有、由点到面、由弱到强,成效显著。但离2012年3月8日中共中央办公厅颁发的《关于加强和改进非公有制企业党的建设工作的意见(试行)》中关于非公企业党组织功能定位的要求还有较大的差距,非公企业党建工作仍面临着难以克服的困难,还有进一步深化和转型的必要。

(一)非公企业党建深化发展的内源动力与有效性存在不足

在非公企业开展党建,其实质是以党组织体制内的机制和资源来引导、规范体制外非公企业的执政方式。作为自主经营、自负盈亏的市场微观主体,非公企业的治理结构、劳动关系和运作机制必然决定党建的内源动力不可能像党政机关和国有企事业单位那样充沛而有效。首先,企业特有的趋利性与党建工作难以产生直接的经济效益存在矛盾,导致企业主阶层对党建工作的必要性和有效性的认同感偏低,支持开展党建工作的内源动力不足。其次,表现在企业员工身上同样也面临着经济理性与政治理性的冲突,即员工的经济收入、职业地位与职业技能和对企业的经济贡献挂钩,同政治表现没有关联。再次,传统的“机关党建”模式很难适应社会阶层结构和利益格局日益多元化的时代步伐。很显然,计划经济时代单纯依靠行政命令和组织体制的动员方式已不能适应市场经济得到充分发展的社会。传统功能在新经济组织中的萎缩必然带来基层组织的虚化,造成一些党组织在新的环境和新的组织中陷入无所适从的状态。

总之,非公企业的相对独立性、较高的淘汰率、追逐利益性和复杂性给传统党建模式带来了巨大的挑战。就主观预期与客观效果而言,非公企业的党建工作很难说已完全符合中央对非公企业党组织的功能定位。首先,规模以下非公企业的党建覆盖面仍然较小,部分地区“重建党、轻党建”,仅满足量化指标而忽视质量的提高。其次,工作内容缺乏创新,方式方法传统、陈旧,部分组织存在“有组织无活动”、“有活动无效果”的问题。这种党建有效性不足有可能造成辛辛苦苦积累起来的党建成果逐渐被消磨,使得非公企业党的建设进一步深化发展的动力不足。

（二）在对非公企业的引导、规范与吸纳中，党执政的成本偏高

一般来说，在规模以上非公企业开展党建活动相对容易，效果也不错，但成本较高。特别是在个体工商户、专业市场和小微企业中开展党建，成本相当大，执政绩效却不理想。首先，党建成本与执政目标的绩效比例失衡。党对非公企业的组织和工作覆盖，毫无疑问是增强党的阶级基础、扩大党的群众基础、夯实党的执政基础的需要，但另一方面却导致党的基层组织泛化，网络节点布局过多，沟通协调的对象和任务过重，以至党建成本庞大，党组织战斗堡垒、政治核心和政治引领作用发挥的效果却不理想。其次，执政过程的成本同执政目标的绩效比例失衡。由于党治国理政多通过组织化的方式，但科层制的体制总会过滤党领导的信息，特别是在非公企业开展党建工作必然增加党领导与管理的层级，层级的增多不仅导致沟通渠道不畅，也会导致信息的耗散与流失。特别是当前非公企业党组织普遍存在多头管理、分散管理的状况，不仅导致协调难度大，而且还有可能造成责任缺位，同时也会带来执政成本的上升。再次，组织程序化成本与社会动员的绩效比例失衡。“组织和网络是社会动员的关键”，党的社会动员大都要走组织化程序，这种组织网络确保了党在非公企业的执政中的原则性，却在一定程度上丧失了灵活性，抑制了党员个体主观能动性的发挥。最后，党的组织生活同非党员的企业成员脱节，社会管理的实际效果不甚理想，典型表现就是党组织的活动质量不高，很难产生积极的社会动员效果。实践中的景象是：不加区分、统一套用“机关党建”的做法，不仅导致非公企业中党的组织生活质量不高，“软、懒、散”的现象非常普遍，党组织难获党员认同，而且在党组织和非党员群众之间也划开了一道鸿沟。

（三）在已建非公企业党组织中普遍存在组织空转的“虚假”党建现象

当前各地在探索开展非公党建时普遍比较关注党的组织和工作覆盖问题，强调“经济活动扩展到哪里，党的建设紧跟到哪里”，而忽视了已建党组织活动的开展、党员教育管理以及组织功能的开发，最终出现组织空转的“虚假”党建现象。所谓“组织空转”就是全国规模以上非公企业尽管已经基本成立了党组织，实现了党组织覆盖，但是已建党组织却未能发挥应有的功能，表现为组织生活不正常或者流于“仪式化”，质量不高，缺乏针对性和吸引力；组织机构形同虚设，无所事事、工作被动等。造成这种现象主要是因为：一是非公企业党组织负责人一般由中高级管理人员兼职，党员大都是公司或企业雇员，业务工作繁忙，工作时间不统一，再加上非公企业用工制度灵活，党员流动频繁、朝增暮减，导致平时很难开展正常的组织生活。二是区域化党建模式虽然能够有效地解决党的组织和工作覆盖问题，但却给组织生活的开展以及党员的教育管理带来了难题与不便。比如一些联合支部，由于其管理的松散性、协调的困难性，组织活动开展确实存在难度。三是有些业主思想觉悟不高，对党建工作缺乏正确认识和足够认同，不能为党组织提供充裕的活动时间与足够的活动经费和活动场所。四是党建活动形式陈旧落后、千篇一律，内容枯燥且缺乏针对性和吸引力，不仅难以引起广大党员群众的兴趣，也难以得到非公企业出资人的理解和支持。这种“有组织无生活、有生活无质量”的虚假党建现象，使非公企业的党建工作流于形式，导致了部分党员群众与党的组织不同程度地处在“游离”状态，也造成了党在企业中的战斗堡垒作用、在企业职工群众中的政治核心作用以及在企业发展中的政治引领作用难以实现。

（四）外资企业政治互动差，党建难渗透

从政治互动的角度看，一致的政治目标、统一的政治认识和政治规范、相互信赖的合作氛围在党与外资企业之间并未完全建立，外资企业的党建工作存在着不少深层次的问题尚待解决。第一，在外资企业建立党组织、开展党的活动，要看业主的态度。由于受不同文化背景和意识形态的熏陶，不少外资企业的业主对在企业组建党组织并开展活动持限制甚至反对的态度。即便有些地方建立了党组织，但大多是所在地方的党组织出面协调，并通过在企业担任相当级别行政职务的党员努力而成立的，在很大程度上带有权力支撑的成分。第二，外资企业主在政治理念和价值观念上与我们共产党人存在较大的差异，甚至存在严重的分歧。他们一般不允许自己的企业沾染政治色彩，更不赞成在自己的企业从事相关政治活动。第三，外资企业同其他非公企业一样，员工流动频繁不定，企业中的党员也处于经常性的流动和变化之中，给企业党组织的活动和管理带来了许多新问题。由于外资企业的特殊性，意识形态对立非常明显，它们对党组织有很强烈的排斥反应，因而通过党建渗透的办法面临着意识形态沟通的困境和组织基础薄弱的难题，在外资企业组织建党困难重重。尽管一些地方通过挂靠、行业化和属地化等灵活、开放的方式对有少量党员的外资企业进行了党建尝试，但仍然普遍存在"有组织无活动"或者活动流于形式等问题。总体而言，在外资企业中，党组织建设显得薄弱、滞后和不适应，相当数量的外资企业仍处于"组织不健全、活动不正常、作用不明显"的状态。

二、从组织党建到政策服务

在既往的执政经验中，党对非公企业的领导，主要是在企业中开展党建工作。现实情况表明，沿用传统追踪式的党建模式，出现一家非公企业就组建一个党组织的做法，难以满足现实的治理需要，非公企业尤其是小微企业不断发展的趋势客观上要求我们党要实现执政的转型，即从组织党建到政策服务。政策是党和政府部门实现一定时期重大任务的行动根据和准则。政策服务的实质就是党根据非公企业的性质和活动内容，以政策优势采取或扶持或抑制的策略，发挥对非公企业的政治引领作用，扩展它们对执政党的政治认同。在一定程度上，政策服务是对非公企业党建的拓展深化，是从单纯的组织建构到党建与资源动员并重的动态转型。

（一）政策服务是党科学执政的必然要求

科学执政既是提高党的执政能力和领导水平的要求，也是政党现代化的一个基本标志。科学执政表现在对非公企业的领导上首先必须要解决一个认识问题，就是要探究非公企业发展与活动的规律，然后才能确立对它领导的方式与方法。非公企业伴随着改革开放以来我国社会主义市场经济的不断发展而壮大，从组织形态上来说是市场微观主体而非党的下属分支机构。因此，党对它的领导要体现间接性，而不能仅以强制性的手段实现执政党的意志，或把它当成洪水猛兽拒之门外、置之不理。那么如何加强对非公企业的引导、规范与吸纳？从我们的国情和科学执政要求的角度来观察思考问题，通过政策服务这种间接性的治理形式来实现党对非公企业的规范引导和制度吸纳，一方面可以有效拓展党的"活动空间"，在政企的良性互动中实现"双赢"，即党通过政策服务来实现对社会治理的政治追求，而非公企业则借此实现企业的发展目标。另一方面也是党获得民众支持的一个重要途径。很显然，《中小企业促进法》、《关于鼓励支持和引导个体私营等非公有制经济发展的若干意见》、《关于进一步促进中小企业发展的若干意见》以及《关于鼓励和引导民间投资健康发展的若干意见》的政策服务更能实现党对非公企业的政治引领和制度吸纳，也更能有效地夯实拓展党在非公领域的政治认同基础，使党的执政更符合市场经济条件下社会发展的规律，从而收到积极的执政效果。

（二）政策服务是克服非公企业党建工作"边缘化"的需要

种种迹象表明，随着经济体制深刻变革，社会结构深刻变动，利益格局深刻调整，人们的思想观念深刻变化，非公有制企业领域的党建工作有被“边缘化”的危险。首先,信仰追求边缘化。在社会交往与经济交往领域人们已不再追求信仰取向,不再注重政治身份,特别在非公企业中,共产主义信仰维系的向心力大不如前,党组织的吸引力有所削弱,政治信仰相比现实社会生活而言被边缘化了。其次,党建工作边缘化。党组织在党政机关和国有企事业单位居于“核心地位”,但在非公企业中沦为“边缘地位”,与之相对应,党组织负责人也从党的领导者沦为党务工作者,其身份地位相对于企业管理层来说被边缘化了。此外,非公企业特有的治理结构、劳动关系和运作机制,使得党组织的政治价值、组织空间和活动空间不被重视,发展举步维艰,相对于企业的经营理念、经营体系和主体工作而言也被边缘化了。就非公企业党组织与上级党组织的工作体系而言,多头管理和松散的挂靠关系,也使非公企业的党组织有被边缘化的感觉。再次,党建模式边缘化。相比企业管理学、组织行为学、人力资源管理等在企业大行其道,传统的党建模式在学习方式、管理模式、激励措施等基本理论与实践方面却没有重大创新与突破,因而,传统党建工作模式相比企业管理和企业文化发展而言被边缘化了。很显然,这种被边缘化的现象同党提高领导社会能力的执政目标是相悖的,客观上也不利于非公企业获取党的政策资源。

(三)政策服务是我国非公企业健康有序发展的保障

在政党政治主导当今社会政治生活的时代,任何组织的发展都不可能脱离执政党的轨道而存续。执政党及其政府作为正式的制度供给主体之一,在非公有制经济发展壮大过程中起着特殊而又重要的作用,是非公企业发展的外在动力机制。由于非公有制企业在推动经济社会发展、缓解就业压力、改善人民生活、完善产业结构、增加国家税收等方面发挥着巨大的作用,因此,中国民(私)营经济研究会认为:“非公经济已是我国经济社会中不可忽视的一个巨大组成部分,以至于几乎所有经济政策都必须为其着想,必须充分考虑到是否有利于促进其发展。”实践中,党和政府政策上的引导、推动和培育也充分体现了政策服务是我国非公企业进一步发展的现实需要和可靠保障。首先,政策服务的引导和规范作用,可以为非公企业的发展“导航”。公共政策不仅能够引导业主遵守“爱国、敬业、诚信、守法”的基本要求,而且还能发挥对非公经济的规范作用,对各种违法行为实施监管和惩罚,以规范市场秩序,促进非公有制经济在社会主义市场经济中健康有序发展。其次,政策服务可以解决企业准入难、融资难的问题,为企业的发展“开路输血”。执政党不仅可以通过公共政策的完善,逐步消除非公企业的市场进入壁垒,使其能够参与市政公用事业、金融服务乃至国防科技等领域的市场竞争,而且还可以通过改善企业的融资环境,以多种方式为企业开拓融资渠道,为企业发展输血。此外,政策服务还能解决企业及其从业人员的社会保障作用,为企业的发展“定心”。比如,相关非公企业权益保护条例可以使企业得到法律的有效保护,免受无谓干扰;而完善的社会保障体系,则可以解决企业从业者的后顾之忧,促进非公经济长久持续发展。

三、党对非公企业实行政策服务的途径与领域

(一)充分发挥政策的利益聚合功能,规范非公企业的利益诉求

改革开放与经济转轨必然使利益分化成为社会常态,追求合法利益成为不同利益主体的共同愿望。作为社会发展的时代产物,非公有制企业毫无疑问有其特定的利益体现和价值追求,在合法、规范的前提下,党的政策需要首先肯定它的合法利益追求。当然,对其合法利益追求持肯定态度,并不是对它追求的方式方法放任不管。市场与社会的发展是非公企业发展的内在逻辑动因,但同时也带来了诸多诱惑。比如追求片面利益、强调企业发展而忽视公共利益和社会整体利益等。所以,一旦它们沦为

利益集团而罔顾社会责任，其目标和使命都会受到伤害，很容易沉沦为唯利是图的利益团体。另外，还有一些企业钻转型时期社会法制不健全的空子，从事一些与我国主流政治旋律不一致、不相符的活动。因此，有必要对非公企业的行为进行规范，使它们的利益表达和价值追求能够同党和政府的政策期望吻合起来。而且政策规范与约束也是世界通行的做法。在欧洲，执政党通过制度化的管理机制对新经济组织包括新社会组织的利益追求进行适度规范的做法为我们提供了可资借鉴的样本。他们以法团主义为指导思想，对它们的活动实行积极管理，其基本原理就是对它们以各种途径获得权威的认可、准许、邀请进行约束和限制，使其组织行为走上制度化轨道，符合政治主体的要求。我国宪法赋予了任何公民及组织追求合法利益的权利，但法律无法也不可能事无巨细地对所有领域都进行规定，因此，以政策规范的途径，发挥政策的利益聚合功能既体现了制度化机制的灵活性，又能提高社会治理的绩效。

（二）以积极的政策，鼓励和引导非公企业的政治参与

所谓积极的政策，是指党根据对非公企业管理的实际需要，及时变更不合时宜的政策和方针，以达到领导的目的。值得指出的是，积极的政策是有“度”的，并不是不科学的主观臆想和无原则的朝令夕改，而是建立在科学掌握非公企业活动规律基础之上的政策导向。政治参与是现代民主制度的核心要素，是指公民或公民团体依据法律所赋予的权利和手段，通过一定的方式和程序，直接或间接地对政府政策的制定和执行表达集体或个人意愿的政治行为。显然，随着市场经济的逐步成熟，非公企业已逐渐摆脱了“在商言商”的状态，紧密关注政府政策的变化，主动参与政治，成为非公企业主表达利益诉求、谋求企业发展、承担社会责任的一个重要途径。一定意义上，参与、决策、管理和自治就是非公企业的本质属性，是市场经济发展的必然结果。也就是说，非公企业不仅仅是经济、社会建设的主体，而且也是政治参与、管理社会的主体。因此，面对非公经济人士普遍高涨的政治热情和参与欲望、日趋活跃的政治参与行为，党和政府不仅要以积极的政策鼓励和引导非公企业代表人士的政治参与，还必须从政策上进一步拓宽政治参与渠道，加强政治参与的规范性、有序性，以健全非公企业的发展，加强非公企业的党建工作。特别值得提出的是，非公经济人士的参与有其独特方式和参与规律，无视或者违背非公经济人士参与的特点和规律，只会起到事与愿违的结果。因此，我们既要对非公人士的政治参与持积极肯定和鼓励的态度，也要善于研究发现非公企业政治参与的特点和规律。掌握并尊重非公人士参与的特点及规律是党有效领导、科学执政的必要前提之一。

（三）对社会亟须领域的非公企业采取政策亲近的策略

政策性服务的目的在于发挥政策在资源配置上的导向作用。政策亲近就是其中的手段之一，其本质就是利用政策工具，通过政策的倾斜、优惠和限制等措施来促进社会治理的顺利实施。也就是说，执政党可以根据非公企业的性质、服务范围、活动领域和社会绩效，以政策服务为杠杆采取或扶持或抑制的策略，从而达到领导社会与治理社会的目的。

通过政策倾斜和优惠来促进和引导特定领域组织的发展和活动，是国际社会的通行法则。比如：日本自民党执政期间，一直与农业协同组织保持密切关系，并通过采取政策亲近的措施来促进农业协同组织认同自己，从而扩大自己的执政基础。加拿大的经验更是可资借鉴，执政党使联邦政府的 42 个部门同特定的经济社会组织保持着程度不一的亲疏远密关系，并利用政策的杠杆，充分发挥这些组织在社会治理方面的协同配合作用，收到了十分明显的效果。当然从制度化的层面来考察，政策的杠杆作用转化为法治才是长效可靠的管理机制，这既是社会治理的发展方向，也符合依法治国的长远

要求,但无论如何政策的积极作用任何时候都是无法替代的。在我国,党和政府对特定领域的非公企业采取政策亲近,一方面有利于促进企业的发展壮大,另一方面也有助于提高社会治理的绩效水平。但是面对形形色色蓬勃发展的新经济组织,党的政策应该区别轻重缓急,有所为、有所不为,不能眉毛胡子一把抓。比如,当前某些享受特殊政策倾斜的一些非公企业,无疑是社会的必需,但未必是社会的亟须。而有关地方资本市场、新型金融组织、专业资产管理机构、保险服务领域等社会急需发展的领域,对于这一类领域及相关企业,党的政策改革试验以及综合服务的力度很显然还有待进一步的深化和拓展。

（作者:中共浙江省绍兴市委党校副教授,中央党校法学博士）